D1755894

COMPACT FACHWÖRTERBUCH

Wirtschaft

in 11 Sprachen

Deutsch, Englisch, Französisch, Italienisch, Spanisch, Portugiesisch, Niederländisch, Schwedisch, Polnisch, Tschechisch, Ungarisch

Compact Verlag

© 1998 Compact Verlag München
Gesamtredaktion: Barry Sandoval
Alle Rechte vorbehalten. Nachdruck, auch auszugsweise, nur mit
ausdrücklicher Genehmigung des Verlages gestattet.
Chefredaktion: Claudia Schäfer
Umschlaggestaltung: Inga Koch
ISBN 3-8174-7007-X
7270071

Vorwort

Informationsaustausch und Kommunikation in vielen verschiedenen Sprachen sind heute wichtiger denn je. Angesichts der zunehmenden Vernetzung der Wirtschaft auf internationaler Ebene stellt die Beherrschung mehrerer Sprachen einen bedeutenden Wettbewerbsvorteil dar. Als kompetentes, zuverlässiges Nachschlagewerk erleichtert dieses Compact Fachwörterbuch die tägliche Arbeit mit Handelspartnern in Europa und weltweit. Darüber hinaus stellt es eine nützliche Hilfe für alle Studenten der Wirtschaft mit internationaler Ausrichtung dar.

Über 20.000 Stichwörter mit über 200.000 Übersetzungen vermitteln übersichtlich die gängigsten Fachbegriffe aus dem Bereich der Wirtschaft und des Handels in den elf wichtigsten europäischen Sprachen: Deutsch, Englisch, Französisch, Italienisch, Spanisch, Portugiesisch, Niederländisch, Schwedisch, Polnisch, Tschechisch und Ungarisch. Damit kann man mit Gesprächspartnern von Stockholm bis Rom und von Lissabon bis Warschau effektiv kommunizieren.

Der streng alphabetische Aufbau und das praktische Matrixsystem ermöglichen den raschen Zugriff auf ein bestimmtes Stichwort und seine Übersetzungen - gleich aus welcher der elf Sprachen das gesuchte Stichwort stammt.

Der erstmals in dieser Form und mit diesem Umfang zusammengestellte Wortschatz macht dieses Nachschlagewerk für den Erfolg in der europäischen Wirtschaft unentbehrlich.

Abkürzungen:

D = Deutsch
E = Englisch
F = Französisch
I = Italienisch
ES= Spanisch
P = Protugiesisch
NL= Niederländisch
SV= Schwedisch
PL= Polnisch
CZ= Tschechisch
H = Ungarisch

f = feminin
m = maskulin
n = Neutrum
pl = Plural

Benutzerhinweise:

- Um das schnelle Auffinden des Stichwortes unabhängig von der Muttersprache des Benutzers zu erleichtern werden sämtliche Sonderzeichen wie der entsprechende Buchstabe eingeordnet, z.B. å ist wie a, ł wie l eingeordnet.

- Der perfektive (vollendete) Aspekt polnischer und tschechischer Verben wird in eckigen Klammern hinter dem imperfektiven (unvollendeten) Aspekt angegeben.

- Im Anhang befindet sich eine Übersicht über die Grundzahlen sowie Wochentage und Monate in allen elf Sprachen.

aanbesteding

	D	E	F	I	ES
aanbesteding (NL)	Ausschreibung f	call for tenders	appel d'offre par voie de soumission m	appalto m	concurso-subasta m
aanbetaling (NL)	Anzahlung f	deposit	acompte m	pagamento in acconto m	pago a cuenta m
aanbevelingsbrief (NL)	Empfehlungsschreiben n	letter of recommendation	lettre de recommandation f	lettera di raccomandazione f	carta de recomendación f
aanbieden (NL)	anbieten	offer	offrir	offrire	ofrecer
aandeel aan toonder (NL)	Inhaberaktie f	bearer share	action au porteur f	azione al portatore f	acción al portador f
aandeelhouder (NL)	Aktionär m	shareholder	actionnaire m	azionista m	accionista m
aandeelhoudersvergadering (NL)	Gesellschafterversammlung f	meeting of shareholders	assemblée des associés f	assemblea dei soci f	junta social f
aandeel in een vennootschap (NL)	Geschäftsanteil m	share	part sociale f	quota sociale f	participación f
aandeel in het kapitaal (NL)	Kapitalanteil m	capital share	part de capital f	quota di capitale f	participación en el capital f
aandeel op naam (NL)	Namensaktie f	registered share	action nominative f	azione nominativa f	acción nominal f
aandeelparameter (NL)	Aktionsparameter m	action parameters	paramètre d'action m	parametro d'azione m	parámetro de acción m
aandelen (NL)	Aktien f/pl	actions	actions f/pl	azioni f/pl	acciones f/pl
aandelenbezit (NL)	Aktienbestand m	shareholding	portefeuille d'actions m	portafoglio azionario m	cartera de acciones f
aandelendepot (NL)	Aktiendepot n	share deposit	dépôt d'actions m	deposito azionario m	depósitio de acciones m
aandelenindex (NL)	Aktienindex m	share index	indice du cours des actions m	indice azionario m	índice de cotización de acciones m
aandelenkapitaal (NL)	Aktienkapital n	share capital	capital-actions m	capitale azionario m	capital en acciones m
aandelenkoers (NL)	Aktienkurs m	share price	cours des actions m	corso azionario m	cotización de las acciones f
aandelenpakket (NL)	Aktienpaket n	block of shares	paquet d'actions m	pacchetto di azioni m	paquete de acciones m
aangetekend (NL)	per Einschreiben	by registered post	sous pli recommandé	per raccomandata	certificado
aangetekende brief (NL)	Einschreiben n	registered	en recommandé	raccomandata f	certificado m
aanhef (NL)	Anrede f	form of address	formule de politesse m	titolo m	tratamiento m
aankoop (NL)	Ankauf m	purchase	achat m	acquisto m	compra f
aankoop (NL)	Kauf m	purchase	achat m	acquisto m	compra f
aankoop op afbetaling (NL)	Ratenkauf m	hire purchase	achat à tempérament m	acquisto a rate m	compra a plazo f
aankoopprijs (NL)	Kaufpreis m	purchase price	prix d'achat m	prezzo d'acquisto m	precio de compra m
aankoopwaarde (NL)	Anschaffungswert f	acquisition value	valeur d'acquisition f	valore d'acquisto m	valor de adquisición m
aanmaningskosten (NL)	Mahngebühren pl	fine imposed for failing to settle an account	taxe d'avertissement f	tasse d'ingiunzione f/pl	gastos de reclamación m/pl
aanmaning tot betaling (NL)	Mahnung f	demand for payment	mise en demeure f	sollecito m	admonición f
aanmelding (NL)	Anmeldung f	registration	inscription f	avviso m	inscripción f
aanmeldingstermijn (NL)	Anmeldefrist f	period for application	délai d'inscription m	termine di presentazione della domanda m	plazo de inscripción m
aanschaffing (NL)	Anschaffung f	acquisition	acquisition f	acquisizione f	adquisición f
aanschaffingskosten (NL)	Anschaffungskosten f	cost of acquisition	frais d'acquisition m/pl	costi d'acquosto m/pl	coste de adquisición m
aanslagbiljet (NL)	Steuerbescheid m	notice of assessment	avis d'imposition m	cartella delle imposte f	liquidación de impuestos f
aansprakelijkheid (NL)	Haftung f	liability	responsabilité f	responsabilità f	responsabilidad f
aansprakelijkheidsverzekering (NL)	Haftpflichtversicherung f	third party liability insurance	assurance responsabilité civile f	assicurazione della responsabilità civile f	seguro de responsabilidad civil m

7
aansprakelijkheidsverzekering

P	NL	SV	PL	CZ	H
concurso público m	—	anbudsförfarande	przetarg m	veřejná soutěž f	pályázati felhívás
pagamento por conta m	—	handpenning	zaliczka f	záloha f	letét
carta de recomendação f	—	rekommendationsbrev	list polecający m	doporučovací psaní n	ajánlólevél
oferecer	—	erbjuda	oferować <zaoferować>	nabízet <nabídnout>	kínál
acção ao portador f	—	innehavaraktie	akcja na okaziciela f	akcie na majitele f	bemutatóra szóló részvény
accionista m	—	aktieägare	akcjonariusz m	akcionář m	részvényes
assembleia geral dos accionistas f	—	bolagsstämma	zgromadzenie wspólników n	valná hromada společníků f	taggyűlés
participação no negócio f	—	affärsandel	udział w przedsiębiorstwie m	podíl na obchodu m	üzletrész
participação no capital f	—	kapitalandel	udział w kapitale m	kapitálový podíl m	tőkerész
acção nominativa f	—	namnaktie	akcja imienna f	akcie na jméno f	névre szóló részvény
parâmetro de acção m	—	aktionsparameter	parametr działania m	akciový parametr m	saját cselekvést kifejező paraméter
acções f/pl	—	aktion	działania n	akcie f/pl	kampányok
carteira de acções f	—	aktieinnehav	stan ilości akcji m	stav akcií m	részvényállomány
depósito de acções m	—	aktiedepå	depozyt akcji m	depozita akcií m	részvényletét
índice de bolsa para acções m	—	aktieindex	indeks akcji m	akciový index m	árfolyamindex
capital em acções m	—	aktiekapital	kapitał akcyjny m	akciový kapitál m	részvénytőke
cotação das acções f	—	aktiekurs	kurs akcji m	kurs akcií m	részvényárfolyam
lote de acções m	—	aktiepaket	pakiet akcji m	balík akcií m	részvénypakett
por carta registada	—	värdeförsändelse	listem poleconym	doporučeně	ajánlva
registado m	—	värdeförsändelse	przesyłka polecona f	doporučená zásilka f	ajánlott
forma de tratamento f	—	tilltalsform	tytułowanie n	oslovení n	megszólítás
compra f	—	inköp	zakup m	nákup m	vásárlás
compra f	—	köp	kupno n	nákup m	vásárlás
compra a prestações f	—	avbetalningsköp	kupno na raty n	koupě na splátky f	részletfizetéses vásárlás
preço de compra m	—	köppris	cena kupna f	kupní cena f	vételár
valor de aquisição m	—	anskaffningsvärde	wartość nabycia f	pořizovací hodnota f	beszerzési érték
taxa de expedição de um mandato de pagamento f	—	påminnelseavgift	opłaty za koszta upomnienia f/pl	poplatky za upomínku m/pl	fizetési felszólítási díjak
advertência f	—	påminnelse	upomnienie płatnicze n	upomínka f	fizetési felszólítás
inscrição f	—	registrering	zgłoszenie n	přihláška f	bejelentés
prazo de declaração m	—	ansökningstid	termin zgłaszania m	přihlašovací lhůta f	jelentkezési határidő
aquisição f	—	anskaffning	zakup m	opatření n	beszerzés
custos de aquisição m/pl	—	anskaffningskostnad	koszty własne nabycia środków trwałych m/pl	pořizovací náklady m/pl	beszerzési költségek
aviso para pagamento de imposto m	—	skattsedel	podatkowy nakaz płatniczy m	daňový výměr m	adókivetési értesítés
responsabilidade f	—	ansvarighet	gwarancja f	ručení n	felelősség
seguro de responsabilidade civil m	—	ansvarsförsäkring	ubezpieczenie od odpowiedzialności cywilnej f	pojištění povinného ručení n	felelősségbiztosítás

aantekening

	D	E	F	I	ES
aantekening (NL)	Aktennotiz f	memorandum	note f	nota f	nota f
aantekening (NL)	Vermerk m	note	remarque f	nota f	nota f
aanvaardbaar risico (NL)	Restrisiko n	acceptable risk	risque résiduel m	rischio residuo m	riesgo aceptable m
aanvangssalaris (NL)	Anfangsgehalt n	starting salary	salaire initial m	stipendio iniziale m	salario inicial m
aanvraag (NL)	Anfrage f	inquiry	demande f	richiesta f	demanda f
aanvraag (NL)	Antrag m	application	demande f	domanda f	solicitud f
aanvraagformulier (NL)	Antragsformular n	application form	formulaire de demande m	modulo di richiesta m	formulario de solicitud m
à atenção (P)	zu treuen Händen	for safekeeping	remettre à qui de droit	alla particolare attenzione	a la atención
abastecedor (ES)	Zulieferer m	subcontractor	sous-traitant m	fornitore m	—
abastecimiento (ES)	Versorgung f	supply	approvisionnement m	approvvigionamento m	—
ab Bahnhof (D)	—	free on rail	départ gare	franco stazione	franco estación
Abbau (D)	—	reduction	réduction f	riduzione f	reducción f
abbonamento (I)	Abonnement n	subscription	abonnement m	—	suscripción f
abbuchen (D)	—	deduct	débiter	addebitare	cargar en cuenta
abbuono (I)	Bonifikation f	bonus	bonification f	—	bonificación f
abertura de conta (P)	Kontoeröffnung f	opening of an account	ouverture de compte f	accensione di un conto f	apertura de una cuenta f
Abfall (D)	—	waste	déchet m	rifiuti m/pl	desechos m/pl
Abfallbeseitigung (D)	—	waste disposal	élimination des déchets f	smaltimento dei rifiuti m	evacuación de residuos f
Abfallbörse (D)	—	recycling exchange	bourse de recyclage f	borsa di riciclaggio f	bolsa de reciclaje f
Abfallwirtschaft (D)	—	waste management	industrie de déchets f	industria dei rifiuti f	industria de desperdicios f
Abfertigung (D)	—	dispatch	expédition f	spedizione f	despacho m
Abfindung (D)	—	compensation	indemnité f	compensazione f	compensación f
abgabenfrei (D)	—	tax-exempt	exempt de taxes	esente da imposte	exento de impuestos
abgabenpflichtig (D)	—	liable to tax	assujetti à l'impôt	soggetto a imposte	sujeto a impuestos
abholbereit (D)	—	ready for collection	prêt pour enlèvement	pronto per il ritiro	listo para la recogida
ab Kai (D)	—	ex quay	départ quai	franco banchina	ex muelle
Abkommen (D)	—	agreement	accord m	accordo m	acuerdo m
Abladegewicht (D)	—	weight loaded	poids au déchargement m	peso di scarico m	peso de descarga m
Ablage (D)	—	file	classeur-collecteur m	archivio m	archivo m
Ablauffrist (D)	—	time limit	échéance f	termine di scadenza m	vencimiento m
Ablehnung (D)	—	refusal	refus m	rifiuto m	denegación f
abliefern (D)	—	deliver	livrer	consegnare	entregar
ablösen (D)	—	redeem	rembourser	rimborsare	amortizar
Ablösesumme (D)	—	redemption sum	montant de rachat m	buona uscita f	suma de amortización f
Abnahme (D)	—	acceptance	réception f	accettazione f	aceptación f
Abnahmemenge (D)	—	purchased quantity	quantité commercialisée f	quantità d'acquisto f	cantidad de compra f
Abnahmepflicht (D)	—	obligation to take delivery	obligation de prendre livraison f	obbligo di ritiro m	obligación de recepción f
Abnehmer (D)	—	buyer	acheteur m	acquirente m	tomador m
Abnehmerland (D)	—	buyer country	pays acheteur m	paese acquirente m	país comprador m
Abnutzung (D)	—	wear and tear	dépréciation f	deprezzamento m	desgaste m
abogado (ES)	Anwalt m	lawyer	avocat m	avvocato m	—
abogado (ES)	Rechtsanwalt m	lawyer	avocat m	avvocato m	—

abogado

P	NL	SV	PL	CZ	H
memorando m	—	notis	memo n	poznámka ve spisu f	feljegyzés
nota f	—	anmärkning	adnotacja f	poznámka f	megjegyzés
risco restante m	—	acceptabel risk	ryzyko akceptowane n	akceptovatelné riziko n	elfogadható kockázat
salário inicial m	—	begynnelselön	pensja stażowa f	nástupní plat m	kezdő fizetés
pedido m	—	förfrågan	zapytanie n	poptávka f	ajánlatkérés
solicitação f	—	ansökan	podanie n	žádost f	kérvény
formulário de solicitação m	—	ansökningsblankett	formularz podaniowy m	formulář žádosti m	kérvényűrlap
—	in bewaring	tillhanda	do rąk własnych	odevzdat do spolehlivých rukou f/pl	megőrzésre átadott
fornecedor m	toelevering f	leverantör	kooperant m	subdodavatel m	beszállító
aprovisionamento m	bevoorrading f	försörjning	zaopatrzenie n	zásobování n	ellátás
ex caminhos de ferro	af station	fritt från järnväg	ze stacji kolejowej	z nádraží n	költségmentesen vagonba rakva
redução f	vermindering f	nedbrytning	redukcja f	snížení n	leépítés
subscrição f	abonnement n	abonnemang	abonament m	předplatné n	előfizetés
debitar	afschrijven	debitera	odpisywać <odpisać> z konta	přeúčtovat	megterhel
bonificação f	bonificatie f	bonus	premia f	bonifikace f	térítés
—	het openen van een rekening n	kontoöppnande	otwarcie konta n	otevření účtu n	számlanyitás
desperdícios m/pl	afval m	avfall	odpady m/pl	odpad m	hulladék
eliminação dos desperdícios f	verwijdering van afval f	avfallshantering	usuwanie odpadów n	odstraňování odpadu n	hulladékeltávolítás
bolsa de reciclagem f	afvalbeurs f	återvinningsbörs	giełda odpadów f	burza s odpady f	hulladékanyag-börze
gestão dos desperdícios f	afvalindustrie f	återvinningsindustri	gospodarka odpadami f	hospodaření s odpady n	hulladékgazdálkodás
expedição f	goederenverzending f	leverans	spedycja f	odbavení n	továbbítás
indemnização f	verzending f	ersättning	odszkodowanie n	odstupné n	kártérítés
isento de impostos	tolvrij	skattefri	wolne od podatków	osvobozený od poplatků	adómentes
sujeito a impostos	belastbaar	skattepliktig	podlegający opodatkowaniu	podléhající poplatkům	adóköteles
disponível	klaar voor afhaling	färdig att avhämtas	gotowe do odbioru	připraven k vyzvednutí	elvitelre kész
posto no cais	af kaai	fritt från kaj	z nabrzeża	z nábřeží n	rakparton átvéve
acordo m	overeenkomst f	avtal	umowa f	smlouva f	megállapodás
peso de descarga m	gewicht bij het lossen n	inlastad vikt	waga wysyłkowa f	hmotnost při vyložení f	átadási súly
arquivo m	rangschikking f	arkiv	archiwum akt n	uložení n	kartoték
vencimento m	datum van afloop m	tidsfrist	termin ważności m	prošlá lhůta f	lejárati határidő
recusa f	weigering f	avslag	odmowa f	odmítnutí n	elutasítás
entregar	afleveren	leverera	dostarczać <dostarczyć>	dodávat <dodat>	leszállít
amortizar	aflossen	återköpa	spłacać <spłacić>	oddělovat <oddělit>	törleszt
montante de amortização m	aflosbedrag n	återköpsumma	kwota spłaty f	odstupné n	visszafizetési összeg
aceitação f	afname f	godkännande av leverans	odbiór m	odebrání n	átvétel
quantidade adquirida f	afnamehoeveelheid f	leveransmängd	ilość odbierana f	odebrané množství n	vásárolt mennyiség
obrigação de aceitar a entrega f	afnameverplichting f	skyldighet att acceptera leverans	obowiązek odbioru m	povinné odebrání n	átvételi kötelezettség
comprador m	afnemer m	köpare	odbiorca m	odběratel m	vásárló
país comprador m	afnemend land n	köparland	kraj importujący m	odběratelská země n	a vásárló országa
desgaste m	slijtage f	slitage	zużycie n	opotřebení n	elhasználódás
advogado m	advocaat m	advokat	adwokat m	právník m	ügyvéd
advogado m	advocaat m	advokat	adwokat m	právní zástupce m	ügyvéd

abonador

	D	E	F	I	ES
abonador (P)	Bon m	voucher	bon m	buono m	bono m
abonament (PL)	Abonnement n	subscription	abonnement m	abbonamento m	suscripción f
abonnemang (SV)	Abonnement n	subscription	abonnement m	abbonamento m	suscripción f
abonnemang (SV)	Subskription f	subscription	souscription f	sottoscrizione f	suscripción f
Abonnement (D)	—	subscription	abonnement m	abbonamento m	suscripción f
abonnement (F)	Abonnement n	subscription	—	abbonamento m	suscripción f
abonnement (NL)	Abonnement n	subscription	abonnement m	abbonamento m	suscripción f
abonnements-polis (NL)	Generalpolice f	floating policy	police d'abonnement f	polizza generale f	póliza global f
abono (ES)	Gutschrift f	credit	crédit m	accredito m	—
Abrechnung (D)	—	settlement of accounts	règlement m	liquidazione f	liquidación f
Abrechnungstag (D)	—	settlement day	date de règlement f	giorno di liquidazione m	fecha de liquidación f
Abrechnungs-zeitraum (D)	—	accounting period	période comptable f	periodo di liquidazione m	período de liquidación m
Abreisedatum (D)	—	date of departure	date de départ f	data di partenza f	fecha de partida f
a breve termine (I)	kurzfristig	short-term	à court terme	—	a corto plazo
abroad (E)	im Ausland	—	à l'étranger	all'estero	en el extranjero
Abruf (D)	—	call	appel m	ordine di consegna m	demanda de entrega f
Absage (D)	—	refusal	refus m	rifiuto m	negativa f
Absatz (D)	—	sales	volume des ventes m	volume di vendite m	cifra de ventas f
Absatzanalyse (D)	—	sales analysis	analyse de la distribution f	analisi di mercato m	análisis de venta m
Absatzchance (D)	—	sales prospects	possibilités de réussite des ventes f/pl	possibilità di vendita f/pl	posibilidades de venta f/pl
Absatzförderung (D)	—	sales promotion	promotion des ventes f	promozione delle vendite f	fomento de ventas m
Absatzplanung (D)	—	sales planning	planification de la distribution f	pianificazione delle vendite f	planificación de ventas f
Absatzsegment (D)	—	sales segment	segment de vente m	segmento di vendita m	segmento de venta m
Absatzweg (D)	—	channel of distribution	canal de distribution m	sbocco m	medio de venta f
Absatzwirtschaft (D)	—	marketing	commercialisation f	commercializzazione f	economía de distribución f
ab Schiff (D)	—	ex ship	départ navire	franco bordo	ex vapor
Abschlag (D)	—	reduction	remise f	deduzione f	descuento m
Abschlags-zahlung (D)	—	part payment	acompte m	pagamento a rate m	pago parcial m
Abschluß (D)	—	conclusion	conclusion f	conclusione f	cierre m
Abschreibung (D)	—	depreciation	amortissement m	ammortamento m	amortización f
Abschreibungs-fonds (D)	—	depreciation fund	fonds d'amortissement m	fondo di ammortamento m	fondo de amortización m
Abschrift (D)	—	copy	copie f	copia f	copia f
Abschwung (D)	—	downswing	dépression f	ribasso m	recesión f
Absender (D)	—	sender	envoyeur m	mittente m	remitente m
absolutamente confidencial (ES)	streng vertraulich	strictly confidential	strictement confidentiel	strettamente confidenziale	—
absorbering (SV)	Absorption f	absorption	absorption f	assorbimento m	absorción f
absorção (P)	Absorption f	absorption	absorption f	assorbimento m	absorción f
absorción (ES)	Absorption f	absorption	absorption f	assorbimento m	—
absorpce (CZ)	Absorption f	absorption	absorption f	assorbimento m	absorción f
absorptie (NL)	Absorption f	absorption	absorption f	assorbimento m	absorción f
Absorption (D)	—	absorption	absorption f	assorbimento m	absorción f
absorption (E)	Absorption f	—	absorption f	assorbimento m	absorción f
absorption (F)	Absorption f	absorption	—	assorbimento m	absorción f
Abteilung (D)	—	department	service m	reparto m	departamento m

11 Abteilung

P	NL	SV	PL	CZ	H
—	bon m	bong	bon m	bon m	bón
subscrição f	abonnement n	abonnemang	—	předplatné n	előfizetés
subscrição f	abonnement n	—	abonament m	předplatné n	előfizetés
subscrição f	intekening f	—	subskrypcja f	subskripce f	jegyzés
subscrição f	abonnement n	abonnemang	abonament m	předplatné n	előfizetés
subscrição f	abonnement n	abonnemang	abonament m	předplatné n	előfizetés
subscrição f	—	abonnemang	abonament m	předplatné n	előfizetés
apólice f	—	flytande försäkring	polisa generalna f	generální pojistka f	biztosítási keretkötvény
nota de crédito f	creditnota f	kreditering	zapis na dobro rachunku m	dobropis m	jóváírás
liquidação de contas f	afrekening f	avräkning	rozliczenie n	vyúčtování n	elszámolás
dia da liquidação m	liquidatiedag m	avräkningsdag	dzień rozliczeniowy m	den vyúčtování m	elszámolási nap
período de contabilização m	boekingsperiode f	räkenskapsperiod	okres rozliczeniowy m	zúčtovací období n	elszámolási időszak
data de partida f	vertrekdatum m	avresedatum	data wyjazdu f	datum odjezdu n	elutazás napja
a curto prazo	op korte termijn	kortfristig	krótkoterminowy	krátkodobý	rövid lejáratú
no estrangeiro	in het buitenland	i utlandet	za granicą	v cizině	külföldön
pedido m	afroep m	avrop	żądanie n	odvolání n	lehívás
recusa f	weigering f	avböjande	odmowa f	odřeknutí n	lemondás
volume de vendas m	afzet m	säljvolym	zbyt m	odbyt m	forgalom
análise de mercado f	verkoopanalyse f	säljanalys	analiza zbytu f	analýza odbytu f	értékesítési elemzés
possibilidades de venda f/pl	verkoopvooruitzichten n/pl	kundämne	możliwość zbytu m	vyhlídka na odbyt f	értékesítési kilátások
promoção comercial f	verkoopbevordering f	säljfrämjande åtgärder pl	promocja sprzedaży f	stimulace odbytu f	értékesítésösztönzés
planificação de vendas f	verkoopplanning f	säljplanering	planowanie zbytu n	plánování odbytu n	értékesítés tervezése
segmento de venda m	verkoopsegment n	säljsegment	segment zbytu m	odbytový segment m	értékesítési szegmens
canal de distribuição m	distributiekanaal n	distributionskanal	droga zbytu f	odbytová cesta f	értékesítési csatorna
comercialização f	marketing f	marknadsföring	marketing	odbytové hospodářství n	értékesítés
ex navio	af schip	fritt från fartyg	ze statku	z lodě f	hajón átvéve
desconto m	afslag m	sänkning	potrącenie n	sleva f	árengedmény
pagamento parcial m	betaling in termijnen f	dellikvid	spłata ratalna f	splátka f	részletfizetés
conclusão f	afsluiting f	avslutning	zamknięcie n	závěrka f	kötés
amortização f	afschrijving f	avskrivning	amortyzacja f	odpis m	értékcsökkenés
fundo de depreciação m	afschrijvingsfonds n	avskrivningsfond	fundusz amortyzacyjny m	fond odpisů m	amortizációs alap
cópia f	duplicaat n	kopia	odpis m	opis m	másolat
baixa f	recessie f	nedgång	regresja f	pokles rozvoje m	gazdasági visszaesés
remetente m	afzender m	avsändare	nadawca f	odesílatel m	feladó
estritamente confidencial	strikt vertrouwelijk	konfidentiellt	ściśle poufne	přísně důvěrné	szigorúan bizalmas
absorção f	absorptie f	—	chłonność f	absorpce f	felszívás
—	absorptie f	absorbering	chłonność f	absorpce f	felszívás
absorção f	absorptie f	absorbering	chłonność f	absorpce f	felszívás
absorção f	absorptie f	absorbering	chłonność f	absorpce f	felszívás
absorção f	—	absorbering	chłonność f	absorpce f	felszívás
absorção f	absorptie f	absorbering	chłonność f	absorpce f	felszívás
absorção f	absorptie f	absorbering	chłonność f	absorpce f	felszívás
absorção f	absorptie f	absorbering	chłonność f	absorpce f	felszívás
departamento m	afdeling f	avdelning	wydział m	oddělení n	osztály

Abteilungsleiter 12

	D	E	F	I	ES
Abteilungsleiter (D)	—	head of department	chef de service m	capo reparto m	jefe de sección m
Abtretung (D)	—	assignment	cession f	cessione f	cesión f
Abtretungsvertrag (D)	—	contract of assignment	contrat de cession m	contratto di cessione m	contrato de cesión m
a buon mercato (I)	preiswert	inexpensive	avantageux	—	barato
abuso di fiducia (I)	Veruntreuung f	misappropriation	malversation f	—	malversación f
Abweichung (D)	—	deviation	divergence f	differenza f	diferencia f
ab Werk (D)	—	ex works	départ usine	franco fabbrica	en fábrica
Abwertung (D)	—	devaluation	dévaluation f	svalutazione f	devaluación f
Abwicklung (D)	—	settlement	exécution f	esecuzione f	ejecución f
abzahlen (D)	—	pay off	régler en versements fractionnés	pagare a rate	pagar por cuotas
Abzahlung (D)	—	repayment	remboursement m	pagamento rateale m	pago a plazos m
Abzug (D)	—	deduction	retenue f	deduzione f	deducción f
a cargo de (ES)	zu Lasten	chargeable to	à la charge de qn	a carico di	—
a cargo de (P)	zu Lasten	chargeable to	à la charge de qn	a carico di	a cargo de
a carico di (I)	zu Lasten	chargeable to	à la charge de qn	—	a cargo de
accantonamento (I)	Rückstellung f	reserves	provision pour pertes et charges f	—	reserva f
acção (P)	Aktie f	share	action f	azione f	acción f
acção ao portador (P)	Inhaberaktie f	bearer share	action au porteur f	azione al portatore f	acción al portador f
acção de danos e perdas (P)	Schadensersatzklage f	action for damages	action en dommages-intérêts f	azione di risarcimento danni f	demanda de daños y perjuicios f
acção de indemnização por danos (P)	Schadensforderung f	claim for damages	prétention à dommages-intérêts f	credito per danni m	pretensión de indemnización f
acção judicial (P)	Klage f	legal action	action en justice f	citazione in giudizio f	demanda f
acção nominativa (P)	Namensaktie f	registered share	action nominative f	azione nominativa f	acción nominal f
acção ordinária (P)	Stammaktie f	ordinary shares	action ordinaire f	azione ordinaria f	acción ordinaria f
acção preferencial (P)	Vorzugsaktie f	preference share	action privilégiée f	azione privilegiata f	acción preferente f
accensione di un conto (I)	Kontoeröffnung f	opening of an account	ouverture de compte f	—	apertura de una cuenta f
accept (NL)	Akzept n	letter of acceptance	effet accepté f	tratta accettata f	aceptación f
accept (SV)	Akzept n	letter of acceptance	effet accepté f	tratta accettata f	aceptación f
acceptabel risk (SV)	Restrisiko n	acceptable risk	risque résiduel m	rischio residuo m	riesgo aceptable m
acceptable risk (E)	Restrisiko n	—	risque résiduel m	rischio residuo m	riesgo aceptable m
acceptance (E)	Abnahme f	—	réception f	accettazione f	aceptación f
acceptance (E)	Annahme f	—	acceptation f	accettazione f	aceptación f
acceptance credit (E)	Akzeptkredit m	—	crédit par acceptation m	credito d'accettazione m	crédito de aceptación m
acceptance credit (E)	Wechselkredit	—	crédit d'escompte m	credito cambiario m	crédito cambiario m
acceptation (F)	Annahme f	acceptance	—	accettazione f	aceptación f
acceptation de prendre le risque en charge (F)	Deckungszusage	confirmation of cover	—	impegno di copertura m	nota de aceptación de cobertura f
acceptkrediet (NL)	Akzeptkredit m	acceptance credit	crédit par acceptation m	credito d'accettazione m	crédito de aceptación m
acceptkrediet (NL)	Wechselkredit	acceptance credit	crédit d'escompte m	credito cambiario m	crédito cambiario m
accertamento tributario (I)	Steuerveranlagung f	tax assessment	imposition f	—	tasación de los impuestos f
accettazione (I)	Abnahme f	acceptance	réception f	—	aceptación f
accettazione (I)	Annahme f	acceptance	acceptation f	—	aceptación f
accident du travail (F)	Arbeitsunfall m	industrial accident	—	infortunio sul lavoro m	accidente profesional m

13 accident du travail

P	NL	SV	PL	CZ	H
chefe de departamento m	afdelingschef m	avdelningschef	kierownik wydziału m	vedoucí oddělení m	osztályvezető
cessão f	overdracht m	överlåtelse	cesja f	odstoupení n	átruházás
contrato de cessão m	overdrachtsovereenkomst f	överlåtelseavtal	umowa cesji f	smlouva o odstoupení f	átruházási szerződés
barato	goedkoop	prisvärd	niedrogi	cenově výhodný	kedvező árú
desfalque m	verduistering f	förskingring	sprzeniewierzenie n	zpronevěra f	hűtlen kezelés
divergência f	afwijking f	avvikelse	odchylenie f	odchylka f	eltérés
ex fábrica	af fabriek	fritt från fabrik	z zakładu	ze závodu m	gyárban átvéve
desvalorização f	devaluatie f	devalvering	dewaluacja f	snížení hodnoty n	leértékelés
execução f	afwikkeling f	likvidering	realizacja f	vyřízení n	lebonyolítás
pagar por quotas	afbetalen	betala av	spłacać <spłacić>	splácet <splatit>	részletekben kifizet
reembolso	afbetaling f	avbetalning	spłata f	splácení n	részletfizetés
dedução	aftrek m	avdrag	potrącenie n	srážka f	levonás
a cargo de	ten laste van	debiteras	w ciężar	na účet	terhére
—	ten laste van	debiteras	w ciężar	na účet	terhére
a cargo de	ten laste van	debiteras	w ciężar	na účet	terhére
reservas f/pl	bestemmingsreserve f	outdelad vinst	rezerwa f	vrácení n	céltartalék
—	actie f	aktie	akcja f	akcie f	részvény
—	aandeel aan toonder n	innehavaraktie	akcja na okaziciela f	akcie na majitele f	bemutatóra szóló részvény
—	eis tot schadeloosstelling m	skadeståndskrav	skarga o odszkodowanie f	žaloba o náhradu škody f	kártérítési kereset
—	schadeclaim m	skadeersättningsanspråk	roszczenie do odszkodowania n	požadavek odškodnění m	kártérítési követelés
—	klacht f	åtal	skarga f	žaloba f	panasz
—	aandeel op naam n	namnaktie	akcja imienna f	akcie na jméno f	névre szóló részvény
—	gewoon aandeel n	stamaktie	akcja założycielska f	kmenová akcie f	törzsrészvény
—	preferent aandeel n	preferensaktie	akcja uprzywilejowana f	prioritní akcie f	elsőbbségi részvény
abertura de conta f	het openen van een rekening n	kontoöppnande	otwarcie konta n	otevření účtu n	számlanyitás
letra aceite f	—	accept	akcept m	akceptace f	elfogadott váltó
letra aceite f	accept n	—	akcept m	akceptace f	elfogadott váltó
risco restante m	aanvaardbaar risico n	—	ryzyko akceptowane n	akceptovatelné riziko n	elfogadható kockázat
risco restante m	aanvaardbaar risico n	acceptabel risk	ryzyko akceptowane n	akceptovatelné riziko n	elfogadható kockázat
aceitação f	afname f	godkännande av leverans	odbiór m	odebrání n	átvétel
aceitação f	in ontvangstneming f	godkännande av leverans	przyjęcie n	přijetí n	elfogadás
crédito de aceitação	acceptkrediet n	växelkredit	kredyt akceptacyjno-rembursowy m	akceptační úvěr m	váltóhitel
crédito cambial m	acceptkrediet n	växelkredit	kredyt wekslowy m	směnečný úvěr m	váltóhitel
aceitação f	in ontvangstneming f	godkännande av leverans	przyjęcie n	přijetí n	elfogadás
confirmação do seguro f	bewijs van dekking n	täckningsbekräftelse	przyrzeczenie pokrycia szkody n	příslib krytí n	fedezeti ígérvény
crédito de aceitação	—	växelkredit	kredyt akceptacyjno-rembursowy m	akceptační úvěr m	váltóhitel
crédito cambial m	—	växelkredit	kredyt wekslowy m	směnečný úvěr m	váltóhitel
lançamento de impostos m	belastinggrondslag m	taxering	wymiar podatku m	stanovení výšky zdanění n	adókivetés
aceitação f	afname f	godkännande av leverans	odbiór m	odebrání n	átvétel
aceitação f	in ontvangstneming f	godkännande av leverans	przyjęcie n	přijetí n	elfogadás
acidente de trabalho m	arbeidsongeval n	arbetsolycka	wypadek przy pracy f	pracovní úraz m	munkahelyi baleset

accidente profesional 14

	D	E	F	I	ES
accidente profesional (ES)	Arbeitsunfall *m*	industrial accident	accident du travail *m*	infortunio sul lavoro *m*	—
acción (ES)	Aktie *f*	share	action *f*	azione *f*	—
acción al portador (ES)	Inhaberaktie *f*	bearer share	action au porteur *f*	azione al portatore *f*	—
acciones (ES)	Aktien *f/pl*	actions	actions *f/pl*	azioni *f/pl*	—
accionista (ES)	Aktionär *m*	shareholder	actionnaire *m*	azionista *m*	—
accionista (P)	Aktionär *m*	shareholder	actionnaire *m*	azionista *m*	accionista *m*
acción nominal (ES)	Namensaktie *f*	registered share	action nominative *f*	azione nominativa *f*	—
acción ordinaria (ES)	Stammaktie *f*	ordinary shares	action ordinaire *f*	azione ordinaria *f*	—
acción preferente (ES)	Vorzugsaktie *f*	preference share	action privilégiée *f*	azione privilegiata *f*	—
acções (P)	Aktien *f/pl*	actions	actions *f/pl*	azioni *f/pl*	acciones *f/pl*
accommodating (E)	kulant	—	arrangeant	corrente	de fácil avenencia
accompanying documents (E)	Begleitpapiere *f*	—	pièces d'accompagnement *f/pl*	documenti accompagnatori *m/pl*	documentos adjuntos *m/pl*
accoppiamento a reazione (I)	Rückkopplung *f*	feedback	rétroaction *f*	—	retroacción *f*
accord (F)	Abkommen *n*	agreement	—	accordo *m*	acuerdo *m*
accord (F)	Vereinbarung *f*	agreement	—	accordo *m*	acuerdo *m*
accord commercial (F)	Handelsabkommen *n*	trade agreement	—	accordo commerciale *m*	acuerdo comercial *m*
accord de salaires (F)	Lohnvereinbarung	wage agreement	—	accordo salariale *m*	pacto salarial *m*
accord douanier (F)	Zollabkommen *n*	customs convention	—	accordo sulle tariffe	convenio aduanero *m*
accord monétaire (F)	Währungsabkommen *n*	monetary agreement	—	accordo monetario *m*	acuerdo monetario *m*
accordo (I)	Abkommen *n*	agreement	accord *m*	—	acuerdo *m*
accordo (I)	Vereinbarung *f*	agreement	accord *m*	—	acuerdo *m*
accordo collettivo (I)	Tarifvertrag *m*	collective agreement	convention	—	contrato
accordo commerciale (I)	Handelsabkommen *n*	trade agreement	accord commercial *m*	—	acuerdo comercial *m*
accordo monetario (I)	Währungsabkommen *n*	monetary agreement	accord monétaire *m*	—	acuerdo monetario *m*
accordo salariale (I)	Lohnvereinbarung	wage agreement	accord de salaires *m*	—	pacto salarial *m*
accordo sui prezzi (I)	Preisabsprache *f*	price fixing	entente sur les prix *m*	—	acuerdo de precios *m*
accordo sulle tariffe (I)	Zollabkommen *n*	customs convention	accord douanier *m*	—	convenio aduanero *m*
accords généraux de crédit (F)	allgemeine Krediteinbarungen *f/pl*	general credit agreements	—	condizioni generali di credito *f/pl*	acuerdos generales de crédito *m/pl*
account (E)	Konto *n*	—	compte *m*	conto *m*	cuenta *f*
accountancy (E)	Rechnungswesen *n*	—	comptabilité *f*	ragioneria *f*	contabilidad *f*
accountant (NL)	Betriebsprüfer *m*	auditor	expert-comptable *m*	revisore aziendale *m*	inspector fiscal *m*
account books and balance-sheets (E)	Geschäftsbücher *n/pl*	—	livres de commerce *m/pl*	libri contabili *m/pl*	libros de contabilidad *m/pl*
account holder (E)	Kontoinhaber *m*	—	titulaire d'un compte *m*	titolare del conto *m*	titular de una cuenta *m*
accounting (E)	Buchhaltung *f*	—	comptabilité *f*	contabilità *f*	contabilidad *f*
accounting period (E)	Abrechnungszeitraum *m*	—	période comptable *f*	periodo di liquidazione *m*	período de liquidación *m*
account number (E)	Kontonummer *f*	—	numéro de compte *m*	numero di conto *m*	número de cuenta *m*
accredit (E)	akkreditieren	—	accréditer	accreditare	acreditar
accreditare (I)	akkreditieren	accredit	accréditer	—	acreditar
accréditer (F)	akkreditieren	accredit	—	accreditare	acreditar
accrediteren (NL)	akkreditieren	accredit	accréditer	accreditare	acreditar

15 accrediteren

P	NL	SV	PL	CZ	H
acidente de trabalho m	arbeidsongeval n	arbetsolycka	wypadek przy pracy f	pracovní úraz m	munkahelyi baleset
acção f	actie f	aktie	akcja f	akcie f	részvény
acção ao portador f	aandeel aan toonder n	innehavaraktie	akcja na okaziciela f	akcie na majitele f	bemutatóra szóló részvény
acções f/pl	aandelen n/pl	aktion	działania n	akcie f/pl	kampányok
accionista m	aandeelhouder m	aktieägare	akcjonariusz m	akcionář m	részvényes
—	aandeelhouder m	aktieägare	akcjonariusz m	akcionář m	részvényes
acção nominativa f	aandeel op naam n	namnaktie	akcja imienna f	akcie na jméno f	névre szóló részvény
acção ordinária f	gewoon aandeel n	stamaktie	akcja założycielska f	kmenová akcie f	törzsrészvény
acção preferencial f	preferent aandeel n	preferensaktie	akcja uprzywilejowana f	prioritní akcie f	elsőbbségi részvény
—	aandelen n/pl	aktion	działania n	akcie f/pl	kampányok
flexível	tegemoetkomend	tillmötesgående	uprzejmy	solidní	előzékeny
documentos anexos m/pl	begeleidende documenten n/pl	bifogade dokument pl	dokumenty towarzyszące m/pl	průvodní doklady m/pl	kísérő okmányok
feed-back m	feedback m	feedback	sprzężenie zwrotne n	zpětná vazba f	visszacsatolás
acordo m	overeenkomst f	avtal	umowa f	smlouva f	megállapodás
acordo m	regeling f	överenskommelse	porozumienie n	dohoda f	megállapodás
acordo comercial m	handelsovereenkomst f	handelsavtal	umowa handlowa f	obchodní dohoda f	kereskedelmi egyezmény
acordo salarial m	loonregeling f	löneavtal	porozumienie o wynagrodzeniu n	mzdová dohoda f	bérmegállapodás
convenção aduaneira f	tariefakkoord n	tullavtal	Układ w Sprawie Ceł m	celní dohoda f	vámegyezmény
acordo monetário m	muntovereenkomst f	valutaavtal	porozumienie walutowe n	měnová dohoda f	valutaegyezmény
acordo m	overeenkomst f	avtal	umowa f	smlouva f	megállapodás
acordo m	regeling f	överenskommelse	porozumienie n	dohoda f	megállapodás
contrato colectivo m	collectieve arbeidsovereenkomst f	kollektivavtal	umowa zbiorowa f	kolektivní smlouva f	kollektív szerződés
acordo comercial m	handelsovereenkomst f	handelsavtal	umowa handlowa f	obchodní dohoda f	kereskedelmi egyezmény
acordo monetário m	muntovereenkomst f	valutaavtal	porozumienie walutowe n	měnová dohoda f	valutaegyezmény
acordo salarial m	loonregeling f	löneavtal	porozumienie o wynagrodzeniu n	mzdová dohoda f	bérmegállapodás
acordo de preços m	prijsafspraak f	prisöverenskommelse	porozumienie cenowe n	dohoda o ceně f	ármegállapodás
convenção aduaneira f	tariefakkoord n	tullavtal	Układ w Sprawie Ceł m	celní dohoda f	vámegyezmény
acordos gerais de crédito m/pl	algemene kredietovereenkomsten f/pl	allmänna lånevillkor	ogólne warunki kredytowe m/pl	všeobecné úvěrové dohody f/pl	Általános Hitelmegállapodások
conta f	rekening f	konto	konto n	účet m	számla
contabilidade f	bedrijfsadministratie f	redovisning	rachunkowość f	účetnictví n	számvitel
auditor m	—	revisor	kontroler podatkowy m	podnikový kontrolor m	revizor
livros de contabilidade m/pl	handelsboeken n/pl	bokföring	księgi handlowe f/pl	obchodní knihy f/pl	üzleti könyvek
titular da conta m	rekeninghouder m	kontoinnehavare	właściciel konta m	vlastník účtu m	számlatulajdonos
contabilidade f	boekhouding f	redovisning	księgowość f	účetnictví n	könyvelés
período de contabilização m	boekingsperiode f	räkenskapsperiod	okres rozliczeniowy m	zúčtovací období n	elszámolási időszak
número de conta m	rekeningnummer n	kontonummer	numer konta m	číslo účtu n	számlaszám
acreditar	accrediteren	ackreditera	akredytować <zaakredytować>	akreditovat	meghitelez
acreditar	accrediteren	ackreditera	akredytować <zaakredytować>	akreditovat	meghitelez
acreditar	accrediteren	ackreditera	akredytować <zaakredytować>	akreditovat	meghitelez
acreditar	—	ackreditera	akredytować <zaakredytować>	akreditovat	meghitelez

accréditif 16

	D	E	F	I	ES
accréditif (F)	Akkreditiv n	letter of credit	—	lettera di credito f	crédito documentario m
accredito (I)	Gutschrift f	credit	crédit m	—	abono m
accreedor (ES)	Gläubiger m	creditor	créancier m	creditore m	—
accroissement de valeur (F)	Wertzuwachs m	appreciation	—	incremento di valore m	plusvalía f
accusé de réception (F)	Empfangsbestätigung f	acknowledgement of receipt	—	conferma di ricevimento f	recibo m
aceitação (P)	Abnahme f	acceptance	réception f	accettazione f	aceptación f
aceitação (P)	Annahme f	acceptance	acceptation f	accettazione f	aceptación f
aceptación (ES)	Abnahme f	acceptance	réception f	accettazione f	—
aceptación (ES)	Akzept n	letter of acceptance	effet accepté f	tratta accettata f	—
aceptación (ES)	Annahme f	acceptance	acceptation f	accettazione f	—
acertar o prazo (P)	terminieren	set a deadline	fixer un délai	fissare un termine	concertar
achat (F)	Ankauf m	purchase	—	acquisto m	compra f
achat (F)	Einkauf m	purchase	—	acquisto m	compra f
achat (F)	Kauf m	purchase	—	acquisto m	compra f
achat à crédit (F)	Kreditgeschäft n	credit business	—	operazione di credito f	operaciones de crédito f/pl
achat à crédit (F)	Kreditkauf m	credit purchase	—	acquisto a credito m	compra a crédito f
achat à l'essai (F)	Kauf auf Probe	sale on approval	—	acquisto a titolo di prova m	compra a prueba f
achat à tempérament (F)	Ratenkauf m	hire purchase	—	acquisto a rate m	compra a plazo f
achat à terme (F)	Zielkauf m	purchase on credit	—	acquisto a termine m	compra a plazos m
achat de remplacement (F)	Ersatzkauf m	substitute purchase	—	acquisto di compensazione m	compra de sustitución f
achat de soutien (F)	Stützungskauf m	support buying	—	acquisto di sostegno m	compra de apoyo m
achats d'intervention (F)	Interventionskäufe m/pl	intervention buying	—	azioni di sostegno f/pl	compras de intervención f/pl
acheter (F)	einkaufen	buy	—	acquistare	comprar
acheter (F)	kaufen	buy	—	acquistare	comprar
acheteur (F)	Abnehmer m	buyer	—	acquirente m	tomador m
acheteur (F)	Besteller m	customer	—	committente m	demandante m
achterstallen (NL)	Verzug m	delay	retard m	mora f	retraso m
achterstand (NL)	Rückstand m	arrears pl	arriéré m	arretrato m	atraso m
achterstand (NL)	Zahlungsrückstand m	payment in arrears	arriéré de payement m	morosità di pagamento f	pago atrasado m
achterstand van de leveringen (NL)	Lieferverzug m	default of delivery	demeure du fournisseur f	mora nella consegna f	demora en la entrega f
acidente de trabalho (P)	Arbeitsunfall m	industrial accident	accident du travail m	infortunio sul lavoro m	accidente profesional m
acknowledgement of receipt (E)	Empfangsbestätigung f		accusé de réception m	conferma di ricevimento f	recibo m
ackordlön (SV)	Akkordlohn m	piece wages	salaire à la pièce m	retribuzione a cottimo f	salario a destajo m
ackordlön (SV)	Stücklohn m	piece-work pay	salaire à la tâche m	salario a cottimo m	salario a destajo m
ackordsarbete (SV)	Akkordarbeit f	piece-work	travail à la pièce m	lavoro a cottimo m	trabajo a destajo m
ackreditera (SV)	akkreditieren	accredit	accréditer	accreditare	acreditar
ackvisition (SV)	Akquisition f	acquisition	acquisition f	acquisizione f	adquisición f
a comisión (ES)	auf Provisionsbasis	on a commission basis	à la commission	a provvigione	—
à comissão (P)	auf Kommissionsbasis	on a commission basis	en commission	su commissione	en comisión
à comissão (P)	auf Provisionsbasis	on a commission basis	à la commission	a provvigione	a comisión

P	NL	SV	PL	CZ	H
crédito documentário m	geconfirmeerde kredietbrief m	remburs	Akredytywa f	akreditiv m	akkreditív
nota de crédito f	creditnota f	kreditering	zapis na dobro rachunku m	dobropis m	jóváírás
credor Km	schuldeiser m	borgenär	wierzyciel m	věřitel m	hitelező
mais-valia f	waardevermeerdering f	värdestegring	przyrost wartości m	přírůstek hodnoty m	értéknövekedés
aviso de recepção f	ontvangstbevestiging f	mottagningsbevis	potwierdzenie odbioru n	potvrzení příjmu n	átvételi elismervény
—	afname f	godkännande av leverans	odbiór m	odebrání n	átvétel
—	in ontvangstneming f	godkännande av leverans	przyjęcie n	přijetí n	elfogadás
aceitação f	afname f	godkännande av leverans	odbiór m	odebrání n	átvétel
letra aceite f	accept n	accept	akcept m	akceptace f	elfogadott váltó
aceitação f	in ontvangstneming f	godkännande av leverans	przyjęcie n	přijetí n	elfogadás
—	een termijn bepalen	bestämma datum	terminować	termínovat	beütemez
compra f	aankoop m	inköp	zakup m	nákup m	vásárlás
compra f	inkoop m	inköp	zakup m	nákup m	beszerzés
compra f	aankoop m	köp	kupno n	nákup m	vásárlás
operação de crédito f	krediettransactie f	kreditaffär	transakcja kredytowa f	úvěrová operace f	hitelügylet
compra a crédito f	koop op krediet m	kreditköp	kupno na kredyt n	nákup na úvěr m	hitelre történő vásárlás
compra a contento f	koop op proef m	provköp	kupno na próbę f	koupě na zkoušku f	próbavásárlás
compra a prestações f	aankoop op afbetaling m	avbetalningsköp	kupno na raty n	koupě na splátky f	részletfizetéses vásárlás
compra a crédito f	koop op krediet m	målköp	zakup kredytowy m	cílený nákup m	határidős vétel
compra de reposição f	vervangingskoop m	substitutsköp	zakup zastępczy m	náhradní nákup m	pótvásárlás
compra sustentatória f	steunaankoop m	stödköp	zakup podtrzymujący m	podpůrný nákup m	támogató vásárlás
compras de intervenção f/pl	steunaankopen m/pl	stödköp	zakupy interwencyjne m/pl	intervenční nákupy m/pl	intervenciós vásárlások
comprar	inkopen	köpa	kupować <kupić>	nakupovat <nakoupit>	vásárol
comprar	kopen	köpa	kupować <kupić>	kupovat <koupit>	vásárol
comprador m	afnemer m	köpare	odbiorca m	odběratel m	vásárló
comprador m	besteller m	kund	zamawiający m	objednavatel m	megrendelő
mora f	—	uppskov	zwłoka f	odklad m	késedelem
atraso m	—	restantier	zaległość f	nedoplatek m	hátralék
atraso no pagamento m	—	betalningsanstånd	zaległości płatnicze n/pl	nedoplatek m	fizetési hátralék
atraso no fornecimento m	—	försenad leverans	opóźnienie dostawy n	prodlení v dodávce n	szállítási késedelem
—	arbeidsongeval n	arbetsolycka	wypadek przy pracy f	pracovní úraz m	munkahelyi baleset
aviso de recepção f	ontvangstbevestiging f	mottagningsbevis	potwierdzenie odbioru n	potvrzení příjmu n	átvételi elismervény
pagamento à peça m	stukloon n	—	płaca akordowa f	úkolová mzda f	darabbér
salário por peça m	stukloon n	—	płaca akordowa f	mzda od kusu f	darabbér
trabalho à peça m	stukwerk n	—	praca akordowa f	práce v úkolu f	darabbéres munka
acreditar	accrediteren	—	akredytować <zaakredytować>	akreditovat	meghitelez
aquisição f	verwerving f	—	akwizycja f	akvizice f	akvizíció
à comissão	in commissie	provisionsbaserad	na zasadzie prowizji f	na základě provize f	jutalékos alapon
—	in commissie	i kommission	na bazie komisowej f	na komisionářském základě m	bizományosi alapon
—	in commissie	provisionsbaserad	na zasadzie prowizji f	na základě provize f	jutalékos alapon

acompte

	D	E	F	I	ES
acompte (F)	Abschlagszahlung f	part payment	—	pagamento a rate m	pago parcial m
acompte (F)	Anzahlung f	deposit	—	pagamento in acconto m	pago a cuenta m
acompte (F)	Rate f	instalment	—	rata f	plazo m
a-conto-Zahlung (D)	—	payment on account	payement acompte m	pagamento a conto m	pago a cuenta m
à convenance (F)	auf Abruf	on call	—	su richiesta	a requerimiento
acordar (P)	vereinbaren	agree	convenir de	pattuire	convenir
acordo (P)	Abkommen n	agreement	accord m	accordo m	acuerdo m
acordo (P)	Vereinbarung f	agreement	accord m	accordo m	acuerdo m
acordo comercial (P)	Handelsabkommen n	trade agreement	accord commercial m	accordo commerciale m	acuerdo comercial m
acordo de preços (P)	Preisabsprache f	price fixing	entente sur les prix m	accordo sui prezzi m	acuerdo de precios m
acordo monetário (P)	Währungsabkommen n	monetary agreement	accord monétaire m	accordo monetario m	acuerdo monetario m
acordo salarial (P)	Lohnvereinbarung	wage agreement	accord de salaires m	accordo salariale m	pacto salarial m
acordos gerais de crédito (P)	allgemeine Krediteinbarungen f/pl	general credit agreements	accords généraux de crédit m/pl	condizioni generali di credito f/pl	acuerdos generales de crédito m/pl
acordo sobre preços (P)	Preisbindung f	price fixing	imposition des prix f	obbligo di mantenere il prezzo fissato m	limitación de precios f
a corto plazo (ES)	kurzfristig	short-term	à court terme	a breve termine	—
à court terme (F)	kurzfristig	short-term	—	a breve termine	a corto plazo
acquéreur (F)	Käufer m	purchaser	—	acquirente m	adquirente m
acquirente (I)	Abnehmer m	buyer	acheteur m	—	tomador m
acquirente (I)	Käufer m	purchaser	acquéreur m	—	adquirente m
acquirente finale (I)	Endabnehmer m	ultimate buyer	preneur final m	—	comprador final m
acquisition (E)	Anschaffung f	—	acquisition f	acquisizione m	adquisición f
acquisition (E)	Akquisition f	—	acquisition f	acquisizione f	adquisición f
acquisition (F)	Anschaffung f	acquisition	—	acquisizione f	adquisición f
acquisition (F)	Akquisition f	acquisition	—	acquisizione f	adquisición f
acquisition value (E)	Anschaffungswert f	—	valeur d'acquisition f	valore d'acquisto m	valor de adquisición m
acquisizione (I)	Anschaffung f	acquisition	acquisition f	—	adquisición f
acquisizione (I)	Akquisition f	acquisition	acquisition f	—	adquisición f
acquistare (I)	einkaufen	buy	acheter	—	comprar
acquistare (I)	kaufen	buy	acheter	—	comprar
acquisto (I)	Ankauf m	purchase	achat m	—	compra f
acquisto (I)	Einkauf m	purchase	achat m	—	compra f
acquisto (I)	Kauf m	purchase	achat m	—	compra f
acquisto a credito (I)	Kreditkauf m	credit purchase	achat à crédit m	—	compra a crédito f
acquisto a rate (I)	Ratenkauf m	hire purchase	achat à tempérament m	—	compra a plazo f
acquisto a termine (I)	Zielkauf m	purchase on credit	achat à terme m	—	compra a plazos m
acquisto a titolo di prova (I)	Kauf auf Probe	sale on approval	achat à l'essai m	—	compra a prueba f
acquisto di compensazione (I)	Ersatzkauf m	substitute purchase	achat de remplacement m	—	compra de sustitución f
acquisto di sostegno (I)	Stützungskauf m	support buying	achat de soutien m	—	compra de apoyo f
acquit d'entrée (F)	Zolleinfuhrschein m	bill of entry	—	bolletta doganale d'importazione m	certificado de aduana m
acquittement (F)	Erfüllung f	execution	—	adempimento m	cumplimiento m
acreditar (ES)	akkreditieren	accredit	accréditer	accreditare	—
acreditar (P)	akkreditieren	accredit	accréditer	accreditare	acreditar

acreditar

P	NL	SV	PL	CZ	H
pagamento parcial m	betaling in termijnen f	dellikvid	spłata ratalna f	splátka f	részletfizetés
pagamento por conta m	aanbetaling f	handpenning	zaliczka f	záloha f	letét
prestação f	termijn m	avbetalning	rata f	splátka f	részlet
pagamento por conta m	betaling op rekening f	betalning på konto	płatność akonto f	akontace f	fizetési kötelezettség résztörlesztés
a pedido	op afroep	jour	na żądanie	na odvolání	lehívásra
—	overeenkomen	enas om	uzgadniać <uzgodnić>	dohodnout	megállapodik
—	overeenkomst f	avtal	umowa f	smlouva f	megállapodás
—	regeling f	överenskommelse	porozumienie n	dohoda f	megállapodás
—	handelsovereenkomst f	handelsavtal	umowa handlowa f	obchodní dohoda f	kereskedelmi egyezmény
—	prijsafspraak f	prisöverenskommelse	porozumienie cenowe n	dohoda o ceně f	ármegállapodás
—	muntovereenkomst f	valutaavtal	porozumienie walutowe n	měnová dohoda f	valutaegyezmény
—	loonregeling f	löneavtal	porozumienie o wynagrodzeniu n	mzdová dohoda f	bérmegállapodás
—	algemene kredietovereenkomsten f/pl	allmänna lånevillkor	ogólne warunki kredytowe m/pl	všeobecné úvěrové dohody f/pl	Általános Hitelmegállapodások
—	prijsbinding f	fast prissättning	zobowiązanie do utrzymania cen n	závaznost cen f	árrögzítés
a curto prazo	op korte termijn	kortfristig	krótkoterminowy	krátkodobý	rövid lejáratú
a curto prazo	op korte termijn	kortfristig	krótkoterminowy	krátkodobý	rövid lejáratú
comprador m	koper m	köpare	nabywca m	kupující m/f	vevő
comprador m	afnemer m	köpare	odbiorca m	odběratel m	vásárló
comprador m	koper m	köpare	nabywca m	kupující m/f	vevő
comprador final m	eindafnemer m	slutanvändare	odbiorca finalny m	konečný odběratel m	végfelhasználó
aquisição f	aanschaffing f	anskaffning	zakup m	opatření n	beszerzés
aquisição f	verwerving f	ackvisition	akwizycja f	akvizice f	akvizíció
aquisição f	aanschaffing f	anskaffning	zakup m	opatření n	beszerzés
aquisição f	verwerving f	ackvisition	akwizycja f	akvizice f	akvizíció
valor de aquisição m	aankoopwaarde f	anskaffningsvärde	wartość nabycia f	pořizovací hodnota f	beszerzési érték
aquisição f	aanschaffing f	anskaffning	zakup m	opatření n	beszerzés
aquisição f	verwerving f	ackvisition	akwizycja f	akvizice f	akvizíció
comprar	inkopen	köpa	kupować <kupić>	nakupovat <nakoupit>	vásárol
comprar	kopen	köpa	kupować <kupić>	kupovat <koupit>	vásárol
compra f	aankoop m	inköp	zakup m	nákup m	vásárlás
compra f	inkoop m	inköp	zakup m	nákup m	beszerzés
compra f	aankoop m	köp	kupno n	nákup m	vásárlás
compra a crédito f	koop op krediet m	kreditköp	kupno na kredyt n	nákup na úvěr m	hitelre történő vásárlás
compra a prestações f	aankoop op afbetaling m	avbetalningsköp	kupno na raty n	koupě na splátky f	részletfizetéses vásárlás
compra a crédito f	koop op krediet m	målköp	zakup kredytowy m	cílený nákup m	határidős vétel
compra a contento f	koop op proef m	provköp	kupno na próbę n	koupě na zkoušku f	próbavásárlás
compra de reposição f	vervangingskoop m	substitutsköp	zakup zastępczy m	náhradní nákup m	pótvásárlás
compra sustentatória f	steunaankoop m	stödköp	zakup podtrzymujący m	podpůrný nákup m	támogató vásárlás
declaração de importação à alfândega f	invoervergunning f	införseldeklaration	kwit odprawy celnej przywozowej m	dovozní celní stvrzenka f	behozatali vámkimutatás
cumprimento m	uitvoering f	uppfyllande	wykonanie n	splnění n	teljesítés
acreditar	accrediteren	ackreditera	akredytować <zaakredytować>	akreditovat	meghitelez
—	accrediteren	ackreditera	akredytować <zaakredytować>	akreditovat	meghitelez

acreedor de la quiebra

	D	E	F	I	ES
acreedor de la quiebra (ES)	Konkursgläubiger m	bankrupt's creditor	créancier de la faillite m	creditore della massa fallimentare m	—
acte de société (F)	Gesellschaftsvertrag m	deed of partnership	—	atto costitutivo m	contrato social
actie (NL)	Aktie f	share	action f	azione f	acción f
action (F)	Aktie f	share	—	azione f	acción f
action au porteur (F)	Inhaberaktie f	bearer share	—	azione al portatore f	acción al portador f
action en dommages-intérêts (F)	Schadensersatzklage f	action for damages	—	azione di risarcimento danni f	demanda de daños y perjuicios f
action en justice (F)	Klage f	legal action	—	citazione in giudizio f	demanda f
action for damages (E)	Schadensersatzklage f	—	action en dommages-intérêts f	azione di risarcimento danni f	demanda de daños y perjuicios f
actionnaire (F)	Aktionär m	shareholder	—	azionista m	accionista m
action nominative (F)	Namensaktie f	registered share	—	azione nominativa f	acción nominal f
action ordinaire (F)	Stammaktie f	ordinary shares	—	azione ordinaria f	acción ordinaria f
action parameters (E)	Aktionsparameter m	—	paramètre d'action m	parametro d'azione m	parámetro de acción m
action privilégiée (F)	Vorzugsaktie f	preference share	—	azione privilegiata f	acción preferente f
actions (E)	Aktionen f/pl	—	actions f/pl	azioni f/pl	acciones f/pl
actions (F)	Aktionen f/pl	actions	—	azioni f/pl	acciones f/pl
activa (NL)	Aktiva pl	assets	masse active f	attivo m	activo m
active balance (E)	Aktivsaldo m	—	solde créditeur m	saldo attivo m	saldo activo m
active partner (E)	aktiver Teilhaber m	—	associé prenant part à la gestion de l'entreprise m	associante m	socio activo m
actividade comercial (P)	Gewerbe n	trade	activité professionnelle f	commercio m	comercio m
activité professionnelle (F)	Gewerbe n	trade	—	commercio m	comercio m
activity rate (E)	Erwerbsquote f	—	taux d'activité m	quota della popolazione attiva f	tasa de la población activa f
activo (ES)	Aktiva pl	assets	masse active f	attivo m	—
activo (P)	Aktiva pl	assets	masse active f	attivo m	activo m
activo fijo (ES)	Anlagevermögen n	fixed assets	valeurs immobilisées f/pl	attivo fisso m	—
activo inmobiliario (ES)	Realvermögen n	real wealth	patrimoine réel m	patrimonio reale m	—
actual costs (E)	Istkosten pl	—	coûts réels m/pl	costi effettivi m/pl	gastos efectivos m/pl
acuerdo (ES)	Abkommen n	agreement	accord m	accordo m	—
acuerdo (ES)	Vereinbarung f	agreement	accord m	accordo m	—
acuerdo comercial (ES)	Handelsabkommen n	trade agreement	accord commercial m	accordo commerciale m	—
acuerdo de precios (ES)	Preisabsprache f	price fixing	entente sur les prix f	accordo sui prezzi m	—
acuerdo monetario (ES)	Währungsabkommen n	monetary agreement	accord monétaire m	accordo monetario m	—
acuerdos generales de crédito (ES)	allgemeine Kreditvereinbarungen f/pl	general credit agreements	accords généraux de crédit m/pl	condizioni generali di credito f/pl	—
a curto prazo (P)	kurzfristig	short-term	à court terme	a breve termine	a corto plazo
acuse de recibo (ES)	Rückschein m	advice of delivery	avis de réception m	ricevuta di ritorno f	—
adásvételi szerződés (H)	Kaufvertrag m	contract of sale	contrat de vente m	contratto di compravendita m	contrato de compraventa m
adásvételi szerződés (H)	Verkaufsabschluß m	sales contract	contrat de vente m	conclusione di vendita f	conclusión de la venta f
adatállomány (H)	Datei f	file	fichier m	file m	archivo de datos m
adatmentés (H)	Datensicherung f	data security	sauvegarde des données f	protezione dei dati f	protección de datos f
adatok (H)	Daten pl	data	données f/pl	dati m/pl	datos m/pl

adatok

P	NL	SV	PL	CZ	H
credor da massa falida m	schuldeiser in de boedel m	konkursfordringsägare	wierzyciel upadłości m	konkursní věřitel m	csődhitelező
contrato social m	akte van vennootschap f	bolagsavtal	umowa spółki f	zakládací smlouva obchodní společnosti f	társasági szerződés
acção f	—	aktie	akcja f	akcie f	részvény
acção f	actie f	aktie	akcja f	akcie f	részvény
acção ao portador f	aandeel aan toonder n	innehavaraktie	akcja na okaziciela f	akcie na majitele f	bemutatóra szóló részvény
acção de danos e perdas f	eis tot schadeloosstelling m	skadeståndskrav	skarga o odszkodowanie f	žaloba o náhradu škody f	kártérítési kereset
acção judicial f	klacht f	åtal	skarga f	žaloba f	panasz
acção de danos e perdas f	eis tot schadeloosstelling m	skadeståndskrav	skarga o odszkodowanie f	žaloba o náhradu škody f	kártérítési kereset
accionista m	aandeelhouder m	aktieägare	akcjonariusz m	akcionář m	részvényes
acção nominativa f	aandeel op naam n	namnaktie	akcja imienna f	akcie na jméno f	névre szóló részvény
acção ordinária f	gewoon aandeel n	stamaktie	akcja założycielska f	kmenová akcie f	törzsrészvény
parâmetro de acção m	aandeelparameter m	aktionsparameter	parametr działania m	akciový parametr m	saját cselekvést kifejező paraméter
acção preferencial f	preferent aandeel n	preferensaktie	akcja uprzywilejowana f	prioritní akcie f	elsőbbségi részvény
acções f/pl	aandelen n/pl	aktion	działania n	akcie f/pl	kampányok
acções f/pl	aandelen n/pl	aktion	działania n	akcie f/pl	kampányok
activo m	—	aktiva pl	aktywa pl	aktiva n/pl	aktívák
saldo credor m	batig saldo n	överskott	saldo dodatnie n	aktivní saldo n	aktív mérleg
sócio activo m	werkend vennoot m	aktiv partner	aktywny wspólnik m	aktivní podílník m	aktív résztulajdonos
—	ambacht n	handel	działalność gospodarcza f	živnost f	ipar
actividade comercial f	ambacht n	handel	działalność gospodarcza f	živnost f	ipar
taxa da população activa f	arbeidsaanbod n	sysselsättningsgrad	stosunek pracujących do populacji m	podíl na zisku m	aktív keresők aránya
activo m	activa pl	aktiva pl	aktywa pl	aktiva n/pl	aktívák
—	activa pl	aktiva pl	aktywa pl	aktiva n/pl	aktívák
imobilizado m	vastliggende middelen n/pl	fasta tillgångar pl	majątek trwały m	investiční kapitál m	állóeszközök
património imobiliário m	reëel vermogen n	realvärde	majątek m	reálný majetek m	ingatlanvagyon
custos reais m/pl	effectieve kosten m/pl	faktiska kostnader pl	koszty rzeczywiste m/pl	skutečné náklady m/pl	tényleges költségek
acordo m	overeenkomst f	avtal	umowa f	smlouva f	megállapodás
acordo m	regeling f	överenskommelse	porozumienie n	dohoda f	megállapodás
acordo comercial m	handelsovereenkomst f	handelsavtal	umowa handlowa f	obchodní dohoda f	kereskedelmi egyezmény
acordo de preços m	prijsafspraak f	prisöverenskommelse	porozumienie cenowe n	dohoda o ceně f	ármegállapodás
acordo monetário m	muntovereenkomst f	valutaavtal	porozumienie walutowe n	měnová dohoda f	valutaegyezmény
acordos gerais de crédito m/pl	algemene kredietovereenkomsten f/pl	allmänna lånevillkor	ogólne warunki kredytowe m/pl	všeobecné úvěrové dohody f/pl	Általános Hitelmegállapodások
—	op korte termijn	kortfristig	krótkoterminowy	krátkodobý	rövid lejáratú
aviso de recepção m	ontvangstbewijs n	mottagningsbevis	potwierdzenie odbioru n	návratka f	tértivevény
contrato de compra e venda m	koopcontract n	köpavtal	umowa kupna f	kupní smlouva f	—
conclusão da venda f	verkoopcontract n	säljavtal	kontrakt sprzedaży m	uzavření obchodu n	—
ficheiro de dados m	bestand n	fil	plik m	soubor m	—
protecção de dados f	gegevensbeveiliging f	dataskydd	zabezpieczenie danych n	zajištění dat n	—
dados m	gegevens n/pl	data pl	dane pl	data pl	—

adatvédelem 22

	D	E	F	I	ES
adatvédelem (H)	Datenschutz m	data protection	protection de données f	tutela dei dati f	protección de los datos f
addebitare (I)	belasten	charge	débiter	—	adeudar
addebitare (I)	abbuchen	deduct	débiter	—	cargar en cuenta
addebito (I)	Belastung f	charge	charge f	—	gravamen m
Addition (D)	—	addition	addition f	addizione f	adición f
addition (E)	Addition f	—	addition f	addizione f	adición f
addition (F)	Addition f	addition	—	addizione f	adición f
addition (SV)	Addition f	addition	addition f	addizione f	adición f
additional carriage (E)	Frachtzuschlag m	—	supplément de fret m	supplemento di nolo m	sobreporte m
additional expenses (E)	Nebenkosten pl	—	coûts accessoires m/pl	costi accessori m/pl	gastos adicionales m/pl
additional payment of taxes (E)	Steuernachzahlung f	—	payement d'un rappel d'impôt m	pagamento arretrato delle imposte m	pago de impuestos atrasados m
addizione (I)	Addition f	addition	addition f	—	adición f
address (E)	Adresse f	—	adresse f	indirizzo m	dirección f
address (E)	adressieren	—	adresser	indirizzare	dirigir
address (E)	Anschrift f	—	adresse f	indirizzo m	dirección f
adelanto (ES)	Vorauszahlung f	payment in advance	payement anticipé m	pagamento anticipato m	—
adempimento (I)	Erfüllung f	execution	acquittement m	—	cumplimiento m
adeudar (ES)	belasten	charge	débiter	addebitare	—
adiamento (P)	Aufschiebung	deferment	ajournement m	rinvio m	aplazamiento m
adiamento (P)	Vertagung f	postponement	ajournement m	rinvio m	aplazamiento m
adição (P)	Addition f	addition	addition f	addizione f	adición f
adición (ES)	Addition f	addition	addition f	addizione f	—
a dinheiro (P)	bar	cash	au comptant	in contanti	al contado
a dinheiro (P)	gegen Barzahlung	against cash	au comptant	contro pagamento in contanti	al contado
adjoint (F)	Stellvertreter m	deputy	—	sostituto m	sustituto m
adjudicated bankrupt (E)	Gemeinschuldner m	—	débiteur en faillite m	debitore fallito m	deudor común m
adjuntar (ES)	beilegen	enclose	mettre en annexe	allegare	—
adjustment of value (E)	Wertberichtigung f	—	réévaluation f	rettifica del valore f	rectificación de valor f
administração (P)	Verwaltung f	administration	administration f	amministrazione f	administración f
administração de conta (P)	Kontoführung f	keeping of an account	tenue de compte f	tenuta di un conto f	administración de una cuenta f
Administração do Banco Central (P)	Zentralbankrat m	Central Bank Council	Conseil de la Banque Centrale m	consiglio superiore della Banca Centrale m	Consejo del Banco Central m
administración (ES)	Verwaltung f	administration	administration f	amministrazione f	—
administración de una cuenta (ES)	Kontoführung f	keeping of an account	tenue de compte f	tenuta di un conto f	—
administracja (PL)	Verwaltung f	administration	administration f	amministrazione f	administración f
administrador (ES)	Verwalter m	administrator	administrateur m	amministratore m	—
administrador (P)	Verwalter m	administrator	administrateur m	amministratore m	administrador m
administrador de falência (P)	Konkursverwalter m	official receiver	liquidateur de la faillite m	curatore fallimentare m	síndico de quiebra m
administrateur (F)	Verwalter m	administrator	—	amministratore m	administrador m
administration (E)	Verwaltung f	—	administration f	amministrazione f	administración f
administration (F)	Verwaltung f	administration	—	amministrazione f	administración f
administrator (E)	Verwalter m	—	administrateur m	amministratore m	administrador m
administrator (PL)	Verwalter m	administrator	administrateur m	amministratore m	administrador m
admisión (ES)	Zulassung f	admission	admission f	ammissione f	—
admissão (P)	Zulassung f	admission	admission f	ammissione f	admisión f
admission (E)	Zulassung f	—	admission f	ammissione f	admisión f
admission (F)	Zulassung f	admission	—	ammissione f	admisión f

admission

P	NL	SV	PL	CZ	H
protecção dos dados f	bescherming van de opgeslagen informatie f	datasäkerhet	ochrona danych komputerowych f	ochrana dat f	—
debitar	belasten	debitera	obciążać <obciążyć>	zatěžovat <zatížit>	megterhel
debitar	afschrijven	debitera	odpisywać <odpisać> z konta	přeúčtovat	megterhel
carga f	belasting f	debitering	obciążenie n	zatížení n	megterhelés
adição f	optelling f	addition	dodawanie n	sčítání n	összeadás
adição f	optelling f	addition	dodawanie n	sčítání n	összeadás
adição f	optelling f	addition	dodawanie n	sčítání n	összeadás
adição f	optelling f	—	dodawanie n	sčítání n	összeadás
frete adicional m	bevrachtingstoeslag m	frakttillägg	dopłata frachtowa f	dovozní přirážka f	fuvardíjpótlék
custos adicionais m/pl	bijkomende kosten m/pl	sekundärkostnader pl	koszty uboczne m/pl	vedlejší náklady m/pl	mellékköltségek
pagamento de impostos atrasados m	nabetaling van belastingen f	restskatt	dopłata podatkowa f	doplacení daně n	adóhátralék (meg)fizetése
adição f	optelling f	addition	dodawanie n	sčítání n	összeadás
endereço m	adres n	adress	adres m	adresa f	cím
endereçar	adresseren	adressera	adresować <zaadresować>	adresovat	címez
endereço m	adres n	adress	adres m	adresa f	cím
pagamento adiantado m	voorafbetaling f	förskottsbetalning	przedpłata f	záloha f	előrefizetés
cumprimento m	uitvoering f	uppfyllande	wykonanie n	splnění n	teljesítés
debitar	belasten	debitera	obciążać <obciążyć>	zatěžovat <zatížit>	megterhel
—	uitstellen n	uppskjutning	odroczenie n	odložení n	halasztás
—	uitstel n	uppskjutande	odroczenie n	odložení n	elnapolás
—	optelling f	addition	dodawanie n	sčítání n	összeadás
adição f	optelling f	addition	dodawanie n	sčítání n	összeadás
—	contant	kontant	gotówką	hotovostní	készpénzben
—	contant	mot kontantbetalning	za gotówkę	proti hotovosti f	készfizetés ellenében
substituto m	assistent m	vice	zastępca m	zástupce m	helyettes
devedor falido m	insolvente schuldenaar m	konkursgäldenär	zbankrutowany dłużnik m	úpadkový dlužník m	csődadós
anexar	bijvoegen	bifoga	załączać <załączyć>	přikládat <přiložit>	mellékel
rectificação do valor f	correctie wegens herwaardering f	värdereglering	sprostowanie wartości n	oprávka f	értékhelyesbítés
—	beheer n	förvaltning	administracja f	správa f	ügykezelés
—	het bijhouden van een rekening n	kontoföring	prowadzenie konta n	vedení účtu n	számlavezetés
—	Centrale Bankraad m	centralbanksråd	Rada Banku Centralnego f	rada centrální banky f	Központi Banktanács
administração f	beheer n	förvaltning	administracja f	správa f	ügykezelés
administração de conta f	het bijhouden van een rekening n	kontoföring	prowadzenie konta n	vedení účtu n	számlavezetés
administração f	beheer n	förvaltning	—	správa f	ügykezelés
administrador m	beheerder m	förvaltare	administrator m	správce m	kezelő
—	beheerder m	förvaltare	administrator m	správce m	kezelő
—	curator m	konkursförvaltare	syndyk masy upadłościowej m	likvidátor m	csődgondnok
administrador m	beheerder m	förvaltare	administrator m	správce m	kezelő
administração f	beheer n	förvaltning	administracja f	správa f	ügykezelés
administração f	beheer n	förvaltning	administracja f	správa f	ügykezelés
administrador m	beheerder m	förvaltare	administrator m	správce m	kezelő
administrador m	beheerder m	förvaltare	—	správce m	kezelő
admissão f	toelating f	tillstånd	dopuszczenie n	připuštění n	engedély
—	toelating f	tillstånd	dopuszczenie n	připuštění n	engedély
admissão f	toelating f	tillstånd	dopuszczenie n	připuštění n	engedély
admissão f	toelating f	tillstånd	dopuszczenie n	připuštění n	engedély

admonición

	D	E	F	I	ES
admonición (ES)	Mahnung f	demand for payment	mise en demeure f	sollecito m	—
adnotacja (PL)	Vermerk m	note	remarque f	nota f	nota f
adó (H)	Steuer f	tax	impôt m	imposta f	impuesto m
adóbevallás (H)	Steuererklärung f	tax return	déclaration d'impôts f	dichiarazione dei redditi f	declaración a efectos fiscales f
adócsalás (H)	Steuerbetrug m	fiscal fraud	fraude fiscale f	frode fiscale f	fraude fiscal m
adócsalás (H)	Steuerhinterziehung f	tax evasion	dissimulation en matière fiscale f	evasione fiscale f	fraude fiscal m
adóemelés (H)	Steuererhöhung f	tax increase	augmentation des impôts m	aumento delle imposte m	aumento de los impuestos m
adófizetés (H)	Steuerzahlung f	payment of taxes	payement de l'impôt m	pagamento delle imposte m	tributación f
adófizető (H)	Steuerzahler m	taxpayer	contribuable m	contribuente m	contribuyente m
adóhátralék (meg)fizetése (H)	Steuernachzahlung f	additional payment of taxes	payement d'un rappel d'impôt m	pagamento arretrato delle imposte m	pago de impuestos atrasados m
adóhivatal (H)	Finanzamt n	inland revenue office	service des contributions m	ufficio delle imposte m	Ministerio de Hacienda m
adókivetés (H)	Steuerveranlagung f	tax assessment	imposition f	accertamento tributario m	tasación de los impuestos f
adókivetési értesítés (H)	Steuerbescheid m	notice of assessment	avis d'imposition m	cartella delle imposte f	liquidación de impuestos f
adóköteles (H)	abgabenpflichtig	liable to tax	assujetti à l'impôt	soggetto a imposte	sujeto a impuestos
adományozás (H)	Schenkung f	donation	donation f	donazione f	donación f
adómentes (H)	abgabenfrei	tax-exempt	exempt de taxes	esente da imposte	exento de impuestos
adómentes (H)	steuerfrei	tax-free	exonéré d'impôt	esentasse	libre de impuesto
adómérleg (H)	Steuerbilanz f	tax balance sheet	bilan fiscal m	bilancio fiscale m	balance impositivo m
adónyomozás (H)	Steuerfahndung f	investigation into tax evasion	repression de la fraude à l'impôt f	inchiesta tributaria f	investigación tributaria f
adóparadicsom (H)	Steueroase f	tax haven	paradis fiscal m	oasi fiscale f	paraíso fiscal m
adópolitika (H)	Steuerpolitik f	fiscal policy	politique fiscale f	politica fiscale f	política fiscal f
adós (H)	Debitor m	debtor	débiteur m	debitore m	deudor m
adós (H)	Schuldner m	debtor	débiteur m	debitore m	deudor m
adóslevél (H)	Schuldschein m	certificate of indebtedness	billet de créance m	certificato di debito m	pagaré m
adósság (H)	Schuld f	debt	dette f	debito m	deuda f
adósságlevelek (H)	Rentenpapiere f	bonds	titres de rente m/pl	titoli a reddito fisso m/pl	títulos de renta fija m/pl
adótanácsadó (H)	Steuerberater m	tax adviser	conseiller fiscal m	consulente finanziario m	asesor fiscal m
adózott nyereség (H)	Reingewinn m	net profit	bénéfice net m	utile netto m	ganancia neta f
adquirente (ES)	Käufer m	purchaser	acquéreur m	acquirente m	—
adquisición (ES)	Anschaffung f	acquisition	acquisition f	acquisizione f	—
adquisición (ES)	Akquisition f	acquisition	acquisition f	acquisizione f	—
adquisición de una empresa (ES)	Geschäftsübernahme f	takeover of a business	reprise d'une affaire f	rilievo di un'azienda m	—
adres (NL)	Adresse f	address	adresse f	indirizzo m	dirección f
adres (NL)	Anschrift f	address	adresse f	indirizzo m	dirección f
adres (PL)	Adresse f	address	adresse f	indirizzo m	dirección f
adres (PL)	Anschrift f	address	adresse f	indirizzo m	dirección f
adresa (CZ)	Adresse f	address	adresse f	indirizzo m	dirección f
adresa (CZ)	Anschrift f	address	adresse f	indirizzo m	dirección f
adres firmowy (PL)	Firmenanschrift f	company address	adresse de l'entreprise f	indirizzo della ditta m	dirección de la empresa f
adresovat (CZ)	adressieren	address	adresser	indirizzare	dirigir
adresować (PL)	adressieren	address	adresser	indirizzare	dirigir
adress (SV)	Adresse f	address	adresse f	indirizzo m	dirección f

adress

P	NL	SV	PL	CZ	H
advertência f	aanmaning tot betaling f	påminnelse	upomnienie płatnicze n	upomínka f	fizetési felszólítás
nota f	aantekening f	anmärkning	—	poznámka f	megjegyzés
imposto m	belasting f	skatt	podatek m	daň f	—
declaração de rendimentos f	belastingaangifte f	deklaration	deklaracja podatkowa f	daňové přiznání n	—
fraude fiscal f	belastingontduiking f	skattefusk	oszustwo podatkowe n	daňový podvod m	—
evasão fiscal f	belastingontduiking f	skattesmitning	oszustwo podatkowe n	daňový únik m	—
aumento dos impostos m	belastingverhoging f	skattehöjning	podwyżka podatków f	zvýšení daně n	—
pagamento de impostos m	betaling van belastingen f	skattebetalning	płatność podatkowa f	placení daní f	—
contribuinte m	belastingplichtige m	skattebetalare	podatnik m	poplatník m	—
pagamento de impostos atrasados m	nabetaling van belastingen f	restskatt	dopłata podatkowa f	doplacení daně n	—
repartição das finanças f	ontvangkantoor n	skattemyndighet	Urząd Skarbowy m	finanční úřad m	—
lançamento de impostos m	belastinggrondslag m	taxering	wymiar podatku m	stanovení výšky zdanění n	—
aviso para pagamento de imposto m	aanslagbiljet n	skattsedel	podatkowy nakaz płatniczy m	daňový výměr m	—
sujeito a impostos	belastbaar	skattepliktig	podlegający opodatkowaniu	podléhající poplatkům	—
doação f	schenking f	gåva	darowizna f	darování n	—
isento de impostos	tolvrij	skattefri	wolne od podatków	osvobozený od poplatků	—
isento de impostos	vrij van belastingen	skattefri	wolny od podatku	osvobozený od daně f	—
balanço fiscal m	fiscale balans f	skattebalansräkning	bilans podatkowy m	daňová bilance f	—
investigação de fraudes fiscais f	fiscale opsporingsdienst m	skattebrottsbekämpning	dochodzenie przestępstwa podatkowego n	daňové pátrání n	—
paraíso fiscal m	belastingparadijs n	skatteparadis	oaza podatkowa f	daňová oáza f	—
política fiscal f	belastingpolitiek f	skattepolitik	polityka podatkowa f	daňová politika f	—
devedor m	debiteur m	gäldenär	dłużnik m	dlužník m	—
devedor m	debiteur m	gäldenär	dłużnik m	dlužník m	—
certidão comprovativa de dívida f	schuldbrief m	revers	skrypt dłużny m	dlužní úpis m	—
dívida f	schuld f	skuld	dług m	dluh m	—
títulos de renda fixa m/pl	effecten n/pl	obligationer pl	papiery wartościowe o stałym zysku m/pl	výnosové listy m/pl	—
consultor fiscal m	belastingconsulent m	skatterådgivare	doradca podatkowy m	daňový poradce m	—
lucro líquido m	nettowinst f	nettovinst	czysty zysk m	čistý zisk m	—
comprador m	koper m	köpare	nabywca m	kupující m/f	vevő
aquisição f	aanschaffing f	anskaffning	zakup m	opatření n	beszerzés
aquisição f	verwerving f	ackvisition	akwizycja f	akvizice f	akvizíció
aquisição de uma empresa f	overname van een zaak f	företagsövertagande	przejęcie firmy n	přejímka obchodu f	vállalatvásárlás
endereço m	—	adress	adres m	adresa f	cím
endereço m	—	adress	adres m	adresa f	cím
endereço m	adres n	adress	—	adresa f	cím
endereço m	adres n	adress	—	adresa f	cím
endereço m	adres n	adress	adres m	—	cím
endereço m	adres n	adress	adres m	—	cím
endereço da empresa m	kantooradres n	företagsadress	—	firemní adresa f	cég címe
endereçar	adresseren	adressera	adresować <zaadresować>	—	címez
endereçar	adresseren	adressera	—	adresovat	címez
endereço m	adres n	—	adres m	adresa f	cím

adress

	D	E	F	I	ES
adress (SV)	Anschrift f	address	adresse f	indirizzo m	dirección f
Adresse (D)	—	address	adresse f	indirizzo m	dirección f
adresse (F)	Adresse f	address	—	indirizzo m	dirección f
adresse (F)	Anschrift f	address	—	indirizzo m	dirección f
adresse de l'entreprise (F)	Firmenanschrift f	company address	—	indirizzo della ditta m	dirección de la empresa f
adresse internet (F)	Internet-Adresse f	Internet address	—	indirizzo su Internet m	dirección de internet f
adresser (F)	adressieren	address	—	indirizzare	dirigir
adressera (SV)	adressieren	address	adresser	indirizzare	dirigir
adresseren (NL)	adressieren	address	adresser	indirizzare	dirigir
adressieren (D)	—	address	adresser	indirizzare	dirigir
adres w Internecie (PL)	Internet-Adresse f	Internet address	adresse internet f	indirizzo su Internet m	dirección de internet f
aduana (ES)	Zoll m	customs	douane f	dogana f	—
aduana aparte (ES)	unverzollt	duty-free	non dédouané	non sdoganato	—
aduana proteccionista (ES)	Schutzzoll m	protective duty	droit de protection m	dazio protettivo m	—
aduanas ad valorem (ES)	Wertzoll m	ad valorem duty	taxe de douane ad valorem f	dazio ad valorem m	—
ad valorem duty (E)	Wertzoll m	—	taxe de douane ad valorem f	dazio ad valorem m	aduanas ad valorem f/pl
ad valorem tull (SV)	Wertzoll m	ad valorem duty	taxe de douane ad valorem f	dazio ad valorem m	aduanas ad valorem f/pl
advance (E)	Vorschuß m	—	avance f	anticipo m	anticipo m
advance against securities (E)	Lombardkredit m	—	crédit garanti par nantissement mobilier m	credito su pegno m	crédito pignoraticio m
advantage (E)	Vorteil m	—	avantage m	vantaggio m	ventaja f
advertência (P)	Mahnung f	demand for payment	mise en demeure f	sollecito m	admonición f
advertentie (NL)	Anzeige f	advertisement	annonce f	inserzione f	anuncio m
advertisement (E)	Anzeige f	—	annonce f	inserzione f	anuncio m
advertisement of a vacancy (E)	Stellenausschreibung f	—	mise au concours d'une place f	bando di concorso per impiegati m	convocatoria de oposiciones f
advertising (E)	Reklame f	—	publicité f	réclame f	publicidad f
advertising (E)	Werbung f	—	publicité f	pubblicità f	publicidad f
advertising agency (E)	Werbeagentur f	—	agence de publicité f	agenzia pubblicitaria f	agencia publicitaria f
advertising budget (E)	Werbebudget n	—	budget de publicité m	budget pubblicitario m	presupuesto publicitario m
advertising campaign (E)	Werbekampagne f	—	campagne publicitaire f	campagna pubblicitaria f	campaña publicitaria f
advertising copy (E)	Werbetext m	—	texte publicitaire m	testo pubblicitario m	texto publicitario m
advice (E)	Beratung f	—	consultation f	consulenza f	asesoramiento m
advice of delivery (E)	Rückschein m	—	avis de réception m	ricevuta di ritorno f	acuse de recibo m
adviesprijs (NL)	Preisempfehlung f	price recommendation	recommendation de prix f	suggerimento di prezzo m	precio recomendado m
advocaat (NL)	Anwalt m	lawyer	avocat m	avvocato m	abogado m
advocaat (NL)	Rechtsanwalt m	lawyer	avocat m	avvocato m	abogado m
advogado (P)	Anwalt m	lawyer	avocat m	avvocato m	abogado m
advogado (P)	Rechtsanwalt m	lawyer	avocat m	avvocato m	abogado m
advokat (SV)	Anwalt m	lawyer	avocat m	avvocato m	abogado m
advokat (SV)	Rechtsanwalt m	lawyer	avocat m	avvocato m	abogado m
adwokat (PL)	Anwalt m	lawyer	avocat m	avvocato m	abogado m
adwokat (PL)	Rechtsanwalt m	lawyer	avocat m	avvocato m	abogado m
afbetalen (NL)	abzahlen	pay off	régler en versements fractionnés	pagare a rate	pagar por cuotas

afbetalen

P	NL	SV	PL	CZ	H
endereço m	adres n	—	adres m	adresa f	cím
endereço m	adres n	adress	adres m	adresa f	cím
endereço m	adres n	adress	adres m	adresa f	cím
endereço m	adres n	adress	adres m	adresa f	cím
endereço da empresa m	kantooradres n	företagsadress	adres firmowy m	firemní adresa f	cég címe
endereço na Internet m	internet-adres n	Internet-adress	adres w Internecie m	internetová adresa f	Internet-cím
endereçar	adresseren	adressera	adresować <zaadresować>	adresovat	címez
endereçar	adresseren	—	adresować <zaadresować>	adresovat	címez
endereçar	—	adressera	adresować <zaadresować>	adresovat	címez
endereçar	adresseren	adressera	adresować <zaadresować>	adresovat	címez
endereço na Internet m	internet-adres n	Internet-adress	—	internetová adresa f	Internet-cím
alfândega f	douane f	tull	cło n	clo n	vám
tarifas alfandegárias não pagas f/pl	niet uitgeklaard	oförtullad	nieoclony	neproclený	elvámolatlan
direitos proteccionistas m/pl	beschermend recht n	skyddstull	cło ochronne n	ochranné clo n	védővám
direitos ad valorem m/pl	waarderechten n/pl	ad valorem tull	cło od wartości n	hodnotové clo n	értékvám
direitos ad valorem m/pl	waarderechten n/pl	ad valorem tull	cło od wartości n	hodnotové clo n	értékvám
direitos ad valorem m/pl	waarderechten n/pl	—	cło od wartości n	hodnotové clo n	értékvám
avanço m	voorschot n	förskott	zaliczka f	záloha f	előleg
crédito com garantia sobre títulos m	voorschot op onderpand n	lombardkredit	kredyt lombardowy m	lombardní úvěr m	lombardhitel
vantagem f	voordeel n	fördel	korzyść f	výhoda f	előny
—	aanmaning tot betaling f	påminnelse	upomnienie płatnicze n	upomínka f	fizetési felszólítás
anúncio m	—	annons	ogłoszenie n	inzerát m	hirdetés
anúncio m	advertentie f	annons	ogłoszenie n	inzerát m	hirdetés
aviso de vaga para um emprego m	oproepen van sollicitanten voor een betrekking n	utlysning av tjänst	przetarg o stanowisko pracy m	konkurs na místo n	állás meghirdetése
publicidade f	reclame f	reklam	reklama f	reklama f	reklám
publicidade f	reclame f	reklam	reklama f	reklama f	reklám
agência de publicidade f	reclamebureau n	reklambyrå	agencja reklamowa f	reklamní agentura f	reklámügynökség
orçamento publicitário m	reclamebudget n	reklambudget	fundusz reklamowy m	rozpočet na reklamu m	reklámkeret
campanha publicitária f	reclamecampagne f	reklamkampanj	kampania reklamowa f	propagační kampaň f	reklámkampány
texto publicitário m	reclametekst m	reklamtext	tekst reklamowy m	reklamní text m	reklámszöveg
consulta f	beraadslaging f	rådgivning	konsultacja f	porada f	tanácsadás
aviso de recepção m	ontvangstbewijs n	mottagningsbevis	potwierdzenie odbioru n	návratka f	tértivevény
preço recomendado m	—	rekommenderat pris	zalecenie cenowe n	cenové doporučení n	ajánlott ár
advogado m	—	advokat	adwokat m	právník m	ügyvéd
advogado m	—	advokat	adwokat m	právní zástupce m	ügyvéd
—	advocaat m	advokat	adwokat m	právník m	ügyvéd
—	advocaat m	advokat	adwokat m	právní zástupce m	ügyvéd
advogado m	advocaat m	—	adwokat m	právník m	ügyvéd
advogado m	advocaat m	—	adwokat m	právní zástupce m	ügyvéd
advogado m	advocaat m	advokat	—	právník m	ügyvéd
advogado m	advocaat m	advokat	—	právní zástupce m	ügyvéd
pagar por quotas	—	betala av	spłacać <spłacić>	splácet <splatit>	részletekben kifizet

afbetaling

	D	E	F	I	ES
afbetaling (NL)	Abzahlung f	repayment	remboursement m	pagamento rateale m	pago a plazos m
afdanking (NL)	Entlassung f	dismissal	licenciement m	licenziamento m	despido m
afdeling (NL)	Abteilung f	department	service m	reparto m	departamento m
afdelingschef (NL)	Abteilungsleiter m	head of department	chef de service m	capo reparto m	jefe de sección m
aferir (P)	eichen	gauge	jauger	tarare	contrastar
af fabriek (NL)	ab Werk	ex works	départ usine	franco fabbrica	en fábrica
affaire (F)	Geschäft n	business	—	negozio m	negocio m
affaire de compensation (F)	Kompensationsgeschäft n	barter transaction	—	operazione di compensazione f	operación de compensación f
affaire déficitaire (F)	Verlustgeschäft n	loss-making business	—	affare in perdita m	venta con pérdida f
affaire en commission (F)	Kommissionsgeschäft n	commission business	—	operazione di commissione f	operación de comisión f
affaire spéculative (F)	Spekulationsgeschäft n	speculative transaction	—	operazione speculativa f	operación de especulación f
affär (SV)	Geschäft n	business	affaire f	negozio m	negocio m
affare con l'estero (I)	Auslandsgeschäft n	foreign business	opération avec l'étranger f	—	operación con el extranjero f
affare in perdita (I)	Verlustgeschäft n	loss-making business	affaire déficitaire f	—	venta con pérdida f
affärsandel (SV)	Geschäftsanteil m	share	part sociale f	quota sociale f	participación f
affärsbank (SV)	Kreditbank f	credit bank	banque de crédit f	banca di credito f	banco de crédito m
affärsförbindelse (SV)	Geschäftsverbindung f	business relations	relation d'affaires f	relazione d'affari f	relación comercial f
affärshemlighet (SV)	Betriebsgeheimnis n	trade secret	secret d'entreprise m	segreto aziendale m	secreto empresarial m
affärskontakter (SV)	Geschäftsbeziehung f	business connections	relations commerciales f/pl	rapporti d'affari m/pl	relaciones comerciales f/pl
affärspartner (SV)	Geschäftspartner f	business partner	associé m	socio m	socio m
affärsrapport (SV)	Geschäftsbericht m	business report	rapport de gestion m	relazione di bilancio f	informe m
affärsredovisning (SV)	Finanzbuchhaltung f	financial accounting	comptabilité financière f	contabilità finanziaria f	contabilidad financiera f
affärsuppgörelse (SV)	Geschäftsabschluß m	conclusion of a deal	conclusion d'une affaire f	conclusione di un affare f	conclusión de un negocio f
affärsvillkor (SV)	Geschäftsbedingungen	terms and conditions of business	conditions commerciales f/pl	condizioni contrattuali f/pl	condiciones de contrato f/pl
affectation (F)	Zuwendung f	bestowal	—	assegnazione f	gratificación f
affichage des prix (F)	Preisauszeichnung f	price-marking	—	indicazione del prezzo f	indicación de precios f
affidabile (I)	zuverlässig	reliable	fiable	—	de confianza
affitto (I)	Miete f	rent	location f	—	alquiler m
affrancare (I)	frankieren	pay the postage	affranchir	—	franquear
affranchir (F)	frankieren	pay the postage	—	affrancare	franquear
afgewerkt product (NL)	Fertigprodukt n	finished product	produit fini m	prodotto finito m	producto acabado m
af kaai (NL)	ab Kai	ex quay	départ quai	franco banchina	ex muelle
afleveren (NL)	abliefern	deliver	livrer	consegnare	entregar
afleveringsbewijs (NL)	Lieferschein m	delivery note	bulletin de livraison m	bolla di consegna f	recibo de entrega m
aflosbaar (NL)	kündbar	redeemable	résiliable	risolubile	rescindible
aflosbedrag (NL)	Ablösesumme f	redemption sum	montant de rachat m	buona uscita f	suma de amortización f
aflossen (NL)	ablösen	redeem	rembourser	rimborsare	amortizar
aflossing (NL)	Tilgung f	amortisation	remboursement m	ammortamento m	amortización f
afname (NL)	Abnahme f	acceptance	réception f	accettazione f	aceptación f
afnamehoeveelheid (NL)	Abnahmemenge f	purchased quantity	quantité commercialisée f	quantità d'acquisto f	cantidad de compra f

afnamehoeveelheid

P	NL	SV	PL	CZ	H
reembolso	—	avbetalning	spłata f	splácení n	részletfizetés
demissão f	—	avskedande	zwolnienie n	propuštění n	elbocsátás
departamento m	—	avdelning	wydział m	oddělení n	osztály
chefe de departamento m	—	avdelningschef	kierownik wydziału m	vedoucí oddělení m	osztályvezető
—	ijken	justera	cechowanie n	cejchovat	hitelesít
ex fábrica	—	fritt från fabrik	z zakładu	ze závodu m	gyárban átvéve
negócio m	zaak f	affär	interes m	obchod m	üzlet
operação de compensação f	compensatietransactie f	byteshandel	transakcja kompensacyjna f	kompenzační obchod m	kompenzációs ügylet
negócio com prejuízo m	transactie met verlies f	förlustaffär	interes przynoszący straty m	ztrátový obchod m	veszteséges üzlet
negócio à comissão m	commissiehandel m	kommissionsverksamhet	transakcja komisowa f	komisionářský obchod m	bizományi ügylet
operação especulativa f	speculatieve verrichtingen f/pl	spekulationsaffär	transakcja spekulacyjna f	spekulační obchod m	spekulációs ügyletek
negócio m	zaak f	—	interes m	obchod m	üzlet
negócio com o estrangeiro m	zaken met het buitenland f/pl	utlandsverksamhet	transakcja zagraniczna f	zahraniční obchod m	külföldi ügylet
negócio com prejuízo m	transactie met verlies f	förlustaffär	interes przynoszący straty m	ztrátový obchod m	veszteséges üzlet
participação no negócio f	aandeel in een vennootschap n	—	udział w przedsiębiorstwie m	podíl na obchodu m	üzletrész
banco de crédito m	kredietbank f/m	—	bank kredytowy m	úvěrová banka f	hitelbank
relaçao comercial f	zakenrelatie f	—	stosunki handlowe m/pl	obchodní spojení n	üzleti kapcsolat
sigilo comercial m	fabrieksgeheim n	—	tajemnica zakładowa f	výrobní tajemství n	üzemi titok
relações comerciais f/pl	zakenrelatie f	—	stosunki handlowe m/pl	obchodní styk m	üzleti kapcsolat
sócio m	handelspartner m	—	kontrahent m	obchodní partner m	üzleti partner
relatório comercial m	beheersverslag m	—	sprawozdanie z działalności przedsiębiorstwa n	obchodní zpráva f	üzleti jelentés
contabilidade financeira f	financiële boekhouding f	—	księgowość finansowa f	finanční účetnictví n	pénzügyi könyvelés
conclusão de um negócio f	transactie f	—	transakcja handlowa f	uzavření obchodu n	üzletkötés
condições do contrato f/pl	verkoopsvoorwaarden f/pl	—	warunki handlowe m/pl	obchodní podmínky f/pl	szerződési feltételek
gratificação f	toewijzing f	gåva	gratyfikacja f	dotace f	ráfordítás
marcação de preços f	zichtbaar ophangen van de prijslijst n	prismärkning	oznaczanie cen na towarach n	označení cenou n	árcédula
de confiança	betrouwbaar	tillförlitlig	niezawodny	spolehlivý	megbízható
aluguel m	huur f	hyra	najem m	nájem m	bérleti díj
franquiar	frankeren	frankera	ofrankowanie n	frankovat	bérmentesít
franquiar	frankeren	frankera	ofrankowanie n	frankovat	bérmentesít
produto acabado m	—	slutprodukt	produkt gotowy m	finální výrobek m	késztermék
posto no cais	—	fritt från kaj	z nabrzeża	z nábřeží n	rakparton átvéve
entregar	—	leverera	dostarczać <dostarczyć>	dodávat <dodat>	leszállít
guia de remessa f	—	följesedel	dowód dostawy m	dodací list m	szállítójegyzék
rescindível	—	uppsägbar	możliwy do wypowiedzenia	vypověditelný	felmondható
montante de amortização m	—	återköpsumma	kwota spłaty f	odstupné n	visszafizetési összeg
amortizar	—	återköpa	spłacać <spłacić>	oddělovat <oddělit>	törleszt
amortização f	—	amortering	umorzenie n	umoření n	törlesztés
aceitação f	—	godkännande av leverans	odbiór m	odebrání n	átvétel
quantidade adquirida f	—	leveransmängd	ilość odbierana f	odebrané množství n	vásárolt mennyiség

afnameverplichting

	D	E	F	I	ES
afnameverplichting (NL)	Abnahmepflicht f	obligation to take delivery	obligation de prendre livraison f	obbligo di ritiro m	obligación de recepción f
afnemend land (NL)	Abnehmerland n	buyer country	pays acheteur m	paese acquirente m	país comprador m
afnemer (NL)	Abnehmer m	buyer	acheteur m	acquirente m	tomador m
afrekening (NL)	Abrechnung f	settlement of accounts	règlement m	liquidazione f	liquidación f
afroep (NL)	Abruf m	call	appel m	ordine di consegna m	demanda de entrega f
af schip (NL)	ab Schiff	ex ship	départ navire	franco bordo	ex vapor
afschrijven (NL)	abbuchen	deduct	débiter	addebitare	cargar en cuenta
afschrijving (NL)	Abschreibung f	depreciation	amortissement m	ammortamento m	amortización f
afschrijvingsfonds (NL)	Abschreibungsfonds m	depreciation fund	fonds d'amortissement m	fondo di ammortamento m	fondo de amortización m
afslag (NL)	Abschlag m	reduction	remise f	deduzione f	descuento m
afsluiting (NL)	Abschluß m	conclusion	conclusion f	conclusione f	cierre m
afspraak voor presentatie (NL)	Vorstellungstermin m	interview	date d'entretien f	appuntamento di presentazione m	fecha de entrevista personal f
af station (NL)	ab Bahnhof	free on rail	départ gare	franco stazione	franco estación
after-sales service (E)	Kundendienst m	—	service après vente m	servizio post-vendita m	servicio posventa m
aftrek (NL)	Abzug m	deduction	retenue f	deduzione f	deducción f
aftrek van korting bij contante betaling (NL)	Skontoabzug m	discount deduction	déduction de l'escompte f	detrazione di sconto f	deducción del descuento f
afval (NL)	Abfall m	waste	déchet m	rifiuti m/pl	desechos m/pl
afvalbeurs (NL)	Abfallbörse f	recycling exchange	bourse de recyclage f	borsa di riciclaggio f	bolsa de reciclaje f
afvalindustrie (NL)	Abfallwirtschaft f	waste management	industrie de déchets f	industria dei rifiuti f	industria de desperdicios f
afvloeiingsvergoeding (NL)	Ausgleichszahlung f	deficiency payment	payement pour solde de compte m	conguaglio m	pago de compensación m
afwijking (NL)	Abweichung f	deviation	divergence f	differenza f	diferencia f
afwikkeling (NL)	Abwicklung f	settlement	exécution f	esecuzione f	ejecución f
afwikkeling van de bestelling (NL)	Auftragsabwicklung f	processing of an order	exécution d'une commande f	esecuzione di un ordine f	ejecución de pedidos f
afzender (NL)	Absender m	sender	envoyeur m	mittente m	remitente m
afzet (NL)	Absatz m	sales	volume des ventes m	volume di vendite m	cifra de ventas f
against cash (E)	gegen Barzahlung	—	au comptant	contro pagamento in contanti	al contado
against letter of credit (E)	gegen Akkreditiv	—	contre accréditif	contro lettera di credito	con crédito documentario
ágazat (H)	Branche f	line of business	branche f	ramo commerciale m	ramo m
agence (F)	Agentur f	agency	—	agenzia f	agencia f
agence (F)	Geschäftsstelle f	office	—	ufficio m	oficina f
agence (F)	Zweigstelle f	branch	—	agenzia f	filial f
agence à l'étranger (F)	Auslandsvertretung f	agency abroad	—	rappresentanza estera f	representación en el exterior f
agence de publicité (F)	Werbeagentur f	advertising agency	—	agenzia pubblicitaria f	agencia publicitaria f
agence exclusive (F)	Alleinvertretung f	sole agency	—	rappresentanza esclusiva f	representación exclusiva f
agencia (ES)	Agentur f	agency	agence f	agenzia f	—
agência (P)	Agentur f	agency	agence f	agenzia f	agencia f
agência de publicidade (P)	Werbeagentur f	advertising agency	agence de publicité f	agenzia pubblicitaria f	agencia publicitaria f
agencia publicitaria (ES)	Werbeagentur f	advertising agency	agence de publicité f	agenzia pubblicitaria f	—
agencja (PL)	Agentur f	agency	agence f	agenzia f	agencia f
agencja inkasa (PL)	Inkasso-Stelle f	collection office	comptoir d'encaissement m	ufficio incassi m	oficina de cobros f

agencja inkasa

P	NL	SV	PL	CZ	H
obrigação de aceitar a entrega f	—	skyldighet att acceptera leverans	obowiązek odbioru m	povinné odebrání n	átvételi kötelezettség
país comprador m	—	köparland	kraj importujący m	odběratelská země f	a vásárló országa
comprador m	—	köpare	odbiorca m	odběratel m	vásárló
liquidação de contas f	—	avräkning	rozliczenie n	vyúčtování n	elszámolás
pedido m	—	avrop	żądanie n	odvolání n	lehívás
ex navio	—	fritt från fartyg	ze statku	z lodě f	hajón átvéve
debitar	—	debitera	odpisywać <odpisać> z konta	přeúčtovat	megterhel
amortização f	—	avskrivning	amortyzacja f	odpis m	értékcsökkenés
fundo de depreciação m	—	avskrivningsfond	fundusz amortyzacyjny m	fond odpisů m	amortizációs alap
desconto m	—	sänkning	potrącenie n	sleva f	árengedmény
conclusão f	—	avslutning	zamknięcie n	závěrka f	kötés
data da entrevista f	—	intervju	prezentacja kandydata na stanowisko f	termín představení m	felvételi beszélgetés
ex caminhos de ferro	—	fritt från järnväg	ze stacji kolejowej	z nádraží n	költségmentesen vagonba rakva
serviço pós-venda m	klantendienst m	kundtjänst	serwis m	služba zákazníkům f	ügyfélszolgálat
dedução	—	avdrag	potrącenie n	srážka f	levonás
dedução de descontos f	—	rabattavdrag	potrącenie skonta n	odpočet skonta m	árengedmény levonása
desperdícios m/pl	—	avfall	odpady m/pl	odpad m	hulladék
bolsa de reciclagem f	—	återvinningsbörs	giełda odpadów f	burza s odpady f	hulladékanyag-börze
gestão dos desperdícios f	—	återvinningsindustri	gospodarka odpadami f	hospodaření s odpady n	hulladékgazdálkodás
pagamento de compensação m	—	kompensationsutbetalning	wyrównanie płacy n	vyrovnávací platba f	pénzbeli kiegyenlítés
divergência f	—	avvikelse	odchylenie f	odchylka f	eltérés
execução f	—	likvidering	realizacja f	vyřízení n	lebonyolítás
execução de uma encomenda f	—	orderhantering	realizacja zlecenia f	vyřízení zakázky n	megbízás lebonyolítása
remetente m	—	avsändare	nadawca m	odesílatel m	feladó
volume de vendas m	—	säljvolym	zbyt m	odbyt m	forgalom
a dinheiro	contant	mot kontantbetalning	za gotówkę	proti hotovosti f	készfizetés ellenében
contra carta de crédito	tegen akkreditief	mot remburs	za akredytywę	proti akreditivu m	akkreditív ellenében
ramo m	branche f	bransch	branża f	obor m	—
agência f	agentschap n	agentur	agencja f	agentura f	ügynökség
repartição f	kantoor n	kontor	biuro n	kancelář f	kirendeltség
filial f	filiaal n	filial	filia f	pobočka f	fiók
representação no exterior f	agentschap in het buitenland n	utlandskontor	przedstawicielstwo zagraniczne n	zahraniční zastoupení n	külföldi képviselet
agência de publicidade f	reclamebureau n	reklambyrå	agencja reklamowa f	reklamní agentura f	reklámügynökség
representação exclusiva f	alleenvertegenwoordiging f	ensamagentur	wyłączne przedstawicielstwo n	výhradní zastoupení n	kizárólagos képviselet
agência f	agentschap n	agentur	agencja f	agentura f	ügynökség
—	agentschap n	agentur	agencja f	agentura f	ügynökség
—	reclamebureau n	reklambyrå	agencja reklamowa f	reklamní agentura f	reklámügynökség
agência de publicidade f	reclamebureau n	reklambyrå	agencja reklamowa f	reklamní agentura f	reklámügynökség
agência f	agentschap n	agentur	—	agentura f	ügynökség
repartição de cobranças f	incasso-orgaan n	inkassobyrå	—	inkasní středisko n	pénzbeszedőhely

agencja reklamowa

	D	E	F	I	ES
agencja reklamowa (PL)	Werbeagentur f	advertising agency	agence de publicité f	agenzia pubblicitaria f	agencia publicitaria f
agency (E)	Agentur f	—	agence f	agenzia f	agencia f
agency abroad (E)	Auslandsvertretung f	—	agence à l'étranger f	rappresentanza estera f	representación en el exterior f
agent d'assurance (F)	Versicherungsagent m	insurance agent	—	agente assicurativo m	agente de seguros m
agente assicurativo (I)	Versicherungsagent m	insurance agent	agent d'assurance m	—	agente de seguros m
agente de cambio y bolsa (ES)	Kursmakler m	stock broker	courtier en bourse m	agente di borsa m	—
agente de la propiedad inmobiliaria (ES)	Immobilienmakler m	estate agent	courtier en affaires immobilières m	agente immobiliare m	—
agente de seguros (ES)	Versicherungsagent m	insurance agent	agent d'assurance m	agente assicurativo m	—
agente de seguros (P)	Versicherungsagent m	insurance agent	agent d'assurance m	agente assicurativo m	agente de seguros m
agente di borsa (I)	Kursmakler m	stock broker	courtier en bourse m	—	agente de cambio y bolsa m
agente di cambio (I)	Börsenmakler m	stockbroker	courtier en bourse m	—	corredor de bolsa m
agente immobiliare (I)	Immobilienmakler m	estate agent	courtier en affaires immobilières m	—	agente de la propiedad inmobiliaria m
agente imobiliário (P)	Immobilienmakler m	estate agent	courtier en affaires immobilières m	agente immobiliare m	agente de la propiedad inmobiliaria m
agente marittimo (I)	Schiffsmakler m	ship broker	courtier maritime m	—	corredor marítimo m
agent général (F)	Generalvertreter m	general agent	—	rappresentante generale m	representante general m
agent handlowy (PL)	Handelsvertreter m	commercial agent	représentant de commerce m	rappresentante commerciale m	representante comercial m
agentschap (NL)	Agentur f	agency	agence f	agenzia f	agencia f
agentschap in het buitenland (NL)	Auslandsvertretung f	agency abroad	agence à l'étranger f	rappresentanza estera f	representación en el exterior f
agent ubezpieczeniowy (PL)	Versicherungsagent m	insurance agent	agent d'assurance m	agente assicurativo m	agente de seguros m
Agentur (D)	—	agency	agence f	agenzia f	agencia f
agentur (SV)	Agentur f	agency	agence f	agenzia f	agencia f
agentura (CZ)	Agentur f	agency	agence f	agenzia f	agencia f
agenzia (I)	Agentur f	agency	agence f	—	agencia f
agenzia (I)	Zweigstelle f	branch	agence f	—	filial f
agenzia pubblicitaria (I)	Werbeagentur f	advertising agency	agence de publicité f	—	agencia publicitaria f
aggio (I)	Aufgeld n	agio	prime f	—	agio m
aggiunta (I)	Aufschlag m	surcharge	hausse f	—	recargo m
aggiunta (I)	Zugabe f	extra	prime f	—	suplemento m
aglomeráció (H)	Agglomeration f	aggregation	agglomération f	agglomerazione f	aglomeración f
agglomeratie (NL)	Agglomeration f	aggregation	agglomération f	agglomerazione f	aglomeración f
Agglomeration (D)	—	aggregation	agglomération f	agglomerazione f	aglomeración f
agglomération (F)	Agglomeration f	aggregation	—	agglomerazione f	aglomeración f
agglomerazione (I)	Agglomeration f	aggregation	agglomération f	—	aglomeración f
aggregation (E)	Agglomeration f	—	agglomération f	agglomerazione f	aglomeración f
agio (E)	Aufgeld n	—	prime f	aggio m	agio m
agio (ES)	Aufgeld n	agio	prime f	aggio m	—
agio (NL)	Aufgeld n	agio	prime f	aggio m	agio m
ágio (P)	Aufgeld n	agio	prime f	aggio m	agio m
ágio (P)	Aufpreis m	surcharge	surprix m	sovrapprezzo m	sobreprecio m
a giro di posta (I)	postwendend	by return of post	par retour du courrier	—	a vuelta de correo
aglomeração (P)	Agglomeration f	aggregation	agglomération f	agglomerazione f	aglomeración f
aglomerace (CZ)	Agglomeration f	aggregation	agglomération f	agglomerazione f	aglomeración f
aglomeración (ES)	Agglomeration f	aggregation	agglomération f	agglomerazione f	aglomeración f
aglomeracja (PL)	Agglomeration f	aggregation	agglomération f	agglomerazione f	aglomeración f

aglomeracja

P	NL	SV	PL	CZ	H
agência de publicidade f	reclamebureau n	reklambyrå	—	reklamní agentura f	reklámügynökség
agência f	agentschap n	agentur	agencja f	agentura f	ügynökség
representação no exterior f	agentschap in het buitenland n	utlandskontor	przedstawicielstwo zagraniczne n	zahraniční zastoupení n	külföldi képviselet
agente de seguros m	verzekeringsagent m	försäkringsagent	agent ubezpieczeniowy m	pojišťovací agent m	biztosítási ügynök
agente de seguros m	verzekeringsagent m	försäkringsagent	agent ubezpieczeniowy m	pojišťovací agent m	biztosítási ügynök
corretor de câmbio m	effectenmakelaar m	börsmäklare	makler giełdowy m	kursový makléř m	bróker
agente imobiliário m	vastgoedmakelaar m	fastighetsmäklare	pośrednik handlu nieruchomościami m	makléř s nemovitostmi m	ingatlanügynök
agente de seguros m	verzekeringsagent m	försäkringsagent	agent ubezpieczeniowy m	pojišťovací agent m	biztosítási ügynök
—	verzekeringsagent m	försäkringsagent	agent ubezpieczeniowy m	pojišťovací agent m	biztosítási ügynök
corretor de câmbio m	effectenmakelaar m	börsmäklare	makler giełdowy m	kursový makléř m	bróker
corretor de bolsa m	beursmakelaar m	börsmäklare	makler giełdowy m	burzovní makléř m	bróker
agente imobiliário m	vastgoedmakelaar m	fastighetsmäklare	pośrednik handlu nieruchomościami m	makléř s nemovitostmi m	ingatlanügynök
—	vastgoedmakelaar m	fastighetsmäklare	pośrednik handlu nieruchomościami m	makléř s nemovitostmi m	ingatlanügynök
corretor marítimo m	scheepsmakelaar m	skeppsmäklare	makler morski m	lodní makléř m	hajóbróker
representante geral m	alleenvertegenwoordiger m	generalagent	wyłączny przedstawiciel m	generální zástupce m	vezérképviselő
representante comercial m	handelsvertegenwoordiger m	handelsagent	—	obchodní zástupce m	kereskedelmi képviselő
agência f	—	agentur	agencja f	agentura f	ügynökség
representação no exterior f	—	utlandskontor	przedstawicielstwo zagraniczne n	zahraniční zastoupení n	külföldi képviselet
agente de seguros m	verzekeringsagent m	försäkringsagent	—	pojišťovací agent m	biztosítási ügynök
agência f	agentschap n	agentur	agencja f	agentura f	ügynökség
agência f	agentschap n	—	agencja f	agentura f	ügynökség
agência f	agentschap n	agentur	agencja f	—	ügynökség
agência f	agentschap n	agentur	agencja f	agentura f	ügynökség
filial f	filiaal n	filial	filia f	pobočka f	fiók
agência de publicidade f	reclamebureau n	reklambyrå	agencja reklamowa f	reklamní agentura f	reklámügynökség
ágio m	agio n	banks kursvinster	naddatek m	ážio n	felár
sobretaxa f	opslag m	påslag	narzut m	přirážka f	pótdíj
bónus m	toegift f	tillägg	dodatek m	přídavek m	ráadás
aglomeração f	agglomeratie f	koncentration	aglomeracja f	aglomerace f	—
aglomeração f	—	koncentration	aglomeracja f	aglomerace f	agglomeráció
aglomeração f	agglomeratie f	koncentration	aglomeracja f	aglomerace f	agglomeráció
aglomeração f	agglomeratie f	koncentration	aglomeracja f	aglomerace f	agglomeráció
aglomeração f	agglomeratie f	koncentration	aglomeracja f	aglomerace f	agglomeráció
aglomeração f	agglomeratie f	koncentration	aglomeracja f	aglomerace f	agglomeráció
ágio m	agio n	banks kursvinster	naddatek m	ážio n	felár
ágio m	agio n	banks kursvinster	naddatek m	ážio n	felár
ágio m	—	banks kursvinster	naddatek m	ážio n	felár
—	agio n	banks kursvinster	naddatek m	ážio n	felár
—	toeslag m	påslag	dopłata f	cenová přirážka f	felár
na volta do correio	per omgaande	med vändande post	odwrotną pocztą	obratem	postafordultával
—	agglomeratie f	koncentration	aglomeracja f	aglomerace f	agglomeráció
aglomeração f	agglomeratie f	koncentration	aglomeracja f	—	agglomeráció
aglomeração f	agglomeratie f	koncentration	aglomeracja f	aglomerace f	agglomeráció
aglomeração f	agglomeratie f	koncentration	—	aglomerace f	agglomeráció

Agrarmarkt

	D	E	F	I	ES
Agrarmarkt (D)	—	agricultural market	marché agricole m	mercato agrario m	mercado agrícola m
agrárpiac (H)	Agrarmarkt m	agricultural market	marché agricole m	mercato agrario m	mercado agrícola m
Agrarpreis (D)	—	prices of farm products	prix agricole m	prezzo agricolo m	precio agrícola m
Agrarprodukt (D)	—	farm product	produit agricole m	prodotto agricolo m	producto agrario m
Agrarsubventionen (D)	—	agricultural subsidies	subventions agricoles f/pl	sovvenzioni all'agricoltura f/pl	subvención a la agricultura f
Agrarüberschüsse (D)	—	agricultural surpluses	excédents agricoles m/pl	eccedenze agricole f/pl	excedentes agrícolas m/pl
Agrarwirtschaft (D)	—	rural economy	économie agricole f	economia agraria f	economía agraria f
agree (E)	vereinbaren	—	convenir de	pattuire	convenir
agreement (E)	Abkommen n	—	accord m	accordo m	acuerdo m
agreement (E)	Vereinbarung f	—	accord m	accordo m	acuerdo m
agricultural market (E)	Agrarmarkt m	—	marché agricole m	mercato agrario m	mercado agrícola m
agricultural subsidies (E)	Agrarsubventionen f/pl	—	subventions agricoles f/pl	sovvenzioni all'agricoltura f/pl	subvención a la agricultura f
agricultural surpluses (E)	Agrarüberschüsse m/pl	—	excédents agricoles m/pl	eccedenze agricole f/pl	excedentes agrícolas m/pl
ahorro (ES)	Ersparnis f	savings	épargne f	risparmio m	—
ahorro (ES)	Sparen n	saving	épargne f	risparmio m	—
aide sociale (F)	Sozialhilfe f	welfare	—	assistenza sociale f	ayuda social f
air freight (E)	Luftfracht f	—	fret aérien m	nolo aereo m	flete aéreo m
air mail (E)	Luftpost f	—	par avion	posta aerea f	correo aéreo m
airwaybill (E)	Luftfrachtbrief f	—	lettre de transport aérien f	lettera di trasporto aereo f	transporte aéreo m
aiuto (I)	Aushilfe f	temporary help	suppléant m	—	ayudante m
ajándékozási adó (H)	Schenkungssteuer f	gift tax	impôt sur les donations m	imposta sulle donazioni f	impuesto sobre donaciones m
ajánlat (H)	Angebot n	offer	proposition f	offerta f	oferta f
ajánlat (H)	Offerte f	offer	offre f	offerta f	oferta f
ajánlatkérés (H)	Anfrage f	inquiry	demande f	richiesta f	demanda f
ajánlólevél (H)	Empfehlungsschreiben n	letter of recommendation	lettre de recommandation f	lettera di raccomandazione f	carta de recomendación f
ajánlott (H)	Einschreiben n	registered	en recommandé	raccomandata f	certificado m
ajánlott ár (H)	Preisempfehlung f	price recommendation	recommendation de prix f	suggerimento di prezzo m	precio recomendado m
ajánlva (H)	per Einschreiben	by registered post	sous pli recommandé	per raccomandata	certificado
ajournement (F)	Aufschiebung f	deferment	—	rinvio m	aplazamiento m
ajournement (F)	Vertagung f	postponement	—	rinvio m	aplazamiento m
ajudante (P)	Aushilfe f	temporary help	suppléant m	aiuto m	ayudante m
ajudas de custo (P)	Zuschuß m	subsidy	allocation f	sovvenzione f	subvención f
ajudas de custo para despesas (P)	Spesenpauschale f	allowance for expenses	forfait de frais m	forfait di spese f	suma global de gastos f
akcept (PL)	Akzept n	letter of acceptance	effet accepté f	tratta accettata f	aceptación f
akceptace (CZ)	Akzept n	letter of acceptance	effet accepté f	tratta accettata f	aceptación f
akceptační úvěr (CZ)	Akzeptkredit m	acceptance credit	crédit par acceptation m	credito d'accettazione m	crédito de aceptación m
akceptovatelné riziko (CZ)	Restrisiko n	acceptable risk	risque résiduel m	rischio residuo m	riesgo aceptable m
akcie (CZ)	Aktie f	share	action f	azione f	acción f
akcie (CZ)	Aktien f/pl	actions	actions f/pl	azioni f/pl	acciones f/pl
akcie na jméno (CZ)	Namensaktie f	registered share	action nominative f	azione nominativa f	acción nominal f
akcie na majitele (CZ)	Inhaberaktie f	bearer share	action au porteur f	azione al portatore f	acción al portador f
akcionář (CZ)	Aktionär m	shareholder	actionnaire f	azionista f	accionista m

akcionář

P	NL	SV	PL	CZ	H
mercado agrícola m	landbouwmarkt f	jordbruksmarknad	rynek rolny m	zemědělský trh m	agrárpiac
mercado agrícola m	landbouwmarkt f	jordbruksmarknad	rynek rolny m	zemědělský trh m	—
preços dos produtos agrícolas m	landbouwprijs m	pris på jordbruksprodukter	cena skupu produktów rolnych f	zemědělská cena f	mezőgazdasági árak
produto agrícola m	landbouwproduct n	jordbruksprodukt	produkt rolny m	zemědělský výrobek m	mezőgazdasági termék
subsídios à agricultura m/pl	landbouwsubsidies f/pl	jordbruksstöd	subwencja rolnicza f	zemědělské subvence f/pl	mezőgazdasági támogatás
excedentes agrícolas m/pl	landbouwoverschotten n/pl	jordbruksöverskott	nadwyżki rolne f/pl	zemědělské přebytky m/pl	mezőgazdasági termékfölösleg
economia agrária f	landhuishoudkunde f	jordbruk	gospodarka rolna f	zemědělské hospodářství n	mezőgazdaság
acordar	overeenkomen	enas om	uzgadniać <uzgodnić>	dohodnout	megállapodik
acordo m	overeenkomst f	avtal	umowa f	smlouva f	megállapodás
acordo m	regeling f	överenskommelse	porozumienie n	dohoda f	megállapodás
mercado agrícola m	landbouwmarkt f	jordbruksmarknad	rynek rolny m	zemědělský trh m	agrárpiac
subsídios à agricultura m/pl	landbouwsubsidies f/pl	jordbruksstöd	subwencja rolnicza f	zemědělské subvence f/pl	mezőgazdasági támogatás
excedentes agrícolas m/pl	landbouwoverschotten n/pl	jordbruksöverskott	nadwyżki rolne f/pl	zemědělské přebytky m/pl	mezőgazdasági termékfölösleg
poupança f	besparingen f/pl	besparing	oszczędność f	úspora f	megtakarítás
poupança f	sparen n	sparande	oszczędzać n	spoření n	megtakarítás
assistência social f	maatschappelijke zekerheid f	socialhjälp	pomoc społeczna f	sociální pomoc f	szociális segély
frete aéreo m	luchtvracht f	flygfrakt	fracht lotniczy m	letecké přepravné n	légi fuvar
correio aéreo m	luchtpost f	luftpost	poczta lotnicza f	letecká pošta f	légiposta
conhecimento aéreo m	luchtvrachtbrief m	flygfraktsedel	konosament lotniczy m	letecký nákladní list m	légifuvarlevél
ajudante m/f	hulpkracht f	extraanställd	pracownik pomocniczy m	výpomoc f	kisegítő dolgozó
imposto sobre doações m	schenkingsrecht n	gåvoskatt	podatek od darowizny m	darovací daň f	—
oferta f	offerte f/m	offert	oferta f	nabídka f	—
oferta f	offerte f	offert	oferta f	nabídka f	—
pedido m	aanvraag f/m	förfrågan	zapytanie n	poptávka f	—
carta de recomendação f	aanbevelingsbrief m	rekommendationsbrev	list polecający m	doporučovací psaní n	—
registado m	aangetekende brief m	värdeförsändelse	przesyłka polecona f	doporučená zásilka f	—
preço recomendado m	adviesprijs m	rekommenderat pris	zalecenie cenowe n	cenové doporučení n	—
por carta registada	aangetekend	värdeförsändelse	listem poleconym	doporučeně	—
adiamento m	uitstellen n	uppskjutning	odroczenie n	odložení n	halasztás
adiamento m	uitstel n	uppskjutande	odroczenie n	odložení n	elnapolás
—	hulpkracht f	extraanställd	pracownik pomocniczy m	výpomoc f	kisegítő dolgozó
—	subsidie f	bidrag	subwencja f	příspěvek m	juttatás
—	overeengekomen kostenbedrag n	ospecificerat traktamente	ryczałt na wydatki m	paušál pro výlohy m	költségátalány
letra aceite f	accept n	accept	—	akceptace f	elfogadott váltó
letra aceite f	accept n	accept	akcept m	—	elfogadott váltó
crédito de aceitação	accepkrediet n	växelkredit	kredyt akceptacyjno-rembursowy m	—	váltóhitel
risco restante m	aanvaardbaar risico n	acceptabel risk	ryzyko akceptowane n	—	elfogadható kockázat
acção f	actie f	aktie	akcja f	—	részvény
acções f/pl	aandelen n/pl	aktion	działania n	—	kampányok
acção nominativa f	aandeel op naam n	namnaktie	akcja imienna f	—	névre szóló részvény
acção ao portador f	aandeel aan toonder n	innehavaraktie	akcja na okaziciela f	—	bemutatóra szóló részvény
accionista m	aandeelhouder m	aktieägare	akcjonariusz m	—	részvényes

akciová společnost   36

	D	E	F	I	ES
akciová společnost (CZ)	Aktiengesellschaft f	joint stock company	société anonyme f	società per azioni f	sociedad anónima f
akciové právo (CZ)	Aktienrecht n	company law	loi sur les sociétés anonymes f	diritto azionario m	derecho de sociedades anónimas m
akciový index (CZ)	Aktienindex m	share index	indice du cours des actions m	indice azionario m	índice de cotización de acciones m
akciový kapitál (CZ)	Aktienkapital n	share capital	capital-actions m	capitale azionario m	capital en acciones m
akciový parametr (CZ)	Aktionsparameter m	action parameters	paramètre d'action m	parametro d'azione m	parámetro de acción m
akcja (PL)	Aktie f	share	action f	azione f	acción f
akcja imienna (PL)	Namensaktie f	registered share	action nominative f	azione nominativa f	acción nominal f
akcja na okaziciela (PL)	Inhaberaktie f	bearer share	action au porteur f	azione al portatore f	acción al portador f
akcja uprzywilejowana (PL)	Vorzugsaktie f	preference share	action privilégiée f	azione privilegiata f	acción preferente f
akcja założycielska (PL)	Stammaktie f	ordinary shares	action ordinaire f	azione ordinaria f	acción ordinaria f
akcjonariusz (PL)	Aktionär m	shareholder	actionnaire m	azionista m	accionista m
Akkordarbeit (D)	—	piece-work	travail à la pièce m	lavoro a cottimo m	trabajo a destajo m
Akkordlohn (D)	—	piece wages	salaire à la pièce m	retribuzione a cottimo f	salario a destajo m
akkreditieren (D)	—	accredit	accréditer	accreditare	acreditar
Akkreditiv (D)	—	letter of credit	accréditif m	lettera di credito f	crédito documentario m
akkreditív (H)	Akkreditiv n	letter of credit	accréditif m	lettera di credito f	crédito documentario m
akkreditív ellenében (H)	gegen Akkreditiv	against letter of credit	contre accréditif	contro lettera di credito	con crédito documentario
akontace (CZ)	a-conto-Zahlung f	payment on account	payement acompte m	pagamento a conto m	pago a cuenta m
Akquisition (D)	—	acquisition	acquisition f	acquisizione f	adquisición f
akreditiv (CZ)	Akkreditiv n	letter of credit	accréditif m	lettera di credito f	crédito documentario m
akreditovat (CZ)	akkreditieren	accredit	accréditer	accreditare	acreditar
akredytować (PL)	akkreditieren	accredit	accréditer	accreditare	acreditar
Akredytywa (PL)	Akkreditiv n	letter of credit	accréditif m	lettera di credito f	crédito documentario m
akredytywa (PL)	Kreditbrief m	letter of credit	lettre de crédit f	lettera di credito f	carta de crédito f
akredytywa towarowa (PL)	Handelskreditbrief m	commercial letter of credit	lettre de crédit commercial f	lettera di credito commerciale f	carta de crédito comercial f
akta (PL)	Akte f	file	dossier m	pratica f	expediente m
Akte (D)	—	file	dossier m	pratica f	expediente m
akte (NL)	Akte f	file	dossier m	pratica f	expediente m
Aktenablage (D)	—	filing	archives f/pl	archivio delle pratiche m	archivo m
Aktennotiz (D)	—	memorandum	note f	nota f	nota f
akte van vennootschap (NL)	Gesellschaftsvertrag m	deed of partnership	acte de société m	atto costitutivo m	contrato social
Aktie (D)	—	share	action f	azione f	acción f
aktie (SV)	Aktie f	share	action f	azione f	acción f
aktieägare (SV)	Aktionär m	shareholder	actionnaire m	azionista m	accionista m
aktiebolag (SV)	Aktiengesellschaft f	joint stock company	société anonyme f	società per azioni f	sociedad anónima f
aktiebolag (SV)	Kapitalgesellschaft f	joint-stock company	société de capitaux f	società di capitale f	sociedad de capital f
aktiebolag med begränsad ansvarighet (SV)	Gesellschaft mit beschränkter Haftung f	limited liability company	société à responsabilité limitée f	società a responsabilità limitata f	sociedad de responsabilidad limitada f
aktiedepå (SV)	Aktiendepot n	share deposit	dépôt d'actions m	deposito azionario m	depósitio de acciones m
aktie- eller obligationsfond (SV)	Investmentfonds m	unit trust fund	fonds commun de placement m	fondo d'investimento m	fondo de inversiones m

aktie- eller obligationsfond

P	NL	SV	PL	CZ	H
sociedade anónima f	naamloze vennootschap f	aktiebolag	spółka akcyjna f	—	részvénytársaság
direito das sociedades anónimas m	vennootschapsrecht n	aktielagstiftning	prawo o spółkach akcyjnych n	—	társasági jog
índice de bolsa para acções m	aandelenindex m	aktieindex	indeks akcji m	—	árfolyamindex
capital em acções m	aandelenkapitaal n	aktiekapital	kapitał akcyjny m	—	részvénytőke
parâmetro de acção m	aandeelparameter m	aktionsparameter	parametr działania m	—	saját cselekvést kifejező paraméter
acção f	actie f	aktie	—	akcie f	részvény
acção nominativa f	aandeel op naam n	namnaktie	—	akcie na jméno f	névre szóló részvény
acção ao portador f	aandeel aan toonder n	innehavaraktie	—	akcie na majitele f	bemutatóra szóló részvény
acção preferencial f	preferent aandeel n	preferensaktie	—	prioritní akcie f	elsőbbségi részvény
acção ordinária f	gewoon aandeel n	stamaktie	—	kmenová akcie f	törzsrészvény
accionista m	aandeelhouder m	aktieägare	—	akcionář m	részvényes
trabalho à peça m	stukwerk n	ackordsarbete	praca akordowa f	práce v úkolu f	darabbéres munka
pagamento à peça m	stukloon n	ackordlön	płaca akordowa f	úkolová mzda f	darabbér
acreditar	accrediteren	ackreditera	akredytować <zaakredytować>	akreditovat	meghitelez
crédito documentário m	geconfirmeerde kredietbrief m	remburs	Akredytywa f	akreditív m	akkreditív
crédito documentário m	geconfirmeerde kredietbrief m	remburs	Akredytywa f	akreditív m	—
contra carta de crédito	tegen akkreditief	mot remburs	za akredytywę	proti akreditivu m	—
pagamento por conta m	betaling op rekening f	betalning på konto	płatność akonto f	—	fizetési kötelezettség résztörlesztés
aquisição f	verwerving f	ackvisition	akwizycja f	akvizice f	akvizíció
crédito documentário m	geconfirmeerde kredietbrief m	remburs	Akredytywa f	—	akkreditív
acreditar	accrediteren	ackreditera	akredytować <zaakredytować>	—	meghitelez
acreditar	accrediteren	ackreditera	—	akreditovat	meghitelez
crédito documentário m	geconfirmeerde kredietbrief m	remburs	—	akreditív m	akkreditív
carta de crédito f	kredietbrief f	kreditiv	—	úvěrový list m	hitellevél
carta de crédito comercial f	handelskredietbrief m	handelsremburs	—	obchodní úvěrový list m	kereskedelmi hitellevél
documento m	akte f/m	mapp	—	spis m	ügyirat
documento m	akte f/m	mapp	akta m	spis m	ügyirat
documento m	—	mapp	akta m	spis m	ügyirat
arquivo m	opbergmap f	arkivering	archiwum akt n	uložení spisů n	iktatás
memorando m	aantekening f	notis	memo n	poznámka ve spisu f	feljegyzés
contrato social m	—	bolagsavtal	umowa spółki f	zakládací smlouva obchodní společnosti f	társasági szerződés
acção f	actie f	aktie	akcja f	akcie f	részvény
acção f	actie f	—	akcja f	akcie f	részvény
accionista m	aandeelhouder m	—	akcjonariusz m	akcionář m	részvényes
sociedade anónima f	naamloze vennootschap f	—	spółka akcyjna f	akciová společnost f	részvénytársaság
sociedade por capitais f	kapitaalvennootschap f	—	spółka kapitałowa f	kapitálová společnost f	tőketársaság
sociedade de responsabilidade limitada f	besloten vennootschap met beperkte aansprakelijkheid f	—	spółka z ograniczoną odpowiedzialnością f	společnost s ručením omezeným f	korlátolt felelősségű társaság
depósito de acções m	aandelendepot n	—	depozyt akcji m	depozita akcií m	részvényletét
fundo de investimento m	beleggingsfonds n	—	fundusz inwestycyjny m	investiční fond m	befektetési alap

aktieemission

	D	E	F	I	ES
aktieemission (SV)	Aktienausgabe f	share issue	émission d'actions f	emissione di azioni f	emisión de acciones f
aktieemission (SV)	Aktienemission f	issue of shares	émission d'actions f	emissione di azioni f	emisión de acciones f
aktieindex (SV)	Aktienindex m	share index	indice du cours des actions m	indice azionario m	índice de cotización de acciones m
aktieindex (SV)	Börsenindex m	stock exchange index	indice des cours¹des actions m	indice delle quotazioni m	índice bursátil m
aktieinnehav (SV)	Aktienbestand m	shareholding	portefeuille d'actions m	portafoglio azionario m	cartera de acciones f
aktiekapital (SV)	Aktienkapital n	share capital	capital-actions m	capitale azionario m	capital en acciones m
aktiekapital (SV)	Grundkapital n	capital stock	capital social m	capitale iniziale m	capital inicial m
aktiekapital (SV)	Stammkapital n	share capital	capital social m	capitale sociale m	capital social m
aktiekurs (SV)	Aktienkurs m	share price	cours des actions m	corso azionario m	cotización de las acciones f
aktielagstiftning (SV)	Aktiengesetz n	Companies Act	législation des sociétés anonymes f	legge sulle società per azioni f	ley sobre sociedades anónimas f
aktielagstiftning (SV)	Aktienrecht n	company law	loi sur les sociétés anonymes f	diritto azionario m	derecho de sociedades anónimas m
aktiemajoritet (SV)	Aktienmehrheit f	majority of stock	majorité d'actions f	maggioranza azionaria f	mayoría de acciones f
Aktienausgabe (D)	—	share issue	émission d'actions f	emissione di azioni f	emisión de acciones f
Aktienbestand (D)	—	shareholding	portefeuille d'actions m	portafoglio azionario m	cartera de acciones f
Aktiendepot (D)	—	share deposit	dépôt d'actions m	deposito azionario m	depósitio de acciones m
Aktienemission (D)	—	issue of shares	émission d'actions f	emissione di azioni f	emisión de acciones f
Aktiengesellschaft (D)	—	joint stock company	société anonyme f	società per azioni f	sociedad anónima f
Aktiengesetz (D)	—	Companies Act	législation des sociétés anonymes f	legge sulle società per azioni f	ley sobre sociedades anónimas f
Aktienindex (D)	—	share index	indice du cours des actions m	indice azionario m	índice de cotización de acciones m
Aktienkapital (D)	—	share capital	capital-actions m	capitale azionario m	capital en acciones m
Aktienkurs (D)	—	share price	cours des actions m	corso azionario m	cotización de las acciones f
Aktienmehrheit (D)	—	majority of stock	majorité d'actions f	maggioranza azionaria f	mayoría de acciones f
Aktiennotierung (D)	—	share quotation	cotation des actions f	quotazione delle azioni f	cotización de acciones f
aktienotering (SV)	Aktiennotierung f	share quotation	cotation des actions f	quotazione delle azioni f	cotización de acciones f
Aktienpaket (D)	—	block of shares	paquet d'actions m	pacchetto di azioni m	paquete de acciones m
Aktienrecht (D)	—	company law	loi sur les sociétés anonymes f	diritto azionario m	derecho de sociedades anónimas m
aktiepaket (SV)	Aktienpaket n	block of shares	paquet d'actions m	pacchetto di azioni m	paquete de acciones m
aktion (SV)	Aktionen f/pl	actions	actions f/pl	azioni f/pl	acciones f/pl
Aktionär (D)	—	shareholder	actionnaire m	azionista m	accionista m
Aktionen (D)	—	actions	actions f/pl	azioni f/pl	acciones f/pl
Aktionsparameter (D)	—	action parameters	paramètre d'action m	parametro d'azione m	parámetro de acción m
aktionsparameter (SV)	Aktionsparameter m	action parameters	paramètre d'action m	parametro d'azione m	parámetro de acción m
Aktiva (D)	—	assets	masse active f	attivo m	activo m
aktiva (SV)	Aktiva pl	assets	masse active f	attivo m	activo m
aktiva (CZ)	Aktiva pl	assets	masse active f	attivo m	activo m
aktívák (H)	Aktiva pl	assets	masse active f	attivo m	activo m
aktivatransaktion (SV)	Aktivgeschäft n	credit transaction	opération active f	operazione di credito f	operaciones activas f/pl

aktivatransaktion

P	NL	SV	PL	CZ	H
emissão de acções f	uitgifte van aandelen f	—	emisja akcji f	vydání akcií n	részvénykibocsátás
emissão de acções f	uitgifte van aandelen f	—	emisja akcji f	emise akcií f	részvénykibocsátás
índice de bolsa para acções m	aandelenindex m	—	indeks akcji m	akciový index m	árfolyamindex
índice da bolsa m	beursindex m	—	giełdowy wskaźnik akcji m	burzovní index m	tőzsdeindex
carteira de acções f	aandelenbezit n	—	stan ilości akcji m	stav akcií m	részvényállomány
capital em acções m	aandelenkapitaal n	—	kapitał akcyjny m	akciový kapitál m	részvénytőke
capital social m	oprichtingskapitaal n	—	kapitał gruntowy m	základní kapitál m	alaptőke
capital social m	maatschappelijk kapitaal n	—	kapitał zakładowy m	kmenový kapitál m	törzstőke
cotação das acções f	aandelenkoers m	—	kurs akcji m	kurs akcií m	részvényárfolyam
lei das sociedades por acções m	wet op de naamloze vennootschappen f	—	ustawa o spółkach akcyjnych f	zákon o akciích m	társasági törvény
direito das sociedades anónimas m	vennootschapsrecht n	—	prawo o spółkach akcyjnych n	akciové právo n	társasági jog
maioria das acções f	meerderheid van aandelen f	—	większość akcji f	většina akcií f	részvénytöbbség
emissão de acções f	uitgifte van aandelen f	aktieemission	emisja akcji f	vydání akcií n	részvénykibocsátás
carteira de acções f	aandelenbezit n	aktieinnehav	stan ilości akcji m	stav akcií m	részvényállomány
depósito de acções m	aandelendepot n	aktiedepå	depozyt akcji m	depozita akcií m	részvényletét
emissão de acções f	uitgifte van aandelen f	aktieemission	emisja akcji f	emise akcií f	részvénykibocsátás
sociedade anónima f	naamloze vennootschap f	aktiebolag	spółka akcyjna f	akciová společnost f	részvénytársaság
lei das sociedades por acções m	wet op de naamloze vennootschappen f	aktielagstiftning	ustawa o spółkach akcyjnych f	zákon o akciích m	társasági törvény
índice de bolsa para acções m	aandelenindex m	aktieindex	indeks akcji m	akciový index m	árfolyamindex
capital em acções m	aandelenkapitaal n	aktiekapital	kapitał akcyjny m	akciový kapitál m	részvénytőke
cotação das acções f	aandelenkoers m	aktiekurs	kurs akcji m	kurs akcií m	részvényárfolyam
maioria das acções f	meerderheid van aandelen f	aktiemajoritet	większość akcji f	většina akcií f	részvénytöbbség
cotação das acções f	notering van aandelen f	aktienotering	notowanie akcji n	záznam akcií m	részvényjegyzés
cotação das acções f	notering van aandelen f	—	notowanie akcji n	záznam akcií m	részvényjegyzés
lote de acções m	aandelenpakket n	aktiepaket	pakiet akcji m	balík akcií m	részvénypakett
direito das sociedades anónimas m	vennootschapsrecht n	aktielagstiftning	prawo o spółkach akcyjnych n	akciové právo n	társasági jog
lote de acções m	aandelenpakket n	—	pakiet akcji m	balík akcií m	részvénypakett
acções f/pl	aandelen n/pl	—	działania n	akcie f/pl	kampányok
accionista m	aandeelhouder m	aktieägare	akcjonariusz m	akcionář m	részvényes
acções f/pl	aandelen n/pl	aktion	działania n	akcie f/pl	kampányok
parâmetro de acção m	aandeelparameter m	aktionsparameter	parametr działania m	akciový parametr m	saját cselekvést kifejező paraméter
parâmetro de acção m	aandeelparameter m	—	parametr działania m	akciový parametr m	saját cselekvést kifejező paraméter
activo m	activa pl	aktiva pl	aktywa pl	aktiva n/pl	aktívák
activo m	activa pl	—	aktywa pl	aktiva n/pl	aktívák
activo m	activa pl	aktiva pl	aktywa pl	—	aktívák
activo m	activa pl	aktiva pl	aktywa pl	aktiva n/pl	—
operações activas f/pl	kredietverlening f	—	transakcja kredytowa f	aktivní bankovní operace f	aktív bankügylet

aktív bankügylet

	D	E	F	I	ES
aktív bankügylet (H)	Aktivgeschäft n	credit transaction	opération active f	operazione di credito f	operaciones activas f/pl
aktiver Teilhaber (D)	—	active partner	associé prenant part à la gestion de l'entreprise m	associante m	socio activo m
Aktivgeschäft (D)	—	credit transaction	opération active f	operazione di credito f	operaciones activas f/pl
aktív kereső (H)	Erwerbstätiger m	gainfully employed person	personne ayant un emploi f	persona con un posto di lavoro f	persona activa f
aktív keresők aránya (H)	Erwerbsquote f	activity rate	taux d'activité m	quota della popolazione attiva f	tasa de la población activa f
aktív mérleg (H)	Aktivsaldo m	active balance	solde créditeur m	saldo attivo m	saldo activo m
aktivní bankovní operace (CZ)	Aktivgeschäft n	credit transaction	opération active f	operazione di credito f	operaciones activas f/pl
aktivní podílník (CZ)	aktiver Teilhaber m	active partner	associé prenant part à la gestion de l'entreprise m	associante m	socio activo m
aktivní saldo (CZ)	Aktivsaldo m	active balance	solde créditeur m	saldo attivo m	saldo activo m
aktivní směnka (CZ)	Rimesse f	remittance	remise f	rimessa f	remesa f
aktiv partner (SV)	aktiver Teilhaber m	active partner	associé prenant part à la gestion de l'entreprise m	associante m	socio activo m
aktív résztulajdonos (H)	aktiver Teilhaber m	active partner	associé prenant part à la gestion de l'entreprise m	associante m	socio activo m
Aktivsaldo (D)	—	active balance	solde créditeur m	saldo attivo m	saldo activo m
aktuális piaci érték (H)	Zeitwert m	current market value	valeur à une certaine date f	valore corrente m	valor actual m
aktywa (PL)	Aktiva pl	assets	masse active f	attivo m	activo m
aktywa (PL)	Guthaben n	assets	avoir m	saldo attivo m	haber m
aktywny wspólnik (PL)	aktiver Teilhaber m	active partner	associé prenant part à la gestion de l'entreprise m	associante m	socio activo m
akvizice (CZ)	Akquisition f	acquisition	acquisition f	acquisizione f	adquisición f
akvizíció (H)	Akquisition f	acquisition	acquisition f	acquisizione f	adquisición f
akwizycja (PL)	Akquisition f	acquisition	acquisition f	acquisizione f	adquisición f
Akzept (D)	—	letter of acceptance	effet accepté f	tratta accettata f	aceptación f
Akzeptkredit (D)	—	acceptance credit	crédit par acceptation m	credito d'accettazione m	crédito de aceptación m
a la atención (ES)	zu treuen Händen	for safekeeping	remettre à qui de droit	alla particolare attenzione	—
à la charge de qn (F)	zu Lasten	chargeable to	—	a carico di	a cargo de
à la commission (F)	auf Provisionsbasis	on a commission basis	—	a provvigione	a comisión
alacsony névértékű kötvények (H)	Baby-Bonds pl	baby bonds	bons à petite valeur nominale m/pl	obbligazioni di scarso valore nominale f/pl	bonos de bajo valor nominal m/pl
aláír (H)	unterschreiben	sign	signer	firmare	firmar
aláírás (H)	Unterschrift f	signature	signature f	firma f	firma f
aláírási jogosultság (H)	Zeichnungsberechtigung f	authorisation to sign	autorisation de signer f	diritto di firma m	facultad de firma f
alapbér (H)	Basislohn m	basic wage	salaire de référence m	salario base m	sueldo base m
alapítás (H)	Gründung f	formation	constitution f	costituzione f	fundación f
alapítvány (H)	Stiftung f	foundation	fondation f	fondazione f	fundación f
alapjövedelem (H)	Basiseinkommen n	basic income	revenu de base m	introiti base m/pl	salario base m
alapkamatláb (H)	Leitzins m	key rate	taux directeur m	tasso di riferimento m	interés básico m
alapszabály (H)	Satzung f	statutes	statut m	statuto m	estatuto m
alaptőke (H)	Grundkapital n	capital stock	capital social m	capitale iniziale m	capital inicial m
a largo plazo (ES)	langfristig	long-term	à long terme	a lungo termine	—
a la vista (ES)	auf Sicht	at sight	à vue	a vista	—

a la vista

P	NL	SV	PL	CZ	H
operações activas f/pl	kredietverlening f	aktivatransaktion	transakcja kredytowa f	aktivní bankovní operace f	—
sócio activo m	werkend vennoot m	aktiv partner	aktywny wspólnik m	aktivní podílník m	aktív résztulajdonos
operações activas f/pl	kredietverlening f	aktivatransaktion	transakcja kredytowa f	aktivní bankovní operace f	aktív bankügylet
pessoa com emprego remunerado f	beroepsactieve persoon m	förvärvsarbetande person	osoba czynna zawodowo f	výdělečně činný m	—
taxa da população activa f	arbeidsaanbod n	sysselsättningsgrad	stosunek pracujących do populacji m	podíl na zisku m	—
saldo credor m	batig saldo n	överskott	saldo dodatnie n	aktivní saldo n	—
operações activas f/pl	kredietverlening f	aktivatransaktion	transakcja kredytowa f	—	aktív bankügylet
sócio activo m	werkend vennoot m	aktiv partner	aktywny wspólnik m	—	aktív résztulajdonos
saldo credor m	batig saldo n	överskott	saldo dodatnie n	—	aktív mérleg
remessa f	remise f	remissa	rymesa f	—	átutalás
sócio activo m	werkend vennoot m	—	aktywny wspólnik m	aktivní podílník m	aktív résztulajdonos
sócio activo m	werkend vennoot m	aktiv partner	aktywny wspólnik m	aktivní podílník m	—
saldo credor m	batig saldo n	överskott	saldo dodatnie n	aktivní saldo n	aktív mérleg
valor actual m	dagwaarde f	dagsvärde	wartość aktualna f	denní hodnota f	—
activo m	activa pl	aktiva pl	—	aktiva n/pl	aktívák
crédito m	creditzijde f	saldo	—	pohledávka f	követelés(ek)
sócio activo m	werkend vennoot m	aktiv partner	—	aktivní podílník m	aktív résztulajdonos
aquisição f	verwerving f	ackvisition	akwizycja f	—	akvizíció
aquisição f	verwerving f	ackvisition	akwizycja f	akvizice f	—
aquisição f	verwerving f	ackvisition	—	akvizice f	akvizíció
letra aceite f	accept n	accept	akcept m	akceptace f	elfogadott váltó
crédito de aceitação	acceptkrediet n	växelkredit	kredyt akceptacyjno-rembursowy m	akceptační úvěr m	váltóhitel
à atenção	in bewaring	tillhanda	do rąk własnych	odevzdat do spolehlivých rukou f/pl	megőrzésre átadott
a cargo de	ten laste van	debiteras	w ciężar	na účet	terhére
à comissão	in commissie	provisionsbaserad	na zasadzie prowizji f	na základě provize f	jutalékos alapon
obrigações de pequeno valor nominal f/pl	effecten met geringe waarde n/pl	baby bonds pl	obligacje niskonominałowe f/pl	obligace malé nominální hodnoty f/pl	—
assinar	ondertekenen	skriva under	podpisywać <podpisać>	podepisovat <podepsat>	—
assinatura f	ondertekening f	underskrift	podpis m	podpis m	—
direito de assinatura m	tekenbevoegdheid f	underskriftsberättigande	uprawnienie do podpisu n	oprávnění k podpisu n	—
ordenado base m	basisloon n	grundlön	płaca podstawowa f	základní mzda f	—
fundação f	oprichting f	grundande	założenie n	založení n	—
fundação f	stichting f	stiftelse	fundacja f	nadace f	—
rendimento base m	basisinkomen n	grundinkomst	dochód podstawowy m	základní příjem m	—
taxa de referência f	officiële rente f	styrränta	podstawowa stopa procentowa f	hlavní úrok m	—
estatuto m	statuten n/pl	stadgar pl	statut m	stanovy f/pl	—
capital social m	oprichtingskapitaal n	aktiekapital	kapitał gruntowy m	základní kapitál m	—
a longo prazo	op lange termijn	långfristig	długoterminowy	dlouhodobý	hosszú lejáratú
à vista	op zicht	på sikt	za okazaniem	na viděnou f	látra szóló

alcista

	D	E	F	I	ES
alcista (ES)	Haussier m	bull	haussier m	speculatore al rialzo m	—
al contado (ES)	bar	cash	au comptant	in contanti	—
al contado (ES)	gegen Barzahlung	against cash	au comptant	contro pagamento in contanti	—
alemán (ES)	deutsch	German	allemand	tedesco	—
alemán (ES)	Deutsch	German	allemand m	tedesco m	—
Alemanha (P)	Deutschland n	Germany	Allemagne f	Germania f	Alemania
Alemania (ES)	Deutschland n	Germany	Allemagne f	Germania f	—
alemão (P)	deutsch	German	allemand	tedesco	alemán
alemão (P)	Deutsch	German	allemand m	tedesco m	alemán m
à l'essai (F)	auf Probe	on trial	—	in prova	a prueba
à l'étranger (F)	im Ausland	abroad	—	all'estero	en el extranjero
alfândega (P)	Zoll m	customs	douane f	dogana f	aduana f
algemene kredietovereenkomsten (NL)	allgemeine Kreditvereinbarungen f/pl	general credit agreements	accords généraux de crédit m/pl	condizioni generali di credito f/pl	acuerdos generales de crédito m/pl
algemene lastgeving (NL)	Generalvollmacht f	general power of attorney	pouvoir général m	procura generale f	poder general m
algemene staking (NL)	Generalstreik m	general strike	grève générale f	sciopero generale m	huelga general f
algemene voorwaarden (NL)	allgemeine Geschäftsbedingungen f/pl	general terms of contract	conditions générales de vente f/pl	condizioni generali di contratto f/pl	condiciones generales de contrato f/pl
alienação (P)	Veräußerung f	sale	vente f	alienazione f	enajenación f
alienazione (I)	Veräußerung f	sale	vente f	—	enajenación f
alkalmazás (H)	Anstellung f	employment	emploi m	assunzione f	empleo m
alkalmazásban álló (H)	angestellt	employed	employé	impiegato	empleado m
alkalmazott (H)	Angestellter m	employee	employé m	impiegato m	empleado m
állam (H)	Staat m	state	Etat m	stato m	Estado m
állami (H)	staatlich	state	d'Etat	statale	estatal
állami bank (H)	Staatsbank f	state bank	banque nationale f	Banca Centrale f	banco del Estado m
állami eladósodás (H)	Staatsverschuldung f	state indebtedness	endettement de l'Etat m	debito pubblico m	endeudamiento público m
állami támogatás (H)	Subvention f	subsidy	subvention f	sovvenzione f	subvención f
állami tulajdon (H)	Staatseigentum n	public property	propriété d'Etat f	proprietà demaniale f	patrimonio público m
államkölcsön (H)	Staatsanleihen f/pl	government loan	emprunt d'Etat m	titoli pubblici m/pl	empréstito estatal m
államosítás (H)	Verstaatlichung f	nationalisation	nationalisation f	nazionalizzazione f	nacionalización f
állandó költség (H)	Fixkosten f	fixed costs	coûts fixes m/pl	costi fissi m/pl	gastos fijos m/pl
állandó megbízás (H)	Dauerauftrag m	standing order	ordre régulier de virement m	ordine permanente m	órden permanente f
alla particolare attenzione (I)	zu treuen Händen	for safekeeping	remettre à qui de droit	—	a la atención
állás (H)	Stellung f	position	position f	posizione f	empleo m
állásajánlat (H)	Stellenangebot n	offer of employment	offre d'emploi f	offerta d'impiego f	oferta de empleo f
álláshirdetés (H)	Stellenanzeige f	position offered	annonce d'emploi f	inserzione d'impiego f	anuncio de empleo m
állás meghirdetése (H)	Stellenausschreibung f	advertisement of a vacancy	mise au concours d'une place f	bando di concorso per impiegati m	convocatoria de oposiciones f
alleeneigenaar (NL)	Alleininhaber m	sole owner	seul propriétaire m	titolare unico m	propietario exclusivo m
alleenverkoop (NL)	Alleinvertrieb m	exclusive distribution	droit exclusif de vente m	vendita esclusiva f	distribución exclusiva f
alleenvertegenwoordiger (NL)	Generalvertreter m	general agent	agent général m	rappresentante generale m	representante general m
alleenvertegenwoordiging (NL)	Alleinvertretung f	sole agency	agence exclusive f	rappresentanza esclusiva f	representación exclusiva f
allegare (I)	beilegen	enclose	mettre en annexe	—	adjuntar

allegare

P	NL	SV	PL	CZ	H
especulador altista m	haussespeculant m	haussespekulant	grający na zwyżkę m	spekulant m	hossz-spekuláns
a dinheiro	contant	kontant	gotówką	hotovostní	készpénzben
a dinheiro	contant	mot kontantbetalning	za gotówkę	proti hotovosti f	készfizetés ellenében
alemão	Duits	tysk	niemiecki	německý	német
alemão m	Duits	tyska	język niemiecki m	němčina f	német (nyelv)
—	Duitsland	Tyskland	Niemcy pl	Německo n	Németország
Alemanha f	Duitsland	Tyskland	Niemcy pl	Německo n	Németország
—	Duits	tysk	niemiecki	německý	német
—	Duits	tyska	język niemiecki m	němčina f	német (nyelv)
à prova	op proef	på prov	na próbę	na zkoušku	kipróbálásra
no estrangeiro	in het buitenland	i utlandet	za granicą	v cizině	külföldön
—	douane f	tull	cło n	clo n	vám
acordos gerais de crédito m/pl	—	allmänna lånevillkor	ogólne warunki kredytowe m/pl	všeobecné úvěrové dohody f/pl	Általános Hitelmegállapodások
poder geral m	—	generalfullmakt	pełnomocnictwo ogólne n	neomezená plná moc f	általános meghatalmazás
greve geral f	—	generalstrejk	strajk generalny m	generální stávka f	általános sztrájk
condições gerais de contrato f/pl	—	allmänna avtalsvillkor	ogólne warunki handlowe m/pl	všeobecné obchodní podmínky f/pl	általános üzleti feltételek
—	vervreemding f	avyttring	zbycie n	zcizení n	elidegenítés
alienação f	vervreemding f	avyttring	zbycie n	zcizení n	elidegenítés
emprego m	indienstneming f	anställning	zatrudnienie n	zaměstnání n	—
empregado	in dienst	anställd	zatrudniony	zaměstnaný	—
empregado m	bediende f/m	anställd	pracownik umysłowy m	zaměstnanec m	—
estado m	staat m	stat	państwo n	stát m	—
estatal	staats-	statlig	państwowy	státní	—
banco do estado m	Staatsbank f	centralbank	bank państwowy m	státní banka f	—
endividamento público m	staatsschulden f/pl	statsskuld	zadłużenie państwa n	státní zadlužení n	—
subsídio m	subsidie f	subvention	subwencja f	subvence f	—
património público m	staatseigendom n	statlig egendom	własność państwowa f	státní vlastnictví n	—
empréstimo estatal m	staatslening f	statliga lån pl	pożyczka państwowa f	státní půjčky f/pl	—
nacionalização f	nationalisering f	förstatligande	upaństwowienie n	zestátnění n	—
custos fixos m/pl	vaste kosten m/pl	fasta kostnader pl	koszty stałe m/pl	fixní náklady m/pl	—
ordem permanente f	dringende bestelling f	instruktion till bank om regelbundna överföringar	zlecenie stałe n	dlouhodobý příkaz k úhradě m	—
à atenção	in bewaring	tillhanda	do rąk własnych	odevzdat do spolehlivých rukou f/pl	megőrzésre átadott
posição f	betrekking f	position	stanowisko n	postavení n	—
oferta de emprego f	plaatsaanbieding f	lediga platser	propozycja zatrudnienia f	nabídka místa f	—
anúncio de emprego m	personeelsadvertentie f	platsannons	ogłoszenie o wakującym stanowisku n	inzerce zaměstnání f	—
aviso de vaga para um emprego m	oproepen van sollicitanten voor een betrekking n	utlysning av tjänst	przetarg o stanowisko pracy m	konkurs na místo n	—
proprietário único m	—	ensam innehavare	wyłączny właściciel m	výhradní vlastník m	egyedüli cégtulajdonos
distribuição exclusiva f	—	ensamagent	wyłączna dystrybucja f	výhradní prodej m	kizárólagos értékesítési jog
representante geral m	—	generalagent	wyłączny przedstawiciel m	generální zástupce m	vezérképviselő
representação exclusiva f	—	ensamagentur	wyłączne przedstawicielstwo n	výhradní zastoupení n	kizárólagos képviselet
anexar	bijvoegen	bifoga	załączać <załączyć>	přikládat <přiložit>	mellékel

Alleininhaber

	D	E	F	I	ES
Alleininhaber (D)	—	sole owner	seul propriétaire m	titolare unico m	propietario exclusivo m
Alleinvertretung (D)	—	sole agency	agence exclusive f	rappresentanza esclusiva f	representación exclusiva f
Alleinvertrieb (D)	—	exclusive distribution	droit exclusif de vente m	vendita esclusiva f	distribución exclusiva f
Allemagne (F)	Deutschland n	Germany	—	Germania f	Alemania
allemand (F)	deutsch	German	—	tedesco	alemán
allemand (F)	Deutsch	German	—	tedesco m	alemán m
all'estero (I)	im Ausland	abroad	à l'étranger	—	en el extranjero
allgemeine Geschäftsbedingungen (D)	—	general terms of contract	conditions générales de vente f/pl	condizioni generali di contratto f/pl	condiciones generales de contrato f/pl
allgemeine Kreditvereinbarungen (D)	—	general credit agreements	accords généraux de crédit m/pl	condizioni generali di credito f/pl	acuerdos generales de crédito m/pl
allmänna avtalsvillkor (SV)	allgemeine Geschäftsbedingungen f/pl	general terms of contract	conditions générales de vente f/pl	condizioni generali di contratto f/pl	condiciones generales de contrato f/pl
allmänna lånevillkor (SV)	allgemeine Kreditvereinbarungen f/pl	general credit agreements	accords généraux de crédit m/pl	condizioni generali di credito f/pl	acuerdos generales de crédito m/pl
allocation (F)	Zuschuß m	subsidy	—	sovvenzione f	subvención f
állóeszközök (H)	Anlagevermögen n	fixed assets	valeurs immobilisées f/pl	attivo fisso m	activo fijo m
allowance for expenses (E)	Spesenpauschale f	—	forfait de frais m	forfait di spese m	suma global de gastos f
almacén (ES)	Lager n	warehouse	entrepôt m	magazzino m	—
almacén (ES)	Lagerraum m	storage space	halle de dépôt f	deposito m	—
almacenaje (ES)	Lagerhaltung f	stockkeeping	entreposage m	magazzinaggio m	—
almacenaje (ES)	Lagerung f	storage	stockage m	stoccaggio m	—
almacenamiento (ES)	Einlagerung f	storage	entreposage m	immagazzinamento m	—
almacén de entregas (ES)	Auslieferungslager n	distribution store	entrepôt de distribution m	deposito di consegna m	—
al meglio (I)	bestens	at best	au mieux	—	al mejor cambio
al mejor cambio (ES)	bestens	at best	au mieux	al meglio	—
al mejor cambio (ES)	billigst	at best price	au meilleur prix	al prezzo migliore	—
almoço de trabalho (P)	Arbeitsessen n	working lunch	déjeuner de travail m	pranzo di lavoro m	comida de trabajo f
a longo prazo (P)	langfristig	long-term	à long terme	a lungo termine	a largo plazo
à long terme (F)	langfristig	long-term	—	a lungo termine	a largo plazo
al prezzo migliore (I)	billigst	at best price	au meilleur prix	—	al mejor cambio
alquiler (ES)	Miete f	rent	location f	affitto m	—
alquiler de almacenaje (ES)	Lagermiete f	warehouse rent	location d'une surface pour magasinage f	spese di stoccaggio f/pl	—
alsó árhatár (H)	Preisuntergrenze f	price floor	plancher des prix m	limite inferiore di prezzo m	límite inferior de los precios m
alta congiuntura (I)	Hochkonjunktur f	boom	haute conjoncture f	—	alta coyuntura f
alta coyuntura (ES)	Hochkonjunktur f	boom	haute conjoncture f	alta congiuntura f	—
alta das cotações (P)	Kurssteigerung f	price advance	hausse f	aumento dei corsi m	alza de las cotizaciones f
alta de preços (P)	Preisanstieg m	rise in price	hausse des prix f	aumento del prezzo m	aumento de precios m
Általános Hitelmegállapodások (H)	allgemeine Kreditvereinbarungen f/pl	general credit agreements	accords généraux de crédit m/pl	condizioni generali di credito f/pl	acuerdos generales de crédito m/pl
általános költségek (H)	Gemeinkosten f	overhead costs	coûts indirects m/pl	costi comuni m/pl	gastos generales m/pl
általános meghatalmazás (H)	Generalvollmacht f	general power of attorney	pouvoir général m	procura generale f	poder general m
általános sztrájk (H)	Generalstreik m	general strike	grève générale f	sciopero generale m	huelga general f

általános sztrájk

P	NL	SV	PL	CZ	H
proprietário único m	alleeneigenaar m	ensam innehavare	wyłączny właściciel m	výhradní vlastník m	egyedüli cégtulajdonos
representação exclusiva f	alleenvertegenwoordiging f	ensamagentur	wyłączne przedstawicielstwo m	výhradní zastoupení n	kizárólagos képviselet
distribuição exclusiva f	alleenverkoop m	ensamagent	wyłączna dystrybucja f	výhradní prodej m	kizárólagos értékesítési jog
Alemanha f	Duitsland	Tyskland	Niemcy pl	Německo n	Németország
alemão	Duits	tysk	niemiecki	německý	német
alemão m	Duits	tyska	język niemiecki m	němčina f	német (nyelv)
no estrangeiro	in het buitenland	i utlandet	za granicą	v cizině	külföldön
condições gerais de contrato f/pl	algemene voorwaarden f/pl	allmänna avtalsvillkor	ogólne warunki handlowe m/pl	všeobecné obchodní podmínky f/pl	általános üzleti feltételek
acordos gerais de crédito m/pl	algemene kredietovereenkomsten f/pl	allmänna lånevillkor	ogólne warunki kredytowe m/pl	všeobecné úvěrové dohody f/pl	Általános Hitelmegállapodások
condições gerais de contrato f/pl	algemene voorwaarden f/pl	—	ogólne warunki handlowe m/pl	všeobecné obchodní podmínky f/pl	általános üzleti feltételek
acordos gerais de crédito m/pl	algemene kredietovereenkomsten f/pl	—	ogólne warunki kredytowe m/pl	všeobecné úvěrové dohody f/pl	Általános Hitelmegállapodások
ajudas de custo f/pl	subsidie f	bidrag	subwencja f	příspěvek m	juttatás
imobilizado m	vastliggende middelen n/pl	fasta tillgångar pl	majątek trwały m	investiční kapitál m	—
ajudas de custo para despesas f/pl	overeengekomen kostenbedrag n	ospecificerat traktamente	ryczałt na wydatki m	paušál pro výlohy m	költségátalány
armazém m	magazijn n	lager	magazyn m	sklad m	raktár
armazém m	opslagplaats f	lagerrum	pomieszczenie składowe n	skladovací prostor m	raktér
armazenagem f	het in voorraad houden n	lagerhållning	magazynowanie n	skladování n	készletezés
armazenagem f	opslag f	lagring	składowanie n	skladování n	raktározás
armazenamento m	goederenopslag m	förvaring	składowanie n	uskladnění n	beraktározás
centro de distribuição m	depot n	centrallager	dzień dostawy m	expediční sklad m	elosztó raktár
ao melhor	op zijn best	bästa	jak najlepiej	co nejlépe	az elérhető legkedvezőbb áron
ao melhor	op zijn best	bästa	jak najlepiej	co nejlépe	az elérhető legkedvezőbb áron
ao melhor preço	tegen de beste prijs	lägsta möjliga pris	najtaniej	nejlevnější	az elérhető legalacsonyabb áron
—	werklunch m	arbetslunch	obiad służbowy m	pracovní oběd m	munkaebéd
—	op lange termijn	långfristig	długoterminowy	dlouhodobý	hosszú lejáratú
a longo prazo	op lange termijn	långfristig	długoterminowy	dlouhodobý	hosszú lejáratú
ao melhor preço	tegen de beste prijs	lägsta möjliga pris	najtaniej	nejlevnější	az elérhető legalacsonyabb áron
aluguel m	huur f	hyra	najem m	nájem m	bérleti díj
aluguel de armazenagem m	huur van opslagruimte f	lagerhyra	czynsz za magazyn m	skladné n	raktárbérlet
limite inferior dos preços m	ondergrens van de prijzen f	nedre prisgräns	cena minimalna f	spodní hranice ceny f	—
conjuntura alta f	hoogconjunctuur f	högkonjunktur	wysoka koniunktura f	vysoká konjunktura f	fellendülés
conjuntura alta f	hoogconjunctuur f	högkonjunktur	wysoka koniunktura f	vysoká konjunktura f	fellendülés
—	koersstijging f	kursökning	hossa f	vzestup kursu m	árfolyam-emelkedés
—	prijsstijging f	prisökning	zwyżka cen f	růst cen m	áremelkedés
acordos gerais de crédito m/pl	algemene kredietovereenkomsten f/pl	allmänna lånevillkor	ogólne warunki kredytowe m/pl	všeobecné úvěrové dohody f/pl	Általános Hitelmegállapodások
despesas gerais f/pl	indirecte kosten m/pl	indirekta kostnader pl	koszty pośrednie m/pl	režijní náklady m/pl	—
poder geral m	algemene lastgeving f	generalfullmakt	pełnomocnictwo ogólne n	neomezená plná moc f	—
greve geral f	algemene staking f	generalstrejk	strajk generalny m	generální stávka f	—

általános üzleti feltételek 46

	D	E	F	I	ES
általános üzleti feltételek (H)	allgemeine Geschäftsbedingungen f/pl	general terms of contract	conditions générales de vente f/pl	condizioni generali di contratto f/pl	condiciones generales de contrato f/pl
alta na bolsa (P)	Hausse f	boom	hausse f	rialzo m	alza f
alto directivo (ES)	Manager m	manager	manager m	manager m	—
altogether (E)	insgesamt	—	dans l'ensemble	complessivamente	en suma
aluguel (P)	Miete f	rent	location f	affitto m	alquiler m
aluguel de armazenagem (P)	Lagermiete f	warehouse rent	location d'une surface pour magasinage f	spese di stoccaggio f/pl	alquiler de almacenaje m
alulértékelés (H)	Unterbewertung f	undervaluation	sous-évaluation f	sottovalutazione f	subvaloración f
alulfoglalkoztatottság (H)	Unterbeschäftigung f	underemployment	sous-emploi m	sottoccupazione f	subempleo m
a lungo termine (I)	langfristig	long-term	à long terme	—	a largo plazo
alvállalkozó (H)	Subunternehmer m	subcontractor	sous-entrepreneur m	subappaltatore m	subempresario m
alvará de construção (P)	Baugenehmigung f	planning permission	autorisation de construire f	licenza di costruzione f	permiso de construcción m
alza (ES)	Hausse f	boom	hausse f	rialzo m	—
alza de las cotizaciones (ES)	Kurssteigerung f	price advance	hausse f	aumento dei corsi m	—
ambacht (NL)	Gewerbe n	trade	activité professionnelle f	commercio m	comercio m
ambacht (NL)	Handwerk n	craft trade	artisanat m	artigianato m	artesanía f
ambachtskamer (NL)	Handwerkskammer f	chamber of handicrafts	chambre artisanale f	camera dell'artigianato f	cámara de artesanía f
ambiance de travail (F)	Betriebsklima n	working conditions and human relations	—	ambiente di lavoro m	ambiente de trabajo m
ambiente de trabajo (ES)	Betriebsklima n	working conditions and human relations	ambiance de travail m	ambiente di lavoro m	—
ambiente de trabalho (P)	Betriebsklima n	working conditions and human relations	ambiance de travail m	ambiente di lavoro m	ambiente de trabajo m
ambiente di lavoro (I)	Betriebsklima n	working conditions and human relations	ambiance de travail m	—	ambiente de trabajo m
ambtenaar (NL)	Beamter m	official	fonctionnaire m	funzionario m	funcionario m
ambulantes Gewerbe (D)	—	itinerant trade	commerce ambulant m	commercio ambulante m	comercio ambulante m
ambulerande handel (SV)	ambulantes Gewerbe n	itinerant trade	commerce ambulant m	commercio ambulante m	comercio ambulante m
a medio plazo (ES)	mittelfristig	medium-term	à moyen terme	a medio termine	—
a médio prazo (P)	mittelfristig	medium-term	à moyen terme	a medio termine	a medio plazo
a medio termine (I)	mittelfristig	medium-term	à moyen terme	—	a medio plazo
amende (F)	Bußgeld n	penalty	—	pena pecuniaria f	multa f
amende (F)	Geldbuße f	fine	—	pena pecuniaria f	multa f
amende (F)	Geldstrafe f	fine	—	multa f	multa f
amendment of a contract (E)	Vertragsänderung f	—	modification du contrat f	modificazione del contratto f	modificación de contrato f
America (E)	Amerika n	—	Amérique f	America f	América
America (I)	Amerika n	America	Amérique f	—	América
América (ES)	Amerika n	America	Amérique f	America f	—
América (P)	Amerika n	America	Amérique f	America f	América
américain (F)	amerikanisch	American	—	americano	americano
American (E)	amerikanisch	—	américain	americano	americano
americano (I)	amerikanisch	American	américain	—	americano
americano (ES)	amerikanisch	American	américain	americano	—
americano (P)	amerikanisch	American	américain	americano	americano
americký (CZ)	amerikanisch	American	américain	americano	americano
Amerika (D)	—	America	Amérique f	America f	América

Amerika

P	NL	SV	PL	CZ	H
condições gerais de contrato f/pl	algemene voorwaarden f/pl	allmänna avtalsvillkor	ogólne warunki handlowe m/pl	všeobecné obchodní podmínky f/pl	—
—	hausse f	hausse	hossa f	hausa f	emelkedö árfolyamtendencia
director m	manager m	direktör	manager m	manažer m	menedzser
ao todo	in totaal	totalt	w sumie	úhrnem	összesen
—	huur f	hyra	najem m	nájem m	bérleti díj
—	huur van opslagruimte f	lagerhyra	czynsz za magazyn m	skladné n	raktárbérlet
subavaliação f	onderschatting f	undervärdering	wycena poniżej wartości f	podhodnocení n	—
subemprego m	onderbezetting f	undersysselsättning	zatrudnienie niepełne n	nedostatečná zaměstnanost f	—
a longo prazo	op lange termijn	långfristig	długoterminowy	dlouhodobý	hosszú lejáratú
subempresário m	onderaannemer m	underleverantör	podwykonawca m	subdodavatel m	—
—	bouwvergunning f	byggnadstillstånd	zezwolenie budowlane n	stavební povolení n	építési engedély
alta na bolsa f	hausse f	hausse	hossa f	hausa f	emelkedö árfolyamtendencia
alta das cotações f	koersstijging f	kursökning	hossa f	vzestup kursu m	árfolyam-emelkedés
actividade comercial f	—	handel	działalność gospodarcza f	živnost f	ipar
artesanato m	—	hantverk	rzemiosło n	řemeslo n	kézműipar
câmara de artesanato f	—	hantverkskammare	Izba Rzemieślnicza f	řemeslnická komora f	kézműves kamara
ambiente de trabalho m	bedrijfsklimaat n	arbetsklimat	atmosfera pracy f	podnikové klima n	munkahelyi légkör
ambiente de trabalho m	bedrijfsklimaat n	arbetsklimat	atmosfera pracy f	podnikové klima n	munkahelyi légkör
—	bedrijfsklimaat n	arbetsklimat	atmosfera pracy f	podnikové klima n	munkahelyi légkör
ambiente de trabalho m	bedrijfsklimaat n	arbetsklimat	atmosfera pracy f	podnikové klima n	munkahelyi légkör
funcionário m	—	tjänsteman i offentlig tjänst	urzędnik m	úředník m	tisztviselő
comércio ambulante m	straathandel m	ambulerande handel	rzemiosło wędrowne n	pojízdná živnost f	vándorkereskedelem
comércio ambulante m	straathandel m	—	rzemiosło wędrowne n	pojízdná živnost f	vándorkereskedelem
a médio prazo	op middellange termijn	medellång	średnioterminowy	střednědobý	középlejáratú
—	op middellange termijn	medellång	średnioterminowy	střednědobý	középlejáratú
a médio prazo	op middellange termijn	medellång	średnioterminowy	střednědobý	középlejáratú
multa administrativa f	boete f/m	straffavgift	grzywna f	pokuta f	pénzbírság
multa f	geldboete f	böter pl	grzywna f	peněžitá pokuta f	pénzbírság
multa f	boete f	böter	kara pieniężna f	peněžitá pokuta f	pénzbírság
modificação do contrato f	wijziging van het contract f	avtalsändring	zmiana umowy f	změna smlouvy n	szerződésmódosítás
América f	Amerika n	Amerika	Ameryka f	Amerika f	Amerika
América f	Amerika n	Amerika	Ameryka f	Amerika f	Amerika
América f	Amerika n	Amerika	Ameryka f	Amerika f	Amerika
—	Amerika n	Amerika	Ameryka f	Amerika f	Amerika
americano	Amerikaans	amerikansk	amerykański	americký	amerikai
americano	Amerikaans	amerikansk	amerykański	americký	amerikai
americano	Amerikaans	amerikansk	amerykański	americký	amerikai
americano	Amerikaans	amerikansk	amerykański	americký	amerikai
—	Amerikaans	amerikansk	amerykański	americký	amerikai
americano	Amerikaans	amerikansk	amerykański	—	amerikai
América f	Amerika n	Amerika	Ameryka f	Amerika f	Amerika

Amerika 48

	D	E	F	I	ES
Amerika (NL)	Amerika n	America	Amérique f	America f	América
Amerika (SV)	Amerika n	America	Amérique f	America f	América
Amerika (CZ)	Amerika n	America	Amérique f	America f	América
Amerika (H)	Amerika n	America	Amérique f	America f	América
Amerikaans (NL)	amerikanisch	American	américain	americano	americano
amerikai (H)	amerikanisch	American	américain	americano	americano
amerikanisch (D)	—	American	américain	americano	americano
amerikansk (SV)	amerikanisch	American	américain	americano	americano
Amérique (F)	Amerika n	America	—	America f	América
a mérleg folytonossága (H)	Bilanzkontinuität f	formal identity	identité des bilans successifs f	continuità del bilancio f	identidad de los balances sucesivos f
a mérleg világossága (H)	Bilanzklarheit f	balance transparency	clarté du bilan f	trasparenza di bilancio f	claridad del balance f
Ameryka (PL)	Amerika n	America	Amérique f	America f	América
amerykański (PL)	amerikanisch	American	américain	americano	americano
amministratore (I)	Geschäftsführer m	managing director	directeur d'entreprise m	—	gerente m
amministratore (I)	Verwalter m	administrator	administrateur m	—	administrador m
amministrazione (I)	Verwaltung f	administration	administration f	—	administración f
ammissione (I)	Zulassung f	admission	admission f	—	admisión f
ammontare della fattura (I)	Rechnungsbetrag f	invoice total	montant de la facture m	—	importe de la factura m
ammortamenti straordinari (I)	Sonderabschreibungen f/pl	special depreciation	amortissement extraordinaire m	—	amortización extraordinaria f
ammortamento (I)	Abschreibung f	depreciation	amortissement m	—	amortización f
ammortamento (I)	Amortisation f	amortisation	amortissement m	—	amortización f
ammortamento (I)	Tilgung f	amortisation	remboursement m	—	amortización f
ammortamento decrescente (I)	degressive Abschreibung f	degressive depreciation	amortissement dégressif m	—	amortización decreciente f
ammortamento lineare (I)	lineare Abschreibung	linear depreciation	amortissement linéaire m	—	amortización constante f
ammortamento progressivo (I)	progressive Abschreibung f	progressive depreciation	amortissement progressif m	—	amortización progresiva f
amortering (SV)	Amortisation f	amortisation	amortissement m	ammortamento m	amortización f
amortering (SV)	Tilgung f	amortisation	remboursement m	ammortamento m	amortización f
amortisatie (NL)	Amortisation f	amortisation	amortissement m	ammortamento m	amortización f
Amortisation (D)	—	amortisation	amortissement m	ammortamento m	amortización f
amortisation (E)	Amortisation f	—	amortissement m	ammortamento m	amortización f
amortisation (E)	Tilgung f	—	remboursement m	ammortamento m	amortización f
amortissement (F)	Abschreibung f	depreciation	—	ammortamento m	amortización f
amortissement (F)	Amortisation f	amortisation	—	ammortamento m	amortización f
amortissement dégressif (F)	degressive Abschreibung f	degressive depreciation	—	ammortamento decrescente m	amortización decreciente f
amortissement extraordinaire (F)	Sonderabschreibungen f/pl	special depreciation	—	ammortamenti straordinari m/pl	amortización extraordinaria f
amortissement linéaire (F)	lineare Abschreibung	linear depreciation	—	ammortamento lineare m	amortización constante f
amortissement progressif (F)	progressive Abschreibung f	progressive depreciation	—	ammortamento progressivo m	amortización progresiva f
amortização (P)	Abschreibung f	depreciation	amortissement m	ammortamento m	amortización f
amortização (P)	Amortisation f	amortisation	amortissement m	ammortamento m	amortización f
amortização (P)	Tilgung f	amortisation	remboursement m	ammortamento m	amortización f
amortização constante (P)	lineare Abschreibung	linear depreciation	amortissement linéaire m	ammortamento lineare m	amortización constante f
amortização decrescente (P)	degressive Abschreibung f	degressive depreciation	amortissement dégressif m	ammortamento decrescente m	amortización decreciente f
amortização extraordinária (P)	Sonderabschreibungen f/pl	special depreciation	amortissement extraordinaire m	ammortamenti straordinari m/pl	amortización extraordinaria f
amortizace (CZ)	Amortisation f	amortisation	amortissement m	ammortamento m	amortización f
amortizáció (H)	Amortisation f	amortisation	amortissement m	ammortamento m	amortización f

amortizáció

P	NL	SV	PL	CZ	H
América f	—	Amerika	Ameryka f	Amerika f	Amerika
América f	Amerika n	—	Ameryka f	Amerika f	Amerika
América f	Amerika n	Amerika	Ameryka f	—	Amerika
América f	Amerika n	Amerika	Ameryka f	Amerika f	—
americano	—	amerikansk	amerykański	americký	amerikai
americano	Amerikaans	amerikansk	amerykański	americký	—
americano	Amerikaans	amerikansk	amerykański	americký	amerikai
americano	Amerikaans	—	amerykański	americký	amerikai
América f	Amerika n	Amerika	Ameryka f	Amerika f	Amerika
igualdade dos sucessivos balanços f	continuïteit van de balans f	balanskontinuitet	ciągłość bilansowa f	bilanční kontinuita f	—
transparência do balanço f	doorzichtigheid van de balans f	balanstransparens	klarowność bilansu f	bilanční čistota f	—
América f	Amerika n	Amerika	—	Amerika f	Amerika
americano	Amerikaans	amerikansk	—	americký	amerikai
gerente m	bedrijfsleider m	verkställande direktör	dyrektor m	jednatel m	ügyvezető
administrador m	beheerder m	förvaltare	administrator m	správce m	kezelő
administração f	beheer n	förvaltning	administracja f	správa f	ügykezelés
admissão f	toelating f	tillstånd	dopuszczenie n	připuštění n	engedély
montante da factura m	factuurbedrag n	faktureringssumma	suma rachunku f	účetní částka f	számlaösszeg
amortização extraordinária f	vervroegde afschrijvingen f/pl	extra avskrivning	amortyzacja specjalna f	zvláštní odpisy m/pl	speciális értékcsökkenési leírás
amortização f	afschrijving f	avskrivning	amortyzacja f	odpis m	értékcsökkenés
amortização f	amortisatie f	amortering	amortyzacja f	amortizace f	amortizáció
amortização f	aflossing f	amortering	umorzenie n	umoření n	törlesztés
amortização decrescente f	degressieve afschrijving f	degressiv avskrivning	degresywne odpisy amortyzacyjne m/pl	degresívní odpis m	degresszív értékcsökkenési leírás
amortização constante f	lineaire afschrijving f	linjär avskrivning	odpis na amortyzację liniową m	lineární odpis m	lineáris értékcsökkenési leírás
depreciação progressiva f	progressieve afschrijving f	progressiv avskrivning	progresywna amortyzacja f	progresivní odpis m	gyorsított értékcsökkenési leírás
amortização f	amortisatie f	—	amortyzacja f	amortizace f	amortizáció
amortização f	aflossing f	—	umorzenie n	umoření n	törlesztés
amortização f	—	amortering	amortyzacja f	amortizace f	amortizáció
amortização f	amortisatie f	amortering	amortyzacja f	amortizace f	amortizáció
amortização f	amortisatie f	amortering	amortyzacja f	amortizace f	amortizáció
amortização f	aflossing f	amortering	umorzenie n	umoření n	törlesztés
amortização f	afschrijving f	avskrivning	amortyzacja f	odpis m	értékcsökkenés
amortização f	amortisatie f	amortering	amortyzacja f	amortizace f	amortizáció
amortização decrescente f	degressieve afschrijving f	degressiv avskrivning	degresywne odpisy amortyzacyjne m/pl	degresívní odpis m	degresszív értékcsökkenési leírás
amortização extraordinária f	vervroegde afschrijvingen f/pl	extra avskrivning	amortyzacja specjalna f	zvláštní odpisy m/pl	speciális értékcsökkenési leírás
amortização constante f	lineaire afschrijving f	linjär avskrivning	odpis na amortyzację liniową m	lineární odpis m	lineáris értékcsökkenési leírás
depreciação progressiva f	progressieve afschrijving f	progressiv avskrivning	progresywna amortyzacja f	progresivní odpis m	gyorsított értékcsökkenési leírás
—	afschrijving f	avskrivning	amortyzacja f	odpis m	értékcsökkenés
—	amortisatie f	amortering	amortyzacja f	amortizace f	amortizáció
—	aflossing f	amortering	umorzenie n	umoření n	törlesztés
—	lineaire afschrijving f	linjär avskrivning	odpis na amortyzację liniową m	lineární odpis m	lineáris értékcsökkenési leírás
—	degressieve afschrijving f	degressiv avskrivning	degresywne odpisy amortyzacyjne m/pl	degresívní odpis m	degresszív értékcsökkenési leírás
—	vervroegde afschrijvingen f/pl	extra avskrivning	amortyzacja specjalna f	zvláštní odpisy m/pl	speciális értékcsökkenési leírás
amortização f	amortisatie f	amortering	amortyzacja f	amortizace f	amortizáció
amortização f	amortisatie f	amortering	amortyzacja f	amortizace f	—

amortización

	D	E	F	I	ES
amortización (ES)	Abschreibung f	depreciation	amortissement m	ammortamento m	—
amortización (ES)	Amortisation f	amortisation	amortissement m	ammortamento m	—
amortización (ES)	Tilgung f	amortisation	remboursement m	ammortamento m	—
amortización constante (ES)	lineare Abschreibung	linear depreciation	amortissement linéaire m	ammortamento lineare m	—
amortización decreciente (ES)	degressive Abschreibung f	degressive depreciation	amortissement dégressif m	ammortamento decrescente m	—
amortización extraordinaria (ES)	Sonderabschreibungen f/pl	special depreciation	amortissement extraordinaire m	ammortamenti straordinari m/pl	—
amortización progresiva (ES)	progressive Abschreibung f	progressive depreciation	amortissement progressif m	ammortamento progressivo m	—
amortizációs alap (H)	Abschreibungsfonds m	depreciation fund	fonds d'amortissement m	fondo di ammortamento m	fondo de amortización m
amortizar (ES)	ablösen	redeem	rembourser	rimborsare	—
amortizar (P)	ablösen	redeem	rembourser	rimborsare	amortizar
amortyzacja (PL)	Abschreibung f	depreciation	amortissement m	ammortamento m	amortización f
amortyzacja (PL)	Amortisation f	amortisation	amortissement m	ammortamento m	amortización f
amortyzacja specjalna (PL)	Sonderabschreibungen f/pl	special depreciation	amortissement extraordinaire m	ammortamenti straordinari m/pl	amortización extraordinaria f
amostra (P)	Muster n	sample	échantillon m	campione m	muestra f
amostra (P)	Probepackung f	trial package	échantillon m	confezione campione f	muestra f
amostra (P)	Warenprobe f	sample	échantillon m	campione m	muestra f
amostra sem valor comercial (P)	Muster ohne Wert	sample with no commercial value	échantillon sans valeur m	campione senza valore m	muestra sin valor f
amount (E)	Betrag m	—	montant m	importo m	suma f
amount of money (E)	Geldbetrag m	—	somme d'argent f	somma di denaro f	importe m
à moyen terme (F)	mittelfristig	medium-term	—	a medio termine	a medio plazo
Amt (D)	—	office	bureau m	ufficio m	oficina f
análise da relação custo-benefício (P)	Kosten-Nutzen-Analyse f	cost-benefit analysis	analyse du ratio coût/profit f	analisi costi-benefici f	análisis de coste-beneficio m
análise das necessidades (P)	Bedarfsanalyse f	analysis of requirements	analyse des besoins m	analisi del fabbisogno f	análisis de las necesidades m
análise de mercado (P)	Absatzanalyse f	sales analysis	analyse de la distribution f	analisi di mercato f	análisis de venta m
análise do balanço (P)	Bilanzanalyse f	balance analysis	analyse du bilan f	analisi di bilancio f	análisis de balance m
analisi costi-benefici (I)	Kosten-Nutzen-Analyse f	cost-benefit analysis	analyse du ratio coût/profit f	—	análisis de coste-beneficio m
analisi del fabbisogno (I)	Bedarfsanalyse f	analysis of requirements	analyse des besoins m	—	análisis de las necesidades m
analisi di bilancio (I)	Bilanzanalyse f	balance analysis	analyse du bilan f	—	análisis de balance m
analisi di mercato (I)	Absatzanalyse f	sales analysis	analyse de la distribution f	—	análisis de venta m
análisis de balance (ES)	Bilanzanalyse f	balance analysis	analyse du bilan f	analisi di bilancio f	—
análisis de coste-beneficio (ES)	Kosten-Nutzen-Analyse f	cost-benefit analysis	analyse du ratio coût/profit f	analisi costi-benefici f	—
análisis de las necesidades (ES)	Bedarfsanalyse f	analysis of requirements	analyse des besoins m	analisi del fabbisogno f	—
análisis de venta (ES)	Absatzanalyse f	sales analysis	analyse de la distribution f	analisi di mercato f	—
analiza (PL)	Kosten-Nutzen-Analyse f	cost-benefit analysis	analyse du ratio coût/profit f	analisi costi-benefici f	análisis de coste-beneficio m
analiza bilansu (PL)	Bilanzanalyse f	balance analysis	analyse du bilan f	analisi di bilancio f	análisis de balance m
analiza potrzeb (PL)	Bedarfsanalyse f	analysis of requirements	analyse des besoins m	analisi del fabbisogno f	análisis de las necesidades m
analiza zbytu (PL)	Absatzanalyse f	sales analysis	analyse de la distribution f	analisi di mercato f	análisis de venta m

51 analiza zbytu

P	NL	SV	PL	CZ	H
amortização f	afschrijving f	avskrivning	amortyzacja f	odpis m	értékcsökkenés
amortização f	amortisatie f	amortering	amortyzacja f	amortizace f	amortizáció
amortização f	aflossing f	amortering	umorzenie n	umoření n	törlesztés
amortização constante f	lineaire afschrijving f	linjär avskrivning	odpis na amortyzację liniową m	lineární odpis m	lineáris értékcsökkenési leírás
amortização decrescente f	degressieve afschrijving f	degressiv avskrivning	degresywne odpisy amortyzacyjne m/pl	degresívní odpis m	degresszív értékcsökkenési leírás
amortização extraordinária f	vervroegde afschrijvingen f/pl	extra avskrivning	amortyzacja specjalna f	zvláštní odpisy m/pl	speciális értékcsökkenési leírás
depreciação progressiva f	progressieve afschrijving f	progressiv avskrivning	progresywna amortyzacja f	progresivní odpis m	gyorsított értékcsökkenési leírás
fundo de depreciação m	afschrijvingsfonds n	avskrivningsfond	fundusz amortyzacyjny m	fond odpisů m	—
amortizar	aflossen	återköpa	spłacać <spłacić>	oddělovat <oddělit>	törleszt
—	aflossen	återköpa	spłacać <spłacić>	oddělovat <oddělit>	törleszt
amortização f	afschrijving f	avskrivning	—	odpis m	értékcsökkenés
amortização f	amortisatie f	amortering	—	amortizace f	amortizáció
amortização extraordinária f	vervroegde afschrijvingen f/pl	extra avskrivning	—	zvláštní odpisy m/pl	speciális értékcsökkenési leírás
—	monster n	prov	wzór m	vzor m	minta
—	proefverpakking f	provförpackning	opakowanie wzorocowe n	zkušební balení n	próbacsomagolás
—	monster n	varuprov	próbka towarów f	vzorek m	áruminta
—	monster zonder waarde n	prov utan värde	próbka bez wartości f	vzorek bez hodnoty m	minta érték nélkül
montante m	bedrag n	summa	kwota f	částka f	összeg
importância em dinheiro f	geldsom f	summa pengar	kwota pieniężna f	peněžní obnos m	pénzösszeg
a médio prazo	op middellange termijn	medellång	średnioterminowy	střednědobý	középlejáratú
cargo m	dienst m	byrå i offentlig förvaltning	urząd m	úřad m	hivatal
—	kosten-baten-analyse f	kostnads- och intäktsanalys	analiza	analýza nákladů a úžitků f	költség-haszon elemzés
—	behoefteanalyse f	behovsanalys	analiza potrzeb f	analýza potřeb f/pl	szükségletelemzés
—	verkoopanalyse f	säljanalys	analiza zbytu f	analýza odbytu f	értékesítési elemzés
—	analyse van de balans f	balansanalys	analiza bilansu f	bilanční analýza f	mérlegelemzés
análise da relação custo-benefício f	kosten-baten-analyse f	kostnads- och intäktsanalys	analiza	analýza nákladů a úžitků f	költség-haszon elemzés
análise das necessidades f	behoefteanalyse f	behovsanalys	analiza potrzeb f	analýza potřeb f/pl	szükségletelemzés
análise do balanço f	analyse van de balans f	balansanalys	analiza bilansu f	bilanční analýza f	mérlegelemzés
análise de mercado f	verkoopanalyse f	säljanalys	analiza zbytu f	analýza odbytu f	értékesítési elemzés
análise do balanço f	analyse van de balans f	balansanalys	analiza bilansu f	bilanční analýza f	mérlegelemzés
análise da relação custo-benefício f	kosten-baten-analyse f	kostnads- och intäktsanalys	analiza	analýza nákladů a úžitků f	költség-haszon elemzés
análise das necessidades f	behoefteanalyse f	behovsanalys	analiza potrzeb f	analýza potřeb f/pl	szükségletelemzés
análise de mercado f	verkoopanalyse f	säljanalys	analiza zbytu f	analýza odbytu f	értékesítési elemzés
análise da relação custo-benefício f	kosten-baten-analyse f	kostnads- och intäktsanalys	—	analýza nákladů a úžitků f	költség-haszon elemzés
análise do balanço f	analyse van de balans f	balansanalys	—	bilanční analýza f	mérlegelemzés
análise das necessidades f	behoefteanalyse f	behovsanalys	—	analýza potřeb f/pl	szükségletelemzés
análise de mercado f	verkoopanalyse f	säljanalys	—	analýza odbytu f	értékesítési elemzés

analyse de la distribution 52

	D	E	F	I	ES
analyse de la distribution (F)	Absatzanalyse f	sales analysis	—	analisi di mercato f	análisis de venta m
analyse des besoins (F)	Bedarfsanalyse f	analysis of requirements	—	analisi del fabbisogno f	análisis de las necesidades m
analyse du bilan (F)	Bilanzanalyse f	balance analysis	—	analisi di bilancio f	análisis de balance m
analyse du ratio coût/profit (F)	Kosten-Nutzen-Analyse f	cost-benefit analysis	—	analisi costi-benefici f	análisis de coste-beneficio m
analyse van de balans (NL)	Bilanzanalyse f	balance analysis	analyse du bilan f	analisi di bilancio f	análisis de balance m
analysis of requirements (E)	Bedarfsanalyse f	—	analyse des besoins m	analisi del fabbisogno f	análisis de las necesidades m
analýza nákladů a úžitků (CZ)	Kosten-Nutzen-Analyse f	cost-benefit analysis	analyse du ratio coût/profit f	analisi costi-benefici f	análisis de coste-beneficio m
analýza odbytu (CZ)	Absatzanalyse f	sales analysis	analyse de la distribution f	analisi di mercato f	análisis de venta m
analýza potřeb (CZ)	Bedarfsanalyse f	analysis of requirements	analyse des besoins m	analisi del fabbisogno f	análisis de las necesidades m
anbieten (D)	—	offer	offrir	offrire	ofrecer
anbudsförfarande (SV)	Ausschreibung f	call for tenders	appel d'offre par voie de soumission m	appalto m	concurso-subasta m
andamento del mercato (I)	Marktlage f	state of the market	situation du marché f	—	condiciones del mercado f/pl
andelsbevis (SV)	Investmentzertifikat n	investment certificate	certificat émis par un fonds commun de placement m	certificato d'investimento m	certificado de participación m
anexar (P)	beilegen	enclose	mettre en annexe	allegare	adjuntar
Anfangsbestand (D)	—	opening stock	stock initial m	scorte iniziali f/pl	existencias iniciales f/pl
Anfangsgehalt (D)	—	starting salary	salaire initial m	stipendio iniziale m	salario inicial m
Anfangskapital (D)	—	opening capital	capital initial m	capitale iniziale m	capital inicial m
Anfrage (D)	—	inquiry	demande f	richiesta f	demanda f
angående (SV)	bezüglich	referring to	relatif à	relativo a	en relación a
Angebot (D)	—	offer	proposition f	offerta f	oferta f
angestellt (D)	—	employed	employé	impiegato	empleado m
Angestellter (D)	—	employee	employé m	impiegato m	empleado m
angielski (PL)	englisch	English	anglais	inglese	inglés
angivet pris (SV)	Preisnotierung f	price quotation	cotation des prix f	quotazione dei prezzi f	cotización de precios f
anglais (F)	englisch	English	—	inglese	inglés
anglais (F)	Englisch	English	—	inglese m	inglés m
Angleterre (F)	England n	England	—	Inghilterra f	Inglaterra
Anglia (PL)	England n	England	Angleterre f	Inghilterra f	Inglaterra
Anglia (H)	England n	England	Angleterre f	Inghilterra f	Inglaterra
anglický (CZ)	englisch	English	anglais	inglese	inglés
angličtina (CZ)	Englisch	English	anglais	inglese m	inglés m
Anglie (CZ)	England n	England	Angleterre f	Inghilterra f	Inglaterra
angol (H)	englisch	English	anglais	inglese	inglés
angol (nyelv) (H)	Englisch	English	anglais	inglese m	inglés m
aniversário (P)	Geburtstag m	birthday	anniversaire m	compleanno m	día de nacimiento m
Ankauf (D)	—	purchase	achat m	acquisto m	compra f
ankomstdatum (SV)	Ankunftsdatum n	date of arrival	date d'arrivée f	data d'arrivo f	fecha de llegada f
Ankunftsdatum (D)	—	date of arrival	date d'arrivée f	data d'arrivo f	fecha de llegada f
Anlage (D)	—	investment	placement m	investimento m	inversión f
Anlagegüter (D)	—	capital goods	valeurs immobilisées f/pl	beni d'investimento m/pl	bienes de inversión m/pl
Anlagepapiere (D)	—	investment securities	valeurs de placement f/pl	titoli d'investimento m/pl	valores de inversión m/pl
Anlagevermögen (D)	—	fixed assets	valeurs immobilisées f/pl	attivo fisso m	activo fijo m

Anlagevermögen

P	NL	SV	PL	CZ	H
análise de mercado f	verkoopanalyse f	säljanalys	analiza zbytu f	analýza odbytu f	értékesítési elemzés
análise das necessidades f	behoefteanalyse f	behovsanalys	analiza potrzeb f	analýza potřeb f/pl	szükségletelemzés
análise do balanço f	analyse van de balans f	balansanalys	analiza bilansu f	bilanční analýza f	mérlegelemzés
análise da relação custo-benefício f	kosten-baten-analyse f	kostnads- och intäktsanalys	analiza	analýza nákladů a úžitků f	költség-haszon elemzés
análise do balanço f	—	balansanalys	analiza bilansu f	bilanční analýza f	mérlegelemzés
análise das necessidades f	behoefteanalyse f	behovsanalys	analiza potrzeb f	analýza potřeb f/pl	szükségletelemzés
análise da relação custo-benefício f	kosten-baten-analyse f	kostnads- och intäktsanalys	analiza	—	költség-haszon elemzés
análise de mercado f	verkoopanalyse f	säljanalys	analiza zbytu f	—	értékesítési elemzés
análise das necessidades f	behoefteanalyse f	behovsanalys	analiza potrzeb f	—	szükségletelemzés
oferecer	aanbieden	erbjuda	oferować <zaoferować>	nabízet <nabídnout>	kínál
concurso público m	aanbesteding f	—	przetarg m	veřejná soutěž f	pályázati felhívás
situação do mercado f	marktsituatie f	marknadssituation	sytuacja rynkowa f	situace na trhu f	piaci helyzet
certificado de investimento m	beleggingscertificaat n	—	certyfikat inwestycyjny m	investiční certifikát m	befektetési jegy
—	bijvoegen	bifoga	załączać <załączyć>	přikládat <přiložit>	mellékel
existências iniciais f/pl	beginvoorraad m	ingående lager	stan wyjściowy m	počáteční stav m	nyitó állomány
salário inicial m	aanvangssalaris n	begynnelselön	pensja stażowa f	nástupní plat m	kezdő fizetés
capital inicial m	beginkapitaal n	grundkapital	kapitał założycielski m	počáteční kapitál m	kezdőtőke
pedido m	aanvraag f/m	förfrågan	zapytanie n	poptávka f	ajánlatkérés
relativo a	betreffende	—	odnośnie do	vztahující se k	illetően
oferta f	offerte f/m	offert	oferta f	nabídka f	ajánlat
empregado	in dienst	anställd	zatrudniony	zaměstnaný	alkalmazásban álló
empregado m	bediende f/m	anställd	pracownik umysłowy m	zaměstnanec m	alkalmazott
inglês	Engels	engelsk	—	anglický	angol
cotação f	prijsnotering f	—	notowanie cen n	kotace cen f	árfolyamjegyzés
inglês	Engels	engelsk	angielski	anglický	angol
inglês	Engels	engelska	język angielski m	angličtina f	angol (nyelv)
Inglaterra f	Engeland	England	Anglia f	Anglie f	Anglia
Inglaterra f	Engeland	England	—	Anglie f	Anglia
Inglaterra f	Engeland	England	Anglia f	Anglie f	Anglia
inglês	Engels	engelsk	angielski	—	angol
inglês	Engels	engelska	język angielski m	—	angol (nyelv)
Inglaterra f	Engeland	England	Anglia f	—	Anglia
inglês	Engels	engelsk	angielski	anglický	angol
inglês	Engels	engelska	język angielski m	angličtina f	—
—	verjaardag m	födelsedag	data urodzenia f	narozeniny pl	születésnap
compra f	aankoop m	inköp	zakup m	nákup m	vásárlás
data de chegada f	datum van aankomst m	—	data przybycia f	datum příjezdu f	érkezés napja
data de chegada f	datum van aankomst m	ankomstdatum	data przybycia f	datum příjezdu n	érkezés napja
investimento m	investering f	investering	inwestowanie n	vklad m	befektetés
bens de investimento m/pl	investeringsgoederen n/pl	producentkapitalvaror	środki trwałe m/pl	investiční zboží n/pl	beruházási javak
títulos de investimento m/pl	beleggingswaarden f/pl	värdepapper	papiery wartościowe m/pl	dlouhodobé finanční investice f/pl	befektetési értékpapírok
imobilizado m	vastliggende middelen n/pl	fasta tillgångar pl	majątek trwały m	investiční kapitál m	állóeszközök

Anleihe 54

	D	E	F	I	ES
Anleihe (D)	—	loan	emprunt m	prestito m	empréstito m
anmärkning (SV)	Vermerk m	note	remarque f	nota f	nota f
Anmeldefrist (D)	—	period for application	délai d'inscription m	termine di presentazione della domanda m	plazo de inscripción m
Anmeldung (D)	—	registration	inscription f	avviso m	inscripción f
Annahme (D)	—	acceptance	acceptation f	accettazione f	aceptación f
Annahmeverweigerung (D)	—	refusal of delivery	refus d'acceptation m	rifiuto d'accettazione m	rehuso de aceptación m
année civile (F)	Kalenderjahr n	calendar year	—	anno solare m	año civil m
année de base (F)	Basisjahr n	base year	—	anno di base m	año base m
anniversaire (F)	Geburtstag m	birthday	—	compleanno m	día de nacimiento m
anno d'esercizio (I)	Rechnungsjahr n	financial year	exercice comptable m	—	ejercicio m
anno di base (I)	Basisjahr n	base year	année de base f	—	año base m
annonce (F)	Anzeige f	advertisement	—	inserzione f	anuncio m
annonce d'emploi (F)	Stellenanzeige f	position offered	—	inserzione d'impiego f	anuncio de empleo m
annons (SV)	Anzeige f	advertisement	annonce f	inserzione f	anuncio m
annonsering (SV)	Anzeigenschaltung f	placement of an advertisement	placement d'annonce m	posizionamento dell'inserzione m	inserción del anuncio f
anno solare (I)	Kalenderjahr n	calendar year	année civile f	—	año civil m
annotazione (I)	Notiz f	note	note f	—	nota f
annual (E)	jährlich	—	annuel	annuale	anual
annual accounts (E)	Jahresabschluß m	—	clôture annuelle des comptes f	chiusura d'esercizio f	cierre de cuentas m
annuale (I)	jährlich	annual	annuel	—	anual
Annual Economic Report (E)	Jahreswirtschaftsbericht m	—	compte rendu d'activité économique annuel m	relazione generale sulla situazione economica f	informe económico anual m
annual general meeting (E)	Jahreshauptversammlung f	—	assemblée générale annuelle f	assemblea generale annuale f	junta general anual f
annual holiday (E)	Betriebsferien f	—	clôture annuelle de l'établissement f	ferie aziendali f/pl	vacaciones de la empresa f/pl
annual income (E)	Jahreseinkommen n	—	revenu annuel m	reddito annuale m	renta anual f
annualità (I)	Annuität f	annuity	annuité f	—	anualidad f
annual profits (E)	Jahresgewinn m	—	bénéfice annuel m	utile dell'anno m	beneficio del ejercicio m
annual surplus (E)	Jahresüberschuß m	—	excédent annuel m	surplus dell'anno m	superávit del ejercicio m
annuel (F)	jährlich	annual	—	annuale	anual
Annuität (D)	—	annuity	annuité f	annualità f	anualidad f
annuité (F)	Annuität f	annuity	—	annualità f	anualidad f
annuïteit (NL)	Annuität f	annuity	annuité f	annualità f	anualidad f
annuitet (SV)	Annuität f	annuity	annuité f	annualità f	anualidad f
annuity (E)	Annuität f	—	annuité f	annualità f	anualidad f
annul (E)	annullieren	—	annuler	annullare	anular
annuler (F)	annullieren	annul	—	annullare	anular
annuleren (NL)	annullieren	annul	annuler	annullare	anular
annulering (NL)	Rücktritt m	rescission	dénonciation du contrat f	recesso m	dimisión f
annuleringsclausule (NL)	Rücktrittsklausel f	escape clause	clause de dénonciation du contrat f	clausola di recesso f	cláusula de renuncia f
annullare (I)	annullieren	annul	annuler	—	anular
annullera (SV)	annullieren	annul	annuler	annullare	anular
annullerad (SV)	nichtig	void	nul	nullo	nulo
annulleringsavgift (SV)	Löschgebühren f/pl	discharging expenses	droit de déchargement m	spese di scarico f/pl	gastos de descarga m/pl
annullieren (D)	—	annul	annuler	annullare	anular
ano base (P)	Basisjahr n	base year	année de base f	anno di base m	año base m

ano base

P	NL	SV	PL	CZ	H
empréstimo m	lening f	lån	pożyczka f	půjčka f	kötvénykölcsön
nota f	aantekening f	—	adnotacja f	poznámka f	megjegyzés
prazo de declaração m	aanmeldingstermijn m	ansökningstid	termin zgłaszania m	přihlašovací lhůta f	jelentkezési határidő
inscrição f	aanmelding f	registrering	zgłoszenie n	přihláška f	bejelentés
aceitação f	in ontvangstneming f	godkännande av leverans	przyjęcie n	přijetí n	elfogadás
recusa de aceitação f	weigering van acceptatie f	vägra godkänna en leverans	odmowa przyjęcia f	odepření přijetí n	átvétel megtagadása
ano civil m	kalenderjaar n	kalenderår	rok kalendarzowy m	kalendářní rok m	naptári év
ano base m	basisjaar n	basår	rok bazowy m	základní rok m	bázisév
aniversário m	verjaardag m	födelsedag	data urodzenia f	narozeniny pl	születésnap
exercício contável m	boekjaar n	räkenskapsår	rok budżetowy m	účetní rok m	pénzügyi év
ano base m	basisjaar n	basår	rok bazowy m	základní rok m	bázisév
anúncio m	advertentie f	annons	ogłoszenie n	inzerát m	hirdetés
anúncio de emprego m	personeelsadvertentie f	platsannons	ogłoszenie o wakującym stanowisku n	inzerce zaměstnání f	álláshirdetés
anúncio m	advertentie f	—	ogłoszenie n	inzerát m	hirdetés
inserção do anúncio f	plaatsing van een advertentie f	—	publilkacja ogłoszenia n	zveřejnění inzerátu n	hirdetés elhelyezése
ano civil m	kalenderjaar n	kalenderår	rok kalendarzowy m	kalendářní rok m	naptári év
nota f	bericht n	notis	notatka f	poznámka f	feljegyzés
anual	jaarlijks	årlig	corocznie	ročně	évi
balanço anual m	jaarbalans f	årsbokslut	zamknięcie roczne n	roční uzávěrka f	éves mérleg
anual	jaarlijks	årlig	corocznie	ročně	évi
relatório económico anual m	economisch jaarverslag n	näringslivets årsrapport	roczne sprawozdanie gospodarcze n	roční hospodářská zpráva f	éves beszámoló
assembleia geral anual f	jaarlijkse algemene vergadering f	årsmöte	roczne walne zgromadzenie akcjonariuszy n	roční valná hromada f	éves közgyűlés
férias anuais da empresa f/pl	jaarlijkse vakantie f	industrisemester	przerwa urlopowa f	podnikové prázdniny pl	vállalati szabadságolási időszak
rendimento anual m	jaarinkomen n	årsinkomst	dochód roczny m	roční příjem m	éves jövedelem
anuidade f	annuïteit f	annuitet	roczna rata spłaty f	umořovací splátka f	évjáradék
lucro do exercício m	jaarwinst f	årsvinst	zysk roczny m	roční zisk m	éves nyereség
excedente do exercício m	jaaroverschot n	årsöverskott	nadwyżka roczna f	roční přebytek m	évi felosztatlan nyereség
anual	jaarlijks	årlig	corocznie	ročně	évi
anuidade f	annuïteit f	annuitet	roczna rata spłaty f	umořovací splátka f	évjáradék
anuidade f	annuïteit f	annuitet	roczna rata spłaty f	umořovací splátka f	évjáradék
anuidade f	—	annuitet	roczna rata spłaty f	umořovací splátka f	évjáradék
anuidade f	annuïteit f	—	roczna rata spłaty f	umořovací splátka f	évjáradék
anuidade f	annuïteit f	annuitet	roczna rata spłaty f	umořovací splátka f	évjáradék
anular	annuleren	annullera	anulować	anulovat	érvénytelenít
anular	annuleren	annullera	anulować	anulovat	érvénytelenít
anular	—	annullera	anulować	anulovat	érvénytelenít
demissão f	—	återkallande	odstąpienie n	odstoupení n	visszalépés
cláusula de rescisão f	—	uppsägningsklausul	klauzula odstąpienia od umowy f	doložka o odstoupení f	mentesítő záradék
anular	annuleren	annullera	anulować	anulovat	érvénytelenít
anular	annuleren	annullera	anulować	anulovat	érvénytelenít
nulo	nietig	—	nieważny	neplatný	semmis
gastos de descarga m/pl	loskosten m/pl	—	opłaty wyładowcze f/pl	poplatky za vymazání m/pl	kirakodási költségek
anular	annuleren	annullera	anulować	anulovat	érvénytelenít
—	basisjaar n	basår	rok bazowy m	základní rok m	bázisév

año base 56

	D	E	F	I	ES
año base (ES)	Basisjahr n	base year	année de base f	anno di base m	—
ano civil (P)	Kalenderjahr n	calendar year	année civile f	anno solare m	año civil m
año civil (ES)	Kalenderjahr n	calendar year	année civile f	anno solare m	—
Anordnung (D)	—	order	ordre m	disposizione m	orden f
Anrede (D)	—	form of address	formule de politesse f	titolo m	tratamiento m
Anruf (D)	—	call	appel téléphonique m	chiamata f	llamada f
Anschaffung (D)	—	acquisition	acquisition f	acquisizione m	adquisición f
Anschaffungskosten (D)	—	cost of acquisition	frais d'acquisition m/pl	costi d'acquisto m/pl	coste de adquisición m
Anschaffungswert (D)	—	acquisition value	valeur d'acquisition f	valore d'acquisto m	valor de adquisición m
Anschlußfinanzierung (D)	—	follow-up financing	financement relais m	finanziamento successivo m	financiación sucesiva f
Anschrift (D)	—	address	adresse f	indirizzo m	dirección f
anskaffning (SV)	Anschaffung f	acquisition	acquisition f	acquisizione m	adquisición f
anskaffningskostnad (SV)	Anschaffungskosten f	cost of acquisition	frais d'acquisition m/pl	costi d'acquisto m/pl	coste de adquisición m
anskaffningsvärde (SV)	Anschaffungswert f	acquisition value	valeur d'acquisition f	valore d'acquisto m	valor de adquisición m
ansökan (SV)	Antrag m	application	demande f	domanda f	solicitud f
ansökan (SV)	Bewerbung f	application	candidature f	candidatura f	demanda de empleo f
ansökningsblankett (SV)	Antragsformular n	application form	formulaire de demande m	modulo di richiesta m	formulario de solicitud m
ansökningshandlingar (SV)	Bewerbungsunterlagen f/pl	application documents	dossier de candidature m	documenti di candidatura m/pl	documentos de solicitud m/pl
ansökningstid (SV)	Anmeldefrist f	period for application	délai d'inscription m	termine di presentazione della domanda f	plazo de inscripción m
Anspruch (D)	—	claim	prétention f	pretesa f	reclamación f
anställd (SV)	Angestellter m	employee	employé m	impiegato m	empleado m
anställd (SV)	angestellt	employed	employé	impiegato	empleado m
anställning (SV)	Anstellung f	employment	emploi m	assunzione f	empleo m
anställningstrygghet (SV)	Kündigungsschutz m	protection against dismissal	protection en matière de licenciement f	protezione contro il licenziamento f	protección contra el despido f
Anstellung (D)	—	employment	emploi m	assunzione f	empleo m
ansvaras ej (SV)	ohne Gewähr	without guarantee	sous toute réserve	senza garanzia	sin garantía
ansvarighet (SV)	Haftung f	liability	responsabilité f	responsabilità f	responsabilidad f
ansvarsförsäkring (SV)	Haftpflichtversicherung f	third party liability insurance	assurance responsabilité civile f	assicurazione della responsabilità civile f	seguro de responsabilidad civil m
antedated cheque (E)	vordatierter Scheck m	—	chèque antidaté m	assegno postergato m	cheque de fecha adelantada m
antedatovaný šek (CZ)	vordatierter Scheck m	antedated cheque	chèque antidaté m	assegno postergato m	cheque de fecha adelantada m
anticipazione sui titoli (I)	Lombardgeschäft n	collateral loan business	prêt sur titre m	—	operaciones de pignoración f/pl
anticipo (I)	Vorschuß m	advance	avance f	—	anticipo m
anticipo (ES)	Vorschuß m	advance	avance f	anticipo m	—
Antrag (D)	—	application	demande f	domanda f	solicitud f
Antragsformular (D)	—	application form	formulaire de demande m	modulo di richiesta m	formulario de solicitud m
antwoord (NL)	Antwort f	reply	réponse f	risposta f	respuesta f
Antwort (D)	—	reply	réponse f	risposta f	respuesta f
anual (ES)	jährlich	annual	annuel	annuale	—
anual (P)	jährlich	annual	annuel	annuale	anual f
anualidad (ES)	Annuität f	annuity	annuité f	annualità f	—

anualidad

P	NL	SV	PL	CZ	H
ano base m	basisjaar n	basår	rok bazowy m	základní rok m	bázisév
—	kalenderjaar n	kalenderår	rok kalendarzowy m	kalendářní rok m	naptári év
ano civil m	kalenderjaar n	kalenderår	rok kalendarzowy m	kalendářní rok m	naptári év
ordem f	ordening f	föreskrift	zarządzenie n	nařízení n	rendelet
forma de tratamento f	aanhef m	tilltalsform	tytułowanie n	oslovení n	megszólítás
chamada f	telefonische oproep m	telefonsamtal	rozmowa telefoniczna f	zavolání n	hívás
aquisição f	aanschaffing f	anskaffning	zakup m	opatření n	beszerzés
custos de aquisição m/pl	aanschaffingskosten m/pl	anskaffningskostnad	koszty własne nabycia środków trwałych m/pl	pořizovací náklady m/pl	beszerzési költségek
valor de aquisição m	aankoopwaarde f	anskaffningsvärde	wartość nabycia f	pořizovací hodnota f	beszerzési érték
financiamento de renovação contínua m	toetredingsfinanciering f	uppföljningsfinansiering	finansowanie sukcesywne n	následné financování n	követő finanszírozás
endereço m	adres n	adress	adres m	adresa f	cím
aquisição f	aanschaffing f	—	zakup m	opatření n	beszerzés
custos de aquisição m/pl	aanschaffingskosten m/pl	—	koszty własne nabycia środków trwałych m/pl	pořizovací náklady m/pl	beszerzési költségek
valor de aquisição m	aankoopwaarde f	—	wartość nabycia f	pořizovací hodnota f	beszerzési érték
solicitação f	aanvraag f	—	podanie n	žádost f	kérvény
candidatura f	kandidatuur f	—	ubieganie się o pracę n	ucházení se o něco n	pályázat
formulário de solicitação m	aanvraagformulier n	—	formularz podaniowy m	formulář žádosti m	kérvényűrlap
documentos de candidatura m/pl	sollicitatiedocumenten n/pl	—	załączniki do podania o pracę m/pl	podklady k žádosti m/pl	pályázati dokumentumok
prazo de declaração m	aanmeldingstermijn m	—	termin zgłaszania m	přihlašovací lhůta f	jelentkezési határidő
reivindicação f	eis m	krav	roszczenie n	nárok m	igény
empregado m	bediende f/m	—	pracownik umysłowy m	zaměstnanec m	alkalmazott
empregado	in dienst	—	zatrudniony	zaměstnaný	alkalmazásban álló
emprego m	indiensneming f	—	zatrudnienie n	zaměstnání n	alkalmazás
protecção contra despedimento injustificado f	werkzekerheidsgarantie f	—	ochrona przed zwolnieniem f	ochrana před výpovědí f	felmondási korlátozás
emprego m	indiensneming f	anställning	zatrudnienie n	zaměstnání n	alkalmazás
sem garantia	zonder waarborg van onzentwege	—	bez gwarancji	bez záruky f	szavatosság nélkül
responsabilidade f	aansprakelijkheid f	—	gwarancja f	ručení n	felelősség
seguro de responsabilidade civil m	aansprakelijkheidsverzekering f	—	ubezpieczenie od odpowiedzialności cywilnej f	pojištění povinného ručení n	felelősségbiztosítás
cheque prédatado m	geantidateerde cheque m	fördaterad check	czek postdatowany m	antedatovaný šek m	korábbra keltezett csekk
cheque prédatado m	geantidateerde cheque m	fördaterad check	czek postdatowany m	—	korábbra keltezett csekk
empréstimo com garantia de títulos m	lening tegen onderpand van effecten f	lombardtransaktion	transakcja lombardowa f	lombardní obchod m	lombardügylet
avanço m	voorschot n	förskott	zaliczka f	záloha f	előleg
avanço m	voorschot n	förskott	zaliczka f	záloha f	előleg
solicitação f	aanvraag f	ansökan	podanie n	žádost f	kérvény
formulário de solicitação m	aanvraagformulier n	ansökningsblankett	formularz podaniowy m	formulář žádosti m	kérvényűrlap
resposta f	—	svar	odpowiedź f	odpověď f	válasz
resposta f	antwoord n	svar	odpowiedź f	odpověď f	válasz
anual	jaarlijks	årlig	corocznie	ročně	évi
—	jaarlijks	årlig	corocznie	ročně	évi
anuidade f	annuïteit f	annuitet	roczna rata spłaty f	umořovací splátka f	évjáradék

anuidade

	D	E	F	I	ES
anuidade (P)	Annuität f	annuity	annuité f	annualità f	anualidad f
anulación (ES)	Storno m/n	reversal	écriture de contre-passation f	ristorno m	—
anular (ES)	annullieren	annul	annuler	annullare	—
anular (P)	annullieren	annul	annuler	annullare	anular
anulovat (CZ)	annullieren	annul	annuler	annullare	anular
anulować (PL)	annullieren	annul	annuler	annullare	anular
anuncio (ES)	Anzeige f	advertisement	annonce f	inserzione f	—
anúncio (P)	Anzeige f	advertisement	annonce f	inserzione f	anuncio m
anuncio de empleo (ES)	Stellenanzeige f	position offered	annonce d'emploi f	inserzione d'impiego f	—
anúncio de emprego (P)	Stellenanzeige f	position offered	annonce d'emploi f	inserzione d'impiego f	anuncio de empleo m
användning (SV)	Nutzung f	use	mise à profit f	utilizzazione f	utilización f
anvisning (SV)	Anweisung f	transfer	mandat m	mandato m	transferencia f
Anwalt (D)	—	lawyer	avocat m	avvocato m	abogado m
Anweisung (D)	—	transfer	mandat m	mandato m	transferencia f
anyagköltségek (H)	Materialkosten pl	material costs	frais afférents aux matières premières m/pl	costi del materiale m/pl	costes del material m/pl
anyagráfordítás (H)	Materialaufwand m	expenditure for material	dépenses en matières premières f/pl	spese di materiale f/pl	coste de material m
anyavállalat (H)	Stammhaus n	parent company	maison mère f	casa madre f	casa matriz f
anyavédelem (H)	Mutterschutz m	protection of mothers	protection des mères f	tutela della maternità f	protección de la madre f
Anzahlung (D)	—	deposit	acompte m	pagamento in acconto m	pago a cuenta m
Anzeige (D)	—	advertisement	annonce f	inserzione f	anuncio m
Anzeigen-schaltung (D)	—	placement of an advertisement	placement d'annonce m	posizionamento dell'inserzione m	inserción del anuncio f
ao melhor (P)	bestens	at best	au mieux	al meglio	al mejor cambio
ao melhor preço (P)	billigst	at best price	au meilleur prix	al prezzo migliore	al mejor cambio
ao todo (P)	insgesamt	altogether	dans l'ensemble	complessivamente	en suma
apartado de correos (ES)	Postfach n	post office box	boîte postale f	casella postale f	—
a pedido (P)	auf Abruf	on call	à convenance	su richiesta	a requerimiento
apertura de una cuenta (ES)	Kontoeröffnung f	opening of an account	ouverture de compte f	accensione di un conto f	—
apertura de un negocio (ES)	Geschäftseröffnung f	opening of a business	ouverture d'une affaire f	apertura di un negozio f	—
apertura di un negozio (I)	Geschäftseröffnung f	opening of a business	ouverture d'une affaire f	—	apertura de un negocio f
aplazamiento (ES)	Aufschiebung	deferment	ajournement m	rinvio m	—
aplazamiento (ES)	Vertagung f	postponement	ajournement m	rinvio m	—
apoderado (ES)	Prokurist m	authorised representative	fondé de pouvoir m	procuratore m	—
apoderamiento (ES)	Bevollmächtigung f	authorisation	procuration f	delega f	—
apólice (P)	Generalpolice f	floating policy	police d'abonnement f	polizza generale f	póliza global f
apólice (P)	Police f	policy	police f	polizza f	póliza f
apólice de seguros (P)	Versicherungs-police f	insurance policy	police d'assurance f	polizza d'assicura-zione f	seguro m
aportación de cobertura (ES)	Deckungsbeitrag m	contribution margin	marge sur coût variable f	contributo per copertura m	—
appalto (I)	Ausschreibung f	call for tenders	appel d'offre par voie de soumission m	—	concurso-subasta m
apparecchio fax (I)	Faxgerät n	fax machine	télécopieur m	—	fax m
appel (F)	Abruf m	call	—	ordine di consegna m	demanda de entrega f

appel

P	NL	SV	PL	CZ	H
—	annuïteit f	annuitet	roczna rata spłaty f	umořovací splátka f	évjáradék
estorno m	tegenboeking f	stornering	storno n	storno n	törlés
anular	annuleren	annullera	anulować	anulovat	érvénytelenít
—	annuleren	annullera	anulować	anulovat	érvénytelenít
anular	annuleren	annullera	anulować	—	érvénytelenít
anular	annuleren	annullera	—	anulovat	érvénytelenít
anúncio m	advertentie f	annons	ogłoszenie n	inzerát m	hirdetés
—	advertentie f	annons	ogłoszenie n	inzerát m	hirdetés
anúncio de emprego m	personeelsadvertentie f	platsannons	ogłoszenie o wakującym stanowisku n	inzerce zaměstnání f	álláshirdetés
—	personeelsadvertentie f	platsannons	ogłoszenie o wakującym stanowisku n	inzerce zaměstnání f	álláshirdetés
utilização f	genot n	—	użytkowanie n	využití n	használat
transferência f	opdracht f/m	—	przekaz pieniężny	návod m	utalvány
advogado m	advocaat m	advokat	adwokat m	právník m	ügyvéd
transferência f	opdracht f/m	anvisning	przekaz pieniężny	návod m	utalvány
custos de material m/pl	materiaalkosten m/pl	materialkostnader pl	koszty materiałowe m/pl	náklady na materiál m/pl	—
despesas com material f/pl	materiaalverbruik n	materialåtgång	zużycie materiałów m	spotřeba materiálu f	—
casa-mãe f	moedermaatschappij f	moderföretag	przedsiębiorstwo macierzyste n	mateřská společnost f	—
protecção da maternidade f	moederschapszorg f	föräldraförsäkring	ochrona macierzyństwa f	ochrana matky f	—
pagamento por conta m	aanbetaling f	handpenning	zaliczka f	záloha f	letét
anúncio m	advertentie f	anrions	ogłoszenie n	inzerát m	hirdetés
inserção do anúncio f	plaatsing van een advertentie f	annonsering	publilkacja ogłoszenia n	zveřejnění inzerátu n	hirdetés elhelyezése
—	op zijn best	bästa	jak najlepiej	co nejlépe	az elérhető legkedvezőbb áron
—	tegen de beste prijs	lägsta möjliga pris	najtaniej	nejlevnější	az elérhető legalacsonyabb áron
—	in totaal	totalt	w sumie	úhrnem	összesen
caixa postal f	postbus f	box	skrytka pocztowa f	poštovní přihrádka f	postafiók
—	op afroep	jour	na żądanie	na odvolání	lehívásra
abertura de conta f	het openen van een rekening n	kontoöppnande	otwarcie konta n	otevření účtu n	számlanyitás
inauguração de uma empresa f	opening van een zaak f	butiksinvigning	założenie interesu n	zahájení obchodu n	vállalkozás alapítása
inauguração de uma empresa f	opening van een zaak f	butiksinvigning	założenie interesu n	zahájení obchodu n	vállalkozás alapítása
adiamento m	uitstellen n	uppskjutning	odroczenie n	odložení n	halasztás
adiamento m	uitstel f	uppskjutande	odroczenie n	odložení n	elnapolás
procurador m	gevolmachtigde m	prokurist	prokurent m	prokurista m	meghatalmazott aláíró
autorização f	machtiging f	bemyndigande	upoważnienie n	plná moc f	meghatalmazás
—	abonnementspolis f	flytande försäkring	polisa generalna f	generální pojistka f	biztosítási keretkötvény
—	polis f	försäkringsbrev	polisa f	pojistka f	biztosítási kötvény
—	verzekeringspolis f	försäkringsbrev	polisa ubezpieczeniowa f	pojistka f	biztosítási kötvény
margem de contribuição f	dekkingsbijdrage f	täckningsbidrag	wkład działu na pokrycie kosztów m	krytí vlastních nákladů m	fedezeti összeg
concurso público m	aanbesteding f	anbudsförfarande	przetarg m	veřejná soutěž f	pályázati felhívás
equipamento de fax m	faxtoestel n	fax	telefax m	fax m	fax(készülék)
pedido m	afroep m	avrop	żądanie n	odvolání n	lehívás

appel d'offre par voie de soumission 60

	D	E	F	I	ES
appel d'offre par voie de soumission (F)	Ausschreibung f	call for tenders	—	appalto m	concurso-subasta m
appel téléphonique (F)	Anruf m	call	—	chiamata f	llamada f
applicant (E)	Bewerber m	—	candidat m	candidato m	aspirante m
application (E)	Antrag m	—	demande f	domanda f	solicitud f
application (E)	Bewerbung f	—	candidature f	candidatura f	demanda de empleo f
application documents (E)	Bewerbungsunterlagen f/pl	—	dossier de candidature m	documenti di candidatura m/pl	documentos de solicitud m/pl
application form (E)	Antragsformular n	—	formulaire de demande m	modulo di richiesta m	formulario de solicitud m
appointement (F)	Besoldung f	salary	—	retribuzione f	retribución f
apport personnel (F)	Privateinlagen f/pl	private contribution	—	depositi privati m/pl	depósitos privados m/pl
appreciation (E)	Wertzuwachs m	—	accroissement de valeur m	incremento di valore m	plusvalía f
apprenticeship (E)	Ausbildung f	—	formation f	formazione f	aprendizaje m
appropriazione indebita (I)	Unterschlagung f	embezzlement	détournement m	—	malversación f
approvisionnement (F)	Versorgung f	supply	—	approvvigionamento m	abastecimiento m
approvvigionamento (I)	Versorgung f	supply	approvisionnement m	—	abastecimiento m
appuntamento di presentazione (I)	Vorstellungstermin m	interview	date d'entretien f	—	fecha de entrevista personal f
aprendizagem (P)	Ausbildung f	apprenticeship	formation f	formazione m	aprendizaje m
aprendizaje (ES)	Ausbildung f	apprenticeship	formation f	formazione m	—
après réception de la facture (F)	nach Erhalt der Rechnung	on receipt of the invoice	—	a ricevimento della fattura	después de haber recibido la factura
à prova (P)	auf Probe	on trial	à l'essai	in prova	a prueba
aprovisionamento (P)	Versorgung f	supply	approvisionnement m	approvvigionamento m	abastecimiento m
a provvigione (I)	auf Provisionsbasis	on a commission basis	à la commission	—	a comisión
a prueba (ES)	auf Probe	on trial	à l'essai	in prova	—
a prueba de crisis (ES)	krisenfest	crisis-proof	insensible aux influences de la crise	resistente alla crisi	—
aquisição (P)	Anschaffung f	acquisition	acquisition f	acquisizione m	adquisición f
aquisição (P)	Akquisition f	acquisition	acquisition f	acquisizione f	adquisición f
aquisição de uma empresa (P)	Geschäftsübernahme f	takeover of a business	reprise d'une affaire f	rilievo di un'azienda m	adquisición de una empresa f
ár (H)	Preis m	price	prix m	prezzo m	precio m
aranceles pagados (ES)	verzollt	duty-paid	dédouané	sdoganato	—
arany (H)	Gold n	gold	or m	oro m	oro m
aranyalap (H)	Goldstandard m	gold standard	étalon or m	tallone aureo m	patrón-oro m
aranyár (H)	Goldpreis m	gold price	prix de l'or m	prezzo dell'oro m	precio del oro m
aranypiac (H)	Goldmarkt m	gold market	marché de l'or m	mercato dell'oro m	mercado del oro m
aranyrúd (H)	Goldbarren m	gold bar	lingot d'or m	lingotto d'oro m	lingote de oro m
aranyvaluta (H)	Goldwährung f	gold currency	monnaie à couverture or f	valuta aurea f	moneda oro f
árbefagyasztás (H)	Preisstopp m	price stop	blocage des prix m	blocco dei prezzi m	limitación de precios f
arbeidsaanbod (NL)	Erwerbsquote f	activity rate	taux d'activité m	quota della popolazione attiva f	tasa de la población activa f
arbeidskracht (NL)	Arbeitskraft f	worker	employé m	forza lavoro f	trabajador m
arbeidsmarkt (NL)	Arbeitsmarkt m	labour market	marché du travail m	mercato del lavoro m	mercado laboral m
arbeidsongeschiktheid (NL)	Erwerbsunfähigkeit f	disability to earn a living	incapacité de travail f	invalidità f	incapacidad profesional f
arbeidsongeval (NL)	Arbeitsunfall m	industrial accident	accident du travail m	infortunio sul lavoro m	accidente profesional m

arbeidsongeval

P	NL	SV	PL	CZ	H
concurso público m	aanbesteding f	anbudsförfarande	przetarg m	veřejná soutěž f	pályázati felhívás
chamada f	telefonische oproep m	telefonsamtal	rozmowa telefoniczna f	zavolání n	hívás
candidato m	kandidaat m	sökande	kandydat m	uchazeč m	pályázó
solicitação f	aanvraag f	ansökan	podanie n	žádost f	kérvény
candidatura f	kandidatuur f	ansökan	ubieganie się o pracę n	ucházení se o něco n	pályázat
documentos de candidatura m/pl	sollicitatiedocumenten n/pl	ansökningshandlingar pl	załączniki do podania o pracę m/pl	podklady k žádosti m/pl	pályázati dokumentumok
formulário de solicitação m	aanvraagformulier n	ansökningsblankett	formularz podaniowy m	formulář žádosti m	kérvényűrlap
salário m	loon n	ersättning	uposażenie n	plat m	díjazás
contribuição particular f	persoonlijke bijdrage f	privat insättning	wkłady prywatne m/pl	soukromé vklady m/pl	lakossági betét
mais-valia f	waardevermeerdering f	värdestegring	przyrost wartości m	přírůstek hodnoty m	értéknövekedés
aprendizagem f	opleiding f	utbildning	wykształcenie n	vyškolení n	kiképzés
desfalque m	verduistering f	förskingring	sprzeniewierzenie n	zpronevěra f	sikkasztás
aprovisionamento m	bevoorrading f	försörjning	zaopatrzenie n	zásobování n	ellátás
aprovisionamento m	bevoorrading f	försörjning	zaopatrzenie n	zásobování n	ellátás
data da entrevista f	afspraak voor presentatie f	intervju	prezentacja kandydata na stanowisko f	termín představení m	felvételi beszélgetés
—	opleiding f	utbildning	wykształcenie n	vyškolení n	kiképzés
aprendizagem f	opleiding f	utbildning	wykształcenie n	vyškolení n	kiképzés
depois de receber a factura	na ontvangst van de rekening f	efter fakturans ingångsdatum	po otrzymaniu rachunku	po obdržení účtu	a számla kézhezvétele után
—	op proef	på prov	na próbę	na zkoušku	kipróbálásra
—	bevoorrading f	försörjning	zaopatrzenie n	zásobování n	ellátás
à comissão	in commissie	provisionsbaserad	na zasadzie prowizji f	na základě provize f	jutalékos alapon
à prova	op proef	på prov	na próbę	na zkoušku	kipróbálásra
resistente a crises	crisisbestendig	krisresistent	odporny na kryzys	odolný proti krizi f	válságok által nem fenyegetett
—	aanschaffing f	anskaffning	zakup m	opatření n	beszerzés
—	verwerving f	ackvisition	akwizycja f	akvizice f	akvizíció
—	overname van een zaak f	företagsövertagande	przejęcie firmy n	přejímka obchodu f	vállalatvásárlás
preço m	prijs m	pris	cena f	cena f	—
tarifas alfandegárias pagas f/pl	gededouaneerd	tull betald	oclony	proclený	vámkezelt
ouro m	goud n	guld	złoto n	zlato n	—
padrão-ouro m	goudstandaard m	guldstandard	waluta złota f	zlatý standard m	—
preço do ouro m	goudprijs m	guldpris	cena złota f	cena zlata f	—
mercado do ouro m	goudmarkt f	guldmarknad	rynek złota m	trh zlata m	—
barra de ouro f	goudstaaf f	guldtacka	sztabka złota f	zlatý prut m	—
padrão-ouro da moeda m	goudstandaard m	guldvaluta	waluta w złocie f	zlatá měna f	—
bloqueio de preços m	prijsstop m	prisstopp	zamrożenie cen n	zmrazení cen n	—
taxa da população activa f	—	sysselsättningsgrad	stosunek pracujących do populacji m	podíl na zisku m	aktív keresők aránya
mão-de-obra f	—	arbetskraft	siła robocza f	pracovní síla f	munkaerő
mercado de trabalho m	—	arbetsmarknad	rynek pracy m	trh práce m	munkaerőpiac
invalidez	—	arbetsoförmåga	niezdolność do pracy f	práceneschopnost f	keresőképtelenség
acidente de trabalho m	—	arbetsolycka	wypadek przy pracy f	pracovní úraz m	munkahelyi baleset

arbeidsovereenkomst

	D	E	F	I	ES
arbeidsovereen-komst (NL)	Arbeitsvertrag m	contract of employment	contrat de travail m	contratto di lavoro m	contrato laboral m
arbeidsplaats (NL)	Arbeitsplatz m	place of employment	lieu de travail m	posto di lavoro m	puesto de trabajo m
arbeidsplaats waar iemand werkt met een computer (NL)	Bildschirmarbeits-platz m	job working at a computer	poste de travail à l'écran f	posto di lavoro a video m	puesto de trabajo de pantalla m
arbeidspsycho-logie (NL)	Arbeitspsychologie f	industrial psychology	psychologie du travail f	psicologia del lavoro f	psicología laboral f
arbeidsrecht (NL)	Arbeitsrecht n	labour law	droit du travail f	diritto del lavoro m	derecho laboral m
arbeidsverdeling (NL)	Arbeitsteilung f	division of labour	division du travail f	suddivisione del lavoro f	división del trabajo f
Arbeit (D)	—	work	travail m	lavoro m	trabajo m
Arbeitgeber (D)	—	employer	employeur m	datore di lavoro m	empleador m
Arbeitnehmer (D)	—	employee	salarié m	lavoratore dipen-dente m	empleado m
Arbeitnehmerbetei-ligung (D)	—	worker participation	participation du personnel f	partecipazione dei lavoratori dipen-denti f	participación de los empleados f
Arbeitserlaubnis (D)	—	work permit	permis de travail m	permesso di lavoro m	permiso de trabajo m
Arbeitsessen (D)		working lunch	déjeuner de travail m	pranzo di lavoro m	comida de trabajo f
Arbeitskraft (D)	—	worker	employé m	forza lavoro f	trabajador m
Arbeitslosigkeit (D)	—	unemployment	chômage m	disoccupazione f	desempleo m
Arbeitsmarkt (D)	—	labour market	marché du travail m	mercato del lavoro m	mercado laboral m
Arbeitsplatz (D)	—	place of employment	lieu de travail m	posto di lavoro m	puesto de trabajo m
Arbeitspsycho-logie (D)	—	industrial psychology	psychologie du travail f	psicologia del lavoro f	psicología laboral f
Arbeitsrecht (D)	—	labour law	droit du travail f	diritto del lavoro m	derecho laboral m
Arbeitsteilung (D)	—	division of labour	division du travail f	suddivisione del lavoro f	división del trabajo f
Arbeitsunfall (D)	—	industrial accident	accident du travail m	infortunio sul lavoro m	accidente profe-sional m
Arbeitsvertrag (D)	—	contract of employment	contrat de travail m	contratto di lavoro m	contrato laboral m
Arbeitszeit (D)	—	working hours	heures de travail f/pl	orario di lavoro m	jornada laboral f
ár-bér spirál (H)	Lohn-Preis-Spirale f	wage-price spiral	course des prix et des salaires f	spirale prezzi-salari f	espiral salarios-precios m
arbete (SV)	Arbeit f	work	travail m	lavoro m	trabajo m
arbetsavtal (SV)	Arbeitsvertrag m	contract of employment	contrat de travail m	contratto di lavoro m	contrato laboral m
arbetsdelning (SV)	Arbeitsteilung f	division of labour	division du travail f	suddivisione del lavoro f	división del trabajo f
arbetsgivare (SV)	Arbeitgeber m	employer	employeur m	datore di lavoro m	empleador m
arbetsklimat (SV)	Betriebsklima n	working conditions and human relations	ambiance de travail m	ambiente di lavoro m	ambiente de trabajo m
arbetskraft (SV)	Arbeitskraft f	worker	employé m	forza lavoro f	trabajador m
arbetslöshet (SV)	Arbeitslosigkeit f	unemployment	chômage m	disoccupazione f	desempleo m
arbetslunch (SV)	Arbeitsessen n	working lunch	déjeuner de travail m	pranzo di lavoro m	comida de trabajo f
arbetsmarknad (SV)	Arbeitsmarkt m	labour market	marché du travail m	mercato del lavoro m	mercado laboral m
arbetsmarknadens parter (SV)	Tarifpartner m/pl	parties to a collective wage agreement	signataires d'une convention collective m/pl	parti stipulanti un contratto collettivo f/pl	parte contratante en un convenio colectivo f
arbetsmarknadspo-litik (SV)	Beschäftigungspo-litik f	employment policy	politique de l'emploi f	politica dell'occupa-zione f	política de empleo f
arbetsoförmåga (SV)	Erwerbsunfähigkeit f	disability to earn a living	incapacité de travail f	invalidità f	incapacidad profe-sional f
arbetsolycka (SV)	Arbeitsunfall m	industrial accident	accident du travail m	infortunio sul lavoro m	accidente profe-sional m
arbetsplats (SV)	Arbeitsplatz m	place of employment	lieu de travail m	posto di lavoro m	puesto de trabajo m

arbetsplats

P	NL	SV	PL	CZ	H
contrato de trabalho m	—	arbetsavtal	umowa o pracę f	pracovní smlouva f	munkaszerződés
posto de trabalho m	—	arbetsplats	stanowisko pracy n	pracoviště n	munkahely
posto de trabalho com ecrã m	—	bildskärmsarbetsplats	praca przy komputerze f	pracoviště vybavené počítačem n	számítógépes munkahely
psicologia laboral f	—	arbetspsykologi	psychologia pracy f	psychologie práce f	munkapszichológia
legislação do trabalho f	—	arbetsrätt	prawo pracy n	pracovní právo n	munkajog
divisão de trabalho f	—	arbetsdelning	podział pracy m	dělba práce f	munkamegosztás
trabalho m	werk n	arbete	praca f	práce f	munka
empregador m	werkgever m	arbetsgivare	pracodawca m	zaměstnavatel m	munkáltató
empregado m	werknemer f/m	arbetstagare	pracobiorca m	zaměstnanec m	munkavállaló
participação dos empregados f	deelneming van het personeel f	arbetstagarmedverkan	udział pracowników m	zaměstnanecký podíl m	munkavállalói résztulajdon
autorização de trabalho f	werkvergunning f	arbetstillstånd	zezwolenie na pracę n	pracovní povolení n	munkavállalási engedély
almoço de trabalho m	werklunch m	arbetslunch	obiad służbowy m	pracovní oběd m	munkaebéd
mão-de-obra f	arbeidskracht f	arbetskraft	siła robocza f	pracovní síla f	munkaerő
desemprego m	werkloosheid f	arbetslöshet	bezrobocie n	nezaměstnanost f	munkanélküliség
mercado de trabalho m	arbeidsmarkt f	arbetsmarknad	rynek pracy m	trh práce m	munkaerőpiac
posto de trabalho m	arbeidsplaats f	arbetsplats	stanowisko pracy n	pracoviště n	munkahely
psicologia laboral f	arbeidspsychologie f	arbetspsykologi	psychologia pracy f	psychologie práce f	munkapszichológia
legislação do trabalho f	arbeidsrecht n	arbetsrätt	prawo pracy n	pracovní právo n	munkajog
divisão de trabalho f	arbeidsverdeling f	arbetsdelning	podział pracy m	dělba práce f	munkamegosztás
acidente de trabalho m	arbeidsongeval n	arbetsolycka	wypadek przy pracy f	pracovní úraz m	munkahelyi baleset
contrato de trabalho m	arbeidsovereenkomst f	arbetsavtal	umowa o pracę f	pracovní smlouva f	munkaszerződés
horas de trabalho f/pl	werktijd m	arbetstid	czas pracy m	pracovní doba f	munkaidő
espiral salários-preços f	lonen- en prijsspiraal f	pris- och lönespiral	spirala cen i płac f	cenová a mzdová spirála f	—
trabalho m	werk n	—	praca f	práce f	munka
contrato de trabalho m	arbeidsovereenkomst f	—	umowa o pracę f	pracovní smlouva f	munkaszerződés
divisão de trabalho f	arbeidsverdeling f	—	podział pracy m	dělba práce f	munkamegosztás
empregador m	werkgever m	—	pracodawca m	zaměstnavatel m	munkáltató
ambiente de trabalho m	bedrijfsklimaat n	—	atmosfera pracy f	podnikové klima n	munkahelyi légkör
mão-de-obra f	arbeidskracht f	—	siła robocza f	pracovní síla f	munkaerő
desemprego m	werkloosheid f	—	bezrobocie n	nezaměstnanost f	munkanélküliség
almoço de trabalho m	werklunch m	—	obiad służbowy m	pracovní oběd m	munkaebéd
mercado de trabalho m	arbeidsmarkt f	—	rynek pracy m	trh práce m	munkaerőpiac
partes de um acordo colectivo f/pl	sociale partners m/pl	—	strona w umowie zbiorowej f	účastníci kolektivní smlouvy m/pl	kollektív szerződést megkötő fél
política do emprego f	werkgelegenheidsbeleid n	—	polityka zatrudnienia f	politika zaměstnanosti f	foglalkoztatási politika
invalidez	arbeidsongeschiktheid f	—	niezdolność do pracy f	práceneschopnost f	keresőképtelenség
acidente de trabalho m	arbeidsongeval n	—	wypadek przy pracy f	pracovní úraz m	munkahelyi baleset
posto de trabalho m	arbeidsplaats f	—	stanowisko pracy n	pracoviště n	munkahely

arbetspsykologi

	D	E	F	I	ES
arbetspsykologi (SV)	Arbeitspsychologie f	industrial psychology	psychologie du travail f	psicologia del lavoro f	psicología laboral f
arbetsrätt (SV)	Arbeitsrecht n	labour law	droit du travail f	diritto del lavoro m	derecho laboral m
arbetsskydd (SV)	Werkschutz m	works protection force	corps de sécurité d'entreprise m	servizio di sorveglianza aziendale m	policía de la empresa f
arbetstagare (SV)	Arbeitnehmer m	employee	salarié m	lavoratore dipendente m	empleado m
arbetstagares avtal med uppdragsgivare (SV)	Werkvertrag m	contract for work and services	contrat de louage d'ouvrage et d'industrie m	contratto d'appalto m	contrato de obra m
arbetstagarmedverkan (SV)	Arbeitnehmerbeteiligung f	worker participation	participation du personnel f	partecipazione dei lavoratori dipendenti f	participación de los empleados f
arbetstid (SV)	Arbeitszeit f	working hours	heures de travail f/pl	orario di lavoro m	jornada laboral f
arbetstillstånd (SV)	Arbeitserlaubnis f	work permit	permis de travail m	permesso di lavoro m	permiso de trabajo m
Arbitrage (D)	—	arbitrage	arbitrage m	arbitraggio m	arbitraje m
arbitrage (E)	Arbitrage f	—	arbitrage m	arbitraggio m	arbitraje m
arbitrage (F)	Arbitrage f	arbitrage	—	arbitraggio m	arbitraje m
arbitrage (NL)	Arbitrage f	arbitrage	arbitrage m	arbitraggio m	arbitraje m
arbitrage (SV)	Arbitrage f	arbitrage	arbitrage m	arbitraggio m	arbitraje m
arbitragem (P)	Arbitrage f	arbitrage	arbitrage m	arbitraggio m	arbitraje m
arbitragem cambial (P)	Devisenarbitrage f	exchange arbitrage	arbitrage sur les devises m	arbitraggio di cambio m	arbitraje de divisas m
arbitrage sur les devises (F)	Devisenarbitrage f	exchange arbitrage	—	arbitraggio di cambio m	arbitraje de divisas m
arbitraggio (I)	Arbitrage f	arbitrage	arbitrage m	—	arbitraje m
arbitraggio di cambio (I)	Devisenarbitrage f	exchange arbitrage	arbitrage sur les devises m	—	arbitraje de divisas m
arbitraje (ES)	Arbitrage f	arbitrage	arbitrage m	arbitraggio m	—
arbitraje de divisas (ES)	Devisenarbitrage f	exchange arbitrage	arbitrage sur les devises m	arbitraggio di cambio m	—
arbitraż (PL)	Arbitrage f	arbitrage	arbitrage m	arbitraggio m	arbitraje m
arbitráž (CZ)	Arbitrage f	arbitrage	arbitrage m	arbitraggio m	arbitraje m
arbitraż dewizowy (PL)	Devisenarbitrage f	exchange arbitrage	arbitrage sur les devises m	arbitraggio di cambio m	arbitraje de divisas m
arbitrázs (H)	Arbitrage f	arbitrage	arbitrage m	arbitraggio m	arbitraje m
árcédula (H)	Preisauszeichnung f	price-marking	affichage des prix f	indicazione del prezzo f	indicación de precios f
archives (F)	Aktenablage f	filing	—	archivio delle pratiche m	archivo m
archivio (I)	Ablage f	file	classeur-collecteur m	—	archivo m
archivio delle pratiche (I)	Aktenablage f	filing	archives f/pl	—	archivo m
archivo (ES)	Ablage f	file	classeur-collecteur m	archivio m	—
archivo (ES)	Aktenablage f	filing	archives f/pl	archivio delle pratiche m	—
archivo de datos (ES)	Datei f	file	fichier m	file m	—
archiwum akt (PL)	Ablage f	file	classeur-collecteur m	archivio m	archivo m
archiwum akt (PL)	Aktenablage f	filing	archives f/pl	archivio delle pratiche m	archivo m
árcsökkentés (H)	Preissenkung f	price reduction	réduction des prix f	riduzione dei prezzi f	reducción de precios f
arculat (H)	Image n	image	image f	immagine f	imagen f
area edificabile (I)	Bauland n	building site	terrain de construction m	—	terreno edificable m
área industrial (P)	Industriegebiet m	industrial area	zone industrielle f	zona industriale f	región industrial f
áremelés (H)	Preiserhöhung f	price increase	augmentation des prix f	rialzo dei prezzi m	aumento de precios m
áremelés (H)	Preissteigerung f	price increase	hausse des prix f	aumento dei prezzi m	aumento de precios m

áremelés

P	NL	SV	PL	CZ	H
psicologia laboral f	arbeidspsychologie f	—	psychologia pracy f	psychologie práce f	munkapszichológia
legislação do trabalho f	arbeidsrecht n	—	prawo pracy n	pracovní právo n	munkajog
corpo de segurança da empresa m	veiligheidsdienst m	—	straż zakładowa f	ochrana závodu f	üzemi rendészet
empregado m	werknemer f/m	—	pracobiorca m	zaměstnanec m	munkavállaló
contrato de trabalho m	contract over aanneming van werk n	—	umowa o dzieło f	smlouva o dílo f	megbízási szerződés
participação dos empregados f	deelneming van het personeel f	—	udział pracowników m	zaměstnanecký podíl m	munkavállalói résztulajdon
horas de trabalho f/pl	werktijd m	—	czas pracy m	pracovní doba f	munkaidő
autorização de trabalho f	werkvergunning f	—	zezwolenie na pracę n	pracovní povolení n	munkavállalási engedély
arbitragem f	arbitrage f	arbitrage	arbitraż m	arbitráž f	arbitrázs
arbitragem f	arbitrage f	arbitrage	arbitraż m	arbitráž f	arbitrázs
arbitragem f	arbitrage f	arbitrage	arbitraż m	arbitráž f	arbitrázs
arbitragem f	—	arbitrage	arbitraż m	arbitráž f	arbitrázs
arbitragem f	arbitrage f	—	arbitraż m	arbitráž f	arbitrázs
—	arbitrage f	arbitrage	arbitraż m	arbitráž f	arbitrázs
—	wisselarbitrage f	valutaarbitrage	arbitraż dewizowy m	devizová arbitráž f	devizaarbitrázs
arbitragem cambial f	wisselarbitrage f	valutaarbitrage	arbitraż dewizowy m	devizová arbitráž f	devizaarbitrázs
arbitragem f	arbitrage f	arbitrage	arbitraż m	arbitráž f	arbitrázs
arbitragem cambial f	wisselarbitrage f	valutaarbitrage	arbitraż dewizowy m	devizová arbitráž f	devizaarbitrázs
arbitragem f	arbitrage f	arbitrage	arbitraż m	arbitráž f	arbitrázs
arbitragem cambial f	wisselarbitrage f	valutaarbitrage	arbitraż dewizowy m	devizová arbitráž f	devizaarbitrázs
arbitragem f	arbitrage f	arbitrage	—	arbitráž f	arbitrázs
arbitragem f	arbitrage f	arbitrage	arbitraż m	—	arbitrázs
arbitragem cambial f	wisselarbitrage f	valutaarbitrage	—	devizová arbitráž f	devizaarbitrázs
arbitragem f	arbitrage f	arbitrage	arbitraż m	arbitráž f	—
marcação de preços f	zichtbaar ophangen van de prijslijst n	prismärkning	oznaczanie cen na towarach n	označení cenou n	—
arquivo m	opbergmap f	arkivering	archiwum akt n	uložení spisů n	iktatás
arquivo m	rangschikking f	arkiv	archiwum akt n	uložení n	kartoték
arquivo m	opbergmap f	arkivering	archiwum akt n	uložení spisů n	iktatás
arquivo m	rangschikking f	arkiv	archiwum akt n	uložení n	kartoték
arquivo m	opbergmap f	arkivering	archiwum akt n	uložení spisů n	iktatás
ficheiro de dados m	bestand n	fil	plik m	soubor m	adatállomány
arquivo m	rangschikking f	arkiv	—	uložení n	kartoték
arquivo m	opbergmap f	arkivering	—	uložení spisů n	iktatás
redução de preços f	prijsdaling f	prissänkning	obniżka cen f	snížení cen n	—
imagem f	imago n	image	reputacja f	image m i f	—
terreno urbanizável m	bouwgrond m	byggnadstomt	grunt budowlany m	stavební pozemek m	építési terület
—	industriegebied n	industriområde	region przemysłowy m	průmyslová oblast f	iparvidék
aumento de preços m	prijsverhoging f	prishöjning	podwyżka cen f	zvýšení cen n	—
aumento de preços m	prijsverhoging f	prisstegring	wzrost cen m	vzestup cen m	—

áremelkedés

	D	E	F	I	ES
áremelkedés (H)	Preisanstieg *m*	rise in price	hausse des prix *f*	aumento del prezzo *m*	aumento de precios *m*
árengedmény (H)	Abschlag *m*	reduction	remise *f*	deduzione *f*	descuento *m*
árengedmény (H)	Diskont *m*	discount	escompte *m*	sconto *m*	descuento *m*
árengedmény (H)	Preisabzug *m*	price deduction	réduction de prix *f*	riduzione del prezzo *f*	descuento *m*
árengedmény (H)	Rabatt *m*	discount	remise *f*	ribasso *m*	rebaja *f*
árengedmény (H)	Skonto *m/n*	discount	escompte *m*	sconto *m*	descuento *m*
árengedmény levonása (H)	Skontoabzug *m*	discount deduction	déduction de l'escompte *f*	detrazione di sconto *f*	deducción del descuento *f*
a requerimiento (ES)	auf Abruf	on call	à convenance	su richiesta	—
árésés (H)	Preisverfall *m*	decline in prices	chute des prix *f*	caduta dei prezzi *f*	caída de precios *f*
árfolyam (H)	Kurs *m*	exchange rate	cours *m*	corso *m*	tipo de cambio *m*
árfolyam-emelkedés (H)	Kurssteigerung *f*	price advance	hausse *f*	aumento dei corsi *m*	alza de las cotizaciones *f*
árfolyamindex (H)	Aktienindex *m*	share index	indice du cours des actions *m*	indice azionario *m*	índice de cotización de acciones *m*
árfolyamjegyzék (H)	Kurszettel *m*	stock exchange list	feuille de bourse *f*	listino di borsa *m*	boletín de bolsa *m*
árfolyamjegyzés (H)	Kursnotierung *f*	quotation of prices	cotation *f*	quotazione dei cambi *f*	cotización *f*
árfolyamjegyzés (H)	Preisnotierung *f*	price quotation	cotation des prix *f*	quotazione dei prezzi *f*	cotización de precios *f*
árfolyamkockázat (H)	Kursrisiko *n*	price risk	risque de change *m*	rischio di cambio *m*	riesgo de cambio *m*
árfolyam-nyereség arány (H)	Kurs-Gewinn-Verhältnis *n*	price-earnings ratio	relation cours-bénéfice *f*	rapporto corso-profitto *m*	relación cotización-ganancia *f*
árfolyam-támogatás (H)	Kursstützung *f*	price pegging	soutiens des cours *m*	difesa dei corsi *f*	sostén de las cotizaciones *m*
árfolyam-veszteség (H)	Kursverlust *m*	loss on stock prices	perte sur les cours *f*	perdita sul cambio *f*	pérdida en bolsa *f*
argent (F)	Geld *n*	money	—	denaro *m*	dinero *m*
argent comptant (F)	Bargeld *n*	cash	—	denaro contante *m*	dinero efectivo *m*
argent immobilisé (F)	Festgeld *n*	time deposit	—	deposito a termine *m*	depósito a plazo fijo *m*
a ricevimento della fattura (I)	nach Erhalt der Rechnung	on receipt of the invoice	après réception de la facture *f*	—	después de haber recibido la factura
árjegyzék (H)	Preisliste *f*	price list	liste des prix *f*	listino prezzi *m*	lista de precios *f*
arkiv (SV)	Ablage *f*	file	classeur-collecteur *m*	archivio *m*	archivo *m*
arkivering (SV)	Aktenablage *f*	filing	archives *f/pl*	archivio delle pratiche *m*	archivo *m*
arkiveringsplikt (SV)	Aufbewahrungspflicht *f*	obligation to preserve records	obligation de conservation *f*	obbligo di conservazione *m*	deber de conservación *m*
årlig (SV)	jährlich	annual	annuel	annuale	anual
armatorskie przedsiębiorstwo żeglugowe (PL)	Reederei *f*	shipping company	société d'armateurs *f*	compagnia armatoriale *f*	compañía naviera *f*
armazém (P)	Lager *n*	warehouse	entrepôt *m*	magazzino *m*	almacén *m*
armazém (P)	Lagerraum *m*	storage space	halle de dépôt *f*	deposito *m*	almacén *m*
armazém (P)	Warenhaus *n*	department store	grand magasin *m*	grande magazzino *m*	gran almacén *m*
armazém alfandegário (P)	Zollagerung *f*	customs warehouse procedure	entrepôt sous douane *m*	deposito doganale *m*	depósito de aduana *m*
armazém franco (P)	frei Lager	free ex warehouse	franco entrepôt	franco magazzino	franco almacén
armazenagem (P)	Lagerhaltung *f*	stockkeeping	entreposage *m*	magazzinaggio *m*	almacenaje *m*
armazenagem (P)	Lagerung *f*	storage	stockage *m*	stoccaggio *m*	almacenaje *m*
armazenamento (P)	Einlagerung *f*	storage	entreposage *m*	immagazzinamento *m*	almacenamiento *m*
ármegállapodás (H)	Preisabsprache *f*	price fixing	entente sur les prix *m*	accordo sui prezzi *m*	acuerdo de precios *m*

ármegállapodás

P	NL	SV	PL	CZ	H
alta de preços m	prijsstijging f	prisökning	zwyżka cen f	růst cen m	—
desconto m	afslag m	sänkning	potrącenie n	sleva f	—
desconto m	disconto n	diskonto	dyskonto n	diskont m	—
desconto m	prijsvermindering f	prisavdrag	redukcja ceny f	srážka z ceny f	—
desconto m	korting f	rabatt	rabat m	sleva f	—
desconto m	korting voor contant f	kassarabatt	skonto n	skonto n	—
dedução de descontos f	aftrek van korting bij contante betaling m	rabattavdrag	potrącenie skonta n	odpočet skonta m	—
a pedido	op afroep	jour	na żądanie	na odvolání	lehívásra
queda de preços f	plotselinge daling van de prijzen f	prisfall	spadek cen m	propadnutí cen n	—
taxa de curso f	koers m	kurs	kurs m	kurs m	—
alta das cotações f	koersstijging f	kursökning	hossa f	vzestup kursu m	—
índice de bolsa para acções m	aandelenindex m	aktieindex	indeks akcji m	akciový index m	—
boletim da bolsa m	koerslijst f	börslista	nota maklerska f	kursovní lístek m	—
cotação f	koersnotering f	kursnotering	notowanie kursów m	záznam kursu m	—
cotação f	prijsnotering f	angivet pris	notowanie cen n	kotace cen f	—
risco cambial m	wisselkoersrisico n	kursrisk	ryzyko kursowe n	kursovní riziko n	—
relação curso-benefício f	koers/winstverhouding f	p/e-tal	stosunek ceny akcji do jej dywidenty m	poměr ceny a zisku m	—
sustentação do curso f	koersinterventie f	kursstöd	podtrzymywanie kursu n	podpora kursu f	—
perda no câmbio f	koersverlies n	kursförlust	strata kursowa f	kursovní ztráta f	—
dinheiro m	geld n	pengar pl	pieniądz m	peníze m/pl	pénz
dinheiro de contado m	contant geld n	kontanter pl	gotówka f	hotovost f	készpénz
depósito a prazo m	deposito met vaste termijn n	fast inlåning	wkład bankowy m	vázaný vklad m	lekötött betét
depois de receber a factura	na ontvangst van de rekening f	efter fakturans ingångsdatum	po otrzymaniu rachunku	po obdržení účtu	a számla kézhezvétele után
lista de preços f	prijslijst f	prislista	lista cen f	ceník m	—
arquivo m	rangschikking f	—	archiwum akt n	uložení n	kartoték
arquivo m	opbergmap f	—	archiwum akt n	uložení spisů n	iktatás
dever de conservação m	bewaringsplicht f/m	—	obowiązek przechowywania n	povinnost uschovávat f	megőrzési kötelezettség
anual	jaarlijks	—	corocznie	ročně	évi
companhia de navegação f	rederij f	rederi	—	loďařství n	hajóstársaság
—	magazijn n	lager	magazyn m	sklad m	raktár
—	opslagplaats f	lagerrum	pomieszczenie składowe n	skladovací prostor m	raktér
—	warenhuis n	varuhus	dom towarowy m	obchodní dům m	áruház
—	stelsel van douane-entrepots n	tullagring	magazyn towarów pod zamknięciem celnym m	celní uskladnění n	vámraktározás
—	franco opslagplaats	fritt lager	franco magazyn	vyplaceně do skladu	költségmentesen raktárba szállítva
—	het in voorraad houden n	lagerhållning	magazynowanie n	skladování n	készletezés
—	opslag m	lagring	składowanie n	skladování n	raktározás
—	goederenopslag m	förvaring	składowanie n	uskladnění n	beraktározás
acordo de preços m	prijsafspraak f	prisöverenskommelse	porozumienie cenowe n	dohoda o ceně f	—

árnyékgazdaság 68

	D	E	F	I	ES
árnyékgazdaság (H)	Schattenwirtschaft f	shadow economy	économie parallèle f	economia clandestina f	economía sumergida f
árpolitika (H)	Preispolitik f	price policy	politiques des prix f	politica dei prezzi f	política de precios f
arquivo (P)	Ablage f	file	classeur-collecteur m	archivio m	archivo m
arquivo (P)	Aktenablage f	filing	archives f/pl	archivio delle pratiche m	archivo m
arrangeant (F)	kulant	accommodating	—	corrente	de fácil avenencia
arranging for a credit (E)	Kreditvermittlung f	—	médiation du crédit f	intermediazione di crediti f	mediación de créditos f
arrears (E)	Rückstand m	—	arriéré m	arretrato m	atraso m
arrendador financiero (ES)	Leasing-Geber m	lessor	donneur de leasing m	concedente del leasing m	—
arrendatario (ES)	Mieter m	tenant	locataire m	locatario m	—
arrendatario financiero (ES)	Leasing-Nehmer m	lessee	preneur de leasing m	beneficiario del leasing m	—
árrés (H)	Gewinnaufschlag m	profit mark-up	marge de bénéfice f	maggiorazione dell'utile f	margen de benificio m
árrés (H)	Spanne f	margin	marge f	margine m	margen f
arretrato (I)	Rückstand m	arrears pl	arriéré m	—	atraso m
arriéré (F)	Rückstand m	arrears pl	—	arretrato m	atraso m
arriéré de payement (F)	Zahlungsrückstand m	payment in arrears	—	morosità di pagamento f	pago atrasado m
arrival of goods (E)	Wareneingang m	—	entrée de marchandises f	ricevimento merci m	entrada de mercancías f
árrögzítés (H)	Preisbindung f	price fixing	imposition des prix f	obbligo di mantenere il prezzo fissato m	limitación de precios f
årsbokslut (SV)	Jahresabschluß m	annual accounts	clôture annuelle des comptes f	chiusura d'esercizio f	cierre de cuentas m
årsinkomst (SV)	Jahreseinkommen n	annual income	revenu annuel m	reddito annuale m	renta anual f
årsmöte (SV)	Jahreshauptversammlung f	annual general meeting	assemblée générale annuelle f	assemblea generale annuale f	junta general anual f
årsöverskott (SV)	Jahresüberschuß m	annual surplus	excédent annuel m	surplus dell'anno m	superávit del ejercicio m
årsvinst (SV)	Jahresgewinn m	annual profits	bénéfice annuel m	utile dell'anno m	beneficio del ejercicio m
árszint (H)	Preisniveau n	price level	niveau des prix m	livello dei prezzi m	nivel de precios m
ártábla (H)	Preisschild	price tag	étiquette de prix f	cartellino del prezzo m	etiqueta del precio f
artesanato (P)	Handwerk n	craft trade	artisanat m	artigianato m	artesanía f
artesanía (ES)	Handwerk n	craft trade	artisanat m	artigianato m	—
articolo di marca (I)	Markenartikel m	trade-registered article	produit de marque m	—	artículo de marca m
artículo de marca (ES)	Markenartikel m	trade-registered article	produit de marque m	articolo di marca m	—
artigianato (I)	Handwerk n	craft trade	artisanat m	—	artesanía f
artisanat (F)	Handwerk n	craft trade	—	artigianato m	artesanía f
artykuły gorszej jakości (PL)	inferiore Güter n/pl	inferior goods	biens inférieurs m/pl	beni inferiori m/pl	bienes inferiores m/pl
artykuły użytkowe (PL)	Gebrauchsgüter n/plf	durable consumer goods	biens d'utilisation courante m/pl	beni di consumo m/pl	bienes de consumo duradero m/pl
áru (H)	Ware f	goods	marchandise f	merce f	mercancía f
áru beérkezése (H)	Wareneingang m	arrival of goods	entrée de marchandises f	ricevimento merci m	entrada de mercancías f
árudíjszabás (H)	Gütertarif m	goods tariff	tarif marchandises m	tariffa merci f	tarifa de transporte f
áruház (H)	Kaufhaus n	department store	grand magasin m	grande magazzino m	gran almacén m
áruház (H)	Warenhaus n	department store	grand magasin m	grande magazzino m	gran almacén m
áruhitel (H)	Warenkredit m	trade credit	avance sur marchandises f	credito su merci m	crédito comercial m
áruk (H)	Güter n/pl	goods	biens m/pl	beni m/pl	bienes m/pl
árukészlet (H)	Warenbestand m	stock	stock de marchandises m	scorte merci f/pl	existencias f/pl

árukészlet

P	NL	SV	PL	CZ	H
economia fantasma f	informele economie f	svart ekonomi	działalność w szarej strefie gospodarczej f	stínová ekonomika f	—
política de preços f	prijsbeleid n	prispolitik	polityka cenowa f	cenová politika f	—
—	rangschikking f	arkiv	archiwum akt n	uložení n	kartoték
—	opbergmap f	arkivering	archiwum akt n	uložení spisů n	iktatás
flexível	tegemoetkomend	tillmötesgående	uprzejmy	solidní	előzékeny
mediação de créditos f	kredietbemiddeling f	kreditförmedling	pośrednictwo kredytowe n	zprostředkování úvěru n	hitelközvetítés
atraso m	achterstand m	restantier	zaległość f	nedoplatek m	hátralék
locador m	verhuurder m	leasinggivare	udzielający leasingu m	poskytovatel leasingu m	lízingbe adó
inquilino m	huurder m	hyresgäst	najemca m	nájemník m	bérlő
locatário m	leaser m	leasingtagare	biorca leasingu m	nabyvatel leasingu m	lízingbe vevő
margem de lucro f	winstverhoging f	vinstpåslag	zwiększenie zysku n	zisková přirážka f	—
margem f	marge f	marginal	marża f	rozpětí n	—
atraso m	achterstand m	restantier	zaległość f	nedoplatek m	hátralék
atraso m	achterstand m	restantier	zaległość f	nedoplatek m	hátralék
atraso no pagamento m	achterstand m	betalningsanstånd	zaległości płatnicze n/pl	nedoplatek m	fizetési hátralék
entrada de mercadorias f	ingaande goederen n/pl	ingående varor pl	przychód towarów m	příchod zboží m	áru beérkezése
acordo sobre preços m	prijsbinding f	fast prissättning	zobowiązanie do utrzymania cen n	závaznost cen f	—
balanço anual m	jaarbalans f	—	zamknięcie roczne n	roční uzávěrka f	éves mérleg
rendimento anual m	jaarinkomen n	—	dochód roczny m	roční příjem m	éves jövedelem
assembleia geral anual f	jaarlijkse algemene vergadering f	—	roczne walne zgromadzenie akcjonariuszy n	roční valná hromada f	éves közgyűlés
excedente do exercício m	jaaroverschot n	—	nadwyżka roczna f	roční přebytek m	évi felosztatlan nyereség
lucro do exercício m	jaarwinst f	—	zysk roczny m	roční zisk m	éves nyereség
nível de preços m	prijspeil n	prisnivå	poziom cen m	úroveň cen f	—
etiqueta de preço f	prijsetiket n	prisetikett	etykietka cenowa f	cenovka f	—
—	ambacht n	hantverk	rzemiosło n	řemeslo n	kézműipar
artesanato m	ambacht n	hantverk	rzemiosło n	řemeslo n	kézműipar
produto de marca m	merkartikel n	märkesvara	towar firmowy m	značkové zboží n	márkacikk
produto de marca m	merkartikel n	märkesvara	towar firmowy m	značkové zboží n	márkacikk
artesanato m	ambacht n	hantverk	rzemiosło n	řemeslo n	kézműipar
artesanato m	ambacht n	hantverk	rzemiosło n	řemeslo n	kézműipar
bens inferiores m/pl	minderwaardige goederen n/pl	sekunda varor	—	podřadné zboží n	kisebb értékű áru
bens de consumo duráveis m/pl	gebruiksgoederen n/pl	bruksartiklar pl	—	spotřební zboží n	fogyasztási cikkek
mercadoria f	goederen n/pl	vara	towar m	zboží n	—
entrada de mercadorias f	ingaande goederen n/pl	ingående varor pl	przychód towarów m	příchod zboží m	—
tarifa de comércio f	goederentarief n	godstariff	taryfa towarowa f	sazba zboží f	—
grande armazém m	warenhuis n	varuhus	dom towarowy m	obchodní dům m	—
armazém m	warenhuis n	varuhus	dom towarowy m	obchodní dům m	—
crédito comercial m	handelskrediet n	leverantörkredit	kredyt towarowy m	úvěr na zboží m	—
bens m/pl	goederen n/pl	gods	towary m/pl	zboží n	—
estoque de mercadorias m	goederenvoorraad m	inneliggande varulager	zasób towarów m	zásoba zboží f	—

áruküldemény

	D	E	F	I	ES
áruküldemény (H)	Warensendung f	consignment of goods	expédition de marchandises f	spedizione di merci f	envío de mercancías m
áruminta (H)	Warenprobe f	sample	échantillon m	campione m	muestra f
áruraktár (H)	Warenlager n	warehouse	stock de marchandises m	magazzino m	depósito de mercancías m
árusító automata (H)	Verkaufsautomat m	vending machine	distributeur automatique m	distributore automatico m	distribuidor automático m
árutőzsde (H)	Warenbörse f	commodity exchange	bourse de marchandises f	borsa merci f	bolsa de mercancías f
árverés (H)	Auktion f	auction	vente aux enchères f/pl	asta f	subasta f
árverés (H)	Versteigerung f	auction	vente aux enchères f	vendita all'asta f	subasta f
arvode (SV)	Vergütung f	remuneration	rémunération f	ricompensa f	remuneración f
arvtagare (SV)	Erben m/pl	heirs	héritiers m/pl	eredi m/pl	heredero m
as agreed (E)	vereinbarungsgemäß	—	comme convenu	come convenuto	según lo acordado
ascenso (ES)	Beförderung (einer Arbeitskraft) f	promotion	promotion f	promozione f	—
asegurado (ES)	Versicherungsnehmer m	insured person	souscripteur d'assurance m	assicurato m	—
asekuracja (PL)	Assekuranz f	assurance	assurance f	assicurazione f	seguro m
asesoramiento (ES)	Beratung f	advice	consultation f	consulenza f	—
asesor de empresas (ES)	Unternehmensberater m	business consultant	conseiller d'entreprise f	consulente d'impresa m	—
asesor de marketing (ES)	Marketingberater m	marketing consultant	conseiller de marketing m	consulente di marketing m	—
asesor fiscal (ES)	Steuerberater m	tax adviser	conseiller fiscal m	consulente finanziario m	—
asociación (ES)	Verband m	association	association f	associazione f	—
asociación (ES)	Verein m	association	association f	associazione f	—
asortyment (PL)	Sortiment n	assortment	assortissement m	assortimento m	surtido m
aspirante (ES)	Bewerber m	applicant	candidat m	candidato m	—
assegnazione (I)	Zuwendung f	bestowal	affectation f	—	gratificación f
assegno (I)	Scheck m	cheque	chèque m	—	cheque m
assegno all'ordine (I)	Orderscheck m	order cheque	chèque à ordre m	—	cheque a la orden m
assegno al portatore (I)	Inhaberscheck m	bearer cheque	chèque au porteur m	—	cheque al portador m
assegno al portatore (I)	Überbringerscheck m	bearer-cheque	chèque au porteur m	—	cheque al portador m
assegno circolare (I)	Barscheck m	open cheque	chèque non barré m	—	cheque abierto m
assegno falsificato (I)	gefälschter Scheck m	forged cheque	chèque falsifié m	—	cheque falsificado m
assegno postale (I)	Postscheck m	postal cheque	chèque postal m	—	cheque postal m
assegno postergato (I)	vordatierter Scheck m	antedated cheque	chèque antidaté m	—	cheque de fecha adelantada m
assegno sbarrato (I)	Verrechnungsscheck m	crossed cheque	chèque à porter en compte m	—	cheque cruzado m
Assekuranz (D)		assurance	assurance f	assicurazione f	seguro m
assemblea dei creditori (I)	Gläubigerversammlung f	creditors' meeting	assemblée des créanciers f	—	junta de acreedores f
assemblea dei soci (I)	Gesellschafterversammlung f	meeting of shareholders	assemblée des associés f	—	junta social f
assemblea generale annuale (I)	Jahreshauptversammlung f	annual general meeting	assemblée générale annuelle f	—	junta general anual f
assemblée des associés (F)	Gesellschafterversammlung f	meeting of shareholders	—	assemblea dei soci f	junta social f
assemblée des créanciers (F)	Gläubigerversammlung f	creditors' meeting	—	assemblea dei creditori f	junta de acreedores f
assemblée générale annuelle (F)	Jahreshauptversammlung f	annual general meeting	—	assemblea generale annuale f	junta general anual f
assembleia de credores (P)	Gläubigerversammlung f	creditors' meeting	assemblée des créanciers f	assemblea dei creditori f	junta de acreedores f

assembleia de credores

P	NL	SV	PL	CZ	H
remessa de mercadorias f	goederenverzending f	leverans	wysyłka towarów f	zásilka zboží f	—
amostra f	monster n	varuprov	próbka towarów f	vzorek m	—
depósito de mercadorias m	magazijn n	lager	skład towarów m	sklad zboží m	—
distribuidor automático m	verkoopautomaat m	varuautomat	automat do sprzedaży m	prodejní automat m	—
bolsa de mercadorias f	handelsbeurs f	varubörs	giełda towarowa f	zbožní burza f	—
leilão m	verkoop bij opbod m	auktion	aukcja f	aukce f	
leilão m	verkoop bij opbod m	auktionsförsäljning	licytacja f	dražba f	—
remuneração f	vergoeding f	—	wynagrodzenie n	úhrada f	díjazás
herdeiro m	erfgenamen m/pl	—	spadkobiercy m/pl	dědici m/pl	örökösök
como acordado	zoals overeengekomen	enligt överenskommelse	jak uzgodniono	podle ujednání	megállapodás szerint
promoção f	bevordering f	befordran	awans m	povýšení n	előléptetés
segurado m	verzekeringnemer m	försäkringstagare	ubezpieczeniobiorca m	pojištěný m	biztosított (fél)
seguro m	verzekering f	assurans	—	pojištění n	biztosítás
consulta f	beraadslaging f	rådgivning	konsultacja f	porada f	tanácsadás
consultor de empresas m	bedrijfsadviseur m	företagskonsult	doradca przedsiębiorstwa m	podnikový poradce m	vállalatvezetési tanácsadó
consultor de marketing m	marketingadviseur	marknadskonsult	doradca marketingowy m	marketingový poradce m	marketing tanácsadó
consultor fiscal m	belastingconsulent m	skatterådgivare	doradca podatkowy m	daňový poradce m	adótanácsadó
associação f	vereniging f	förbund	związek m	svaz m	szövetség
associação f	vereniging f	förening	związek m	spolek m	egyesület
sortimento m	assortiment n	sortiment	—	sortiment m	választék
candidato m	kandidaat m	sökande	kandydat m	uchazeč m	pályázó
gratificação f	toewijzing f	gåva	gratyfikacja f	dotace f	ráfordítás
cheque m	cheque m	check	czek m	šek m	csekk
cheque à ordem m	cheque aan order m	check till order	czek na zlecenie	šek na řad převoditelný m	rendeletre szóló csekk
cheque ao portador m	cheque aan toonder m	innehavarcheck	czek na okaziciela m	šek na majitele m	bemutatóra szóló csekk
cheque ao portador m	cheque aan toonder m	innehavarcheck	czek na okaziciela m	šek na doručitele m	bemutatóra szóló csekk
cheque não cruzado m	niet-gekruiste cheque m	icke korsad check	czek gotówkowy m	šek k výplatě v hotovosti m	készpénzcsekk
cheque falsificado m	valse cheque m	förfalskad check	sfałszowany czek m	falešný šek m	hamis csekk
cheque postal m	postcheque m	postgiro	czek pocztowy m	poštovní šek m	postacsekk
cheque pré-datado m	geantidateerde cheque m	fördaterad check	czek postdatowany m	antedatovaný šek m	korábbra keltezett csekk
cheque cruzado m	verrekeningscheque m	korsad check	czek rozrachunkowy m	zúčtovací šek n	elszámolási csekk
seguro m	verzekering f	assurans	asekuracja f	pojištění n	biztosítás
assembleia de credores f	vergadering van de schuldeisers f	borgenärssammanträde	zgormadzenie wierzycieli n	schůze věřitelů f	hitelezők gyűlése
assembleia geral dos accionistas f	aandeelhoudersvergadering f	bolagsstämma	zgromadzenie wspólników n	valná hromada společníků f	taggyűlés
assembleia geral anual f	jaarlijkse algemene vergadering f	årsmöte	roczne walne zgromadzenie akcjonariuszy n	roční valná hromada f	éves közgyűlés
assembleia geral dos accionistas f	aandeelhoudersvergadering f	bolagsstämma	zgromadzenie wspólników n	valná hromada společníků f	taggyűlés
assembleia de credores f	vergadering van de schuldeisers f	borgenärssammanträde	zgormadzenie wierzycieli n	schůze věřitelů f	hitelezők gyűlése
assembleia geral anual f	jaarlijkse algemene vergadering f	årsmöte	roczne walne zgromadzenie akcjonariuszy n	roční valná hromada f	éves közgyűlés
—	vergadering van de schuldeisers f	borgenärssammanträde	zgromadzenie wierzycieli n	schůze věřitelů f	hitelezők gyűlése

assembleia geral anual

	D	E	F	I	ES
assembleia geral anual (P)	Jahreshauptversammlung f	annual general meeting	assemblée générale annuelle f	assemblea generale annuale f	junta general anual f
assembleia geral dos accionistas (P)	Gesellschafterversammlung f	meeting of shareholders	assemblée des associés f	assemblea dei soci f	junta social f
assets (E)	Aktiva pl	—	masse active f	attivo m	activo m
assets (E)	Guthaben n	—	avoir m	saldo attivo m	haber m
assicurato (I)	Versicherungsnehmer m	insured person	souscripteur d'assurance m	—	asegurado m
assicurazione (I)	Assekuranz f	assurance	assurance f	—	seguro m
assicurazione (I)	Versicherung f	insurance	assurance f	—	seguro m
assicurazione dei trasporti (I)	Transportversicherung f	transport insurance	assurance transports f	—	seguro de transporte m
assicurazione della responsabilità civile (I)	Haftpflichtversicherung f	third party liability insurance	assurance responsabilité civile f	—	seguro de responsabilidad civil m
assicurazione privata (I)	Privatversicherung f	private insurance	assurance privée f	—	seguro privado m
assicurazione sulla vita (I)	Lebensversicherung f	life assurance	assurance vie f	—	seguro de vida m
assignee (E)	Zessionar m	—	cessionnaire m	cessionario m	cesionario m
assignment (E)	Abtretung f	—	cession f	cessione f	cesión f
assignment (E)	Zession f	—	cession f	cessione f	cesión f
assignor (E)	Zedent m	—	cédant m	cedente m	cedente m
assinar (P)	unterschreiben	sign	signer	firmare	firmar
assinatura (P)	Unterschrift f	signature	signature f	firma f	firma f
assistência social (P)	Sozialhilfe f	welfare	aide sociale f	assistenza sociale f	ayuda social f
assistent (NL)	Stellvertreter m	deputy	adjoint m	sostituto m	sustituto m
assistenza sociale (I)	Sozialhilfe f	welfare	aide sociale f	—	ayuda social f
associação (P)	Verband m	association	association f	associazione f	asociación f
associação (P)	Verein m	association	association f	associazione f	asociación f
associante (I)	aktiver Teilhaber m	active partner	associé prenant part à la gestion de l'entreprise m	—	socio activo m
association (E)	Verband m	—	association f	associazione f	asociación f
association (E)	Verein m	—	association f	associazione f	asociación f
association (F)	Verband m	association	—	associazione f	asociación f
association (F)	Verein m	association	—	associazione f	asociación f
associazione (I)	Sozietät f	partnership	cabinet de groupe m	—	sociedad f
associazione (I)	Verband m	association	association f	—	asociación f
associazione (I)	Verein m	association	association f	—	asociación f
associé (F)	Geschäftspartner f	business partner	—	socio m	socio m
associé (F)	Gesellschafter m	partner	—	socio m	socio m
associé prenant part à la gestion de l'entreprise (F)	aktiver Teilhaber m	active partner	—	associante m	socio activo m
assorbimento (I)	Absorption f	absorption	absorption f	—	absorción f
assortiment (NL)	Sortiment n	assortment	assortissement m	assortimento m	surtido m
assortimento (I)	Sortiment n	assortment	assortissement m	—	surtido m
assortissement (F)	Sortiment n	assortment	—	assortimento m	surtido m
assortment (E)	Sortiment n	—	assortissement m	assortimento m	surtido m
assujetti à l'impôt (F)	abgabenpflichtig	liable to tax	—	soggetto a imposte	sujeto a impuestos
assunzione (I)	Anstellung f	employment	emploi m	—	empleo m
assurance (E)	Assekuranz f	—	assurance f	assicurazione f	seguro m
assurance (F)	Assekuranz f	assurance	—	assicurazione f	seguro m
assurance (F)	Versicherung f	insurance	—	assicurazione f	seguro m
assurance privée (F)	Privatversicherung f	private insurance	—	assicurazione privata f	seguro privado m

assurance privée

P	NL	SV	PL	CZ	H
—	jaarlijkse algemene vergadering f	årsmöte	roczne walne zgromadzenie akcjonariuszy n	roční valná hromada f	éves közgyűlés
—	aandeelhoudersvergadering f	bolagsstämma	zgromadzenie wspólników n	valná hromada společníků f	taggyűlés
activo m	activa pl	aktiva pl	aktywa pl	aktiva n/pl	aktívák
crédito m	creditzijde f	saldo	aktywa pl	pohledávka f	követelés(ek)
segurado m	verzekeringnemer m	försäkringstagare	ubezpieczeniobiorca m	pojištěný m	biztosított (fél)
seguro m	verzekering f	assurans	asekuracja n	pojištění n	biztosítás
seguro m	verzekering f	försäkring	ubezpieczenie n	pojištění n	biztosítás
seguro de transporte m	transportverzekering f	transportförsäkring	ubezpieczenie transportowe n	dopravní pojištění n	szállítási biztosítás
seguro de responsabilidade civil m	aansprakelijkheidsverzekering f	ansvarsförsäkring	ubezpieczenie od odpowiedzialności cywilnej f	pojištění povinného ručení n	felelősségbiztosítás
seguro privado m	particuliere verzekering f	privat försäkring	ubezpieczenie prywatne n	soukromé pojištění n	magánbiztosítás
seguro de vida m	levensverzekering f	livförsäkring	ubezpieczenie na życie n	životní pojištění n	életbiztosítás
cessionário m	cessionaris m	cessionär	cesjonariusz m	postupník m	engedményes
cessão f	overdracht m	överlåtelse	cesja f	odstoupení n	átruházás
cessão f	overdracht f	cession	cesja f	postoupení n	engedményezés
cedente m	cedent m	överlåtare	cedent m	postupitel m	engedményező
—	ondertekenen	skriva under	podpisywać <podpisać>	podepisovat <podepsat>	aláír
—	ondertekening f	underskrift	podpis m	podpis m	aláírás
—	maatschappelijke zekerheid f	socialhjälp	pomoc społeczna f	sociální pomoc f	szociális segély
substituto m	—	vice	zastępca m	zástupce m	helyettes
assistência social f	maatschappelijke zekerheid f	socialhjälp	pomoc społeczna f	sociální pomoc f	szociális segély
—	vereniging f	förbund	związek m	svaz m	szövetség
—	vereniging f	förening	związek m	spolek m	egyesület
sócio activo m	werkend vennoot m	aktiv partner	aktywny wspólnik m	aktivní podílník m	aktív résztulajdonos
associação f	vereniging f	förbund	związek m	svaz m	szövetség
associação f	vereniging f	förening	związek m	spolek m	egyesület
associação f	vereniging f	förbund	związek m	svaz m	szövetség
associação f	vereniging f	förening	związek m	spolek m	egyesület
sociedade f	sociëteit f	handelsbolag	wspólnota f	spolek m	társaság
associação f	vereniging f	förbund	związek m	svaz m	szövetség
associação f	vereniging f	förening	związek m	spolek m	egyesület
sócio m	handelspartner m	affärspartner	kontrahent m	obchodní partner m	üzleti partner
sócio m	vennoot m	partner	wspólnik m	společník m	üzlettárs
sócio activo m	werkend vennoot m	aktiv partner	aktywny wspólnik m	aktivní podílník m	aktív résztulajdonos
absorção f	absorptie f	absorbering	chłonność f	absorpce f	felszívás
sortimento m	—	sortiment	asortyment m	sortiment m	választék
sortimento m	assortiment n	sortiment	asortyment m	sortiment m	választék
sortimento m	assortiment n	sortiment	asortyment m	sortiment m	választék
sortimento m	assortiment n	sortiment	asortyment m	sortiment m	választék
sujeito a impostos	belastbaar	skattepliktig	podlegający opodatkowaniu	podléhající poplatkům	adóköteles
emprego m	indiensneming f	anställning	zatrudnienie n	zaměstnání n	alkalmazás
seguro m	verzekering f	assurans	asekuracja n	pojištění n	biztosítás
seguro m	verzekering f	assurans	asekuracja n	pojištění n	biztosítás
seguro m	verzekering f	försäkring	ubezpieczenie n	pojištění n	biztosítás
seguro privado m	particuliere verzekering f	privat försäkring	ubezpieczenie prywatne n	soukromé pojištění n	magánbiztosítás

assurance responsabilité civile

	D	E	F	I	ES
assurance responsabilité civile (F)	Haftpflichtversicherung f	third party liability insurance	—	assicurazione della responsabilità civile f	seguro de responsabilidad civil m
assurance transports (F)	Transportversicherung f	transport insurance	—	assicurazione dei trasporti f	seguro de transporte m
assurance vie (F)	Lebensversicherung f	life assurance	—	assicurazione sulla vita f	seguro de vida m
assurans (SV)	Assekuranz f	assurance	assurance f	assicurazione f	seguro m
assurerat brev (SV)	Wertbrief m	insured letter	lettre avec valeur déclarée f	lettera con valore dichiarato f	letra con valor declarado f
asta (I)	Auktion f	auction	vente aux enchères f/pl	—	subasta f
asta giudiziaria (I)	Zwangsversteigerung f	compulsory auction	vente de biens par justice f	—	subasta forzosa f
astillero (ES)	Werft f	shipyard	chantier naval m	cantiere navale m	—
a számla kézhezvétele után (H)	nach Erhalt der Rechnung	on receipt of the invoice	après réception de la facture f	a ricevimento della fattura	después de haber recibido la factura
átadás (H)	Übergabe f	delivery	remise f	consegna f	entrega f
átadási súly (H)	Abladegewicht n	weight loaded	poids au déchargement m	peso di scarico m	peso de descarga m
átal (SV)	Klage f	legal action	action en justice f	citazione in giudizio f	demanda f
átalányösszeg (H)	Pauschalbetrag m	flat rate	somme forfaitaire f	somma forfettaria f	suma global f
at best (E)	bestens	—	au mieux	al meglio	al mejor cambio
at best price (E)	billigst	—	au meilleur prix	al prezzo migliore	al mejor cambio
átcsomagol (H)	umpacken	re-pack	remballer	reimballare	reempaquetar
återbetalning (SV)	Rückerstattung f	repayment	remboursement m	rimborso m	restitución f
återförsäljningspris (SV)	Wiederverkaufspreis m	resale price	prix de revente m	prezzo di rivendita m	precio de reventa m
återinvestering (SV)	Reinvestition f	reinvestment	réinvestissement m	reinvestimento m	reinversión f
återkalla (SV)	widerrufen	revoke	révoquer	revocare	revocar
återkallande (SV)	Rücktritt m	rescission	dénonciation du contrat f	recesso m	dimisión f
återkallningsklausul (SV)	Widerrufsklausel f	revocation clause	clause de révocation f	clausola di revoca f	cláusula revocatoria f
återköpa (SV)	ablösen	redeem	rembourser	rimborsare	amortizar
återköpsumma (SV)	Ablösesumme f	redemption sum	montant de rachat m	buona uscita f	suma de amortización f
återprivatisering (SV)	Reprivatisierung f	re-privatisation	dénationalisation f	riprivatizzazione f	desnacionalización f
återsändande (SV)	Rücksendung f	return	renvoi m	rispedizione f	devolución f
återstående löptid (SV)	Restlaufzeit f	remaining time to maturity	durée restante à courir f	scadenza residua f	plazo de vencimiento restante m
återvinningsbörs (SV)	Abfallbörse f	recycling exchange	bourse de recyclage f	borsa di riciclaggio f	bolsa de reciclaje f
återvinningsindustri (SV)	Abfallwirtschaft f	waste management	industrie de déchets f	industria dei rifiuti f	industria de desperdicios f
áthidaló hitel (H)	Überbrückungskredit m	bridging loan	crédit transitoire m	credito ponte m	crédito transitorio m
a titolo di pagamento (I)	zahlungsstatt	in lieu of payment	à titre de payement	—	a título de pago
à titre de payement (F)	zahlungsstatt	in lieu of payment	—	a titolo di pagamento	a título de pago
à titre gracieux (F)	unentgeltlich	free of charge	—	gratuito	gratuito
a título de pagamento (P)	zahlungsstatt	in lieu of payment	à titre de payement	a titolo di pagamento	a título de pago
a título de pago (ES)	zahlungsstatt	in lieu of payment	à titre de payement	a titolo di pagamento	—
átképzés (H)	Umschulung f	retraining	reconversion professionnelle f	riqualificazione professionale f	readaptación profesional f
átkönyvelés (H)	Umbuchung f	transfer of an entry	jeu d'écritures m	giro di partite m	traslado a otra cuenta m
átlag (H)	Durchschnitt m	average	moyenne f	media f	promedio m

P	NL	SV	PL	CZ	H
seguro de responsabilidade civil m	aansprakelijkheidsverzekering f	ansvarsförsäkring	ubezpieczenie od odpowiedzialności cywilnej f	pojištění povinného ručení n	felelősségbiztosítás
seguro de transporte m	transportverzekering f	transportförsäkring	ubezpieczenie transportowe n	dopravní pojištění n	szállítási biztosítás
seguro de vida m	levensverzekering f	livförsäkring	ubezpieczenie na życie n	životní pojištění n	életbiztosítás
seguro m	verzekering f	—	asekuracja n	pojištění n	biztosítás
carta com valor declarado f	brief met aangegeven waarde m	—	list wartościowy m	cenný dopis m	értéklevél
leilão m	verkoop bij opbod m	auktion	aukcja f	aukce f	árverés
venda judicial f	openbare verkoop f	exekutiv auktion	licytacja przymusowa f	nucená dražba f	kényszerárverés
estaleiro naval m	scheepswerf f	varv	stocznia f	loděnice f	hajógyár
depois de receber a factura	na ontvangst van de rekening f	efter fakturans ingångsdatum	po otrzymaniu rachunku	po obdržení účtu	—
entrega f	overhandiging f	leverans	przekazanie n	předání n	—
peso de descarga m	gewicht bij het lossen f	inlastad vikt	waga wysyłkowa f	hmotnost při vyložení f	—
acção judicial f	klacht f	—	skarga f	žaloba f	panasz
soma global f	forfaitair bedrag n	ospecificerad summa	kwota ryczałtowa f	paušální částka f	—
ao melhor	op zijn best	bästa	jak najlepiej	co nejlépe	az elérhető legkedvezőbb áron
ao melhor preço	tegen de beste prijs	lägsta möjliga pris	najtaniej	nejlevnější	az elérhető legalacsonyabb áron
reembalar	overpakken	packa om	przepakowywać <przepakować>	přebalovat <přebalit>	—
reembolso f	rechtsvordering tot teruggave f	—	zwrot wpłaty m	refundace f	visszatérítés
preço de revenda m	inruilwaarde f	—	cena w odsprzedaży f	překupní cena f	viszonteladói ár
reinvestimento m	herbelegging f	—	reinwestycja f	reinvestice f	tőkevisszaforgatás
revogar	herroepen	—	odwoływać <odwołać>	odvolávat <odvolat>	visszavon
demissão f	annulering f	—	odstąpienie n	odstoupení n	visszalépés
cláusula de revogação f	herroepingsclausule f	—	klauzula odwoławcza f	odvolávací doložka f	érvénytelenítő záradék
amortizar	aflossen	—	spłacać <spłacić>	oddělovat <oddělit>	törleszt
montante de amortização m	aflosbedrag n	—	kwota spłaty f	odstupné n	visszafizetési összeg
reprivatização f	denationalisatie f	—	reprywatyzacja f	reprivatizace f	reprivatizáció
devolução f	terugzending f	—	zwrot m	zpětná zásilka f	visszaküldés
prazo até a maturidade m	resterende looptijd m	—	pozostały okres kredytowania m	zbývající doba splatnosti f	hátralévő futamidő
bolsa de reciclagem f	afvalbeurs f	—	giełda odpadów f	burza s odpady f	hulladékanyag-börze
gestão dos desperdícios f	afvalindustrie f	—	gospodarka odpadami f	hospodaření s odpady n	hulladékgazdálkodás
crédito de transição m	overbruggingskrediet f	överbryggningskredit	kredyt krótkoterminowy m	překlenovací úvěr m	—
a título de pagamento	in plaats van betaling	i stället för betalning	zamiast zapłaty	namísto placení f	fizetés helyett
a título de pagamento	in plaats van betaling	i stället för betalning	zamiast zapłaty	namísto placení f	fizetés helyett
gratuito	gratis	utan ersättning	nieodpłatnie	zdarma	ingyen(es)
—	in plaats van betaling	i stället för betalning	zamiast zapłaty	namísto placení f	fizetés helyett
a título de pagamento	in plaats van betaling	i stället för betalning	zamiast zapłaty	namísto placení f	fizetés helyett
readaptação profissional f	omscholing f	omskolning	przeszkolenie n	přeškolení n	—
transferência de uma entrada f	overboeking f	ombokning	przeksięgowanie n	přeúčtování n	—
média f	gemiddelde n	genomsnitt	przeciętna f	průměr m	átlag

átmeneti rendelkezés

	D	E	F	I	ES
átmeneti rendelkezés (H)	Übergangsregelung f	transitional arrangement	règlement de transition m	regolamento transitorio m	regulación transitoria f
atmosfera pracy (PL)	Betriebsklima n	working conditions and human relations	ambiance de travail m	ambiente di lavoro m	ambiente de trabajo m
átrakás (H)	Umschlag m	transshipment	transbordement m	trasbordo m	transbordo de carga m
atraso (ES)	Rückstand m	arrears pl	arriéré m	arretrato m	—
atraso (P)	Rückstand m	arrears pl	arriéré m	arretrato m	atraso m
atraso (P)	Verspätung f	delay	retard m	ritardo m	retraso m
atraso no fornecimento (P)	Lieferverzug m	default of delivery	demeure du fournisseur f	mora nella consegna f	demora en la entrega f
atraso no pagamento (P)	Zahlungsrückstand m	payment in arrears	arriéré de payement m	morosità di pagamento f	pago atrasado m
átruházás (H)	Abtretung f	assignment	cession f	cessione f	cesión f
átruházás (H)	Übertragung f	transfer	transfert m	trasferimento m	transmisión f
átruházási szerződés (H)	Abtretungsvertrag m	contract of assignment	contrat de cession m	contratto di cessione m	contrato de cesión m
átruházhatatlan (H)	nicht übertragbar	non-negotiable	non transmissible	non trasferibile	intransmisible
at sight (E)	auf Sicht	—	à vue	a vista	a la vista
attestato (I)	Zeugnis n	letter of reference	certificat m	—	certificado m
attivo (I)	Aktiva pl	assets	masse active f	—	activo m
attivo fisso (I)	Anlagevermögen n	fixed assets	valeurs immobilisées f/pl	—	activo fijo m
atto costitutivo (I)	Gesellschaftsvertrag m	deed of partnership	acte de société m	—	contrato social
átutalás (H)	Rimesse f	remittance	remise f	rimessa f	remesa f
átutalás (H)	Transfer m	transfer	transfert m	trasferimento m	transferencia f
átutalás (H)	Überweisung f	remittance	virement m	rimessa f	transferencia f
átváltási árfolyam (H)	Umrechnungskurs m	rate of conversion	cours de conversion m	corso di cambio m	tasa de cambio f
átvétel (H)	Abnahme f	acceptance	réception f	accettazione f	aceptación f
átvételi elismervény (H)	Empfangsbestätigung f	acknowledgement of receipt	accusé de réception m	conferma di ricevimento f	recibo m
átvételi kötelezettség (H)	Abnahmepflicht f	obligation to take delivery	obligation de prendre livraison f	obbligo di ritiro m	obligación de recepción f
átvétel megtagadása (H)	Annahmeverweigerung f	refusal of delivery	refus d'acceptation m	rifiuto d'accettazione m	rehuso de aceptación m
átviteli hiba (H)	Übertragungsfehler m	transcription error	erreur de transcription f	errore di trascrizione m	error de transcripción m
au comptant (F)	bar	cash	—	in contanti	al contado
au comptant (F)	gegen Barzahlung	against cash	—	contro pagamento in contanti	al contado
au comptant (F)	in bar	in cash	—	in contanti	en efectivo
auction (E)	Auktion f	—	vente aux enchères f/pl	asta f	subasta f
auction (E)	Versteigerung f	—	vente aux enchères f	vendita all'asta f	subasta f
audit (E)	Revision f	—	vérification f	revisione f	revisión f
audit (NL)	Revision f	audit	vérification f	revisione f	revisión f
auditing (E)	Wirtschaftsprüfung m	—	contrôle de la gestion et des comptes m	revisione f	revisión de cuentas f
auditor (E)	Betriebsprüfer m	—	expert-comptable m	revisore aziendale m	inspector fiscal m
auditor (E)	Wirtschaftsprüfer m	—	expert-comptable économique et financier m	revisore dei conti m	censor de cuentas m
auditor (P)	Betriebsprüfer m	auditor	expert-comptable m	revisore aziendale m	inspector fiscal m
auditor (P)	Wirtschaftsprüfer m	auditor	expert-comptable économique et financier m	revisore dei conti m	censor de cuentas m

auditor

P	NL	SV	PL	CZ	H
regulamento transitório m	overgangsmaatregel m	övergångsbestämmelse	postanowienia przejściowe m/pl	přechodná úprava f	—
ambiente de trabalho m	bedrijfsklimaat n	arbetsklimat	—	podnikové klima n	munkahelyi légkör
transbordo m	omslag m	omlastning	przeładunek m	překládka f	—
atraso m	achterstand m	restantier	zaległość f	nedoplatek m	hátralék
—	achterstand m	restantier	zaległość f	nedoplatek m	hátralék
—	vertraging f	försening	opóźnienie n	prodlení n	késedelem
—	achterstand van de leveringen m	försenad leverans	opóźnienie dostawy n	prodlení v dodávce n	szállítási késedelem
—	achterstand m	betalningsanstånd	zaległości płatnicze n/pl	nedoplatek m	fizetési hátralék
cessão f	overdracht m	överlåtelse	cesja f	odstoupení n	—
transmissão f	overdracht f	överföring	przeniesienie n	převod m	—
contrato de cessão m	overdrachtsovereenkomst f	överlåtelseavtal	umowa cesji f	smlouva o odstoupení f	—
intransmissível	niet overdraagbaar	personlig	nieprzenośny	nepřenosný	—
à vista	op zicht	på sikt	za okazaniem	na viděnou f	látra szóló
certificado m	certificaat n	rapport	świadectwo n	vysvědčení n	bizonyítvány
activo m	activa pl	aktiva pl	aktywa pl	aktiva n/pl	aktívák
imobilizado m	vastliggende middelen n/pl	fasta tillgångar pl	majątek trwały m	investiční kapitál m	állóeszközök
contrato social m	akte van vennootschap f	bolagsavtal	umowa spółki f	zakládací smlouva obchodní společnosti f	társasági szerződés
remessa f	remise f	remissa	rymesa f	aktivní směnka f	—
transferência f	transfer m/n	överföring	transfer m	převod m	—
transferência f	overschrijving f	överföring	przelew m	bezhotovostní převod m	—
taxa de câmbio f	omrekeningskoers m	konverteringskurs	kurs przeliczeniowy m	přepočítací kurs m	—
aceitação f	afname f	godkännande av leverans	odbiór m	odebrání n	—
aviso de recepção f	ontvangstbevestiging f	mottagningsbevis	potwierdzenie odbioru n	potvrzení příjmu n	—
obrigação de aceitar a entrega f	afnameverplichting f	skyldighet att acceptera leverans	obowiązek odbioru m	povinné odebrání n	—
recusa de aceitação f	weigering van acceptatie f	vägra godkänna en leverans	odmowa przyjęcia f	odepření přijetí n	—
erro de transcrição m	overschrijffout f	överföringsfel	błąd w transmisji danych m	převodní chyba f	—
a dinheiro	contant	kontant	gotówką	hotovostní	készpénzben
a dinheiro	contant	mot kontantbetalning	za gotówkę	proti hotovosti f	készfizetés ellenében
em dinheiro	contant	kontant	gotówką	v hotovosti f	készpénzben
leilão m	verkoop bij opbod m	auktion	aukcja f	aukce f	árverés
leilão m	verkoop bij opbod m	auktionsförsäljning	licytacja f	dražba f	árverés
revisão f	audit m	revision	rewizja f	revize f	felülvizsgálat
revisão f	—	revision	rewizja f	revize f	felülvizsgálat
auditoria f	controle van de jaarrekeningen f	revision	rewizja gospodarcza f	hospodářská kontrola f	könyvvizsgálat
auditor m	accountant m	revisor	kontroler podatkowy m	podnikový kontrolor m	revizor
auditor m	revisor m	revisor	rewident księgowy m	revisor účtů m	könyvvizsgáló
—	accountant m	revisor	kontroler podatkowy m	podnikový kontrolor m	revizor
—	revisor m	revisor	rewident księgowy m	revisor účtů m	könyvvizsgáló

auditoria

	D	E	F	I	ES
auditoria (P)	Wirtschaftsprüfung m	auditing	contrôle de la gestion et des comptes m	revisione f	revisión de cuentas f
auf Abruf (D)	—	on call	à convenance	su richiesta	a requerimiento
Aufbauphase (D)	—	development phase	phase d'organisation f	fase di sviluppo f	fase de desarrollo f
Aufbewahrungspflicht (D)	—	obligation to preserve records	obligation de conservation f	obbligo di conservazione m	deber de conservación m
Aufenthaltserlaubnis (D)	—	residence permit	permis de séjour m	permesso di soggiorno m	permiso de residencia m
Aufgeld (D)	—	agio	prime f	aggio m	agio m
auf Kommissionsbasis (D)	—	on a commission basis	en commission	su commissione	en comisión
auf Lager (D)	—	in stock	en stock	in deposito	en almacén
Aufpreis (D)	—	surcharge	surprix m	sovrapprezzo m	sobreprecio m
auf Probe (D)	—	on trial	à l'essai	in prova	a prueba
auf Provisionsbasis (D)	—	on a commission basis	à la commission	a provvigione	a comisión
Aufrechnung (D)	—	set-off	compensation f	compensazione f	compensación f
Aufschiebung (D)	—	deferment	ajournement m	rinvio m	aplazamiento m
Aufschlag (D)	—	surcharge	hausse f	aggiunta f	recargo m
auf Sicht (D)	—	at sight	à vue	a vista	a la vista
Aufsichtsrat (D)	—	supervisory board	conseil de surveillance m	consiglio di sorveglianza m	consejo de administración m
Aufsichtsratsvorsitzender (D)	—	chairman of the supervisory board	président du conseil de surveillance m	presidente del consiglio di sorveglianza m	presidente del consejo de administración m
Aufstiegsmöglichkeit (D)	—	opportunity for advancement	perspectives de promotion f/pl	possibilità di carriera f	posibilidades de ascenso f/pl
Auftrag (D)	—	order	commande f	ordine m	pedido m
Auftraggeber (D)	—	customer	donneur d'ordre m	committente m	mandante m
Auftragsabwicklung (D)	—	processing of an order	exécution d'une commande f	esecuzione di un ordine f	ejecución de pedidos f
Auftragsbearbeitung (D)	—	order processing	exécution d'une commande f	realizzazione di un ordine f	tramitación de pedidos f
Auftragsbestätigung (D)	—	confirmation of order	confirmation de commandes f	conferma d'ordine f	confirmación de pedido f
Auftragserteilung (D)	—	placing of an order	passation d'une commande f	ordinazione f	otorgamiento de un pedido m
Auftragsnummer (D)	—	order number	numéro de commande m	numero d'ordine m	número de pedido m
Auftragsplanung (D)	—	order scheduling	planification de commandes f	programma ordini m	planificación de la ejecución de pedidos f
Aufwand (D)	—	expenditure	dépenses f/pl	spese f/pl	gastos m/pl
Aufwärtstrend (D)	—	upward trend	tendance à la reprise f	tendenza al rialzo f	tendencia al alza f
augmentation (F)	Erhöhung f	increase	—	aumento m	incremento m
augmentation de capital (F)	Kapitalerhöhung f	increase of capital	—	aumento del capitale m	aumento de capital m
augmentation de salaire (F)	Lohnerhöhung f	pay increase	—	aumento salariale m	aumento de salario m
augmentation des impôts (F)	Steuererhöhung f	tax increase	—	aumento delle imposte m	aumento de los impuestos m
augmentation des prix (F)	Preiserhöhung f	price increase	—	rialzo dei prezzi m	aumento de precios m
augmentation de traitement (F)	Gehaltserhöhung f	increase in salary	—	aumento dello stipendio m	aumento de sueldo m
aukce (CZ)	Auktion f	auction	vente aux enchères f/pl	asta f	subasta f
aukcja (PL)	Auktion f	auction	vente aux enchères f/pl	asta f	subasta f
Auktion (D)	—	auction	vente aux enchères f/pl	asta f	subasta f

Auktion

P	NL	SV	PL	CZ	H
—	controle van de jaarrekeningen f	revision	rewizja gospodarcza f	hospodářská kontrola f	könyvvizsgálat
a pedido	op afroep	jour	na żądanie	na odvolání	lehívásra
fase de desenvolvimento f	opbouwfase f	uppbyggnadsfas	etap rozwojowy m	fáze výstavby f	kiépítési szakasz
dever de conservação m	bewaringsplicht f/m	arkiveringsplikt	obowiązek przechowywania m	povinnost uschovávat f	megőrzési kötelezettség
autorização de residência f	verblijfsvergunning f	uppehållstillstånd	zezwolenie na pobyt n	povolení k pobytu n	tartózkodási engedély
ágio m	agio n	banks kursvinster	naddatek m	ážio n	felár
à comissão	in commissie	i kommission	na bazie komisowej f	na komisionářském základě m	bizományosi alapon
em stock	in voorraad	i lager	na składzie	na skladě m	raktáron (van)
ágio m	toeslag m	påslag	dopłata f	cenová přirážka f	felár
à prova	op proef	på prov	na próbę	na zkoušku	kipróbálásra
à comissão	in commissie	provisionsbaserad	na zasadzie prowizji f	na základě provize f	jutalékos alapon
compensação f	compensatie f	kvittning	wzajemne zaliczenie n	vzájemné vyúčtování n	ellentételezés
adiamento m	uitstellen n	uppskjutning	odroczenie n	odložení n	halasztás
sobretaxa f	opslag m	påslag	narzut m	přirážka f	pótdíj
à vista	op zicht	på sikt	za okazaniem	na viděnou f	látra szóló
conselho fiscal m	raad van toezicht m	företagsstyrelse	rada nadzorcza f	dozorčí rada f	felügyelő bizottság
presidente do conselho fiscal m	voorzitter van de raad van toezicht m	företagsstyrelsens ordförande	przewodniczący rady nadzorczej m	předseda dozorčí rady m	felügyelő bizottság elnöke
possibilidade de promoção f	promotiekans f	avancemangsmöjlighet	możliwość awansu f	možnost vzestupu f	előmeneteli lehetőségek
ordem f	opdracht f	order	zlecenie n	zakázka f	megrendelés
cliente m	opdrachtgever m	uppdragsgivare	zleceniodawca m	objednávatel m	megbízó
execução de uma encomenda f	afwikkeling van de bestelling f	orderhantering	realizacja zlecenia f	vyřízení zakázky n	megbízás lebonyolítása
realização de uma encomenda f	behandeling van de bestelling f	orderhantering	realizacja zlecenia f	dílčí zpracování zakázky n	megrendelés feldolgozása
confirmação da encomenda f	orderbevestiging f	orderbekräftelse	potwierdzenie zamówienia n	potvrzení zakázky n	megrendelés visszaigazolása
colocação de uma encomenda f	geven van bestellingen n	orderplacering	udzielenie zlecenia n	udělení zakázky n	megrendelés adása
número de encomenda f	bestelnummer n	ordernummer	numer zamówienia n	číslo zakázky n	megrendelés száma
planificação da execução de encomendas f	planning van de bestellingen f	orderplanering	planowanie zleceń n	plánování zakázek n	megrendelések ütemezése
despesas f/pl	uitgaven pl	utgifter pl	nakład m	náklad m	ráfordítás
tendência à alta f	opwaartse beweging f	stigande tendens	trend wzrostu m	stoupající trend m	emelkedő irányzat
elevação f	verhoging f	höjning	podwyżka f	zvýšení n	emelés
aumento de capital m	kapitaalsverhoging f	kapitaltillskott	podwyższenie kapitału n	zvýšení kapitálu n	tőkeemelés
aumento salarial m	loonsverhoging f	löneförhöjning	podwyżka płac f	zvýšení mzdy n	béremelés
aumento dos impostos m	belastingverhoging f	skattehöjning	podwyżka podatków f	zvýšení daně n	adóemelés
aumento de preços m	prijsverhoging f	prishöjning	podwyżka cen f	zvýšení cen n	áremelés
aumento de salário m	loonsverhoging f	löneförhöjning	podwyżka płacy f	zvýšení platu n	fizetésemelés
leilão m	verkoop bij opbod m	auktion	aukcja f	—	árverés
leilão m	verkoop bij opbod m	auktion	—	aukce f	árverés
leilão m	verkoop bij opbod m	auktion	aukcja f	aukce f	árverés

auktion

80

	D	E	F	I	ES
auktion (SV)	Auktion f	auction	vente aux enchères f/pl	asta f	subasta f
auktionsförsäljning (SV)	Versteigerung f	auction	vente aux enchères f	vendita all'asta f	subasta f
au meilleur prix (F)	billigst	at best price	—	al prezzo migliore	al mejor cambio
aumento (I)	Erhöhung f	increase	augmentation f	—	incremento m
aumento de capital (ES)	Kapitalerhöhung f	increase of capital	augmentation de capital f	aumento del capitale m	—
aumento de capital (P)	Kapitalerhöhung f	increase of capital	augmentation de capital f	aumento del capitale m	aumento de capital m
aumento dei corsi (I)	Kurssteigerung f	price advance	hausse f	—	alza de las cotizaciones f
aumento dei prezzi (I)	Preissteigerung f	price increase	hausse des prix f	—	aumento de precios m
aumento del capitale (I)	Kapitalerhöhung f	increase of capital	augmentation de capital f	—	aumento de capital m
aumento delle imposte (I)	Steuererhöhung f	tax increase	augmentation des impôts m	—	aumento de los impuestos m
aumento dello stipendio (I)	Gehaltserhöhung f	increase in salary	augmentation de traitement f	—	aumento de sueldo m
aumento de los impuestos (ES)	Steuererhöhung f	tax increase	augmentation des impôts m	aumento delle imposte m	—
aumento del prezzo (I)	Preisanstieg m	rise in price	hausse des prix f	—	aumento de precios m
aumento de precios (ES)	Preisanstieg m	rise in price	hausse des prix f	aumento del prezzo m	—
aumento de precios (ES)	Preiserhöhung f	price increase	augmentation des prix f	rialzo dei prezzi m	—
aumento de precios (ES)	Preissteigerung f	price increase	hausse des prix f	aumento dei prezzi m	—
aumento de preços (P)	Preiserhöhung f	price increase	augmentation des prix f	rialzo dei prezzi m	aumento de precios m
aumento de preços (P)	Preissteigerung f	price increase	hausse des prix f	aumento dei prezzi m	aumento de precios m
aumento de salario (ES)	Lohnerhöhung f	pay increase	augmentation de salaire f	aumento salariale m	—
aumento de salário (P)	Gehaltserhöhung f	increase in salary	augmentation de traitement f	aumento dello stipendio m	aumento de sueldo m
aumento de sueldo (ES)	Gehaltserhöhung f	increase in salary	augmentation de traitement f	aumento dello stipendio m	—
aumento dos impostos (P)	Steuererhöhung f	tax increase	augmentation des impôts m	aumento delle imposte m	aumento de los impuestos m
aumento salarial (P)	Lohnerhöhung f	pay increase	augmentation de salaire f	aumento salariale m	aumento de salario m
aumento salariale (I)	Lohnerhöhung f	pay increase	augmentation de salaire f	—	aumento de salario m
au mieux (F)	bestens	at best	—	al meglio	al mejor cambio
Ausbildung (D)	—	apprenticeship	formation f	formazione m	aprendizaje m
Ausfallbürgschaft (D)	—	deficiency guarantee	garantie de bonne fin f	garanzia d'indennizzo f	garantía de indemnidad f
Ausfallrisiko (D)	—	default risk	risque de perte m	rischio di perdita m	riesgo de pérdida m
Ausfuhr (D)	—	export	exportation f	esportazione f	exportación f
Ausfuhrbeschränkung (D)	—	export restriction	contingentement à l'exportation m	restrizione all'esportazione f	restricción a la exportación f
Ausfuhrbestimmungen (D)	—	export regulations	directives d'exportation f/pl	disposizioni per l'esportazione f/pl	reglamiento de exportación m
Ausfuhrfinanzierung (D)	—	export financing	financement de l'exportation m	finanziamento all'esportazione m	financiación de la exportación f
Ausfuhrgenehmigung (D)	—	export licence	autorisation d'exportation f	autorizzazione all'esportazione f	licencia de exportación f
Ausfuhrpapiere (D)	—	export documents	documents d'exportation m/pl	documenti d'esportazione m/pl	documentos de exportación m/pl
Ausfuhrzoll (D)	—	export duty	taxe à l'exportation f	dazio all'esportazione m	derechos de exportación m/pl

Ausfuhrzoll

P	NL	SV	PL	CZ	H
leilão m	verkoop bij opbod m	—	aukcja f	aukce f	árverés
leilão m	verkoop bij opbod m	—	licytacja f	dražba f	árverés
ao melhor preço	tegen de beste prijs	lägsta möjliga pris	najtaniej	nejlevnější	az elérhető legalacsonyabb áron
elevação f	verhoging f	höjning	podwyżka f	zvýšení n	emelés
aumento de capital m	kapitaalsverhoging f	kapitaltillskott	podwyższenie kapitału n	zvýšení kapitálu n	tőkeemelés
—	kapitaalsverhoging f	kapitaltillskott	podwyższenie kapitału n	zvýšení kapitálu n	tőkeemelés
alta das cotações f	koersstijging f	kursökning	hossa f	vzestup kursu m	árfolyam-emelkedés
aumento de preços m	prijsverhoging f	prisstegring	wzrost cen m	vzestup cen m	áremelés
aumento de capital m	kapitaalsverhoging f	kapitaltillskott	podwyższenie kapitału n	zvýšení kapitálu n	tőkeemelés
aumento dos impostos m	belastingverhoging f	skattehöjning	podwyżka podatków f	zvýšení daně n	adóemelés
aumento de salário m	loonsverhoging f	löneförhöjning	podwyżka płacy f	zvýšení platu n	fizetésemelés
aumento dos impostos m	belastingverhoging f	skattehöjning	podwyżka podatków f	zvýšení daně n	adóemelés
alta de preços m	prijsstijging f	prisökning	zwyżka cen f	růst cen m	áremelkedés
alta de preços m	prijsstijging f	prisökning	zwyżka cen f	růst cen m	áremelkedés
aumento de preços m	prijsverhoging f	prishöjning	podwyżka cen f	zvýšení cen n	áremelés
aumento de preços m	prijsverhoging f	prisstegring	wzrost cen m	vzestup cen m	áremelés
—	prijsverhoging f	prishöjning	podwyżka cen f	zvýšení cen n	áremelés
—	prijsverhoging f	prisstegring	wzrost cen m	vzestup cen m	áremelés
aumento salarial m	loonsverhoging f	löneförhöjning	podwyżka płac f	zvýšení mzdy n	béremelés
—	loonsverhoging f	löneförhöjning	podwyżka płacy f	zvýšení platu n	fizetésemelés
aumento de salário m	loonsverhoging f	löneförhöjning	podwyżka płacy f	zvýšení platu n	fizetésemelés
—	belastingverhoging f	skattehöjning	podwyżka podatków f	zvýšení daně n	adóemelés
—	loonsverhoging f	löneförhöjning	podwyżka płac f	zvýšení mzdy n	béremelés
aumento salarial m	loonsverhoging f	löneförhöjning	podwyżka płac f	zvýšení mzdy n	béremelés
ao melhor	op zijn best	bästa	jak najlepiej	co nejlépe	az elérhető legkedvezőbb áron
aprendizagem f	opleiding f	utbildning	wykształcenie n	vyškolení n	kiképzés
fiança para cobertura de défice f	waarborg van honorering m	bortfallsgaranti	list gwarancyjny załadowcy m	záruka za ztráty f	kártalanító kezesség
risco de perda m	gevaar voor uitvallen n	bortfallsrisk	ryzyko niewykonalności n	riziko ztrát n	hitelveszteségkockázat
exportação f	export m	export	eksport m	vývoz m	kivitel
restrição à exportação f	uitvoerbeperking f	exportrestriktion	ograniczenia eksportowe n/pl	omezení vývozu n	exportkorlátozás
regulamento de exportação m	exportbepalingen f/pl	exportbestämmelser pl	przepisy wywozowe m/pl	stanovení vývozu n	kiviteli előírások
financiamento da exportação m	exportfinanciering f	exportfinansiering	finansowanie eksportu n	financování vývozu n	exportfinanszírozás
licença de exportação f	uitvoervergunning f	exporttillstånd	zezwolenie eksportowe n	vývozní povolení n	kiviteli engedély
documentos de exportação m/pl	uitvoerdocumenten n/pl	exporthandlingar pl	dokumentacja eksportowa f	vývozní dokumenty m/pl	exportokmányok
taxa de exportação f	uitvoerrecht n	exportavgift	cło wywozowe n	vývozní clo n	exportvám

Ausgaben 82

D	E	F	I	ES
Ausgaben (D)	—	expenses	dépenses f/pl	spese f/pl	gastos m/pl
Ausgleichszahlung (D)	—	deficiency payment	payement pour solde de compte m	conguaglio m	pago de compensación m
Aushilfe (D)	—	temporary help	suppléant m	aiuto m	ayudante m
Auskunft (D)	—	information	renseignement m	informazione f	información f
Auslage (D)	—	display	étalage m	vetrina f	vitrina f
ausländische Arbeitnehmer (D)	—	foreign workers	travailleur étranger m	lavoratori stranieri m/pl	trabajadores extranjeros m
Auslandsanleihe (D)	—	foreign loan	emprunt extérieur m	prestito estero m	empréstito exterior m
Auslandsgeschäft (D)	—	foreign business	opération avec l'étranger f	affare con l'estero m	operación con el extranjero f
Auslandskapital (D)	—	foreign capital	capital étranger m	capitale estero m	capital extranjero m
Auslandskonto (D)	—	foreign account	compte d'étranger m	conto estero m	cuenta en el extranjero f
Auslandskunde (D)	—	foreign customer	client étranger m	cliente estero m	cliente extranjero m
Auslandsschulden (D)	—	foreign debts	dettes à l'étranger f/pl	debiti verso l'estero m/pl	deudas exteriores f/pl
Auslandsvermögen (D)	—	foreign assets	avoirs à l'étranger m/pl	beni all'estero m	bienes en el extranjero m
Auslandsvertretung (D)	—	agency abroad	agence à l'étranger f	rappresentanza estera f	representación en el exterior f
Auslastungsgrad (D)	—	degree of utilisation	degré de saturation m	grado di utilizazione m	grado de utilización m
Auslieferungslager (D)	—	distribution store	entrepôt de distribution m	deposito di consegna m	almacén de entregas m
Ausschreibung (D)	—	call for tenders	appel d'offre par voie de soumission m	appalto m	concurso-subasta m
Außendienst (D)	—	field work	service extérieur m	servizio esterno m	servicio exterior m
Außendienstmitarbeiter (D)	—	field staff	personnel investigateur m	collaboratore del servizio esterno m	colaborador en el servicio exterior m
Außenhandel (D)	—	foreign trade	commerce extérieur m	commercio estero m	comercio exterior m
Außenhandelsdefizit (D)	—	foreign trade deficit	déficit de la balance du commerce extérieur m	deficit del commercio estero m	déficit del comercio exterior m
Außenhandelskammer (D)	—	chamber of foreign trade	chambre du commerce extérieur f	camera di commercio estero f	cámara del comercio exterior f
Außenstände (D)	—	outstanding debts	dettes actives f/pl	crediti pendenti m/pl	cobros pendientes m/pl
Außenwerbung (D)	—	outdoor advertising	publicité extérieure f	pubblicità all'aperto f	publicidad al aire libre f
außergerichtlich (D)	—	extrajudicial	extrajudiciaire	extragiudiziale	extrajudicial
außergewöhnliche Belastung (D)	—	extraordinary expenses	charges exceptionnelles f/pl	oneri straordinari m/pl	carga extraordinaria f
Ausstellung (D)	—	exhibition	exposition f	esposizione f	exhibición f
Austria (E)	Österreich	—	Autriche f	Austria f	Austria
Austria (I)	Österreich	Austria	Autriche f	—	Austria
Austria (ES)	Österreich	Austria	Autriche f	Austria f	—
Austria (PL)	Österreich	Austria	Autriche f	Austria f	Austria
Áustria (P)	Österreich	Austria	Autriche f	Austria f	Austria
austriacki (PL)	österreichisch	Austrian	autrichien	austriaco	austríaco
austriaco (I)	österreichisch	Austrian	autrichien	—	austríaco
austríaco (ES)	österreichisch	Austrian	autrichien	austriaco	—
austríaco (P)	österreichisch	Austrian	autrichien	austriaco	austríaco
Austrian (E)	österreichisch	—	autrichien	austriaco	austríaco
Ausverkauf (D)	—	clearance sale	soldes m/pl	svendita f	liquidación f
Auszahlung (D)	—	payment	payement m	pagamento m	pago m
Ausztria (H)	Österreich	Austria	Autriche f	Austria f	Austria
autentica (I)	Beglaubigung f	authentication	légalisation f	—	legalización f
autenticação (P)	Beglaubigung f	authentication	légalisation f	autentica f	legalización f

autenticação

P	NL	SV	PL	CZ	H
despesas f/pl	onkosten m/pl	utgifter pl	wydatki m/pl	výdaje m/pl	kiadások
pagamento de compensação m	afvloeiingsvergoeding f	kompensationsutbetalning	wyrównanie płacy n	vyrovnávací platba f	pénzbeli kiegyenlítés
ajudante m/f	hulpkracht f	extraanställd	pracownik pomocniczy m	výpomoc f	kisegítő dolgozó
informação f	inlichting f	upplysning	informacja f	informace f	információ
vitrine f	etalage f	skyltning	wystawa f	výloha f	kirakati bemutatás
trabalhador estrangeiro m	gastarbeider m	utländsk arbetstagare	pracownicy cudzoziemscy m/pl	zahraniční zaměstnanci m/pl	külföldi munkavállaló
empréstimo estrangeiro m	buitenlandse lening f	utlandslån	pożyczka zagraniczna f	zahraniční půjčka f	külföldi kötvénykibocsátás
negócio com o estrangeiro m	zaken met het buitenland f/pl	utlandsverksamhet	transakcja zagraniczna f	zahraniční obchod m	külföldi ügylet
capital estrangeiro m	buitenlands kapitaal n	utlandskapital	kapitał zagraniczny m	zahraniční kapitál m	külföldi tőke
conta no exterior f	buitenlandse rekening f	utlandskonto	konto zagraniczne n	zahraniční účet m	külföldi számla
cliente estrangeiro m	klant in het buitenland m	utlandskund	klient zagraniczny m	zahraniční zákazník m	külföldi vevő
dívidas externas f/pl	schulden in het buitenland f/pl	utlandsskuld	zadłużenie za granicą n	zahraniční dluhy m/pl	külföldi tartozások
bens no exterior m/pl	buitenlands vermogen n	utlandstillgångar pl	majątek zagraniczny m	zahraniční jmění n	külföldi vagyon
representação no exterior f	agentschap in het buitenland n	utlandskontor	przedstawicielstwo zagraniczne n	zahraniční zastoupení n	külföldi képviselet
taxa de utilização das capacidades f	benuttingsgraad m	kapacitetsutnyttjande	stopień wykorzystania m	stupeň vytížení n	kihasználtsági fok
centro de distribuição m	depot n	centrallager	dzień dostawy m	expediční sklad m	elosztó raktár
concurso público m	aanbesteding f	anbudsförfarande	przetarg m	veřejná soutěž f	pályázati felhívás
serviço exterior m	buitendienst m	extern verksamhet	praca w terenie f	práce mimo podnik f	külszolgálat
colaborador em serviços externos m	buitendienstmedewerker m	extern medarbetare	przedstawiciel handlowy m	pracovník služebně mimo podnik m	külszolgálati munkatárs
comércio exterior m	buitenlandse handel m	utrikeshandel	handel zagraniczny m	zahraniční obchod m	külkereskedelem
défice da balança comercial m	deficit op de buitenlandse handel n	exportunderskott	deficyt handlu zagranicznego m	schodek zahraničního obchodu m	külkereskedelmi deficit
câmara de comércio exterior f	kamer voor buitenlandse handel f/m	exportråd	Izba Handlu Zagranicznego f	komora zahraničního obchodu f	külkereskedelmi kamara
dívidas a cobrar f/pl	uitstaande vorderingen f/pl	utestående skulder pl	należności f/pl	nedoplatky m/pl	kinnlevőségek
publicidade externa f	buitenreclame f/m	utomhusannonsering	reklama zewnętrzna f	reklama f	szabadtéri reklám
extrajudicial	buitengerechtelijk	genom förlikning	pozasądowe	mimosoudní	peren kívüli
despesas extraordinárias f/pl	uitzonderlijke lasten m/pl	extraordinära utgifter pl	nadzwyczajne wydatki m/pl	mimořádné zatížení n	rendkívüli terhek
exposição f	tentoonstelling f	utställning	wystawa	výstava f	kiállítás
Áustria f	Oostenrijk	Österrike	Austria f	Rakousko n	Ausztria
Áustria f	Oostenrijk	Österrike	Austria f	Rakousko n	Ausztria
Áustria f	Oostenrijk	Österrike	Austria f	Rakousko n	Ausztria
Áustria f	Oostenrijk	Österrike	—	Rakousko n	Ausztria
—	Oostenrijk	Österrike	Austria f	Rakousko n	Ausztria
austríaco	Oostenrijks	österrikisk	—	rakouský	osztrák(osan)
austríaco	Oostenrijks	österrikisk	austriacki	rakouský	osztrák(osan)
austríaco	Oostenrijks	österrikisk	austriacki	rakouský	osztrák(osan)
—	Oostenrijks	österrikisk	austriacki	rakouský	osztrák(osan)
austríaco	Oostenrijks	österrikisk	austriacki	rakouský	osztrák(osan)
liquidação f	totale uitverkoop m	realisation	wyprzedaż f	výprodej m	kiárusítás
pagamento m	uitbetaling f	utbetalning	wypłata f	výplata f	kifizetés
Áustria f	Oostenrijk	Österrike	Austria f	Rakousko n	—
autenticação f	legalisatie f	bevittnande	uwierzytelnienie f	ověření n	hitelesítés
—	legalisatie f	bevittnande	uwierzytelnienie n	ověření n	hitelesítés

auteursrecht 84

	D	E	F	I	ES
auteursrecht (NL)	Urheberrecht n	copyright	droit d'auteur m	diritto d'autore m	derechos de autor m/pl
authentication (E)	Beglaubigung f	—	légalisation f	autentica f	legalización f
authorisation (E)	Bevollmächtigung f	—	procuration f	delega f	apoderamiento m
authorisation to sign (E)	Zeichnungsberechtigung f	—	autorisation de signer f	diritto di firma m	facultad de firma f
authorised representative (E)	Prokurist m	—	fondé de pouvoir m	procuratore m	apoderado m
authorised to undertake collection (E)	inkassoberechtigt	—	autorisé à l'encaissement	autorizzato all'incasso	autorizado al encobro
authority (E)	Befugnis f	—	autorisation m	poteri m/pl	autorización f
authority (E)	Behörde f	—	autorité f	autorità f	autoridad f
autofinancement (F)	Eigenfinanzierung f	self-financing	—	autofinanziamento m	financiación propia f
autofinancement (F)	Selbstfinanzierung f	self-financing	—	autofinanziamento m	autofinanciación f
autofinanciación (ES)	Selbstfinanzierung f	self-financing	autofinancement m	autofinanziamento m	—
autofinanciamento (P)	Eigenfinanzierung f	self-financing	autofinancement m	autofinanziamento m	financiación propia f
autofinanciamento (P)	Selbstfinanzierung f	self-financing	autofinancement m	autofinanziamento m	autofinanciación f
autofinanziamento (I)	Eigenfinanzierung f	self-financing	autofinancement m	—	financiación propia f
autofinanziamento (I)	Selbstfinanzierung f	self-financing	autofinancement m	—	autofinanciación f
automação (P)	Automation f	automation	automation f	automatizzazione f	automatización f
automat do sprzedaży (PL)	Verkaufsautomat m	vending machine	distributeur automatique m	distributore automatico m	distribuidor automático m
Automation (D)	—	automation	automation f	automatizzazione f	automatización f
automation (E)	Automation f	—	automation f	automatizzazione f	automatización f
automation (F)	Automation f	automation	—	automatizzazione f	automatización f
automatisering (NL)	Automation f	automation	automation f	automatizzazione f	automatización f
automatisering (SV)	Automation f	automation	automation f	automatizzazione f	automatización f
automatizace (CZ)	Automation f	automation	automation f	automatizzazione f	automatización f
automatización (ES)	Automation f	automation	automation f	automatizzazione f	—
automatizálás (H)	Automation f	automation	automation f	automatizzazione f	automatización f
automatizzazione (I)	Automation f	automation	automation f	—	automatización f
automatyzacja (PL)	Automation f	automation	automation f	automatizzazione f	automatización f
automobile usata (I)	Gebrauchtwagen m	used car	voiture d'occasion f	—	coche de segunda mano m
automóvel (P)	Kraftfahrzeug n	motor vehicle	véhicule à moteur m	autoveicolo m	automóvil m
automóvil (ES)	Kraftfahrzeug n	motor vehicle	véhicule à moteur m	autoveicolo m	—
autonomie de légifére (F)	Gesetzgebungshoheit f	legislative sovereignty	—	sovranità legislativa f	soberanía legislativa f
autoridad (ES)	Behörde f	authority	autorité f	autorità f	—
autoridade (P)	Behörde f	authority	autorité f	autorità f	autoridad f
autorisation (F)	Befugnis f	authority	—	poteri m/pl	autorización f
autorisation (F)	Genehmigung f	permission	—	autorizzazione f	autorización f
autorisation de construire (F)	Baugenehmigung f	planning permission	—	licenza di costruzione f	permiso de construcción m
autorisation de signer (F)	Zeichnungsberechtigung f	authorisation to sign	—	diritto di firma m	facultad de firma f
autorisation d'exportation (F)	Ausfuhrgenehmigung f	export licence	—	autorizzazione all'esportazione f	licencia de exportación f
autorisation d'importation (F)	Einfuhrgenehmigung f	import licence	—	autorizzazione all'importazione f	permiso de importación m
autorisé à l'encaissement (F)	inkassoberechtigt	authorised to undertake collection	—	autorizzato all'incasso	autorizado al encobro
autorità (I)	Behörde f	authority	autorité f	—	autoridad f
autorité (F)	Behörde f	authority	—	autorità f	autoridad f
autorização (P)	Befugnis f	authority	autorisation m	poteri m/pl	autorización f
autorização (P)	Bevollmächtigung f	authorisation	procuration f	delega f	apoderamiento m

autorização

P	NL	SV	PL	CZ	H
direitos do autor m/pl	—	upphovsmannarätt	prawo autorskie m	autorské právo n	szerzői jog
autenticação f	legalisatie f	bevittnande	uwierzytelnienie n	ověření n	hitelesítés
autorização f	machtiging f	bemyndigande	upoważnienie n	plná moc f	meghatalmazás
direito de assinatura m	tekenbevoegdheid f	underskriftsberättigande	uprawnienie do podpisu n	oprávnění k podpisu n	aláírási jogosultság
procurador m	gevolmachtigde m	prokurist	prokurent m	prokurista m	meghatalmazott aláíró
autorizado a realizar a cobrança m	bevoegd om te incasseren	inkassoberättigad	upoważniony do inkasa	oprávněn k inkasu n	beszedésre jogosult
autorização f	bevoegdheid f	befogenhet	uprawnienie n	oprávnění n	jogosultság
autoridade f	overheid f	myndighet	urząd m	úřad m	hatóság
autofinanciamento m	zelffinancering f	egenfinansiering	finansowanie własne f	vlastní financování n	önfinanszírozás
autofinanciamento m	zelffinanciering f	självfinansiering	samofinansowanie n	samofinancování n	önfinanszírozás
autofinanciamento m	zelffinanciering f	självfinansiering	samofinansowanie n	samofinancování n	önfinanszírozás
—	zelffinancering f	egenfinansiering	finansowanie własne f	vlastní financování n	önfinanszírozás
—	zelffinanciering f	självfinansiering	samofinansowanie n	samofinancování n	önfinanszírozás
autofinanciamento m	zelffinancering f	egenfinansiering	finansowanie własne f	vlastní financování n	önfinanszírozás
autofinanciamento m	zelffinanciering f	självfinansiering	samofinansowanie n	samofinancování n	önfinanszírozás
—	automatisering f	automatisering	automatyzacja f	automatizace f	automatizálás
distribuidor automático m	verkoopautomaat m	varuautomat	—	prodejní automat m	árusító automata
automação f	automatisering f	automatisering	automatyzacja f	automatizace f	automatizálás
automação f	automatisering f	automatisering	automatyzacja f	automatizace f	automatizálás
automação f	automatisering f	automatisering	automatyzacja f	automatizace f	automatizálás
automação f	—	automatisering	automatyzacja f	automatizace f	automatizálás
automação f	automatisering f	—	automatyzacja f	automatizace f	automatizálás
automação f	automatisering f	automatisering	automatyzacja f	—	automatizálás
automação f	automatisering f	automatisering	automatyzacja f	automatizace f	—
automação f	automatisering f	automatisering	automatyzacja f	automatizace f	automatizálás
automação f	automatisering f	automatisering	—	automatizace f	automatizálás
carro usado m	tweedehands wagen m	begagnad bil	samochód używany m	ojetý automobil m	használt autó
—	motorrijtuig n	motorfordon	pojazd mechaniczny m	motorové vozidlo n	gépjármű
automóvel m	motorrijtuig n	motorfordon	pojazd mechaniczny m	motorové vozidlo n	gépjármű
competência legislativa f	wetgevende overheid	legislativ överhöghet	suwerenność prawna f	legislativní suverenita f	törvényhozási hatalom
autoridade f	overheid f	myndighet	urząd m	úřad m	hatóság
—	overheid f	myndighet	urząd m	úřad m	hatóság
autorização f	bevoegdheid f	befogenhet	uprawnienie n	oprávnění n	jogosultság
autorização f	goedkeuring f	tillstånd	zezwolenie n	schválení n	engedély
alvará de construção m	bouwvergunning f	byggnadstillstånd	zezwolenie budowlane n	stavební povolení n	építési engedély
direito de assinatura m	tekenbevoegdheid f	underskriftsberättigande	uprawnienie do podpisu n	oprávnění k podpisu n	aláírási jogosultság
licença de exportação f	uitvoervergunning f	exporttillstånd	zezwolenie eksportowe n	vývozní povolení n	kiviteli engedély
licença de importação f	invoervergunning f	importtillstånd	licencja importowa f	dovozní povolení n	importengedély
autorizado a realizar a cobrança m	bevoegd om te incasseren	inkassoberättigad	upoważniony do inkasa	oprávněn k inkasu n	beszedésre jogosult
autoridade f	overheid f	myndighet	urząd m	úřad m	hatóság
autoridade f	overheid f	myndighet	urząd m	úřad m	hatóság
—	bevoegdheid f	befogenhet	uprawnienie n	oprávnění n	jogosultság
—	machtiging f	bemyndigande	upoważnienie n	plná moc f	meghatalmazás

autorização 86

	D	E	F	I	ES
autorização (P)	Genehmigung f	permission	autorisation f	autorizzazione f	autorización f
autorização de funcionamento (P)	Betriebserlaubnis f	operating permit	droit d'exploitation m	licenza d'esercizio f	autorización de funcionamiento f
autorização de residência (P)	Aufenthaltserlaubnis f	residence permit	permis de séjour m	permesso di soggiorno m	permiso de residencia m
autorização de trabalho (P)	Arbeitserlaubnis f	work permit	permis de travail m	permesso di lavoro m	permiso de trabajo m
autorización (ES)	Befugnis f	authority	autorisation m	poteri m/pl	—
autorización (ES)	Genehmigung f	permission	autorisation f	autorizzazione f	—
autorización de funcionamiento (ES)	Betriebserlaubnis f	operating permit	droit d'exploitation m	licenza d'esercizio f	—
autorizado al encobro (ES)	inkassoberechtigt	authorised to undertake collection	autorisé à l'encaissement	autorizzato all'incasso	—
autorizado a realizar a cobrança (P)	inkassoberechtigt	authorised to undertake collection	autorisé à l'encaissement	autorizzato all'incasso	autorizado al encobro
autorizzato all'incasso (I)	inkassoberechtigt	authorised to undertake collection	autorisé à l'encaissement	—	autorizado al encobro
autorizzazione (I)	Genehmigung f	permission	autorisation f	—	autorización f
autorizzazione all'esportazione (I)	Ausfuhrgenehmigung f	export licence	autorisation d'exportation f	—	licencia de exportación f
autorizzazione all'importazione (I)	Einfuhrgenehmigung f	import licence	autorisation d'importation f	—	permiso de importación m
autorské právo (CZ)	Urheberrecht n	copyright	droit d'auteur m	diritto d'autore m	derechos de autor m/pl
autoservicio (ES)	Selbstbedienung f	self-service	self-service m	self service m	—
auto van de zaak (NL)	Firmenwagen m	company car	véhicule de service m	macchina aziendale f	coche de empresa m
autoveicolo (I)	Kraftfahrzeug n	motor vehicle	véhicule à moteur m	—	automóvil m
Autriche (F)	Österreich	Austria	—	Austria f	Austria
autrichien (F)	österreichisch	Austrian	—	austriaco	austríaco
available (E)	lieferbar	—	livrable	consegnabile	suministrable
avaliação (P)	Bewertung f	valuation	valorisation f	valutazione f	valoración f
avalkrediet (NL)	Avalkredit m	loan granted by way of bank guarantee	crédit de cautionnement m	credito d'avallo m	crédito de aval m
Avalkredit (D)	—	loan granted by way of bank guarantee	crédit de cautionnement m	credito d'avallo m	crédito de aval m
a vállalat célja (H)	Unternehmensziel n	company objective	objectif de l'entreprise m	obiettivo imprenditoriale m	objetivo empresarial m
avallån (SV)	Avalkredit m	loan granted by way of bank guarantee	crédit de cautionnement m	credito d'avallo m	crédito de aval m
avance (F)	Vorschuß m	advance	—	anticipo m	anticipo m
avancemangsmöjlighet (SV)	Aufstiegsmöglichkeit f	opportunity for advancement	perspectives de promotion f/pl	possibilità di carriera f	posibilidades de ascenso f/pl
avance sur compte courant (F)	Überziehungskredit m	overdraft credit	—	credito allo scoperto m	crédito en descubierto m
avance sur marchandises (F)	Warenkredit m	trade credit	—	credito su merci m	crédito comercial m
avanço (P)	Vorschuß m	advance	avance f	anticipo m	anticipo m
avantage (F)	Vorteil m	advantage	—	vantaggio m	ventaja f
avantage de concurrence (F)	Wettbewerbsvorteil m	competitive advantage	—	vantaggio concorrenziale	ventaja de competencia f
avantage de coût (F)	Kostenvorteil m	cost advantage	—	vantaggio di costo m	ventaja de costes f
avantageux (F)	preiswert	inexpensive	—	a buon mercato	barato
avant-bourse (F)	Vorbörse f	dealing before official hours	—	mercato preborsistico m	operaciones antes de la apertura de la bolsa f/pl
avaria (I)	Havarie f	damage by sea	avarie f	—	avería f
avaria (P)	Havarie f	damage by sea	avarie f	avaria f	avería f
avarie (F)	Havarie f	damage by sea	—	avaria f	avería f
a vásárló országa (H)	Abnehmerland n	buyer country	pays acheteur m	paese acquirente m	país comprador m
avbetalning (SV)	Abzahlung f	repayment	remboursement m	pagamento rateale m	pago a plazos m

avbetalning

P	NL	SV	PL	CZ	H
—	goedkeuring f	tillstånd	zezwolenie n	schválení n	engedély
—	bedrijfsvergunning f	driftstillstånd	zezwolenie na eksploatację n	provozní povolení n	üzemelési engedély
—	verblijfsvergunning f	uppehållstillstånd	zezwolenie na pobyt n	povolení k pobytu n	tartózkodási engedély
—	werkvergunning f	arbetstillstånd	zezwolenie na pracę n	pracovní povolení n	munkavállalási engedély
autorização f	bevoegdheid f	befogenhet	uprawnienie n	oprávnění n	jogosultság
autorização f	goedkeuring f	tillstånd	zezwolenie n	schválení n	engedély
autorização de funcionamento f	bedrijfsvergunning f	driftstillstånd	zezwolenie na eksploatację n	provozní povolení n	üzemelési engedély
autorizado a realizar a cobrança m	bevoegd om te incasseren	inkassoberättigad	upoważniony do inkasa	oprávněn k inkasu n	beszedésre jogosult
—.	bevoegd om te incasseren	inkassoberättigad	upoważniony do inkasa	oprávněn k inkasu n	beszedésre jogosult
autorizado a realizar a cobrança m	bevoegd om te incasseren	inkassoberättigad	upoważniony do inkasa	oprávněn k inkasu n	beszedésre jogosult
autorização f	goedkeuring f	tillstånd	zezwolenie n	schválení n	engedély
licença de exportação f	uitvoervergunning f	exporttillstånd	zezwolenie eksportowe n	vývozní povolení n	kiviteli engedély
licença de importação f	invoervergunning f	importtillstånd	licencja importowa f	dovozní povolení n	importengedély
direitos do autor m/pl	auteursrecht n	upphovsmannarätt	prawo autorskie m	—	szerzői jog
self service m	zelfbediening f	självbetjäning	samoobsługa f	samoobsluha f	önkiszolgálás
carro da empresa m	—	firmabil	samochód firmowy m	firemní vůz m	vállalati gépkocsi
automóvel m	motorrijtuig n	motorfordon	pojazd mechaniczny m	motorové vozidlo n	gépjármű
Áustria f	Oostenrijk	Österrike	Austria f	Rakousko n	Ausztria
austríaco	Oostenrijks	österrikisk	austriacki	rakouský	osztrák(osan)
disponível para entrega	leverbaar	på lager	gotowy do dostawy	k dodání	szállítható
—	schatting f	värdering	ocena f	ohodnocení n	értékelés
crédito de aval m	—	avallån	kredyt awalizowany m	ručitelský úvěr m	kezességi hitel
crédito de aval m	avalkrediet n	avallån	kredyt awalizowany m	ručitelský úvěr m	kezességi hitel
objectivo da empresa m	bedrijfsdoelstelling f	företagsmål	przedmiot działalności przedsiębiorstwa m	podnikatelský záměr m	—
crédito de aval m	avalkrediet n	—	kredyt awalizowany m	ručitelský úvěr m	kezességi hitel
avanço m	voorschot n	förskott	zaliczka f	záloha f	előleg
possibilidade de promoção f	promotiekans f	—	możliwość awansu f	možnost vzestupu f	előmeneteli lehetőségek
crédito a descoberto m	krediet in rekening-courant n	trasseringskredit	kredyt techniczny m	debetní úvěr m	folyószámlahitel
crédito comercial m	handelskrediet n	leverantörkredit	kredyt towarowy m	úvěr na zboží m	áruhitel
—	voorschot n	förskott	zaliczka f	záloha f	előleg
vantagem f	voordeel n	fördel	korzyść f	výhoda f	előny
vantagem competitiva f	concurrentievoordeel n	konkurrensfördel	przewaga reklamowa f	výhoda v soutěži f	versenyelőny
vantagem de custos f	kostenvoordeel n	kostnadsfördel	korzystne koszty m/pl	výhoda v nákladech f	költségelőny
barato	goedkoop	prisvärd	niedrogi	cenově výhodný	kedvező árú
negociação antes da abertura oficial da bolsa f	voorbeurshandel m	förbörs	transakcja przed otwarciem giełdy f	předburza f	tőzsdenyitás előtti kereskedelem
avaria f	averij f	haveri	awaria f	škoda f	hajókár
—	averij f	haveri	awaria f	škoda f	hajókár
avaria f	averij f	haveri	awaria f	škoda f	hajókár
país comprador m	afnemend land n	köparland	kraj importujący m	odběratelská země f	—
reembolso	afbetaling f	—	spłata f	splácení n	részletfizetés

avbetalning

	D	E	F	I	ES
avbetalning (SV)	Rate f	instalment	acompte m	rata f	plazo m
avbetalning (SV)	Ratenzahlung f	payment by instalments	payement par versements fractionnés m	pagamento rateale m	pago a plazos m
avbetalning (SV)	Teilzahlung f	partial payment	payement partiel m	pagamento a rate m	pago parcial m
avbetalningsköp (SV)	Ratenkauf m	hire purchase	achat à tempérament m	acquisto a rate m	compra a plazo f
avbetalningstakt (SV)	Teilzahlungsrate f	monthly instalment	versement d'un achat à tempérament f	rata f	plazo m
avböjande (SV)	Absage f	refusal	refus m	rifiuto m	negativa f
avdelning (SV)	Abteilung f	department	service m	reparto m	departamento m
avdelningschef (SV)	Abteilungsleiter m	head of department	chef de service m	capo reparto m	jefe de sección m
avdrag (SV)	Abzug m	deduction	retenue f	deduzione f	deducción f
avdragsgilla kostnader (SV)	Sonderausgaben f/pl	special expenses	dépenses spéciales f	spese straordinarie f/pl	gastos extraordinarios m/pl
avente capacità giuridica (I)	rechtsfähig	having legal capacity	capable de jouir de droits	—	jurídicamente capaz
average (E)	Durchschnitt m	—	moyenne f	media f	promedio m
avere (I)	Haben n	credit side	avoir m	—	haber m
avería (ES)	Havarie f	damage by sea	avarie f	avaria f	—
averij (NL)	Havarie f	damage by sea	avarie f	avaria f	avería f
averijcertificaat (NL)	Havariezertifikat n	damage report	certificat d'avarie m	certificato d'avaria m	certificado de avería m
avfall (SV)	Abfall m	waste	déchet m	rifiuti m/pl	desechos m/pl
avfallshantering (SV)	Abfallbeseitigung f	waste disposal	élimination des déchets f	smaltimento dei rifiuti m	evacuación de residuos f
avgift (SV)	Gebühr f	fee	taxe f	tassa f	tasa f
avis de chargement (F)	Ladeschein f	bill of lading	—	bolletta di carico f	póliza de carga f
avis de réception (F)	Rückschein m	advice of delivery	—	ricevuta di ritorno f	acuse de recibo m
avis d'imposition (F)	Steuerbescheid m	notice of assessment	—	cartella delle imposte f	liquidación de impuestos f
aviso de defectos (ES)	Mängelanzeige f	notice of defect	notification d'un vice f	denuncia dei vizi	—
aviso de defeito (P)	Mängelanzeige f	notice of defect	notification d'un vice f	denuncia dei vizi	aviso de defectos m
aviso de recepção (P)	Empfangsbestätigung f	acknowledgement of receipt	accusé de réception m	conferma di ricevimento f	recibo m
aviso de recepção (P)	Rückschein m	advice of delivery	avis de réception m	ricevuta di ritorno f	acuse de recibo m
aviso de siniestro (ES)	Schadensmeldung f	notification of damage	déclaration du sinistre f	denuncia di sinistro f	—
aviso de vaga para um emprego (P)	Stellenausschreibung f	advertisement of a vacancy	mise au concours d'une place f	bando di concorso per impiegati m	convocatoria de oposiciones f
aviso para pagamento de imposto (P)	Steuerbescheid m	notice of assessment	avis d'imposition m	cartella delle imposte f	liquidación de impuestos f
a vista (I)	auf Sicht	at sight	à vue	—	a la vista
à vista (P)	auf Sicht	at sight	à vue	a vista	a la vista
avkastning (SV)	Rendite f	yield	rendement m	rendita f	rentabilidad f
avkastningsförmåga (SV)	Rentabilität f	profitability	rentabilité f	redditività f	rentabilidad f
avlastningskostnader (SV)	Entladungskosten f	discharging expenses	coûts de déchargement m/pl	spese di scaricamento f/pl	gastos de descargo m/pl
avocat (F)	Anwalt m	lawyer	—	avvocato m	abogado m
avocat (F)	Rechtsanwalt m	lawyer	—	avvocato m	abogado m
avoir (F)	Guthaben n	assets	—	saldo attivo m	haber m
avoir (F)	Haben n	credit side	—	avere m	haber m
avoir net (F)	Reinvermögen n	net assets	—	patrimonio netto m	patrimonio neto m

P	NL	SV	PL	CZ	H
prestação f	termijn m	—	rata f	splátka f	részlet
pagamento a prestações m	betaling in termijnen f	—	spłata ratalna f	placení splátek n	részletfizetés
pagamento parcial m	gedeeltelijke betaling f	—	zapłata ratalna f	placení na splátky n	részletfizetés
compra a prestações f	aankoop op afbetaling m	—	kupno na raty n	koupě na splátky f	részletfizetéses vásárlás
prestação f	maandelijkse afbetaling f	—	rata f	splátka f	részletfizetési összeg
recusa f	weigering f	—	odmowa f	odřeknutí n	lemondás
departamento m	afdeling f	—	wydział m	oddělení n	osztály
chefe de departamento m	afdelingschef m	—	kierownik wydziału m	vedoucí oddělení m	osztályvezető
dedução f	aftrek m	—	potrącenie n	srážka f	levonás
despesas extraordinárias f/pl	speciale editie f	—	wydatki nadzwyczajne m/pl	mimořádné výdaje m/pl	külön költségek
com capacidade jurídica	rechtsbevoegd	rättskapabel	zdolny do czynności prawnych	právně způsobilý	jogképes
média f	gemiddelde n	genomsnitt	przeciętna f	průměr m	átlag
haver m	creditzijde f	tillgodohavande	Ma	strana "Dal"	követel oldal
avaria f	averij f	haveri	awaria f	škoda f	hajókár
avaria f	—	haveri	awaria f	škoda f	hajókár
certificado de avaria m	—	havericertifikat	ekspertyza awaryjna f	protokol o škodě m	kárbecslő jelentése
desperdícios m/pl	afval m	—	odpady m/pl	odpad m	hulladék
eliminação dos desperdícios f	verwijdering van afval f	—	usuwanie odpadów n	odstraňování odpadu n	hulladékeltávolítás
taxa f	belasting f	—	opłata f	poplatek m	díj
guia de carregamento f	vrachtbrief m	lastbevis	kwit załadowczy m	nákladní list m	fuvarlevél
aviso de recepção m	ontvangstbewijs n	mottagningsbevis	potwierdzenie odbioru n	návratka f	tértivevény
aviso para pagamento de imposto m	aanslagbiljet n	skattsedel	podatkowy nakaz płatniczy m	daňový výměr m	adókivetési értesítés
aviso de defeito m	klacht f	reklamation	reklamacja wady towaru f	oznámení závad n	minőségi kifogás
—	klacht f	reklamation	reklamacja wady towaru f	oznámení závad n	minőségi kifogás
—	ontvangstbevestiging f	mottagningsbevis	potwierdzenie odbioru n	potvrzení příjmu n	átvételi elismervény
—	ontvangstbewijs n	mottagningsbevis	potwierdzenie odbioru n	návratka f	tértivevény
declaração de sinistro f	schadeaangifte f	skadeanmälan	zgłoszenie szkody n	oznámení škody n	kárbejelentés
—	oproepen van sollicitanten voor een betrekking n	utlysning av tjänst	przetarg o stanowisko pracy m	konkurs na místo n	állás meghirdetése
—	aanslagbiljet n	skattsedel	podatkowy nakaz płatniczy m	daňový výměr m	adókivetési értesítés
à vista	op zicht	på sikt	za okazaniem	na viděnou f	látra szóló
—	op zicht	på sikt	za okazaniem	na viděnou f	látra szóló
rentabilidade f	rendement n	—	zysk w stosunku do kapitału m	výnosnost f	hozam
rentabilidade f	rentabiliteit f	—	rentowność f	rentabilita f	jövedelmezőség
gastos de descarga m/pl	loskosten m/pl	—	koszty rozładunku m/pl	náklady na vykládku m/pl	kirakodási költségek
advogado m	advocaat m	advokat	adwokat m	právník m	ügyvéd
advogado m	advocaat m	advokat	adwokat m	právní zástupce m	ügyvéd
crédito m	creditzijde f	saldo	aktywa pl	pohledávka f	követelés(ek)
haver m	creditzijde f	tillgodohavande	Ma	strana "Dal"	követel oldal
património líquido m	nettoactief n	nettotillgångar pl	majątek netto m	čisté jmění n	nettó eszközérték

avoirs à l'étranger

	D	E	F	I	ES
avoirs à l'étranger (F)	Auslandsvermögen f	foreign assets	—	beni all'estero m	bienes en el extranjero m
avräkning (SV)	Abrechnung f	settlement of accounts	règlement m	liquidazione f	liquidación f
avräkning (SV)	Verrechnung f	settlement	compensation f	compensazione f	compensación f
avräkningsdag (SV)	Abrechnungstag m	settlement day	date de règlement f	giorno di liquidazione m	fecha de liquidación f
avreglering (SV)	Deregulierung f	deregulation	dérégularisation f	deregolazione f	desregulación f
avresedatum (SV)	Abreisedatum n	date of departure	date de départ f	data di partenza f	fecha de partida f
avrop (SV)	Abruf m	call	appel m	ordine di consegna m	demanda de entrega f
avsändare (SV)	Absender m	sender	envoyeur m	mittente m	remitente m
avskedande (SV)	Entlassung f	dismissal	licenciement m	licenziamento m	despido m
avskrivning (SV)	Abschreibung f	depreciation	amortissement m	ammortamento m	amortización f
avskrivningsfond (SV)	Abschreibungsfonds m	depreciation fund	fonds d'amortissement m	fondo di ammortamento m	fondo de amortización m
avslag (SV)	Ablehnung f	refusal	refus m	rifiuto m	denegación f
avslutning (SV)	Abschluß m	conclusion	conclusion f	conclusione f	cierre m
avtal (SV)	Abkommen n	agreement	accord m	accordo m	acuerdo m
avtal (SV)	Vertrag m	contract	contrat m	contratto m	contrato m
avtalsändring (SV)	Vertragsänderung f	amendment of a contract	modification du contrat f	modificazione del contratto f	modificación de contrato f
avtalsbrott (SV)	Vertragsbruch m	breach of contract	violation de contrat f	inadempienza contrattuale f	ruptura de contrato f
avtalsenlig lön (SV)	Tariflohn m	standard wages	salaire conventionnel m	retribuzione contrattuale f	salario según convenio colectivo
avtalsperiod (SV)	Vertragsdauer f	term of a contract	durée du contrat f	durata del contratto f	duración del contrato f
avtalsskrivning (SV)	Vertragsabschluß m	conclusion of a contract	conclusion du contrat f	stipulazione del contratto f	conclusión de un contrato f
avtalsvillkor (SV)	Vertragsbedingung f	conditions of a contract	condition du contrat f	condizione contrattuale f	condiciones contractuales f/pl
avtalsvite (SV)	Konventionalstrafe f	contractual penalty	pénalités conventielles f/pl	penalità convenzionale f	pena convencional f
avtalsvite (SV)	Vertragsstrafe f	contractual penalty	pénalité f	pena contrattuale f	pena convencional f
à vue (F)	auf Sicht	at sight	—	a vista	a la vista
à vue (F)	zur Ansicht	on approval	—	in visione	para examen
a vuelta de correo (ES)	postwendend	by return of post	par retour du courrier	a giro di posta	—
avvikelse (SV)	Abweichung f	deviation	divergence f	differenza f	diferencia f
avviso (I)	Anmeldung f	registration	inscription f	—	inscripción f
avvocato (I)	Anwalt m	lawyer	avocat m	—	abogado m
avvocato (I)	Rechtsanwalt m	lawyer	avocat m	—	abogado m
avyttring (SV)	Veräußerung f	sale	vente f	alienazione f	enajenación f
awans (PL)	Beförderung (einer Arbeitskraft) f	promotion	promotion f	promozione f	ascenso m
awaria (PL)	Havarie f	damage by sea	avarie f	avaria f	avería m
ayudante (ES)	Aushilfe f	temporary help	suppléant m	aiuto m	—
ayuda social (ES)	Sozialhilfe f	welfare	aide sociale f	assistenza sociale f	—
az árba beszámítva (H)	im Preis inbegriffen	included in the price	inclus dans le prix	incluso nel prezzo	incluido
az elérhető legalacsonyabb áron (H)	billigst	at best price	au meilleur prix	al prezzo migliore	al mejor cambio
az elérhető legkedvezőbb áron (H)	bestens	at best	au mieux	al meglio	al mejor cambio
azienda (I)	Betrieb m	factory	entreprise f	—	fábrica f
azienda industriale (I)	Industriebetrieb m	industrial enterprise	entreprise industrielle f	—	establecimiento industrial m
ážio (CZ)	Aufgeld n	agio	prime f	aggio m	agio m
azione (I)	Aktie f	share	action f	—	acción f
azione al portatore (I)	Inhaberaktie f	bearer share	action au porteur f	—	acción al portador f

azione al portatore

P	NL	SV	PL	CZ	H
bens no exterior m/pl	buitenlands vermogen n	utlandstillgångar pl	majątek zagraniczny m	zahraniční jmění n	külföldi vagyon
liquidação de contas f	afrekening f	—	rozliczenie n	vyúčtování n	elszámolás
compensação f	compensatie f	—	rozliczenie n	zúčtování n	elszámolás
dia da liquidação m	liquidatiedag m	—	dzień rozliczeniowy m	den vyúčtování m	elszámolási nap
desregulamentação f	deregulering f	—	deregulacja f	deregulace f	dereguláció
data de partida f	vertrekdatum m	—	data wyjazdu f	datum odjezdu n	elutazás napja
pedido m	afroep m	—	żądanie n	odvolání n	lehívás
remetente m	afzender m	—	nadawca m	odesílatel m	feladó
demissão f	afdanking f	—	zwolnienie n	propuštění n	elbocsátás
amortização f	afschrijving f	—	amortyzacja f	odpis m	értékcsökkenés
fundo de depreciação m	afschrijvingsfonds n	—	fundusz amortyzacyjny m	fond odpisů m	amortizációs alap
recusa f	weigering f	—	odmowa f	odmítnutí n	elutasítás
conclusão f	afsluiting f	—	zamknięcie n	závěrka f	kötés
acordo m	overeenkomst f	—	umowa f	smlouva f	megállapodás
contrato m	overeenkomst f	—	umowa f	smlouva f	szerződés
modificação do contrato f	wijziging van het contract f	—	zmiana umowy f	změna smlouvy n	szerződésmódosítás
lesão do contrato f	contractbreuk f	—	zerwanie umowy f	porušení smlouvy n	szerződésszegés
salário convencional m	loontarief n	—	płaca według taryfikatora f	tarifní mzda f	kollektív szerződés szerinti bér
duração do contrato f	duur van een contract m	—	czas trwania umowy m	doba platnosti smlouvy f	szerződés tartama
conclusão de um contrato f	sluiten van een overeenkomst n	—	zawarcie umowy n	uzavření smlouvy n	szerződéskötés
condições do contrato f/pl	overeengekomen clausule f	—	warunek umowy m	smluvní podmínka f	szerződési feltétel
multa convencional f	contractuele boete f	—	kara umowna f	sjednaná pokuta (penále) f	kötbér
pena convencional f	contractuele boete f	—	kara umowna f	smluvní pokuta f	kötbér
à vista	op zicht	på sikt	za okazaniem	na viděnou f	látra szóló
para aprovação	op zicht	till påseende	do wglądu	k nahlédnutí n	megtekintésre
na volta do correio	per omgaande	med vändande post	odwrotną pocztą	obratem	postafordultával
divergência f	afwijking f	—	odchylenie f	odchylka f	eltérés
inscrição f	aanmelding f	registrering	zgłoszenie n	přihláška f	bejelentés
advogado m	advocaat m	advokat	adwokat m	právník m	ügyvéd
advogado m	advocaat m	advokat	adwokat m	právní zástupce m	ügyvéd
alienação f	vervreemding f	—	zbycie n	zcizení n	elidegenítés
promoção f	bevordering f	—	—	povýšení n	előléptetés
avaria f	averij f	haveri	—	škoda f	hajókár
ajudante m/f	hulpkracht f	extraanställd	pracownik pomocniczy m	výpomoc f	kisegítő dolgozó
assistência social f	maatschappelijke zekerheid f	socialhjälp	pomoc społeczna f	sociální pomoc f	szociális segély
incluído no preço	in de prijs inbegrepen	ingår i priset	zawarte w cenie	zahrnuto v ceně f	—
ao melhor preço	tegen de beste prijs	lägsta möjliga pris	najtaniej	nejlevnější	—
ao melhor	op zijn best	bästa	jak najlepiej	co nejlépe	—
fábrica f	bedrijf n	rörelse	przedsiębiorstwo n	podnik m	üzem
empresa industrial f	industriële onderneming f	industriföretag	zakład przemysłowy m	průmyslový podnik m	ipari üzem
ágio m	agio n	banks kursvinster	naddatek m	—	felár
acção f	actie f	aktie	akcja f	akcie f	részvény
acção ao portador f	aandeel aan toonder n	innehavaraktie	akcja na okaziciela f	akcie na majitele f	bemutatóra szóló részvény

azione di risarcimento danni

	D	E	F	I	ES
azione di risarcimento danni (I)	Schadensersatzklage f	action for damages	action en dommages-intérêts f	—	demanda de daños y perjuicios f
azione nominativa (I)	Namensaktie f	registered share	action nominative f	—	acción nominal f
azione ordinaria (I)	Stammaktie f	ordinary shares	action ordinaire f	—	acción ordinaria f
azione privilegiata (I)	Vorzugsaktie f	preference share	action privilégiée f	—	acción preferente f
azioni (I)	Aktien f/pl	actions	actions f/pl	—	acciones f/pl
azioni di sostegno (I)	Interventionskäufe m/pl	intervention buying	achats d'intervention m/pl	—	compras de intervención f/pl
azionista (I)	Aktionär m	shareholder	actionnaire m	—	accionista m
azonnal(i) (H)	umgehend	immediately	immédiatement	immediato	inmediatamente
azonnali szállítás (H)	sofortige Lieferung f	immediate delivery	livraison immédiate f	consegna immediata f	entrega inmediata f
Baby-Bonds (D)	—	baby bonds	bons à petite valeur nominale m/pl	obbligazioni di scarso valore nominale f/pl	bonos de bajo valor nominal m/pl
baby bonds (E)	Baby-Bonds pl	—	bons à petite valeur nominale m/pl	obbligazioni di scarso valore nominale f/pl	bonos de bajo valor nominal m/pl
baby bonds (SV)	Baby-Bonds pl	baby bonds	bons à petite valeur nominale m/pl	obbligazioni di scarso valore nominale f/pl	bonos de bajo valor nominal m/pl
badanie (PL)	Prüfung f	examination	vérification f	controllo m	verificación f
Bagatellschaden (D)	—	trivial damage	dommage mineur m	danno di piccola entità m	siniestro leve m
Bahnfracht (D)	—	rail freight	fret par rail m	nolo ferroviario m	transporte ferroviario m
bailiff (E)	Gerichtsvollzieher m	—	huissier de justice m	ufficiale giudiziario m	ejecutor judicial m
baixa (P)	Abschwung m	downswing	dépression f	ribasso m	recesión f
baixa qualidade (P)	schlechte Qualität f	poor quality	mauvaise qualité f	qualità scadente f	mala calidad f
balança comercial (P)	Handelsbilanz f	balance of trade	balance des opérations en marchandises f	bilancia commerciale f	balanza comercial f
balança de pagamentos (P)	Zahlungsbilanz f	balance of payments	balance des payements f	bilancia dei pagamenti f	balanza de pagos f
balance (E)	Saldo m	—	solde m	saldo m	saldo m
balance (ES)	Bilanz f	balance sheet	bilan m	bilancio m	—
balance analysis (E)	Bilanzanalyse f	—	analyse du bilan f	analisi di bilancio f	análisis de balance m
balance del presupuesto (ES)	Budgetausgleich m	balancing of the budget	équilibrage du budget m	pareggio di bilancio m	—
balance des opérations en capital (F)	Kapitalbilanz f	balance of capital transactions	—	bilancia dei capitali f	balanza de capital f
balance des opérations en marchandises (F)	Handelsbilanz f	balance of trade	—	bilancia commerciale f	balanza comercial f
balance des payements (F)	Zahlungsbilanz f	balance of payments	—	bilancia dei pagamenti f	balanza de pagos f
balance final (ES)	Schlußbilanz f	closing balance	bilan de clôture m	bilancio consuntivo m	—
balance impositivo (ES)	Steuerbilanz f	tax balance sheet	bilan fiscal m	bilancio fiscale m	—
balance inicial (ES)	Eröffnungsbilanz f	opening balance sheet	bilan d'ouverture m	bilancio d'apertura m	—
balance intermedio (ES)	Zwischenbilanz f	interim balance sheet	bilan intermédiaire m	bilancio provvisorio m	—
balance of capital transactions (E)	Kapitalbilanz f	—	balance des opérations en capital f	bilancia dei capitali f	balanza de capital f
balance of payments (E)	Zahlungsbilanz f	—	balance des payements f	bilancia dei pagamenti f	balanza de pagos f
balance of payments deficit (E)	Zahlungsbilanzdefizit n	—	déficit de la balance des payements m	disavanzo della bilancia dei pagamenti m	déficit en la balanza de pagos m

balance of payments deficit

P	NL	SV	PL	CZ	H
acção de danos e perdas *f*	eis tot schadeloosstelling *m*	skadeståndskrav	skarga o odszkodowanie *f*	žaloba o náhradu škody *f*	kártérítési kereset
acção nominativa *f*	aandeel op naam *n*	namnaktie	akcja imienna *f*	akcie na jméno *f*	névre szóló részvény
acção ordinária *f*	gewoon aandeel *n*	stamaktie	akcja założycielska *f*	kmenová akcie *f*	törzsrészvény
acção preferencial *f*	preferent aandeel *n*	preferensaktie	akcja uprzywilejowana *f*	prioritní akcie *f*	elsőbbségi részvény
acções *f/pl*	aandelen *n/pl*	aktion	działania *n*	akcie *f/pl*	kampányok
compras de intervenção *f/pl*	steunaankopen *m/pl*	stödköp	zakupy interwencyjne *m/pl*	intervenční nákupy *m/pl*	intervenciós vásárlások
accionista *m*	aandeelhouder *m*	aktieägare	akcjonariusz *m*	akcionář *m*	részvényes
imediatamente	per kerende post	omedelbar	bezzwłocznie	obratem	—
entrega imediata *f*	onmiddellijke levering *f*	omedelbar leverans	dostawa natychmiastowa *f*	okamžitá dodávka *f*	—
obrigações de pequeno valor nominal *f/pl*	effecten met geringe waarde *n/pl*	baby bonds *pl*	obligacje niskonominałowe *f/pl*	obligace malé nominální hodnoty *f/pl*	alacsony névértékű kötvények
obrigações de pequeno valor nominal *f/pl*	effecten met geringe waarde *n/pl*	baby bonds *pl*	obligacje niskonominałowe *f/pl*	obligace malé nominální hodnoty *f/pl*	alacsony névértékű kötvények
obrigações de pequeno valor nominal *f/pl*	effecten met geringe waarde *n/pl*	—	obligacje niskonominałowe *f/pl*	obligace malé nominální hodnoty *f/pl*	alacsony névértékű kötvények
verificação *f*	verificatie *f*	granskning	—	zkouška *f*	vizsgálat
dano menor *m*	geringe schade *f/m*	obetydlig skada	drobne szkody *f/pl*	drobná škoda *f*	elhanyagolható kár
frete ferroviário *m*	spoorvracht *f*	järnvägsfrakt	fracht kolejowy *m*	železniční náklad *m*	vasúti szállítmány
oficial de justiça *m*	gerechtsdeurwaarder *m*	utmätningsman	komornik *m*	soudní vykonavatel *m*	bírósági végrehajtó
—	recessie *f*	nedgång	regresja *f*	pokles rozvoje *m*	gazdasági visszaesés
—	slechte kwaliteit *f*	dålig kvalitet	zła jakość *f*	nízká jakost *f*	rossz minőség
—	handelsbalans *f*	handelsbalans	bilans handlowy *m*	obchodní bilance *f*	kereskedelmi mérleg
—	betalingsbalans *f*	betalningsbalans	bilans płatniczy *m*	platební bilance *f*	fizetési mérleg
saldo *m*	saldo *n*	saldo	saldo *n*	saldo *n*	egyenleg
balanço *m*	balans *f*	balansräkning	bilans *m*	bilance *f*	mérleg
análise do balanço *f*	analyse van de balans *f*	balansanalys	analiza bilansu *f*	bilanční analýza *f*	mérlegelemzés
equilíbrio orçamental *m*	begrotingsaanpassing *f*	budgetbalansering	wyrównanie budżetu *n*	vyrovnání rozpočtu *n*	költségvetés kiegyenlítése
balanço do movimento de capitais *m*	kapitaalrekening van de belastingsbalans *f*	balansräkning för kapitaltransaktioner	bilans kapitałowy *m*	kapitálová bilance *f*	tőkemérleg
balança comercial *f*	handelsbalans *f*	handelsbalans	bilans handlowy *m*	obchodní bilance *f*	kereskedelmi mérleg
balança de pagamentos *f*	betalingsbalans *f*	betalningsbalans	bilans płatniczy *m*	platební bilance *f*	fizetési mérleg
balanço final *m*	slotbalans *f*	utgående balans	bilans końcowy *m*	konečná rozvaha *f*	zárómérleg
balanço fiscal *m*	fiscale balans *f*	skattebalansräkning	bilans podatkowy *m*	daňová bilance *f*	adómérleg
balanço inicial *m*	openingsbalans *f*	ingående balans	bilans otwarcia *m*	zahajovací rozvaha *f*	nyitó mérleg
balanço intermediário *m*	tussenbalans *f*	delårsbalans	bilans pośredni *m*	zatímní bilance *f*	évközi mérleg
balanço do movimento de capitais *m*	kapitaalrekening van de belastingsbalans *f*	balansräkning för kapitaltransaktioner	bilans kapitałowy *m*	kapitálová bilance *f*	tőkemérleg
balança de pagamentos *f*	betalingsbalans *f*	betalningsbalans	bilans płatniczy *m*	platební bilance *f*	fizetési mérleg
défice na balança de pagamentos *m*	tekort op de betalingsbalans *n*	underskott i betalningsbalansen	deficyt bilansu płatniczego *m*	deficit platební bilance *m*	fizetésimérleg-hiány

balance of payments equilibrium 94

	D	E	F	I	ES
balance of payments equilibrium (E)	Zahlungsbilanzgleichgewicht n	—	équilibre de la balance des payements m	equilibrio della bilancia dei pagamenti m	balanza de pagos equilibrada f
balance of payments surplus (E)	Zahlungsbilanzüberschuß m	—	excédent de la balance des payements m	eccedenza della bilancia dei pagamenti f	superávit en la balanza de pagos m
balance of trade (E)	Handelsbilanz f	—	balance des opérations en marchandises f	bilancia commerciale f	balanza comercial f
balance sheet (E)	Bilanz f	—	bilan m	bilancio m	balance m
balance transparency (E)	Bilanzklarheit f	—	clarté du bilan f	trasparenza di bilancio f	claridad del balance f
balancing of the budget (E)	Budgetausgleich m	—	équilibrage du budget m	pareggio di bilancio m	balance del presupuesto m
balanço (P)	Bilanz f	balance sheet	bilan m	bilancio m	balance m
balanço anual (P)	Jahresabschluß m	annual accounts	clôture annuelle des comptes f	chiusura d'esercizio f	cierre de cuentas m
balanço do movimento de capitais (P)	Kapitalbilanz f	balance of capital transactions	balance des opérations en capital f	bilancia dei capitali f	balanza de capital f
balanço final (P)	Schlußbilanz f	closing balance	bilan de clôture m	bilancio consuntivo m	balance final m
balanço fiscal (P)	Steuerbilanz f	tax balance sheet	bilan fiscal m	bilancio fiscale m	balance impositivo m
balanço inicial (P)	Eröffnungsbilanz f	opening balance sheet	bilan d'ouverture m	bilancio d'apertura m	balance inicial m
balanço intermediário (P)	Zwischenbilanz f	interim balance sheet	bilan intermédiaire m	bilancio provvisorio m	balance intermedio m
balans (NL)	Bilanz f	balance sheet	bilan m	bilancio m	balance m
balansanalys (SV)	Bilanzanalyse f	balance analysis	analyse du bilan f	analisi di bilancio f	análisis de balance m
balanskontinuitet (SV)	Bilanzkontinuität f	formal identity	identité des bilans successifs f	continuità del bilancio f	identidad de los balances sucesivos f
balansräkning (SV)	Bilanz f	balance sheet	bilan m	bilancio m	balance m
balansräkning för kapitaltransaktioner (SV)	Kapitalbilanz f	balance of capital transactions	balance des opérations en capital f	bilancia dei capitali f	balanza de capital f
balanstransparens (SV)	Bilanzklarheit f	balance transparency	clarté du bilan f	trasparenza di bilancio f	claridad del balance f
balanza comercial (ES)	Handelsbilanz f	balance of trade	balance des opérations en marchandises f	bilancia commerciale f	—
balanza de capital (ES)	Kapitalbilanz f	balance of capital transactions	balance des opérations en capital f	bilancia dei capitali f	—
balanza de pagos (ES)	Zahlungsbilanz f	balance of payments	balance des payements f	bilancia dei pagamenti f	—
balanza de pagos equilibrada (ES)	Zahlungsbilanzgleichgewicht n	balance of payments equilibrium	équilibre de la balance des payements m	equilibrio della bilancia dei pagamenti m	—
balíček (CZ)	Päckchen n	small package	petit paquet m	pacchetto m	pequeño paquete m
balík (CZ)	Paket n	parcel	colis m	pacco m	bulto m
balík akcií (CZ)	Aktienpaket n	block of shares	paquet d'actions m	pacchetto di azioni m	paquete de acciones m
Banca Centrale (I)	Staatsbank f	state bank	banque nationale f	—	banco del Estado m
Banca Centrale (I)	Zentralbank f	central bank	banque centrale f	—	banco emisor m
banca commerciale (I)	Handelsbank f	merchant bank	banque de commerce f	—	banco comercial m
banca d'emissione (I)	Notenbank f	central bank	banque d'émission f	—	banco emisor m
banca di credito (I)	Kreditbank f	credit bank	banque de crédit f	—	banco de crédito m
banca di preferenza (I)	Hausbank f	company's bank	banque habituelle f	—	banco particular m
banca ipotecaria (I)	Hypothekenbank f	mortgage bank	banque hypothécaire f	—	banco hipotecario m
Banca Mondiale (I)	Weltbank f	World Bank	banque mondiale f	—	Banco Mundial m
banca regionale (I)	Regionalbank f	regional bank	banque régionale f	—	banco regional m

P	NL	SV	PL	CZ	H
equilíbrio da balança de pagamentos m	evenwicht op de betalingsbalans n	jämvikt i betalningsbalansen	równowaga bilansu płatniczego f	rovnováha platební bilance f	fizetési mérleg egyensúlya
superavit na balança de pagamentos m	overschot op de betalingsbalans n	överskott i betalningsbalansen	nadwyżka bilansu płatniczego f	přebytek platební bilance m	fizetésimérlegtöbblet
balança comercial f	handelsbalans f	handelsbalans	bilans handlowy m	obchodní bilance f	kereskedelmi mérleg
balanço m	balans f	balansräkning	bilans m	bilance f	mérleg
transparência do balanço f	doorzichtigheid van de balans f	balanstransparens	klarowność bilansu f	bilanční čistota f	a mérleg világossága
equilíbrio orçamental m	begrotingsaanpassing f	budgetbalansering	wyrównanie budżetu n	vyrovnání rozpočtu n	költségvetés kiegyenlítése
—	balans f	balansräkning	bilans m	bilance f	mérleg
—	jaarbalans f	årsbokslut	zamknięcie roczne n	roční uzávěrka f	éves mérleg
—	kapitaalrekening van de belastingsbalans f	balansräkning för kapitaltransaktioner	bilans kapitałowy m	kapitálová bilance f	tőkemérleg
—	slotbalans f	utgående balans	bilans końcowy m	konečná rozvaha f	zárómérleg
—	fiscale balans f	skattebalansräkning	bilans podatkowy m	daňová bilance f	adómérleg
—	openingsbalans m	ingående balans	bilans otwarcia m	zahajovací rozvaha f	nyitó mérleg
—	tussenbalans f	delårsbalans	bilans pośredni m	zatímní bilance f	évközi mérleg
balanço m	—	balansräkning	bilans m	bilance f	mérleg
análise do balanço f	analyse van de balans f	—	analiza bilansu f	bilanční analýza f	mérlegelemzés
igualdade dos sucessivos balanços f	continuïteit van de balans f	—	ciągłość bilansowa f	bilanční kontinuita f	a mérleg folytonossága
balanço m	balans f	—	bilans m	bilance f	mérleg
balanço do movimento de capitais m	kapitaalrekening van de belastingsbalans f	—	bilans kapitałowy m	kapitálová bilance f	tőkemérleg
transparência do balanço f	doorzichtigheid van de balans f	—	klarowność bilansu f	bilanční čistota f	a mérleg világossága
balança comercial f	handelsbalans f	handelsbalans	bilans handlowy m	obchodní bilance f	kereskedelmi mérleg
balanço do movimento de capitais m	kapitaalrekening van de belastingsbalans f	balansräkning för kapitaltransaktioner	bilans kapitałowy m	kapitálová bilance f	tőkemérleg
balança de pagamentos f	betalingsbalans f	betalningsbalans	bilans płatniczy m	platební bilance f	fizetési mérleg
equilíbrio da balança de pagamentos m	evenwicht op de betalingsbalans n	jämvikt i betalningsbalansen	równowaga bilansu płatniczego f	rovnováha platební bilance f	fizetési mérleg egyensúlya
pequeno pacote m	pakketje n	litet paket	pakiet m	—	kiscsomag
pacote m	collo n	paket	paczka f	—	csomag
lote de acções m	aandelenpakket n	aktiepaket	pakiet akcji m	—	részvénypakett
banco do estado m	Staatsbank f	centralbank	bank państwy m	státní banka f	állami bank
banco central m	centrale bank f	centralbank	Bank Centralny m	centrální banka f	központi bank
banco comercial m	handelsbank f	handelsbank	bank handlowy m	obchodní banka f	kereskedelmi bank
banco emissor m	centrale bank f	centralbank	bank emisyjny m	emisní banka f	jegybank
banco de crédito m	kredietbank f/m	affärsbank	bank kredytowy m	úvěrová banka f	hitelbank
banco habitual da empresa m	huisbank f/m	företagsbank	bank firmowy m	banka společnosti f	számlavezető bank
banco hipotecário m	hypotheekbank f	hypoteksbank	bank hipoteczny m	hypoteční banka f	jelzálogbank
Banco Internacional de Reconstrução e Fomento m	Wereldbank f	Världsbanken	Bank Światowy m	Světová banka f	Világbank
banco regional m	gewestelijke bank f	regionalbank	bank regionalny m	oblastní banka f	regionális bank

bancarotta

	D	E	F	I	ES
bancarotta (I)	Bankrott m	bankruptcy	faillite f	—	quiebra f
bancarotta fraudolenta (I)	betrügerischer Bankrott m	fraudulent bankruptcy	banqueroute frauduleuse f	—	quiebra fraudulenta f
banchiere (I)	Bankier m	banker	banquier m	—	banquero m
banco central (P)	Zentralbank f	central bank	banque centrale f	Banca Centrale f	banco emisor m
banco comercial (ES)	Handelsbank f	merchant bank	banque de commerce f	banca commerciale f	—
banco comercial (P)	Handelsbank f	merchant bank	banque de commerce f	banca commerciale f	banco comercial m
banco de crédito (ES)	Kreditbank f	credit bank	banque de crédit f	banca di credito f	—
banco de crédito (P)	Kreditbank f	credit bank	banque de crédit f	banca di credito f	banco de crédito m
banco del Estado (ES)	Staatsbank f	state bank	banque nationale f	Banca Centrale f	—
banco do estado (P)	Staatsbank f	state bank	banque nationale f	Banca Centrale f	banco del Estado m
banco emisor (ES)	Notenbank f	central bank	banque d'émission f	banca d'emissione f	—
banco emisor (ES)	Zentralbank f	central bank	banque centrale f	Banca Centrale f	—
banco emissor (P)	Notenbank f	central bank	banque d'émission f	banca d'emissione f	banco emisor m
banco habitual da empresa (P)	Hausbank f	company's bank	banque habituelle f	banca di preferenza f	banco particular m
banco hipotecario (ES)	Hypothekenbank f	mortgage bank	banque hypothécaire f	banca ipotecaria f	—
banco hipotecário (P)	Hypothekenbank f	mortgage bank	banque hypothécaire f	banca ipotecaria f	banco hipotecario m
Banco Internacional de Reconstrução e Fomento (P)	Weltbank f	World Bank	banque mondiale f	Banca Mondiale f	Banco Mundial m
Banco Mundial (ES)	Weltbank f	World Bank	banque mondiale f	Banca Mondiale f	—
banconota (I)	Banknote f	bank note	billet de banque m	—	billete de banco m
banconote (I)	Papiergeld n	paper money	monnaie de papier f	—	papel-moneda m
banco particular (ES)	Hausbank f	company's bank	banque habituelle f	banca di preferenza f	—
banco regional (ES)	Regionalbank f	regional bank	banque régionale f	banca regionale f	—
banco regional (P)	Regionalbank f	regional bank	banque régionale f	banca regionale f	banco regional m
bande étiquette (F)	Streifband n	postal wrapper	—	fascia f	precinto m
bando di concorso per impiegati (I)	Stellenausschreibung f	advertisement of a vacancy	mise au concours d'une place f	—	convocatoria de oposiciones f
bank account (E)	Bankkonto n	—	compte en banque m	conto bancario m	cuenta bancaria f
banka společnosti (CZ)	Hausbank f	company's bank	banque habituelle f	banca di preferenza f	banco particular m
bankavgift (SV)	Bankspesen f/pl	bank charges	frais de banque m/pl	commissioni bancarie f/pl	gastos bancarios m/pl
bankavgifter (SV)	Kontogebühren f/pl	bank charges	frais de tenue de compte m/pl	comissioni di gestione di un conto m/pl	gastos de administración de una cuenta m/pl
bankbiljet (NL)	Banknote f	bank note	billet de banque m	banconota f	billete de banco m
Bank Centralny (PL)	Zentralbank f	central bank	banque centrale f	Banca Centrale f	banco emisor m
bank charges (E)	Bankspesen f/pl	—	frais de banque m/pl	commissioni bancarie f/pl	gastos bancarios m/pl
bank charges (E)	Kontogebühren f/pl	—	frais de tenue de compte m/pl	comissioni di gestione di un conto m/pl	gastos de administración de una cuenta m/pl
bankconsortium (NL)	Bankenkonsortium n	banking syndicate	consortium des banques m	consorzio bancario m	consorcio bancario m
bank emisyjny (PL)	Notenbank f	central bank	banque d'émission f	banca d'emissione f	banco emisor m
Bankenkonsortium (D)	—	banking syndicate	consortium des banques m	consorzio bancario m	consorcio bancario m
banker (E)	Bankier m	—	banquier m	banchiere m	banquero m
bankéř (CZ)	Bankier m	banker	banquier m	banchiere m	banquero m

bankéř

P	NL	SV	PL	CZ	H
falência f	bankroet n	konkurs	bankructwo n	bankrot m	csőd
falência fraudulenta f	bedrieglijke bankbreuk f	bedräglig konkurs	oszustwo upadłościowe n	podvodný bankrot m	csalárd csőd
banqueiro m	bankier m	högre banktjänsteman	bankier m	bankéř m	bankszakember
—	centrale bank f	centralbank	Bank Centralny m	centrální banka f	központi bank
banco comercial m	handelsbank f	handelsbank	bank handlowy m	obchodní banka f	kereskedelmi bank
—	handelsbank f	handelsbank	bank handlowy m	obchodní banka f	kereskedelmi bank
banco de crédito m	kredietbank f/m	affärsbank	bank kredytowy m	úvěrová banka f	hitelbank
—	kredietbank f/m	affärsbank	bank kredytowy m	úvěrová banka f	hitelbank
banco do estado m	Staatsbank f	centralbank	bank państwowy m	státní banka f	állami bank
—	Staatsbank f	centralbank	bank państwowy m	státní banka f	állami bank
banco emissor m	centrale bank f	centralbank	bank emisyjny m	emisní banka f	jegybank
banco central m	centrale bank f	centralbank	Bank Centralny m	centrální banka f	központi bank
—	centrale bank f	centralbank	bank emisyjny m	emisní banka f	jegybank
—	huisbank f/m	företagsbank	bank firmowy m	banka společnosti f	számlavezető bank
banco hipotecário m	hypotheekbank f	hypoteksbank	bank hipoteczny m	hypoteční banka f	jelzálogbank
—	hypotheekbank f	hypoteksbank	bank hipoteczny m	hypoteční banka f	jelzálogbank
—	Wereldbank f	Världsbanken	Bank Światowy m	Světová banka f	Világbank
Banco Internacional de Reconstrução e Fomento m	Wereldbank f	Världsbanken	Bank Światowy m	Světová banka f	Világbank
nota de banco f	bankbiljet n	sedel	banknot m	bankovka f	bankjegy
papel-moeda m	papiergeld n	sedlar pl	pieniądz papierowy m	papírové peníze m/pl	papírpénz
banco habitual da empresa m	huisbank f/m	företagsbank	bank firmowy m	banka společnosti f	számlavezető bank
banco regional m	gewestelijke bank f	regionalbank	bank regionalny m	oblastní banka f	regionális bank
—	gewestelijke bank f	regionalbank	bank regionalny m	oblastní banka f	regionális bank
cinta f	postband m	korsband	opaska pocztowa f	křížová páska f	csomagolószalag
aviso de vaga para um emprego m	oproepen van sollicitanten voor een betrekking n	utlysning av tjänst	przetarg o stanowisko pracy m	konkurs na místo n	állás meghirdetése
conta bancária f	bankrekening f	bankkonto	konto bankowe n	bankovní účet m	bankszámla
banco habitual da empresa m	huisbank f/m	företagsbank	bank firmowy m	—	számlavezető bank
despesas bancárias f/pl	bankkosten m/pl	—	koszty bankowe m/pl	bankovní výdaje m/pl	bankköltségek
custos da conta bancária m/pl	rekeningkosten m/pl	—	opłaty za prowadzenie konta f/pl	poplatky za vedení účtu m/pl	számlavezetési költségek
nota de banco f	—	sedel	banknot m	bankovka f	bankjegy
banco central m	centrale bank f	centralbank	—	centrální banka f	központi bank
despesas bancárias f/pl	bankkosten m/pl	bankavgift	koszty bankowe m/pl	bankovní výdaje m/pl	bankköltségek
custos da conta bancária m/pl	rekeningkosten m/pl	bankavgifter pl	opłaty za prowadzenie konta f/pl	poplatky za vedení účtu m/pl	számlavezetési költségek
consórcio bancário m	—	bankkonsortium	konsorcjum bankowe n	bankovní sdružení n	bankkonzorcium
banco emissor m	centrale bank f	centralbank	—	emisní banka f	jegybank
consórcio bancário m	bankconsortium n	bankkonsortium	konsorcjum bankowe n	bankovní sdružení n	bankkonzorcium
banqueiro m	bankier m	högre banktjänsteman	bankier m	bankéř m	bankszakember
banqueiro m	bankier m	högre banktjänsteman	bankier m	—	bankszakember

bank firmowy 98

	D	E	F	I	ES
bank firmowy (PL)	Hausbank f	company's bank	banque habituelle f	banca di preferenza f	banco particular m
bankgarancia (H)	Bankgarantie f	bank guarantee	garantie de banque f	garanzia bancaria f	garantía bancaria f
bankgaranti (SV)	Bankgarantie f	bank guarantee	garantie de banque f	garanzia bancaria f	garantía bancaria f
Bankgarantie (D)	—	bank guarantee	garantie de banque f	garanzia bancaria f	garantía bancaria f
bankgarantie (NL)	Bankgarantie f	bank guarantee	garantie de banque f	garanzia bancaria f	garantía bancaria f
bankgeheim (NL)	Bankgeheimnis n	banking secrecy	secret bancaire m	segreto bancario m	secreto bancario m
Bankgeheimnis (D)	—	banking secrecy	secret bancaire m	segreto bancario m	secreto bancario m
bankgirocentrale (NL)	Girozentrale f	central giro institution	banque centrale de virement f	ufficio centrale di compensazione m	central de giros f
bank guarantee (E)	Bankgarantie f	—	garantie de banque f	garanzia bancaria f	garantía bancaria f
bank handlowy (PL)	Handelsbank f	merchant bank	banque de commerce f	banca commerciale f	banco comercial m
bank hipoteczny (PL)	Hypothekenbank f	mortgage bank	banque hypothécaire f	banca ipotecaria f	banco hipotecario m
banki átutalás (H)	Banküberweisung f	bank transfer	virement bancaire m	bonifico bancario m	transferencia bancaria f
Bankier (D)	—	banker	banquier m	banchiere m	banquero m
bankier (NL)	Bankier m	banker	banquier m	banchiere m	banquero m
bankier (PL)	Bankier m	banker	banquier m	banchiere m	banquero m
banking secrecy (E)	Bankgeheimnis n	—	secret bancaire m	segreto bancario m	secreto bancario m
banking syndicate (E)	Bankenkonsortium n	—	consortium des banques m	consorzio bancario m	consorcio bancario m
bankjegy (H)	Banknote f	bank note	billet de banque m	banconota f	billete de banco m
bankköltségek (H)	Bankspesen f/pl	bank charges	frais de banque m/pl	commissioni bancarie f/pl	gastos bancarios m/pl
bankkonsortium (SV)	Bankenkonsortium n	banking syndicate	consortium des banques m	consorzio bancario m	consorcio bancario m
Bankkonto (D)	—	bank account	compte en banque m	conto bancario m	cuenta bancaria f
bankkonto (SV)	Bankkonto n	bank account	compte en banque m	conto bancario m	cuenta bancaria f
bankkonzorcium (H)	Bankenkonsortium n	banking syndicate	consortium des banques m	consorzio bancario m	consorcio bancario m
bankkosten (NL)	Bankspesen f/pl	bank charges	frais de banque m/pl	commissioni bancarie f/pl	gastos bancarios m/pl
bank kredytowy (PL)	Kreditbank f	credit bank	banque de crédit f	banca di credito f	banco de crédito m
banknot (PL)	Banknote f	bank note	billet de banque m	banconota f	billete de banco m
Banknote (D)	—	bank note	billet de banque m	banconota f	billete de banco m
bank note (E)	Banknote f	—	billet de banque m	banconota f	billete de banco m
banköverföring (SV)	Banküberweisung f	bank transfer	virement bancaire m	bonifico bancario m	transferencia bancaria f
bankoverschrijving (NL)	Banküberweisung f	bank transfer	virement bancaire m	bonifico bancario m	transferencia bancaria f
bankovka (CZ)	Banknote f	bank note	billet de banque m	banconota f	billete de banco m
bankovní převod (CZ)	Banküberweisung f	bank transfer	virement bancaire m	bonifico bancario m	transferencia bancaria f
bankovní sdružení (CZ)	Bankenkonsortium n	banking syndicate	consortium des banques m	consorzio bancario m	consorcio bancario m
bankovní tajemství (CZ)	Bankgeheimnis n	banking secrecy	secret bancaire m	segreto bancario m	secreto bancario m
bankovní účet (CZ)	Bankkonto n	bank account	compte en banque m	conto bancario m	cuenta bancaria f
bankovní výdaje (CZ)	Bankspesen f/pl	bank charges	frais de banque m/pl	commissioni bancarie f/pl	gastos bancarios m/pl
bankovní záruka (CZ)	Bankgarantie f	bank guarantee	garantie de banque f	garanzia bancaria f	garantía bancaria f
bank państwowy (PL)	Staatsbank f	state bank	banque nationale f	Banca Centrale f	banco del Estado m
bank rate for loans on securities (E)	Lombardsatz m	—	taux d'intérêt de l'argent prêté sur gage m	tasso sulle anticipazioni m	tipo pignoraticio m
bank regionalny (PL)	Regionalbank f	regional bank	banque régionale f	banca regionale f	banco regional m
bankrekening (NL)	Bankkonto n	bank account	compte en banque m	conto bancario m	cuenta bancaria f
bankroet (NL)	Bankrott m	bankruptcy	faillite f	bancarotta f	quiebra f

bankroet

P	NL	SV	PL	CZ	H
banco habitual da empresa m	huisbank f/m	företagsbank	—	banka společnosti f	számlavezető bank
garantia bancária f	bankgarantie f	bankgaranti	gwarancja bankowa f	bankovní záruka f	—
garantia bancária f	bankgarantie f	—	gwarancja bankowa f	bankovní záruka f	bankgarancia
garantia bancária f	bankgarantie f	bankgaranti	gwarancja bankowa f	bankovní záruka f	bankgarancia
garantia bancária f	—	bankgaranti	gwarancja bankowa f	bankovní záruka f	bankgarancia
sigilo bancário m	—	banksekretess	tajemnica bankowa f	bankovní tajemství n	banktitok
sigilo bancário m	bankgeheim n	banksekretess	tajemnica bankowa f	bankovní tajemství n	banktitok
central de transferências f	—	girocentral	izba rozrachunkowa f	žírová ústředna f	elszámolóház
garantia bancária f	bankgarantie f	bankgaranti	gwarancja bankowa f	bankovní záruka f	bankgarancia
banco comercial m	handelsbank f	handelsbank	—	obchodní banka f	kereskedelmi bank
banco hipotecário m	hypotheekbank f	hypoteksbank	—	hypoteční banka f	jelzálogbank
transferência bancária f	bankoverschrijving f	banköverföring	przekaz bankowy m	bankovní převod m	—
banqueiro m	bankier m	högre banktjänsteman	bankier m	bankéř m	bankszakember
banqueiro m	—	högre banktjänsteman	bankier m	bankéř m	bankszakember
banqueiro m	bankier m	högre banktjänsteman	—	bankéř m	bankszakember
sigilo bancário m	bankgeheim n	banksekretess	tajemnica bankowa f	bankovní tajemství n	banktitok
consórcio bancário m	bankconsortium n	bankkonsortium	konsorcjum bankowe n	bankovní sdružení n	bankkonzorcium
nota de banco f	bankbiljet n	sedel	banknot m	bankovka f	—
despesas bancárias f/pl	bankkosten m/pl	bankavgift	koszty bankowe m/pl	bankovní výdaje m/pl	—
consórcio bancário m	bankconsortium n	—	konsorcjum bankowe n	bankovní sdružení n	bankkonzorcium
conta bancária f	bankrekening f	bankkonto	konto bankowe n	bankovní účet m	bankszámla
conta bancária f	bankrekening f	—	konto bankowe n	bankovní účet m	bankszámla
consórcio bancário m	bankconsortium n	bankkonsortium	konsorcjum bankowe n	bankovní sdružení n	—
despesas bancárias f/pl	—	bankavgift	koszty bankowe m/pl	bankovní výdaje m/pl	bankköltségek
banco de crédito m	kredietbank f/m	affärsbank	—	úvěrová banka f	hitelbank
nota de banco f	bankbiljet n	sedel	—	bankovka f	bankjegy
nota de banco f	bankbiljet n	sedel	banknot m	bankovka f	bankjegy
nota de banco f	bankbiljet n	sedel	banknot m	bankovka f	bankjegy
transferência bancária f	bankoverschrijving f	—	przekaz bankowy m	bankovní převod m	banki átutalás
transferência bancária f	—	banköverföring	przekaz bankowy m	bankovní převod m	banki átutalás
nota de banco f	bankbiljet n	sedel	banknot m	—	bankjegy
transferência bancária f	bankoverschrijving f	banköverföring	przekaz bankowy m	—	banki átutalás
consórcio bancário m	bankconsortium n	bankkonsortium	konsorcjum bankowe n	—	bankkonzorcium
sigilo bancário m	bankgeheim n	banksekretess	tajemnica bankowa f	—	banktitok
conta bancária f	bankrekening f	bankkonto	konto bankowe n	—	bankszámla
despesas bancárias f/pl	bankkosten m/pl	bankavgift	koszty bankowe m/pl	—	bankköltségek
garantia bancária f	bankgarantie f	bankgaranti	gwarancja bankowa f	—	bankgarancia
banco do estado m	Staatsbank f	centralbank	—	státní banka f	állami bank
taxa de juro para empréstimos com penhor sobre títulos m	beleningsrentevoet m	lombardränta	procentowa stawka kredytów lombardowych f	lombardní sazba f	lombardkamatláb
banco regional m	gewestelijke bank f	regionalbank	—	oblastní banka f	regionális bank
conta bancária f	—	bankkonto	konto bankowe n	bankovní účet m	bankszámla
falência f	—	konkurs	bankructwo n	bankrot m	csőd

bankroet

	D	E	F	I	ES
bankroet (NL)	Konkurs m	bankruptcy	faillite f	fallimento m	quiebra f
bankrot (CZ)	Bankrott m	bankruptcy	faillite f	bancarotta f	quiebra f
Bankrott (D)	—	bankruptcy	faillite f	bancarotta f	quiebra f
bankructwo (PL)	Bankrott m	bankruptcy	faillite f	bancarotta f	quiebra f
bankruptcy (E)	Bankrott m	—	faillite f	bancarotta f	quiebra f
bankruptcy (E)	Konkurs m	—	faillite f	fallimento m	quiebra f
bankruptcy court (E)	Konkursgericht n	—	tribunal de la faillite m	tribunale fallimentare m	tribunal de quiebras m
bankruptcy petition (E)	Konkursantrag m	—	demande en déclaration de faillite f	domanda di dichiarazione di fallimento f	petición de quiebra f
bankruptcy proceedings (E)	Konkursverfahren n	—	procédure de faillite f	procedura fallimentare f	procedimiento de quiebra m
bankrupt's creditor (E)	Konkursgläubiger m	—	créancier de la faillite m	creditore della massa fallimentare m	acreedor de la quiebra m
bankrupt's estate (E)	Konkursmasse f	—	masse de la faillite f	massa fallimentare f	masa de la quiebra f
banksekretess (SV)	Bankgeheimnis n	banking secrecy	secret bancaire m	segreto bancario m	secreto bancario m
banks kursvinster (SV)	Aufgeld n	agio	prime f	aggio m	agio m
Bankspesen (D)	—	bank charges	frais de banque m/pl	commissioni bancarie f/pl	gastos bancarios m/pl
Bank Światowy (PL)	Weltbank f	World Bank	banque mondiale f	Banca Mondiale f	Banco Mundial m
bankszakember (H)	Bankier m	banker	banquier m	banchiere m	banquero m
bankszámla (H)	Bankkonto n	bank account	compte en banque m	conto bancario m	cuenta bancaria f
bankszámlapénz (H)	Buchgeld n	deposit money	monnaie de crédit f	moneta bancaria f	dinero en depósitos m
banktitok (H)	Bankgeheimnis n	banking secrecy	secret bancaire m	segreto bancario m	secreto bancario m
bank transfer (E)	Banküberweisung f	—	virement bancaire m	bonifico bancario m	transferencia bancaria f
Banküberweisung (D)	—	bank transfer	virement bancaire m	bonifico bancario m	transferencia bancaria f
banque centrale (F)	Zentralbank f	central bank	—	Banca Centrale f	banco emisor m
banque centrale de virement (F)	Girozentrale f	central giro institution	—	ufficio centrale di compensazione m	central de giros f
banque de commerce (F)	Handelsbank f	merchant bank	—	banca commerciale f	banco comercial m
banque de crédit (F)	Kreditbank f	credit bank	—	banca di credito f	banco de crédito m
banque d'émission (F)	Notenbank f	central bank	—	banca d'emissione f	banco emisor m
banque habituelle (F)	Hausbank f	company's bank	—	banca di preferenza f	banco particular m
banque hypothécaire (F)	Hypothekenbank f	mortgage bank	—	banca ipotecaria f	banco hipotecario m
banqueiro (P)	Bankier m	banker	banquier m	banchiere m	banquero m
banque mondiale (F)	Weltbank f	World Bank	—	Banca Mondiale f	Banco Mundial m
banque nationale (F)	Staatsbank f	state bank	—	Banca Centrale f	banco del Estado m
banque régionale (F)	Regionalbank f	regional bank	—	banca regionale f	banco regional m
banquero (ES)	Bankier m	banker	banquier m	banchiere m	—
banqueroute frauduleuse (F)	betrügerischer Bankrott m	fraudulent bankruptcy	—	bancarotta fraudolenta f	quiebra fraudulenta f
banquier (F)	Bankier m	banker	—	banchiere m	banquero m
bar (D)	—	cash	au comptant	in contanti	al contado
barato (ES)	preiswert	inexpensive	avantageux	a buon mercato	—
barato (P)	preiswert	inexpensive	avantageux	a buon mercato	barato
Bargeld (D)	—	cash	argent comptant m	denaro contante m	dinero efectivo m
Barkredit (D)	—	cash credit	crédit de caisse m	credito per cassa m	crédito en efectivo m

Barkredit

P	NL	SV	PL	CZ	H
falência f	—	konkurs	upadłość f	konkurs m	csőd
falência f	bankroet n	konkurs	bankructwo n	—	csőd
falência f	bankroet n	konkurs	bankructwo n	bankrot m	csőd
falência f	bankroet n	konkurs	—	bankrot m	csőd
falência f	bankroet n	konkurs	bankructwo n	bankrot m	csőd
falência f	bankroet n	konkurs	upadłość f	konkurs m	csőd
juiz de falências m	faillissementsrechtbank f/m	konkursdomstol	sąd upadłościowy m	konkursní soud m	csődbíróság
pedido de declaração de falência m	faillissementsaanvraag f	konkursansökan	wniosek o ogłoszenie upadłości m	ohlášení konkursu n	csődbejelentés
processo de falência m	faillissementsprocedure f	konkursförfarande	postępowanie upadłościowe n	konkursní řízení n	csődeljárás
credor da massa falida m	schuldeiser in de boedel m	konkursfordringsägare	wierzyciel upadłości m	konkursní věřitel m	csődhitelező
massa falida f	failliete boedel m	konkursmassa	masa upadłościowa f	konkursní podstata f	csődtömeg
sigilo bancário m	bankgeheim n	—	tajemnica bankowa f	bankovní tajemství n	banktitok
ágio m	agio n	—	naddatek m	ážio n	felár
despesas bancárias f/pl	bankkosten m/pl	bankavgift	koszty bankowe m/pl	bankovní výdaje m/pl	bankköltségek
Banco Internacional de Reconstrução e Fomento m	Wereldbank f	Världsbanken	—	Světová banka f	Világbank
banqueiro m	bankier m	högre banktjänsteman	bankier m	bankéř m	—
conta bancária f	bankrekening f	bankkonto	konto bankowe n	bankovní účet m	—
dinheiro em conta m	boekgeld n	kontobehållning	pieniądze na kontach n/pl	zúčtované peníze pl	—
sigilo bancário m	bankgeheim n	banksekretess	tajemnica bankowa f	bankovní tajemství n	—
transferência bancária f	bankoverschrijving f	banköverföring	przekaz bankowy m	bankovní převod m	banki átutalás
transferência bancária f	bankoverschrijving f	banköverföring	przekaz bankowy m	bankovní převod m	banki átutalás
banco central m	centrale bank f	centralbank	Bank Centralny m	centrální banka f	központi bank
central de transferências f	bankgirocentrale f	girocentral	izba rozrachunkowa f	žirová ústředna f	elszámolóház
banco comercial m	handelsbank f	handelsbank	bank handlowy m	obchodní banka f	kereskedelmi bank
banco de crédito m	kredietbank f/m	affärsbank	bank kredytowy m	úvěrová banka f	hitelbank
banco emissor m	centrale bank f	centralbank	bank emisyjny m	emisní banka f	jegybank
banco habitual da empresa m	huisbank f/m	företagsbank	bank firmowy m	banka společnosti f	számlavezető bank
banco hipotecário m	hypotheekbank f	hypoteksbank	bank hipoteczny m	hypoteční banka f	jelzálogbank
—	bankier m	högre banktjänsteman	bankier m	bankéř m	bankszakember
Banco Internacional de Reconstrução e Fomento m	Wereldbank f	Världsbanken	Bank Światowy m	Světová banka f	Világbank
banco do estado m	Staatsbank f	centralbank	bank państwy m	státní banka f	állami bank
banco regional m	gewestelijke bank f	regionalbank	bank regionalny m	oblastní banka f	regionális bank
banqueiro m	bankier m	högre banktjänsteman	bankier m	bankéř m	bankszakember
falência fraudulenta f	bedrieglijke bankbreuk f	bedräglig konkurs	oszustwo upadłościowe n	podvodný bankrot m	csalárd csőd
banqueiro m	bankier m	högre banktjänsteman	bankier m	bankéř m	bankszakember
a dinheiro	contant	kontant	gotówką	hotovostní	készpénzben
barato	goedkoop	prisvärd	niedrogi	cenově výhodný	kedvező árú
—	goedkoop	prisvärd	niedrogi	cenově výhodný	kedvező árú
dinheiro de contado m	contant geld n	kontanter pl	gotówka f	hotovost f	készpénz
crédito a dinheiro m	contant krediet n	kassakredit	kredyt gotówkowy m	úvěr v hotovosti m	készpénzhitel

barra de ouro

	D	E	F	I	ES
barra de ouro (P)	Goldbarren *m*	gold bar	lingot d'or *m*	lingotto d'oro *m*	lingote de oro *m*
Barscheck (D)	—	open cheque	chèque non barré *m*	assegno circolare *m*	cheque abierto *m*
barter transaction (E)	Kompensationsgeschäft *n*	—	affaire de compensation *f*	operazione di compensazione *f*	operación de compensación *f*
Barzahlung (D)	—	cash payment	payement comptant *m*	pagamento in contanti *m*	pago al contado *m*
Barzahlungsrabatt (D)	—	cash discount	remise pour payement comptant *f*	sconto per pagamento in contanti *m*	descuento por pago al contado *m*
bas (SV)	Basis *f*	basis	base *f*	base *f*	base *f*
basår (SV)	Basisjahr *n*	base year	année de base *f*	anno di base *m*	año base *m*
base (F)	Basis *f*	basis	—	base *f*	base *f*
base (I)	Basis *f*	basis	base *f*	—	base *f*
base (ES)	Basis *f*	basis	base *f*	base *f*	—
base (P)	Basis *f*	basis	base *f*	base *f*	base *f*
base delle trattative (I)	Verhandlungsbasis *f*	basis for negotiation	terrain de négociation *m*	—	precio a negociar *m*
base year (E)	Basisjahr *n*	—	année de base *f*	anno di base *m*	año base *m*
basic income (E)	Basiseinkommen *n*	—	revenu de base *m*	introiti base *m/pl*	salario base *m*
basic wage (E)	Basislohn *m*	—	salaire de référence *m*	salario base *m*	sueldo base *m*
Basis (D)	—	basis	base *f*	base *f*	base *f*
basis (E)	Basis *f*	—	base *f*	base *f*	base *f*
basis (NL)	Basis *f*	basis	base *f*	base *f*	base *f*
Basiseinkommen (D)	—	basic income	revenu de base *m*	introiti base *m/pl*	salario base *m*
basis for negotiation (E)	Verhandlungsbasis *f*	—	terrain de négociation *m*	base delle trattative *f*	precio a negociar *m*
basisinkomen (NL)	Basiseinkommen *n*	basic income	revenu de base *m*	introiti base *m/pl*	salario base *m*
basisjaar (NL)	Basisjahr *n*	base year	année de base *f*	anno di base *m*	año base *m*
Basisjahr (D)	—	base year	année de base *f*	anno di base *m*	año base *m*
Basislohn (D)	—	basic wage	salaire de référence *m*	salario base *m*	sueldo base *m*
basisloon (NL)	Basislohn *m*	basic wage	salaire de référence *m*	salario base *m*	sueldo base *m*
bästa (SV)	bestens	at best	au mieux	al meglio	al mejor cambio
basura de embalaje (ES)	Verpackungsmüll *m*	packing waste	déchets d'emballage *m/pl*	rifiuti d'imballaggio *m/pl*	—
batig saldo (NL)	Aktivsaldo *m*	active balance	solde créditeur *m*	saldo attivo *m*	saldo activo *m*
Bau (D)	—	construction	construction *f*	costruzione *f*	construcción *f*
Baufinanzierung (D)	—	financing of building projects	financement à la construction *m*	finanziamento all'edilizia *m*	financiación de la construcción *f*
Baugenehmigung (D)	—	planning permission	autorisation de construire *f*	licenza di costruzione *f*	permiso de construcción *m*
Baukredit (D)	—	building loan	crédit à la construction *m*	credito edilizio *m*	crédito para la construcción *f*
Bauland (D)	—	building site	terrain de construction *m*	area edificabile *f*	terreno edificable *m*
Bauwirtschaft (D)	—	building and contracting industry	industrie du bâtiment *f*	edilizia *f*	sector de la construcción *m*
baza (PL)	Basis *f*	basis	base *f*	base *f*	base *f*
bázis (H)	Basis *f*	basis	base *f*	base *f*	base *f*
bázisév (H)	Basisjahr *n*	base year	année de base *f*	anno di base *m*	año base *m*
Beamter (D)	—	official	fonctionnaire *m*	funzionario *m*	funcionario *m*
Beanstandung (D)	—	objection	réclamation *f*	reclamo *m*	queja *f*
bearer (E)	Überbringer *m*	—	porteur *m*	portatore *m*	portador *m*
bearer cheque (E)	Inhaberscheck *m*	—	chèque au porteur *m*	assegno al portatore *m*	cheque al portador *m*

bearer cheque

P	NL	SV	PL	CZ	H
—	goudstaaf f	guldtacka	sztabka złota f	zlatý prut m	aranyrúd
cheque não cruzado m	niet-gekruiste cheque m	icke korsad check	czek gotówkowy m	šek k výplatě v hotovosti m	készpénzcsekk
operação de compensação f	compensatietransactie f	byteshandel	transakcja kompensacyjna f	kompenzační obchod m	kompenzációs ügylet
pagamento em dinheiro m	contante betaling f	kontantbetalning	płatność gotówką f	platba v hotovosti f	készpénzes fizetés
desconto de pronto pagamento m	korting voor contante betaling f	kassarabatt	rabat za płatność gotówką m	sleva při placení v hotovosti f	készpénzfizetési engedmény
base f	basis f	—	baza f	základna f	bázis
ano base m	basisjaar n	—	rok bazowy m	základní rok m	bázisév
base f	basis f	bas	baza f	základna f	bázis
base f	basis f	bas	baza f	základna f	bázis
base f	basis f	bas	baza f	základna f	bázis
—	basis f	bas	baza f	základna f	bázis
preço a negociar m	onderhandelingsbasis f	förhandlingsbas	siła przetargowa f	základna jednání f	tárgyalási alap
ano base m	basisjaar n	basår	rok bazowy m	základní rok m	bázisév
rendimento base m	basisinkomen n	grundinkomst	dochód podstawowy m	základní příjem m	alapjövedelem
ordenado base m	basisloon n	grundlön	płaca podstawowa f	základní mzda f	alapbér
base f	basis f	bas	baza f	základna f	bázis
base f	basis f	bas	baza f	základna f	bázis
base f	—	bas	baza f	základna f	bázis
rendimento base m	basisinkomen n	grundinkomst	dochód podstawowy m	základní příjem m	alapjövedelem
preço a negociar m	onderhandelingsbasis f	förhandlingsbas	siła przetargowa f	základna jednání f	tárgyalási alap
rendimento base m	—	grundinkomst	dochód podstawowy m	základní příjem m	alapjövedelem
ano base m	—	basår	rok bazowy m	základní rok m	bázisév
ano base m	basisjaar n	basår	rok bazowy m	základní rok m	bázisév
ordenado base m	basisloon n	grundlön	płaca podstawowa f	základní mzda f	alapbér
ordenado base m	—	grundlön	płaca podstawowa f	základní mzda f	alapbér
ao melhor	op zijn best	—	jak najlepiej	co nejlépe	az elérhető legkedvezőbb áron
embalagem usada f	verpakkingsafval n	förpackningsavfall	zużyte opakowania m/pl	obalový odpad m	csomagolási hulladék
saldo credor m	—	överskott	saldo dodatnie n	aktivní saldo n	aktív mérleg
construção f	bouw m	byggnadsverksamhet	budowa f	stavba f	építés
financiamento de construção m	bouwfinanciering f	byggnadsfinansiering	finansowanie budowy n	financování stavby n	építésfinanszírozás
alvará de construção m	bouwvergunning f	byggnadstillstånd	zezwolenie budowlane n	stavební povolení n	építési engedély
crédito para a construção m	bouwkrediet n	byggnadslån	kredyt budowlany m	stavební úvěr m	építési kölcsön
terreno urbanizável m	bouwgrond m	byggnadstomt	grunt budowlany m	stavební pozemek m	építési terület
indústria da construção f	bouwnijverheid f	byggnadsindustri	gospodarka budowlana f	stavebnictví n	építőipar
base f	basis f	bas	—	základna f	bázis
base f	basis f	bas	baza f	základna f	—
ano base m	basisjaar n	basår	rok bazowy m	základní rok m	—
funcionário m	ambtenaar m	tjänsteman i offentlig tjänst	urzędnik m	úředník m	tisztviselő
objecção f	klacht f	reklamation	reklamacja f	reklamace f	kifogásolás
portador m	toonder m	innehavare	okaziciel m	doručitel m	bemutató
cheque ao portador m	cheque aan toonder m	innehavarcheck	czek na okaziciela m	šek na majitele m	bemutatóra szóló csekk

bearer-cheque

	D	E	F	I	ES
bearer-cheque (E)	Überbringerscheck m	–	chèque au porteur m	assegno al portatore m	cheque al portador m
bearer instrument (E)	Inhaberpapier n	–	titre souscrit au porteur m	titolo al portatore m	título al portador m
bearer share (E)	Inhaberaktie f	–	action au porteur f	azione al portatore f	acción al portador f
becsült érték (H)	Schätzwert m	estimated value	valeur estiméee f	valore stimato m	estimación f
becsült érték (H)	Taxwert m	estimated value	valeur de taxation f	valore stimato m	valor de tasación m
bedankbrief (NL)	Dankschreiben n	letter of thanks	lettre de remerciement f	lettera di ringraziamento f	carta de agradecimiento f
Bedarf (D)	–	need	besoin m	fabbisogno m	necesidades f/pl
Bedarfsanalyse (D)	–	analysis of requirements	analyse des besoins m	analisi del fabbisogno f	análisis de las necesidades m
bederfelijk (NL)	verderblich	perishable	périssable	deperibile	perecedero
bediende (NL)	Angestellter m	employee	employé m	impiegato m	empleado m
Bedienungsgeld (D)	–	service charge	pourboire m	diritto di servizio m	propina f
Bedingung (D)	–	condition	condition f	condizione f	condición f
bedna (CZ)	Kiste f	crate	caisse f	cassa f	caja f
bedrag (NL)	Betrag m	amount	montant m	importo m	suma f
bedrägeri (SV)	Betrug m	fraud	fraude f	frode f	fraude m
bedräglig konkurs (SV)	betrügerischer Bankrott m	fraudulent bankruptcy	banqueroute frauduleuse f	bancarotta fraudolenta f	quiebra fraudulenta f
bedrieglijke bankbreuk (NL)	betrügerischer Bankrott m	fraudulent bankruptcy	banqueroute frauduleuse f	bancarotta fraudolenta f	quiebra fraudulenta f
bedrijf (NL)	Betrieb m	factory	entreprise f	azienda f	fábrica f
bedrijf (NL)	Unternehmen n	business	entreprise f	impresa f	empresario m
bedrijfsadministratie (NL)	Rechnungswesen n	accountancy	comptabilité f	ragioneria f	contabilidad f
bedrijfsadviseur (NL)	Unternehmensberater	business consultant	conseiller d'entreprise f	consulente d'impresa m	asesor de empresas m
bedrijfsbelasting (NL)	Gewerbesteuer f	trade tax	impôt sur les bénéfices des professions	imposta industriale f	impuesto industrial comerciales m
bedrijfscultuur (NL)	Unternehmenskultur f	corporate culture	culture d'entreprise f	cultura imprenditoriale f	cultura empresarial f
bedrijfsdoelstelling (NL)	Unternehmensziel n	company objective	objectif de l'entreprise m	obiettivo imprenditoriale m	objetivo empresarial m
bedrijfseconomie (NL)	Betriebswirtschaftslehre f	business administration	sciences de gestion f/pl	economia aziendale f	teoría de la empresa f
bedrijfskapitaal (NL)	Betriebskapital n	working capital	capital de roulement m	capitale d'esercizio m	capital de explotación m
bedrijfskapitaal (NL)	Umlaufvermögen n	floating assets	capital de roulement m	patrimonio circolante m	capital circulante m
bedrijfsklimaat (NL)	Betriebsklima n	working conditions and human relations	ambiance de travail f	ambiente di lavoro m	ambiente de trabajo m
bedrijfskosten (NL)	Betriebskosten pl	operating costs	charges d'exploitation f/pl	spese d'esercizio f/pl	gastos de explotación m/pl
bedrijfsleider (NL)	Geschäftsführer m	managing director	directeur d'entreprise m	amministratore m	gerente m
bedrijfsrekening (NL)	Firmenkonto n	company account	compte de l'entreprise m	conto intestato ad una ditta m	cuenta de la empresa f
bedrijfsspionage (NL)	Industriespionage f	industrial espionage	espionnage industriel m	spionaggio industriale m	espionaje industrial m
bedrijfsstrategie (NL)	Unternehmensstrategie f	corporate strategy	stratégie de l'entreprise f	strategia imprenditoriale f	estrategia empresarial f
bedrijfsuitgaven (NL)	Betriebsausgaben f/pl	operating expenses	charges d'exploitation f/pl	spese di esercizio f/pl	gastos de explotación m/pl
bedrijfsvergunning (NL)	Betriebserlaubnis f	operating permit	droit d'exploitation m	licenza d'esercizio f	autorización de funcionamiento f
bedrijfswagen (NL)	Dienstwagen m	company car	voiture de service f	macchina di servizio f	coche de servicio m

bedrijfswagen

P	NL	SV	PL	CZ	H
cheque ao portador m	cheque aan toonder m	innehavarcheck	czek na okaziciela m	šek na doručitele m	bemutatóra szóló csekk
título ao portador m	effect aan toonder n	innehavarobligation	papier wartościowy na okaziciela m	cenný papír na majitele m	bemutatóra szóló értékpapír
acção ao portador f	aandeel aan toonder n	innehavaraktie	akcja na okaziciela f	akcie na majitele f	bemutatóra szóló részvény
valor estimado m	geschatte waarde f	taxeringsvärde	wartość szacunkowa f	odhadní hodnota f	—
valor estimado m	taxatiewaarde f	taxeringsvärde	wartość szacunkowa f	odhadní cena f	—
carta de agradecimento f	—	tackbrev	pismo dziękczynne n	děkovné psaní n	köszönőlevél
necessidade f	behoefte f	behov	zapotrzebowanie n	potřeba f	szükséglet
análise das necessidades f	behoefteanalyse f	behovsanalys	analiza potrzeb f	analýza potřeb f/pl	szükségletelemzés
perecível	—	fördärvlig	psujący się	zkazitelný	romlékony
empregado m	—	anställd	pracownik umysłowy m	zaměstnanec m	alkalmazott
gorjeta f	fooi f/m	dricks	pole obsługi n	spropitné n	borravaló
condição f	voorwaarde f	villkor	warunek m	podmínka f	feltétel
caixa f	kist f	låda	skrzynka f	—	láda
montante m	—	summa	kwota f	částka f	összeg
fraude f	oplichterij f	—	oszustwo n	podvod m	csalás
falência fraudulenta f	bedrieglijke bankbreuk f	—	oszustwo upadłościowe n	podvodný bankrot m	csalárd csőd
falência fraudulenta f	—	bedräglig konkurs	oszustwo upadłościowe n	podvodný bankrot m	csalárd csőd
fábrica f	—	rörelse	przedsiębiorstwo n	podnik m	üzem
empresa f	—	företag	przedsiębiorstwo n	podnik m	vállalat
contabilidade f	—	redovisning	rachunkowość f	účetnictví n	számvitel
consultor de empresas m	—	företagskonsult	doradca przedsiębiorstwa m	podnikový poradce m	vállalatvezetési tanácsadó
imposto sobre o comércio m	—	företagsskatt	podatek od przedsiębiorstw m	živnostenská daň f	iparűzési adó
cultura empresarial f	—	företagskultur	kultura przedsiębiorczości f	kultura podnikání f	vállalati kultúra
objectivo da empresa m	—	företagsmål	przedmiot działalności przedsiębiorstwa m	podnikatelský záměr m	a vállalat célja
ciência da administração de empresas f	—	företagsekonomi	gospodarka przedsiębiorstw f	nauka o podnikovém hospodářství f	üzemgazdaságtan
capital circulante m	—	rörelsekapital	kapitał zakładowy m	provozní kapitál m	működő tőke
património circulante m	—	likvida tillgångar pl	majątek obrotowy m	oběžné prostředky m/pl	forgóeszközök
ambiente de trabalho m	—	arbetsklimat	atmosfera pracy f	podnikové klima n	munkahelyi légkör
custos de exploração m/pl	—	driftskostnader pl	koszty eksploatacyjne m/pl	provozní náklady m/pl	működési költségek
gerente m	—	verkställande direktör	dyrektor m	jednatel m	ügyvezető
conta da empresa f	—	företagskonto	konto firmowe n	firemní účet m	vállalati számla
espionagem industrial f	—	industrispionage	szpiegostwo przemysłowe n	průmyslová špionáž f	ipari kémkedés
estratégia empresarial f	—	företagsstrategi	strategia przedsiębiorstwa f	strategie podnikání f	vállalati stratégia
gastos de exploração m/pl	—	rörelseomkostnader pl	wydatki na eksploatację m/pl	podnikové výdaje m/pl	üzemi kiadások
autorização de funcionamento f	—	driftstillstånd	zezwolenie na eksploatację n	provozní povolení n	üzemelési engedély
carro de serviço m	—	tjänstebil	samochód służbowy m	služební vůz m	szolgálati gépkocsi

bedrijfswinst

	D	E	F	I	ES
bedrijfswinst (NL)	Unternehmensgewinn m	company profit	résultats m/pl	utile d'impresa m	beneficio empresarial m
beëdigde verklaring (NL)	beeidigte Erklärung f	sworn statement	déclaration sous serment f	dichiarazione giurata f	declaración jurada f
beeidigte Erklärung (D)	–	sworn statement	déclaration sous serment f	dichiarazione giurata f	declaración jurada f
beeldscherm (NL)	Bildschirm m	screen	écran m	schermo m	pantalla f
befektetés (H)	Anlage f	investment	placement m	investimento m	inversión f
befektetési alap (H)	Investmentfonds m	unit trust fund	fonds commun de placement m	fondo d'investimento m	fondo de inversiones m
befektetési értékpapírok (H)	Anlagepapiere n/pl	investment securities	valeurs de placement f/pl	titoli d'investimento m/pl	valores de inversión m/pl
befektetési jegy (H)	Investmentzertifikat n	investment certificate	certificat émis par un fonds commun de placement m	certificato d'investimento m	certificado de participación m
befizetés (H)	Zahlungseingang m	inpayment	entrée de fond f	ricevimento del pagamento m	entrada de fondos f
befogenhet (SV)	Befugnis f	authority	autorisation m	poteri m/pl	autorización f
Beförderung (einer Arbeitskraft) (D)	–	promotion	promotion f	promozione f	ascenso m
Beförderung (von Waren) (D)	–	transportation	transport m	spedizione f	transporte m
befordran (SV)	Beförderung (einer Arbeitskraft) f	promotion	promotion f	promozione f	ascenso m
Befugnis (D)	–	authority	autorisation m	poteri m/pl	autorización f
begagnad bil (SV)	Gebrauchtwagen m	used car	voiture d'occasion f	automobile usata f	coche de segunda mano m
begärt pris (SV)	Briefkurs m	selling price	cours de vente m	prezzo d'offerta m	cotización ofrecida f
begeleidende documenten (NL)	Begleitpapiere f	accompanying documents	pièces d'accompagnement f/pl	documenti accompagnatori m/pl	documentos adjuntos m/pl
beginkapitaal (NL)	Anfangskapital n	opening capital	capital initial m	capitale iniziale m	capital inicial m
beginvoorraad (NL)	Anfangsbestand m	opening stock	stock initial m	scorte iniziali f/pl	existencias iniciales f/pl
Beglaubigung (D)	–	authentication	légalisation f	autentica f	legalización f
Begleitpapiere (D)	–	accompanying documents	pièces d'accompagnement f/pl	documenti accompagnatori m/pl	documentos adjuntos m/pl
begroting (NL)	Haushalt m	budget	budget m	bilancio m	presupuesto m
begrotingsaanpassing (NL)	Budgetausgleich m	balancing of the budget	équilibrage du budget m	pareggio di bilancio m	balance del presupuesto m
begrotingsdeficit (NL)	Haushaltsdefizit n	budgetary deficit	déficit budgétaire m	deficit di bilancio m	déficit presupuestario m
begunstigde (NL)	Begünstigter m	beneficiary	bénéficiaire m	beneficiario m	favorecido m
Begünstigter (D)	–	beneficiary	bénéficiaire m	beneficiario m	favorecido m
begynnelselön (SV)	Anfangsgehalt n	starting salary	salaire initial m	stipendio iniziale m	salario inicial m
behållning (SV)	Erlös m	proceeds	produit des ventes m	realizzo m	beneficio m
behandeling van de bestelling (NL)	Auftragsbearbeitung f	order processing	exécution d'une commande f	realizzazione di un ordine f	tramitación de pedidos f
beheer (NL)	Verwaltung f	administration	administration f	amministrazione f	administración f
beheerder (NL)	Verwalter m	administrator	administrateur m	amministratore m	administrador m
beheersverslag (NL)	Geschäftsbericht m	business report	rapport de gestion m	relazione di bilancio f	informe m
behoefte (NL)	Bedarf m	need	besoin m	fabbisogno m	necesidades f/pl
behoefteanalyse (NL)	Bedarfsanalyse f	analysis of requirements	analyse des besoins f	analisi del fabbisogno f	análisis de las necesidades m
behoorlijk (NL)	ordnungsgemäß	regular	correctement	regolare	debidamente
Behörde (D)	–	authority	autorité f	autorità f	autoridad f
behov (SV)	Bedarf m	need	besoin m	fabbisogno m	necesidades f/pl
behovsanalys (SV)	Bedarfsanalyse f	analysis of requirements	analyse des besoins f	analisi del fabbisogno f	análisis de las necesidades m
behozatali illeték (H)	Einfuhrabgabe f	import duties	taxe à l'importation f	tassa d'importazione f	tasa a la importación f
behozatali okmányok (H)	Einfuhrpapiere n f	import documents	documents d'importation m/pl	documenti d'importazione m/pl	documentos de importación m/pl

behozatali okmányok

P	NL	SV	PL	CZ	H
lucro da empresa m	—	företagsvinst	zysk przedsiębiorstwa m	zisk z podnikání m	vállalati nyereség
declaração sob juramento f	—	utsaga under ed	oświadczenie pod przysięgą n	přísežné prohlášení n	eskü alatt tett nyilatkozat
declaração sob juramento f	beëdigde verklaring f	utsaga under ed	oświadczenie pod przysięgą n	přísežné prohlášení n	eskü alatt tett nyilatkozat
ecrã m	—	bildskärm	ekran m	obrazovka f	képernyő
investimento m	investering f	investering	inwestowanie n	vklad m	—
fundo de investimento m	beleggingsfonds n	aktie- eller obligationsfond	fundusz inwestycyjny m	investiční fond m	—
títulos de investimento m/pl	beleggingswaarden f/pl	värdepapper	papiery wartościowe m/pl	dlouhodobé finanční investice f/pl	—
certificado de investimento m	beleggingscertificaat n	andelsbevis	certyfikat inwestycyjny m	investiční certifikát m	—
entrada de numerário f	Binnenkomende betaling f	betalningsmottagande	wpływ płatności m	vstup plateb m	—
autorização f	bevoegdheid f	—	uprawnienie n	oprávnění n	jogosultság
promoção f	bevordering f	befordran	awans m	povýšení n	előléptetés
transporte m	goederenvervoer n	transport	transport m	doprava f	fuvarozás
promoção f	bevordering f	—	awans m	povýšení n	előléptetés
autorização f	bevoegdheid f	befogenhet	uprawnienie n	oprávnění n	jogosultság
carro usado m	tweedehands wagen m	—	samochód używany m	ojetý automobil m	használt autó
cotação de venda f	laatkoers m	—	kurs giełdowy m	prodejní kurs m	eladási árfolyam
documentos anexos m/pl	—	bifogade dokument pl	dokumenty towarzyszące m/pl	průvodní doklady m/pl	kísérő okmányok
capital inicial m	—	grundkapital	kapitał założycielski m	počáteční kapitál m	kezdőtőke
existências iniciais f/pl	—	ingående lager	stan wyjściowy m	počáteční stav m	nyitó állomány
autenticação f	legalisatie f	bevittnande	uwierzytelnienie n	ověření n	hitelesítés
documentos anexos m/pl	begeleidende documenten n/pl	bifogade dokument pl	dokumenty towarzyszące m/pl	průvodní doklady m/pl	kísérő okmányok
orçamento m	—	budget	budżet m	rozpočet m	költségvetés
equilíbrio orçamental m	—	budgetbalansering	wyrównanie budżetu n	vyrovnání rozpočtu n	költségvetés kiegyenlítése
défice orçamental m	—	budgetunderskott	deficyt budżetowy m	schodek v rozpočtu m	költségvetési deficit
beneficiário m	—	förmånstagare	beneficjent m	beneficient m	kedvezményezett
beneficiário m	begunstigde f/m	förmånstagare	beneficjent m	beneficient m	kedvezményezett
salário inicial m	aanvangssalaris n	—	pensja stażowa f	nástupní plat m	kezdő fizetés
produto das vendas m	opbrengst f	—	przychód m	výnos m	bevétel
realização de uma encomenda f	—	orderhantering	realizacja zlecenia f	dílčí zpracování zakázky n	megrendelés feldolgozása
administração f	—	förvaltning	administracja f	správa f	ügykezelés
administrador m	—	förvaltare	administrator m	správce m	kezelő
relatório comercial m	—	affärsrapport	sprawozdanie z działalności przedsiębiorstwa n	obchodní zpráva f	üzleti jelentés
necessidade f	—	behov	zapotrzebowanie n	potřeba f	szükséglet
análise das necessidades f	—	behovsanalys	analiza potrzeb f	analýza potřeb f/pl	szükségletelemzés
regular	—	i laga ordning	prawidłowo	řádný	szabályszerűen
autoridade f	overheid f	myndighet	urząd m	úřad m	hatóság
necessidade f	behoefte f	—	zapotrzebowanie n	potřeba f	szükséglet
análise das necessidades f	behoefteanalyse f	—	analiza potrzeb f	analýza potřeb f/pl	szükségletelemzés
taxa de importação f	invoerrechten n/pl	importavgift	podatek importowy m	dovozní poplatek m	—
documentos de importação m/pl	invoerdocumenten n/pl	importhandlingar pl	dokumentacja przywozowa f	dovozní doklady m/pl	—

behozatali vámkimutatás

	D	E	F	I	ES
behozatali vámkimutatás (H)	Zolleinfuhrschein m	bill of entry	acquit d'entrée m	bolletta doganale d'importazione m	certificado de aduana m
Beilage (D)	—	supplement	supplément m	inserto m	suplemento m
beilegen (D)	—	enclose	mettre en annexe	allegare	adjuntar
Beiträge (D)	—	contributions	contributions f/pl	contributi m/pl	contribuciones f/pl
bejelentés (H)	Anmeldung f	registration	inscription f	avviso m	inscripción f
bekerülési ár (H)	Einstandspreis m	cost price	prix coûtant m	prezzo di costo m	precio de coste m
bekrachtiging (NL)	Ratifikation f	ratification	ratification f	ratificazione f	ratificación f
bekräftelse (SV)	Bestätigung f	confirmation	confirmation f	conferma f	confirmación f
belang (NL)	Interesse n	interest	intérêt m	interesse m	interés m
belanghebbende partij (NL)	Interessent m	interested party	client potentiel m	interessato m	interesado m
belastbaar (NL)	abgabenpflichtig	liable to tax	assujetti à l'impôt	soggetto a imposte	sujeto a impuestos
belasten (D)	—	charge	débiter	addebitare	adeudar
belasten (NL)	belasten	charge	débiter	addebitare	adeudar
belasting (NL)	Belastung f	charge	charge f	addebito m	gravamen m
belasting (NL)	Gebühr f	fee	taxe f	tassa f	tasa f
belasting (NL)	Steuer f	tax	impôt m	imposta f	impuesto m
belasting (NL)	Vorsteuer f	input tax	impôt perçu en amont m	imposta anticipata sul fatturato d'acquisto f	impuesto sobre el valor añadido deducible m
belastingaangifte (NL)	Steuererklärung f	tax return	déclaration d'impôts f	dichiarazione dei redditi f	declaración a efectos fiscales f
belastingconsulent (NL)	Steuerberater m	tax adviser	conseiller fiscal m	consulente finanziario m	asesor fiscal m
belastinggrondslag (NL)	Steuerveranlagung f	tax assessment	imposition f	accertamento tributario m	tasación de los impuestos f
belastingontduiking (NL)	Steuerbetrug m	fiscal fraud	fraude fiscale f	frode fiscale f	fraude fiscal m
belastingontduiking (NL)	Steuerhinterziehung f	tax evasion	dissimulation en matière fiscale f	evasione fiscale f	fraude fiscal m
belasting op de toegevoegde waarde (NL)	Mehrwertsteuer f	value-added tax	taxe à la valeur ajoutée f	imposta sul valore aggiunto f	impuesto sobre el valor añadido (IVA) m
belasting op inkomen uit kapitaal (NL)	Kapitalertragsteuer f	capital yield tax	impôt sur le revenu du capital m	imposta sulla rendita del capitale f	impuesto sobre la renta del capital m
belasting op minerale olie (NL)	Mineralölsteuer f	mineral oil tax	taxe sur les carburants f	imposta sugli olii minerali f	impuesto sobre la gasolina m
belastingparadijs (NL)	Steueroase f	tax haven	paradis fiscal m	oasi fiscale f	paraíso fiscal m
belastingplichtige (NL)	Steuerzahler m	taxpayer	contribuable m	contribuente m	contribuyente m
belastingpolitiek (NL)	Steuerpolitik f	fiscal policy	politique fiscale f	politica fiscale f	política fiscal f
belastingverhoging (NL)	Steuererhöhung f	tax increase	augmentation des impôts m	aumento delle imposte m	aumento de los impuestos m
Belastung (D)	—	charge	charge f	addebito m	gravamen m
Beleg (D)	—	receipt	justificatif m	quietanza f	justificante m
beleggingscertificaat (NL)	Investmentzertifikat n	investment certificate	certificat émis par un fonds commun de placement m	certificato d'investimento m	certificado de participación m
beleggingsfonds (NL)	Investmentfonds m	unit trust fund	fonds commun de placement m	fondo d'investimento m	fondo de inversiones m
beleggingswaarden (NL)	Anlagepapiere n/pl	investment securities	valeurs de placement f/pl	titoli d'investimento m/pl	valores de inversión m/pl
Belegschaft (D)	—	staff	personnel m	personale m	plantilla f
beleidsspel (NL)	Planspiel n	planning game	jeu d'entreprise m	gioco di simulazione imprenditoriale m	simulación f
belemmeringen van het goederenverkeer (NL)	Handelsbeschränkungen f/pl	trade restrictions	restrictions au commerce f/pl	restrizioni commerciali f/pl	restricciones comerciales f/pl

belemmeringen van het goederenverkeer

P	NL	SV	PL	CZ	H
declaração de importação à alfândega f	invoervergunning f	införseldeklaration	kwit odprawy celnej przywozowej m	dovozní celní stvrzenka f	—
suplemento m	bijlage f	bilaga	załącznik m	příloha f	melléklet
anexar	bijvoegen	bifoga	załączać <załączyć>	přikládat <přiložit>	mellékel
contribuições f/pl	bijdragen f/pl	bidrag	składki f/pl	příspěvky m/pl	hozzájárulások
inscrição f	aanmelding f	registrering	zgłoszenie n	přihláška f	—
preço de custo m	kostprijs m	självkostnadspris	globalna cena nabycia f	pořizovací cena f	—
ratificação f	—	ratifikation	ratyfikacja f	ratifikace f	ratifikálás
confirmação f	bevestiging f	—	potwierdzenie n	potvrzení n	visszaigazolás
interesse m	—	intresse	zainteresowanie n	zájem m	érdekeltség
interessado m	—	intressent	interesant m	zájemce m	érdekelt
sujeito a impostos	—	skattepliktig	podlegający opodatkowaniu	podléhající poplatkům	adóköteles
debitar	belasten	debitera	obciążać <obciążyć>	zatěžovat <zatížit>	megterhel
debitar	—	debitera	obciążać <obciążyć>	zatěžovat <zatížit>	megterhel
carga f	—	debitering	obciążenie n	zatížení n	megterhelés
taxa f	—	avgift	opłata f	poplatek m	díj
imposto m	—	skatt	podatek m	daň f	adó
IVA dedutível m	—	ingående moms	przedpłata podatkowa f	záloha na daň f	levonható forgalmi adó
declaração de rendimentos f	—	deklaration	deklaracja podatkowa f	daňové přiznání n	adóbevallás
consultor fiscal m	—	skatterådgivare	doradca podatkowy m	daňový poradce m	adótanácsadó
lançamento de impostos m	—	taxering	wymiar podatku m	stanovení výšky zdanění n	adókivetés
fraude fiscal f	—	skattefusk	oszustwo podatkowe n	daňový podvod m	adócsalás
evasão fiscal f	—	skattesmitning	oszustwo podatkowe n	daňový únik m	adócsalás
imposto sobre o valor acrescentado (IVA) m	—	mervärdesskatt	podatek od wartości dodatkowej (VAT) m	daň z přidané hodnoty f	hozzáadottérték-adó
imposto sobre os rendimentos de capital m	—	skatt på kapitalinkomst	podatek od zysku z kapitału m	daň z výnosu kapitálu f	tőkehozadék-adó
imposto sobre óleo mineral m	—	oljeskatt	podatek od olejów mineralnych m	daň z ropných produktů f	olajtermékadó
paraíso fiscal m	—	skatteparadis	oaza podatkowa f	daňová oáza f	adóparadicsom
contribuinte m	—	skattebetalare	podatnik m	poplatník m	adófizető
política fiscal f	—	skattepolitik	polityka podatkowa f	daňová politika f	adópolitika
aumento dos impostos m	—	skattehöjning	podwyżka podatków f	zvýšení daně n	adóemelés
carga f	belasting f	debitering	obciążenie n	zatížení n	megterhelés
comprovativo m	bewijsstuk n	verifikation	dowód m	doklad m	bizonylat
certificado de investimento m	—	andelsbevis	certyfikat inwestycyjny m	investiční certifikát m	befektetési jegy
fundo de investimento m	—	aktie- eller obligationsfond	fundusz inwestycyjny m	investiční fond m	befektetési alap
títulos de investimento m/pl	—	värdepapper	papiery wartościowe m/pl	dlouhodobé finanční investice f/pl	befektetési értékpapírok
pessoal m	personeel n	personal	załoga f	zaměstnanci podniku m/pl	személyzet
jogo de simulação de gestão m	—	beslutsspel	symulacja procesu decyzyjnego f	plánovaná hra f	döntési játék
restrições comerciais f/pl	—	handelsrestriktioner pl	ograniczenia handlowe n/pl	omezení obchodu n/pl	kereskedelmi korlátozások

beleningsrentevoet

	D	E	F	I	ES
beleningsrentevoet (NL)	Lombardsatz *m*	bank rate for loans on securities	taux d'intérêt de l'argent prêté sur gage *m*	tasso sulle anticipazioni *m*	tipo pignoraticio *m*
belföldi piac (H)	Binnenmarkt *m*	domestic market	marché intérieur *m*	mercato nazionale *m*	mercado interior *m*
belkereskedelem (H)	Binnenhandel *m*	domestic trade	commerce intérieur *m*	commercio nazionale *m*	comercio interior *m*
bélyeg (H)	Briefmarke *f*	stamp	timbre-poste *m*	francobollo *m*	sello *m*
bélyegilleték (H)	Stempelgebühr *f*	stamp duty	droit de timbre *m*	diritto di bollo *m*	derechos de timbre *m/pl*
bem económico (P)	Wirtschaftsgut *n*	economic goods	bien économique *m*	bene economico *m*	bien económico *m*
bemenet (H)	Input *n*	input	entrée *f*	input *m*	insumo *m*
bem-estar social (P)	Wohlstand *m*	prosperity	prospérité *f*	benessere *m*	bienestar *m*
bemiddeling (NL)	Vermittlung *f*	mediation	médiation *f*	mediazione *f*	mediación *f*
bemutató (H)	Überbringer *m*	bearer	porteur *m*	portatore *m*	portador *m*
bemutatóra szóló csekk (H)	Inhaberscheck *m*	bearer cheque	chèque au porteur *m*	assegno al portatore *m*	cheque al portador *m*
bemutatóra szóló csekk (H)	Überbringerscheck *m*	bearer-cheque	chèque au porteur *m*	assegno al portatore *m*	cheque al portador *m*
bemutatóra szóló értékpapír (H)	Inhaberpapier *n*	bearer instrument	titre souscrit au porteur *m*	titolo al portatore *m*	título al portador *m*
bemutatóra szóló részvény (H)	Inhaberaktie *f*	bearer share	action au porteur *f*	azione al portatore *f*	acción al portador *f*
bemyndigande (SV)	Bevollmächtigung *f*	authorisation	procuration *f*	delega *f*	apoderamiento *m*
bene economico (I)	Wirtschaftsgut *n*	economic goods	bien économique *m*	—	bien económico *m*
bénéfice (F)	Gewinn *m*	profit	—	utile *m*	beneficio *m*
bénéfice annuel (F)	Jahresgewinn *m*	annual profits	—	utile dell'anno *m*	beneficio del ejercicio *m*
bénéfice brut (F)	Handelsspanne *f*	trading margin	—	margine commerciale *m*	margen comercial *f*
bénéfice brut (F)	Rohgewinn *m*	gross profit on sales	—	utile lordo *m*	ganancia bruta *f*
bénéfice comptable (F)	Buchgewinn *m*	book profit	—	utile contabile *m*	beneficio contable *m*
bénéfice net (F)	Reingewinn *m*	net profit	—	utile netto *m*	ganancia neta *f*
bénéficiaire (F)	Begünstigter *m*	beneficiary	—	beneficiario *m*	favorecido *m*
bénéficiaire d'un crédit (F)	Kreditnehmer *m*	borrower	—	beneficiario del credito *m*	prestatario *m*
beneficiamento (P)	Veredelung *f*	processing	perfectionnement *m*	perfezionamento *m*	perfeccionamiento *m*
beneficiario (I)	Begünstigter *m*	beneficiary	bénéficiaire *m*	—	favorecido *m*
beneficiario (I)	Remittent *m*	payee	remettant *m*	—	remitente *m*
beneficiário (P)	Begünstigter *m*	beneficiary	bénéficiaire *m*	beneficiario *m*	favorecido *m*
beneficiario del credito (I)	Kreditnehmer *m*	borrower	bénéficiaire d'un crédit *m*	—	prestatario *m*
beneficiario del leasing (I)	Leasing-Nehmer *m*	lessee	preneur de leasing *m*	—	arrendatario financiero *m*
beneficiário do crédito (P)	Kreditnehmer *m*	borrower	bénéficiaire d'un crédit *m*	beneficiario del credito *m*	prestatario *m*
beneficiary (E)	Begünstigter *m*	—	bénéficiaire *m*	beneficiario *m*	favorecido *m*
beneficient (CZ)	Begünstigter *m*	beneficiary	bénéficiaire *m*	beneficiario *m*	favorecido *m*
beneficio (ES)	Erlös *m*	proceeds	produit des ventes *m*	realizzo *m*	—
beneficio (ES)	Gewinn *m*	profit	bénéfice *m*	utile *m*	—
beneficio (ES)	Profit *m*	profit	profit *m*	profitto *m*	—
beneficio contable (ES)	Buchgewinn *m*	book profit	bénéfice comptable *m*	utile contabile *m*	—
beneficio del ejercicio (ES)	Jahresgewinn *m*	annual profits	bénéfice annuel *m*	utile dell'anno *m*	—
beneficio empresarial (ES)	Unternehmensgewinn *m*	company profit	résultats *m/pl*	utile d'impresa *m*	—
beneficjent (PL)	Begünstigter *m*	beneficiary	bénéficiaire *m*	beneficiario *m*	favorecido *m*
benessere (I)	Wohlstand *m*	prosperity	prospérité *f*	—	bienestar *m*
beni (I)	Güter *n/pl*	goods	biens *m/pl*	—	bienes *m/pl*

P	NL	SV	PL	CZ	H
taxa de juro para empréstimos com penhor sobre títulos *m*	—	lombardränta	procentowa stawka kredytów lombardowych *f*	lombardní sazba *f*	lombardkamatláb
mercado interno *m*	binnenlandse markt *f*	hemmamarknad	rynek wewnętrzny *m*	domácí trh *m*	—
comércio interno *m*	binnenlandse handel *m*	inrikeshandel	handel wewnętrzny *m*	domácí obchod *m*	—
selo *m*	postzegel *m*	frimärke	znaczek pocztowy *m*	poštovní známka *f*	—
imposto do selo *m*	zegelrecht *n*	stämpelavgift	opłata stemplowa *f*	kolkovné *n*	—
—	economisch goed *n*	ekonomiskt gods	dobro gospodarcze *n*	hospodářský statek *m*	gazdasági javak
input *m*	input *m*	input	wprowadzenie *n*	vstup *m*	—
—	welvaart *f*	välstånd	dobrobyt *m*	blahobyt *m*	jólét
mediação *f*	—	förmedling	pośrednictwo *n*	zprostředkování *n*	közvetítés
portador *m*	toonder *m*	innehavare	okaziciel *m*	doručitel *m*	—
cheque ao portador *m*	cheque aan toonder *m*	innehavarcheck	czek na okaziciela *m*	šek na majitele *m*	—
cheque ao portador *m*	cheque aan toonder *m*	innehavarcheck	czek na okaziciela *m*	šek na doručitele *m*	—
título ao portador *m*	effect aan toonder *n*	innehavarobligation	papier wartościowy na okaziciela *m*	cenný papír na majitele *m*	—
acção ao portador *f*	aandeel aan toonder *n*	innehavaraktie	akcja na okaziciela *f*	akcie na majitele *f*	—
autorização *f*	machtiging *f*	—	upoważnienie *n*	plná moc *f*	meghatalmazás
bem económico *m*	economisch goed *n*	ekonomiskt gods	dobro gospodarcze *n*	hospodářský statek *m*	gazdasági javak
lucro *m*	winst *f*	vinst	zysk *m*	zisk *m*	nyereség
lucro do exercício *m*	jaarwinst *f*	årsvinst	zysk roczny *m*	roční zisk *m*	éves nyereség
margem comercial *m*	handelsmarge *f*	marginal	marża handlowa *f*	obchodní rozpětí *n*	kereskedelmi árrés
lucro bruto *m*	brutowinst *f*	bruttoöverskott	zysk brutto *m*	hrubý zisk *m*	bruttó nyereség
lucro contabilístico *m*	boekwinst *f*	bokvinst	zysk księgowy *m*	účetní zisk *m*	könyv szerinti nyereség
lucro líquido *m*	nettowinst *f*	nettovinst	czysty zysk *m*	čistý zisk *m*	adózott nyereség
beneficiário *m*	begunstigde *f/m*	förmånstagare	beneficjent *m*	beneficient *m*	kedvezményezett
beneficiário do crédito *m*	kredietnemer *m*	kredittagare	kredytobiorca *m*	dlužník *m*	hitelfelvevő
—	veredeling *f*	förädling	uszlachetnienie *n*	zušlechtování *n*	feldolgozás
beneficiário *m*	begunstigde *f/m*	förmånstagare	beneficjent *m*	beneficient *m*	kedvezményezett
remetente *m*	remittent *m*	betalningsmottagare	remitent *m*	remitent *m*	kedvezményezett
—	begunstigde *f/m*	förmånstagare	beneficjent *m*	beneficient *m*	kedvezményezett
beneficiário do crédito *m*	kredietnemer *m*	kredittagare	kredytobiorca *m*	dlužník *m*	hitelfelvevő
locatário *m*	leaser *m*	leasingtagare	biorca leasingu *m*	nabyvatel leasingu *m*	lízingbe vevő
—	kredietnemer *m*	kredittagare	kredytobiorca *m*	dlužník *m*	hitelfelvevő
beneficiário *m*	begunstigde *f/m*	förmånstagare	beneficjent *m*	beneficient *m*	kedvezményezett
beneficiário *m*	begunstigde *f/m*	förmånstagare	beneficjent *m*	—	kedvezményezett
produto das vendas *m*	opbrengst *f*	behållning	przychód *m*	výnos *m*	bevétel
lucro *m*	winst *f*	vinst	zysk *m*	zisk *m*	nyereség
lucro *m*	winst *f*	vinst	zysk *m*	prospěch *m*	nyereség
lucro contabilístico *m*	boekwinst *f*	bokvinst	zysk księgowy *m*	účetní zisk *m*	könyv szerinti nyereség
lucro do exercício *m*	jaarwinst *f*	årsvinst	zysk roczny *m*	roční zisk *m*	éves nyereség
lucro da empresa *m*	bedrijfswinst *f*	företagsvinst	zysk przedsiębiorstwa *m*	zisk z podnikání *m*	vállalati nyereség
beneficiário *m*	begunstigde *f/m*	förmånstagare	—	beneficient *m*	kedvezményezett
bem-estar social *m*	welvaart *f*	välstånd	dobrobyt *m*	blahobyt *m*	jólét
bens *m/pl*	goederen *n/pl*	gods	towary *m/pl*	zboží *n*	áruk

beni all'estero

	D	E	F	I	ES
beni all'estero (I)	Auslandsvermögen f	foreign assets	avoirs à l'étranger m/pl	—	bienes en el extranjero m
beni di consumo (I)	Gebrauchsgüter n/plf	durable consumer goods	biens d'utilisation courante m/pl	—	bienes de consumo duradero m/pl
beni di consumo (I)	Konsumgüter n/plf	consumer goods	biens de consommation m/pl	—	bienes de consumo m/pl
beni di investimento (I)	Investitionsgüter n/pl	capital goods	biens d'investissement m/pl	—	bienes de inversión m/pl
beni di massa (I)	Massengüter f	bulk goods	marchandises en vrac f/pl	—	productos a granel m/pl
beni d'investimento (I)	Anlagegüter n/pl	capital goods	valeurs immobilisées f/pl	—	bienes de inversión m/pl
beni inferiori (I)	inferiore Güter n/pl	inferior goods	biens inférieurs m/pl	—	bienes inferiores m/pl
beni mobili (I)	bewegliche Güter n/pl	movable goods	biens meubles m/pl	—	bienes muebles m/pl
beni non durevoli (I)	Verbrauchsgüter n/pl	consumer goods	biens de consommation m/pl	—	bienes de consumo m/pl
bens (P)	Güter n/pl	goods	biens m/pl	beni m/pl	bienes m/pl
bens corpóreos (P)	Sachvermögen n	material assets	biens corporels m/pl	capitale reale m	patrimonio real m
bens de capital (P)	Investitionsgüter n/pl	capital goods	biens d'investissement m/pl	beni di investimento m/pl	bienes de inversión m/pl
bens de consumo (P)	Konsumgüter n/plf	consumer goods	biens de consommation m/pl	beni di consumo m/pl	bienes de consumo m/pl
bens de consumo (P)	Verbrauchsgüter n/pl	consumer goods	biens de consommation m/pl	beni non durevoli m/pl	bienes de consumo m/pl
bens de consumo duráveis (P)	Gebrauchsgüter n/plf	durable consumer goods	biens d'utilisation courante m/pl	beni di consumo m/pl	bienes de consumo duradero m/pl
bens de investimento (P)	Anlagegüter n/pl	capital goods	valeurs immobilisées f/pl	beni d'investimento m/pl	bienes de inversión m/pl
bensin (SV)	Benzin n	petrol	essence f	benzina f	gasolina f
bens inferiores (P)	inferiore Güter n/pl	inferior goods	biens inférieurs m/pl	beni inferiori m/pl	bienes inferiores m/pl
bensinkupong (SV)	Benzingutscheine m/pl	petrol voucher	bon d'essence m	buoni benzina m/pl	bono de gasolina m
bens móveis (P)	bewegliche Güter n/pl	movable goods	biens meubles m/pl	beni mobili m/pl	bienes muebles m/pl
bens no exterior (P)	Auslandsvermögen f	foreign assets	avoirs à l'étranger m/pl	beni all'estero m	bienes en el extranjero m
benuttingsgraad (NL)	Auslastungsgrad m	degree of utilisation	degré de saturation m	grado di utilizzazione m	grado de utilización m
Benzin (D)	—	petrol	essence f	benzina f	gasolina f
benzin (CZ)	Benzin n	petrol	essence f	benzina f	gasolina f
benzin (H)	Benzin n	petrol	essence f	benzina f	gasolina f
benzina (I)	Benzin n	petrol	essence f	—	gasolina f
benzine (NL)	Benzin n	petrol	essence f	benzina f	gasolina f
benzinebon (NL)	Benzingutscheine m/pl	petrol voucher	bon d'essence m	buoni benzina m/pl	bono de gasolina m
Benzingutscheine (D)	—	petrol voucher	bon d'essence m	buoni benzina m/pl	bono de gasolina m
benzinjegyek (H)	Benzingutscheine m/pl	petrol voucher	bon d'essence m	buoni benzina m/pl	bono de gasolina m
benzyna (PL)	Benzin n	petrol	essence f	benzina f	gasolina f
beperking (NL)	Restriktion f	restriction	restriction f	restrizione f	restricción f
bér (H)	Lohn m	wages	salaire m	salario m	salario m
beraadslaging (NL)	Beratung f	advice	consultation f	consulenza f	asesoramiento m
béradó (H)	Lohnsteuer f	wage tax	impôt sur les traitements et les salaires m	imposta sui salari f	impuesto sobre los rendimientos del trabajo personal (IRTP) m
beräknade kostnader (SV)	Sollkosten pl	budgeted costs	coûts ex ante m/pl	costi calcolati m/pl	gastos precalculados m/pl
beräknade siffror (SV)	Sollzahlen f/pl	target figures	chiffres prévisionnels m/pl	cifre calcolate f/pl	cifras estimadas f/pl
beraktározás (H)	Einlagerung f	storage	entreposage m	immagazzinamento m	almacenamiento m

beraktározás

P	NL	SV	PL	CZ	H
bens no exterior m/pl	buitenlands vermogen n	utlandstillgångar pl	majątek zagraniczny m	zahraniční jmění n	külföldi vagyon
bens de consumo duráveis m/pl	gebruiksgoederen n/pl	bruksartiklar pl	artykuły użytkowe m/pl	spotřební zboží n	fogyasztási cikkek
bens de consumo m/pl	consumptiegoederen n/pl	konsumtionsvaror	dobra konsumpcyjne n/pl	spotřební zboží n	fogyasztási cikkek
bens de capital m/pl	kapitaalgoederen n/pl	kapitalvara	dobra inwestycyjne n/pl	investiční statky m/pl	beruházási javak
mercadoria a granel f	stortgoederen n/pl	partigods	towary masowe m/pl	zboží hromadné spotřeby n	tömegáru
bens de investimento m/pl	investeringsgoederen n/pl	producentkapitalvaror	środki trwałe m/pl	investiční zboží n/pl	beruházási javak
bens inferiores m/pl	minderwaardige goederen n/pl	sekunda varor	artykuły gorszej jakości m/pl	podřadné zboží n	kisebb értékű áru
bens móveis m/pl	roerende goederen n/pl	inventarier pl	dobra ruchome n/pl	pohyblivý majetek m	ingóságok
bens de consumo m/pl	consumptiegoederen n/pl	konsumtionsvaror pl	dobra konsumpcyjne n/pl	spotřební zboží m/pl	fogyasztási javak
—	goederen n/pl	gods	towary m/pl	zboží n	áruk
—	vaste activa pl	realkapital	majątek rzeczowy m	věcný majetek m	tárgyi eszközök
—	kapitaalgoederen n/pl	kapitalvara	dobra inwestycyjne n/pl	investiční statky m/pl	beruházási javak
—	consumptiegoederen n/pl	konsumtionsvaror	dobra konsumpcyjne n/pl	spotřební zboží n	fogyasztási cikkek
—	consumptiegoederen n/pl	konsumtionsvaror pl	dobra konsumpcyjne n/pl	spotřební zboží m/pl	fogyasztási javak
—	gebruiksgoederen n/pl	bruksartiklar pl	artykuły użytkowe m/pl	spotřební zboží n	fogyasztási cikkek
—	investeringsgoederen n/pl	producentkapitalvaror	środki trwałe m/pl	investiční zboží n/pl	beruházási javak
gasolina f	benzine f/m	—	benzyna f	benzin m	benzin
—	minderwaardige goederen n/pl	sekunda varor	artykuły gorszej jakości m/pl	podřadné zboží n	kisebb értékű áru
senhas de gasolina f/pl	benzinebon m	—	talony na benzynę m/pl	poukázky na benzin f/pl	benzinjegyek
—	roerende goederen n/pl	inventarier pl	dobra ruchome n/pl	pohyblivý majetek m	ingóságok
—	buitenlands vermogen n	utlandstillgångar pl	majątek zagraniczny m	zahraniční jmění n	külföldi vagyon
taxa de utilização das capacidades f	—	kapacitetsutnyttjande	stopień wykorzystania m	stupeň vytížení m	kihasználtsági fok
gasolina f	benzine f/m	bensin	benzyna f	benzin m	benzin
gasolina f	benzine f/m	bensin	benzyna f	—	benzin
gasolina f	benzine f/m	bensin	benzyna f	benzin m	—
gasolina f	benzine f/m	bensin	benzyna f	benzin m	benzin
gasolina f	—	bensin	benzyna f	benzin m	benzin
senhas de gasolina f/pl	—	bensinkupong	talony na benzynę m/pl	poukázky na benzin f/pl	benzinjegyek
senhas de gasolina f/pl	benzinebon m	bensinkupong	talony na benzynę m/pl	poukázky na benzin f/pl	benzinjegyek
senhas de gasolina f/pl	benzinebon m	bensinkupong	talony na benzynę m/pl	poukázky na benzin f/pl	—
gasolina f	benzine f/m	bensin	benzyna f	benzin m	benzin
restrição f	—	restriktion	restrykcja f	restrikce f	korlátozás
salário m	loon n	lön	płaca f	mzda f	—
consulta f	—	rådgivning	konsultacja f	porada f	tanácsadás
imposto sobre os rendimentos do trabalho (IRS) m	loonbelasting f	källskatt på lön	podatek od wynagrodzenia m	daň ze mzdy f	—
custos orçamentados m/pl	gebudgetteerde kosten f	—	koszty planowane m/pl	plánované náklady m/pl	előirányzott költségek
valores estimados m/pl	streefcijfers n/pl	—	liczby zadane f/pl	plánovaná čísla n/pl	tervszámok
armazenamento m	goederenopslag m	förvaring	składowanie n	uskladnění n	—

Beratung 114

	D	E	F	I	ES
Beratung (D)	—	advice	consultation f	consulenza f	asesoramiento m
bérautó (H)	Leihwagen m	hired car	voiture de location f	vettura da noleggio f	coche de alquiler m
bérbefagyasztás (H)	Lohnstopp m	wage freeze	blocage des salaires m	blocco dei salari m	congelación salarial f
Berechnung (D)	—	calculation	calcul m	calcolo m	calculo m
Bereitstellungskosten (D)	—	commitment fee	coûts administratifs m/pl	spese amministrative f/pl	gastos administrativos m/pl
berekening (NL)	Berechnung f	calculation	calcul m	calcolo m	calculo m
berekening van de geplande kosten (NL)	Plankostenrechnung f	calculation of the budget costs	calcul de l'écart sur cadence de fabrication m	calcolo dei costi pianificati m	cálculo de costes del plan m
berekening van de kosten (NL)	Plankalkulation f	target calculation	calcul des coûts prévisionnels m	calcolo pianificato m	cálculo de los objetivos m
berekening van de marginale kosten (NL)	Grenzkostenrechnung f	marginal costing	détermination du coût marginal f	determinazione dei costi marginali f	cálculo de los costes marginales m
béremelés (H)	Lohnerhöhung f	pay increase	augmentation de salaire f	aumento salariale m	aumento de salario m
bericht (NL)	Notiz f	note	note f	annotazione f	nota f
Berichtigung (D)	—	correction	rectification f	rettifica f	corrección f
bérköltség (H)	Lohnkosten pl	labour costs	charges salariales f/pl	costo del lavoro m	coste de salarios m
bérkövetelés (H)	Lohnforderung f	wage claim	revendication de salaire f	rivendicazione salariale f	reivindicación salarial f
bérleti díj (H)	Miete f	rent	location f	affitto m	alquiler m
bérlő (H)	Mieter m	tenant	locataire m	locatario m	arrendatario m
bérmegállapodás (H)	Lohnvereinbarung	wage agreement	accord de salaires m	accordo salariale m	pacto salarial m
bérmentesít (H)	frankieren	pay the postage	affranchir	affrancare	franquear
bérmentesítési díj (H)	Porto n	postage	port m	porto m	porte m
beroep (NL)	Beruf m	profession	profession f	professione f	profesión f
beroepsactieve persoon (NL)	Erwerbstätiger m	gainfully employed person	personne ayant un emploi f	persona con un posto di lavoro f	persona activa f
beroepsrisico (NL)	Berufsrisiko n	occupational hazard	risque professionnel m	rischio professionale m	riesgo profesional m
Beruf (D)	—	profession	profession f	professione f	profesión f
Berufsrisiko (D)	—	occupational hazard	risque professionnel m	rischio professionale m	riesgo profesional m
beruházás (H)	Investition f	investment	investissement m	investimento m	inversión f
beruházási adó (H)	Investitionssteuer f	investment tax	impôt sur les investissements m	imposta sugli investimenti f	impuesto sobre las inversiones m
beruházási hitel (H)	Investitionskredit m	investment loan	crédit d'investissement m	credito d'investimento m	crédito de inversión m
beruházási javak (H)	Anlagegüter n/pl	capital goods	valeurs immobilisées f/pl	beni d'investimento m/pl	bienes de inversión m/pl
beruházási javak (H)	Investitionsgüter n/pl	capital goods	biens d'investissement m/pl	beni di investimento m/pl	bienes de inversión m/pl
beschadiging (NL)	Beschädigung f	damage	endommagement m	danno m	deterioración f
Beschädigung (D)	—	damage	endommagement m	danno m	deterioración f
Beschäftigung (D)	—	employment	emploi m	occupazione f	ocupación f
Beschäftigungsgrad (D)	—	level of employment	taux d'emploi m	tasso d'occupazione m	tasa de empleo f
Beschäftigungspolitik (D)	—	employment policy	politique de l'emploi f	politica dell'occupazione f	política de empleo f
beschermend recht (NL)	Schutzzoll m	protective duty	droit de protection m	dazio protettivo m	aduana proteccionista f
bescherming door verzekering (NL)	Versicherungsschutz m	insurance cover	couverture de l'assurance f	copertura assicurativa f	cobertura de seguro f
bescherming van de opgeslagen informatie (NL)	Datenschutz m	data protection	protection de données f	tutela dei dati f	protección de los datos f
bescherming van de schuldeisers (NL)	Gläubigerschutz m	protection of creditors	garantie des créanciers f	tutela del creditore f	protección de los acreedores f

bescherming van de schuldeisers

P	NL	SV	PL	CZ	H
consulta f	beraadslaging f	rådgivning	konsultacja f	porada f	tanácsadás
carro alugado m	huurauto m	hyrbil	samochód wypożyczony m	půjčený vůz m	—
congelamento dos salários m	loonstop m	lönestopp	zamrożenie płac n	zmrazení mezd n	—
cômputo m	berekening f	kalkyl	obliczenie n	výpočet m	kalkuláció
comissão por imobilização de fundos f	beschikbaarstellingskosten m/pl	uppläggningsavgift	koszty dysponowalności m/pl	přípravné náklady m/pl	rendelkezésre tartási díj
cômputo m	—	kalkyl	obliczenie n	výpočet m	kalkuláció
cálculo dos custos orçamentados m	—	budgetkostnadskalkyl	rachunek kosztów planowanych m	výpočet plánovaných nákladů m	költségterv-készítés
cálculo dos objectivos m	—	budgetkalkyl	kalkulacja planowa f	plánovaná kalkulace f	tervszámítás
cálculo dos custos marginais m	—	bidragskalkyl	rachunek kosztów krańcowych m	mezní navýšení nákladů n	határköltségszámítás
aumento salarial m	loonsverhoging f	löneförhöjning	podwyżka płac f	zvýšení mzdy n	—
nota f	—	notis	notatka f	poznámka f	feljegyzés
rectificação f	rechtzetting f	korrigering	sprostowanie n	oprava f	helyesbítés
custos de mão-de-obra m/pl	loonkosten m/pl	lönekostnader pl	koszty płac m/pl	mzdové náklady m/pl	—
reivindicação salarial f	looneis m	lönekrav	roszczenie płacowe n	mzdový požadavek m	—
aluguel m	huur f	hyra	najem m	nájem m	—
inquilino m	huurder m	hyresgäst	najemca m	nájemník m	—
acordo salarial m	loonregeling f	löneavtal	porozumienie o wynagrodzeniu n	mzdová dohoda f	—
franquiar	frankeren	frankera	ofrankowanie n	frankovat	—
porte m	porto m/n	porto	porto n	poštovné n	—
profissão f	—	yrke	zawód m	povolání n	foglalkozás
pessoa com emprego remunerado f	—	förvärvsarbetande person	osoba czynna zawodowo f	výdělečně činný m	aktív kereső
risco profissional m	—	yrkesrisk	ryzyko zawodowe n	riziko povolání n	foglalkozási kockázat
profissão f	beroep n	yrke	zawód m	povolání n	foglalkozás
risco profissional m	beroepsrisico n	yrkesrisk	ryzyko zawodowe n	riziko povolání n	foglalkozási kockázat
investimento m	investering f	investering	inwestycja f	investice f	—
imposto sobre os investimentos m	investeringsbelasting f	investeringsskatt	podatek inwestycyjny m	investiční daň f	—
crédito ao investimento m	investeringskrediet n	investeringslån	kredyt inwestycyjny m	investiční úvěr m	—
bens de investimento m/pl	investeringsgoederen n/pl	producentkapitalvaror	środki trwałe m/pl	investiční zboží n/pl	—
bens de capital m/pl	kapitaalgoederen n/pl	kapitalvara	dobra inwestycyjne n/pl	investiční statky m/pl	—
dano m	—	skada	uszkodzenie n	poškození n	károsodás
dano m	beschadiging f	skada	uszkodzenie n	poškození n	károsodás
ocupação f	betrekking f	sysselsättning	zatrudnienie n	zaměstnání n	foglalkoztatás
taxa de emprego f	graad van tewerkstelling m	sysselsättningsnivå	poziom zatrudnienia m	stupeň zaměstnanosti m	foglalkoztatás szintje
política do emprego f	werkgelegenheidsbeleid n	arbetsmarknadspolitik	polityka zatrudnienia f	politika zaměstnanosti f	foglalkoztatási politika
direitos proteccionistas m/pl	—	skyddstull	cło ochronne n	ochranné clo n	védővám
protecção por seguro f	—	försäkringsskydd	ochrona ubezpieczeniowa f	ochrana získaná pojištěním f	biztosítási fedezet
protecção dos dados f	—	datasäkerhet	ochrona danych komputerowych f	ochrana dat f	adatvédelem
garantia dos credores f	—	borgenärsskydd	gwarancja dla wierzycieli f	ochrana věřitelů f	hitelezők védelme

beschikbaarstellingskosten 116

	D	E	F	I	ES
beschikbaarstellingskosten (NL)	Bereitstellungskosten f	commitment fee	coûts administratifs m/pl	spese amministrative f/pl	gastos administrativos m/pl
Beschlagnahme (D)	—	confiscation	saisie f	confisca f	confiscación f
Beschluß (D)	—	decision	résolution f	delibera f	decisión f
Beschwerde (D)	—	complaint	plainte f	ricorso m	reclamación f
Besitz (D)	—	possession	possession f	possesso m	posesión f
beslaglegging (NL)	Pfändung f	seizure	saisie f	pignoramento m	pignoración f
beslagtagande (SV)	Beschlagnahme f	confiscation	saisie f	confisca f	confiscación f
beslissing (NL)	Beschluß m	decision	résolution f	delibera f	decisión f
beslissing (NL)	Entscheidung f	decision	décision f	decisione f	decisión f
besloten vennootschap met beperkte aansprakelijkheid (NL)	Gesellschaft mit beschränkter Haftung f	limited liability company	société à responsabilité limitée f	società a responsabilità limitata f	sociedad de responsabilidad limitada f
besluit (NL)	Verordnung f	decree	décret m	regolamento m	ordenanza f
beslut (SV)	Beschluß m	decision	résolution f	delibera f	decisión f
beslut (SV)	Entscheidung f	decision	décision f	decisione f	decisión f
beslutsspel (SV)	Planspiel n	planning game	jeu d'entreprise m	gioco di simulazione imprenditoriale m	simulación f
besoin (F)	Bedarf m	need	—	fabbisogno m	necesidades f/pl
besoin en capital (F)	Kapitalbedarf m	capital requirements	—	domanda di capitale m	necesidad de capital f
Besoldung (D)	—	salary	appointement m	retribuzione f	retribución f
besparing (SV)	Ersparnis f	savings	épargne f	risparmio m	ahorro m
besparingen (NL)	Ersparnis f	savings	épargne f	risparmio m	ahorro m
Besprechung (D)	—	discussion	conférence f	colloquio m	reunión f
Besprechungstermin (D)	—	conference date	date de la conférence f	termine del colloquio m	fecha de reunión f
bespreking (NL)	Besprechung f	discussion	conférence f	colloquio m	reunión f
bestaansminimum (NL)	Existenzminimum n	subsistence minimum	minimum vital m	minimo di sussistenza m	mínimo vital m
bestämma datum (SV)	terminieren	set a deadline	fixer un délai	fissare un termine	concertar
bestand (NL)	Datei f	file	fichier m	file m	archivo de datos m
Bestätigung (D)	—	confirmation	confirmation f	conferma f	confirmación f
Bestechung (D)	—	bribe	corruption f	corruzione f	soborno f
bestede tijd (NL)	Zeitaufwand m	expenditure of time	investissement en temps m	tempo impiegato m	tiempo invertido m
bestelbon (NL)	Bestellschein m	order form	bulletin de commande m	bolletta di commissione f	hoja de pedido f
bestelformulier (NL)	Bestellformular n	order form	bon de commande m	modulo per ordinazioni m	formulario de pedido m
bestelgegevens (NL)	Bestelldaten f	details of order	références de commande f/pl	dati dell'ordine m/pl	datos de pedido m/pl
bestelhoeveelheid (NL)	Bestellmenge f	ordered quantity	quantité commandée f	quantità d'ordinazione f	cantidad pedida f
Bestelldaten (D)	—	details of order	références de commande f/pl	dati dell'ordine m/pl	datos de pedido m/pl
Besteller (D)	—	customer	acheteur m	committente m	demandante m
besteller (NL)	Besteller m	customer	acheteur m	committente m	demandante m
Bestellformular (D)	—	order form	bon de commande m	modulo per ordinazioni m	formulario de pedido m
bestelling (NL)	Bestellung f	order	commande f	ordine m	pedido m
bestelling (NL)	Order f	order	ordre m	ordine m	pedido m
Bestellmenge (D)	—	ordered quantity	quantité commandée f	quantità d'ordinazione f	cantidad pedida f
Bestellschein (D)	—	order form	bulletin de commande m	bolletta di commissione f	hoja de pedido f
Bestellung (D)	—	order	commande f	ordine m	pedido m
bestelnummer (NL)	Auftragsnummer f	order number	numéro de commande m	numero d'ordine m	número de pedido m
bestemmingsreserve (NL)	Rückstellung f	reserves	provision pour pertes et charges f	accantonamento m	reserva f
bestens (D)	—	at best	au mieux	al meglio	al mejor cambio

bestens

P	NL	SV	PL	CZ	H
comissão por imobilização de fundos f	—	uppläggningsavgift	koszty dysponowalności m/pl	přípravné náklady m/pl	rendelkezésre tartási díj
confiscação f	inbeslagneming f	beslagtagande	konfiskata f	konfiskace f	lefoglalás
decisão f	beslissing f	beslut	decyzja f	usnesení n	határozat
reclamação f	klacht f	reklamation	zażalenie n	stížnost f	panasz
possessão f	bezit n	egendom	posiadanie n	vlastnictví n	birtoklás
penhora f	—	utmätning	zajęcie n	zabavení n	lefoglalás
confiscação f	inbeslagneming f	—	konfiskata f	konfiskace f	lefoglalás
decisão f	—	beslut	decyzja f	usnesení n	határozat
decisão f	—	beslut	decyzja f	rozhodnutí n	döntés
sociedade de responsabilidade limitada f	—	aktiebolag med begränsad ansvarighet	spółka z ograniczoną odpowiedzialnością f	společnost s ručením omezeným f	korlátolt felelősségű társaság
decreto m	—	förordning	zarządzenie n	vyhláška f	rendelet
decisão f	beslissing f	—	decyzja f	usnesení n	határozat
decisão f	beslissing f	—	decyzja f	rozhodnutí n	döntés
jogo de simulação de gestão m	beleidsspel n	—	symulacja procesu decyzyjnego f	plánovaná hra f	döntési játék
necessidade f	behoefte f	behov	zapotrzebowanie n	potřeba f	szükséglet
demanda de capital f	kapitaalbehoefte f	kapitalbehov	zapotrzebowanie na kapitał n	potřeba kapitálu f	tőkeigény
salário m	loon n	ersättning	uposażenie n	plat m	díjazás
poupança f	besparingen f/pl	—	oszczędność f	úspora f	megtakarítás
poupança f	—	besparing	oszczędność f	úspora f	megtakarítás
conferência f	bespreking f	möte	konferencja f	porada f	megbeszélés
data da conferência f	vergaderdatum m	mötesdatum	termin konferencji m	termín porady m	megbeszélés időpontja
conferência f	—	möte	konferencja f	porada f	megbeszélés
mínimo de subsistência m	—	existensminimum	minimum egzystencji n	existenční minimum n	létminimum
acertar o prazo	een termijn bepalen	—	terminować	termínovat	beütemez
ficheiro de dados m	—	fil	plik m	soubor m	adatállomány
confirmação f	bevestiging f	bekräftelse	potwierdzenie n	potvrzení n	visszaigazolás
suborno m	omkoperij f	mutning	przekupstwo n	podplácení n	megvesztegetés
tempo empregue m	—	tidsspillan	nakład czasowy m	vynaložení času n	időráfordítás
impresso de encomenda m	—	orderformulär	zamówienie pisemne n	stvrzenka objednávky f	megrendelőlap
nota de encomenda f	—	orderformulär	formularz zamówienia m	objednací formulář m	megrendelőlap
detalhes de encomenda m/pl	—	orderdata	data zamówienia f	objednací údaje m/pl	megrendelés adatai
quantidade encomendada f	—	ordermängd	ilość zamówiona f	objednané množství n	megrendelési mennyiség
detalhes de encomenda m/pl	bestelgegevens n/pl	orderdata	data zamówienia f	objednací údaje m/pl	megrendelés adatai
comprador m	besteller m	kund	zamawiajacy m	objednavatel m	megrendelő
comprador m	—	kund	zamawiajacy m	objednavatel m	megrendelő
nota de encomenda f	bestelformulier n	orderformulär	formularz zamówienia m	objednací formulář m	megrendelőlap
encomenda f	—	order	zamówienie n	objednávka f	megrendelés
ordem f	—	order	zlecenie n	nařízení n	megrendelés
quantidade encomendada f	bestelhoeveelheid f	ordermängd	ilość zamówiona f	objednané množství n	megrendelési mennyiség
impresso de encomenda m	bestelbon m	orderformulär	zamówienie pisemne n	stvrzenka objednávky f	megrendelőlap
encomenda f	bestelling f	order	zamówienie n	objednávka f	megrendelés
número de encomenda m	—	ordernummer	numer zamówienia m	číslo zakázky n	megrendelés száma
reservas f/pl	—	outdelad vinst	rezerwa f	vrácení n	céltartalék
ao melhor	op zijn best	bästa	jak najlepiej	co nejlépe	az elérhető legkedvezőbb áron

Bestimmungsort 118

	D	E	F	I	ES
Bestimmungsort (D)	—	destination	lieu de destination *m*	luogo di destinazione *m*	lugar de destino *m*
bestowal (E)	Zuwendung *f*	—	affectation *f*	assegnazione *f*	gratificación *f*
beszállító (H)	Zulieferer *m*	subcontractor	sous-traitant *m*	fornitore *m*	abastecedor *m*
beszedés (H)	Inkasso *n*	collection	encaissement *m*	incasso *m*	encobro *m*
beszedésre jogosult (H)	inkassoberechtigt	authorised to undertake collection	autorisé à l'encaissement	autorizzato all'incasso	autorizado al encobro
beszerzés (H)	Anschaffung *f*	acquisition	acquisition *f*	acquisizione *m*	adquisición *f*
beszerzés (H)	Einkauf *m*	purchase	achat *m*	acquisto *m*	compra *f*
beszerzési ár (H)	Einkaufspreis *m*	purchase price	prix d'achat *m*	prezzo d'acquisto *m*	precio de compra *m*
beszerzési érték (H)	Anschaffungswert *f*	acquisition value	valeur d'acquisition *f*	valore d'acquisto *m*	valor de adquisición *m*
beszerzési költségek (H)	Anschaffungskosten *f*	cost of acquisition	frais d'acquisition *m/pl*	costi d'acquisto *m/pl*	coste de adquisición *m*
beszerzési költségek (H)	Bezugskosten *pl*	delivery costs	coûts d'acquisition *m/pl*	spese di consegna *f/pl*	gastos de adquisición *m/pl*
betaalbaar (NL)	zahlbar	payable	payable	pagabile	pagable
betaalbaar (NL)	fällig	due	échu	esigibile	vencido
betaaldag (NL)	Zahltag *f*	pay-day	jour de paye *m*	giorno di paga *m*	día de pago *m*
betala (SV)	bezahlen	pay	payer	pagare	pagar
betala av (SV)	abzahlen	pay off	régler en versements fractionnés	pagare a rate	pagar por cuotas
betalande part (SV)	Kostenträger *m*	paying authority	poste de production absorbant des coûts *m*	chi sostiene le spese	que sufraga los costes
betalbar (SV)	zahlbar	payable	payable	pagabile	pagable
betalen (NL)	bezahlen	pay	payer	pagare	pagar
betaling (NL)	Zahlung *f*	payment	payement *m*	pagamento *m*	pago *m*
betaling in termijnen (NL)	Abschlagszahlung *f*	part payment	acompte *m*	pagamento a rate *m*	pago parcial *m*
betaling in termijnen (NL)	Ratenzahlung *f*	payment by instalments	payement par versements fractionnés	pagamento rateale *m*	pago a plazos *m*
betaling onder protest (NL)	Zahlung unter Protest	payment supra protest	payement sous protêt *m*	pagamento sotto protesta *m*	pago bajo protesta *m*
betaling onder rembours (NL)	Zahlung per Nachnahme	cash on delivery	payement contre remboursement *m*	pagamento in contrassegno *m*	pago contra reembolso *m*
betaling op rekening (NL)	a-conto-Zahlung *f*	payment on account	payement acompte *m*	pagamento a conto *m*	pago a cuenta *m*
betalingsbalans (NL)	Zahlungsbilanz *f*	balance of payments	balance des payements *f*	bilancia dei pagamenti *f*	balanza de pagos *f*
betalingsbevel (NL)	Zahlungsbefehl *m*	order for payment	ordre de payement *m*	ingiunzione di pagamento *f*	mandamiento de pago *m*
betalingsmoeilijkheid (NL)	Zahlungsschwierigkeit *f*	financial difficulties	difficultés financières *f/pl*	difficoltà di pagamento *f/pl*	dificultades de pago *f/pl*
betalingstermijn (NL)	Zahlungsfrist *f*	term of payment	délai de payement *f*	scadenza di pagamento *f*	plazo de pago *m*
betalingsverkeer (NL)	Zahlungsverkehr *m*	payment transaction	opérations de payement *f/pl*	operazioni di pagamento *f/pl*	servicio de pagos *m/pl*
betalingsvoorwaarde (NL)	Zahlungsbedingung *f*	terms of payment	conditions de payement *f/pl*	condizione di pagamento *f*	condiciones de pago *f/pl*
betaling van belastingen (NL)	Steuerzahlung *f*	payment of taxes	payement de l'impôt *m*	pagamento delle imposte *m*	tributación *f*
betaling van commissieloon (NL)	Provisionszahlung *f*	commission payment	payement de commission *m*	pagamento di provvigione *m*	pago de comisión *m*
betalning (SV)	Zahlung *f*	payment	payement *m*	pagamento *m*	pago *m*
betalning av protesterad växel (SV)	Zahlung unter Protest	payment supra protest	payement sous protêt *m*	pagamento sotto protesta *m*	pago bajo protesta *m*
betalning på konto (SV)	a-conto-Zahlung *f*	payment on account	payement acompte *m*	pagamento a conto *m*	pago a cuenta *m*
betalningsanstånd (SV)	Zahlungsrückstand *m*	payment in arrears	arriéré de payement *m*	morosità di pagamento *f*	pago atrasado *m*
betalningsbalans (SV)	Zahlungsbilanz *f*	balance of payments	balance des payements *f*	bilancia dei pagamenti *f*	balanza de pagos *f*
betalningsdag (SV)	Zahltag *f*	pay-day	jour de paye *m*	giorno di paga *m*	día de pago *m*

betalningsdag

P	NL	SV	PL	CZ	H
lugar de destino m	plaats van bestemming f	destination	miejsce przeznaczenia n	místo určení n	rendeltetési hely
gratificação f	toewijzing f	gåva	gratyfikacja f	dotace f	ráfordítás
fornecedor m	toelevering f	leverantör	kooperant m	subdodavatel m	—
cobrança f	incasso n	inkasso	inkaso n	inkaso n	—
autorizado a realizar a cobrança m	bevoegd om te incasseren	inkassoberättigad	upoważniony do inkasa	oprávněn k inkasu n	—
aquisição f	aanschaffing f	anskaffning	zakup m	opatření n	—
compra f	inkoop m	inköp	zakup m	nákup m	—
preço de compra m	inkoopprijs m	inköpspris	cena kupna f	nákupní cena f	—
valor de aquisição m	aankoopwaarde f	anskaffningsvärde	wartość nabycia f	pořizovací hodnota f	—
custos de aquisição m/pl	aanschaffingskosten m/pl	anskaffningskostnad	koszty własne nabycia środków trwałych m/pl	pořizovací náklady m/pl	—
custos de aquisição m/pl	verwervingskosten m/pl	förvärvskostnader pl	koszty nabycia m/pl	pořizovací náklady m/pl	—
pagável	—	betalbar	płatny	splatný	fizetendő
vencido	—	förfallen till betalning	do zapłaty	splatný	esedékes
dia de pagamento m	—	betalningsdag	dzień wypłaty m	výplatní den m	fizetésnap
pagar	betalen	—	płacić <zapłacić>	zaplatit	kifizet
pagar por quotas	afbetalen	—	spłacać <spłacić>	splácet <splatit>	részletekben kifizet
portador de custo m	kostendrager m	—	nośnik kosztów m	nositel nákladů m	költségviselő
pagável	betaalbaar	—	płatny	splatný	fizetendő
pagar	—	betala	płacić <zapłacić>	zaplatit	kifizet
pagamento m	—	betalning	zapłata f	platba f	fizetés
pagamento parcial m	—	dellikvid	spłata ratalna f	splátka f	részletfizetés
pagamento a prestações m	—	avbetalning	spłata ratalna f	placení splátek n	részletfizetés
pagamento sob protesto m	—	betalning av protesterad växel	zapłata pod protestem f	platba s protestem f	óvás melletti fizetés
pagamento contra-reembolso m	—	betalning vid leverans	zapłata przy odbiorze f	platba na dobírku f	fizetés utánvétellel
pagamento por conta m	—	betalning på konto	płatność akonto f	akontace f	fizetési kötelezettség résztörlesztés
balança de pagamentos f	—	betalningsbalans	bilans płatniczy m	platební bilance f	fizetési mérleg
mandato de pagamento f	—	betalningsorder	nakaz płatniczy m	platební příkaz m	fizetési felszólítás
dificuldades financeiras f/pl	—	betalningssvårigheter pl	trudności płatnicze f/pl	platební potíže f/pl	fizetési nehézség
prazo de pagamento m	—	betalningsfrist	termin zapłaty m	platební lhůta f	fizetési határidő
transacções financeiras f/pl	—	betalningstransaktion	obrót płatniczy m	platební styk m	pénzügyi tranzakciók
condições de pagamento f/pl	—	betalningsvillkor	warunki płatności m/pl	platební podmínka f	fizetési feltételek
pagamento de impostos m	—	skattebetalning	płatność podatkowa f	placení daní f	adófizetés
pagamento de comissão m	—	provisionsbetalning	wypłata prowzji f	zaplacení provize n	jutalékfizetés
pagamento m	betaling f	—	zapłata f	platba f	fizetés
pagamento sob protesto m	betaling onder protest f	—	zapłata pod protestem f	platba s protestem f	óvás melletti fizetés
pagamento por conta m	betaling op rekening f	—	płatność akonto f	akontace f	fizetési kötelezettség résztörlesztés
atraso no pagamento m	achterstand m	—	zaległości płatnicze n/pl	nedoplatek m	fizetési hátralék
balança de pagamentos f	betalingsbalans f	—	bilans płatniczy m	platební bilance f	fizetési mérleg
dia de pagamento m	betaaldag m	—	dzień wypłaty m	výplatní den m	fizetésnap

betalningsförmåga 120

	D	E	F	I	ES
betalnings-förmåga (SV)	Bonität f	solvency	solvabilité f	solvibilità f	solvencia f
betalningsfrist (SV)	Zahlungsfrist f	term of payment	délai de payement f	scadenza di pagamento f	plazo de pago m
betalningsinställelse (SV)	Zahlungseinstellung f	suspension of payments	suspension de payement f	cessazione dei pagamenti f	suspensión de pagos f
betalningsmottagande (SV)	Zahlungseingang m	inpayment	entrée de fond f	ricevimento del pagamento m	entrada de fondos f
betalningsmottagare (SV)	Remittent m	payee	remettant m	beneficiario m	remitente m
betalningsorder (SV)	Zahlungsanweisung f	order for payment	mandat de payement m	ordine di pagamento m	orden de pago f
betalningsorder (SV)	Zahlungsbefehl m	order for payment	ordre de payement m	ingiunzione di pagamento f	mandamiento de pago m
betalningssvårigheter (SV)	Zahlungsschwierigkeit f	financial difficulties	difficultés financières f/pl	difficoltà di pagamento f	dificultades de pago f/pl
betalningstransaktion (SV)	Zahlungsverkehr m	payment transaction	opérations de payement f/pl	operazioni di pagamento f/pl	servicio de pagos m/pl
betalningsuppskov (SV)	Zahlungsaufschub m	extension of credit	sursis de payement m	dilazione del pagamento f	pago aplazado m
betalningsvillkor (SV)	Zahlungsbedingung f	terms of payment	conditions de payement f/pl	condizione di pagamento f	condiciones de pago f/pl
betalning vid leverans (SV)	gegen Nachnahme	cash on delivery	contre remboursement	in contrassegno	contra rembolso
betalning vid leverans (SV)	Lieferung gegen Nachnahme	cash on delivery	livraison contre remboursement f	consegna in contrassegno f	entrega contra reembolso f
betalning vid leverans (SV)	Nachnahme f	cash on delivery	remboursement m	contrassegno m	reembolso m
betalning vid leverans (SV)	Zahlung per Nachnahme	cash on delivery	payement contre remboursement m	pagamento in contrassegno m	pago contra reembolso m
Beteiligung (D)	—	participation	participation f	partecipazione f	participación f
betekintés (H)	Einsichtnahme f	inspection	inspection des livres comptables f	visura f	inspección f
betét (H)	Einlagen f/pl	deposit	dépôt m	depositi fiduciari m/pl	depósitos bancarios m/pl
betéti részvénytársaság (H)	Kommanditgesellschaft auf Aktien f	partnership limited by shares	société en commandite par actions f	società in accomandita per azioni f	sociedad comanditaria por acciones f
betéti társaság (H)	Kommanditgesellschaft f	limited partnership	société en commandite f	società in accomandita semplice f	sociedad comanditaria f
betéti társaság kültagja (H)	Kommanditist m	limited partner	commanditaire m	socio accomandante m	comanditario m
betétőrzés (H)	Depotgeschäft n	deposit banking	dépôt de titres m	operazione di deposito f	custodia de valores f
Betrag (D)	—	amount	montant m	importo m	suma f
betreffen (D)	—	concern	concerner	riguardare	referirse a
betreffen (NL)	betreffen	concern	concerner	riguardare	referirse a
betreffende (NL)	bezüglich	referring to	relatif à	relativo a	en relación a
betrekking (NL)	Beschäftigung f	employment	emploi m	occupazione f	ocupación f
betrekking (NL)	Stellung f	position	position f	posizione f	empleo m
Betrieb (D)	—	factory	entreprise f	azienda f	fábrica f
Betriebsausgaben (D)	—	operating expenses	charges d'exploitation f	spese di esercizio f/pl	gastos de explotación m/pl
Betriebserlaubnis (D)	—	operating permit	droit d'exploitation m	licenza d'esercizio f	autorización de funcionamiento f
Betriebsferien (D)	—	annual holiday	clôture annuelle de l'établissement f	ferie aziendali f/pl	vacaciones de la empresa f/pl
Betriebsgeheimnis (D)	—	trade secret	secret d'entreprise m	segreto aziendale m	secreto empresarial m
Betriebskapital (D)	—	working capital	capital de roulement m	capitale d'esercizio m	capital de explotación m
Betriebsklima (D)	—	working conditions and human relations	ambiance de travail m	ambiente di lavoro m	ambiente de trabajo m
Betriebskosten (D)	—	operating costs	charges d'exploitation f/pl	spese d'esercizio f/pl	gastos de explotación m/pl

Betriebskosten

P	NL	SV	PL	CZ	H
solvência f	solvabiliteit f	—	wypłacalność f	bonita f	fizetőképesség
prazo de pagamento m	betalingstermijn m	—	termin zapłaty m	platební lhůta f	fizetési határidő
suspensão de pagamentos f	stopzetting van betaling f	—	zawieszenie wypłat n	zastavení platby n	fizetés felfüggesztése
entrada de numerário f	Binnenkomende betaling f	—	wpływ płatności m	vstup plateb m	befizetés
remetente m	remittent m	—	remitent m	remitent m	kedvezményezett
ordem de pagamento f	opdracht tot betaling f	—	polecenie wypłaty n	poštovní platební příkaz m	készpénzfizetési utalvány
mandato de pagamento f	betalingsbevel n	—	nakaz płatniczy m	platební příkaz m	fizetési felszólítás
dificuldades financeiras f/pl	betalingsmoeilijkheid f	—	trudności płatnicze f/pl	platební potíže f/pl	fizetési nehézség
transacções financeiras f/pl	betalingsverkeer n	—	obrót płatniczy m	platební styk m	pénzügyi tranzakciók
prorrogação do prazo de pagamento f	uitstel van betaling n	—	odroczenie treminu płatności n	odklad platby m	fizetési haladék
condições de pagamento f/pl	betalingsvoorwaarde f	—	warunki płatności m/pl	platební podmínka f	fizetési feltételek
contra-reembolso	onder rembours	—	za zaliczeniem pocztowym	na dobírku f	utánvétellel
envio à cobrança m	levering onder rembours f	—	dostawa za zaliczeniem pocztowym f	dodávka na dobírku f	utánvételes szállítás
reembolso m	onder rembours	—	za zaliczeniem pocztowym	dobírka f	utánvétel
pagamento contra-reembolso m	betaling onder rembours f	—	zapłata przy odbiorze f	platba na dobírku f	fizetés utánvétellel
participação f	deelneming f	deltagande	udział m	podíl m	részesedés
inspecção f	inzage f/m	granskning	wgląd m	nahlédnutí n	—
depósito bancário m	bijgevoegde stukken n/pl	deposition	wkład m	vklady m/pl	—
sociedade em comandita por acções f	commanditaire vennootschap op aandelen f	kommanditbolag med aktier	spółka komandytowa akcyjna f	komanditní společnost na akcie f	—
sociedade em comandita f	commanditaire vennootschap f	kommanditbolag	spółka komandytowa f	komanditní společnost f	—
comanditário m	commanditaris m	kommanditdelägare	komandytariusz m	komanditista m	—
custódia f	depot n	depositionsverksamhet	transakcja depozytowa f	depozitní obchod m	—
montante m	bedrag n	summa	kwota f	částka f	összeg
referir-se a	betreffen	rörande	dotyczyć	týkat se	vonatkozik
referir-se a	—	rörande	dotyczyć	týkat se	vonatkozik
relativo a	—	angående	odnośnie do	vztahující se k	illetően
ocupação f	—	sysselsättning	zatrudnienie n	zaměstnání n	foglalkoztatás
posição f	—	position	stanowisko n	postavení n	állás
fábrica f	bedrijf n	rörelse	przedsiębiorstwo n	podnik m	üzem
gastos de exploração m/pl	bedrijfsuitgaven f/pl	rörelseomkostnader pl	wydatki na eksploatację m/pl	podnikové výdaje m/pl	üzemi kiadások
autorização de funcionamento f	bedrijfsvergunning f	driftstillstånd	zezwolenie na eksploatację n	provozní povolení n	üzemelési engedély
férias anuais da empresa f/pl	jaarlijkse vakantie f	industrisemester	przerwa urlopowa f	podnikové prázdniny pl	vállalati szabadságolási időszak
sigilo comercial m	fabrieksgeheim n	affärshemlighet	tajemnica zakładowa f	výrobní tajemství n	üzemi titok
capital circulante m	bedrijfskapitaal n	rörelsekapital	kapitał zakładowy m	provozní kapitál m	működő tőke
ambiente de trabalho m	bedrijfsklimaat n	arbetsklimat	atmosfera pracy f	podnikové klima n	munkahelyi légkör
custos de exploração m/pl	bedrijfskosten m/pl	driftskostnader pl	koszty eksploatacyjne m/pl	provozní náklady m/pl	működési költségek

Betriebsprüfer

	D	E	F	I	ES
Betriebsprüfer (D)	—	auditor	expert-comptable m	revisore aziendale m	inspector fiscal m
Betriebsprüfung (D)	—	fiscal audit of operating results	contrôle fiscal de l'entreprise f	revisione aziendale f	inspección de la explotación f
Betriebswirtschaftslehre (D)	—	business administration	sciences de gestion f/pl	economia aziendale f	teoría de la empresa f
betrokken wissel (NL)	Bezogener m	drawee	tiré m	trattario m	librado m
betrouwbaar (NL)	zuverlässig	reliable	fiable	affidabile	de confianza
Betrug (D)	—	fraud	fraude f	frode f	fraude m
betrügerischer Bankrott (D)	—	fraudulent bankruptcy	banqueroute frauduleuse f	bancarotta fraudolenta f	quiebra fraudulenta f
beurs (NL)	Börse f	stock exchange	bourse f	borsa f	bolsa f
beurs (NL)	Börsenplatz m	stock exchange centre	place boursière f	piazza f	plaza bursátil f
beurscrash (NL)	Börsenkrach m	stock market crash	krach boursier m	crollo di borsa m	derrumbe bursátil m
beursdag (NL)	Börsentag m	market day	jour de bourse m	giorno di borsa m	sesión bursátil f
beurshandel (NL)	Börsenhandel m	stock exchange dealings	transactions boursières f/pl	negoziazione in borsa f	negociación bursátil f
beursindex (NL)	Börsenindex m	stock exchange index	indice des cours des actions m	indice delle quotazioni m	índice bursátil m
beurskoers (NL)	Börsenkurs m	quotation on the stock exchange	cours de bourse m/pl	corso di borsa m	cotización en bolsa f
beursmakelaar (NL)	Börsenmakler m	stockbroker	courtier en bourse m	agente di cambio m	corredor de bolsa m
beursnotering (NL)	Börsennotierung f	stock exchange quotation	cote de la bourse f	quotazione di borsa f	cotización de bolsa f
beursverrichtingen (NL)	Börsengeschäfte n/pl	stock market transactions	opérations de bourse f/pl	operazioni di borsa f/pl	operación bursátil f
beütemez (H)	terminieren	set a deadline	fixer un délai	fissare un termine	concertar
bevaarbaar (NL)	schiffbar	navigable	navigable	navigabile	navegable
bevaka (SV)	überwachen	supervise	surveiller	sorvegliare	vigilar
bevestiging (NL)	Bestätigung f	confirmation	confirmation f	conferma f	confirmación f
bevétel (H)	Erlös m	proceeds	produit des ventes m	realizzo m	beneficio m
bevételek (H)	Einnahmen f/pl	receipts	revenu m	entrate f/pl	ingresos m/pl
bevételezés fenntartással (H)	Eingang vorbehalten	due payment reserved	sauf bonne fin	salvo buon fine	salvo buen cobro m
bevezetési árkedvezmény (H)	Einführungsrabatt m	introductory discount	rabais de lancement m	sconto di lancio m	rebaja de lanzamiento f
bevitel (H)	Import m	import	importation f	importazione f	importación f
bevittnande (SV)	Beglaubigung f	authentication	légalisation f	autentica f	legalización f
bevoegde rechtbank (NL)	Gerichtsstand m	place of jurisdiction	juridiction compétente f	foro competente m	tribunal competente m
bevoegdheid (NL)	Befugnis f	authority	autorisation f	poteri m/pl	autorización f
bevoegd om te incasseren (NL)	inkassoberechtigt	authorised to undertake collection	autorisé à l'encaissement	autorizzato all'incasso	autorizado al encobro
Bevollmächtigung (D)	—	authorisation	procuration f	delega f	apoderamiento m
bevoorrading (NL)	Versorgung f	supply	approvisionnement m	approvvigionamento m	abastecimiento m
bevordering (NL)	Beförderung (einer Arbeitskraft) f	promotion	promotion f	promozione f	ascenso m
bevrachtingsovereenkomst (NL)	Frachtvertrag m	contract of carriage	contrat d'affrètement m	contratto di trasporto m	contrato de transporte m
bevrachtingstoeslag (NL)	Frachtzuschlag m	additional carriage	supplément de fret m	supplemento di nolo m	sobreporte m
bewaring (NL)	Verwahrung f	custody	dépôt m	custodia f	custodia f
bewaringsplicht (NL)	Aufbewahrungspflicht f	obligation to preserve records	obligation de conservation f	obbligo di conservazione m	deber de conservación m
bewegliche Güter (D)	—	movable goods	biens meubles m/pl	beni mobili m/pl	bienes muebles m/pl
Bewerber (D)	—	applicant	candidat m	candidato m	aspirante m

Bewerber

P	NL	SV	PL	CZ	H
auditor m	accountant m	revisor	kontroler podatkowy m	podnikový kontrolor m	revizor
investigação pelas autoridades fiscais f	fiscale bedrijfscontrole f/m	granskning från skattemyndighetssida	kontrola podatkowa f	kontrola podnikuf	revízió
ciência da administração de empresas f	bedrijfseconomie f	företagsekonomi	gospodarka przedsiębiorstw f	nauka o podnikovém hospodářství f	üzemgazdaságtan
sacado m	—	trassat	trasat m	směnečník m	intézvényezett
de confiança	—	tillförlitlig	niezawodny	spolehlivý	megbízható
fraude f	oplichterij f	bedrägeri	oszustwo n	podvod m	csalás
falência fraudulenta f	bedrieglijke bankbreuk f	bedräglig konkurs	oszustwo upadłościowe n	podvodný bankrot m	csalárd csőd
bolsa f	—	börs	giełda f	burza f	tőzsde
bolsa de valores f	—	börsort	siedziba giełdy f	sídlo burzy n	tőzsde helye
queda das cotações na bolsa f	—	börskrasch	krach na giełdzie m	krach na burze m	tőzsdekrach
dia de bolsa f	—	börsdag	dzień handlowy giełdy m	burzovní den m	tőzsdenap
transações em bolsa f/pl	—	börshandel	transakcje giełdowe f/pl	burzovní obchod m	tőzsdei kereskedelem
índice da bolsa m	—	aktieindex	giełdowy wskaźnik akcji m	burzovní index m	tőzsdeindex
cotação da bolsa de valores f	—	börskurs	kurs giełdowy m	burzovní kurs m	tőzsdei árfolyam
corretor de bolsa m	—	börsmäklare	makler giełdowy m	burzovní makléř m	bróker
cotação da bolsa de valores f	—	börsnotering	notowanie giełdowe n	kotace cenných papírů na burze f	tőzsdei jegyzés
operações de bolsa f/pl	—	börsaffärer pl	operacje giełdowe f/pl	burzovní obchody m/pl	tőzsdei ügyletek
acertar o prazo	een termijn bepalen	bestämma datum	terminować	termínovat	—
navegável	—	segelbar	żeglowny	splavný	hajózható
supervisar	superviseren	—	nadzorować	hlídat m	felügyel
confirmação f	—	bekräftelse	potwierdzenie n	potvrzení n	visszaigazolás
produto das vendas m	opbrengst f	behållning	przychód m	výnos m	—
receitas f/pl	inkomsten f/pl	intäkter pl	przychody m/pl	příjmy m/pl	—
reserva de bom pagamento f	onder gewoon voorbehoud	förbehållen betalningsingång	z zastrzeżeniem wpłynięcia	za podmínky obdržení f	—
desconto de lançamento m	introductiekorting f	introduktionsrabatt	rabat za wprowadzenie wyrobu m	zaváděcí rabat m	—
importação f	import m	import	import m	dovoz f	—
autenticação f	legalisatie f	—	uwierzytelnienie n	ověření n	hitelesítés
competência judiciária f	—	jurisdiktion	podsądność terytorialna f	sídlo soudu n	bíróság területi illetékessége
autorização f	—	befogenhet	uprawnienie n	oprávnění n	jogosultság
autorizado a realizar a cobrança m	—	inkassoberättigad	upoważniony do inkasa	oprávněn k inkasu n	beszedésre jogosult
autorização f	machtiging f	bemyndigande	upoważnienie n	plná moc f	meghatalmazás
aprovisionamento m	—	försörjning	zaopatrzenie n	zásobování n	ellátás
promoção f	—	befordran	awans m	povýšení n	előléptetés
contrato de afretamento m	—	fraktavtal	umowa o przewóz f	přepravní smlouva f	fuvarozási szerződés
frete adicional m	—	frakttillägg	dopłata frachtowa f	dovozní přirážka f	fuvardíjpótlék
custódia f	—	förvaring	przechowanie n	úschova f	megőrzés
dever de conservação m	—	arkiveringsplikt	obowiązek przechowywania m	povinnost uschovávat f	megőrzési kötelezettség
bens móveis m/pl	roerende goederen n/pl	inventarier pl	dobra ruchome n/pl	pohyblivý majetek n	ingóságok
candidato m	kandidaat m	sökande	kandydat m	uchazeč m	pályázó

Bewerbung 124

	D	E	F	I	ES
Bewerbung (D)	—	application	candidature f	candidatura f	demanda de empleo f
Bewerbungsschreiben (D)	—	letter of application	lettre de candidature f	domanda d'assunzione f	carta de solicitud f
Bewerbungsunterlagen (D)	—	application documents	dossier de candidature m	documenti di candidatura m/pl	documentos de solicitud m/pl
Bewertung (D)	—	valuation	valorisation f	valutazione f	valoración f
bewijsstuk (NL)	Beleg m	receipt	justificatif m	quietanza f	justificante m
bewijs van dekking (NL)	Deckungszusage	confirmation of cover	acceptation de prendre le risque en charge f	impegno di copertura m	nota de aceptación de cobertura f
Bewirtung (D)	—	hospitality	hospitalité f	ospitalità f	hospedaje m
bezahlen (D)	—	pay	payer	pagare	pagar
bez dividendy (CZ)	ohne Dividende	ex dividend	sans dividende m	senza dividendo	sin dividendo
bez dywidendy (PL)	ohne Dividende	ex dividend	sans dividende m	senza dividendo	sin dividendo
bez gwarancji (PL)	ohne Gewähr	without guarantee	sous toute réserve	senza garanzia	sin garantía
bezhotovostní (CZ)	unbar	non cash	non comptant	non in contanti	no en efectivo
bezhotovostní převod (CZ)	Überweisung f	remittance	virement m	rimessa f	transferencia f
bezit (NL)	Besitz m	possession	possession f	possesso m	posesión f
běžný účet (CZ)	Kontokorrentkonto n	current account	compte tenu en compte courant m	conto corrente m	cuenta corriente f
běžný účet (CZ)	laufende Rechnung f	current account	compte courant m	conto corrente m	cuenta corriente f
bez obliga (PL)	ohne Obligo	without obligation	sans engagement	senza obbligo	sin obligación
Bezogener (D)	—	drawee	tiré m	trattario m	librado m
bezpečnostní schránka (CZ)	Safe m	safe	coffre-fort m	cassetta di sicurezza f	caja de seguridad f
bezpłatnie (PL)	gratis	free of charge	gratuit	gratuito	gratis
bezpłatny (PL)	kostenlos	free of charge	gratuit	gratuito	gratuito
bezplatně (CZ)	kostenlos	free of charge	gratuit	gratuito	gratuito
bezplatný tarif (CZ)	Nulltarif m	nil tariff	tarif gratuit m	tariffa gratuita f	tarifa gratuita f
bez povinnosti (CZ)	ohne Obligo	without obligation	sans engagement	senza obbligo	sin obligación
bezrobocie (PL)	Arbeitslosigkeit f	unemployment	chômage m	disoccupazione f	desempleo m
bezterminowo (PL)	fristlos	without prior notice	sans délai	senza preavviso	sin plazo
Bezüge (D)	—	earnings	rémunération f	entrate f/pl	retribuciones f/pl
bezüglich (D)	—	referring to	relatif à	relativo a	en relación a
bezugnehmend (D)	—	referring to	en référence à f	con riferimento a	con referencia a
Bezugskosten (D)	—	delivery costs	coûts d'acquisition m/pl	spese di consegna f/pl	gastos de adquisición m/pl
bez záruky (CZ)	ohne Gewähr	without guarantee	sous toute réserve	senza garanzia	sin garantía
bez zobowiązania (PL)	freibleibend	subject to confirmation	sans engagement	senza impegno	no vinculante
bezzwłocznie (PL)	umgehend	immediately	immédiatement	immediato	inmediatamente
błąd obliczeniowy (PL)	Rechenfehler m	miscalculation	erreur de calcul f	errore di calcolo f	error de cálculo m
błąd w księgowaniu (PL)	Buchungsfehler m	book-keeping error	erreur de comptabilité f	errore di contabilità m	error de contabilidad m
błąd w transmisji danych (PL)	Übertragungsfehler m	transcription error	erreur de transcription f	errore di trascrizione m	error de transcripción m
biankó ürlap (H)	Blankoformular n	blank form	imprimé en blanc m	modulo in bianco m	formulario en blanco m
bidrag (SV)	Beiträge m/pl	contributions	contributions f/pl	contributi m/pl	contribuciones f/pl
bidrag (SV)	Zuschuß m	subsidy	allocation f	sovvenzione f	subvención f
bidragskalkyl (SV)	Grenzkostenrechnung f	marginal costing	détermination du coût marginal f	determinazione dei costi marginali f	cálculo de los costes marginales m
bien económico (ES)	Wirtschaftsgut n	economic goods	bien économique m	bene economico m	—

bien económico

P	NL	SV	PL	CZ	H
candidatura f	kandidatuur f	ansökan	ubieganie się o pracę n	ucházení se o něco n	pályázat
carta de solicitação de emprego f	sollicitatiebrief m	skriftlig ansökan	podanie o pracę n	písemná žádost f	pályázat
documentos de candidatura m/pl	sollicitatiedocumenten n/pl	ansökningshandlingar pl	załączniki do podania o pracę m/pl	podklady k žádosti m/pl	pályázati dokumentumok
avaliação f	schatting f	värdering	ocena f	ohodnocení n	értékelés
comprovativo m	—	verifikation	dowód m	doklad m	bizonylat
confirmação do seguro f	—	täckningsbekräftelse	przyrzeczenie pokrycia szkody n	příslib krytí m	fedezeti ígérvény
hospitalidade f	onthaal n	representation	poczęstunek m	pohoštění n	vendéglátás
pagar	betalen	betala	płacić <zapłacić>	zaplatit	kifizet
sem dividendo	zonder dividend	utan vinstutdelning	bez dywidendy	—	osztalék nélkül
sem dividendo	zonder dividend	utan vinstutdelning	—	bez dividendy f	osztalék nélkül
sem garantia	zonder waarborg van onzentwege	ansvaras ej	—	bez záruky f	szavatosság nélkül
pagamento em espécie m	giraal	ej kontant	nie w gotówce	—	készpénz nélküli
transferência f	overschrijving f	överföring	przelew m	—	átutalás
possessão f	—	egendom	posiadanie n	vlastnictví n	birtoklás
conta corrente f	rekening-courantrekening f	kontokurantkonto	rachunek bieżący m	—	folyószámla
conta corrente f	rekening-courant f	löpande räkning	rachunek bieżący m/pl	—	folyószámla
sem obrigação	zonder verbintenis onzerzijds	utan förpliktelse	—	bez povinnosti f	kötelezettség nélkül
sacado m	betrokken wissel m	trassat	trasat m	směnečník m	intézvényezett
cofre-forte m	safe m	kassafack	sejf m	—	széf
gratuito	gratis	gratis	—	zdarma	ingyenes
livre de despesas	gratis	gratis	—	bezplatně	ingyen(es)
livre de despesas	gratis	gratis	bezpłatny	—	ingyen(es)
tarifa gratuita f	nultarief n	nolltaxa	taryfa bezpłatna f	—	díjmentesség
sem obrigação	zonder verbintenis onzerzijds	utan förpliktelse	bez obliga	—	kötelezettség nélkül
desemprego m	werkloosheid f	arbetslöshet	—	nezaměstnanost f	munkanélküliség
sem aviso prévio	op staande voet	omedelbar	—	okamžitý	felmondási idő nélkül
retribuições f/pl	salaris n	inkomst av tjänst	uposażenie m	finanční přenosy m/pl	járandóságok
relativo a	betreffende	angående	odnośnie do	vztahující se k	illetően
com referência a	met referte aan	under åberopande av	powołując się	se zřetelem	hivatkozással
custos de aquisição m/pl	verwervingskosten m/pl	förvärvskostnader pl	koszty nabycia m/pl	pořizovací náklady m/pl	beszerzési költségek
sem garantia	zonder waarborg van onzentwege	ansvaras ej	bez gwarancji	—	szavatosság nélkül
salvo alteração	vrijblijvend	oförbindlig	—	nezávazný	kötelezettség nélküli
imediatamente	per kerende post	omedelbar	—	obratem	azonnal(i)
erro de cálculo m	rekenfout f	felkalkyl	—	početní chyba f	számítási hiba
erro contabilístico m	boekingsfout f	redovisningsfel	—	chyba v účetnictví f	könyvelési hiba
erro de transcrição m	overschrijffout f	överföringsfel	—	převodní chyba f	átviteli hiba
formulário em branco m	blanco formulier n	blankoformulär	formularz in blanco m	nevyplněný formulář m	—
contribuições f/pl	bijdragen f/pl	—	składki f/pl	příspěvky m/pl	hozzájárulások
ajudas de custo f/pl	subsidie f	—	subwencja f	příspěvek m	juttatás
cálculo dos custos marginais m	berekening van de marginale kosten f	—	rachunek kosztów krańcowych m	mezní navýšení nákladů n	határköltségszámítás
bem económico m	economisch goed n	ekonomiskt gods	dobro gospodarcze n	hospodářský statek m	gazdasági javak

bien économique

	D	E	F	I	ES
bien économique (F)	Wirtschaftsgut n	economic goods	—	bene economico m	bien económico m
bienes (ES)	Güter n/pl	goods	biens m/pl	beni m/pl	—
bienes de consumo (ES)	Konsumgüter n/plf	consumer goods	biens de consommation m/pl	beni di consumo m/pl	—
bienes de consumo (ES)	Verbrauchsgüter n/pl	consumer goods	biens de consommation m/pl	beni non durevoli m/pl	—
bienes de consumo duradero (ES)	Gebrauchsgüter n/plf	durable consumer goods	biens d'utilisation courante m/pl	beni di consumo m/pl	—
bienes de inversión (ES)	Anlagegüter n/pl	capital goods	valeurs immobilisées f/pl	beni d'investimento m/pl	—
bienes de inversión (ES)	Investitionsgüter n/pl	capital goods	biens d'investissement m/pl	beni di investimento m/pl	—
bienes en el extranjero (ES)	Auslandsvermögen f	foreign assets	avoirs à l'étranger m/pl	beni all'estero m	—
bienes inferiores (ES)	inferiore Güter n/pl	inferior goods	biens inférieurs m/pl	beni inferiori m/pl	—
bienes muebles (ES)	bewegliche Güter n/pl	movable goods	biens meubles m/pl	beni mobili m/pl	—
bienestar (ES)	Wohlstand m	prosperity	prospérité f	benessere m	—
bien immobilier (F)	Immobilie	item of real estate	—	immobile m	inmueble m
biens (F)	Güter n/pl	goods	—	beni m/pl	bienes m/pl
biens corporels (F)	Sachvermögen n	material assets	—	capitale reale m	patrimonio real m
biens de consommation (F)	Konsumgüter n/plf	consumer goods	—	beni di consumo m/pl	bienes de consumo m/pl
biens de consommation (F)	Verbrauchsgüter n/pl	consumer goods	—	beni non durevoli m/pl	bienes de consumo m/pl
biens d'investissement (F)	Investitionsgüter n/pl	capital goods	—	beni di investimento m/pl	bienes de inversión m/pl
biens d'utilisation courante (F)	Gebrauchsgüter n/plf	durable consumer goods	—	beni di consumo m/pl	bienes de consumo duradero m/pl
biens inférieurs (F)	inferiore Güter n/pl	inferior goods	—	beni inferiori m/pl	bienes inferiores m/pl
biens meubles (F)	bewegliche Güter n/pl	movable goods	—	beni mobili m/pl	bienes muebles m/pl
bien transporté (F)	Speditionsgut n	forwarding goods	—	merce spedita f	mercancía transportada f
bifoga (SV)	beilegen	enclose	mettre en annexe	allegare	adjuntar
bifogade dokument (SV)	Begleitpapiere f	accompanying documents	pièces d'accompagnement f/pl	documenti accompagnatori m/pl	documentos adjuntos m/pl
bijbetaling (NL)	Nachzahlung f	supplementary payment	versement complémentaire m	pagamento supplementare m	pago suplementario m
bijdragen (NL)	Beiträge m/pl	contributions	contributions f/pl	contributi m/pl	contribuciones f/pl
bijgevoegde stukken (NL)	Einlagen f/pl	deposit	dépôt m	depositi fiduciari m/pl	depósitos bancarios m/pl
bijkomende kosten (NL)	Nebenkosten pl	additional expenses	coûts accessoires m/pl	costi accessori m/pl	gastos adicionales m/pl
bijlage (NL)	Beilage f	supplement	supplément m	inserto m	suplemento m
bijproduct (NL)	Nebenprodukt n	by-product	produit dérivé m	sottoprodotto m	producto accesorio m
bijvoegen (NL)	beilegen	enclose	mettre en annexe	allegare	adjuntar
bijzondere trekkingsrechten (NL)	Sonderziehungsrechte f	special drawing rights	droits de tirage spéciaux m/pl	diritti speciali di prelievo m/pl	derechos especiales de giro m/pl
bilaga (SV)	Beilage f	supplement	supplément m	inserto m	suplemento m
bilan (F)	Bilanz f	balance sheet	—	bilancio m	balance m
bilance (CZ)	Bilanz f	balance sheet	bilan m	bilancio m	balance m
bilancia commerciale (I)	Handelsbilanz f	balance of trade	balance des opérations en marchandises f	—	balanza comercial f
bilancia dei capitali (I)	Kapitalbilanz f	balance of capital transactions	balance des opérations en capital f	—	balanza de capital f
bilancia dei pagamenti (I)	Zahlungsbilanz f	balance of payments	balance des payements f	—	balanza de pagos f
bilancio (I)	Bilanz f	balance sheet	bilan m	—	balance m
bilancio (I)	Budget n	budget	budget m	—	presupuesto m

bilancio

P	NL	SV	PL	CZ	H
bem económico m	economisch goed n	ekonomiskt gods	dobro gospodarcze n	hospodářský statek m	gazdasági javak
bens m/pl	goederen n/pl	gods	towary m/pl	zboží n	áruk
bens de consumo m/pl	consumptiegoederen n/pl	konsumtionsvaror	dobra konsumpcyjne n/pl	spotřební zboží n	fogyasztási cikkek
bens de consumo m/pl	consumptiegoederen n/pl	konsumtionsvaror pl	dobra konsumpcyjne n/pl	spotřební zboží m/pl	fogyasztási javak
bens de consumo duráveis m/pl	gebruiksgoederen n/pl	bruksartiklar pl	artykuły użytkowe m/pl	spotřební zboží n	fogyasztási cikkek
bens de investimento m/pl	investeringsgoederen n/pl	producentkapitalvaror	środki trwałe m/pl	investiční zboží n/pl	beruházási javak
bens de capital m/pl	kapitaalgoederen n/pl	kapitalvara	dobra inwestycyjne n/pl	investiční statky m/pl	beruházási javak
bens no exterior m/pl	buitenlands vermogen n	utlandstillgångar pl	majątek zagraniczny m	zahraniční jmění n	külföldi vagyon
bens inferiores m/pl	minderwaardige goederen n/pl	sekunda varor	artykuły gorszej jakości m/pl	podřadné zboží n	kisebb értékű áru
bens móveis m/pl	roerende goederen n/pl	inventarier pl	dobra ruchome n/pl	pohyblivý majetek m	ingóságok
bem-estar social m	welvaart f	välstånd	dobrobyt m	blahobyt m	jólét
imóvel m	onroerend goed n	fastighet	nieruchomość f	nemovitost f	ingatlan
bens m/pl	goederen n/pl	gods	towary m/pl	zboží n	áruk
bens corpóreos m/pl	vaste activa pl	realkapital	majątek rzeczowy m	věcný majetek m	tárgyi eszközök
bens de consumo m/pl	consumptiegoederen n/pl	konsumtionsvaror	dobra konsumpcyjne n/pl	spotřební zboží n	fogyasztási cikkek
bens de consumo m/pl	consumptiegoederen n/pl	konsumtionsvaror pl	dobra konsumpcyjne n/pl	spotřební zboží m/pl	fogyasztási javak
bens de capital m/pl	kapitaalgoederen n/pl	kapitalvara	dobra inwestycyjne n/pl	investiční statky m/pl	beruházási javak
bens de consumo duráveis m/pl	gebruiksgoederen n/pl	bruksartiklar pl	artykuły użytkowe m/pl	spotřební zboží n	fogyasztási cikkek
bens inferiores m/pl	minderwaardige goederen n/pl	sekunda varor	artykuły gorszej jakości m/pl	podřadné zboží n	kisebb értékű áru
bens móveis m/pl	roerende goederen n/pl	inventarier pl	dobra ruchome n/pl	pohyblivý majetek m	ingóságok
mercadoria expedida f	verzendingsgoed n	fraktgods	fracht spedycyjny m	zasílané zboží n	szállítmány
anexar	bijvoegen	—	załączać <załączyć>	přikládat <přiložit>	mellékel
documentos anexos m/pl	begeleidende documenten n/pl	—	dokumenty towarzyszące m/pl	průvodní doklady m/pl	kísérő okmányok
pagamento suplementar m	—	tilläggsbetalning	dopłata f	doplatek m	pótkifizetés
contribuições f/pl	—	bidrag	składki f/pl	příspěvky m/pl	hozzájárulások
depósito bancário m	—	deposition	wkład m	vklady m/pl	betét
custos adicionais m/pl	—	sekundärkostnader pl	koszty uboczne m/pl	vedlejší náklady m/pl	mellékköltségek
suplemento m	—	bilaga	załącznik m	příloha f	melléklet
subproduto m	—	biprodukt	produkt uboczny m	vedlejší produkt m	melléktermék
anexar	—	bifoga	załączać <załączyć>	přikládat <přiložit>	mellékel
direitos especiais de saque m/pl	—	särskilda dragningsrätter pl	specjalne prawo ciągnienia n	práva zvláštního čerpání n/pl	különleges lehívási jogok
suplemento m	bijlage f	—	załącznik m	příloha f	melléklet
balanço m	balans f	balansräkning	bilans m	bilance f	mérleg
balanço m	balans f	balansräkning	bilans m	—	mérleg
balança comercial f	handelsbalans f	handelsbalans	bilans handlowy m	obchodní bilance f	kereskedelmi mérleg
balanço do movimento de capitais m	kapitaalrekening van de belastingsbalans f	balansräkning för kapitaltransaktionen	bilans kapitałowy m	kapitálová bilance f	tőkemérleg
balança de pagamentos f	betalingsbalans f	betalningsbalans	bilans płatniczy m	platební bilance f	fizetési mérleg
balanço m	balans f	balansräkning	bilans m	bilance f	mérleg
orçamento m	budget n	budget	budżet m	rozpočet m	költségvetés

bilancio 128

	D	E	F	I	ES
bilancio (I)	Etat m	budget	budget m	—	presupuesto m
bilancio (I)	Haushalt m	budget	budget m	—	presupuesto m
bilancio consuntivo (I)	Schlußbilanz f	closing balance	bilan de clôture m	—	balance final m
bilancio d'apertura (I)	Eröffnungsbilanz f	opening balance sheet	bilan d'ouverture m	—	balance inicial m
bilancio fiscale (I)	Steuerbilanz f	tax balance sheet	bilan fiscal m	—	balance impositivo m
bilancio provvisorio (I)	Zwischenbilanz f	interim balance sheet	bilan intermédiaire m	—	balance intermedio m
bilanční analýza (CZ)	Bilanzanalyse f	balance analysis	analyse du bilan f	analisi di bilancio f	análisis de balance m
bilanční čistota (CZ)	Bilanzklarheit f	balance transparency	clarté du bilan f	trasparenza di bilancio f	claridad del balance f
bilanční kontinuita (CZ)	Bilanzkontinuität f	formal identity	identité des bilans successifs f	continuità del bilancio f	identidad de los balances sucesivos f
bilan de clôture (F)	Schlußbilanz f	closing balance	—	bilancio consuntivo m	balance final m
bilan d'ouverture (F)	Eröffnungsbilanz f	opening balance sheet	—	bilancio d'apertura m	balance inicial m
bilan fiscal (F)	Steuerbilanz f	tax balance sheet	—	bilancio fiscale m	balance impositivo m
bilan intermédiaire (F)	Zwischenbilanz f	interim balance sheet	—	bilancio provvisorio m	balance intermedio m
bilans (PL)	Bilanz f	balance sheet	bilan m	bilancio m	balance m
bilans handlowy (PL)	Handelsbilanz f	balance of trade	balance des opérations en marchandises f	bilancia commerciale f	balanza comercial f
bilans kapitałowy (PL)	Kapitalbilanz f	balance of capital transactions	balance des opérations en capital f	bilancia dei capitali f	balanza de capital f
bilans końcowy (PL)	Schlußbilanz f	closing balance	bilan de clôture m	bilancio consuntivo m	balance final m
bilans otwarcia (PL)	Eröffnungsbilanz f	opening balance sheet	bilan d'ouverture m	bilancio d'apertura m	balance inicial m
bilans płatniczy (PL)	Zahlungsbilanz f	balance of payments	balance des payements f	bilancia dei pagamenti f	balanza de pagos f
bilans podatkowy (PL)	Steuerbilanz f	tax balance sheet	bilan fiscal m	bilancio fiscale m	balance impositivo m
bilans pośredni (PL)	Zwischenbilanz f	interim balance sheet	bilan intermédiaire m	bilancio provvisorio m	balance intermedio m
Bilanz (D)	—	balance sheet	bilan m	bilancio m	balance m
Bilanzanalyse (D)	—	balance analysis	analyse du bilan f	analisi di bilancio f	análisis de balance m
Bilanzklarheit (D)	—	balance transparency	clarté du bilan f	trasparenza di bilancio f	claridad del balance f
Bilanzkontinuität (D)	—	formal identity	identité des bilans successifs f	continuità del bilancio f	identidad de los balances sucesivos f
bilateral (D)	—	bilateral	bilatéral	bilaterale	bilateral
bilateral (E)	bilateral	—	bilatéral	bilaterale	bilateral
bilateral (ES)	bilateral	bilateral	bilatéral	bilaterale	—
bilateral (P)	bilateral	bilateral	bilatéral	bilaterale	bilateral
bilateral (SV)	bilateral	bilateral	bilatéral	bilaterale	bilateral
bilatéral (F)	bilateral	bilateral	—	bilaterale	bilateral
bilaterale (I)	bilateral	bilateral	bilatéral	—	bilateral
bilaterální (CZ)	bilateral	bilateral	bilatéral	bilaterale	bilateral
bilateriaal (NL)	bilateral	bilateral	bilatéral	bilaterale	bilateral
Bildschirm (D)	—	screen	écran m	schermo m	pantalla f
Bildschirmarbeit (D)	—	work at a computer terminal	travail à l'écran	lavoro a video m	trabajo de pantalla m
Bildschirmarbeitsplatz (D)	—	job working at a computer	poste de travail à l'écran f	posto di lavoro a video m	puesto de trabajo de pantalla m
bildskärm (SV)	Bildschirm m	screen	écran m	schermo m	pantalla f
bildskärmsarbete (SV)	Bildschirmarbeit f	work at a computer terminal	travail à l'écran	lavoro a video m	trabajo de pantalla m

bildskärmsarbete

P	NL	SV	PL	CZ	H
orçamento m	budget n	budget	budżet m	rozpočet m	költségvetés
orçamento m	begroting f	budget	budżet m	rozpočet m	költségvetés
balanço final m	slotbalans f	utgående balans	bilans końcowy m	konečná rozvaha f	zárómérleg
balanço inicial m	openingsbalans m	ingående balans	bilans otwarcia m	zahajovací rozvaha f	nyitó mérleg
balanço fiscal m	fiscale balans f	skattebalansräkning	bilans podatkowy m	daňová bilance f	adómérleg
balanço intermediário m	tussenbalans f	delårsbalans	bilans pośredni m	zatímní bilance f	évközi mérleg
análise do balanço f	analyse van de balans f	balansanalys	analiza bilansu f	—	mérlegelemzés
transparência do balanço f	doorzichtigheid van de balans f	balanstransparens	klarowność bilansu f	—	a mérleg világossága
igualdade dos sucessivos balanços f	continuïteit van de balans f	balanskontinuitet	ciągłość bilansowa f	—	a mérleg folytonossága
balanço final m	slotbalans f	utgående balans	bilans końcowy m	konečná rozvaha f	zárómérleg
balanço inicial m	openingsbalans m	ingående balans	bilans otwarcia m	zahajovací rozvaha f	nyitó mérleg
balanço fiscal m	fiscale balans f	skattebalansräkning	bilans podatkowy m	daňová bilance f	adómérleg
balanço intermediário m	tussenbalans f	delårsbalans	bilans pośredni m	zatímní bilance f	évközi mérleg
balanço m	balans f	balansräkning	—	bilance f	mérleg
balança comercial f	handelsbalans f	handelsbalans	—	obchodní bilance f	kereskedelmi mérleg
balanço do movimento de capitais m	kapitaalrekening van de belastingsbalans f	balansräkning för kapitaltransaktioner	—	kapitálová bilance f	tőkemérleg
balanço final m	slotbalans f	utgående balans	—	konečná rozvaha f	zárómérleg
balanço inicial m	openingsbalans m	ingående balans	—	zahajovací rozvaha f	nyitó mérleg
balança de pagamentos f	betalingsbalans f	betalningsbalans	—	platební bilance f	fizetési mérleg
balanço fiscal m	fiscale balans f	skattebalansräkning	—	daňová bilance f	adómérleg
balanço intermediário m	tussenbalans f	delårsbalans	—	zatímní bilance f	évközi mérleg
balanço m	balans f	balansräkning	bilans m	bilance f	mérleg
análise do balanço f	analyse van de balans f	balansanalys	analiza bilansu f	bilanční analýza f	mérlegelemzés
transparência do balanço f	doorzichtigheid van de balans f	balanstransparens	klarowność bilansu f	bilanční čistota f	a mérleg világossága
igualdade dos sucessivos balanços f	continuïteit van de balans f	balanskontinuitet	ciągłość bilansowa f	bilanční kontinuita f	a mérleg folytonossága
bilateral	bilateriaal	bilateral	dwustronny	bilaterální	kétoldalú
bilateral	bilateriaal	bilateral	dwustronny	bilaterální	kétoldalú
bilateral	bilateriaal	bilateral	dwustronny	bilaterální	kétoldalú
—	bilateriaal	bilateral	dwustronny	bilaterální	kétoldalú
bilateral	bilateriaal	—	dwustronny	bilaterální	kétoldalú
bilateral	bilateriaal	bilateral	dwustronny	bilaterální	kétoldalú
bilateral	bilateriaal	bilateral	dwustronny	bilaterální	kétoldalú
bilateral	bilateriaal	bilateral	dwustronny	bilaterální	—
bilateral	—	bilateral	dwustronny	bilaterální	kétoldalú
ecrã m	beeldscherm n	bildskärm	ekran m	obrazovka f	képernyő
trabalho com ecrã m	werk aan het beeldscherm n	bildskärmsarbete	praca przy ekranie komputera f	práce na počítači f	számítógépes munka
posto de trabalho com ecrã m	arbeidsplaats waar iemand werkt met een computer f/m	bildskärmsarbetsplats	praca przy komputerze f	pracoviště vybavené počítačem n	számítógépes munkahely
ecrã m	beeldscherm n	—	ekran m	obrazovka f	képernyő
trabalho com ecrã m	werk aan het beeldscherm n	—	praca przy ekranie komputera f	práce na počítači f	számítógépes munka

bildskärmsarbetsplats 130

	D	E	F	I	ES
bildskärmsarbetsplats (SV)	Bildschirmarbeitsplatz m	job working at a computer	poste de travail à l'écran f	posto di lavoro a video m	puesto de trabajo de pantalla m
bilhete postal (P)	Postkarte f	postcard	carte postale f	cartolina postale f	tarjeta postal f
billast (SV)	Wagenladung f	lorry-load	charge de voiture f	carico di autocarro m	carga de un vagón f
billet à ordre (F)	Solawechsel m	promissory note	—	pagherò m	pagaré m
billet de banque (F)	Banknote f	bank note	—	banconota f	billete de banco m
billet de créance (F)	Schuldschein m	certificate of indebtedness	—	certificato di debito m	pagaré m
billete de banco (ES)	Banknote f	bank note	billet de banque m	banconota f	—
billigst (D)	—	at best price	au meilleur prix	al prezzo migliore	al mejor cambio
bill of entry (E)	Zolleinfuhrschein m	—	acquit d'entrée m	bolletta doganale d'importazione m	certificado de aduana m
bill of exchange (E)	Wechsel m	—	lettre de change f	cambiale f	letra de cambio f
bill of lading (E)	Konnossement n	—	connaissement m	polizza di carico f	conocimiento m
bill of lading (E)	Ladeschein f	—	avis de chargement m	bolletta di carico f	póliza de carga f
bill of lading (E)	Seefrachtbrief m	—	connaissement m	polizza di carico f	conocimiento de embarque m
bilon (PL)	Hartgeld n	specie	pièce de monnaie f	moneta metallica f	dinero metálico m
binnen de gestelde termijn (NL)	termingerecht	on schedule	dans les délais	puntuale	en la fecha fijada
Binnenhandel (D)	—	domestic trade	commerce intérieur m	commercio nazionale m	comercio interior m
Binnenkomende betaling (NL)	Zahlungseingang m	inpayment	entrée de fond f	ricevimento del pagamento m	entrada de fondos f
binnenlandse handel (NL)	Binnenhandel m	domestic trade	commerce intérieur m	commercio nazionale m	comercio interior m
binnenlandse markt (NL)	Binnenmarkt m	domestic market	marché intérieur m	mercato nazionale m	mercado interior m
Binnenmarkt (D)	—	domestic market	marché intérieur m	mercato nazionale m	mercado interior m
biorca leasingu (PL)	Leasing-Nehmer m	lessee	preneur de leasing m	beneficiario del leasing m	arrendatario financiero m
biprodukt (SV)	Nebenprodukt n	by-product	produit dérivé m	sottoprodotto m	producto accesorio m
bírósági végrehajtó (H)	Gerichtsvollzieher m	bailiff	huissier de justice m	ufficiale giudiziario m	ejecutor judicial m
bíróság területi illetékessége (H)	Gerichtsstand m	place of jurisdiction	juridiction compétente f	foro competente m	tribunal competente m
birthday (E)	Geburtstag m	—	anniversaire m	compleanno m	día de nacimiento m
birtoklás (H)	Besitz m	possession	possession f	possesso m	posesión f
biuro (PL)	Geschäftsstelle f	office	agence f	ufficio m	oficina f
bizalmas (H)	vertraulich	confidential	confidentiel	confidenziale	confidencial
bizalmi viszony (H)	Vertrauensverhältnis n	confidential relationship	rapport de confiance m	rapporto di fiducia m	relación de confianza f
bizományi ügylet (H)	Kommissionsgeschäft n	commission business	affaire en commission f	operazione di commissione f	operación de comisión f
bizományos (H)	Kommissionär m	commission agent	commissionnaire m	commissionario m	comisionista m
bizományosi alapon (H)	auf Kommissionsbasis	on a commission basis	en commission	su commissione	en comisión
bizonyítvány (H)	Zeugnis n	letter of reference	certificat m	attestato m	certificado m
bizonylat (H)	Beleg m	receipt	justificatif m	quietanza f	justificante m
bizottság (H)	Kommission f	commission	commission f	commissione f	comisión f
biztosítás (H)	Assekuranz f	assurance	assurance f	assicurazione f	seguro m
biztosítás (H)	Versicherung f	insurance	assurance f	assicurazione f	seguro m
biztosítási díj (H)	Versicherungsprämie f	insurance premium	prime d'assurance f	premio assicurativo m	prima de seguro f
biztosítási fedezet (H)	Versicherungsschutz m	insurance cover	couverture de l'assurance f	copertura assicurativa f	cobertura de seguro f
biztosítási keretkötvény (H)	Generalpolice f	floating policy	police d'abonnement f	polizza generale f	póliza global f

biztosítási keretkötvény

P	NL	SV	PL	CZ	H
posto de trabalho com ecrã m	arbeidsplaats waar iemand werkt met een computer f/m	—	praca przy komputerze f	pracoviště vybavené počítačem n	számítógépes munkahely
—	briefkaart f	vykort	karta pocztowa f	korespondenční lístek m	levelezőlap
carga de vagão f	wagonlading f	—	ładunek wagonowy m	nakládka na vůz f	kocsirakomány
nota promissória f	solawissel m	revers	wechsel własny m	jednoduchá směnka f	saját váltó
nota de banco f	bankbiljet n	sedel	banknot m	bankovka f	bankjegy
certidão comprovativa de dívida f	schuldbrief m	revers	skrypt dłużny m	dlužní úpis m	adóslevél
nota de banco f	bankbiljet n	sedel	banknot m	bankovka f	bankjegy
ao melhor preço	tegen de beste prijs	lägsta möjliga pris	najtaniej	nejlevnější	az elérhető legalacsonyabb áron
declaração de importação à alfândega f	invoervergunning f	införseldeklaration	kwit odprawy celnej przywozowej m	dovozní celní stvrzenka f	behozatali vámkimutatás
letra de câmbio f	wissel m	växel	weksel m	směnka f	váltó
conhecimento m	connossement n	konossement	konosament m	konosament m	hajóraklevél
guia de carregamento f	vrachtbrief m	lastbevis	kwit załadowczy m	nákladní list m	fuvarlevél
conhecimento de frete marítimo m	connossement n	konossement	konosament m	konosament m	tengeri fuvarlevél
dinheiro-moeda m	gemunt geld n	mynt	—	mince f/pl	fémpénz
pontual	—	punktlig	terminowy	v termínu	határidőre
comércio interno m	binnenlandse handel m	inrikeshandel	handel wewnętrzny m	domácí obchod m	belkereskedelem
entrada de numerário f	—	betalningsmottagande	wpływ płatności m	vstup plateb m	befizetés
comércio interno m	—	inrikeshandel	handel wewnętrzny m	domácí obchod m	belkereskedelem
mercado interno m	—	hemmamarknad	rynek wewnętrzny m	domácí trh m	belföldi piac
mercado interno m	binnenlandse markt f	hemmamarknad	rynek wewnętrzny m	domácí trh m	belföldi piac
locatário m	leaser m	leasingtagare	—	nabyvatel leasingu m	lízingbe vevő
subproduto m	bijproduct n	—	produkt uboczny m	vedlejší produkt m	melléktermék
oficial de justiça m	gerechtsdeurwaarder m	utmätningsman	komornik m	soudní vykonavatel m	—
competência judiciária f	bevoegde rechtbank f	jurisdiktion	podsądność terytorialna f	sídlo soudu n	—
aniversário m	verjaardag m	födelsedag	data urodzenia f	narozeniny pl	születésnap
possessão f	bezit n	egendom	posiadanie n	vlastnictví n	—
repartição f	kantoor n	kontor	—	kancelář f	kirendeltség
confidencial	vertrouwelijk	förtroligt	poufny	důvěrný	—
relação de confiança f	vertrouwensrelatie f	förtroende	stosunek zaufania m	důvěrný vztah m	—
negócio à comissão m	commissiehandel m	kommissionsverksamhet	transakcja komisowa f	komisionářský obchod m	—
comissionista m	commissionaris m	kommissionär	komisant m	komisionář m	—
à comissão	in commissie	i kommission	na bazie komisowej f	na komisionářském základě m	—
certificado m	certificaat n	rapport	świadectwo n	vysvědčení n	—
comprovativo m	bewijsstuk n	verifikation	dowód m	doklad m	—
comissão f	commissie f	kommission	komisja f	komise f	—
seguro m	verzekering f	assurans	asekuracja n	pojištění n	—
seguro m	verzekering f	försäkring	ubezpieczenie n	pojištění n	—
prémio de seguro m	verzekeringspremie f	försäkringspremie	składka ubezpieczeniowa f	pojistná prémie n	—
protecção por seguro m	bescherming door verzekering f	försäkringsskydd	ochrona ubezpieczeniowa f	ochrana získaná pojištěním f	—
apólice f	abonnementspolis f	flytande försäkring	polisa generalna f	generální pojistka f	—

biztosítási kötvény

	D	E	F	I	ES
biztosítási kötvény (H)	Police f	policy	police f	polizza f	póliza f
biztosítási kötvény (H)	Versicherungspolice f	insurance policy	police d'assurance f	polizza d'assicurazione f	seguro m
biztosítási összeg (H)	Versicherungssumme f	insured sum	montant de l'assurance m	capitale assicurato m	suma asegurada f
biztosítási ügynök (H)	Versicherungsagent m	insurance agent	agent d'assurance m	agente assicurativo m	agente de seguros m
biztosított (fél) (H)	Versicherungsnehmer m	insured person	souscripteur d'assurance m	assicurato m	asegurado m
black market (E)	Schwarzmarkt m	—	marché au noir m	mercato nero m	mercado negro m
blahobyt (CZ)	Wohlstand m	prosperity	prospérité f	benessere m	bienestar m
blanco formulier (NL)	Blankoformular n	blank form	imprimé en blanc f	modulo in bianco m	formulario en blanco m
blancokrediet (NL)	Blankokredit m	unsecured credit	crédit en compte courant m	credito scoperto m	crédito en blanco m
blancoverkoop (NL)	Blankoverkauf m	short sale	vente à découvert f	vendita allo scoperto f	venta al descubierto f
blancoverkoop (NL)	Leerverkauf m	forward sale	vente à découvert f	vendita allo scoperto f	venta al descubierto f
blankett (SV)	Vordruck m	printed form	imprimé m	modulo m	impreso m
blank form (E)	Blankoformular n	—	imprimé en blanc m	modulo in bianco m	formulario en blanco m
blankiet na przekaz pieniężny (PL)	Zahlkarte f	Giro inpayment form	mandat-carte m	modulo di versamento m	carta de pago f
blankning (SV)	Blankoverkauf m	short sale	vente à découvert f	vendita allo scoperto f	venta al descubierto f
Blankoformular (D)	—	blank form	imprimé en blanc m	modulo in bianco m	formulario en blanco m
blankoformulär (SV)	Blankoformular n	blank form	imprimé en blanc m	modulo in bianco m	formulario en blanco m
Blankokredit (D)	—	unsecured credit	crédit en compte courant m	credito scoperto m	crédito en blanco m
blankokredit (SV)	Blankokredit m	unsecured credit	crédit en compte courant m	credito scoperto m	crédito en blanco m
Blankoverkauf (D)	—	short sale	vente à découvert f	vendita allo scoperto f	venta al descubierto f
blocage des prix (F)	Preisstopp m	price stop	—	blocco dei prezzi m	limitación de precios f
blocage des salaires (F)	Lohnstopp m	wage freeze	—	blocco dei salari m	congelación salarial f
blocchetto degli assegni (I)	Scheckheft n	cheque book	carnet de chèques m	—	talonario de cheques m
blocco dei prezzi (I)	Preisstopp m	price stop	blocage des prix m	—	limitación de precios f
blocco dei salari (I)	Lohnstopp m	wage freeze	blocage des salaires m	—	congelación salarial f
blocked account (E)	gesperrtes Konto n	—	compte bloqué m	conto bloccato m	cuenta congelada f
blocked account (E)	Sperrkonto n	—	compte bloqué m	conto congelato m	cuenta bloqueada f
block of shares (E)	Aktienpaket n	—	paquet d'actions m	pacchetto di azioni m	paquete de acciones m
blokovaný účet (CZ)	gesperrtes Konto n	blocked account	compte bloqué m	conto bloccato m	cuenta congelada f
bloqueio de preços (P)	Preisstopp m	price stop	blocage des prix m	blocco dei prezzi m	limitación de precios f
board (E)	Vorstand m	—	directoire m	consiglio di amministrazione m	consejo de dirección m
board of directors (E)	Direktion f	—	direction f	direzione f	junta directiva f
boedelbeschrijving (NL)	Inventur f	stock-taking	inventaire m	compilazione dell'inventario f	inventario m
boekgeld (NL)	Buchgeld n	deposit money	monnaie de crédit f	moneta bancaria f	dinero en depósitos m
boekhouder m /boekhoudster (NL)	Buchhalter m	book-keeper	comptable m	ragioniere m	contable m
boekhouding (NL)	Buchführung f	book-keeping	comptabilité f	contabilità f	contabilidad f

boekhouding

P	NL	SV	PL	CZ	H
apólice f	polis f	försäkringsbrev	polisa f	pojistka f	—
apólice de seguros f	verzekeringspolis f	försäkringsbrev	polisa ubezpieczeniowa f	pojistka f	—
montante do seguro m	verzekerd bedrag n	försäkringssumma	suma ubezpieczenia f	pojistná suma f	—
agente de seguros m	verzekeringsagent m	försäkringsagent	agent ubezpieczeniowy m	pojišťovací agent m	—
segurado m	verzekeringnemer m	försäkringstagare	ubezpieczeniobiorca m	pojištěný m	—
mercado negro m	zwarte markt f	svart marknad	czarny rynek m	černý trh m	feketepiac
bem-estar social m	welvaart f	välstånd	dobrobyt m	—	jólét
formulário em branco m	—	blankoformulär	formularz in blanco m	nevyplněný formulář m	biankó űrlap
crédito a descoberto m	—	blankokredit	kredyt otwarty m	neomezený úvěr m	fedezetlen hitel
venda a descoberto f	—	blankning	sprzedaż bezdokumentowa f	prodej blanko m	fedezetlen eladás
venda a descoberto f	—	försäljning i syfte att skapa kursfall	sprzedaż blankowa f	prodej blanko m	fedezetlen eladás
impresso m	gedrukt formulier n	—	formularz m	předtisk m	űrlap
formulário em branco m	blanco formulier n	blankoformulär	formularz in blanco m	nevyplněný formulář m	biankó űrlap
vale de correio m	stortingsformulier n	postanvisning	—	poštovní poukázka f	pénzesutalvány
venda a descoberto f	blancoverkoop m	—	sprzedaż bezdokumentowa f	prodej blanko m	fedezetlen eladás
formulário em branco m	blanco formulier n	blankoformulär	formularz in blanco m	nevyplněný formulář m	biankó űrlap
formulário em branco m	blanco formulier n	—	formularz in blanco m	nevyplněný formulář m	biankó űrlap
crédito a descoberto m	blancokrediet n	blankokredit	kredyt otwarty m	neomezený úvěr m	fedezetlen hitel
crédito a descoberto m	blancokrediet n	—	kredyt otwarty m	neomezený úvěr m	fedezetlen hitel
venda a descoberto f	blancoverkoop m	blankning	sprzedaż bezdokumentowa f	prodej blanko m	fedezetlen eladás
bloqueio de preços m	prijsstop m	prisstopp	zamrożenie cen n	zmrazení cen n	árbefagyasztás
congelamento dos salários m	loonstop m	lönestopp	zamrożenie płac n	zmrazení mezd n	bérbefagyasztás
caderneta de cheques f	chequeboek n	checkhäfte	książeczka czekowa f	šeková knížka f	csekkfüzet
bloqueio de preços m	prijsstop m	prisstopp	zamrożenie cen n	zmrazení cen n	árbefagyasztás
congelamento dos salários m	loonstop m	lönestopp	zamrożenie płac n	zmrazení mezd n	bérbefagyasztás
conta congelada f	geblokkeerde rekening f	spärrat konto	zablokowane konto n	blokovaný účet m	zárolt számla
conta bloqueada f	geblokkeerde rekening f	spärrat konto	rachunek zablokowany f	vázaný účet m	zárolt számla
lote de acções m	aandelenpakket n	aktiepaket	pakiet akcji m	balík akcií m	részvénypakett
conta congelada f	geblokkeerde rekening f	spärrat konto	zablokowane konto n	—	zárolt számla
—	prijsstop m	prisstopp	zamrożenie cen n	zmrazení cen n	árbefagyasztás
direcção f	directiecomité n	styrelse	zarząd m	představenstvo n	igazgatóság
direcção f	directie f	styrelse	dyrekcja f	ředitelství n	igazgatóság
elaboração do inventário f	—	inventering	remanent m	inventura f	leltározás
dinheiro em conta m	—	kontobehållning	pieniądze na kontach n/pl	zúčtované peníze pl	bankszámlapénz
guarda-livros m	—	kamrer	księgowy m	účetní m/f	könyvelő
contabilidade f	—	bokföring	księgowość f	účetnictví n	könyvelés

boekhouding

	D	E	F	I	ES
boekhouding (NL)	Buchhaltung *f*	accounting	comptabilité *f*	contabilità *f*	contabilidad *f*
boekingsfout (NL)	Buchungsfehler *m*	book-keeping error	erreur de comptabilité *f*	errore di contabilità *m*	error de contabilidad *m*
boekingsperiode (NL)	Abrechnungszeitraum *m*	accounting period	période comptable *f*	periodo di liquidazione *m*	período de liquidación *m*
boekjaar (NL)	Geschäftsjahr *n*	financial year	exercice *m*	esercizio commerciale *m*	ejercicio *m*
boekjaar (NL)	Rechnungsjahr *n*	financial year	exercice comptable *m*	anno d'esercizio *m*	ejercicio *m*
boekjaar (NL)	Wirtschaftsjahr *n*	business year	exercice comptable *m*	esercizio *m*	ejercicio *m*
boekwaarde (NL)	Buchwert *m*	book value	valeur comptable *f*	valore contabile *m*	valor contable *m*
boekwinst (NL)	Buchgewinn *m*	book profit	bénéfice comptable *m*	utile contabile *m*	beneficio contable *m*
boete (NL)	Bußgeld *n*	penalty	amende *f*	pena pecuniaria *f*	multa *f*
boete (NL)	Geldstrafe *f*	fine	amende *f*	multa *f*	multa *f*
bogus company (E)	Briefkastenfirma *f*	—	entreprise fictive *f*	società fantasma *f*	empresa ficticia *f*
bogus firm (E)	Scheinfirma *f*	—	entreprise fictive *f*	ditta fittizia *f*	casa ficticia *f*
boicot (ES)	Boykott *n*	boycott	boycottage *m*	boicottaggio *m*	—
boicote (P)	Boykott *n*	boycott	boycottage *m*	boicottaggio *m*	boicot *m*
boicottaggio (I)	Boykott *n*	boycott	boycottage *m*	—	boicot *m*
boîte aux lettres (F)	Briefkasten *m*	letter-box	—	cassetta postale *f*	buzón *m*
boîte postale (F)	Postfach *n*	post office box	—	casella postale *f*	apartado de correos *m*
bojkot (PL)	Boykott *n*	boycott	boycottage *m*	boicottaggio *m*	boicot *m*
bojkot (CZ)	Boykott *n*	boycott	boycottage *m*	boicottaggio *m*	boicot *m*
bojkott (SV)	Boykott *n*	boycott	boycottage *m*	boicottaggio *m*	boicot *m*
bojkott (H)	Boykott *n*	boycott	boycottage *m*	boicottaggio *m*	boicot *m*
bokföring (SV)	Buchführung *f*	book-keeping	comptabilité *f*	contabilità *f*	contabilidad *f*
bokföring (SV)	Geschäftsbücher *n/pl*	account books and balance-sheets	livres de commerce *m/pl*	libri contabili *m/pl*	libros de contabilidad *m/pl*
bokfört värde (SV)	Buchwert *m*	book value	valeur comptable *f*	valore contabile *m*	valor contable *m*
bokvinst (SV)	Buchgewinn *m*	book profit	bénéfice comptable *m*	utile contabile *m*	beneficio contable *m*
bolagsavtal (SV)	Gesellschaftsvertrag *m*	deed of partnership	acte de société *m*	atto costitutivo *m*	contrato social
bolagsskatt (SV)	Körperschaftsteuer *f*	corporation tax	taxe sur les sociétés *f*	imposta sul reddito delle società *f*	impuesto de corporaciones *m*
bolagsstämma (SV)	Gesellschafterversammlung *f*	meeting of shareholders	assemblée des associés *f*	assemblea dei soci *f*	junta social *f*
bolagstillgångar (SV)	Gesellschaftsvermögen	company assets	patrimoine social *m*	patrimonio sociale *m*	patrimonio social *m*
boletim da bolsa (P)	Kurszettel *m*	stock exchange list	feuille de bourse *f*	listino di borsa *m*	boletín de bolsa *m*
boletín de bolsa (ES)	Kurszettel *m*	stock exchange list	feuille de bourse *f*	listino di borsa *m*	—
bolla di consegna (I)	Lieferschein *m*	delivery note	bulletin de livraison *m*	—	recibo de entrega *m*
bolletta di carico (I)	Ladeschein *f*	bill of lading	avis de chargement *m*	—	póliza de carga *f*
bolletta di commissione (I)	Bestellschein *m*	order form	bulletin de commande *m*	—	hoja de pedido *f*
bolletta doganale d'importazione (I)	Zolleinfuhrschein *m*	bill of entry	acquit d'entrée *m*	—	certificado de aduana *m*
bolsa (ES)	Börse *f*	stock exchange	bourse *f*	borsa *f*	—
bolsa (P)	Börse *f*	stock exchange	bourse *f*	borsa *f*	bolsa *f*
bolsa a plazo (ES)	Terminbörse *f*	futures market	bourse à terme *f*	mercato a termine *m*	—
bolsa de futuros sobre mercadorias (P)	Warenterminbörse *f*	commodity futures exchange	bourse de marchandises à livrer *f*	borsa merci a termine *f*	bolsa de mercancías a plazo *f*
bolsa de mercadorias (P)	Warenbörse *f*	commodity exchange	bourse de marchandises *f*	borsa merci *f*	bolsa de mercancías *f*

bolsa de mercadorias

P	NL	SV	PL	CZ	H
contabilidade f	—	redovisning	księgowość f	účetnictví n	könyvelés
erro contabilístico m	—	redovisningsfel	błąd w księgowaniu m	chyba v účetnictví f	könyvelési hiba
período de contabilização m	—	räkenskapsperiod	okres rozliczeniowy m	zúčtovací období n	elszámolási időszak
exercício comercial m	—	verksamhetsår	rok gospodarczy m	obchodní rok m	üzleti év
exercício contável m	—	räkenskapsår	rok budżetowy m	účetní rok m	pénzügyi év
exercício m	—	budgetår	rok gospodarczy m	hospodářský rok f	gazdasági év
valor contabilístico m	—	bokfört värde	wartość księgowa f	cena podle obchodních knih f	könyv szerinti érték
lucro contabilístico m	—	bokvinst	zysk księgowy m	účetní zisk m	könyv szerinti nyereség
multa administrativa f	—	straffavgift	grzywna f	pokuta f	pénzbírság
multa f	—	böter	kara pieniężna f	peněžitá pokuta f	pénzbírság
empresa fictícia f	postbusbedrijf n	brevlådeföretag	firma fikcyjna f	fingovaná firma f	fantomcég
firma fictícia f	schijnfirma f	skenföretag	firma fikcyjna f	naoko registrovaná firma f	fiktív cég
boicote m	boycot m	bojkott	bojkot m	bojkot m	bojkott
—	boycot m	bojkott	bojkot m	bojkot m	bojkott
boicote m	boycot m	bojkott	bojkot m	bojkot m	bojkott
caixa do correio f	brievenbus f	brevlåda	skrzynka pocztowa f	poštovní schránka f	postaláda
caixa postal f	postbus f	box	skrytka pocztowa f	poštovní přihrádka f	postafiók
boicote m	boycot m	bojkott	—	bojkot m	bojkott
boicote m	boycot m	bojkott	bojkot m	—	bojkott
boicote m	boycot m	—	bojkot m	bojkot m	bojkott
boicote m	boycot m	bojkott	bojkot m	bojkot m	—
contabilidade f	boekhouding f	—	księgowość f	účetnictví n	könyvelés
livros de contabilidade m/pl	handelsboeken n/pl	—	księgi handlowe f/pl	obchodní knihy f/pl	üzleti könyvek
valor contabilístico m	boekwaarde f	—	wartość księgowa f	cena podle obchodních knih f	könyv szerinti érték
lucro contabilístico m	boekwinst f	—	zysk księgowy m	účetní zisk m	könyv szerinti nyereség
contrato social m	akte van vennootschap f	—	umowa spółki f	zakládací smlouva obchodní společnosti f	társasági szerződés
imposto sobre rendimentos colectivos (IRC) m	vennootschapsbelasting f	—	podatek od osób prawnych m	korporační daň f	társasági adó
assembleia geral dos accionistas f	aandeelhoudersvergadering f	—	zgromadzenie wspólników n	valná hromada společníků f	taggyűlés
património social m	vennootschapsvermogen n	—	majątek spółki m	majetek společnosti m	társasági vagyon
—	koerslijst f	börslista	nota maklerska f	kursovní lístek m	árfolyamjegyzék
boletim da bolsa m	koerslijst f	börslista	nota maklerska f	kursovní lístek m	árfolyamjegyzék
guia de remessa f	afleveringsbewijs n	föjesedel	dowód dostawy m	dodací list m	szállítójegyzék
guia de carregamento f	vrachtbrief m	lastbevis	kwit załadowczy m	nákladní list m	fuvarlevél
impresso de encomenda m	bestelbon m	orderformulär	zamówienie pisemne n	stvrzenka objednávky f	megrendelőlap
declaração de importação à alfândega f	invoervergunning f	införseldeklaration	kwit odprawy celnej przywozowej f	dovozní celní stvrzenka f	behozatali vámkimutatás
bolsa f	beurs f	börs	giełda f	burza f	tőzsde
—	beurs f	börs	giełda f	burza f	tőzsde
mercado a termo m	termijnbeurs f	terminmarknaden	giełda terminowa f	termínová burza f	határidős tőzsde
—	goederentermijnbeurs f	råvaruterminsmarknad	giełda towarowych transakcji terminowych f	termínová burza zboží f	határidős árutőzsde
—	handelsbeurs f	varubörs	giełda towarowa f	zbožní burza f	árutőzsde

bolsa de mercancías 136

	D	E	F	I	ES
bolsa de mercancías (ES)	Warenbörse f	commodity exchange	bourse de marchandises f	borsa merci f	—
bolsa de mercancías a plazo (ES)	Warenterminbörse f	commodity futures exchange	bourse de marchandises à livrer f	borsa merci a termine f	—
bolsa de reciclagem (P)	Abfallbörse f	recycling exchange	bourse de recyclage f	borsa di riciclaggio f	bolsa de reciclaje f
bolsa de reciclaje (ES)	Abfallbörse f	recycling exchange	bourse de recyclage f	borsa di riciclaggio f	—
bolsa de valores (ES)	Effektenbörse f	stock exchange	bourse des titres et des valeurs mobilières f	borsa valori f	—
bolsa de valores (P)	Börsenplatz m	stock exchange centre	place boursière f	piazza f	plaza bursátil f
bolsa de valores (P)	Effektenbörse f	stock exchange	bourse des titres et des valeurs mobilières f	borsa valori f	bolsa de valores f
bolti ár (H)	Ladenpreis f	retail price	prix de vente m	prezzo al consumo m	precio de venta m
Bon (D)	—	voucher	bon m	buono m	bono m
bon (F)	Bon m	voucher	—	buono m	bono m
bon (NL)	Bon m	voucher	bon m	buono m	bono m
bon (PL)	Bon m	voucher	bon m	buono m	bono m
bon (CZ)	Bon m	voucher	bon m	buono m	bono m
bón (H)	Bon m	voucher	bon m	buono m	bono m
bon de commande (F)	Bestellformular n	order form	—	modulo per ordinazioni m	formulario de pedido m
bon d'essence (F)	Benzingutscheine m/pl	petrol voucher	—	buoni benzina m/pl	bono de gasolina m
bond market (E)	Rentenmarkt m	—	marché des effets publics m	mercato dei titoli a reddito fisso m	mercado de títulos de renta fija m
bonds (E)	Rentenpapiere f	—	titres de rente m/pl	titoli a reddito fisso m/pl	títulos de renta fija m/pl
bong (SV)	Bon m	voucher	bon m	buono m	bono m
bonificação (P)	Bonifikation f	bonus	bonification f	abbuono m	bonificación f
bonificación (ES)	Bonifikation f	bonus	bonification f	abbuono m	—
bonificatie (NL)	Bonifikation f	bonus	bonification f	abbuono m	bonificación f
bonification (F)	Bonifikation f	bonus	—	abbuono m	bonificación f
bonification (F)	Bonus m	bonus	—	premio m	gratificación f
bonifico bancario (I)	Banküberweisung f	bank transfer	virement bancaire m	—	transferencia bancaria f
bonifico postale (I)	Postüberweisung f	postal transfer	virement postal m	—	giro postal m
bonifikace (CZ)	Bonifikation f	bonus	bonification f	abbuono m	bonificación f
Bonifikation (D)	—	bonus	bonification f	abbuono m	bonificación f
bonita (CZ)	Bonität f	solvency	solvabilité f	solvibilità f	solvencia f
Bonität (D)	—	solvency	solvabilité f	solvibilità f	solvencia f
bono (ES)	Bon m	voucher	bon m	buono m	—
bono de gasolina (ES)	Benzingutscheine m/pl	petrol voucher	bon d'essence m	buoni benzina m/pl	—
bonos de bajo valor nominal (ES)	Baby-Bonds pl	baby bonds	bons à petite valeur nominale m/pl	obbligazioni di scarso valore nominale f/pl	—
bons à petite valeur nominale (F)	Baby-Bonds pl	baby bonds	—	obbligazioni di scarso valore nominale f/pl	bonos de bajo valor nominal m/pl
Bonus (D)	—	bonus	bonification f	premio m	gratificación f
bonus (E)	Bonifikation f	—	bonification f	abbuono m	bonificación f
bonus (E)	Bonus m	—	bonification f	premio m	gratificación f
bonus (E)	Gratifikation f	—	gratification f	gratifica f	gratificación f
bonus (E)	Prämie f	—	prime f	premio m	prima f
bonus (NL)	Bonus m	bonus	bonification f	premio m	gratificación f
bonus (SV)	Bonifikation f	bonus	bonification f	abbuono m	bonificación f
bonus (SV)	Bonus m	bonus	bonification f	premio m	gratificación f

bonus

P	NL	SV	PL	CZ	H
bolsa de mercadorias f	handelsbeurs f	varubörs	giełda towarowa f	zboží burza f	árutőzsde
bolsa de futuros sobre mercadorias f	goederentermijnbeurs f	råvaruterminsmarknad	giełda towarowych transakcji terminowych f	termínová burza zboží f	határidős árutőzsde
—	afvalbeurs f	återvinningsbörs	giełda odpadów f	burza s odpady f	hulladékanyag-börze
bolsa de reciclagem f	afvalbeurs f	återvinningsbörs	giełda odpadów f	burza s odpady f	hulladékanyag-börze
bolsa de valores f	effectenbeurs f	börs	giełda papierów wartościowych f	burza cenných papírů f	értéktőzsde
—	beurs f	börsort	siedziba giełdy f	sídlo burzy n	tőzsde helye
—	effectenbeurs f	börs	giełda papierów wartościowych f	burza cenných papírů f	értéktőzsde
preço de venda m	kleinhandelsprijs m	butikspris	cena detaliczna f	prodejní cena f	—
abonador m	bon m	bong	bon m	bon m	bón
abonador m	bon m	bong	bon m	bon m	bón
abonador m	—	bong	bon m	bon m	bón
abonador m	bon m	bong	—	bon m	bón
abonador m	bon m	bong	bon m	—	bón
abonador m	bon m	bong	bon m	bon m	—
nota de encomenda f	bestelformulier n	orderformulär	formularz zamówienia m	objednací formulář m	megrendelőlap
senhas de gasolina f/pl	benzinebon m	bensinkupong	talony na benzynę m/pl	poukázky na benzin f/pl	benzinjegyek
mercado dos títulos de renda fixa m	obligatiemarkt m	obligationsmarknad	rynek papierów wartościowych o stałym zysku m	trh s výnosovými listy m	kötvénypiac
títulos de renda fixa m/pl	effecten n/pl	obligationer pl	papiery wartościowe o stałym zysku m/pl	výnosové listy m/pl	adósságlevelek
abonador m	bon m	—	bon m	bon m	bón
—	bonificatie f	bonus	premia f	bonifikace f	térítés
bonificação f	bonificatie f	bonus	premia f	bonifikace f	térítés
bonificação f	—	bonus	premia f	bonifikace f	térítés
bonificação f	bonificatie f	bonus	premia f	bonifikace f	térítés
bónus	bonus m	bonus	rabat od obrotów m	bonus m	bónusz
transferência bancária f	bankoverschrijving f	banköverföring	przekaz bankowy m	bankovní převod m	banki átutalás
transferência postal f	postgiro m	postgiroutbetalning	przekaz pocztowy m	poštovní převod m	postai átutalás
bonificação f	bonificatie f	bonus	premia f	—	térítés
bonificação f	bonificatie f	bonus	premia f	bonifikace f	térítés
solvência f	solvabiliteit f	betalningsförmåga	wypłacalność f	—	fizetőképesség
solvência f	solvabiliteit f	betalningsförmåga	wypłacalność f	bonita f	fizetőképesség
abonador m	bon m	bong	bon m	bon m	bón
senhas de gasolina f/pl	benzinebon m	bensinkupong	talony na benzynę m/pl	poukázky na benzin f/pl	benzinjegyek
obrigações de pequeno valor nominal f/pl	effecten met geringe waarde n/pl	baby bonds pl	obligacje niskonominałowe f/pl	obligace malé nominální hodnoty f/pl	alacsony névértékű kötvények
obrigações de pequeno valor nominal f/pl	effecten met geringe waarde n/pl	baby bonds pl	obligacje niskonominałowe f/pl	obligace malé nominální hodnoty f/pl	alacsony névértékű kötvények
bónus	bonus m	bonus	rabat od obrotów m	bonus m	bónusz
bonificação f	bonificatie f	bonus	premia f	bonifikace f	térítés
bónus	bonus m	bonus	rabat od obrotów m	bonus m	bónusz
gratificação f	gratificatie f	gratifikation	gratyfikacja f	zvláštní sleva za odměnu f	prémium
prémio m	premie f	premie	premia f	prémie f	felár
bónus	—	bonus	rabat od obrotów m	bonus m	bónusz
bonificação f	bonificatie f	bonus	premia f	bonifikace f	térítés
bónus	bonus m	bonus	rabat od obrotów m	bonus m	bónusz

bonus 138

	D	E	F	I	ES
bonus (CZ)	Bonus m	bonus	bonification f	premio m	gratificación f
bónus (P)	Bonus m	bonus	bonification f	premio m	gratificación f
bónus (P)	Zugabe f	extra	prime f	aggiunta f	suplemento m
bónusz (H)	Bonus m	bonus	bonification f	premio m	gratificación f
book-keeper (E)	Buchhalter m	—	comptable m	ragioniere m	contable m
book-keeping (E)	Buchführung f	—	comptabilité f	contabilità f	contabilidad f
book-keeping error (E)	Buchungsfehler m	—	erreur de comptabilité f	errore di contabilità m	error de contabilidad m
book profit (E)	Buchgewinn m	—	bénéfice comptable m	utile contabile m	beneficio contable m
book value (E)	Buchwert m	—	valeur comptable f	valore contabile m	valor contable m
boom (E)	Hausse f	—	hausse f	rialzo m	alza f
boom (E)	Hochkonjunktur f	—	haute conjoncture f	alta congiuntura f	alta coyuntura f
borg (NL)	Bürge m	guarantor	garant m	fideiussore m	fiador m
borgen (SV)	Bürgschaft f	guarantee	caution f	garanzia (fideiussoria) f	fianza f
borgen (SV)	Kaution f	security	caution f	cauzione f	caución f garantía f
borgenär (SV)	Bürge m	guarantor	garant m	fideiussore m	fiador m
borgenär (SV)	Gläubiger m	creditor	créancier m	creditore m	accreedor m
borgenärssammanträde (SV)	Gläubigerversammlung f	creditors' meeting	assemblée des créanciers f	assemblea dei creditori f	junta de acreedores f
borgenärsskydd (SV)	Gläubigerschutz m	protection of creditors	garantie des créanciers f	tutela del creditore f	protección de los acreedores f
borgenslån (SV)	Bürgschaftskredit m	credit by way of bank guarantee	crédit cautionné m	credito garantito m	crédito de garantía m
borgsom (NL)	Bürgschaft f	guarantee	caution f	garanzia (fideiussoria) f	fianza f
borgstelling (NL)	Verpfändung f	pledge	mise en gage f	pignoramento m	pignoración f
borgstellingskrediet (NL)	Bürgschaftskredit m	credit by way of bank guarantee	crédit cautionné m	credito garantito m	crédito de garantía m
boríték (H)	Kuvert n	envelope	enveloppe f	busta f	sobre m
borravaló (H)	Bedienungsgeld n	service charge	pourboire m	diritto di servizio m	propina f
borrower (E)	Kreditnehmer m	—	bénéficiaire d'un crédit	beneficiario del credito m	prestatario m
borrowing limit (E)	Kreditlimit n	—	plafond du crédit alloué m	limite di credito m	límite de crédito m
börs (SV)	Börse f	stock exchange	bourse f	borsa f	bolsa f
börs (SV)	Effektenbörse f	stock exchange	bourse des titres et des valeurs mobilières f	borsa valori f	bolsa de valores f
borsa (I)	Börse f	stock exchange	bourse f	—	bolsa f
borsa di riciclaggio (I)	Abfallbörse f	recycling exchange	bourse de recyclage f	—	bolsa de reciclaje f
börsaffärer (SV)	Börsengeschäfte n/pl	stock market transactions	opérations de bourse f/pl	operazioni di borsa f/pl	operación bursátil f
borsa merci (I)	Warenbörse f	commodity exchange	bourse de marchandises f	—	bolsa de mercancías f
borsa merci a termine (I)	Warenterminbörse f	commodity futures exchange	bourse de marchandises à livrer f	—	bolsa de mercancías a plazo m
borsa valori (I)	Effektenbörse f	stock exchange	bourse des titres et des valeurs mobilières f	—	bolsa de valores f
börsdag (SV)	Börsentag m	market day	jour de bourse m	giorno di borsa m	sesión bursátil f
Börse (D)	—	stock exchange	bourse f	borsa f	bolsa f
Börsengeschäfte (D)	—	stock market transactions	opérations de bourse f/pl	operazioni di borsa f/pl	operación bursátil f
Börsenhandel (D)	—	stock exchange dealings	transactions boursières f/pl	negoziazione in borsa f	negociación bursátil f
Börsenindex (D)	—	stock exchange index	indice des cours des actions m	indice delle quotazioni m	índice bursátil m

Börsenindex

P	NL	SV	PL	CZ	H
bónus	bonus m	bonus	rabat od obrotów m	—	bónusz
—	bonus m	bonus	rabat od obrotów m	bonus m	bónusz
—	toegift f	tillägg	dodatek m	přídavek m	ráadás
bónus	bonus m	bonus	rabat od obrotów m	bonus m	—
guarda-livros m	boekhouder m /boekhoudster f	kamrer	księgowy m	účetní m/f	könyvelő
contabilidade f	boekhouding f	bokföring	księgowość f	účetnictví n	könyvelés
erro contabilístico m	boekingsfout f	redovisningsfel	błąd w księgowaniu m	chyba v účetnictví f	könyvelési hiba
lucro contabilístico m	boekwinst f	bokvinst	zysk księgowy m	účetní zisk m	könyv szerinti nyereség
valor contabilístico m	boekwaarde f	bokfört värde	wartość księgowa f	cena podle obchodních knih f	könyv szerinti érték
alta na bolsa f	hausse f	hausse	hossa f	hausa f	emelkedő árfolyamtendencia
conjuntura alta f	hoogconjunctuur f	högkonjunktur	wysoka koniunktura f	vysoká konjunktura f	fellendülés
fiador m	—	borgenär	poręczyciel m	ručitel m	kezes
fiança f	borgsom f	—	poręczenie n	ručení n	kezesség
caução f	waarborgsom f	—	kaucja f	kauce f	óvadék
fiador m	borg m	—	poręczyciel m	ručitel m	kezes
credor Km	schuldeiser m	—	wierzyciel m	věřitel m	hitelező
assembleia de credores f	vergadering van de schuldeisers f	—	zgormadzenie wierzycieli n	schůze věřitelů f	hitelezők gyűlése
garantia dos credores f	bescherming van de schuldeisers f	—	gwarancja dla wierzycieli f	ochrana věřitelů f	hitelezők védelme
crédito sob fiança m	borgstellingskrediet n	—	kredyt gwarantowany m	ručitelský úvěr m	garantált hitel
fiança f	—	borgen	poręczenie n	ručení n	kezesség
penhora f	—	pantsättning	ustanowienie zastawu n	zástava f	elzálogosítás
crédito sob fiança m	—	borgenslån	kredyt gwarantowany m	ručitelský úvěr m	garantált hitel
envelope m	enveloppe f	kuvert	koperta f	obálka f	—
gorjeta f	fooi f/m	dricks	pole obsługi n	spropitné n	—
beneficiário do crédito m	kredietnemer m	kredittagare	kredytobiorca m	dlužník m	hitelfelvevő
limite de crédito m	kredietlimiet f	kreditgräns	limit kredytowy m	úvěrový limit m	hitelkeret
bolsa f	beurs f	—	giełda f	burza f	tőzsde
bolsa de valores f	effectenbeurs f	—	giełda papierów wartościowych f	burza cenných papírů f	értéktőzsde
bolsa f	beurs f	börs	giełda f	burza f	tőzsde
bolsa de reciclagem f	afvalbeurs f	återvinningsbörs	giełda odpadów f	burza s odpady f	hulladékanyag-börze
operações de bolsa f/pl	beursverrichtingen f/pl	—	operacje giełdowe f/pl	burzovní obchody m/pl	tőzsdei ügyletek
bolsa de mercadorias f	handelsbeurs f	varubörs	giełda towarowa f	zboží burza f	árutőzsde
bolsa de futuros sobre mercadorias f	goederentermijnbeurs f	råvaruterminsmarknad	giełda towarowych transakcji terminowych f	termínová burza zboží f	határidős árutőzsde
bolsa de valores f	effectenbeurs f	börs	giełda papierów wartościowych f	burza cenných papírů f	értéktőzsde
dia de bolsa f	beursdag m	—	dzień handlowy giełdy m	burzovní den m	tőzsdenap
bolsa f	beurs f	börs	giełda f	burza f	tőzsde
operações de bolsa f/pl	beursverrichtingen f/pl	börsaffärer pl	operacje giełdowe f/pl	burzovní obchody m/pl	tőzsdei ügyletek
transações em bolsa f/pl	beurshandel m	börshandel	transakcje giełdowe f/pl	burzovní obchod m	tőzsdei kereskedelem
índice da bolsa m	beursindex m	aktieindex	giełdowy wskaźnik akcji m	burzovní index m	tőzsdeindex

Börsenkrach

	D	E	F	I	ES
Börsenkrach (D)	—	stock market crash	krach boursier m	crollo di borsa m	derrumbe bursátil m
Börsenkurs (D)	—	quotation on the stock exchange	cours de bourse m/pl	corso di borsa m	cotización en bolsa f
Börsenmakler (D)	—	stockbroker	courtier en bourse m	agente di cambio m	corredor de bolsa m
Börsennotierung (D)	—	stock exchange quotation	cote de la bourse f	quotazione di borsa f	cotización de bolsa f
Börsenplatz (D)	—	stock exchange centre	place boursière f	piazza f	plaza bursátil f
Börsentag (D)	—	market day	jour de bourse m	giorno di borsa m	sesión bursátil f
börshandel (SV)	Börsenhandel m	stock exchange dealings	transactions boursières f/pl	negoziazione in borsa f	negociación bursátil f
börskrasch (SV)	Börsenkrach m	stock market crash	krach boursier m	crollo di borsa m	derrumbe bursátil m
börskurs (SV)	Börsenkurs m	quotation on the stock exchange	cours de bourse m/pl	corso di borsa m	cotización en bolsa f
börslista (SV)	Kurszettel m	stock exchange list	feuille de bourse f	listino di borsa m	boletín de bolsa m
börsmäklare (SV)	Börsenmakler m	stockbroker	courtier en bourse m	agente di cambio m	corredor de bolsa m
börsmäklare (SV)	Kursmakler m	stock broker	courtier en bourse m	agente di borsa m	agente de cambio y bolsa m
börsnotering (SV)	Börsennotierung f	stock exchange quotation	cote de la bourse f	quotazione di borsa f	cotización de bolsa f
börsort (SV)	Börsenplatz m	stock exchange centre	place boursière f	piazza f	plaza bursátil f
bortfallsgaranti (SV)	Ausfallbürgschaft f	deficiency guarantee	garantie de bonne fin f	garanzia d'indennizzo f	garantía de indemnidad f
bortfallsrisk (SV)	Ausfallrisiko f	default risk	risque de perte m	rischio di perdita m	riesgo de pérdida m
bostadsbyggande (SV)	Wohnungsbau m	housing construction	construction de logements f	edilizia abitativa f	construcción de viviendas f
böter (SV)	Geldbuße f	fine	amende f	pena pecuniaria f	multa f
böter (SV)	Geldstrafe f	fine	amende f	multa f	multa f
bourse (F)	Börse f	stock exchange	—	borsa f	bolsa f
bourse à terme (F)	Terminbörse f	futures market	—	mercato a termine m	bolsa a plazo f
bourse de marchandises (F)	Warenbörse f	commodity exchange	—	borsa merci f	bolsa de mercancías f
bourse de marchandises à livrer (F)	Warenterminbörse f	commodity futures exchange	—	borsa merci a termine f	bolsa de mercancías a plazo m
bourse de recyclage (F)	Abfallbörse f	recycling exchange	—	borsa di riciclaggio f	bolsa de reciclaje f
bourse des titres et des valeurs mobilières (F)	Effektenbörse f	stock exchange	—	borsa valori f	bolsa de valores f
bouw (NL)	Bau m	construction	construction f	costruzione f	construcción f
bouwfinanciering (NL)	Baufinanzierung f	financing of building projects	financement à la construction m	finanziamento all'edilizia f	financiación de la construcción f
bouwgrond (NL)	Bauland n	building site	terrain de construction m	area edificabile f	terreno edificable m
bouwkrediet (NL)	Baukredit m	building loan	crédit à la construction m	credito edilizio m	crédito para la construcción f
bouwnijverheid (NL)	Bauwirtschaft f	building and contracting industry	industrie du bâtiment f	edilizia f	sector de la construcción m
bouwvergunning (NL)	Baugenehmigung f	planning permission	autorisation de construire f	licenza di costruzione f	permiso de construcción m
bovengrens van de prijs (NL)	Preisobergrenze f	price ceiling	limite supérieure des prix f	limite massimo di prezzo m	límite máximo de los precios m
box (SV)	Postfach n	post office box	boîte postale f	casella postale f	apartado de correos m
boycot (NL)	Boykott n	boycott	boycottage m	boicottaggio m	boicot m
boycott (E)	Boykott n	—	boycottage m	boicottaggio m	boicot m
boycottage (F)	Boykott n	boycott	—	boicottaggio m	boicot m
Boykott (D)	—	boycott	boycottage m	boicottaggio m	boicot m
brådskande (SV)	dringend	urgent	urgent	urgente	urgente

brådskande

P	NL	SV	PL	CZ	H
queda das cotações na bolsa f	beurscrash m	börskrasch	krach na giełdzie m	krach na burze m	tőzsdekrach
cotação da bolsa de valores f	beurskoers m	börskurs	kurs giełdowy m	burzovní kurs m	tőzsdei árfolyam
corretor de bolsa m	beursmakelaar m	börsmäklare	makler giełdowy m	burzovní makléř m	bróker
cotação da bolsa de valores f	beursnotering f	börsnotering	notowanie giełdowe n	kotace cenných papírů na burze f	tőzsdei jegyzés
bolsa de valores f	beurs f	börsort	siedziba giełdy f	sídlo burzy n	tőzsde helye
dia de bolsa f	beursdag m	börsdag	dzień handlowy giełdy m	burzovní den m	tőzsdenap
transações em bolsa f/pl	beurshandel m	—	transakcje giełdowe f/pl	burzovní obchod m	tőzsdei kereskedelem
queda das cotações na bolsa f	beurscrash m	—	krach na giełdzie m	krach na burze m	tőzsdekrach
cotação da bolsa de valores f	beurskoers m	—	kurs giełdowy m	burzovní kurs m	tőzsdei árfolyam
boletim da bolsa m	koerslijst f	—	nota maklerska f	kursovní lístek m	árfolyamjegyzék
corretor de bolsa m	beursmakelaar m	—	makler giełdowy m	burzovní makléř m	bróker
corretor de câmbio m	effectenmakelaar m	—	makler giełdowy m	kursový makléř m	bróker
cotação da bolsa de valores f	beursnotering f	—	notowanie giełdowe n	kotace cenných papírů na burze f	tőzsdei jegyzés
bolsa de valores f	beurs f	—	siedziba giełdy f	sídlo burzy n	tőzsde helye
fiança para cobertura de défice f	waarborg van honorering m	—	list gwarancyjny załadowcy m	záruka za ztráty f	kártalanító kezesség
risco de perda m	gevaar voor uitvallen n	—	ryzyko niewykonalności n	riziko ztrát n	hitelveszteségkockázat
construção de habitações f	woningbouw m	—	budownictwo mieszkaniowe n	bytová výstavba f	lakásépítés
multa f	geldboete f	—	grzywna f	peněžitá pokuta f	pénzbírság
multa f	boete f	—	kara pieniężna f	peněžitá pokuta f	pénzbírság
bolsa f	beurs f	börs	giełda f	burza f	tőzsde
mercado a termo m	termijnbeurs f	terminmarknaden	giełda terminowa f	termínová burza f	határidős tőzsde
bolsa de mercadorias f	handelsbeurs f	varubörs	giełda towarowa f	zboží burza f	árutőzsde
bolsa de futuros sobre mercadorias f	goederentermijnbeurs f	råvaruterminsmarknad	giełda towarowych transakcji terminowych f	termínová burza zboží f	határidős árutőzsde
bolsa de reciclagem f	afvalbeurs f	återvinningsbörs	giełda odpadów f	burza s odpady f	hulladékanyag-börze
bolsa de valores f	effectenbeurs f	börs	giełda papierów wartościowych f	burza cenných papírů f	értéktőzsde
construção f	—	byggnadsverksamhet	budowa f	stavba f	építés
financiamento de construção m	—	byggnadsfinansiering	finansowanie budowy n	financování stavby n	építésfinanszírozás
terreno urbanizável m	—	byggnadstomt	grunt budowlany m	stavební pozemek m	építési terület
crédito para a construção m	—	byggnadslån	kredyt budowlany m	stavební úvěr m	építési kölcsön
indústria da construção f	—	byggnadsindustri	gospodarka budowlana f	stavebnictví n	építőipar
alvará de construção m	—	byggnadstillstånd	zezwolenie budowlane n	stavební povolení n	építési engedély
limite máximo dos preços m	—	övre prisgräns	pułap cen m	horní hranice ceny f	felső árhatár
caixa postal f	postbus f	—	skrytka pocztowa f	poštovní přihrádka f	postafiók
boicote m	—	bojkott	bojkot m	bojkot m	bojkott
boicote m	boycot m	bojkott	bojkot m	bojkot m	bojkott
boicote m	boycot m	bojkott	bojkot m	bojkot m	bojkott
boicote m	boycot m	bojkott	bojkot m	bojkot m	bojkott
urgente	dringend	—	pilny	naléhavý	sürgős(en)

bråkdel

	D	E	F	I	ES
bråkdel (SV)	Bruchteil *m*	fraction	fraction *f*	frazione *f*	parte fraccionaria *f*
brak personelu (PL)	Personalmangel *m*	shortage of staff	manque de personnel *m*	mancanza di personale *f*	falta de personal *f*
branch (E)	Filiale *f*	—	succursale *f*	filiale *f*	filial *f*
branch (E)	Zweigstelle *f*	—	agence *f*	agenzia *f*	filial *f*
Branche (D)	—	line of business	branche *f*	ramo commerciale *m*	ramo *m*
branche (F)	Branche *f*	line of business	—	ramo commerciale *m*	ramo *m*
branche (NL)	Branche *f*	line of business	branche *f*	ramo commerciale *m*	ramo *m*
branch manager (E)	Filialleiter *m*	—	directeur de succursale *m*	direttore di filiale *m*	jefe de sucursal *m*
branch office (E)	Niederlassung *f*	—	succursale *f*	succursale *f*	sucursal *f*
bransch (SV)	Branche *f*	line of business	branche *f*	ramo commerciale *m*	ramo *m*
bransch (SV)	Wirtschaftszweig *m*	field of the economy	secteur économique *m*	settore economico *m*	ramo económico *m*
branża (PL)	Branche *f*	line of business	branche *f*	ramo commerciale *m*	ramo *m*
branża gospodarcza (PL)	Wirtschaftszweig *m*	field of the economy	secteur économique *m*	settore economico *m*	ramo económico *m*
breach of contract (E)	Vertragsbruch *m*	—	violation de contrat *f*	inadempienza contrattuale *f*	ruptura de contrato *f*
break-even point (E)	Gewinnschwelle *f*	—	seuil de rentabilité *m*	punto di pareggio *m*	umbral de la rentabilidad *m*
break-even point (E)	Rentabilitätsschwelle *f*	—	seuil de rentabilité *m*	fase redditizia *f*	umbral de rentabilidad *m*
brev (SV)	Brief *m*	letter	lettre *f*	lettera *f*	carta *f*
brevbärare (SV)	Briefträger *m*	postman	facteur *m*	postino *m*	cartero *m*
brevet (F)	Patent *n*	patent	—	brevetto *m*	patente *f*
brevet européen (F)	Europapatent	European patent	—	brevetto europeo *m*	patente europea *f*
brevetto (I)	Patent *n*	patent	brevet *m*	—	patente *f*
brevetto europeo (I)	Europapatent	European patent	brevet européen *m*	—	patente europea *f*
brevhuvud (SV)	Briefkopf *m*	letterhead	en-tête *m*	intestazione *f*	encabezamiento *m*
brevlåda (SV)	Briefkasten *m*	letter-box	boîte aux lettres *f*	cassetta postale *f*	buzón *m*
brevlådeföretag (SV)	Briefkastenfirma *f*	bogus company	entreprise fictive *f*	società fantasma *f*	empresa ficticia *f*
bribe (E)	Bestechung *f*	—	corruption *f*	corruzione *f*	soborno *f*
bridging loan (E)	Überbrückungskredit *m*	—	crédit transitoire *m*	credito ponte *m*	crédito transitorio *m*
Brief (D)	—	letter	lettre *f*	lettera *f*	carta *f*
brief (NL)	Brief *m*	letter	lettre *f*	lettera *f*	carta *f*
briefhoofd (NL)	Briefkopf *m*	letterhead	en-tête *m*	intestazione *f*	encabezamiento *m*
briefkaart (NL)	Postkarte *f*	postcard	carte postale *f*	cartolina postale *f*	tarjeta postal *f*
Briefkasten (D)	—	letter-box	boîte aux lettres *f*	cassetta postale *f*	buzón *m*
Briefkastenfirma (D)	—	bogus company	entreprise fictive *f*	società fantasma *f*	empresa ficticia *f*
Briefkopf (D)	—	letterhead	en-tête *m*	intestazione *f*	encabezamiento *m*
Briefkurs (D)	—	selling price	cours de vente *m*	prezzo d'offerta *m*	cotización ofrecida *f*
Briefmarke (D)	—	stamp	timbre-poste *m*	francobollo *m*	sello *m*
brief met aangegeven waarde (NL)	Wertbrief *m*	insured letter	lettre avec valeur déclarée *f*	lettera con valore dichiarato *f*	letra con valor declarado *f*
Briefträger (D)	—	postman	facteur *m*	postino *m*	cartero *m*
Briefumschlag (D)	—	envelope	enveloppe *f*	busta *f*	sobre *m*
brievenbus (NL)	Briefkasten *m*	letter-box	boîte aux lettres *f*	cassetta postale *f*	buzón *m*
broken-period interest (E)	Stückzinsen *m/pl*	—	intérêts courus *m/pl*	interessi maturati *m/pl*	intereses por fracción de período *m/pl*
Broker (D)	—	broker	courtier *m*	broker *m*	corredor de bolsa *m*
broker (E)	Broker *m*	—	courtier *m*	broker *m*	corredor de bolsa *m*
broker (E)	Makler *m*	—	courtier *m*	mediatore *m*	corredor *m*
broker (I)	Broker *m*	broker	courtier *m*	—	corredor de bolsa *m*
broker (SV)	Broker *m*	broker	courtier *m*	broker *m*	corredor de bolsa *m*
broker (CZ)	Broker *m*	broker	courtier *m*	broker *m*	corredor de bolsa *m*
bróker (H)	Börsenmakler *m*	stockbroker	courtier en bourse *m*	agente di cambio *m*	corredor de bolsa *m*
bróker (H)	Broker *m*	broker	courtier *m*	broker *m*	corredor de bolsa *m*

P	NL	SV	PL	CZ	H
fracção f	fractie f	—	ułamek m	zlomek m	törtrész
falta de pessoal f	gebrek aan personeel n	personalbrist	—	nedostatek personálu m	munkaerőhiány
filial f	filiaal n	filial	oddział m	pobočka f	fiók
filial f	filiaal n	filial	filia f	pobočka f	fiók
ramo m	branche f	bransch	branża f	obor m	ágazat
ramo m	branche f	bransch	branża f	obor m	ágazat
ramo m	—	bransch	branża f	obor m	ágazat
chefe da sucursal m	filiaalhouder m	filialchef	kierownik oddziału m	vedoucí pobočky m	fiókvezető
sucursal f	vestiging f	etablering	filia f	pobočka f	kirendeltség
ramo m	branche f	—	branża f	obor m	ágazat
sector económico m	tak van de economie m	—	branża gospodarcza f	hospodářské odvětví n	gazdasági ág
ramo m	branche f	bransch	—	obor m	ágazat
sector económico m	tak van de economie m	bransch	—	hospodářské odvětví n	gazdasági ág
lesão do contrato f	contractbreuk f	avtalsbrott	zerwanie umowy n	porušení smlouvy n	szerződésszegés
ponto morto de vendas m	rendabiliteitsdrempel m	nollpunkt	próg zysku m	práh zisku m	nyereségküszöb
margem de rentabilidade f	rentabiliteitsdrempel m	nollpunkt	próg rentowności m	práh rentability m	jövedelmezőségi küszöb
carta f	brief m	—	list m	dopis m	levél
carteiro m	postbode m	—	listonosz m	listonoš m	levélkihordó
patente f	octrooi n	patent	patent m	patent m	szabadalom
patente europeia f	Europees octrooi n	Europapatent	patent europejski m	evropský patent m	európai szabadalom
patente f	octrooi n	patent	patent m	patent m	szabadalom
patente europeia f	Europees octrooi n	Europapatent	patent europejski m	evropský patent m	európai szabadalom
cabeçalho m	briefhoofd n	—	nagłówek listu m	záhlaví dopisu n	levélpapír fejléce
caixa do correio f	brievenbus f	—	skrzynka pocztowa f	poštovní schránka f	postaláda
empresa fictícia f	postbusbedrijf n	—	firma fikcyjna f	fingovaná firma f	fantomcég
suborno m	omkoperij f	mutning	przekupstwo n	podplácení n	megvesztegetés
crédito de transição m	overbruggingskrediet n	överbryggningskredit	kredyt krótkoterminowy m	překlenovací úvěr m	áthidaló hitel
carta f	brief m	brev	list m	dopis m	levél
carta f	—	brev	list m	dopis m	levél
cabeçalho m	—	brevhuvud	nagłówek listu m	záhlaví dopisu n	levélpapír fejléce
bilhete postal m	—	vykort	karta pocztowa f	korespondenční lístek m	levelezőlap
caixa do correio f	brievenbus f	brevlåda	skrzynka pocztowa f	poštovní schránka f	postaláda
empresa fictícia f	postbusbedrijf n	brevlådeföretag	firma fikcyjna f	fingovaná firma f	fantomcég
cabeçalho m	briefhoofd n	brevhuvud	nagłówek listu m	záhlaví dopisu n	levélpapír fejléce
cotação de venda f	laatkoers m	begärt pris	kurs giełdowy m	prodejní kurs m	eladási árfolyam
selo m	postzegel m	frimärke	znaczek pocztowy m	poštovní známka f	bélyeg
carta com valor declarado f	—	assurerat brev	list wartościowy m	cenný dopis m	értéklevél
carteiro m	postbode m	brevbärare	listonosz m	listonoš m	levélkihordó
envelope m	envelop m	kuvert	koperta f	obálka f	levélboríték
caixa do correio f	—	brevlåda	skrzynka pocztowa f	poštovní schránka f	postaláda
fracção do período de contagem de juros f	opgelopen rente f	upplupen ränta	oprocentowanie periodyczne n	úroky do dne prodeje cenných papírů m/pl	töredékidőre járó kamat
corretor de bolsa m	effectenmakelaar m	broker	makler m	broker m	bróker
corretor de bolsa m	effectenmakelaar m	broker	makler m	broker m	bróker
corretor m	makelaar m	mäklare	makler m	makléř m	bróker
corretor de bolsa m	effectenmakelaar m	broker	makler m	broker m	bróker
corretor de bolsa m	effectenmakelaar m	—	makler m	broker m	bróker
corretor de bolsa m	effectenmakelaar m	broker	makler m	—	bróker
corretor de bolsa m	beursmakelaar m	börsmäklare	makler giełdowy m	burzovní makléř m	—
corretor de bolsa m	effectenmakelaar m	broker	makler m	broker m	—

bróker

	D	E	F	I	ES
bróker (H)	Kursmakler m	stock broker	courtier en bourse m	agente di borsa m	agente de cambio y bolsa m
bróker (H)	Makler m	broker	courtier m	mediatore m	corredor m
brokerage (E)	Courtage f	—	courtage m	courtage f	corretaje m
brókeri jutalék (H)	Courtage f	brokerage	courtage m	courtage f	corretaje m
Bruchteil (D)	—	fraction	fraction f	frazione f	parte fraccionaria f
bruksartiklar (SV)	Gebrauchsgüter n/plf	durable consumer goods	biens d'utilisation courante m/pl	beni di consumo m/pl	bienes de consumo duradero m/pl
bruto binnenlands product (NL)	Bruttoinlandsprodukt n	gross domestic product	produit intérieur brut m	prodotto interno lordo m	producto interior bruto m
brutoloon (NL)	Bruttolohn m	gross pay	salaire brut m	salario lordo m	salario bruto m
bruto nationaal product (NL)	Bruttosozialprodukt n	gross national product	produit national brut m	reddito nazionale lordo m	producto nacional bruto m
brutoprijs (NL)	Bruttopreis m	gross price	prix brut m	prezzo lordo m	precio bruto m
brutowinst (NL)	Rohgewinn m	gross profit on sales	bénéfice brut m	utile lordo m	ganancia bruta f
bruttó ár (H)	Bruttopreis m	gross price	prix brut m	prezzo lordo m	precio bruto m
bruttó bér (H)	Bruttolohn m	gross pay	salaire brut m	salario lordo m	salario bruto m
bruttó hazai termék (H)	Bruttoinlandsprodukt n	gross domestic product	produit intérieur brut m	prodotto interno lordo m	producto interior bruto m
Bruttoinlandsprodukt (D)	—	gross domestic product	produit intérieur brut m	prodotto interno lordo m	producto interior bruto m
Bruttolohn (D)	—	gross pay	salaire brut m	salario lordo m	salario bruto m
bruttolön (SV)	Bruttolohn m	gross pay	salaire brut m	salario lordo m	salario bruto m
bruttonationalprodukt (SV)	Bruttoinlandsprodukt n	gross domestic product	produit intérieur brut m	prodotto interno lordo m	producto interior bruto m
bruttonationalprodukt (SV)	Bruttosozialprodukt n	gross national product	produit national brut m	reddito nazionale lordo m	producto nacional bruto m
bruttó nyereség (H)	Rohgewinn m	gross profit on sales	bénéfice brut m	utile lordo m	ganancia bruta f
bruttoöverskott (SV)	Rohgewinn m	gross profit on sales	bénéfice brut m	utile lordo m	ganancia bruta f
Bruttopreis (D)	—	gross price	prix brut m	prezzo lordo m	precio bruto m
bruttopris (SV)	Bruttopreis m	gross price	prix brut m	prezzo lordo m	precio bruto m
Bruttosozialprodukt (D)	—	gross national product	produit national brut m	reddito nazionale lordo m	producto nacional bruto m
bruttó társadalmi termék (H)	Bruttosozialprodukt n	gross national product	produit national brut m	reddito nazionale lordo m	producto nacional bruto m
Buchführung (D)	—	book-keeping	comptabilité f	contabilità f	contabilidad f
Buchgeld (D)	—	deposit money	monnaie de crédit f	moneta bancaria f	dinero en depósitos m
Buchgewinn (D)	—	book profit	bénéfice comptable m	utile contabile m	beneficio contable m
Buchhalter (D)	—	book-keeper	comptable m	ragioniere m	contable m
Buchhaltung (D)	—	accounting	comptabilité f	contabilità f	contabilidad f
Buchungsfehler (D)	—	book-keeping error	erreur de comptabilité f	errore di contabilità m	error de contabilidad m
Buchwert (D)	—	book value	valeur comptable f	valore contabile m	valor contable m
Budget (D)	—	budget	budget m	bilancio m	presupuesto m
budget (E)	Budget n	—	budget m	bilancio m	presupuesto m
budget (E)	Etat m	—	budget m	bilancio m	presupuesto m
budget (E)	Haushalt m	—	budget m	bilancio m	presupuesto m
budget (F)	Budget n	budget	—	bilancio m	presupuesto m
budget (F)	Etat m	budget	—	bilancio m	presupuesto m
budget (F)	Haushalt m	budget	—	bilancio m	presupuesto m
budget (NL)	Budget n	budget	budget m	bilancio m	presupuesto m
budget (NL)	Etat m	budget	budget m	bilancio m	presupuesto m
budget (SV)	Budget n	budget	budget m	bilancio m	presupuesto m
budget (SV)	Etat m	budget	budget m	bilancio m	presupuesto m
budget (SV)	Haushalt m	budget	budget m	bilancio m	presupuesto m
budgetår (SV)	Wirtschaftsjahr n	business year	exercice comptable m	esercizio m	ejercicio m

budgetår

P	NL	SV	PL	CZ	H
corretor de câmbio m	effectenmakelaar m	börsmäklare	makler giełdowy m	kursový makléř m	—
corretor m	makelaar m	mäklare	makler m	makléř m	—
corretagem f	makelaarsloon n	provision	prowizja maklerska f	poplatek za zprostředkování m	brókeri jutalék
corretagem f	makelaarsloon n	provision	prowizja maklerska f	poplatek za zprostředkování m	
fracção f	fractie f	bråkdel	ułamek m	zlomek m	törtrész
bens de consumo duráveis m/pl	gebruiksgoederen n/pl	—	artykuły użytkowe m/pl	spotřební zboží n	fogyasztási cikkek
produto interno bruto m	—	bruttonationalprodukt	produkt krajowy brutto m	hrubý domácí produkt m	bruttó hazai termék
salário bruto m	—	bruttolön	płaca brutto f	hrubá mzda f	bruttó bér
produto nacional bruto m	—	bruttonationalprodukt	produkt narodowy brutto m	hrubý společenský produkt m	bruttó társadalmi termék
preço bruto m	—	bruttopris	cena brutto f	hrubá cena f	bruttó ár
lucro bruto m	—	bruttoöverskott	zysk brutto m	hrubý zisk m	bruttó nyereség
preço bruto m	brutoprijs m	bruttopris	cena brutto f	hrubá cena f	—
salário bruto m	brutoloon n	bruttolön	płaca brutto f	hrubá mzda f	—
produto interno bruto m	bruto binnenlands product n	bruttonationalprodukt	produkt krajowy brutto m	hrubý domácí produkt m	—
produto interno bruto m	bruto binnenlands product n	bruttonationalprodukt	produkt krajowy brutto m	hrubý domácí produkt m	bruttó hazai termék
salário bruto m	brutoloon n	bruttolön	płaca brutto f	hrubá mzda f	bruttó bér
salário bruto m	brutoloon n	—	płaca brutto f	hrubá mzda f	bruttó bér
produto interno bruto m	bruto binnenlands product n	—	produkt krajowy brutto m	hrubý domácí produkt m	bruttó hazai termék
produto nacional bruto m	bruto nationaal product n	—	produkt narodowy brutto m	hrubý společenský produkt m	bruttó társadalmi termék
lucro bruto m	brutowinst f	bruttoöverskott	zysk brutto m	hrubý zisk m	—
lucro bruto m	brutowinst f	—	zysk brutto m	hrubý zisk m	bruttó nyereség
preço bruto m	brutoprijs m	bruttopris	cena brutto f	hrubá cena f	bruttó ár
preço bruto m	brutoprijs m	—	cena brutto f	hrubá cena f	bruttó ár
produto nacional bruto m	bruto nationaal product n	bruttonationalprodukt	produkt narodowy brutto m	hrubý společenský produkt m	bruttó társadalmi termék
produto nacional bruto m	bruto nationaal product n	bruttonationalprodukt	produkt narodowy brutto m	hrubý společenský produkt m	bruttó társadalmi termék
contabilidade f	boekhouding f	bokföring	księgowość f	účetnictví n	könyvelés
dinheiro em conta m	boekgeld n	kontobehållning	pieniądze na kontach n/pl	zúčtované peníze pl	bankszámlapénz
lucro contabilístico m	boekwinst f	bokvinst	zysk księgowy m	účetní zisk m	könyv szerinti nyereség
guarda-livros m	boekhouder m /boekhoudster f	kamrer	księgowy m	účetní m/f	könyvelő
contabilidade f	boekhouding f	redovisning	księgowość f	účetnictví n	könyvelés
erro contabilístico m	boekingsfout f	redovisningsfel	błąd w księgowaniu m	chyba v účetnictví f	könyvelési hiba
valor contabilístico m	boekwaarde f	bokfört värde	wartość księgowa f	cena podle obchodních knih f	könyv szerinti érték
orçamento m	budget n	budget	budżet m	rozpočet m	költségvetés
orçamento m	budget n	budget	budżet m	rozpočet m	költségvetés
orçamento m	budget n	budget	budżet m	rozpočet m	költségvetés
orçamento m	begroting f	budget	budżet m	rozpočet m	költségvetés
orçamento m	budget n	budget	budżet m	rozpočet m	költségvetés
orçamento m	budget n	budget	budżet m	rozpočet m	költségvetés
orçamento m	begroting f	budget	budżet m	rozpočet m	költségvetés
orçamento m	—	budget	budżet m	rozpočet m	költségvetés
orçamento m	—	budget	budżet m	rozpočet m	költségvetés
orçamento m/pl	budget n/pl	—	budżet m	rozpočet m	költségvetés
orçamento m	budget n	—	budżet m	rozpočet m	költségvetés
orçamento m	begroting f	—	budżet m	rozpočet m	költségvetés
exercício m	boekjaar n	—	rok gospodarczy m	hospodářský rok f	gazdasági év

budgetary deficit 146

	D	E	F	I	ES
budgetary deficit (E)	Haushaltsdefizit n	—	déficit budgétaire m	deficit di bilancio m	déficit presupuestario m
Budgetausgleich (D)	—	balancing of the budget	équilibrage du budget m	pareggio di bilancio m	balance del presupuesto m
budgetbalansering (SV)	Budgetausgleich m	balancing of the budget	équilibrage du budget m	pareggio di bilancio m	balance del presupuesto m
budget de publicité (F)	Werbebudget n	advertising budget	—	budget pubblicitario m	presupuesto publicitario m
budgeted costs (E)	Sollkosten pl	—	coûts ex ante m/pl	costi calcolati m/pl	gastos precalculados m/pl
budgetering (SV)	Budgetierung f	budgeting	planification des coûts f	compilazione del bilancio f	establecimiento del presupuesto m
Budgetierung (D)	—	budgeting	planification des coûts f	compilazione del bilancio f	establecimiento del presupuesto m
budgeting (E)	Budgetierung f	—	planification des coûts f	compilazione del bilancio f	establecimiento del presupuesto m
budgetkalkyl (SV)	Plankalkulation f	target calculation	calcul des coûts prévisionnels m	calcolo pianificato m	cálculo de los objetivos m
budgetkostnadskalkyl (SV)	Plankostenrechnung f	calculation of the budget costs	calcul de l'écart sur cadence de fabrication m	calcolo dei costi pianificati m	cálculo de costes del plan m
budget pubblicitario (I)	Werbebudget n	advertising budget	budget de publicité m	—	presupuesto publicitario m
budgettering (NL)	Budgetierung f	budgeting	planification des coûts f	compilazione del bilancio f	establecimiento del presupuesto m
budgetunderskott (SV)	Haushaltsdefizit n	budgetary deficit	déficit budgétaire m	deficit di bilancio m	déficit presupuestario m
budowa (PL)	Bau m	construction	construction f	costruzione f	construcción f
budownictwo mieszkaniowe (PL)	Wohnungsbau m	housing construction	construction de logements f	edilizia abitativa f	construcción de viviendas f
budżet (PL)	Budget n	budget	budget m	bilancio m	presupuesto m
budżet (PL)	Etat m	budget	budget m	bilancio m	presupuesto m
budżet (PL)	Haushalt m	budget	budget m	bilancio m	presupuesto m
budżetowanie (PL)	Budgetierung f	budgeting	planification des coûts f	compilazione del bilancio f	establecimiento del presupuesto m
building and contracting industry (E)	Bauwirtschaft f	—	industrie du bâtiment f	edilizia f	sector de la construcción m
building loan (E)	Baukredit m	—	crédit à la construction m	credito edilizio m	crédito para la construcción f
building site (E)	Bauland n	—	terrain de construction m	area edificabile f	terreno edificable m
buitendienst (NL)	Außendienst m	field work	service extérieur m	servizio esterno m	servicio exterior m
buitendienstmedewerker (NL)	Außendienstmitarbeiter m	field staff	personnel investigateur m	collaboratore del servizio esterno m	colaborador en el servicio exterior m
buitengerechtelijk (NL)	außergerichtlich	extrajudicial	extrajudiciaire	extragiudiziale	extrajudicial
buitenlandse handel (NL)	Außenhandel m	foreign trade	commerce extérieur m	commercio estero m	comercio exterior m
buitenlandse lening (NL)	Auslandsanleihe f	foreign loan	emprunt extérieur m	prestito estero m	empréstito exterior m
buitenlandse rekening (NL)	Auslandskonto n	foreign account	compte d'étranger m	conto estero m	cuenta en el extranjero f
buitenlands kapitaal (NL)	Auslandskapital n	foreign capital	capital étranger m	capitale estero m	capital extranjero m
buitenlands vermogen (NL)	Auslandsvermögen f	foreign assets	avoirs à l'étranger m/pl	beni all'estero m	bienes en el extranjero m
buitenreclame (NL)	Außenwerbung f	outdoor advertising	publicité extérieure f	pubblicità all'aperto f	publicidad al aire libre f
bulk goods (E)	Massengüter f	—	marchandises en vrac f/pl	beni di massa m/pl	productos a granel m/pl
bull (E)	Haussier m	—	haussier m	speculatore al rialzo m	alcista m
bulletin de commande (F)	Bestellschein m	order form	—	bolletta di commissione f	hoja de pedido f
bulletin de livraison (F)	Lieferschein m	delivery note	—	bolla di consegna f	recibo de entrega m

bulletin de livraison

P	NL	SV	PL	CZ	H
défice orçamental m	begrotingsdeficit n	budgetunderskott	deficyt budżetowy m	schodek v rozpočtu m	költségvetési deficit
equilíbrio orçamental m	begrotingsaanpassing f	budgetbalansering	wyrównanie budżetu n	vyrovnání rozpočtu n	költségvetés kiegyenlítése
equilíbrio orçamental m	begrotingsaanpassing f	—	wyrównanie budżetu n	vyrovnání rozpočtu n	költségvetés kiegyenlítése
orçamento publicitário m	reclamebudget n	reklambudget	fundusz reklamowy m	rozpočet na reklamu m	reklámkeret
custos orçamentados m/pl	gebudgetteerde kosten m/pl	beräknade kostnader pl	koszty planowane m/pl	plánované náklady m/pl	előirányzott költségek
execução do orçamento f	budgettering f	—	budżetowanie n	rozpočtování n	költségvetés készítése
execução do orçamento f	budgettering f	budgetering	budżetowanie n	rozpočtování n	költségvetés készítése
execução do orçamento f	budgettering f	budgetering	budżetowanie n	rozpočtování n	költségvetés készítése
cálculo dos objectivos m	berekening van de kosten f	—	kalkulacja planowa f	plánovaná kalkulace f	tervszámítás
cálculo dos custos orçamentados m	berekening van de geplande kosten f	—	rachunek kosztów planowanych m	výpočet plánovaných nákladů m	költségterv-készítés
orçamento publicitário m	reclamebudget n	reklambudget	fundusz reklamowy m	rozpočet na reklamu m	reklámkeret
execução do orçamento f	—	budgetering	budżetowanie n	rozpočtování n	költségvetés készítése
défice orçamental m	begrotingsdeficit n	—	deficyt budżetowy m	schodek v rozpočtu m	költségvetési deficit
construção f	bouw m	byggnadsverksamhet	—	stavba f	építés
construção de habitações f	woningbouw m	bostadsbyggande	—	bytová výstavba f	lakásépítés
orçamento m	budget n	budget	—	rozpočet m	költségvetés
orçamento m	budget n	budget	—	rozpočet m	költségvetés
orçamento m	begroting f	budget	—	rozpočet m	költségvetés
execução do orçamento f	budgettering f	budgetering	budżetowanie n	rozpočtování n	költségvetés készítése
indústria da construção f	bouwnijverheid f	byggnadsindustri	gospodarka budowlana f	stavebnictví n	építőipar
crédito para a construção m	bouwkrediet n	byggnadslån	kredyt budowlany m	stavební úvěr m	építési kölcsön
terreno urbanizável m	bouwgrond m	byggnadstomt	grunt budowlany m	stavební pozemek m	építési terület
serviço exterior m	—	extern verksamhet	praca w terenie f	práce mimo podnik f	külszolgálat
colaborador em serviços externos m	—	extern medarbetare	przedstawiciel handlowy m	pracovník služebně mimo podnik m	külszolgálati munkatárs
extrajudicial	—	genom förlikning	pozasądowe	mimosoudní	peren kívüli
comércio exterior m	—	utrikeshandel	handel zagraniczny m	zahraniční obchod m	külkereskedelem
empréstimo estrangeiro m	—	utlandslån	pożyczka zagraniczna f	zahraniční půjčka f	külföldi kötvénykibocsátás
conta no exterior f	—	utlandskonto	konto zagraniczne n	zahraniční účet m	külföldi számla
capital estrangeiro m	—	utlandskapital	kapitał zagraniczny m	zahraniční kapitál m	külföldi tőke
bens no exterior m/pl	—	utlandstillgångar pl	majątek zagraniczny m	zahraniční jmění n	külföldi vagyon
publicidade externa f	—	utomhusannonsering	reklama zewnętrzna f	reklama f	szabadtéri reklám
mercadoria a granel f	stortgoederen n/pl	partigods	towary masowe m/pl	zboží hromadné spotřeby n	tömegáru
especulador altista m	haussespeculant m	haussespekulant	grający na zwyżkę m	spekulant m	hossz-spekuláns
impresso de encomenda m	bestelbon m	orderformulär	zamówienie pisemne n	stvrzenka objednávky f	megrendelőlap
guia de remessa f	afleveringsbewijs n	följesedel	dowód dostawy m	dodací list m	szállítójegyzék

bulto

	D	E	F	I	ES
bulto (ES)	Paket *n*	parcel	colis *m*	pacco *m*	—
bultos (ES)	Frachtstücke *n/pl*	packages	colis *m*	colli *m/pl*	—
büntetendő (H)	strafbar	punishable	punissable	punibile	punible
buona uscita (I)	Ablösesumme *f*	redemption sum	montant de rachat *m*	—	suma de amortización *f*
buoni benzina (I)	Benzingutscheine *m/pl*	petrol voucher	bon d'essence *m*	—	bono de gasolina *m*
buono (I)	Bon *m*	voucher	bon *m*	—	bono *m*
bureau (F)	Amt *n*	office	—	ufficio *m*	oficina *f*
bureau de poste (F)	Postamt *n*	post office	—	ufficio postale *m*	correos *m/pl*
bureau du personnel (F)	Personalbüro *m*	personnel office	—	ufficio del personale *m*	oficina de personal *f*
Bürge (D)	—	guarantor	garant *m*	fideiussore *m*	fiador *m*
Bürgschaft (D)	—	guarantee	caution *f*	garanzia (fideiussoria) *f*	fianza *f*
Bürgschaftskredit (D)	—	credit by way of bank guarantee	crédit cautionné *m*	credito garantito *m*	crédito de garantía *m*
Büroschluß (D)	—	office closing hours	fermeture des bureaux *f*	orario di chiusura dell'ufficio *m*	hora de cierre de la oficina *f*
burza (CZ)	Börse *f*	stock exchange	bourse *f*	borsa *f*	bolsa *f*
burza cenných papírů (CZ)	Effektenbörse *f*	stock exchange	bourse des titres et des valeurs mobilières *f*	borsa valori *f*	bolsa de valores *f*
burza s odpady (CZ)	Abfallbörse *f*	recycling exchange	bourse de recyclage *f*	borsa di riciclaggio *f*	bolsa de reciclaje *f*
burzovní den (CZ)	Börsentag *m*	market day	jour de bourse *m*	giorno di borsa *m*	sesión bursátil *f*
burzovní index (CZ)	Börsenindex *m*	stock exchange index	indice des cours des actions *m*	indice delle quotazioni *m*	índice bursátil *m*
burzovní kurs (CZ)	Börsenkurs *m*	quotation on the stock exchange	cours de bourse *m/pl*	corso di borsa *m*	cotización en bolsa *f*
burzovní makléř (CZ)	Börsenmakler *m*	stockbroker	courtier en bourse *m*	agente di cambio *m*	corredor de bolsa *m*
burzovní obchod (CZ)	Börsenhandel *m*	stock exchange dealings	transactions boursières *f/pl*	negoziazione in borsa *f*	negociación bursátil *f*
burzovní obchody (CZ)	Börsengeschäfte *n/pl*	stock market transactions	opérations de bourse *f/pl*	operazioni di borsa *f/pl*	operación bursátil *f*
business (E)	Geschäft *n*	—	affaire *f*	negozio *m*	negocio *m*
business (E)	Unternehmen *n*	—	entreprise *f*	impresa *f*	empresario *m*
business administration (E)	Betriebswirtschaftslehre *f*	—	sciences de gestion *f/pl*	economia aziendale *f*	teoría de la empresa *f*
business connections (E)	Geschäftsbeziehung *f*	—	relations commerciales *f/pl*	rapporti d'affari *m/pl*	relaciones comerciales *f/pl*
business consultant (E)	Unternehmensberater	—	conseiller d'entreprise *f*	consulente d'impresa *m*	asesor de empresas *m*
business hours (E)	Geschäftszeit *f*	—	heures d'ouverture *f/pl*	orario d'apertura *m*	hora de despacho *f/pl*
businessman (E)	Kaufmann *m*	—	négociant *m*	commerciante *m*	comerciante *m*
business partner (E)	Geschäftspartner *f*	—	associé *m*	socio *m*	socio *m*
business relations (E)	Geschäftsverbindung *f*	—	relation d'affaires *f*	relazione d'affari *f*	relación comercial *f*
business report (E)	Geschäftsbericht *m*	—	rapport de gestion *m*	relazione di bilancio *f*	informe *m*
business year (E)	Wirtschaftsjahr *n*	—	exercice comptable *m*	esercizio *m*	ejercicio *m*
Bußgeld (D)	—	penalty	amende *f*	pena pecuniaria *f*	multa *f*
busta (I)	Briefumschlag *m*	envelope	enveloppe *f*	—	sobre *m*
busta (I)	Kuvert *n*	envelope	enveloppe *f*	—	sobre *m*
but (F)	Ziel *n*	objective	—	obiettivo *m*	objetivo *m*
butiksinvigning (SV)	Geschäftseröffnung *f*	opening of a business	ouverture d'une affaire *f*	apertura di un negozio *f*	apertura de un negocio *f*

butiksinvigning

P	NL	SV	PL	CZ	H
pacote m	collo n	paket	paczka f	balík m	csomag
peças de frete f/pl	vrachtstuk n	kolli pl	liczba jednostek przewożonych f	přepravní kus m	szállított csomagok
punível	strafbaar	straffbar	karalny	trestný	—
montante de amortização m	aflosbedrag n	återköpsumma	kwota spłaty f	odstupné n	visszafizetési összeg
senhas de gasolina f/pl	benzinebon m	bensinkupong	talony na benzynę m/pl	poukázky na benzin f/pl	benzinjegyek
abonador m	bon m	bong	bon m	bon m	bón
cargo m	dienst m	byrå i offentlig förvaltning	urząd m	úřad m	hivatal
correios m/pl	postkantoor n	postkontor	urząd pocztowy m	poštovní úřad m	postahivatal
departamento de recursos humanos m	personeelsbureau n	personalavdelning	dział kadr m	osobní oddělení n	személyzeti iroda
fiador m	borg m	borgenär	poręczyciel m	ručitel m	kezes
fiança f	borgsom f	borgen	poręczenie n	ručení n	kezesség
crédito sob fiança m	borgstellingskrediet n	borgenslån	kredyt gwarantowany m	ručitelský úvěr m	garantált hitel
hora de fechar o escritório f	sluiting van het kantoor f	stängningstid	koniec urzędowania m	konec úředních hodin m	hivatalos idő vége
bolsa f	beurs f	börs	giełda f	—	tőzsde
bolsa de valores f	effectenbeurs f	börs	giełda papierów wartościowych f	—	értéktőzsde
bolsa de reciclagem f	afvalbeurs f	återvinningsbörs	giełda odpadów f	—	hulladékanyag-börze
dia de bolsa f	beursdag m	börsdag	dzień handlowy giełdy m	—	tőzsdenap
índice da bolsa m	beursindex m	aktieindex	giełdowy wskaźnik akcji m	—	tőzsdeindex
cotação da bolsa de valores f	beurskoers m	börskurs	kurs giełdowy m	—	tőzsdei árfolyam
corretor de bolsa m	beursmakelaar m	börsmäklare	makler giełdowy m	—	bróker
transações em bolsa f/pl	beurshandel m	börshandel	transakcje giełdowe f/pl	—	tőzsdei kereskedelem
operações de bolsa f/pl	beursverrichtingen f/pl	börsaffärer pl	operacje giełdowe f/pl	—	tőzsdei ügyletek
negócio m	zaak f	affär	interes m	obchod m	üzlet
empresa f	bedrijf n	företag	przedsiębiorstwo n	podnik m	vállalat
ciência da administração de empresas f	bedrijfseconomie f	företagsekonomi	gospodarka przedsiębiorstw f	nauka o podnikovém hospodářství f	üzemgazdaságtan
relações comerciais f/pl	zakenrelatie f	affärskontakter pl	stosunki handlowe m/pl	obchodní styk m	üzleti kapcsolat
consultor de empresas m	bedrijfsadviseur m	företagskonsult	doradca przedsiębiorstwa m	podnikový poradce m	vállalatvezetési tanácsadó
horas de expediente f/pl	kantooruren n/pl	öppningstider	godziny pracy f/pl	obchodní doba f	hivatalos idő
comerciante m	zakenman m	köpman	kupiec m	obchodník m	kereskedő
sócio m	handelspartner m	affärspartner	kontrahent m	obchodní partner m	üzleti partner
relaçao comercial f	zakenrelatie f	affärsförbindelse	stosunki handlowe m/pl	obchodní spojení n	üzleti kapcsolat
relatório comercial m	beheersverslag n	affärsrapport	sprawozdanie z działalności przedsiębiorstwa n	obchodní zpráva f	üzleti jelentés
exercício m	boekjaar n	budgetår	rok gospodarczy m	hospodářský rok f	gazdasági év
multa administrativa f	boete f/m	straffavgift	grzywna f	pokuta f	pénzbírság
envelope m	envelop m	kuvert	koperta f	obálka f	levélboríték
envelope m	enveloppe f	kuvert	koperta f	obálka f	boríték
objectivo m	doel n	mål	cel m	cíl m	cél
inauguração de uma empresa f	opening van een zaak f	—	założenie interesu n	zahájení obchodu n	vállalkozás alapítása

butikspris

	D	E	F	I	ES
butikspris (SV)	Ladenpreis f	retail price	prix de vente m	prezzo al consumo m	precio de venta m
buy (E)	einkaufen	—	acheter	acquistare	comprar
buy (E)	kaufen	—	acheter	acquistare	comprar
buyer (E)	Abnehmer m	—	acheteur m	acquirente m	tomador m
buyer country (E)	Abnehmerland n	—	pays acheteur m	paese acquirente m	país comprador m
buyer's market (E)	Käufermarkt m	—	marché d'acheteurs m	mercato degli acquirenti m	mercado favorable al comprador m
buying rate (E)	Geldkurs m	—	cours de la monnaie m	prezzo di domanda m	tipo de cambio de la moneda m
buzón (ES)	Briefkasten m	letter-box	boîte aux lettres f	cassetta postale f	—
by express (E)	per Express	—	par exprès	per espresso	por expreso
byggnadsfinansiering (SV)	Baufinanzierung f	financing of building projects	financement à la construction m	finanziamento all'edilizia m	financiación de la construcción f
byggnadsindustri (SV)	Bauwirtschaft f	building and contracting industry	industrie du bâtiment f	edilizia f	sector de la construcción m
byggnadslån (SV)	Baukredit m	building loan	crédit à la construction m	credito edilizio m	crédito para la construcción f
byggnadstillstånd (SV)	Baugenehmigung f	planning permission	autorisation de construire f	licenza di costruzione f	permiso de construcción m
byggnadstomt (SV)	Bauland n	building site	terrain de construction m	area edificabile f	terreno edificable m
byggnadsverksamhet (SV)	Bau m	construction	construction f	costruzione f	construcción f
by lorry (E)	per Lastkraftwagen	—	par camion	per autocarro	por camión
by order (E)	im Auftrag	—	par ordre	per ordine	por poder
by procuration (E)	per procura	—	par procuration	per procura	por poder
by-product (E)	Nebenprodukt n	—	produit dérivé m	sottoprodotto m	producto accesorio m
byrå i offentlig förvaltning (SV)	Amt n	office	bureau m	ufficio m	oficina f
by registered post (E)	per Einschreiben	—	sous pli recommandé	per raccomandata	certificado
by return of post (E)	postwendend	—	par retour du courrier	a giro di posta	a vuelta de correo
byte (SV)	Tausch m	exchange	troc m	scambio m	cambio m
byte (SV)	Umtausch m	exchange	échange m	cambio m	cambio m
byteshandel (SV)	Kompensationsgeschäft n	barter transaction	affaire de compensation f	operazione di compensazione f	operación de compensación f
být jednotný v obchodě (CZ)	handelseinig sein	reach an agreement	unanimité commerciale f	essere d'accordo sul prezzo	estar de acuerdo
bytová výstavba (CZ)	Wohnungsbau m	housing construction	construction de logements f	edilizia abitativa f	construcción de viviendas f
cabeçalho (P)	Briefkopf m	letterhead	en-tête m	intestazione f	encabezamiento m
cabinet de groupe (F)	Sozietät f	partnership	—	associazione f	sociedad f
cachet de la poste (F)	Poststempel m	postmark	—	timbro postale m	sello postal m
cachet d'établissement (F)	Firmenstempel m	company stamp	—	timbro della ditta m	sello de la empresa m
cadeau publicitaire (F)	Werbegeschenk n	promotional gift	—	omaggio pubblicitario m	regalo publicitario m
caderneta de cheques (P)	Scheckheft n	cheque book	carnet de chèques m	blocchetto degli assegni m	talonario de cheques m
cadre supérieur (F)	Führungskraft f	manager	—	dirigente m	personal directivo m
caduta dei prezzi (I)	Preisverfall m	decline in prices	chute des prix f	—	caída de precios f
caída de precios (ES)	Preisverfall m	decline in prices	chute des prix f	caduta dei prezzi f	—
caisse (F)	Kiste f	crate	—	cassa f	caja f
Caisse d'Epargne (F)	Sparkasse f	savings bank	—	cassa di risparmio f	caja de ahorros f
caixa (P)	Kiste f	crate	caisse f	cassa f	caja f
caixa do correio (P)	Briefkasten m	letter-box	boîte aux lettres f	cassetta postale f	buzón m

caixa do correio

P	NL	SV	PL	CZ	H
preço de venda m	kleinhandelsprijs m	—	cena detaliczna f	prodejní cena f	bolti ár
comprar	inkopen	köpa	kupować <kupić>	nakupovat <nakoupit>	vásárol
comprar	kopen	köpa	kupować <kupić>	kupovat <koupit>	vásárol
comprador m	afnemer m	köpare	odbiorca m	odběratel m	vásárló
país comprador m	afnemend land n	köparland	kraj importujący m	odběratelská země f	a vásárló országa
mercado favorável ao comprador m	kopersmarkt f	köparens marknad	rynek nabywców m	trh kupujícího m	kínálati piac
cotação f	geldkoers m	pris marknaden är beredd att betala	kurs zakupu pieniądza m	peněžní kurs m	vételi árfolyam
caixa do correio f	brievenbus f	brevlåda	skrzynka pocztowa f	poštovní schránka f	postaláda
por expresso	per express	expressförsändelse	ekspresem	spěšně	expressz
financiamento de construção m	bouwfinanciering f	—	finansowanie budowy n	financování stavby n	építésfinanszírozás
indústria da construção f	bouwnijverheid f	—	gospodarka budowlana f	stavebnictví n	építőipar
crédito para a construção m	bouwkrediet n	—	kredyt budowlany m	stavební úvěr m	építési kölcsön
alvará de construção m	bouwvergunning f	—	zezwolenie budowlane n	stavební povolení n	építési engedély
terreno urbanizável m	bouwgrond m	—	grunt budowlany m	stavební pozemek m	építési terület
construção f	bouw m	—	budowa f	stavba f	építés
por camião	per vrachtwagen	med lastbil	samochodem ciężarowym	nákladním autem n	tehergépkocsival
por ordem	in opdracht	enligt order	z polecenia	z pověření n	megbízásából
por procuração	per volmacht	per prokura	na mocy prokury	per procura	meghatalmazás alapján
subproduto m	bijproduct n	biprodukt	produkt uboczny m	vedlejší produkt m	melléktermék
cargo m	dienst m	—	urząd m	úřad m	hivatal
por carta registada	aangetekend	värdeförsändelse	listem poleconym	doporučeně	ajánlva
na volta do correio	per omgaande	med vändande post	odwrotną pocztą	obratem	postafordultával
troca f	ruilhandel m	—	wymiana f	výměna f	csere
câmbio m	ruil m	—	wymiana f	výměna f	csere
operação de compensação f	compensatietransactie f	—	transakcja kompensacyjna f	kompenzační obchod m	kompenzációs ügylet
em unanimidade comercial	het over een koop eens zijn	vara överens	dobijać <dobić> interesu	—	megegyezik az üzlet feltételeiben
construção de habitações f	woningbouw m	bostadsbyggande	budownictwo mieszkaniowe n	—	lakásépítés
—	briefhoofd n	brevhuvud	nagłówek listu m	záhlaví dopisu n	levélpapír fejléce
sociedade f	sociëteit f	handelsbolag	wspólnota f	spolek m	társaság
carimbo do correio m	poststempel m	poststämpel	stempel pocztowy m	poštovní razítko n	postabélyegző
carimbo da empresa m	firmastempel m	företagsstämpel	stempel firmowy m	firemní razítko n	cégbélyegző
oferta publicitária f	reclamegeschenk n	reklampresent	podarunek reklamowy m	reklamní dárek m	reklámajándék
—	chequeboek n	checkhäfte	książeczka czekowa f	šeková knížka f	csekkfüzet
quadro superior m	leidinggevende kracht f	ledning	kadra kierownicza f	vedoucí řídící pracovník m	vezető
queda de preços f	plotselinge daling van de prijzen f	prisfall	spadek cen m	propadnutí cen n	áresés
queda de preços f	plotselinge daling van de prijzen f	prisfall	spadek cen m	propadnutí cen n	áresés
caixa f	kist f	låda	skrzynka f	bedna f	láda
caixa económica f	spaarkas f	sparbank	kasa oszczędnościowa f	spořitelna f	takarékpénztár
—	kist f	låda	skrzynka f	bedna f	láda
—	brievenbus f	brevlåda	skrzynka pocztowa f	poštovní schránka f	postaláda

caixa económica 152

	D	E	F	I	ES
caixa económica (P)	Sparkasse f	savings bank	Caisse d'Epargne f	cassa di risparmio f	caja de ahorros f
caixa-forte (P)	Tresor m	safe	coffre-fort m	cassaforte f	caja fuerte f
caixa postal (P)	Postfach n	post office box	boîte postale f	casella postale f	apartado de correos m
caja (ES)	Kiste f	crate	caisse f	cassa f	—
caja de ahorros (ES)	Sparkasse f	savings bank	Caisse d'Epargne f	cassa di risparmio f	—
caja de seguridad (ES)	Safe m	safe	coffre-fort m	cassetta di sicurezza f	—
caja fuerte (ES)	Tresor m	safe	coffre-fort m	cassaforte f	—
calcolazione (I)	Kalkulation f	calculation	calcul m	—	calculación f
calcolo (I)	Berechnung f	calculation	calcul m	—	calculo m
calcolo dei costi pianificati (I)	Plankostenrechnung f	calculation of the budget costs	calcul de l'écart sur cadence de fabrication m	—	cálculo de costes del plan m
calcolo pianificato (I)	Plankalkulation f	target calculation	calcul des coûts prévisionnels m	—	cálculo de los objetivos m
calcolo preventivo (I)	Vorkalkulation f	estimation of cost	calcul des coûts prévisionnels m	—	cálculo provisional m
calcul (F)	Berechnung f	calculation	—	calcolo m	calculo m
calcul (F)	Kalkulation f	calculation	—	calcolazione f	calculación f
calculación (ES)	Kalkulation f	calculation	calcul m	calcolazione f	—
calculation (E)	Berechnung f	—	calcul m	calcolo m	calculo m
calculation (E)	Kalkulation f	—	calcul m	calcolazione f	calculación f
calculation of the budget costs (E)	Plankostenrechnung f	—	calcul de l'écart sur cadence de fabrication m	calcolo dei costi pianificati m	cálculo de costes del plan m
calcul de l'écart sur cadence de fabrication (F)	Plankostenrechnung f	calculation of the budget costs	—	calcolo dei costi pianificati m	cálculo de costes del plan m
calcul des coûts prévisionnels (F)	Plankalkulation f	target calculation	—	calcolo pianificato m	cálculo de los objetivos m
calcul des coûts prévisionnels (F)	Vorkalkulation f	estimation of cost	—	calcolo preventivo m	cálculo provisional m
calculo (ES)	Berechnung f	calculation	calcul m	calcolo m	—
cálculo (P)	Kalkulation f	calculation	calcul m	calcolazione f	calculación f
cálculo de costes del plan (ES)	Plankostenrechnung f	calculation of the budget costs	calcul de l'écart sur cadence de fabrication m	calcolo dei costi pianificati m	—
cálculo de los costes marginales (ES)	Grenzkostenrechnung f	marginal costing	détermination du coût marginal f	determinazione dei costi marginali f	—
cálculo de los objetivos (ES)	Plankalkulation f	target calculation	calcul des coûts prévisionnels m	calcolo pianificato m	—
cálculo dos custos marginais (P)	Grenzkostenrechnung f	marginal costing	détermination du coût marginal f	determinazione dei costi marginali f	cálculo de los costes marginales m
cálculo dos custos orçamentados (P)	Plankostenrechnung f	calculation of the budget costs	calcul de l'écart sur cadence de fabrication m	calcolo dei costi pianificati m	cálculo de costes del plan m
cálculo dos objectivos (P)	Plankalkulation f	target calculation	calcul des coûts prévisionnels m	calcolo pianificato m	cálculo de los objetivos m
cálculo provisional (ES)	Vorkalkulation f	estimation of cost	calcul des coûts prévisionnels m	calcolo preventivo m	—
calendar year (E)	Kalenderjahr n	—	année civile f	anno solare m	año civil m
calidad (ES)	Qualität f	quality	qualité f	qualità f	—
call (E)	Abruf m	—	appel m	ordine di consegna m	demanda de entrega f
call (E)	Anruf m	—	appel téléphonique m	chiamata f	llamada f
calle (ES)	Straße f	street	rue f	via f	—
call for tenders (E)	Ausschreibung f	—	appel d'offre par voie de soumission m	appalto m	concurso-subasta m
câmara de artesanato (P)	Handwerkskammer f	chamber of handicrafts	chambre artisanale f	camera dell'artigianato f	cámara de artesanía f
cámara de artesanía (ES)	Handwerkskammer f	chamber of handicrafts	chambre artisanale f	camera dell'artigianato f	—

cámara de artesanía

P	NL	SV	PL	CZ	H
–	spaarkas f	sparbank	kasa oszczędnościowa f	spořitelna f	takarékpénztár
–	kluis f	kassaskåp	sejf m	trezor m	páncélszekrény
–	postbus f	box	skrytka pocztowa f	poštovní přihrádka f	postafiók
caixa f	kist f	låda	skrzynka f	bedna f	láda
caixa económica f	spaarkas f	sparbank	kasa oszczędnościowa f	spořitelna f	takarékpénztár
cofre-forte m	safe m	kassafack	sejf m	bezpečnostní schránka f	széf
caixa-forte f	kluis f	kassaskåp	sejf m	trezor m	páncélszekrény
cálculo m	kostprijsberekening f	kalkyl	kalkulacja f	kalkulace f	kalkuláció
cômputo m	berekening f	kalkyl	obliczenie n	výpočet m	kalkuláció
cálculo dos custos orçamentados m	berekening van de geplande kosten f	budgetkostnadskalkyl	rachunek kosztów planowanych m	výpočet plánovaných nákladů m	költségterv-készítés
cálculo dos objectivos m	berekening van de kosten f	budgetkalkyl	kalkulacja planowa f	plánovaná kalkulace f	tervszámítás
estimativa dos custos f	voorcalculatie f	kostnadsberäkning	kalkulacja wstępna f	předběžná kalkulace f	előkalkuláció
cômputo m	berekening f	kalkyl	obliczenie n	výpočet m	kalkuláció
cálculo m	kostprijsberekening f	kalkyl	kalkulacja f	kalkulace f	kalkuláció
cálculo m	kostprijsberekening f	kalkyl	kalkulacja f	kalkulace f	kalkuláció
cômputo m	berekening f	kalkyl	obliczenie n	výpočet m	kalkuláció
cálculo m	kostprijsberekening f	kalkyl	kalkulacja f	kalkulace f	kalkuláció
cálculo dos custos orçamentados m	berekening van de geplande kosten f	budgetkostnadskalkyl	rachunek kosztów planowanych m	výpočet plánovaných nákladů m	költségterv-készítés
cálculo dos custos orçamentados m	berekening van de geplande kosten f	budgetkostnadskalkyl	rachunek kosztów planowanych m	výpočet plánovaných nákladů m	költségterv-készítés
cálculo dos objectivos m	berekening van de kosten f	budgetkalkyl	kalkulacja planowa f	plánovaná kalkulace f	tervszámítás
estimativa dos custos f	voorcalculatie f	kostnadsberäkning	kalkulacja wstępna f	předběžná kalkulace f	előkalkuláció
cômputo m	berekening f	kalkyl	obliczenie n	výpočet m	kalkuláció
–	kostprijsberekening f	kalkyl	kalkulacja f	kalkulace f	kalkuláció
cálculo dos custos orçamentados m	berekening van de geplande kosten f	budgetkostnadskalkyl	rachunek kosztów planowanych m	výpočet plánovaných nákladů m	költségterv-készítés
cálculo dos custos marginais m	berekening van de marginale kosten f	bidragskalkyl	rachunek kosztów krańcowych m	mezní navýšení nákladů n	határköltségszámítás
cálculo dos objectivos m	berekening van de kosten f	budgetkalkyl	kalkulacja planowa f	plánovaná kalkulace f	tervszámítás
–	berekening van de marginale kosten f	bidragskalkyl	rachunek kosztów krańcowych m	mezní navýšení nákladů n	határköltségszámítás
–	berekening van de geplande kosten f	budgetkostnadskalkyl	rachunek kosztów planowanych m	výpočet plánovaných nákladů m	költségterv-készítés
–	berekening van de kosten f	budgetkalkyl	kalkulacja planowa f	plánovaná kalkulace f	tervszámítás
estimativa dos custos f	voorcalculatie f	kostnadsberäkning	kalkulacja wstępna f	předběžná kalkulace f	előkalkuláció
ano civil m	kalenderjaar n	kalenderår	rok kalendarzowy m	kalendářní rok m	naptári év
quantidade f	kwaliteit f	kvalitet	jakość f	jakost f	minőség
pedido m	afroep m	avrop	żądanie n	odvolání f	lehívás
chamada f	telefonische oproep m	telefonsamtal	rozmowa telefoniczna f	zavolání n	hívás
rua f	straat f	gata	ulica f	ulice f	utca
concurso público m	aanbesteding f	anbudsförfarande	przetarg m	veřejná soutěž f	pályázati felhívás
–	ambachtkamer f/m	hantverkskammare	Izba Rzemieślnicza f	řemeslnická komora f	kézműves kamara
câmara de artesanato f	ambachtkamer f/m	hantverkskammare	Izba Rzemieślnicza f	řemeslnická komora f	kézműves kamara

cámara de comercio 154

	D	E	F	I	ES
cámara de comercio (ES)	Handelskammer f	Chamber of Commerce	chambre de commerce f	camera di commercio f	—
Câmara de Comércio (P)	Handelskammer f	Chamber of Commerce	chambre de commerce f	camera di commercio f	cámara de comercio f
câmara de comércio exterior (P)	Außenhandelskammer f	chamber of foreign trade	chambre du commerce extérieur f	camera di commercio estero f	cámara del comercio exterior f
cámara del comercio exterior (ES)	Außenhandelskammer f	chamber of foreign trade	chambre du commerce extérieur f	camera di commercio estero f	—
cambiale (I)	Wechsel m	bill of exchange	lettre de change f	—	letra de cambio f
cambi fissi (I)	feste Wechselkurse m/pl	fixed exchange rates	taux de change fixe m	—	tipos de cambio fijos m/pl
cambi multipli (I)	gespaltene Wechselkurse m/pl	two-tier exchange rate	cours du change multiple m	—	tipo de cambio múltiple m
cambio (I)	Umtausch m	exchange	échange m	—	cambio m
cambio (I)	Wechselkurs m	exchange rate	cours du change m	—	tipo de cambio m
cambio (ES)	Tausch m	exchange	troc m	scambio m	—
cambio (ES)	Umtausch m	exchange	échange m	cambio m	—
câmbio (P)	Umtausch m	exchange	échange m	cambio m	cambio m
cambio a término (ES)	Terminkurs m	forward price	cours de bourse à terme m	corso a termine m	—
câmbio a termo (P)	Terminkurs m	forward price	cours de bourse à terme m	corso a termine m	cambio a término m
cambio del turno de obreros (ES)	Schichtwechsel m	change of shift	relève d'équipe f	cambio di turno m	—
cambio di turno (I)	Schichtwechsel m	change of shift	relève d'équipe f	—	cambio del turno de obreros m
cambio flessibile (I)	flexibler Wechselkurs m	flexible exchange rate	taux de change flottant m	—	tipo flotante de cambio m
cambio unitario (I)	Einheitskurs m	uniform price	cours unique m	—	cotización única f
camera dell'artigianato (I)	Handwerkskammer f	chamber of handicrafts	chambre artisanale f	—	cámara de artesanía f
camera di commercio (I)	Handelskammer f	Chamber of Commerce	chambre de commerce f	—	cámara de comercio f
camera di commercio estero (I)	Außenhandelskammer f	chamber of foreign trade	chambre du commercio extérieur f	—	cámara del comercio exterior f
camião (P)	Lastwagen m	lorry	camion m	camion m	camión m
camion (F)	Lastwagen m	lorry	—	camion m	camión m
camion (I)	Lastwagen m	lorry	camion m	—	camión m
camión (ES)	Lastwagen m	lorry	camion m	camion m	—
camionagem (P)	Rollgeld n	haulage	camionnage m	spese di trasporto f/pl	gastos de acarreo m/pl
camionnage (F)	Rollgeld n	haulage	—	spese di trasporto f/pl	gastos de acarreo m/pl
campagna pubblicitaria (I)	Werbekampagne f	advertising campaign	campagne publicitaire f	—	campaña publicitaria f
campagne publicitaire (F)	Werbekampagne f	advertising campaign	—	campagna pubblicitaria f	campaña publicitaria f
campaña publicitaria (ES)	Werbekampagne f	advertising campaign	campagne publicitaire f	campagna pubblicitaria f	—
campanha publicitária (P)	Werbekampagne f	advertising campaign	campagne publicitaire f	campagna pubblicitaria f	campaña publicitaria f
campione (I)	Muster n	sample	échantillon m	—	muestra f
campione (I)	Warenprobe f	sample	échantillon m	—	muestra f
campione senza valore (I)	Muster ohne Wert	sample with no commercial value	échantillon sans valeur m	—	muestra sin valor f
canal de distribución (ES)	Vertriebsweg m	distribution channel	canal de distribution m	canale distributivo m	—
canal de distribuição (P)	Absatzweg m	channel of distribution	canal de distribution m	sbocco m	medio de venta f
canal de distribuição (P)	Vertriebsweg m	distribution channel	canal de distribution m	canale distributivo m	canal de distribución m
canal de distribution (F)	Absatzweg m	channel of distribution	—	sbocco m	medio de venta f
canal de distribution (F)	Vertriebsweg m	distribution channel	—	canale distributivo m	canal de distribución m

canal de distribution

P	NL	SV	PL	CZ	H
Câmara de Comércio f	handelskamer f/m	handelskammare	Izba Handlowa f	obchodní komora f	kereskedelmi kamara
—	handelskamer f/m	handelskammare	Izba Handlowa f	obchodní komora f	kereskedelmi kamara
—	kamer voor buitenlandse handel f/m	exportråd	Izba Handlu Zagranicznego f	komora zahraničního obchodu f	külkereskedelmi kamara
câmara de comércio exterior f	kamer voor buitenlandse handel f/m	exportråd	Izba Handlu Zagranicznego f	komora zahraničního obchodu f	külkereskedelmi kamara
letra de câmbio f	wissel m	växel	weksel m	směnka f	váltó
taxas de câmbio fixas f/pl	vaste wisselkoersen m/pl	fasta växelkurser pl	stałe kursy wymienne m/Pl	pevné směnné kursy m/pl	rögzített átváltási árfolyamok
tipo de câmbio múltiplo m	tweevoudige wisselkoers m	dubbel växelkurs	rozszczepione kursy wymienne m/pl	dvojstupňové směnné kursy m/pl	kettős valutaárfolyamok
câmbio m	ruil m	byte	wymiana f	výměna f	csere
taxa de câmbio f	discontokrediet n	växelkurs	kurs wymiany m	směnný kurs m	valutaátváltási árfolyam
troca f	ruilhandel m	byte	wymiana f	výměna f	csere
câmbio m	ruil m	byte	wymiana f	výměna f	csere
—	ruil m	byte	wymiana f	výměna f	csere
câmbio a termo m	termijnkoers m	terminskurs	kurs "na termin" m	termínový kurs m	határidős árfolyam
—	termijnkoers m	terminskurs	kurs "na termin" m	termínový kurs m	határidős árfolyam
mudança de turno f	ploegenwisseling f	skiftbyte	zmiana f	střídání směn n	műszakváltás
mudança de turno f	ploegenwisseling f	skiftbyte	zmiana f	střídání směn n	műszakváltás
taxa de câmbio flexível f	zwevende wisselkoers m	flytande växelkurs	elastyczny kurs wymiany m	pohyblivý směnný kurs m	rugalmas valutaárfolyam
cotação única f	eenheidskoers m	enhetspris	kurs jednolity m	jednotný kurs m	egységes árfolyam
câmara de artesanato f	ambachtskamer f/m	hantverkskammare	Izba Rzemieślnicza f	řemeslnická komora f	kézműves kamara
Câmara de Comércio f	handelskamer f/m	handelskammare	Izba Handlowa f	obchodní komora f	kereskedelmi kamara
câmara de comércio exterior f	kamer voor buitenlandse handel f/m	exportråd	Izba Handlu Zagranicznego f	komora zahraničního obchodu f	külkereskedelmi kamara
—	vrachtwagen f	lastbil	ciężarówka f	nákladní auto n	tehergépkocsi
camião m	vrachtwagen f	lastbil	ciężarówka f	nákladní auto n	tehergépkocsi
camião m	vrachtwagen f	lastbil	ciężarówka f	nákladní auto n	tehergépkocsi
camião m	vrachtwagen f	lastbil	ciężarówka f	nákladní auto n	tehergépkocsi
—	expeditiekosten m/pl	transportkostnad	przewozowe n	dopravné n	fuvardíj
camionagem f	expeditiekosten m/pl	transportkostnad	przewozowe n	dopravné n	fuvardíj
campanha publicitária f	reclamecampagne f	reklamkampanj	kampania reklamowa f	propagační kampaň f	reklámkampány
campanha publicitária f	reclamecampagne f	reklamkampanj	kampania reklamowa f	propagační kampaň f	reklámkampány
campanha publicitária f	reclamecampagne f	reklamkampanj	kampania reklamowa f	propagační kampaň f	reklámkampány
—	reclamecampagne f	reklamkampanj	kampania reklamowa f	propagační kampaň f	reklámkampány
amostra f	monster n	prov	wzór m	vzor m	minta
amostra f	monster n	varuprov	próbka towarów f	vzorek m	áruminta
amostra sem valor comercial f	monster zonder waarde n	prov utan värde	próbka bez wartości f	vzorek bez hodnoty m	minta érték nélkül
canal de distribuição f	distributiekanaal n	distributionskanal	kanał dystrybucyjny m	odbytová cesta f	értékesítési csatorna
—	distributiekanaal n	distributionskanal	droga zbytu f	odbytová cesta f	értékesítési csatorna
—	distributiekanaal n	distributionskanal	kanał dystrybucyjny m	odbytová cesta f	értékesítési csatorna
canal de distribuição m	distributiekanaal n	distributionskanal	droga zbytu f	odbytová cesta f	értékesítési csatorna
canal de distribuição f	distributiekanaal n	distributionskanal	kanał dystrybucyjny m	odbytová cesta f	értékesítési csatorna

canale distributivo

	D	E	F	I	ES
canale distributivo (I)	Vertriebsweg m	distribution channel	canal de distribution m	—	canal de distribución m
cancel (E)	kündigen (Vertrag)	—	résilier	disdire	rescindir
candidat (F)	Bewerber m	applicant	—	candidato m	aspirante m
candidato (I)	Bewerber m	applicant	candidat m	—	aspirante m
candidato (P)	Bewerber m	applicant	candidat m	candidato m	aspirante m
candidatura (I)	Bewerbung f	application	candidature f	—	demanda de empleo f
candidatura (P)	Bewerbung f	application	candidature f	candidatura f	demanda de empleo f
candidature (F)	Bewerbung f	application	—	candidatura f	demanda de empleo f
cantidad (ES)	Menge f	quantity	quantité f	quantità f	—
cantidad de compra (ES)	Abnahmemenge f	purchased quantity	quantité commercialisée f	quantità d'acquisto f	—
cantidad mínima (ES)	Mindesthöhe f	minimum amount	montant minimum m	importo minimo m	—
cantidad mínima de pedido (ES)	Mindestbestellmenge f	minimum quantity order	quantité commandée minimum f	quantitativo minimo di ordinazione m	—
cantidad pedida (ES)	Bestellmenge f	ordered quantity	quantité commandée f	quantità d'ordinazione f	—
cantidad producida (ES)	Fertigungsmenge f	manufactured quantity	quantité fabriquée f	quantitativo di produzione m	—
cantidad producida (ES)	Fördermenge f	output	quantité extraite f	quantità estratta f	—
cantiere navale (I)	Werft f	shipyard	chantier naval m	—	astillero m
capable de jouir de droits (F)	rechtsfähig	having legal capacity	—	avente capacità giuridica	jurídicamente capaz
capacidad (ES)	Kapazität f	capacity	capacité f	capacità f	—
capacidad de negociar (ES)	Geschäftsfähigkeit f	legal competence	capacité d'accomplir des actes juridiques f	capacità di agire f	—
capacidad de producción (ES)	Produktionskapazität f	production capacity	capacité de production f	capacità produttiva f	—
capacidade (P)	Kapazität f	capacity	capacité f	capacità f	capacidad f
capacidade de crédito (P)	Kreditfähigkeit f	financial standing	solvabilité f	capacità creditizia f	crédito m
capacidade para realizar negócios (P)	Geschäftsfähigkeit f	legal competence	capacité d'accomplir des actes juridiques f	capacità di agire f	capacidad de negociar f
capacidade produtiva (P)	Produktionskapazität f	production capacity	capacité de production f	capacità produttiva f	capacidad de producción f
capacità (I)	Kapazität f	capacity	capacité f	—	capacidad f
capacità creditizia (I)	Kreditfähigkeit f	financial standing	solvabilité f	—	crédito m
capacità di agire (I)	Geschäftsfähigkeit f	legal competence	capacité d'accomplir des actes juridiques f	—	capacidad de negociar f
capacità produttiva (I)	Produktionskapazität f	production capacity	capacité de production f	—	capacidad de producción f
capacité (F)	Kapazität f	capacity	—	capacità f	capacidad f
capacité d'accomplir des actes juridiques (F)	Geschäftsfähigkeit f	legal competence	—	capacità di agire f	capacidad de negociar f
capacité de production (F)	Produktionskapazität f	production capacity	—	capacità produttiva f	capacidad de producción f
capaciteit (NL)	Kapazität f	capacity	capacité f	capacità f	capacidad f
capaciteitsbenutting (NL)	Kapazitätsauslastung f	utilisation of capacity	utilisation de la capacité f	sfruttamento delle capacità m	utilización plena de las capacidades f
capacity (E)	Kapazität f	—	capacité f	capacità f	capacidad f
capital (E)	Kapital n	—	capital m	capitale m	capital m
capital (F)	Kapital n	capital	—	capitale m	capital m
capital (ES)	Kapital n	capital	capital m	capitale m	—
capital (P)	Kapital n	capital	capital m	capitale m	capital m

capital

P	NL	SV	PL	CZ	H
canal de distribuição f	distributiekanaal n	distributionskanal	kanał dystrybucyjny m	odbytová cesta f	értékesítési csatorna
rescindir	opzeggen	säga upp	wypowiadać <wypowiedzieć>	vypovídat <vypovědět>	felmond
candidato m	kandidaat m	sökande	kandydat m	uchazeč m	pályázó
candidato m	kandidaat m	sökande	kandydat m	uchazeč m	pályázó
—	kandidaat m	sökande	kandydat m	uchazeč m	pályázó
candidatura f	kandidatuur f	ansökan	ubieganie się o pracę n	ucházení se o něco n	pályázat
—	kandidatuur f	ansökan	ubieganie się o pracę n	ucházení se o něco n	pályázat
candidatura f	kandidatuur f	ansökan	ubieganie się o pracę n	ucházení se o něco n	pályázat
quantidade f	hoeveelheid f	kvantitet	ilość f	množství n	mennyiség
quantidade adquirida f	afnamehoeveelheid f	leveransmängd	ilość odbierana f	odebrané množství n	vásárolt mennyiség
montante mínimo m	minimumbedrag m	minimisumma	wysokość minimalna f	minimální výška f	legkisebb mennyiség
quantidade mínima de encomenda f	minimum bestelde hoeveelheid f	minsta ordermängd	minimalna zamawialna ilość f	minimální objednatelné množství n	legkisebb rendelhető mennyiség
quantidade encomendada f	bestelhoeveelheid f	ordermängd	ilość zamówiona f	objednané množství n	megrendelési mennyiség
quantidade produzida f	productiehoeveelheid f	produktionskvantitet	ilość wyprodukowana f	výrobní množství f	gyártási mennyiség
quantidade extraída f	productiehoeveelheid f	produktionsvolym	ilość wydobycia f	dopravované množství n	kitermelt mennyiség
estaleiro naval m	scheepswerf f	varv	stocznia f	loděnice f	hajógyár
com capacidade jurídica	rechtsbevoegd	rättskapabel	zdolny do czynności prawnych	právně způsobilý	jogképes
capacidade f	capaciteit f	kapacitet	moc producyjna f	kapacita f	kapacitás
capacidade para realizar negócios f	handelingsbekwaamheid f	rättslig handlingsförmåga	zdolność do czynności prawnych f	schopnost obchodování f	jogképesség
capacidade produtiva f	productiecapaciteit f	produktionskapacitet	zdolność produkcyjna f	výrobní kapacita f	termelői kapacitás
—	capaciteit f	kapacitet	moc producyjna f	kapacita f	kapacitás
—	kredietwaardigheid f	solvens	zdolność kredytowa f	úvěrová schopnost f	hitelképesség
—	handelingsbekwaamheid f	rättslig handlingsförmåga	zdolność do czynności prawnych f	schopnost obchodování f	jogképesség
—	productiecapaciteit f	produktionskapacitet	zdolność produkcyjna f	výrobní kapacita f	termelői kapacitás
capacidade f	capaciteit f	kapacitet	moc producyjna f	kapacita f	kapacitás
capacidade de crédito f	kredietwaardigheid f	solvens	zdolność kredytowa f	úvěrová schopnost f	hitelképesség
capacidade para realizar negócios f	handelingsbekwaamheid f	rättslig handlingsförmåga	zdolność do czynności prawnych f	schopnost obchodování f	jogképesség
capacidade produtiva f	productiecapaciteit f	produktionskapacitet	zdolność produkcyjna f	výrobní kapacita f	termelői kapacitás
capacidade f	capaciteit f	kapacitet	moc producyjna f	kapacita f	kapacitás
capacidade para realizar negócios f	handelingsbekwaamheid f	rättslig handlingsförmåga	zdolność do czynności prawnych f	schopnost obchodování f	jogképesség
capacidade produtiva f	productiecapaciteit f	produktionskapacitet	zdolność produkcyjna f	výrobní kapacita f	termelői kapacitás
capacidade f	—	kapacitet	moc producyjna f	kapacita f	kapacitás
utilização da capacidade f	—	kapacitetsutnyttjande	wykorzystanie zdolności produkcyjnej n	vytížení kapacity n	kapacitáskihasználás
capacidade f	capaciteit f	kapacitet	moc producyjna f	kapacita f	kapacitás
capital m	kapitaal n	kapital	kapitał m	kapitál m	tőke
capital m	kapitaal n	kapital	kapitał m	kapitál m	tőke
capital m	kapitaal n	kapital	kapitał m	kapitál m	tőke
—	kapitaal n	kapital	kapitał m	kapitál m	tőke

capital-actions

	D	E	F	I	ES
capital-actions (F)	Aktienkapital n	share capital	—	capitale azionario m	capital en acciones m
capital circulante (ES)	Umlaufvermögen n	floating assets	capital de roulement m	patrimonio circolante m	—
capital circulante (P)	Betriebskapital n	working capital	capital de roulement m	capitale d'esercizio m	capital de explotación m
capital de explotación (ES)	Betriebskapital n	working capital	capital de roulement m	capitale d'esercizio m	—
capital de roulement (F)	Betriebskapital n	working capital	—	capitale d'esercizio m	capital de explotación m
capital de roulement (F)	Umlaufvermögen n	floating assets	—	patrimonio circolante m	capital circulante m
capitale (I)	Kapital n	capital	capital m	—	capital m
capitale assicurato (I)	Versicherungssumme f	insured sum	montant de l'assurance m	—	suma asegurada f
capitale azionario (I)	Aktienkapital n	share capital	capital-actions m	—	capital en acciones m
capitale d'esercizio (I)	Betriebskapital n	working capital	capital de roulement m	—	capital de explotación m
capitale d'esercizio (I)	Eigenkapital n	equity capital	capital propre m	—	capital propio m
capitale estero (I)	Auslandskapital n	foreign capital	capital étranger m	—	capital extranjero m
capitale infruttifero (I)	totes Kapital n	dead capital	capital improductif m	—	capital improductivo m
capitale iniziale (I)	Anfangskapital n	opening capital	capital initial m	—	capital inicial m
capitale iniziale (I)	Grundkapital n	capital stock	capital social m	—	capital inicial m
capital em acções (P)	Aktienkapital n	share capital	capital-actions m	capitale azionario m	capital en acciones m
capital en acciones (ES)	Aktienkapital n	share capital	capital-actions m	capitale azionario m	—
capitale reale (I)	Sachvermögen n	material assets	biens corporels m/pl	—	patrimonio real m
capitale sociale (I)	Stammkapital n	share capital	capital social m	—	capital social m
capital estrangeiro (P)	Auslandskapital n	foreign capital	capital étranger m	capitale estero m	capital extranjero m
capital étranger (F)	Auslandskapital n	foreign capital	—	capitale estero m	capital extranjero m
capital extranjero (ES)	Auslandskapital n	foreign capital	capital étranger m	capitale estero m	—
capital goods (E)	Anlagegüter n/pl	—	valeurs immobilisées f/pl	beni d'investimento m/pl	bienes de inversión m/pl
capital goods (E)	Investitionsgüter n/pl	—	biens d'investissement m/pl	beni di investimento m/pl	bienes de inversión m/pl
capital imobilizado (P)	Sachanlagen f/pl	fixed assets	immobilisations corporelles f/pl	immobilizzazioni f/pl	inversión en inmuebles y utillaje m/pl
capital improductif (F)	totes Kapital n	dead capital	—	capitale infruttifero m	capital improductivo m
capital improductivo (ES)	totes Kapital n	dead capital	capital improductif m	capitale infruttifero m	—
capital improdutivo (P)	totes Kapital n	dead capital	capital improductif m	capitale infruttifero m	capital improductivo m
capital inicial (ES)	Anfangskapital n	opening capital	capital initial m	capitale iniziale m	—
capital inicial (ES)	Grundkapital n	capital stock	capital social m	capitale iniziale m	—
capital inicial (P)	Anfangskapital n	opening capital	capital initial m	capitale iniziale m	capital inicial m
capital initial (F)	Anfangskapital n	opening capital	—	capitale iniziale m	capital inicial m
capital market (E)	Kapitalmarkt m	—	marché des capitaux m	mercato finanziario m	mercado financiero m
capital propio (ES)	Eigenkapital n	equity capital	capital propre m	capitale d'esercizio m	—
capital propre (F)	Eigenkapital n	equity capital	—	capitale d'esercizio m	capital propio m

159 capital propre

P	NL	SV	PL	CZ	H
capital em acções m	aandelenkapitaal n	aktiekapital	kapitał akcyjny m	akciový kapitál m	részvénytőke
património circulante m	bedrijfskapitaal n	likvida tillgångar pl	majątek obrotowy m	oběžné prostředky m/pl	forgóeszközök
—	bedrijfskapitaal n	rörelsekapital	kapitał zakładowy m	provozní kapitál m	működő tőke
capital circulante m	bedrijfskapitaal n	rörelsekapital	kapitał zakładowy m	provozní kapitál m	működő tőke
capital circulante m	bedrijfskapitaal n	rörelsekapital	kapitał zakładowy m	provozní kapitál m	működő tőke
património circulante m	bedrijfskapitaal n	likvida tillgångar pl	majątek obrotowy m	oběžné prostředky m/pl	forgóeszközök
capital m	kapitaal n	kapital	kapitał m	kapitál m	tőke
montante do seguro m	verzekerd bedrag n	försäkringssumma	suma ubezpieczenia f	pojistná suma f	biztosítási összeg
capital em acções m	aandelenkapitaal n	aktiekapital	kapitał akcyjny m	akciový kapitál m	részvénytőke
capital circulante m	bedrijfskapitaal n	rörelsekapital	kapitał zakładowy m	provozní kapitál m	működő tőke
capital próprio m	eigen kapitaal n	egenkapital	kapitał własny m	vlastní kapitál n	saját tőke
capital estrangeiro m	buitenlands kapitaal n	utlandskapital	kapitał zagraniczny m	zahraniční kapitál m	külföldi tőke
capital improdutivo m	dood kapitaal n	improduktivt kapital	martwy kapitał m	neproduktivní kapitál m	holt tőke
capital inicial m	beginkapitaal n	grundkapital	kapitał założycielski m	počáteční kapitál m	kezdőtőke
capital social m	oprichtingskapitaal n	aktiekapital	kapitał gruntowy m	základní kapitál m	alaptőke
—	aandelenkapitaal n	aktiekapital	kapitał akcyjny m	akciový kapitál m	részvénytőke
capital em acções m	aandelenkapitaal n	aktiekapital	kapitał akcyjny m	akciový kapitál m	részvénytőke
bens corpóreos m/pl	vaste activa pl	realkapital	majątek rzeczowy m	věcný majetek m	tárgyi eszközök
capital social m	maatschappelijk kapitaal n	aktiekapital	kapitał zakładowy m	kmenový kapitál m	törzstőke
—	buitenlands kapitaal n	utlandskapital	kapitał zagraniczny m	zahraniční kapitál m	külföldi tőke
capital estrangeiro m	buitenlands kapitaal n	utlandskapital	kapitał zagraniczny m	zahraniční kapitál m	külföldi tőke
capital estrangeiro m	buitenlands kapitaal n	utlandskapital	kapitał zagraniczny m	zahraniční kapitál m	külföldi tőke
bens de investimento m/pl	investeringsgoederen n/pl	producentkapitalvaror	środki trwałe m/pl	investiční zboží n/pl	beruházási javak
bens de capital m/pl	kapitaalgoederen n/pl	kapitalvara	dobra inwestycyjne n/pl	investiční statky m/pl	beruházási javak
—	vaste activa pl	fasta tillgångar pl	majątek trwały m	věcné investice f/pl	tárgyi eszközök
capital improdutivo m	dood kapitaal n	improduktivt kapital	martwy kapitał m	neproduktivní kapitál m	holt tőke
capital improdutivo m	dood kapitaal n	improduktivt kapital	martwy kapitał m	neproduktivní kapitál m	holt tőke
—	dood kapitaal n	improduktivt kapital	martwy kapitał m	neproduktivní kapitál m	holt tőke
capital inicial m	beginkapitaal n	grundkapital	kapitał założycielski m	počáteční kapitál m	kezdőtőke
capital social m	oprichtingskapitaal n	aktiekapital	kapitał gruntowy m	základní kapitál m	alaptőke
—	beginkapitaal n	grundkapital	kapitał założycielski m	počáteční kapitál m	kezdőtőke
capital inicial m	beginkapitaal n	grundkapital	kapitał założycielski m	počáteční kapitál m	kezdőtőke
mercado de capitais m	kapitaalmarkt f	kapitalmarknad	rynek kapitałowy m	kapitálový trh m	tőkepiac
capital próprio m	eigen kapitaal n	egenkapital	kapitał własny m	vlastní kapitál n	saját tőke
capital próprio m	eigen kapitaal n	egenkapital	kapitał własny m	vlastní kapitál n	saját tőke

capital próprio 160

	D	E	F	I	ES
capital próprio (P)	Eigenkapital n	equity capital	capital propre m	capitale d'esercizio m	capital propio m
capital requirements (E)	Kapitalbedarf m	—	besoin en capital m	domanda di capitale m	necesidad de capital f
capital resources (E)	Kapitalausstattung f	—	dotation en capital f	dotazione di capitale f	dotación de capital f
capital share (E)	Kapitalanteil m	—	part de capital f	quota di capitale f	participación en el capital f
capital social (F)	Grundkapital n	capital stock	—	capitale iniziale m	capital inicial m
capital social (F)	Stammkapital n	share capital	—	capitale sociale m	capital social m
capital social (ES)	Stammkapital n	share capital	capital social m	capitale sociale m	—
capital social (P)	Grundkapital n	capital stock	capital social m	capitale iniziale m	capital inicial m
capital social (P)	Stammkapital n	share capital	capital social m	capitale sociale m	capital social m
capital stock (E)	Grundkapital n	—	capital social m	capitale iniziale m	capital inicial m
capital transactions (E)	Kapitalverkehr m	—	mouvement des capitaux m	circolazione dei capitali f	circulación de capitales f
capital value (E)	Kapitalwert m	—	valeur en capital f	valore capitalizzato m	valor capitalizado m
capital yield tax (E)	Kapitalertragsteuer f	—	impôt sur le revenu du capital m	imposta sulla rendita del capitale f	impuesto sobre la renta del capital m
capo (I)	Chef m	head	chef m	—	jefe m
capo reparto (I)	Abteilungsleiter m	head of department	chef de service m	—	jefe de sección m
característica (ES)	Marke f	mark	marque f	marca f	—
carga (ES)	Fracht f	freight	fret m	nolo m	—
carga (ES)	Ladung f	freight	charge f	carico m	—
carga (P)	Belastung f	charge	charge f	addebito m	gravamen m
carga (P)	Ladung f	freight	charge f	carico m	carga f
carga de un vagón (ES)	Wagenladung f	lorry-load	charge de voiture f	carico di autocarro m	—
carga de vagão (P)	Wagenladung f	lorry-load	charge de voiture f	carico di autocarro m	carga de un vagón f
carga diversa (P)	Stückgut n	mixed cargo	colis de détail m	collettame m	mercancía en fardos f
carga extraordinaria (ES)	außergewöhnliche Belastung f	extraordinary expenses	charges exceptionnelles f/pl	oneri straordinari m/pl	—
carga por expreso (ES)	Expressgut n	express goods	colis express m	collo celere f	—
cargar en cuenta (ES)	abbuchen	deduct	débiter	addebitare	—
cargas salariales accesorias (ES)	Lohnnebenkosten pl	incidental labour costs	charges salariales annexes f/pl	costi complementari del lavoro m/pl	—
cargo (P)	Amt n	office	bureau m	ufficio m	oficina f
caricare (I)	verladen	load	charger	—	expedir
carico (I)	Frachtgut n	freight goods	marchandise à transporter f	—	mercancías en pequeña velocidad f/pl
carico (I)	Ladung f	freight	charge f	—	carga f
carico di autocarro (I)	Wagenladung f	lorry-load	charge de voiture f	—	carga de un vagón f
carico pesante (I)	Schwergut n	heavy freight	produit pondéreux m	—	mercancía pesada f
carimbo da empresa (P)	Firmenstempel m	company stamp	cachet d'établissement m	timbro della ditta m	sello de la empresa m
carimbo do correio (P)	Poststempel m	postmark	cachet de la poste m	timbro postale m	sello postal m
carnet de chèques (F)	Scheckheft n	cheque book	—	blocchetto degli assegni m	talonario de cheques m

carnet de chèques

P	NL	SV	PL	CZ	H
—	eigen kapitaal n	egenkapital	kapitał własny m	vlastní kapitál n	saját tőke
demanda de capital f	kapitaalbehoefte f	kapitalbehov	zapotrzebowanie na kapitał n	potřeba kapitálu f	tőkeigény
dotação de capital f	geldmiddelen n/pl	kapitalresurser pl	zasoby kapitałowe m/pl	kapitálové vybavení n	tőkésítettség
participação no capital f	aandeel in het kapitaal n	kapitalandel	udział w kapitale m	kapitálový podíl m	tőkerész
capital social m	oprichtingskapitaal n	aktiekapital	kapitał gruntowy m	základní kapitál m	alaptőke
capital social m	maatschappelijk kapitaal n	aktiekapital	kapitał zakładowy m	kmenový kapitál m	törzstőke
capital social m	maatschappelijk kapitaal n	aktiekapital	kapitał zakładowy m	kmenový kapitál m	törzstőke
—	oprichtingskapitaal n	aktiekapital	kapitał gruntowy m	základní kapitál m	alaptőke
—	maatschappelijk kapitaal n	aktiekapital	kapitał zakładowy m	kmenový kapitál m	törzstőke
capital social m	oprichtingskapitaal n	aktiekapital	kapitał gruntowy m	základní kapitál m	alaptőke
circulação de capital f	kapitaalverkeer n	kapitalrörelse	obieg kapitału m	pohyb kapitálu m	tőkeműveletek
valor do capital m	kapitaalwaarde f	kapitalvärde	wartość kapitałowa f	kapitalizovaná hodnota f	tőkeérték
imposto sobre os rendimento de capital m	belasting op inkomen uit kapitaal f	skatt på kapitalinkomst	podatek od zysku z kapitału m	daň z výnosu kapitálu f	tőkehozadék-adó
chefe m	chef	chef	szef m	ředitel m	vezető
chefe de departamento m	afdelingschef m	avdelningschef	kierownik wydziału m	vedoucí oddělení m	osztályvezető
marca f	merk n	märke	marka f	značka f	márka
frete m	lading f	frakt	fracht m	přepravovaný náklad m	rakomány
carga f	vracht f	last	ładunek m	náklad m	rakomány
—	belasting f	debitering	obciążenie n	zatížení n	megterhelés
—	vracht f	last	ładunek m	náklad m	rakomány
carga de vagão f	wagonlading f	billast	ładunek wagonowy m	nakládka na vůz f	kocsirakomány
—	wagonlading f	billast	ładunek wagonowy m	nakládka na vůz f	kocsirakomány
—	stukgoederen n/pl	styckegods	drobnica f	kusové zboží n	darabáru
despesas extraordinárias f/pl	uitzonderlijke lasten m/pl	extraordinära utgifter pl	nadzwyczajne wydatki m/pl	mimořádné zatížení n	rendkívüli terhek
mercadorias enviadas por expresso f/pl	ijlgoed n	expressgods	przesyłka ekspresowa f	spěšnina f	expresszáru
debitar	afschrijven	debitera	odpisywać <odpisać> z konta	přeúčtovat	megterhel
custos de mão-de-obra adicionais m/pl	werkgeversaandeel in de diverse sociale verzekeringen n	sociala avgifter pl	poboczne koszty robocizny m/pl	vedlejší mzdové náklady m/pl	járulékos bérköltségek
—	dienst m	byrå i offentlig förvaltning	urząd m	úřad m	hivatal
carregar	laden	lasta	przeładowywać <przeładować>	nakládat <naložit>	rakodik
mercadoria a transportar f	vrachtgoed n	fraktgods	towary przewożone m/pl	nákladní zboží n	rakomány
carga f	vracht f	last	ładunek m	náklad m	rakomány
carga de vagão f	wagonlading f	billast	ładunek wagonowy m	nakládka na vůz f	kocsirakomány
mercadoria pesada f	zware vracht f	tung frakt	ładunek ciężki m	těžké zboží n	nehéz rakomány
—	firmastempel m	företagsstämpel	stempel firmowy m	firemní razítko n	cégbélyegző
—	poststempel m	poststämpel	stempel pocztowy m	poštovní razítko n	postabélyegző
caderneta de cheques f	chequeboek n	checkhäfte	książeczka czekowa f	šeková knížka f	csekkfüzet

carregamento perdido

	D	E	F	I	ES
carregamento perdido (P)	verlorengegangene Sendung f	lost shipment	envoi perdu m	spedizione andata persa f	envío perdido m
carregar (P)	verladen	load	charger	caricare	expedir
carriage charges (E)	Frachtkosten f	—	frais de transport m/pl	spese di trasporto f/pl	gastos de transporte m/pl
carriage paid (E)	frei Haus	—	franco domicile	franco domicilio	franco domicilio
carrier (E)	Frachtführer m	—	transporteur m	vettore m	transportista m
carro alugado (P)	Leihwagen m	hired car	voiture de location f	vettura da noleggio f	coche de alquiler m
carro da empresa (P)	Firmenwagen m	company car	véhicule de service m	macchina aziendale f	coche de empresa m
carro de serviço (P)	Dienstwagen m	company car	voiture de service f	macchina di servizio f	coche de servicio m
carro usado (P)	Gebrauchtwagen m	used car	voiture d'occasion f	automobile usata f	coche de segunda mano m
carta (ES)	Brief m	letter	lettre f	lettera f	—
carta (P)	Brief m	letter	lettre f	lettera f	carta f
carta admonitoria (ES)	Mahnbrief m	reminder	lettre d'avertissement f	lettera di sollecito f	—
carta-assegni (I)	Scheckkarte f	cheque card	carte d'identité eurochèque f	—	tarjeta cheque f
carta com valor declarado (P)	Wertbrief m	insured letter	lettre avec valeur déclarée f	lettera con valore dichiarato f	letra con valor declarado f
carta de advertência (P)	Mahnbrief m	reminder	lettre d'avertissement f	lettera di sollecito f	carta admonitoria f
carta de agradecimento (P)	Dankschreiben n	letter of thanks	lettre de remerciement f	lettera di ringraziamento f	carta de agradecimiento f
carta de agradecimiento (ES)	Dankschreiben n	letter of thanks	lettre de remerciement f	lettera di ringraziamento f	—
carta de confirmação (P)	Schlußbrief m	sales note	lettre de confirmation f	lettera di conferma f	carta de confirmación f
carta de confirmación (ES)	Schlußbrief m	sales note	lettre de confirmation f	lettera di conferma f	—
carta de crédito (ES)	Kreditbrief m	letter of credit	lettre de crédit f	lettera di credito f	—
carta de crédito (P)	Kreditbrief m	letter of credit	lettre de crédit f	lettera di credito f	carta de crédito f
carta de crédito comercial (ES)	Handelskreditbrief m	commercial letter of credit	lettre de crédit commercial f	lettera di credito commerciale f	—
carta de crédito comercial (P)	Handelskreditbrief m	commercial letter of credit	lettre de crédit commercial f	lettera di credito commerciale f	carta de crédito comercial f
carta de pago (ES)	Zahlkarte f	Giro inpayment form	mandat-carte m	modulo di versamento m	—
carta de porte (ES)	Frachtbrief m	consignment note	lettre de voiture f	lettera di vettura f	—
carta de recomendação (P)	Empfehlungsschreiben n	letter of recommendation	lettre de recommandation f	lettera di raccomandazione f	carta de recomendación f
carta de recomendación (ES)	Empfehlungsschreiben n	letter of recommendation	lettre de recommandation f	lettera di raccomandazione f	—
carta de solicitação de emprego (P)	Bewerbungsschreiben n	letter of application	lettre de candidature f	domanda d'assunzione f	carta de solicitud f
carta de solicitud (ES)	Bewerbungsschreiben n	letter of application	lettre de candidature f	domanda d'assunzione f	—
carta di credito (I)	Kreditkarte n	credit card	carte accréditive f	—	tarjeta de crédito f
cartão de crédito (P)	Kreditkarte f	credit card	carte accréditive f	carta di credito f	tarjeta de crédito f
cartão de garantia (P)	Scheckkarte f	cheque card	carte d'identité eurochèque f	carta-assegni f	tarjeta cheque f
carta urgente (ES)	Eilbrief m	express letter	lettre par exprès f	espresso m	—
carte accréditive (F)	Kreditkarte n	credit card	—	carta di credito f	tarjeta de crédito f
carte d'identité eurochèque (F)	Scheckkarte f	cheque card	—	carta-assegni f	tarjeta cheque f
carteira (P)	Portfolio n	portfolio	portefeuille m	portafoglio m	cartera f
carteira de acções (P)	Aktienbestand m	shareholding	portefeuille d'actions m	portafoglio azionario m	cartera de acciones f
carteiro (P)	Briefträger m	postman	facteur m	postino m	cartero m
cartel (E)	Kartell n	—	cartel m	cartello m	cártel m

cartel

P	NL	SV	PL	CZ	H
—	verloren zending f	förlorad leverans	utracona przesyłka f	ztracená zásilka f	elveszett küldemény
—	laden	lasta	przeładowywać <przeładować>	nakládat <naložit>	rakodik
despesas de transporte f/pl	laadkosten m/pl	fraktkostnader pl	koszty przewozowe m/pl	přepravní náklady m/pl	fuvardíjak
domicílio franco m	franco huis	fritt köparens lager eller affärsadress	dostawa franco odbiorca f	vyplaceně do domu	költségmentesen házhoz szállítva
transportador m	vrachtrijder m	fraktförare	przewoźnik m	přepravce m	fuvarozó
—	huurauto m	hyrbil	samochód wypożyczony m	půjčený vůz m	bérautó
—	auto van de zaak m	firmabil	samochód firmowy m	firemní vůz m	vállalati gépkocsi
—	bedrijfswagen m	tjänstebil	samochód służbowy m	služební vůz m	szolgálati gépkocsi
—	tweedehands wagen m	begagnad bil	samochód używany m	ojetý automobil m	használt autó
carta f	brief m	brev	list m	dopis m	levél
—	brief m	brev	list m	dopis m	levél
carta de advertência f	rappelbrief m	kravbrev	monit m	upomínka f	fizetési felszólítás
cartão de garantia m	chequekaart f	kort för eurocheck	karta czekowa f	šeková karta f	csekk-kártya
—	brief met aangegeven waarde m	assurerat brev	list wartościowy m	cenný dopis m	értéklevél
—	rappelbrief m	kravbrev	monit m	upomínka f	fizetési felszólítás
—	bedankbrief m	tackbrev	pismo dziękczynne n	děkovné psaní n	köszönőlevél
carta de agradecimento f	bedankbrief m	tackbrev	pismo dziękczynne n	děkovné psaní n	köszönőlevél
—	sluitbriefje n	villkorsbekräftelse	potwierdzenie warunków n	závěrečná kupní smlouva f	kötlevél
carta de confirmação f	sluitbriefje n	villkorsbekräftelse	potwierdzenie warunków n	závěrečná kupní smlouva f	kötlevél
carta de crédito f	kredietbrief f	kreditiv	akredytywa f	úvěrový list m	hitellevél
—	kredietbrief f	kreditiv	akredytywa f	úvěrový list m	hitellevél
carta de crédito comercial f	handelskredietbrief m	handelsremburs	akredytywa towarowa f	obchodní úvěrový list m	kereskedelmi hitellevél
—	handelskredietbrief m	handelsremburs	akredytywa towarowa f	obchodní úvěrový list m	kereskedelmi hitellevél
vale de correio m	stortingsformulier n	postanvisning	blankiet na przekaz pieniężny m	poštovní poukázka f	pénzesutalvány
documento de consignação m	vrachtbrief m	fraktsedel	list przewozowy m	nákladní list m	szállítólevél
—	aanbevelingsbrief m	rekommendationsbrev	list polecający m	doporučovací psaní n	ajánlólevél
carta de recomendação f	aanbevelingsbrief m	rekommendationsbrev	list polecający m	doporučovací psaní n	ajánlólevél
—	sollicitatiebrief m	skriftlig ansökan	podanie o pracę n	písemná žádost f	pályázat
carta de solicitação de emprego f	sollicitatiebrief m	skriftlig ansökan	podanie o pracę n	písemná žádost f	pályázat
cartão de crédito m	kredietkaart f	kreditkort	karta kredytowa f	úvěrová karta f	hitelkártya
—	kredietkaart f	kreditkort	karta kredytowa f	úvěrová karta f	hitelkártya
—	chequekaart f	kort för eurocheck	karta czekowa f	šeková karta f	csekk-kártya
correio expresso m	expresbrief m	expressbrev	list ekspresowy m	spěšný dopis m	expresszlevél
cartão de crédito m	kredietkaart f	kreditkort	karta kredytowa f	úvěrová karta f	hitelkártya
cartão de garantia m	chequekaart f	kort för eurocheck	karta czekowa f	šeková karta f	csekk-kártya
—	portefeuille m	portfölj	portfel m	portfolio n	portfolió
—	aandelenbezit n	aktieinnehav	stan ilości akcji m	stav akcií m	részvényállomány
—	postbode m	brevbärare	listonosz m	listonoš m	levélkihordó
cartel m	kartel n	kartell	kartel m	kartel m	kartell

cartel   164

	D	E	F	I	ES
cartel (F)	Kartell n	cartel	—	cartello m	cártel m
cartel (P)	Kartell n	cartel	cartel m	cartello m	cártel m
cártel (ES)	Kartell n	cartel	cartel m	cartello m	—
Cartel Act (E)	Kartellgesetz n	—	loi sur les cartels f	legge sui cartelli f	ley relativa a los cártels f
cartella delle imposte (I)	Steuerbescheid m	notice of assessment	avis d'imposition m	—	liquidación de impuestos f
cartellino del prezzo (I)	Preisschild	price tag	étiquette de prix f	—	etiqueta del precio f
cartello (I)	Kartell n	cartel	cartel m	—	cártel m
carte postale (F)	Postkarte f	postcard	—	cartolina postale f	tarjeta postal f
cartera (ES)	Portfolio n	portfolio	portefeuille m	portafoglio m	—
cartera de acciones (ES)	Aktienbestand m	shareholding	portefeuille d'actions m	portafoglio azionario m	—
cartero (ES)	Briefträger m	postman	facteur m	postino m	—
cartolina postale (I)	Postkarte f	postcard	carte postale f	—	tarjeta postal f
casa editrice (I)	Verlag m	publishing house	maison d'édition f	—	editorial f
casa ficticia (ES)	Scheinfirma f	bogus firm	entreprise fictive f	ditta fittizia f	—
casa madre (I)	Stammhaus n	parent company	maison mère f	—	casa matriz f
casa-mãe (P)	Stammhaus n	parent company	maison mère f	casa madre f	casa matriz f
casa matriz (ES)	Stammhaus n	parent company	maison mère f	casa madre f	—
casella postale (I)	Postfach n	post office box	boîte postale f	—	apartado de correos m
cash (E)	bar	—	au comptant	in contanti	al contado
cash (E)	Bargeld n	—	argent comptant m	denaro contante m	dinero efectivo m
cash-and-carry clause (E)	Cash-and-carry-Klausel f	—	clause de cash-and-carry f	clausola cash-and-carry f	cláusula contractual de "paga y llévatelo" f
cash-and-carry-clausule (NL)	Cash-and-carry-Klausel f	cash-and-carry clause	clause de cash-and-carry f	clausola cash-and-carry f	cláusula contractual de "paga y llévatelo" f
Cash-and-carry-Klausel (D)	—	cash-and-carry clause	clause de cash-and-carry f	clausola cash-and-carry f	cláusula contractual de "paga y llévatelo" f
cash and carry-klausul (SV)	Cash-and-carry-Klausel f	cash-and-carry clause	clause de cash-and-carry f	clausola cash-and-carry f	cláusula contractual de "paga y llévatelo" f
cash book (E)	Kassenbuch n	—	compte de caisse m	libro di cassa m	libro de caja m
cash credit (E)	Barkredit m	—	crédit de caisse m	credito per cassa m	crédito en efectivo m
cash discount (E)	Barzahlungsrabatt m	—	remise pour payement comptant f	sconto per pagamento in contanti m	descuento por pago al contado m
cash on delivery (E)	gegen Nachnahme	—	contre remboursement	in contrassegno	contra rembolso
cash on delivery (E)	Lieferung gegen Nachnahme	—	livraison contre remboursement f	consegna in contrassegno f	entrega contra reembolso f
cash on delivery (E)	Nachnahme f	—	remboursement m	contrassegno m	reembolso m
cash on delivery (E)	Zahlung per Nachnahme	—	payement contre remboursement m	pagamento in contrassegno m	pago contra reembolso m
cash payment (E)	Barzahlung f	—	payement comptant m	pagamento in contanti m	pago al contado m
časová mzda (CZ)	Zeitlohn m	time wages	salaire à l'heure m	salario a tempo m	salario por unidad de tiempo m
cassa (I)	Kiste f	crate	caisse f	—	caja f
cassa continua (I)	Nachttresor m	night safe	dépôt de nuit m	—	depósito de noche m
cassa di risparmio (I)	Sparkasse f	savings bank	Caisse d'Epargne f	—	caja de ahorros f

cassa di risparmio

P	NL	SV	PL	CZ	H
cartel *m*	kartel *n*	kartell	kartel *m*	kartel *m*	kartell
—	kartel *n*	kartell	kartel *m*	kartel *m*	kartell
cartel *m*	kartel *n*	kartell	kartel *m*	kartel *m*	kartell
lei de regulamentação dos cartéis *f*	wet op de kartelvorming *f*	kartellag	ustawa kartelowa *f*	kartelový zákon *m*	kartelltörvény
aviso para pagamento de imposto *m*	aanslagbiljet *n*	skattsedel	podatkowy nakaz płatniczy *m*	daňový výměr *m*	adókivetési értesítés
etiqueta de preço *f*	prijsetiket *n*	prisetikett	etykietka cenowa *f*	cenovka *f*	ártábla
cartel *m*	kartel *n*	kartell	kartel *m*	kartel *m*	kartell
bilhete postal *m*	briefkaart *f*	vykort	karta pocztowa *f*	korespondenční lístek *m*	levelezőlap
carteira *f*	portefeuille *m*	portfölj	portfel *m*	portfolio *n*	portfolió
carteira de acções *f*	aandelenbezit *n*	aktieinnehav	stan ilości akcji *m*	stav akcií *m*	részvényállomány
carteiro *m*	postbode *m*	brevbärare	listonosz *m*	listonoš *m*	levélkihordó
bilhete postal *m*	briefkaart *f*	vykort	karta pocztowa *f*	korespondenční lístek *m*	levelezőlap
editora *f*	uitgeversmaatschappij *f*	förlag	wydawnictwo *n*	nakladatelství *n*	kiadó
firma fictícia *f*	schijnfirma *f*	skenföretag	firma fikcyjna *f*	naoko registrovaná firma *f*	fiktív cég
casa-mãe *f*	moedermaatschappij *f*	moderföretag	przedsiębiorstwo macierzyste *n*	mateřská společnost *f*	anyavállalat
—	moedermaatschappij *f*	moderföretag	przedsiębiorstwo macierzyste *n*	mateřská společnost *f*	anyavállalat
casa-mãe *f*	moedermaatschappij *f*	moderföretag	przedsiębiorstwo macierzyste *n*	mateřská společnost *f*	anyavállalat
caixa postal *f*	postbus *f*	box	skrytka pocztowa *f*	poštovní přihrádka *f*	postafiók
a dinheiro	contant	kontant	gotówką	hotovostní	készpénzben
dinheiro de contado *m*	contant geld *n*	kontanter *pl*	gotówka *f*	hotovost *f*	készpénz
cláusula de pagamento contra entrega *f*	cash-and-carry-clausule *f/m*	cash and carry-klausul	klauzula za gotówkę z magazynu *f*	doložka o platbě v hotovosti a odvozu zboží *f*	fizesd és vidd
cláusula de pagamento contra entrega *f*	—	cash and carry-klausul	klauzula za gotówkę z magazynu *f*	doložka o platbě v hotovosti a odvozu zboží *f*	fizesd és vidd
cláusula de pagamento contra entrega *f*	cash-and-carry-clausule *f/m*	cash and carry-klausul	klauzula za gotówkę z magazynu *f*	doložka o platbě v hotovosti a odvozu zboží *f*	fizesd és vidd
cláusula de pagamento contra entrega *f*	cash-and-carry-clausule *f/m*	—	klauzula za gotówkę z magazynu *f*	doložka o platbě v hotovosti a odvozu zboží *f*	fizesd és vidd
livro de caixa *m*	kasboek *n*	kassabok	księga kasowa *f*	pokladní deník *m*	pénztárkönyv
crédito a dinheiro *m*	contant krediet *n*	kassakredit	kredyt gotówkowy *m*	úvěr v hotovosti *m*	készpénzhitel
desconto de pronto pagamento *m*	korting voor contante betaling *f*	kassarabatt	rabat za płatność gotówką *m*	sleva při placení v hotovosti *f*	készpénzfizetési engedmény
contra-reembolso	onder rembours	betalning vid leverans	za zaliczeniem pocztowym	na dobírku *f*	utánvétellel
envio à cobrança *m*	levering onder rembours *f*	betalning vid leverans	dostawa za zaliczeniem pocztowym *f*	dodávka na dobírku *f*	utánvételes szállítás
reembolso *m*	onder rembours	betalning vid leverans	za zaliczeniem pocztowym	dobírka *f*	utánvétel
pagamento contra-reembolso *m*	betaling onder rembours *f*	betalning vid leverans	zapłata przy odbiorze *f*	platba na dobírku *f*	fizetés utánvétellel
pagamento em dinheiro *m*	contante betaling *f*	kontantbetalning	płatność gotówką *f*	platba v hotovosti *f*	készpénzes fizetés
salário por hora *m*	tijdloon *n*	timlön	płaca wg stawki godzinowej *f*	—	időbér
caixa *f*	kist *f*	låda	skrzynka *f*	bedna *f*	láda
depósito nocturno *m*	nachtsafe *m*	nattfack	nocny sejf *m*	noční trezor *m*	éjszakai trezor
caixa económica *f*	spaarkas *f*	sparbank	kasa oszczędnościowa *f*	spořitelna *f*	takarékpénztár

cassaforte 166

	D	E	F	I	ES
cassaforte (I)	Tresor m	safe	coffre-fort m	—	caja fuerte f
cassetta di sicurezza (I)	Safe m	safe	coffre-fort m	—	caja de seguridad f
cassetta postale (I)	Briefkasten m	letter-box	boîte aux lettres f	—	buzón m
částečný pracovní úvazek (CZ)	Teilzeitarbeit f	part-time work	travail à temps partiel m	lavoro part-time m	trabajo a tiempo parcial m
částka (CZ)	Betrag m	amount	montant m	importo m	suma f
catalogusprijs (NL)	Listenpreis m	list price	prix du catalogue m	prezzo di listino m	precio-lista m
categoria (I)	Sorte (Art) f	sort	genre m	—	clase f
categoria (P)	Sorte (Art) f	sort	genre m	categoria f	clase f
categoria commerciale (I)	Handelsklasse f	grade	catégorie de produits f	—	clase f
categoría de calidad (ES)	Güteklasse f	grade	catégorie de qualité f	classe di qualità f	—
categoria de produtos (P)	Handelsklasse f	grade	catégorie de produits f	categoria commerciale f	clase f
categoria de qualidade (P)	Güteklasse f	grade	catégorie de qualité f	classe di qualità f	categoría de calidad f
catégorie de produits (F)	Handelsklasse f	grade	—	categoria commerciale f	clase f
catégorie de qualité (F)	Güteklasse f	grade	—	classe di qualità f	categoría de calidad f
caução (P)	Kaution f	security	caution f	cauzione f	caución f garantía f
caución f garantía (ES)	Kaution f	security	caution f	cauzione f	—
causa (I)	Rechtsstreit m	legal action	litige m	—	conflicto jurídico m
caution (F)	Bürgschaft f	guarantee	—	garanzia (fideiussoria) f	fianza f
caution (F)	Kaution f	security	—	cauzione f	caución f garantía f
cauzione (I)	Kaution f	security	caution f	—	caución f garantía f
cechowanie (PL)	eichen	gauge	jauger	tarare	contrastar
Čechy (CZ)	Tschechien	Czech Republic	république tchèque f	Repubblica Ceca f	República Checa f
ceco (I)	tschechisch	Czech	tchèque	—	checo
ceco (I)	Tschechisch n	Czech	tchèque	—	checo m
cédant (F)	Zedent m	assignor	—	cedente m	cedente m
cedent (NL)	Zedent m	assignor	cédant m	cedente m	cedente m
cedent (PL)	Zedent m	assignor	cédant m	cedente m	cedente m
cedente (I)	Zedent m	assignor	cédant m	—	cedente m
cedente (ES)	Zedent m	assignor	cédant m	cedente m	—
cedente (P)	Zedent m	assignor	cédant m	cedente m	cedente m
cedola (I)	Coupon m	coupon	coupon m	—	cupón m
cédula hipotecaria (ES)	Pfandbrief m	mortgage bond	obligation hypothécaire f	titolo ipotecario m	—
cég (H)	Firma f	company	entreprise f	impresa f	empresa f
cégbélyegző (H)	Firmenstempel m	company stamp	cachet d'établissement m	timbro della ditta m	sello de la empresa m
cég címe (H)	Firmenanschrift f	company address	adresse de l'entreprise f	indirizzo della ditta m	dirección de la empresa f
cégjegyzék (H)	Handelsregister n	commercial register	registre du commerce m	registro delle imprese m	registro mercantil m
cégjegyzési jog (H)	Prokura f	power of attorney	procuration commerciale générale f	procura f	poder m
cégnév (H)	Firmenname m	company name	nom de l'entreprise m	ragione sociale f	razón social f
cégösszeolvadások ellenőrzése (H)	Fusionskontrolle f	merger control	contrôle de fusion m	controllo delle fusioni m	control de fusiones m
cejchovat (CZ)	eichen	gauge	jauger	tarare	contrastar
čekací doba (CZ)	Karenzzeit f	qualifying period	délai de carence m	periodo d'aspettativa m	período carencial m
cel (PL)	Ziel n	objective	but m	obiettivo m	objetivo m
cél (H)	Ziel n	objective	but m	obiettivo m	objetivo m
célcsoport (H)	Zielgruppe f	target group	groupe cible m	gruppo target m	grupo destinatario m

célcsoport

P	NL	SV	PL	CZ	H
caixa-forte f	kluis f	kassaskåp	sejf m	trezor m	páncélszekrény
cofre-forte m	safe m	kassafack	sejf m	bezpečnostní schránka f	széf
caixa do correio f	brievenbus f	brevlåda	skrzynka pocztowa f	poštovní schránka f	postaláda
trabalho a jornada parcial m	deeltijds werk n	deltidsarbete	praca w niepełnym wymiarze f	—	részidős munka
montante m	bedrag n	summa	kwota f	—	összeg
preço tabelado m	—	listpris	cena katalogowa f	cena dle ceníku f	listaár
categoria f	soort n	sort	gatunek m	druh m	fajta
—	soort n	sort	gatunek m	druh m	fajta
categoria de produtos f	handelsklasse f	handelsklass	jakość sprzedażna f	obchodní třída f	minőségi osztály
categoria de qualidade f	kwaliteitsklasse f	kvalitetskategori	klasa jakości f	jakostní třída f	minőségi osztály
—	handelsklasse f	handelsklass	jakość sprzedażna f	obchodní třída f	minőségi osztály
—	kwaliteitsklasse f	kvalitetskategori	klasa jakości f	jakostní třída f	minőségi osztály
categoria de produtos f	handelsklasse f	handelsklass	jakość sprzedażna f	obchodní třída f	minőségi osztály
categoria de qualidade f	kwaliteitsklasse f	kvalitetskategori	klasa jakości f	jakostní třída f	minőségi osztály
—	waarborgsom f	borgen	kaucja f	kauce f	óvadék
caução f	waarborgsom f	borgen	kaucja f	kauce f	óvadék
litígio jurídico m	geschil n	rättstvist	spór prawny m	právní spor m	jogvita
fiança f	borgsom f	borgen	poręczenie n	ručení n	kezesség
caução f	waarborgsom f	borgen	kaucja f	kauce f	óvadék
caução f	waarborgsom f	borgen	kaucja f	kauce f	óvadék
aferir	ijken	justera	—	cejchovat	hitelesít
República Checa f	Tsjechië	Tjeckiska republiken	Czechy pl	—	Csehország
checo	Tsjechisch	tjeckisk	czeski	český	cseh(ül)
checo	Tsjechisch	tjeckisk	język czeski m	čeština f	cseh (nyelv)
cedente m	cedent m	överlåtare	cedent m	postupitel m	engedményező
cedente m	—	överlåtare	cedent m	postupitel m	engedményező
cedente m	cedent m	överlåtare	—	postupitel m	engedményező
cedente m	cedent m	överlåtare	cedent m	postupitel m	engedményező
cedente m	cedent m	överlåtare	cedent m	postupitel m	engedményező
—	cedent m	överlåtare	cedent m	postupitel m	engedményező
cupão m	coupon m	kupong	kupon m	kupon m	kupon
título hipotecário m	pandbrief f	obligation med inteckning som säkerhet	list zastawny m	zástavní list m	záloglevél
empresa f	firma f	företag	firma f	firma f	—
carimbo da empresa m	firmastempel m	företagsstämpel	stempel firmowy m	firemní razítko n	—
endereço da empresa m	kantooradres n	företagsadress	adres firmowy m	firemní adresa f	—
registo comercial m	handelsregister n	handelsregister	Rejestr Handlowy	obchodní rejstřík m	—
procuração f	volmacht f	fullmakt	prokura f	plná moc f	—
nome da empresa m	firmanaam m	företagsnamn	nazwa firmowa f	název firmy m	—
controle de fusões m	fusiecontrole f	fusionskontroll	kontrola fuzji f	kontrola fúze f	—
aferir	ijken	justera	cechowanie n	—	hitelesít
prazo de carência m	wachttijd m	karenstid	okres karencji m	—	türelmi idő
objectivo m	doel n	mål	—	cíl m	cél
objectivo m	doel n	mål	cel m	cíl m	—
grupo objectivo m	doelgroep f	målgrupp	grupa docelowa f	cílová skupina f	—

celková částka 168

	D	E	F	I	ES
celková částka (CZ)	Gesamtsumme f	total amount	montant total m	importo totale m	suma total f
celková dodávka (CZ)	Gesamtlieferung f	total delivery	livraison totale f	fornitura completa f	suministro total f
celkové náklady (CZ)	Gesamtkosten f	total costs	coût total m	costi complessivi m/pl	gastos generales m/pl
celní cizina (CZ)	Zollausland n	countries outside the customs frontier	territoire hors du contrôle de la douane m	territorio doganale estero m	territorio aduanero exterior m
celní dohoda (CZ)	Zollabkommen n	customs convention	accord douanier m	accordo sulle tariffe	convenio aduanero m
celní doklady (CZ)	Zollpapiere f	customs documents	documents douaniers m/pl	documenti doganali m/pl	documentos aduaneros m/pl
celní faktura (CZ)	Zollfaktura f	customs invoice	facture douanière f	fattura doganale f	factura arancelaria f
celní hranice (CZ)	Zollgrenze f	customs frontier	frontière douanière f	confine doganale m	frontera aduanera f
celní odbavení (CZ)	Zollabfertigung f	customs clearance	dédouanement m	sdoganamento m	trámites aduaneros m/pl
celní poplatky (CZ)	Zollgebühren f	customs duties	droit de douane m	diritti doganali m/pl	derechos arancelarios m/pl
celní prohlášení (CZ)	Zollerklärung f	customs declaration	déclaration en douane f	dichiarazione doganale f	declaración arancelaria f
celní sazba (CZ)	Zolltarif m	customs tariff	tarif des douanes m	tariffa doganale f	tarifa arancelaria f
celní styk (CZ)	Zollverkehr m	customs procedure	régime douanier des marchandises sous douane m	procedure doganali f/pl	régimen aduanero m
celní unie (CZ)	Zollunion f	customs union	union douanière f	unione doganale f	unión aduanera f
celní uskladnění (CZ)	Zollagerung f	customs warehouse procedure	entrepôt sous douane m	deposito doganale m	depósito de aduana m
celní území (CZ)	Zollgebiet n	customs territory	territoire douanier m	territorio doganale m	distrito aduanero m
celní závěra (CZ)	Zollverschluß m	customs seal	scellement douanier f	sigillo doganale m	precinto aduanero m
céltartalék (H)	Rückstellung f	reserves	provision pour pertes et charges f	accantonamento m	reserva f
cena (PL)	Preis m	price	prix m	prezzo m	precio m
cena (CZ)	Preis m	price	prix m	prezzo m	precio m
cena brutto (PL)	Bruttopreis m	gross price	prix brut m	prezzo lordo m	precio bruto m
cena detaliczna (PL)	Ladenpreis f	retail price	prix de vente m	prezzo al consumo m	precio de venta m
cena dle ceníkuf (CZ)	Listenpreis m	list price	prix du catalogue m	prezzo di listino m	precio-lista m
cena hurtowa (PL)	Großhandelspreis m	wholesale price	prix de gros m	prezzo all'ingrosso m	precio mayorista m
cena katalogowa (PL)	Listenpreis m	list price	prix du catalogue m	prezzo di listino m	precio-lista m
cena kosztów własnych (PL)	Selbstkostenpreis m	cost price	prix coûtant m	prezzo di costo m	precio de coste m
cena kupna (PL)	Einkaufspreis m	purchase price	prix d'achat m	prezzo d'acquisto m	precio de compra m
cena kupna (PL)	Kaufpreis m	purchase price	prix d'achat m	prezzo d'acquisto m	precio de compra m
cena minimalna (PL)	Preisuntergrenze f	price floor	plancher des prix m	limite inferiore di prezzo m	límite inferior de los precios m
cena na světovém trhu (CZ)	Weltmarktpreis m	world market price	prix sur le marché mondial m	prezzo di mercato mondiale m	precio del mercado mundial m
cena netto (PL)	Nettopreis m	net price	prix net m	prezzo netto m	precio neto m
cena podle obchodních knih (CZ)	Buchwert m	book value	valeur comptable f	valore contabile m	valor contable m
cena ruchoma (PL)	Staffelpreis m	graduated price	prix échelonné m	prezzo differenziato m	precios progresivos m/pl
cena skupu produktów rolnych (PL)	Agrarpreis m	prices of farm products	prix agricole m	prezzo agricolo m	precio agrícola m
cena stała (PL)	Festpreis m	fixed price	prix fixe m	prezzo fisso m	precio fijo m
cena światowa (PL)	Weltmarktpreis m	world market price	prix sur le marché mondial m	prezzo di mercato mondiale m	precio del mercado mundial m
cena w odsprzedaży (PL)	Wiederverkaufspreis m	resale price	prix de revente m	prezzo di rivendita m	precio de reventa m

169 cena w odsprzedaży

P	NL	SV	PL	CZ	H
montante total m	totaal bedrag n	totalsumma	suma całkowita f	—	teljes összeg
entrega total f	totale levering f	total leverans	kompletna dostawa f	—	teljes szállítás
custos totais m/pl	totale kosten m/pl	totala kostnader pl	koszty całkowite m/pl	—	összköltség
território aduaneiro exterior m	gebied buiten de (eigen) douanegrenzen n	utländskt tullområde	zagranica celna f	—	vámkülföld
convenção aduaneira f	tariefakkoord n	tullavtal	Układ w Sprawie Ceł m	—	vámegyezmény
documentos aduaneiros m/pl	douanepapieren n/pl	tullhandlingar pl	dokumenty celne m/pl	—	vámokmányok
factura para a alfândega f	douanefactuur f	tullfaktura	faktura celna f	—	vámszámla
limite aduaneiro f	douanegrens f	tullgräns	granica celna f	—	vámhatár
expedição aduaneira f	inklaring f/uitklaring f	förtullning	odprawa celna f	—	vámkezelés
direitos aduaneiros m/pl	douanerechten n/pl	tullavgifter pl	opłaty celne f/pl	—	vámilleték
declaração alfandegária f	douaneverklaring f	tulldeklaration	deklaracja celna f	—	vámáru-nyilatkozat
tarifa aduaneira f	douanetarief n	tulltariff	taryfa celna f	—	vámtarifa
procedimentos aduaneiros m/pl	douaneprocedures m/pl	tullförfarande	procedura celna f	—	vámforgalom
união aduaneira f	douane-unie f	tullunion	unia celna f	—	vámunió
armazém alfandegário m	stelsel van douane-entrepots n	tullagring	magazyn towarów pod zamknięciem celnym m	—	vámraktározás
território aduaneiro m	douanegebied n	tullområde	obszar celny m	—	vámterület
selo alfandegário m	douanesluiting f	tullsigill	plomba celna n	—	vámzár
reservas f/pl	bestemmingsreserve f	outdelad vinst	rezerwa f	vrácení n	—
preço m	prijs m	pris	—	cena f	ár
preço m	prijs m	pris	cena f	—	ár
preço bruto m	brutoprijs m	bruttopris	—	hrubá cena f	bruttó ár
preço de venda m	kleinhandelsprijs m	butikspris	—	prodejní cena f	bolti ár
preço tabelado m	catalogusprijs m	listpris	cena katalogowa f	—	listaár
preço por atacado m	groothandelsprijs m	partipris	—	velkoobchodní cena f	nagykereskedelmi ár
preço tabelado m	catalogusprijs m	listpris	—	cena dle ceníkuf	listaár
preço de custo m	kostprijs m	självkostnadspris	—	režijní cena f	önköltségi ár
preço de compra m	inkoopprijs m	inköpspris	—	nákupní cena f	beszerzési ár
preço de compra m	aankoopprijs m	köppris	—	kupní cena f	vételár
limite inferior dos preços m	ondergrens van de prijzen f	nedre prisgräns	—	spodní hranice ceny f	alsó árhatár
preço no mercado internacional m	wereldmarktprijs m	världsmarknadspris	cena światowa f	—	világpiaci ár
preço líquido m	nettoprijs m	nettopris	—	čistá cena f	nettó ár
valor contabilístico m	boekwaarde f	bokfört värde	wartość księgowa f	—	könyv szerinti érték
preço progressivo m	schaalprijs m	graderat pris	—	odstupňovaná cena f	lépcsőzetes árskála
preços dos produtos agrícolas m	landbouwprijs m	pris på jordbruksprodukter	—	zemědělská cena f	mezőgazdasági árak
preço fixo m	vaste prijs m	fast pris	—	konstantní cena f	rögzített ár
preço no mercado internacional m	wereldmarktprijs m	världsmarknadspris	—	cena na světovém trhu f	világpiaci ár
preço de revenda m	inruilwaarde f	återförsäljningspris	—	překupní cena f	viszonteladói ár

cena zalecana 170

	D	E	F	I	ES
cena zalecana (PL)	Richtpreis m	recommended retail price	prix indicatif m	prezzo indicativo m	precio indicativo m
cena złota (PL)	Goldpreis m	gold price	prix de l'or m	prezzo dell'oro m	precio del oro m
cena zlata (CZ)	Goldpreis m	gold price	prix de l'or m	prezzo dell'oro m	precio del oro m
ceník (CZ)	Preisliste f	price list	liste des prix f	listino prezzi m	lista de precios f
cenná zásilka (CZ)	Wertsendung f	consignment with value declared	envoi avec valeur déclarée m	spedizione con valore dichiarato f	envío con valor declarado m
cenné papíry (CZ)	Effekten f/pl	securities	valeurs mobilières f/pl	titoli m/pl	efectos m/pl
cenný (CZ)	wertvoll	valuable	précieux	prezioso	precioso
cenný dopis (CZ)	Wertbrief m	insured letter	lettre avec valeur déclarée f	lettera con valore dichiarato f	letra con valor declarado f
cenný papír (CZ)	Wertpapier n	security	titre m	titolo m	valor m
cenný papír na majitele (CZ)	Inhaberpapier n	bearer instrument	titre souscrit au porteur m	titolo al portatore m	título al portador m
cenný papír na řad (CZ)	Orderpapier n	order instrument	papier à ordre m	titolo all'ordine m	título a la orden m
cenová a mzdová spirála (CZ)	Lohn-Preis-Spirale f	wage-price spiral	course des prix et des salaires f	spirale prezzi-salari f	espiral salarios-precios m
cenová politika (CZ)	Preispolitik f	price policy	politiques des prix f	politica dei prezzi f	política de precios f
cenová přirážka (CZ)	Aufpreis m	surcharge	surprix m	sovrapprezzo m	sobreprecio m
cenové doporučení (CZ)	Preisempfehlung f	price recommendation	recommendation de prix f	suggerimento di prezzo m	precio recomendado m
cenově výhodný (CZ)	preiswert	inexpensive	avantageux	a buon mercato	barato
cenovka (CZ)	Preisschild	price tag	étiquette de prix f	cartellino del prezzo m	etiqueta del precio f
censimento (I)	Volkszählung f	census	recensement démographique m	—	censo m
censo (ES)	Volkszählung f	census	recensement démographique m	censimento m	—
censo demográfico (P)	Volkszählung f	census	recensement démographique m	censimento m	censo m
censor de cuentas (ES)	Wirtschaftsprüfer m	auditor	expert- comptable économique et financier m	revisore dei conti m	—
census (E)	Volkszählung f	—	recensement démographique m	censimento m	censo m
central bank (E)	Notenbank f	—	banque d'émission f	banca d'emissione f	banco emisor m
central bank (E)	Zentralbank f	—	banque centrale f	Banca Centrale f	banco emisor m
centralbank (SV)	Notenbank f	central bank	banque d'émission f	banca d'emissione f	banco emisor m
centralbank (SV)	Staatsbank f	state bank	banque nationale f	Banca Centrale f	banco del Estado m
centralbank (SV)	Zentralbank f	central bank	banque centrale f	Banca Centrale f	banco emisor m
Central Bank Council (E)	Zentralbankrat m	—	Conseil de la Banque Centrale m	consiglio superiore della Banca Centrale m	Consejo del Banco Central m
centralbanksråd (SV)	Zentralbankrat m	Central Bank Council	Conseil de la Banque Centrale m	consiglio superiore della Banca Centrale m	Consejo del Banco Central m
central de giros (ES)	Girozentrale f	central giro institution	banque centrale de virement f	ufficio centrale di compensazione m	—
central de transferências (P)	Girozentrale f	central giro institution	banque centrale de virement f	ufficio centrale di compensazione m	central de giros f
centrale bank (NL)	Notenbank f	central bank	banque d'émission f	banca d'emissione f	banco emisor m
centrale bank (NL)	Zentralbank f	central bank	banque centrale f	Banca Centrale f	banco emisor m
Centrale Bankraad (NL)	Zentralbankrat m	Central Bank Council	Conseil de la Banque Centrale m	consiglio superiore della Banca Centrale m	Consejo del Banco Central m
central giro institution (E)	Girozentrale f	—	banque centrale de virement f	ufficio centrale di compensazione m	central de giros f
centralisatie (NL)	Zentralisierung f	centralisation	centralisation f	centralizzazione f	centralización f
centralisation (E)	Zentralisierung f	—	centralisation f	centralizzazione f	centralización f
centralisation (F)	Zentralisierung f	centralisation	—	centralizzazione f	centralización f
centralisering (SV)	Zentralisierung f	centralisation	centralisation f	centralizzazione f	centralización f
centralização (P)	Zentralisierung f	centralisation	centralisation f	centralizzazione f	centralización f

centralização

P	NL	SV	PL	CZ	H
preço de referência m	richtprijs m	rekommenderat pris	—	orientační cena f	irányár
preço do ouro m	goudprijs m	guldpris	—	cena zlata f	aranyár
preço do ouro m	goudprijs m	guldpris	cena złota f	—	aranyár
lista de preços f	prijslijst f	prislista	lista cen f	—	árjegyzék
envio com valor declarado m	zending met aangegeven waarde f	värdeförsändelse	przesyłka wartościowa f	—	értékküldemény
títulos m/pl	effecten n/pl	värdepapper pl	papiery wartościowe m/pl	—	értékpapírok
valioso	waardevol	värdefull	wartościowy	—	értékes
carta com valor declarado f	brief met aangegeven waarde m	assurerat brev	list wartościowy m	—	értéklevél
título m	waardepapier n	värdepapper	papier wartościowy m	—	értékpapír
título ao portador m	effect aan toonder n	innehavarobligation	papier wartościowy na okaziciela m	—	bemutatóra szóló értékpapír
título à ordem m	orderpapier n	orderpapper	dokument płatny na zlecenie m	—	forgatható értékpapír
espiral salários-preços f	lonen- en prijsspiraal f	pris- och lönespiral	spirala cen i płac f	—	ár-bér spirál
política de preços f	prijsbeleid n	prispolitik	polityka cenowa f	—	árpolitika
ágio m	toeslag m	påslag	dopłata f	—	felár
preço recomendado m	adviesprijs m	rekommenderat pris	zalecenie cenowe n	—	ajánlott ár
barato	goedkoop	prisvärd	niedrogi	—	kedvező árú
etiqueta de preço f	prijsetiket n	prisetikett	etykietka cenowa f	—	ártábla
censo demográfico m	volkstelling f	folkräkning	powszechny spis ludności m	sčítání lidu n	népszámlálás
censo demográfico m	volkstelling f	folkräkning	powszechny spis ludności m	sčítání lidu n	népszámlálás
—	volkstelling f	folkräkning	powszechny spis ludności m		népszámlálás
auditor m	revisor m	revisor	rewident księgowy m	revisor účtů m	könyvvizsgáló
censo demográfico m	volkstelling f	folkräkning	powszechny spis ludności m	sčítání lidu n	népszámlálás
banco emissor m	centrale bank f	centralbank	bank emisyjny m	emisní banka f	jegybank
banco central m	centrale bank f	centralbank	Bank Centralny m	centrální banka f	központi bank
banco emissor m	centrale bank f	—	bank emisyjny m	emisní banka f	jegybank
banco do estado m	Staatsbank f	—	bank państwowy m	státní banka f	állami bank
banco central m	centrale bank f	—	Bank Centralny m	centrální banka f	központi bank
Administração do Banco Central f	Centrale Bankraad m	centralbanksråd	Rada Banku Centralnego f	rada centrální banky f	Központi Banktanács
Administração do Banco Central f	Centrale Bankraad m	—	Rada Banku Centralnego f	rada centrální banky f	Központi Banktanács
central de transferências f	bankgirocentrale f	girocentral	izba rozrachunkowa f	žirová ústředna f	elszámolóház
—	bankgirocentrale f	girocentral	izba rozrachunkowa f	žirová ústředna f	elszámolóház
banco emissor m	—	centralbank	bank emisyjny m	emisní banka f	jegybank
banco central m	—	centralbank	Bank Centralny m	centrální banka f	központi bank
Administração do Banco Central f	—	centralbanksråd	Rada Banku Centralnego f	rada centrální banky f	Központi Banktanács
central de transferências f	bankgirocentrale f	girocentral	izba rozrachunkowa f	žirová ústředna f	elszámolóház
centralização f	—	centralisering	centralizacja f	centralizace f	központosítás
centralização f	centralisatie f	centralisering	centralizacja f	centralizace f	központosítás
centralização f	centralisatie f	centralisering	centralizacja f	centralizace f	központosítás
centralização f	centralisatie f	centralisering	centralizacja f	centralizace f	központosítás
—	centralisatie f	centralisering	centralizacja f	centralizace f	központosítás

centralizace

172

	D	E	F	I	ES
centralizace (CZ)	Zentralisierung f	centralisation	centralisation f	centralizzazione f	centralización f
centralización (ES)	Zentralisierung f	centralisation	centralisation f	centralizzazione f	—
centralizacja (PL)	Zentralisierung f	centralisation	centralisation f	centralizzazione f	centralización f
centralizzazione (I)	Zentralisierung f	centralisation	centralisation f	—	centralización f
centrallager (SV)	Auslieferungslager n	distribution store	entrepôt de distribution m	deposito di consegna m	almacén de entregas m
centrální banka (CZ)	Zentralbank f	central bank	banque centrale f	Banca Centrale f	banco emisor m
central rate (E)	Leitkurs m	—	taux de référence m	tasso centrale m	curso de referencia m
centro de custos (P)	Kostenstelle f	cost accounting centre	unité de gestion absorbant des coûts f	centro di costo m	posición de costes f
centro de distribuição (P)	Auslieferungslager n	distribution store	entrepôt de distribution m	deposito di consegna m	almacén de entregas m
centro di costo (I)	Kostenstelle f	cost accounting centre	unité de gestion absorbant des coûts f	—	posición de costes f
černé platby (CZ)	schwarze Zahlen f/pl	the black	excédent m	conti in nero m/pl	superávit m
černý trh (CZ)	Schwarzmarkt m	black market	marché au noir m	mercato nero m	mercado negro m
certidão comprovativa de dívida (P)	Schuldschein m	certificate of indebtedness	billet de créance m	certificato di debito m	pagaré m
certificaat (NL)	Zertifikat n	certificate	certificat m	certificato m	certificado m
certificaat (NL)	Zeugnis n	letter of reference	certificat m	attestato m	certificado m
certificaat van oorsprong (NL)	Ursprungszeugnis n	certificate of origin	certificat d'origine m	certificato d'origine m	certificado de origen m
certificado (ES)	Einschreiben n	registered	en recommandé	raccomandata f	—
certificado (ES)	per Einschreiben	by registered post	sous pli recommandé	per raccomandata	—
certificado (ES)	Zertifikat n	certificate	certificat m	certificato m	—
certificado (ES)	Zeugnis n	letter of reference	certificat m	attestato m	—
certificado (P)	Zertifikat n	certificate	certificat m	certificato m	certificado m
certificado (P)	Zeugnis n	letter of reference	certificat m	attestato m	certificado m
certificado de aduana (ES)	Zolleinfuhrschein m	bill of entry	acquit d'entrée m	bolletta doganale d'importazione m	—
certificado de avaria (P)	Havariezertifikat n	damage report	certificat d'avarie m	certificato d'avaria m	certificado de avería m
certificado de avería (ES)	Havariezertifikat n	damage report	certificat d'avarie m	certificato d'avaria m	—
certificado de investimento (P)	Investmentzertifikat n	investment certificate	certificat émis par un fonds commun de placement m	certificato d'investimento m	certificado de participación m
certificado de origem (P)	Ursprungszeugnis n	certificate of origin	certificat d'origine m	certificato d'origine m	certificado de origen m
certificado de origen (ES)	Ursprungszeugnis n	certificate of origin	certificat d'origine m	certificato d'origine m	—
certificado de participación (ES)	Investmentzertifikat n	investment certificate	certificat émis par un fonds commun de placement m	certificato d'investimento m	—
certificat (F)	Zertifikat n	certificate	—	certificato m	certificado m
certificat (F)	Zeugnis n	letter of reference	—	attestato m	certificado m
certificat d'avarie (F)	Havariezertifikat n	damage report	—	certificato d'avaria m	certificado de avería m
certificat de dépôt (F)	Lagerschein m	warehouse warrant	—	ricevuta di deposito f	resguardo de almacén m
certificat d'origine (F)	Ursprungszeugnis n	certificate of origin	—	certificato d'origine m	certificado de origen m
certificate (E)	Zertifikat n	—	certificat m	certificato m	certificado m
certificat émis par un fonds commun de placement (F)	Investmentzertifikat n	investment certificate	—	certificato d'investimento m	certificado de participación m
certificate of indebtedness (E)	Schuldschein m	—	billet de créance m	certificato di debito m	pagaré m
certificate of origin (E)	Ursprungszeugnis n	—	certificat d'origine m	certificato d'origine m	certificado de origen m
certificato (I)	Zertifikat n	certificate	certificat m	—	certificado m

certificato

173

P	NL	SV	PL	CZ	H
centralização f	centralisatie f	centralisering	centralizacja f	—	központosítás
centralização f	centralisatie f	centralisering	centralizacja f	centralizace f	központosítás
centralização f	centralisatie f	centralisering	—	centralizace f	központosítás
centralização f	centralisatie f	centralisering	centralizacja f	centralizace f	központosítás
centro de distribuição m	depot n	—	dzień dostawy m	expediční sklad m	elosztó raktár
banco central m	centrale bank f	centralbank	Bank Centralny m	—	központi bank
taxa central f	spilkoers m	styrkurs	kurs wytyczny m	určující kurs m	irányadó árfolyam
—	kostenplaats f	utgiftspost	miejsce powstawania kosztów n	oddělení nákladů n	költséghely
—	depot n	centrallager	dzień dostawy m	expediční sklad m	elosztó raktár
centro de custos m	kostenplaats f	utgiftspost	miejsce powstawania kosztów n	oddělení nákladů n	költséghely
excedente m	zwarte cijfers n/pl	med vinst	strefa zysków f	—	nyereség
mercado negro m	zwarte markt f	svart marknad	czarny rynek m	—	feketepiac
—	schuldbrief m	revers	skrypt dłużny m	dlužní úpis m	adóslevél
certificado m	—	certifikat	certyfikat m	certifikát m	tanúsítvány
certificado m	—	rapport	świadectwo n	vysvědčení n	bizonyítvány
certificado de origem m	—	ursprungsbevis	świadectwo pochodzenia n	osvědčení o původu zboží n	származási bizonyítvány
registado m	aangetekende brief m	värdeförsändelse	przesyłka polecona f	doporučená zásilka f	ajánlott
por carta registada	aangetekend	värdeförsändelse	listem poleconym	doporučeně	ajánlva
certificado m	certificaat n	certifikat	certyfikat m	certifikát m	tanúsítvány
certificado m	certificaat n	rapport	świadectwo n	vysvědčení n	bizonyítvány
—	certificaat n	certifikat	certyfikat m	certifikát m	tanúsítvány
—	certificaat n	rapport	świadectwo n	vysvědčení n	bizonyítvány
declaração de importação à alfândega f	invoervergunning f	införseldeklaration	kwit odprawy celnej przywozowej m	dovozní celní stvrzenka f	behozatali vámkimutatás
—	averijcertificaat n	havericertifikat	ekspertyza awaryjna f	protokol o škodě m	kárbecslő jelentése
certificado de avaria m	averijcertificaat n	havericertifikat	ekspertyza awaryjna f	protokol o škodě m	kárbecslő jelentése
—	beleggingscertificaat n	andelsbevis	certyfikat inwestycyjny m	investiční certifikát m	befektetési jegy
—	certificaat van oorsprong n	ursprungsbevis	świadectwo pochodzenia n	osvědčení o původu zboží n	származási bizonyítvány
certificado de origem m	certificaat van oorsprong n	ursprungsbevis	świadectwo pochodzenia n	osvědčení o původu zboží n	származási bizonyítvány
certificado de investimento m	beleggingscertificaat n	andelsbevis	certyfikat inwestycyjny m	investiční certifikát m	befektetési jegy
certificado m	certificaat n	certifikat	certyfikat m	certifikát m	tanúsítvány
certificado m	certificaat n	rapport	świadectwo n	vysvědčení n	bizonyítvány
certificado de avaria m	averijcertificaat n	havericertifikat	ekspertyza awaryjna f	protokol o škodě m	kárbecslő jelentése
guia de armazenagem f	opslagbewijs n	lagerbevis	kwit składowy m	skladovací list m	raktárjegy
certificado de origem m	certificaat van oorsprong n	ursprungsbevis	świadectwo pochodzenia n	osvědčení o původu zboží n	származási bizonyítvány
certificado m	certificaat n	certifikat	certyfikat m	certifikát m	tanúsítvány
certificado de investimento m	beleggingscertificaat n	andelsbevis	certyfikat inwestycyjny m	investiční certifikát m	befektetési jegy
certidão comprovativa de dívida f	schuldbrief m	revers	skrypt dłużny m	dlužní úpis m	adóslevél
certificado de origem m	certificaat van oorsprong n	ursprungsbevis	świadectwo pochodzenia n	osvědčení o původu zboží n	származási bizonyítvány
certificado m	certificaat n	certifikat	certyfikat m	certifikát m	tanúsítvány

certificato d'avaria 174

	D	E	F	I	ES
certificato d'avaria (I)	Havariezertifikat *n*	damage report	certificat d'avarie *m*	—	certificado de avería *m*
certificato di debito (I)	Schuldschein *m*	certificate of indebtedness	billet de créance *m*	—	pagaré *m*
certificato d'investimento (I)	Investmentzertifikat *n*	investment certificate	certificat émis par un fonds commun de placement *m*	—	certificado de participación *m*
certificato d'origine (I)	Ursprungszeugnis *n*	certificate of origin	certificat d'origine *m*	—	certificado de origen *m*
certifikat (SV)	Zertifikat *n*	certificate	certificat *m*	certificato *m*	certificado *m*
certifikát (CZ)	Zertifikat *n*	certificate	certificat *m*	certificato *m*	certificado *m*
certyfikat (PL)	Zertifikat *n*	certificate	certificat *m*	certificato *m*	certificado *m*
certyfikat inwestycyjny (PL)	Investmentzertifikat *n*	investment certificate	certificat émis par un fonds commun de placement *m*	certificato d'investimento *m*	certificado de participación *m*
červená čísla (CZ)	rote Zahlen *f/pl*	the red	chiffres déficitaires *m/pl*	conti in rosso *m/pl*	números rojos *m/pl*
cesión (ES)	Abtretung *f*	assignment	cession *f*	cessione *f*	—
cesión (ES)	Zession *f*	assignment	cession *f*	cessione *f*	—
cesionario (ES)	Zessionar *m*	assignee	cessionnaire *m*	cessionario *m*	—
cesja (PL)	Abtretung *f*	assignment	cession *f*	cessione *f*	cesión *f*
cesja (PL)	Zession *f*	assignment	cession *f*	cessione *f*	cesión *f*
cesjonariusz (PL)	Zessionar *m*	assignee	cessionnaire *m*	cessionario *m*	cesionario *m*
český (CZ)	tschechisch	Czech	tchèque	ceco	checo
cessão (P)	Abtretung *f*	assignment	cession *f*	cessione *f*	cesión *f*
cessão (P)	Zession *f*	assignment	cession *f*	cessione *f*	cesión *f*
cessazione dei pagamenti (I)	Zahlungseinstellung *f*	suspension of payments	suspension de payement *f*	—	suspensión de pagos *f*
cession (F)	Abtretung *f*	assignment	—	cessione *f*	cesión *f*
cession (F)	Zession *f*	assignment	—	cessione *f*	cesión *f*
cession (SV)	Zession *f*	assignment	cession *f*	cessione *f*	cesión *f*
cessionär (SV)	Zessionar *m*	assignee	cessionnaire *m*	cessionario *m*	cesionario *m*
cessionario (I)	Zessionar *m*	assignee	cessionnaire *m*	—	cesionario *m*
cessionário (P)	Zessionar *m*	assignee	cessionnaire *m*	cessionario *m*	cesionario *m*
cessionaris (NL)	Zessionar *m*	assignee	cessionnaire *m*	cessionario *m*	cesionario *m*
cessione (I)	Abtretung *f*	assignment	cession *f*	—	cesión *f*
cessione (I)	Zession *f*	assignment	cession *f*	—	cesión *f*
cessionnaire (F)	Zessionar *m*	assignee	—	cessionario *m*	cesionario *m*
čeština (CZ)	Tschechisch *n*	Czech	tchèque	ceco *m*	checo *m*
cestovní šek (CZ)	Reisescheck *m*	traveller's cheque	chèque de voyage *m*	traveller's cheque *m*	cheque de viaje *m*
cestovní výlohy (CZ)	Reisespesen *f/pl*	travelling expenses	frais de voyage *m/pl*	spese di viaggio *f/pl*	gastos de viaje *m/pl*
chairman of the board (E)	Vorstandsvorsitzender *m*	—	président du directoire *m*	presidente del consiglio di amministrazione *m*	presidente del consejo *m*
chairman of the supervisory board (E)	Aufsichtsratsvorsitzender *m*	—	président du conseil de surveillance *m*	presidente del consiglio di sorveglianza *m*	presidente del consejo de administración *m*
chairmanship (E)	Vorsitz *m*	—	présidence *f*	presidenza *f*	presidencia *f*
chamada (P)	Anruf *m*	call	appel téléphonique *m*	chiamata *f*	llamada *f*
Chamber of Commerce (E)	Handelskammer *f*	—	chambre de commerce *f*	camera di commercio *f*	cámara de comercio *f*
chamber of foreign trade (E)	Außenhandelskammer *f*	—	chambre du commerce extérieur *f*	camera di commercio estero *f*	cámara del comercio exterior *f*
chamber of handicrafts (E)	Handwerkskammer *f*	—	chambre artisanale *f*	camera dell'artigianato *f*	cámara de artesanía *f*
chambre artisanale (F)	Handwerkskammer *f*	chamber of handicrafts	—	camera dell'artigianato *f*	cámara de artesanía *f*
chambre de commerce (F)	Handelskammer *f*	Chamber of Commerce	—	camera di commercio *f*	cámara de comercio *f*
chambre du commerce extérieur (F)	Außenhandelskammer *f*	chamber of foreign trade	—	camera di commercio estero *f*	cámara del comercio exterior *f*

chambre du commerce extérieur

P	NL	SV	PL	CZ	H
certificado de avaria m	averijcertificaat n	havericertifikat	ekspertyza awaryjna f	protokol o škodě m	kárbecslő jelentése
certidão comprovativa de dívida f	schuldbrief m	revers	skrypt dłużny m	dlužní úpis m	adóslevél
certificado de investimento m	beleggingscertificaat n	andelsbevis	certyfikat inwestycyjny m	investiční certifikát m	befektetési jegy
certificado de origem m	certificaat van oorsprong n	ursprungsbevis	świadectwo pochodzenia n	osvědčení o původu zboží n	származási bizonyítvány
certificado m	certificaat n	—	certyfikat m	certifikát m	tanúsítvány
certificado m	certificaat n	certifikat	certyfikat m	—	tanúsítvány
certificado m	certificaat n	certifikat	—	certifikát m	tanúsítvány
certificado de investimento m	beleggingscertificaat n	andelsbevis	—	investiční certifikát m	befektetési jegy
valores a vermelho m/pl	rode cijfers n/pl	med förlust	straty f/pl	—	veszteség
cessão f	overdracht m	överlåtelse	cesja f	odstoupení n	átruházás
cessão f	overdracht f	cession	cesja f	postoupení n	engedményezés
cessionário m	cessionaris m	cessionär	cesjonariusz m	postupník m	engedményes
cessão f	overdracht m	överlåtelse	—	odstoupení n	átruházás
cessão f	overdracht f	cession	—	postoupení n	engedményezés
cessionário m	cessionaris m	cessionär	—	postupník m	engedményes
checo	Tsjechisch	tjeckisk	czeski	—	cseh(ül)
—	overdracht m	överlåtelse	cesja f	odstoupení n	átruházás
—	overdracht f	cession	cesja f	postoupení n	engedményezés
suspensão de pagamentos f	stopzetting van betaling f	betalningsinställelse	zawieszenie wypłat n	zastavení platby n	fizetés felfüggesztése
cessão f	overdracht m	överlåtelse	cesja f	odstoupení n	átruházás
cessão f	overdracht f	cession	cesja f	postoupení n	engedményezés
cessão f	overdracht f	cession	—	cesja f	postoupení n	engedményezés
cessionário m	cessionaris m	—	cesjonariusz m	postupník m	engedményes
cessionário m	cessionaris m	cessionär	cesjonariusz m	postupník m	engedményes
—	cessionaris m	cessionär	cesjonariusz m	postupník m	engedményes
cessionário m	—	cessionär	cesjonariusz m	postupník m	engedményes
cessão f	overdracht m	överlåtelse	cesja f	odstoupení n	átruházás
cessão f	overdracht f	cession	cesja f	postoupení n	engedményezés
cessionário m	cessionaris m	cessionär	cesjonariusz m	postupník m	engedményes
checo	Tsjechisch	tjeckiska	język czeski m	—	cseh (nyelv)
cheque de viagem m	reischeque m	resecheck	czek podróżny m	—	utazási csekk
despesas de viagem f/pl	verplaatsingsvergoeding f	resetraktamente	koszty podróży m/pl	—	utazási költségek
presidente da direcção m	voorzitter van het directiecomité m	styrelseordförande	prezes zarządu m	předseda správní rady m	igazgató tanács elnöke
presidente do conselho fiscal m	voorzitter van de raad van toezicht m	företagsstyrelsens ordförande	przewodniczący rady nadzorczej m	předseda dozorčí rady m	felügyelő bizottság elnöke
presidência f	voorzitterschap n	ordförandeskap	przewodnictwo n	předsednictvo n	elnöklés
—	telefonische oproep m	telefonsamtal	rozmowa telefoniczna f	zavolání n	hívás
Câmara de Comércio f	handelskamer f/m	handelskammare	Izba Handlowa f	obchodní komora f	kereskedelmi kamara
câmara de comércio exterior f	kamer voor buitenlandse handel f/m	exportråd	Izba Handlu Zagranicznego f	komora zahraničního obchodu f	külkereskedelmi kamara
câmara de artesanato f	ambachtskamer f/m	hantverkskammare	Izba Rzemieślnicza f	řemeslnická komora f	kézműves kamara
câmara de artesanato f	ambachtskamer f/m	hantverkskammare	Izba Rzemieślnicza f	řemeslnická komora f	kézműves kamara
Câmara de Comércio f	handelskamer f/m	handelskammare	Izba Handlowa f	obchodní komora f	kereskedelmi kamara
câmara de comércio exterior f	kamer voor buitenlandse handel f/m	exportråd	Izba Handlu Zagranicznego f	komora zahraničního obchodu f	külkereskedelmi kamara

change of shift 176

	D	E	F	I	ES
change of shift (E)	Schichtwechsel m	—	relève d'équipe f	cambio di turno m	cambio del turno de obreros m
channel of distribution (E)	Absatzweg m	—	canal de distribution m	sbocco m	medio de venta f
chantier naval (F)	Werft f	shipyard	—	cantiere navale m	astillero m
charge (E)	belasten	—	débiter	addebitare	adeudar
charge (E)	Belastung f	—	charge f	addebito m	gravamen m
charge (F)	Belastung f	charge	—	addebito m	gravamen m
charge (F)	Ladung f	freight	—	carico m	carga f
chargeable to (E)	zu Lasten	—	à la charge de qn	a carico di	a cargo de
charge de voiture (F)	Wagenladung f	lorry-load	—	carico di autocarro m	carga de un vagón f
charger (F)	verladen	load	—	caricare	expedir
charges d'exploitation (F)	Betriebsausgaben f/pl	operating expenses	—	spese di esercizio f/pl	gastos de explotación m/pl
charges d'exploitation (F)	Betriebskosten pl	operating costs	—	spese d'esercizio f/pl	gastos de explotación m/pl
charges exceptionnelles (F)	außergewöhnliche Belastung f	extraordinary expenses	—	oneri straordinari m/pl	carga extraordinaria f
charges salariales (F)	Lohnkosten pl	labour costs	—	costo del lavoro m	coste de salarios m
charges salariales annexes (F)	Lohnnebenkosten pl	incidental labour costs	—	costi complementari del lavoro m/pl	cargas salariales accesorias f/pl
check (SV)	Scheck m	cheque	chèque m	assegno m	cheque m
checkbedrägeri (SV)	Scheckbetrug m	cheque fraud	irrégularité en matière de chèque f	emissione di assegno a vuoto f	falsificación de cheques f
checkhäfte (SV)	Scheckheft n	cheque book	carnet de chèques m	blocchetto degli assegni m	talonario de cheques m
check till order (SV)	Orderscheck m	order cheque	chèque à ordre m	assegno all'ordine m	cheque a la orden m
checo (ES)	tschechisch	Czech	tchèque	ceco	—
checo (ES)	Tschechisch n	Czech	tchèque	ceco m	—
checo (P)	tschechisch	Czech	tchèque	ceco	checo
checo (P)	Tschechisch n	Czech	tchèque	ceco m	checo m
Chef (D)	—	head	chef m	capo m	jefe m
chef (F)	Chef m	head	—	capo m	jefe m
chef (NL)	Chef m	head	chef m	capo m	jefe m
chef (SV)	Chef m	head	chef m	capo m	jefe m
chef de service (F)	Abteilungsleiter m	head of department	—	capo reparto m	jefe de sección m
chefe (P)	Chef m	head	chef m	capo m	jefe m
chefe da sucursal (P)	Filialleiter m	branch manager	directeur de succursale m	direttore di filiale m	jefe de sucursal m
chefe de departamento (P)	Abteilungsleiter m	head of department	chef de service m	capo reparto m	jefe de sección m
cheque (E)	Scheck m	—	chèque m	assegno m	cheque m
cheque (ES)	Scheck m	cheque	chèque m	assegno m	—
cheque (P)	Scheck m	cheque	chèque m	assegno m	cheque m
cheque (NL)	Scheck m	cheque	chèque m	assegno m	cheque m
chèque (F)	Scheck m	cheque	—	assegno m	cheque m
cheque aan order (NL)	Orderscheck m	order cheque	chèque à ordre m	assegno all'ordine m	cheque a la orden m
cheque aan toonder (NL)	Inhaberscheck m	bearer cheque	chèque au porteur m	assegno al portatore m	cheque al portador m
cheque aan toonder (NL)	Überbringerscheck m	bearer-cheque	chèque au porteur m	assegno al portatore m	cheque al portador m
cheque abierto (ES)	Barscheck m	open cheque	chèque non barré m	assegno circolare m	—
cheque a la orden (ES)	Orderscheck m	order cheque	chèque à ordre m	assegno all'ordine m	—
cheque al portador (ES)	Inhaberscheck m	bearer cheque	chèque au porteur m	assegno al portatore m	—

cheque al portador

P	NL	SV	PL	CZ	H
mudança de turno f	ploegenwisseling f	skiftbyte	zmiana f	střídání směn n	műszakváltás
canal de distribuição m	distributiekanaal n	distributionskanal	droga zbytu f	odbytová cesta f	értékesítési csatorna
estaleiro naval m	scheepswerf f	varv	stocznia f	loděnice f	hajógyár
debitar	belasten	debitera	obciążać <obciążyć>	zatěžovat <zatížit>	megterhel
carga f	belasting f	debitering	obciążenie n	zatížení n	megterhelés
carga f	belasting f	debitering	obciążenie n	zatížení n	megterhelés
carga f	vracht f	last	ładunek m	náklad m	rakomány
a cargo de	ten laste van	debiteras	w ciężar	na účet	terhére
carga de vagão f	wagonlading f	billast	ładunek wagonowy m	nakládka na vůz f	kocsirakomány
carregar	laden	lasta	przeładowywać <przeładować>	nakládat <naložit>	rakodik
gastos de exploração m/pl	bedrijfsuitgaven f/pl	rörelseomkostnader pl	wydatki na eksploatację m/pl	podnikové výdaje m/pl	üzemi kiadások
custos de exploração m/pl	bedrijfskosten m/pl	driftskostnader pl	koszty eksploatacyjne m/pl	provozní náklady m/pl	működési költségek
despesas extraordinárias f/pl	uitzonderlijke lasten m/pl	extraordinära utgifter pl	nadzwyczajne wydatki m/pl	mimořádné zatížení n	rendkívüli terhek
custos de mão-de-obra m/pl	loonkosten m/pl	lönekostnader pl	koszty płac m/pl	mzdové náklady m/pl	bérköltség
custos de mão-de-obra adicionais m/pl	werkgeversaandeel in de diverse sociale verzekeringen n	sociala avgifter pl	poboczne koszty robocizny m/pl	vedlejší mzdové náklady m/pl	járulékos bérköltségek
cheque m	cheque m	—	czek m	šek m	csekk
falsificação de cheques f	fraude met cheques f	—	oszustwo czekowe n	šekový povod m	csekkel elkövetett csalás
caderneta de cheques f	chequeboek n	—	książeczka czekowa f	šeková knížka f	csekkfüzet
cheque à ordem m	cheque aan order m	—	czek na zlecenie m	šek na řad převoditelný m	rendeletre szóló csekk
checo	Tsjechisch	tjeckisk	czeski	český	cseh(ül)
checo	Tsjechisch	tjeckiska	język czeski m	čeština f	cseh (nyelv)
—	Tsjechisch	tjeckisk	czeski	český	cseh(ül)
—	Tsjechisch	tjeckiska	język czeski m	čeština f	cseh (nyelv)
chefe m	chef m	chef	szef m	ředitel m	vezető
chefe m	chef m	chef	szef m	ředitel m	vezető
chefe m	—	chef	szef m	ředitel m	vezető
chefe m	chef m	—	szef m	ředitel m	vezető
chefe de departamento m	afdelingschef m	avdelningschef	kierownik wydziału m	vedoucí oddělení m	osztályvezető
—	chef m	chef	szef m	ředitel m	vezető
—	filiaalhouder m	filialchef	kierownik oddziału m	vedoucí pobočky m	fiókvezető
—	afdelingschef m	avdelningschef	kierownik wydziału m	vedoucí oddělení m	osztályvezető
cheque m	cheque m	check	czek m	šek m	csekk
cheque m	cheque m	check	czek m	šek m	csekk
—	cheque m	check	czek m	šek m	csekk
cheque m	—	check	czek m	šek m	csekk
cheque m	cheque m	—	czek m	šek m	csekk
cheque à ordem m	—	check till order	czek na zlecenie m	šek na řad převoditelný m	rendeletre szóló csekk
cheque ao portador m	—	innehavarcheck	czek na okaziciela m	šek na majitele m	bemutatóra szóló csekk
cheque ao portador m	—	innehavarcheck	czek na okaziciela m	šek na doručitele m	bemutatóra szóló csekk
cheque não cruzado m	niet-gekruiste cheque m	icke korsad check	czek gotówkowy m	šek k výplatě v hotovosti m	készpénzcsekk
cheque à ordem m	cheque aan order m	check till order	czek na zlecenie m	šek na řad převoditelný m	rendeletre szóló csekk
cheque ao portador m	cheque aan toonder m	innehavarcheck	czek na okaziciela m	šek na majitele m	bemutatóra szóló csekk

cheque al portador 178

	D	E	F	I	ES
cheque al portador (ES)	Überbringerscheck m	bearer-cheque	chèque au porteur m	assegno al portatore m	–
chèque antidaté (F)	vordatierter Scheck m	antedated cheque	–	assegno postergato m	cheque de fecha adelantada m
cheque ao portador (P)	Inhaberscheck m	bearer cheque	chèque au porteur m	assegno al portatore m	cheque al portador m
cheque ao portador (P)	Überbringerscheck m	bearer-cheque	chèque au porteur m	assegno al portatore m	cheque al portador m
cheque à ordem (P)	Orderscheck m	order cheque	chèque à ordre m	assegno all'ordine m	cheque a la orden m
chèque à ordre (F)	Orderscheck m	order cheque	–	assegno all'ordine m	cheque a la orden m
chèque à porter en compte (F)	Verrechnungsscheck m	crossed cheque	–	assegno sbarrato m	cheque cruzado m
chèque au porteur (F)	Inhaberscheck m	bearer cheque	–	assegno al portatore m	cheque al portador m
chèque au porteur (F)	Überbringerscheck m	bearer-cheque	–	assegno al portatore m	cheque al portador m
chequeboek (NL)	Scheckheft n	cheque book	carnet de chèques m	blocchetto degli assegni m	talonario de cheques m
cheque book (E)	Scheckheft n	–	carnet de chèques m	blocchetto degli assegni m	talonario de cheques m
cheque card (E)	Scheckkarte f	–	carte d'identité eurochèque f	carta-assegni f	tarjeta cheque f
cheque cruzado (ES)	Verrechnungsscheck m	crossed cheque	chèque à porter en compte m	assegno sbarrato m	–
cheque cruzado (P)	Verrechnungsscheck m	crossed cheque	chèque à porter en compte m	assegno sbarrato m	cheque cruzado m
cheque de fecha adelantada (ES)	vordatierter Scheck m	antedated cheque	chèque antidaté m	assegno postergato m	–
cheque de viagem (P)	Reisescheck m	traveller's cheque	chèque de voyage m	traveller's cheque m	cheque de viaje m
cheque de viaje (ES)	Reisescheck m	traveller's cheque	chèque de voyage m	traveller's cheque m	–
chèque de voyage (F)	Reisescheck m	traveller's cheque	–	traveller's cheque m	cheque de viaje m
cheque falsificado (ES)	gefälschter Scheck m	forged cheque	chèque falsifié m	assegno falsificato m	–
cheque falsificado (P)	gefälschter Scheck m	forged cheque	chèque falsifié m	assegno falsificato m	cheque falsificado m
chèque falsifié (F)	gefälschter Scheck m	forged cheque	–	assegno falsificato m	cheque falsificado m
cheque fraud (E)	Scheckbetrug m	–	irrégularité en matière de chèque f	emissione di assegno a vuoto f	falsificación de cheques f
chequekaart (NL)	Scheckkarte f	cheque card	carte d'identité eurochèque f	carta-assegni f	tarjeta cheque f
cheque não cruzado (P)	Barscheck m	open cheque	chèque non barré m	assegno circolare m	cheque abierto m
chèque non barré (F)	Barscheck m	open cheque	–	assegno circolare m	cheque abierto m
cheque postal (ES)	Postscheck m	postal cheque	chèque postal m	assegno postale m	–
cheque postal (P)	Postscheck m	postal cheque	chèque postal m	assegno postale m	cheque postal m
chèque postal (F)	Postscheck m	postal cheque	–	assegno postale m	cheque postal m
cheque prédatado (P)	vordatierter Scheck m	antedated cheque	chèque antidaté m	assegno postergato m	cheque de fecha adelantada m
chiamata (I)	Anruf m	call	appel téléphonique m	–	llamada f
chiffre d'affaires (F)	Umsatz m	turnover	–	fatturato m	volumen de ventas m
chiffres déficitaires (F)	rote Zahlen f/pl	the red	–	conti in rosso m/pl	números rojos m/pl
chiffres prévisionnels (F)	Sollzahlen f/pl	target figures	–	cifre calcolate f/pl	cifras estimadas f/pl
chłonność (PL)	Absorption f	absorption	absorption f	assorbimento m	absorción f
chi sostiene le spese (I)	Kostenträger m	paying authority	poste de production absorbant des coûts m	–	que sufraga los costes
chiusura d'esercizio (I)	Jahresabschluß m	annual accounts	clôture annuelle des comptes f	–	cierre de cuentas m

chiusura d'esercizio

P	NL	SV	PL	CZ	H
cheque ao portador m	cheque aan toonder m	innehavarcheck	czek na okaziciela m	šek na doručitele m	bemutatóra szóló csekk
cheque pré-datado m	geantidateerde cheque m	fördaterad check	czek postdatowany m	antedatovaný šek m	korábbra keltezett csekk
—	cheque aan toonder m	innehavarcheck	czek na okaziciela m	šek na majitele m	bemutatóra szóló csekk
—	cheque aan toonder m	innehavarcheck	czek na okaziciela m	šek na doručitele m	bemutatóra szóló csekk
—	cheque aan order m	check till order	czek na zlecenie m	šek na řad převoditelný m	rendeletre szóló csekk
cheque à ordem m	cheque aan order m	check till order	czek na zlecenie m	šek na řad převoditelný m	rendeletre szóló csekk
cheque cruzado m	verrekeningscheque m	korsad check	czek rozrachunkowy m	zúčtovací šek n	elszámolási csekk
cheque ao portador m	cheque aan toonder m	innehavarcheck	czek na okaziciela m	šek na majitele m	bemutatóra szóló csekk
cheque ao portador m	cheque aan toonder m	innehavarcheck	czek na okaziciela m	šek na doručitele m	bemutatóra szóló csekk
caderneta de cheques f	—	checkhäfte	książeczka czekowa f	šeková knížka f	csekkfüzet
caderneta de cheques f	chequeboek n	checkhäfte	książeczka czekowa f	šeková knížka f	csekkfüzet
cartão de garantia m	chequekaart f	kort för eurocheck	karta czekowa f	šeková karta f	csekk-kártya
cheque cruzado m	verrekeningscheque m	korsad check	czek rozrachunkowy m	zúčtovací šek n	elszámolási csekk
—	verrekeningscheque m	korsad check	czek rozrachunkowy m	zúčtovací šek n	elszámolási csekk
cheque pré-datado m	geantidateerde cheque m	fördaterad check	czek postdatowany m	antedatovaný šek m	korábbra keltezett csekk
—	reischeque m	resecheck	czek podróżny m	cestovní šek m	utazási csekk
cheque de viagem m	reischeque m	resecheck	czek podróżny m	cestovní šek m	utazási csekk
cheque de viagem m	reischeque m	resecheck	czek podróżny m	cestovní šek m	utazási csekk
cheque falsificado m	valse cheque m	förfalskad check	sfałszowany czek m	falešný šek m	hamis csekk
—	valse cheque m	förfalskad check	sfałszowany czek m	falešný šek m	hamis csekk
cheque falsificado m	valse cheque m	förfalskad check	sfałszowany czek m	falešný šek m	hamis csekk
falsificação de cheques f	fraude met cheques f	checkbedrägeri	oszustwo czekowe n	šekový povod m	csekkel elkövetett csalás
cartão de garantia m	—	kort för eurocheck	karta czekowa f	šeková karta f	csekk-kártya
—	niet-gekruiste cheque m	icke korsad check	czek gotówkowy m	šek k výplatě v hotovosti m	készpénzcsekk
cheque não cruzado m	niet-gekruiste cheque m	icke korsad check	czek gotówkowy m	šek k výplatě v hotovosti m	készpénzcsekk
cheque postal m	postcheque m	postgiro	czek pocztowy m	poštovní šek m	postacsekk
—	postcheque m	postgiro	czek pocztowy m	poštovní šek m	postacsekk
cheque postal m	postcheque m	postgiro	czek pocztowy m	poštovní šek m	postacsekk
—	geantidateerde cheque m	fördaterad check	czek postdatowany m	antedatovaný šek m	korábbra keltezett csekk
chamada f	telefonische oproep m	telefonsamtal	rozmowa telefoniczna f	zavolání n	hívás
volume de vendas m	omzet m	omsättning	obrót m	obrat m	forgalom
valores a vermelho m/pl	rode cijfers n/pl	med förlust	straty f/pl	červená čísla n/pl	veszteség
valores estimados m/pl	streefcijfers n/pl	beräknade siffror pl	liczby zadane f/pl	plánovaná čísla n/pl	tervszámok
absorção f	absorptie f	absorbering	—	absorpce f	felszívás
portador de custo m	kostendrager m	betalande part	nośnik kosztów m	nositel nákladů m	költségviselő
balanço anual m	jaarbalans f	årsbokslut	zamknięcie roczne n	roční uzávěrka f	éves mérleg

choice of location 180

	D	E	F	I	ES
choice of location (E)	Standortwahl f	—	choix du lieu d'implantation m	scelta dell'ubicazione f	elección de la ubicación f
choix du lieu d'implantation (F)	Standortwahl f	choice of location	—	scelta dell'ubicazione f	elección de la ubicación f
chômage (F)	Arbeitslosigkeit f	unemployment	—	disoccupazione f	desempleo m
Christmas money (E)	Weihnachtsgeld n	—	gratification de fin d'année f	tredicesima f	prima de navidad f
chute des prix (F)	Preisverfall m	decline in prices	—	caduta dei prezzi f	caída de precios f
chyba v účetnictví (CZ)	Buchungsfehler m	book-keeping error	erreur de comptabilité f	errore di contabilità m	error de contabilidad m
ciągłość bilansowa (PL)	Bilanzkontinuität f	formal identity	identité des bilans successifs f	continuità del bilancio f	identidad de los balances sucesivos f
ciclo (I)	Zyklus m	cycle	cycle m	—	ciclo m
ciclo (ES)	Zyklus m	cycle	cycle m	ciclo m	—
ciclo (P)	Zyklus m	cycle	cycle m	ciclo m	ciclo m
ciclo económico (P)	Wirtschaftskreislauf m	economic process	circuit économique m	circuito economico m	circuito económico m
ciência da administração de empresas (P)	Betriebswirtschaftslehre f	business administration	sciences de gestion f/pl	economia aziendale f	teoría de la empresa f
ciencias económicas (ES)	Wirtschaftswissenschaften f/pl	economics	sciences économiques f/pl	scienze economiche f/pl	—
ciências económicas (P)	Wirtschaftswissenschaften f/pl	economics	sciences économiques f/pl	scienze economiche f/pl	ciencias económicas f/pl
cierre (ES)	Abschluß m	conclusion	conclusion f	conclusione f	—
cierre de cuentas (ES)	Jahresabschluß m	annual accounts	clôture annuelle des comptes f	chiusura d'esercizio f	—
ciężarówka (PL)	Lastwagen m	lorry	camion m	camion m	camión m
cifra de ventas (ES)	Absatz m	sales	volume des ventes m	volume di vendite m	—
cifras estimadas (ES)	Sollzahlen f/pl	target figures	chiffres prévisionnels m/pl	cifre calcolate f/pl	—
cifras índice (ES)	Kennziffern f	index numbers	indice m	cifre indice f/pl	—
cifre calcolate (I)	Sollzahlen f/pl	target figures	chiffres prévisionnels m/pl	—	cifras estimadas f/pl
cifre indice (I)	Kennziffern f	index numbers	indice m	—	cifras índice f/pl
ciklus (H)	Zyklus m	cycle	cycle m	ciclo m	ciclo m
cíl (CZ)	Ziel n	objective	but m	obiettivo m	objetivo m
cílený nákup (CZ)	Zielkauf m	purchase on credit	achat à terme m	acquisto a termine m	compra a plazos f
cílová skupina (CZ)	Zielgruppe f	target group	groupe cible m	gruppo target m	grupo destinatario m
cím (H)	Adresse f	address	adresse f	indirizzo m	dirección f
cím (H)	Anschrift f	address	adresse f	indirizzo m	dirección f
címez (H)	adressieren	address	adresser	indirizzare	dirigir
címke (H)	Etikett n	label	étiquette f	etichetta f	etiqueta f
címzetlen reklámküldemény (H)	Postwurfsendung f	unaddressed printed matter posted in bulk	publipostage m	spedizione postale cumulativa di stampati f	envío postal colectivo m
címzett (H)	Empfänger m	recipient	destinataire m	destinatario m	destinatario m
cinta (P)	Streifband n	postal wrapper	bande étiquette f	fascia f	precinto m
cło (PL)	Zoll m	customs	douane f	dogana f	aduana f
cło ochronne (PL)	Schutzzoll m	protective duty	droit de protection m	dazio protettivo m	aduana proteccionista f
cło od wartości (PL)	Wertzoll m	ad valorem duty	taxe de douane ad valorem f	dazio ad valorem m	aduanas ad valorem f/pl
cło tranzytowe (PL)	Transitzoll m	transit duty	droit de transit m	diritti di transito m/pl	derecho de tránsito m
cło wywozowe (PL)	Ausfuhrzoll m	export duty	taxe à l'exportation f	dazio all'esportazione m	derechos de exportación m/pl
circolazione dei capitali (I)	Kapitalverkehr m	capital transactions	mouvement des capitaux m	—	circulación de capitales f
circolazione delle banconote (I)	Notenumlauf m	notes in circulation	circulation fiduciaire f	—	circulación fiduciaria f

circolazione delle banconote

P	NL	SV	PL	CZ	H
escolha de localização f	keuze van vestigingsplaats f	val av etableringsort	wybór lokalizacji m	volba stanoviště f	helyszín kiválasztása
escolha de localização f	keuze van vestigingsplaats f	val av etableringsort	wybór lokalizacji m	volba stanoviště f	helyszín kiválasztása
desemprego m	werkloosheid f	arbetslöshet	bezrobocie n	nezaměstnanost f	munkanélküliség
subsídio de natal m	Kerstgratificatie f	jultillägg	trzynasta pensja f	třináctý plat m	karácsonyi jutalom
queda de preços f	plotselinge daling van de prijzen f	prisfall	spadek cen m	propadnutí cen n	áresés
erro contabilístico m	boekingsfout f	redovisningsfel	błąd w księgowaniu m	—	könyvelési hiba
igualdade dos sucessivos balanços f	continuïteit van de balans f	balanskontinuitet	—	bilanční kontinuita f	a mérleg folytonossága
ciclo m	cyclus m	cykel	cykl m	cyklus m	ciklus
ciclo m	cyclus m	cykel	cykl m	cyklus m	ciklus
—	cyclus m	cykel	cykl m	cyklus m	ciklus
—	economische kringloop m	ekonomiskt kretslopp	cyrkulacja gospodarcza f	hospodářský koloběh m	gazdasági ciklus
—	bedrijfseconomie f	företagsekonomi	gospodarka przedsiębiorstw f	nauka o podnikovém hospodářství f	üzemgazdaságtan
ciências económicas f/pl	economische wetenschappen f/pl	ekonomi	nauki ekonomiczne f/pl	národohospodářské vědy f/pl	gazdaságtudományok
—	economische wetenschappen f/pl	ekonomi	nauki ekonomiczne f/pl	národohospodářské vědy f/pl	gazdaságtudományok
conclusão f	afsluiting f	avslutning	zamknięcie n	závěrka f	kötés
balanço anual m	jaarbalans f	årsbokslut	zamknięcie roczne n	roční uzávěrka f	éves mérleg
camião m	vrachtwagen f	lastbil	—	nákladní auto n	tehergépkocsi
volume de vendas m	afzet m	säljvolym	zbyt m	odbyt m	forgalom
valores estimados m/pl	streefcijfers n/pl	beräknade siffror pl	liczby zadane f/pl	plánovaná čísla n/pl	tervszámok
índice m/pl	kengetallen n/pl	registreringsnummer	wskaźnik m	ukazatel m	mutatószámok
valores estimados m/pl	streefcijfers n/pl	beräknade siffror pl	liczby zadane f/pl	plánovaná čísla n/pl	tervszámok
índice m/pl	kengetallen n/pl	registreringsnummer	wskaźnik m	ukazatel m	mutatószámok
ciclo m	cyclus m	cykel	cykl m	cyklus m	—
objectivo m	doel n	mål	cel m	—	cél
compra a crédito f	koop op krediet f	målköp	zakup kredytowy m	—	határidős vétel
grupo objectivo m	doelgroep f	målgrupp	grupa docelowa f	—	célcsoport
endereço m	adres n	adress	adres m	adresa f	—
endereço m	adres n	adress	adres m	adresa f	—
endereçar	adresseren	adressera	adresować <zaadresować>	adresovat	—
etiqueta f	etiket n	etikett	etykieta f	etiketa f	—
envio postal colectivo m	reclamedrukwerk door de post huis aan huis bezorgd n	masskorsband	masowa ulotka wysyłana pocztą f	poštovní doručení hromadné zásilky n	—
destinatário m	geadresseerde m	mottagare	odbiorca m	příjemce m	—
—	postband m	korsband	opaska pocztowa f	křížová páska f	csomagolószalag
alfândega f	douane f	tull	—	clo n	vám
direitos proteccionistas m/pl	beschermend recht n	skyddstull	—	ochranné clo n	védővám
direitos ad valorem m/pl	waarderechten n/pl	ad valorem tull	—	hodnotové clo n	értékvám
imposto de trânsito m	doorvoerrechten n/pl	transitotull	—	tranzitní clo n	tranzitvám
taxa de exportação f	uitvoerrecht n	exportavgift	—	vývozní clo n	exportvám
circulação de capital f	kapitaalverkeer n	kapitalrörelse	obieg kapitału m	pohyb kapitálu m	tőkeműveletek
circulação fiduciária f	circulatie van bankbiljetten f	sedelmängd	obieg banknotów m	oběh bankovek m	forgalomban lévő pénzmennyiség

circolazione di denaro 182

	D	E	F	I	ES
circolazione di denaro (I)	Geldumlauf *m*	circulation of money	circulation monétaire *f*	—	circulación monetaria *f*
circuit économique (F)	Wirtschaftskreislauf *m*	economic process	—	circuito economico *m*	circuito económico *m*
circuito economico (I)	Wirtschaftskreislauf *m*	economic process	circuit économique *m*	—	circuito económico *m*
circuito económico (ES)	Wirtschaftskreislauf *m*	economic process	circuit économique *m*	circuito economico *m*	—
circulação de capital (P)	Kapitalverkehr *m*	capital transactions	mouvement des capitaux *m*	circolazione dei capitali *f*	circulación de capitales *f*
circulação fiduciária (P)	Notenumlauf *m*	notes in circulation	circulation fiduciaire *f*	circolazione delle banconote *f*	circulación fiduciaria *f*
circulação monetária (P)	Geldumlauf *m*	circulation of money	circulation monétaire *f*	circolazione di denaro *f*	circulación monetaria *f*
circulación de capitales (ES)	Kapitalverkehr *m*	capital transactions	mouvement des capitaux *m*	circolazione dei capitali *f*	—
circulação fiduciaria (ES)	Notenumlauf *m*	notes in circulation	circulation fiduciaire *f*	circolazione delle banconote *f*	—
circulación monetaria (ES)	Geldumlauf *m*	circulation of money	circulation monétaire *f*	circolazione di denaro *f*	—
circulatie van bankbiljetten (NL)	Notenumlauf *m*	notes in circulation	circulation fiduciaire *f*	circolazione delle banconote *f*	circulación fiduciaria *f*
circulation fiduciaire (F)	Notenumlauf *m*	notes in circulation	—	circolazione delle banconote *f*	circulación fiduciaria *f*
circulation monétaire (F)	Geldumlauf *m*	circulation of money	—	circolazione di denaro *f*	circulación monetaria *f*
circulation of money (E)	Geldumlauf *m*	—	circulation monétaire *f*	circolazione di denaro *f*	circulación monetaria *f*
číslo telefaxu (CZ)	Telefaxnummer *f*	fax number	numéro de télécopie *m*	numero di telefax *m*	número de telefax *m*
číslo účtu (CZ)	Kontonummer *f*	account number	numéro de compte *m*	numero di conto *m*	número de cuenta *m*
číslo účtu (CZ)	Rechnungsnummer *f*	invoice number	numéro de la facture *m*	numero della fattura *m*	número de la factura *m*
číslo zakázky (CZ)	Auftragsnummer *f*	order number	numéro de commande *m*	numero d'ordine *m*	número de pedido *m*
čistá cena (CZ)	Nettopreis *m*	net price	prix net *m*	prezzo netto *m*	precio neto *m*
čistá investice (CZ)	Nettoinvestition *f*	net investment	investissement net *m*	investimento netto *m*	inversión neta *f*
čistá mzda (CZ)	Nettolohn *m*	net wages	salaire net *m*	salario netto *m*	salario neto *m*
čisté jmění (CZ)	Nettovermögen *n*	net assets	patrimoine net *m*	patrimonio netto *m*	patrimonio neto *m*
čisté jmění (CZ)	Reinvermögen *n*	net assets	avoir net *m*	patrimonio netto *m*	patrimonio neto *m*
čistý (CZ)	netto	net	net	netto	neto
čistý výnos (CZ)	Nettoertrag *m*	net proceeds	produit net *m*	ricavo netto *m*	producto neto *m*
čistý zisk (CZ)	Reingewinn *m*	net profit	bénéfice net *m*	utile netto *m*	ganancia neta *f*
citazione in giudizio (I)	Klage *f*	legal action	action en justice *f*	—	demanda *f*
claim (E)	Anspruch *m*	—	prétention *f*	pretesa *f*	reclamación *f*
claim for damages (E)	Schadenersatzansprüche *m/pl*	—	droit à l'indemnité *m*	rivendicazioni di risarcimento danni *f/pl*	derecho a indemnización por daños y perjuicios *m*
claim for damages (E)	Schadensforderung *f*	—	prétention à dommages-intérêts *f*	credito per danni *m*	pretensión de indemnización *f*
claim op schadevergoeding (NL)	Schadenersatzansprüche *m/pl*	claim for damages	droit à l'indemnité *m*	rivendicazioni di risarcimento danni *f/pl*	derecho a indemnización por daños y perjuicios *m*
claridad del balance (ES)	Bilanzklarheit *f*	balance transparency	clarté du bilan *f*	trasparenza di bilancio *f*	—
clarté du bilan (F)	Bilanzklarheit *f*	balance transparency	—	trasparenza di bilancio *f*	claridad del balance *f*
clase (ES)	Handelsklasse *f*	grade	catégorie de produits *f*	categoria commerciale *f*	—
clase (ES)	Sorte (Art) *f*	sort	genre *m*	categoria *f*	—
clases de costes (ES)	Kostenarten *f/pl*	cost types	coûts par nature *m/pl*	tipi di costi *m/pl*	—
classe di qualità (I)	Güteklasse *f*	grade	catégorie de qualité *f*	—	categoría de calidad *f*

classe di qualità

P	NL	SV	PL	CZ	H
circulação monetária f	geldomloop m	penningcirkulation	obieg pieniądza m	oběh peněz m	pénzforgalom
ciclo económico m	economische kringloop m	ekonomiskt kretslopp	cyrkulacja gospodarcza f	hospodářský koloběh m	gazdasági ciklus
ciclo económico m	economische kringloop m	ekonomiskt kretslopp	cyrkulacja gospodarcza f	hospodářský koloběh m	gazdasági ciklus
ciclo económico m	economische kringloop m	ekonomiskt kretslopp	cyrkulacja gospodarcza f	hospodářský koloběh m	gazdasági ciklus
—	kapitaalverkeer n	kapitalrörelse	obieg kapitału m	pohyb kapitálu m	tőkeműveletek
—	circulatie van bankbiljetten f	sedelmängd	obieg banknotów m	oběh bankovek m	forgalomban lévő pénzmennyiség
—	geldomloop m	penningcirkulation	obieg pieniądza m	oběh peněz m	pénzforgalom
circulação de capital f	kapitaalverkeer n	kapitalrörelse	obieg kapitału m	pohyb kapitálu m	tőkeműveletek
circulação fiduciária f	circulatie van bankbiljetten f	sedelmängd	obieg banknotów m	oběh bankovek m	forgalomban lévő pénzmennyiség
circulação monetária f	geldomloop m	penningcirkulation	obieg pieniądza m	oběh peněz m	pénzforgalom
circulação fiduciária f	—	sedelmängd	obieg banknotów m	oběh bankovek m	forgalomban lévő pénzmennyiség
circulação fiduciária f	circulatie van bankbiljetten f	sedelmängd	obieg banknotów m	oběh bankovek m	forgalomban lévő pénzmennyiség
circulação monetária f	geldomloop m	penningcirkulation	obieg pieniądza m	oběh peněz m	pénzforgalom
circulação monetária f	geldomloop m	penningcirkulation	obieg pieniądza m	oběh peněz m	pénzforgalom
número de telefax m	faxnummer n	telefaxnummer	numer telefaxu m	—	telefaxszám
número de conta m	rekeningnummer n	kontonummer	numer konta m	—	számlaszám
número da factura m	factuurnummer n	fakturanummer	numer rachunku m	—	számlaszám
número de encomenda m	bestelnummer n	ordernummer	numer zamówienia m	—	megrendelés száma
preço líquido m	nettoprijs m	nettopris	cena netto f	—	nettó ár
investimento líquido m	netto-investering f	nettoinvestering	inwestycja netto f	—	nettó beruházás
salário líquido m	nettoloon n	nettolön	płaca netto f	—	nettó bér
património líquido m	nettovermogen n	nettotillgångar pl	majątek netto m	—	nettó vagyon
património líquido m	nettoactief n	nettotillgångar pl	majątek netto m	—	nettó eszközérték
líquido	netto	netto	netto	—	nettó
produto líquido m	netto-opbrengst f	nettointäkter pl	przychód netto m	—	nettó hozam
lucro líquido m	nettowinst f	nettovinst	czysty zysk m	—	adózott nyereség
acção judicial f	klacht f	åtal	skarga f	žaloba f	panasz
reivindicação f	eis m	krav	roszczenie n	nárok m	igény
direito a indemnização por danos e perdas m	claim op schadevergoeding m	skadeståndsanspråk	roszczenia do odszkodowania n/pl	nárok na náhradu škody n	kártérítési igények
acção de indemnização por danos f	schadeclaim m	skadeersättningsanspråk	roszczenie do odszkodowania n	požadavek odškodnění m	kártérítési követelés
direito a indemnização por danos e perdas m	—	skadeståndsanspråk	roszczenia do odszkodowania n/pl	nárok na náhradu škody m	kártérítési igények
transparência do balanço f	doorzichtigheid van de balans f	balanstransparens	klarowność bilansu f	bilanční čistota f	a mérleg világossága
transparência do balanço f	doorzichtigheid van de balans f	balanstransparens	klarowność bilansu f	bilanční čistota f	a mérleg világossága
categoria de produtos f	handelsklasse f	handelsklass	jakość sprzedażna f	obchodní třída f	minőségi osztály
categoria f	soort n	sort	gatunek m	druh m	fajta
classes de custos f/pl	kostensoorten f/pl	typer av kostnader pl	rodzaje kosztów m/pl	druhy nákladů m/pl	költségfajták
categoria de qualidade f	kwaliteitsklasse f	kvalitetskategori	klasa jakości f	jakostní třída f	minőségi osztály

classes de custos

	D	E	F	I	ES
classes de custos (P)	Kostenarten f/pl	cost types	coûts par nature m/pl	tipi di costi m/pl	clases de costes f/pl
classeur-collecteur (F)	Ablage f	file	—	archivio m	archivo m
clause (E)	Klausel f	—	clause f	clausola f	cláusula f
clause (F)	Klausel f	clause	—	clausola f	cláusula f
clause commerciale (F)	Handelsklausel f	trade clause	—	clausola commerciale f	cláusula comercial f
clause de cash-and-carry (F)	Cash-and-carry-Klausel f	cash-and-carry clause	—	clausola cash-and-carry f	cláusula contractual de "paga y llévatelo" f
clause de dénonciation du contrat (F)	Rücktrittsklausel f	escape clause	—	clausola di recesso f	cláusula de renuncia f
clause de révocation (F)	Widerrufsklausel f	revocation clause	—	clausola di revoca f	cláusula revocatoria f
clause de transit (F)	Transitklausel f	transit clause	—	clausola di transito f	cláusula de tránsito f
clause d'indexation (F)	Indexklausel f	index clause	—	clausola indice f	cláusula de índice variable f
clause dollar (F)	Dollarklausel f	dollar clause	—	clausola dollaro f	cláusula dólar f
clause monétaire (F)	Währungsklausel f	currency clause	—	clausola monetaria f	cláusula monetaria f
clausola (I)	Klausel f	clause	clause f	—	cláusula f
clausola cash-and-carry (I)	Cash-and-carry-Klausel f	cash-and-carry clause	clause de cash-and-carry f	—	cláusula contractual de "paga y llévatelo" f
clausola commerciale (I)	Handelsklausel f	trade clause	clause commerciale f	—	cláusula comercial f
clausola di recesso (I)	Rücktrittsklausel f	escape clause	clause de dénonciation du contrat f	—	cláusula de renuncia f
clausola di revoca (I)	Widerrufsklausel f	revocation clause	clause de révocation f	—	cláusula revocatoria f
clausola di transito (I)	Transitklausel f	transit clause	clause de transit f	—	cláusula de tránsito f
clausola dollaro (I)	Dollarklausel f	dollar clause	clause dollar f	—	cláusula dólar f
clausola indice (I)	Indexklausel f	index clause	clause d'indexation f	—	cláusula de índice variable f
clausola monetaria (I)	Währungsklausel f	currency clause	clause monétaire f	—	cláusula monetaria f
cláusula (ES)	Klausel f	clause	clause f	clausola f	—
cláusula (P)	Klausel f	clause	clause f	clausola f	cláusula f
cláusula comercial (ES)	Handelsklausel f	trade clause	clause commerciale f	clausola commerciale f	—
cláusula contractual de "paga y llévatelo" (ES)	Cash-and-carry-Klausel f	cash-and-carry clause	clause de cash-and-carry f	clausola cash-and-carry f	—
cláusula de indexação (P)	Indexklausel f	index clause	clause d'indexation f	clausola indice f	cláusula de índice variable f
cláusula de índice variable (ES)	Indexklausel f	index clause	clause d'indexation f	clausola indice f	—
cláusula de pagamento contra entrega (P)	Cash-and-carry-Klausel f	cash-and-carry clause	clause de cash-and-carry f	clausola cash-and-carry f	cláusula contractual de "paga y llévatelo" f
cláusula de renuncia (ES)	Rücktrittsklausel f	escape clause	clause de dénonciation du contrat f	clausola di recesso f	—
cláusula de rescisão (P)	Rücktrittsklausel f	escape clause	clause de dénonciation du contrat f	clausola di recesso f	cláusula de renuncia f
cláusula de revogação (P)	Widerrufsklausel f	revocation clause	clause de révocation f	clausola di revoca f	cláusula revocatoria f
cláusula de tránsito (ES)	Transitklausel f	transit clause	clause de transit f	clausola di transito f	—
cláusula de trânsito (P)	Transitklausel f	transit clause	clause de transit f	clausola di transito f	cláusula de tránsito f
cláusula dólar (ES)	Dollarklausel f	dollar clause	clause dollar f	clausola dollaro f	—
cláusula dólar (P)	Dollarklausel f	dollar clause	clause dollar f	clausola dollaro f	cláusula dólar f
cláusula monetaria (ES)	Währungsklausel f	currency clause	clause monétaire f	clausola monetaria f	—
cláusula monetária (P)	Währungsklausel f	currency clause	clause monétaire f	clausola monetaria f	cláusula monetaria f

cláusula monetária

P	NL	SV	PL	CZ	H
—	kostensoorten f/pl	typer av kostnader pl	rodzaje kosztów m/pl	druhy nákladů m/pl	költségfajták
arquivo m	rangschikking f	arkiv	archiwum akt n	uložení n	kartoték
cláusula f	clausule f	klausul	klauzula f	doložka f	záradék
cláusula f	clausule f	klausul	klauzula f	doložka f	záradék
cláusulas comerciais f/pl	handelsclausule f	handelsklausul	klauzula towarowa f	obchodní doložka f	kereskedelmi szokványok
cláusula de pagamento contra entrega f	cash-and-carry-clausule f/m	cash and carry-klausul	klauzula za gotowkę z magazynu f	doložka o platbě v hotovosti a odvozu zboží f	fizesd és vidd
cláusula de rescisão f	annuleringsclausule f	uppsägningsklausul	klauzula odstąpienia od umowy f	doložka o odstoupení f	mentesítő záradék
cláusula de revogação f	herroepingsclausule f	återkallningsklausul	klauzula odwoławcza f	odvolávací doložka f	érvénytelenítő záradék
cláusula de trânsito f	doorvoerclausule f	transitoklausul	klauzula tranzytowa f	tranzitní doložka f	tranzitzáradék
cláusula de indexação f	indexclausule f	indexklausul	klauzula indeksowa f	indexová klauzule f	valorizációs záradék
cláusula dólar f	dollarclausule f	dollarklausul	klauzula dolarowa f	dolarová doložka f	dollárzáradék
cláusula monetária f	muntclausule f	valutaklausul	klauzula walutowa f	měnová doložka f	valutazáradék
cláusula f	clausule f	klausul	klauzula f	doložka f	záradék
cláusula de pagamento contra entrega f	cash-and-carry-clausule f/m	cash and carry-klausul	klauzula za gotowkę z magazynu f	doložka o platbě v hotovosti a odvozu zboží f	fizesd és vidd
cláusulas comerciais f/pl	handelsclausule f	handelsklausul	klauzula towarowa f	obchodní doložka f	kereskedelmi szokványok
cláusula de rescisão f	annuleringsclausule f	uppsägningsklausul	klauzula odstąpienia od umowy f	doložka o odstoupení f	mentesítő záradék
cláusula de revogação f	herroepingsclausule f	återkallningsklausul	klauzula odwoławcza f	odvolávací doložka f	érvénytelenítő záradék
cláusula de trânsito f	doorvoerclausule f	transitoklausul	klauzula tranzytowa f	tranzitní doložka f	tranzitzáradék
cláusula dólar f	dollarclausule f	dollarklausul	klauzula dolarowa f	dolarová doložka f	dollárzáradék
cláusula de indexação f	indexclausule f	indexklausul	klauzula indeksowa f	indexová klauzule f	valorizációs záradék
cláusula monetária f	muntclausule f	valutaklausul	klauzula walutowa f	měnová doložka f	valutazáradék
cláusula f	clausule f	klausul	klauzula f	doložka f	záradék
—	clausule f	klausul	klauzula f	doložka f	záradék
cláusulas comerciais f/pl	handelsclausule f	handelsklausul	klauzula towarowa f	obchodní doložka f	kereskedelmi szokványok
cláusula de pagamento contra entrega f	cash-and-carry-clausule f/m	cash and carry-klausul	klauzula za gotowkę z magazynu f	doložka o platbě v hotovosti a odvozu zboží f	fizesd és vidd
—	indexclausule f	indexklausul	klauzula indeksowa f	indexová klauzule f	valorizációs záradék
cláusula de indexação f	indexclausule f	indexklausul	klauzula indeksowa f	indexová klauzule f	valorizációs záradék
—	cash-and-carry-clausule f/m	cash and carry-klausul	klauzula za gotowkę z magazynu f	doložka o platbě v hotovosti a odvozu zboží f	fizesd és vidd
cláusula de rescisão f	annuleringsclausule f	uppsägningsklausul	klauzula odstąpienia od umowy f	doložka o odstoupení f	mentesítő záradék
	annuleringsclausule f	uppsägningsklausul	klauzula odstąpienia od umowy f	doložka o odstoupení f	mentesítő záradék
—	herroepingsclausule f	återkallningsklausul	klauzula odwoławcza f	odvolávací doložka f	érvénytelenítő záradék
cláusula de trânsito f	doorvoerclausule f	transitoklausul	klauzula tranzytowa f	tranzitní doložka f	tranzitzáradék
—	doorvoerclausule f	transitoklausul	klauzula tranzytowa f	tranzitní doložka f	tranzitzáradék
cláusula dólar f	dollarclausule f	dollarklausul	klauzula dolarowa f	dolarová doložka f	dollárzáradék
	dollarclausule f	dollarklausul	klauzula dolarowa f	dolarová doložka f	dollárzáradék
cláusula monetária f	muntclausule f	valutaklausul	klauzula walutowa f	měnová doložka f	valutazáradék
—	muntclausule f	valutaklausul	klauzula walutowa f	měnová doložka f	valutazáradék

cláusula revocatoria

	D	E	F	I	ES
cláusula revocatoria (ES)	Widerrufsklausel f	revocation clause	clause de révocation f	clausola di revoca f	—
cláusulas comerciais (P)	Handelsklausel f	trade clause	clause commerciale f	clausola commerciale f	cláusula comercial f
clausule (NL)	Klausel f	clause	clause f	clausola f	cláusula f
clearance sale (E)	Ausverkauf m	—	soldes m/pl	svendita f	liquidación f
člen představenstva (CZ)	Vorstandsmitglied n	member of the board	membre du directoire m	membro del consiglio di amministrazione m	consejero directivo m
client (F)	Kunde m	customer	—	cliente m	cliente m
cliente (I)	Kunde m	customer	client m	—	cliente m
cliente (ES)	Kunde m	customer	client m	cliente m	—
cliente (P)	Auftraggeber m	customer	donneur d'ordre m	committente m	mandante m
cliente (P)	Kunde m	customer	client m	cliente m	cliente m
cliente abituale (I)	Stammkunde m	regular customer	client habituel m	—	cliente habitual m
cliente estero (I)	Auslandskunde m	foreign customer	client étranger m	—	cliente extranjero m
cliente estrangeiro (P)	Auslandskunde m	foreign customer	client étranger m	cliente estero m	cliente extranjero m
cliente extranjero (ES)	Auslandskunde m	foreign customer	client étranger m	cliente estero m	—
cliente habitual (ES)	Stammkunde m	regular customer	client habituel m	cliente abituale m	—
cliente habitual (P)	Stammkunde m	regular customer	client habituel m	cliente abituale m	cliente habitual m
clientela (I)	Kundschaft f	clientele	clientèle f	—	clientela f
clientela (I)	Kundenkreis m	customers	clientèle f	—	clientela f
clientela (ES)	Kundschaft f	clientele	clientèle f	clientela f	—
clientela (ES)	Kundenkreis m	customers	clientèle f	clientela f	—
clientela (P)	Kundschaft f	clientele	clientèle f	clientela f	clientela f
clientela (P)	Kundenkreis m	customers	clientèle f	clientela f	clientela f
clientela abituale (I)	Kundenstamm m	regular customers	clients habituels m/pl	—	clientela fija f
clientela fija (ES)	Kundenstamm m	regular customers	clients habituels m/pl	clientela abituale f	—
clientela fixa (P)	Kundenstamm m	regular customers	clients habituels m/pl	clientela abituale f	clientela fija f
clientele (E)	Kundschaft f	—	clientèle f	clientela f	clientela f
clientèle (F)	Kundschaft f	clientele	—	clientela f	clientela f
clientèle (F)	Kundenkreis m	customers	—	clientela f	clientela f
client étranger (F)	Auslandskunde m	foreign customer	—	cliente estero m	cliente extranjero m
client habituel (F)	Stammkunde m	regular customer	—	cliente abituale m	cliente habitual m
client potentiel (F)	Interessent m	interested party	—	interessato m	interesado m
clients habituels (F)	Kundenstamm m	regular customers	—	clientela abituale f	clientela fija f
clo (CZ)	Zoll m	customs	douane f	dogana f	aduana f
closing balance (E)	Schlußbilanz f	—	bilan de clôture m	bilancio consuntivo m	balance final m
closing price (E)	Schlußkurs m	—	dernier cours m	quotazione di chiusura f	cotización final f
clôture annuelle de l'établissement (F)	Betriebsferien f	annual holiday	—	ferie aziendali f/pl	vacaciones de la empresa f/pl
clôture annuelle des comptes (F)	Jahresabschluß m	annual accounts	—	chiusura d'esercizio f	cierre de cuentas m
cobertura (ES)	Deckung f	cover	couverture f	copertura f	—
cobertura (P)	Deckung f	cover	couverture f	copertura f	cobertura f
cobertura de seguro (ES)	Versicherungsschutz m	insurance cover	couverture de l'assurance f	copertura assicurativa f	—
cobrança (P)	Inkasso n	collection	encaissement m	incasso m	encobro m
cobros pendientes (ES)	Außenstände f	outstanding debts	dettes actives f/pl	crediti pendenti m/pl	—
coche de alquiler (ES)	Leihwagen m	hired car	voiture de location f	vettura da noleggio f	—
coche de empresa (ES)	Firmenwagen m	company car	véhicule de service m	macchina aziendale f	—
coche de segunda mano (ES)	Gebrauchtwagen m	used car	voiture d'occasion f	automobile usata f	—

coche de segunda mano

P	NL	SV	PL	CZ	H
cláusula de revogação f	herroepingsclausule f	återkallningsklausul	klauzula odwoławcza f	odvolávací doložka f	érvénytelenítő záradék
—	handelsclausule f	handelsklausul	klauzula towarowa f	obchodní doložka f	kereskedelmi szokványok
cláusula f	—	klausul	klauzula f	doložka f	záradék
liquidação f	totale uitverkoop m	realisation	wyprzedaż f	výprodej m	kiárusítás
membro da direcção m	lid van het directie-comité n	styrelseledamot	członek zarządu m	—	igazgatósági tag
cliente m	klant m	kund	klient m	zákazník m	vevő
cliente m	klant m	kund	klient m	zákazník m	vevő
cliente m	klant m	kund	klient m	zákazník m	vevő
—	opdrachtgever m	uppdragsgivare	zleceniodawca m	objednávatel m	megbízó
—	klant m	kund	klient m	zákazník m	vevő
cliente habitual m	vaste klant m	stamkund	stały klient m	stálý zákazník m	törzsvevő
cliente estrangeiro m	klant in het buitenland m	utlandskund	klient zagraniczny m	zahraniční zákazník m	külföldi vevő
—	klant in het buitenland m	utlandskund	klient zagraniczny m	zahraniční zákazník m	külföldi vevő
cliente estrangeiro m	klant in het buitenland m	utlandskund	klient zagraniczny m	zahraniční zákazník m	külföldi vevő
cliente habitual m	vaste klant m	stamkund	stały klient m	stálý zákazník m	törzsvevő
—	vaste klant m	stamkund	stały klient m	stálý zákazník m	törzsvevő
clientela f	klantenkring m	kundkrets	klientela f	zákaznictvo n	vevőkör
clientela f	klantenkring m	kundkrets	klientela f	okruh zákazníků m	vevőkör
clientela f	klantenkring m	kundkrets	klientela f	zákaznictvo n	vevőkör
clientela f	klantenkring m	kundkrets	klientela f	okruh zákazníků m	vevőkör
—	klantenkring m	kundkrets	klientela f	zákaznictvo n	vevőkör
—	klantenkring m	kundkrets	klientela f	okruh zákazníků m	vevőkör
clientela fixa f	vaste klantenkring m	kundkrets	regularna klientela f	stálí zákazníci m/pl	rendszeres vevők
clientela fixa f	vaste klantenkring m	kundkrets	regularna klientela f	stálí zákazníci m/pl	rendszeres vevők
—	vaste klantenkring m	kundkrets	regularna klientela f	stálí zákazníci m/pl	rendszeres vevők
clientela f	klantenkring m	kundkrets	klientela f	zákaznictvo n	vevőkör
clientela f	klantenkring m	kundkrets	klientela f	zákaznictvo n	vevőkör
clientela f	klantenkring m	kundkrets	klientela f	okruh zákazníků m	vevőkör
cliente estrangeiro m	klant in het buitenland m	utlandskund	klient zagraniczny m	zahraniční zákazník m	külföldi vevő
cliente habitual m	vaste klant m	stamkund	stały klient m	stálý zákazník m	törzsvevő
interessado m	belanghebbende partij f	intressent	interesant m	zájemce m	érdekelt
clientela fixa f	vaste klantenkring m	kundkrets	regularna klientela f	stálí zákazníci m/pl	rendszeres vevők
alfândega f	douane f	tull	cło n	—	vám
balanço final m	slotbalans f	utgående balans	bilans końcowy m	konečná rozvaha f	zárómérleg
cotação final f	slotkoers m	sista kurs	dzienny giełdowy kurs zamykający m	uzavírací kurs m	záró árfolyam
férias anuais da empresa f/pl	jaarlijkse vakantie f	industrisemester	przerwa urlopowa f	podnikové prázdniny pl	vállalati szabadságolási időszak
balanço anual m	jaarbalans f	årsbokslut	zamknięcie roczne n	roční uzávěrka f	éves mérleg
cobertura f	dekking f	täckning	pokrycie n	krytí n	fedezet
—	dekking f	täckning	pokrycie n	krytí n	fedezet
protecção por seguro f	bescherming door verzekering f	försäkringsskydd	ochrona ubezpieczeniowa f	ochrana získaná pojištěním f	biztosítási fedezet
—	incasso n	inkasso	inkaso n	inkaso n	beszedés
dívidas a cobrar f/pl	uitstaande vorderingen f/pl	utestående skulder pl	należności f/pl	nedoplatky m/pl	kinnlevőségek
carro alugado m	huurauto m	hyrbil	samochód wypożyczony m	půjčený vůz m	bérautó
carro da empresa m	auto van de zaak m	firmabil	samochód firmowy m	firemní vůz m	vállalati gépkocsi
carro usado m	tweedehands wagen m	begagnad bil	samochód używany m	ojetý automobil m	használt autó

coche de servicio

	D	E	F	I	ES
coche de servicio (ES)	Dienstwagen *m*	company car	voiture de service *f*	macchina di servizio *f*	—
code postal (F)	Postleitzahl *f*	postal code	—	codice d'avviamento postale *m*	código postal *m*
codice cliente (I)	Kundennummer *f*	customer's reference number	numéro de référence du client *m*	—	número del cliente *m*
codice d'avviamento postale (I)	Postleitzahl *f*	postal code	code postal *m*	—	código postal *m*
código postal (ES)	Postleitzahl *f*	postal code	code postal *m*	codice d'avviamento postale *m*	—
código postal (P)	Postleitzahl *f*	postal code	code postal *m*	codice d'avviamento postale *m*	código postal *m*
codziennie (PL)	täglich	daily	quotidien	giornaliero	diario
coffre-fort (F)	Safe *m*	safe	—	cassetta di sicurezza *f*	caja de seguridad *f*
coffre-fort (F)	Tresor *m*	safe	—	cassaforte *f*	caja fuerte *f*
cofre-forte (P)	Safe *m*	safe	coffre-fort *m*	cassetta di sicurezza *f*	caja de seguridad *f*
coin (E)	Münze *f*	—	monnaie *f*	moneta *f*	moneda *f*
colaborador em serviços externos (P)	Außendienstmitarbeiter *m*	field staff	personnel investigateur *m*	collaboratore del servizio esterno *m*	colaborador en el servicio exterior *m*
colaborador en el servicio exterior (ES)	Außendienstmitarbeiter *m*	field staff	personnel investigateur *m*	collaboratore del servizio esterno *m*	—
colis (F)	Frachtstücke *n/pl*	packages	—	colli *m/pl*	bultos *m/pl*
colis (F)	Paket *n*	parcel	—	pacco *m*	bulto *m*
colis de détail (F)	Stückgut *n*	mixed cargo	—	collettame *m*	mercancía en fardos *f*
colis exprès (F)	Eilpaket *m*	express parcel	—	pacco espresso *m*	paquete urgente *m*
colis express (F)	Expressgut *n*	express goods	—	collo celere *f*	carga por expreso *f*
collaboratore del servizio esterno (I)	Außendienstmitarbeiter *m*	field staff	personnel investigateur *m*	—	colaborador en el servicio exterior *m*
collateral loan business (E)	Lombardgeschäft *n*	—	prêt sur titre *m*	anticipazione sui titoli *f*	operaciones de pignoración *f/pl*
collectieve arbeidsovereenkomst (NL)	Tarifvertrag *m*	collective agreement	convention	accordo collettivo *m*	contrato
collection (E)	Inkasso *n*	—	encaissement *m*	incasso *m*	encobro *m*
collection office (E)	Inkasso-Stelle *f*	—	comptoir d'encaissement *m*	ufficio incassi *m*	oficina de cobros *f*
collective agreement (E)	Tarifvertrag *m*	—	convention	accordo collettivo *m*	contrato
collective transport (E)	Sammeltransport *m*	—	transport groupé *m*	trasporto a collettame *m*	transporte colectivo *m*
collectivité (F)	Körperschaft *f*	corporation	—	corporazione *f*	corporación *f*
collettame (I)	Stückgut *n*	mixed cargo	colis de détail *m*	—	mercancía en fardos *f*
colli (I)	Frachtstücke *n/pl*	packages	colis *m*	—	bultos *m/pl*
collo (NL)	Paket *n*	parcel	colis *m*	pacco *m*	bulto *m*
collocare (I)	plazieren	place	placer	—	colocar
collo celere (I)	Expressgut *n*	express goods	colis express *m*	—	carga por expreso *f*
colloquio (I)	Besprechung *f*	discussion	conférence *f*	—	reunión *f*
colocação de uma encomenda (P)	Auftragserteilung *f*	placing of an order	passation d'une commande *f*	ordinazione *f*	otorgamiento de un pedido *m*
colocar (ES)	plazieren	place	placer	collocare	—
colocar (P)	plazieren	place	placer	collocare	colocar
colposo (I)	schuldhaft	culpable	coupable	—	culpable
comanditario (ES)	Kommanditist *m*	limited partner	commanditaire *m*	socio accomandante *m*	—

comanditario

P	NL	SV	PL	CZ	H
carro de serviço m	bedrijfswagen m	tjänstebil	samochód służbowy m	služební vůz m	szolgálati gépkocsi
código postal m	postcode m	postnummer	kod pocztowy m	poštovní směrovací číslo n	postai irányítószám
número de referência do cliente m	klantennummer n	kundnummer	numer klienta m	evidenční číslo zákazníka n	vevő száma
código postal m	postcode m	postnummer	kod pocztowy m	poštovní směrovací číslo n	postai irányítószám
código postal m	postcode m	postnummer	kod pocztowy m	poštovní směrovací číslo n	postai irányítószám
—	postcode m	postnummer	kod pocztowy m	poštovní směrovací číslo n	postai irányítószám
diariamente	dagelijks	dagligen	—	denní	naponta
cofre-forte m	safe m	kassafack	sejf m	bezpečnostní schránka f	széf
caixa-forte f	kluis f	kassaskåp	sejf m	trezor m	páncélszekrény
—	safe m	kassafack	sejf m	bezpečnostní schránka f	széf
moeda f	muntstuk n	mynt	moneta f	mince f	pénzérme
—	buitendienstmedewerker m	extern medarbetare	przedstawiciel handlowy m	pracovník služebně mimo podnik m	külszolgálati munkatárs
colaborador em serviços externos m	buitendienstmedewerker m	extern medarbetare	przedstawiciel handlowy m	pracovník služebně mimo podnik m	külszolgálati munkatárs
peças de frete f/pl	vrachtstuk n	kolli pl	liczba jednostek przewożonych f	přepravní kus m	szállított csomagok
pacote m	collo n	paket	paczka f	balík m	csomag
carga diversa f	stukgoederen n/pl	styckegods	drobnica f	kusové zboží n	darabáru
pacote expresso m	spoedpakket n	expresspaket	paczka ekspresowa f	spěšný balík m	expresszcsomag
mercadorias enviadas por expresso f/pl	ijlgoed n	expressgods	przesyłka ekspresowa f	spěšnina f	expresszáru
colaborador em serviços externos m	buitendienstmedewerker m	extern medarbetare	przedstawiciel handlowy m	pracovník služebně mimo podnik m	külszolgálati munkatárs
empréstimo com garantia de títulos m	lening tegen onderpand van effecten f	lombardtransaktion	transakcja lombardowa f	lombardní obchod m	lombardügylet
contrato colectivo m	—	kollektivavtal	umowa zbiorowa f	kolektivní smlouva f	kollektív szerződés
cobrança f	incasso n	inkasso	inkaso n	inkaso n	beszedés
repartição de cobranças f	incasso-orgaan n	inkassobyrå	agencja inkasa f	inkasní středisko n	pénzbeszedőhely
contrato colectivo m	collectieve arbeidsovereenkomst f	kollektivavtal	umowa zbiorowa f	kolektivní smlouva f	kollektív szerződés
transporte colectivo m	groupagevervoer n	samtransport	transport zbiorowy m	skupinová doprava f	gyűjtőszállítás
corporação f	vennootschap f	juridisk person	korporacja f	korporace f	testület
carga diversa f	stukgoederen n/pl	styckegods	drobnica f	kusové zboží n	darabáru
peças de frete f/pl	vrachtstuk n	kolli pl	liczba jednostek przewożonych f	přepravní kus m	szállított csomagok
pacote m	—	paket	paczka f	balík m	csomag
colocar	plaatsen	placera	plasowanie n	umísťovat <umístit>	elhelyez
mercadorias enviadas por expresso f/pl	ijlgoed n	expressgods	przesyłka ekspresowa f	spěšnina f	expresszáru
conferência f	bespreking f	möte	konferencja f	porada f	megbeszélés
—	geven van bestellingen n	orderplacering	udzielenie zlecenia n	udělení zakázky n	megrendelés adása
colocar	plaatsen	placera	plasowanie n	umísťovat <umístit>	elhelyez
—	plaatsen	placera	plasowanie n	umísťovat <umístit>	elhelyez
culpável	schuldig	skyldig	zawiniony	zaviněný	vétkes
comanditário m	commanditaris m	kommanditdelägare	komandytariusz m	komanditista m	betéti társaság kültagja

comanditário 190

	D	E	F	I	ES
comanditário (P)	Kommanditist m	limited partner	commanditaire m	socio accomandante m	comanditario m
combating rising costs (E)	Kostendämpfung f	—	réduction des coûts f	contenimento dei costi m	disminución de costes f
com capacidade jurídica (P)	rechtsfähig	having legal capacity	capable de jouir de droits	avente capacità giuridica	jurídicamente capaz
come convenuto (I)	vereinbarungsgemäß	as agreed	comme convenu	—	según lo acordado
comerciable (ES)	marktfähig	marketable	vendable	commerciabile	—
comercialização (P)	Absatzwirtschaft f	marketing	commercialisation f	commercializzazione f	economía de distribución f
comercializar (ES)	vermarkten	market	commercialiser	lanciare sul mercato	—
comercializar (P)	vermarkten	market	commercialiser	lanciare sul mercato	comercializar
comercializável (P)	marktfähig	marketable	vendable	commerciabile	comerciable
comerciante (ES)	Händler m	trader	commerçant m	commerciante m	—
comerciante (ES)	Kaufmann m	businessman	négociant m	commerciante m	—
comerciante (P)	Händler m	trader	commerçant m	commerciante m	comerciante m
comerciante (P)	Kaufmann m	businessman	négociant m	commerciante m	comerciante m
comercio (ES)	Gewerbe n	trade	activité professionnelle f	commercio m	—
comercio (ES)	Handel m	trade	commerce m	commercio m	—
comércio (P)	Handel m	trade	commerce m	commercio m	comercio m
comercio al por menor (ES)	Einzelhandel m	retail trade	commerce de détail m	commercio al dettaglio m	—
comercio ambulante (ES)	ambulantes Gewerbe n	itinerant trade	commerce ambulant m	commercio ambulante m	—
comércio ambulante (P)	ambulantes Gewerbe n	itinerant trade	commerce ambulant m	commercio ambulante m	comercio ambulante m
comércio a retalho (P)	Einzelhandel m	retail trade	commerce de détail m	commercio al dettaglio m	comercio al por menor m
comércio de importação (P)	Importhandel m	import trade	commerce d'importation m	commercio d'importazione m	comercio de importación m
comercio de importación (ES)	Importhandel m	import trade	commerce d'importation m	commercio d'importazione m	—
comercio de tránsito (ES)	Transithandel m	transit trade	commerce de transit m	commercio di transito m	—
comércio de trânsito (P)	Transithandel m	transit trade	commerce de transit m	commercio di transito m	comercio de tránsito m
comercio exterior (ES)	Außenhandel m	foreign trade	commerce extérieur m	commercio estero m	—
comércio exterior (P)	Außenhandel m	foreign trade	commerce extérieur m	commercio estero m	comercio exterior m
comercio interior (ES)	Binnenhandel m	domestic trade	commerce intérieur m	commercio nazionale m	—
comercio internacional (ES)	Welthandel m	world trade	commerce mondial m	commercio mondiale m	—
comércio internacional (P)	Welthandel m	world trade	commerce mondial m	commercio mondiale m	comercio internacional m
comércio interno (P)	Binnenhandel m	domestic trade	commerce intérieur m	commercio nazionale m	comercio interior m
comércio livre (P)	Freihandel m	free trade	commerce libre m	libero scambio m	librecambio m
comercio mayorista (ES)	Großhandel m	wholesale trade	commerce de gros m	commercio all'ingrosso m	—
comércio por grosso (P)	Großhandel m	wholesale trade	commerce de gros m	commercio all'ingrosso m	comercio mayorista m
comida de trabajo (ES)	Arbeitsessen n	working lunch	déjeuner de travail m	pranzo di lavoro m	—
comisión (ES)	Kommission f	commission	commission f	commissione f	—
comisión (ES)	Provision f	commission	commission f	provvigione f	—
comisión de apertura de crédito (ES)	Kreditprovision f	credit commission	frais de commissions d'ouverture de crédit m/pl	provvigione di credito f	—
comisionista (ES)	Kommissionär m	commission agent	commissionnaire m	commissionario m	—

comisionista

P	NL	SV	PL	CZ	H
—	commanditaris m	kommanditdelägare	komandytariusz m	komanditista m	betéti társaság kültagja
contenção de custos f	kostenbesparing f	kostnadsdämpning	redukcja wzrostu kosztów f	útlum nákladů m	költségcsökkentés
—	rechtsbevoegd	rättskapabel	zdolny do czynności prawnych	právně způsobilý	jogképes
como acordado	zoals overeengekomen	enligt överenskommelse	jak uzgodniono	podle ujednání	megállapodás szerint
comercializável	verhandelbaar	mogen för marknaden	pokupny na rynku	schopný uplatnění n	piacképes
—	marketing f	marknadsföring	marketing	odbytové hospodářství n	értékesítés
comercializar	commercialiseren	marknadsföra	uplasować na rynku	uvést na trh	értékesít
—	commercialiseren	marknadsföra	uplasować na rynku	uvést na trh	értékesít
—	verhandelbaar	mogen för marknaden	pokupny na rynku	schopný uplatnění n	piacképes
comerciante m	handelaar m	köpman	handlarz m	obchodník m	kereskedő
comerciante m	zakenman m	köpman	kupiec m	obchodník m	kereskedő
—	handelaar m	köpman	handlarz m	obchodník m	kereskedő
—	zakenman m	köpman	kupiec m	obchodník m	kereskedő
actividade comercial f	ambacht n	handel	działalność gospodarcza f	živnost f	ipar
comércio m	handel m	handel	handel m	obchod m	kereskedelem
—	handel m	handel	handel m	obchod m	kereskedelem
comércio a retalho m	kleinhandel m	detaljhandel	handel detaliczny m	maloobchod m	kiskereskedelem
comércio ambulante m	straathandel m	ambulerande handel	rzemiosło wędrowne n	pojízdná živnost f	vándorkereskedelem
—	straathandel m	ambulerande handel	rzemiosło wędrowne n	pojízdná živnost f	vándorkereskedelem
—	kleinhandel m	detaljhandel	handel detaliczny m	maloobchod m	kiskereskedelem
—	importhandel m	importhandel	handel importowy m	dovozní obchod m	importkereskedelem
comércio de importação m	importhandel m	importhandel	handel importowy m	dovozní obchod m	importkereskedelem
comércio de trânsito m	transitohandel m	transitohandel	handel tranzytowy m	tranzitní obchod m	tranzitkereskedelem
—	transitohandel m	transitohandel	handel tranzytowy m	tranzitní obchod m	tranzitkereskedelem
comércio exterior m	buitenlandse handel m	utrikeshandel	handel zagraniczny m	zahraniční obchod m	külkereskedelem
—	buitenlandse handel m	utrikeshandel	handel zagraniczny m	zahraniční obchod m	külkereskedelem
comércio interno m	binnenlandse handel m	inrikeshandel	handel wewnętrzny m	domácí obchod m	belkereskedelem
comércio internacional m	wereldhandel m	världshandel	handel światowy m	světový obchod m	világkereskedelem
—	wereldhandel m	världshandel	handel światowy m	světový obchod m	világkereskedelem
—	binnenlandse handel m	inrikeshandel	handel wewnętrzny m	domácí obchod m	belkereskedelem
—	vrijhandel m	frihandel	wolny handel m	volný obchod m	szabadkereskedelem
comércio por grosso m	groothandel m	partihandel	handel hurtowy m	velkoobchod m	nagykereskedelem
—	groothandel m	partihandel	handel hurtowy m	velkoobchod m	nagykereskedelem
almoço de trabalho m	werklunch m	arbetslunch	obiad służbowy m	pracovní oběd m	munkaebéd
comissão f	commissie f	kommission	komisja f	komise f	bizottság
comissão f	commissieloon n	provision	prowizja f	provize f	jutalék
comissão de crédito f	kredietcommissie f	uppläggningsavgift	prowizja od kredytu f	provize úvěru f	hiteljutalék
comissionista m	commissionaris m	kommissionär	komisant m	komisionář m	bizományos

comisión sobre la cifra de ventas 192

	D	E	F	I	ES
comisión sobre la cifra de ventas (ES)	Umsatzprovision f	sales commission	commission sur le chiffre d'affaires f	provvigione sul fatturato f	—
comisión sobre la venta (ES)	Verkäuferprovision f	sales commission	commission sur les ventes f	provvigione del venditore f	—
comissão (P)	Kommission f	commission	commission f	commissione f	comisión f
comissão (P)	Provision f	commission	commission f	provvigione f	comisión f
comissão de crédito (P)	Kreditprovision f	credit commission	frais de commissions d'ouverture de crédit m/pl	provvigione di credito f	comisión de apertura de crédito f
comissão por imobilização de fundos (P)	Bereitstellungskosten f	commitment fee	coûts administratifs m/pl	spese amministrative f/pl	gastos administrativos m/pl
comissão sobre a facturação (P)	Umsatzprovision f	sales commission	commission sur le chiffre d'affaires f	provvigione sul fatturato f	comisión sobre la cifra de ventas f
comissão sobre as vendas (P)	Verkäuferprovision f	sales commission	commission sur les ventes f	provvigione del venditore f	comisión sobre la venta f
comissioni di gestione di un conto (I)	Kontogebühren f/pl	bank charges	frais de tenue de compte m/pl	—	gastos de administración de una cuenta m/pl
comisionista (P)	Kommissionär m	commission agent	commissionnaire m	commissionario m	comisionista m
commande (F)	Auftrag m	order	—	ordine m	pedido m
commande (F)	Bestellung f	order	—	ordine m	pedido m
commande d'exportation (F)	Exportauftrag m	export order	—	ordine d'esportazione m	pedido destinado a la exportación m
commande préalable (F)	Vorbestellung f	reservation	—	prenotazione f	pedido anticipado m
commanditaire (F)	Kommanditist m	limited partner	—	socio accomandante m	comanditario m
commanditaire vennootschap (NL)	Kommanditgesellschaft f	limited partnership	société en commandite f	società in accomandita semplice f	sociedad comanditaria f
commanditaire vennootschap op aandelen (NL)	Kommanditgesellschaft auf Aktien f	partnership limited by shares	société en commandite par actions f	società in accomandita per azioni f	sociedad comanditaria por acciones f
commanditaris (NL)	Kommanditist m	limited partner	commanditaire m	socio accomandante m	comanditario m
comme convenu (F)	vereinbarungsgemäß	as agreed	—	come convenuto	según lo acordado
commerçant (F)	Händler m	trader	—	commerciante m	comerciante m
commerçant détaillant (F)	Einzelhändler m	retailer	—	dettagliante m	minorista m
commerce (F)	Handel m	trade	—	commercio m	comercio m
commerce ambulant (F)	ambulantes Gewerbe n	itinerant trade	—	commercio ambulante m	comercio ambulante m
commerce de détail (F)	Einzelhandel m	retail trade	—	commercio al dettaglio m	comercio al por menor m
commerce de gros (F)	Großhandel m	wholesale trade	—	commercio all'ingrosso m	comercio mayorista m
commerce de transit (F)	Transithandel m	transit trade	—	commercio di transito m	comercio de tránsito m
commerce d'importation (F)	Importhandel m	import trade	—	commercio d'importazione m	comercio de importación m
commerce extérieur (F)	Außenhandel m	foreign trade	—	commercio estero m	comercio exterior m
commerce intérieur (F)	Binnenhandel m	domestic trade	—	commercio nazionale m	comercio interior m
commerce libre (F)	Freihandel m	free trade	—	libero scambio m	librecambio m
commerce mondial (F)	Welthandel m	world trade	—	commercio mondiale m	comercio internacional m
commerciabile (I)	marktfähig	marketable	vendable	—	comerciable
commercial agency (E)	Handelsvertretung f	—	représentation commerciale f	rappresentanza commerciale f	representación comercial f
commercial agent (E)	Handelsvertreter m	—	représentant de commerce m	rappresentante commerciale m	representante comercial m
commercial invoice (E)	Handelsfaktura f	—	facture commerciale f	fattura commerciale f	factura comercial f

193 commercial invoice

P	NL	SV	PL	CZ	H
comissão sobre a facturação f	omzetprovisie f	omsättningsprovision	prowizja od obrotów f	provize z obratu f	forgalmi jutalék
comissão sobre as vendas f	verkoopcommissie f	säljarprovision	prowizja od sprzedaży f	provize prodavače f	értékesítési jutalék
—	commissie f	kommission	komisja f	komise f	bizottság
—	commissieloon n	provision	prowizja f	provize f	jutalék
—	kredietcommissie f	uppläggningsavgift	prowizja od kredytu f	provize úvěru f	hiteljutalék
—	beschikbaarstellingskosten m/pl	uppläggningsavgift	koszty dysponowalności m/pl	přípravné náklady m/pl	rendelkezésre tartási díj
—	omzetprovisie f	omsättningsprovision	prowizja od obrotów f	provize z obratu f	forgalmi jutalék
—	verkoopcommissie f	säljarprovision	prowizja od sprzedaży f	provize prodavače f	értékesítési jutalék
custos da conta bancária m/pl	rekeningkosten m/pl	bankavgifter pl	opłaty za prowadzenie konta f/pl	poplatky za vedení účtu m/pl	számlavezetési költségek
—	commissionaris m	kommissionär	komisant m	komisionář m	bizományos
ordem f	opdracht f	order	zlecenie n	zakázka f	megrendelés
encomenda f	bestelling f	order	zamówienie n	objednávka f	megrendelés
encomenda de exportação f	exportorder n	exportorder	zamówienie eksportowe n	exportní zakázka f	exportmegrendelés
pedido antecipado m	vooruitbestelling f	förhandsorder	rezerwacja f	předběžná objednávka f	előrendelés
comanditário m	commanditaris m	kommanditdelägare	komandytariusz m	komanditista m	betéti társaság kültagja
sociedade em comandita f	—	kommanditbolag	spółka komandytowa f	komanditní společnost f	betéti társaság
sociedade em comandita por acções f	—	kommanditbolag med aktier	spółka komandytowa akcyjna f	komanditní společnost na akcie f	betéti részvénytársaság
comanditário m	—	kommanditdelägare	komandytariusz m	komanditista m	betéti társaság kültagja
como acordado	zoals overeengekomen	enligt överenskommelse	jak uzgodniono	podle ujednání	megállapodás szerint
comerciante m	handelaar m	köpman	handlarz m	obchodník m	kereskedő
retalhista m	kleinhandelaar m	detaljist	detalista m	maloobchodník m	kiskereskedő
comércio m	handel m	handel	handel m	obchod m	kereskedelem
comércio ambulante m	straathandel m	ambulerande handel	rzemiosło wędrowne n	pojízdná živnost f	vándorkereskedelem
comércio a retalho m	kleinhandel m	detaljhandel	handel detaliczny m	maloobchod m	kiskereskedelem
comércio por grosso m	groothandel m	partihandel	handel hurtowy m	velkoobchod m	nagykereskedelem
comércio de trânsito m	transitohandel m	transitohandel	handel tranzytowy m	tranzitní obchod m	tranzitkereskedelem
comércio de importação m	importhandel m	importhandel	handel importowy m	dovozní obchod m	importkereskedelem
comércio exterior m	buitenlandse handel m	utrikeshandel	handel zagraniczny m	zahraniční obchod m	külkereskedelem
comércio interno m	binnenlandse handel m	inrikeshandel	handel wewnętrzny m	domácí obchod m	belkereskedelem
comércio livre m	vrijhandel m	frihandel	wolny handel m	volný obchod m	szabadkereskedelem
comércio internacional m	wereldhandel m	världshandel	handel światowy m	světový obchod m	világkereskedelem
comercializável	verhandelbaar	mogen för marknaden	pokupny na rynku	schopný uplatnění n	piacképes
representação comercial f	handelsagentuur f	handelsagentur	przedstawicielstwo handlowe n	obchodní zastoupení n	kereskedelmi képviselet
representante comercial m	handelsvertegenwoordiger m	handelsagent	agent handlowy m	obchodní zástupce m	kereskedelmi képviselő
factura comercial f	handelsfactuur f	vanlig exportfaktura	faktura handlowa f	obchodní faktura f	kereskedelmi számla

commercialisation

	D	E	F	I	ES
commercialisation (F)	Absatzwirtschaft f	marketing	—	commercializzazione f	economía de distribución f
commercialiser (F)	vermarkten	market	—	lanciare sul mercato	comercializar
commercialiseren (NL)	vermarkten	market	commercialiser	lanciare sul mercato	comercializar
commercializzazione (I)	Absatzwirtschaft f	marketing	commercialisation f	—	economía de distribución f
commercial letter of credit (E)	Handelskreditbrief m	—	lettre de crédit commercial f	lettera di credito commerciale f	carta de crédito comercial f
commercial register (E)	Handelsregister n	—	registre du commerce m	registro delle imprese m	registro mercantil m
commerciante (I)	Händler m	trader	commerçant m	—	comerciante m
commerciante (I)	Kaufmann m	businessman	négociant m	—	comerciante m
commercio (I)	Gewerbe n	trade	activité professionnelle f	—	comercio m
commercio (I)	Handel m	trade	commerce m	—	comercio m
commercio al dettaglio (I)	Einzelhandel m	retail trade	commerce de détail m	—	comercio al por menor m
commercio all'ingrosso (I)	Großhandel m	wholesale trade	commerce de gros m	—	comercio mayorista m
commercio ambulante (I)	ambulantes Gewerbe n	itinerant trade	commerce ambulant m	—	comercio ambulante m
commercio dei cambi (I)	Devisenhandel m	foreign exchange dealings	marché des changes m	—	operaciones de divisas f/pl
commercio dei cambi (I)	Devisenverkehr m	foreign exchange operations	mouvement de devises m	—	tráfico de divisas m
commercio d'importazione (I)	Importhandel m	import trade	commerce d'importation m	—	comercio de importación m
commercio di transito (I)	Transithandel m	transit trade	commerce de transit m	—	comercio de tránsito m
commercio estero (I)	Außenhandel m	foreign trade	commerce extérieur m	—	comercio exterior m
commercio mondiale (I)	Welthandel m	world trade	commerce mondial m	—	comercio internacional m
commercio nazionale (I)	Binnenhandel m	domestic trade	commerce intérieur m	—	comercio interior m
commissie (NL)	Kommission f	commission	commission f	commissione f	comisión f
commissiehandel (NL)	Kommissionsgeschäft n	commission business	affaire en commission f	operazione di commissione f	operación de comisión f
commissieloon (NL)	Provision f	commission	commission f	provvigione f	comisión f
commissieloonberekening (NL)	Provisionsabrechnung f	statement of commission	liquidation des commissions f	conteggio delle provvigioni m	liquidación de la comisión f
commission (E)	Kommission f	—	commission f	commissione f	comisión f
commission (E)	Provision f	—	commission f	provvigione f	comisión f
commission (F)	Kommission f	commission	—	commissione f	comisión f
commission (F)	Provision f	commission	—	provvigione f	comisión f
commission agent (E)	Kommissionär m	—	commissionnaire m	commissionario m	comisionista m
commissionario (I)	Kommissionär m	commission agent	commissionnaire m	—	comisionista m
commissionaris (NL)	Kommissionär m	commission agent	commissionnaire m	commissionario m	comisionista m
commission business (E)	Kommissionsgeschäft n	—	affaire en commission f	operazione di commissione f	operación de comisión f
commissione (I)	Kommission f	commission	commission f	—	comisión f
commissioni bancarie (I)	Bankspesen f/pl	bank charges	frais de banque m/pl	—	gastos bancarios m/pl
commissionnaire (F)	Kommissionär m	commission agent	—	commissionario m	comisionista m
commissionnaire de transport (F)	Spediteur m	forwarding agent	—	spedizioniere m	expedidor m
commission payment (E)	Provisionszahlung f	—	payement de commission m	pagamento di provvigione m	pago de comisión m
commission sur le chiffre d'affaires (F)	Umsatzprovision f	sales commission	—	provvigione sul fatturato f	comisión sobre la cifra de ventas f
commission sur les ventes (F)	Verkäuferprovision f	sales commission	—	provvigione del venditore f	comisión sobre la venta f
commitment fee (E)	Bereitstellungskosten f	—	coûts administratifs m/pl	spese amministrative f/pl	gastos administrativos m/pl

commitment fee

P	NL	SV	PL	CZ	H
comercialização f	marketing f	marknadsföring	marketing	odbytové hospodářství n	értékesítés
comercializar	commercialiseren	marknadsföra	uplasować na rynku	uvést na trh	értékesít
comercializar	—	marknadsföra	uplasować na rynku	uvést na trh	értékesít
comercialização f	marketing f	marknadsföring	marketing	odbytové hospodářství n	értékesítés
carta de crédito comercial f	handelskredietbrief m	handelsremburs	akredytywa towarowa f	obchodní úvěrový list m	kereskedelmi hitellevél
registo comercial m	handelsregister n	handelsregister	Rejestr Handlowy	obchodní rejstřík m	cégjegyzék
comerciante m	handelaar m	köpman	handlarz m	obchodník m	kereskedő
comerciante m	zakenman m	köpman	kupiec m	obchodník m	kereskedő
actividade comercial f	ambacht n	handel	działalność gospodarcza f	živnost f	ipar
comércio m	handel m	handel	handel m	obchod m	kereskedelem
comércio a retalho m	kleinhandel m	detaljhandel	handel detaliczny m	maloobchod m	kiskereskedelem
comércio por grosso m	groothandel m	partihandel	handel hurtowy m	velkoobchod m	nagykereskedelem
comércio ambulante m	straathandel m	ambulerande handel	rzemiosło wędrowne n	pojízdná živnost f	vándorkereskedelem
negócios sobre divisas m/pl	deviezenhandel m	valutahandel	handel dewizami m	devizový obchod m	devizakereskedelem
movimento de divisas m	deviezenverkeer n	valutahandel	obrót dewizowy m	devizový styk m	devizaforgalom
comércio de importação m	importhandel m	importhandel	handel importowy m	dovozní obchod m	importkereskedelem
comércio de trânsito m	transitohandel m	transitohandel	handel tranzytowy m	tranzitní obchod m	tranzitkereskedelem
comércio exterior m	buitenlandse handel m	utrikeshandel	handel zagraniczny m	zahraniční obchod m	külkereskedelem
comércio internacional m	wereldhandel m	världshandel	handel światowy m	světový obchod m	világkereskedelem
comércio interno m	binnenlandse handel m	inrikeshandel	handel wewnętrzny m	domácí obchod m	belkereskedelem
comissão f	—	kommission	komisja f	komise f	bizottság
negócio à comissão m	—	kommissionsverksamhet	transakcja komisowa f	komisionářský obchod m	bizományi ügylet
comissão f	—	provision	prowizja f	provize f	jutalék
liquidação da comissão f	—	provisionsredovisning	rozliczenie prowizji n	vyúčtování provize n	jutalékelszámolás
comissão f	commissie f	kommission	komisja f	komise f	bizottság
comissão f	commissieloon n	provision	prowizja f	provize f	jutalék
comissão f	commissie f	kommission	komisja f	komise f	bizottság
comissão f	commissieloon n	provision	prowizja f	provize f	jutalék
comissionista m	commissionaris m	kommissionär	komisant m	komisionář m	bizományos
comissionista m	commissionaris m	kommissionär	komisant m	komisionář m	bizományos
comissionista m	—	kommissionär	komisant m	komisionář m	bizományos
negócio à comissão m	commissiehandel m	kommissionsverksamhet	transakcja komisowa f	komisionářský obchod m	bizományi ügylet
comissão f	commissie f	kommission	komisja f	komise f	bizottság
despesas bancárias f/pl	bankkosten m/pl	bankavgift	koszty bankowe m/pl	bankovní výdaje m/pl	bankköltségek
comissionista m	commissionaris m	kommissionär	komisant m	komisionář m	bizományos
expedidor m	expediteur m	speditör	spedytor m	zasílatel m	szállítmányozó
pagamento de comissão m	betaling van commissieloon f	provisionsbetalning	wypłata prowizji f	zaplacení provize n	jutalékfizetés
comissão sobre a facturação f	omzetprovisie f	omsättningsprovision	prowizja od obrotów f	provize z obratu f	forgalmi jutalék
comissão sobre as vendas f	verkoopcommissie f	säljarprovision	prowizja od sprzedaży f	provize prodavače f	értékesítési jutalék
comissão por imobilização de fundos f	beschikbaarstellingskosten m/pl	upplägginingsavgift	koszty dysponowalności m/pl	přípravné náklady m/pl	rendelkezésre tartási díj

committente

	D	E	F	I	ES
committente (I)	Auftraggeber m	customer	donneur d'ordre m	—	mandante m
committente (I)	Besteller m	customer	acheteur m	—	demandante m
commodity exchange (E)	Warenbörse f	—	bourse de marchandises f	borsa merci f	bolsa de mercancías f
commodity futures exchange (E)	Warenterminbörse f	—	bourse de marchandises à livrer f	borsa merci a termine f	bolsa de mercancías a plazo m
common market (E)	gemeinsamer Markt m	—	marché commun m	mercato comune m	mercado común m
communauté économique (F)	Wirtschaftsgemeinschaft f	economic community	—	comunità economica f	comunidad económica f
Communauté Européenne (F)	Europäische Gemeinschaft f	European Community	—	Comunità Europea f	Comunidad Europea f
como acordado (P)	vereinbarungsgemäß	as agreed	comme convenu	come convenuto	según lo acordado
compagnia armatoriale (I)	Reederei f	shipping company	société d'armateurs f	—	compañía naviera f
companhia de navegação (P)	Reederei f	shipping company	société d'armateurs f	compagnia armatoriale f	compañía naviera f
compañía naviera (ES)	Reederei f	shipping company	société d'armateurs f	compagnia armatoriale f	—
Companies Act (E)	Aktiengesetz n	—	législation des sociétés anonymes f	legge sulle società per azioni f	ley sobre sociedades anónimas f
company (E)	Firma f	—	entreprise f	impresa f	empresa f
company account (E)	Firmenkonto n	—	compte de l'entreprise m	conto intestato ad una ditta m	cuenta de la empresa f
company address (E)	Firmenanschrift f	—	adresse de l'entreprise f	indirizzo della ditta m	dirección de la empresa f
company assets (E)	Gesellschaftsvermögen	—	patrimoine social m	patrimonio sociale m	patrimonio social m
company car (E)	Dienstwagen m	—	voiture de service f	macchina di servizio f	coche de servicio m
company car (E)	Firmenwagen m	—	véhicule de service m	macchina aziendale f	coche de empresa m
company law (E)	Aktienrecht n	—	loi sur les sociétés anonymes f	diritto azionario m	derecho de sociedades anónimas m
company name (E)	Firmenname m	—	nom de l'entreprise m	ragione sociale f	razón social f
company objective (E)	Unternehmensziel n	—	objectif de l'entreprise m	obiettivo imprenditoriale m	objetivo empresarial m
company profit (E)	Unternehmensgewinn m	—	résultats m/pl	utile d'impresa m	beneficio empresarial m
company's bank (E)	Hausbank f	—	banque habituelle f	banca di preferenza f	banco particular m
company stamp (E)	Firmenstempel m	—	cachet d'établissement m	timbro della ditta m	sello de la empresa m
comparação (P)	Vergleich m	comparison	comparaison f	confronto m	comparación f
comparación (ES)	Vergleich m	comparison	comparaison f	confronto m	—
comparaison (F)	Vergleich m	comparison	—	confronto m	comparación f
comparison (E)	Vergleich m	—	comparaison f	confronto m	comparación f
compensação (P)	Aufrechnung f	set-off	compensation f	compensazione f	compensación f
compensação (P)	Verrechnung f	settlement	compensation f	compensazione f	compensación f
compensación (ES)	Abfindung f	compensation	indemnité f	compensazione f	—
compensación (ES)	Aufrechnung f	set-off	compensation f	compensazione f	—
compensación (ES)	Verrechnung f	settlement	compensation f	compensazione f	—
compensatie (NL)	Aufrechnung f	set-off	compensation f	compensazione f	compensación f
compensatie (NL)	Verrechnung f	settlement	compensation f	compensazione f	compensación f
compensatietransactie (NL)	Kompensationsgeschäft n	barter transaction	affaire de compensation f	operazione di compensazione f	operación de compensación f
compensation (E)	Abfindung f	—	indemnité f	compensazione f	compensación f

compensation

P	NL	SV	PL	CZ	H
cliente m	opdrachtgever m	uppdragsgivare	zleceniodawca m	objednávatel m	megbízó
comprador m	besteller m	kund	zamawiajacy m	objednavatel m	megrendelő
bolsa de mercadorias f	handelsbeurs f	varubörs	giełda towarowa f	zboží burza f	árutőzsde
bolsa de futuros sobre mercadorias f	goederentermijnbeurs f	råvaruterminsmarknad	giełda towarowych transakcji terminowych f	termínová burza zboží f	határidős árutőzsde
mercado comum m	gemeenschappelijke markt f	gemensam marknad	wspólny rynek m	společný trh m	közös piac
comunidade económica f	economische gemeenschap f	ekonomisk gemenskap	wspólnota gospodarcza f	hospodářská společnost f	gazdasági közösség
Comunidade Europeia f	Europese gemeenschap f	Europeiska Gemenskapen	Wspólnota Europejska	Evropské společenství n	Európai Közösség
—	zoals overeengekomen	enligt överenskommelse	jak uzgodniono	podle ujednání	megállapodás szerint
companhia de navegação f	rederij f	rederi	armatorskie przedsiębiorstwo żeglugowe n	loďařství n	hajóstársaság
—	rederij f	rederi	armatorskie przedsiębiorstwo żeglugowe n	loďařství n	hajóstársaság
companhia de navegação f	rederij f	rederi	armatorskie przedsiębiorstwo żeglugowe n	loďařství n	hajóstársaság
lei das sociedades por acções m	wet op de naamloze vennootschappen f	aktielagstiftning	ustawa o spółkach akcyjnych f	zákon o akciích m	társasági törvény
empresa f	firma f	företag	firma f	firma f	cég
conta da empresa f	bedrijfsrekening f	företagskonto	konto firmowe n	firemní účet m	vállalati számla
endereço da empresa m	kantooradres n	företagsadress	adres firmowy m	firemní adresa f	cég címe
património social m	vennootschapsvermogen n	bolagstillgångar pl	majątek spółki m	majetek společnosti m	társasági vagyon
carro de serviço m	bedrijfswagen m	tjänstebil	samochód służbowy m	služební vůz m	szolgálati gépkocsi
carro da empresa m	auto van de zaak m	firmabil	samochód firmowy m	firemní vůz m	vállalati gépkocsi
direito das sociedades anónimas m	vennootschapsrecht n	aktielagstiftning	prawo o spółkach akcyjnych f	akciové právo n	társasági jog
nome da empresa m	firmanaam m	företagsnamn	nazwa firmowa f	název firmy m	cégnév
objectivo da empresa m	bedrijfsdoelstelling f	företagsmål	przedmiot działalności przedsiębiorstwa m	podnikatelský záměr m	a vállalat célja
lucro da empresa m	bedrijfswinst f	företagsvinst	zysk przedsiębiorstwa m	zisk z podnikání m	vállalati nyereség
banco habitual da empresa m	huisbank f/m	företagsbank	bank firmowy m	banka společnosti f	számlavezető bank
carimbo da empresa m	firmastempel m	företagsstämpel	stempel firmowy m	firemní razítko n	cégbélyegző
—	vergelijking f	jämförelse	ugoda f	srovnání n	összehasonlítás
comparação f	vergelijking f	jämförelse	ugoda f	srovnání n	összehasonlítás
comparação f	vergelijking f	jämförelse	ugoda f	srovnání n	összehasonlítás
comparação f	vergelijking f	jämförelse	ugoda f	srovnání n	összehasonlítás
—	compensatie f	kvittning	wzajemne zaliczenie n	vzájemné vyúčtování n	ellentételezés
—	compensatie f	avräkning	rozliczenie n	zúčtování n	elszámolás
indemnização f	verzending f	ersättning	odszkodowanie n	odstupné n	kártérítés
compensação f	compensatie f	kvittning	wzajemne zaliczenie n	vzájemné vyúčtování n	ellentételezés
compensação f	compensatie f	avräkning	rozliczenie n	zúčtování n	elszámolás
compensação f	—	kvittning	wzajemne zaliczenie n	vzájemné vyúčtování n	ellentételezés
compensação f	—	avräkning	rozliczenie n	zúčtování n	elszámolás
operação de compensação f	—	byteshandel	transakcja kompensacyjna f	kompenzační obchod m	kompenzációs ügylet
indemnização f	verzending f	ersättning	odszkodowanie n	odstupné n	kártérítés

compensation

	D	E	F	I	ES
compensation (E)	Entschädigung f	—	indemnité f	indennità f	indemnización f
compensation (F)	Aufrechnung f	set-off	—	compensazione f	compensación f
compensation (F)	Verrechnung f	settlement	—	compensazione f	compensación f
compensazione (I)	Abfindung f	compensation	indemnité f	—	compensación f
compensazione (I)	Aufrechnung f	set-off	compensation f	—	compensación f
compensazione (I)	Verrechnung f	settlement	compensation f	—	compensación f
compenso straordinario (I)	Sondervergütung f	special allowance	rémunération spéciale f	—	gratificación f
competencia (ES)	Konkurrenz f	competition	concurrence f	concorrenza f	—
competencia (ES)	Wettbewerb m	competition	compétition f	concorrenza f	—
competencia desleal (ES)	unlauterer Wettbewerb m	unfair competition	concurrence déloyale f	concorrenza sleale f	—
competência judiciária (P)	Gerichtsstand m	place of jurisdiction	juridiction compétente f	foro competente m	tribunal competente m
competência legislativa (P)	Gesetzgebungshoheit f	legislative sovereignty	autonomie de légiférer f	sovranità legislativa f	soberanía legislativa f
competição (P)	Wettbewerb m	competition	compétition f	concorrenza f	competencia f
competition (E)	Konkurrenz f	—	concurrence f	concorrenza f	competencia f
competition (E)	Wettbewerb m	—	compétition f	concorrenza f	competencia f
compétition (F)	Wettbewerb m	competition	—	concorrenza f	competencia f
competitive advantage (E)	Wettbewerbsvorteil m	—	avantage de concurrence m	vantaggio concorrenziale	ventaja de competencia f
competitor (E)	Konkurrenzunternehmen n	—	entreprise concurrente f	impresa concorrente f	empresa competidora f
compilazione del bilancio (I)	Budgetierung f	budgeting	planification des coûts f	—	establecimiento del presupuesto m
compilazione dell'inventario (I)	Inventur f	stock-taking	inventaire m	—	inventario m
complaint (E)	Beschwerde f	—	plainte f	ricorso m	reclamación f
complaint (E)	Reklamation f	—	réclamation f	reclamo m	reclamación f
compleanno (I)	Geburtstag m	birthday	anniversaire m	—	día de nacimiento m
complessivamente (I)	insgesamt	altogether	dans l'ensemble	—	en suma
compound interest (E)	Zinseszins m	—	intérêt composé m	interessi composti m/pl	interés compuesto m
compra (ES)	Ankauf m	purchase	achat m	acquisto m	—
compra (ES)	Einkauf m	purchase	achat m	acquisto m	—
compra (ES)	Kauf m	purchase	achat m	acquisto m	—
compra (P)	Ankauf m	purchase	achat m	acquisto m	compra f
compra (P)	Einkauf m	purchase	achat m	acquisto m	compra f
compra (P)	Kauf m	purchase	achat m	acquisto m	compra f
compra a contento (P)	Kauf auf Probe	sale on approval	achat à l'essai m	acquisto a titolo di prova m	compra a prueba f
compra a crédito (ES)	Kreditkauf m	credit purchase	achat à crédit m	acquisto a credito m	—
compra a crédito (P)	Kreditkauf m	credit purchase	achat à crédit m	acquisto a credito m	compra a crédito f
compra a crédito (P)	Zielkauf m	purchase on credit	achat à terme m	acquisto a termine m	compra a plazos m
compra a plazo (ES)	Ratenkauf m	hire purchase	achat à tempérament m	acquisto a rate m	—
compra a plazos (ES)	Zielkauf m	purchase on credit	achat à terme m	acquisto a termine m	—
compra a prestações (P)	Ratenkauf m	hire purchase	achat à tempérament m	acquisto a rate m	compra a plazo f
compra a prueba (ES)	Kauf auf Probe	sale on approval	achat à l'essai m	acquisto a titolo di prova m	—
compra de apoyo (ES)	Stützungskauf m	support buying	achat de soutien m	acquisto di sostegno m	—
compra de reposição (P)	Ersatzkauf m	substitute purchase	achat de remplacement m	acquisto di compensazione m	compra de sustitución f
compra de sustitución (ES)	Ersatzkauf m	substitute purchase	achat de remplacement m	acquisto di compensazione m	—
comprador (P)	Abnehmer m	buyer	acheteur m	acquirente m	tomador m
comprador (P)	Besteller m	customer	acheteur m	committente m	demandante m

comprador

P	NL	SV	PL	CZ	H
indemnização f	schadevergoeding f	kompensation	odszkodowanie n	náhrada f	kártalanítás
compensação f	compensatie f	kvittning	wzajemne zaliczenie n	vzájemné vyúčtování n	ellentételezés
compensação f	compensatie f	avräkning	rozliczenie n	zúčtování n	elszámolás
indemnização f	verzending f	ersättning	odszkodowanie n	odstupné n	kártérítés
compensação f	compensatie f	kvittning	wzajemne zaliczenie n	vzájemné vyúčtování n	ellentételezés
compensação f	compensatie f	avräkning	rozliczenie n	zúčtování n	elszámolás
remuneração extraordinária f	gratificatie f	specialarvode	wynagrodzenie specjalne n	mimořádná odměna f	külön díjazás
concorrência f	concurrentie f	konkurrens	konkurencja f	konkurence f	konkurencia
competição f	concurrentie f	konkurrens	konkurencja f	soutěž f	verseny
concorrência desleal f	oneerlijke concurrentie f	illojal konkurrens	nieuczciwa konkurencja f	nezákonná konkurence f	tisztességtelen verseny
—	bevoegde rechtbank f	jurisdiktion	podsądność terytorialna f	sídlo soudu n	bíróság területi illetékessége
—	wetgevende overheid	legislativ överhöghet	suwerenność prawna f	legislativní suverenita f	törvényhozási hatalom
—	concurrentie f	konkurrens	konkurencja f	soutěž f	verseny
concorrência f	concurrentie f	konkurrens	konkurencja f	konkurence f	konkurencia
competição f	concurrentie f	konkurrens	konkurencja f	soutěž f	verseny
competição f	concurrentie f	konkurrens	konkurencja f	soutěž f	verseny
vantagem competitiva f	concurrentievoordeel n	konkurrensfördel	przewaga reklamowa f	výhoda v soutěži f	versenyelőny
empresa concorrente f	concurrerende onderneming f	konkurrentföretag	przedsiębiorstwo konkurencyjne n	konkurenční podnik m	konkurens vállalat
execução do orçamento f	budgettering f	budgetering	budżetowanie n	rozpočtování n	költségvetés készítése
elaboração do inventário f	boedelbeschrijving f	inventering	remanent m	inventura f	leltározás
reclamação f	klacht f	reklamation	zażalenie n	stížnost f	panasz
reclamação f	klacht f	reklamation	reklamacja f	reklamace f	reklamáció
aniversário m	verjaardag m	födelsedag	data urodzenia f	narozeniny pl	születésnap
ao todo	in totaal	totalt	w sumie	úhrnem	összesen
juros compostos m/pl	samengestelde interest m	ränta på ränta	odsetki składane pl	úrok z úroků m	kamatos kamat
compra f	aankoop m	inköp	zakup m	nákup m	vásárlás
compra f	inkoop m	inköp	zakup m	nákup m	beszerzés
compra f	aankoop m	köp	kupno n	nákup m	vásárlás
—	aankoop m	inköp	zakup m	nákup m	vásárlás
—	inkoop m	inköp	zakup m	nákup m	beszerzés
—	aankoop m	köp	kupno n	nákup m	vásárlás
—	koop op proef m	provköp	kupno na próbę n	koupě na zkoušku f	próbavásárlás
compra a crédito f	koop op krediet m	kreditköp	kupno na kredyt n	nákup na úvěr m	hitelre történő vásárlás
—	koop op krediet m	kreditköp	kupno na kredyt n	nákup na úvěr m	hitelre történő vásárlás
—	koop op krediet m	målköp	zakup kredytowy m	cílený nákup m	határidős vétel
compra a prestações f	aankoop op afbetaling m	avbetalningsköp	kupno na raty n	koupě na splátky f	részletfizetéses vásárlás
compra a crédito f	koop op krediet m	målköp	zakup kredytowy m	cílený nákup m	határidős vétel
—	aankoop op afbetaling m	avbetalningsköp	kupno na raty n	koupě na splátky f	részletfizetéses vásárlás
compra a contento f	koop op proef m	provköp	kupno na próbę n	koupě na zkoušku f	próbavásárlás
compra sustentatória f	steunaankoop m	stödköp	zakup podtrzymujący m	podpůrný nákup m	támogató vásárlás
—	vervangingskoop m	substitutsköp	zakup zastępczy m	náhradní nákup m	pótvásárlás
compra de reposição f	vervangingskoop m	substitutsköp	zakup zastępczy m	náhradní nákup m	pótvásárlás
—	afnemer m	köpare	odbiorca m	odběratel m	vásárló
—	besteller m	kund	zamawiający m	objednavatel m	megrendelő

comprador

	D	E	F	I	ES
comprador (P)	Käufer m	purchaser	acquéreur m	acquirente m	adquirente m
comprador final (ES)	Endabnehmer m	ultimate buyer	preneur final m	acquirente finale m	—
comprador final (P)	Endabnehmer m	ultimate buyer	preneur final m	acquirente finale m	comprador final m
comprar (ES)	einkaufen	buy	acheter	acquistare	—
comprar (ES)	kaufen	buy	acheter	acquistare	—
comprar (P)	einkaufen	buy	acheter	acquistare	comprar
comprar (P)	kaufen	buy	acheter	acquistare	comprar
compras de intervenção (P)	Interventionskäufe m/pl	intervention buying	achats d'intervention m/pl	azioni di sostegno f/pl	compras de intervención f/pl
compras de intervención (ES)	Interventionskäufe m/pl	intervention buying	achats d'intervention m/pl	azioni di sostegno f/pl	—
compra sustentatória (P)	Stützungskauf m	support buying	achat de soutien m	acquisto di sostegno m	compra de apoyo f
compression de personnel (F)	Personalabbau m	reduction of staff	—	riduzione del personale f	reducción de personal f
comprovativo (P)	Beleg m	receipt	justificatif m	quietanza f	justificante m
comptabilité (F)	Buchführung f	book-keeping	—	contabilità f	contabilidad f
comptabilité (F)	Buchhaltung f	accounting	—	contabilità f	contabilidad f
comptabilité (F)	Rechnungswesen n	accountancy	—	ragioneria f	contabilidad f
comptabilité en partie double (F)	doppelte Buchführung f	double entry bookkeeping	—	contabilità a partita doppia f	contabilidad por partida doble f
comptabilité financière (F)	Finanzbuchhaltung f	financial accounting	—	contabilità finanziaria f	contabilidad financiera f
comptabilité nationale (F)	Volkswirtschaftliche Gesamtrechnung	national accounting	—	contabilità nazionale f	contabilidad nacional f
comptable (F)	Buchhalter m	book-keeper	—	ragioniere m	contable m
compte (F)	Konto n	account	—	conto m	cuenta f
compte bloqué (F)	gesperrtes Konto n	blocked account	—	conto bloccato m	cuenta congelada f
compte bloqué (F)	Sperrkonto n	blocked account	—	conto congelato m	cuenta bloqueada f
compte chèque postal (F)	Postscheckkonto n	postal giro account	—	conto corrente postale m	cuenta corriente postal f
compte courant (F)	laufende Rechnung f	current account	—	conto corrente m	cuenta corriente f
compte de caisse (F)	Kassenbuch n	cash book	—	libro di cassa m	libro de caja m
compte de domiciliation du salaire (F)	Gehaltskonto n	salary account	—	conto stipendi m	cuenta de salario f
compte de l'entreprise (F)	Firmenkonto n	company account	—	conto intestato ad una ditta m	cuenta de la empresa f
compte de profit et charges (F)	Ertragsrechnung f	profit and loss account	—	conto delle entrate m	cuenta de ganancias f/pl
compte de résultats (F)	Erfolgskonto n	statement of costs	—	conto profitti e perdite m	cuenta de beneficios y pérdidas f
compte d'étranger (F)	Auslandskonto n	foreign account	—	conto estero m	cuenta en el extranjero f
compte en banque (F)	Bankkonto n	bank account	—	conto bancario m	cuenta bancaria f
compte en monnaies étrangères (F)	Währungskonto n	currency account	—	conto in valuta m	cuenta de moneda extranjera f
compter des intérêts (F)	verzinsen	pay interest on	—	pagare interessi	pagar interés
compte-rendu (F)	Protokoll n	minutes	—	protocollo m	protocolo m
compte rendu d'activité économique annuel (F)	Jahreswirtschaftsbericht m	Annual Economic Report	—	relazione generale sulla situazione economica f	informe económico anual m
compte tenu en compte courant (F)	Kontokorrentkonto n	current account	—	conto corrente m	cuenta corriente f
compte trimestriel (F)	Quartalsrechnung n	quarterly invoice	—	conto trimestrale m	cuenta trimestral f
comptoir d'encaissement (F)	Inkasso-Stelle f	collection office	—	ufficio incassi m	oficina de cobros f

comptoir d'encaissement

P	NL	SV	PL	CZ	H
—	koper m	köpare	nabywca m	kupující m/f	vevő
comprador final m	eindafnemer m	slutanvändare	odbiorca finalny m	konečný odběratel m	végfelhasználó
—	eindafnemer m	slutanvändare	odbiorca finalny m	konečný odběratel m	végfelhasználó
comprar	inkopen	köpa	kupować <kupić>	nakupovat <nakoupit>	vásárol
comprar	kopen	köpa	kupować <kupić>	kupovat <koupit>	vásárol
—	inkopen	köpa	kupować <kupić>	nakupovat <nakoupit>	vásárol
—	kopen	köpa	kupować <kupić>	kupovat <koupit>	vásárol
—	steunaankopen m/pl	stödköp	zakupy interwencyjne m/pl	intervenční nákupy m/pl	intervenciós vásárlások
compras de intervenção f/pl	steunaankopen m/pl	stödköp	zakupy interwencyjne m/pl	intervenční nákupy m/pl	intervenciós vásárlások
—	steunaankoop m	stödköp	zakup podtrzymujący m	podpůrný nákup m	támogató vásárlás
redução de pessoal f	personeelsafslanking f	personalnedskärning	redukcja personelu f	snižování počtu zaměstnanců n	létszámleépítés
—	bewijsstuk n	verifikation	dowód m	doklad m	bizonylat
contabilidade f	boekhouding f	bokföring	księgowość f	účetnictví n	könyvelés
contabilidade f	boekhouding f	redovisning	księgowość f	účetnictví n	könyvelés
contabilidade f	bedrijfsadministratie f	redovisning	rachunkowość f	účetnictví n	számvitel
contabilidade em partidas dobradas	dubbele boekhouding f	dubbel bokföring	podwójna księgowość f	podvojné účetnictví n	kettős könyvelés
contabilidade financeira f	financiële boekhouding f	affärsredovisning	księgowość finansowa f	finanční účetnictví n	pénzügyi könyvelés
contabilidade nacional f	nationale rekeningen f/pl	nationalekonomisk bokföring	narodowy bilans ogólny m	národohospodářské účetnictví n	nemzetgazdasági mérlegek
guarda-livros m	boekhouder m /boekhoudster f	kamrer	księgowy m	účetní m/f	könyvelő
conta f	rekening f	konto	konto n	účet m	számla
conta congelada f	geblokkeerde rekening f	spärrat konto	zablokowane konto n	blokovaný účet m	zárolt számla
conta bloqueada f	geblokkeerde rekening f	spärrat konto	rachunek zablokowany m	vázaný účet m	zárolt számla
conta corrente postal f	postrekening f	postgirokonto	pocztowe konto czekowe n	poštovní šekový účet m	postai átutalási számla
conta corrente f	rekening-courant f	löpande räkning	rachunek bieżący m	běžný účet m	folyószámla
livro de caixa m	kasboek n	kassabok	księga kasowa f	pokladní deník m	pénztárkönyv
conta para depósito de salários f	salarisrekening f	lönekonto	konto płacowe n	účet zřízený pro poukazování příjmu m	munkabér-elszámolási számla
conta da empresa f	bedrijfsrekening f	företagskonto	konto firmowe n	firemní účet m	vállalati számla
demonstração de resultados f	resultatenrekening f	vinst- och förlustkonto	rachunek zysków m	účtování výnosů m	eredménykimutatás
conta de resultados f	resultatenrekening f	resultatkonto	konto wynikowe n	vyúčtování nákladů n	nyereségszámla
conta no exterior f	buitenlandse rekening f	utlandskonto	konto zagraniczne n	zahraniční účet m	külföldi számla
conta bancária f	bankrekening f	bankkonto	konto bankowe n	bankovní účet m	bankszámla
conta em moeda estrangeira f	deviezenrekening f	valutakonto	konto walutowe n	účet v cizí měně m	devizaszámla
render juros	rente betalen	förränta	oprocentować	zúročovat <zúročit>	kamatozik
protocolo m	notulen pl	protokoll	protokół m	zápis m	jegyzőkönyv
relatório económico anual m	economisch jaarverslag n	näringslivets årsrapport	roczne sprawozdanie gospodarcze n	roční hospodářská zpráva f	éves beszámoló
conta corrente f	rekening-courantrekening f	kontokurantkonto	rachunek bieżący m	běžný účet m	folyószámla
factura trimestral f	kwartaalrekening f	kvartalsfaktura	rozliczenie kwartalne n	čtvrtletní vyúčtování n	negyedéves számla
repartição de cobranças f	incasso-orgaan n	inkassobyrå	agencja inkasa f	inkasní středisko n	pénzbeszedőhely

compulsory auction 202

	D	E	F	I	ES
compulsory auction (E)	Zwangsversteigerung f	—	vente de biens par justice f	asta giudiziaria f	subasta forzosa f
computador (P)	Computer m	computer	ordinateur m	computer m	ordenador m
Computer (D)	—	computer	ordinateur m	computer m	ordenador m
computer (E)	Computer m	—	ordinateur m	computer m	ordenador m
computer (I)	Computer m	computer	ordinateur m	—	ordenador m
computer (NL)	Computer m	computer	ordinateur m	computer m	ordenador m
cômputo (P)	Berechnung f	calculation	calcul m	calcolo m	calculo m
com referência a (P)	bezugnehmend	referring to	en référence à f	con riferimento a	con referencia a
comunidad económica (ES)	Wirtschaftsgemeinschaft f	economic community	communauté économique f	comunità economica f	—
comunidade económica (P)	Wirtschaftsgemeinschaft f	economic community	communauté économique f	comunità economica f	comunidad económica f
Comunidade Europeia (P)	Europäische Gemeinschaft f	European Community	Communauté Européenne f	Comunità Europea f	Comunidad Europea f
Comunidad Europea (ES)	Europäische Gemeinschaft f	European Community	Communauté Européenne f	Comunità Europea f	—
comunità economica (I)	Wirtschaftsgemeinschaft f	economic community	communauté économique f	—	comunidad económica f
Comunità Europea (I)	Europäische Gemeinschaft f	European Community	Communauté Européenne f	—	Comunidad Europea f
concédant de licence (F)	Lizenzgeber m	licenser	—	concedente di licenza m	licitador m
concedente del leasing (I)	Leasing-Geber m	lessor	donneur de leasing m	—	arrendador financiero m
concedente di licenza (I)	Lizenzgeber m	licenser	concédant de licence m	—	licitador m
conception d'un produit (F)	Produktgestaltung f	product design	—	creazione del prodotto f	diseño del producto m
concern (E)	betreffen	—	concerner	riguardare	referirse a
concern (NL)	Konzern m	group	groupe industriel m	gruppo industriale m	consorcio m
concerner (F)	betreffen	concern	—	riguardare	referirse a
concertar (ES)	terminieren	set a deadline	fixer un délai	fissare un termine	—
concesión (ES)	Konzession f	licence	concession f	concessione f	—
concesionario (ES)	Franchisenehmer m	franchisee	concessionnaire m	concessionario m	—
concesionario (ES)	Lizenznehmer m	licensee	preneur d'une licence m	licenziatario m	—
concessão (P)	Konzession f	licence	concession f	concessione f	concesión f
concessie (NL)	Konzession f	licence	concession f	concessione f	concesión f
concession (F)	Konzession f	licence	—	concessione f	concesión f
concessionario (I)	Franchisenehmer m	franchisee	concessionnaire m	—	concesionario m
concessionário (P)	Franchisenehmer m	franchisee	concessionnaire m	concessionario m	concesionario m
concessione (I)	Konzession f	licence	concession f	—	concesión f
concessionnaire (F)	Franchisenehmer m	franchisee	—	concessionario m	concesionario m
conclusão (P)	Abschluß m	conclusion	conclusion f	conclusione f	cierre m
conclusão da venda (P)	Verkaufsabschluß m	sales contract	contrat de vente m	conclusione di vendita f	conclusión de la venta f
conclusão de um contrato (P)	Vertragsabschluß m	conclusion of a contract	conclusion du contrat f	stipulazione del contratto f	conclusión de un contrato f
conclusão de um negócio (P)	Geschäftsabschluß m	conclusion of a deal	conclusion d'une affaire f	conclusione di un affare f	conclusión de un negocio f
conclusion (E)	Abschluß m	—	conclusion f	conclusione f	cierre m
conclusion (F)	Abschluß m	conclusion	—	conclusione f	cierre m
conclusión de la venta (ES)	Verkaufsabschluß m	sales contract	contrat de vente m	conclusione di vendita f	—
conclusión de un contrato (ES)	Vertragsabschluß m	conclusion of a contract	conclusion du contrat f	stipulazione del contratto f	—
conclusión de un negocio (ES)	Geschäftsabschluß m	conclusion of a deal	conclusion d'une affaire f	conclusione di un affare f	—
conclusion du contrat (F)	Vertragsabschluß m	conclusion of a contract	—	stipulazione del contratto f	conclusión de un contrato f
conclusion d'une affaire (F)	Geschäftsabschluß m	conclusion of a deal	—	conclusione di un affare f	conclusión de un negocio f

conclusion d'une affaire

P	NL	SV	PL	CZ	H
venda judicial f	openbare verkoop f	exekutiv auktion	licytacja przymusowa f	nucená dražba f	kényszerárverés
—	computer m	dator	komputer m	počítač m	számítógép
computador m	computer m	dator	komputer m	počítač m	számítógép
computador m	computer m	dator	komputer m	počítač m	számítógép
computador m	computer m	dator	komputer m	počítač m	számítógép
computador m	—	dator	komputer m	počítač m	számítógép
—	berekening f	kalkyl	obliczenie n	výpočet m	kalkuláció
—	met referte aan	under åberopande av	powołując się	se zřetelem	hivatkozással
comunidade económica f	economische gemeenschap f	ekonomisk gemenskap	wspólnota gospodarcza f	hospodářská společnost f	gazdasági közösség
—	economische gemeenschap f	ekonomisk gemenskap	wspólnota gospodarcza f	hospodářská společnost f	gazdasági közösség
—	Europese gemeenschap f	Europeiska Gemenskapen	Wspólnota Europejska	Evropské společenství n	Európai Közösség
Comunidade Europeia f	Europese gemeenschap f	Europeiska Gemenskapen	Wspólnota Europejska	Evropské společenství n	Európai Közösség
comunidade económica f	economische gemeenschap f	ekonomisk gemenskap	wspólnota gospodarcza f	hospodářská společnost f	gazdasági közösség
Comunidade Europeia f	Europese gemeenschap f	Europeiska Gemenskapen	Wspólnota Europejska	Evropské společenství n	Európai Közösség
licitador f	licentiegever m	licensgivare	licencjodawca m	poskytovatel licence m	licencadó
locador m	verhuurder m	leasinggivare	udzielający leasingu m	poskytovatel leasingu m	lízingbe adó
licitador f	licentiegever m	licensgivare	licencjodawca m	poskytovatel licence m	licencadó
desenho do produto m	productvormgeving f	produktdesign	wzornictwo produktów n	vzhled výrobků m	terméktervezés
referir-se a	betreffen	rörande	dotyczyć	týkat se	vonatkozik
grupo m	—	koncern	koncern m	koncern m	konszern
referir-se a	betreffen	rörande	dotyczyć	týkat se	vonatkozik
acertar o prazo	een termijn bepalen	bestämma datum	terminować	termínovat	beütemez
concessão f	concessie f	licens	koncesja f	koncese f	koncesszió
concessionário m	franchisenemer m	franchisetagare	franszyzobiorca m	uživatel franšízy m	névhasználó
licenciado m	licentiehouder m	licenstagare	licencjobiorca m	nabyvatel licence m	licencvevő
—	concessie f	licens	koncesja f	koncese f	koncesszió
concessão f	—	licens	koncesja f	koncese f	koncesszió
concessão f	concessie f	licens	koncesja f	koncese f	koncesszió
concessionário m	franchisenemer m	franchisetagare	franszyzobiorca m	uživatel franšízy m	névhasználó
—	franchisenemer m	franchisetagare	franszyzobiorca m	uživatel franšízy m	névhasználó
concessão f	concessie f	licens	koncesja f	koncese f	koncesszió
concessionário m	franchisenemer m	franchisetagare	franszyzobiorca m	uživatel franšízy m	névhasználó
—	afsluiting f	avslutning	zamknięcie n	závěrka f	kötés
—	verkoopcontract n	säljavtal	kontrakt sprzedażny m	uzavření obchodu n	adásvételi szerződés
—	sluiten van een overeenkomst n	avtalsskrivning	zawarcie umowy n	uzavření smlouvy n	szerződéskötés
—	transactie f	affärsuppgörelse	transakcja handlowa f	uzavření obchodu n	üzletkötés
conclusão f	afsluiting f	avslutning	zamknięcie n	závěrka f	kötés
conclusão f	afsluiting f	avslutning	zamknięcie n	závěrka f	kötés
conclusão da venda f	verkoopcontract n	säljavtal	kontrakt sprzedażny m	uzavření obchodu n	adásvételi szerződés
conclusão de um contrato f	sluiten van een overeenkomst n	avtalsskrivning	zawarcie umowy n	uzavření smlouvy n	szerződéskötés
conclusão de um negócio f	transactie f	affärsuppgörelse	transakcja handlowa f	uzavření obchodu n	üzletkötés
conclusão de um contrato f	sluiten van een overeenkomst n	avtalsskrivning	zawarcie umowy n	uzavření smlouvy n	szerződéskötés
conclusão de um negócio f	transactie f	affärsuppgörelse	transakcja handlowa f	uzavření obchodu n	üzletkötés

conclusione 204

	D	E	F	I	ES
conclusione (I)	Abschluß m	conclusion	conclusion f	—	cierre m
conclusione di un affare (I)	Geschäftsabschluß m	conclusion of a deal	conclusion d'une affaire f	—	conclusión de un negocio f
conclusione di vendita (I)	Verkaufsabschluß m	sales contract	contrat de vente m	—	conclusión de la venta f
conclusion of a contract (E)	Vertragsabschluß m	—	conclusion du contrat f	stipulazione del contratto f	conclusión de un contrato f
conclusion of a deal (E)	Geschäftsabschluß m	—	conclusion d'une affaire f	conclusione di un affare f	conclusión de un negocio f
concorrência (P)	Konkurrenz f	competition	concurrence f	concorrenza f	competencia f
concorrência desleal (P)	unlauterer Wettbewerb m	unfair competition	concurrence déloyale f	concorrenza sleale f	competencia desleal f
concorrenza (I)	Konkurrenz f	competition	concurrence f	—	competencia f
concorrenza (I)	Wettbewerb m	competition	compétition f	—	competencia f
concorrenza sleale (I)	unlauterer Wettbewerb m	unfair competition	concurrence déloyale f	—	competencia desleal f
con crédito documentario (ES)	gegen Akkreditiv	against letter of credit	contre accréditif	contro lettera di credito	—
concurrence (F)	Konkurrenz f	competition	—	concorrenza f	competencia f
concurrence déloyale (F)	unlauterer Wettbewerb m	unfair competition	—	concorrenza sleale f	competencia desleal f
concurrentie (NL)	Konkurrenz f	competition	concurrence f	concorrenza f	competencia f
concurrentie (NL)	Wettbewerb m	competition	compétition f	concorrenza f	competencia f
concurrentiebeperking (NL)	Wettbewerbsbeschränkung f	restraint of competition	restriction apportée à la concurrence f	restrizione della concorrenza f	restricciones a la competencia f/pl
concurrentievoordeel (NL)	Wettbewerbsvorteil m	competitive advantage	avantage de concurrence m	vantaggio concorrenziale	ventaja de competencia f
concurrerende onderneming (NL)	Konkurrenzunternehmen n	competitor	entreprise concurrente f	impresa concorrente f	empresa competidora f
concurso público (P)	Ausschreibung f	call for tenders	appel d'offre par voie de soumission m	appalto m	concurso-subasta m
concurso-subasta (ES)	Ausschreibung f	call for tenders	appel d'offre par voie de soumission m	appalto m	—
condição (P)	Kondition f	condition	condition f	condizione f	condición f
condição (P)	Bedingung f	condition	condition f	condizione f	condición f
condición (ES)	Kondition f	condition	condition f	condizione f	—
condición (ES)	Bedingung f	condition	condition f	condizione f	—
condiciones contractuales (ES)	Vertragsbedingung f	conditions of a contract	condition du contrat f	condizione contrattuale f	—
condiciones de contrato (ES)	Geschäftsbedingungen	terms and conditions of business	conditions commerciales f/pl	condizioni contrattuali f/pl	—
condiciones del mercado (ES)	Marktlage f	state of the market	situation du marché f	andamento del mercato m	—
condiciones de pago (ES)	Zahlungsbedingung f	terms of payment	conditions de payement f/pl	condizione di pagamento f	—
condiciones de suministro (ES)	Lieferbedingungen f/pl	conditions of delivery	conditions de livraison f/pl	condizioni di consegna f/pl	—
condiciones generales de contrato (ES)	allgemeine Geschäftsbedingungen f/pl	general terms of contract	conditions générales de vente f/pl	condizioni generali di contratto f/pl	—
condições de entrega (P)	Lieferbedingungen f/pl	conditions of delivery	conditions de livraison f/pl	condizioni di consegna f/pl	condiciones de suministro f/pl
condições de pagamento (P)	Zahlungsbedingung f	terms of payment	conditions de payement f/pl	condizione di pagamento f	condiciones de pago f/pl
condições do contrato (P)	Vertragsbedingung f	conditions of a contract	condition du contrat f	condizione contrattuale f	condiciones contractuales f/pl
condições do contrato (P)	Geschäftsbedingungen	terms and conditions of business	conditions commerciales f/pl	condizioni contrattuali f/pl	condiciones de contrato f/pl
condições gerais de contrato (P)	allgemeine Geschäftsbedingungen f/pl	general terms of contract	conditions générales de vente f/pl	condizioni generali di contratto f/pl	condiciones generales de contrato f/pl
condition (E)	Kondition f	—	condition f	condizione f	condición f
condition (E)	Bedingung f	—	condition f	condizione f	condición f
condition (F)	Kondition f	condition	—	condizione f	condición f
condition (F)	Bedingung f	condition	—	condizione f	condición f

condition

P	NL	SV	PL	CZ	H
conclusão f	afsluiting f	avslutning	zamknięcie n	závěrka f	kötés
conclusão de um negócio f	transactie f	affärsuppgörelse	transakcja handlowa f	uzavření obchodu n	üzletkötés
conclusão da venda f	verkoopcontract n	säljavtal	kontrakt sprzedaźny m	uzavření obchodu n	adásvételi szerződés
conclusão de um contrato f	sluiten van een overeenkomst n	avtalsskrivning	zawarcie umowy n	uzavření smlouvy n	szerződéskötés
conclusão de um negócio f	transactie f	affärsuppgörelse	transakcja handlowa f	uzavření obchodu n	üzletkötés
—	concurrentie f	konkurrens	konkurencja f	konkurence f	konkurencia
—	oneerlijke concurrentie f	illojal konkurrens	nieuczciwa konkurencja f	nezákonná konkurence f	tisztességtelen verseny
concorrência f	concurrentie f	konkurrens	konkurencja f	konkurence f	konkurencia
competição f	concurrentie f	konkurrens	konkurencja f	soutěž f	verseny
concorrência desleal f	oneerlijke concurrentie f	illojal konkurrens	nieuczciwa konkurencja f	nezákonná konkurence f	tisztességtelen verseny
contra carta de crédito	tegen akkreditief	mot remburs	za akredytywę	proti akreditivu m	akkreditív ellenében
concorrência f	concurrentie f	konkurrens	konkurencja f	konkurence f	konkurencia
concorrência desleal f	oneerlijke concurrentie f	illojal konkurrens	nieuczciwa konkurencja f	nezákonná konkurence f	tisztességtelen verseny
concorrência f	—	konkurrens	konkurencja f	konkurence f	konkurencia
competição f	—	konkurrens	konkurencja f	soutěž f	verseny
restrições à concorrência f/pl	—	konkurrensrestriktioner	ograniczenie konkurencji n	omezení soutěže n	versenykorlátozás
vantagem competitiva f	—	konkurrensfördel	przewaga reklamowa f	výhoda v soutěži f	versenyelőny
empresa concorrente f	—	konkurrentföretag	przedsiębiorstwo konkurencyjne n	konkurenční podnik m	konkurens vállalat
—	aanbesteding f	anbudsförfarande	przetarg m	veřejná soutěž f	pályázati felhívás
concurso público m	aanbesteding f	anbudsförfarande	przetarg m	veřejná soutěž f	pályázati felhívás
—	voorwaarde f	villkor	warunek m	podmínka f	feltétel
—	voorwaarde f	villkor	warunek m	podmínka f	feltétel
condição f	voorwaarde f	villkor	warunek m	podmínka f	feltétel
condição f	voorwaarde f	villkor	warunek m	podmínka f	feltétel
condições do contrato f/pl	overeengekomen clausule f	avtalsvillkor	warunek umowy m	smluvní podmínka f	szerződési feltétel
condições do contrato f/pl	verkoopsvoorwaarden f/pl	affärsvillkor	warunki handlowe m/pl	obchodní podmínky f/pl	szerződési feltételek
situação do mercado f	marktsituatie f	marknadssituation	sytuacja rynkowa f	situace na trhu f	piaci helyzet
condições de pagamento f/pl	betalingsvoorwaarde f	betalningsvillkor	warunki płatności m/pl	platební podmínka f	fizetési feltételek
condições de entrega f/pl	leveringsvoorwaarden f	leveransvillkor	warunki dostawy m/pl	dodací podmínky f/pl	szállítási feltételek
condições gerais de contrato f/pl	algemene voorwaarden f/pl	allmänna avtalsvillkor	ogólne warunki handlowe m/pl	všeobecné obchodní podmínky f/pl	általános üzleti feltételek
—	leveringsvoorwaarden f	leveransvillkor	warunki dostawy m/pl	dodací podmínky f/pl	szállítási feltételek
—	betalingsvoorwaarde f	betalningsvillkor	warunki płatności m/pl	platební podmínka f	fizetési feltételek
—	overeengekomen clausule f	avtalsvillkor	warunek umowy m	smluvní podmínka f	szerződési feltétel
—	verkoopsvoorwaarden f/pl	affärsvillkor	warunki handlowe m/pl	obchodní podmínky f/pl	szerződési feltételek
—	algemene voorwaarden f/pl	allmänna avtalsvillkor	ogólne warunki handlowe m/pl	všeobecné obchodní podmínky f/pl	általános üzleti feltételek
condição f	voorwaarde f	villkor	warunek m	podmínka f	feltétel
condição f	voorwaarde f	villkor	warunek m	podmínka f	feltétel
condição f	voorwaarde f	villkor	warunek m	podmínka f	feltétel
condição f	voorwaarde f	villkor	warunek m	podmínka f	feltétel

condition du contrat 206

	D	E	F	I	ES
condition du contrat (F)	Vertragsbedingung f	conditions of a contract	—	condizione contrattuale f	condiciones contractuales f/pl
conditions commerciales (F)	Geschäftsbedingungen	terms and conditions of business	—	condizioni contrattuali f/pl	condiciones de contrato f/pl
conditions de livraison (F)	Lieferbedingungen f/pl	conditions of delivery	—	condizioni di consegna f/pl	condiciones de suministro f/pl
conditions de payement (F)	Zahlungsbedingung f	terms of payment	—	condizione di pagamento f	condiciones de pago f/pl
conditions générales de vente (F)	allgemeine Geschäftsbedingungen f/pl	general terms of contract	—	condizioni generali di contratto f/pl	condiciones generales de contrato f/pl
conditions of a contract (E)	Vertragsbedingung f	—	condition du contrat f	condizione contrattuale f	condiciones contractuales f/pl
conditions of delivery (E)	Lieferbedingungen f/pl	—	conditions de livraison f/pl	condizioni di consegna f/pl	condiciones de suministro f/pl
condizione (I)	Kondition f	condition	condition f	—	condición f
condizione (I)	Bedingung f	condition	condition f	—	condición f
condizione contrattuale (I)	Vertragsbedingung f	conditions of a contract	condition du contrat f	—	condiciones contractuales f/pl
condizione di pagamento (I)	Zahlungsbedingung f	terms of payment	conditions de payement f/pl	—	condiciones de pago f/pl
condizioni contrattuali (I)	Geschäftsbedingungen	terms and conditions of business	conditions commerciales f/pl	—	condiciones de contrato f/pl
condizioni di consegna (I)	Lieferbedingungen f/pl	conditions of delivery	conditions de livraison f/pl	—	condiciones de suministro f/pl
condizioni generali di contratto (I)	allgemeine Geschäftsbedingungen f/pl	general terms of contract	conditions générales de vente f/pl	—	condiciones generales de contrato f/pl
condizioni generali di credito (I)	allgemeine Kreditvereinbarungen f/pl	general credit agreements	accords généraux de crédit m/pl		acuerdos generales de crédito m/pl
con effetto retroattivo (I)	rückwirkend	retrospective	rétroactif	—	retroactivo
co nejlépe (CZ)	bestens	at best	au mieux	al meglio	al mejor cambio
conference (E)	Konferenz f	—	conférence f	conferenza f	conferencia f
conférence (F)	Besprechung f	discussion	—	colloquio m	reunión f
conférence (F)	Konferenz f	conference	—	conferenza f	conferencia f
conference date (E)	Besprechungstermin m	—	date de la conférence f	termine del colloquio m	fecha de reunión f
conferencia (ES)	Konferenz f	conference	conférence f	conferenza f	—
conferência (P)	Besprechung f	discussion	conférence f	colloquio m	reunión f
conferência (P)	Konferenz f	conference	conférence f	conferenza f	conferencia f
conferencia telefónica (ES)	Telefongespräch n	telephone conversation	conversation téléphonique f	conversazione telefonica f	—
conferentie (NL)	Konferenz f	conference	conférence f	conferenza f	conferencia f
conferenza (I)	Konferenz f	conference	conférence f	—	conferencia f
conferma (I)	Bestätigung f	confirmation	confirmation f	—	confirmación f
conferma (I)	Zusage f	promise	promesse f	—	promesa f
conferma di ricevimento (I)	Empfangsbestätigung f	acknowledgement of receipt	accusé de réception m	—	recibo m
conferma d'ordine (I)	Auftragsbestätigung f	confirmation of order	confirmation de commandes f	—	confirmación de pedido f
confezione campione (I)	Probepackung f	trial package	échantillon m	—	muestra f
confidencial (ES)	vertraulich	confidential	confidentiel	confidenziale	—
confidencial (P)	vertraulich	confidential	confidentiel	confidenziale	confidencial
confidential (E)	vertraulich	—	confidentiel	confidenziale	confidencial
confidential relationship (E)	Vertrauensverhältnis n	—	rapport de confiance m	rapporto di fiducia m	relación de confianza f
confidentiel (F)	vertraulich	confidential	—	confidenziale	confidencial
confidenziale (I)	vertraulich	confidential	confidentiel	—	confidencial
confine doganale (I)	Zollgrenze f	customs frontier	frontière douanière f	—	frontera aduanera f
confirmação (P)	Bestätigung f	confirmation	confirmation f	conferma f	confirmación f
confirmação da encomenda (P)	Auftragsbestätigung f	confirmation of order	confirmation de commandes f	conferma d'ordine f	confirmación de pedido f

confirmação da encomenda

P	NL	SV	PL	CZ	H
condições do contrato f/pl	overeengekomen clausule f	avtalsvillkor	warunek umowy m	smluvní podmínka f	szerződési feltétel
condições do contrato f/pl	verkoopsvoorwaarden f/pl	affärsvillkor	warunki handlowe m/pl	obchodní podmínky f/pl	szerződési feltételek
condições de entrega f/pl	leveringsvoorwaarden f	leveransvillkor	warunki dostawy m/pl	dodací podmínky f/pl	szállítási feltételek
condições de pagamento f/pl	betalingsvoorwaarde f	betalningsvillkor	warunki płatności m/pl	platební podmínka f	fizetési feltételek
condições gerais de contrato f/pl	algemene voorwaarden f/pl	allmänna avtalsvillkor	ogólne warunki handlowe m/pl	všeobecné obchodní podmínky f/pl	általános üzleti feltételek
condições do contrato f/pl	overeengekomen clausule f	avtalsvillkor	warunek umowy m	smluvní podmínka f	szerződési feltétel
condições de entrega f/pl	leveringsvoorwaarden f	leveransvillkor	warunki dostawy m/pl	dodací podmínky f/pl	szállítási feltételek
condição f	voorwaarde f	villkor	warunek m	podmínka f	feltétel
condição f	voorwaarde f	villkor	warunek m	podmínka f	feltétel
condições do contrato f/pl	overeengekomen clausule f	avtalsvillkor	warunek umowy m	smluvní podmínka f	szerződési feltétel
condições de pagamento f/pl	betalingsvoorwaarde f	betalningsvillkor	warunki płatności m/pl	platební podmínka f	fizetési feltételek
condições do contrato f/pl	verkoopsvoorwaarden f/pl	affärsvillkor	warunki handlowe m/pl	obchodní podmínky f/pl	szerződési feltételek
condições de entrega f/pl	leveringsvoorwaarden f	leveransvillkor	warunki dostawy m/pl	dodací podmínky f/pl	szállítási feltételek
condições gerais de contrato f/pl	algemene voorwaarden f/pl	allmänna avtalsvillkor	ogólne warunki handlowe m/pl	všeobecné obchodní podmínky f/pl	általános üzleti feltételek
acordos gerais de crédito m/pl	algemene kredietovereenkomsten f/pl	allmänna lånevillkor	ogólne warunki kredytowe m/pl	všeobecné úvěrové dohody f/pl	Általános Hitelmegállapodások
retroactivo	terugwerkend	retroaktiv	obowiązujący wstecz	působící zpětně	visszamenőleges
ao melhor	op zijn best	bästa	jak najlepiej	—	az elérhető legkedvezőbb áron
conferência f	conferentie f	konferens	konferencja f	konference f	konferencia
conferência f	bespreking f	möte	konferencja f	porada f	megbeszélés
conferência f	conferentie f	konferens	konferencja f	konference f	konferencia
data da conferência f	vergaderdatum m	mötesdatum	termin konferencji m	termín porady m	megbeszélés időpontja
conferência f	conferentie f	konferens	konferencja f	konference f	konferencia
—	bespreking f	möte	konferencja f	porada f	megbeszélés
—	conferentie f	konferens	konferencja f	konference f	konferencia
telefonema m	telefoongesprek n	telefonsamtal	rozmowa telefoniczna f	telefonní rozhovor m	telefonbeszélgetés
conferência f	—	konferens	konferencja f	konference f	konferencia
conferência f	conferentie f	konferens	konferencja f	konference f	konferencia
confirmação f	bevestiging f	bekräftelse	potwierdzenie n	potvrzení n	visszaigazolás
promessa f	toezegging f	löfte	przyrzeczenie n	příslib m	ígéret
aviso de recepção f	ontvangstbevestiging f	mottagningsbevis	potwierdzenie odbioru n	potvrzení příjmu n	átvételi elismervény
confirmação da encomenda f	orderbevestiging f	orderbekräftelse	potwierdzenie zamówienia n	potvrzení zakázky n	megrendelés visszaigazolása
amostra f	proefverpakking f	provförpackning	opakowanie wzorocowe n	zkušební balení n	próbacsomagolás
confidencial	vertrouwelijk	förtroligt	poufny	důvěrný	bizalmas
—	vertrouwelijk	förtroligt	poufny	důvěrný	bizalmas
confidencial	vertrouwelijk	förtroligt	poufny	důvěrný	bizalmas
relação de confiança f	vertrouwensrelatie f	förtroende	stosunek zaufania m	důvěrný vztah m	bizalmi viszony
confidencial	vertrouwelijk	förtroligt	poufny	důvěrný	bizalmas
confidencial	vertrouwelijk	förtroligt	poufny	důvěrný	bizalmas
limite aduaneiro f	douanegrens f	tullgräns	granica celna f	celní hranice f	vámhatár
—	bevestiging f	bekräftelse	potwierdzenie n	potvrzení n	visszaigazolás
—	orderbevestiging f	orderbekräftelse	potwierdzenie zamówienia n	potvrzení zakázky n	megrendelés visszaigazolása

confirmação do seguro 208

	D	E	F	I	ES
confirmação do seguro (P)	Deckungszusage	confirmation of cover	acceptation de prendre le risque en charge f	impegno di copertura m	nota de aceptación de cobertura f
confirmación (ES)	Bestätigung f	confirmation	confirmation f	conferma f	—
confirmación de pedido (ES)	Auftragsbestätigung f	confirmation of order	confirmation de commandes f	conferma d'ordine f	—
confirmation (E)	Bestätigung f	—	confirmation f	conferma f	confirmación f
confirmation (F)	Bestätigung f	confirmation	—	conferma f	confirmación f
confirmation de commandes (F)	Auftragsbestätigung f	confirmation of order	—	conferma d'ordine f	confirmación de pedido f
confirmation of cover (E)	Deckungszusage	—	acceptation de prendre le risque en charge f	impegno di copertura m	nota de aceptación de cobertura f
confirmation of order (E)	Auftragsbestätigung f	—	confirmation de commandes f	conferma d'ordine f	confirmación de pedido f
confisca (I)	Beschlagnahme f	confiscation	saisie f	—	confiscación f
confiscação (P)	Beschlagnahme f	confiscation	saisie f	confisca f	confiscación f
confiscación (ES)	Beschlagnahme f	confiscation	saisie f	confisca f	—
confiscation (E)	Beschlagnahme f	—	saisie f	confisca f	confiscación f
conflicto jurídico (ES)	Rechtsstreit m	legal action	litige m	causa f	—
confronto (I)	Vergleich m	comparison	comparaison f	—	comparación f
congelación salarial (ES)	Lohnstopp m	wage freeze	blocage des salaires m	blocco dei salari m	—
congelamento dos salários (P)	Lohnstopp m	wage freeze	blocage des salaires m	blocco dei salari m	congelación salarial f
congé non payé (F)	unbezahlter Urlaub m	unpaid vacation	—	ferie non pagate f/pl	vacaciones no pagadas f/pl
congiuntura (I)	Konjunktur f	economic cycle	conjoncture f	—	conyuntura f
congrès (F)	Tagung	meeting	—	congresso m	reunión f
congresso (I)	Tagung	meeting	congrès m	—	reunión f
conguaglio (I)	Ausgleichszahlung f	deficiency payment	payement pour solde de compte m	—	pago de compensación m
conhecimento (P)	Konnossement n	bill of lading	connaissement m	polizza di carico f	conocimiento m
conhecimento aéreo (P)	Luftfrachtbrief m	airwaybill	lettre de transport aérien f	lettera di trasporto aereo f	transporte aéreo m
conhecimento de frete marítimo (P)	Seefrachtbrief m	bill of lading	connaissement m	polizza di carico f	conocimiento de embarque m
conjoncture (F)	Konjunktur f	economic cycle	—	congiuntura f	conyuntura f
conjunctuur (NL)	Konjunktur f	economic cycle	conjoncture f	congiuntura f	conyuntura f
conjunctuurpolitiek (NL)	Konjunkturpolitik f	economic policy	politique de conjoncture f	politica congiunturale f	política de coyuntura f
conjuntura (P)	Konjunktur f	economic cycle	conjoncture f	congiuntura f	conyuntura f
conjuntura alta (P)	Hochkonjunktur f	boom	haute conjoncture f	alta congiuntura f	alta coyuntura f
conjuntura incentivada (P)	Konjunkturbelebung f	economic upturn	relance économique f	ripresa congiunturale f	recuperación coyuntural f
connaissement (F)	Konnossement n	bill of lading	—	polizza di carico f	conocimiento m
connaissement (F)	Seefrachtbrief m	bill of lading	—	polizza di carico f	conocimiento de embarque m
connossement (NL)	Konnossement n	bill of lading	connaissement m	polizza di carico f	conocimiento m
connossement (NL)	Seefrachtbrief m	bill of lading	connaissement m	polizza di carico f	conocimiento de embarque m
conocimiento (ES)	Konnossement n	bill of lading	connaissement m	polizza di carico f	—
conocimiento de embarque (ES)	Seefrachtbrief m	bill of lading	connaissement m	polizza di carico f	—
con referencia a (ES)	bezugnehmend	referring to	en référence à f	con riferimento a	—
con riferimento a (I)	bezugnehmend	referring to	en référence à f	—	con referencia a
consegna (I)	Lieferung f	delivery	livraison f	—	suministro m
consegna (I)	Übergabe f	delivery	remise f	—	entrega f
consegnabile (I)	lieferbar	available	livrable	—	suministrable
consegna immediata (I)	sofortige Lieferung f	immediate delivery	livraison immédiate f	—	entrega inmediata f

consegna immediata

P	NL	SV	PL	CZ	H
—	bewijs van dekking n	täckningsbekräftelse	przyrzeczenie pokrycia szkody n	příslib krytí m	fedezeti ígérvény
confirmação f	bevestiging f	bekräftelse	potwierdzenie n	potvrzení n	visszaigazolás
confirmação da encomenda f	orderbevestiging f	orderbekräftelse	potwierdzenie zamówienia n	potvrzení zakázky n	megrendelés visszaigazolása
confirmação f	bevestiging f	bekräftelse	potwierdzenie n	potvrzení n	visszaigazolás
confirmação f	bevestiging f	bekräftelse	potwierdzenie n	potvrzení n	visszaigazolás
confirmação da encomenda f	orderbevestiging f	orderbekräftelse	potwierdzenie zamówienia n	potvrzení zakázky n	megrendelés visszaigazolása
confirmação do seguro f	bewijs van dekking n	täckningsbekräftelse	przyrzeczenie pokrycia szkody n	příslib krytí m	fedezeti ígérvény
confirmação da encomenda f	orderbevestiging f	orderbekräftelse	potwierdzenie zamówienia n	potvrzení zakázky n	megrendelés visszaigazolása
confiscação f	inbeslagneming f	beslagtagande	konfiskata f	konfiskace f	lefoglalás
—	inbeslagneming f	beslagtagande	konfiskata f	konfiskace f	lefoglalás
confiscação f	inbeslagneming f	beslagtagande	konfiskata f	konfiskace f	lefoglalás
confiscação f	inbeslagneming f	beslagtagande	konfiskata f	konfiskace f	lefoglalás
litígio jurídico m	geschil n	rättstvist	spór prawny m	právní spor m	jogvita
comparação f	vergelijking f	jämförelse	ugoda f	srovnání n	összehasonlítás
congelamento dos salários m	loonstop m	lönestopp	zamrożenie płac n	zmrazení mezd n	bérbefagyasztás
—	loonstop m	lönestopp	zamrożenie płac n	zmrazení mezd n	bérbefagyasztás
férias não pagas f/pl	verlof zonder wedde n	obetald semester	urlop bezpłatny m	neplacená dovolená f	fizetés nélküli szabadság
conjuntura f	conjunctuur f	konjunktur	koniunktura f	konjunktura f	konjunktúra
reunião f	zitting f	möte	konferencja f	zasedání n	ülés
reunião f	zitting f	möte	konferencja f	zasedání n	ülés
pagamento de compensação m	afvloeiingsvergoeding f	kompensationsutbetalning	wyrównanie płacy n	vyrovnávací platba f	pénzbeli kiegyenlítés
—	connossement n	konossement	konosament m	konosament m	hajóraklevél
—	luchtvrachtbrief m	flygfraktsedel	konosament lotniczy m	letecký nákladní list m	légifuvarlevél
—	connossement n	konossement	konosament m	konosament m	tengeri fuvarlevél
conjuntura f	conjunctuur f	konjunktur	koniunktura f	konjunktura f	konjunktúra
conjuntura f	—	konjunktur	koniunktura f	konjunktura f	konjunktúra
política económica f	—	konjunkturpolitik	polityka koniunkturalna f	konjunkturální politika f	konjunktúrapolitika
—	conjunctuur f	konjunktur	koniunktura f	konjunktura f	konjunktúra
—	hoogconjunctuur f	högkonjunktur	wysoka koniunktura f	vysoká konjunktura f	fellendülés
—	opleving van de conjunctuur f	konjunkturuppsving	ożywienie koniunktury n	oživení konjunktury n	megélénkülés
conhecimento m	connossement n	konossement	konosament m	konosament m	hajóraklevél
conhecimento de frete marítimo m	connossement n	konossement	konosament m	konosament m	tengeri fuvarlevél
conhecimento m	—	konossement	konosament m	konosament m	hajóraklevél
conhecimento de frete marítimo m	—	konossement	konosament m	konosament m	tengeri fuvarlevél
conhecimento m	connossement n	konossement	konosament m	konosament m	hajóraklevél
conhecimento de frete marítimo m	connossement n	konossement	konosament m	konosament m	tengeri fuvarlevél
com referência a	met referte aan	under åberopande av	powołując się	se zřetelem	hivatkozással
com referência a	met referte aan	under åberopande av	powołując się	se zřetelem	hivatkozással
entrega f	levering f	leverans	dostawa f	dodávka f	szállítás
entrega f	overhandiging f	leverans	przekazanie n	předání n	átadás
disponível para entrega	leverbaar	på lager	gotowy do dostawy	k dodání	szállítható
entrega imediata f	onmiddellijke levering f	omedelbar leverans	dostawa natychmiastowa f	okamžitá dodávka f	azonnali szállítás

consegna in contrassegno

	D	E	F	I	ES
consegna in contrassegno (I)	Lieferung gegen Nachnahme	cash on delivery	livraison contre remboursement f	—	entrega contra reembolso f
consegna per espresso (I)	Eilzustellung f	express delivery	remise par exprès f	—	entrega urgente f
consegnare (I)	abliefern	deliver	livrer	—	entregar
Conseil de la Banque Centrale (F)	Zentralbankrat m	Central Bank Council	—	consiglio superiore della Banca Centrale m	Consejo del Banco Central m
conseil de surveillance (F)	Aufsichtsrat m	supervisory board	—	consiglio di sorveglianza m	consejo de administración m
conseiller de marketing (F)	Marketingberater m	marketing consultant	—	consulente di marketing m	asesor de marketing m
conseiller d'entreprise (F)	Unternehmensberater	business consultant	—	consulente d'impresa m	asesor de empresas m
conseiller fiscal (F)	Steuerberater m	tax adviser	—	consulente finanziario m	asesor fiscal m
conseiller juridique (F)	Syndikus m	syndic	—	consulente legale m	síndico m
consejero directivo (ES)	Vorstandsmitglied n	member of the board	membre du directoire m	membro del consiglio di amministrazione m	—
consejo de administración (ES)	Aufsichtsrat m	supervisory board	conseil de surveillance m	consiglio di sorveglianza m	—
consejo de dirección (ES)	Vorstand m	board	directoire m	consiglio di amministrazione m	—
Consejo del Banco Central (ES)	Zentralbankrat m	Central Bank Council	Conseil de la Banque Centrale m	consiglio superiore della Banca Centrale m	—
conselheiro jurídico (P)	Syndikus m	syndic	conseiller juridique m	consulente legale m	síndico m
conselho fiscal (P)	Aufsichtsrat m	supervisory board	conseil de surveillance m	consiglio di sorveglianza m	consejo de administración m
consequential damages (E)	Folgeschäden m/pl	—	dommages consécutifs m/pl	danni indiretti m/pl	daño consecuencial m
consiglio di amministrazione (I)	Vorstand m	board	directoire m	—	consejo de dirección m
consiglio di sorveglianza (I)	Aufsichtsrat m	supervisory board	conseil de surveillance m	—	consejo de administración m
consiglio superiore della Banca Centrale (I)	Zentralbankrat m	Central Bank Council	Conseil de la Banque Centrale m	—	Consejo del Banco Central m
consignatie (NL)	Hinterlegung f	deposit	dépôt m	deposito m	depósito m
consignment (E)	Sendung f	—	envoi m	spedizione f	envío m
consignment note (E)	Frachtbrief m	—	lettre de voiture f	lettera di vettura f	carta de porte f
consignment of goods (E)	Warensendung f	—	expédition de marchandises f	spedizione di merci f	envío de mercancías m
consignment with value declared (E)	Wertsendung f	—	envoi avec valeur déclarée m	spedizione con valore dichiarato f	envío con valor declarado m
consolidação (P)	Konsolidierung f	consolidation	consolidation f	consolidamento m	consolidación f
consolidación (ES)	Konsolidierung f	consolidation	consolidation f	consolidamento m	—
consolidamento (I)	Konsolidierung f	consolidation	consolidation f	—	consolidación f
consolidatie (NL)	Konsolidierung f	consolidation	consolidation f	consolidamento m	consolidación f
consolidation (E)	Konsolidierung f	—	consolidation f	consolidamento m	consolidación f
consolidation (F)	Konsolidierung f	consolidation	—	consolidamento m	consolidación f
consommateur (F)	Konsument m	consumer	—	consumatore m	consumidor m
consommateur (F)	Verbraucher m	consumer	—	consumatore m	consumidor m
consommateur final (F)	Endverbraucher m	ultimate consumer	—	consumatore finale m	consumidor final m
consommation (F)	Verbrauch m	consumption	—	consumo m	consumo m
consommation personnelle (F)	Eigenverbrauch m	personal consumption	—	consumo proprio m	consumo propio m
consommer (F)	verbrauchen	consume	—	consumare	consumir
consorcio (ES)	Konsortium n	consortium	consortium m	consorzio m	—

consorcio

P	NL	SV	PL	CZ	H
envio à cobrança m	levering onder rembours f	betalning vid leverans	dostawa za zaliczeniem pocztowym f	dodávka na dobírku f	utánvételes szállítás
entrega urgente f	expressebestelling f	expressutdelning	dostawa ekspresowa f	spěšná zásilka f	expressz kézbesítés
entregar	afleveren	leverera	dostarczać <dostarczyć>	dodávat <dodat>	leszállít
Administração do Banco Central f	Centrale Bankraad m	centralbanksråd	Rada Banku Centralnego f	rada centrální banky f	Központi Banktanács
conselho fiscal m	raad van toezicht m	företagsstyrelse	rada nadzorcza f	dozorčí rada f	felügyelő bizottság
consultor de marketing m	marketingadviseur	marknadskonsult	doradca marketingowy m	marketingový poradce m	marketing tanácsadó
consultor de empresas m	bedrijfsadviseur m	företagskonsult	doradca przedsiębiorstwa m	podnikový poradce m	vállalatvezetési tanácsadó
consultor fiscal m	belastingconsulent m	skatterådgivare	doradca podatkowy m	daňový poradce m	adótanácsadó
conselheiro jurídico m	syndicus m	juridiskt ombud	syndyk m	právní zástupce firmy m	jogtanácsos
membro da direcção m	lid van het directiecomité n	styrelseledamot	członek zarządu m	člen představenstva m	igazgatósági tag
conselho fiscal m	raad van toezicht m	företagsstyrelse	rada nadzorcza f	dozorčí rada f	felügyelő bizottság
direcção f	directiecomité n	styrelse	zarząd m	představenstvo n	igazgatóság
Administração do Banco Central f	Centrale Bankraad m	centralbanksråd	Rada Banku Centralnego f	rada centrální banky f	Központi Banktanács
—	syndicus m	juridiskt ombud	syndyk m	právní zástupce firmy m	jogtanácsos
—	raad van toezicht m	företagsstyrelse	rada nadzorcza f	dozorčí rada f	felügyelő bizottság
danos consecutivos m/pl	gevolgschade f	följdskada	szkody następcze f/pl	následné škody f/pl	következményes kár
direcção f	directiecomité n	styrelse	zarząd m	představenstvo n	igazgatóság
conselho fiscal m	raad van toezicht m	företagsstyrelse	rada nadzorcza f	dozorčí rada f	felügyelő bizottság
Administração do Banco Central f	Centrale Bankraad m	centralbanksråd	Rada Banku Centralnego f	rada centrální banky f	Központi Banktanács
depósito m	—	deposition	zdeponowanie n	uložení n	letétbe helyezés
envio m	zending f	leverans	przesyłka f	zásilka f	küldemény
documento de consignação m	vrachtbrief m	fraktsedel	list przewozowy m	nákladní list m	szállítólevél
remessa de mercadorias f	goederenverzending f	leverans	wysyłka towarów f	zásilka zboží f	áruküldemény
envio com valor declarado m	zending met aangegeven waarde f	värdeförsändelse	przesyłka wartościowa f	cenná zásilka f	értékküldemény
—	consolidatie f	konsolidering	konsolidacja f	konsolidace f	konszolidálás
consolidação f	consolidatie f	konsolidering	konsolidacja f	konsolidace f	konszolidálás
consolidação f	consolidatie f	konsolidering	konsolidacja f	konsolidace f	konszolidálás
consolidação f	—	konsolidering	konsolidacja f	konsolidace f	konszolidálás
consolidação f	consolidatie f	konsolidering	konsolidacja f	konsolidace f	konszolidálás
consolidação f	consolidatie f	konsolidering	konsolidacja f	konsolidace f	konszolidálás
consumidor m	consument m	konsument	konsument m	spotřebitel m	fogyasztó
consumidor m	consument m	konsument	konsument m	spotřebitel m	fogyasztó
consumidor final m	eindverbruiker m	faktisk konsument	konsument ostateczny m	konečný spotřebitel m	fogyasztó
consumo m	consumptie f	förbrukning	konsumpcja f	spotřeba f	fogyasztás
consumo pessoal m	persoonlijk verbruik n	personlig konsumtion	zużycie własne n	vlastní spotřeba f	saját felhasználás
consumir	consumeren	förbruka	konsumować <skonsumować>	spotřebovat	elfogyaszt
consórcio m	consortium n	konsortium	konsorcjum n	sdružení n	konzorcium

consorcio

	D	E	F	I	ES
consorcio (ES)	Konzern m	group	groupe industriel m	gruppo industriale m	—
consórcio (P)	Konsortium n	consortium	consortium m	consorzio m	consorcio m
consorcio bancario (ES)	Bankenkonsortium n	banking syndicate	consortium des banques m	consorzio bancario m	—
consórcio bancário (P)	Bankenkonsortium n	banking syndicate	consortium des banques m	consorzio bancario m	consorcio bancario m
consortium (E)	Konsortium n	—	consortium m	consorzio m	consorcio m
consortium (F)	Konsortium n	consortium	—	consorzio m	consorcio m
consortium (NL)	Konsortium n	consortium	consortium m	consorzio m	consorcio m
consortium des banques (F)	Bankenkonsortium n	banking syndicate	—	consorzio bancario m	consorcio bancario m
consorzio (I)	Konsortium n	consortium	consortium m	—	consorcio m
consorzio bancario (I)	Bankenkonsortium n	banking syndicate	consortium des banques m	—	consorcio bancario m
constitution (F)	Gründung f	formation	—	costituzione f	fundación f
constitution de capital par apport de tiers (F)	Fremdfinanzierung f	outside financing	—	finanziamento passivo m	financiación externa f
construção (P)	Bau m	construction	construction f	costruzione f	construcción f
construção de habitações (P)	Wohnungsbau m	housing construction	construction de logements f	edilizia abitativa f	construcción de viviendas f
construcción (ES)	Bau m	construction	construction f	costruzione f	—
construcción de viviendas (ES)	Wohnungsbau m	housing construction	construction de logements f	edilizia abitativa f	—
constructeur (F)	Hersteller m	manufacturer	—	produttore m	fabricante m
construction (E)	Bau m	—	construction f	costruzione f	construcción f
construction (F)	Bau m	construction	—	costruzione f	construcción f
construction de logements (F)	Wohnungsbau m	housing construction	—	edilizia abitativa f	construcción de viviendas f
consulente di marketing (I)	Marketingberater m	marketing consultant	conseiller de marketing m	—	asesor de marketing m
consulente d'impresa (I)	Unternehmensberater	business consultant	conseiller d'entreprise f	—	asesor de empresas m
consulente finanziario (I)	Steuerberater m	tax adviser	conseiller fiscal m	—	asesor fiscal m
consulente legale (I)	Syndikus m	syndic	conseiller juridique m	—	síndico m
consulenza (I)	Beratung f	advice	consultation f	—	asesoramiento m
consulta (P)	Beratung f	advice	consultation f	consulenza f	asesoramiento m
consultation (F)	Beratung f	advice	—	consulenza f	asesoramiento m
consultor de empresas (P)	Unternehmensberater	business consultant	conseiller d'entreprise f	consulente d'impresa m	asesor de empresas m
consultor de marketing (P)	Marketingberater m	marketing consultant	conseiller de marketing m	consulente di marketing m	asesor de marketing m
consultor fiscal (P)	Steuerberater m	tax adviser	conseiller fiscal m	consulente finanziario m	asesor fiscal m
consumare (I)	verbrauchen	consume	consommer	—	consumir
consumatore (I)	Konsument m	consumer	consommateur m	—	consumidor m
consumatore (I)	Verbraucher m	consumer	consommateur m	—	consumidor m
consumatore finale (I)	Endverbraucher m	ultimate consumer	consommateur final m	—	consumidor final m
consume (E)	verbrauchen	—	consommer	consumare	consumir
consument (NL)	Konsument m	consumer	consommateur m	consumatore m	consumidor m
consument (NL)	Verbraucher m	consumer	consommateur m	consumatore m	consumidor m
consumer (E)	Konsument m	—	consommateur m	consumatore m	consumidor m
consumer (E)	Verbraucher m	—	consommateur m	consumatore m	consumidor m
consumeren (NL)	verbrauchen	consume	consommer	consumare	consumir

consumeren

P	NL	SV	PL	CZ	H
grupo m	concern n	koncern	koncern m	koncern m	konszern
—	consortium n	konsortium	konsorcjum n	sdružení m	konzorcium
consórcio bancário m	bankconsortium n	bankkonsortium	konsorcjum bankowe n	bankovní sdružení n	bankkonzorcium
—	bankconsortium n	bankkonsortium	konsorcjum bankowe n	bankovní sdružení n	bankkonzorcium
consórcio m	consortium n	konsortium	konsorcjum n	sdružení m	konzorcium
consórcio m	consortium n	konsortium	konsorcjum n	sdružení m	konzorcium
consórcio m	—	konsortium	konsorcjum n	sdružení m	konzorcium
consórcio bancário m	bankconsortium n	bankkonsortium	konsorcjum bankowe n	bankovní sdružení n	bankkonzorcium
consórcio m	consortium n	konsortium	konsorcjum n	sdružení m	konzorcium
consórcio bancário m	bankconsortium n	bankkonsortium	konsorcjum bankowe n	bankovní sdružení n	bankkonzorcium
fundação f	oprichting f	grundande	założenie n	založení n	alapítás
financiamento através de capital alheio m	financiering door vreemd kapitaal f	extern finansiering	finansowanie obce n	dluhové financování n	hitelfinanszírozás
—	bouw m	byggnadsverksamhet	budowa f	stavba f	építés
—	woningbouw m	bostadsbyggande	budownictwo mieszkaniowe n	bytová výstavba f	lakásépítés
construção f	bouw m	byggnadsverksamhet	budowa f	stavba f	építés
construção de habitações f	woningbouw m	bostadsbyggande	budownictwo mieszkaniowe n	bytová výstavba f	lakásépítés
produtor m	fabrikant m	tillverkare	producent m	výrobce m	gyártó
construção f	bouw m	byggnadsverksamhet	budowa f	stavba f	építés
construção f	bouw m	byggnadsverksamhet	budowa f	stavba f	építés
construção de habitações f	woningbouw m	bostadsbyggande	budownictwo mieszkaniowe n	bytová výstavba f	lakásépítés
consultor de marketing m	marketingadviseur	marknadskonsult	doradca marketingowy m	marketingový poradce m	marketing tanácsadó
consultor de empresas m	bedrijfsadviseur m	företagskonsult	doradca przedsiębiorstwa m	podnikový poradce m	vállalatvezetési tanácsadó
consultor fiscal m	belastingconsulent m	skatterådgivare	doradca podatkowy m	daňový poradce m	adótanácsadó
conselheiro jurídico m	syndicus m	juridiskt ombud	syndyk m	právní zástupce firmy m	jogtanácsos
consulta f	beraadslaging f	rådgivning	konsultacja f	porada f	tanácsadás
—	beraadslaging f	rådgivning	konsultacja f	porada f	tanácsadás
consulta f	beraadslaging f	rådgivning	konsultacja f	porada f	tanácsadás
—	bedrijfsadviseur m	företagskonsult	doradca przedsiębiorstwa m	podnikový poradce m	vállalatvezetési tanácsadó
—	marketingadviseur	marknadskonsult	doradca marketingowy m	marketingový poradce m	marketing tanácsadó
—	belastingconsulent m	skatterådgivare	doradca podatkowy m	daňový poradce m	adótanácsadó
consumir	consumeren	förbruka	konsumować <skonsumować>	spotřebovat	elfogyaszt
consumidor m	consument m	konsument	konsument m	spotřebitel m	fogyasztó
consumidor m	consument m	konsument	konsument m	spotřebitel m	fogyasztó
consumidor final m	eindverbruiker m	faktisk konsument	konsument ostateczny m	konečný spotřebitel m	fogyasztó
consumir	consumeren	förbruka	konsumować <skonsumować>	spotřebovat	elfogyaszt
consumidor m	—	konsument	konsument m	spotřebitel m	fogyasztó
consumidor m	—	konsument	konsument m	spotřebitel m	fogyasztó
consumidor m	consument m	konsument	konsument m	spotřebitel m	fogyasztó
consumidor m	consument m	konsument	konsument m	spotřebitel m	fogyasztó
consumir	—	förbruka	konsumować <skonsumować>	spotřebovat	elfogyaszt

consumer goods

	D	E	F	I	ES
consumer goods (E)	Konsumgüter n/plf	—	biens de consommation m/pl	beni di consumo m/pl	bienes de consumo m/pl
consumer goods (E)	Verbrauchsgüter n/pl	—	biens de consommation m/pl	beni non durevoli m/pl	bienes de consumo m/pl
consumidor (ES)	Konsument m	consumer	consommateur m	consumatore m	—
consumidor (ES)	Verbraucher m	consumer	consommateur m	consumatore m	—
consumidor (P)	Konsument m	consumer	consommateur m	consumatore m	consumidor m
consumidor (P)	Verbraucher m	consumer	consommateur m	consumatore m	consumidor m
consumidor final (ES)	Endverbraucher m	ultimate consumer	consommateur final m	consumatore finale m	—
consumidor final (P)	Endverbraucher m	ultimate consumer	consommateur final m	consumatore finale m	consumidor final m
consumir (ES)	verbrauchen	consume	consommer	consumare	—
consumir (P)	verbrauchen	consume	consommer	consumare	consumir
consumo (I)	Verbrauch m	consumption	consommation f	—	consumo m
consumo (ES)	Verbrauch m	consumption	consommation f	consumo m	—
consumo (P)	Verbrauch m	consumption	consommation f	consumo m	consumo m
consumo pessoal (P)	Eigenverbrauch m	personal consumption	consommation personnelle f	consumo proprio m	consumo propio m
consumo propio (ES)	Eigenverbrauch m	personal consumption	consommation personnelle f	consumo proprio m	—
consumo proprio (I)	Eigenverbrauch m	personal consumption	consommation personnelle f	—	consumo propio m
consumptie (NL)	Verbrauch m	consumption	consommation f	consumo m	consumo m
consumpticgoederen (NL)	Konsumgüter n/plf	consumer goods	biens de consommation m/pl	beni di consumo m/pl	bienes de consumo m/pl
consumptiegoederen (NL)	Verbrauchsgüter n/pl	consumer goods	biens de consommation m/pl	beni non durevoli m/pl	bienes de consumo m/pl
consumption (E)	Verbrauch m	—	consommation f	consumo m	consumo m
conta (P)	Konto n	account	compte m	conto m	cuenta f
conta a descoberto (P)	Kontoüberziehung f	overdraft of an account	découvert d'un compte m	scoperto di conto m	descubierto m
conta bancária (P)	Bankkonto n	bank account	compte en banque m	conto bancario m	cuenta bancaria f
contabilidad (ES)	Buchführung f	book-keeping	comptabilité f	contabilità f	—
contabilidad (ES)	Buchhaltung f	accounting	comptabilité f	contabilità f	—
contabilidad (ES)	Rechnungswesen n	accountancy	comptabilité f	ragioneria f	—
contabilidade (P)	Buchführung f	book-keeping	comptabilité f	contabilità f	contabilidad f
contabilidade (P)	Buchhaltung f	accounting	comptabilité f	contabilità f	contabilidad f
contabilidade (P)	Rechnungswesen n	accountancy	comptabilité f	ragioneria f	contabilidad f
contabilidade em partidas dobradas (P)	doppelte Buchführung f	double entry bookkeeping	comptabilité en partie double f	contabilità a partita doppia f	contabilidad por partida doble f
contabilidade financeira (P)	Finanzbuchhaltung f	financial accounting	comptabilité financière f	contabilità finanziaria f	contabilidad financiera f
contabilidade nacional (P)	Volkswirtschaftliche Gesamtrechnung	national accounting	comptabilité nationale f	contabilità nazionale f	contabilidad nacional f
contabilidad financiera (ES)	Finanzbuchhaltung f	financial accounting	comptabilité financière f	contabilità finanziaria f	—
contabilidad nacional (ES)	Volkswirtschaftliche Gesamtrechnung	national accounting	comptabilité nationale f	contabilità nazionale f	—
contabilidad por partida doble (ES)	doppelte Buchführung f	double entry bookkeeping	comptabilité en partie double f	contabilità a partita doppia f	—
contabilità (I)	Buchführung f	book-keeping	comptabilité f	—	contabilidad f
contabilità (I)	Buchhaltung f	accounting	comptabilité f	—	contabilidad f
contabilità a partita doppia (I)	doppelte Buchführung f	double entry bookkeeping	comptabilité en partie double f	—	contabilidad por partida doble f
contabilità finanziaria (I)	Finanzbuchhaltung f	financial accounting	comptabilité financière f	—	contabilidad financiera f
contabilità nazionale (I)	Volkswirtschaftliche Gesamtrechnung	national accounting	comptabilité nationale f	—	contabilidad nacional f

contabilità nazionale

P	NL	SV	PL	CZ	H
bens de consumo m/pl	consumptiegoederen n/pl	konsumtionsvaror	dobra konsumpcyjne n/pl	spotřební zboží n	fogyasztási cikkek
bens de consumo m/pl	consumptiegoederen n/pl	konsumtionsvaror pl	dobra konsumpcyjne m/pl	spotřební zboží m/pl	fogyasztási javak
consumidor m	consument m	konsument	konsument m	spotřebitel m	fogyasztó
consumidor m	consument m	konsument	konsument m	spotřebitel m	fogyasztó
—	consument m	konsument	konsument m	spotřebitel m	fogyasztó
—	consument m	konsument	konsument m	spotřebitel m	fogyasztó
consumidor final m	eindverbruiker m	faktisk konsument	konsument ostateczny m	konečný spotřebitel m	fogyasztó
—	eindverbruiker m	faktisk konsument	konsument ostateczny m	konečný spotřebitel m	fogyasztó
consumir	consumeren	förbruka	konsumować <skonsumować>	spotřebovat	elfogyaszt
—	consumeren	förbruka	konsumować <skonsumować>	spotřebovat	elfogyaszt
consumo m	consumptie f	förbrukning	konsumpcja f	spotřeba f	fogyasztás
consumo m	consumptie f	förbrukning	konsumpcja f	spotřeba f	fogyasztás
—	consumptie f	förbrukning	konsumpcja f	spotřeba f	fogyasztás
—	persoonlijk verbruik n	personlig konsumtion	zużycie własne n	vlastní spotřeba f	saját felhasználás
consumo pessoal m	persoonlijk verbruik n	personlig konsumtion	zużycie własne n	vlastní spotřeba f	saját felhasználás
consumo pessoal m	persoonlijk verbruik n	personlig konsumtion	zużycie własne n	vlastní spotřeba f	saját felhasználás
consumo m	—	förbrukning	konsumpcja f	spotřeba f	fogyasztás
bens de consumo m/pl	—	konsumtionsvaror	dobra konsumpcyjne n/pl	spotřební zboží n	fogyasztási cikkek
bens de consumo m/pl	—	konsumtionsvaror pl	dobra konsumpcyjne m/pl	spotřební zboží m/pl	fogyasztási javak
consumo m	consumptie f	förbrukning	konsumpcja f	spotřeba f	fogyasztás
—	rekening f	konto	konto n	účet m	számla
—	overdisponering f	kontoöverdrag	przekroczenie stanu konta n	překročení částky na účtu n	hitelkeret-túllépés (folyószámlán)
—	bankrekening f	bankkonto	konto bankowe n	bankovní účet m	bankszámla
contabilidade f	boekhouding f	bokföring	księgowość f	účetnictví n	könyvelés
contabilidade f	boekhouding f	redovisning	księgowość f	účetnictví n	könyvelés
contabilidade f	bedrijfsadministratie f	redovisning	rachunkowość f	účetnictví n	számvitel
—	boekhouding f	bokföring	księgowość f	účetnictví n	könyvelés
—	boekhouding f	redovisning	księgowość f	účetnictví n	könyvelés
—	bedrijfsadministratie f	redovisning	rachunkowość f	účetnictví n	számvitel
—	dubbele boekhouding f	dubbel bokföring	podwójna księgowość f	podvojné účetnictví n	kettős könyvelés
—	financiële boekhouding f	affärsredovisning	księgowość finansowa f	finanční účetnictví n	pénzügyi könyvelés
—	nationale rekeningen f/pl	nationalekonomisk bokföring	narodowy bilans ogólny m	národohospodářské účetnictví n	nemzetgazdasági mérlegek
contabilidade financeira f	financiële boekhouding f	affärsredovisning	księgowość finansowa f	finanční účetnictví n	pénzügyi könyvelés
contabilidade nacional f	nationale rekeningen f/pl	nationalekonomisk bokföring	narodowy bilans ogólny m	národohospodářské účetnictví n	nemzetgazdasági mérlegek
contabilidade em partidas dobradas	dubbele boekhouding f	dubbel bokföring	podwójna księgowość f	podvojné účetnictví n	kettős könyvelés
contabilidade f	boekhouding f	bokföring	księgowość f	účetnictví n	könyvelés
contabilidade f	boekhouding f	redovisning	księgowość f	účetnictví n	könyvelés
contabilidade em partidas dobradas	dubbele boekhouding f	dubbel bokföring	podwójna księgowość f	podvojné účetnictví n	kettős könyvelés
contabilidade financeira f	financiële boekhouding f	affärsredovisning	księgowość finansowa f	finanční účetnictví n	pénzügyi könyvelés
contabilidade nacional f	nationale rekeningen f/pl	nationalekonomisk bokföring	narodowy bilans ogólny m	národohospodářské účetnictví n	nemzetgazdasági mérlegek

contable

	D	E	F	I	ES
contable (ES)	Buchhalter m	book-keeper	comptable m	ragioniere m	—
conta bloqueada (P)	Sperrkonto n	blocked account	compte bloqué m	conto congelato m	cuenta bloqueada f
conta congelada (P)	gesperrtes Konto n	blocked account	compte bloqué m	conto bloccato m	cuenta congelada f
conta corrente (P)	Kontokorrentkonto n	current account	compte tenu en compte courant m	conto corrente m	cuenta corriente f
conta corrente (P)	laufende Rechnung f	current account	compte courant m	conto corrente m	cuenta corriente f
conta corrente postal (P)	Postscheckkonto n	postal giro account	compte chèque postal m	conto corrente postale m	cuenta corriente postal f
conta da empresa (P)	Firmenkonto n	company account	compte de l'entreprise m	conto intestato ad una ditta m	cuenta de la empresa f
conta de resultados (P)	Erfolgskonto n	statement of costs	compte de résultats m	conto profitti e perdite m	cuenta de beneficios y pérdidas f
conta em moeda estrangeira (P)	Währungskonto n	currency account	compte en monnaies étrangères m	conto in valuta m	cuenta de moneda extranjera f
Container (D)	—	container	container m	container m	contenedor m
container (E)	Container m	—	container m	container m	contenedor m
container (F)	Container m	container	—	container m	contenedor m
container (I)	Container m	container	container m	—	contenedor m
container (NL)	Container m	container	container m	container m	contenedor m
container (SV)	Container m	container	container m	container m	contenedor m
conta no exterior (P)	Auslandskonto n	foreign account	compte d'étranger m	conto estero m	cuenta en el extranjero f
contant (NL)	bar	cash	au comptant	in contanti	al contado
contant (NL)	gegen Barzahlung	against cash	au comptant	contro pagamento in contanti	al contado
contant (NL)	in bar	in cash	au comptant	in contanti	en efectivo
contante betaling (NL)	Barzahlung f	cash payment	payement comptant m	pagamento in contanti m	pago al contado m
contant geld (NL)	Bargeld n	cash	argent comptant m	denaro contante m	dinero efectivo m
contant krediet (NL)	Barkredit m	cash credit	crédit de caisse m	credito per cassa m	crédito en efectivo m
conta para depósito de salários (P)	Gehaltskonto n	salary account	compte de domiciliation du salaire m	conto stipendi m	cuenta de salario f
conteggio dei costi di viaggio (I)	Reisekostenabrechnung f	deduction of travelling expenses	règlement des frais de voyage m	—	liquidación de los gastos de viaje f
conteggio delle provvigioni (I)	Provisionsabrechnung f	statement of commission	liquidation des commissions f	—	liquidación de la comisión f
conteggio delle spese (I)	Spesenabrechung f	statement of expenses	décompte des frais m	—	liquidación de gastos f
contenção de custos (P)	Kostendämpfung f	combating rising costs	réduction des coûts f	contenimento dei costi m	disminución de costes f
contenedor (ES)	Container m	container	container m	container m	—
contenimento dei costi (I)	Kostendämpfung f	combating rising costs	réduction des coûts f	—	disminución de costes f
contentor (P)	Container m	container	container m	container m	contenedor m
conti in nero (I)	schwarze Zahlen f/pl	the black	excédent m	—	superávit m
conti in rosso (I)	rote Zahlen f/pl	the red	chiffres déficitaires m/pl	—	números rojos m/pl
contingentación (ES)	Kontingentierung f	fixing of a quota	contingentement m	contingentamento m	—
contingentamento (I)	Kontingentierung f	fixing of a quota	contingentement m	—	contingentación f
contingentement (F)	Kontingentierung f	fixing of a quota	—	contingentamento m	contingentación f
contingentement à l'exportation (F)	Ausfuhrbeschränkung f	export restriction	—	restrizione all'esportazione f	restricción a la exportación f
contingentering (NL)	Kontingentierung f	fixing of a quota	contingentement m	contingentamento m	contingentación f
continuità del bilancio (I)	Bilanzkontinuität f	formal identity	identité des bilans successifs f	—	identidad de los balances sucesivos f

continuità del bilancio

P	NL	SV	PL	CZ	H
guarda-livros m	boekhouder m /boekhoudster f	kamrer	księgowy m	účetní m/f	könyvelő
—	geblokkeerde rekening f	spärrat konto	rachunek zablokowany m	vázaný účet m	zárolt számla
—	geblokkeerde rekening f	spärrat konto	zablokowane konto n	blokovaný účet m	zárolt számla
—	rekening-courantrekening f	kontokurantkonto	rachunek bieżący m	běžný účet m	folyószámla
—	rekening-courant f	löpande räkning	rachunek bieżący m	běžný účet m	folyószámla
—	postrekening f	postgirokonto	pocztowe konto czekowe n	poštovní šekový účet m	postai átutalási számla
—	bedrijfsrekening f	företagskonto	konto firmowe n	firemní účet m	vállalati számla
—	resultatenrekening f	resultatkonto	konto wynikowe n	vyúčtování nákladů n	nyereségszámla
—	deviezenrekening f	valutakonto	konto walutowe n	účet v cizí měně m	devizaszámla
contentor m	container m	container	kontener m	kontejner m	konténer
contentor m	container m	container	kontener m	kontejner m	konténer
contentor m	container m	container	kontener m	kontejner m	konténer
contentor m	container m	container	kontener m	kontejner m	konténer
contentor m	—	container	kontener m	kontejner m	konténer
contentor m	container m	—	kontener m	kontejner m	konténer
—	buitenlandse rekening f	utlandskonto	konto zagraniczne n	zahraniční účet m	külföldi számla
a dinheiro	—	kontant	gotówką	hotovostní	készpénzben
a dinheiro	—	mot kontantbetalning	za gotówkę	proti hotovosti f	készfizetés ellenében
em dinheiro	—	kontant	gotówką	v hotovosti f	készpénzben
pagamento em dinheiro m	—	kontantbetalning	płatność gotówką f	platba v hotovosti f	készpénzes fizetés
dinheiro de contado m	—	kontanter pl	gotówka f	hotovost f	készpénz
crédito a dinheiro m	—	kassakredit	kredyt gotówkowy m	úvěr v hotovosti m	készpénzhitel
—	salarisrekening f	lönekonto	konto płacowe m	účet zřízený pro poukazování příjmu m	munkabér-elszámolási számla
liquidação dos gastos de viagem f	reiskostenrekening f	reseräkning	rozliczenie kosztów podróży n	vyúčtování cestovních výloh n	utazási költségelszámolás
liquidação da comissão f	commissieloonberekening f	provisionsredovisning	rozliczenie prowizji n	vyúčtování provize n	jutalékelszámolás
prestação de contas referente às despesas f	kostenaftrekking f	traktamentsredovisning	rozliczenie kosztów n	vyúčtování výloh n	költségelszámolás
—	kostenbesparing f	kostnadsdämpning	redukcja wzrostu kosztów f	útlum nákladů m	költségcsökkentés
contentor m	container m	container	kontener m	kontejner m	konténer
contenção de custos f	kostenbesparing f	kostnadsdämpning	redukcja wzrostu kosztów f	útlum nákladů m	költségcsökkentés
—	container m	container	kontener m	kontejner m	konténer
excedente m	zwarte cijfers n/pl	med vinst	strefa zysków f	černé platby f/pl	nyereség
valores a vermelho m/pl	rode cijfers n/pl	med förlust	straty f/pl	červená čísla n/pl	veszteség
estabelecimento de contingentes m	contingentering f	kontigentering	kontyngentowanie n	kontingentace f	kontingensrendszer
estabelecimento de contingentes m	contingentering f	kontigentering	kontyngentowanie n	kontingentace f	kontingensrendszer
estabelecimento de contingentes m	contingentering f	kontigentering	kontyngentowanie n	kontingentace f	kontingensrendszer
restrição à exportação f	uitvoerbeperking f	exportrestriktion	ograniczenia eksportowe n/pl	omezení vývozu n	exportkorlátozás
estabelecimento de contingentes m	—	kontigentering	kontyngentowanie n	kontingentace f	kontingensrendszer
igualdade dos sucessivos balanços f	continuïteit van de balans f	balanskontinuitet	ciągłość bilansowa f	bilanční kontinuita f	a mérleg folytonossága

continuïteit van de balans 218

	D	E	F	I	ES
continuïteit van de balans (NL)	Bilanzkontinuität f	formal identity	identité des bilans successifs f	continuità del bilancio f	identidad de los balances sucesivos f
conto (I)	Konto n	account	compte m	—	cuenta f
conto aperto (I)	offene Rechnung f	outstanding account	facture impayée f	—	factura pendiente f
conto bancario (I)	Bankkonto n	bank account	compte en banque m	—	cuenta bancaria f
conto bloccato (I)	gesperrtes Konto n	blocked account	compte bloqué m	—	cuenta congelada f
conto congelato (I)	Sperrkonto n	blocked account	compte bloqué m	—	cuenta bloqueada f
conto corrente (I)	Kontokorrentkonto n	current account	compte tenu en compte courant m	—	cuenta corriente f
conto corrente (I)	laufende Rechnung f	current account	compte courant m	—	cuenta corriente f
conto corrente postale (I)	Postscheckkonto n	postal giro account	compte chèque postal m	—	cuenta corriente postal f
conto delle entrate (I)	Ertragsrechnung f	profit and loss account	compte de profit et charges m	—	cuenta de ganancias f/pl
conto estero (I)	Auslandskonto n	foreign account	compte d'étranger m	—	cuenta en el extranjero f
conto intestato ad una ditta (I)	Firmenkonto n	company account	compte de l'entreprise m	—	cuenta de la empresa f
conto in valuta (I)	Währungskonto n	currency account	compte en monnaies étrangères m	—	cuenta de moneda extranjera f
conto profitti e perdite (I)	Erfolgskonto n	statement of costs	compte de résultats m	—	cuenta de beneficios y pérdidas f
conto stipendi (I)	Gehaltskonto n	salary account	compte de domiciliation du salaire m	—	cuenta de salario f
conto trimestrale (I)	Quartalsrechnung n	quarterly invoice	compte trimestriel m	—	cuenta trimestral f
contrabando (ES)	Schmuggel m	smuggling	contrebande f	contrabbando m	—
contrabando (P)	Schmuggel m	smuggling	contrebande f	contrabbando m	contrabando m
contrabbando (I)	Schmuggel m	smuggling	contrebande f	—	contrabando m
contra carta de crédito (P)	gegen Akkreditiv	against letter of credit	contre accréditif	contro lettera di credito	con crédito documentario
contract (E)	Vertrag m	—	contrat m	contratto m	contrato m
contractbreuk (NL)	Vertragsbruch m	breach of contract	violation de contrat f	inadempienza contrattuale f	ruptura de contrato f
contract for work and services (E)	Werkvertrag m	—	contrat de louage d'ouvrage et d'industrie m	contratto d'appalto m	contrato de obra m
contraction de liquidité (F)	Liquiditätsengpaß m	liquidity squeeze	—	strettoia di liquidità f	restricción de la liquidez f
contract of assignment (E)	Abtretungsvertrag m	—	contrat de cession m	contratto di cessione m	contrato de cesión m
contract of carriage (E)	Frachtvertrag m	—	contrat d'affrètement m	contratto di trasporto m	contrato de transporte m
contract of employment (E)	Arbeitsvertrag m	—	contrat de travail m	contratto di lavoro m	contrato laboral m
contract of sale (E)	Kaufvertrag m	—	contrat de vente m	contratto di compravendita m	contrato de compraventa m
contract over aanneming van werk (NL)	Werkvertrag m	contract for work and services	contrat de louage d'ouvrage et d'industrie m	contratto d'appalto m	contrato de obra m
contractual penalty (E)	Konventionalstrafe f	—	pénalités conventielles f/pl	penalità convenzionale f	pena convencional f
contractual penalty (E)	Vertragsstrafe f	—	pénalité f	pena contrattuale f	pena convencional f
contractuele boete (NL)	Konventionalstrafe f	contractual penalty	pénalités conventielles f/pl	penalità convenzionale f	pena convencional f
contractuele boete (NL)	Vertragsstrafe f	contractual penalty	pénalité f	pena contrattuale f	pena convencional f
contra-reembolso (P)	gegen Nachnahme	cash on delivery	contre remboursement	in contrassegno	contra rembolso
contra rembolso (ES)	gegen Nachnahme	cash on delivery	contre remboursement	in contrassegno	—

contra rembolso

P	NL	SV	PL	CZ	H
igualdade dos sucessivos balanços f	—	balanskontinuitet	ciągłość bilansowa f	bilanční kontinuita f	a mérleg folytonossága
conta f	rekening f	konto	konto n	účet m	számla
factura não paga f	openstaande rekening f	obetald faktura	niezapłacony rachunek m	otevřený účet m	kiegyenlítetlen számla
conta bancária f	bankrekening f	bankkonto	konto bankowe n	bankovní účet m	bankszámla
conta congelada f	geblokkeerde rekening f	spärrat konto	zablokowane konto n	blokovaný účet m	zárolt számla
conta bloqueada f	geblokkeerde rekening f	spärrat konto	rachunek zablokowany m	vázaný účet m	zárolt számla
conta corrente f	rekening-courantrekening f	kontokurantkonto	rachunek bieżący m	běžný účet m	folyószámla
conta corrente f	rekening-courant f	löpande räkning	rachunek bieżący m	běžný účet m	folyószámla
conta corrente postal f	postrekening f	postgirokonto	pocztowe konto czekowe n	poštovní šekový účet m	postai átutalási számla
demonstração de resultados f	resultatenrekening f	vinst- och förlustkonto	rachunek zysków m	účtování výnosů n	eredménykimutatás
conta no exterior f	buitenlandse rekening f	utlandskonto	konto zagraniczne n	zahraniční účet m	külföldi számla
conta da empresa f	bedrijfsrekening f	företagskonto	konto firmowe n	firemní účet m	vállalati számla
conta em moeda estrangeira f	deviezenrekening f	valutakonto	konto walutowe n	účet v cizí měně m	devizaszámla
conta de resultados f	resultatenrekening f	resultatkonto	konto wynikowe n	vyúčtování nákladů n	nyereségszámla
conta para depósito de salários f	salarisrekening f	lönekonto	konto płacowe n	účet zřízený pro poukazování příjmu m	munkabér-elszámolási számla
factura trimestral f	kwartaalrekening f	kvartalsfaktura	rozliczenie kwartalne n	čtvrtletní vyúčtování n	negyedéves számla
contrabando m	smokkelarij f	smuggling	przemyt m	pašeráctví n	csempészet
—	smokkelarij f	smuggling	przemyt m	pašeráctví n	csempészet
contrabando m	smokkelarij f	smuggling	przemyt m	pašeráctví n	csempészet
—	tegen akkreditief	mot remburs	za akredytywę	proti akreditivu m	akkreditív ellenében
contrato m	overeenkomst f	avtal	umowa f	smlouva f	szerződés
lesão do contrato f	—	avtalsbrott	zerwanie umowy n	porušení smlouvy n	szerződésszegés
contrato de trabalho m	contract over aanneming van werk n	arbetstagares avtal med uppdragsgivare	umowa o dzieło f	smlouva o dílo f	megbízási szerződés
falta de liquidez f	liquiditeitstekort n	tillfällig likviditetsbrist	wąskie gardło wypłacalności n	likvidní tíseň f	likviditáshiány
contrato de cessão m	overdrachtsovereenkomst f	överlåtelseavtal	umowa cesji f	smlouva o odstoupení f	átruházási szerződés
contrato de afretamento m	bevrachtingsovereenkomst f	fraktavtal	umowa o przewóz f	přepravní smlouva f	fuvarozási szerződés
contrato de trabalho m	arbeidsovereenkomst f	arbetsavtal	umowa o pracę f	pracovní smlouva f	munkaszerződés
contrato de compra e venda m	koopcontract n	köpavtal	umowa kupna f	kupní smlouva f	adásvételi szerződés
contrato de trabalho m	—	arbetstagares avtal med uppdragsgivare	umowa o dzieło f	smlouva o dílo f	megbízási szerződés
multa convencional f	contractuele boete f	avtalsvite	kara umowna f	sjednaná pokuta (penále) f	kötbér
pena convencional f	contractuele boete f	avtalsvite	kara umowna f	smluvní pokuta f	kötbér
multa convencional f	—	avtalsvite	kara umowna f	sjednaná pokuta (penále) f	kötbér
pena convencional f	—	avtalsvite	kara umowna f	smluvní pokuta f	kötbér
—	onder rembours	betalning vid leverans	za zaliczeniem pocztowym	na dobírku f	utánvétellel
contra-reembolso	onder rembours	betalning vid leverans	za zaliczeniem pocztowym	na dobírku f	utánvétellel

contrassegno

	D	E	F	I	ES
contrassegno (I)	Nachnahme f	cash on delivery	remboursement m	—	reembolso m
contrastar (ES)	eichen	gauge	jauger	tarare	—
contrat (F)	Vertrag m	contract	—	contratto m	contrato m
contrat à terme (F)	Terminkontrakt m	forward contract	—	contratto a termine m	contrato de entrega futura m
contrat d'affrètement (F)	Frachtvertrag m	contract of carriage	—	contratto di trasporto m	contrato de transporte m
contrat de cession (F)	Abtretungsvertrag m	contract of assignment	—	contratto di cessione m	contrato de cesión m
contrat de concession de licence (F)	Lizenzvertrag m	licence agreement	—	contratto di licenza m	contrato de licencia m
contrat de leasing (F)	Leasing-Vertrag m	leasing contract	—	contratto di leasing m	contrato de arrendamiento financiero m
contrat de louage d'ouvrage et d'industrie (F)	Werkvertrag m	contract for work and services	—	contratto d'appalto m	contrato de obra m
contrat de travail (F)	Arbeitsvertrag m	contract of employment	—	contratto di lavoro m	contrato laboral m
contrat de vente (F)	Kaufvertrag m	contract of sale	—	contratto di compravendita m	contrato de compraventa m
contrat de vente (F)	Verkaufsabschluß m	sales contract	—	conclusione di vendita f	conclusión de la venta f
contrato (ES)	Tarifvertrag m	collective agreement	convention	accordo collettivo m	—
contrato (ES)	Vertrag m	contract	contrat m	contratto m	—
contrato (P)	Vertrag m	contract	contrat m	contratto m	contrato m
contrato a termo (P)	Terminkontrakt m	forward contract	contrat à terme m	contratto a termine m	contrato de entrega futura m
contrato colectivo (P)	Tarifvertrag m	collective agreement	convention	accordo collettivo m	contrato
contrato de afretamento (P)	Frachtvertrag m	contract of carriage	contrat d'affrètement m	contratto di trasporto m	contrato de transporte m
contrato de arrendamiento financiero (ES)	Leasing-Vertrag m	leasing contract	contrat de leasing m	contratto di leasing m	—
contrato de cesión (ES)	Abtretungsvertrag m	contract of assignment	contrat de cession m	contratto di cessione m	—
contrato de cessão (P)	Abtretungsvertrag m	contract of assignment	contrat de cession m	contratto di cessione m	contrato de cesión m
contrato de compra e venda (P)	Kaufvertrag m	contract of sale	contrat de vente m	contratto di compravendita m	contrato de compraventa m
contrato de compraventa (ES)	Kaufvertrag m	contract of sale	contrat de vente m	contratto di compravendita m	—
contrato de entrega futura (ES)	Terminkontrakt m	forward contract	contrat à terme m	contratto a termine m	—
contrato de franquia (P)	Franchising n	franchising	franchising m	franchising m	franquicia f
contrato de licencia (ES)	Lizenzvertrag m	licence agreement	contrat de concession de licence m	contratto di licenza m	—
contrato de licenciamento (P)	Lizenzvertrag m	licence agreement	contrat de concession de licence m	contratto di licenza m	contrato de licencia m
contrato de locação financeira (P)	Leasing-Vertrag m	leasing contract	contrat de leasing m	contratto di leasing m	contrato de arrendamiento financiero m
contrato de obra (ES)	Werkvertrag m	contract for work and services	contrat de louage d'ouvrage et d'industrie m	contratto d'appalto m	—
contrato de trabalho (P)	Arbeitsvertrag m	contract of employment	contrat de travail m	contratto di lavoro m	contrato laboral m
contrato de trabalho (P)	Werkvertrag m	contract for work and services	contrat de louage d'ouvrage et d'industrie m	contratto d'appalto m	contrato de obra m
contrato de transporte (ES)	Frachtvertrag m	contract of carriage	contrat d'affrètement m	contratto di trasporto m	—
contrato laboral (ES)	Arbeitsvertrag m	contract of employment	contrat de travail m	contratto di lavoro m	—

contrato laboral

P	NL	SV	PL	CZ	H
reembolso m	onder rembours	betalning vid leverans	za zaliczeniem pocztowym	dobírka f	utánvétel
aferir	ijken	justera	cechowanie n	cejchovat	hitelesít
contrato m	overeenkomst f	avtal	umowa f	smlouva f	szerződés
contrato a termo m	termijncontract n	terminskontrakt	umowa terminowa f	termínová smlouva f	határidős szerződés
contrato de afretamento m	bevrachtingsovereenkomst f	fraktavtal	umowa o przewóz f	přepravní smlouva f	fuvarozási szerződés
contrato de cessão m	overdrachtsovereenkomst f	överlåtelseavtal	umowa cesji f	smlouva o odstoupení f	átruházási szerződés
contrato de licenciamento m	licentieovereenkomst f	licensavtal	umowa licencyjna f	licenční smlouva f	licencszerződés
contrato de locação financeira m	leaseovereenkomst f	leasingavtal	umowa leasingu m	leasingová smlouva f	lízingszerződés
contrato de trabalho m	contract over aanneming van werk n	arbetstagares avtal med uppdragsgivare	umowa o dzieło f	smlouva o dílo f	megbízási szerződés
contrato de trabalho m	arbeidsovereenkomst f	arbetsavtal	umowa o pracę f	pracovní smlouva f	munkaszerződés
contrato de compra e venda m	koopcontract n	köpavtal	umowa kupna f	kupní smlouva f	adásvételi szerződés
conclusão da venda f	verkoopcontract n	säljavtal	kontrakt sprzedażny m	uzavření obchodu n	adásvételi szerződés
contrato colectivo m	collectieve arbeidsovereenkomst f	kollektivavtal	umowa zbiorowa f	kolektivní smlouva f	kollektív szerződés
contrato m	overeenkomst f	avtal	umowa f	smlouva f	szerződés
—	overeenkomst f	avtal	umowa f	smlouva f	szerződés
—	termijncontract n	terminskontrakt	umowa terminowa f	termínová smlouva f	határidős szerződés
—	collectieve arbeidsovereenkomst f	kollektivavtal	umowa zbiorowa f	kolektivní smlouva f	kollektív szerződés
—	bevrachtingsovereenkomst f	fraktavtal	umowa o przewóz f	přepravní smlouva f	fuvarozási szerződés
contrato de locação financeira m	leaseovereenkomst f	leasingavtal	umowa leasingu m	leasingová smlouva f	lízingszerződés
contrato de cessão m	overdrachtsovereenkomst f	överlåtelseavtal	umowa cesji f	smlouva o odstoupení f	átruházási szerződés
—	overdrachtsovereenkomst f	överlåtelseavtal	umowa cesji f	smlouva o odstoupení f	átruházási szerződés
—	koopcontract n	köpavtal	umowa kupna f	kupní smlouva f	adásvételi szerződés
contrato de compra e venda m	koopcontract n	köpavtal	umowa kupna f	kupní smlouva f	adásvételi szerződés
contrato a termo m	termijncontract n	terminskontrakt	umowa terminowa f	termínová smlouva f	határidős szerződés
—	franchising f	franchising	współpraca licencyjna f	franšíza f	névhasználat
contrato de licenciamento m	licentieovereenkomst f	licensavtal	umowa licencyjna f	licenční smlouva f	licencszerződés
—	licentieovereenkomst f	licensavtal	umowa licencyjna f	licenční smlouva f	licencszerződés
—	leaseovereenkomst f	leasingavtal	umowa leasingu m	leasingová smlouva f	lízingszerződés
contrato de trabalho m	contract over aanneming van werk n	arbetstagares avtal med uppdragsgivare	umowa o dzieło f	smlouva o dílo f	megbízási szerződés
—	arbeidsovereenkomst f	arbetsavtal	umowa o pracę f	pracovní smlouva f	munkaszerződés
—	contract over aanneming van werk n	arbetstagares avtal med uppdragsgivare	umowa o dzieło f	smlouva o dílo f	megbízási szerződés
contrato de afretamento m	bevrachtingsovereenkomst f	fraktavtal	umowa o przewóz f	přepravní smlouva f	fuvarozási szerződés
contrato de trabalho m	arbeidsovereenkomst f	arbetsavtal	umowa o pracę f	pracovní smlouva f	munkaszerződés

contrato social

	D	E	F	I	ES
contrato social (ES)	Gesellschaftsvertrag *m*	deed of partnership	acte de société *m*	atto costitutivo *m*	—
contrato social (P)	Gesellschaftsvertrag *m*	deed of partnership	acte de société *m*	atto costitutivo *m*	contrato social
contratto (I)	Vertrag *m*	contract	contrat *m*	—	contrato *m*
contratto a termine (I)	Terminkontrakt *m*	forward contract	contrat à terme *m*	—	contrato de entrega futura *m*
contratto d'appalto (I)	Werkvertrag *m*	contract for work and services	contrat de louage d'ouvrage et d'industrie *m*	—	contrato de obra *m*
contratto di cessione (I)	Abtretungsvertrag *m*	contract of assignment	contrat de cession *m*	—	contrato de cesión *m*
contratto di compravendita (I)	Kaufvertrag *m*	contract of sale	contrat de vente *m*	—	contrato de compraventa *m*
contratto di lavoro (I)	Arbeitsvertrag *m*	contract of employment	contrat de travail *m*	—	contrato laboral *m*
contratto di leasing (I)	Leasing-Vertrag *m*	leasing contract	contrat de leasing *m*	—	contrato de arrendamiento financiero *m*
contratto di licenza (I)	Lizenzvertrag *m*	licence agreement	contrat de concession de licence *m*	—	contrato de licencia *m*
contratto di trasporto (I)	Frachtvertrag *m*	contract of carriage	contrat d'affrètement *m*	—	contrato de transporte *m*
contre accréditif (F)	gegen Akkreditiv	against letter of credit	—	contro lettera di credito	con crédito documentario
contrebande (F)	Schmuggel *m*	smuggling	—	contrabbando *m*	contrabando *m*
contre remboursement (F)	gegen Nachnahme	cash on delivery	—	in contrassegno	contra rembolso
contribuable (F)	Steuerzahler *m*	taxpayer	—	contribuente *m*	contribuyente *m*
contribuciones (ES)	Beiträge *m/pl*	contributions	contributions *f/pl*	contributi *m/pl*	—
contribuente (I)	Steuerzahler *m*	taxpayer	contribuable *m*	—	contribuyente *m*
contribuição particular (P)	Privateinlagen *f/pl*	private contribution	apport personnel *m*	depositi privati *m/pl*	depósitos privados *m/pl*
contribuições (P)	Beiträge *m/pl*	contributions	contributions *f/pl*	contributi *m/pl*	contribuciones *f/pl*
contribuinte (P)	Steuerzahler *m*	taxpayer	contribuable *m*	contribuente *m*	contribuyente *m*
contributi (I)	Beiträge *m/pl*	contributions	contributions *f/pl*	—	contribuciones *f/pl*
contribution margin (E)	Deckungsbeitrag *m*	—	marge sur coût variable *f*	contributo per copertura *m*	aportación de cobertura *f*
contributions (E)	Beiträge *m/pl*	—	contributions *f/pl*	contributi *m/pl*	contribuciones *f/pl*
contributions (F)	Beiträge *m/pl*	contributions	—	contributi *m/pl*	contribuciones *f/pl*
contributo per copertura (I)	Deckungsbeitrag *m*	contribution margin	marge sur coût variable *f*	—	aportación de cobertura *f*
contribuyente (ES)	Steuerzahler *m*	taxpayer	contribuable *m*	contribuente *m*	—
control de divisas (ES)	Devisenbewirtschaftung *f*	foreign exchange control	restrictions sur les devises *f/pl*	controllo dei cambi *m*	—
control de fusiones (ES)	Fusionskontrolle *f*	merger control	contrôle de fusion *m*	controllo delle fusioni *m*	—
controle de divisas (P)	Devisenbewirtschaftung *f*	foreign exchange control	restrictions sur les devises *f/pl*	controllo dei cambi *m*	control de divisas *m*
contrôle de fusion (F)	Fusionskontrolle *f*	merger control	—	controllo delle fusioni *m*	control de fusiones *m*
controle de fusões (P)	Fusionskontrolle *f*	merger control	contrôle de fusion *m*	controllo delle fusioni *m*	control de fusiones *m*
contrôle de la gestion et des comptes (F)	Wirtschaftsprüfung *m*	auditing	—	revisione *f*	revisión de cuentas *f*
contrôle de la qualité (F)	Qualitätskontrolle *f*	quality control	—	controllo qualità *m*	verificación de la calidad *f*
controle de qualidade (P)	Qualitätskontrolle *f*	quality control	contrôle de la qualité *m*	controllo qualità *m*	verificación de la calidad *f*
controle final (P)	Endkontrolle *f*	final control	contrôle final *m*	controllo finale *m*	control final *m*
contrôle final (F)	Endkontrolle *f*	final control	—	controllo finale *m*	control final *m*
contrôle fiscal de l'entreprise (F)	Betriebsprüfung *f*	fiscal audit of operating results	—	revisione aziendale *f*	inspección de la explotación *f*

contrôle fiscal de l'entreprise

P	NL	SV	PL	CZ	H
contrato social m	akte van vennootschap f	bolagsavtal	umowa spółki f	zakládací smlouva obchodní společnosti f	társasági szerződés
–	akte van vennootschap f	bolagsavtal	umowa spółki f	zakládací smlouva obchodní společnosti f	társasági szerződés
contrato m	overeenkomst f	avtal	umowa f	smlouva f	szerződés
contrato a termo m	termijncontract n	terminskontrakt	umowa terminowa f	termínová smlouva f	határidős szerződés
contrato de trabalho m	contract over aanneming van werk n	arbetstagares avtal med uppdragsgivare	umowa o dzieło f	smlouva o dílo f	megbízási szerződés
contrato de cessão m	overdrachtsovereenkomst f	överlåtelseavtal	umowa cesji f	smlouva o odstoupení f	átruházási szerződés
contrato de compra e venda m	koopcontract n	köpavtal	umowa kupna f	kupní smlouva f	adásvételi szerződés
contrato de trabalho m	arbeidsovereenkomst f	arbetsavtal	umowa o pracę f	pracovní smlouva f	munkaszerződés
contrato de locação financeira m	leaseovereenkomst f	leasingavtal	umowa leasingu m	leasingová smlouva f	lízingszerződés
contrato de licenciamento m	licentieovereenkomst f	licensavtal	umowa licencyjna f	licenční smlouva f	licencszerződés
contrato de afretamento m	bevrachtingsovereenkomst f	fraktavtal	umowa o przewóz f	přepravní smlouva f	fuvarozási szerződés
contra carta de crédito	tegen akkreditief	mot remburs	za akredytywę	proti akreditivu m	akkreditív ellenében
contrabando m	smokkelarij f	smuggling	przemyt m	pašeráctví n	csempészet
contra-reembolso	onder rembours	betalning vid leverans	za zaliczeniem pocztowym	na dobírku f	utánvétellel
contribuinte m	belastingplichtige m	skattebetalare	podatnik m	poplatník m	adófizető
contribuições f/pl	bijdragen f/pl	bidrag	składki f/pl	příspěvky m/pl	hozzájárulások
contribuinte m	belastingplichtige m	skattebetalare	podatnik m	poplatník m	adófizető
–	persoonlijke bijdrage f	privat insättning	wkłady prywatne m/pl	soukromé vklady m/pl	lakossági betét
–	bijdragen f/pl	bidrag	składki f/pl	příspěvky m/pl	hozzájárulások
–	belastingplichtige m	skattebetalare	podatnik m	poplatník m	adófizető
contribuições f/pl	bijdragen f/pl	bidrag	składki f/pl	příspěvky m/pl	hozzájárulások
margem de contribuição f	dekkingsbijdrage f	täckningsbidrag	wkład działu na pokrycie kosztów m	krytí vlastních nákladů m	fedezeti összeg
contribuições f/pl	bijdragen f/pl	bidrag	składki f/pl	příspěvky m/pl	hozzájárulások
contribuições f/pl	bijdragen f/pl	bidrag	składki f/pl	příspěvky m/pl	hozzájárulások
margem de contribuição f	dekkingsbijdrage f	täckningsbidrag	wkład działu na pokrycie kosztów m	krytí vlastních nákladů m	fedezeti összeg
contribuinte m	belastingplichtige m	skattebetalare	podatnik m	poplatník m	adófizető
controle de divisas m	deviezenreglementering f	valutakontroll	kontrola obrotu dewizowego f	devizové hospodářství n	devizagazdálkodás
controle de fusões m	fusiecontrole f	fusionskontroll	kontrola fuzji f	kontrola fúze f	cégösszeolvadások ellenőrzése
–	deviezenreglementering f	valutakontroll	kontrola obrotu dewizowego f	devizové hospodářství n	devizagazdálkodás
controle de fusões m	fusiecontrole f	fusionskontroll	kontrola fuzji f	kontrola fúze f	cégösszeolvadások ellenőrzése
–	fusiecontrole f	fusionskontroll	kontrola fuzji f	kontrola fúze f	cégösszeolvadások ellenőrzése
auditoria f	controle van de jaarrekeningen f	revision	rewizja gospodarcza f	hospodářská kontrola f	könyvvizsgálat
controle de qualidade m	kwaliteitscontrole f	kvalitetskontroll	kontrola jakości f	kontrola jakosti f	minőségellenőrzés
–	kwaliteitscontrole f	kvalitetskontroll	kontrola jakości f	kontrola jakosti f	minőségellenőrzés
–	eindcontrole f	slutkontroll	kontrola ostateczna f	konečná kontrola f	végellenőrzés
controle final m	eindcontrole f	slutkontroll	kontrola ostateczna f	konečná kontrola f	végellenőrzés
investigação pelas autoridades fiscais f	fiscale bedrijfscontrole f/m	granskning från skattemyndighets sida	kontrola podatkowa f	kontrola podnikuf	revízió

contro lettera di credito 224

	D	E	F	I	ES
contro lettera di credito (I)	gegen Akkreditiv	against letter of credit	contre accréditif	—	con crédito documentario
controle van de jaarrekeningen (NL)	Wirtschaftsprüfung *m*	auditing	contrôle de la gestion et des comptes *m*	revisione *f*	revisión de cuentas *f*
control final (ES)	Endkontrolle *f*	final control	contrôle final *m*	controllo finale *m*	—
controllo (I)	Prüfung *f*	examination	vérification *f*	—	verificación *f*
controllo dei cambi (I)	Devisenbewirtschaftung *f*	foreign exchange control	restrictions sur les devises *f/pl*	—	control de divisas *m*
controllo delle fusioni (I)	Fusionskontrolle *f*	merger control	contrôle de fusion *m*	—	control de fusiones *m*
controllo finale (I)	Endkontrolle *f*	final control	contrôle final *m*	—	control final *m*
controllo qualità (I)	Qualitätskontrolle *f*	quality control	contrôle de la qualité *m*	—	verificación de la calidad *f*
contro pagamento in contanti (I)	gegen Barzahlung	against cash	au comptant	—	al contado
convenção aduaneira (P)	Zollabkommen *n*	customs convention	accord douanier *m*	accordo sulle tariffe	convenio aduanero *m*
convenio aduanero (ES)	Zollabkommen *n*	customs convention	accord douanier *m*	accordo sulle tariffe	—
convenir (ES)	vereinbaren	agree	convenir de	pattuire	—
convenir de (F)	vereinbaren	agree	—	pattuire	convenir
convention (F)	Tarifvertrag *m*	collective agreement	—	accordo collettivo *m*	contrato
convergentiecriteria (NL)	Konvergenzkriterien *pl*	criteria of convergence	critères de convergence *m/pl*	criteri di convergenza *m*	criterios de convergencia *m/pl*
conversation téléphonique (F)	Telefongespräch *n*	telephone conversation	—	conversazione telefonica *f*	conferencia telefónica *f*
conversazione telefonica (I)	Telefongespräch *n*	telephone conversation	conversation téléphonique *f*	—	conferencia telefónica *f*
convertibilidad (ES)	Konvertibilität *f*	convertibility	convertibilité *f*	convertibilità *f*	—
convertibilidade (P)	Konvertibilität *f*	convertibility	convertibilité *f*	convertibilità *f*	convertibilidad *f*
convertibilità (I)	Konvertibilität *f*	convertibility	convertibilité *f*	—	convertibilidad *f*
convertibilité (F)	Konvertibilität *f*	convertibility	—	convertibilità *f*	convertibilidad *f*
convertibiliteit (NL)	Konvertibilität *f*	convertibility	convertibilité *f*	convertibilità *f*	convertibilidad *f*
convertibility (E)	Konvertibilität *f*	—	convertibilité *f*	convertibilità *f*	convertibilidad *f*
convocatoria de oposiciones (ES)	Stellenausschreibung *f*	advertisement of a vacancy	mise au concours d'une place *f*	bando di concorso per impiegati *m*	—
conyuntura (ES)	Konjunktur *f*	economic cycle	conjoncture *f*	congiuntura *f*	—
cooperação (P)	Kooperation *f*	co-operation	coopération *f*	cooperazione *f*	cooperación *f*
cooperación (ES)	Kooperation *f*	co-operation	coopération *f*	cooperazione *f*	—
coöperatieve vereniging (NL)	Genossenschaft *f*	co-operative	société coopérative *f*	cooperativa *f*	sociedad cooperativa *f*
coöperatieve vereniging (NL)	Kooperation *f*	co-operation	coopération *f*	cooperazione *f*	cooperación *f*
co-operation (E)	Kooperation *f*	—	coopération *f*	cooperazione *f*	cooperación *f*
coopération (F)	Kooperation *f*	co-operation	—	cooperazione *f*	cooperación *f*
cooperativa (I)	Genossenschaft *f*	co-operative	société coopérative *f*	—	sociedad cooperativa *f*
cooperativa (P)	Genossenschaft *f*	co-operative	société coopérative *f*	cooperativa *f*	sociedad cooperativa *f*
cooperativa de produção (P)	Produktionsgenossenschaft *f*	producers' co-operative	société coopérative de production *f*	cooperativa di produzione *f*	cooperativa de producción *f*
cooperativa de producción (ES)	Produktionsgenossenschaft *f*	producers' co-operative	société coopérative de production *f*	cooperativa di produzione *f*	—
cooperativa di produzione (I)	Produktionsgenossenschaft *f*	producers' co-operative	société coopérative de production *f*	—	cooperativa de producción *f*
co-operative (E)	Genossenschaft *f*	—	société coopérative *f*	cooperativa *f*	sociedad cooperativa *f*

co-operative

P	NL	SV	PL	CZ	H
contra carta de crédito	tegen akkreditief	mot remburs	za akredytywę	proti akreditivu m	akkreditív ellenében
auditoria f	—	revision	rewizja gospodarcza f	hospodářská kontrola f	könyvvizsgálat
controle final m	eindcontrole f	slutkontroll	kontrola ostateczna f	konečná kontrola f	végellenőrzés
verificação f	verificatie f	granskning	badanie n	zkouška f	vizsgálat
controle de divisas m	deviezenreglementering f	valutakontroll	kontrola obrotu dewizowego f	devizové hospodářství n	devizagazdálkodás
controle de fusões m	fusiecontrole f	fusionskontroll	kontrola fuzji f	kontrola fúze f	cégösszeolvadások ellenőrzése
controle final m	eindcontrole f	slutkontroll	kontrola ostateczna f	konečná kontrola f	végellenőrzés
controle de qualidade m	kwaliteitscontrole f	kvalitetskontroll	kontrola jakości f	kontrola jakosti f	minőségellenőrzés
a dinheiro	contant	mot kontantbetalning	za gotówkę	proti hotovosti f	készfizetés ellenében
—	tariefakkoord n	tullavtal	Układ w Sprawie Ceł m	celní dohoda f	vámegyezmény
convenção aduaneira f	tariefakkoord n	tullavtal	Układ w Sprawie Ceł m	celní dohoda f	vámegyezmény
acordar	overeenkomen	enas om	uzgadniać <uzgodnić>	dohodnout	megállapodik
acordar	overeenkomen	enas om	uzgadniać <uzgodnić>	dohodnout	megállapodik
contrato colectivo m	collectieve arbeidsovereenkomst f	kollektivavtal	umowa zbiorowa f	kolektivní smlouva f	kollektív szerződés
critérios de convergência m/pl	—	konvergenskriterier	kryteria konwergencji m/pl	kritéria konvergence n/pl	konvergenciakritériumok
telefonema m	telefoongesprek n	telefonsamtal	rozmowa telefoniczna f	telefonní rozhovor m	telefonbeszélgetés
telefonema m	telefoongesprek n	telefonsamtal	rozmowa telefoniczna f	telefonní rozhovor m	telefonbeszélgetés
convertibilidade f	convertibiliteit f	konvertibilitet	wymienialność f	směnitelnost f	konvertibilitás
—	convertibiliteit f	konvertibilitet	wymienialność f	směnitelnost f	konvertibilitás
convertibilidade f	convertibiliteit f	konvertibilitet	wymienialność f	směnitelnost f	konvertibilitás
convertibilidade f	convertibiliteit f	konvertibilitet	wymienialność f	směnitelnost f	konvertibilitás
convertibilidade f	—	konvertibilitet	wymienialność f	směnitelnost f	konvertibilitás
convertibilidade f	convertibiliteit f	konvertibilitet	wymienialność f	směnitelnost f	konvertibilitás
aviso de vaga para um emprego m	oproepen van sollicitanten voor een betrekking n	utlysning av tjänst	przetarg o stanowisko pracy m	konkurs na místo n	állás meghirdetése
conjuntura f	conjunctuur f	konjunktur	koniunktura f	konjunktura f	konjunktúra
—	coöperatieve vereniging f	kooperation	kooperacja f	součinnost f	együttműködés
cooperação f	coöperatieve vereniging f	kooperation	kooperacja f	součinnost f	együttműködés
cooperativa f	—	kooperativ	spółdzielnia f	družstvo n	szövetkezet
cooperação f	—	kooperation	kooperacja f	součinnost f	együttműködés
cooperação f	coöperatieve vereniging f	kooperation	kooperacja f	součinnost f	együttműködés
cooperação f	coöperatieve vereniging f	kooperation	kooperacja f	součinnost f	együttműködés
cooperativa f	coöperatieve vereniging f	kooperativ	spółdzielnia f	družstvo n	szövetkezet
—	coöperatieve vereniging f	kooperativ	spółdzielnia f	družstvo n	szövetkezet
—	productiecoöperatie f	produktionskooperativ	spółdzielnia produkcyjna f	výrobní družstvo n	termelőszövetkezet
cooperativa de produção f	productiecoöperatie f	produktionskooperativ	spółdzielnia produkcyjna f	výrobní družstvo n	termelőszövetkezet
cooperativa de produção f	productiecoöperatie f	produktionskooperativ	spółdzielnia produkcyjna f	výrobní družstvo n	termelőszövetkezet
cooperativa f	coöperatieve vereniging f	kooperativ	spółdzielnia f	družstvo n	szövetkezet

cooperazione 226

	D	E	F	I	ES
cooperazione (I)	Kooperation f	co-operation	coopération f	—	cooperación f
copertura (I)	Deckung f	cover	couverture f	—	cobertura f
copertura assicurativa (I)	Versicherungsschutz m	insurance cover	couverture de l'assurance f	—	cobertura de seguro f
copia (I)	Abschrift f	copy	copie f	—	copia f
copia (I)	Kopie f	copy	copie f	—	copia f
copia (ES)	Abschrift f	copy	copie f	copia f	—
copia (ES)	Kopie f	copy	copie f	copia f	—
cópia (P)	Abschrift f	copy	copie f	copia f	copia f
cópia (P)	Kopie f	copy	copie f	copia f	copia f
copie (F)	Abschrift f	copy	—	copia f	copia f
copie (F)	Kopie f	copy	—	copia f	copia f
copy (E)	Abschrift f	—	copie f	copia f	copia f
copy (E)	Kopie f	—	copie f	copia f	copia f
copyright (E)	Urheberrecht n	—	droit d'auteur m	diritto d'autore m	derechos de autor m/pl
corocznie (PL)	jährlich	annual	annuel	annuale	anual
corpo de segurança da empresa (P)	Werkschutz m	works protection force	corps de sécurité d'entreprise m	servizio di sorveglianza aziendale m	policía de la empresa f
corporação (P)	Körperschaft f	corporation	collectivité f	corporazione f	corporación f
corporación (ES)	Körperschaft f	corporation	collectivité f	corporazione f	—
corporate culture (E)	Unternehmenskultur f	—	culture d'entreprise f	cultura imprenditoriale f	cultura empresarial f
corporate strategy (E)	Unternehmensstrategie f	—	stratégie de l'entreprise f	strategia imprenditoriale f	estrategia empresarial f
corporation (E)	Körperschaft f	—	collectivité f	corporazione f	corporación f
corporation tax (E)	Körperschaftsteuer f	—	taxe sur les sociétés f	imposta sul reddito delle società f	impuesto de corporaciones m
corporazione (I)	Körperschaft f	corporation	collectivité f	—	corporación f
corps de sécurité d'entreprise (F)	Werkschutz m	works protection force	—	servizio di sorveglianza aziendale m	policía de la empresa f
corrección (ES)	Berichtigung f	correction	rectification f	rettifica f	—
correct (E)	korrigieren	—	corriger	correggere	corregir
correctement (F)	ordnungsgemäß	regular	—	regolare	debidamente
correctie wegens herwaardering (NL)	Wertberichtigung f	adjustment of value	réévaluation f	rettifica del valore f	rectificación de valor f
correction (E)	Berichtigung f	—	rectification f	rettifica f	corrección f
corredor (ES)	Makler m	broker	courtier m	mediatore m	—
corredor de bolsa (ES)	Börsenmakler m	stockbroker	courtier en bourse m	agente di cambio m	—
corredor de bolsa (ES)	Broker m	broker	courtier m	broker m	—
corredor marítimo (ES)	Schiffsmakler m	ship broker	courtier maritime m	agente marittimo m	—
correggere (I)	korrigieren	correct	corriger	—	corregir
corregir (ES)	korrigieren	correct	corriger	correggere	—
correio aéreo (P)	Luftpost f	air mail	par avion	posta aerea f	correo aéreo m
correio expresso (P)	Eilbrief m	express letter	lettre par exprès f	espresso m	carta urgente f
correios (P)	Postamt n	post office	bureau de poste m	ufficio postale m	correos m/pl
corrente (I)	kulant	accommodating	arrangeant	—	de fácil avenencia
corrente no comércio (P)	handelsüblich	customary (in trade)	en usage dans le commerce m	d'uso commerciale	usual en el comercio
correo aéreo (ES)	Luftpost f	air mail	par avion	posta aerea f	—
correos (ES)	Postamt n	post office	bureau de poste m	ufficio postale m	—
corretagem (P)	Courtage f	brokerage	courtage m	courtage f	corretaje m
corretaje (ES)	Courtage f	brokerage	courtage m	courtage f	—

P	NL	SV	PL	CZ	H
cooperação f	coöperatieve vereniging f	kooperation	kooperacja f	součinnost f	együttműködés
cobertura f	dekking f	täckning	pokrycie n	krytí n	fedezet
protecção por seguro f	bescherming door verzekering f	försäkringsskydd	ochrona ubezpieczeniowa f	ochrana získaná pojištěním f	biztosítási fedezet
cópia f	duplicaat n	kopia	odpis m	opis m	másolat
cópia f	kopie f	kopia	kopia f	kopie f	másolat
cópia f	duplicaat n	kopia	odpis m	opis m	másolat
cópia f	kopie f	kopia	kopia f	kopie f	másolat
—	duplicaat n	kopia	odpis m	opis m	másolat
—	kopie f	kopia	kopia f	kopie f	másolat
cópia f	duplicaat n	kopia	odpis m	opis m	másolat
cópia f	kopie f	kopia	kopia f	kopie f	másolat
cópia f	duplicaat n	kopia	odpis m	opis m	másolat
cópia f	kopie f	kopia	kopia f	kopie f	másolat
direitos do autor m/pl	auteursrecht n	upphovsmannarätt	prawo autorskie m	autorské právo n	szerzői jog
anual	jaarlijks	årlig	—	ročně	évi
—	veiligheidsdienst m	arbetsskydd	straż zakładowa f	ochrana závodu f	üzemi rendészet
—	vennootschap f	juridisk person	korporacja f	korporace f	testület
corporação f	vennootschap f	juridisk person	korporacja f	korporace f	testület
cultura empresarial f	bedrijfscultuur f	företagskultur	kultura przedsiębiorczości f	kultura podnikání f	vállalati kultúra
estratégia empresarial f	bedrijfsstrategie f	företagsstrategi	strategia przedsiębiorstwa	strategie podnikání f	vállalati stratégia
corporação f	vennootschap f	juridisk person	korporacja f	korporace f	testület
imposto sobre rendimentos colectivos (IRC) m	vennootschapsbelasting f	bolagsskatt	podatek od osób prawnych m	korporační daň f	társasági adó
corporação f	vennootschap f	juridisk person	korporacja f	korporace f	testület
corpo de segurança da empresa m	veiligheidsdienst m	arbetsskydd	straż zakładowa f	ochrana závodu f	üzemi rendészet
rectificação f	rechtzetting f	korrigering	sprostowanie n	oprava f	helyesbítés
corrigir	corrigeren	korrigera	korygować <skorygować>	opravovat <opravit>	kijavít
regular	behoorlijk	i laga ordning	prawidłowo	řádný	szabályszerűen
rectificação do valor f	—	värdereglering	sprostowanie wartości n	oprávka f	értékhelyesbítés
rectificação f	rechtzetting f	korrigering	sprostowanie n	oprava f	helyesbítés
corretor m	makelaar m	mäklare	makler m	makléř m	bróker
corretor de bolsa m	beursmakelaar m	börsmäklare	makler giełdowy m	burzovní makléř m	bróker
corretor de bolsa m	effectenmakelaar m	broker	makler m	broker m	bróker
corretor marítimo m	scheepsmakelaar m	skeppsmäklare	makler morski m	lodní makléř m	hajóbróker
corrigir	corrigeren	korrigera	korygować <skorygować>	opravovat <opravit>	kijavít
corrigir	corrigeren	korrigera	korygować <skorygować>	opravovat <opravit>	kijavít
—	luchtpost f	luftpost	poczta lotnicza f	letecká pošta f	légiposta
—	expresbrief m	expressbrev	list ekspresowy m	spěšný dopis m	expresszlevél
—	postkantoor n	postkontor	urząd pocztowy m	poštovní úřad m	postahivatal
flexível	tegemoetkomend	tillmötesgående	uprzejmy	solidní	előzékeny
—	in de handel gebruikelijk	standard	powszechnie przyjęty w handlu	obvyklé v obchodě	kereskedelemben szokásos
correio aéreo m	luchtpost f	luftpost	poczta lotnicza f	letecká pošta f	légiposta
correios m/pl	postkantoor n	postkontor	urząd pocztowy m	poštovní úřad m	postahivatal
—	makelaarsloon n	provision	prowizja maklerska f	poplatek za zprostředkování m	brókeri jutalék
corretagem f	makelaarsloon n	provision	prowizja maklerska f	poplatek za zprostředkování m	brókeri jutalék

corretor 228

	D	E	F	I	ES
corretor (P)	Makler *m*	broker	courtier *m*	mediatore *m*	corredor *m*
corretor de bolsa (P)	Börsenmakler *m*	stockbroker	courtier en bourse *m*	agente di cambio *m*	corredor de bolsa *m*
corretor de bolsa (P)	Broker *m*	broker	courtier *m*	broker *m*	corredor de bolsa *m*
corretor de câmbio (P)	Kursmakler *m*	stock broker	courtier en bourse *m*	agente di borsa *m*	agente de cambio y bolsa *m*
corretor marítimo (P)	Schiffsmakler *m*	ship broker	courtier maritime *m*	agente marittimo *m*	corredor marítimo *m*
corriere (I)	Eilbote *m*	express messenger	facteur spécial *m*	—	expreso *m*
corriger (F)	korrigieren	correct	—	correggere	corregir
corrigeren (NL)	korrigieren	correct	corriger	correggere	corregir
corrigir (P)	korrigieren	correct	corriger	correggere	corregir
corruption (F)	Bestechung *f*	bribe	—	corruzione *f*	soborno *f*
corruzione (I)	Bestechung *f*	bribe	corruption *f*	—	soborno *f*
corso (I)	Kurs *m*	exchange rate	cours *m*	—	tipo de cambio *m*
corso a termine (I)	Terminkurs *m*	forward price	cours de bourse à terme *m*	—	cambio a término *m*
corso azionario (I)	Aktienkurs *m*	share price	cours des actions *m*	—	cotización de las acciones *f*
corso dei cambi (I)	Sortenkurs *m*	foreign currency rate	cours des monnaies étrangères *m*	—	tipo de cambio de moneda extranjera *m*
corso d'emissione (I)	Emissionskurs *m*	rate of issue	cours d'émission *m*	—	tipo de emisión *m*
corso di borsa (I)	Börsenkurs *m*	quotation on the stock exchange	cours de bourse *m/pl*	—	cotización en bolsa *f*
corso di cambio (I)	Devisenkurs *m*	exchange rate	taux de change *m*	—	cotización de divisas *f*
corso di cambio (I)	Umrechnungskurs *m*	rate of conversion	cours de conversion *m*	—	tasa de cambio *f*
corso massimo (I)	Höchstkurs *f*	highest rate	cours le plus haut *m*	—	cotización máxima *f*
cost accounting centre (E)	Kostenstelle *f*	—	unité de gestion absorbant des coûts *f*	centro di costo *m*	posición de costes *f*
cost advantage (E)	Kostenvorteil *m*	—	avantage de coût *m*	vantaggio di costo *m*	ventaja de costes *f*
cost-benefit analysis (E)	Kosten-Nutzen-Analyse *f*	—	analyse du ratio coût/profit *f*	analisi costi-benefici *f*	análisis de coste-beneficio *m*
coste de adquisición (ES)	Anschaffungskosten *f*	cost of acquisition	frais d'acquisition *m/pl*	costi d'acquisto *m/pl*	—
coste de material (ES)	Materialaufwand *m*	expenditure for material	dépenses en matières premières *f/pl*	spese di materiale *f/pl*	—
coste de salarios (ES)	Lohnkosten *pl*	labour costs	charges salariales *f/pl*	costo del lavoro *m*	—
coste por unidad (ES)	Stückkosten *pl*	costs per unit	coût unitaire de production *m*	costi unitari *m/pl*	—
cost escalation (E)	Kostenexplosion *f*	—	explosion des coûts *f*	esplosione dei costi *f*	explosión de los costes *f*
costes del material (ES)	Materialkosten *pl*	material costs	frais afférents aux matières premières *m/pl*	costi del materiale *m/pl*	—
costes propios (ES)	Selbstkosten *f*	prime costs	coût de revient *m*	spese aziendali *f/pl*	—
cost estimate (E)	Kostenvoranschlag *m*	—	devis estimatif de frais *m*	preventivo di costi *m*	presupuesto de coste *m*
costi (I)	Kosten *pl*	costs	coûts *m/pl*	—	gastos *m/pl*
costi accessori (I)	Nebenkosten *pl*	additional expenses	coûts accessoires *m/pl*	—	gastos adicionales *m/pl*
costi calcolati (I)	Sollkosten *pl*	budgeted costs	coûts ex ante *m/pl*	—	gastos precalculados *m/pl*
costi complementari del lavoro (I)	Lohnnebenkosten *pl*	incidental labour costs	charges salariales annexes *f/pl*	—	cargas salariales accesorias *f/pl*

costi complementari del lavoro

P	NL	SV	PL	CZ	H
—	makelaar m	mäklare	makler m	makléř m	bróker
—	beursmakelaar m	börsmäklare	makler giełdowy m	burzovní makléř m	bróker
—	effectenmakelaar m	broker	makler m	broker m	bróker
—	effectenmakelaar m	börsmäklare	makler giełdowy m	kursový makléř m	bróker
—	scheepsmakelaar m	skeppsmäklare	makler morski m	lodní makléř m	hajóbróker
mensageiro expresso m	koerier m	kurir	goniec pospieszny m	kurýr m	gyorsfutár
corrigir	corrigeren	korrigera	korygować <skorygować>	opravovat <opravit>	kijavít
corrigir	—	korrigera	korygować <skorygować>	opravovat <opravit>	kijavít
—	corrigeren	korrigera	korygować <skorygować>	opravovat <opravit>	kijavít
suborno m	omkoperij f	mutning	przekupstwo n	podplácení n	megvesztegetés
suborno m	omkoperij f	mutning	przekupstwo n	podplácení n	megvesztegetés
taxa de curso f	koers m	kurs	kurs m	kurs m	árfolyam
câmbio a termo m	termijnkoers m	terminskurs	kurs "na termin" m	termínový kurs m	határidős árfolyam
cotação das acções f	aandelenkoers m	aktiekurs	kurs akcji m	kurs akcií m	részvényárfolyam
cotação para moedas estrangeiras f	wisselkoers m	valutakurs	kurs walut obcych m	kurs cizích měn m	valutaátváltási árfolyam
preço de emissão m	emissiekoers m	emissionskurs	kurs emisyjny m	emisní kurs m	kibocsátási árfolyam
cotação da bolsa de valores f	beurskoers m	börskurs	kurs giełdowy m	burzovní kurs m	tőzsdei árfolyam
taxa de câmbio f	wisselkoers m	valutakurs	kurs dewizowy m	devizový kurs m	devizaárfolyam
taxa de câmbio f	omrekeningskoers m	konverteringskurs	kurs przeliczeniowy m	přepočítací kurs m	átváltási árfolyam
cotação máxima f	hoogste koers m	högsta kurs	najwyższy kurs m	maximální kurs m	csúcsárfolyam
centro de custos m	kostenplaats f	utgiftspost	miejsce powstawania kosztów n	oddělení nákladů n	költséghely
vantagem de custos f	kostenvoordeel n	kostnadsfördel	korzystne koszty m/pl	výhoda v nákladech f	költségelőny
análise da relação custo-benefício f	kosten-baten-analyse f	kostnads- och intäktsanalys	analiza	analýza nákladů a úžitků f	költség-haszon elemzés
custos de aquisição m/pl	aanschaffingskosten m/pl	anskaffningskostnad	koszty własne nabycia środków trwałych m/pl	pořizovací náklady m/pl	beszerzési költségek
despesas com material f/pl	materiaalverbruik n	materialåtgång	zużycie materiałów m	spotřeba materiálu f	anyagráfordítás
custos de mão-de-obra m/pl	loonkosten m/pl	lönekostnader pl	koszty płac m/pl	mzdové náklady m/pl	bérköltség
custo por unidade m	kosten per eenheid m/pl	kostnad per styck	koszty jednostkowe m/pl	jednicové náklady m/pl	darabköltség
explosão dos custos f	kostenexplosie f	explosionsartad kostnadsökning	eksplozja kosztów f	exploze nákladů f	költségrobbanás
custos de material m/pl	materiaalkosten m/pl	materialkostnader pl	koszty materiałowe m/pl	náklady na materiál m/pl	anyagköltségek
custo m	totale productiekosten m/pl	självkostnad	koszty własne m/pl	vlastní náklady m/pl	önköltség
orçamento f	kostenraming f	kostnadsförslag	kosztorys m	odhad nákladů m	előzetes költségbecslés
custos m/pl	kosten m/pl	kostnader pl	koszty m/pl	náklady m/pl	költségek
custos adicionais m/pl	bijkomende kosten m/pl	sekundärkostnader pl	koszty uboczne m/pl	vedlejší náklady m/pl	mellékköltségek
custos orçamentados m/pl	gebudgetteerde kosten m/pl	beräknade kostnader pl	koszty planowane m/pl	plánované náklady m/pl	előirányzott költségek
custos de mão-de-obra adicionais m/pl	werkgeversaandeel in de diverse sociale verzekeringen n	sociala avgifter pl	poboczne koszty robocizny m/pl	vedlejší mzdové náklady m/pl	járulékos bérköltségek

costi complessivi

	D	E	F	I	ES
costi complessivi (I)	Gesamtkosten f	total costs	coût total m	—	gastos generales m/pl
costi comuni (I)	Gemeinkosten f	overhead costs	coûts indirects m/pl	—	gastos generales m/pl
costi d'acquisto (I)	Anschaffungskosten f	cost of acquisition	frais d'acquisition m/pl	—	coste de adquisición m
costi del materiale (I)	Materialkosten pl	material costs	frais afférents aux matières premières m/pl	—	costes del material m/pl
costi di caricamento (I)	Verladekosten f	loading charges	coût du chargement m	—	gastos de carga m/pl
costi di produzione (I)	Herstellungskosten f	production costs	frais de construction m/pl	—	costo de la producción m
costi di riproduzione (I)	Reproduktionskosten f	reproduction cost	coût de reproduction m	—	gastos de reproducción m/pl
costi di sviluppo (I)	Entwicklungskosten pl	development costs	coûts de développement m/pl	—	gastos de desarrollo m/pl
costi effettivi (I)	Istkosten pl	actual costs	coûts réels m/pl	—	gastos efectivos m/pl
costi fissi (I)	Fixkosten f	fixed costs	coûts fixes m/pl	—	gastos fijos m/pl
costi produttivi (I)	Produktionskosten f	production costs	coût de production m	—	gastos de producción m/pl
costituzione (I)	Gründung f	formation	constitution f	—	fundación f
costi unitari (I)	Stückkosten pl	costs per unit	coût unitaire de production m	—	coste por unidad m
costi variabili (I)	variable Kosten pl	variable costs	coûts variables m/pl	—	gastos variables m/pl
costo de la producción (ES)	Herstellungskosten f	production costs	frais de construction m/pl	costi di produzione m/pl	—
costo del lavoro (I)	Lohnkosten pl	labour costs	charges salariales f/pl	—	coste de salarios m
cost of acquisition (E)	Anschaffungskosten f	—	frais d'acquisition m/pl	costi d'acquisto m/pl	coste de adquisición m
cost price (E)	Einstandspreis m	—	prix coûtant m	prezzo di costo m	precio de coste m
cost price (E)	Selbstkostenpreis m	—	prix coûtant m	prezzo di costo m	precio de coste m
cost reduction (E)	Kostensenkung f	—	réduction des coûts f	diminuzione dei costi m	reducción de costes
costruzione (I)	Bau m	construction	construction f	—	construcción f
costs (E)	Kosten pl	—	coûts m/pl	costi m/pl	gastos m/pl
costs per unit (E)	Stückkosten pl	—	coût unitaire de production m	costi unitari m/pl	coste por unidad m
cost types (E)	Kostenarten f/pl	—	coûts par nature m/pl	tipi di costi m/pl	clases de costes f/pl
cotação (P)	Geldkurs m	buying rate	cours de la monnaie m	prezzo di domanda m	tipo de cambio de la moneda m
cotação (P)	Kursnotierung f	quotation of prices	cotation f	quotazione dei cambi f	cotización m
cotação (P)	Notierung f	quotation	cotation f	quotazione f	cotización f
cotação (P)	Preisnotierung f	price quotation	cotation des prix f	quotazione dei prezzi f	cotización de precios f
cotação da bolsa de valores (P)	Börsenkurs m	quotation on the stock exchange	cours de bourse m/pl	corso di borsa m	cotización en bolsa f
cotação da bolsa de valores (P)	Börsennotierung f	stock exchange quotation	cote de la bourse f	quotazione di borsa f	cotización de bolsa f
cotação das acções (P)	Aktienkurs m	share price	cours des actions m	corso azionario m	cotización de las acciones f
cotação das acções (P)	Aktiennotierung f	share quotation	cotation des actions f	quotazione delle azioni f	cotización de acciones f
cotação de venda (P)	Briefkurs m	selling price	cours de vente m	prezzo d'offerta m	cotización ofrecida f
cotação final (P)	Schlußkurs m	closing price	dernier cours m	quotazione di chiusura f	cotización final f
cotação máxima (P)	Höchstkurs f	highest rate	cours le plus haut m	corso massimo m	cotización máxima f

cotação máxima

P	NL	SV	PL	CZ	H
custos totais m/pl	totale kosten m/pl	totala kostnader pl	koszty całkowite m/pl	celkové náklady m/pl	összköltség
despesas gerais f/pl	indirecte kosten m/pl	indirekta kostnader pl	koszty pośrednie m/pl	režijní náklady m/pl	általános költségek
custos de aquisição m/pl	aanschaffingskosten m/pl	anskaffningskostnad	koszty własne nabycia środków trwałych m/pl	pořizovací náklady m/pl	beszerzési költségek
custos de material m/pl	materiaalkosten m/pl	materialkostnader pl	koszty materiałowe m/pl	náklady na materiál m/pl	anyagköltségek
custos de carregamento m/pl	laadkosten m/pl	lastningskostnad	koszty przeładunku m/pl	výdaje za nakládku m/pl	rakodási költségek
custos de produção pl	productiekosten m/pl	produktionskostnader pl	koszty produkcji m/pl	výrobní náklady m/pl	előállítási költségek
custos de reprodução m/pl	reproductiekosten m/pl	reproduktionskostnader pl	koszty reprodukcji m/pl	reprodukční náklady m/pl	pótlási költségek
custos de desenvolvimento m/pl	ontwikkelingskosten m/pl	utvecklingskostnader pl	koszty rozwojowe m/pl	náklady na rozvoj m/pl	fejlesztési költségek
custos reais m/pl	effectieve kosten m/pl	faktiska kostnader pl	koszty rzeczywiste m/pl	skutečné náklady m/pl	tényleges költségek
custos fixos m/pl	vaste kosten m/pl	fasta kostnader pl	koszty stałe m/pl	fixní náklady m/pl	állandó költség
custos de produção m/pl	productiekosten m/pl	produktionskostnader pl	koszty produkcji m/pl	výrobní náklady m/pl	gyártási költségek
fundação f	oprichting f	grundande	założenie n	založení n	alapítás
custo por unidade m	kosten per eenheid m/pl	kostnad per styck	koszty jednostkowe m/pl	jednicové náklady m/pl	darabköltség
custos variáveis m/pl	variabele kosten m/pl	rörliga kostnader pl	koszty zmienne m/pl	proměnné náklady m/pl	változó költségek
custos de produção pl	productiekosten m/pl	produktionskostnader pl	koszty produkcji m/pl	výrobní náklady m/pl	előállítási költségek
custos de mão-de-obra m/pl	loonkosten m/pl	lönekostnader pl	koszty płac m/pl	mzdové náklady m/pl	bérköltség
custos de aquisição m/pl	aanschaffingskosten m/pl	anskaffningskostnad	koszty własne nabycia środków trwałych m/pl	pořizovací náklady m/pl	beszerzési költségek
preço de custo m	kostprijs m	självkostnadspris	globalna cena nabycia f	pořizovací cena f	bekerülési ár
preço de custo m	kostprijs m	självkostnadspris	cena kosztów własnych f	režijní cena f	önköltségi ár
redução de custos f	kostenverlaging f	kostnadsminskning	redukcja kosztów f	snížení nákladů n	költségcsökkentés
construção f	bouw m	byggnadsverksamhet	budowa f	stavba f	építés
custos m/pl	kosten m/pl	kostnader pl	koszty m/pl	náklady m/pl	költségek
custo por unidade m	kosten per eenheid m/pl	kostnad per styck	koszty jednostkowe m/pl	jednicové náklady m/pl	darabköltség
classes de custos f/pl	kostensoorten f/pl	typer av kostnader pl	rodzaje kosztów m/pl	druhy nákladů m/pl	költségfajták
—	geldkoers m	pris marknaden är beredd att betala	kurs zakupu pieniądza m	peněžní kurs m	vételi árfolyam
—	koersnotering f	kursnotering	notowanie kursów m	záznam kursu m	árfolyamjegyzés
—	notering f	notering	notowanie n	záznam m	jegyzés
—	prijsnotering f	angivet pris	notowanie cen n	kotace cen f	árfolyamjegyzés
—	beurskoers m	börskurs	kurs giełdowy m	burzovní kurs m	tőzsdei árfolyam
—	beursnotering f	börsnotering	notowanie giełdowe n	kotace cenných papírů na burze f	tőzsdei jegyzés
—	aandelenkoers m	aktiekurs	kurs akcji m	kurs akcií m	részvényárfolyam
—	notering van aandelen f	aktienotering	notowanie akcji n	záznam akcií m	részvényjegyzés
—	laatkoers m	begärt pris	kurs giełdowy m	prodejní kurs m	eladási árfolyam
—	slotkoers m	sista kurs	dzienny giełdowy kurs zamykający m	uzavírací kurs m	záró árfolyam
—	hoogste koers m	högsta kurs	najwyższy kurs m	maximální kurs m	csúcsárfolyam

cotação para moedas estrangeiras

	D	E	F	I	ES
cotação para moedas estrangeiras (P)	Sortenkurs *m*	foreign currency rate	cours des monnaies étrangères *m*	corso dei cambi *m*	tipo de cambio de moneda extranjera *m*
cotação única (P)	Einheitskurs *m*	uniform price	cours unique *m*	cambio unitario *m*	cotización única *f*
cotation (F)	Kursnotierung *f*	quotation of prices	—	quotazione dei cambi *f*	cotización *m*
cotation (F)	Notierung *f*	quotation	—	quotazione *f*	cotización *f*
cotation des actions (F)	Aktiennotierung *f*	share quotation	—	quotazione delle azioni *f*	cotización de acciones *f*
cotation des prix (F)	Preisnotierung *f*	price quotation	—	quotazione dei prezzi *f*	cotización de precios *f*
cote de la bourse (F)	Börsennotierung *f*	stock exchange quotation	—	quotazione di borsa *f*	cotización de bolsa *f*
cotización (ES)	Kursnotierung *f*	quotation of prices	cotation *f*	quotazione dei cambi *f*	—
cotización (ES)	Notierung *f*	quotation	cotation *f*	quotazione *f*	—
cotización de acciones (ES)	Aktiennotierung *f*	share quotation	cotation des actions *f*	quotazione delle azioni *f*	—
cotización de bolsa (ES)	Börsennotierung *f*	stock exchange quotation	cote de la bourse *f*	quotazione di borsa *f*	—
cotización de divisas (ES)	Devisenkurs *m*	exchange rate	taux de change *m*	corso di cambio *m*	—
cotización de las acciones (ES)	Aktienkurs *m*	share price	cours des actions *m*	corso azionario *m*	—
cotización de precios (ES)	Preisnotierung *f*	price quotation	cotation des prix *f*	quotazione dei prezzi *f*	—
cotización en bolsa (ES)	Börsenkurs *m*	quotation on the stock exchange	cours de bourse *m/pl*	corso di borsa *m*	—
cotización final (ES)	Schlußkurs *m*	closing price	dernier cours *m*	quotazione di chiusura *f*	—
cotización máxima (ES)	Höchstkurs *f*	highest rate	cours le plus haut *m*	corso massimo *m*	—
cotización ofrecida (ES)	Briefkurs *m*	selling price	cours de vente *m*	prezzo d'offerta *m*	—
cotización única (ES)	Einheitskurs *m*	uniform price	cours unique *m*	cambio unitario *m*	—
countries outside the customs frontier (E)	Zollausland *n*	—	territoire hors du contrôle de la douane *m*	territorio doganale estero *m*	territorio aduanero exterior *m*
coupable (F)	schuldhaft	culpable	—	colposo	culpable
Coupon (D)	—	coupon	coupon *m*	cedola *f*	cupón *m*
coupon (E)	Coupon *m*	—	coupon *m*	cedola *f*	cupón *m*
coupon (F)	Coupon *m*	coupon	—	cedola *f*	cupón *m*
coupon (NL)	Coupon *m*	coupon	coupon *m*	cedola *f*	cupón *m*
cours (F)	Kurs *m*	exchange rate	—	corso *m*	tipo de cambio *m*
cours de bourse (F)	Börsenkurs *m*	quotation on the stock exchange	—	corso di borsa *m*	cotización en bolsa *f*
cours de bourse à terme (F)	Terminkurs *m*	forward price	—	corso a termine *m*	cambio a término *m*
cours de conversion (F)	Umrechnungskurs *m*	rate of conversion	—	corso di cambio *m*	tasa de cambio *f*
cours de la monnaie (F)	Geldkurs *m*	buying rate	—	prezzo di domanda *m*	tipo de cambio de la moneda *m*
cours d'émission (F)	Emissionskurs *m*	rate of issue	—	corso d'emissione *m*	tipo de emisión *m*
cours des actions (F)	Aktienkurs *m*	share price	—	corso azionario *m*	cotización de las acciones *f*
cours des monnaies étrangères (F)	Sortenkurs *m*	foreign currency rate	—	corso dei cambi *m*	tipo de cambio de moneda extranjera *m*
cours de vente (F)	Briefkurs *m*	selling price	—	prezzo d'offerta *m*	cotización ofrecida *f*
cours du change (F)	Wechselkurs *m*	exchange rate	—	cambio *m*	tipo de cambio *m*
cours du change multiple (F)	gespaltene Wechselkurse *m/pl*	two-tier exchange rate	—	cambi multipli *m/pl*	tipo de cambio múltiple *m*
course des prix et des salaires (F)	Lohn-Preis-Spirale *f*	wage-price spiral	—	spirale prezzi-salari *f*	espiral salarios-precios *m*
cours le plus haut (F)	Höchstkurs *f*	highest rate	—	corso massimo *m*	cotización máxima *f*

cours le plus haut

P	NL	SV	PL	CZ	H
—	wisselkoers m	valutakurs	kurs walut obcych m	kurs cizích měn m	valutaátváltási árfolyam
—	eenheidskoers m	enhetspris	kurs jednolity m	jednotný kurs m	egységes árfolyam
cotação f	koersnotering f	kursnotering	notowanie kursów m	záznam kursu m	árfolyamjegyzés
cotação f	notering f	notering	notowanie n	záznam m	jegyzés
cotação das acções f	notering van aandelen f	aktienotering	notowanie akcji n	záznam akcií m	részvényjegyzés
cotação f	prijsnotering f	angivet pris	notowanie cen n	kotace cen f	árfolyamjegyzés
cotação da bolsa de valores f	beursnotering f	börsnotering	notowanie giełdowe n	kotace cenných papírů na burze f	tőzsdei jegyzés
cotação f	koersnotering f	kursnotering	notowanie kursów m	záznam kursu m	árfolyamjegyzés
cotação f	notering f	notering	notowanie n	záznam m	jegyzés
cotação das acções f	notering van aandelen f	aktienotering	notowanie akcji n	záznam akcií m	részvényjegyzés
cotação da bolsa de valores f	beursnotering f	börsnotering	notowanie giełdowe n	kotace cenných papírů na burze f	tőzsdei jegyzés
taxa de câmbio f	wisselkoers m	valutakurs	kurs dewizowy m	devizový kurs m	devizaárfolyam
cotação das acções f	aandelenkoers m	aktiekurs	kurs akcji m	kurs akcií m	részvényárfolyam
cotação f	prijsnotering f	angivet pris	notowanie cen n	kotace cen f	árfolyamjegyzés
cotação da bolsa de valores f	beurskoers m	börskurs	kurs giełdowy m	burzovní kurs m	tőzsdei árfolyam
cotação final f	slotkoers m	sista kurs	dzienny giełdowy kurs zamykający m	uzavírací kurs m	záró árfolyam
cotação máxima f	hoogste koers m	högsta kurs	najwyższy kurs m	maximální kurs m	csúcsárfolyam
cotação de venda f	laatkoers m	begärt pris	kurs giełdowy m	prodejní kurs m	eladási árfolyam
cotação única f	eenheidskoers m	enhetspris	kurs jednolity m	jednotný kurs m	egységes árfolyam
território aduaneiro exterior m	gebied buiten de (eigen) douanegrenzen n	utländskt tullområde	zagranica celna f	celní cizina f	vámkülföld
culpável	schuldig	skyldig	zawiniony	zaviněný	vétkes
cupão m	coupon m	kupong	kupon m	kupon m	kupon
cupão m	coupon m	kupong	kupon m	kupon m	kupon
cupão m	coupon m	kupong	kupon m	kupon m	kupon
cupão m	—	kupong	kupon m	kupon m	kupon
taxa de curso f	koers m	kurs	kurs m	kurs m	árfolyam
cotação da bolsa de valores f	beurskoers m	börskurs	kurs giełdowy m	burzovní kurs m	tőzsdei árfolyam
câmbio a termo m	termijnkoers m	terminskurs	kurs "na termin" m	termínový kurs m	határidős árfolyam
taxa de câmbio f	omrekeningskoers m	konverteringskurs	kurs przeliczeniowy m	přepočítací kurs m	átváltási árfolyam
cotação f	geldkoers m	pris marknaden är beredd att betala	kurs zakupu pieniądza m	peněžní kurs m	vételi árfolyam
preço de emissão m	emissiekoers m	emissionskurs	kurs emisyjny m	emisní kurs m	kibocsátási árfolyam
cotação das acções f	aandelenkoers m	aktiekurs	kurs akcji m	kurs akcií m	részvényárfolyam
cotação para moedas estrangeiras f	wisselkoers m	valutakurs	kurs walut obcych m	kurs cizích měn m	valutaátváltási árfolyam
cotação de venda f	laatkoers m	begärt pris	kurs giełdowy m	prodejní kurs m	eladási árfolyam
taxa de câmbio f	discontokrediet n	växelkurs	kurs wymiany m	směnný kurs m	valutaátváltási árfolyam
tipo de câmbio múltiplo m	tweevoudige wisselkoers m	dubbel växelkurs	rozszczepione kursy wymienne m/pl	dvojstupňové směnné kursy m/pl	kettős valutaárfolyamok
espiral salários-preços f	lonen- en prijsspiraal f	pris- och lönespiral	spirala cen i płac f	cenová a mzdová spirála f	ár-bér spirál
cotação máxima f	hoogste koers m	högsta kurs	najwyższy kurs m	maximální kurs m	csúcsárfolyam

cours unique

	D	E	F	I	ES
cours unique (F)	Einheitskurs m	uniform price	—	cambio unitario m	cotización única f
Courtage (D)	—	brokerage	courtage m	courtage f	corretaje m
courtage (F)	Courtage f	brokerage	—	courtage f	corretaje m
courtage (I)	Courtage f	brokerage	courtage m	—	corretaje m
courtier (F)	Broker m	broker	—	broker m	corredor de bolsa m
courtier (F)	Makler m	broker	—	mediatore m	corredor m
courtier en affaires immobilières (F)	Immobilienmakler m	estate agent	—	agente immobiliare m	agente de la propiedad inmobiliaria m
courtier en bourse (F)	Börsenmakler m	stockbroker	—	agente di cambio m	corredor de bolsa m
courtier en bourse (F)	Kursmakler m	stock broker	—	agente di borsa m	agente de cambio y bolsa m
courtier maritime (F)	Schiffsmakler m	ship broker	—	agente marittimo m	corredor marítimo m
coût de production (F)	Produktionskosten f	production costs	—	costi produttivi m/pl	gastos de producción m/pl
coût de reproduction (F)	Reproduktionskosten f	reproduction cost	—	costi di riproduzione m/pl	gastos de reproducción m/pl
coût de revient (F)	Selbstkosten f	prime costs	—	spese aziendali f/pl	costes propios m/pl
coût du chargement (F)	Verladekosten f	loading charges	—	costi di caricamento m/pl	gastos de carga m/pl
coût du voyage (F)	Fahrgeld n	fare	—	spese di trasferta f/pl	precio de la travesía m
coûts (F)	Kosten pl	costs	—	costi m/pl	gastos m/pl
coûts accessoires (F)	Nebenkosten pl	additional expenses	—	costi accessori m/pl	gastos adicionales m/pl
coûts administratifs (F)	Bereitstellungskosten f	commitment fee	—	spese amministrative f/pl	gastos administrativos m/pl
coûts d'acquisition (F)	Bezugskosten pl	delivery costs	—	spese di consegna f/pl	gastos de adquisición m/pl
coûts de déchargement (F)	Entladungskosten f	discharging expenses	—	spese di scaricamento f/pl	gastos de descargo m/pl
coûts de développement (F)	Entwicklungskosten pl	development costs	—	costi di sviluppo m/pl	gastos de desarrollo m/pl
coûts ex ante (F)	Sollkosten pl	budgeted costs	—	costi calcolati m/pl	gastos precalculados m/pl
coûts fixes (F)	Fixkosten f	fixed costs	—	costi fissi m/pl	gastos fijos m/pl
coûts indirects (F)	Gemeinkosten f	overhead costs	—	costi comuni m/pl	gastos generales m/pl
coûts par nature (F)	Kostenarten f/pl	cost types	—	tipi di costi m/pl	clases de costes f/pl
coûts réels (F)	Istkosten pl	actual costs	—	costi effettivi m/pl	gastos efectivos m/pl
coûts variables (F)	variable Kosten pl	variable costs	—	costi variabili m/pl	gastos variables m/pl
coût total (F)	Gesamtkosten f	total costs	—	costi complessivi m/pl	gastos generales m/pl
coût unitaire de production (F)	Stückkosten pl	costs per unit	—	costi unitari m/pl	coste por unidad m
couverture (F)	Deckung f	cover	—	copertura f	cobertura f
couverture de l'assurance (F)	Versicherungsschutz m	insurance cover	—	copertura assicurativa f	cobertura de seguro f
cover (E)	Deckung f	—	couverture f	copertura f	cobertura f
craft trade (E)	Handwerk n	—	artisanat m	artigianato m	artesanía f
crate (E)	Kiste f	—	caisse f	cassa f	caja f
creación de valor (ES)	Wertschöpfung f	net product	création de valeurs f	valore aggiunto m	—
créancier (F)	Gläubiger m	creditor	—	creditore m	acreedor m
créancier de la faillite (F)	Konkursgläubiger m	bankrupt's creditor	—	creditore della massa fallimentare m	acreedor de la quiebra m

créancier de la faillite

P	NL	SV	PL	CZ	H
cotação única f	eenheidskoers m	enhetspris	kurs jednolity m	jednotný kurs m	egységes árfolyam
corretagem f	makelaarsloon n	provision	prowizja maklerska f	poplatek za zprostředkování m	brókeri jutalék
corretagem f	makelaarsloon n	provision	prowizja maklerska f	poplatek za zprostředkování m	brókeri jutalék
corretagem f	makelaarsloon n	provision	prowizja maklerska f	poplatek za zprostředkování m	brókeri jutalék
corretor de bolsa m	effectenmakelaar m	broker	makler m	broker m	bróker
corretor m	makelaar m	mäklare	makler m	makléř m	bróker
agente imobiliário m	vastgoedmakelaar m	fastighetsmäklare	pośrednik handlu nieruchomościami m	makléř s nemovitostmi m	ingatlanügynök
corretor de bolsa m	beursmakelaar m	börsmäklare	makler giełdowy m	burzovní makléř m	bróker
corretor de câmbio m	effectenmakelaar m	börsmäklare	makler giełdowy m	kursový makléř m	bróker
corretor marítimo m	scheepsmakelaar m	skeppsmäklare	makler morski m	lodní makléř m	hajóbróker
custos de produção m/pl	productiekosten m/pl	produktionskostnader pl	koszty produkcji m/pl	výrobní náklady m/pl	gyártási költségek
custos de reprodução m/pl	reproductiekosten m/pl	reproduktionskostnader pl	koszty reprodukcji m/pl	reprodukční náklady m/pl	pótlási költségek
custo m	totale productiekosten m/pl	självkostnad	koszty własne m/pl	vlastní náklady m/pl	önköltség
custos de carregamento m/pl	laadkosten m/pl	lastningskostnad	koszty przeładunku m/pl	výdaje za nakládku m/pl	rakodási költségek
preço da passagem m	passagegeld n	reseersättning	opłata za przejazd f	jízdné n	fuvardíj
custos m/pl	kosten m/pl	kostnader pl	koszty m/pl	náklady m/pl	költségek
custos adicionais m/pl	bijkomende kosten m/pl	sekundärkostnader pl	koszty uboczne m/pl	vedlejší náklady m/pl	mellékköltségek
comissão por imobilização de fundos f	beschikbaarstellingskosten m/pl	upplggningsavgift	koszty dysponowalności m/pl	přípravné náklady m/pl	rendelkezésre tartási díj
custos de aquisição m/pl	verwervingskosten m/pl	förvärvskostnader pl	koszty nabycia m/pl	pořizovací náklady m/pl	beszerzési költségek
gastos de descarga m/pl	loskosten m/pl	avlastningskostnader pl	koszty rozładunku m/pl	náklady na vykládku m/pl	kirakodási költségek
custos de desenvolvimento m/pl	ontwikkelingskosten m/pl	utvecklingskostnader pl	koszty rozwojowe m/pl	náklady na rozvoj m/pl	fejlesztési költségek
custos orçamentados m/pl	gebudgetteerde kosten m/pl	beräknade kostnader pl	koszty planowane m/pl	plánované náklady m/pl	előirányzott költségek
custos fixos m/pl	vaste kosten m/pl	fasta kostnader pl	koszty stałe m/pl	fixní náklady m/pl	állandó költség
despesas gerais f/pl	indirecte kosten m/pl	indirekta kostnader pl	koszty pośrednie m/pl	režijní náklady m/pl	általános költségek
classes de custos f/pl	kostensoorten f/pl	typer av kostnader pl	rodzaje kosztów m/pl	druhy nákladů m/pl	költségfajták
custos reais m/pl	effectieve kosten m/pl	faktiska kostnader pl	koszty rzeczywiste m/pl	skutečné náklady m/pl	tényleges költségek
custos variáveis m/pl	variabele kosten m/pl	rörliga kostnader pl	koszty zmienne m/pl	proměnné náklady m/pl	változó költségek
custos totais m/pl	totale kosten m/pl	totala kostnader pl	koszty całkowite m/pl	celkové náklady m/pl	összköltség
custo por unidade m	kosten per eenheid m/pl	kostnad per styck	koszty jednostkowe m/pl	jednicové náklady m/pl	darabköltség
cobertura f	dekking f	täckning	pokrycie n	krytí n	fedezet
protecção por seguro f	bescherming door verzekering f	försäkringsskydd	ochrona ubezpieczeniowa f	ochrana získaná pojištěním f	biztosítási fedezet
cobertura f	dekking f	täckning	pokrycie n	krytí n	fedezet
artesanato m	ambacht n	hantverk	rzemiosło n	řemeslo n	kézműipar
caixa f	kist f	låda	skrzynka f	bedna f	láda
valor adicionado m	toegevoegde waarde f	mervärde	kreacja wartości dodanej f	tvorba hodnot f	értéknövelés
credor Km	schuldeiser m	borgenär	wierzyciel m	věřitel m	hitelező
credor da massa falida m	schuldeiser in de boedel m	konkursfordringsägare	wierzyciel upadłości m	konkursní věřitel m	csődhitelező

création de valeurs 236

	D	E	F	I	ES
création de valeurs (F)	Wertschöpfung f	net product	—	valore aggiunto m	creación de valor f
creazione del prodotto (I)	Produktgestaltung f	product design	conception d'un produit f	—	diseño del producto m
crecimiento (ES)	Wachstum n	growth	croissance f	crescita f	—
crecimiento cero (ES)	Nullwachstum n	zero growth	croissance zéro f	crescita zero f	—
crecimiento económico (ES)	Wirtschaftswachstum n	economic growth	croissance économique f	crescita economica f	—
credit (E)	Gutschrift f	—	crédit m	accredito m	abono m
crédit (F)	Gutschrift f	credit	—	accredito m	abono m
crédit (F)	Kredit m	loan	—	credito m	crédito m
crédit à court terme (F)	kurzfristiger Kredit m	short-term credit	—	credito a breve termine m	crédito a corto plazo m
crédit à la construction (F)	Baukredit m	building loan	—	credito edilizio m	crédito para la construcción f
crédit à long terme (F)	langfristiger Kredit m	long-term credit	—	credito a lungo termine m	crédito a largo plazo m
crédit à taux révisable (F)	Roll-over-Kredit m	roll-over credit	—	credito roll-over m	crédito roll over m
crédit-bail (F)	Leasing n	leasing	—	leasing m	leasing m
credit bank (E)	Kreditbank f	—	banque de crédit f	banca di credito f	banco de crédito m
credit business (E)	Kreditgeschäft n	—	achat à crédit m	operazione di credito f	operaciones de crédito f/pl
credit by way of bank guarantee (E)	Bürgschaftskredit m	—	crédit cautionné m	credito garantito m	crédito de garantía m
credit card (E)	Kreditkarte n	—	carte accréditive f	carta di credito f	tarjeta de crédito f
crédit cautionné (F)	Bürgschaftskredit m	credit by way of bank guarantee	—	credito garantito m	crédito de garantía m
credit commission (E)	Kreditprovision f	—	frais de commissions d'ouverture de crédit m/pl	provvigione di credito f	comisión de apertura de crédito f
crédit de caisse (F)	Barkredit m	cash credit	—	credito per cassa m	crédito en efectivo m
crédit de cautionnement (F)	Avalkredit m	loan granted by way of bank guarantee	—	credito d'avallo m	crédito de aval m
crédit de fournisseurs (F)	Lieferantenkredit m	supplier's credit	—	credito al fornitore m	crédito comercial m
crédit d'escompte (F)	Wechselkredit	acceptance credit	—	credito cambiario m	crédito cambiario m
crédit d'investissement (F)	Investitionskredit m	investment loan	—	credito d'investimento m	crédito de inversión m
crédit en compte courant (F)	Blankokredit m	unsecured credit	—	credito scoperto m	crédito en blanco m
crédit garanti par nantissement mobilier (F)	Lombardkredit m	advance against securities	—	credito su pegno m	crédito pignoraticio m
credit institution (E)	Kreditinstitut n	—	établissement de crédit m	istituto di credito m	instituto de crédito m
crediti pendenti (I)	Außenstände f	outstanding debts	dettes actives f/pl	—	cobros pendientes m/pl
credit line (E)	Kreditlinie f	—	plafond du crédit accordé m	linea creditizia f	línea de crédito f
credit margin (E)	Kreditrahmen m	—	marge de crédit accordé f	plafond di credito m	margen de crédito m
creditnota (NL)	Gutschrift f	credit	crédit m	accredito m	abono m
credito (I)	Kredit m	loan	crédit m	—	crédito m
crédito (ES)	Kredit m	loan	crédit m	credito m	—
crédito (ES)	Kreditfähigkeit f	financial standing	solvabilité f	capacità creditizia f	—
crédito (P)	Guthaben n	assets	avoir m	saldo attivo m	haber m
crédito (P)	Kredit m	loan	crédit m	credito m	crédito m
credito a breve termine (I)	kurzfristiger Kredit m	short-term credit	crédit à court terme m	—	crédito a corto plazo m

credito a breve termine

P	NL	SV	PL	CZ	H
valor adicionado m	toegevoegde waarde f	mervärde	kreacja wartości dodanej f	tvorba hodnot f	értéknövelés
desenho do produto m	productvormgeving f	produktdesign	wzornictwo produktów n	vzhled výrobků m	terméktervezés
crescimento m	groei m	tillväxt	wzrost m	růst m	növekedés
crescimento nulo m	nulgroei m	nolltillväxt	wzrost zerowy m	nulový růst m	nulla növekedés
crescimento económico m	economische groei m	ekonomisk tillväxt	wzrost gospodarczy m	hospodářský růst m	gazdasági növekedés
nota de crédito f	creditnota f	kreditering	zapis na dobro rachunku m	dobropis m	jóváírás
nota de crédito f	creditnota f	kreditering	zapis na dobro rachunku m	dobropis m	jóváírás
crédito m	krediet n	kredit	kredyt m	úvěr m	hitel
crédito a curto prazo m	krediet op korte termijn n	kortfristig kredit	kredyt krótkoterminowy m	krátkodobý úvěr m	rövid lejáratú hitel
crédito para a construção m	bouwkrediet n	byggnadslån	kredyt budowlany m	stavební úvěr m	építési kölcsön
crédito a longo prazo m	krediet op lange termijn n	långfristig kredit	kredyt długoterminowy m	dlouhodobý úvěr m	hosszú lejáratú hitel
crédito roll-over m	roll-over krediet n	roll-over-kredit	kredyt roll-over m	úvěr s měnící se úrokovou sazbou m	változó kamatozású hitel
locação financeira f	leasing f	leasing	leasing m	leasing m	lízing
banco de crédito m	kredietbank f/m	affärsbank	bank kredytowy m	úvěrová banka f	hitelbank
operação de crédito f	krediettransactie f	kreditaffär	transakcja kredytowa f	úvěrová operace f	hitelügylet
crédito sob fiança m	borgstellingskrediet n	borgenslån	kredyt gwarantowany m	ručitelský úvěr m	garantált hitel
cartão de crédito m	kredietkaart f	kreditkort	karta kredytowa f	úvěrová karta f	hitelkártya
crédito sob fiança m	borgstellingskrediet n	borgenslån	kredyt gwarantowany m	ručitelský úvěr m	garantált hitel
comissão de crédito f	kredietcommissie f	uppläggningsavgift	prowizja od kredytu f	provize úvěru f	hiteljutalék
crédito a dinheiro m	contant krediet n	kassakredit	kredyt gotówkowy m	úvěr v hotovosti m	készpénzhitel
crédito de aval m	avalkrediet n	avallån	kredyt awalizowany m	ručitelský úvěr m	kezességi hitel
crédito do fornecedor m	leverancierskrediet n	leverantörskredit	kredyt u dostawców m	dodavatelský úvěr m	kereskedelmi hitel
crédito cambial m	acceptkrediet n	växelkredit	kredyt wekslowy m	směnečný úvěr m	váltóhitel
crédito ao investimento m	investeringskrediet n	investeringslån	kredyt inwestycyjny m	investiční úvěr m	beruházási hitel
crédito a descoberto m	blancokrediet n	blankokredit	kredyt otwarty m	neomezený úvěr m	fedezetlen hitel
crédito com garantia sobre títulos m	voorschot op onderpand n	lombardkredit	kredyt lombardowy m	lombardní úvěr m	lombardhitel
instituição de crédito f	kredietinstelling f	kreditinstitut	instytucja kredytowa f	úvěrový ústav m	hitelintézet
dívidas a cobrar f/pl	uitstaande vorderingen f/pl	uteståendeskulder pl	należności f/pl	nedoplatky m/pl	kinnlevőségek
linha de crédito f	kredietlijn f/m	kreditgräns	linia kredytowa f	hranice úvěru f	hitelkeret
plafond de crédito m	kredietmarge f	kreditram	rama kredytowa f	rámec úvěrů m	hitelkeret
nota de crédito f	—	kreditering	zapis na dobro rachunku m	dobropis m	jóváírás
crédito m	krediet n	kredit	kredyt m	úvěr m	hitel
crédito m	krediet n	kredit	kredyt m	úvěr m	hitel
capacidade de crédito f	kredietwaardigheid f	solvens	zdolność kredytowa f	úvěrová schopnost f	hitelképesség
—	creditzijde f	saldo	aktywa pl	pohledávka f	követelés(ek)
—	krediet n	kredit	kredyt m	úvěr m	hitel
crédito a curto prazo m	krediet op korte termijn n	kortfristig kredit	kredyt krótkoterminowy m	krátkodobý úvěr m	rövid lejáratú hitel

crédito a corto plazo

	D	E	F	I	ES
crédito a corto plazo (ES)	kurzfristiger Kredit m	short-term credit	crédit à court terme m	credito a breve termine m	—
crédito a curto prazo (P)	kurzfristiger Kredit m	short-term credit	crédit à court terme m	credito a breve termine m	crédito a corto plazo m
crédito a descoberto (P)	Blankokredit m	unsecured credit	crédit en compte courant m	credito scoperto m	crédito en blanco m
crédito a descoberto (P)	Überziehungskredit m	overdraft credit	avance sur compte courant f	credito allo scoperto m	crédito en descubierto m
crédito a dinheiro (P)	Barkredit m	cash credit	crédit de caisse m	credito per cassa m	crédito en efectivo m
crédito a largo plazo (ES)	langfristiger Kredit m	long-term credit	crédit à long terme m	credito a lungo termine m	—
credito al fornitore (I)	Lieferantenkredit m	supplier's credit	crédit de fournisseurs m	—	crédito comercial m
credito allo scoperto (I)	Überziehungskredit m	overdraft credit	avance sur compte courant f	—	crédito en descubierto m
crédito a longo prazo (P)	langfristiger Kredit m	long-term credit	crédit à long terme m	credito a lungo termine m	crédito a largo plazo m
credito al personale (I)	Personalkredit m	personal loan	crédit personnel m	—	crédito personal m
credito a lungo termine (I)	langfristiger Kredit m	long-term credit	crédit à long terme m	—	crédito a largo plazo m
crédito ao investimento (P)	Investitionskredit m	investment loan	crédit d'investissement m	credito d'investimento m	crédito de inversión m
crédito cambial (P)	Wechselkredit	acceptance credit	crédit d'escompte m	credito cambiario m	crédito cambiario m
credito cambiario (I)	Wechselkredit	acceptance credit	crédit d'escompte m	—	crédito cambiario m
crédito cambiario (ES)	Wechselkredit	acceptance credit	crédit d'escompte m	credito cambiario m	—
crédito comercial (ES)	Lieferantenkredit m	supplier's credit	crédit de fournisseurs m	credito al fornitore m	—
crédito comercial (ES)	Warenkredit m	trade credit	avance sur marchandises f	credito su merci m	—
crédito comercial (P)	Warenkredit m	trade credit	avance sur marchandises f	credito su merci m	crédito comercial m
crédito com garantia sobre títulos (P)	Lombardkredit m	advance against securities	crédit garanti par nantissement mobilier m	credito su pegno m	crédito pignoraticio m
credito d'accettazione (I)	Akzeptkredit m	acceptance credit	crédit par acceptation m	—	crédito de aceptación m
credito d'avallo (I)	Avalkredit m	loan granted by way of bank guarantee	crédit de cautionnement m	—	crédito de aval m
crédito de aceitação (P)	Akzeptkredit m	acceptance credit	crédit par acceptation m	credito d'accettazione m	crédito de aceptación m
crédito de aceptación (ES)	Akzeptkredit m	acceptance credit	crédit par acceptation m	credito d'accettazione m	—
crédito de aval (ES)	Avalkredit m	loan granted by way of bank guarantee	crédit de cautionnement m	credito d'avallo m	—
crédito de aval (P)	Avalkredit m	loan granted by way of bank guarantee	crédit de cautionnement m	credito d'avallo m	crédito de aval m
crédito de garantía (ES)	Bürgschaftskredit m	credit by way of bank guarantee	crédit cautionné m	credito garantito m	—
crédito de inversión (ES)	Investitionskredit m	investment loan	crédit d'investissement m	credito d'investimento m	—
crédito de reembolso (ES)	Rembourskredit m	documentary acceptance credit	crédit par acceptation bancaire à l'étranger m	credito di rimborso m	—
crédito de transição (P)	Überbrückungskredit m	bridging loan	crédit transitoire m	credito ponte m	crédito transitorio m
credito d'investimento (I)	Investitionskredit m	investment loan	crédit d'investissement m	—	crédito de inversión m
credito di rimborso (I)	Rembourskredit m	documentary acceptance credit	crédit par acceptation bancaire à l'étranger m	—	crédito de reembolso m
crédito documentario (ES)	Akkreditiv n	letter of credit	accréditif m	lettera di credito f	—
crédito documentário (P)	Akkreditiv n	letter of credit	accréditif m	lettera di credito f	crédito documentario m
crédito documentário (P)	Rembourskredit m	documentary acceptance credit	crédit par acceptation bancaire à l'étranger m	credito di rimborso m	crédito de reembolso m

crédito documentário

P	NL	SV	PL	CZ	H
crédito a curto prazo m	krediet op korte termijn n	kortfristig kredit	kredyt krótkoterminowy m	krátkodobý úvěr m	rövid lejáratú hitel
—	krediet op korte termijn n	kortfristig kredit	kredyt krótkoterminowy m	krátkodobý úvěr m	rövid lejáratú hitel
—	blancokrediet n	blankokredit	kredyt otwarty m	neomezený úvěr m	fedezetlen hitel
—	krediet in rekening-courant n	trasseringskredit	kredyt techniczny m	debetní úvěr m	folyószámlahitel
—	contant krediet n	kassakredit	kredyt gotówkowy m	úvěr v hotovosti m	készpénzhitel
crédito a longo prazo m	krediet op lange termijn n	långfristig kredit	kredyt długoterminowy m	dlouhodobý úvěr m	hosszú lejáratú hitel
crédito do fornecedor m	leverancierskrediet n	leverantörskredit	kredyt u dostawców m	dodavatelský úvěr m	kereskedelmi hitel
crédito a descoberto m	krediet in rekening-courant n	trasseringskredit	kredyt techniczny m	debetní úvěr m	folyószámlahitel
—	krediet op lange termijn n	långfristig kredit	kredyt długoterminowy m	dlouhodobý úvěr m	hosszú lejáratú hitel
crédito pessoal m	persoonlijk krediet n	personallån	kredyt osobisty m	osobní úvěr m	személyi kölcsön
crédito a longo prazo m	krediet op lange termijn n	långfristig kredit	kredyt długoterminowy m	dlouhodobý úvěr m	hosszú lejáratú hitel
—	investeringskrediet n	investeringslån	kredyt inwestycyjny m	investiční úvěr m	beruházási hitel
—	acceptkrediet n	växelkredit	kredyt wekslowy m	směnečný úvěr m	váltóhitel
crédito cambial m	acceptkrediet n	växelkredit	kredyt wekslowy m	směnečný úvěr m	váltóhitel
crédito cambial m	acceptkrediet n	växelkredit	kredyt wekslowy m	směnečný úvěr m	váltóhitel
crédito do fornecedor m	leverancierskrediet n	leverantörskredit	kredyt u dostawców m	dodavatelský úvěr m	kereskedelmi hitel
crédito comercial m	handelskrediet n	leverantörkredit	kredyt towarowy m	úvěr na zboží m	áruhitel
—	handelskrediet n	leverantörkredit	kredyt towarowy m	úvěr na zboží m	áruhitel
—	voorschot op onderpand n	lombardkredit	kredyt lombardowy m	lombardní úvěr m	lombardhitel
crédito de aceitação	acceptkrediet n	växelkredit	kredyt akceptacyjno-rembursowy m	akceptační úvěr m	váltóhitel
crédito de aval m	avalkrediet n	avallån	kredyt awalizowany m	ručitelský úvěr m	kezességi hitel
—	acceptkrediet n	växelkredit	kredyt akceptacyjno-rembursowy m	akceptační úvěr m	váltóhitel
crédito de aceitação	acceptkrediet n	växelkredit	kredyt akceptacyjno-rembursowy m	akceptační úvěr m	váltóhitel
crédito de aval m	avalkrediet n	avallån	kredyt awalizowany m	ručitelský úvěr m	kezességi hitel
—	avalkrediet n	avallån	kredyt awalizowany m	ručitelský úvěr m	kezességi hitel
crédito sob fiança m	borgstellingskrediet n	borgenslån	kredyt gwarantowany m	ručitelský úvěr m	garantált hitel
crédito ao investimento m	investeringskrediet n	investeringslån	kredyt inwestycyjny m	investiční úvěr m	beruházási hitel
crédito documentário m	documentair krediet n	remburs	kredyt rembursowy m	remboursní úvěr m	okmányos meghitelezés
—	overbruggingskrediet n	överbryggningskredit	kredyt krótkoterminowy m	překlenovací úvěr m	áthidaló hitel
crédito ao investimento m	investeringskrediet n	investeringslån	kredyt inwestycyjny m	investiční úvěr m	beruházási hitel
crédito documentário m	documentair krediet n	remburs	kredyt rembursowy m	remboursní úvěr m	okmányos meghitelezés
crédito documentário m	geconfirmeerde kredietbrief m	remburs	Akredytywa f	akreditiv m	akkreditív
—	geconfirmeerde kredietbrief m	remburs	Akredytywa f	akreditiv m	akkreditív
—	documentair krediet n	remburs	kredyt rembursowy m	remboursní úvěr m	okmányos meghitelezés

crédito do fornecedor 240

	D	E	F	I	ES
crédito do fornecedor (P)	Lieferantenkredit m	supplier's credit	crédit de fournisseurs m	credito al fornitore m	crédito comercial m
credito edilizio (I)	Baukredit m	building loan	crédit à la construction m	—	crédito para la construcción f
crédito en blanco (ES)	Blankokredit m	unsecured credit	crédit en compte courant m	credito scoperto m	—
crédito en descubierto (ES)	Überziehungskredit m	overdraft credit	avance sur compte courant f	credito allo scoperto m	—
crédito en efectivo (ES)	Barkredit m	cash credit	crédit de caisse m	credito per cassa m	—
credito garantito (I)	Bürgschaftskredit m	credit by way of bank guarantee	crédit cautionné m	—	crédito de garantía m
crédito imobiliário (P)	Realkredit m	credit on real estate	crédit sur gage mobilier m	credito reale m	crédito real m
credit on real estate (E)	Realkredit m	—	crédit sur gage mobilier m	credito reale m	crédito real m
crédito para a construção (P)	Baukredit m	building loan	crédit à la construction m	credito edilizio m	crédito para la construcción f
crédito para la construcción (ES)	Baukredit m	building loan	crédit à la construction m	credito edilizio m	—
credito per cassa (I)	Barkredit m	cash credit	crédit de caisse m	—	crédito en efectivo m
credito per danni (I)	Schadensforderung f	claim for damages	prétention à dommages-intérêts f	—	pretensión de indemnización f
crédito personal (ES)	Personalkredit m	personal loan	crédit personnel m	credito al personale m	—
crédito pessoal (P)	Personalkredit m	personal loan	crédit personnel m	credito al personale m	crédito personal m
crédito pignoraticio (ES)	Lombardkredit m	advance against securities	crédit garanti par nantissement mobilier m	credito su pegno m	—
credito ponte (I)	Überbrückungskredit m	bridging loan	crédit transitoire m	—	crédito transitorio m
creditor (E)	Gläubiger m	—	créancier m	creditore m	accreedor m
creditore (I)	Gläubiger m	creditor	créancier m	—	accreedor m
crédito real (ES)	Realkredit m	credit on real estate	crédit sur gage mobilier m	credito reale m	—
credito reale (I)	Realkredit m	credit on real estate	crédit sur gage mobilier m	—	crédito real m
creditore della massa fallimentare (I)	Konkursgläubiger m	bankrupt's creditor	créancier de la faillite m	—	acreedor de la quiebra m
credito roll-over (I)	Roll-over-Kredit m	roll-over credit	crédit à taux révisable m	—	crédito roll over m
crédito roll over (ES)	Roll-over-Kredit m	roll-over credit	crédit à taux révisable m	credito roll-over m	—
crédito roll-over (P)	Roll-over-Kredit m	roll-over credit	crédit à taux révisable m	credito roll-over m	crédito roll over m
creditors' meeting (E)	Gläubigerversammlung f	—	assemblée des créanciers f	assemblea dei creditori f	junta de acreedores f
credito scoperto (I)	Blankokredit m	unsecured credit	crédit en compte courant m	—	crédito en blanco m
crédito sob fiança (P)	Bürgschaftskredit m	credit by way of bank guarantee	crédit cautionné m	credito garantito m	crédito de garantía m
credito su merci (I)	Warenkredit m	trade credit	avance sur marchandises f	—	crédito comercial m
credito su pegno (I)	Lombardkredit m	advance against securities	crédit garanti par nantissement mobilier m	—	crédito pignoraticio m
crédito transitorio (ES)	Überbrückungskredit m	bridging loan	crédit transitoire m	credito ponte m	—
crédit par acceptation (F)	Akzeptkredit m	acceptance credit	—	credito d'accettazione m	crédito de aceptación m
crédit par acceptation bancaire à l'étranger (F)	Rembourskredit m	documentary acceptance credit	—	credito di rimborso m	crédito de reembolso m
crédit personnel (F)	Personalkredit m	personal loan	—	credito al personale m	crédito personal m

crédit personnel

P	NL	SV	PL	CZ	H
—	leverancierskrediet n	leverantörskredit	kredyt u dostawców m	dodavatelský úvěr m	kereskedelmi hitel
crédito para a construção m	bouwkrediet n	byggnadslån	kredyt budowlany m	stavební úvěr m	építési kölcsön
crédito a descoberto m	blancokrediet n	blankokredit	kredyt otwarty m	neomezený úvěr m	fedezetlen hitel
crédito a descoberto m	krediet in rekening-courant n	trasseringskredit	kredyt techniczny m	debetní úvěr m	folyószámlahitel
crédito a dinheiro m	contant krediet n	kassakredit	kredyt gotówkowy m	úvěr v hotovosti m	készpénzhitel
crédito sob fiança m	borgstellingskrediet n	borgenslån	kredyt gwarantowany m	ručitelský úvěr m	garantált hitel
—	krediet op onderpand n	lån mot realsäkerhet	kredyt rzeczowy m	věcný úvěr m	jelzálogkölcsön
crédito imobiliário m	krediet op onderpand n	lån mot realsäkerhet	kredyt rzeczowy m	věcný úvěr m	jelzálogkölcsön
—	bouwkrediet n	byggnadslån	kredyt budowlany m	stavební úvěr m	építési kölcsön
crédito para a construção m	bouwkrediet n	byggnadslån	kredyt budowlany m	stavební úvěr m	építési kölcsön
crédito a dinheiro m	contant krediet n	kassakredit	kredyt gotówkowy m	úvěr v hotovosti m	készpénzhitel
acção de indemnização por danos f	schadeclaim m	skadeersättningsspråk	roszczenie do odszkodowania n	požadavek odškodnění n	kártérítési követelés
crédito pessoal m	persoonlijk krediet n	personallån	kredyt osobisty m	osobní úvěr m	személyi kölcsön
—	persoonlijk krediet n	personallån	kredyt osobisty m	osobní úvěr m	személyi kölcsön
crédito com garantia sobre títulos m	voorschot op onderpand n	lombardkredit	kredyt lombardowy m	lombardní úvěr m	lombardhitel
crédito de transição m	overbruggingskrediet n	överbryggningskredit	kredyt krótkoterminowy m	překlenovací úvěr m	áthidaló hitel
credor Km	schuldeiser m	borgenär	wierzyciel m	věřitel m	hitelező
credor Km	schuldeiser m	borgenär	wierzyciel m	věřitel m	hitelező
crédito imobiliário m	krediet op onderpand n	lån mot realsäkerhet	kredyt rzeczowy m	věcný úvěr m	jelzálogkölcsön
crédito imobiliário m	krediet op onderpand n	lån mot realsäkerhet	kredyt rzeczowy m	věcný úvěr m	jelzálogkölcsön
credor da massa falida m	schuldeiser in de boedel m	konkursfordringsägare	wierzyciel upadłości m	konkursní věřitel m	csődhitelező
crédito roll-over m	roll-over krediet n	roll-over-kredit	kredyt roll-over m	úvěr s měnící se úrokovou sazbou m	változó kamatozású hitel
crédito roll-over m	roll-over krediet n	roll-over-kredit	kredyt roll-over m	úvěr s měnící se úrokovou sazbou m	változó kamatozású hitel
—	roll-over krediet n	roll-over-kredit	kredyt roll-over m	úvěr s měnící se úrokovou sazbou m	változó kamatozású hitel
assembleia de credores f	vergadering van de schuldeisers f	borgenärssammanträde	zgormadzenie wierzycieli n	schůze věřitelů f	hitelezők gyűlése
crédito a descoberto m	blancokrediet n	blankokredit	kredyt otwarty m	neomezený úvěr m	fedezetlen hitel
—	borgstellingskrediet n	borgenslån	kredyt gwarantowany m	ručitelský úvěr m	garantált hitel
crédito comercial m	handelskrediet n	leverantörkredit	kredyt towarowy m	úvěr na zboží m	áruhitel
crédito com garantia sobre títulos m	voorschot op onderpand n	lombardkredit	kredyt lombardowy m	lombardní úvěr m	lombardhitel
crédito de transição m	overbruggingskrediet n	överbryggningskredit	kredyt krótkoterminowy m	překlenovací úvěr m	áthidaló hitel
crédito de aceitação m	acceptkrediet n	växelkredit	kredyt akceptacyjno-rembursowy m	akceptační úvěr m	váltóhitel
crédito documentário m	documentair krediet n	remburs	kredyt rembursowy m	remboursní úvěr m	okmányos meghitelezés
crédito pessoal m	persoonlijk krediet n	personallån	kredyt osobisty m	osobní úvěr m	személyi kölcsön

credit purchase 242

	D	E	F	I	ES
credit purchase (E)	Kreditkauf m	—	achat à crédit m	acquisto a credito m	compra a crédito f
credit side (E)	Haben n	—	avoir m	avere m	haber m
crédit sur gage mobilier (F)	Realkredit m	credit on real estate	—	credito reale m	crédito real m
credit transaction (E)	Aktivgeschäft n	—	opération active f	operazione di credito f	operaciones activas f/pl
crédit transitoire (F)	Überbrückungskredit m	bridging loan	—	credito ponte m	crédito transitorio m
creditzijde (NL)	Guthaben n	assets	avoir m	saldo attivo m	haber m
creditzijde (NL)	Haben n	credit side	avoir m	avere m	haber m
credor da massa falida (P)	Konkursgläubiger m	bankrupt's creditor	créancier de la faillite m	creditore della massa fallimentare m	acreedor de la quiebra m
credor Km (P)	Gläubiger m	creditor	créancier m	creditore m	accreedor m
creeping inflation (E)	schleichende Inflation f	—	inflation rampante f	inflazione latente f	inflación subrepticia f
créneau du marché (F)	Marktlücke f	market gap	—	nicchia di mercato f	vacío del mercado m
crescimento (P)	Wachstum n	growth	croissance f	crescita f	crecimiento m
crescimento económico (P)	Wirtschaftswachstum n	economic growth	croissance économique f	crescita economica f	crecimiento económico m
crescimento nulo (P)	Nullwachstum n	zero growth	croissance zéro f	crescita zero f	crecimiento cero m
crescita (I)	Wachstum n	growth	croissance f	—	crecimiento m
crescita economica (I)	Wirtschaftswachstum n	economic growth	croissance économique f	—	crecimiento económico m
crescita zero (I)	Nullwachstum n	zero growth	croissance zéro f	—	crecimiento cero m
criminalidad económica (ES)	Wirtschaftskriminalität f	white-collar crime	délinquance économique f	criminalità economica f	—
criminalidade económica (P)	Wirtschaftskriminalität f	white-collar crime	délinquance économique f	criminalità economica f	criminalidad económica f
criminalità economica (I)	Wirtschaftskriminalität f	white-collar crime	délinquance économique f	—	criminalidad económica f
crise (F)	Krise f	crisis	—	crisi f	crisis f
crise (P)	Krise f	crisis	crise f	crisi f	crisis f
crise económica (P)	Wirtschaftskrise f	economic crisis	crise économique f	crisi economica f	crisis económica f
crise économique (F)	Wirtschaftskrise f	economic crisis	—	crisi economica f	crisis económica f
crisi (I)	Krise f	crisis	crise f	—	crisis f
crisi economica (I)	Wirtschaftskrise f	economic crisis	crise économique f	—	crisis económica f
crisis (E)	Krise f	—	crise f	crisi f	crisis f
crisis (ES)	Krise f	crisis	crise f	crisi f	—
crisis (NL)	Krise f	crisis	crise f	crisi f	crisis f
crisisbestendig (NL)	krisenfest	crisis-proof	insensible aux influences de la crise	resistente alla crisi	a prueba de crisis
crisis económica (ES)	Wirtschaftskrise f	economic crisis	crise économique f	crisi economica f	—
crisis-proof (E)	krisenfest	—	insensible aux influences de la crise	resistente alla crisi	a prueba de crisis
critères de convergence (F)	Konvergenzkriterien pl	criteria of convergence	—	criteri di convergenza m	criterios de convergencia m/pl
criteria of convergence (E)	Konvergenzkriterien pl	—	critères de convergence m/pl	criteri di convergenza m	criterios de convergencia m/pl
criteri di convergenza (I)	Konvergenzkriterien pl	criteria of convergence	critères de convergence m/pl	—	criterios de convergencia m/pl
criterios de convergencia (ES)	Konvergenzkriterien pl	criteria of convergence	critères de convergence m/pl	criteri di convergenza m	—
critérios de convergência (P)	Konvergenzkriterien pl	criteria of convergence	critères de convergence m/pl	criteri di convergenza m	criterios de convergencia m/pl
croissance (F)	Wachstum n	growth	—	crescita f	crecimiento m
croissance économique (F)	Wirtschaftswachstum n	economic growth	—	crescita economica f	crecimiento económico m
croissance zéro (F)	Nullwachstum n	zero growth	—	crescita zero f	crecimiento cero m

croissance zéro

P	NL	SV	PL	CZ	H
compra a crédito f	koop op krediet m	kreditköp	kupno na kredyt n	nákup na úvěr m	hitelre történő vásárlás
haver m	creditzijde f	tillgodohavande	Ma	strana "Dal"	követel oldal
crédito imobiliário m	krediet op onderpand n	lån mot realsäkerhet	kredyt rzeczowy m	věcný úvěr m	jelzálogkölcsön
operações activas f/pl	kredietverlening f	aktivatransaktion	transakcja kredytowa f	aktivní bankovní operace f	aktív bankügylet
crédito de transição m	overbruggingskrediet n	överbryggningskredit	kredyt krótkoterminowy m	překlenovací úvěr m	áthidaló hitel
crédito m	—	saldo	aktywa pl	pohledávka f	követelés(ek)
haver m	—	tillgodohavande	Ma	strana "Dal"	követel oldal
—	schuldeiser in de boedel m	konkursfordringsägare	wierzyciel upadłości m	konkursní věřitel m	csődhitelező
—	schuldeiser m	borgenär	wierzyciel	věřitel m	hitelező
inflação insidiosa f	kruipende inflatie f	smygande inflation	skradająca się inflacja f	plíživá inflace f	kúszó infláció
lacuna do mercado f	gat in de markt n	marknadsnisch	luka rynkowa f	mezera na trhu f	piaci rés
—	groei m	tillväxt	wzrost m	růst m	növekedés
—	economische groei m	ekonomisk tillväxt	wzrost gospodarczy m	hospodářský růst m	gazdasági növekedés
—	nulgroei m	nolltillväxt	wzrost zerowy m	nulový růst m	nulla növekedés
crescimento m	groei m	tillväxt	wzrost m	růst m	növekedés
crescimento económico m	economische groei m	ekonomisk tillväxt	wzrost gospodarczy m	hospodářský růst m	gazdasági növekedés
crescimento nulo m	nulgroei m	nolltillväxt	wzrost zerowy m	nulový růst m	nulla növekedés
criminalidade económica f	economische criminaliteit f	ekonomisk brottslighet	przestępczość gospodarcza f	hospodářská kriminalita f	gazdasági bűnözés
—	economische criminaliteit f	ekonomisk brottslighet	przestępczość gospodarcza f	hospodářská kriminalita f	gazdasági bűnözés
criminalidade económica f	economische criminaliteit f	ekonomisk brottslighet	przestępczość gospodarcza f	hospodářská kriminalita f	gazdasági bűnözés
crise f	crisis f	kris	kryzys m	krize f	válság
—	crisis f	kris	kryzys m	krize f	válság
—	economische crisis f	ekonomisk kris	kryzys gospodarczy m	hospodářská krize f	gazdasági válság
crise económica f	economische crisis f	ekonomisk kris	kryzys gospodarczy m	hospodářská krize f	gazdasági válság
crise f	crisis f	kris	kryzys m	krize f	válság
crise económica f	economische crisis f	ekonomisk kris	kryzys gospodarczy m	hospodářská krize f	gazdasági válság
crise f	crisis f	kris	kryzys m	krize f	válság
crise f	crisis f	kris	kryzys m	krize f	válság
crise f	—	kris	kryzys m	krize f	válság
resistente a crises	—	krisresistent	odporny na kryzys	odolný proti krizi f	válságok által nem fenyegetett
crise económica f	economische crisis f	ekonomisk kris	kryzys gospodarczy m	hospodářská krize f	gazdasági válság
resistente a crises	crisisbestendig	krisresistent	odporny na kryzys	odolný proti krizi f	válságok által nem fenyegetett
critérios de convergência m/pl	convergentiecriteria n/pl	konvergenskriterier	kryteria konwergencji m/pl	kritéria konvergence n/pl	konvergenciakritériumok
critérios de convergência m/pl	convergentiecriteria n/pl	konvergenskriterier	kryteria konwergencji m/pl	kritéria konvergence n/pl	konvergenciakritériumok
critérios de convergência m/pl	convergentiecriteria n/pl	konvergenskriterier	kryteria konwergencji m/pl	kritéria konvergence n/pl	konvergenciakritériumok
critérios de convergência m/pl	convergentiecriteria n/pl	konvergenskriterier	kryteria konwergencji m/pl	kritéria konvergence n/pl	konvergenciakritériumok
—	convergentiecriteria n/pl	konvergenskriterier	kryteria konwergencji m/pl	kritéria konvergence n/pl	konvergenciakritériumok
crescimento m	groei m	tillväxt	wzrost m	růst m	növekedés
crescimento económico m	economische groei m	ekonomisk tillväxt	wzrost gospodarczy m	hospodářský růst m	gazdasági növekedés
crescimento nulo m	nulgroei m	nolltillväxt	wzrost zerowy m	nulový růst m	nulla növekedés

crollo di borsa 244

	D	E	F	I	ES
crollo di borsa (I)	Börsenkrach m	stock market crash	krach boursier m	—	derrumbe bursátil m
crossed cheque (E)	Verrechnungsscheck m	—	chèque à porter en compte m	assegno sbarrato m	cheque cruzado m
crude oil (E)	Rohöl n	—	pétrole brut m	petrolio greggio m	crudo m
crudo (ES)	Rohöl n	crude oil	pétrole brut m	petrolio greggio m	—
csalárd csőd (H)	betrügerischer Bankrott m	fraudulent bankruptcy	banqueroute frauduleuse f	bancarotta fraudolenta f	quiebra fraudulenta f
csalás (H)	Betrug m	fraud	fraude f	frode f	fraude m
csapatmunka (H)	Teamarbeit f	teamwork	travail d'équipe m	lavoro d'équipe m	trabajo en equipo m
cseh (nyelv) (H)	Tschechisch n	Czech	tchèque	ceco m	checo m
Csehország (H)	Tschechien	Czech Republic	république tchèque f	Repubblica Ceca f	República Checa f
cseh(ül) (H)	tschechisch	Czech	tchèque	ceco	checo
csekk (H)	Scheck m	cheque	chèque m	assegno m	cheque m
csekkel elkövetett csalás (H)	Scheckbetrug m	cheque fraud	irrégularité en matière de chèque f	emissione di assegno a vuoto f	falsificación de cheques f
csekkfüzet (H)	Scheckheft n	cheque book	carnet de chèques m	blocchetto degli assegni m	talonario de cheques m
csekk-kártya (H)	Scheckkarte f	cheque card	carte d'identité eurochèque f	carta-assegni f	tarjeta cheque f
csempészet (H)	Schmuggel m	smuggling	contrebande f	contrabbando m	contrabando m
csere (H)	Tausch m	exchange	troc m	scambio m	cambio m
csere (H)	Umtausch m	exchange	échange m	cambio m	cambio m
csőd (H)	Bankrott m	bankruptcy	faillite f	bancarotta f	quiebra f
csőd (H)	Konkurs m	bankruptcy	faillite f	fallimento m	quiebra f
csődadós (H)	Gemeinschuldner m	adjudicated bankrupt	débiteur en faillite m	debitore fallito m	deudor común m
csődbejelentés (H)	Konkursantrag m	bankruptcy petition	demande en déclaration de faillite f	domanda di dichiarazione di fallimento f	petición de quiebra f
csődbíróság (H)	Konkursgericht n	bankruptcy court	tribunal de la faillite m	tribunale fallimentare m	tribunal de quiebras m
csődeljárás (H)	Konkursverfahren n	bankruptcy proceedings	procédure de faillite f	procedura fallimentare f	procedimiento de quiebra f
csődgondnok (H)	Konkursverwalter m	official receiver	liquidateur de la faillite m	curatore fallimentare m	síndico de quiebra m
csődhitelező (H)	Konkursgläubiger m	bankrupt's creditor	créancier de la faillite m	creditore della massa fallimentare m	acreedor de la quiebra m
csődtömeg (H)	Konkursmasse f	bankrupt's estate	masse de la faillite f	massa fallimentare f	masa de la quiebra f
csődtömeg (H)	Schuldenmasse f	liabilities	passif m	massa passiva f	masa pasiva f
csökkentés (H)	Minderung f	reduction	diminution f	riduzione f	reducción f
csökkentett munkaidő (H)	Kurzarbeit f	short-time work	travail à temps partiel m	lavoro ad orario ridotto m	trabajo reducido m
csomag (H)	Paket n	parcel	colis m	pacco m	bulto m
csomagküldő kereskedelem (H)	Versandhandel m	mail order business	vente par correspondance f	vendita per corrispondenza f	venta por correspondencia f
csomagolás (H)	Verpackung f	packing	emballage m	imballaggio m	embalaje m
csomagolási hulladék (H)	Verpackungsmüll m	packing waste	déchets d'emballage m/pl	rifiuti d'imballaggio m/pl	basura de embalaje f
csomagolatlan (H)	unverpackt	unpacked	sans emballage	senza imballaggio	sin embalar
csomagolóanyag (H)	Verpackungsmaterial n	packing material	matériel d'emballage m	materiale d'imballaggio m	material de embalaje m
csomagolószalag (H)	Streifband n	postal wrapper	bande étiquette f	fascia f	precinto m
csúcsárfolyam (H)	Höchstkurs m	highest rate	cours le plus haut m	corso massimo m	cotización máxima f
čtvrtletí (CZ)	Quartal n	quarter	trimestre m	trimestre m	trimestre m
čtvrtletní (CZ)	vierteljährlich	quarterly	trimestriel	trimestrale	trimestral
čtvrtletní vyúčtování (CZ)	Quartalsrechnung n	quarterly invoice	compte trimestriel m	conto trimestrale m	cuenta trimestral f
cualificación (ES)	Qualifikation f	qualification	qualification f	qualificazione f	—
cualitativo (ES)	qualitativ	qualitative	qualitatif	qualitativo	—

cualitativo

P	NL	SV	PL	CZ	H
queda das cotações na bolsa f	beurscrash m	börskrasch	krach na giełdzie m	krach na burze m	tőzsdekrach
cheque cruzado m	verrekeningscheque m	korsad check	czek rozrachunkowy m	zúčtovací šek n	elszámolási csekk
petróleo bruto m	ruwe olie f	råolja	surowa ropa naftowa f	surový olej m	nyersolaj
petróleo bruto m	ruwe olie f	råolja	surowa ropa naftowa f	surový olej m	nyersolaj
falência fraudulenta f	bedrieglijke bankbreuk f	bedräglig konkurs	oszustwo upadłościowe n	podvodný bankrot m	—
fraude f	oplichterij f	bedrägeri	oszustwo n	podvod m	—
trabalho de equipa m	teamwerk n	teamarbete	praca zespołowa f	týmová práce f	—
checo	Tsjechisch	tjeckiska	język czeski m	čeština f	—
República Checa f	Tsjechië	Tjeckiska republiken	Czechy pl	Čechy pl	—
checo	Tsjechisch	tjeckisk	czeski	český	—
cheque m	cheque m	check	czek m	šek m	—
falsificação de cheques f	fraude met cheques f	checkbedrägeri	oszustwo czekowe n	šekový povod m	—
caderneta de cheques f	chequeboek n	checkhäfte	książeczka czekowa f	šeková knížka f	—
cartão de garantia m	chequekaart f	kort för eurocheck	karta czekowa f	šeková karta f	—
contrabando m	smokkelarij f	smuggling	przemyt m	pašeráctví n	—
troca f	ruilhandel m	byte	wymiana f	výměna f	—
câmbio m	ruil m	byte	wymiana f	výměna f	—
falência f	bankroet n	konkurs	bankructwo n	bankrot m	—
falência f	bankroet n	konkurs	upadłość f	konkurs m	—
devedor falido m	insolvente schuldenaar m	konkursgäldenär	zbankrutowany dłużnik m	úpadkový dlužník m	—
pedido de declaração de falência m	faillissementsaanvraag f	konkursansökan	wniosek o ogłoszenie upadłości m	ohlášení konkursu n	—
juiz de falências m	faillissementsrechtbank f/m	konkursdomstol	sąd upadłościowy m	konkursní soud m	—
processo de falência m	faillissementsprocedure f	konkursförfarande	postępowanie upadłościowe n	konkursní řízení n	—
administrador de falência m	curator m	konkursförvaltare	syndyk masy upadłościowej m	likvidátor m	—
credor da massa falida m	schuldeiser in de boedel m	konkursfordringsägare	wierzyciel upadłości m	konkursní věřitel m	—
massa falida f	failliete boedel m	konkursmassa	masa upadłościowa f	konkursní podstata f	—
massa passiva f	passiva n/pl	passiva pl	suma obciążeń dłużnych f	úhrn dluhů m	—
redução f	korting f	minskning	zmniejszenie n	snížení n	—
trabalho a tempo reduzido m	verkorte werktijd m	korttidsarbete	skrócony czas pracy m	zkrácená pracovní doba f	—
pacote m	collo n	paket	paczka f	balík m	—
venda por correspondência f	verzendhandel m	postorderförsäljning	handel wysyłkowy m	zásilkový obchod m	—
embalagem f	verpakking f	förpackning	opakowanie n	obal m	—
embalagem usada f	verpakkingsafval n	förpackningsavfall	zużyte opakowania m/pl	obalový odpad m	—
sem embalagem	onverpakt	utan förpackning	nieopakowany	nezabalený	—
material de embalagem m	verpakkingsmateriaal n	packningsmaterial	materiał opakunkowy m	obalový materiál m	—
cinta f	postband m	korsband	opaska pocztowa f	křížová páska f	—
cotação máxima f	hoogste koers m	högsta kurs	najwyższy kurs m	maximální kurs m	—
trimestre m	kwartaal n	kvartal	kwartał m	—	negyedév
trimestral	driemaandelijks	kvartalsvis	kwartalnie	—	negyedévenként(i)
factura trimestral f	kwartaalrekening f	kvartalsfaktura	rozliczenie kwartalne n	—	negyedéves számla
qualificação f	kwalificatie f	kvalifikation	kwalifikacja f	kvalifikace f	minősítés
qualitativo m	kwalitatief	kvalitativ	jakościowy m	kvalitativní	minőségi

cuantitativo

	D	E	F	I	ES
cuantitativo (ES)	quantitativ	quantitative	quantitatif	quantitativo	—
cuenta (ES)	Konto n	account	compte m	conto m	—
cuenta bancaria (ES)	Bankkonto n	bank account	compte en banque m	conto bancario m	—
cuenta bloqueada (ES)	Sperrkonto n	blocked account	compte bloqué m	conto congelato m	—
cuenta congelada (ES)	gesperrtes Konto n	blocked account	compte bloqué m	conto bloccato m	—
cuenta corriente (ES)	Kontokorrentkonto n	current account	compte tenu en compte courant m	conto corrente m	—
cuenta corriente (ES)	laufende Rechnung f	current account	compte courant m	conto corrente m	—
cuenta corriente postal (ES)	Postscheckkonto n	postal giro account	compte chèque postal m	conto corrente postale m	—
cuenta de beneficios y pérdidas (ES)	Erfolgskonto n	statement of costs	compte de résultats m	conto profitti e perdite m	—
cuenta de ganancias (ES)	Ertragsrechnung f	profit and loss account	compte de profit et charges m	conto delle entrate m	—
cuenta de la empresa (ES)	Firmenkonto n	company account	compte de l'entreprise m	conto intestato ad una ditta m	—
cuenta de moneda extranjera (ES)	Währungskonto n	currency account	compte en monnaies étrangères m	conto in valuta m	—
cuenta de salario (ES)	Gehaltskonto n	salary account	compte de domiciliation du salaire m	conto stipendi m	—
cuenta en el extranjero (ES)	Auslandskonto n	foreign account	compte d'étranger m	conto estero m	—
cuenta trimestral (ES)	Quartalsrechnung n	quarterly invoice	compte trimestriel m	conto trimestrale m	—
culpable (E)	schuldhaft	—	coupable	colposo	culpable
culpable (ES)	schuldhaft	culpable	coupable	colposo	—
culpável (P)	schuldhaft	culpable	coupable	colposo	culpable
cultura empresarial (ES)	Unternehmenskultur f	corporate culture	culture d'entreprise f	cultura imprenditoriale f	—
cultura empresarial (P)	Unternehmenskultur f	corporate culture	culture d'entreprise f	cultura imprenditoriale f	cultura empresarial f
cultura imprenditoriale (I)	Unternehmenskultur f	corporate culture	culture d'entreprise f	—	cultura empresarial f
culture d'entreprise (F)	Unternehmenskultur f	corporate culture	—	cultura imprenditoriale f	cultura empresarial f
cumplimiento (ES)	Erfüllung f	execution	acquittement m	adempimento m	—
cumprimento (P)	Erfüllung f	execution	acquittement m	adempimento m	cumplimiento m
cuota (ES)	Quote f	quota	quota m	quota f	—
cupão (P)	Coupon m	coupon	coupon m	cedola f	cupón m
cupón (ES)	Coupon m	coupon	coupon m	cedola f	—
curator (NL)	Konkursverwalter m	official receiver	liquidateur de la faillite m	curatore fallimentare m	síndico de quiebra m
curatore fallimentare (I)	Konkursverwalter m	official receiver	liquidateur de la faillite m	—	síndico de quiebra m
currency (E)	Währung f	—	monnaie f	moneta f	moneda f
currency account (E)	Währungskonto n	—	compte en monnaies étrangères m	conto in valuta m	cuenta de moneda extranjera f
currency clause (E)	Währungsklausel f	—	clause monétaire f	clausola monetaria f	cláusula monetaria f
currency risk (E)	Währungsrisiko n	—	risque de change m	rischio monetario m	riesgo monetario m
currency snake (E)	Währungsschlange f	—	serpent monétaire m	serpente monetaria m	serpiente monetaria f
currency zone (E)	Währungszone f	—	zone monétaire f	zona monetaria f	zona monetaria f
current account (E)	Kontokorrentkonto n	—	compte tenu en compte courant m	conto corrente m	cuenta corriente f
current account (E)	laufende Rechnung f	—	compte courant m	conto corrente m	cuenta corriente f
current market value (E)	Zeitwert m	—	valeur à une certaine date f	valore corrente m	valor actual m
current value (E)	Tageswert m	—	valeur du jour f	valore del giorno m	valor del día m
curriculum vitae (E)	Lebenslauf m	—	curriculum vitae m	curriculum vitae m	curriculum vitae m
curriculum vitae (F)	Lebenslauf m	curriculum vitae	—	curriculum vitae m	curriculum vitae m
curriculum vitae (I)	Lebenslauf m	curriculum vitae	curriculum vitae m	—	curriculum vitae m

curriculum vitae

P	NL	SV	PL	CZ	H
quantitativo m	kwantitatief	kvantitativ	ilościowy	kvantitativní	mennyiségi
conta f	rekening f	konto	konto n	účet m	számla
conta bancária f	bankrekening f	bankkonto	konto bankowe n	bankovní účet m	bankszámla
conta bloqueada f	geblokkeerde rekening f	spärrat konto	rachunek zablokowany m	vázaný účet m	zárolt számla
conta congelada f	geblokkeerde rekening f	spärrat konto	zablokowane konto n	blokovaný účet m	zárolt számla
conta corrente f	rekening-courantrekening f	kontokurantkonto	rachunek bieżący m	běžný účet m	folyószámla
conta corrente f	rekening-courant f	löpande räkning	rachunek bieżący m	běžný účet m	folyószámla
conta corrente postal f	postrekening f	postgirokonto	pocztowe konto czekowe n	poštovní šekový účet m	postai átutalási számla
conta de resultados f	resultatenrekening f	resultatkonto	konto wynikowe n	vyúčtování nákladů n	nyereségszámla
demonstração de resultados f	resultatenrekening f	vinst- och förlustkonto	rachunek zysków m	účtování výnosů n	eredménykimutatás
conta da empresa f	bedrijfsrekening f	företagskonto	konto firmowe n	firemní účet m	vállalati számla
conta em moeda estrangeira f	deviezenrekening f	valutakonto	konto walutowe n	účet v cizí měně m	devizaszámla
conta para depósito de salários f	salarisrekening f	lönekonto	konto płacowe n	účet zřízený pro poukazování příjmu m	munkabér-elszámolási számla
conta no exterior f	buitenlandse rekening f	utlandskonto	konto zagraniczne n	zahraniční účet m	külföldi számla
factura trimestral f	kwartaalrekening f	kvartalsfaktura	rozliczenie kwartalne n	čtvrtletní vyúčtování n	negyedéves számla
culpável	schuldig	skyldig	zawiniony	zaviněný	vétkes
culpável	schuldig	skyldig	zawiniony	zaviněný	vétkes
—	schuldig	skyldig	zawiniony	zaviněný	vétkes
cultura empresarial f	bedrijfscultuur f	företagskultur	kultura przedsiębiorczości f	kultura podnikání f	vállalati kultúra
—	bedrijfscultuur f	företagskultur	kultura przedsiębiorczości f	kultura podnikání f	vállalati kultúra
cultura empresarial f	bedrijfscultuur f	företagskultur	kultura przedsiębiorczości f	kultura podnikání f	vállalati kultúra
cultura empresarial f	bedrijfscultuur f	företagskultur	kultura przedsiębiorczości f	kultura podnikání f	vállalati kultúra
cumprimento m	uitvoering f	uppfyllande	wykonanie n	splnění n	teljesítés
—	uitvoering f	uppfyllande	wykonanie n	splnění n	teljesítés
quota f	quotum n	kvot	kwota f	podíl m	kvóta
—	coupon m	kupong	kupon m	kupon m	kupon
cupão m	coupon m	kupong	kupon m	kupon m	kupon
administrador de falência m	—	konkursförvaltare	syndyk masy upadłościowej m	likvidátor m	csődgondnok
administrador de falência m	curator m	konkursförvaltare	syndyk masy upadłościowej m	likvidátor m	csődgondnok
moeda f	munteenheid f	valuta	waluta f	měna f	valuta
conta em moeda estrangeira f	deviezenrekening f	valutakonto	konto walutowe n	účet v cizí měně m	devizaszámla
cláusula monetária f	muntclausule f	valutaklausul	klauzula walutowa f	měnová doložka f	valutazáradék
risco cambial m	muntrisico n	valutarisk	ryzyko kursowe n	riskantní měna n	valutakockázat
serpente monetária f	muntslang f	valutaorm	łańcuch walutowy m	měnová fronta f	valutakígyó
zona monetária f	monetaire zone f	valutaområde	strefa walutowa f	měnová zóna f	valutaövezet
conta corrente f	rekening-courantrekening f	kontokurantkonto	rachunek bieżący m	běžný účet m	folyószámla
conta corrente f	rekening-courant f	löpande räkning	rachunek bieżący m	běžný účet m	folyószámla
valor actual m	dagwaarde f	dagsvärde	wartość aktualna f	denní hodnota f	aktuális piaci érték
valor do dia m	dagwaarde f	dagskurs	oferta dnia f	denní hodnota f	folyó érték
curriculum vitae m	curriculum vitae n	meritförteckning	życiorys m	životopis m	életrajz
curriculum vitae m	curriculum vitae n	meritförteckning	życiorys m	životopis m	életrajz
curriculum vitae m	curriculum vitae n	meritförteckning	życiorys m	životopis m	életrajz

curriculum vitae 248

	D	E	F	I	ES
curriculum vitae (ES)	Lebenslauf m	curriculum vitae	curriculum vitae m	curriculum vitae m	—
curriculum vitae (P)	Lebenslauf m	curriculum vitae	curriculum vitae m	curriculum vitae m	curriculum vitae m
curriculum vitae (NL)	Lebenslauf m	curriculum vitae	curriculum vitae m	curriculum vitae m	curriculum vitae m
curso de referencia (ES)	Leitkurs m	central rate	taux de référence m	tasso centrale m	—
custo (P)	Selbstkosten f	prime costs	coût de revient m	spese aziendali f/pl	costes propios m/pl
custodia (I)	Verwahrung f	custody	dépôt m	—	custodia f
custodia (ES)	Verwahrung f	custody	dépôt m	custodia f	—
custódia (P)	Depotgeschäft n	deposit banking	dépôt de titres m	operazione di deposito f	custodia de valores f
custódia (P)	Verwahrung f	custody	dépôt m	custodia f	custodia f
custodia de valores (ES)	Depotgeschäft n	deposit banking	dépôt de titres m	operazione di deposito f	—
custody (E)	Verwahrung f	—	dépôt m	custodia f	custodia f
customary (in trade) (E)	handelsüblich	—	en usage dans le commerce m	d'uso commerciale	usual en el comercio
customer (E)	Auftraggeber m	—	donneur d'ordre m	committente m	mandante m
customer (E)	Besteller m	—	acheteur m	committente m	demandante m
customer (E)	Kunde m	—	client m	cliente m	cliente m
customers (E)	Kundenkreis m	—	clientèle f	clientela f	clientela f
customer's reference number (E)	Kundennummer f	—	numéro de référence du client m	codice cliente m	número del cliente m
customs (E)	Zoll m	—	douane f	dogana f	aduana f
customs clearance (E)	Zollabfertigung f	—	dédouanement m	sdoganamento m	trámites aduaneros m/pl
customs convention (E)	Zollabkommen n	—	accord douanier m	accordo sulle tariffe	convenio aduanero m
customs declaration (E)	Zollerklärung f	—	déclaration en douane f	dichiarazione doganale f	declaración arancelaria f
customs documents (E)	Zollpapiere f	—	documents douaniers m/pl	documenti doganali m/pl	documentos aduaneros m/pl
customs duties (E)	Zollgebühren f	—	droit de douane m	diritti doganali m/pl	derechos arancelarios m/pl
customs frontier (E)	Zollgrenze f	—	frontière douanière f	confine doganale m	frontera aduanera f
customs invoice (E)	Zollfaktura f	—	facture douanière f	fattura doganale f	factura arancelaria f
customs procedure (E)	Zollverkehr m	—	régime douanier des marchandises sous douane m	procedure doganali f/pl	régimen aduanero m
customs seal (E)	Zollverschluß m	—	scellement douanier f	sigillo doganale m	precinto aduanero m
customs tariff (E)	Zolltarif m	—	tarif des douanes m	tariffa doganale f	tarifa arancelaria f
customs territory (E)	Zollgebiet n	—	territoire douanier m	territorio doganale m	distrito aduanero m
customs union (E)	Zollunion f	—	union douanière f	unione doganale f	unión aduanera f
customs warehouse procedure (E)	Zollagerung f	—	entrepôt sous douane m	deposito doganale m	depósito de aduana m
custo por unidade (P)	Stückkosten pl	costs per unit	coût unitaire de production m	costi unitari m/pl	coste por unidad m
custos (P)	Kosten pl	costs	coûts m/pl	costi m/pl	gastos m/pl
custos adicionais (P)	Nebenkosten pl	additional expenses	coûts accessoires m/pl	costi accessori m/pl	gastos adicionales m/pl
custos da conta bancária (P)	Kontogebühren f/pl	bank charges	frais de tenue de compte m/pl	comissioni di gestione di un conto m/pl	gastos de administración de una cuenta m/pl
custos de aquisição (P)	Anschaffungskosten f	cost of acquisition	frais d'acquisition m/pl	costi d'acquisto m/pl	coste de adquisición m
custos de aquisição (P)	Bezugskosten pl	delivery costs	coûts d'acquisition m/pl	spese di consegna f/pl	gastos de adquisición m/pl
custos de carregamento (P)	Verladekosten f	loading charges	coût du chargement m	costi di caricamento m/pl	gastos de carga m/pl

custos de carregamento

P	NL	SV	PL	CZ	H
curriculum vitae m	curriculum vitae n	meritförteckning	życiorys m	životopis m	életrajz
—	curriculum vitae n	meritförteckning	życiorys m	životopis m	életrajz
curriculum vitae m	—	meritförteckning	życiorys m	životopis m	életrajz
taxa central f	spilkoers m	styrkurs	kurs wytyczny m	určující kurs m	irányadó árfolyam
—	totale productiekosten m/pl	självkostnad	koszty własne m/pl	vlastní náklady m/pl	önköltség
custódia f	bewaring f	förvaring	przechowanie n	úschova f	megőrzés
custódia f	bewaring f	förvaring	przechowanie n	úschova f	megőrzés
—	depot n	depositionsverksamhet	transakcja depozytowa f	depozitní obchod m	betétőrzés
—	bewaring f	förvaring	przechowanie n	úschova f	megőrzés
custódia f	depot n	depositionsverksamhet	transakcja depozytowa f	depozitní obchod m	betétőrzés
custódia f	bewaring f	förvaring	przechowanie n	úschova f	megőrzés
corrente no comércio	in de handel gebruikelijk	standard	powszechnie przyjęty w handlu	obvyklé v obchodě	kereskedelemben szokásos
cliente m	opdrachtgever m	uppdragsgivare	zleceniodawca m	objednávatel m	megbízó
comprador m	besteller m	kund	zamawiający m	objednavatel m	megrendelő
cliente m	klant m	kund	klient m	zákazník m	vevő
clientela f	klantenkring m	kundkrets	klientela f	okruh zákazníků m	vevőkör
número de referência do cliente m	klantennummer n	kundnummer	numer klienta m	evidenční číslo zákazníka n	vevő száma
alfândega f	douane f	tull	cło n	clo n	vám
expedição aduaneira f	inklaring f/uitklaring f	förtullning	odprawa celna f	celní odbavení n	vámkezelés
convenção aduaneira f	tariefakkoord n	tullavtal	Układ w Sprawie Ceł m	celní dohoda f	vámegyezmény
declaração alfandegária f	douaneverklaring f	tulldeklaration	deklaracja celna f	celní prohlášení n	vámáru-nyilatkozat
documentos aduaneiros m/pl	douanepapieren n/pl	tullhandlingar pl	dokumenty celne m/pl	celní doklady m/pl	vámokmányok
direitos aduaneiros m/pl	douanerechten n/pl	tullavgifter pl	opłaty celne f/pl	celní poplatky m/pl	vámilleték
limite aduaneiro f	douanegrens f	tullgräns	granica celna f	celní hranice f	vámhatár
factura para a alfândega f	douanefactuur f	tullfaktura	faktura celna f	celní faktura f	vámszámla
procedimentos aduaneiros m/pl	douaneprocedures m/pl	tullförfarande	procedura celna f	celní styk m	vámforgalom
selo alfandegário m	douanesluiting f	tullsigill	plomba celna n	celní závěra f	vámzár
tarifa aduaneira f	douanetarief n	tulltariff	taryfa celna f	celní sazba f	vámtarifa
território aduaneiro m	douanegebied n	tullområde	obszar celny m	celní území n	vámterület
união aduaneira f	douane-unie f	tullunion	unia celna f	celní unie f	vámunió
armazém alfandegário m	stelsel van douaneentrepots n	tullagring	magazyn towarów pod zamknięciem celnym m	celní uskladnění n	vámraktározás
—	kosten per eenheid m/pl	kostnad per styck	koszty jednostkowe m/pl	jednicové náklady m/pl	darabköltség
—	kosten m/pl	kostnader pl	koszty m/pl	náklady m/pl	költségek
—	bijkomende kosten m/pl	sekundärkostnader pl	koszty uboczne m/pl	vedlejší náklady m/pl	mellékköltségek
—	rekeningkosten m/pl	bankavgifter pl	opłaty za prowadzenie konta f/pl	poplatky za vedení účtu m/pl	számlavezetési költségek
—	aanschaffingskosten m/pl	anskaffningskostnad	koszty własne nabycia środków trwałych m/pl	pořizovací náklady m/pl	beszerzési költségek
—	verwervingskosten m/pl	förvärvskostnader pl	koszty nabycia m/pl	pořizovací náklady m/pl	beszerzési költségek
—	laadkosten m/pl	lastningskostnad	koszty przeładunku m/pl	výdaje za nákladku m/pl	rakodási költségek

custos de desenvolvimento

	D	E	F	I	ES
custos de desenvolvimento (P)	Entwicklungskosten pl	development costs	coûts de développement m/pl	costi di sviluppo m/pl	gastos de desarrollo m/pl
custos de exploração (P)	Betriebskosten pl	operating costs	charges d'exploitation f/pl	spese d'esercizio f/pl	gastos de explotación m/pl
custos de mão-de-obra (P)	Lohnkosten pl	labour costs	charges salariales f/pl	costo del lavoro m	coste de salarios m
custos de mão-de-obra adicionais (P)	Lohnnebenkosten pl	incidental labour costs	charges salariales annexes f/pl	costi complementari del lavoro m/pl	cargas salariales accesorias f/pl
custos de material (P)	Materialkosten pl	material costs	frais afférents aux matières premières m/pl	costi del materiale m/pl	costes del material m/pl
custos de produção (P)	Herstellungskosten f	production costs	frais de construction m/pl	costi di produzione m/pl	costo de la producción m
custos de produção (P)	Produktionskosten f	production costs	coût de production m	costi produttivi m/pl	gastos de producción m/pl
custos de reprodução (P)	Reproduktionskosten f	reproduction cost	coût de reproduction m	costi di riproduzione m/pl	gastos de reproducción m/pl
custos fixos (P)	Fixkosten f	fixed costs	coûts fixes m/pl	costi fissi m/pl	gastos fijos m/pl
custos judiciais (P)	Gerichtskosten pl	legal costs	frais judiciaires taxables exposés m/pl	spese giudiziarie f/pl	gastos judiciales m/pl
custos orçamentados (P)	Sollkosten pl	budgeted costs	coûts ex ante m/pl	costi calcolati m/pl	gastos precalculados m/pl
custos reais (P)	Istkosten pl	actual costs	coûts réels m/pl	costi effettivi m/pl	gastos efectivos m/pl
custos totais (P)	Gesamtkosten f	total costs	coût total m	costi complessivi m/pl	gastos generales m/pl
custos variáveis (P)	variable Kosten pl	variable costs	coûts variables m/pl	costi variabili m/pl	gastos variables m/pl
cycle (E)	Zyklus m	—	cycle m	ciclo m	ciclo m
cycle (F)	Zyklus m	cycle	—	ciclo m	ciclo m
cyclus (NL)	Zyklus m	cycle	cycle m	ciclo m	ciclo m
cykel (SV)	Zyklus m	cycle	cycle m	ciclo m	ciclo m
cykl (PL)	Zyklus m	cycle	cycle m	ciclo m	ciclo m
cyklus (CZ)	Zyklus m	cycle	cycle m	ciclo m	ciclo m
cyrkulacja gospodarcza (PL)	Wirtschaftskreislauf m	economic process	circuit économique m	circuito economico m	circuito económico m
czarny rynek (PL)	Schwarzmarkt m	black market	marché au noir m	mercato nero m	mercado negro m
czas pracy (PL)	Arbeitszeit f	working hours	heures de travail f/pl	orario di lavoro m	jornada laboral f
czas trwania umowy (PL)	Vertragsdauer f	term of a contract	durée du contrat f	durata del contratto f	duración del contrato f
Czech (E)	tschechisch	—	tchèque	ceco	checo
Czech (E)	Tschechisch n	—	tchèque	ceco	checo m
Czech Republic (E)	Tschechien	—	république tchèque f	Repubblica Ceca f	República Checa f
Czechy (PL)	Tschechien	Czech Republic	république tchèque f	Repubblica Ceca f	República Checa f
czek (PL)	Scheck m	cheque	chèque m	assegno m	cheque m
czek gotówkowy (PL)	Barscheck m	open cheque	chèque non barré m	assegno circolare m	cheque abierto m
czek na okaziciela (PL)	Inhaberscheck m	bearer cheque	chèque au porteur m	assegno al portatore m	cheque al portador m
czek na okaziciela (PL)	Überbringerscheck m	bearer-cheque	chèque au porteur m	assegno al portatore m	cheque al portador m
czek na zlecenie (PL)	Orderscheck m	order cheque	chèque à ordre m	assegno all'ordine m	cheque a la orden m
czek pocztowy (PL)	Postscheck m	postal cheque	chèque postal m	assegno postale m	cheque postal m
czek podróżny (PL)	Reisescheck m	traveller's cheque	chèque de voyage m	traveller's cheque m	cheque de viaje m
czek postdatowany (PL)	vordatierter Scheck m	antedated cheque	chèque antidaté m	assegno postergato m	cheque de fecha adelantada m
czek rozrachunkowy (PL)	Verrechnungsscheck m	crossed cheque	chèque à porter en compte m	assegno sbarrato m	cheque cruzado m
czeski (PL)	tschechisch	Czech	tchèque	ceco	checo
członek zarządu (PL)	Vorstandsmitglied n	member of the board	membre du directoire m	membro del consiglio di amministrazione m	consejero directivo m

251 członek zarządu

P	NL	SV	PL	CZ	H
—	ontwikkelingskosten m/pl	utvecklingskostnader pl	koszty rozwojowe m/pl	náklady na rozvoj m/pl	fejlesztési költségek
—	bedrijfskosten m/pl	driftskostnader pl	koszty eksploatacyjne m/pl	provozní náklady m/pl	működési költségek
—	loonkosten m/pl	lönekostnader pl	koszty płac m/pl	mzdové náklady m/pl	bérköltség
—	werkgeversaandeel in de diverse sociale verzekeringen n	sociala avgifter pl	poboczne koszty robocizny m/pl	vedlejší mzdové náklady m/pl	járulékos bérköltségek
—	materiaalkosten m/pl	materialkostnader pl	koszty materiałowe m/pl	náklady na materiál m/pl	anyagköltségek
—	productiekosten m/pl	produktionskostnader pl	koszty produkcji m/pl	výrobní náklady m/pl	előállítási költségek
—	productiekosten m/pl	produktionskostnader pl	koszty produkcji m/pl	výrobní náklady m/pl	gyártási költségek
—	reproductiekosten m/pl	reproduktionskostnader pl	koszty reprodukcji m/pl	reprodukční náklady m/pl	pótlási költségek
—	vaste kosten m/pl	fasta kostnader pl	koszty stałe m/pl	fixní náklady m/pl	állandó költség
—	gerechtskosten m/pl	rättegångskostnader pl	koszty sądowe m/pl	soudní výlohy f/pl	perköltségek
—	gebudgetteerde kosten m/pl	beräknade kostnader pl	koszty planowane m/pl	plánované náklady m/pl	előirányzott költségek
—	effectieve kosten m/pl	faktiska kostnader pl	koszty rzeczywiste m/pl	skutečné náklady m/pl	tényleges költségek
—	totale kosten m/pl	totala kostnader pl	koszty całkowite m/pl	celkové náklady m/pl	összköltség
—	variabele kosten m/pl	rörliga kostnader pl	koszty zmienne m/pl	proměnné náklady m/pl	változó költségek
ciclo m	cyclus m	cykel	cykl m	cyklus m	ciklus
ciclo m	cyclus m	cykel	cykl m	cyklus m	ciklus
ciclo m	—	cykel	cykl m	cyklus m	ciklus
ciclo m	cyclus m	—	cykl m	cyklus m	ciklus
ciclo m	cyclus m	cykel	—	cyklus m	ciklus
ciclo m	cyclus m	cykel	cykl m	—	ciklus
ciclo económico m	economische kringloop m	ekonomiskt kretslopp	—	hospodářský koloběh m	gazdasági ciklus
mercado negro m	zwarte markt f	svart marknad	—	černý trh m	feketepiac
horas de trabalho f/pl	werktijd m	arbetstid	—	pracovní doba f	munkaidő
duração do contrato f	duur van een contract m	avtalsperiod	—	doba platnosti smlouvy f	szerződés tartama
checo	Tsjechisch	tjeckisk	czeski	český	cseh(ül)
checo	Tsjechisch	tjeckiska	język czeski m	čeština f	cseh (nyelv)
República Checa f	Tsjechië	Tjeckiska republiken	Czechy pl	Čechy pl	Csehország
República Checa f	Tsjechië	Tjeckiska republiken	—	Čechy pl	Csehország
cheque m	cheque m	check	—	šek m	csekk
cheque não cruzado m	niet-gekruiste cheque m	icke korsad check	—	šek k výplatě v hotovosti m	készpénzcsekk
cheque ao portador m	cheque aan toonder m	innehavarcheck	—	šek na majitele m	bemutatóra szóló csekk
cheque ao portador m	cheque aan toonder m	innehavarcheck	—	šek na doručitele m	bemutatóra szóló csekk
cheque à ordem m	cheque aan order m	check till order	—	šek na řad převodítelný m	rendeletre szóló csekk
cheque postal m	postcheque m	postgiro	—	poštovní šek m	postacsekk
cheque de viagem m	reischeque m	resecheck	—	cestovní šek m	utazási csekk
cheque pré-datado m	geantidateerde cheque m	fördaterad check	—	antedatovaný šek m	korábbra keltezett csekk
cheque cruzado m	verrekeningscheque m	korsad check	—	zúčtovací šek n	elszámolási csekk
checo	Tsjechisch	tjeckisk	—	český	cseh(ül)
membro da direcção m	lid van het directiecomité n	styrelseledamot	—	člen představenstva m	igazgatósági tag

czynniki produkcji 252

	D	E	F	I	ES
czynniki produkcji (PL)	Produktionsfaktoren m/pl	production factors	facteurs de production m/pl	fattori di produzione m/pl	factores de producción m/pl
czynsz za magazyn (PL)	Lagermiete f	warehouse rent	location d'une surface pour magasinage f	spese di stoccaggio f/pl	alquiler de almacenaje m
czysty zysk (PL)	Reingewinn m	net profit	bénéfice net m	utile netto m	ganancia neta f
Dachgesellschaft (D)	—	holding company	société holding f	holding f	sociedad holding f
dados (P)	Daten pl	data	données f/pl	dati m/pl	datos m/pl
dagelijks (NL)	täglich	daily	quotidien	giornaliero	diario
dagligen (SV)	täglich	daily	quotidien	giornaliero	diario
dagskurs (SV)	Tageswert m	current value	valeur du jour f	valore del giorno m	valor del día m
dagsvärde (SV)	Zeitwert m	current market value	valeur à une certaine date f	valore corrente m	valor actual m
dagwaarde (NL)	Tageswert m	current value	valeur du jour f	valore del giorno m	valor del día m
dagwaarde (NL)	Zeitwert m	current market value	valeur à une certaine date f	valore corrente m	valor actual m
daily (E)	täglich	—	quotidien	giornaliero	diario
dålig kvalitet (SV)	schlechte Qualität f	poor quality	mauvaise qualité f	qualità scadente f	mala calidad f
damage (E)	Beschädigung f	—	endommagement m	danno m	deterioración f
damage (E)	Schaden m	—	dommage m	danno m	daño m
damage by sea (E)	Havarie f	—	avarie f	avaria f	avería m
damage report (E)	Havariezertifikat n	—	certificat d'avarie m	certificato d'avaria m	certificado de avería m
Damnum (D)	—	loss	perte f	perdita f	pérdida f
daň (CZ)	Steuer f	tax	impôt m	imposta f	impuesto m
dane (PL)	Daten pl	data	données f/pl	dati m/pl	datos m/pl
dane ilościowe (PL)	Mengenangabe f	statement of quantity	indication de la quantité f	indicazione della quantità f	indicación de cantidades f
Danemark (F)	Dänemark	Denmark	—	Danimarca f	Dinamarca
Dänemark (D)	—	Denmark	Danemark	Danimarca f	Dinamarca
danés (ES)	Dänisch	Danish	danois	danese	—
danese (I)	Dänisch	Danish	danois	—	danés
danger money (E)	Gefahrenzulage f	—	prime de danger f	indennità di rischio m	incremento por peligrosidad m
Dania (PL)	Dänemark	Denmark	Danemark	Danimarca f	Dinamarca
Dánia (H)	Dänemark	Denmark	Danemark	Danimarca f	Dinamarca
Danimarca (I)	Dänemark	Denmark	Danemark	—	Dinamarca
Dänisch (D)	—	Danish	danois	danese	danés
Danish (E)	Dänisch	—	danois	danese	danés
Dankschreiben (D)	—	letter of thanks	lettre de remerciement f	lettera di ringraziamento f	carta de agradecimiento f
Danmark (SV)	Dänemark	Denmark	Danemark	Danimarca f	Dinamarca
danni indiretti (I)	Folgeschäden m/pl	consequential damages	dommages consécutifs m/pl	—	daño consecuencial m
danno (I)	Beschädigung f	damage	endommagement m	—	deterioración f
danno (I)	Schaden m	damage	dommage m	—	daño m
danno di piccola entità (I)	Bagatellschaden m	trivial damage	dommage mineur m	—	siniestro leve m
danno di trasporto (I)	Transportschaden m	loss on goods in transit	dommage au cours d'un transport m	—	daño de transporte m
danno totale (I)	Totalschaden m	total loss	dommage total m	—	daño total m
dán (nyelv) (H)	Dänisch	Danish	danois	danese	danés
dano (P)	Beschädigung f	damage	endommagement m	danno m	deterioración f
dano (P)	Schaden m	damage	dommage m	danno m	daño m
daño (ES)	Schaden m	damage	dommage m	danno m	—
daño consecuencial (ES)	Folgeschäden m/pl	consequential damages	dommages consécutifs m/pl	danni indiretti m/pl	—
daño de transporte (ES)	Transportschaden m	loss on goods in transit	dommage au cours d'un transport m	danno di trasporto m	—
danois (F)	Dänisch	Danish	—	danese	danés

danois

P	NL	SV	PL	CZ	H
factores de produção m/pl	productiefactoren m/pl	produktionsfaktorer pl	—	výrobní faktory m/pl	termelési tényezők
aluguel de armazenagem m	huur van opslagruimte f	lagerhyra	—	skladné n	raktárbérlet
lucro líquido m	nettowinst f	nettovinst	—	čistý zisk m	adózott nyereség
sociedade holding f	holdingmaatschappij f	förvaltningsbolag	spółka holdingowa f	zastřešující společnost f	holdingtársaság
—	gegevens n/pl	data pl	dane pl	data pl	adatok
diariamente	—	dagligen	codziennie	denní	naponta
diariamente	dagelijks	—	codziennie	denní	naponta
valor do dia m	dagwaarde f	—	oferta dnia f	denní hodnota f	folyó érték
valor actual m	dagwaarde f	—	wartość aktualna f	denní hodnota f	aktuális piaci érték
valor do dia m	—	dagskurs	oferta dnia f	denní hodnota f	folyó érték
valor actual m	—	dagsvärde	wartość aktualna f	denní hodnota f	aktuális piaci érték
diariamente	dagelijks	dagligen	codziennie	denní	naponta
baixa qualidade f	slechte kwaliteit f	—	zła jakość f	nízká jakost f	rossz minőség
dano m	beschadiging f	skada	uszkodzenie n	poškození n	károsodás
dano m	schade f	skada	szkoda f	škoda f/pl	kár
avaria f	averij f	haveri	awaria f	škoda f	hajókár
certificado de avaria m	averijcertificaat n	havericertifikat	ekspertyza awaryjna f	protokol o škodě m	kárbecslő jelentése
perda f	verlies n	kreditkostnad	strata f	škoda f	veszteség
imposto m	belasting f	skatt	podatek m	—	adó
dados m	gegevens n/pl	data pl	—	data pl	adatok
indicação de quantidade f	hoeveelheidsaanduiding f	kvantitetsuppgift	—	udání množství n	mennyiség feltüntetése
Dinamarca f	Denemarken	Danmark	Dania f	Dánsko n	Dánia
Dinamarca f	Denemarken	Danmark	Dania f	Dánsko n	Dánia
dinamarquês	Deens	danska	język duński m	dánština f	dán (nyelv)
dinamarquês	Deens	danska	język duński m	dánština f	dán (nyelv)
prémio de risco m	gevarentoeslag m	risktillägg	dodatek za zwiększone ryzyko m	rizikový příplatek m	veszélyességi pótlék
Dinamarca f	Denemarken	Danmark	—	Dánsko n	Dánia
Dinamarca f	Denemarken	Danmark	Dania f	Dánsko n	—
Dinamarca f	Denemarken	Danmark	Dania f	Dánsko n	Dánia
dinamarquês	Deens	danska	język duński m	dánština f	dán (nyelv)
dinamarquês	Deens	danska	język duński m	dánština f	dán (nyelv)
carta de agradecimento f	bedankbrief m	tackbrev	pismo dziękczynne n	děkovné psaní n	köszönőlevél
Dinamarca f	Denemarken	—	Dania f	Dánsko n	Dánia
danos consecutivos m/pl	gevolgschade f	följdskada	szkody następcze f/pl	následné škody f/pl	következményes kár
dano m	beschadiging f	skada	uszkodzenie n	poškození n	károsodás
dano m	schade f	skada	szkoda f	škoda f/pl	kár
dano menor m	geringe schade f/m	obetydlig skada	drobne szkody f/pl	drobná škoda f	elhanyagolható kár
danos de transporte m/pl	transportschade f	transportskada	szkoda w czasie transportu f	škoda vzniklá při dopravě f	szállítási kár
perda total f	totaal verlies n	totalskada	strata całkowita f	totální škoda f	teljes kár
dinamarquês	Deens	danska	język duński m	dánština f	—
—	beschadiging f	skada	uszkodzenie n	poškození n	károsodás
—	schade f	skada	szkoda f	škoda f/pl	kár
dano m	schade f	skada	szkoda f	škoda f/pl	kár
danos consecutivos m/pl	gevolgschade f	följdskada	szkody następcze f/pl	následné škody f/pl	következményes kár
danos de transporte m/pl	transportschade f	transportskada	szkoda w czasie transportu f	škoda vzniklá při dopravě f	szállítási kár
dinamarquês	Deens	danska	język duński m	dánština f	dán (nyelv)

dano menor

	D	E	F	I	ES
dano menor (P)	Bagatellschaden m	trivial damage	dommage mineur m	danno di piccola entità m	siniestro leve m
danos consecutivos (P)	Folgeschäden m/pl	consequential damages	dommages consécutifs m/pl	danni indiretti m/pl	daño consecuencial m
danos de transporte (P)	Transportschaden m	loss on goods in transit	dommage au cours d'un transport m	danno di trasporto m	daño de transporte m
daño total (ES)	Totalschaden m	total loss	dommage total m	danno totale m	—
daňová bilance (CZ)	Steuerbilanz f	tax balance sheet	bilan fiscal m	bilancio fiscale m	balance impositivo m
daňová oáza (CZ)	Steueroase f	tax haven	paradis fiscal m	oasi fiscale f	paraíso fiscal m
daňová politika (CZ)	Steuerpolitik f	fiscal policy	politique fiscale f	politica fiscale f	política fiscal f
daňové pátrání (CZ)	Steuerfahndung f	investigation into tax evasion	repression de la fraude à l'impôt f	inchiesta tributaria f	investigación tributaria f
daňové přiznání (CZ)	Steuererklärung f	tax return	déclaration d'impôts f	dichiarazione dei redditi f	declaración a efectos fiscales f
daňový podvod (CZ)	Steuerbetrug m	fiscal fraud	fraude fiscale f	frode fiscale f	fraude fiscal m
daňový poradce (CZ)	Steuerberater m	tax adviser	conseiller fiscal m	consulente finanziario m	asesor fiscal m
daňový únik (CZ)	Hinterziehung f	evasion of taxes	fraude fiscale f	evasione f	defraudación f
daňový únik (CZ)	Steuerhinterziehung f	tax evasion	dissimulation en matière fiscale f	evasione fiscale f	fraude fiscal m
daňový výměr (CZ)	Steuerbescheid m	notice of assessment	avis d'imposition m	cartella delle imposte f	liquidación de impuestos f
danska (SV)	Dänisch	Danish	danois	danese	danés
Dánsko (CZ)	Dänemark	Denmark	Danemark	Danimarca f	Dinamarca
dans l'ensemble (F)	insgesamt	altogether	—	complessivamente	en suma
dans les délais (F)	fristgerecht	on time	—	entro il termine convenuto	dentro del plazo fijado
dans les délais (F)	termingerecht	on schedule	—	puntuale	en la fecha fijada
dánština (CZ)	Dänisch	Danish	danois	danese	danés
daň ze mzdy (CZ)	Lohnsteuer f	wage tax	impôt sur les traitements et les salaires m	imposta sui salari f	impuesto sobre los rendimientos del trabajo personal (IRTP) m
daň z obratu (CZ)	Umsatzsteuer f	turnover tax	impôt sur le chiffre d'affaires m	imposta sugli affari f	impuesto sobre el volumen de ventas m
daň z přidané hodnoty (CZ)	Mehrwertsteuer f	value-added tax	taxe à la valeur ajoutée f	imposta sul valore aggiunto f	impuesto sobre el valor añadido (IVA) m
daň z ropných produktů (CZ)	Mineralölsteuer f	mineral oil tax	taxe sur les carburants f	imposta sugli olii minerali f	impuesto sobre la gasolina m
daň z výnosů (CZ)	Ertragsteuer f	tax on earnings	impôt assis sur le produit m	imposta cedolare f	impuesto sobre beneficios m
daň z výnosu kapitálu (CZ)	Kapitalertragsteuer f	capital yield tax	impôt sur le revenu du capital m	imposta sulla rendita del capitale f	impuesto sobre la renta del capital m
darabáru (H)	Stückgut n	mixed cargo	colis de détail m	collettame m	mercancía en fardos f
darabáruforgalom (H)	Stückgutverkehr m	part-load traffic	expéditions de détail f	trasporto di collettame m	tráfico de mercancías en bultos sueltos m
darabbér (H)	Akkordlohn m	piece wages	salaire à la pièce m	retribuzione a cottimo f	salario a destajo m
darabbér (H)	Stücklohn m	piece-work pay	salaire à la tâche m	salario a cottimo m	salario a destajo m
darabbéres munka (H)	Akkordarbeit f	piece-work	travail à la pièce m	lavoro a cottimo m	trabajo a destajo m
darabköltség (H)	Stückkosten pl	costs per unit	coût unitaire de production m	costi unitari m/pl	coste por unidad f
Darlehen (D)	—	loan	prêt m	mutuo m	préstamo m
darovací daň (CZ)	Schenkungssteuer f	gift tax	impôt sur les donations m	imposta sulle donazioni f	impuesto sobre donaciones m
darování (CZ)	Schenkung f	donation	donation f	donazione f	donación f

darování

P	NL	SV	PL	CZ	H
—	geringe schade f/m	obetydlig skada	drobne szkody f/pl	drobná škoda f	elhanyagolható kár
—	gevolgschade f	följdskada	szkody następcze f/pl	následné škody f/pl	követkézményes kár
—	transportschade f	transportskada	szkoda w czasie transportu f	škoda vzniklá při dopravě f	szállítási kár
perda total f	totaal verlies n	totalskada	strata całkowita f	totální škoda f	teljes kár
balanço fiscal m	fiscale balans f	skattebalansräkning	bilans podatkowy m	—	adómérleg
paraíso fiscal m	belastingparadijs n	skatteparadis	oaza podatkowa f	—	adóparadicsom
política fiscal f	belastingpolitiek f	skattepolitik	polityka podatkowa f	—	adópolitika
investigação de fraudes fiscais f	fiscale opsporingsdienst m	skattebrottsbekämpning	dochodzenie przestępstwa podatkowego n	—	adónyomozás
declaração de rendimentos f	belastingaangifte f	deklaration	deklaracja podatkowa f	—	adóbevallás
fraude fiscal f	belastingontduiking f	skattefusk	oszustwo podatkowe n	—	adócsalás
consultor fiscal m	belastingconsulent m	skatterådgivare	doradca podatkowy m	—	adótanácsadó
sonegação f	het ontduiken van belastingen n	skattesmitning	sprzeniewierzenie n	—	sikkasztás
evasão fiscal f	belastingontduiking f	skattesmitning	oszustwo podatkowe n	—	adócsalás
aviso para pagamento de imposto m	aanslagbiljet n	skattsedel	podatkowy nakaz płatniczy m	—	adókivetési értesítés
dinamarquês	Deens	—	język duński m	dánština f	dán (nyelv)
Dinamarca f	Denemarken	Danmark	Dania f	—	Dánia
ao todo	in totaal	totalt	w sumie	úhrnem	összesen
dentro do prazo	op tijd	inom avtalad tid	terminowo	v odpovídající lhůtě	határidőre
pontual	binnen de gestelde termijn	punktlig	terminowy	v termínu	határidőre
dinamarquês	Deens	danska	język duński m	—	dán (nyelv)
imposto sobre os rendimentos do trabalho (IRS) m	loonbelasting f	källskatt på lön	podatek od wynagrodzenia m	—	béradó
imposto sobre o volume de vendas m	omzetbelasting f	omsättningsskatt	podatek obrotowy m	—	forgalmi adó
imposto sobre o valor acrescentado (IVA) m	belasting op de toegevoegde waarde f	mervärdesskatt	podatek od wartości dodatkowej (VAT) m	—	hozzáadottérték-adó
imposto sobre óleo mineral m	belasting op minerale olie f	oljeskatt	podatek od olejów mineralnych m	—	olajtermékadó
imposto sobre o rendimento m	winstbelasting f	vinstbeskattning	podatek od zysku m	—	jövedelemadó
imposto sobre os rendimento de capital m	belasting op inkomen uit kapitaal f	skatt på kapitalinkomst	podatek od zysku z kapitału m	—	tőkehozadék-adó
carga diversa f	stukgoederen n/pl	styckegods	drobnica f	kusové zboží n	—
transporte de mercadoria em volumes m	stukgoederenverkeer n	styckegodshantering	transport drobnicy m	doprava kusového zboží f	—
pagamento à peça m	stukloon n	ackordlön	płaca akordowa f	úkolová mzda f	—
salário por peça m	stukloon n	ackordlön	płaca akordowa f	mzda od kusu f	—
trabalho à peça m	stukwerk n	ackordsarbete	praca akordowa f	práce v úkolu f	—
custo por unidade m	kosten per eenheid m/pl	kostnad per styck	koszty jednostkowe m/pl	jednicové náklady m/pl	—
mútuo m	lening f	lån	pożyczka f	půjčka f	kölcsön
imposto sobre doações m	schenkingsrecht n	gåvoskatt	podatek od darowizny m	—	ajándékozási adó
doação f	schenking f	gåva	darowizna f	—	adományozás

darowizna 256

	D	E	F	I	ES
darowizna (PL)	Schenkung f	donation	donation f	donazione f	donación f
data (E)	Daten pl	—	données f/pl	dati m/pl	datos m/pl
data (I)	Datum n	date	date f	—	fecha f
data (P)	Datum n	date	date f	data f	fecha f
data (SV)	Daten pl	data	données f/pl	dati m/pl	datos m/pl
data (PL)	Datum n	date	date f	data f	fecha f
data (CZ)	Daten pl	data	données f/pl	dati m/pl	datos m/pl
data da conferência (P)	Besprechungstermin m	conference date	date de la conférence f	termine del colloquio m	fecha de reunión f
data da entrevista (P)	Vorstellungstermin m	interview	date d'entretien f	appuntamento di presentazione m	fecha de entrevista personal f
data d'arrivo (I)	Ankunftsdatum n	date of arrival	date d'arrivée f	—	fecha de llegada f
data de chegada (P)	Ankunftsdatum n	date of arrival	date d'arrivée f	data d'arrivo f	fecha de llegada f
data de entrega (P)	Liefertermin m	date of delivery	délai de livraison m	termine di consegna m	plazo de entrega m
data de nascimento (P)	Geburtsdatum n	date of birth	date de naissance f	data di nascita f	fecha de nacimiento f
data de partida (P)	Abreisedatum n	date of departure	date de départ f	data di partenza f	fecha de partida f
data de vencimento (P)	Verfallsdatum n	expiry date	date d'échéance f	data di scadenza f	fecha de vencimiento f
data di nascita (I)	Geburtsdatum n	date of birth	date de naissance f	—	fecha de nacimiento f
data di partenza (I)	Abreisedatum n	date of departure	date de départ f	—	fecha de partida f
data di scadenza (I)	Verfallsdatum n	expiry date	date d'échéance f	—	fecha de vencimiento f
data płatności weksla (PL)	Verfallsdatum n	expiry date	date d'échéance f	data di scadenza f	fecha de vencimiento f
data protection (E)	Datenschutz m	—	protection de données f	tutela dei dati f	protección de los datos f
data przybycia (PL)	Ankunftsdatum n	date of arrival	date d'arrivée f	data d'arrivo f	fecha de llegada f
datasäkerhet (SV)	Datenschutz m	data protection	protection de données f	tutela dei dati f	protección de los datos f
data security (E)	Datensicherung f	—	sauvegarde des données f	protezione dei dati f	protección de datos f
dataskydd (SV)	Datensicherung f	data security	sauvegarde des données f	protezione dei dati f	protección de datos f
data urodzenia (PL)	Geburtsdatum n	date of birth	date de naissance f	data di nascita f	fecha de nacimiento f
data urodzenia (PL)	Geburtstag m	birthday	anniversaire m	compleanno m	día de nacimiento m
data wyjazdu (PL)	Abreisedatum n	date of departure	date de départ f	data di partenza f	fecha de partida f
data zamówienia (PL)	Bestelldaten f	details of order	références de commande f/pl	dati dell'ordine m/pl	datos de pedido m/pl
date (E)	Datum n	—	date f	data f	fecha f
date (E)	Termin m	—	date limite f	termine m	fecha f
date (F)	Datum n	date	—	data f	fecha f
date d'arrivée (F)	Ankunftsdatum n	date of arrival	—	data d'arrivo f	fecha de llegada f
date d'échéance (F)	Verfallsdatum n	expiry date	—	data di scadenza f	fecha de vencimiento f
date de départ (F)	Abreisedatum n	date of departure	—	data di partenza f	fecha de partida f
date de la conférence (F)	Besprechungstermin m	conference date	—	termine del colloquio m	fecha de reunión f
date de naissance (F)	Geburtsdatum n	date of birth	—	data di nascita f	fecha de nacimiento f
date d'entretien (F)	Vorstellungstermin m	interview	—	appuntamento di presentazione m	fecha de entrevista personal f
date de règlement (F)	Abrechnungstag m	settlement day	—	giorno di liquidazione m	fecha de liquidación f
Datei (D)	—	file	fichier m	file m	archivo de datos m

Datei

P	NL	SV	PL	CZ	H
doação f	schenking f	gåva	—	darování n	adományozás
dados m	gegevens n/pl	data pl	dane pl	data pl	adatok
data f	datum m	datum	data f	datum n	dátum
—	datum m	datum	data f	datum n	dátum
dados m	gegevens n/pl	—	dane pl	data pl	adatok
data f	datum m	datum	—	datum n	dátum
dados m	gegevens n/pl	data pl	dane pl	—	adatok
—	vergaderdatum m	mötesdatum	termin konferencji m	termín porady m	megbeszélés időpontja
—	afspraak voor presentatie f	intervju	prezentacja kandydata na stanowisko f	termín představení m	felvételi beszélgetés
data de chegada f	datum van aankomst m	ankomstdatum	data przybycia f	datum příjezdu n	érkezés napja
—	datum van aankomst m	ankomstdatum	data przybycia f	datum příjezdu n	érkezés napja
—	leveringstermijn m	leveransdatum	termin dostawy m	dodací termín m	szállítási határidő
—	geboortedatum m	födelsedatum	data urodzenia f	datum narození n	születési idő
—	vertrekdatum m	avresedatum	data wyjazdu f	datum odjezdu n	elutazás napja
—	vervaldatum m	sista förbrukningsdag	data płatności weksla f	datum uplynutí lhůty n	lejárat napja
data de nascimento f	geboortedatum m	födelsedatum	data urodzenia f	datum narození n	születési idő
data de partida f	vertrekdatum m	avresedatum	data wyjazdu f	datum odjezdu n	elutazás napja
data de vencimento f	vervaldatum m	sista förbrukningsdag	data płatności weksla f	datum uplynutí lhůty n	lejárat napja
data de vencimento f	vervaldatum m	sista förbrukningsdag	—	datum uplynutí lhůty n	lejárat napja
protecção dos dados f	bescherming van de opgeslagen informatie f	datasäkerhet	ochrona danych komputerowych f	ochrana dat f	adatvédelem
data de chegada f	datum van aankomst m	ankomstdatum	—	datum příjezdu n	érkezés napja
protecção dos dados f	bescherming van de opgeslagen informatie f	—	ochrona danych komputerowych f	ochrana dat f	adatvédelem
protecção de dados f	gegevensbeveiliging f	dataskydd	zabezpieczenie danych n	zajištění dat n	adatmentés
protecção de dados f	gegevensbeveiliging f	—	zabezpieczenie danych n	zajištění dat n	adatmentés
data de nascimento f	geboortedatum m	födelsedatum	—	datum narození n	születési idő
aniversário m	verjaardag m	födelsedag	—	narozeniny pl	születésnap
data de partida f	vertrekdatum m	avresedatum	—	datum odjezdu n	elutazás napja
detalhes de encomenda m/pl	bestelgegevens n/pl	orderdata	—	objednací údaje m/pl	megrendelés adatai
data f	datum m	datum	data f	datum n	dátum
termo m	termijn m	termin	termin m	termín m	határidő
data f	datum m	datum	data f	datum n	dátum
data de chegada f	datum van aankomst m	ankomstdatum	data przybycia f	datum příjezdu n	érkezés napja
data de vencimento f	vervaldatum m	sista förbrukningsdag	data płatności weksla f	datum uplynutí lhůty n	lejárat napja
data de partida f	vertrekdatum m	avresedatum	data wyjazdu f	datum odjezdu n	elutazás napja
data da conferência f	vergaderdatum m	mötesdatum	termin konferencji m	termín porady m	megbeszélés időpontja
data de nascimento f	geboortedatum m	födelsedatum	data urodzenia f	datum narození n	születési idő
data da entrevista f	afspraak voor presentatie f	intervju	prezentacja kandydata na stanowisko f	termín představení m	felvételi beszélgetés
dia da liquidação m	liquidatiedag m	avräkningsdag	dzień rozliczeniowy m	den vyúčtování n	elszámolási nap
ficheiro de dados m	bestand n	fil	plik m	soubor m	adatállomány

date limite

	D	E	F	I	ES
date limite (F)	Termin m	date	—	termine m	fecha f
Daten (D)	—	data	données f/pl	dati m/pl	datos m/pl
Datenschutz (D)	—	data protection	protection de données f	tutela dei dati f	protección de los datos f
Datensicherung (D)	—	data security	sauvegarde des données f	protezione dei dati f	protección de datos f
date of arrival (E)	Ankunftsdatum n	—	date d'arrivée f	data d'arrivo f	fecha de llegada f
date of birth (E)	Geburtsdatum n	—	date de naissance f	data di nascita f	fecha de nacimiento f
date of delivery (E)	Liefertermin m	—	délai de livraison m	termine di consegna m	plazo de entrega m
date of departure (E)	Abreisedatum n	—	date de départ f	data di partenza f	fecha de partida f
dati (I)	Daten pl	data	données f/pl	—	datos m/pl
dati dell'ordine (I)	Bestelldaten f	details of order	références de commande f/pl	—	datos de pedido m/pl
dator (SV)	Computer m	computer	ordinateur m	computer m	ordenador m
datore di lavoro (I)	Arbeitgeber m	employer	employeur m	—	empleador m
datos (ES)	Daten pl	data	données f/pl	dati m/pl	—
datos de pedido (ES)	Bestelldaten f	details of order	références de commande f/pl	dati dell'ordine m/pl	—
Datum (D)	—	date	date f	data f	fecha f
datum (NL)	Datum n	date	date f	data f	fecha f
datum (SV)	Datum n	date	date f	data f	fecha f
datum (CZ)	Datum n	date	date f	data f	fecha f
dátum (H)	Datum n	date	date f	data f	fecha f
datum narození (CZ)	Geburtsdatum n	date of birth	date de naissance f	data di nascita f	fecha de nacimiento f
datum odjezdu (CZ)	Abreisedatum n	date of departure	date de départ f	data di partenza f	fecha de partida f
datum příjezdu (CZ)	Ankunftsdatum n	date of arrival	date d'arrivée f	data d'arrivo f	fecha de llegada f
datum uplynutí lhůty (CZ)	Verfallsdatum n	expiry date	date d'échéance f	data di scadenza f	fecha de vencimiento f
datum van aankomst (NL)	Ankunftsdatum n	date of arrival	date d'arrivée f	data d'arrivo f	fecha de llegada f
datum van afloop (NL)	Ablauffrist f	time limit	échéance f	termine di scadenza m	vencimiento m
Dauerauftrag (D)	—	standing order	ordre régulier de virement m	ordine permanente m	órden permanente f
Dauerschuldverschreibung (D)	—	unredeemable bond	engagement de dette permanente m	obbligazione perpetua f	obligación perpetua f
dávka (CZ)	Umlage f	levy	répartition f	ripartizione f	reparto m
day of expiry (E)	Verfalltag m	—	jour de l'échéance m	giorno di scadenza m	día de vencimiento m
dazio ad valorem (I)	Wertzoll m	ad valorem duty	taxe de douane ad valorem f	—	aduanas ad valorem f/pl
dazio all'esportazione (I)	Ausfuhrzoll m	export duty	taxe à l'exportation f	—	derechos de exportación m/pl
dazio protettivo (I)	Schutzzoll m	protective duty	droit de protection m	—	aduana proteccionista f
dceřiná společnost (CZ)	Tochtergesellschaft f	subsidiary	société affiliée f	società affiliata f	filial f
dead capital (E)	totes Kapital n	—	capital improductif m	capitale infruttifero m	capital improductivo m
de afdracht van de winst (NL)	Gewinnabführung f	transfer of profit	transfert du bénéfice m	trasferimento degli utili m	transferencia de beneficios f
dealing before official hours (E)	Vorbörse f	—	avant-bourse f	mercato preborsistico m	operaciones antes de la apertura de la bolsa f/pl
debe (ES)	Soll n	debit	débit m	passivo m	—
debenture bond (E)	Schuldverschreibung f	—	obligation f	obbligazione f	obligación f
debenture loan (E)	Obligationsanleihe f	—	emprunt obligataire m	prestito obbligazionario m	empréstito sobre obligaciones m

debenture loan

P	NL	SV	PL	CZ	H
termo m	termijn m	termin	termin m	termín m	határidő
dados m	gegevens n/pl	data pl	dane pl	data pl	adatok
protecção dos dados f	bescherming van de opgeslagen informatie f	datasäkerhet	ochrona danych komputerowych f	ochrana dat f	adatvédelem
protecção de dados f	gegevensbeveiliging f	dataskydd	zabezpieczenie danych n	zajištění dat n	adatmentés
data de chegada f	datum van aankomst m	ankomstdatum	data przybycia f	datum příjezdu n	érkezés napja
data de nascimento f	geboortedatum m	födelsedatum	data urodzenia f	datum narození n	születési idő
data de entrega f	leveringstermijn m	leveransdatum	termin dostawy m	dodací termín m	szállítási határidő
data de partida f	vertrekdatum m	avresedatum	data wyjazdu f	datum odjezdu n	elutazás napja
dados m	gegevens n/pl	data pl	dane pl	data pl	adatok
detalhes de encomenda m/pl	bestelgegevens n/pl	orderdata	data zamówienia f	objednací údaje m/pl	megrendelés adatai
computador m	computer m	—	komputer m	počítač m	számítógép
empregador m	werkgever m	arbetsgivare	pracodawca m	zaměstnavatel m	munkáltató
dados m	gegevens n/pl	data pl	dane pl	data pl	adatok
detalhes de encomenda m/pl	bestelgegevens n/pl	orderdata	data zamówienia f	objednací údaje m/pl	megrendelés adatai
data f	datum m	datum	data f	datum n	dátum
data f	—	datum	data f	datum n	dátum
data f	datum m	—	data f	datum n	dátum
data f	datum m	datum	data f	—	dátum
data f	datum m	datum	data f	datum n	—
data de nascimento f	geboortedatum m	födelsedatum	data urodzenia f	—	születési idő
data de partida f	vertrekdatum m	avresedatum	data wyjazdu f	—	elutazás napja
data de chegada f	datum van aankomst m	ankomstdatum	data przybycia f	—	érkezés napja
data de vencimento f	vervaldatum m	sista förbrukningsdag	data płatności weksla f	—	lejárat napja
data de chegada f	—	ankomstdatum	data przybycia f	datum příjezdu n	érkezés napja
vencimento m	—	tidsfrist	termin ważności m	prošlá lhůta f	lejárati határidő
ordem permanente f	dringende bestelling f	instruktion till bank om regelbundna överföringar	zlecenie stałe n	dlouhodobý příkaz k úhradě m	állandó megbízás
obrigação perpétua f	obligatie met eeuwigdurende looptijd f	evig obligation	zobowiązanie ciągłe n	dlouhodobý dlužní úpis m	nem beváltható kötvény
repartição f	omslag m	skattefördelning	repartycja f	—	járulék
dia de vencimento m	vervaldag m	förfallodag	dzień płatności m	den splatnosti m	lejárat napja
direitos ad valorem m/pl	waarderechten n/pl	ad valorem tull	cło od wartości n	hodnotové clo n	értékvám
taxa de exportação f	uitvoerrecht n	exportavgift	cło wywozowe n	vývozní clo n	exportvám
direitos proteccionistas m/pl	beschermend recht n	skyddstull	cło ochronne n	ochranné clo n	védővám
subsidiária f	dochtermaatschappij f	dotterbolag	spółka zależna f	—	leányvállalat
capital improdutivo m	dood kapitaal n	improduktivt kapital	martwy kapitał m	neproduktivní kapitál m	holt tőke
transferência dos lucros f	—	vinstöverföring	podatek z zysku m	odvod zisku m	nyereségátutalás
negociação antes da abertura oficial da bolsa f	voorbeurshandel m	förbörs	transakcja przed otwarciem giełdy f	předburza f	tőzsdenyitás előtti kereskedelem
débito m	debetzijde f	debet	debet m	strana "Má dáti" f	tartozik (oldal)
obrigações não reembolsáveis f/pl	obligatie f	skuldförbindelse	list zastawczy m	obligace f	kötelezvény
empréstimo obrigatório m	obligatielening f	obligationslån	kredyt obligacyjny m	obligační půjčka f	kötvénykölcsön

deber de conservación

	D	E	F	I	ES
deber de conservación (ES)	Aufbewahrungspflicht f	obligation to preserve records	obligation de conservation f	obbligo di conservazione m	—
debet (SV)	Soll n	debit	débit m	passivo m	debe m
debet (PL)	Soll n	debit	débit m	passivo m	debe m
debetní úvěr (CZ)	Überziehungskredit m	overdraft credit	avance sur compte courant f	credito allo scoperto m	crédito en descubierto m
debetzijde (NL)	Soll n	debit	débit m	passivo m	debe m
debidamente (ES)	ordnungsgemäß	regular	correctement	regolare	—
debit (E)	Soll n	—	débit m	passivo m	debe m
débit (F)	Soll n	debit	—	passivo m	debe m
debitar (P)	belasten	charge	débiter	addebitare	adeudar
debitar (P)	abbuchen	deduct	débiter	addebitare	cargar en cuenta
débiter (F)	belasten	charge	—	addebitare	adeudar
débiter (F)	abbuchen	deduct	—	addebitare	cargar en cuenta
debitera (SV)	belasten	charge	débiter	addebitare	adeudar
debitera (SV)	abbuchen	deduct	débiter	addebitare	cargar en cuenta
debiteras (SV)	zu Lasten	chargeable to	à la charge de qn	a carico di	a cargo de
debitering (SV)	Belastung f	charge	charge f	addebito m	gravamen m
debiteur (NL)	Debitor m	debtor	débiteur m	debitore m	deudor m
debiteur (NL)	Schuldner m	debtor	débiteur m	debitore m	deudor m
débiteur (F)	Debitor m	debtor	—	debitore m	deudor m
débiteur (F)	Schuldner m	debtor	—	debitore m	deudor m
débiteur en faillite (F)	Gemeinschuldner m	adjudicated bankrupt	—	debitore fallito m	deudor común m
debiti (I)	Schulden f	debts	dettes f/pl	—	deudas f/pl
debiti verso l'estero (I)	Auslandsschulden f/pl	foreign debts	dettes à l'étranger f/pl	—	deudas exteriores f/pl
debito (I)	Schuld f	debt	dette f	—	deuda f
débito (P)	Soll n	debit	débit m	passivo m	debe m
debito pubblico (I)	Staatsverschuldung f	state indebtedness	endettement de l'Etat m	—	endeudamiento público m
Debitor (D)	—	debtor	débiteur m	debitore m	deudor m
debitore (I)	Debitor m	debtor	débiteur m	—	deudor m
debitore (I)	Schuldner m	debtor	débiteur m	—	deudor m
debitore fallito (I)	Gemeinschuldner m	adjudicated bankrupt	débiteur en faillite m	—	deudor común m
debt (E)	Schuld f	—	dette f	debito m	deuda f
debtor (E)	Debitor m	—	débiteur m	debitore m	deudor m
debtor (E)	Schuldner m	—	débiteur m	debitore m	deudor m
debts (E)	Schulden f	—	dettes f/pl	debiti m/pl	deudas f/pl
decentralisatie (NL)	Dezentralisierung f	decentralisation	décentralisation f	decentralizzazione f	descentralización f
decentralisation (E)	Dezentralisierung f	—	décentralisation f	decentralizzazione f	descentralización f
décentralisation (F)	Dezentralisierung f	decentralisation	—	decentralizzazione f	descentralización f
decentralisering (SV)	Dezentralisierung f	decentralisation	décentralisation f	decentralizzazione f	descentralización f
decentralizace (CZ)	Dezentralisierung f	decentralisation	décentralisation f	decentralizzazione f	descentralización f
decentralizáció (H)	Dezentralisierung f	decentralisation	décentralisation f	decentralizzazione f	descentralización f
decentralizacja (PL)	Dezentralisierung f	decentralisation	décentralisation f	decentralizzazione f	descentralización f
decentralizzazione (I)	Dezentralisierung f	decentralisation	décentralisation f	—	descentralización f
déchet (F)	Abfall m	waste	—	rifiuti m/pl	desechos m/pl
déchets d'emballage (F)	Verpackungsmüll m	packing waste	—	rifiuti d'imballaggio m/pl	basura de embalaje f
decisão (P)	Beschluß m	decision	résolution f	delibera f	decisión f
decisão (P)	Entscheidung f	decision	décision f	decisione f	decisión f
decision (E)	Beschluß m	—	résolution f	delibera f	decisión f
decision (E)	Entscheidung f	—	décision f	decisione f	decisión f
décision (F)	Entscheidung f	decision	—	decisione f	decisión f
decisión (ES)	Beschluß m	decision	résolution f	delibera f	—

decisión

P	NL	SV	PL	CZ	H
dever de conservação m	bewaringsplicht f/m	arkiveringsplikt	obowiązek przechowywania m	povinnost uschovávat f	megőrzési kötelezettség
débito m	debetzijde f	—	debet m	strana "Má dáti" f	tartozik (oldal)
débito m	debetzijde f	debet	—	strana "Má dáti" f	tartozik (oldal)
crédito a descoberto m	krediet in rekening-courant n	trasseringskredit	kredyt techniczny m	—	folyószámlahitel
débito m	—	debet	debet m	strana "Má dáti" f	tartozik (oldal)
regular	behoorlijk	i laga ordning	prawidłowo	řádný	szabályszerűen
débito m	debetzijde f	debet	debet m	strana "Má dáti" f	tartozik (oldal)
débito m	debetzijde f	debet	debet m	strana "Má dáti" f	tartozik (oldal)
—	belasten	debitera	obciążać <obciążyć>	zatěžovat <zatížit>	megterhel
—	afschrijven	debitera	odpisywać <odpisać> z konta	přeúčtovat	megterhel
debitar	belasten	debitera	obciążać <obciążyć>	zatěžovat <zatížit>	megterhel
debitar	afschrijven	debitera	odpisywać <odpisać> z konta	přeúčtovat	megterhel
debitar	belasten	—	obciążać <obciążyć>	zatěžovat <zatížit>	megterhel
debitar	afschrijven	—	odpisywać <odpisać> z konta	přeúčtovat	megterhel
a cargo de	ten laste van	—	w ciężar	na účet	terhére
carga f	belasting f	—	obciążenie n	zatížení n	megterhelés
devedor m	—	gäldenär	dłużnik m	dlužník m	adós
devedor m	—	gäldenär	dłużnik m	dlužník m	adós
devedor m	debiteur m	gäldenär	dłużnik m	dlužník m	adós
devedor m	debiteur m	gäldenär	dłużnik m	dlužník m	adós
devedor falido m	insolvente schuldenaar m	konkursgäldenär	zbankrutowany dłużnik m	úpadkový dlužník m	csődadós
dívidas f/pl	schulden f/pl	skulder	długi m/pl	dluhy m/pl	tartozások
dívidas externas f/pl	schulden in het buitenland f/pl	utlandsskuld	zadłużenie za granicą n	zahraniční dluhy m/pl	külföldi tartozások
dívida f	schuld f	skuld	dług m	dluh m	adósság
—	debetzijde f	debet	debet m	strana "Má dáti" f	tartozik (oldal)
endividamento público m	staatsschulden f/pl	statsskuld	zadłużenie państwa n	státní zadlužení n	állami eladósodás
devedor m	debiteur m	gäldenär	dłużnik m	dlužník m	adós
devedor m	debiteur m	gäldenär	dłużnik m	dlužník m	adós
devedor m	debiteur m	gäldenär	dłużnik m	dlužník m	adós
devedor falido m	insolvente schuldenaar m	konkursgäldenär	zbankrutowany dłużnik m	úpadkový dlužník m	csődadós
dívida f	schuld f	skuld	dług m	dluh m	adósság
devedor m	debiteur m	gäldenär	dłużnik m	dlužník m	adós
devedor m	debiteur m	gäldenär	dłużnik m	dlužník m	adós
dívidas f/pl	schulden f/pl	skulder	długi m/pl	dluhy m/pl	tartozások
descentralização f	—	decentralisering	decentralizacja f	decentralizace f	decentralizáció
descentralização f	decentralisatie f	decentralisering	decentralizacja f	decentralizace f	decentralizáció
descentralização f	decentralisatie f	decentralisering	decentralizacja f	decentralizace f	decentralizáció
descentralização f	decentralisatie f	—	decentralizacja f	decentralizace f	decentralizáció
descentralização f	decentralisatie f	decentralisering	decentralizacja f	—	decentralizáció
descentralização f	decentralisatie f	decentralisering	decentralizacja f	decentralizace f	decentralizáció
descentralização f	decentralisatie f	decentralisering	decentralizacja f	decentralizace f	decentralizáció
desperdícios m/pl	afval m	avfall	odpady m/pl	odpad m	hulladék
embalagem usada f	verpakkingsafval n	förpackningsavfall	zużyte opakowania m/pl	obalový odpad m	csomagolási hulladék
—	beslissing f	beslut	decyzja f	usnesení n	határozat
—	beslissing f	beslut	decyzja f	rozhodnutí n	döntés
decisão f	beslissing f	beslut	decyzja f	usnesení n	határozat
decisão f	beslissing f	beslut	decyzja f	rozhodnutí n	döntés
decisão f	beslissing f	beslut	decyzja f	rozhodnutí n	döntés
decisão f	beslissing f	beslut	decyzja f	usnesení n	határozat

decisión 262

	D	E	F	I	ES
decisión (ES)	Entscheidung f	decision	décision f	decisione f	—
decisione (I)	Entscheidung f	decision	décision f	—	decisión f
Deckung (D)	—	cover	couverture f	copertura f	cobertura f
Deckungsbeitrag (D)	—	contribution margin	marge sur coût variable f	contributo per copertura m	aportación de cobertura f
Deckungszusage (D)	—	confirmation of cover	acceptation de prendre le risque en charge f	impegno di copertura m	nota de aceptación de cobertura f
declaração alfandegária (P)	Zollerklärung f	customs declaration	déclaration en douane f	dichiarazione doganale f	declaración arancelaria f
declaração de importação (P)	Einfuhrerklärung f	import declaration	déclaration d'entrée f	dichiarazione d'importazione f	declaración de importación f
declaração de importação à alfândega (P)	Zolleinfuhrschein m	bill of entry	acquit d'entrée m	bolletta doganale d'importazione m	certificado de aduana m
declaração de rendimentos (P)	Steuererklärung f	tax return	déclaration d'impôts f	dichiarazione dei redditi f	declaración a efectos fiscales f
declaração de sinistro (P)	Schadensmeldung f	notification of damage	déclaration du sinistre f	denuncia di sinistro f	aviso de siniestro m
declaração sob juramento (P)	beeidigte Erklärung f	sworn statement	déclaration sous serment f	dichiarazione giurata f	declaración jurada f
declaración a efectos fiscales (ES)	Steuererklärung f	tax return	déclaration d'impôts f	dichiarazione dei redditi f	—
declaración arancelaria (ES)	Zollerklärung f	customs declaration	déclaration en douane f	dichiarazione doganale f	—
declaración de importación (ES)	Einfuhrerklärung f	import declaration	déclaration d'entrée f	dichiarazione d'importazione f	—
declaración jurada (ES)	beeidigte Erklärung f	sworn statement	déclaration sous serment f	dichiarazione giurata f	—
declarar (ES)	deklarieren	declare	déclarer	dichiarare	—
declarar (P)	deklarieren	declare	déclarer	dichiarare	declarar
déclaration d'entrée (F)	Einfuhrerklärung f	import declaration	—	dichiarazione d'importazione f	declaración de importación f
déclaration d'impôts (F)	Steuererklärung f	tax return	—	dichiarazione dei redditi f	declaración a efectos fiscales f
déclaration du sinistre (F)	Schadensmeldung f	notification of damage	—	denuncia di sinistro f	aviso de siniestro m
déclaration en douane (F)	Zollerklärung f	customs declaration	—	dichiarazione doganale f	declaración arancelaria f
déclaration sous serment (F)	beeidigte Erklärung f	sworn statement	—	dichiarazione giurata f	declaración jurada f
declare (E)	deklarieren	—	déclarer	dichiarare	declarar
déclarer (F)	deklarieren	declare	—	dichiarare	declarar
declareren (NL)	deklarieren	declare	déclarer	dichiarare	declarar
decline in prices (E)	Preisverfall m	—	chute des prix f	caduta dei prezzi f	caída de precios f
décompte des frais (F)	Spesenabrechnung f	statement of expenses	—	conteggio delle spese m	liquidación de gastos f
de confiança (P)	zuverlässig	reliable	fiable	affidabile	de confianza
de confianza (ES)	zuverlässig	reliable	fiable	affidabile	—
découvert d'un compte (F)	Kontoüberziehung f	overdraft of an account	—	scoperto di conto m	descubierto m
decrease in demand (E)	Nachfragerückgang m	—	recul de la demande f	flessione della domanda f	disminución en la demanda f
decrease in value (E)	Wertminderung f	—	diminution de la valeur f	riduzione di valore f	depreciación f
decree (E)	Verordnung f	—	décret m	regolamento m	ordenanza f
décret (F)	Verordnung f	decree	—	regolamento m	ordenanza f
decreto (P)	Verordnung f	decree	décret m	regolamento m	ordenanza f
decyzja (PL)	Beschluß m	decision	résolution f	delibera f	decisión f
decyzja (PL)	Entscheidung f	decision	décision f	decisione f	decisión f

decyzja

P	NL	SV	PL	CZ	H
decisão f	beslissing f	beslut	decyzja f	rozhodnutí n	döntés
decisão f	beslissing f	beslut	decyzja f	rozhodnutí n	döntés
cobertura f	dekking f	täckning	pokrycie n	krytí n	fedezet
margem de contribuição f	dekkingsbijdrage f	täckningsbidrag	wkład działu na pokrycie kosztów m	krytí vlastních nákladů m	fedezeti összeg
confirmação do seguro f	bewijs van dekking n	täckningsbekräftelse	przyrzeczenie pokrycia szkody n	příslib krytí m	fedezeti ígérvény
—	douaneverklaring f	tulldeklaration	deklaracja celna f	celní prohlášení n	vámáru-nyilatkozat
—	invoerdeclaratie f	importdeklaration	deklaracja przywozowa f	dovozní prohlášení n	importnyilatkozat
—	invoervergunning f	införseldeklaration	kwit odprawy celnej przywozowej m	dovozní celní stvrzenka f	behozatali vámkimutatás
—	belastingaangifte f	deklaration	deklaracja podatkowa f	daňové přiznání n	adóbevallás
—	schadeaangifte f	skadeanmälan	zgłoszenie szkody n	oznámení škody n	kárbejelentés
—	beëdigde verklaring f	utsaga under ed	oświadczenie pod przysięgą n	přísežné prohlášení n	eskü alatt tett nyilatkozat
declaração de rendimentos f	belastingaangifte f	deklaration	deklaracja podatkowa f	daňové přiznání n	adóbevallás
declaração alfandegária f	douaneverklaring f	tulldeklaration	deklaracja celna f	celní prohlášení n	vámáru-nyilatkozat
declaração de importação f	invoerdeclaratie f	importdeklaration	deklaracja przywozowa f	dovozní prohlášení n	importnyilatkozat
declaração sob juramento f	beëdigde verklaring f	utsaga under ed	oświadczenie pod przysięgą n	přísežné prohlášení n	eskü alatt tett nyilatkozat
declarar	declareren	deklarera	deklarować <zadeklarować>	deklarovat	kijelent
—	declareren	deklarera	deklarować <zadeklarować>	deklarovat	kijelent
declaração de importação f	invoerdeclaratie f	importdeklaration	deklaracja przywozowa f	dovozní prohlášení n	importnyilatkozat
declaração de rendimentos f	belastingaangifte f	deklaration	deklaracja podatkowa f	daňové přiznání n	adóbevallás
declaração de sinistro f	schadeaangifte f	skadeanmälan	zgłoszenie szkody n	oznámení škody n	kárbejelentés
declaração alfandegária f	douaneverklaring f	tulldeklaration	deklaracja celna f	celní prohlášení n	vámáru-nyilatkozat
declaração sob juramento f	beëdigde verklaring f	utsaga under ed	oświadczenie pod przysięgą n	přísežné prohlášení n	eskü alatt tett nyilatkozat
declarar	declareren	deklarera	deklarować <zadeklarować>	deklarovat	kijelent
declarar	declareren	deklarera	deklarować <zadeklarować>	deklarovat	kijelent
declarar	—	deklarera	deklarować <zadeklarować>	deklarovat	kijelent
queda de preços f	plotselinge daling van de prijzen f	prisfall	spadek cen m	propadnutí cen n	áresés
prestação de contas referente às despesas f	kostenaftrekking f	traktamentsredovisning	rozliczenie kosztów n	vyúčtování výloh n	költségelszámolás
—	betrouwbaar	tillförlitlig	niezawodny	spolehlivý	megbízható
de confiança	betrouwbaar	tillförlitlig	niezawodny	spolehlivý	megbízható
conta a descoberto f	overdisponering f	kontoöverdrag	przekroczenie stanu konta n	překročení částky na účtu n	hitelkeret-túllépés (folyószámlán)
diminuição da procura f	vermindering van de vraag f	minskad efterfrågan	spadek popytu m	pokles poptávky f	keresletcsökkenés
diminuição de valor f	waardevermindering f	värdeminskning	spadek wartości m	snížení hodnoty f	értékcsökkenés
decreto m	besluit n	förordning	zarządzenie n	vyhláška f	rendelet
decreto m	besluit n	förordning	zarządzenie n	vyhláška f	rendelet
—	besluit n	förordning	zarządzenie n	vyhláška f	rendelet
decisão f	beslissing f	beslut	—	usnesení n	határozat
decisão f	beslissing f	beslut	—	rozhodnutí n	döntés

dědici 264

	D	E	F	I	ES
dědici (CZ)	Erben m/pl	heirs	héritiers m/pl	eredi m/pl	heredero m
dédouané (F)	verzollt	duty-paid	—	sdoganato	aranceles pagados
dédouanement (F)	Zollabfertigung f	customs clearance	—	sdoganamento m	trámites aduaneros m/pl
dedução (P)	Abzug m	deduction	retenue f	deduzione f	deducción f
dedução de descontos (P)	Skontoabzug m	discount deduction	déduction de l'escompte f	detrazione di sconto f	deducción del descuento f
deducción (ES)	Abzug m	deduction	retenue f	deduzione f	—
deducción del descuento (ES)	Skontoabzug m	discount deduction	déduction de l'escompte f	detrazione di sconto f	—
deduct (E)	abbuchen	—	débiter	addebitare	cargar en cuenta
deduction (E)	Abzug m	—	retenue f	deduzione f	deducción f
déduction de l'escompte (F)	Skontoabzug m	discount deduction	—	detrazione di sconto f	deducción del descuento f
deduction of travelling expenses (E)	Reisekostenabrechnung f	—	règlement des frais de voyage m	conteggio dei costi di viaggio m	liquidación de los gastos de viaje f
deduzione (I)	Abschlag m	reduction	remise f	—	descuento m
deduzione (I)	Abzug m	deduction	retenue f	—	deducción f
deed of partnership (E)	Gesellschaftsvertrag m	—	acte de société m	atto costitutivo m	contrato social
deelneming (NL)	Beteiligung f	participation	participation f	partecipazione f	participación f
deelneming in de winst (NL)	Gewinnbeteiligung f	profit-sharing	participation aux bénéfices f	partecipazione agli utili f	participación en los beneficios f
deelneming van het personeel (NL)	Arbeitnehmerbeteiligung f	worker participation	participation du personnel f	partecipazione dei lavoratori dipendenti f	participación de los empleados f
deeltijds werk (NL)	Teilzeitarbeit f	part-time work	travail à temps partiel m	lavoro part-time m	trabajo a tiempo parcial m
Deens (NL)	Dänisch	Danish	danois	danese	danés
de fácil avenencia (ES)	kulant	accommodating	arrangeant	corrente	—
default interest (E)	Verzugszinsen f	—	intérêts moratoires m/pl	interessi di mora m/pl	intereses de demora m/pl
default of delivery (E)	Lieferverzug m	—	demeure du fournisseur f	mora nella consegna f	demora en la entrega f
default risk (E)	Ausfallrisiko f	—	risque de perte m	rischio di perdita m	riesgo de pérdida m
défaut (F)	Mangel m	defect	—	vizio m	defecto m
defect (E)	Mangel m	—	défaut m	vizio m	defecto m
defecto (ES)	Mangel m	defect	défaut m	vizio m	—
defeito (P)	Mangel m	defect	défaut m	vizio m	defecto m
defekt (SV)	Mangel m	defect	défaut m	vizio m	defecto m
deferment (E)	Aufschiebung f	—	ajournement m	rinvio m	aplazamiento m
défice da balança comercial (P)	Außenhandelsdefizit n	foreign trade deficit	déficit de la balance du commerce extérieur m	deficit del commercio estero m	déficit del comercio exterior m
défice na balança de pagamentos (P)	Zahlungsbilanzdefizit n	balance of payments deficit	déficit de la balance des payements m	disavanzo della bilancia dei pagamenti m	déficit en la balanza de pagos m
défice orçamental (P)	Haushaltsdefizit n	budgetary deficit	déficit budgétaire m	deficit di bilancio m	déficit presupuestario m
deficiency guarantee (E)	Ausfallbürgschaft f	—	garantie de bonne fin f	garanzia d'indennizzo f	garantía de indemnidad f
deficiency payment (E)	Ausgleichszahlung f	—	payement pour solde de compte m	conguaglio m	pago de compensación m
déficit budgétaire (F)	Haushaltsdefizit n	budgetary deficit	—	deficit di bilancio m	déficit presupuestario m
déficit de la balance des payements (F)	Zahlungsbilanzdefizit n	balance of payments deficit	—	disavanzo della bilancia dei pagamenti m	déficit en la balanza de pagos m
déficit de la balance du commerce extérieur (F)	Außenhandelsdefizit n	foreign trade deficit	—	deficit del commercio estero m	déficit del comercio exterior m

déficit de la balance du commerce extérieur

P	NL	SV	PL	CZ	H
herdeiro m	erfgenamen m/pl	arvtagare pl	spadkobiercy m/pl	—	örökösök
tarifas alfandegárias pagas f/pl	gededouaneerd	tull betald	oclony	proclený	vámkezelt
expedição aduaneira f	inklaring f/uitklaring f	förtullning	odprawa celna f	celní odbavení n	vámkezelés
—	aftrek m	avdrag	potrącenie n	srážka f	levonás
—	aftrek van korting bij contante betaling m	rabattavdrag	potrącenie skonta n	odpočet skonta m	árengedmény levonása
dedução	aftrek m	avdrag	potrącenie n	srážka f	levonás
dedução de descontos f	aftrek van korting bij contante betaling m	rabattavdrag	potrącenie skonta n	odpočet skonta m	árengedmény levonása
debitar	afschrijven	debitera	odpisywać <odpisać> z konta	přeúčtovat	megterhel
dedução	aftrek m	avdrag	potrącenie n	srážka f	levonás
dedução de descontos f	aftrek van korting bij contante betaling m	rabattavdrag	potrącenie skonta n	odpočet skonta m	árengedmény levonása
liquidação dos gastos de viagem f	reiskostenrekening f	reseräkning	rozliczenie kosztów podróży n	vyúčtování cestovních výloh n	utazási költségelszámolás
desconto m	afslag m	sänkning	potrącenie n	sleva f	árengedmény
dedução	aftrek m	avdrag	potrącenie n	srážka f	levonás
contrato social m	akte van vennootschap f	bolagsavtal	umowa spółki f	zakládací smlouva obchodní společnosti f	társasági szerződés
participação f	—	deltagande	udział m	podíl m	részesedés
participação nos lucros f	—	vinstdelning	udział w zyskach m	podíl na zisku m	nyereségrészesedés
participação dos empregados f	—	arbetstagarmedverkan	udział pracowników m	zaměstnanecký podíl m	munkavállalói résztulajdon
trabalho a jornada parcial m	—	deltidsarbete	praca w niepełnym wymiarze f	částečný pracovní úvazek m	részidős munka
dinamarquês	—	danska	język duński m	dánština f	dán (nyelv)
flexível	tegemoetkomend	tillmötesgående	uprzejmy	solidní	előzékeny
juros de mora m/pl	moratoire rente f	dröjsmålsränta	odsetki za zwłokę pl	úroky z prodlení m/pl	késedelmi kamat
atraso no fornecimento m	achterstand van de leveringen m	försenad leverans	opóźnienie dostawy n	prodlení v dodávce n	szállítási késedelem
risco de perda m	gevaar voor uitvallen n	bortfallsrisk	ryzyko niewykonalności n	riziko ztrát n	hitelveszteségkockázat
defeito m	gebrek n	defekt	wada f	nedostatek m	hiba
defeito m	gebrek n	defekt	wada f	nedostatek m	hiba
defeito m	gebrek n	defekt	wada f	nedostatek m	hiba
—	gebrek n	defekt	wada f	nedostatek m	hiba
defeito m	gebrek n	—	wada f	nedostatek m	hiba
adiamento m	uitstellen n	uppskjutning	odroczenie n	odložení n	halasztás
—	deficit op de buitenlandse handel n	exportunderskott	deficyt handlu zagranicznego m	schodek zahraničního obchodu m	külkereskedelmi deficit
—	tekort op de betalingsbalans n	underskott i betalningsbalansen	deficyt bilansu płatniczego m	deficit platební bilance m	fizetésimérleg-hiány
—	begrotingsdeficit n	budgetunderskott	deficyt budżetowy m	schodek v rozpočtu m	költségvetési deficit
fiança para cobertura de défice f	waarborg van honorering m	bortfallsgaranti	list gwarancyjny załadowcy m	záruka za ztráty f	kártalanító kezesség
pagamento de compensação m	afvloeiingsvergoeding f	kompensationsutbetalning	wyrównanie płacy n	vyrovnávací platba f	pénzbeli kiegyenlítés
défice orçamental m	begrotingsdeficit n	budgetunderskott	deficyt budżetowy m	schodek v rozpočtu m	költségvetési deficit
défice na balança de pagamentos m	tekort op de betalingsbalans n	underskott i betalningsbalansen	deficyt bilansu płatniczego m	deficit platební bilance m	fizetésimérleg-hiány
défice da balança comercial m	deficit op de buitenlandse handel n	exportunderskott	deficyt handlu zagranicznego m	schodek zahraničního obchodu m	külkereskedelmi deficit

déficit del comercio exterior

	D	E	F	I	ES
déficit del comercio exterior (ES)	Außenhandelsdefizit n	foreign trade deficit	déficit de la balance du commerce extérieur m	deficit del commercio estero m	—
deficit del commercio estero (I)	Außenhandelsdefizit n	foreign trade deficit	déficit de la balance du commerce extérieur m	—	déficit del comercio exterior m
deficit di bilancio (I)	Haushaltsdefizit n	budgetary deficit	déficit budgétaire m	—	déficit presupuestario m
déficit en la balanza de pagos (ES)	Zahlungsbilanzdefizit n	balance of payments deficit	déficit de la balance des payements m	disavanzo della bilancia dei pagamenti m	—
deficitfinanciering (NL)	Defizitfinanzierung f	deficit financing	financement du déficit m	finanziamento del deficit m	financiación del déficit f
deficit financing (E)	Defizitfinanzierung f	—	financement du déficit m	finanziamento del deficit m	financiación del déficit f
deficitfinanszírozás (H)	Defizitfinanzierung f	deficit financing	financement du déficit m	finanziamento del deficit m	financiación del déficit f
deficitní financování (CZ)	Defizitfinanzierung f	deficit financing	financement du déficit m	finanziamento del deficit m	financiación del déficit f
deficit op de buitenlandse handel (NL)	Außenhandelsdefizit n	foreign trade deficit	déficit de la balance du commerce extérieur m	deficit del commercio estero m	déficit del comercio exterior m
deficit platební bilance (CZ)	Zahlungsbilanzdefizit n	balance of payments deficit	déficit de la balance des payements m	disavanzo della bilancia dei pagamenti m	déficit en la balanza de pagos m
déficit presupuestario (ES)	Haushaltsdefizit n	budgetary deficit	déficit budgétaire m	deficit di bilancio m	—
deficyt bilansu płatniczego (PL)	Zahlungsbilanzdefizit n	balance of payments deficit	déficit de la balance des payements m	disavanzo della bilancia dei pagamenti m	déficit en la balanza de pagos m
deficyt budżetowy (PL)	Haushaltsdefizit n	budgetary deficit	déficit budgétaire m	deficit di bilancio m	déficit presupuestario m
deficyt handlu zagranicznego (PL)	Außenhandelsdefizit n	foreign trade deficit	déficit de la balance du commerce extérieur m	deficit del commercio estero m	déficit del comercio exterior m
Defizitfinanzierung (D)	—	deficit financing	financement du déficit m	finanziamento del deficit m	financiación del déficit f
defraudación (ES)	Hinterziehung f	evasion of taxes	fraude fiscale f	evasione f	—
degré de saturation (F)	Auslastungsgrad m	degree of utilisation	—	grado di utilizzazione m	grado de utilización m
degree of utilisation (E)	Auslastungsgrad m	—	degré de saturation m	grado di utilizzazione m	grado de utilización m
degresívní odpis (CZ)	degressive Abschreibung f	degressive depreciation	amortissement dégressif m	ammortamento decrescente m	amortización decreciente f
degressieve afschrijving (NL)	degressive Abschreibung f	degressive depreciation	amortissement dégressif m	ammortamento decrescente m	amortización decreciente f
degressiv avskrivning (SV)	degressive Abschreibung f	degressive depreciation	amortissement dégressif m	ammortamento decrescente m	amortización decreciente f
degressive Abschreibung (D)	—	degressive depreciation	amortissement dégressif m	ammortamento decrescente m	amortización decreciente f
degressive depreciation (E)	degressive Abschreibung f	—	amortissement dégressif m	ammortamento decrescente m	amortización decreciente f
degresszív értékcsökkenési leírás (H)	degressive Abschreibung f	degressive depreciation	amortissement dégressif m	ammortamento decrescente m	amortización decreciente f
degresywne odpisy amortyzacyjne (PL)	degressive Abschreibung f	degressive depreciation	amortissement dégressif m	ammortamento decrescente m	amortización decreciente f
déjeuner de travail (F)	Arbeitsessen n	working lunch	—	pranzo di lavoro m	comida de trabajo f
dekking (NL)	Deckung f	cover	couverture f	copertura f	cobertura f
dekkingsbijdrage (NL)	Deckungsbeitrag m	contribution margin	marge sur coût variable f	contributo per copertura m	aportación de cobertura f
deklaracja celna (PL)	Zollerklärung f	customs declaration	déclaration en douane f	dichiarazione doganale f	declaración arancelaria f

deklaracja celna

P	NL	SV	PL	CZ	H
défice da balança comercial m	deficit op de buitenlandse handel n	exportunderskott	deficyt handlu zagranicznego m	schodek zahraničního obchodu m	külkereskedelmi deficit
défice da balança comercial m	deficit op de buitenlandse handel n	exportunderskott	deficyt handlu zagranicznego m	schodek zahraničního obchodu m	külkereskedelmi deficit
défice orçamental m	begrotingsdeficit n	budgetunderskott	deficyt budżetowy m	schodek v rozpočtu m	költségvetési deficit
défice na balança de pagamentos m	tekort op de betalingsbalans n	underskott i betalningsbalansen	deficyt bilansu płatniczego m	deficit platební bilance m	fizetésimérleg- hiány
financiamento do défice m	—	underbalansering	finansowanie deficytu n	deficitní financování n	deficitfinanszírozás
financiamento do défice m	deficitfinanciering f	underbalansering	finansowanie deficytu n	deficitní financování n	deficitfinanszírozás
financiamento do défice m	deficitfinanciering f	underbalansering	finansowanie deficytu n	deficitní financování n	—
financiamento do défice m	deficitfinanciering f	underbalansering	finansowanie deficytu n	—	deficitfinanszírozás
défice da balança comercial m	—	exportunderskott	deficyt handlu zagranicznego m	schodek zahraničního obchodu m	külkereskedelmi deficit
défice na balança de pagamentos m	tekort op de betalingsbalans n	underskott i betalningsbalansen	deficyt bilansu płatniczego m	—	fizetésimérleg- hiány
défice orçamental m	begrotingsdeficit n	budgetunderskott	deficyt budżetowy m	schodek v rozpočtu m	költségvetési deficit
défice na balança de pagamentos m	tekort op de betalingsbalans n	underskott i betalningsbalansen	—	deficit platební bilance m	fizetésimérleg- hiány
défice orçamental m	begrotingsdeficit n	budgetunderskott	—	schodek v rozpočtu m	költségvetési deficit
défice da balança comercial m	deficit op de buitenlandse handel n	exportunderskott	—	schodek zahraničního obchodu m	külkereskedelmi deficit
financiamento do défice m	deficitfinanciering f	underbalansering	finansowanie deficytu n	deficitní financování n	deficitfinanszírozás
sonegação f	het ontduiken van belastingen n	skattesmitning	sprzeniewierzenie n	daňový únik m	sikkasztás
taxa de utilização das capacidades f	benuttingsgraad m	kapacitetsutnyttjande	stopień wykorzystania m	stupeň vytížení m	kihasználtsági fok
taxa de utilização das capacidades f	benuttingsgraad m	kapacitetsutnyttjande	stopień wykorzystania m	stupeň vytížení m	kihasználtsági fok
amortização decrescente f	degressieve afschrijving f	degressiv avskrivning	degresywne odpisy amortyzacyjne m/pl	—	degresszív értékcsökkenési leírás
amortização decrescente f	—	degressiv avskrivning	degresywne odpisy amortyzacyjne m/pl	degresívní odpis m	degresszív értékcsökkenési leírás
amortização decrescente f	degressieve afschrijving f	—	degresywne odpisy amortyzacyjne m/pl	degresívní odpis m	degresszív értékcsökkenési leírás
amortização decrescente f	degressieve afschrijving f	degressiv avskrivning	degresywne odpisy amortyzacyjne m/pl	degresívní odpis m	degresszív értékcsökkenési leírás
amortização decrescente f	degressieve afschrijving f	degressiv avskrivning	degresywne odpisy amortyzacyjne m/pl	degresívní odpis m	degresszív értékcsökkenési leírás
amortização decrescente f	degressieve afschrijving f	degressiv avskrivning	degresywne odpisy amortyzacyjne m/pl	degresívní odpis m	—
amortização decrescente f	degressieve afschrijving f	degressiv avskrivning	—	degresívní odpis m	degresszív értékcsökkenési leírás
almoço de trabalho m	werklunch m	arbetslunch	obiad służbowy m	pracovní oběd m	munkaebéd
cobertura f	—	täckning	pokrycie n	krytí n	fedezet
margem de contribuição f	—	täckningsbidrag	wkład działu na pokrycie kosztów m	krytí vlastních nákladů m	fedezeti összeg
declaração alfandegária f	douaneverklaring f	tulldeklaration	—	celní prohlášení n	vámáru-nyilatkozat

deklaracja podatkowa 268

	D	E	F	I	ES
deklaracja podatkowa (PL)	Steuererklärung f	tax return	déclaration d'impôts f	dichiarazione dei redditi f	declaración a efectos fiscales f
deklaracja przywozowa (PL)	Einfuhrerklärung f	import declaration	déclaration d'entrée f	dichiarazione d'importazione f	declaración de importación f
deklaration (SV)	Steuererklärung f	tax return	déclaration d'impôts f	dichiarazione dei redditi f	declaración a efectos fiscales f
deklarera (SV)	deklarieren	declare	déclarer	dichiarare	declarar
deklarieren (D)	—	declare	déclarer	dichiarare	declarar
deklarovat (CZ)	deklarieren	declare	déclarer	dichiarare	declarar
deklarować (PL)	deklarieren	declare	déclarer	dichiarare	declarar
děkovné psaní (CZ)	Dankschreiben n	letter of thanks	lettre de remerciement f	lettera di ringraziamento f	carta de agradecimiento f
délai (F)	Frist f	period	—	termine m	plazo m
délai de carence (F)	Karenzzeit f	qualifying period	—	periodo d'aspettativa m	período carencial m
délai de livraison (F)	Lieferfrist f	term of delivery	—	tempo di consegna m	plazo de entrega m
délai de livraison (F)	Liefertermin m	date of delivery	—	termine di consegna m	plazo de entrega m
délai de payement (F)	Zahlungsfrist f	term of payment	—	scadenza di pagamento f	plazo de pago m
délai de résiliation (F)	Kündigungsfrist f	period of notice	—	periodo di preavviso m	plazo de preaviso m
délai d'inscription (F)	Anmeldefrist f	period for application	—	termine di presentazione della domanda m	plazo de inscripción m
delårsbalans (SV)	Zwischenbilanz f	interim balance sheet	bilan intermédiaire m	bilancio provvisorio m	balance intermedio m
delay (E)	Verspätung f	—	retard m	ritardo m	retraso m
delay (E)	Verzug m	—	retard m	mora f	retraso m
dělba práce (CZ)	Arbeitsteilung f	division of labour	division du travail f	suddivisione del lavoro f	división del trabajo f
del credere (E)	Delkredere n	—	ducroire m	star del credere m	delcrédere m
del-credere (P)	Delkredere n	del credere	ducroire m	star del credere m	delcrédere m
delcredere (NL)	Delkredere n	del credere	ducroire m	star del credere m	delcrédere m
del credere (PL)	Delkredere n	del credere	ducroire m	star del credere m	delcrédere m
delcrédere (ES)	Delkredere n	del credere	ducroire m	star del credere m	—
delega (I)	Bevollmächtigung f	authorisation	procuration f	—	apoderamiento m
delegação (P)	Delegation f	delegation	délégation f	delegazione f	delegación f
delegace (CZ)	Delegation f	delegation	délégation f	delegazione f	delegación f
delegáció (H)	Delegation f	delegation	délégation f	delegazione f	delegación f
delegación (ES)	Delegation f	delegation	délégation f	delegazione f	—
delegacja (PL)	Delegation f	delegation	délégation f	delegazione f	delegación f
delegál (H)	delegieren	delegate	déléguer	delegare	delegar
delegar (ES)	delegieren	delegate	déléguer	delegare	—
delegar (P)	delegieren	delegate	déléguer	delegare	delegar
delegare (I)	delegieren	delegate	déléguer	—	delegar
delegate (E)	delegieren	—	déléguer	delegare	delegar
delegatie (NL)	Delegation f	delegation	délégation f	delegazione f	delegación f
Delegation (D)	—	delegation	délégation f	delegazione f	delegación f
delegation (E)	Delegation f	—	délégation f	delegazione f	delegación f
delegation (SV)	Delegation f	delegation	délégation f	delegazione f	delegación f
délégation (F)	Delegation f	delegation	—	delegazione f	delegación f

délégation

P	NL	SV	PL	CZ	H
declaração de rendimentos f	belastingaangifte f	deklaration	—	daňové přiznání n	adóbevallás
declaração de importação f	invoerdeclaratie f	importdeklaration	—	dovozní prohlášení n	importnyilatkozat
declaração de rendimentos f	belastingaangifte f	—	deklaracja podatkowa f	daňové přiznání n	adóbevallás
declarar	declareren	—	deklarować <zadeklarować>	deklarovat	kijelent
declarar	declareren	deklarera	deklarować <zadeklarować>	deklarovat	kijelent
declarar	declareren	deklarera	deklarować <zadeklarować>	—	kijelent
declarar	declareren	deklarera	—	deklarovat	kijelent
carta de agradecimento f	bedankbrief m	tackbrev	pismo dziękczynne n	—	köszönőlevél
prazo m	termijn m	frist	okres m	lhůta f	határidő
prazo de carência m	wachttijd m	karenstid	okres karencji m	čekací doba f	türelmi idő
prazo de entrega m	leveringstermijn m	leveranstid	termin dostawy m	dodací lhůta f	szállítási határidő
data de entrega f	leveringstermijn m	leveransdatum	termin dostawy m	dodací termín m	szállítási határidő
prazo de pagamento m	betalingstermijn m	betalningsfrist	termin zapłaty m	platební lhůta f	fizetési határidő
prazo de rescisão m	opzeggingstermijn m	uppsägningstid	termin wypowiedzenia m	výpovědní lhůta f	felmondási (határ)idő
prazo de declaração m	aanmeldingstermijn m	ansökningstid	termin zgłaszania m	přihlašovací lhůta f	jelentkezési határidő
balanço intermediário m	tussenbalans f	—	bilans pośredni m	zatímní bilance f	évközi mérleg
atraso m	vertraging f	försening	opóźnienie n	prodlení n	késedelem
mora f	achterstallen m/pl	uppskov	zwłoka f	odklad m	késedelem
divisão de trabalho f	arbeidsverdeling f	arbetsdelning	podział pracy m	—	munkamegosztás
del-credere m	delcredere n	delkredere	del credere	ručení pohledávky třetí osobou n	hitelszavatosság
—	delcredere n	delkredere	del credere	ručení pohledávky třetí osobou n	hitelszavatosság
del-credere m	—	delkredere	del credere	ručení pohledávky třetí osobou n	hitelszavatosság
del-credere m	delcredere n	delkredere	—	ručení pohledávky třetí osobou n	hitelszavatosság
del-credere m	delcredere n	delkredere	del credere	ručení pohledávky třetí osobou n	hitelszavatosság
autorização f	machtiging f	bemyndigande	upoważnienie n	plná moc f	meghatalmazás
—	delegatie f	delegation	delegacja f	delegace f	delegáció
delegação f	delegatie f	delegation	delegacja f	—	delegáció
delegação f	delegatie f	delegation	delegacja f	delegace f	—
delegação f	delegatie f	delegation	delegacja f	delegace f	delegáció
delegação f	delegatie f	delegation	—	delegace f	delegáció
delegar	delegeren	delegera	delegować <wydelegować>	delegovat	—
delegar	delegeren	delegera	delegować <wydelegować>	delegovat	delegál
—	delegeren	delegera	delegować <wydelegować>	delegovat	delegál
delegar	delegeren	delegera	delegować <wydelegować>	delegovat	delegál
delegar	delegeren	delegera	delegować <wydelegować>	delegovat	delegál
delegação f	—	delegation	delegacja f	delegace f	delegáció
delegação f	delegatie f	delegation	delegacja f	delegace f	delegáció
delegação f	delegatie f	delegation	delegacja f	delegace f	delegáció
delegação f	delegatie f	—	delegacja f	delegace f	delegáció
delegação f	delegatie f	delegation	delegacja f	delegace f	delegáció

delegazione 270

	D	E	F	I	ES
delegazione (I)	Delegation f	delegation	délégation f	—	delegación f
delegera (SV)	delegieren	delegate	déléguer	delegare	delegar
delegeren (NL)	delegieren	delegate	déléguer	delegare	delegar
delegieren (D)	—	delegate	déléguer	delegare	delegar
delegovat (CZ)	delegieren	delegate	déléguer	delegare	delegar
delegować (PL)	delegieren	delegate	déléguer	delegare	delegar
déléguer (F)	delegieren	delegate	—	delegare	delegar
delibera (I)	Beschluß m	decision	résolution f	—	decisión f
délinquance économique (F)	Wirtschaftskriminalität f	white-collar crime	—	criminalità economica f	criminalidad económica f
deliver (E)	abliefern	—	livrer	consegnare	entregar
delivery (E)	Lieferung f	—	livraison f	consegna f	suministro m
delivery (E)	Übergabe f	—	remise f	consegna f	entrega f
delivery (E)	Zustellung f	—	remise f	recapito m	envío m
delivery costs (E)	Bezugskosten pl	—	coûts d'acquisition m/pl	spese di consegna f/pl	gastos de adquisición m/pl
delivery note (E)	Lieferschein m	—	bulletin de livraison m	bolla di consegna f	recibo de entrega m
Delkredere (D)	—	del credere	ducroire m	star del credere m	delcrédere m
delkredere (SV)	Delkredere n	del credere	ducroire m	star del credere m	delcrédere m
delleverans (SV)	Teillieferung f	partial delivery	livraison partielle f	fornitura parziale f	entrega parcial f
dellikvid (SV)	Abschlagszahlung f	part payment	acompte m	pagamento a rate m	pago parcial m
deltagande (SV)	Beteiligung f	participation	participation f	partecipazione f	participación f
deltidsarbete (SV)	Teilzeitarbeit f	part-time work	travail à temps partiel m	lavoro part-time m	trabajo a tiempo parcial m
delvärde (SV)	Teilwert m	partial value	valeur partielle f	valore parziale m	valor parcial m
delvis privatisering (SV)	Teilprivatisierung f	partial privatisation	privatisation partielle f	privatizzazione parziale f	privatización parcial f
demand (E)	Nachfrage f	—	demande f	domanda f	demanda f
demanda (ES)	Anfrage f	inquiry	demande f	richiesta f	—
demanda (ES)	Klage f	legal action	action en justice f	citazione in giudizio f	—
demanda (ES)	Nachfrage f	demand	demande f	domanda f	—
demanda de capital (P)	Kapitalbedarf m	capital requirements	besoin en capital m	domanda di capitale m	necesidad de capital f
demanda de daños y perjuicios (ES)	Schadensersatzklage f	action for damages	action en dommages-intérêts f	azione di risarcimento danni f	—
demanda de empleo (ES)	Bewerbung f	application	candidature f	candidatura f	—
demanda de entrega (ES)	Abruf m	call	appel m	ordine di consegna m	—
demanda monetaria (ES)	Geldnachfrage f	demand for money	demande sur le marché monétaire f	domanda sul mercato monetario f	—
demandante (ES)	Besteller m	customer	acheteur m	committente m	—
demande (F)	Anfrage f	inquiry	—	richiesta f	demanda f
demande (F)	Antrag m	application	—	domanda f	solicitud f
demande (F)	Nachfrage f	demand	—	domanda f	demanda f
demande d'emploi (F)	Stellengesuch n	situation wanted	—	domanda d'impiego f	solicitud de colocación f
demande en déclaration de faillite (F)	Konkursantrag m	bankruptcy petition	—	domanda di dichiarazione di fallimento f	petición de quiebra f
demande sur le marché monétaire (F)	Geldnachfrage f	demand for money	—	domanda sul mercato monetario f	demanda monetaria f
demand for money (E)	Geldnachfrage f	—	demande sur le marché monétaire f	domanda sul mercato monetario f	demanda monetaria f

demand for money

P	NL	SV	PL	CZ	H
delegação f	delegatie f	delegation	delegacja f	delegace f	delegáció
delegar	delegeren	—	delegować <wydelegować>	delegovat	delegál
delegar	—	delegera	delegować <wydelegować>	delegovat	delegál
delegar	delegeren	delegera	delegować <wydelegować>	delegovat	delegál
delegar	delegeren	delegera	delegować <wydelegować>	—	delegál
delegar	delegeren	delegera	—	delegovat	delegál
delegar	delegeren	delegera	delegować <wydelegować>	delegovat	delegál
decisão f	beslissing f	beslut	decyzja f	usnesení n	határozat
criminalidade económica f	economische criminaliteit f	ekonomisk brottslighet	przestępczość gospodarcza f	hospodářská kriminalita f	gazdasági bűnözés
entregar	afleveren	leverera	dostarczać <dostarczyć>	dodávat <dodat>	leszállít
entrega f	levering f	leverans	dostawa f	dodávka f	szállítás
entrega f	overhandiging f	leverans	przekazanie n	předání n	átadás
entrega f	levering f	leverans	dostawa f	doručení n	kézbesítés
custos de aquisição m/pl	verwervingskosten m/pl	förvärvskostnader pl	koszty nabycia m/pl	pořizovací náklady m/pl	beszerzési költségek
guia de remessa f	afleveringsbewijs n	följesedel	dowód dostawy m	dodací list m	szállítójegyzék
del-credere m	delcredere n	delkredere	del credere	ručení pohledávky třetí osobou	hitelszavatosság
del-credere m	delcredere n	—	del credere	ručení pohledávky třetí osobou n	hitelszavatosság
entrega parcial f	gedeeltelijke levering f	—	dostawa częściowa f	dílčí dodávka f	részszállítás
pagamento parcial m	betaling in termijnen f	—	spłata ratalna f	splátka f	részletfizetés
participação f	deelneming f	—	udział m	podíl m	részesedés
trabalho a jornada parcial m	deeltijds werk n	—	praca w niepełnym wymiarze f	částečný pracovní úvazek m	részidős munka
valor parcial m	gedeeltelijke waarde f	—	wartość częściowa f	dílčí hodnota f	részleges érték
privatização parcial f	gedeeltelijke privatisering f	—	prywatyzacja częściowa f	dílčí privatizace f	részleges privatizáció
procura f	vraag f	efterfrågan	popyt m	poptávka f	kereslet
pedido m	aanvraag f/m	förfrågan	zapytanie n	poptávka f	ajánlatkérés
acção judicial f	klacht f	åtal	skarga f	žaloba f	panasz
procura f	vraag f	efterfrågan	popyt m	poptávka f	kereslet
—	kapitaalbehoefte f	kapitalbehov	zapotrzebowanie na kapitał n	potřeba kapitálu f	tőkeigény
acção de danos e perdas f	eis tot schadeloosstelling m	skadeståndskrav	skarga o odszkodowanie f	žaloba o náhradu škody f	kártérítési kereset
candidatura f	kandidatuur f	ansökan	ubieganie się o pracę n	ucházení se o něco n	pályázat
pedido m	afroep m	avrop	żądanie n	odvolání n	lehívás
procura no mercado monetário f	vraag om geld f	efterfrågan på penningmarknaden	popyt na pieniądz m	poptávka po penězích f	pénzkereslet
comprador m	besteller m	kund	zamawiający m	objednavatel m	megrendelő
pedido m	aanvraag f/m	förfrågan	zapytanie n	poptávka f	ajánlatkérés
solicitação f	aanvraag f	ansökan	podanie n	žádost f	kérvény
procura f	vraag f	efterfrågan	popyt m	poptávka f	kereslet
procura de emprego f	sollicitatie f	platssökande	podanie o pracę n	žádost o místo f	pályázat (állásra)
pedido de declaração de falência m	faillissementsaanvraag f	konkursansökan	wniosek o ogłoszenie upadłości m	ohlášení konkursu n	csődbejelentés
procura no mercado monetário f	vraag om geld f	efterfrågan på penningmarknaden	popyt na pieniądz m	poptávka po penězích f	pénzkereslet
procura no mercado monetário f	vraag om geld f	efterfrågan på penningmarknaden	popyt na pieniądz m	poptávka po penězích f	pénzkereslet

demand for payment

	D	E	F	I	ES
demand for payment (E)	Mahnung f	—	mise en demeure f	sollecito m	admonición f
demeure du fournisseur (F)	Lieferverzug m	default of delivery	—	mora nella consegna f	demora en la entrega f
demissão (P)	Entlassung f	dismissal	licenciement m	licenziamento m	despido m
demissão (P)	Rücktritt m	rescission	dénonciation du contrat f	recesso m	dimisión f
demonstração de resultados (P)	Ertragsrechnung f	profit and loss account	compte de profit et charges m	conto delle entrate m	cuenta de ganancias f/pl
demora en la entrega (ES)	Lieferverzug m	default of delivery	demeure du fournisseur f	mora nella consegna f	—
denaro (I)	Geld n	money	argent m	—	dinero m
denaro contante (I)	Bargeld n	cash	argent comptant m	—	dinero efectivo m
denationalisatie (NL)	Reprivatisierung f	re-privatisation	dénationalisation f	riprivatizzazione f	desnacionalización f
dénationalisation (F)	Reprivatisierung f	re-privatisation	—	riprivatizzazione f	desnacionalización f
denegación (ES)	Ablehnung f	refusal	refus m	rifiuto m	—
Denemarken (NL)	Dänemark	Denmark	Danemark	Danimarca f	Dinamarca
Denmark (E)	Dänemark	—	Danemark	Danimarca f	Dinamarca
denní (CZ)	täglich	daily	quotidien	giornaliero	diario
denní hodnota (CZ)	Tageswert m	current value	valeur du jour f	valore del giorno m	valor del día m
denní hodnota (CZ)	Zeitwert m	current market value	valeur à une certaine date f	valore corrente m	valor actual m
dénonciation du contrat (F)	Rücktritt m	rescission	—	recesso m	dimisión f
den splatnosti (CZ)	Verfalltag m	day of expiry	jour de l'échéance m	giorno di scadenza m	día de vencimiento m
dentro del plazo fijado (ES)	fristgerecht	on time	dans les délais	entro il termine convenuto	—
dentro do prazo (P)	fristgerecht	on time	dans les délais	entro il termine convenuto	dentro del plazo fijado
denuncia dei vizi (I)	Mängelanzeige f	notice of defect	notification d'un vice f	—	aviso de defectos m
denuncia di sinistro (I)	Schadensmeldung f	notification of damage	déclaration du sinistre f	—	aviso de siniestro m
den vyúčtování (CZ)	Abrechnungstag m	settlement day	date de règlement f	giorno di liquidazione m	fecha de liquidación f
departamento (ES)	Abteilung f	department	service m	reparto m	—
departamento (P)	Abteilung f	department	service m	reparto m	departamento m
departamento de expedição (P)	Versandabteilung f	dispatch department	service des expéditions m	reparto spedizioni m	departamento de expedición m
departamento de expedición (ES)	Versandabteilung f	dispatch department	service des expéditions m	reparto spedizioni m	—
departamento de recursos humanos (P)	Personalbüro m	personnel office	bureau du personnel m	ufficio del personale m	oficina de personal f
Departamento Europeu de Registo de Patentes (P)	Europäisches Patentamt n	European Patent Office	Office européen des brevets f	Ufficio Brevetti Europeo m	Oficina Europea de Patentes f
départ gare (F)	ab Bahnhof	free on rail	—	franco stazione	franco estación
department (E)	Abteilung f	—	service m	reparto m	departamento m
department store (E)	Kaufhaus n	—	grand magasin m	grande magazzino m	gran almacén m
department store (E)	Warenhaus n	—	grand magasin m	grande magazzino m	gran almacén m
départ navire (F)	ab Schiff	ex ship	—	franco bordo	ex vapor
départ quai (F)	ab Kai	ex quay	—	franco banchina	ex muelle
départ usine (F)	ab Werk	ex works	—	franco fabbrica	en fábrica
dépenses (F)	Aufwand m	expenditure	—	spese f/pl	gastos m/pl
dépenses (F)	Ausgaben f/pl	expenses	—	spese f/pl	gastos m/pl
dépenses en matières premières (F)	Materialaufwand m	expenditure for material	—	spese di materiale f/pl	coste de material m
dépenses spéciales (F)	Sonderausgaben f/pl	special expenses	—	spese straordinarie f/pl	gastos extraordinarios m/pl
deperibile (I)	verderblich	perishable	périssable	—	perecedero

273 deperibile

P	NL	SV	PL	CZ	H
advertência f	aanmaning tot betaling f	påminnelse	upomnienie płatnicze n	upomínka f	fizetési felszólítás
atraso no fornecimento m	achterstand van de leveringen m	försenad leverans	opóźnienie dostawy n	prodlení v dodávce n	szállítási késedelem
—	afdanking f	avskedande	zwolnienie n	propuštění n	elbocsátás
—	annulering f	återkallande	odstąpienie n	odstoupení n	visszalépés
—	resultatenrekening f	vinst- och förlustkonto	rachunek zysków m	účtování výnosů n	eredménykimutatás
atraso no fornecimento m	achterstand van de leveringen m	försenad leverans	opóźnienie dostawy n	prodlení v dodávce n	szállítási késedelem
dinheiro m	geld n	pengar pl	pieniądz m	peníze m/pl	pénz
dinheiro de contado m	contant geld n	kontanter pl	gotówka f	hotovost f	készpénz
reprivatização f	—	återprivatisering	reprywatyzacja f	reprivatizace f	reprivatizáció
reprivatização f	denationalisatie f	återprivatisering	reprywatyzacja f	reprivatizace f	reprivatizáció
recusa f	weigering f	avslag	odmowa f	odmítnutí n	elutasítás
Dinamarca f	—	Danmark	Dania f	Dánsko n	Dánia
Dinamarca f	Denemarken	Danmark	Dania f	Dánsko n	Dánia
diariamente	dagelijks	dagligen	codziennie	—	naponta
valor do dia m	dagwaarde f	dagskurs	oferta dnia f	—	folyó érték
valor actual m	dagwaarde f	dagsvärde	wartość aktualna f	—	aktuális piaci érték
demissão f	annulering f	återkallande	odstąpienie n	odstoupení n	visszalépés
dia de vencimento m	vervaldag m	förfallodag	dzień płatności m	—	lejárat napja
dentro do prazo	op tijd	inom avtalad tid	terminowo	v odpovídající lhůtě	határidőre
—	op tijd	inom avtalad tid	terminowo	v odpovídající lhůtě	határidőre
aviso de defeito m	klacht f	reklamation	reklamacja wady towaru f	oznámení závad n	minőségi kifogás
declaração de sinistro f	schadeaangifte f	skadeanmälan	zgłoszenie szkody n	oznámení škody n	kárbejelentés
dia da liquidação m	liquidatiedag m	avräkningsdag	dzień rozliczeniowy m	—	elszámolási nap
departamento m	afdeling f	avdelning	wydział m	oddělení n	osztály
—	afdeling f	avdelning	wydział m	oddělení n	osztály
—	expeditieafdeling f	leveransavdelning	wydział ekspedycji m	expediční oddělení n	szállítási részleg
departamento de expedição m	expeditieafdeling f	leveransavdelning	wydział ekspedycji m	expediční oddělení n	szállítási részleg
—	personeelsbureau n	personalavdelning	dział kadr m	osobní oddělení n	személyzeti iroda
—	Europees octrooibureau n	europeiska patentorganisationen	Europejski Urząd Patentowy m	Evropský patentní úřad m	Európai Szabadalmi Hivatal
ex caminhos de ferro	af station	fritt från järnväg	ze stacji kolejowej	z nádraží n	költségmentesen vagonba rakva
departamento m	afdeling f	avdelning	wydział m	oddělení n	osztály
grande armazém m	warenhuis n	varuhus	dom towarowy m	obchodní dům m	áruház
armazém m	warenhuis n	varuhus	dom towarowy m	obchodní dům m	áruház
ex navio	af schip	fritt från fartyg	ze statku	z lodě f	hajón átvéve
posto no cais	af kaai	fritt från kaj	z nabrzeża	z nábřeží n	rakparton átvéve
ex fábrica	af fabriek	fritt från fabrik	z zakładu	ze závodu m	gyárban átvéve
despesas f/pl	uitgaven pl	utgifter pl	nakład m	náklad m	ráfordítás
despesas f/pl	onkosten m/pl	utgifter pl	wydatki m/pl	výdaje m/pl	kiadások
despesas com materiał f/pl	materiaalverbruik n	materialåtgång	zużycie materiałów m	spotřeba materiálu f	anyagráfordítás
despesas extraordinárias f/pl	speciale editie f	avdragsgilla kostnader pl	wydatki nadzwyczajne m/pl	mimořádné výdaje m/pl	külön költségek
perecível	bederfelijk	fördärvlig	psujący się	zkazitelný	romlékony

depois de receber a factura

	D	E	F	I	ES
depois de receber a factura (P)	nach Erhalt der Rechnung	on receipt of the invoice	après réception de la facture f	a ricevimento della fattura	después de haber recibido la factura
deposit (E)	Anzahlung f	—	acompte m	pagamento in acconto m	pago a cuenta m
deposit (E)	Einlagen f/pl	—	dépôt m	depositi fiduciari m/pl	depósitos bancarios m/pl
deposit (E)	Hinterlegung f	—	dépôt m	deposito m	depósito m
deposit banking (E)	Depotgeschäft n	—	dépôt de titres m	operazione di deposito f	custodia de valores f
depositi di risparmio (I)	Spareinlagen f/pl	savings deposits	dépôt d'épargne m	—	depósitos de ahorro m/pl
depositi fiduciari (I)	Einlagen f/pl	deposit	dépôt m	—	depósitos bancarios m/pl
depósitio de acciones (ES)	Aktiendepot n	share deposit	dépôt d'actions m	deposito azionario m	—
deposition (SV)	Einlagen f/pl	deposit	dépôt m	depositi fiduciari m/pl	depósitos bancarios m/pl
deposition (SV)	Hinterlegung f	deposit	dépôt m	deposito m	depósito m
depositionsverksamhet (SV)	Depotgeschäft n	deposit banking	dépôt de titres m	operazione di deposito f	custodia de valores f
depositi privati (I)	Privateinlagen f/pl	private contribution	apport personnel m	—	depósitos privados m/pl
deposit money (E)	Buchgeld n	—	monnaie de crédit f	moneta bancaria f	dinero en depósitos m
deposito (I)	Hinterlegung f	deposit	dépôt m	—	depósito m
deposito (I)	Lagerraum m	storage space	halle de dépôt f	—	almacén m
depósito (ES)	Hinterlegung f	deposit	dépôt m	deposito m	—
depósito (P)	Hinterlegung f	deposit	dépôt m	deposito m	depósito m
depósito a plazo fijo (ES)	Festgeld n	time deposit	argent immobilisé m	deposito a termine m	—
depósito a prazo (P)	Festgeld n	time deposit	argent immobilisé m	deposito a termine m	depósito a plazo fijo m
deposito a termine (I)	Festgeld n	time deposit	argent immobilisé m	—	depósito a plazo fijo m
deposito azionario (I)	Aktiendepot n	share deposit	dépôt d'actions m	—	depósitio de acciones m
depósito bancário (P)	Einlagen f/pl	deposit	dépôt m	depositi fiduciari m/pl	depósitos bancarios m/pl
depósito de acções (P)	Aktiendepot n	share deposit	dépôt d'actions m	deposito azionario m	depósitio de acciones m
depósito de aduana (ES)	Zollagerung f	customs warehouse procedure	entrepôt sous douane m	deposito doganale m	—
depósito de mercadorias (P)	Warenlager n	warehouse	stock de marchandises m	magazzino m	depósito de mercancías m
depósito de mercancías (ES)	Warenlager n	warehouse	stock de marchandises m	magazzino m	—
depósito de noche (ES)	Nachttresor m	night safe	dépôt de nuit m	cassa continua f	—
depósito de poupanças (P)	Spareinlagen f/pl	savings deposits	dépôt d'épargne m	depositi di risparmio m/pl	depósitos de ahorro m/pl
deposito di consegna (I)	Auslieferungslager n	distribution store	entrepôt de distribution m	—	almacén de entregas m
deposito doganale (I)	Zollagerung f	customs warehouse procedure	entrepôt sous douane m	—	depósito de aduana m
deposito met vaste termijn (NL)	Festgeld n	time deposit	argent immobilisé m	deposito a termine m	depósito a plazo fijo m
depósito nocturno (P)	Nachttresor m	night safe	dépôt de nuit m	cassa continua f	depósito de noche m
depósitos bancarios (ES)	Einlagen f/pl	deposit	dépôt m	depositi fiduciari m/pl	—
depósitos de ahorro (ES)	Spareinlagen f/pl	savings deposits	dépôt d'épargne m	depositi di risparmio m/pl	—
depósitos privados (ES)	Privateinlagen f/pl	private contribution	apport personnel m	depositi privati m/pl	—

depósitos privados

P	NL	SV	PL	CZ	H
—	na ontvangst van de rekening f	efter fakturans ingångsdatum	po otrzymaniu rachunku	po obdržení účtu	a számla kézhezvétele után
pagamento por conta m	aanbetaling f	handpenning	zaliczka f	záloha f	letét
depósito bancário m	bijgevoegde stukken n/pl	deposition	wkład m	vklady m/pl	betét
depósito m	consignatie f	deposition	zdeponowanie n	uložení n	letétbe helyezés
custódia f	depot n	depositionsverksamhet	transakcja depozytowa f	depozitní obchod m	betétőrzés
depósito de poupanças m	spaarbankinleggingen f/pl	sparkapital	wkłady oszczędnościowe m/pl	spořitelní vklady m/pl	takarékbetétek
depósito bancário m	bijgevoegde stukken n/pl	deposition	wkład m	vklady m/pl	betét
depósito de acções m	aandelendepot n	aktiedepå	depozyt akcji m	depozita akcií m	részvényletét
depósito bancário m	bijgevoegde stukken n/pl	—	wkład m	vklady m/pl	betét
depósito m	consignatie f	—	zdeponowanie n	uložení n	letétbe helyezés
custódia f	depot n	—	transakcja depozytowa f	depozitní obchod m	betétőrzés
contribuição particular f	persoonlijke bijdrage f	privat insättning	wkłady prywatne m/pl	soukromé vklady m/pl	lakossági betét
dinheiro em conta m	boekgeld n	kontobehållning	pieniądze na kontach n/pl	zúčtované peníze pl	bankszámlapénz
depósito m	consignatie f	deposition	zdeponowanie n	uložení n	letétbe helyezés
armazém m	opslagplaats f	lagerrum	pomieszczenie składowe n	skladovací prostor m	raktér
depósito m	consignatie f	deposition	zdeponowanie n	uložení n	letétbe helyezés
—	consignatie f	deposition	zdeponowanie n	uložení n	letétbe helyezés
depósito a prazo m	deposito met vaste termijn n	fast inlåning	wkład bankowy m	vázaný vklad m	lekötött betét
—	deposito met vaste termijn n	fast inlåning	wkład bankowy m	vázaný vklad m	lekötött betét
depósito a prazo m	deposito met vaste termijn n	fast inlåning	wkład bankowy m	vázaný vklad m	lekötött betét
depósito de acções m	aandelendepot n	aktiedepå	depozyt akcji m	depozita akcií m	részvényletét
—	bijgevoegde stukken n/pl	deposition	wkład m	vklady m/pl	betét
—	aandelendepot n	aktiedepå	depozyt akcji m	depozita akcií m	részvényletét
armazém alfandegário m	stelsel van douane-entrepots n	tullagring	magazyn towarów pod zamknięciem celnym m	celní uskladnění n	vámraktározás
—	magazijn n	lager	skład towarów m	sklad zboží m	áruraktár
depósito de mercadorias m	magazijn n	lager	skład towarów m	sklad zboží m	áruraktár
depósito nocturno m	nachtsafe m	nattfack	nocny sejf m	noční trezor m	éjszakai trezor
—	spaarbankinleggingen f/pl	sparkapital	wkłady oszczędnościowe m/pl	spořitelní vklady m/pl	takarékbetétek
centro de distribuição m	depot n	centrallager	dzień dostawy m	expediční sklad m	elosztó raktár
armazém alfandegário m	stelsel van douane-entrepots n	tullagring	magazyn towarów pod zamknięciem celnym m	celní uskladnění n	vámraktározás
depósito a prazo m	—	fast inlåning	wkład bankowy m	vázaný vklad m	lekötött betét
—	nachtsafe m	nattfack	nocny sejf m	noční trezor m	éjszakai trezor
depósito bancário m	bijgevoegde stukken n/pl	deposition	wkład m	vklady m/pl	betét
depósito de poupanças m	spaarbankinleggingen f/pl	sparkapital	wkłady oszczędnościowe m/pl	spořitelní vklady m/pl	takarékbetétek
contribuição particular f	persoonlijke bijdrage f	privat insättning	wkłady prywatne m/pl	soukromé vklady m/pl	lakossági betét

depot

	D	E	F	I	ES
depot (NL)	Auslieferungslager n	distribution store	entrepôt de distribution m	deposito di consegna m	almacén de entregas m
depot (NL)	Depotgeschäft n	deposit banking	dépôt de titres m	operazione di deposito f	custodia de valores f
dépôt (F)	Einlagen f/pl	deposit	—	depositi fiduciari m/pl	depósitos bancarios m/pl
dépôt (F)	Hinterlegung f	deposit	—	deposito m	depósito m
dépôt (F)	Verwahrung f	custody	—	custodia f	custodia f
dépôt d'actions (F)	Aktiendepot n	share deposit	—	deposito azionario m	depósitio de acciones m
dépôt de nuit (F)	Nachttresor m	night safe	—	cassa continua f	depósito de noche m
dépôt d'épargne (F)	Spareinlagen f/pl	savings deposits	—	depositi di risparmio m/pl	depósitos de ahorro m/pl
dépôt de titres (F)	Depotgeschäft n	deposit banking	—	operazione di deposito f	custodia de valores f
Depotgeschäft (D)	—	deposit banking	dépôt de titres m	operazione di deposito f	custodia de valores f
depozita akcií (CZ)	Aktiendepot n	share deposit	dépôt d'actions m	deposito azionario m	depósitio de acciones m
depozitní obchod (CZ)	Depotgeschäft n	deposit banking	dépôt de titres m	operazione di deposito f	custodia de valores f
depozyt akcji (PL)	Aktiendepot n	share deposit	dépôt d'actions m	deposito azionario m	depósitio de acciones m
depreciação (P)	Wertverfall m	loss of value	dévalorisation f	deprezzamento m	depreciación f
depreciação progressiva (P)	progressive Abschreibung f	progressive depreciation	amortissement progressif m	ammortamento progressivo m	amortización progresiva f
depreciación (ES)	Wertminderung f	decrease in value	diminution de la valeur f	riduzione di valore f	—
depreciación (ES)	Wertverfall m	loss of value	dévalorisation f	deprezzamento m	—
depreciation (E)	Abschreibung f	—	amortissement m	ammortamento m	amortización f
dépréciation (F)	Abnutzung f	wear and tear	—	deprezzamento m	desgaste m
depreciation fund (E)	Abschreibungsfonds m	—	fonds d'amortissement m	fondo di ammortamento m	fondo de amortización m
deprese (CZ)	Depression f	depression	dépression f	depressione f	depresión f
depresión (ES)	Depression f	depression	dépression f	depressione f	—
depresja (PL)	Depression f	depression	dépression f	depressione f	depresión f
depressão (P)	Depression f	depression	dépression f	depressione f	depresión f
Depression (D)	—	depression	dépression f	depressione f	depresión f
depression (E)	Depression f	—	dépression f	depressione f	depresión f
depression (SV)	Depression f	depression	dépression f	depressione f	depresión f
dépression (F)	Abschwung m	downswing	—	ribasso m	recesión f
dépression (F)	Depression f	depression	—	depressione f	depresión f
depressione (I)	Depression f	depression	dépression f	—	depresión f
deprezzamento (I)	Abnutzung f	wear and tear	dépréciation f	—	desgaste m
deprezzamento (I)	Wertverfall m	loss of value	dévalorisation f	—	depreciación f
deputy (E)	Stellvertreter m	—	adjoint m	sostituto m	sustituto m
derde landen (NL)	Drittländer n/pl	third countries	pays tiers m/pl	paesi terzi m/pl	terceros países m/pl
derecho (ES)	Recht n	law	droit m	diritto m	—
derecho a indemnización por daños y perjuicios (ES)	Schadenersatzansprüche m/pl	claim for damages	droit à l'indemnité m	rivendicazioni di risarcimento danni f/pl	—
derecho a voto (ES)	Stimmrecht n	right to vote	droit de vote m	diritto al voto m	—
derecho de licencia (ES)	Lizenzgebühr f	license fee	taxe d'exploitation de licence f	tassa di licenza f	—
derecho de preferencia (ES)	Vorkaufsrecht n	right of pre-emption	droit de préemption m	diritto di prelazione m	—
derecho de sociedades anónimas (ES)	Aktienrecht n	company law	loi sur les sociétés anonymes f	diritto azionario m	—
derecho de tránsito (ES)	Transitzoll m	transit duty	droit de transit m	diritti di transito m/pl	—

derecho de tránsito

P	NL	SV	PL	CZ	H
centro de distribuição m	—	centrallager	dzień dostawy m	expediční sklad m	elosztó raktár
custódia f	—	depositionsverksamhet	transakcja depozytowa f	depozitní obchod m	betétőrzés
depósito bancário m	bijgevoegde stukken n/pl	deposition	wkład m	vklady m/pl	betét
depósito m	consignatie f	deposition	zdeponowanie n	uložení n	letétbe helyezés
custódia f	bewaring f	förvaring	przechowanie n	úschova f	megőrzés
depósito de acções m	aandelendepot n	aktiedepå	depozyt akcji m	depozita akcií m	részvényletét
depósito nocturno m	nachtsafe m	nattfack	nocny sejf m	noční trezor m	éjszakai trezor
depósito de poupanças m	spaarbankinleggingen f/pl	sparkapital	wkłady oszczędnościowe m/pl	spořitelní vklady m/pl	takarékbetétek
custódia f	depot n	depositionsverksamhet	transakcja depozytowa f	depozitní obchod m	betétőrzés
custódia f	depot n	depositionsverksamhet	transakcja depozytowa f	depozitní obchod m	betétőrzés
depósito de acções m	aandelendepot n	aktiedepå	depozyt akcji m	—	részvényletét
custódia f	depot n	depositionsverksamhet	transakcja depozytowa f	—	betétőrzés
depósito de acções m	aandelendepot n	aktiedepå	—	depozita akcií m	részvényletét
—	waardevermindering f	värdeförlust	utrata wartości f	ztráta hodnoty f	értékvesztés
—	progressieve afschrijving f	progressiv avskrivning	progresywna amortyzacja f	progresivní odpis m	gyorsított értékcsökkenési leírás
diminuição de valor f	waardevermindering f	värdeminskning	spadek wartości m	snížení hodnoty n	értékcsökkenés
depreciação f	waardevermindering f	värdeförlust	utrata wartości f	ztráta hodnoty f	értékvesztés
amortização f	afschrijving f	avskrivning	amortyzacja f	odpis m	értékcsökkenés
desgaste m	slijtage f	slitage	zużycie n	opotřebení n	elhasználódás
fundo de depreciação m	afschrijvingsfonds n	avskrivningsfond	fundusz amortyzacyjny m	fond odpisů m	amortizációs alap
depressão f	malaise f	depression	depresja f	—	pangás
depressão f	malaise f	depression	depresja f	deprese f	pangás
depressão f	malaise f	depression	—	deprese f	pangás
—	malaise f	depression	depresja f	deprese f	pangás
depressão f	malaise f	depression	depresja f	deprese f	pangás
depressão f	malaise f	—	depresja f	deprese f	pangás
baixa f	recessie f	nedgång	regresja f	pokles rozvoje m	gazdasági visszaesés
depressão f	malaise f	depression	depresja f	deprese f	pangás
depressão f	malaise f	depression	depresja f	deprese f	pangás
desgaste m	slijtage f	slitage	zużycie n	opotřebení n	elhasználódás
depreciação f	waardevermindering f	värdeförlust	utrata wartości f	ztráta hodnoty f	értékvesztés
substituto m	assistent m	vice	zastępca m	zástupce m	helyettes
países terceiros m/pl	—	tredjeländer pl	kraje trzecie m/pl	třetí země f/pl	harmadik országok
direito m	recht n	rätt	prawo n	právo n	jog
direito a indemnização por danos e perdas m	claim op schadevergoeding m	skadeståndsanspråk	roszczenia do odszkodowania n/pl	nárok na náhradu škody m	kártérítési igények
direito de voto m	stemrecht n	rösträtt	prawo głosu n	hlasovací právo n	szavazati jog
taxa de exploração da licença f	licentievergoeding f	licensavgift	opłata licencyjna f	licenční poplatek m	licencdíj
direito de preempção m	recht van voorkoop n	förköpsrätt	prawo pierwokupu n	předkupní právo n	elővásárlási jog
direito das sociedades anónimas m	vennootschapsrecht n	aktielagstiftning	prawo o spółkach akcyjnych n	akciové právo n	társasági jog
imposto de trânsito m	doorvoerrechten n/pl	transitotull	cło tranzytowe n	tranzitní clo n	tranzitvám

derecho laboral

	D	E	F	I	ES
derecho laboral (ES)	Arbeitsrecht n	labour law	droit du travail f	diritto del lavoro m	—
derecho prendario (ES)	Pfandrecht n	pledge	droit de gage m	diritto di pegno m	—
derechos arancelarios (ES)	Zollgebühren f	customs duties	droit de douane m	diritti doganali m/pl	—
derechos de autor (ES)	Urheberrecht n	copyright	droit d'auteur m	diritto d'autore m	—
derechos de carga (ES)	Ladegebühren f/pl	loading charges	taxe de chargement f	spese di carico f/pl	—
derechos de exportación (ES)	Ausfuhrzoll m	export duty	taxe à l'exportation f	dazio all'esportazione m	—
derechos de giro (ES)	Ziehungsrechte f	drawing rights	droits de tirage m/pl	diritti di prelievo m/pl	—
derechos de timbre (ES)	Stempelgebühr f	stamp duty	droit de timbre m	diritto di bollo m	—
derechos especiales de giro (ES)	Sonderziehungsrechte f	special drawing rights	droits de tirage spéciaux m/pl	diritti speciali di prelievo m/pl	—
derechos portuarios (ES)	Hafengebühren f/pl	harbour dues	droits de ports m/pl	diritti di porto m/pl	—
deregolazione (I)	Deregulierung f	deregulation	dérégularisation f	—	desregulación f
deregulace (CZ)	Deregulierung f	deregulation	dérégularisation f	deregolazione f	desregulación f
dereguláció (H)	Deregulierung f	deregulation	dérégularisation f	deregolazione f	desregulación f
deregulacja (PL)	Deregulierung f	deregulation	dérégularisation f	deregolazione f	desregulación f
dérégularisation (F)	Deregulierung f	deregulation	—	deregolazione f	desregulación f
deregulation (E)	Deregulierung f	—	dérégularisation f	deregolazione f	desregulación f
deregulering (NL)	Deregulierung f	deregulation	dérégularisation f	deregolazione f	desregulación f
Deregulierung (D)	—	deregulation	dérégularisation f	deregolazione f	desregulación f
derektor generalny (PL)	Generaldirektor m	director general	directeur général m	direttore generale m	director general m
dernier cours (F)	Schlußkurs m	closing price	—	quotazione di chiusura f	cotización final f
derrumbe bursátil (ES)	Börsenkrach m	stock market crash	krach boursier m	crollo di borsa m	—
desalojamiento (ES)	Räumung f	evacuation	évacuation f	evacuazione f	—
desarrollo (ES)	Entwicklung f	development	développement m	sviluppo m	—
désavantage (F)	Nachteil m	disadvantage	—	svantaggio m	desventaja f
descentralização (P)	Dezentralisierung f	decentralisation	décentralisation f	decentralizzazione f	descentralización f
descentralización (ES)	Dezentralisierung f	decentralisation	décentralisation f	decentralizzazione f	—
desconto (P)	Abschlag m	reduction	remise f	deduzione f	descuento m
desconto (P)	Diskont m	discount	escompte m	sconto m	descuento m
desconto (P)	Preisabzug m	price deduction	réduction de prix f	riduzione del prezzo f	descuento m
desconto (P)	Rabatt m	discount	remise f	ribasso m	rebaja f
desconto (P)	Skonto m/n	discount	escompte m	sconto m	descuento m
desconto de lançamento (P)	Einführungsrabatt m	introductory discount	rabais de lancement m	sconto di lancio m	rebaja de lanzamiento f
desconto de pedidos antecipados (P)	Vorbestellrabatt m	discount on advance orders	remise sur commandes anticipées f	ribasso per prenotazioni m	descuento de suscripción m
desconto de pronto pagamento (P)	Barzahlungsrabatt m	cash discount	remise pour payement comptant f	sconto per pagamento in contanti m	descuento por pago al contado m
desconto de quantidade (P)	Mengenrabatt m	quantity discount	remise de quantité f	sconto sulla quantità m	rebaja por cantidad f
desconto especial (P)	Sonderrabatt m	special discount	remise xceptionnelle f	ribasso speciale m	descuento especial m
desconto preferencial (P)	Vorzugsrabatt m	preferential discount	remise de faveur f	ribasso preferenziale m	rebaja preferencial f
descubierto (ES)	Kontoüberziehung f	overdraft of an account	découvert d'un compte m	scoperto di conto m	—
descuento (ES)	Abschlag m	reduction	remise f	deduzione f	—
descuento (ES)	Diskont m	discount	escompte m	sconto m	—

descuento

P	NL	SV	PL	CZ	H
legislação do trabalho f	arbeidsrecht n	arbetsrätt	prawo pracy n	pracovní právo n	munkajog
direito pignoratício m	pandrecht n	pant	prawo zastawu n	zástavní právo n	zálogjog
direitos aduaneiros m/pl	douanerechten n/pl	tullavgifter pl	opłaty celne f/pl	celní poplatky m/pl	vámilleték
direitos do autor m/pl	auteursrecht n	upphovsmannarätt	prawo autorskie m	autorské právo n	szerzői jog
direitos de carga m/pl	inladingskosten m/pl	lastningsavgift	opłaty za załadunek f/pl	poplatky za náklad m	rakodási díj
taxa de exportação f	uitvoerrecht n	exportavgift	cło wywozowe n	vývozní clo n	exportvám
direitos de saque m/pl	trekkingsrechten n/pl	dragningsrätter pl	prawo ciągnienia n	slosovací pravidla n/pl	lehívási jogok
imposto do selo m	zegelrecht n	stämpelavgift	opłata stemplowa f	kolkovné n	bélyegilleték
direitos especiais de saque m/pl	bijzondere trekkingsrechten n/pl	särskilda dragningsrätter pl	specjalne prawo ciągnienia n	práva zvláštního čerpání n/pl	különleges lehívási jogok
direitos portuários m/pl	havenrechten n/pl	hamnavgift	opłaty portowe f/pl	přístavní poplatky m/pl	kikötői illetékek
desregulamentação f	deregulering f	avreglering	deregulacja f	deregulace f	dereguláció
desregulamentação f	deregulering f	avreglering	deregulacja f	—	dereguláció
desregulamentação f	deregulering f	avreglering	deregulacja f	deregulace f	—
desregulamentação f	deregulering f	avreglering	—	deregulace f	dereguláció
desregulamentação f	deregulering f	avreglering	deregulacja f	deregulace f	dereguláció
desregulamentação f	deregulering f	avreglering	deregulacja f	deregulace f	dereguláció
desregulamentação f	—	avreglering	deregulacja f	deregulace f	dereguláció
desregulamentação f	deregulering f	avreglering	deregulacja f	deregulace f	dereguláció
director-geral m	directeur-generaal m	generaldirektör	—	generální ředitel m	vezérigazgató
cotação final f	slotkoers m	sista kurs	dzienny giełdowy kurs zamykający m	uzavírací kurs m	záró árfolyam
queda das cotações na bolsa f	beurscrash m	börskrasch	krach na giełdzie m	krach na burze m	tőzsdekrach
evacuação f	ontruiming f	utrymning	likwidacja f	vyklizení n	kiürítés
desenvolvimento m	ontwikkeling f	utveckling	rozwój m	vývoj m	fejlesztés
desvantagem f	nadeel n	nackdel	niekorzyść n	nevýhoda f	hátrány
—	decentralisatie f	decentralisering	decentralizacja f	decentralizace f	decentralizáció
descentralização f	decentralisatie f	decentralisering	decentralizacja f	decentralizace f	decentralizáció
—	afslag m	sänkning	potrącenie n	sleva f	árengedmény
—	disconto n	diskonto	dyskonto n	diskont m	árengedmény
—	prijsvermindering f	prisavdrag	redukcja ceny f	srážka z ceny f	árengedmény
—	korting f	rabatt	rabat m	sleva f	árengedmény
—	korting voor contant f	kassarabatt	skonto n	skonto n	árengedmény
—	introductiekorting f	introduktionsrabatt	rabat za wprowadzenie wyrobu m	zaváděcí rabat m	bevezetési árkedvezmény
—	korting op vooruitbestelling f	rabatt på förhandsorder	rabat za zamówienie z góry m	předběžný rabat m	előrendelési árengedmény
—	korting voor contante betaling f	kassarabatt	rabat za płatność gotówką m	sleva při placení v hotovosti f	készpénzfizetési engedmény
—	quantumkorting f	mängdrabatt	rabat ilościowy	rabat z množství m	mennyiségi árengedmény
—	extra korting f	specialrabatt	rabat specjalny m	mimořádný rabat m	rendkívüli árengedmény
—	voorkeurkorting f	förmånsrabatt	rabat preferencyjny m	preferenční rabat m	elsőbbségi árengedmény
conta a descoberto f	overdisponering f	kontoöverdrag	przekroczenie stanu konta n	překročení částky na účtu n	hitelkeret-túllépés (folyószámlán)
desconto m	afslag m	sänkning	potrącenie n	sleva f	árengedmény
desconto m	disconto n	diskonto	dyskonto n	diskont m	árengedmény

descuento

	D	E	F	I	ES
descuento (ES)	Preisabzug *m*	price deduction	réduction de prix *f*	riduzione del prezzo *f*	—
descuento (ES)	Skonto *m/n*	discount	escompte *m*	sconto *m*	—
descuento de suscripción (ES)	Vorbestellrabatt *m*	discount on advance orders	remise sur commandes anticipées *f*	ribasso per prenotazioni *m*	—
descuento especial (ES)	Sonderrabatt *m*	special discount	remise xceptionnelle *f*	ribasso speciale *m*	—
descuento por pago al contado (ES)	Barzahlungsrabatt *m*	cash discount	remise pour payement comptant *f*	sconto per pagamento in contanti *m*	—
desechos (ES)	Abfall *m*	waste	déchet *m*	rifiuti *m/pl*	—
desempenho (P)	Leistung *f*	performance	rendement *m*	rendimento *m*	rendimiento *m*
desempleo (ES)	Arbeitslosigkeit *f*	unemployment	chômage *m*	disoccupazione *f*	—
desemprego (P)	Arbeitslosigkeit *f*	unemployment	chômage *m*	disoccupazione *f*	desempleo *m*
desenho do produto (P)	Produktgestaltung *f*	product design	conception d'un produit *f*	creazione del prodotto *f*	diseño del producto *m*
desenvolvimento (P)	Entwicklung *f*	development	développement *m*	sviluppo *m*	desarrollo *m*
desfalque (P)	Unterschlagung *f*	embezzlement	détournement *m*	appropriazione indebita *f*	malversación *f*
desfalque (P)	Veruntreuung *f*	misappropriation	malversation *f*	abuso di fiducia *m*	malversación *f*
desgaste (ES)	Abnutzung *f*	wear and tear	dépréciation *f*	deprezzamento *m*	—
desgaste (P)	Abnutzung *f*	wear and tear	dépréciation *f*	deprezzamento *m*	desgaste *m*
desguazar (ES)	verschrotten	scrap	mettre à la ferraille	rottamare	—
desnacionalización (ES)	Reprivatisierung *f*	re-privatisation	dénationalisation *f*	riprivatizzazione *f*	—
despacho (ES)	Abfertigung *f*	dispatch	expédition *f*	spedizione *f*	—
desperdícios (P)	Abfall *m*	waste	déchet *m*	rifiuti *m/pl*	desechos *m/pl*
despesas (P)	Aufwand *m*	expenditure	dépenses *f/pl*	spese *f/pl*	gastos *m/pl*
despesas (P)	Ausgaben *f/pl*	expenses	dépenses *f/pl*	spese *f/pl*	gastos *m/pl*
despesas (P)	Spesen *f*	expenses	frais *m/pl*	spese *f/pl*	gastos *m/pl*
despesas bancárias (P)	Bankspesen *f/pl*	bank charges	frais de banque *m/pl*	commissioni bancarie *f/pl*	gastos bancarios *m/pl*
despesas com material (P)	Materialaufwand *m*	expenditure for material	dépenses en matières premières *f/pl*	spese di materiale *f/pl*	coste de material *m*
despesas de transporte (P)	Frachtkosten *f*	carriage charges	frais de transport *m/pl*	spese di trasporto *f/pl*	gastos de transporte *m/pl*
despesas de viagem (P)	Reisespesen *f/pl*	travelling expenses	frais de voyage *m/pl*	spese di viaggio *f/pl*	gastos de viaje *m/pl*
despesas extraordinárias (P)	außergewöhnliche Belastung *f*	extraordinary expenses	charges exceptionnelles *f/pl*	oneri straordinari *m/pl*	carga extraordinaria *f*
despesas extraordinárias (P)	Sonderausgaben *f/pl*	special expenses	dépenses spéciales *f*	spese straordinarie *f/pl*	gastos extraordinarios *m/pl*
despesas gerais (P)	Gemeinkosten *f*	overhead costs	coûts indirects *m/pl*	costi comuni *m/pl*	gastos generales *m/pl*
despido (ES)	Entlassung *f*	dismissal	licenciement *m*	licenziamento *m*	—
después de haber recibido la factura (ES)	nach Erhalt der Rechnung	on receipt of the invoice	après réception de la facture *f*	a ricevimento della fattura	—
desregulación (ES)	Deregulierung *f*	deregulation	dérégularisation *f*	deregolazione *f*	—
desregulamentação (P)	Deregulierung *f*	deregulation	dérégularisation *f*	deregolazione *f*	desregulación *f*
destinataire (F)	Empfänger *m*	recipient	—	destinatario *m*	destinatario *m*
destinatario (I)	Empfänger *m*	recipient	destinataire *m*	—	destinatario *m*
destinatario (ES)	Empfänger *m*	recipient	destinataire *m*	destinatario *m*	—
destinatário (P)	Empfänger *m*	recipient	destinataire *m*	destinatario *m*	destinatario *m*
destination (E)	Bestimmungsort *m*	—	lieu de destination *m*	luogo di destinazione *m*	lugar de destino *m*
destination (SV)	Bestimmungsort *m*	destination	lieu de destination *m*	luogo di destinazione *m*	lugar de destino *m*
desvalorização (P)	Abwertung *f*	devaluation	dévaluation *f*	svalutazione *f*	devaluación *f*
desvantagem (P)	Nachteil *m*	disadvantage	désavantage *m*	svantaggio *m*	desventaja *f*

desvantagem

P	NL	SV	PL	CZ	H
desconto m	prijsvermindering f	prisavdrag	redukcja ceny f	srážka z ceny f	árengedmény
desconto m	korting voor contant f	kassarabatt	skonto n	skonto n	árengedmény
desconto de pedidos antecipados m	korting op vooruitbestelling f	rabatt på förhandsorder	rabat za zamówienie z góry m	předběžný rabat m	előrendelési árengedmény
desconto especial m	extra korting f	specialrabatt	rabat specjalny m	mimořádný rabat m	rendkívüli árengedmény
desconto de pronto pagamento m	korting voor contante betaling f	kassarabatt	rabat za płatność gotówką m	sleva při placení v hotovosti f	készpénzfizetési engedmény
desperdícios m/pl	afval m	avfall	odpady m/pl	odpad m	hulladék
—	prestatie f	prestation	świadczenie n	výkon m	teljesítmény
desemprego m	werkloosheid f	arbetslöshet	bezrobocie n	nezaměstnanost f	munkanélküliség
—	werkloosheid f	arbetslöshet	bezrobocie n	nezaměstnanost f	munkanélküliség
—	productvormgeving f	produktdesign	wzornictwo produktów n	vzhled výrobků m	terméktervezés
—	ontwikkeling f	utveckling	rozwój m	vývoj m	fejlesztés
—	verduistering f	förskingring	sprzeniewierzenie n	zpronevěra f	sikkasztás
—	verduistering f	förskingring	sprzeniewierzenie n	zpronevěra f	hűtlen kezelés
desgaste m	slijtage f	slitage	zużycie n	opotřebení n	elhasználódás
—	slijtage f	slitage	zużycie n	opotřebení n	elhasználódás
transformar em sucata	verschroten	skrota	złomować <zezłomować>	sešrotovat	kiselejtez
reprivatização f	denationalisatie f	återprivatisering	reprywatyzacja f	reprivatizace f	reprivatizáció
expedição f	goederenverzending f	leverans	spedycja f	odbavení n	továbbítás
—	afval m	avfall	odpady m/pl	odpad m	hulladék
—	uitgaven pl	utgifter pl	nakład m	náklad m	ráfordítás
—	onkosten m/pl	utgifter pl	wydatki m/pl	výdaje m/pl	kiadások
—	kosten m/pl	traktamente	koszty m/pl	výlohy f/pl	költségek
—	bankkosten m/pl	bankavgift	koszty bankowe m/pl	bankovní výdaje m/pl	bankköltségek
—	materiaalverbruik n	materialåtgång	zużycie materiałów m	spotřeba materiálu f	anyagráfordítás
—	laadkosten m/pl	fraktkostnader pl	koszty przewozowe m/pl	přepravní náklady m/pl	fuvardíjak
—	verplaatsingsvergoeding f	resetraktamente	koszty podróży m/pl	cestovní výlohy f/pl	utazási költségek
—	uitzonderlijke lasten m/pl	extraordinära utgifter pl	nadzwyczajne wydatki m/pl	mimořádné zatížení n	rendkívüli terhek
—	speciale editie f	avdragsgilla kostnader pl	wydatki nadzwyczajne m/pl	mimořádné výdaje m/pl	külön költségek
—	indirecte kosten m/pl	indirekta kostnader pl	koszty pośrednie m/pl	režijní náklady m/pl	általános költségek
demissão f	afdanking f	avskedande	zwolnienie n	propuštění n	elbocsátás
depois de receber a factura	na ontvangst van de rekening f	efter fakturans ingångsdatum	po otrzymaniu rachunku	po obdržení účtu	a számla kézhezvétele után
desregulamentação f	deregulering f	avreglering	deregulacja f	deregulace f	deregulációó
—	deregulering f	avreglering	deregulacja f	deregulace f	deregulációó
destinatário m	geadresseerde m	mottagare	odbiorca m	příjemce m	címzett
destinatário m	geadresseerde m	mottagare	odbiorca m	příjemce m	címzett
destinatário m	geadresseerde m	mottagare	odbiorca m	příjemce m	címzett
—	geadresseerde m	mottagare	odbiorca m	příjemce m	címzett
lugar de destino m	plaats van bestemming f	destination	miejsce przeznaczenia n	místo určení n	rendeltetési hely
lugar de destino m	plaats van bestemming f	—	miejsce przeznaczenia n	místo určení n	rendeltetési hely
—	devaluatie f	devalvering	dewaluacja f	snížení hodnoty n	leértékelés
—	nadeel n	nackdel	niekorzyść n	nevýhoda f	hátrány

desventaja 282

	D	E	F	I	ES
desventaja (ES)	Nachteil m	disadvantage	désavantage m	svantaggio m	—
details of order (E)	Bestelldaten f	—	références de commande f/pl	dati dell'ordine m/pl	datos de pedido m/pl
detalhes de encomenda (P)	Bestelldaten f	details of order	références de commande f/pl	dati dell'ordine m/pl	datos de pedido m/pl
detalista (PL)	Einzelhändler m	retailer	commerçant détaillant m	dettagliante m	minorista m
detaljhandel (SV)	Einzelhandel m	retail trade	commerce de détail m	commercio al dettaglio m	comercio al por menor m
detaljist (SV)	Einzelhändler m	retailer	commerçant détaillant m	dettagliante m	minorista m
d'Etat (F)	staatlich	state	—	statale	estatal
deterioración (ES)	Beschädigung f	damage	endommagement m	danno m	—
détermination du coût marginal (F)	Grenzkostenrechnung f	marginal costing	—	determinazione dei costi marginali f	cálculo de los costes marginales m
determinazione dei costi marginali (I)	Grenzkostenrechnung f	marginal costing	détermination du coût marginal f	—	cálculo de los costes marginales m
détournement (F)	Unterschlagung f	embezzlement	—	appropriazione indebita f	malversación f
detrazione di sconto (I)	Skontoabzug m	discount deduction	déduction de l'escompte f	—	deducción del descuento f
dettagliante (I)	Einzelhändler m	retailer	commerçant détaillant m	—	minorista m
dettato (I)	Diktat n	dictation	dictée f	—	dictado m
dette (F)	Schuld f	debt	—	debito m	deuda f
dettes (F)	Schulden f	debts	—	debiti m/pl	deudas f/pl
dettes (F)	Verbindlichkeiten f/pl	liabilities	—	obblighi m/pl	obligaciones f/pl
dettes actives (F)	Außenstände f	outstanding debts	—	crediti pendenti m/pl	cobros pendientes m/pl
dettes à l'étranger (F)	Auslandsschulden f/pl	foreign debts	—	debiti verso l'estero m/pl	deudas exteriores f/pl
deuda (ES)	Schuld f	debt	dette f	debito m	—
deudas (ES)	Schulden f	debts	dettes f/pl	debiti m/pl	—
deudas exteriores (ES)	Auslandsschulden f/pl	foreign debts	dettes à l'étranger f/pl	debiti verso l'estero m/pl	—
deudor (ES)	Debitor m	debtor	débiteur m	debitore m	—
deudor (ES)	Schuldner m	debtor	débiteur m	debitore m	—
deudor común (ES)	Gemeinschuldner m	adjudicated bankrupt	débiteur en faillite m	debitore fallito m	—
deutsch (D)	—	German	allemand	tedesco	alemán
Deutsch (D)	—	German	allemand m	tedesco m	alemán m
Deutschland (D)	—	Germany	Allemagne f	Germania f	Alemania
dévalorisation (F)	Wertverfall m	loss of value	—	deprezzamento m	depreciación f
devaluación (ES)	Abwertung f	devaluation	dévaluation f	svalutazione f	—
devaluatie (NL)	Abwertung f	devaluation	dévaluation f	svalutazione f	devaluación f
devaluation (E)	Abwertung f	—	dévaluation f	svalutazione f	devaluación f
dévaluation (F)	Abwertung f	devaluation	—	svalutazione f	devaluación f
devalvering (SV)	Abwertung f	devaluation	dévaluation f	svalutazione f	devaluación f
devedor (P)	Debitor m	debtor	débiteur m	debitore m	deudor m
devedor (P)	Schuldner m	debtor	débiteur m	debitore m	deudor m
devedor falido (P)	Gemeinschuldner m	adjudicated bankrupt	débiteur en faillite m	debitore fallito m	deudor común m
developing country (E)	Entwicklungsland n	—	pays en voie de développement m	paese in via di sviluppo m	país en vías de desarrollo m
development (E)	Entwicklung f	—	développement m	sviluppo m	desarrollo m
development costs (E)	Entwicklungskosten pl	—	coûts de développement m/pl	costi di sviluppo m/pl	gastos de desarrollo m/pl
development phase (E)	Aufbauphase f	—	phase d'organisation f	fase di sviluppo f	fase de desarrollo f
développement (F)	Entwicklung f	development	—	sviluppo m	desarrollo m
dever de conservação (P)	Aufbewahrungspflicht f	obligation to preserve records	obligation de conservation f	obbligo di conservazione m	deber de conservación m
deviation (E)	Abweichung f	—	divergence f	differenza f	diferencia f

deviation

P	NL	SV	PL	CZ	H
desvantagem f	nadeel n	nackdel	niekorzyść n	nevýhoda f	hátrány
detalhes de encomenda m/pl	bestelgegevens n/pl	orderdata	data zamówienia f	objednací údaje m/pl	megrendelés adatai
—	bestelgegevens n/pl	orderdata	data zamówienia f	objednací údaje m/pl	megrendelés adatai
retalhista m	kleinhandelaar m	detaljist	—	maloobchodník m	kiskereskedő
comércio a retalho m	kleinhandel m	—	handel detaliczny m	maloobchod m	kiskereskedelem
retalhista m	kleinhandelaar m	—	detalista m	maloobchodník m	kiskereskedő
estatal	staats-	statlig	państwowy	státní	állami
dano m	beschadiging f	skada	uszkodzenie n	poškození n	károsodás
cálculo dos custos marginais m	berekening van de marginale kosten f	bidragskalkyl	rachunek kosztów krańcowych m	mezní navýšení nákladů n	határköltség-számítás
cálculo dos custos marginais m	berekening van de marginale kosten f	bidragskalkyl	rachunek kosztów krańcowych m	mezní navýšení nákladů n	határköltség-számítás
desfalque m	verduistering f	förskingring	sprzeniewierzenie n	zpronevěra f	sikkasztás
dedução de descontos f	aftrek van korting bij contante betaling m	rabattavdrag	potrącenie skonta n	odpočet skonta m	árengedmény levonása
retalhista m	kleinhandelaar m	detaljist	detalista m	maloobchodník m	kiskereskedő
ditado m	dictaat n	diktat	dyktando n	diktát m	diktálás
dívida f	schuld f	skuld	dług m	dluh m	adósság
dívidas f/pl	schulden f/pl	skulder	długi m/pl	dluhy m/pl	tartozások
obrigação f	verplichtingen f/pl	skulder pl	zobowiązanie n	závazky m/pl	kötelezettségek
dívidas a cobrar f/pl	uitstaande vorderingen f/pl	utestående skulder pl	należności f/pl	nedoplatky m/pl	kinnlevőségek
dívidas externas f/pl	schulden in het buitenland f/pl	utlandsskuld	zadłużenie za granicą n	zahraniční dluhy m/pl	külföldi tartozások
dívida f	schuld f	skuld	dług m	dluh m	adósság
dívidas f/pl	schulden f/pl	skulder	długi m/pl	dluhy m/pl	tartozások
dívidas externas f/pl	schulden in het buitenland f/pl	utlandsskuld	zadłużenie za granicą n	zahraniční dluhy m/pl	külföldi tartozások
devedor m	debiteur m	gäldenär	dłużnik m	dlužník m	adós
devedor m	debiteur m	gäldenär	dłużnik m	dlužník m	adós
devedor falido m	insolvente schuldenaar m	konkursgäldenär	zbankrutowany dłużnik m	úpadkový dlužník m	csődadós
alemão	Duits	tysk	niemiecki	německý	német
alemão m	Duits	tyska	język niemiecki m	němčina f	német (nyelv)
Alemanha f	Duitsland	Tyskland	Niemcy pl	Německo n	Németország
depreciação f	waardevermindering f	värdeförlust	utrata wartości f	ztráta hodnoty f	értékvesztés
desvalorização f	devaluatie f	devalvering	dewaluacja f	snížení hodnoty f	leértékelés
desvalorização f	—	devalvering	dewaluacja f	snížení hodnoty f	leértékelés
desvalorização f	devaluatie f	devalvering	dewaluacja f	snížení hodnoty f	leértékelés
desvalorização f	devaluatie f	devalvering	dewaluacja f	snížení hodnoty f	leértékelés
desvalorização f	devaluatie f	—	dewaluacja f	snížení hodnoty n	leértékelés
—	debiteur m	gäldenär	dłużnik m	dlužník m	adós
—	debiteur m	gäldenär	dłużnik m	dlužník m	adós
—	insolvente schuldenaar m	konkursgäldenär	zbankrutowany dłużnik m	úpadkový dlužník m	csődadós
país em vias de desenvolvimento m	ontwikkelingsland n	utvecklingsland	kraj rozwijający się m	rozvojová země f	fejlődő ország
desenvolvimento m	ontwikkeling f	utveckling	rozwój m	vývoj m	fejlesztés
custos de desenvolvimento m/pl	ontwikkelingskosten m/pl	utvecklingskostnader pl	koszty rozwojowe m/pl	náklady na rozvoj m/pl	fejlesztési költségek
fase de desenvolvimento f	opbouwfase f	uppbyggnadsfas	etap rozwojowy m	fáze výstavby f	kiépítési szakasz
desenvolvimento m	ontwikkeling f	utveckling	rozwój m	vývoj m	fejlesztés
—	bewaringsplicht f/m	arkiveringsplikt	obowiązek przechowywania f	povinnost uschovávat f	megőrzési kötelezettség
divergência f	afwijking f	avvikelse	odchylenie f	odchylka f	eltérés

deviezen

	D	E	F	I	ES
deviezen (NL)	Devisen f	foreign exchange	devises f/pl	divise f/pl	divisas f/pl
deviezen (NL)	Sorten pl	foreign notes and coins	genres m/pl	valute estere f/pl	monedas extranjeras f/pl
deviezenhandel (NL)	Devisenhandel m	foreign exchange dealings	marché des changes m	commercio dei cambi m	operaciones de divisas f/pl
deviezenreglementering (NL)	Devisenbewirtschaftung f	foreign exchange control	restrictions sur les devises f/pl	controllo dei cambi m	control de divisas m
deviezenrekening (NL)	Währungskonto n	currency account	compte en monnaies étrangères m	conto in valuta m	cuenta de moneda extranjera f
deviezenverkeer (NL)	Devisenverkehr m	foreign exchange operations	mouvement de devises m	commercio dei cambi m	tráfico de divisas m
Devisen (D)	—	foreign exchange	devises f/pl	divise f/pl	divisas f/pl
Devisenarbitrage (D)	—	exchange arbitrage	arbitrage sur les devises m	arbitraggio di cambio m	arbitraje de divisas m
Devisenbewirtschaftung (D)	—	foreign exchange control	restrictions sur les devises f/pl	controllo dei cambi m	control de divisas m
Devisenhandel (D)	—	foreign exchange dealings	marché des changes m	commercio dei cambi m	operaciones de divisas f/pl
Devisenkurs (D)	—	exchange rate	taux de change m	corso di cambio m	cotización de divisas f
Devisenmarkt (D)	—	foreign exchange market	marché des changes m	mercato valutario m	mercado de divisas m
Devisentermingeschäft (D)	—	forward exchange dealings	opérations à terme sur titres m	operazione di cambio a termine f	mercado de divisas a plazo m
Devisenverkehr (D)	—	foreign exchange operations	mouvement de devises m	commercio dei cambi m	tráfico de divisas m
devises (F)	Devisen f	foreign exchange	—	divise f/pl	divisas f/pl
devis estimatif (F)	Voranschlag m	estimate	—	preventivo m	presupuesto m
devis estimatif de frais (F)	Kostenvoranschlag m	cost estimate	—	preventivo di costi m	presupuesto de coste m
devizaarbitrázs (H)	Devisenarbitrage f	exchange arbitrage	arbitrage sur les devises m	arbitraggio di cambio m	arbitraje de divisas m
devizaárfolyam (H)	Devisenkurs m	exchange rate	taux de change m	corso di cambio m	cotización de divisas f
devizaforgalom (H)	Devisenverkehr m	foreign exchange operations	mouvement de devises m	commercio dei cambi m	tráfico de divisas m
devizagazdálkodás (H)	Devisenbewirtschaftung f	foreign exchange control	restrictions sur les devises f/pl	controllo dei cambi m	control de divisas m
devizák (H)	Devisen f	foreign exchange	devises f/pl	divise f/pl	divisas f/pl
devizakereskedelem (H)	Devisenhandel m	foreign exchange dealings	marché des changes m	commercio dei cambi m	operaciones de divisas f/pl
devizapiac (H)	Devisenmarkt m	foreign exchange market	marché des changes m	mercato valutario m	mercado de divisas m
devizaszámla (H)	Währungskonto n	currency account	compte en monnaies étrangères m	conto in valuta m	cuenta de moneda extranjera f
devizová arbitráž (CZ)	Devisenarbitrage f	exchange arbitrage	arbitrage sur les devises m	arbitraggio di cambio m	arbitraje de divisas m
devizové hospodářství (CZ)	Devisenbewirtschaftung f	foreign exchange control	restrictions sur les devises f/pl	controllo dei cambi m	control de divisas m
devizový kurs (CZ)	Devisenkurs m	exchange rate	taux de change m	corso di cambio m	cotización de divisas f
devizový obchod (CZ)	Devisenhandel m	foreign exchange dealings	marché des changes m	commercio dei cambi m	operaciones de divisas f/pl
devizový styk (CZ)	Devisenverkehr m	foreign exchange operations	mouvement de devises m	commercio dei cambi m	tráfico de divisas m
devizový termínový obchod (CZ)	Devisentermingeschäft n	forward exchange dealings	opérations à terme sur titres m	operazione di cambio a termine f	mercado de divisas a plazo m
devizový trh (CZ)	Devisenmarkt m	foreign exchange market	marché des changes m	mercato valutario m	mercado de divisas m
devizy (CZ)	Devisen f	foreign exchange	devises f/pl	divise f/pl	divisas f/pl
devolução (P)	Rücksendung f	return	renvoi m	rispedizione f	devolución f
devolución (ES)	Rücksendung f	return	renvoi m	rispedizione f	—
dewaluacja (PL)	Abwertung f	devaluation	dévaluation f	svalutazione f	devaluación f
dewizowa transakcja terminowa (PL)	Devisentermingeschäft n	forward exchange dealings	opérations à terme sur titres m	operazione di cambio a termine f	mercado de divisas a plazo m
dewizy (PL)	Devisen f	foreign exchange	devises f/pl	divise f/pl	divisas f/pl

dewizy

P	NL	SV	PL	CZ	H
divisas f/pl	—	valuta	dewizy pl	devizy f/pl	devizák
moedas estrangeiras f/pl	—	valuta	gotówka zagraniczna f	druhy m/pl	külföldi bankjegyek és pénzérmék
negócios sobre divisas m/pl	—	valutahandel	handel dewizami m	devizový obchod m	devizakereskedelem
controle de divisas m	—	valutakontroll	kontrola obrotu dewizowego f	devizové hospodářství n	devizagazdálkodás
conta em moeda estrangeira f	—	valutakonto	konto walutowe n	účet v cizí měně m	devizaszámla
movimento de divisas m	—	valutahandel	obrót dewizowy m	devizový styk m	devizaforgalom
divisas f/pl	deviezen n/pl	valuta	dewizy pl	devizy f/pl	devizák
arbitragem cambial f	wisselarbitrage f	valutaarbitrage	arbitraż dewizowy m	devizová arbitráž f	devizaarbitrázs
controle de divisas m	deviezenreglementering f	valutakontroll	kontrola obrotu dewizowego f	devizové hospodářství n	devizagazdálkodás
negócios sobre divisas m/pl	deviezenhandel m	valutahandel	handel dewizami m	devizový obchod m	devizakereskedelem
taxa de câmbio f	wisselkoers m	valutakurs	kurs dewizowy m	devizový kurs m	devizaárfolyam
mercado de divisas m	wisselmarkt f	valutamarknad	rynek dewizowy m	devizový trh m	devizapiac
operações a prazo sobre divisas m	termijnzaken in deviezen f/pl	terminsaffär i valuta	dewizowa transakcja terminowa f	devizový termínový obchod m	határidős devizaügylet
movimento de divisas m	deviezenverkeer n	valutahandel	obrót dewizowy m	devizový styk m	devizaforgalom
divisas f/pl	deviezen n/pl	valuta	dewizy pl	devizy f/pl	devizák
estimativa f	raming f	uppskattning	kosztorys m	rozpočet m	előirányzat
orçamento f	kostenraming f	kostnadsförslag	kosztorys m	odhad nákladů m	előzetes költségbecslés
arbitragem cambial f	wisselarbitrage f	valutaarbitrage	arbitraż dewizowy m	devizová arbitráž f	—
taxa de câmbio f	wisselkoers m	valutakurs	kurs dewizowy m	devizový kurs m	—
movimento de divisas m	deviezenverkeer n	valutahandel	obrót dewizowy m	devizový styk m	—
controle de divisas m	deviezenreglementering f	valutakontroll	kontrola obrotu dewizowego f	devizové hospodářství n	—
divisas f/pl	deviezen n/pl	valuta	dewizy pl	devizy f/pl	—
negócios sobre divisas m/pl	deviezenhandel m	valutahandel	handel dewizami m	devizový obchod m	—
mercado de divisas m	wisselmarkt f	valutamarknad	rynek dewizowy m	devizový trh m	—
conta em moeda estrangeira f	deviezenrekening f	valutakonto	konto walutowe n	účet v cizí měně m	—
arbitragem cambial f	wisselarbitrage f	valutaarbitrage	arbitraż dewizowy m	—	devizaarbitrázs
controle de divisas m	deviezenreglementering f	valutakontroll	kontrola obrotu dewizowego f	—	devizagazdálkodás
taxa de câmbio f	wisselkoers m	valutakurs	kurs dewizowy m	—	devizaárfolyam
negócios sobre divisas m/pl	deviezenhandel m	valutahandel	handel dewizami m	—	devizakereskedelem
movimento de divisas m	deviezenverkeer n	valutahandel	obrót dewizowy m	—	devizaforgalom
operações a prazo sobre divisas m	termijnzaken in deviezen f	terminsaffär i valuta	dewizowa transakcja terminowa f	—	határidős devizaügylet
mercado de divisas m	wisselmarkt f	valutamarknad	rynek dewizowy m	—	devizapiac
divisas f/pl	deviezen n/pl	valuta	dewizy pl	—	devizák
—	terugzending f	återsändande	zwrot m	zpětná zásilka f	visszaküldés
devolução f	terugzending f	återsändande	zwrot m	zpětná zásilka f	visszaküldés
desvalorização f	devaluatie f	devalvering	—	snížení hodnoty n	leértékelés
operações a prazo sobre divisas m	termijnzaken in deviezen f	terminsaffär i valuta	—	devizový termínový obchod m	határidős devizaügylet
divisas f/pl	deviezen n/pl	valuta	—	devizy f/pl	devizák

Dezentralisierung

	D	E	F	I	ES
Dezentralisierung (D)	—	decentralisation	décentralisation f	decentralizzazione f	descentralización f
dia da liquidação (P)	Abrechnungstag m	settlement day	date de règlement f	giorno di liquidazione m	fecha de liquidación f
dia de bolsa (P)	Börsentag m	market day	jour de bourse m	giorno di borsa m	sesión bursátil f
día de nacimiento (ES)	Geburtstag m	birthday	anniversaire m	compleanno m	—
dia de pagamento (P)	Zahltag f	pay-day	jour de paye m	giorno di paga m	día de pago m
día de pago (ES)	Zahltag f	pay-day	jour de paye m	giorno di paga m	—
dia de vencimento (P)	Verfalltag m	day of expiry	jour de l'échéance m	giorno di scadenza m	día de vencimiento m
día de vencimiento (ES)	Verfalltag m	day of expiry	jour de l'échéance m	giorno di scadenza m	—
diariamente (P)	täglich	daily	quotidien	giornaliero	diario
diario (ES)	täglich	daily	quotidien	giornaliero	—
dichiarare (I)	deklarieren	declare	déclarer	—	declarar
dichiarazione dei redditi (I)	Steuererklärung f	tax return	déclaration d'impôts f	—	declaración a efectos fiscales f
dichiarazione d'importazione (I)	Einfuhrerklärung f	import declaration	déclaration d'entrée f	—	declaración de importación f
dichiarazione doganale (I)	Zollerklärung f	customs declaration	déclaration en douane f	—	declaración arancelaria f
dichiarazione giurata (I)	beeidigte Erklärung f	sworn statement	déclaration sous serment f	—	declaración jurada f
dictaat (NL)	Diktat n	dictation	dictée f	dettato m	dictado m
dictado (ES)	Diktat n	dictation	dictée f	dettato m	—
dictafone (P)	Diktiergerät n	dictaphone	dictaphone m	dittafono m	máquina de dictar f
dictafoon (NL)	Diktiergerät n	dictaphone	dictaphone m	dittafono m	máquina de dictar f
dictaphone (E)	Diktiergerät n	—	dictaphone m	dittafono m	máquina de dictar f
dictaphone (F)	Diktiergerät n	dictaphone	—	dittafono m	máquina de dictar f
dictation (E)	Diktat n	—	dictée f	dettato m	dictado m
dictée (F)	Diktat n	dictation	—	dettato m	dictado m
dienst (NL)	Amt n	office	bureau m	ufficio m	oficina f
Dienstleistung (D)	—	service	prestation de service f	prestazione di servizio m	prestación de servicio f
dienstverlening (NL)	Dienstleistung f	service	prestation de service f	prestazione di servizio m	prestación de servicio f
Dienstwagen (D)	—	company car	voiture de service f	macchina di servizio f	coche de servicio m
diferença entre taxas de juro (P)	Zinsgefälle m	gap between interest rates	disparité des niveaux d'intérêts f	differenza d'interessi f	diferencia entre los tipos de interés f
diferencia (ES)	Abweichung f	deviation	divergence f	differenza f	—
diferencia entre los tipos de interés (ES)	Zinsgefälle m	gap between interest rates	disparité des niveaux d'intérêts f	differenza d'interessi f	—
difesa dei corsi (I)	Kursstützung f	price pegging	soutiens des cours m	—	sostén de las cotizaciones m
differentiering (SV)	Diversifikation f	diversification	diversification f	diversificazione f	diversificación f
differenza (I)	Abweichung f	deviation	divergence f	—	diferencia f
differenza d'interessi (I)	Zinsgefälle m	gap between interest rates	disparité des niveaux d'intérêts f	—	diferencia entre los tipos de interés f
difficoltà di pagamento (I)	Zahlungsschwierigkeit f	financial difficulties	difficultés financières f/pl	—	dificultades de pago f/pl
difficultés financières (F)	Zahlungsschwierigkeit f	financial difficulties	—	difficoltà di pagamento f	dificultades de pago f/pl
dificuldades financeiras (P)	Zahlungsschwierigkeit f	financial difficulties	difficultés financières f/pl	difficoltà di pagamento f	dificultades de pago f/pl
dificultades de pago (ES)	Zahlungsschwierigkeit f	financial difficulties	difficultés financières f/pl	difficoltà di pagamento f	—
díj (H)	Gebühr f	fee	taxe f	tassa f	tasa f
díjazás (H)	Besoldung f	salary	appointement m	retribuzione f	retribución f
díjazás (H)	Vergütung f	remuneration	rémunération f	ricompensa f	remuneración f

díjazás

P	NL	SV	PL	CZ	H
descentralização f	decentralisatie f	decentralisering	decentralizacja f	decentralizace f	decentralizáció
—	liquidatiedag m	avräkningsdag	dzień rozliczeniowy m	den vyúčtování m	elszámolási nap
—	beursdag m	börsdag	dzień handlowy giełdy m	burzovní den m	tőzsdenap
aniversário m	verjaardag m	födelsedag	data urodzenia f	narozeniny pl	születésnap
—	betaaldag m	betalningsdag	dzień wypłaty m	výplatní den m	fizetésnap
dia de pagamento m	betaaldag m	betalningsdag	dzień wypłaty m	výplatní den m	fizetésnap
—	vervaldag m	förfallodag	dzień płatności m	den splatnosti m	lejárat napja
dia de vencimento m	vervaldag m	förfallodag	dzień płatności m	den splatnosti m	lejárat napja
—	dagelijks	dagligen	codziennie	denní	naponta
diariamente	dagelijks	dagligen	codziennie	denní	naponta
declarar	declareren	deklarera	deklarować <zadeklarować>	deklarovat	kijelent
declaração de rendimentos f	belastingaangifte f	deklaration	deklaracja podatkowa f	daňové přiznání n	adóbevallás
declaração de importação f	invoerdeclaratie f	importdeklaration	deklaracja przywozowa f	dovozní prohlášení n	importnyilatkozat
declaração alfandegária f	douaneverklaring f	tulldeklaration	deklaracja celna f	celní prohlášení n	vámáru-nyilatkozat
declaração sob juramento f	beëdigde verklaring f	utsaga under ed	oświadczenie pod przysięgą n	přísežné prohlášení n	eskü alatt tett nyilatkozat
ditado m	—	diktat	dyktando n	diktát m	diktálás
ditado m	dictaat n	diktat	dyktando n	diktát m	diktálás
—	dictafoon m	diktafon	dyktafon m	diktafon m	diktafon
dictafone m	—	diktafon	dyktafon m	diktafon m	diktafon
dictafone m	dictafoon m	diktafon	dyktafon m	diktafon m	diktafon
dictafone m	dictafoon m	diktafon	dyktafon m	diktafon m	diktafon
ditado m	dictaat n	diktat	dyktando n	diktát m	diktálás
ditado m	dictaat n	diktat	dyktando n	diktát m	diktálás
cargo m	—	byrå i offentlig förvaltning	urząd m	úřad m	hivatal
prestação de serviço f	dienstverlening f	service	usługa f	služba f	szolgáltatás
prestação de serviço f	—	service	usługa f	služba f	szolgáltatás
carro de serviço m	bedrijfswagen m	tjänstebil	samochód służbowy m	služební vůz m	szolgálati gépkocsi
—	renteverschillen n/pl	räntemarginal	różnica w oprocentowaniu f	spád úroků m	kamatláb-különbözet
divergência f	afwijking f	avvikelse	odchylenie f	odchylka f	eltérés
diferença entre taxas de juro f	renteverschillen n/pl	räntemarginal	różnica w oprocentowaniu f	spád úroků m	kamatláb-különbözet
sustentação do curso f	koersinterventie f	kursstöd	podtrzymywanie kursu n	podpora kursu f	árfolyam-támogatás
diversificação f	diversifiëring f	—	rozszerzenie działania firmy n	diverzifikace f	diverzifikáció
divergência f	afwijking f	avvikelse	odchylenie f	odchylka f	eltérés
diferença entre taxas de juro f	renteverschillen n/pl	räntemarginal	różnica w oprocentowaniu f	spád úroků m	kamatláb-különbözet
dificuldades financeiras f/pl	betalingsmoeilijkheid f	betalningssvårigheter pl	trudności płatnicze f/pl	platební potíže f/pl	fizetési nehézség
dificuldades financeiras f/pl	betalingsmoeilijkheid f	betalningssvårigheter pl	trudności płatnicze f/pl	platební potíže f/pl	fizetési nehézség
—	betalingsmoeilijkheid f	betalningssvårigheter pl	trudności płatnicze f/pl	platební potíže f/pl	fizetési nehézség
dificuldades financeiras f/pl	betalingsmoeilijkheid f	betalningssvårigheter pl	trudności płatnicze f/pl	platební potíže f/pl	fizetési nehézség
taxa f	belasting f	avgift	opłata f	poplatek m	—
salário m	loon n	ersättning	uposażenie n	plat m	—
remuneração f	vergoeding f	arvode	wynagrodzenie n	úhrada f	—

díjelőleges

	D	E	F	I	ES
díjelőleges (H)	portofrei	postage-free	franco de port	franco di porto	porte pagado
díjmentesség (H)	Nulltarif m	nil tariff	tarif gratuit m	tariffa gratuita f	tarifa gratuita f
diktafon (SV)	Diktiergerät n	dictaphone	dictaphone m	dittafono m	máquina de dictar f
diktafon (CZ)	Diktiergerät n	dictaphone	dictaphone m	dittafono m	máquina de dictar f
diktafon (H)	Diktiergerät n	dictaphone	dictaphone m	dittafono m	máquina de dictar f
diktálás (H)	Diktat n	dictation	dictée f	dettato m	dictado m
diktálási jel (H)	Diktatzeichen f	reference	références f/pl	sigla f	referencias f/pl
Diktat (D)	—	dictation	dictée f	dettato m	dictado m
diktat (SV)	Diktat n	dictation	dictée f	dettato m	dictado m
diktát (CZ)	Diktat n	dictation	dictée f	dettato m	dictado m
Diktatzeichen (D)	—	reference	références f/pl	sigla f	referencias f/pl
Diktiergerät (D)	—	dictaphone	dictaphone m	dittafono m	máquina de dictar f
dilatory (E)	säumig	—	retardataire	moroso	moroso
dilazione del pagamento (I)	Zahlungsaufschub m	extension of credit	sursis de payement m	—	pago aplazado m
dílčí dodávka (CZ)	Teillieferung f	partial delivery	livraison partielle f	fornitura parziale f	entrega parcial f
dílčí hodnota (CZ)	Teilwert m	partial value	valeur partielle f	valore parziale m	valor parcial m
dílčí privatizace (CZ)	Teilprivatisierung f	partial privatisation	privatisation partielle f	privatizzazione parziale f	privatización parcial f
dílčí zpracování zakázky (CZ)	Auftragsbearbeitung f	order processing	exécution d'une commande f	realizzazione di un ordine f	tramitación de pedidos f
diminuição da procura (P)	Nachfragerückgang m	decrease in demand	recul de la demande m	flessione della domanda f	disminución en la demanda f
diminuição de valor (P)	Wertminderung f	decrease in value	diminution de la valeur f	riduzione di valore f	depreciación f
diminution (F)	Minderung f	reduction	—	riduzione f	reducción f
diminution de la valeur (F)	Wertminderung f	decrease in value	—	riduzione di valore f	depreciación f
diminution du taux d'intérêt (F)	Zinssenkung f	reduction of interest	—	riduzione degli interessi f	reducción del tipo de interés f
diminuzione dei costi (I)	Kostensenkung f	cost reduction	réduction des coûts f	—	reducción de costes
dimisión (ES)	Rücktritt m	rescission	dénonciation du contrat f	recesso m	—
Dinamarca (ES)	Dänemark	Denmark	Danemark	Danimarca f	—
Dinamarca (P)	Dänemark	Denmark	Danemark	Danimarca f	Dinamarca
dinamarquês (P)	Dänisch	Danish	danois	danese	danés
dinero (ES)	Geld n	money	argent m	denaro m	—
dinero efectivo (ES)	Bargeld n	cash	argent comptant m	denaro contante m	—
dinero en depósitos (ES)	Buchgeld n	deposit money	monnaie de crédit f	moneta bancaria f	—
dinero metálico (ES)	Hartgeld n	specie	pièce de monnaie f	moneta metallica f	—
dinheiro (P)	Geld n	money	argent m	denaro m	dinero m
dinheiro de contado (P)	Bargeld n	cash	argent comptant m	denaro contante m	dinero efectivo m
dinheiro em conta (P)	Buchgeld n	deposit money	monnaie de crédit f	moneta bancaria f	dinero en depósitos
dinheiro-moeda (P)	Hartgeld n	specie	pièce de monnaie f	moneta metallica f	dinero metálico m
direcção (P)	Direktion f	board of directors	direction f	direzione f	junta directiva f
direcção (P)	Geschäftsleitung f	management	direction de l'entreprise f	direzione f	dirección f
direcção (P)	Vorstand m	board	directoire m	consiglio di amministrazione m	consejo de dirección m
dirección (ES)	Adresse f	address	adresse f	indirizzo m	—
dirección (ES)	Anschrift f	address	adresse f	indirizzo m	—
dirección (ES)	Geschäftsleitung f	management	direction de l'entreprise f	direzione f	—
dirección de internet (ES)	Internet-Adresse f	Internet address	adresse internet f	indirizzo su Internet m	—

dirección de internet

P	NL	SV	PL	CZ	H
porte pago *m*	portvrij	portofri	wolny od opłat pocztowych	osvobozený od poštovného	—
tarifa gratuita *f*	nultarief *n*	nolltaxa	taryfa bezpłatna *f*	bezplatný tarif *m*	—
dictafone *m*	dictafoon *m*	—	dyktafon *m*	diktafon *m*	diktafon
dictafone *m*	dictafoon *m*	diktafon	dyktafon *m*	—	diktafon
dictafone *m*	dictafoon *m*	diktafon	dyktafon *m*	diktafon *m*	—
ditado *m*	dictaat *n*	diktat	dyktando *n*	diktát *m*	—
referências *f/pl*	referentie *f*	referens	znak dyktowany *m*	značka diktátu *f*	—
ditado *m*	dictaat *n*	diktat	dyktando *n*	diktát *m*	diktálás
ditado *m*	dictaat *n*	—	dyktando *n*	diktát *m*	diktálás
ditado *m*	dictaat *n*	diktat	dyktando *n*	—	diktálás
referências *f/pl*	referentie *f*	referens	znak dyktowany *m*	značka diktátu *f*	diktálási jel
dictafone *m*	dictafoon *m*	diktafon	dyktafon *m*	diktafon *m*	diktafon
moroso *m*	nalatig	sen	opóźniony	liknavý	késedelmes
prorrogação do prazo de pagamento *f*	uitstel van betaling *n*	betalningsuppskov	odroczenie treminu płatności *n*	odklad platby *m*	fizetési haladék
entrega parcial *f*	gedeeltelijke levering *f*	delleverans	dostawa częściowa *f*	—	részszállítás
valor parcial *m*	gedeeltelijke waarde *f*	delvärde	wartość częściowa *f*	—	részleges érték
privatização parcial *f*	gedeeltelijke privatisering *f*	delvis privatisering	prywatyzacja częściowa *f*	—	részleges privatizáció
realização de uma encomenda *f*	behandeling van de bestelling *f*	orderhantering	realizacja zlecenia *f*	—	megrendelés feldolgozása
—	vermindering van de vraag *f*	minskad efterfrågan	spadek popytu *m*	pokles poptávky *f*	keresletcsökkenés
—	waardevermindering *f*	värdeminskning	spadek wartości *m*	snížení hodnoty *n*	értékcsökkenés
redução *f*	korting *f*	minskning	zmniejszenie *n*	snížení *n*	csökkentés
diminuição de valor *f*	waardevermindering *f*	värdeminskning	spadek wartości *m*	snížení hodnoty *n*	értékcsökkenés
redução dos juros *f*	renteverlaging *f*	räntesänkning	obniżka stopy procentowej *f*	snížení úrokové míry *n*	kamatcsökkentés
redução de custos *f*	kostenverlaging *f*	kostnadsminskning	redukcja kosztów *f*	snížení nákladů *n*	költségcsökkentés
demissão *f*	annulering *f*	återkallande	odstąpienie *n*	odstoupení *n*	visszalépés
Dinamarca *f*	Denemarken	Danmark	Dania *f*	Dánsko *n*	Dánia
—	Denemarken	Danmark	Dania *f*	Dánsko *n*	Dánia
—	Deens	danska	język duński *m*	dánština *f*	dán (nyelv)
dinheiro *m*	geld *n*	pengar *pl*	pieniądz *m*	peníze *m/pl*	pénz
dinheiro de contado *m*	contant geld *n*	kontanter *pl*	gotówka *f*	hotovost *f*	készpénz
dinheiro em conta *m*	boekgeld *n*	kontobehållning	pieniądze na kontach *n/pl*	zúčtované peníze *pl*	bankszámlapénz
dinheiro-moeda *m*	gemunt geld *n*	mynt	bilon *m*	mince *f/pl*	fémpénz
—	geld *n*	pengar *pl*	pieniądz *m*	peníze *m/pl*	pénz
—	contant geld *n*	kontanter *pl*	gotówka *f*	hotovost *f*	készpénz
—	boekgeld *n*	kontobehållning	pieniądze na kontach *n/pl*	zúčtované peníze *pl*	bankszámlapénz
—	gemunt geld *n*	mynt	bilon *m*	mince *f/pl*	fémpénz
—	directie *f*	styrelse	dyrekcja *f*	ředitelství *n*	igazgatóság
—	directie *f*	företagsledning	kierownictwo *n*	vedení podniku *n*	vállalatvezetés
—	directiecomité *n*	styrelse	zarząd *m*	představenstvo *n*	igazgatóság
endereço *m*	adres *n*	adress	adres *m*	adresa *f*	cím
endereço *m*	adres *n*	adress	adres *m*	adresa *f*	cím
direcção *f*	directie *f*	företagsledning	kierownictwo *n*	vedení podniku *n*	vállalatvezetés
endereço na Internet *m*	internet-adres *n*	Internet-adress	adres w Internecie *m*	internetová adresa *f*	Internet-cím

dirección de la empresa

	D	E	F	I	ES
dirección de la empresa (ES)	Firmenanschrift f	company address	adresse de l'entreprise f	indirizzo della ditta m	—
directeur (F)	Direktor m	director	—	direttore m	director m
directeur (NL)	Direktor m	director	directeur m	direttore m	director m
directeur d'entreprise (F)	Geschäftsführer m	managing director	—	amministratore m	gerente m
directeur de succursale (F)	Filialleiter m	branch manager	—	direttore di filiale m	jefe de sucursal m
directeur-generaal (NL)	Generaldirektor m	director general	directeur général m	direttore generale m	director general m
directeur général (F)	Generaldirektor m	director general	—	direttore generale m	director general m
directie (NL)	Direktion f	board of directors	direction f	direzione f	junta directiva f
directie (NL)	Geschäftsleitung f	management	direction de l'entreprise f	direzione f	dirección f
directiecomité (NL)	Vorstand m	board	directoire m	consiglio di amministrazione m	consejo de dirección m
directieniveau (NL)	Führungsebene f	executive level	niveau de gestion m	livello dirigenziale m	nivel de dirección m
direct investments (E)	Direktinvestitionen f/pl	—	investissements directs m/pl	investimenti diretti m/pl	inversiones directas f/pl
direction (F)	Direktion f	board of directors	—	direzione f	junta directiva f
direction de l'entreprise (F)	Geschäftsleitung f	management	—	direzione f	dirección f
directives (F)	Vorschriften pl	regulations	—	normative f/pl	prescripciones f/pl
directives d'exportation (F)	Ausfuhrbestimmungen f/pl	export regulations	—	disposizioni per l'esportazione f/pl	reglamento de exportación m
directoire (F)	Vorstand m	board	—	consiglio di amministrazione m	consejo de dirección m
director (E)	Direktor m	—	directeur m	direttore m	director m
director (ES)	Direktor m	director	directeur m	direttore m	—
director (ES)	Manager m	manager	manager m	responsabile m	—
director (P)	Direktor m	director	directeur m	direttore m	director m
director (P)	Manager m	manager	manager m	manager m	alto directivo m
director (P)	Manager m	manager	manager m	responsabile m	director m
director general (E)	Generaldirektor m	—	directeur général m	direttore generale m	director general m
director general (ES)	Generaldirektor m	director general	directeur général m	direttore generale m	—
director-geral (P)	Generaldirektor m	director general	directeur général m	direttore generale m	director general m
direito (P)	Recht n	law	droit m	diritto m	derecho m
direito a indemnização por danos e perdas (P)	Schadenersatzansprüche m/pl	claim for damages	droit à l'indemnité m	rivendicazioni di risarcimento danni f/pl	derecho a indemnización por daños y perjuicios m
direito das sociedades anónimas (P)	Aktienrecht n	company law	loi sur les sociétés anonymes f	diritto azionario m	derecho de sociedades anónimas m
direito de assinatura (P)	Zeichnungsberechtigung f	authorisation to sign	autorisation de signer f	diritto di firma m	facultad de firma f
direito de preempção (P)	Vorkaufsrecht n	right of pre-emption	droit de préemption m	diritto di prelazione m	derecho de preferencia m
direito de voto (P)	Stimmrecht n	right to vote	droit de vote m	diritto al voto m	derecho a voto m
direito pignoratício (P)	Pfandrecht n	pledge	droit de gage m	diritto di pegno m	derecho prendario m
direitos aduaneiros (P)	Zollgebühren f	customs duties	droit de douane m	diritti doganali m/pl	derechos arancelarios m/pl
direitos ad valorem (P)	Wertzoll m	ad valorem duty	taxe de douane ad valorem f	dazio ad valorem m	aduanas ad valorem f/pl
direitos de carga (P)	Ladegebühren f/pl	loading charges	taxe de chargement f	spese di carico f/pl	derechos de carga m/pl
direitos de saque (P)	Ziehungsrechte f	drawing rights	droits de tirage m/pl	diritti di prelievo m/pl	derechos de giro m/pl
direitos do autor (P)	Urheberrecht n	copyright	droit d'auteur m	diritto d'autore m	derechos de autor m/pl
direitos especiais de saque (P)	Sonderziehungsrechte f	special drawing rights	droits de tirage spéciaux m/pl	diritti speciali di prelievo m/pl	derechos especiales de giro m/pl

direitos especiais de saque

P	NL	SV	PL	CZ	H
endereço da empresa m	kantooradres n	företagsadress	adres firmowy m	firemní adresa f	cég címe
director m	directeur m	direktör	dyrektor f	ředitel m	igazgató
director m	—	direktör	dyrektor f	ředitel m	igazgató
gerente m	bedrijfsleider m	verkställande direktör	dyrektor m	jednatel m	ügyvezető
chefe da sucursal m	filiaalhouder m	filialchef	kierownik oddziału m	vedoucí pobočky m	fiókvezető
director-geral m	—	generaldirektör	derektor generalny m	generální ředitel m	vezérigazgató
director-geral m	directeur-generaal m	generaldirektör	derektor generalny m	generální ředitel m	vezérigazgató
direcção f	—	styrelse	dyrekcja f	ředitelství n	igazgatóság
direcção f	—	företagsledning	kierownictwo n	vedení podniku n	vállalatvezetés
direcção f	—	styrelse	zarząd m	představenstvo n	igazgatóság
nível da direcção m	—	ledningsnivå	płaszczyzna kierownicza f	řídící úroveň f	vezetőségi szint
investimentos directos m/pl	rechtstreekse investeringen f/pl	direktinvestering	inwestycje bezpośrednie f/pl	přímé investice f/pl	közvetlen beruházások
direcção f	directie f	styrelse	dyrekcja f	ředitelství n	igazgatóság
direcção f	directie f	företagsledning	kierownictwo n	vedení podniku n	vállalatvezetés
regulamentos m/pl	voorschriften n/pl	föreskrifter	przepisy m/pl	předpisy m/pl	előírások
regulamento de exportação m	exportbepalingen f/pl	exportbestämmelser pl	przepisy wywozowe m/pl	stanovení vývozu n	kiviteli előírások
direcção f	directiecomité n	styrelse	zarząd m	představenstvo n	igazgatóság
director m	directeur m	direktör	dyrektor f	ředitel m	igazgató
director m	directeur m	direktör	dyrektor f	ředitel m	igazgató
director m	manager m	manager	manager m	manažer m	vezető
—	directeur m	direktör	dyrektor f	ředitel m	igazgató
—	manager m	direktör	manager m	manažer m	menedzser
—	manager m	manager	manager m	manažer m	vezető
director-geral m	directeur-generaal m	generaldirektör	derektor generalny m	generální ředitel m	vezérigazgató
director-geral m	directeur-generaal m	generaldirektör	derektor generalny m	generální ředitel m	vezérigazgató
—	directeur-generaal m	generaldirektör	derektor generalny m	generální ředitel m	vezérigazgató
—	recht n	rätt	prawo n	právo n	jog
—	claim op schadevergoeding m	skadeståndsanspråk	roszczenia do odszkodowania n/pl	nárok na náhradu škody m	kártérítési igények
—	vennootschapsrecht n	aktielagstiftning	prawo o spółkach akcyjnych n	akciové právo n	társasági jog
—	tekenbevoegdheid f	underskriftsberättigande	uprawnienie do podpisu n	oprávnění k podpisu n	aláírási jogosultság
—	recht van voorkoop n	förköpsrätt	prawo pierwokupu n	předkupní právo n	elővásárlási jog
—	stemrecht n	rösträtt	prawo głosu n	hlasovací právo n	szavazati jog
—	pandrecht n	pant	prawo zastawu n	zástavní právo n	zálogjog
—	douanerechten n/pl	tullavgifter pl	opłaty celne f/pl	celní poplatky m/pl	vámilleték
—	waarderechten n/pl	ad valorem tull	cło od wartości n	hodnotové clo n	értékvám
—	inladingskosten m/pl	lastningsavgift	opłaty za załadunek f/pl	poplatky za náklad m	rakodási díj
—	trekkingsrechten n/pl	dragningsrätter pl	prawo ciągnienia n	slosovací pravidla n/pl	lehívási jogok
—	auteursrecht n	upphovsmannarätt	prawo autorskie m	autorské právo n	szerzői jog
—	bijzondere trekkingsrechten n/pl	särskilda dragningsrätter pl	specjalne prawo ciągnienia n	práva zvláštního čerpání n/pl	különleges lehívási jogok

direitos portuários 292

	D	E	F	I	ES
direitos portuários (P)	Hafengebühren f/pl	harbour dues	droits de ports m/pl	diritti di porto m/pl	derechos portuarios m/pl
direitos proteccionistas (P)	Schutzzoll m	protective duty	droit de protection m	dazio protettivo m	aduana proteccionista f
direktinvestering (SV)	Direktinvestitionen f/pl	direct investments	investissements directs m/pl	investimenti diretti m/pl	inversiones directas f/pl
Direktinvestitionen (D)	—	direct investments	investissements directs m/pl	investimenti diretti m/pl	inversiones directas f/pl
Direktion (D)	—	board of directors	direction f	direzione f	junta directiva f
Direktor (D)	—	director	directeur m	direttore m	director m
direktör (SV)	Direktor m	director	directeur m	direttore m	director m
direktör (SV)	Manager m	manager	manager m	manager m	alto directivo m
direttore (I)	Direktor m	director	directeur m	—	director m
direttore di filiale (I)	Filialleiter m	branch manager	directeur de succursale m	—	jefe de sucursal m
direttore generale (I)	Generaldirektor m	director general	directeur général m	—	director general m
direzione (I)	Direktion f	board of directors	direction f	—	junta directiva f
direzione (I)	Geschäftsleitung f	management	direction de l'entreprise f	—	dirección f
dirigente (I)	Führungskraft f	manager	cadre supérieur m	—	personal directivo m
dirigir (ES)	adressieren	address	adresser	indirizzare	—
diritti di porto (I)	Hafengebühren f/pl	harbour dues	droits de ports m/pl	—	derechos portuarios m/pl
diritti di prelievo (I)	Ziehungsrechte f	drawing rights	droits de tirage m/pl	—	derechos de giro m/pl
diritti di transito (I)	Transitzoll m	transit duty	droit de transit m	—	derecho de tránsito m
diritti doganali (I)	Zollgebühren f	customs duties	droit de douane m	—	derechos arancelarios m/pl
diritti speciali di prelievo (I)	Sonderziehungsrechte f	special drawing rights	droits de tirage spéciaux m/pl	—	derechos especiales de giro m/pl
diritto (I)	Recht n	law	droit m	—	derecho m
diritto al voto (I)	Stimmrecht n	right to vote	droit de vote m	—	derecho a voto m
diritto azionario (I)	Aktienrecht n	company law	loi sur les sociétés anonymes f	—	derecho de sociedades anónimas m
diritto d'autore (I)	Urheberrecht n	copyright	droit d'auteur m	—	derechos de autor m/pl
diritto del lavoro (I)	Arbeitsrecht n	labour law	droit du travail f	—	derecho laboral m
diritto di bollo (I)	Stempelgebühr f	stamp duty	droit de timbre m	—	derechos de timbre m/pl
diritto di firma (I)	Zeichnungsberechtigung f	authorisation to sign	autorisation de signer f	—	facultad de firma f
diritto di pegno (I)	Pfandrecht n	pledge	droit de gage m	—	derecho prendario m
diritto di prelazione (I)	Vorkaufsrecht n	right of pre-emption	droit de préemption m	—	derecho de preferencia m
diritto di servizio (I)	Bedienungsgeld n	service charge	pourboire m	—	propina f
disability to earn a living (E)	Erwerbsunfähigkeit f	—	incapacité de travail f	invalidità f	incapacidad profesional f
disadvantage (E)	Nachteil m	—	désavantage m	svantaggio m	desventaja f
disavanzo della bilancia dei pagamenti (I)	Zahlungsbilanzdefizit n	balance of payments deficit	déficit de la balance des payements m	—	déficit en la balanza de pagos m
discharging expenses (E)	Entladungskosten f	—	coûts de déchargement m/pl	spese di scaricamento f/pl	gastos de descargo m/pl
discharging expenses (E)	Löschgebühren f/pl	—	droit de déchargement m	spese di scarico f/pl	gastos de descarga m/pl
dischetto (I)	Diskette f	disk	disquette f	—	disquete m
disconto (NL)	Diskont m	discount	escompte m	sconto m	descuento m
discontokrediet (NL)	Wechselkurs m	exchange rate	cours du change m	cambio m	tipo de cambio m
discontovoet (NL)	Diskontsatz m	discount rate	taux d'escompte m	saggio di sconto m	tasa de descuento f

P	NL	SV	PL	CZ	H
—	havenrechten n/pl	hamnavgift	opłaty portowe f/pl	přístavní poplatky m/pl	kikötői illetékek
—	beschermend recht n	skyddstull	cło ochronne n	ochranné clo n	védővám
investimentos directos m/pl	rechtstreekse investeringen f/pl	—	inwestycje bezpośrednie f/pl	přímé investice f/pl	közvetlen beruházások
investimentos directos m/pl	rechtstreekse investeringen f/pl	direktinvestering	inwestycje bezpośrednie f/pl	přímé investice f/pl	közvetlen beruházások
direcção f	directie f	styrelse	dyrekcja f	ředitelství n	igazgatóság
director m	directeur m	direktör	dyrektor f	ředitel m	igazgató
director m	directeur m	—	dyrektor f	ředitel m	igazgató
director m	manager m	—	manager m	manažer m	menedzser
director m	directeur m	direktör	dyrektor f	ředitel m	igazgató
chefe da sucursal m	filiaalhouder m	filialchef	kierownik oddziału m	vedoucí pobočky m	fiókvezető
director-geral m	directeur-generaal m	generaldirektör	derektor generalny m	generální ředitel m	vezérigazgató
direcção f	directie f	styrelse	dyrekcja f	ředitelství n	igazgatóság
direcção f	directie f	företagsledning	kierownictwo n	vedení podniku n	vállalatvezetés
quadro superior m	leidinggevende kracht f	ledning	kadra kierownicza f	vedoucí řídící pracovník m	vezető
endereçar	adresseren	adressera	adresować <zaadresować>	adresovat	címez
direitos portuários m/pl	havenrechten n/pl	hamnavgift	opłaty portowe f/pl	přístavní poplatky m/pl	kikötői illetékek
direitos de saque m/pl	trekkingsrechten n/pl	dragningsrätter pl	prawo ciągnienia n	slosovací pravidla n/pl	lehívási jogok
imposto de trânsito m	doorvoerrechten n/pl	transitotull	cło tranzytowe n	tranzitní clo n	tranzitvám
direitos aduaneiros m/pl	douanerechten n/pl	tullavgifter pl	opłaty celne f/pl	celní poplatky m/pl	vámilleték
direitos especiais de saque m/pl	bijzondere trekkingsrechten n/pl	särskilda dragningsrätter pl	specjalne prawo ciągnienia n	práva zvláštního čerpání n/pl	különleges lehívási jogok
direito m	recht n	rätt	prawo n	právo n	jog
direito de voto m	stemrecht n	rösträtt	prawo głosu n	hlasovací právo n	szavazati jog
direito das sociedades anónimas m	vennootschapsrecht n	aktielagstiftning	prawo o spółkach akcyjnych n	akciové právo n	társasági jog
direitos do autor m/pl	auteursrecht n	upphovsmannarätt	prawo autorskie m	autorské právo n	szerzői jog
legislação do trabalho f	arbeidsrecht n	arbetsrätt	prawo pracy n	pracovní právo n	munkajog
imposto do selo m	zegelrecht n	stämpelavgift	opłata stemplowa f	kolkovné n	bélyegilleték
direito de assinatura f	tekenbevoegdheid f	underskriftsberättigande	uprawnienie do podpisu n	oprávnění k podpisu n	aláírási jogosultság
direito pignoratício m	pandrecht n	pant	prawo zastawu n	zástavní právo n	zálogjog
direito de preempção m	recht van voorkoop n	förköpsrätt	prawo pierwokupu n	předkupní právo n	elővásárlási jog
gorjeta f	fooi f/m	dricks	pole obsługi n	spropitné n	borravaló
invalidez	arbeidsongeschiktheid f	arbetsoförmåga	niezdolność do pracy f	práceneschopnost f	keresőképtelenség
desvantagem f	nadeel n	nackdel	niekorzyść n	nevýhoda f	hátrány
défice na balança de pagamentos m	tekort op de betalingsbalans n	underskott i betalningsbalansen	deficyt bilansu płatniczego m	deficit platební bilance m	fizetésimérleg- hiány
gastos de descarga m/pl	loskosten m/pl	avlastningskostnader pl	koszty rozładunku m/pl	náklady na vykládku m/pl	kirakodási költségek
gastos de descarga m/pl	loskosten m/pl	annulleringsavgift	opłaty wyładowcze f/pl	poplatky za vymazání m/pl	kirakodási költségek
disquete f	diskette f	diskett	dyskietka f	disketa f	floppylemez
desconto m	—	diskonto	dyskonto n	diskont m	árengedmény
taxa de câmbio f	—	växelkurs	kurs wymiany m	směnný kurs m	valutaátváltási árfolyam
taxa de desconto f	—	diskonto	stopa dyskontowa f	diskontní sazba f	leszámítolási kamatláb

discount

	D	E	F	I	ES
discount (E)	Diskont m	—	escompte m	sconto m	descuento m
discount (E)	Rabatt m	—	remise f	ribasso m	rebaja f
discount (E)	Skonto m/n	—	escompte m	sconto m	descuento m
discount deduction (E)	Skontoabzug m	—	déduction de l'escompte f	detrazione di sconto f	deducción del descuento f
discount on advance orders (E)	Vorbestellrabatt m	—	remise sur commandes anticipées f	ribasso per prenotazioni m	descuento de suscripción m
discount rate (E)	Diskontsatz m	—	taux d'escompte m	saggio di sconto m	tasa de descuento f
discussion (E)	Besprechung f	—	conférence f	colloquio m	reunión f
disdetta (I)	Kündigung f	notice of termination	résiliation f	—	rescisión f
disdire (I)	kündigen (Vertrag)	cancel	résilier	—	rescindir
diseño del producto (ES)	Produktgestaltung f	product design	conception d'un produit f	creazione del prodotto f	—
disk (E)	Diskette f	—	disquette f	dischetto m	disquete m
disketa (CZ)	Diskette f	disk	disquette f	dischetto m	disquete m
diskett (SV)	Diskette f	disk	disquette f	dischetto m	disquete m
Diskette (D)	—	disk	disquette f	dischetto m	disquete m
diskette (NL)	Diskette f	disk	disquette f	dischetto m	disquete m
Diskont (D)	—	discount	escompte m	sconto m	descuento m
diskont (CZ)	Diskont m	discount	escompte m	sconto m	descuento m
diskontní sazba (CZ)	Diskontsatz m	discount rate	taux d'escompte m	saggio di sconto m	tasa de descuento f
diskonto (SV)	Diskont m	discount	escompte m	sconto m	descuento m
diskonto (SV)	Diskontsatz m	discount rate	taux d'escompte m	saggio di sconto m	tasa de descuento f
Diskontsatz (D)	—	discount rate	taux d'escompte m	saggio di sconto m	tasa de descuento f
disminución de costes (ES)	Kostendämpfung f	combating rising costs	réduction des coûts f	contenimento dei costi m	—
disminución en la demanda (ES)	Nachfragerückgang m	decrease in demand	recul de la demande m	flessione della domanda f	—
dismissal (E)	Entlassung f	—	licenciement m	licenziamento m	despido m
disoccupazione (I)	Arbeitslosigkeit f	unemployment	chômage m	—	desempleo m
disparité des niveaux d'intérêts (F)	Zinsgefälle m	gap between interest rates	—	differenza d'interessi f	diferencia entre los tipos de interés f
dispatch (E)	Abfertigung f	—	expédition f	spedizione f	despacho m
dispatch (E)	Versand m	—	expédition f	spedizione f	envío m
dispatch department (E)	Versandabteilung f	—	service des expéditions m	reparto spedizioni m	departamento de expedición m
display (E)	Auslage f	—	étalage m	vetrina f	vitrina f
disponível (P)	abholbereit	ready for collection	prêt pour enlèvement	pronto per il ritiro	listo para la recogida
disponível para entrega (P)	lieferbar	available	livrable	consegnabile	suministrable
disposizione (I)	Anordnung f	order	ordre m	—	orden f
disposizioni per l'esportazione (I)	Ausfuhrbestimmungen f/pl	export regulations	directives d'exportation f/pl	—	reglamento de exportación m
disquete (ES)	Diskette f	disk	disquette f	dischetto m	—
disquete (P)	Diskette f	disk	disquette f	dischetto m	disquete m
disquette (F)	Diskette f	disk	—	dischetto m	disquete m
dissimulation en matière fiscale (F)	Steuerhinterziehung f	tax evasion	—	evasione fiscale f	fraude fiscal m
distribuce (CZ)	Distribution f	distribution	distribution f	distribuzione f	distribución f
distribución (ES)	Distribution f	distribution	distribution f	distribuzione f	—
distribución (ES)	Verteilung f	distribution	distribution f	distribuzione f	—
distribución (ES)	Vertrieb m	distribution	distribution f	distribuzione f	—
distribución exclusiva (ES)	Alleinvertrieb m	exclusive distribution	droit exclusif de vente m	vendita esclusiva f	—
distribuição (P)	Distribution f	distribution	distribution f	distribuzione f	distribución f

distribuição

P	NL	SV	PL	CZ	H
desconto m	disconto n	diskonto	dyskonto n	diskont m	árengedmény
desconto m	korting f	rabatt	rabat m	sleva f	árengedmény
desconto m	korting voor contant f	kassarabatt	skonto n	skonto n	árengedmény
dedução de descontos f	aftrek van korting bij contante betaling m	rabattavdrag	potrącenie skonta n	odpočet skonta m	árengedmény levonása
desconto de pedidos antecipados m	korting op vooruitbestelling f	rabatt på förhandsorder	rabat za zamówienie z góry m	předběžný rabat m	előrendelési árengedmény
taxa de desconto f	discontovoet m	diskonto	stopa dyskontowa f	diskontní sazba f	leszámítolási kamatláb
conferência f	bespreking f	möte	konferencja f	porada f	megbeszélés
rescisão f	opzegging f	uppsägning	wypowiedzenie n	výpověď f	felmondás
rescindir	opzeggen	säga upp	wypowiadać <wypowiedzieć>	vypovídat <vypovědět>	felmond
desenho do produto m	productvormgeving f	produktdesign	wzornictwo produktów n	vzhled výrobků m	terméktervezés
disquete f	diskette f	diskett	dyskietka f	disketa m	floppylemez
disquete f	diskette f	diskett	dyskietka f	—	floppylemez
disquete f	diskette f	—	dyskietka f	disketa m	floppylemez
disquete f	diskette f	diskett	dyskietka f	disketa m	floppylemez
disquete f	—	diskett	dyskietka f	disketa m	floppylemez
desconto m	disconto n	diskonto	dyskonto n	diskont m	árengedmény
desconto m	disconto n	diskonto	dyskonto n	—	árengedmény
taxa de desconto f	discontovoet m	diskonto	stopa dyskontowa f	—	leszámítolási kamatláb
desconto m	disconto n	—	dyskonto n	diskont m	árengedmény
taxa de desconto f	discontovoet m	—	stopa dyskontowa f	diskontní sazba f	leszámítolási kamatláb
taxa de desconto f	discontovoet m	diskonto	stopa dyskontowa f	diskontní sazba f	leszámítolási kamatláb
contenção de custos f	kostenbesparing f	kostnadsdämpning	redukcja wzrostu kosztów f	útlum nákladů m	költségcsökkentés
diminuição da procura f	vermindering van de vraag f	minskad efterfrågan	spadek popytu m	pokles poptávky f	keresletcsökkenés
demissão f	afdanking f	avskedande	zwolnienie n	propuštění n	elbocsátás
desemprego m	werkloosheid f	arbetslöshet	bezrobocie n	nezaměstnanost f	munkanélküliség
diferença entre taxas de juro f	renteverschillen n/pl	räntemarginal	różnica w oprocentowaniu f	spád úroků m	kamatláb-különbözet
expedição f	goederenverzending f	leverans	spedycja f	odbavení n	továbbítás
expedição f	verzending f	leverans	ekspedycja f	expedice f	feladás
departamento de expedição m	expeditieafdeling f	leveransavdelning	wydział ekspedycji m	expediční oddělení n	szállítási részleg
vitrine f	etalage f	skyltning	wystawa f	výloha f	kirakati bemutatás
—	klaar voor afhaling	färdig att avhämtas	gotowe do odbioru	připraven k vyzvednutí	elvitelre kész
—	leverbaar	på lager	gotowy do dostawy	k dodání	szállítható
ordem f	ordening f	föreskrift	zarządzenie n	nařízení n	rendelet
regulamento de exportação m	exportbepalingen f/pl	exportbestämmelser pl	przepisy wywozowe m/pl	stanovení vývozu n	kiviteli előírások
disquete f	diskette f	diskett	dyskietka f	disketa m	floppylemez
—	diskette f	diskett	dyskietka f	disketa m	floppylemez
disquete f	diskette f	diskett	dyskietka f	disketa m	floppylemez
evasão fiscal f	belastingontduiking f	skattesmitning	oszustwo podatkowe n	daňový únik m	adócsalás
distribuição f	distributie f	distribution	dystrybucja f	—	elosztás
distribuição f	distributie f	distribution	dystrybucja f	distribuce f	elosztás
distribuição f	distributie f	distribution	dystrybucja f	rozdělování n	elosztás
distribuição f	distributie f	distribution	zbyt m	odbyt m	forgalmazás
distribuição exclusiva f	alleenverkoop m	ensamagent	wyłączna dystrybucja f	výhradní prodej m	kizárólagos értékesítési jog
—	distributie f	distribution	dystrybucja f	distribuce f	elosztás

distribuição

	D	E	F	I	ES
distribuição (P)	Verteilung f	distribution	distribution f	distribuzione f	distribución f
distribuição (P)	Vertrieb m	distribution	distribution f	distribuzione f	distribución f
distribuição exclusiva (P)	Alleinvertrieb m	exclusive distribution	droit exclusif de vente m	vendita esclusiva f	distribución exclusiva f
distribuidor automático (ES)	Verkaufsautomat m	vending machine	distributeur automatique m	distributore automatico m	—
distribuidor automático (P)	Verkaufsautomat m	vending machine	distributeur automatique m	distributore automatico m	distribuidor automático m
distributeur automatique (F)	Verkaufsautomat m	vending machine	—	distributore automatico m	distribuidor automático m
distributie (NL)	Distribution f	distribution	distribution f	distribuzione f	distribución f
distributie (NL)	Verteilung f	distribution	distribution f	distribuzione f	distribución f
distributie (NL)	Vertrieb m	distribution	distribution f	distribuzione f	distribución f
distributiekanaal (NL)	Absatzweg m	channel of distribution	canal de distribution m	sbocco m	medio de venta f
distributiekanaal (NL)	Vertriebsweg m	distribution channel	canal de distribution m	canale distributivo m	canal de distribución m
Distribution (D)	—	distribution	distribution f	distribuzione f	distribución f
distribution (E)	Distribution f	—	distribution f	distribuzione f	distribución f
distribution (E)	Verteilung f	—	distribution f	distribuzione f	distribución f
distribution (E)	Vertrieb m	—	distribution f	distribuzione f	distribución f
distribution (F)	Distribution f	distribution	—	distribuzione f	distribución f
distribution (F)	Verteilung f	distribution	—	distribuzione f	distribución f
distribution (F)	Vertrieb m	distribution	—	distribuzione f	distribución f
distribution (SV)	Distribution f	distribution	distribution f	distribuzione f	distribución f
distribution (SV)	Verteilung f	distribution	distribution f	distribuzione f	distribución f
distribution (SV)	Vertrieb m	distribution	distribution f	distribuzione f	distribución f
distribution channel (E)	Vertriebsweg m	—	canal de distribution m	canale distributivo m	canal de distribución m
distributionskanal (SV)	Absatzweg m	channel of distribution	canal de distribution m	sbocco m	medio de venta f
distributionskanal (SV)	Vertriebsweg m	distribution channel	canal de distribution m	canale distributivo m	canal de distribución m
distribution store (E)	Auslieferungslager n	—	entrepôt de distribution m	deposito di consegna m	almacén de entregas m
distributore automatico (I)	Verkaufsautomat m	vending machine	distributeur automatique m	—	distribuidor automático m
distribuzione (I)	Distribution f	distribution	distribution f	—	distribución f
distribuzione (I)	Verteilung f	distribution	distribution f	—	distribución f
distribuzione (I)	Vertrieb m	distribution	distribution f	—	distribución f
distrito aduanero (ES)	Zollgebiet n	customs territory	territoire douanier m	territorio doganale m	—
ditado (P)	Diktat n	dictation	dictée f	dettato m	dictado m
ditta fittizia (I)	Scheinfirma f	bogus firm	entreprise fictive f	—	casa ficticia f
dittafono (I)	Diktiergerät n	dictaphone	dictaphone m	—	máquina de dictar f
dług (PL)	Schuld f	debt	dette f	debito m	deuda f
długi (PL)	Schulden f	debts	dettes f/pl	debiti m/pl	deudas f/pl
długoterminowy (PL)	langfristig	long-term	à long terme	a lungo termine	a largo plazo
dłużnik (PL)	Debitor m	debtor	débiteur m	debitore m	deudor m
dłużnik (PL)	Schuldner m	debtor	débiteur m	debitore m	deudor m
divergence (F)	Abweichung f	deviation	—	differenza f	diferencia f
divergência (P)	Abweichung f	deviation	divergence f	differenza f	diferencia f
diversificação (P)	Diversifikation f	diversification	diversification f	diversificazione f	diversificación f
diversificación (ES)	Diversifikation f	diversification	diversification f	diversificazione f	—
diversification (E)	Diversifikation f	—	diversification f	diversificazione f	diversificación f
diversification (F)	Diversifikation f	diversification	—	diversificazione f	diversificación f
diversificazione (I)	Diversifikation f	diversification	diversification f	—	diversificación f

diversificazione

P	NL	SV	PL	CZ	H
—	distributie f	distribution	dystrybucja f	rozdělování n	elosztás
—	distributie f	distribution	zbyt m	odbyt m	forgalmazás
—	alleenverkoop m	ensamagent	wyłączna dystrybucja f	výhradní prodej m	kizárólagos értékesítési jog
distribuidor automático m	verkoopautomaat m	varuautomat	automat do sprzedaży m	prodejní automat m	árusító automata
—	verkoopautomaat m	varuautomat	automat do sprzedaży m	prodejní automat m	árusító automata
distribuidor automático m	verkoopautomaat m	varuautomat	automat do sprzedaży m	prodejní automat m	árusító automata
distribuição f	—	distribution	dystrybucja f	distribuce f	elosztás
distribuição f	—	distribution	dystrybucja f	rozdělování n	elosztás
distribuição f	—	distribution	zbyt m	odbyt m	forgalmazás
canal de distribuição m	—	distributionskanal	droga zbytu f	odbytová cesta f	értékesítési csatorna
canal de distribuição f	—	distributionskanal	kanał dystrybucyjny m	odbytová cesta f	értékesítési csatorna
distribuição f	distributie f	distribution	dystrybucja f	distribuce f	elosztás
distribuição f	distributie f	distribution	dystrybucja f	distribuce f	elosztás
distribuição f	distributie f	distribution	dystrybucja f	rozdělování n	elosztás
distribuição f	distributie f	distribution	zbyt m	odbyt m	forgalmazás
distribuição f	distributie f	distribution	dystrybucja f	distribuce f	elosztás
distribuição f	distributie f	distribution	dystrybucja f	rozdělování n	elosztás
distribuição f	distributie f	distribution	zbyt m	odbyt m	forgalmazás
distribuição f	distributie f	—	dystrybucja f	distribuce f	elosztás
distribuição f	distributie f	—	dystrybucja f	rozdělování n	elosztás
distribuição f	distributie f	—	zbyt m	odbyt m	forgalmazás
canal de distribuição f	distributiekanaal n	distributionskanal	kanał dystrybucyjny m	odbytová cesta f	értékesítési csatorna
canal de distribuição m	distributiekanaal n	—	droga zbytu f	odbytová cesta f	értékesítési csatorna
canal de distribuição f	distributiekanaal n	—	kanał dystrybucyjny m	odbytová cesta f	értékesítési csatorna
centro de distribuição m	depot n	centrallager	dzień dostawy m	expediční sklad m	elosztó raktár
distribuidor automático m	verkoopautomaat m	varuautomat	automat do sprzedaży m	prodejní automat m	árusító automata
distribuição f	distributie f	distribution	dystrybucja f	distribuce f	elosztás
distribuição f	distributie f	distribution	dystrybucja f	rozdělování n	elosztás
distribuição f	distributie f	distribution	zbyt m	odbyt m	forgalmazás
território aduaneiro m	douanegebied n	tullområde	obszar celny m	celní území n	vámterület
—	dictaat n	diktat	dyktando n	diktát m	diktálás
firma fictícia f	schijnfirma f	skenföretag	firma fikcyjna f	naoko registrovaná firma f	fiktív cég
dictafone m	dictafoon m	diktafon	dyktafon m	diktafon m	diktafon
dívida f	schuld f	skuld	—	dluh m	adósság
dívidas f/pl	schulden f/pl	skulder	—	dluhy m/pl	tartozások
a longo prazo	op lange termijn	långfristig	—	dlouhodobý	hosszú lejáratú
devedor m	debiteur m	gäldenär	—	dlužník m	adós
devedor m	debiteur m	gäldenär	—	dlužník m	adós
divergência f	afwijking f	avvikelse	odchylenie f	odchylka f	eltérés
—	afwijking f	avvikelse	odchylenie f	odchylka f	eltérés
—	diversifiëring f	differentiering	rozszerzenie działania firmy n	diverzifikace f	diverzifikáció
diversificação f	diversifiëring f	differentiering	rozszerzenie działania firmy n	diverzifikace f	diverzifikáció
diversificação f	diversifiëring f	differentiering	rozszerzenie działania firmy n	diverzifikace f	diverzifikáció
diversificação f	diversifiëring f	differentiering	rozszerzenie działania firmy n	diverzifikace f	diverzifikáció
diversificação f	diversifiëring f	differentiering	rozszerzenie działania firmy n	diverzifikace f	diverzifikáció

diversifiëring

	D	E	F	I	ES
diversifiëring (NL)	Diversifikation f	diversification	diversification f	diversificazione f	diversificación f
Diversifikation (D)	—	diversification	diversification f	diversificazione f	diversificación f
diverzifikace (CZ)	Diversifikation f	diversification	diversification f	diversificazione f	diversificación f
diverzifikáció (H)	Diversifikation f	diversification	diversification f	diversificazione f	diversificación f
dívida (P)	Schuld f	debt	dette f	debito m	deuda f
dívidas (P)	Schulden f	debts	dettes f/pl	debiti m/pl	deudas f/pl
dívidas a cobrar (P)	Außenstände f	outstanding debts	dettes actives f/pl	crediti pendenti m/pl	cobros pendientes m/pl
dívidas externas (P)	Auslandsschulden f/pl	foreign debts	dettes à l'étranger f/pl	debiti verso l'estero m/pl	deudas exteriores f/pl
dividend (E)	Dividende f	—	dividende m	dividendo m	dividendo m
dividend (NL)	Dividende f	dividend	dividende m	dividendo m	dividendo m
dividenda (CZ)	Dividende f	dividend	dividende m	dividendo m	dividendo m
Dividende (D)	—	dividend	dividende m	dividendo m	dividendo m
dividende (F)	Dividende f	dividend	—	dividendo m	dividendo m
dividendo (I)	Dividende f	dividend	dividende m	—	dividendo m
dividendo (ES)	Dividende f	dividend	dividende m	dividendo m	—
dividendo (P)	Dividende f	dividend	dividende m	dividendo m	dividendo m
divisão de trabalho (P)	Arbeitsteilung f	division of labour	division du travail f	suddivisione del lavoro f	división del trabajo f
divisas (ES)	Devisen f	foreign exchange	devises f/pl	divise f/pl	—
divisas (P)	Devisen f	foreign exchange	devises f/pl	divise f/pl	divisas f/pl
divise (I)	Devisen f	foreign exchange	devises f/pl		divisas f/pl
división del trabajo (ES)	Arbeitsteilung f	division of labour	division du travail f	suddivisione del lavoro f	—
division du travail (F)	Arbeitsteilung f	division of labour	—	suddivisione del lavoro f	división del trabajo f
division of labour (E)	Arbeitsteilung f	—	division du travail f	suddivisione del lavoro f	división del trabajo f
dlouhodobé finanční investice (CZ)	Anlagepapiere n/pl	investment securities	valeurs de placement f/pl	titoli d'investimento m/pl	valores de inversión m/pl
dlouhodobý (CZ)	langfristig	long-term	à long terme	a lungo termine	a largo plazo
dlouhodobý dlužní úpis (CZ)	Dauerschuldverschreibung f	unredeemable bond	engagement de dette permanente m	obbligazione perpetua f	obligación perpetua f
dlouhodobý příkaz k úhradě (CZ)	Dauerauftrag m	standing order	ordre régulier de virement m	ordine permanente m	órden permanente f
dlouhodobý úvěr (CZ)	langfristiger Kredit m	long-term credit	crédit à long terme m	credito a lungo termine m	crédito a largo plazo m
dluh (CZ)	Schuld f	debt	dette f	debito m	deuda f
dluhové financování (CZ)	Fremdfinanzierung f	outside financing	constitution de capital par apport de tiers f	finanziamento passivo m	financiación externa f
dluhy (CZ)	Schulden f	debts	dettes f/pl	debiti m/pl	deudas f/pl
dlužník (CZ)	Debitor m	debtor	débiteur m	debitore m	deudor m
dlužník (CZ)	Kreditnehmer m	borrower	bénéficiaire d'un crédit m	beneficiario del credito m	prestatario m
dlužník (CZ)	Schuldner m	debtor	débiteur m	debitore m	deudor m
dlužní úpis (CZ)	Schuldschein m	certificate of indebtedness	billet de créance m	certificato di debito m	pagaré m
doação (P)	Schenkung f	donation	donation f	donazione f	donación f
doba platnosti smlouvy (CZ)	Vertragsdauer f	term of a contract	durée du contrat f	durata del contratto f	duración del contrato f
doba splatnosti (CZ)	Laufzeit f	term	durée f	scadenza f	plazo de vencimiento m
dobijać interesu (PL)	handelseinig sein	reach an agreement	unanimité commerciale f	essere d'accordo sul prezzo	estar de acuerdo
dobírka (CZ)	Nachnahme f	cash on delivery	remboursement m	contrassegno m	reembolso m
dobra inwestycyjne (PL)	Investitionsgüter n/pl	capital goods	biens d'investissement m/pl	beni di investimento m/pl	bienes de inversión m/pl

dobra inwestycyjne

P	NL	SV	PL	CZ	H
diversificação f	—	differentiering	rozszerzenie działania firmy n	diverzifikace f	diverzifikáció
diversificação f	diversifiëring f	differentiering	rozszerzenie działania firmy n	diverzifikace f	diverzifikáció
diversificação f	diversifiëring f	differentiering	rozszerzenie działania firmy n	—	diverzifikáció
diversificação f	diversifiëring f	differentiering	rozszerzenie działania firmy n	diverzifikace f	—
—	schuld f	skuld	dług m	dluh m	adósság
—	schulden f/pl	skulder	długi m/pl	dluhy m/pl	tartozások
—	uitstaande vorderingen f/pl	utestående skulder pl	należności f/pl	nedoplatky m/pl	kinnlevőségek
—	schulden in het buitenland f/pl	utlandsskuld	zadłużenie za granicą n	zahraniční dluhy m/pl	külföldi tartozások
dividendo m	dividend n	vinstutdelning	dywidenda f	dividenda f	osztalék
dividendo m	—	vinstutdelning	dywidenda f	dividenda f	osztalék
dividendo m	dividend n	vinstutdelning	dywidenda f	—	osztalék
dividendo m	dividend n	vinstutdelning	dywidenda f	dividenda f	osztalék
dividendo m	dividend n	vinstutdelning	dywidenda f	dividenda f	osztalék
dividendo m	dividend n	vinstutdelning	dywidenda f	dividenda f	osztalék
dividendo m	dividend n	vinstutdelning	dywidenda f	dividenda f	osztalék
dividendo m	dividend n	vinstutdelning	dywidenda f	dividenda f	osztalék
—	dividend n	vinstutdelning	dywidenda f	dividenda f	osztalék
—	arbeidsverdeling f	arbetsdelning	podział pracy m	dělba práce f	munkamegosztás
divisas f/pl	deviezen n/pl	valuta	dewizy pl	devizy f/pl	devizák
—	deviezen n/pl	valuta	dewizy pl	devizy f/pl	devizák
divisas f/pl	deviezen n/pl	valuta	dewizy pl	devizy f/pl	devizák
divisão de trabalho f	arbeidsverdeling f	arbetsdelning	podział pracy m	dělba práce f	munkamegosztás
divisão de trabalho f	arbeidsverdeling f	arbetsdelning	podział pracy m	dělba práce f	munkamegosztás
divisão de trabalho f	arbeidsverdeling f	arbetsdelning	podział pracy m	dělba práce f	munkamegosztás
títulos de investimento m/pl	beleggingswaarden f/pl	värdepapper	papiery wartościowe m/pl	—	befektetési értékpapírok
a longo prazo	op lange termijn	långfristig	długoterminowy	—	hosszú lejáratú
obrigação perpétua f	obligatie met eeuwigdurende looptijd f	evig obligation	zobowiązanie ciągłe n	—	nem beváltható kötvény
ordem permanente f	dringende bestelling f	instruktion till bank om regelbundna överföringar	zlecenie stałe n	—	állandó megbízás
crédito a longo prazo m	krediet op lange termijn n	långfristig kredit	kredyt długoterminowy m	—	hosszú lejáratú hitel
dívida f	schuld f	skuld	dług m	—	adósság
financiamento através de capital alheio m	financiering door vreemd kapitaal f	extern finansiering	finansowanie obce n	—	hitelfinanszírozás
dívidas f/pl	schulden f/pl	skulder	długi m/pl	—	tartozások
devedor m	debiteur m	gäldenär	dłużnik m	—	adós
beneficiário do crédito m	kredietnemer m	kredittagare	kredytobiorca m	—	hitelfelvevő
devedor m	debiteur m	gäldenär	dłużnik m	—	adós
certidão comprovativa de dívida f	schuldbrief m	revers	skrypt dłużny m	—	adóslevél
—	schenking f	gåva	darowizna f	darování n	adományozás
duração do contrato f	duur van een contract m	avtalsperiod	czas trwania umowy m	—	szerződés tartama
prazo de vencimento m	duur m	löptid	okres ważności m	—	futamidő
em unanimidade comercial	het over een koop eens zijn	vara överens	—	být jednotný v obchodě	megegyezik az üzlet feltételeiben
reembolso m	onder rembours	betalning vid leverans	za zaliczeniem pocztowym	—	utánvétel
bens de capital m/pl	kapitaalgoederen n/pl	kapitalvara	—	investiční statky m/pl	beruházási javak

dobra konsumpcyjne

	D	E	F	I	ES
dobra konsumpcyjne (PL)	Konsumgüter n/plf	consumer goods	biens de consommation m/pl	beni di consumo m/pl	bienes de consumo m/pl
dobra konsumpcyjne (PL)	Verbrauchsgüter n/pl	consumer goods	biens de consommation m/pl	beni non durevoli m/pl	bienes de consumo m/pl
dobra ruchome (PL)	bewegliche Güter n/pl	movable goods	biens meubles m/pl	beni mobili m/pl	bienes muebles m/pl
dobrobyt (PL)	Wohlstand m	prosperity	prospérité f	benessere m	bienestar m
dobro gospodarcze (PL)	Wirtschaftsgut n	economic goods	bien économique m	bene economico m	bien económico m
dobropis (CZ)	Gutschrift f	credit	crédit m	accredito m	abono m
dobrowolne udzielenie informacji (PL)	Selbstauskunft f	voluntary disclosure	renseignement fourni par l'intéressé lui-même m	informazione volontaria f	información de sí mismo f
dochód podstawowy (PL)	Basiseinkommen n	basic income	revenu de base m	introiti base m/pl	salario base m
dochód roczny (PL)	Jahreseinkommen n	annual income	revenu annuel m	reddito annuale m	renta anual f
dochód rzeczywisty (PL)	Realeinkommen n	real income	revenu réel m	reddito reale m	ingreso real m
dochody (PL)	Einkommen n	income	revenu m	reddito m	ingresos m/pl
dochodzenie przestępstwa podatkowego (PL)	Steuerfahndung f	investigation into tax evasion	repression de la fraude à l'impôt f	inchiesta tributaria f	investigación tributaria f
dochtermaatschappij (NL)	Tochtergesellschaft f	subsidiary	société affiliée f	società affiliata f	filial f
document (E)	Urkunde f	—	document m	documento m	documento m
document (F)	Urkunde f	document	—	documento m	documento m
documentair krediet (NL)	Rembourskredit m	documentary acceptance credit	crédit par acceptation bancaire à l'étranger m	credito di rimborso m	crédito de reembolso m
documentary acceptance credit (E)	Rembourskredit m	—	crédit par acceptation bancaire à l'étranger m	credito di rimborso m	crédito de reembolso m
documenten tegen betaling (NL)	Dokumente gegen Zahlung	documents against payments	documents contre payement m/pl	pagamento contro documenti m	documentos contra pago m/pl
documenti accompagnatori (I)	Begleitpapiere f	accompanying documents	pièces d'accompagnement f/pl	—	documentos adjuntos m/pl
documenti d'esportazione (I)	Ausfuhrpapiere n/pl	export documents	documents d'exportation m/pl	—	documentos de exportación m/pl
documenti di candidatura (I)	Bewerbungsunterlagen f/pl	application documents	dossier de candidature m	—	documentos de solicitud m/pl
documenti d'importazione (I)	Einfuhrpapiere n f	import documents	documents d'importation m/pl	—	documentos de importación m/pl
documenti di trasporto (I)	Transportpapiere n/pl	transport documents	documents de transport m/pl	—	documentos de transporte m/pl
documenti doganali (I)	Zollpapiere f	customs documents	documents douaniers m/pl	—	documentos aduaneros m/pl
documento (I)	Urkunde f	document	document m	—	documento m
documento (ES)	Urkunde f	document	document m	documento m	—
documento (P)	Akte f	file	dossier m	pratica f	expediente m
documento (P)	Urkunde f	document	document m	documento m	documento m
documento de consignação (P)	Frachtbrief m	consignment note	lettre de voiture f	lettera di vettura f	carta de porte f
documentos adjuntos (ES)	Begleitpapiere f	accompanying documents	pièces d'accompagnement f/pl	documenti accompagnatori m/pl	—
documentos aduaneiros (P)	Zollpapiere f	customs documents	documents douaniers m/pl	documenti doganali m/pl	documentos aduaneros m/pl
documentos aduaneros (ES)	Zollpapiere f	customs documents	documents douaniers m/pl	documenti doganali m/pl	—
documentos anexos (P)	Begleitpapiere f	accompanying documents	pièces d'accompagnement f/pl	documenti accompagnatori m/pl	documentos adjuntos m/pl
documentos contra pago (ES)	Dokumente gegen Zahlung	documents against payments	documents contre payement m/pl	pagamento contro documenti m	—
documentos de candidatura (P)	Bewerbungsunterlagen f/pl	application documents	dossier de candidature m	documenti di candidatura m/pl	documentos de solicitud m/pl
documentos de exportação (P)	Ausfuhrpapiere n/pl	export documents	documents d'exportation m/pl	documenti d'esportazione m/pl	documentos de exportación m/pl

documentos de exportação

P	NL	SV	PL	CZ	H
bens de consumo m/pl	consumptiegoederen n/pl	konsumtionsvaror	—	spotřební zboží n	fogyasztási cikkek
bens de consumo m/pl	consumptiegoederen n/pl	konsumtionsvaror pl	—	spotřební zboží m/pl	fogyasztási javak
bens móveis m/pl	roerende goederen n/pl	inventarier pl	—	pohyblivý majetek m	ingóságok
bem-estar social m	welvaart f	välstånd	—	blahobyt m	jólét
bem económico m	economisch goed n	ekonomiskt gods	—	hospodářský statek m	gazdasági javak
nota de crédito f	creditnota f	kreditering	zapis na dobro rachunku m	—	jóváírás
informação sobre a própria pessoa f	vrijwillige inlichting f	frivillig uppgift	—	informace svépomocí f	önkéntes feltárás
rendimento base m	basisinkomen n	grundinkomst	—	základní příjem m	alapjövedelem
rendimento anual m	jaarinkomen n	årsinkomst	—	roční příjem m	éves jövedelem
rendimento real m	reëel inkomen n	realinkomst	—	reálný příjem m	reáljövedelem
rendimento m	inkomen n	inkomst	—	příjem m	jövedelem
investigação de fraudes fiscais f	fiscale opsporingsdienst m	skattebrottsbekämpning	—	daňové pátrání n	adónyomozás
subsidiária f	—	dotterbolag	spółka zależna f	dceřiná společnost f	leányvállalat
documento m	titel m	handling	dokument m	listina f	okirat
documento m	titel m	handling	dokument m	listina f	okirat
crédito documentário m	—	remburs	kredyt rembursowy m	remboursní úvěr m	okmányos meghitelezés
crédito documentário m	documentair krediet n	remburs	kredyt rembursowy m	remboursní úvěr m	okmányos meghitelezés
pagamento contra documentos m	—	dokument mot betalning	dokumenty za zapłatę m/pl	dokumenty proti zaplacení m/pl	okmányos inkasszó
documentos anexos m/pl	begeleidende documenten n/pl	bifogade dokument pl	dokumenty towarzyszące m/pl	průvodní doklady m/pl	kísérő okmányok
documentos de exportação m/pl	uitvoerdocumenten n/pl	exporthandlingar pl	dokumentacja eksportowa f	vývozní dokumenty m/pl	exportokmányok
documentos de candidatura m/pl	sollicitatiedocumenten n/pl	ansökningshandlingar pl	załączniki do podania o pracę m/pl	podklady k žádosti m/pl	pályázati dokumentumok
documentos de importação m/pl	invoerdocumenten n/pl	importhandlingar pl	dokumentacja przywozowa f	dovozní doklady m/pl	behozatali okmányok
guias de transporte f/pl	transportdocumenten n/pl	transporthandlingar pl	dokumenty transportowe m/pl	přepravní dokumenty m/pl	szállítási okmányok
documentos aduaneiros m/pl	douanepapieren n/pl	tullhandlingar pl	dokumenty celne m/pl	celní doklady m/pl	vámokmányok
documento m	titel m	handling	dokument m	listina f	okirat
documento m	titel m	handling	dokument m	listina f	okirat
—	akte f/m	mapp	akta m	spis m	ügyirat
—	titel m	handling	dokument m	listina f	okirat
—	vrachtbrief m	fraktsedel	list przewozowy m	nákladní list m	szállítólevél
documentos anexos m/pl	begeleidende documenten n/pl	bifogade dokument pl	dokumenty towarzyszące m/pl	průvodní doklady m/pl	kísérő okmányok
—	douanepapieren n/pl	tullhandlingar pl	dokumenty celne m/pl	celní doklady m/pl	vámokmányok
documentos aduaneiros m/pl	douanepapieren n/pl	tullhandlingar pl	dokumenty celne m/pl	celní doklady m/pl	vámokmányok
—	begeleidende documenten n/pl	bifogade dokument pl	dokumenty towarzyszące m/pl	průvodní doklady m/pl	kísérő okmányok
pagamento contra documentos m	documenten tegen betaling n/pl	dokument mot betalning	dokumenty za zapłatę m/pl	dokumenty proti zaplacení m/pl	okmányos inkasszó
—	sollicitatiedocumenten n/pl	ansökningshandlingar pl	załączniki do podania o pracę m/pl	podklady k žádosti m/pl	pályázati dokumentumok
—	uitvoerdocumenten n/pl	exporthandlingar pl	dokumentacja eksportowa f	vývozní dokumenty m/pl	exportokmányok

documentos de exportación

	D	E	F	I	ES
documentos de exportación (ES)	Ausfuhrpapiere n/pl	export documents	documents d'exportation m/pl	documenti d'esportazione m/pl	—
documentos de importação (P)	Einfuhrpapiere n f	import documents	documents d'importation m/pl	documenti d'importazione m/pl	documentos de importación m/pl
documentos de importación (ES)	Einfuhrpapiere n f	import documents	documents d'importation m/pl	documenti d'importazione m/pl	—
documentos de solicitud (ES)	Bewerbungsunterlagen f/pl	application documents	dossier de candidature m	documenti di candidatura m/pl	—
documentos de transporte (ES)	Transportpapiere n/pl	transport documents	documents de transport m/pl	documenti di trasporto m/pl	—
documents against payments (E)	Dokumente gegen Zahlung	—	documents contre payement m/pl	pagamento contro documenti m	documentos contra pago m/pl
documents contre payement (F)	Dokumente gegen Zahlung	documents against payments	—	pagamento contro documenti m	documentos contra pago m/pl
documents de transport (F)	Transportpapiere n/pl	transport documents	—	documenti di trasporto m/pl	documentos de transporte m/pl
documents d'exportation (F)	Ausfuhrpapiere n/pl	export documents	—	documenti d'esportazione m/pl	documentos de exportación m/pl
documents d'importation (F)	Einfuhrpapiere n f	import documents	—	documenti d'importazione m/pl	documentos de importación m/pl
documents douaniers (F)	Zollpapiere f	customs documents	—	documenti doganali m/pl	documentos aduaneros m/pl
dodací lhůta (CZ)	Lieferfrist f	term of delivery	délai de livraison m	tempo di consegna m	plazo de entrega m
dodací list (CZ)	Lieferschein m	delivery note	bulletin de livraison m	bolla di consegna f	recibo de entrega m
dodací podmínky (CZ)	Lieferbedingungen f/pl	conditions of delivery	conditions de livraison f/pl	condizioni di consegna f/pl	condiciones de suministro f/pl
dodací termín (CZ)	Liefertermin m	date of delivery	délai de livraison m	termine di consegna m	plazo de entrega m
dodatečná lhůta (CZ)	Nachfrist f	period of grace	prolongation f	termine supplementare m	prolongación del plazo f
dodatečné opatření datem (CZ)	nachdatiert	post-dated	postdaté	postdatato	posdatado
dodatek (PL)	Zugabe f	extra	prime f	aggiunta f	suplemento m
dodatek do płacy (PL)	Zulage f	extra pay	prime f	premio m	suplemento m
dodatek za zwiększone ryzyko (PL)	Gefahrenzulage f	danger money	prime de danger f	indennità di rischio m	incremento por peligrosidad m
dodávat (CZ)	abliefern	deliver	livrer	consegnare	entregar
dodavatel (CZ)	Lieferant m	supplier	fournisseur m	fornitore m	suministrador m
dodavatelský úvěr (CZ)	Lieferantenkredit m	supplier's credit	crédit de fournisseurs m	credito al fornitore m	crédito comercial m
dodávka (CZ)	Lieferung f	delivery	livraison f	consegna f	suministro m
dodávka na dobírku (CZ)	Lieferung gegen Nachnahme	cash on delivery	livraison contre remboursement f	consegna in contrassegno f	entrega contra reembolso f
dodawanie (PL)	Addition f	addition	addition f	addizione f	adición f
doel (NL)	Ziel n	objective	but m	obiettivo m	objetivo m
doelgroep (NL)	Zielgruppe f	target group	groupe cible m	gruppo target m	grupo destinatario m
doeltreffendheid (NL)	Effizienz f	efficiency	efficience f	efficienza f	eficiencia f
dogana (I)	Zoll m	customs	douane f	—	aduana f
dohoda (CZ)	Vereinbarung f	agreement	accord m	accordo m	acuerdo m
dohoda o ceně (CZ)	Preisabsprache f	price fixing	entente sur les prix f	accordo sui prezzi m	acuerdo de precios m
dohodnout (CZ)	vereinbaren	agree	convenir de	pattuire	convenir
doklad (CZ)	Beleg m	receipt	justificatif m	quietanza f	justificante m
dokument (PL)	Urkunde f	document	document m	documento m	documento m
dokumentacja eksportowa (PL)	Ausfuhrpapiere n/pl	export documents	documents d'exportation m/pl	documenti d'esportazione m/pl	documentos de exportación m/pl
dokumentacja przywozowa (PL)	Einfuhrpapiere n f	import documents	documents d'importation m/pl	documenti d'importazione m/pl	documentos de importación m/pl
Dokumente gegen Zahlung (D)	—	documents against payments	documents contre payement m/pl	pagamento contro documenti m	documentos contra pago m/pl

Dokumente gegen Zahlung

P	NL	SV	PL	CZ	H
documentos de exportação m/pl	uitvoerdocumenten n/pl	exporthandlingar pl	dokumentacja eksportowa f	vývozní dokumenty m/pl	exportokmányok
—	invoerdocumenten n/pl	importhandlingar pl	dokumentacja przywozowa f	dovozní doklady m/pl	behozatali okmányok
documentos de importação m/pl	invoerdocumenten n/pl	importhandlingar pl	dokumentacja przywozowa f	dovozní doklady m/pl	behozatali okmányok
documentos de candidatura m/pl	sollicitatiedocumenten n/pl	ansökningshandlingar pl	załączniki do podania o pracę m/pl	podklady k žádosti m/pl	pályázati dokumentumok
guias de transporte f/pl	transportdocumenten n/pl	transporthandlingar pl	dokumenty transportowe m/pl	přepravní dokumenty m/pl	szállítási okmányok
pagamento contra documentos m	documenten tegen betaling n/pl	dokument mot betalning	dokumenty za zapłatę m/pl	dokumenty proti zaplacení m/pl	okmányos inkasszó
pagamento contra documentos m	documenten tegen betaling n/pl	dokument mot betalning	dokumenty za zapłatę m/pl	dokumenty proti zaplacení m/pl	okmányos inkasszó
guias de transporte f/pl	transportdocumenten n/pl	transporthandlingar pl	dokumenty transportowe m/pl	přepravní dokumenty m/pl	szállítási okmányok
documentos de exportação m/pl	uitvoerdocumenten n/pl	exporthandlingar pl	dokumentacja eksportowa f	vývozní dokumenty m/pl	exportokmányok
documentos de importação m/pl	invoerdocumenten n/pl	importhandlingar pl	dokumentacja przywozowa f	dovozní doklady m/pl	behozatali okmányok
documentos aduaneiros m/pl	douanepapieren n/pl	tullhandlingar pl	dokumenty celne m/pl	celní doklady m/pl	vámokmányok
prazo de entrega m	leveringstermijn m	leveranstid	termin dostawy m	—	szállítási határidő
guia de remessa f	afleveringsbewijs n	följesedel	dowód dostawy m	—	szállítójegyzék
condições de entrega f/pl	leveringsvoorwaarden f	leveransvillkor	warunki dostawy m/pl	—	szállítási feltételek
data de entrega f	leveringstermijn m	leveransdatum	termin dostawy m	—	szállítási határidő
prolongamento do prazo m	respijttermijn m	respit	termin dodatkowy m	—	póthatáridő
pós-datado m	gepostdateerd	efterdaterad	postdatowany	—	későbbre keltezett
bónus m	toegift f	tillägg	—	přídavek m	ráadás
prémio m	gratificatie f	påökning	—	příplatek m	pótlék
prémio de risco m	gevarentoeslag n	risktillägg	—	rizikový příplatek m	veszélyességi pótlék
entregar	afleveren	leverera	dostarczać <dostarczyć>	—	leszállít
fornecedor m	leverancier m	leverantör	dostawca m	—	szállító
crédito do fornecedor m	leverancierskrediet n	leverantörskredit	kredyt u dostawców m	—	kereskedelmi hitel
entrega f	levering f	leverans	dostawa f	—	szállítás
envio à cobrança m	levering onder rembours f	betalning vid leverans	dostawa za zaliczeniem pocztowym f	—	utánvételes szállítás
adição f	optelling f	addition	cel m	sčítání n	összeadás
objectivo m	—	mål	cel m	cíl m	cél
grupo objectivo m	—	målgrupp	grupa docelowa f	cílová skupina f	célcsoport
eficiência f	—	effektivitet	skuteczność f	účinnost f	hatékonyság
alfândega f	douane f	tull	cło n	clo n	vám
acordo m	regeling f	överenskommelse	porozumienie n	—	megállapodás
acordo de preços m	prijsafspraak f	prisöverenskommelse	porozumienie cenowe n	—	ármegállapodás
acordar	overeenkomen	enas om	uzgadniać <uzgodnić>	—	megállapodik
comprovativo m	bewijsstuk n	verifikation	dowód m	—	bizonylat
documento m	titel m	handling	—	listina f	okirat
documentos de exportação m/pl	uitvoerdocumenten n/pl	exporthandlingar pl	—	vývozní dokumenty m/pl	exportokmányok
documentos de importação m/pl	invoerdocumenten n/pl	importhandlingar pl	—	dovozní doklady m/pl	behozatali okmányok
pagamento contra documentos m	documenten tegen betaling n/pl	dokument mot betalning	dokumenty za zapłatę m/pl	dokumenty proti zaplacení m/pl	okmányos inkasszó

dokument mot betalning

	D	E	F	I	ES
dokument mot betalning (SV)	Dokumente gegen Zahlung	documents against payments	documents contre payement m/pl	pagamento contro documenti m	documentos contra pago m/pl
dokument płatny na zlecenie (PL)	Orderpapier n	order instrument	papier à ordre m	titolo all'ordine m	título a la orden m
dokumenty celne (PL)	Zollpapiere f	customs documents	documents douaniers m/pl	documenti doganali m/pl	documentos aduaneros m/pl
dokumenty proti zaplacení (CZ)	Dokumente gegen Zahlung	documents against payments	documents contre payement m/pl	pagamento contro documenti m	documentos contra pago m/pl
dokumenty towarzyszące (PL)	Begleitpapiere f	accompanying documents	pièces d'accompagnement f/pl	documenti accompagnatori m/pl	documentos adjuntos m/pl
dokumenty transportowe (PL)	Transportpapiere n/pl	transport documents	documents de transport m/pl	documenti di trasporto m/pl	documentos de transporte m/pl
dokumenty za zapłatę (PL)	Dokumente gegen Zahlung	documents against payments	documents contre payement m/pl	pagamento contro documenti m	documentos contra pago m/pl
dolarová doložka (CZ)	Dollarklausel f	dollar clause	clause dollar f	clausola dollaro f	cláusula dólar f
dold reserv (SV)	stille Reserve f	hidden reserves	réserve occulte f	riserva occulta f	reserva tácita f
dold reserv (SV)	stille Rücklage f	latent funds	réserve occulte f	riserva latente m	reserva tácita f
dollar clause (E)	Dollarklausel f	—	clause dollar f	clausola dollaro f	cláusula dólar f
dollarclausule (NL)	Dollarklausel f	dollar clause	clause dollar f	clausola dollaro f	cláusula dólar f
Dollarklausel (D)	—	dollar clause	clause dollar f	clausola dollaro f	cláusula dólar f
dollarklausul (SV)	Dollarklausel f	dollar clause	clause dollar f	clausola dollaro f	cláusula dólar f
dollárzáradék (H)	Dollarklausel f	dollar clause	clause dollar f	clausola dollaro f	cláusula dólar f
dologi érték (H)	Sachwert m	real value	valeur matérielle f	valore reale m	valor real m
doložka (CZ)	Klausel f	clause	clause f	clausola f	cláusula f
doložka o odstoupení (CZ)	Rücktrittsklausel f	escape clause	clause de dénonciation du contrat f	clausola di recesso f	cláusula de renuncia f
doložka o platbě v hotovosti a odvozu zboží (CZ)	Cash-and-carry-Klausel f	cash-and-carry clause	clause de cash-and-carry f	clausola cash-and-carry f	cláusula contractual de "paga y llévatelo" f
domácí obchod (CZ)	Binnenhandel m	domestic trade	commerce intérieur m	commercio nazionale m	comercio interior m
domácí trh (CZ)	Binnenmarkt m	domestic market	marché intérieur m	mercato nazionale m	mercado interior m
domanda (I)	Antrag m	application	demande f	—	solicitud f
domanda (I)	Nachfrage f	demand	demande f	—	demanda f
domanda d'assunzione (I)	Bewerbungsschreiben n	letter of application	lettre de candidature f	—	carta de solicitud f
domanda di capitale (I)	Kapitalbedarf m	capital requirements	besoin en capital m	—	necesidad de capital f
domanda di dichiarazione di fallimento (I)	Konkursantrag m	bankruptcy petition	demande en déclaration de faillite f	—	petición de quiebra f
domanda d'impiego (I)	Stellengesuch n	situation wanted	demande d'emploi f	—	solicitud de colocación f
domanda sul mercato monetario (I)	Geldnachfrage f	demand for money	demande sur le marché monétaire f	—	demanda monetaria f
domestic market (E)	Binnenmarkt m	—	marché intérieur m	mercato nazionale m	mercado interior m
domestic trade (E)	Binnenhandel m	—	commerce intérieur m	commercio nazionale m	comercio interior m
domicílio franco (P)	frei Haus	carriage paid	franco domicile	franco domicilio	franco domicilio
dommage (F)	Schaden m	damage	—	danno m	daño m
dommage au cours d'un transport (F)	Transportschaden m	loss on goods in transit	—	danno di trasporto m	daño de transporte m
dommage mineur (F)	Bagatellschaden m	trivial damage	—	danno di piccola entità m	siniestro leve m
dommages consécutifs (F)	Folgeschäden m/pl	consequential damages	—	danni indiretti m/pl	daño consecuencial m
dommages-intérêts (F)	Schadensersatz m	recovery of damages	—	risarcimento danni m	indemnización f
dommage total (F)	Totalschaden m	total loss	—	danno totale m	daño total m
dom towarowy (PL)	Kaufhaus n	department store	grand magasin m	grande magazzino m	gran almacén m
dom towarowy (PL)	Warenhaus n	department store	grand magasin m	grande magazzino m	gran almacén m
donación (ES)	Schenkung f	donation	donation f	donazione f	—
donation (E)	Schenkung f	—	donation f	donazione f	donación f

donation

P	NL	SV	PL	CZ	H
pagamento contra documentos m	documenten tegen betaling n/pl	—	dokumenty za zapłatę m/pl	dokumenty proti zaplacení m/pl	okmányos inkasszó
título à ordem m	orderpapier n	orderpapper	—	cenný papír na řad m	forgatható értékpapír
documentos aduaneiros m/pl	douanepapieren n/pl	tullhandlingar pl	—	celní doklady m/pl	vámokmányok
pagamento contra documentos m	documenten tegen betaling n/pl	dokument mot betalning	dokumenty za zapłatę m/pl	—	okmányos inkasszó
documentos anexos m/pl	begeleidende documenten n/pl	bifogade dokument pl	—	průvodní doklady m/pl	kísérő okmányok
guias de transporte f/pl	transportdocumenten n/pl	transporthandlingar pl	—	přepravní dokumenty m/pl	szállítási okmányok
pagamento contra documentos m	documenten tegen betaling n/pl	dokument mot betalning	—	dokumenty proti zaplacení m/pl	okmányos inkasszó
cláusula dólar f	dollarclausule f	dollarklausul	klauzula dolarowa f	—	dollárzáradék
reserva oculta f	stille reserve f	—	ukryta rezerwa f	tichá rezerva f	rejtett tartalék
reserva escondida f	stille reserve f	—	ukryta rezerwa f	rezervní fond n	rejtett tartalék
cláusula dólar f	dollarclausule f	dollarklausul	klauzula dolarowa f	dolarová doložka f	dollárzáradék
cláusula dólar f	—	dollarklausul	klauzula dolarowa f	dolarová doložka f	dollárzáradék
cláusula dólar f	dollarclausule f	dollarklausul	klauzula dolarowa f	dolarová doložka f	dollárzáradék
cláusula dólar f	dollarclausule f	dollarklausul	klauzula dolarowa f	dolarová doložka f	dollárzáradék
cláusula dólar f	dollarclausule f	dollarklausul	klauzula dolarowa f	dolarová doložka f	—
valor real m	werkelijke waarde f	realvärde	wartość trwała f	věcná hodnota f	—
cláusula f	clausule f	klausul	klauzula f	—	záradék
cláusula de rescisão f	annuleringsclausule f	uppsägningsklausul	klauzula odstąpienia od umowy f	—	mentesítő záradék
cláusula de pagamento contra entrega f	cash-and-carry-clausule f/m	cash and carry-klausul	klauzula za gotowkę z magazynu f	—	fizesd és vidd
comércio interno m	binnenlandse handel m	inrikeshandel	handel wewnętrzny m	—	belkereskedelem
mercado interno m	binnenlandse markt f	hemmamarknad	rynek wewnętrzny m	—	belföldi piac
solicitação f	aanvraag f	ansökan	podanie n	žádost f	kérvény
procura f	vraag f	efterfrågan	popyt m	poptávka f	kereslet
carta de solicitação de emprego f	sollicitatiebrief m	skriftlig ansökan	podanie o pracę n	písemná žádost f	pályázat
demanda de capital f	kapitaalbehoefte f	kapitalbehov	zapotrzebowanie na kapitał n	potřeba kapitálu f	tőkeigény
pedido de declaração de falência m	faillissementsaanvraag f	konkursansökan	wniosek o ogłoszenie upadłości m	ohlášení konkursu n	csődbejelentés
procura de emprego f	sollicitatie f	platssökande	podanie o pracę n	žádost o místo f	pályázat (állásra)
procura no mercado monetário f	vraag om geld f	efterfrågan på penningmarknaden	popyt na pieniądz m	poptávka po penězích f	pénzkereslet
mercado interno m	binnenlandse markt f	hemmamarknad	rynek wewnętrzny m	domácí trh m	belföldi piac
comércio interno m	binnenlandse handel m	inrikeshandel	handel wewnętrzny m	domácí obchod m	belkereskedelem
—	franco huis	fritt köparens lager eller affärsadress	dostawa franco odbiorca f	vyplaceně do domu	költségmentesen házhoz szállítva
dano m	schade f	skada	szkoda f	škoda f/pl	kár
danos de transporte m/pl	transportschade f	transportskada	szkoda w czasie transportu f	škoda vzniklá při dopravě f	szállítási kár
dano menor m	geringe schade f/m	obetydlig skada	drobne szkody f/pl	drobná škoda f	elhanyagolható kár
danos consecutivos m/pl	gevolgschade f	följdskada	szkody następcze f/pl	následné škody f/pl	következményes kár
indemnização f	schadeloosstelling f	skadestånd	odszkodowanie n	náhrada škody f	kártérítés
perda total f	totaal verlies n	totalskada	strata całkowita f	totální škoda f	teljes kár
grande armazém m	warenhuis n	varuhus	—	obchodní dům m	áruház
armazém m	warenhuis n	varuhus	—	obchodní dům m	áruház
doação f	schenking f	gåva	darowizna f	darování n	adományozás
doação f	schenking f	gåva	darowizna f	darování n	adományozás

donation

	D	E	F	I	ES
donation (F)	Schenkung f	donation	—	donazione f	donación f
donation (SV)	Dotierung f	endowment	dotation f	dotazione f	dotación f
donazione (I)	Schenkung f	donation	donation f	—	donación f
données (F)	Daten pl	data	—	dati m/pl	datos m/pl
donneur de leasing (F)	Leasing-Geber m	lessor	—	concedente del leasing m	arrendador financiero m
donneur d'ordre (F)	Auftraggeber m	customer	—	committente m	mandante m
döntés (H)	Entscheidung f	decision	décision f	decisione f	decisión f
döntési játék (H)	Planspiel n	planning game	jeu d'entreprise m	gioco di simulazione imprenditoriale m	simulación f
dood kapitaal (NL)	totes Kapital n	dead capital	capital improductif m	capitale infruttifero m	capital improductivo m
doorvoer (NL)	Transit m	transit	transit m	transito m	tránsito m
doorvoerclausule (NL)	Transitklausel f	transit clause	clause de transit f	clausola di transito f	cláusula de tránsito f
doorvoerrechten (NL)	Transitzoll m	transit duty	droit de transit m	diritti di transito m/pl	derecho de tránsito m
doorzichtigheid van de balans (NL)	Bilanzklarheit f	balance transparency	clarté du bilan f	trasparenza di bilancio f	claridad del balance f
dopłata (PL)	Nachzahlung f	supplementary payment	versement complémentaire m	pagamento supplementare m	pago suplementario m
dopłata (PL)	Zuschlag m	extra charge	supplément m	supplemento m	suplemento m
dopłata (PL)	Aufpreis m	surcharge	surprix f	sovrapprezzo m	sobreprecio m
dopłata frachtowa (PL)	Frachtzuschlag m	additional carriage	supplément de fret m	supplemento di nolo m	sobreporte m
dopłata podatkowa (PL)	Steuernachzahlung f	additional payment of taxes	payement d'un rappel d'impôt m	pagamento arretrato delle imposte m	pago de impuestos atrasados m
dopis (CZ)	Brief m	letter	lettre f	lettera f	carta f
doplacení daně (CZ)	Steuernachzahlung f	additional payment of taxes	payement d'un rappel d'impôt m	pagamento arretrato delle imposte m	pago de impuestos atrasados m
doplatek (CZ)	Nachzahlung f	supplementary payment	versement complémentaire m	pagamento supplementare m	pago suplementario m
doporučená cena (CZ)	Preis freibleibend	price subject to change	prix sans engagement	prezzo non vincolante	precio sin compromiso
doporučená zásilka (CZ)	Einschreiben n	registered	en recommandé	raccomandata f	certificado m
doporučeně (CZ)	per Einschreiben	by registered post	sous pli recommandé	per raccomandata f	certificado m
doporučení (CZ)	Referenz f	reference	référence f	referenza f	referencia f
doporučovací psaní (CZ)	Empfehlungsschreiben n	letter of recommendation	lettre de recommandation f	lettera di raccomandazione f	carta de recomendación f
doppelte Buchführung (D)	—	double entry bookkeeping	comptabilité en partie double f	contabilità a partita doppia f	contabilidad por partida doble f
doprava (CZ)	Transport m	transport	transport m	trasporto m	transporte m
doprava (CZ)	Beförderung (von Waren) f	transportation	transport m	spedizione f	transporte m
doprava kusového zboží (CZ)	Stückgutverkehr m	part-load traffic	expéditions de détail f	trasporto di collettame m	tráfico de mercancías en bultos sueltos m
dopravné (CZ)	Rollgeld n	haulage	camionnage m	spese di trasporto f/pl	gastos de acarreo m/pl
dopravní pojištění (CZ)	Transportversicherung f	transport insurance	assurance transports f	assicurazione dei trasporti f	seguro de transporte m
dopravní prostředky (CZ)	Transportmittel n/pl	means of transport	moyens de transport m	mezzo di trasporto m	medio de transporte m
dopravované množství (CZ)	Fördermenge f	output	quantité extraite f	quantità estratta f	cantidad producida f
dopuszczenie (PL)	Zulassung f	admission	admission f	ammissione f	admisión f
doradca marketingowy (PL)	Marketingberater m	marketing consultant	conseiller de marketing m	consulente di marketing m	asesor de marketing m
doradca podatkowy (PL)	Steuerberater m	tax adviser	conseiller fiscal m	consulente finanziario m	asesor fiscal m
doradca przedsiębiorstwa (PL)	Unternehmensberater	business consultant	conseiller d'entreprise f	consulente d'impresa m	asesor de empresas m

doradca przedsiębiorstwa

P	NL	SV	PL	CZ	H
doação f	schenking f	gåva	darowizna f	darování n	adományozás
dotação f	schenking f	—	dotowanie n	dotace f	tőkejuttatás
doação f	schenking f	gåva	darowizna f	darování n	adományozás
dados m	gegevens n/pl	data pl	dane pl	data pl	adatok
locador m	verhuurder m	leasinggivare	udzielający leasingu m	poskytovatel leasingu m	lízingbe adó
cliente m	opdrachtgever m	uppdragsgivare	zleceniodawca m	objednávatel m	megbízó
decisão f	beslissing f	beslut	decyzja f	rozhodnutí n	—
jogo de simulação de gestão m	beleidsspel n	beslutsspel	symulacja procesu decyzyjnego f	plánovaná hra f	—
capital improdutivo m	—	improduktivt kapital	martwy kapitał m	neproduktivní kapitál m	holt tőke
trânsito m	—	transit	tranzyt m	tranzit m	tranzit
cláusula de trânsito f	—	transitoklausul	klauzula tranzytowa f	tranzitní doložka f	tranzitzáradék
imposto de trânsito m	—	transitotull	cło tranzytowe n	tranzitní clo n	tranzitvám
transparência do balanço f	—	balanstransparens	klarowność bilansu f	bilanční čistota f	a mérleg világossága
pagamento suplementar m	bijbetaling f	tilläggsbetalning	—	doplatek m	pótkifizetés
taxa suplementar f	toeslag m	tillägg	—	příplatek m	felár
ágio m	toeslag m	påslag	—	cenová přirážka f	felár
frete adicional m	bevrachtingstoeslag m	frakttillägg	—	dovozní přirážka f	fuvardíjpótlék
pagamento de impostos atrasados m	nabetaling van belastingen f	restskatt	—	doplacení daně n	adóhátralék (meg)fizetése
carta f	brief m	brev	list m	—	levél
pagamento de impostos atrasados m	nabetaling van belastingen f	restskatt	dopłata podatkowa f	—	adóhátralék (meg)fizetése
pagamento suplementar m	bijbetaling f	tilläggsbetalning	dopłata f	—	pótkifizetés
preço sem compromisso	vrijblijvende prijs	fri prissättning	wolna cena	—	kötelezettség nélküli ár
registado m	aangetekende brief m	värdeförsändelse	przesyłka polecona f	—	ajánlott
por carta registada	aangetekend	värdeförsändelse	listem poleconym	—	ajánlva
referência f	referentie f	referens	referencja f	—	referencia
carta de recomendação f	aanbevelingsbrief m	rekommendationsbrev	list polecający m	—	ajánlólevél
contabilidade em partidas dobradas	dubbele boekhouding f	dubbel bokföring	podwójna księgowość f	podvojné účetnictví n	kettős könyvelés
transporte m	transport n	transport	transport m	transport m	szállítás
transporte m	goederenvervoer n	transport	transport m	transport m	fuvarozás
transporte de mercadoria em volumes m	stukgoederenverkeer n	styckegodshantering	transport drobnicy m	—	darabáru-forgalom
camionagem f	expeditiekosten m/pl	transportkostnad	przewozowe n	—	fuvardíj
seguro de transporte m	transportverzekering f	transportförsäkring	ubezpieczenie transportowe n	—	szállítási biztosítás
meios de transporte m/pl	transportmiddelen n/pl	transportmedel	środki transportu m/pl	—	szállítóeszközök
quantidade extraída f	productiehoeveelheid f	produktionsvolym	ilość wydobycia f	—	kitermelt mennyiség
admissão f	toelating f	tillstånd	—	připuštění n	engedély
consultor de marketing m	marketingadviseur	marknadskonsult	—	marketingový poradce m	marketing tanácsadó
consultor fiscal m	belastingconsulent m	skatterådgivare	—	daňový poradce m	adótanácsadó
consultor de empresas m	bedrijfsadviseur m	företagskonsult	—	podnikový poradce m	vállalatvezetési tanácsadó

do rąk własnych

	D	E	F	I	ES
do rąk własnych (PL)	zu treuen Händen	for safekeeping	remettre à qui de droit	alla particolare attenzione	a la atención
doručení (CZ)	Zustellung f	delivery	remise f	recapito m	envío m
doručitel (CZ)	Überbringer m	bearer	porteur m	portatore m	portador m
dossier (F)	Akte f	file	—	pratica f	expediente m
dossier de candidature (F)	Bewerbungsunterlagen f/pl	application documents	—	documenti di candidatura m/pl	documentos de solicitud m/pl
dostarczać (PL)	abliefern	deliver	livrer	consegnare	entregar
dostawa (PL)	Lieferung f	delivery	livraison f	consegna f	suministro m
dostawa (PL)	Zustellung f	delivery	remise f	recapito m	envío m
dostawa częściowa (PL)	Teillieferung f	partial delivery	livraison partielle f	fornitura parziale f	entrega parcial f
dostawa ekspresowa (PL)	Eilzustellung f	express delivery	remise par exprès f	consegna per espresso f	entrega urgente f
dostawa franco odbiorca (PL)	frei Haus	carriage paid	franco domicile	franco domicilio	franco domicilio
dostawa natychmiastowa (PL)	sofortige Lieferung f	immediate delivery	livraison immédiate f	consegna immediata f	entrega inmediata f
dostawa próbna (PL)	Probelieferung f	trial shipment	livraison à titre d'essai f	fornitura a titolo di prova f	envío de prueba m
dostawa zastępcza (PL)	Ersatzlieferung f	replacement delivery	livraison de remplacement f	fornitura di compensazione f	entrega de reposición f
dostawa za zaliczeniem pocztowym (PL)	Lieferung gegen Nachnahme	cash on delivery	livraison contre remboursement f	consegna in contrassegno f	entrega contra reembolso f
dostawca (PL)	Lieferant m	supplier	fournisseur m	fornitore m	suministrador m
dotação (P)	Dotierung f	endowment	dotation f	dotazione f	dotación f
dotação de capital (P)	Kapitalausstattung f	capital resources	dotation en capital f	dotazione di capitale f	dotación de capital f
dotace (CZ)	Dotierung f	endowment	dotation f	dotazione f	dotación f
dotace (CZ)	Zuwendung f	bestowal	affectation f	assegnazione f	gratificación f
dotación (ES)	Dotierung f	endowment	dotation f	dotazione f	—
dotación de capital (ES)	Kapitalausstattung f	capital resources	dotation en capital f	dotazione di capitale f	—
dotation (F)	Dotierung f	endowment	—	dotazione f	dotación f
dotation en capital (F)	Kapitalausstattung f	capital resources	—	dotazione di capitale f	dotación de capital f
dotazione (I)	Dotierung f	endowment	dotation f	—	dotación f
dotazione di capitale (I)	Kapitalausstattung f	capital resources	dotation en capital f	—	dotación de capital f
Dotierung (D)	—	endowment	dotation f	dotazione f	dotación f
dotowanie (PL)	Dotierung f	endowment	dotation f	dotazione f	dotación f
dotterbolag (SV)	Tochtergesellschaft f	subsidiary	société affiliée f	società affiliata f	filial f
dotyczyć (PL)	betreffen	concern	concerner	riguardare	referirse a
douane (F)	Zoll m	customs	—	dogana f	aduana f
douane (NL)	Zoll m	customs	douane f	dogana f	aduana f
douanefactuur (NL)	Zollfaktura f	customs invoice	facture douanière f	fattura doganale f	factura arancelaria f
douanegebied (NL)	Zollgebiet n	customs territory	territoire douanier m	territorio doganale m	distrito aduanero m
douanegrens (NL)	Zollgrenze f	customs frontier	frontière douanière f	confine doganale m	frontera aduanera f
douanepapieren (NL)	Zollpapiere f	customs documents	documents douaniers m/pl	documenti doganali m/pl	documentos aduaneros m/pl
douaneprocedures (NL)	Zollverkehr m	customs procedure	régime douanier des marchandises sous douane m	procedure doganali f/pl	régimen aduanero m
douanerechten (NL)	Zollgebühren f	customs duties	droit de douane m	diritti doganali m/pl	derechos arancelarios m/pl
douanesluiting (NL)	Zollverschluß m	customs seal	scellement douanier f	sigillo doganale m	precinto aduanero m
douanetarief (NL)	Zolltarif m	customs tariff	tarif des douanes m	tariffa doganale f	tarifa arancelaria f
douane-unie (NL)	Zollunion f	customs union	union douanière f	unione doganale f	unión aduanera f
douaneverklaring (NL)	Zollerklärung f	customs declaration	déclaration en douane f	dichiarazione doganale f	declaración arancelaria f

douaneverklaring

P	NL	SV	PL	CZ	H
à atenção	in bewaring	tillhanda	—	odevzdat do spolehlivých rukou f/pl	megőrzésre átadott
entrega f	levering f	leverans	dostawa f	—	kézbesítés
portador m	toonder m	innehavare	okaziciel m	—	bemutató
documento m	akte f/m	mapp	akta m	spis m	ügyirat
documentos de candidatura m/pl	sollicitatiedocumenten n/pl	ansökningshandlingar pl	załączniki do podania o pracę m/pl	podklady k žádosti m/pl	pályázati dokumentumok
entregar	afleveren	leverera	—	dodávat <dodat>	leszállít
entrega f	levering f	leverans	—	dodávka f	szállítás
entrega f	levering f	leverans	—	doručení n	kézbesítés
entrega parcial f	gedeeltelijke levering f	delleverans	—	dílčí dodávka f	részszállítás
entrega urgente f	expressebestelling f	expressutdelning	—	spěšná zásilka f	expressz kézbesítés
domicílio franco m	franco huis	fritt köparens lager eller affärsadress	—	vyplaceně do domu	költségmentesen házhoz szállítva
entrega imediata f	onmiddellijke levering f	omedelbar leverans	—	okamžitá dodávka f	azonnali szállítás
fornecimento a título de ensaio m	proeflevering f	provleverans	—	zkušební dodávka f	próbaszállítás
entrega de reposição f	vervangingslevering f	substitutsleverans	—	náhradní dodávka f	pótszállítás
envio à cobrança m	levering onder rembours f	betalning vid leverans	—	dodávka na dobírku f	utánvételes szállítás
fornecedor m	leverancier m	leverantör	—	dodavatel m	szállító
—	schenking f	donation	dotowanie n	dotace f	tőkejuttatás
—	geldmiddelen n/pl	kapitalresurser pl	zasoby kapitałowe m/pl	kapitálové vybavení n	tőkésítettség
dotação f	schenking f	donation	dotowanie n	—	tőkejuttatás
gratificação f	toewijzing f	gåva	gratyfikacja f	—	ráfordítás
dotação f	schenking f	donation	dotowanie n	dotace f	tőkejuttatás
dotação de capital f	geldmiddelen n/pl	kapitalresurser pl	zasoby kapitałowe m/pl	kapitálové vybavení n	tőkésítettség
dotação f	schenking f	donation	dotowanie n	dotace f	tőkejuttatás
dotação de capital f	geldmiddelen n/pl	kapitalresurser pl	zasoby kapitałowe m/pl	kapitálové vybavení n	tőkésítettség
dotação f	schenking f	donation	dotowanie n	dotace f	tőkejuttatás
dotação de capital f	geldmiddelen n/pl	kapitalresurser pl	zasoby kapitałowe m/pl	kapitálové vybavení n	tőkésítettség
dotação f	schenking f	donation	dotowanie n	dotace f	tőkejuttatás
dotação f	schenking f	donation	—	dotace f	tőkejuttatás
subsidiária f	dochtermaatschappij f	—	spółka zależna f	dceřiná společnost f	leányvállalat
referir-se a	betreffen	rörande	—	týkat se	vonatkozik
alfândega f	douane f	tull	cło n	clo n	vám
alfândega f	—	tull	cło n	clo n	vám
factura para a alfândega f	—	tullfaktura	faktura celna f	celní faktura f	vámszámla
território aduaneiro m	—	tullområde	obszar celny m	celní území n	vámterület
limite aduaneiro f	—	tullgräns	granica celna f	celní hranice f	vámhatár
documentos aduaneiros m/pl	—	tullhandlingar pl	dokumenty celne m/pl	celní doklady m/pl	vámokmányok
procedimentos aduaneiros m/pl	—	tullförfarande	procedura celna f	celní styk m	vámforgalom
direitos aduaneiros m/pl	—	tullavgifter pl	opłaty celne f/pl	celní poplatky m/pl	vámilleték
selo alfandegário m	—	tullsigill	plomba celna n	celní závěra f	vámzár
tarifa aduaneira f	—	tulltariff	taryfa celna f	celní sazba f	vámtarifa
união aduaneira f	—	tullunion	unia celna f	celní unie f	vámunió
declaração alfandegária f	—	tulldeklaration	deklaracja celna f	celní prohlášení n	vámáru-nyilatkozat

double entry bookkeeping 310

	D	E	F	I	ES
double entry bookkeeping (E)	doppelte Buchführung f	—	comptabilité en partie double f	contabilità a partita doppia f	contabilidad por partida doble f
dovolená (CZ)	Urlaub m	leave	vacances f/pl	vacanze f/pl	vacaciones f/pl
dovoz (CZ)	Einfuhr f	import	importation f	importazione f	importación f
dovoz (CZ)	Import m	import	importation f	importazione f	importación f
dovozní celní stvrzenka (CZ)	Zolleinfuhrschein m	bill of entry	acquit d'entrée m	bolletta doganale d'importazione m	certificado de aduana m
dovozní doklady (CZ)	Einfuhrpapiere n f	import documents	documents d'importation m/pl	documenti d'importazione m/pl	documentos de importación m/pl
dovozní obchod (CZ)	Importhandel m	import trade	commerce d'importation m	commercio d'importazione m	comercio de importación m
dovozní poplatek (CZ)	Einfuhrabgabe f	import duties	taxe à l'importation f	tassa d'importazione f	tasa a la importación f
dovozní povolení (CZ)	Einfuhrgenehmigung f	import licence	autorisation d'importation f	autorizzazione all'importazione f	permiso de importación m
dovozní přirážka (CZ)	Frachtzuschlag m	additional carriage	supplément de fret m	supplemento di nolo m	sobreporte m
dovozní prohlášení (CZ)	Einfuhrerklärung f	import declaration	déclaration d'entrée f	dichiarazione d'importazione f	declaración de importación f
do wglądu (PL)	zur Ansicht	on approval	à vue	in visione	para examen
downswing (E)	Abschwung m	—	dépression f	ribasso m	recesión f
dowód (PL)	Beleg m	receipt	justificatif m	quietanza f	justificante m
dowód dostawy (PL)	Lieferschein m	delivery note	bulletin de livraison m	bolla di consegna f	recibo de entrega m
do zapłaty (PL)	fällig	due	échu	esigibile	vencido
doživotní renta (CZ)	Rentenanleihe f	perpetual bonds	effet public m	prestito a reddito fisso m	empréstito por anualidades m
dozorčí rada (CZ)	Aufsichtsrat m	supervisory board	conseil de surveillance m	consiglio di sorveglianza m	consejo de administración m
dragningsrätter (SV)	Ziehungsrechte f	drawing rights	droits de tirage m/pl	diritti di prelievo m/pl	derechos de giro m/pl
drawee (E)	Bezogener m	—	tiré m	trattario m	librado m
drawing rights (E)	Ziehungsrechte f	—	droits de tirage m/pl	diritti di prelievo m/pl	derechos de giro m/pl
dražba (CZ)	Versteigerung f	auction	vente aux enchères f	vendita all'asta f	subasta f
Dreiecksgeschäft (D)	—	triangular transaction	opération commerciale triangulaire f	operazione triangolare f	operación triangular f
Dreimonatspapier (D)	—	three months' papers	titre sur trois mois m	titolo trimestrale m	títulos a tres meses m
dricks (SV)	Bedienungsgeld n	service charge	pourboire m	diritto di servizio m	propina f
driehoekstransactie (NL)	Dreiecksgeschäft n	triangular transaction	opération commerciale triangulaire f	operazione triangolare f	operación triangular f
driemaandelijks (NL)	vierteljährlich	quarterly	trimestriel	trimestrale	trimestral
driemaandswissel (NL)	Dreimonatspapier n	three months' papers	titre sur trois mois m	titolo trimestrale m	títulos a tres meses m
driftskostnader (SV)	Betriebskosten pl	operating costs	charges d'exploitation f/pl	spese d'esercizio f/pl	gastos de explotación m/pl
driftstillstånd (SV)	Betriebserlaubnis f	operating permit	droit d'exploitation m	licenza d'esercizio f	autorización de funcionamiento f
dringend (D)	—	urgent	urgent	urgente	urgente
dringend (NL)	dringend	urgent	urgent	urgente	urgente
dringende bestelling (NL)	Dauerauftrag m	standing order	ordre régulier de virement m	ordine permanente m	órden permanente f
Drittländer (D)	—	third countries	pays tiers m/pl	paesi terzi m/pl	terceros países m/pl
drobná škoda (CZ)	Bagatellschaden m	trivial damage	dommage mineur m	danno di piccola entità m	siniestro leve m
drobne szkody (PL)	Bagatellschaden m	trivial damage	dommage mineur m	danno di piccola entità m	siniestro leve m
drobnica (PL)	Stückgut n	mixed cargo	colis de détail m	collettame m	mercancía en fardos f
drobnica w opakowaniach (PL)	Stapelware f	staple goods	produit de stockage m	merce immagazzinata f	mercancía almacenada f

drobnica w opakowaniach

P	NL	SV	PL	CZ	H
contabilidade em partidas dobradas	dubbele boekhouding f	dubbel bokföring	podwójna księgowość f	podvojné účetnictví n	kettős könyvelés
férias f/pl	vakantie f	semester	urlop m	—	szabadság
importação f	import	import	import m	—	import
importação f	import m	import	import m	—	bevitel
declaração de importação à alfândega f	invoervergunning f	införseldeklaration	kwit odprawy celnej przywozowej m	—	behozatali vámkimutatás
documentos de importação m/pl	invoerdocumenten n/pl	importhandlingar pl	dokumentacja przywozowa f	—	behozatali okmányok
comércio de importação m	importhandel m	importhandel	handel importowy m	—	importkereskedelem
taxa de importação f	invoerrechten n/pl	importavgift	podatek importowy m	—	behozatali illeték
licença de importação f	invoervergunning f	importtillstånd	licencja importowa f	—	importengedély
frete adicional m	bevrachtingstoeslag m	frakttillägg	dopłata frachtowa f	—	fuvardíjpótlék
declaração de importação f	invoerdeclaratie f	importdeklaration	deklaracja przywozowa f	—	importnyilatkozat
para aprovação	op zicht	till påseende	—	k nahlédnutí n	megtekintésre
baixa f	recessie f	nedgång	regresja f	pokles rozvoje m	gazdasági visszaesés
comprovativo m	bewijsstuk n	verifikation	—	doklad m	bizonylat
guia de remessa f	afleveringsbewijs n	följesedel	—	dodací list m	szállítójegyzék
vencido	betaalbaar	förfallen till betalning	—	splatný	esedékes
empréstimo por anuidades m	effect met vaste rente n	ränteobligation	pożyczka publiczna f	—	járadékkötvény
conselho fiscal m	raad van toezicht m	företagsstyrelse	rada nadzorcza f	—	felügyelő bizottság
direitos de saque m/pl	trekkingsrechten n/pl	—	prawo ciągnienia n	slosovací pravidla n/pl	lehívási jogok
sacado m	betrokken wissel m	trassat	trasat m	směnečník m	intézvényezett
direitos de saque m/pl	trekkingsrechten n/pl	dragningsrätter pl	prawo ciągnienia n	slosovací pravidla n/pl	lehívási jogok
leilão m	verkoop bij opbod m	auktionsförsäljning	licytacja f	—	árverés
operação triangular f	driehoekstransactie f	triangeltransaktion	transakcja trójkątna f	trojúhelníkový obchod m	háromszögügylet
títulos a três meses m/pl	driemaandswissel m	tremånaderspapper	trzymiesięczny papier wartościowy m	vklad na tři měsíce m	háromhavi lejáratú kötvények
gorjeta f	fooi f/m	—	pole obsługi n	spropitné n	borravaló
operação triangular f	—	triangeltransaktion	transakcja trójkątna f	trojúhelníkový obchod m	háromszögügylet
trimestral	—	kvartalsvis	kwartalnie	čtvrtletní	negyedévenként(i)
títulos a três meses m/pl	—	tremånaderspapper	trzymiesięczny papier wartościowy m	vklad na tři měsíce m	háromhavi lejáratú kötvények
custos de exploração m/pl	bedrijfskosten m/pl	—	koszty eksploatacyjne m/pl	provozní náklady m/pl	működési költségek
autorização de funcionamento f	bedrijfsvergunning f	—	zezwolenie na eksploatację n	provozní povolení n	üzemelési engedély
urgente	dringend	brådskande	pilny	naléhavý	sürgős(en)
urgente	—	brådskande	pilny	naléhavý	sürgős(en)
ordem permanente f	—	instruktion till bank om regelbundna överföringar	zlecenie stałe n	dlouhodobý příkaz k úhradě m	állandó megbízás
países terceiros m/pl	derde landen n/pl	tredjeländer pl	kraje trzecie m/pl	třetí země f/pl	harmadik országok
dano menor m	geringe schade f/m	obetydlig skada	drobne szkody f/pl	—	elhanyagolható kár
dano menor m	geringe schade f/m	obetydlig skada	—	drobná škoda f	elhanyagolható kár
carga diversa f	stukgoederen n/pl	styckegods	—	kusové zboží n	darabáru
mercadoria armazenada f	stapelproduct n	stapelvara	—	zboží na skladě n	tömegáru

droga zbytu

	D	E	F	I	ES
droga zbytu (PL)	Absatzweg m	channel of distribution	canal de distribution m	sbocco m	medio de venta f
droit (F)	Recht n	law	—	diritto m	derecho m
droit à l'indemnité (F)	Schadenersatzansprüche m/pl	claim for damages	—	rivendicazioni di risarcimento danni f/pl	derecho a indemnización por daños y perjuicios m
droit d'auteur (F)	Urheberrecht n	copyright	—	diritto d'autore m	derechos de autor m/pl
droit de déchargement (F)	Löschgebühren f/pl	discharging expenses	—	spese di scarico f/pl	gastos de descarga m/pl
droit de douane (F)	Zollgebühren f	customs duties	—	diritti doganali m/pl	derechos arancelarios m/pl
droit de gage (F)	Pfandrecht n	pledge	—	diritto di pegno m	derecho prendario m
droit de préemption (F)	Vorkaufsrecht n	right of pre-emption	—	diritto di prelazione m	derecho de preferencia m
droit de protection (F)	Schutzzoll m	protective duty	—	dazio protettivo m	aduana proteccionista f
droit de timbre (F)	Stempelgebühr f	stamp duty	—	diritto di bollo m	derechos de timbre m/pl
droit de transit (F)	Transitzoll m	transit duty	—	diritti di transito m/pl	derecho de tránsito m
droit de vote (F)	Stimmrecht n	right to vote	—	diritto al voto m	derecho a voto m
droit d'exploitation (F)	Betriebserlaubnis f	operating permit	—	licenza d'esercizio f	autorización de funcionamiento f
droit du travail (F)	Arbeitsrecht n	labour law	—	diritto del lavoro m	derecho laboral m
droit exclusif de vente (F)	Alleinvertrieb m	exclusive distribution	—	vendita esclusiva f	distribución exclusiva f
droits de ports (F)	Hafengebühren f/pl	harbour dues	—	diritti di porto m/pl	derechos portuarios m/pl
droits de tirage (F)	Ziehungsrechte f	drawing rights	—	diritti di prelievo m/pl	derechos de giro m/pl
droits de tirage spéciaux (F)	Sonderziehungsrechte f	special drawing rights	—	diritti speciali di prelievo m/pl	derechos especiales de giro m/pl
dröjsmålsränta (SV)	Verzugszinsen f	default interest	intérêts moratoires m/pl	interessi di mora m/pl	intereses de demora m/pl
Drucker (D)	—	printer	imprimante f	stampante f	impresora f
Drucksache (D)	—	printed matter	imprimé m	stampa f	impreso m
druh (CZ)	Sorte (Art) f	sort	genre m	categoria f	clase f
druhy (CZ)	Sorten pl	foreign notes and coins	genres m/pl	valute estere f/pl	monedas extranjeras f/pl
druhy nákladů (CZ)	Kostenarten f/pl	cost types	coûts par nature m/pl	tipi di costi m/pl	clases de costes f/pl
drukarka (PL)	Drucker m	printer	imprimante f	stampante f	impresora f
druki (PL)	Drucksache f	printed matter	imprimé m	stampa f	impreso m
drukwerk (NL)	Drucksache f	printed matter	imprimé m	stampa f	impreso m
družstvo (CZ)	Genossenschaft f	co-operative	société coopérative f	cooperativa f	sociedad cooperativa f
dubbel bokföring (SV)	doppelte Buchführung f	double entry bookkeeping	comptabilité en partie double f	contabilità a partita doppia f	contabilidad por partida doble f
dubbele boekhouding (NL)	doppelte Buchführung f	double entry bookkeeping	comptabilité en partie double f	contabilità a partita doppia f	contabilidad por partida doble f
dubbel växelkurs (SV)	gespaltene Wechselkurse m/pl	two-tier exchange rate	cours du change multiple m	cambi multipli m/pl	tipo de cambio múltiple m
důchod (CZ)	Rente f	pension	rente f	rendita f	renta f
důchodový fond (CZ)	Rentenfonds m	pension fund	effets publics m/pl	fondo obbligazionario m	fondo de bonos m
ducroire (F)	Delkredere n	del credere	—	star del credere m	delcrédere m
due (E)	fällig	—	échu	esigibile	vencido
due payment reserved (E)	Eingang vorbehalten	—	sauf bonne fin	salvo buon fine	salvo buen cobro m
Duits (NL)	deutsch	German	allemand	tedesco	alemán
Duits (NL)	Deutsch	German	allemand m	tedesco m	alemán m
Duitsland (NL)	Deutschland n	Germany	Allemagne f	Germania f	Alemania
duplicaat (NL)	Abschrift f	copy	copie f	copia f	copia f

duplicaat

P	NL	SV	PL	CZ	H
canal de distribuição m	distributiekanaal n	distributionskanal	—	odbytová cesta f	értékesítési csatorna
direito m	recht n	rätt	prawo n	právo n	jog
direito a indemnização por danos e perdas m	claim op schadevergoeding m	skadeståndsanspråk	roszczenia do odszkodowania n/pl	nárok na náhradu škody m	kártérítési igények
direitos do autor m/pl	auteursrecht n	upphovsmannarätt	prawo autorskie m	autorské právo n	szerzői jog
gastos de descarga m/pl	loskosten m/pl	annulleringsavgift	opłaty wyładowcze f/pl	poplatky za vymazání m/pl	kirakodási költségek
direitos aduaneiros m/pl	douanerechten n/pl	tullavgifter pl	opłaty celne f/pl	celní poplatky m/pl	vámilleték
direito pignoratício m	pandrecht n	pant	prawo zastawu n	zástavní právo n	zálogjog
direito de preempção m	recht van voorkoop n	förköpsrätt	prawo pierwokupu n	předkupní právo n	elővásárlási jog
direitos proteccionistas m/pl	beschermend recht n	skyddstull	cło ochronne n	ochranné clo n	védővám
imposto do selo m	zegelrecht n	stämpelavgift	opłata stemplowa f	kolkovné n	bélyegilleték
imposto de trânsito m	doorvoerrechten n/pl	transitotull	cło tranzytowe n	tranzitní clo n	tranzitvám
direito de voto m	stemrecht n	rösträtt	prawo głosu n	hlasovací právo n	szavazati jog
autorização de funcionamento f	bedrijfsvergunning f	driftstillstånd	zezwolenie na eksploatację n	provozní povolení n	üzemelési engedély
legislação do trabalho f	arbeidsrecht n	arbetsrätt	prawo pracy n	pracovní právo n	munkajog
distribuição exclusiva f	alleenverkoop m	ensamagent	wyłączna dystrybucja f	výhradní prodej m	kizárólagos értékesítési jog
direitos portuários m/pl	havenrechten n/pl	hamnavgift	opłaty portowe f/pl	přístavní poplatky m/pl	kikötői illetékek
direitos de saque m/pl	trekkingsrechten n/pl	dragningsrätter pl	prawo ciągnienia n	slosovací pravidla n/pl	lehívási jogok
direitos especiais de saque m/pl	bijzondere trekkingsrechten n/pl	särskilda dragningsrätter pl	specjalne prawo ciągnienia n	práva zvláštního čerpání n/pl	különleges lehívási jogok
juros de mora m/pl	moratoire rente f	—	odsetki za zwłokę pl	úroky z prodlení m/pl	késedelmi kamat
impressora f	printer m	skrivare	drukarka f	tiskárna f	nyomtató
impresso m	drukwerk n	trycksak	druki m/pl	tiskopis m	nyomtatvány
categoria f	soort n	sort	gatunek m	—	fajta
moedas estrangeiras f/pl	deviezen n/pl	valuta	gotówka zagraniczna f	—	külföldi bankjegyek és pénzérmék
classes de custos f/pl	kostensoorten f/pl	typer av kostnader pl	rodzaje kosztów m/pl	—	költségfajták
impressora f	printer m	skrivare	—	tiskárna f	nyomtató
impresso m	drukwerk n	trycksak	—	tiskopis m	nyomtatvány
impresso m	—	trycksak	druki m/pl	tiskopis m	nyomtatvány
cooperativa f	coöperatieve vereniging f	kooperativ	spółdzielnia f	—	szövetkezet
contabilidade em partidas dobradas	dubbele boekhouding f	—	podwójna księgowość f	podvojné účetnictví n	kettős könyvelés
contabilidade em partidas dobradas	—	dubbel bokföring	podwójna księgowość f	podvojné účetnictví n	kettős könyvelés
tipo de câmbio múltiplo m	tweevoudige wisselkoers m	—	rozszczepione kursy wymienne m/pl	dvojstupňové směnné kursy m/pl	kettős valutaárfolyamok
renda f	rente f	pension	renta f	—	járadék
fundo de pensão m	rentefonds n	pensionsfond	fundusz emerytalny m	—	nyugdíjalap
del-credere m	delcredere n	delkredere	del credere	ručení pohledávky třetí osobou n	hitelszavatosság
vencido	betaalbaar	förfallen till betalning	do zapłaty	splatný	esedékes
reserva de bom pagamento f	onder gewoon voorbehoud	förbehållen betalningsingång	z zastrzeżeniem wpłynięcia	za podmínky obdržení f	bevételezés fenntartással
alemão	—	tysk	niemiecki	německý	német
alemão m	—	tyska	język niemiecki m	němčina f	német (nyelv)
Alemanha f	—	Tyskland	Niemcy pl	Německo n	Németország
cópia f	—	kopia	odpis m	opis m	másolat

durable consumer goods

	D	E	F	I	ES
durable consumer goods (E)	Gebrauchsgüter n/pl	—	biens d'utilisation courante m/pl	beni di consumo m/pl	bienes de consumo duradero m/pl
duração do contrato (P)	Vertragsdauer f	term of a contract	durée du contrat f	durata del contratto f	duración del contrato f
duración del contrato (ES)	Vertragsdauer f	term of a contract	durée du contrat f	durata del contratto f	—
duración del crédito (ES)	Kreditlaufzeit f	duration of credit	durée de l'allocation de crédit f	scadenza del credito f	—
durata del contratto (I)	Vertragsdauer f	term of a contract	durée du contrat f	—	duración del contrato f
duration of credit (E)	Kreditlaufzeit f	—	durée de l'allocation de crédit f	scadenza del credito f	duración del crédito m
Durchschnitt (D)	—	average	moyenne f	media f	promedio m
durée (F)	Laufzeit f	term	—	scadenza f	plazo de vencimiento m
durée de l'allocation de crédit (F)	Kreditlaufzeit f	duration of credit	—	scadenza del credito f	duración del crédito m
durée du contrat (F)	Vertragsdauer f	term of a contract	—	durata del contratto f	duración del contrato f
durée restante à courir (F)	Restlaufzeit f	remaining time to maturity	—	scadenza residua f	plazo de vencimiento restante m
d'uso commerciale (I)	handelsüblich	customary (in trade)	en usage dans le commerce m	—	usual en el comercio
Dutch (E)	niederländisch	—	néerlandais	olandese	holandés
Dutch (E)	Niederländisch	—	néerlandais	olandese m	holandés m
duty-free (E)	unverzollt	—	non dédouané	non sdoganato	aduana aparte
duty-paid (E)	verzollt	—	dédouané	sdoganato	aranceles pagados
duur (NL)	Laufzeit f	term	durée f	scadenza f	plazo de vencimiento m
duur van een contract (NL)	Vertragsdauer f	term of a contract	durée du contrat f	durata del contratto f	duración del contrato f
důvěrný (CZ)	vertraulich	confidential	confidentiel	confidenziale	confidencial
důvěrný vztah (CZ)	Vertrauensverhältnis n	confidential relationship	rapport de confiance m	rapporto di fiducia m	relación de confianza f
dvojstupňové směnné kursy (CZ)	gespaltene Wechselkurse m/pl	two-tier exchange rate	cours du change multiple m	cambi multipli m/pl	tipo de cambio múltiple m
dwustronny (PL)	bilateral	bilateral	bilatéral	bilaterale	bilateral
dyktafon (PL)	Diktiergerät n	dictaphone	dictaphone m	dittafono m	máquina de dictar f
dyktando (PL)	Diktat n	dictation	dictée f	dettato m	dictado m
dyrekcja (PL)	Direktion f	board of directors	direction f	direzione f	junta directiva f
dyrektor (PL)	Direktor m	director	directeur m	direttore m	director m
dyrektor (PL)	Geschäftsführer m	managing director	directeur d'entreprise m	amministratore m	gerente m
dyskietka (PL)	Diskette f	disk	disquette f	dischetto m	disquete m
dyskonto (PL)	Diskont m	discount	escompte m	sconto m	descuento m
dystrybucja (PL)	Distribution f	distribution	distribution f	distribuzione f	distribución f
dystrybucja (PL)	Verteilung f	distribution	distribution f	distribuzione f	distribución f
dywidenda (PL)	Dividende f	dividend	dividende m	dividendo m	dividendo m
działalność gospodarcza (PL)	Gewerbe n	trade	activité professionnelle f	commercio m	comercio m
działalność w szarej strefie gospodarczej (PL)	Schattenwirtschaft f	shadow economy	économie parallèle f	economia clandestina f	economía sumergida f
działania (PL)	Aktionen f/pl	actions	actions f/pl	azioni f/pl	acciones f/pl
dział kadr (PL)	Personalbüro m	personnel office	bureau du personnel m	ufficio del personale m	oficina de personal f
dzień dostawy (PL)	Auslieferungslager n	distribution store	entrepôt de distribution m	deposito di consegna m	almacén de entregas m
dzień handlowy giełdy (PL)	Börsentag m	market day	jour de bourse m	giorno di borsa m	sesión bursátil f
dzienny giełdowy kurs zamykający (PL)	Schlußkurs m	closing price	dernier cours m	quotazione di chiusura f	cotización final f
dzień płatności (PL)	Verfalltag m	day of expiry	jour de l'échéance m	giorno di scadenza m	día de vencimiento m

dzień płatności

P	NL	SV	PL	CZ	H
bens de consumo duráveis m/pl	gebruiksgoederen n/pl	bruksartiklar pl	artykuły użytkowe m/pl	spotřební zboží n	fogyasztási cikkek
—	duur van een contract m	avtalsperiod	czas trwania umowy m	doba platnosti smlouvy f	szerződés tartama
duração do contrato f	duur van een contract m	avtalsperiod	czas trwania umowy m	doba platnosti smlouvy f	szerződés tartama
prazo de concessão de crédito m	kredietlooptijd m	kreditlöptid	okres spłaty kredytu m	splatnost úvěru f	hitel futamideje
duração do contrato f	duur van een contract m	avtalsperiod	czas trwania umowy m	doba platnosti smlouvy f	szerződés tartama
prazo de concessão de crédito m	kredietlooptijd m	kreditlöptid	okres spłaty kredytu m	splatnost úvěru f	hitel futamideje
média f	gemiddelde n	genomsnitt	przeciętna f	průměr m	átlag
prazo de vencimento m	duur m	löptid	okres ważności m	doba splatnosti f	futamidő
prazo de concessão de crédito m	kredietlooptijd m	kreditlöptid	okres spłaty kredytu m	splatnost úvěru f	hitel futamideje
duração do contrato f	duur van een contract m	avtalsperiod	czas trwania umowy m	doba platnosti smlouvy f	szerződés tartama
prazo até a maturidade m	resterende looptijd m	återstående löptid	pozostały okres kredytowania m	zbývající doba splatnosti f	hátralévő futamidő
corrente no comércio	in de handel gebruikelijk	standard	powszechnie przyjęty w handlu	obvyklé v obchodě	kereskedelemben szokásos
holandês	Nederlands	nederländsk	holenderski	nizozemský	holland(ul)
holandês	Nederlands	nederländska	język holenderski m	nizozemština f	holland (nyelv)
tarifas alfandegárias não pagas f/pl	niet uitgeklaard	oförtullad	nieoclony	neproclený	elvámolatlan
tarifas alfandegárias pagas f/pl	gededouaneerd	tull betald	oclony	proclený	vámkezelt
prazo de vencimento m	—	löptid	okres ważności m	doba splatnosti f	futamidő
duração do contrato f	—	avtalsperiod	czas trwania umowy m	doba platnosti smlouvy f	szerződés tartama
confidencial	vertrouwelijk	förtroligt	poufny	—	bizalmas
relação de confiança f	vertrouwensrelatie f	förtroende	stosunek zaufania m	—	bizalmi viszony
tipo de câmbio múltiplo m	tweevoudige wisselkoers m	dubbel växelkurs	rozszczepione kursy wymienne m/pl	—	kettős valutaárfolyamok
bilateral	bilateriaal	bilateral	—	bilaterální	kétoldalú
dictafone m	dictafoon m	diktafon	—	diktafon m	diktafon
ditado m	dictaat n	diktat	—	diktát m	diktálás
direcção f	directie f	styrelse	—	ředitelství n	igazgatóság
director m	directeur m	direktör	—	ředitel m	igazgató
gerente m	bedrijfsleider m	verkställande direktör	—	jednatel m	ügyvezető
disquete f	diskette f	diskett	—	disketa m	floppylemez
desconto m	disconto n	diskonto	—	diskont m	árengedmény
distribuição f	distributie f	distribution	—	distribuce f	elosztás
distribuição f	distributie f	distribution	—	rozdělování n	elosztás
dividendo m	dividend n	vinstutdelning	—	dividenda f	osztalék
actividade comercial f	ambacht n	handel	—	živnost f	ipar
economia fantasma f	informele economie f	svart ekonomi	—	stínová ekonomika f	árnyékgazdaság
acções f/pl	aandelen n/pl	aktion	—	akcie f/pl	kampányok
departamento de recursos humanos m	personeelsbureau n	personalavdelning	—	osobní oddělení n	személyzeti iroda
centro de distribuição m	depot n	centrallager	—	expediční sklad m	elosztó raktár
dia de bolsa f	beursdag m	börsdag	—	burzovní den m	tőzsdenap
cotação final f	slotkoers m	sista kurs	—	uzavírací kurs m	záró árfolyam
dia de vencimento m	vervaldag m	förfallodag	—	den splatnosti m	lejárat napja

dzień rozliczeniowy

	D	E	F	I	ES
dzień rozliczeniowy (PL)	Abrechnungstag m	settlement day	date de règlement f	giorno di liquidazione m	fecha de liquidación f
dzień wypłaty (PL)	Zahltag f	pay-day	jour de paye m	giorno di paga m	día de pago m
earnings (E)	Bezüge f	—	rémunération f	entrate f/pl	retribuciones f/pl
eccedenza (I)	Überschuß m	surplus	excédent m	—	excedente m
eccedenza della bilancia dei pagamenti (I)	Zahlungsbilanzüberschuß m	balance of payments surplus	excédent de la balance des payements m	—	superávit en la balanza de pagos m
eccedenza delle esportazioni (I)	Exportüberschuß m	export surplus	excédent d'exportation m	—	excedente de exportación m
eccedenze agricole (I)	Agrarüberschüsse m/pl	agricultural surpluses	excédents agricoles m/pl	—	excedentes agrícolas m/pl
échange (F)	Umtausch m	exchange	—	cambio m	cambio m
échantillon (F)	Muster n	sample	—	campione m	muestra f
échantillon (F)	Probepackung f	trial package	—	confezione campione f	muestra f
échantillon (F)	Warenprobe f	sample	—	campione m	muestra f
échantillon sans valeur (F)	Muster ohne Wert	sample with no commercial value	—	campione senza valore m	muestra sin valor f
échéance (F)	Ablauffrist f	time limit	—	termine di scadenza m	vencimiento m
échu (F)	fällig	due	—	esigibile	vencido
economia (I)	Ökonomie f	economy	économie f	—	economía f
economia (I)	Wirtschaft f	economy	économie f	—	economía f
economia (P)	Ökonomie f	economy	économie f	economia f	economía f
economia (P)	Wirtschaft f	economy	économie f	economia f	economía f
economía (ES)	Ökonomie f	economy	économie f	economia f	—
economía (ES)	Wirtschaft f	economy	économie f	economia f	—
economia agraria (I)	Agrarwirtschaft f	rural economy	économie agricole f	—	economía agraria f
economía agraria (ES)	Agrarwirtschaft f	rural economy	économie agricole f	economia agraria f	—
economia agrária (P)	Agrarwirtschaft f	rural economy	économie agricole f	economia agraria f	economía agraria f
economia aziendale (I)	Betriebswirtschaftslehre f	business administration	sciences de gestion f/pl	—	teoría de la empresa f
economia clandestina (I)	Schattenwirtschaft f	shadow economy	économie parallèle f	—	economía sumergida f
economía de distribución (ES)	Absatzwirtschaft f	marketing	commercialisation f	commercializzazione f	—
economia de mercado (P)	Marktwirtschaft f	market economy	économie de marché f	economia di mercato f	economía de mercado f
economía de mercado (ES)	Marktwirtschaft f	market economy	économie de marché f	economia di mercato f	—
economia de mercado social (P)	soziale Marktwirtschaft f	social market economy	économie sociale du marché f	economia sociale di mercato f	economía de mercado social f
economía de mercado social (ES)	soziale Marktwirtschaft f	social market economy	économie sociale du marché f	economia sociale di mercato f	—
economia di mercato (I)	Marktwirtschaft f	market economy	économie de marché f	—	economía de mercado f
economia domestica (I)	privater Haushalt m	private household	ménage privé m	—	economía doméstica f
economía doméstica (ES)	privater Haushalt m	private household	ménage privé m	economia domestica f	—
economia doméstica (P)	privater Haushalt m	private household	ménage privé m	economia domestica f	economía doméstica f
economia fantasma (P)	Schattenwirtschaft f	shadow economy	économie parallèle f	economia clandestina f	economía sumergida f
economia mondiale (I)	Weltwirtschaft f	world economy	économie mondiale f	—	economía mundial f
economia mundial (P)	Weltwirtschaft f	world economy	économie mondiale f	economia mondiale f	economía mundial f

economia mundial

P	NL	SV	PL	CZ	H
dia da liquidação m	liquidatiedag m	avräkningsdag	—	den vyúčtování m	elszámolási nap
dia de pagamento m	betaaldag m	betalningsdag	—	výplatní den m	fizetésnap
retribuições f/pl	salaris n	inkomst av tjänst	uposażenie m	finanční přenosy m/pl	járandóságok
excedente m	overschot n	överskott	nadwyżka f	přebytek m	többlet
superavit na balança de pagamentos m	overschot op de betalingsbalans n	överskott i betalningsbalansen	nadwyżka bilansu płatniczego f	přebytek platební bilance m	fizetésimérlegtöbblet
excedente de exportação m	exportoverschot n	exportöverskott	nadwyżka eksportu f	exportní přebytek m	kiviteli többlet
excedentes agrícolas m/pl	landbouwoverschotten n/pl	jordbruksöverskott	nadwyżki rolne f/pl	zemědělské přebytky m/pl	mezőgazdasági termékfölösleg
câmbio m	ruil m	byte	wymiana f	výměna f	csere
amostra f	monster n	prov	wzór m	vzor m	minta
amostra f	proefverpakking f	provförpackning	opakowanie wzorocowe n	zkušební balení n	próbacsomagolás
amostra f	monster n	varuprov	próbka towarów f	vzorek m	áruminta
amostra sem valor comercial f	monster zonder waarde n	prov utan värde	próbka bez wartości f	vzorek bez hodnoty m	minta érték nélkül
vencimento m	datum van afloop m	tidsfrist	termin ważności m	prošlá lhůta f	lejárati határidő
vencido	betaalbaar	förfallen till betalning	do zapłaty	splatný	esedékes
economia f	economie f	ekonomi	ekonomia f	ekonomie f	közgazdaságtan
economia f	economie f	ekonomi	gospodarka f	hospodářství n	gazdaság
—	economie f	ekonomi	ekonomia f	ekonomie f	közgazdaságtan
—	economie f	ekonomi	gospodarka f	hospodářství n	gazdaság
economia f	economie f	ekonomi	ekonomia f	ekonomie f	közgazdaságtan
economia f	economie f	ekonomi	gospodarka f	hospodářství n	gazdaság
economia agrária f	landhuishoudkunde f	jordbruk	gospodarka rolna f	zemědělské hospodářství n	mezőgazdaság
economia agrária f	landhuishoudkunde f	jordbruk	gospodarka rolna f	zemědělské hospodářství n	mezőgazdaság
—	landhuishoudkunde f	jordbruk	gospodarka rolna f	zemědělské hospodářství n	mezőgazdaság
ciência da administração de empresas f	bedrijfseconomie f	företagsekonomi	gospodarka przedsiębiorstw f	nauka o podnikovém hospodářství n	üzemgazdaságtan
economia fantasma f	informele economie f	svart ekonomi	działalność w szarej strefie gospodarczej f	stínová ekonomika f	árnyékgazdaság
comercialização f	marketing f	marknadsföring	marketing	odbytové hospodářství n	értékesítés
—	markteconomie f	marknadsekonomi	gospodarka rynkowa f	tržní hospodářství n	piacgazdaság
economia de mercado f	markteconomie f	marknadsekonomi	gospodarka rynkowa f	tržní hospodářství n	piacgazdaság
—	sociale markteconomie f	social marknadsekonomi	socjalna gospodarka rynkowa f	sociální tržní hospodářství n	szociális piacgazdaság
economia de mercado social f	sociale markteconomie f	social marknadsekonomi	socjalna gospodarka rynkowa f	sociální tržní hospodářství n	szociális piacgazdaság
economia de mercado f	markteconomie f	marknadsekonomi	gospodarka rynkowa f	tržní hospodářství n	piacgazdaság
economia doméstica f	privéhuishouden n	hushåll	prywatny gospodarstwo domowe n	soukromý rozpočet m	magánháztartás
economia doméstica f	privéhuishouden n	hushåll	prywatne gospodarstwo domowe n	soukromý rozpočet m	magánháztartás
—	privéhuishouden n	hushåll	prywatne gospodarstwo domowe n	soukromý rozpočet m	magánháztartás
—	informele economie f	svart ekonomi	działalność w szarej strefie gospodarczej f	stínová ekonomika f	árnyékgazdaság
economia mundial f	wereldeconomie f	världsekonomi	gospodarka światowa f	světové hospodářství n	világgazdaság
—	wereldeconomie f	världsekonomi	gospodarka światowa f	světové hospodářství n	világgazdaság

economía mundial 318

	D	E	F	I	ES
economía mundial (ES)	Weltwirtschaft f	world economy	économie mondiale f	economia mondiale f	—
economia nacional (P)	Volkswirtschaft f	national economy	économie nationale f	economia politica f	economía nacional f
economía nacional (ES)	Volkswirtschaft f	national economy	économie nationale f	economia politica f	—
economia pianificata (I)	Planwirtschaft f	planned economy	économie planifiée f	—	economía planificada f
economia planificada (P)	Planwirtschaft f	planned economy	économie planifiée f	economia pianificata f	economía planificada f
economía planificada (ES)	Planwirtschaft f	planned economy	économie planifiée f	economia pianificata f	—
economia politica (I)	Volkswirtschaft f	national economy	économie nationale f	—	economía nacional f
economia sociale di mercato (I)	soziale Marktwirtschaft f	social market economy	économie sociale du marché f	—	economía de mercado social f
economía sumergida (ES)	Schattenwirtschaft f	shadow economy	économie parallèle f	economia clandestina f	—
economic community (E)	Wirtschaftsgemeinschaft f	—	communauté économique f	comunità economica f	comunidad económica f
economic crisis (E)	Wirtschaftskrise f	—	crise économique f	crisi economica f	crisis económica f
economic cycle (E)	Konjunktur f	—	conjoncture f	congiuntura f	conyuntura f
economic efficiency (E)	Wirtschaftlichkeit f	—	rentabilité f	redditività f	rentabilidad f
economic goods (E)	Wirtschaftsgut n	—	bien économique m	bene economico m	bien económico m
economic growth (E)	Wirtschaftswachstum n	—	croissance économique f	crescita economica f	crecimiento económico m
economic policy (E)	Konjunkturpolitik f	—	politique de conjoncture f	politica congiunturale f	política de coyuntura f
economic policy (E)	Wirtschaftspolitik f	—	politique économique f	politica economica f	política económica f
economic process (E)	Wirtschaftskreislauf m	—	circuit économique m	circuito economico m	circuito económico m
economics (E)	Wirtschaftswissenschaften f/pl	—	sciences économiques f/pl	scienze economiche f/pl	ciencias económicas f/pl
economic union (E)	Wirtschaftsunion f	—	union économique f	unione economica f	unión económica f
economic upturn (E)	Konjunkturbelebung f	—	relance économique f	ripresa congiunturale f	recuperación coyuntural f
economie (NL)	Ökonomie f	economy	économie f	economia f	economía f
economie (NL)	Wirtschaft f	economy	économie f	economia f	economía f
économie (F)	Ökonomie f	economy	—	economia f	economía f
économie (F)	Wirtschaft f	economy	—	economia f	economía f
économie agricole (F)	Agrarwirtschaft f	rural economy	—	economia agraria f	economía agraria f
économie de marché (F)	Marktwirtschaft f	market economy	—	economia di mercato f	economía de mercado f
économie mondiale (F)	Weltwirtschaft f	world economy	—	economia mondiale f	economía mundial f
économie nationale (F)	Volkswirtschaft f	national economy	—	economia politica f	economía nacional f
économie parallèle (F)	Schattenwirtschaft f	shadow economy	—	economia clandestina f	economía sumergida f
économie planifiée (F)	Planwirtschaft f	planned economy	—	economia pianificata f	economía planificada f
économie sociale du marché (F)	soziale Marktwirtschaft f	social market economy	—	economia sociale di mercato f	economía de mercado social f
economisch beleid (NL)	Wirtschaftspolitik f	economic policy	politique économique f	politica economica f	política económica f
economische criminaliteit (NL)	Wirtschaftskriminalität f	white-collar crime	délinquance économique f	criminalità economica f	criminalidad económica f
economische crisis (NL)	Wirtschaftskrise f	economic crisis	crise économique f	crisi economica f	crisis económica f

economische crisis

P	NL	SV	PL	CZ	H
economia mundial f	wereldeconomie f	världsekonomi	gospodarka światowa f	světové hospodářství n	világgazdaság
—	nationale economie f	nationalekonomi	gospodarka narodowa f	národní hospodářství n	nemzetgazdaság
economia nacional f	nationale economie f	nationalekonomi	gospodarka narodowa f	národní hospodářství n	nemzetgazdaság
economia planificada f	planeconomie f	planekonomi	gospodarka planowa f	plánované hospodářství n	tervgazdaság
—	planeconomie f	planekonomi	gospodarka planowa f	plánované hospodářství n	tervgazdaság
economia planificada f	planeconomie f	planekonomi	gospodarka planowa f	plánované hospodářství n	tervgazdaság
economia nacional f	nationale economie f	nationalekonomi	gospodarka narodowa f	národní hospodářství n	nemzetgazdaság
economia de mercado social f	sociale markteconomie f	social marknadsekonomi	socjalna gospodarka rynkowa f	sociální tržní hospodářství n	szociális piacgazdaság
economia fantasma f	informele economie f	svart ekonomi	działalność w szarej strefie gospodarczej f	stínová ekonomika f	árnyékgazdaság
comunidade económica f	economische gemeenschap f	ekonomisk gemenskap	wspólnota gospodarcza f	hospodářská společnost f	gazdasági közösség
crise económica f	economische crisis f	ekonomisk kris	kryzys gospodarczy m	hospodářská krize f	gazdasági válság
conjuntura f	conjunctuur f	konjunktur	koniunktura f	konjunktura f	konjunktúra
eficiência económica f	rentabiliteit f	ekonomisk effektivitet	ekonomiczność f	hospodárnost f	gazdaságosság
bem económico m	economisch goed n	ekonomiskt gods	dobro gospodarcze n	hospodářský statek m	gazdasági javak
crescimento económico m	economische groei m	ekonomisk tillväxt	wzrost gospodarczy m	hospodářský růst m	gazdasági növekedés
política económica f	conjunctuurpolitiek f	konjunkturpolitik	polityka koniunkturalna f	konjunkturální politika f	konjunktúrapolitika
política económica f	economisch beleid n	ekonomisk politik	polityka gospodarcza f	hospodářská politika f	gazdaságpolitika
ciclo económico m	economische kringloop m	ekonomiskt kretslopp	cyrkulacja gospodarcza f	hospodářský koloběh m	gazdasági ciklus
ciências económicas f/pl	economische wetenschappen f/pl	ekonomi	nauki ekonomiczne f/pl	národohospodářské vědy f/pl	gazdaságtudományok
união económica f	economische unie f	ekonomisk union	unia gospodarcza f	hospodářská unie f	gazdasági unió
conjuntura incentivada f	opleving van de conjunctuur f	konjunkturuppsving	ożywienie koniunktury n	oživení konjunktury n	megélénkülés
economia f	—	ekonomi	ekonomia f	ekonomie f	közgazdaságtan
economia f	—	ekonomi	gospodarka f	hospodářství n	gazdaság
economia f	economie f	ekonomi	ekonomia f	ekonomie f	közgazdaságtan
economia f	economie f	ekonomi	gospodarka f	hospodářství n	gazdaság
economia agrária f	landhuishoudkunde f	jordbruk	gospodarka rolna f	zemědělské hospodářství n	mezőgazdaság
economia de mercado f	markteconomie f	marknadsekonomi	gospodarka rynkowa f	tržní hospodářství n	piacgazdaság
economia mundial f	wereldeconomie f	världsekonomi	gospodarka światowa f	světové hospodářství n	világgazdaság
economia nacional f	nationale economie f	nationalekonomi	gospodarka narodowa f	národní hospodářství n	nemzetgazdaság
economia fantasma f	informele economie f	svart ekonomi	działalność w szarej strefie gospodarczej f	stínová ekonomika f	árnyékgazdaság
economia planificada f	planeconomie f	planekonomi	gospodarka planowa f	plánované hospodářství n	tervgazdaság
economia de mercado social f	sociale markteconomie f	social marknadsekonomi	socjalna gospodarka rynkowa f	sociální tržní hospodářství n	szociális piacgazdaság
política económica f	—	ekonomisk politik	polityka gospodarcza f	hospodářská politika f	gazdaságpolitika
criminalidade económica f	—	ekonomisk brottslighet	przestępczość gospodarcza f	hospodářská kriminalita f	gazdasági bűnözés
crise económica f	—	ekonomisk kris	kryzys gospodarczy m	hospodářská krize f	gazdasági válság

economische gemeenschap 320

	D	E	F	I	ES
economische gemeenschap (NL)	Wirtschaftsgemeinschaft f	economic community	communauté économique f	comunità economica f	comunidad económica f
economische groei (NL)	Wirtschaftswachstum n	economic growth	croissance économique f	crescita economica f	crecimiento económico m
economische kringloop (NL)	Wirtschaftskreislauf m	economic process	circuit économique m	circuito economico m	circuito económico m
economische unie (NL)	Wirtschaftsunion f	economic union	union économique f	unione economica f	unión económica f
economische wetenschappen (NL)	Wirtschaftswissenschaften f/pl	economics	sciences économiques f/pl	scienze economiche f/pl	ciencias económicas f/pl
economisch goed (NL)	Wirtschaftsgut n	economic goods	bien économique m	bene economico m	bien económico m
economisch jaarverslag (NL)	Jahreswirtschaftsbericht m	Annual Economic Report	compte rendu d'activité économique annuel m	relazione generale sulla situazione economica f	informe económico anual m
economy (E)	Ökonomie f	—	économie f	economia f	economía f
economy (E)	Wirtschaft f	—	économie f	economia f	economía f
ecrã (P)	Bildschirm m	screen	écran m	schermo m	pantalla f
écran (F)	Bildschirm m	screen	—	schermo m	pantalla f
écriture de contrepassation (F)	Storno m/n	reversal	—	ristorno m	anulación f
edição de texto (P)	Textverarbeitung f	word processing	traitement de texte f	elaborazione testi f	tratamiento de textos m
edilizia (I)	Bauwirtschaft f	building and contracting industry	industrie du bâtiment f	—	sector de la construcción m
edilizia abitativa (I)	Wohnungsbau m	housing construction	construction de logements f	—	construcción de viviendas f
editora (P)	Verlag m	publishing house	maison d'édition f	casa editrice f	editorial f
editorial (ES)	Verlag m	publishing house	maison d'édition f	casa editrice f	—
eenheidskoers (NL)	Einheitskurs m	uniform price	cours unique m	cambio unitario m	cotización única f
eenheidsmunt (NL)	Einheitswährung f	unified currency	monnaie unique f	moneta unitaria f	moneda única f
een termijn bepalen (NL)	terminieren	set a deadline	fixer un délai	fissare un termine	concertar
efectos (ES)	Effekten f/pl	securities	valeurs mobilières f/pl	titoli m/pl	—
effect aan toonder (NL)	Inhaberpapier n	bearer instrument	titre souscrit au porteur m	titolo al portatore m	título al portador m
effecten (NL)	Effekten f/pl	securities	valeurs mobilières f/pl	titoli m/pl	efectos m/pl
effecten (NL)	Rentenpapiere f	bonds	titres de rente m/pl	titoli a reddito fisso m/pl	títulos de renta fija m/pl
effectenbeurs (NL)	Effektenbörse f	stock exchange	bourse des titres et des valeurs mobilières f	borsa valori f	bolsa de valores f
effectenhandel (NL)	Wertpapiergeschäft n	securities business	opérations sur titres f/pl	operazioni su titoli f/pl	operación con valores f
effectenmakelaar (NL)	Broker m	broker	courtier m	broker m	corredor de bolsa m
effectenmakelaar (NL)	Kursmakler m	stock broker	courtier en bourse m	agente di borsa m	agente de cambio y bolsa m
effecten met geringe waarde (NL)	Baby-Bonds pl	baby bonds	bons à petite valeur nominale m/pl	obbligazioni di scarso valore nominale f/pl	bonos de bajo valor nominal m/pl
effectieve kosten (NL)	Istkosten pl	actual costs	coûts réels m/pl	costi effettivi m/pl	gastos efectivos m/pl
effective interest (E)	Effektivzins m	—	intérêt effectif m	tasso d'interesse effettivo m	interés efectivo m
effect met vaste rente (NL)	Rentenanleihe f	perpetual bonds	effet public m	prestito a reddito fisso m	empréstito por anualidades m
Effekten (D)	—	securities	valeurs mobilières f/pl	titoli m/pl	efectos m/pl
Effektenbörse (D)	—	stock exchange	bourse des titres et des valeurs mobilières f	borsa valori f	bolsa de valores f
effektivitet (SV)	Effizienz f	efficiency	efficience f	efficienza f	eficiencia f

effektivitet

P	NL	SV	PL	CZ	H
comunidade económica f	—	ekonomisk gemenskap	wspólnota gospodarcza f	hospodářská společnost f	gazdasági közösség
crescimento económico m	—	ekonomisk tillväxt	wzrost gospodarczy m	hospodářský růst m	gazdasági növekedés
ciclo económico m	—	ekonomiskt kretslopp	cyrkulacja gospodarcza f	hospodářský koloběh m	gazdasági ciklus
união económica f	—	ekonomisk union	unia gospodarcza f	hospodářská unie f	gazdasági unió
ciências económicas f/pl	—	ekonomi	nauki ekonomiczne f/pl	národohospodářské vědy f/pl	gazdaságtudományok
bem económico m	—	ekonomiskt gods	dobro gospodarcze n	hospodářský statek m	gazdasági javak
relatório económico anual m	—	näringslivets årsrapport	roczne sprawozdanie gospodarcze n	roční hospodářská zpráva f	éves beszámoló
economia f	economie f	ekonomi	ekonomia f	ekonomie f	közgazdaságtan
economia f	economie f	ekonomi	gospodarka f	hospodářství n	gazdaság
—	beeldscherm n	bildskärm	ekran m	obrazovka f	képernyő
ecrã m	beeldscherm n	bildskärm	ekran m	obrazovka f	képernyő
estorno m	tegenboeking f	stornering	storno n	storno n	törlés
—	tekstverwerking f	ordbehandling	elektroniczne opracowanie tekstu n	zpracování textu n	szövegszerkesztés
indústria da construção f	bouwnijverheid f	byggnadsindustri	gospodarka budowlana f	stavebnictví n	építőipar
construção de habitações f	woningbouw m	bostadsbyggande	budownictwo mieszkaniowe n	bytová výstavba f	lakásépítés
—	uitgeversmaatschappij f	förlag	wydawnictwo n	nakladatelství n	kiadó
editora f	uitgeversmaatschappij f	förlag	wydawnictwo n	nakladatelství n	kiadó
cotação única f	—	enhetspris	kurs jednolity m	jednotný kurs m	egységes árfolyam
moeda única f	—	gemensam valuta	ujednolicona waluta f	jednotná měna f	egységes valuta
acertar o prazo	—	bestämma datum	terminować	termínovat	beütemez
títulos m/pl	effecten n/pl	värdepapper pl	papiery wartościowe m/pl	cenné papíry m/pl	értékpapírok
título ao portador m	—	innehavarobligation	papier wartościowy na okaziciela m	cenný papír na majitele m	bemutatóra szóló értékpapír
títulos m/pl	—	värdepapper pl	papiery wartościowe m/pl	cenné papíry m/pl	értékpapírok
títulos de renda fixa m/pl	—	obligationer pl	papiery wartościowe o stałym zysku m/pl	výnosové listy m/pl	adósságlevelek
bolsa de valores f	—	börs	giełda papierów wartościowych f	burza cenných papírů f	értéktőzsde
transacção de títulos f	—	värdepappersaffär	transakcja papierami wartościowymi f	obchod s cennými papíry m	értékpapírügylet
corretor de bolsa m	—	broker	makler m	broker m	bróker
corretor de câmbio m	—	börsmäklare	makler giełdowy m	kursový maklér m	bróker
obrigações de pequeno valor nominal f/pl	—	baby bonds pl	obligacje niskonominałowe f/pl	obligace malé nominální hodnoty f/pl	alacsony névértékű kötvények
custos reais m/pl	—	faktiska kostnader pl	koszty rzeczywiste m/pl	skutečné náklady m/pl	tényleges költségek
taxa de juros efectiva f	werkelijke renteopbrengst f	effektiv ränta	oprocentowanie rzeczywiste n	úrok z cenných papírů m	tényleges kamat
empréstimo por anuidades m	—	ränteobligation	pożyczka publiczna f	doživotní renta f	járadékkötvény
títulos m/pl	effecten n/pl	värdepapper pl	papiery wartościowe m/pl	cenné papíry m/pl	értékpapírok
bolsa de valores f	effectenbeurs f	börs	giełda papierów wartościowych f	burza cenných papírů f	értéktőzsde
eficiência f	doeltreffendheid f	—	skuteczność f	účinnost f	hatékonyság

effektiv ränta

	D	E	F	I	ES
effektiv ränta (SV)	Effektivzins m	effective interest	intérêt effectif m	tasso d'interesse effettivo m	interés efectivo m
Effektivzins (D)	—	effective interest	intérêt effectif m	tasso d'interesse effettivo m	interés efectivo m
effet accepté (F)	Akzept n	letter of acceptance	—	tratta accettata f	aceptación f
effet public (F)	Rentenanleihe f	perpetual bonds	—	prestito a reddito fisso m	empréstito por anualidades m
effets publics (F)	Rentenfonds m	pension fund	—	fondo obbligazionario m	fondo de bonos m
efficience (F)	Effizienz f	efficiency	—	efficienza f	eficiencia f
efficiency (E)	Effizienz f	—	efficience f	efficienza f	eficiencia f
efficienza (I)	Effizienz f	efficiency	efficience f	—	eficiencia f
Effizienz (D)	—	efficiency	efficience f	efficienza f	eficiencia f
eficiencia (ES)	Effizienz f	efficiency	efficience f	efficienza f	—
eficiência (P)	Effizienz f	efficiency	efficience f	efficienza f	eficiencia f
eficiência económica (P)	Wirtschaftlichkeit f	economic efficiency	rentabilité f	redditività f	rentabilidad f
efterdaterad (SV)	nachdatiert	post-dated	postdaté	postdatato	posdatado
efter fakturans ingångsdatum (SV)	nach Erhalt der Rechnung	on receipt of the invoice	après réception de la facture f	a ricevimento della fattura	después de haber recibido la factura
efterfrågan (SV)	Nachfrage f	demand	demande f	domanda f	demanda f
efterfrågan på penningmarknaden (SV)	Geldnachfrage f	demand for money	demande sur le marché monétaire f	domanda sul mercato monetario f	demanda monetaria f
egendom (SV)	Besitz m	possession	possession f	possesso m	posesión f
egendom (SV)	Eigentum n	property	propriété f	proprietà f	propiedad f
egenfinansiering (SV)	Eigenfinanzierung f	self-financing	autofinancement m	autofinanziamento m	financiación propia f
egenkapital (SV)	Eigenkapital n	equity capital	capital propre m	capitale d'esercizio m	capital propio m
egyedi gyártás (H)	Sonderanfertigung f	manufacture to customer's specifications	fabrication spéciale f	produzione fuori serie f	fabricación especial f
egyedüli cégtulajdonos (H)	Alleininhaber m	sole owner	seul propriétaire m	titolare unico m	propietario exclusivo m
egyenleg (H)	Saldo m	balance	solde m	saldo m	saldo m
egyesület (H)	Verein m	association	association f	associazione f	asociación f
egy főre jutó (H)	pro Kopf	per capita	par tête d'habitant	pro capite	per cápita
egységes árfolyam (H)	Einheitskurs m	uniform price	cours unique m	cambio unitario m	cotización única f
egységes valuta (H)	Einheitswährung f	unified currency	monnaie unique f	moneta unitaria f	moneda única f
együttműködés (H)	Kooperation f	co-operation	coopération f	cooperazione f	cooperación f
eichen (D)	—	gauge	jauger	tarare	contrastar
eigenaar (NL)	Inhaber m	proprietor	propriétaire m	proprietario m	propietario m
eigendom (NL)	Eigentum n	property	propriété f	proprietà f	propiedad f
Eigenfinanzierung (D)	—	self-financing	autofinancement m	autofinanziamento m	financiación propia f
eigen kapitaal (NL)	Eigenkapital n	equity capital	capital propre m	capitale d'esercizio m	capital propio m
Eigenkapital (D)	—	equity capital	capital propre m	capitale d'esercizio m	capital propio m
Eigentum (D)	—	property	propriété f	proprietà f	propiedad f
Eigenverbrauch (D)	—	personal consumption	consommation personnelle f	consumo proprio m	consumo propio m
Eilbote (D)	—	express messenger	facteur spécial m	corriere m	expreso m
Eilbrief (D)	—	express letter	lettre par exprès f	espresso m	carta urgente f
Eilpaket (D)	—	express parcel	colis exprès m	pacco espresso m	paquete urgente m
Eilzustellung (D)	—	express delivery	remise par exprès f	consegna per espresso f	entrega urgente f
eindafnemer (NL)	Endabnehmer m	ultimate buyer	preneur final m	acquirente finale m	comprador final m
eindcontrole (NL)	Endkontrolle f	final control	contrôle final m	controllo finale m	control final m

eindcontrole

P	NL	SV	PL	CZ	H
taxa de juros efectiva f	werkelijke renteopbrengst f	—	oprocentowanie rzeczywiste n	úrok z cenných papírů m	tényleges kamat
taxa de juros efectiva f	werkelijke renteopbrengst f	effektiv ränta	oprocentowanie rzeczywiste n	úrok z cenných papírů m	tényleges kamat
letra aceite f	accept n	accept	akcept m	akceptace f	elfogadott váltó
empréstimo por anuidades m	effect met vaste rente n	ränteobligation	pożyczka publiczna f	doživotní renta f	járadékkötvény
fundo de pensão m	rentefonds n	pensionsfond	fundusz emerytalny m	důchodový fond m	nyugdíjalap
eficiência f	doeltreffendheid f	effektivitet	skuteczność f	účinnost f	hatékonyság
eficiência f	doeltreffendheid f	effektivitet	skuteczność f	účinnost f	hatékonyság
eficiência f	doeltreffendheid f	effektivitet	skuteczność f	účinnost f	hatékonyság
eficiência f	doeltreffendheid f	effektivitet	skuteczność f	účinnost f	hatékonyság
eficiência f	doeltreffendheid f	effektivitet	skuteczność f	účinnost f	hatékonyság
—	doeltreffendheid f	effektivitet	skuteczność f	účinnost f	hatékonyság
—	rentabiliteit f	ekonomisk effektivitet	ekonomiczność f	hospodárnost f	gazdaságosság
pós-datado m	gepostdateerd	—	postdatowany	dodatečné opatření datem n	későbbre keltezett
depois de receber a factura	na ontvangst van de rekening f	—	po otrzymaniu rachunku	po obdržení účtu	a számla kézhezvétele után
procura f	vraag f	—	popyt m	poptávka f	kereslet
procura no mercado monetário f	vraag om geld f	—	popyt na pieniądz m	poptávka po penězích f	pénzkereslet
possessão f	bezit n	—	posiadanie n	vlastnictví n	birtoklás
propriedade f	eigendom n	—	własność f	majetek m	tulajdon
autofinanciamento m	zelffinancering f	—	finansowanie własne f	vlastní financování n	önfinanszírozás
capital próprio m	eigen kapitaal n	—	kapitał własny m	vlastní kapitál n	saját tőke
produção especial (segundo as especificações do cliente) f	speciale fabricage f	specialtillverkning	produkcja na specjalne zamówienie f	zvláštní vyhotovení n	—
proprietário único m	alleeneigenaar m	ensam innehavare	wyłączny właściciel m	výhradní vlastník m	—
saldo m	saldo n	saldo	saldo n	saldo n	—
associação f	vereniging f	förening	związek m	spolek m	—
per capita	per hoofd	per capita	na głowę	na hlavu	—
cotação única f	eenheidskoers f	enhetspris	kurs jednolity m	jednotný kurs m	—
moeda única f	eenheidsmunt f	gemensam valuta	ujednolicona waluta f	jednotná měna f	—
cooperação f	coöperatieve vereniging f	kooperation	kooperacja f	součinnost f	—
aferir	ijken	justera	cechowanie n	cejchovat	hitelesít
proprietário m	—	innehavare	właściciel m	majitel m	tulajdonos
propriedade f	—	egendom	własność f	majetek m	tulajdon
autofinanciamento m	zelffinancering f	egenfinansiering	finansowanie własne f	vlastní financování n	önfinanszírozás
capital próprio m	—	egenkapital	kapitał własny m	vlastní kapitál n	saját tőke
capital próprio m	eigen kapitaal n	egenkapital	kapitał własny m	vlastní kapitál n	saját tőke
propriedade f	eigendom n	egendom	własność f	majetek m	tulajdon
consumo pessoal m	persoonlijk verbruik n	personlig konsumtion	zużycie własne n	vlastní spotřeba f	saját felhasználás
mensageiro expresso m	koerier m	kurir	goniec pospieszny m	kurýr m	gyorsfutár
correio expresso m	expresbrief m	expressbrev	list ekspresowy m	spěšný dopis m	expresszlevél
pacote expresso m	spoedpakket n	expresspaket	paczka ekspresowa f	spěšný balík m	expresszcsomag
entrega urgente f	expressebestelling f	expressutdelning	dostawa ekspresowa f	spěšná zásilka f	expressz kézbesítés
comprador final m	—	slutanvändare	odbiorca finalny m	konečný odběratel m	végfelhasználó
controle final m	—	slutkontroll	kontrola ostateczna f	konečná kontrola f	végellenőrzés

eindproduct

	D	E	F	I	ES
eindproduct (NL)	Endprodukt n	finished product	produit final m	prodotto finito m	producto final m
eindverbruiker (NL)	Endverbraucher m	ultimate consumer	consommateur final m	consumatore finale m	consumidor final m
Einfuhr (D)	—	import	importation f	importazione f	importación f
Einfuhrabgabe (D)	—	import duties	taxe à l'importation f	tassa d'importazione f	tasa a la importación f
Einfuhrbeschränkung (D)	—	import restriction	limitation des importations f	restrizione all'importazione f	restricción a la importación f
Einfuhrerklärung (D)	—	import declaration	déclaration d'entrée f	dichiarazione d'importazione f	declaración de importación f
Einfuhrgenehmigung (D)	—	import licence	autorisation d'importation f	autorizzazione all'importazione f	permiso de importación m
Einfuhrpapiere n (D)	—	import documents	documents d'importation m/pl	documenti d'importazione m/pl	documentos de importación m/pl
Einführungsrabatt (D)	—	introductory discount	rabais de lancement m	sconto di lancio m	rebaja de lanzamiento f
Eingang vorbehalten (D)	—	due payment reserved	sauf bonne fin	salvo buon fine	salvo buen cobro m
eingeschweißt (D)	—	shrink-wrapped	scellé	saldato	soldado
Einheitskurs (D)	—	uniform price	cours unique m	cambio unitario m	cotización única f
Einheitswährung (D)	—	unified currency	monnaie unique f	moneta unitaria f	moneda única f
Einkauf (D)	—	purchase	achat m	acquisto m	compra f
einkaufen (D)	—	buy	acheter	acquistare	comprar
Einkaufspreis (D)	—	purchase price	prix d'achat m	prezzo d'acquisto m	precio de compra m
Einkommen (D)	—	income	revenu m	reddito m	ingresos m/pl
Einlagen (D)	—	deposit	dépôt m	depositi fiduciari m/pl	depósitos bancarios m/pl
Einlagerung (D)	—	storage	entreposage m	immagazzinamento m	almacenamiento m
Einnahmen (D)	—	receipts	revenu m	entrate f/pl	ingresos m/pl
Einschreiben (D)	—	registered	en recommandé	raccomandata f	certificado m
Einsichtnahme (D)	—	inspection	inspection des livres comptables f	visura f	inspección f
Einstandspreis (D)	—	cost price	prix coûtant m	prezzo di costo m	precio de coste m
Einzelhandel (D)	—	retail trade	commerce de détail m	commercio al dettaglio m	comercio al por menor m
Einzelhandelsspanne (D)	—	retail price margin	marge de détail f	margine del dettagliante m	margen del comercio al por menor m
Einzelhändler (D)	—	retailer	commerçant détaillant m	dettagliante m	minorista m
eis (NL)	Anspruch m	claim	prétention f	pretesa f	reclamación f
eis tot schadeloosstelling (NL)	Schadensersatzklage f	action for damages	action en dommages-intérêts f	azione di risarcimento danni f	demanda de daños y perjuicios f
ej bindande (SV)	unverbindlich	not binding	sans obligation	senza impegno	sin compromiso
ejecución (ES)	Abwicklung f	settlement	exécution f	esecuzione f	—
ejecución (ES)	Vollstreckung f	enforcement	exécution f	esecuzione f	—
ejecución de pedidos (ES)	Auftragsabwicklung f	processing of an order	exécution d'une commande f	esecuzione di un ordine f	—
ejecutor judicial (ES)	Gerichtsvollzieher m	bailiff	huissier de justice m	ufficiale giudiziario m	—
ejercicio (ES)	Geschäftsjahr n	financial year	exercice m	esercizio commerciale m	—
ejercicio (ES)	Rechnungsjahr n	financial year	exercice comptable m	anno d'esercizio m	—
ejercicio (ES)	Wirtschaftsjahr n	business year	exercice comptable m	esercizio m	—
ej kontant (SV)	unbar	non cash	non comptant	non in contanti	no en efectivo
éjszakai műszak (H)	Nachtschicht f	night shift	équipe de nuit f	turno notturno m	turno de noche m
éjszakai trezor (H)	Nachttresor m	night safe	dépôt de nuit m	cassa continua f	depósito de noche m
ekonomi (SV)	Ökonomie f	economy	économie f	economia f	economía f

ekonomi

P	NL	SV	PL	CZ	H
produto final *m*	—	slutprodukt	produkt końcowy *m*	finální výrobek *m*	végtermék
consumidor final *m*	—	faktisk konsument	konsument ostateczny *m*	konečný spotřebitel *m*	fogyasztó
importação *f*	import	import	import *m*	dovoz *m*	import
taxa de importação *f*	invoerrechten *n/pl*	importavgift	podatek importowy *m*	dovozní poplatek *m*	behozatali illeték
restrição à importação *f/pl*	invoerbeperking *f*	importrestriktion	ograniczenie importowe *n*	omezení dovozu *m*	importkorlátozás
declaração de importação *f*	invoerdeclaratie *f*	importdeklaration	deklaracja przywozowa *f*	dovozní prohlášení *n*	importnyilatkozat
licença de importação *f*	invoervergunning *f*	importtillstånd	licencja importowa *f*	dovozní povolení *n*	importengedély
documentos de importação *m/pl*	invoerdocumenten *n/pl*	importhandlingar *pl*	dokumentacja przywozowa *f*	dovozní doklady *m/pl*	behozatali okmányok
desconto de lançamento *m*	introductiekorting *f*	introduktionsrabatt	rabat za wprowadzenie wyrobu *m*	zaváděcí rabat *m*	bevezetési árkedvezmény
reserva de bom pagamento *f*	onder gewoon voorbehoud	förbehållen betalningsingång	z zastrzeżeniem wpłynięcia	za podmínky obdržení *f*	bevételezés fenntartással
soldado	in folie verpakt	vacuumförpackat	zaspawany	přivařený	lehegesztett
cotação única *f*	eenheidskoers *m*	enhetspris	kurs jednolity *m*	jednotný kurs *m*	egységes árfolyam
moeda única *f*	eenheidsmunt *f*	gemensam valuta	ujednolicona waluta *f*	jednotná měna *f*	egységes valuta
compra *f*	inkoop *m*	inköp	zakup *m*	nákup *m*	beszerzés
comprar	inkopen	köpa	kupować <kupić>	nakupovat <nakoupit>	vásárol
preço de compra *m*	inkoopprijs *m*	inköpspris	cena kupna *f*	nákupní cena *f*	beszerzési ár
rendimento *m*	inkomen *n*	inkomst	dochody *m/pl*	příjem *m*	jövedelem
depósito bancário *m*	bijgevoegde stukken *n/pl*	deposition	wkład *m*	vklady *m/pl*	betét
armazenamento *m*	goederenopslag *m*	förvaring	składowanie *n*	uskladnění *n*	beraktározás
receitas *f/pl*	inkomsten *f/pl*	intäkter *pl*	przychody *m/pl*	příjmy *m/pl*	bevételek
registado *m*	aangetekende brief *m*	värdeförsändelse	przesyłka polecona *f*	doporučená zásilka *f*	ajánlott
inspecção *f*	inzage *f/m*	granskning	wgląd *m*	nahlédnutí *n*	betekintés
preço de custo *m*	kostprijs *m*	självkostnadspris	globalna cena nabycia *f*	pořizovací cena *f*	bekerülési ár
comércio a retalho *m*	kleinhandel *m*	detaljhandel	handel detaliczny *m*	maloobchod *m*	kiskereskedelem
margem do comércio a retalho *f*	kleinhandelsmarge *f*	marginal	marża detaliczna *f*	maloobchodní rozpětí *n*	kiskereskedelmi árrés
retalhista *m*	kleinhandelaar *m*	detaljist	detalista *m*	maloobchodník *m*	kiskereskedő
reivindicação *f*	—	krav	roszczenie *n*	nárok *m*	igény
acção de danos e perdas *f*	—	skadeståndskrav	skarga o odszkodowanie *f*	žaloba o náhradu škody *f*	kártérítési kereset
sem compromisso	vrijblijvend	—	niezobowiązujący	nezávazný	kötelezettség nélkül(i)
execução *f*	afwikkeling *f*	likvidering	realizacja *f*	vyřízení *n*	lebonyolítás
execução *f*	uitvoering *f*	verkställande	wykonanie *n*	výkon soudního příkazu *m*	végrehajtás
execução de uma encomenda *f*	afwikkeling van de bestelling *f*	orderhantering	realizacja zlecenia *f*	vyřízení zakázky *n*	megbízás lebonyolítása
oficial de justiça *m*	gerechtsdeurwaarder *m*	utmätningsman	komornik *m*	soudní vykonavatel *m*	bírósági végrehajtó
exercício comercial *m*	boekjaar *n*	verksamhetsår	rok gospodarczy *m*	obchodní rok *m*	üzleti év
exercício contável *m*	boekjaar *n*	räkenskapsår	rok budżetowy *m*	účetní rok *m*	pénzügyi év
exercício *m*	boekjaar *n*	budgetår	rok gospodarczy *m*	hospodářský rok *m*	gazdasági év
pagamento em espécie *m*	giraal	—	nie w gotówce	bezhotovostní	készpénz nélküli
turno nocturno *m*	nachtploeg *m*	nattskift	zmiana nocna *f*	noční směna *f*	—
depósito nocturno *m*	nachtsafe *m*	nattfack	nocny sejf *m*	noční trezor *m*	—
economia *f*	economie *f*	—	ekonomia *f*	ekonomie *f*	közgazdaságtan

ekonomi

	D	E	F	I	ES
ekonomi (SV)	Wirtschaft f	economy	économie f	economia f	economía f
ekonomi (SV)	Wirtschaftswissenschaften f/pl	economics	sciences économiques f/pl	scienze economiche f/pl	ciencias económicas f/pl
ekonomia (PL)	Ökonomie f	economy	économie f	economia f	economía f
ekonomiczność (PL)	Wirtschaftlichkeit f	economic efficiency	rentabilité f	redditività f	rentabilidad f
ekonomie (CZ)	Ökonomie f	economy	économie f	economia f	economía f
ekonomisk brottslighet (SV)	Wirtschaftskriminalität f	white-collar crime	délinquance économique f	criminalità economica f	criminalidad económica f
ekonomisk effektivitet (SV)	Wirtschaftlichkeit f	economic efficiency	rentabilité f	redditività f	rentabilidad f
ekonomisk förpliktelse (SV)	Obligo n	financial obligation	engagement m	obbligo m	obligación f
ekonomisk gemenskap (SV)	Wirtschaftsgemeinschaft f	economic community	communauté économique f	comunità economica f	comunidad económica f
ekonomisk kris (SV)	Wirtschaftskrise f	economic crisis	crise économique f	crisi economica f	crisis económica f
ekonomisk politik (SV)	Wirtschaftspolitik f	economic policy	politique économique f	politica economica f	política económica f
ekonomiskt gods (SV)	Wirtschaftsgut n	economic goods	bien économique m	bene economico m	bien económico m
ekonomisk tillväxt (SV)	Wirtschaftswachstum n	economic growth	croissance économique f	crescita economica f	crecimiento económico m
ekonomiskt kretslopp (SV)	Wirtschaftskreislauf m	economic process	circuit économique m	circuito economico m	circuito económico m
ekonomisk union (SV)	Wirtschaftsunion f	economic union	union économique f	unione economica f	unión económica f
ekran (PL)	Bildschirm m	screen	écran m	schermo m	pantalla f
ekspansja (PL)	Expansion m	expansion	expansion f	espansione f	expansión f
ekspediować (PL)	verfrachten	ship	fréter	imbarcare	expedir
ekspedycja (PL)	Versand m	dispatch	expédition f	spedizione f	envío m
ekspertyza awaryjna (PL)	Havariezertifikat n	damage report	certificat d'avarie f	certificato d'avaria f	certificado de avería m
eksplozja kosztów (PL)	Kostenexplosion f	cost escalation	explosion des coûts f	esplosione dei costi f	explosión de los costes f
eksport (PL)	Ausfuhr f	export	exportation f	esportazione f	exportación f
eksport (PL)	Export m	export	exportation f	esportazione f	exportación f
ekspresem (PL)	per Express	by express	par exprès	per espresso	por expreso
elaboração do inventário (P)	Inventur f	stock-taking	inventaire m	compilazione dell'inventario f	inventario m
elaborazione testi (I)	Textverarbeitung f	word processing	traitement de texte f	—	tratamiento de textos m
elad (H)	verkaufen	sell	vendre	vendere	vender
eladás (H)	Verkauf m	sale	vente f	vendita f	venta f
eladási árfolyam (H)	Briefkurs m	selling price	cours de vente m	prezzo d'offerta m	cotización ofrecida f
eladási opció (H)	Verkaufsoption f	option to sell	option de vente f	opzione di vendita f	opción de venta f
eladók piaca (H)	Verkäufermarkt m	seller's market	marché de vendeurs m	mercato favorevole ai venditori m	mercado favorable al vendedor m
eladósodás (H)	Verschuldung f	indebtedness	endettement m	indebitamento m	endeudamiento m
elastyczny kurs wymiany (PL)	flexibler Wechselkurs m	flexible exchange rate	taux de change flottant m	cambio flessibile m	tipo flotante de cambio m
elbocsátás (H)	Entlassung f	dismissal	licenciement m	licenziamento m	despido m
elección de la ubicación (ES)	Standortwahl f	choice of location	choix du lieu d'implantation m	scelta dell'ubicazione f	—
elektroniczne opracowanie tekstu (PL)	Textverarbeitung f	word processing	traitement de texte f	elaborazione testi f	tratamiento de textos m
életbiztosítás (H)	Lebensversicherung f	life assurance	assurance vie f	assicurazione sulla vita f	seguro de vida m
életrajz (H)	Lebenslauf m	curriculum vitae	curriculum vitae m	curriculum vitae m	curriculum vitae m
elevação (P)	Erhöhung f	increase	augmentation f	aumento m	incremento m
elévülés (H)	Verjährung f	limitation of actions	prescription f	prescrizione f	prescripción f

elévülés

P	NL	SV	PL	CZ	H
economia f	economie f	—	gospodarka f	hospodářství n	gazdaság
ciências económicas f/pl	economische wetenschappen f/pl	—	nauki ekonomiczne f/pl	národohospodářské vědy f/pl	gazdaságtudományok
economia f	economie f	ekonomi	—	ekonomie f	közgazdaságtan
eficiência económica f	rentabiliteit f	ekonomisk effektivitet	—	hospodárnost f	gazdaságosság
economia f	economie f	ekonomi	ekonomia f	—	közgazdaságtan
criminalidade económica f	economische criminaliteit f	—	przestępczość gospodarcza f	hospodářská kriminalita f	gazdasági bűnözés
eficiência económica f	rentabiliteit f	—	ekonomiczność f	hospodárnost f	gazdaságosság
obrigação f	obligo n	—	obligo	závazek m	kötelezettség
comunidade económica f	economische gemeenschap f	—	wspólnota gospodarcza f	hospodářská společnost f	gazdasági közösség
crise económica f	economische crisis f	—	kryzys gospodarczy m	hospodářská krize f	gazdasági válság
política económica f	economisch beleid n	—	polityka gospodarcza f	hospodářská politika f	gazdaságpolitika
bem económico m	economisch goed n	—	dobro gospodarcze n	hospodářský statek m	gazdasági javak
crescimento económico m	economische groei m	—	wzrost gospodarczy m	hospodářský růst m	gazdasági növekedés
ciclo económico m	economische kringloop m	—	cyrkulacja gospodarcza f	hospodářský koloběh m	gazdasági ciklus
união económica f	economische unie f	—	unia gospodarcza f	hospodářská unie f	gazdasági unió
ecrã m	beeldscherm n	bildskärm	—	obrazovka f	képernyő
expansão f	expansie f	expansion	—	expanze f	terjeszkedés
fretar	vervrachten	transportera	—	pronajímat <pronajmout> loď	elfuvaroz
expedição f	verzending f	leverans	—	expedice f	feladás
certificado de avaria f	averijcertificaat n	havericertifikat	—	protokol o škodě m	kárbecslő jelentése
explosão dos custos f	kostenexplosie f	explosionsartad kostnadsökning	—	exploze nákladů f	költségrobbanás
exportação f	export m	export	—	vývoz m	kivitel
exportação f	export m	export	—	vývoz m	kivitel
por expresso	per express	expressförsändelse	—	spěšně	expressz
—	boedelbeschrijving f	inventering	remanent m	inventura f	leltározás
edição de texto f	tekstverwerking f	ordbehandling	elektroniczne opracowanie tekstu n	zpracování textu n	szövegszerkesztés
vender	verkopen	sälja	sprzedawać <sprzedać>	prodávat <prodat>	—
venda f	verkoop m	försäljning	sprzedaż f	prodej m	—
cotação de venda f	laatkoers m	begärt pris	kurs giełdowy m	prodejní kurs m	—
opção de venda f	verkoopoptie f	säljoption	opcja sprzedaży f	opce k prodeji f	—
mercado de vendedores m	verkopersmarkt f	säljarens marknad	rynek sprzedającego m	trh prodávajících m	—
endividamento m	schuldenlast m	skuldsättning	zadłużenie n	zadlužení n	—
taxa de câmbio flexível f	zwevende wisselkoers m	flytande växelkurs	—	pohyblivý směnný kurs m	rugalmas valutaárfolyam
demissão f	afdanking f	avskedande	zwolnienie n	propuštění n	—
escolha de localização f	keuze van vestigingsplaats f	val av etableringsort	wybór lokalizacji m	volba stanoviště f	helyszín kiválasztása
edição de texto f	tekstverwerking f	ordbehandling	—	zpracování textu n	szövegszerkesztés
seguro de vida m	levensverzekering f	livförsäkring	ubezpieczenie na życie n	životní pojištění n	—
curriculum vitae m	curriculum vitae n	meritförteckning	życiorys m	životopis m	—
—	verhoging f	höjning	podwyżka f	zvýšení n	emelés
prescrição f	verjaring f	preskription	przedawnienie n	promlčení n	—

elfogadás 328

	D	E	F	I	ES
elfogadás (H)	Annahme f	acceptance	acceptation f	accettazione f	aceptación f
elfogadható kockázat (H)	Restrisiko n	acceptable risk	risque résiduel m	rischio residuo m	riesgo aceptable m
elfogadott váltó (H)	Akzept n	letter of acceptance	effet accepté f	tratta accettata f	aceptación f
elfogyaszt (H)	verbrauchen	consume	consommer	consumare	consumir
elfuvaroz (H)	verfrachten	ship	fréter	imbarcare	expedir
elhanyagolható kár (H)	Bagatellschaden m	trivial damage	dommage mineur m	danno di piccola entità m	siniestro leve m
elhasználódás (H)	Abnutzung f	wear and tear	dépréciation f	deprezzamento m	desgaste m
elhelyez (H)	plazieren	place	placer	collocare	colocar
elidegenítés (H)	Veräußerung f	sale	vente f	alienazione f	enajenación f
eliminação dos desperdícios (P)	Abfallbeseitigung f	waste disposal	élimination des déchets f	smaltimento dei rifiuti m	evacuación de residuos f
élimination des déchets (F)	Abfallbeseitigung f	waste disposal	—	smaltimento dei rifiuti m	evacuación de residuos f
eljárás (H)	Verfahren n	procedure	procédure f	procedimento m	procedimiento m
ellátás (H)	Versorgung f	supply	approvisionnement m	approvvigionamento m	abastecimiento m
ellentételezés (H)	Aufrechnung f	set-off	compensation f	compensazione f	compensación f
elnapolás (H)	Vertagung f	postponement	ajournement m	rinvio m	aplazamiento m
elnök (H)	Präsident m	president	président m	presidente m	presidente m
elnöklés (H)	Vorsitz m	chairmanship	présidence f	presidenza f	presidencia f
előállítási költségek (H)	Herstellungskosten f	production costs	frais de construction m/pl	costi di produzione m/pl	costo de la producción m
előfizetés (H)	Abonnement n	subscription	abonnement m	abbonamento m	suscripción f
előirányzat (H)	Voranschlag m	estimate	devis estimatif m	preventivo m	presupuesto m
előirányzott költségek (H)	Sollkosten pl	budgeted costs	coûts ex ante m/pl	costi calcolati m/pl	gastos precalculados m/pl
előírások (H)	Vorschriften pl	regulations	directives f/pl	normative f/pl	prescripciones f/pl
előkalkuláció (H)	Vorkalkulation f	estimation of cost	calcul des coûts prévisionnels m	calcolo preventivo m	cálculo provisional m
előleg (H)	Vorschuß m	advance	avance f	anticipo m	anticipo m
előléptetés (H)	Beförderung (einer Arbeitskraft) f	promotion	promotion f	promozione f	ascenso m
előmeneteli lehetőségek (H)	Aufstiegsmöglichkeit f	opportunity for advancement	perspectives de promotion f/pl	possibilità di carriera f	posibilidades de ascenso f/pl
előny (H)	Vorteil m	advantage	avantage m	vantaggio m	ventaja f
előrefizetés (H)	Vorauszahlung f	payment in advance	payement anticipé m	pagamento anticipato m	adelanto m
előrendelés (H)	Vorbestellung f	reservation	commande préalable f	prenotazione f	pedido anticipado m
előrendelési árengedmény (H)	Vorbestellrabatt m	discount on advance orders	remise sur commandes anticipées f	ribasso per prenotazioni m	descuento de suscripción m
elosztás (H)	Distribution f	distribution	distribution f	distribuzione f	distribución f
elosztás (H)	Verteilung f	distribution	distribution f	distribuzione f	distribución f
elosztó raktár (H)	Auslieferungslager n	distribution store	entrepôt de distribution m	deposito di consegna m	almacén de entregas m
elővásárlási jog (H)	Vorkaufsrecht n	right of pre-emption	droit de préemption m	diritto di prelazione m	derecho de preferencia m
előzékeny (H)	kulant	accommodating	arrangeant	corrente	de fácil avenencia
előzetes költségbecslés (H)	Kostenvoranschlag m	cost estimate	devis estimatif de frais m	preventivo di costi m	presupuesto de coste m
elsőbbségi árengedmény (H)	Vorzugsrabatt m	preferential discount	remise de faveur f	ribasso preferenziale m	rebaja preferencial f
elsőbbségi részvény (H)	Vorzugsaktie f	preference share	action privilégiée f	azione privilegiata f	acción preferente f
elszállítás (H)	Verschiffung f	shipment	embarquement m	imbarco m	embarque m
elszámolás (H)	Abrechnung f	settlement of accounts	règlement m	liquidazione f	liquidación f
elszámolás (H)	Verrechnung f	settlement	compensation f	compensazione f	compensación f

elszámolás

P	NL	SV	PL	CZ	H
aceitação f	in ontvangstneming f	godkännande av leverans	przyjęcie n	přijetí n	—
risco restante m	aanvaardbaar risico n	acceptabel risk	ryzyko akceptowane n	akceptovatelné riziko n	—
letra aceite f	accept n	accept	akcept m	akceptace f	—
consumir	consumeren	förbruka	konsumować <skonsumować>	spotřebovat	—
fretar	vervrachten	transportera	ekspediować <wyekspediować>	pronajímat <pronajmout> loď	—
dano menor m	geringe schade f/m	obetydlig skada	drobne szkody f/pl	drobná škoda f	—
desgaste m	slijtage f	slitage	zużycie n	opotřebení n	—
colocar	plaatsen	placera	plasowanie n	umísťovat <umístit>	—
alienação f	vervreemding f	avyttring	zbycie n	zcizení n	—
—	verwijdering van afval f	avfallshantering	usuwanie odpadów n	odstraňování odpadu n	hulladékeltávolítás
eliminação dos desperdícios f	verwijdering van afval f	avfallshantering	usuwanie odpadów n	odstraňování odpadu n	hulladékeltávolítás
procedimento m	geding n	förfarande	postępowanie n	řízení n	—
aprovisionamento m	bevoorrading f	försörjning	zaopatrzenie n	zásobování n	—
compensação f	compensatie f	kvittning	wzajemne zaliczenie n	vzájemné vyúčtování n	—
adiamento m	uitstel n	uppskjutande	odroczenie n	odložení n	—
presidente m	president m	president	prezydent m	prezident m	—
presidência f	voorzitterschap n	ordförandeskap	przewodnictwo n	předsednictvo n	—
custos de produção pl	productiekosten m/pl	produktionskostnader pl	koszty produkcji m/pl	výrobní náklady m/pl	—
subscrição f	abonnement n	abonnemang	abonament m	předplatné n	—
estimativa f	raming f	uppskattning	kosztorys m	rozpočet m	—
custos orçamentados m/pl	gebudgetteerde kosten m/pl	beräknade kostnader pl	koszty planowane m/pl	plánované náklady m/pl	—
regulamentos m/pl	voorschriften n/pl	föreskrifter	przepisy m/pl	předpisy m/pl	—
estimativa dos custos f	voorcalculatie f	kostnadsberäkning	kalkulacja wstępna f	předběžná kalkulace f	—
avanço m	voorschot n	förskott	zaliczka f	záloha f	—
promoção f	bevordering f	befordran	awans m	povýšení n	—
possibilidade de promoção f	promotiekans f	avancemangsmöjlighet	możliwość awansu f	možnost vzestupu f	—
vantagem f	voordeel n	fördel	korzyść f	výhoda f	—
pagamento adiantado m	voorafbetaling f	förskottsbetalning	przedpłata f	záloha f	—
pedido antecipado m	vooruitbestelling f	förhandsorder	rezerwacja f	předběžná objednávka f	—
desconto de pedidos antecipados m	korting op vooruitbestelling f	rabatt på förhandsorder	rabat za zamówienie z góry m	předběžný rabat m	—
distribuição f	distributie f	distribution	dystrybucja f	distribuce f	—
distribuição f	distributie f	distribution	dystrybucja f	rozdělování n	—
centro de distribuição m	depot n	centrallager	dzień dostawy m	expediční sklad m	—
direito de preempção m	recht van voorkoop n	förköpsrätt	prawo pierwokupu n	předkupní právo n	—
flexível	tegemoetkomend	tillmötesgående	uprzejmy	solidní	—
orçamento f	kostenraming f	kostnadsförslag	kosztorys m	odhad nákladů m	—
desconto preferencial m	voorkeurkorting f	förmånsrabatt	rabat preferencyjny m	preferenční rabat m	—
acção preferencial f	preferent aandeel n	preferensaktie	akcja uprzywilejowana f	prioritní akcie f	—
embarque m	verscheping f	utskeppning	wysyłka statkiem f	nakládka na loď f	—
liquidação de contas f	afrekening f	avräkning	rozliczenie n	vyúčtování n	—
compensação f	compensatie f	avräkning	rozliczenie n	zúčtování n	—

elszámolási csekk 330

	D	E	F	I	ES
elszámolási csekk (H)	Verrechnungsscheck m	crossed cheque	chèque à porter en compte m	assegno sbarrato m	cheque cruzado m
elszámolási időszak (H)	Abrechnungszeitraum m	accounting period	période comptable f	periodo di liquidazione m	período de liquidación m
elszámolási nap (H)	Abrechnungstag m	settlement day	date de règlement f	giorno di liquidazione m	fecha de liquidación f
elszámolóház (H)	Girozentrale f	central giro institution	banque centrale de virement f	ufficio centrale di compensazione m	central de giros f
eltérés (H)	Abweichung f	deviation	divergence f	differenza f	diferencia f
elutasítás (H)	Ablehnung f	refusal	refus m	rifiuto m	denegación f
elutazás napja (H)	Abreisedatum n	date of departure	date de départ f	data di partenza f	fecha de partida f
elvámolatlan (H)	unverzollt	duty-free	non dédouané	non sdoganato	aduana aparte
elveszett küldemény (H)	verlorengegangene Sendung f	lost shipment	envoi perdu m	spedizione andata persa f	envío perdido m
elvitelre kész (H)	abholbereit	ready for collection	prêt pour enlèvement	pronto per il ritiro	listo para la recogida
elzálogosítás (H)	Verpfändung f	pledge	mise en gage f	pignoramento m	pignoración f
e-mail (D)	—	e-mail	messagerie électronique f	posta elettronica f	e-mail m
e-mail (E)	e-mail n	—	messagerie électronique f	posta elettronica f	e-mail m
e-mail (ES)	e-mail n	e-mail	messagerie électronique f	posta elettronica f	—
e-mail (P)	e-mail n	e-mail	messagerie électronique f	posta elettronica f	e-mail m
e-mail (NL)	e-mail n	e-mail	messagerie électronique f	posta elettronica f	e-mail m
e-mail (PL)	e-mail n	e-mail	messagerie électronique f	posta elettronica f	e-mail m
e-mail (CZ)	e-mail n	e-mail	messagerie électronique f	posta elettronica f	e-mail m
e-mail (H)	e-mail n	e-mail	messagerie électronique f	posta elettronica f	e-mail m
embalagem (P)	Verpackung f	packing	emballage m	imballaggio m	embalaje m
embalagem marítima (P)	seemäßige Verpackung f	sea-tight packing	emballage maritime m	imballaggio marittimo m	embalaje marítimo m
embalagem usada (P)	Verpackungsmüll m	packing waste	déchets d'emballage m/pl	rifiuti d'imballaggio m/pl	basura de embalaje m
embalaje (ES)	Verpackung f	packing	emballage m	imballaggio m	—
embalaje marítimo (ES)	seemäßige Verpackung f	sea-tight packing	emballage maritime m	imballaggio marittimo m	—
emballage (F)	Verpackung f	packing	—	imballaggio m	embalaje m
emballage maritime (F)	seemäßige Verpackung f	sea-tight packing	—	imballaggio marittimo m	embalaje marítimo m
Embargo (D)	—	embargo	embargo m	embargo m	embargo m
embargo (E)	Embargo n	—	embargo m	embargo m	embargo m
embargo (F)	Embargo n	embargo	—	embargo m	embargo m
embargo (I)	Embargo n	embargo	embargo m	—	embargo m
embargo (ES)	Embargo n	embargo	embargo m	embargo m	—
embargo (P)	Embargo n	embargo	embargo m	embargo m	embargo m
embargo (NL)	Embargo n	embargo	embargo m	embargo m	embargo m
embargo (SV)	Embargo n	embargo	embargo m	embargo m	embargo m
embargo (PL)	Embargo n	embargo	embargo m	embargo m	embargo m
embargo (CZ)	Embargo n	embargo	embargo m	embargo m	embargo m
embargó (H)	Embargo n	embargo	embargo m	embargo m	embargo m
embargo comercial (ES)	Handelsembargo n	trade embargo	embargo commercial m	embargo commerciale m	—
embargo comercial (P)	Handelsembargo n	trade embargo	embargo commercial m	embargo commerciale m	embargo comercial m
embargo commercial (F)	Handelsembargo n	trade embargo	—	embargo commerciale m	embargo comercial m

embargo commercial

P	NL	SV	PL	CZ	H
cheque cruzado m	verrekeningscheque m	korsad check	czek rozrachunkowy m	zúčtovací šek n	—
período de contabilização m	boekingsperiode f	räkenskapsperiod	okres rozliczeniowy m	zúčtovací období n	—
dia da liquidação m	liquidatiedag m	avräkningsdag	dzień rozliczeniowy m	den vyúčtování m	—
central de transferências f	bankgirocentrale f	girocentral	izba rozrachunkowa f	žirová ústředna f	—
divergência f	afwijking f	avvikelse	odchylenie f	odchylka f	—
recusa f	weigering f	avslag	odmowa f	odmítnutí n	—
data de partida f	vertrekdatum m	avresedatum	data wyjazdu f	datum odjezdu n	—
tarifas alfandegárias não pagas f/pl	niet uitgeklaard	oförtullad	nieoclony	neproclený	—
carregamento perdido m	verloren zending f	förlorad leverans	utracona przesyłka f	ztracená zásilka f	—
disponível	klaar voor afhaling	färdig att avhämtas	gotowe do odbioru	připraven k vyzvednutí	—
penhora f	borgstelling f	pantsättning	ustanowienie zastawu n	zástava f	—
e-mail m	e-mail	e-post	e-mail f	e-mail m	e-mail
e-mail m	e-mail	e-post	e-mail f	e-mail m	e-mail
e-mail m	e-mail	e-post	e-mail f	e-mail m	e-mail
—	e-mail	e-post	e-mail f	e-mail m	e-mail
e-mail m	—	e-post	e-mail f	e-mail m	e-mail
e-mail m	e-mail	e-post	—	e-mail m	e-mail
e-mail m	e-mail	e-post	e-mail f	—	e-mail
e-mail m	e-mail	e-post	e-mail f	e-mail m	—
—	verpakking f	förpackning	opakowanie n	obal m	csomagolás
—	zeewaardige verpakking f	sjöfraktsemballage	opakowanie do transportu morskiego n	námořní balení n	tengeri csomagolás
—	verpakkingsafval n	förpackningsavfall	zużyte opakowania m/pl	obalový odpad m	csomagolási hulladék
embalagem f	verpakking f	förpackning	opakowanie n	obal m	csomagolás
embalagem marítima f	zeewaardige verpakking f	sjöfraktsemballage	opakowanie do transportu morskiego n	námořní balení n	tengeri csomagolás
embalagem f	verpakking f	förpackning	opakowanie n	obal m	csomagolás
embalagem marítima f	zeewaardige verpakking f	sjöfraktsemballage	opakowanie do transportu morskiego n	námořní balení n	tengeri csomagolás
embargo m	embargo n	embargo	embargo n	embargo n	embargó
embargo m	embargo n	embargo	embargo n	embargo n	embargó
embargo m	embargo n	embargo	embargo n	embargo n	embargó
embargo m	embargo n	embargo	embargo n	embargo n	embargó
embargo m	embargo n	embargo	embargo n	embargo n	embargó
—	embargo n	embargo	embargo n	embargo n	embargó
embargo m	—	embargo	embargo n	embargo n	embargó
embargo m	embargo n	embargo	—	embargo n	embargó
embargo m	embargo n	embargo	embargo n	—	embargó
embargo m	embargo n	embargo	embargo n	embargo n	—
embargo comercial m	handelsembargo n	handelsembargo	embargo handlowe n	obchodní embargo n	kereskedelmi embargó
—	handelsembargo n	handelsembargo	embargo handlowe n	obchodní embargo n	kereskedelmi embargó
embargo comercial m	handelsembargo n	handelsembargo	embargo handlowe n	obchodní embargo n	kereskedelmi embargó

embargo commerciale

	D	E	F	I	ES
embargo commerciale (I)	Handelsembargo n	trade embargo	embargo commercial m	—	embargo comercial m
embargo handlowe (PL)	Handelsembargo n	trade embargo	embargo commercial m	embargo commerciale m	embargo comercial m
embarque (ES)	Verschiffung f	shipment	embarquement m	imbarco m	—
embarque (P)	Verschiffung f	shipment	embarquement m	imbarco m	embarque m
embarquement (F)	Verschiffung f	shipment	—	imbarco m	embarque m
embezzlement (E)	Unterschlagung f	—	détournement m	appropriazione indebita f	malversación f
emblème de marque (F)	Markenzeichen n	trademark	—	marchio m	marca registrada f
em dinheiro (P)	in bar	in cash	au comptant	in contanti	en efectivo
em duplicado (P)	in zweifacher Ausfertigung	in duplicate	en double exemplaire m	in duplice copia	por duplicado
emelés (H)	Erhöhung f	increase	augmentation f	aumento m	incremento m
emelkedő árfolyamtendencia (H)	Hausse f	boom	hausse f	rialzo m	alza f
emelkedő irányzat (H)	Aufwärtstrend m	upward trend	tendance à la reprise f	tendenza al rialzo f	tendencia al alza f
em embalagem à parte (P)	mit getrennter Post	under separate cover	sous pli séparé	in plico a parte	por correo aparte
emise (CZ)	Emission f	issue	émission f	emissione f	emisión f
emise akcií (CZ)	Aktienemission f	issue of shares	émission d'actions f	emissione di azioni f	emisión de acciones f
emisión (ES)	Emission f	issue	émission f	emissione f	—
emisión de acciones (ES)	Aktienausgabe f	share issue	émission d'actions f	emissione di azioni f	—
emisión de acciones (ES)	Aktienemission f	issue of shares	émission d'actions f	emissione di azioni f	—
emisión parcial (ES)	Tranche f	tranche	tranche f	tranche f	—
emisja (PL)	Emission f	issue	émission f	emissione f	emisión f
emisja akcji (PL)	Aktienausgabe f	share issue	émission d'actions f	emissione di azioni f	emisión de acciones f
emisja akcji (PL)	Aktienemission f	issue of shares	émission d'actions f	emissione di azioni f	emisión de acciones f
emisní banka (CZ)	Notenbank f	central bank	banque d'émission f	banca d'emissione f	banco emisor m
emisní kurs (CZ)	Emissionskurs m	rate of issue	cours d'émission m	corso d'emissione m	tipo de emisión m
emissão (P)	Emission f	issue	émission f	emissione f	emisión f
emissão de acções (P)	Aktienausgabe f	share issue	émission d'actions f	emissione di azioni f	emisión de acciones f
emissão de acções (P)	Aktienemission f	issue of shares	émission d'actions f	emissione di azioni f	emisión de acciones f
emissão parcial (P)	Tranche f	tranche	tranche f	tranche f	emisión parcial f
emissie (NL)	Emission f	issue	émission f	emissione f	emisión f
emissiekoers (NL)	Emissionskurs m	rate of issue	cours d'émission m	corso d'emissione m	tipo de emisión m
Emission (D)	—	issue	émission f	emissione f	emisión f
emission (SV)	Emission f	issue	émission f	emissione f	emisión f
émission (F)	Emission f	issue	—	emissione f	emisión f
émission d'actions (F)	Aktienausgabe f	share issue	—	emissione di azioni f	emisión de acciones f
émission d'actions (F)	Aktienemission f	issue of shares	—	emissione di azioni f	emisión de acciones f
emissione (I)	Emission f	issue	émission f	—	emisión f
emissione di assegno a vuoto (I)	Scheckbetrug m	cheque fraud	irrégularité en matière de chèque f	—	falsificación de cheques f
emissione di azioni (I)	Aktienausgabe f	share issue	émission d'actions f	—	emisión de acciones f
emissione di azioni (I)	Aktienemission f	issue of shares	émission d'actions f	—	emisión de acciones f
Emissionskurs (D)	—	rate of issue	cours d'émission m	corso d'emissione m	tipo de emisión m
emissionskurs (SV)	Emissionskurs m	rate of issue	cours d'émission m	corso d'emissione m	tipo de emisión m
Empfänger (D)	—	recipient	destinataire m	destinatario m	destinatario m
Empfangsbestätigung (D)	—	acknowledgement of receipt	accusé de réception m	conferma di ricevimento f	recibo m

333 Empfangsbestätigung

P	NL	SV	PL	CZ	H
embargo comercial m	handelsembargo n	handelsembargo	embargo handlowe n	obchodní embargo n	kereskedelmi embargó
embargo comercial m	handelsembargo n	handelsembargo	—	obchodní embargo n	kereskedelmi embargó
embarque m	verscheping f	utskeppning	wysyłka statkiem f	nakládka na loď f	elszállítás
—	verscheping f	utskeppning	wysyłka statkiem f	nakládka na loď f	elszállítás
embarque m	verscheping f	utskeppning	wysyłka statkiem f	nakládka na loď f	elszállítás
desfalque m	verduistering f	förskingring	sprzeniewierzenie n	zpronevěra f	sikkasztás
marca registrada f	handelsmerk n	varumärke	znak firmowy m	označení značkou n	védjegy
—	contant	kontant	gotówką	v hotovosti f	készpénzben
—	in duplo	i två exemplar	w podwójnym wykonaniu	v dvojím provedení n	két példányban
elevação f	verhoging f	höjning	podwyżka f	zvýšení n	—
alta na bolsa f	hausse f	hausse	hossa f	hausa f	—
tendência à alta f	opwaartse beweging f	stigande tendens	trend wzrostu m	stoupající trend m	—
—	per afzonderlijke post	som särskild försändelse	oddzielną przesyłką	zvláštní poštou f	külön küldeményként
emissão f	emissie f	emission	emisja f	—	kibocsátás
emissão de acções f	uitgifte van aandelen f	aktieemission	emisja akcji f	—	részvénykibocsátás
emissão f	emissie f	emission	emisja f	emise m	kibocsátás
emissão de acções f	uitgifte van aandelen f	aktieemission	emisja akcji f	vydání akcií n	részvénykibocsátás
emissão de acções f	uitgifte van aandelen f	aktieemission	emisja akcji f	emise akcií f	részvénykibocsátás
emissão parcial f	tranche f	tranch	transza f	tranže f	részfolyósítás
emissão f	emissie f	emission	—	emise m	kibocsátás
emissão de acções f	uitgifte van aandelen f	aktieemission	—	vydání akcií n	részvénykibocsátás
emissão de acções f	uitgifte van aandelen f	aktieemission	—	emise akcií f	részvénykibocsátás
banco emissor m	centrale bank f	centralbank	bank emisyjny m	—	jegybank
preço de emissão m	emissiekoers m	emissionskurs	kurs emisyjny m	—	kibocsátási árfolyam
—	emissie f	emission	emisja f	emise m	kibocsátás
—	uitgifte van aandelen f	aktieemission	emisja akcji f	vydání akcií n	részvénykibocsátás
—	uitgifte van aandelen f	aktieemission	emisja akcji f	emise akcií f	részvénykibocsátás
—	tranche f	tranch	transza f	tranže f	részfolyósítás
emissão f	—	emission	emisja f	emise m	kibocsátás
preço de emissão m	—	emissionskurs	kurs emisyjny m	emisní kurs m	kibocsátási árfolyam
emissão f	emissie f	emission	emisja f	emise m	kibocsátás
emissão f	emissie f	—	emisja f	emise m	kibocsátás
emissão f	emissie f	emission	emisja f	emise m	kibocsátás
emissão de acções f	uitgifte van aandelen f	aktieemission	emisja akcji f	vydání akcií n	részvénykibocsátás
emissão de acções f	uitgifte van aandelen f	aktieemission	emisja akcji f	emise akcií f	részvénykibocsátás
emissão f	emissie f	emission	emisja f	emise m	kibocsátás
falsificação de cheques f	fraude met cheques f	checkbedrägeri	oszustwo czekowe n	šekový povod m	csekkel elkövetett csalás
emissão de acções f	uitgifte van aandelen f	aktieemission	emisja akcji f	vydání akcií n	részvénykibocsátás
emissão de acções f	uitgifte van aandelen f	aktieemission	emisja akcji f	emise akcií f	részvénykibocsátás
preço de emissão m	emissiekoers m	emissionskurs	kurs emisyjny m	emisní kurs m	kibocsátási árfolyam
preço de emissão m	emissiekoers m	—	kurs emisyjny m	emisní kurs m	kibocsátási árfolyam
destinatário m	geadresseerde m	mottagare	odbiorca m	příjemce m	címzett
aviso de recepção f	ontvangstbevestiging f	mottagningsbevis	potwierdzenie odbioru n	potvrzení příjmu n	átvételi elismervény

Empfehlungsschreiben

	D	E	F	I	ES
Empfehlungs-schreiben (D)	—	letter of recommendation	lettre de recommandation f	lettera di raccomandazione f	carta de recomendación f
empleado (ES)	Angestellter m	employee	employé m	impiegato m	—
empleado (ES)	Arbeitnehmer m	employee	salarié m	lavoratore dipendente m	—
empleado (ES)	angestellt	employed	employé	impiegato	—
empleador (ES)	Arbeitgeber m	employer	employeur m	datore di lavoro m	—
empleo (ES)	Stellung f	position	position f	posizione f	—
empleo (ES)	Anstellung f	employment	emploi m	assunzione f	—
emploi (F)	Beschäftigung f	employment	—	occupazione f	ocupación f
emploi (F)	Anstellung f	employment	—	assunzione f	empleo m
employé (F)	Angestellter m	employee	—	impiegato m	empleado m
employé (F)	angestellt	employed	—	impiegato	empleado m
employé (F)	Arbeitskraft f	worker	—	forza lavoro f	trabajador m
employed (E)	angestellt	—	employé	impiegato	empleado m
employee (E)	Angestellter m	—	employé m	impiegato m	empleado m
employee (E)	Arbeitnehmer m	—	salarié m	lavoratore dipendente m	empleado m
employer (E)	Arbeitgeber m	—	employeur m	datore di lavoro m	empleador m
employeur (F)	Arbeitgeber m	employer	—	datore di lavoro m	empleador m
employment (E)	Beschäftigung f	—	emploi m	occupazione f	ocupación f
employment (E)	Anstellung f	—	emploi m	assunzione f	empleo m
employment policy (E)	Beschäftigungspolitik f	—	politique de l'emploi f	politica dell'occupazione f	política de empleo f
empregado (P)	Angestellter m	employee	employé m	impiegato m	empleado m
empregado (P)	Arbeitnehmer m	employee	salarié m	lavoratore dipendente m	empleado m
empregado (P)	angestellt	employed	employé	impiegato	empleado m
empregador (P)	Arbeitgeber m	employer	employeur m	datore di lavoro m	empleador m
emprego (P)	Anstellung f	employment	emploi m	assunzione f	empleo m
empresa (ES)	Firma f	company	entreprise f	impresa f	—
empresa (P)	Firma f	company	entreprise f	impresa f	empresa f
empresa (P)	Unternehmen n	business	entreprise f	impresa f	empresario m
empresa competidora (ES)	Konkurrenzunternehmen n	competitor	entreprise concurrente f	impresa concorrente f	—
empresa concorrente (P)	Konkurrenzunternehmen n	competitor	entreprise concurrente f	impresa concorrente f	empresa competidora f
empresa estatal (ES)	Regiebetrieb m	publicly owned enterprise	établissement en régie m	gestione in economia f	—
empresa estatal (P)	Regiebetrieb m	publicly owned enterprise	établissement en régie m	gestione in economia f	empresa estatal m
empresa ficticia (ES)	Briefkastenfirma f	bogus company	entreprise fictive f	società fantasma f	—
empresa fictícia (P)	Briefkastenfirma f	bogus company	entreprise fictive f	società fantasma f	empresa ficticia f
empresa industrial (P)	Industriebetrieb m	industrial enterprise	entreprise industrielle f	azienda industriale f	establecimiento industrial m
empresario (ES)	Unternehmen n	business	entreprise f	impresa f	—
empréstimo (P)	Anleihe f	loan	emprunt m	prestito m	empréstito m
empréstimo com garantia de títulos (P)	Lombardgeschäft n	collateral loan business	prêt sur titre m	anticipazione sui titoli f	operaciones de pignoración f/pl
empréstimo estatal (P)	Staatsanleihen f/pl	government loan	emprunt d'Etat m	titoli pubblici m/pl	empréstito estatal m
empréstimo estrangeiro (P)	Auslandsanleihe f	foreign loan	emprunt extérieur m	prestito estero m	empréstito exterior m
empréstimo municipal (P)	Kommunalanleihen f/pl	local authority loan	emprunts communaux m/pl	prestiti comunali m/pl	empréstito municipal m
empréstimo obrigatório (P)	Obligationsanleihe f	debenture loan	emprunt obligataire m	prestito obbligazionario m	empréstito sobre obligaciones m
empréstimo por anuidades (P)	Rentenanleihe f	perpetual bonds	effet public m	prestito a reddito fisso m	empréstito por anualidades m

empréstimo por anuidades

P	NL	SV	PL	CZ	H
carta de recomendação f	aanbevelingsbrief m	rekommendationsbrev	list polecający m	doporučovací psaní n	ajánlólevél
empregado m	bediende f/m	anställd	pracownik umysłowy m	zaměstnanec m	alkalmazott
empregado m	werknemer f/m	arbetstagare	pracobiorca m	zaměstnanec m	munkavállaló
empregado	in dienst	anställd	zatrudniony	zaměstnaný	alkalmazásban álló
empregador m	werkgever m	arbetsgivare	pracodawca m	zaměstnavatel m	munkáltató
posição f	betrekking f	position	stanowisko n	postavení n	állás
emprego m	indienstneming f	anställning	zatrudnienie n	zaměstnání n	alkalmazás
ocupação f	betrekking f	sysselsättning	zatrudnienie n	zaměstnání n	foglalkoztatás
emprego m	indienstneming f	anställning	zatrudnienie n	zaměstnání n	alkalmazás
empregado m	bediende f/m	anställd	pracownik umysłowy m	zaměstnanec m	alkalmazott
empregado	in dienst	anställd	zatrudniony	zaměstnaný	alkalmazásban álló
mão-de-obra f	arbeidskracht f	arbetskraft	siła robocza f	pracovní síla f	munkaerő
empregado	in dienst	anställd	zatrudniony	zaměstnaný	alkalmazásban álló
empregado m	bediende f/m	anställd	pracownik umysłowy m	zaměstnanec m	alkalmazott
empregado m	werknemer f/m	arbetstagare	pracobiorca m	zaměstnanec m	munkavállaló
empregador m	werkgever m	arbetsgivare	pracodawca m	zaměstnavatel m	munkáltató
empregador m	werkgever m	arbetsgivare	pracodawca m	zaměstnavatel m	munkáltató
ocupação f	betrekking f	sysselsättning	zatrudnienie n	zaměstnání n	foglalkoztatás
emprego m	indienstneming f	anställning	zatrudnienie n	zaměstnání n	alkalmazás
política do emprego f	werkgelegenheidsbeleid n	arbetsmarknadspolitik	polityka zatrudnienia f	politika zaměstnanosti f	foglalkoztatási politika
—	bediende f/m	anställd	pracownik umysłowy m	zaměstnanec m	alkalmazott
—	werknemer f/m	arbetstagare	pracobiorca m	zaměstnanec m	munkavállaló
—	in dienst	anställd	zatrudniony	zaměstnaný	alkalmazásban álló
—	werkgever m	arbetsgivare	pracodawca m	zaměstnavatel m	munkáltató
—	indienstneming f	anställning	zatrudnienie n	zaměstnání n	alkalmazás
empresa f	firma f	företag	firma f	firma f	cég
—	firma f	företag	firma f	firma f	cég
—	bedrijf n	företag	przedsiębiorstwo n	podnik m	vállalat
empresa concorrente f	concurrerende onderneming f	konkurrentföretag	przedsiębiorstwo konkurencyjne n	konkurenční podnik m	konkurens vállalat
—	concurrerende onderneming f	konkurrentföretag	przedsiębiorstwo konkurencyjne n	konkurenční podnik m	konkurens vállalat
empresa estatal f	regie f	företag i offentlig hand	przedsiębiorstwo państwowe n	správní podnik m	köztulajdonú vállalat
—	regie f	företag i offentlig hand	przedsiębiorstwo państwowe n	správní podnik m	köztulajdonú vállalat
empresa fictícia f	postbusbedrijf n	brevlådeföretag	firma fikcyjna f	fingovaná firma f	fantomcég
—	postbusbedrijf n	brevlådeföretag	firma fikcyjna f	fingovaná firma f	fantomcég
—	industriële onderneming f	industriföretag	zakład przemysłowy m	průmyslový podnik m	ipari üzem
empresa f	bedrijf n	företag	przedsiębiorstwo n	podnik m	vállalat
—	lening f	lån	pożyczka f	půjčka f	kötvénykölcsön
—	lening tegen onderpand van effecten f	lombardtransaktion	transakcja lombardowa f	lombardní obchod m	lombardügylet
—	staatslening f	statliga lån pl	pożyczka państwowa f	státní půjčky f/pl	államkölcsön
—	buitenlandse lening f	utlandslån	pożyczka zagraniczna f	zahraniční půjčka f	külföldi kötvénykibocsátás
—	gemeenteleningen f/pl	kommunala lån	pożyczka komunalna f	komunální půjčky f/pl	önkormányzati kölcsönök
—	obligatielening f	obligationslån	kredyt obligacyjny m	obligační půjčka f	kötvénykölcsön
—	effect met vaste rente n	ränteobligation	pożyczka publiczna f	doživotní renta f	járadékkötvény

empréstimo residual

	D	E	F	I	ES
empréstimo residual (P)	Restdarlehen n	purchase-money loan	prêt restant m	mutuo residuo m	restante de un préstamo m
empréstito (ES)	Anleihe f	loan	emprunt m	prestito m	—
empréstito estatal (ES)	Staatsanleihen f/pl	government loan	emprunt d'Etat m	titoli pubblici m/pl	—
empréstito exterior (ES)	Auslandsanleihe f	foreign loan	emprunt extérieur m	prestito estero m	—
empréstito municipal (ES)	Kommunalanleihen f/pl	local authority loan	emprunts communaux m/pl	prestiti comunali m/pl	—
empréstito por anualidades (ES)	Rentenanleihe f	perpetual bonds	effet public m	prestito a reddito fisso m	—
empréstito sobre obligaciones (ES)	Obligationsanleihe f	debenture loan	emprunt obligataire m	prestito obbligazionario m	—
emprunt (F)	Anleihe f	loan	—	prestito m	empréstito m
emprunt d'Etat (F)	Staatsanleihen f/pl	government loan	—	titoli pubblici m/pl	empréstito estatal m
emprunt extérieur (F)	Auslandsanleihe f	foreign loan	—	prestito estero m	empréstito exterior m
emprunt obligataire (F)	Obligationsanleihe f	debenture loan	—	prestito obbligazionario m	empréstito sobre obligaciones m
emprunts communaux (F)	Kommunalanleihen f/pl	local authority loan	—	prestiti comunali m/pl	empréstito municipal m
em stock (P)	auf Lager	in stock	en stock	in deposito	en almacén
em unanimidade comercial (P)	handelseinig sein	reach an agreement	unanimité commerciale f	essere d'accordo sul prezzo	estar de acuerdo
enajenación (ES)	Veräußerung f	sale	vente f	alienazione f	—
en almacén (ES)	auf Lager	in stock	en stock	in deposito	—
enas om (SV)	vereinbaren	agree	convenir de	pattuire	convenir
encabezamiento (ES)	Briefkopf m	letterhead	en-tête m	intestazione f	—
encaissement (F)	Inkasso n	collection	—	incasso m	encobro m
enclose (E)	beilegen	—	mettre en annexe	allegare	adjuntar
encobro (ES)	Inkasso n	collection	encaissement m	incasso m	—
encomenda (P)	Bestellung f	order	commande f	ordine m	pedido m
encomenda de exportação (P)	Exportauftrag m	export order	commande d'exportation f	ordine d'esportazione m	pedido destinado a la exportación m
encomenda em grande quantidade (P)	Großauftrag m	large-scale order	grosse commande f	ordine consistente m	pedido importante m
en comisión (ES)	auf Kommissionsbasis	on a commission basis	en commission	su commissione	—
en commission (F)	auf Kommissionsbasis	on a commission basis	—	su commissione	en comisión
Endabnehmer (D)	—	ultimate buyer	preneur final m	acquirente finale m	comprador final m
endereçar (P)	adressieren	address	adresser	indirizzare	dirigir
endereço (P)	Adresse f	address	adresse f	indirizzo m	dirección f
endereço (P)	Anschrift f	address	adresse f	indirizzo m	dirección f
endereço da empresa (P)	Firmenanschrift f	company address	adresse de l'entreprise f	indirizzo della ditta m	dirección de la empresa f
endereço na Internet (P)	Internet-Adresse f	Internet address	adresse internet f	indirizzo su Internet m	dirección de internet f
endettement (F)	Verschuldung f	indebtedness	—	indebitamento m	endeudamiento m
endettement de l'Etat (F)	Staatsverschuldung f	state indebtedness	—	debito pubblico m	endeudamiento público m
endeudamiento (ES)	Verschuldung f	indebtedness	endettement m	indebitamento m	—
endeudamiento público (ES)	Staatsverschuldung f	state indebtedness	endettement de l'Etat m	debito pubblico m	—
endividamento (P)	Verschuldung f	indebtedness	endettement m	indebitamento m	endeudamiento m
endividamento excessivo (P)	Überschuldung f	excessive indebtedness	surendettement m	indebitamento eccessivo m	exceso de deudas m
endividamento público (P)	Staatsverschuldung f	state indebtedness	endettement de l'Etat m	debito pubblico m	endeudamiento público m
Endkontrolle (D)	—	final control	contrôle final m	controllo finale m	control final m
end of the month (E)	ultimo	—	fin de mois f	fine mese m	fin de mes m

end of the month

P	NL	SV	PL	CZ	H
—	resterende lening f	inteckning som dellikvid	reszta pożyczki f	nedoplatek půjčky m	maradékkölcsön
empréstimo m	lening f	lån	pożyczka f	půjčka f	kötvénykölcsön
empréstimo estatal m	staatslening f	statliga lån pl	pożyczka państwowa f	státní půjčky f/pl	államkölcsön
empréstimo estrangeiro m	buitenlandse lening f	utlandslån	pożyczka zagraniczna f	zahraniční půjčka f	külföldi kötvénykibocsátás
empréstimo municipal m	gemeenteleningen f/pl	kommunala lån	pożyczka komunalna f	komunální půjčky f/pl	önkormányzati kölcsönök
empréstimo por anuidades m	effect met vaste rente n	ränteobligation	pożyczka publiczna f	doživotní renta f	járadékkötvény
empréstimo obrigatório m	obligatielening f	obligationslån	kredyt obligacyjny m	obligační půjčka f	kötvénykölcsön
empréstimo m	lening f	lån	pożyczka f	půjčka f	kötvénykölcsön
empréstimo estatal m	staatslening f	statliga lån pl	pożyczka państwowa f	státní půjčky f/pl	államkölcsön
empréstimo estrangeiro m	buitenlandse lening f	utlandslån	pożyczka zagraniczna f	zahraniční půjčka f	külföldi kötvénykibocsátás
empréstimo obrigatório m	obligatielening f	obligationslån	kredyt obligacyjny m	obligační půjčka f	kötvénykölcsön
empréstimo municipal m	gemeenteleningen f/pl	kommunala lån	pożyczka komunalna f	komunální půjčky f/pl	önkormányzati kölcsönök
—	in voorraad	i lager	na składzie	na skladě m	raktáron (van)
—	het over een koop eens zijn	vara överens	dobijać <dobić> interesu	být jednotný v obchodě	megegyezik az üzlet feltételeiben
alienação f	vervreemding f	avyttring	zbycie n	zcizení n	elidegenítés
em stock	in voorraad	i lager	na składzie	na skladě m	raktáron (van)
acordar	overeenkomen	—	uzgadniać <uzgodnić>	dohodnout	megállapodik
cabeçalho m	briefhoofd n	brevhuvud	nagłówek listu m	záhlaví dopisu n	levélpapír fejléce
cobrança f	incasso n	inkasso	inkaso n	inkaso n	beszedés
anexar	bijvoegen	bifoga	załączać <załączyć>	přikládat <přiložit>	mellékel
cobrança f	incasso n	inkasso	inkaso n	inkaso n	beszedés
—	bestelling f	order	zamówienie n	objednávka f	megrendelés
—	exportorder n	exportorder	zamówienie eksportowe n	exportní zakázka f	exportmegrendelés
—	mammoetorder f	stororder	zamówienie wielkoskalowe n	zakázka velkého rozsahu f	nagy megrendelés
à comissão	in commissie	i kommission	na bazie komisowej f	na komisionářském základě m	bizományosi alapon
à comissão	in commissie	i kommission	na bazie komisowej f	na komisionářském základě m	bizományosi alapon
comprador final m	eindafnemer m	slutanvändare	odbiorca finalny m	konečný odběratel m	végfelhasználó
—	adresseren	adressera	adresować <zaadresować>	adresovat	címez
—	adres n	adress	adres m	adresa f	cím
—	adres n	adress	adres m	adresa f	cím
—	kantooradres n	företagsadress	adres firmowy m	firemní adresa f	cég címe
—	internet-adres n	Internet-adress	adres w Internecie m	internetová adresa f	Internet-cím
endividamento m	schuldenlast m	skuldsättning	zadłużenie n	zadlužení n	eladósodás
endividamento público m	staatsschulden f/pl	statsskuld	zadłużenie państwa n	státní zadlužení n	állami eladósodás
endividamento m	schuldenlast m	skuldsättning	zadłużenie n	zadlužení n	eladósodás
endividamento público m	staatsschulden f/pl	statsskuld	zadłużenie państwa n	státní zadlužení n	állami eladósodás
—	schuldenlast m	skuldsättning	zadłużenie n	zadlužení n	eladósodás
—	te zware schuldenlast n	höggradig skuldsättning	nadmierne zadłużenie n	nadměrné zadlužení n	túlzott eladósodás
—	staatsschulden f/pl	statsskuld	zadłużenie państwa n	státní zadlužení n	állami eladósodás
controle final m	eindcontrole f	slutkontroll	kontrola ostateczna f	konečná kontrola f	végellenőrzés
fim do mês m	ultimo	månadsslut	ultimo n	ultimo n	hónap utolsó napja

end of the quarter 338

	D	E	F	I	ES
end of the quarter (E)	Quartalsende n	—	fin de trimestre f	fine trimestre f	final del trimestre m
endommagement (F)	Beschädigung f	damage	—	danno m	deterioración f
endorsement (E)	Giro n	—	virement m	girata f	giro m
endorsement (E)	Indossament n	—	endossement m	girata f	endoso m
endoso (ES)	Indossament n	endorsement	endossement m	girata f	—
endossement (F)	Indossament n	endorsement	—	girata f	endoso m
endossement (NL)	Indossament n	endorsement	endossement m	girata f	endoso m
endossering (SV)	Indossament n	endorsement	endossement m	girata f	endoso m
endosso (P)	Indossament n	endorsement	endossement m	girata f	endoso m
en double exemplaire (F)	in zweifacher Ausfertigung	in duplicate	—	in duplice copia	por duplicado
endowment (E)	Dotierung f	—	dotation f	dotazione f	dotación f
Endprodukt (D)	—	finished product	produit final m	prodotto finito m	producto final m
Endverbraucher (D)	—	ultimate consumer	consommateur final m	consumatore finale m	consumidor final m
en efectivo (ES)	in bar	in cash	au comptant	in contanti	—
en el extranjero (ES)	im Ausland	abroad	à l'étranger	all'estero	—
en fábrica (ES)	ab Werk	ex works	départ usine	franco fabbrica	—
enforcement (E)	Vollstreckung f	—	exécution f	esecuzione f	ejecución f
engagement (F)	Obligo n	financial obligation	—	obbligo m	obligación f
engagement de dette permanente (F)	Dauerschuldverschreibung f	unredeemable bond	—	obbligazione perpetua f	obligación perpetua f
engedély (H)	Genehmigung f	permission	autorisation f	autorizzazione f	autorización f
engedély (H)	Zulassung f	admission	admission f	ammissione f	admisión f
engedményes (H)	Zessionar m	assignee	cessionnaire m	cessionario m	cesionario m
engedményezés (H)	Zession f	assignment	cession f	cessione f	cesión f
engedményező (H)	Zedent m	assignor	cédant m	cedente m	cedente m
Engeland (NL)	England n	England	Angleterre f	Inghilterra f	Inglaterra
Engels (NL)	englisch	English	anglais	inglese	inglés
Engels (NL)	Englisch	English	anglais	inglese m	inglés m
engelsk (SV)	englisch	English	anglais	inglese	inglés
engelska (SV)	Englisch	English	anglais	inglese	inglés m
England (D)	—	England	Angleterre f	Inghilterra f	Inglaterra
England (E)	England n	—	Angleterre f	Inghilterra f	Inglaterra
England (SV)	England n	England	Angleterre f	Inghilterra f	Inglaterra
englisch (D)	—	English	anglais	inglese	inglés
Englisch (D)	—	English	anglais	inglese m	inglés m
English (E)	englisch	—	anglais	inglese	inglés
English (E)	Englisch	—	anglais	inglese m	inglés m
enhetspris (SV)	Einheitskurs m	uniform price	cours unique m	cambio unitario m	cotización única f
enkelt bolag (SV)	Personengesellschaft f	partnership	société de personnes f	società di persone f	sociedad personalista f
en la fecha fijada (ES)	termingerecht	on schedule	dans les délais	puntuale	—
enligt order (SV)	im Auftrag	by order	par ordre	per ordine	por poder
enligt överenskommelse (SV)	vereinbarungsgemäß	as agreed	comme convenu	come convenuto	según lo acordado
en recommandé (F)	Einschreiben n	registered	—	raccomandata f	certificado m
en référence à (F)	bezugnehmend	referring to	—	con riferimento a	con referencia a
en relación a (ES)	bezüglich	referring to	relatif à	relativo a	—
ensamagent (SV)	Alleinvertrieb m	exclusive distribution	droit exclusif de vente m	vendita esclusiva f	distribución exclusiva f
ensamagentur (SV)	Alleinvertretung f	sole agency	agence exclusive f	rappresentanza esclusiva f	representación exclusiva f
ensam innehavare (SV)	Alleininhaber m	sole owner	seul propriétaire m	titolare unico m	propietario exclusivo m

ensam innehavare

P	NL	SV	PL	CZ	H
fim do trimestre m	kwartaaleinde n	kvartalsslut	koniec kwartału m	konec čtvrtletí m	negyedév vége
dano m	beschadiging f	skada	uszkodzenie n	poškození n	károsodás
transferência de crédito f	overschrijving f	girering	żyro n	žiro n	zsíró
endosso m	endossement n	endossering	indos m	indosament m	forgatmány
endosso m	endossement n	endossering	indos m	indosament m	forgatmány
endosso m	endossement n	endossering	indos m	indosament m	forgatmány
endosso m	—	endossering	indos m	indosament m	forgatmány
endosso m	endossement n	—	indos m	indosament m	forgatmány
—	endossement n	endossering	indos m	indosament m	forgatmány
em duplicado	in duplo	i två exemplar	w podwójnym wykonaniu	v dvojím provedení n	két példányban
dotação f	schenking f	donation	dotowanie n	dotace f	tőkejuttatás
produto final m	eindproduct n	slutprodukt	produkt końcowy m	finální výrobek m	végtermék
consumidor final m	eindverbruiker m	faktisk konsument	konsument ostateczny m	konečný spotřebitel m	fogyasztó
em dinheiro	contant	kontant	gotówką	v hotovosti f	készpénzben
no estrangeiro	in het buitenland	i utlandet	za granicą	v cizině	külföldön
ex fábrica	af fabriek	fritt från fabrik	z zakładu	ze závodu m	gyárban átvéve
execução f	uitvoering f	verkställande	wykonanie n	výkon soudního příkazu m	végrehajtás
obrigação f	obligo n	ekonomisk förpliktelse	obligo	závazek m	kötelezettség
obrigação perpétua f	obligatie met eeuwigdurende looptijd f	evig obligation	zobowiązanie ciągłe n	dlouhodobý dlužní úpis m	nem beváltható kötvény
autorização f	goedkeuring f	tillstånd	zezwolenie n	schválení n	—
admissão f	toelating f	tillstånd	dopuszczenie n	připuštění n	—
cessionário m	cessionaris m	cessionär	cesjonariusz m	postupník m	—
cessão f	overdracht f	cession	cesja f	postoupení n	—
cedente m	cedent m	överlåtare	cedent m	postupitel m	—
Inglaterra f	—	England	Anglia f	Anglie f	Anglia
inglês	—	engelsk	angielski	anglický	angol
inglês	—	engelska	język angielski m	angličtina f	angol (nyelv)
inglês	Engels	—	angielski	anglický	angol
inglês	Engels	—	język angielski m	angličtina f	angol (nyelv)
Inglaterra f	Engeland	England	Anglia f	Anglie f	Anglia
Inglaterra f	Engeland	England	Anglia f	Anglie f	Anglia
Inglaterra f	Engeland	—	Anglia f	Anglie f	Anglia
inglês	Engels	engelsk	angielski	anglický	angol
inglês	Engels	engelska	język angielski m	angličtina f	angol (nyelv)
inglês	Engels	engelsk	angielski	anglický	angol
inglês	Engels	engelska	język angielski m	angličtina f	angol (nyelv)
cotação única f	eenheidskoers m	—	kurs jednolity m	jednotný kurs m	egységes árfolyam
sociedade de pessoas f	personenvennootschap f	—	spółka osobowa f	společnost založená na spoluúčasti více partnerů f	társas vállalkozás
pontual	binnen de gestelde termijn	punktlig	terminowy	v termínu	határidőre
por ordem	in opdracht	—	z polecenia	z pověření n	megbízásából
como acordado	zoals overeengekomen	—	jak uzgodniono	podle ujednání	megállapodás szerint
registado m	aangetekende brief m	värdeförsändelse	przesyłka polecona f	doporučená zásilka f	ajánlott
com referência a	met referte aan	under åberopande av	powołując się	se zřetelem	hivatkozással
relativo a	betreffende	angående	odnośnie do	vztahující se k	illetően
distribuição exclusiva f	alleenverkoop m	—	wyłączna dystrybucja f	výhradní prodej m	kizárólagos értékesítési jog
representação exclusiva f	alleenvertegenwoordiging f	—	wyłączne przedstawicielstwo m	výhradní zastoupení n	kizárólagos képviselet
proprietário único m	alleeneigenaar m	—	wyłączny właściciel m	výhradní vlastník m	egyedüli cégtulajdonos

en stock   340

	D	E	F	I	ES
en stock (F)	auf Lager	in stock	—	in deposito	en almacén
en suma (ES)	insgesamt	altogether	dans l'ensemble	complessivamente	—
Enteignung (D)	—	expropriation	expropriation f	espropriazione f	expropiación f
entente sur les prix (F)	Preisabsprache f	price fixing	—	accordo sui prezzi m	acuerdo de precios m
en-tête (F)	Briefkopf m	letterhead	—	intestazione f	encabezamiento m
Entladungskosten (D)	—	discharging expenses	coûts de déchargement m/pl	spese di scaricamento f/pl	gastos de descargo m/pl
Entlassung (D)	—	dismissal	licenciement m	licenziamento m	despido m
entrada de fondos (ES)	Zahlungseingang m	inpayment	entrée de fond f	ricevimento del pagamento m	—
entrada de mercadorias (P)	Wareneingang m	arrival of goods	entrée de marchandises f	ricevimento merci m	entrada de mercancías f
entrada de mercancías (ES)	Wareneingang m	arrival of goods	entrée de marchandises f	ricevimento merci m	—
entrada de numerário (P)	Zahlungseingang m	inpayment	entrée de fond f	ricevimento del pagamento m	entrada de fondos f
entrate (I)	Bezüge f	earnings	rémunération f	—	retribuciones f/pl
entrate (I)	Einnahmen f/pl	receipts	revenu m	—	ingresos m/pl
entrée (F)	Input n	input	—	input m	insumo m
entrée de fond (F)	Zahlungseingang m	inpayment	—	ricevimento del pagamento m	entrada de fondos f
entrée de marchandises (F)	Wareneingang m	arrival of goods	—	ricevimento merci m	entrada de mercancías f
entrega (ES)	Übergabe f	delivery	remise f	consegna f	—
entrega (P)	Lieferung f	delivery	livraison f	consegna f	suministro m
entrega (P)	Übergabe f	delivery	remise f	consegna f	entrega f
entrega (P)	Zustellung f	delivery	remise f	recapito m	envío m
entrega contra reembolso (ES)	Lieferung gegen Nachnahme	cash on delivery	livraison contre remboursement f	consegna in contrassegno f	—
entrega de reposição (P)	Ersatzlieferung f	replacement delivery	livraison de remplacement f	fornitura di compensazione f	entrega de reposición f
entrega de reposición (ES)	Ersatzlieferung f	replacement delivery	livraison de remplacement f	fornitura di compensazione f	—
entrega imediata (P)	sofortige Lieferung f	immediate delivery	livraison immédiate f	consegna immediata f	entrega inmediata f
entrega inmediata (ES)	sofortige Lieferung f	immediate delivery	livraison immédiate f	consegna immediata f	—
entrega parcial (ES)	Teillieferung f	partial delivery	livraison partielle f	fornitura parziale f	—
entrega parcial (P)	Teillieferung f	partial delivery	livraison partielle f	fornitura parziale f	entrega parcial f
entregar (ES)	abliefern	deliver	livrer	consegnare	—
entregar (P)	abliefern	deliver	livrer	consegnare	entregar
entrega reduzida (P)	Minderlieferung f	short delivery	livraison en quantité inférieure f	fornitura ridotta f	envío incompleto m
entrega total (P)	Gesamtlieferung f	total delivery	livraison totale f	fornitura completa f	suministro total f
entrega urgente (ES)	Eilzustellung f	express delivery	remise par exprès f	consegna per espresso f	—
entrega urgente (P)	Eilzustellung f	express delivery	remise par exprès f	consegna per espresso f	entrega urgente f
entreposage (F)	Einlagerung f	storage	—	immagazzinamento m	almacenamiento m
entreposage (F)	Lagerhaltung f	stockkeeping	—	magazzinaggio m	almacenaje m
entrepôt (F)	Lager n	warehouse	—	magazzino m	almacén m
entrepôt de distribution (F)	Auslieferungslager n	distribution store	—	deposito di consegna m	almacén de entregas m
entrepôt sous douane (F)	Zollagerung f	customs warehouse procedure	—	deposito doganale m	depósito de aduana m
entreprise (F)	Betrieb m	factory	—	azienda f	fábrica f
entreprise (F)	Firma f	company	—	impresa f	empresa f

entreprise

P	NL	SV	PL	CZ	H
em stock	in voorraad	i lager	na składzie	na skladě m	raktáron (van)
ao todo	in totaal	totalt	w sumie	úhrnem	összesen
expropriação f	onteigening f	expropriation	wywłaszczenie n	vyvlastnění n	kisajátítás
acordo de preços m	prijsafspraak f	prisöverenskommelse	porozumienie cenowe n	dohoda o ceně f	ármegállapodás
cabeçalho m	briefhoofd n	brevhuvud	nagłówek listu m	záhlaví dopisu n	levélpapír fejléce
gastos de descarga m/pl	loskosten m/pl	avlastningskostnader pl	koszty rozładunku m/pl	náklady na vykládku m/pl	kirakodási költségek
demissão f	afdanking f	avskedande	zwolnienie n	propuštění n	elbocsátás
entrada de numerário f	Binnenkomende betaling f	betalningsmottagande	wpływ płatności m	vstup plateb m	befizetés
—	ingaande goederen n/pl	ingående varor pl	przychód towarów m	příchod zboží m	áru beérkezése
entrada de mercadorias f	ingaande goederen n/pl	ingående varor pl	przychód towarów m	příchod zboží m	áru beérkezése
—	Binnenkomende betaling f	betalningsmottagande	wpływ płatności m	vstup plateb m	befizetés
retribuições f/pl	salaris n	inkomst av tjänst	uposażenie m	finanční přenosy m/pl	járandóságok
receitas f/pl	inkomsten f/pl	intäkter pl	przychody m/pl	příjmy m/pl	bevételek
input m	input m	input	wprowadzenie n	vstup m	bemenet
entrada de numerário f	Binnenkomende betaling f	betalningsmottagande	wpływ płatności m	vstup plateb m	befizetés
entrada de mercadorias f	ingaande goederen n/pl	ingående varor pl	przychód towarów m	příchod zboží m	áru beérkezése
entrega f	overhandiging f	leverans	przekazanie n	předání n	átadás
—	levering f	leverans	dostawa f	dodávka f	szállítás
—	overhandiging f	leverans	przekazanie n	předání n	átadás
—	levering f	leverans	dostawa f	doručení n	kézbesítés
envio à cobrança m	levering onder rembours f	betalning vid leverans	dostawa za zaliczeniem pocztowym f	dodávka na dobírku f	utánvételes szállítás
—	vervangingslevering f	substitutsleverans	dostawa zastępcza f	náhradní dodávka f	pótszállítás
entrega de reposição f	vervangingslevering f	substitutsleverans	dostawa zastępcza f	náhradní dodávka f	pótszállítás
—	onmiddellijke levering f	omedelbar leverans	dostawa natychmiastowa f	okamžitá dodávka f	azonnali szállítás
entrega imediata f	onmiddellijke levering f	omedelbar leverans	dostawa natychmiastowa f	okamžitá dodávka f	azonnali szállítás
entrega parcial f	gedeeltelijke levering f	delleverans	dostawa częściowa f	dílčí dodávka f	részszállítás
—	gedeeltelijke levering f	delleverans	dostawa częściowa f	dílčí dodávka f	részszállítás
entregar	afleveren	leverera	dostarczać <dostarczyć>	dodávat <dodat>	leszállít
—	afleveren	leverera	dostarczać <dostarczyć>	dodávat <dodat>	leszállít
—	kleinere levering f	underleverans	niepełna dostawa f	snížení objemu dodávky n	hiányos szállítmány
—	totale levering f	total leverans	kompletna dostawa f	celková dodávka f	teljes szállítás
entrega urgente f	expressebestelling f	expressutdelning	dostawa ekspresowa f	spěšná zásilka f	expressz kézbesítés
—	expressebestelling f	expressutdelning	dostawa ekspresowa f	spěšná zásilka f	expressz kézbesítés
armazenamento m	goederenopslag m	förvaring	składowanie n	uskladnění n	beraktározás
armazenagem f	het in voorraad houden f	lagerhållning	magazynowanie n	skladování n	készletezés
armazém m	magazijn n	lager	magazyn m	sklad m	raktár
centro de distribuição m	depot n	centrallager	dzień dostawy m	expediční sklad m	elosztó raktár
armazém alfandegário m	stelsel van douane-entrepots n	tullagring	magazyn towarów pod zamknięciem celnym m	celní uskladnění n	vámraktározás
fábrica f	bedrijf n	rörelse	przedsiębiorstwo n	podnik m	üzem
empresa f	firma f	företag	firma f	firma f	cég

entreprise

	D	E	F	I	ES
entreprise (F)	Unternehmen n	business	—	impresa f	empresario m
entreprise concurrente (F)	Konkurrenzunternehmen n	competitor	—	impresa concorrente f	empresa competitidora f
entreprise fictive (F)	Briefkastenfirma f	bogus company	—	società fantasma f	empresa ficticia f
entreprise fictive (F)	Scheinfirma f	bogus firm	—	ditta fittizia f	casa ficticia f
entreprise industrielle (F)	Industriebetrieb m	industrial enterprise	—	azienda industriale f	establecimiento industrial m
entro il termine convenuto (I)	fristgerecht	on time	dans les délais	—	dentro del plazo fijado
Entschädigung (D)	—	compensation	indemnité f	indennità f	indemnización f
Entscheidung (D)	—	decision	décision f	decisione f	decisión f
Entwicklung (D)	—	development	développement m	sviluppo m	desarrollo m
Entwicklungskosten (D)	—	development costs	coûts de développement m/pl	costi di sviluppo m/pl	gastos de desarrollo m/pl
Entwicklungsland (D)	—	developing country	pays en voie de développement m	paese in via di sviluppo m	país en vías de desarrollo m
en usage dans le commerce (F)	handelsüblich	customary (in trade)	—	d'uso commerciale	usual en el comercio
envelop (NL)	Briefumschlag m	envelope	enveloppe f	busta f	sobre m
envelope (E)	Briefumschlag m	—	enveloppe f	busta f	sobre m
envelope (E)	Kuvert n	—	enveloppe f	busta f	sobre m
envelope (P)	Briefumschlag m	envelope	enveloppe f	busta f	sobre m
envelope (P)	Kuvert n	envelope	enveloppe f	busta f	sobre m
enveloppe (F)	Briefumschlag m	envelope	—	busta f	sobre m
enveloppe (F)	Kuvert n	envelope	—	busta f	sobre m
enveloppe (NL)	Kuvert n	envelope	enveloppe f	busta f	sobre m
enviar un fax (ES)	faxen	fax	télécopier	inviare un fax	—
envio (P)	Sendung f	consignment	envoi m	spedizione f	envío m
envío (ES)	Sendung f	consignment	envoi m	spedizione f	—
envío (ES)	Versand m	dispatch	expédition f	spedizione f	—
envío (ES)	Zustellung f	delivery	remise f	recapito m	—
envio à cobrança (P)	Lieferung gegen Nachnahme	cash on delivery	livraison contre remboursement f	consegna in contrassegno f	entrega contra reembolso f
envio com valor declarado (P)	Wertsendung f	consignment with value declared	envoi avec valeur déclarée m	spedizione con valore dichiarato f	envío con valor declarado m
envío con valor declarado (ES)	Wertsendung f	consignment with value declared	envoi avec valeur déclarée m	spedizione con valore dichiarato f	—
envio de amostras (P)	Mustersendung	sample consignment	envoi d'échantillons m	spedizione di campioni f	envío de muestras m
envío de mercancías (ES)	Warensendung f	consignment of goods	expédition de marchandises f	spedizione di merci f	—
envío de muestras (ES)	Mustersendung	sample consignment	envoi d'échantillons m	spedizione di campioni f	—
envío de prueba (ES)	Probelieferung f	trial shipment	livraison à titre d'essai f	fornitura a titolo di prova f	—
envío incompleto (ES)	Minderlieferung f	short delivery	livraison en quantité inférieure f	fornitura ridotta f	—
envío perdido (ES)	verlorengegangene Sendung f	lost shipment	envoi perdu m	spedizione andata persa f	—
envio postal colectivo (P)	Postwurfsendung f	unaddressed printed matter posted in bulk	publipostage m	spedizione postale cumulativa di stampati f	envío postal colectivo m
envío postal colectivo (ES)	Postwurfsendung f	unaddressed printed matter posted in bulk	publipostage m	spedizione postale cumulativa di stampati f	—
envoi (F)	Sendung f	consignment	—	spedizione f	envío m
envoi avec valeur déclarée (F)	Wertsendung f	consignment with value declared	—	spedizione con valore dichiarato f	envío con valor declarado m
envoi d'échantillons (F)	Mustersendung	sample consignment	—	spedizione di campioni f	envío de muestras m
envoi perdu (F)	verlorengegangene Sendung f	lost shipment	—	spedizione andata persa f	envío perdido m
envoyeur (F)	Absender m	sender	—	mittente f	remitente m

envoyeur

P	NL	SV	PL	CZ	H
empresa f	bedrijf n	företag	przedsiębiorstwo n	podnik m	vállalat
empresa concorrente f	concurrerende onderneming f	konkurrentföretag	przedsiębiorstwo konkurencyjne n	konkurenční podnik m	konkurens vállalat
empresa fictícia f	postbusbedrijf n	brevlådeföretag	firma fikcyjna f	fingovaná firma f	fantomcég
firma fictícia f	schijnfirma f	skenföretag	firma fikcyjna f	naoko registrovaná firma f	fiktív cég
empresa industrial f	industriële onderneming f	industriföretag	zakład przemysłowy m	průmyslový podnik m	ipari üzem
dentro do prazo	op tijd	inom avtalad tid	terminowo	v odpovídající lhůtě	határidőre
indemnização f	schadevergoeding f	kompensation	odszkodowanie n	náhrada f	kártalanítás
decisão f	beslissing f	beslut	decyzja f	rozhodnutí n	döntés
desenvolvimento m	ontwikkeling f	utveckling	rozwój m	vývoj m	fejlesztés
custos de desenvolvimento m/pl	ontwikkelingskosten m/pl	utvecklingskostnader pl	koszty rozwojowe m/pl	náklady na rozvoj m/pl	fejlesztési költségek
país em vias de desenvolvimento m	ontwikkelingsland n	utvecklingsland	kraj rozwijający się m	rozvojová země f	fejlődő ország
corrente no comércio	in de handel gebruikelijk	standard	powszechnie przyjęty w handlu	obvyklé v obchodě	kereskedelemben szokásos
envelope m	—	kuvert	koperta f	obálka f	levélboríték
envelope m	envelop m	kuvert	koperta f	obálka f	levélboríték
envelope m	enveloppe f	kuvert	koperta f	obálka f	boríték
—	envelop m	kuvert	koperta f	obálka f	levélboríték
—	enveloppe f	kuvert	koperta f	obálka f	boríték
envelope m	envelop m	kuvert	koperta f	obálka f	levélboríték
envelope m	enveloppe f	kuvert	koperta f	obálka f	boríték
envelope m	—	kuvert	koperta f	obálka f	boríték
passar um fax	faxen	faxa	faksować <przefaksować>	faxovat	faxol
—	zending f	leverans	przesyłka f	zásilka f	küldemény
envio m	zending f	leverans	przesyłka f	zásilka f	küldemény
expedição f	verzending f	leverans	ekspedycja f	expedice f	feladás
entrega f	levering f	leverans	dostawa f	doručení n	kézbesítés
—	levering onder rembours f	betalning vid leverans	dostawa za zaliczeniem pocztowym f	dodávka na dobírku f	utánvételes szállítás
—	zending met aangegeven waarde f	värdeförsändelse	przesyłka wartościowa f	cenná zásilka f	értékküldemény
envio com valor declarado m	zending met aangegeven waarde f	värdeförsändelse	przesyłka wartościowa f	cenná zásilka f	értékküldemény
—	monsterzending f	provförsändelse	przesyłka próbek wzorcowych f	zásilka na ukázku f	mintaküldemény
remessa de mercadorias f	goederenverzending f	leverans	wysyłka towarów f	zásilka zboží f	áruküldemény
envio de amostras m	monsterzending f	provförsändelse	przesyłka próbek wzorcowych f	zásilka na ukázku f	mintaküldemény
fornecimento a título de ensaio	proeflevering f	provleverans	dostawa próbna f	zkušební dodávka f	próbaszállítás
entrega reduzida f	kleinere levering f	underleverans	niepełna dostawa f	snížení objemu dodávky n	hiányos szállítmány
carregamento perdido m	verloren zending f	förlorad leverans	utracona przesyłka f	ztracená zásilka f	elveszett küldemény
—	reclamedrukwerk door de post huis aan huis bezorgd n	masskorsband	masowa ulotka wysyłana pocztą f	poštovní doručení hromadné zásilky n	címzetlen reklámküldemény
envio postal colectivo m	reclamedrukwerk door de post huis aan huis bezorgd n	masskorsband	masowa ulotka wysyłana pocztą f	poštovní doručení hromadné zásilky n	címzetlen reklámküldemény
envio m	zending f	leverans	przesyłka f	zásilka f	küldemény
envio com valor declarado m	zending met aangegeven waarde f	värdeförsändelse	przesyłka wartościowa f	cenná zásilka f	értékküldemény
envio de amostras m	monsterzending f	provförsändelse	przesyłka próbek wzorcowych f	zásilka na ukázku f	mintaküldemény
carregamento perdido m	verloren zending f	förlorad leverans	utracona przesyłka f	ztracená zásilka f	elveszett küldemény
remetente m	afzender m	avsändare	nadawca m	odesílatel m	feladó

épargne 344

	D	E	F	I	ES
épargne (F)	Ersparnis f	savings	—	risparmio m	ahorro m
épargne (F)	Sparen n	saving	—	risparmio m	ahorro m
építés (H)	Bau m	construction	construction f	costruzione f	construcción f
építésfinanszí-rozás (H)	Baufinanzierung f	financing of building projects	financement à la construction m	finanziamento all'edilizia m	financiación de la construcción f
építési engedély (H)	Baugenehmigung f	planning permission	autorisation de construire f	licenza di costruzione f	permiso de construcción m
építési kölcsön (H)	Baukredit m	building loan	crédit à la construction m	credito edilizio m	crédito para la construcción f
építési terület (H)	Bauland n	building site	terrain de construction m	area edificabile f	terreno edificable m
építőipar (H)	Bauwirtschaft f	building and contracting industry	industrie du bâtiment f	edilizia f	sector de la construcción m
e-post (SV)	e-mail n	e-mail	messagerie électronique f	posta elettronica f	e-mail m
équilibrage du budget (F)	Budgetausgleich m	balancing of the budget	—	pareggio di bilancio m	balance del presupuesto m
équilibre de la balance des payements (F)	Zahlungsbilanzgleichgewicht n	balance of payments equilibrium	—	equilibrio della bilancia dei pagamenti m	balanza de pagos equilibrada f
equilíbrio da balança de pagamentos (P)	Zahlungsbilanzgleichgewicht n	balance of payments equilibrium	équilibre de la balance des payements m	equilibrio della bilancia dei pagamenti m	balanza de pagos equilibrada f
equilibrio della bilancia dei pagamenti (I)	Zahlungsbilanzgleichgewicht n	balance of payments equilibrium	équilibre de la balance des payements m	—	balanza de pagos equilibrada f
equilíbrio orçamental (P)	Budgetausgleich m	balancing of the budget	équilibrage du budget m	pareggio di bilancio m	balance del presupuesto m
equipamento de fax (P)	Faxgerät n	fax machine	télécopieur m	apparecchio fax m	fax m
équipe de nuit (F)	Nachtschicht f	night shift	—	turno notturno m	turno de noche m
équipements industriels (F)	Produktionsanlagen f/pl	production plant	—	impianti di produzione m/pl	instalaciones de producción f/pl
equity capital (E)	Eigenkapital n	—	capital propre m	capitale d'esercizio m	capital propio m
Erben (D)	—	heirs	héritiers m/pl	eredi m/pl	heredero m
erbjuda (SV)	anbieten	offer	offrir	offrire	ofrecer
érdekelt (H)	Interessent m	interested party	client potentiel m	interessato m	interesado m
érdekeltség (H)	Interesse n	interest	intérêt m	interesse m	interés m
eredi (I)	Erben m/pl	heirs	héritiers m/pl	—	heredero m
eredità (I)	Nachlass m	inheritance	héritage m	—	herencia f
eredmény (H)	Ergebnis n	result	résultat m	risultato m	resultado m
eredménykimutatás (H)	Ertragsrechnung f	profit and loss account	compte de profit et charges m	conto delle entrate m	cuenta de ganancias f/pl
erfenis (NL)	Nachlass m	inheritance	héritage m	eredità f	herencia f
erfgenamen (NL)	Erben m/pl	heirs	héritiers m/pl	eredi m/pl	heredero m
Erfolgskonto (D)	—	statement of costs	compte de résultats m	conto profitti e perdite m	cuenta de beneficios y pérdidas f
Erfüllung (D)	—	execution	acquittement m	adempimento m	cumplimiento m
Ergebnis (D)	—	result	résultat m	risultato m	resultado m
Erhöhung (D)	—	increase	augmentation f	aumento m	incremento m
érkezés napja (H)	Ankunftsdatum n	date of arrival	date d'arrivée f	data d'arrivo f	fecha de llegada f
Erlös (D)	—	proceeds	produit des ventes m	realizzo m	beneficio m
Ermäßigung (D)	—	reduction	réduction f	riduzione f	reducción f
Eröffnungsbilanz (D)	—	opening balance sheet	bilan d'ouverture m	bilancio d'apertura f	balance inicial m
erreur de calcul (F)	Rechenfehler m	miscalculation	—	errore di calcolo m	error de cálculo m
erreur de comptabilité (F)	Buchungsfehler m	book-keeping error	—	errore di contabilità m	error de contabilidad m
erreur de transcription (F)	Übertragungsfehler m	transcription error	—	errore di trascrizione m	error de transcripción m

P	NL	SV	PL	CZ	H
poupança f	besparingen f/pl	besparing	oszczędność f	úspora f	megtakarítás
poupança f	sparen n	sparande	oszczędzać n	spoření n	megtakarítás
construção f	bouw m	byggnadsverksamhet	budowa f	stavba f	—
financiamento de construção m	bouwfinanciering f	byggnadsfinansiering	finansowanie budowy n	financování stavby n	—
alvará de construção m	bouwvergunning f	byggnadstillstånd	zezwolenie budowlane n	stavební povolení n	—
crédito para a construção m	bouwkrediet n	byggnadslån	kredyt budowlany m	stavební úvěr m	—
terreno urbanizável m	bouwgrond m	byggnadstomt	grunt budowlany m	stavební pozemek m	—
indústria da construção f	bouwnijverheid f	byggnadsindustri	gospodarka budowlana f	stavebnictví n	—
e-mail m	e-mail	—	e-mail f	e-mail m	e-mail
equilíbrio orçamental m	begrotingsaanpassing f	budgetbalansering	wyrównanie budżetu n	vyrovnání rozpočtu n	költségvetés kiegyenlítése
equilíbrio da balança de pagamentos m	evenwicht op de betalingsbalans n	jämvikt i betalningsbalansen	równowaga bilansu płatniczego f	rovnováha platební bilance f	fizetési mérleg egyensúlya
—	evenwicht op de betalingsbalans n	jämvikt i betalningsbalansen	równowaga bilansu płatniczego f	rovnováha platební bilance f	fizetési mérleg egyensúlya
equilíbrio da balança de pagamentos m	evenwicht op de betalingsbalans n	jämvikt i betalningsbalansen	równowaga bilansu płatniczego f	rovnováha platební bilance f	fizetési mérleg egyensúlya
—	begrotingsaanpassing f	budgetbalansering	wyrównanie budżetu n	vyrovnání rozpočtu n	költségvetés kiegyenlítése
—	faxtoestel n	fax	telefax m	fax m	fax(készülék)
turno nocturno m	nachtploeg f	nattskift	zmiana nocna f	noční směna f	éjszakai műszak
instalações fabris f/pl	productie-investeringen f/pl	produktionsanläggning	urządzenia produkcyjne f/pl	výrobní zařízení n/pl	termelő berendezések
capital próprio m	eigen kapitaal n	egenkapital	kapitał własny m	vlastní kapitál n	saját tőke
herdeiro m	erfgenamen m/pl	arvtagare pl	spadkobiercy m/pl	dědici m/pl	örökösök
oferecer	aanbieden	—	oferować <zaoferować>	nabízet <nabídnout>	kínál
interessado m	belanghebbende partij f	intressent	interesant m	zájemce m	—
interesse m	belang n	intresse	zainteresowanie n	zájem m	—
herdeiro m	erfgenamen m/pl	arvtagare pl	spadkobiercy m/pl	dědici m/pl	örökösök
herança f	erfenis f	kvarlåtenskap	spadek m	pozůstalost f	hagyaték
resultado m	resultaat n	resultat	wynik m	výsledek m	—
demonstração de resultados f	resultatenrekening f	vinst- och förlustkonto	rachunek zysków m	účtování výnosů n	—
herança f	—	kvarlåtenskap	spadek m	pozůstalost f	hagyaték
herdeiro m	—	arvtagare pl	spadkobiercy m/pl	dědici m/pl	örökösök
conta de resultados f	resultatenrekening f	resultatkonto	konto wynikowe n	vyúčtování nákladů n	nyereségszámla
cumprimento m	uitvoering f	uppfyllande	wykonanie n	splnění n	teljesítés
resultado m	resultaat n	resultat	wynik m	výsledek m	eredmény
elevação f	verhoging f	höjning	podwyżka f	zvýšení n	emelés
data de chegada f	datum van aankomst m	ankomstdatum	data przybycia f	datum příjezdu n	—
produto das vendas m	opbrengst f	behållning	przychód m	výnos m	bevétel
redução f	korting f	reduktion	zniżka f	sleva f	mérséklés
balanço inicial m	openingsbalans m	ingående balans	bilans otwarcia m	zahajovací rozvaha f	nyitó mérleg
erro de cálculo m	rekenfout f	felkalkyl	błąd obliczeniowy m	početní chyba f	számítási hiba
erro contabilístico m	boekingsfout f	redovisningsfel	błąd w księgowaniu m	chyba v účetnictví f	könyvelési hiba
erro de transcrição m	overschrijffout f	överföringsfel	błąd w transmisji danych m	převodní chyba f	átviteli hiba

erro contabilístico

	D	E	F	I	ES
erro contabilístico (P)	Buchungsfehler m	book-keeping error	erreur de comptabilité f	errore di contabilità m	error de contabilidad m
erro de cálculo (P)	Rechenfehler m	miscalculation	erreur de calcul f	errore di calcolo m	error de cálculo m
erro de transcrição (P)	Übertragungsfehler m	transcription error	erreur de transcription f	errore di trascrizione m	error de transcripción m
error de cálculo (ES)	Rechenfehler m	miscalculation	erreur de calcul f	errore di calcolo m	—
error de contabilidad (ES)	Buchungsfehler m	book-keeping error	erreur de comptabilité f	errore di contabilità m	—
error de transcripción (ES)	Übertragungsfehler m	transcription error	erreur de transcription f	errore di trascrizione m	—
errore di calcolo (I)	Rechenfehler m	miscalculation	erreur de calcul f	—	error de cálculo m
errore di contabilità (I)	Buchungsfehler m	book-keeping error	erreur de comptabilité f	—	error de contabilidad m
errore di trascrizione (I)	Übertragungsfehler m	transcription error	erreur de transcription f	—	error de transcripción m
errors excepted (E)	Irrtum vorbehalten	—	sauf erreur	salvo errore	salvo error
ersättning (SV)	Abfindung f	compensation	indemnité f	compensazione f	compensación f
ersättning (SV)	Besoldung f	salary	appointement m	retribuzione f	retribución f
Ersatzkauf (D)	—	substitute purchase	achat de remplacement m	acquisto di compensazione m	compra de sustitución f
Ersatzlieferung (D)	—	replacement delivery	livraison de remplacement f	fornitura di compensazione f	entrega de reposición f
Ersparnis (D)	—	savings	épargne f	risparmio m	ahorro m
érték (H)	Wert m	value	valeur f	valore m	valor m
értékcsökkenés (H)	Abschreibung f	depreciation	amortissement m	ammortamento m	amortización f
értékcsökkenés (H)	Wertminderung f	decrease in value	diminution de la valeur f	riduzione di valore f	depreciación f
értékelés (H)	Bewertung f	valuation	valorisation f	valutazione f	valoración f
értékes (H)	wertvoll	valuable	précieux	prezioso	precioso
értékesít (H)	vermarkten	market	commercialiser	lanciare sul mercato	comercializar
értékesítés (H)	Absatzwirtschaft f	marketing	commercialisation f	commercializzazione f	economía de distribución f
értékesítési árbevétel (H)	Verkaufserlös m	sale proceeds	produit des ventes m	ricavo delle vendite m	producto de la venta m
értékesítési csatorna (H)	Absatzweg m	channel of distribution	canal de distribution m	sbocco m	medio de venta f
értékesítési csatorna (H)	Vertriebsweg m	distribution channel	canal de distribution m	canale distributivo m	canal de distribución m
értékesítési elemzés (H)	Absatzanalyse f	sales analysis	analyse de la distribution f	analisi di mercato f	análisis de venta m
értékesítési jutalék (H)	Verkäuferprovision f	sales commission	commission sur les ventes f	provvigione del venditore f	comisión sobre la venta f
értékesítési kilátások (H)	Absatzchance f	sales prospects	possibilités de réussite des ventes f/pl	possibilità di vendita f/pl	posibilidades de venta f/pl
értékesítési szegmens (H)	Absatzsegment n	sales segment	segment de vente m	segmento di vendita m	segmento de venta m
értékesítésösztönzés (H)	Absatzförderung f	sales promotion	promotion des ventes f	promozione delle vendite f	fomento de ventas m
értékesítésösztönzés (H)	Verkaufsförderung f	sales promotion	promotion de la vente f	promozione di vendita f	promoción de las ventas f
értékesítés tervezése (H)	Absatzplanung f	sales planning	planification de la distribution f	pianificazione delle vendite f	planificación de ventas f
értékhelyesbítés (H)	Wertberichtigung f	adjustment of value	réévaluation f	rettifica del valore f	rectificación de valor f
értékküldemény (H)	Wertsendung f	consignment with value declared	envoi avec valeur déclarée m	spedizione con valore dichiarato f	envío con valor declarado m
értéklevél (H)	Wertbrief m	insured letter	lettre avec valeur déclarée f	lettera con valore dichiarato f	letra con valor declarado f
értéknövekedés (H)	Wertzuwachs m	appreciation	accroissement de valeur m	incremento di valore m	plusvalía f
értéknövelés (H)	Wertschöpfung f	net product	création de valeurs f	valore aggiunto m	creación de valor f
értékpapír (H)	Wertpapier n	security	titre m	titolo m	valor m

értékpapír

P	NL	SV	PL	CZ	H
—	boekingsfout f	redovisningsfel	błąd w księgowaniu m	chyba v účetnictví f	könyvelési hiba
—	rekenfout f	felkalkyl	błąd obliczeniowy m	početní chyba f	számítási hiba
—	overschrijffout f	överföringsfel	błąd w transmisji danych m	převodní chyba f	átviteli hiba
erro de cálculo m	rekenfout f	felkalkyl	błąd obliczeniowy m	početní chyba f	számítási hiba
erro contabilístico m	boekingsfout f	redovisningsfel	błąd w księgowaniu m	chyba v účetnictví f	könyvelési hiba
erro de transcrição m	overschrijffout f	överföringsfel	błąd w transmisji danych m	převodní chyba f	átviteli hiba
erro de cálculo m	rekenfout f	felkalkyl	błąd obliczeniowy m	početní chyba f	számítási hiba
erro contabilístico m	boekingsfout f	redovisningsfel	błąd w księgowaniu m	chyba v účetnictví f	könyvelési hiba
erro de transcrição m	overschrijffout f	överföringsfel	błąd w transmisji danych m	převodní chyba f	átviteli hiba
salvo erro	onder voorbehoud van vergissingen	med reservation för eventuella misstag	z zastrzeżeniem błędów	omyl vyhrazen m	tévedések fenntartásával
indemnização f	verzending f	—	odszkodowanie n	odstupné n	kártérítés
salário m	loon n	—	uposażenie n	plat m	díjazás
compra de reposição f	vervangingskoop m	substitutsköp	zakup zastępczy m	náhradní nákup m	pótvásárlás
entrega de reposição f	vervangingslevering f	substitutsleverans	dostawa zastępcza f	náhradní dodávka f	pótszállítás
poupança f	besparingen f/pl	besparing	oszczędność f	úspora f	megtakarítás
valor m	waarde f	värde	wartość f	hodnota f	—
amortização f	afschrijving f	avskrivning	amortyzacja f	odpis m	—
diminuição de valor f	waardevermindering f	värdeminskning	spadek wartości m	snížení hodnoty n	—
avaliação f	schatting f	värdering	ocena f	ohodnocení n	—
valioso	waardevol	värdefull	wartościowy	cenný	—
comercializar	commercialiseren	marknadsföra	uplasować na rynku	uvést na trh	—
comercialização f	marketing f	marknadsföring	marketing	odbytové hospodářství n	—
produto das vendas m	opbrengst van een verkoop f	försäljningsintäkter pl	uzysk ze sprzedaży m	tržba z prodeje f	—
canal de distribuição f	distributiekanaal n	distributionskanal	droga zbytu f	odbytová cesta f	—
canal de distribuição f	distributiekanaal n	distributionskanal	kanał dystrybucyjny m	odbytová cesta f	—
análise de mercado f	verkoopanalyse f	säljanalys	analiza zbytu f	analýza odbytu f	—
comissão sobre as vendas f	verkoopcommissie f	säljarprovision	prowizja od sprzedaży f	provize prodavače f	—
possibilidades de venda f/pl	verkoopvooruitzichten n/pl	kundämne	możliwość zbytu m	vyhlídka na odbyt f	—
segmento de venda m	verkoopsegment n	säljsegment	segment zbytu m	odbytový segment m	—
promoção comercial f	verkoopbevordering f	säljfrämjande åtgärder pl	promocja sprzedaży f	stimulace odbytu f	—
promoção de vendas f	verkoopbevordering f	säljfrämjande åtgärder pl	promocja sprzedaży f	pobídka k prodeji f	—
planificação de vendas f	verkoopplanning f	säljplanering	planowanie zbytu n	plánování odbytu n	—
rectificação do valor f	correctie wegens herwaardering f	värdereglering	sprostowanie wartości n	oprávka f	—
envio com valor declarado m	zending met aangegeven waarde f	värdeförsändelse	przesyłka wartościowa f	cenná zásilka f	—
carta com valor declarado f	brief met aangegeven waarde m	assurerat brev	list wartościowy m	cenný dopis m	—
mais-valia f	waardevermeerdering f	värdestegring	przyrost wartości m	přírůstek hodnoty m	—
valor adicionado m	toegevoegde waarde f	mervärde	kreacja wartości dodanej f	tvorba hodnot f	—
título m	waardepapier n	värdepapper	papier wartościowy m	cenný papír m	—

értékpapírok 348

	D	E	F	I	ES
értékpapírok (H)	Effekten f/pl	securities	valeurs mobilières f/pl	titoli m/pl	efectos m/pl
értékpapírügylet (H)	Wertpapiergeschäft n	securities business	opérations sur titres f/pl	operazioni su titoli f/pl	operación con valores f
értéktöbblet (H)	Mehrwert m	value added	valeur ajoutée f	valore aggiunto m	plusvalía f
értéktőzsde (H)	Effektenbörse f	stock exchange	bourse des titres et des valeurs mobilières f	borsa valori f	bolsa de valores f
értékvám (H)	Wertzoll m	ad valorem duty	taxe de douane ad valorem f	dazio ad valorem m	aduanas ad valorem f/pl
értékvesztés (H)	Wertverfall m	loss of value	dévalorisation f	deprezzamento m	depreciación f
Ertrag (D)	—	return	rendement m	rendimento m	rendimiento m
Ertragslage (D)	—	profitability	niveau de rendement m	situazione economica f	situación del beneficio f
Ertragsrechnung (D)	—	profit and loss account	compte de profit et charges m	conto delle entrate m	cuenta de ganancias f/pl
Ertragsteuer (D)	—	tax on earnings	impôt assis sur le produit m	imposta cedolare f	impuesto sobre beneficios m
érvénytelenít (H)	annullieren	annul	annuler	annullare	anular
érvénytelenítő záradék (H)	Widerrufsklausel f	revocation clause	clause de révocation f	clausola di revoca f	cláusula revocatoria f
Erwerbsquote (D)	—	activity rate	taux d'activité m	quota della popolazione attiva f	tasa de la población activa f
Erwerbstätiger (D)	—	gainfully employed person	personne ayant un emploi f	persona con un posto di lavoro f	persona activa f
Erwerbsunfähigkeit (D)	—	disability to earn a living	incapacité de travail f	invalidità f	incapacidad profesional f
Erzeuger (D)	—	manufacturer	producteur m	produttore m	productor m
Erzeugnis (D)	—	product	produit m	prodotto m	producto m
escalonamento (P)	Terminplanung f	scheduling	planning de rendez-vous m	programmazione dei termini f	planificación de plazos f
escape clause (E)	Rücktrittsklausel f	—	clause de dénonciation du contrat f	clausola di recesso f	cláusula de renuncia f
escassez de materias primas (ES)	Rohstoffknappheit f	raw material shortage	pénurie de matières premières f	scarsità di materie prime f	—
escaso (ES)	knapp	scarce	rare	scarso	—
escassez de matéria-prima (P)	Rohstoffknappheit f	raw material shortage	pénurie de matières premières f	scarsità di materie prime f	escasez de materias primas f
escasso (P)	knapp	scarce	rare	scarso	escaso
escolha de localização (P)	Standortwahl f	choice of location	choix du lieu d'implantation m	scelta dell'ubicazione f	elección de la ubicación f
escompte (F)	Diskont m	discount	—	sconto m	descuento m
escompte (F)	Skonto m/n	discount	—	sconto m	descuento m
escritura de poder (ES)	Vollmacht f	power of attorney	plein pouvoir m	mandato m	—
esecuzione (I)	Abwicklung f	settlement	exécution f	—	ejecución f
esecuzione (I)	Vollstreckung f	enforcement	exécution f	—	ejecución f
esecuzione di un ordine (I)	Auftragsabwicklung f	processing of an order	exécution d'une commande f	—	ejecución de pedidos f
esedékes (H)	fällig	due	échu	esigibile	vencido
esentasse (I)	steuerfrei	tax-free	exonéré d'impôt	—	libre de impuesto
esente da imposte (I)	abgabenfrei	tax-exempt	exempt de taxes	—	exento de impuestos
esente da vizi (I)	mangelfrei	free of defects	sans défaut	—	sin vicios
esercizio (I)	Wirtschaftsjahr n	business year	exercice comptable m	—	ejercicio m
esercizio commerciale (I)	Geschäftsjahr n	financial year	exercice m	—	ejercicio m
esigibile (I)	fällig	due	échu	—	vencido
eskü alatt tett nyilatkozat (H)	beeidigte Erklärung f	sworn statement	déclaration sous serment f	dichiarazione giurata f	declaración jurada f

esküalatt tett nyilatkozat

P	NL	SV	PL	CZ	H
títulos m/pl	effecten n/pl	värdepapper pl	papiery wartościowe m/pl	cenné papíry m/pl	—
transacção de títulos f	effectenhandel f	värdepappersaffär	transakcja papierami wartościowymi f	obchod s cennými papíry m	—
mais-valia f	meerwaarde f	mervärde	wartość dodana f	nadhodnota f	—
bolsa de valores f	effectenbeurs f	börs	giełda papierów wartościowych f	burza cenných papírů f	—
direitos ad valorem m/pl	waarderechten n/pl	ad valorem tull	cło od wartości n	hodnotové clo n	—
depreciação f	waardevermindering f	värdeförlust	utrata wartości f	ztráta hodnoty f	—
rendimento m	opbrengst f	vinst	zysk m	výnos m	jövedelem
nível de lucros m	rentabiliteit f	vinstsituation	zyskowność f	stav výnosů m	nyereséghelyzet
demonstração de resultados f	resultatenrekening f	vinst- och förlustkonto	rachunek zysków m	účtování výnosů n	eredménykimutatás
imposto sobre o rendimento m	winstbelasting f	vinstbeskattning	podatek od zysku m	daň z výnosů f	jövedelemadó
anular	annuleren	annullera	anulować	anulovat	—
cláusula de revogação f	herroepingsclausule f	återkallningsklausul	klauzula odwoławcza f	odvolávací doložka f	—
taxa da população activa f	arbeidsaanbod n	sysselsättningsgrad	stosunek pracujących do populacji m	podíl na zisku m	aktív keresők aránya
pessoa com emprego remunerado f	beroepsactieve persoon n	förvärvsarbetande person	osoba czynna zawodowo f	výdělečně činný m	aktív kereső
invalidez	arbeidsongeschiktheid f	arbetsoförmåga	niezdolność do pracy f	práceneschopnost f	keresőképtelenség
produtor m	producent n	tillverkare	producent m	výrobce m	gyártó
produto m	product n	produkt	wyrób m	výrobek m	termék
—	tijdsplanning f	tidsplanering	planowanie terminów n	termínované plánování n	időtervezés
cláusula de rescisão f	annuleringsclausule f	uppsägningsklausul	klauzula odstąpienia od umowy f	doložka o odstoupení f	mentesítő záradék
escassez de matéria-prima f	grondstoffenschaarste f	råvarubrist	niedostatek surowca m	nedostatek surovin m	nyersanyagszűke
escasso	schaars	knapp	w niedoborze	těsný	szűkös
—	grondstoffenschaarste f	råvarubrist	niedostatek surowca m	nedostatek surovin m	nyersanyagszűke
—	schaars	knapp	w niedoborze	těsný	szűkös
—	keuze van vestigingsplaats f	val av etableringsort	wybór lokalizacji m	volba stanoviště f	helyszín kiválasztása
desconto m	disconto n	diskonto	dyskonto n	diskont m	árengedmény
desconto m	korting voor contant f	kassarabatt	skonto n	skonto n	árengedmény
plenos poderes m/pl	volmacht f	fullmakt	pełnomocnictwo n	plná moc f	felhatalmazás
execução f	afwikkeling f	likvidering	realizacja f	vyřízení n	lebonyolítás
execução f	uitvoering f	verkställande	wykonanie n	výkon soudního příkazu m	végrehajtás
execução de uma encomenda f	afwikkeling van de bestelling f	orderhantering	realizacja zlecenia f	vyřízení zakázky n	megbízás lebonyolítása
vencido	betaalbaar	förfallen till betalning	do zapłaty	splatný	esedékes
isento de impostos	vrij van belastingen	skattefri	wolny od podatku	osvobozený od daně f	adómentes
isento de impostos	tolvrij	skattefri	wolne od podatków	osvobozený od poplatku	adómentes
sem defeitos	vrij van gebreken	felfri	wolny od wad	nezávadný	hibátlan
exercício m	boekjaar n	budgetår	rok gospodarczy m	hospodářský rok f	gazdasági év
exercício comercial m	boekjaar n	verksamhetsår	rok gospodarczy m	obchodní rok m	üzleti év
vencido	betaalbaar	förfallen till betalning	do zapłaty	splatný	esedékes
declaração sob juramento f	beëdigde verklaring f	utsaga under ed	oświadczenie pod przysięgą n	přísežné prohlášení n	—

Espagne 350

	D	E	F	I	ES
Espagne (F)	Spanien	Spain	—	Spagna f	España
espagnol (F)	spanisch	Spanish	—	spagnolo	español
espagnol (F)	Spanisch	Spanish	—	spagnolo m	español m
España (ES)	Spanien	Spain	Espagne f	Spagna f	—
Espanha (P)	Spanien	Spain	Espagne f	Spagna f	España
espanhol (P)	spanisch	Spanish	espagnol	spagnolo	español
espanhol (P)	Spanisch	Spanish	espagnol m	spagnolo m	español m
español (ES)	spanisch	Spanish	espagnol	spagnolo	—
español (ES)	Spanisch	Spanish	espagnol m	spagnolo m	—
espansione (I)	Expansion m	expansion	expansion f	—	expansión f
especialista (ES)	Fachmann m	expert	expert m	perito m	—
especialista (P)	Fachmann m	expert	expert m	perito m	especialista m/f
especificação (P)	Spezifikation	specification	spécification f	specificazione f	especificación f
especificación (ES)	Spezifikation	specification	spécification f	specificazione f	—
especulação (P)	Spekulation f	speculation	spéculation f	speculazione f	especulación f
especulación (ES)	Spekulation f	speculation	spéculation f	speculazione f	—
especulador altista (P)	Haussier m	bull	haussier m	speculatore al rialzo m	alcista m
espionagem industrial (P)	Industriespionage f	industrial espionage	espionnage industriel m	spionaggio industriale m	espionaje industrial m
espionaje industrial (ES)	Industriespionage f	industrial espionage	espionnage industriel m	spionaggio industriale m	—
espionnage industriel (F)	Industriespionage f	industrial espionage	—	spionaggio industriale m	espionaje industrial m
espiral salarios-precios (ES)	Lohn-Preis-Spirale f	wage-price spiral	course des prix et des salaires f	spirale prezzi-salari f	—
espiral salários-preços (P)	Lohn-Preis-Spirale f	wage-price spiral	course des prix et des salaires f	spirale prezzi-salari f	espiral salarios-precios m
esplosione dei costi (I)	Kostenexplosion f	cost escalation	explosion des coûts f	—	explosión de los costes f
esportazione (I)	Ausfuhr f	export	exportation f	—	exportación f
esportazione (I)	Export m	export	exportation f	—	exportación f
esposizione (I)	Ausstellung f	exhibition	exposition f	—	exhibición f
espresso (I)	Eilbrief m	express letter	lettre par exprès f	—	carta urgente f
espropriazione (I)	Enteignung f	expropriation	expropriation f	—	expropiación f
essence (F)	Benzin n	petrol	—	benzina f	gasolina f
essere d'accordo sul prezzo (I)	handelseinig sein	reach an agreement	unanimité commerciale f	—	estar de acuerdo
ésszerűsítés (H)	Rationalisierung f	rationalisation	rationalisation f	razionalizzazione f	racionalización f
estabelecimento de contingentes (P)	Kontingentierung f	fixing of a quota	contingentement m	contingentamento m	contingentación f
estabilidad (ES)	Stabilität f	stability	stabilité f	stabilità f	—
estabilidade (P)	Stabilität f	stability	stabilité f	stabilità f	estabilidad f
estabilidade monetária (P)	Geldwertstabilität f	stability of the value of money	stabilité monétaire f	stabilità monetaria f	estabilidad monetaria f
estabilidad monetaria (ES)	Geldwertstabilität f	stability of the value of money	stabilité monétaire f	stabilità monetaria f	—
establecimiento del presupuesto (ES)	Budgetierung f	budgeting	planification des coûts f	compilazione del bilancio f	—
establecimiento industrial (ES)	Industriebetrieb m	industrial enterprise	entreprise industrielle f	azienda industriale f	—
estação franca (P)	frei Station	free ex station	franco en gare	franco stazione	franco estación
estadística (ES)	Statistik f	statistics	statistique f	statistica f	—
Estado (ES)	Staat m	state	Etat m	stato m	—
estado (P)	Staat m	state	Etat m	stato m	Estado m
estagflação (P)	Stagflation f	stagflation	stagflation f	stagflazione f	estanflación f
estagnação (P)	Stagnation f	stagnation	stagnation f	stagnazione f	estancamiento m
estaleiro naval (P)	Werft f	shipyard	chantier naval m	cantiere navale m	astillero m
estancamiento (ES)	Stagnation f	stagnation	stagnation f	stagnazione f	—
estándar (ES)	Standard m	standard	standard m	standard m	—
estanflación (ES)	Stagflation f	stagflation	stagflation f	stagflazione f	—

estanflación

P	NL	SV	PL	CZ	H
Espanha f	Spanje	Spanien	Hiszpania f	Španělsko n	Spanyolország
espanhol	Spaans	spansk	hiszpański	španělský	spanyol(ul)
espanhol	Spaans	spanska	język hiszpański m	španělština f	spanyol (nyelv)
Espanha f	Spanje	Spanien	Hiszpania f	Španělsko n	Spanyolország
—	Spanje	Spanien	Hiszpania f	Španělsko n	Spanyolország
—	Spaans	spansk	hiszpański	španělský	spanyol(ul)
—	Spaans	spanska	język hiszpański m	španělština f	spanyol (nyelv)
espanhol	Spaans	spansk	hiszpański	španělský	spanyol(ul)
espanhol	Spaans	spanska	język hiszpański m	španělština f	spanyol (nyelv)
expansão f	expansie f	expansion	ekspansja f	expanze f	terjeszkedés
especialista m	vakman m	specialist	specjalista m	odborník m	szakember
—	vakman m	specialist	specjalista m	odborník m	szakember
—	specificatie f	specifikation	specyfikacja f	specifikace f	specifikáció
especificação f	specificatie f	specifikation	specyfikacja f	specifikace f	specifikáció
—	speculatie f	spekulation	spekulacja f	spekulace f	spekuláció
especulação f	speculatie f	spekulation	spekulacja f	spekulace f	spekuláció
—	haussespeculant m	haussespekulant	grający na zwyżkę m	spekulant m	hossz-spekuláns
—	bedrijfsspionage f	industrispionage	szpiegostwo przemysłowe n	průmyslová špionáž f	ipari kémkedés
espionagem industrial f	bedrijfsspionage f	industrispionage	szpiegostwo przemysłowe n	průmyslová špionáž f	ipari kémkedés
espionagem industrial f	bedrijfsspionage f	industrispionage	szpiegostwo przemysłowe n	průmyslová špionáž f	ipari kémkedés
espiral salários-preços f	lonen- en prijsspiraal f	pris- och lönespiral	spirala cen i płac f	cenová a mzdová spirála f	ár-bér spirál
—	lonen- en prijsspiraal f	pris- och lönespiral	spirala cen i płac f	cenová a mzdová spirála f	ár-bér spirál
explosão dos custos f	kostenexplosie f	explosionsartad kostnadsökning	eksplozja kosztów f	exploze nákladů f	költségrobbanás
exportação f	export m	export	eksport m	vývoz m	kivitel
exportação f	export m	export	eksport m	vývoz m	kivitel
exposição f	tentoonstelling f	utställning	wystawa	výstava f	kiállítás
correio expresso m	expresbrief m	expressbrev	list ekspresowy m	spěšný dopis m	expresszlevél
expropriação f	onteigening f	expropriation	wywłaszczenie n	vyvlastnění n	kisajátítás
gasolina f	benzine f/m	bensin	benzyna f	benzin m	benzin
em unanimidade comercial	het over een koop eens zijn	vara överens	dobijać <dobić> interesu	být jednotný v obchodě	megegyezik az üzlet feltételeiben
racionalização f	rationalisering f	rationalisering	racjonalizacja f	racionalizace f	—
—	contingentering f	kontigentering	kontyngentowanie n	kontingentace f	kontingensrendszer
estabilidade f	stabiliteit f	stabilitet	stabilność f	stabilita f	stabilitás
—	stabiliteit f	stabilitet	stabilność f	stabilita f	stabilitás
—	muntstabiliteit f	penningvärdesstabilitet	stabilność pieniądza f	stabilita hodnoty peněz f	pénzügyi stabilitás
estabilidade monetária f	muntstabiliteit f	penningvärdesstabilitet	stabilność pieniądza f	stabilita hodnoty peněz f	pénzügyi stabilitás
execução do orçamento f	budgettering f	budgetering	budżetowanie n	rozpočtování n	költségvetés készítése
empresa industrial f	industriële onderneming f	industriföretag	zakład przemysłowy m	průmyslový podnik m	ipari üzem
—	franco station	fritt station	franco stacja	vyplaceně do stanice	költségmentesen állomáson kirakva
estatística f	statistiek f	statistik	statystyka f	statistika f	statisztika
estado m	staat m	stat	państwo n	stát m	állam
—	staat m	stat	państwo n	stát m	állam
—	stagflatie f	stagflation	stagflacja f	stagflace f	stagfláció
—	stagnatie f	stagnation	stagnacja f	stagnace f	stagnálás
—	scheepswerf f	varv	stocznia f	loděnice f	hajógyár
estagnação f	stagnatie f	stagnation	stagnacja f	stagnace f	stagnálás
standard m	standaard m	standard	standard m	standard m	szabvány
estagflação f	stagflatie f	stagflation	stagflacja f	stagflace f	stagfláció

estar de acuerdo

	D	E	F	I	ES
estar de acuerdo (ES)	handelseinig sein	reach an agreement	unanimité commerciale f	essere d'accordo sul prezzo	—
estatal (ES)	staatlich	state	d'Etat	statale	—
estatal (P)	staatlich	state	d'Etat	statale	estatal
estate agent (E)	Immobilienmakler m	—	courtier en affaires immobilières m	agente immobiliare m	agente de la propiedad inmobiliaria m
estatística (P)	Statistik f	statistics	statistique f	statistica f	estadística f
estatuto (ES)	Satzung f	statutes	statut m	statuto m	—
estatuto (P)	Satzung f	statutes	statut m	statuto m	estatuto m
estimación (ES)	Schätzwert m	estimated value	valeur estiméee f	valore stimato m	—
estimate (E)	Voranschlag m	—	devis estimatif m	preventivo m	presupuesto m
estimated value (E)	Schätzwert m	—	valeur estiméee f	valore stimato m	estimación f
estimated value (E)	Taxwert m	—	valeur de taxation f	valore stimato m	valor de tasación m
estimation of cost (E)	Vorkalkulation f	—	calcul des coûts prévisionnels m	calcolo preventivo m	cálculo provisional m
estimativa (P)	Voranschlag m	estimate	devis estimatif m	preventivo m	presupuesto m
estimativa dos custos (P)	Vorkalkulation f	estimation of cost	calcul des coûts prévisionnels m	calcolo preventivo m	cálculo provisional m
estoque (P)	Vorrat m	stock	stock m	scorte f/pl	existencias f/pl
estoque de mercadorias (P)	Warenbestand m	stock	stock de marchandises m	scorte merci f/pl	existencias f/pl
estorno (P)	Storno m/n	reversal	écriture de contrepassation f	ristorno m	anulación f
estrategia (ES)	Strategie f	strategy	stratégie f	strategia f	—
estratégia (P)	Strategie f	strategy	stratégie f	strategia f	estrategia f
estrategia empresarial (ES)	Unternehmensstrategie f	corporate strategy	stratégie de l'entreprise f	strategia imprenditoriale f	—
estrategia empresarial (P)	Unternehmensstrategie f	corporate strategy	stratégie de l'entreprise f	strategia imprenditoriale f	estrategia empresarial f
estratto conto (I)	Kontoauszug m	statement of account	relevé de compte m	—	extracto de cuenta m
estritamente confidencial (P)	streng vertraulich	strictly confidential	strictement confidentiel	strettamente confidenziale	absolutamente confidencial
estructura (ES)	Struktur f	structure	structure f	struttura f	—
estrutura (P)	Struktur f	structure	structure f	struttura f	estructura f
eszköz (H)	Mittel n	means	moyen m	mezzo m	medio m
etablering (SV)	Niederlassung f	branch office	succursale f	succursale f	sucursal f
etableringsort (SV)	Standort m	location	lieu d'implantation m	ubicazione f	ubicación f
établissement de crédit (F)	Kreditinstitut n	credit institution	—	istituto di credito m	instituto de crédito m
établissement d'une facture (F)	Rechnungsstellung f	invoicing	—	fatturazione f	facturación f
établissement en régie (F)	Regiebetrieb m	publicly owned enterprise	—	gestione in economia f	empresa estatal f
etalage (NL)	Auslage f	display	étalage m	vetrina f	vitrina f
étalage (F)	Auslage f	display	—	vetrina f	vitrina f
étalon or (F)	Goldstandard m	gold standard	—	tallone aureo m	patrón-oro m
etap rozwojowy (PL)	Aufbauphase f	development phase	phase d'organisation f	fase di sviluppo f	fase de desarrollo f
Etat (D)	—	budget	budget m	bilancio m	presupuesto m
Etat (F)	Staat m	state	—	stato m	Estado m
etichetta (I)	Etikett n	label	étiquette f	—	etiqueta f
etiket (NL)	Etikett n	label	étiquette f	etichetta f	etiqueta f
etiketa (CZ)	Etikett n	label	étiquette f	etichetta f	etiqueta f
Etikett (D)	—	label	étiquette f	etichetta f	etiqueta f
etikett (SV)	Etikett n	label	étiquette f	etichetta f	etiqueta f
etiqueta (ES)	Etikett n	label	étiquette f	etichetta f	—
etiqueta (P)	Etikett n	label	étiquette f	etichetta f	etiqueta f
etiqueta del precio (ES)	Preisschild	price tag	étiquette de prix f	cartellino del prezzo m	—

etiqueta del precio

P	NL	SV	PL	CZ	H
em unanimidade comercial	het over een koop eens zijn	vara överens	dobijać <dobić> interesu	být jednotný v obchodě	megegyezik az üzlet feltételeiben
estatal	staats-	statlig	państwowy	státní	állami
—	staats-	statlig	państwowy	státní	állami
agente imobiliário m	vastgoedmakelaar m	fastighetsmäklare	pośrednik handlu nieruchomościami m	makléř s nemovitostmi m	ingatlanügynök
—	statistiek f	statistik	statystyka f	statistika f	statisztika
estatuto m	statuten n/pl	stadgar pl	statut m	stanovy f/pl	alapszabály
—	statuten n/pl	stadgar pl	statut m	stanovy f/pl	alapszabály
valor estimado m	geschatte waarde f	taxeringsvärde	wartość szacunkowa f	odhadní hodnota f	becsült érték
estimativa f	raming f	uppskattning	kosztorys m	rozpočet m	előirányzat
valor estimado m	geschatte waarde f	taxeringsvärde	wartość szacunkowa f	odhadní hodnota f	becsült érték
valor estimado m	taxatiewaarde f	taxeringsvärde	wartość szacunkowa f	odhadní cena f	becsült érték
estimativa dos custos f	voorcalculatie f	kostnadsberäkning	kalkulacja wstępna f	předběžná kalkulace f	előkalkuláció
—	raming f	uppskattning	kosztorys m	rozpočet m	előirányzat
—	voorcalculatie f	kostnadsberäkning	kalkulacja wstępna f	předběžná kalkulace f	előkalkuláció
—	voorraad m	lager	zapas m	zásoba f	készlet
—	goederenvoorraad m	inneliggande varulager	zasób towarów m	zásoba zboží f	árukészlet
—	tegenboeking f	stornering	storno n	storno n	törlés
estratégia f	strategie f	strategi	strategia f	strategie f	stratégia
—	strategie f	strategi	strategia f	strategie f	stratégia
estratégia empresarial f	bedrijfsstrategie f	företagsstrategi	strategia przedsiębiorstwa	strategie podnikání f	vállalati stratégia
—	bedrijfsstrategie f	företagsstrategi	strategia przedsiębiorstwa	strategie podnikání f	vállalati stratégia
extracto de conta m	rekeninguittreksel n	kontoutdrag	wyciąg z konta m	výpis z účtu m	számlakivonat
—	strikt vertrouwelijk	konfidentiellt	ściśle poufne	přísně důvěrné	szigorúan bizalmas
estrutura f	structuur f	struktur	struktura f	struktura f	szerkezet
—	structuur f	struktur	struktura f	struktura f	szerkezet
meios m/pl	middel n	medel	środek m	prostředek m	—
sucursal f	vestiging f	—	filia f	pobočka f	kirendeltség
localização f	vestigingsplaats f	—	lokalizacja f	stanoviště n	telephely
instituição de crédito f	kredietinstelling f	kreditinstitut	instytucja kredytowa f	úvěrový ústav m	hitelintézet
facturação f	facturering f	fakturering	fakturowanie n	účtování n	számlázás
empresa estatal f	regie f	företag i offentlig hand	przedsiębiorstwo państwowe n	správní podnik m	köztulajdonú vállalat
vitrine f	—	skyltning	wystawa f	výloha f	kirakati bemutatás
vitrine f	etalage f	skyltning	wystawa f	výloha f	kirakati bemutatás
padrão-ouro m	goudstandaard m	guldstandard	waluta złota f	zlatý standard m	aranyalap
fase de desenvolvimento f	opbouwfase f	uppbyggnadsfas	—	fáze výstavby f	kiépítési szakasz
orçamento m	budget n	budget	budżet m	rozpočet m	költségvetés
estado m	staat m	stat	państwo n	stát m	állam
etiqueta f	etiket n	etikett	etykieta f	etiketa f	címke
etiqueta f	—	etikett	etykieta f	etiketa f	címke
etiqueta f	etiket n	etikett	etykieta f	—	címke
etiqueta f	etiket n	etikett	etykieta f	etiketa f	címke
etiqueta f	etiket n	—	etykieta f	etiketa f	címke
etiqueta f	etiket n	etikett	etykieta f	etiketa f	címke
—	etiket n	etikett	etykieta f	etiketa f	címke
etiqueta de preço f	prijsetiket n	prisetikett	etykietka cenowa f	cenovka f	ártábla

etiqueta de preço 354

	D	E	F	I	ES
etiqueta de preço (P)	Preisschild	price tag	étiquette de prix f	cartellino del prezzo m	etiqueta del precio f
étiquette (F)	Etikett n	label	—	etichetta f	etiqueta f
étiquette de prix (F)	Preisschild	price tag	—	cartellino del prezzo m	etiqueta del precio f
étude de marché (F)	Marktbeobachtung f	observation of markets	—	sondaggio di mercato m	observación del mercado f
etykieta (PL)	Etikett n	label	étiquette f	etichetta f	etiqueta f
etykietka cenowa (PL)	Preisschild	price tag	étiquette de prix f	cartellino del prezzo m	etiqueta del precio f
Euro (D)	—	Euro	euro	Euro m	euro m
Euro (E)	Euro m	—	euro	Euro m	euro m
euro (F)	Euro m	Euro	—	Euro m	euro m
Euro (I)	Euro m	Euro	euro	—	euro m
euro (ES)	Euro m	Euro	euro	Euro m	—
Euro (P)	Euro m	Euro	euro	Euro m	euro m
Euro (NL)	Euro m	Euro	euro	Euro m	euro m
euro (SV)	Euro m	Euro	euro	Euro m	euro m
Euro (PL)	Euro m	Euro	euro	Euro m	euro m
euro (CZ)	Euro m	Euro	euro	Euro m	euro m
euro (H)	Euro m	Euro	euro	Euro m	euro m
euroassegno (I)	Euroscheck m	Eurocheque	eurochèque m	—	eurocheque m
eurobon (F)	Eurobond m	Eurobond	—	eurobond m	euroemisión f
Eurobond (D)	—	Eurobond	eurobon m	eurobond m	euroemisión f
Eurobond (E)	Eurobond m	—	eurobon m	eurobond m	euroemisión f
eurobond (I)	Eurobond m	Eurobond	eurobon m	—	euroemisión f
eurobond (PL)	Eurobond m	Eurobond	eurobon m	eurobond m	euroemisión f
eurocheck (SV)	Euroscheck m	Eurocheque	eurochèque m	euroassegno m	eurocheque m
Eurocheque (E)	Euroscheck m	—	eurochèque m	euroassegno m	eurocheque m
eurocheque (ES)	Euroscheck m	Eurocheque	eurochèque m	euroassegno m	—
eurocheque (P)	Euroscheck m	Eurocheque	eurochèque m	euroassegno m	eurocheque m
eurocheque (NL)	Euroscheck m	Eurocheque	eurochèque m	euroassegno m	eurocheque m
eurochèque (F)	Euroscheck m	Eurocheque	—	euroassegno m	eurocheque m
eurocsekk (H)	Euroscheck m	Eurocheque	eurochèque m	euroassegno m	eurocheque m
euroczek (PL)	Euroscheck m	Eurocheque	eurochèque m	euroassegno m	eurocheque m
eurodolar (PL)	Euro-Dollar m	Eurodollar	eurodollar m	eurodollaro m	eurodólar m
eurodolar (CZ)	Euro-Dollar m	Eurodollar	eurodollar m	eurodollaro m	eurodólar m
eurodólar (ES)	Euro-Dollar m	Eurodollar	eurodollar m	eurodollaro m	—
eurodólar (P)	Euro-Dollar m	Eurodollar	eurodollar m	eurodollaro m	eurodólar m
Euro-Dollar (D)	—	Eurodollar	eurodollar m	eurodollaro m	eurodólar m
Eurodollar (E)	Euro-Dollar m	—	eurodollar m	eurodollaro m	eurodólar m
eurodollar (F)	Euro-Dollar m	Eurodollar	—	eurodollaro m	eurodólar m
eurodollar (NL)	Euro-Dollar m	Eurodollar	eurodollar m	eurodollaro m	eurodólar m
eurodollar (SV)	Euro-Dollar m	Eurodollar	eurodollar m	eurodollaro m	eurodólar m
eurodollár (H)	Euro-Dollar m	Eurodollar	eurodollar m	eurodollaro m	eurodólar m
eurodollaro (I)	Euro-Dollar m	Eurodollar	eurodollar m	—	eurodólar m
euroemisión (ES)	Eurobond m	Eurobond	eurobon m	eurobond m	—
eurokötvény (H)	Eurobond m	Eurobond	eurobon m	eurobond m	euroemisión f
euromarché (F)	Euromarkt m	Euromarket	—	euromercato m	euromercado m
Euromarket (E)	Euromarkt m	—	euromarché m	euromercato m	euromercado m
Euromarkt (D)	—	Euromarket	euromarché m	euromercato m	euromercado m
euromarkt (NL)	Euromarkt m	Euromarket	euromarché m	euromercato m	euromercado m
euromercado (ES)	Euromarkt m	Euromarket	euromarché m	euromercato m	—
euromercado (P)	Euromarkt m	Euromarket	euromarché m	euromercato m	euromercado m
euromercato (I)	Euromarkt m	Euromarket	euromarché m	—	euromercado m
euroobligace (CZ)	Eurobond m	Eurobond	eurobon m	eurobond m	euroemisión f
euro-obligatie (NL)	Eurobond m	Eurobond	eurobon m	eurobond m	euroemisión f
euroobligation (SV)	Eurobond m	Eurobond	eurobon m	eurobond m	euroemisión f

euroobligation

P	NL	SV	PL	CZ	H
—	prijsetiket n	prisetikett	etykietka cenowa f	cenovka f	ártábla
etiqueta f	etiket n	etikett	etykieta f	etiketa f	címke
etiqueta de preço f	prijsetiket n	prisetikett	etykietka cenowa f	cenovka f	ártábla
observação do mercado f	marktobservatie f	marknadsbevakning	obserwacja rynku f	sledování trhu n	piacelemzés
etiqueta f	etiket n	etikett	—	etiketa f	címke
etiqueta de preço f	prijsetiket n	prisetikett	—	cenovka f	ártábla
Euro m	Euro	euro	Euro m	euro n	euro
Euro m	Euro	euro	Euro m	euro n	euro
Euro m	Euro	euro	Euro m	euro n	euro
Euro m	Euro	euro	Euro m	euro n	euro
Euro m	Euro	euro	Euro m	euro n	euro
—	Euro	euro	Euro m	euro n	euro
Euro m	—	euro	Euro m	euro n	euro
Euro m	Euro	—	Euro m	euro n	euro
Euro m	Euro	euro	—	euro n	euro
Euro m	Euro	euro	Euro m	—	euro
Euro m	Euro	euro	Euro m	euro n	—
eurocheque m	eurocheque m	eurocheck	euroczek m	eurošek m	eurocsekk
euroobrigações f/pl	euro-obligatie f	euroobligation	eurobond m	euroobligace f	eurokötvény
euroobrigações f/pl	euro-obligatie f	euroobligation	eurobond m	euroobligace f	eurokötvény
euroobrigações f/pl	euro-obligatie f	euroobligation	eurobond m	euroobligace f	eurokötvény
euroobrigações f/pl	euro-obligatie f	euroobligation	eurobond m	euroobligace f	eurokötvény
euroobrigações f/pl	euro-obligatie f	euroobligation	—	euroobligace f	eurokötvény
eurocheque m	eurocheque m	—	euroczek m	eurošek m	eurocsekk
eurocheque m	eurocheque m	eurocheck	euroczek m	eurošek m	eurocsekk
eurocheque m	eurocheque m	eurocheck	euroczek m	eurošek m	eurocsekk
—	eurocheque m	eurocheck	euroczek m	eurošek m	eurocsekk
eurocheque m	—	eurocheck	euroczek m	eurošek m	eurocsekk
eurocheque m	eurocheque m	eurocheck	euroczek m	eurošek m	eurocsekk
eurocheque m	eurocheque m	eurocheck	euroczek m	eurošek m	—
eurocheque m	eurocheque m	eurocheck	—	eurošek m	eurocsekk
eurodólar m	eurodollar m	eurodollar	—	eurodolar m	eurodollár
eurodólar m	eurodollar m	eurodollar	eurodolar m	—	eurodollár
eurodólar m	eurodollar m	eurodollar	eurodolar m	eurodolar m	eurodollár
—	eurodollar m	eurodollar	eurodolar m	eurodolar m	eurodollár
eurodólar m	eurodollar m	eurodollar	eurodolar m	eurodolar m	eurodollár
eurodólar m	eurodollar m	eurodollar	eurodolar m	eurodolar m	eurodollár
eurodólar m	eurodollar m	eurodollar	eurodolar m	eurodolar m	eurodollár
eurodólar m	—	eurodollar	eurodolar m	eurodolar m	eurodollár
eurodólar m	eurodollar m	—	eurodolar m	eurodolar m	eurodollár
eurodólar m	eurodollar m	eurodollar	eurodolar m	eurodolar m	—
eurodólar m	eurodollar m	eurodollar	eurodolar m	eurodolar m	eurodollár
euroobrigações f/pl	euro-obligatie f	euroobligation	eurobond m	euroobligace f	eurokötvény
euroobrigações f/pl	euro-obligatie f	euroobligation	eurobond m	euroobligace f	—
euromercado m	euromarkt f	europamarknaden	rynek europejski m	eurotrh m	europiac
euromercado m	euromarkt f	europamarknaden	rynek europejski m	eurotrh m	europiac
euromercado m	euromarkt f	europamarknaden	rynek europejski m	eurotrh m	europiac
euromercado m	—	europamarknaden	rynek europejski m	eurotrh m	europiac
euromercado m	euromarkt f	europamarknaden	rynek europejski m	eurotrh m	europiac
—	euromarkt f	europamarknaden	rynek europejski m	eurotrh m	europiac
euromercado m	euromarkt f	europamarknaden	rynek europejski m	eurotrh m	europiac
euroobrigações f/pl	euro-obligatie f	euroobligation	eurobond m	—	eurokötvény
euroobrigações f/pl	—	euroobligation	eurobond m	euroobligace f	eurokötvény
euroobrigações f/pl	euro-obligatie f	—	eurobond m	euroobligace f	eurokötvény

euroobrigações

	D	E	F	I	ES
euroobrigações (P)	Eurobond m	Eurobond	eurobon m	eurobond m	euroemisión f
európai belső piac (H)	Europäischer Binnenmarkt m	Internal Market of the European Community	Marché Unique m	mercato unico m	Mercado Unico m
Európai Fizetési Unió (H)	Europäische Zahlungsunion f	European Payments Union	Union européenne des payements f	Unione Europea dei Pagamenti f	Unión Europea de Pagos f
Európai Közösség (H)	Europäische Gemeinschaft f	European Community	Communauté Européenne f	Comunità Europea f	Comunidad Europea f
Európai Parlament (H)	Europäisches Parlament n	European Parliament	Parlement européen m	Parlamento Europeo m	Parlamento Europeo m
Europäische Gemeinschaft (D)	—	European Community	Communauté Européenne f	Comunità Europea f	Comunidad Europea f
Europäischer Binnenmarkt (D)	—	Internal Market of the European Community	Marché Unique m	mercato unico m	Mercado Unico m
Europäisches Parlament (D)	—	European Parliament	Parlement européen m	Parlamento Europeo m	Parlamento Europeo m
Europäisches Patentamt (D)	—	European Patent Office	Office européen des brevets f	Ufficio Brevetti Europeo m	Oficina Europea de Patentes f
Europäisches Währungssystem (D)	—	European Monetary System	système monétaire européen m	Sistema Monetario Europeo m	Sistema Monetario Europeo m
Europäische Union (D)	—	European Union	union européenne f	Unione Europea f	Unión Europea f
Europäische Zahlungsunion (D)	—	European Payments Union	Union européenne des payements f	Unione Europea dei Pagamenti f	Unión Europea de Pagos f
Európai Szabadalmi Hivatal (H)	Europäisches Patentamt n	European Patent Office	Office européen des brevets f	Ufficio Brevetti Europeo m	Oficina Europea de Patentes f
európai szabadalom (H)	Europapatent	European patent	brevet européen m	brevetto europeo m	patente europea f
Európai Unió (H)	Europäische Union f	European Union	union européenne f	Unione Europea f	Unión Europea f
Európai Valutarendszer (H)	Europäisches Währungssystem n	European Monetary System	système monétaire européen m	Sistema Monetario Europeo m	Sistema Monetario Europeo m
europamarknaden (SV)	Euromarkt m	Euromarket	euromarché m	euromercato m	euromercado m
Europaparlamentet (SV)	Europäisches Parlament n	European Parliament	Parlement européen m	Parlamento Europeo m	Parlamento Europeo m
Europapatent (D)	—	European patent	brevet européen m	brevetto europeo m	patente europea f
Europapatent (SV)	Europapatent	European patent	brevet européen m	brevetto europeo m	patente europea f
European Community (E)	Europäische Gemeinschaft f	—	Communauté Européenne f	Comunità Europea f	Comunidad Europea f
European Monetary System (E)	Europäisches Währungssystem n	—	système monétaire européen m	Sistema Monetario Europeo m	Sistema Monetario Europeo m
European Parliament (E)	Europäisches Parlament n	—	Parlement européen m	Parlamento Europeo m	Parlamento Europeo m
European patent (E)	Europapatent	—	brevet européen m	brevetto europeo m	patente europea f
European Patent Office (E)	Europäisches Patentamt n	—	Office européen des brevets f	Ufficio Brevetti Europeo m	Oficina Europea de Patentes f
European Payments Union (E)	Europäische Zahlungsunion f	—	Union européenne des payements f	Unione Europea dei Pagamenti f	Unión Europea de Pagos f
European Union (E)	Europäische Union f	—	union européenne f	Unione Europea f	Unión Europea f
Europees muntsysteem (NL)	Europäisches Währungssystem n	European Monetary System	système monétaire européen m	Sistema Monetario Europeo m	Sistema Monetario Europeo m
Europees octrooi (NL)	Europapatent	European patent	brevet européen m	brevetto europeo m	patente europea f
Europees octrooibureau (NL)	Europäisches Patentamt n	European Patent Office	Office européen des brevets f	Ufficio Brevetti Europeo m	Oficina Europea de Patentes f
Europees parlement (NL)	Europäisches Parlament n	European Parliament	Parlement européen m	Parlamento Europeo m	Parlamento Europeo m
europeiska betalningsunionen (SV)	Europäische Zahlungsunion f	European Payments Union	Union européenne des payements f	Unione Europea dei Pagamenti f	Unión Europea de Pagos f

europeiska betalningsunionen

P	NL	SV	PL	CZ	H
—	euro-obligatie f	eurobligation	eurobond m	euroobligace f	eurokötvény
Mercado Interno da Comunidade Europeia m	interne EG-markt f	inre marknaden	wewnetrzny rynek europejski m	vnitřní evropský trh m	—
União Europeia de Pagamentos f	Europese betalingsunie f	europeiska betalningsunionen	Europejska Wspólnota Płatnicza f	Evropská platební unie f	—
Comunidade Europeia f	Europese gemeenschap f	Europeiska Gemenskapen	Wspólnota Europejska	Evropské společenství n	—
Parlamento Europeu m	Europees parlement n	Europaparlamentet	Parlament Europejski m	Evropský parlament m	—
Comunidade Europeia f	Europese gemeenschap f	Europeiska Gemenskapen	Wspólnota Europejska	Evropské společenství n	Európai Közösség
Mercado Interno da Comunidade Europeia m	interne EG-markt f	inre marknaden	wewnetrzny rynek europejski m	vnitřní evropský trh m	európai belső piac
Parlamento Europeu m	Europees parlement n	Europaparlamentet	Parlament Europejski m	Evropský parlament m	Európai Parlament
Departamento Europeu de Registo de Patentes m	Europees octrooibureau n	europeiska patentorganisationen	Europejski Urząd Patentowy m	Evropský patentní úřad m	Európai Szabadalmi Hivatal
Sistema Monetário Europeu m	Europees muntsysteem n	europeiska valutasystemet	Europejski System Walutowy m	Evropský měnový systém m	Európai Valutarendszer
União Europeia f	Europese Unie f	Europeiska Unionen	Unia Europejska	Evropská unie f	Európai Unió
União Europeia de Pagamentos f	Europese betalingsunie f	europeiska betalningsunionen	Europejska Wspólnota Płatnicza f	Evropská platební unie f	Európai Fizetési Unió
Departamento Europeu de Registo de Patentes m	Europees octrooibureau n	europeiska patentorganisationen	Europejski Urząd Patentowy m	Evropský patentní úřad m	
patente europeia f	Europees octrooi n	Europapatent	patent europejski m	evropský patent m	—
União Europeia f	Europese Unie f	Europeiska Unionen	Unia Europejska	Evropská unie f	
Sistema Monetário Europeu m	Europees muntsysteem n	europeiska valutasystemet	Europejski System Walutowy m	Evropský měnový systém m	
euromercado m	euromarkt f	—	rynek europejski m	eurotrh m	europiac
Parlamento Europeu m	Europees parlement n	—	Parlament Europejski m	Evropský parlament m	Európai Parlament
patente europeia f	Europees octrooi n	Europapatent	patent europejski m	evropský patent m	európai szabadalom
patente europeia f	Europees octrooi n	—	patent europejski m	evropský patent m	európai szabadalom
Comunidade Europeia f	Europese gemeenschap f	Europeiska Gemenskapen	Wspólnota Europejska	Evropské společenství n	Európai Közösség
Sistema Monetário Europeu m	Europees muntsysteem n	europeiska valutasystemet	Europejski System Walutowy m	Evropský měnový systém m	Európai Valutarendszer
Parlamento Europeu m	Europees parlement n	Europaparlamentet	Parlament Europejski m	Evropský parlament m	Európai Parlament
patente europeia f	Europees octrooi n	Europapatent	patent europejski m	evropský patent m	európai szabadalom
Departamento Europeu de Registo de Patentes m	Europees octrooibureau n	europeiska patentorganisationen	Europejski Urząd Patentowy m	Evropský patentní úřad m	Európai Szabadalmi Hivatal
União Europeia de Pagamentos f	Europese betalingsunie f	europeiska betalningsunionen	Europejska Wspólnota Płatnicza f	Evropská platební unie f	Európai Fizetési Unió
União Europeia f	Europese Unie f	Europeiska Unionen	Unia Europejska	Evropská unie f	Európai Unió
Sistema Monetário Europeu m	—	europeiska valutasystemet	Europejski System Walutowy m	Evropský měnový systém m	Európai Valutarendszer
patente europeia f	—	Europapatent	patent europejski m	evropský patent m	európai szabadalom
Departamento Europeu de Registo de Patentes m	—	europeiska patentorganisationen	Europejski Urząd Patentowy m	Evropský patentní úřad m	Európai Szabadalmi Hivatal
Parlamento Europeu m	—	Europaparlamentet	Parlament Europejski m	Evropský parlament m	Európai Parlament
União Europeia de Pagamentos f	Europese betalingsunie f	—	Europejska Wspólnota Płatnicza f	Evropská platební unie f	Európai Fizetési Unió

Europeiska Gemenskapen

	D	E	F	I	ES
Europeiska Gemenskapen (SV)	Europäische Gemeinschaft f	European Community	Communauté Européenne f	Comunità Europea f	Comunidad Europea f
europeiska patentorganisationen (SV)	Europäisches Patentamt n	European Patent Office	Office européen des brevets f	Ufficio Brevetti Europeo m	Oficina Europea de Patentes f
Europeiska Unionen (SV)	Europäische Union f	European Union	union européenne f	Unione Europea f	Unión Europea f
europeiska valutasystemet (SV)	Europäisches Währungssystem n	European Monetary System	système monétaire européen m	Sistema Monetario Europeo m	Sistema Monetario Europeo m
Europejska Wspólnota Płatnicza (PL)	Europäische Zahlungsunion f	European Payments Union	Union européenne des payements f	Unione Europea dei Pagamenti f	Unión Europea de Pagos f
Europejski System Walutowy (PL)	Europäisches Währungssystem n	European Monetary System	système monétaire européen m	Sistema Monetario Europeo m	Sistema Monetario Europeo m
Europejski Urząd Patentowy (PL)	Europäisches Patentamt n	European Patent Office	Office européen des brevets f	Ufficio Brevetti Europeo m	Oficina Europea de Patentes f
Europese betalingsunie (NL)	Europäische Zahlungsunion f	European Payments Union	Union européenne des payements f	Unione Europea dei Pagamenti f	Unión Europea de Pagos f
Europese gemeenschap (NL)	Europäische Gemeinschaft f	European Community	Communauté Européenne f	Comunità Europea f	Comunidad Europea f
Europese Unie (NL)	Europäische Union f	European Union	union européenne f	Unione Europea f	Unión Europea f
europiac (H)	Euromarkt m	Euromarket	euromarché m	euromercato m	euromercado m
Eurocheck (D)	—	Eurocheque	eurochèque m	euroassegno m	eurocheque m
eurošek (CZ)	Euroscheck m	Eurocheque	eurochèque m	euroassegno m	eurocheque m
eurotrh (CZ)	Euromarkt m	Euromarket	euromarché m	euromercato m	euromercado m
evacuação (P)	Räumung f	evacuation	évacuation f	evacuazione f	desalojamiento m
evacuación de residuos (ES)	Abfallbeseitigung f	waste disposal	élimination des déchets f	smaltimento dei rifiuti m	—
evacuation (E)	Räumung f	—	évacuation f	evacuazione f	desalojamiento m
évacuation (F)	Räumung f	evacuation	—	evacuazione f	desalojamiento m
evacuazione (I)	Räumung f	evacuation	évacuation f	—	desalojamiento m
evasão fiscal (P)	Steuerhinterziehung f	tax evasion	dissimulation en matière fiscale f	evasione fiscale f	fraude fiscal m
evasione (I)	Hinterziehung f	evasion of taxes	fraude fiscale f	—	defraudación f
evasione fiscale (I)	Steuerhinterziehung f	tax evasion	dissimulation en matière fiscale f	—	fraude fiscal m
evasion of taxes (E)	Hinterziehung f	—	fraude fiscale f	evasione f	defraudación f
evenwicht op de betalingsbalans (NL)	Zahlungsbilanzgleichgewicht n	balance of payments equilibrium	équilibre de la balance des payements	equilibrio della bilancia dei pagamenti m	balanza de pagos equilibrada f
éves beszámoló (H)	Jahreswirtschaftsbericht m	Annual Economic Report	compte rendu d'activité économique annuel m	relazione generale sulla situazione economica f	informe económico anual m
éves jövedelem (H)	Jahreseinkommen n	annual income	revenu annuel m	reddito annuale m	renta anual f
éves közgyűlés (H)	Jahreshauptversammlung f	annual general meeting	assemblée générale annuelle f	assemblea generale annuale f	junta general anual f
éves mérleg (H)	Jahresabschluß m	annual accounts	clôture annuelle des comptes f	chiusura d'esercizio f	cierre de cuentas m
éves nyereség (H)	Jahresgewinn m	annual profits	bénéfice annuel m	utile dell'anno m	beneficio del ejercicio m
évi (H)	jährlich	annual	annuel	annuale	anual
evidenční číslo zákazníka (CZ)	Kundennummer f	customer's reference number	numéro de référence du client m	codice cliente m	número del cliente m
évi felosztatlan nyereség (H)	Jahresüberschuß m	annual surplus	excédent annuel m	surplus dell'anno m	superávit del ejercicio m
evig obligation (SV)	Dauerschuldverschreibung f	unredeemable bond	engagement de dette permanente m	obbligazione perpetua f	obligación perpetua f
évjáradék (H)	Annuität f	annuity	annuité f	annualità f	anualidad f
évközi mérleg (H)	Zwischenbilanz f	interim balance sheet	bilan intermédiaire m	bilancio provvisorio m	balance intermedio m

évközi mérleg

P	NL	SV	PL	CZ	H
Comunidade Europeia f	Europese gemeenschap f	—	Wspólnota Europejska	Evropské společenství n	Európai Közösség
Departamento Europeu de Registo de Patentes m	Europees octrooibureau n	—	Europejski Urząd Patentowy m	Evropský patentní úřad m	Európai Szabadalmi Hivatal
União Europeia f	Europese Unie f	—	Unia Europejska	Evropská unie f	Európai Unió
Sistema Monetário Europeu m	Europees muntsysteem n	—	Europejski System Walutowy m	Evropský měnový systém m	Európai Valutarendszer
União Europeia de Pagamentos f	Europese betalingsunie f	europeiska betalningsunionen	—	Evropská platební unie f	Európai Fizetési Unió
Sistema Monetário Europeu m	Europees muntsysteem n	europeiska valutasystemet	—	Evropský měnový systém m	Európai Valutarendszer
Departamento Europeu de Registo de Patentes m	Europees octrooibureau n	europeiska patentorganisationen	—	Evropský patentní úřad m	Európai Szabadalmi Hivatal
União Europeia de Pagamentos f	—	europeiska betalningsunionen	Europejska Wspólnota Płatnicza f	Evropská platební unie f	Európai Fizetési Unió
Comunidade Europeia f	—	Europeiska Gemenskapen	Wspólnota Europejska	Evropské společenství n	Európai Közösség
União Europeia f	—	Europeiska Unionen	Unia Europejska	Evropská unie f	Európai Unió
euromercado m	euromarkt f	europamarknaden	rynek europejski m	eurotrh m	—
eurocheque m	eurocheque m	eurocheck	euroczek m	eurošek m	eurocsekk
eurocheque m	eurocheque m	eurocheck	euroczek m	—	eurocsekk
euromercado m	euromarkt f	europamarknaden	rynek europejski m	—	európiac
—	ontruiming f	utrymning	likwidacja f	vyklizení n	kiürítés
eliminação dos desperdícios f	verwijdering van afval f	avfallshantering	usuwanie odpadów n	odstraňování odpadu n	hulladékeltávolítás
evacuação f	ontruiming f	utrymning	likwidacja f	vyklizení n	kiürítés
evacuação f	ontruiming f	utrymning	likwidacja f	vyklizení n	kiürítés
evacuação f	ontruiming f	utrymning	likwidacja f	vyklizení n	kiürítés
—	belastingontduiking f	skattesmitning	oszustwo podatkowe n	daňový únik m	adócsalás
sonegação f	het ontduiken van belastingen n	skattesmitning	sprzeniewierzenie n	daňový únik m	sikkasztás
evasão fiscal f	belastingontduiking f	skattesmitning	oszustwo podatkowe n	daňový únik m	adócsalás
sonegação f	het ontduiken van belastingen n	skattesmitning	sprzeniewierzenie n	daňový únik m	sikkasztás
equilíbrio da balança de pagamentos m	—	jämvikt i betalningsbalansen	równowaga bilansu płatniczego f	rovnováha platební bilance f	fizetési mérleg egyensúlya
relatório económico anual m	economisch jaarverslag n	näringslivets årsrapport	roczne sprawozdanie gospodarcze n	roční hospodářská zpráva f	—
rendimento anual m	jaarinkomen n	årsinkomst	dochód roczny m	roční příjem m	—
assembleia geral anual f	jaarlijkse algemene vergadering f	årsmöte	roczne walne zgromadzenie akcjonariuszy n	roční valná hromada f	—
balanço anual m	jaarbalans f	årsbokslut	zamknięcie roczne n	roční uzávěrka f	—
lucro do exercício m	jaarwinst f	årsvinst	zysk roczny m	roční zisk m	—
anual	jaarlijks	årlig	corocznie	ročně	—
número de referência do cliente m	klantennummer n	kundnummer	numer klienta m	—	vevő száma
excedente do exercício m	jaaroverschot n	årsöverskott	nadwyżka roczna f	roční přebytek m	—
obrigação perpétua f	obligatie met eeuwigdurende looptijd f	—	zobowiązanie ciągłe n	dlouhodobý dlužní úpis m	nem beváltható kötvény
anuidade f	annuïteit f	annuitet	roczna rata spłaty f	umořovací splátka f	—
balanço intermediário m	tussenbalans f	delårsbalans	bilans pośredni m	zatímní bilance f	—

Evropská platební unie

	D	E	F	I	ES
Evropská platební unie (CZ)	Europäische Zahlungsunion f	European Payments Union	Union européenne des payements f	Unione Europea dei Pagamenti f	Unión Europea de Pagos f
Evropská unie (CZ)	Europäische Union f	European Union	union européenne f	Unione Europea f	Unión Europea f
Evropské společenství (CZ)	Europäische Gemeinschaft f	European Community	Communauté Européenne f	Comunità Europea f	Comunidad Europea f
Evropský měnový systém (CZ)	Europäisches Währungssystem n	European Monetary System	système monétaire européen m	Sistema Monetario Europeo m	Sistema Monetario Europeo m
Evropský parlament (CZ)	Europäisches Parlament n	European Parliament	Parlement européen m	Parlamento Europeo m	Parlamento Europeo m
evropský patent (CZ)	Europapatent	European patent	brevet européen m	brevetto europeo m	patente europea f
Evropský patentní úřad (CZ)	Europäisches Patentamt n	European Patent Office	Office européen des brevets f	Ufficio Brevetti Europeo m	Oficina Europea de Patentes f
examination (E)	Prüfung f	—	vérification f	controllo m	verificación f
ex caminhos de ferro (P)	ab Bahnhof	free on rail	départ gare	franco stazione	franco estación
excédent (F)	schwarze Zahlen f/pl	the black	—	conti in nero m/pl	superávit m
excédent (F)	Überschuß m	surplus	—	eccedenza f	excedente m
excédent annuel (F)	Jahresüberschuß m	annual surplus	—	surplus dell'anno m	superávit del ejercicio m
excédent de la balance des payements (F)	Zahlungsbilanzüberschuß m	balance of payments surplus	—	eccedenza della bilancia dei pagamenti f	superávit en la balanza de pagos m
excédent d'exportation (F)	Exportüberschuß m	export surplus	—	eccedenza delle esportazioni f	excedente de exportación (F)
excedente (ES)	Überschuß m	surplus	excédent m	eccedenza f	—
excedente (P)	schwarze Zahlen f/pl	the black	excédent m	conti in nero m/pl	superávit m
excedente (P)	Überschuß m	surplus	excédent m	eccedenza f	excedente m
excedente de exportação (P)	Exportüberschuß m	export surplus	excédent d'exportation m	eccedenza delle esportazioni f	excedente de exportación m
excedente de exportación (ES)	Exportüberschuß m	export surplus	excédent d'exportation m	eccedenza delle esportazioni f	—
excedente do exercício (P)	Jahresüberschuß m	annual surplus	excédent annuel m	surplus dell'anno m	superávit del ejercicio m
excedentes agrícolas (ES)	Agrarüberschüsse m/pl	agricultural surpluses	excédents agricoles m/pl	eccedenze agricole f/pl	—
excedentes agrícolas (P)	Agrarüberschüsse m/pl	agricultural surpluses	excédents agricoles m/pl	eccedenze agricole f/pl	excedentes agrícolas m/pl
excédents agricoles (F)	Agrarüberschüsse m/pl	agricultural surpluses	—	eccedenze agricole f/pl	excedentes agrícolas m/pl
exceso de deudas (ES)	Überschuldung f	excessive indebtedness	surendettement m	indebitamento eccessivo m	—
excessive indebtedness (E)	Überschuldung f	—	surendettement m	indebitamento eccessivo m	exceso de deudas m
exchange (E)	Tausch m	—	troc m	scambio m	cambio m
exchange (E)	Umtausch m	—	échange m	cambio m	cambio m
exchange arbitrage (E)	Devisenarbitrage f	—	arbitrage sur les devises m	arbitraggio di cambio m	arbitraje de divisas m
exchange rate (E)	Devisenkurs m	—	taux de change m	corso di cambio m	cotización de divisas f
exchange rate (E)	Kurs m	—	cours m	corso m	tipo de cambio m
exchange rate (E)	Wechselkurs m	—	cours du change m	cambio m	tipo de cambio m
exclusive distribution (E)	Alleinvertrieb m	—	droit exclusif de vente m	vendita esclusiva f	distribución exclusiva f
ex dividend (E)	ohne Dividende	—	sans dividende m	senza dividendo	sin dividendo
execução (P)	Abwicklung f	settlement	exécution f	esecuzione f	ejecución f
execução (P)	Vollstreckung f	enforcement	exécution f	esecuzione f	ejecución f
execução de uma encomenda (P)	Auftragsabwicklung f	processing of an order	exécution d'une commande f	esecuzione di un ordine f	ejecución de pedidos f
execução do orçamento (P)	Budgetierung f	budgeting	planification des coûts f	compilazione del bilancio f	establecimiento del presupuesto m
execution (E)	Erfüllung f	—	acquittement m	adempimento m	cumplimiento m
exécution (F)	Abwicklung f	settlement	—	esecuzione f	ejecución f

exécution

P	NL	SV	PL	CZ	H
União Europeia de Pagamentos f	Europese betalingsunie f	europeiska betalningsunionen	Europejska Wspólnota Płatnicza f	—	Európai Fizetési Unió
União Europeia f	Europese Unie f	Europeiska Unionen	Unia Europejska	—	Európai Unió
Comunidade Europeia f	Europese gemeenschap f	Europeiska Gemenskapen	Wspólnota Europejska	—	Európai Közösség
Sistema Monetário Europeu m	Europees muntsysteem n	europeiska valutasystemet	Europejski System Walutowy m	—	Európai Valutarendszer
Parlamento Europeu m	Europees parlement n	Europaparlamentet	Parlament Europejski m	—	Európai Parlament
patente europeia f	Europees octrooi n	Europapatent	patent europejski m	—	európai szabadalom
Departamento Europeu de Registo de Patentes m	Europees octrooibureau n	europeiska patentorganisationen	Europejski Urząd Patentowy m	—	Európai Szabadalmi Hivatal
verificação f	verificatie f	granskning	badanie n	zkouška f	vizsgálat
—	af station	fritt från järnväg	ze stacji kolejowej	z nádraží n	költségmentesen vagonba rakva
excedente m	zwarte cijfers n/pl	med vinst	strefa zysków f	černé platby f/pl	nyereség
excedente m	overschot n	överskott	nadwyżka f	přebytek m	többlet
excedente do exercício m	jaaroverschot n	årsöverskott	nadwyżka roczna f	roční přebytek m	évi felosztatlan nyereség
superavit na balança de pagamentos m	overschot op de betalingsbalans n	överskott i betalningsbalansen	nadwyżka bilansu płatniczego f	přebytek platební bilance m	fizetésimérlegtöbblet
excedente de exportação m	exportoverschot n	exportöverskott	nadwyżka eksportu f	exportní přebytek m	kiviteli többlet
excedente m	overschot n	överskott	nadwyżka f	přebytek m	többlet
—	zwarte cijfers n/pl	med vinst	strefa zysków f	černé platby f/pl	nyereség
—	overschot n	överskott	nadwyżka f	přebytek m	többlet
—	exportoverschot n	exportöverskott	nadwyżka eksportu f	exportní přebytek m	kiviteli többlet
excedente de exportação m	exportoverschot n	exportöverskott	nadwyżka eksportu f	exportní přebytek m	kiviteli többlet
—	jaaroverschot n	årsöverskott	nadwyżka roczna f	roční přebytek m	évi felosztatlan nyereség
excedentes agrícolas m/pl	landbouwoverschotten n/pl	jordbruksöverskott	nadwyżki rolne f/pl	zemědělské přebytky m/pl	mezőgazdasági termékfölösleg
—	landbouwoverschotten n/pl	jordbruksöverskott	nadwyżki rolne f/pl	zemědělské přebytky m/pl	mezőgazdasági termékfölösleg
excedentes agrícolas m/pl	landbouwoverschotten n/pl	jordbruksöverskott	nadwyżki rolne f/pl	zemědělské přebytky m/pl	mezőgazdasági termékfölösleg
endividamento excessivo m	te zware schuldenlast m	höggradig skuldsättning	nadmierne zadłużenie n	nadměrné zadlužení n	túlzott eladósodás
endividamento excessivo m	te zware schuldenlast m	höggradig skuldsättning	nadmierne zadłużenie n	nadměrné zadlužení n	túlzott eladósodás
troca f	ruilhandel m	byte	wymiana f	výměna f	csere
câmbio m	ruil m	byte	wymiana f	výměna f	csere
arbitragem cambial f	wisselarbitrage f	valutaarbitrage	arbitraż dewizowy m	devizová arbitráž f	devizaarbitrázs
taxa de câmbio f	wisselkoers m	valutakurs	kurs dewizowy m	devizový kurs m	devizaárfolyam
taxa de curso f	koers m	kurs	kurs m	kurs m	árfolyam
taxa de câmbio f	discontokrediet n	växelkurs	kurs wymiany m	směnný kurs m	valutaátváltási árfolyam
distribuição exclusiva f	alleenverkoop m	ensamagent	wyłączna dystrybucja f	výhradní prodej m	kizárólagos értékesítési jog
sem dividendo	zonder dividend	utan vinstutdelning	bez dywidendy	bez dividendy f	osztalék nélkül
—	afwikkeling f	likvidering	realizacja f	vyřízení n	lebonyolítás
—	uitvoering f	verkställande	wykonanie n	výkon soudního příkazu m	végrehajtás
—	afwikkeling van de bestelling f	orderhantering	realizacja zlecenia f	vyřízení zakázky n	megbízás lebonyolítása
—	budgettering f	budgetering	budżetowanie n	rozpočtování n	költségvetés készítése
cumprimento m	uitvoering f	uppfyllande	wykonanie n	splnění n	teljesítés
execução f	afwikkeling f	likvidering	realizacja f	vyřízení n	lebonyolítás

exécution

	D	E	F	I	ES
exécution (F)	Vollstreckung f	enforcement	—	esecuzione f	ejecución f
exécution d'une commande (F)	Auftragsabwicklung f	processing of an order	—	esecuzione di un ordine f	ejecución de pedidos f
exécution d'une commande (F)	Auftragsbearbeitung f	order processing	—	realizzazione di un ordine f	tramitación de pedidos f
executive level (E)	Führungsebene f	—	niveau de gestion m	livello dirigenziale m	nivel de dirección m
exekutiv auktion (SV)	Zwangsversteigerung f	compulsory auction	vente de biens par justice f	asta giudiziaria f	subasta forzosa f
exempt de frais de transport (F)	frachtfrei	freight paid	—	franco di nolo	franco de porte
exempt de taxes (F)	abgabenfrei	tax-exempt	—	esente da imposte	exento de impuestos
exento de impuestos (ES)	abgabenfrei	tax-exempt	exempt de taxes	esente da imposte	—
exercice (F)	Geschäftsjahr n	financial year	—	esercizio commerciale m	ejercicio m
exercice comptable (F)	Rechnungsjahr n	financial year	—	anno d'esercizio m	ejercicio m
exercice comptable (F)	Wirtschaftsjahr n	business year	—	esercizio m	ejercicio m
exercício (P)	Wirtschaftsjahr n	business year	exercice comptable m	esercizio m	ejercicio m
exercício comercial (P)	Geschäftsjahr n	financial year	exercice m	esercizio commerciale m	ejercicio m
exercício contável (P)	Rechnungsjahr n	financial year	exercice comptable m	anno d'esercizio m	ejercicio m
ex fábrica (P)	ab Werk	ex works	départ usine	franco fabbrica	en fábrica
exhibición (ES)	Ausstellung f	exhibition	exposition f	esposizione f	—
exhibition (E)	Ausstellung f	—	exposition f	esposizione f	exhibición f
existencias (ES)	Vorrat m	stock	stock m	scorte f/pl	—
existencias (ES)	Warenbestand m	stock	stock de marchandises m	scorte merci f/pl	—
existências iniciais (P)	Anfangsbestand m	opening stock	stock initial m	scorte iniziali f/pl	existencias iniciales f/pl
existencias iniciales (ES)	Anfangsbestand m	opening stock	stock initial m	scorte iniziali f/pl	—
existenční minimum (CZ)	Existenzminimum n	subsistence minimum	minimum vital m	minimo di sussistenza m	minimo vital m
existensminimum (SV)	Existenzminimum n	subsistence minimum	minimum vital m	minimo di sussistenza m	minimo vital m
Existenzminimum (D)	—	subsistence minimum	minimum vital m	minimo di sussistenza m	minimo vital m
ex muelle (ES)	ab Kai	ex quay	départ quai	franco banchina	—
ex navio (P)	ab Schiff	ex ship	départ navire	franco bordo	ex vapor
exonéré d'impôt (F)	steuerfrei	tax-free	—	esentasse	libre de impuesto
expansão (P)	Expansion m	expansion	expansion f	espansione f	expansión f
expansie (NL)	Expansion m	expansion	expansion f	espansione f	expansión f
Expansion (D)	—	expansion	expansion f	espansione f	expansión f
expansion (E)	Expansion m	—	expansion f	espansione f	expansión f
expansion (F)	Expansion m	expansion	—	espansione f	expansión f
expansion (SV)	Expansion m	expansion	expansion f	espansione f	expansión f
expansión (ES)	Expansion m	expansion	expansion f	espansione f	—
expanze (CZ)	Expansion m	expansion	expansion f	espansione f	expansión f
expedição (P)	Abfertigung f	dispatch	expédition f	spedizione f	despacho m
expedição (P)	Versand m	dispatch	expédition f	spedizione f	envío m
expedição aduaneira (P)	Zollabfertigung f	customs clearance	dédouanement m	sdoganamento m	trámites aduaneros m/pl
expedice (CZ)	Versand m	dispatch	expédition f	spedizione f	envío m
expediční oddělení (CZ)	Versandabteilung f	dispatch department	service des expéditions m	reparto spedizioni m	departamento de expedición m

362

expediční oddělení

P	NL	SV	PL	CZ	H
execução f	uitvoering f	verkställande	wykonanie n	výkon soudního příkazu m	végrehajtás
execução de uma encomenda f	afwikkeling van de bestelling f	orderhantering	realizacja zlecenia f	vyřízení zakázky n	megbízás lebonyolítása
realização de uma encomenda f	behandeling van de bestelling f	orderhantering	realizacja zlecenia f	dílčí zpracování zakázky n	megrendelés feldolgozása
nível da direcção m	directieniveau n	ledningsnivå	płaszczyzna kierownicza f	řídící úroveň f	vezetőségi szint
venda judicial f	openbare verkoop f	—	licytacja przymusowa f	nucená dražba f	kényszerárverés
isento de frete m	vrachtvrij	fri frakt	fracht zapłacony	přeprava placena f	szállítás (előre) fizetve
isento de impostos	tolvrij	skattefri	wolne od podatków	osvobozený od poplatků	adómentes
isento de impostos	tolvrij	skattefri	wolne od podatków	osvobozený od poplatků	adómentes
exercício comercial m	boekjaar n	verksamhetsår	rok gospodarczy m	obchodní rok m	üzleti év
exercício contável m	boekjaar n	räkenskapsår	rok budżetowy m	účetní rok m	pénzügyi év
exercício m	boekjaar n	budgetår	rok gospodarczy m	hospodářský rok m	gazdasági év
—	boekjaar n	budgetår	rok gospodarczy m	hospodářský rok f	gazdasági év
—	boekjaar n	verksamhetsår	rok gospodarczy m	obchodní rok m	üzleti év
—	boekjaar n	räkenskapsår	rok budżetowy m	účetní rok m	pénzügyi év
—	af fabriek	fritt från fabrik	z zakładu	ze závodu m	gyárban átvéve
exposição f	tentoonstelling f	utställning	wystawa	výstava f	kiállítás
exposição f	tentoonstelling f	utställning	wystawa	výstava f	kiállítás
estoque m	voorraad m	lager	zapas m	zásoba f	készlet
estoque de mercadorias m	goederenvoorraad m	inneliggande varulager	zasób towarów m	zásoba zboží f	árukészlet
—	beginvoorraad m	ingående lager	stan wyjściowy m	počáteční stav m	nyitó állomány
existências iniciais f/pl	beginvoorraad m	ingående lager	stan wyjściowy m	počáteční stav m	nyitó állomány
mínimo de subsistência m	bestaansminimum n	existensminimum	minimum egzystencji n	—	létminimum
mínimo de subsistência m	bestaansminimum n	—	minimum egzystencji n	existenční minimum n	létminimum
mínimo de subsistência m	bestaansminimum n	existensminimum	minimum egzystencji n	existenční minimum n	létminimum
posto no cais	af kaai	fritt från kaj	z nabrzeża	z nábřeží n	rakparton átvéve
—	af schip	fritt från fartyg	ze statku	z lodě f	hajón átvéve
isento de impostos	vrij van belastingen	skattefri	wolny od podatku	osvobozený od daně f	adómentes
—	expansie f	expansion	ekspansja f	expanze f	terjeszkedés
expansão f	—	expansion	ekspansja f	expanze f	terjeszkedés
expansão f	expansie f	expansion	ekspansja f	expanze f	terjeszkedés
expansão f	expansie f	expansion	ekspansja f	expanze f	terjeszkedés
expansão f	expansie f	expansion	ekspansja f	expanze f	terjeszkedés
expansão f	expansie f	—	ekspansja f	expanze f	terjeszkedés
expansão f	expansie f	expansion	ekspansja f	expanze f	terjeszkedés
expansão f	expansie f	expansion	ekspansja f	—	terjeszkedés
—	goederenverzending f	leverans	spedycja f	odbavení n	továbbítás
—	verzending f	leverans	ekspedycja f	expedice f	feladás
—	inklaring f/uitklaring f	förtullning	odprawa celna f	celní odbavení n	vámkezelés
expedição f	verzending f	leverans	ekspedycja f	—	feladás
departamento de expedição m	expeditieafdeling f	leveransavdelning	wydział ekspedycji m	—	szállítási részleg

expediční sklad

	D	E	F	I	ES
expediční sklad (CZ)	Auslieferungslager n	distribution store	entrepôt de distribution m	deposito di consegna m	almacén de entregas m
expedidor (P)	Spediteur m	forwarding agent	commissionnaire de transport m	spedizioniere m	expeditor m
expediente (ES)	Akte f	file	dossier m	pratica f	—
expedir (ES)	verfrachten	ship	fréter	imbarcare	—
expedir (ES)	verladen	load	charger	caricare	—
expediteur (NL)	Spediteur m	forwarding agent	commissionnaire de transport m	spedizioniere m	expeditor m
expeditieafdeling (NL)	Versandabteilung f	dispatch department	service des expéditions m	reparto spedizioni m	departamento de expedición m
expeditiekosten (NL)	Rollgeld n	haulage	camionnage m	spese di trasporto f/pl	gastos de acarreo m/pl
expédition (F)	Abfertigung f	dispatch	—	spedizione f	despacho m
expédition (F)	Versand m	dispatch	—	spedizione f	envío m
expédition de marchandises (F)	Warensendung f	consignment of goods	—	spedizione di merci f	envío de mercancías m
expéditions de détail (F)	Stückgutverkehr m	part-load traffic	—	trasporto di collettame m	tráfico de mercancías en bultos sueltos m
expeditor (ES)	Spediteur m	forwarding agent	commissionnaire de transport m	spedizioniere m	—
expenditure (E)	Aufwand m	—	dépenses f/pl	spese f/pl	gastos m/pl
expenditure for material (E)	Materialaufwand m	—	dépenses en matières premières f/pl	spese di materiale f/pl	coste de material m
expenditure of time (E)	Zeitaufwand m	—	investissement en temps m	tempo impiegato m	tiempo invertido m
expenses (E)	Ausgaben f/pl	—	dépenses f/pl	spese f/pl	gastos m/pl
expenses (E)	Spesen f	—	frais m/pl	spese f/pl	gastos m/pl
expert (E)	Fachmann m	—	expert m	perito m	especialista m/f
expert (F)	Fachmann m	expert	—	perito m	especialista m/f
expert-comptable (F)	Betriebsprüfer m	auditor	—	revisore aziendale m	inspector fiscal m
expert-comptable économique et financier (F)	Wirtschaftsprüfer m	auditor	—	revisore dei conti m	censor de cuentas m
expiry date (E)	Verfallsdatum n	—	date d'échéance f	data di scadenza f	fecha de vencimiento f
explosão dos custos (P)	Kostenexplosion f	cost escalation	explosion des coûts f	esplosione dei costi f	explosión de los costes f
explosión de los costes (ES)	Kostenexplosion f	cost escalation	explosion des coûts f	esplosione dei costi f	—
explosion des coûts (F)	Kostenexplosion f	cost escalation	—	esplosione dei costi f	explosión de los costes f
explosionsartad kostnadsökning (SV)	Kostenexplosion f	cost escalation	explosion des coûts f	esplosione dei costi f	explosión de los costes f
exploze nákladů (CZ)	Kostenexplosion f	cost escalation	explosion des coûts f	esplosione dei costi f	explosión de los costes f
Export (D)	—	export	exportation f	esportazione f	exportación f
export (E)	Ausfuhr f	—	exportation f	esportazione f	exportación f
export (E)	Export m	—	exportation f	esportazione f	exportación f
export (NL)	Ausfuhr f	export	exportation f	esportazione f	exportación f
export (NL)	Export m	export	exportation f	esportazione f	exportación f
export (SV)	Ausfuhr f	export	exportation f	esportazione f	exportación f
export (SV)	Export m	export	exportation f	esportazione f	exportación f
exportação (P)	Ausfuhr f	export	exportation f	esportazione f	exportación f
exportação (P)	Export m	export	exportation f	esportazione f	exportación f
exportación (ES)	Ausfuhr f	export	exportation f	esportazione f	—
exportación (ES)	Export m	export	exportation f	esportazione f	—
exportation (F)	Ausfuhr f	export	—	esportazione f	exportación f
exportation (F)	Export m	export	—	esportazione f	exportación f

exportation

P	NL	SV	PL	CZ	H
centro de distribuição m	depot n	centrallager	dzień dostawy m	—	elosztó raktár
—	expediteur m	speditör	spedytor m	zasílatel m	szállítmányozó
documento m	akte f/m	mapp	akta m	spis m	ügyirat
fretar	vervrachten	transportera	ekspediować <wyekspediować>	pronajímat <pronajmout> loď	elfuvaroz
carregar	laden	lasta	przeładowywać <przeładować>	nakládat <naložit>	rakodik
expedidor m	—	speditör	spedytor m	zasílatel m	szállítmányozó
departamento de expedição m	—	leveransavdelning	wydział ekspedycji m	expediční oddělení n	szállítási részleg
camionagem f	—	transportkostnad	przewozowe n	dopravné n	fuvardíj
expedição f	goederenverzending f	leverans	spedycja f	odbavení n	továbbítás
expedição f	verzending f	leverans	ekspedycja f	expedice f	feladás
remessa de mercadorias f	goederenverzending f	leverans	wysyłka towarów f	zásilka zboží f	áruküldemény
transporte de mercadoria em volumes m	stukgoederenverkeer n	styckegodshantering	transport drobnicy m	doprava kusového zboží f	darabáru-forgalom
expedidor m	expediteur m	speditör	spedytor m	zasílatel m	szállítmányozó
despesas f/pl	uitgaven pl	utgifter pl	nakład m	náklad m	ráfordítás
despesas com material f/pl	materiaalverbruik n	materialåtgång	zużycie materiałów m	spotřeba materiálu f	anyagráfordítás
tempo empregue m	bestede tijd f	tidsspillan	nakład czasowy m	vynaložení času n	időráfordítás
despesas f/pl	onkosten m/pl	utgifter pl	wydatki m/pl	výdaje m/pl	kiadások
despesas f/pl	kosten m/pl	traktamente	koszty m/pl	výlohy f/pl	költségek
especialista m	vakman m	specialist	specjalista m	odborník m	szakember
especialista m	vakman m	specialist	specjalista m	odborník m	szakember
auditor m	accountant m	revisor	kontroler podatkowy m	podnikový kontrolor m	revizor
auditor m	revisor m	revisor	rewident księgowy m	revisor účtů m	könyvvizsgáló
data de vencimento f	vervaldatum m	sista förbrukningsdag	data płatności weksla f	datum uplynutí lhůty n	lejárat napja
—	kostenexplosie f	explosionsartad kostnadsökning	eksplozja kosztów f	exploze nákladů f	költségrobbanás
explosão dos custos f	kostenexplosie f	explosionsartad kostnadsökning	eksplozja kosztów f	exploze nákladů f	költségrobbanás
explosão dos custos f	kostenexplosie f	explosionsartad kostnadsökning	eksplozja kosztów f	exploze nákladů f	költségrobbanás
explosão dos custos f	kostenexplosie f	—	eksplozja kosztów f	exploze nákladů f	költségrobbanás
explosão dos custos f	kostenexplosie f	explosionsartad kostnadsökning	eksplozja kosztów f	—	költségrobbanás
exportação f	export m	export	eksport m	vývoz m	kivitel
exportação f	export m	export	eksport m	vývoz m	kivitel
exportação f	export m	export	eksport m	vývoz m	kivitel
exportação f	—	export	eksport m	vývoz m	kivitel
exportação f	—	export	eksport m	vývoz m	kivitel
exportação f	export m	—	eksport m	vývoz m	kivitel
exportação f	export m	—	eksport m	vývoz m	kivitel
—	export m	export	eksport m	vývoz m	kivitel
—	export m	export	eksport m	vývoz m	kivitel
exportação f	export m	export	eksport m	vývoz m	kivitel
exportação f	export m	export	eksport m	vývoz m	kivitel
exportação f	export m	export	eksport m	vývoz m	kivitel

Exportauftrag 366

	D	E	F	I	ES
Exportauftrag (D)	—	export order	commande d'exportation f	ordine d'esportazione m	pedido destinado a la exportación m
exportavgift (SV)	Ausfuhrzoll m	export duty	taxe à l'exportation f	dazio all'esportazione m	derechos de exportación m/pl
exportbepalingen (NL)	Ausfuhrbestimmungen f/pl	export regulations	directives d'exportation f/pl	disposizioni per l'esportazione f/pl	reglamiento de exportación m
exportbestämmelser (SV)	Ausfuhrbestimmungen f/pl	export regulations	directives d'exportation f/pl	disposizioni per l'esportazione f/pl	reglamiento de exportación m
export documents (E)	Ausfuhrpapiere n/pl	—	documents d'exportation m/pl	documenti d'esportazione m/pl	documentos de exportación m/pl
export duty (E)	Ausfuhrzoll m	—	taxe à l'exportation f	dazio all'esportazione m	derechos de exportación m/pl
Export-Factoring (D)	—	export factoring	factoring d'exportation m	factoring delle esportazioni m	factoring de exportación m
export factoring (E)	Export-Factoring f	—	factoring d'exportation m	factoring delle esportazioni m	factoring de exportación m
exportfactoring (NL)	Export-Factoring f	export factoring	factoring d'exportation m	factoring delle esportazioni m	factoring de exportación m
export factoring (SV)	Export-Factoring f	export factoring	factoring d'exportation m	factoring delle esportazioni m	factoring de exportación m
exportfaktorálás (H)	Export-Factoring f	export factoring	factoring d'exportation m	factoring delle esportazioni m	factoring de exportación m
exportfinanciering (NL)	Ausfuhrfinanzierung f	export financing	financement de l'exportation m	finanziamento all'esportazione m	financiación de la exportación f
exportfinanciering (NL)	Exportfinanzierung f	financing of exports	financement d'opérations d'exportation m	finanziamento all'esportazione m	financiación de exportación f
export financing (E)	Ausfuhrfinanzierung f	—	financement de l'exportation m	finanziamento all'esportazione m	financiación de la exportación f
exportfinansiering (SV)	Ausfuhrfinanzierung f	export financing	financement de l'exportation m	finanziamento all'esportazione m	financiación de la exportación f
exportfinansiering (SV)	Exportfinanzierung f	financing of exports	financement d'opérations d'exportation m	finanziamento all'esportazione m	financiación de exportación f
exportfinanszírozás (H)	Ausfuhrfinanzierung f	export financing	financement de l'exportation m	finanziamento all'esportazione m	financiación de la exportación f
exportfinanszírozás (H)	Exportfinanzierung f	financing of exports	financement d'opérations d'exportation m	finanziamento all'esportazione m	financiación de exportación f
Exportfinanzierung (D)	—	financing of exports	financement d'opérations d'exportation m	finanziamento all'esportazione m	financiación de exportación f
exporthandlingar (SV)	Ausfuhrpapiere n/pl	export documents	documents d'exportation m/pl	documenti d'esportazione m/pl	documentos de exportación m/pl
exportkorlátozás (H)	Ausfuhrbeschränkung f	export restriction	contingentement à l'exportation m	restrizione all'esportazione f	restricción a la exportación f
export licence (E)	Ausfuhrgenehmigung f	—	autorisation d'exportation f	autorizzazione all'esportazione f	licencia de exportación f
exportmegrendelés (H)	Exportauftrag m	export order	commande d'exportation f	ordine d'esportazione m	pedido destinado a la exportación m
exportní faktoring (CZ)	Export-Factoring f	export factoring	factoring d'exportation m	factoring delle esportazioni m	factoring de exportación m
exportní přebytek (CZ)	Exportüberschuß m	export surplus	excédent d'exportation m	eccedenza delle esportazioni f	excedente de exportación m
exportní zakázka (CZ)	Exportauftrag m	export order	commande d'exportation f	ordine d'esportazione m	pedido destinado a la exportación m
exportokmányok (H)	Ausfuhrpapiere n/pl	export documents	documents d'exportation m/pl	documenti d'esportazione m/pl	documentos de exportación m/pl
export order (E)	Exportauftrag m	—	commande d'exportation f	ordine d'esportazione m	pedido destinado a la exportación m
exportorder (NL)	Exportauftrag m	export order	commande d'exportation f	ordine d'esportazione m	pedido destinado a la exportación m
exportorder (SV)	Exportauftrag m	export order	commande d'exportation f	ordine d'esportazione m	pedido destinado a la exportación m
exportoverschot (NL)	Exportüberschuß m	export surplus	excédent d'exportation m	eccedenza delle esportazioni f	excedente de exportación m
exportöverskott (SV)	Exportüberschuß m	export surplus	excédent d'exportation m	eccedenza delle esportazioni f	excedente de exportación m
exportråd (SV)	Außenhandelskammer f	chamber of foreign trade	chambre du commerce extérieur f	camera di commercio estero f	cámara del comercio exterior f
export regulations (E)	Ausfuhrbestimmungen f/pl	—	directives d'exportation f/pl	disposizioni per l'esportazione f/pl	reglamiento de exportación m

export regulations

P	NL	SV	PL	CZ	H
encomenda de exportação f	exportorder n	exportorder	zamówienie eksportowe n	exportní zakázka f	exportmegrendelés
taxa de exportação f	uitvoerrecht n	—	cło wywozowe n	vývozní clo n	exportvám
regulamento de exportação f	—	exportbestämmelser pl	przepisy wywozowe m/pl	stanovení vývozu n	kiviteli előírások
regulamento de exportação m	exportbepalingen f/pl	—	przepisy wywozowe m/pl	stanovení vývozu n	kiviteli előírások
documentos de exportação m/pl	uitvoerdocumenten n/pl	exporthandlingar pl	dokumentacja eksportowa f	vývozní dokumenty m/pl	exportokmányok
taxa de exportação f	uitvoerrecht n	exportavgift	cło wywozowe n	vývozní clo n	exportvám
factoring de exportação m	exportfactoring f/m	export factoring	faktoring eksportowy m	exportní faktoring m	exportfaktorálás
factoring de exportação m	exportfactoring f/m	export factoring	faktoring eksportowy m	exportní faktoring m	exportfaktorálás
factoring de exportação m	—	export factoring	faktoring eksportowy m	exportní faktoring m	exportfaktorálás
factoring de exportação m	exportfactoring f/m	—	faktoring eksportowy m	exportní faktoring m	exportfaktorálás
factoring de exportação m	exportfactoring f/m	export factoring	faktoring eksportowy m	exportní faktoring m	—
financiamento da exportação m	—	exportfinansiering	finansowanie eksportu n	financování vývozu n	exportfinanszírozás
financiamento de exportações m	—	exportfinansiering	finansowanie eksportu n	financování vývozu n	exportfinanszírozás
financiamento da exportação m	exportfinanciering f	exportfinansiering	finansowanie eksportu n	financování vývozu n	exportfinanszírozás
financiamento da exportação m	exportfinanciering f	—	finansowanie eksportu n	financování vývozu n	exportfinanszírozás
financiamento de exportações m	exportfinanciering f	—	finansowanie eksportu n	financování vývozu n	exportfinanszírozás
financiamento da exportação m	exportfinanciering f	exportfinansiering	finansowanie eksportu n	financování vývozu n	—
financiamento de exportações m	exportfinanciering f	exportfinansiering	finansowanie eksportu n	financování vývozu n	—
financiamento de exportações m	exportfinanciering f	exportfinansiering	finansowanie eksportu n	financování vývozu n	exportfinanszírozás
documentos de exportação m/pl	uitvoerdocumenten n/pl	—	dokumentacja eksportowa f	vývozní dokumenty m/pl	exportokmányok
restrição à exportação f	uitvoerbeperking f	exportrestriktion	ograniczenia eksportowe n/pl	omezení vývozu n	—
licença de exportação f	uitvoervergunning f	exporttillstånd	zezwolenie eksportowe n	vývozní povolení n	kiviteli engedély
encomenda de exportação f	exportorder n	exportorder	zamówienie eksportowe n	exportní zakázka f	—
factoring de exportação m	exportfactoring f/m	export factoring	faktoring eksportowy m	—	exportfaktorálás
excedente de exportação m	exportoverschot n	exportöverskott	nadwyżka eksportu f	—	kiviteli többlet
encomenda de exportação f	exportorder n	exportorder	zamówienie eksportowe n	—	exportmegrendelés
documentos de exportação m/pl	uitvoerdocumenten n/pl	exporthandlingar pl	dokumentacja eksportowa f	vývozní dokumenty m/pl	—
encomenda de exportação f	exportorder n	exportorder	zamówienie eksportowe n	exportní zakázka f	exportmegrendelés
encomenda de exportação f	—	exportorder	zamówienie eksportowe n	exportní zakázka f	exportmegrendelés
encomenda de exportação f	exportorder n	—	zamówienie eksportowe n	exportní zakázka f	exportmegrendelés
excedente de exportação m	—	exportöverskott	nadwyżka eksportu f	exportní přebytek m	kiviteli többlet
excedente de exportação m	exportoverschot n	—	nadwyżka eksportu f	exportní přebytek m	kiviteli többlet
câmara de comércio exterior f	kamer voor buitenlandse handel f/m	—	Izba Handlu Zagranicznego f	komora zahraničního obchodu f	külkereskedelmi kamara
regulamento de exportação m	exportbepalingen f/pl	exportbestämmelser pl	przepisy wywozowe m/pl	stanovení vývozu n	kiviteli előírások

export restriction 368

	D	E	F	I	ES
export restriction (E)	Ausfuhrbeschränkung f	—	contingentement à l'exportation m	restrizione all'esportazione f	restricción a la exportación f
exportrestriktion (SV)	Ausfuhrbeschränkung f	export restriction	contingentement à l'exportation m	restrizione all'esportazione f	restricción a la exportación f
export surplus (E)	Exportüberschuß m	—	excédent d'exportation m	eccedenza delle esportazioni f	excedente de exportación m
exporttillstånd (SV)	Ausfuhrgenehmigung f	export licence	autorisation d'exportation f	autorizzazione all'esportazione f	licencia de exportación f
Exportüberschuß (D)	—	export surplus	excédent d'exportation m	eccedenza delle esportazioni f	excedente de exportación m
exportunderskott (SV)	Außenhandelsdefizit n	foreign trade deficit	déficit de la balance du commerce extérieur m	deficit del commercio estero m	déficit del comercio exterior m
exportvám (H)	Ausfuhrzoll m	export duty	taxe à l'exportation f	dazio all'esportazione m	derechos de exportación m/pl
exposição (P)	Ausstellung f	exhibition	exposition f	esposizione f	exhibición f
exposition (F)	Ausstellung f	exhibition	—	esposizione f	exhibición f
expresbrief (NL)	Eilbrief m	express letter	lettre par exprès f	espresso m	carta urgente f
expreso (ES)	Eilbote m	express messenger	facteur spécial m	corriere m	—
expressbrev (SV)	Eilbrief m	express letter	lettre par exprès f	espresso m	carta urgente f
express delivery (E)	Eilzustellung f	—	remise par exprès f	consegna per espresso f	entrega urgente f
expressebestelling (NL)	Eilzustellung f	express delivery	remise par exprès f	consegna per espresso f	entrega urgente f
expressförsändelse (SV)	per Express	by express	par exprès	per espresso	por expreso
expressgods (SV)	Expressgut n	express goods	colis express m	collo celere f	carga por expreso f
express goods (E)	Expressgut n	—	colis express m	collo celere f	carga por expreso f
Expressgut (D)	—	express goods	colis express m	collo celere f	carga por expreso f
express letter (E)	Eilbrief m	—	lettre par exprès f	espresso m	carta urgente f
express messenger (E)	Eilbote m	—	facteur spécial m	corriere m	expreso m
expresspaket (SV)	Eilpaket m	express parcel	colis exprès m	pacco espresso m	paquete urgente m
express parcel (E)	Eilpaket m	—	colis exprès m	pacco espresso m	paquete urgente m
expressutdelning (SV)	Eilzustellung f	express delivery	remise par exprès f	consegna per espresso f	entrega urgente f
expressz (H)	per Express	by express	par exprès	per espresso	por expreso
expresszáru (H)	Expressgut n	express goods	colis express m	collo celere f	carga por expreso f
expresszcsomag (H)	Eilpaket m	express parcel	colis exprès m	pacco espresso m	paquete urgente m
expressz kézbesítés (H)	Eilzustellung f	express delivery	remise par exprès f	consegna per espresso f	entrega urgente f
expresszlevél (H)	Eilbrief m	express letter	lettre par exprès f	espresso m	carta urgente f
expropiación (ES)	Enteignung f	expropriation	expropriation f	espropriazione f	—
expropriação (P)	Enteignung f	expropriation	expropriation f	espropriazione f	expropiación f
expropriation (E)	Enteignung f	—	expropriation f	espropriazione f	expropiación f
expropriation (F)	Enteignung f	expropriation	—	espropriazione f	expropiación f
expropriation (SV)	Enteignung f	expropriation	expropriation f	espropriazione f	expropiación f
ex quay (E)	ab Kai	—	départ quai	franco banchina	ex muelle
ex ship (E)	ab Schiff	—	départ navire	franco bordo	ex vapor
extension (E)	Prolongation f	—	prolongation f	proroga f	prórroga f
extension (E)	Verlängerung f	—	prolongation f	prolungamento m	prórroga f
extension of credit (E)	Zahlungsaufschub m	—	sursis de payement m	dilazione del pagamento f	pago aplazado m
extern finansiering (SV)	Fremdfinanzierung f	outside financing	constitution de capital par apport de tiers f	finanziamento passivo m	financiación externa f

extern finansiering

P	NL	SV	PL	CZ	H
restrição à exportação f	uitvoerbeperking f	exportrestriktion	ograniczenia eksportowe n/pl	omezení vývozu n	exportkorlátozás
restrição à exportação f	uitvoerbeperking f	—	ograniczenia eksportowe n/pl	omezení vývozu n	exportkorlátozás
excedente de exportação m	exportoverschot n	exportöverskott	nadwyżka eksportu f	exportní přebytek m	kiviteli többlet
licença de exportação f	uitvoervergunning f	—	zezwolenie eksportowe n	vývozní povolení n	kiviteli engedély
excedente de exportação m	exportoverschot n	exportöverskott	nadwyżka eksportu f	exportní přebytek m	kiviteli többlet
défice da balança comercial m	deficit op de buitenlandse handel n	—	deficyt handlu zagranicznego m	schodek zahraničního obchodu m	külkereskedelmi deficit
taxa de exportação f	uitvoerrecht n	exportavgift	cło wywozowe n	vývozní clo n	—
—	tentoonstelling f	utställning	wystawa	výstava f	kiállítás
exposição f	tentoonstelling f	utställning	wystawa	výstava f	kiállítás
correio expresso m	—	expressbrev	list ekspresowy m	spěšný dopis m	expresszlevél
mensageiro expresso m	koerier m	kurir	goniec pospieszny m	kurýr m	gyorsfutár
correio expresso m	expresbrief m	—	list ekspresowy m	spěšný dopis m	expresszlevél
entrega urgente f	expressebestelling f	expressutdelning	dostawa ekspresowa f	spěšná zásilka f	expressz kézbesítés
entrega urgente f	—	expressutdelning	dostawa ekspresowa f	spěšná zásilka f	expressz kézbesítés
por expresso	per express	—	ekspresem	spěšně	expressz
mercadorias enviadas por expresso f/pl	ijlgoed n	—	przesyłka ekspresowa f	spěšnina f	expresszáru
mercadorias enviadas por expresso f/pl	ijlgoed n	expressgods	przesyłka ekspresowa f	spěšnina f	expresszáru
mercadorias enviadas por expresso f/pl	ijlgoed n	expressgods	przesyłka ekspresowa f	spěšnina f	expresszáru
correio expresso m	expresbrief m	expressbrev	list ekspresowy m	spěšný dopis m	expresszlevél
mensageiro expresso m	koerier m	kurir	goniec pospieszny m	kurýr m	gyorsfutár
pacote expresso m	spoedpakket n	—	paczka ekspresowa f	spěšný balík m	expresszcsomag
pacote expresso m	spoedpakket n	expresspaket	paczka ekspresowa f	spěšný balík m	expresszcsomag
entrega urgente f	expressebestelling f	—	dostawa ekspresowa f	spěšná zásilka f	expressz kézbesítés
por expresso	per express	expressförsändelse	ekspresem	spěšně	—
mercadorias enviadas por expresso f/pl	ijlgoed n	expressgods	przesyłka ekspresowa f	spěšnina f	—
pacote expresso m	spoedpakket n	expresspaket	paczka ekspresowa f	spěšný balík m	—
entrega urgente f	expressebestelling f	expressutdelning	dostawa ekspresowa f	spěšná zásilka f	—
correio expresso m	expresbrief m	expressbrev	list ekspresowy m	spěšný dopis m	—
expropriação f	onteigening f	expropriation	wywłaszczenie n	vyvlastnění n	kisajátítás
—	onteigening f	expropriation	wywłaszczenie n	vyvlastnění n	kisajátítás
expropriação f	onteigening f	expropriation	wywłaszczenie n	vyvlastnění n	kisajátítás
expropriação f	onteigening f	expropriation	wywłaszczenie n	vyvlastnění n	kisajátítás
expropriação f	onteigening f	—	wywłaszczenie n	vyvlastnění n	kisajátítás
posto no cais	af kaai	fritt från kaj	z nabrzeża	z nábřeží f	rakparton átvéve
ex navio	af schip	fritt från fartyg	ze statku	z lodě f	hajón átvéve
prolongamento m	prolongatie f	förlängning	prolongata f	prolongace f	meghosszabbítás
prolongamento m	verlenging f	förlängning	prolongata f	prodloužení n	meghosszabbítás
prorrogação do prazo de pagamento f	uitstel van betaling n	betalningsuppskov	odroczenie terminu płatności n	odklad platby m	fizetési haladék
financiamento através de capital alheio m	financiering door vreemd kapitaal f	—	finansowanie obce n	dluhové financování n	hitelfinanszírozás

extern medarbetare 370

	D	E	F	I	ES
extern medarbetare (SV)	Außendienstmitarbeiter *m*	field staff	personnel investigateur *m*	collaboratore del servizio esterno *m*	colaborador en el servicio exterior *m*
extern verksamhet (SV)	Außendienst *m*	field work	service extérieur *m*	servizio esterno *m*	servicio exterior *m*
extra (E)	Zugabe *f*	—	prime *f*	aggiunta *f*	suplemento *m*
extraanställd (SV)	Aushilfe *f*	temporary help	suppléant *m*	aiuto *m*	ayudante *m*
extra avskrivning (SV)	Sonderabschreibungen *f/pl*	special depreciation	amortissement extraordinaire *m*	ammortamenti straordinari *m/pl*	amortización extraordinaria *f*
extra charge (E)	Zuschlag *m*	—	supplément *m*	supplemento *m*	suplemento *m*
extracto de conta (P)	Kontoauszug *m*	statement of account	relevé de compte *m*	estratto conto *m*	extracto de cuenta *m*
extracto de cuenta (ES)	Kontoauszug *m*	statement of account	relevé de compte *m*	estratto conto *m*	—
extragiudiziale (I)	außergerichtlich	extrajudicial	extrajudiciaire	—	extrajudicial
extrajudiciaire (F)	außergerichtlich	extrajudicial	—	extragiudiziale	extrajudicial
extrajudicial (E)	außergerichtlich	—	extrajudiciaire	extragiudiziale	extrajudicial
extrajudicial (ES)	außergerichtlich	extrajudicial	extrajudiciaire	extragiudiziale	—
extrajudicial (P)	außergerichtlich	extrajudicial	extrajudiciaire	extragiudiziale	extrajudicial
extra korting (NL)	Sonderrabatt *m*	special discount	remise xceptionnelle *f*	ribasso speciale *m*	descuento especial *m*
extraordinära utgifter (SV)	außergewöhnliche Belastung *f*	extraordinary expenses	charges exceptionnelles *f/pl*	oneri straordinari *m/pl*	carga extraordinaria *f*
extraordinary expenses (E)	außergewöhnliche Belastung *f*	—	charges exceptionnelles *f/pl*	oneri straordinari *m/pl*	carga extraordinaria *f*
extra pay (E)	Zulage *f*	—	prime *f*	premio *m*	suplemento *m*
ex vapor (ES)	ab Schiff	ex ship	départ navire	franco bordo	—
ex works (E)	ab Werk	—	départ usine	franco fabbrica	en fábrica
fabbisogno (I)	Bedarf *m*	need	besoin *m*	—	necesidades *f/pl*
fabbricazione in massa (I)	Massenfertigung *f*	mass production	production en série *f*	—	fabricación en masa *f*
fábrica (ES)	Betrieb *m*	factory	entreprise *f*	azienda *f*	—
fábrica (P)	Betrieb *m*	factory	entreprise *f*	azienda *f*	fábrica *f*
fábrica (P)	Werk *n*	plant	usine *f*	stabilimento *m*	planta *f*
fabricación en masa (ES)	Massenfertigung *f*	mass production	production en série *f*	fabbricazione in massa *f*	—
fabricación especial (ES)	Sonderanfertigung *f*	manufacture to customer's specifications	fabrication spéciale *f*	produzione fuori serie *f*	—
fabricante (ES)	Hersteller *m*	manufacturer	constructeur *m*	produttore *m*	—
fabrication en série (F)	Serienfertigung *f*	series production	—	produzione in serie *f*	producción en serie *f*
fabrication spéciale (F)	Sonderanfertigung *f*	manufacture to customer's specifications	—	produzione fuori serie *f*	fabricación especial *f*
fabriek (NL)	Werk *n*	plant	usine *f*	stabilimento *m*	planta *f*
fabrieksgeheim (NL)	Betriebsgeheimnis *n*	trade secret	secret d'entreprise *m*	segreto aziendale *m*	secreto empresarial *m*
fabrik (SV)	Werk *n*	plant	usine *f*	stabilimento *m*	planta *f*
fabrikant (NL)	Hersteller *m*	manufacturer	constructeur *m*	produttore *m*	fabricante *m*
Fachmann (D)	—	expert	expert *m*	perito *m*	especialista *m/f*
fackförening (SV)	Gewerkschaft *f*	trade union	syndicat *m*	sindacato *m*	sindicato *m*
facteur (F)	Briefträger *m*	postman	—	postino *m*	cartero *m*
facteurs de production (F)	Produktionsfaktoren *m/pl*	production factors	—	fattori di produzione *m/pl*	factores de producción *m/pl*
facteur spécial (F)	Eilbote *m*	express messenger	—	corriere *m*	expreso *m*
factores de produção (P)	Produktionsfaktoren *m/pl*	production factors	facteurs de production *m/pl*	fattori di produzione *m/pl*	factores de producción *m/pl*
factores de producción (ES)	Produktionsfaktoren *m/pl*	production factors	facteurs de production *m/pl*	fattori di produzione *m/pl*	—
factoring de exportação (P)	Export-Factoring *f*	export factoring	factoring d'exportation *m*	factoring delle esportazioni *m*	factoring de exportación *m*
factoring de exportación (ES)	Export-Factoring *f*	export factoring	factoring d'exportation *m*	factoring delle esportazioni *m*	—

factoring de exportación

P	NL	SV	PL	CZ	H
colaborador em serviços externos m	buitendienstmedewerker m	—	przedstawiciel handlowy m	pracovník služebně mimo podnik m	külszolgálati munkatárs
serviço exterior m	buitendienst m	—	praca w terenie f	práce mimo podnik f	külszolgálat
bónus m	toegift f	tillägg	dodatek m	přídavek m	ráadás
ajudante m/f	hulpkracht f	—	pracownik pomocniczy m	výpomoc f	kisegítő dolgozó
amortização extraordinária f	vervroegde afschrijvingen f/pl	—	amortyzacja specjalna f	zvláštní odpisy m/pl	speciális értékcsökkenési leírás
taxa suplementar f	toeslag m	tillägg	dopłata f	příplatek m	felár
—	rekeninguittreksel n	kontoutdrag	wyciąg z konta m	výpis z účtu m	számlakivonat
extracto de conta m	rekeninguittreksel n	kontoutdrag	wyciąg z konta m	výpis z účtu m	számlakivonat
extrajudicial	buitengerechtelijk	genom förlikning	pozasądowe	mimosoudní	peren kívüli
extrajudicial	buitengerechtelijk	genom förlikning	pozasądowe	mimosoudní	peren kívüli
extrajudicial	buitengerechtelijk	genom förlikning	pozasądowe	mimosoudní	peren kívüli
extrajudicial	buitengerechtelijk	genom förlikning	pozasądowe	mimosoudní	peren kívüli
—	buitengerechtelijk	genom förlikning	pozasądowe	mimosoudní	peren kívüli
desconto especial m	—	specialrabatt	rabat specjalny m	mimořádný rabat m	rendkívüli árengedmény
despesas extraordinárias f/pl	uitzonderlijke lasten m/pl	—	nadzwyczajne wydatki m/pl	mimořádné zatížení n	rendkívüli terhek
despesas extraordinárias f/pl	uitzonderlijke lasten m/pl	extraordinära utgifter pl	nadzwyczajne wydatki m/pl	mimořádné zatížení n	rendkívüli terhek
prémio m	gratificatie f	påökning	dodatek do płacy m	příplatek m	pótlék
ex navio	af schip	fritt från fartyg	ze statku	z lodě f	hajón átvéve
ex fábrica	af fabriek	fritt från fabrik	z zakładu	ze závodu m	gyárban átvéve
necessidade f	behoefte f	behov	zapotrzebowanie n	potřeba f	szükséglet
produção em massa f	massaproductie f	massproduktion	produkcja masowa f	hromadná výroba f	tömeggyártás
fábrica f	bedrijf n	rörelse	przedsiębiorstwo n	podnik m	üzem
—	bedrijf n	rörelse	przedsiębiorstwo n	podnik m	üzem
—	fabriek f	fabrik	zakład m	závod m	gyár
produção em massa f	massaproductie f	massproduktion	produkcja masowa f	hromadná výroba f	tömeggyártás
produção especial (segundo as especificações do cliente) f	speciale fabricage f	specialtillverkning	produkcja na specjalne zamówienie f	zvláštní vyhotovení n	egyedi gyártás
produtor m	fabrikant m	tillverkare	producent m	výrobce m	gyártó
produção em série f	serieproductie f	serietillverkning	produkcja seryjna f	sériová výroba f	sorozatgyártás
produção especial (segundo as especificações do cliente) f	speciale fabricage f	specialtillverkning	produkcja na specjalne zamówienie f	zvláštní vyhotovení n	egyedi gyártás
fábrica f	—	fabrik	zakład m	závod m	gyár
sigilo comercial m	—	affärshemlighet	tajemnica zakładowa f	výrobní tajemství n	üzemi titok
fábrica f	fabriek f	—	zakład m	závod m	gyár
produtor m	—	tillverkare	producent m	výrobce m	gyártó
especialista m	vakman m	specialist	specjalista m	odborník m	szakember
sindicato m	vakbond m	—	związek zawodowy m	odbory m/pl	szakszervezet
carteiro m	postbode m	brevbärare	listonosz m	listonoš m	levélkihordó
factores de produção m/pl	productiefactoren m/pl	produktionsfaktorer pl	czynniki produkcji m/pl	výrobní faktory m/pl	termelési tényezők
mensageiro expresso m	koerier m	kurir	goniec pospieszny m	kurýr m	gyorsfutár
—	productiefactoren m/pl	produktionsfaktorer pl	czynniki produkcji m/pl	výrobní faktory m/pl	termelési tényezők
factores de produção m/pl	productiefactoren m/pl	produktionsfaktorer pl	czynniki produkcji m/pl	výrobní faktory m/pl	termelési tényezők
—	exportfactoring f/m	export factoring	faktoring eksportowy m	exportní faktoring m	exportfaktorálás
factoring de exportação m	exportfactoring f/m	export factoring	faktoring eksportowy m	exportní faktoring m	exportfaktorálás

factoring delle esportazioni 372

	D	E	F	I	ES
factoring delle esportazioni (I)	Export-Factoring f	export factoring	factoring d'exportation m	—	factoring de exportación m
factoring d'exportation (F)	Export-Factoring f	export factoring	—	factoring delle esportazioni m	factoring de exportación m
factory (E)	Betrieb m	—	entreprise f	azienda f	fábrica f
factura (ES)	Faktura f	invoice	facture f	fattura f	—
factura (ES)	Rechnung f	invoice	facture f	fattura f	—
factura (P)	Faktura f	invoice	facture f	fattura f	factura f
factura (P)	Rechnung f	invoice	facture f	fattura f	factura f
factura arancelaria (ES)	Zollfaktura f	customs invoice	facture douanière f	fattura doganale f	—
facturação (P)	Fakturierung f	making out an invoice	facturation f	fatturazione f	facturación f
facturação (P)	Rechnungsstellung f	invoicing	établissement d'une facture m	fatturazione f	facturación f
facturación (ES)	Fakturierung f	making out an invoice	facturation f	fatturazione f	—
facturación (ES)	Rechnungsstellung f	invoicing	établissement d'une facture m	fatturazione f	—
factura comercial (ES)	Handelsfaktura f	commercial invoice	facture commerciale f	fattura commerciale f	—
factura comercial (P)	Handelsfaktura f	commercial invoice	facture commerciale f	fattura commerciale f	factura comercial f
factura não paga (P)	offene Rechnung f	outstanding account	facture impayée f	conto aperto m	factura pendiente f
factura para a alfândega (P)	Zollfaktura f	customs invoice	facture douanière f	fattura doganale f	factura arancelaria f
factura pendiente (ES)	offene Rechnung f	outstanding account	facture impayée f	conto aperto m	—
factura proforma (ES)	Proforma Rechnung f	pro forma invoice	facture pro forma f	fattura pro forma f	—
factura pró-forma (P)	Proforma Rechnung f	pro forma invoice	facture pro forma f	fattura pro forma f	factura proforma f
facturation (F)	Fakturierung f	making out an invoice	—	fatturazione f	facturación f
factura trimestral (P)	Quartalsrechnung n	quarterly invoice	compte trimestriel m	conto trimestrale m	cuenta trimestral f
facture (F)	Faktura f	invoice	—	fattura f	factura f
facture (F)	Rechnung f	invoice	—	fattura f	factura f
facture commerciale (F)	Handelsfaktura f	commercial invoice	—	fattura commerciale f	factura comercial f
facture douanière (F)	Zollfaktura f	customs invoice	—	fattura doganale f	factura arancelaria f
facture impayée (F)	offene Rechnung f	outstanding account	—	conto aperto m	factura pendiente f
facture pro forma (F)	Proforma Rechnung f	pro forma invoice	—	fattura pro forma f	factura proforma f
facturering (NL)	Fakturierung f	making out an invoice	facturation f	fatturazione f	facturación f
facturering (NL)	Rechnungsstellung f	invoicing	établissement d'une facture m	fatturazione f	facturación f
factuur (NL)	Faktura f	invoice	facture f	fattura f	factura f
factuur (NL)	Rechnung f	invoice	facture f	fattura f	factura f
factuurbedrag (NL)	Rechnungsbetrag f	invoice total	montant de la facture m	ammontare della fattura m	importe de la factura m
factuurbedrag (NL)	Rechnungssumme f	invoice amount	montant de la facture m	importo della fattura m	suma de la factura f
factuurnummer (NL)	Rechnungsnummer f	invoice number	numéro de la facture m	numero della fattura m	número de la factura m
facultad de firma (ES)	Zeichnungsberechtigung f	authorisation to sign	autorisation de signer f	diritto di firma m	—
Fahrgeld (D)	—	fare	coût du voyage m	spese di trasferta f/pl	precio de la travesía m
failliete boedel (NL)	Konkursmasse f	bankrupt's estate	masse de la faillite f	massa fallimentare f	masa de la quiebra f

failliete boedel

P	NL	SV	PL	CZ	H
factoring de exportação m	exportfactoring f/m	export factoring	faktoring eksportowy m	exportní faktoring m	exportfaktorálás
factoring de exportação m	exportfactoring f/m	export factoring	faktoring eksportowy m	exportní faktoring m	exportfaktorálás
fábrica f	bedrijf n	rörelse	przedsiębiorstwo n	podnik m	üzem
factura f	factuur f	faktura	faktura k	faktura f	számla
factura f	factuur f	faktura	rachunek m	účet m	számla
—	factuur f	faktura	faktura k	faktura f	számla
—	factuur f	faktura	rachunek m	účet m	számla
factura para a alfândega f	douanefactuur f	tullfaktura	faktura celna f	celní faktura f	vámszámla
—	facturering f	fakturering	fakturowanie n	fakturace f	számlázás
—	facturering f	fakturering	fakturowanie n	účtování n	számlázás
facturação f	facturering f	fakturering	fakturowanie n	fakturace f	számlázás
facturação f	facturering f	fakturering	fakturowanie n	účtování n	számlázás
factura comercial f	handelsfactuur f	vanlig exportfaktura	faktura handlowa f	obchodní faktura f	kereskedelmi számla
—	handelsfactuur f	vanlig exportfaktura	faktura handlowa f	obchodní faktura f	kereskedelmi számla
—	openstaande rekening f	obetald faktura	niezapłacony rachunek m	otevřený účet m	kiegyenlítetlen számla
—	douanefactuur f	tullfaktura	faktura celna f	celní faktura f	vámszámla
factura não paga f	openstaande rekening f	obetald faktura	niezapłacony rachunek m	otevřený účet m	kiegyenlítetlen számla
factura pró-forma f	pro forma factuur f	proformafaktura	rachunek proforma m	prozatímní účet m	pro forma számla
—	pro forma factuur f	proformafaktura	rachunek proforma m	prozatímní účet m	pro forma számla
facturação f	facturering f	fakturering	fakturowanie n	fakturace f	számlázás
—	kwartaalrekening f	kvartalsfaktura	rozliczenie kwartalne n	čtvrtletní vyúčtování n	negyedéves számla
factura f	factuur f	faktura	faktura k	faktura f	számla
factura f	factuur f	faktura	rachunek m	účet m	számla
factura comercial f	handelsfactuur f	vanlig exportfaktura	faktura handlowa f	obchodní faktura f	kereskedelmi számla
factura para a alfândega f	douanefactuur f	tullfaktura	faktura celna f	celní faktura f	vámszámla
factura não paga f	openstaande rekening f	obetald faktura	niezapłacony rachunek m	otevřený účet m	kiegyenlítetlen számla
factura pró-forma f	pro forma factuur f	proformafaktura	rachunek proforma m	prozatímní účet m	pro forma számla
facturação f	—	fakturering	fakturowanie n	fakturace f	számlázás
facturação f	—	fakturering	fakturowanie n	účtování n	számlázás
factura f	—	faktura	faktura k	faktura f	számla
factura f	—	faktura	rachunek m	účet m	számla
montante da factura m	—	faktureringssumma	suma rachunku f	účetní částka f	számlaösszeg
montante da factura m	—	faktureringssumma	suma rachunku f	účetní suma f	számlaösszeg
número da factura m	—	fakturanummer	numer rachunku m	číslo účtu n	számlaszám
direito de assinatura m	tekenbevoegdheid f	underskriftsberättigande	uprawnienie do podpisu n	oprávnění k podpisu n	aláírási jogosultság
preço da passagem m	passagegeld n	reseersättning	opłata za przejazd f	jízdné n	fuvardíj
massa falida f	—	konkursmassa	masa upadłościowa f	konkursní podstata f	csődtömeg

faillissementsaanvraag 374

	D	E	F	I	ES
faillissement-saanvraag (NL)	Konkursantrag m	bankruptcy petition	demande en déclaration de faillite f	domanda di dichiarazione di fallimento f	petición de quiebra f
faillissementsprocedure (NL)	Konkursverfahren n	bankruptcy proceedings	procédure de faillite f	procedura fallimentare f	procedimiento de quiebra m
faillissementsrechtbank (NL)	Konkursgericht n	bankruptcy court	tribunal de la faillite m	tribunale fallimentare m	tribunal de quiebras m
faillite (F)	Bankrott m	bankruptcy	—	bancarotta f	quiebra f
faillite (F)	Konkurs m	bankruptcy	—	fallimento m	quiebra f
fair (E)	Messe f	—	foire f	fiera f	feria f
faire un prélèvement à découvert (F)	überziehen	overdraw	—	mandare allo scoperto	sobrepasar
fajta (H)	Sorte (Art) f	sort	genre m	categoria f	clase f
faksować (PL)	faxen	fax	télécopier	inviare un fax	enviar un fax
faktiska kostnader (SV)	Istkosten pl	actual costs	coûts réels m/pl	costi effettivi m/pl	gastos efectivos m/pl
faktisk konsument (SV)	Endverbraucher m	ultimate consumer	consommateur final m	consumatore finale m	consumidor final m
faktoring eksportowy (PL)	Export-Factoring f	export factoring	factoring d'exportation m	factoring delle esportazioni m	factoring de exportación m
Faktura (D)	—	invoice	facture f	fattura f	factura f
faktura (SV)	Faktura f	invoice	facture f	fattura f	factura f
faktura (SV)	Rechnung f	invoice	facture f	fattura f	factura f
faktura (CZ)	Faktura f	invoice	facture f	fattura f	factura f
fakturace (CZ)	Fakturierung f	making out an invoice	facturation f	fatturazione f	facturación f
faktura celna (PL)	Zollfaktura f	customs invoice	facture douanière f	fattura doganale f	factura arancelaria f
faktura handlowa (PL)	Handelsfaktura f	commercial invoice	facture commerciale f	fattura commerciale f	factura comercial f
faktura k (PL)	Faktura f	invoice	facture f	fattura f	factura f
fakturanummer (SV)	Rechnungsnummer f	invoice number	numéro de la facture m	numero della fattura m	número de la factura m
fakturering (SV)	Fakturierung f	making out an invoice	facturation f	fatturazione f	facturación f
fakturering (SV)	Rechnungsstellung f	invoicing	établissement d'une facture m	fatturazione f	facturación f
faktureringssumma (SV)	Rechnungsbetrag f	invoice total	montant de la facture m	ammontare della fattura m	importe de la factura m
faktureringssumma (SV)	Rechnungssumme f	invoice amount	montant de la facture m	importo della fattura m	suma de la factura f
Fakturierung (D)	—	making out an invoice	facturation f	fatturazione f	facturación f
fakturowanie (PL)	Fakturierung f	making out an invoice	facturation f	fatturazione f	facturación f
fakturowanie (PL)	Rechnungsstellung f	invoicing	établissement d'une facture m	fatturazione f	facturación f
falência (P)	Bankrott m	bankruptcy	faillite f	bancarotta f	quiebra f
falência (P)	Konkurs m	bankruptcy	faillite f	fallimento m	quiebra f
falência fraudulenta (P)	betrügerischer Bankrott m	fraudulent bankruptcy	banqueroute frauduleuse f	bancarotta fraudolenta f	quiebra fraudulenta f
falešný šek (CZ)	gefälschter Scheck m	forged cheque	chèque falsifié m	assegno falsificato m	cheque falsificado m
fällig (D)	—	due	échu	esigibile	vencido
fallimento (I)	Konkurs m	bankruptcy	faillite f	—	quiebra f
falsificação de cheques (P)	Scheckbetrug m	cheque fraud	irrégularité en matière de chèque f	emissione di assegno a vuoto f	falsificación de cheques f
falsificación de cheques (ES)	Scheckbetrug m	cheque fraud	irrégularité en matière de chèque f	emissione di assegno a vuoto f	—
falta de liquidez (ES)	Illiquidität f	non-liquidity	manque de liquidité f	mancanza di liquidità f	—
falta de liquidez (P)	Illiquidität f	non-liquidity	manque de liquidité f	mancanza di liquidità f	falta de liquidez f
falta de liquidez (P)	Liquiditätsengpaß m	liquidity squeeze	contraction de liquidité f	strettoia di liquidità f	restricción de la liquidez f

falta de liquidez

P	NL	SV	PL	CZ	H
pedido de declaração de falência m	—	konkursansökan	wniosek o ogłoszenie upadłości m	ohlášení konkursu n	csődbejelentés
processo de falência m	—	konkursförfarande	postępowanie upadłościowe n	konkursní řízení n	csődeljárás
juiz de falências m	—	konkursdomstol	sąd upadłościowy m	konkursní soud m	csődbíróság
falência f	bankroet n	konkurs	bankructwo n	bankrot m	csőd
falência f	bankroet n	konkurs	upadłość f	konkurs m	csőd
feira f	jaarbeurs f	mässa	targi m/pl	veletrh m	vásár
sacar a descoberto	overschrijden	övertrassera	przekraczać stan konta	překračovat <překročit>	hiteltúllépést követ el
categoria f	soort n	sort	gatunek m	druh m	—
passar um fax	faxen	faxa	—	faxovat	faxol
custos reais m/pl	effectieve kosten m/pl	—	koszty rzeczywiste m/pl	skutečné náklady m/pl	tényleges költségek
consumidor final m	eindverbruiker m	—	konsument ostateczny m	konečný spotřebitel m	fogyasztó
factoring de exportação m	exportfactoring f/m	export factoring	—	exportní faktoring m	exportfaktorálás
factura f	factuur f	faktura	faktura k	faktura f	számla
factura f	factuur f	—	faktura k	faktura f	számla
factura f	factuur f	—	rachunek m	účet m	számla
factura f	factuur f	faktura	faktura k	—	számla
facturação f	facturering f	fakturering	fakturowanie n	—	számlázás
factura para a alfândega f	douanefactuur f	tullfaktura	—	celní faktura f	vámszámla
factura comercial f	handelsfactuur f	vanlig exportfaktura	—	obchodní faktura f	kereskedelmi számla
factura f	factuur f	faktura	—	faktura f	számla
número da factura m	factuurnummer n	—	numer rachunku m	číslo účtu n	számlaszám
facturação f	facturering f	—	fakturowanie n	fakturace f	számlázás
facturação f	facturering f	—	fakturowanie n	účtování n	számlázás
montante da factura m	factuurbedrag n	—	suma rachunku f	účetní částka f	számlaösszeg
montante da factura m	factuurbedrag n	—	suma rachunku f	účetní suma f	számlaösszeg
facturação f	facturering f	fakturering	fakturowanie n	fakturace f	számlázás
facturação f	facturering f	fakturering	—	fakturace f	számlázás
facturação f	facturering f	fakturering	—	účtování n	számlázás
—	bankroet n	konkurs	bankructwo n	bankrot m	csőd
—	bankroet n	konkurs	upadłość f	konkurs m	csőd
—	bedrieglijke bankbreuk f	bedräglig konkurs	oszustwo upadłościowe n	podvodný bankrot m	csalárd csőd
cheque falsificado m	valse cheque m	förfalskad check	sfałszowany czek m	—	hamis csekk
vencido	betaalbaar	förfallen till betalning	do zapłaty	splatný	esedékes
falência f	bankroet n	konkurs	upadłość f	konkurs m	csőd
—	fraude met cheques f	checkbedrägeri	oszustwo czekowe n	šekový povod m	csekkel elkövetett csalás
falsificação de cheques f	fraude met cheques f	checkbedrägeri	oszustwo czekowe n	šekový povod m	csekkel elkövetett csalás
falta de liquidez f	illiquiditeit f	illikviditet	niewypłacalność f	nelikvidita f	likviditáshiány
—	illiquiditeit f	illikviditet	niewypłacalność f	nelikvidita f	likviditáshiány
—	liquiditeitstekort n	tillfällig likviditetsbrist	wąskie gardło wypłacalności n	likvidní tíseň f	likviditáshiány

falta de personal

	D	E	F	I	ES
falta de personal (ES)	Personalmangel m	shortage of staff	manque de personnel m	mancanza di personale f	—
falta de pessoal (P)	Personalmangel m	shortage of staff	manque de personnel m	mancanza di personale f	falta de personal f
fantomcég (H)	Briefkastenfirma f	bogus company	entreprise fictive f	società fantasma f	empresa ficticia f
färdig att avhämtas (SV)	abholbereit	ready for collection	prêt pour enlèvement	pronto per il ritiro	listo para la recogida
färdig för leverans (SV)	versandbereit	ready for dispatch	prêt pour expédition	pronto per la spedizione	listo para ser expedido
fare (E)	Fahrgeld n	—	coût du voyage m	spese di trasferta f/pl	precio de la travesía m
farm product (E)	Agrarprodukt n	—	produit agricole m	prodotto agricolo m	producto agrario m
fartygsregister (SV)	Schiffsregister n	register of ships	registre des navires m	registro navale m	registro marítimo m
fascia (I)	Streifband n	postal wrapper	bande étiquette f	—	precinto m
fase de desarrollo (ES)	Aufbauphase f	development phase	phase d'organisation f	fase di sviluppo f	—
fase de desenvolvimento (P)	Aufbauphase f	development phase	phase d'organisation f	fase di sviluppo f	fase de desarrollo f
fase di sviluppo (I)	Aufbauphase f	development phase	phase d'organisation f	—	fase de desarrollo f
fase redditizia (I)	Rentabilitätschwelle f	break-even point	seuil de rentabilité m	—	umbral de rentabilidad m
fasta kostnader (SV)	Fixkosten f	fixed costs	coûts fixes m/pl	costi fissi m/pl	gastos fijos m/pl
fasta tillgångar (SV)	Anlagevermögen n	fixed assets	valeurs immobilisées f	attivo fisso m	activo fijo m
fasta tillgångar (SV)	Sachanlagen f/pl	fixed assets	immobilisations corporelles f/pl	immobilizzazioni f/pl	inversión en inmuebles y utillaje m/pl
fasta växelkurser (SV)	feste Wechselkurse m/pl	fixed exchange rates	taux de change fixe m	cambi fissi m/pl	tipos de cambio fijos m/pl
fastighet (SV)	Immobilie	item of real estate	bien immobilier m	immobile m	inmueble m
fastighetsfond (SV)	Immobilienfonds m	real estate fund	fonds immobilier m	fondo immobiliare m	fondo inmobiliario f
fastighetsmäklare (SV)	Immobilienmakler m	estate agent	courtier en affaires immobilières m	agente immobiliare m	agente de la propiedad inmobiliaria m
fast inkomst (SV)	Festeinkommen n	fixed income	revenu fixe m	reddito fisso m	salario fijo m
fast inlåning (SV)	Festgeld n	time deposit	argent immobilisé m	deposito a termine m	depósito a plazo fijo m
fast pris (SV)	Festpreis m	fixed price	prix fixe m	prezzo fisso m	precio fijo m
fast prissättning (SV)	Preisbindung f	price fixing	imposition des prix f	obbligo di mantenere il prezzo fissato m	limitación de precios f
fast ränta (SV)	fester Zins m	fixed interest rate	intérêt fixe m	interesse fisso m	interés fijo m
fast summa (SV)	Fixum n	fixed sum	somme fixe f	somma fissa f	fijo m
fattori di produzione (I)	Produktionsfaktoren m/pl	production factors	facteurs de production m/pl	—	factores de producción m/pl
fattura (I)	Faktura f	invoice	facture f	—	factura f
fattura (I)	Rechnung f	invoice	facture f	—	factura f
fattura commerciale (I)	Handelsfaktura f	commercial invoice	facture commerciale f	—	factura comercial f
fattura doganale (I)	Zollfaktura f	customs invoice	facture douanière f	—	factura arancelaria f
fattura pro forma (I)	Proforma Rechnung f	pro forma invoice	facture pro forma f	—	factura proforma f
fatturato (I)	Umsatz m	turnover	chiffre d'affaires m	—	volumen de ventas m
fatturazione (I)	Fakturierung f	making out an invoice	facturation f	—	facturación f
fatturazione (I)	Rechnungsstellung f	invoicing	établissement d'une facture m	—	facturación f
favorecido (ES)	Begünstigter m	beneficiary	bénéficiaire m	beneficiario m	—
fax (E)	faxen	—	télécopier	inviare un fax	enviar un fax

377   fax

P	NL	SV	PL	CZ	H
falta de pessoal f	gebrek aan personeel n	personalbrist	brak personelu m	nedostatek personálu m	munkaerőhiány
—	gebrek aan personeel n	personalbrist	brak personelu m	nedostatek personálu m	munkaerőhiány
empresa fictícia f	postbusbedrijf n	brevlådeföretag	firma fikcyjna f	fingovaná firma f	—
disponível	klaar voor afhaling	—	gotowe do odbioru	připraven k vyzvednutí	elvitelre kész
pronto para ser expedido	klaar voor verzending	—	gotowy do wysyłki	připravený k expedici	szállításra kész
preço da passagem m	passagegeld n	reseersättning	opłata za przejazd f	jízdné n	fuvardíj
produto agrícola m	landbouwproduct n	jordbruksprodukt	produkt rolny m	zemědělský výrobek m	mezőgazdasági termék
registo marítimo m	scheepsregister n	—	rejestr okrętowy m	lodní rejstřík m	hajólajstrom
cinta f	postband m	korsband	opaska pocztowa f	křížová páska f	csomagolószalag
fase de desenvolvimento f	opbouwfase f	uppbyggnadsfas	etap rozwojowy m	fáze výstavby f	kiépítési szakasz
—	opbouwfase f	uppbyggnadsfas	etap rozwojowy m	fáze výstavby f	kiépítési szakasz
fase de desenvolvimento f	opbouwfase f	uppbyggnadsfas	etap rozwojowy m	fáze výstavby f	kiépítési szakasz
margem de rentabilidade f	rentabiliteitsdrempel m	nollpunkt	próg rentowności m	práh rentability m	jövedelmezőségi küszöb
custos fixos m/pl	vaste kosten m/pl	—	koszty stałe m/pl	fixní náklady m/pl	állandó költség
imobilizado m	vastliggende middelen n/pl	—	majątek trwały m	investiční kapitál m	állóeszközök
capital imobilizado m	vaste activa pl	—	majątek trwały m	věcné investice f/pl	tárgyi eszközök
taxas de câmbio fixas f/pl	vaste wisselkoersen m/pl	—	stałe kursy wymienne m/Pl	pevné směnné kursy m/pl	rögzített átváltási árfolyamok
imóvel	onroerend goed n	—	nieruchomość f	nemovitost f	ingatlan
fundo imobiliário m	vastgoedfonds n	—	fundusz nieruchomości m	fond nemovitostí m	ingatlanalap
agente imobiliário m	vastgoedmakelaar m	—	pośrednik handlu nieruchomościami m	makléř s nemovitostmi m	ingatlanügynök
rendimento fixo m	vast inkomen n	—	stały dochód m	pevný příjem m	fix jövedelem
depósito a prazo m	depósito met vaste termijn n	—	wkład bankowy m	vázaný vklad m	lekötött betét
preço fixo m	vaste prijs m	—	cena stała f	konstantní cena f	rögzített ár
acordo sobre preços m	prijsbinding f	—	zobowiązanie do utrzymania cen n	závaznost cen f	árrögzítés
taxa de juro fixa f	vaste interest m	—	stałe oprocentowanie n	pevný úrok m	fix kamatláb
montante fixo m	vaste wedde f	—	stałe wynagrodzenie n	fixní plat m	fix jutalék
factores de produção m/pl	productiefactoren m/pl	produktionsfaktorer pl	czynniki produkcji m/pl	výrobní faktory m/pl	termelési tényezők
factura f	factuur f	faktura	faktura k	faktura f	számla
factura f	factuur f	faktura	rachunek m	účet m	számla
factura comercial f	handelsfactuur f	vanlig exportfaktura	faktura handlowa f	obchodní faktura f	kereskedelmi számla
factura para a alfândega f	douanefactuur f	tullfaktura	faktura celna f	celní faktura f	vámszámla
factura pró-forma f	pro forma factuur f	proformafaktura	rachunek proforma m	prozatímní účet m	pro forma számla
volume de vendas m	omzet m	omsättning	obrót m	obrat m	forgalom
facturação f	facturering f	fakturering	fakturowanie n	fakturace f	számlázás
facturação f	facturering f	fakturering	fakturowanie n	účtování n	számlázás
beneficiário m	begunstigde f/m	förmånstagare	beneficjent m	beneficient m	kedvezményezett
passar um fax	faxen	faxa	faksować <przefaksować>	faxovat	faxol

fax

	D	E	F	I	ES
fax (ES)	Faxgerät n	fax machine	télécopieur m	apparecchio fax m	—
fax (SV)	Faxgerät n	fax machine	télécopieur m	apparecchio fax m	fax m
fax (CZ)	Faxgerät n	fax machine	télécopieur m	apparecchio fax m	fax m
faxa (SV)	faxen	fax	télécopier	inviare un fax	enviar un fax
faxen (D)	—	fax	télécopier	inviare un fax	enviar un fax
faxen (NL)	faxen	fax	télécopier	inviare un fax	enviar un fax
Faxgerät (D)	—	fax machine	télécopieur m	apparecchio fax m	fax m
fax(készülék) (H)	Faxgerät n	fax machine	télécopieur m	apparecchio fax m	fax m
fax machine (E)	Faxgerät n	—	télécopieur m	apparecchio fax m	fax m
fax number (E)	Telefaxnummer f	—	numéro de télécopie m	numero di telefax m	número de telefax m
faxnummer (NL)	Telefaxnummer f	fax number	numéro de télécopie m	numero di telefax m	número de telefax m
faxol (H)	faxen	fax	télécopier	inviare un fax	enviar un fax
faxovat (CZ)	faxen	fax	télécopier	inviare un fax	enviar un fax
faxtoestel (NL)	Faxgerät n	fax machine	télécopieur m	apparecchio fax m	fax m
fáze výstavby (CZ)	Aufbauphase f	development phase	phase d'organisation f	fase di sviluppo f	fase de desarrollo f
fecha (ES)	Datum n	date	date f	data f	—
fecha (ES)	Termin m	date	date limite f	termine m	—
fecha de entrevista personal (ES)	Vorstellungstermin m	interview	date d'entretien f	appuntamento di presentazione m	—
fecha de liquidación (ES)	Abrechnungstag m	settlement day	date de règlement f	giorno di liquidazione m	—
fecha de llegada (ES)	Ankunftsdatum n	date of arrival	date d'arrivée f	data d'arrivo f	—
fecha de nacimiento (ES)	Geburtsdatum n	date of birth	date de naissance f	data di nascita f	—
fecha de partida (ES)	Abreisedatum n	date of departure	date de départ f	data di partenza f	—
fecha de reunión (ES)	Besprechungstermin m	conference date	date de la conférence f	termine del colloquio m	—
fecha de vencimiento (ES)	Verfallsdatum n	expiry date	date d'échéance f	data di scadenza f	—
fedezet (H)	Deckung f	cover	couverture f	copertura f	cobertura f
fedezeti ígérvény (H)	Deckungszusage	confirmation of cover	acceptation de prendre le risque en charge f	impegno di copertura m	nota de aceptación de cobertura f
fedezeti összeg (H)	Deckungsbeitrag m	contribution margin	marge sur coût variable f	contributo per copertura m	aportación de cobertura f
fedezetlen eladás (H)	Blankoverkauf m	short sale	vente à découvert f	vendita allo scoperto f	venta al descubierto f
fedezetlen eladás (H)	Leerverkauf m	forward sale	vente à découvert f	vendita allo scoperto f	venta al descubierto f
fedezetlen hitel (H)	Blankokredit m	unsecured credit	crédit en compte courant m	credito scoperto m	crédito en blanco m
fee (E)	Gebühr f	—	taxe f	tassa f	tasa f
fee (E)	Honorar n	—	honoraires m/pl	onorario m	honorario m
feedback (E)	Rückkopplung f	—	rétroaction f	accoppiamento a reazione m	retroacción f
feed-back (P)	Rückkopplung f	feedback	rétroaction f	accoppiamento a reazione m	retroacción f
feedback (NL)	Rückkopplung f	feedback	rétroaction f	accoppiamento a reazione m	retroacción f

feedback

P	NL	SV	PL	CZ	H
equipamento de fax *m*	faxtoestel *n*	fax	telefax *m*	fax *m*	fax(készülék)
equipamento de fax *m*	faxtoestel *n*	—	telefax *m*	fax *m*	fax(készülék)
equipamento de fax *m*	faxtoestel *n*	fax	telefax *m*	—	fax(készülék)
passar um fax	faxen	—	faksować <przefaksować>	faxovat	faxol
passar um fax	faxen	faxa	faksować <przefaksować>	faxovat	faxol
passar um fax	—	faxa	faksować <przefaksować>	faxovat	faxol
equipamento de fax *m*	faxtoestel *n*	fax	telefax *m*	fax *m*	fax(készülék)
equipamento de fax *m*	faxtoestel *n*	fax	telefax *m*	fax *m*	—
equipamento de fax *m*	faxtoestel *n*	fax	telefax *m*	fax *m*	fax(készülék)
número de telefax *m*	faxnummer *n*	telefaxnummer	numer telefaxu *m*	číslo telefaxu *n*	telefaxszám
número de telefax *m*	—	telefaxnummer	numer telefaxu *m*	číslo telefaxu *n*	telefaxszám
passar um fax	faxen	faxa	faksować <przefaksować>	faxovat	—
passar um fax	faxen	faxa	faksować <przefaksować>	—	faxol
equipamento de fax *m*	—	fax	telefax *m*	fax *m*	fax(készülék)
fase de desenvolvimento *f*	opbouwfase *f*	uppbyggnadsfas	etap rozwojowy *m*	—	kiépítési szakasz
data *f*	datum *m*	datum	data *f*	datum *n*	dátum
termo *m*	termijn *m*	termin	termin *m*	termín *m*	határidő
data da entrevista *f*	afspraak voor presentatie *f*	intervju	prezentacja kandydata na stanowisko *f*	termín představení *m*	felvételi beszélgetés
dia da liquidação *m*	liquidatiedag *m*	avräkningsdag	dzień rozliczeniowy *m*	den vyúčtování *n*	elszámolási nap
data de chegada *f*	datum van aankomst *m*	ankomstdatum	data przybycia *f*	datum příjezdu *n*	érkezés napja
data de nascimento *f*	geboortedatum *m*	födelsedatum	data urodzenia *f*	datum narození *n*	születési idő
data de partida *f*	vertrekdatum *m*	avresedatum	data wyjazdu *f*	datum odjezdu *n*	elutazás napja
data da conferência *f*	vergaderdatum *m*	mötesdatum	termin konferencji *m*	termín porady *m*	megbeszélés időpontja
data de vencimento *f*	vervaldatum *m*	sista förbrukningsdag	data płatności weksla *f*	datum uplynutí lhůty *n*	lejárat napja
cobertura *f*	dekking *f*	täckning	pokrycie *n*	krytí *n*	—
confirmação do seguro *f*	bewijs van dekking *n*	täckningsbekräftelse	przyrzeczenie pokrycia szkody *n*	příslib krytí *m*	—
margem de contribuição *f*	dekkingsbijdrage *f*	täckningsbidrag	wkład działu na pokrycie kosztów *m*	krytí vlastních nákladů *m*	—
venda a descoberto *f*	blancoverkoop *m*	blankning	sprzedaż bezdokumentowa *f*	prodej blanko *m*	—
venda a descoberto *f*	blancoverkoop *m*	försäljning i syfte att skapa kursfall	sprzedaż blankowa *f*	prodej blanko *m*	—
crédito a descoberto *m*	blancokrediet *n*	blankokredit	kredyt otwarty *m*	neomezený úvěr *m*	—
taxa *f*	belasting *f*	avgift	opłata *f*	poplatek *m*	díj
honorários *m/pl*	honorarium *n*	honorar	honorarium *n*	honorář *m*	tiszteletdíj
feed-back *m*	feedback *m*	feedback	sprzężenie zwrotne *n*	zpětná vazba *f*	visszacsatolás
—	feedback *m*	feedback	sprzężenie zwrotne *n*	zpětná vazba *f*	visszacsatolás
feed-back *m*	—	feedback	sprzężenie zwrotne *n*	zpětná vazba *f*	visszacsatolás

feedback

	D	E	F	I	ES
feedback (SV)	Rückkopplung f	feedback	rétroaction f	accoppiamento a reazione m	retroacción f
Feingehalt (D)	—	titre	titre m	titolo m	ley f
feira (P)	Messe f	fair	foire f	fiera f	feria f
feira de amostras (P)	Mustermesse f	samples fair	foire d'échantillons f	fiera campionaria f	feria de muestras f
feito à medida (P)	maßgefertigt	manufactured to measure	travaillé sur mesure	prodotto su misura	hecho a medida
fejlesztés (H)	Entwicklung f	development	développement m	sviluppo m	desarrollo m
fejlesztési költségek (H)	Entwicklungskosten pl	development costs	coûts de développement m/pl	costi di sviluppo m/pl	gastos de desarrollo m/pl
fejlődő ország (H)	Entwicklungsland n	developing country	pays en voie de développement m	paese in via di sviluppo m	país en vías de desarrollo m
feketemunka (H)	Schwarzarbeit f	illicit work	travail au noir m	lavoro abusivo m	trabajo clandestino m
feketepiac (H)	Schwarzmarkt m	black market	marché au noir m	mercato nero m	mercado negro m
feladás (H)	Versand m	dispatch	expédition f	spedizione f	envío m
feladó (H)	Absender m	sender	envoyeur m	mittente m	remitente m
felár (H)	Aufgeld n	agio	prime f	aggio m	agio m
felár (H)	Prämie f	bonus	prime f	premio m	prima f
felár (H)	Zuschlag m	extra charge	supplément m	supplemento m	suplemento m
felár (H)	Aufpreis m	surcharge	surprix m	sovrapprezzo m	sobreprecio m
feldolgozás (H)	Veredelung f	processing	perfectionnement m	perfezionamento m	perfeccionamiento m
felelősség (H)	Haftung f	liability	responsabilité f	responsabilità f	responsabilidad f
felelősségbiztosítás (H)	Haftpflichtversicherung f	third party liability insurance	assurance responsabilité civile f	assicurazione della responsabilità civile f	seguro de responsabilidad civil m
félévente (H)	halbjährlich	half-yearly	semestriel	semestrale	semestral
felfri (SV)	mangelfrei	free of defects	sans défaut	esente da vizi	sin vicios
felhatalmazás (H)	Vollmacht f	power of attorney	plein pouvoir m	mandato m	escritura de poder f
feljegyzés (H)	Aktennotiz f	memorandum	note f	nota f	nota f
feljegyzés (H)	Notiz f	note	note f	annotazione f	nota f
felkalkyl (SV)	Rechenfehler m	miscalculation	erreur de calcul f	errore di calcolo m	error de cálculo m
fellendülés (H)	Hochkonjunktur f	boom	haute conjoncture f	alta congiuntura f	alta coyuntura f
felmond (H)	kündigen (Vertrag)	cancel	résilier	disdire	rescindir
felmondás (H)	Kündigung f	notice of termination	résiliation f	disdetta f	rescisión f
felmondási (határ)idő (H)	Kündigungsfrist f	period of notice	délai de résiliation m	periodo di preavviso m	plazo de preaviso m
felmondási idő nélkül (H)	fristlos	without prior notice	sans délai	senza preavviso	sin plazo
felmondási korlátozás (H)	Kündigungsschutz m	protection against dismissal	protection en matière de licenciement f	protezione contro il licenziamento f	protección contra el despido f
felmondható (H)	kündbar	redeemable	résiliable	risolubile	rescindible
felső árhatár (H)	Preisobergrenze f	price ceiling	limite supérieure des prix f	limite massimo di prezzo m	límite máximo de los precios m
felszámol (H)	liquidieren	liquidate	liquider	liquidare	liquidar
felszámolás (H)	Liquidation f	liquidation	liquidation f	liquidazione f	liquidación f
felszámoló (H)	Liquidator m	liquidator	liquidateur m	liquidatore m	liquidador m
felszívás (H)	Absorption f	absorption	absorption f	assorbimento m	absorción f
feltétel (H)	Kondition f	condition	condition f	condizione f	condición f
feltétel (H)	Bedingung f	condition	condition f	condizione f	condición f
felügyel (H)	überwachen	supervise	surveiller	sorvegliare	vigilar
felügyelő bizottság (H)	Aufsichtsrat m	supervisory board	conseil de surveillance m	consiglio di sorveglianza m	consejo de administración m
felügyelő bizottság elnöke (H)	Aufsichtsratsvorsitzender m	chairman of the supervisory board	président du conseil de surveillance m	presidente del consiglio di sorveglianza m	presidente del consejo de administración m
felülvizsgálat (H)	Revision f	audit	vérification f	revisione f	revisión f

381 felülvizsgálat

P	NL	SV	PL	CZ	H
feed-back m	feedback m	—	sprzężenie zwrotne n	zpětná vazba f	visszacsatolás
lei f	gehalte aan edel metaal n	lödighet	zawartość złota n	obsah čistého drahého kovu ve slitině m	nemesfémtartalom
—	jaarbeurs f	mässa	targi m/pl	veletrh m	vásár
—	monsterbeurs f	industrimässa	targi wzorcowe m/pl	vzorkový veletrh m	kereskedelmi vásár
—	op maat gemaakt	specialtillverkat	na miarę	vyrobený na míru	mérték utáni
desenvolvimento m	ontwikkeling f	utveckling	rozwój m	vývoj m	—
custos de desenvolvimento m/pl	ontwikkelingskosten m/pl	utvecklingskostnader pl	koszty rozwojowe m/pl	náklady na rozvoj m/pl	—
país em vias de desenvolvimento m	ontwikkelingsland n	utvecklingsland	kraj rozwijający się m	rozvojová země f	—
trabalho clandestino m	zwartwerk n	svartarbete	praca nielegalna f	práce načerno f	—
mercado negro m	zwarte markt f	svart marknad	czarny rynek m	černý trh m	—
expedição f	verzending f	leverans	ekspedycja f	expedice f	—
remetente m	afzender m	avsändare	nadawca m	odesílatel m	—
ágio m	agio n	banks kursvinster	naddatek m	ážio n	—
prémio m	premie f	premie	premia f	prémie f	—
taxa suplementar f	toeslag m	tillägg	dopłata f	příplatek m	—
ágio m	toeslag m	påslag	dopłata f	cenová přirážka f	—
beneficiamento m	veredeling f	förädling	uszlachetnienie n	zušlechtování n	—
responsabilidade f	aansprakelijkheid f	ansvarighet	gwarancja f	ručení n	—
seguro de responsabilidade civil m	aansprakelijkheidsverzekering f	ansvarsförsäkring	ubezpieczenie od odpowiedzialności cywilnej f	pojištění povinného ručení n	—
semestral	halfjaarlijks	halvårsvis	półrocznie	půlročně	—
sem defeitos	vrij van gebreken	—	wolny od wad	nezávadný	hibátlan
plenos poderes m/pl	volmacht f	fullmakt	pełnomocnictwo n	plná moc f	—
memorando m	aantekening f	notis	memo n	poznámka ve spisu f	—
nota f	bericht n	notis	notatka f	poznámka f	—
erro de cálculo m	rekenfout f	—	błąd obliczeniowy m	početní chyba f	számítási hiba
conjuntura alta f	hoogconjunctuur f	högkonjunktur	wysoka koniunktura f	vysoká konjunktura f	—
rescindir	opzeggen	säga upp	wypowiadać <wypowiedzieć>	vypovídat <vypovědět>	—
rescisão f	opzegging f	uppsägning	wypowiedzenie n	výpověď f	—
prazo de rescisão m	opzeggingstermijn m	uppsägningstid	termin wypowiedzenia m	výpovědní lhůta f	—
sem aviso prévio	op staande voet	omedelbar	bezterminowo	okamžitý	—
protecção contra despedimento injustificado f	werkzekerheidsgarantie f	anställningstrygghet	ochrona przed zwolnieniem f	ochrana před výpovědí f	—
rescindível	aflosbaar	uppsägbar	możliwy do wypowiedzenia	vypověditelný	—
limite máximo dos preços m	bovengrens van de prijs f	övre prisgräns	pułap cen m	horní hranice ceny f	—
liquidar	liquideren	likvidera	likwidować <zlikwidować>	likvidovat	—
liquidação f	liquidatie f	likvidation	likwidacja f	likvidace f	—
liquidatário m	liquidateur m	likvidator	likwidator m	likvidátor m	—
absorção f	absorptie f	absorbering	chłonność f	absorpce f	—
condição f	voorwaarde f	villkor	warunek m	podmínka f	—
condição f	voorwaarde f	villkor	warunek m	podmínka f	—
supervisar	superviseren	bevaka	nadzorować	hlídat m	—
conselho fiscal m	raad van toezicht m	företagsstyrelse	rada nadzorcza f	dozorčí rada f	—
presidente do conselho fiscal m	voorzitter van de raad van toezicht m	företagsstyrelsens ordförande	przewodniczący rady nadzorczej m	předseda dozorčí rady m	—
revisão f	audit m	revision	rewizja f	revize f	—

felvételi beszélgetés 382

	D	E	F	I	ES
felvételi beszélgetés (H)	Vorstellungstermin m	interview	date d'entretien f	appuntamento di presentazione m	fecha de entrevista personal f
fémpénz (H)	Hartgeld n	specie	pièce de monnaie f	moneta metallica f	dinero metálico m
feria (ES)	Messe f	fair	foire f	fiera f	—
feria de muestras (ES)	Mustermesse f	samples fair	foire d'échantillons f	fiera campionaria f	—
férias (P)	Urlaub m	leave	vacances f/pl	vacanze f/pl	vacaciones f/pl
férias anuais da empresa (P)	Betriebsferien f	annual holiday	clôture annuelle de l'établissement f	ferie aziendali f/pl	vacaciones de la empresa f/pl
férias não pagas (P)	unbezahlter Urlaub m	unpaid vacation	congé non payé m	ferie non pagate f/pl	vacaciones no pagadas f/pl
ferie aziendali (I)	Betriebsferien f	annual holiday	clôture annuelle de l'établissement f	—	vacaciones de la empresa f/pl
ferie non pagate (I)	unbezahlter Urlaub m	unpaid vacation	congé non payé m	—	vacaciones no pagadas f/pl
fermeture des bureaux (F)	Büroschluß m	office closing hours	—	orario di chiusura dell'ufficio m	hora de cierre de la oficina f
fermo posta (I)	postlagernd	poste restante	poste restante	—	lista de correos m
Fertigprodukt (D)	—	finished product	produit fini m	prodotto finito m	producto acabado m
Fertigungsmenge (D)	—	manufactured quantity	quantité fabriquée f	quantitativo di produzione m	cantidad producida f
Fertigungsverfahren (D)	—	production process	procédure de fabrication f	procedimento produttivo m	procedimiento de fabricación m
Festeinkommen (D)	—	fixed income	revenu fixe m	reddito fisso m	salario fijo m
fester Zins (D)	—	fixed interest rate	intérêt fixe m	interesse fisso m	interés fijo m
feste Wechselkurse (D)	—	fixed exchange rates	taux de change fixe m	cambi fissi m/pl	tipos de cambio fijos m/pl
Festgeld (D)	—	time deposit	argent immobilisé m	deposito a termine m	depósito a plazo fijo m
Festpreis (D)	—	fixed price	prix fixe m	prezzo fisso m	precio fijo m
feuille de bourse (F)	Kurszettel m	stock exchange list	—	listino di borsa m	boletín de bolsa m
fiable (F)	zuverlässig	reliable	—	affidabile	de confianza
fiador (ES)	Bürge m	guarantor	garant m	fideiussore m	—
fiador (P)	Bürge m	guarantor	garant m	fideiussore m	fiador m
fiança (P)	Bürgschaft f	guarantee	caution f	garanzia (fideiussoria) f	fianza f
fiança para cobertura de défice (P)	Ausfallbürgschaft f	deficiency guarantee	garantie de bonne fin f	garanzia d'indennizzo f	garantía de indemnidad f
fianza (ES)	Bürgschaft f	guarantee	caution f	garanzia (fideiussoria) f	—
ficheiro de dados (P)	Datei f	file	fichier m	file m	archivo de datos m
fichier (F)	Datei f	file	—	file m	archivo de datos m
fictitious transaction (E)	Scheingeschäft f	—	opération fictive f	negozio simulato m	operación ficticia f
fideiussore (I)	Bürge m	guarantor	garant m	—	fiador m
field of the economy (E)	Wirtschaftszweig m	—	secteur économique m	settore economico m	ramo económico m
field staff (E)	Außendienstmitarbeiter m	—	personnel investigateur m	collaboratore del servizio esterno m	colaborador en el servicio exterior m
field work (E)	Außendienst m	—	service extérieur m	servizio esterno m	servicio exterior m
fiera (I)	Messe f	fair	foire f	—	feria f
fiera campionaria (I)	Mustermesse f	samples fair	foire d'échantillons f	—	feria de muestras f
fijo (ES)	Fixum n	fixed sum	somme fixe f	somma fissa f	—
fiktív cég (H)	Scheinfirma f	bogus firm	entreprise fictive f	ditta fittizia f	casa ficticia f
fiktivní obchod (CZ)	Scheingeschäft f	fictitious transaction	opération fictive f	negozio simulato m	operación ficticia f
fil (SV)	Datei f	file	fichier m	file m	archivo de datos m
file (E)	Ablage f	—	classeur-collecteur m	archivio m	archivo m
file (E)	Akte f	—	dossier m	pratica f	expediente m
file (E)	Datei f	—	fichier m	file m	archivo de datos m

P	NL	SV	PL	CZ	H
data da entrevista f	afspraak voor presentatie f	intervju	prezentacja kandydata na stanowisko f	termín představení m	—
dinheiro-moeda m	gemunt geld n	mynt	bilon m	mince f/pl	—
feira f	jaarbeurs f	mässa	targi m/pl	veletrh m	vásár
feira de amostras f	monsterbeurs f	industrimässa	targi wzorcowe m/pl	vzorkový veletrh m	kereskedelmi vásár
—	vakantie f	semester	urlop m	dovolená f	szabadság
—	jaarlijkse vakantie f	industrisemester	przerwa urlopowa f	podnikové prázdniny pl	vállalati szabadságolási időszak
—	verlof zonder wedde n	obetald semester	urlop bezpłatny m	neplacená dovolená f	fizetés nélküli szabadság
férias anuais da empresa f/pl	jaarlijkse vakantie f	industrisemester	przerwa urlopowa f	podnikové prázdniny pl	vállalati szabadságolási időszak
férias não pagas f/pl	verlof zonder wedde n	obetald semester	urlop bezpłatny m	neplacená dovolená f	fizetés nélküli szabadság
hora de fechar o escritório f	sluiting van het kantoor f	stängningstid	koniec urzędowania m	konec úředních hodin m	hivatalos idő vége
posta-restante f	poste-restante	poste restante	poste restante	poste restante	postán maradó
produto acabado m	afgewerkt product n	slutprodukt	produkt gotowy m	finální výrobek m	késztermék
quantidade produzida f	productiehoeveelheid f	produktionskvantitet	ilość wyprodukowana f	výrobní množství n	gyártási mennyiség
processo de produção m	productieprocédé n	produktionsförfarande	proces produkcji m	výrobní postup m	gyártási eljárás
rendimento fixo m	vast inkomen n	fast inkomst	stały dochód m	pevný příjem m	fix jövedelem
taxa de juro fixa f	vaste interest m	fast ränta	stałe oprocentowanie n	pevný úrok m	fix kamatláb
taxas de câmbio fixas f/pl	vaste wisselkoersen m/pl	fasta växelkurser pl	stałe kursy wymienne m/Pl	pevné směnné kursy m/pl	rögzített átváltási árfolyamok
depósito a prazo m	deposito met vaste termijn n	fast inlåning	wkład bankowy m	vázaný vklad m	lekötött betét
preço fixo m	vaste prijs m	fast pris	cena stała f	konstantní cena f	rögzített ár
boletim da bolsa m	koerslijst f	börslista	nota maklerska f	kursovní lístek m	árfolyamjegyzék
de confiança	betrouwbaar	tillförlitlig	niezawodny	spolehlivý	megbízható
fiador m	borg m	borgenär	poręczyciel m	ručitel m	kezes
—	borg m	borgenär	poręczyciel m	ručitel m	kezes
—	borgsom f	borgen	poręczenie n	ručení n	kezesség
—	waarborg van honorering m	bortfallsgaranti	list gwarancyjny załadowcy m	záruka za ztráty f	kártalanító kezesség
fiança f	borgsom f	borgen	poręczenie n	ručení n	kezesség
—	bestand n	fil	plik m	soubor m	adatállomány
ficheiro de dados m	bestand n	fil	plik m	soubor m	adatállomány
operação fictícia f	schijnkoop m	skentransaktion	transakcja fikcyjna f	fiktivní obchod f	színlelt ügylet
fiador m	borg m	borgenär	poręczyciel m	ručitel m	kezes
sector económico m	tak van de economie m	bransch	branża gospodarcza f	hospodářské odvětví n	gazdasági ág
colaborador em serviços externos m	buitendienstmedewerker m	extern medarbetare	przedstawiciel handlowy m	pracovník služebně mimo podnik m	külszolgálati munkatárs
serviço exterior m	buitendienst m	extern verksamhet	praca w terenie f	práce mimo podnik f	külszolgálat
feira f	jaarbeurs f	mässa	targi m/pl	veletrh m	vásár
feira de amostras f	monsterbeurs f	industrimässa	targi wzorcowe m/pl	vzorkový veletrh m	kereskedelmi vásár
montante fixo m	vaste wedde f	fast summa	stałe wynagrodzenie n	fixní plat m	fix jutalék
firma fictícia f	schijnfirma f	skenföretag	firma fikcyjna f	naoko registrovaná firma f	
operação fictícia f	schijnkoop m	skentransaktion	transakcja fikcyjna f		színlelt ügylet
ficheiro de dados m	bestand n	—	plik m	soubor m	adatállomány
arquivo m	rangschikking f	arkiv	archiwum akt n	uložení n	kartoték
documento m	akte f/m	mapp	akta f	spis m	ügyirat
ficheiro de dados m	bestand n	fil	plik m	soubor m	adatállomány

file

file 384

	D	E	F	I	ES
file (I)	Datei f	file	fichier m	—	archivo de datos m
filia (PL)	Niederlassung f	branch office	succursale f	succursale f	sucursal f
filia (PL)	Zweigstelle f	branch	agence f	agenzia f	filial f
filiaal (NL)	Filiale f	branch	succursale f	filiale f	filial f
filiaal (NL)	Zweigstelle f	branch	agence f	agenzia f	filial f
filiaalhouder (NL)	Filialleiter m	branch manager	directeur de succursale m	direttore di filiale m	jefe de sucursal m
filial (ES)	Filiale f	branch	succursale f	filiale f	—
filial (ES)	Tochtergesellschaft f	subsidiary	société affiliée f	società affiliata f	—
filial (ES)	Zweigstelle f	branch	agence f	agenzia f	—
filial (P)	Filiale f	branch	succursale f	filiale f	filial f
filial (P)	Zweigstelle f	branch	agence f	agenzia f	filial f
filial (SV)	Filiale f	branch	succursale f	filiale f	filial f
filial (SV)	Zweigstelle f	branch	agence f	agenzia f	filial f
filialchef (SV)	Filialleiter m	branch manager	directeur de succursale m	direttore di filiale m	jefe de sucursal m
Filiale (D)	—	branch	succursale f	filiale f	filial f
filiale (I)	Filiale f	branch	succursale f	—	filial f
Filialleiter (D)	—	branch manager	directeur de succursale m	direttore di filiale m	jefe de sucursal m
filing (E)	Aktenablage f	—	archives f/pl	archivio delle pratiche m	archivo m
fim do mês (P)	ultimo	end of the month	fin de mois f	fine mese m	fin de mes m
fim do trimestre (P)	Quartalsende n	end of the quarter	fin de trimestre f	fine trimestre f	final del trimestre m
final control (E)	Endkontrolle f	—	contrôle final m	controllo finale m	control final m
final del trimestre (ES)	Quartalsende n	end of the quarter	fin de trimestre f	fine trimestre f	—
finální výrobek (CZ)	Endprodukt n	finished product	produit final m	prodotto finito m	producto final m
finální výrobek (CZ)	Fertigprodukt n	finished product	produit fini m	prodotto finito m	producto acabado m
finanças (P)	Finanzen pl	finances	finances f/pl	finanze f/pl	finanzas f/pl
finance (CZ)	Finanzen pl	finances	finances f/pl	finanze f/pl	finanzas f/pl
financement (F)	Finanzierung f	financing	—	finanziamento m	financiación f
financement à la construction (F)	Baufinanzierung f	financing of building projects	—	finanziamento all'edilizia m	financiación de la construcción f
financement de l'exportation (F)	Ausfuhrfinanzierung f	export financing	—	finanziamento all'esportazione m	financiación de la exportación f
financement d'opérations d'exportation (F)	Exportfinanzierung f	financing of exports	—	finanziamento all'esportazione m	financiación de exportación f
financement du déficit (F)	Defizitfinanzierung f	deficit financing	—	finanziamento del deficit m	financiación del déficit f
financement relais (F)	Anschlußfinanzierung f	follow-up financing	—	finanziamento successivo m	financiación sucesiva f
finances (E)	Finanzen pl	—	finances f/pl	finanze f/pl	finanzas f/pl
finances (F)	Finanzen pl	finances	—	finanze f/pl	finanzas f/pl
financiación (ES)	Finanzierung f	financing	financement m	finanziamento m	—
financiación de exportación (ES)	Exportfinanzierung f	financing of exports	financement d'opérations d'exportation m	finanziamento all'esportazione m	—
financiación de la construcción (ES)	Baufinanzierung f	financing of building projects	financement à la construction m	finanziamento all'edilizia m	—
financiación de la exportación (ES)	Ausfuhrfinanzierung f	export financing	financement de l'exportation m	finanziamento all'esportazione m	—
financiación del déficit (ES)	Defizitfinanzierung f	deficit financing	financement du déficit m	finanziamento del deficit m	—
financiación externa (ES)	Fremdfinanzierung f	outside financing	constitution de capital par apport de tiers f	finanziamento passivo m	—
financiación propia (ES)	Eigenfinanzierung f	self-financing	autofinancement m	autofinanziamento m	—
financiación sin recurso (ES)	Forfaitierung f	non-recourse financing	forfaitage m	regolamento forfettario m	—

financiación sin recurso

P	NL	SV	PL	CZ	H
ficheiro de dados m	bestand n	fil	plik m	soubor m	adatállomány
sucursal f	vestiging f	etablering	—	pobočka f	kirendeltség
filial f	filiaal n	filial	—	pobočka f	fiók
filial f	—	filial	oddział m	pobočka f	fiók
filial f	—	filial	filia f	pobočka f	fiók
chefe da sucursal m	—	filialchef	kierownik oddziału m	vedoucí pobočky m	fiókvezető
filial f	filiaal n	filial	oddział m	pobočka f	fiók
subsidiária f	dochtermaatschappij f	dotterbolag	spółka zależna f	dceřiná společnost f	leányvállalat
filial f	filiaal n	filial	filia f	pobočka f	fiók
—	filiaal n	filial	oddział m	pobočka f	fiók
—	filiaal n	filial	filia f	pobočka f	fiók
filial f	filiaal n	—	oddział m	pobočka f	fiók
filial f	filiaal n	—	filia f	pobočka f	fiók
chefe da sucursal m	filiaalhouder m	—	kierownik oddziału m	vedoucí pobočky m	fiókvezető
filial f	filiaal n	filial	oddział m	pobočka f	fiók
filial f	filiaal n	filial	oddział m	pobočka f	fiók
chefe da sucursal m	filiaalhouder m	filialchef	kierownik oddziału m	vedoucí pobočky m	fiókvezető
arquivo m	opbergmap f	arkivering	archiwum akt n	uložení spisů n	iktatás
—	ultimo	månadsslut	ultimo n	ultimo n	hónap utolsó napja
—	kwartaaleinde n	kvartalsslut	koniec kwartału m	konec čtvrtletí m	negyedév vége
controle final m	eindcontrole f	slutkontroll	kontrola ostateczna f	konečná kontrola f	végellenőrzés
fim do trimestre m	kwartaaleinde n	kvartalsslut	koniec kwartału m	konec čtvrtletí m	negyedév vége
produto final m	eindproduct n	slutprodukt	produkt końcowy m	—	végtermék
produto acabado m	afgewerkt product n	slutprodukt	produkt gotowy m	—	késztermék
—	financiën f/pl	finanser pl	finanse pl	finance pl	pénzügyek
finanças f/pl	financiën f/pl	finanser pl	finanse pl	—	pénzügyek
financiamento m	Financiering f	finansiering	finansowanie n	financování n	finanszírozás
financiamento de construção m	bouwfinanciering f	byggnadsfinansiering	finansowanie budowy n	financování stavby n	építésfinanszírozás
financiamento da exportação m	exportfinanciering f	exportfinansiering	finansowanie eksportu n	financování vývozu n	exportfinanszírozás
financiamento de exportações m	exportfinanciering f	exportfinansiering	finansowanie eksportu n	financování vývozu n	exportfinanszírozás
financiamento do défice m	deficitfinanciering f	underbalansering	finansowanie deficytu n	deficitní financování n	deficitfinanszírozás
financiamento de renovação contínua m	toetredingsfinanciering f	uppföljningsfinansiering	finansowanie sukcesywne n	následné financování n	követő finanszírozás
finanças f/pl	financiën f/pl	finanser pl	finanse pl	finance pl	pénzügyek
finanças f/pl	financiën f/pl	finanser pl	finanse pl	finance pl	pénzügyek
financiamento m	Financiering f	finansiering	finansowanie n	financování n	finanszírozás
financiamento de exportações m	exportfinanciering f	exportfinansiering	finansowanie eksportu n	financování vývozu n	exportfinanszírozás
financiamento de construção m	bouwfinanciering f	byggnadsfinansiering	finansowanie budowy n	financování stavby n	építésfinanszírozás
financiamento da exportação m	exportfinanciering f	exportfinansiering	finansowanie eksportu n	financování vývozu n	exportfinanszírozás
financiamento do défice m	deficitfinanciering f	underbalansering	finansowanie deficytu n	deficitní financování n	deficitfinanszírozás
financiamento através de capital alheio m	financiering door vreemd kapitaal f	extern finansiering	finansowanie obce n	dluhové financování n	hitelfinanszírozás
autofinanciamento m	zelffinancering f	egenfinansiering	finansowanie własne n	vlastní financování n	önfinanszírozás
financiamento sem recurso m	het à forfait verkopen n	utan regress	finansowanie długoterminowymi należnościami n	odstupné n	visszkereset nélküli finanszírozás

financiación sucesiva

	D	E	F	I	ES
financiación sucesiva (ES)	Anschlußfinanzierung f	follow-up financing	financement relais m	finanziamento successivo m	—
financial accounting (E)	Finanzbuchhaltung f	—	comptabilité financière f	contabilità finanziaria f	contabilidad financiera f
financial difficulties (E)	Zahlungsschwierigkeit f	—	difficultés financières f/pl	difficoltà di pagamento f	dificultades de pago f/pl
financial obligation (E)	Obligo n	—	engagement m	obbligo m	obligación f
financial policy (E)	Finanzpolitik f	—	politique financière f	politica finanziaria f	política financiera f
financial standing (E)	Kreditfähigkeit f	—	solvabilité f	capacità creditizia f	crédito m
financial year (E)	Geschäftsjahr n	—	exercice m	esercizio commerciale m	ejercicio m
financial year (E)	Rechnungsjahr n	—	exercice comptable m	anno d'esercizio m	ejercicio m
financiamento (P)	Finanzierung f	financing	financement m	finanziamento m	financiación f
financiamento através de capital alheio (P)	Fremdfinanzierung f	outside financing	constitution de capital par apport de tiers f	finanziamento passivo m	financiación externa f
financiamento da exportação (P)	Ausfuhrfinanzierung f	export financing	financement de l'exportation m	finanziamento all'esportazione m	financiación de la exportación f
financiamento de construção (P)	Baufinanzierung f	financing of building projects	financement à la construction m	finanziamento all'edilizia m	financiación de la construcción f
financiamento de exportações (P)	Exportfinanzierung f	financing of exports	financement d'opérations d'exportation m	finanziamento all'esportazione m	financiación de exportación f
financiamento de renovação contínua (P)	Anschlußfinanzierung f	follow-up financing	financement relais m	finanziamento successivo m	financiación sucesiva f
financiamento do défice (P)	Defizitfinanzierung f	deficit financing	financement du déficit m	finanziamento del deficit m	financiación del déficit f
financiamento sem recurso (P)	Forfaitierung f	non-recourse financing	forfaitage m	regolamento forfettario m	financiación sin recurso f
financiële boekhouding (NL)	Finanzbuchhaltung f	financial accounting	comptabilité financière f	contabilità finanziaria f	contabilidad financiera f
financiële politiek (NL)	Finanzpolitik f	financial policy	politique financière f	politica finanziaria f	política financiera f
financiën (NL)	Finanzen pl	finances	finances f/pl	finanze f/pl	finanzas f/pl
Financiering (NL)	Finanzierung f	financing	financement m	finanziamento m	financiación f
financiering door vreemd kapitaal (NL)	Fremdfinanzierung f	outside financing	constitution de capital par apport de tiers f	finanziamento passivo m	financiación externa f
financing (E)	Finanzierung f	—	financement m	finanziamento m	financiación f
financing of building projects (E)	Baufinanzierung f	—	financement à la construction m	finanziamento all'edilizia m	financiación de la construcción f
financing of exports (E)	Exportfinanzierung f	—	financement d'opérations d'exportation m	finanziamento all'esportazione m	financiación de exportación f
finanční politika (CZ)	Finanzpolitik f	financial policy	politique financière f	politica finanziaria f	política financiera f
finanční přenosy (CZ)	Bezüge f	earnings	rémunération f	entrate f/pl	retribuciones f/pl
finanční účetnictví (CZ)	Finanzbuchhaltung f	financial accounting	comptabilité financière f	contabilità finanziaria f	contabilidad financiera f
finanční úřad (CZ)	Finanzamt n	inland revenue office	service des contributions m	ufficio delle imposte m	Ministerio de Hacienda m
financování (CZ)	Finanzierung f	financing	financement m	finanziamento m	financiación f
financování stavby (CZ)	Baufinanzierung f	financing of building projects	financement à la construction m	finanziamento all'edilizia m	financiación de la construcción f
financování vývozu (CZ)	Ausfuhrfinanzierung f	export financing	financement de l'exportation m	finanziamento all'esportazione m	financiación de la exportación f
financování vývozu (CZ)	Exportfinanzierung f	financing of exports	financement d'opérations d'exportation m	finanziamento all'esportazione m	financiación de exportación f
finanse (PL)	Finanzen pl	finances	finances f/pl	finanze f/pl	finanzas f/pl
finanser (SV)	Finanzen pl	finances	finances f/pl	finanze f/pl	finanzas f/pl
finansiering (SV)	Finanzierung f	financing	financement m	finanziamento m	financiación f
finansowanie (PL)	Finanzierung f	financing	financement m	finanziamento m	financiación f

finansowanie

P	NL	SV	PL	CZ	H
financiamento de renovação contínua m	toetredingsfinanciering f	uppföljningsfinansiering	finansowanie sukcesywne n	následné financování n	követő finanszírozás
contabilidade financeira f	financiële boekhouding f	affärsredovisning	księgowość finansowa f	finanční účetnictví n	pénzügyi könyvelés
dificuldades financeiras f/pl	betalingsmoeilijkheid f	betalningssvårigheter pl	trudności płatnicze f/pl	platební potíže f/pl	fizetési nehézség
obrigação f	obligo n	ekonomisk förpliktelse	obligo	závazek m	kötelezettség
política financeira f	financiële politiek f	finanspolitik	polityka finansowa f	finanční politika m	költségvetési politika
capacidade de crédito f	kredietwaardigheid f	solvens	zdolność kredytowa f	úvěrová schopnost f	hitelképesség
exercício comercial m	boekjaar n	verksamhetsår	rok gospodarczy m	obchodní rok m	üzleti év
exercício contável m	boekjaar n	räkenskapsår	rok budżetowy m	účetní rok m	pénzügyi év
—	Financiering f	finansiering	finansowanie n	financování n	finanszírozás
—	financiering door vreemd kapitaal f	extern finansiering	finansowanie obce n	dluhové financování n	hitelfinanszírozás
—	exportfinanciering f	exportfinansiering	finansowanie eksportu n	financování vývozu n	exportfinanszírozás
—	bouwfinanciering f	byggnadsfinansiering	finansowanie budowy n	financování stavby n	építésfinanszírozás
—	exportfinanciering f	exportfinansiering	finansowanie eksportu n	financování vývozu n	exportfinanszírozás
—	toetredingsfinanciering f	uppföljningsfinansiering	finansowanie sukcesywne n	následné financování n	követő finanszírozás
—	deficitfinanciering f	underbalansering	finansowanie deficytu n	deficitní financování n	deficitfinanszírozás
—	het à forfait verkopen n	utan regress	finansowanie długoterminowymi należnościami n	odstupné n	visszkereset nélküli finanszírozás
contabilidade financeira f	—	affärsredovisning	księgowość finansowa f	finanční účetnictví n	pénzügyi könyvelés
política financeira f	—	finanspolitik	polityka finansowa f	finanční politika m	költségvetési politika
finanças f/pl	—	finanser pl	finanse pl	finance pl	pénzügyek
financiamento m	—	finansiering	finansowanie n	financování n	finanszírozás
financiamento através de capital alheio m	—	extern finansiering	finansowanie obce n	dluhové financování n	hitelfinanszírozás
financiamento m	Financiering f	finansiering	finansowanie n	financování n	finanszírozás
financiamento de construção m	bouwfinanciering f	byggnadsfinansiering	finansowanie budowy n	financování stavby n	építésfinanszírozás
financiamento de exportações m	exportfinanciering f	exportfinansiering	finansowanie eksportu n	financování vývozu n	exportfinanszírozás
política financeira f	financiële politiek f	finanspolitik	polityka finansowa f	—	költségvetési politika
retribuições f/pl	salaris n	inkomst av tjänst	uposażenie m	—	járandóságok
contabilidade financeira f	financiële boekhouding f	affärsredovisning	księgowość finansowa f	—	pénzügyi könyvelés
repartição das finanças f	ontvangkantoor n	skattemyndighet	Urząd Skarbowy m	—	adóhivatal
financiamento m	Financiering f	finansiering	finansowanie n	—	finanszírozás
financiamento de construção m	bouwfinanciering f	byggnadsfinansiering	finansowanie budowy n	—	építésfinanszírozás
financiamento da exportação m	exportfinanciering f	exportfinansiering	finansowanie eksportu n	—	exportfinanszírozás
financiamento de exportações m	exportfinanciering f	exportfinansiering	finansowanie eksportu n	—	exportfinanszírozás
finanças f/pl	financiën f/pl	finanser pl	—	finance pl	pénzügyek
finanças f/pl	financiën f/pl	—	finanse pl	finance pl	pénzügyek
financiamento m	Financiering f	—	finansowanie n	financování n	finanszírozás
financiamento m	Financiering f	finansiering	—	financování n	finanszírozás

finansowanie budowy

	D	E	F	I	ES
finansowanie budowy (PL)	Baufinanzierung f	financing of building projects	financement à la construction m	finanziamento all'edilizia m	financiación de la construcción f
finansowanie deficytu (PL)	Defizitfinanzierung f	deficit financing	financement du déficit m	finanziamento del deficit m	financiación del déficit f
finansowanie długoterminowymi należnościami (PL)	Forfaitierung f	non-recourse financing	forfaitage m	regolamento forfettario m	financiación sin recurso f
finansowanie eksportu (PL)	Ausfuhrfinanzierung f	export financing	financement de l'exportation m	finanziamento all'esportazione m	financiación de la exportación f
finansowanie eksportu (PL)	Exportfinanzierung f	financing of exports	financement d'opérations d'exportation m	finanziamento all'esportazione m	financiación de exportación f
finansowanie obce (PL)	Fremdfinanzierung f	outside financing	constitution de capital par apport de tiers f	finanziamento passivo m	financiación externa f
finansowanie sukcesywne (PL)	Anschlußfinanzierung f	follow-up financing	financement relais m	finanziamento successivo m	financiación sucesiva f
finansowanie własne (PL)	Eigenfinanzierung f	self-financing	autofinancement m	autofinanziamento m	financiación propia f
finanspolitik (SV)	Finanzpolitik f	financial policy	politique financière f	politica finanziaria f	política financiera f
finanszírozás (H)	Finanzierung f	financing	financement m	finanziamento m	financiación f
Finanzamt (D)	—	inland revenue office	service des contributions m	ufficio delle imposte m	Ministerio de Hacienda m
finanzas (ES)	Finanzen pl	finances	finances f/pl	finanze f/pl	—
Finanzbuchhaltung (D)	—	financial accounting	comptabilité financière f	contabilità finanziaria f	contabilidad financiera f
finanze (I)	Finanzen pl	finances	finances f/pl	—	finanzas f/pl
Finanzen (D)	—	finances	finances f/pl	finanze f/pl	finanzas f/pl
finanziamento (I)	Finanzierung f	financing	financement m	—	financiación f
finanziamento all'edilizia (I)	Baufinanzierung f	financing of building projects	financement à la construction m	—	financiación de la construcción f
finanziamento all'esportazione (I)	Ausfuhrfinanzierung f	export financing	financement de l'exportation m	—	financiación de la exportación f
finanziamento all'esportazione (I)	Exportfinanzierung f	financing of exports	financement d'opérations d'exportation m	—	financiación de exportación f
finanziamento del deficit (I)	Defizitfinanzierung f	deficit financing	financement du déficit m	—	financiación del déficit f
finanziamento passivo (I)	Fremdfinanzierung f	outside financing	constitution de capital par apport de tiers f	—	financiación externa f
finanziamento successivo (I)	Anschlußfinanzierung f	follow-up financing	financement relais m	—	financiación sucesiva f
Finanzierung (D)	—	financing	financement m	finanziamento m	financiación f
Finanzpolitik (D)	—	financial policy	politique financière f	politica finanziaria f	política financiera f
fin de mes (ES)	ultimo	end of the month	fin de mois f	fine mese m	—
fin de mois (F)	ultimo	end of the month	—	fine mese m	fin de mes m
fin de trimestre (F)	Quartalsende n	end of the quarter	—	fine trimestre f	final del trimestre m
fine (E)	Geldbuße f	—	amende f	pena pecuniaria f	multa f
fine (E)	Geldstrafe f	—	amende f	multa f	multa f
fine imposed for failing to settle an account (E)	Mahngebühren pl	—	taxe d'avertissement f	tasse d'ingiunzione f/pl	gastos de reclamación m/pl
fine mese (I)	ultimo	end of the month	fin de mois f	—	fin de mes m
fine trimestre (I)	Quartalsende n	end of the quarter	fin de trimestre f	—	final del trimestre m
fingovaná firma (CZ)	Briefkastenfirma f	bogus company	entreprise fictive f	società fantasma f	empresa ficticia f
finished product (E)	Endprodukt n	—	produit fini m	prodotto finito m	producto final m
finished product (E)	Fertigprodukt n	—	produit fini m	prodotto finito m	producto acabado m
fiók (H)	Filiale f	branch	succursale f	filiale f	filial f
fiók (H)	Zweigstelle f	branch	agence f	agenzia f	filial f
fiókvezető (H)	Filialleiter m	branch manager	directeur de succursale m	direttore di filiale m	jefe de sucursal m
firemní adresa (CZ)	Firmenanschrift f	company address	adresse de l'entreprise f	indirizzo della ditta f	dirección de la empresa f
firemní razítko (CZ)	Firmenstempel m	company stamp	cachet d'établissement m	timbro della ditta m	sello de la empresa m

firemní razítko

P	NL	SV	PL	CZ	H
financiamento de construção m	bouwfinanciering f	byggnadsfinansiering	—	financování stavby n	építésfinanszírozás
financiamento do défice m	deficitfinanciering f	underbalansering	—	deficitní financování n	deficitfinanszírozás
financiamento sem recurso m	het à forfait verkopen n	utan regress	—	odstupné n	visszkereset nélküli finanszírozás
financiamento da exportação m	exportfinanciering f	exportfinansiering	—	financování vývozu n	exportfinanszírozás
financiamento de exportações m	exportfinanciering f	exportfinansiering	—	financování vývozu n	exportfinanszírozás
financiamento através de capital alheio m	financiering door vreemd kapitaal f	extern finansiering	—	dluhové financování n	hitelfinanszírozás
financiamento de renovação contínua m	toetredingsfinanciering f	uppföljningsfinansiering	—	následné financování n	követő finanszírozás
autofinanciamento m	zelffinančering f	egenfinansiering	—	vlastní financování n	önfinanszírozás
política financeira f	financiële politiek f	—	polityka finansowa f	finanční politika m	költségvetési politika
financiamento m	Financiering f	finansiering	finansowanie n	financování n	—
repartição das finanças f	ontvangkantoor n	skattemyndighet	Urząd Skarbowy m	finanční úřad m	adóhivatal
finanças f/pl	financiën f/pl	finanser pl	finanse pl	finance pl	pénzügyek
contabilidade financeira f	financiële boekhouding f	affärsredovisning	księgowość finansowa f	finanční účetnictví n	pénzügyi könyvelés
finanças f/pl	financiën f/pl	finanser pl	finanse pl	finance pl	pénzügyek
finanças f/pl	financiën f/pl	finanser pl	finanse pl	finance pl	pénzügyek
financiamento m	Financiering f	finansiering	finansowanie n	financování n	finanszírozás
financiamento de construção m	bouwfinanciering f	byggnadsfinansiering	finansowanie budowy n	financování stavby n	építésfinanszírozás
financiamento da exportação m	exportfinanciering f	exportfinansiering	finansowanie eksportu n	financování vývozu n	exportfinanszírozás
financiamento de exportações m	exportfinanciering f	exportfinansiering	finansowanie eksportu n	financování vývozu n	exportfinanszírozás
financiamento do défice m	deficitfinanciering f	underbalansering	finansowanie deficytu n	deficitní financování n	deficitfinanszírozás
financiamento através de capital alheio m	financiering door vreemd kapitaal f	extern finansiering	finansowanie obce n	dluhové financování n	hitelfinanszírozás
financiamento de renovação contínua m	toetredingsfinanciering f	uppföljningsfinansiering	finansowanie sukcesywne n	následné financování n	követő finanszírozás
financiamento m	Financiering f	finansiering	finansowanie n	financování n	finanszírozás
política financeira f	financiële politiek f	finanspolitik	polityka finansowa f	finanční politika m	költségvetési politika
fim do mês m	ultimo	månadsslut	ultimo n	ultimo n	hónap utolsó napja
fim do mês m	ultimo	månadsslut	ultimo n	ultimo n	hónap utolsó napja
fim do trimestre m	kwartaaleinde n	kvartalsslut	koniec kwartału n	konec čtvrtletí m	negyedév vége
multa f	geldboete f	böter pl	grzywna f	peněžitá pokuta f	pénzbírság
multa f	boete f	böter	kara pieniężna f	peněžitá pokuta f	pénzbírság
taxa de expedição de um mandato de pagamento f	aanmaningskosten m/pl	påminnelseavgift	opłaty za koszta upomnienia f/pl	poplatky za upomínku m/pl	fizetési felszólítási díjak
fim do mês m	ultimo	månadsslut	ultimo n	ultimo n	hónap utolsó napja
fim do trimestre m	kwartaaleinde n	kvartalsslut	koniec kwartału m	konec čtvrtletí m	negyedév vége
empresa fictícia f	postbusbedrijf n	brevlådeföretag	firma fikcyjna f	—	fantomcég
produto final m	eindproduct n	slutprodukt	produkt końcowy m	finální výrobek m	végtermék
produto acabado m	afgewerkt product n	slutprodukt	produkt gotowy m	finální výrobek m	késztermék
filial f	filiaal n	filial	oddział m	pobočka f	—
filial f	filiaal n	filial	filia f	pobočka f	—
chefe da sucursal m	filiaalhouder m	filialchef	kierownik oddziału m	vedoucí pobočky m	—
endereço da empresa m	kantooradres n	företagsadress	adres firmowy m	—	cég címe
carimbo da empresa m	firmastempel m	företagsstämpel	stempel firmowy m	—	cégbélyegző

firemní účet 390

	D	E	F	I	ES
firemní účet (CZ)	Firmenkonto n	company account	compte de l'entreprise m	conto intestato ad una ditta m	cuenta de la empresa f
firemní vůz (CZ)	Firmenwagen m	company car	véhicule de service m	macchina aziendale f	coche de empresa m
Firma (D)	—	company	entreprise f	impresa f	empresa f
firma (I)	Unterschrift f	signature	signature f	—	firma f
firma (ES)	Unterschrift f	signature	signature f	firma f	—
firma (NL)	Firma f	company	entreprise f	impresa f	empresa f
firma (PL)	Firma f	company	entreprise f	impresa f	empresa f
firma (CZ)	Firma f	company	entreprise f	impresa f	empresa f
firmabil (SV)	Firmenwagen m	company car	véhicule de service m	macchina aziendale f	coche de empresa m
firma fictícia (P)	Scheinfirma f	bogus firm	entreprise fictive f	ditta fittizia f	casa ficticia f
firma fikcyjna (PL)	Briefkastenfirma f	bogus company	entreprise fictive f	società fantasma f	empresa ficticia f
firma fikcyjna (PL)	Scheinfirma f	bogus firm	entreprise fictive f	ditta fittizia f	casa ficticia f
firmanaam (NL)	Firmenname m	company name	nom de l'entreprise m	ragione sociale f	razón social f
firmar (ES)	unterschreiben	sign	signer	firmare	—
firmare (I)	unterschreiben	sign	signer	—	firmar
firmastempel (NL)	Firmenstempel m	company stamp	cachet d'établissement m	timbro della ditta m	sello de la empresa m
Firmenanschrift (D)	—	company address	adresse de l'entreprise f	indirizzo della ditta m	dirección de la empresa f
Firmenkonto (D)	—	company account	compte de l'entreprise m	conto intestato ad una ditta m	cuenta de la empresa f
Firmenname (D)	—	company name	nom de l'entreprise m	ragione sociale f	razón social f
Firmenstempel (D)	—	company stamp	cachet d'établissement m	timbro della ditta m	sello de la empresa m
Firmenwagen (D)	—	company car	véhicule de service m	macchina aziendale f	coche de empresa m
fiscal audit of operating results (E)	Betriebsprüfung f	—	contrôle fiscal de l'entreprise f	revisione aziendale f	inspección de la explotación f
fiscale balans (NL)	Steuerbilanz f	tax balance sheet	bilan fiscal m	bilancio fiscale m	balance impositivo m
fiscale bedrijfscontrole (NL)	Betriebsprüfung f	fiscal audit of operating results	contrôle fiscal de l'entreprise f	revisione aziendale f	inspección de la explotación f
fiscale opsporingsdienst (NL)	Steuerfahndung f	investigation into tax evasion	repression de la fraude à l'impôt f	inchiesta tributaria f	investigación tributaria f
fiscal fraud (E)	Steuerbetrug m	—	fraude fiscale f	frode fiscale f	fraude fiscal m
fiscal policy (E)	Steuerpolitik f	—	politique fiscale f	politica fiscale f	política fiscal f
fissare un termine (I)	terminieren	set a deadline	fixer un délai	—	concertar
fixed assets (E)	Anlagevermögen n	—	valeurs immobilisées f/pl	attivo fisso m	activo fijo m
fixed assets (E)	Sachanlagen f/pl	—	immobilisations corporelles f/pl	immobilizzazioni f/pl	inversión en inmuebles y utillaje m/pl
fixed costs (E)	Fixkosten f	—	coûts fixes m/pl	costi fissi m/pl	gastos fijos m/pl
fixed exchange rates (E)	feste Wechselkurse m/pl	—	taux de change fixe m	cambi fissi m/pl	tipos de cambio fijos m/pl
fixed income (E)	Festeinkommen n	—	revenu fixe m	reddito fisso m	salario fijo m
fixed interest rate (E)	fester Zins m	—	intérêt fixe m	interesse fisso m	interés fijo m
fixed price (E)	Festpreis m	—	prix fixe m	prezzo fisso m	precio fijo m
fixed sum (E)	Fixum n	—	somme fixe f	somma fissa f	fijo m
fixer un délai (F)	terminieren	set a deadline	—	fissare un termine	concertar
fixing of a quota (E)	Kontingentierung f	—	contingentement m	contingentamento m	contingentación f

fixing of a quota

P	NL	SV	PL	CZ	H
conta da empresa f	bedrijfsrekening f	företagskonto	konto firmowe n	—	vállalati számla
carro da empresa m	auto van de zaak m	firmabil	samochód firmowy m	—	vállalati gépkocsi
empresa f	firma f	företag	firma f	firma f	cég
assinatura f	ondertekening f	underskrift	podpis m	podpis m	aláírás
assinatura f	ondertekening f	underskrift	podpis m	podpis m	aláírás
empresa f	—	företag	firma f	firma f	cég
empresa f	firma f	företag	—	firma f	cég
empresa f	firma f	företag	firma f	—	cég
carro da empresa m	auto van de zaak m	—	samochód firmowy m	firemní vůz m	vállalati gépkocsi
—	schijnfirma f	skenföretag	firma fikcyjna f	naoko registrovaná firma f	fiktív cég
empresa fictícia f	postbusbedrijf n	brevlådeföretag	—	fingovaná firma f	fantomcég
firma fictícia f	schijnfirma f	skenföretag	—	naoko registrovaná firma f	fiktív cég
nome da empresa m	—	företagsnamn	nazwa firmowa f	název firmy m	cégnév
assinar	ondertekenen	skriva under	podpisywać <podpisać>	podepisovat <podepsat>	aláír
assinar	ondertekenen	skriva under	podpisywać <podpisać>	podepisovat <podepsat>	aláír
carimbo da empresa m	—	företagsstämpel	stempel firmowy m	firemní razítko n	cégbélyegző
endereço da empresa m	kantooradres n	företagsadress	adres firmowy m	firemní adresa f	cég címe
conta da empresa f	bedrijfsrekening f	företagskonto	konto firmowe n	firemní účet m	vállalati számla
nome da empresa m	firmanaam m	företagsnamn	nazwa firmowa f	název firmy m	cégnév
carimbo da empresa m	firmastempel m	företagsstämpel	stempel firmowy m	firemní razítko n	cégbélyegző
carro da empresa m	auto van de zaak m	firmabil	samochód firmowy m	firemní vůz m	vállalati gépkocsi
investigação pelas autoridades fiscais f	fiscale bedrijfscontrole f/m	granskning från skattemyndighets sida	kontrola podatkowa f	kontrola podnikuf	revízió
balanço fiscal m	—	skattebalansräkning	bilans podatkowy m	daňová bilance f	adómérleg
investigação pelas autoridades fiscais f	—	granskning från skattemyndighets sida	kontrola podatkowa f	kontrola podnikuf	revízió
investigação de fraudes fiscais f	—	skattebrottsbekämpning	dochodzenie przestępstwa podatkowego n	daňové pátrání n	adónyomozás
fraude fiscal f	belastingontduiking f	skattefusk	oszustwo podatkowe n	daňový podvod m	adócsalás
política fiscal f	belastingpolitiek f	skattepolitik	polityka podatkowa f	daňová politika f	adópolitika
acertar o prazo	een termijn bepalen	bestämma datum	terminować	termínovat	beütemez
imobilizado m	vastliggende middelen n/pl	fasta tillgångar pl	majątek trwały m	investiční kapitál m	állóeszközök
capital imobilizado m	vaste activa pl	fasta tillgångar pl	majątek trwały m	věcné investice f/pl	tárgyi eszközök
custos fixos m/pl	vaste kosten m/pl	fasta kostnader pl	koszty stałe m/pl	fixní náklady m/pl	állandó költség
taxas de câmbio fixas f/pl	vaste wisselkoersen m/pl	fasta växelkurser pl	stałe kursy wymienne m/Pl	pevné směnné kursy m/pl	rögzített átváltási árfolyamok
rendimento fixo m	vast inkomen n	fast inkomst	stały dochód m	pevný příjem m	fix jövedelem
taxa de juro fixa f	vaste interest m	fast ränta	stałe oprocentowanie n	pevný úrok m	fix kamatláb
preço fixo m	vaste prijs m	fast pris	cena stała f	konstantní cena f	rögzített ár
montante fixo m	vaste wedde f	fast summa	stałe wynagrodzenie n	fixní plat m	fix jutalék
acertar o prazo	een termijn bepalen	bestämma datum	terminować	termínovat	beütemez
estabelecimento de contingentes m	contingentering f	kontigentering	kontyngentowanie n	kontingentace f	kontingensrendszer

fix jövedelem 392

	D	E	F	I	ES
fix jövedelem (H)	Festeinkommen *n*	fixed income	revenu fixe *m*	reddito fisso *m*	salario fijo *m*
fix jutalék (H)	Fixum *n*	fixed sum	somme fixe *f*	somma fissa *f*	fijo *m*
fix kamatláb (H)	fester Zins *m*	fixed interest rate	intérêt fixe *m*	interesse fisso *m*	interés fijo *m*
Fixkosten (D)	—	fixed costs	coûts fixes *m/pl*	costi fissi *m/pl*	gastos fijos *m/pl*
fixní náklady (CZ)	Fixkosten *f*	fixed costs	coûts fixes *m/pl*	costi fissi *m/pl*	gastos fijos *m/pl*
fixní plat (CZ)	Fixum *n*	fixed sum	somme fixe *f*	somma fissa *f*	fijo *m*
Fixum (D)	—	fixed sum	somme fixe *f*	somma fissa *f*	fijo *m*
fizesd és vidd (H)	Cash-and-carry-Klausel *f*	cash-and-carry clause	clause de cash-and-carry *f*	clausola cash-and-carry *f*	cláusula contractual de "paga y llévatelo" *f*
fizetendő (H)	zahlbar	payable	payable	pagabile	pagable
fizetés (H)	Gehalt *n*	salary	traitement *m*	stipendio *m*	sueldo *m*
fizetés (H)	Zahlung *f*	payment	payement *m*	pagamento *m*	pago *m*
fizetésemelés (H)	Gehaltserhöhung *f*	increase in salary	augmentation de traitement *f*	aumento dello stipendio *m*	aumento de sueldo *m*
fizetés felfüggesztése (H)	Zahlungseinstellung *f*	suspension of payments	suspension de payement *f*	cessazione dei pagamenti *f*	suspensión de pagos *f*
fizetés helyett (H)	zahlungsstatt	in lieu of payment	à titre de payement	a titolo di pagamento	a título de pago
fizetési felszólítás (H)	Mahnbrief *m*	reminder	lettre d'avertissement *f*	lettera di sollecito *f*	carta admonitoria *f*
fizetési felszólítás (H)	Mahnung *f*	demand for payment	mise en demeure *f*	sollecito *m*	admonición *f*
fizetési felszólítás (H)	Zahlungsbefehl *m*	order for payment	ordre de payement *m*	ingiunzione di pagamento *m*	mandamiento de pago *m*
fizetési felszólítási díjak (H)	Mahngebühren *pl*	fine imposed for failing to settle an account	taxe d'avertissement *f*	tasse d'ingiunzione *f/pl*	gastos de reclamación *m/pl*
fizetési feltételek (H)	Zahlungsbedingung *f*	terms of payment	conditions de payement *f/pl*	condizione di pagamento *f*	condiciones de pago *f/pl*
fizetési haladék (H)	Stundung *f*	respite	prorogation *f*	proroga *f*	moratoria *f*
fizetési haladék (H)	Zahlungsaufschub *m*	extension of credit	sursis de payement *m*	dilazione del pagamento *f*	pago aplazado *m*
fizetési határidő (H)	Zahlungsfrist *f*	term of payment	délai de payement *f*	scadenza di pagamento *f*	plazo de pago *m*
fizetési hátralék (H)	Zahlungsrückstand *m*	payment in arrears	arriéré de payement *m*	morosità di pagamento *f*	pago atrasado *m*
fizetési kötelezettség résztörlesztés (H)	a-conto-Zahlung *f*	payment on account	payement acompte *m*	pagamento a conto *m*	pago a cuenta *m*
fizetési mérleg (H)	Zahlungsbilanz *f*	balance of payments	balance des payements *f*	bilancia dei pagamenti *f*	balanza de pagos *f*
fizetési mérleg egyensúlya (H)	Zahlungsbilanzgleichgewicht *n*	balance of payments equilibrium	équilibre de la balance des payements *m*	equilibrio della bilancia dei pagamenti *m*	balanza de pagos equilibrada *f*
fizetésimérleghiány (H)	Zahlungsbilanzdefizit *n*	balance of payments deficit	déficit de la balance des payements *m*	disavanzo della bilancia dei pagamenti *m*	déficit en la balanza de pagos *m*
fizetésimérlegtöbblet (H)	Zahlungsbilanzüberschuß *m*	balance of payments surplus	excédent de la balance des payements *m*	eccedenza della bilancia dei pagamenti *m*	superávit en la balanza de pagos *m*
fizetési nehézség (H)	Zahlungsschwierigkeit *f*	financial difficulties	difficultés financières *f/pl*	difficoltà di pagamento *f*	dificultades de pago *f/pl*
fizetésképtelenség (H)	Insolvenz *f*	insolvency	insolvabilité *f*	insolvenza *f*	insolvencia *f*
fizetésképtelenség (H)	Zahlungsunfähigkeit *f*	insolvency	insolvabilité *f*	insolvenza *f*	insolvencia *f*
fizetésnap (H)	Zahltag *m*	pay-day	jour de paye *m*	giorno di paga *m*	día de pago *m*
fizetés nélküli szabadság (H)	unbezahlter Urlaub *m*	unpaid vacation	congé non payé *m*	ferie non pagate *f/pl*	vacaciones no pagadas *f/pl*
fizetés utánvéttellel (H)	Zahlung per Nachnahme	cash on delivery	payement contre remboursement *m*	pagamento in contrassegno *m*	pago contra reembolso *m*
fizetőképes (H)	zahlungsfähig	solvent	solvable	solvibile	solvente

fizetőképes

P	NL	SV	PL	CZ	H
rendimento fixo m	vast inkomen n	fast inkomst	stały dochód m	pevný příjem m	—
montante fixo m	vaste wedde f	fast summa	stałe wynagrodzenie n	fixní plat m	—
taxa de juro fixa f	vaste interest m	fast ränta	stałe oprocentowanie n	pevný úrok m	—
custos fixos m/pl	vaste kosten m/pl	fasta kostnader pl	koszty stałe m/pl	fixní náklady m/pl	állandó költség
custos fixos m/pl	vaste kosten m/pl	fasta kostnader pl	koszty stałe m/pl	—	állandó költség
montante fixo m	vaste wedde f	fast summa	stałe wynagrodzenie n	—	fix jutalék
montante fixo m	vaste wedde f	fast summa	stałe wynagrodzenie n	fixní plat m	fix jutalék
cláusula de pagamento contra entrega f	cash-and-carry-clausule f/m	cash and carry-klausul	klauzula za gotówkę z magazynu f	doložka o platbě v hotovosti a odvozu zboží f	—
pagável	betaalbaar	betalbar	płatny	splatný	—
salário m	salaris n	lön	płaca f	plat m	—
pagamento m	betaling f	betalning	zapłata f	platba f	—
aumento de salário m	loonsverhoging f	löneförhöjning	podwyżka płacy f	zvýšení platu n	—
suspensão de pagamentos f	stopzetting van betaling f	betalningsinställelse	zawieszenie wypłat n	zastavení platby n	—
a título de pagamento	in plaats van betaling	i stället för betalning	zamiast zapłaty	namísto placení n	—
carta de advertência f	rappelbrief m	kravbrev	monit m	upomínka f	—
advertência f	aanmaning tot betaling f	påminnelse	upomnienie płatnicze n	upomínka f	—
mandato de pagamento f	betalingsbevel n	betalningsorder	nakaz płatniczy m	platební příkaz m	—
taxa de expedição de um mandato de pagamento f	aanmaningskosten m/pl	påminnelseavgift	opłaty za koszta upomnienia f/pl	poplatky za upomínku m/pl	—
condições de pagamento f/pl	betalingsvoorwaarde f	betalningsvillkor	warunki płatności m/pl	platební podmínka f	—
prorrogação do prazo f	uitstel van betaling n	uppskov	odroczenie n	odklad m	—
prorrogação do prazo de pagamento f	uitstel van betaling n	betalningsuppskov	odroczenie treminu płatności f	odklad platby f	—
prazo de pagamento m	betalingstermijn m	betalningsfrist	termin zapłaty m	platební lhůta f	—
atraso no pagamento m	achterstand m	betalningsanstånd	zaległości płatnicze n/pl	nedoplatek m	—
pagamento por conta m	betaling op rekening f	betalning på konto	płatność akonto f	akontace f	—
balança de pagamentos f	betalingsbalans f	betalningsbalans	bilans płatniczy m	platební bilance f	—
equilíbrio da balança de pagamentos m	evenwicht op de betalingsbalans n	jämvikt i betalningsbalansen	równowaga bilansu płatniczego f	rovnováha platební bilance f	—
défice na balança de pagamentos m	tekort op de betalingsbalans n	underskott i betalningsbalansen	deficyt bilansu płatniczego m	deficit platební bilance m	—
superavit na balança de pagamentos m	overschot op de betalingsbalans n	överskott i betalningsbalansen	nadwyżka bilansu płatniczego f	přebytek platební bilance m	—
dificuldades financeiras f/pl	betalingsmoeilijkheid f	betalningssvårigheter pl	trudności płatnicze f/pl	platební potíže f/pl	—
insolvência f	insolvabiliteit f	insolvens	niewypłacalność f	nesolventnost f	—
insolvência f	onvermogen n	insolvens	niewypłacalność n	platební neschopnost f	—
dia de pagamento m	betaaldag m	betalningsdag	dzień wypłaty m	výplatní den m	—
férias não pagas f/pl	verlof zonder wedde n	obetald semester	urlop bezpłatny m	neplacená dovolená f	—
pagamento contra-reembolso m	betaling onder rembours f	betalning vid leverans	zapłata przy odbiorze f	platba na dobírku f	—
solvente	kredietwaardig	solvent	wypłacalny	schopný platit	—

fizetőképesség

	D	E	F	I	ES
fizetőképesség (H)	Bonität f	solvency	solvabilité f	solvibilità f	solvencia f
fizikai munka (H)	Handarbeit f	manual work	travail manuel m	lavoro manuale m	trabajo a mano m
flat rate (E)	Pauschalbetrag m	—	somme forfaitaire f	somma forfettaria f	suma global f
flessione della domanda (I)	Nachfragerückgang m	decrease in demand	recul de la demande m	—	disminución en la demanda f
flete aéreo (ES)	Luftfracht f	air freight	fret aérien m	nolo aereo m	—
flete pagado (ES)	Fracht bezahlt	freight paid	fret payé	nolo pagato	—
flexible exchange rate (E)	flexibler Wechselkurs m	—	taux de change flottant m	cambio flessibile m	tipo flotante de cambio m
flexibler Wechselkurs (D)	—	flexible exchange rate	taux de change flottant m	cambio flessibile m	tipo flotante de cambio m
flexível (P)	kulant	accommodating	arrangeant	corrente	de fácil avenencia
Floating (D)	—	floating	système des changes flottants m	fluttuazione f	flotación f
floating (E)	Floating n	—	système des changes flottants m	fluttuazione f	flotación f
floating assets (E)	Umlaufvermögen n	—	capital de roulement m	patrimonio circolante m	capital circulante m
floating policy (E)	Generalpolice f	—	police d'abonnement f	polizza generale f	póliza global f
floppylemez (H)	Diskette f	disk	disquette f	dischetto m	disquete m
flotación (ES)	Floating n	floating	système des changes flottants m	fluttuazione f	—
fluctuaciones en la producción (ES)	Produktionsschwankung f	fluctuations in production	fluctuations de la production f/pl	oscillazione della produzione f	
fluctuations de la production (F)	Produktionsschwankung f	fluctuations in production	—	oscillazione della produzione f	fluctuaciones en la producción f/pl
fluctuations in production (E)	Produktionsschwankung f	—	fluctuations de la production f/pl	oscillazione della produzione f	fluctuaciones en la producción f/pl
fluktuacje sezonowe (PL)	Saisonschwankungen f/pl	seasonal fluctuations	variations saisonnières f/pl	oscillazioni stagionali f/pl	oscilaciones estacionales f/pl
fluktuationer i produktion (SV)	Produktionsschwankung f	fluctuations in production	fluctuations de la production f/pl	oscillazione della produzione f	fluctuaciones en la producción f/pl
fluttuazione (I)	Floating n	floating	système des changes flottants m	—	flotación f
flutuações na produção (P)	Produktionsschwankung f	fluctuations in production	fluctuations de la production f/pl	oscillazione della produzione f	fluctuaciones en la producción f/pl
flutuante (P)	Floating n	floating	système des changes flottants m	fluttuazione f	flotación f
flygfrakt (SV)	Luftfracht f	air freight	fret aérien m	nolo aereo m	flete aéreo m
flygfraktsedel (SV)	Luftfrachtbrief f	airwaybill	lettre de transport aérien f	lettera di trasporto aereo f	transporte aéreo m
flytande (SV)	Floating n	floating	système des changes flottants m	fluttuazione f	flotación f
flytande försäkring (SV)	Generalpolice f	floating policy	police d'abonnement f	polizza generale f	póliza global f
flytande växelkurs (SV)	flexibler Wechselkurs m	flexible exchange rate	taux de change flottant m	cambio flessibile m	tipo flotante de cambio m
födelsedag (SV)	Geburtstag m	birthday	anniversaire m	compleanno m	día de nacimiento m
födelsedatum (SV)	Geburtsdatum n	date of birth	date de naissance f	data di nascita f	fecha de nacimiento f
födelseort (SV)	Geburtsort m	place of birth	lieu de naissance m	luogo di nascita m	lugar de nacimiento m
foglalkozás (H)	Beruf m	profession	profession f	professione f	profesión f
foglalkozási kockázat (H)	Berufsrisiko n	occupational hazard	risque professionnel m	rischio professionale m	riesgo profesional m
foglalkoztatás (H)	Beschäftigung f	employment	emploi m	occupazione f	ocupación f
foglalkoztatási politika (H)	Beschäftigungspolitik f	employment policy	politique de l'emploi f	politica dell'occupazione f	política de empleo f
foglalkoztatás szintje (H)	Beschäftigungsgrad m	level of employment	taux d'emploi m	tasso d'occupazione m	tasa de empleo f
fogyasztás (H)	Verbrauch m	consumption	consommation f	consumo m	consumo m
fogyasztási cikkek (H)	Gebrauchsgüter n/pl	durable consumer goods	biens d'utilisation courante m/pl	beni di consumo m/pl	bienes de consumo duradero m/pl

fogyasztási cikkek

P	NL	SV	PL	CZ	H
solvência f	solvabiliteit f	betalningsförmåga	wypłacalność f	bonita f	—
trabalho manual m	handenarbeid f	manuellt arbete	praca ręczna f	ruční práce f	—
soma global f	forfaitair bedrag n	ospecificerad summa	kwota ryczałtowa f	paušální částka f	átalányösszeg
diminuição da procura f	vermindering van de vraag f	minskad efterfrågan	spadek popytu m	pokles poptávky f	keresletcsökkenés
frete aéreo m	luchtvracht f	flygfrakt	fracht lotniczy m	letecké přepravné n	légi fuvar
frete pago m	vracht betaald	frakt betald	fracht uiszczony	přeprava placena do určeného místa	fuvardíj kifizetve
taxa de câmbio flexível f	zwevende wisselkoers m	flytande växelkurs	elastyczny kurs wymiany m	pohyblivý směnný kurs m	rugalmas valutaárfolyam
taxa de câmbio flexível f	zwevende wisselkoers m	flytande växelkurs	elastyczny kurs wymiany m	pohyblivý směnný kurs m	rugalmas valutaárfolyam
—	tegemoetkomend	tillmötesgående	uprzejmy	solidní	előzékeny
flutuante	zweven n	flytande	płynność kursów walut n	kolísání kursů n	lebegtetés
flutuante	zweven n	flytande	płynność kursów walut n	kolísání kursů n	lebegtetés
património circulante m	bedrijfskapitaal n	likvida tillgångar pl	majątek obrotowy m	oběžné prostředky m/pl	forgóeszközök
apólice f	abonnementspolis f	flytande försäkring	polisa generalna f	generální pojistka f	biztosítási keretkötvény
disquete f	diskette f	diskett	dyskietka f	disketa m	—
flutuante	zweven n	flytande	płynność kursów walut n	kolísání kursů n	lebegtetés
flutuações na produção f/pl	productieschommeling f	fluktuationer i produktion	wahania produkcji n/pl	kolísání výroby n	termelésingadozás
flutuações na produção f/pl	productieschommeling f	fluktuationer i produktion	wahania produkcji n/pl	kolísání výroby n	termelésingadozás
flutuações na produção f/pl	productieschommeling f	fluktuationer i produktion	wahania produkcji n/pl	kolísání výroby n	termelésingadozás
oscilações sazonais f/pl	seizoenschommelingen f/pl	såsongvariationer pl	—	sezonní výkyvy m/pl	szezonális ingadozások
flutuações na produção f/pl	productieschommeling f	—	wahania produkcji n/pl	kolísání výroby n	termelésingadozás
flutuante	zweven n	flytande	płynność kursów walut n	kolísání kursů n	lebegtetés
—	productieschommeling f	fluktuationer i produktion	wahania produkcji n/pl	kolísání výroby n	termelésingadozás
—	zweven n	flytande	płynność kursów walut n	kolísání kursů n	lebegtetés
frete aéreo m	luchtvracht f	—	fracht lotniczy m	letecké přepravné n	légi fuvar
conhecimento aéreo m	luchtvrachtbrief m	—	konosament lotniczy m	letecký nákladní list m	légifuvarlevél
flutuante	zweven n	—	płynność kursów walut n	kolísání kursů n	lebegtetés
apólice f	abonnementspolis f	—	polisa generalna f	generální pojistka f	biztosítási keretkötvény
taxa de câmbio flexível f	zwevende wisselkoers m	—	elastyczny kurs wymiany m	pohyblivý směnný kurs m	rugalmas valutaárfolyam
aniversário m	verjaardag m	—	data urodzenia f	narozeniny pl	születésnap
data de nascimento f	geboortedatum m	—	data urodzenia f	datum narození n	születési idő
local de nascimento m	geboorteplaats f	—	miejsce urodzenia n	místo narození n	születési hely
profissão f	beroep n	yrke	zawód m	povolání n	—
risco profissional m	beroepsrisico n	yrkesrisk	ryzyko zawodowe n	riziko povolání n	—
ocupação f	betrekking f	sysselsättning	zatrudnienie n	zaměstnání n	—
política do emprego f	werkgelegenheidsbeleid n	arbetsmarknadspolitik	polityka zatrudnienia f	politika zaměstnanosti f	—
taxa de emprego f	graad van tewerkstelling m	sysselsättningsnivå	poziom zatrudnienia m	stupeň zaměstnanosti m	—
consumo m	consumptie f	förbrukning	konsumpcja f	spotřeba f	—
bens de consumo duráveis m/pl	gebruiksgoederen n/pl	bruksartiklar pl	artykuły użytkowe m/pl	spotřební zboží n	—

fogyasztási cikkek

	D	E	F	I	ES
fogyasztási cikkek (H)	Konsumgüter n/plf	consumer goods	biens de consommation m/pl	beni di consumo m/pl	bienes de consumo m/pl
fogyasztási javak (H)	Verbrauchsgüter n/pl	consumer goods	biens de consommation m/pl	beni non durevoli m/pl	bienes de consumo m/pl
fogyasztó (H)	Endverbraucher m	ultimate consumer	consommateur final m	consumatore finale m	consumidor final m
fogyasztó (H)	Konsument m	consumer	consommateur m	consumatore m	consumidor m
fogyasztó (H)	Verbraucher m	consumer	consommateur m	consumatore m	consumidor m
foire (F)	Messe f	fair	—	fiera f	feria f
foire d'échantillons (F)	Mustermesse f	samples fair	—	fiera campionaria f	feria de muestras f
folder (PL)	Prospekt m	prospectus	prospectus m	opuscolo m	folleto m
Folgeschäden (D)	—	consequential damages	dommages consécutifs m/pl	danni indiretti m/pl	daño consecuencial m
följdskada (SV)	Folgeschäden m/pl	consequential damages	dommages consécutifs m/pl	danni indiretti m/pl	daño consecuencial m
följesedel (SV)	Lieferschein m	delivery note	bulletin de livraison m	bolla di consegna f	recibo de entrega m
folkräkning (SV)	Volkszählung f	census	recensement démographique m	censimento m	censo m
folleto (ES)	Prospekt m	prospectus	prospectus m	opuscolo m	—
follow-up financing (E)	Anschlußfinanzierung f	—	financement relais m	finanziamento successivo m	financiación sucesiva f
folyó érték (H)	Tageswert m	current value	valeur du jour f	valore del giorno m	valor del día m
folyószámla (H)	Kontokorrentkonto n	current account	compte tenu en compte courant m	conto corrente m	cuenta corriente f
folyószámla (H)	laufende Rechnung f	current account	compte courant m	conto corrente m	cuenta corriente f
folyószámlahitel (H)	Überziehungskredit m	overdraft credit	avance sur compte courant f	credito allo scoperto m	crédito en descubierto m
fomento de ventas (ES)	Absatzförderung f	sales promotion	promotion des ventes f	promozione delle vendite f	—
fonctionnaire (F)	Beamter m	official	—	funzionario m	funcionario m
fond (SV)	Fonds m	fund	fonds m/pl	fondo m	fondo m
fond (CZ)	Fonds m	fund	fonds m/pl	fondo m	fondo m
fondation (F)	Stiftung f	foundation	—	fondazione f	fundación f
fondazione (I)	Stiftung f	foundation	fondation f	—	fundación f
fondé de pouvoir (F)	Prokurist m	authorised representative	—	procuratore m	apoderado m
fond nemovitostí (CZ)	Immobilienfonds m	real estate fund	fonds immobilier m	fondo immobiliare m	fondo inmobiliario f
fondo (I)	Fonds m	fund	fonds m/pl	—	fondo m
fondo (ES)	Fonds m	fund	fonds m/pl	fondo m	—
fondo de amortización (ES)	Abschreibungsfonds m	depreciation fund	fonds d'amortissement m	fondo di ammortamento m	—
fondo de bonos (ES)	Rentenfonds m	pension fund	effets publics m/pl	fondo obbligazionario m	—
fondo de inversiones (ES)	Investmentfonds m	unit trust fund	fonds commun de placement m	fondo d'investimento m	—
fondo de reserva (ES)	Reservefonds m	reserve fund	fonds de réserve m	fondo di riserva m	—
fondo di ammortamento (I)	Abschreibungsfonds m	depreciation fund	fonds d'amortissement m	—	fondo de amortización m
fondo d'investimento (I)	Investmentfonds m	unit trust fund	fonds commun de placement m	—	fondo de inversiones m
fondo di riserva (I)	Reservefonds m	reserve fund	fonds de réserve m	—	fondo de reserva m
fond odpisů (CZ)	Abschreibungsfonds m	depreciation fund	fonds d'amortissement m	fondo di ammortamento m	fondo de amortización m
fondo immobiliare (I)	Immobilienfonds m	real estate fund	fonds immobilier m	—	fondo inmobiliario f
fondo inmobiliario (ES)	Immobilienfonds m	real estate fund	fonds immobilier m	fondo immobiliare m	—
fondo obbligazionario (I)	Rentenfonds m	pension fund	effets publics m/pl	—	fondo de bonos m

fondo obbligazionario

P	NL	SV	PL	CZ	H
bens de consumo m/pl	consumptiegoederen n/pl	konsumtionsvaror	dobra konsumpcyjne n/pl	spotřební zboží n	—
bens de consumo m/pl	consumptiegoederen n/pl	konsumtionsvaror pl	dobra konsumpcyjne m/pl	spotřební zboží m/pl	—
consumidor final m	eindverbruiker m	faktisk konsument	konsument ostateczny m	konečný spotřebitel m	—
consumidor m	consument m	konsument	konsument m	spotřebitel m	—
consumidor m	consument m	konsument	konsument m	spotřebitel m	—
feira f	jaarbeurs f	mässa	targi m/pl	veletrh m	vásár
feira de amostras f	monsterbeurs f	industrimässa	targi wzorcowe m/pl	vzorkový veletrh m	kereskedelmi vásár
prospecto m	prospectus n/m	prospekt	—	prospekt m	prospektus
danos consecutivos m/pl	gevolgschade f	följdskada	szkody następcze f/pl	následné škody f/pl	következményes kár
danos consecutivos m/pl	gevolgschade f	—	szkody następcze f/pl	následné škody f/pl	következményes kár
guia de remessa f	afleveringsbewijs n	—	dowód dostawy m	dodací list m	szállítójegyzék
censo demográfico m	volkstelling f	—	powszechny spis ludności m	sčítání lidu n	népszámlálás
prospecto m	prospectus n/m	prospekt	folder m	prospekt m	prospektus
financiamento de renovação contínua m	toetredingsfinanciering f	uppföljningsfinansiering	finansowanie sukcesywne n	následné financování n	követő finanszírozás
valor do dia m	dagwaarde f	dagskurs	oferta dnia f	denní hodnota f	—
conta corrente f	rekening-courantrekening f	kontokurantkonto	rachunek bieżący m	běžný účet m	—
conta corrente f	rekening-courant f	löpande räkning	rachunek bieżący m	běžný účet m	—
crédito a descoberto m	krediet in rekening-courant n	trasseringskredit	kredyt techniczny m	debetní úvěr m	—
promoção comercial f	verkoopbevordering f	säljfrämjande åtgärder pl	promocja sprzedaży f	stimulace odbytu f	értékesítésösztönzés
funcionário m	ambtenaar m	tjänsteman i offentlig tjänst	urzędnik m	úředník m	tisztviselő
fundo m	fonds n	—	fundusz m	fond m	pénzalap
fundo m	fonds n	fond	fundusz m	—	pénzalap
fundação f	stichting f	stiftelse	fundacja f	nadace f	alapítvány
fundação f	stichting f	stiftelse	fundacja f	nadace f	alapítvány
procurador m	gevolmachtigde m	prokurist	prokurent m	prokurista m	meghatalmazott aláíró
fundo imobiliário m	vastgoedfonds n	fastighetsfond	fundusz nieruchomości m	—	ingatlanalap
fundo m	fonds n	fond	fundusz m	fond m	pénzalap
fundo m	fonds n	fond	fundusz m	fond m	pénzalap
fundo de depreciação m	afschrijvingsfonds n	avskrivningsfond	fundusz amortyzacyjny m	fond odpisů m	amortizációs alap
fundo de pensão m	rentefonds n	pensionsfond	fundusz emerytalny m	důchodový fond m	nyugdíjalap
fundo de investimento m	beleggingsfonds n	aktie- eller obligationsfond	fundusz inwestycyjny m	investiční fond m	befektetési alap
fundo de reserva m	reservefonds n	reservfond	fundusz rezerwowy m	rezervní fond m	tartalékalap
fundo de depreciação m	afschrijvingsfonds n	avskrivningsfond	fundusz amortyzacyjny m	fond odpisů m	amortizációs alap
fundo de investimento m	beleggingsfonds n	aktie- eller obligationsfond	fundusz inwestycyjny m	investiční fond m	befektetési alap
fundo de reserva m	reservefonds n	reservfond	fundusz rezerwowy m	rezervní fond m	tartalékalap
fundo de depreciação m	afschrijvingsfonds n	avskrivningsfond	fundusz amortyzacyjny m	—	amortizációs alap
fundo imobiliário m	vastgoedfonds n	fastighetsfond	fundusz nieruchomości m	fond nemovitostí m	ingatlanalap
fundo imobiliário m	vastgoedfonds n	fastighetsfond	fundusz nieruchomości m	fond nemovitostí m	ingatlanalap
fundo de pensão m	rentefonds n	pensionsfond	fundusz emerytalny m	důchodový fond m	nyugdíjalap

Fonds 398

	D	E	F	I	ES
Fonds (D)	—	fund	fonds m/pl	fondo m	fondo m
fonds (F)	Fonds m	fund	—	fondo m	fondo m
fonds (NL)	Fonds m	fund	fonds m/pl	fondo m	fondo m
fonds commun de placement (F)	Investmentfonds m	unit trust fund	—	fondo d'investimento m	fondo de inversiones m
fonds d'amortissement (F)	Abschreibungsfonds m	depreciation fund	—	fondo di ammortamento m	fondo de amortización m
fonds de réserve (F)	Reservefonds m	reserve fund	—	fondo di riserva m	fondo de reserva m
fonds immobilier (F)	Immobilienfonds m	real estate fund	—	fondo immobiliare m	fondo inmobiliario f
fooi (NL)	Bedienungsgeld n	service charge	pourboire m	diritto di servizio m	propina f
förädling (SV)	Veredelung f	processing	perfectionnement m	perfezionamento m	perfeccionamiento m
föräldraförsäkring (SV)	Mutterschutz m	protection of mothers	protection des mères f	tutela della maternità f	protección de la madre f
förbehållen betalningsingång (SV)	Eingang vorbehalten	due payment reserved	sauf bonne fin	salvo buon fine	salvo buen cobro m
förbörs (SV)	Vorbörse f	dealing before official hours	avant-bourse f	mercato preborsistico m	operaciones antes de la apertura de la bolsa f/pl
förbruka (SV)	verbrauchen	consume	consommer	consumare	consumir
förbrukning (SV)	Verbrauch m	consumption	consommation f	consumo m	consumo m
förbund (SV)	Verband m	association	association f	associazione f	asociación f
forced sale (E)	Zwangsverkauf m	—	vente forcée f	vendita giudiziaria f	venta forzada f
fördärvlig (SV)	vorderblich	perishable	périssable	deperibile	perecedero
fördaterad check (SV)	vordatierter Scheck m	antedated cheque	chèque antidaté m	assegno postergato m	cheque de fecha adelantada m
fördel (SV)	Vorteil m	advantage	avantage m	vantaggio m	ventaja f
Fördermenge (D)	—	output	quantité extraite f	quantità estratta f	cantidad producida f
Förderung (D)	—	promotion	promotion f	promozione f	promoción f
forditás (H)	Übersetzung f	translation	traduction	traduzione f	traducción
forecast (E)	Prognose f	—	prévisions f/pl	prognosi f	pronóstico m
foreign account (E)	Auslandskonto n	—	compte d'étranger m	conto estero m	cuenta en el extranjero f
foreign assets (E)	Auslandsvermögen f	—	avoirs à l'étranger m/pl	beni all'estero m	bienes en el extranjero m
foreign business (E)	Auslandsgeschäft n	—	opération avec l'étranger f	affare con l'estero m	operación con el extranjero f
foreign capital (E)	Auslandskapital n	—	capital étranger m	capitale estero m	capital extranjero m
foreign currency rate (E)	Sortenkurs m	—	cours des monnaies étrangères m	corso dei cambi m	tipo de cambio de moneda extranjera m
foreign customer (E)	Auslandskunde m	—	client étranger m	cliente estero m	cliente extranjero m
foreign debts (E)	Auslandsschulden f/pl	—	dettes à l'étranger f/pl	debiti verso l'estero m/pl	deudas exteriores f/pl
foreign exchange (E)	Devisen f	—	devises f/pl	divise f/pl	divisas f/pl
foreign exchange control (E)	Devisenbewirtschaftung f	—	restrictions sur les devises f/pl	controllo dei cambi m	control de divisas m
foreign exchange dealings (E)	Devisenhandel m	—	marché des changes m	commercio dei cambi m	operaciones de divisas f/pl
foreign exchange market (E)	Devisenmarkt m	—	marché des changes m	mercato valutario m	mercado de divisas m
foreign exchange operations (E)	Devisenverkehr m	—	mouvement de devises m	commercio dei cambi m	tráfico de divisas m
foreign loan (E)	Auslandsanleihe f	—	emprunt extérieur m	prestito estero m	empréstito exterior m
foreign notes and coins (E)	Sorten pl	—	genres m/pl	valute estere f/pl	monedas extranjeras f/pl
foreign trade (E)	Außenhandel m	—	commerce extérieur m	commercio estero m	comercio exterior m

foreign trade

P	NL	SV	PL	CZ	H
fundo m	fonds n	fond	fundusz m	fond m	pénzalap
fundo m	fonds n	fond	fundusz m	fond m	pénzalap
fundo m	—	fond	fundusz m	fond m	pénzalap
fundo de investimento m	beleggingsfonds n	aktie- eller obligationsfond	fundusz inwestycyjny m	investiční fond m	befektetési alap
fundo de depreciação m	afschrijvingsfonds n	avskrivningsfond	fundusz amortyzacyjny m	fond odpisů m	amortizációs alap
fundo de reserva m	reservefonds n	reservfond	fundusz rezerwowy m	rezervní fond m	tartalékalap
fundo imobiliário m	vastgoedfonds n	fastighetsfond	fundusz nieruchomości m	fond nemovitostí m	ingatlanalap
gorjeta f	—	dricks	pole obsługi n	spropitné n	borravaló
beneficiamento m	veredeling f	—	uszlachetnienie n	zušlechťování n	feldolgozás
protecção da maternidade f	moederschapszorg f	—	ochrona macierzyństwa f	ochrana matky f	anyavédelem
reserva de bom pagamento f	onder gewoon voorbehoud	—	z zastrzeżeniem wpłynięcia	za podmínky obdržení f	bevételezés fenntartással
negociação antes da abertura oficial da bolsa f	voorbeurshandel m	—	transakcja przed otwarciem giełdy f	předburza f	tőzsdenyitás előtti kereskedelem
consumir	consumeren	—	konsumować <skonsumować>	spotřebovat	elfogyaszt
consumo m	consumptie f	—	konsumpcja f	spotřeba f	fogyasztás
associação f	vereniging f	—	związek m	svaz m	szövetség
venda forçada f	gedwongen verkoop m	tvångsförsäljning	sprzedaż przymusowa f	nucený prodej m	kényszereladás
perecível	bederfelijk	—	psujący się	zkazitelný	romlékony
cheque pré-datado m	geantidateerde cheque m	—	czek postdatowany m	antedatovaný šek m	korábbra keltezett csekk
vantagem f	voordeel n	—	korzyść f	výhoda f	előny
quantidade extraída f	productiehoeveelheid f	produktionsvolym	ilość wydobycia f	dopravované množství n	kitermelt mennyiség
promoção f	vordering f	främjande	promocja f	podpora f	támogatás
tradução f	vertaling f	översättning	tłumaczenie n	překlad m	—
prognóstico m	prognose f	prognos	prognoza f	předpověď f	prognózis
conta no exterior f	buitenlandse rekening f	utlandskonto	konto zagraniczne n	zahraniční účet m	külföldi számla
bens no exterior m/pl	buitenlands vermogen n	utlandstillgångar pl	majątek zagraniczny m	zahraniční jmění n	külföldi vagyon
negócio com o estrangeiro m	zaken met het buitenland f/pl	utlandsverksamhet	transakcja zagraniczna f	zahraniční obchod m	külföldi ügylet
capital estrangeiro m	buitenlands kapitaal n	utlandskapital	kapitał zagraniczny m	zahraniční kapitál m	külföldi tőke
cotação para moedas estrangeiras f	wisselkoers m	valutakurs	kurs walut obcych m	kurs cizích měn m	valutaátváltási árfolyam
cliente estrangeiro m	klant in het buitenland m	utlandskund	klient zagraniczny m	zahraniční zákazník m	külföldi vevő
dívidas externas f/pl	schulden in het buitenland f/pl	utlandsskuld	zadłużenie za granicą n	zahraniční dluhy m/pl	külföldi tartozások
divisas f/pl	deviezen n/pl	valuta	dewizy pl	devizy f/pl	devizák
controle de divisas m	deviezenreglementering f	valutakontroll	kontrola obrotu dewizowego f	devizové hospodářství n	devizagazdálkodás
negócios sobre divisas m/pl	deviezenhandel m	valutahandel	handel dewizami m	devizový obchod m	devizakereskedelem
mercado de divisas m	wisselmarkt f	valutamarknad	rynek dewizowy m	devizový trh m	devizapiac
movimento de divisas m	deviezenverkeer n	valutahandel	obrót dewizowy m	devizový styk m	devizaforgalom
empréstimo estrangeiro m	buitenlandse lening f	utlandslån	pożyczka zagraniczna f	zahraniční půjčka f	külföldi kötvénykibocsátás
moedas estrangeiras f/pl	deviezen n/pl	valuta	gotówka zagraniczna f	druhy m/pl	külföldi bankjegyek és pénzérmék
comércio exterior m	buitenlandse handel m	utrikeshandel	handel zagraniczny m	zahraniční obchod m	külkereskedelem

foreign trade deficit

	D	E	F	I	ES
foreign trade deficit (E)	Außenhandelsdefizit n	—	déficit de la balance du commerce extérieur m	deficit del commercio estero m	déficit del comercio exterior m
foreign workers (E)	ausländische Arbeitnehmer m	—	travailleur étranger m	lavoratori stranieri m/pl	trabajadores extranjeros m
förening (SV)	Verein m	association	association f	associazione f	asociación f
föreskrift (SV)	Anordnung f	order	ordre m	disposizione m	orden f
föreskrifter (SV)	Vorschriften pl	regulations	directives f/pl	normative f/pl	prescripciones f/pl
företag (SV)	Firma f	company	entreprise f	impresa f	empresa f
företag (SV)	Unternehmen n	business	entreprise f	impresa f	empresario m
företag i offentlig hand (SV)	Regiebetrieb m	publicly owned enterprise	établissement en régie m	gestione in economia m	empresa estatal m
företagsadress (SV)	Firmenanschrift f	company address	adresse de l'entreprise f	indirizzo della ditta m	dirección de la empresa f
företagsbank (SV)	Hausbank f	company's bank	banque habituelle f	banca di preferenza f	banco particular m
företagsekonomi (SV)	Betriebswirtschaftslehre f	business administration	sciences de gestion f/pl	economia aziendale f	teoría de la empresa f
företagskonsult (SV)	Unternehmensberater m	business consultant	conseiller d'entreprise m	consulente d'impresa m	asesor de empresas m
företagskonto (SV)	Firmenkonto n	company account	compte de l'entreprise m	conto intestato ad una ditta m	cuenta de la empresa f
företagskultur (SV)	Unternehmenskultur f	corporate culture	culture d'entreprise f	cultura imprenditoriale f	cultura empresarial f
företagsledning (SV)	Geschäftsleitung f	management	direction de l'entreprise f	direzione f	dirección f
företagsmål (SV)	Unternehmensziel n	company objective	objectif de l'entreprise m	obiettivo imprenditoriale m	objetivo empresarial m
företagsnamn (SV)	Firmenname m	company name	nom de l'entreprise m	ragione sociale f	razón social f
företagsövertagande (SV)	Geschäftsübernahme f	takeover of a business	reprise d'une affaire f	rilievo di un'azienda m	adquisición de una empresa f
företagsskatt (SV)	Gewerbesteuer f	trade tax	impôt sur les bénéfices des professions m	imposta industriale f	impuesto industrial comerciales m
företagsstämpel (SV)	Firmenstempel m	company stamp	cachet d'établissement m	timbro della ditta m	sello de la empresa m
företagsstrategi (SV)	Unternehmensstrategie f	corporate strategy	stratégie de l'entreprise f	strategia imprenditoriale f	estrategia empresarial f
företagsstyrelse (SV)	Aufsichtsrat m	supervisory board	conseil de surveillance m	consiglio di sorveglianza m	consejo de administración m
företagsstyrelsens ordförande (SV)	Aufsichtsratsvorsitzender m	chairman of the supervisory board	président du conseil de surveillance m	presidente del consiglio di sorveglianza m	presidente del consejo de administración m
företagsvinst (SV)	Unternehmensgewinn m	company profit	résultats m/pl	utile d'impresa m	beneficio empresarial m
forfaitage (F)	Forfaitierung f	non-recourse financing	—	regolamento forfettario m	financiación sin recurso f
forfaitair bedrag (NL)	Pauschalbetrag m	flat rate	somme forfaitaire f	somma forfettaria f	suma global f
forfait de frais (F)	Spesenpauschale f	allowance for expenses	—	forfait di spese m	suma global de gastos f
forfait di spese (I)	Spesenpauschale f	allowance for expenses	forfait de frais m	—	suma global de gastos f
Forfaitierung (D)	—	non-recourse financing	forfaitage m	regolamento forfettario m	financiación sin recurso f
förfalla till betalning (SV)	fällig	due	échu	esigibile	vencido
förfallodag (SV)	Verfalltag m	day of expiry	jour de l'échéance m	giorno di scadenza m	día de vencimiento m
förfalskad check (SV)	gefälschter Scheck m	forged cheque	chèque falsifié m	assegno falsificato m	cheque falsificado m
förfarande (SV)	Verfahren n	procedure	procédure f	procedimento m	procedimiento m
förfrågan (SV)	Anfrage f	inquiry	demande f	richiesta f	demanda f
forgalmazás (H)	Vertrieb m	distribution	distribution f	distribuzione f	distribución f

forgalmazás

P	NL	SV	PL	CZ	H
défice da balança comercial *m*	deficit op de buitenlandse handel *n*	exportunderskott	deficyt handlu zagranicznego *m*	schodek zahraničního obchodu *m*	külkereskedelmi deficit
trabalhador estrangeiro *m*	gastarbeider *m*	utländsk arbetstagare	pracownicy cudzoziemscy *m/pl*	zahraniční zaměstnanci *m/pl*	külföldi munkavállaló
associação *f*	vereniging *f*	—	związek *m*	spolek *m*	egyesület
ordem *f*	ordening *f*	—	zarządzenie *n*	nařízení *n*	rendelet
regulamentos *m/pl*	voorschriften *n/pl*	—	przepisy *m/pl*	předpisy *m/pl*	előírások
empresa *f*	firma *f*	—	firma *f*	firma *f*	cég
empresa *f*	bedrijf *n*	—	przedsiębiorstwo *n*	podnik *m*	vállalat
empresa estatal *f*	regie *f*	—	przedsiębiorstwo państwowe *n*	správní podnik *m*	köztulajdonú vállalat
endereço da empresa *m*	kantooradres *n*	—	adres firmowy *m*	firemní adresa *f*	cég címe
banco habitual da empresa *m*	huisbank *f/m*	—	bank firmowy *m*	banka společnosti *f*	számlavezető bank
ciência da administração de empresas *f*	bedrijfseconomie *f*	—	gospodarka przedsiębiorstw *f*	nauka o podnikovém hospodářství *f*	üzemgazdaságtan
consultor de empresas *m*	bedrijfsadviseur *m*	—	doradca przedsiębiorstwa *m*	podnikový poradce *m*	vállalatvezetési tanácsadó
conta da empresa *f*	bedrijfsrekening *f*	—	konto firmowe *n*	firemní účet *m*	vállalati számla
cultura empresarial *f*	bedrijfscultuur *f*	—	kultura przedsiębiorczości *f*	kultura podnikání *f*	vállalati kultúra
direcção *f*	directie *f*	—	kierownictwo *n*	vedení podniku *n*	vállalatvezetés
objectivo da empresa *m*	bedrijfsdoelstelling *f*	—	przedmiot działalności przedsiębiorstwa *m*	podnikatelský záměr *m*	a vállalat célja
nome da empresa *m*	firmanaam *m*	—	nazwa firmowa *f*	název firmy *m*	cégnév
aquisição de uma empresa *f*	overname van een zaak *f*	—	przejęcie firmy *n*	přejímka obchodu *f*	vállalatvásárlás
imposto sobre o comércio *m*	bedrijfsbelasting *f*	—	podatek od przedsiębiorstw *m*	živnostenská daň *f*	iparűzési adó
carimbo da empresa *m*	firmastempel *m*	—	stempel firmowy *m*	firemní razítko *n*	cégbélyegző
estratégia empresarial *f*	bedrijfsstrategie *f*	—	strategia przedsiębiorstwa *f*	strategie podnikání *f*	vállalati stratégia
conselho fiscal *m*	raad van toezicht *m*	—	rada nadzorcza *f*	dozorčí rada *f*	felügyelő bizottság
presidente do conselho fiscal *m*	voorzitter van de raad van toezicht *m*	—	przewodniczący rady nadzorczej *m*	předseda dozorčí rady *m*	felügyelő bizottság elnöke
lucro da empresa *m*	bedrijfswinst *f*	—	zysk przedsiębiorstwa *m*	zisk z podnikání *m*	vállalati nyereség
financiamento sem recurso *m*	het à forfait verkopen *n*	utan regress	finansowanie długoterminowymi należnościami *n*	odstupné *n*	visszkereset nélküli finanszírozás
soma global *f*	—	ospecificerad summa	kwota ryczałtowa *f*	paušální částka *f*	átalányösszeg
ajudas de custo para despesas *f/pl*	overeengekomen kostenbedrag *n*	ospecificerat traktamente	ryczałt na wydatki *m*	paušál pro výlohy *m*	költségátalány
ajudas de custo para despesas *f/pl*	overeengekomen kostenbedrag *n*	ospecificerat traktamente	ryczałt na wydatki *m*	paušál pro výlohy *m*	költségátalány
financiamento sem recurso *m*	het à forfait verkopen *n*	utan regress	finansowanie długoterminowymi należnościami *n*	odstupné *n*	visszkereset nélküli finanszírozás
vencido	betaalbaar	—	do zapłaty	splatný	esedékes
dia de vencimento *m*	vervaldag *m*	—	dzień płatności *m*	den splatnosti *m*	lejárat napja
cheque falsificado *m*	valse cheque *m*	—	sfałszowany czek *m*	falešný šek *m*	hamis csekk
procedimento *m*	geding *n*	—	postępowanie *n*	řízení *n*	eljárás
pedido *m*	aanvraag *f/m*	—	zapytanie *n*	poptávka *f*	ajánlatkérés
distribuição *f*	distributie *f*	distribution	zbyt *m*	odbyt *m*	—

forgalmi adó

	D	E	F	I	ES
forgalmi adó (H)	Umsatzsteuer f	turnover tax	impôt sur le chiffre d'affaires m	imposta sugli affari f	impuesto sobre el volumen de ventas m
forgalmi jutalék (H)	Umsatzprovision f	sales commission	commission sur le chiffre d'affaires f	provvigione sul fatturato f	comisión sobre la cifra de ventas f
forgalmi prognózis (H)	Umsatzprognose f	turnover forecast	prévisions du chiffre d'affaires f/pl	prognosi del fatturato f	previsión de la evolución del volumen de ventas f
forgalom (H)	Absatz m	sales	volume des ventes m	volume di vendite m	cifra de ventas f
forgalom (H)	Umsatz m	turnover	chiffre d'affaires m	fatturato m	volumen de ventas m
forgalomban lévő pénzmennyiség (H)	Notenumlauf m	notes in circulation	circulation fiduciaire f	circolazione delle banconote f	circulación fiduciaria f
forgatható értékpapír (H)	Orderpapier n	order instrument	papier à ordre m	titolo all'ordine m	título a la orden m
forgatmány (H)	Indossament n	endorsement	endossement m	girata f	endoso m
forged cheque (E)	gefälschter Scheck m	—	chèque falsifié m	assegno falsificato m	cheque falsificado m
forgóeszközök (H)	Umlaufvermögen n	floating assets	capital de roulement m	patrimonio circolante m	capital circulante m
förhandla (SV)	verhandeln	negotiate	négocier	negoziare	negociar
förhandling (SV)	Verhandlung f	negotiation	négociation f	trattativa f	negociación f
förhandlingsbas (SV)	Verhandlungsbasis f	basis for negotiation	terrain de négociation m	base delle trattative f	precio a negociar m
förhandsorder (SV)	Vorbestellung f	reservation	commande préalable f	prenotazione f	pedido anticipado m
förköpsrätt (SV)	Vorkaufsrecht n	right of pre-emption	droit de préemption m	diritto di prelazione m	derecho de preferencia m
förlag (SV)	Verlag m	publishing house	maison d'édition f	casa editrice f	editorial f
förlängning (SV)	Prolongation f	extension	prolongation f	proroga f	prórroga f
förlängning (SV)	Verlängerung f	extension	prolongation f	prolungamento m	prórroga f
förlorad leverans (SV)	verlorengegangene Sendung f	lost shipment	envoi perdu m	spedizione andata persa f	envío perdido m
förlust (SV)	Verlust m	loss	perte f	perdita f	pérdida f
förlustaffär (SV)	Verlustgeschäft n	loss-making business	affaire déficitaire f	affare in perdita m	venta con pérdida f
form (E)	Formular n	—	formulaire m	modulo m	formulario m
formación de stocks (ES)	Vorratshaltung f	stockpiling	stockage m	gestione delle scorte f	—
forma de tratamento (P)	Anrede f	form of address	formule de politesse f	titolo m	tratamiento m
formal identity (E)	Bilanzkontinuität f	—	identité des bilans successifs f	continuità del bilancio f	identidad de los balances sucesivos f
förmånsrabatt (SV)	Vorzugsrabatt m	preferential discount	remise de faveur f	ribasso preferenziale m	rebaja preferencial f
förmånstagare (SV)	Begünstigter m	beneficiary	bénéficiaire m	beneficiario m	favorecido m
format (E)	formatieren	—	formatiser	formattare	formatizar
formatar (P)	formatieren	format	formatiser	formattare	formatizar
formatera (SV)	formatieren	format	formatiser	formattare	formatizar
formatieren (D)	—	—	format	formatiser	formattare
formation (E)	Gründung f	—	constitution f	costituzione f	fundación f
formation (F)	Ausbildung f	apprenticeship	—	formazione m	aprendizaje m
formatiser (F)	formatieren	format	—	formattare	formatizar
formatizar (ES)	formatieren	format	formatiser	formattare	—
formátovat (CZ)	formatieren	format	formatiser	formattare	formatizar
formatować (PL)	formatieren	format	formatiser	formattare	formatizar

formatować

P	NL	SV	PL	CZ	H
imposto sobre o volume de vendas m	omzetbelasting f	omsättningsskatt	podatek obrotowy m	daň z obratu f	—
comissão sobre a facturação f	omzetprovisie f	omsättningsprovision	prowizja od obrotów f	provize z obratu f	—
previsão do volume de vendas f	omzetprognose f	omsättningsprognos	prognoza obrotu f	odhadovaný obrat m	—
volume de vendas m	afzet m	säljvolym	zbyt m	odbyt m	—
volume de vendas m	omzet m	omsättning	obrót m	obrat m	—
circulação fiduciária f	circulatie van bankbiljetten f	sedelmängd	obieg banknotów m	oběh bankovek m	—
título à ordem m	orderpapier n	orderpapper	dokument płatny na zlecenie m	cenný papír na řad m	—
endosso m	endossement n	endossering	indos m	indosament m	—
cheque falsificado m	valse cheque m	förfalskad check	sfałszowany czek m	falešný šek m	hamis csekk
património circulante m	bedrijfskapitaal n	likvida tillgångar pl	majątek obrotowy m	oběžné prostředky m/pl	—
negociar	onderhandelen	—	negocjować <wynegocjować>	jednat	tárgyal
negociação f	onderhandeling f	—	negocjacja f	jednání n	tárgyalás
preço a negociar m	onderhandelingsbasis f	—	siła przetargowa f	základna jednání f	tárgyalási alap
pedido antecipado m	vooruitbestelling f	—	rezerwacja f	předběžná objednávka f	előrendelés
direito de preempção m	recht van voorkoop n	—	prawo pierwokupu n	předkupní právo n	elővásárlási jog
editora f	uitgeversmaatschappij f	—	wydawnictwo n	nakladatelství n	kiadó
prolongamento m	prolongatie f	—	prolongata f	prolongace f	meghosszabbítás
prolongamento m	verlenging f	—	prolongata f	prodloužení n	meghosszabbítás
carregamento perdido m	verloren zending f	—	utracona przesyłka f	ztracená zásilka f	elveszett küldemény
perda f	verlies n	—	strata f	ztráta f	veszteség
negócio com prejuízo m	transactie met verlies f	—	interes przynoszący straty m	ztrátový obchod m	veszteséges üzlet
formulário m	formulier n	formulär	formularz m	formulář m	űrlap
manutenção de estoques f	in voorraad houden n	lagerhållning	utrzymywanie zapasów n	udržování zásob n	készletgazdálkodás
—	aanhef n	tilltalsform	tytułowanie n	oslovení n	megszólítás
igualdade dos sucessivos balanços f	continuïteit van de balans f	balanskontinuitet	ciągłość bilansowa f	bilanční kontinuita f	a mérleg folytonossága
desconto preferencial m	voorkeurkorting f	—	rabat preferencyjny m	preferenční rabat m	elsőbbségi árengedmény
beneficiário m	begunstigde f/m	—	beneficjent m	beneficient m	kedvezményezett
formatar	formatteren	formatera	formatować <sformatować>	formátovat	formattál
—	formatteren	formatera	formatować <sformatować>	formátovat	formattál
formatar	formatteren	—	formatować <sformatować>	formátovat	formattál
formatar	formatteren	formatera	formatować <sformatować>	formátovat	formattál
fundação f	oprichting f	grundande	założenie n	založení n	alapítás
aprendizagem f	opleiding f	utbildning	wykształcenie n	vyškolení n	kiképzés
formatar	formatteren	formatera	formatować <sformatować>	formátovat	formattál
formatar	formatteren	formatera	formatować <sformatować>	formátovat	formattál
formatar	formatteren	formatera	formatować <sformatować>	—	formattál
formatar	formatteren	formatera	—	formátovat	formattál

formattál

	D	E	F	I	ES
formattál (H)	formatieren	format	formatiser	formattare	formatizar
formattare (I)	formatieren	format	formatiser	—	formatizar
formatteren (NL)	formatieren	format	formatiser	formattare	formatizar
formazione (I)	Ausbildung *f*	apprenticeship	formation *f*	—	aprendizaje *m*
förmedling (SV)	Vermittlung *f*	mediation	médiation *f*	mediazione *f*	mediación *f*
form of address (E)	Anrede *f*	—	formule de politesse *m*	titolo *m*	tratamiento *m*
förmögenhet (SV)	Vermögen *n*	property	patrimoine *m*	patrimonio *m*	patrimonio *m*
formulaire (F)	Formular *n*	form	—	modulo *m*	formulario *m*
formulaire de demande (F)	Antragsformular *n*	application form	—	modulo di richiesta *m*	formulario de solicitud *m*
Formular (D)	—	form	formulaire *m*	modulo *m*	formulario *m*
formulär (SV)	Formular *n*	form	formulaire *m*	modulo *m*	formulario *m*
formulář (CZ)	Formular *n*	form	formulaire *m*	modulo *m*	formulario *m*
formulario (ES)	Formular *n*	form	formulaire *m*	modulo *m*	—
formulário (P)	Formular *n*	form	formulaire *m*	modulo *m*	formulario *m*
formulario de pedido (ES)	Bestellformular *n*	order form	bon de commande *m*	modulo per ordinazioni *m*	—
formulário de solicitação (P)	Antragsformular *n*	application form	formulaire de demande *m*	modulo di richiesta *m*	formulario de solicitud *m*
formulario de solicitud (ES)	Antragsformular *n*	application form	formulaire de demande *m*	modulo di richiesta *m*	—
formulário em branco (P)	Blankoformular *n*	blank form	imprimé en blanc *m*	modulo in bianco *m*	formulario en blanco *m*
formulario en blanco (ES)	Blankoformular *n*	blank form	imprimé en blanc *m*	modulo in bianco *m*	—
formularz (PL)	Formular *n*	form	formulaire *m*	modulo *m*	formulario *m*
formularz (PL)	Vordruck *m*	printed form	imprimé *m*	modulo *m*	impreso *m*
formulář žádosti (CZ)	Antragsformular *n*	application form	formulaire de demande *m*	modulo di richiesta *m*	formulario de solicitud *m*
formularz in blanco (PL)	Blankoformular *n*	blank form	imprimé en blanc *m*	modulo in bianco *m*	formulario en blanco *m*
formularz podaniowy (PL)	Antragsformular *n*	application form	formulaire de demande *m*	modulo di richiesta *m*	formulario de solicitud *m*
formularz zamówienia (PL)	Bestellformular *n*	order form	bon de commande *m*	modulo per ordinazioni *m*	formulario de pedido *m*
formule de politesse (F)	Anrede *f*	form of address	—	titolo *m*	tratamiento *m*
formulier (NL)	Formular *n*	form	formulaire *m*	modulo *m*	formulario *m*
fornecedor (P)	Lieferant *m*	supplier	fournisseur *m*	fornitore *m*	suministrador *m*
fornecedor (P)	Zulieferer *m*	subcontractor	sous-traitant *m*	fornitore *m*	abastecedor *m*
fornecimento a título de ensaio (P)	Probelieferung *f*	trial shipment	livraison à titre d'essai *f*	fornitura a titolo di prova *f*	envío de prueba *m*
fornitore (I)	Lieferant *m*	supplier	fournisseur *m*	—	suministrador *m*
fornitore (I)	Zulieferer *m*	subcontractor	sous-traitant *m*	—	abastecedor *m*
fornitura a titolo di prova (I)	Probelieferung *f*	trial shipment	livraison à titre d'essai *f*	—	envío de prueba *m*
fornitura completa (I)	Gesamtlieferung *f*	total delivery	livraison totale *f*	—	suministro total *f*
fornitura di compensazione (I)	Ersatzlieferung *f*	replacement delivery	livraison de remplacement *f*	—	entrega de reposición *f*
fornitura parziale (I)	Teillieferung *f*	partial delivery	livraison partielle *f*	—	entrega parcial *f*
fornitura ridotta (I)	Minderlieferung *f*	short delivery	livraison en quantité inférieure *f*	—	envío incompleto *m*
foro competente (I)	Gerichtsstand *m*	place of jurisdiction	juridiction compétente *f*	—	tribunal competente *m*
förordning (SV)	Verordnung *f*	decree	décret *m*	regolamento *m*	ordenanza *f*
förpackning (SV)	Verpackung *f*	packing	emballage *m*	imballaggio *m*	embalaje *m*
förpacknings-avfall (SV)	Verpackungsmüll *m*	packing waste	déchets d'emballage *m/pl*	rifiuti d'imballaggio *m/pl*	basura de embalaje *f*
förränta (SV)	verzinsen	pay interest on	compter des intérêts	pagare interessi	pagar interés

förränta

P	NL	SV	PL	CZ	H
formatar	formatteren	formatera	formatować <sformatować>	formátovat	—
formatar	formatteren	formatera	formatować <sformatować>	formátovat	formattál
formatar	—	formatera	formatować <sformatować>	formátovat	formattál
aprendizagem f	opleiding f	utbildning	wykształcenie n	vyškolení n	kiképzés
mediação f	bemiddeling f	—	pośrednictwo n	zprostředkování n	közvetítés
forma de tratamento f	aanhef m	tilltalsform	tytułowanie n	oslovení n	megszólítás
património m	vermogen n	—	majątek m	majetek m	vagyon
formulário m	formulier n	formulär	formularz n	formulář m	űrlap
formulário de solicitação m	aanvraagformulier n	ansökningsblankett	formularz podaniowy m	formulář žádosti m	kérvényűrlap
formulário m	formulier n	formulär	formularz n	formulář m	űrlap
formulário m	formulier n	—	formularz n	formulář m	űrlap
formulário m	formulier n	formulär	formularz n	—	űrlap
formulário m	formulier n	formulär	formularz n	formulář m	űrlap
—	formulier n	formulär	formularz n	formulář m	űrlap
nota de encomenda f	bestelformulier n	orderformulär	formularz zamówienia m	objednací formulář m	megrendelőlap
—	aanvraagformulier n	ansökningsblankett	formularz podaniowy m	formulář žádosti m	kérvényűrlap
formulário de solicitação m	aanvraagformulier n	ansökningsblankett	formularz podaniowy m	formulář žádosti m	kérvényűrlap
—	blanco formulier n	blankoformulär	formularz in blanco m	nevyplněný formulář m	bianko űrlap
formulário em branco m	blanco formulier n	blankoformulär	formularz in blanco m	nevyplněný formulář m	biankó űrlap
formulário m	formulier n	formulär	—	formulář m	űrlap
impresso m	gedrukt formulier n	blankett	—	předtisk m	űrlap
formulário de solicitação m	aanvraagformulier n	ansökningsblankett	formularz podaniowy m	—	kérvényűrlap
formulário em branco m	blanco formulier n	blankoformulär	—	nevyplněný formulář m	biankó űrlap
formulário de solicitação m	aanvraagformulier n	ansökningsblankett	—	formulář žádosti m	kérvényűrlap
nota de encomenda f	bestelformulier n	orderformulär	—	objednací formulář m	megrendelőlap
forma de tratamento f	aanhef m	tilltalsform	tytułowanie n	oslovení n	megszólítás
formulário m	—	formulär	formularz n	formulář m	űrlap
—	leverancier m	leverantör	dostawca m	dodavatel m	szállító
—	toelevering f	leverantör	kooperant m	subdodavatel m	beszállító
—	proeflevering f	provleverans	dostawa próbna f	zkušební dodávka f	próbaszállítás
fornecedor m	leverancier m	leverantör	dostawca m	dodavatel m	szállító
fornecedor m	toelevering f	leverantör	kooperant m	subdodavatel m	beszállító
fornecimento a título de ensaio m	proeflevering f	provleverans	dostawa próbna f	zkušební dodávka f	próbaszállítás
entrega total f	totale levering f	total leverans	kompletna dostawa f	celková dodávka f	teljes szállítás
entrega de reposição f	vervangingslevering f	substitutsleverans	dostawa zastępcza f	náhradní dodávka f	pótszállítás
entrega parcial f	gedeeltelijke levering f	delleverans	dostawa częściowa f	dílčí dodávka f	részszállítás
entrega reduzida f	kleinere levering f	underleverans	niepełna dostawa f	snížení objemu dodávky n	hiányos szállítmány
competência judiciária f	bevoegde rechtbank f	jurisdiktion	podsądność terytorialna f	sidlo soudu n	bíróság területi illetékessége
decreto m	besluit n	—	zarządzenie n	vyhláška f	rendelet
embalagem f	verpakking f	—	opakowanie n	obal m	csomagolás
embalagem usada f	verpakkingsafval n	—	zużyte opakowania m/pl	obalový odpad m	csomagolási hulladék
render juros	rente betalen	—	oprocentować	zúročovat <zúročit>	kamatozik

	D	E	F	I	ES
for safekeeping (E)	zu treuen Händen	—	remettre à qui de droit	alla particolare attenzione	a la atención
försäkring (SV)	Versicherung f	insurance	assurance f	assicurazione f	seguro m
försäkringsagent (SV)	Versicherungsagent m	insurance agent	agent d'assurance m	agente assicurativo m	agente de seguros m
försäkringsbrev (SV)	Police f	policy	police f	polizza f	póliza f
försäkringsbrev (SV)	Versicherungspolice f	insurance policy	police d'assurance f	polizza d'assicurazione f	seguro m
försäkringspremie (SV)	Versicherungsprämie f	insurance premium	prime d'assurance f	premio assicurativo m	prima de seguro f
försäkringsskydd (SV)	Versicherungsschutz m	insurance cover	couverture de l'assurance f	copertura assicurativa f	cobertura de seguro f
försäkringssumma (SV)	Versicherungssumme f	insured sum	montant de l'assurance m	capitale assicurato m	suma asegurada f
försäkringstagare (SV)	Versicherungsnehmer m	insured person	souscripteur d'assurance m	assicurato m	asegurado m
försäljning (SV)	Verkauf m	sale	vente f	vendita f	venta f
försäljning i syfte att skapa kursfall (SV)	Leerverkauf m	forward sale	vente à découvert f	vendita allo scoperto f	venta al descubierto f
försäljningsintäkter (SV)	Verkaufserlös m	sale proceeds	produit des ventes m	ricavo delle vendite m	producto de la venta m
försenad leverans (SV)	Lieferverzug m	default of delivery	demeure du fournisseur f	mora nella consegna f	demora en la entrega f
försening (SV)	Verspätung f	delay	retard m	ritardo m	retraso m
förskingring (SV)	Unterschlagung f	embezzlement	détournement m	appropriazione indebita f	malversación f
förskingring (SV)	Veruntreuung f	misappropriation	malversation f	abuso di fiducia m	malversación f
förskott (SV)	Vorschuß m	advance	avance f	anticipo m	anticipo m
förskottsbetalning (SV)	Vorauszahlung f	payment in advance	payement anticipé m	pagamento anticipato m	adelanto m
förslag (SV)	Vorschlag m	proposal	proposition f	proposta f	propuesta f
försörjning (SV)	Versorgung f	supply	approvisionnement m	approvvigionamento m	abastecimiento m
förstatligande (SV)	Verstaatlichung f	nationalisation	nationalisation f	nazionalizzazione f	nacionalización f
förtroende (SV)	Vertrauensverhältnis n	confidential relationship	rapport de confiance m	rapporto di fiducia m	relación de confianza f
förtroligt (SV)	vertraulich	confidential	confidentiel	confidenziale	confidencial
förtullning (SV)	Zollabfertigung f	customs clearance	dédouanement m	sdoganamento m	trámites aduaneros m/pl
förvaltare (SV)	Verwalter m	administrator	administrateur m	amministratore m	administrador m
förvaltning (SV)	Verwaltung f	administration	administration f	amministrazione f	administración f
förvaltningsbolag (SV)	Dachgesellschaft f	holding company	société holding f	holding f	sociedad holding f
förvaring (SV)	Einlagerung f	storage	entreposage m	immagazzinamento m	almacenamiento m
förvaring (SV)	Verwahrung f	custody	dépôt m	custodia f	custodia f
förvärvsarbetande person (SV)	Erwerbstätiger m	gainfully employed person	personne ayant un emploi f	persona con un posto di lavoro f	persona activa f
förvärvskostnader (SV)	Bezugskosten pl	delivery costs	coûts d'acquisition m/pl	spese di consegna f/pl	gastos de adquisición m/pl
forward contract (E)	Terminkontrakt m	—	contrat à terme m	contratto a termine m	contrato de entrega futura m
forward exchange dealings (E)	Devisentermingeschäft n	—	opérations à terme sur titres f/pl	operazione di cambio a termine f	mercado de divisas a plazo m
forwarding agent (E)	Spediteur m	—	commissionnaire de transport m	spedizioniere m	expeditor m
forwarding goods (E)	Speditionsgut n	—	bien transporté m	merce spedita f	mercancía transportada f
forward merchandise dealings (E)	Warentermingeschäft f	—	opération de livraison à terme f	operazione a termine su merci f	operación de futuro de mercancías f
forward price (E)	Terminkurs m	—	cours de bourse à terme m	corso a termine m	cambio a término m
forward sale (E)	Leerverkauf m	—	vente à découvert f	vendita allo scoperto f	venta al descubierto f

forward sale

P	NL	SV	PL	CZ	H
à atenção	in bewaring	tillhanda	do rąk własnych	odevzdat do spolehlivých rukou f/pl	megőrzésre átadott
seguro m	verzekering f	—	ubezpieczenie n	pojištění n	biztosítás
agente de seguros m	verzekeringsagent m	—	agent ubezpieczeniowy m	pojišťovací agent m	biztosítási ügynök
apólice f	polis f	—	polisa f	pojistka f	biztosítási kötvény
apólice de seguros f	verzekeringspolis f	—	polisa ubezpieczeniowa f	pojistka f	biztosítási kötvény
prémio de seguro m	verzekeringspremie f	—	składka ubezpieczeniowa f	pojistná prémie n	biztosítási díj
protecção por seguro f	bescherming door verzekering f	—	ochrana ubezpieczeniowa f	ochrana získaná pojištěním f	biztosítási fedezet
montante do seguro m	verzekerd bedrag n	—	suma ubezpieczenia f	pojistná suma f	biztosítási összeg
segurado m	verzekeringnemer m	—	ubezpieczeniobiorca m	pojištěný m	biztosított (fél)
venda f	verkoop m	—	sprzedaż f	prodej m	eladás
venda a descoberto f	blancoverkoop m	—	sprzedaż blankowa f	prodej blanko m	fedezetlen eladás
produto das vendas m	opbrengst van een verkoop f	—	uzysk ze sprzedaży m	tržba z prodeje f	értékesítési árbevétel
atraso no fornecimento m	achterstand van de leveringen f	—	opóźnienie dostawy n	prodlení v dodávce n	szállítási késedelem
atraso m	vertraging f	—	opóźnienie n	prodlení n	késedelem
desfalque m	verduistering f	—	sprzeniewierzenie n	zpronevěra f	sikkasztás
desfalque m	verduistering f	—	sprzeniewierzenie n	zpronevěra f	hűtlen kezelés
avanço m	voorschot n	—	zaliczka f	záloha f	előleg
pagamento adiantado m	voorafbetaling f	—	przedpłata f	záloha f	előrefizetés
proposta f	voorstel n	—	propozycja f	návrh m	javaslat
aprovisionamento m	bevoorrading f	—	zaopatrzenie n	zásobování n	ellátás
nacionalização f	nationalisering f	—	upaństwowienie n	zestátnění n	államosítás
relação de confiança f	vertrouwensrelatie f	—	stosunek zaufania m	důvěrný vztah m	bizalmi viszony
confidencial	vertrouwelijk	—	poufny	důvěrný	bizalmas
expedição aduaneira f	inklaring f/uitklaring f	—	odprawa celna f	celní odbavení n	vámkezelés
administrador m	beheerder m	—	administrator m	správce m	kezelő
administração f	beheer n	—	administracja f	správa f	ügykezelés
sociedade holding f	holdingmaatschappij f	—	spółka holdingowa f	zastřešující společnost f	holdingtársaság
armazenamento m	goederenopslag m	—	składowanie n	uskladnění n	beraktározás
custódia f	bewaring f	—	przechowanie n	úschova f	megőrzés
pessoa com emprego remunerado f	beroepsactieve persoon m	—	osoba czynna zawodowo f	výdělečně činný m	aktív kereső
custos de aquisição m/pl	verwervingskosten m/pl	—	koszty nabycia m/pl	pořizovací náklady m/pl	beszerzési költségek
contrato a termo m	termijncontract n	terminskontrakt	umowa terminowa f	termínová smlouva f	határidős szerződés
operações a prazo sobre divisas m	termijnzaken in deviezen f	terminsaffär i valuta	dewizowa transakcja terminowa f	devizový termínový obchod m	határidős devizaügylet
expedidor m	expediteur m	speditör	spedytor m	zasílatel m	szállítmányozó
mercadoria expedida f	verzendingsgoed n	fraktgods	fracht spedycyjny m	zasílané zboží n	szállítmány
transacção de mercadorias a prazo f	goederentermijntransactie f	råvaruterminsaffär	termionowa transakcja towarowa f	termínový obchod se zbožím m	határidős áruüzlet
câmbio a termo m	termijnkoers m	terminskurs	kurs "na termin" m	termínový kurs m	határidős árfolyam
venda a descoberto f	blancoverkoop m	försäljning i syfte att skapa kursfall	sprzedaż blankowa f	prodej blanko m	fedezetlen eladás

forza lavoro

	D	E	F	I	ES
forza lavoro (I)	Arbeitskraft f	worker	employé m	—	trabajador m
foundation (E)	Stiftung f	—	fondation f	fondazione f	fundación f
fournisseur (F)	Lieferant m	supplier	—	fornitore m	suministrador m
fourniture sous garantie (F)	Garantieleistung f	providing of guarantee	—	prestazione in garanzia f	prestación de garantía f
fracção (P)	Bruchteil m	fraction	fraction f	frazione f	parte fraccionaria f
fracção do período de contagem de juros (P)	Stückzinsen m/pl	broken-period interest	intérêts courus m/pl	interessi maturati m/pl	intereses por fracción de período m/pl
Fracht (D)	—	freight	fret m	nolo m	carga f
fracht (PL)	Fracht f	freight	fret m	nolo m	carga f
Fracht bezahlt (D)	—	freight paid	fret payé	nolo pagato	flete pagado
Frachtbrief (D)	—	consignment note	lettre de voiture f	lettera di vettura f	carta de porte f
frachtfrei (D)	—	freight paid	exempt de frais de transport	franco di nolo	franco de porte
Frachtführer (D)	—	carrier	transporteur m	vettore m	transportista m
Frachtgut (D)	—	freight goods	marchandise à transporter f	carico m	mercancías en pequeña velocidad f/pl
fracht kolejowy (PL)	Bahnfracht f	rail freight	fret par rail m	nolo ferroviario m	transporte ferroviario m
Frachtkosten (D)	—	carriage charges	frais de transport m/pl	spese di trasporto f/pl	gastos de transporte m/pl
fracht lotniczy (PL)	Luftfracht f	air freight	fret aérien m	nolo aereo m	flete aéreo m
fracht spedycyjny (PL)	Speditionsgut n	forwarding goods	bien transporté m	merce spedita f	mercancía transportada f
Frachtstücke (D)	—	packages	colis m	colli m/pl	bultos m/pl
fracht uiszczony (PL)	Fracht bezahlt	freight paid	fret payé	nolo pagato	flete pagado
Frachtvertrag (D)	—	contract of carriage	contrat d'affrètement m	contratto di trasporto m	contrato de transporte m
fracht zapłacony (PL)	frachtfrei	freight paid	exempt de frais de transport	franco di nolo	franco de porte
Frachtzuschlag (D)	—	additional carriage	supplément de fret m	supplemento di nolo m	sobreporte m
fractie (NL)	Bruchteil m	fraction	fraction f	frazione f	parte fraccionaria f
fraction (E)	Bruchteil m	—	fraction f	frazione f	parte fraccionaria f
fraction (F)	Bruchteil m	fraction	—	frazione f	parte fraccionaria f
frais (F)	Spesen f	expenses	—	spese f/pl	gastos m/pl
frais afférents aux matières premières (F)	Materialkosten pl	material costs	—	costi del materiale m/pl	costes del material m/pl
frais d'acquisition (F)	Anschaffungskosten f	cost of acquisition	—	costi d'acquisto m/pl	coste de adquisición m
frais de banque (F)	Bankspesen f/pl	bank charges	—	commissioni bancarie f/pl	gastos bancarios m/pl
frais de commissions d'ouverture de crédit (F)	Kreditprovision f	credit commission	—	provvigione di credito f	comisión de apertura de crédito f
frais de construction (F)	Herstellungskosten f	production costs	—	costi di produzione m/pl	costo de la producción m
frais de tenue de compte (F)	Kontogebühren f/pl	bank charges	—	comissioni di gestione di un conto m/pl	gastos de administración de una cuenta m/pl
frais de transport (F)	Frachtkosten f	carriage charges	—	spese di trasporto f/pl	gastos de transporte m/pl
frais de voyage (F)	Reisespesen f/pl	travelling expenses	—	spese di viaggio f/pl	gastos de viaje m/pl
frais judiciaires taxables exposés (F)	Gerichtskosten pl	legal costs	—	spese giudiziarie f/pl	gastos judiciales m/pl

frais judiciaires taxables exposés

P	NL	SV	PL	CZ	H
mão-de-obra f	arbeidskracht f	arbetskraft	siła robocza f	pracovní síla f	munkaerő
fundação f	stichting f	stiftelse	fundacja f	nadace f	alapítvány
fornecedor m	leverancier m	leverantör	dostawca m	dodavatel m	szállító
prestação de garantia f	garantievergoeding f	garanti	świadczenie gwarancyjne n	poskytnutí záruky n	garanciavállalás
—	fractie f	brakdel	ułamek m	zlomek m	törtrész
—	opgelopen rente f	upplupen ränta	oprocentowanie periodyczne n	úroky do dne prodeje cenných papírů m/pl	töredékidőre járó kamat
frete m	lading f	frakt	fracht m	přepravovaný náklad m	rakomány
frete m	lading f	frakt	—	přepravovaný náklad m	rakomány
frete pago m	vracht betaald	frakt betald	fracht uiszczony	přeprava placena do určeného místa	fuvardíj kifizetve
documento de consignação m	vrachtbrief m	fraktsedel	list przewozowy m	nákladní list m	szállítólevél
isento de frete m	vrachtvrij	fri frakt	fracht zapłacony	přeprava placena f	szállítás (előre) fizetve
transportador m	vrachtrijder m	fraktförare	przewoźnik m	přepravce m	fuvarozó
mercadoria a transportar f	vrachtgoed n	fraktgods	towary przewożone m/pl	nákladní zboží n	rakomány
frete ferroviário m	spoorvracht f	järnvägsfrakt	—	železniční náklad m	vasúti szállítmány
despesas de transporte f/pl	laadkosten m/pl	fraktkostnader pl	koszty przewozowe m/pl	přepravní náklady m/pl	fuvardíjak
frete aéreo m	luchtvracht f	flygfrakt	—	letecké přepravné f	légi fuvar
mercadoria expedida f	verzendingsgoed n	fraktgods	—	zasílané zboží n	szállítmány
peças de frete f/pl	vrachtstuk n	kolli pl	liczba jednostek przewożonych f	přepravní kus m	szállított csomagok
frete pago m	vracht betaald	frakt betald	—	přeprava placena do určeného místa	fuvardíj kifizetve
contrato de afretamento m	bevrachtingsovereenkomst f	fraktavtal	umowa o przewóz f	přepravní smlouva f	fuvarozási szerződés
isento de frete m	vrachtvrij	fri frakt	—	přeprava placena f	szállítás (előre) fizetve
frete adicional m	bevrachtingstoeslag m	frakttillägg	dopłata frachtowa f	dovozní přirážka f	fuvardíjpótlék
fracção f	—	brakdel	ułamek m	zlomek m	törtrész
fracção f	fractie f	brakdel	ułamek m	zlomek m	törtrész
fracção f	fractie f	brakdel	ułamek m	zlomek m	törtrész
despesas f/pl	kosten m/pl	traktamente	koszty m/pl	výlohy f/pl	költségek
custos de material m/pl	materiaalkosten m/pl	materialkostnader pl	koszty materiałowe m/pl	náklady na materiál m/pl	anyagköltségek
custos de aquisição m/pl	aanschaffingskosten m/pl	anskaffningskostnad	koszty własne nabycia środków trwałych m/pl	pořizovací náklady m/pl	beszerzési költségek
despesas bancárias f/pl	bankkosten m/pl	bankavgift	koszty bankowe m/pl	bankovní výdaje m/pl	bankköltségek
comissão de crédito f	kredietcommissie f	uppläggningsavgift	prowizja od kredytu f	provize úvěru f	hiteljutalék
custos de produção pl	productiekosten m/pl	produktionskostnader pl	koszty produkcji m/pl	výrobní náklady m/pl	előállítási költségek
custos da conta bancária m/pl	rekeningkosten m/pl	bankavgifter pl	opłaty za prowadzenie konta f/pl	poplatky za vedení účtu m/pl	számlavezetési költségek
despesas de transporte f/pl	laadkosten m/pl	fraktkostnader pl	koszty przewozowe m/pl	přepravní náklady m/pl	fuvardíjak
despesas de viagem f/pl	verplaatsingsvergoeding f	resetraktamente	koszty podróży m/pl	cestovní výlohy f/pl	utazási költségek
custos judiciais m/pl	gerechtskosten m/pl	rättegångskostnader pl	koszty sądowe m/pl	soudní výlohy f/pl	perköltségek

frakt

	D	E	F	I	ES
frakt (SV)	Fracht f	freight	fret m	nolo m	carga f
fraktavtal (SV)	Frachtvertrag m	contract of carriage	contrat d'affrètement m	contratto di trasporto m	contrato de transporte m
frakt betald (SV)	Fracht bezahlt	freight paid	fret payé	nolo pagato	flete pagado
fraktförare (SV)	Frachtführer m	carrier	transporteur m	vettore m	transportista m
fraktgods (SV)	Frachtgut n	freight goods	marchandise à transporter f	carico m	mercancías en pequeña velocidad f/pl
fraktgods (SV)	Speditionsgut n	forwarding goods	bien transporté m	merce spedita f	mercancía transportada f
fraktkostnader (SV)	Frachtkosten f	carriage charges	frais de transport m/pl	spese di trasporto f/pl	gastos de transporte m/pl
fraktsedel (SV)	Frachtbrief m	consignment note	lettre de voiture f	lettera di vettura f	carta de porte f
frakttillägg (SV)	Frachtzuschlag m	additional carriage	supplément de fret m	supplemento di nolo m	sobreporte m
främjande (SV)	Förderung f	promotion	promotion f	promozione f	promoción f
França (P)	Frankreich n	France	France f	Francia f	Francia
français (F)	französisch	French	—	francese	francés
français (F)	Französisch	French	—	francese m	francés m
France (E)	Frankreich n	—	France f	Francia f	Francia
France (F)	Frankreich n	France	—	Francia f	Francia
francés (ES)	französisch	French	français	francese	—
francés (ES)	Französisch	French	français	francese m	—
francês (P)	französisch	French	français	francese	francés
francês (P)	Französisch	French	français	francese m	francés m
francese (I)	französisch	French	français	—	francés
francese (I)	Französisch	French	français	—	francés m
franchisee (E)	Franchisenehmer m	—	concessionnaire m	concessionario m	concesionario m
Franchisenehmer (D)	—	franchisee	concessionnaire m	concessionario m	concesionario m
franchisenemer (NL)	Franchisenehmer m	franchisee	concessionnaire m	concessionario m	concesionario m
franchisetagare (SV)	Franchisenehmer m	franchisee	concessionnaire m	concessionario m	concesionario m
Franchising (D)	—	franchising	franchising m	franchising m	franquicia f
franchising (E)	Franchising n	—	franchising m	franchising m	franquicia f
franchising (F)	Franchising n	franchising	—	franchising m	franquicia f
franchising (I)	Franchising n	franchising	franchising m	—	franquicia f
franchising (NL)	Franchising n	franchising	franchising m	franchising m	franquicia f
franchising (SV)	Franchising n	franchising	franchising m	franchising m	franquicia f
Francia (I)	Frankreich n	France	France f	—	Francia
Francia (ES)	Frankreich n	France	France f	Francia f	—
francia (nyelv) (H)	Französisch	French	français	francese m	francés m
Franciaország (H)	Frankreich n	France	France f	Francia f	Francia
franciá(ul) (H)	französisch	French	français	francese	francés
Francie (CZ)	Frankreich n	France	France f	Francia f	Francia
Francja (PL)	Frankreich n	France	France f	Francia f	Francia
franco a bordo (I)	frei Schiff	free on ship	franco sur navire	—	franco vapor
franco a bordo (P)	frei Schiff	free on ship	franco sur navire	franco a bordo	franco vapor
franco almacén (ES)	frei Lager	free ex warehouse	franco entrepôt	franco magazzino	—
franco banchina (I)	ab Kai	ex quay	départ quai	—	ex muelle
francobollo (I)	Briefmarke f	stamp	timbre-poste m	—	sello m
franco bordo (I)	ab Schiff	ex ship	départ navire	—	ex vapor

franco bordo

P	NL	SV	PL	CZ	H
frete m	lading f	—	fracht m	přepravovaný náklad m	rakomány
contrato de afretamento m	bevrachtingsovereenkomst f	—	umowa o przewóz f	přepravní smlouva f	fuvarozási szerződés
frete pago m	vracht betaald	—	fracht uiszczony	přeprava placena do určeného místa	fuvardíj kifizetve
transportador m	vrachtrijder m	—	przewoźnik m	přepravce m	fuvarozó
mercadoria a transportar f	vrachtgoed n	—	towary przewożone m/pl	nákladní zboží n	rakomány
mercadoria expedida f	verzendingsgoed n	—	fracht spedycyjny m	zasílané zboží n	szállítmány
despesas de transporte f/pl	laadkosten m/pl	—	koszty przewozowe m/pl	přepravní náklady m/pl	fuvardíjak
documento de consignação m	vrachtbrief m	—	list przewozowy m	nákladní list m	szállítólevél
frete adicional m	bevrachtingstoeslag m	—	dopłata frachtowa f	dovozní přirážka f	fuvardíjpótlék
promoção f	vordering f	—	promocja f	podpora f	támogatás
—	Frankrijk	Frankrike	Francja f	Francie f	Franciaország
francês	Frans	fransk	francuski	francouzský	franciá(ul)
francês	Frans	franska	język francuski m	francouzština f	francia (nyelv)
França f	Frankrijk	Frankrike	Francja f	Francie f	Franciaország
França f	Frankrijk	Frankrike	Francja f	Francie f	Franciaország
francês	Frans	fransk	francuski	francouzský	franciá(ul)
francês	Frans	franska	język francuski m	francouzština f	francia (nyelv)
—	Frans	fransk	francuski	francouzský	franciá(ul)
—	Frans	franska	język francuski m	francouzština f	francia (nyelv)
francês	Frans	fransk	francuski	francouzský	franciá(ul)
francês	Frans	franska	język francuski m	francouzština f	francia (nyelv)
concessionário m	franchisenemer m	franchisetagare	franszyzobiorca m	uživatel franšízy m	névhasználó
concessionário m	franchisenemer m	franchisetagare	franszyzobiorca m	uživatel franšízy m	névhasználó
concessionário m	—	franchisetagare	franszyzobiorca m	uživatel franšízy m	névhasználó
concessionário m	franchisenemer m	—	franszyzobiorca m	uživatel franšízy m	névhasználó
contrato de franquia m	franchising f	franchising	współpraca licencyjna f	franšíza f	névhasználat
contrato de franquia m	franchising f	franchising	współpraca licencyjna f	franšíza f	névhasználat
contrato de franquia m	franchising f	franchising	współpraca licencyjna f	franšíza f	névhasználat
contrato de franquia m	franchising f	franchising	współpraca licencyjna f	franšíza f	névhasználat
contrato de franquia m	—	franchising	współpraca licencyjna f	franšíza f	névhasználat
contrato de franquia m	franchising f	—	współpraca licencyjna f	franšíza f	névhasználat
França f	Frankrijk	Frankrike	Francja f	Francie f	Franciaország
França f	Frankrijk	Frankrike	Francja f	Francie f	Franciaország
francês	Frans	franska	język francuski m	francouzština f	—
França f	Frankrijk	Frankrike	Francja f	Francie f	—
francês	Frans	fransk	francuski	francouzský	—
França f	Frankrijk	Frankrike	Francja f	—	Franciaország
França f	Frankrijk	Frankrike	—	Francie f	Franciaország
franco a bordo	franco schip	fritt ombord	franco statek	vyplaceně na palubu lodi	költségmentesen hajóra rakva
—	franco schip	fritt ombord	franco statek	vyplaceně na palubu lodi	költségmentesen hajóra rakva
armazém franco	franco opslagplaats	fritt lager	franco magazyn	vyplaceně do skladu	költségmentesen raktárba szállítva
posto no cais	af kaai	fritt från kaj	z nabrzeża	z nábřeží n	rakparton átvéve
selo m	postzegel m	frimärke	znaczek pocztowy m	poštovní známka f	bélyeg
ex navio	af schip	fritt från fartyg	ze statku	z lodě f	hajón átvéve

franco confine

	D	E	F	I	ES
franco confine (I)	frei Grenze	free frontier	franco frontière	—	franco frontera
franco de port (F)	portofrei	postage-free	—	franco di porto	porte pagado
franco de porte (ES)	frachtfrei	freight paid	exempt de frais de transport	franco di nolo	—
franco di nolo (I)	frachtfrei	freight paid	exempt de frais de transport	—	franco de porte
franco di porto (I)	portofrei	postage-free	franco de port	—	porte pagado
franco domicile (F)	frei Haus	carriage paid	—	franco domicilio	franco domicilio
franco domicilio (I)	frei Haus	carriage paid	franco domicile	—	franco domicilio
franco domicilio (ES)	frei Haus	carriage paid	franco domicile	franco domicilio	—
franco en gare (F)	frei Station	free ex station	—	franco stazione	franco estación
franco entrepôt (F)	frei Lager	free ex warehouse	—	franco magazzino	franco almacén
franco estación (ES)	ab Bahnhof	free on rail	départ gare	franco stazione	—
franco estación (ES)	frei Station	free ex station	franco en gare	franco stazione	—
franco fabbrica (I)	ab Werk	ex works	départ usine	—	en fábrica
franco frontera (ES)	frei Grenze	free frontier	franco frontière	franco confine	—
franco frontière (F)	frei Grenze	free frontier	—	franco confine	franco frontera
franco granica (PL)	frei Grenze	free frontier	franco frontière	franco confine	franco frontera
franco grens (NL)	frei Grenze	free frontier	franco frontière	franco confine	franco frontera
franco haven (NL)	frei Hafen	free ex port	franco port	franco porto	puerto franco
franco huis (NL)	frei Haus	carriage paid	franco domicile	franco domicilio	franco domicilio
franco magazyn (PL)	frei Lager	free ex warehouse	franco entrepôt	franco magazzino	franco almacén
franco magazzino (I)	frei Lager	free ex warehouse	franco entrepôt	—	franco almacén
franco opslagplaats (NL)	frei Lager	free ex warehouse	franco entrepôt	franco magazzino	franco almacén
franco port (F)	frei Hafen	free ex port	—	franco porto	puerto franco
franco port (PL)	frei Hafen	free ex port	franco port	franco porto	puerto franco
franco porto (I)	frei Hafen	free ex port	franco port	—	puerto franco
franco schip (NL)	frei Schiff	free on ship	franco sur navire	franco a bordo	franco vapor
franco stacja (PL)	frei Station	free ex station	franco en gare	franco stazione	franco estación
franco statek (PL)	frei Schiff	free on ship	franco sur navire	franco a bordo	franco vapor
franco station (NL)	frei Station	free ex station	franco en gare	franco stazione	franco estación
franco stazione (I)	ab Bahnhof	free on rail	départ gare	—	franco estación
franco stazione (I)	frei Station	free ex station	franco en gare	—	franco estación
franco sur navire (F)	frei Schiff	free on ship	—	franco a bordo	franco vapor
franco sur wagon (F)	frei Waggon	free on rail	—	franco vagone	franco vagón
francouzský (CZ)	französisch	French	français	francese	francés
francouzština (CZ)	Französisch	French	français	francese *m*	francés *m*
franco vagón (ES)	frei Waggon	free on rail	franco sur wagon	franco vagone	—

franco vagón

P	NL	SV	PL	CZ	H
fronteira franca	franco grens	fritt gräns	franco granica	vyplaceně na hranici f	leszállítva a határra
porte pago m	portvrij	portofri	wolny od opłat pocztowych	osvobozený od poštovného	díjelőleges
isento de frete m	vrachtvrij	fri frakt	fracht zapłacony	přeprava placena f	szállítás (előre) fizetve
isento de frete m	vrachtvrij	fri frakt	fracht zapłacony	přeprava placena f	szállítás (előre) fizetve
porte pago m	portvrij	portofri	wolny od opłat pocztowych	osvobozený od poštovného	díjelőleges
domicílio franco m	franco huis	fritt köparens lager eller affärsadress	dostawa franco odbiorca f	vyplaceně do domu	költségmentesen házhoz szállítva
domicílio franco m	franco huis	fritt köparens lager eller affärsadress	dostawa franco odbiorca f	vyplaceně do domu	költségmentesen házhoz szállítva
domicílio franco m	franco huis	fritt köparens lager eller affärsadress	dostawa franco odbiorca f	vyplaceně do domu	költségmentesen házhoz szállítva
estação franca	franco station	fritt station	franco stacja	vyplaceně do stanice	költségmentesen állomáson kirakva
armazém franco	franco opslagplaats	fritt lager	franco magazyn	vyplaceně do skladu	költségmentesen raktárba szállítva
ex caminhos de ferro	af station	fritt från järnväg	ze stacji kolejowej	z nádraží n	költségmentesen vagonba rakva
estação franca	franco station	fritt station	franco stacja	vyplaceně do stanice	költségmentesen állomáson kirakva
ex fábrica	af fabriek	fritt från fabrik	z zakładu	ze závodu m	gyárban átvéve
fronteira franca	franco grens	fritt gräns	franco granica	vyplaceně na hranici f	leszállítva a határra
fronteira franca	franco grens	fritt gräns	franco granica	vyplaceně na hranici f	leszállítva a határra
fronteira franca	franco grens	fritt gräns	—	vyplaceně na hranici f	leszállítva a határra
fronteira franca	—	fritt gräns	franco granica	vyplaceně na hranici f	leszállítva a határra
porto franco	—	fritt hamn	franco port	vyplaceně do přístavu m	leszállítva a kikötőbe
domicílio franco m	—	fritt köparens lager eller affärsadress	dostawa franco odbiorca f	vyplaceně do domu	költségmentesen házhoz szállítva
armazém franco	franco opslagplaats	fritt lager	—	vyplaceně do skladu	költségmentesen raktárba szállítva
armazém franco	franco opslagplaats	fritt lager	franco magazyn	vyplaceně do skladu	költségmentesen raktárba szállítva
armazém franco	—	fritt lager	franco magazyn	vyplaceně do skladu	költségmentesen raktárba szállítva
porto franco	franco haven	fritt hamn	franco port	vyplaceně do přístavu m	leszállítva a kikötőbe
porto franco	franco haven	fritt hamn	—	vyplaceně do přístavu m	leszállítva a kikötőbe
porto franco	franco haven	fritt hamn	franco port	vyplaceně do přístavu m	leszállítva a kikötőbe
franco a bordo	—	fritt ombord	franco statek	vyplaceně na palubu lodi	költségmentesen hajóra rakva
estação franca	franco station	fritt station	—	vyplaceně do stanice	költségmentesen állomáson kirakva
franco a bordo	franco schip	fritt ombord	—	vyplaceně na palubu lodi	költségmentesen hajóra rakva
estação franca	—	fritt station	franco stacja	vyplaceně do stanice	költségmentesen állomáson kirakva
ex caminhos de ferro	af station	fritt från järnväg	ze stacji kolejowej	z nádraží n	költségmentesen vagonba rakva
estação franca	franco station	fritt station	franco stacja	vyplaceně do stanice	költségmentesen állomáson kirakva
franco a bordo	franco schip	fritt ombord	franco statek	vyplaceně na palubu lodi	költségmentesen hajóra rakva
vagão franco	franco wagon	fritt järnvägsvagn	franco wagon	vyplaceně do vagonu	költségmentesen vagonba rakva
francês	Frans	fransk	francuski	—	franciá(ul)
francês	Frans	franska	język francuski m	—	francia (nyelv)
vagão franco	franco wagon	fritt järnvägsvagn	franco wagon	vyplaceně do vagonu	költségmentesen vagonba rakva

franco vagone

	D	E	F	I	ES
franco vagone (I)	frei Waggon	free on rail	franco sur wagon	—	franco vagón
franco vapor (ES)	frei Schiff	free on ship	franco sur navire	franco a bordo	—
franco wagon (NL)	frei Waggon	free on rail	franco sur wagon	franco vagone	franco vagón
franco wagon (PL)	frei Waggon	free on rail	franco sur wagon	franco vagone	franco vagón
francuski (PL)	französisch	French	français	francese	francés
frankera (SV)	frankieren	pay the postage	affranchir	affrancare	franquear
frankeren (NL)	frankieren	pay the postage	affranchir	affrancare	franquear
frankieren (D)	—	pay the postage	affranchir	affrancare	franquear
frankovat (CZ)	frankieren	pay the postage	affranchir	affrancare	franquear
Frankreich (D)	—	France	France f	Francia f	Francia
Frankrijk (NL)	Frankreich n	France	France f	Francia f	Francia
Frankrike (SV)	Frankreich n	France	France f	Francia f	Francia
franquear (ES)	frankieren	pay the postage	affranchir	affrancare	—
franquiar (P)	frankieren	pay the postage	affranchir	affrancare	franquear
franquicia (ES)	Franchising n	franchising	franchising m	franchising m	—
Frans (NL)	französisch	French	français	francese	francés
Frans (NL)	Französisch	French	français	francese m	francés m
franšíza (CZ)	Franchising n	franchising	franchising m	franchising m	franquicia f
fransk (SV)	französisch	French	français	francese	francés
franska (SV)	Französisch	French	français	francese m	francés m
franszyzobiorca (PL)	Franchisenehmer m	franchisee	concessionnaire m	concessionario m	concesionario m
französisch (D)	—	French	français	francese	francés
Französisch (D)	—	French	français	francese m	francés m
fraud (E)	Betrug m	—	fraude f	frode f	fraude m
fraude (F)	Betrug m	fraud	—	frode f	fraude m
fraude (ES)	Betrug m	fraud	fraude f	frode f	—
fraude (P)	Betrug m	fraud	fraude f	frode f	fraude m
fraude fiscal (ES)	Steuerbetrug m	fiscal fraud	fraude fiscale f	frode fiscale f	—
fraude fiscal (ES)	Steuerhinterziehung f	tax evasion	dissimulation en matière fiscale f	evasione fiscale f	—
fraude fiscal (P)	Steuerbetrug m	fiscal fraud	fraude fiscale f	frode fiscale f	fraude fiscal m
fraude fiscale (F)	Hinterziehung f	evasion of taxes	—	evasione f	defraudación f
fraude fiscale (F)	Steuerbetrug m	fiscal fraud	—	frode fiscale f	fraude fiscal m
fraude met cheques (NL)	Scheckbetrug m	cheque fraud	irrégularité en matière de chèque f	emissione di assegno a vuoto f	falsificación de cheques f
fraudulent bankruptcy (E)	betrügerischer Bankrott m	—	banqueroute frauduleuse f	bancarotta fraudolenta f	quiebra fraudulenta f
frazione (I)	Bruchteil m	fraction	fraction f	—	parte fraccionaria f
free ex port (E)	frei Hafen	—	franco port	franco porto	puerto franco
free ex station (E)	frei Station	—	franco en gare	franco stazione	franco estación
free ex warehouse (E)	frei Lager	—	franco entrepôt	franco magazzino	franco almacén
free frontier (E)	frei Grenze	—	franco frontière	franco confine	franco frontera
free of charge (E)	kostenlos	—	gratuit	gratuito	gratuito
free of charge (E)	unentgeltlich	—	à titre gracieux	gratuito	gratuito
free of charge (E)	gratis	—	gratuit	gratuito	gratis
free of defects (E)	mangelfrei	—	sans défaut	esente da vizi	sin vicios
free on rail (E)	ab Bahnhof	—	départ gare	franco stazione	franco estación

free on rail

P	NL	SV	PL	CZ	H
vagão franco	franco wagon	fritt järnvägsvagn	franco wagon	vyplaceně do vagonu	költségmentesen vagonba rakva
franco a bordo	franco schip	fritt ombord	franco statek	vyplaceně na palubu lodi	költségmentesen hajóra rakva
vagão franco	—	fritt järnvägsvagn	franco wagon	vyplaceně do vagonu	költségmentesen vagonba rakva
vagão franco	franco wagon	fritt järnvägsvagn	—	vyplaceně do vagonu	költségmentesen vagonba rakva
francês	Frans	fransk	—	francouzský	franciá(ul)
franquiar	frankeren	—	ofrankowanie n	frankovat	bérmentesít
franquiar	—	frankera	ofrankowanie n	frankovat	bérmentesít
franquiar	frankeren	frankera	ofrankowanie n	frankovat	bérmentesít
franquiar	frankeren	frankera	ofrankowanie n	—	bérmentesít
França f	Frankrijk	Frankrike	Francja f	Francie f	Franciaország
França f	—	Frankrike	Francja f	Francie f	Franciaország
França f	Frankrijk	—	Francja f	Francie f	Franciaország
franquiar	frankeren	frankera	ofrankowanie n	frankovat	bérmentesít
—	frankeren	frankera	ofrankowanie n	frankovat	bérmentesít
contrato de franquia m	franchising f	franchising	współpraca licencyjna f	franšíza f	névhasználat
francês	—	fransk	francuski	francouzský	franciá(ul)
francês	—	franska	język francuski m	francouzština f	francia (nyelv)
contrato de franquia m	franchising f	franchising	współpraca licencyjna f	—	névhasználat
francês	Frans	—	francuski	francouzský	franciá(ul)
francês	Frans	—	język francuski m	francouzština f	francia (nyelv)
concessionário m	franchisenemer m	franchisetagare	—	uživatel franšízy m	névhasználó
francês	Frans	fransk	francuski	francouzský	franciá(ul)
francês	Frans	franska	język francuski m	francouzština f	francia (nyelv)
fraude f	oplichterij f	bedrägeri	oszustwo n	podvod m	csalás
fraude f	oplichterij f	bedrägeri	oszustwo n	podvod m	csalás
fraude f	oplichterij f	bedrägeri	oszustwo n	podvod m	csalás
—	oplichterij f	bedrägeri	oszustwo n	podvod m	csalás
fraude fiscal f	belastingontduiking f	skattefusk	oszustwo podatkowe n	daňový podvod m	adócsalás
evasão fiscal f	belastingontduiking f	skattesmitning	oszustwo podatkowe n	daňový únik m	adócsalás
—	belastingontduiking f	skattefusk	oszustwo podatkowe n	daňový podvod m	adócsalás
sonegação f	het ontduiken van belastingen n	skattesmitning	sprzeniewierzenie n	daňový únik m	sikkasztás
fraude fiscal f	belastingontduiking f	skattefusk	oszustwo podatkowe n	daňový podvod m	adócsalás
falsificação de cheques f	—	checkbedrägeri	oszustwo czekowe n	šekový povod m	csekkel elkövetett csalás
falência fraudulenta f	bedrieglijke bankbreuk f	bedräglig konkurs	oszustwo upadłościowe n	podvodný bankrot m	csalárd csőd
fracção f	fractie f	bråkdel	ułamek m	zlomek m	törtrész
porto franco	franco haven	fritt hamn	franco port	vyplaceně do přístavu m	leszállítva a kikötőbe
estação franca	franco station	fritt station	franco stacja	vyplaceně do stanice	költségmentesen állomáson kirakva
armazém franco	franco opslagplaats	fritt lager	franco magazyn	vyplaceně do skladu	költségmentesen raktárba szállítva
fronteira franca	franco grens	fritt gräns	franco granica	vyplaceně na hranici f	leszállítva a határra
livre de despesas	gratis	gratis	bezpłatny	bezplatně	ingyen(es)
gratuito	gratis	utan ersättning	nieodpłatnie	zdarma	ingyen(es)
gratuito	gratis	gratis	bezpłatnie	zdarma	ingyenes
sem defeitos	vrij van gebreken	felfri	wolny od wad	nezávadný	hibátlan
ex caminhos de ferro	af station	fritt från järnväg	ze stacji kolejowej	z nádraží n	költségmentesen vagonba rakva

free on rail

	D	E	F	I	ES
free on rail (E)	frei Waggon	—	franco sur wagon	franco vagone	franco vagón
free on ship (E)	frei Schiff	—	franco sur navire	franco a bordo	franco vapor
free port (E)	Freihafen	—	port franc m	porto franco m	puerto franco m
free trade (E)	Freihandel m	—	commerce libre m	libero scambio m	librecambio m
free trade zone (E)	Freihandelszone f	—	zone de libre-échange f	zona di libero scambio f	zona de libre-cambio f
freibleibend (D)	—	subject to confirmation	sans engagement	senza impegno	no vinculante
freight (E)	Fracht f	—	fret m	nolo m	carga f
freight (E)	Ladung f	—	charge f	carico m	carga f
freight goods (E)	Frachtgut n	—	marchandise à transporter f	carico m	mercancías en pequeña velocidad f/pl
freight paid (E)	Fracht bezahlt	—	fret payé	nolo pagato	flete pagado
freight paid (E)	frachtfrei	—	exempt de frais de transport	franco di nolo	franco de porte
frei Grenze (D)	—	free frontier	franco frontière	franco confine	franco frontera
frei Hafen (D)	—	free ex port	franco port	franco porto	puerto franco
Freihafen (D)	—	free port	port franc m	porto franco m	puerto franco m
Freihandel (D)	—	free trade	commerce libre m	libero scambio m	librecambio m
Freihandelszone (D)	—	free trade zone	zone de libre-échange f	zona di libero scambio f	zona de libre-cambio f
frei Haus (D)	—	carriage paid	franco domicile	franco domicilio	franco domicilio
frei Lager (D)	—	free ex warehouse	franco entrepôt	franco magazzino	franco almacén
frei Schiff (D)	—	free on ship	franco sur navire	franco a bordo	franco vapor
frei Station (D)	—	free ex station	franco en gare	franco stazione	franco estación
frei Waggon (D)	—	free on rail	franco sur wagon	franco vagone	franco vagón
Fremdfinanzierung (D)	—	outside financing	constitution de capital par apport de tiers f	finanziamento passivo m	financiación externa f
French (E)	französisch	—	français	francese	francés
French (E)	Französisch	—	français	francese m	francés m
fret (F)	Fracht f	freight	—	nolo m	carga f
fret aérien (F)	Luftfracht f	air freight	—	nolo aereo m	flete aéreo m
fretar (P)	verfrachten	ship	fréter	imbarcare	expedir
frete (P)	Fracht f	freight	fret m	nolo m	carga f
frete adicional (P)	Frachtzuschlag m	additional carriage	supplément de fret m	supplemento di nolo m	sobreporte m
frete aéreo (P)	Luftfracht f	air freight	fret aérien m	nolo aereo m	flete aéreo m
frete ferroviário (P)	Bahnfracht f	rail freight	fret par rail m	nolo ferroviario m	transporte ferroviario m
frete pago (P)	Fracht bezahlt	freight paid	fret payé	nolo pagato	flete pagado
fréter (F)	verfrachten	ship	—	imbarcare	expedir
fret par rail (F)	Bahnfracht f	rail freight	—	nolo ferroviario m	transporte ferroviario m
fret payé (F)	Fracht bezahlt	freight paid	—	nolo pagato	flete pagado
fri frakt (SV)	frachtfrei	freight paid	exempt de frais de transport	franco di nolo	franco de porte
frihamn (SV)	Freihafen	free port	port franc m	porto franco m	puerto franco m

P	NL	SV	PL	CZ	H
vagão franco	franco wagon	fritt järnvägsvagn	franco wagon	vyplaceně do vagonu	költségmentesen vagonba rakva
franco a bordo	franco schip	fritt ombord	franco statek	vyplaceně na palubu lodi	költségmentesen hajóra rakva
porto franco m	vrijhaven f	frihamn	port wolnocłowy m	svobodný přístav m	szabadkikötő
comércio livre m	vrijhandel m	frihandel	wolny handel m	volný obchod m	szabadkereskedelem
zona de comércio livre f	vrijhandelszone f	frihandelsområde	strefa wolnego handlu f	zóna volného obchodu f	szabadkereskedelmi övezet
salvo alteração	vrijblijvend	oförbindlig	bez zobowiązania	nezávazný	kötelezettség nélküli
frete m	lading f	frakt	fracht m	přepravovaný náklad m	rakomány
carga f	vracht f	last	ładunek m	náklad m	rakomány
mercadoria a transportar f	vrachtgoed n	fraktgods	towary przewożone m/pl	nákladní zboží n	rakomány
frete pago m	vracht betaald	frakt betald	fracht uiszczony	přeprava placena do určeného místa	fuvardíj kifizetve
isento de frete m	vrachtvrij	fri frakt	fracht zapłacony	přeprava placena f	szállítás (előre) fizetve
fronteira franca	franco grens	fritt gräns	franco granica	vyplaceně na hranici f	leszállítva a határra
porto franco	franco haven	fritt hamn	franco port	vyplaceně do přístavu m	leszállítva a kikötőbe
porto franco m	vrijhaven f	frihamn	port wolnocłowy m	svobodný přístav m	szabadkikötő
comércio livre m	vrijhandel m	frihandel	wolny handel m	volný obchod m	szabadkereskedelem
zona de comércio livre f	vrijhandelszone f	frihandelsområde	strefa wolnego handlu f	zóna volného obchodu f	szabadkereskedelmi övezet
domicílio franco m	franco huis	fritt köparens lager eller affärsadress	dostawa franco odbiorca f	vyplaceně do domu	költségmentesen házhoz szállítva
armazém franco	franco opslagplaats	fritt lager	franco magazyn	vyplaceně do skladu	költségmentesen raktárba szállítva
franco a bordo	franco schip	fritt ombord	franco statek	vyplaceně na palubu lodi	költségmentesen hajóra rakva
estação franca	franco station	fritt station	franco stacja	vyplaceně do stanice	költségmentesen állomáson kirakva
vagão franco	franco wagon	fritt järnvägsvagn	franco wagon	vyplaceně do vagonu	költségmentesen vagonba rakva
financiamento através de capital alheio m	financiering door vreemd kapitaal f	extern finansiering	finansowanie obce n	dluhové financování n	hitelfinanszírozás
francês	Frans	fransk	francuski	francouzský	francia(ul)
francês	Frans	franska	język francuski m	francouzština f	francia (nyelv)
frete m	lading f	frakt	fracht m	přepravovaný náklad m	rakomány
frete aéreo m	luchtvracht f	flygfrakt	fracht lotniczy m	letecké přepravné n	légi fuvar
—	vervrachten	transportera	ekspediować <wyekspediować>	pronajímat <pronajmout> loď	elfuvaroz
—	lading f	frakt	fracht m	přepravovaný náklad m	rakomány
—	bevrachtingseslag m	frakttillägg	dopłata frachtowa f	dovozní přirážka f	fuvardíjpótlék
—	luchtvracht f	flygfrakt	fracht lotniczy m	letecké přepravné n	légi fuvar
—	spoorvracht f	järnvägsfrakt	fracht kolejowy m	železniční náklad m	vasúti szállítmány
—	vracht betaald	frakt betald	fracht uiszczony	přeprava placena do určeného místa	fuvardíj kifizetve
fretar	vervrachten	transportera	ekspediować <wyekspediować>	pronajímat <pronajmout> loď	elfuvaroz
frete ferroviário m	spoorvracht f	järnvägsfrakt	fracht kolejowy m	železniční náklad m	vasúti szállítmány
frete pago m	vracht betaald	frakt betald	fracht uiszczony	přeprava placena do určeného místa	fuvardíj kifizetve
isento de frete m	vrachtvrij	—	fracht zapłacony	přeprava placena f	szállítás (előre) fizetve
porto franco m	vrijhaven f	—	port wolnocłowy m	svobodný přístav m	szabadkikötő

frihandel

	D	E	F	I	ES
frihandel (SV)	Freihandel m	free trade	commerce libre m	libero scambio m	librecambio m
frihandelsområde (SV)	Freihandelszone f	free trade zone	zone de libre-échange f	zona di libero scambio f	zona de libre-cambio f
frimärke (SV)	Briefmarke f	stamp	timbre-poste m	francobollo m	sello m
fri prissättning (SV)	Preis freibleibend	price subject to change	prix sans engagement	prezzo non vinco-lante	precio sin compromiso
Frist (D)	—	period	délai m	termine m	plazo m
frist (SV)	Frist f	period	délai m	termine m	plazo m
fristgerecht (D)	—	on time	dans les délais	entro il termine convenuto	dentro del plazo fijado
fristlos (D)	—	without prior notice	sans délai	senza preavviso	sin plazo
fritt från fabrik (SV)	ab Werk	ex works	départ usine	franco fabbrica	en fábrica
fritt från fartyg (SV)	ab Schiff	ex ship	départ navire	franco bordo	ex vapor
fritt från järnväg (SV)	ab Bahnhof	free on rail	départ gare	franco stazione	franco estación
fritt från kaj (SV)	ab Kai	ex quay	départ quai	franco banchina	ex muelle
fritt gräns (SV)	frei Grenze	free frontier	franco frontière	franco confine	franco frontera
fritt hamn (SV)	frei Hafen	free ex port	franco port	franco porto	puerto franco
fritt järnvägsvagn (SV)	frei Waggon	free on rail	franco sur wagon	franco vagone	franco vagón
fritt köparens lager eller affärs-adress (SV)	frei Haus	carriage paid	franco domicile	franco domicilio	franco domicilio
fritt lager (SV)	frei Lager	free ex warehouse	franco entrepôt	franco magazzino	franco almacén
fritt ombord (SV)	frei Schiff	free on ship	franco sur navire	franco a bordo	franco vapor
fritt station (SV)	frei Station	free ex station	franco en gare	franco stazione	franco estación
frivillig uppgift (SV)	Selbstauskunft f	voluntary disclosure	renseignement fourni par l'intéressé lui-même m	informazione volon-taria f	información de sí mismo f
frode (I)	Betrug m	fraud	fraude m	—	fraude m
frode fiscale (I)	Steuerbetrug m	fiscal fraud	fraude fiscale f	—	fraude fiscal m
fronteira franca (P)	frei Grenze	free frontier	franco frontière	franco confine	franco frontera
frontera aduanera (ES)	Zollgrenze f	customs frontier	frontière douanière f	confine doganale m	—
frontière douanière (F)	Zollgrenze f	customs frontier	—	confine doganale m	frontera aduanera f
Führungsebene (D)	—	executive level	niveau de gestion m	livello dirigenziale m	nivel de dirección m
Führungskraft (D)	—	manager	cadre supérieur m	dirigente m	personal directivo m
fullmakt (SV)	Prokura f	power of attorney	procuration commer-ciale générale f	procura f	poder m
fullmakt (SV)	Vollmacht f	power of attorney	plein pouvoir m	mandato m	escritura de poder f
funcionario (ES)	Beamter m	official	fonctionnaire m	funzionario m	—
funcionário (P)	Beamter m	official	fonctionnaire m	funzionario m	funcionario m
fund (E)	Fonds m	—	fonds m/pl	fondo m	fondo m
fundação (P)	Gründung f	formation	constitution f	costituzione f	fundación f
fundação (P)	Stiftung f	foundation	fondation f	fondazione f	fundación f
fundación (ES)	Gründung f	formation	constitution f	costituzione f	—
fundación (ES)	Stiftung f	foundation	fondation f	fondazione f	—
fundacja (PL)	Stiftung f	foundation	fondation f	fondazione f	fundación f
fundo (P)	Fonds m	fund	fonds m/pl	fondo m	fondo m
fundo de depre-ciação (P)	Abschreibungs-fonds m	depreciation fund	fonds d'amortis-sement m	fondo di ammorta-mento m	fondo de amorti-zación m
fundo de investi-mento (P)	Investmentfonds m	unit trust fund	fonds commun de placement m	fondo d'investi-mento m	fondo de inver-siones m

fundo de investimento

P	NL	SV	PL	CZ	H
comércio livre m	vrijhandel m	—	wolny handel m	volný obchod m	szabadkereskedelem
zona de comércio livre f	vrijhandelszone f	—	strefa wolnego handlu f	zóna volného obchodu f	szabadkereskedelmi övezet
selo m	postzegel m	—	znaczek pocztowy m	poštovní známka f	bélyeg
preço sem compromisso	vrijblijvende prijs	—	wolna cena	doporučená cena f	kötelezettség nélküli ár
prazo m	termijn m	frist	okres m	lhůta f	határidő
prazo m	termijn m	—	okres m	lhůta f	határidő
dentro do prazo	op tijd	inom avtalad tid	terminowo	v odpovídající lhůtě	határidőre
sem aviso prévio	op staande voet	omedelbar	bezterminowo	okamžitý	felmondási idő nélkül
ex fábrica	af fabriek	—	z zakładu	ze závodu m	gyárban átvéve
ex navio	af schip	—	ze statku	z lodě f	hajón átvéve
ex caminhos de ferro	af station	—	ze stacji kolejowej	z nádraží n	költségmentesen vagonba rakva
posto no cais	af kaai	—	z nabrzeża	z nábřeží n	rakparton átvéve
fronteira franca	franco grens	—	franco granica	vyplaceně na hranici f	leszállítva a határra
porto franco	franco haven	—	franco port	vyplaceně do přístavu m	leszállítva a kikötőbe
vagão franco	franco wagon	—	franco wagon	vyplaceně do vagonu	költségmentesen vagonba rakva
domicílio franco m	franco huis	—	dostawa franco odbiorca f	vyplaceně do domu	költségmentesen házhoz szállítva
armazém franco	franco opslagplaats	—	franco magazyn	vyplaceně do skladu	költségmentesen raktárba szállítva
franco a bordo	franco schip	—	franco statek	vyplaceně na palubu lodi	költségmentesen hajóra rakva
estação franca	franco station	—	franco stacja	vyplaceně do stanice	költségmentesen állomáson kirakva
informação sobre a própria pessoa f	vrijwillige inlichting f	—	dobrowolne udzielenie informacji n	informace svépomocí f	önkéntes feltárás
fraude f	oplichterij f	bedrägeri	oszustwo n	podvod m	csalás
fraude fiscal f	belastingontduiking f	skattefusk	oszustwo podatkowe n	daňový podvod m	adócsalás
—	franco grens	fritt gräns	franco granica	vyplaceně na hranici f	leszállítva a határra
limite aduaneiro f	douanegrens f	tullgräns	granica celna f	celní hranice f	vámhatár
limite aduaneiro f	douanegrens f	tullgräns	granica celna f	celní hranice f	vámhatár
nível da direcção m	directieniveau n	ledningsnivå	płaszczyzna kierownicza f	řídící úroveň f	vezetőségi szint
quadro superior m	leidinggevende kracht f	ledning	kadra kierownicza f	vedoucí řídící pracovník m	vezető
procuração f	volmacht f	—	prokura f	plná moc f	cégjegyzési jog
plenos poderes m/pl	volmacht f	—	pełnomocnictwo n	plná moc f	felhatalmazás
funcionário m	ambtenaar m	tjänsteman i offentlig tjänst	urzędnik m	úředník m	tisztviselő
—	ambtenaar m	tjänsteman i offentlig tjänst	urzędnik m	úředník m	tisztviselő
fundo m	fonds n	fond	fundusz m	fond m	pénzalap
—	oprichting f	grundande	założenie n	založení n	alapítás
—	stichting f	stiftelse	fundacja f	nadace f	alapítvány
fundação f	oprichting f	grundande	założenie n	založení n	alapítás
fundação f	stichting f	stiftelse	fundacja f	nadace f	alapítvány
fundação f	stichting f	stiftelse	—	nadace f	alapítvány
—	fonds n	fond	fundusz m	fond m	pénzalap
—	afschrijvingsfonds n	avskrivningsfond	fundusz amortyzacyjny m	fond odpisů m	amortizációs alap
—	beleggingsfonds n	aktie- eller obligationsfond	fundusz inwestycyjny m	investiční fond m	befektetési alap

fundo de pensão   420

	D	E	F	I	ES
fundo de pensão (P)	Rentenfonds m	pension fund	effets publics m/pl	fondo obbligazionario m	fondo de bonos m
fundo de reserva (P)	Reservefonds m	reserve fund	fonds de réserve m	fondo di riserva m	fondo de reserva m
fundo imobiliário (P)	Immobilienfonds m	real estate fund	fonds immobilier m	fondo immobiliare m	fondo inmobiliario f
fundusz (PL)	Fonds m	fund	fonds m/pl	fondo m	fondo m
fundusz amortyzacyjny (PL)	Abschreibungsfonds m	depreciation fund	fonds d'amortissement m	fondo di ammortamento m	fondo de amortización m
fundusz emerytalny (PL)	Rentenfonds m	pension fund	effets publics m/pl	fondo obbligazionario m	fondo de bonos m
fundusz inwestycyjny (PL)	Investmentfonds m	unit trust fund	fonds commun de placement m	fondo d'investimento m	fondo de inversiones m
fundusz nieruchomości (PL)	Immobilienfonds m	real estate fund	fonds immobilier m	fondo immobiliare m	fondo inmobiliario f
fundusz reklamowy (PL)	Werbebudget n	advertising budget	budget de publicité m	budget pubblicitario m	presupuesto publicitario m
fundusz rezerwowy (PL)	Reservefonds m	reserve fund	fonds de réserve m	fondo di riserva m	fondo de reserva m
fungibilidad (ES)	Fungibilität f	fungibility	qualité fongible d'un bien f	fungibilità f	—
fungibilidade (P)	Fungibilität f	fungibility	qualité fongible d'un bien f	fungibilità f	fungibilidad f
fungibilita (CZ)	Fungibilität f	fungibility	qualité fongible d'un bien f	fungibilità f	fungibilidad f
fungibilità (I)	Fungibilität f	fungibility	qualité fongible d'un bien f	—	fungibilidad f
Fungibilität (D)	—	fungibility	qualité fongible d'un bien f	fungibilità f	fungibilidad f
fungibiliteit (NL)	Fungibilität f	fungibility	qualité fongible d'un bien f	fungibilità f	fungibilidad f
fungibility (E)	Fungibilität f	—	qualité fongible d'un bien f	fungibilità f	fungibilidad f
funzionario (I)	Beamter m	official	fonctionnaire m	—	funcionario m
fusão (P)	Fusion f	merger	fusion f	fusione f	fusión f
fusie (NL)	Fusion f	merger	fusion f	fusione f	fusión f
fusiecontrole (NL)	Fusionskontrolle f	merger control	contrôle de fusion m	controllo delle fusioni m	control de fusiones m
Fusion (D)	—	merger	fusion f	fusione f	fusión f
fusion (F)	Fusion f	merger	—	fusione f	fusión f
fusion (SV)	Fusion f	merger	fusion f	fusione f	fusión f
fusión (ES)	Fusion f	merger	fusion f	fusione f	—
fusione (I)	Fusion f	merger	fusion f	—	fusión f
fusionskontroll (SV)	Fusionskontrolle f	merger control	contrôle de fusion m	controllo delle fusioni m	control de fusiones m
Fusionskontrolle (D)	—	merger control	contrôle de fusion m	controllo delle fusioni m	control de fusiones m
futamidő (H)	Laufzeit f	term	durée f	scadenza f	plazo de vencimiento m
futures business (E)	Termingeschäft n	—	opération à terme f	operazione a termine f	operación a plazo f
futures market (E)	Terminbörse f	—	bourse à terme f	mercato a termine m	bolsa a plazo f
fuvardíj (H)	Fahrgeld n	fare	coût du voyage m	spese di trasferta f/pl	precio de la travesía m
fuvardíj (H)	Rollgeld n	haulage	camionnage m	spese di trasporto f/pl	gastos de acarreo m/pl
fuvardíjak (H)	Frachtkosten f	carriage charges	frais de transport m/pl	spese di trasporto f/pl	gastos de transporte m/pl
fuvardíj kifizetve (H)	Fracht bezahlt	freight paid	fret payé	nolo pagato	flete pagado
fuvardíjpótlék (H)	Frachtzuschlag m	additional carriage	supplément de fret m	supplemento di nolo m	sobreporte m
fuvarlevél (H)	Ladeschein f	bill of lading	avis de chargement m	bolletta di carico f	póliza de carga f

fuvarlevél

P	NL	SV	PL	CZ	H
—	rentefonds n	pensionsfond	fundusz emerytalny m	důchodový fond m	nyugdíjalap
—	reservefonds n	reservfond	fundusz rezerwowy m	rezervní fond m	tartalékalap
—	vastgoedfonds n	fastighetsfond	fundusz nieruchomości m	fond nemovitostí m	ingatlanalap
fundo m	fonds n	fond	—	fond m	pénzalap
fundo de depreciação m	afschrijvingsfonds n	avskrivningsfond	—	fond odpisů m	amortizációs alap
fundo de pensão m	rentefonds n	pensionsfond	—	důchodový fond m	nyugdíjalap
fundo de investimento m	beleggingsfonds n	aktie- eller obligationsfond	—	investiční fond m	befektetési alap
fundo imobiliário m	vastgoedfonds n	fastighetsfond	—	fond nemovitostí m	ingatlanalap
orçamento publicitário m	reclamebudget n	reklambudget	—	rozpočet na reklamu m	reklámkeret
fundo de reserva m	reservefonds n	reservfond	—	rezervní fond m	tartalékalap
fungibilidade f	fungibiliteit f	utbytbarhet	zamienność towaru f	fungibilita f	helyettesíthetőség
—	fungibiliteit f	utbytbarhet	zamienność towaru f	fungibilita f	helyettesíthetőség
fungibilidade f	fungibiliteit f	utbytbarhet	zamienność towaru f	—	helyettesíthetőség
fungibilidade f	fungibiliteit f	utbytbarhet	zamienność towaru f	fungibilita f	helyettesíthetőség
fungibilidade f	fungibiliteit f	utbytbarhet	zamienność towaru f	fungibilita f	helyettesíthetőség
fungibilidade f	—	utbytbarhet	zamienność towaru f	fungibilita f	helyettesíthetőség
fungibilidade f	fungibiliteit f	utbytbarhet	zamienność towaru f	fungibilita f	helyettesíthetőség
funcionário m	ambtenaar m	tjänsteman i offentlig tjänst	urzędnik m	úředník m	tisztviselő
—	fusie f	fusion	fuzja f	fúze f	vállalategyesülés
fusão f	—	fusion	fuzja f	fúze f	vállalategyesülés
controle de fusões m	—	fusionskontroll	kontrola fuzji f	kontrola fúze f	cégösszeolvadások ellenőrzése
fusão f	fusie f	fusion	fuzja f	fúze f	vállalategyesülés
fusão f	fusie f	fusion	fuzja f	fúze f	vállalategyesülés
fusão f	fusie f	—	fuzja f	fúze f	vállalategyesülés
fusão f	fusie f	fusion	fuzja f	fúze f	vállalategyesülés
fusão f	fusie f	fusion	fuzja f	fúze f	vállalategyesülés
controle de fusões m	fusiecontrole f	—	kontrola fuzji f	kontrola fúze f	cégösszeolvadások ellenőrzése
controle de fusões m	fusiecontrole f	fusionskontroll	kontrola fuzji f	kontrola fúze f	cégösszeolvadások ellenőrzése
prazo de vencimento m	duur m	löptid	okres ważności m	doba splatnosti f	—
operação a prazo f	termijntransacties f/pl	terminsaffär	transakcja terminowa f	termínový obchod m	határidős ügylet
mercado a termo m	termijnbeurs f	terminmarknaden	giełda terminowa f	termínová burza f	határidős tőzsde
preço da passagem m	passagegeld n	reseersättning	opłata za przejazd f	jízdné n	—
camionagem f	expeditiekosten m/pl	transportkostnad	przewozowe n	dopravné n	—
despesas de transporte f/pl	laadkosten m/pl	fraktkostnader pl	koszty przewozowe m/pl	přepravní náklady m/pl	—
frete pago m	vracht betaald	frakt betald	fracht uiszczony	přeprava placena do určeného místa	—
frete adicional m	bevrachtingstoeslag m	frakttillägg	dopłata frachtowa f	dovozní přirážka f	—
guia de carregamento f	vrachtbrief m	lastbevis	kwit załadowczy m	nákladní list m	—

fuvarozás 422

	D	E	F	I	ES
fuvarozás (H)	Beförderung (von Waren) f	transportation	transport m	spedizione f	transporte m
fuvarozási szerződés (H)	Frachtvertrag m	contract of carriage	contrat d'affrètement m	contratto di trasporto m	contrato de transporte m
fuvarozó (H)	Frachtführer m	carrier	transporteur m	vettore m	transportista m
fúze (CZ)	Fusion f	merger	fusion f	fusione f	fusión f
fuzja (PL)	Fusion f	merger	fusion f	fusione f	fusión f
gainfully employed person (E)	Erwerbstätiger m	—	personne ayant un emploi f	persona con un posto di lavoro f	persona activa f
gäldenär (SV)	Debitor m	debtor	débiteur m	debitore m	deudor m
gäldenär (SV)	Schuldner m	debtor	débiteur m	debitore m	deudor m
gama de productos (ES)	Produktpalette f	range of products	gamme de produits f	gamma dei prodotti f	—
gama de produtos (P)	Produktpalette f	range of products	gamme de produits f	gamma dei prodotti f	gama de productos f
gamma dei prodotti (I)	Produktpalette f	range of products	gamme de produits f	—	gama de productos f
gamme de produits (F)	Produktpalette f	range of products	—	gamma dei prodotti f	gama de productos f
ganancia bruta (ES)	Rohgewinn m	gross profit on sales	bénéfice brut m	utile lordo m	—
ganancia neta (ES)	Reingewinn m	net profit	bénéfice net m	utile netto m	—
gap between interest rates (E)	Zinsgefälle m	—	disparité des niveaux d'intérêts f	differenza d'interessi f	diferencia entre los tipos de interés f
garanciavállalás (H)	Garantieleistung f	providing of guarantee	fourniture sous garantie f	prestazione in garanzia f	prestación de garantía f
garant (F)	Bürge m	guarantor	—	fideiussore m	fiador m
garantált hitel (H)	Bürgschaftskredit m	credit by way of bank guarantee	crédit cautionné m	credito garantito m	crédito de garantía m
garanti (SV)	Garantie f	warranty	garantie f	garanzia f	garantía f
garanti (SV)	Garantieleistung f	providing of guarantee	fourniture sous garantie f	prestazione in garanzia f	prestación de garantía f
garanti (SV)	Gewährleistung f	warranty	garantie f	garanzia f	garantía f
garantia (P)	Garantie f	warranty	garantie f	garanzia f	garantía f
garantia (P)	Gewährleistung f	warranty	garantie f	garanzia f	garantía f
garantía (ES)	Garantie f	warranty	garantie f	garanzia f	—
garantía (ES)	Gewährleistung f	warranty	garantie f	garanzia f	—
garantía bancaria (ES)	Bankgarantie f	bank guarantee	garantie de banque f	garanzia bancaria f	—
garantia bancária (P)	Bankgarantie f	bank guarantee	garantie de banque f	garanzia bancaria f	garantia bancaria f
garantía de indemnidad (ES)	Ausfallbürgschaft f	deficiency guarantee	garantie de bonne fin f	garanzia d'indennizzo f	—
garantía de la calidad (ES)	Qualitätssicherung f	quality assurance	garantie de la qualité f	garanzia di qualità f	—
garantia de qualidade (P)	Qualitätssicherung f	quality assurance	garantie de la qualité f	garanzia di qualità f	garantía de la calidad f
garantia dos credores (P)	Gläubigerschutz m	protection of creditors	garantie des créanciers f	tutela del creditore f	protección de los acreedores f
Garantie (D)	—	warranty	garantie f	garanzia f	garantía f
garantie (F)	Garantie f	warranty	—	garanzia f	garantía f
garantie (F)	Gewährleistung f	warranty	—	garanzia f	garantía f
garantie (NL)	Garantie f	warranty	garantie f	garanzia f	garantía f
garantie de banque (F)	Bankgarantie f	bank guarantee	—	garanzia bancaria f	garantía bancaria f
garantie de bonne fin (F)	Ausfallbürgschaft f	deficiency guarantee	—	garanzia d'indennizzo f	garantía de indemnidad f
garantie de la qualité (F)	Qualitätssicherung f	quality assurance	—	garanzia di qualità f	garantía de la calidad f
garantie des créanciers (F)	Gläubigerschutz m	protection of creditors	—	tutela del creditore f	protección de los acreedores f
Garantieleistung (D)	—	providing of guarantee	fourniture sous garantie f	prestazione in garanzia f	prestación de garantía f
garantievergoeding (NL)	Garantieleistung f	providing of guarantee	fourniture sous garantie f	prestazione in garanzia f	prestación de garantía f
garanzia (I)	Garantie f	warranty	garantie f	—	garantía f

garanzia

P	NL	SV	PL	CZ	H
transporte m	goederenvervoer n	transport	transport m	doprava f	—
contrato de afretamento m	bevrachtingsovereenkomst f	fraktavtal	umowa o przewóz f	přepravní smlouva f	—
transportador m	vrachtrijder m	fraktförare	przewoźnik m	přepravce m	—
fusão f	fusie f	fusion	fuzja f	—	vállalategyesülés
fusão f	fusie f	fusion	—	fúze f	vállalategyesülés
pessoa com emprego remunerado f	beroepsactieve persoon m	förvärvsarbetande person	osoba czynna zawodowo f	výdělečně činný m	aktív kereső
devedor m	debiteur m	—	dłużnik m	dlužník m	adós
devedor m	debiteur m	—	dłużnik m	dlužník m	adós
gama de produtos f	productassortiment n	produktsortiment	paleta produktów f	paleta výrobků f	termékpaletta
—	productassortiment n	produktsortiment	paleta produktów f	paleta výrobků f	termékpaletta
gama de produtos f	productassortiment n	produktsortiment	paleta produktów f	paleta výrobků f	termékpaletta
gama de produtos f	productassortiment n	produktsortiment	paleta produktów f	paleta výrobků f	termékpaletta
lucro bruto m	brutowinst f	bruttoöverskott	zysk brutto m	hrubý zisk m	bruttó nyereség
lucro líquido m	nettowinst f	nettovinst	czysty zysk m	čistý zisk m	adózott nyereség
diferença entre taxas de juro f	renteverschillen n/pl	räntemarginal	różnica w oprocentowaniu f	spád úroků m	kamatláb-különbözet
prestação de garantia f	garantievergoeding f	garanti	świadczenie gwarancyjne n	poskytnutí záruky n	—
fiador m	borg m	borgenär	poręczyciel m	ručitel m	kezes
crédito sob fiança m	borgstellingskrediet n	borgenslån	kredyt gwarantowany m	ručitelský úvěr m	—
garantia f	garantie f	—	gwarancja f	záruka f	jótállás
prestação de garantia f	garantievergoeding f	—	świadczenie gwarancyjne n	poskytnutí záruky n	garanciavállalás
garantia f	waarborg m	—	gwarancja F	záruka f	szavatosság
—	garantie f	garanti	gwarancja f	záruka f	jótállás
—	waarborg m	garanti	gwarancja F	záruka f	szavatosság
garantia f	garantie f	garanti	gwarancja f	záruka f	jótállás
garantia f	waarborg m	garanti	gwarancja F	záruka f	szavatosság
garantia bancária f	bankgarantie f	bankgaranti	gwarancja bankowa f	bankovní záruka f	bankgarancia
—	bankgarantie f	bankgaranti	gwarancja bankowa f	bankovní záruka f	bankgarancia
fiança para cobertura de défice f	waarborg van honorering m	bortfallsgaranti	list gwarancyjny załadowcy m	záruka za ztráty f	kártalanító kezesség
garantia de qualidade f	kwaliteitsgarantie f	kvalitetsgaranti	zabezpieczenie jakości f	zajištění jakosti n	minőségbiztosítás
—	kwaliteitsgarantie f	kvalitetsgaranti	zabezpieczenie jakości f	zajištění jakosti n	minőségbiztosítás
—	bescherming van de schuldeisers f	borgenärsskydd	gwarancja dla wierzycieli f	ochrana věřitelů f	hitelezők védelme
garantia f	garantie f	garanti	gwarancja f	záruka f	jótállás
garantia f	garantie f	garanti	gwarancja f	záruka f	jótállás
garantia f	waarborg m	garanti	gwarancja F	záruka f	szavatosság
garantia f	—	garanti	gwarancja f	záruka f	jótállás
garantia bancária f	bankgarantie f	bankgaranti	gwarancja bankowa f	bankovní záruka f	bankgarancia
fiança para cobertura de défice f	waarborg van honorering m	bortfallsgaranti	list gwarancyjny załadowcy m	záruka za ztráty f	kártalanító kezesség
garantia de qualidade f	kwaliteitsgarantie f	kvalitetsgaranti	zabezpieczenie jakości f	zajištění jakosti n	minőségbiztosítás
garantia dos credores f	bescherming van de schuldeisers f	borgenärsskydd	gwarancja dla wierzycieli f	ochrana věřitelů f	hitelezők védelme
prestação de garantia f	garantievergoeding f	garanti	świadczenie gwarancyjne n	poskytnutí záruky n	garanciavállalás
prestação de garantia f	—	garanti	świadczenie gwarancyjne n	poskytnutí záruky n	garanciavállalás
garantia f	garantie f	garanti	gwarancja f	záruka f	jótállás

garanzia

	D	E	F	I	ES
garanzia (I)	Gewährleistung f	warranty	garantie f	—	garantía f
garanzia bancaria (I)	Bankgarantie f	bank guarantee	garantie de banque f	—	garantía bancaria f
garanzia d'indennizzo (I)	Ausfallbürgschaft f	deficiency guarantee	garantie de bonne fin f	—	garantía de indemnidad f
garanzia di qualità (I)	Qualitätssicherung f	quality assurance	garantie de la qualité f	—	garantía de la calidad f
garanzia (fidejussoria) (I)	Bürgschaft f	guarantee	caution f	—	fianza f
gasolina (ES)	Benzin n	petrol	essence f	benzina f	—
gasolina (P)	Benzin n	petrol	essence f	benzina f	gasolina f
gastarbeider (NL)	ausländische Arbeitnehmer f	foreign workers	travailleur étranger m	lavoratori stranieri m/pl	trabajadores extranjeros m
gastos (ES)	Aufwand m	expenditure	dépenses f/pl	spese f/pl	—
gastos (ES)	Ausgaben f/pl	expenses	dépenses f/pl	spese f/pl	—
gastos (ES)	Kosten pl	costs	coûts m/pl	costi m/pl	—
gastos (ES)	Spesen f	expenses	frais m/pl	spese f/pl	—
gastos adicionales (ES)	Nebenkosten pl	additional expenses	coûts accessoires m/pl	costi accessori m/pl	—
gastos administrativos (ES)	Bereitstellungskosten f	commitment fee	coûts administratifs m/pl	spese amministrative f/pl	—
gastos bancarios (ES)	Bankspesen f/pl	bank charges	frais de banque m/pl	commissioni bancarie f/pl	—
gastos de acarreo (ES)	Rollgeld n	haulage	camionnage m	spese di trasporto f/pl	—
gastos de administración de una cuenta (ES)	Kontogebühren f/pl	bank charges	frais de tenue de compte m/pl	commissioni di gestione di un conto m/pl	—
gastos de adquisición (ES)	Bezugskosten pl	delivery costs	coûts d'acquisition m/pl	spese di consegna f/pl	—
gastos de carga (ES)	Verladekosten f	loading charges	coût du chargement m	costi di caricamento m/pl	—
gastos de desarrollo (ES)	Entwicklungskosten pl	development costs	coûts de développement m/pl	costi di sviluppo m/pl	—
gastos de descarga (ES)	Löschgebühren f/pl	discharging expenses	droit de déchargement m	spese di scarico f/pl	—
gastos de descarga (P)	Entladungskosten f	discharging expenses	coûts de déchargement m/pl	spese di scaricamento f/pl	gastos de descarga m/pl
gastos de descarga (P)	Löschgebühren f/pl	discharging expenses	droit de déchargement m	spese di scarico f/pl	gastos de descarga m/pl
gastos de descargo (ES)	Entladungskosten f	discharging expenses	coûts de déchargement m/pl	spese di scaricamento f/pl	—
gastos de exploração (P)	Betriebsausgaben f/pl	operating expenses	charges d'exploitation f/pl	spese di esercizio f/pl	gastos de explotación m/pl
gastos de explotación (ES)	Betriebsausgaben f/pl	operating expenses	charges d'exploitation f/pl	spese di esercizio f/pl	—
gastos de explotación (ES)	Betriebskosten pl	operating costs	charges d'exploitation f/pl	spese d'esercizio f/pl	—
gastos de producción (ES)	Produktionskosten f	production costs	coût de production m	costi produttivi m/pl	—
gastos de reclamación (ES)	Mahngebühren pl	fine imposed for failing to settle an account	taxe d'avertissement f	tasse d'ingiunzione f/pl	—
gastos de reproducción (ES)	Reproduktionskosten f	reproduction cost	coût de reproduction m	costi di riproduzione m/pl	—
gastos de transporte (ES)	Frachtkosten f	carriage charges	frais de transport m/pl	spese di trasporto f/pl	—
gastos de viaje (ES)	Reisespesen f/pl	travelling expenses	frais de voyage m/pl	spese di viaggio f/pl	—
gastos efectivos (ES)	Istkosten pl	actual costs	coûts réels m/pl	costi effettivi m/pl	—
gastos extraordinarios (ES)	Sonderausgaben f/pl	special expenses	dépenses spéciales f	spese straordinarie f/pl	—
gastos fijos (ES)	Fixkosten f	fixed costs	coûts fixes m/pl	costi fissi m/pl	—
gastos generales (ES)	Gemeinkosten f	overhead costs	coûts indirects m/pl	costi comuni m/pl	—
gastos generales (ES)	Gesamtkosten f	total costs	coût total m	costi complessivi m/pl	—

gastos generales

P	NL	SV	PL	CZ	H
garantia f	waarborg m	garanti	gwarancja F	záruka f	szavatosság
garantia bancária f	bankgarantie f	bankgaranti	gwarancja bankowa f	bankovní záruka f	bankgarancia
fiança para cobertura de défice f	waarborg van honorering m	bortfallsgaranti	list gwarancyjny załadowcy m	záruka za ztráty f	kártalanító kezesség
garantia de qualidade f	kwaliteitsgarantie f	kvalitetsgaranti	zabezpieczenie jakości f	zajištění jakosti n	minőségbiztosítás
fiança f	borgsom f	borgen	poręczenie n	ručení n	kezesség
gasolina f	benzine f/m	bensin	benzyna f	benzin m	benzin
—	benzine f/m	bensin	benzyna f	benzin m	benzin
trabalhador estrangeiro m	—	utländsk arbetstagare	pracownicy cudzoziemscy m/pl	zahraniční zaměstnanci m/pl	külföldi munkavállaló
despesas f/pl	uitgaven pl	utgifter pl	nakład m	náklad m	ráfordítás
despesas f/pl	onkosten m/pl	utgifter pl	wydatki m/pl	výdaje m/pl	kiadások
custos m/pl	kosten m/pl	kostnader pl	koszty m/pl	náklady m/pl	költségek
despesas f/pl	kosten m/pl	traktamente	koszty m/pl	výlohy f/pl	költségek
custos adicionais m/pl	bijkomende kosten m/pl	sekundärkostnader pl	koszty uboczne m/pl	vedlejší náklady m/pl	mellékköltségek
comissão por imobilização de fundos f	beschikbaarstellingskosten m/pl	uppläggningsavgift	koszty dysponowalności m/pl	přípravné náklady m/pl	rendelkezésre tartási díj
despesas bancárias f/pl	bankkosten m/pl	bankavgift	koszty bankowe m/pl	bankovní výdaje m/pl	bankköltségek
camionagem f	expeditiekosten m/pl	transportkostnad	przewozowe n	dopravné n	fuvardíj
custos da conta bancária m/pl	rekeningkosten m/pl	bankavgifter pl	opłaty za prowadzenie konta f/pl	poplatky za vedení účtu m/pl	számlavezetési költségek
custos de aquisição m/pl	verwervingskosten m/pl	förvärvskostnader pl	koszty nabycia m/pl	pořizovací náklady m/pl	beszerzési költségek
custos de carregamento m/pl	laadkosten m/pl	lastningskostnad	koszty przeładunku m/pl	výdaje za nakládku m/pl	rakodási költségek
custos de desenvolvimento m/pl	ontwikkelingskosten m/pl	utvecklingskostnader pl	koszty rozwojowe m/pl	náklady na rozvoj m/pl	fejlesztési költségek
gastos de descarga m/pl	loskosten m/pl	annulleringsavgift	opłaty wyładowcze f/pl	poplatky za vymazání m/pl	kirakodási költségek
—	loskosten m/pl	avlastningskostnader pl	koszty rozładunku m/pl	náklady na vykládku m/pl	kirakodási költségek
—	loskosten m/pl	annulleringsavgift	opłaty wyładowcze f/pl	poplatky za vymazání m/pl	kirakodási költségek
gastos de descarga m/pl	loskosten m/pl	avlastningskostnader pl	koszty rozładunku m/pl	náklady na vykládku m/pl	kirakodási költségek
—	bedrijfsuitgaven f/pl	rörelseomkostnader pl	wydatki na eksploatację m/pl	podnikové výdaje m/pl	üzemi kiadások
gastos de exploração m/pl	bedrijfsuitgaven f/pl	rörelseomkostnader pl	wydatki na eksploatację m/pl	podnikové výdaje m/pl	üzemi kiadások
custos de exploração m/pl	bedrijfskosten m/pl	driftskostnader pl	koszty eksploatacyjne m/pl	provozní výdaje m/pl	működési költségek
custos de produção m/pl	productiekosten m/pl	produktionskostnader pl	koszty produkcji m/pl	výrobní náklady m/pl	gyártási költségek
taxa de expedição de um mandato de pagamento f	aanmaningskosten m/pl	påminnelseavgift	opłaty za koszta upomnienia f/pl	poplatky za upomínku m/pl	fizetési felszólítási díjak
custos de reprodução m/pl	reproductiekosten m/pl	reproduktionskostnader pl	koszty reprodukcji m/pl	reprodukční náklady m/pl	pótlási költségek
despesas de transporte f/pl	laadkosten m/pl	fraktkostnader pl	koszty przewozowe m/pl	přepravní náklady m/pl	fuvardíjak
despesas de viagem f/pl	verplaatsingsvergoeding f	resetraktamente	koszty podróży m/pl	cestovní výlohy f/pl	utazási költségek
custos reais m/pl	effectieve kosten m/pl	faktiska kostnader pl	koszty rzeczywiste m/pl	skutečné náklady m/pl	tényleges költségek
despesas extraordinárias f/pl	speciale editie f	avdragsgilla kostnader pl	wydatki nadzwyczajne m/pl	mimořádné výdaje m/pl	külön költségek
custos fixos m/pl	vaste kosten m/pl	fasta kostnader pl	koszty stałe m/pl	fixní náklady m/pl	állandó költség
despesas gerais f/pl	indirecte kosten m/pl	indirekta kostnader pl	koszty pośrednie m/pl	režijní náklady m/pl	általános költségek
custos totais m/pl	totale kosten m/pl	totala kostnader pl	koszty całkowite m/pl	celkové náklady m/pl	összköltség

gastos judiciales 426

	D	E	F	I	ES
gastos judiciales (ES)	Gerichtskosten *pl*	legal costs	frais judiciaires taxables exposés *m/pl*	spese giudiziarie *f/pl*	—
gastos precalculados (ES)	Sollkosten *pl*	budgeted costs	coûts ex ante *m/pl*	costi calcolati *m/pl*	—
gastos variables (ES)	variable Kosten *pl*	variable costs	coûts variables *m/pl*	costi variabili *m/pl*	—
gata (SV)	Straße *f*	street	rue *f*	via *f*	calle *f*
gat in de markt (NL)	Marktlücke *f*	market gap	créneau du marché *m*	nicchia di mercato *f*	vacío del mercado *m*
gatunek (PL)	Sorte (Art) *f*	sort	genre *m*	categoria *f*	clase *f*
gauge (E)	eichen	—	jauger	tarare	contrastar
gåva (SV)	Schenkung *f*	donation	donation *f*	donazione *f*	donación *f*
gåva (SV)	Zuwendung *f*	bestowal	affectation *f*	assegnazione *f*	gratificación *f*
gåvoskatt (SV)	Schenkungssteuer *f*	gift tax	impôt sur les donations *m*	imposta sulle donazioni *f*	impuesto sobre donaciones *m*
gazdaság (H)	Wirtschaft *f*	economy	économie *f*	economia *f*	economía *f*
gazdasági ág (H)	Wirtschaftszweig *m*	field of the economy	secteur économique *m*	settore economico *m*	ramo económico *m*
gazdasági bűnözés (H)	Wirtschaftskriminalität *f*	white-collar crime	délinquance économique *f*	criminalità economica *f*	criminalidad económica *f*
gazdasági ciklus (H)	Wirtschaftskreislauf *m*	economic process	circuit économique *m*	circuito economico *m*	circuito económico *m*
gazdasági év (H)	Wirtschaftsjahr *n*	business year	exercice comptable *m*	esercizio *m*	ejercicio *m*
gazdasági javak (H)	Wirtschaftsgut *n*	economic goods	bien économique *m*	bene economico *m*	bien económico *m*
gazdasági közösség (H)	Wirtschaftsgemeinschaft *f*	economic community	communauté économique *f*	comunità economica *f*	comunidad económica *f*
gazdasági növekedés (H)	Wirtschaftswachstum *n*	economic growth	croissance économique *f*	crescita economica *f*	crecimiento económico *m*
gazdasági unió (H)	Wirtschaftsunion *f*	economic union	union économique *f*	unione economica *f*	unión económica *f*
gazdasági válság (H)	Wirtschaftskrise *f*	economic crisis	crise économique *f*	crisi economica *f*	crisis económica *f*
gazdasági visszaesés (H)	Abschwung *m*	downswing	dépression *f*	ribasso *m*	recesión *f*
gazdaságosság (H)	Wirtschaftlichkeit *f*	economic efficiency	rentabilité *f*	redditività *f*	rentabilidad *f*
gazdaságpolitika (H)	Wirtschaftspolitik *f*	economic policy	politique économique *f*	politica economica *f*	política económica *f*
gazdaságtudományok (H)	Wirtschaftswissenschaften *f/pl*	economics	sciences économiques *f/pl*	scienze economiche *f/pl*	ciencias económicas *f/pl*
geadresseerde (NL)	Empfänger *m*	recipient	destinataire *f*	destinatario *m*	destinatario *m*
geantidateerde cheque (NL)	vordatierter Scheck *m*	antedated cheque	chèque antidaté *m*	assegno postergato *m*	cheque de fecha adelantada *m*
gebied buiten de (eigen) douanegrenzen (NL)	Zollausland *n*	countries outside the customs frontier	territoire hors du contrôle de la douane *m*	territorio doganale estero *m*	territorio aduanero exterior *m*
geblokkeerde rekening (NL)	gesperrtes Konto *n*	blocked account	compte bloqué *m*	conto bloccato *m*	cuenta congelada *f*
geblokkeerde rekening (NL)	Sperrkonto *n*	blocked account	compte bloqué *m*	conto congelato *m*	cuenta bloqueada *f*
geboortedatum (NL)	Geburtsdatum *n*	date of birth	date de naissance *f*	data di nascita *f*	fecha de nacimiento *f*
geboorteplaats (NL)	Geburtsort *m*	place of birth	lieu de naissance *m*	luogo di nascita *m*	lugar de nacimiento *m*
Gebrauchsgüter *n/plf* (D)	—	durable consumer goods	biens d'utilisation courante *m/pl*	beni di consumo *m/pl*	bienes de consumo duradero *m/pl*
Gebrauchtwagen (D)	—	used car	voiture d'occasion *f*	automobile usata *f*	coche de segunda mano *m*
gebrek (NL)	Mangel *m*	defect	défaut *m*	vizio *m*	defecto *m*
gebrek aan personeel (NL)	Personalmangel *m*	shortage of staff	manque de personnel *m*	mancanza di personale *f*	falta de personal *f*
gebruiksgoederen (NL)	Gebrauchsgüter *n/plf*	durable consumer goods	biens d'utilisation courante *m/pl*	beni di consumo *m/pl*	bienes de consumo duradero *m/pl*
gebudgetteerde kosten (NL)	Sollkosten *pl*	budgeted costs	coûts ex ante *m/pl*	costi calcolati *m/pl*	gastos precalculados *m/pl*

gebudgetteerde kosten

P	NL	SV	PL	CZ	H
custos judiciais m/pl	gerechtskosten m/pl	rättegångskostnader pl	koszty sądowe m/pl	soudní výlohy f/pl	perköltségek
custos orçamentados m/pl	gebudgetteerde kosten m/pl	beräknade kostnader pl	koszty planowane m/pl	plánované náklady m/pl	előirányzott költségek
custos variáveis m/pl	variabele kosten m/pl	rörliga kostnader pl	koszty zmienne m/pl	proměnné náklady m/pl	változó költségek
rua f	straat f	—	ulica f	ulice f	utca
lacuna do mercado f	—	marknadsnisch	luka rynkowa f	mezera na trhu f	piaci rés
categoria f	soort n	sort	—	druh m	fajta
aferir	ijken	justera	cechowanie n	cejchovat	hitelesít
doação f	schenking f	—	darowizna f	darování n	adományozás
gratificação f	toewijzing f	—	gratyfikacja f	dotace f	ráfordítás
imposto sobre doações m	schenkingsrecht n	—	podatek od darowizny m	darovací daň f	ajándékozási adó
economia f	economie f	ekonomi	gospodarka f	hospodářství n	—
sector económico m	tak van de economie m	bransch	branża gospodarcza f	hospodářské odvětví n	—
criminalidade económica f	economische criminaliteit f	ekonomisk brottslighet	przestępczość gospodarcza f	hospodářská kriminalita f	—
ciclo económico m	economische kringloop m	ekonomiskt kretslopp	cyrkulacja gospodarcza f	hospodářský koloběh m	—
exercício m	boekjaar n	budgetår	rok gospodarczy m	hospodářský rok f	—
bem económico m	economisch goed n	ekonomiskt gods	dobro gospodarcze n	hospodářský statek m	—
comunidade económica f	economische gemeenschap f	ekonomisk gemenskap	wspólnota gospodarcza f	hospodářská společnost f	—
crescimento económico m	economische groei m	ekonomisk tillväxt	wzrost gospodarczy m	hospodářský růst m	—
união económica f	economische unie f	ekonomisk union	unia gospodarcza f	hospodářská unie f	—
crise económica f	economische crisis f	ekonomisk kris	kryzys gospodarczy m	hospodářská krize f	—
baixa f	recessie f	nedgång	regresja f	pokles rozvoje m	—
eficiência económica f	rentabiliteit f	ekonomisk effektivitet	ekonomiczność f	hospodárnost f	—
política económica f	economisch beleid n	ekonomisk politik	polityka gospodarcza f	hospodářská politika f	—
ciências económicas f/pl	economische wetenschappen f/pl	ekonomi	nauki ekonomiczne f/pl	národohospodářské vědy f/pl	—
destinatário m	—	mottagare	odbiorca m	příjemce m	címzett
cheque pré-datado m	—	fördaterad check	czek postdatowany m	antedatovaný šek m	korábbra keltezett csekk
território aduaneiro exterior m	—	utländskt tullområde	zagranica celna f	celní cizina f	vámkülföld
conta congelada f	—	spärrat konto	zablokowane konto n	blokovaný účet m	zárolt számla
conta bloqueada f	—	spärrat konto	rachunek zablokowany m	vázaný účet m	zárolt számla
data de nascimento f	—	födelsedatum	data urodzenia f	datum narození n	születési idő
local de nascimento m	—	födelseort	miejsce urodzenia n	místo narození n	születési hely
bens de consumo duráveis m/pl	gebruiksgoederen n/pl	bruksartiklar pl	artykuły użytkowe m/pl	spotřební zboží n	fogyasztási cikkek
carro usado m	tweedehands wagen m	begagnad bil	samochód używany m	ojetý automobil m	használt autó
defeito m	—	defekt	wada f	nedostatek m	hiba
falta de pessoal f	—	personalbrist	brak personelu m	nedostatek personálu m	munkaerőhiány
bens de consumo duráveis m/pl	—	bruksartiklar pl	artykuły użytkowe m/pl	spotřební zboží n	fogyasztási cikkek
custos orçamentados m/pl	—	beräknade kostnader pl	koszty planowane m/pl	plánované náklady m/pl	előirányzott költségek

Gebühr

	D	E	F	I	ES
Gebühr (D)	—	fee	taxe f	tassa f	tasa f
Geburtsdatum (D)	—	date of birth	date de naissance f	data di nascita f	fecha de nacimiento f
Geburtsort (D)	—	place of birth	lieu de naissance m	luogo di nascita m	lugar de nacimiento m
Geburtstag (D)	—	birthday	anniversaire m	compleanno m	día de nacimiento m
geconfirmeerde kredietbrief (NL)	Akkreditiv n	letter of credit	accréditif m	lettera di credito f	crédito documentario m
gededouaneerd (NL)	verzollt	duty-paid	dédouané	sdoganato	aranceles pagados
gedeeltelijke betaling (NL)	Teilzahlung f	partial payment	payement partiel m	pagamento a rate m	pago parcial m
gedeeltelijke levering (NL)	Teillieferung f	partial delivery	livraison partielle f	fornitura parziale f	entrega parcial f
gedeeltelijke privatisering (NL)	Teilprivatisierung f	partial privatisation	privatisation partielle f	privatizzazione parziale f	privatización parcial f
gedeeltelijke waarde (NL)	Teilwert m	partial value	valeur partielle f	valore parziale m	valor parcial m
geding (NL)	Verfahren n	procedure	procédure f	procedimento m	procedimiento m
gedrukt formulier (NL)	Vordruck m	printed form	imprimé m	modulo m	impreso m
gedwongen verkoop (NL)	Zwangsverkauf m	forced sale	vente forcée f	vendita giudiziaria f	venta forzada f
Gefahrenzulage (D)	—	danger money	prime de danger f	indennità di rischio m	incremento por peligrosidad m
gefälschter Scheck (D)	—	forged cheque	chèque falsifié m	assegno falsificato m	cheque falsificado m
gegen Akkreditiv (D)	—	against letter of credit	contre accréditif	contro lettera di credito	con crédito documentario
gegen Barzahlung (D)	—	against cash	au comptant	contro pagamento in contanti	al contado
gegen Nachnahme (D)	—	cash on delivery	contre remboursement	in contrassegno	contra rembolso
gegevens (NL)	Daten pl	data	données f/pl	dati m/pl	datos m/pl
gegevensbeveiliging (NL)	Datensicherung f	data security	sauvegarde des données f	protezione dei dati f	protección de datos f
Gehalt (D)	—	salary	traitement m	stipendio m	sueldo m
gehalte aan edel metaal (NL)	Feingehalt m	titre	titre m	titolo m	ley f
Gehaltserhöhung (D)	—	increase in salary	augmentation de traitement f	aumento dello stipendio m	aumento de sueldo m
Gehaltskonto (D)	—	salary account	compte de domiciliation du salaire m	conto stipendi m	cuenta de salario f
Geld (D)	—	money	argent m	denaro m	dinero m
geld (NL)	Geld n	money	argent m	denaro m	dinero m
Geldbetrag (D)	—	amount of money	somme d'argent f	somma di denaro f	importe m
geldboete (NL)	Geldbuße f	fine	amende f	pena pecuniaria f	multa f
Geldbuße (D)	—	fine	amende f	pena pecuniaria f	multa f
geldkoers (NL)	Geldkurs m	buying rate	cours de la monnaie m	prezzo di domanda m	tipo de cambio de la moneda m
Geldkurs (D)	—	buying rate	cours de la monnaie m	prezzo di domanda m	tipo de cambio de la moneda m
Geldmarkt (D)	—	money market	marché monétaire m	mercato monetario m	mercado monetario m
geldmarkt (NL)	Geldmarkt m	money market	marché monétaire m	mercato monetario m	mercado monetario m
geldmiddelen (NL)	Kapitalausstattung f	capital resources	dotation en capital f	dotazione di capitale f	dotación de capital f
Geldnachfrage (D)	—	demand for money	demande sur le marché monétaire f	domanda sul mercato monetario f	demanda monetaria f
geldomloop (NL)	Geldumlauf m	circulation of money	circulation monétaire f	circolazione di denaro f	circulación monetaria f
Geldpolitik (D)	—	monetary policy	politique monétaire f	politica monetaria f	política monetaria f

Geldpolitik

P	NL	SV	PL	CZ	H
taxa f	belasting f	avgift	opłata f	poplatek m	díj
data de nascimento f	geboortedatum m	födelsedatum	data urodzenia f	datum narození n	születési idő
local de nascimento m	geboorteplaats f	födelseort	miejsce urodzenia n	místo narození n	születési hely
aniversário m	verjaardag m	födelsedag	data urodzenia f	narozeniny pl	születésnap
crédito documentário m	—	remburs	Akredytywa f	akreditiv m	akkreditív
tarifas alfandegárias pagas f/pl	—	tull betald	oclony	proclený	vámkezelt
pagamento parcial m	—	avbetalning	zapłata ratalna f	placení na splátky n	részletfizetés
entrega parcial f	—	delleverans	dostawa częściowa f	dílčí dodávka f	részszállítás
privatização parcial f	—	delvis privatisering	prywatyzacja częściowa f	dílčí privatizace f	részleges privatizáció
valor parcial m	—	delvärde	wartość częściowa f	dílčí hodnota f	részleges érték
procedimento m	—	förfarande	postępowanie n	řízení n	eljárás
impresso m	—	blankett	formularz m	předtisk m	űrlap
venda forçada f	—	tvångsförsäljning	sprzedaż przymusowa f	nucený prodej m	kényszereladás
prémio de risco m	gevarentoeslag m	risktillägg	dodatek za zwiększone ryzyko m	rizikový příplatek m	veszélyességi pótlék
cheque falsificado m	valse cheque m	förfalskad check	sfałszowany czek m	falešný šek m	hamis csekk
contra carta de crédito	tegen akkreditief	mot remburs	za akredytywę	proti akreditivu m	akkreditív ellenében
a dinheiro	contant	mot kontantbetalning	za gotówkę	proti hotovosti f	készfizetés ellenében
contra-reembolso	onder rembours	betalning vid leverans	za zaliczeniem pocztowym	na dobírku f	utánvétellel
dados m	—	data pl	dane pl	data pl	adatok
protecção de dados f	—	dataskydd	zabezpieczenie danych n	zajištění dat n	adatmentés
salário m	salaris n	lön	płaca f	plat m	fizetés
lei f	—	lödighet	zawartość złota n	obsah čistého drahého kovu ve slitině m	nemesfémtartalom
aumento de salário m	loonsverhoging f	löneförhöjning	podwyżka płacy f	zvýšení platu n	fizetésemelés
conta para depósito de salários f	salarisrekening f	lönekonto	konto płacowe n	účet zřízený pro poukazování příjmu m	munkabér-elszámolási számla
dinheiro m	geld n	pengar pl	pieniądz m	peníze m/pl	pénz
dinheiro m	—	pengar pl	pieniądz m	peníze m/pl	pénz
importância em dinheiro f	geldsom f	summa pengar	kwota pieniężna f	peněžní obnos m	pénzösszeg
multa f	—	böter pl	grzywna f	peněžitá pokuta f	pénzbírság
multa f	geldboete f	böter pl	grzywna f	peněžitá pokuta f	pénzbírság
cotação f	—	pris marknaden är beredd att betala	kurs zakupu pieniądza m	peněžní kurs m	vételi árfolyam
cotação f	geldkoers m	pris marknaden är beredd att betala	kurs zakupu pieniądza m	peněžní kurs m	vételi árfolyam
mercado monetário m	geldmarkt f	penningmarknad	rynek pieniężny m	peněžní trh m	pénzpiac
mercado monetário m	—	penningmarknad	rynek pieniężny m	peněžní trh m	pénzpiac
dotação de capital f	—	kapitalresurser pl	zasoby kapitałowe m/pl	kapitálové vybavení n	tőkésítettség
procura no mercado monetário f	vraag om geld f	efterfrågan på penningmarknaden	popyt na pieniądz m	poptávka po penězích f	pénzkereslet
circulação monetária f	—	penningcirkulation	obieg pieniądza m	oběh peněz m	pénzforgalom
política monetária f	monetaire politiek f	penningpolitik	polityka fiskalna f	peněžní politika f	pénzpolitika

geldsom 430

	D	E	F	I	ES
geldsom (NL)	Geldbetrag m	amount of money	somme d'argent f	somma di denaro f	importe m
Geldstrafe (D)	—	fine	amende f	multa f	multa f
Geldumlauf (D)	—	circulation of money	circulation monétaire f	circolazione di denaro f	circulación monetaria f
geldvolume (NL)	Geldvolumen n	volume of money	masse monétaire f	volume monetario m	volumen monetario m
Geldvolumen (D)	—	volume of money	masse monétaire f	volume monetario m	volumen monetario m
Geldwertstabilität (D)	—	stability of the value of money	stabilité monétaire f	stabilità monetaria f	estabilidad monetaria f
gemeenschappelijke markt (NL)	gemeinsamer Markt m	common market	marché commun m	mercato comune m	mercado común m
gemeenteleningen (NL)	Kommunalanleihen f/pl	local authority loan	emprunts communaux m/pl	prestiti comunali m/pl	empréstito municipal m
Gemeinkosten (D)	—	overhead costs	coûts indirects m/pl	costi comuni m/pl	gastos generales m/pl
gemeinsamer Markt (D)	—	common market	marché commun m	mercato comune m	mercado común m
Gemeinschuldner (D)	—	adjudicated bankrupt	débiteur en faillite m	debitore fallito m	deudor común m
gemensam marknad (SV)	gemeinsamer Markt m	common market	marché commun m	mercato comune m	mercado común m
gemensam valuta (SV)	Einheitswährung f	unified currency	monnaie unique f	moneta unitaria f	moneda única f
gemiddelde (NL)	Durchschnitt m	average	moyenne f	media f	promedio m
gemunt geld (NL)	Hartgeld n	specie	pièce de monnaie f	moneta metallica f	dinero metálico m
Genehmigung (D)	—	permission	autorisation f	autorizzazione f	autorización f
general agent (E)	Generalvertreter m	—	agent général m	rappresentante generale m	representante general m
generalagent (SV)	Generalvertreter m	general agent	agent général m	rappresentante generale m	representante general m
general credit agreements (E)	allgemeine Kreditvereinbarungen f/pl	—	accords généraux de crédit m/pl	condizioni generali di credito f/pl	acuerdos generales de crédito m/pl
Generaldirektor (D)	—	director general	directeur général m	direttore generale m	director general m
generaldirektör (SV)	Generaldirektor m	director general	directeur général m	direttore generale m	director general m
generalfullmakt (SV)	Generalvollmacht f	general power of attorney	pouvoir général m	procura generale f	poder general m
generální pojistka (CZ)	Generalpolice f	floating policy	police d'abonnement f	polizza generale f	póliza global f
generální ředitel (CZ)	Generaldirektor m	director general	directeur général m	direttore generale m	director general m
generální stávka (CZ)	Generalstreik m	general strike	grève générale f	sciopero generale m	huelga general f
generální zástupce (CZ)	Generalvertreter m	general agent	agent général m	rappresentante generale m	representante general m
Generalpolice (D)	—	floating policy	police d'abonnement f	polizza generale f	póliza global f
general power of attorney (E)	Generalvollmacht f	—	pouvoir général m	procura generale f	poder general m
Generalstreik (D)	—	general strike	grève générale f	sciopero generale m	huelga general f
generalstrejk (SV)	Generalstreik m	general strike	grève générale f	sciopero generale m	huelga general f
general strike (E)	Generalstreik m	—	grève générale f	sciopero generale m	huelga general f
general terms of contract (E)	allgemeine Geschäftsbedingungen f/pl	—	conditions générales de vente f/pl	condizioni generali di contratto f/pl	condiciones generales de contrato f/pl
Generalvertreter (D)	—	general agent	agent général m	rappresentante generale m	representante general m
Generalvollmacht (D)	—	general power of attorney	pouvoir général m	procura generale f	poder general m
generic product (E)	No-name-Produkt n	—	produit sans nom m	prodotto generico m	producto genérico m
generiek product (NL)	No-name-Produkt n	generic product	produit sans nom m	prodotto generico m	producto genérico m
genom förlikning (SV)	außergerichtlich	extrajudicial	extrajudiciaire	extragiudiziale	extrajudicial

genom förlikning

P	NL	SV	PL	CZ	H
importância em dinheiro f	—	summa pengar	kwota pieniężna f	peněžní obnos m	pénzösszeg
multa f	boete f	böter	kara pieniężna f	peněžitá pokuta f	pénzbírság
circulação monetária f	geldomloop m	penningcirkulation	obieg pieniądza m	oběh peněz m	pénzforgalom
volume monetário m	—	penningvolym	wolumen pieniężny m	množství peněz n	pénzmennyiség
volume monetário m	geldvolume n	penningvolym	wolumen pieniężny m	množství peněz n	pénzmennyiség
estabilidade monetária f	muntstabiliteit f	penningvärdesstabilitet	stabilność pieniądza f	stabilita hodnoty peněz f	pénzügyi stabilitás
mercado comum m	—	gemensam marknad	wspólny rynek m	společný trh m	közös piac
empréstimo municipal m	—	kommunala lån	pożyczka komunalna f	komunální půjčky f/pl	önkormányzati kölcsönök
despesas gerais f/pl	indirecte kosten m/pl	indirekta kostnader pl	koszty pośrednie m/pl	režijní náklady m/pl	általános költségek
mercado comum m	gemeenschappelijke markt f	gemensam marknad	wspólny rynek m	společný trh m	közös piac
devedor falido m	insolvente schuldenaar m	konkursgäldenär	zbankrutowany dłużnik m	úpadkový dlužník m	csődadós
mercado comum m	gemeenschappelijke markt f	—	wspólny rynek m	společný trh m	közös piac
moeda única f	eenheidsmunt f	—	ujednolicona waluta f	jednotná měna f	egységes valuta
média f	—	genomsnitt	przeciętna f	průměr m	átlag
dinheiro-moeda m	—	mynt	bilon m	mince f/pl	fémpénz
autorização f	goedkeuring f	tillstånd	zezwolenie n	schválení n	engedély
representante geral m	alleenvertegenwoordiger m	generalagent	wyłączny przedstawiciel m	generální zástupce m	vezérképviselő
representante geral m	alleenvertegenwoordiger m	—	wyłączny przedstawiciel m	generální zástupce m	vezérképviselő
acordos gerais de crédito m/pl	algemene kredietovereenkomsten f/pl	allmänna lånevillkor	ogólne warunki kredytowe m/pl	všeobecné úvěrové dohody f/pl	Általános Hitelmegállapodások
director-geral m	directeur-generaal m	generaldirektör	derektor generalny m	generální ředitel m	vezérigazgató
director-geral m	directeur-generaal m	—	derektor generalny m	generální ředitel m	vezérigazgató
poder geral m	algemene lastgeving f	—	pełnomocnictwo ogólne n	neomezená plná moc f	általános meghatalmazás
apólice f	abonnementspolis f	flytande försäkring	polisa generalna f	—	biztosítási keretkötvény
director-geral m	directeur-generaal m	generaldirektör	derektor generalny m	—	vezérigazgató
greve geral f	algemene staking f	generalstrejk	strajk generalny m	—	általános sztrájk
representante geral m	alleenvertegenwoordiger m	generalagent	wyłączny przedstawiciel m	—	vezérképviselő
apólice f	abonnementspolis f	flytande försäkring	polisa generalna f	generální pojistka f	biztosítási keretkötvény
poder geral m	algemene lastgeving f	generalfullmakt	pełnomocnictwo ogólne n	neomezená plná moc f	általános meghatalmazás
greve geral f	algemene staking f	generalstrejk	strajk generalny m	generální stávka f	általános sztrájk
greve geral f	algemene staking f	—	strajk generalny m	generální stávka f	általános sztrájk
greve geral f	algemene staking f	generalstrejk	strajk generalny m	generální stávka f	általános sztrájk
condições gerais de contrato f/pl	algemene voorwaarden f/pl	allmänna avtalsvillkor	ogólne warunki handlowe m/pl	všeobecné obchodní podmínky f/pl	általános üzleti feltételek
representante geral m	alleenvertegenwoordiger m	generalagent	wyłączny przedstawiciel m	generální zástupce m	vezérképviselő
poder geral m	algemene lastgeving f	generalfullmakt	pełnomocnictwo ogólne n	neomezená plná moc f	általános meghatalmazás
produto genérico m	generiek product n	produkt utan märkesbeteckning	produkt bezfirmowy m	výrobek beze značky m	nem márkás termék
produto genérico m	—	produkt utan märkesbeteckning	produkt bezfirmowy m	výrobek beze značky m	nem márkás termék
extrajudicial	buitengerechtelijk	—	pozasądowe	mimosoudní	peren kívüli

genomsnitt 432

	D	E	F	I	ES
genomsnitt (SV)	Durchschnitt m	average	moyenne f	media f	promedio m
Genossenschaft (D)	—	co-operative	société coopérative f	cooperativa f	sociedad cooperativa f
genot (NL)	Nutzung f	use	mise à profit f	utilizzazione f	utilización f
genre (F)	Sorte (Art) f	sort	—	categoria f	clase f
genres (F)	Sorten pl	foreign notes and coins	—	valute estere f/pl	monedas extranjeras f/pl
gépjármű (H)	Kraftfahrzeug n	motor vehicle	véhicule à moteur m	autoveicolo m	automóvil m
gepostdateerd (NL)	nachdatiert	post-dated	postdaté	postdatato	posdatado
gerechtsdeurwaarder (NL)	Gerichtsvollzieher m	bailiff	huissier de justice m	ufficiale giudiziario m	ejecutor judicial m
gerechtskosten (NL)	Gerichtskosten pl	legal costs	frais judiciaires taxables exposés m/pl	spese giudiziarie f/pl	gastos judiciales m/pl
gerente (ES)	Geschäftsführer m	managing director	directeur d'entreprise m	amministratore m	—
gerente (P)	Geschäftsführer m	managing director	directeur d'entreprise m	amministratore m	gerente m
Gerichtskosten (D)	—	legal costs	frais judiciaires taxables exposés m/pl	spese giudiziarie f/pl	gastos judiciales m/pl
Gerichtsstand (D)	—	place of jurisdiction	juridiction compétente f	foro competente m	tribunal competente m
Gerichtsvollzieher (D)	—	bailiff	huissier de justice m	ufficiale giudiziario m	ejecutor judicial m
geringe schade (NL)	Bagatellschaden m	trivial damage	dommage mineur m	danno di piccola entità m	siniestro leve m
German (E)	deutsch	—	allemand	tedesco	alemán
German (E)	Deutsch	—	allemand m	tedesco m	alemán m
Germania (I)	Deutschland n	Germany	Allemagne f	—	Alemania
Germany (E)	Deutschland n	—	Allemagne f	Germania f	Alemania
Gesamtkosten (D)	—	total costs	coût total m	costi complessivi m/pl	gastos generales m/pl
Gesamtlieferung (D)	—	total delivery	livraison totale f	fornitura completa f	suministro total f
Gesamtsumme (D)	—	total amount	montant total m	importo totale m	suma total f
Geschäft (D)	—	business	affaire f	negozio m	negocio m
Geschäftsabschluß (D)	—	conclusion of a deal	conclusion d'une affaire f	conclusione di un affare f	conclusión de un negocio f
Geschäftsanteil (D)	—	share	part sociale f	quota sociale f	participación f
Geschäftsbedingungen (D)	—	terms and conditions of business	conditions commerciales f/pl	condizioni contrattuali f/pl	condiciones de contrato f/pl
Geschäftsbericht (D)	—	business report	rapport de gestion m	relazione di bilancio f	informe m
Geschäftsbeziehung (D)	—	business connections	relations commerciales f/pl	rapporti d'affari m/pl	relaciones comerciales f/pl
Geschäftsbücher (D)	—	account books and balance-sheets	livres de commerce m/pl	libri contabili m/pl	libros de contabilidad m/pl
Geschäftseröffnung (D)	—	opening of a business	ouverture d'une affaire f	apertura di un negozio f	apertura de un negocio f
Geschäftsfähigkeit (D)	—	legal competence	capacité d'accomplir des actes juridiques f	capacità di agire f	capacidad de negociar f
Geschäftsführer (D)	—	managing director	directeur d'entreprise m	amministratore m	gerente m
Geschäftsjahr (D)	—	financial year	exercice m	esercizio commerciale m	ejercicio m
Geschäftsleitung (D)	—	management	direction de l'entreprise f	direzione f	dirección f
Geschäftspartner (D)	—	business partner	associé m	socio m	socio m
Geschäftsstelle (D)	—	office	agence f	ufficio m	oficina f
Geschäftsübernahme (D)	—	takeover of a business	reprise d'une affaire f	rilievo di un'azienda m	adquisición de una empresa f

Geschäftsübernahme

P	NL	SV	PL	CZ	H
média f	gemiddelde n	—	przeciętna f	průměr m	átlag
cooperativa f	coöperatieve vereniging f	kooperativ	spółdzielnia f	družstvo n	szövetkezet
utilização f	—	användning	użytkowanie n	využití n	használat
categoria f	soort n	sort	gatunek m	druh m	fajta
moedas estrangeiras f/pl	deviezen n/pl	valuta	gotówka zagraniczna f	druhy m/pl	külföldi bankjegyek és pénzérmék
automóvel m	motorrijtuig n	motorfordon	pojazd mechaniczny m	motorové vozidlo n	—
pós-datado m	—	efterdaterad	postdatowany	dodatečné opatření datem n	későbbre keltezett
oficial de justiça m	—	utmätningsman	komornik m	soudní vykonavatel m	bírósági végrehajtó
custos judiciais m/pl	—	rättegångskostnader pl	koszty sądowe m/pl	soudní výlohy f/pl	perköltségek
gerente m	bedrijfsleider m	verkställande direktör	dyrektor m	jednatel m	ügyvezető
—	bedrijfsleider m	verkställande direktör	dyrektor m	jednatel m	ügyvezető
custos judiciais m/pl	gerechtskosten m/pl	rättegångskostnader pl	koszty sądowe m/pl	soudní výlohy f/pl	perköltségek
competência judiciária f	bevoegde rechtbank f	jurisdiktion	podsądność terytorialna f	sidlo soudu n	bíróság területi illetékessége
oficial de justiça m	gerechtsdeurwaarder m	utmätningsman	komornik m	soudní vykonavatel m	bírósági végrehajtó
dano menor m	—	obetydlig skada	drobne szkody f/pl	drobná škoda f	elhanyagolható kár
alemão	Duits	tysk	niemiecki	německý	német
alemão m	Duits	tyska	język niemiecki m	němčina f	német (nyelv)
Alemanha f	Duitsland	Tyskland	Niemcy pl	Německo n	Németország
Alemanha f	Duitsland	Tyskland	Niemcy pl	Německo n	Németország
custos totais m/pl	totale kosten m/pl	totala kostnader pl	koszty całkowite m/pl	celkové náklady m/pl	összköltség
entrega total f	totale levering f	total leverans	kompletna dostawa f	celková dodávka f	teljes szállítás
montante total m	totaal bedrag n	totalsumma	suma całkowita f	celková částka f	teljes összeg
negócio m	zaak f	affär	interes m	obchod m	üzlet
conclusão de um negócio f	transactie f	affärsuppgörelse	transakcja handlowa f	uzavření obchodu n	üzletkötés
participação no negócio f	aandeel in een vennootschap n	affärsandel	udział w przedsiębiorstwie n	podíl na obchodu m	üzletrész
condições do contrato f/pl	verkoopsvoorwaarden f/pl	affärsvillkor	warunki handlowe m/pl	obchodní podmínky f/pl	szerződési feltételek
relatório comercial m	beheersverslag n	affärsrapport	sprawozdanie z działalności przedsiębiorstwa n	obchodní zpráva f	üzleti jelentés
relações comerciais f/pl	zakenrelatie f	affärskontakter pl	stosunki handlowe m/pl	obchodní styk m	üzleti kapcsolat
livros de contabilidade m/pl	handelsboeken n/pl	bokföring	księgi handlowe f/pl	obchodní knihy f/pl	üzleti könyvek
inauguração de uma empresa f	opening van een zaak f	butiksinvigning	założenie interesu n	zahájení obchodu n	vállalkozás alapítása
capacidade para realizar negócios f	handelingsbekwaamheid f	rättslig handlingsförmåga	zdolność do czynności prawnych f	schopnost obchodování f	jogképesség
gerente m	bedrijfsleider m	verkställande direktör	dyrektor m	jednatel m	ügyvezető
exercício comercial m	boekjaar n	verksamhetsår	rok gospodarczy m	obchodní rok m	üzleti év
direcção f	directie f	företagsledning	kierownictwo n	vedení podniku n	vállalatvezetés
sócio m	handelspartner m	affärspartner	kontrahent m	obchodní partner m	üzleti partner
repartição f	kantoor n	kontor	biuro n	kancelář f	kirendeltség
aquisição de uma empresa f	overname van een zaak f	företagsövertagande	przejęcie firmy n	přejímka obchodu f	vállalatvásárlás

Geschäftsverbindung

D		E	F	I	ES
Geschäftsverbindung (D)	—	business relations	relation d'affaires f	relazione d'affari f	relación comercial f
Geschäftszeit (D)	—	business hours	heures d'ouverture f/pl	orario d'apertura m	hora de despacho f/pl
geschatte waarde (NL)	Schätzwert m	estimated value	valeur estiméee f	valore stimato m	estimación f
geschil (NL)	Rechtsstreit m	legal action	litige m	causa f	conflicto jurídico m
Gesellschafter (D)	—	partner	associé m	socio m	socio m
Gesellschafterversammlung (D)	—	meeting of shareholders	assemblée des associés f	assemblea dei soci f	junta social f
Gesellschaft mit beschränkter Haftung (D)	—	limited liability company	société à responsabilité limitée f	società a responsabilità limitata f	sociedad de responsabilidad limitada f
Gesellschaftsvermögen (D)	—	company assets	patrimoine social m	patrimonio sociale m	patrimonio social m
Gesellschaftsvertrag (D)	—	deed of partnership	acte de société m	atto costitutivo m	contrato social
Gesetzgebungshoheit (D)	—	legislative sovereignty	autonomie de légifére f	sovranità legislativa f	soberanía legislativa f
gesetzliches Zahlungsmittel (D)	—	legal tender	monnaie légale f	mezzo di pagamento legale m	medio legal de pago m
gespaltene Wechselkurse (D)	—	two-tier exchange rate	cours du change multiple m	cambi multipli m/pl	tipo de cambio múltiple m
gesperrtes Konto (D)	—	blocked account	compte bloqué m	conto bloccato m	cuenta congelada f
gestão dos desperdícios (P)	Abfallwirtschaft f	waste management	industrie de déchets f	industria dei rifiuti f	industria de desperdicios f
gestione delle scorte (I)	Vorratshaltung f	stockpiling	stockage m	—	formación de stocks f
gestione in economia (I)	Regiebetrieb m	publicly owned enterprise	établissement en régie m	—	empresa estatal m
gevaar voor uitvallen (NL)	Ausfallrisiko f	default risk	risque de perte m	rischio di perdita m	riesgo de pérdida m
gevarentoeslag (NL)	Gefahrenzulage f	danger money	prime de danger f	indennità di rischio m	incremento por peligrosidad m
geven van bestellingen (NL)	Auftragserteilung f	placing of an order	passation d'une commande f	ordinazione f	otorgamiento de un pedido m
gevolgschade (NL)	Folgeschäden m/pl	consequential damages	dommages consécutifs m/pl	danni indiretti m/pl	daño consecuencial m
gevolmachtigde (NL)	Prokurist m	authorised representative	fondé de pouvoir m	procuratore m	apoderado m
Gewährleistung (D)	—	warranty	garantie f	garanzia f	garantía f
Gewerbe (D)	—	trade	activité professionnelle f	commercio m	comercio m
Gewerbesteuer (D)	—	trade tax	impôt sur les bénéfices des professions	imposta industriale f	impuesto industrial comerciales m
Gewerkschaft (D)	—	trade union	syndicat m	sindacato m	sindicato m
gewestelijke bank (NL)	Regionalbank f	regional bank	banque régionale f	banca regionale f	banco regional m
gewicht bij het lossen (NL)	Abladegewicht n	weight loaded	poids au déchargement m	peso di scarico m	peso de descarga m
Gewinn (D)	—	profit	bénéfice m	utile m	beneficio m
Gewinnabführung (D)	—	transfer of profit	transfert du bénéfice m	trasferimento degli utili m	transferencia de beneficios f
Gewinnaufschlag (D)	—	profit mark-up	marge de bénéfice f	maggiorazione dell'utile f	margen de benificio f
Gewinnbeteiligung (D)	—	profit-sharing	participation aux bénéfices f	partecipazione agli utili f	participación en los beneficios f
Gewinnmaximierung (D)	—	maximisation of profits	maximalisationdu gain f	massimizzazione degli utili f	maximación de los beneficios f
Gewinnschwelle (D)	—	break-even point	seuil de rentabilité m	punto di pareggio m	umbral de la rentabilidad m
Gewinnspanne (D)	—	margin of profit	marge de bénéfice f	margine di profitto m	margen de beneficios f

Gewinnspanne

P	NL	SV	PL	CZ	H
relaçao comercial f	zakenrelatie f	affärsförbindelse	stosunki handlowe m/pl	obchodní spojení n	üzleti kapcsolat
horas de expediente f/pl	kantooruren n/pl	öppningstider	godziny pracy f/pl	obchodní doba f	hivatalos idő
valor estimado m	—	taxeringsvärde	wartość szacunkowa f	odhadní hodnota f	becsült érték
litígio jurídico m	—	rättstvist	spór prawny m	právní spor m	jogvita
sócio m	vennoot m	partner	wspólnik m	společník m	üzlettárs
assembleia geral dos accionistas f	aandeelhoudersvergadering f	bolagsstämma	zgromadzenie wspólników n	valná hromada společníků f	taggyűlés
sociedade de responsabilidade limitada f	besloten vennootschap met beperkte aansprakelijkheid f	aktiebolag med begränsad ansvarighet	spółka z ograniczoną odpowiedzialnością f	společnost s ručením omezeným f	korlátolt felelősségű társaság
património social m	vennootschapsvermogen n	bolagstillgångar pl	majątek spólki m	majetek společnosti m	társasági vagyon
contrato social m	akte van vennootschap f	bolagsavtal	umowa spółki f	zakládací smlouva obchodní společnosti f	társasági szerződés
competência legislativa f	wetgevende overheid	legislativ överhöghet	suwerenność prawna f	legislativní suverenita f	törvényhozási hatalom
meio legal de pagamento m	wettig betaalmiddel n	giltigt betalningsmedel	ustawowy środek płatniczy m	zákonný platební prostředek m	törvényes fizetőeszköz
tipo de câmbio múltiplo m	tweevoudige wisselkoers m	dubbel växelkurs	rozszczepione kursy wymienne m/pl	dvojstupňové směnné kursy m/pl	kettős valutaárfolyamok
conta congelada f	geblokkeerde rekening f	spärrat konto	zablokowane konto n	blokovaný účet m	zárolt számla
—	afvalindustrie f	återvinningsindustri	gospodarka odpadami f	hospodaření s odpady m	hulladékgazdálkodás
manutenção de estoques f	in voorraad houden n	lagerhållning	utrzymywanie zapasów n	udržování zásob n	készletgazdálkodás
empresa estatal f	regie f	företag i offentlig hand	przedsiębiorstwo państwowe n	správní podnik m	köztulajdonú vállalat
risco de perda m	—	bortfallsrisk	ryzyko niewykonalności n	riziko ztrát n	hitelveszteségkockázat
prémio de risco m	—	risktillägg	dodatek za zwiększone ryzyko m	rizikový příplatek m	veszélyességi pótlék
colocação de uma encomenda f	—	orderplacering	udzielenie zlecenia n	udělení zakázky n	megrendelés adása
danos consecutivos m/pl	—	följdskada	szkody następcze f/pl	následné škody f/pl	következményes kár
procurador m	—	prokurist	prokurent m	prokurista m	meghatalmazott aláíró
garantia f	waarborg m	garanti	gwarancja F	záruka f	szavatosság
actividade comercial f	ambacht n	handel	działalność gospodarcza f	živnost f	ipar
imposto sobre o comércio m	bedrijfsbelasting f	företagsskatt	podatek od przedsiębiorstw m	živnostenská daň f	iparűzési adó
sindicato m	vakbond m	fackförening	związek zawodowy m	odbory m/pl	szakszervezet
banco regional m	—	regionalbank	bank regionalny m	oblastní banka f	regionális bank
peso de descarga m	—	inlastad vikt	waga wysyłkowa f	hmotnost při vyložení f	átadási súly
lucro m	winst f	vinst	zysk m	zisk m	nyereség
transferência dos lucros f	de afdracht van de winst f/m	vinstöverföring	podatek z zysku m	odvod zisku m	nyereségátutalás
margem de lucro f	winstverhoging f	vinstpåslag	zwiększenie zysku n	zisková přirážka f	árrés
participação nos lucros f	deelneming in de winst f	vinstdelning	udział w zyskach m	podíl na zisku m	nyereségrészesedés
maximização dos lucros f	winstmaximalisering f	vinstmaximering	maksymalizacja zysku f	maximalizace zisku f	nyereség maximálása
ponto morto de vendas m	rendabiliteitsdrempel m	nollpunkt	próg zysku m	práh zisku m	nyereségküszöb
margem de lucro f	winstmarge f	vinstmarginal	marża zysku m	rozpětí zisku n	haszonrés

gewoon aandeel 436

	D	E	F	I	ES
gewoon aandeel (NL)	Stammaktie f	ordinary shares	action ordinaire f	azione ordinaria f	acción ordinaria f
giełda (PL)	Börse f	stock exchange	bourse f	borsa f	bolsa f
giełda odpadów (PL)	Abfallbörse f	recycling exchange	bourse de recyclage f	borsa di riciclaggio f	bolsa de reciclaje f
giełda papierów wartościowych (PL)	Effektenbörse f	stock exchange	bourse des titres et des valeurs mobilières f	borsa valori f	bolsa de valores f
giełda terminowa (PL)	Terminbörse f	futures market	bourse à terme f	mercato a termine m	bolsa a plazo f
giełda towarowa (PL)	Warenbörse f	commodity exchange	bourse de marchandises f	borsa merci f	bolsa de mercancías f
giełda towarowych transakcji terminowych (PL)	Warenterminbörse f	commodity futures exchange	bourse de marchandises à livrer f	borsa merci a termine f	bolsa de mercancías a plazo m
giełdowy wskaźnik akcji (PL)	Börsenindex m	stock exchange index	indice des cours des actions m	indice delle quotazioni m	índice bursátil m
gift tax (E)	Schenkungssteuer f	—	impôt sur les donations m	imposta sulle donazioni f	impuesto sobre donaciones m
giltigt betalningsmedel (SV)	gesetzliches Zahlungsmittel n	legal tender	monnaie légale f	mezzo di pagamento legale m	medio legal de pago m
gioco di simulazione imprenditoriale (I)	Planspiel n	planning game	jeu d'entreprise m	—	simulación f
giornaliero (I)	täglich	daily	quotidien	—	diario
giorno di borsa (I)	Börsentag m	market day	jour de bourse m	—	sesión bursátil f
giorno di liquidazione (I)	Abrechnungstag m	settlement day	date de règlement f	—	fecha de liquidación f
giorno di paga (I)	Zahltag f	pay-day	jour de paye m	—	día de pago m
giorno di scadenza (I)	Verfalltag m	day of expiry	jour de l'échéance m	—	día de vencimiento m
giraal (NL)	unbar	non cash	non comptant	non in contanti	no en efectivo
girata (I)	Giro n	endorsement	virement m	—	giro m
girata (I)	Indossament n	endorsement	endossement m	—	endoso m
girering (SV)	Giro n	endorsement	virement m	girata f	giro m
Giro (D)	—	endorsement	virement m	girata f	giro m
giro (ES)	Giro n	endorsement	virement m	girata f	—
girocentral (SV)	Girozentrale f	central giro institution	banque centrale de virement f	ufficio centrale di compensazione m	central de giros f
giro di partite (I)	Umbuchung f	transfer of an entry	jeu d'écritures m	—	traslado a otra cuenta m
Giro inpayment form (E)	Zahlkarte f	—	mandat-carte m	modulo di versamento m	carta de pago f
giro postal (ES)	Postgiro n	postal giro	virement postal m	postagiro m	—
giro postal (ES)	Postüberweisung f	postal transfer	virement postal m	bonifico postale m	—
Girozentrale (D)	—	central giro institution	banque centrale de virement f	ufficio centrale di compensazione m	central de giros f
giurisprudenza (I)	Rechtsprechung f	jurisdiction	jurisprudence f	—	jurisprudencia f
Gläubiger (D)	—	creditor	créancier m	creditore m	accreedor m
Gläubigerschutz (D)	—	protection of creditors	garantie des créanciers f	tutela del creditore f	protección de los acreedores f
Gläubigerversammlung (D)	—	creditors' meeting	assemblée des créanciers f	assemblea dei creditori f	junta de acreedores f
globalisation (E)	Globalisierung f	—	mondialisation f	globalizzazione f	globalización f
globalisering (NL)	Globalisierung f	globalisation	mondialisation f	globalizzazione f	globalización f
globalisering (SV)	Globalisierung f	globalisation	mondialisation f	globalizzazione f	globalización f
Globalisierung (D)	—	globalisation	mondialisation f	globalizzazione f	globalización f
globalização (P)	Globalisierung f	globalisation	mondialisation f	globalizzazione f	globalización f
globalizace (CZ)	Globalisierung f	globalisation	mondialisation f	globalizzazione f	globalización f
globalización (ES)	Globalisierung f	globalisation	mondialisation f	globalizzazione f	—

globalización

P	NL	SV	PL	CZ	H
acção ordinária f	—	stamaktie	akcja założycielska f	kmenová akcie f	törzsrészvény
bolsa f	beurs f	börs	—	burza f	tőzsde
bolsa de reciclagem f	afvalbeurs f	återvinningsbörs	—	burza s odpady f	hulladékanyag-börze
bolsa de valores f	effectenbeurs f	börs	—	burza cenných papírů f	értéktőzsde
mercado a termo m	termijnbeurs f	terminmarknaden	—	termínová burza f	határidős tőzsde
bolsa de mercadorias f	handelsbeurs f	varubörs	—	zboží burza f	árutőzsde
bolsa de futuros sobre mercadorias f	goederentermijnbeurs f	råvaruterminsmarknad	—	termínová burza zboží f	határidős árutőzsde
índice da bolsa m	beursindex m	aktieindex	—	burzovní index m	tőzsdeindex
imposto sobre doações m	schenkingsrecht n	gåvoskatt	podatek od darowizny m	darovací daň f	ajándékozási adó
meio legal de pagamento m	wettig betaalmiddel n	—	ustawowy środek płatniczy m	zákonný platební prostředek m	törvényes fizetőeszköz
jogo de simulação de gestão m	beleidsspel n	beslutsspel	symulacja procesu decyzyjnego f	plánovaná hra f	döntési játék
diariamente	dagelijks	dagligen	codziennie	denní	naponta
dia de bolsa f	beursdag m	börsdag	dzień handlowy giełdy m	burzovní den m	tőzsdenap
dia da liquidação m	liquidatiedag m	avräkningsdag	dzień rozliczeniowy m	den vyúčtování m	elszámolási nap
dia de pagamento m	betaaldag m	betalningsdag	dzień wypłaty m	výplatní den m	fizetésnap
dia de vencimento m	vervaldag m	förfallodag	dzień płatności m	den splatnosti m	lejárat napja
pagamento em espécie m	—	ej kontant	nie w gotówce	bezhotovostní	készpénz nélküli
transferência de crédito f	overschrijving f	girering	żyro n	žiro n	zsíró
endosso m	endossement n	endossering	indos m	indosament m	forgatmány
transferência de crédito f	overschrijving f	—	żyro n	žiro n	zsíró
transferência de crédito f	overschrijving f	girering	żyro n	žiro n	zsíró
transferência de crédito f	overschrijving f	girering	żyro n	žiro n	zsíró
central de transferências f	bankgirocentrale f	—	izba rozrachunkowa f	žirová ústředna f	elszámolóház
transferência de uma entrada f	overboeking f	ombokning	przeksięgowanie n	přeúčtování n	átkönyvelés
vale de correio m	stortingsformulier n	postanvisning	blankiet na przekaz pieniężny m	poštovní poukázka f	pénzesutalvány
vale postal m	postgiro m	postgiro	pocztowe konto bieżące n	poštžiro n	postai zsíróátutalás
transferência postal f	postgiro m	postgiroutbetalning	przekaz pocztowy m	poštovní převod m	postai átutalás
central de transferências f	bankgirocentrale f	girocentral	izba rozrachunkowa f	žirová ústředna f	elszámolóház
jurisprudência f	rechtspraak f	rättskipning	orzcznictwo sądowe n	právní ustanovení n	jogszolgáltatás
credor Km	schuldeiser m	borgenär	wierzyciel m	věřitel m	hitelező
garantia dos credores f	bescherming van de schuldeisers f	borgenärsskydd	gwarancja dla wierzycieli f	ochrana věřitelů f	hitelezők védelme
assembleia de credores f	vergadering van de schuldeisers f	borgenärssammanträde	zgormadzenie wierzycieli n	schůze věřitelů f	hitelezők gyűlése
globalização f	globalisering f	globalisering	globalizacja f	globalizace f	globalizálódás
globalização f	—	globalisering	globalizacja f	globalizace f	globalizálódás
globalização f	globalisering f	—	globalizacja f	globalizace f	globalizálódás
globalização f	globalisering f	globalisering	globalizacja f	globalizace f	globalizálódás
—	globalisering f	globalisering	globalizacja f	globalizace f	globalizálódás
globalização f	globalisering f	globalisering	globalizacja f	—	globalizálódás
globalização f	globalisering f	globalisering	globalizacja f	globalizace f	globalizálódás

globalizacja 438

	D	E	F	I	ES
globalizacja (PL)	Globalisierung f	globalisation	mondialisation f	globalizzazione f	globalización f
globalizálódás (H)	Globalisierung f	globalisation	mondialisation f	globalizzazione f	globalización f
globalizzazione (I)	Globalisierung f	globalisation	mondialisation f	—	globalización f
globalna cena nabycia (PL)	Einstandspreis m	cost price	prix coûtant m	prezzo di costo m	precio de coste m
godkännande av leverans (SV)	Abnahme f	acceptance	réception f	accettazione f	aceptación f
godkännande av leverans (SV)	Annahme f	acceptance	acceptation f	accettazione f	aceptación f
gods (SV)	Güter n/pl	goods	biens m/pl	beni m/pl	bienes m/pl
godstariff (SV)	Gütertarif m	goods tariff	tarif marchandises m	tariffa merci f	tarifa de transporte f
godziny pracy (PL)	Geschäftszeit f	business hours	heures d'ouverture f/pl	orario d'apertura m	hora de despacho f/pl
goederen (NL)	Güter n/pl	goods	biens m/pl	beni m/pl	bienes m/pl
goederen (NL)	Ware f	goods	marchandise f	merce f	mercancía f
goederenopslag (NL)	Einlagerung f	storage	entreposage m	immagazzinamento m	almacenamiento m
goederentarief (NL)	Gütertarif m	goods tariff	tarif marchandises m	tariffa merci f	tarifa de transporte f
goederentermijnbeurs (NL)	Warenterminbörse f	commodity futures exchange	bourse de marchandises à livrer f	borsa merci a termine f	bolsa de mercancías a plazo m
goederentermijntransactie (NL)	Warentermingeschäft f	forward merchandise dealings	opération de livraison à terme f	operazione a termine su merci f	operación de futuro de mercancías f
goederenvervoer (NL)	Beförderung (von Waren) f	transportation	transport m	spedizione f	transporte m
goederenverzending (NL)	Abfertigung f	dispatch	expédition f	spedizione f	despacho m
goederenverzending (NL)	Warensendung f	consignment of goods	expédition de marchandises f	spedizione di merci f	envío de mercancías m
goederenvoorraad (NL)	Warenbestand m	stock	stock de marchandises m	scorte merci f/pl	existencias f/pl
goedkeuring (NL)	Genehmigung f	permission	autorisation f	autorizzazione f	autorización f
goedkoop (NL)	preiswert	inexpensive	avantageux	a buon mercato	barato
Gold (D)	—	gold	or m	oro m	oro m
gold (E)	Gold n	—	or m	oro m	oro m
gold bar (E)	Goldbarren m	—	lingot d'or m	lingotto d'oro m	lingote de oro m
Goldbarren (D)	—	gold bar	lingot d'or m	lingotto d'oro m	lingote de oro m
gold currency (E)	Goldwährung f	—	monnaie à couverture or f	valuta aurea f	moneda oro f
gold market (E)	Goldmarkt m	—	marché de l'or m	mercato dell'oro m	mercado del oro m
Goldmarkt (D)	—	gold market	marché de l'or m	mercato dell'oro m	mercado del oro m
Goldpreis (D)	—	gold price	prix de l'or m	prezzo dell'oro m	precio del oro m
gold price (E)	Goldpreis m	—	prix de l'or m	prezzo dell'oro m	precio del oro m
Goldstandard (D)	—	gold standard	étalon or m	tallone aureo m	patrón-oro m
gold standard (E)	Goldstandard m	—	étalon or m	tallone aureo m	patrón-oro m
Goldwährung (D)	—	gold currency	monnaie à couverture or f	valuta aurea f	moneda oro f
göngyölegsúly (H)	Tara f	tare	tare f	tara f	tara f
goniec pospieszny (PL)	Eilbote m	express messenger	facteur spécial m	corriere m	expreso m
goods (E)	Güter n/pl	—	biens m/pl	beni m/pl	bienes m/pl
goods (E)	Ware f	—	marchandise f	merce f	mercancía f
goods tariff (E)	Gütertarif m	—	tarif marchandises m	tariffa merci f	tarifa de transporte f
gorjeta (P)	Bedienungsgeld n	service charge	pourboire m	diritto di servizio m	propina f
görög (nyelv) (H)	Griechisch	Greek	grec	greco	griego m
Görögország (H)	Griechenland	Greece	Grèce	Grecia f	Grecia
görög(ül) (H)	griechisch	Greek	grec	greco	griego
gospodarka (PL)	Wirtschaft f	economy	économie f	economia f	economía f
gospodarka budowlana (PL)	Bauwirtschaft f	building and contracting industry	industrie du bâtiment f	edilizia f	sector de la construcción m
gospodarka narodowa (PL)	Volkswirtschaft f	national economy	économie nationale f	economia politica f	economía nacional f

gospodarka narodowa

P	NL	SV	PL	CZ	H
globalização f	globalisering f	globalisering	—	globalizace f	globalizálódás
globalização f	globalisering f	globalisering	globalizacja f	globalizace f	—
globalização f	globalisering f	globalisering	globalizacja f	globalizace f	globalizálódás
preço de custo m	kostprijs m	självkostnadspris	—	pořizovací cena f	bekerülési ár
aceitação f	afname f	—	odbiór m	odebrání n	átvétel
aceitação f	in ontvangstneming f	—	przyjęcie n	přijetí n	elfogadás
bens m/pl	goederen n/pl	—	towary m/pl	zboží n	áruk
tarifa de comércio f	goederentarief n	—	taryfa towarowa f	sazba zboží f	árudíjszabás
horas de expediente f/pl	kantooruren n/pl	öppningstider	—	obchodní doba f	hivatalos idő
bens m/pl	—	gods	towary m/pl	zboží n	áruk
mercadoria f	—	vara	towar m	zboží n	áru
armazenamento m	—	förvaring	składowanie n	uskladnění n	beraktározás
tarifa de comércio f	—	godstariff	taryfa towarowa f	sazba zboží f	árudíjszabás
bolsa de futuros sobre mercadorias f	—	råvaruterminsmarknad	giełda towarowych transakcji terminowych f	termínová burza zboží f	határidős árutőzsde
transacção de mercadorias a prazo f	—	råvaruterminsaffär	terminowa transakcja towarowa f	termínový obchod se zbožím m	határidős áruüzlet
transporte m	—	transport	transport m	doprava f	fuvarozás
expedição f	—	leverans	spedycja f	odbavení n	továbbítás
remessa de mercadorias f	—	leverans	wysyłka towarów f	zásilka zboží f	áruküldemény
estoque de mercadorias m	—	inneliggande varulager	zasób towarów m	zásoba zboží f	árukészlet
autorização f	—	tillstånd	zezwolenie n	schválení n	engedély
barato	—	prisvärd	niedrogi	cenově výhodný	kedvező árú
ouro m	goud n	guld	złoto n	zlato n	arany
ouro m	goud n	guld	złoto n	zlato n	arany
barra de ouro f	goudstaaf f	guldtacka	sztabka złota f	zlatý prut m	aranyrúd
barra de ouro f	goudstaaf f	guldtacka	sztabka złota f	zlatý prut m	aranyrúd
padrão-ouro da moeda m	goudstandaard m	guldvaluta	waluta w złocie f	zlatá měna f	aranyvaluta
mercado do ouro m	goudmarkt f	guldmarknad	rynek złota m	trh zlata m	aranypiac
mercado do ouro m	goudmarkt f	guldmarknad	rynek złota m	trh zlata m	aranypiac
preço do ouro m	goudprijs m	guldpris	cena złota f	cena zlata f	aranyár
preço do ouro m	goudprijs m	guldpris	cena złota f	cena zlata f	aranyár
padrão-ouro m	goudstandaard m	guldstandard	waluta złota f	zlatý standard m	aranyalap
padrão-ouro m	goudstandaard m	guldstandard	waluta złota f	zlatý standard m	aranyalap
padrão-ouro da moeda m	goudstandaard m	guldvaluta	waluta w złocie f	zlatá měna f	aranyvaluta
tara f	tarra f	tara	tara f	tára f	—
mensageiro expresso m	koerier m	kurir	—	kurýr m	gyorsfutár
bens m/pl	goederen n/pl	gods	towary m/pl	zboží n	áruk
mercadoria f	goederen n/pl	vara	towar m	zboží n	áru
tarifa de comércio f	goederentarief n	godstariff	taryfa towarowa f	sazba zboží f	árudíjszabás
—	fooi f/m	dricks	pole obsługi n	spropitné n	borravaló
grego	Grieks	grekisk	grecki	řecký	—
Grécia f	Griekenland	Grekland	Grecja f	Řecko n	—
grego	Grieks	grekiska	język grecki m	řečtina f	—
economia f	economie f	ekonomi	—	hospodářství n	gazdaság
indústria da construção f	bouwnijverheid f	byggnadsindustri	—	stavebnictví n	építőipar
economia nacional f	nationale economie f	nationalekonomi	—	národní hospodářství n	nemzetgazdaság

gospodarka odpadami 440

	D	E	F	I	ES
gospodarka odpadami (PL)	Abfallwirtschaft f	waste management	industrie de déchets f	industria dei rifiuti f	industria de desperdicios f
gospodarka planowa (PL)	Planwirtschaft f	planned economy	économie planifiée f	economia pianificata f	economía planificada f
gospodarka przedsiębiorstw (PL)	Betriebswirtschaftslehre f	business administration	sciences de gestion f/pl	economia aziendale f	teoría de la empresa f
gospodarka rolna (PL)	Agrarwirtschaft f	rural economy	économie agricole f	economia agraria f	economía agraria f
gospodarka rynkowa (PL)	Marktwirtschaft f	market economy	économie de marché f	economia di mercato f	economía de mercado f
gospodarka światowa (PL)	Weltwirtschaft f	world economy	économie mondiale f	economia mondiale f	economía mundial f
gotowe do odbioru (PL)	abholbereit	ready for collection	prêt pour enlèvement	pronto per il ritiro	listo para la recogida
gotówką (PL)	bar	cash	au comptant	in contanti	al contado
gotówka (PL)	Bargeld n	cash	argent comptant m	denaro contante m	dinero efectivo m
gotówką (PL)	in bar	in cash	au comptant	in contanti	en efectivo
gotówka zagraniczna (PL)	Sorten pl	foreign notes and coins	genres m/pl	valute estere f/pl	monedas extranjeras f/pl
gotowy do dostawy (PL)	lieferbar	available	livrable	consegnabile	suministrable
gotowy do wysyłki (PL)	versandbereit	ready for dispatch	prêt pour expédition	pronto per la spedizione	listo para ser expedido
goud (NL)	Gold n	gold	or m	oro m	oro m
goudmarkt (NL)	Goldmarkt m	gold market	marché de l'or m	mercato dell'oro m	mercado del oro m
goudprijs (NL)	Goldpreis m	gold price	prix de l'or m	prezzo dell'oro m	precio del oro m
goudstaaf (NL)	Goldbarren m	gold bar	lingot d'or m	lingotto d'oro m	lingote de oro m
goudstandaard (NL)	Goldstandard m	gold standard	étalon or m	tallone aureo m	patrón-oro m
goudstandaard (NL)	Goldwährung f	gold currency	monnaie à couverture or f	valuta aurea f	moneda oro f
government loan (E)	Staatsanleihen f/pl	—	emprunt d'Etat m	titoli pubblici m/pl	empréstito estatal m
graad van tewerkstelling (NL)	Beschäftigungsgrad m	level of employment	taux d'emploi m	tasso d'occupazione m	tasa de empleo f
grade (E)	Güteklasse f	—	catégorie de qualité f	classe di qualità f	categoría de calidad f
grade (E)	Handelsklasse f	—	catégorie de produits f	categoria commerciale f	clase f
graderat pris (SV)	Staffelpreis m	graduated price	prix échelonné m	prezzo differenziato m	precios progresivos m/pl
grado de utilización (ES)	Auslastungsgrad m	degree of utilisation	degré de saturation m	grado di utilizzazione m	—
grado di utilizzazione (I)	Auslastungsgrad m	degree of utilisation	degré de saturation m	—	grado de utilización m
graduated price (E)	Staffelpreis m	—	prix échelonné m	prezzo differenziato m	precios progresivos m/pl
grający na zwyżkę (PL)	Haussier m	bull	haussier m	speculatore al rialzo m	alcista m
gran almacén (ES)	Kaufhaus n	department store	grand magasin m	grande magazzino m	—
gran almacén (ES)	Warenhaus n	department store	grand magasin m	grande magazzino m	—
grande armazém (P)	Kaufhaus n	department store	grand magasin m	grande magazzino m	gran almacén m
grande magazzino (I)	Kaufhaus n	department store	grand magasin m	—	gran almacén m
grande magazzino (I)	Warenhaus n	department store	grand magasin m	—	gran almacén m
grand magasin (F)	Kaufhaus n	department store	—	grande magazzino m	gran almacén m
grand magasin (F)	Warenhaus n	department store	—	grande magazzino m	gran almacén m
granica celna (PL)	Zollgrenze f	customs frontier	frontière douanière f	confine doganale m	frontera aduanera f
granskning (SV)	Einsichtnahme f	inspection	inspection des livres comptables f	visura f	inspección f
granskning (SV)	Prüfung f	examination	vérification f	controllo m	verificación f
granskning från skattemyndighetssida (SV)	Betriebsprüfung f	fiscal audit of operating results	contrôle fiscal de l'entreprise f	revisione aziendale f	inspección de la explotación f
gränsvärde (SV)	Grenzwert f	limiting value	valeur marginale f	valore limite m	valor límite m

gränsvärde

P	NL	SV	PL	CZ	H
gestão dos desperdícios f	afvalindustrie f	återvinningsindustri	—	hospodaření s odpady n	hulladékgazdálkodás
economia planificada f	planeconomie f	planekonomi	—	plánované hospodářství n	tervgazdaság
ciência da administração de empresas f	bedrijfseconomie f	företagsekonomi	—	nauka o podnikovém hospodářství f	üzemgazdaságtan
economia agrária f	landhuishoudkunde f	jordbruk	—	zemědělské hospodářství n	mezőgazdaság
economia de mercado f	markteconomie f	marknadsekonomi	—	tržní hospodářství n	piacgazdaság
economia mundial f	wereldeconomie f	världsekonomi	—	světové hospodářství n	világgazdaság
disponível	klaar voor afhaling	färdig att avhämtas	—	připraven k vyzvednutí	elvitelre kész
a dinheiro	contant	kontant	—	hotovostní	készpénzben
dinheiro de contado m	contant geld n	kontanter pl	—	hotovost f	készpénz
em dinheiro	contant	kontant	—	v hotovosti f	készpénzben
moedas estrangeiras f/pl	deviezen n/pl	valuta	—	druhy m/pl	külföldi bankjegyek és pénzérmék
disponível para entrega	leverbaar	på lager	—	k dodání	szállítható
pronto para ser expedido	klaar voor verzending	färdig för leverans	—	připravený k expedici	szállításra kész
ouro m	—	guld	złoto n	zlato n	arany
mercado do ouro m	—	guldmarknad	rynek złota m	trh zlata m	aranypiac
preço do ouro m	—	guldpris	cena złota f	cena zlata f	aranyár
barra de ouro f	—	guldtacka	sztabka złota f	zlatý prut m	aranyrúd
padrão-ouro m	—	guldstandard	waluta złota f	zlatý standard m	aranyalap
padrão-ouro da moeda m	—	guldvaluta	waluta w złocie f	zlatá měna f	aranyvaluta
empréstimo estatal m	staatslening f	statliga lån pl	pożyczka państwowa f	státní půjčky f/pl	államkölcsön
taxa de emprego f	—	sysselsättningsnivå	poziom zatrudnienia m	stupeň zaměstnanosti m	foglalkoztatás szintje
categoria de qualidade f	kwaliteitsklasse f	kvalitetskategori	klasa jakości f	jakostní třída f	minőségi osztály
categoria de produtos f	handelsklasse f	handelsklass	jakość sprzedażna f	obchodní třída f	minőségi osztály
preço progressivo m	schaalprijs m	—	cena ruchoma f	odstupňovaná cena f	lépcsőzetes árskála
taxa de utilização das capacidades f	benuttingsgraad m	kapacitetsutnyttjande	stopień wykorzystania m	stupeň vytížení m	kihasználtsági fok
taxa de utilização das capacidades f	benuttingsgraad m	kapacitetsutnyttjande	stopień wykorzystania m	stupeň vytížení m	kihasználtsági fok
preço progressivo m	schaalprijs m	graderat pris	cena ruchoma f	odstupňovaná cena f	lépcsőzetes árskála
especulador altista m	haussespeculant m	haussespekulant	—	spekulant m	hossz-spekuláns
grande armazém m	warenhuis n	varuhus	dom towarowy m	obchodní dům m	áruház
armazém m	warenhuis n	varuhus	dom towarowy m	obchodní dům m	áruház
—	warenhuis n	varuhus	dom towarowy m	obchodní dům m	áruház
grande armazém m	warenhuis n	varuhus	dom towarowy m	obchodní dům m	áruház
armazém m	warenhuis n	varuhus	dom towarowy m	obchodní dům m	áruház
grande armazém m	warenhuis n	varuhus	dom towarowy m	obchodní dům m	áruház
armazém m	warenhuis n	varuhus	dom towarowy m	obchodní dům m	áruház
limite aduaneiro f	douanegrens f	tullgräns	—	celní hranice f	vámhatár
inspecção f	inzage f/n	—	wgląd m	nahlédnutí n	betekintés
verificação f	verificatie f	—	badanie n	zkouška f	vizsgálat
investigação pelas autoridades fiscais f	fiscale bedrijfscontrole f/m	—	kontrola podatkowa f	kontrola podnikuf	revízió
valor limite m	grenswaarde f	—	wartość graniczna f	mezní hodnota f	határérték

gratifica

	D	E	F	I	ES
gratifica (I)	Gratifikation f	bonus	gratification f	—	gratificación f
gratificação (P)	Gratifikation f	bonus	gratification f	gratifica f	gratificación f
gratificação (P)	Zuwendung f	bestowal	affectation f	assegnazione f	gratificación f
gratificación (ES)	Bonus m	bonus	bonification f	premio m	—
gratificación (ES)	Gratifikation f	bonus	gratification f	gratifica f	—
gratificación (ES)	Sondervergütung f	special allowance	rémunération spéciale f	compenso straordinario m	—
gratificación (ES)	Zuwendung f	bestowal	affectation f	assegnazione f	—
gratificatie (NL)	Gratifikation f	bonus	gratification f	gratifica f	gratificación f
gratificatie (NL)	Sondervergütung f	special allowance	rémunération spéciale f	compenso straordinario m	gratificación f
gratificatie (NL)	Zulage f	extra pay	prime f	premio m	suplemento m
gratification (F)	Gratifikation f	bonus	—	gratifica f	gratificación f
gratification de fin d'année (F)	Weihnachtsgeld n	Christmas money	—	tredicesima f	prima de navidad f
Gratifikation (D)	—	bonus	gratification f	gratifica f	gratificación f
gratifikation (SV)	Gratifikation f	bonus	gratification f	gratifica f	gratificación f
gratis (D)	—	free of charge	gratuit	gratuito	gratis
gratis (ES)	gratis	free of charge	gratuit	gratuito	—
gratis (NL)	kostenlos	free of charge	gratuit	gratuito	gratuito
gratis (NL)	unentgeltlich	free of charge	à titre gracieux	gratuito	gratuito
gratis (NL)	gratis	free of charge	gratuit	gratuito	gratis
gratis (SV)	kostenlos	free of charge	gratuit	gratuito	gratuito
gratis (SV)	gratis	free of charge	gratuit	gratuito	gratis
gratuit (F)	kostenlos	free of charge	—	gratuito	gratuito
gratuit (F)	gratis	free of charge	—	gratuito	gratis
gratuito (I)	kostenlos	free of charge	gratuit	—	gratuito
gratuito (I)	unentgeltlich	free of charge	à titre gracieux	—	gratuito
gratuito (I)	gratis	free of charge	gratuit	—	gratis
gratuito (ES)	kostenlos	free of charge	gratuit	gratuito	—
gratuito (ES)	unentgeltlich	free of charge	à titre gracieux	gratuito	—
gratuito (P)	unentgeltlich	free of charge	à titre gracieux	gratuito	gratuito
gratuito (P)	gratis	free of charge	gratuit	gratuito	gratis
gratyfikacja (PL)	Gratifikation f	bonus	gratification f	gratifica f	gratificación f
gratyfikacja (PL)	Zuwendung f	bestowal	affectation f	assegnazione f	gratificación f
gravamen (ES)	Belastung f	charge	charge f	addebito m	—
grec (F)	Griechisch	Greek	—	greco	griego m
grec (F)	griechisch	Greek	—	greco	griego
Grèce (F)	Griechenland	Greece	—	Grecia f	Grecia
Grecia (I)	Griechenland	Greece	Grèce	—	Grecia
Grecia (ES)	Griechenland	Greece	Grèce	Grecia f	—
Grécia (P)	Griechenland	Greece	Grèce	Grecia f	Grecia
Grecja (PL)	Griechenland	Greece	Grèce	Grecia f	Grecia
grecki (PL)	Griechisch	Greek	grec	greco	griego m
greco (I)	Griechisch	Greek	grec	—	griego m
greco (I)	griechisch	Greek	grec	—	griego
Greece (E)	Griechenland	—	Grèce	Grecia f	Grecia
Greek (E)	Griechisch	—	grec	greco	griego m
Greek (E)	griechisch	—	grec	greco	griego
grego (P)	Griechisch	Greek	grec	greco	griego m
grego (P)	griechisch	Greek	grec	greco	griego
grekisk (SV)	Griechisch	Greek	grec	greco	griego m
grekiska (SV)	griechisch	Greek	grec	greco	griego

grekiska

P	NL	SV	PL	CZ	H
gratificação f	gratificatie f	gratifikation	gratyfikacja f	zvláštní sleva za odměnu f	prémium
—	gratificatie f	gratifikation	gratyfikacja f	zvláštní sleva za odměnu f	prémium
—	toewijzing f	gåva	gratyfikacja f	dotace f	ráfordítás
bónus	bonus m	bonus	rabat od obrotów m	bonus m	bónusz
gratificação f	gratificatie f	gratifikation	gratyfikacja f	zvláštní sleva za odměnu f	prémium
remuneração extraordinária f	gratificatie f	specialarvode	wynagrodzenie specjalne n	mimořádná odměna f	külön díjazás
gratificação f	toewijzing f	gåva	gratyfikacja f	dotace f	ráfordítás
gratificação f	—	gratifikation	gratyfikacja f	zvláštní sleva za odměnu f	prémium
remuneração extraordinária f	—	specialarvode	wynagrodzenie specjalne n	mimořádná odměna f	külön díjazás
prémio m	—	påökning	dodatek do płacy m	příplatek m	pótlék
gratificação f	gratificatie f	gratifikation	gratyfikacja f	zvláštní sleva za odměnu f	prémium
subsídio de natal m	Kerstgratificatie f	jultillägg	trzynasta pensja f	třináctý plat m	karácsonyi jutalom
gratificação f	gratificatie f	gratifikation	gratyfikacja f	zvláštní sleva za odměnu f	prémium
gratificação f	gratificatie f	—	gratyfikacja f	zvláštní sleva za odměnu f	prémium
gratuito	gratis	gratis	bezpłatnie	zdarma	ingyenes
gratuito	gratis	gratis	bezpłatnie	zdarma	ingyenes
livre de despesas	—	gratis	bezpłatny	bezplatně	ingyen(es)
gratuito	—	utan ersättning	nieodpłatnie	zdarma	ingyen(es)
gratuito	—	gratis	bezpłatnie	zdarma	ingyenes
livre de despesas	gratis	—	bezpłatny	bezplatně	ingyen(es)
gratuito	gratis	—	bezpłatnie	zdarma	ingyenes
livre de despesas	gratis	gratis	bezpłatny	bezplatně	ingyen(es)
gratuito	gratis	gratis	bezpłatnie	zdarma	ingyenes
livre de despesas	gratis	gratis	bezpłatny	bezplatně	ingyen(es)
gratuito	gratis	utan ersättning	nieodpłatnie	zdarma	ingyen(es)
gratuito	gratis	gratis	bezpłatnie	zdarma	ingyenes
livre de despesas	gratis	gratis	bezpłatny	bezplatně	ingyen(es)
gratuito	gratis	utan ersättning	nieodpłatnie	zdarma	ingyen(es)
—	gratis	utan ersättning	nieodpłatnie	zdarma	ingyen(es)
—	gratis	gratis	bezpłatnie	zdarma	ingyenes
gratificação f	gratificatie f	gratifikation	—	zvláštní sleva za odměnu f	prémium
gratificação f	toewijzing f	gåva	—	dotace f	ráfordítás
carga f	belasting f	debitering	obciążenie n	zatížení n	megterhelés
grego	Grieks	grekisk	grecki	řecký	görög (nyelv)
grego	Grieks	grekiska	język grecki m	řečtina f	görög(ül)
Grécia f	Griekenland	Grekland	Grecja f	Řecko n	Görögország
Grécia f	Griekenland	Grekland	Grecja f	Řecko n	Görögország
Grécia f	Griekenland	Grekland	Grecja f	Řecko n	Görögország
—	Griekenland	Grekland	Grecja f	Řecko n	Görögország
Grécia f	Griekenland	Grekland	—	Řecko n	Görögország
grego	Grieks	grekisk	—	řecký	görög (nyelv)
grego	Grieks	grekisk	grecki	řecký	görög (nyelv)
grego	Grieks	grekiska	język grecki m	řečtina f	görög(ül)
Grécia f	Griekenland	Grekland	Grecja f	Řecko n	Görögország
grego	Grieks	grekisk	grecki	řecký	görög (nyelv)
grego	Grieks	grekiska	język grecki m	řečtina f	görög(ül)
—	Grieks	grekisk	grecki	řecký	görög (nyelv)
—	Grieks	grekiska	język grecki m	řečtina f	görög(ül)
grego	Grieks	—	grecki	řecký	görög (nyelv)
grego	Grieks	—	język grecki m	řečtina f	görög(ül)

Grekland

	D	E	F	I	ES
Grekland (SV)	Griechenland	Greece	Grèce	Grecia f	Grecia
grenswaarde (NL)	Grenzwert f	limiting value	valeur marginale f	valore limite m	valor límite m
Grenzkostenrechnung (D)	—	marginal costing	détermination du coût marginal f	determinazione dei costi marginali f	cálculo de los costes marginales m
Grenzwert (D)	—	limiting value	valeur marginale f	valore limite m	valor límite m
greve (P)	Streik m	strike	grève f	sciopero m	huelga f
grève (F)	Streik m	strike	—	sciopero m	huelga f
grève générale (F)	Generalstreik m	general strike	—	sciopero generale m	huelga general f
greve geral (P)	Generalstreik m	general strike	grève générale f	sciopero generale m	huelga general f
Griechenland (D)	—	Greece	Grèce	Grecia f	Grecia
Griechisch (D)	—	Greek	grec	greco	griego m
griechisch (D)	—	Greek	grec	greco	griego
griego (ES)	Griechisch	Greek	grec	greco	—
griego (ES)	griechisch	Greek	grec	greco	—
Griekenland (NL)	Griechenland	Greece	Grèce	Grecia f	Grecia
Grieks (NL)	Griechisch	Greek	grec	greco	griego m
Grieks (NL)	griechisch	Greek	grec	greco	griego
groei (NL)	Wachstum n	growth	croissance f	crescita f	crecimiento m
groeicijfer (NL)	Wachstumsrate f	rate of growth	taux d'accroissement m	tasso di crescita f	tasa de crecimiento f
grondstof (NL)	Rohstoff m	raw material	matières premières f/pl	materia prima f	materia prima f
grondstoffenschaarste (NL)	Rohstoffknappheit f	raw material shortage	pénurie de matières premières f	scarsità di materie prime f	escasez de materias primas f
groothandel (NL)	Großhandel m	wholesale trade	commerce de gros m	commercio all'ingrosso m	comercio mayorista m
groothandel (NL)	Großmarkt m	wholesale market	marché de gros m	mercato all'ingrosso m	hipermercado m
groothandelaar (NL)	Grossist m	wholesaler	grossiste m	grossista m	mayorista m
groothandelsprijs (NL)	Großhandelspreis m	wholesale price	prix de gros m	prezzo all'ingrosso m	precio mayorista m
Großauftrag (D)	—	large-scale order	grosse commande f	ordine consistente m	pedido importante m
gross domestic product (E)	Bruttoinlandsprodukt n	—	produit intérieur brut m	prodotto interno lordo m	producto interior bruto m
grosse commande (F)	Großauftrag m	large-scale order	—	ordine consistente m	pedido importante m
Großhandel (D)	—	wholesale trade	commerce de gros m	commercio all'ingrosso m	comercio mayorista m
Großhandelspreis (D)	—	wholesale price	prix de gros m	prezzo all'ingrosso m	precio mayorista m
Grossist (D)	—	wholesaler	grossiste m	grossista m	mayorista m
grossist (SV)	Grossist m	wholesaler	grossiste m	grossista m	mayorista m
grossista (I)	Grossist m	wholesaler	grossiste m	—	mayorista m
grossista (P)	Grossist m	wholesaler	grossiste m	grossista m	mayorista m
grossiste (F)	Grossist m	wholesaler	—	grossista m	mayorista m
Großmarkt (D)	—	wholesale market	marché de gros m	mercato all'ingrosso m	hipermercado m
gross national product (E)	Bruttosozialprodukt n	—	produit national brut m	reddito nazionale lordo m	producto nacional bruto m
gross pay (E)	Bruttolohn m	—	salaire brut m	salario lordo m	salario bruto m
gross price (E)	Bruttopreis m	—	prix brut m	prezzo lordo m	precio bruto m
gross profit on sales (E)	Rohgewinn m	—	bénéfice brut m	utile lordo m	ganancia bruta f
group (E)	Konzern m	—	groupe industriel m	gruppo industriale m	consorcio m
groupage-vervoer (NL)	Sammeltransport m	collective transport	transport groupé m	trasporto a collettame m	transporte colectivo m
groupe cible (F)	Zielgruppe f	target group	—	gruppo target m	grupo destinatario m
groupe industriel (F)	Konzern m	group	—	gruppo industriale m	consorcio m
growth (E)	Wachstum n	—	croissance f	crescita f	crecimiento m
grundande (SV)	Gründung f	formation	constitution f	costituzione f	fundación f
grundinkomst (SV)	Basiseinkommen n	basic income	revenu de base m	introiti base m/pl	salario base m

grundinkomst

P	NL	SV	PL	CZ	H
Grécia f	Griekenland	—	Grecja f	Řecko n	Görögország
valor limite m	—	gränsvärde	wartość graniczna f	mezní hodnota f	határérték
cálculo dos custos marginais m	berekening van de marginale kosten f	bidragskalkyl	rachunek kosztów krańcowych m	mezní navýšení nákladů n	határköltség-számítás
valor limite m	grenswaarde f	gränsvärde	wartość graniczna f	mezní hodnota f	határérték
—	staking f	strejk	strajk m	stávka f	sztrájk
greve f	staking f	strejk	strajk m	stávka f	sztrájk
greve geral f	algemene staking f	generalstrejk	strajk generalny m	generální stávka f	általános sztrájk
—	algemene staking f	generalstrejk	strajk generalny m	generální stávka f	általános sztrájk
Grécia f	Griekenland	Grekland	Grecja f	Řecko n	Görögország
grego	Grieks	grekisk	grecki	řecký	görög (nyelv)
grego	Grieks	grekiska	język grecki m	řečtina f	görög(ül)
grego	Grieks	grekisk	grecki	řecký	görög (nyelv)
grego	Grieks	grekiska	język grecki m	řečtina f	görög(ül)
Grécia f	—	Grekland	Grecja f	Řecko n	Görögország
grego	—	grekisk	grecki	řecký	görög (nyelv)
grego	—	grekiska	język grecki m	řečtina f	görög(ül)
crescimento m	—	tillväxt	wzrost m	růst m	növekedés
taxa de crescimento f	—	tillväxttakt	stopa wzrostu f	míra růstu f	növekedési ütem
matéria-prima f	—	råvara	surowiec m	surovina f	nyersanyag
escassez de matéria-prima f	—	råvarubrist	niedostatek surowca m	nedostatek surovin m	nyersanyagszűke
comércio por grosso m	—	partihandel	handel hurtowy m	velkoobchod m	nagykereskedelem
mercado central m	—	stormarknad	targowisko hurtowe n	velkoobchodní trh m	nagybani piac
grossista m	—	grossist	hurtownik m	velkoobchodník m	nagykereskedő
preço por atacado m	—	partipris	cena hurtowa f	velkoobchodní cena f	nagykereskedelmi ár
encomenda em grande quantidade f	mammoetorder f	stororder	zamówienie wielkoskalowe n	zakázka velkého rozsahu f	nagy megrendelés
produto interno bruto m	bruto binnenlands product n	bruttonationalprodukt	produkt krajowy brutto m	hrubý domácí produkt m	bruttó hazai termék
encomenda em grande quantidade f	mammoetorder f	stororder	zamówienie wielkoskalowe n	zakázka velkého rozsahu f	nagy megrendelés
comércio por grosso m	groothandel m	partihandel	handel hurtowy m	velkoobchod m	nagykereskedelem
preço por atacado m	groothandelsprijs m	partipris	cena hurtowa f	velkoobchodní cena f	nagykereskedelmi ár
grossista m	groothandelaar m	grossist	hurtownik m	velkoobchodník m	nagykereskedő
grossista m	groothandelaar m	—	hurtownik m	velkoobchodník m	nagykereskedő
grossista m	groothandelaar m	grossist	hurtownik m	velkoobchodník m	nagykereskedő
—	groothandelaar m	grossist	hurtownik m	velkoobchodník m	nagykereskedő
grossista m	groothandelaar m	grossist	hurtownik m	velkoobchodník m	nagykereskedő
mercado central m	groothandel m	stormarknad	targowisko hurtowe n	velkoobchodní trh m	nagybani piac
produto nacional bruto m	bruto nationaal product n	bruttonationalprodukt	produkt narodowy brutto m	hrubý společenský produkt m	bruttó társadalmi termék
salário bruto m	brutoloon n	bruttolön	płaca brutto f	hrubá mzda f	bruttó bér
preço bruto m	brutoprijs m	bruttopris	cena brutto f	hrubá cena f	bruttó ár
lucro bruto m	brutowinst f	bruttoöverskott	zysk brutto m	hrubý zisk m	bruttó nyereség
grupo m	concern n	koncern	koncern m	koncern m	konszern
transporte colectivo m	—	samtransport	transport zbiorowy m	skupinová doprava f	gyűjtőszállítás
grupo objectivo m	doelgroep f	målgrupp	grupa docelowa f	cílová skupina f	célcsoport
grupo m	concern n	koncern	koncern m	koncern m	konszern
crescimento m	groei m	tillväxt	wzrost m	růst m	növekedés
fundação f	oprichting f	—	założenie n	založení n	alapítás
rendimento base m	basisinkomen n	—	dochód podstawowy m	základní příjem m	alapjövedelem

Grundkapital

	D	E	F	I	ES
Grundkapital (D)	—	capital stock	capital social *m*	capitale iniziale *m*	capital inicial *m*
grundkapital (SV)	Anfangskapital *n*	opening capital	capital initial *m*	capitale iniziale *m*	capital inicial *m*
grundlön (SV)	Basislohn *m*	basic wage	salaire de référence *m*	salario base *m*	sueldo base *m*
Grundstück (D)	—	real estate	terrain *m*	terreno *m*	terreno *m*
Gründung (D)	—	formation	constitution *f*	costituzione *f*	fundación *f*
grunt budowlany (PL)	Bauland *n*	building site	terrain de construction *m*	area edificabile *f*	terreno edificable *m*
grupa docelowa (PL)	Zielgruppe *f*	target group	groupe cible *m*	gruppo target *m*	grupo destinatario *m*
grupo (P)	Konzern *m*	group	groupe industriel *m*	gruppo industriale *m*	consorcio *m*
grupo destinatario (ES)	Zielgruppe *f*	target group	groupe cible *m*	gruppo target *m*	—
grupo objectivo (P)	Zielgruppe *f*	target group	groupe cible *m*	gruppo target *m*	grupo destinatario *m*
gruppo industriale (I)	Konzern *m*	group	groupe industriel *m*	—	consorcio *m*
gruppo target (I)	Zielgruppe *f*	target group	groupe cible *m*	—	grupo destinatario *m*
grzywna (PL)	Bußgeld *n*	penalty	amende *f*	pena pecuniaria *f*	multa *f*
grzywna (PL)	Geldbuße *f*	fine	amende *f*	pena pecuniaria *f*	multa *f*
guarantee (E)	Bürgschaft *f*	—	caution *f*	garanzia (fidejussoria) *f*	fianza *f*
guarantor (E)	Bürge *m*	—	garant *m*	fideiussore *m*	fiador *m*
guarda-livros (P)	Buchhalter *m*	book-keeper	comptable *m*	ragioniere *m*	contable *m*
guia de armazenagem (P)	Lagerschein *m*	warehouse warrant	certificat de dépot *m*	ricevuta di deposito *f*	resguardo de almacén *m*
guia de carregamento (P)	Ladeschein *f*	bill of lading	avis de chargement *m*	bolletta di carico *f*	póliza de carga *f*
guia de remessa (P)	Lieferschein *m*	delivery note	bulletin de livraison *m*	bolla di consegna *f*	recibo de entrega *m*
guias de transporte (P)	Transportpapiere *n/pl*	transport documents	documents de transport *m/pl*	documenti di trasporto *m/pl*	documentos de transporte *m/pl*
guld (SV)	Gold *n*	gold	or *m*	oro *m*	oro *m*
guldmarknad (SV)	Goldmarkt *m*	gold market	marché de l'or *m*	mercato dell'oro *m*	mercado del oro *m*
guldpris (SV)	Goldpreis *m*	gold price	prix de l'or *m*	prezzo dell'oro *m*	precio del oro *m*
guldstandard (SV)	Goldstandard *m*	gold standard	étalon or *m*	tallone aureo *m*	patrón-oro *m*
guldtacka (SV)	Goldbarren *m*	gold bar	lingot d'or *m*	lingotto d'oro *m*	lingote de oro *m*
guldvaluta (SV)	Goldwährung *f*	gold currency	monnaie à couverture or *f*	valuta aurea *f*	moneda oro *f*
Güteklasse (D)	—	grade	catégorie de qualité *f*	classe di qualità *f*	categoría de calidad *f*
Güter (D)	—	goods	biens *m/pl*	beni *m/pl*	bienes *m/pl*
Gütertarif (D)	—	goods tariff	tarif marchandises *m*	tariffa merci *f*	tarifa de transporte *f*
Guthaben (D)	—	assets	avoir *m*	saldo attivo *m*	haber *m*
Gutschrift (D)	—	credit	crédit *m*	accredito *m*	abono *m*
gwarancja (PL)	Garantie *f*	warranty	garantie *f*	garanzia *f*	garantía *f*
gwarancja (PL)	Gewährleistung *f*	warranty	garantie *f*	garanzia *f*	garantía *f*
gwarancja (PL)	Haftung *f*	liability	responsabilité *f*	responsabilità *f*	responsabilidad *f*
gwarancja bankowa (PL)	Bankgarantie *f*	bank guarantee	garantie de banque *f*	garanzia bancaria *f*	garantía bancaria *f*
gwarancja dla wierzycieli (PL)	Gläubigerschutz *m*	protection of creditors	garantie des créanciers *f*	tutela del creditore *f*	protección de los acreedores *f*
gyár (H)	Werk *n*	plant	usine *f*	stabilimento *m*	planta *f*
gyárban átvéve (H)	ab Werk	ex works	départ usine	franco fabbrica	en fábrica
gyártási eljárás (H)	Fertigungsverfahren *n*	production process	procédure de fabrication *f*	procedimento produttivo *m*	procedimiento de fabricación *m*
gyártási költségek (H)	Produktionskosten *f*	production costs	coût de production *m*	costi produttivi *m/pl*	gastos de producción *m/pl*
gyártási mennyiség (H)	Fertigungsmenge *f*	manufactured quantity	quantité fabriquée *f*	quantitativo di produzione *m*	cantidad producida *f*
gyártási program (H)	Produktionsprogramm *n*	production programme	programme de production *m*	programma di produzione *m*	programa de producción *m*
gyártó (H)	Erzeuger *m*	manufacturer	producteur *m*	produttore *m*	productor *m*

gyártó

P	NL	SV	PL	CZ	H
capital social m	oprichtingskapitaal n	aktiekapital	kapitał gruntowy m	základní kapitál m	alaptőke
capital inicial m	beginkapitaal n	—	kapitał założycielski m	počáteční kapitál m	kezdőtőke
ordenado base m	basisloon n	—	płaca podstawowa f	základní mzda f	alapbér
terreno m	stuk grond n	tomt	parcela f	pozemek m	ingatlan
fundação f	oprichting f	grundande	założenie n	založení n	alapítás
terreno urbanizável m	bouwgrond m	byggnadstomt	—	stavební pozemek m	építési terület
grupo objectivo m	doelgroep f	målgrupp	—	cílová skupina f	célcsoport
—	concern n	koncern	koncern m	koncern m	konszern
grupo objectivo m	doelgroep f	målgrupp	grupa docelowa f	cílová skupina f	célcsoport
—	doelgroep f	målgrupp	grupa docelowa f	cílová skupina f	célcsoport
grupo m	concern n	koncern	koncern m	koncern m	konszern
grupo objectivo m	doelgroep f	målgrupp	grupa docelowa f	cílová skupina f	célcsoport
multa administrativa f	boete f/m	straffavgift	—	pokuta f	pénzbírság
multa f	geldboete f	böter pl	—	peněžitá pokuta f	pénzbírság
fiança f	borgsom f	borgen	poręczenie n	ručení n	kezesség
fiador m	borg m	borgenär	poręczyciel m	ručitel m	kezes
—	boekhouder m /boekhoudster f	kamrer	księgowy m	účetní m/f	könyvelő
—	opslagbewijs n	lagerbevis	kwit składowy m	skladovací list m	raktárjegy
—	vrachtbrief m	lastbevis	kwit załadowczy m	nákladní list m	fuvarlevél
—	afleveringsbewijs n	följesedel	dowód dostawy m	dodací list m	szállítójegyzék
—	transportdocumenten n/pl	transporthandlingar pl	dokumenty transportowe m/pl	přepravní dokumenty m/pl	szállítási okmányok
ouro m	goud n	—	złoto n	zlato n	arany
mercado do ouro m	goudmarkt f	—	rynek złota m	trh zlata m	aranypiac
preço do ouro m	goudprijs m	—	cena złota f	cena zlata f	aranyár
padrão-ouro m	goudstandaard m	—	waluta złota f	zlatý standard m	aranyalap
barra de ouro f	goudstaaf f	—	sztabka złota f	zlatý prut m	aranyrúd
padrão-ouro da moeda m	goudstandaard m	—	waluta w złocie f	zlatá měna f	aranyvaluta
categoria de qualidade f	kwaliteitsklasse f	kvalitetskategori	klasa jakości f	jakostní třída f	minőségi osztály
bens m/pl	goederen n/pl	gods	towary m/pl	zboží n	áruk
tarifa de comércio f	goederentarief n	godstariff	taryfa towarowa f	sazba zboží f	árudíjszabás
crédito m	creditzijde f	saldo	aktywa pl	pohledávka f	követelés(ek)
nota de crédito f	creditnota f	kreditering	zapis na dobro rachunku m	dobropis m	jóváírás
garantia f	garantie f	garanti	—	záruka f	jótállás
garantia f	waarborg m	garanti	—	záruka f	szavatosság
responsabilidade f	aansprakelijkheid f	ansvarighet	—	ručení n	felelősség
garantia bancária f	bankgarantie f	bankgaranti	—	bankovní záruka f	bankgarancia
garantia dos credores f	bescherming van de schuldeisers f	borgenärsskydd	—	ochrana věřitelů f	hitelezők védelme
fábrica f	fabriek f	fabrik	zakład m	závod m	—
ex fábrica	af fabriek	fritt från fabrik	z zakładu	ze závodu m	—
processo de produção m	productieprocédé n	produktionsförfarande	proces produkcji m	výrobní postup m	—
custos de produção m/pl	productiekosten m/pl	produktionskostnader pl	koszty produkcji m/pl	výrobní náklady m/pl	—
quantidade produzida f	productiehoeveelheid f	produktionskvantitet	ilość wyprodukowana f	výrobní množství n	—
programa de produção f	productieprogramma f	produktionsprogram	program produkcyjny m	výrobní program m	—
produtor m	producent m	tillverkare	producent m	výrobce m	—

gyártó

	D	E	F	I	ES
gyártó (H)	Hersteller m	manufacturer	constructeur m	produttore m	fabricante m
gyártó (H)	Produzent m	producer	producteur m	produttore m	productor m
gyorsfutár (H)	Eilbote m	express messenger	facteur spécial m	corriere m	expreso m
gyorsított értékcsökkenési leírás (H)	progressive Abschreibung f	progressive depreciation	amortissement progressif m	ammortamento progressivo m	amortización progresiva f
gyűjtőszállítás (H)	Sammeltransport m	collective transport	transport groupé m	trasporto a collettame m	transporte colectivo m
Haben (D)	—	credit side	avoir m	avere m	haber m
haber (ES)	Guthaben n	assets	avoir m	saldo attivo m	—
haber (ES)	Haben n	credit side	avoir m	avere m	—
Hafen (D)	—	port	port m	porto m	puerto m
Hafengebühren (D)	—	harbour dues	droits de ports m/pl	diritti di porto m/pl	derechos portuarios m/pl
Haftpflichtversicherung (D)	—	third party liability insurance	assurance responsabilité civile f	assicurazione della responsabilità civile f	seguro de responsabilidad civil m
Haftung (D)	—	liability	responsabilité f	responsabilità f	responsabilidad f
hagyaték (H)	Nachlass m	inheritance	héritage m	eredità f	herencia f
hajóbróker (H)	Schiffsmakler m	ship broker	courtier maritime m	agente marittimo m	corredor marítimo m
hajógyár (H)	Werft f	shipyard	chantier naval m	cantiere navale m	astillero m
hajókár (H)	Havarie f	damage by sea	avarie f	avaria f	avería m
hajólajstrom (H)	Schiffsregister n	register of ships	registre des navires m	registro navale m	registro marítimo m
hajón átvéve (H)	ab Schiff	ex ship	départ navire	franco bordo	ex vapor
hajóraklevél (H)	Konnossement n	bill of lading	connaissement m	polizza di carico f	conocimiento m
hajóstársaság (H)	Reederei f	shipping company	société d'armateurs f	compagnia armatoriale f	compañia naviera f
hajózható (H)	schiffbar	navigable	navigable	navigabile	navegable
halasztás (H)	Aufschiebung f	deferment	ajournement m	rinvio m	aplazamiento m
halbjährlich (D)	—	half-yearly	semestriel	semestrale	semestral
halfjaarlijks (NL)	halbjährlich	half-yearly	semestriel	semestrale	semestral
half-yearly (E)	halbjährlich	—	semestriel	semestrale	semestral
halle de dépôt (F)	Lagerraum m	storage space	—	deposito m	almacén m
halvårsvis (SV)	halbjährlich	half-yearly	semestriel	semestrale	semestral
hamis csekk (H)	gefälschter Scheck	forged cheque	chèque falsifié m	assegno falsificato m	cheque falsificado m
hamn (SV)	Hafen m	port	port m	porto m	puerto m
hamnavgift (SV)	Hafengebühren f/pl	harbour dues	droits de ports m/pl	diritti di porto m/pl	derechos portuarios m/pl
Handarbeit (D)	—	manual work	travail manuel m	lavoro manuale m	trabajo a mano m
Handel (D)	—	trade	commerce m	commercio m	comercio m
handel (NL)	Handel m	trade	commerce m	commercio m	comercio m
handel (SV)	Gewerbe n	trade	activité professionnelle f	commercio m	comercio m
handel (SV)	Handel m	trade	commerce m	commercio m	comercio m
handel (PL)	Handel m	trade	commerce m	commercio m	comercio m
handelaar (NL)	Händler m	trader	commerçant m	commerciante m	comerciante m
handel detaliczny (PL)	Einzelhandel m	retail trade	commerce de détail m	commercio al dettaglio m	comercio al por menor m
handel dewizami (PL)	Devisenhandel m	foreign exchange dealings	marché des changes m	commercio dei cambi m	operaciones de divisas f/pl
handel hurtowy (PL)	Großhandel m	wholesale trade	commerce de gros m	commercio all'ingrosso m	comercio mayorista m
handel importowy (PL)	Importhandel m	import trade	commerce d'importation m	commercio d'importazione m	comercio de importación m
handelingsbekwaamheid (NL)	Geschäftsfähigkeit f	legal competence	capacité d'accomplir des actes juridiques f	capacità di agire f	capacidad de negociar f
Handelsabkommen (D)	—	trade agreement	accord commercial m	accordo commerciale m	acuerdo comercial m

Handelsabkommen

P	NL	SV	PL	CZ	H
produtor m	fabrikant m	tillverkare	producent m	výrobce m	—
produtor m	producent m	producent	producent m	producent m	—
mensageiro expresso m	koerier m	kurir	goniec pospieszny m	kurýr m	—
depreciação progressiva f	progressieve afschrijving f	progressiv avskrivning	progresywna amortyzacja f	progresivní odpis m	—
transporte colectivo m	groupagevervoer n	samtransport	transport zbiorowy m	skupinová doprava f	—
haver m	creditzijde f	tillgodohavande	Ma	strana "Dal"	követel oldal
crédito m	creditzijde f	saldo	aktywa pl	pohledávka f	követelés(ek)
haver m	creditzijde f	tillgodohavande	Ma	strana "Dal"	követel oldal
porto m	haven f	hamn	port m	přístav m	kikötő
direitos portuários m/pl	havenrechten n/pl	hamnavgift	opłaty portowe f/pl	přístavní poplatky m/pl	kikötői illetékek
seguro de responsabilidade civil m	aansprakelijkheidsverzekering f	ansvarsförsäkring	ubezpieczenie od odpowiedzialności cywilnej f	pojištění povinného ručení n	felelősségbiztosítás
responsabilidade f	aansprakelijkheid f	ansvarighet	gwarancja f	ručení n	felelősség
herança f	erfenis f	kvarlåtenskap	spadek m	pozůstalost f	—
corretor marítimo m	scheepsmakelaar m	skeppsmäklare	makler morski m	lodní makléř m	—
estaleiro naval m	scheepswerf f	varv	stocznia f	loděnice f	—
avaria f	averij f	haveri	awaria f	škoda f	—
registo marítimo m	scheepsregister n	fartygsregister	rejestr okrętowy m	lodní rejstřík m	—
ex navio	af schip	fritt från fartyg	ze statku	z lodě f	—
conhecimento m	connossement n	konossement	konosament m	konosament m	—
companhia de navegação f	rederij f	rederi	armatorskie przedsiębiorstwo żeglugowe n	loďařství n	—
navegável	bevaarbaar	segelbar	żeglowny	splavný	—
adiamento m	uitstellen n	uppskjutning	odroczenie n	odložení n	—
semestral	halfjaarlijks	halvårsvis	półrocznie	půlročně	félévente
semestral	—	halvårsvis	półrocznie	půlročně	félévente
semestral	halfjaarlijks	halvårsvis	półrocznie	půlročně	félévente
armazém m	opslagplaats f	lagerrum	pomieszczenie składowe n	skladovací prostor m	raktér
semestral	halfjaarlijks	—	półrocznie	půlročně	félévente
cheque falsificado m	valse cheque m	förfalskad check	sfałszowany czek m	falešný šek m	—
porto m	haven f	—	port m	přístav m	kikötő
direitos portuários m/pl	havenrechten n/pl	—	opłaty portowe f/pl	přístavní poplatky m/pl	kikötői illetékek
trabalho manual m	handenarbeid f	manuellt arbete	praca ręczna f	ruční práce f	fizikai munka
comércio m	handel m	handel	handel m	obchod m	kereskedelem
comércio m	—	handel	handel m	obchod m	kereskedelem
actividade comercial f	ambacht n	—	działalność gospodarcza f	živnost f	ipar
comércio m	handel m	—	handel m	obchod m	kereskedelem
comércio m	handel m	handel	—	obchod m	kereskedelem
comerciante m	—	köpman	handlarz m	obchodník m	kereskedő
comércio a retalho m	kleinhandel m	detaljhandel	—	maloobchod m	kiskereskedelem
negócios sobre divisas m/pl	deviezenhandel m	valutahandel	—	devizový obchod m	devizakereskedelem
comércio por grosso m	groothandel m	partihandel	—	velkoobchod m	nagykereskedelem
comércio de importação m	importhandel m	importhandel	—	dovozní obchod m	importkereskedelem
capacidade para realizar negócios f	—	rättslig handlingsförmåga	zdolność do czynności prawnych f	schopnost obchodování f	jogképesség
acordo comercial m	handelsovereenkomst f	handelsavtal	umowa handlowa f	obchodní dohoda f	kereskedelmi egyezmény

handelsagent

	D	E	F	I	ES
handelsagent (SV)	Handelsvertreter m	commercial agent	représentant de commerce m	rappresentante commerciale m	representante comercial m
handelsagentur (SV)	Handelsvertretung f	commercial agency	représentation commerciale f	rappresentanza commerciale f	representación comercial f
handelsagentuur (NL)	Handelsvertretung f	commercial agency	représentation commerciale f	rappresentanza commerciale f	representación comercial f
handelsavtal (SV)	Handelsabkommen n	trade agreement	accord commercial m	accordo commerciale m	acuerdo comercial m
handelsbalans (NL)	Handelsbilanz f	balance of trade	balance des opérations en marchandises f	bilancia commerciale f	balanza comercial f
handelsbalans (SV)	Handelsbilanz f	balance of trade	balance des opérations en marchandises f	bilancia commerciale f	balanza comercial f
Handelsbank (D)	—	merchant bank	banque de commerce f	banca commerciale f	banco comercial m
handelsbank (NL)	Handelsbank f	merchant bank	banque de commerce f	banca commerciale f	banco comercial m
handelsbank (SV)	Handelsbank f	merchant bank	banque de commerce f	banca commerciale f	banco comercial m
Handelsbeschränkungen (D)	—	trade restrictions	restrictions au commerce f/pl	restrizioni commerciali f/pl	restricciones comerciales f/pl
handelsbetrekkingen (NL)	Handelsbeziehungen f/pl	trade relations	relations commerciales f/pl	rapporti commerciali m/pl	relaciones comerciales f/pl
handelsbeurs (NL)	Warenbörse f	commodity exchange	bourse de marchandises f	borsa merci f	bolsa de mercancías f
Handelsbeziehungen (D)	—	trade relations	relations commerciales f/pl	rapporti commerciali m/pl	relaciones comerciales f/pl
Handelsbilanz (D)	—	balance of trade	balance des opérations en marchandises f	bilancia commerciale f	balanza comercial f
handelsboeken (NL)	Geschäftsbücher n/pl	account books and balance-sheets	livres de commerce m/pl	libri contabili m/pl	libros de contabilidad m/pl
handelsbolag (SV)	Sozietät f	partnership	cabinet de groupe m	associazione f	sociedad f
handelsclausule (NL)	Handelsklausel f	trade clause	clause commerciale f	clausola commerciale f	cláusula comercial f
handelseinig sein (D)	—	reach an agreement	unanimité commerciale f	essere d'accordo sul prezzo	estar de acuerdo
Handelsembargo (D)	—	trade embargo	embargo commercial m	embargo commerciale m	embargo comercial m
handelsembargo (NL)	Handelsembargo n	trade embargo	embargo commercial m	embargo commerciale m	embargo comercial m
handelsembargo (SV)	Handelsembargo n	trade embargo	embargo commercial m	embargo commerciale m	embargo comercial m
handelsfactuur (NL)	Handelsfaktura f	commercial invoice	facture commerciale f	fattura commerciale f	factura comercial f
Handelsfaktura (D)	—	commercial invoice	facture commerciale f	fattura commerciale f	factura comercial f
handelsförbindelser (SV)	Handelsbeziehungen f/pl	trade relations	relations commerciales f/pl	rapporti commerciali m/pl	relaciones comerciales f/pl
handelskamer (NL)	Handelskammer f	Chamber of Commerce	chambre de commerce f	camera di commercio f	cámara de comercio f
handelskammare (SV)	Handelskammer f	Chamber of Commerce	chambre de commerce f	camera di commercio f	cámara de comercio f
Handelskammer (D)	—	Chamber of Commerce	chambre de commerce f	camera di commercio f	cámara de comercio f
handelsklass (SV)	Handelsklasse f	grade	catégorie de produits f	categoria commerciale f	clase f
Handelsklasse (D)	—	grade	catégorie de produits f	categoria commerciale f	clase f
handelsklasse (NL)	Handelsklasse f	grade	catégorie de produits f	categoria commerciale f	clase f
Handelsklausel (D)	—	trade clause	clause commerciale f	clausola commerciale f	cláusula comercial f
handelsklausul (SV)	Handelsklausel f	trade clause	clause commerciale f	clausola commerciale f	cláusula comercial f
handelskrediet (NL)	Warenkredit m	trade credit	avance sur marchandises f	credito su merci m	crédito comercial m

handelskrediet

P	NL	SV	PL	CZ	H
representante comercial m	handelsvertegenwoordiger m	—	agent handlowy m	obchodní zástupce m	kereskedelmi képviselő
representação comercial f	handelsagentuur f	—	przedstawicielstwo handlowe n	obchodní zastoupení n	kereskedelmi képviselet
representação comercial f	—	handelsagentur	przedstawicielstwo handlowe n	obchodní zastoupení n	kereskedelmi képviselet
acordo comercial m	handelsovereenkomst f	—	umowa handlowa f	obchodní dohoda f	kereskedelmi egyezmény
balança comercial f	—	handelsbalans	bilans handlowy m	obchodní bilance f	kereskedelmi mérleg
balança comercial f	handelsbalans f	—	bilans handlowy m	obchodní bilance f	kereskedelmi mérleg
banco comercial m	handelsbank f	handelsbank	bank handlowy m	obchodní banka f	kereskedelmi bank
banco comercial m	—	handelsbank	bank handlowy m	obchodní banka f	kereskedelmi bank
banco comercial m	handelsbank f	—	bank handlowy m	obchodní banka f	kereskedelmi bank
restrições comerciais f/pl	belemmeringen van het goederenverkeer f/pl	handelsrestriktioner pl	ograniczenia handlowe n/pl	omezení obchodu n/pl	kereskedelmi korlátozások
relações comerciais f/pl	—	handelsförbindelser pl	stosunki handlowe m/pl	obchodní styky m/pl	kereskedelmi kapcsolatok
bolsa de mercadorias f	—	varubörs	giełda towarowa f	zboží burza f	árutőzsde
relações comerciais f/pl	handelsbetrekkingen f/pl	handelsförbindelser pl	stosunki handlowe m/pl	obchodní styky m/pl	kereskedelmi kapcsolatok
balança comercial f	handelsbalans f	handelsbalans	bilans handlowy m	obchodní bilance f	kereskedelmi mérleg
livros de contabilidade m/pl	—	bokföring	księgi handlowe f/pl	obchodní knihy f/pl	üzleti könyvek
sociedade f	sociëteit f	—	wspólnota f	spolek m	társaság
cláusulas comerciais f/pl	—	handelsklausul	klauzula towarowa f	obchodní doložka f	kereskedelmi szokványok
em unanimidade comercial	het over een koop eens zijn	vara överens	dobijać <dobić> interesu	být jednotný v obchodě	megegyezik az üzlet feltételeiben
embargo comercial m	handelsembargo n	handelsembargo	embargo handlowe n	obchodní embargo n	kereskedelmi embargó
embargo comercial m	—	handelsembargo	embargo handlowe n	obchodní embargo n	kereskedelmi embargó
embargo comercial m	handelsembargo n	—	embargo handlowe n	obchodní embargo n	kereskedelmi embargó
factura comercial f	—	vanlig exportfaktura	faktura handlowa f	obchodní faktura f	kereskedelmi számla
factura comercial f	handelsfactuur f	vanlig exportfaktura	faktura handlowa f	obchodní faktura f	kereskedelmi számla
relações comerciais f/pl	handelsbetrekkingen f/pl	—	stosunki handlowe m/pl	obchodní styky m/pl	kereskedelmi kapcsolatok
Câmara de Comércio f	—	handelskammare	Izba Handlowa f	obchodní komora f	kereskedelmi kamara
Câmara de Comércio f	handelskamer f/m	—	Izba Handlowa f	obchodní komora f	kereskedelmi kamara
Câmara de Comércio f	handelskamer f/m	handelskammare	Izba Handlowa f	obchodní komora f	kereskedelmi kamara
categoria de produtos f	handelsklasse f	—	jakość sprzedażna f	obchodní třída f	minőségi osztály
categoria de produtos f	handelsklasse f	handelsklass	jakość sprzedażna f	obchodní třída f	minőségi osztály
categoria de produtos f	—	handelsklass	jakość sprzedażna f	obchodní třída f	minőségi osztály
cláusulas comerciais f/pl	handelsclausule f	handelsklausul	klauzula towarowa f	obchodní doložka f	kereskedelmi szokványok
cláusulas comerciais f/pl	handelsclausule f	—	klauzula towarowa f	obchodní doložka f	kereskedelmi szokványok
crédito comercial m	—	leverantörkredit	kredyt towarowy m	úvěr na zboží m	áruhitel

handelskredietbrief

	D	E	F	I	ES
handelskrediet- brief (NL)	Handelskreditbrief m	commercial letter of credit	lettre de crédit commercial f	lettera di credito commerciale f	carta de crédito comercial f
Handelskredit- brief (D)	—	commercial letter of credit	lettre de crédit commercial f	lettera di credito commerciale f	carta de crédito comercial f
handelsmarge (NL)	Handelsspanne f	trading margin	bénéfice brut m	margine commerciale m	margen comercial f
handelsmerk (NL)	Markenzeichen n	trademark	emblème de marque f	marchio m	marca registrada f
handelsmerk (NL)	Warenzeichen n	trade mark	marque de fabrique f	marchio m	marca f
handelsovereen- komst (NL)	Handelsab- kommen n	trade agreement	accord commercial m	accordo commerciale m	acuerdo comercial m
handelspartner (NL)	Geschäftspartner f	business partner	associé m	socio m	socio m
handelsplaats (NL)	Handelsplatz m	trade centre	place marchande f	piazza commerciale f	plaza comercial f
handelsplats (SV)	Handelsplatz m	trade centre	place marchande f	piazza commerciale f	plaza comercial f
Handelsplatz (D)	—	trade centre	place marchande f	piazza commerciale f	plaza comercial f
Handelsregister (D)	—	commercial register	registre du commerce m	registro delle imprese m	registro mercantil m
handelsregister (NL)	Handelsregister n	commercial register	registre du commerce m	registro delle imprese m	registro mercantil m
handelsregister (SV)	Handelsregister n	commercial register	registre du commerce m	registro delle imprese m	registro mercantil m
handelsremburs (SV)	Handelskreditbrief m	commercial letter of credit	lettre de crédit commercial f	lettera di credito commerciale f	carta de crédito comercial f
handelsrestrik- tioner (SV)	Handelsbeschrän- kungen f/pl	trade restrictions	restrictions au commerce f/pl	restrizioni commerciali f/pl	restricciones comerciales f/pl
Handelsspanne (D)	—	trading margin	bénéfice brut m	margine commerciale m	margen comercial f
handelsüblich (D)	—	customary (in trade)	en usage dans le commerce m	d'uso commerciale	usual en el comercio
handelsvertegen- woordiger (NL)	Handelsvertreter m	commercial agent	représentant de commerce m	rappresentante commerciale m	representante comercial m
Handelsvertreter (D)	—	commercial agent	représentant de commerce m	rappresentante commerciale m	representante comercial m
Handelsver- tretung (D)	—	commercial agency	représentation commerciale f	rappresentanza commerciale f	representación comercial f
handel światowy (PL)	Welthandel m	world trade	commerce mondial m	commercio mondiale m	comercio internacional m
handel tranzytowy (PL)	Transithandel m	transit trade	commerce de transit m	commercio di transito m	comercio de tránsito m
handel wewnętrzny (PL)	Binnenhandel m	domestic trade	commerce intérieur m	commercio nazionale m	comercio interior m
handel wysyłkowy (PL)	Versandhandel m	mail order business	vente par correspondance f	vendita per corrispondenza f	venta por correspondencia f
handel zagra- niczny (PL)	Außenhandel m	foreign trade	commerce extérieur m	commercio estero m	comercio exterior m
handenarbeid (NL)	Handarbeit f	manual work	travail manuel m	lavoro manuale m	trabajo a mano m
handlarz (PL)	Händler m	trader	commerçant m	commerciante m	comerciante m
Händler (D)	—	trader	commerçant m	commerciante m	comerciante m
handling (SV)	Urkunde f	document	document m	documento m	documento m
handpenning (SV)	Anzahlung f	deposit	acompte m	pagamento in acconto m	pago a cuenta m
Handwerk (D)	—	craft trade	artisanat m	artigianato m	artesanía f
Handwerks- kammer (D)	—	chamber of handicrafts	chambre artisanale f	camera dell'artigianato f	cámara de artesanía f
hantverk (SV)	Handwerk n	craft trade	artisanat m	artigianato m	artesanía f
hantverk- skammare (SV)	Handwerkskammer f	chamber of handicrafts	chambre artisanale f	camera dell'artigianato f	cámara de artesanía f
harbour dues (E)	Hafengebühren f/pl	—	droits de ports m/pl	diritti di porto m/pl	derechos portuarios m/pl
hard currency (E)	harte Währung f	—	monnaie forte f	moneta forte f	moneda fuerte f
harde valuta (NL)	harte Währung f	hard currency	monnaie forte f	moneta forte f	moneda fuerte f
hårdvaluta (SV)	harte Währung f	hard currency	monnaie forte f	moneta forte f	moneda fuerte f

hårdvaluta

P	NL	SV	PL	CZ	H
carta de crédito comercial f	—	handelsremburs	akredytywa towarowa f	obchodní úvěrový list m	kereskedelmi hitellevél
carta de crédito comercial f	handelskredietbrief m	handelsremburs	akredytywa towarowa f	obchodní úvěrový list m	kereskedelmi hitellevél
margem comercial m	—	marginal	marża handlowa f	obchodní rozpětí n	kereskedelmi árrés
marca registrada f	—	varumärke	znak firmowy m	označení značkou n	védjegy
marca f	—	varumärke	znak towarowy m	značka zboží f	védjegy
acordo comercial m	—	handelsavtal	umowa handlowa f	obchodní dohoda f	kereskedelmi egyezmény
sócio m	—	affärspartner	kontrahent m	obchodní partner m	üzleti partner
praça comercial f	—	handelsplats	lokalizacja transakcji f	tržiště n	kereskedelmi központ
praça comercial f	handelsplaats f	—	lokalizacja transakcji f	tržiště n	kereskedelmi központ
praça comercial f	handelsplaats f	handelsplats	lokalizacja transakcji f	tržiště n	kereskedelmi központ
registo comercial m	handelsregister n	handelsregister	Rejestr Handlowy	obchodní rejstřík m	cégjegyzék
registo comercial m	—	handelsregister	Rejestr Handlowy	obchodní rejstřík m	cégjegyzék
registo comercial m	handelsregister n	—	Rejestr Handlowy	obchodní rejstřík m	cégjegyzék
carta de crédito comercial f	handelskredietbrief m	—	akredytywa towarowa f	obchodní úvěrový list m	kereskedelmi hitellevél
restrições comerciais f/pl	belemmeringen van het goederenverkeer f/pl	—	ograniczenia handlowe n/pl	omezení obchodu n/pl	kereskedelmi korlátozások
margem comercial m	handelsmarge f	marginal	marża handlowa f	obchodní rozpětí n	kereskedelmi árrés
corrente no comércio	in de handel gebruikelijk	standard	powszechnie przyjęty w handlu	obvyklé v obchodě	kereskedelemben szokásos
representante comercial m	—	handelsagent	agent handlowy m	obchodní zástupce m	kereskedelmi képviselő
representante comercial m	handelsvertegenwoordiger m	handelsagent	agent handlowy m	obchodní zástupce m	kereskedelmi képviselő
representação comercial f	handelsagentuur f	handelsagentur	przedstawicielstwo handlowe n	obchodní zastoupení n	kereskedelmi képviselet
comércio internacional m	wereldhandel m	världshandel	—	světový obchod m	világkereskedelem
comércio de trânsito m	transitohandel m	transitohandel	—	tranzitní obchod m	tranzitkereskedelem
comércio interno m	binnenlandse handel m	inrikeshandel	—	domácí obchod m	belkereskedelem
venda por correspondência f	verzendhandel m	postorderförsäljning	—	zásilkový obchod m	csomagküldő kereskedelem
comércio exterior m	buitenlandse handel m	utrikeshandel	—	zahraniční obchod m	külkereskedelem
trabalho manual m	—	manuellt arbete	praca ręczna f	ruční práce f	fizikai munka
comerciante m	handelaar m	köpman	—	obchodník m	kereskedő
comerciante m	handelaar m	köpman	handlarz m	obchodník m	kereskedő
documento m	titel m	—	dokument m	listina f	okirat
pagamento por conta m	aanbetaling f	—	zaliczka f	záloha f	letét
artesanato m	ambacht n	hantverk	rzemiosło n	řemeslo n	kézműipar
câmara de artesanato f	ambachtskamer f/m	hantverkskammare	Izba Rzemieślnicza f	řemeslnická komora f	kézműves kamara
artesanato m	ambacht n	—	rzemiosło n	řemeslo n	kézműipar
câmara de artesanato f	ambachtskamer f/m	—	Izba Rzemieślnicza f	řemeslnická komora f	kézműves kamara
direitos portuários m/pl	havenrechten n/pl	hamnavgift	opłaty portowe f/pl	přístavní poplatky m/pl	kikötői illetékek
moeda forte f	harde valuta f	hårdvaluta	twarda waluta f	tvrdá měna f	kemény valuta
moeda forte f	—	hårdvaluta	twarda waluta f	tvrdá měna f	kemény valuta
moeda forte f	harde valuta f	—	twarda waluta f	tvrdá měna f	kemény valuta

harmadik országok 454

	D	E	F	I	ES
harmadik országok (H)	Drittländer n/pl	third countries	pays tiers m/pl	paesi terzi m/pl	terceros países m/pl
háromhavi lejáratú kötvények (H)	Dreimonatspapier n	three months' papers	titre sur trois mois m	titolo trimestrale m	títulos a tres meses m
háromszögügylet (H)	Dreiecksgeschäft n	triangular transaction	opération commerciale triangulaire f	operazione triangolare f	operación triangular f
harte Währung (D)	—	hard currency	monnaie forte f	moneta forte f	moneda fuerte f
Hartgeld (D)	—	specie	pièce de monnaie f	moneta metallica f	dinero metálico m
használat (H)	Nutzung f	use	mise à profit f	utilizzazione f	utilización f
használt autó (H)	Gebrauchtwagen m	used car	voiture d'occasion f	automobile usata f	coche de segunda mano m
haszonrés (H)	Gewinnspanne f	margin of profit	marge de bénéfice f	margine di profitto m	margen de beneficios f
határérték (H)	Grenzwert f	limiting value	valeur marginale f	valore limite m	valor límite m
határérték (H)	Marginalwert m	marginal value	valeur marginale f	valore marginale m	valor marginal m
határidő (H)	Frist f	period	délai m	termine m	plazo m
határidő (H)	Termin m	date	date limite f	termine m	fecha f
határidőre (H)	fristgerecht	on time	dans les délais	entro il termine convenuto	dentro del plazo fijado
határidőre (H)	termingerecht	on schedule	dans les délais	puntuale	en la fecha fijada
határidős árfolyam (H)	Terminkurs m	forward price	cours de bourse à terme m	corso a termine m	cambio a término m
határidős árutőzsde (H)	Warenterminbörse f	commodity futures exchange	bourse de marchandises à livrer f	borsa merci a termine f	bolsa de mercancías a plazo f
határidős áruüzlet (H)	Warentermingeschäft f	forward merchandise dealings	opération de livraison à terme f	operazione a termine su merci f	operación de futuro de mercancías f
határidős devizaügylet (H)	Devisentermingeschäft n	forward exchange dealings	opérations à terme sur titres f/pl	operazione di cambio a termine f	mercado de divisas a plazo m
határidős szerződés (H)	Terminkontrakt m	forward contract	contrat à terme m	contratto a termine m	contrato de entrega futura m
határidős tőzsde (H)	Terminbörse f	futures market	bourse à terme f	mercato a termine m	bolsa a plazo f
határidős ügylet (H)	Termingeschäft n	futures business	opération à terme f	operazione a termine f	operación a plazo f
határidős vétel (H)	Zielkauf m	purchase on credit	achat à terme m	acquisto a termine m	compra a plazos m
határköltségszámítás (H)	Grenzkostenrechnung f	marginal costing	détermination du coût marginal f	determinazione dei costi marginali f	cálculo de los costes marginales m
határozat (H)	Beschluß m	decision	résolution f	delibera f	decisión f
hatékonyság (H)	Effizienz f	efficiency	efficience f	efficienza f	eficiencia f
hatóság (H)	Behörde f	authority	autorité f	autorità f	autoridad f
hátralék (H)	Rückstand m	arrears pl	arriéré m	arretrato m	atraso m
hátralévő futamidő (H)	Restlaufzeit f	remaining time to maturity	durée restante à courir f	scadenza residua f	plazo de vencimiento restante m
hátrány (H)	Nachteil m	disadvantage	désavantage m	svantaggio m	desventaja f
haulage (E)	Rollgeld n	—	camionnage m	spese di trasporto f/pl	gastos de acarreo m/pl
hausa (CZ)	Hausse f	boom	hausse f	rialzo m	alza f
Hausbank (D)	—	company's bank	banque habituelle f	banca di preferenza f	banco particular m
Haushalt (D)	—	budget	budget m	bilancio m	presupuesto m
Haushaltsdefizit (D)	—	budgetary deficit	déficit budgétaire m	deficit di bilancio m	déficit presupuestario m
Hausse (D)	—	boom	hausse f	rialzo m	alza f
hausse (F)	Aufschlag m	surcharge	—	aggiunta f	recargo m
hausse (F)	Hausse f	boom	—	rialzo m	alza f
hausse (F)	Kurssteigerung f	price advance	—	aumento dei corsi m	alza de las cotizaciones f
hausse (NL)	Hausse f	boom	hausse f	rialzo m	alza f

P	NL	SV	PL	CZ	H
países terceiros m/pl	derde landen n/pl	tredjeländer pl	kraje trzecie m/pl	třetí země f/pl	—
títulos a três meses m/pl	driemaandswissel m	tremånaderspapper	trzymiesięczny papier wartościowy m	vklad na tři měsíce m	—
operação triangular f	driehoekstransactie f	triangeltransaktion	transakcja trójkątna f	trojúhelníkový obchod m	—
moeda forte f	harde valuta f	hårdvaluta	twarda waluta f	tvrdá měna f	kemény valuta
dinheiro-moeda m	gemunt geld n	mynt	bilon m	mince f/pl	fémpénz
utilização f	genot n	användning	użytkowanie n	využití n	—
carro usado m	tweedehands wagen m	begagnad bil	samochód używany m	ojetý automobil m	—
margem de lucro f	winstmarge f	vinstmarginal	marża zysku f	rozpětí zisku n	—
valor limite m	grenswaarde f	gränsvärde	wartość graniczna f	mezní hodnota f	—
valor marginal m	marginale waarde f	marginalvärde	wartość marginesowa f	přidaná hodnota f	—
prazo m	termijn m	frist	okres m	lhůta f	—
termo m	termijn m	termin	termin m	termín m	—
dentro do prazo	op tijd	inom avtalad tid	terminowo	v odpovídající lhůtě	—
pontual	binnen de gestelde termijn	punktlig	terminowy	v termínu	—
câmbio a termo m	termijnkoers m	terminskurs	kurs "na termin" m	termínový kurs m	—
bolsa de futuros sobre mercadorias f	goederentermijnbeurs f	råvaruterminsmarknad	giełda towarowych transakcji terminowych f	termínová burza zboží f	—
transacção de mercadorias a prazo f	goederentermijntransactie f	råvaruterminsaffär	terminowna transakcja towarowa f	termínový obchod se zbožím m	—
operações a prazo sobre divisas m	termijnzaken in deviezen f	terminsaffär i valuta	dewizowa transakcja terminowa f	devizový termínový obchod m	—
contrato a termo m	termijncontract n	terminskontrakt	umowa terminowa f	termínová smlouva f	—
mercado a termo m	termijnbeurs f	terminmarknaden	giełda terminowa f	termínová burza f	—
operação a prazo f	termijntransacties f/pl	terminsaffär	transakcja terminowa f	termínový obchod m	—
compra a crédito f	koop op krediet m	målköp	zakup kredytowy m	cílený nákup m	—
cálculo dos custos marginais m	berekening van de marginale kosten f	bidragskalkyl	rachunek kosztów krańcowych m	mezní navýšení nákladů n	—
decisão f	beslissing f	beslut	decyzja f	usnesení n	—
eficiência f	doeltreffendheid f	effektivitet	skuteczność f	účinnost f	—
autoridade f	overheid f	myndighet	urząd m	úřad m	—
atraso m	achterstand m	restantier	zaległość f	nedoplatek m	—
prazo até a maturidade m	resterende looptijd m	återstående löptid	pozostały okres kredytowania m	zbývající doba splatnosti f	—
desvantagem f	nadeel n	nackdel	niekorzyść n	nevýhoda f	—
camionagem f	expeditiekosten m/pl	transportkostnad	przewozowe n	dopravné n	fuvardíj
alta na bolsa f	hausse f	hausse	hossa f	—	emelkedő árfolyamtendencia
banco habitual da empresa m	huisbank f/m	företagsbank	bank firmowy m	banka společnosti f	számlavezető bank
orçamento m	begroting f	budget	budżet m	rozpočet m	költségvetés
défice orçamental m	begrotingsdeficit n	budgetunderskott	deficyt budżetowy m	schodek v rozpočtu m	költségvetési deficit
alta na bolsa f	hausse f	hausse	hossa f	hausa f	emelkedő árfolyamtendencia
sobretaxa f	opslag m	påslag	narzut m	přirážka f	pótdíj
alta na bolsa f	hausse f	hausse	hossa f	hausa f	emelkedő árfolyamtendencia
alta das cotações f	koersstijging f	kursökning	hossa f	vzestup kursu m	árfolyam-emelkedés
alta na bolsa f	—	hausse	hossa f	hausa f	emelkedő árfolyamtendencia

hausse

	D	E	F	I	ES
hausse (SV)	Hausse *f*	boom	hausse *f*	rialzo *m*	alza *f*
hausse des prix (F)	Preisanstieg *m*	rise in price	—	aumento del prezzo *m*	aumento de precios *m*
hausse des prix (F)	Preissteigerung *f*	price increase	—	aumento dei prezzi *m*	aumento de precios *m*
haussespeculant (NL)	Haussier *m*	bull	haussier *m*	speculatore al rialzo *m*	alcista *m*
haussespekulant (SV)	Haussier *m*	bull	haussier *m*	speculatore al rialzo *m*	alcista *m*
Haussier (D)	—	bull	haussier *m*	speculatore al rialzo *m*	alcista *m*
haussier (F)	Haussier *m*	bull	—	speculatore al rialzo *m*	alcista *m*
haute conjoncture (F)	Hochkonjunktur *f*	boom	—	alta congiuntura *f*	alta coyuntura *f*
Havarie (D)	—	damage by sea	avarie *f*	avaria *f*	avería *f*
Havariezertifikat (D)	—	damage report	certificat d'avarie *m*	certificato d'avaria *m*	certificado de avería *m*
haven (NL)	Hafen *m*	port	port *m*	porto *m*	puerto *m*
havenrechten (NL)	Hafengebühren *f/pl*	harbour dues	droits de ports *m/pl*	diritti di porto *m/pl*	derechos portuarios *m/pl*
haver (P)	Haben *n*	credit side	avoir *m*	avere *m*	haber *m*
haveri (SV)	Havarie *f*	damage by sea	avarie *f*	avaria *f*	avería *f*
havericertifikat (SV)	Havariezertifikat *n*	damage report	certificat d'avarie *m*	certificato d'avaria *m*	certificado de avería *m*
havi (H)	monatlich	monthly	par mois	mensile	mensual
having legal capacity (E)	rechtsfähig		capable de jouir de droits	avente capacità giuridica	jurídicamente capaz
head (E)	Chef *m*	—	chef *m*	capo *m*	jefe *m*
head of department (E)	Abteilungsleiter *m*	—	chef de service *m*	capo reparto *m*	jefe de sección *m*
heavy freight (E)	Schwergut *n*	—	produit pondéreux *m*	carico pesante *m*	mercancía pesada *f*
hecho a medida (ES)	maßgefertigt	manufactured to measure	travaillé sur mesure	prodotto su misura	—
heirs (E)	Erben *m/pl*		héritiers *m/pl*	eredi *m/pl*	heredero *m*
helyesbítés (H)	Berichtigung *f*	correction	rectification *f*	rettifica *f*	corrección *f*
helyettes (H)	Stellvertreter *m*	deputy	adjoint *m*	sostituto *m*	sustituto *m*
helyettesíthető (H)	substituierbar	replaceable	interchangeable	sostituibile	sustituible
helyettesíthetőség (H)	Fungibilität *f*	fungibility	qualité fongible d'un bien *f*	fungibilità *f*	fungibilidad *f*
helyfoglalás (H)	Reservierung *f*	reservation	réservation *f*	prenotazione *f*	reserva *f*
helyszín kiválasztása (H)	Standortwahl *f*	choice of location	choix du lieu d'implantation *m*	scelta dell'ubicazione *f*	elección de la ubicación *f*
hemmamarknad (SV)	Binnenmarkt *m*	domestic market	marché intérieur *m*	mercato nazionale *m*	mercado interior *m*
herança (P)	Nachlass *m*	inheritance	héritage *m*	eredità *f*	herencia *f*
herbelegging (NL)	Reinvestition *f*	reinvestment	réinvestissement *m*	reinvestimento *m*	reinversión *f*
herdeiro (P)	Erben *m/pl*	heirs	héritiers *m/pl*	eredi *m/pl*	heredero *m*
herdisconteren (NL)	rediskontieren	rediscount	réescompter	riscontare	redescontar
heredero (ES)	Erben *m/pl*	heirs	héritiers *m/pl*	eredi *m/pl*	—
herencia (ES)	Nachlass *m*	inheritance	héritage *m*	eredità *f*	—
herfinanciering (NL)	Refinanzierung *f*	refinancing	refinancement *m*	rifinanziamento *m*	refinanciación *f*
héritage (F)	Nachlass *m*	inheritance	—	eredità *f*	herencia *f*
héritiers (F)	Erben *m/pl*	heirs	—	eredi *m/pl*	heredero *m*
herroepen (NL)	widerrufen	revoke	révoquer	revocare	revocar
herroepingsclausule (NL)	Widerrufsklausel *f*	revocation clause	clause de révocation *f*	clausola di revoca *f*	cláusula revocatoria *f*
Hersteller (D)	—	manufacturer	constructeur *m*	produttore *m*	fabricante *m*
Herstellungskosten (D)	—	production costs	frais de construction *m/pl*	costi di produzione *m/pl*	costo de la producción *m*
herverzekering (NL)	Rückversicherung *f*	reinsurance	réassurance *f*	riassicurazione *f*	reaseguro *m*

herverzekering

P	NL	SV	PL	CZ	H
alta na bolsa f	hausse f	—	hossa f	hausa f	emelkedő árfolyamtendencia
alta de preços m	prijsstijging f	prisökning	zwyżka cen f	růst cen m	áremelkedés
aumento de preços m	prijsverhoging f	prisstegring	wzrost cen m	vzestup cen m	áremelés
especulador altista m	—	haussespekulant	grający na zwyżkę m	spekulant m	hossz-spekuláns
especulador altista m	haussespeculant m	—	grający na zwyżkę m	spekulant m	hossz-spekuláns
especulador altista m	haussespeculant m	haussespekulant	grający na zwyżkę m	spekulant m	hossz-spekuláns
especulador altista m	haussespeculant m	haussespekulant	grający na zwyżkę m	spekulant m	hossz-spekuláns
conjuntura alta f	hoogconjunctuur f	högkonjunktur	wysoka koniunktura f	vysoká konjunktura f	fellendülés
avaria f	averij f	haveri	awaria f	škoda f	hajókár
certificado de avaria m	averijcertificaat n	havericertifikat	ekspertyza awaryjna f	protokol o škodě m	kárbecslő jelentése
porto m	—	hamn	port m	přístav m	kikötő
direitos portuários m/pl	—	hamnavgift	opłaty portowe f/pl	přístavní poplatky m/pl	kikötői illetékek
—	creditzijde f	tillgodohavande	Ma	strana "Dal"	követel oldal
avaria f	averij f	—	awaria f	škoda f	hajókár
certificado de avaria m	averijcertificaat n	—	ekspertyza awaryjna f	protokol o škodě m	kárbecslő jelentése
mensal	maandelijks	månatligt	miesięcznie	měsíčně	—
com capacidade jurídica	rechtsbevoegd	rättskapabel	zdolny do czynności prawnych	právně způsobilý	jogképes
chefe m	chef m	chef	szef m	ředitel m	vezető
chefe de departamento m	afdelingschef m	avdelningschef	kierownik wydziału m	vedoucí oddělení m	osztályvezető
mercadoria pesada f	zware vracht f	tung frakt	ładunek ciężki m	těžké zboží n	nehéz rakomány
feito à medida	op maat gemaakt	specialtillverkat	na miarę	vyrobený na míru	mérték utáni
herdeiro m	erfgenamen m/pl	arvtagare pl	spadkobiercy m/pl	dědici m/pl	örökösök
rectificação f	rechtzetting f	korrigering	sprostowanie n	oprava f	—
substituto m	assistent m	vice	zastępca m	zástupce m	—
substituível	substitueerbaar	utbytbar	zastępowalny	nahraditelný	—
fungibilidade f	fungibiliteit f	utbytbarhet	zamienność towaru f	fungibilita f	—
reserva f	plaatsbespreking f	reservation	rezerwacja f	rezervace f	—
escolha de localização f	keuze van vestigingsplaats f	val av etableringsort	wybór lokalizacji m	volba stanoviště f	—
mercado interno m	binnenlandse markt f	—	rynek wewnętrzny m	domácí trh m	belföldi piac
—	erfenis f	kvarlåtenskap	spadek m	pozůstalost f	hagyaték
reinvestimento m	—	återinvestering	reinwestycja f	reinvestice f	tőkevisszaforgatás
—	erfgenamen m/pl	arvtagare pl	spadkobiercy m/pl	dědici m/pl	örökösök
redescontar	—	rediskontera	redyskontować <zredyskontować>	rediskontovat	viszontleszámítol
herdeiro m	erfgenamen m/pl	arvtagare pl	spadkobiercy m/pl	dědici m/pl	örökösök
herança f	erfenis f	kvarlåtenskap	spadek m	pozůstalost f	hagyaték
refinanciamento m	—	omfinansiering	refinansowanie n	refinancování n	refinanszírozás
herança f	erfenis f	kvarlåtenskap	spadek m	pozůstalost f	hagyaték
herdeiro m	erfgenamen m/pl	arvtagare pl	spadkobiercy m/pl	dědici m/pl	örökösök
revogar	—	återkalla	odwoływać <odwołać>	odvolávat <odvolat>	visszavon
cláusula de revogação f	—	återkallningsklausul	klauzula odwoławcza f	odvolávací doložka f	érvénytelenítő záradék
produtor m	fabrikant m	tillverkare	producent m	výrobce m	gyártó
custos de produção pl	productiekosten m/pl	produktionskostnader pl	koszty produkcji m/pl	výrobní náklady m/pl	előállítási költségek
resseguro m	—	reassurans	reasekuracja f	zájistná záruka n	viszontbiztosítás

het à forfait verkopen 458

	D	E	F	I	ES
het à forfait verkopen (NL)	Forfaitierung f	non-recourse financing	forfaitage m	regolamento forfettario m	financiación sin recurso f
het bijhouden van een rekening (NL)	Kontoführung f	keeping of an account	tenue de compte f	tenuta di un conto f	administración de una cuenta f
het in voorraad houden (NL)	Lagerhaltung f	stockkeeping	entreposage m	magazzinaggio m	almacenaje m
het ontduiken van belastingen (NL)	Hinterziehung f	evasion of taxes	fraude fiscale f	evasione f	defraudación f
het openen van een rekening (NL)	Kontoeröffnung f	opening of an account	ouverture de compte f	accensione di un conto f	apertura de una cuenta f
het over een koop eens zijn (NL)	handelseinig sein	reach an agreement	unanimité commerciale f	essere d'accordo sul prezzo	estar de acuerdo
heures de travail (F)	Arbeitszeit f	working hours	—	orario di lavoro m	jornada laboral f
heures d'ouverture (F)	Geschäftszeit f	business hours	—	orario d'apertura m	hora de despacho f/pl
heure supplémentaire (F)	Überstunde f	overtime	—	ora straordinaria f	hora extraordinaria f
hiányos szállítmány (H)	Minderlieferung f	short delivery	livraison en quantité inférieure f	fornitura ridotta f	envío incompleto m
hiba (H)	Mangel m	defect	défaut m	vizio m	defecto m
hibátlan (H)	mangelfrei	free of defects	sans défaut	esente da vizi	sin vicios
hidden reserves (E)	stille Reserve f	—	réserve occulte f	riserva occulta f	reserva tácita f
highest rate (E)	Höchstkurs f	—	cours le plus haut m	corso massimo m	cotización máxima f
Hinterlegung (D)	—	deposit	dépôt m	deposito m	depósito m
Hinterziehung (D)	—	evasion of taxes	fraude fiscale f	evasione f	defraudación f
hipermercado (ES)	Großmarkt m	wholesale market	marché de gros m	mercato all'ingrosso m	—
hipoteca (ES)	Hypothek f	mortgage	hypothèque f	ipoteca f	—
hipoteca (P)	Hypothek f	mortgage	hypothèque f	ipoteca f	hipoteca f
hipoteka (PL)	Hypothek f	mortgage	hypothèque f	ipoteca f	hipoteca f
hirdetés (H)	Anzeige f	advertisement	annonce f	inserzione f	anuncio m
hirdetés elhelyezése (H)	Anzeigenschaltung f	placement of an advertisement	placement d'annonce m	posizionamento dell'inserzione m	inserción del anuncio f
hired car (E)	Leihwagen m	—	voiture de location f	vettura da noleggio f	coche de alquiler m
hire purchase (E)	Ratenkauf m	—	achat à tempérament m	acquisto a rate m	compra a plazo f
Hiszpania (PL)	Spanien	Spain	Espagne f	Spagna f	España
hiszpański (PL)	spanisch	Spanish	espagnol	spagnolo	español
hitel (H)	Kredit m	loan	crédit m	credito m	crédito m
hitelbank (H)	Kreditbank f	credit bank	banque de crédit f	banca di credito f	banco de crédito m
hitelesít (H)	eichen	gauge	jauger	tarare	contrastar
hitelesítés (H)	Beglaubigung f	authentication	légalisation f	autentica f	legalización f
hitelező (H)	Gläubiger m	creditor	créancier m	creditore m	accreedor m
hitelezők gyűlése (H)	Gläubigerversammlung f	creditors' meeting	assemblée des créanciers f	assemblea dei creditori f	junta de acreedores f
hitelezők védelme (H)	Gläubigerschutz m	protection of creditors	garantie des créanciers f	tutela del creditore f	protección de los acreedores f
hitelfelvevő (H)	Kreditnehmer m	borrower	bénéficiaire d'un crédit m	beneficiario del credito m	prestatario m
hitelfinanszírozás (H)	Fremdfinanzierung f	outside financing	constitution de capital par apport de tiers m	finanziamento passivo m	financiación externa f
hitel futamideje (H)	Kreditlaufzeit f	duration of credit	durée de l'allocation de crédit f	scadenza del credito f	duración del crédito m
hitelintézet (H)	Kreditinstitut n	credit institution	établissement de crédit m	istituto di credito m	instituto de crédito m
hitel jóváhagyása (H)	Kreditzusage f	promise of credit	promesse de crédit f	promessa di credito f	promesa de crédito f
hiteljutalék (H)	Kreditprovision f	credit commission	frais de commissions d'ouverture de crédit m/pl	provvigione di credito f	comisión de apertura de crédito f
hitelkártya (H)	Kreditkarte n	credit card	carte accréditive f	carta di credito f	tarjeta de crédito f

P	NL	SV	PL	CZ	H
financiamento sem recurso m	—	utan regress	finansowanie długoterminowymi należnościami n	odstupné n	visszkereset nélküli finanszírozás
administração de conta f	—	kontoföring	prowadzenie konta n	vedení účtu n	számlavezetés
armazenagem f	—	lagerhållning	magazynowanie n	skladování n	készletezés
sonegação f	—	skattesmitning	sprzeniewierzenie n	daňový únik m	sikkasztás
abertura de conta f	—	kontoöppnande	otwarcie konta n	otevření účtu n	számlanyitás
em unanimidade comercial	—	vara överens	dobijać <dobić> interesu	být jednotný v obchodě	megegyezik az üzlet feltételeiben
horas de trabalho f/pl	werktijd m	arbetstid	czas pracy m	pracovní doba f	munkaidő
horas de expediente f/pl	kantooruren n/pl	öppningstider	godziny pracy f/pl	obchodní doba f	hivatalos idő
hora extraordinária f	overuur n	övertid	nadgodzina f	přesčasová hodina f	túlóra
entrega reduzida f	kleinere levering f	underleverans	niepełna dostawa f	snížení objemu dodávky n	—
defeito m	gebrek n	defekt	wada m	nedostatek m	—
sem defeitos	vrij van gebreken	felfri	wolny od wad	nezávadný	—
reserva oculta f	stille reserve f	dold reserv	ukryta rezerwa f	tichá rezerva f	rejtett tartalék
cotação máxima f	hoogste koers m	högsta kurs	najwyższy kurs m	maximální kurs m	csúcsárfolyam
depósito m	consignatie f	deposition	zdeponowanie n	uložení n	letétbe helyezés
sonegação f	het ontduiken van belastingen n	skattesmitning	sprzeniewierzenie n	daňový únik m	sikkasztás
mercado central m	groothandel m	stormarknad	targowisko hurtowe n	velkoobchodní trh m	nagybani piac
hipoteca f	hypotheek f	hypotek	hipoteka f	hypotéka m	jelzálog
—	hypotheek f	hypotek	hipoteka f	hypotéka m	jelzálog
hipoteca f	hypotheek f	hypotek	—	hypotéka m	jelzálog
anúncio m	advertentie f	annons	ogłoszenie n	inzerát m	—
inserção do anúncio f	plaatsing van een advertentie f	annonsering	publilkacja ogłoszenia n	zveřejnění inzerátu n	—
carro alugado m	huurauto m	hyrbil	samochód wypożyczony m	půjčený vůz m	bérautó
compra a prestações f	aankoop op afbetaling m	avbetalningsköp	kupno na raty n	koupě na splátky f	részletfizetéses vásárlás
Espanha f	Spanje	Spanien	—	Španělsko n	Spanyolország
espanhol	Spaans	spansk	—	španělský	spanyol(ul)
crédito m	krediet n	kredit	kredyt m	úvěr m	—
banco de crédito m	kredietbank f/m	affärsbank	bank kredytowy m	úvěrová banka f	—
aferir	ijken	justera	cechowanie n	cejchovat	—
autenticação f	legalisatie f	bevittnande	uwierzytelnienie n	ověření n	—
credor Km	schuldeiser m	borgenär	wierzyciel m	věřitel m	—
assembleia de credores f	vergadering van de schuldeisers f	borgenärssammanträde	zgromadzenie wierzycieli n	schůze věřitelů f	—
garantia dos credores f	bescherming van de schuldeisers f	borgenärsskydd	gwarancja dla wierzycieli f	ochrana věřitelů f	—
beneficiário do crédito m	kredietnemer m	kredittagare	kredytobiorca m	dlužník m	—
financiamento através de capital alheio m	financiering door vreemd kapitaal f	extern finansiering	finansowanie obce n	dluhové financování n	—
prazo de concessão de crédito m	kredietlooptijd m	kreditlöptid	okres spłaty kredytu m	splatnost úvěru f	—
instituição de crédito f	kredietinstelling f	kreditinstitut	instytucja kredytowa f	úvěrový ústav m	—
promessa de crédito f	krediettoezegging f	kreditgivning	obietnica kredytowania n	příslib úvěru m	—
comissão de crédito f	kredietcommissie f	uppläggningsavgift	prowizja od kredytu f	provize úvěru f	—
cartão de crédito m	kredietkaart f	kreditkort	karta kredytowa f	úvěrová karta f	—

hitelképesség

	D	E	F	I	ES
hitelképesség (H)	Kreditfähigkeit f	financial standing	solvabilité f	capacità creditizia f	crédito m
hitelkeret (H)	Kreditlimit n	borrowing limit	plafond du crédit alloué m	limite di credito m	límite de crédito m
hitelkeret (H)	Kreditlinie f	credit line	plafond du crédit accordé m	linea creditizia f	línea de crédito f
hitelkeret (H)	Kreditrahmen m	credit margin	marge de crédit accordé f	plafond di credito m	margen de crédito m
hitelkeret-túllépés (folyószámlán) (H)	Kontoüberziehung f	overdraft of an account	découvert d'un compte m	scoperto di conto m	descubierto m
hitelközvetítés (H)	Kreditvermittlung f	arranging for a credit	médiation du crédit f	intermediazione di crediti f	mediación de créditos f
hitellevél (H)	Kreditbrief m	letter of credit	lettre de crédit f	lettera di credito f	carta de crédito f
hitelre történő vásárlás (H)	Kreditkauf m	credit purchase	achat à crédit m	acquisto a credito m	compra a crédito f
hitelszavatosság (H)	Delkredere n	del credere	ducroire m	star del credere m	delcrédere m
hiteltúllépést követ el (H)	überziehen	overdraw	faire un prélèvement à découvert	mandare allo scoperto	sobrepasar
hitelügylet (H)	Kreditgeschäft n	credit business	achat à crédit m	operazione di credito f	operaciones de crédito f/pl
hitelveszteség-kockázat (H)	Ausfallrisiko f	default risk	risque de perte m	rischio di perdita m	riesgo de pérdida m
hívás (H)	Anruf m	call	appel téléphonique m	chiamata f	llamada f
hivatal (H)	Amt n	office	bureau m	ufficio m	oficina f
hivatalos idő (H)	Geschäftszeit f	business hours	heures d'ouverture f/pl	orario d'apertura m	hora de despacho f/pl
hivatalos idő vége (H)	Büroschluß m	office closing hours	fermeture des bureaux f	orario di chiusura dell'ufficio m	hora de cierre de la oficina f
hivatkozással (H)	bezugnehmend	referring to	en référence à f	con riferimento a	con referencia a
hlasovací právo (CZ)	Stimmrecht n	right to vote	droit de vote m	diritto al voto m	derecho a voto m
hlasovací většina (CZ)	Stimmenmehrheit f	majority of votes	majorité des voix f	maggioranza dei voti f	mayoría de votos f
hlavní měna (CZ)	Leitwährung f	key currency	monnaie-clé f	valuta guida f	moneda de referencia f
hlavní úrok (CZ)	Leitzins m	key rate	taux directeur m	tasso di riferimento m	interés básico m
hlídat (CZ)	überwachen	supervise	surveiller	sorvegliare	vigilar
hmotnost při vyložení (CZ)	Abladegewicht n	weight loaded	poids au déchargement m	peso di scarico m	peso de descarga m
Hochkonjunktur (D)	—	boom	haute conjoncture f	alta congiuntura f	alta coyuntura f
Höchstkurs (D)	—	highest rate	cours le plus haut m	corso massimo m	cotización máxima f
Höchstpreis (D)	—	top price	prix plafond m	prezzo massimo m	precio máximo m
hodinová mzda (CZ)	Stundenlohn m	hourly wage	salaire horaire m	salario ad ora m	salario-hora f
hodnota (CZ)	Wert m	value	valeur f	valore m	valor m
hodnota substance (CZ)	Substanzwert m	real value	valeur de remplacement f	valore sostanziale m	valor sustancial m
hodnotové clo (CZ)	Wertzoll m	ad valorem duty	taxe de douane ad valorem f	dazio ad valorem m	aduanas ad valorem f/pl
hoeveelheid (NL)	Menge f	quantity	quantité f	quantità f	cantidad f
hoeveelheidsaanduiding (NL)	Mengenangabe f	statement of quantity	indication de la quantité f	indicazione della quantità f	indicación de cantidades f
höggradig skuldsättning (SV)	Überschuldung f	excessive indebtedness	surendettement m	indebitamento eccessivo m	exceso de deudas m
högkonjunktur (SV)	Hochkonjunktur f	boom	haute conjoncture f	alta congiuntura f	alta coyuntura f
högre banktjänsteman (SV)	Bankier m	banker	banquier m	banchiere m	banquero m
högsta kurs (SV)	Höchstkurs f	highest rate	cours le plus haut m	corso massimo m	cotización máxima f
högsta pris (SV)	Höchstpreis f	top price	prix plafond m	prezzo massimo m	precio máximo m
hoja de pedido (ES)	Bestellschein m	order form	bulletin de commande m	bolletta di commissione f	—
höjning (SV)	Erhöhung f	increase	augmentation f	aumento m	incremento m

höjning

P	NL	SV	PL	CZ	H
capacidade de crédito f	kredietwaardigheid f	solvens	zdolność kredytowa f	úvěrová schopnost f	—
limite de crédito m	kredietlimiet f	kreditgräns	limit kredytowy m	úvěrový limit m	—
linha de crédito f	kredietlijn f/m	kreditgräns	linia kredytowa f	hranice úvěru f	—
plafond de crédito m	kredietmarge f	kreditram	rama kredytowa f	rámec úvěrů m	—
conta a descoberto f	overdisponering f	kontoöverdrag	przekroczenie stanu konta n	překročení částky na účtu n	—
mediação de créditos f	kredietbemiddeling f	kreditförmedling	pośrednictwo kredytowe n	zprostředkování úvěru n	—
carta de crédito f	kredietbrief f	kreditiv	akredytywa f	úvěrový list m	—
compra a crédito f	koop op krediet m	kreditköp	kupno na kredyt n	nákup na úvěr m	—
del-credere m	delcredere n	delkredere	del credere	ručení pohledávky třetí osobou n	—
sacar a descoberto	overschrijden	övertrassera	przekraczać stan konta	překračovat <překročit>	—
operação de crédito f	krediettransactie f	kreditaffär	transakcja kredytowa f	úvěrová operace f	—
risco de perda m	gevaar voor uitvallen n	bortfallsrisk	ryzyko niewykonalności n	riziko ztrát n	—
chamada f	telefonische oproep m	telefonsamtal	rozmowa telefoniczna f	zavolání n	—
cargo m	dienst m	byrå i offentlig förvaltning	urząd m	úřad m	—
horas de expediente f/pl	kantooruren n/pl	öppningstider	godziny pracy f/pl	obchodní doba f	—
hora de fechar o escritório f	sluiting van het kantoor f	stängningstid	koniec urzędowania m	konec úředních hodin m	—
com referência a	met referte aan	under åberopande av	powołując się	se zřetelem	—
direito de voto m	stemrecht n	rösträtt	prawo głosu n	—	szavazati jog
maioria de votos f	meerderheid van stemmen f	röstmajoritet	większość głosów f	—	szavazattöbbség
moeda de referência f	sleutelvaluta f	huvudvaluta	waluta "twarda" f	—	kulcsvaluta
taxa de referência f	officiële rente f	styrränta	podstawowa stopa procentowa f	—	alapkamatláb
supervisar	superviseren	bevaka	nadzorować	—	felügyel
peso de descarga m	gewicht bij het lossen n	inlastad vikt	waga wysyłkowa f	—	átadási súly
conjuntura alta f	hoogconjunctuur f	högkonjunktur	wysoka koniunktura f	vysoká konjuntura f	fellendülés
cotação máxima f	hoogste koers m	högsta kurs	najwyższy kurs m	maximální kurs m	csúcsárfolyam
preço máximo m	plafondprijs m	högsta pris	najwyższa cena f	maximální cena f	rekordár
salário-hora m	uurloon n	timlön	płaca godzinowa f	—	órabér
valor m	waarde f	värde	wartość f	—	érték
valor substancial m	werkelijke waarde f	realvärde	wartość substancji f	—	nettó vagyonérték
direitos ad valorem m/pl	waarderechten n/pl	ad valorem tull	cło od wartości n	—	értékvám
quantidade f	—	kvantitet	ilość f	množství n	mennyiség
indicação de quantidade f	—	kvantitetsuppgift	dane ilościowe f/pl	udání množství n	mennyiség feltüntetése
endividamento excessivo m	te zware schuldenlast m	—	nadmierne zadłużenie n	nadměrné zadlužení n	túlzott eladósodás
conjuntura alta f	hoogconjunctuur f	—	wysoka koniunktura f	vysoká konjuntura f	fellendülés
banqueiro m	bankier m	—	bankier m	bankéř m	bankszakember
cotação máxima f	hoogste koers m	—	najwyższy kurs m	maximální kurs m	csúcsárfolyam
preço máximo m	plafondprijs m	—	najwyższa cena f	maximální cena f	rekordár
impresso de encomenda m	bestelbon m	orderformulär	zamówienie pisemne n	stvrzenka objednávky f	megrendelőlap
elevação f	verhoging f	—	podwyżka f	zvýšení n	emelés

Holanda

	D	E	F	I	ES
Holanda (P)	Niederlande *pl*	Netherlands	Pays-Bas *m/pl*	Paesi Bassi *m*	los Países Bajos *m/pl*
holandés (ES)	niederländisch	Dutch	néerlandais	olandese	—
holandés (ES)	Niederländisch	Dutch	néerlandais	olandese *m*	—
holandês (P)	niederländisch	Dutch	néerlandais	olandese	holandés
holandês (P)	Niederländisch	Dutch	néerlandais	olandese *m*	holandés *m*
Holandia (PL)	Niederlande *pl*	Netherlands	Pays-Bas *m/pl*	Paesi Bassi *m*	los Países Bajos *m/pl*
holding (I)	Dachgesellschaft *f*	holding company	société holding *f*	—	sociedad holding *f*
holding company (E)	Dachgesellschaft *f*	—	société holding *f*	holding *f*	sociedad holding *f*
holdingmaatschappij (NL)	Dachgesellschaft *f*	holding company	société holding *f*	holding *f*	sociedad holding *f*
holdingtársaság (H)	Dachgesellschaft *f*	holding company	société holding *f*	holding *f*	sociedad holding *f*
holenderski (PL)	niederländisch	Dutch	néerlandais	olandese	holandés
holiday allowance (E)	Urlaubsgeld *n*	—	prime de vacances *f*	indennità di ferie *f*	prima de vacaciones *f*
Hollandia (H)	Niederlande *pl*	Netherlands	Pays-Bas *m/pl*	Paesi Bassi *m*	los Países Bajos *m/pl*
holland (nyelv) (H)	Niederländisch	Dutch	néerlandais	olandese *m*	holandés *m*
holland(ul) (H)	niederländisch	Dutch	néerlandais	olandese	holandés
holt tőke (H)	totes Kapital *n*	dead capital	capital improductif *m*	capitale infruttifero *m*	capital improductivo *m*
hónap utolsó napja (H)	ultimo	end of the month	fin de mois *f*	fine mese *m*	fin de mes *m*
Hongaars (NL)	ungarisch	Hungarian	hongrois	ungherese	húngaro
Hongaars (NL)	Ungarisch	Hungarian	hongrois	ungherese *m*	húngaro *m*
Hongarije (NL)	Ungarn	Hungary	Hongrie *f*	Ungheria *f*	Hungría
Hongrie (F)	Ungarn	Hungary	—	Ungheria *f*	Hungría
hongrois (F)	ungarisch	Hungarian	—	ungherese	húngaro
hongrois (F)	Ungarisch	Hungarian	—	ungherese *m*	húngaro *m*
honoraires (F)	Honorar *n*	fee	—	onorario *m*	honorario *m*
Honorar (D)	—	fee	honoraires *m/pl*	onorario *m*	honorario *m*
honorar (SV)	Honorar *n*	fee	honoraires *m/pl*	onorario *m*	honorario *m*
honorář (CZ)	Honorar *n*	fee	honoraires *m/pl*	onorario *m*	honorario *m*
honorario (ES)	Honorar *n*	fee	honoraires *m/pl*	onorario *m*	—
honorários (P)	Honorar *n*	fee	honoraires *m/pl*	onorario *m*	honorario *m*
honorarium (NL)	Honorar *n*	fee	honoraires *m/pl*	onorario *m*	honorario *m*
honorarium (PL)	Honorar *n*	fee	honoraires *m/pl*	onorario *m*	honorario *m*
hoogconjunctuur (NL)	Hochkonjunktur *f*	boom	haute conjoncture *f*	alta congiuntura *f*	alta coyuntura *f*
hoogste koers (NL)	Höchstkurs *f*	highest rate	cours le plus haut *m*	corso massimo *m*	cotización máxima *f*
hora de cierre de la oficina (ES)	Büroschluß *m*	office closing hours	fermeture des bureaux *f*	orario di chiusura dell'ufficio *m*	—
hora de despacho (ES)	Geschäftszeit *f*	business hours	heures d'ouverture *f/pl*	orario d'apertura *m*	—
hora de fechar o escritório (P)	Büroschluß *m*	office closing hours	fermeture des bureaux *f*	orario di chiusura dell'ufficio *m*	hora de cierre de la oficina *f*
hora extraordinaria (ES)	Überstunde *f*	overtime	heure supplémentaire *f*	ora straordinaria *f*	—
hora extraordinária (P)	Überstunde *f*	overtime	heure supplémentaire *f*	ora straordinaria *f*	hora extraordinaria *f*
horas de expediente (P)	Geschäftszeit *f*	business hours	heures d'ouverture *f/pl*	orario d'apertura *m*	hora de despacho *f/pl*
horas de trabalho (P)	Arbeitszeit *f*	working hours	heures de travail *f/pl*	orario di lavoro *m*	jornada laboral *f*
horní hranice ceny (CZ)	Preisobergrenze *f*	price ceiling	limite supérieure des prix *f*	limite massimo di prezzo *m*	límite máximo de los precios *m*
hospedaje (ES)	Bewirtung *f*	hospitality	hospitalité *f*	ospitalità *f*	—
hospitalidade (P)	Bewirtung *f*	hospitality	hospitalité *f*	ospitalità *f*	hospedaje *m*
hospitalité (F)	Bewirtung *f*	hospitality	—	ospitalità *f*	hospedaje *m*
hospitality (E)	Bewirtung *f*	—	hospitalité *f*	ospitalità *f*	hospedaje *m*

hospitality

P	NL	SV	PL	CZ	H
—	Nederland	Nederländerna	Holandia f	Nizozemsko n	Hollandia
holandês	Nederlands	nederländsk	holenderski	nizozemský	holland(ul)
holandês	Nederlands	nederländska	język holenderski m	nizozemština f	holland (nyelv)
—	Nederlands	nederländsk	holenderski	nizozemský	holland(ul)
—	Nederlands	nederländska	język holenderski m	nizozemština f	holland (nyelv)
Holanda f	Nederland	Nederländerna	—	Nizozemsko n	Hollandia
sociedade holding f	holdingmaat-schappij f	förvaltningsbolag	spółka holdingowa f	zastřešující společnost f	holdingtársaság
sociedade holding f	holdingmaat-schappij f	förvaltningsbolag	spółka holdingowa f	zastřešující společnost f	holdingtársaság
sociedade holding f	—	förvaltningsbolag	spółka holdingowa f	zastřešující společnost f	holdingtársaság
sociedade holding f	holdingmaat-schappij f	förvaltningsbolag	spółka holdingowa f	zastřešující společnost f	—
holandês	Nederlands	nederländsk	—	nizozemský	holland(ul)
subsídio de férias m	vakantiegeld n	semesterlön	płaca za czas urlopu f	příplatek na financování dovolené m	szabadságpénz
Holanda f	Nederland	Nederländerna	Holandia f	Nizozemsko n	—
holandês	Nederlands	nederländska	język holenderski m	nizozemština f	—
holandês	Nederlands	nederländsk	holenderski	nizozemský	—
capital improdutivo m	dood kapitaal n	improduktivt kapital	martwy kapitał m	neproduktivní kapitál m	—
fim do mês m	ultimo	månadsslut	ultimo n	ultimo n	—
húngaro	—	ungersk	węgierski	maďarský	magyar(ul)
húngaro	—	ungerska	język węgierski m	maďarština f	magyar (nyelv)
Hungria f	—	Ungern	Węgry pl	Maďarsko n	Magyarország
Hungria f	Hongarije	Ungern	Węgry pl	Maďarsko n	Magyarország
húngaro	Hongaars	ungersk	węgierski	maďarský	magyar(ul)
húngaro	Hongaars	ungerska	język węgierski m	maďarština f	magyar (nyelv)
honorários m/pl	honorarium n	honorar	honorarium n	honorář m	tiszteletdíj
honorários m/pl	honorarium n	honorar	honorarium n	honorář m	tiszteletdíj
honorários m/pl	honorarium n	—	honorarium n	honorář m	tiszteletdíj
honorários m/pl	honorarium n	honorar	honorarium n	—	tiszteletdíj
honorários m/pl	honorarium n	honorar	honorarium n	honorář m	tiszteletdíj
—	honorarium n	honorar	honorarium n	honorář m	tiszteletdíj
honorários m/pl	—	honorar	honorarium n	honorář m	tiszteletdíj
honorários m/pl	honorarium n	honorar	—	honorář m	tiszteletdíj
conjuntura alta f	—	högkonjunktur	wysoka koniunktura f	vysoká konjunktura f	fellendülés
cotação máxima f	—	högsta kurs	najwyższy kurs m	maximální kurs m	csúcsárfolyam
hora de fechar o escritório f	sluiting van het kantoor f	stängningstid	koniec urzędowania m	konec úředních hodin m	hivatalos idő vége
horas de expediente f/pl	kantooruren n/pl	öppningstider	godziny pracy f/pl	obchodní doba f	hivatalos idő
—	sluiting van het kantoor f	stängningstid	koniec urzędowania m	konec úředních hodin m	hivatalos idő vége
hora extraordinária f	overuur n	övertid	nadgodzina f	přesčasová hodina f	túlóra
—	overuur n	övertid	nadgodzina f	přesčasová hodina f	túlóra
—	kantooruren n/pl	öppningstider	godziny pracy f/pl	obchodní doba f	hivatalos idő
—	werktijd m	arbetstid	czas pracy m	pracovní doba f	munkaidő
limite máximo dos preços m	bovengrens van de prijs f	övre prisgräns	pułap cen m	—	felső árhatár
hospitalidade f	onthaal n	representation	poczęstunek m	pohoštění n	vendéglátás
—	onthaal n	representation	poczęstunek m	pohoštění n	vendéglátás
hospitalidade f	onthaal n	representation	poczęstunek m	pohoštění n	vendéglátás
hospitalidade f	onthaal n	representation	poczęstunek m	pohoštění n	vendéglátás

hospodaření s odpady

	D	E	F	I	ES
hospodaření s odpady (CZ)	Abfallwirtschaft f	waste management	industrie de déchets f	industria dei rifiuti f	industria de desperdicios f
hospodárnost (CZ)	Wirtschaftlichkeit f	economic efficiency	rentabilité f	redditività f	rentabilidad f
hospodářská kontrola (CZ)	Wirtschaftsprüfung m	auditing	contrôle de la gestion et des comptes m	revisione f	revisión de cuentas f
hospodářská kriminalita (CZ)	Wirtschaftskriminalität f	white-collar crime	délinquance économique f	criminalità economica f	criminalidad económica f
hospodářská krize (CZ)	Wirtschaftskrise f	economic crisis	crise économique f	crisi economica f	crisis económica f
hospodářská politika (CZ)	Wirtschaftspolitik f	economic policy	politique économique f	politica economica f	política económica f
hospodářská společnost (CZ)	Wirtschaftsgemeinschaft f	economic community	communauté économique f	comunità economica f	comunidad económica f
hospodářská unie (CZ)	Wirtschaftsunion f	economic union	union économique f	unione economica f	unión económica f
hospodářské odvětví (CZ)	Wirtschaftszweig m	field of the economy	secteur économique m	settore economico m	ramo económico m
hospodářský koloběh (CZ)	Wirtschaftskreislauf m	economic process	circuit économique m	circuito economico m	circuito económico m
hospodářský rok (CZ)	Wirtschaftsjahr n	business year	exercice comptable m	esercizio m	ejercicio m
hospodářský růst (CZ)	Wirtschaftswachstum n	economic growth	croissance économique f	crescita economica f	crecimiento económico m
hospodářský statek (CZ)	Wirtschaftsgut n	economic goods	bien économique m	bene economico m	bien económico m
hospodářství (CZ)	Wirtschaft f	economy	économie f	economia f	economía f
hossa (PL)	Hausse f	boom	hausse f	rialzo m	alza f
hossa (PL)	Kurssteigerung f	price advance	hausse f	aumento dei corsi m	alza de las cotizaciones f
hossz-spekuláns (H)	Haussier m	bull	haussier m	speculatore al rialzo m	alcista m
hosszú lejáratú (H)	langfristig	long-term	à long terme	a lungo termine	a largo plazo
hosszú lejáratú hitel (H)	langfristiger Kredit m	long-term credit	crédit à long terme m	credito a lungo termine m	crédito a largo plazo m
hotovost (CZ)	Bargeld n	cash	argent comptant m	denaro contante m	dinero efectivo m
hotovostní (CZ)	bar	cash	au comptant	in contanti	al contado
hourly wage (E)	Stundenlohn m	—	salaire horaire m	salario ad ora m	salario-hora m
housing construction (E)	Wohnungsbau m	—	construction de logements f	edilizia abitativa f	construcción de viviendas f
hozam (H)	Rendite f	yield	rendement m	rendita f	rentabilidad f
hozzáadottértékadó (H)	Mehrwertsteuer f	value-added tax	taxe à la valeur ajoutée f	imposta sul valore aggiunto f	impuesto sobre el valor añadido (IVA) m
hozzájárulások (H)	Beiträge m/pl	contributions	contributions f/pl	contributi m/pl	contribuciones f/pl
hranice úvěru (CZ)	Kreditlinie f	credit line	plafond du crédit accordé m	linea creditizia f	línea de crédito f
hromadná výroba (CZ)	Massenfertigung f	mass production	production en série f	fabbricazione in massa f	fabricación en masa f
hrubá cena (CZ)	Bruttopreis m	gross price	prix brut m	prezzo lordo m	precio bruto m
hrubá mzda (CZ)	Bruttolohn m	gross pay	salaire brut m	salario lordo m	salario bruto m
hrubý domácí produkt (CZ)	Bruttoinlandsprodukt n	gross domestic product	produit intérieur brut m	prodotto interno lordo m	producto interior bruto m
hrubý společenský produkt (CZ)	Bruttosozialprodukt n	gross national product	produit national brut m	reddito nazionale lordo m	producto nacional bruto m
hrubý zisk (CZ)	Rohgewinn m	gross profit on sales	bénéfice brut m	utile lordo m	ganancia bruta f
huelga (ES)	Streik m	strike	grève f	sciopero m	—
huelga general (ES)	Generalstreik m	general strike	grève générale f	sciopero generale m	—
huisbank (NL)	Hausbank f	company's bank	banque habituelle f	banca di preferenza f	banco particular m
huissier de justice (F)	Gerichtsvollzieher m	bailiff	—	ufficiale giudiziario m	ejecutor judicial m

P	NL	SV	PL	CZ	H
gestão dos desperdícios f	afvalindustrie f	återvinningsindustri	gospodarka odpadami f	—	hulladékgazdálkodás
eficiência económica f	rentabiliteit f	ekonomisk effektivitet	ekonomiczność f	—	gazdaságosság
auditoria f	controle van de jaarrekeningen f	revision	rewizja gospodarcza f	—	könyvvizsgálat
criminalidade económica f	economische criminaliteit f	ekonomisk brottslighet	przestępczość gospodarcza f	—	gazdasági bűnözés
crise económica f	economische crisis f	ekonomisk kris	kryzys gospodarczy m	—	gazdasági válság
política económica f	economisch beleid n	ekonomisk politik	polityka gospodarcza f	—	gazdaságpolitika
comunidade económica f	economische gemeenschap f	ekonomisk gemenskap	wspólnota gospodarcza f	—	gazdasági közösség
união económica f	economische unie f	ekonomisk union	unia gospodarcza f	—	gazdasági unió
sector económico m	tak van de economie m	bransch	branża gospodarcza f	—	gazdasági ág
ciclo económico m	economische kringloop m	ekonomiskt kretslopp	cyrkulacja gospodarcza f	—	gazdasági ciklus
exercício m	boekjaar n	budgetår	rok gospodarczy m	—	gazdasági év
crescimento económico m	economische groei m	ekonomisk tillväxt	wzrost gospodarczy m	—	gazdasági növekedés
bem económico m	economisch goed n	ekonomiskt gods	dobro gospodarcze n	—	gazdasági javak
economia f	economie f	ekonomi	gospodarka f	—	gazdaság
alta na bolsa f	hausse f	hausse	—	hausa f	emelkedő árfolyamtendencia
alta das cotações f	koersstijging f	kursökning	—	vzestup kursu m	árfolyam-emelkedés
especulador altista m	haussespeculant m	haussespekulant	grający na zwyżkę m	spekulant m	—
a longo prazo	op lange termijn	långfristig	długoterminowy	dlouhodobý	—
crédito a longo prazo m	krediet op lange termijn n	långfristig kredit	kredyt długoterminowy m	dlouhodobý úvěr m	—
dinheiro de contado m	contant geld n	kontanter pl	gotówka f	—	készpénz
a dinheiro	contant	kontant	gotówką	—	készpénzben
salário-hora m	uurloon n	timlön	płaca godzinowa f	hodinová mzda f	órabér
construção de habitações f	woningbouw m	bostadsbyggande	budownictwo mieszkaniowe n	bytová výstavba f	lakásépítés
rentabilidade f	rendement n	avkastning	zysk w stosunku do kapitału m	výnosnost f	—
imposto sobre o valor acrescentado (IVA) m	belasting op de toegevoegde waarde f	mervärdesskatt	podatek od wartości dodatkowej (VAT) m	daň z přidané hodnoty f	—
contribuições f/pl	bijdragen f/pl	bidrag	składki f/pl	příspěvky m/pl	—
linha de crédito f	kredietlijn f/m	kreditgräns	linia kredytowa f	—	hitelkeret
produção em massa f	massaproductie f	massproduktion	produkcja masowa f	—	tömeggyártás
preço bruto m	brutoprijs m	bruttopris	cena brutto f	—	bruttó ár
salário bruto m	brutoloon n	bruttolön	płaca brutto f	—	bruttó bér
produto interno bruto m	bruto binnenlands product n	bruttonationalprodukt	produkt krajowy brutto m	—	bruttó hazai termék
produto nacional bruto m	bruto nationaal product n	bruttonationalprodukt	produkt narodowy brutto m	—	bruttó társadalmi termék
lucro bruto m	brutowinst f	bruttoöverskott	zysk brutto m	—	bruttó nyereség
greve f	staking f	strejk	strajk m	stávka f	sztrájk
greve geral f	algemene staking f	generalstrejk	strajk generalny m	generální stávka f	általános sztrájk
banco habitual da empresa f	—	företagsbank	bank firmowy m	banka společnosti f	számlavezető bank
oficial de justiça m	gerechtsdeurwaarder m	utmätningsman	komornik m	soudní vykonavatel m	bírósági végrehajtó

hulladék

	D	E	F	I	ES
hulladék (H)	Abfall m	waste	déchet m	rifiuti m/pl	desechos m/pl
hulladékanyagbörze (H)	Abfallbörse f	recycling exchange	bourse de recyclage f	borsa di riciclaggio f	bolsa de reciclaje f
hulladékeltávolítás (H)	Abfallbeseitigung f	waste disposal	élimination des déchets f	smaltimento dei rifiuti m	evacuación de residuos f
hulladékgazdálkodás (H)	Abfallwirtschaft f	waste management	industrie de déchets f	industria dei rifiuti f	industria de desperdicios f
hulpkracht (NL)	Aushilfe f	temporary help	suppléant m	aiuto m	ayudante m
Hungarian (E)	ungarisch	—	hongrois	ungherese	húngaro
Hungarian (E)	Ungarisch	—	hongrois	ungherese m	húngaro m
húngaro (ES)	ungarisch	Hungarian	hongrois	ungherese	—
húngaro (ES)	Ungarisch	Hungarian	hongrois	ungherese m	—
húngaro (P)	ungarisch	Hungarian	hongrois	ungherese	húngaro
húngaro (P)	Ungarisch	Hungarian	hongrois	ungherese	húngaro m
Hungary (E)	Ungarn	—	Hongrie f	Ungheria f	Hungría
Hungria (P)	Ungarn	Hungary	Hongrie f	Ungheria f	Hungría
Hungría (ES)	Ungarn	Hungary	Hongrie f	Ungheria f	—
hurtownik (PL)	Grossist m	wholesaler	grossiste m	grossista m	mayorista m
hushåll (SV)	privater Haushalt m	private household	ménage privé m	economia domestica f	economía doméstica f
hűtlen kezelés (H)	Veruntreuung f	misappropriation	malversation f	abuso di fiducia m	malversación f
huur (NL)	Miete f	rent	location f	affitto m	alquiler m
huurauto (NL)	Leihwagen m	hired car	voiture de location f	vettura da noleggio f	coche de alquiler m
huurder (NL)	Mieter m	tenant	locataire m	locatario m	arrendatario m
huur van opslagruimte (NL)	Lagermiete f	warehouse rent	location d'une surface pour magasinage f	spese di stoccaggio f/pl	alquiler de almacenaje m
huvudvaluta (SV)	Leitwährung f	key currency	monnaie-clé f	valuta guida f	moneda de referencia f
hypoteční banka (CZ)	Hypothekenbank f	mortgage bank	banque hypothécaire f	banca ipotecaria f	banco hipotecario m
hypotek (SV)	Hypothek f	mortgage	hypothèque f	ipoteca f	hipoteca f
hypotéka (CZ)	Hypothek f	mortgage	hypothèque f	ipoteca f	hipoteca f
hypoteksbank (SV)	Hypothekenbank f	mortgage bank	banque hypothécaire f	banca ipotecaria f	banco hipotecario m
hypotheek (NL)	Hypothek f	mortgage	hypothèque f	ipoteca f	hipoteca f
hypotheekbank (NL)	Hypothekenbank f	mortgage bank	banque hypothécaire f	banca ipotecaria f	banco hipotecario m
Hypothek (D)	—	mortgage	hypothèque f	ipoteca f	hipoteca f
Hypothekenbank (D)	—	mortgage bank	banque hypothécaire f	banca ipotecaria f	banco hipotecario m
hypothèque (F)	Hypothek f	mortgage	—	ipoteca f	hipoteca f
hyra (SV)	Miete f	rent	location f	affitto m	alquiler m
hyrbil (SV)	Leihwagen m	hired car	voiture de location f	vettura da noleggio f	coche de alquiler m
hyresgäst (SV)	Mieter m	tenant	locataire m	locatario m	arrendatario m
ładunek (PL)	Ladung f	freight	charge f	carico m	carga f
ładunek ciężki (PL)	Schwergut n	heavy freight	produit pondéreux m	carico pesante m	mercancía pesada f
ładunek wagonowy (PL)	Wagenladung f	lorry-load	charge de voiture f	carico di autocarro m	carga de un vagón m
łańcuch walutowy (PL)	Währungsschlange f	currency snake	serpent monétaire m	serpente monetario m	serpiente monetaria f
icke korsad check (SV)	Barscheck m	open cheque	chèque non barré m	assegno circolare m	cheque abierto m
identidad de los balances sucesivos (ES)	Bilanzkontinuität f	formal identity	identité des bilans successifs f	continuità del bilancio f	—
identité des bilans successifs (F)	Bilanzkontinuität f	formal identity	—	continuità del bilancio f	identidad de los balances sucesivos f
idény (H)	Saison f	season	saison f	stagione f	temporada f
időbér (H)	Zeitlohn m	time wages	salaire à l'heure m	salario a tempo m	salario por unidad de tiempo m

időbér

P	NL	SV	PL	CZ	H
desperdícios m/pl	afval m	avfall	odpady m/pl	odpad m	—
bolsa de reciclagem f	afvalbeurs f	återvinningsbörs	giełda odpadów f	burza s odpady f	—
eliminação dos desperdícios f	verwijdering van afval f	avfallshantering	usuwanie odpadów n	odstraňování odpadu n	—
gestão dos desperdícios f	afvalindustrie f	återvinningsindustri	gospodarka odpadami f	hospodaření s odpady n	—
ajudante m/f	—	extraanställd	pracownik pomocniczy m	výpomoc f	kisegítő dolgozó
húngaro	Hongaars	ungersk	węgierski	maďarský	magyar(ul)
húngaro	Hongaars	ungerska	język węgierski m	maďarština f	magyar (nyelv)
húngaro	Hongaars	ungersk	węgierski	maďarský	magyar(ul)
húngaro	Hongaars	ungerska	język węgierski m	maďarština f	magyar (nyelv)
—	Hongaars	ungersk	węgierski	maďarský	magyar(ul)
—	Hongaars	ungerska	język węgierski m	maďarština f	magyar (nyelv)
Hungria f	Hongarije	Ungern	Węgry pl	Maďarsko n	Magyarország
—	Hongarije	Ungern	Węgry pl	Maďarsko n	Magyarország
Hungria f	Hongarije	Ungern	Węgry pl	Maďarsko n	Magyarország
grossista m	groothandelaar m	grossist	—	velkoobchodník m	nagykereskedő
economia doméstica f	privéhuishouden n	—	prywatne gospodarstwo domowe n	soukromý rozpočet m	magánháztartás
desfalque m	verduistering f	förskingring	sprzeniewierzenie n	zpronevěra f	—
aluguel m	—	hyra	najem m	nájem m	bérleti díj
carro alugado m	—	hyrbil	samochód wypożyczony m	půjčený vůz m	bérautó
inquilino m	—	hyresgäst	najemca m	nájemník m	bérlő
aluguel de armazenagem m	—	lagerhyra	czynsz za magazyn m	skladné n	raktárbérlet
moeda de referência f	sleutelvaluta f	—	waluta "twarda" f	hlavní měna f	kulcsvaluta
banco hipotecário m	hypotheekbank f	hypoteksbank	bank hipoteczny m	—	jelzálogbank
hipoteca f	hypotheek f	—	hipoteka f	hypotéka f	jelzálog
hipoteca f	hypotheek f	hypotek	hipoteka f	hypotéka f	jelzálog
banco hipotecário m	hypotheekbank f	—	bank hipoteczny m	hypoteční banka f	jelzálogbank
hipoteca f	—	hypotek	hipoteka f	hypotéka f	jelzálog
banco hipotecário m	hypotheekbank f	hypoteksbank	bank hipoteczny m	hypoteční banka f	jelzálogbank
hipoteca f	hypotheek f	hypotek	hipoteka f	hypotéka f	jelzálog
banco hipotecário m	hypotheekbank f	hypoteksbank	bank hipoteczny m	hypoteční banka f	jelzálogbank
hipoteca f	hypotheek f	hypotek	hipoteka f	hypotéka f	jelzálog
aluguel m	huur f	—	najem m	nájem m	bérleti díj
carro alugado m	huurauto m	—	samochód wypożyczony m	půjčený vůz m	bérautó
inquilino m	huurder m	—	najemca m	nájemník m	bérlő
carga f	vracht f	last	—	náklad m	rakomány
mercadoria pesada f	zware vracht f	tung frakt	—	těžké zboží n	nehéz rakomány
carga de vagão f	wagonlading f	billast	—	nákladka na vůz f	kocsirakomány
serpente monetária f	muntslang f	valutaorm	—	měnová fronta f	valutakígyó
cheque não cruzado m	niet-gekruiste cheque m	—	czek gotówkowy m	šek k výplatě v hotovosti m	készpénzcsekk
igualdade dos sucessivos balanços f	continuïteit van de balans f	balanskontinuitet	ciągłość bilansowa f	bilanční kontinuita f	a mérleg folytonossága
igualdade dos sucessivos balanços f	continuïteit van de balans f	balanskontinuitet	ciągłość bilansowa f	bilanční kontinuita f	a mérleg folytonossága
temporada f	seizoen n	säsong	sezon m	sezona f	—
salário por hora m	tijdloon n	timlön	płaca wg stawki godzinowej f	časová mzda f	—

időráfordítás 468

	D	E	F	I	ES
időráfordítás (H)	Zeitaufwand *m*	expenditure of time	investissement en temps *m*	tempo impiegato *m*	tiempo invertido *m*
időtervezés (H)	Terminplanung *f*	scheduling	planning de rendez-vous *m*	programmazione dei termini *f*	planificación de plazos *f*
Ierland (NL)	Irland	Ireland	Irlande	Irlanda *f*	Irlanda *f*
Iers (NL)	irisch	Irish	irlandais	irlandese	irlandés
igazgató (H)	Direktor *m*	director	directeur *m*	direttore *m*	director *m*
igazgatóság (H)	Direktion *f*	board of directors	direction *f*	direzione *f*	junta directiva *f*
igazgatóság (H)	Vorstand *m*	board	directoire *m*	consiglio di amministrazione *m*	consejo de dirección *m*
igazgatósági tag (H)	Vorstandsmitglied *n*	member of the board	membre du directoire *m*	membro del consiglio di amministrazione *m*	consejero directivo *m*
igazgató tanács elnöke (H)	Vorstandsvorsitzender *m*	chairman of the board	président du directoire *m*	presidente del consiglio di amministrazione *m*	presidente del consejo *m*
igény (H)	Anspruch *m*	claim	prétention *f*	pretesa *f*	reclamación *f*
ígéret (H)	Zusage *f*	promise	promesse *f*	conferma *f*	promesa *f*
igualdade dos sucessivos balanços (P)	Bilanzkontinuität *f*	formal identity	identité des bilans successifs *f*	continuità del bilancio *f*	identidad de los balances sucesivos *f*
ijken (NL)	eichen	gauge	jauger	tarare	contrastar
ijlgoed (NL)	Expressgut *n*	express goods	colis express *m*	collo celere *f*	carga por expreso *f*
i kommission (SV)	auf Kommissionsbasis	on a commission basis	en commission	su commissione	en comisión
iktatás (H)	Aktenablage *f*	filing	archives *f/pl*	archivio delle pratiche *m*	archivo *m*
i laga ordning (SV)	ordnungsgemäß	regular	correctement	regolare	debidamente
i lager (SV)	auf Lager	in stock	en stock	in deposito	en almacén
illetően (H)	bezüglich	referring to	relatif à	relativo a	en relación a
illicit work (E)	Schwarzarbeit *f*	—	travail au noir *m*	lavoro abusivo *m*	trabajo clandestino *m*
illikviditet (SV)	Illiquidität *f*	non-liquidity	manque de liquidité *f*	mancanza di liquidità *f*	falta de liquidez *f*
Illiquidität (D)	—	non-liquidity	manque de liquidité *f*	mancanza di liquidità *f*	falta de liquidez *f*
illiquiditeit (NL)	Illiquidität *f*	non-liquidity	manque de liquidité *f*	mancanza di liquidità *f*	falta de liquidez *f*
illojal konkurrens (SV)	unlauterer Wettbewerb *m*	unfair competition	concurrence déloyale *f*	concorrenza sleale *f*	competencia desleal *f*
ilość (PL)	Menge *f*	quantity	quantité *f*	quantità *f*	cantidad *f*
ilościowy (PL)	quantitativ	quantitative	quantitatif	quantitativo	cuantitativo
ilość odbierana (PL)	Abnahmemenge *f*	purchased quantity	quantité commercialisée *f*	quantità d'acquisto *f*	cantidad de compra *f*
ilość wydobycia (PL)	Fördermenge *f*	output	quantité extraite *f*	quantità estratta *f*	cantidad producida *f*
ilość wyprodukowana (PL)	Fertigungsmenge *f*	manufactured quantity	quantité fabriquée *f*	quantitativo di produzione *m*	cantidad producida *f*
ilość zamówiona (PL)	Bestellmenge *f*	ordered quantity	quantité commandée *f*	quantità d'ordinazione *f*	cantidad pedida *f*
Image (D)	—	image	image *f*	immagine *f*	imagen *f*
image (E)	Image *n*	—	image *f*	immagine *f*	imagen *f*
image (F)	Image *n*	image	—	immagine *f*	imagen *f*
image (SV)	Image *n*	image	image *f*	immagine *f*	imagen *f*
imagem (P)	Image *n*	image	image *f*	immagine *f*	imagen *f*
image m i (CZ)	Image *n*	image	image *f*	immagine *f*	imagen *f*
imagen (ES)	Image *n*	image	image *f*	immagine *f*	—
imago (NL)	Image *n*	image	image *f*	immagine *f*	imagen *f*
im Auftrag (D)	—	by order	par ordre	per ordine	por poder
im Ausland (D)	—	abroad	à l'étranger	all'estero	en el extranjero
imballaggio (I)	Verpackung *f*	packing	emballage *m*	—	embalaje *m*
imballaggio marittimo (I)	seemäßige Verpackung *f*	sea-tight packing	emballage maritime *m*	—	embalaje marítimo *m*

imballaggio marittimo

P	NL	SV	PL	CZ	H
tempo empregue m	bestede tijd f	tidsspillan	nakład czasowy m	vynaložení času n	—
escalonamento m	tijdsplanning f	tidsplanering	planowanie terminów n	termínované plánování n	—
Irlanda f	—	Irland	Irlandia f	Irsko n	Írország
irlandês	—	irländsk	irlandzki	irský	ír(ül)
director m	directeur m	direktör	dyrektor f	ředitel m	—
direcção f	directie f	styrelse	dyrekcja f	ředitelství n	—
direcção f	directiecomité n	styrelse	zarząd m	představenstvo n	—
membro da direcção m	lid van het directiecomité f	styrelseledamot	członek zarządu m	člen představenstva m	—
presidente da direcção m	voorzitter van het directiecomité m	styrelseordförande	prezes zarządu m	předseda správní rady m	—
reivindicação f	eis m	krav	roszczenie n	nárok m	—
promessa f	toezegging f	löfte	przyrzeczenie n	příslib m	—
—	continuïteit van de balans f	balanskontinuitet	ciągłość bilansowa f	bilanční kontinuita f	a mérleg folytonossága
aferir	—	justera	cechowanie n	cejchovat	hitelesít
mercadorias enviadas por expresso f/pl	—	expressgods	przesyłka ekspresowa f	spěšnina f	expresszáru
à comissão	in commissie	—	na bazie komisowej f	na komisionářském základě m	bizományosi alapon
arquivo m	opbergmap f	arkivering	archiwum akt n	uložení spisů n	—
regular	behoorlijk	—	prawidłowo	řádný	szabályszerűen
em stock	in voorraad	—	na składzie	na skladě m	raktáron (van)
relativo a	betreffende	angående	odnośnie do	vztahující se k	—
trabalho clandestino m	zwartwerk n	svartarbete	praca nielegalna f	práce načerno f	feketemunka
falta de liquidez f	illiquiditeit f	—	niewypłacalność f	nelikvidita f	likviditáshiány
falta de liquidez f	illiquiditeit f	illikviditet	niewypłacalność f	nelikvidita f	likviditáshiány
falta de liquidez f	—	illikviditet	niewypłacalność f	nelikvidita f	likviditáshiány
concorrência desleal f	oneerlijke concurrentie f	—	nieuczciwa konkurencja f	nezákonná konkurence f	tisztességtelen verseny
quantidade f	hoeveelheid f	kvantitet	—	množství n	mennyiség
quantitativo m	kwantitatief	kvantitativ	—	kvantitativní	mennyiségi
quantidade adquirida f	afnamehoeveelheid f	leveransmängd	—	odebrané množství n	vásárolt mennyiség
quantidade extraída f	productiehoeveelheid f	produktionsvolym	—	dopravované množství n	kitermelt mennyiség
quantidade produzida f	productiehoeveelheid f	produktionskvantitet	—	výrobní množství n	gyártási mennyiség
quantidade encomendada f	bestelhoeveelheid f	ordermängd	—	objednané množství n	megrendelési mennyiség
imagem f	imago n	image	reputacja f	image m i f	arculat
imagem f	imago n	image	reputacja f	image m i f	arculat
imagem f	imago n	image	reputacja f	image m i f	arculat
imagem f	imago n	—	reputacja f	image m i f	arculat
—	imago n	image	reputacja f	image m i f	arculat
imagem f	imago n	image	reputacja f	—	arculat
imagem f	imago n	image	reputacja f	image m i f	arculat
imagem f	—	image	reputacja f	image m i f	arculat
por ordem	in opdracht	enligt order	z polecenia	z pověření n	megbízásából
no estrangeiro	in het buitenland	i utlandet	za granicą	v cizině	külföldön
embalagem f	verpakking f	förpackning	opakowanie n	obal m	csomagolás
embalagem marítima f	zeewaardige verpakking f	sjöfraktsemballage	opakowanie do transportu morskiego n	námořní balení n	tengeri csomagolás

imbarcare

	D	E	F	I	ES
imbarcare (I)	verfrachten	ship	fréter	—	expedir
imbarco (I)	Verschiffung f	shipment	embarquement m	—	embarque m
imediatamente (P)	umgehend	immediately	immédiatement	immediato	inmediatamente
immagazzinamento (I)	Einlagerung f	storage	entreposage m	—	almacenamiento m
immagine (I)	Image n	image	image f	—	imagen f
immediate delivery (E)	sofortige Lieferung f	—	livraison immédiate f	consegna immediata f	entrega inmediata f
immediately (E)	umgehend	—	immédiatement	immediato	inmediatamente
immédiatement (F)	umgehend	immediately	—	immediato	inmediatamente
immediato (I)	umgehend	immediately	immédiatement	—	inmediatamente
immobile (I)	Immobilie	item of real estate	bien immobilier m	—	inmueble m
Immobilie (D)	—	item of real estate	bien immobilier m	immobile m	inmueble m
Immobilienfonds (D)	—	real estate fund	fonds immobilier m	fondo immobiliare m	fondo inmobiliario f
Immobilienmakler (D)	—	estate agent	courtier en affaires immobilières m	agente immobiliare m	agente de la propiedad inmobiliaria m
immobilisations corporelles (F)	Sachanlagen f/pl	fixed assets	—	immobilizzazioni f/pl	inversión en inmuebles y utillaje m/pl
immobilizzazioni (I)	Sachanlagen f/pl	fixed assets	immobilisations corporelles f/pl	—	inversión en inmuebles y utillaje m/pl
imobilizado (P)	Anlagevermögen n	fixed assets	valeurs immobilisées f/pl	attivo fisso m	activo fijo m
imóvel (P)	Immobilie	item of real estate	bien immobilier m	immobile m	inmueble m
impegno di copertura (I)	Deckungszusage	confirmation of cover	acceptation de prendre le risque en charge f	—	nota de aceptación de cobertura f
impianti di produzione (I)	Produktionsanlagen f/pl	production plant	équipements industriels m/pl	—	instalaciones de producción f/pl
impiegato (I)	Angestellter m	employee	employé m	—	empleado m
impiegato (I)	angestellt	employed	employé	—	empleado m
Import (D)	—	import	importation f	importazione f	importación f
import (E)	Einfuhr f	—	importation f	importazione f	importación f
import (E)	Import m	—	importation f	importazione f	importación f
import (NL)	Einfuhr f	import	importation f	importazione f	importación f
import (NL)	Import m	import	importation f	importazione f	importación f
import (SV)	Einfuhr f	import	importation f	importazione f	importación f
import (SV)	Import m	import	importation f	importazione f	importación f
import (PL)	Einfuhr f	import	importation f	importazione f	importación f
import (PL)	Import m	import	importation f	importazione f	importación f
import (H)	Einfuhr f	import	importation f	importazione f	importación f
importação (P)	Einfuhr f	import	importation f	importazione f	importación f
importação (P)	Import m	import	importation f	importazione f	importación f
importación (ES)	Einfuhr f	import	importation f	importazione f	—
importación (ES)	Import m	import	importation f	importazione f	—
importância em dinheiro (P)	Geldbetrag m	amount of money	somme d'argent f	somma di denaro f	importe m
importation (F)	Einfuhr f	import	—	importazione f	importación f
importation (F)	Import m	import	—	importazione f	importación f
importavgift (SV)	Einfuhrabgabe f	import duties	taxe à l'importation f	tassa d'importazione f	tasa a la importación f
importazione (I)	Einfuhr f	import	importation f	—	importación f
importazione (I)	Import m	import	importation f	—	importación f
import declaration (E)	Einfuhrerklärung f	—	déclaration d'entrée f	dichiarazione d'importazione f	declaración de importación f
importdeklaration (SV)	Einfuhrerklärung f	import declaration	déclaration d'entrée f	dichiarazione d'importazione f	declaración de importación f
import documents (E)	Einfuhrpapiere n f	—	documents d'importation m/pl	documenti d'importazione m/pl	documentos de importación m/pl

import documents

P	NL	SV	PL	CZ	H
fretar	vervrachten	transportera	ekspediować <wyekspediować>	pronajímat <pronajmout> loď	elfuvaroz
embarque m	verscheping f	utskeppning	wysyłka statkiem f	nakládka na loď f	elszállítás
—	per kerende post	omedelbar	bezzwłocznie	obratem	azonnal(i)
armazenamento m	goederenopslag m	förvaring	składowanie n	uskladnění n	beraktározás
imagem f	imago n	image	reputacja f	image m i f	arculat
entrega imediata f	onmiddellijke levering f	omedelbar leverans	dostawa natychmiastowa f	okamžitá dodávka f	azonnali szállítás
imediatamente	per kerende post	omedelbar	bezzwłocznie	obratem	azonnal(i)
imediatamente	per kerende post	omedelbar	bezzwłocznie	obratem	azonnal(i)
imediatamente	per kerende post	omedelbar	bezzwłocznie	obratem	azonnal(i)
imóvel m	onroerend goed n	fastighet	nieruchomość f	nemovitost f	ingatlan
imóvel m	onroerend goed n	fastighet	nieruchomość f	nemovitost f	ingatlan
fundo imobiliário m	vastgoedfonds n	fastighetsfond	fundusz nieruchomości m	fond nemovitostí m	ingatlanalap
agente imobiliário m	vastgoedmakelaar m	fastighetsmäklare	pośrednik handlu nieruchomościami m	makléř s nemovitostmi m	ingatlanügynök
capital imobilizado m	vaste activa pl	fasta tillgångar pl	majątek trwały m	věcné investice f/pl	tárgyi eszközök
capital imobilizado m	vaste activa pl	fasta tillgångar pl	majątek trwały m	věcné investice f/pl	tárgyi eszközök
—	vastliggende middelen n/pl	fasta tillgångar pl	majątek trwały m	investiční kapitál m	állóeszközök
—	onroerend goed n	fastighet	nieruchomość f	nemovitost f	ingatlan
confirmação do seguro f	bewijs van dekking n	täckningsbekräftelse	przyrzeczenie pokrycia szkody n	příslib krytí m	fedezeti ígérvény
instalações fabris f/pl	productie-investeringen f/pl	produktionsanläggning	urządzenia produkcyjne f/pl	výrobní zařízení n/pl	termelő berendezések
empregado m	bediende f/m	anställd	pracownik umysłowy m	zaměstnanec m	alkalmazott
empregado	in dienst	anställd	zatrudniony	zaměstnaný	alkalmazásban álló
importação f	import m	import	import m	dovoz m	bevitel
importação f	import	import	import m	dovoz m	import
importação f	import m	import	import m	dovoz m	bevitel
importação f	—	import	import m	dovoz m	import
importação f	—	import	import m	dovoz m	bevitel
importação f	import	—	import m	dovoz m	import
importação f	import m	—	import m	dovoz m	bevitel
importação f	import	import	—	dovoz m	import
importação f	import m	import	—	dovoz m	bevitel
importação f	import	import	import m	dovoz m	—
—	import	import	import m	dovoz m	import
—	import m	import	import m	dovoz m	bevitel
importação f	import	import	import m	dovoz m	import
importação f	import m	import	import m	dovoz m	bevitel
—	geldsom f	summa pengar	kwota pieniężna f	peněžní obnos m	pénzösszeg
importação f	import	import	import m	dovoz m	import
importação f	import m	import	import m	dovoz m	bevitel
taxa de importação f	invoerrechten n/pl	—	podatek importowy m	dovozní poplatek m	behozatali illeték
importação f	import	import	import m	dovoz m	import
importação f	import m	import	import m	dovoz m	bevitel
declaração de importação f	invoerdeclaratie f	importdeklaration	deklaracja przywozowa f	dovozní prohlášení n	importnyilatkozat
declaração de importação f	invoerdeclaratie f	—	deklaracja przywozowa f	dovozní prohlášení n	importnyilatkozat
documentos de importação m/pl	invoerdocumenten n/pl	importhandlingar pl	dokumentacja przywozowa f	dovozní doklady m/pl	behozatali okmányok

import duties

	D	E	F	I	ES
import duties (E)	Einfuhrabgabe *f*	—	taxe à l'importation *f*	tassa d'importazione *f*	tasa a la importación *f*
importe (ES)	Geldbetrag *m*	amount of money	somme d'argent *f*	somma di denaro *f*	—
importe de la factura (ES)	Rechnungsbetrag *f*	invoice total	montant de la facture *m*	ammontare della fattura *m*	—
importengedély (H)	Einfuhrgenehmigung *f*	import licence	autorisation d'importation *f*	autorizzazione all'importazione *f*	permiso de importación *m*
Importhandel (D)	—	import trade	commerce d'importation *m*	commercio d'importazione *m*	comercio de importación *m*
importhandel (NL)	Importhandel *m*	import trade	commerce d'importation *m*	commercio d'importazione *m*	comercio de importación *m*
importhandel (SV)	Importhandel *m*	import trade	commerce d'importation *m*	commercio d'importazione *m*	comercio de importación *m*
importhandlingar (SV)	Einfuhrpapiere n *f*	import documents	documents d'importation *m/pl*	documenti d'importazione *m/pl*	documentos de importación *m/pl*
importkereskedelem (H)	Importhandel *m*	import trade	commerce d'importation *m*	commercio d'importazione *m*	comercio de importación *m*
importkorlátozás (H)	Einfuhrbeschränkung *f*	import restriction	limitation des importations *f*	restrizione all'importazione *f*	restricción a la importación *f*
import licence (E)	Einfuhrgenehmigung *f*	—	autorisation d'importation *f*	autorizzazione all'importazione *f*	permiso de importación *m*
importnyilatkozat (H)	Einfuhrerklärung *f*	import declaration	déclaration d'entrée *f*	dichiarazione d'importazione *f*	declaración de importación *f*
importo (I)	Betrag *m*	amount	montant *m*	—	suma *f*
importo della fattura (I)	Rechnungssumme *f*	invoice amount	montant de la facture *m*	—	suma de la factura *f*
importo minimo (I)	Mindesthöhe *f*	minimum amount	montant minimum *m*	—	cantidad mínima *f*
importo totale (I)	Gesamtsumme *f*	total amount	montant total *m*	—	suma total *f*
import restriction (E)	Einfuhrbeschränkung *f*	—	limitation des importations *f*	restrizione all'importazione *f*	restricción a la importación *f*
importrestriktion (SV)	Einfuhrbeschränkung *f*	import restriction	limitation des importations *f*	restrizione all'importazione *f*	restricción a la importación *f*
importtillstånd (SV)	Einfuhrgenehmigung *f*	import licence	autorisation d'importation *f*	autorizzazione all'importazione *f*	permiso de importación *m*
import trade (E)	Importhandel *m*	—	commerce d'importation *m*	commercio d'importazione *m*	comercio de importación *m*
imposition (F)	Steuerveranlagung *f*	tax assessment	—	accertamento tributario *m*	tasación de los impuestos *f*
imposition des prix (F)	Preisbindung *f*	price fixing	—	obbligo di mantenere il prezzo fissato *m*	limitación de precios *f*
imposta (I)	Steuer *f*	tax	impôt *m*	—	impuesto *m*
imposta anticipata sul fatturato d'acquisto (I)	Vorsteuer *f*	input tax	impôt perçu en amont *m*	—	impuesto sobre el valor añadido deducible *m*
imposta cedolare (I)	Ertragsteuer *f*	tax on earnings	impôt assis sur le produit *m*	—	impuesto sobre beneficios *m*
imposta industriale (I)	Gewerbesteuer *f*	trade tax	impôt sur les bénéfices des professions	—	impuesto industrial comerciales *m*
imposta sugli affari (I)	Umsatzsteuer *f*	turnover tax	impôt sur le chiffre d'affaires *m*	—	impuesto sobre el volumen de ventas *m*
imposta sugli investimenti (I)	Investitionssteuer *f*	investment tax	impôt sur les investissements *m*	—	impuesto sobre las inversiones *m*
imposta sugli olii minerali (I)	Mineralölsteuer *f*	mineral oil tax	taxe sur les carburants *f*	—	impuesto sobre la gasolina *m*
imposta sui salari (I)	Lohnsteuer *f*	wage tax	impôt sur les traitements et les salaires *m*	—	impuesto sobre los rendimientos del trabajo personal (IRTP) *m*
imposta sulla rendita del capitale (I)	Kapitalertragsteuer *f*	capital yield tax	impôt sur le revenu du capital *m*	—	impuesto sobre la renta del capital *m*
imposta sulle donazioni (I)	Schenkungssteuer *f*	gift tax	impôt sur les donations *m*	—	impuesto sobre donaciones *m*

imposta sulle donazioni

P	NL	SV	PL	CZ	H
taxa de importação f	invoerrechten n/pl	importavgift	podatek importowy m	dovozní poplatek m	behozatali illeték
importância em dinheiro f	geldsom f	summa pengar	kwota pieniężna f	peněžní obnos m	pénzösszeg
montante da factura m	factuurbedrag n	faktureringssumma	suma rachunku f	účetní částka f	számlaösszeg
licença de importação f	invoervergunning f	importtillstånd	licencja importowa f	dovozní povolení n	—
comércio de importação m	importhandel m	importhandel	handel importowy m	dovozní obchod m	importkereskedelem
comércio de importação m	—	importhandel	handel importowy m	dovozní obchod m	importkereskedelem
comércio de importação m	importhandel m	—	handel importowy m	dovozní obchod m	importkereskedelem
documentos de importação m/pl	invoerdocumenten n/pl	—	dokumentacja przywozowa f	dovozní doklady m/pl	behozatali okmányok
comércio de importação m	importhandel m	importhandel	handel importowy m	dovozní obchod m	—
restrição à importação f/pl	invoerbeperking f	importrestriktion	ograniczenie importowe n	omezení dovozu m	—
licença de importação f	invoervergunning f	importtillstånd	licencja importowa f	dovozní povolení n	importengedély
declaração de importação f	invoerdeclaratie f	importdeklaration	deklaracja przywozowa f	dovozní prohlášení n	—
montante m	bedrag n	summa	kwota f	částka f	összeg
montante da factura m	factuurbedrag n	faktureringssumma	suma rachunku f	účetní suma f	számlaösszeg
montante mínimo m	minimumbedrag m	minimisumma	wysokość minimalna f	minimální výška f	legkisebb mennyiség
montante total m	totaal bedrag n	totalsumma	suma całkowita f	celková částka f	teljes összeg
restrição à importação f/pl	invoerbeperking f	importrestriktion	ograniczenie importowe n	omezení dovozu m	importkorlátozás
restrição à importação f/pl	invoerbeperking f	—	ograniczenie importowe n	omezení dovozu m	importkorlátozás
licença de importação f	invoervergunning f	—	licencja importowa f	dovozní povolení n	importengedély
comércio de importação m	importhandel m	importhandel	handel importowy m	dovozní obchod m	importkereskedelem
lançamento de impostos m	belastinggrondslag m	taxering	wymiar podatku m	stanovení výšky zdanění n	adókivetés
acordo sobre preços m	prijsbinding f	fast prissättning	zobowiązanie do utrzymania cen n	závaznost cen f	árrögzítés
imposto m	belasting f	skatt	podatek m	daň f	adó
IVA dedutível m	belasting f	ingående moms	przedpłata podatkowa f	záloha na daň f	levonható forgalmi adó
imposto sobre o rendimento m	winstbelasting f	vinstbeskattning	podatek od zysku m	daň z výnosů f	jövedelemadó
imposto sobre o comércio m	bedrijfsbelasting f	företagsskatt	podatek od przedsiębiorstw m	živnostenská daň f	iparűzési adó
imposto sobre o volume de vendas m	omzetbelasting f	omsättningsskatt	podatek obrotowy m	daň z obratu f	forgalmi adó
imposto sobre os investimentos m	investeringsbelasting f	investeringsskatt	podatek inwestycyjny m	investiční daň f	beruházási adó
imposto sobre óleo mineral m	belasting op minerale olie f	oljeskatt	podatek od olejów mineralnych m	daň z ropných produktů f	olajtermékadó
imposto sobre os rendimentos do trabalho (IRS) m	loonbelasting f	källskatt på lön	podatek od wynagrodzenia m	daň ze mzdy f	béradó
imposto sobre os rendimentos de capital m	belasting op inkomen uit kapitaal f	skatt på kapitalinkomst	podatek od zysku z kapitału m	daň z výnosu kapitálu f	tőkehozadék-adó
imposto sobre doações m	schenkingsrecht n	gåvoskatt	podatek od darowizny m	darovací daň f	ajándékozási adó

imposta sul reddito delle società 474

	D	E	F	I	ES
imposta sul reddito delle società (I)	Körperschaftsteuer f	corporation tax	taxe sur les sociétés f	—	impuesto de corporaciones m
imposta sul valore aggiunto (I)	Mehrwertsteuer f	value-added tax	taxe à la valeur ajoutée f	—	impuesto sobre el valor añadido (IVA) m
imposte indirette (I)	indirekte Steuern f/pl	indirect taxes	impôts indirects m	—	impuestos indirectos m/pl
imposte reali (I)	Realsteuern f/pl	tax on real estate	impôt réel m	—	impuestos reales m/pl
imposto (P)	Steuer f	tax	impôt m	imposta f	impuesto m
imposto de trânsito (P)	Transitzoll m	transit duty	droit de transit m	diritti di transito m/pl	derecho de tránsito m
imposto do selo (P)	Stempelgebühr f	stamp duty	droit de timbre m	diritto di bollo m	derechos de timbre m/pl
impostos indirectos (P)	indirekte Steuern f/pl	indirect taxes	impôts indirects m	imposte indirette f/pl	impuestos indirectos m/pl
imposto sobre doações (P)	Schenkungssteuer f	gift tax	impôt sur les donations m	imposta sulle donazioni f	impuesto sobre donaciones m
imposto sobre o comércio (P)	Gewerbesteuer f	trade tax	impôt sur les bénéfices des professions	imposta industriale f	impuesto industrial comerciales m
imposto sobre óleo mineral (P)	Mineralölsteuer f	mineral oil tax	taxe sur les carburants f	imposta sugli olii minerali f	impuesto sobre la gasolina m
imposto sobre o rendimento (P)	Ertragsteuer f	tax on earnings	impôt assis sur le produit m	imposta cedolare f	impuesto sobre beneficios m
imposto sobre os investimentos (P)	Investitionssteuer f	investment tax	impôt sur les investissements m	imposta sugli investimenti f	impuesto sobre las inversiones m
imposto sobre os rendimento de capital (P)	Kapitalertragsteuer f	capital yield tax	impôt sur le revenu du capital m	imposta sulla rendita del capitale f	Impuesto sobre la renta del capital m
imposto sobre os rendimentos do trabalho (IRS) (P)	Lohnsteuer f	wage tax	impôt sur les traitements et les salaires m	imposta sui salari f	impuesto sobre los rendimientos del trabajo personal (IRTP) m
imposto sobre o valor acrescentado (IVA) (P)	Mehrwertsteuer f	value-added tax	taxe à la valeur ajoutée f	imposta sul valore aggiunto f	impuesto sobre el valor añadido (IVA) m
imposto sobre o volume de vendas (P)	Umsatzsteuer f	turnover tax	impôt sur le chiffre d'affaires m	imposta sugli affari f	impuesto sobre el volumen de ventas m
imposto sobre rendimentos colectivos (IRC) (P)	Körperschaftsteuer f	corporation tax	taxe sur les sociétés f	imposta sul reddito delle società f	impuesto de corporaciones m
impostos reais (P)	Realsteuern f/pl	tax on real estate	impôt réel m	imposte reali f/pl	impuestos reales m/pl
impôt (F)	Steuer f	tax	—	imposta f	impuesto m
impôt assis sur le produit (F)	Ertragsteuer f	tax on earnings	—	imposta cedolare f	impuesto sobre beneficios m
impôt perçu en amont (F)	Vorsteuer f	input tax	—	imposta anticipata sul fatturato d'acquisto f	impuesto sobre el valor añadido deducible m
impôt réel (F)	Realsteuern f/pl	tax on real estate	—	imposte reali f/pl	impuestos reales m/pl
impôts indirects (F)	indirekte Steuern f/pl	indirect taxes	—	imposte indirette f/pl	impuestos indirectos m/pl
impôt sur le chiffre d'affaires (F)	Umsatzsteuer f	turnover tax	—	imposta sugli affari f	impuesto sobre el volumen de ventas m
impôt sur le revenu du capital (F)	Kapitalertragsteuer f	capital yield tax	—	imposta sulla rendita del capitale f	impuesto sobre la renta del capital m
impôt sur les bénéfices des professions (F)	Gewerbesteuer f	trade tax	—	imposta industriale f	impuesto industrial comerciales m
impôt sur les donations (F)	Schenkungssteuer f	gift tax	—	imposta sulle donazioni f	impuesto sobre donaciones m
impôt sur les investissements (F)	Investitionssteuer f	investment tax	—	imposta sugli investimenti f	impuesto sobre las inversiones m

impôt sur les investissements

P	NL	SV	PL	CZ	H
imposto sobre rendimentos colectivos (IRC) m	vennootschapsbelasting f	bolagsskatt	podatek od osób prawnych m	korporační daň f	társasági adó
imposto sobre o valor acrescentado (IVA) m	belasting op de toegevoegde waarde f	mervärdesskatt	podatek od wartości dodatkowej (VAT) m	daň z přidané hodnoty f	hozzáadottérték-adó
impostos indirectos m/pl	indirecte belastingen f/pl	indirekta skatter pl	podatki pośrednie m/pl	nepřímé daně f/pl	közvetett adók
impostos reais m/pl	zakelijke belastingen f/pl	skatt på fast egendom	podatki majątkowe m/pl	reálné daně f/pl	vagyonadó
—	belasting f	skatt	podatek m	daň f	adó
—	doorvoerrechten n/pl	transitotull	cło tranzytowe n	tranzitní clo n	tranzitvám
—	zegelrecht n	stämpelavgift	opłata stemplowa f	kolkovné n	bélyegilleték
—	indirecte belastingen f/pl	indirekta skatter pl	podatki pośrednie m/pl	nepřímé daně f/pl	közvetett adók
—	schenkingsrecht n	gåvoskatt	podatek od darowizny m	darovací daň f	ajándékozási adó
—	bedrijfsbelasting f	företagsskatt	podatek od przedsiębiorstw m	živnostenská daň f	iparűzési adó
—	belasting op minerale olie f	oljeskatt	podatek od olejów mineralnych m	daň z ropných produktů f	olajtermékadó
—	winstbelasting f	vinstbeskattning	podatek od zysku m	daň z výnosů f	jövedelemadó
—	investeringsbelasting f	investeringsskatt	podatek inwestycyjny m	investiční daň f	beruházási adó
—	belasting op inkomen uit kapitaal f	skatt på kapitalinkomst	podatek od zysku z kapitału f	daň z výnosu kapitálu f	tőkehozadék-adó
—	loonbelasting f	källskatt på lön	podatek od wynagrodzenia m	daň ze mzdy f	béradó
—	belasting op de toegevoegde waarde f	mervärdesskatt	podatek od wartości dodatkowej (VAT) m	daň z přidané hodnoty f	hozzáadottérték-adó
—	omzetbelasting f	omsättningsskatt	podatek obrotowy m	daň z obratu f	forgalmi adó
—	vennootschapsbelasting f	bolagsskatt	podatek od osób prawnych m	korporační daň f	társasági adó
—	zakelijke belastingen f/pl	skatt på fast egendom	podatki majątkowe m/pl	reálné daně f/pl	vagyonadó
imposto m	belasting f	skatt	podatek m	daň f	adó
imposto sobre o rendimento m	winstbelasting f	vinstbeskattning	podatek od zysku m	daň z výnosů f	jövedelemadó
IVA dedutível m	belasting f	ingående moms	przedpłata podatkowa f	záloha na daň f	levonható forgalmi adó
impostos reais m/pl	zakelijke belastingen f/pl	skatt på fast egendom	podatki majątkowe m/pl	reálné daně f/pl	vagyonadó
impostos indirectos m/pl	indirecte belastingen f/pl	indirekta skatter pl	podatki pośrednie m/pl	nepřímé daně f/pl	közvetett adók
imposto sobre o volume de vendas m	omzetbelasting f	omsättningsskatt	podatek obrotowy m	daň z obratu f	forgalmi adó
imposto sobre os rendimento de capital m	belasting op inkomen uit kapitaal f	skatt på kapitalinkomst	podatek od zysku z kapitału f	daň z výnosu kapitálu f	tőkehozadék-adó
imposto sobre o comércio m	bedrijfsbelasting f	företagsskatt	podatek od przedsiębiorstw m	živnostenská daň f	iparűzési adó
imposto sobre doações m	schenkingsrecht n	gåvoskatt	podatek od darowizny m	darovací daň f	ajándékozási adó
imposto sobre os investimentos m	investeringsbelasting f	investeringsskatt	podatek inwestycyjny m	investiční daň f	beruházási adó

impôt sur les traitements et les salaires

	D	E	F	I	ES
impôt sur les traitements et les salaires (F)	Lohnsteuer f	wage tax	—	imposta sui salari f	impuesto sobre los rendimientos del trabajo personal (IRTP) m
im Preis inbegriffen (D)	—	included in the price	inclus dans le prix	incluso nel prezzo	incluido
impresa (I)	Firma f	company	entreprise f	—	empresa f
impresa (I)	Unternehmen n	business	entreprise f	—	empresario m
impresa concorrente (I)	Konkurrenzunternehmen n	competitor	entreprise concurrente f	—	empresa competidora f
impreso (ES)	Drucksache f	printed matter	imprimé m	stampa f	—
impreso (ES)	Vordruck m	printed form	imprimé m	modulo m	—
impresora (ES)	Drucker m	printer	imprimante f	stampante f	—
impresso (P)	Drucksache f	printed matter	imprimé m	stampa f	impreso m
impresso (P)	Vordruck m	printed form	imprimé m	modulo m	impreso m
impresso de encomenda (P)	Bestellschein m	order form	bulletin de commande m	bolletta di commissione f	hoja de pedido f
impressora (P)	Drucker m	printer	imprimante f	stampante f	impresora f
imprimante (F)	Drucker m	printer	—	stampante f	impresora f
imprimé (F)	Drucksache f	printed matter	—	stampa f	impreso m
imprimé (F)	Vordruck m	printed form	—	modulo m	impreso m
imprimé en blanc (F)	Blankoformular n	blank form	—	modulo in bianco m	formulario en blanco m
improduktivt kapital (SV)	totes Kapital n	dead capital	capital improductif m	capitale infruttifero m	capital improductivo m
improper (E)	unsachgemäß	—	inadapté	non idoneo	inadecuado
impróprio (P)	unsachgemäß	improper	inadapté	non idoneo	inadecuado
impuesto (ES)	Steuer f	tax	impôt m	imposta f	—
impuesto de corporaciones (ES)	Körperschaftsteuer f	corporation tax	taxe sur les sociétés f	imposta sul reddito delle società f	—
impuesto industrial comerciales (ES)	Gewerbesteuer f	trade tax	impôt sur les bénéfices des professions	imposta industriale f	—
impuestos indirectos (ES)	indirekte Steuern f/pl	indirect taxes	impôts indirects m	imposte indirette f/pl	—
impuesto sobre beneficios (ES)	Ertragsteuer f	tax on earnings	impôt assis sur le produit m	imposta cedolare f	—
impuesto sobre donaciones (ES)	Schenkungssteuer f	gift tax	impôt sur les donations m	imposta sulle donazioni f	—
impuesto sobre el valor añadido deducible (ES)	Vorsteuer f	input tax	impôt perçu en amont m	imposta anticipata sul fatturato d'acquisto f	—
impuesto sobre el valor añadido (IVA) (ES)	Mehrwertsteuer f	value-added tax	taxe à la valeur ajoutée f	imposta sul valore aggiunto f	—
impuesto sobre el volumen de ventas (ES)	Umsatzsteuer f	turnover tax	impôt sur le chiffre d'affaires m	imposta sugli affari f	—
impuesto sobre la gasolina (ES)	Mineralölsteuer f	mineral oil tax	taxe sur les carburants f	imposta sugli olii minerali f	—
impuesto sobre la renta del capital (ES)	Kapitalertragsteuer f	capital yield tax	impôt sur le revenu du capital m	imposta sulla rendita del capitale f	—
impuesto sobre las inversiones (ES)	Investitionssteuer f	investment tax	impôt sur les investissements m	imposta sugli investimenti f	—
impuesto sobre los rendimientos del trabajo personal (IRTP) (ES)	Lohnsteuer f	wage tax	impôt sur les traitements et les salaires m	imposta sui salari f	—
impuestos reales (ES)	Realsteuern f/pl	tax on real estate	impôt réel m	imposte reali f/pl	—
inadapté (F)	unsachgemäß	improper	—	non idoneo	inadecuado
inadecuado (ES)	unsachgemäß	improper	inadapté	non idoneo	—
inadempienza contrattuale (I)	Vertragsbruch m	breach of contract	violation de contrat f	—	ruptura de contrato f

inadempienza contrattuale

P	NL	SV	PL	CZ	H
imposto sobre os rendimentos do trabalho (IRS) m	loonbelasting f	källskatt på lön	podatek od wynagrodzenia m	daň ze mzdy f	béradó
incluído no preço	in de prijs inbegrepen	ingår i priset	zawarte w cenie	zahrnuto v ceně f	az árba beszámítva
empresa f	firma f	företag	firma f	firma f	cég
empresa f	bedrijf n	företag	przedsiębiorstwo n	podnik m	vállalat
empresa concorrente f	concurrerende onderneming f	konkurrentföretag	przedsiębiorstwo konkurencyjne n	konkurenční podnik m	konkurens vállalat
impresso m	drukwerk n	trycksak	druki m/pl	tiskopis m	nyomtatvány
impresso m	gedrukt formulier n	blankett	formularz m	předtisk m	űrlap
impressora f	printer m	skrivare	drukarka f	tiskárna f	nyomtató
—	drukwerk n	trycksak	druki m/pl	tiskopis m	nyomtatvány
—	gedrukt formulier n	blankett	formularz m	předtisk m	űrlap
—	bestelbon m	orderformulär	zamówienie pisemne n	stvrzenka objednávky f	megrendelőlap
—	printer m	skrivare	drukarka f	tiskárna f	nyomtató
impressora f	printer m	skrivare	drukarka f	tiskárna f	nyomtató
impresso m	drukwerk n	trycksak	druki m/pl	tiskopis m	nyomtatvány
impresso m	gedrukt formulier n	blankett	formularz m	předtisk m	űrlap
formulário em branco m	blanco formulier n	blankoformulär	formularz in blanco m	nevyplněný formulář m	bianko űrlap
capital improdutivo m	dood kapitaal n	—	martwy kapitał m	neproduktivní kapitál m	holt tőke
impróprio	ondeskundig	inkompetent	nieprawidłowo	nevěcný	szakszerűtlen
—	ondeskundig	inkompetent	nieprawidłowo	nevěcný	szakszerűtlen
imposto m	belasting f	skatt	podatek m	daň f	adó
imposto sobre rendimentos colectivos (IRC) m	vennootschapsbelasting f	bolagsskatt	podatek od osób prawnych m	korporační daň f	társasági adó
imposto sobre o comércio m	bedrijfsbelasting f	företagsskatt	podatek od przedsiębiorstw m	živnostenská daň f	iparűzési adó
impostos indirectos m/pl	indirecte belastingen f/pl	indirekta skatter pl	podatki pośrednie m/pl	nepřímé daně f/pl	közvetett adók
imposto sobre o rendimento m	winstbelasting f	vinstbeskattning	podatek od zysku m	daň z výnosů f	jövedelemadó
imposto sobre doações m	schenkingsrecht n	gåvoskatt	podatek od darowizny m	darovací daň f	ajándékozási adó
IVA dedutível m	belasting f	ingående moms	przedpłata podatkowa f	záloha na daň f	levonható forgalmi adó
imposto sobre o valor acrescentado (IVA) m	belasting op de toegevoegde waarde f	mervärdesskatt	podatek od wartości dodatkowej (VAT) m	daň z přidané hodnoty f	hozzáadottérték-adó
imposto sobre o volume de vendas m	omzetbelasting f	omsättningsskatt	podatek obrotowy m	daň z obratu f	forgalmi adó
imposto sobre óleo mineral m	belasting op minerale olie f	oljeskatt	podatek od olejów mineralnych m	daň z ropných produktů f	olajtermékadó
imposto sobre os rendimento de capital m	belasting op inkomen uit kapitaal f	skatt på kapitalinkomst	podatek od zysku z kapitału m	daň z výnosu kapitálu f	tőkehozadék-adó
imposto sobre os investimentos m	investeringsbelasting f	investeringsskatt	podatek inwestycyjny m	investiční daň f	beruházási adó
imposto sobre os rendimentos do trabalho (IRS) m	loonbelasting f	källskatt på lön	podatek od wynagrodzenia m	daň ze mzdy f	béradó
impostos reais m/pl	zakelijke belastingen f/pl	skatt på fast egendom	podatki majątkowe m/pl	reálné daně f/pl	vagyonadó
impróprio	ondeskundig	inkompetent	nieprawidłowo	nevěcný	szakszerűtlen
impróprio	ondeskundig	inkompetent	nieprawidłowo	nevěcný	szakszerűtlen
lesão do contrato f	contractbreuk f	avtalsbrott	zerwanie umowy n	porušení smlouvy n	szerződésszegés

inauguração de uma empresa

	D	E	F	I	ES
inauguração de uma empresa (P)	Geschäftseröffnung f	opening of a business	ouverture d'une affaire f	apertura di un negozio f	apertura de un negocio f
in bar (D)	—	in cash	au comptant	in contanti	en efectivo
inbeslagneming (NL)	Beschlagnahme f	confiscation	saisie f	confisca f	confiscación f
in bewaring (NL)	zu treuen Händen	for safekeeping	remettre à qui de droit	alla particolare attenzione	a la atención
incapacidad profesional (ES)	Erwerbsunfähigkeit f	disability to earn a living	incapacité de travail f	invalidità f	—
incapacité de travail (F)	Erwerbsunfähigkeit f	disability to earn a living	—	invalidità f	incapacidad profesional f
in cash (E)	in bar	—	au comptant	in contanti	en efectivo
incasso (I)	Inkasso n	collection	encaissement m	—	encobro m
incasso (NL)	Inkasso n	collection	encaissement m	incasso m	encobro m
incasso-orgaan (NL)	Inkasso-Stelle f	collection office	comptoir d'encaissement m	ufficio incassi m	oficina de cobros f
inchiesta tributaria (I)	Steuerfahndung f	investigation into tax evasion	repression de la fraude à l'impôt f	—	investigación tributaria f
incidental labour costs (E)	Lohnnebenkosten pl	—	charges salariales annexes f/pl	costi complementari del lavoro m/pl	cargas salariales accesorias f/pl
included in the price (E)	im Preis inbegriffen	—	inclus dans le prix	incluso nel prezzo	incluido
incluido (ES)	im Preis inbegriffen	included in the price	inclus dans le prix	incluso nel prezzo	—
incluído no preço (P)	im Preis inbegriffen	included in the price	inclus dans le prix	incluso nel prezzo	incluido
inclus dans le prix (F)	im Preis inbegriffen	included in the price	—	incluso nel prezzo	incluido
incluso nel prezzo (I)	im Preis inbegriffen	included in the price	inclus dans le prix	—	incluido
income (E)	Einkommen n	—	revenu m	reddito m	ingresos m/pl
in commissie (NL)	auf Kommissionsbasis	on a commission basis	en commission	su commissione	en comisión
in commissie (NL)	auf Provisionsbasis	on a commission basis	à la commission	a provvigione	a comisión
in contanti (I)	bar	cash	au comptant	—	al contado
in contanti (I)	in bar	in cash	au comptant	—	en efectivo
in contrassegno (I)	gegen Nachnahme	cash on delivery	contre remboursement	—	contra rembolso
increase (E)	Erhöhung f	—	augmentation f	aumento m	incremento m
increase in salary (E)	Gehaltserhöhung f	—	augmentation de traitement f	aumento dello stipendio m	aumento de sueldo m
increase of capital (E)	Kapitalerhöhung f	—	augmentation de capital f	aumento del capitale m	aumento de capital m
incremento (ES)	Erhöhung f	increase	augmentation f	aumento m	—
incremento di valore (I)	Wertzuwachs m	appreciation	accroissement de valeur m	—	plusvalía f
incremento por peligrosidad (ES)	Gefahrenzulage f	danger money	prime de danger f	indennità di rischio m	—
indebitamento (I)	Verschuldung f	indebtedness	endettement m	—	endeudamiento m
indebitamento eccessivo (I)	Überschuldung f	excessive indebtedness	surendettement m	—	exceso de deudas m
indebtedness (E)	Verschuldung f	—	endettement m	indebitamento m	endeudamiento m
in de handel gebruikelijk (NL)	handelsüblich	customary (in trade)	en usage dans le commerce m	d'uso commerciale	usual en el comercio
indeks (PL)	Index m	index	indice m	indice m	índice m
indeks akcji (PL)	Aktienindex m	share index	indice du cours des actions m	indice azionario m	índice de cotización de acciones m
indemnité (F)	Abfindung f	compensation	—	compensazione f	compensación f
indemnité (F)	Entschädigung f	compensation	—	indennità f	indemnización f
indemnité par kilomètre (F)	Kilometergeld n	mileage allowance	—	indennità per chilometro f	kilometraje m
indemnização (P)	Abfindung f	compensation	indemnité f	compensazione f	compensación f

indemnização

P	NL	SV	PL	CZ	H
—	opening van een zaak f	butiksinvigning	założenie interesu n	zahájení obchodu n	vállalkozás alapítása
em dinheiro	contant	kontant	gotówką	v hotovosti f	készpénzben
confiscação f	—	beslagtagande	konfiskata f	konfiskace f	lefoglalás
à atenção	—	tillhanda	do rąk własnych	odevzdat do spolehlivých rukou f/pl	megőrzésre átadott
invalidez	arbeidsongeschiktheid f	arbetsoförmåga	niezdolność do pracy f	práceneschopnost f	keresőképtelenség
invalidez	arbeidsongeschiktheid f	arbetsoförmåga	niezdolność do pracy f	práceneschopnost f	keresőképtelenség
em dinheiro	contant	kontant	gotówką	v hotovosti f	készpénzben
cobrança f	incasso n	inkasso	inkaso n	inkaso n	beszedés
cobrança f	—	inkasso	inkaso n	inkaso n	beszedés
repartição de cobranças f	—	inkassobyrå	agencja inkasa f	inkasní středisko n	pénzbeszedőhely
investigação de fraudes fiscais f	fiscale opsporingsdienst m	skattebrottsbekämpning	dochodzenie przestępstwa podatkowego n	daňové pátrání n	adónyomozás
custos de mão-de-obra adicionais m/pl	werkgeversaandeel in de diverse sociale verzekeringen n	sociala avgifter pl	poboczne koszty robocizny m/pl	vedlejší mzdové náklady m/pl	járulékos bérköltségek
incluído no preço	in de prijs inbegrepen	ingår i priset	zawarte w cenie	zahrnuto v ceně f	az árba beszámítva
incluído no preço	in de prijs inbegrepen	ingår i priset	zawarte w cenie	zahrnuto v ceně f	az árba beszámítva
—	in de prijs inbegrepen	ingår i priset	zawarte w cenie	zahrnuto v ceně f	az árba beszámítva
incluído no preço	in de prijs inbegrepen	ingår i priset	zawarte w cenie	zahrnuto v ceně f	az árba beszámítva
incluído no preço	in de prijs inbegrepen	ingår i priset	zawarte w cenie	zahrnuto v ceně f	az árba beszámítva
rendimento m	inkomen n	inkomst	dochody m/pl	příjem m	jövedelem
à comissão	—	i kommission	na bazie komisowej f	na komisionářském základě m	bizományosi alapon
à comissão	—	provisionsbaserad	na zasadzie prowizji f	na základě provize f	jutalékos alapon
a dinheiro	contant	kontant	gotówką	hotovostní	készpénzben
em dinheiro	contant	kontant	gotówką	v hotovosti f	készpénzben
contra-reembolso	onder rembours	betalning vid leverans	za zaliczeniem pocztowym	na dobírku f	utánvétellel
elevação f	verhoging f	höjning	podwyżka f	zvýšení n	emelés
aumento de salário m	loonsverhoging f	löneförhöjning	podwyżka płacy f	zvýšení platu n	fizetésemelés
aumento de capital m	kapitaalverhoging f	kapitaltillskott	podwyższenie kapitału n	zvýšení kapitálu n	tőkeemelés
elevação f	verhoging f	höjning	podwyżka f	zvýšení n	emelés
mais-valia f	waardevermeerdering f	värdestegring	przyrost wartości m	přírůstek hodnoty f	értéknövekedés
prémio de risco m	gevarentoeslag m	risktillägg	dodatek za zwiększone ryzyko m	rizikový příplatek m	veszélyességi pótlék
endividamento m	schuldenlast m	skuldsättning	zadłużenie n	zadlužení n	eladósodás
endividamento excessivo m	te zware schuldenlast m	höggradig skuldsättning	nadmierne zadłużenie n	nadměrné zadlužení n	túlzott eladósodás
endividamento m	schuldenlast m	skuldsättning	zadłużenie n	zadlužení n	eladósodás
corrente no comércio	—	standard	powszechnie przyjęty w handlu	obvyklé v obchodě	kereskedelemben szokásos
índice m	index m	index	—	index m	index
índice de bolsa para acções m	aandelenindex m	aktieindex	—	akciový index m	árfolyamindex
indemnização f	verzending f	ersättning	odszkodowanie n	odstupné n	kártérítés
indemnização f	schadevergoeding f	kompensation	odszkodowanie n	náhrada f	kártalanítás
indemnização pelos custos de quilometragem f	kilometervergoeding f	kilometerersättning	koszty przejechanego kilometra m/pl	paušál za kilometr m	kilométerpénz
—	verzending f	ersättning	odszkodowanie n	odstupné n	kártérítés

indemnização

	D	E	F	I	ES
indemnização (P)	Entschädigung f	compensation	indemnité f	indennità f	indemnización f
indemnização (P)	Schadensersatz m	recovery of damages	dommages-intérêts m/pl	risarcimento danni m	indemnización f
indemnização pelos custos de quilometragem (P)	Kilometergeld n	mileage allowance	indemnité par kilomètre f	indennità per chilometro f	kilometraje m
indemnización (ES)	Entschädigung f	compensation	indemnité f	indennità f	—
indemnización (ES)	Schadensersatz m	recovery of damages	dommages-intérêts m/pl	risarcimento danni m	—
indennità (I)	Entschädigung f	compensation	indemnité f	—	indemnización f
indennità di ferie (I)	Urlaubsgeld n	holiday allowance	prime de vacances f	—	prima de vacaciones f
indennità di rischio (I)	Gefahrenzulage f	danger money	prime de danger f	—	incremento por peligrosidad m
indennità per chilometro (I)	Kilometergeld n	mileage allowance	indemnité par kilomètre f	—	kilometraje m
indépendant (F)	selbständig	independent	—	indipendente	independiente
independent (E)	selbständig	—	indépendant	indipendente	independiente
independente (P)	selbständig	independent	indépendant	indipendente	independiente
independiente (ES)	selbständig	independent	indépendant	indipendente	—
in deposito (I)	auf Lager	in stock	en stock	—	en almacén
in de prijs inbegrepen (NL)	im Preis inbegriffen	included in the price	inclus dans le prix	incluso nel prezzo	incluido
Index (D)	—	index	indice m	indice m	índice m
index (E)	Index m	—	indice m	indice m	índice m
index (NL)	Index m	index	indice m	indice m	índice m
index (SV)	Index m	index	indice m	indice m	índice m
index (CZ)	Index m	index	indice m	indice m	índice m
index (H)	Index m	index	indice m	indice m	índice m
index clause (E)	Indexklausel f	—	clause d'indexation f	clausola indice f	cláusula de índice variable f
indexclausule (NL)	Indexklausel f	index clause	clause d'indexation f	clausola indice f	cláusula de índice variable f
Indexklausel (D)	—	index clause	clause d'indexation f	clausola indice f	cláusula de índice variable f
indexklausul (SV)	Indexklausel f	index clause	clause d'indexation f	clausola indice f	cláusula de índice variable f
index numbers (E)	Kennziffern f	—	indice m	cifre indice f/pl	cifras índice f/pl
indexová klauzule (CZ)	Indexklausel f	index clause	clause d'indexation f	clausola indice f	cláusula de índice variable f
indicação de quantidade (P)	Mengenangabe f	statement of quantity	indication de la quantité f	indicazione della quantità f	indicación de cantidades f
indicación de cantidades (ES)	Mengenangabe f	statement of quantity	indication de la quantité f	indicazione della quantità f	—
indicación de precios (ES)	Preisauszeichnung f	price-marking	affichage des prix f	indicazione del prezzo f	—
indication de la quantité (F)	Mengenangabe f	statement of quantity	—	indicazione della quantità f	indicación de cantidades f
indicazione della quantità (I)	Mengenangabe f	statement of quantity	indication de la quantité f	—	indicación de cantidades f
indicazione del prezzo (I)	Preisauszeichnung f	price-marking	affichage des prix f	—	indicación de precios f
indice (F)	Index m	index	—	indice m	índice m
indice (F)	Kennziffern f	index numbers	—	cifre indice f/pl	cifras índice f/pl
indice (I)	Index m	index	indice m	—	índice m
índice (ES)	Index m	index	indice m	indice m	—
índice (P)	Index m	index	indice m	indice m	—
índice (P)	Kennziffern f	index numbers	indice m	cifre indice f/pl	cifras índice f/pl
indice azionario (I)	Aktienindex m	share index	indice du cours des actions m	—	índice de cotización de acciones m
índice bursátil (ES)	Börsenindex m	stock exchange index	indice des cours des actions m	indice delle quotazioni m	—

índice bursátil

P	NL	SV	PL	CZ	H
–	schadevergoeding f	kompensation	odszkodowanie n	náhrada f	kártalanítás
–	schadeloosstelling f	skadestånd	odszkodowanie n	náhrada škody f	kártérítés
–	kilometervergoeding f	kilometerersättning	koszty przejechanego kilometra m/pl	paušál za kilometr m	kilométerpénz
indemnização f	schadevergoeding f	kompensation	odszkodowanie n	náhrada f	kártalanítás
indemnização f	schadeloosstelling f	skadestånd	odszkodowanie n	náhrada škody f	kártérítés
indemnização f	schadevergoeding f	kompensation	odszkodowanie n	náhrada f	kártalanítás
subsídio de férias m	vakantiegeld n	semesterlön	płaca za czas urlopu f	příplatek na financování dovolené m	szabadságpénz
prémio de risco m	gevarentoeslag m	risktillägg	dodatek za zwiększone ryzyko m	rizikový příplatek m	veszélyességi pótlék
indemnização pelos custos de quilometragem f	kilometervergoeding f	kilometerersättning	koszty przejechanego kilometra m/pl	paušál za kilometr m	kilométerpénz
independente	zelfstandig	självständig	samodzielny	samostatný	önálló
independente	zelfstandig	självständig	samodzielny	samostatný	önálló
–	zelfstandig	självständig	samodzielny	samostatný	önálló
independente	zelfstandig	självständig	samodzielny	samostatný	önálló
em stock	in voorraad	i lager	na składzie	na skladě m	raktáron (van)
incluído no preço	–	ingår i priset	zawarte w cenie	zahrnuto v ceně f	az árba beszámítva
índice m	index m	index	indeks m	index m	index
índice m	index m	index	indeks m	index m	index
índice m	–	index	indeks m	index m	index
índice m	index m	–	indeks m	index m	index
índice m	index m	index	indeks m	–	index
índice m	index m	index	indeks m	index m	–
cláusula de indexação f	indexclausule f	indexklausul	klauzula indeksowa f	indexová klauzule f	valorizációs záradék
cláusula de indexação f	–	indexklausul	klauzula indeksowa f	indexová klauzule f	valorizációs záradék
cláusula de indexação f	indexclausule f	indexklausul	klauzula indeksowa f	indexová klauzule f	valorizációs záradék
cláusula de indexação f	indexclausule f	–	klauzula indeksowa f	indexová klauzule f	valorizációs záradék
índice m/pl	kengetallen n/pl	registreringsnummer	wskaźnik m	ukazatel m	mutatószámok
cláusula de indexação f	indexclausule f	indexklausul	klauzula indeksowa f	–	valorizációs záradék
–	hoeveelheidsaanduiding f	kvantitetsuppgift	dane ilościowe f/pl	udání množství n	mennyiség feltüntetése
indicação de quantidade f	hoeveelheidsaanduiding f	kvantitetsuppgift	dane ilościowe f/pl	udání množství n	mennyiség feltüntetése
marcação de preços f	zichtbaar ophangen van de prijslijst n	prismärkning	oznaczanie cen na towarach n	označení cenou n	árcédula
indicação de quantidade f	hoeveelheidsaanduiding f	kvantitetsuppgift	dane ilościowe f/pl	udání množství n	mennyiség feltüntetése
indicação de quantidade f	hoeveelheidsaanduiding f	kvantitetsuppgift	dane ilościowe f/pl	udání množství n	mennyiség feltüntetése
marcação de preços f	zichtbaar ophangen van de prijslijst n	prismärkning	oznaczanie cen na towarach n	označení cenou n	árcédula
índice m	index m	index	indeks m	index m	index
índice m/pl	kengetallen n/pl	registreringsnummer	wskaźnik m	ukazatel m	mutatószámok
índice m	index m	index	indeks m	index m	index
índice m	index m	index	indeks m	index m	index
–	index m	index	indeks m	index m	index
–	kengetallen n/pl	registreringsnummer	wskaźnik m	ukazatel m	mutatószámok
índice de bolsa para acções m	aandelenindex m	aktieindex	indeks akcji m	akciový index m	árfolyamindex
índice da bolsa m	beursindex m	aktieindex	giełdowy wskaźnik akcji m	burzovní index m	tőzsdeindex

índice da bolsa 482

	D	E	F	I	ES
índice da bolsa (P)	Börsenindex m	stock exchange index	indice des cours des actions m	indice delle quotazioni m	índice bursátil m
índice de bolsa para acções (P)	Aktienindex m	share index	indice du cours des actions m	indice azionario m	índice de cotización de acciones m
índice de cotización de acciones (ES)	Aktienindex m	share index	indice du cours des actions m	indice azionario m	—
indice delle quotazioni (I)	Börsenindex m	stock exchange index	indice des cours des actions m	—	índice bursátil m
indice des cours des actions (F)	Börsenindex m	stock exchange index	—	indice delle quotazioni m	índice bursátil m
indice du cours des actions (F)	Aktienindex m	share index	—	indice azionario m	índice de cotización de acciones m
in dienst (NL)	angestellt	employed	employé	impiegato	empleado m
indienstneming (NL)	Anstellung f	employment	emploi m	assunzione f	empleo m
indipendente (I)	selbständig	independent	indépendant	—	independiente
indirecte belastingen (NL)	indirekte Steuern f/pl	indirect taxes	impôts indirects m	imposte indirette f/pl	impuestos indirectos m/pl
indirecte kosten (NL)	Gemeinkosten f	overhead costs	coûts indirects m/pl	costi comuni m/pl	gastos generales m/pl
indirect taxes (E)	indirekte Steuern f/pl	—	impôts indirects m	imposte indirette f/pl	impuestos indirectos m/pl
indirekta kostnader (SV)	Gemeinkosten f	overhead costs	coûts indirects m/pl	costi comuni m/pl	gastos generales m/pl
indirekta skatter (SV)	indirekte Steuern f/pl	indirect taxes	impôts indirects m	imposte indirette f/pl	impuestos indirectos m/pl
indirekte Steuern (D)	—	indirect taxes	impôts indirects m	imposte indirette f/pl	impuestos indirectos m/pl
indirizzare (I)	adressieren	address	adresser	—	dirigir
indirizzo (I)	Adresse f	address	adresse f	—	dirección f
indirizzo (I)	Anschrift f	address	adresse f	—	dirección f
indirizzo della ditta (I)	Firmenanschrift f	company address	adresse de l'entreprise f	—	dirección de la empresa f
indirizzo su Internet (I)	Internet-Adresse f	Internet address	adresse internet f	—	dirección de internet f
indos (PL)	Indossament n	endorsement	endossement m	girata f	endoso m
indosament (CZ)	Indossament n	endorsement	endossement m	girata f	endoso m
Indossament (D)	—	endorsement	endossement m	girata f	endoso m
in duplicate (E)	in zweifacher Ausfertigung	—	en double exemplaire m	in duplice copia	por duplicado
in duplice copia (I)	in zweifacher Ausfertigung	in duplicate	en double exemplaire m	—	por duplicado
in duplo (NL)	in zweifacher Ausfertigung	in duplicate	en double exemplaire m	in duplice copia	por duplicado
indústria da construção (P)	Bauwirtschaft f	building and contracting industry	industrie du bâtiment f	edilizia f	sector de la construcción m
industria de desperdicios (ES)	Abfallwirtschaft f	waste management	industrie de déchets f	industria dei rifiuti f	—
industria dei rifiuti (I)	Abfallwirtschaft f	waste management	industrie de déchets f	—	industria de desperdicios f
industrial accident (E)	Arbeitsunfall m	—	accident du travail m	infortunio sul lavoro m	accidente profesional m
industrial area (E)	Industriegebiet m	—	zone industrielle f	zona industriale f	región industrial f
industrial bond (E)	Industrieobligation f	—	obligation de l'industrie f	obbligazione industriale f	obligaciones industriales f/pl
industrial enterprise (E)	Industriebetrieb m	—	entreprise industrielle f	azienda industriale f	establecimiento industrial m
industrial espionage (E)	Industriespionage f	—	espionnage industriel m	spionaggio industriale m	espionaje industrial m
industrial psychology (E)	Arbeitspsychologie f	—	psychologie du travail f	psicologia del lavoro f	psicología laboral f
Industriebetrieb (D)	—	industrial enterprise	entreprise industrielle f	azienda industriale f	establecimiento industrial m
industrie de déchets (F)	Abfallwirtschaft f	waste management	—	industria dei rifiuti f	industria de desperdicios f

industrie de déchets

P	NL	SV	PL	CZ	H
—	beursindex m	aktieindex	giełdowy wskaźnik akcji m	burzovní index m	tőzsdeindex
—	aandelenindex m	aktieindex	indeks akcji m	akciový index m	árfolyamindex
índice de bolsa para acções m	aandelenindex m	aktieindex	indeks akcji m	akciový index m	árfolyamindex
índice da bolsa m	beursindex m	aktieindex	giełdowy wskaźnik akcji m	burzovní index m	tőzsdeindex
índice da bolsa m	beursindex m	aktieindex	giełdowy wskaźnik akcji m	burzovní index m	tőzsdeindex
índice de bolsa para acções m	aandelenindex m	aktieindex	indeks akcji m	akciový index m	árfolyamindex
empregado	—	anställd	zatrudniony	zaměstnaný	alkalmazásban álló
emprego m	—	anställning	zatrudnienie n	zaměstnání n	alkalmazás
independente	zelfstandig	självständig	samodzielny	samostatný	önálló
impostos indirectos m/pl	—	indirekta skatter pl	podatki pośrednie m/pl	nepřímé daně f/pl	közvetett adók
despesas gerais f/pl	—	indirekta kostnader pl	koszty pośrednie m/pl	režijní náklady m/pl	általános költségek
impostos indirectos m/pl	indirecte belastingen f/pl	indirekta skatter pl	podatki pośrednie m/pl	nepřímé daně f/pl	közvetett adók
despesas gerais f/pl	indirecte kosten m/pl	—	koszty pośrednie m/pl	režijní náklady m/pl	általános költségek
impostos indirectos m/pl	indirecte belastingen f/pl	—	podatki pośrednie m/pl	nepřímé daně f/pl	közvetett adók
impostos indirectos m/pl	indirecte belastingen f/pl	indirekta skatter pl	podatki pośrednie m/pl	nepřímé daně f/pl	közvetett adók
endereçar	adresseren	adressera	adresować <zaadresować>	adresovat	címez
endereço m	adres n	adress	adres m	adresa f	cím
endereço m	adres n	adress	adres m	adresa f	cím
endereço da empresa f	kantooradres n	företagsadress	adres firmowy m	firemní adresa f	cég címe
endereço na Internet m	internet-adres n	Internet-adress	adres w Internecie m	internetová adresa f	Internet-cím
endosso m	endossement n	endossering	—	indosament m	forgatmány
endosso m	endossement n	endossering	indos m	—	forgatmány
endosso m	endossement n	endossering	indos m	indosament m	forgatmány
em duplicado	in duplo	i två exemplar	w podwójnym wykonaniu	v dvojím provedení n	két példányban
em duplicado	in duplo	i två exemplar	w podwójnym wykonaniu	v dvojím provedení n	két példányban
em duplicado	—	i två exemplar	w podwójnym wykonaniu	v dvojím provedení n	két példányban
—	bouwnijverheid f	byggnadsindustri	gospodarka budowlana f	stavebnictví n	építőipar
gestão dos desperdícios f	afvalindustrie f	återvinningsindustri	gospodarka odpadami f	hospodaření s odpady n	hulladékgazdálkodás
gestão dos desperdícios f	afvalindustrie f	återvinningsindustri	gospodarka odpadami f	hospodaření s odpady n	hulladékgazdálkodás
acidente de trabalho m	arbeidsongeval n	arbetsolycka	wypadek przy pracy f	pracovní úraz m	munkahelyi baleset
área industrial f	industriegebied n	industriområde	region przemysłowy m	průmyslová oblast f	iparvidék
obrigações industriais f/pl	industrieobligatie f	industriobligation	obligacja przemysłowa f	průmyslová obligace f	iparvállalati kötvény
empresa industrial f	industriële onderneming f	industriföretag	zakład przemysłowy m	průmyslový podnik m	ipari üzem
espionagem industrial f	bedrijfsspionage f	industrispionage	szpiegostwo przemysłowe n	průmyslová špionáž f	ipari kémkedés
psicologia laboral f	arbeidspsychologie f	arbetspsykologi	psychologia pracy f	psychologie práce f	munkapszichológia
empresa industrial f	industriële onderneming f	industriföretag	zakład przemysłowy m	průmyslový podnik m	ipari üzem
gestão dos desperdícios f	afvalindustrie f	återvinningsindustri	gospodarka odpadami f	hospodaření s odpady n	hulladékgazdálkodás

industrie du bâtiment 484

	D	E	F	I	ES
industrie du bâtiment (F)	Bauwirtschaft f	building and contracting industry	—	edilizia f	sector de la construcción m
industriegebied (NL)	Industriegebiet m	industrial area	zone industrielle f	zona industriale f	región industrial f
Industriegebiet (D)	—	industrial area	zone industrielle f	zona industriale f	región industrial f
industriële onderneming (NL)	Industriebetrieb m	industrial enterprise	entreprise industrielle f	azienda industriale f	establecimiento industrial m
industrieobligatie (NL)	Industrieobligation f	industrial bond	obligation de l'industrie f	obbligazione industriale f	obligaciones industriales f/pl
Industrieobligation (D)	—	industrial bond	obligation de l'industrie f	obbligazione industriale f	obligaciones industriales f/pl
Industriespionage (D)	—	industrial espionage	espionnage industriel m	spionaggio industriale m	espionaje industrial m
industriföretag (SV)	Industriebetrieb m	industrial enterprise	entreprise industrielle f	azienda industriale f	establecimiento industrial m
industrimässa (SV)	Mustermesse f	samples fair	foire d'échantillons f	fiera campionaria f	feria de muestras f
industriobligation (SV)	Industrieobligation f	industrial bond	obligation de l'industrie f	obbligazione industriale f	obligaciones industriales f/pl
industriområde (SV)	Industriegebiet m	industrial area	zone industrielle f	zona industriale f	región industrial f
industrisemester (SV)	Betriebsferien f	annual holiday	clôture annuelle de l'établissement f	ferie aziendali f/pl	vacaciones de la empresa f/pl
industrispionage (SV)	Industriespionage f	industrial espionage	espionnage industriel m	spionaggio industriale m	espionaje industrial m
inexpensive (E)	preiswert	—	avantageux	a buon mercato	barato
inferiore Güter (D)	—	inferior goods	biens inférieurs m/pl	beni inferiori m/pl	bienes inferiores m/pl
inferior goods (E)	inferiore Güter n/pl	—	biens inférieurs m/pl	beni inferiori m/pl	bienes inferiores m/pl
inflação (P)	Inflation f	inflation	inflation f	intlazione t	inflación f
inflação insidiosa (P)	schleichende Inflation f	creeping inflation	inflation rampante f	inflazione latente f	inflación subrepticia f
inflace (CZ)	Inflation f	inflation	inflation f	inflazione f	inflación f
infláció (H)	Inflation f	inflation	inflation f	inflazione f	inflación f
inflación (ES)	Inflation f	inflation	inflation f	inflazione f	—
inflación subrepticia (ES)	schleichende Inflation f	creeping inflation	inflation rampante f	inflazione latente f	—
inflációs ráta (H)	Inflationsrate f	rate of inflation	taux d'inflation m	tasso d'inflazione m	tasa de inflación f
inflacja (PL)	Inflation f	inflation	inflation f	inflazione f	inflación f
inflatie (NL)	Inflation f	inflation	inflation f	inflazione f	inflación f
inflatiepercentage (NL)	Inflationsrate f	rate of inflation	taux d'inflation m	tasso d'inflazione m	tasa de inflación f
Inflation (D)	—	inflation	inflation f	inflazione f	inflación f
inflation (E)	Inflation f	—	inflation f	inflazione f	inflación f
inflation (F)	Inflation f	inflation	—	inflazione f	inflación f
inflation (SV)	Inflation f	inflation	inflation f	inflazione f	inflación f
inflation rampante (F)	schleichende Inflation f	creeping inflation	—	inflazione latente f	inflación subrepticia f
Inflationsrate (D)	—	rate of inflation	taux d'inflation m	tasso d'inflazione m	tasa de inflación f
inflationstakt (SV)	Inflationsrate f	rate of inflation	taux d'inflation m	tasso d'inflazione m	tasa de inflación f
inflazione (I)	Inflation f	inflation	inflation f	—	inflación f
inflazione latente (I)	schleichende Inflation f	creeping inflation	inflation rampante f	—	inflación subrepticia f
in folie verpakt (NL)	eingeschweißt	shrink-wrapped	scellé	saldato	soldado
informação (P)	Auskunft f	information	renseignement m	informazione f	información f
informação sobre a própria pessoa (P)	Selbstauskunft f	voluntary disclosure	renseignement fourni par l'intéressé lui-même m	informazione volontaria f	información de sí mismo f
informace (CZ)	Auskunft f	information	renseignement m	informazione f	información f
informace svépomocí (CZ)	Selbstauskunft f	voluntary disclosure	renseignement fourni par l'intéressé lui-même m	informazione volontaria f	información de sí mismo f
információ (H)	Auskunft f	information	renseignement m	informazione f	información f
información (ES)	Auskunft f	information	renseignement m	informazione f	—

información

P	NL	SV	PL	CZ	H
indústria da construção f	bouwnijverheid f	byggnadsindustri	gospodarka budowlana f	stavebnictví n	építőipar
área industrial f	—	industriområde	region przemysłowy m	průmyslová oblast f	iparvidék
área industrial f	industriegebied n	industriområde	region przemysłowy m	průmyslová oblast f	iparvidék
empresa industrial f	—	industriföretag	zakład przemysłowy m	průmyslový podnik m	ipari üzem
obrigações industriais f/pl	—	industriobligation	obligacja przemysłowa f	průmyslová obligace f	iparvállalati kötvény
obrigações industriais f/pl	industrieobligatie f	industriobligation	obligacja przemysłowa f	průmyslová obligace f	iparvállalati kötvény
espionagem industrial f	bedrijfsspionage f	industrispionage	szpiegostwo przemysłowe n	průmyslová špionáž f	ipari kémkedés
empresa industrial f	industriële onderneming f	—	zakład przemysłowy m	průmyslový podnik m	ipari üzem
feira de amostras f	monsterbeurs f	—	targi wzorcowe m/pl	vzorkový veletrh m	kereskedelmi vásár
obrigações industriais f/pl	industrieobligatie f	—	obligacja przemysłowa f	průmyslová obligace f	iparvállalati kötvény
área industrial f	industriegebied n	—	region przemysłowy m	průmyslová oblast f	iparvidék
férias anuais da empresa f/pl	jaarlijkse vakantie f	—	przerwa urlopowa f	podnikové prázdniny pl	vállalati szabadságolási időszak
espionagem industrial f	bedrijfsspionage f	—	szpiegostwo przemysłowe n	průmyslová špionáž f	ipari kémkedés
barato	goedkoop	prisvärd	niedrogi	cenově výhodný	kedvező árú
bens inferiores m/pl	minderwaardige goederen n/pl	sekunda varor	artykuły gorszej jakości m/pl	podřadné zboží n	kisebb értékű áru
bens inferiores m/pl	minderwaardige goederen n/pl	sekunda varor	artykuły gorszej jakości m/pl	podřadné zboží n	kisebb értékű áru
—	inflatie f	inflation	inflacja f	inflace f	infláció
—	kruipende inflatie f	smygande inflation	skradająca się inflacja f	plíživá inflace f	kúszó infláció
inflação f	inflatie f	inflation	inflacja f	—	infláció
inflação f	inflatie f	inflation	inflacja f	inflace f	—
inflação f	inflatie f	inflation	inflacja f	inflace f	infláció
inflação insidiosa f	kruipende inflatie f	smygande inflation	skradająca się inflacja f	plíživá inflace f	kúszó infláció
taxa de inflação f	inflatiepercentage f	inflationstakt	tempo inflacji n	míra inflace f	—
inflação f	inflatie f	inflation	—	inflace f	infláció
inflação f	—	inflation	inflacja f	inflace f	infláció
taxa de inflação f	—	inflationstakt	tempo inflacji n	míra inflace f	inflációs ráta
inflação f	inflatie f	inflation	inflacja f	inflace f	infláció
inflação f	inflatie f	inflation	inflacja f	inflace f	infláció
inflação f	inflatie f	inflation	inflacja f	inflace f	infláció
inflação f	inflatie f	—	inflacja f	inflace f	infláció
inflação insidiosa f	kruipende inflatie f	smygande inflation	skradająca się inflacja f	plíživá inflace f	kúszó infláció
taxa de inflação f	inflatiepercentage f	inflationstakt	tempo inflacji n	míra inflace f	inflációs ráta
taxa de inflação f	inflatiepercentage f	—	tempo inflacji n	míra inflace f	inflációs ráta
inflação f	inflatie f	inflation	inflacja f	inflace f	infláció
inflação insidiosa f	kruipende inflatie f	smygande inflation	skradająca się inflacja f	plíživá inflace f	kúszó infláció
soldado	—	vacuumförpackat	zaspawany	přivařený	lehegesztett
—	inlichting f	upplysning	informacja f	informace f	információ
—	vrijwillige inlichting f	frivillig uppgift	dobrowolne udzielenie informacji n	informace svépomocí f	önkéntes feltárás
informação f	inlichting f	upplysning	informacja f	—	információ
informação sobre a própria pessoa f	vrijwillige inlichting f	frivillig uppgift	dobrowolne udzielenie informacji n	—	önkéntes feltárás
informação f	inlichting f	upplysning	informacja f	informace f	—
informação f	inlichting f	upplysning	informacja f	informace f	információ

información de sí mismo 486

	D	E	F	I	ES
información de sí mismo (ES)	Selbstauskunft f	voluntary disclosure	renseignement fourni par l'intéressé lui-même m	informazione volontaria f	—
informacja (PL)	Auskunft f	information	renseignement m	informazione f	información f
information (E)	Auskunft f	—	renseignement m	informazione f	información f
informazione (I)	Auskunft f	information	renseignement m	—	información f
informazione volontaria (I)	Selbstauskunft f	voluntary disclosure	renseignement fourni par l'intéressé lui-même m	—	información de sí mismo f
informe (ES)	Geschäftsbericht m	business report	rapport de gestion m	relazione di bilancio f	—
informe económico anual (ES)	Jahreswirtschaftsbericht m	Annual Economic Report	compte rendu d'activité économique annuel m	relazione generale sulla situazione economica f	—
informele economie (NL)	Schattenwirtschaft f	shadow economy	économie parallèle f	economia clandestina f	economía sumergida f
införseldeklaration (SV)	Zolleinfuhrschein m	bill of entry	acquit d'entrée m	bolletta doganale d'importazione m	certificado de aduana m
infortunio sul lavoro (I)	Arbeitsunfall m	industrial accident	accident du travail m	—	accidente profesional m
infraestructura (ES)	Infrastruktur f	infrastructure	infrastructure f	infrastruttura f	—
infra-estrutura (P)	Infrastruktur f	infrastructure	infrastructure f	infrastruttura f	infraestructura f
infrastructure (E)	Infrastruktur f	—	infrastructure f	infrastruttura f	infraestructura f
infrastructure (F)	Infrastruktur f	infrastructure	—	infrastruttura f	infraestructura f
infrastructuur (NL)	Infrastruktur f	infrastructure	infrastructure f	infrastruttura f	infraestructura f
Infrastruktur (D)	—	infrastructure	infrastructure f	infrastruttura f	infraestructura f
infrastruktur (SV)	Infrastruktur f	infrastructure	infrastructure f	infrastruttura f	infraestructura f
infrastruktura (PL)	Infrastruktur f	infrastructure	infrastructure f	infrastruttura f	infraestructura f
infrastruktura (CZ)	Infrastruktur f	infrastructure	infrastructure f	infrastruttura f	infraestructura f
infrastruktúra (H)	Infrastruktur f	infrastructure	infrastructure f	infrastruttura f	infraestructura f
infrastruttura (I)	Infrastruktur f	infrastructure	infrastructure f	—	infraestructura f
ingaande goederen (NL)	Wareneingang m	arrival of goods	entrée de marchandises f	ricevimento merci m	entrada de mercancías f
ingående balans (SV)	Eröffnungsbilanz f	opening balance sheet	bilan d'ouverture m	bilancio d'apertura m	balance inicial m
ingående lager (SV)	Anfangsbestand m	opening stock	stock initial m	scorte iniziali f/pl	existencias iniciales f/pl
ingående moms (SV)	Vorsteuer f	input tax	impôt perçu en amont m	imposta anticipata sul fatturato d'acquisto f	impuesto sobre el valor añadido deducible m
ingående varor (SV)	Wareneingang m	arrival of goods	entrée de marchandises f	ricevimento merci m	entrada de mercancías f
ingår i priset (SV)	im Preis inbegriffen	included in the price	inclus dans le prix	incluso nel prezzo	incluido
ingatlan (H)	Grundstück n	real estate	terrain m	terreno m	terreno m
ingatlan (H)	Immobilie	item of real estate	bien immobilier m	immobile m	inmueble m
ingatlanalap (H)	Immobilienfonds m	real estate fund	fonds immobilier m	fondo immobiliare m	fondo inmobiliario f
ingatlanügynök (H)	Immobilienmakler m	estate agent	courtier en affaires immobilières m	agente immobiliare m	agente de la propiedad inmobiliaria m
ingatlanvagyon (H)	Realvermögen n	real wealth	patrimoine réel m	patrimonio reale m	activo inmobiliario m
Inghilterra (I)	England n	England	Angleterre f	—	Inglaterra
ingiunzione di pagamento (I)	Zahlungsbefehl m	order for payment	ordre de payement m	—	mandamiento de pago m
Inglaterra (ES)	England n	England	Angleterre f	Inghilterra f	—
Inglaterra (P)	England n	England	Angleterre f	Inghilterra f	Inglaterra
inglés (ES)	englisch	English	anglais	inglese	—
inglés (ES)	Englisch	English	anglais	inglese m	—
inglês (P)	englisch	English	anglais	inglese	inglés
inglês (P)	Englisch	English	anglais	inglese m	inglés m
inglese (I)	englisch	English	anglais	—	inglés

inglese

P	NL	SV	PL	CZ	H
informação sobre a própria pessoa f	vrijwillige inlichting f	frivillig uppgift	dobrowolne udzielenie informacji n	informace svépomocí f	önkéntes feltárás
informação f	inlichting f	upplysning	—	informace f	információ
informação f	inlichting f	upplysning	informacja f	informace f	információ
informação f	inlichting f	upplysning	informacja f	informace f	információ
informação sobre a própria pessoa f	vrijwillige inlichting f	frivillig uppgift	dobrowolne udzielenie informacji n	informace svépomocí f	önkéntes feltárás
relatório comercial m	beheersverslag n	affärsrapport	sprawozdanie z działalności przedsiębiorstwa n	obchodní zpráva f	üzleti jelentés
relatório económico anual m	economisch jaarverslag n	näringslivets årsrapport	roczne sprawozdanie gospodarcze n	roční hospodářská zpráva f	éves beszámoló
economia fantasma f	—	svart ekonomi	działalność w szarej strefie gospodarczej f	stínová ekonomika f	árnyékgazdaság
declaração de importação à alfândega f	invoervergunning f	—	kwit odprawy celnej przywozowej m	dovozní celní stvrzenka f	behozatali vámkimutatás
acidente de trabalho m	arbeidsongeval n	arbetsolycka	wypadek przy pracy f	pracovní úraz m	munkahelyi baleset
infra-estrutura f	infrastructuur f	infrastruktur	infrastruktura f	infrastruktura f	infrastruktúra
—	infrastructuur f	infrastruktur	infrastruktura f	infrastruktura f	infrastruktúra
infra-estrutura f	infrastructuur f	infrastruktur	infrastruktura f	infrastruktura f	infrastruktúra
infra-estrutura f	infrastructuur f	infrastruktur	infrastruktura f	infrastruktura f	infrastruktúra
infra-estrutura f	—	infrastruktur	infrastruktura f	infrastruktura f	infrastruktúra
infra-estrutura f	infrastructuur f	infrastruktur	infrastruktura f	infrastruktura f	infrastruktúra
infra-estrutura f	infrastructuur f	—	infrastruktura f	infrastruktura f	infrastruktúra
infra-estrutura f	infrastructuur f	infrastruktur	—	infrastruktura f	infrastruktúra
infra-estrutura f	infrastructuur f	infrastruktur	infrastruktura f	—	infrastruktúra
infra-estrutura f	infrastructuur f	infrastruktur	infrastruktura f	infrastruktura f	—
infra-estrutura f	infrastructuur f	infrastruktur	infrastruktura f	infrastruktura f	infrastruktúra
entrada de mercadorias f	—	ingående varor pl	przychód towarów m	příchod zboží m	áru beérkezése
balanço inicial m	openingsbalans m	—	bilans otwarcia m	zahajovací rozvaha f	nyitó mérleg
existências iniciais f/pl	beginvoorraad m	—	stan wyjściowy m	počáteční stav m	nyitó állomány
IVA dedutível m	belasting f	—	przedpłata podatkowa f	záloha na daň f	levonható forgalmi adó
entrada de mercadorias f	ingaande goederen n/pl	—	przychód towarów m	příchod zboží m	áru beérkezése
incluído no preço	in de prijs inbegrepen	—	zawarte w cenie	zahrnuto v ceně f	az árba beszámítva
terreno m	stuk grond n	tomt	parcela f	pozemek m	—
imóvel m	onroerend goed n	fastighet	nieruchomość f	nemovitost f	—
fundo imobiliário m	vastgoedfonds n	fastighetsfond	fundusz nieruchomości m	fond nemovitostí m	—
agente imobiliário m	vastgoedmakelaar m	fastighetsmäklare	pośrednik handlu nieruchomościami m	makléř s nemovitostmi m	—
património imobiliário m	reëel vermogen n	realvärde	majątek m	reálný majetek m	—
Inglaterra f	Engeland	England	Anglia f	Anglie f	Anglia
mandato de pagamento f	betalingsbevel n	betalningsorder	nakaz płatniczy m	platební příkaz m	fizetési felszólítás
Inglaterra f	Engeland	England	Anglia f	Anglie f	Anglia
—	Engeland	England	Anglia f	Anglie f	Anglia
inglês	Engels	engelsk	angielski	anglický	angol
inglês	Engels	engelska	język angielski m	angličtina f	angol (nyelv)
—	Engels	engelsk	angielski	anglický	angol
—	Engels	engelska	język angielski m	angličtina f	angol (nyelv)
inglês	Engels	engelsk	angielski	anglický	angol

inglese

	D	E	F	I	ES
inglese (I)	Englisch	English	anglais	—	inglés m
ingóságok (H)	bewegliche Güter n/pl	movable goods	biens meubles m/pl	beni mobili m/pl	bienes muebles m/pl
ingreso real (ES)	Realeinkommen n	real income	revenu réel m	reddito reale m	—
ingresos (ES)	Einkommen n	income	revenu m	reddito m	—
ingresos (ES)	Einnahmen f/pl	receipts	revenu m	entrate f/pl	—
ingyen(es) (H)	kostenlos	free of charge	gratuit	gratuito	gratuito
ingyen(es) (H)	unentgeltlich	free of charge	à titre gracieux	gratuito	gratuito
ingyenes (H)	gratis	free of charge	gratuit	gratuito	gratis
Inhaber (D)	—	proprietor	propriétaire m	proprietario m	propietario m
Inhaberaktie (D)	—	bearer share	action au porteur f	azione al portatore f	acción al portador f
Inhaberpapier (D)	—	bearer instrument	titre souscrit au porteur m	titolo al portatore m	título al portador m
Inhaberscheck (D)	—	bearer cheque	chèque au porteur m	assegno al portatore m	cheque al portador m
inheritance (E)	Nachlass m	—	héritage m	eredità f	herencia f
in het buitenland (NL)	im Ausland	abroad	à l'étranger	all'estero	en el extranjero
inkasní středisko (CZ)	Inkasso-Stelle f	collection office	comptoir d'encaissement m	ufficio incassi m	oficina de cobros f
inkaso (PL)	Inkasso n	collection	encaissement m	incasso m	encobro m
inkaso (CZ)	Inkasso n	collection	encaissement m	incasso m	encobro m
Inkasso (D)	—	collection	encaissement m	incasso m	encobro m
inkasso (SV)	Inkasso n	collection	encaissement m	incasso m	encobro m
inkassoberättigad (SV)	inkassoberechtigt	authorised to undertake collection	autorisé à l'encaissement	autorizzato all'incasso	autorizado al encobro
inkassoberechtigt (D)	—	authorised to undertake collection	autorisé à l'encaissement	autorizzato all'incasso	autorizado al encobro
inkassobyrå (SV)	Inkasso-Stelle f	collection office	comptoir d'encaissement m	ufficio incassi m	oficina de cobros f
Inkasso-Stelle (D)	—	collection office	comptoir d'encaissement m	ufficio incassi m	oficina de cobros f
inklaring f/uitklaring (NL)	Zollabfertigung f	customs clearance	dédouanement m	sdoganamento m	trámites aduaneros m/pl
inkomen (NL)	Einkommen n	income	revenu m	reddito m	ingresos m/pl
inkomen uit kapitaal (NL)	Kapitalertrag m	return on capital	produit du capital m	rendita del capitale f	rendimiento del capital m
inkompetent (SV)	unsachgemäß	improper	inadapté	non idoneo	inadecuado
inkomst (SV)	Einkommen n	income	revenu m	reddito m	ingresos m/pl
inkomst av tjänst (SV)	Bezüge f	earnings	rémunération f	entrate f/pl	retribuciones f/pl
inkomsten (NL)	Einnahmen f/pl	receipts	revenu m	entrate f/pl	ingresos m/pl
inkomst från kapital (SV)	Kapitalertrag m	return on capital	produit du capital m	rendita del capitale f	rendimiento del capital m
inkoop (NL)	Einkauf m	purchase	achat m	acquisto m	compra f
inkoopprijs (NL)	Einkaufspreis m	purchase price	prix d'achat m	prezzo d'acquisto m	precio de compra m
inköp (SV)	Ankauf m	purchase	achat m	acquisto m	compra f
inköp (SV)	Einkauf m	purchase	achat m	acquisto m	compra f
inkopen (NL)	einkaufen	buy	acheter	acquistare	comprar
inköpspris (SV)	Einkaufspreis m	purchase price	prix d'achat m	prezzo d'acquisto m	precio de compra m
inladingskosten (NL)	Ladegebühren f/pl	loading charges	taxe de chargement f	spese di carico f/pl	derechos de carga m/pl
inland revenue office (E)	Finanzamt n	—	service des contributions m	ufficio delle imposte m	Ministerio de Hacienda m
inlastad vikt (SV)	Abladegewicht n	weight loaded	poids au déchargement m	peso di scarico m	peso de descarga m
inlichting (NL)	Auskunft f	information	renseignement m	informazione f	información f
in lieu of payment (E)	zahlungsstatt	—	à titre de payement	a titolo di pagamento	a título de pago
inmediatamente (ES)	umgehend	immediately	immédiatement	immediato	—
inmueble (ES)	Immobilie	item of real estate	bien immobilier m	immobile m	—

inmueble

P	NL	SV	PL	CZ	H
inglês	Engels	engelska	język angielski m	angličtina f	angol (nyelv)
bens móveis m/pl	roerende goederen n/pl	inventarier pl	dobra ruchome n/pl	pohyblivý majetek m	—
rendimento real m	reëel inkomen n	realinkomst	dochód rzeczywisty m	reálný příjem m	reáljövedelem
rendimento m	inkomen n	inkomst	dochody m/pl	příjem m	jövedelem
receitas f/pl	inkomsten f/pl	intäkter pl	przychody m/pl	příjmy m/pl	bevételek
livre de despesas	gratis	gratis	bezpłatny	bezplatně	—
gratuito	gratis	utan ersättning	nieodpłatnie	zdarma	—
gratuito	gratis	gratis	bezpłatnie	zdarma	—
proprietário m	eigenaar m	innehavare	właściciel m	majitel m	tulajdonos
acção ao portador f	aandeel aan toonder n	innehavaraktie	akcja na okaziciela f	akcie na majitele f	bemutatóra szóló részvény
título ao portador m	effect aan toonder n	innehavarobligation	papier wartościowy na okaziciela m	cenný papír na majitele m	bemutatóra szóló értékpapír
cheque ao portador m	cheque aan toonder m	innehavarcheck	czek na okaziciela m	šek na majitele m	bemutatóra szóló csekk
herança f	erfenis f	kvarlåtenskap	spadek m	pozůstalost f	hagyaték
no estrangeiro	—	i utlandet	za granicą	v cizině	külföldön
repartição de cobranças f	incasso-orgaan n	inkassobyrå	agencja inkasa f	—	pénzbeszedőhely
cobrança f	incasso n	inkasso	—	inkaso n	beszedés
cobrança f	incasso n	inkasso	inkaso n	—	beszedés
cobrança f	incasso n	inkasso	inkaso n	inkaso n	beszedés
cobrança f	incasso n	—	inkaso n	inkaso n	beszedés
autorizado a realizar a cobrança m	bevoegd om te incasseren	—	upoważniony do inkasa	oprávněn k inkasu n	beszedésre jogosult
autorizado a realizar a cobrança m	bevoegd om te incasseren	inkassoberättigad	upoważniony do inkasa	oprávněn k inkasu n	beszedésre jogosult
repartição de cobranças f	incasso-orgaan n	—	agencja inkasa f	inkasní středisko n	pénzbeszedőhely
repartição de cobranças f	incasso-orgaan n	inkassobyrå	agencja inkasa f	inkasní středisko n	pénzbeszedőhely
expedição aduaneira f	—	förtullning	odprawa celna f	celní odbavení n	vámkezelés
rendimento m	—	inkomst	dochody m/pl	příjem m	jövedelem
rendimento do capital m	—	inkomst från kapital	zysk z kapitału m	výnos kapitálu m	tőkehozam
impróprio	ondeskundig	—	nieprawidłowo	nevěcný	szakszerűtlen
rendimento m	inkomen n	—	dochody m/pl	příjem m	jövedelem
retribuições f/pl	salaris n	—	uposażenie m	finanční přenosy m/pl	járandóságok
receitas f/pl	—	intäkter pl	przychody m/pl	příjmy m/pl	bevételek
rendimento do capital m	inkomen uit kapitaal n	—	zysk z kapitału m	výnos kapitálu m	tőkehozam
compra f	—	inköp	zakup m	nákup m	beszerzés
preço de compra m	—	inköpspris	cena kupna f	nákupní cena f	beszerzési ár
compra f	aankoop m	—	zakup m	nákup m	vásárlás
compra f	inkoop m	—	zakup m	nákup m	beszerzés
comprar	—	köpa	kupować <kupić>	nakupovat <nakoupit>	vásárol
preço de compra m	inkoopprijs m	—	cena kupna f	nákupní cena f	beszerzési ár
direitos de carga m/pl	—	lastningsavgift	opłaty za załadunek f/pl	poplatky za náklad m	rakodási díj
repartição das finanças f	ontvangkantoor n	skattemyndighet	Urząd Skarbowy m	finanční úřad m	adóhivatal
peso de descarga m	gewicht bij het lossen n	—	waga wysyłkowa f	hmotnost při vyložení f	átadási súly
informação f	—	upplysning	informacja f	informace f	információ
a título de pagamento	in plaats van betaling	i stället för betalning	zamiast zapłaty	namísto placení n	fizetés helyett
imediatamente	per kerende post	omedelbart	bezzwłocznie	obratem	azonnal(i)
imóvel m	onroerend goed n	fastighet	nieruchomość f	nemovitost f	ingatlan

innehavaraktie

	D	E	F	I	ES
innehavaraktie (SV)	Inhaberaktie f	bearer share	action au porteur f	azione al portatore f	acción al portador f
innehavarcheck (SV)	Inhaberscheck m	bearer cheque	chèque au porteur m	assegno al portatore m	cheque al portador m
innehavarcheck (SV)	Überbringerscheck m	bearer-cheque	chèque au porteur m	assegno al portatore m	cheque al portador m
innehavare (SV)	Inhaber m	proprietor	propriétaire m	proprietario m	propietario m
innehavare (SV)	Überbringer m	bearer	porteur m	portatore m	portador m
innehavarobligation (SV)	Inhaberpapier n	bearer instrument	titre souscrit au porteur m	titolo al portatore m	título al portador m
inneliggande varulager (SV)	Warenbestand m	stock	stock de marchandises m	scorte merci f/pl	existencias f/pl
innováció (H)	Innovation f	innovation	innovation f	innovazione f	innovación f
innovación (ES)	Innovation f	innovation	innovation f	innovazione f	—
innovatie (NL)	Innovation f	innovation	innovation f	innovazione f	innovación f
Innovation (D)	—	innovation	innovation f	innovazione f	innovación f
innovation (E)	Innovation f	—	innovation f	innovazione f	innovación f
innovation (F)	Innovation f	innovation	—	innovazione f	innovación f
innovation (SV)	Innovation f	innovation	innovation f	innovazione f	innovación f
innovazione (I)	Innovation f	innovation	innovation f	—	innovación f
innowacja (PL)	Innovation f	innovation	innovation f	innovazione f	innovación f
inom avtalad tid (SV)	fristgerecht	on time	dans les délais	entro il termine convenuto	dentro del plazo fijado
in ontvangstneming (NL)	Annahme f	acceptance	acceptation f	accettazione f	aceptación f
in opdracht (NL)	im Auftrag	by order	par ordre	per ordine	por poder
inovação (P)	Innovation f	innovation	innovation f	innovazione f	innovación f
inovace (CZ)	Innovation f	innovation	innovation f	innovazione f	innovación f
inpayment (E)	Zahlungseingang m	—	entrée de fond f	ricevimento del pagamento m	entrada de fondos f
in plaats van betaling (NL)	zahlungsstatt	in lieu of payment	à titre de payement	a titolo di pagamento	a título de pago
in plico a parte (I)	mit getrennter Post	under separate cover	sous pli séparé	—	por correo aparte
in prova (I)	auf Probe	on trial	à l'essai	—	a prueba
Input (D)	—	input	entrée f	input m	insumo m
input (E)	Input n	—	entrée f	input m	insumo m
input (I)	Input n	input	entrée f	—	insumo m
input (P)	Input n	input	entrée f	input m	insumo m
input (NL)	Input n	input	entrée f	input m	insumo m
input (SV)	Input n	input	entrée f	input m	insumo m
input tax (E)	Vorsteuer f	—	impôt perçu en amont m	imposta anticipata sul fatturato d'acquisto f	impuesto sobre el valor añadido deducible m
inquilino (P)	Mieter m	tenant	locataire m	locatario m	arrendatario m
inquiry (E)	Anfrage f	—	demande f	richiesta f	demanda f
inre marknaden (SV)	Europäischer Binnenmarkt m	Internal Market of the European Community	Marché Unique m	mercato unico m	Mercado Unico m
inrikeshandel (SV)	Binnenhandel m	domestic trade	commerce intérieur m	commercio nazionale m	comercio interior m
inruilwaarde (NL)	Wiederverkaufspreis m	resale price	prix de revente m	prezzo di rivendita m	precio de reventa m
inscrição (P)	Anmeldung f	registration	inscription f	avviso m	inscripción f
inscripción (ES)	Anmeldung f	registration	inscription f	avviso m	—
inscription (F)	Anmeldung f	registration	—	avviso m	inscripción f
insensible aux influences de la crise (F)	krisenfest	crisis-proof	—	resistente alla crisi	a prueba de crisis
inserção do anúncio (P)	Anzeigenschaltung f	placement of an advertisement	placement d'annonce m	posizionamento dell'inserzione m	inserción del anuncio f
inserción del anuncio (ES)	Anzeigenschaltung f	placement of an advertisement	placement d'annonce m	posizionamento dell'inserzione m	—
inserto (I)	Beilage f	supplement	supplément m	—	suplemento m

inserto

P	NL	SV	PL	CZ	H
acção ao portador f	aandeel aan toonder n	—	akcja na okaziciela f	akcie na majitele f	bemutatóra szóló részvény
cheque ao portador m	cheque aan toonder m	—	czek na okaziciela m	šek na majitele m	bemutatóra szóló csekk
cheque ao portador m	cheque aan toonder m	—	czek na okaziciela m	šek na doručitele m	bemutatóra szóló csekk
proprietário m	eigenaar m	—	właściciel m	majitel m	tulajdonos
portador m	toonder m	—	okaziciel m	doručitel m	bemutató
título ao portador m	effect aan toonder n	—	papier wartościowy na okaziciela m	cenný papír na majitele m	bemutatóra szóló értékpapír
estoque de mercadorias m	goederenvoorraad m	—	zasób towarów m	zásoba zboží f	árukészlet
inovação f	innovatie f	innovation	innowacja f	inovace f	—
inovação f	innovatie f	innovation	innowacja f	inovace f	innováció
inovação f	—	innovation	innowacja f	inovace f	innováció
inovação f	innovatie f	innovation	innowacja f	inovace f	innováció
inovação f	innovatie f	innovation	innowacja f	inovace f	innováció
inovação f	innovatie f	innovation	innowacja f	inovace f	innováció
inovação f	innovatie f	—	innowacja f	inovace f	innováció
inovação f	innovatie f	innovation	innowacja f	inovace f	innováció
inovação f	innovatie f	innovation	—	inovace f	innováció
dentro do prazo	op tijd	—	terminowo	v odpovídající lhůtě	határidőre
aceitação f	—	godkännande av leverans	przyjęcie n	přijetí n	elfogadás
por ordem	—	enligt order	z polecenia	z pověření n	megbízásából
—	innovatie f	innovation	innowacja f	inovace f	innováció
inovação f	innovatie f	innovation	innowacja f	—	innováció
entrada de numerário f	Binnenkomende betaling f	betalningsmottagande	wpływ płatności m	vstup plateb m	befizetés
a título de pagamento	—	i stället för betalning	zamiast zapłaty	namísto placení n	fizetés helyett
em embalagem à parte	per afzonderlijke post	som särskild försändelse	oddzielną przesyłką	zvláštní poštou f	külön küldeményként
à prova	op proef	på prov	na próbę	na zkoušku	kipróbálásra
input m	input m	input	wprowadzenie n	vstup m	bemenet
input m	input m	input	wprowadzenie n	vstup m	bemenet
input m	input m	input	wprowadzenie n	vstup m	bemenet
—	input m	input	wprowadzenie n	vstup m	bemenet
input m	—	input	wprowadzenie n	vstup m	bemenet
input m	input m	—	wprowadzenie n	vstup m	bemenet
IVA dedutível m	belasting f	ingående moms	przedpłata podatkowa f	záloha na daň f	levonható forgalmi adó
—	huurder m	hyresgäst	najemca m	nájemník m	bérlő
pedido m	aanvraag f/m	förfrågan	zapytanie n	poptávka f	ajánlatkérés
Mercado Interno da Comunidade Europeia m	interne EG-markt f	—	wewnętrzny rynek europejski m	vnitřní evropský trh m	európai belső piac
comércio interno m	binnenlandse handel m	—	handel wewnętrzny m	domácí obchod m	belkereskedelem
preço de revenda m	—	återförsäljningspris	cena w odsprzedaży f	překupní cena f	viszonteladói ár
—	aanmelding f	registrering	zgłoszenie n	přihláška f	bejelentés
inscrição f	aanmelding f	registrering	zgłoszenie n	přihláška f	bejelentés
inscrição f	aanmelding f	registrering	zgłoszenie n	přihláška f	bejelentés
resistente a crises	crisisbestendig	krisresistent	odporny na kryzys	odolný proti krizi f	válságok által nem fenyegetett
—	plaatsing van een advertentie f	annonsering	publikacja ogłoszenia	zveřejnění inzerátu n	hirdetés elhelyezése
inserção do anúncio f	plaatsing van een advertentie f	annonsering	publikacja ogłoszenia n	zveřejnění inzerátu n	hirdetés elhelyezése
suplemento m	bijlage f	bilaga	załącznik m	příloha f	melléklet

inserzione

	D	E	F	I	ES
inserzione (I)	Anzeige f	advertisement	annonce f	—	anuncio m
inserzione d'impiego (I)	Stellenanzeige f	position offered	annonce d'emploi f	—	anuncio de empleo m
insgesamt (D)	—	altogether	dans l'ensemble	complessivamente	en suma
insolvabilité (F)	Insolvenz f	insolvency	—	insolvenza f	insolvencia f
insolvabilité (F)	Zahlungsunfähigkeit f	insolvency	—	insolvenza f	insolvencia f
insolvabiliteit (NL)	Insolvenz f	insolvency	insolvabilité f	insolvenza f	insolvencia f
insolvencia (ES)	Insolvenz f	insolvency	insolvabilité f	insolvenza f	—
insolvencia (ES)	Zahlungsunfähigkeit f	insolvency	insolvabilité f	insolvenza f	—
insolvência (P)	Insolvenz f	insolvency	insolvabilité f	insolvenza f	insolvencia f
insolvência (P)	Zahlungsunfähigkeit f	insolvency	insolvabilité f	insolvenza f	insolvencia f
insolvency (E)	Insolvenz f	—	insolvabilité f	insolvenza f	insolvencia f
insolvency (E)	Zahlungsunfähigkeit f	—	insolvabilité f	insolvenza f	insolvencia f
insolvens (SV)	Insolvenz f	insolvency	insolvabilité f	insolvenza f	insolvencia f
insolvens (SV)	Zahlungsunfähigkeit f	insolvency	insolvabilité f	insolvenza f	insolvencia f
insolvente schuldenaar (NL)	Gemeinschuldner m	adjudicated bankrupt	débiteur en faillite m	debitore fallito m	deudor común m
Insolvenz (D)	—	insolvency	insolvabilité f	insolvenza f	insolvencia f
insolvenza (I)	Insolvenz f	insolvency	insolvabilité f	—	insolvencia f
insolvenza (I)	Zahlungsunfähigkeit f	insolvency	insolvabilité f	—	insolvencia f
inspecção (P)	Einsichtnahme f	inspection	inspection des livres comptables f	visura f	inspección f
inspección (ES)	Einsichtnahme f	inspection	inspection des livres comptables f	visura f	—
inspección de la explotación (ES)	Betriebsprüfung f	fiscal audit of operating results	contrôle fiscal de l'entreprise f	revisione aziendale f	—
inspection (E)	Einsichtnahme f	—	inspection des livres comptables f	visura f	inspección f
inspection des livres comptables (F)	Einsichtnahme f	inspection	—	visura f	inspección f
inspector fiscal (ES)	Betriebsprüfer m	auditor	expert-comptable m	revisore aziendale m	—
instalaciones de producción (ES)	Produktionsanlagen f/pl	production plant	équipements industriels m/pl	impianti di produzione m/pl	—
instalações fabris (P)	Produktionsanlagen f/pl	production plant	équipements industriels m/pl	impianti di produzione m/pl	instalaciones de producción f/pl
instalment (E)	Rate f	—	acompte m	rata f	plazo m
instituição de crédito (P)	Kreditinstitut n	credit institution	établissement de crédit m	istituto di credito m	instituto de crédito m
institut d'études de marché (F)	Marktforschungsinstitut n	market research institute	—	istituto di ricerca di mercato m	instituto de investigación del mercado m
instituto de crédito (ES)	Kreditinstitut n	credit institution	établissement de crédit m	istituto di credito m	—
instituto de estudos de mercado (P)	Marktforschungsinstitut n	market research institute	institut d'études de marché m	istituto di ricerca di mercato m	instituto de investigación del mercado m
instituto de investigación del mercado (ES)	Marktforschungsinstitut n	market research institute	institut d'études de marché m	istituto di ricerca di mercato m	—
institut pro průzkum trhu (CZ)	Marktforschungsinstitut n	market research institute	institut d'études de marché m	istituto di ricerca di mercato m	instituto de investigación del mercado m
in stock (E)	auf Lager	—	en stock	in deposito	en almacén
instruktion till bank om regelbundna överföringar (SV)	Dauerauftrag m	standing order	ordre régulier de virement m	ordine permanente m	órden permanente f
instytucja kredytowa (PL)	Kreditinstitut n	credit institution	établissement de crédit m	istituto di credito m	instituto de crédito m

instytucja kredytowa

P	NL	SV	PL	CZ	H
anúncio m	advertentie f	annons	ogłoszenie n	inzerát m	hirdetés
anúncio de emprego m	personeelsadvertentie f	platsannons	ogłoszenie o wakującym stanowisku n	inzerce zaměstnání f	álláshirdetés
ao todo	in totaal	totalt	w sumie	úhrnem	összesen
insolvência f	insolvabiliteit f	insolvens	niewypłacalność f	nesolventnost f	fizetésképtelenség
insolvência f	onvermogen n	insolvens	niewypłacalność n	platební neschopnost f	fizetésképtelenség
insolvência f	—	insolvens	niewypłacalność f	nesolventnost f	fizetésképtelenség
insolvência f	insolvabiliteit f	insolvens	niewypłacalność f	nesolventnost f	fizetésképtelenség
insolvência f	onvermogen n	insolvens	niewypłacalność n	platební neschopnost f	fizetésképtelenség
—	insolvabiliteit f	insolvens	niewypłacalność f	nesolventnost f	fizetésképtelenség
—	onvermogen n	insolvens	niewypłacalność n	platební neschopnost f	fizetésképtelenség
insolvência f	insolvabiliteit f	insolvens	niewypłacalność f	nesolventnost f	fizetésképtelenség
insolvência f	onvermogen n	insolvens	niewypłacalność n	platební neschopnost f	fizetésképtelenség
insolvência f	insolvabiliteit f	—	niewypłacalność f	nesolventnost f	fizetésképtelenség
insolvência f	onvermogen n	—	niewypłacalność n	platební neschopnost f	fizetésképtelenség
devedor falido m	—	konkursgäldenär	zbankrutowany dłużnik m	úpadkový dlužník m	csődadós
insolvência f	insolvabiliteit f	insolvens	niewypłacalność f	nesolventnost f	fizetésképtelenség
insolvência f	insolvabiliteit f	insolvens	niewypłacalność f	nesolventnost f	fizetésképtelenség
insolvência f	onvermogen n	insolvens	niewypłacalność n	platební neschopnost f	fizetésképtelenség
—	inzage f/m	granskning	wgląd m	nahlédnutí n	betekintés
inspecção f	inzage f/m	granskning	wgląd m	nahlédnutí n	betekintés
investigação pelas autoridades fiscais f	fiscale bedrijfscontrole f/m	granskning från skattemyndighetssida	kontrola podatkowa f	kontrola podnikuf	revízió
inspecção f	inzage f/m	granskning	wgląd m	nahlédnutí n	betekintés
inspecção f	inzage f/m	granskning	wgląd m	nahlédnutí n	betekintés
auditor m	accountant m	revisor	kontroler podatkowy m	podnikový kontrolor m	revizor
instalações fabris f/pl	productie-investeringen f/pl	produktionsanläggning	urządzenia produkcyjne f/pl	výrobní zařízení n/pl	termelő berendezések
—	productie-investeringen f/pl	produktionsanläggning	urządzenia produkcyjne f/pl	výrobní zařízení n/pl	termelő berendezések
prestação f	termijn m	avbetalning	rata f	splátka f	részlet
—	kredietinstelling f	kreditinstitut	instytucja kredytowa f	úvěrový ústav m	hitelintézet
instituto de estudos de mercado m	marktonderzoeksinstituut n	marknadsundersökningsinstitut	instytut badań rynkowych m	institut pro průzkum trhu m	piackutató intézet
instituição de crédito f	kredietinstelling f	kreditinstitut	instytucja kredytowa f	úvěrový ústav m	hitelintézet
—	marktonderzoeksinstituut n	marknadsundersökningsinstitut	instytut badań rynkowych m	institut pro průzkum trhu m	piackutató intézet
instituto de estudos de mercado m	marktonderzoeksinstituut n	marknadsundersökningsinstitut	instytut badań rynkowych m	institut pro průzkum trhu m	piackutató intézet
instituto de estudos de mercado m	marktonderzoeksinstituut n	marknadsundersökningsinstitut	instytut badań rynkowych m	—	piackutató intézet
em stock	in voorraad	i lager	na składzie	na skladě m	raktáron (van)
ordem permanente f	dringende bestelling f	—	zlecenie stałe n	dlouhodobý příkaz k úhradě m	állandó megbízás
instituição de crédito f	kredietinstelling f	kreditinstitut	—	úvěrový ústav m	hitelintézet

instytut badań rynkowych 494

	D	E	F	I	ES
instytut badań rynkowych (PL)	Marktforschungsinstitut n	market research institute	institut d'études de marché m	istituto di ricerca di mercato m	instituto de investigación del mercado m
insumo (ES)	Input n	input	entrée f	input m	—
insurance (E)	Versicherung f	—	assurance f	assicurazione f	seguro m
insurance agent (E)	Versicherungsagent m	—	agent d'assurance m	agente assicurativo m	agente de seguros m
insurance cover (E)	Versicherungsschutz m	—	couverture de l'assurance f	copertura assicurativa f	cobertura de seguro f
insurance policy (E)	Versicherungspolice f	—	police d'assurance f	polizza d'assicurazione f	seguro m
insurance premium (E)	Versicherungsprämie f	—	prime d'assurance f	premio assicurativo m	prima de seguro f
insured letter (E)	Wertbrief m	—	lettre avec valeur déclarée f	lettera con valore dichiarato f	letra con valor declarado f
insured person (E)	Versicherungsnehmer m	—	souscripteur d'assurance m	assicurato m	asegurado m
insured sum (E)	Versicherungssumme f	—	montant de l'assurance m	capitale assicurato m	suma asegurada f
intäkter (SV)	Einnahmen f/pl	receipts	revenu m	entrate f/pl	ingresos m/pl
inteckning som dellikvid (SV)	Restdarlehen n	purchase-money loan	prêt restant m	mutuo residuo m	restante de un préstamo m
intekening (NL)	Subskription f	subscription	souscription f	sottoscrizione f	suscripción f
interchangeable (F)	substituierbar	replaceable	—	sostituibile	sustituible
interes (PL)	Geschäft n	business	affaire f	negozio m	negocio m
interés (ES)	Interesse n	interest	intérêt m	interesse m	—
interés (ES)	Zins m	interest	intérêt m	interessi m/pl	—
interesado (ES)	Interessent m	interested party	client potentiel m	interessato m	—
interesant (PL)	Interessent m	interested party	client potentiel m	interessato m	Interesado m
interés básico (ES)	Leitzins m	key rate	taux directeur m	tasso di riferimento m	—
interés compuesto (ES)	Zinseszins m	compound interest	intérêt composé m	interessi composti m/pl	—
interés efectivo (ES)	Effektivzins m	effective interest	intérêt effectif m	tasso d'interesse effettivo m	—
intereses de demora (ES)	Verzugszinsen f	default interest	intérêts moratoires m/pl	interessi di mora m/pl	—
intereses por fracción de período (ES)	Stückzinsen m/pl	broken-period interest	intérêts courus m/pl	interessi maturati m/pl	—
interés fijo (ES)	fester Zins m	fixed interest rate	intérêt fixe m	interesse fisso m	—
interes przynoszący straty (PL)	Verlustgeschäft n	loss-making business	affaire déficitaire f	affare in perdita m	venta con pérdida f
interés real (ES)	Realzins m	real rate of interest	rendement réel m	tasso d'interesse reale m	—
interessado (P)	Interessent m	interested party	client potentiel m	interessato m	interesado m
interessato (I)	Interessent m	interested party	client potentiel m	—	interesado m
Interesse (D)	—	interest	intérêt m	interesse m	interés m
interesse (I)	Interesse n	interest	intérêt m	—	interés m
interesse (P)	Interesse n	interest	intérêt m	interesse m	interés m
interesse del capitale (I)	Kapitalzins m	interest on capital	intérêt du capital m	—	renta del capital f
interesse fisso (I)	fester Zins m	fixed interest rate	intérêt fixe m	—	interés fijo m
Interessent (D)	—	interested party	client potentiel m	interessato m	interesado m
interessi (I)	Zins m	interest	intérêt m	—	interés m
interessi composti (I)	Zinseszins m	compound interest	intérêt composé m	—	interés compuesto m
interessi di mora (I)	Verzugszinsen f	default interest	intérêts moratoires m/pl	—	intereses de demora m/pl

interessi di mora

P	NL	SV	PL	CZ	H
instituto de estudos de mercado m	marktonderzoeksinstituut n	marknadsundersökningsinstitut	—	institut pro průzkum trhu m	piackutató intézet
input m	input m	input	wprowadzenie n	vstup m	bemenet
seguro m	verzekering f	försäkring	ubezpieczenie n	pojištění n	biztosítás
agente de seguros m	verzekeringsagent m	försäkringsagent	agent ubezpieczeniowy m	pojišťovací agent m	biztosítási ügynök
protecção por seguro f	bescherming door verzekering f	försäkringsskydd	ochrona ubezpieczeniowa f	ochrana získaná pojištěním f	biztosítási fedezet
apólice de seguros f	verzekeringspolis f	försäkringsbrev	polisa ubezpieczeniowa f	pojistka f	biztosítási kötvény
prémio de seguro m	verzekeringspremie f	försäkringspremie	składka ubezpieczeniowa f	pojistná prémie n	biztosítási díj
carta com valor declarado f	brief met aangegeven waarde m	assurerat brev	list wartościowy m	cenný dopis m	értéklevél
segurado m	verzekeringnemer m	försäkringstagare	ubezpieczeniobiorca m	pojištěný m	biztosított (fél)
montante do seguro m	verzekerd bedrag n	försäkringssumma	suma ubezpieczenia f	pojistná suma f	biztosítási összeg
receitas f/pl	inkomsten f/pl	—	przychody m/pl	příjmy m/pl	bevételek
empréstimo residual m	resterende lening f	—	reszta pożyczki f	nedoplatek půjčky m	maradékkölcsön
subscrição f	—	abonnemang	subskrypcja f	subskripce f	jegyzés
substituível	substitueerbaar	utbytbar	zastępowalny	nahraditelný	helyettesíthető
negócio m	zaak f	affär	—	obchod m	üzlet
interesse m	belang n	intresse	zainteresowanie n	zájem m	érdekeltség
juro m	interest m	ränta	odsetki pl	úrok m	kamat
interessado m	belanghebbende partij f	intressent	interesant m	zájemce m	érdekelt
interessado m	belanghebbende partij f	intressent	—	zájemce m	érdekelt
taxa de referência f	officiële rente f	styrränta	podstawowa stopa procentowa f	hlavní úrok m	alapkamatláb
juros compostos m/pl	samengestelde interest m	ränta på ränta	odsetki składane pl	úrok z úroků m	kamatos kamat
taxa de juros efectiva f	werkelijke renteopbrengst f	effektiv ränta	oprocentowanie rzeczywiste n	úrok z cenných papírů m	tényleges kamat
juros de mora m/pl	moratoire rente f	dröjsmålsränta	odsetki za zwłokę pl	úroky z prodlení m/pl	késedelmi kamat
fracção do período de contagem de juros f	opgelopen rente f	upplupen ränta	oprocentowanie periodyczne n	úroky do dne prodeje cenných papírů m/pl	töredékidőre járó kamat
taxa de juro fixa f	vaste interest m	fast ränta	stałe oprocentowanie n	pevný úrok m	fix kamatláb
negócio com prejuízo m	transactie met verlies f	förlustaffär	—	ztrátový obchod m	veszteséges üzlet
juro real m	reële interest m	realränta	procent realny m	reálný úrok m	reálkamat
—	belanghebbende partij f	intressent	interesant m	zájemce m	érdekelt
interessado m	belanghebbende partij f	intressent	interesant m	zájemce m	érdekelt
interesse m	belang n	intresse	zainteresowanie n	zájem m	érdekeltség
interesse m	belang n	intresse	zainteresowanie n	zájem m	érdekeltség
—	belang n	intresse	zainteresowanie n	zájem m	érdekeltség
juro do capital m	kapitaalrente f	kapitalränta	odsetki od kapitału m/pl	kapitálový úrok m	tőkekamat
taxa de juro fixa f	vaste interest m	fast ränta	stałe oprocentowanie n	pevný úrok m	fix kamatláb
interessado m	belanghebbende partij f	intressent	interesant m	zájemce m	érdekelt
juro m	interest m	ränta	odsetki pl	úrok m	kamat
juros compostos m/pl	samengestelde interest m	ränta på ränta	odsetki składane pl	úrok z úroků m	kamatos kamat
juros de mora m/pl	moratoire rente f	dröjsmålsränta	odsetki za zwłokę pl	úroky z prodlení m/pl	késedelmi kamat

interessi maturati

	D	E	F	I	ES
interessi maturati (I)	Stückzinsen *m/pl*	broken-period interest	intérêts courus *m/pl*	—	intereses por fracción de periodo *m/pl*
interest (E)	Interesse *n*	—	intérêt *m*	interesse *m*	interés *m*
interest (E)	Zins *m*	—	intérêt *m*	interessi *m/pl*	interés *m*
interest (NL)	Zins *m*	interest	intérêt *m*	interessi *m/pl*	interés *m*
interested party (E)	Interessent *m*	—	client potentiel *m*	interessato *m*	interesado *m*
interest margin (E)	Zinsmarge *m*	—	marge entre les taux d'intérêt créditeur et débiteur *f*	margine d'interesse *m*	margen de interés *m*
interest on capital (E)	Kapitalzins *m*	—	intérêt du capital *m*	interesse del capitale *m*	renta del capital *f*
interest rate (E)	Zinsfuß *m*	—	taux d'intérêt *m*	tasso d'interesse *m*	tipo de interés *m*
interest rate (E)	Zinssatz *m*	—	taux d'intérêt *m*	tasso d'interesse *m*	tipo de interés *m*
interest rate level (E)	Zinsniveau *n*	—	niveau du taux d'intérêt *m*	livello degli interessi *m*	nivel de interés *m*
interest rate policy (E)	Zinspolitik *f*	—	politique en matière d'intérêts *f*	politica dei tassi d'interesse *f*	política en materia de intereses *f*
interés variable (ES)	variabler Zins *m*	variable rate of interest	intérêt variable *m*	tasso d'interesse variabile *m*	—
intérêt (F)	Interesse *n*	interest	—	interesse *m*	interés *m*
intérêt (F)	Zins *m*	interest	—	interessi *m/pl*	interés *m*
intérêt composé (F)	Zinseszins *m*	compound interest	—	interessi composti *m/pl*	interés compuesto *m*
intérêt du capital (F)	Kapitalzins *m*	interest on capital	—	interesse del capitale *m*	renta del capital *f*
intérêt effectif (F)	Effektivzins *m*	effective interest	—	tasso d'interesse effettivo *m*	interés efectivo *m*
intérêt fixe (F)	fester Zins *m*	fixed interest rate	—	interesse fisso *m*	interés fijo *m*
intérêts courus (F)	Stückzinsen *m/pl*	broken-period interest	—	interessi maturati *m/pl*	intereses por fracción de periodo *m/pl*
intérêts moratoires (F)	Verzugszinsen *f*	default interest	—	interessi di mora *m/pl*	intereses de demora *m/pl*
intérêt variable (F)	variabler Zins *m*	variable rate of interest	—	tasso d'interesse variabile *m*	interés variable *m*
interim balance sheet (E)	Zwischenbilanz *f*	—	bilan intermédiaire *m*	bilancio provvisorio *m*	balance intermedio *m*
intermédiaire (F)	Zwischenhändler *m*	middleman	—	intermediario *m*	intermediario *m*
intermediario (I)	Zwischenhändler *m*	middleman	intermédiaire *m*	—	intermediario *m*
intermediario (ES)	Zwischenhändler *m*	middleman	intermédiaire *m*	intermediario *m*	—
intermediário (P)	Zwischenhändler *m*	middleman	intermédiaire *m*	intermediario *m*	intermediario *m*
intermediazione di crediti (I)	Kreditvermittlung *f*	arranging for a credit	médiation du crédit *f*	—	mediación de créditos *f*
Internal Market of the European Community (E)	Europäischer Binnenmarkt *m*	—	Marché Unique *m*	mercato unico *m*	Mercado Unico *m*
internationaal monetair systeem (NL)	Weltwährungssystem *n*	international monetary system	système monétaire international *m*	sistema monetario internazionale *m*	sistema monetario internacional *m*
international monetary system (E)	Weltwährungssystem *n*	—	système monétaire international *m*	sistema monetario internazionale *m*	sistema monetario internacional *m*
internationellt valutasystem (SV)	Weltwährungssystem *n*	international monetary system	système monétaire international *m*	sistema monetario internazionale *m*	sistema monetario internacional *m*
interne EG-markt (NL)	Europäischer Binnenmarkt *m*	Internal Market of the European Community	Marché Unique *m*	mercato unico *m*	Mercado Unico *m*
Internet address (E)	Internet-Adresse *f*	—	adresse internet *f*	indirizzo su Internet *m*	dirección de internet *f*
internet-adres (NL)	Internet-Adresse *f*	Internet address	adresse internet *f*	indirizzo su Internet *m*	dirección de internet *f*
Internet-adress (SV)	Internet-Adresse *f*	Internet address	adresse internet *f*	indirizzo su Internet *m*	dirección de internet *f*
Internet-Adresse (D)	—	Internet address	adresse internet *f*	indirizzo su Internet *m*	dirección de internet *f*

P	NL	SV	PL	CZ	H
fracção do período de contagem de juros f	opgelopen rente f	upplupen ränta	oprocentowanie periodyczne n	úroky do dne prodeje cenných papírů m/pl	töredékidőre járó kamat
interesse m	belang n	intresse	zainteresowanie n	zájem m	érdekeltség
juro m	interest m	ränta	odsetki pl	úrok m	kamat
juro m	—	ränta	odsetki pl	úrok m	kamat
interessado m	belanghebbende partij f	intressent	interesant m	zájemce m	érdekelt
margem de lucros f	rentemarge f	räntemarginal	marża odsetkowa f	úrokové rozpětí n	kamatrés
juro do capital m	kapitaalrente f	kapitalränta	odsetki od kapitału m/pl	kapitálový úrok m	tőkekamat
taxa de juro f	rentevoet m	räntefot	stopa procentowa f	úroková míra f	kamatláb
taxa de juro f	rentevoet m	räntesats	stawka procentowa f	úroková sazba f	kamatláb
nível da taxa de juro m	rentepeil n	räntenivå	poziom stawki oprocentowania m	úroveň úroků f	kamatszint
política das taxas de juro f	rentebeleid n	räntepolitik	polityka stopy procentowej f	úroková politika f	kamatpolitika
taxas de juro variáveis f/pl	variabele rente f	rörlig ränta	zmienna stawka procentowa f	proměnný úrok m	változó kamat
interesse m	belang n	intresse	zainteresowanie n	zájem m	érdekeltség
juro m	interest m	ränta	odsetki pl	úrok m	kamat
juros compostos m/pl	samengestelde interest m	ränta på ränta	odsetki składane pl	úrok z úroků m	kamatos kamat
juro do capital m	kapitaalrente f	kapitalränta	odsetki od kapitału m/pl	kapitálový úrok m	tőkekamat
taxa de juros efectiva f	werkelijke renteopbrengst f	effektiv ränta	oprocentowanie rzeczywiste n	úrok z cenných papírů m	tényleges kamat
taxa de juro fixa f	vaste interest m	fast ränta	stałe oprocentowanie n	pevný úrok m	fix kamatláb
fracção do período de contagem de juros f	opgelopen rente f	upplupen ränta	oprocentowanie periodyczne n	úroky do dne prodeje cenných papírů m/pl	töredékidőre járó kamat
juros de mora m/pl	moratoire rente f	dröjsmålsränta	odsetki za zwłokę pl	úroky z prodlení m/pl	késedelmi kamat
taxas de juro variáveis f/pl	variabele rente f	rörlig ränta	zmienna stawka procentowa f	proměnný úrok m	változó kamat
balanço intermediário m	tussenbalans f	delårsbalans	bilans pośredni m	zatímní bilance f	évközi mérleg
intermediário m	tussenpersoon m	mellanhand	pośrednik m	překupník m	közvetítő kereskedő
intermediário m	tussenpersoon m	mellanhand	pośrednik m	překupník m	közvetítő kereskedő
intermediário m	tussenpersoon m	mellanhand	pośrednik m	překupník m	közvetítő kereskedő
—	tussenpersoon m	mellanhand	pośrednik m	překupník m	közvetítő kereskedő
mediação de créditos f	kredietbemiddeling f	kreditförmedling	pośrednictwo kredytowe n	zprostředkování úvěru n	hitelközvetítés
Mercado Interno da Comunidade Europeia m	interne EG-markt f	inre marknaden	wewnetrzny rynek europejski m	vnitřní evropský trh m	európai belső piac
sistema monetário internacional m	—	internationellt valutasystem	międzynarodowy system walutowy m	světový měnový systém m	nemzetközi pénzügyi rendszer
sistema monetário internacional m	internationaal monetair systeem n	internationellt valutasystem	międzynarodowy system walutowy m	světový měnový systém m	nemzetközi pénzügyi rendszer
sistema monetário internacional m	internationaal monetair systeem n	—	międzynarodowy system walutowy m	světový měnový systém m	nemzetközi pénzügyi rendszer
Mercado Interno da Comunidade Europeia m	—	inre marknaden	wewnetrzny rynek europejski m	vnitřní evropský trh m	európai belső piac
endereço na Internet m	internet-adres n	Internet-adress	adres w Internecie m	internetová adresa f	Internet-cím
endereço na Internet m	—	Internet-adress	adres w Internecie m	internetová adresa f	Internet-cím
endereço na Internet m	internet-adres n	—	adres w Internecie m	internetová adresa f	Internet-cím
endereço na Internet m	internet-adres n	Internet-adress	adres w Internecie m	internetová adresa f	Internet-cím

Internet-cím

	D	E	F	I	ES
Internet-cím (H)	Internet-Adresse f	Internet address	adresse internet f	indirizzo su Internet m	dirección de internet f
internetová adresa (CZ)	Internet-Adresse f	Internet address	adresse internet f	indirizzo su Internet m	dirección de internet f
intervenção (P)	Intervention f	intervention	intervention f	intervento m	intervención f
intervence (CZ)	Intervention f	intervention	intervention f	intervento m	intervención f
intervenció (H)	Intervention f	intervention	intervention f	intervento m	intervención f
intervención (ES)	Intervention f	intervention	intervention f	intervento m	—
intervenciós vásárlások (H)	Interventionskäufe m/pl	intervention buying	achats d'intervention m/pl	azioni di sostegno f/pl	compras de intervención f/pl
intervenční nákupy (CZ)	Interventionskäufe m/pl	intervention buying	achats d'intervention m/pl	azioni di sostegno f/pl	compras de intervención f/pl
interventie (NL)	Intervention f	intervention	intervention f	intervento m	intervención f
Intervention (D)	—	intervention	intervention f	intervento m	intervención f
intervention (E)	Intervention f	—	intervention f	intervento m	intervención f
intervention (F)	Intervention f	intervention	—	intervento m	intervención f
intervention (SV)	Intervention f	intervention	intervention f	intervento m	intervención f
intervention buying (E)	Interventionskäufe m/pl	—	achats d'intervention m/pl	azioni di sostegno f/pl	compras de intervención f/pl
Interventionskäufe (D)	—	intervention buying	achats d'intervention m/pl	azioni di sostegno f/pl	compras de intervención f/pl
intervento (I)	Intervention f	intervention	intervention f	—	intervención f
interview (E)	Vorstellungstermin m	—	date d'entretien f	appuntamento di presentazione m	fecha de entrevista personal f
intervju (SV)	Vorstellungstermin m	interview	date d'entretien f	appuntamento di presentazione m	fecha de entrevista personal f
interwencja (PL)	Intervention f	intervention	intervention f	intervento m	intervención f
intestazione (I)	Briefkopf m	letterhead	en-tête f	—	encabezamiento m
intézményezett (H)	Bezogener m	drawee	tiré m	trattario m	librado m
in totaal (NL)	insgesamt	altogether	dans l'ensemble	complessivamente	en suma
intransmisible (ES)	nicht übertragbar	non-negotiable	non transmissible	non trasferibile	—
intransmissível (P)	nicht übertragbar	non-negotiable	non transmissible	non trasferibile	intransmisible
intresse (SV)	Interesse n	interest	intérêt m	interesse m	interés m
intressent (SV)	Interessent m	interested party	client potentiel m	interessato m	interesado m
introductie-korting (NL)	Einführungsrabatt m	introductory discount	rabais de lancement m	sconto di lancio m	rebaja de lanzamiento f
introductory discount (E)	Einführungsrabatt m	—	rabais de lancement m	sconto di lancio m	rebaja de lanzamiento f
introduktionsrabatt (SV)	Einführungsrabatt m	introductory discount	rabais de lancement m	sconto di lancio m	rebaja de lanzamiento f
introiti base (I)	Basiseinkommen n	basic income	revenu de base m	—	salario base m
invalidez (P)	Erwerbsunfähigkeit f	disability to earn a living	incapacité de travail f	invalidità f	incapacidad profesional f
invalidità (I)	Erwerbsunfähigkeit f	disability to earn a living	incapacité de travail f	—	incapacidad profesional f
inventaire (F)	Inventar n	inventory	—	inventario m	inventario m
inventaire (F)	Inventur f	stock-taking	—	compilazione dell'inventario f	inventario m
Inventar (D)	—	inventory	inventaire m	inventario m	inventario m
inventář (CZ)	Inventar n	inventory	inventaire m	inventario m	inventario m
inventarier (SV)	bewegliche Güter n/pl	movable goods	biens meubles m/pl	beni mobili m/pl	bienes muebles m/pl
inventario (I)	Inventar n	inventory	inventaire m	—	inventario m
inventario (ES)	Inventar n	inventory	inventaire m	inventario m	—
inventario (ES)	Inventur f	stock-taking	inventaire m	compilazione dell'inventario f	—
inventário (P)	Inventar n	inventory	inventaire m	inventario m	inventario m
inventaris (NL)	Inventar n	inventory	inventaire m	inventario m	inventario m
inventarium (SV)	Inventar n	inventory	inventaire m	inventario m	inventario m

inventarium

P	NL	SV	PL	CZ	H
endereço na Internet m	internet-adres n	Internet-adress	adres w Internecie m	internetová adresa f	—
endereço na Internet m	internet-adres n	Internet-adress	adres w Internecie m	—	Internet-cím
—	interventie f	intervention	interwencja f	intervence f	intervenció
intervenção f	interventie f	intervention	interwencja f	—	intervenció
intervenção f	interventie f	intervention	interwencja f	intervence f	—
intervenção f	interventie f	intervention	interwencja f	intervence f	intervenció
compras de intervenção f/pl	steunaankopen m/pl	stödköp	zakupy interwencyjne m/pl	intervenční nákupy m/pl	—
compras de intervenção f/pl	steunaankopen m/pl	stödköp	zakupy interwencyjne m/pl	—	intervenciós vásárlások
intervenção f	—	intervention	interwencja f	intervence f	intervenció
intervenção f	interventie f	intervention	interwencja f	intervence f	intervenció
intervenção f	interventie f	intervention	interwencja f	intervence f	intervenció
intervenção f	interventie f	—	interwencja f	intervence f	intervenció
compras de intervenção f/pl	steunaankopen m/pl	stödköp	zakupy interwencyjne m/pl	intervenční nákupy m/pl	intervenciós vásárlások
compras de intervenção f/pl	steunaankopen m/pl	stödköp	zakupy interwencyjne m/pl	intervenční nákupy m/pl	intervenciós vásárlások
intervenção f	interventie f	intervention	interwencja f	intervence f	intervenció
data da entrevista f	afspraak voor presentatie f	intervju	prezentacja kandydata na stanowisko f	termín představení m	felvételi beszélgetés
data da entrevista f	afspraak voor presentatie f	—	prezentacja kandydata na stanowisko f	termín představení m	felvételi beszélgetés
intervenção f	interventie f	intervention	—	intervence f	intervenció
cabeçalho m	briefhoofd n	brevhuvud	nagłówek listu m	záhlaví dopisu n	levélpapír fejléce
sacado m	betrokken wissel m	trassat	trasat m	směnečník m	—
ao todo	—	totalt	w sumie	úhrnem	összesen
intransmissível	niet overdraagbaar	personlig	nieprzenośny	nepřenosný	átruházhatatlan
—	niet overdraagbaar	personlig	nieprzenośny	nepřenosný	átruházhatatlan
interesse m	belang n	—	zainteresowanie n	zájem m	érdekeltség
interessado m	belanghebbende partij f	—	interesant m	zájemce m	érdekelt
desconto de lançamento m	—	introduktionsrabatt	rabat za wprowadzenie wyrobu m	zaváděcí rabat m	bevezetési árkedvezmény
desconto de lançamento m	introductiekorting f	introduktionsrabatt	rabat za wprowadzenie wyrobu m	zaváděcí rabat m	bevezetési árkedvezmény
desconto de lançamento m	introductiekorting f	—	rabat za wprowadzenie wyrobu m	zaváděcí rabat m	bevezetési árkedvezmény
rendimento base m	basisinkomen n	grundinkomst	dochód podstawowy m	základní příjem m	alapjövedelem
—	arbeidsongeschiktheid f	arbetsoförmåga	niezdolność do pracy f	práceneschopnost f	keresőképtelenség
invalidez	arbeidsongeschiktheid f	arbetsoförmåga	niezdolność do pracy f	práceneschopnost f	keresőképtelenség
inventário m	inventaris m	inventarium	inwentarz m	inventář m	leltár
elaboração do inventário f	boedelbeschrijving f	inventering	remanent m	inventura f	leltározás
inventário m	inventaris m	inventarium	inwentarz m	inventář m	leltár
inventário m	inventaris m	inventarium	inwentarz m	—	leltár
bens móveis m/pl	roerende goederen n/pl	—	dobra ruchome n/pl	pohyblivý majetek m	ingóságok
inventário m	inventaris m	inventarium	inwentarz m	inventář m	leltár
inventário m	inventaris m	inventarium	inwentarz m	inventář m	leltár
elaboração do inventário f	boedelbeschrijving f	inventering	remanent m	inventura f	leltározás
—	inventaris m	inventarium	inwentarz m	inventář m	leltár
inventário m	—	inventarium	inwentarz m	inventář m	leltár
inventário m	inventaris m	—	inwentarz m	inventář m	leltár

inventering

	D	E	F	I	ES
inventering (SV)	Inventur f	stock-taking	inventaire m	compilazione dell'inventario f	inventario m
inventory (E)	Inventar n	—	inventaire m	inventario m	inventario m
Inventur (D)	—	stock-taking	inventaire m	compilazione dell'inventario f	inventario m
inventura (CZ)	Inventur f	stock-taking	inventaire m	compilazione dell'inventario f	inventario m
inversión (ES)	Anlage f	investment	placement m	investimento m	—
inversión (ES)	Investition f	investment	investissement m	investimento m	—
inversión de capital (ES)	Kapitalanlage f	investment capital	investissement de capitaux m	investimento di capitale m	—
inversión en inmuebles y utillaje (ES)	Sachanlagen f/pl	fixed assets	immobilisations corporelles f/pl	immobilizzazioni f/pl	—
inversiones directas (ES)	Direktinvestitionen f/pl	direct investments	investissements directs m/pl	investimenti diretti m/pl	—
inversión neta (ES)	Nettoinvestition f	net investment	investissement net m	investimento netto m	—
investering (NL)	Anlage f	investment	placement m	investimento m	inversión f
investering (NL)	Investition f	investment	investissement m	investimento m	inversión f
investering (SV)	Anlage f	investment	placement m	investimento m	inversión f
investering (SV)	Investition f	investment	investissement m	investimento m	inversión f
investeringsbelasting (NL)	Investitionssteuer f	investment tax	impôt sur les investissements m	imposta sugli investimenti f	impuesto sobre las inversiones m
investeringsgoederen (NL)	Anlagegüter n/pl	capital goods	valeurs immobilisées f/pl	beni d'investimento m/pl	bienes de inversión m/pl
investeringskrediet (NL)	Investitionskredit m	investment loan	crédit d'investissement m	credito d'investimento m	crédito de inversión m
investeringslån (SV)	Investitionskredit m	investment loan	crédit d'investissement m	credito d'investimento m	crédito de inversión m
investeringsskatt (SV)	Investitionssteuer f	investment tax	impôt sur les investissements m	imposta sugli investimenti f	impuesto sobre las inversiones m
investice (CZ)	Investition f	investment	investissement m	investimento m	inversión f
investiční certifikát (CZ)	Investmentzertifikat n	investment certificate	certificat émis par un fonds commun de placement m	certificato d'investimento m	certificado de participación m
investiční daň (CZ)	Investitionssteuer f	investment tax	impôt sur les investissements m	imposta sugli investimenti f	impuesto sobre las inversiones m
investiční fond (CZ)	Investmentfonds m	unit trust fund	fonds commun de placement m	fondo d'investimento m	fondo de inversiones m
investiční kapitál (CZ)	Anlagevermögen n	fixed assets	valeurs immobilisées f/pl	attivo fisso m	activo fijo m
investiční statky (CZ)	Investitionsgüter n/pl	capital goods	biens d'investissement m/pl	beni di investimento m/pl	bienes de inversión m/pl
investiční úvěr (CZ)	Investitionskredit m	investment loan	crédit d'investissement m	credito d'investimento m	crédito de inversión m
investiční zboží (CZ)	Anlagegüter n/pl	capital goods	valeurs immobilisées f/pl	beni d'investimento m/pl	bienes de inversión m/pl
investigação de fraudes fiscais (P)	Steuerfahndung f	investigation into tax evasion	repression de la fraude à l'impôt f	inchiesta tributaria f	investigación tributaria f
investigação pelas autoridades fiscais (P)	Betriebsprüfung f	fiscal audit of operating results	contrôle fiscal de l'entreprise f	revisione aziendale f	inspección de la explotación f
investigación tributaria (ES)	Steuerfahndung f	investigation into tax evasion	repression de la fraude à l'impôt f	inchiesta tributaria f	—
investigation into tax evasion (E)	Steuerfahndung f	—	repression de la fraude à l'impôt f	inchiesta tributaria f	investigación tributaria f
investimenti diretti (I)	Direktinvestitionen f/pl	direct investments	investissements directs m/pl	—	inversiones directas f/pl
investimento (I)	Anlage f	investment	placement m	—	inversión f
investimento (I)	Investition f	investment	investissement m	—	inversión f
investimento (P)	Anlage f	investment	placement m	investimento m	inversión f
investimento (P)	Investition f	investment	investissement m	investimento m	inversión f

investimento

P	NL	SV	PL	CZ	H
elaboração do inventário f	boedelbeschrijving f	—	remanent m	inventura f	leltározás
inventário m	inventaris m	inventarium	inwentarz m	inventář m	leltár
elaboração do inventário f	boedelbeschrijving f	inventering	remanent m	inventura f	leltározás
elaboração do inventário f	boedelbeschrijving f	inventering	remanent m	—	leltározás
investimento m	investering f	investering	inwestowanie n	vklad m	befektetés
investimento m	investering f	investering	inwestycja f	investice f	beruházás
investimento de capital m	kapitaalinvestering f	kapitalplacering	lokata kapitału f	uložení kapitálu n	tőkebefektetés
capital imobilizado m	vaste activa pl	fasta tillgångar pl	majątek trwały m	věcné investice f/pl	tárgyi eszközök
investimentos directos m/pl	rechtstreekse investeringen f/pl	direktinvestering	inwestycje bezpośrednie f/pl	přímé investice f/pl	közvetlen beruházások
investimento líquido m	netto-investering f	nettoinvestering	inwestycja netto f	čistá investice f	nettó beruházás
investimento m	—	investering	inwestowanie n	vklad m	befektetés
investimento m	—	investering	inwestycja f	investice f	beruházás
investimento m	investering f	—	inwestowanie n	vklad m	befektetés
investimento m	investering f	—	inwestycja f	investice f	beruházás
imposto sobre os investimentos m	—	investeringsskatt	podatek inwestycyjny m	investiční daň f	beruházási adó
bens de investimento m/pl	—	producentkapitalvaror	środki trwałe m/pl	investiční zboží n/pl	beruházási javak
crédito ao investimento m	—	investeringslån	kredyt inwestycyjny m	investiční úvěr m	beruházási hitel
crédito ao investimento m	investeringskrediet n	—	kredyt inwestycyjny m	investiční úvěr m	beruházási hitel
imposto sobre os investimentos m	investeringsbelasting f	—	podatek inwestycyjny m	investiční daň f	beruházási adó
investimento m	investering f	investering	inwestycja f	—	beruházás
certificado de investimento m	beleggingscertificaat n	andelsbevis	certyfikat inwestycyjny m	—	befektetési jegy
imposto sobre os investimentos m	investeringsbelasting f	investeringsskatt	podatek inwestycyjny m	—	beruházási adó
fundo de investimento m	beleggingsfonds n	aktie- eller obligationsfond	fundusz inwestycyjny m	—	befektetési alap
imobilizado m	vastliggende middelen n/pl	fasta tillgångar pl	majątek trwały m	—	állóeszközök
bens de capital m/pl	kapitaalgoederen n/pl	kapitalvara	dobra inwestycyjne n/pl	—	beruházási javak
crédito ao investimento m	investeringskrediet n	investeringslån	kredyt inwestycyjny m	—	beruházási hitel
bens de investimento m/pl	investeringsgoederen n/pl	producentkapitalvaror	środki trwałe m/pl	—	beruházási javak
—	fiscale opsporingsdienst m	skattebrottsbekämpning	dochodzenie przestępstwa podatkowego n	daňové pátrání n	adónyomozás
—	fiscale bedrijfscontrole f/m	granskning från skattemyndighets sida	kontrola podatkowa f	kontrola podnikuf	revízió
investigação de fraudes fiscais f	fiscale opsporingsdienst m	skattebrottsbekämpning	dochodzenie przestępstwa podatkowego n	daňové pátrání n	adónyomozás
investigação de fraudes fiscais f	fiscale opsporingsdienst m	skattebrottsbekämpning	dochodzenie przestępstwa podatkowego n	daňové pátrání n	adónyomozás
investimentos directos m/pl	rechtstreekse investeringen f/pl	direktinvestering	inwestycje bezpośrednie f/pl	přímé investice f/pl	közvetlen beruházások
investimento m	investering f	investering	inwestowanie n	vklad m	befektetés
investimento m	investering f	investering	inwestycja f	investice f	beruházás
—	investering f	investering	inwestowanie n	vklad m	befektetés
—	investering f	investering	inwestycja f	investice f	beruházás

investimento de capital

	D	E	F	I	ES
investimento de capital (P)	Kapitalanlage f	investment capital	investissement de capitaux m	investimento di capitale m	inversión de capital f
investimento di capitale (I)	Kapitalanlage f	investment capital	investissement de capitaux m	—	inversión de capital f
investimento líquido (P)	Nettoinvestition f	net investment	investissement net m	investimento netto m	inversión neta f
investimento netto (I)	Nettoinvestition f	net investment	investissement net m	—	inversión neta f
investimentos directos (P)	Direktinvestitionen f/pl	direct investments	investissements directs m/pl	investimenti diretti m/pl	inversiones directas f/pl
investissement (F)	Investition f	investment	—	investimento m	inversión f
investissement de capitaux (F)	Kapitalanlage f	investment capital	—	investimento di capitale m	inversión de capital f
investissement en temps (F)	Zeitaufwand m	expenditure of time	—	tempo impiegato m	tiempo invertido m
investissement net (F)	Nettoinvestition f	net investment	—	investimento netto m	inversión neta f
investissements directs (F)	Direktinvestitionen f/pl	direct investments	—	investimenti diretti m/pl	inversiones directas f/pl
Investition (D)	—	investment	investissement m	investimento m	inversión f
Investitionsgüter (D)	—	capital goods	biens d'investissement m/pl	beni di investimento m/pl	bienes de inversión m/pl
Investitionskredit (D)	—	investment loan	crédit d'investissement m	credito d'investimento m	crédito de inversión m
Investitionssteuer (D)	—	investment tax	impôt sur les investissements m	imposta sugli investimenti f	impuesto sobre las inversiones m
investment (E)	Anlage f	—	placement m	investimento m	inversión f
investment (E)	Investition f	—	investissement m	investimento m	inversión f
investment capital (E)	Kapitalanlage f	—	investissement de capitaux m	investimento di capitale m	inversión de capital f
investment certificate (E)	Investmentzertifikat n	—	certificat émis par un fonds commun de placement m	certificato d'investimento m	certificado de participación m
Investmentfonds (D)	—	unit trust fund	fonds commun de placement m	fondo d'investimento m	fondo de inversiones m
investment loan (E)	Investitionskredit m	—	crédit d'investissement m	credito d'investimento m	crédito de inversión m
investment securities (E)	Anlagepapiere n/pl	—	valeurs de placement f/pl	titoli d'investimento m/pl	valores de inversión m/pl
investment tax (E)	Investitionssteuer f	—	impôt sur les investissements m	imposta sugli investimenti f	impuesto sobre las inversiones m
Investmentzertifikat (D)	—	investment certificate	certificat émis par un fonds commun de placement m	certificato d'investimento m	certificado de participación m
inviare un fax (I)	faxen	fax	télécopier	—	enviar un fax
in visione (I)	zur Ansicht	on approval	à vue	—	para examen
invoerbeperking (NL)	Einfuhrbeschränkung f	import restriction	limitation des importations f	restrizione all'importazione f	restricción a la importación f
invoerdeclaratie (NL)	Einfuhrerklärung f	import declaration	déclaration d'entrée f	dichiarazione d'importazione f	declaración de importación f
invoerdocumenten (NL)	Einfuhrpapiere n f	import documents	documents d'importation m/pl	documenti d'importazione m/pl	documentos de importación m/pl
invoerrechten (NL)	Einfuhrabgabe f	import duties	taxe à l'importation f	tassa d'importazione f	tasa a la importación f
invoervergunning (NL)	Einfuhrgenehmigung f	import licence	autorisation d'importation f	autorizzazione all'importazione f	permiso de importación m
invoervergunning (NL)	Zolleinfuhrschein m	bill of entry	acquit d'entrée m	bolletta doganale d'importazione m	certificado de aduana m
invoice (E)	Faktura f	—	facture f	fattura f	factura f
invoice (E)	Rechnung f	—	facture f	fattura f	factura f
invoice amount (E)	Rechnungssumme f	—	montant de la facture m	importo della fattura m	suma de la factura f
invoice number (E)	Rechnungsnummer f	—	numéro de la facture m	numero della fattura m	número de la factura m
invoice total (E)	Rechnungsbetrag f	—	montant de la facture m	ammontare della fattura m	importe de la factura m

invoice total

P	NL	SV	PL	CZ	H
—	kapitaalinvestering f	kapitalplacering	lokata kapitału f	uložení kapitálu n	tőkebefektetés
investimento de capital m	kapitaalinvestering f	kapitalplacering	lokata kapitału f	uložení kapitálu n	tőkebefektetés
—	netto-investering f	nettoinvestering	inwestycja netto f	čistá investice f	nettó beruházás
investimento líquido m	netto-investering f	nettoinvestering	inwestycja netto f	čistá investice f	nettó beruházás
—	rechtstreekse investeringen f/pl	direktinvestering	inwestycje bezpośrednie f/pl	přímé investice f/pl	közvetlen beruházások
investimento m	investering f	investering	inwestycja f	investice f	beruházás
investimento de capital m	kapitaalinvestering f	kapitalplacering	lokata kapitału f	uložení kapitálu n	tőkebefektetés
tempo empregue m	bestede tijd f	tidsspillan	nakład czasowy m	vynaložení času n	időráfordítás
investimento líquido m	netto-investering f	nettoinvestering	inwestycja netto f	čistá investice f	nettó beruházás
investimentos directos m/pl	rechtstreekse investeringen f/pl	direktinvestering	inwestycje bezpośrednie f/pl	přímé investice f/pl	közvetlen beruházások
investimento m	investering f	investering	inwestycja f	investice f	beruházás
bens de capital m/pl	kapitaalgoederen n/pl	kapitalvara	dobra inwestycyjne n/pl	investiční statky m/pl	beruházási javak
crédito ao investimento m	investeringskrediet n	investeringslån	kredyt inwestycyjny m	investiční úvěr m	beruházási hitel
imposto sobre os investimentos m	investeringsbelasting f	investeringsskatt	podatek inwestycyjny m	investiční daň f	beruházási adó
investimento m	investering f	investering	inwestowanie n	vklad m	befektetés
investimento m	investering f	investering	inwestycja f	investice f	beruházás
investimento de capital m	kapitaalinvestering f	kapitalplacering	lokata kapitału f	uložení kapitálu n	tőkebefektetés
certificado de investimento m	beleggingscertificaat n	andelsbevis	certyfikat inwestycyjny m	investiční certifikát m	befektetési jegy
fundo de investimento m	beleggingsfonds n	aktie- eller obligationsfond	fundusz inwestycyjny m	investiční fond m	befektetési alap
crédito ao investimento m	investeringskrediet n	investeringslån	kredyt inwestycyjny m	investiční úvěr m	beruházási hitel
títulos de investimento m/pl	beleggingswaarden f/pl	värdepapper	papiery wartościowe m/pl	dlouhodobé finanční investice f/pl	befektetési értékpapírok
imposto sobre os investimentos m	investeringsbelasting f	investeringsskatt	podatek inwestycyjny m	investiční daň f	beruházási adó
certificado de investimento m	beleggingscertificaat n	andelsbevis	certyfikat inwestycyjny m	investiční certifikát m	befektetési jegy
passar um fax	faxen	faxa	faksować <przefaksować>	faxovat	faxol
para aprovação	op zicht	till påseende	do wglądu	k nahlédnutí n	megtekintésre
restrição à importação f/pl	—	importrestriktion	ograniczenie importowe n	omezení dovozu n	importkorlátozás
declaração de importação f	—	importdeklaration	deklaracja przywozowa f	dovozní prohlášení n	importnyilatkozat
documentos de importação m/pl	—	importhandlingar pl	dokumentacja przywozowa f	dovozní doklady m/pl	behozatali okmányok
taxa de importação f	—	importavgift	podatek importowy m	dovozní poplatek m	behozatali illeték
licença de importação f	—	importtillstånd	licencja importowa f	dovozní povolení n	importengedély
declaração de importação à alfândega f	—	införseldeklaration	kwit odprawy celnej przywozowej m	dovozní celní stvrzenka f	behozatali vámkimutatás
factura f	factuur f	faktura	faktura k	faktura f	számla
factura f	factuur f	faktura	rachunek m	účet m	számla
montante da factura m	factuurbedrag n	faktureringssumma	suma rachunku f	účetní suma f	számlaösszeg
número da factura m	factuurnummer n	fakturanummer	numer rachunku m	číslo účtu n	számlaszám
montante da factura m	factuurbedrag n	faktureringssumma	suma rachunku f	účetní částka f	számlaösszeg

invoicing

	D	E	F	I	ES
invoicing (E)	Rechnungsstellung f	—	établissement d'une facture m	fatturazione f	facturación f
in voorraad (NL)	auf Lager	in stock	en stock	in deposito	en almacén
in voorraad houden (NL)	Vorratshaltung f	stockpiling	stockage m	gestione delle scorte f	formación de stocks f
inwentarz (PL)	Inventar n	inventory	inventaire m	inventario m	inventario m
inwestowanie (PL)	Anlage f	investment	placement m	investimento m	inversión f
inwestycja (PL)	Investition f	investment	investissement m	investimento m	inversión f
inwestycja netto (PL)	Nettoinvestition f	net investment	investissement net m	investimento netto m	inversión neta f
inwestycje bezpośrednie (PL)	Direktinvestitionen f/pl	direct investments	investissements directs m/pl	investimenti diretti m/pl	inversiones directas f/pl
inzage (NL)	Einsichtnahme f	inspection	inspection des livres comptables f	visura f	inspección f
inzerát (CZ)	Anzeige f	advertisement	annonce f	inserzione f	anuncio m
inzerce zaměstnání (CZ)	Stellenanzeige f	position offered	annonce d'emploi f	inserzione d'impiego f	anuncio de empleo m
in zweifacher Ausfertigung (D)	—	in duplicate	en double exemplaire m	in duplice copia	por duplicado
ipar (H)	Gewerbe n	trade	activité professionnelle f	commercio m	comercio m
ipari kémkedés (H)	Industriespionage f	industrial espionage	espionnage industriel m	spionaggio industriale m	espionaje industrial m
ipari üzem (H)	Industriebetrieb m	industrial enterprise	entreprise industrielle f	azienda industriale f	establecimiento industrial m
iparűzési adó (H)	Gewerbesteuer f	trade tax	impôt sur les bénéfices des professions	imposta industriale f	impuesto industrial comerciales m
iparvállalati kötvény (H)	Industrieobligation f	industrial bond	obligation de l'industrie f	obbligazione industriale f	obligaciones industriales f/pl
iparvidék (H)	Industriegebiet m	industrial area	zone industrielle f	zona industriale f	región industrial f
ipoteca (I)	Hypothek f	mortgage	hypothèque f	—	hipoteca f
irányadó árfolyam (H)	Leitkurs m	central rate	taux de référence m	tasso centrale m	curso de referencia m
irányár (H)	Richtpreis m	recommended retail price	prix indicatif m	prezzo indicativo m	precio indicativo m
írásbeli (H)	schriftlich	written	par écrit	per iscritto	por escrito
Ireland (E)	Irland	—	Irlande	Irlanda f	Irlanda f
irisch (D)	—	Irish	irlandais	irlandese	irlandés
Irish (E)	irisch	—	irlandais	irlandese	irlandés
Irland (D)	—	Ireland	Irlande	Irlanda f	Irlanda f
Irland (SV)	Irland	Ireland	Irlande	Irlanda f	Irlanda f
Irlanda (I)	Irland	Ireland	Irlande	—	Irlanda f
Irlanda (ES)	Irland	Ireland	Irlande	Irlanda f	—
Irlanda (P)	Irland	Ireland	Irlande	Irlanda f	Irlanda f
irlandais (F)	irisch	Irish	—	irlandese	irlandés
Irlande (F)	Irland	Ireland	—	Irlanda f	Irlanda f
irlandés (ES)	irisch	Irish	irlandais	irlandese	—
irlandês (P)	irisch	Irish	irlandais	irlandese	irlandés
irlandese (I)	irisch	Irish	irlandais	—	irlandés
Irlandia (PL)	Irland	Ireland	Irlande	Irlanda f	Irlanda f
irländsk (SV)	irisch	Irish	irlandisk	irlandese	irlandés
irlandzki (PL)	irisch	Irish	irlandais	irlandese	irlandés
Írország (H)	Irland	Ireland	Irlande	Irlanda f	Irlanda f
irrégularité en matière de chèque (F)	Scheckbetrug m	cheque fraud	—	emissione di assegno a vuoto f	falsificación de cheques f
Irrtum vorbehalten (D)	—	errors excepted	sauf erreur	salvo errore	salvo error
Irsko (CZ)	Irland	Ireland	Irlande	Irlanda f	Irlanda f
irský (CZ)	irisch	Irish	irlandais	irlandese	irlandés
ír(ül) (H)	irisch	Irish	irlandais	irlandese	irlandés

P	NL	SV	PL	CZ	H
facturação f	facturering f	fakturering	fakturowanie n	účtování n	számlázás
em stock	—	i lager	na składzie	na skladě m	raktáron (van)
manutenção de estoques f	—	lagerhållning	utrzymywanie zapasów n	udržování zásob n	készletgazdálkodás
inventário m	inventaris m	inventarium	—	inventář m	leltár
investimento m	investering f	investering	—	vklad m	befektetés
investimento m	investering f	investering	—	investice f	beruházás
investimento líquido m	netto-investering f	nettoinvestering	—	čistá investice f	nettó beruházás
investimentos directos m/pl	rechtstreekse investeringen f/pl	direktinvestering	—	přímé investice f/pl	közvetlen beruházások
inspecção f	—	granskning	wgląd m	nahlédnutí n	betekintés
anúncio m	advertentie f	annons	ogłoszenie n	—	hirdetés
anúncio de emprego m	personeelsadvertentie f	platsannons	ogłoszenie o wakującym stanowisku n	—	álláshirdetés
em duplicado	in duplo	i två exemplar	w podwójnym wykonaniu	v dvojím provedení n	két példányban
actividade comercial f	ambacht n	handel	działalność gospodarcza f	živnost f	—
espionagem industrial f	bedrijfsspionage f	industrispionage	szpiegostwo przemysłowe n	průmyslová špionáž f	—
empresa industrial f	industriële onderneming f	industriföretag	zakład przemysłowy m	průmyslový podnik m	—
imposto sobre o comércio m	bedrijfsbelasting f	företagsskatt	podatek od przedsiębiorstw m	živnostenská daň f	—
obrigações industriais f/pl	industrieobligatie f	industriobligation	obligacja przemysłowa f	průmyslová obligace f	—
área industrial f	industriegebied n	industriområde	region przemysłowy m	průmyslová oblast f	—
hipoteca f	hypotheek f	hypotek	hipoteka f	hypotéka m	jelzálog
taxa central f	spilkoers m	styrkurs	kurs wytyczny m	určující kurs m	—
preço de referência m	richtprijs m	rekommenderat pris	cena zalecana f	orientační cena f	—
por escrito	schriftelijk	skriftlig	pisemnie	písemný	—
Irlanda f	Ierland	Irland	Irlandia f	Irsko n	Írország
irlandês	Iers	irländsk	irlandzki	irský	ír(ül)
irlandês	Iers	irländsk	irlandzki	irský	ír(ül)
Irlanda f	Ierland	Irland	Irlandia f	Irsko n	Írország
Irlanda f	Ierland	—	Irlandia f	Irsko n	Írország
Irlanda f	Ierland	Irland	Irlandia f	Irsko n	Írország
Irlanda f	Ierland	Irland	Irlandia f	Irsko n	Írország
—	Ierland	Irland	Irlandia f	Irsko n	Írország
irlandês	Iers	irländsk	irlandzki	irský	ír(ül)
Irlanda f	Ierland	Irland	Irlandia f	Irsko n	Írország
irlandês	Iers	irländsk	irlandzki	irský	ír(ül)
—	Iers	irländsk	irlandzki	irský	ír(ül)
irlandês	Iers	irländsk	irlandzki	irský	ír(ül)
Irlanda f	Ierland	Irland	—	Irsko n	Írország
irlandês	Iers	—	irlandzki	irský	ír(ül)
irlandês	Iers	irländsk	—	irský	ír(ül)
Irlanda f	Ierland	Irland	Irlandia f	Irsko n	—
falsificação de cheques f	fraude met cheques f	checkbedrägeri	oszustwo czekowe n	šekový povod m	csekkel elkövetett csalás
salvo erro	onder voorbehoud van vergissingen	med reservation för eventuella misstag	z zastrzeżeniem błędów	omyl vyhrazen m	tévedések fenntartásával
Irlanda f	Ierland	Irland	Irlandia f	—	Írország
irlandês	Iers	irländsk	irlandzki	—	ír(ül)
irlandês	Iers	irländsk	irlandzki	irský	—

isento de frete

	D	E	F	I	ES
isento de frete (P)	frachtfrei	freight paid	exempt de frais de transport	franco di nolo	franco de porte
isento de impostos (P)	abgabenfrei	tax-exempt	exempt de taxes	esente da imposte	exento de impuestos
isento de impostos (P)	steuerfrei	tax-free	exonéré d'impôt	esentasse	libre de impuesto
issue (E)	Emission f	—	émission f	emissione f	emisión f
issue of shares (E)	Aktienemission f	—	émission d'actions f	emissione di azioni f	emisión de acciones f
i stället för betalning (SV)	zahlungsstatt	in lieu of payment	à titre de payement	a titolo di pagamento	a título de pago
istituto di credito (I)	Kreditinstitut n	credit institution	établissement de crédit m	—	instituto de crédito m
istituto di ricerca di mercato (I)	Marktforschungsinstitut n	market research institute	institut d'études de marché f	—	instituto de investigación del mercado m
Istkosten (D)	—	actual costs	coûts réels m/pl	costi effettivi m/pl	gastos efectivos m/pl
Italia (I)	Italien n	Italy	Italie f	—	Italia
Italia (ES)	Italien n	Italy	Italie f	Italia f	—
Itália (P)	Italien n	Italy	Italie f	Italia f	Italia
Italiaans (NL)	italienisch	Italian	italien	italiano	italiano
Italiaans (NL)	Italienisch	Italian	italien	italiano m	italiano m
Italian (E)	italienisch	—	italien	italiano	italiano
Italian (E)	Italienisch	—	italien	italiano m	italiano m
italiano (I)	italienisch	Italian	italien	—	italiano
Italiano (I)	Italienisch	Italian	italien	—	italiano m
italiano (ES)	italienisch	Italian	italien	italiano	—
italiano (ES)	Italienisch	Italian	Itallen	italiano m	—
italiano (P)	italienisch	Italian	italien	italiano	italiano
italiano (P)	Italienisch	Italian	italien	italiano m	italiano m
Italie (F)	Italien n	Italy	—	Italia f	Italia
Italië (NL)	Italien n	Italy	Italie f	Italia f	Italia
Itálie (CZ)	Italien n	Italy	Italie f	Italia f	Italia
Italien (D)	—	Italy	Italie f	Italia f	Italia
italien (F)	italienisch	Italian	—	italiano	italiano
italien (F)	Italienisch	Italian	—	italiano m	italiano m
Italien (SV)	Italien n	Italy	Italie f	Italia f	Italia
italienisch (D)	—	Italian	italien	italiano	italiano
Italienisch (D)	—	Italian	italien	italiano m	italiano m
italiensk (SV)	italienisch	Italian	italien	italiano	italiano
italienska (SV)	Italienisch	Italian	italien	italiano m	italiano m
italský (CZ)	italienisch	Italian	italien	italiano	italiano
italština (CZ)	Italienisch	Italian	italien	italiano m	italiano m
Italy (E)	Italien n	—	Italie f	Italia f	Italia
item of real estate (E)	Immobilie	—	bien immobilier m	immobile m	inmueble m
itinerant trade (E)	ambulantes Gewerbe n	—	commerce ambulant m	commercio ambulante m	comercio ambulante m
i två exemplar (SV)	in zweifacher Ausfertigung	in duplicate	en double exemplaire m	in duplice copia	por duplicado
i utlandet (SV)	im Ausland	abroad	à l'étranger	all'estero	en el extranjero
IVA dedutível (P)	Vorsteuer f	input tax	impôt perçu en amont m	imposta anticipata sul fatturato d'acquisto f	impuesto sobre el valor añadido deducible m
Izba Handlowa (PL)	Handelskammer f	Chamber of Commerce	chambre de commerce f	camera di commercio f	cámara de comercio f
Izba Handlu Zagranicznego (PL)	Außenhandelskammer f	chamber of foreign trade	chambre du commerce extérieur f	camera di commercio estero f	cámara del comercio exterior f
izba rozrachunkowa (PL)	Girozentrale f	central giro institution	banque centrale de virement f	ufficio centrale di compensazione m	central de giros f
Izba Rzemieślnicza (PL)	Handwerkskammer f	chamber of handicrafts	chambre artisanale f	camera dell'artigianato f	cámara de artesanía f

Izba Rzemieślnicza

P	NL	SV	PL	CZ	H
—	vrachtvrij	fri frakt	fracht zapłacony	přeprava placena f	szállítás (előre) fizetve
—	tolvrij	skattefri	wolne od podatków	osvobozený od poplatků	adómentes
—	vrij van belastingen	skattefri	wolny od podatku	osvobozený od daně f	adómentes
emissão f	emissie f	emission	emisja f	emise m	kibocsátás
emissão de acções f	uitgifte van aandelen f	aktieemission	emisja akcji f	emise akcií f	részvénykibocsátás
a título de pagamento	in plaats van betaling	—	zamiast zapłaty	namísto placení n	fizetés helyett
instituição de crédito f	kredietinstelling f	kreditinstitut	instytucja kredytowa f	úvěrový ústav m	hitelintézet
instituto de estudos de mercado m	marktonderzoeksinstituut n	marknadsundersökningsinstitut	instytut badań rynkowych m	institut pro průzkum trhu m	piackutató intézet
custos reais m/pl	effectieve kosten m/pl	faktiska kostnader pl	koszty rzeczywiste m/pl	skutečné náklady m/pl	tényleges költségek
Itália f	Italië	Italien	Włochy pl	Itálie f	Olaszország
Itália f	Italië	Italien	Włochy pl	Itálie f	Olaszország
—	Italië	Italien	Włochy pl	Itálie f	Olaszország
italiano	—	italiensk	włoski	italský	olasz(ul)
italiano	—	italienska	język włoski m	italština f	olasz (nyelv)
italiano	Italiaans	italiensk	włoski	italský	olasz(ul)
italiano	Italiaans	italienska	język włoski m	italština f	olasz (nyelv)
italiano	Italiaans	italiensk	włoski	italský	olasz(ul)
italiano	Italiaans	italienska	język włoski m	italština f	olasz (nyelv)
italiano	Italiaans	italiensk	włoski	italský	olasz(ul)
italiano	Italiaans	italienska	język włoski m	italština f	olasz (nyelv)
—	Italiaans	italiensk	włoski	italský	olasz(ul)
—	Italiaans	italienska	język włoski m	italština f	olasz (nyelv)
Itália f	Italië	Italien	Włochy pl	Itálie f	Olaszország
Itália f	—	Italien	Włochy pl	Itálie f	Olaszország
Itália f	Italië	Italien	Włochy pl	—	Olaszország
Itália f	Italië	Italien	Włochy pl	Itálie f	Olaszország
italiano	Italiaans	italiensk	włoski	italský	olasz(ul)
italiano	Italiaans	italienska	język włoski m	italština f	olasz (nyelv)
Itália f	Italië	—	Włochy pl	Itálie f	Olaszország
italiano	Italiaans	italiensk	włoski	italský	olasz(ul)
italiano	Italiaans	italienska	język włoski m	italština f	olasz (nyelv)
italiano	Italiaans	—	włoski	italský	olasz(ul)
italiano	Italiaans	—	język włoski m	italština f	olasz (nyelv)
italiano	Italiaans	italiensk	włoski	—	olasz(ul)
italiano	Italiaans	italienska	język włoski m	—	olasz (nyelv)
Itália f	Italië	Italien	Włochy pl	Itálie f	Olaszország
imóvel m	onroerend goed n	fastighet	nieruchomość f	nemovitost f	ingatlan
comércio ambulante m	straathandel m	ambulerande handel	rzemiosło wędrowne n	pojízdná živnost f	vándorkereskedelem
em duplicado	in duplo	—	w podwójnym wykonaniu	v dvojím provedení n	két példányban
no estrangeiro	in het buitenland	—	za granicą	v cizině	külföldön
—	belasting f	ingående moms	przedpłata podatkowa f	záloha na daň f	levonható forgalmi adó
Câmara de Comércio f	handelskamer f/m	handelskammare	—	obchodní komora f	kereskedelmi kamara
câmara de comércio exterior f	kamer voor buitenlandse handel f/m	exportråd	—	komora zahraničního obchodu f	külkereskedelmi kamara
central de transferências f	bankgirocentrale f	girocentral	—	žirová ústředna f	elszámolóház
câmara de artesanato f	ambachtskamer f/m	hantverkskammare	—	řemeslnická komora f	kézműves kamara

jaarbalans

	D	E	F	I	ES
jaarbalans (NL)	Jahresabschluß m	annual accounts	clôture annuelle des comptes f	chiusura d'esercizio f	cierre de cuentas m
jaarbeurs (NL)	Messe f	fair	foire f	fiera f	feria f
jaarinkomen (NL)	Jahreseinkommen n	annual income	revenu annuel m	reddito annuale m	renta anual f
jaarlijks (NL)	jährlich	annual	annuel	annuale	anual
jaarlijkse algemene vergadering (NL)	Jahreshauptversammlung f	annual general meeting	assemblée générale annuelle f	assemblea generale annuale f	junta general anual f
jaarlijkse vakantie (NL)	Betriebsferien f	annual holiday	clôture annuelle de l'établissement f	ferie aziendali f/pl	vacaciones de la empresa f/pl
jaaroverschot (NL)	Jahresüberschuß m	annual surplus	excédent annuel m	surplus dell'anno m	superávit del ejercicio m
jaarwinst (NL)	Jahresgewinn m	annual profits	bénéfice annuel m	utile dell'anno m	beneficio del ejercicio m
Jahresabschluß (D)	—	annual accounts	clôture annuelle des comptes f	chiusura d'esercizio f	cierre de cuentas m
Jahreseinkommen (D)	—	annual income	revenu annuel m	reddito annuale m	renta anual f
Jahresgewinn (D)	—	annual profits	bénéfice annuel m	utile dell'anno m	beneficio del ejercicio m
Jahreshauptversammlung (D)	—	annual general meeting	assemblée générale annuelle f	assemblea generale annuale f	junta general anual f
Jahresüberschuß (D)	—	annual surplus	excédent annuel m	surplus dell'anno m	superávit del ejercicio m
Jahreswirtschaftsbericht (D)	—	Annual Economic Report	compte rendu d'activité économique annuel m	relazione generale sulla situazione economica f	informe económico anual m
jährlich (D)	—	annual	annuel	annuale	anual
jak najlepiej (PL)	bestens	at best	au mieux	al meglio	al mejor cambio
jakość (PL)	Qualität f	quality	qualité f	qualità f	calidad f
jakościowy (PL)	qualitativ	qualitative	qualitatif	qualitativo	cualitativo
jakość sprzedażna (PL)	Handelsklasse f	grade	catégorie de produits f	categoria commerciale f	clase f
jakost (CZ)	Qualität f	quality	qualité f	qualità f	calidad f
jakostní třída (CZ)	Güteklasse f	grade	catégorie de qualité f	classe di qualità f	categoría de calidad f
jak uzgodniono (PL)	vereinbarungsgemäß	as agreed	comme convenu	come convenuto	según lo acordado
jämförelse (SV)	Vergleich m	comparison	comparaison f	confronto m	comparación f
jämvikt i betalningsbalansen (SV)	Zahlungsbilanzgleichgewicht n	balance of payments equilibrium	équilibre de la balance des payements m	equilibrio della bilancia dei pagamenti m	balanza de pagos equilibrada f
járadék (H)	Rente f	pension	rente f	rendita f	renta f
járadékkötvény (H)	Rentenanleihe f	perpetual bonds	effet public m	prestito a reddito fisso m	empréstito por anualidades m
járandóságok (H)	Bezüge f	earnings	rémunération f	entrate f/pl	retribuciones f/pl
järnvägsfrakt (SV)	Bahnfracht f	rail freight	fret par rail m	nolo ferroviario m	transporte ferroviario m
járulék (H)	Umlage f	levy	répartition f	ripartizione f	reparto m
járulékos bérköltségek (H)	Lohnnebenkosten pl	incidental labour costs	charges salariales annexes f/pl	costi complementari del lavoro m/pl	cargas salariales accesorias f/pl
jauger (F)	eichen	gauge	—	tarare	contrastar
javaslat (H)	Vorschlag m	proposal	proposition f	proposta f	propuesta f
jednání (CZ)	Verhandlung f	negotiation	négociation f	trattativa f	negociación f
jednat (CZ)	verhandeln	negotiate	négocier	negoziare	negociar
jednatel (CZ)	Geschäftsführer m	managing director	directeur d'entreprise m	amministratore m	gerente m
jednicové náklady (CZ)	Stückkosten pl	costs per unit	coût unitaire de production m	costi unitari m/pl	coste por unidad m
jednoduchá směnka (CZ)	Solawechsel m	promissory note	billet à ordre m	pagherò m	pagaré m

jednoduchá směnka

P	NL	SV	PL	CZ	H
balanço anual m	—	årsbokslut	zamknięcie roczne n	roční uzávěrka f	éves mérleg
feira f	—	mässa	targi m/pl	veletrh m	vásár
rendimento anual m	—	årsinkomst	dochód roczny m	roční příjem m	éves jövedelem
anual	—	årlig	corocznie	ročně	évi
assembleia geral anual f	—	årsmöte	roczne walne zgromadzenie akcjonariuszy n	roční valná hromada f	éves közgyűlés
férias anuais da empresa f/pl	—	industrisemester	przerwa urlopowa f	podnikové prázdniny pl	vállalati szabadságolási időszak
excedente do exercício m	—	årsöverskott	nadwyżka roczna f	roční přebytek m	évi felosztatlan nyereség
lucro do exercício m	—	årsvinst	zysk roczny m	roční zisk m	éves nyereség
balanço anual m	jaarbalans f	årsbokslut	zamknięcie roczne n	roční uzávěrka f	éves mérleg
rendimento anual m	jaarinkomen n	årsinkomst	dochód roczny m	roční příjem m	éves jövedelem
lucro do exercício m	jaarwinst f	årsvinst	zysk roczny m	roční zisk m	éves nyereség
assembleia geral anual f	jaarlijkse algemene vergadering f	årsmöte	roczne walne zgromadzenie akcjonariuszy n	roční valná hromada f	éves közgyűlés
excedente do exercício m	jaaroverschot n	årsöverskott	nadwyżka roczna f	roční přebytek m	évi felosztatlan nyereség
relatório económico anual m	economisch jaarverslag n	näringslivets årsrapport	roczne sprawozdanie gospodarcze n	roční hospodářská zpráva f	éves beszámoló
anual	jaarlijks	årlig	corocznie	ročně	évi
ao melhor	op zijn best	bästa	—	co nejlépe	az elérhető legkedvezőbb áron
quantidade f	kwaliteit f	kvalitet	—	jakost f	minőség
qualitativo m	kwalitatief	kvalitativ	—	kvalitativní	minőségi
categoria de produtos f	handelsklasse f	handelsklass	—	obchodní třída f	minőségi osztály
quantidade f	kwaliteit f	kvalitet	jakość f	—	minőség
categoria de qualidade f	kwaliteitsklasse f	kvalitetskategori	klasa jakości f	—	minőségi osztály
como acordado	zoals overeengekomen	enligt överenskommelse	—	podle ujednání	megállapodás szerint
comparação f	vergelijking f	—	ugoda f	srovnání n	összehasonlítás
equilíbrio da balança de pagamentos m	evenwicht op de betalingsbalans n	—	równowaga bilansu płatniczego f	rovnováha platební bilance f	fizetési mérleg egyensúlya
renda f	rente f	pension	renta f	důchod m	—
empréstimo por anuidades m	effect met vaste rente n	ränteobligation	pożyczka publiczna f	doživotní renta f	—
retribuições f/pl	salaris n	inkomst av tjänst	uposażenie m	finanční přenosy m/pl	—
frete ferroviário m	spoorvracht f	—	fracht kolejowy m	železniční náklad m	vasúti szállítmány
repartição f	omslag m	skattefördelning	repartycja f	dávka f	—
custos de mão-de-obra adicionais m/pl	werkgeversaandeel in de diverse sociale verzekeringen n	sociala avgifter pl	poboczne koszty robocizny m/pl	vedlejší mzdové náklady m/pl	—
aferir	ijken	justera	cechowanie n	cejchovat	hitelesít
proposta f	voorstel n	förslag	propozycja f	návrh m	—
negociação f	onderhandeling f	förhandling	negocjacja f	—	tárgyalás
negociar	onderhandelen	förhandla	negocjować <wynegocjować>	—	tárgyal
gerente m	bedrijfsleider m	verkställande direktör	dyrektor m	—	ügyvezető
custo por unidade m	kosten per eenheid m/pl	kostnad per styck	koszty jednostkowe m/pl	—	darabköltség
nota promissória f	solawissel m	revers	wechsel własny m	—	saját váltó

jednotná měna

	D	E	F	I	ES
jednotná měna (CZ)	Einheitswährung f	unified currency	monnaie unique f	moneta unitaria f	moneda única f
jednotný kurs (CZ)	Einheitskurs m	uniform price	cours unique m	cambio unitario m	cotización única f
jefe (ES)	Chef m	head	chef m	capo m	—
jefe de sección (ES)	Abteilungsleiter m	head of department	chef de service m	capo reparto m	—
jefe de sucursal (ES)	Filialleiter m	branch manager	directeur de succursale m	direttore di filiale m	—
jegybank (H)	Notenbank f	central bank	banque d'émission f	banca d'emissione f	banco emisor m
jegyzés (H)	Notierung f	quotation	cotation f	quotazione f	cotización f
jegyzés (H)	Subskription f	subscription	souscription f	sottoscrizione f	suscripción f
jegyzőkönyv (H)	Protokoll n	minutes	compte-rendu m	protocollo m	protocolo m
jelentkezési határidő (H)	Anmeldefrist f	period for application	délai d'inscription m	termine di presentazione della domanda m	plazo de inscripción m
jelzálog (H)	Hypothek f	mortgage	hypothèque f	ipoteca f	hipoteca f
jelzálogbank (H)	Hypothekenbank f	mortgage bank	banque hypothécaire f	banca ipotecaria f	banco hipotecario m
jelzálogkölcsön (H)	Realkredit m	credit on real estate	crédit sur gage mobilier m	credito reale m	crédito real m
jeu d'écritures (F)	Umbuchung f	transfer of an entry	—	giro di partite m	traslado a otra cuenta m
jeu d'entreprise (F)	Planspiel n	planning game	—	gioco di simulazione imprenditoriale m	simulación f
język angielski (PL)	Englisch	English	anglais	inglese m	inglés m
język czeski (PL)	Tschechisch n	Czech	tchèque	ceco m	checo m
język duński (PL)	Dänisch	Danish	danois	danese m	danés m
język francuski (PL)	Französisch	French	français	francese m	francés m
język grecki (PL)	griechisch	Greek	grec	greco m	griego m
język hiszpański (PL)	Spanisch	Spanish	espagnol m	spagnolo m	español m
język holenderski (PL)	Niederländisch	Dutch	néerlandais	olandese m	holandés m
język niemiecki (PL)	Deutsch	German	allemand m	tedesco m	alemán m
język polski (PL)	Polnisch	Polish	polonais	polacco m	polaco m
język portugalski (PL)	Portugiesisch	Portuguese	portugais	portoghese m	portugués m
język szwedzki (PL)	Schwedisch	Swedish	suédois	svedese m	sueco m
język węgierski (PL)	Ungarisch	Hungarian	hongrois	ungherese m	húngaro m
język włoski (PL)	Italienisch	Italian	italien	italiano m	italiano m
jízdné (CZ)	Fahrgeld n	fare	coût du voyage m	spese di trasferta f/pl	precio de la travesía m
job working at a computer (E)	Bildschirmarbeitsplatz m	—	poste de travail à l'écran f	posto di lavoro a video m	puesto de trabajo de pantalla m
jog (H)	Recht n	law	droit m	diritto m	derecho m
jogi helyzet (H)	Rechtslage f	legal position	situation juridique f	situazione giuridica f	situación jurídica f
jogképes (H)	rechtsfähig	having legal capacity	capable de jouir de droits	avente capacità giuridica	jurídicamente capaz
jogképesség (H)	Geschäftsfähigkeit f	legal competence	capacité d'accomplir des actes juridiques f	capacità di agire f	capacidad de negociar f
jogo de simulação de gestão (P)	Planspiel n	planning game	jeu d'entreprise m	gioco di simulazione imprenditoriale m	simulación f
jogosultság (H)	Befugnis f	authority	autorisation m	poteri m/pl	autorización f
jogszabály (H)	Rechtsnorm f	legal norm	règle de droit f	norma giuridica f	norma jurídica f
jogszolgáltatás (H)	Rechtsprechung f	jurisdiction	jurisprudence f	giurisprudenza f	jurisprudencia f
jogtanácsos (H)	Syndikus m	syndic	conseiller juridique m	consulente legale m	síndico m
jogvita (H)	Rechtsstreit m	legal action	litige m	causa f	conflicto jurídico m
joint stock company (E)	Aktiengesellschaft f	—	société anonyme f	società per azioni f	sociedad anónima f
joint-stock company (E)	Kapitalgesellschaft f	—	société de capitaux f	società di capitale f	sociedad de capital f
jólét (H)	Wohlstand m	prosperity	prospérité f	benessere m	bienestar m

511 jólét

P	NL	SV	PL	CZ	H
moeda única f	eenheidsmunt f	gemensam valuta	ujednolicona waluta f	—	egységes valuta
cotação única f	eenheidskoers m	enhetspris	kurs jednolity m	—	egységes árfolyam
chefe m	chef m	chef	szef m	ředitel m	vezető
chefe de departamento m	afdelingschef m	avdelningschef	kierownik wydziału m	vedoucí oddělení m	osztályvezető
chefe da sucursal m	filiaalhouder m	filialchef	kierownik oddziału m	vedoucí pobočky m	fiókvezető
banco emissor m	centrale bank f	centralbank	bank emisyjny m	emisní banka f	—
cotação f	notering f	notering	notowanie n	záznam m	—
subscrição f	intekening f	abonnemang	subskrypcja f	subskripce f	—
protocolo m	notulen pl	protokoll	protokół m	zápis m	—
prazo de declaração m	aanmeldingstermijn m	ansökningstid	termin zgłaszania m	přihlašovací lhůta f	—
hipoteca f	hypotheek f	hypotek	hipoteka f	hypotéka m	—
banco hipotecário m	hypotheekbank f	hypoteksbank	bank hipoteczny m	hypoteční banka f	—
crédito imobiliário m	krediet op onderpand n	lån mot realsäkerhet	kredyt rzeczowy m	věcný úvěr m	—
transferência de uma entrada f	overboeking f	ombokning	przeksięgowanie f	přeúčtování n	átkönyvelés
jogo de simulação de gestão m	beleidsspel n	beslutsspel	symulacja procesu decyzyjnego f	plánovaná hra f	döntési játék
inglês	Engels	engelska	—	angličtina f	angol (nyelv)
checo	Tsjechisch	tjeckiska	—	čeština f	cseh (nyelv)
dinamarquês	Deens	danska	—	dánština f	dán (nyelv)
francês	Frans	franska	—	francouzština f	francia (nyelv)
grego	Grieks	grekiska	—	řečtina f	görög(ül)
espanhol	Spaans	spanska	—	španělština f	spanyol (nyelv)
holandês	Nederlands	nederländska	—	nizozemština f	holland (nyelv)
alemão m	Duits	tyska	—	němčina f	német (nyelv)
polonês	Pools	polska	—	polština f	lengyel (nyelv)
português	Portugees	portugisiska	—	portugalština f	portugál (nyelv)
sueco	Zweeds	svenska	—	švédština f	svéd (nyelv)
húngaro	Hongaars	ungerska	—	maďarština f	magyar (nyelv)
italiano	Italiaans	italienska	—	italština f	olasz (nyelv)
preço da passagem m	passagegeld n	reseersättning	opłata za przejazd f	—	fuvardíj
posto de trabalho com ecrã m	arbeidsplaats waar iemand werkt met een computer f/m	bildskärmsarbetsplats	praca przy komputerze f	pracoviště vybavené počítačem n	számítógépes munkahely
direito m	recht n	rätt	prawo n	právo n	—
situação jurídica f	rechtspositie f	rättsläge	sytuacja prawna f	právní stav m	—
com capacidade jurídica	rechtsbevoegd	rättskapabel	zdolny do czynności prawnych	právně způsobilý	—
capacidade para realizar negócios f	handelingsbekwaamheid f	rättslig handlingsförmåga	zdolność do czynności prawnych f	schopnost obchodování f	—
—	beleidsspel n	beslutsspel	symulacja procesu decyzyjnego f	plánovaná hra f	döntési játék
autorização f	bevoegdheid f	befogenhet	uprawnienie n	oprávnění n	—
norma jurídica f	rechtsnorm f	rättsordning	norma prawna f	právní norma f	—
jurisprudência f	rechtspraak f	rättskipning	orzecznictwo sądowe n	právní ustanovení n	—
conselheiro jurídico m	syndicus m	juridiskt ombud	syndyk m	právní zástupce firmy m	—
litígio jurídico m	geschil n	rättstvist	spór prawny m	právní spor m	—
sociedade anónima f	naamloze vennootschap f	aktiebolag	spółka akcyjna f	akciová společnost f	részvénytársaság
sociedade por capitais f	kapitaalvennootschap f	aktiebolag	spółka kapitałowa f	kapitálová společnost f	tőketársaság
bem-estar social m	welvaart f	välstånd	dobrobyt m	blahobyt m	—

jordbruk

	D	E	F	I	ES
jordbruk (SV)	Agrarwirtschaft f	rural economy	économie agricole f	economia agraria f	economía agraria f
jordbruks-marknad (SV)	Agrarmarkt m	agricultural market	marché agricole m	mercato agrario m	mercado agrícola m
jordbruksöver-skott (SV)	Agrarüber-schüsse m/pl	agricultural surpluses	excédents agricoles m/pl	eccedenze agricole f/pl	excedentes agrícolas m/pl
jordbruks-produkt (SV)	Agrarprodukt n	farm product	produit agricole m	prodotto agricolo m	producto agrario m
jordbruksstöd (SV)	Agrarsubven-tionen f/pl	agricultural subsidies	subventions agricoles f/pl	sovvenzioni all'agricoltura f/pl	subvención a la agricultura f
jornada laboral (ES)	Arbeitszeit f	working hours	heures de travail f/pl	orario di lavoro m	—
jótállás (H)	Garantie f	warranty	garantie f	garanzia f	garantía f
jour (SV)	auf Abruf	on call	à convenance	su richiesta	a requerimiento
jour de bourse (F)	Börsentag m	market day	—	giorno di borsa m	sesión bursátil f
jour de l'échéance (F)	Verfalltag m	day of expiry	—	giorno di scadenza m	día de venci-miento m
jour de paye (F)	Zahltag f	pay-day	—	giorno di paga m	día de pago m
jóváírás (H)	Gutschrift f	credit	crédit m	accredito m	abono m
jövedelem (H)	Einkommen n	income	revenu m	reddito m	ingresos m/pl
jövedelem (H)	Ertrag m	return	rendement m	rendimento m	rendimiento m
jövedelemadó (H)	Ertragsteuer f	tax on earnings	impôt assis sur le produit m	imposta cedolare f	impuesto sobre beneficios m
jövedelmezőség (H)	Rentabilität f	profitability	rentabilité f	redditività f	rentabilidad f
jövedelmezőségi küszöb (H)	Rentabilität-schwelle f	break-even point	seuil de rentabilité m	fase redditizia f	umbral de rentabi-lidad m
juiz de falências (P)	Konkursgericht n	bankruptcy court	tribunal de la faillite m	tribunale falli-mentare m	tribunal de quiebras m
jultillägg (SV)	Weihnachtsgeld n	Christmas money	gratification de fin d'année f	tredicesima f	prima de navidad f
junta de acree-dores (ES)	Gläubigerver-sammlung f	creditors' meeting	assemblée des créanciers f	assemblea dei creditori f	—
junta directiva (ES)	Direktion f	board of directors	direction f	direzione f	—
junta general anual (ES)	Jahreshauptver-sammlung f	annual general meeting	assemblée générale annuelle f	assemblea generale annuale f	—
junta social (ES)	Gesellschafterver-sammlung f	meeting of share-holders	assemblée des associés f	assemblea dei soci f	—
jurídicamente capaz (ES)	rechtsfähig	having legal capacity	capable de jouir de droits	avente capacità giuridica	—
juridiction compé-tente (F)	Gerichtsstand m	place of jurisdiction	—	foro competente m	tribunal compe-tente m
juridisk person (SV)	Körperschaft f	corporation	collectivité f	corporazione f	corporación f
juridiskt ombud (SV)	Syndikus m	syndic	conseiller juridique m	consulente legale m	síndico m
jurisdiction (E)	Rechtsprechung f	—	jurisprudence f	giurisprudenza f	jurisprudencia f
jurisdiktion (SV)	Gerichtsstand m	place of jurisdiction	juridiction compé-tente f	foro competente m	tribunal compe-tente m
jurisprudence (F)	Rechtsprechung f	jurisdiction	—	giurisprudenza f	jurisprudencia f
jurisprudencia (ES)	Rechtsprechung f	jurisdiction	jurisprudence f	giurisprudenza f	—
jurisprudência (P)	Rechtsprechung f	jurisdiction	jurisprudence f	giurisprudenza f	jurisprudencia f
juro (P)	Zins m	interest	intérêt m	interessi m/pl	interés m
juro do capital (P)	Kapitalzins m	interest on capital	intérêt du capital m	interesse del capitale m	renta del capital f
juro real (P)	Realzins m	real rate of interest	rendement réel m.	tasso d'interesse reale m	interés real m
juros compostos (P)	Zinseszins m	compound interest	intérêt composé m	interessi composti m/pl	interés compuesto m
juros de mora (P)	Verzugszinsen f	default interest	intérêts moratoires m/pl	interessi di mora m/pl	intereses de demora m/pl
justera (SV)	eichen	gauge	jauger	tarare	contrastar

P	NL	SV	PL	CZ	H
economia agrária f	landhuishoudkunde f	—	gospodarka rolna f	zemědělské hospodářství n	mezőgazdaság
mercado agrícola m	landbouwmarkt f	—	rynek rolny m	zemědělský trh m	agrárpiac
excedentes agrícolas m/pl	landbouwoverschotten n/pl	—	nadwyżki rolne f/pl	zemědělské přebytky m/pl	mezőgazdasági termékfölösleg
produto agrícola m	landbouwproduct n	—	produkt rolny m	zemědělský výrobek m	mezőgazdasági termék
subsídios à agricultura m/pl	landbouwsubsidies f/pl	—	subwencja rolnicza f	zemědělské subvence f/pl	mezőgazdasági támogatás
horas de trabalho f/pl	werktijd m	arbetstid	czas pracy m	pracovní doba f	munkaidő
garantia f	garantie f	garanti	gwarancja f	záruka f	—
a pedido	op afroep	—	na żądanie	na odvolání	lehívásra
dia de bolsa f	beursdag m	börsdag	dzień handlowy giełdy m	burzovní den m	tőzsdenap
dia de vencimento m	vervaldag m	förfallodag	dzień płatności m	den splatnosti m	lejárat napja
dia de pagamento m	betaaldag m	betalningsdag	dzień wypłaty m	výplatní den m	fizetésnap
nota de crédito f	creditnota f	kreditering	zapis na dobro rachunku m	dobropis m	—
rendimento m	inkomen n	inkomst	dochody m/pl	příjem m	—
rendimento m	opbrengst f	vinst	zysk m	výnos m	—
imposto sobre o rendimento m	winstbelasting f	vinstbeskattning	podatek od zysku m	daň z výnosů f	—
rentabilidade f	rentabiliteit f	avkastningsförmåga	rentowność f	rentabilita f	—
margem de rentabilidade f	rentabiliteitsdrempel m	nollpunkt	próg rentowności m	práh rentability m	—
—	faillissementsrechtbank f/m	konkursdomstol	sąd upadłościowy m	konkursní soud m	csődbíróság
subsídio de natal m	Kerstgratificatie f	—	trzynasta pensja f	třináctý plat m	karácsonyi jutalom
assembleia de credores f	vergadering van de schuldeisers f	borgenärssammanträde	zgormadzenie wierzycieli n	schůze věřitelů f	hitelezők gyűlése
direcção f	directie f	styrelse	dyrekcja f	ředitelství n	igazgatóság
assembleia geral anual f	jaarlijkse algemene vergadering f	årsmöte	roczne walne zgromadzenie akcjonariuszy n	roční valná hromada f	éves közgyűlés
assembleia geral dos accionistas f	aandeelhoudersvergadering f	bolagsstämma	zgromadzenie wspólników n	valná hromada společníků f	taggyűlés
com capacidade jurídica	rechtsbevoegd	rättskapabel	zdolny do czynności prawnych	právně způsobilý	jogképes
competência judiciária f	bevoegde rechtbank f	jurisdiktion	podsądność terytorialna f	sidlo soudu n	bíróság területi illetékessége
corporação f	vennootschap f	—	korporacja f	korporace f	testület
conselheiro jurídico m	syndicus m	—	syndyk m	právní zástupce firmy m	jogtanácsos
jurisprudência f	rechtspraak f	rättskipning	orzcznictwo sądowe n	právní ustanovení n	jogszolgáltatás
competência judiciária f	bevoegde rechtbank f	—	podsądność terytorialna f	sidlo soudu n	bíróság területi illetékessége
jurisprudência f	rechtspraak f	rättskipning	orzcznictwo sądowe n	právní ustanovení n	jogszolgáltatás
jurisprudência f	rechtspraak f	rättskipning	orzcznictwo sądowe n	právní ustanovení n	jogszolgáltatás
—	rechtspraak f	rättskipning	orzcznictwo sądowe n	právní ustanovení n	jogszolgáltatás
—	interest m	ränta	odsetki pl	úrok m	kamat
—	kapitaalrente f	kapitalränta	odsetki od kapitału m/pl	kapitálový úrok m	tőkekamat
—	reële interest m	realränta	procent realny m	reálný úrok m	reálkamat
—	samengestelde interest m	ränta på ränta	odsetki składane pl	úrok z úroků m	kamatos kamat
—	moratoire rente f	dröjsmålsränta	odsetki za zwłokę pl	úroky z prodlení m/pl	késedelmi kamat
aferir	ijken	—	cechowanie n	cejchovat	hitelesít

justificante

	D	E	F	I	ES
justificante (ES)	Beleg m	receipt	justificatif m	quietanza f	—
justificatif (F)	Beleg m	receipt	—	quietanza f	justificante m
jutalék (H)	Provision f	commission	commission f	provvigione f	comisión f
jutalék (H)	Tantieme f	percentage of profits	tantième m	percentuale d'interessenza f	tanto por ciento m
jutalékszámolás (H)	Provisionsabrechnung f	statement of commission	liquidation des commissions f	conteggio delle provvigioni m	liquidación de la comisión f
jutalékfizetés (H)	Provisionszahlung f	commission payment	payement de commission m	pagamento di provvigione m	pago de comisión m
jutalékos alapon (H)	auf Provisionsbasis	on a commission basis	à la commission	a provvigione	a comisión
juttatás (H)	Zuschuß m	subsidy	allocation f	sovvenzione f	subvención f
kadra kierownicza (PL)	Führungskraft f	manager	cadre supérieur m	dirigente m	personal directivo m
kalendární rok (CZ)	Kalenderjahr n	calendar year	année civile f	anno solare m	año civil m
kalenderår (SV)	Kalenderjahr n	calendar year	année civile f	anno solare m	año civil m
kalenderjaar (NL)	Kalenderjahr n	calendar year	année civile f	anno solare m	año civil m
Kalenderjahr (D)	—	calendar year	année civile f	anno solare m	año civil m
kalkulace (CZ)	Kalkulation f	calculation	calcul m	calcolazione f	calculación f
kalkuláció (H)	Berechnung f	calculation	calcul m	calcolo m	calculo m
kalkuláció (H)	Kalkulation f	calculation	calcul m	calcolazione f	calculación f
kalkulacja (PL)	Kalkulation f	calculation	calcul m	calcolazione f	calculación f
kalkulacja planowa (PL)	Plankalkulation f	target calculation	calcul des coûts prévisionnels m	calcolo pianificato m	cálculo de los objetivos m
kalkulacja wstępna (PL)	Vorkalkulation f	estimation of cost	calcul des coûts prévisionnels m	calcolo preventivo m	cálculo provisional m
Kalkulation (D)	—	calculation	calcul m	calcolazione f	calculación f
kalkyl (SV)	Berechnung f	calculation	calcul m	calcolo m	calculo m
kalkyl (SV)	Kalkulation f	calculation	calcul m	calcolazione f	calculación f
källskatt på lön (SV)	Lohnsteuer f	wage tax	impôt sur les traitements et les salaires m	imposta sui salari f	impuesto sobre los rendimientos del trabajo personal (IRTP) m
kamat (H)	Zins m	interest	intérêt m	interessi m/pl	interés m
kamatcsökkentés (H)	Zinssenkung f	reduction of interest	diminution du taux d'intérêt f	riduzione degli interessi f	reducción del tipo de interés f
kamatláb (H)	Zinsfuß m	interest rate	taux d'intérêt m	tasso d'interesse m	tipo de interés m
kamatláb (H)	Zinssatz m	interest rate	taux d'intérêt m	tasso d'interesse m	tipo de interés m
kamatláb-különbözet (H)	Zinsgefälle m	gap between interest rates	disparité des niveaux d'intérêts f	differenza d'interessi f	diferencia entre los tipos de interés f
kamatos kamat (H)	Zinseszins m	compound interest	intérêt composé m	interessi composti m/pl	interés compuesto m
kamatozik (H)	verzinsen	pay interest on	compter des intérêts	pagare interessi	pagar interés
kamatpolitika (H)	Zinspolitik f	interest rate policy	politique en matière d'intérêts f	politica dei tassi d'interesse f	política en materia de intereses f
kamatrés (H)	Zinsmarge m	interest margin	marge entre les taux d'intérêt créditeur et débiteur f	margine d'interesse m	margen de interés m
kamatszint (H)	Zinsniveau n	interest rate level	niveau du taux d'intérêt m	livello degli interessi m	nivel de interés m
kamer voor buitenlandse handel (NL)	Außenhandelskammer f	chamber of foreign trade	chambre du commerce extérieur f	camera di commercio estero f	cámara del comercio exterior f
kampania reklamowa (PL)	Werbekampagne f	advertising campaign	campagne publicitaire f	campagna pubblicitaria f	campaña publicitaria f
kampányok (H)	Aktionen f/pl	actions	actions f/pl	azioni f/pl	acciones f/pl
kamrer (SV)	Buchhalter m	book-keeper	comptable m	ragioniere m	contable m
kanał dystrybucyjny (PL)	Vertriebsweg m	distribution channel	canal de distribution m	canale distributivo m	canal de distribución m
kancelář (CZ)	Geschäftsstelle f	office	agence f	ufficio m	oficina f
kandidaat (NL)	Bewerber m	applicant	candidat m	candidato m	aspirante m
kandidatuur (NL)	Bewerbung f	application	candidature f	candidatura f	demanda de empleo f
kandydat (PL)	Bewerber m	applicant	candidat m	candidato m	aspirante m

kandydat

P	NL	SV	PL	CZ	H
comprovativo m	bewijsstuk n	verifikation	dowód m	doklad m	bizonylat
comprovativo m	bewijsstuk n	verifikation	dowód m	doklad m	bizonylat
comissão f	commissieloon n	provision	prowizja f	provize f	—
percentagem f	tantième n	vinstandel	tantiema f	podíl na zisku m	—
liquidação da comissão f	commissieloonberekening f	provisionsredovisning	rozliczenie prowizji n	vyúčtování provize n	—
pagamento de comissão m	betaling van commissieloon f	provisionsbetalning	wypłata prowzji f	zaplacení provize n	—
à comissão	in commissie	provisionsbaserad	na zasadzie prowizji f	na základě provize f	—
ajudas de custo f/pl	subsidie f	bidrag	subwencja f	příspěvek m	—
quadro superior m	leidinggevende kracht f	ledning	—	vedoucí řídící pracovník m	vezető
ano civil m	kalenderjaar n	kalenderår	rok kalendarzowy m	—	naptári év
ano civil m	kalenderjaar n	—	rok kalendarzowy m	kalendářní rok m	naptári év
ano civil m	—	kalenderår	rok kalendarzowy m	kalendářní rok m	naptári év
ano civil m	kalenderjaar n	kalenderår	rok kalendarzowy m	kalendářní rok m	naptári év
cálculo m	kostprijsberekening f	kalkyl	kalkulacja f	—	kalkuláció
cômputo m	berekening f	kalkyl	obliczenie n	výpočet m	—
cálculo m	kostprijsberekening f	kalkyl	kalkulacja f	kalkulace f	—
cálculo m	kostprijsberekening f	kalkyl	—	kalkulace f	kalkuláció
cálculo dos objectivos m	berekening van de kosten f	budgetkalkyl	—	plánovaná kalkulace f	tervszámítás
estimativa dos custos f	voorcalculatie f	kostnadsberäkning	—	předběžná kalkulace f	előkalkuláció
cálculo m	kostprijsberekening f	kalkyl	kalkulacja f	kalkulace f	kalkuláció
cômputo m	berekening f	—	obliczenie n	výpočet m	kalkuláció
cálculo m	kostprijsberekening f	—	kalkulacja f	kalkulace f	kalkuláció
imposto sobre os rendimentos do trabalho (IRS) m	loonbelasting f	—	podatek od wynagrodzenia m	daň ze mzdy f	béradó
juro m	interest m	ränta	odsetki pl	úrok m	—
redução dos juros f	renteverlaging f	räntesänkning	obniżka stopy procentowej f	snížení úrokové míry n	—
taxa de juro f	rentevoet m	räntefot	stopa procentowa f	úroková míra f	—
taxa de juro f	rentevoet m	räntesats	stawka procentowa f	úroková sazba f	—
diferença entre taxas de juro f	renteverschillen n/pl	räntemarginal	różnica w oprocentowaniu f	spád úroků m	—
juros compostos m/pl	samengestelde interest m	ränta på ränta	odsetki składane pl	úrok z úroků m	—
render juros	rente betalen	förränta	oprocentować	zúročovat <zúročit>	—
política das taxas de juro f	rentebeleid n	räntepolitik	polityka stopy procentowej f	úroková politika f	—
margem de lucros f	rentemarge f	räntemarginal	marża odsetkowa f	úrokové rozpětí n	—
nível da taxa de juro m	rentepeil n	räntenivå	poziom stawki oprocentowania m	úroveň úroků f	—
câmara de comércio exterior f	—	exportråd	Izba Handlu Zagranicznego f	komora zahraničního obchodu f	külkereskedelmi kamara
campanha publicitária f	reclamecampagne f	reklamkampanj	—	propagační kampaň f	reklámkampány
acções f/pl	aandelen n/pl	aktion	działania n	akcie f/pl	—
guarda-livros m	boekhouder m /boekhoudster f	—	księgowy m	účetní m/f	könyvelő
canal de distribuição f	distributiekanaal n	distributionskanal	—	odbytová cesta f	értékesítési csatorna
repartição f	kantoor n	kontor	biuro n	—	kirendeltség
candidato m	—	sökande	kandydat m	uchazeč m	pályázó
candidatura f	—	ansökan	ubieganie się o pracę n	ucházení se o něco n	pályázat
candidato m	kandidaat m	sökande	—	uchazeč m	pályázó

kantoor

	D	E	F	I	ES
kantoor (NL)	Geschäftsstelle f	office	agence f	ufficio m	oficina f
kantooradres (NL)	Firmenanschrift f	company address	adresse de l'entreprise f	indirizzo della ditta m	dirección de la empresa f
kantooruren (NL)	Geschäftszeit f	business hours	heures d'ouverture f/pl	orario d'apertura m	hora de despacho f/pl
kapacita (CZ)	Kapazität f	capacity	capacité f	capacità f	capacidad f
kapacitás (H)	Kapazität f	capacity	capacité f	capacità f	capacidad f
kapacitáskihasználás (H)	Kapazitätsauslastung f	utilisation of capacity	utilisation de la capacité f	sfruttamento delle capacità m	utilización plena de las capacidades f
kapacitet (SV)	Kapazität f	capacity	capacité f	capacità f	capacidad f
kapacitetsutnyttjande (SV)	Auslastungsgrad m	degree of utilisation	degré de saturation m	grado di utilizzazione m	grado de utilización m
kapacitetsutnyttjande (SV)	Kapazitätsauslastung f	utilisation of capacity	utilisation de la capacité f	sfruttamento delle capacità m	utilización plena de las capacidades f
Kapazität (D)	—	capacity	capacité f	capacità f	capacidad f
Kapazitätsauslastung (D)	—	utilisation of capacity	utilisation de la capacité f	sfruttamento delle capacità m	utilización plena de las capacidades f
kapitaal (NL)	Kapital n	capital	capital m	capitale m	capital m
kapitaalbehoefte (NL)	Kapitalbedarf m	capital requirements	besoin en capital m	domanda di capitale m	necesidad de capital f
kapitaalgoederen (NL)	Investitionsgüter n/pl	capital goods	biens d'investissement m/pl	beni di investimento m/pl	bienes de inversión m/pl
kapitaalinvestering (NL)	Kapitalanlage f	investment capital	investissement de capitaux m	investimento di capitale m	inversión de capital f
kapitaalmarkt (NL)	Kapitalmarkt m	capital market	marché des capitaux m	mercato finanziario m	mercado financiero m
kapitaalrekening van de belastingsbalans (NL)	Kapitalbilanz f	balance of capital transactions	balance des opérations en capital f	bilancia dei capitali f	balanza de capital f
kapitaalrente (NL)	Kapitalzins m	interest on capital	intérêt du capital m	interesse del capitale m	renta del capital f
kapitaalsverhoging (NL)	Kapitalerhöhung f	increase of capital	augmentation de capital f	aumento del capitale m	aumento de capital m
kapitaalvennootschap (NL)	Kapitalgesellschaft f	joint-stock company	société de capitaux f	società di capitale f	sociedad de capital f
kapitaalverkeer (NL)	Kapitalverkehr m	capital transactions	mouvement des capitaux m	circolazione dei capitali f	circulación de capitales f
kapitaalwaarde (NL)	Kapitalwert m	capital value	valeur en capital f	valore capitalizzato m	valor capitalizado m
kapitał (PL)	Kapital n	capital	capital m	capitale m	capital m
kapitał akcyjny (PL)	Aktienkapital n	share capital	capital-actions m	capitale azionario m	capital en acciones m
kapitał gruntowy (PL)	Grundkapital n	capital stock	capital social m	capitale iniziale m	capital inicial m
kapitał własny (PL)	Eigenkapital n	equity capital	capital propre m	capitale d'esercizio m	capital propio m
kapitał zagraniczny (PL)	Auslandskapital n	foreign capital	capital étranger m	capitale estero m	capital extranjero m
kapitał założycielski (PL)	Anfangskapital n	opening capital	capital initial m	capitale iniziale m	capital inicial m
kapitał zakładowy (PL)	Betriebskapital n	working capital	capital de roulement m	capitale d'esercizio m	capital de explotación m
kapitał zakładowy (PL)	Stammkapital n	share capital	capital social m	capitale sociale m	capital social m
Kapital (D)	—	capital	capital m	capitale m	capital m
kapital (SV)	Kapital n	capital	capital m	capitale m	capital m
kapitál (CZ)	Kapital n	capital	capital m	capitale m	capital m
kapitalandel (SV)	Kapitalanteil m	capital share	part de capital f	quota di capitale f	participación en el capital f
Kapitalanlage (D)	—	investment capital	investissement de capitaux m	investimento di capitale m	inversión de capital f
Kapitalanteil (D)	—	capital share	part de capital f	quota di capitale f	participación en el capital f
Kapitalausstattung (D)	—	capital resources	dotation en capital f	dotazione di capitale f	dotación de capital f

Kapitalausstattung

P	NL	SV	PL	CZ	H
repartição f	—	kontor	biuro n	kancelář f	kirendeltség
endereço da empresa m	—	företagsadress	adres firmowy m	firemní adresa f	cég címe
horas de expediente f/pl	—	öppningstider	godziny pracy f/pl	obchodní doba f	hivatalos idő
capacidade f	capaciteit f	kapacitet	moc produkcyjna f	—	kapacitás
capacidade f	capaciteit f	kapacitet	moc produkcyjna f	kapacita f	—
utilização da capacidade f	capaciteitsbenutting f	kapacitetsutnyttjande	wykorzystanie zdolności produkcyjnej n	vytížení kapacity n	—
capacidade f	capaciteit f	—	moc produkcyjna f	kapacita f	kapacitás
taxa de utilização das capacidades f	benuttingsgraad m	—	stopień wykorzystania m	stupeň vytížení m	kihasználtsági fok
utilização da capacidade f	capaciteitsbenutting f	—	wykorzystanie zdolności produkcyjnej n	vytížení kapacity n	kapacitáskihasználás
capacidade f	capaciteit f	kapacitet	moc produkcyjna f	kapacita f	kapacitás
utilização da capacidade f	capaciteitsbenutting f	kapacitetsutnyttjande	wykorzystanie zdolności produkcyjnej n	vytížení kapacity n	kapacitáskihasználás
capital m	—	kapital	kapitał m	kapitál m	tőke
demanda de capital f	—	kapitalbehov	zapotrzebowanie na kapitał n	potřeba kapitálu f	tőkeigény
bens de capital m/pl	—	kapitalvara	dobra inwestycyjne n/pl	investiční statky m/pl	beruházási javak
investimento de capital m	—	kapitalplacering	lokata kapitału f	uložení kapitálu n	tőkebefektetés
mercado de capitais m	—	kapitalmarknad	rynek kapitałowy m	kapitálový trh m	tőkepiac
balanço do movimento de capitais m	—	balansräkning för kapitaltransaktioner	bilans kapitałowy m	kapitálová bilance f	tőkemérleg
juro do capital m	—	kapitalränta	odsetki od kapitału m/pl	kapitálový úrok m	tőkekamat
aumento de capital m	—	kapitaltillskott	podwyższenie kapitału n	zvýšení kapitálu n	tőkeemelés
sociedade por capitais f	—	aktiebolag	spółka kapitałowa f	kapitálová společnost f	tőketársaság
circulação de capital f	—	kapitalrörelse	obieg kapitału m	pohyb kapitálu m	tőkeműveletek
valor do capital m	—	kapitalvärde	wartość kapitałowa f	kapitalizovaná hodnota f	tőkeérték
capital m	kapitaal n	kapital	—	kapitál m	tőke
capital em acções m	aandelenkapitaal n	aktiekapital	—	akciový kapitál m	részvénytőke
capital social m	oprichtingskapitaal n	aktiekapital	—	základní kapitál m	alaptőke
capital próprio m	eigen kapitaal n	egenkapital	—	vlastní kapitál n	saját tőke
capital estrangeiro m	buitenlands kapitaal n	utlandskapital	—	zahraniční kapitál m	külföldi tőke
capital inicial m	beginkapitaal n	grundkapital	—	počáteční kapitál m	kezdőtőke
capital circulante m	bedrijfskapitaal n	rörelsekapital	—	provozní kapitál m	működő tőke
capital social m	maatschappelijk kapitaal n	aktiekapital	—	kmenový kapitál m	törzstőke
capital m	kapitaal n	kapital	kapitał m	kapitál m	tőke
capital m	kapitaal n	—	kapitał m	kapitál m	tőke
capital m	kapitaal n	kapital	kapitał m	—	tőke
participação no capital f	aandeel in het kapitaal n	—	udział w kapitale m	kapitálový podíl m	tőkerész
investimento de capital m	kapitaalinvestering f	kapitalplacering	lokata kapitału f	uložení kapitálu n	tőkebefektetés
participação no capital f	aandeel in het kapitaal n	kapitalandel	udział w kapitale m	kapitálový podíl m	tőkerész
dotação de capital f	geldmiddelen n/pl	kapitalresurser pl	zasoby kapitałowe m/pl	kapitálové vybavení n	tőkésítettség

kapitalavkastning

	D	E	F	I	ES
kapitalav-kastning (SV)	Kapitalrentabilität f	return on investment	rentabilité du capital f	redditività del capitale f	rentabilidad del capital f
Kapitalbedarf (D)	—	capital requirements	besoin en capital m	domanda di capitale m	necesidad de capital f
kapitalbehov (SV)	Kapitalbedarf m	capital requirements	besoin en capital m	domanda di capitale m	necesidad de capital f
Kapitalbilanz (D)	—	balance of capital transactions	balance des opérations en capital f	bilancia dei capitali f	balanza de capital f
Kapitalerhöhung (D)	—	increase of capital	augmentation de capital f	aumento del capitale m	aumento de capital m
Kapitalertrag (D)	—	return on capital	produit du capital m	rendita del capitale f	rendimiento del capital m
Kapitalertragsteuer (D)	—	capital yield tax	impôt sur le revenu du capital m	imposta sulla rendita del capitale f	impuesto sobre la renta del capital m
Kapitalgesellschaft (D)	—	joint-stock company	société de capitaux f	società di capitale f	sociedad de capital f
kapitalizovaná hodnota (CZ)	Kapitalwert m	capital value	valeur en capital f	valore capitalizzato m	valor capitalizado m
kapitalmarknad (SV)	Kapitalmarkt m	capital market	marché des capitaux m	mercato finanziario m	mercado financiero m
Kapitalmarkt (D)	—	capital market	marché des capitaux m	mercato finanziario m	mercado financiero m
kapitálová bilance (CZ)	Kapitalbilanz f	balance of capital transactions	balance des opérations en capital f	bilancia dei capitali f	balanza de capital f
kapitálová společnost (CZ)	Kapitalgesellschaft f	joint-stock company	société de capitaux f	società di capitale f	sociedad de capital f
kapitálové vybavení (CZ)	Kapitalausstattung f	capital resources	dotation en capital f	dotazione di capitale f	dotación de capital f
kapitálový podíl (CZ)	Kapitalanteil m	capital share	part de capital f	quota di capitale f	participación en el capital f
kapitálový trh (CZ)	Kapitalmarkt m	capital market	marché des capitaux m	mercato finanziario m	mercado financiero m
kapitálový úrok (CZ)	Kapitalzins m	interest on capital	intérêt du capital m	interesse del capitale m	renta del capital f
kapitalplacering (SV)	Kapitalanlage f	investment capital	investissement de capitaux m	investimento di capitale m	inversión de capital f
kapitalränta (SV)	Kapitalzins m	interest on capital	intérêt du capital m	interesse del capitale m	renta del capital f
Kapitalrentabilität (D)	—	return on investment	rentabilité du capital f	redditività del capitale f	rentabilidad del capital f
kapitalresurser (SV)	Kapitalausstattung f	capital resources	dotation en capital f	dotazione di capitale f	dotación de capital f
kapitalrörelse (SV)	Kapitalverkehr m	capital transactions	mouvement des capitaux m	circolazione dei capitali f	circulación de capitales f
kapitaltillskott (SV)	Kapitalerhöhung f	increase of capital	augmentation de capital f	aumento del capitale m	aumento de capital m
kapitalvara (SV)	Investitionsgüter n/pl	capital goods	biens d'investissement m/pl	beni di investimento m/pl	bienes de inversión m/pl
kapitalvärde (SV)	Kapitalwert m	capital value	valeur en capital f	valore capitalizzato m	valor capitalizado m
Kapitalverkehr (D)	—	capital transactions	mouvement des capitaux m	circolazione dei capitali f	circulación de capitales f
Kapitalwert (D)	—	capital value	valeur en capital f	valore capitalizzato m	valor capitalizado m
Kapitalzins (D)	—	interest on capital	intérêt du capital m	interesse del capitale m	renta del capital f
kár (H)	Schaden m	damage	dommage m	danno m	daño m
karácsonyi jutalom (H)	Weihnachtsgeld n	Christmas money	gratification de fin d'année f	tredicesima f	prima de navidad f
karalny (PL)	strafbar	punishable	punissable	punibile	punible
kara pieniężna (PL)	Geldstrafe f	fine	amende f	multa f	multa f
kara umowna (PL)	Konventionalstrafe f	contractual penalty	pénalités conventielles f/pl	penalità convenzionale f	pena convencional f
kara umowna (PL)	Vertragsstrafe f	contractual penalty	pénalité f	pena contrattuale f	pena convencional f

kara umowna

P	NL	SV	PL	CZ	H
rentabilidade do capital f	rentabiliteit van het kapitaal f	—	rentowność kapitału f	rentabilita kapitálu f	tőkehozam
demanda de capital f	kapitaalbehoefte f	kapitalbehov	zapotrzebowanie na kapitał n	potřeba kapitálu f	tőkeigény
demanda de capital f	kapitaalbehoefte f	—	zapotrzebowanie na kapitał n	potřeba kapitálu f	tőkeigény
balanço do movimento de capitais m	kapitaalrekening van de belastingsbalans f	balansräkning för kapitaltransaktioner	bilans kapitałowy m	kapitálová bilance f	tőkemérleg
aumento de capital m	kapitaalsverhoging f	kapitaltillskott	podwyższenie kapitału n	zvýšení kapitálu n	tőkeemelés
rendimento do capital m	inkomen uit kapitaal n	inkomst från kapital	zysk z kapitału m	výnos kapitálu m	tőkehozam
imposto sobre os rendimento de capital m	belasting op inkomen uit kapitaal f	skatt på kapitalinkomst	podatek od zysku z kapitału m	daň z výnosu kapitálu f	tőkehozadék-adó
sociedade por capitais f	kapitaalvennootschap f	aktiebolag	spółka kapitałowa f	kapitálová společnost f	tőketársaság
valor do capital m	kapitaalwaarde f	kapitalvärde	wartość kapitałowa f	—	tőkeérték
mercado de capitais m	kapitaalmarkt f	—	rynek kapitałowy m	kapitálový trh m	tőkepiac
mercado de capitais m	kapitaalmarkt f	kapitalmarknad	rynek kapitałowy m	kapitálový trh m	tőkepiac
balanço do movimento de capitais m	kapitaalrekening van de belastingsbalans f	balansräkning för kapitaltransaktioner	bilans kapitałowy m	—	tőkemérleg
sociedade por capitais f	kapitaalvennootschap f	aktiebolag	spółka kapitałowa f	—	tőketársaság
dotação de capital f	geldmiddelen n/pl	kapitalresurser pl	zasoby kapitałowe m/pl	—	tőkésítettség
participação no capital f	aandeel in het kapitaal n	kapitalandel	udział w kapitale m	—	tőkerész
mercado de capitais m	kapitaalmarkt f	kapitalmarknad	rynek kapitałowy m	—	tőkepiac
juro do capital m	kapitaalrente f	kapitalränta	odsetki od kapitału m/pl	—	tőkekamat
investimento de capital m	kapitaalinvestering f	—	lokata kapitału f	uložení kapitálu n	tőkebefektetés
juro do capital m	kapitaalrente f	—	odsetki od kapitału m/pl	kapitálový úrok m	tőkekamat
rentabilidade do capital f	rentabiliteit van het kapitaal f	kapitalavkastning	rentowność kapitału f	rentabilita kapitálu f	tőkehozam
dotação de capital f	geldmiddelen n/pl	—	zasoby kapitałowe m/pl	kapitálové vybavení n	tőkésítettség
circulação de capital f	kapitaalverkeer n	—	obieg kapitału m	pohyb kapitálu m	tőkeműveletek
aumento de capital m	kapitaalsverhoging f	—	podwyższenie kapitału n	zvýšení kapitálu n	tőkeemelés
bens de capital m/pl	kapitaalgoederen n/pl	—	dobra inwestycyjne n/pl	investiční statky m/pl	beruházási javak
valor do capital m	kapitaalwaarde f	—	wartość kapitałowa f	kapitalizovaná hodnota f	tőkeérték
circulação de capital f	kapitaalverkeer n	kapitalrörelse	obieg kapitału m	pohyb kapitálu m	tőkeműveletek
valor do capital m	kapitaalwaarde f	kapitalvärde	wartość kapitałowa f	kapitalizovaná hodnota f	tőkeérték
juro do capital m	kapitaalrente f	kapitalränta	odsetki od kapitału m/pl	kapitálový úrok m	tőkekamat
dano m	schade f	skada	szkoda f	škoda f/pl	—
subsídio de natal m	Kerstgratificatie f	jultillägg	trzynasta pensja f	třináctý plat m	—
punível	strafbaar	straffbar	—	trestný	büntetendő
multa f	boete f	böter	—	peněžitá pokuta f	pénzbírság
multa convencional f	contractuele boete f	avtalsvite	—	sjednaná pokuta (penále) f	kötbér
pena convencional f	contractuele boete f	avtalsvite	—	smluvní pokuta f	kötbér

kárbecslő jelentése

	D	E	F	I	ES
kárbecslő jelentése (H)	Havariezertifikat n	damage report	certificat d'avarie m	certificato d'avaria m	certificado de avería m
kárbejelentés (H)	Schadensmeldung f	notification of damage	déclaration du sinistre f	denuncia di sinistro f	aviso de siniestro m
karenstid (SV)	Karenzzeit f	qualifying period	délai de carence m	periodo d'aspettativa m	período carencial m
Karenzzeit (D)	—	qualifying period	délai de carence m	periodo d'aspettativa m	período carencial m
károsodás (H)	Beschädigung f	damage	endommagement m	danno m	deterioración f
karta czekowa (PL)	Scheckkarte f	cheque card	carte d'identité eurochèque f	carta-assegni f	tarjeta cheque f
karta kredytowa (PL)	Kreditkarte n	credit card	carte accréditive f	carta di credito f	tarjeta de crédito f
kártalanítás (H)	Entschädigung f	compensation	indemnité f	indennità f	indemnización f
kártalanító kezesség (H)	Ausfallbürgschaft f	deficiency guarantee	garantie de bonne fin f	garanzia d'indennizzo f	garantía de indemnidad f
karta pocztowa (PL)	Postkarte f	postcard	carte postale f	cartolina postale f	tarjeta postal f
kartel (NL)	Kartell n	cartel	cartel m	cartello m	cártel m
kartel (PL)	Kartell n	cartel	cartel m	cartello m	cártel m
kartel (CZ)	Kartell n	cartel	cartel m	cartello m	cártel m
Kartell (D)	—	cartel	cartel m	cartello m	cártel m
kartell (SV)	Kartell n	cartel	cartel m	cartello m	cártel m
kartell (H)	Kartell n	cartel	cartel m	cartello m	cártel m
kartellag (SV)	Kartellgesetz n	Cartel Act	loi sur les cartels f	legge sui cartelli f	ley relativa a los cárteles f
Kartellgesetz (D)	—	Cartel Act	loi sur les cartels f	legge sui cartelli f	ley relativa a los cárteles f
kartelltörvény (H)	Kartellgesetz n	Cartel Act	loi sur les cartels f	legge sui cartelli f	ley relativa a los cárteles f
kartelový zákon (CZ)	Kartellgesetz n	Cartel Act	loi sur les cartels f	legge sui cartelli f	ley relativa a los cárteles f
kártérítés (H)	Abfindung f	compensation	indemnité f	compensazione f	compensación f
kártérítés (H)	Schadensersatz m	recovery of damages	dommages-intérêts m/pl	risarcimento danni m	indemnización f
kártérítési igények (H)	Schadenersatzansprüche m/pl	claim for damages	droit à l'indemnité m	rivendicazioni di risarcimento danni f/pl	derecho a indemnización por daños y perjuicios m
kártérítési kereset (H)	Schadensersatzklage f	action for damages	action en dommages-intérêts f	azione di risarcimento danni f	demanda de daños y perjuicios f
kártérítési követelés (H)	Schadensforderung f	claim for damages	prétention à dommages-intérêts f	credito per danni m	pretensión de indemnización f
kartoték (H)	Ablage f	file	classeur-collecteur m	archivio m	archivo m
kasa oszczędnościowa (PL)	Sparkasse f	savings bank	Caisse d'Epargne f	cassa di risparmio f	caja de ahorros f
kasboek (NL)	Kassenbuch n	cash book	compte de caisse m	libro di cassa m	libro de caja m
kassabok (SV)	Kassenbuch n	cash book	compte de caisse m	libro di cassa m	libro de caja m
kassafack (SV)	Safe m	safe	coffre-fort m	cassetta di sicurezza f	caja de seguridad f
kassakredit (SV)	Barkredit m	cash credit	crédit de caisse m	credito per cassa m	crédito en efectivo m
kassarabatt (SV)	Barzahlungsrabatt m	cash discount	remise pour payement comptant f	sconto per pagamento in contanti m	descuento por pago al contado m
kassarabatt (SV)	Skonto m/n	discount	escompte m	sconto m	descuento m
kassaskåp (SV)	Tresor m	safe	coffre-fort m	cassaforte f	caja fuerte f
Kassenbuch (D)	—	cash book	compte de caisse m	libro di cassa m	libro de caja m
kauce (CZ)	Kaution f	security	caution f	cauzione f	caución f garantía f
kaucja (PL)	Kaution f	security	caution f	cauzione f	caución f garantía f
Kauf (D)	—	purchase	achat m	acquisto m	compra f
Kauf auf Probe (D)	—	sale on approval	achat à l'essai m	acquisto a titolo di prova m	compra a prueba f
kaufen (D)	—	buy	acheter	acquistare	comprar
Käufer (D)	—	purchaser	acquéreur m	acquirente m	adquirente m
Käufermarkt (D)	—	buyer's market	marché d'acheteurs m	mercato degli acquirenti m	mercado favorable al comprador m

Käufermarkt

P	NL	SV	PL	CZ	H
certificado de avaria m	averijcertificaat n	havericertifikat	ekspertyza awaryjna f	protokol o škodě m	—
declaração de sinistro f	schadeaangifte f	skadeanmälan	zgłoszenie szkody n	oznámení škody n	—
prazo de carência m	wachttijd m	—	okres karencji m	čekací doba f	türelmi idő
prazo de carência m	wachttijd m	karenstid	okres karencji m	čekací doba f	türelmi idő
dano m	beschadiging f	skada	uszkodzenie n	poškození n	—
cartão de garantia	chequekaart f	kort för eurocheck	—	šeková karta f	csekk-kártya
cartão de crédito m	kredietkaart f	kreditkort	—	úvěrová karta f	hitelkártya
indemnização f	schadevergoeding f	kompensation	odszkodowanie n	náhrada f	—
fiança para cobertura de défice f	waarborg van honorering m	bortfallsgaranti	list gwarancyjny załadowcy m	záruka za ztráty f	—
bilhete postal m	briefkaart f	vykort	—	korespondenční lístek m	levelezőlap
cartel m	—	kartell	kartel m	kartel m	kartell
cartel m	kartel n	kartell	—	kartel m	kartell
cartel m	kartel n	kartell	kartel m	—	kartell
cartel m	kartel n	kartell	kartel m	kartel m	kartell
cartel m	kartel n	—	kartel m	kartel m	kartell
cartel m	kartel n	kartell	kartel m	kartel m	—
lei de regulamentação dos cartéis f	wet op de kartelvorming f	—	ustawa kartelowa f	kartelový zákon m	kartelltörvény
lei de regulamentação dos cartéis f	wet op de kartelvorming f	kartellag	ustawa kartelowa f	kartelový zákon m	kartelltörvény
lei de regulamentação dos cartéis f	wet op de kartelvorming f	kartellag	ustawa kartelowa f	kartelový zákon m	—
lei de regulamentação dos cartéis f	wet op de kartelvorming f	kartellag	ustawa kartelowa f	—	kartelltörvény
indemnização f	verzending f	ersättning	odszkodowanie n	odstupné n	—
indemnização f	schadeloosstelling f	skadestånd	odszkodowanie n	náhrada škody f	—
direito a indemnização por danos e perdas m	claim op schadevergoeding m	skadeståndsanspråk	roszczenia do odszkodowania n/pl	nárok na náhradu škody m	—
acção de danos e perdas f	eis tot schadeloosstelling m	skadeståndskrav	skarga o odszkodowanie f	žaloba o náhradu škody f	—
acção de indemnização por danos f	schadeclaim m	skadeersättningsanspråk	roszczenie do odszkodowania n	požadavek odškodnění m	—
arquivo m	rangschikking f	arkiv	archiwum akt n	uložení n	—
caixa económica f	spaarkas f	sparbank	—	spořitelna f	takarékpénztár
livro de caixa m	—	kassabok	księga kasowa f	pokladní deník m	pénztárkönyv
livro de caixa m	kasboek n	—	księga kasowa f	pokladní deník m	pénztárkönyv
cofre-forte m	safe m	—	sejf m	bezpečnostní schránka f	széf
crédito a dinheiro m	contant krediet n	—	kredyt gotówkowy m	úvěr v hotovosti m	készpénzhitel
desconto de pronto pagamento m	korting voor contante betaling f	—	rabat za płatność gotówką m	sleva při placení v hotovosti f	készpénzfizetési engedmény
desconto m	korting voor contant f	—	skonto n	skonto n	árengedmény
caixa-forte f	kluis f	—	sejf m	trezor m	páncélszekrény
livro de caixa m	kasboek n	kassabok	księga kasowa f	pokladní deník m	pénztárkönyv
caução f	waarborgsom f	borgen	kaucja f	—	óvadék
caução f	waarborgsom f	borgen	—	kauce f	óvadék
compra f	aankoop m	köp	kupno n	nákup m	vásárlás
compra a contento f	koop op proef m	provköp	kupno na próbę n	koupě na zkoušku f	próbavásárlás
comprar	kopen	köpa	kupować <kupić>	kupovat <koupit>	vásárol
comprador m	koper m	köpare	nabywca m	kupující m/f	vevő
mercado favorável ao comprador m	kopersmarkt f	köparens marknad	rynek nabywców m	trh kupujícího m	kínálati piac

Kaufhaus

	D	E	F	I	ES
Kaufhaus (D)	—	department store	grand magasin m	grande magazzino m	gran almacén m
Kaufkraft (D)	—	purchasing power	pouvoir d'achat m	potere d'acquisto m	poder adquisitivo m
Kaufmann (D)	—	businessman	négociant m	commerciante m	comerciante m
Kaufpreis (D)	—	purchase price	prix d'achat m	prezzo d'acquisto m	precio de compra m
Kaufvertrag (D)	—	contract of sale	contrat de vente m	contratto di compravendita m	contrato de compraventa m
Kaution (D)	—	security	caution f	cauzione f	caución f garantía f
k dodání (CZ)	lieferbar	available	livrable	consegnabile	suministrable
kedvezményezett (H)	Begünstigter m	beneficiary	bénéficiaire m	beneficiario m	favorecido m
kedvezményezett (H)	Remittent m	payee	remettant m	beneficiario m	remitente m
kedvező árú (H)	preiswert	inexpensive	avantageux	a buon mercato	barato
keeping of an account (E)	Kontoführung f	—	tenue de compte f	tenuta di un conto f	administración de una cuenta f
kemény valuta (H)	harte Währung f	hard currency	monnaie forte f	moneta forte f	moneda fuerte f
kengetallen (NL)	Kennziffern f	index numbers	indice m	cifre indice f/pl	cifras índice f/pl
Kennziffern (D)	—	index numbers	indice m	cifre indice f/pl	cifras índice f/pl
kényszerárverés (H)	Zwangsversteigerung f	compulsory auction	vente de biens par justice f	asta giudiziaria f	subasta forzosa f
kényszereladás (H)	Zwangsverkauf m	forced sale	vente forcée f	vendita giudiziaria f	venta forzada f
képernyő (H)	Bildschirm m	screen	écran m	schermo m	pantalla f
képviselet (H)	Vertretung f	representation	représentation f	rappresentanza f	representación f
képviselő (H)	Vertreter m	representative	représentant m	rappresentante m	representante m
kereskedelem (H)	Handel m	trade	commerce m	commercio m	comercio m
kereskedelemben szokásos (H)	handelsüblich	customary (in trade)	en usage dans le commerce m	d'uso commerciale	usual en el comercio
kereskedelmi árrés (H)	Handelsspanne f	trading margin	bénéfice brut m	margine commerciale m	margen comercial f
kereskedelmi bank (H)	Handelsbank f	merchant bank	banque de commerce f	banca commerciale f	banco comercial m
kereskedelmi egyezmény (H)	Handelsabkommen n	trade agreement	accord commercial m	accordo commerciale m	acuerdo comercial m
kereskedelmi embargó (H)	Handelsembargo n	trade embargo	embargo commercial m	embargo commerciale m	embargo comercial m
kereskedelmi hitel (H)	Lieferantenkredit m	supplier's credit	crédit de fournisseurs m	credito al fornitore m	crédito comercial m
kereskedelmi hitellevél (H)	Handelskreditbrief m	commercial letter of credit	lettre de crédit commercial f	lettera di credito commerciale f	carta de crédito comercial f
kereskedelmi kamara (H)	Handelskammer f	Chamber of Commerce	chambre de commerce f	camera di commercio f	cámara de comercio f
kereskedelmi kapcsolatok (H)	Handelsbeziehungen f/pl	trade relations	relations commerciales f/pl	rapporti commerciali m/pl	relaciones comerciales f/pl
kereskedelmi képviselet (H)	Handelsvertretung f	commercial agency	représentation commerciale f	rappresentanza commerciale f	representación comercial f
kereskedelmi képviselő (H)	Handelsvertreter m	commercial agent	représentant de commerce m	rappresentante commerciale m	representante comercial m
kereskedelmi korlátozások (H)	Handelsbeschränkungen f/pl	trade restrictions	restrictions au commerce f/pl	restrizioni commerciali f/pl	restricciones comerciales f/pl
kereskedelmi központ (H)	Handelsplatz m	trade centre	place marchande f	piazza commerciale f	plaza comercial f
kereskedelmi mérleg (H)	Handelsbilanz f	balance of trade	balance des opérations en marchandises f	bilancia commerciale f	balanza comercial f
kereskedelmi számla (H)	Handelsfaktura f	commercial invoice	facture commerciale f	fattura commerciale f	factura comercial f
kereskedelmi szokványok (H)	Handelsklausel f	trade clause	clause commerciale f	clausola commerciale f	cláusula comercial f
kereskedelmi vásár (H)	Mustermesse f	samples fair	foire d'échantillons f	fiera campionaria f	feria de muestras f
kereskedő (H)	Händler m	trader	commerçant m	commerciante m	comerciante m
kereskedő (H)	Kaufmann m	businessman	négociant m	commerciante m	comerciante m
kereslet (H)	Nachfrage f	demand	demande f	domanda f	demanda f

kereslet

P	NL	SV	PL	CZ	H
grande armazém m	warenhuis n	varuhus	dom towarowy m	obchodní dům m	áruház
poder de compra m	koopkracht f	köpkraft	siła nabywcza f	kupní síla f	vásárlóerő
comerciante m	zakenman m	köpman	kupiec m	obchodník m	kereskedő
preço de compra m	aankoopprijs m	köppris	cena kupna f	kupní cena f	vételár
contrato de compra e venda m	koopcontract n	köpavtal	umowa kupna f	kupní smlouva f	adásvételi szerződés
caução f	waarborgsom f	borgen	kaucja f	kauce f	óvadék
disponível para entrega	leverbaar	på lager	gotowy do dostawy	—	szállítható
beneficiário m	begunstigde f/m	förmånstagare	beneficjent m	beneficient m	—
remetente m	remittent m	betalningsmottagare	remitent m	remitent m	—
barato	goedkoop	prisvärd	niedrogi	cenově výhodný	—
administração de conta f	het bijhouden van een rekening n	kontoföring	prowadzenie konta n	vedení účtu n	számlavezetés
moeda forte f	harde valuta f	hårdvaluta	twarda waluta f	tvrdá měna f	—
índice m/pl	—	registreringsnummer	wskaźnik m	ukazatel m	mutatószámok
índice m/pl	kengetallen n/pl	registreringsnummer	wskaźnik m	ukazatel m	mutatószámok
venda judicial f	openbare verkoop f	exekutiv auktion	licytacja przymusowa f	nucená dražba f	—
venda forçada f	gedwongen verkoop m	tvångsförsäljning	sprzedaż przymusowa f	nucený prodej m	—
ecrã m	beeldscherm n	bildskärm	ekran m	obrazovka f	—
representação f	vertegenwoordiging f	representation	przedstawicielstwo n	zastoupení n	—
representante m	vertegenwoordiger m	representant	przedstawiciel m	zástupce m	—
comércio m	handel m	handel	handel m	obchod m	—
corrente no comércio	in de handel gebruikelijk	standard	powszechnie przyjęty w handlu	obvyklé v obchodě	—
margem comercial m	handelsmarge f	marginal	marża handlowa f	obchodní rozpětí n	—
banco comercial m	handelsbank f	handelsbank	bank handlowy m	obchodní banka f	—
acordo comercial m	handelsovereenkomst f	handelsavtal	umowa handlowa f	obchodní dohoda f	—
embargo comercial m	handelsembargo n	handelsembargo	embargo handlowe n	obchodní embargo n	—
crédito do fornecedor m	leverancierskrediet n	leverantörskredit	kredyt u dostawców m	dodavatelský úvěr m	—
carta de crédito comercial f	handelskredietbrief m	handelsremburs	akredytywa towarowa f	obchodní úvěrový list m	—
Câmara de Comércio f	handelskamer f/m	handelskammare	Izba Handlowa f	obchodní komora f	—
relações comerciais f/pl	handelsbetrekkingen f/pl	handelsförbindelser pl	stosunki handlowe m/pl	obchodní styky m/pl	—
representação comercial f	handelsagentuur f	handelsagentur	przedstawicielstwo handlowe n	obchodní zastoupení n	—
representante comercial m	handelsvertegenwoordiger m	handelsagent	agent handlowy m	obchodní zástupce m	—
restrições comerciais f/pl	belemmeringen van het goederenverkeer f/pl	handelsrestriktioner pl	ograniczenia handlowe n/pl	omezení obchodu n/pl	—
praça comercial f	handelsplaats f	handelsplats	lokalizacja transakcji f	tržiště n	—
balança comercial f	handelsbalans f	handelsbalans	bilans handlowy m	obchodní bilance f	—
factura comercial f	handelsfactuur f	vanlig exportfaktura	faktura handlowa f	obchodní faktura f	—
cláusulas comerciais f/pl	handelsclausule f	handelsklausul	klauzula towarowa f	obchodní doložka f	—
feira de amostras f	monsterbeurs f	industrimässa	targi wzorcowe m/pl	vzorkový veletrh m	—
comerciante m	handelaar m	köpman	handlarz m	obchodník m	—
comerciante m	zakenman m	köpman	kupiec m	obchodník m	—
procura f	vraag f	efterfrågan	popyt m	poptávka f	—

keresletcsökkenés

	D	E	F	I	ES
keresletcsökkenés (H)	Nachfragerückgang m	decrease in demand	recul de la demande m	flessione della domanda f	disminución en la demanda f
keresőképtelenség (H)	Erwerbsunfähigkeit f	disability to earn a living	incapacité de travail f	invalidità f	incapacidad profesional f
Kerstgratificatie (NL)	Weihnachtsgeld n	Christmas money	gratification de fin d'année f	tredicesima f	prima de navidad f
kérvény (H)	Antrag m	application	demande f	domanda f	solicitud f
kérvényűrlap (H)	Antragsformular n	application form	formulaire de demande m	modulo di richiesta m	formulario de solicitud m
késedelem (H)	Verspätung f	delay	retard m	ritardo m	retraso m
késedelem (H)	Verzug m	delay	retard m	mora f	retraso m
késedelmes (H)	säumig	dilatory	retardataire	moroso	moroso
késedelmi kamat (H)	Verzugszinsen f	default interest	intérêts moratoires m/pl	interessi di mora m/pl	intereses de demora m/pl
későbbre keltezett (H)	nachdatiert	post-dated	postdaté	postdatato	posdatado
készfizetés ellenében (H)	gegen Barzahlung	against cash	au comptant	contro pagamento in contanti	al contado
készlet (H)	Vorrat m	stock	stock m	scorte f/pl	existencias f/pl
készletezés (H)	Lagerhaltung f	stockkeeping	entreposage m	magazzinaggio m	almacenaje m
készletgazdálkodás (H)	Vorratshaltung f	stockpiling	stockage m	gestione delle scorte f	formación de stocks f
készpénz (H)	Bargeld n	cash	argent comptant m	denaro contante m	dinero efectivo m
készpénzben (H)	bar	cash	au comptant	in contanti	al contado
készpénzben (H)	in bar	in cash	au comptant	in contanti	en efectivo
készpénzcsekk (H)	Barscheck m	open cheque	chèque non barré m	assegno circolare m	cheque abierto m
készpénzes fizetés (H)	Barzahlung f	cash payment	payement comptant m	pagamento in contanti m	pago al contado m
készpénzfizetési engedmény (H)	Barzahlungsrabatt m	cash discount	remise pour payement comptant f	sconto per pagamento in contanti m	descuento por pago al contado m
készpénzfizetési utalvány (H)	Zahlungsanweisung f	order for payment	mandat de payement m	ordine di pagamento m	orden de pago f
készpénzhitel (H)	Barkredit m	cash credit	crédit de caisse m	credito per cassa m	crédito en efectivo m
készpénz nélküli (H)	unbar	non cash	non comptant	non in contanti	no en efectivo
késztermék (H)	Fertigprodukt n	finished product	produit fini m	prodotto finito m	producto acabado m
kétoldalú (H)	bilateral	bilateral	bilatéral	bilaterale	bilateral
két példányban (H)	in zweifacher Ausfertigung	in duplicate	en double exemplaire m	in duplice copia	por duplicado
kettős könyvelés (H)	doppelte Buchführung f	double entry bookkeeping	comptabilité en partie double f	contabilità a partita doppia f	contabilidad por partida doble f
kettős valutaárfolyamok (H)	gespaltene Wechselkurse m/pl	two-tier exchange rate	cours du change multiple m	cambi multipli m/pl	tipo de cambio múltiple m
keuze van vestigingsplaats (NL)	Standortwahl f	choice of location	choix du lieu d'implantation m	scelta dell'ubicazione f	elección de la ubicación f
key currency (E)	Leitwährung f	—	monnaie-clé f	valuta guida f	moneda de referencia f
key rate (E)	Leitzins m	—	taux directeur m	tasso di riferimento m	interés básico m
kézbesítés (H)	Zustellung f	delivery	remise f	recapito m	envío m
kezdő fizetés (H)	Anfangsgehalt n	starting salary	salaire initial m	stipendio iniziale m	salario inicial m
kezdőtőke (H)	Anfangskapital n	opening capital	capital initial m	capitale iniziale m	capital inicial m
kezelő (H)	Verwalter m	administrator	administrateur m	amministratore m	administrador m
kezes (H)	Bürge m	guarantor	garant m	fideiussore m	fiador m
kezesség (H)	Bürgschaft f	guarantee	caution f	garanzia (fidejussoria) f	fianza f
kezességi hitel (H)	Avalkredit m	loan granted by way of bank guarantee	crédit de cautionnement m	credito d'avallo m	crédito de aval m
kézműipar (H)	Handwerk n	craft trade	artisanat m	artigianato m	artesanía f
kézműves kamara (H)	Handwerkskammer f	chamber of handicrafts	chambre artisanale f	camera dell'artigianato f	cámara de artesanía f

kézműves kamara

P	NL	SV	PL	CZ	H
diminuição da procura f	vermindering van de vraag f	minskad efterfrågan	spadek popytu m	pokles poptávky f	—
invalidez	arbeidsongeschiktheid f	arbetsoförmåga	niezdolność do pracy f	práceneschopnost f	—
subsídio de natal m	—	jultillägg	trzynasta pensja f	třináctý plat m	karácsonyi jutalom
solicitação f	aanvraag f	ansökan	podanie n	žádost f	—
formulário de solicitação m	aanvraagformulier n	ansökningsblankett	formularz podaniowy m	formulář žádosti m	—
atraso m	vertraging f	försening	opóźnienie n	prodlení n	—
mora f	achterstallen m/pl	uppskov	zwłoka f	odklad m	—
moroso m	nalatig	sen	opóźniony	liknavý	—
juros de mora m/pl	moratoire rente f	dröjsmålsränta	odsetki za zwłokę pl	úroky z prodlení m/pl	—
pós-datado m	gepostdateerd	efterdaterad	postdatowany	dodatečné opatření datem n	—
a dinheiro	contant	mot kontantbetalning	za gotówkę	proti hotovosti f	—
estoque m	voorraad m	lager	zapas m	zásoba f	—
armazenagem f	het in voorraad houden n	lagerhållning	magazynowanie n	skladování n	—
manutenção de estoques f	in voorraad houden n	lagerhållning	utrzymywanie zapasów n	udržování zásob n	—
dinheiro de contado m	contant geld n	kontanter pl	gotówka f	hotovost f	—
a dinheiro	contant	kontant	gotówką	hotovostní	—
em dinheiro	contant	kontant	gotówką	v hotovosti f	—
cheque não cruzado m	niet-gekruiste cheque m	icke korsad check	czek gotówkowy m	šek k výplatě v hotovosti m	—
pagamento em dinheiro m	contante betaling f	kontantbetalning	płatność gotówką f	platba v hotovosti f	—
desconto de pronto pagamento m	korting voor contante betaling f	kassarabatt	rabat za płatność gotówką m	sleva při placení v hotovosti f	—
ordem de pagamento f	opdracht tot betaling f	betalningsorder	polecenie wypłaty n	poštovní platební příkaz m	—
crédito a dinheiro m	contant krediet n	kassakredit	kredyt gotówkowy m	úvěr v hotovosti m	—
pagamento em espécie m	giraal	ej kontant	nie w gotówce	bezhotovostní	—
produto acabado m	afgewerkt product n	slutprodukt	produkt gotowy m	finální výrobek m	—
bilateral	bilateriaal	bilateral	dwustronny	bilaterální	—
em duplicado	in duplo	i två exemplar	w podwójnym wykonaniu	v dvojím provedení n	—
contabilidade em partidas dobradas	dubbele boekhouding f	dubbel bokföring	podwójna księgowość f	podvojné účetnictví n	—
tipo de câmbio múltiplo m	tweevoudige wisselkoers m	dubbel växelkurs	rozszczepione kursy wymienne m/pl	dvojstupňové směnné kursy m/pl	—
escolha de localização f	—	val av etableringsort	wybór lokalizacji m	volba stanoviště f	helyszín kiválasztása
moeda de referência f	sleutelvaluta f	huvudvaluta	waluta "twarda" f	hlavní měna f	kulcsvaluta
taxa de referência f	officiële rente f	styrränta	podstawowa stopa procentowa f	hlavní úrok m	alapkamatláb
entrega f	levering f	leverans	dostawa f	doručení n	—
salário inicial m	aanvangssalaris n	begynnelselön	pensja stażowa f	nástupní plat m	—
capital inicial m	beginkapitaal n	grundkapital	kapitał założycielski m	počáteční kapitál m	—
administrador m	beheerder m	förvaltare	administrator m	správce m	—
fiador m	borg m	borgenär	poręczyciel m	ručitel m	—
fiança f	borgsom f	borgen	poręczenie n	ručení n	—
crédito de aval m	avalkrediet n	avallån	kredyt awalizowany m	ručitelský úvěr m	—
artesanato m	ambacht n	hantverk	rzemiosło n	řemeslo n	—
câmara de artesanato f	ambachtskamer f/m	hantverkskammare	Izba Rzemieślnicza f	řemeslnická komora f	—

kiadások

	D	E	F	I	ES
kiadások (H)	Ausgaben f/pl	expenses	dépenses f/pl	spese f/pl	gastos m/pl
kiadó (H)	Verlag m	publishing house	maison d'édition f	casa editrice f	editorial f
kiállítás (H)	Ausstellung f	exhibition	exposition f	esposizione f	exhibición f
kiárusítás (H)	Ausverkauf m	clearance sale	soldes m/pl	svendita f	liquidación f
kibocsátás (H)	Emission f	issue	émission f	emissione f	emisión f
kibocsátási árfolyam (H)	Emissionskurs m	rate of issue	cours d'émission m	corso d'emissione m	tipo de emisión m
kiegyenlítetlen számla (H)	offene Rechnung f	outstanding account	facture impayée f	conto aperto m	factura pendiente f
kiépítési szakasz (H)	Aufbauphase f	development phase	phase d'organisation f	fase di sviluppo f	fase de desarrollo f
kierownictwo (PL)	Geschäftsleitung f	management	direction de l'entreprise f	direzione f	dirección f
kierownik oddziału (PL)	Filialleiter m	branch manager	directeur de succursale m	direttore di filiale m	jefe de sucursal m
kierownik wydziału (PL)	Abteilungsleiter m	head of department	chef de service m	capo reparto m	jefe de sección m
kifizet (H)	bezahlen	pay	payer	pagare	pagar
kifizetés (H)	Auszahlung f	payment	payement m	pagamento m	pago m
kifogásolás (H)	Beanstandung f	objection	réclamation f	reclamo m	queja f
kihasználtsági fok (H)	Auslastungsgrad m	degree of utilisation	degré de saturation m	grado di utilizzazione m	grado de utilización m
kijavít (H)	korrigieren	correct	corriger	correggere	corregir
kijelent (H)	deklarieren	declare	déclarer	dichiarare	declarar
kiképzés (H)	Ausbildung f	apprenticeship	formation f	formazione m	aprendizaje m
kikötő (H)	Hafen m	port	port m	porto m	puerto m
kikötői illetékek (H)	Hafengebühren f/pl	harbour dues	droits de ports m/pl	diritti di porto m/pl	derechos portuarios m/pl
kilometerersättning (SV)	Kilometergeld n	mileage allowance	indemnité par kilomètre f	indennità per chilometro f	kilometraje m
Kilometergeld (D)	—	mileage allowance	indemnité par kilomètre f	indennità per chilometro f	kilometraje m
kilométerpénz (H)	Kilometergeld n	mileage allowance	indemnité par kilomètre f	indennità per chilometro f	kilometraje m
kilometervergoeding (NL)	Kilometergeld n	mileage allowance	indemnité par kilomètre f	indennità per chilometro f	kilometraje m
kilometraje (ES)	Kilometergeld n	mileage allowance	indemnité par kilomètre f	indennità per chilometro f	—
kimenő áru (H)	Warenausgang m	sale of goods	sortie de marchandises f	uscita merci f	salida de mercancías f
kínál (H)	anbieten	offer	offrir	offrire	ofrecer
kínálati piac (H)	Käufermarkt m	buyer's market	marché d'acheteurs m	mercato degli acquirenti m	mercado favorable al comprador m
kinnlevőségek (H)	Außenstände f	outstanding debts	dettes actives f/pl	crediti pendenti m/pl	cobros pendientes m/pl
kipróbálásra (H)	auf Probe	on trial	à l'essai	in prova	a prueba
kirakati bemutatás (H)	Auslage f	display	étalage m	vetrina f	vitrina f
kirakodási költségek (H)	Entladungskosten f	discharging expenses	coûts de déchargement m/pl	spese di scaricamento f/pl	gastos de descargo m/pl
kirakodási költségek (H)	Löschgebühren f/pl	discharging expenses	droit de déchargement m	spese di scarico f/pl	gastos de descarga m/pl
kirendeltség (H)	Geschäftsstelle f	office	agence f	ufficio m	oficina f
kirendeltség (H)	Niederlassung f	branch office	succursale f	succursale f	sucursal f
kisajátítás (H)	Enteignung f	expropriation	expropriation f	espropriazione f	expropiación f
kiscsomag (H)	Päckchen n	small package	petit paquet m	pacchetto m	pequeño paquete m

kiscsomag

P	NL	SV	PL	CZ	H
despesas f/pl	onkosten m/pl	utgifter pl	wydatki m/pl	výdaje m/pl	—
editora f	uitgeversmaatschappij f	förlag	wydawnictwo n	nakladatelství n	—
exposição f	tentoonstelling f	utställning	wystawa	výstava f	—
liquidação f	totale uitverkoop m	realisation	wyprzedaż f	výprodej m	—
emissão f	emissie f	emission	emisja f	emise m	—
preço de emissão m	emissiekoers m	emissionskurs	kurs emisyjny m	emisní kurs m	—
factura não paga f	openstaande rekening f	obetald faktura	niezapłacony rachunek m	otevřený účet m	—
fase de desenvolvimento f	opbouwfase f	uppbyggnadsfas	etap rozwojowy m	fáze výstavby f	—
direcção f	directie f	företagsledning	—	vedení podniku n	vállalatvezetés
chefe da sucursal m	filiaalhouder m	filialchef	—	vedoucí pobočky m	fiókvezető
chefe de departamento m	afdelingschef m	avdelningschef	—	vedoucí oddělení m	osztályvezető
pagar	betalen	betala	płacić <zapłacić>	zaplatit	—
pagamento m	uitbetaling f	utbetalning	wypłata f	výplata f	—
objecção f	klacht f	reklamation	reklamacja f	reklamace f	—
taxa de utilização das capacidades f	benuttingsgraad m	kapacitetsutnyttjande	stopień wykorzystania m	stupeň vytížení m	—
corrigir	corrigeren	korrigera	korygować <skorygować>	opravovat <opravit>	—
declarar	declareren	deklarera	deklarować <zadeklarować>	deklarovat	—
aprendizagem f	opleiding f	utbildning	wykształcenie n	vyškolení n	—
porto m	haven f	hamn	port m	přístav m	—
direitos portuários m/pl	havenrechten n/pl	hamnavgift	opłaty portowe f/pl	přístavní poplatky m/pl	—
indemnização pelos custos de quilometragem f	kilometervergoeding f	—	koszty przejechanego kilometra m/pl	paušál za kilometr m	kilométerpénz
indemnização pelos custos de quilometragem f	kilometervergoeding f	kilometerersättning	koszty przejechanego kilometra m/pl	paušál za kilometr m	kilométerpénz
indemnização pelos custos de quilometragem f	kilometervergoeding f	kilometerersättning	koszty przejechanego kilometra m/pl	paušál za kilometr m	—
indemnização pelos custos de quilometragem f	—	kilometerersättning	koszty przejechanego kilometra m/pl	paušál za kilometr m	kilométerpénz
indemnização pelos custos de quilometragem f	kilometervergoeding f	kilometerersättning	koszty przejechanego kilometra m/pl	paušál za kilometr m	kilométerpénz
saída de mercadorias f	uitgaande goederen n/pl	utgående varor pl	rozchód towarów m	odchod zboží m	—
oferecer	aanbieden	erbjuda	oferować <zaoferować>	nabízet <nabídnout>	—
mercado favorável ao comprador m	kopersmarkt f	köparens marknad	rynek nabywców m	trh kupujícího m	—
dívidas a cobrar f/pl	uitstaande vorderingen f/pl	utestående skulder pl	należności f/pl	nedoplatky m/pl	—
à prova	op proef	på prov	na próbę	na zkoušku	—
vitrine f	etalage f	skyltning	wystawa f	výloha f	—
gastos de descarga m/pl	loskosten m/pl	avlastningskostnader pl	koszty rozładunku m/pl	náklady na vykládku m/pl	—
gastos de descarga m/pl	loskosten m/pl	annulleringsavgift	opłaty wyładowcze f/pl	poplatky za vymazání m/pl	—
repartição f	kantoor n	kontor	biuro n	kancelář f	—
sucursal f	vestiging f	etablering	filia f	pobočka f	—
expropriação f	onteigening f	expropriation	wywłaszczenie n	vyvlastnění n	—
pequeno pacote m	pakketje n	litet paket	pakiet m	balíček m	—

kisebb értékű áru 528

	D	E	F	I	ES
kisebb értékű áru (H)	inferiore Güter n/pl	inferior goods	biens inférieurs m/pl	beni inferiori m/pl	bienes inferiores m/pl
kisegítő dolgozó (H)	Aushilfe f	temporary help	suppléant m	aiuto m	ayudante m
kiselejtez (H)	verschrotten	scrap	mettre à la ferraille	rottamare	desguazar
kísérő okmányok (H)	Begleitpapiere f	accompanying documents	pièces d'accompagnement f/pl	documenti accompagnatori m/pl	documentos adjuntos m/pl
kiskereskedelem (H)	Einzelhandel m	retail trade	commerce de détail m	commercio al dettaglio m	comercio al por menor m
kiskereskedelmi árrés (H)	Einzelhandelsspanne f	retail price margin	marge de détail f	margine del dettagliante m	margen del comercio al por menor m
kiskereskedő (H)	Einzelhändler m	retailer	commerçant détaillant m	dettagliante m	minorista m
kist (NL)	Kiste f	crate	caisse f	cassa f	caja f
Kiste (D)	—	crate	caisse f	cassa f	caja f
kitermelt mennyiség (H)	Fördermenge f	output	quantité extraite f	quantità estratta f	cantidad producida f
kiürítés (H)	Räumung f	evacuation	évacuation f	evacuazione f	desalojamiento m
kivitel (H)	Ausfuhr f	export	exportation f	esportazione f	exportación f
kivitel (H)	Export m	export	exportation f	esportazione f	exportación f
kiviteli előírások (H)	Ausfuhrbestimmungen f/pl	export regulations	directives d'exportation f/pl	disposizioni per l'esportazione f/pl	reglamento de exportación m
kiviteli engedély (H)	Ausfuhrgenehmigung f	export licence	autorisation d'exportation f	autorizzazione all'esportazione f	licencia de exportación f
kiviteli többlet (H)	Exportüberschuß m	export surplus	excédent d'exportation m	eccedenza delle esportazioni f	excedente de exportación m
kizárólagos értékesítési jog (H)	Alleinvertrieb m	exclusive distribution	droit exclusif de vente m	vendita esclusiva f	distribución exclusiva f
kizárólagos képviselet (H)	Alleinvertretung f	sole agency	agence exclusive f	rappresentanza esclusiva f	representación exclusiva f
klaar voor afhaling (NL)	abholbereit	ready for collection	prêt pour enlèvement	pronto per il ritiro	listo para la recogida
klaar voor verzending (NL)	versandbereit	ready for dispatch	prêt pour expédition	pronto per la spedizione	listo para ser expedido
klacht (NL)	Beanstandung f	objection	réclamation f	reclamo m	queja f
klacht (NL)	Beschwerde f	complaint	plainte f	ricorso m	reclamación f
klacht (NL)	Klage f	legal action	action en justice f	citazione in giudizio f	demanda f
klacht (NL)	Mängelanzeige f	notice of defect	notification d'un vice f	denuncia dei vizi	aviso de defectos m
klacht (NL)	Reklamation f	complaint	réclamation f	reclamo m	reclamación f
Klage (D)	—	legal action	action en justice f	citazione in giudizio f	demanda f
klant (NL)	Kunde m	customer	client m	cliente m	cliente m
klantendienst (NL)	Kundendienst m	after-sales service	service après vente m	servizio post-vendita m	servicio posventa m
klantenkring (NL)	Kundschaft f	clientele	clientèle f	clientela f	clientela f
klantenkring (NL)	Kundenkreis m	customers	clientèle f	clientela f	clientela f
klantennummer (NL)	Kundennummer f	customer's reference number	numéro de référence du client m	codice cliente m	número del cliente m
klant in het buitenland (NL)	Auslandskunde m	foreign customer	client étranger m	cliente estero m	cliente extranjero m
klarowność bilansu (PL)	Bilanzklarheit f	balance transparency	clarté du bilan f	trasparenza di bilancio f	claridad del balance f
klasa jakości (PL)	Güteklasse f	grade	catégorie de qualité f	classe di qualità f	categoría de calidad f
Klausel (D)	—	clause	clause f	clausola f	cláusula f
klausul (SV)	Klausel f	clause	clause f	clausola f	cláusula f
klauzula (PL)	Klausel f	clause	clause f	clausola f	cláusula f
klauzula dolarowa (PL)	Dollarklausel f	dollar clause	clause dollar f	clausola dollaro f	cláusula dólar f
klauzula indeksowa (PL)	Indexklausel f	index clause	clause d'indexation f	clausola indice f	cláusula de índice variable f
klauzula odstąpienia od umowy (PL)	Rücktrittsklausel f	escape clause	clause de dénonciation du contrat f	clausola di recesso f	cláusula de renuncia f

klauzula odstąpienia od umowy

P	NL	SV	PL	CZ	H
bens inferiores m/pl	minderwaardige goederen n/pl	sekunda varor	artykuły gorszej jakości m/pl	podřadné zboží n	—
ajudante m/f	hulpkracht f	extraanställd	pracownik pomocniczy m	výpomoc f	—
transformar em sucata	verschroten	skrota	złomować <zezłomować>	sešrotovat	—
documentos anexos m/pl	begeleidende documenten n/pl	bifogade dokument pl	dokumenty towarzyszące m/pl	průvodní doklady m/pl	—
comércio a retalho m	kleinhandel m	detaljhandel	handel detaliczny m	maloobchod m	—
margem do comércio a retalho f	kleinhandelsmarge f	marginal	marża detaliczna f	maloobchodní rozpětí n	—
retalhista m	kleinhandelaar m	detaljist	detalista m	maloobchodník m	—
caixa f	—	låda	skrzynka f	bedna f	láda
caixa f	kist f	låda	skrzynka f	bedna f	láda
quantidade extraída f	productiehoeveelheid f	produktionsvolym	ilość wydobycia f	dopravované množství n	—
evacuação f	ontruiming f	utrymning	likwidacja f	vyklizení n	—
exportação f	export m	export	eksport m	vývoz m	—
exportação f	export m	export	eksport m	vývoz m	—
regulamento de exportação m	exportbepalingen f/pl	exportbestämmelser pl	przepisy wywozowe m/pl	stanovení vývozu n	—
licença de exportação f	uitvoervergunning f	exporttillstånd	zezwolenie eksportowe n	vývozní povolení n	—
excedente de exportação m	exportoverschot n	exportöverskott	nadwyżka eksportu f	exportní přebytek m	—
distribuição exclusiva f	alleenverkoop m	ensamagent	wyłączna dystrybucja f	výhradní prodej m	—
representação exclusiva f	alleenvertegenwoordiging f	ensamagentur	wyłączne przedstawicielstwo m	výhradní zastoupení n	—
disponível	—	färdig att avhämtas	gotowe do odbioru	připraven k vyzvednutí	elvitelre kész
pronto para ser expedido	—	färdig för leverans	gotowy do wysyłki	připravený k expedici	szállításra kész
objecção f	—	reklamation	reklamacja f	reklamace f	kifogásolás
reclamação f	—	reklamation	zażalenie n	stížnost f	panasz
acção judicial f	—	åtal	skarga f	žaloba f	panasz
aviso de defeito m	—	reklamation	reklamacja wady towaru f	oznámení závad n	minőségi kifogás
reclamação f	—	reklamation	reklamacja f	reklamace f	reklamáció
acção judicial f	klacht f	åtal	skarga f	žaloba f	panasz
cliente m	—	kund	klient m	zákazník m	vevő
serviço pós-venda m	—	kundtjänst	serwis m	služba zákazníkům f	ügyfélszolgálat
clientela f	—	kundkrets	klientela f	zákaznictvo n	vevőkör
clientela f	—	kundkrets	klientela f	okruh zákazníků m	vevőkör
número de referência do cliente m	—	kundnummer	numer klienta m	evidenční číslo zákazníka n	vevő száma
cliente estrangeiro m	—	utlandskund	klient zagraniczny m	zahraniční zákazník m	külföldi vevő
transparência do balanço f	doorzichtigheid van de balans f	balanstransparens	—	bilanční čistota f	a mérleg világossága
categoria de qualidade f	kwaliteitsklasse f	kvalitetskategori	—	jakostní třída f	minőségi osztály
cláusula f	clausule f	klausul	klauzula f	doložka f	záradék
cláusula f	clausule f	—	klauzula f	doložka f	záradék
cláusula f	clausule f	klausul	—	doložka f	záradék
cláusula dólar f	dollarclausule f	dollarklausul	—	dolarová doložka f	dollárzáradék
cláusula de indexação f	indexclausule f	indexklausul	—	indexová klauzule f	valorizációs záradék
cláusula de rescisão f	annuleringsclausule f	uppsägningsklausul	—	doložka o odstoupení f	mentesítő záradék

klauzula odwoławcza

	D	E	F	I	ES
klauzula odwoławcza (PL)	Widerrufsklausel f	revocation clause	clause de révocation f	clausola di revoca f	cláusula revocatoria f
klauzula towarowa (PL)	Handelsklausel f	trade clause	clause commerciale f	clausola commerciale f	cláusula comercial f
klauzula tranzytowa (PL)	Transitklausel f	transit clause	clause de transit f	clausola di transito f	cláusula de tránsito f
klauzula walutowa (PL)	Währungsklausel f	currency clause	clause monétaire f	clausola monetaria f	cláusula monetaria f
klauzula za gotówkę z magazynu (PL)	Cash-and-carry-Klausel f	cash-and-carry clause	clause de cash-and-carry f	clausola cash-and-carry f	cláusula contractual de "paga y llévatelo" f
kleinere levering (NL)	Minderlieferung f	short delivery	livraison en quantité inférieure f	fornitura ridotta f	envío incompleto m
kleinhandel (NL)	Einzelhandel m	retail trade	commerce de détail m	commercio al dettaglio m	comercio al por menor m
kleinhandelaar (NL)	Einzelhändler m	retailer	commerçant détaillant m	dettagliante m	minorista m
kleinhandelsmarge (NL)	Einzelhandelsspanne f	retail price margin	marge de détail f	margine del dettagliante m	margen del comercio al por menor m
kleinhandelsprijs (NL)	Ladenpreis f	retail price	prix de vente m	prezzo al consumo m	precio de venta m
klient (PL)	Kunde m	customer	client m	cliente m	cliente m
klientela (PL)	Kundschaft f	clientele	clientèle f	clientela f	clientela f
klientela (PL)	Kundenkreis m	customers	clientèle f	clientela f	clientela f
klient zagraniczny (PL)	Auslandskunde m	foreign customer	client étranger m	cliente estero m	cliente extranjero m
kluis (NL)	Tresor m	safe	coffre-fort m	cassaforte f	caja fuerte f
kmenová akcie (CZ)	Stammaktie f	ordinary shares	action ordinaire f	azione ordinaria f	acción ordinaria f
kmenový kapitál (CZ)	Stammkapital n	share capital	capital social m	capitale sociale m	capital social m
k nahlédnutí (CZ)	zur Ansicht	on approval	à vue	in visione	para examen
knapp (D)	—	scarce	rare	scarso	escaso
knapp (SV)	knapp	scarce	rare	scarso	escaso
kockázati felár (H)	Risikoprämie f	risk premium	prime de risque f	premio di rischio m	prima de riesgo f
kocsirakomány (H)	Wagenladung f	lorry-load	charge de voiture f	carico di autocarro m	carga de un vagón f
kod pocztowy (PL)	Postleitzahl f	postal code	code postal m	codice d'avviamento postale m	código postal m
koerier (NL)	Eilbote m	express messenger	facteur spécial m	corriere m	expreso m
koers (NL)	Kurs m	exchange rate	cours m	corso m	tipo de cambio m
koersintervientie (NL)	Kursstützung f	price pegging	soutiens des cours m	difesa dei corsi f	sostén de las cotizaciones m
koerslijst (NL)	Kurszettel m	stock exchange list	feuille de bourse f	listino di borsa m	boletín de bolsa m
koersnotering (NL)	Kursnotierung f	quotation of prices	cotation f	quotazione dei cambi f	cotización m
koersstijging (NL)	Kurssteigerung f	price advance	hausse f	aumento dei corsi m	alza de las cotizaciones f
koersverlies (NL)	Kursverlust m	loss on stock prices	perte sur les cours f	perdita sul cambio f	pérdida en bolsa f
koers/winstverhouding (NL)	Kurs-Gewinn-Verhältnis n	price-earnings ratio	relation cours-bénéfice f	rapporto corso-profitto m	relación cotización-ganancia f
kölcsön (H)	Darlehen n	loan	prêt m	mutuo m	préstamo m
kolektivní smlouva (CZ)	Tarifvertrag m	collective agreement	convention	accordo collettivo m	contrato
kolísání kursů (CZ)	Floating n	floating	système des changes flottants m	fluttuazione f	flotación f
kolísání výroby (CZ)	Produktionsschwankung f	fluctuations in production	fluctuations de la production f/pl	oscillazione della produzione f	fluctuaciones en la producción f/pl
kolkovné (CZ)	Stempelgebühr f	stamp duty	droit de timbre m	diritto di bollo m	derechos de timbre m/pl
kollektivavtal (SV)	Tarifvertrag m	collective agreement	convention	accordo collettivo m	contrato
kollektiv szerződés (H)	Tarifvertrag m	collective agreement	convention	accordo collettivo m	contrato
kollektív szerződés szerinti bér (H)	Tariflohn m	standard wages	salaire conventionnel m	retribuzione contrattuale f	salario según convenio colectivo

kollektív szerződés szerinti bér

P	NL	SV	PL	CZ	H
cláusula de revogação f	herroepingsclausule f	återkallningsklausul	—	odvolávací doložka f	érvénytelenítő záradék
cláusulas comerciais f/pl	handelsclausule f	handelsklausul	—	obchodní doložka f	kereskedelmi szokványok
cláusula de trânsito f	doorvoerclausule f	transitoklausul	—	tranzitní doložka f	tranzitzáradék
cláusula monetária f	muntclausule f	valutaklausul	—	měnová doložka f	valutazáradék
cláusula de pagamento contra entrega f	cash-and-carry-clausule f/m	cash and carry-klausul	—	doložka o platbě v hotovosti a odvozu zboží f	fizesd és vidd
entrega reduzida f	—	underleverans	niepełna dostawa f	snížení objemu dodávky n	hiányos szállítmány
comércio a retalho m	—	detaljhandel	handel detaliczny m	maloobchod m	kiskereskedelem
retalhista m	—	detaljist	detalista m	maloobchodník m	kiskereskedő
margem do comércio a retalho f	—	marginal	marża detaliczna f	maloobchodní rozpětí n	kiskereskedelmi árrés
preço de venda m	—	butikspris	cena detaliczna f	prodejní cena f	bolti ár
cliente m	klant m	kund	—	zákazník m	vevő
clientela f	klantenkring m	kundkrets	—	zákaznictvo n	vevőkör
clientela f	klantenkring m	kundkrets	—	okruh zákazníků m	vevőkör
cliente estrangeiro m	klant in het buitenland m	utlandskund	—	zahraniční zákazník m	külföldi vevő
caixa-forte f	—	kassaskåp	sejf m	trezor m	páncélszekrény
acção ordinária f	gewoon aandeel n	stamaktie	akcja założycielska f	—	törzsrészvény
capital social m	maatschappelijk kapitaal n	aktiekapital	kapitał zakładowy m	—	törzstőke
para aprovação	op zicht	till påseende	do wglądu	—	megtekintésre
escasso	schaars	knapp	w niedoborze	těsný	szűkös
escasso	schaars	knapp	w niedoborze	těsný	szűkös
prémio de risco m	risicopremie f	riskpremie	premia za ryzyko f	riziková prémie f	—
carga de vagão f	wagonlading f	billast	ładunek wagonowy m	nakládka na vůz f	—
código postal m	postcode m	postnummer	—	poštovní směrovací číslo n	postai irányítószám
mensageiro expresso m	—	kurir	goniec pospieszny m	kurýr m	gyorsfutár
taxa de curso f	—	kurs	kurs m	kurs m	árfolyam
sustentação do curso f	—	kursstöd	podtrzymywanie kursu n	podpora kursu f	árfolyam-támogatás
boletim da bolsa m	—	börslista	nota maklerska f	kursovní lístek m	árfolyamjegyzék
cotação f	—	kursnotering	notowanie kursów m	záznam kursu m	árfolyamjegyzés
alta das cotações f	—	kursökning	hossa f	vzestup kursu m	árfolyam-emelkedés
perda no câmbio f	—	kursförlust	strata kursowa f	kursovní ztráta f	árfolyamveszteség
relação curso-benefício f	—	p/e-tal	stosunek ceny akcji do jej dywidenty m	poměr ceny a zisku m	árfolyam-nyereség arány
mútuo m	lening f	lån	pożyczka f	půjčka f	—
contrato colectivo m	collectieve arbeidsovereenkomst f	kollektivavtal	umowa zbiorowa f	—	kollektív szerződés
flutuante	zweven n	flytande	płynność kursów walut n	—	lebegtetés
flutuações na produção f/pl	productieschommeling f	fluktuationer i produktion	wahania produkcji n/pl	—	termelésingadozás
imposto do selo m	zegelrecht n	stämpelavgift	opłata stemplowa f	—	bélyegilleték
contrato colectivo m	collectieve arbeidsovereenkomst f	—	umowa zbiorowa f	kolektivní smlouva f	kollektív szerződés
contrato colectivo m	collectieve arbeidsovereenkomst f	kollektivavtal	umowa zbiorowa f	kolektivní smlouva f	—
salário convencional m	loontarief n	avtalsenlig lön	płaca według taryfikatora f	tarifní mzda f	—

kollektív szerződést megkötő fél

	D	E	F	I	ES
kollektív szerződést megkötő fél (H)	Tarifpartner m/pl	parties to a collective wage agreement	signataires d'une convention collective m/pl	parti stipulanti un contratto collettivo f/pl	parte contratante en un convenio colectivo f
kolli (SV)	Frachtstücke n/pl	packages	colis m	colli m/pl	bultos m/pl
költségátalány (H)	Spesenpauschale f	allowance for expenses	forfait de frais m	forfait di spese m	suma global de gastos f
költségcsökkentés (H)	Kostendämpfung f	combating rising costs	réduction des coûts f	contenimento dei costi m	disminución de costes f
költségcsökkentés (H)	Kostensenkung f	cost reduction	réduction des coûts f	diminuzione dei costi m	reducción de costes f
költségek (H)	Kosten pl	costs	coûts m/pl	costi m/pl	gastos m/pl
költségek (H)	Spesen f	expenses	frais m/pl	spese f/pl	gastos m/pl
költségek minimalizálása (H)	Kostenminimierung f	minimisation of costs	réduction des coûts f	minimizzazione dei costi f	minimación de gastos f
költségelőny (H)	Kostenvorteil m	cost advantage	avantage de coût m	vantaggio di costo m	ventaja de costes f
költségelszámolás (H)	Spesenabrechung f	statement of expenses	décompte des frais m	conteggio delle spese m	liquidación de gastos f
költségfajták (H)	Kostenarten f/pl	cost types	coûts par nature m/pl	tipi di costi m/pl	clases de costes f/pl
költség-haszon elemzés (H)	Kosten-Nutzen-Analyse f	cost-benefit analysis	analyse du ratio coût/profit f	analisi costi-benefici f	análisis de coste-beneficio m
költséghely (H)	Kostenstelle f	cost accounting centre	unité de gestion absorbant des coûts f	centro di costo m	posición de costes f
költségmentesen állomáson kirakva (H)	frei Station	free ex station	franco en gare	franco stazione	franco estación
költségmentesen hajóra rakva (H)	frei Schiff	free on ship	franco sur navire	franco a bordo	franco vapor
költségmentesen házhoz szállítva (H)	frei Haus	carriage paid	franco domicile	franco domicilio	franco domicilio
költségmentesen raktárba szállítva (H)	frei Lager	free ex warehouse	franco entrepôt	franco magazzino	franco almacén
költségmentesen vagonba rakva (H)	ab Bahnhof	free on rail	départ gare	franco stazione	franco estación
költségmentesen vagonba rakva (H)	frei Waggon	free on rail	franco sur wagon	franco vagone	franco vagón
költségrobbanás (H)	Kostenexplosion f	cost escalation	explosion des coûts f	esplosione dei costi f	explosión de los costes f
költségtervkészítés (H)	Plankostenrechnung f	calculation of the budget costs	calcul de l'écart sur cadence de fabrication m	calcolo dei costi pianificati m	cálculo de costes del plan m
költségvetés (H)	Budget n	budget	budget m	bilancio m	presupuesto m
költségvetés (H)	Etat m	budget	budget m	bilancio m	presupuesto m
költségvetés (H)	Haushalt m	budget	budget m	bilancio m	presupuesto m
költségvetési deficit (H)	Haushaltsdefizit n	budgetary deficit	déficit budgétaire m	deficit di bilancio m	déficit presupuestario m
költségvetési politika (H)	Finanzpolitik f	financial policy	politique financière f	politica finanziaria f	política financiera f
költségvetés készítése (H)	Budgetierung f	budgeting	planification des coûts f	compilazione del bilancio f	establecimiento del presupuesto m
költségvetés kiegyenlítése (H)	Budgetausgleich m	balancing of the budget	équilibrage du budget m	pareggio di bilancio m	balance del presupuesto m
költségviselő (H)	Kostenträger m	paying authority	poste de production absorbant des coûts m	chi sostiene le spese	que sufraga los costes
komanditista (CZ)	Kommanditist m	limited partner	commanditaire m	socio accomandante m	comanditario m
komanditní společnost (CZ)	Kommanditgesellschaft f	limited partnership	société en commandite f	società in accomandita semplice f	sociedad comanditaria f
komanditní společnost na akcie (CZ)	Kommanditgesellschaft auf Aktien f	partnership limited by shares	société en commandite par actions f	società in accomandita por azioni f	sociedad comanditaria por acciones f
komandytariusz (PL)	Kommanditist m	limited partner	commanditaire m	socio accomandante m	comanditario m

komandytariusz

P	NL	SV	PL	CZ	H
partes de um acordo colectivo f/pl	sociale partners m/pl	arbetsmarknadens parter pl	strona w umowie zbiorowej f	účastníci kolektivní smlouvy m/pl	—
peças de frete f/pl	vrachtstuk n	—	liczba jednostek przewożonych f	přepravní kus m	szállított csomagok
ajudas de custo para despesas f/pl	overeengekomen kostenbedrag n	ospecificerat traktamente	ryczałt na wydatki m	paušál pro výlohy m	—
contenção de custos f	kostenbesparing f	kostnadsdämpning	redukcja wzrostu kosztów f	útlum nákladů m	—
redução de custos f	kostenverlaging f	kostnadsminskning	redukcja kosztów f	snížení nákladů n	—
custos m/pl	kosten m/pl	kostnader pl	koszty m/pl	náklady m/pl	—
despesas f/pl	kosten m/pl	traktamente	koszty m/pl	výlohy f/pl	—
minimização de custos f	kostenminimalisering f	kostnadsminimering	minimalizacja kosztów f	minimalizace nákladů f	—
vantagem de custos f	kostenvoordeel n	kostnadsfördel	korzystne koszty m/pl	výhoda v nákladech f	—
prestação de contas referente às despesas f	kostenaftrekking f	traktamentsredovisning	rozliczenie kosztów n	vyúčtování výloh n	—
classes de custos f/pl	kostensoorten f/pl	typer av kostnader pl	rodzaje kosztów m/pl	druhy nákladů m/pl	—
análise da relação custo-benefício f	kosten-baten-analyse f	kostnads- och intäktsanalys	analiza	analýza nákladů a úžitků f	—
centro de custos m	kostenplaats f	utgiftspost	miejsce powstawania kosztów n	oddělení nákladů n	—
estação franca	franco station	fritt station	franco stacja	vyplaceně do stanice	—
franco a bordo	franco schip	fritt ombord	franco statek	vyplaceně na palubu lodi	—
domicílio franco m	franco huis	fritt köparens lager eller affärsadress	dostawa franco odbiorca f	vyplaceně do domu	—
armazém franco	franco opslagplaats	fritt lager	franco magazyn	vyplaceně do skladu	—
ex caminhos de ferro	af station	fritt från järnväg	ze stacji kolejowej	z nádraží n	—
vagão franco	franco wagon	fritt järnvägsvagn	franco wagon	vyplaceně do vagonu	—
explosão dos custos f	kostenexplosie f	explosionsartad kostnadsökning	eksplozja kosztów f	exploze nákladů f	—
cálculo dos custos orçamentados m	berekening van de geplande kosten f	budgetkostnadskalkyl	rachunek kosztów planowanych m	výpočet plánovaných nákladů m	—
orçamento m	budget n	budget	budżet m	rozpočet m	—
orçamento m	budget n	budget	budżet m	rozpočet m	—
orçamento m	begroting f	budget	budżet m	rozpočet m	—
défice orçamental m	begrotingsdeficit n	budgetunderskott	deficyt budżetowy m	schodek v rozpočtu m	—
política financeira f	financiële politiek f	finanspolitik	polityka finansowa f	finanční politika m	—
execução do orçamento f	budgettering f	budgetering	budżetowanie n	rozpočtování n	—
equilíbrio orçamental m	begrotingsaanpassing f	budgetbalansering	wyrównanie budżetu n	vyrovnání rozpočtu n	—
portador de custo m	kostendrager m	betalande part	nośnik kosztów m	nositel nákladů m	—
comanditário m	commanditaris m	kommanditdelägare	komandytariusz m	—	betéti társaság kültagja
sociedade em comandita f	commanditaire vennootschap f	kommanditbolag	spółka komandytowa f	—	betéti társaság
sociedade em comandita por acções f	commanditaire vennootschap op aandelen f	kommanditbolag med aktier	spółka komandytowa akcyjna f	—	betéti részvénytársaság
comanditário m	commanditaris m	kommanditdelägare	—	komanditista m	betéti társaság kültagja

kombinace marketingu

	D	E	F	I	ES
kombinace marketingu (CZ)	Marketing-Mix m	mixture of marketing strategies	marketing mixte m f	marketing mix m	mezcla de marketing f
kombination av marknadsvariabler (SV)	Marketing-Mix m	mixture of marketing strategies	marketing mixte m f	marketing mix m	mezcla de marketing f
komisant (PL)	Kommissionär m	commission agent	commissionnaire m	commissionario m	comisionista m
komise (CZ)	Kommission f	commission	commission f	commissione f	comisión f
komisionář (CZ)	Kommissionär m	commission agent	commissionnaire m	commissionario m	comisionista m
komisionářský obchod (CZ)	Kommissionsgeschäft n	commission business	affaire en commission f	operazione di commissione f	operación de comisión f
komisja (PL)	Kommission f	commission	commission f	commissione f	comisión f
kommanditbolag (SV)	Kommanditgesellschaft f	limited partnership	société en commandite f	società in accomandita semplice f	sociedad comanditaria f
kommanditbolag med aktier (SV)	Kommanditgesellschaft auf Aktien f	partnership limited by shares	société en commandite par actions f	società in accomandita per azioni f	sociedad comanditaria por acciones f
kommanditdelägare (SV)	Kommanditist m	limited partner	commanditaire m	socio accomandante m	comanditario m
Kommanditgesellschaft (D)	—	limited partnership	société en commandite f	società in accomandita semplice f	sociedad comanditaria f
Kommanditgesellschaft auf Aktien (D)	—	partnership limited by shares	société en commandite par actions f	società in accomandita per azioni f	sociedad comanditaria por acciones f
Kommanditist (D)	—	limited partner	commanditaire m	socio accomandante m	comanditario m
Kommission (D)	—	commission	commission f	commissione f	comisión f
kommission (SV)	Kommission f	commission	commission f	commissione f	comisión f
Kommissionär (D)	—	commission agent	commissionnaire m	commissionario m	comisionista m
kommissionär (SV)	Kommissionär m	commission agent	commissionnaire m	commissionario m	comisionista m
Kommissionsgeschäft (D)	—	commission business	affaire en commission f	operazione di commissione f	operación de comisión f
kommissionsverksamhet (SV)	Kommissionsgeschäft n	commission business	affaire en commission f	operazione di commissione f	operación de comisión f
kommunala lån (SV)	Kommunalanleihen f/pl	local authority loan	emprunts communaux m/pl	prestiti comunali m/pl	empréstito municipal m
Kommunalanleihen (D)	—	local authority loan	emprunts communaux m/pl	prestiti comunali m/pl	empréstito municipal m
komora zahraničního obchodu (CZ)	Außenhandelskammer f	chamber of foreign trade	chambre du commerce extérieur f	camera di commercio estero f	cámara del comercio exterior f
komornik (PL)	Gerichtsvollzieher m	bailiff	huissier de justice m	ufficiale giudiziario m	ejecutor judicial m
kompensation (SV)	Entschädigung f	compensation	indemnité f	indennità f	indemnización f
Kompensationsgeschäft (D)	—	barter transaction	affaire de compensation f	operazione di compensazione f	operación de compensación f
kompensationsutbetalning (SV)	Ausgleichszahlung f	deficiency payment	payement pour solde de compte m	conguaglio m	pago de compensación m
kompenzációs ügylet (H)	Kompensationsgeschäft n	barter transaction	affaire de compensation f	operazione di compensazione f	operación de compensación f
kompenzační obchod (CZ)	Kompensationsgeschäft n	barter transaction	affaire de compensation f	operazione di compensazione f	operación de compensación f
kompletna dostawa (PL)	Gesamtlieferung f	total delivery	livraison totale f	fornitura completa f	suministro total f
komputer (PL)	Computer m	computer	ordinateur m	computer m	ordenador m
komunální půjčky (CZ)	Kommunalanleihen f/pl	local authority loan	emprunts communaux m/pl	prestiti comunali m/pl	empréstito municipal m
koncentration (SV)	Agglomeration f	aggregation	agglomération f	agglomerazione f	aglomeración f
koncern (SV)	Konzern m	group	groupe industriel m	gruppo industriale m	consorcio m
koncern (PL)	Konzern m	group	groupe industriel m	gruppo industriale m	consorcio m
koncern (CZ)	Konzern m	group	groupe industriel m	gruppo industriale m	consorcio m
koncern (CZ)	Trust m	trust	trust m	trust m	trust m
koncese (CZ)	Konzession f	licence	concession f	concessione f	concesión f
koncesja (PL)	Konzession f	licence	concession f	concessione f	concesión f
koncesszió (H)	Konzession f	licence	concession f	concessione f	concesión f
Kondition (D)	—	condition	condition f	condizione f	condición f

Kondition

P	NL	SV	PL	CZ	H
marketing-mix m	marketingmix m	kombination av marknadsvariabler	mieszanka marketingowa f	—	marketing-mix
marketing-mix m	marketingmix m	—	mieszanka marketingowa f	kombinace marketingu f	marketing-mix
comissionista m	commissionaris m	kommissionär	—	komisionář m	bizományos
comissão f	commissie f	kommission	komisja f	—	bizottság
comissionista m	commissionaris m	kommissionär	komisant m	—	bizományos
negócio à comissão m	commissiehandel m	kommissionsverksamhet	transakcja komisowa f	—	bizományi ügylet
comissão f	commissie f	kommission	—	komise f	bizottság
sociedade em comandita f	commanditaire vennootschap f	—	spółka komandytowa f	komanditní společnost f	betéti társaság
sociedade em comandita por acções f	commanditaire vennootschap op aandelen f	—	spółka komandytowa akcyjna f	komanditní společnost na akcie f	betéti részvénytársaság
comanditário m	commanditaris m	—	komandytariusz m	komanditista m	betéti társaság kültagja
sociedade em comandita f	commanditaire vennootschap f	kommanditbolag	spółka komandytowa f	komanditní společnost f	betéti társaság
sociedade em comandita por acções f	commanditaire vennootschap op aandelen f	kommanditbolag med aktier	spółka komandytowa akcyjna f	komanditní společnost na akcie f	betéti részvénytársaság
comanditário m	commanditaris m	kommanditdelägare	komandytariusz m	komanditista m	betéti társaság kültagja
comissão f	commissie f	kommission	komisja f	komise f	bizottság
comissão f	commissie f	—	komisja f	komise f	bizottság
comissionista m	commissionaris m	kommissionär	komisant m	komisionář m	bizományos
comissionista m	commissionaris m	—	komisant m	komisionář m	bizományos
negócio à comissão m	commissiehandel m	kommissionsverksamhet	transakcja komisowa f	komisionářský obchod m	bizományi ügylet
negócio à comissão m	commissiehandel m	—	transakcja komisowa f	komisionářský obchod m	bizományi ügylet
empréstimo municipal m	gemeenteleningen f/pl	—	pożyczka komunalna f	komunální půjčky f/pl	önkormányzati kölcsönök
empréstimo municipal m	gemeenteleningen f/pl	kommunala lån	pożyczka komunalna f	komunální půjčky f/pl	önkormányzati kölcsönök
câmara de comércio exterior f	kamer voor buitenlandse handel f/m	exporttråd	Izba Handlu Zagranicznego f	—	külkereskedelmi kamara
oficial de justiça m	gerechtsdeurwaarder m	utmätningsman	—	soudní vykonavatel m	bírósági végrehajtó
indemnização f	schadevergoeding f	—	odszkodowanie n	náhrada f	kártalanítás
operação de compensação f	compensatietransactie f	byteshandel	transakcja kompensacyjna f	kompenzační obchod m	kompenzációs ügylet
pagamento de compensação m	afvloeiingsvergoeding f	—	wyrównanie płacy n	vyrovnávací platba f	pénzbeli kiegyenlítés
operação de compensação f	compensatietransactie f	byteshandel	transakcja kompensacyjna f	kompenzační obchod m	—
operação de compensação f	compensatietransactie f	byteshandel	transakcja kompensacyjna f	—	kompenzációs ügylet
entrega total f	totale levering f	total leverans	—	celková dodávka f	teljes szállítás
computador m	computer m	dator	—	počítač m	számítógép
empréstimo municipal m	gemeenteleningen f/pl	kommunala lån	pożyczka komunalna f	—	önkormányzati kölcsönök
aglomeração f	agglomeratie f	—	aglomeracja f	aglomerace f	agglomeráció
grupo m	concern n	—	koncern m	koncern m	konszern
grupo m	concern n	koncern	—	koncern m	konszern
grupo m	concern n	koncern	koncern m	—	konszern
trust m	trust m	trust	trust m	—	tröszt
concessão f	concessie f	licens	koncesja f	—	koncesszió
concessão f	concessie f	licens	—	koncese f	koncesszió
concessão f	concessie f	licens	koncesja f	koncese f	—
condição f	voorwaarde f	villkor	warunek m	podmínka f	feltétel

konec čtvrtletí 536

	D	E	F	I	ES
konec čtvrtletí (CZ)	Quartalsende n	end of the quarter	fin de trimestre f	fine trimestre f	final del trimestre m
konečná kontrola (CZ)	Endkontrolle f	final control	contrôle final m	controllo finale m	control final m
konečná rozvaha (CZ)	Schlußbilanz f	closing balance	bilan de clôture m	bilancio consuntivo m	balance final m
konečný odběratel (CZ)	Endabnehmer m	ultimate buyer	preneur final m	acquirente finale m	comprador final m
konečný spotřebitel (CZ)	Endverbraucher m	ultimate consumer	consommateur final m	consumatore finale m	consumidor final m
konec úředních hodin (CZ)	Büroschluß m	office closing hours	fermeture des bureaux f	orario di chiusura dell'ufficio m	hora de cierre de la oficina f
konference (CZ)	Konferenz f	conference	conférence f	conferenza f	conferencia f
konferencia (H)	Konferenz f	conference	conférence f	conferenza f	conferencia f
konferencja (PL)	Besprechung f	discussion	conférence f	colloquio m	reunión f
konferencja (PL)	Konferenz f	conference	conférence f	conferenza f	conferencia f
konferencja (PL)	Tagung	meeting	congrès m	congresso m	reunión f
konferens (SV)	Konferenz f	conference	conférence f	conferenza f	conferencia f
Konferenz (D)	—	conference	conférence f	conferenza f	conferencia f
konfidentiellt (SV)	streng vertraulich	strictly confidential	strictement confidentiel	strettamente confidenziale	absolutamente confidencial
konfiskace (CZ)	Beschlagnahme f	confiscation	saisie f	confisca f	confiscación f
konfiskata (PL)	Beschlagnahme f	confiscation	saisie f	confisca f	confiscación f
koniec kwartału (PL)	Quartalsende n	end of the quarter	fin de trimestre f	fine trimestre f	final del trimestre m
koniec urzędowania (PL)	Büroschluß m	office closing hours	fermeture des bureaux f	orario di chiusura dell'ufficio m	hora de cierre de la oficina f
koniunktura (PL)	Konjunktur f	economic cycle	conjoncture f	congiuntura f	conyuntura f
Konjunktur (D)	—	economic cycle	conjoncture f	congiuntura f	conyuntura f
konjunktur (SV)	Konjunktur f	economic cycle	conjoncture f	congiuntura f	conyuntura f
konjunktura (CZ)	Konjunktur f	economic cycle	conjoncture f	congiuntura f	conyuntura f
konjunktúra (H)	Konjunktur f	economic cycle	conjoncture f	congiuntura f	conyuntura f
konjunkturální politika (CZ)	Konjunkturpolitik f	economic policy	politique de conjoncture f	politica congiunturale f	política de coyuntura f
konjunktúrapolitika (H)	Konjunkturpolitik f	economic policy	politique de conjoncture f	politica congiunturale f	política de coyuntura f
Konjunkturbelebung (D)	—	economic upturn	relance économique f	ripresa congiunturale f	recuperación coyuntural f
Konjunkturpolitik (D)	—	economic policy	politique de conjoncture f	politica congiunturale f	política de coyuntura f
konjunkturpolitik (SV)	Konjunkturpolitik f	economic policy	politique de conjoncture f	politica congiunturale f	política de coyuntura f
konjunkturuppsving (SV)	Konjunkturbelebung f	economic upturn	relance économique f	ripresa congiunturale f	recuperación coyuntural f
konkurence (CZ)	Konkurrenz f	competition	concurrence f	concorrenza f	competencia f
konkurencia (H)	Konkurrenz f	competition	concurrence f	concorrenza f	competencia f
konkurencja (PL)	Konkurrenz f	competition	concurrence f	concorrenza f	competencia f
konkurencja (PL)	Wettbewerb m	competition	compétition f	concorrenza f	competencia f
konkurenční podnik (CZ)	Konkurrenzunternehmen n	competitor	entreprise concurrente f	impresa concorrente f	empresa competidora f
konkurens vállalat (H)	Konkurrenzunternehmen n	competitor	entreprise concurrente f	impresa concorrente f	empresa competidora f
konkurrens (SV)	Konkurrenz f	competition	concurrence f	concorrenza f	competencia f
konkurrens (SV)	Wettbewerb m	competition	compétition f	concorrenza f	competencia f
konkurrensfördel (SV)	Wettbewerbsvorteil m	competitive advantage	avantage de concurrence m	vantaggio concorrenziale	ventaja de competencia f
konkurrensrestriktioner (SV)	Wettbewerbsbeschränkung f	restraint of competition	restriction apportée à la concurrence f	restrizione della concorrenza f	restricciones a la competencia f/pl
konkurrentföretag (SV)	Konkurrenzunternehmen n	competitor	entreprise concurrente f	impresa concorrente f	empresa competidora f
Konkurrenz (D)	—	competition	concurrence f	concorrenza f	competencia f
Konkurrenzunternehmen (D)	—	competitor	entreprise concurrente f	impresa concorrente f	empresa competidora f
Konkurs (D)	—	bankruptcy	faillite f	fallimento m	quiebra f
konkurs (SV)	Bankrott m	bankruptcy	faillite f	bancarotta f	quiebra f

konkurs

P	NL	SV	PL	CZ	H
fim do trimestre m	kwartaaleinde n	kvartalsslut	koniec kwartału m	—	negyedév vége
controle final m	eindcontrole f	slutkontroll	kontrola ostateczna f	—	végellenőrzés
balanço final m	slotbalans f	utgående balans	bilans końcowy m	—	zárómérleg
comprador final m	eindafnemer m	slutanvändare	odbiorca finalny m	—	végfelhasználó
consumidor final m	eindverbruiker m	faktisk konsument	konsument ostateczny m	—	fogyasztó
hora de fechar o escritório f	sluiting van het kantoor f	stängningstid	koniec urzędowania m	—	hivatalos idő vége
conferência f	conferentie f	konferens	konferencja f	—	konferencia
conferência f	conferentie f	konferens	konferencja f	konference f	—
conferência f	bespreking f	möte	—	porada f	megbeszélés
conferência f	conferentie f	konferens	—	konference f	konferencia
reunião f	zitting f	möte	—	zasedání n	ülés
conferência f	conferentie f	—	konferencja f	konference f	konferencia
conferência f	conferentie f	konferens	konferencja f	konference f	konferencia
estritamente confidencial	strikt vertrouwelijk	—	ściśle poufne	přísně důvěrné	szigorúan bizalmas
confiscação f	inbeslagneming f	beslagtagande	konfiskata f	—	lefoglalás
confiscação f	inbeslagneming f	beslagtagande	—	konfiskace f	lefoglalás
fim do trimestre m	kwartaaleinde n	kvartalsslut	—	konec čtvrtletí m	negyedév vége
hora de fechar o escritório f	sluiting van het kantoor f	stängningstid	—	konec úředních hodin m	hivatalos idő vége
conjuntura f	conjunctuur f	konjunktur	—	konjunktura f	konjunktúra
conjuntura f	conjunctuur f	konjunktur	koniunktura f	konjunktura f	konjunktúra
conjuntura f	conjunctuur f	—	koniunktura f	konjunktura f	konjunktúra
conjuntura f	conjunctuur f	konjunktur	koniunktura f	—	konjunktúra
conjuntura f	conjunctuur f	konjunktur	koniunktura f	konjunktura f	—
política económica f	conjunctuurpolitiek f	konjunkturpolitik	polityka koniunkturalna f	—	konjunktúrapolitika
política económica f	conjunctuurpolitiek f	konjunkturpolitik	polityka koniunkturalna f	konjunkturální politika f	—
conjuntura incentivada f	opleving van de conjunctuur f	konjunkturuppsving	ożywienie koniunktury n	oživení konjunktury n	megélénkülés
política económica f	conjunctuurpolitiek f	konjunkturpolitik	polityka koniunkturalna f	konjunkturální politika f	konjunktúrapolitika
política económica f	conjunctuurpolitiek f	—	polityka koniunkturalna f	konjunkturální politika f	konjunktúrapolitika
conjuntura incentivada f	opleving van de conjunctuur f	—	ożywienie koniunktury n	oživení konjunktury n	megélénkülés
concorrência f	concurrentie f	konkurrens	konkurencja f	—	konkurencia
concorrência f	concurrentie f	konkurrens	konkurencja f	konkurence f	—
concorrência f	concurrentie f	konkurrens	—	konkurence f	konkurencia
competição f	concurrentie f	konkurrens	—	soutěž f	verseny
empresa concorrente f	concurrerende onderneming f	konkurrentföretag	przedsiębiorstwo konkurencyjne n	—	konkurens vállalat
empresa concorrente f	concurrerende onderneming f	konkurrentföretag	przedsiębiorstwo konkurencyjne n	konkurenční podnik m	—
concorrência f	concurrentie f	—	konkurencja f	konkurence f	konkurencia
competição f	concurrentie f	—	konkurencja f	soutěž f	verseny
vantagem competitiva f	concurrentievoordeel n	—	przewaga reklamowa f	výhoda v soutěži f	versenyelőny
restrições à concorrência f/pl	concurrentiebeperking f	—	ograniczenie konkurencji n	omezení soutěže n	versenykorlátozás
empresa concorrente f	concurrerende onderneming f	—	przedsiębiorstwo konkurencyjne n	konkurenční podnik m	konkurens vállalat
concorrência f	concurrentie f	konkurrens	konkurencja f	konkurence f	konkurencia
empresa concorrente f	concurrerende onderneming f	konkurrentföretag	przedsiębiorstwo konkurencyjne n	konkurenční podnik m	konkurens vállalat
falência f	bankroet n	konkurs	upadłość f	konkurs m	csőd
falência f	bankroet n	—	bankructwo n	bankrot m	csőd

konkurs

	D	E	F	I	ES
konkurs (SV)	Konkurs *m*	bankruptcy	faillite *f*	fallimento *m*	quiebra *f*
konkurs (CZ)	Konkurs *m*	bankruptcy	faillite *f*	fallimento *m*	quiebra *f*
konkursansökan (SV)	Konkursantrag *m*	bankruptcy petition	demande en déclaration de faillite *f*	domanda di dichiarazione di fallimento *f*	petición de quiebra *f*
Konkursantrag (D)	—	bankruptcy petition	demande en déclaration de faillite *f*	domanda di dichiarazione di fallimento *f*	petición de quiebra *f*
konkursdomstol (SV)	Konkursgericht *n*	bankruptcy court	tribunal de la faillite *m*	tribunale fallimentare *m*	tribunal de quiebras *m*
konkursfordringsägare (SV)	Konkursgläubiger *m*	bankrupt's creditor	créancier de la faillite *m*	creditore della massa fallimentare *m*	acreedor de la quiebra *m*
konkursförfarande (SV)	Konkursverfahren *n*	bankruptcy proceedings	procédure de faillite *f*	procedura fallimentare *f*	procedimiento de quiebra *m*
konkursförvaltare (SV)	Konkursverwalter *m*	official receiver	liquidateur de la faillite *m*	curatore fallimentare *m*	síndico de quiebra *m*
konkursgäldenär (SV)	Gemeinschuldner *m*	adjudicated bankrupt	débiteur en faillite *m*	debitore fallito *m*	deudor común *m*
Konkursgericht (D)	—	bankruptcy court	tribunal de la faillite *m*	tribunale fallimentare *m*	tribunal de quiebras *m*
Konkursgläubiger (D)	—	bankrupt's creditor	créancier de la faillite *m*	creditore della massa fallimentare *m*	acreedor de la quiebra *m*
konkursmassa (SV)	Konkursmasse *f*	bankrupt's estate	masse de la faillite *f*	massa fallimentare *f*	masa de la quiebra *f*
Konkursmasse (D)	—	bankrupt's estate	masse de la faillite *f*	massa fallimentare *f*	masa de la quiebra *f*
konkurs na místo (CZ)	Stellenausschreibung *f*	advertisement of a vacancy	mise au concours d'une place *f*	bando di concorso per impiegati *m*	convocatoria de oposiciones *f*
konkursní podstata (CZ)	Konkursmasse *f*	bankrupt's estate	masse de la faillite *f*	massa fallimentare *f*	masa de la quiebra *f*
konkursní řízení (CZ)	Konkursverfahren *n*	bankruptcy proceedings	procédure de faillite *f*	procedura fallimentare *f*	procedimiento de quiebra *m*
konkursní soud (CZ)	Konkursgericht *n*	bankruptcy court	tribunal de la faillite *m*	tribunale fallimentare *m*	tribunal de quiebras *m*
konkursní věřitel (CZ)	Konkursgläubiger *m*	bankrupt's creditor	créancier de la faillite *m*	creditore della massa fallimentare *m*	acreedor de la quiebra *m*
Konkursverfahren (D)	—	bankruptcy proceedings	procédure de faillite *f*	procedura fallimentare *f*	procedimiento de quiebra *m*
Konkursverwalter (D)	—	official receiver	liquidateur de la faillite *m*	curatore fallimentare *m*	síndico de quiebra *m*
Konnossement (D)	—	bill of lading	connaissement *m*	polizza di carico *f*	conocimiento *m*
konosament (PL)	Konnossement *n*	bill of lading	connaissement *m*	polizza di carico *f*	conocimiento *m*
konosament (PL)	Seefrachtbrief *m*	bill of lading	connaissement *m*	polizza di carico *f*	conocimiento de embarque *m*
konosament (CZ)	Konnossement *n*	bill of lading	connaissement *m*	polizza di carico *f*	conocimiento *m*
konosament (CZ)	Seefrachtbrief *m*	bill of lading	connaissement *m*	polizza di carico *f*	conocimiento de embarque *m*
konosament lotniczy (PL)	Luftfrachtbrief *f*	airwaybill	lettre de transport aérien *f*	lettera di trasporto aereo *f*	transporte aéreo *m*
konossement (SV)	Konnossement *n*	bill of lading	connaissement *m*	polizza di carico *f*	conocimiento *m*
konossement (SV)	Seefrachtbrief *m*	bill of lading	connaissement *m*	polizza di carico *f*	conocimiento de embarque *m*
konsolidace (CZ)	Konsolidierung *f*	consolidation	consolidation *f*	consolidamento *m*	consolidación *f*
konsolidacja (PL)	Konsolidierung *f*	consolidation	consolidation *f*	consolidamento *m*	consolidación *f*
konsolidering (SV)	Konsolidierung *f*	consolidation	consolidation *f*	consolidamento *m*	consolidación *f*
Konsolidierung (D)	—	consolidation	consolidation *f*	consolidamento *m*	consolidación *f*
konsorcjum (PL)	Konsortium *n*	consortium	consortium *m*	consorzio *m*	consorcio *m*
konsorcjum bankowe (PL)	Bankenkonsortium *n*	banking syndicate	consortium des banques *m*	consorzio bancario *m*	consorcio bancario *m*
Konsortium (D)	—	consortium	consortium *m*	consorzio *m*	consorcio *m*
konsortium (SV)	Konsortium *n*	consortium	consortium *m*	consorzio *m*	consorcio *m*
konstantní cena (CZ)	Festpreis *m*	fixed price	prix fixe *m*	prezzo fisso *m*	precio fijo *m*
konsultacja (PL)	Beratung *f*	advice	consultation *f*	consulenza *f*	asesoramiento *m*
Konsument (D)	—	consumer	consommateur *m*	consumatore *m*	consumidor *m*

Konsument

P	NL	SV	PL	CZ	H
falência f	bankroet n	—	upadłość f	konkurs m	csőd
falência f	bankroet n	konkurs	upadłość f	—	csőd
pedido de declaração de falência m	faillissementsaanvraag f	—	wniosek o ogłoszenie upadłości m	ohlášení konkursu n	csődbejelentés
pedido de declaração de falência m	faillissementsaanvraag f	konkursansökan	wniosek o ogłoszenie upadłości m	ohlášení konkursu n	csődbejelentés
juiz de falências m	faillissementsrechtbank f/m	—	sąd upadłościowy m	konkursní soud m	csődbíróság
credor da massa falida m	schuldeiser in de boedel m	—	wierzyciel upadłości m	konkursní věřitel m	csődhitelező
processo de falência m	faillissementsprocedure f	—	postępowanie upadłościowe n	konkursní řízení n	csődeljárás
administrador de falência m	curator m	—	syndyk masy upadłościowej m	likvidátor m	csődgondnok
devedor falido m	insolvente schuldenaar m	—	zbankrutowany dłużnik m	úpadkový dlužník m	csődadós
juiz de falências m	faillissementsrechtbank f/m	konkursdomstol	sąd upadłościowy m	konkursní soud m	csődbíróság
credor da massa falida m	schuldeiser in de boedel m	konkursfordringsägare	wierzyciel upadłości m	konkursní věřitel m	csődhitelező
massa falida f	failliete boedel m	—	masa upadłościowa f	konkursní podstata f	csődtömeg
massa falida f	failliete boedel m	konkursmassa	masa upadłościowa f	konkursní podstata f	csődtömeg
aviso de vaga para um emprego m	oproepen van sollicitanten voor een betrekking n	utlysning av tjänst	przetarg o stanowisko pracy m	—	állás meghirdetése
massa falida f	failliete boedel m	konkursmassa	masa upadłościowa f	—	csődtömeg
processo de falência m	faillissementsprocedure f	konkursförfarande	postępowanie upadłościowe n	—	csődeljárás
juiz de falências m	faillissementsrechtbank f/m	konkursdomstol	sąd upadłościowy m	—	csődbíróság
credor da massa falida m	schuldeiser in de boedel m	konkursfordringsägare	wierzyciel upadłości m	—	csődhitelező
processo de falência m	faillissementsprocedure f	konkursförfarande	postępowanie upadłościowe n	konkursní řízení n	csődeljárás
administrador de falência m	curator m	konkursförvaltare	syndyk masy upadłościowej m	likvidátor m	csődgondnok
conhecimento m	connossement n	konossement	konosament m	konosament m	hajóraklevél
conhecimento m	connossement n	konossement	—	konosament m	hajóraklevél
conhecimento de frete marítimo m	connossement n	konossement	—	konosament m	tengeri fuvarlevél
conhecimento m	connossement n	konossement	konosament m	—	hajóraklevél
conhecimento de frete marítimo m	connossement n	konossement	konosament m	—	tengeri fuvarlevél
conhecimento aéreo m	luchtvrachtbrief m	flygfraktsedel	—	letecký nákladní list m	légifuvarlevél
conhecimento m	connossement n	—	konosament m	konosament m	hajóraklevél
conhecimento de frete marítimo m	connossement n	—	konosament m	konosament m	tengeri fuvarlevél
consolidação f	consolidatie f	konsolidering	konsolidacja f	—	konszolidálás
consolidação f	consolidatie f	konsolidering	—	konsolidace f	konszolidálás
consolidação f	consolidatie f	—	konsolidacja f	konsolidace f	konszolidálás
consolidação f	consolidatie f	konsolidering	konsolidacja f	konsolidace f	konszolidálás
consórcio m	consortium n	konsortium	—	sdružení m	konzorcium
consórcio bancário m	bankconsortium n	bankkonsortium	—	bankovní sdružení n	bankkonzorcium
consórcio m	consortium n	konsortium	konsorcjum n	sdružení m	konzorcium
consórcio m	consortium n	—	konsorcjum n	sdružení m	konzorcium
preço fixo m	vaste prijs m	fast pris	cena stała f	—	rögzített ár
consulta f	beraadslaging f	rådgivning	—	porada f	tanácsadás
consumidor m	consument m	konsument	konsument m	spotřebitel m	fogyasztó

konsument

	D	E	F	I	ES
konsument (SV)	Konsument m	consumer	consommateur m	consumatore m	consumidor m
konsument (SV)	Verbraucher m	consumer	consommateur m	consumatore m	consumidor m
konsument (PL)	Konsument m	consumer	consommateur m	consumatore m	consumidor m
konsument (PL)	Verbraucher m	consumer	consommateur m	consumatore m	consumidor m
konsument ostateczny (PL)	Endverbraucher m	ultimate consumer	consommateur final m	consumatore finale m	consumidor final m
Konsumgüter n/plf (D)	—	consumer goods	biens de consommation m/pl	beni di consumo m/pl	bienes de consumo m/pl
konsumować (PL)	verbrauchen	consume	consommer	consumare	consumir
konsumpcja (PL)	Verbrauch m	consumption	consommation f	consumo m	consumo m
konsumtionsvaror (SV)	Konsumgüter n/plf	consumer goods	biens de consommation m/pl	beni di consumo m/pl	bienes de consumo m/pl
konsumtionsvaror (SV)	Verbrauchsgüter n/pl	consumer goods	biens de consommation m/pl	beni non durevoli m/pl	bienes de consumo m/pl
konszern (H)	Konzern m	group	groupe industriel m	gruppo industriale m	consorcio m
konszolidálás (H)	Konsolidierung f	consolidation	consolidation f	consolidamento m	consolidación f
kontant (SV)	bar	cash	au comptant	in contanti	al contado
kontant (SV)	in bar	in cash	au comptant	in contanti	en efectivo
kontantbetalning (SV)	Barzahlung f	cash payment	payement comptant m	pagamento in contanti m	pago al contado m
kontanter (SV)	Bargeld n	cash	argent comptant m	denaro contante m	dinero efectivo m
kontejner (CZ)	Container m	container	container m	container m	contenedor m
kontener (PL)	Container m	container	container m	container m	contenedor m
konténer (H)	Container m	container	container m	container m	contenedor m
kontigentering (SV)	Kontingentierung f	fixing of a quota	contingentement m	contingentamento m	contingentación f
kontingensrendszer (H)	Kontingentierung f	fixing of a quota	contingentement m	contingentamento m	contingentación f
kontingentace (CZ)	Kontingentierung f	fixing of a quota	contingentement m	contingentamento m	contingentación f
Kontingentierung (D)	—	fixing of a quota	contingentement m	contingentamento m	contingentación f
Konto (D)	—	account	compte m	conto m	cuenta f
konto (SV)	Konto n	account	compte f	conto m	cuenta f
konto (PL)	Konto n	account	compte m	conto m	cuenta f
Kontoauszug (D)	—	statement of account	relevé de compte m	estratto conto m	extracto de cuenta m
konto bankowe (PL)	Bankkonto n	bank account	compte en banque m	conto bancario m	cuenta bancaria f
kontobehållning (SV)	Buchgeld n	deposit money	monnaie de crédit f	moneta bancaria f	dinero en depósitos m
Kontoeröffnung (D)	—	opening of an account	ouverture de compte f	accensione di un conto f	apertura de una cuenta f
konto firmowe (PL)	Firmenkonto n	company account	compte de l'entreprise m	conto intestato ad una ditta m	cuenta de la empresa f
kontoföring (SV)	Kontoführung f	keeping of an account	tenue de compte f	tenuta di un conto f	administración de una cuenta f
Kontoführung (D)	—	keeping of an account	tenue de compte f	tenuta di un conto f	administración de una cuenta f
Kontogebühren (D)	—	bank charges	frais de tenue de compte m/pl	comissioni di gestione di un conto m/pl	gastos de administración de una cuenta m/pl
Kontoinhaber (D)	—	account holder	titulaire d'un compte m	titolare del conto m	titular de una cuenta m
kontoinnehavare (SV)	Kontoinhaber m	account holder	titulaire d'un compte m	titolare del conto m	titular de una cuenta m
Kontokorrentkonto (D)	—	current account	compte tenu en compte courant m	conto corrente m	cuenta corriente f
kontokurantkonto (SV)	Kontokorrentkonto n	current account	compte tenu en compte courant m	conto corrente m	cuenta corriente f
Kontonummer (D)	—	account number	numéro de compte m	numero di conto m	número de cuenta m
kontonummer (SV)	Kontonummer f	account number	numéro de compte m	numero di conto m	número de cuenta m
kontoöppnande (SV)	Kontoeröffnung f	opening of an account	ouverture de compte f	accensione di un conto f	apertura de una cuenta f

kontoöppnande

P	NL	SV	PL	CZ	H
consumidor m	consument m	—	konsument m	spotřebitel m	fogyasztó
consumidor m	consument m	—	konsument m	spotřebitel m	fogyasztó
consumidor m	consument m	konsument	—	spotřebitel m	fogyasztó
consumidor m	consument m	—	konsument	spotřebitel m	fogyasztó
consumidor final m	eindverbruiker m	faktisk konsument	—	konečný spotřebitel m	fogyasztó
bens de consumo m/pl	consumptiegoederen n/pl	konsumtionsvaror	dobra konsumpcyjne n/pl	spotřební zboží n	fogyasztási cikkek
consumir	consumeren	förbruka	—	spotřebovat	elfogyaszt
consumo m	consumptie f	förbrukning	—	spotřeba f	fogyasztás
bens de consumo m/pl	consumptiegoederen n/pl	—	dobra konsumpcyjne n/pl	spotřební zboží n	fogyasztási cikkek
bens de consumo m/pl	consumptiegoederen n/pl	—	dobra konsumpcyjne n/pl	spotřební zboží m/pl	fogyasztási javak
grupo m	concern n	koncern	koncern m	koncern m	—
consolidação f	consolidatie f	konsolidering	konsolidacja f	konsolidace f	—
a dinheiro	contant	—	gotówką	hotovostní	készpénzben
em dinheiro	contant	—	gotówką	v hotovosti f	készpénzben
pagamento em dinheiro m	contante betaling f	—	płatność gotówką f	platba v hotovosti f	készpénzes fizetés
dinheiro de contado m	contant geld n	—	gotówka f	hotovost f	készpénz
contentor m	container m	container	kontener m	—	konténer
contentor m	container m	container	—	kontejner m	konténer
contentor m	container m	container	kontener m	kontejner m	—
estabelecimento de contingentes m	contingentering f	—	kontyngentowanie n	kontingentace f	kontingensrendszer
estabelecimento de contingentes m	contingentering f	kontigentering	kontyngentowanie n	kontingentace f	—
estabelecimento de contingentes m	contingentering f	kontigentering	kontyngentowanie n	—	kontingensrendszer
estabelecimento de contingentes m	contingentering f	kontigentering	kontyngentowanie n	kontingentace f	kontingensrendszer
conta f	rekening f	konto	konto n	účet m	számla
conta f	rekening f	—	konto n	účet m	számla
conta f	rekening f	konto	—	účet m	számla
extracto de conta m	rekeninguittreksel n	kontoutdrag	wyciąg z konta m	výpis z účtu m	számlakivonat
conta bancária f	bankrekening f	bankkonto	—	bankovní účet m	bankszámla
dinheiro em conta m	boekgeld n	—	pieniądze na kontach n/pl	zúčtované peníze pl	bankszámlapénz
abertura de conta f	het openen van een rekening n	kontoöppnande	otwarcie konta n	otevření účtu n	számlanyitás
conta da empresa f	bedrijfsrekening f	företagskonto	—	firemní účet m	vállalati számla
administração de conta f	het bijhouden van een rekening n	—	prowadzenie konta n	vedení účtu n	számlavezetés
administração de conta f	het bijhouden van een rekening n	kontoföring	prowadzenie konta n	vedení účtu n	számlavezetés
custos da conta bancária m/pl	rekeningkosten m/pl	bankavgifter pl	opłaty za prowadzenie konta f/pl	poplatky za vedení účtu m/pl	számlavezetési költségek
titular da conta m	rekeninghouder m	kontoinnehavare	właściciel konta m	vlastník účtu m	számlatulajdonos
titular da conta m	rekeninghouder m	—	właściciel konta m	vlastník účtu m	számlatulajdonos
conta corrente f	rekening-courantrekening f	kontokurantkonto	rachunek bieżący m	běžný účet m	folyószámla
conta corrente f	rekening-courantrekening f	—	rachunek bieżący m	běžný účet m	folyószámla
número de conta m	rekeningnummer n	kontonummer	numer konta m	číslo účtu n	számlaszám
número de conta m	rekeningnummer n	—	numer konta m	číslo účtu n	számlaszám
abertura de conta f	het openen van een rekening n	—	otwarcie konta n	otevření účtu n	számlanyitás

kontoöverdrag 542

	D	E	F	I	ES
kontoöverdrag (SV)	Kontoüberziehung f	overdraft of an account	découvert d'un compte m	scoperto di conto m	descubierto m
konto płacowe (PL)	Gehaltskonto n	salary account	compte de domiciliation du salaire m	conto stipendi m	cuenta de salario f
kontor (SV)	Geschäftsstelle f	office	agence f	ufficio m	oficina f
Kontoüberziehung (D)	—	overdraft of an account	découvert d'un compte m	scoperto di conto m	descubierto m
kontoutdrag (SV)	Kontoauszug m	statement of account	relevé de compte m	estratto conto m	extracto de cuenta m
konto walutowe (PL)	Währungskonto n	currency account	compte en monnaies étrangères m	conto in valuta m	cuenta de moneda extranjera f
konto wynikowe (PL)	Erfolgskonto n	statement of costs	compte de résultats m	conto profitti e perdite m	cuenta de beneficios y pérdidas f
konto zagraniczne (PL)	Auslandskonto n	foreign account	compte d'étranger m	conto estero m	cuenta en el extranjero f
kontrahent (PL)	Geschäftspartner f	business partner	associé m	socio m	socio m
kontrakt sprzedażny (PL)	Verkaufsabschluß m	sales contract	contrat de vente m	conclusione di vendita f	conclusión de la venta f
kontrola fúze (CZ)	Fusionskontrolle f	merger control	contrôle de fusion m	controllo delle fusioni m	control de fusiones m
kontrola fuzji (PL)	Fusionskontrolle f	merger control	contrôle de fusion m	controllo delle fusioni m	control de fusiones m
kontrola jakości (PL)	Qualitätskontrolle f	quality control	contrôle de la qualité m	controllo qualità m	verificación de la calidad f
kontrola jakosti (CZ)	Qualitätskontrolle f	quality control	contrôle de la qualité m	controllo qualità m	verificación de la calidad f
kontrola obrotu dewizowego (PL)	Devisenbewirtschaftung f	foreign exchange control	restrictions sur les devises f/pl	controllo dei cambi m	control de divisas m
kontrola ostateczna (PL)	Endkontrolle f	final control	contrôle final m	controllo finale m	control final m
kontrola podatkowa (PL)	Betriebsprüfung f	fiscal audit of operating results	contrôle fiscal de l'entreprise f	revisione aziendale f	inspección de la explotación f
kontrola podnikuf (CZ)	Betriebsprüfung f	fiscal audit of operating results	contrôle fiscal de l'entreprise f	revisione aziendale f	inspección de la explotación f
kontroler podatkowy (PL)	Betriebsprüfer m	auditor	expert-comptable m	revisore aziendale m	inspector fiscal m
kontyngentowanie (PL)	Kontingentierung f	fixing of a quota	contingentement m	contingentamento m	contingentación f
Konventionalstrafe (D)	—	contractual penalty	pénalités conventielles f/pl	penalità convenzionale f	pena convencional f
konvergenciakritériumok (H)	Konvergenzkriterien pl	criteria of convergence	critères de convergence m/pl	criteri di convergenza m	criterios de convergencia m/pl
konvergenskriterier (SV)	Konvergenzkriterien pl	criteria of convergence	critères de convergence m/pl	criteri di convergenza m	criterios de convergencia m/pl
Konvergenzkriterien (D)	—	criteria of convergence	critères de convergence m/pl	criteri di convergenza m	criterios de convergencia m/pl
konverteringskurs (SV)	Umrechnungskurs m	rate of conversion	cours de conversion m	corso di cambio m	tasa de cambio f
konvertibilitás (H)	Konvertibilität f	convertibility	convertibilité f	convertibilità f	convertibilidad f
Konvertibilität (D)	—	convertibility	convertibilité f	convertibilità f	convertibilidad f
konvertibilitet (SV)	Konvertibilität f	convertibility	convertibilité f	convertibilità f	convertibilidad f
könyvelés (H)	Buchführung f	book-keeping	comptabilité f	contabilità f	contabilidad f
könyvelés (H)	Buchhaltung f	accounting	comptabilité f	contabilità f	contabilidad f
könyvelési hiba (H)	Buchungsfehler m	book-keeping error	erreur de comptabilité f	errore di contabilità m	error de contabilidad m
könyvelő (H)	Buchhalter m	book-keeper	comptable m	ragioniere m	contable m
könyv szerinti érték (H)	Buchwert m	book value	valeur comptable f	valore contabile m	valor contable m
könyv szerinti nyereség (H)	Buchgewinn m	book profit	bénéfice comptable m	utile contabile m	beneficio contable m
könyvvizsgálat (H)	Wirtschaftsprüfung m	auditing	contrôle de la gestion et des comptes m	revisione f	revisión de cuentas f

könyvvizsgálat

P	NL	SV	PL	CZ	H
conta a descoberto f	overdisponering f	—	przekroczenie stanu konta n	překročení částky na účtu n	hitelkeret-túllépés (folyószámlán)
conta para depósito de salários f	salarisrekening f	lönekonto	—	účet zřízený pro poukazování příjmu m	munkabér-elszámolási számla
repartição f	kantoor n	—	biuro n	kancelář f	kirendeltség
conta a descoberto f	overdisponering f	kontoöverdrag	przekroczenie stanu konta n	překročení částky na účtu n	hitelkeret-túllépés (folyószámlán)
extracto de conta m	rekeninguittreksel n	—	wyciąg z konta m	výpis z účtu m	számlakivonat
conta em moeda estrangeira f	deviezenrekening f	valutakonto	—	účet v cizí měně	devizaszámla
conta de resultados f	resultatenrekening f	resultatkonto	—	vyúčtování nákladů n	nyereségszámla
conta no exterior f	buitenlandse rekening f	utlandskonto	—	zahraniční účet m	külföldi számla
sócio m	handelspartner m	affärspartner	—	obchodní partner m	üzleti partner
conclusão da venda f	verkoopcontract n	säljavtal	—	uzavření obchodu m	adásvételi szerződés
controle de fusões m	fusiecontrole f	fusionskontroll	kontrola fuzji f	—	cégösszeolvadások ellenőrzése
controle de fusões m	fusiecontrole f	fusionskontroll	—	kontrola fúze f	cégösszeolvadások ellenőrzése
controle de qualidade m	kwaliteitscontrole f	kvalitetskontroll	—	kontrola jakosti f	minőségellenőrzés
controle de qualidade m	kwaliteitscontrole f	kvalitetskontroll	kontrola jakości f	—	minőségellenőrzés
controle de divisas m	deviezenreglementering f	valutakontroll	—	devizové hospodářství n	devizagazdálkodás
controle final m	eindcontrole f	slutkontroll	—	konečná kontrola f	végellenőrzés
investigação pelas autoridades fiscais f	fiscale bedrijfscontrole f/m	granskning från skattemyndighets sida	—	kontrola podnikuf	revízió
investigação pelas autoridades fiscais f	fiscale bedrijfscontrole f/m	granskning från skattemyndighets sida	kontrola podatkowa f	—	revízió
auditor m	accountant m	revisor	—	podnikový kontrolor m	revizor
estabelecimento de contingentes m	contingentering f	kontigentering	—	kontingentace f	kontingensrendszer
multa convencional f	contractuele boete f	avtalsvite	kara umowna f	sjednaná pokuta (penále) f	kötbér
critérios de convergência m/pl	convergentiecriteria n/pl	konvergenskriterier	kryteria konwergencji m/pl	kritéria konvergence n/pl	—
critérios de convergência m/pl	convergentiecriteria n/pl	—	kryteria konwergencji m/pl	kritéria konvergence n/pl	konvergenciakritériumok
critérios de convergência m/pl	convergentiecriteria n/pl	konvergenskriterier	kryteria konwergencji m/pl	kritéria konvergence n/pl	konvergenciakritériumok
taxa de câmbio f	omrekeningskoers m	—	kurs przeliczeniowy m	přepočítací kurs m	átváltási árfolyam
convertibilidade f	convertibiliteit f	konvertibilitet	wymienialność f	směnitelnost f	—
convertibilidade f	convertibiliteit f	konvertibilitet	wymienialność f	směnitelnost f	konvertibilitás
convertibilidâde f	convertibiliteit f	—	wymienialność f	směnitelnost f	konvertibilitás
contabilidade f	boekhouding f	bokföring	księgowość f	účetnictví n	—
contabilidade f	boekhouding f	redovisning	księgowość f	účetnictví n	—
erro contabilístico m	boekingsfout f	redovisningsfel	błąd w księgowaniu m	chyba v účetnictví f	—
guarda-livros m	boekhouder m /boekhoudster f	kamrer	księgowy m	účetní m/f	—
valor contabilístico m	boekwaarde f	bokfört värde	wartość księgowa f	cena podle obchodních knih f	—
lucro contabilístico m	boekwinst f	bokvinst	zysk księgowy m	účetní zisk m	—
auditoria f	controle van de jaarrekeningen f	revision	rewizja gospodarcza f	hospodářská kontrola f	—

könyvvizsgáló 544

	D	E	F	I	ES
könyvvizsgáló (H)	Wirtschaftsprüfer m	auditor	expert-comptable économique et financier m	revisore dei conti m	censor de cuentas m
Konzern (D)	—	group	groupe industriel m	gruppo industriale m	consorcio m
Konzession (D)	—	licence	concession f	concessione f	concesión f
konzorcium (H)	Konsortium n	consortium	consortium m	consorzio m	consorcio m
koopcontract (NL)	Kaufvertrag m	contract of sale	contrat de vente m	contratto di compravendita m	contrato de compraventa m
kooperacja (PL)	Kooperation f	co-operation	coopération f	cooperazione f	cooperación f
kooperant (PL)	Zulieferer m	subcontractor	sous-traitant m	fornitore m	abastecedor m
Kooperation (D)	—	co-operation	coopération f	cooperazione f	cooperación f
kooperation (SV)	Kooperation f	co-operation	coopération f	cooperazione f	cooperación f
kooperativ (SV)	Genossenschaft f	co-operative	société coopérative f	cooperativa f	sociedad cooperativa f
koopkracht (NL)	Kaufkraft f	purchasing power	pouvoir d'achat m	potere d'acquisto m	poder adquisitivo m
koop op krediet (NL)	Kreditkauf m	credit purchase	achat à crédit m	acquisto a credito m	compra a crédito f
koop op krediet (NL)	Zielkauf m	purchase on credit	achat à terme m	acquisto a termine m	compra a plazos m
koop op proef (NL)	Kauf auf Probe	sale on approval	achat à l'essai m	acquisto a titolo di prova m	compra a prueba f
köp (SV)	Kauf m	purchase	achat m	acquisto m	compra f
köpa (SV)	einkaufen	buy	acheter	acquistare	comprar
köpa (SV)	kaufen	buy	acheter	acquistare	comprar
köpare (SV)	Abnehmer m	buyer	acheteur m	acquirente m	tomador m
köparc (SV)	Käufer m	purchaser	acquéreur m	acquirente m	adquirente m
köparens marknad (SV)	Käufermarkt m	buyer's market	marché d'acheteurs m	mercato degli acquirenti m	mercado favorable al comprador m
köparland (SV)	Abnehmerland n	buyer country	pays acheteur m	paese acquirente m	país comprador m
köpavtal (SV)	Kaufvertrag m	contract of sale	contrat de vente m	contratto di compravendita m	contrato de compraventa m
kopen (NL)	kaufen	buy	acheter	acquistare	comprar
koper (NL)	Käufer m	purchaser	acquéreur m	acquirente m	adquirente m
kopersmarkt (NL)	Käufermarkt m	buyer's market	marché d'acheteurs m	mercato degli acquirenti m	mercado favorable al comprador m
koperta (PL)	Briefumschlag m	envelope	enveloppe f	busta f	sobre m
koperta (PL)	Kuvert n	envelope	enveloppe f	busta f	sobre m
kopia (SV)	Abschrift f	copy	copie f	copia f	copia f
kopia (SV)	Kopie f	copy	copie f	copia f	copia f
kopia (PL)	Kopie f	copy	copie f	copia f	copia f
Kopie (D)	—	copy	copie f	copia f	copia f
kopie (NL)	Kopie f	copy	copie f	copia f	copia f
kopie (CZ)	Kopie f	copy	copie f	copia f	copia f
köpkraft (SV)	Kaufkraft f	purchasing power	pouvoir d'achat m	potere d'acquisto m	poder adquisitivo m
köpman (SV)	Händler m	trader	commerçant m	commerciante m	comerciante m
köpman (SV)	Kaufmann m	businessman	négociant m	commerciante m	comerciante m
köppris (SV)	Kaufpreis m	purchase price	prix d'achat m	prezzo d'acquisto m	precio de compra m
korábbra keltezett csekk (H)	vordatierter Scheck m	antedated cheque	chèque antidaté m	assegno postergato m	cheque de fecha adelantada m
korespondenční lístek (CZ)	Postkarte f	postcard	carte postale f	cartolina postale f	tarjeta postal f
korlátolt felelősségű társaság (H)	Gesellschaft mit beschränkter Haftung f	limited liability company	société à responsabilité limitée f	società a responsabilità limitata f	sociedad de responsabilidad limitada f
korlátozás (H)	Restriktion f	restriction	restriction f	restrizione f	restricción f
Körperschaft (D)	—	corporation	collectivité f	corporazione f	corporación f
Körperschaftsteuer (D)	—	corporation tax	taxe sur les sociétés f	imposta sul reddito delle società f	impuesto de corporaciones m
korporace (CZ)	Körperschaft f	corporation	collectivité f	corporazione f	corporación f

korporace

P	NL	SV	PL	CZ	H
auditor m	revisor m	revisor	rewident księgowy m	revisor účtů m	—
grupo m	concern n	koncern	koncern m	koncern m	konszern
concessão f	concessie f	licens	koncesja f	koncese f	koncesszió
consórcio m	consortium n	konsortium	konsorcjum n	sdružení m	—
contrato de compra e venda m	—	köpavtal	umowa kupna f	kupní smlouva f	adásvételi szerződés
cooperação f	coöperatieve vereniging f	kooperation	—	součinnost f	együttműködés
fornecedor m	toelevering f	leverantör	—	subdodavatel m	beszállító
cooperação f	coöperatieve vereniging f	kooperation	kooperacja f	součinnost f	együttműködés
cooperação f	coöperatieve vereniging f	—	kooperacja f	součinnost f	együttműködés
cooperativa f	coöperatieve vereniging f	—	spółdzielnia f	družstvo n	szövetkezet
poder de compra m	—	köpkraft	siła nabywcza f	kupní síla f	vásárlóerő
compra a crédito f	—	kreditköp	kupno na kredyt n	nákup na úvěr m	hitelre történő vásárlás
compra a crédito f	—	målköp	zakup kredytowy m	cílený nákup m	határidős vétel
compra a contento f	—	provköp	kupno na próbę n	koupě na zkoušku f	próbavásárlás
compra f	aankoop m	—	kupno n	nákup m	vásárlás
comprar	inkopen	—	kupować <kupić>	nakupovat <nakoupit>	vásárol
comprar	kopen	—	kupować <kupić>	kupovat <koupit>	vásárol
comprador m	afnemer m	—	odbiorca m	odběratel m	vásárló
comprador m	koper m	—	nabywca m	kupující m/f	vevő
mercado favorável ao comprador m	kopersmarkt f	—	rynek nabywców m	trh kupujícího m	kínálati piac
país comprador m	afnemend land n	—	kraj importujący m	odběratelská země f	a vásárló országa
contrato de compra e venda m	koopcontract n	—	umowa kupna f	kupní smlouva f	adásvételi szerződés
comprar	—	köpa	kupować <kupić>	kupovat <koupit>	vásárol
comprador m	—	köpare	nabywca m	kupující m/f	vevő
mercado favorável ao comprador m	—	köparens marknad	rynek nabywców m	trh kupujícího m	kínálati piac
envelope m	envelop m	kuvert	—	obálka f	levélboríték
envelope m	enveloppe f	kuvert	—	obálka f	boríték
cópia f	duplicaat n	—	odpis m	opis m	másolat
cópia f	kopie f	—	kopia f	kopie f	másolat
cópia f	kopie f	kopia	—	kopie f	másolat
cópia f	kopie f	kopia	kopia f	kopie f	másolat
cópia f	—	kopia	kopia f	kopie f	másolat
cópia f	kopie f	kopia	kopia f	—	másolat
poder de compra m	koopkracht f	—	siła nabywcza f	kupní síla f	vásárlóerő
comerciante m	handelaar m	—	handlarz m	obchodník m	kereskedő
comerciante m	zakenman m	—	kupiec m	obchodník m	kereskedő
preço de compra m	aankoopprijs m	—	cena kupna f	kupní cena f	vételár
cheque pré-datado m	geantidateerde cheque m	fördaterad check	czek postdatowany m	antedatovaný šek m	—
bilhete postal m	briefkaart f	vykort	karta pocztowa f	—	levelezőlap
sociedade de responsabilidade limitada f	besloten vennootschap met beperkte aansprakelijkheid f	aktiebolag med begränsad ansvarighet	spółka z ograniczoną odpowiedzialnością f	společnost s ručením omezeným f	—
restrição f	beperking f	restriktion	restrykcja f	restrikce f	—
corporação f	vennootschap f	juridisk person	korporacja f	korporace f	testület
imposto sobre rendimentos colectivos (IRC) m	vennootschapsbelasting f	bolagsskatt	podatek od osób prawnych m	korporační daň f	társasági adó
corporação f	vennootschap f	juridisk person	korporacja f	—	testület

korporacja

	D	E	F	I	ES
korporacja (PL)	Körperschaft f	corporation	collectivité f	corporazione f	corporación f
korporační daň (CZ)	Körperschaftsteuer f	corporation tax	taxe sur les sociétés f	imposta sul reddito delle società f	impuesto de corporaciones m
korrigera (SV)	korrigieren	correct	corriger	correggere	corregir
korrigering (SV)	Berichtigung f	correction	rectification f	rettifica f	corrección f
korrigieren (D)	—	correct	corriger	correggere	corregir
korsad check (SV)	Verrechnungsscheck m	crossed cheque	chèque à porter en compte m	assegno sbarrato m	cheque cruzado m
korsband (SV)	Streifband n	postal wrapper	bande étiquette f	fascia f	precinto m
kort för eurocheck (SV)	Scheckkarte f	cheque card	carte d'identité eurochèque f	carta-assegni f	tarjeta cheque f
kortfristig (SV)	kurzfristig	short-term	à court terme	a breve termine	a corto plazo
kortfristig kredit (SV)	kurzfristiger Kredit m	short-term credit	crédit à court terme m	credito a breve termine m	crédito a corto plazo m
korting (NL)	Ermäßigung f	reduction	réduction f	riduzione f	reducción f
korting (NL)	Minderung f	reduction	diminution f	riduzione f	reducción f
korting (NL)	Rabatt m	discount	remise f	ribasso m	rebaja f
korting op vooruitbestelling (NL)	Vorbestellrabatt m	discount on advance orders	remise sur commandes anticipées f	ribasso per prenotazioni m	descuento de suscripción m
korting voor contant (NL)	Skonto m/n	discount	escompte m	sconto m	descuento m
korting voor contante betaling (NL)	Barzahlungsrabatt m	cash discount	remise pour payement comptant f	sconto per pagamento in contanti m	descuento por pago al contado m
korttidsarbete (SV)	Kurzarbeit f	short-time work	travail à temps partiel m	lavoro ad orario ridotto m	trabajo reducido m
korygować (PL)	korrigieren	correct	corriger	correggere	corregir
korzyść (PL)	Vorteil m	advantage	avantage m	vantaggio m	ventaja f
korzystne koszty (PL)	Kostenvorteil m	cost advantage	avantage de coût m	vantaggio di costo m	ventaja de costes f
Kosten (D)	—	costs	coûts m/pl	costi m/pl	gastos m/pl
kosten (NL)	Kosten pl	costs	coûts m/pl	costi m/pl	gastos m/pl
kosten (NL)	Spesen f	expenses	frais m/pl	spese f/pl	gastos m/pl
kostenaftrekking (NL)	Spesenabrechung f	statement of expenses	décompte des frais m	conteggio delle spese m	liquidación de gastos f
Kostenarten (D)	—	cost types	coûts par nature m/pl	tipi di costi m/pl	clases de costes f/pl
kosten-baten-analyse (NL)	Kosten-Nutzen-Analyse f	cost-benefit analysis	analyse du ratio coût/profit f	analisi costi-benefici f	análisis de coste-beneficio m
kostenbesparing (NL)	Kostendämpfung f	combating rising costs	réduction des coûts f	contenimento dei costi m	disminución de costes f
Kostendämpfung (D)	—	combating rising costs	réduction des coûts f	contenimento dei costi m	disminución de costes f
kostendrager (NL)	Kostenträger m	paying authority	poste de production absorbant des coûts m	chi sostiene le spese	que sufraga los costes
kostenexplosie (NL)	Kostenexplosion f	cost escalation	explosion des coûts f	esplosione dei costi f	explosión de los costes f
Kostenexplosion (D)	—	cost escalation	explosion des coûts f	esplosione dei costi f	explosión de los costes f
kostenlos (D)	—	free of charge	gratuit	gratuito	gratuito
kostenminimalisering (NL)	Kostenminimierung f	minimisation of costs	réduction des coûts f	minimizzazione dei costi f	minimación de gastos f
Kostenminimierung (D)	—	minimisation of costs	réduction des coûts f	minimizzazione dei costi f	minimación de gastos f
Kosten-Nutzen-Analyse (D)	—	cost-benefit analysis	analyse du ratio coût/profit f	analisi costi-benefici f	análisis de coste-beneficio m
kosten per eenheid (NL)	Stückkosten pl	costs per unit	coût unitaire de production m	costi unitari m/pl	coste por unidad m
kostenplaats (NL)	Kostenstelle f	cost accounting centre	unité de gestion absorbant des coûts f	centro di costo m	posición de costes f

kostenplaats

P	NL	SV	PL	CZ	H
corporação f	vennootschap f	juridisk person	—	korporace f	testület
imposto sobre rendimentos colectivos (IRC) m	vennootschapsbelasting f	bolagsskatt	podatek od osób prawnych m	—	társasági adó
corrigir	corrigeren	—	korygować <skorygować>	opravovat <opravit>	kijavít
rectificação f	rechtzetting f	—	sprostowanie n	oprava f	helyesbítés
corrigir	corrigeren	korrigera	korygować <skorygować>	opravovat <opravit>	kijavít
cheque cruzado m	verrekeningscheque m	—	czek rozrachunkowy m	zúčtovací šek n	elszámolási csekk
cinta f	postband m	—	opaska pocztowa f	křížová páska f	csomagolószalag
cartão de garantia m	chequekaart f	—	karta czekowa f	šeková karta f	csekk-kártya
a curto prazo	op korte termijn	—	krótkoterminowy	krátkodobý	rövid lejáratú
crédito a curto prazo m	krediet op korte termijn n	—	kredyt krótkoterminowy m	krátkodobý úvěr m	rövid lejáratú hitel
redução f	—	reduktion	zniżka f	sleva f	mérséklés
redução f	—	minskning	zmniejszenie n	snížení n	csökkentés
desconto m	—	rabatt	rabat m	sleva f	árengedmény
desconto de pedidos antecipados m	—	rabatt på förhandsorder	rabat za zamówienie z góry m	předběžný rabat m	előrendelési árengedmény
desconto m	—	kassarabatt	skonto n	skonto n	árengedmény
desconto de pronto pagamento m	—	kassarabatt	rabat za płatność gotówką m	sleva při placení v hotovosti f	készpénzfizetési engedmény
trabalho a tempo reduzido m	verkorte werktijd m	—	skrócony czas pracy m	zkrácená pracovní doba f	csökkentett munkaidő
corrigir	corrigeren	korrigera	—	opravovat <opravit>	kijavít
vantagem f	voordeel n	fördel	—	výhoda f	előny
vantagem de custos f	kostenvoordeel n	kostnadsfördel	—	výhoda v nákladech f	költségelőny
custos m/pl	kosten m/pl	kostnader pl	koszty m/pl	náklady m/pl	költségek
custos m/pl	—	kostnader pl	koszty m/pl	náklady m/pl	költségek
despesas f/pl	—	traktamente	koszty m/pl	výlohy f/pl	költségek
prestação de contas referente às despesas f	—	traktamentsredovisning	rozliczenie kosztów n	vyúčtování výloh n	költségelszámolás
classes de custos f/pl	kostensoorten f/pl	typer av kostnader pl	rodzaje kosztów m/pl	druhy nákladů m/pl	költségfajták
análise da relação custo-benefício f	—	kostnads- och intäktsanalys	analiza	analýza nákladů a užitků f	költség-haszon elemzés
contenção de custos f	—	kostnadsdämpning	redukcja wzrostu kosztów f	útlum nákladů f	költségcsökkentés
contenção de custos f	kostenbesparing f	kostnadsdämpning	redukcja wzrostu kosztów f	útlum nákladů m	költségcsökkentés
portador de custo m	—	betalande part	nośnik kosztów m	nositel nákladů m	költségviselő
explosão dos custos f	—	explosionsartad kostnadsökning	eksplozja kosztów f	exploze nákladů f	költségrobbanás
explosão dos custos f	kostenexplosie f	explosionsartad kostnadsökning	eksplozja kosztów f	exploze nákladů m	költségrobbanás
livre de despesas	gratis	gratis	bezpłatny	bezplatně	ingyen(es)
minimização de custos f	—	kostnadsminimering	minimalizacja kosztów f	minimalizace nákladů f	költségek minimalizálása
minimização de custos f	kostenminimalisering f	kostnadsminimering	minimalizacja kosztów f	minimalizace nákladů f	költségek minimalizálása
análise da relação custo-benefício f	kosten-baten-analyse f	kostnads- och intäktsanalys	analiza	analýza nákladů a užitků f	költség-haszon elemzés
custo por unidade m	—	kostnad per styck	koszty jednostkowe m/pl	jednicové náklady m/pl	darabköltség
centro de custos m	—	utgiftspost	miejsce powstawania kosztów n	oddělení nákladů n	költséghely

kostenraming 548

	D	E	F	I	ES
kostenraming (NL)	Kostenvoranschlag *m*	cost estimate	devis estimatif de frais *m*	preventivo di costi *m*	presupuesto de coste *m*
Kostensenkung (D)	—	cost reduction	réduction des coûts *f*	diminuzione dei costi *m*	reducción de costes
kostensoorten (NL)	Kostenarten *f/pl*	cost types	coûts par nature *m/pl*	tipi di costi *m/pl*	clases de costes *f/pl*
Kostenstelle (D)	—	cost accounting centre	unité de gestion absorbant des coûts *f*	centro di costo *m*	posición de costes *f*
Kostenträger (D)	—	paying authority	poste de production absorbant des coûts *m*	chi sostiene le spese	que sufraga los costes
kostenverlaging (NL)	Kostensenkung *f*	cost reduction	réduction des coûts *f*	diminuzione dei costi *m*	reducción de costes
kostenvoordeel (NL)	Kostenvorteil *m*	cost advantage	avantage de coût *m*	vantaggio di costo *m*	ventaja de costes *f*
Kostenvoranschlag (D)	—	cost estimate	devis estimatif de frais *m*	preventivo di costi *m*	presupuesto de coste *m*
Kostenvorteil (D)	—	cost advantage	avantage de coût *m*	vantaggio di costo *m*	ventaja de costes *f*
kostnader (SV)	Kosten *pl*	costs	coûts *m/pl*	costi *m/pl*	gastos *m/pl*
kostnad per styck (SV)	Stückkosten *pl*	costs per unit	coût unitaire de production *m*	costi unitari *m/pl*	coste por unidad *m*
kostnadsberäkning (SV)	Vorkalkulation *f*	estimation of cost	calcul des coûts prévisionnels *m*	calcolo preventivo *m*	cálculo provisional *m*
kostnadsdämpning (SV)	Kostendämpfung *f*	combating rising costs	réduction des coûts *f*	contenimento dei costi *m*	disminución de costes *f*
kostnadsfördel (SV)	Kostenvorteil *m*	cost advantage	avantage de coût *m*	vantaggio di costo *m*	ventaja de costes *f*
kostnadsförslag (SV)	Kostenvoranschlag *m*	cost estimate	devis estimatif de frais *m*	preventivo di costi *m*	presupuesto de coste *m*
kostnadsminimering (SV)	Kostenminimierung *f*	minimisation of costs	réduction des coûts *f*	minimizzazione dei costi *f*	minimación de gastos *f*
kostnadsminskning (SV)	Kostensenkung *f*	cost reduction	réduction des coûts *f*	diminuzione dei costi *m*	reducción de costes
kostnads- och intäktsanalys (SV)	Kosten-Nutzen-Analyse *f*	cost-benefit analysis	analyse du ratio coût/profit *f*	analisi costi-benefici *f*	análisis de coste-beneficio *m*
kostprijs (NL)	Einstandspreis *m*	cost price	prix coûtant *m*	prezzo di costo *m*	precio de coste *m*
kostprijs (NL)	Selbstkostenpreis *m*	cost price	prix coûtant *m*	prezzo di costo *m*	precio de coste *m*
kostprijsberekening (NL)	Kalkulation *f*	calculation	calcul *m*	calcolazione *f*	calculación *f*
köszönőlevél (H)	Dankschreiben *n*	letter of thanks	lettre de remerciement *f*	lettera di ringraziamento *f*	carta de agradecimiento *f*
kosztorys (PL)	Kostenvoranschlag *m*	cost estimate	devis estimatif de frais *m*	preventivo di costi *m*	presupuesto de coste *m*
kosztorys (PL)	Voranschlag *m*	estimate	devis estimatif *m*	preventivo *m*	presupuesto *m*
koszty (PL)	Kosten *pl*	costs	coûts *m/pl*	costi *m/pl*	gastos *m/pl*
koszty (PL)	Spesen *f*	expenses	frais *m/pl*	spese *f/pl*	gastos *m/pl*
koszty bankowe (PL)	Bankspesen *f/pl*	bank charges	frais de banque *m/pl*	commissioni bancarie *f/pl*	gastos bancarios *m/pl*
koszty całkowite (PL)	Gesamtkosten *f*	total costs	coût total *m*	costi complessivi *m/pl*	gastos generales *m/pl*
koszty dysponowalności (PL)	Bereitstellungskosten *f*	commitment fee	coûts administratifs *m/pl*	spese amministrative *f/pl*	gastos administrativos *m/pl*
koszty eksploatacyjne (PL)	Betriebskosten *pl*	operating costs	charges d'exploitation *f/pl*	spese d'esercizio *f/pl*	gastos de explotación *m/pl*
koszty jednostkowe (PL)	Stückkosten *pl*	costs per unit	coût unitaire de production *m*	costi unitari *m/pl*	coste por unidad *m*
koszty materiałowe (PL)	Materialkosten *pl*	material costs	frais afférents aux matières premières *m/pl*	costi del materiale *m/pl*	costes del material *m/pl*
koszty nabycia (PL)	Bezugskosten *pl*	delivery costs	coûts d'acquisition *m/pl*	spese di consegna *f/pl*	gastos de adquisición *m/pl*
koszty płac (PL)	Lohnkosten *pl*	labour costs	charges salariales *f/pl*	costo del lavoro *m*	coste de salarios *m*

koszty płac

P	NL	SV	PL	CZ	H
orçamento f	—	kostnadsförslag	kosztorys m	odhad nákladů m	előzetes költség-becslés
redução de custos f	kostenverlaging f	kostnadsminskning	redukcja kosztów f	snížení nákladů n	költségcsökkentés
classes de custos f/pl	—	typer av kostnader pl	rodzaje kosztów m/pl	druhy nákladů m/pl	költségfajták
centro de custos m	kostenplaats f	utgiftspost	miejsce powstawania kosztów n	oddělení nákladů n	költséghely
portador de custo m	kostendrager m	betalande part	nośnik kosztów m	nositel nákladů m	költségviselő
redução de custos f	—	kostnadsminskning	redukcja kosztów f	snížení nákladů n	költségcsökkentés
vantagem de custos f	—	kostnadsfördel	korzystne koszty m/pl	výhoda v nákladech f	költségelőny
orçamento f	kostenraming f	kostnadsförslag	kosztorys m	odhad nákladů m	előzetes költség-becslés
vantagem de custos f	kostenvoordeel n	kostnadsfördel	korzystne koszty m/pl	výhoda v nákladech f	költségelőny
custos m/pl	kosten m/pl	—	koszty m/pl	náklady m/pl	költségek
custo por unidade m	kosten per eenheid m/pl	—	koszty jednostkowe m/pl	jednicové náklady m/pl	darabköltség
estimativa dos custos f	voorcalculatie f	—	kalkulacja wstępna f	předběžná kalkulace f	előkalkuláció
contenção de custos f	kostenbesparing f	—	redukcja wzrostu kosztów f	útlum nákladů m	költségcsökkentés
vantagem de custos f	kostenvoordeel n	—	korzystne koszty m/pl	výhoda v nákladech f	költségelőny
orçamento f	kostenraming f	—	kosztorys m	odhad nákladů m	előzetes költség-becslés
minimização de custos f	kostenminimalisering f	—	minimalizacja kosztów f	minimalizace nákladů f	költségek minimalizálása
redução de custos f	kostenverlaging f	—	redukcja kosztów f	snížení nákladů n	költségcsökkentés
análise da relação custo-benefício f	kosten-baten-analyse f	—	analiza	analýza nákladů a úžitků f	költség-haszon elemzés
preço de custo m	—	självkostnadspris	globalna cena nabycia f	pořizovací cena f	bekerülési ár
preço de custo m	—	självkostnadspris	cena kosztów własnych f	režijní cena f	önköltségi ár
cálculo m	—	kalkyl	kalkulacja f	kalkulace f	kalkuláció
carta de agradecimento f	bedankbrief m	tackbrev	pismo dziękczynne n	děkovné psaní n	—
orçamento f	kostenraming f	kostnadsförslag	—	odhad nákladů m	előzetes költség-becslés
estimativa f	raming f	uppskattning	—	rozpočet m	előirányzat
custos m/pl	kosten m/pl	kostnader pl	—	náklady m/pl	költségek
despesas f/pl	kosten m/pl	traktamente	—	výlohy f/pl	költségek
despesas bancárias f/pl	bankkosten m/pl	bankavgift	—	bankovní výdaje m/pl	bankköltségek
custos totais m/pl	totale kosten m/pl	totala kostnader pl	—	celkové náklady m/pl	összköltség
comissão por imobilização de fundos f	beschikbaarstellings-kosten m/pl	upplággningsavgift	—	přípravné náklady m/pl	rendelkezésre tartási díj
custos de exploração m/pl	bedrijfskosten m/pl	driftskostnader pl	—	provozní náklady m/pl	működési költségek
custo por unidade m	kosten per eenheid m/pl	kostnad per styck	—	jednicové náklady m/pl	darabköltség
custos de material m/pl	materiaalkosten m/pl	materialkostnader pl	—	náklady na materiál m/pl	anyagköltségek
custos de aquisição m/pl	verwervings-kosten m/pl	förvärvskostnader pl	—	pořizovací náklady m/pl	beszerzési költségek
custos de mão-de-obra m/pl	loonkosten m/pl	lönekostnader pl	—	mzdové náklady m/pl	bérköltség

koszty planowane

	D	E	F	I	ES
koszty planowane (PL)	Sollkosten *pl*	budgeted costs	coûts ex ante *m/pl*	costi calcolati *m/pl*	gastos precalculados *m/pl*
koszty podróży (PL)	Reisespesen *f/pl*	travelling expenses	frais de voyage *m/pl*	spese di viaggio *f/pl*	gastos de viaje *m/pl*
koszty pośrednie (PL)	Gemeinkosten *f*	overhead costs	coûts indirects *m/pl*	costi comuni *m/pl*	gastos generales *m/pl*
koszty produkcji (PL)	Herstellungskosten *f*	production costs	frais de construction *m/pl*	costi di produzione *m/pl*	costo de la producción *m*
koszty produkcji (PL)	Produktionskosten *f*	production costs	coût de production *m*	costi produttivi *m/pl*	gastos de producción *m/pl*
koszty przeładunku (PL)	Verladekosten *f*	loading charges	coût du chargement *m*	costi di caricamento *m/pl*	gastos de carga *m/pl*
koszty przejechanego kilometra (PL)	Kilometergeld *n*	mileage allowance	indemnité par kilomètre *f*	indennità per chilometro *f*	kilometraje *m*
koszty przewozowe (PL)	Frachtkosten *f*	carriage charges	frais de transport *m/pl*	spese di trasporto *f/pl*	gastos de transporte *m/pl*
koszty reprodukcji (PL)	Reproduktionskosten *f*	reproduction cost	coût de reproduction *m*	costi di riproduzione *m/pl*	gastos de reproducción *m/pl*
koszty rozładunku (PL)	Entladungskosten *f*	discharging expenses	coûts de déchargement *m/pl*	spese di scaricamento *f/pl*	gastos de descargo *m/pl*
koszty rozwojowe (PL)	Entwicklungskosten *pl*	development costs	coûts de développement *m/pl*	costi di sviluppo *m/pl*	gastos de desarrollo *m/pl*
koszty rzeczywiste (PL)	Istkosten *pl*	actual costs	coûts réels *m/pl*	costi effettivi *m/pl*	gastos efectivos *m/pl*
koszty sądowe (PL)	Gerichtskosten *pl*	legal costs	frais judiciaires taxables exposés *m/pl*	spese giudiziarie *f/pl*	gastos judiciales *m/pl*
koszty stałe (PL)	Fixkosten *f*	fixed costs	coûts fixes *m/pl*	costi fissi *m/pl*	gastos fijos *m/pl*
koszty uboczne (PL)	Nebenkosten *pl*	additional expenses	coûts accessoires *m/pl*	costi accessori *m/pl*	gastos adicionales *m/pl*
koszty własne (PL)	Selbstkosten *f*	prime costs	coût de revient *m*	spese aziendali *f/pl*	costes propios *m/pl*
koszty własne nabycia środków trwałych (PL)	Anschaffungskosten *f*	cost of acquisition	frais d'acquisition *m/pl*	costi d'acquisto *m/pl*	coste de adquisición *m*
koszty zmienne (PL)	variable Kosten *pl*	variable costs	coûts variables *m/pl*	costi variabili *m/pl*	gastos variables *m/pl*
kotace cen (CZ)	Preisnotierung *f*	price quotation	cotation des prix *f*	quotazione dei prezzi *f*	cotización de precios *f*
kotace cenných papírů na burze (CZ)	Börsennotierung *f*	stock exchange quotation	cote de la bourse *f*	quotazione di borsa *f*	cotización de bolsa *f*
kötbér (H)	Konventionalstrafe *f*	contractual penalty	pénalités conventielles *f/pl*	penalità convenzionale *f*	pena convencional *f*
kötbér (H)	Vertragsstrafe *f*	contractual penalty	pénalité *f*	pena contrattuale *f*	pena convencional *f*
kötelezettség (H)	Obligo *n*	financial obligation	engagement *m*	obbligo *m*	obligación *f*
kötelezettségek (H)	Verbindlichkeiten *f/pl*	liabilities	dettes *f/pl*	obblighi *m/pl*	obligaciones *f/pl*
kötelezettség nélkül (H)	ohne Obligo	without obligation	sans engagement	senza obbligo	sin obligación
kötelezettség nélküli (H)	freibleibend	subject to confirmation	sans engagement	senza impegno	no vinculante
kötelezettség nélkül(i) (H)	unverbindlich	not binding	sans obligation	senza impegno	sin compromiso
kötelezettség nélküli ár (H)	Preis freibleibend	price subject to change	prix sans engagement	prezzo non vincolante	precio sin compromiso
kötelező tartalék (H)	Mindestreserve *m*	minimum reserves	réserve minimum *f*	riserva minima obbligatoria *f*	reserva mínima *f*
kötelezvény (H)	Schuldverschreibung *f*	debenture bond	obligation *f*	obbligazione *f*	obligación *f*
kötés (H)	Abschluß *m*	conclusion	conclusion *f*	conclusione *f*	cierre *m*
kötlevél (H)	Schlußbrief *m*	sales note	lettre de confirmation *f*	lettera di conferma *f*	carta de confirmación *f*
kötvénykölcsön (H)	Anleihe *f*	loan	emprunt *m*	prestito *m*	empréstito *m*
kötvénykölcsön (H)	Obligationsanleihe *f*	debenture loan	emprunt obligataire *m*	prestito obbligazionario *m*	empréstito sobre obligaciones *m*

kötvénykölcsön

P	NL	SV	PL	CZ	H
custos orçamentados m/pl	gebudgetteerde kosten m/pl	beräknade kostnader pl	—	plánované náklady m/pl	előirányzott költségek
despesas de viagem f/pl	verplaatsingsvergoeding f	resetraktamente	—	cestovní výlohy f/pl	utazási költségek
despesas gerais f/pl	indirecte kosten m/pl	indirekta kostnader pl	—	režijní náklady m/pl	általános költségek
custos de produção pl	productiekosten m/pl	produktionskostnader pl	—	výrobní náklady m/pl	előállítási költségek
custos de produção m/pl	productiekosten m/pl	produktionskostnader pl	—	výrobní náklady m/pl	gyártási költségek
custos de carregamento m/pl	laadkosten m/pl	lastningskostnad	—	výdaje za nakládku m/pl	rakodási költségek
indemnização pelos custos de quilometragem f	kilometervergoeding f	kilometerersättning	—	paušál za kilometr m	kilométerpénz
despesas de transporte f/pl	laadkosten m/pl	fraktkostnader pl	—	přepravní náklady m/pl	fuvardíjak
custos de reprodução m/pl	reproductiekosten m/pl	reproduktionskostnader pl	—	reprodukční náklady m/pl	pótlási költségek
gastos de descarga m/pl	loskosten m/pl	avlastningskostnader pl	—	náklady na vykládku m/pl	kirakodási költségek
custos de desenvolvimento m/pl	ontwikkelingskosten m/pl	utvecklingskostnader pl	—	náklady na rozvoj m/pl	fejlesztési költségek
custos reais m/pl	effectieve kosten m/pl	faktiska kostnader pl	—	skutečné náklady m/pl	tényleges költségek
custos judiciais m/pl	gerechtskosten m/pl	rättegångskostnader pl	—	soudní výlohy f/pl	perköltségek
custos fixos m/pl	vaste kosten m/pl	fasta kostnader pl	—	fixní náklady m/pl	állandó költség
custos adicionais m/pl	bijkomende kosten m/pl	sekundärkostnader pl	—	vedlejší náklady m/pl	mellékköltségek
custo m	totale productiekosten m/pl	självkostnad	—	vlastní náklady m/pl	önköltség
custos de aquisição m/pl	aanschaffingskosten m/pl	anskaffningskostnad	—	pořizovací náklady m/pl	beszerzési költségek
custos variáveis m/pl	variabele kosten m/pl	rörliga kostnader pl	—	proměnné náklady m/pl	változó költségek
cotação f	prijsnotering f	angivet pris	notowanie cen n	—	árfolyamjegyzés
cotação da bolsa de valores f	beursnotering f	börsnotering	notowanie giełdowe n	—	tőzsdei jegyzés
multa convencional f	contractuele boete f	avtalsvite	kara umowna f	sjednaná pokuta (penále) f	—
pena convencional f	contractuele boete f	avtalsvite	kara umowna f	smluvní pokuta f	—
obrigação f	obligo n	ekonomisk förpliktelse	obligo	závazek m	—
obrigação f	verplichtingen f/pl	skulder pl	zobowiązanie n	závazky m/pl	—
sem obrigação	zonder verbintenis onzerzijds	utan förpliktelse	bez obliga	bez povinnosti f	—
salvo alteração	vrijblijvend	oförbindlig	bez zobowiązania	nezávazný	—
sem compromisso	vrijblijvend	ej bindande	niezobowiązujący	nezávazný	—
preço sem compromisso	vrijblijvende prijs	fri prissättning	wolna cena	doporučená cena f	—
reserva mínima f	verplichte reserve f	minimireserv	najniższa rezerwa f	minimální rezerva f	—
obrigações não reembolsáveis f/pl	obligatie f	skuldförbindelse	list zastawczy m	obligace f	—
conclusão f	afsluiting f	avslutning	zamknięcie n	závěrka f	—
carta de confirmação f	sluitbriefje n	villkorsbekräftelse	potwierdzenie warunków n	závěrečná kupní smlouva f	—
empréstimo m	lening f	lån	pożyczka f	půjčka f	—
empréstimo obrigatório m	obligatielening f	obligationslån	kredyt obligacyjny m	obligační půjčka f	—

kötvénypiac

	D	E	F	I	ES
kötvénypiac (H)	Rentenmarkt m	bond market	marché des effets publics m	mercato dei titoli a reddito fisso m	mercado de títulos de renta fija m
koupě na splátky (CZ)	Ratenkauf m	hire purchase	achat à tempérament m	acquisto a rate m	compra a plazo f
koupě na zkoušku (CZ)	Kauf auf Probe	sale on approval	achat à l'essai m	acquisto a titolo di prova m	compra a prueba f
követelés(ek) (H)	Guthaben n	assets	avoir m	saldo attivo m	haber m
követel oldal (H)	Haben n	credit side	avoir m	avere m	haber m
következményes kár (H)	Folgeschäden m/pl	consequential damages	dommages consécutifs m/pl	danni indiretti m/pl	daño consecuencial m
követő finanszírozás (H)	Anschlußfinanzierung f	follow-up financing	financement relais m	finanziamento successivo m	financiación sucesiva f
középlejáratú (H)	mittelfristig	medium-term	à moyen terme	a medio termine	a medio plazo
közgazdaságtan (H)	Ökonomie f	economy	économie f	economia f	economía f
közjegyző (H)	Notar m	notary	notaire m	notaio m	notario m
közönségkapcsolatok (H)	Public Relations pl	public relations	relations publiques f/pl	relazioni pubbliche f/pl	relaciones públicas f/pl
közös piac (H)	gemeinsamer Markt m	common market	marché commun m	mercato comune m	mercado común m
központi bank (H)	Zentralbank f	central bank	banque centrale f	Banca Centrale f	banco emisor m
Központi Banktanács (H)	Zentralbankrat m	Central Bank Council	Conseil de la Banque Centrale m	consiglio superiore della Banca Centrale m	Consejo del Banco Central m
központosítás (H)	Zentralisierung f	centralisation	centralisation f	centralizzazione f	centralización f
köztulajdonú vállalat (H)	Regiebetrieb m	publicly owned enterprise	établissement en régie m	gestione in economia f	empresa estatal m
közvetett adók (H)	indirekte Steuern f/pl	indirect taxes	impôts indirects m	imposte indirette f/pl	impuestos indirectos m/pl
közvetítés (H)	Vermittlung f	mediation	médiation f	mediazione f	mediación f
közvetítő kereskedő (H)	Zwischenhändler m	middleman	intermédiaire m	intermediario m	intermediario m
közvetlen beruházások (H)	Direktinvestitionen f/pl	direct investments	investissements directs m/pl	investimenti diretti m/pl	inversiones directas f/pl
közzététel (H)	Veröffentlichung f	publication	publication f	pubblicazione f	publicación f
krach boursier (F)	Börsenkrach m	stock market crash	—	crollo di borsa m	derrumbe bursátil m
krach na burze (CZ)	Börsenkrach m	stock market crash	krach boursier m	crollo di borsa m	derrumbe bursátil m
krach na giełdzie (PL)	Börsenkrach m	stock market crash	krach boursier m	crollo di borsa m	derrumbe bursátil m
Kraftfahrzeug (D)	—	motor vehicle	véhicule à moteur m	autoveicolo m	automóvil m
kraje trzecie (PL)	Drittländer n/pl	third countries	pays tiers m/pl	paesi terzi m/pl	terceros países m/pl
kraj importujący (PL)	Abnehmerland n	buyer country	pays acheteur m	paese acquirente m	país comprador m
kraj rozwijający się (PL)	Entwicklungsland n	developing country	pays en voie de développement m	paese in via di sviluppo m	país en vías de desarrollo m
krátkodobý (CZ)	kurzfristig	short-term	à court terme	a breve termine	a corto plazo
krátkodobý úvěr (CZ)	kurzfristiger Kredit m	short-term credit	crédit à court terme m	credito a breve termine m	crédito a corto plazo m
krav (SV)	Anspruch m	claim	prétention f	pretesa f	reclamación f
kravbrev (SV)	Mahnbrief m	reminder	lettre d'avertissement f	lettera di sollecito f	carta admonitoria f
kreacja wartości dodanej (PL)	Wertschöpfung f	net product	création de valeurs f	valore aggiunto m	creación de valor f
krediet (NL)	Kredit m	loan	crédit m	credito m	crédito m
kredietbank (NL)	Kreditbank f	credit bank	banque de crédit f	banca di credito f	banco de crédito m
kredietbemiddeling (NL)	Kreditvermittlung f	arranging for a credit	médiation du crédit f	intermediazione di crediti f	mediación de créditos f
kredietbrief (NL)	Kreditbrief m	letter of credit	lettre de crédit f	lettera di credito f	carta de crédito f
kredietcommissie (NL)	Kreditprovision f	credit commission	frais de commissions d'ouverture de crédit m/pl	provvigione di credito f	comisión de apertura de crédito f

kredietcommissie

P	NL	SV	PL	CZ	H
mercado dos títulos de renda fixa m	obligatiemarkt f	obligationsmarknad	rynek papierów wartościowych o stałym zysku m	trh s výnosovými listy m	—
compra a prestações f	aankoop op afbetaling m	avbetalningsköp	kupno na raty n	—	részletfizetéses vásárlás
compra a contento f	koop op proef m	provköp	kupno na próbę n	—	próbavásárlás
crédito m	creditzijde f	saldo	aktywa pl	pohledávka f	—
haver m	creditzijde f	tillgodohavande	Ma	strana "Dal"	—
danos consecutivos m/pl	gevolgschade f	följdskada	szkody następcze f/pl	následné škody f/pl	—
financiamento de renovação contínua m	toetredingsfinanciering f	uppföljningsfinansiering	finansowanie sukcesywne n	následné financování n	—
a médio prazo	op middellange termijn	medellång	średnioterminowy	střednědobý	—
economia f	economie f	ekonomi	ekonomia f	ekonomie f	—
notário m	notaris m	notarie publicus	notariusz m	notář m	—
relações públicas f/pl	public relations pl	public relations pl	publiczne stosunki opiniotwórcze m/pl	styk s veřejností m	—
mercado comum m	gemeenschappelijke markt f	gemensam marknad	wspólny rynek m	společný trh m	—
banco central m	centrale bank f	centralbank	Bank Centralny m	centrální banka f	—
Administração do Banco Central f	Centrale Bankraad m	centralbanksråd	Rada Banku Centralnego f	rada centrální banky f	—
centralização f	centralisatie f	centralisering	centralizacja f	centralizace f	—
empresa estatal f	regie f	företag i offentlig hand	przedsiębiorstwo państwowe n	správní podnik m	—
impostos indirectos m/pl	indirecte belastingen f/pl	indirekta skatter pl	podatki pośrednie m/pl	nepřímé daně f/pl	—
mediação f	bemiddeling f	förmedling	pośrednictwo n	zprostředkování n	—
intermediário m	tussenpersoon m	mellanhand	pośrednik m	překupník m	—
investimentos directos m/pl	rechtstreekse investeringen f/pl	direktinvestering	inwestycje bezpośrednie f/pl	přímé investice f/pl	—
publicação f	publicatie f	publicering	publikacja f	uveřejnění n	—
queda das cotações na bolsa f	beurscrash m	börskrasch	krach na giełdzie m	krach na burze m	tőzsdekrach
queda das cotações na bolsa f	beurscrash m	börskrasch	krach na giełdzie m	—	tőzsdekrach
queda das cotações na bolsa f	beurscrash m	börskrasch	—	krach na burze m	tőzsdekrach
automóvel m	motorrijtuig n	motorfordon	pojazd mechaniczny m	motorové vozidlo n	gépjármű
países terceiros m/pl	derde landen n/pl	tredjeländer pl	—	třetí země f/pl	harmadik országok
país comprador m	afnemend land n	köparland	—	odběratelská země f	a vásárló országa
país em vias de desenvolvimento m	ontwikkelingsland n	utvecklingsland	—	rozvojová země f	fejlődő ország
a curto prazo	op korte termijn	kortfristig	krótkoterminowy	—	rövid lejáratú
crédito a curto prazo m	krediet op korte termijn n	kortfristig kredit	kredyt krótkoterminowy m	—	rövid lejáratú hitel
reivindicação f	eis m	—	roszczenie n	nárok m	igény
carta de advertência f	rappelbrief m	—	monit m	upomínka f	fizetési felszólítás
valor adicionado m	toegevoegde waarde f	mervärde	—	tvorba hodnot f	értéknövelés
crédito m	—	kredit	kredyt m	úvěr m	hitel
banco de crédito m	—	affärsbank	bank kredytowy m	úvěrová banka f	hitelbank
mediação de créditos f	—	kreditförmedling	pośrednictwo kredytowe n	zprostředkování úvěru n	hitelközvetítés
carta de crédito f	—	kreditiv	akredytywa f	úvěrový list m	hitellevél
comissão de crédito f	—	uppläggningsavgift	prowizja od kredytu f	provize úvěru f	hiteljutalék

krediet in rekening-courant

	D	E	F	I	ES
krediet in rekening-courant (NL)	Überziehungskredit *m*	overdraft credit	avance sur compte courant *f*	credito allo scoperto *m*	crédito en descubierto *m*
kredietinstelling (NL)	Kreditinstitut *n*	credit institution	établissement de crédit *m*	istituto di credito *m*	instituto de crédito *m*
kredietkaart (NL)	Kreditkarte *n*	credit card	carte accréditive *f*	carta di credito *f*	tarjeta de crédito *f*
kredietlijn (NL)	Kreditlinie *f*	credit line	plafond du crédit accordé *m*	linea creditizia *f*	línea de crédito *f*
kredietlimiet (NL)	Kreditlimit *n*	borrowing limit	plafond du crédit alloué *m*	limite di credito *m*	límite de crédito *m*
kredietlooptijd (NL)	Kreditlaufzeit *f*	duration of credit	durée de l'allocation de crédit *f*	scadenza del credito *f*	duración del crédito *m*
kredietmarge (NL)	Kreditrahmen *m*	credit margin	marge de crédit accordé *f*	plafond di credito *m*	margen de crédito *m*
kredietnemer (NL)	Kreditnehmer *m*	borrower	bénéficiaire d'un crédit *m*	beneficiario del credito *m*	prestatario *m*
krediet op korte termijn (NL)	kurzfristiger Kredit *m*	short-term credit	crédit à court terme *m*	credito a breve termine *m*	crédito a corto plazo *m*
krediet op lange termijn (NL)	langfristiger Kredit *m*	long-term credit	crédit à long terme *m*	credito a lungo termine *m*	crédito a largo plazo *m*
krediet op onderpand (NL)	Realkredit *m*	credit on real estate	crédit sur gage mobilier *m*	credito reale *m*	crédito real *m*
krediettoezegging (NL)	Kreditzusage *f*	promise of credit	promesse de crédit *f*	promessa di credito *f*	promesa de crédito *f*
krediettransactie (NL)	Kreditgeschäft *n*	credit business	achat à crédit *m*	operazione di credito *f*	operaciones de crédito *f/pl*
kredietverlening (NL)	Aktivgeschäft *n*	credit transaction	opération active *f*	operazione di credito *f*	operaciones activas *f/pl*
kredietwaardig (NL)	zahlungsfähig	solvent	solvable	solvibile	solvente
kredietwaardigheid (Nl.)	Kreditfähigkeit *f*	financial standing	solvabilité *f*	capacità creditizia *f*	crédito *m*
Kredit (D)	—	loan	crédit *m*	credito *m*	crédito *m*
kredit (SV)	Kredit *m*	loan	crédit *m*	credito *m*	crédito *m*
kreditaffär (SV)	Kreditgeschäft *n*	credit business	achat à crédit *m*	operazione di credito *f*	operaciones de crédito *f*
Kreditbank (D)	—	credit bank	banque de crédit *f*	banca di credito *f*	banco de crédito *m*
Kreditbrief (D)	—	letter of credit	lettre de crédit *f*	lettera di credito *f*	carta de crédito *f*
kreditering (SV)	Gutschrift *f*	credit	crédit *m*	accredito *m*	abono *m*
Kreditfähigkeit (D)	—	financial standing	solvabilité *f*	capacità creditizia *f*	crédito *m*
kreditförmedling (SV)	Kreditvermittlung *f*	arranging for a credit	médiation du crédit *f*	intermediazione di crediti *f*	mediación de créditos *f*
Kreditgeschäft (D)	—	credit business	achat à crédit *m*	operazione di credito *f*	operaciones de crédito *f/pl*
kreditgivning (SV)	Kreditzusage *f*	promise of credit	promesse de crédit *f*	promessa di credito *f*	promesa de crédito *f*
kreditgräns (SV)	Kreditlimit *n*	borrowing limit	plafond du crédit alloué *m*	limite di credito *m*	límite de crédito *m*
kreditgräns (SV)	Kreditlinie *f*	credit line	plafond du crédit accordé *m*	linea creditizia *f*	línea de crédito *f*
Kreditinstitut (D)	—	credit institution	établissement de crédit *m*	istituto di credito *m*	instituto de crédito *m*
kreditinstitut (SV)	Kreditinstitut *n*	credit institution	établissement de crédit *m*	istituto di credito *m*	instituto de crédito *m*
kreditiv (SV)	Kreditbrief *m*	letter of credit	lettre de crédit *f*	lettera di credito *f*	carta de crédito *f*
Kreditkarte (D)	—	credit card	carte accréditive *f*	carta di credito *f*	tarjeta de crédito *f*
Kreditkauf (D)	—	credit purchase	achat à crédit *m*	acquisto a credito *m*	compra a crédito *f*
kreditköp (SV)	Kreditkauf *m*	credit purchase	achat à crédit *m*	acquisto a credito *m*	compra a crédito *f*
kreditkort (SV)	Kreditkarte *n*	credit card	carte accréditive *f*	carta di credito *f*	tarjeta de crédito *f*
kreditkostnad (SV)	Damnum *n*	loss	perte *f*	perdita *f*	pérdida *f*
Kreditlaufzeit (D)	—	duration of credit	durée de l'allocation de crédit *f*	scadenza del credito *f*	duración del crédito *m*
Kreditlimit (D)	—	borrowing limit	plafond du crédit alloué *m*	limite di credito *m*	límite de crédito *m*

Kreditlimit

P	NL	SV	PL	CZ	H
crédito a descoberto m	—	trasseringskredit	kredyt techniczny m	debetní úvěr m	folyószámlahitel
instituição de crédito f	—	kreditinstitut	instytucja kredytowa f	úvěrový ústav m	hitelintézet
cartão de crédito m	—	kreditkort	karta kredytowa f	úvěrová karta f	hitelkártya
linha de crédito f	—	kreditgräns	linia kredytowa f	hranice úvěru f	hitelkeret
limite de crédito m	—	kreditgräns	limit kredytowy m	úvěrový limit m	hitelkeret
prazo de concessão de crédito m	—	kreditlöptid	okres spłaty kredytu m	splatnost úvěru f	hitel futamideje
plafond de crédito m	—	kreditram	rama kredytowa f	rámec úvěrů m	hitelkeret
beneficiário do crédito m	—	kredittagare	kredytobiorca m	dlužník m	hitelfelvevő
crédito a curto prazo m	—	kortfristig kredit	kredyt krótkoterminowy m	krátkodobý úvěr m	rövid lejáratú hitel
crédito a longo prazo m	—	långfristig kredit	kredyt długoterminowy m	dlouhodobý úvěr m	hosszú lejáratú hitel
crédito imobiliário m	—	lån mot realsäkerhet	kredyt rzeczowy m	věcný úvěr m	jelzálogkölcsön
promessa de crédito f	—	kreditgivning	obietnica kredytowania n	příslib úvěru m	hitel jóváhagyása
operação de crédito f	—	kreditaffär	transakcja kredytowa f	úvěrová operace f	hitelügylet
operações activas f/pl	—	aktivatransaktion	transakcja kredytowa f	aktivní bankovní operace f	aktív bankügylet
solvente	—	solvent	wypłacalny	schopný platit	fizetőképes
capacidade de crédito f	—	solvens	zdolność kredytowa f	úvěrová schopnost f	hitelképesség
crédito m	krediet n	kredit	kredyt m	úvěr m	hitel
crédito m	krediet n	—	kredyt m	úvěr m	hitel
operação de crédito f	krediettransactie f	—	transakcja kredytowa f	úvěrová operace f	hitelügylet
banco de crédito m	kredietbank f/m	affärsbank	bank kredytowy m	úvěrová banka f	hitelbank
carta de crédito f	kredietbrief f	kreditiv	akredytywa f	úvěrový list m	hitellevél
nota de crédito f	creditnota f	—	zapis na dobro rachunku m	dobropis m	jóváírás
capacidade de crédito f	kredietwaardigheid f	solvens	zdolność kredytowa f	úvěrová schopnost f	hitelképesség
mediação de créditos f	kredietbemiddeling f	—	pośrednictwo kredytowe n	zprostředkování úvěru n	hitelközvetítés
operação de crédito f	krediettransactie f	kreditaffär	transakcja kredytowa f	úvěrová operace f	hitelügylet
promessa de crédito f	krediettoezegging f	—	obietnica kredytowania n	příslib úvěru m	hitel jóváhagyása
limite de crédito m	kredietlimiet f	—	limit kredytowy m	úvěrový limit m	hitelkeret
linha de crédito f	kredietlijn f/m	—	linia kredytowa f	hranice úvěru f	hitelkeret
instituição de crédito f	kredietinstelling f	kreditinstitut	instytucja kredytowa f	úvěrový ústav m	hitelintézet
instituição de crédito f	kredietinstelling f	—	instytucja kredytowa f	úvěrový ústav m	hitelintézet
carta de crédito f	kredietbrief f	—	akredytywa f	úvěrový list m	hitellevél
cartão de crédito m	kredietkaart f	kreditkort	karta kredytowa f	úvěrová karta f	hitelkártya
compra a crédito f	koop op krediet m	kreditköp	kupno na kredyt n	nákup na úvěr m	hitelre történő vásárlás
compra a crédito f	koop op krediet m	—	kupno na kredyt n	nákup na úvěr m	hitelre történő vásárlás
cartão de crédito m	kredietkaart f	—	karta kredytowa f	úvěrová karta f	hitelkártya
perda f	verlies n	—	strata f	škoda f	veszteség
prazo de concessão de crédito m	kredietlooptijd m	kreditlöptid	okres spłaty kredytu m	splatnost úvěru f	hitel futamideje
limite de crédito m	kredietlimiet f	kreditgräns	limit kredytowy m	úvěrový limit m	hitelkeret

Kreditlinie

	D	E	F	I	ES
Kreditlinie (D)	—	credit line	plafond du crédit accordé m	linea creditizia f	línea de crédito f
kreditlöptid (SV)	Kreditlaufzeit f	duration of credit	durée de l'allocation de crédit f	scadenza del credito f	duración del crédito m
Kreditnehmer (D)	—	borrower	bénéficiaire d'un crédit m	beneficiario del credito m	prestatario m
Kreditprovision (D)	—	credit commission	frais de commissions d'ouverture de crédit m/pl	provvigione di credito f	comisión de apertura de crédito f
Kreditrahmen (D)	—	credit margin	marge de crédit accordé f	plafond di credito m	margen de crédito m
kreditram (SV)	Kreditrahmen m	credit margin	marge de crédit accordé f	plafond di credito m	margen de crédito m
kredittagare (SV)	Kreditnehmer m	borrower	bénéficiaire d'un crédit m	beneficiario del credito m	prestatario m
Kreditvermittlung (D)	—	arranging for a credit	médiation du crédit f	intermediazione di crediti f	mediación de créditos f
Kreditzusage (D)	—	promise of credit	promesse de crédit f	promessa di credito f	promesa de crédito f
kredyt (PL)	Kredit m	loan	crédit m	credito m	crédito m
kredyt akceptacyjno-rembursowy (PL)	Akzeptkredit m	acceptance credit	crédit par acceptation m	credito d'accettazione m	crédito de aceptación m
kredyt awalizowany (PL)	Avalkredit m	loan granted by way of bank guarantee	crédit de cautionnement m	credito d'avallo m	crédito de aval m
kredyt budowlany (PL)	Baukredit m	building loan	crédit à la construction m	credito edilizio m	crédito para la construcción f
kredyt długoterminowy (PL)	langfristiger Kredit m	long-term credit	crédit à long terme m	credito a lungo termine m	crédito a largo plazo m
kredyt gotówkowy (PL)	Barkredit m	cash credit	crédit de caisse m	credito per cassa m	crédito en efectivo m
kredyt gwarantowany (PL)	Bürgschaftskredit m	credit by way of bank guarantee	crédit cautionné m	credito garantito m	crédito de garantía m
kredyt inwestycyjny (PL)	Investitionskredit m	investment loan	crédit d'investissement m	credito d'investimento m	crédito de inversión m
kredyt krótkoterminowy (PL)	kurzfristiger Kredit m	short-term credit	crédit à court terme m	credito a breve termine m	crédito a corto plazo m
kredyt krótkoterminowy (PL)	Überbrückungskredit m	bridging loan	crédit transitoire m	credito ponte m	crédito transitorio m
kredyt lombardowy (PL)	Lombardkredit m	advance against securities	crédit garanti par nantissement mobilier m	credito su pegno m	crédito pignoraticio m
kredytobiorca (PL)	Kreditnehmer m	borrower	bénéficiaire d'un crédit m	beneficiario del credito m	prestatario m
kredyt obligacyjny (PL)	Obligationsanleihe f	debenture loan	emprunt obligataire m	prestito obbligazionario m	empréstito sobre obligaciones m
kredyt osobisty (PL)	Personalkredit m	personal loan	crédit personnel m	credito al personale m	crédito personal m
kredyt otwarty (PL)	Blankokredit m	unsecured credit	crédit en compte courant m	credito scoperto m	crédito en blanco m
kredyt rembursowy (PL)	Rembourskredit m	documentary acceptance credit	crédit par acceptation bancaire à l'étranger m	credito di rimborso m	crédito de reembolso m
kredyt roll-over (PL)	Roll-over-Kredit m	roll-over credit	crédit à taux révisable m	credito roll-over m	crédito roll over m
kredyt rzeczowy (PL)	Realkredit m	credit on real estate	crédit sur gage mobilier m	credito reale m	crédito real m
kredyt techniczny (PL)	Überziehungskredit m	overdraft credit	avance sur compte courant m	credito allo scoperto m	crédito en descubierto m
kredyt towarowy (PL)	Warenkredit m	trade credit	avance sur marchandises f	credito su merci m	crédito comercial m
kredyt u dostawców (PL)	Lieferantenkredit m	supplier's credit	crédit de fournisseurs m	credito al fornitore m	crédito comercial m
kredyt wekslowy (PL)	Wechselkredit	acceptance credit	crédit d'escompte m	credito cambiario m	crédito cambiario m
kris (SV)	Krise f	crisis	crise f	crisi f	crisis f
Krise (D)	—	crisis	crise f	crisi f	crisis f
krisenfest (D)	—	crisis-proof	insensible aux influences de la crise	resistente alla crisi	a prueba de crisis

krisenfest

P	NL	SV	PL	CZ	H
linha de crédito f	kredietlijn f/m	kreditgräns	linia kredytowa f	hranice úvěru f	hitelkeret
prazo de concessão de crédito m	kredietlooptijd m	—	okres spłaty kredytu m	splatnost úvěru f	hitel futamideje
beneficiário do crédito m	kredietnemer m	kredittagare	kredytobiorca m	dlužník m	hitelfelvevő
comissão de crédito f	kredietcommissie f	uppläggningsavgift	prowizja od kredytu f	provize úvěru f	hiteljutalék
plafond de crédito m	kredietmarge f	kreditram	rama kredytowa f	rámec úvěrů m	hitelkeret
plafond de crédito m	kredietmarge f	—	rama kredytowa f	rámec úvěrů m	hitelkeret
beneficiário do crédito m	kredietnemer m	—	kredytobiorca m	dlužník m	hitelfelvevő
mediação de créditos f	kredietbemiddeling f	kreditförmedling	pośrednictwo kredytowe n	zprostředkování úvěru n	hitelközvetítés
promessa de crédito f	krediettoezegging f	kreditgivning	obietnica kredytowania n	příslib úvěru m	hitel jóváhagyása
crédito m	krediet n	kredit	—	úvěr m	hitel
crédito de aceitação	acceptkrediet n	växelkredit	—	akceptační úvěr m	váltóhitel
crédito de aval m	avalkrediet n	avallån	—	ručitelský úvěr m	kezességi hitel
crédito para a construção m	bouwkrediet n	byggnadslån	—	stavební úvěr m	építési kölcsön
crédito a longo prazo m	krediet op lange termijn n	långfristig kredit	—	dlouhodobý úvěr m	hosszú lejáratú hitel
crédito a dinheiro m	contant krediet n	kassakredit	—	úvěr v hotovosti m	készpénzhitel
crédito sob fiança m	borgstellingskrediet n	borgenslån	—	ručitelský úvěr m	garantált hitel
crédito ao investimento m	investeringskrediet n	investeringslån	—	investiční úvěr m	beruházási hitel
crédito a curto prazo m	krediet op korte termijn n	kortfristig kredit	—	krátkodobý úvěr m	rövid lejáratú hitel
crédito de transição m	overbruggingskrediet n	överbryggningskredit	—	překlenovací úvěr m	áthidaló hitel
crédito com garantia sobre títulos m	voorschot op onderpand n	lombardkredit	—	lombardní úvěr m	lombardhitel
beneficiário do crédito m	kredietnemer m	kredittagare	—	dlužník m	hitelfelvevő
empréstimo obrigatório m	obligatielening f	obligationslån	—	obligační půjčka f	kötvénykölcsön
crédito pessoal m	persoonlijk krediet n	personallån	—	osobní úvěr m	személyi kölcsön
crédito a descoberto m	blancokrediet n	blankokredit	—	neomezený úvěr m	fedezetlen hitel
crédito documentário m	documentair krediet n	remburs	—	remboursní úvěr m	okmányos meghitelezés
crédito roll-over m	roll-over krediet n	roll-over-kredit	—	úvěr s měnící se úrokovou sazbou m	változó kamatozású hitel
crédito imobiliário m	krediet op onderpand n	lån mot realsäkerhet	—	věcný úvěr m	jelzálogkölcsön
crédito a descoberto m	krediet in rekeningcourant n	trasseringskredit	—	debetní úvěr m	folyószámlahitel
crédito comercial m	handelskrediet n	leverantörkredit	—	úvěr na zboží m	áruhitel
crédito do fornecedor m	leverancierskrediet n	leverantörskredit	—	dodavatelský úvěr m	kereskedelmi hitel
crédito cambial m	acceptkrediet n	växelkredit	—	směnečný úvěr m	váltóhitel
crise f	crisis f	—	kryzys m	krize f	válság
crise f	crisis f	kris	kryzys m	krize f	válság
resistente a crises	crisisbestendig	krisresistent	odporny na kryzys	odolný proti krizi f	válságok által nem fenyegetett

krisresistent 558

	D	E	F	I	ES
krisresistent (SV)	krisenfest	crisis-proof	insensible aux influences de la crise	resistente alla crisi	a prueba de crisis
kritéria konvergence (CZ)	Konvergenzkriterien pl	criteria of convergence	critères de convergence m/pl	criteri di convergenza m	criterios de convergencia m/pl
krize (CZ)	Krise f	crisis	crise f	crisi f	crisis f
křížová páska (CZ)	Streifband n	postal wrapper	bande étiquette f	fascia f	precinto m
krótkoterminowy (PL)	kurzfristig	short-term	à court terme	a breve termine	a corto plazo
kruipende inflatie (NL)	schleichende Inflation f	creeping inflation	inflation rampante f	inflazione latente f	inflación subrepticia f
kryteria konwergencji (PL)	Konvergenzkriterien pl	criteria of convergence	critères de convergence m/pl	criteri di convergenza m	criterios de convergencia m/pl
krytí (CZ)	Deckung f	cover	couverture f	copertura f	cobertura f
krytí vlastních nákladů (CZ)	Deckungsbeitrag m	contribution margin	marge sur coût variable f	contributo per copertura m	aportación de cobertura f
kryzys (PL)	Krise f	crisis	crise f	crisi f	crisis f
kryzys gospodarczy (PL)	Wirtschaftskrise f	economic crisis	crise économique f	crisi economica f	crisis económica f
książeczka czekowa (PL)	Scheckheft n	cheque book	carnet de chèques f	blocchetto degli assegni m	talonario de cheques m
księga kasowa (PL)	Kassenbuch n	cash book	compte de caisse m	libro di cassa m	libro de caja m
księgi handlowe (PL)	Geschäftsbücher n/pl	account books and balance-sheets	livres de commerce m/pl	libri contabili m/pl	libros de contabilidad m/pl
księgowość (PL)	Buchführung f	book-keeping	comptabilité f	contabilità f	contabilidad f
księgowość (PL)	Buchhaltung f	accounting	comptabilité f	contabilità f	contabilidad f
księgowość finansowa (PL)	Finanzbuchhaltung f	financial accounting	comptabilité financière f	contabilità finanziaria f	contabilidad financiera f
księgowy (PL)	Buchhalter m	book-keeper	comptable m	ragioniere m	contable m
kulant (D)	—	accommodating	arrangeant	corrente	de fácil avenencia
kulcsvaluta (H)	Leitwährung f	key currency	monnaie-clé f	valuta guida f	moneda de referencia f
küldemény (H)	Sendung f	consignment	envoi m	spedizione f	envío m
külföldi bankjegyek és pénzérmék (H)	Sorten pl	foreign notes and coins	genres m/pl	valute estere f/pl	monedas extranjeras f/pl
külföldi képviselet (H)	Auslandsvertretung f	agency abroad	agence à l'étranger f	rappresentanza estera f	representación en el exterior f
külföldi kötvénykibocsátás (H)	Auslandsanleihe f	foreign loan	emprunt extérieur m	prestito estero m	empréstito exterior m
külföldi munkavállaló (H)	ausländische Arbeitnehmer f	foreign workers	travailleur étranger m	lavoratori stranieri m/pl	trabajadores extranjeros m
külföldi számla (H)	Auslandskonto n	foreign account	compte d'étranger m	conto estero m	cuenta en el extranjero f
külföldi tartozások (H)	Auslandsschulden f/pl	foreign debts	dettes à l'étranger f/pl	debiti verso l'estero m/pl	deudas exteriores f/pl
külföldi tőke (H)	Auslandskapital n	foreign capital	capital étranger m	capitale estero m	capital extranjero m
külföldi ügylet (H)	Auslandsgeschäft n	foreign business	opération avec l'étranger f	affare con l'estero m	operación con el extranjero f
külföldi vagyon (H)	Auslandsvermögen f	foreign assets	avoirs à l'étranger m/pl	beni all'estero m	bienes en el extranjero m
külföldi vevő (H)	Auslandskunde m	foreign customer	client étranger m	cliente estero m	cliente extranjero m
külföldön (H)	im Ausland	abroad	à l'étranger	all'estero	en el extranjero
külkereskedelem (H)	Außenhandel m	foreign trade	commerce extérieur m	commercio estero m	comercio exterior m
külkereskedelmi deficit (H)	Außenhandelsdefizit n	foreign trade deficit	déficit de la balance du commerce extérieur m	deficit del commercio estero m	déficit del comercio exterior m
külkereskedelmi kamara (H)	Außenhandelskammer f	chamber of foreign trade	chambre du commerce extérieur f	camera di commercio estero f	cámara del comercio exterior f
különbözet (H)	Marge f	margin	marge f	margine m	margen m
külön díjazás (H)	Sondervergütung f	special allowance	rémunération spéciale f	compenso straordinario m	gratificación f
külön költségek (H)	Sonderausgaben f/pl	special expenses	dépenses spéciales f	spese straordinarie f/pl	gastos extraordinarios m/pl

külön költségek

P	NL	SV	PL	CZ	H
resistente a crises	crisisbestendig	—	odporny na kryzys	odolný proti krizi f	válságok által nem fenyegetett
critérios de convergência m/pl	convergentiecriteria n/pl	konvergenskriterier	kryteria konwergencji m/pl	—	konvergenciakritériumok
crise f	crisis f	kris	kryzys m	—	válság
cinta f	postband m	korsband	opaska pocztowa f	—	csomagolószalag
a curto prazo	op korte termijn	kortfristig	—	krátkodobý	rövid lejáratú
inflação insidiosa f	—	smygande inflation	skradająca się inflacja f	plíživá inflace f	kúszó infláció
critérios de convergência m/pl	convergentiecriteria n/pl	konvergenskriterier	—	kritéria konvergence n/pl	konvergenciakritériumok
cobertura f	dekking f	täckning	pokrycie n	—	fedezet
margem de contribuição f	dekkingsbijdrage f	täckningsbidrag	wkład działu na pokrycie kosztów m	—	fedezeti összeg
crise f	crisis f	kris	—	krize f	válság
crise económica f	economische crisis f	ekonomisk kris	—	hospodářská krize f	gazdasági válság
caderneta de cheques f	chequeboek n	checkhäfte	—	šeková knížka f	csekkfüzet
livro de caixa m	kasboek n	kassabok	—	pokladní deník m	pénztárkönyv
livros de contabilidade m/pl	handelsboeken n/pl	bokföring	—	obchodní knihy f/pl	üzleti könyvek
contabilidade f	boekhouding f	bokföring	—	účetnictví n	könyvelés
contabilidade f	boekhouding f	redovisning	—	účetnictví n	könyvelés
contabilidade financeira f	financiële boekhouding f	affärsredovisning	—	finanční účetnictví n	pénzügyi könyvelés
guarda-livros m	boekhouder m /boekhoudster f	kamrer	—	účetní m/f	könyvelő
flexível	tegemoetkomend	tillmötesgående	uprzejmy	solidní	előzékeny
moeda de referência f	sleutelvaluta f	huvudvaluta	waluta "twarda" f	hlavní měna f	—
envio m	zending f	leverans	przesyłka f	zásilka f	—
moedas estrangeiras f/pl	deviezen n/pl	valuta	gotówka zagraniczna f	druhy m/pl	—
representação no exterior f	agentschap in het buitenland n	utlandskontor	przedstawicielstwo zagraniczne n	zahraniční zastoupení n	—
empréstimo estrangeiro m	buitenlandse lening f	utlandslån	pożyczka zagraniczna f	zahraniční půjčka f	—
trabalhador estrangeiro m	gastarbeider m	utländsk arbetstagare	pracownicy cudzoziemscy m/pl	zahraniční zaměstnanci m/pl	—
conta no exterior f	buitenlandse rekening f	utlandskonto	konto zagraniczne n	zahraniční účet m	—
dívidas externas f/pl	schulden in het buitenland f/pl	utlandsskuld	zadłużenie za granicą n	zahraniční dluhy m/pl	—
capital estrangeiro m	buitenlands kapitaal n	utlandskapital	kapitał zagraniczny m	zahraniční kapitál m	—
negócio com o estrangeiro m	zaken met het buitenland f/pl	utlandsverksamhet	transakcja zagraniczna f	zahraniční obchod m	—
bens no exterior m/pl	buitenlands vermogen n	utlandstillgångar pl	majątek zagraniczny m	zahraniční jmění n	—
cliente estrangeiro m	klant in het buitenland m	utlandskund	klient zagraniczny m	zahraniční zákazník m	—
no estrangeiro	in het buitenland	i utlandet	za granicą	v cizině	—
comércio exterior m	buitenlandse handel m	utrikeshandel	handel zagraniczny m	zahraniční obchod m	—
défice da balança comercial m	deficit op de buitenlandse handel n	exportunderskott	deficyt handlu zagranicznego m	schodek zahraničního obchodu m	—
câmara de comércio exterior f	kamer voor buitenlandse handel f/m	exportråd	Izba Handlu Zagranicznego f	komora zahraničního obchodu f	—
margem f	marge f	marginal	marża f	marže f	—
remuneração extraordinária f	gratificatie f	specialarvode	wynagrodzenie specjalne n	mimořádná odměna f	—
despesas extraordinárias f/pl	speciale editie f	avdragsgilla kostnader pl	wydatki nadzwyczajne m/pl	mimořádné výdaje m/pl	—

külön küldeményként

	D	E	F	I	ES
külön küldeményként (H)	mit getrennter Post	under separate cover	sous pli séparé	in plico a parte	por correo aparte
különleges lehívási jogok (H)	Sonderziehungsrechte f	special drawing rights	droits de tirage spéciaux m/pl	diritti speciali di prelievo m/pl	derechos especiales de giro m/pl
külszolgálat (H)	Außendienst m	field work	service extérieur m	servizio esterno m	servicio exterior m
külszolgálati munkatárs (H)	Außendienstmitarbeiter m	field staff	personnel investigateur m	collaboratore del servizio esterno m	colaborador en el servicio exterior m
kultura podnikání (CZ)	Unternehmenskultur f	corporate culture	culture d'entreprise f	cultura imprenditoriale f	cultura empresarial f
kultura przedsiębiorczości (PL)	Unternehmenskultur f	corporate culture	culture d'entreprise f	cultura imprenditoriale f	cultura empresarial f
kund (SV)	Besteller m	customer	acheteur m	committente m	demandante m
kund (SV)	Kunde m	customer	client m	cliente m	cliente m
kundämne (SV)	Absatzchance f	sales prospects	possibilités de réussite des ventes f/pl	possibilità di vendita f/pl	posibilidades de venta f/pl
kündbar (D)	—	redeemable	résiliable	risolubile	rescindible
Kunde (D)	—	customer	client m	cliente m	cliente m
Kundendienst (D)	—	after-sales service	service après vente m	servizio post-vendita m	servicio posventa m
Kundenkreis (D)	—	customers	clientèle f	clientela f	clientela f
Kundennummer (D)	—	customer's reference number	numéro de référence du client m	codice cliente m	número del cliente m
Kundenstamm (D)	—	regular customers	clients habituels m/pl	clientela abituale f	clientela fija f
kündigen (Vertrag) (D)	—	cancel	résilier	disdire	rescindir
Kündigung (D)	—	notice of termination	résiliation f	disdetta f	rescisión f
Kündigungsfrist (D)	—	period of notice	délai de résiliation m	periodo di preavviso m	plazo de preaviso m
Kündigungsschutz (D)	—	protection against dismissal	protection en matière de licenciement f	protezione contro il licenziamento f	protección contra el despido f
kundkrets (SV)	Kundenstamm m	regular customers	clients habituels m/pl	clientela abituale f	clientela fija f
kundkrets (SV)	Kundschaft f	clientele	clientèle f	clientela f	clientela f
kundkrets (SV)	Kundenkreis m	customers	clientèle f	clientela f	clientela f
kundnummer (SV)	Kundennummer f	customer's reference number	numéro de référence du client m	codice cliente m	número del cliente m
Kundschaft (D)	—	clientele	clientèle f	clientela f	clientela f
kundtjänst (SV)	Kundendienst m	after-sales service	service après vente m	servizio post-vendita m	servicio posventa m
kupiec (PL)	Kaufmann m	businessman	négociant m	commerciante m	comerciante m
kupní cena (CZ)	Kaufpreis m	purchase price	prix d'achat m	prezzo d'acquisto m	precio de compra m
kupní síla (CZ)	Kaufkraft f	purchasing power	pouvoir d'achat m	potere d'acquisto m	poder adquisitivo m
kupní smlouva (CZ)	Kaufvertrag m	contract of sale	contrat de vente m	contratto di compra-vendita m	contrato de compra-venta m
kupno (PL)	Kauf m	purchase	achat m	acquisto m	compra f
kupno na kredyt (PL)	Kreditkauf m	credit purchase	achat à crédit m	acquisto a credito m	compra a crédito f
kupno na próbę (PL)	Kauf auf Probe	sale on approval	achat à l'essai m	acquisto a titolo di prova m	compra a prueba f
kupno na raty (PL)	Ratenkauf m	hire purchase	achat à tempérament m	acquisto a rate m	compra a plazo f
kupon (PL)	Coupon m	coupon	coupon m	cedola f	cupón m
kupon (CZ)	Coupon m	coupon	coupon m	cedola f	cupón m
kupon (H)	Coupon m	coupon	coupon m	cedola f	cupón m
kupong (SV)	Coupon m	coupon	coupon m	cedola f	cupón m
kupovat (CZ)	kaufen	buy	acheter	acquistare	comprar
kupować (PL)	einkaufen	buy	acheter	acquistare	comprar
kupować (PL)	kaufen	buy	acheter	acquistare	comprar
kupující (CZ)	Käufer m	purchaser	acquéreur m	acquirente m	adquirente m

kupující

P	NL	SV	PL	CZ	H
em embalagem à parte	per afzonderlijke post	som särskild försändelse	oddzielną przesyłką	zvláštní poštou f	—
direitos especiais de saque m/pl	bijzondere trekkingsrechten n/pl	särskilda dragningsrätter pl	specjalne prawo ciągnienia n	práva zvláštního čerpání n/pl	—
serviço exterior m	buitendienst m	extern verksamhet	praca w terenie f	práce mimo podnik f	—
colaborador em serviços externos m	buitendienstmedewerker m	extern medarbetare	przedstawiciel handlowy m	pracovník služebně mimo podnik m	—
cultura empresarial f	bedrijfscultuur f	företagskultur	kultura przedsiębiorczości f	—	vállalati kultúra
cultura empresarial f	bedrijfscultuur f	företagskultur	—	kultura podnikání f	vállalati kultúra
comprador m	besteller m	—	zamawiający m	objednavatel m	megrendelő
cliente m	klant m	—	klient m	zákazník m	vevő
possibilidades de venda f/pl	verkoopvooruitzichten n/pl	—	możliwość zbytu m	vyhlídka na odbyt f	értékesítési kilátások
rescindível	aflosbaar	uppsägbar	możliwy do wypowiedzenia	vypověditelný	felmondható
cliente m	klant m	kund	klient m	zákazník m	vevő
serviço pós-venda m	klantendienst m	kundtjänst	serwis m	služba zákazníkům f	ügyfélszolgálat
clientela f	klantenkring m	kundkrets	klientela f	okruh zákazníků m	vevőkör
número de referência do cliente m	klantennummer n	kundnummer	numer klienta m	evidenční číslo zákazníka n	vevő száma
clientela fixa f	vaste klantenkring m	kundkrets	regularna klientela f	stálí zákazníci m/pl	rendszeres vevők
rescindir	opzeggen	säga upp	wypowiadać <wypowiedzieć>	vypovídat <vypovědět>	felmond
rescisão f	opzegging f	uppsägning	wypowiedzenie n	výpověď f	felmondás
prazo de rescisão m	opzeggingstermijn m	uppsägningstid	termin wypowiedzenia m	výpovědní lhůta f	felmondási (határ)idő
protecção contra despedimento injustificado f	werkzekerheidsgarantie f	anställningstrygghet	ochrona przed zwolnieniem f	ochrana před výpovědí f	felmondási korlátozás
clientela fixa f	vaste klantenkring m	—	regularna klientela f	stálí zákazníci m/pl	rendszeres vevők
clientela f	klantenkring m	—	klientela f	zákaznictvo f	vevőkör
clientela f	klantenkring m	—	klientela f	okruh zákazníků m	vevőkör
número de referência do cliente m	klantennummer n	—	numer klienta m	evidenční číslo zákazníka n	vevő száma
clientela f	klantenkring m	kundkrets	klientela f	zákaznictvo n	vevőkör
serviço pós-venda m	klantendienst m	—	serwis m	služba zákazníkům f	ügyfélszolgálat
comerciante m	zakenman m	köpman	—	obchodník m	kereskedő
preço de compra m	aankoopprijs m	köppris	cena kupna f	—	vételár
poder de compra m	koopkracht f	köpkraft	siła nabywcza f	—	vásárlóerő
contrato de compra e venda m	koopcontract n	köpavtal	umowa kupna f	—	adásvételi szerződés
compra f	aankoop m	köp	—	nákup m	vásárlás
compra a crédito f	koop op krediet m	kreditköp	—	nákup na úvěr m	hitelre történő vásárlás
compra a contento f	koop op proef m	provköp	—	koupě na zkoušku f	próbavásárlás
compra a prestações f	aankoop op afbetaling m	avbetalningsköp	—	koupě na splátky f	részletfizetéses vásárlás
cupão m	coupon m	kupong	—	kupon m	kupon
cupão m	coupon m	kupong	kupon m	—	kupon
cupão m	coupon m	kupong	kupon m	kupon m	kupon
cupão m	coupon m	—	kupon m	kupon m	kupon
comprar	kopen	köpa	kupować <kupić>	—	vásárol
comprar	inkopen	köpa	—	nakupovat <nakoupit>	vásárol
comprar	kopen	köpa	—	kupovat <koupit>	vásárol
comprador m	koper m	köpare	nabywca m	—	vevő

kurir

	D	E	F	I	ES
kurir (SV)	Eilbote m	express messenger	facteur spécial m	corriere m	expreso m
Kurs (D)	—	exchange rate	cours m	corso m	tipo de cambio m
kurs (SV)	Kurs m	exchange rate	cours m	corso m	tipo de cambio m
kurs (PL)	Kurs m	exchange rate	cours m	corso m	tipo de cambio m
kurs (CZ)	Kurs m	exchange rate	cours m	corso m	tipo de cambio m
kurs "na termin" (PL)	Terminkurs m	forward price	cours de bourse à terme m	corso a termine m	cambio a término m
kurs akcií (CZ)	Aktienkurs m	share price	cours des actions m	corso azionario m	cotización de las acciones f
kurs akcji (PL)	Aktienkurs m	share price	cours des actions m	corso azionario m	cotización de las acciones f
kurs cizích měn (CZ)	Sortenkurs m	foreign currency rate	cours des monnaies étrangères m	corso dei cambi m	tipo de cambio de moneda extranjera m
kurs dewizowy (PL)	Devisenkurs m	exchange rate	taux de change m	corso di cambio m	cotización de divisas f
kurs emisyjny (PL)	Emissionskurs m	rate of issue	cours d'émission m	corso d'emissione m	tipo de emisión m
kursförlust (SV)	Kursverlust m	loss on stock prices	perte sur les cours f	perdita sul cambio f	pérdida en bolsa f
Kurs-Gewinn-Verhältnis (D)	—	price-earnings ratio	relation cours-bénéfice f	rapporto corso-profitto m	relación cotización-ganancia f
kurs giełdowy (PL)	Börsenkurs m	quotation on the stock exchange	cours de bourse m/pl	corso di borsa m	cotización en bolsa f
kurs giełdowy (PL)	Briefkurs m	selling price	cours de vente m	prezzo d'offerta m	cotización ofrecida f
kurs jednolity (PL)	Einheitskurs m	uniform price	cours unique m	cambio unitario m	cotización única f
Kursmakler (D)	—	stock broker	courtier en bourse m	agente di borsa m	agente de cambio y bolsa m
kursnotering (SV)	Kursnotierung f	quotation of prices	cotation f	quotazione del cambi f	cotización m
Kursnotierung (D)	—	quotation of prices	cotation f	quotazione dei cambi f	cotización f
kursökning (SV)	Kurssteigerung f	price advance	hausse f	aumento dei corsi m	alza de las cotizaciones f
kursovní lístek (CZ)	Kurszettel m	stock exchange list	feuille de bourse f	listino di borsa m	boletín de bolsa m
kursovní riziko (CZ)	Kursrisiko n	price risk	risque de change m	rischio di cambio m	riesgo de cambio m
kursovní ztráta (CZ)	Kursverlust m	loss on stock prices	perte sur les cours f	perdita sul cambio f	pérdida en bolsa f
kursový makléř (CZ)	Kursmakler m	stock broker	courtier en bourse m	agente di borsa m	agente de cambio y bolsa m
kurs przeliczeniowy (PL)	Umrechnungskurs m	rate of conversion	cours de conversion m	corso di cambio m	tasa de cambio f
Kursrisiko (D)	—	price risk	risque de change m	rischio di cambio m	riesgo de cambio m
kursrisk (SV)	Kursrisiko n	price risk	risque de change m	rischio di cambio m	riesgo de cambio m
Kurssteigerung (D)	—	price advance	hausse f	aumento dei corsi m	alza de las cotizaciones f
kursstöd (SV)	Kursstützung f	price pegging	soutiens des cours m	difesa dei corsi f	sostén de las cotizaciones m
Kursstützung (D)	—	price pegging	soutiens des cours m	difesa dei corsi f	sostén de las cotizaciones m
Kursverlust (D)	—	loss on stock prices	perte sur les cours f	perdita sul cambio f	pérdida en bolsa f
kurs walut obcych (PL)	Sortenkurs m	foreign currency rate	cours des monnaies étrangères m	corso dei cambi m	tipo de cambio de moneda extranjera m
kurs wymiany (PL)	Wechselkurs m	exchange rate	cours du change m	cambio m	tipo de cambio m
kurs wytyczny (PL)	Leitkurs m	central rate	taux de référence m	tasso centrale m	curso de referencia m
kurs zakupu pieniądza (PL)	Geldkurs m	buying rate	cours de la monnaie m	prezzo di domanda m	tipo de cambio de la moneda m
Kurszettel (D)	—	stock exchange list	feuille de bourse f	listino di borsa m	boletín de bolsa m
kurýr (CZ)	Eilbote m	express messenger	facteur spécial m	corriere m	expreso m
Kurzarbeit (D)	—	short-time work	travail à temps partiel m	lavoro ad orario ridotto m	trabajo reducido m
kurzfristig (D)	—	short-term	à court terme	a breve termine	a corto plazo
kurzfristiger Kredit (D)	—	short-term credit	crédit à court terme m	credito a breve termine m	crédito a corto plazo m

kurzfristiger Kredit

P	NL	SV	PL	CZ	H
mensageiro expresso m	koerier m	—	goniec pospieszny m	kurýr m	gyorsfutár
taxa de curso f	koers m	kurs	kurs m	kurs m	árfolyam
taxa de curso f	koers m	—	kurs m	kurs m	árfolyam
taxa de curso f	koers m	kurs	—	kurs m	árfolyam
taxa de curso f	koers m	kurs	kurs m	—	árfolyam
câmbio a termo m	termijnkoers m	terminskurs	—	termínový kurs m	határidős árfolyam
cotação das acções f	aandelenkoers m	aktiekurs	kurs akcji m	—	részvényárfolyam
cotação das acções f	aandelenkoers m	aktiekurs	—	kurs akcií m	részvényárfolyam
cotação para moedas estrangeiras f	wisselkoers m	valutakurs	kurs walut obcych m	—	valutaátváltási árfolyam
taxa de câmbio f	wisselkoers m	valutakurs	—	devizový kurs m	devizaárfolyam
preço de emissão m	emissiekoers m	emissionskurs	—	emisní kurs m	kibocsátási árfolyam
perda no câmbio f	koersverlies n	—	strata kursowa f	kursovní ztráta f	árfolyamveszteség
relação curso-benefício f	koers/winstverhouding f	p/e-tal	stosunek ceny akcji do jej dywidenty m	poměr ceny a zisku m	árfolyam-nyereség arány
cotação da bolsa de valores f	beurskoers m	börskurs	—	burzovní kurs m	tőzsdei árfolyam
cotação de venda f	laatkoers m	begärt pris	—	prodejní kurs m	eladási árfolyam
cotação única f	eenheidskoers m	enhetspris	—	jednotný kurs m	egységes árfolyam
corretor de câmbio m	effectenmakelaar m	börsmäklare	makler giełdowy m	kursový makléř m	bróker
cotação f	koersnotering f	—	notowanie kursów m	záznam kursu m	árfolyamjegyzés
cotação f	koersnotering f	kursnotering	notowanie kursów m	záznam kursu m	árfolyamjegyzés
alta das cotações f	koersstijging f	—	hossa f	vzestup kursu m	árfolyam-emelkedés
boletim da bolsa m	koerslijst f	börslista	nota maklerska f	—	árfolyamjegyzék
risco cambial m	wisselkoersrisico n	kursrisk	ryzyko kursowe n	—	árfolyamkockázat
perda no câmbio f	koersverlies n	kursförlust	strata kursowa f	—	árfolyamveszteség
corretor de câmbio m	effectenmakelaar m	börsmäklare	makler giełdowy m	—	bróker
taxa de câmbio f	omrekeningskoers m	konverteringskurs	—	přepočítací kurs m	átváltási árfolyam
risco cambial m	wisselkoersrisico n	kursrisk	ryzyko kursowe n	kursovní riziko n	árfolyamkockázat
risco cambial m	wisselkoersrisico n	—	ryzyko kursowe n	kursovní riziko n	árfolyamkockázat
alta das cotações f	koersstijging f	kursökning	hossa f	vzestup kursu m	árfolyam-emelkedés
sustentação do curso f	koersinterventie f	—	podtrzymywanie kursu n	podpora kursu f	árfolyam-támogatás
sustentação do curso f	koersinterventie f	kursstöd	podtrzymywanie kursu n	podpora kursu f	árfolyam-támogatás
perda no câmbio f	koersverlies n	kursförlust	strata kursowa f	kursovní ztráta f	árfolyamveszteség
cotação para moedas estrangeiras f	wisselkoers m	valutakurs	—	kurs cizích měn m	valutaátváltási árfolyam
taxa de câmbio f	discontokrediet n	växelkurs	—	směnný kurs m	valutaátváltási árfolyam
taxa central f	spilkoers m	styrkurs	—	určující kurs m	irányadó árfolyam
cotação f	geldkoers m	pris marknaden är beredd att betala	—	peněžní kurs m	vételi árfolyam
boletim da bolsa m	koerslijst f	börslista	nota maklerska f	kursovní lístek m	árfolyamjegyzék
mensageiro expresso m	koerier m	kurir	goniec pospieszny m	—	gyorsfutár
trabalho a tempo reduzido m	verkorte werktijd m	korttidsarbete	skrócony czas pracy m	zkrácená pracovní doba f	csökkentett munkaidő
a curto prazo	op korte termijn	kortfristig	krótkoterminowy	krátkodobý	rövid lejáratú
crédito a curto prazo m	krediet op korte termijn n	kortfristig kredit	kredyt krótkoterminowy m	krátkodobý úvěr m	rövid lejáratú hitel

kusové zboží

	D	E	F	I	ES
kusové zboží (CZ)	Stückgut n	mixed cargo	colis de détail m	collettame m	mercancía en fardos f
kúszó infláció (H)	schleichende Inflation f	creeping inflation	inflation rampante f	inflazione latente f	inflación subrepticia f
Kuvert (D)	—	envelope	enveloppe f	busta f	sobre m
kuvert (SV)	Briefumschlag m	envelope	enveloppe f	busta f	sobre m
kuvert (SV)	Kuvert n	envelope	enveloppe f	busta f	sobre m
kvalifikace (CZ)	Qualifikation f	qualification	qualification f	qualificazione f	cualificación f
kvalifikation (SV)	Qualifikation f	qualification	qualification f	qualificazione f	cualificación f
kvalitativ (SV)	qualitativ	qualitative	qualitatif	qualitativo	cualitativo
kvalitativní (CZ)	qualitativ	qualitative	qualitatif	qualitativo	cualitativo
kvalitet (SV)	Qualität f	quality	qualité f	qualità f	calidad f
kvalitetsgaranti (SV)	Qualitätssicherung f	quality assurance	garantie de la qualité f	garanzia di qualità f	garantía de la calidad f
kvalitetskategori (SV)	Güteklasse f	grade	catégorie de qualité f	classe di qualità f	categoría de calidad f
kvalitetskontroll (SV)	Qualitätskontrolle f	quality control	contrôle de la qualité m	controllo qualità m	verificación de la calidad f
kvantitativ (SV)	quantitativ	quantitative	quantitatif	quantitativo	cuantitativo
kvantitativní (CZ)	quantitativ	quantitative	quantitatif	quantitativo	cuantitativo
kvantitet (SV)	Menge f	quantity	quantité f	quantità f	cantidad f
kvantitet-suppgift (SV)	Mengenangabe f	statement of quantity	indication de la quantité f	indicazione della quantità f	indicación de cantidades f
kvarlåtenskap (SV)	Nachlass m	inheritance	héritage m	eredità f	herencia f
kvartal (SV)	Quartal n	quarter	trimestre m	trimestre m	trimestre m
kvartalsfaktura (SV)	Quartalsrechnung n	quarterly invoice	compte trimestriel m	conto trimestrale m	cuenta trimestral f
kvartalsslut (SV)	Quartalsende n	end of the quarter	fin de trimestre f	fine trimestre f	final del trimestre m
kvartalsvis (SV)	vierteljährlich	quarterly	trimestriel	trimestrale	trimestral
kvittning (SV)	Aufrechnung f	set-off	compensation f	compensazione f	compensación f
kvitto (SV)	Quittung f	receipt	quittance f	quietanza f	recibo m
kvot (SV)	Quote f	quota	quota m	quota f	cuota f
kvóta (H)	Quote f	quota	quota m	quota f	cuota f
kwalificatie (NL)	Qualifikation f	qualification	qualification f	qualificazione f	cualificación f
kwalifikacja (PL)	Qualifikation f	qualification	qualification f	qualificazione f	cualificación f
kwalitatief (NL)	qualitativ	qualitative	qualitatif	qualitativo	cualitativo
kwaliteit (NL)	Qualität f	quality	qualité f	qualità f	calidad f
kwaliteitscontrole (NL)	Qualitätskontrolle f	quality control	contrôle de la qualité m	controllo qualità m	verificación de la calidad f
kwaliteitsgarantie (NL)	Qualitätssicherung f	quality assurance	garantie de la qualité f	garanzia di qualità f	garantía de la calidad f
kwaliteitsklasse (NL)	Güteklasse f	grade	catégorie de qualité f	classe di qualità f	categoría de calidad f
kwantitatief (NL)	quantitativ	quantitative	quantitatif	quantitativo	cuantitativo
kwartaal (NL)	Quartal n	quarter	trimestre m	trimestre m	trimestre m
kwartaaleinde (NL)	Quartalsende n	end of the quarter	fin de trimestre f	fine trimestre f	final del trimestre m
kwartaalrekening (NL)	Quartalsrechnung n	quarterly invoice	compte trimestriel m	conto trimestrale m	cuenta trimestral f
kwartał (PL)	Quartal n	quarter	trimestre m	trimestre m	trimestre m
kwartalnie (PL)	vierteljährlich	quarterly	trimestriel	trimestrale	trimestral
kwit (PL)	Quittung f	receipt	quittance f	quietanza f	recibo m
kwitantie (NL)	Quittung f	receipt	quittance f	quietanza f	recibo m
kwit odprawy celnej przywozowej (PL)	Zolleinfuhrschein m	bill of entry	acquit d'entrée m	bolletta doganale d'importazione m	certificado de aduana m
kwit składowy (PL)	Lagerschein m	warehouse warrant	certificat de dépôt m	ricevuta di deposito f	resguardo de almacén m
kwit załadowczy (PL)	Ladeschein f	bill of lading	avis de chargement m	bolletta di carico f	póliza de carga f
kwota (PL)	Betrag m	amount	montant m	importo m	suma f
kwota (PL)	Quote f	quota	quota m	quota f	cuota f

kwota

P	NL	SV	PL	CZ	H
carga diversa f	stukgoederen n/pl	styckegods	drobnica f	—	darabáru
inflação insidiosa f	kruipende inflatie f	smygande inflation	skradająca się inflacja f	plíživá inflace f	—
envelope m	enveloppe f	kuvert	koperta f	obálka f	boríték
envelope m	envelop m	—	koperta f	obálka f	levélboríték
envelope m	enveloppe f	—	koperta f	obálka f	boríték
qualificação f	kwalificatie f	kvalifikation	kwalifikacja f	—	minősítés
qualificação f	kwalificatie f	—	kwalifikacja f	kvalifikace f	minősítés
qualitativo m	kwalitatief	—	jakościowy m	kvalitativní	minőségi
qualitativo m	kwalitatief	kvalitativ	jakościowy m	—	minőségi
quantidade f	kwaliteit f	—	jakość f	jakost f	minőség
garantia de qualidade f	kwaliteitsgarantie f	—	zabezpieczenie jakości f	zajištění jakosti n	minőségbiztosítás
categoria de qualidade f	kwaliteitsklasse f	—	klasa jakości f	jakostní třída f	minőségi osztály
controle de qualidade m	kwaliteitscontrole f	—	kontrola jakości f	kontrola jakosti f	minőségellenőrzés
quantitativo m	kwantitatief	—	ilościowy	kvantitativní	mennyiségi
quantitativo m	kwantitatief	kvantitativ	ilościowy	—	mennyiségi
quantidade f	hoeveelheid f	—	ilość f	množství n	mennyiség
indicação de quantidade f	hoeveelheidsaanduiding f	—	dane ilościowe f/pl	udání množství n	mennyiség feltüntetése
herança f	erfenis f	—	spadek m	pozůstalost f	hagyaték
trimestre m	kwartaal n	—	kwartał m	čtvrtletí n	negyedév
factura trimestral f	kwartaalrekening f	—	rozliczenie kwartalne n	čtvrtletní vyúčtování n	negyedéves számla
fim do trimestre m	kwartaaleinde n	—	koniec kwartału m	konec čtvrtletí m	negyedév vége
trimestral	driemaandelijks	—	kwartalne	čtvrtletní	negyedévenként(i)
compensação f	compensatie f	—	wzajemne zaliczenie n	vzájemné vyúčtování n	ellentételezés
recibo m	kwitantie f	—	kwit m	stvrzenka f	nyugta
quota f	quotum n	—	kwota f	podíl m	kvóta
quota f	quotum n	kvot	kwota f	podíl m	—
qualificação f	—	kvalifikation	kwalifikacja f	kvalifikace f	minősítés
qualificação f	kwalificatie f	kvalifikation	—	kvalifikace f	minősítés
qualitativo m	—	kvalitativ	jakościowy m	kvalitativní	minőségi
quantidade f	—	kvalitet	jakość f	jakost f	minőség
controle de qualidade m	—	kvalitetskontroll	kontrola jakości f	kontrola jakosti f	minőségellenőrzés
garantia de qualidade f	—	kvalitetsgaranti	zabezpieczenie jakości f	zajištění jakosti n	minőségbiztosítás
categoria de qualidade f	—	kvalitetskategori	klasa jakości f	jakostní třída f	minőségi osztály
quantitativo m	—	kvantitativ	ilościowy	kvantitativní	mennyiségi
trimestre m	—	kvartal	kwartał m	čtvrtletí n	negyedév
fim do trimestre m	—	kvartalsslut	koniec kwartału m	konec čtvrtletí m	negyedév vége
factura trimestral f	—	kvartalsfaktura	rozliczenie kwartalne n	čtvrtletní vyúčtování n	negyedéves számla
trimestre m	kwartaal n	kvartal	—	čtvrtletí n	negyedév
trimestral	driemaandelijks	kvartalsvis	—	čtvrtletní	negyedévenként(i)
recibo m	kwitantie f	kvitto	—	stvrzenka f	nyugta
recibo m	—	kvitto	kwit m	stvrzenka f	nyugta
declaração de importação à alfândega f	invoervergunning f	införseldeklaration	—	dovozní celní stvrzenka f	behozatali vámkimutatás
guia de armazenagem f	opslagbewijs n	lagerbevis	—	skladovací list m	raktárjegy
guia de carregamento f	vrachtbrief m	lastbevis	—	nákladní list m	fuvarlevél
montante m	bedrag n	summa	—	částka f	összeg
quota f	quotum n	kvot	—	podíl m	kvóta

kwota pieniężna

	D	E	F	I	ES
kwota pieniężna (PL)	Geldbetrag m	amount of money	somme d'argent f	somma di denaro f	importe m
kwota ryczałtowa (PL)	Pauschalbetrag m	flat rate	somme forfaitaire f	somma forfettaria f	suma global f
kwota spłaty (PL)	Ablösesumme f	redemption sum	montant de rachat m	buona uscita f	suma de amortización f
laadkosten (NL)	Frachtkosten f	carriage charges	frais de transport m/pl	spese di trasporto f/pl	gastos de transporte m/pl
laadkosten (NL)	Verladekosten f	loading charges	coût du chargement m	costi di caricamento m/pl	gastos de carga m/pl
laatkoers (NL)	Briefkurs m	selling price	cours de vente m	prezzo d'offerta m	cotización ofrecida f
label (E)	Etikett n	—	étiquette f	etichetta f	etiqueta f
labour costs (E)	Lohnkosten pl	—	charges salariales f/pl	costo del lavoro m	coste de salarios m
labour law (E)	Arbeitsrecht n	—	droit du travail f	diritto del lavoro m	derecho laboral m
labour market (E)	Arbeitsmarkt m	—	marché du travail m	mercato del lavoro m	mercado laboral m
lacuna do mercado (P)	Marktlücke f	market gap	créneau du marché m	nicchia di mercato f	vacío del mercado m
låda (SV)	Kiste f	crate	caisse f	cassa f	caja f
láda (H)	Kiste f	crate	caisse f	cassa f	caja f
Ladegebühren (D)	—	loading charges	taxe de chargement f	spese di carico f/pl	derechos de carga m/pl
laden (NL)	verladen	load	charger	caricare	expedir
Ladenpreis (D)	—	retail price	prix de vente m	prezzo al consumo m	precio de venta m
Ladeschein (D)	—	bill of lading	avis de chargement m	bolletta di carico f	póliza de carga f
lading (NL)	Fracht f	freight	fret m	nolo m	carga f
Ladung (D)	—	freight	charge f	carico m	carga f
Lager (D)	—	warehouse	entrepôt m	magazzino m	almacén m
lager (SV)	Lager n	warehouse	entrepôt m	magazzino m	almacén m
lager (SV)	Vorrat m	stock	stock m	scorte f/pl	existencias f/pl
lager (SV)	Warenlager n	warehouse	stock de marchandises m	magazzino m	depósito de mercancías m
lagerbevis (SV)	Lagerschein m	warehouse warrant	certificat de dépôt m	ricevuta di deposito f	resguardo de almacén m
lagerhållning (SV)	Lagerhaltung f	stockkeeping	entreposage m	magazzinaggio m	almacenaje m
lagerhållning (SV)	Vorratshaltung f	stockpiling	stockage m	gestione delle scorte f	formación de stocks f
Lagerhaltung (D)	—	stockkeeping	entreposage m	magazzinaggio m	almacenaje m
lagerhyra (SV)	Lagermiete f	warehouse rent	location d'une surface pour magasinage f	spese di stoccaggio f/pl	alquiler de almacenaje m
Lagermiete (D)	—	warehouse rent	location d'une surface pour magasinage f	spese di stoccaggio f/pl	alquiler de almacenaje m
Lagerraum (D)	—	storage space	halle de dépôt f	deposito m	almacén m
lagerrum (SV)	Lagerraum m	storage space	halle de dépôt f	deposito m	almacén m
Lagerschein (D)	—	warehouse warrant	certificat de dépôt m	ricevuta di deposito f	resguardo de almacén m
Lagerung (D)	—	storage	stockage m	stoccaggio m	almacenaje m
lagring (SV)	Lagerung f	storage	stockage m	stoccaggio m	almacenaje m
lägsta importpris (SV)	Mindesteinfuhrpreise m/pl	minimum import price	prix minimum d'importation m/pl	prezzi minimi all'importazione m/pl	precio mínimo de importación m
lägsta möjliga pris (SV)	billigst	at best price	au meilleur prix	al prezzo migliore	al mejor cambio
lakásépítés (H)	Wohnungsbau m	housing construction	construction de logements f	edilizia abitativa f	construcción de viviendas f

567 lakásépítés

P	NL	SV	PL	CZ	H
importância em dinheiro f	geldsom f	summa pengar	—	peněžní obnos m	pénzösszeg
soma global f	forfaitair bedrag n	ospecificerad summa	—	paušální částka f	átalányösszeg
montante de amortização m	aflosbedrag n	återköpsumma	—	odstupné n	visszafizetési összeg
despesas de transporte f/pl	—	fraktkostnader pl	koszty przewozowe m/pl	přepravní náklady m/pl	fuvardíjak
custos de carregamento m/pl	—	lastningskostnad	koszty przeładunku m/pl	výdaje za nakládku m/pl	rakodási költségek
cotação de venda f	—	begärt pris	kurs giełdowy m	prodejní kurs m	eladási árfolyam
etiqueta f	etiket n	etikett	etykieta f	etiketa f	címke
custos de mão-de-obra m/pl	loonkosten m/pl	lönekostnader pl	koszty płac m/pl	mzdové náklady m/pl	bérköltség
legislação do trabalho f	arbeidsrecht n	arbetsrätt	prawo pracy n	pracovní právo n	munkajog
mercado de trabalho m	arbeidsmarkt f	arbetsmarknad	rynek pracy m	trh práce m	munkaerőpiac
—	gat in de markt n	marknadsnisch	luka rynkowa f	mezera na trhu f	piaci rés
caixa f	kist f	—	skrzynka f	bedna f	láda
caixa f	kist f	låda	skrzynka f	bedna f	—
direitos de carga m/pl	inladingskosten m/pl	lastningsavgift	opłaty za załadunek f/pl	poplatky za náklad m	rakodási díj
carregar	—	lasta	przeładowywać <przeładować>	nakládat <naložit>	rakodik
preço de venda m	kleinhandelsprijs m	butikspris	cena detaliczna f	prodejní cena f	bolti ár
guia de carregamento f	vrachtbrief m	lastbevis	kwit załadowczy m	nákladní list m	fuvarlevél
frete m	—	frakt	fracht m	přepravovaný náklad m	rakomány
carga f	vracht f	last	ładunek m	náklad m	rakomány
armazém m	magazijn n	lager	magazyn m	sklad m	raktár
armazém m	magazijn n	—	magazyn m	sklad m	raktár
estoque m	voorraad m	—	zapas m	zásoba f	készlet
depósito de mercadorias m	magazijn n	—	skład towarów m	sklad zboží m	áruraktár
guia de armazenagem f	opslagbewijs n	—	kwit składowy m	skladovací list m	raktárjegy
armazenagem f	het in voorraad houden n	—	magazynowanie n	skladování n	készletezés
manutenção de estoques f	in voorraad houden n	—	utrzymywanie zapasów n	udržování zásob n	készletgazdálkodás
armazenagem f	het in voorraad houden n	lagerhållning	magazynowanie n	skladování n	készletezés
aluguel de armazenagem m	huur van opslagruimte f	—	czynsz za magazyn m	skladné n	raktárbérlet
aluguel de armazenagem m	huur van opslagruimte f	lagerhyra	czynsz za magazyn m	skladné n	raktárbérlet
armazém m	opslagplaats f	lagerrum	pomieszczenie składowe n	skladovací prostor m	raktér
armazém m	opslagplaats f	—	pomieszczenie składowe n	skladovací prostor m	raktér
guia de armazenagem f	opslagbewijs n	lagerbevis	kwit składowy m	skladovací list m	raktárjegy
armazenagem f	opslag n	lagring	składowanie n	skladování n	raktározás
armazenagem f	opslag m	—	składowanie n	skladování n	raktározás
preço mínimo de importação m	minimuminvoerprijs m	—	minimalne ceny importowe f/pl	minimální dovozní ceny f/pl	minimális importárak
ao melhor preço	tegen de beste prijs	—	najtaniej	nejlevnější	az elérhető legalacsonyabb áron
construção de habitações f	woningbouw m	bostadsbyggande	budownictwo mieszkaniowe n	bytová výstavba f	—

lakossági betét

	D	E	F	I	ES
lakossági betét (H)	Privateinlagen f/pl	private contribution	apport personnel m	depositi privati m/pl	depósitos privados m/pl
lån (SV)	Anleihe f	loan	emprunt m	prestito m	empréstito m
lån (SV)	Darlehen n	loan	prêt m	mutuo m	préstamo m
lançamento de impostos (P)	Steuerveranlagung f	tax assessment	imposition f	accertamento tributario m	tasación de los impuestos f
lanciare sul mercato (I)	vermarkten	market	commercialiser	—	comercializar
landbouwmarkt (NL)	Agrarmarkt m	agricultural market	marché agricole m	mercato agrario m	mercado agrícola m
landbouwoverschotten (NL)	Agrarüberschüsse m/pl	agricultural surpluses	excédents agricoles m/pl	eccedenze agricole f/pl	excedentes agrícolas m/pl
landbouwprijs (NL)	Agrarpreis m	prices of farm products	prix agricole m	prezzo agricolo m	precio agrícola m
landbouwproduct (NL)	Agrarprodukt n	farm product	produit agricole m	prodotto agricolo m	producto agrario m
landbouwsubsidies (NL)	Agrarsubventionen f/pl	agricultural subsidies	subventions agricoles f/pl	sovvenzioni all'agricoltura f/pl	subvención a la agricultura f
landhuishoudkunde (NL)	Agrarwirtschaft f	rural economy	économie agricole f	economia agraria f	economía agraria f
langfristig (D)	—	long-term	à long terme	a lungo termine	a largo plazo
långfristig (SV)	langfristig	long-term	à long terme	a lungo termine	a largo plazo
langfristiger Kredit (D)	—	long-term credit	crédit à long terme m	credito a lungo termine m	crédito a largo plazo m
långfristig kredit (SV)	langfristiger Kredit m	long-term credit	crédit à long terme m	credito a lungo termine m	crédito a largo plazo m
lån mot realsäkerhet (SV)	Realkredit m	credit on real estate	crédit sur gage mobilier m	credito reale m	crédito real m
large-scale order (E)	Großauftrag m		grosse commande f	ordine consistente m	pedido importante m
last (SV)	Ladung f	freight	charge f	carico m	carga f
lasta (SV)	verladen	load	charger	caricare	expedir
lastbevis (SV)	Ladeschein f	bill of lading	avis de chargement m	bolletta di carico f	póliza de carga f
lastbil (SV)	Lastwagen m	lorry	camion m	camion m	camión m
lastningsavgift (SV)	Ladegebühren f/pl	loading charges	taxe de chargement f	spese di carico f/pl	derechos de carga m/pl
lastningskostnad (SV)	Verladekosten f	loading charges	coût de chargement m	costi di caricamento m/pl	gastos de carga m/pl
lastpall (SV)	Palette f	pallet	palette f	paletta f	paleta m
Lastwagen (D)	—	lorry	camion m	camion m	camión m
latent funds (E)	stille Rücklage f	—	réserve occulte f	riserva latente m	reserva tácita f
látra szóló (H)	auf Sicht	at sight	à vue	a vista	a la vista
laufende Rechnung (D)	—	current account	compte courant m	conto corrente m	cuenta corriente f
Laufzeit (D)	—	term	durée f	scadenza f	plazo de vencimiento m
lavoratore dipendente (I)	Arbeitnehmer m	employee	salarié m	—	empleado m
lavoratori stranieri (I)	ausländische Arbeitnehmer f	foreign workers	travailleur étranger m	—	trabajadores extranjeros m
lavoro (I)	Arbeit f	work	travail m	—	trabajo m
lavoro abusivo (I)	Schwarzarbeit f	illicit work	travail au noir m	—	trabajo clandestino m
lavoro a cottimo (I)	Akkordarbeit f	piece-work	travail à la pièce m	—	trabajo a destajo m
lavoro ad orario ridotto (I)	Kurzarbeit f	short-time work	travail à temps partiel m	—	trabajo reducido m
lavoro a video (I)	Bildschirmarbeit f	work at a computer terminal	travail à l'écran	—	trabajo de pantalla m
lavoro d'équipe (I)	Teamarbeit f	teamwork	travail d'équipe m	—	trabajo en equipo m
lavoro manuale (I)	Handarbeit f	manual work	travail manuel m	—	trabajo a mano m
lavoro part-time (I)	Teilzeitarbeit f	part-time work	travail à temps partiel m	—	trabajo a tiempo parcial m
law (E)	Recht n	—	droit m	diritto m	derecho m
lawyer (E)	Anwalt m	—	avocat m	avvocato m	abogado m

lawyer

P	NL	SV	PL	CZ	H
contribuição particular f	persoonlijke bijdrage f	privat insättning	wkłady prywatne m/pl	soukromé vklady m/pl	—
empréstimo m	lening f	—	pożyczka f	půjčka f	kötvénykölcsön
mútuo m	lening f	—	pożyczka f	půjčka f	kölcsön
—	belastinggrondslag m	taxering	wymiar podatku m	stanovení výšky zdanění n	adókivetés
comercializar	commercialiseren	marknadsföra	uplasować na rynku	uvést na trh	értékesít
mercado agrícola m	—	jordbruksmarknad	rynek rolny m	zemědělský trh m	agrárpiac
excedentes agrícolas m/pl	—	jordbruksöverskott	nadwyżki rolne f/pl	zemědělské přebytky m/pl	mezőgazdasági termékfölösleg
preços dos produtos agrícolas m	—	pris på jordbruksprodukter	cena skupu produktów rolnych f	zemědělská cena f	mezőgazdasági árak
produto agrícola m	—	jordbruksprodukt	produkt rolny m	zemědělský výrobek m	mezőgazdasági termék
subsídios à agricultura m/pl	—	jordbruksstöd	subwencja rolnicza f	zemědělské subvence f/pl	mezőgazdasági támogatás
economia agrária f	—	jordbruk	gospodarka rolna f	zemědělské hospodářství n	mezőgazdaság
a longo prazo	op lange termijn	långfristig	długoterminowy	dlouhodobý	hosszú lejáratú
a longo prazo	op lange termijn	—	długoterminowy	dlouhodobý	hosszú lejáratú
crédito a longo prazo m	krediet op lange termijn m	långfristig kredit	kredyt długoterminowy m	dlouhodobý úvěr m	hosszú lejáratú hitel
crédito a longo prazo m	krediet op lange termijn m	—	kredyt długoterminowy m	dlouhodobý úvěr m	hosszú lejáratú hitel
crédito imobiliário m	krediet op onderpand n	—	kredyt rzeczowy m	věcný úvěr m	jelzálogkölcsön
encomenda em grande quantidade f	mammoetorder f	stororder	zamówienie wielkoskalowe n	zakázka velkého rozsahu f	nagy megrendelés
carga f	vracht f	—	ładunek m	náklad m	rakomány
carregar	laden	—	przeładowywać <przeładować>	nakládat <naložit>	rakodik
guia de carregamento f	vrachtbrief m	—	kwit załadowczy m	nákladní list m	fuvarlevél
camião m	vrachtwagen f	—	ciężarówka f	nákladní auto n	tehergépkocsi
direitos de carga m/pl	inladingskosten m/pl	—	opłaty za załadunek f/pl	poplatky za náklad m	rakodási díj
custos de carregamento m/pl	laadkosten m/pl	—	koszty przeładunku m/pl	výdaje za nakládku m/pl	rakodási költségek
palete f	pallet m	—	paleta f	paleta f	raklap
camião m	vrachtwagen f	lastbil	ciężarówka f	nákladní auto n	tehergépkocsi
reserva escondida f	stille reserve f	dold reserv	ukryta rezerwa f	rezervní fond n	rejtett tartalék
à vista	op zicht	på sikt	za okazaniem	na viděnou f	—
conta corrente f	rekening-courant f	löpande räkning	rachunek bieżący m	běžný účet m	folyószámla
prazo de vencimento m	duur m	löptid	okres ważności m	doba splatnosti f	futamidő
empregado m	werknemer f/m	arbetstagare	pracobiorca m	zaměstnanec m	munkavállaló
trabalhador estrangeiro m	gastarbeider m	utländsk arbetstagare	pracownicy cudzoziemscy m/pl	zahraniční zaměstnanci m/pl	külföldi munkavállaló
trabalho m	werk n	arbete	praca f	práce f	munka
trabalho clandestino m	zwartwerk n	svartarbete	praca nielegalna f	práce načerno f	feketemunka
trabalho à peça m	stukwerk n	ackordsarbete	praca akordowa f	práce v úkolu f	darabbéres munka
trabalho a tempo reduzido m	verkorte werktijd m	korttidsarbete	skrócony czas pracy m	zkrácená pracovní doba f	csökkentett munkaidő
trabalho com ecrã m	werk aan het beeldscherm n	bildskärmsarbete	praca przy ekranie komputera f	práce na počítači f	számítógépes munka
trabalho de equipa m	teamwerk n	teamarbete	praca zespołowa f	týmová práce f	csapatmunka
trabalho manual m	handenarbeid f	manuellt arbete	praca ręczna f	ruční práce f	fizikai munka
trabalho a jornada parcial m	deeltijds werk n	deltidsarbete	praca w niepełnym wymiarze f	částečný pracovní úvazek m	részidős munka
direito m	recht n	rätt	prawo n	právo n	jog
advogado m	advocaat m	advokat	adwokat m	právník m	ügyvéd

lawyer

	D	E	F	I	ES
lawyer (E)	Rechtsanwalt m	—	avocat m	avvocato m	abogado m
leader di mercato (I)	Marktführer m	market leader	leader sur le marché f	—	líder de mercado m
leader sur le marché (F)	Marktführer m	market leader	—	leader di mercato m	líder de mercado m
leányvállalat (H)	Tochtergesellschaft f	subsidiary	société affiliée f	società affiliata f	filial f
leaseovereen-komst (NL)	Leasing-Vertrag m	leasing contract	contrat de leasing m	contratto di leasing m	contrato de arrendamiento financiero m
leaser (NL)	Leasing-Nehmer m	lessee	preneur de leasing m	beneficiario del leasing m	arrendatario financiero m
Leasing (D)	—	leasing	crédit-bail m	leasing m	leasing m
leasing (E)	Leasing n	—	crédit-bail m	leasing m	leasing m
leasing (I)	Leasing n	leasing	crédit-bail m	—	leasing m
leasing (ES)	Leasing n	leasing	crédit-bail m	leasing m	—
leasing (NL)	Leasing n	leasing	crédit-bail m	leasing m	leasing m
leasing (SV)	Leasing n	leasing	crédit-bail m	leasing m	leasing m
leasing (PL)	Leasing n	leasing	crédit-bail m	leasing m	leasing m
leasing (CZ)	Leasing n	leasing	crédit-bail m	leasing m	leasing m
leasingavgift (SV)	Leasing-Rate f	leasing payment	taux de leasing m	tasso del leasing f	plazo de arrendamiento financiero m
leasingavtal (SV)	Leasing-Vertrag m	leasing contract	contrat de leasing m	contratto di leasing m	contrato de arrendamiento financiero m
leasing contract (E)	Leasing-Vertrag m	—	contrat de leasing m	contratto di leasing m	contrato de arrendamiento financiero m
leasing de personal (ES)	Personal-Leasing n	personnel leasing	leasing de personnel m	leasing di personale m	—
leasing de personnel (F)	Personal-Leasing n	personnel leasing	—	leasing di personale m	leasing de personal m
leasing de pessoal (P)	Personal-Leasing n	personnel leasing	leasing de personnel m	leasing di personale m	leasing de personal m
leasing di personale (I)	Personal-Leasing n	personnel leasing	leasing de personnel m	—	leasing de personal m
Leasing-Geber (D)	—	lessor	donneur de leasing m	concedente del leasing m	arrendador financiero m
leasinggivare (SV)	Leasing-Geber m	lessor	donneur de leasing m	concedente del leasing m	arrendador financiero m
Leasing-Nehmer (D)	—	lessee	preneur de leasing m	beneficiario del leasing m	arrendatario financiero m
leasingová smlouva (CZ)	Leasing-Vertrag m	leasing contract	contrat de leasing m	contratto di leasing m	contrato de arrendamiento financiero m
leasingová splátka (CZ)	Leasing-Rate f	leasing payment	taux de leasing m	tasso del leasing f	plazo de arrendamiento financiero m
leasing payment (E)	Leasing-Rate f	—	taux de leasing m	tasso del leasing f	plazo de arrendamiento financiero m
leasing personelu (PL)	Personal-Leasing n	personnel leasing	leasing de personnel m	leasing di personale m	leasing de personal m
Leasing-Rate (D)	—	leasing payment	taux de leasing m	tasso del leasing f	plazo de arrendamiento financiero m
leasingtagare (SV)	Leasing-Nehmer m	lessee	preneur de leasing m	beneficiario del leasing m	arrendatario financiero m
leasingtarief (NL)	Leasing-Rate f	leasing payment	taux de leasing m	tasso del leasing f	plazo de arrendamiento financiero m
leasing van personeel (NL)	Personal-Leasing n	personnel leasing	leasing de personnel m	leasing di personale m	leasing de personal m
Leasing-Vertrag (D)	—	leasing contract	contrat de leasing m	contratto di leasing m	contrato de arrendamiento financiero m
leave (E)	Urlaub m	—	vacances f/pl	vacanze f/pl	vacaciones f/pl
lebegtetés (H)	Floating n	floating	système des changes flottants m	fluttuazione f	flotación f
Lebenslauf (D)	—	curriculum vitae	curriculum vitae m	curriculum vitae m	curriculum vitae m
Lebensversi-cherung (D)	—	life assurance	assurance vie f	assicurazione sulla vita f	seguro de vida m
lebonyolítás (H)	Abwicklung f	settlement	exécution f	esecuzione f	ejecución f
lediga platser (SV)	Stellenangebot n	offer of employment	offre d'emploi f	offerta d'impiego f	oferta de empleo f

lediga platser

P	NL	SV	PL	CZ	H
advogado m	advocaat m	advokat	adwokat m	právní zástupce m	ügyvéd
líder de mercado m	marktleider m	marknadsledare	przodownik na rynku m	vedoucí osoba na trhu m	piacvezető
líder de mercado m	marktleider m	marknadsledare	przodownik na rynku m	vedoucí osoba na trhu m	piacvezető
subsidiária f	dochtermaatschappij f	dotterbolag	spółka zależna f	dceřiná společnost f	—
contrato de locação financeira m	—	leasingavtal	umowa leasingu m	leasingová smlouva f	lízingszerződés
locatário m	—	leasingtagare	biorca leasingu m	nabyvatel leasingu m	lízingbe vevő
locação financeira f	leasing f	leasing	leasing m	leasing m	lízing
locação financeira f	leasing f	leasing	leasing m	leasing m	lízing
locação financeira f	leasing f	leasing	leasing m	leasing m	lízing
locação financeira f	leasing f	leasing	leasing m	leasing m	lízing
locação financeira f	—	leasing	leasing m	leasing m	lízing
locação financeira f	leasing f	—	leasing m	leasing m	lízing
locação financeira f	leasing f	leasing	—	leasing m	lízing
locação financeira f	leasing f	leasing	leasing m	—	lízing
pagamento de uma locação financeira m	leasingtarief n	—	rata leasingowa f	leasingová splátka f	lízingdíj
contrato de locação financeira m	leaseovereenkomst f	—	umowa leasingu m	leasingová smlouva f	lízingszerződés
contrato de locação financeira m	leaseovereenkomst f	leasingavtal	umowa leasingu m	leasingová smlouva f	lízingszerződés
leasing de pessoal m	leasing van personeel f	personalleasing	leasing personelu m	personální leasing m	munkaerő-kölcsönzés
leasing de pessoal m	leasing van personeel f	personalleasing	leasing personelu m	personální leasing m	munkaerő-kölcsönzés
—	leasing van personeel f	personalleasing	leasing personelu m	personální leasing m	munkaerő-kölcsönzés
leasing de pessoal m	leasing van personeel f	personalleasing	leasing personelu m	personální leasing m	munkaerő-kölcsönzés
locador m	verhuurder m	leasinggivare	udzielający leasingu m	poskytovatel leasingu m	lízingbe adó
locador m	verhuurder m	—	udzielający leasingu m	poskytovatel leasingu m	lízingbe adó
locatário m	leaser m	leasingtagare	biorca leasingu m	nabyvatel leasingu m	lízingbe vevő
contrato de locação financeira m	leaseovereenkomst f	leasingavtal	umowa leasingu m	—	lízingszerződés
pagamento de uma locação financeira m	leasingtarief n	leasingavgift	rata leasingowa f	—	lízingdíj
pagamento de uma locação financeira m	leasingtarief n	leasingavgift	rata leasingowa f	leasingová splátka f	lízingdíj
leasing de pessoal m	leasing van personeel f	personalleasing	—	personální leasing m	munkaerő-kölcsönzés
pagamento de uma locação financeira m	leasingtarief n	leasingavgift	rata leasingowa f	leasingová splátka f	lízingdíj
locatário m	leaser m	—	biorca leasingu m	nabyvatel leasingu m	lízingbe vevő
pagamento de uma locação financeira m	—	leasingavgift	rata leasingowa f	leasingová splátka f	lízingdíj
leasing de pessoal m	—	personalleasing	leasing personelu m	personální leasing m	munkaerő-kölcsönzés
contrato de locação financeira m	leaseovereenkomst f	leasingavtal	umowa leasingu m	leasingová smlouva f	lízingszerződés
férias f/pl	vakantie f	semester	urlop m	dovolená f	szabadság
flutuante	zweven n	flytande	płynność kursów walut n	kolísání kursů n	—
curriculum vitae m	curriculum vitae n	meritförteckning	życiorys m	životopis m	életrajz
seguro de vida m	levensverzekering f	livförsäkring	ubezpieczenie na życie n	životní pojištění n	életbiztosítás
execução f	afwikkeling f	likvidering	realizacja f	vyřízení n	—
oferta de emprego f	plaatsaanbieding f	—	propozycja zatrudnienia f	nabídka místa f	állásajánlat

ledning

	D	E	F	I	ES
ledning (SV)	Führungskraft f	manager	cadre supérieur m	dirigente m	personal directivo m
ledningsnivå (SV)	Führungsebene f	executive level	niveau de gestion m	livello dirigenziale m	nivel de dirección m
leépítés (H)	Abbau m	reduction	réduction f	riduzione f	reducción f
leértékelés (H)	Abwertung f	devaluation	dévaluation f	svalutazione f	devaluación f
Leerverkauf (D)	—	forward sale	vente à découvert f	vendita allo scoperto f	venta al descubierto f
lefoglalás (H)	Beschlagnahme f	confiscation	saisie f	confisca f	confiscación f
lefoglalás (H)	Pfändung f	seizure	saisie f	pignoramento m	pignoración f
legal action (E)	Klage f	—	action en justice f	citazione in giudizio f	demanda f
legal action (E)	Rechtsstreit m	—	litige m	causa f	conflicto jurídico m
legal competence (E)	Geschäftsfähigkeit f	—	capacité d'accomplir des actes juridiques f	capacità di agire f	capacidad de negociar f
legal costs (E)	Gerichtskosten pl	—	frais judiciaires taxables exposés m/pl	spese giudiziarie f/pl	gastos judiciales m/pl
legalisatie (NL)	Beglaubigung f	authentication	légalisation f	autentica f	legalización f
légalisation (F)	Beglaubigung f	authentication	—	autentica f	legalización f
legalización (ES)	Beglaubigung f	authentication	légalisation f	autentica f	—
legal norm (E)	Rechtsnorm f	—	règle de droit f	norma giuridica f	norma jurídica f
legal position (E)	Rechtslage f	—	situation juridique f	situazione giuridica f	situación jurídica f
legal tender (E)	gesetzliches Zahlungsmittel n	—	monnaie légale f	mezzo di pagamento legale m	medio legal de pago m
legge sui cartelli (I)	Kartellgesetz n	Cartel Act	loi sur les cartels f	—	ley relativa a los cárteis f
legge sulle società per azioni (I)	Aktiengesetz n	Companies Act	législation des sociétés anoymes f	—	ley sobre sociedades anónimas f
légi fuvar (H)	Luftfracht f	air freight	fret aérien m	nolo aereo m	flete aéreo m
légifuvarlevél (H)	Luftfrachtbrief f	airwaybill	lettre de transport aérien f	lettera di trasporto aereo f	transporte aéreo m
légiposta (H)	Luftpost f	air mail	par avion	posta aerea f	correo aéreo m
legislação do trabalho (P)	Arbeitsrecht n	labour law	droit du travail f	diritto del lavoro m	derecho laboral m
législation des sociétés anoymes (F)	Aktiengesetz n	Companies Act	—	legge sulle società per azioni f	ley sobre sociedades anónimas f
legislative sovereignty (E)	Gesetzgebungshoheit f	—	autonomie de légiférer f	sovranità legislativa f	soberanía legislativa f
legislativní suverenita (CZ)	Gesetzgebungshoheit f	legislative sovereignty	autonomie de légiférer f	sovranità legislativa f	soberanía legislativa f
legislativ överhöghet (SV)	Gesetzgebungshoheit f	legislative sovereignty	autonomie de légiférer f	sovranità legislativa f	soberanía legislativa f
legkisebb mennyiség (H)	Mindesthöhe f	minimum amount	montant minimum m	importo minimo m	cantidad mínima f
legkisebb rendelhető mennyiség (H)	Mindestbestellmenge f	minimum quantity order	quantité commandée minimum f	quantitativo minimo di ordinazione m	cantidad mínima de pedido f
lehegesztett (H)	eingeschweißt	shrink-wrapped	scellé	saldato	soldado
lehívás (H)	Abruf m	call	appel m	ordine di consegna m	demanda de entrega f
lehívási jogok (H)	Ziehungsrechte f	drawing rights	droits de tirage m/pl	diritti di prelievo m/pl	derechos de giro m/pl
lehívásra (H)	auf Abruf	on call	à convenance	su richiesta	a requerimiento
lei (P)	Feingehalt m	titre	titre m	titolo m	ley f
lei das sociedades por acções (P)	Aktiengesetz n	Companies Act	législation des sociétés anoymes f	legge sulle società per azioni f	ley sobre sociedades anónimas f
lei de regulamentação dos cartéis (P)	Kartellgesetz n	Cartel Act	loi sur les cartels f	legge sui cartelli f	ley relativa a los cárteis f
leidinggevende kracht (NL)	Führungskraft f	manager	cadre supérieur m	dirigente m	personal directivo m
Leihwagen (D)	—	hired car	voiture de location f	vettura da noleggio f	coche de alquiler m
leilão (P)	Auktion f	auction	vente aux enchères f/pl	asta f	subasta f

leilão

P	NL	SV	PL	CZ	H
quadro superior m	leidinggevende kracht f	—	kadra kierownicza f	vedoucí řídící pracovník m	vezető
nível da direcção m	directieniveau n	—	płaszczyzna kierownicza f	řídící úroveň f	vezetőségi szint
redução f	vermindering f	nedbrytning	redukcja f	snížení n	—
desvalorização f	devaluatie f	devalvering	dewaluacja f	snížení hodnoty n	—
venda a descoberto f	blancoverkoop m	försäljning i syfte att skapa kursfall	sprzedaż blankowa f	prodej blanko m	fedezetlen eladás
confiscação f	inbeslagneming f	beslagtagande	konfiskata f	konfiskace f	—
penhora f	beslaglegging f	utmätning	zajęcie n	zabavení n	—
acção judicial f	klacht f	åtal	skarga f	žaloba f	panasz
litígio jurídico m	geschil n	rättstvist	spór prawny m	právní spor m	jogvita
capacidade para realizar negócios f	handelingsbekwaamheid f	rättslig handlingsförmåga	zdolność do czynności prawnych f	schopnost obchodování f	jogképesség
custos judiciais m/pl	gerechtskosten m/pl	rättegångskostnader pl	koszty sądowe m/pl	soudní výlohy f/pl	perköltségek
autenticação f	—	bevittnande	uwierzytelnienie n	ověření n	hitelesítés
autenticação f	legalisatie f	bevittnande	uwierzytelnienie n	ověření n	hitelesítés
autenticação f	legalisatie f	bevittnande	uwierzytelnienie n	ověření n	hitelesítés
norma jurídica f	rechtsnorm f	rättsordning	norma prawna f	právní norma f	jogszabály
situação jurídica f	rechtspositie f	rättsläge	sytuacja prawna f	právní stav m	jogi helyzet
meio legal de pagamento m	wettig betaalmiddel n	giltigt betalningsmedel	ustawowy środek płatniczy m	zákonný platební prostředek m	törvényes fizetőeszköz
lei de regulamentação dos cartéis f	wet op de kartelvorming f	kartellag	ustawa kartelowa f	kartelový zákon m	kartelltörvény
lei das sociedades por acções m	wet op de naamloze vennootschappen f	aktielagstiftning	ustawa o spółkach akcyjnych f	zákon o akciích m	társasági törvény
frete aéreo m	luchtvracht f	flygfrakt	fracht lotniczy m	letecké přepravné n	—
conhecimento aéreo m	luchtvrachtbrief m	flygfraktsedel	konosament lotniczy m	letecký nákladní list m	—
correio aéreo m	luchtpost f	luftpost	poczta lotnicza f	letecká pošta f	—
—	arbeidsrecht n	arbetsrätt	prawo pracy n	pracovní právo n	munkajog
lei das sociedades por acções m	wet op de naamloze vennootschappen f	aktielagstiftning	ustawa o spółkach akcyjnych f	zákon o akciích m	társasági törvény
competência legislativa f	wetgevende overheid	legislativ överhöghet	suwerenność prawna f	legislativní suverenita f	törvényhozási hatalom
competência legislativa f	wetgevende overheid	legislativ överhöghet	suwerenność prawna f	—	törvényhozási hatalom
competência legislativa f	wetgevende overheid	—	suwerenność prawna f	legislativní suverenita f	törvényhozási hatalom
montante mínimo m	minimumbedrag m	minimisumma	wysokość minimalna f	minimální výška f	—
quantidade mínima de encomenda f	minimum bestelde hoeveelheid f	minsta ordermängd	minimalna zamawialna ilość f	minimální objednatelné množství n	—
soldado	in folie verpakt	vacuumförpackat	zaspawany	přivařený	—
pedido m	afroep m	avrop	żądanie n	odvolání n	—
direitos de saque m/pl	trekkingsrechten n/pl	dragningsrätter pl	prawo ciągnienia n	slosovací pravidla n/pl	—
a pedido	op afroep	jour	na żądanie	na odvolání	—
—	gehalte aan edel metaal n	lödighet	zawartość złota f	obsah čistého drahého kovu ve slitině m	nemesfémtartalom
—	wet op de naamloze vennootschappen f	aktielagstiftning	ustawa o spółkach akcyjnych f	zákon o akciích m	társasági törvény
—	wet op de kartelvorming f	kartellag	ustawa kartelowa f	kartelový zákon m	kartelltörvény
quadro superior m	—	ledning	kadra kierownicza f	vedoucí řídící pracovník m	vezető
carro alugado m	huurauto m	hyrbil	samochód wypożyczony m	půjčený vůz m	bérautó
—	verkoop bij opbod m	auktion	aukcja f	aukce f	árverés

leilão 574

	D	E	F	I	ES
leilão (P)	Versteigerung f	auction	vente aux enchères f	vendita all'asta f	subasta f
Leistung (D)	—	performance	rendement m	rendimento m	rendimiento m
Leistungslohn (D)	—	piece rate	salaire au rendement m	retribuzione ad incentivo f	salario por rendimiento m
leistungsorientiert (D)	—	performance-oriented	orienté vers le rendement	meritocratico	orientado al rendimiento
Leitkurs (D)	—	central rate	taux de référence m	tasso centrale m	curso de referencia m
Leitwährung (D)	—	key currency	monnaie-clé f	valuta guida f	moneda de referencia f
Leitzins (D)	—	key rate	taux directeur m	tasso di riferimento m	interés básico m
lejárati határidő (H)	Ablauffrist f	time limit	échéance f	termine di scadenza m	vencimiento m
lejárat napja (H)	Verfallsdatum n	expiry date	date d'échéance f	data di scadenza f	fecha de vencimiento f
lejárat napja (H)	Verfalltag m	day of expiry	jour de l'échéance m	giorno di scadenza m	día de vencimiento m
lekötött betét (H)	Festgeld n	time deposit	argent immobilisé m	deposito a termine m	depósito a plazo fijo m
leltár (H)	Inventar n	inventory	inventaire m	inventario m	inventario m
leltározás (H)	Inventur f	stock-taking	inventaire m	compilazione dell'inventario f	inventario m
lemondás (H)	Absage f	refusal	refus m	rifiuto m	negativa f
lengyel (nyelv) (H)	Polnisch	Polish	polonais	polacco m	polaco m
Lengyelország (H)	Polen n	Poland	Pologne f	Polonia f	Polonia
lengyel(ül) (H)	polnisch	Polish	polonais	polacco	polaco
lening (NL)	Anleihe f	loan	emprunt m	prestito m	empréstito m
lening (NL)	Darlehen n	loan	prêt m	mutuo m	préstamo m
lening tegen onderpand van effecten (NL)	Lombardgeschäft n	collateral loan business	prêt sur titre m	anticipazione sui titoli f	operaciones de pignoración f/pl
lépcsőzetes árskála (H)	Staffelpreis m	graduated price	prix échelonné m	prezzo differenziato m	precios progresivos m/pl
lesão do contrato (P)	Vertragsbruch m	breach of contract	violation de contrat f	inadempienza contrattuale f	ruptura de contrato f
lessee (E)	Leasing-Nehmer m	—	preneur de leasing m	beneficiario del leasing m	arrendatario financiero m
lessor (E)	Leasing-Geber m	—	donneur de leasing m	concedente del leasing m	arrendador financiero m
leszállít (H)	abliefern	deliver	livrer	consegnare	entregar
leszállítva a határra (H)	frei Grenze	free frontier	franco frontière	franco confine	franco frontera
leszállítva a kikötőbe (H)	frei Hafen	free ex port	franco port	franco porto	puerto franco
leszámítolási kamatláb (H)	Diskontsatz m	discount rate	taux d'escompte m	saggio di sconto m	tasa de descuento f
letecká pošta (CZ)	Luftpost f	air mail	par avion	posta aerea f	correo aéreo m
letecké přepravné (CZ)	Luftfracht f	air freight	fret aérien m	nolo aereo m	flete aéreo m
letecký nákladní list (CZ)	Luftfrachtbrief f	airwaybill	lettre de transport aérien f	lettera di trasporto aereo f	transporte aéreo m
letét (H)	Anzahlung f	deposit	acompte m	pagamento in acconto m	pago a cuenta m
letétbe helyezés (H)	Hinterlegung f	deposit	dépôt m	deposito m	depósito m
létminimum (H)	Existenzminimum n	subsistence minimum	minimum vital m	minimo di sussistenza m	mínimo vital m
letra aceite (P)	Akzept n	letter of acceptance	effet accepté m	tratta accettata f	aceptación f
letra con valor declarado (ES)	Wertbrief m	insured letter	lettre avec valeur déclarée f	lettera con valore dichiarato f	—
letra de cambio (ES)	Wechsel m	bill of exchange	lettre de change f	cambiale f	—
letra de câmbio (P)	Wechsel m	bill of exchange	lettre de change f	cambiale f	letra de cambio f
létszámleépítés (H)	Personalabbau m	reduction of staff	compression de personnel f	riduzione del personale f	reducción de personal f
letter (E)	Brief m	—	lettre f	lettera f	carta f

letter

P	NL	SV	PL	CZ	H
—	verkoop bij opbod m	auktionsförsäljning	licytacja f	dražba f	árverés
desempenho m	prestatie f	prestation	świadczenie n	výkon m	teljesítmény
salário por rendimento m	prestatieloon n	prestationslön	płaca akordowa f	úkolová mzda f	teljesítménybér
orientado para o desempenho	prestatiegeoriënteerd	prestationsorienterad	zależny od wydajności	orientován na výkon	teljesítmény szerinti
taxa central f	spilkoers m	styrkurs	kurs wytyczny m	určující kurs m	irányadó árfolyam
moeda de referência f	sleutelvaluta f	huvudvaluta	waluta "twarda" f	hlavní měna f	kulcsvaluta
taxa de referência f	officiële rente f	styrränta	podstawowa stopa procentowa f	hlavní úrok m	alapkamatláb
vencimento m	datum van afloop m	tidsfrist	termin ważności m	prošlá lhůta f	—
data de vencimento f	vervaldatum m	sista förbrukningsdag	data płatności weksla f	datum uplynutí lhůty n	—
dia de vencimento m	vervaldag m	förfallodag	dzień płatności m	den splatnosti m	—
depósito a prazo m	deposito met vaste termijn n	fast inlåning	wkład bankowy m	vázaný vklad m	—
inventário m	inventaris m	inventarium	inwentarz m	inventář m	—
elaboração do inventário f	boedelbeschrijving f	inventering	remanent m	inventura f	—
recusa f	weigering f	avböjande	odmowa f	odřeknutí n	—
polonês	Pools	polska	język polski m	polština f	—
Polónia f	Polen	Polen	Polska f	Polsko n	—
polonês	Pools	polsk	polski	polský	—
empréstimo m	—	lån	pożyczka f	půjčka f	kötvénykölcsön
mútuo m	—	lån	pożyczka f	půjčka f	kölcsön
empréstimo com garantia de títulos m	—	lombardtransaktion	transakcja lombardowa f	lombardní obchod m	lombardügylet
preço progressivo m	schaalprijs m	graderat pris	cena ruchoma f	odstupňovaná cena f	—
—	contractbreuk f	avtalsbrott	zerwanie umowy n	porušení smlouvy n	szerződésszegés
locatário m	leaser m	leasingtagare	biorca leasingu m	nabyvatel leasingu m	lízingbe vevő
locador m	verhuurder m	leasinggivare	udzielający leasingu m	poskytovatel leasingu m	lízingbe adó
entregar	afleveren	leverera	dostarczać <dostarczyć>	dodávat <dodat>	—
fronteira franca	franco grens	fritt gräns	franco granica	vyplaceně na hranici f	—
porto franco	franco haven	fritt hamn	franco port	vyplaceně do přístavu m	—
taxa de desconto f	discontovoet m	diskonto	stopa dyskontowa f	diskontní sazba f	—
correio aéreo m	luchtpost f	luftpost	poczta lotnicza f	—	légiposta
frete aéreo m	luchtvracht f	flygfrakt	fracht lotniczy m	—	légi fuvar
conhecimento aéreo m	luchtvrachtbrief m	flygfraktsedel	konosament lotniczy m	—	légifuvarlevél
pagamento por conta m	aanbetaling f	handpenning	zaliczka f	záloha f	—
depósito m	consignatie f	deposition	zdeponowanie n	uložení n	—
mínimo de subsistência f	bestaansminimum n	existensminimum	minimum egzystencji n	existenční minimum n	—
—	accept n	accept	akcept m	akceptace f	elfogadott váltó
carta com valor declarado f	brief met aangegeven waarde m	assurerat brev	list wartościowy m	cenný dopis m	értéklevél
letra de câmbio f	wissel m	växel	weksel m	směnka f	váltó
—	wissel m	växel	weksel m	směnka f	váltó
redução de pessoal f	personeelsafslanking f	personalnedskärning	redukcja personelu f	snižování počtu zaměstnanců n	—
carta f	brief m	brev	list m	dopis m	levél

lettera

	D	E	F	I	ES
lettera (I)	Brief m	letter	lettre f	—	carta f
lettera con valore dichiarato (I)	Wertbrief m	insured letter	lettre avec valeur déclarée f	—	letra con valor declarado f
lettera di conferma (I)	Schlußbrief m	sales note	lettre de confirmation f	—	carta de confirmación f
lettera di credito (I)	Akkreditiv n	letter of credit	accréditif m	—	crédito documentario m
lettera di credito (I)	Kreditbrief m	letter of credit	lettre de crédit f	—	carta de crédito f
lettera di credito commerciale (I)	Handelskreditbrief m	commercial letter of credit	lettre de crédit commercial f	—	carta de crédito comercial f
lettera di raccomandazione (I)	Empfehlungsschreiben n	letter of recommendation	lettre de recommandation f	—	carta de recomendación f
lettera di ringraziamento (I)	Dankschreiben n	letter of thanks	lettre de remerciement f	—	carta de agradecimiento f
lettera di sollecito (I)	Mahnbrief m	reminder	lettre d'avertissement f	—	carta admonitoria f
lettera di trasporto aereo (I)	Luftfrachtbrief f	airwaybill	lettre de transport aérien f	—	transporte aéreo m
lettera di vettura (I)	Frachtbrief m	consignment note	lettre de voiture f	—	carta de porte f
letter-box (E)	Briefkasten m	—	boîte aux lettres f	cassetta postale f	buzón m
letterhead (E)	Briefkopf m	—	en-tête m	intestazione f	encabezamiento m
letter of acceptance (E)	Akzept n	—	effet accepté f	tratta accettata f	aceptación f
letter of application (E)	Bewerbungsschreiben n	—	lettre de candidature f	domanda d'assunzione f	carta de solicitud f
letter of credit (E)	Akkreditiv n	—	accréditif m	lettera di credito f	crédito documentario m
letter of credit (E)	Kreditbrief m	—	lettre de crédit f	lettera di credito f	carta de crédito f
letter of recommendation (E)	Empfehlungsschreiben n	—	lettre de recommandation f	lettera di raccomandazione f	carta de recomendación f
letter of reference (E)	Zeugnis n	—	certificat m	attestato m	certificado m
letter of thanks (E)	Dankschreiben n	—	lettre de remerciement f	lettera di ringraziamento f	carta de agradecimiento f
lettre (F)	Brief m	letter		lettera f	carta f
lettre avec valeur déclarée (F)	Wertbrief m	insured letter	—	lettera con valore dichiarato f	letra con valor declarado f
lettre d'avertissement (F)	Mahnbrief m	reminder	—	lettera di sollecito f	carta admonitoria f
lettre de candidature (F)	Bewerbungsschreiben n	letter of application	—	domanda d'assunzione f	carta de solicitud f
lettre de change (F)	Wechsel m	bill of exchange	—	cambiale f	letra de cambio f
lettre de confirmation (F)	Schlußbrief m	sales note	—	lettera di conferma f	carta de confirmación f
lettre de crédit (F)	Kreditbrief m	letter of credit	—	lettera di credito f	carta de crédito f
lettre de crédit commercial (F)	Handelskreditbrief m	commercial letter of credit	—	lettera di credito commerciale f	carta de crédito comercial f
lettre de recommandation (F)	Empfehlungsschreiben n	letter of recommendation	—	lettera di raccomandazione f	carta de recomendación f
lettre de remerciement (F)	Dankschreiben n	letter of thanks	—	lettera di ringraziamento f	carta de agradecimiento f
lettre de transport aérien (F)	Luftfrachtbrief f	airwaybill	—	lettera di trasporto aereo f	transporte aéreo m
lettre de voiture (F)	Frachtbrief m	consignment note	—	lettera di vettura f	carta de porte f
lettre par exprès (F)	Eilbrief m	express letter	—	espresso m	carta urgente f
levél (H)	Brief m	letter	lettre f	lettera f	carta f
levélboríték (H)	Briefumschlag m	envelope	enveloppe f	busta f	sobre m
levelezőlap (H)	Postkarte f	postcard	carte postale f	cartolina postale f	tarjeta postal f
levélkihordó (H)	Briefträger m	postman	facteur m	postino m	cartero m
level of employment (E)	Beschäftigungsgrad m	—	taux d'emploi m	tasso d'occupazione m	tasa de empleo f
levélpapír fejléce (H)	Briefkopf m	letterhead	en-tête m	intestazione f	encabezamiento m
levensverzekering (NL)	Lebensversicherung f	life assurance	assurance vie f	assicurazione sulla vita f	seguro de vida m

P	NL	SV	PL	CZ	H
carta f	brief m	brev	list m	dopis m	levél
carta com valor declarado f	brief met aangegeven waarde m	assurerat brev	list wartościowy m	cenný dopis m	értéklevél
carta de confirmação f	sluitbriefje n	villkorsbekräftelse	potwierdzenie warunków n	závěrečná kupní smlouva f	kötlevél
crédito documentário m	geconfirmeerde kredietbrief m	remburs	Akredytywa f	akreditiv m	akkreditív
carta de crédito f	kredietbrief f	kreditiv	akredytywa f	úvěrový list m	hitellevél
carta de crédito comercial f	handelskredietbrief m	handelsremburs	akredytywa towarowa f	obchodní úvěrový list m	kereskedelmi hitellevél
carta de recomendação f	aanbevelingsbrief m	rekommendationsbrev	list polecający m	doporučovací psaní n	ajánlólevél
carta de agradecimento f	bedankbrief m	tackbrev	pismo dziękczynne n	děkovné psaní n	köszönőlevél
carta de advertência f	rappelbrief m	kravbrev	monit m	upomínka f	fizetési felszólítás
conhecimento aéreo m	luchtvrachtbrief m	flygfraktsedel	konosament lotniczy m	letecký nákladní list m	légifuvarlevél
documento de consignação m	vrachtbrief m	fraktsedel	list przewozowy m	nákladní list m	szállítólevél
caixa do correio f	brievenbus f	brevlåda	skrzynka pocztowa f	poštovní schránka f	postaláda
cabeçalho m	briefhoofd m	brevhuvud	nagłówek listu m	záhlaví dopisu m	levélpapír fejléce
letra aceite f	accept n	accept	akcept m	akceptace f	elfogadott váltó
carta de solicitação de emprego f	sollicitatiebrief m	skriftlig ansökan	podanie o pracę n	písemná žádost f	pályázat
crédito documentário m	geconfirmeerde kredietbrief m	remburs	Akredytywa f	akreditiv m	akkreditív
carta de crédito f	kredietbrief f	kreditiv	akredytywa f	úvěrový list m	hitellevél
carta de recomendação f	aanbevelingsbrief m	rekommendationsbrev	list polecający m	doporučovací psaní n	ajánlólevél
certificado m	certificaat n	rapport	świadectwo n	vysvědčení n	bizonyítvány
carta de agradecimento f	bedankbrief m	tackbrev	pismo dziękczynne n	děkovné psaní n	köszönőlevél
carta f	brief m	brev	list m	dopis m	levél
carta com valor declarado f	brief met aangegeven waarde m	assurerat brev	list wartościowy m	cenný dopis m	értéklevél
carta de advertência f	rappelbrief m	kravbrev	monit m	upomínka f	fizetési felszólítás
carta de solicitação de emprego f	sollicitatiebrief m	skriftlig ansökan	podanie o pracę n	písemná žádost f	pályázat
letra de câmbio f	wissel m	växel	weksel m	směnka f	váltó
carta de confirmação f	sluitbriefje n	villkorsbekräftelse	potwierdzenie warunków n	závěrečná kupní smlouva f	kötlevél
carta de crédito f	kredietbrief f	kreditiv	akredytywa f	úvěrový list m	hitellevél
carta de crédito comercial f	handelskredietbrief m	handelsremburs	akredytywa towarowa f	obchodní úvěrový list m	kereskedelmi hitellevél
carta de recomendação f	aanbevelingsbrief m	rekommendationsbrev	list polecający m	doporučovací psaní n	ajánlólevél
carta de agradecimento f	bedankbrief m	tackbrev	pismo dziękczynne n	děkovné psaní n	köszönőlevél
conhecimento aéreo m	luchtvrachtbrief m	flygfraktsedel	konosament lotniczy m	letecký nákladní list m	légifuvarlevél
documento de consignação m	vrachtbrief m	fraktsedel	list przewozowy m	nákladní list m	szállítólevél
correio expresso m	expresbrief m	expressbrev	list ekspresowy m	spěšný dopis m	expresszlevél
carta f	brief m	brev	list m	dopis m	—
envelope m	envelop m	kuvert	koperta f	obálka f	—
bilhete postal m	briefkaart f	vykort	karta pocztowa f	korespondenční lístek m	—
carteiro m	postbode m	brevbärare	listonosz m	listonoš m	—
taxa de emprego f	graad van tewerkstelling m	sysselsättningsnivå	poziom zatrudnienia m	stupeň zaměstnanosti m	foglalkoztatás szintje
cabeçalho m	briefhoofd n	brevhuvud	nagłówek listu m	záhlaví dopisu m	—
seguro de vida m	—	livförsäkring	ubezpieczenie na życie n	životní pojištění n	életbiztosítás

leverancier 578

	D	E	F	I	ES
leverancier (NL)	Lieferant m	supplier	fournisseur m	fornitore m	suministrador m
leveranciers-krediet (NL)	Lieferantenkredit m	supplier's credit	crédit de fournisseurs m	credito al fornitore m	crédito comercial m
leverans (SV)	Abfertigung f	dispatch	expédition f	spedizione f	despacho m
leverans (SV)	Lieferung f	delivery	livraison f	consegna f	suministro m
leverans (SV)	Sendung f	consignment	envoi m	spedizione f	envío m
leverans (SV)	Übergabe f	delivery	remise f	consegna f	entrega f
leverans (SV)	Versand m	dispatch	expédition f	spedizione f	envío m
leverans (SV)	Warensendung f	consignment of goods	expédition de marchandises f	spedizione di merci f	envío de mercancías m
leverans (SV)	Zustellung f	delivery	remise f	recapito m	envío m
leveransav-delning (SV)	Versandabteilung f	dispatch department	service des expéditions m	reparto spedizioni m	departamento de expedición m
leveransdatum (SV)	Liefertermin m	date of delivery	délai de livraison m	termine di consegna m	plazo de entrega m
leveransmängd (SV)	Abnahmemenge f	purchased quantity	quantité commercialisée f	quantità d'acquisto f	cantidad de compra f
leveranstid (SV)	Lieferfrist f	term of delivery	délai de livraison m	tempo di consegna m	plazo de entrega m
leveransvillkor (SV)	Lieferbedingungen f/pl	conditions of delivery	conditions de livraison f/pl	condizioni di consegna f/pl	condiciones de suministro f/pl
leverantör (SV)	Lieferant m	supplier	fournisseur m	fornitore m	suministrador m
leverantör (SV)	Zulieferer m	subcontractor	sous-traitant m	fornitore m	abastecedor m
leverantörkredit (SV)	Warenkredit m	trade credit	avance sur marchandises f	credito su merci m	crédito comercial m
leverantörskredit (SV)	Lieferantenkredit m	supplier's credit	crédit de fournisseurs m	credito al fornitore m	crédito comercial m
leverbaar (NL)	lieferbar	available	livrable	consegnabile	suministrable
leverera (SV)	abliefern	deliver	livrer	consegnare	entregar
levering (NL)	Lieferung f	delivery	livraison f	consegna f	suministro m
levering (NL)	Zustellung f	delivery	remise f	recapito m	envío m
levering onder rembours (NL)	Lieferung gegen Nachnahme	cash on delivery	livraison contre remboursement f	consegna in contrassegno f	entrega contra reembolso f
leveringstermijn (NL)	Lieferfrist f	term of delivery	délai de livraison m	tempo di consegna m	plazo de entrega m
leveringstermijn (NL)	Liefertermin m	date of delivery	délai de livraison m	termine di consegna m	plazo de entrega m
leveringsvoor-waarden (NL)	Lieferbedingungen f/pl	conditions of delivery	conditions de livraison f/pl	condizioni di consegna f/pl	condiciones de suministro f/pl
levonás (H)	Abzug m	deduction	retenue f	deduzione f	deducción f
levonható forgalmi adó (H)	Vorsteuer f	input tax	impôt perçu en amont m	imposta anticipata sul fatturato d'acquisto f	impuesto sobre el valor añadido deducible m
levy (E)	Umlage f	—	répartition f	ripartizione f	reparto m
ley (ES)	Feingehalt m	titre	titre m	titolo m	—
ley relativa a los cártels (ES)	Kartellgesetz n	Cartel Act	loi sur les cartels f	legge sui cartelli f	—
ley sobre sociedades anónimas (ES)	Aktiengesetz n	Companies Act	législation des sociétés anonymes f	legge sulle società per azioni f	—
lhúta (CZ)	Frist f	period	délai m	termine m	plazo m
liabilities (E)	Passiva pl	—	passif m	passivo m	pasivo m
liabilities (E)	Schuldenmasse f	—	passif m	massa passiva f	masa pasiva f
liabilities (E)	Verbindlichkeiten f/pl	—	dettes f/pl	obblighi m/pl	obligaciones f/pl
liability (E)	Haftung f	—	responsabilité f	responsabilità f	responsabilidad f
liable to tax (E)	abgabenpflichtig	—	assujetti à l'impôt	soggetto a imposte	sujeto a impuestos
libero scambio (I)	Freihandel m	free trade	commerce libre m	—	librecambio m
librado (ES)	Bezogener m	drawee	tiré m	trattario m	—
librecambio (ES)	Freihandel m	free trade	commerce libre m	libero scambio m	—

librecambio

P	NL	SV	PL	CZ	H
fornecedor m	—	leverantör	dostawca m	dodavatel m	szállító
crédito do fornecedor m	—	leverantörskredit	kredyt u dostawców m	dodavatelský úvěr m	kereskedelmi hitel
expedição f	goederenverzending f	—	spedycja f	odbavení n	továbbítás
entrega f	levering f	—	dostawa f	dodávka f	szállítás
envio m	zending f	—	przesyłka f	zásilka f	küldemény
entrega f	overhandiging f	—	przekazanie n	předání n	átadás
expedição f	verzending f	—	ekspedycja f	expedice f	feladás
remessa de mercadorias f	goederenverzending f	—	wysyłka towarów f	zásilka zboží f	áruküldemény
entrega f	levering f	—	dostawa f	doručení n	kézbesítés
departamento de expedição m	expeditieafdeling f	—	wydział ekspedycji m	expediční oddělení n	szállítási részleg
data de entrega f	leveringstermijn m	—	termin dostawy m	dodací termín m	szállítási határidő
quantidade adquirida f	afnamehoeveelheid f	—	ilość odbierana f	odebrané množství n	vásárolt mennyiség
prazo de entrega m	leveringstermijn m	—	termin dostawy m	dodací lhůta f	szállítási határidő
condições de entrega f/pl	leveringsvoorwaarden f	—	warunki dostawy m/pl	dodací podmínky f/pl	szállítási feltételek
fornecedor m	leverancier m	—	dostawca m	dodavatel m	szállító
fornecedor m	toelevering f	—	kooperant m	subdodavatel m	beszállító
crédito comercial m	handelskrediet n	—	kredyt towarowy m	úvěr na zboží m	áruhitel
crédito do fornecedor m	leverancierskrediet n	—	kredyt u dostawców m	dodavatelský úvěr m	kereskedelmi hitel
disponível para entrega	—	på lager	gotowy do dostawy	k dodání	szállítható
entregar	afleveren	—	dostarczać <dostarczyć>	dodávat <dodat>	leszállít
entrega f	—	leverans	dostawa f	dodávka f	szállítás
entrega f	—	leverans	dostawa f	doručení n	kézbesítés
envio à cobrança m	—	betalning vid leverans	dostawa za zaliczeniem pocztowym f	dodávka na dobírku f	utánvételes szállítás
prazo de entrega m	—	leveranstid	termin dostawy m	dodací lhůta f	szállítási határidő
data de entrega f	—	leveransdatum	termin dostawy m	dodací termín m	szállítási határidő
condições de entrega f/pl	—	leveransvillkor	warunki dostawy m/pl	dodací podmínky f/pl	szállítási feltételek
dedução f	aftrek m	avdrag	potrącenie n	srážka f	—
IVA dedutível m	belasting f	ingående moms	przedpłata podatkowa f	záloha na daň f	—
repartição f	omslag m	skattefördelning	repartycja f	dávka f	járulék
lei f	gehalte aan edel metaal n	lödighet	zawartość złota n	obsah čistého drahého kovu ve slitině m	nemesfémtartalom
lei de regulamentação dos cartéis f	wet op de kartelvorming f	kartellag	ustawa kartelowa f	kartelový zákon m	kartelltörvény
lei das sociedades por acções m	wet op de naamloze vennootschappen f	aktielagstiftning	ustawa o spółkach akcyjnych f	zákon o akciích m	társasági törvény
prazo m	termijn m	frist	okres m	—	határidő
passivo m	passiva pl	passiva pl	pasywa pl	pasiva n/pl	passzívák
massa passiva f	passiva n/pl	passiva pl	suma obciążeń dłużnych f	úhrn dluhů m	csődtömeg
obrigação f	verplichtingen f/pl	skulder pl	zobowiązanie n	závazky m/pl	kötelezettségek
responsabilidade f	aansprakelijkheid f	ansvarighet	gwarancja f	ručení n	felelősség
sujeito a impostos	belastbaar	skattepliktig	podlegający opodatkowaniu	podléhající poplatkům	adóköteles
comércio livre m	vrijhandel m	frihandel	wolny handel m	volný obchod m	szabadkereskedelem
sacado m	betrokken wissel m	trassat	trasat m	směnečník m	intézvényezett
comércio livre m	vrijhandel m	frihandel	wolny handel m	volný obchod m	szabadkereskedelem

libre de impuesto

	D	E	F	I	ES
libre de impuesto (ES)	steuerfrei	tax-free	exonéré d'impôt	esentasse	—
libri contabili (I)	Geschäftsbücher n/pl	account books and balance-sheets	livres de commerce m/pl	—	libros de contabilidad m/pl
libro de caja (ES)	Kassenbuch n	cash book	compte de caisse m	libro di cassa m	—
libro di cassa (I)	Kassenbuch n	cash book	compte de caisse m	—	libro de caja m
libros de contabilidad (ES)	Geschäftsbücher n/pl	account books and balance-sheets	livres de commerce m/pl	libri contabili m/pl	—
licenc (H)	Lizenzen f/pl	licence	licences f/pl	licenze f/pl	licencias f/pl
licença de exportação (P)	Ausfuhrgenehmigung f	export licence	autorisation d'exportation f	autorizzazione all'esportazione f	licencia de exportación f
licença de importação (P)	Einfuhrgenehmigung f	import licence	autorisation d'importation f	autorizzazione all'importazione f	permiso de importación m
licença de patente (P)	Patentlizenz n	patent licence	licence de brevet f	licenza di brevetto f	licencia de patente f
licencadó (H)	Lizenzgeber m	licenser	concédant de licence m	concedente di licenza m	licitador m
licenças (P)	Lizenzen f/pl	licence	licences f/pl	licenze f/pl	licencias f/pl
licencdíj (H)	Lizenzgebühr f	license fee	taxe d'exploitation de licence f	tassa di licenza f	derecho de licencia m
licence (E)	Konzession f	—	concession f	concessione f	concesión f
licence (E)	Lizenzen f/pl	—	licences f/pl	licenze f/pl	licencias f/pl
licence (CZ)	Lizenzen f/pl	licence	licences f/pl	licenze f/pl	licencias f/pl
licence agreement (E)	Lizenzvertrag m	—	contrat de concession de licence m	contratto di licenza m	contrato de licencia m
licence de brevet (F)	Patentlizenz n	patent licence	—	licenza di brevetto f	licencia de patente f
licences (F)	Lizenzen f/pl	licence	—	licenze f/pl	licencias f/pl
licencia de exportación (ES)	Ausfuhrgenehmigung f	export licence	autorisation d'exportation f	autorizzazione all'esportazione f	—
licencia de patente (ES)	Patentlizenz n	patent licence	licence de brevet f	licenza di brevetto f	—
licenciado (P)	Lizenznehmer m	licensee	preneur d'une licence m	licenziatario m	concesionario m
licencias (ES)	Lizenzen f/pl	licence	licences f/pl	licenze f/pl	—
licenciement (F)	Entlassung f	dismissal	—	licenziamento m	despido m
licencja importowa (PL)	Einfuhrgenehmigung f	import licence	autorisation d'importation f	autorizzazione all'importazione f	permiso de importación m
licencja patentowa (PL)	Patentlizenz n	patent licence	licence de brevet f	licenza di brevetto f	licencia de patente f
licencje (PL)	Lizenzen f/pl	licence	licences f/pl	licenze f/pl	licencias f/pl
licencjobiorca (PL)	Lizenznehmer m	licensee	preneur d'une licence m	licenziatario m	concesionario m
licencjodawca (PL)	Lizenzgeber m	licenser	concédant de licence m	concedente di licenza m	licitador m
licenční poplatek (CZ)	Lizenzgebühr f	license fee	taxe d'exploitation de licence f	tassa di licenza f	derecho de licencia m
licenční smlouva (CZ)	Lizenzvertrag m	licence agreement	contrat de concession de licence m	contratto di licenza m	contrato de licencia m
licencszerződés (H)	Lizenzvertrag m	licence agreement	contrat de concession de licence m	contratto di licenza m	contrato de licencia m
licencvevő (H)	Lizenznehmer m	licensee	preneur d'une licence m	licenziatario m	concesionario m
licens (SV)	Konzession f	licence	concession f	concessione f	concesión f
licens (SV)	Lizenzen f/pl	licence	licences f/pl	licenze f/pl	licencias f/pl
licensavgift (SV)	Lizenzgebühr f	license fee	taxe d'exploitation de licence f	tassa di licenza f	derecho de licencia m
licensavtal (SV)	Lizenzvertrag m	licence agreement	contrat de concession de licence m	contratto di licenza m	contrato de licencia m
licensee (E)	Lizenznehmer m	—	preneur d'une licence m	licenziatario m	concesionario m
license fee (E)	Lizenzgebühr f	—	taxe d'exploitation de licence f	tassa di licenza f	derecho de licencia m

license fee

P	NL	SV	PL	CZ	H
isento de impostos	vrij van belastingen	skattefri	wolny od podatku	osvobozený od daně f	adómentes
livros de contabilidade m/pl	handelsboeken n/pl	bokföring	księgi handlowe f/pl	obchodní knihy f/pl	üzleti könyvek
livro de caixa m	kasboek n	kassabok	księga kasowa f	pokladní deník m	pénztárkönyv
livro de caixa m	kasboek n	kassabok	księga kasowa f	pokladní deník m	pénztárkönyv
livros de contabilidade m/pl	handelsboeken n/pl	bokföring	księgi handlowe f/pl	obchodní knihy f/pl	üzleti könyvek
licenças f/pl	licentie f	licens	licencje f/pl	licence f/pl	—
—	uitvoervergunning f	exporttillstånd	zezwolenie eksportowe n	vývozní povolení n	kiviteli engedély
—	invoervergunning f	importtillstånd	licencja importowa f	dovozní povolení n	importengedély
—	octrooilicentie f	patenträtt	licencja patentowa f	patentová licence f	szabadalmi engedély
licitador f	licentiegever m	licensgivare	licencjodawca m	poskytovatel licence m	—
—	licentie f	licens	licencje f/pl	licence f/pl	licenc
taxa de exploração da licença f	licentievergoeding f	licensavgift	opłata licencyjna f	licenční poplatek m	—
concessão f	concessie f	licens	koncesja f	koncese f	koncesszió
licenças f/pl	licentie f	licens	licencje f/pl	licence f/pl	licenc
licenças f/pl	licentie f	licens	licencje f/pl	—	licenc
contrato de licenciamento m	licentieovereenkomst f	licensavtal	umowa licencyjna f	licenční smlouva f	licencszerződés
licença de patente f	octrooilicentie f	patenträtt	licencja patentowa f	patentová licence f	szabadalmi engedély
licenças f/pl	licentie f	licens	licencje f/pl	licence f/pl	licenc
licença de exportação f	uitvoervergunning f	exporttillstånd	zezwolenie eksportowe n	vývozní povolení n	kiviteli engedély
licença de patente f	octrooilicentie f	patenträtt	licencja patentowa f	patentová licence f	szabadalmi engedély
—	licentiehouder m	licenstagare	licencjobiorca m	nabyvatel licence m	licencvevő
licenças f/pl	licentie f	licens	licencje f/pl	licence f/pl	licenc
demissão f	afdanking f	avskedande	zwolnienie n	propuštění n	elbocsátás
licença de importação f	invoervergunning f	importtillstånd	—	dovozní povolení n	importengedély
licença de patente f	octrooilicentie f	patenträtt	—	patentová licence f	szabadalmi engedély
licenças f/pl	licentie f	licens	—	licence f/pl	licenc
licenciado m	licentiehouder m	licenstagare	—	nabyvatel licence m	licencvevő
licitador f	licentiegever m	licensgivare	—	poskytovatel licence m	licencadó
taxa de exploração da licença f	licentievergoeding f	licensavgift	opłata licencyjna f	—	licencdíj
contrato de licenciamento m	licentieovereenkomst f	licensavtal	umowa licencyjna f	—	licencszerződés
contrato de licenciamento m	licentieovereenkomst f	licensavtal	umowa licencyjna f	licenční smlouva f	—
licenciado m	licentiehouder m	licenstagare	licencjobiorca m	nabyvatel licence m	—
concessão f	concessie f	—	koncesja f	koncese f	koncesszió
licenças f/pl	licentie f	—	licencje f/pl	licence f/pl	licenc
taxa de exploração da licença f	licentievergoeding f	—	opłata licencyjna f	licenční poplatek m	licencdíj
contrato de licenciamento m	licentieovereenkomst f	—	umowa licencyjna f	licenční smlouva f	licencszerződés
licenciado m	licentiehouder m	licenstagare	licencjobiorca m	nabyvatel licence m	licencvevő
taxa de exploração da licença f	licentievergoeding f	licensavgift	opłata licencyjna f	licenční poplatek m	licencdíj

licenser

	D	E	F	I	ES
licenser (E)	Lizenzgeber m	—	concédant de licence m	concedente di licenza m	licitador m
licensgivare (SV)	Lizenzgeber m	licenser	concédant de licence m	concedente di licenza m	licitador m
licenstagare (SV)	Lizenznehmer m	licensee	preneur d'une licence m	licenziatario m	concesionario m
licentie (NL)	Lizenzen f/pl	licence	licences f/pl	licenze f/pl	licencias f/pl
licentiegever (NL)	Lizenzgeber m	licenser	concédant de licence m	concedente di licenza m	licitador m
licentiehouder (NL)	Lizenznehmer m	licensee	preneur d'une licence m	licenziatario m	concesionario m
licentieovereenkomst (NL)	Lizenzvertrag m	licence agreement	contrat de concession de licence m	contratto di licenza m	contrato de licencia m
licentievergoeding (NL)	Lizenzgebühr f	license fee	taxe d'exploitation de licence f	tassa di licenza f	derecho de licencia m
licenza d'esercizio (I)	Betriebserlaubnis f	operating permit	droit d'exploitation m	—	autorización de funcionamiento f
licenza di brevetto (I)	Patentlizenz n	patent licence	licence de brevet f	—	licencia de patente f
licenza di costruzione (I)	Baugenehmigung f	planning permission	autorisation de construire f	—	permiso de construcción m
licenze (I)	Lizenzen f/pl	licence	licences f/pl	—	licencias f/pl
licenziamento (I)	Entlassung f	dismissal	licenciement m	—	despido m
licenziatario (I)	Lizenznehmer m	licensee	preneur d'une licence m	—	concesionario m
lichva (CZ)	Wucher m	usury	usure f	usura f	usura f
lichwa (PL)	Wucher m	usury	usure f	usura f	usura f
licitador (ES)	Lizonzgober m	licenser	concédant de licence m	concedente di licenza m	—
licitador (P)	Lizenzgeber m	licenser	concédant de licence m	concedente di licenza m	licitador m
licytacja (PL)	Versteigerung f	auction	vente aux enchères f	vendita all'asta f	subasta f
licytacja przymusowa (PL)	Zwangsversteigerung f	compulsory auction	vente de biens par justice f	asta giudiziaria f	subasta forzosa f
liczba jednostek przewożonych (PL)	Frachtstücke n/pl	packages	colis m	colli m/pl	bultos m/pl
liczby zadane (PL)	Sollzahlen f/pl	target figures	chiffres prévisionnels m/pl	cifre calcolate f/pl	cifras estimadas f/pl
líder de mercado (ES)	Marktführer m	market leader	leader sur le marché m	leader di mercato m	—
líder de mercado (P)	Marktführer m	market leader	leader sur le marché m	leader di mercato m	líder de mercado m
lid van het directiecomité (NL)	Vorstandsmitglied n	member of the board	membre du directoire m	membro del consiglio di amministrazione m	consejero directivo m
Lieferant (D)	—	supplier	fournisseur m	fornitore m	suministrador m
Lieferantenkredit (D)	—	supplier's credit	crédit de fournisseurs m	credito al fornitore m	crédito comercial m
lieferbar (D)	—	available	livrable	consegnabile	suministrable
Lieferbedingungen (D)	—	conditions of delivery	conditions de livraison f/pl	condizioni di consegna f/pl	condiciones de suministro f/pl
Lieferfrist (D)	—	term of delivery	délai de livraison m	tempo di consegna m	plazo de entrega m
Lieferschein (D)	—	delivery note	bulletin de livraison m	bolla di consegna f	recibo de entrega m
Liefertermin (D)	—	date of delivery	délai de livraison m	termine di consegna m	plazo de entrega m
Lieferung (D)	—	delivery	livraison f	consegna f	suministro m
Lieferung gegen Nachnahme (D)	—	cash on delivery	livraison contre remboursement f	consegna in contrassegno f	entrega contra reembolso f
Lieferverzug (D)	—	default of delivery	demeure du fournisseur f	mora nella consegna f	demora en la entrega f
lieu de destination (F)	Bestimmungsort m	destination	—	luogo di destinazione m	lugar de destino m
lieu de naissance (F)	Geburtsort m	place of birth	—	luogo di nascita m	lugar de nacimiento m

lieu de naissance

P	NL	SV	PL	CZ	H
licitador f	licentiegever m	licensgivare	licencjodawca m	poskytovatel licence m	licencadó
licitador f	licentiegever m	—	licencjodawca m	poskytovatel licence m	licencadó
licenciado m	licentiehouder m	—	licencjobiorca m	nabyvatel licence m	licencvevő
licenças f/pl	—	licens	licencje f/pl	licence f/pl	licenc
licitador f	—	licensgivare	licencjodawca m	poskytovatel licence m	licencadó
licenciado m	—	licenstagare	licencjobiorca m	nabyvatel licence m	licencvevő
contrato de licenciamento m	—	licensavtal	umowa licencyjna f	licenční smlouva f	licencszerződés
taxa de exploração da licença f	—	licensavgift	opłata licencyjna f	licenční poplatek m	licencdíj
autorização de funcionamento f	bedrijfsvergunning f	driftstillstånd	zezwolenie na eksploatację n	provozní povolení n	üzemelési engedély
licença de patente f	octrooilicentie f	patenträtt	licencja patentowa f	patentová licence f	szabadalmi engedély
alvará de construção m	bouwvergunning f	byggnadstillstånd	zezwolenie budowlane n	stavební povolení n	építési engedély
licenças f/pl	licentie f	licens	licencje f/pl	licence f/pl	licenc
demissão f	afdanking f	avskedande	zwolnienie n	propuštění n	elbocsátás
licenciado m	licentiehouder m	licenstagare	licencjobiorca m	nabyvatel licence m	licencvevő
usura f	woeker m	ocker	lichwa f	—	uzsora
usura f	woeker m	ocker	—	lichva f	uzsora
licitador f	licentiegever m	licensgivare	licencjodawca m	poskytovatel licence m	licencadó
—	licentiegever m	licensgivare	licencjodawca m	poskytovatel licence m	licencadó
leilão m	verkoop bij opbod m	auktionsförsäljning	—	dražba f	árverés
venda judicial f	openbare verkoop f	exekutiv auktion	—	nucená dražba f	kényszerárverés
peças de frete f/pl	vrachtstuk n	kolli pl	—	přepravní kus m	szállított csomagok
valores estimados m/pl	streefcijfers n/pl	beräknade siffror pl	—	plánovaná čísla n/pl	tervszámok
líder de mercado m	marktleider m	marknadsledare	przodownik na rynku m	vedoucí osoba na trhu m	piacvezető
—	marktleider m	marknadsledare	przodownik na rynku m	vedoucí osoba na trhu m	piacvezető
membro da direcção m	—	styrelseledamot	członek zarządu m	člen představenstva m	igazgatósági tag
fornecedor m	leverancier m	leverantör	dostawca m	dodavatel m	szállító
crédito do fornecedor m	leveranciers krediet n	leverantörskredit	kredyt u dostawców m	dodavatelský úvěr m	kereskedelmi hitel
disponível para entrega	leverbaar	på lager	gotowy do dostawy	k dodání	szállítható
condições de entrega f/pl	leveringsvoorwaarden f	leveransvillkor	warunki dostawy m/pl	dodací podmínky f/pl	szállítási feltételek
prazo de entrega m	leveringstermijn m	leveranstid	termin dostawy m	dodací lhůta f	szállítási határidő
guia de remessa f	afleveringsbewijs n	följesedel	dowód dostawy m	dodací list m	szállítójegyzék
data de entrega f	leveringstermijn m	leveransdatum	termin dostawy m	dodací termín m	szállítási határidő
entrega f	levering f	leverans	dostawa f	dodávka f	szállítás
envio à cobrança m	levering onder rembours f	betalning vid leverans	dostawa za zaliczeniem pocztowym f	dodávka na dobírku f	utánvételes szállítás
atraso no fornecimento m	achterstand van de leveringen m	försenad leverans	opóźnienie dostawy n	prodlení v dodávce n	szállítási késedelem
lugar de destino m	plaats van bestemming f	destination	miejsce przeznaczenia n	místo určení n	rendeltetési hely
local de nascimento m	geboorteplaats f	födelseort	miejsce urodzenia n	místo narození n	születési hely

lieu de travail

	D	E	F	I	ES
lieu de travail (F)	Arbeitsplatz m	place of employment	—	posto di lavoro m	puesto de trabajo m
lieu d'implantation (F)	Standort m	location	—	ubicazione f	ubicación f
life assurance (E)	Lebensversicherung f	—	assurance vie f	assicurazione sulla vita f	seguro de vida m
ligne de produits (F)	Produktlinie f	production scheduling	—	linea dei prodotti f	línea de productos f
liknavý (CZ)	säumig	dilatory	retardataire	moroso	moroso
likvidace (CZ)	Liquidation f	liquidation	liquidation f	liquidazione f	liquidación f
likvida tillgångar (SV)	Umlaufvermögen n	floating assets	capital de roulement m	patrimonio circolante m	capital circulante m
likvidation (SV)	Liquidation f	liquidation	liquidation f	liquidazione f	liquidación f
likvidator (SV)	Liquidator m	liquidator	liquidateur m	liquidatore m	liquidador m
likvidátor (CZ)	Konkursverwalter m	official receiver	liquidateur de la faillite m	curatore fallimentare m	síndico de quiebra m
likvidátor (CZ)	Liquidator m	liquidator	liquidateur m	liquidatore m	liquidador m
likvidera (SV)	liquidieren	liquidate	liquider	liquidare	liquidar
likvidering (SV)	Abwicklung f	settlement	exécution f	esecuzione f	ejecución f
likvidita (CZ)	Liquidität f	liquidity	liquidité f	liquidità f	liquidez f
likviditás (H)	Liquidität f	liquidity	liquidité f	liquidità f	liquidez f
likviditáshiány (H)	Illiquidität f	non-liquidity	manque de liquidité f	mancanza di liquidità f	falta de liquidez f
likviditáshiány (H)	Liquiditätsengpaß m	liquidity squeeze	contraction de liquidité f	strettoia di liquidità f	restricción de la liquidez f
likviditási tartalék (H)	Liquiditätsreserve f	liquidity reserves	réserves de liquidité f/pl	riserva di liquidità f	reserva de liquidez f
likviditet (SV)	Liquidität f	liquidity	liquidité f	liquidità f	liquidez f
likviditetsreserv (SV)	Liquiditätsreserve f	liquidity reserves	réserves de liquidité f/pl	riserva di liquidità f	reserva de liquidez f
likvidní rezerva (CZ)	Liquiditätsreserve f	liquidity reserves	réserves de liquidité f/pl	riserva di liquidità f	reserva de liquidez f
likvidní tíseň (CZ)	Liquiditätsengpaß m	liquidity squeeze	contraction de liquidité f	strettoia di liquidità f	restricción de la liquidez f
likvidovat (CZ)	liquidieren	liquidate	liquider	liquidare	liquidar
likwidacja (PL)	Liquidation f	liquidation	liquidation f	liquidazione f	liquidación f
likwidacja (PL)	Räumung f	evacuation	évacuation f	evacuazione f	desalojamiento m
likwidator (PL)	Liquidator m	liquidator	liquidateur m	liquidatore m	liquidador m
likwidować (PL)	liquidieren	liquidate	liquider	liquidare	liquidar
limitación de precios (ES)	Preisbindung f	price fixing	imposition des prix f	obbligo di mantenere il prezzo fissato m	—
limitación de precios (ES)	Preisstopp m	price stop	blocage des prix m	blocco dei prezzi m	—
limitation des importations (F)	Einfuhrbeschränkung f	import restriction	—	restrizione all'importazione f	restricción a la importación f
limitation of actions (E)	Verjährung f	—	prescription f	prescrizione f	prescripción f
limite aduaneiro (P)	Zollgrenze f	customs frontier	frontière douanière f	confine doganale m	frontera aduanera f
límite de crédito (ES)	Kreditlimit n	borrowing limit	plafond du crédit alloué m	limite di credito m	—
limite de crédito (P)	Kreditlimit n	borrowing limit	plafond du crédit alloué m	limite di credito m	límite de crédito m
limite di credito (I)	Kreditlimit n	borrowing limit	plafond du crédit alloué m	—	límite de crédito m
limited liability company (E)	Gesellschaft mit beschränkter Haftung f	—	société à responsabilité limitée f	società a responsabilità limitata f	sociedad de responsabilidad limitada f
limited partner (E)	Kommanditist m	—	commanditaire m	socio accomandante m	comanditario m
limited partnership (E)	Kommanditgesellschaft f	—	société en commandite f	società in accomandita semplice f	sociedad comanditaria f
límite inferior de los precios (ES)	Preisuntergrenze f	price floor	plancher des prix m	limite inferiore di prezzo m	—

límite inferior de los precios

P	NL	SV	PL	CZ	H
posto de trabalho m	arbeidsplaats f	arbetsplats	stanowisko pracy n	pracoviště n	munkahely
localização f	vestigingsplaats f	etableringsort	lokalizacja f	stanoviště n	telephely
seguro de vida m	levensverzekering f	livförsäkring	ubezpieczenie na życie n	životní pojištění n	életbiztosítás
linha de produtos f	productlijn f	produktgrupp	typoszereg produktów m	výrobková skupina f	terméksor
moroso m	nalatig	sen	opóźniony	—	késedelmes
liquidação f	liquidatie f	likvidation	likwidacja f	—	felszámolás
património circulante m	bedrijfskapitaal n	—	majątek obrotowy m	oběžné prostředky m/pl	forgóeszközök
liquidação f	liquidatie f	—	likwidacja f	likvidace f	felszámolás
liquidatário m	liquidateur m	—	likwidator m	likvidátor m	felszámoló
administrador de falência m	curator m	konkursförvaltare	syndyk masy upadłościowej m	—	csődgondnok
liquidatário m	liquidateur m	likvidator	likwidator m	—	felszámoló
liquidar	liquideren	—	likwidować <zlikwidować>	likvidovat	felszámol
execução f	afwikkeling f	—	realizacja f	vyřízení n	lebonyolítás
liquidez f	liquiditeit f	likviditet	wypłacalność f	—	likviditás
liquidez f	liquiditeit f	likviditet	wypłacalność f	likvidita f	—
falta de liquidez f	illiquiditeit f	illikviditet	niewypłacalność f	nelikvidita f	—
falta de liquidez f	liquiditeitstekort n	tillfällig likviditetsbrist	wąskie gardło wypłacalności n	likvidní tíseň f	—
reserva de liquidez f	liquide reserves f/pl	likviditetsreserv	rezerwa płynności f	likvidní rezerva f	—
liquidez f	liquiditeit f	—	wypłacalność f	likvidita f	likviditás
reserva de liquidez f	liquide reserves f/pl	—	rezerwa płynności f	likvidní rezerva f	likviditási tartalék
reserva de liquidez f	liquide reserves f/pl	likviditetsreserv	rezerwa płynności f	—	likviditási tartalék
falta de liquidez f	liquiditeitstekort n	tillfällig likviditetsbrist	wąskie gardło wypłacalności n	—	likviditáshiány
liquidar	liquideren	likvidera	likwidować <zlikwidować>	—	felszámol
liquidação f	liquidatie f	likvidation	—	likvidace f	felszámolás
evacuação f	ontruiming f	utrymning	—	vyklizení n	kiürítés
liquidatário m	liquidateur m	likvidator	—	likvidátor m	felszámoló
liquidar	liquideren	likvidera	—	likvidovat	felszámol
acordo sobre preços m	prijsbinding f	fast prissättning	zobowiązanie do utrzymania cen n	závaznost cen f	árrögzítés
bloqueio de preços m	prijsstop m	prisstopp	zamrożenie cen n	zmrazení cen n	árbefagyasztás
restrição à importação f/pl	invoerbeperking f	importrestriktion	ograniczenie importowe n	omezení dovozu m	importkorlátozás
prescrição f	verjaring f	preskription	przedawnienie n	promlčení n	elévülés
—	douanegrens f	tullgräns	granica celna f	celní hranice f	vámhatár
limite de crédito m	kredietlimiet f	kreditgräns	limit kredytowy m	úvěrový limit m	hitelkeret
—	kredietlimiet f	kreditgräns	limit kredytowy m	úvěrový limit m	hitelkeret
limite de crédito m	kredietlimiet f	kreditgräns	limit kredytowy m	úvěrový limit m	hitelkeret
sociedade de responsabilidade limitada f	besloten vennootschap met beperkte aansprakelijkheid f	aktiebolag med begränsad ansvarighet	spółka z ograniczoną odpowiedzialnością f	společnost s ručením omezeným f	korlátolt felelősségű társaság
comanditário m	commanditaris m	kommanditdelägare	komandytariusz m	komanditista m	betéti társaság kültagja
sociedade em comandita f	commanditaire vennootschap f	kommanditbolag	spółka komandytowa f	komanditní společnost f	betéti társaság
limite inferior dos preços m	ondergrens van de prijzen f	nedre prisgräns	cena minimalna f	spodní hranice ceny f	alsó árhatár

limite inferior dos preços

	D	E	F	I	ES
limite inferior dos preços (P)	Preisuntergrenze f	price floor	plancher des prix m	limite inferiore di prezzo m	límite inferior de los precios m
limite inferiore di prezzo (I)	Preisuntergrenze f	price floor	plancher des prix m	—	límite inferior de los precios m
limite massimo di prezzo (I)	Preisobergrenze f	price ceiling	limite supérieure des prix f	—	límite máximo de los precios m
límite máximo de los precios (ES)	Preisobergrenze f	price ceiling	limite supérieure des prix f	limite massimo di prezzo m	—
limite máximo dos preços (P)	Preisobergrenze f	price ceiling	limite supérieure des prix f	limite massimo di prezzo m	límite máximo de los precios m
limite supérieure des prix (F)	Preisobergrenze f	price ceiling	—	limite massimo di prezzo m	límite máximo de los precios m
limiting value (E)	Grenzwert f	—	valeur marginale f	valore limite m	valor límite m
limit kredytowy (PL)	Kreditlimit n	borrowing limit	plafond du crédit alloué m	limite di credito m	límite de crédito m
linea creditizia (I)	Kreditlinie f	credit line	plafond du crédit accordé m	—	línea de crédito f
línea de crédito (ES)	Kreditlinie f	credit line	plafond du crédit accordé m	linea creditizia f	—
linea dei prodotti (I)	Produktlinie f	production scheduling	ligne de produits f	—	línea de productos f
línea de productos (ES)	Produktlinie f	production scheduling	ligne de produits f	linea dei prodotti f	—
lineaire afschrijving (NL)	lineare Abschreibung	linear depreciation	amortissement linéaire m	ammortamento lineare m	amortización constante f
linear depreciation (E)	lineare Abschreibung	—	amortissement linéaire m	ammortamento lineare m	amortización constante f
lineare Abschreibung (D)	—	linear depreciation	amortissement linéaire m	ammortamento lineare m	amortización constante f
lineáris értékcsökkenési leírás (H)	lineare Abschreibung	linear depreciation	amortissement linéaire m	ammortamento lineare m	amortización constante f
lineární odpis (CZ)	lineare Abschreibung	linear depreciation	amortissement linéaire m	ammortamento lineare m	amortización constante f
line of business (E)	Branche f	—	branche f	ramo commerciale m	ramo m
lingot d'or (F)	Goldbarren m	gold bar	—	lingotto d'oro m	lingote de oro m
lingote de oro (ES)	Goldbarren m	gold bar	lingot d'or m	lingotto d'oro m	—
lingotto d'oro (I)	Goldbarren m	gold bar	lingot d'or m	—	lingote de oro m
linha de crédito (P)	Kreditlinie f	credit line	plafond du crédit accordé m	linea creditizia f	línea de crédito f
linha de produtos (P)	Produktlinie f	production scheduling	ligne de produits f	linea dei prodotti f	línea de productos f
linia kredytowa (PL)	Kreditlinie f	credit line	plafond du crédit accordé m	linea creditizia f	línea de crédito f
linjär avskrivning (SV)	lineare Abschreibung	linear depreciation	amortissement linéaire m	ammortamento lineare m	amortización constante f
liquidação (P)	Ausverkauf m	clearance sale	soldes m/pl	svendita f	liquidación f
liquidação (P)	Liquidation f	liquidation	liquidation f	liquidazione f	liquidación f
liquidação da comissão (P)	Provisionsabrechnung f	statement of commission	liquidation des commissions f	conteggio delle provvigioni m	liquidación de la comisión f
liquidação de contas (P)	Abrechnung f	settlement of accounts	règlement m	liquidazione f	liquidación f
liquidação dos gastos de viagem (P)	Reisekostenabrechnung f	deduction of travelling expenses	règlement des frais de voyage m	conteggio dei costi di viaggio m	liquidación de los gastos de viaje f
liquidación (ES)	Abrechnung f	settlement of accounts	règlement m	liquidazione f	—
liquidación (ES)	Ausverkauf m	clearance sale	soldes m/pl	svendita f	—
liquidación (ES)	Liquidation f	liquidation	liquidation f	liquidazione f	—
liquidación de gastos (ES)	Spesenabrechnung f	statement of expenses	décompte des frais m	conteggio delle spese m	—
liquidación de impuestos (ES)	Steuerbescheid m	notice of assessment	avis d'imposition m	cartella delle imposte f	—
liquidación de la comisión (ES)	Provisionsabrechnung f	statement of commission	liquidation des commissions f	conteggio delle provvigioni m	—
liquidación de los gastos de viaje (ES)	Reisekostenabrechnung f	deduction of travelling expenses	règlement des frais de voyage m	conteggio dei costi di viaggio m	—

liquidación de los gastos de viaje

P	NL	SV	PL	CZ	H
—	ondergrens van de prijzen f	nedre prisgräns	cena minimalna f	spodní hranice ceny f	alsó árhatár
limite inferior dos preços m	ondergrens van de prijzen f	nedre prisgräns	cena minimalna f	spodní hranice ceny f	alsó árhatár
limite máximo dos preços m	bovengrens van de prijs f	övre prisgräns	pułap cen m	horní hranice ceny f	felső árhatár
limite máximo dos preços m	bovengrens van de prijs f	övre prisgräns	pułap cen m	horní hranice ceny f	felső árhatár
—	bovengrens van de prijs f	övre prisgräns	pułap cen m	horní hranice ceny f	felső árhatár
limite máximo dos preços m	bovengrens van de prijs f	övre prisgräns	pułap cen m	horní hranice ceny f	felső árhatár
valor limite m	grenswaarde f	gränsvärde	wartość graniczna f	mezní hodnota f	határérték
limite de crédito m	kredietlimiet f	kreditgräns	—	úvěrový limit m	hitelkeret
linha de crédito f	kredietlijn f/m	kreditgräns	linia kredytowa f	hranice úvěru f	hitelkeret
linha de crédito f	kredietlijn f/m	kreditgräns	linia kredytowa f	hranice úvěru f	hitelkeret
linha de produtos f	productlijn f	produktgrupp	typoszereg produktów m	výrobková skupina f	terméksor
linha de produtos f	productlijn f	produktgrupp	typoszereg produktów m	výrobková skupina f	terméksor
amortização constante f	—	linjär avskrivning	odpis na amortyzację liniową m	lineární odpis m	lineáris értékcsökkenési leírás
amortização constante f	lineaire afschrijving f	linjär avskrivning	odpis na amortyzację liniową m	lineární odpis m	lineáris értékcsökkenési leírás
amortização constante f	lineaire afschrijving f	linjär avskrivning	odpis na amortyzację liniową m	lineární odpis m	lineáris értékcsökkenési leírás
amortização constante f	lineaire afschrijving f	linjär avskrivning	odpis na amortyzację liniową m	lineární odpis m	—
amortização constante f	lineaire afschrijving f	linjär avskrivning	odpis na amortyzację liniową m	—	lineáris értékcsökkenési leírás
ramo m	branche f	bransch	branża f	obor m	ágazat
barra de ouro f	goudstaaf f	guldtacka	sztabka złota f	zlatý prut m	aranyrúd
barra de ouro f	goudstaaf f	guldtacka	sztabka złota f	zlatý prut m	aranyrúd
barra de ouro f	goudstaaf f	guldtacka	sztabka złota f	zlatý prut m	aranyrúd
—	kredietlijn f/m	kreditgräns	linia kredytowa f	hranice úvěru f	hitelkeret
—	productlijn f	produktgrupp	typoszereg produktów m	výrobková skupina f	terméksor
linha de crédito f	kredietlijn f/m	kreditgräns	—	hranice úvěru f	hitelkeret
amortização constante f	lineaire afschrijving f	—	odpis na amortyzację liniową m	lineární odpis m	lineáris értékcsökkenési leírás
—	totale uitverkoop m	realisation	wyprzedaż f	výprodej m	kiárusítás
—	liquidatie f	likvidation	likwidacja f	likvidace f	felszámolás
—	commissieloonberekening f	provisionsredovisning	rozliczenie prowizji n	vyúčtování provize n	jutalékelszámolás
—	afrekening f	avräkning	rozliczenie n	vyúčtování n	elszámolás
—	reiskostenrekening f	reseräkning	rozliczenie kosztów podróży n	vyúčtování cestovních výloh n	utazási költségszámolás
liquidação de contas f	afrekening f	avräkning	rozliczenie n	vyúčtování n	elszámolás
liquidação f	totale uitverkoop m	realisation	wyprzedaż f	výprodej m	kiárusítás
liquidação f	liquidatie f	likvidation	likwidacja f	likvidace f	felszámolás
prestação de contas referente às despesas f	kostenaftrekking f	traktamentsredovisning	rozliczenie kosztów n	vyúčtování výloh n	költségelszámolás
aviso para pagamento de imposto m	aanslagbiljet n	skattsedel	podatkowy nakaz płatniczy m	daňový výměr m	adókivetési értesítés
liquidação da comissão f	commissieloonberekening f	provisionsredovisning	rozliczenie prowizji n	vyúčtování provize n	jutalékelszámolás
liquidação dos gastos de viagem f	reiskostenrekening f	reseräkning	rozliczenie kosztów podróży n	vyúčtování cestovních výloh n	utazási költségszámolás

liquidador

	D	E	F	I	ES
liquidador (ES)	Liquidator m	liquidator	liquidateur m	liquidatore m	—
liquidar (ES)	liquidieren	liquidate	liquider	liquidare	—
liquidar (P)	liquidieren	liquidate	liquider	liquidare	liquidar
liquidare (I)	liquidieren	liquidate	liquider	—	liquidar
liquidatário (P)	Liquidator m	liquidator	liquidateur m	liquidatore m	liquidador m
liquidate (E)	liquidieren	—	liquider	liquidare	liquidar
liquidateur (F)	Liquidator m	liquidator	—	liquidatore m	liquidador m
liquidateur (NL)	Liquidator m	liquidator	liquidateur m	liquidatore m	liquidador m
liquidateur de la faillite (F)	Konkursverwalter m	official receiver	—	curatore fallimentare m	síndico de quiebra m
liquidatie (NL)	Liquidation f	liquidation	liquidation f	liquidazione f	liquidación f
liquidatiedag (NL)	Abrechnungstag m	settlement day	date de règlement f	giorno di liquidazione m	fecha de liquidación f
Liquidation (D)	—	liquidation	liquidation f	liquidazione f	liquidación f
liquidation (E)	Liquidation f	—	liquidation f	liquidazione f	liquidación f
liquidation (F)	Liquidation f	liquidation	—	liquidazione f	liquidación f
liquidation des commissions (F)	Provisionsabrechnung f	statement of commission	—	conteggio delle provvigioni m	liquidación de la comisión f
Liquidator (D)	—	liquidator	liquidateur m	liquidatore m	liquidador m
liquidator (E)	Liquidator m	—	liquidateur m	liquidatore m	liquidador m
liquidatore (I)	Liquidator m	liquidator	liquidateur m	—	liquidador m
liquidazione (I)	Abrechnung f	settlement of accounts	règlement m	—	liquidación f
liquidazione (I)	Liquidation f	liquidation	liquidation f	—	liquidación f
liquider (F)	liquidieren	liquidate	—	liquidare	liquidar
liquideren (NL)	liquidieren	liquidate	liquider	liquidare	liquidar
liquide reserves (NL)	Liquiditätsreserve f	liquidity reserves	réserves de liquidité f/pl	riserva di liquidità f	reserva de liquidez f
liquidez (ES)	Liquidität f	liquidity	liquidité f	liquidità f	—
liquidez (P)	Liquidität f	liquidity	liquidité f	liquidità f	liquidez f
liquidieren (D)	—	liquidate	liquider	liquidare	liquidar
liquidità (I)	Liquidität f	liquidity	liquidité f	—	liquidez f
Liquidität (D)	—	liquidity	liquidité f	liquidità f	liquidez f
Liquiditätsengpaß (D)	—	liquidity squeeze	contraction de liquidité f	strettoia di liquidità f	restricción de la liquidez f
Liquiditätsreserve (D)	—	liquidity reserves	réserves de liquidité f/pl	riserva di liquidità f	reserva de liquidez f
liquidité (F)	Liquidität f	liquidity	—	liquidità f	liquidez f
liquiditeit (NL)	Liquidität f	liquidity	liquidité f	liquidità f	liquidez f
liquiditeitstekort (NL)	Liquiditätsengpaß m	liquidity squeeze	contraction de liquidité f	strettoia di liquidità f	restricción de la liquidez f
liquidity (E)	Liquidität f	—	liquidité f	liquidità f	liquidez f
liquidity reserves (E)	Liquiditätsreserve f	—	réserves de liquidité f/pl	riserva di liquidità f	reserva de liquidez f
liquidity squeeze (E)	Liquiditätsengpaß m	—	contraction de liquidité f	strettoia di liquidità f	restricción de la liquidez f
líquido (P)	netto	net	net	netto	neto
list (PL)	Brief m	letter	lettre f	lettera f	carta f
listaár (H)	Listenpreis m	list price	prix du catalogue m	prezzo di listino m	precio-lista m
lista cen (PL)	Preisliste f	price list	liste des prix f	listino prezzi m	lista de precios f
lista de correos (ES)	postlagernd	poste restante	poste restante	fermo posta	—
lista de precios (ES)	Preisliste f	price list	liste des prix f	listino prezzi m	—
lista de preços (P)	Preisliste f	price list	liste des prix f	listino prezzi m	lista de precios f
liste des prix (F)	Preisliste f	price list	—	listino prezzi m	lista de precios f
list ekspresowy (PL)	Eilbrief m	express letter	lettre par exprès f	espresso m	carta urgente f

list ekspresowy

P	NL	SV	PL	CZ	H
liquidatário m	liquidateur m	likvidator	likwidator m	likvidátor m	felszámoló
liquidar	liquideren	likvidera	likwidować <zlikwidować>	likvidovat	felszámol
—	liquideren	likvidera	likwidować <zlikwidować>	likvidovat	felszámol
liquidar	liquideren	likvidera	likwidować <zlikwidować>	likvidovat	felszámol
—	liquidateur m	likvidator	likwidator m	likvidátor m	felszámoló
liquidar	liquideren	likvidera	likwidować <zlikwidować>	likvidovat	felszámol
liquidatário m	liquidateur m	likvidator	likwidator m	likvidátor m	felszámoló
liquidatário m	—	likvidator	likwidator m	likvidátor m	felszámoló
administrador de falência m	curator m	konkursförvaltare	syndyk masy upadłościowej m	likvidátor m	csődgondnok
liquidação f	—	likvidation	likwidacja f	likvidace f	felszámolás
dia da liquidação m	—	avräkningsdag	dzień rozliczeniowy m	den vyúčtování m	elszámolási nap
liquidação f	liquidatie f	likvidation	likwidacja f	likvidace f	felszámolás
liquidação f	liquidatie f	likvidation	likwidacja f	likvidace f	felszámolás
liquidação f	liquidatie f	likvidation	likwidacja f	likvidace f	felszámolás
liquidação da comissão f	commissieloonberekening f	provisionsredovisning	rozliczenie prowizji n	vyúčtování provize n	jutalékelszámolás
liquidatário m	liquidateur m	likvidator	likwidator m	likvidátor m	felszámoló
liquidatário m	liquidateur m	likvidator	likwidator m	likvidátor m	felszámoló
liquidatário m	liquidateur m	likvidator	likwidator m	likvidátor m	felszámoló
liquidação de contas f	afrekening f	avräkning	rozliczenie n	vyúčtování n	elszámolás
liquidação f	liquidatie f	likvidation	likwidacja f	likvidace f	felszámolás
liquidar	liquideren	likvidera	likwidować <zlikwidować>	likvidovat	felszámol
liquidar	—	likvidera	likwidować <zlikwidować>	likvidovat	felszámol
reserva de liquidez f	—	likviditetsreserv	rezerwa płynności f	likvidní rezerva f	likviditási tartalék
liquidez f	liquiditeit f	likviditet	wypłacalność f	likvidita f	likviditás
—	liquiditeit f	likviditet	wypłacalność f	likvidita f	likviditás
liquidar	liquideren	likvidera	likwidować <zlikwidować>	likvidovat	felszámol
liquidez f	liquiditeit f	likviditet	wypłacalność f	likvidita f	likviditás
liquidez f	liquiditeit f	likviditet	wypłacalność f	likvidita f	likviditás
falta de liquidez f	liquiditeitstekort n	tillfällig likviditetsbrist	wąskie gardło wypłacalności n	likvidní tíseň f	likviditáshiány
reserva de liquidez f	liquide reserves f/pl	likviditetsreserv	rezerwa płynności f	likvidní rezerva f	likviditási tartalék
liquidez f	liquiditeit f	likviditet	wypłacalność f	likvidita f	likviditás
liquidez f	—	likviditet	wypłacalność f	likvidita f	likviditás
falta de liquidez f	—	tillfällig likviditetsbrist	wąskie gardło wypłacalności n	likvidní tíseň f	likviditáshiány
liquidez f	liquiditeit f	likviditet	wypłacalność f	likvidita f	likviditás
reserva de liquidez f	liquide reserves f/pl	likviditetsreserv	rezerwa płynności f	likvidní rezerva f	likviditási tartalék
falta de liquidez f	liquiditeitstekort n	tillfällig likviditetsbrist	wąskie gardło wypłacalności n	likvidní tíseň f	likviditáshiány
—	netto	netto	netto	čistý	nettó
carta f	brief m	brev	—	dopis m	levél
preço tabelado m	catalogusprijs m	listpris	cena katalogowa f	cena dle ceníkuf	—
lista de preços f	prijslijst f	prislista	—	ceník m	árjegyzék
posta-restante f	poste-restante	poste restante	poste restante	poste restante	postán maradó
lista de preços f	prijslijst f	prislista	lista cen f	ceník m	árjegyzék
—	prijslijst f	prislista	lista cen f	ceník m	árjegyzék
lista de preços f	prijslijst f	prislista	lista cen f	ceník m	árjegyzék
correio expresso m	expresbrief m	expressbrev	—	spěšný dopis m	expresszlevél

listem poleconym 590

	D	E	F	I	ES
listem poleconym (PL)	per Einschreiben	by registered post	sous pli recommandé	per raccomandata	certificado
Listenpreis (D)	—	list price	prix du catalogue *m*	prezzo di listino *m*	precio-lista *m*
list gwarancyjny załadowcy (PL)	Ausfallbürgschaft *f*	deficiency guarantee	garantie de bonne fin *f*	garanzia d'indennizzo *f*	garantía de indemnidad *f*
listina (CZ)	Urkunde *f*	document	document *m*	documento *m*	documento *m*
listino di borsa (I)	Kurszettel *m*	stock exchange list	feuille de bourse *f*	—	boletín de bolsa *m*
listino prezzi (I)	Preisliste *f*	price list	liste des prix *f*	—	lista de precios *f*
listonoš (CZ)	Briefträger *m*	postman	facteur *m*	postino *m*	cartero *m*
listonosz (PL)	Briefträger *m*	postman	facteur *m*	postino *m*	cartero *m*
listo para la recogida (ES)	abholbereit	ready for collection	prêt pour enlèvement	pronto per il ritiro	—
listo para ser expedido (ES)	versandbereit	ready for dispatch	prêt pour expédition	pronto per la spedizione	—
list polecający (PL)	Empfehlungsschreiben *n*	letter of recommendation	lettre de recommandation *f*	lettera di raccomandazione *f*	carta de recomendación *f*
list price (E)	Listenpreis *m*	—	prix du catalogue *m*	prezzo di listino *m*	precio-lista *m*
listpris (SV)	Listenpreis *m*	list price	prix du catalogue *m*	prezzo di listino *m*	precio-lista *m*
list przewozowy (PL)	Frachtbrief *m*	consignment note	lettre de voiture *f*	lettera di vettura *f*	carta de porte *f*
list wartościowy (PL)	Wertbrief *m*	insured letter	lettre avec valeur déclarée *f*	lettera con valore dichiarato *f*	letra con valor declarado *f*
list zastawczy (PL)	Schuldverschreibung *f*	debenture bond	obligation *f*	obbligazione *f*	obligación *f*
list zastawny (PL)	Pfandbrief *m*	mortgage bond	obligation hypothécaire *f*	titolo ipotecario *m*	cédula hipotecaria *f*
litet paket (SV)	Päckchen *n*	small package	petit paquet *m*	pacchetto *m*	pequeño paquete *m*
litige (F)	Rechtsstreit *m*	legal action	—	causa *f*	conflicto jurídico *m*
litígio jurídico (P)	Rechtsstreit *m*	legal action	litige *m*	causa *f*	conflicto jurídico *m*
livello degli interessi (I)	Zinsniveau *n*	interest rate level	niveau du taux d'intérêt *m*	—	nivel de interés *m*
livello dei prezzi (I)	Preisniveau *n*	price level	niveau des prix *m*	—	nivel de precios *m*
livello dirigenziale (I)	Führungsebene *f*	executive level	niveau de gestion *m*	—	nivel de dirección *m*
livförsäkring (SV)	Lebensversicherung *f*	life assurance	assurance vie *f*	assicurazione sulla vita *f*	seguro de vida *m*
livrable (F)	lieferbar	available	—	consegnabile	suministrable
livraison (F)	Lieferung *f*	delivery	—	consegna *f*	suministro *m*
livraison à titre d'essai (F)	Probelieferung *f*	trial shipment	—	fornitura a titolo di prova *f*	envío de prueba *m*
livraison contre remboursement (F)	Lieferung gegen Nachnahme	cash on delivery	—	consegna in contrassegno *f*	entrega contra reembolso *f*
livraison de remplacement (F)	Ersatzlieferung *f*	replacement delivery	—	fornitura di compensazione *f*	entrega de reposición *f*
livraison en quantité inférieure (F)	Minderlieferung *f*	short delivery	—	fornitura ridotta *f*	envío incompleto *m*
livraison immédiate (F)	sofortige Lieferung *f*	immediate delivery	—	consegna immediata *f*	entrega inmediata *f*
livraison partielle (F)	Teillieferung *f*	partial delivery	—	fornitura parziale *f*	entrega parcial *f*
livraison totale (F)	Gesamtlieferung *f*	total delivery	—	fornitura completa *f*	suministro total *f*
livre de despesas (P)	kostenlos	free of charge	gratuit	gratuito	gratuito
livrer (F)	abliefern	deliver	—	consegnare	entregar
livres de commerce (F)	Geschäftsbücher *n/pl*	account books and balance-sheets	—	libri contabili *m/pl*	libros de contabilidad *m/pl*
livro de caixa (P)	Kassenbuch *n*	cash book	compte de caisse *m*	libro di cassa *m*	libro de caja *m*
livros de contabilidade (P)	Geschäftsbücher *n/pl*	account books and balance-sheets	livres de commerce *m/pl*	libri contabili *m/pl*	libros de contabilidad *m/pl*
Lizenzen (D)	—	licence	licences *f/pl*	licenze *f/pl*	licencias *f/pl*
Lizenzgeber (D)	—	licenser	concédant de licence *m*	concedente di licenza *m*	licitador *m*

Lizenzgeber

P	NL	SV	PL	CZ	H
por carta registada	aangetekend	värdeförsändelse	—	doporučeně	ajánlva
preço tabelado m	catalogusprijs m	listpris	cena katalogowa f	cena dle ceníkuf	listaár
fiança para cobertura de défice f	waarborg van honorering m	bortfallsgaranti	—	záruka za ztráty f	kártalanító kezesség
documento m	titel m	handling	dokument m	—	okirat
boletim da bolsa m	koerslijst f	börslista	nota maklerska f	kursovní lístek m	árfolyamjegyzék
lista de preços f	prijslijst f	prislista	lista cen f	ceník m	árjegyzék
carteiro m	postbode m	brevbärare	listonosz m	—	levélkihordó
carteiro m	postbode m	brevbärare	—	listonoš m	levélkihordó
disponível	klaar voor afhaling	färdig att avhämtas	gotowe do odbioru	připraven k vyzvednutí	elvitelre kész
pronto para ser expedido	klaar voor verzending	färdig för leverans	gotowy do wysyłki	připravený k expedici	szállításra kész
carta de recomendação f	aanbevelingsbrief m	rekommendationsbrev	—	doporučovací psaní n	ajánlólevél
preço tabelado m	catalogusprijs m	listpris	cena katalogowa f	cena dle ceníkuf	listaár
preço tabelado m	catalogusprijs m	—	cena katalogowa f	cena dle ceníkuf	listaár
documento de consignação m	vrachtbrief m	fraktsedel	—	nákladní list m	szállítólevél
carta com valor declarado f	brief met aangegeven waarde m	assurerat brev	—	cenný dopis m	értéklevél
obrigações não reembolsáveis f/pl	obligatie f	skuldförbindelse	—	obligace f	kötelezvény
título hipotecário m	pandbrief f	obligation med inteckning som säkerhet	—	zástavní list m	záloglevél
pequeno pacote m	pakketje n	—	pakiet m	balíček m	kiscsomag
litígio jurídico m	geschil n	rättstvist	spór prawny m	právní spor m	jogvita
—	geschil n	rättstvist	spór prawny m	právní spor m	jogvita
nível da taxa de juro m	rentepeil n	räntenivå	poziom stawki oprocentowania m	úroveň úroků f	kamatszint
nível de preços m	prijspeil n	prisnivå	poziom cen m	úroveň cen f	árszint
nível da direcção m	directieniveau n	ledningsnivå	płaszczyzna kierownicza f	řídící úroveň f	vezetőségi szint
seguro de vida m	levensverzekering f	—	ubezpieczenie na życie n	životní pojištění n	életbiztosítás
disponível para entrega	leverbaar	på lager	gotowy do dostawy	k dodání	szállítható
entrega f	levering f	leverans	dostawa f	dodávka f	szállítás
fornecimento a título de ensaio m	proeflevering f	provleverans	dostawa próbna f	zkušební dodávka f	próbaszállítás
envio à cobrança m	levering onder rembours f	betalning vid leverans	dostawa za zaliczeniem pocztowym f	dodávka na dobírku f	utánvételes szállítás
entrega de reposição f	vervangingslevering f	substitutsleverans	dostawa zastępcza f	náhradní dodávka f	pótszállítás
entrega reduzida f	kleinere levering f	underleverans	niepełna dostawa f	snížení objemu dodávky n	hiányos szállítmány
entrega imediata f	onmiddellijke levering f	omedelbar leverans	dostawa natychmiastowa f	okamžitá dodávka f	azonnali szállítás
entrega parcial f	gedeeltelijke levering f	delleverans	dostawa częściowa f	dílčí dodávka f	részszállítás
entrega total f	totale levering f	total leverans	kompletna dostawa f	celková dodávka f	teljes szállítás
—	gratis	gratis	bezpłatny	bezplatně	ingyen(es)
entregar	afleveren	leverera	dostarczać <dostarczyć>	dodávat <dodat>	leszállít
livros de contabilidade m/pl	handelsboeken n/pl	bokföring	księgi handlowe f/pl	obchodní knihy f/pl	üzleti könyvek
—	kasboek n	kassabok	księga kasowa f	pokladní deník m	pénztárkönyv
—	handelsboeken n/pl	bokföring	księgi handlowe f/pl	obchodní knihy f/pl	üzleti könyvek
licenças f/pl	licentie f	licens	licencje f/pl	licence f/pl	licenc
licitador f	licentiegever m	licensgivare	licencjodawca m	poskytovatel licence m	licencadó

Lizenzgebühr

	D	E	F	I	ES
Lizenzgebühr (D)	—	license fee	taxe d'exploitation de licence f	tassa di licenza f	derecho de licencia f
Lizenznehmer (D)	—	licensee	preneur d'une licence m	licenziatario m	concesionario m
Lizenzvertrag (D)	—	licence agreement	contrat de concession de licence m	contratto di licenza m	contrato de licencia m
lízing (H)	Leasing n	leasing	crédit-bail m	leasing m	leasing m
lízingbe adó (H)	Leasing-Geber m	lessor	donneur de leasing m	concedente del leasing m	arrendador financiero m
lízingbe vevő (H)	Leasing-Nehmer m	lessee	preneur de leasing m	beneficiario del leasing m	arrendatario financiero m
lízingdíj (H)	Leasing-Rate f	leasing payment	taux de leasing m	tasso del leasing f	plazo de arrendamiento financiero m
lízingszerződés (H)	Leasing-Vertrag m	leasing contract	contrat de leasing m	contratto di leasing m	contrato de arrendamiento financiero m
llamada (ES)	Anruf m	call	appel téléphonique m	chiamata f	—
load (E)	verladen	—	charger	caricare	expedir
loading charges (E)	Ladegebühren f/pl	—	taxe de chargement f	spese di carico f/pl	derechos de carga m/pl
loading charges (E)	Verladekosten f	—	coût du chargement m	costi di caricamento m/pl	gastos de carga m/pl
loan (E)	Anleihe f	—	emprunt m	prestito m	empréstito m
loan (E)	Darlehen n	—	prêt m	mutuo m	préstamo m
loan (E)	Kredit m	—	crédit m	credito m	crédito m
loan granted by way of bank guarantee (E)	Avalkredit m	—	crédit de cautionnement m	credito d'avallo m	crédito de aval m
locação financeira (P)	Loacing n	leasing	crédit-bail m	leasing m	leasing m
locador (P)	Leasing-Geber m	lessor	donneur de leasing m	concedente del leasing m	arrendador financiero m
local authority loan (E)	Kommunalanleihen f/pl	—	emprunts communaux m/pl	prestiti comunali m/pl	empréstito municipal m
local de nascimento (P)	Geburtsort m	place of birth	lieu de naissance m	luogo di nascita m	lugar de nacimiento m
localização (P)	Standort m	location	lieu d'implantation m	ubicazione f	ubicación f
locataire (F)	Mieter m	tenant	—	locatario m	arrendatario m
locatario (I)	Mieter m	tenant	locataire m	—	arrendatario m
locatário (P)	Leasing-Nehmer m	lessee	preneur de leasing m	beneficiario del leasing m	arrendatario financiero m
location (E)	Standort m	—	lieu d'implantation m	ubicazione f	ubicación f
location (F)	Miete f	rent	—	affitto m	alquiler m
location d'une surface pour magasinage (F)	Lagermiete f	warehouse rent	—	spese di stoccaggio f/pl	alquiler de almacenaje m
loďařství (CZ)	Reederei f	shipping company	société d'armateurs f	compagnia armatoriale f	compañía naviera f
loděnice (CZ)	Werft f	shipyard	chantier naval m	cantiere navale m	astillero m
lödighet (SV)	Feingehalt m	titre	titre m	titolo m	ley f
lodní makléř (CZ)	Schiffsmakler m	ship broker	courtier maritime m	agente marittimo m	corredor marítimo m
lodní rejstřík (CZ)	Schiffsregister n	register of ships	registre des navires m	registro navale m	registro marítimo m
löfte (SV)	Zusage f	promise	promesse f	conferma f	promesa f
Logo (D)	—	logo	logo m	logo m	logo m
logo (E)	Logo n	—	logo m	logo m	logo m
logo (F)	Logo n	logo	—	logo m	logo m
logo (I)	Logo n	logo	logo m	—	logo m
logo (ES)	Logo n	logo	logo m	logo m	—
logo (NL)	Logo n	logo	logo m	logo m	logo m
logo (SV)	Logo n	logo	logo m	logo m	logo m

P	NL	SV	PL	CZ	H
taxa de exploração da licença f	licentievergoeding f	licensavgift	opłata licencyjna f	licenční poplatek m	licencdíj
licenciado m	licentiehouder m	licenstagare	licencjobiorca m	nabyvatel licence m	licencvevő
contrato de licenciamento m	licentieovereenkomst f	licensavtal	umowa licencyjna f	licenční smlouva f	licencszerződés
locação financeira f	leasing f	leasing	leasing m	leasing m	—
locador m	verhuurder m	leasinggivare	udzielający leasingu m	poskytovatel leasingu m	—
locatário m	leaser m	leasingtagare	biorca leasingu m	nabyvatel leasingu m	—
pagamento de uma locação financeira m	leasingtarief n	leasingavgift	rata leasingowa f	leasingová splátka f	—
contrato de locação financeira m	leaseovereenkomst f	leasingavtal	umowa leasingu m	leasingová smlouva f	—
chamada f	telefonische oproep m	telefonsamtal	rozmowa telefoniczna f	zavolání n	hívás
carregar	laden	lasta	przeładowywać <przeładować>	nakládat <naložit>	rakodík
direitos de carga m/pl	inladingskosten m/pl	lastningsavgift	opłaty za załadunek f/pl	poplatky za náklad m	rakodási díj
custos de carregamento m/pl	laadkosten m/pl	lastningskostnad	koszty przeładunku m/pl	výdaje za nakládku m/pl	rakodási költségek
empréstimo m	lening f	lån	pożyczka f	půjčka f	kötvénykölcsön
mútuo m	lening f	lån	pożyczka f	půjčka f	kölcsön
crédito m	krediet n	kredit	kredyt m	úvěr m	hitel
crédito de aval m	avalkrediet n	avallån	kredyt awalizowany m	ručitelský úvěr m	kezességi hitel
—	leasing f	leasing	leasing m	leasing m	lízing
—	verhuurder m	leasinggivare	udzielający leasingu m	poskytovatel leasingu m	lízingbe adó
empréstimo municipal m	gemeenteleningen f/pl	kommunala lån	pożyczka komunalna f	komunální půjčky f/pl	önkormányzati kölcsönök
—	geboorteplaats f	födelseort	miejsce urodzenia n	místo narození n	születési hely
—	vestigingsplaats f	etableringsort	lokalizacja f	stanoviště n	telephely
inquilino m	huurder m	hyresgäst	najemca m	nájemník m	bérlő
inquilino m	huurder m	hyresgäst	najemca m	nájemník m	bérlő
—	leaser m	leasingtagare	biorca leasingu m	nabyvatel leasingu m	lízingbe vevő
localização f	vestigingsplaats f	etableringsort	lokalizacja f	stanoviště n	telephely
aluguel m	huur f	hyra	najem m	nájem m	bérleti díj
aluguel de armazenagem m	huur van opslagruimte f	lagerhyra	czynsz za magazyn m	skladné n	raktárbérlet
companhia de navegação f	rederij f	rederi	armatorskie przedsiębiorstwo żeglugowe n	—	hajóstársaság
estaleiro naval m	scheepswerf f	varv	stocznia f	—	hajógyár
lei f	gehalte aan edel metaal n	—	zawartość złota n	obsah čistého drahého kovu ve slitině m	nemesfémtartalom
corretor marítimo m	scheepsmakelaar m	skeppsmäklare	makler morski m	—	hajóbróker
registo marítimo m	scheepsregister n	fartygsregister	rejestr okrętowy m	—	hajólajstrom
promessa f	toezegging f	—	przyrzeczenie n	příslib m	ígéret
logotipo m	logo n	logo	znak firmowy m	logo n	logo
logotipo m	logo n	logo	znak firmowy m	logo n	logo
logotipo m	logo n	logo	znak firmowy m	logo n	logo
logotipo m	logo n	logo	znak firmowy m	logo n	logo
logotipo m	logo n	logo	znak firmowy m	logo n	logo
logotipo m	—	logo	znak firmowy m	logo n	logo
logotipo m	logo n	—	znak firmowy m	logo n	logo

logo

	D	E	F	I	ES
logo (CZ)	Logo *n*	logo	logo *m*	logo *m*	logo *m*
logo (H)	Logo *n*	logo	logo *m*	logo *m*	logo *m*
logotipo (P)	Logo *n*	logo	logo *m*	logo *m*	logo *m*
Lohn (D)	—	wages	salaire *m*	salario *m*	salario *m*
Lohnerhöhung (D)	—	pay increase	augmentation de salaire *f*	aumento salariale *m*	aumento de salario *m*
Lohnforderung (D)	—	wage claim	revendication de salaire *f*	rivendicazione salariale *f*	reivindicación salarial *f*
Lohnkosten (D)	—	labour costs	charges salariales *f/pl*	costo del lavoro *m*	coste de salarios *m*
Lohnnebenkosten (D)	—	incidental labour costs	charges salariales annexes *f/pl*	costi complementari del lavoro *m/pl*	cargas salariales accesorias *f/pl*
Lohn-Preis-Spirale (D)	—	wage-price spiral	course des prix et des salaires *f*	spirale prezzi-salari *f*	espiral salarios-precios *m*
Lohnsteuer (D)	—	wage tax	impôt sur les traitements et les salaires *m*	imposta sui salari *f*	impuesto sobre los rendimientos del trabajo personal (IRTP) *m*
Lohnstopp (D)	—	wage freeze	blocage des salaires *m*	blocco dei salari *m*	congelación salarial *f*
Lohnvereinbarung (D)	—	wage agreement	accord de salaires *m*	accordo salariale *m*	pacto salarial *m*
loi sur les cartels (F)	Kartellgesetz *n*	Cartel Act	—	legge sui cartelli *f*	ley relativa a los cártels *f*
loi sur les sociétés anonymes (F)	Aktienrecht *n*	company law	—	diritto azionario *m*	derecho de sociedades anónimas *m*
lokalizacja (PL)	Standort *m*	location	lieu d'implantation *m*	ubicazione *f*	ubicación *f*
lokalizacja transakcji (PL)	Handelsplatz *m*	trade centre	place marchande *f*	piazza commerciale *f*	plaza comercial *f*
lokata kapitału (PL)	Kapitalanlage *f*	investment capital	investissement de capitaux *m*	investimento di capitale *m*	inversión de capital *f*
Lombardgeschäft (D)	—	collateral loan business	prêt sur titre *m*	anticipazione sui titoli *f*	operaciones de pignoración *f/pl*
lombardhitel (H)	Lombardkredit *m*	advance against securities	crédit garanti par nantissement mobilier *m*	credito su pegno *m*	crédito pignoraticio *m*
lombardkamatláb (H)	Lombardsatz *m*	bank rate for loans on securities	taux d'intérêt de l'argent prêté sur gage *m*	tasso sulle anticipazioni *m*	tipo pignoraticio *m*
Lombardkredit (D)	—	advance against securities	crédit garanti par nantissement mobilier *m*	credito su pegno *m*	crédito pignoraticio *m*
lombardkredit (SV)	Lombardkredit *m*	advance against securities	crédit garanti par nantissement mobilier *m*	credito su pegno *m*	crédito pignoraticio *m*
lombardní obchod (CZ)	Lombardgeschäft *n*	collateral loan business	prêt sur titre *m*	anticipazione sui titoli *f*	operaciones de pignoración *f/pl*
lombardní sazba (CZ)	Lombardsatz *m*	bank rate for loans on securities	taux d'intérêt de l'argent prêté sur gage *m*	tasso sulle anticipazioni *m*	tipo pignoraticio *m*
lombardní úvěr (CZ)	Lombardkredit *m*	advance against securities	crédit garanti par nantissement mobilier *m*	credito su pegno *m*	crédito pignoraticio *m*
lombardränta (SV)	Lombardsatz *m*	bank rate for loans on securities	taux d'intérêt de l'argent prêté sur gage *m*	tasso sulle anticipazioni *m*	tipo pignoraticio *m*
Lombardsatz (D)	—	bank rate for loans on securities	taux d'intérêt de l'argent prêté sur gage *m*	tasso sulle anticipazioni *m*	tipo pignoraticio *m*
lombardtransaktion (SV)	Lombardgeschäft *n*	collateral loan business	prêt sur titre *m*	anticipazione sui titoli *f*	operaciones de pignoración *f/pl*

lombardtransaktion

P	NL	SV	PL	CZ	H
logotipo m	logo n	logo	znak firmowy m	—	logo
logotipo m	logo n	logo	znak firmowy m	logo n	—
—	logo n	logo	znak firmowy m	logo n	logo
salário m	loon n	lön	płaca f	mzda f	bér
aumento salarial m	loonsverhoging f	löneförhöjning	podwyżka płac f	zvýšení mzdy n	béremelés
reivindicação salarial f	looneis m	lönekrav	roszczenie płacowe n	mzdový požadavek m	bérkövetelés
custos de mão-de-obra m/pl	loonkosten m/pl	lönekostnader pl	koszty płac m/pl	mzdové náklady m/pl	bérköltség
custos de mão-de-obra adicionais m/pl	werkgeversaandeel in de diverse sociale verzekeringen n	sociala avgifter pl	poboczne koszty robocizny m/pl	vedlejší mzdové náklady m/pl	járulékos bérköltségek
espiral salários-preços f	lonen- en prijsspiraal f	pris- och lönespiral	spirala cen i płac f	cenová a mzdová spirála f	ár-bér spirál
imposto sobre os rendimentos do trabalho (IRS) m	loonbelasting f	källskatt på lön	podatek od wynagrodzenia m	daň ze mzdy f	béradó
congelamento dos salários m	loonstop m	lönestopp	zamrożenie płac n	zmrazení mezd n	bérbefagyasztás
acordo salarial m	loonregeling f	löneavtal	porozumienie o wynagrodzeniu n	mzdová dohoda f	bérmegállapodás
lei de regulamentação dos cartéis f	wet op de kartelvorming f	kartellag	ustawa kartelowa f	kartelový zákon m	kartelltörvény
direito das sociedades anónimas m	vennootschapsrecht n	aktielagstiftning	prawo o spółkach akcyjnych n	akciové právo n	társasági jog
localização f	vestigingsplaats f	etableringsort	—	stanoviště n	telephely
praça comercial f	handelsplaats f	handelsplats	—	tržiště n	kereskedelmi központ
investimento de capital m	kapitaalinvestering f	kapitalplacering	—	uložení kapitálu n	tőkebefektetés
empréstimo com garantia de títulos m	lening tegen onderpand van effecten f	lombardtransaktion	transakcja lombardowa f	lombardní obchod m	lombardügylet
crédito com garantia sobre títulos m	voorschot op onderpand n	lombardkredit	kredyt lombardowy m	lombardní úvěr m	—
taxa de juro para empréstimos com penhor sobre títulos m	beleningsrentevoet m	lombardränta	procentowa stawka kredytów lombardowych f	lombardní sazba f	—
crédito com garantia sobre títulos m	voorschot op onderpand n	lombardkredit	kredyt lombardowy m	lombardní úvěr m	lombardhitel
crédito com garantia sobre títulos m	voorschot op onderpand n	—	kredyt lombardowy m	lombardní úvěr m	lombardhitel
empréstimo com garantia de títulos m	lening tegen onderpand van effecten f	lombardtransaktion	transakcja lombardowa f	—	lombardügylet
taxa de juro para empréstimos com penhor sobre títulos m	beleningsrentevoet m	lombardränta	procentowa stawka kredytów lombardowych f	—	lombardkamatláb
crédito com garantia sobre títulos m	voorschot op onderpand n	lombardkredit	kredyt lombardowy m	—	lombardhitel
taxa de juro para empréstimos com penhor sobre títulos m	beleningsrentevoet m	—	procentowa stawka kredytów lombardowych f	lombardní sazba f	lombardkamatláb
taxa de juro para empréstimos com penhor sobre títulos m	beleningsrentevoet m	lombardränta	procentowa stawka kredytów lombardowych f	lombardní sazba f	lombardkamatláb
empréstimo com garantia de títulos m	lening tegen onderpand van effecten f	—	transakcja lombardowa f	lombardní obchod m	lombardügylet

lombardügylet

	D	E	F	I	ES
lombardügylet (H)	Lombardgeschäft n	collateral loan business	prêt sur titre m	anticipazione sui titoli f	operaciones de pignoración f/pl
lön (SV)	Gehalt n	salary	traitement m	stipendio m	sueldo m
lön (SV)	Lohn m	wages	salaire m	salario m	salario m
löneavtal (SV)	Lohnvereinbarung	wage agreement	accord de salaires m	accordo salariale m	pacto salarial m
löneförhöjning (SV)	Gehaltserhöhung f	increase in salary	augmentation de traitement f	aumento dello stipendio m	aumento de sueldo m
löneförhöjning (SV)	Lohnerhöhung f	pay increase	augmentation de salaire f	aumento salariale m	aumento de salario m
lönekonto (SV)	Gehaltskonto n	salary account	compte de domiciliation du salaire m	conto stipendi m	cuenta de salario f
lönekostnader (SV)	Lohnkosten pl	labour costs	charges salariales f/pl	costo del lavoro m	coste de salarios m
lönekrav (SV)	Lohnforderung f	wage claim	revendication de salaire f	rivendicazione salariale f	reivindicación salarial f
lonen- en prijsspiraal (NL)	Lohn-Preis-Spirale f	wage-price spiral	course des prix et des salaires f	spirale prezzi-salari f	espiral salarios-precios m
lönestopp (SV)	Lohnstopp m	wage freeze	blocage des salaires m	blocco dei salari m	congelación salarial f
long-term (E)	langfristig	—	à long terme	a lungo termine	a largo plazo
long-term credit (E)	langfristiger Kredit m	—	crédit à long terme m	credito a lungo termine m	crédito a largo plazo m
loon (NL)	Besoldung f	salary	appointement m	retribuzione f	retribución f
loon (NL)	Lohn m	wages	salaire m	salario m	salario m
loonbelasting (NL)	Lohnsteuer f	wage tax	impôt sur les traitements et les salaires m	imposta sui salari f	impuesto sobre los rendimientos del trabajo personal (IRTP) m
looneis (NL)	Lohnforderung f	wage claim	revendication de salaire f	rivendicazione salariale f	reivindicación salarial f
loonkosten (NL)	Lohnkosten pl	labour costs	charges salariales f/pl	costo del lavoro m	coste de salarios m
loonregeling (NL)	Lohnvereinbarung	wage agreement	accord de salaires m	accordo salariale m	pacto salarial m
loonstop (NL)	Lohnstopp m	wage freeze	blocage des salaires m	blocco dei salari m	congelación salarial f
loonsverhoging (NL)	Gehaltserhöhung f	increase in salary	augmentation de traitement f	aumento dello stipendio m	aumento de sueldo m
loonsverhoging (NL)	Lohnerhöhung f	pay increase	augmentation de salaire f	aumento salariale m	aumento de salario m
loontarief (NL)	Tariflohn m	standard wages	salaire conventionnel m	retribuzione contrattuale f	salario según convenio colectivo
löpande räkning (SV)	laufende Rechnung f	current account	compte courant m	conto corrente m	cuenta corriente f
löptid (SV)	Laufzeit f	term	durée f	scadenza f	plazo de vencimiento m
lorry (E)	Lastwagen m	—	camion m	camion m	camión m
lorry-load (E)	Wagenladung f	—	charge de voiture f	carico di autocarro m	carga de un vagón f
Löschgebühren (D)	—	discharging expenses	droit de déchargement m	spese di scarico f/pl	gastos de descarga m/pl
loskosten (NL)	Entladungskosten f	discharging expenses	coûts de déchargement m/pl	spese di scaricamento f/pl	gastos de descargo m/pl
loskosten (NL)	Löschgebühren f/pl	discharging expenses	droit de déchargement m	spese di scarico f/pl	gastos de descarga m/pl
los Países Bajos (ES)	Niederlande pl	Netherlands	Pays-Bas m/pl	Paesi Bassi m	—
loss (E)	Damnum n	—	perte f	perdita f	pérdida f
loss (E)	Verlust m	—	perte f	perdita f	pérdida f
loss-making business (E)	Verlustgeschäft n	—	affaire déficitaire f	affare in perdita m	venta con pérdida f
loss of production (E)	Produktionsausfall m	—	perte de production f	perdita di produzione f	pérdida de producción f
loss of value (E)	Wertverfall m	—	dévalorisation f	deprezzamento m	depreciación f

loss of value

P	NL	SV	PL	CZ	H
empréstimo com garantia de títulos m	lening tegen onderpand van effecten f	lombardtransaktion	transakcja lombardowa f	lombardní obchod m	—
salário m	salaris n	—	płaca f	plat m	fizetés
salário m	loon n	—	płaca f	mzda f	bér
acordo salarial m	loonregeling f	—	porozumienie o wynagrodzeniu n	mzdová dohoda f	bérmegállapodás
aumento de salário m	loonsverhoging f	—	podwyżka płacy f	zvýšení platu n	fizetésemelés
aumento salarial m	loonsverhoging f	—	podwyżka płac f	zvýšení mzdy n	béremelés
conta para depósito de salários f	salarisrekening f	—	konto płacowe m	účet zřízený pro poukazování příjmu m	munkabér-elszámolási számla
custos de mão-de-obra m/pl	loonkosten m/pl	—	koszty płac m/pl	mzdové náklady m/pl	bérköltség
reivindicação salarial f	looneis m	—	roszczenie płacowe n	mzdový požadavek m	bérkövetelés
espiral salários-preços f	—	pris- och lönespiral	spirala cen i płac f	cenová a mzdová spirála f	ár-bér spirál
congelamento dos salários m	loonstop m	—	zamrożenie płac n	zmrazení mezd n	bérbefagyasztás
a longo prazo	op lange termijn	långfristig	długoterminowy	dlouhodobý	hosszú lejáratú
crédito a longo prazo m	krediet op lange termijn n	långfristig kredit	kredyt długoterminowy m	dlouhodobý úvěr m	hosszú lejáratú hitel
salário m	—	ersättning	uposażenie n	plat m	díjazás
salário m	—	lön	płaca f	mzda f	bér
imposto sobre os rendimentos do trabalho (IRS) m	—	källskatt på lön	podatek od wynagrodzenia m	daň ze mzdy f	béradó
reivindicação salarial f	—	lönekrav	roszczenie płacowe n	mzdový požadavek m	bérkövetelés
custos de mão-de-obra m/pl	—	lönekostnader pl	koszty płac m/pl	mzdové náklady m/pl	bérköltség
acordo salarial m	—	löneavtal	porozumienie o wynagrodzeniu n	mzdová dohoda f	bérmegállapodás
congelamento dos salários m	—	lönestopp	zamrożenie płac n	zmrazení mezd n	bérbefagyasztás
aumento de salário m	—	löneförhöjning	podwyżka płacy f	zvýšení platu n	fizetésemelés
aumento salarial m	—	löneförhöjning	podwyżka płac f	zvýšení mzdy n	béremelés
salário convencional m	—	avtalsenlig lön	płaca według taryfikatora f	tarifní mzda f	kollektív szerződés szerinti bér
conta corrente f	rekening-courant f	—	rachunek bieżący m	běžný účet m	folyószámla
prazo de vencimento m	duur m	—	okres ważności m	doba splatnosti f	futamidő
camião m	vrachtwagen f	lastbil	ciężarówka f	nákladní auto n	tehergépkocsi
carga de vagão f	wagonlading f	billast	ładunek wagonowy m	nakládka na vůz f	kocsirakomány
gastos de descarga m/pl	loskosten m/pl	annulleringsavgift	opłaty wyładowcze f/pl	poplatky za vymazání m/pl	kirakodási költségek
gastos de descarga m/pl	—	avlastningskostnader pl	koszty rozładunku m/pl	náklady na vykládku m/pl	kirakodási költségek
gastos de descarga m/pl	—	annulleringsavgift	opłaty wyładowcze f/pl	poplatky za vymazání m/pl	kirakodási költségek
Holanda f	Nederland	Nederländerna	Holandia f	Nizozemsko n	Hollandia
perda f	verlies n	kreditkostnad	strata f	škoda f	veszteség
perda f	verlies n	förlust	strata f	ztráta f	veszteség
negócio com prejuízo m	transactie met verlies f	förlustaffär	interes przynoszący straty m	ztrátový obchod m	veszteséges üzlet
perda de produção f	productieverlies n	produktionsbortfall	przerwa w produkcji f	výpadek výroby m	termeléskiesés
depreciação f	waardevermindering f	värdeförlust	utrata wartości f	ztráta hodnoty f	értékvesztés

loss on goods in transit

	D	E	F	I	ES
loss on goods in transit (E)	Transportschaden m	—	dommage au cours d'un transport m	danno di trasporto m	daño de transporte m
loss on stock prices (E)	Kursverlust m	—	perte sur les cours f	perdita sul cambio f	pérdida en bolsa f
lost shipment (E)	verlorengegangene Sendung f	—	envoi perdu m	spedizione andata persa f	envío perdido m
lote de acções (P)	Aktienpaket n	block of shares	paquet d'actions m	pacchetto di azioni m	paquete de acciones m
lot restant (F)	Restposten m	remaining stock	—	rimanenze f/pl	partida restante f
luchtpost (NL)	Luftpost f	air mail	par avion	posta aerea f	correo aéreo m
luchtvracht (NL)	Luftfracht f	air freight	fret aérien m	nolo aereo m	flete aéreo m
luchtvrachtbrief (NL)	Luftfrachtbrief f	airwaybill	lettre de transport aérien f	lettera di trasporto aereo f	transporte aéreo m
lucro (P)	Gewinn m	profit	bénéfice m	utile m	beneficio m
lucro (P)	Profit m	profit	profit m	profitto m	beneficio m
lucro bruto (P)	Rohgewinn m	gross profit on sales	bénéfice brut m	utile lordo m	ganancia bruta f
lucro contabilístico (P)	Buchgewinn m	book profit	bénéfice comptable m	utile contabile m	beneficio contable m
lucro da empresa (P)	Unternehmensgewinn m	company profit	résultats m/pl	utile d'impresa m	beneficio empresarial m
lucro do exercício (P)	Jahresgewinn m	annual profits	bénéfice annuel m	utile dell'anno m	beneficio del ejercicio m
lucro líquido (P)	Reingewinn m	net profit	bénéfice net m	utile netto m	ganancia neta f
Luftfracht (D)	—	air freight	fret aérien m	nolo aereo m	flete aéreo m
Luftfrachtbrief (D)	—	airwaybill	lettre de transport aérien f	lettera di trasporto aereo f	transporte aéreo m
Luftpost (D)	—	air mail	par avion	posta aerea f	correo aéreo m
luftpost (SV)	Luftpost f	air mail	par avion	posta aerea f	correo aéreo m
lugar de destino (ES)	Destimmungsort m	destination	lieu de destination m	luogo di destinazione m	—
lugar de destino (P)	Bestimmungsort m	destination	lieu de destination m	luogo di destinazione m	lugar de destino m
lugar de nacimiento (ES)	Geburtsort m	place of birth	lieu de naissance m	luogo di nascita m	—
luka rynkowa (PL)	Marktlücke f	market gap	créneau du marché m	nicchia di mercato f	vacío del mercado m
luogo di destinazione (I)	Bestimmungsort m	destination	lieu de destination m	—	lugar de destino m
luogo di nascita (I)	Geburtsort m	place of birth	lieu de naissance m	—	lugar de nacimiento m
Ma (PL)	Haben n	credit side	avoir m	avere m	haber m
maandelijks (NL)	monatlich	monthly	par mois	mensile	mensual
maandelijkse afbetaling (NL)	Teilzahlungsrate f	monthly instalment	versement d'un achat à tempérament f	rata f	plazo m
maat (NL)	Maß m	measure	mesure f	misura f	medida f
maatschappelijke zekerheid (NL)	Sozialhilfe f	welfare	aide sociale f	assistenza sociale f	ayuda social f
maatschappelijk kapitaal (NL)	Stammkapital n	share capital	capital social m	capitale sociale m	capital social m
macchina aziendale (I)	Firmenwagen m	company car	véhicule de service m	—	coche de empresa m
macchina di servizio (I)	Dienstwagen m	company car	voiture de service f	—	coche de servicio m
machtiging (NL)	Bevollmächtigung f	authorisation	procuration f	delega f	apoderamiento m
Maďarsko (CZ)	Ungarn	Hungary	Hongrie f	Ungheria f	Hungría
maďarský (CZ)	ungarisch	Hungarian	hongrois	ungherese	húngaro
maďarština (CZ)	Ungarisch	Hungarian	hongrois	ungherese m	húngaro m
magánbiztosítás (H)	Privatversicherung f	private insurance	assurance privée f	assicurazione privata f	seguro privado m
magánháztartás (H)	privater Haushalt m	private household	ménage privé m	economia domestica f	economía doméstica f
magántulajdon (H)	Privateigentum n	private property	propriété privée f	proprietà privata f	propiedad privada f
magazijn (NL)	Lager n	warehouse	entrepôt m	magazzino m	almacén m

magazijn

P	NL	SV	PL	CZ	H
danos de transporte m/pl	transportschade f	transportskada	szkoda w czasie transportu f	škoda vzniklá při dopravě f	szállítási kár
perda no câmbio f	koersverlies n	kursförlust	strata kursowa f	kursovní ztráta f	árfolyamveszteség
carregamento perdido m	verloren zending f	förlorad leverans	utracona przesyłka f	ztracená zásilka f	elveszett küldemény
—	aandelenpakket n	aktiepaket	pakiet akcji m	balík akcií m	részvénypakett
remanescente m	restanten n/pl	restparti	resztka f	zůstatková položka f	maradványtétel
correio aéreo m	—	luftpost	poczta lotnicza f	letecká pošta f	légiposta
frete aéreo m	—	flygfrakt	fracht lotniczy m	letecké přepravné n	légi fuvar
conhecimento aéreo m	—	flygfraktsedel	konosament lotniczy m	letecký nákladní list m	légifuvarlevél
—	winst f	vinst	zysk m	zisk m	nyereség
—	winst f	vinst	zysk m	prospěch m	nyereség
—	brutowinst f	bruttoöverskott	zysk brutto m	hrubý zisk m	bruttó nyereség
—	boekwinst f	bokvinst	zysk księgowy m	účetní zisk m	könyv szerinti nyereség
—	bedrijfswinst f	företagsvinst	zysk przedsiębiorstwa m	zisk z podnikání m	vállalati nyereség
—	jaarwinst f	årsvinst	zysk roczny m	roční zisk m	éves nyereség
—	nettowinst f	nettovinst	czysty zysk m	čistý zisk m	adózott nyereség
frete aéreo m	luchtvracht f	flygfrakt	fracht lotniczy m	letecké přepravné n	légi fuvar
conhecimento aéreo m	luchtvrachtbrief m	flygfraktsedel	konosament lotniczy m	letecký nákladní list m	légifuvarlevél
correio aéreo m	luchtpost f	luftpost	poczta lotnicza f	letecká pošta f	légiposta
correio aéreo m	luchtpost f	—	poczta lotnicza f	letecká pošta f	légiposta
lugar de destino m	plaats van bestemming f	destination	miejsce przeznaczenia n	místo určení n	rendeltetési hely
—	plaats van bestemming f	destination	miejsce przeznaczenia n	místo určení n	rendeltetési hely
local de nascimento m	geboorteplaats f	födelseort	miejsce urodzenia n	místo narození n	születési hely
lacuna do mercado f	gat in de markt n	marknadsnisch	—	mezera na trhu f	piaci rés
lugar de destino m	plaats van bestemming f	destination	miejsce przeznaczenia n	místo určení n	rendeltetési hely
local de nascimento m	geboorteplaats f	födelseort	miejsce urodzenia n	místo narození n	születési hely
haver m	creditzijde f	tillgodohavande	—	strana "Dal"	követel oldal
mensal	—	månatligt	miesięcznie	měsíčně	havi
prestação f	—	avbetalningstakt	rata f	splátka f	részletfizetési összeg
medida f	—	mått	miara f	míra f	mérték
assistência social f	—	socialhjälp	pomoc społeczna f	sociální pomoc f	szociális segély
capital social m	—	aktiekapital	kapitał zakładowy m	kmenový kapitál m	törzstőke
carro da empresa m	auto van de zaak m	firmabil	samochód firmowy m	firemní vůz m	vállalati gépkocsi
carro de serviço m	bedrijfswagen m	tjänstebil	samochód służbowy m	služební vůz m	szolgálati gépkocsi
autorização f	—	bemyndigande	upoważnienie n	plná moc f	meghatalmazás
Hungria f	Hongarije	Ungern	Węgry pl	—	Magyarország
húngaro	Hongaars	ungersk	węgierski	—	magyar(ul)
húngaro	Hongaars	ungerska	język węgierski m	—	magyar (nyelv)
seguro privado m	particuliere verzekering f	privat försäkring	ubezpieczenie prywatne n	soukromé pojištění n	—
economia doméstica f	privéhuishouden n	hushåll	prywatne gospodarstwo domowe n	soukromý rozpočet m	—
propriedade privada f	privébezit n	privategendom	własność prywatna f	soukromé vlastnictví n	—
armazém m	—	lager	magazyn m	sklad m	raktár

magazijn

	D	E	F	I	ES
magazijn (NL)	Warenlager n	warehouse	stock de marchandises m	magazzino m	depósito de mercancías m
magazyn (PL)	Lager n	warehouse	entrepôt m	magazzino m	almacén m
magazynowanie (PL)	Lagerhaltung f	stockkeeping	entreposage m	magazzinaggio m	almacenaje m
magazyn towarów pod zamknięciem celnym (PL)	Zollagerung f	customs warehouse procedure	entrepôt sous douane m	deposito doganale m	depósito de aduana m
magazzinaggio (I)	Lagerhaltung f	stockkeeping	entreposage m	—	almacenaje m
magazzino (I)	Lager n	warehouse	entrepôt m	—	almacén m
magazzino (I)	Warenlager n	warehouse	stock de marchandises m	—	depósito de mercancías m
maggioranza azionaria (I)	Aktienmehrheit f	majority of stock	majorité d'actions f	—	mayoría de acciones f
maggioranza dei voti (I)	Stimmenmehrheit f	majority of votes	majorité des voix f	—	mayoría de votos f
maggiorazione dell'utile (I)	Gewinnaufschlag m	profit mark-up	marge de bénéfice f	—	margen de benificio f
magyar (nyelv) (H)	Ungarisch	Hungarian	hongrois	ungherese m	húngaro m
Magyarország (H)	Ungarn	Hungary	Hongrie f	Ungheria f	Hungría
magyar(ul) (H)	ungarisch	Hungarian	hongrois	ungherese	húngaro
Mahnbrief (D)	—	reminder	lettre d'avertissement f	lettera di sollecito f	carta admonitoria f
Mahngebühren (D)	—	fine imposed for failing to settle an account	taxe d'avertissement f	tasse d'ingiunzione f/pl	gastos de reclamación m/pl
Mahnung (D)	—	demand for payment	mise en demeure f	sollecito m	admonición f
mail order business (E)	Versandhandel m	—	vente par correspondance f	vendita per corrispondenza f	venta por correspondencia f
maioria das acções (P)	Aktienmehrheit f	majority of stock	majorité d'actions f	maggioranza azionaria f	mayoría de acciones f
maioria de votos (P)	Stimmenmehrheit f	majority of votes	majorité des voix f	maggioranza dei voti f	mayoría de votos f
maison d'édition (F)	Verlag m	publishing house	—	casa editrice f	editorial f
maison mère (F)	Stammhaus n	parent company	—	casa madre f	casa matriz f
mais-valia (P)	Mehrwert m	value added	valeur ajoutée f	valore aggiunto m	plusvalía f
mais-valia (P)	Wertzuwachs m	appreciation	accroissement de valeur m	incremento di valore m	plusvalía f
majątek (PL)	Realvermögen n	real wealth	patrimoine réel m	patrimonio reale m	activo inmobiliario m
majątek (PL)	Vermögen n	property	patrimoine m	patrimonio m	patrimonio m
majątek netto (PL)	Nettovermögen n	net assets	patrimoine net m	patrimonio netto m	patrimonio neto m
majątek netto (PL)	Reinvermögen n	net assets	avoir net m	patrimonio netto m	patrimonio neto m
majątek obrotowy (PL)	Umlaufvermögen n	floating assets	capital de roulement m	patrimonio circolante m	capital circulante m
majątek rzeczowy (PL)	Sachvermögen n	material assets	biens corporels m/pl	capitale reale m	patrimonio real m
majątek spółki (PL)	Gesellschaftsvermögen	company assets	patrimoine social m	patrimonio sociale m	patrimonio social m
majątek trwały (PL)	Anlagevermögen n	fixed assets	valeurs immobilisées f/pl	attivo fisso m	activo fijo m
majątek trwały (PL)	Sachanlagen f/pl	fixed assets	immobilisations corporelles f/pl	immobilizzazioni f/pl	inversión en inmuebles y utillaje m/pl
majątek zagraniczny (PL)	Auslandsvermögen f	foreign assets	avoirs à l'étranger m/pl	beni all'estero m	bienes en el extranjero m
majetek (CZ)	Eigentum n	property	propriété f	proprietà f	propiedad f
majetek (CZ)	Vermögen n	property	patrimoine m	patrimonio m	patrimonio m
majetek společnosti (CZ)	Gesellschaftsvermögen	company assets	patrimoine social m	patrimonio sociale m	patrimonio social m
majitel (CZ)	Inhaber m	proprietor	propriétaire m	proprietario m	propietario m

majitel

P	NL	SV	PL	CZ	H
depósito de mercadorias m	—	lager	skład towarów m	sklad zboží m	áruraktár
armazém m	magazijn n	lager	—	sklad m	raktár
armazenagem f	het in voorraad houden n	lagerhållning	—	skladování n	készletezés
armazém alfandegário m	stelsel van douane-entrepots n	tullagring	—	celní uskladnění n	vámraktározás
armazenagem f	het in voorraad houden n	lagerhållning	magazynowanie n	skladování n	készletezés
armazém m	magazijn n	lager	magazyn m	sklad m	raktár
depósito de mercadorias m	magazijn n	lager	skład towarów m	sklad zboží m	áruraktár
maioria das acções f	meerderheid van aandelen f	aktiemajoritet	większość akcji f	většina akcií f	részvénytöbbség
maioria de votos f	meerderheid van stemmen f	röstmajoritet	większość głosów f	hlasovací většina f	szavazattöbbség
margem de lucro f	winstverhoging f	vinstpåslag	zwiększenie zysku n	zisková přirážka f	árrés
húngaro	Hongaars	ungerska	język węgierski m	maďarština f	—
Hungria f	Hongarije	Ungern	Węgry pl	Maďarsko n	—
húngaro	Hongaars	ungersk	węgierski	maďarský	—
carta de advertência f	rappelbrief m	kravbrev	monit m	upomínka f	fizetési felszólítás
taxa de expedição de um mandato de pagamento f	aanmaningskosten m/pl	påminnelseavgift	opłaty za koszta upomnienia f/pl	poplatky za upomínku m/pl	fizetési felszólítási díjak
advertência f	aanmaning tot betaling f	påminnelse	upomnienie płatnicze n	upomínka f	fizetési felszólítás
venda por correspondência f	verzendhandel m	postorderförsäljning	handel wysyłkowy m	zásilkový obchod m	csomagküldő kereskedelem
—	meerderheid van aandelen f	aktiemajoritet	większość akcji f	většina akcií f	részvénytöbbség
—	meerderheid van stemmen f	röstmajoritet	większość głosów f	hlasovací většina f	szavazattöbbség
editora f	uitgeversmaatschappij f	förlag	wydawnictwo n	nakladatelství n	kiadó
casa-mãe f	moedermaatschappij f	moderföretag	przedsiębiorstwo macierzyste n	mateřská společnost f	anyavállalat
—	meerwaarde f	mervärde	wartość dodana f	nadhodnota f	értéktöbblet
—	waardevermeerdering f	värdestegring	przyrost wartości m	přírůstek hodnoty m	értéknövekedés
património imobiliário m	reëel vermogen n	realvärde	—	reálný majetek m	ingatlanvagyon
património m	vermogen n	förmögenhet	—	majetek m	vagyon
património líquido m	nettovermogen n	nettotillgångar pl	—	čisté jmění n	nettó vagyon
património líquido m	nettoactief n	nettotillgångar pl	—	čisté jmění n	nettó eszközérték
património circulante m	bedrijfskapitaal n	likvida tillgångar pl	—	oběžné prostředky m/pl	forgóeszközök
bens corpóreos m/pl	vaste activa pl	realkapital	—	věcný majetek m	tárgyi eszközök
património social m	vennootschapsvermogen n	bolagstillgångar pl	—	majetek společnosti m	társasági vagyon
imobilizado m	vastliggende middelen n/pl	fasta tillgångar pl	—	investiční kapitál m	állóeszközök
capital imobilizado m	vaste activa pl	fasta tillgångar pl	—	věcné investice f/pl	tárgyi eszközök
bens no exterior m/pl	buitenlands vermogen n	utlandstillgångar pl	—	zahraniční jmění n	külföldi vagyon
propriedade f	eigendom n	egendom	własność f	—	tulajdon
património m	vermogen n	förmögenhet	majątek m	—	vagyon
património social m	vennootschapsvermogen n	bolagstillgångar pl	majątek spółki m	—	társasági vagyon
proprietário m	eigenaar m	innehavare	właściciel m	—	tulajdonos

majorité d'actions

	D	E	F	I	ES
majorité d'actions (F)	Aktienmehrheit f	majority of stock	—	maggioranza azionaria f	mayoría de acciones f
majorité des voix (F)	Stimmenmehrheit f	majority of votes	—	maggioranza dei voti f	mayoría de votos f
majority of stock (E)	Aktienmehrheit f	—	majorité d'actions f	maggioranza azionaria f	mayoría de acciones f
majority of votes (E)	Stimmenmehrheit f	—	majorité des voix f	maggioranza dei voti f	mayoría de votos f
makelaar (NL)	Makler m	broker	courtier m	mediatore m	corredor m
makelaarsloon (NL)	Courtage f	brokerage	courtage m	courtage f	corretaje m
making out an invoice (E)	Fakturierung f	—	facturation f	fatturazione f	facturación f
mäklare (SV)	Makler m	broker	courtier m	mediatore m	corredor m
Makler (D)	—	broker	courtier m	mediatore m	corredor m
makler (PL)	Broker m	broker	courtier m	broker m	corredor de bolsa m
makler (PL)	Makler m	broker	courtier m	mediatore m	corredor m
makléř (CZ)	Makler m	broker	courtier m	mediatore m	corredor m
makler giełdowy (PL)	Börsenmakler m	stockbroker	courtier en bourse m	agente di cambio m	corredor de bolsa m
makler giełdowy (PL)	Kursmakler m	stock broker	courtier en bourse m	agente di borsa m	agente de cambio y bolsa m
makler morski (PL)	Schiffsmakler m	ship broker	courtier maritime m	agente marittimo m	corredor marítimo m
makléř s nemovitostmi (CZ)	Immobilienmakler m	estate agent	courtier en affaires immobilières m	agente immobiliare m	agente de la propiedad inmobiliaria m
maksymalizacja zysku (PL)	Gewinnmaximierung f	maximisation of profits	maximalisationdu gain f	massimizzazione degli utili f	maximación de los beneficios f
mål (SV)	Ziel n	objective	but m	obiettivo m	objetivo m
mala calidad (ES)	schlechte Qualität f	poor quality	mauvaise qualité f	qualità scadente f	—
malaise (NL)	Depression f	depression	dépression f	depressione f	depresión f
målgrupp (SV)	Zielgruppe f	target group	groupe cible m	gruppo target m	grupo destinatario m
målköp (SV)	Zielkauf m	purchase on credit	achat à terme m	acquisto a termine m	compra a plazos m
maloobchod (CZ)	Einzelhandel m	retail trade	commerce de détail m	commercio al dettaglio m	comercio al por menor m
maloobchodník (CZ)	Einzelhändler m	retailer	commerçant détaillant m	dettagliante m	minorista m
maloobchodní rozpětí (CZ)	Einzelhandelsspanne f	retail price margin	marge de détail f	margine del dettagliante m	margen del comercio al por menor m
malversación (ES)	Unterschlagung f	embezzlement	détournement m	appropriazione indebita f	—
malversación (ES)	Veruntreuung f	misappropriation	malversation f	abuso di fiducia m	—
malversation (F)	Veruntreuung f	misappropriation	—	abuso di fiducia m	malversación f
mammoetorder (NL)	Großauftrag m	large-scale order	grosse commande f	ordine consistente m	pedido importante m
månadsslut (SV)	ultimo	end of the month	fin de mois f	fine mese m	fin de mes m
management (E)	Geschäftsleitung f	—	direction de l'entreprise f	direzione f	dirección f
Manager (D)	—	manager	manager m	manager m	alto directivo m
Manager (D)	—	manager	manager m	responsabile m	director m
manager (E)	Manager m	—	manager m	manager m	alto directivo m
manager (E)	Führungskraft f	—	cadre supérieur m	dirigente m	personal directivo m
manager (E)	Manager m	—	manager m	responsabile m	director m
manager (F)	Manager m	manager	—	manager m	alto directivo m
manager (F)	Manager m	manager	—	responsabile m	director m
manager (I)	Manager m	manager	manager m	—	alto directivo m
manager (NL)	Manager m	manager	manager m	manager m	alto directivo m
manager (NL)	Manager m	manager	manager m	responsabile m	director m
manager (SV)	Manager m	manager	manager m	responsabile m	director m
manager (PL)	Manager m	manager	manager m	manager m	alto directivo m
manager (PL)	Manager m	manager	manager m	responsabile m	director m
managing director (E)	Geschäftsführer m	—	directeur d'entreprise m	amministratore m	gerente m

managing director

P	NL	SV	PL	CZ	H
maioria das acções f	meerderheid van aandelen f	aktiemajoritet	większość akcji f	většina akcií f	részvénytöbbség
maioria de votos f	meerderheid van stemmen f	röstmajoritet	większość głosów f	hlasovací většina f	szavazattöbbség
maioria das acções f	meerderheid van aandelen f	aktiemajoritet	większość akcji f	většina akcií f	részvénytöbbség
maioria de votos f	meerderheid van stemmen f	röstmajoritet	większość głosów f	hlasovací většina f	szavazattöbbség
corretor m	—	mäklare	makler m	makléř m	bróker
corretagem f	—	provision	prowizja maklerska f	poplatek za zprostředkování m	brókeri jutalék
facturação f	facturering f	fakturering	fakturowanie n	fakturace f	számlázás
corretor m	makelaar m	—	makler m	makléř m	bróker
corretor m	makelaar m	mäklare	makler m	makléř m	bróker
corretor de bolsa m	effectenmakelaar m	broker	—	broker m	bróker
corretor m	makelaar m	mäklare	—	makléř m	bróker
corretor m	makelaar m	mäklare	makler m	—	bróker
corretor de bolsa m	beursmakelaar m	börsmäklare	—	burzovní makléř m	bróker
corretor de câmbio m	effectenmakelaar m	börsmäklare	—	kursový makléř m	bróker
corretor marítimo m	scheepsmakelaar m	skeppsmäklare	—	lodní makléř m	hajóbróker
agente imobiliário m	vastgoedmakelaar m	fastighetsmäklare	pośrednik handlu nieruchomościami m	—	ingatlanügynök
maximização dos lucros f	winstmaximalisering f	vinstmaximering	—	maximalizace zisku f	nyereség maximálása
objectivo m	doel n	—	cel m	cíl m	cél
baixa qualidade f	slechte kwaliteit f	dålig kvalitet	zła jakość f	nízká jakost f	rossz minőség
depressão f	—	depression	depresja f	deprese f	pangás
grupo objectivo m	doelgroep f	—	grupa docelowa f	cílová skupina f	célcsoport
compra a crédito f	koop op krediet m	—	zakup kredytowy m	cílený nákup m	határidős vétel
comércio a retalho m	kleinhandel m	detaljhandel	handel detaliczny m	—	kiskereskedelem
retalhista m	kleinhandelaar m	detaljist	detalista m	—	kiskereskedő
margem do comércio a retalho f	kleinhandelsmarge f	marginal	marża detaliczna f	—	kiskereskedelmi árrés
desfalque m	verduistering f	förskingring	sprzeniewierzenie n	zpronevěra f	sikkasztás
desfalque m	verduistering f	förskingring	sprzeniewierzenie n	zpronevěra f	hűtlen kezelés
desfalque m	verduistering f	förskingring	sprzeniewierzenie n	zpronevěra f	hűtlen kezelés
encomenda em grande quantidade f	—	stororder	zamówienie wielkoskalowe n	zakázka velkého rozsahu f	nagy megrendelés
fim do mês m	ultimo	—	ultimo n	ultimo n	hónap utolsó napja
direcção f	directie f	företagsledning	kierownictwo n	vedení podniku n	vállalatvezetés
director m	manager m	direktör	manager m	manažer m	menedzser
director m	manager m	manager	manager m	manažer m	vezető
director m	manager m	direktör	manager m	manažer m	menedzser
quadro superior m	leidinggevende kracht f	ledning	kadra kierownicza f	vedoucí řídící pracovník m	vezető
director m	manager m	manager	manager m	manažer m	vezető
director m	manager m	direktör	manager m	manažer m	menedzser
director m	manager m	manager	manager m	manažer m	vezető
director m	manager m	direktör	manager m	manažer m	menedzser
director m	—	direktör	manager m	manažer m	menedzser
director m	—	manager	manager m	manažer m	vezető
director m	manager m	—	manager m	manažer m	vezető
director m	—	direktör	—	manažer m	menedzser
director m	manager m	manager	—	manažer m	vezető
gerente m	bedrijfsleider m	verkställande direktör	dyrektor m	jednatel m	ügyvezető

månatligt

	D	E	F	I	ES
månatligt (SV)	monatlich	monthly	par mois	mensile	mensual
manažer (CZ)	Manager m	manager	manager m	manager m	alto directivo m
manažer (CZ)	Manager m	manager	manager m	responsabile m	director m
mancanza di liquidità (I)	Illiquidität f	non-liquidity	manque de liquidité f	—	falta de liquidez f
mancanza di personale (I)	Personalmangel m	shortage of staff	manque de personnel m	—	falta de personal f
mandamiento de pago (ES)	Zahlungsbefehl m	order for payment	ordre de payement m	ingiunzione di pagamento f	—
mandante (ES)	Auftraggeber m	customer	donneur d'ordre m	committente m	—
mandare allo scoperto (I)	überziehen	overdraw	faire un prélèvement à découvert	—	sobrepasar
mandat (F)	Anweisung f	transfer	—	mandato m	transferencia f
mandat-carte (F)	Zahlkarte f	Giro inpayment form	—	modulo di versamento m	carta de pago f
mandat de payement (F)	Zahlungsanweisung f	order for payment	—	ordine di pagamento m	orden de pago f
mandato (I)	Anweisung f	transfer	mandat m	—	transferencia f
mandato (I)	Vollmacht f	power of attorney	plein pouvoir m	—	escritura de poder f
mandato de pagamento (P)	Zahlungsbefehl m	order for payment	ordre de payement m	ingiunzione di pagamento f	mandamiento de pago m
mandat-poste (F)	Postanweisung f	postal order	—	vaglia postale m	vale postal m
mängdrabatt (SV)	Mengenrabatt m	quantity discount	remise de quantité f	sconto sulla quantità m	rebaja por cantidad f
Mangel (D)	—	defect	défaut m	vizio m	defecto m
Mängelanzeige (D)	—	notice of defect	notification d'un vice f	denuncia dei vizi	aviso de defectos m
mangelfrei (D)	—	free of defects	sans défaut	esente da vizi	sin vicios
manque de liquidité (F)	Illiquidität f	non-liquidity	—	mancanza di liquidità f	falta de liquidez f
manque de personnel (F)	Personalmangel m	shortage of staff	—	mancanza di personale f	falta de personal f
manual work (E)	Handarbeit f	—	travail manuel m	lavoro manuale m	trabajo a mano m
manuellt arbete (SV)	Handarbeit f	manual work	travail manuel m	lavoro manuale m	trabajo a mano m
manufactured quantity (E)	Fertigungsmenge f	—	quantité fabriquée f	quantitativo di produzione m	cantidad producida f
manufactured to measure (E)	maßgefertigt	—	travaillé sur mesure	prodotto su misura	hecho a medida
manufacturer (E)	Erzeuger m	—	producteur m	produttore m	productor m
manufacturer (E)	Hersteller m	—	constructeur m	produttore m	fabricante m
manufacture to customer's specifications (E)	Sonderanfertigung f	—	fabrication spéciale f	produzione fuori serie f	fabricación especial f
manutenção de estoques (P)	Vorratshaltung f	stockpiling	stockage m	gestione delle scorte f	formación de stocks f
mão-de-obra (P)	Arbeitskraft f	worker	employé m	forza lavoro f	trabajador m
mapp (SV)	Akte f	file	dossier m	pratica f	expediente m
máquina de dictar (ES)	Diktiergerät n	dictaphone	dictaphone m	dittafono m	—
maradékkölcsön (H)	Restdarlehen n	purchase-money loan	prêt restant m	mutuo residuo m	restante de un préstamo m
maradványérték (H)	Restwert m	net book value	valeur résiduelle f	valore residuo m	valor residual m
maradványtétel (H)	Restposten m	remaining stock	lot restant m	rimanenze f/pl	partida restante f
marca (I)	Marke f	mark	marque f	—	característica f
marca (ES)	Warenzeichen n	trade mark	marque de fabrique f	marchio m	—
marca (ES)	Markenname m	trade name	nom de marque f	marchio di commercio m	—
marca (P)	Marke f	mark	marque f	marca f	característica f
marca (P)	Warenzeichen n	trade mark	marque de fabrique f	marchio m	marca f
marcação de preços (P)	Preisauszeichnung f	price-marking	affichage des prix f	indicazione del prezzo f	indicación de precios f
marca registrada (ES)	Markenzeichen n	trademark	emblème de marque f	marchio m	

marca registrada

P	NL	SV	PL	CZ	H
mensal	maandelijks	—	miesięcznie	měsíčně	havi
director m	manager m	direktör	manager m	—	menedzser
director m	manager m	manager	manager m	—	vezető
falta de liquidez f	illiquiditeit f	illikviditet	niewypłacalność f	nelikvidita f	likviditáshiány
falta de pessoal f	gebrek aan personeel n	personalbrist	brak personelu m	nedostatek personálu m	munkaerőhiány
mandato de pagamento f	betalingsbevel n	betalningsorder	nakaz płatniczy m	platební příkaz m	fizetési felszólítás
cliente m	opdrachtgever m	uppdragsgivare	zleceniodawca m	objednávatel m	megbízó
sacar a descoberto	overschrijden	övertrassera	przekraczać stan konta	překračovat <překročit>	hiteltúllépést követ el
transferência f	opdracht f/m	anvisning	przekaz pieniężny	návod m	utalvány
vale de correio m	stortingsformulier n	postanvisning	blankiet na przekaz pieniężny m	poštovní poukázka f	pénzesutalvány
ordem de pagamento f	opdracht tot betaling f	betalningsorder	polecenie wypłaty n	poštovní platební příkaz m	készpénzfizetési utalvány
transferência f	opdracht f/m	anvisning	przekaz pieniężny	návod m	utalvány
plenos poderes m/pl	volmacht f	fullmakt	pełnomocnictwo n	plná moc f	felhatalmazás
—	betalingsbevel n	betalningsorder	nakaz płatniczy m	platební příkaz m	fizetési felszólítás
vale postal m	postwissel m	postanvisning	przekaz pocztowy m	poštovní poukázka f	postautalvány
desconto de quantidade m	quantumkorting f	—	rabat ilościowy	rabat z množství m	mennyiségi árengedmény
defeito m	gebrek n	defekt	wada m	nedostatek m	hiba
aviso de defeito m	klacht f	reklamation	reklamacja wady towaru f	oznámení závad n	minőségi kifogás
sem defeitos	vrij van gebreken	felfri	wolny od wad	nezávadný	hibátlan
falta de liquidez f	illiquiditeit f	illikviditet	niewypłacalność f	nelikvidita f	likviditáshiány
falta de pessoal f	gebrek aan personeel n	personalbrist	brak personelu m	nedostatek personálu m	munkaerőhiány
trabalho manual m	handenarbeid f	manuellt arbete	praca ręczna f	ruční práce f	fizikai munka
trabalho manual m	handenarbeid f	—	praca ręczna f	ruční práce f	fizikai munka
quantidade produzida f	productiehoeveelheid f	produktionskvantitet	ilość wyprodukowana f	výrobní množství n	gyártási mennyiség
feito à medida	op maat gemaakt	specialtillverkat	na miarę	vyrobený na míru	mérték utáni
produtor m	producent m	tillverkare	producent m	výrobce m	gyártó
produtor m	fabrikant m	tillverkare	producent m	výrobce m	gyártó
produção especial (segundo as especificações do cliente) f	speciale fabricage f	specialtillverkning	produkcja na specjalne zamówienie f	zvláštní vyhotovení n	egyedi gyártás
—	in voorraad houden n	lagerhållning	utrzymywanie zapasów n	udržování zásob n	készletgazdálkodás
—	arbeidskracht f	arbetskraft	siła robocza f	pracovní síla f	munkaerő
documento m	akte f/m	—	akta m	spis m	ügyirat
dictafone m	dictafoon m	diktafon	dyktafon m	diktafon m	diktafon
empréstimo residual m	resterende lening f	inteckning som dellikvid	reszta pożyczki f	nedoplatek půjčky m	—
valor residual m	restwaarde f	restvärde	pozostała wartość do amortyzacji f	zůstatková hodnota f	—
remanescente m	restanten n/pl	restparti	resztka f	zůstatková položka f	—
marca f	merk n	märke	marka f	značka f	márka
marca f	handelsmerk n	varumärke	znak towarowy m	značka zboží f	védjegy
nome de marca m	merknaam f	märkesnamn	nazwa firmowa f	název značky m	márkanév
—	merk n	märke	marka f	značka f	márka
—	handelsmerk n	varumärke	znak towarowy m	značka zboží f	védjegy
—	zichtbaar ophangen van de prijslijst n	prismärkning	oznaczanie cen na towarach n	označení cenou n	árcédula
marca registrada f	handelsmerk n	varumärke	znak firmowy m	označení značkou f	védjegy

marca registrada

	D	E	F	I	ES
marca registrada (P)	Markenzeichen n	trademark	emblème de marque f	marchio m	marca registrada f
marchandise (F)	Ware f	goods	—	merce f	mercancía f
marchandise à transporter (F)	Frachtgut n	freight goods	—	carico m	mercancías en pequeña velocidad f/pl
marchandises en vrac (F)	Massengüter f	bulk goods	—	beni di massa m/pl	productos a granel m/pl
marché (F)	Markt m	market	—	mercato m	mercado m
marché agricole (F)	Agrarmarkt m	agricultural market	—	mercato agrario m	mercado agrícola m
marché au noir (F)	Schwarzmarkt m	black market	—	mercato nero m	mercado negro m
marché commun (F)	gemeinsamer Markt m	common market	—	mercato comune m	mercado común m
marché d'acheteurs (F)	Käufermarkt m	buyer's market	—	mercato degli acquirenti m	mercado favorable al comprador m
marché de gros (F)	Großmarkt m	wholesale market	—	mercato all'ingrosso m	hipermercado m
marché de l'or (F)	Goldmarkt m	gold market	—	mercato dell'oro m	mercado del oro m
marché des capitaux (F)	Kapitalmarkt m	capital market	—	mercato finanziario m	mercado financiero m
marché des changes (F)	Devisenhandel m	foreign exchange dealings	—	commercio dei cambi m	operaciones de divisas f/pl
marché des changes (F)	Devisenmarkt m	foreign exchange market	—	mercato valutario m	mercado de divisas m
marché des effets publics (F)	Rentenmarkt m	bond market	—	mercato dei titoli a reddito fisso m	mercado de títulos de renta fija m
marché de vendeurs (F)	Verkäufermarkt m	seller's market	—	mercato favorevole ai venditori m	mercado favorable al vendedor m
marché du travail (F)	Arbeitsmarkt m	labour market	—	mercato del lavoro m	mercado laboral m
marché intérieur (F)	Binnenmarkt m	domestic market	—	mercato nazionale m	mercado interior m
marché monétaire (F)	Geldmarkt m	money market	—	mercato monetario m	mercado monetario m
Marché Unique (F)	Europäischer Binnenmarkt m	Internal Market of the European Community	—	mercato unico m	Mercado Unico m
marchio (I)	Markenzeichen n	trademark	emblème de marque f	—	marca registrada f
marchio (I)	Warenzeichen n	trade mark	marque de fabrique f	—	marca f
marchio di commercio (I)	Markenname m	trade name	nom de marque f	—	marca f
Marge (D)	—	margin	marge f	margine m	margen m
marge (F)	Marge f	margin	—	margine m	margen m
marge (F)	Spanne f	margin	—	margine m	margen f
marge (NL)	Marge f	margin	marge f	margine m	margen m
marge (NL)	Spanne f	margin	marge f	margine m	margen f
marge de bénéfice (F)	Gewinnaufschlag m	profit mark-up	—	maggiorazione dell'utile f	margen de beneficio f
marge de bénéfice (F)	Gewinnspanne f	margin of profit	—	margine di profitto m	margen de beneficios f
marge de crédit accordé (F)	Kreditrahmen m	credit margin	—	plafond di credito m	margen de crédito m
marge de détail (F)	Einzelhandelsspanne f	retail price margin	—	margine del dettagliante m	margen del comercio al por menor m
marge entre les taux d'intérêt créditeur et débiteur (F)	Zinsmarge m	interest margin	—	margine d'interesse m	margen de interés m
margem (P)	Marge f	margin	marge f	margine m	margen m
margem (P)	Spanne f	margin	marge f	margine m	margen f
margem comercial (P)	Handelsspanne f	trading margin	bénéfice brut m	margine commerciale m	margen comercial f
margem de contribuição (P)	Deckungsbeitrag m	contribution margin	marge sur coût variable f	contributo per copertura m	aportación de cobertura f
margem de lucro (P)	Gewinnaufschlag m	profit mark-up	marge de bénéfice f	maggiorazione dell'utile f	margen de beneficio f

margem de lucro

P	NL	SV	PL	CZ	H
–	handelsmerk n	varumärke	znak firmowy m	označení značkou n	védjegy
mercadoria f	goederen n/pl	vara	towar m	zboží n	áru
mercadoria a transportar f	vrachtgoed n	fraktgods	towary przewożone m/pl	nákladní zboží n	rakomány
mercadoria a granel f	stortgoederen n/pl	partigods	towary masowe m/pl	zboží hromadné spotřeby n	tömegáru
mercado m	markt f	marknad	rynek m	trh m	piac
mercado agrícola m	landbouwmarkt f	jordbruksmarknad	rynek rolny m	zemědělský trh m	agrárpiac
mercado negro m	zwarte markt f	svart marknad	czarny rynek m	černý trh m	feketepiac
mercado comum m	gemeenschappelijke markt f	gemensam marknad	wspólny rynek m	společný trh m	közös piac
mercado favorável ao comprador m	kopersmarkt f	köparens marknad	rynek nabywców m	trh kupujícího m	kínálati piac
mercado central m	groothandel m	stormarknad	targowisko hurtowe n	velkoobchodní trh m	nagybani piac
mercado do ouro m	goudmarkt f	guldmarknad	rynek złota m	trh zlata m	aranypiac
mercado de capitais m	kapitaalmarkt f	kapitalmarknad	rynek kapitałowy m	kapitálový trh m	tőkepiac
negócios sobre divisas m/pl	deviezenhandel m	valutahandel	handel dewizami m	devizový obchod m	devizakereskedelem
mercado de divisas m	wisselmarkt f	valutamarknad	rynek dewizowy m	devizový trh m	devizapiac
mercado dos títulos de renda fixa m	obligatiemarkt f	obligationsmarknad	rynek papierów wartościowych o stałym zysku m	trh s výnosovými listy m	kötvénypiac
mercado de vendedores m	verkopersmarkt f	säljarens marknad	rynek sprzedającego m	trh prodávajících m	eladók piaca
mercado de trabalho m	arbeidsmarkt f	arbetsmarknad	rynek pracy m	trh práce m	munkaerőpiac
mercado interno m	binnenlandse markt f	hemmamarknad	rynek wewnętrzny m	domácí trh m	belföldi piac
mercado monetário m	geldmarkt f	penningmarknad	rynek pieniężny m	peněžní trh m	pénzpiac
Mercado Interno da Comunidade Europeia m	interne EG-markt f	inre marknaden	wewnetrzny rynek europejski m	vnitřní evropský trh m	európai belső piac
marca registrada f	handelsmerk n	varumärke	znak firmowy m	označení značkou n	védjegy
marca f	handelsmerk n	varumärke	znak towarowy m	značka zboží f	védjegy
nome de marca m	merknaam f	märkesnamn	nazwa firmowa f	název značky m	márkanév
margem f	marge f	marginal	marża f	marže f	különbözet
margem f	marge f	marginal	marża f	marže f	különbözet
margem f	marge f	marginal	marża f	rozpětí n	árrés
margem f	–	marginal	marża f	marže f	különbözet
margem f	–	marginal	marża f	rozpětí n	árrés
margem de lucro f	winstverhoging f	vinstpåslag	zwiększenie zysku n	zisková přirážka f	árrés
margem de lucro f	winstmarge f	vinstmarginal	marża zysku f	rozpětí zisku n	haszonrés
plafond de crédito m	kredietmarge f	kreditram	rama kredytowa f	rámec úvěrů m	hitelkeret
margem do comércio a retalho f	kleinhandelsmarge f	marginal	marża detaliczna f	maloobchodní rozpětí n	kiskereskedelmi árrés
margem de lucros f	rentemarge f	räntemarginal	marża odsetkowa f	úrokové rozpětí n	kamatrés
–	marge f	marginal	marża f	marže f	különbözet
–	marge f	marginal	marża f	rozpětí n	árrés
–	handelsmarge f	marginal	marża handlowa f	obchodní rozpětí n	kereskedelmi árrés
–	dekkingsbijdrage f	täckningsbidrag	wkład działu na pokrycie kosztów m	krytí vlastních nákladů m	fedezeti összeg
–	winstverhoging f	vinstpåslag	zwiększenie zysku n	zisková přirážka f	árrés

margem de lucro

	D	E	F	I	ES
margem de lucro (P)	Gewinnspanne f	margin of profit	marge de bénéfice f	margine di profitto m	margen de beneficios f
margem de lucros (P)	Zinsmarge m	interest margin	marge entre les taux d'intérêt créditeur et débiteur f	margine d'interesse m	margen de interés m
margem de rentabilidade (P)	Rentabilitätschwelle f	break-even point	seuil de rentabilité m	fase redditizia f	umbral de rentabilidad m
margem do comércio a retalho (P)	Einzelhandelsspanne f	retail price margin	marge de détail f	margine del dettagliante m	margen del comercio al por menor m
margen (ES)	Marge f	margin	marge f	margine m	—
margen (ES)	Spanne f	margin	marge f	margine m	—
margen comercial (ES)	Handelsspanne f	trading margin	bénéfice brut m	margine commerciale m	—
margen de beneficios (ES)	Gewinnspanne f	margin of profit	marge de bénéfice f	margine di profitto m	—
margen de benificio (ES)	Gewinnaufschlag m	profit mark-up	marge de bénéfice f	maggiorazione dell'utile f	—
margen de crédito (ES)	Kreditrahmen m	credit margin	marge de crédit accordé f	plafond di credito m	—
margen de interés (ES)	Zinsmarge m	interest margin	marge entre les taux d'intérêt créditeur et débiteur f	margine d'interesse m	—
margen del comercio al por menor (ES)	Einzelhandelsspanne f	retail price margin	marge de détail f	margine del dettagliante m	—
marge sur coût variable (F)	Deckungsbeitrag m	contribution margin	—	contributo per copertura m	aportación de cobertura f
margin (E)	Marge f	—	marge f	margine m	margen m
margin (E)	Spanne f	—	marge f	margine m	margen f
marginal (SV)	Einzelhandelsspanne f	retail price margin	marge de détail f	margine del dettagliante m	margen del comercio al por menor m
marginal (SV)	Handelsspanne f	trading margin	bénéfice brut m	margine commerciale m	margen comercial f
marginal (SV)	Marge f	margin	marge f	margine m	margen m
marginal (SV)	Spanne f	margin	marge f	margine m	margen f
marginal costing (E)	Grenzkostenrechnung f	—	détermination du coût marginal f	determinazione dei costi marginali f	cálculo de los costes marginales m
marginale waarde (NL)	Marginalwert m	marginal value	valeur marginale f	valore marginale m	valor marginal m
marginal value (E)	Marginalwert m	—	valeur marginale f	valore marginale m	valor marginal m
marginalvärde (SV)	Marginalwert m	marginal value	valeur marginale f	valore marginale m	valor marginal m
Marginalwert (D)	—	marginal value	valeur marginale f	valore marginale m	valor marginal m
margine (I)	Marge f	margin	marge f	—	margen m
margine (I)	Spanne f	margin	marge f	—	margen f
margine commerciale (I)	Handelsspanne f	trading margin	bénéfice brut m	—	margen comercial f
margine del dettagliante (I)	Einzelhandelsspanne f	retail price margin	marge de détail f	—	margen del comercio al por menor m
margine d'interesse (I)	Zinsmarge m	interest margin	marge entre les taux d'intérêt créditeur et débiteur f	—	margen de interés m
margine di profitto (I)	Gewinnspanne f	margin of profit	marge de bénéfice f	—	margen de beneficios f
margin of profit (E)	Gewinnspanne f	—	marge de bénéfice f	margine di profitto m	margen de beneficios f
mark (E)	Marke f	—	marque f	marca f	característica f
marka (PL)	Marke f	mark	marque f	marca f	característica f
márka (H)	Marke f	mark	marque f	marca f	característica f
márkacikk (H)	Markenartikel m	trade-registered article	produit de marque m	articolo di marca m	artículo de marca m
márkanév (H)	Markenname m	trade name	nom de marque f	marchio di commercio m	marca f
Marke (D)	—	mark	marque f	marca f	característica f
märke (SV)	Marke f	mark	marque f	marca f	característica f

märke

P	NL	SV	PL	CZ	H
—	winstmarge f	vinstmarginal	marża zysku f	rozpětí zisku n	haszonrés
—	rentemarge f	räntemarginal	marża odsetkowa f	úrokové rozpětí n	kamatrés
—	rentabiliteitsdrempel m	nollpunkt	próg rentowności m	práh rentability m	jövedelmezőségi küszöb
—	kleinhandelsmarge f	marginal	marża detaliczna f	maloobchodní rozpětí n	kiskereskedelmi árrés
margem f	marge f	marginal	marża f	marže f	különbözet
margem f	marge f	marginal	marża f	rozpětí n	árrés
margem comercial m	handelsmarge f	marginal	marża handlowa f	obchodní rozpětí n	kereskedelmi árrés
margem de lucro f	winstmarge f	vinstmarginal	marża zysku f	rozpětí zisku n	haszonrés
margem de lucro f	winstverhoging f	vinstpåslag	zwiększenie zysku n	zisková přirážka f	árrés
plafond de crédito m	kredietmarge f	kreditram	rama kredytowa f	rámec úvěrů m	hitelkeret
margem de lucros f	rentemarge f	räntemarginal	marża odsetkowa f	úrokové rozpětí n	kamatrés
margem do comércio a retalho f	kleinhandelsmarge f	marginal	marża detaliczna f	maloobchodní rozpětí n	kiskereskedelmi árrés
margem de contribuição f	dekkingsbijdrage f	täckningsbidrag	wkład działu na pokrycie kosztów m	krytí vlastních nákladů m	fedezeti összeg
margem f	marge f	marginal	marża f	marže f	különbözet
margem f	marge f	marginal	marża f	rozpětí n	árrés
margem do comércio a retalho f	kleinhandelsmarge f	—	marża detaliczna f	maloobchodní rozpětí n	kiskereskedelmi árrés
margem comercial m	handelsmarge f	—	marża handlowa f	obchodní rozpětí n	kereskedelmi árrés
margem f	marge f	—	marża f	marže f	különbözet
margem f	marge f	—	marża f	rozpětí n	árrés
cálculo dos custos marginais m	berekening van de marginale kosten f	bidragskalkyl	rachunek kosztów krańcowych m	mezní navýšení nákladů n	határköltségszámítás
valor marginal m	—	marginalvärde	wartość marginesowa f	přidaná hodnota f	határérték
valor marginal m	marginale waarde f	marginalvärde	wartość marginesowa f	přidaná hodnota f	határérték
valor marginal m	marginale waarde f	—	wartość marginesowa f	přidaná hodnota f	határérték
valor marginal m	marginale waarde f	marginalvärde	wartość marginesowa f	přidaná hodnota f	határérték
margem f	marge f	marginal	marża f	marže f	különbözet
margem f	marge f	marginal	marża f	rozpětí n	árrés
margem comercial m	handelsmarge f	marginal	marża handlowa f	obchodní rozpětí n	kereskedelmi árrés
margem do comércio a retalho f	kleinhandelsmarge f	marginal	marża detaliczna f	maloobchodní rozpětí n	kiskereskedelmi árrés
margem de lucros f	rentemarge f	räntemarginal	marża odsetkowa f	úrokové rozpětí n	kamatrés
margem de lucro f	winstmarge f	vinstmarginal	marża zysku f	rozpětí zisku n	haszonrés
margem de lucro f	winstmarge f	vinstmarginal	marża zysku f	rozpětí zisku n	haszonrés
marca f	merk n	märke	marka f	značka f	márka
marca f	merk n	märke	—	značka f	márka
marca f	merk n	märke	marka f	značka f	—
produto de marca m	merkartikel n	märkesvara	towar firmowy m	značkové zboží n	—
nome de marca m	merknaam f	märkesnamn	nazwa firmowa f	název značky m	—
marca f	merk n	märke	marka f	značka f	márka
marca f	merk n	—	marka f	značka f	márka

Markenartikel

	D	E	F	I	ES
Markenartikel (D)	—	trade-registered article	produit de marque m	articolo di marca m	artículo de marca m
Markenname (D)	—	trade name	nom de marque f	marchio di commercio m	marca f
Markenzeichen (D)	—	trademark	emblème de marque f	marchio m	marca registrada f
märkesnamn (SV)	Markenname m	trade name	nom de marque f	marchio di commercio m	marca f
märkesvara (SV)	Markenartikel m	trade-registered article	produit de marque m	articolo di marca m	artículo de marca m
market (E)	Markt m	—	marché m	mercato m	mercado m
market (E)	vermarkten	—	commercialiser	lanciare sul mercato	comercializar
marketable (E)	marktfähig	—	vendable	commerciabile	comerciable
market day (E)	Börsentag m	—	jour de bourse m	giorno di borsa m	sesión bursátil f
market economy (E)	Marktwirtschaft f	—	économie de marché f	economia di mercato f	economía de mercado f
market gap (E)	Marktlücke f	—	créneau du marché m	nicchia di mercato f	vacío del mercado m
Marketing (D)	—	marketing	marketing m	marketing m	marketing m
marketing (E)	Absatzwirtschaft f	—	commercialisation f	commercializzazione f	economía de distribución f
marketing (E)	Marketing n	—	marketing m	marketing m	marketing m
marketing (F)	Marketing n	marketing	—	marketing m	marketing m
marketing (I)	Marketing n	marketing	marketing m	—	marketing m
marketing (ES)	Marketing n	marketing	marketing m	marketing m	—
marketing (P)	Marketing n	marketing	marketing m	marketing m	marketing m
marketing (NL)	Absatzwirtschaft f	marketing	commercialisation f	commercializzazione f	economía de distribución f
marketing (NL)	Marketing n	marketing	marketing m	marketing m	marketing m
marketing (PL)	Absatzwirtschaft f	marketing	commercialisation f	commercializzazione f	economía de distribución f
marketing (PL)	Marketing n	marketing	marketing m	marketing m	marketing m
marketing (CZ)	Marketing n	marketing	marketing m	marketing m	marketing m
marketing (H)	Marketing n	marketing	marketing m	marketing m	marketing m
marketingadviseur (NL)	Marketingberater m	marketing consultant	conseiller de marketing m	consulente di marketing m	asesor de marketing m
Marketingberater (D)	—	marketing consultant	conseiller de marketing m	consulente di marketing m	asesor de marketing m
marketing consultant (E)	Marketingberater m	—	conseiller de marketing m	consulente di marketing m	asesor de marketing m
Marketing-Mix (D)	—	mixture of marketing strategies	marketing mixte m f	marketing mix m	mezcla de marketing f
marketing mix (I)	Marketing-Mix m	mixture of marketing strategies	marketing mixte m f	—	mezcla de marketing f
marketing-mix (P)	Marketing-Mix m	mixture of marketing strategies	marketing mixte m f	marketing mix m	mezcla de marketing f
marketingmix (NL)	Marketing-Mix m	mixture of marketing strategies	marketing mixte m f	marketing mix m	mezcla de marketing f
marketing-mix (H)	Marketing-Mix m	mixture of marketing strategies	marketing mixte m f	marketing mix m	mezcla de marketing f
marketing mixte m (F)	Marketing-Mix m	mixture of marketing strategies	—	marketing mix m	mezcla de marketing f
marketingový poradce (CZ)	Marketingberater m	marketing consultant	conseiller de marketing m	consulente di marketing m	asesor de marketing m
marketing tanácsadó (H)	Marketingberater m	marketing consultant	conseiller de marketing m	consulente di marketing m	asesor de marketing m
market leader (E)	Marktführer m	—	leader sur le marché f	leader di mercato m	líder de mercado m
market position (E)	Marktposition f	—	position sur le marché f	posizione di mercato f	posición en el mercado f
market research institute (E)	Marktforschungsinstitut n	—	institut d'études de marché m	istituto di ricerca di mercato m	instituto de investigación del mercado m

market research institute

P	NL	SV	PL	CZ	H
produto de marca m	merkartikel n	märkesvara	towar firmowy m	značkové zboží n	márkacikk
nome de marca m	merknaam f	märkesnamn	nazwa firmowa f	název značky m	márkanév
marca registrada f	handelsmerk n	varumärke	znak firmowy m	označení značkou n	védjegy
nome de marca m	merknaam f	—	nazwa firmowa f	název značky m	márkanév
produto de marca m	merkartikel n	—	towar firmowy m	značkové zboží n	márkacikk
mercado m	markt f	marknad	rynek m	trh m	piac
comercializar	commercialiseren	marknadsföra	uplasować na rynku	uvést na trh	értékesít
comercializável	verhandelbaar	mogen för marknaden	pokupny na rynku	schopný uplatnění n	piacképes
dia de bolsa f	beursdag m	börsdag	dzień handlowy giełdy m	burzovní den m	tőzsdenap
economia de mercado f	markteconomie f	marknadsekonomi	gospodarka rynkowa f	tržní hospodářství n	piacgazdaság
lacuna do mercado f	gat in de markt n	marknadsnisch	luka rynkowa f	mezera na trhu f	piaci rés
marketing m	marketing f	marknadsföring	marketing m	marketing n	marketing
comercialização f	marketing f	marknadsföring	marketing	odbytové hospodářství n	értékesítés
marketing m	marketing f	marknadsföring	marketing m	marketing n	marketing
marketing m	marketing f	marknadsföring	marketing m	marketing n	marketing
marketing m	marketing f	marknadsföring	marketing m	marketing n	marketing
marketing m	marketing f	marknadsföring	marketing m	marketing n	marketing
—	marketing f	marknadsföring	marketing m	marketing n	marketing
comercialização f	—	marknadsföring	marketing	odbytové hospodářství n	értékesítés
marketing m	—	marknadsföring	marketing m	marketing n	marketing
comercialização f	marketing f	marknadsföring	—	odbytové hospodářství n	értékesítés
marketing m	marketing f	marknadsföring	—	marketing n	marketing
marketing m	marketing f	marknadsföring	marketing m	—	marketing
marketing m	marketing f	marknadsföring	marketing m	marketing n	—
consultor de marketing m	—	marknadskonsult	doradca marketingowy m	marketingový poradce m	marketing tanácsadó
consultor de marketing m	marketingadviseur	marknadskonsult	doradca marketingowy m	marketingový poradce m	marketing tanácsadó
consultor de marketing m	marketingadviseur	marknadskonsult	doradca marketingowy m	marketingový poradce m	marketing tanácsadó
marketing-mix m	marketingmix m	kombination av marknadsvariabler	mieszanka marketingowa f	kombinace marketingu f	marketing-mix
marketing-mix m	marketingmix m	kombination av marknadsvariabler	mieszanka marketingowa f	kombinace marketingu f	marketing-mix
—	marketingmix m	kombination av marknadsvariabler	mieszanka marketingowa f	kombinace marketingu f	marketing-mix
marketing-mix m	—	kombination av marknadsvariabler	mieszanka marketingowa f	kombinace marketingu f	marketing-mix
marketing-mix m	marketingmix m	kombination av marknadsvariabler	mieszanka marketingowa f	kombinace marketingu f	—
marketing-mix m	marketingmix m	kombination av marknadsvariabler	mieszanka marketingowa f	kombinace marketingu f	marketing-mix
consultor de marketing m	marketingadviseur	marknadskonsult	doradca marketingowy m	—	marketing tanácsadó
consultor de marketing m	marketingadviseur	marknadskonsult	doradca marketingowy m	marketingový poradce m	—
líder de mercado m	marktleider m	marknadsledare	przodownik na rynku m	vedoucí osoba na trhu m	piacvezető
posição no mercado f	marktpositie f	ställning på marknaden	pozycja rynkowa f	pozice na trhu f	piaci részesedés
instituto de estudos de mercado m	marktonderzoeksinstituut n	marknadsundersökningsinstitut	instytut badań rynkowych m	institut pro průzkum trhu m	piackutató intézet

market share

	D	E	F	I	ES
market share (E)	Marktanteil m	—	participation au marché f	quota di mercato f	participación en el mercado f
marknad (SV)	Markt m	market	marché m	mercato m	mercado m
marknadsandel (SV)	Marktanteil m	market share	participation au marché f	quota di mercato f	participación en el mercado f
marknadsbevakning (SV)	Marktbeobachtung f	observation of markets	étude de marché f	sondaggio di mercato m	observación del mercado f
marknadsekonomi (SV)	Marktwirtschaft f	market economy	économie de marché f	economia di mercato f	economía de mercado f
marknadsföra (SV)	vermarkten	market	commercialiser	lanciare sul mercato	comercializar
marknadsföring (SV)	Absatzwirtschaft f	marketing	commercialisation f	commercializzazione f	economía de distribución f
marknadsföring (SV)	Marketing n	marketing	marketing m	marketing m	marketing m
marknadskonsult (SV)	Marketingberater m	marketing consultant	conseiller de marketing m	consulente di marketing m	asesor de marketing m
marknadsledare (SV)	Marktführer m	market leader	leader sur le marché f	leader di mercato m	líder de mercado m
marknadsnisch (SV)	Marktlücke f	market gap	créneau du marché m	nicchia di mercato f	vacío del mercado m
marknadssituation (SV)	Marktlage f	state of the market	situation du marché f	andamento del mercato m	condiciones del mercado f/pl
marknadsundersökningsinstitut (SV)	Marktforschungsinstitut n	market research institute	institut d'études de marché f	istituto di ricerca di mercato m	instituto de investigación del mercado m
Markt (D)	—	market	marché m	mercato m	mercado m
markt (NL)	Markt m	market	marché m	mercato m	mercado m
marktaandeel (NL)	Marktanteil m	market share	participation au marché f	quota di mercato f	participación en el mercado f
Marktanteil (D)	—	market share	participation au marché f	quota di mercato f	participación en el mercado f
Marktbeobachtung (D)	—	observation of markets	étude de marché f	sondaggio di mercato m	observación del mercado f
markteconomie (NL)	Marktwirtschaft f	market economy	économie de marché f	economia di mercato f	economía de mercado f
marktfähig (D)	—	marketable	vendable	commerciabile	comerciable
Marktforschungsinstitut (D)	—	market research institute	institut d'études de marché m	istituto di ricerca di mercato m	instituto de investigación del mercado m
Marktführer (D)	—	market leader	leader sur le marché f	leader di mercato m	líder de mercado m
Marktlage (D)	—	state of the market	situation du marché f	andamento del mercato m	condiciones del mercado f/pl
marktleider (NL)	Marktführer m	market leader	leader sur le marché f	leader di mercato m	líder de mercado m
Marktlücke (D)	—	market gap	créneau du marché m	nicchia di mercato f	vacío del mercado m
marktobservatie (NL)	Marktbeobachtung f	observation of markets	étude de marché f	sondaggio di mercato m	observación del mercado f
marktonderzoeksinstituut (NL)	Marktforschungsinstitut n	market research institute	institut d'études de marché f	istituto di ricerca di mercato m	instituto de investigación del mercado m
marktpositie (NL)	Marktposition f	market position	position sur le marché f	posizione di mercato f	posición en el mercado f
Marktposition (D)	—	market position	position sur le marché f	posizione di mercato f	posición en el mercado f
marktsituatie (NL)	Marktlage f	state of the market	situation du marché f	andamento del mercato m	condiciones del mercado f/pl
Marktwirtschaft (D)	—	market economy	économie de marché f	economia di mercato f	economía de mercado f
marque (F)	Marke f	mark	—	marca f	característica f
marque de fabrique (F)	Warenzeichen n	trade mark	—	marchio m	marca f
martwy kapitał (PL)	totes Kapital n	dead capital	capital improductif m	capitale infruttifero m	capital improductivo m
marża (PL)	Marge f	margin	marge f	margine m	margen m
marża (PL)	Spanne f	margin	marge f	margine m	margen f

marża

P	NL	SV	PL	CZ	H
quota de mercado f	marktaandeel n	marknadsandel	udział firmy w rynku m	podíl na trhu m	piaci részesedés
mercado m	markt f	—	rynek m	trh m	piac
quota de mercado f	marktaandeel n	—	udział firmy w rynku m	podíl na trhu m	piaci részesedés
observação do mercado f	marktobservatie f	—	obserwacja rynku f	sledování trhu n	piacelemzés
economia de mercado f	markteconomie f	—	gospodarka rynkowa f	tržní hospodářství n	piacgazdaság
comercializar	commercialiseren	—	uplasować na rynku	uvést na trh	értékesít
comercialização f	marketing f	—	marketing	odbytové hospodářství n	értékesítés
marketing m	marketing f	—	marketing m	marketing n	marketing
consultor de marketing m	marketingadviseur	—	doradca marketingowy m	marketingový poradce m	marketing tanácsadó
líder de mercado m	marktleider m	—	przodownik na rynku m	vedoucí osoba na trhu m	piacvezető
lacuna do mercado f	gat in de markt n	—	luka rynkowa f	mezera na trhu f	piaci rés
situação do mercado f	marktsituatie f	—	sytuacja rynkowa f	situace na trhu f	piaci helyzet
instituto de estudos de mercado m	marktonderzoeksinstituut n	—	instytut badań rynkowych m	institut pro průzkum trhu m	piackutató intézet
mercado m	markt f	marknad	rynek m	trh m	piac
mercado m	—	marknad	rynek m	trh m	piac
quota de mercado f	—	marknadsandel	udział firmy w rynku m	podíl na trhu m	piaci részesedés
quota de mercado f	marktaandeel n	marknadsandel	udział firmy w rynku m	podíl na trhu m	piaci részesedés
observação do mercado f	marktobservatie f	marknadsbevakning	obserwacja rynku f	sledování trhu n	piacelemzés
economia de mercado f	—	marknadsekonomi	gospodarka rynkowa f	tržní hospodářství n	piacgazdaság
comercializável	verhandelbaar	mogen för marknaden	pokupny na rynku	schopný uplatnění n	piacképes
instituto de estudos de mercado m	marktonderzoeksinstituut n	marknadsundersökningsinstitut	instytut badań rynkowych m	institut pro průzkum trhu m	piackutató intézet
líder de mercado m	marktleider m	marknadsledare	przodownik na rynku m	vedoucí osoba na trhu m	piacvezető
situação do mercado f	marktsituatie f	marknadssituation	sytuacja rynkowa f	situace na trhu f	piaci helyzet
líder de mercado m	—	marknadsledare	przodownik na rynku m	vedoucí osoba na trhu m	piacvezető
lacuna do mercado f	gat in de markt n	marknadsnisch	luka rynkowa f	mezera na trhu f	piaci rés
observação do mercado f	—	marknadsbevakning	obserwacja rynku f	sledování trhu n	piacelemzés
instituto de estudos de mercado m	—	marknadsundersökningsinstitut	instytut badań rynkowych m	institut pro průzkum trhu m	piackutató intézet
posição no mercado f	—	ställning på marknaden	pozycja rynkowa f	pozice na trhu f	piaci részesedés
posição no mercado f	marktpositie f	ställning på marknaden	pozycja rynkowa f	pozice na trhu f	piaci részesedés
situação do mercado f	—	marknadssituation	sytuacja rynkowa f	situace na trhu f	piaci helyzet
economia de mercado f	markteconomie f	marknadsekonomi	gospodarka rynkowa f	tržní hospodářství n	piacgazdaság
marca f	merk n	märke	marka f	značka f	márka
marca f	handelsmerk n	varumärke	znak towarowy m	značka zboží f	védjegy
capital improdutivo m	dood kapitaal n	improduktivt kapital	—	neproduktivní kapitál m	holt tőke
margem f	marge f	marginal	—	marže f	különbözet
margem f	marge f	marginal	—	rozpětí n	árrés

marża detaliczna 614

	D	E	F	I	ES
marża detaliczna (PL)	Einzelhandelsspanne f	retail price margin	marge de détail f	margine del dettagliante m	margen del comercio al por menor m
marża handlowa (PL)	Handelsspanne f	trading margin	bénéfice brut m	margine commerciale m	margen comercial f
marża odsetkowa (PL)	Zinsmarge m	interest margin	marge entre les taux d'intérêt créditeur et débiteur f	margine d'interesse m	margen de interés m
marża zysku (PL)	Gewinnspanne f	margin of profit	marge de bénéfice f	margine di profitto m	margen de beneficios f
marže (CZ)	Marge f	margin	marge f	margine m	margen m
masa de la quiebra (ES)	Konkursmasse f	bankrupt's estate	masse de la faillite f	massa fallimentare f	—
masa pasiva (ES)	Schuldenmasse f	liabilities	passif m	massa passiva f	—
masa upadłościowa (PL)	Konkursmasse f	bankrupt's estate	masse de la faillite f	massa fallimentare f	masa de la quiebra f
másolat (H)	Abschrift f	copy	copie f	copia f	copia f
másolat (H)	Kopie f	copy	copie f	copia f	copia f
masowa ulotka wysyłana pocztą (PL)	Postwurfsendung f	unaddressed printed matter posted in bulk	publipostage m	spedizione postale cumulativa di stampati f	envío postal colectivo m
Maß (D)	—	measure	mesure f	misura f	medida f
mässa (SV)	Messe f	fair	foire f	fiera f	feria f
massa falida (P)	Konkursmasse f	bankrupt's estate	masse de la faillite f	massa fallimentare f	masa de la quiebra f
massa fallimentare (I)	Konkursmasse f	bankrupt's estate	masse de la faillite f	—	masa de la quiebra f
massa passiva (I)	Schuldenmasse f	liabilities	passif m	—	masa pasiva f
massa passiva (P)	Schuldenmasse f	liabilities	passif m	massa passiva f	masa pasiva f
massaproductie (NL)	Massenfertigung f	mass production	production en série f	fabbricazione in massa f	fabricación en masa f
masse active (F)	Aktiva pl	assets	—	attivo m	activo m
masse de la faillite (F)	Konkursmasse f	bankrupt's estate	—	massa fallimentare f	masa de la quiebra f
masse monétaire (F)	Geldvolumen n	volume of money	—	volume monetario m	volumen monetario m
Massenfertigung (D)	—	mass production	production en série f	fabbricazione in massa f	fabricación en masa f
Massengüter (D)	—	bulk goods	marchandises en vrac f/pl	beni di massa m/pl	productos a granel m/pl
maßgefertigt (D)	—	manufactured to measure	travaillé sur mesure	prodotto su misura	hecho a medida
massimizzazione degli utili (I)	Gewinnmaximierung f	maximisation of profits	maximalisation du gain f	—	maximación de los beneficios f
masskorsband (SV)	Postwurfsendung f	unaddressed printed matter posted in bulk	publipostage m	spedizione postale cumulativa di stampati f	envío postal colectivo m
mass production (E)	Massenfertigung f	—	production en série f	fabbricazione in massa f	fabricación en masa f
massproduktion (SV)	Massenfertigung f	mass production	production en série f	fabbricazione in massa f	fabricación en masa f
materiaalkosten (NL)	Materialkosten pl	material costs	frais afférents aux matières premières m/pl	costi del materiale m/pl	costes del material m/pl
materiaalverbruik (NL)	Materialaufwand m	expenditure for material	dépenses en matières premières f/pl	spese di materiale f/pl	coste de material m
materiał opakunkowy (PL)	Verpackungsmaterial n	packing material	matériel d'emballage m	materiale d'imballaggio m	material de embalaje m
material assets (E)	Sachvermögen n	—	biens corporels m/pl	capitale reale m	patrimonio real m
materialåtgång (SV)	Materialaufwand m	expenditure for material	dépenses en matières premières f/pl	spese di materiale f/pl	coste de material m
Materialaufwand (D)	—	expenditure for material	dépenses en matières premières f/pl	spese di materiale f/pl	coste de material m

Materialaufwand

P	NL	SV	PL	CZ	H
margem do comércio a retalho f	kleinhandelsmarge f	marginal	—	maloobchodní rozpětí n	kiskereskedelmi árrés
margem comercial m	handelsmarge f	marginal	—	obchodní rozpětí n	kereskedelmi árrés
margem de lucros f	rentemarge f	räntemarginal	—	úrokové rozpětí n	kamatrés
margem de lucro f	winstmarge f	vinstmarginal	—	rozpětí zisku n	haszonrés
margem f	marge f	marginal	marża f	—	különbözet
massa falida f	failliete boedel m	konkursmassa	masa upadłościowa f	konkursní podstata f	csődtömeg
massa passiva f	passiva n/pl	passiva pl	suma obciążen dłużnych f	úhrn dluhů m	csődtömeg
massa falida f	failliete boedel m	konkursmassa	—	konkursní podstata f	csődtömeg
cópia f	duplicaat n	kopia	odpis m	opis m	—
cópia f	kopie f	kopia	kopia f	kopie f	—
envio postal colectivo m	reclamedrukwerk door de post huis aan huis bezorgd n	masskorsband	—	poštovní doručení hromadné zásilky n	címzetlen reklámküldemény
medida f	maat f	mått	miara f	míra f	mérték
feira f	jaarbeurs f	—	targi m/pl	veletrh m	vásár
—	failliete boedel m	konkursmassa	masa upadłościowa f	konkursní podstata f	csődtömeg
massa falida f	failliete boedel m	konkursmassa	masa upadłościowa f	konkursní podstata f	csődtömeg
massa passiva f	passiva n/pl	passiva pl	suma obciążen dłużnych f	úhrn dluhů m	csődtömeg
—	passiva n/pl	passiva pl	suma obciążen dłużnych f	úhrn dluhů m	csődtömeg
produção em massa f	—	massproduktion	produkcja masowa f	hromadná výroba f	tömeggyártás
activo m	activa pl	aktiva pl	aktywa pl	aktiva n/pl	aktívák
massa falida f	failliete boedel m	konkursmassa	masa upadłościowa f	konkursní podstata f	csődtömeg
volume monetário m	geldvolume n	penningvolym	wolumen pieniężny m	množství peněz n	pénzmennyiség
produção em massa f	massaproductie f	massproduktion	produkcja masowa f	hromadná výroba f	tömeggyártás
mercadoria a granel f	stortgoederen n/pl	partigods	towary masowe m/pl	zboží hromadné spotřeby n	tömegáru
feito à medida	op maat gemaakt	specialtillverkat	na miarę	vyrobený na míru	mérték utáni
maximização dos lucros f	winstmaximalisering f	vinstmaximering	maksymalizacja zysku f	maximalizace zisku f	nyereség maximálása
envio postal colectivo m	reclamedrukwerk door de post huis aan huis bezorgd n	—	masowa ulotka wysyłana pocztą f	poštovní doručení hromadné zásilky n	címzetlen reklámküldemény
produção em massa f	massaproductie f	massproduktion	produkcja masowa f	hromadná výroba f	tömeggyártás
produção em massa f	massaproductie f	—	produkcja masowa f	hromadná výroba f	tömeggyártás
custos de material m/pl	—	materialkostnader pl	koszty materiałowe m/pl	náklady na materiál m/pl	anyagköltségek
despesas com material f/pl	—	materialåtgång	zużycie materiałów m	spotřeba materiálu f	anyagráfordítás
material de embalagem m	verpakkingsmateriaal n	packningsmaterial	—	obalový materiál m	csomagolóanyag
bens corpóreos m/pl	vaste activa pl	realkapital	majątek rzeczowy m	věcný majetek m	tárgyi eszközök
despesas com material f/pl	materiaalverbruik n	—	zużycie materiałów m	spotřeba materiálu f	anyagráfordítás
despesas com material f/pl	materiaalverbruik n	materialåtgång	zużycie materiałów m	spotřeba materiálu f	anyagráfordítás

material costs

	D	E	F	I	ES
material costs (E)	Materialkosten pl	—	frais afférents aux matières premières m/pl	costi del materiale m/pl	costes del material m/pl
material de embalagem (P)	Verpackungsmaterial n	packing material	matériel d'emballage m	materiale d'imballaggio m	material de embalaje m
material de embalaje (ES)	Verpackungsmaterial n	packing material	matériel d'emballage m	materiale d'imballaggio m	—
materiale d'imballaggio (I)	Verpackungsmaterial n	packing material	matériel d'emballage m	—	material de embalaje m
Materialkosten (D)	—	material costs	frais afférents aux matières premières m/pl	costi del materiale m/pl	costes del material m/pl
materialkostnader (SV)	Materialkosten pl	material costs	frais afférents aux matières premières m/pl	costi del materiale m/pl	costes del material m/pl
materia prima (I)	Rohstoff m	raw material	matières premières f/pl	—	materia prima f
materia prima (ES)	Rohstoff m	raw material	matières premières f/pl	materia prima f	—
matéria-prima (P)	Rohstoff m	raw material	matières premières f/pl	materia prima f	materia prima f
matériel d'emballage (F)	Verpackungsmaterial n	packing material	—	materiale d'imballaggio m	material de embalaje m
mateřská společnost (CZ)	Stammhaus n	parent company	maison mère f	casa madre f	casa matriz f
matières premières (F)	Rohstoff m	raw material	—	materia prima f	materia prima f
mått (SV)	Maß m	measure	mesure f	misura f	medida f
mauvaise qualité (F)	schlechte Qualität f	poor quality		qualità scadente f	mala calidad f
maximación de los beneficios (ES)	Gewinnmaximierung f	maximisation of profits	maximalisationdu gain f	massimizzazione degli utili f	—
maximalisationdu gain (F)	Gewinnmaximierung f	maximisation of profits	—	massimizzazione degli utili f	maximación de los beneficios f
maximális bér (H)	Spitzenlohn m	top wage	salaire maximum m	salario massimo m	salario máximo m
maximalizace zisku (CZ)	Gewinnmaximierung f	maximisation of profits	maximalisationdu gain f	massimizzazione degli utili f	maximación de los beneficios f
maximální cena (CZ)	Höchstpreis f	top price	prix plafond m	prezzo massimo m	precio máximo m
maximální kurs (CZ)	Höchstkurs f	highest rate	cours le plus haut m	corso massimo m	cotización máxima f
maximisation of profits (E)	Gewinnmaximierung f	—	maximalisationdu gain f	massimizzazione degli utili f	maximación de los beneficios f
maximização dos lucros (P)	Gewinnmaximierung f	maximisation of profits	maximalisationdu gain f	massimizzazione degli utili f	maximación de los beneficios f
maximumloon (NL)	Spitzenlohn m	top wage	salaire maximum m	salario massimo m	salario máximo m
mayoría de acciones (ES)	Aktienmehrheit f	majority of stock	majorité d'actions f	maggioranza azionaria f	—
mayoría de votos (ES)	Stimmenmehrheit f	majority of votes	majorité des voix f	maggioranza dei voti f	—
mayorista (ES)	Grossist m	wholesaler	grossiste m	grossista m	—
means (E)	Mittel n	—	moyen m	mezzo m	medio m
means of advertising (E)	Werbemittel f	—	moyen publicitaire m	mezzo pubblicitario m	medio publicitario m
means of transport (E)	Transportmittel n/pl	—	moyens de transport m	mezzo di trasporto m	medio de transporte m
measure (E)	Maß m	—	mesure f	misura f	medida f
medel (SV)	Mittel n	means	moyen m	mezzo m	medio m
medellång (SV)	mittelfristig	medium-term	à moyen terme	a medio termine	a medio plazo
med förlust (SV)	rote Zahlen f/pl	the red	chiffres déficitaires m/pl	conti in rosso m/pl	números rojos m/pl
media (I)	Durchschnitt m	average	moyenne f	—	promedio m
média (P)	Durchschnitt m	average	moyenne f	media f	promedio m
mediação (P)	Vermittlung f	mediation	médiation f	mediazione f	mediación f
mediação de créditos (P)	Kreditvermittlung f	arranging for a credit	médiation du crédit f	intermediazione di crediti f	mediación de créditos f
mediación (ES)	Vermittlung f	mediation	médiation f	mediazione f	—

mediación

P	NL	SV	PL	CZ	H
custos de material m/pl	materiaalkosten m/pl	materialkostnader pl	koszty materiałowe m/pl	náklady na materiál m/pl	anyagköltségek
–	verpakkingsmateriaal n	packningsmaterial	materiał opakunkowy m	obalový materiál m	csomagolóanyag
material de embalagem m	verpakkingsmateriaal n	packningsmaterial	materiał opakunkowy m	obalový materiál m	csomagolóanyag
material de embalagem m	verpakkingsmateriaal n	packningsmaterial	materiał opakunkowy m	obalový materiál m	csomagolóanyag
custos de material m/pl	materiaalkosten m/pl	materialkostnader pl	koszty materiałowe m/pl	náklady na materiál m/pl	anyagköltségek
custos de material m/pl	materiaalkosten m/pl	–	koszty materiałowe m/pl	náklady na materiál m/pl	anyagköltségek
matéria-prima f	grondstof f	råvara	surowiec m	surovina f	nyersanyag
matéria-prima f	grondstof f	råvara	surowiec m	surovina f	nyersanyag
–	grondstof f	råvara	surowiec m	surovina f	nyersanyag
material de embalagem m	verpakkingsmateriaal n	packningsmaterial	materiał opakunkowy m	obalový materiál m	csomagolóanyag
casa-mãe f	moedermaatschappij f	moderföretag	przedsiębiorstwo macierzyste n	–	anyavállalat
matéria-prima f	grondstof f	råvara	surowiec m	surovina f	nyersanyag
medida f	maat f	–	miara f	míra f	mérték
baixa qualidade f	slechte kwaliteit f	dålig kvalitet	zła jakość f	nízká jakost f	rossz minőség
maximização dos lucros f	winstmaximalisering f	vinstmaximering	maksymalizacja zysku f	maximalizace zisku f	nyereség maximálása
maximização dos lucros f	winstmaximalisering f	vinstmaximering	maksymalizacja zysku f	maximalizace zisku f	nyereség maximálása
salário máximo m	maximumloon n	topplön	płaca najwyższa f	špičková mzda f	–
maximização dos lucros f	winstmaximalisering f	vinstmaximering	maksymalizacja zysku f	–	nyereség maximálása
preço máximo m	plafondprijs m	högsta pris	najwyższa cena f	–	rekordár
cotação máxima f	hoogste koers m	högsta kurs	najwyższy kurs m	–	csúcsárfolyam
maximização dos lucros f	winstmaximalisering f	vinstmaximering	maksymalizacja zysku f	maximalizace zisku f	nyereség maximálása
–	winstmaximalisering f	vinstmaximering	maksymalizacja zysku f	maximalizace zisku f	nyereség maximálása
salário máximo m	–	topplön	płaca najwyższa f	špičková mzda f	maximális bér
maioria das acções f	meerderheid van aandelen f	aktiemajoritet	większość akcji f	většina akcií f	részvénytöbbség
maioria de votos f	meerderheid van stemmen f	röstmajoritet	większość głosów f	hlasovací většina f	szavazattöbbség
grossista m	groothandelaar m	grossist	hurtownik m	velkoobchodník m	nagykereskedő
meios m/pl	middel n	medel	środek m	prostředek m	eszköz
meio publicitário m	reclamemedium n	reklammedel	środek reklamy m	propagační prostředky m/pl	reklámeszköz
meios de transporte m/pl	transportmiddelen n/pl	transportmedel	środki transportu m/pl	dopravní prostředky m/pl	szállítóeszközök
medida f	maat f	mått	miara f	míra f	mérték
meios m/pl	middel n	–	środek m	prostředek m	eszköz
a médio prazo	op middellange termijn	–	średnioterminowy	střednědobý	középlejáratú
valores a vermelho m/pl	rode cijfers n/pl	–	straty f/pl	červená čísla n/pl	veszteség
média f	gemiddelde n	genomsnitt	przeciętna f	průměr m	átlag
–	gemiddelde n	genomsnitt	przeciętna f	průměr m	átlag
–	bemiddeling f	förmedling	pośrednictwo n	zprostředkování n	közvetítés
–	kredietbemiddeling f	kreditförmedling	pośrednictwo kredytowe n	zprostředkování úvěru n	hitelközvetítés
mediação f	bemiddeling f	förmedling	pośrednictwo n	zprostředkování n	közvetítés

mediación de créditos

	D	E	F	I	ES
mediación de créditos (ES)	Kreditvermittlung f	arranging for a credit	médiation du crédit f	intermediazione di crediti f	—
mediation (E)	Vermittlung f	—	médiation f	mediazione f	mediación f
médiation (F)	Vermittlung f	mediation	—	mediazione f	mediación f
médiation du crédit (F)	Kreditvermittlung f	arranging for a credit	—	intermediazione di crediti f	mediación de créditos f
mediatore (I)	Makler m	broker	courtier m	—	corredor m
mediazione (I)	Vermittlung f	mediation	médiation f	—	mediación f
medida (ES)	Maß m	measure	mesure f	misura f	—
medida (P)	Maß m	measure	mesure f	misura f	medida f
medio (ES)	Mittel n	means	moyen m	mezzo m	—
medio de transporte (ES)	Transportmittel n/pl	means of transport	moyens de transport m	mezzo di trasporto m	—
medio de venta (ES)	Absatzweg m	channel of distribution	canal de distribution m	sbocco m	—
medio legal de pago (ES)	gesetzliches Zahlungsmittel n	legal tender	monnaie légale f	mezzo di pagamento legale m	—
medio publicitario (ES)	Werbemittel f	means of advertising	moyen publicitaire m	mezzo pubblicitario m	—
medium-term (E)	mittelfristig	—	à moyen terme	a medio termine	a medio plazo
med lastbil (SV)	per Lastkraftwagen	by lorry	par camion	per autocarro	por camión
med reservation för eventuella misstag (SV)	Irrtum vorbehalten	errors excepted	sauf erreur	salvo errore	salvo error
med vändande post (SV)	postwendend	by return of post	par retour du courrier	a giro di posta	a vuelta de correo
med vinst (SV)	schwarze Zahlen f/pl	the black	excédent m	conti in nero m/pl	superávit m
meerderheid van aandelen (NL)	Aktienmehrheit f	majority of stock	majorité d'actions f	maggioranza azionaria f	mayoría de acciones f
meerderheid van stemmen (NL)	Stimmenmehrheit f	majority of votes	majorité des voix f	maggioranza dei voti f	mayoría de votos f
meerwaarde (NL)	Mehrwert m	value added	valeur ajoutée f	valore agglunto m	plusvalía f
meeting (E)	Tagung	—	congrès m	congresso m	reunión f
meeting of shareholders (E)	Gesellschafterversammlung f	—	assemblée des associés f	assemblea dei soci f	junta social f
megállapodás (H)	Abkommen n	agreement	accord m	accordo m	acuerdo m
megállapodás (H)	Vereinbarung f	agreement	accord m	accordo m	acuerdo m
megállapodás szerint (H)	vereinbarungsgemäß	as agreed	comme convenu	come convenuto	según lo acordado
megállapodik (H)	vereinbaren	agree	convenir de	pattuire	convenir
megbeszélés (H)	Besprechung f	discussion	conférence f	colloquio m	reunión f
megbeszélés időpontja (H)	Besprechungstermin m	conference date	date de la conférence f	termine del colloquio m	fecha de reunión f
megbízásából (H)	im Auftrag	by order	par ordre	per ordine	por poder
megbízási szerződés (H)	Werkvertrag m	contract for work and services	contrat de louage d'ouvrage et d'industrie m	contratto d'appalto m	contrato de obra m
megbízás lebonyolítása (H)	Auftragsabwicklung f	processing of an order	exécution d'une commande f	esecuzione di un ordine f	ejecución de pedidos f
megbízható (H)	zuverlässig	reliable	fiable	affidabile	de confianza
megbízó (H)	Auftraggeber m	customer	donneur d'ordre m	committente m	mandante m
megegyezik az üzlet feltételeiben (H)	handelseinig sein	reach an agreement	unanimité commerciale f	essere d'accordo sul prezzo	estar de acuerdo
megélénkülés (H)	Konjunkturbelebung f	economic upturn	relance économique f	ripresa congiunturale f	recuperación coyuntural f
meghatalmazás (H)	Bevollmächtigung f	authorisation	procuration f	delega f	apoderamiento m
meghatalmazás alapján (H)	per procura	by procuration	par procuration	per procura	por poder
meghatalmazott aláíró (H)	Prokurist m	authorised representative	fondé de pouvoir m	procuratore m	apoderado m
meghitelez (H)	akkreditieren	accredit	accréditer	accreditare	acreditar

meghitelez

P	NL	SV	PL	CZ	H
mediação de créditos f	kredietbemiddeling f	kreditförmedling	pośrednictwo kredytowe n	zprostředkování úvěru n	hitelközvetítés
mediação f	bemiddeling f	förmedling	pośrednictwo n	zprostředkování n	közvetítés
mediação f	bemiddeling f	förmedling	pośrednictwo n	zprostředkování n	közvetítés
mediação de créditos f	kredietbemiddeling f	kreditförmedling	pośrednictwo kredytowe n	zprostředkování úvěru n	hitelközvetítés
corretor m	makelaar m	mäklare	makler m	makléř m	bróker
mediação f	bemiddeling f	förmedling	pośrednictwo n	zprostředkování n	közvetítés
medida f	maat f	mått	miara f	míra f	mérték
—	maat f	mått	miara f	míra f	mérték
meios m/pl	middel n	medel	środek m	prostředek m	eszköz
meios de transporte m/pl	transportmiddelen n/pl	transportmedel	środki transportu m/pl	dopravní prostředky m/pl	szállítóeszközök
canal de distribuição m	distributiekanaal n	distributionskanal	droga zbytu f	odbytová cesta f	értékesítési csatorna
meio legal de pagamento m	wettig betaalmiddel n	giltigt betalningsmedel	ustawowy środek płatniczy m	zákonný platební prostředek m	törvényes fizetőeszköz
meio publicitário m	reclamemedium n	reklammedel	środek reklamy m	propagační prostředky m/pl	reklámeszköz
a médio prazo	op middellange termijn	medellång	średnioterminowy	střednědobý	középlejáratú
por camião	per vrachtwagen	—	samochodem ciężarowym	nákladním autem n	tehergépkocsival
salvo erro	onder voorbehoud van vergissingen	—	z zastrzeżeniem błędów	omyl vyhrazen m	tévedések fenntartásával
na volta do correio	per omgaande	—	odwrotną pocztą	obratem	postafordultával
excedente m	zwarte cijfers n/pl	—	strefa zysków f	černé platby f/pl	nyereség
maioria das acções f	—	aktiemajoritet	większość akcji f	většina akcií f	részvénytöbbség
maioria de votos f	—	röstmajoritet	większość głosów f	hlasovací většina f	szavazattöbbség
mais-valia f	—	mervärde	wartość dodana f	nadhodnota f	értéktöbblet
reunião f	zitting f	möte	konferencja f	zasedání n	ülés
assembleia geral dos accionistas f	aandeelhoudersvergadering f	bolagsstämma	zgromadzenie wspólników n	valná hromada společníků f	taggyűlés
acordo m	overeenkomst f	avtal	umowa f	smlouva f	—
acordo m	regeling f	överenskommelse	porozumienie n	dohoda f	—
como acordado	zoals overeengekomen	enligt överenskommelse	jak uzgodniono	podle ujednání	—
acordar	overeenkomen	enas om	uzgadniać <uzgodnić>	dohodnout	—
conferência f	bespreking f	möte	konferencja f	porada f	—
data da conferência f	vergaderdatum m	mötesdatum	termin konferencji m	termín porady m	—
por ordem	in opdracht	enligt order	z polecenia	z pověření n	—
contrato de trabalho m	contract over aanneming van werk n	arbetstagares avtal med uppdragsgivare	umowa o dzieło f	smlouva o dílo f	—
execução de uma encomenda f	afwikkeling van de bestelling f	orderhantering	realizacja zlecenia f	vyřízení zakázky n	—
de confiança	betrouwbaar	tillförlitlig	niezawodny	spolehlivý	—
cliente m	opdrachtgever m	uppdragsgivare	zleceniodawca m	objednávatel m	—
em unanimidade comercial	het over een koop eens zijn	vara överens	dobijać <dobić> interesu	být jednotný v obchodě	—
conjuntura incentivada f	opleving van de conjunctuur f	konjunkturuppsving	ożywienie koniunktury n	oživení konjunktury n	—
autorização f	machtiging f	bemyndigande	upoważnienie n	plná moc f	—
por procuração	per volmacht	per prokura	na mocy prokury	per procura	—
procurador m	gevolmachtigde m	prokurist	prokurent m	prokurista m	—
acreditar	accrediteren	ackreditera	akredytować <zaakredytować>	akreditovat	—

meghosszabbítás 620

	D	E	F	I	ES
meghosszabbítás (H)	Prolongation f	extension	prolongation f	proroga f	prórroga f
meghosszabbítás (H)	Verlängerung f	extension	prolongation f	prolungamento m	prórroga f
megjegyzés (H)	Vermerk m	note	remarque f	nota f	nota f
megőrzés (H)	Verwahrung f	custody	dépôt m	custodia f	custodia f
megőrzési kötelezettség (H)	Aufbewahrungspflicht f	obligation to preserve records	obligation de conservation f	obbligo di conservazione m	deber de conservación m
megőrzésre átadott (H)	zu treuen Händen	for safekeeping	remettre à qui de droit	alla particolare attenzione	a la atención
megrendelés (H)	Auftrag m	order	commande f	ordine m	pedido m
megrendelés (H)	Bestellung f	order	commande f	ordine m	pedido m
megrendelés (H)	Order f	order	ordre m	ordine m	pedido m
megrendelés adása (H)	Auftragserteilung f	placing of an order	passation d'une commande f	ordinazione f	otorgamiento de un pedido m
megrendelés adatai (H)	Bestelldaten f	details of order	références de commande f/pl	dati dell'ordine m/pl	datos de pedido m/pl
megrendelések ütemezése (H)	Auftragsplanung f	order scheduling	planification de commandes f	programma ordini m	planificación de la ejecución de pedidos f
megrendelés feldolgozása (H)	Auftragsbearbeitung f	order processing	exécution d'une commande f	realizzazione di un ordine f	tramitación de pedidos f
megrendelési mennyiség (H)	Bestellmenge f	ordered quantity	quantité commandée f	quantità d'ordinazione f	cantidad pedida f
megrendelés száma (H)	Auftragsnummer f	order number	numéro de commande m	numero d'ordine m	número de pedido m
megrendelés visszaigazolása (H)	Auftragsbestätigung f	confirmation of order	confirmation de commandes f	conferma d'ordine f	confirmación de pedido f
megrendelő (H)	Besteller m	customer	acheteur m	committente m	demandante m
megrendelőlap (H)	Bestellformular n	order form	bon de commande m	modulo per ordinazioni m	formulario de pedido m
megrendelőlap (H)	Bestellschein m	order form	bulletin de commande m	bolletta di commissione f	hoja de pedido f
megszólítás (H)	Anrede f	form of address	formule de politesse m	titolo m	tratamiento m
megtakarítás (H)	Ersparnis f	savings	épargne f	risparmio m	ahorro m
megtakarítás (H)	Sparen n	saving	épargne f	risparmio m	ahorro m
megtekintésre (H)	zur Ansicht	on approval	à vue	in visione	para examen
megterhel (H)	belasten	charge	débiter	addebitare	adeudar
megterhel (H)	abbuchen	deduct	débiter	addebitare	cargar en cuenta
megterhelés (H)	Belastung f	charge	charge f	addebito m	gravamen m
megvesztegetés (H)	Bestechung f	bribe	corruption f	corruzione f	soborno f
Mehrwert (D)	—	value added	valeur ajoutée f	valore aggiunto m	plusvalía f
Mehrwertsteuer (D)	—	value-added tax	taxe à la valeur ajoutée f	imposta sul valore aggiunto f	impuesto sobre el valor añadido (IVA) m
meio legal de pagamento (P)	gesetzliches Zahlungsmittel n	legal tender	monnaie légale f	mezzo di pagamento legale m	medio legal de pago m
meio publicitário (P)	Werbemittel f	means of advertising	moyen publicitaire m	mezzo pubblicitario m	medio publicitario m
meios (P)	Mittel n	means	moyen m	mezzo m	medio m
meios de transporte (P)	Transportmittel n/pl	means of transport	moyens de transport m	mezzo di trasporto m	medio de transporte m
měkká měna (CZ)	weiche Währung f	soft currency	monnaie faible f	moneta debole f	moneda blanda f
mellanhand (SV)	Zwischenhändler m	middleman	intermédiaire m	intermediario m	intermediario m
mellékel (H)	beilegen	enclose	mettre en annexe	allegare	adjuntar
mellékköltségek (H)	Nebenkosten pl	additional expenses	coûts accessoires m/pl	costi accessori m/pl	gastos adicionales m/pl
melléklet (H)	Beilage f	supplement	supplément m	inserto m	suplemento m
melléktermék (H)	Nebenprodukt n	by-product	produit dérivé m	sottoprodotto m	producto accesorio m
member of the board (E)	Vorstandsmitglied n	—	membre du directoire m	membro del consiglio di amministrazione m	consejero directivo m

member of the board

P	NL	SV	PL	CZ	H
prolongamento m	prolongatie f	förlängning	prolongata f	prolongace f	—
prolongamento m	verlenging f	förlängning	prolongata f	prodloužení n	—
nota f	aantekening f	anmärkning	adnotacja f	poznámka f	—
custódia f	bewaring f	förvaring	przechowanie n	úschova f	—
dever de conservação m	bewaringsplicht f/m	arkiveringsplikt	obowiązek przechowywania m	povinnost uschovávat f	—
à atenção	in bewaring	tillhanda	do rąk własnych	odevzdat do spolehlivých rukou f/pl	—
ordem f	opdracht f	order	zlecenie n	zakázka f	—
encomenda f	bestelling f	order	zamówienie n	objednávka f	—
ordem f	bestelling f	order	zlecenie n	nařízení n	—
colocação de uma encomenda f	geven van bestellingen n	orderplacering	udzielenie zlecenia n	udělení zakázky n	—
detalhes de encomenda m/pl	bestelgegevens n/pl	orderdata	data zamówienia f	objednací údaje m/pl	—
planificação da execução de encomendas f	planning van de bestellingen f	orderplanering	planowanie zleceń n	plánování zakázek n	—
realização de uma encomenda f	behandeling van de bestelling f	orderhantering	realizacja zlecenia f	dílčí zpracování zakázky n	—
quantidade encomendada f	bestelhoeveelheid f	ordermängd	ilość zamówiona f	objednané množství n	—
número de encomenda m	bestelnummer n	ordernummer	numer zamówienia m	číslo zakázky n	—
confirmação da encomenda f	orderbevestiging f	orderbekräftelse	potwierdzenie zamówienia n	potvrzení zakázky n	—
comprador m	besteller m	kund	zamawiający m	objednavatel m	—
nota de encomenda f	bestelformulier n	orderformulär	formularz zamówienia m	objednací formulář m	—
impresso de encomenda m	bestelbon m	orderformulär	zamówienie pisemne n	stvrzenka objednávky f	—
forma de tratamento f	aanhef m	tilltalsform	tytułowanie n	oslovení n	—
poupança f	besparingen f/pl	besparing	oszczędność f	úspora f	—
poupança f	sparen n	sparande	oszczędzać n	spoření n	—
para aprovação	op zicht	till påseende	do wglądu	k nahlédnutí n	—
debitar	belasten	debitera	obciążać <obciążyć>	zatěžovat <zatížit>	—
debitar	afschrijven	debitera	odpisywać <odpisać> z konta	přeúčtovat	—
carga f	belasting f	debitering	obciążenie n	zatížení n	—
suborno m	omkoperij f	mutning	przekupstwo n	podplácení n	—
mais-valia f	meerwaarde f	mervärde	wartość dodana f	nadhodnota f	értéktöbblet
imposto sobre o valor acrescentado (IVA) m	belasting op de toegevoegde waarde f	mervärdesskatt	podatek od wartości dodatkowej (VAT) m	daň z přidané hodnoty f	hozzáadottérték-adó
—	wettig betaalmiddel n	giltigt betalningsmedel	ustawowy środek płatniczy m	zákonný platební prostředek m	törvényes fizetőeszköz
—	reclamemedium n	reklammedel	środek reklamy m	propagační prostředky m/pl	reklámeszköz
—	middel n	medel	środek m	prostředek m	eszköz
—	transportmiddelen n/pl	transportmedel	środki transportu m/pl	dopravní prostředky m/pl	szállítóeszközök
moeda fraca f	zwakke valuta f	mjukvaluta	waluta słaba f	—	puha valuta
intermediário m	tussenpersoon m	—	pośrednik m	překupník m	közvetítő kereskedő
anexar	bijvoegen	bifoga	załączać <załączyć>	přikládat <přiložit>	—
custos adicionais m/pl	bijkomende kosten m/pl	sekundärkostnader pl	koszty uboczne m/pl	vedlejší náklady m/pl	—
suplemento m	bijlage f	bilaga	załącznik m	příloha f	—
subproduto m	bijproduct n	biprodukt	produkt uboczny m	vedlejší produkt m	—
membro da direcção m	lid van het directiecomité n	styrelseledamot	członek zarządu m	člen představenstva m	igazgatósági tag

membre du directoire

	D	E	F	I	ES
membre du directoire (F)	Vorstandsmitglied *n*	member of the board	—	membro del consiglio di amministrazione *m*	consejero directivo *m*
membro da direcção (P)	Vorstandsmitglied *n*	member of the board	membre du directoire *m*	membro del consiglio di amministrazione *m*	consejero directivo *m*
membro del consiglio di amministrazione (I)	Vorstandsmitglied *n*	member of the board	membre du directoire *m*	—	consejero directivo *m*
memo (PL)	Aktennotiz *f*	memorandum	note *f*	nota *f*	nota *f*
memorando (P)	Aktennotiz *f*	memorandum	note *f*	nota *f*	nota *f*
memorandum (E)	Aktennotiz *f*	—	note *f*	nota *f*	nota *f*
měna (CZ)	Währung *f*	currency	monnaie *f*	moneta *f*	moneda *f*
ménage privé (F)	privater Haushalt *m*	private household	—	economia domestica *f*	economía doméstica *f*
menedzser (H)	Manager *m*	manager	manager *m*	manager *m*	alto directivo *m*
Menge (D)	—	quantity	quantité *f*	quantità *f*	cantidad *f*
Mengenangabe (D)	—	statement of quantity	indication de la quantité *f*	indicazione della quantità *f*	indicación de cantidades *f*
Mengenrabatt (D)	—	quantity discount	remise de quantité *f*	sconto sulla quantità *m*	rebaja por cantidad *f*
mennyiség (H)	Menge *f*	quantity	quantité *f*	quantità *f*	cantidad *f*
mennyiség feltüntetése (H)	Mengenangabe *f*	statement of quantity	indication de la quantité *f*	indicazione della quantità *f*	indicación de cantidades *f*
mennyiségi (H)	quantitativ	quantitative	quantitatif	quantitativo	cuantitativo
mennyiségi árengedmény (H)	Mengenrabatt *m*	quantity discount	remise de quantité *f*	sconto sulla quantità *m*	rebaja por cantidad *f*
měnová dohoda (CZ)	Währungsabkommen *n*	monetary agreement	accord monétaire *m*	accordo monetario *m*	acuerdo monetario *m*
měnová doložka (CZ)	Währungsklausel *f*	currency clause	clause monétaire *f*	clausola monetaria *f*	cláusula monetaria *f*
měnová fronta (CZ)	Währungsschlange *f*	currency snake	serpent monétaire *m*	serpente monetario *m*	serpiente monetaria *f*
měnová politika (CZ)	Währungspolitik *f*	monotary policy	politique monétaire *f*	politica monetaria *f*	política monetaria *f*
měnová unie (CZ)	Währungsunion *f*	monetary union	union monétaire *f*	unione monetaria *f*	unión monetaria *f*
měnová zóna (CZ)	Währungszone *f*	currency zone	zone monétaire *f*	zona monetaria *f*	zona monetaria *f*
mensageiro expresso (P)	Eilbote *m*	express messenger	facteur spécial *m*	corriere *m*	expreso *m*
mensal (P)	monatlich	monthly	par mois	mensile	mensual
mensile (I)	monatlich	monthly	par mois	—	mensual
mensual (ES)	monatlich	monthly	par mois	mensile	—
mentesítő záradék (H)	Rücktrittsklausel *f*	escape clause	clause de dénonciation du contrat *f*	clausola di recesso *f*	cláusula de renuncia *f*
mercado (ES)	Markt *m*	market	marché *m*	mercato *m*	—
mercado (P)	Markt *m*	market	marché *m*	mercato *m*	mercado *m*
mercado agrícola (ES)	Agrarmarkt *m*	agricultural market	marché agricole *m*	mercato agrario *m*	—
mercado agrícola (P)	Agrarmarkt *m*	agricultural market	marché agricole *m*	mercato agrario *m*	mercado agrícola *m*
mercado a termo (P)	Terminbörse *f*	futures market	bourse à terme *f*	mercato a termine *m*	bolsa a plazo *f*
mercado central (P)	Großmarkt *m*	wholesale market	marché de gros *m*	mercato all'ingrosso *m*	hipermercado *m*
mercado comum (P)	gemeinsamer Markt *m*	common market	marché commun *m*	mercato comune *m*	mercado común *m*
mercado común (ES)	gemeinsamer Markt *m*	common market	marché commun *m*	mercato comune *m*	—
mercado de capitais (P)	Kapitalmarkt *m*	capital market	marché des capitaux *m*	mercato finanziario *m*	mercado financiero *m*
mercado de divisas (ES)	Devisenmarkt *m*	foreign exchange market	marché des changes *m*	mercato valutario *m*	—
mercado de divisas (P)	Devisenmarkt *m*	foreign exchange market	marché des changes *m*	mercato valutario *m*	mercado de divisas *m*
mercado de divisas a plazo (ES)	Devisentermingeschäft *n*	forward exchange dealings	opérations à terme sur titres *f/pl*	operazione di cambio a termine *f*	—
mercado del oro (ES)	Goldmarkt *m*	gold market	marché de l'or *m*	mercato dell'oro *m*	—

mercado del oro

P	NL	SV	PL	CZ	H
membro da direcção m	lid van het directiecomité n	styrelseledamot	członek zarządu m	člen představenstva m	igazgatósági tag
—	lid van het directiecomité n	styrelseledamot	członek zarządu m	člen představenstva m	igazgatósági tag
membro da direcção m	lid van het directiecomité n	styrelseledamot	członek zarządu m	člen představenstva m	igazgatósági tag
memorando m	aantekening f	notis	—	poznámka ve spisu f	feljegyzés
—	aantekening f	notis	memo n	poznámka ve spisu f	feljegyzés
memorando m	aantekening f	notis	memo n	poznámka ve spisu f	feljegyzés
moeda f	munteenheid f	valuta	waluta f	—	valuta
economia doméstica f	privéhuishouden n	hushåll	prywatne gospodarstwo domowe n	soukromý rozpočet m	magánháztartás
director m	manager m	direktör	manager m	manažer m	—
quantidade f	hoeveelheid f	kvantitet	ilość f	množství n	mennyiség
indicação de quantidade f	hoeveelheidsaanduiding f	kvantitetsuppgift	dane ilościowe f/pl	udání množství n	mennyiség feltüntetése
desconto de quantidade m	quantumkorting f	mängdrabatt	rabat ilościowy	rabat z množství m	mennyiségi árengedmény
quantidade f	hoeveelheid f	kvantitet	ilość f	množství n	—
indicação de quantidade f	hoeveelheidsaanduiding f	kvantitetsuppgift	dane ilościowe f/pl	udání množství n	—
quantitativo m	kwantitatief	kvantitativ	ilościowy	kvantitativní	—
desconto de quantidade m	quantumkorting f	mängdrabatt	rabat ilościowy	rabat z množství m	—
acordo monetário m	muntovereenkomst f	valutaavtal	porozumienie walutowe n	—	valutaegyezmény
cláusula monetária f	muntclausule f	valutaklausul	klauzula walutowa f	—	valutazáradék
serpente monetária f	muntslang f	valutaorm	łańcuch walutowy m	—	valutakígyó
política monetária f	monetaire politiek f	valutapolitik	polityka walutowa f	—	monetáris politika
união monetária f	muntunie f	valutaunion	unia walutowa f	—	valutaunió
zona monetária f	monetaire zone f	valutaområde	strefa walutowa f	—	valutaövezet
—	koerier m	kurir	goniec pospieszny m	kurýr m	gyorsfutár
—	maandelijks	månatligt	miesięcznie	měsíčně	havi
mensal	maandelijks	månatligt	miesięcznie	měsíčně	havi
mensal	maandelijks	månatligt	miesięcznie	měsíčně	havi
cláusula de rescisão f	annuleringsclausule f	uppsägningsklausul	klauzula odstąpienia od umowy f	doložka o odstoupení f	—
mercado m	markt f	marknad	rynek m	trh m	piac
—	markt f	marknad	rynek m	trh m	piac
mercado agrícola m	landbouwmarkt f	jordbruksmarknad	rynek rolny m	zemědělský trh m	agrárpiac
—	landbouwmarkt f	jordbruksmarknad	rynek rolny m	zemědělský trh m	agrárpiac
—	termijnbeurs f	terminmarknaden	giełda terminowa f	termínová burza f	határidős tőzsde
—	groothandel m	stormarknad	targowisko hurtowe n	velkoobchodní trh m	nagybani piac
—	gemeenschappelijke markt f	gemensam marknad	wspólny rynek m	společný trh m	közös piac
mercado comum m	gemeenschappelijke markt f	gemensam marknad	wspólny rynek m	společný trh m	közös piac
—	kapitaalmarkt f	kapitalmarknad	rynek kapitałowy m	kapitálový trh m	tőkepiac
mercado de divisas m	wisselmarkt f	valutamarknad	rynek dewizowy m	devizový trh m	devizapiac
—	wisselmarkt f	valutamarknad	rynek dewizowy m	devizový trh m	devizapiac
operações a prazo sobre divisas m	termijnzaken in deviezen f	terminsaffär i valuta	dewizowa transakcja terminowa f	devizový termínový obchod m	határidős devizaügylet
mercado do ouro m	goudmarkt f	guldmarknad	rynek złota m	trh zlata m	aranypiac

mercado de títulos de renta fija

	D	E	F	I	ES
mercado de títulos de renta fija (ES)	Rentenmarkt m	bond market	marché des effets publics m	mercato dei titoli a reddito fisso m	—
mercado de trabalho (P)	Arbeitsmarkt m	labour market	marché du travail m	mercato del lavoro m	mercado laboral m
mercado de vendedores (P)	Verkäufermarkt m	seller's market	marché de vendeurs m	mercato favorevole ai venditori m	mercado favorable al vendedor m
mercado do ouro (P)	Goldmarkt m	gold market	marché de l'or m	mercato dell'oro m	mercado del oro m
mercado dos títulos de renda fixa (P)	Rentenmarkt m	bond market	marché des effets publics m	mercato dei titoli a reddito fisso m	mercado de títulos de renta fija m
mercado favorable al comprador (ES)	Käufermarkt m	buyer's market	marché d'acheteurs m	mercato degli acquirenti m	—
mercado favorable al vendedor (ES)	Verkäufermarkt m	seller's market	marché de vendeurs m	mercato favorevole ai venditori m	—
mercado favorável ao comprador (P)	Käufermarkt m	buyer's market	marché d'acheteurs m	mercato degli acquirenti m	mercado favorable al comprador m
mercado financiero (ES)	Kapitalmarkt m	capital market	marché des capitaux m	mercato finanziario m	—
mercado interior (ES)	Binnenmarkt m	domestic market	marché intérieur m	mercato nazionale m	—
mercado interno (P)	Binnenmarkt m	domestic market	marché intérieur m	mercato nazionale m	mercado interior m
Mercado Interno da Comunidade Europeia (P)	Europäischer Binnenmarkt m	Internal Market of the European Community	Marché Unique m	mercato unico m	Mercado Unico m
mercado laboral (ES)	Arbeitsmarkt m	labour market	marché du travail m	mercato del lavoro m	—
mercado monetario (ES)	Geldmarkt m	money market	marché monétaire m	mercato monetario m	—
mercado monetário (P)	Geldmarkt m	money market	marché monétaire m	mercato monetario m	mercado monetario m
mercado negro (ES)	Schwarzmarkt m	black market	marché au noir m	mercato nero m	—
mercado negro (P)	Schwarzmarkt m	black market	marché au noir m	mercato nero m	mercado negro m
mercadoria (P)	Ware f	goods	marchandise f	merce f	mercancía f
mercadoria a granel (P)	Massengüter f	bulk goods	marchandises en vrac f/pl	beni di massa m/pl	productos a granel m/pl
mercadoria armazenada (P)	Stapelware f	staple goods	produit de stockage m	merce immagazzinata f	mercancía almacenada f
mercadoria a transportar (P)	Frachtgut n	freight goods	marchandise à transporter f	carico m	mercancías en pequeña velocidad f/pl
mercadoria expedida (P)	Speditionsgut n	forwarding goods	bien transporté m	merce spedita f	mercancía transportada f
mercadoria pesada (P)	Schwergut n	heavy freight	produit pondéreux m	carico pesante m	mercancía pesada f
mercadorias enviadas por expresso (P)	Expressgut n	express goods	colis express m	collo celere f	carga por expreso f
Mercado Unico (ES)	Europäischer Binnenmarkt m	Internal Market of the European Community	Marché Unique m	mercato unico m	—
mercancía (ES)	Ware f	goods	marchandise f	merce f	—
mercancía almacenada (ES)	Stapelware f	staple goods	produit de stockage m	merce immagazzinata f	—
mercancía en fardos (ES)	Stückgut n	mixed cargo	colis de détail m	collettame f	—
mercancía pesada (ES)	Schwergut n	heavy freight	produit pondéreux m	carico pesante m	—
mercancías en pequeña velocidad (ES)	Frachtgut n	freight goods	marchandise à transporter f	carico m	—
mercancía transportada (ES)	Speditionsgut n	forwarding goods	bien transporté m	merce spedita f	—
mercato (I)	Markt m	market	marché m	—	mercado m
mercato agrario (I)	Agrarmarkt m	agricultural market	marché agricole m	—	mercado agrícola m
mercato all'ingrosso (I)	Großmarkt m	wholesale market	marché de gros m	—	hipermercado m
mercato a termine (I)	Terminbörse f	futures market	bourse à terme f	—	bolsa a plazo f

mercato a termine

P	NL	SV	PL	CZ	H
mercado dos títulos de renda fixa *m*	obligatiemarkt *f*	obligationsmarknad	rynek papierów wartościowych o stałym zysku *m*	trh s výnosovými listy *m*	kötvénypiac
—	arbeidsmarkt *f*	arbetsmarknad	rynek pracy *m*	trh práce *m*	munkaerőpiac
—	verkopersmarkt *f*	säljarens marknad	rynek sprzedającego *m*	trh prodávajících *m*	eladók piaca
—	goudmarkt *f*	guldmarknad	rynek złota *m*	trh zlata *m*	aranypiac
—	obligatiemarkt *f*	obligationsmarknad	rynek papierów wartościowych o stałym zysku *m*	trh s výnosovými listy *m*	kötvénypiac
mercado favorável ao comprador *m*	kopersmarkt *f*	köparens marknad	rynek nabywców *m*	trh kupujícího *m*	kínálati piac
mercado de vendedores *m*	verkopersmarkt *f*	säljarens marknad	rynek sprzedającego *m*	trh prodávajících *m*	eladók piaca
—	kopersmarkt *f*	köparens marknad	rynek nabywców *m*	trh kupujícího *m*	kínálati piac
mercado de capitais *m*	kapitaalmarkt *f*	kapitalmarknad	rynek kapitałowy *m*	kapitálový trh *m*	tőkepiac
mercado interno *m*	binnenlandse markt *f*	hemmamarknad	rynek wewnętrzny *m*	domácí trh *m*	belföldi piac
—	binnenlandse markt *f*	hemmamarknad	rynek wewnętrzny *m*	domácí trh *m*	belföldi piac
—	interne EG-markt *f*	inre marknaden	wewnetrzny rynek europejski *m*	vnitřní evropský trh *m*	európai belső piac
mercado de trabalho *m*	arbeidsmarkt *f*	arbetsmarknad	rynek pracy *m*	trh práce *m*	munkaerőpiac
mercado monetário *m*	geldmarkt *f*	penningmarknad	rynek pieniężny *m*	peněžní trh *m*	pénzpiac
—	geldmarkt *f*	penningmarknad	rynek pieniężny *m*	peněžní trh *m*	pénzpiac
mercado negro *m*	zwarte markt *f*	svart marknad	czarny rynek *m*	černý trh *m*	feketepiac
—	zwarte markt *f*	svart marknad	czarny rynek *m*	černý trh *m*	feketepiac
—	goederen *n/pl*	vara	towar *m*	zboží *n*	áru
—	stortgoederen *n/pl*	partigods	towary masowe *m/pl*	zboží hromadné spotřeby *n*	tömegáru
—	stapelproduct *n*	stapelvara	drobnica w opakowaniach *f*	zboží na skladě *n*	tömegáru
—	vrachtgoed *n*	fraktgods	towary przewożone *m/pl*	nákladní zboží *n*	rakomány
—	verzendingsgoed *n*	fraktgods	fracht spedycyjny *m*	zasílané zboží *n*	szállítmány
—	zware vracht *f*	tung frakt	ładunek ciężki *m*	těžké zboží *n*	nehéz rakomány
—	ijlgoed *n*	expressgods	przesyłka ekspresowa *f*	spěšnina *f*	expresszáru
Mercado Interno da Comunidade Europeia *m*	interne EG-markt *f*	inre marknaden	wewnetrzny rynek europejski *m*	vnitřní evropský trh *m*	európai belső piac
mercadoria *f*	goederen *n/pl*	vara	towar *m*	zboží *n*	áru
mercadoria armazenada *f*	stapelproduct *n*	stapelvara	drobnica w opakowaniach *f*	zboží na skladě *n*	tömegáru
carga diversa *f*	stukgoederen *n/pl*	styckegods	drobnica *f*	kusové zboží *n*	darabáru
mercadoria pesada *f*	zware vracht *f*	tung frakt	ładunek ciężki *m*	těžké zboží *n*	nehéz rakomány
mercadoria a transportar *f*	vrachtgoed *n*	fraktgods	towary przewożone *m/pl*	nákladní zboží *n*	rakomány
mercadoria expedida *f*	verzendingsgoed *n*	fraktgods	fracht spedycyjny *m*	zasílané zboží *n*	szállítmány
mercado *m*	markt *f*	marknad	rynek *m*	trh *m*	piac
mercado agrícola *m*	landbouwmarkt *f*	jordbruksmarknad	rynek rolny *m*	zemědělský trh *m*	agrárpiac
mercado central *m*	groothandel *m*	stormarknad	targowisko hurtowe *n*	velkoobchodní trh *m*	nagybani piac
mercado a termo *m*	termijnbeurs *f*	terminmarknaden	giełda terminowa *f*	termínová burza *f*	határidős tőzsde

mercato comune

	D	E	F	I	ES
mercato comune (I)	gemeinsamer Markt *m*	common market	marché commun *m*	—	mercado común *m*
mercato degli acquirenti (I)	Käufermarkt *m*	buyer's market	marché d'acheteurs *m*	—	mercado favorable al comprador *m*
mercato dei titoli a reddito fisso (I)	Rentenmarkt *m*	bond market	marché des effets publics *m*	—	mercado de títulos de renta fija *m*
mercato del lavoro (I)	Arbeitsmarkt *m*	labour market	marché du travail *m*	—	mercado laboral *m*
mercato dell'oro (I)	Goldmarkt *m*	gold market	marché de l'or *m*	—	mercado del oro *m*
mercato favorevole ai venditori (I)	Verkäufermarkt *m*	seller's market	marché de vendeurs *m*	—	mercado favorable al vendedor *m*
mercato finanziario (I)	Kapitalmarkt *m*	capital market	marché des capitaux *m*	—	mercado financiero *m*
mercato monetario (I)	Geldmarkt *m*	money market	marché monétaire *m*	—	mercado monetario *m*
mercato nazionale (I)	Binnenmarkt *m*	domestic market	marché intérieur *m*	—	mercado interior *m*
mercato nero (I)	Schwarzmarkt *m*	black market	marché au noir *m*	—	mercado negro *m*
mercato preborsistico (I)	Vorbörse *f*	dealing before official hours	avant-bourse *f*	—	operaciones antes de la apertura de la bolsa *f/pl*
mercato unico (I)	Europäischer Binnenmarkt *m*	Internal Market of the European Community	Marché Unique *m*	—	Mercado Unico *m*
mercato valutario (I)	Devisenmarkt *m*	foreign exchange market	marché des changes *m*	—	mercado de divisas *m*
merce (I)	Ware *f*	goods	marchandise *f*	—	mercancía *f*
merce immagazzinata (I)	Stapelware *f*	staple goods	produit de stockage *m*	—	mercancía almacenada *f*
merce spedita (I)	Speditionsgut *n*	forwarding goods	bien transporté *m*	—	mercancía transportada *f*
merchant bank (E)	Handelsbank *f*	—	banque de commerce *f*	banca commerciale *f*	banco comercial *m*
merger (E)	Fusion *f*	—	fusion *f*	fusione *f*	fusión *f*
merger control (E)	Fusionskontrolle *f*	—	contrôle de fusion *m*	controllo delle fusioni *m*	control de fusiones *m*
meritförteckning (SV)	Lebenslauf *m*	curriculum vitae	curriculum vitae *m*	curriculum vitae *m*	curriculum vitae *m*
meritocratico (I)	leistungsorientiert	performance-oriented	orienté vers le rendement	—	orientado al rendimiento
merk (NL)	Marke *f*	mark	marque *f*	marca *f*	característica *f*
merkartikel (NL)	Markenartikel *m*	trade-registered article	produit de marque *m*	articolo di marca *m*	artículo de marca *m*
merknaam (NL)	Markenname *m*	trade name	nom de marque *f*	marchio di commercio *m*	marca *f*
mérleg (H)	Bilanz *f*	balance sheet	bilan *m*	bilancio *m*	balance *m*
mérlegelemzés (H)	Bilanzanalyse *f*	balance analysis	analyse du bilan *f*	analisi di bilancio *f*	análisis de balance *m*
mérséklés (H)	Ermäßigung *f*	reduction	réduction *f*	riduzione *f*	reducción *f*
mérték (H)	Maß *m*	measure	mesure *f*	misura *f*	medida *f*
mérték utáni (H)	maßgefertigt	manufactured to measure	travaillé sur mesure	prodotto su misura	hecho a medida
mervärde (SV)	Mehrwert *m*	value added	valeur ajoutée *f*	valore aggiunto *m*	plusvalía *f*
mervärde (SV)	Wertschöpfung *f*	net product	création de valeurs *f*	valore aggiunto *m*	creación de valor *f*
mervärdesskatt (SV)	Mehrwertsteuer *f*	value-added tax	taxe à la valeur ajoutée *f*	imposta sul valore aggiunto *f*	impuesto sobre el valor añadido (IVA) *m*
měsíčně (CZ)	monatlich	monthly	par mois	mensile	mensual
messagerie électronique (F)	e-mail *n*	e-mail	—	posta elettronica *f*	e-mail *m*
Messe (D)	—	fair	foire *f*	fiera *f*	feria *f*
mesure (F)	Maß *m*	measure	—	misura *f*	medida *f*
met referte aan (NL)	bezugnehmend	referring to	en référence à *f*	con riferimento a	con referencia a
mettre à la ferraille (F)	verschrotten	scrap	—	rottamare	desguazar

mettre à la ferraille

P	NL	SV	PL	CZ	H
mercado comum m	gemeenschappelijke markt f	gemensam marknad	wspólny rynek m	společný trh m	közös piac
mercado favorável ao comprador m	kopersmarkt f	köparens marknad	rynek nabywców m	trh kupujícího m	kínálati piac
mercado dos títulos de renda fixa m	obligatiemarkt f	obligationsmarknad	rynek papierów wartościowych o stałym zysku m	trh s výnosovými listy m	kötvénypiac
mercado de trabalho m	arbeidsmarkt f	arbetsmarknad	rynek pracy m	trh práce m	munkaerőpiac
mercado do ouro m	goudmarkt f	guldmarknad	rynek złota m	trh zlata m	aranypiac
mercado de vendedores m	verkopersmarkt f	säljarens marknad	rynek sprzedającego m	trh prodávajících m	eladók piaca
mercado de capitais m	kapitaalmarkt f	kapitalmarknad	rynek kapitałowy m	kapitálový trh m	tőkepiac
mercado monetário m	geldmarkt f	penningmarknad	rynek pieniężny m	peněžní trh m	pénzpiac
mercado interno m	binnenlandse markt f	hemmamarknad	rynek wewnętrzny m	domácí trh m	belföldi piac
mercado negro m	zwarte markt f	svart marknad	czarny rynek m	černý trh m	feketepiac
negociação antes da abertura oficial da bolsa f	voorbeurshandel m	förbörs	transakcja przed otwarciem giełdy f	předburza f	tőzsdenyitás előtti kereskedelem
Mercado Interno da Comunidade Europeia m	interne EG-markt f	inre marknaden	wewnetrzny rynek europejski m	vnitřní evropský trh m	európai belső piac
mercado de divisas m	wisselmarkt f	valutamarknad	rynek dewizowy m	devizový trh m	devizapiac
mercadoria f	goederen n/pl	vara	towar m	zboží n	áru
mercadoria armazenada f	stapelproduct n	stapelvara	drobnica w opakowaniach f	zboží na skladě n	tömegáru
mercadoria expedida f	verzendingsgoed n	fraktgods	fracht spedycyjny m	zasílané zboží n	szállítmány
banco comercial m	handelsbank f	handelsbank	bank handlowy m	obchodní banka f	kereskedelmi bank
fusão f	fusie f	fusion	fuzja f	fúze f	vállalategyesülés
controle de fusões m	fusiecontrole f	fusionskontroll	kontrola fuzji f	kontrola fúze f	cégösszeolvadások ellenőrzése
curriculum vitae m	curriculum vitae n	—	życiorys m	životopis m	életrajz
orientado para o desempenho	prestatiegeoriënteerd	prestationsorienterad	zależny od wydajności	orientován na výkon	teljesítmény szerinti
marca f	—	märke	marka f	značka f	márka
produto de marca m	—	märkesvara	towar firmowy m	značkové zboží n	márkacikk
nome de marca m	—	märkesnamn	nazwa firmowa f	název značky m	márkanév
balanço m	balans f	balansräkning	bilans m	bilance f	—
análise do balanço f	analyse van de balans f	balansanalys	analiza bilansu f	bilanční analýza f	—
redução f	korting f	reduktion	zniżka f	sleva f	—
medida f	maat f	mått	miara f	míra f	—
feito à medida	op maat gemaakt	specialtillverkat	na miarę	vyrobený na míru	—
mais-valia f	meerwaarde f	—	wartość dodana f	nadhodnota f	értéktöbblet
valor adicionado m	toegevoegde waarde f	—	kreacja wartości dodanej f	tvorba hodnot f	értéknövelés
imposto sobre o valor acrescentado (IVA) m	belasting op de toegevoegde waarde f	—	podatek od wartości dodatkowej (VAT) m	daň z přidané hodnoty f	hozzáadottérték-adó
mensal	maandelijks	månatligt	miesięcznie	—	havi
e-mail m	e-mail	e-post	e-mail f	e-mail m	e-mail
feira f	jaarbeurs f	mässa	targi m/pl	veletrh m	vásár
medida f	maat f	mått	miara f	míra f	mérték
com referência a	—	under åberopande av	powołując się	se zřetelem	hivatkozással
transformar em sucata	verschroten	skrota	złomować <zezłomować>	sešrotovat	kiselejtez

mettre en annexe 628

	D	E	F	I	ES
mettre en annexe (F)	beilegen	enclose	—	allegare	adjuntar
mezcla de marketing (ES)	Marketing-Mix *m*	mixture of marketing strategies	marketing mixte m *f*	marketing mix *m*	—
mezera na trhu (CZ)	Marktlücke *f*	market gap	créneau du marché *m*	nicchia di mercato *f*	vacío del mercado *m*
mezní hodnota (CZ)	Grenzwert *f*	limiting value	valeur marginale *f*	valore limite *m*	valor límite *m*
mezní navýšení nákladů (CZ)	Grenzkostenrechnung *f*	marginal costing	détermination du coût marginal *f*	determinazione dei costi marginali *f*	cálculo de los costes marginales *m*
mezőgazdaság (H)	Agrarwirtschaft *f*	rural economy	économie agricole *f*	economia agraria *f*	economía agraria *f*
mezőgazdasági árak (H)	Agrarpreis *m*	prices of farm products	prix agricole *m*	prezzo agricolo *m*	precio agrícola *m*
mezőgazdasági támogatás (H)	Agrarsubventionen *f/pl*	agricultural subsidies	subventions agricoles *f/pl*	sovvenzioni all'agricoltura *f/pl*	subvención a la agricultura *f*
mezőgazdasági termék (H)	Agrarprodukt *n*	farm product	produit agricole *m*	prodotto agricolo *m*	producto agrario *m*
mezőgazdasági termékfölösleg (H)	Agrarüberschüssen *m/pl*	agricultural surpluses	excédents agricoles *m/pl*	eccedenze agricole *f/pl*	excedentes agrícolas *m/pl*
mezzo (I)	Mittel *n*	means	moyen *m*	—	medio *m*
mezzo di pagamento legale (I)	gesetzliches Zahlungsmittel *n*	legal tender	monnaie légale *f*	—	medio legal de pago *m*
mezzo di trasporto (I)	Transportmittel *n/pl*	means of transport	moyens de transport *m*	—	medio de transporte *m*
mezzo pubblicitario (I)	Werbemittel *f*	means of advertising	moyen publicitaire *m*	—	medio publicitario *m*
miara (PL)	Maß *m*	measure	mesure *f*	misura *f*	medida *f*
microeconomia (I)	Mikroökonomie *f*	microeconomics	microéconomie *f*	—	microeconomía *f*
microeconomia (P)	Mikroökonomie *f*	microeconomics	microéconomie *f*	microeconomia *f*	microeconomía *f*
microeconomía (ES)	Mikroökonomie *f*	microeconomics	microéconomie *f*	microeconomia *f*	—
microeconomics (E)	Mikroökonomie *f*	—	microéconomie *f*	microeconomia *f*	microeconomía *f*
micro-economie (NL)	Mikroökonomie *f*	microeconomics	microéconomie *f*	microeconomia *f*	microeconomía *f*
microéconomie (F)	Mikroökonomie *f*	microeconomics	—	microeconomia *f*	microeconomía *f*
middel (NL)	Mittel *n*	means	moyen *m*	mezzo *m*	medio *m*
middleman (E)	Zwischenhändler *m*	—	intermédiaire *m*	intermediario *m*	intermediario *m*
międzynarodowy system walutowy (PL)	Weltwährungssystem *n*	international monetary system	système monétaire international *m*	sistema monetario internazionale *f*	sistema monetario internacional *m*
miejsce powstawania kosztów (PL)	Kostenstelle *f*	cost accounting centre	unité de gestion absorbant des coûts *f*	centro di costo *m*	posición de costes *f*
miejsce przeznaczenia (PL)	Bestimmungsort *m*	destination	lieu de destination *m*	luogo di destinazione *m*	lugar de destino *m*
miejsce urodzenia (PL)	Geburtsort *m*	place of birth	lieu de naissance *m*	luogo di nascita *m*	lugar de nacimiento *m*
miesięcznie (PL)	monatlich	monthly	par mois	mensile *f*	mensual
mieszanka marketingowa (PL)	Marketing-Mix *m*	mixture of marketing strategies	marketing mixte m *f*	marketing mix *m*	mezcla de marketing *f*
Miete (D)	—	rent	location *f*	affitto *m*	alquiler *m*
Mieter (D)	—	tenant	locataire *m*	locatario *m*	arrendatario *m*
mikroekonomi (SV)	Mikroökonomie *f*	microeconomics	microéconomie *f*	microeconomia *f*	microeconomía *f*
mikroekonomia (PL)	Mikroökonomie *f*	microeconomics	microéconomie *f*	microeconomia *f*	microeconomía *f*
mikroekonomika (CZ)	Mikroökonomie *f*	microeconomics	microéconomie *f*	microeconomia *f*	microeconomía *f*
mikroökonómia (H)	Mikroökonomie *f*	microeconomics	microéconomie *f*	microeconomia *f*	microeconomía *f*
Mikroökonomie (D)	—	microeconomics	microéconomie *f*	microeconomia *f*	microeconomía *f*
mileage allowance (E)	Kilometergeld *n*	—	indemnité par kilomètre *f*	indennità per chilometro *f*	kilometraje *m*
mimořádná nabídka (CZ)	Sonderangebot *n*	special offer	offre spéciale *f*	offerta speciale *f*	oferta especial *f*
mimořádná odměna (CZ)	Sondervergütung *f*	special allowance	rémunération spéciale *f*	compenso straordinario *m*	gratificación *f*
mimořádné výdaje (CZ)	Sonderausgaben *f/pl*	special expenses	dépenses spéciales *f*	spese straordinarie *f/pl*	gastos extraordinarios *m/pl*
mimořádné zatížení (CZ)	außergewöhnliche Belastung *f*	extraordinary expenses	charges exceptionnelles *f/pl*	oneri straordinari *m/pl*	carga extraordinaria *f*

mimořádné zatížení

P	NL	SV	PL	CZ	H
anexar	bijvoegen	bifoga	załączać <załączyć>	přikládat <přiložit>	mellékel
marketing-mix m	marketingmix m	kombination av marknadsvariabler	mieszanka marketingowa f	kombinace marketingu f	marketing-mix
lacuna do mercado f	gat in de markt n	marknadsnisch	luka rynkowa f	—	piaci rés
valor limite m	grenswaarde f	gränsvärde	wartość graniczna f	—	határérték
cálculo dos custos marginais m	berekening van de marginale kosten f	bidragskalkyl	rachunek kosztów krańcowych m	—	határköltség-számítás
economia agrária f	landhuishoudkunde f	jordbruk	gospodarka rolna f	zemědělské hospodářství n	—
preços dos produtos agrícolas m	landbouwprijs m	pris på jordbruksprodukter	cena skupu produktów rolnych f	zemědělská cena f	—
subsídios à agricultura m/pl	landbouwsubsidies f/pl	jordbruksstöd	subwencja rolnicza f	zemědělské subvence f/pl	—
produto agrícola m	landbouwproduct n	jordbruksprodukt	produkt rolny m	zemědělský výrobek m	—
excedentes agrícolas m/pl	landbouwoverschotten n/pl	jordbruksöverskott	nadwyżki rolne f/pl	zemědělské přebytky m/pl	—
meios m/pl	middel n	medel	środek m	prostředek m	eszköz
meio legal de pagamento m	wettig betaalmiddel n	giltigt betalningsmedel	ustawowy środek płatniczy m	zákonný platební prostředek m	törvényes fizetőeszköz
meios de transporte m/pl	transportmiddelen n/pl	transportmedel	środki transportu m/pl	dopravní prostředky m/pl	szállítóeszközök
meio publicitário m	reclamemedium n	reklammedel	środek reklamy m	propagační prostředky m/pl	reklámeszköz
medida f	maat f	mått	—	míra f	mérték
microeconomia f	micro-economie f	mikroekonomi	mikroekonomia f	mikroekonomika f	mikroökonómia
—	micro-economie f	mikroekonomi	mikroekonomia f	mikroekonomika f	mikroökonómia
microeconomia f	micro-economie f	mikroekonomi	mikroekonomia f	mikroekonomika f	mikroökonómia
microeconomia f	micro-economie f	mikroekonomi	mikroekonomia f	mikroekonomika f	mikroökonómia
microeconomia f	—	mikroekonomi	mikroekonomia f	mikroekonomika f	mikroökonómia
microeconomia f	micro-economie f	mikroekonomi	mikroekonomia f	mikroekonomika f	mikroökonómia
meios m/pl	—	medel	środek m	prostředek m	eszköz
intermediário m	tussenpersoon m	mellanhand	pośrednik m	překupník m	közvetítő kereskedő
sistema monetário internacional m	internationaal monetair systeem n	internationellt valutasystem	—	světový měnový systém m	nemzetközi pénzügyi rendszer
centro de custos m	kostenplaats f	utgiftspost	—	oddělení nákladů n	költséghely
lugar de destino m	plaats van bestemming f	destination	—	místo určení n	rendeltetési hely
local de nascimento m	geboorteplaats f	födelseort	—	místo narození n	születési hely
mensal	maandelijks	månatligt	—	měsíčně	havi
marketing-mix m	marketingmix m	kombination av marknadsvariabler	—	kombinace marketingu f	marketing-mix
aluguel m	huur f	hyra	najem m	nájem m	bérleti díj
inquilino m	huurder m	hyresgäst	najemca m	nájemník m	bérlő
microeconomia f	micro-economie f	—	mikroekonomia f	mikroekonomika f	mikroökonómia
microeconomia f	micro-economie f	mikroekonomi	—	mikroekonomika f	mikroökonómia
microeconomia f	micro-economie f	mikroekonomi	mikroekonomia f	—	mikroökonómia
microeconomia f	micro-economie f	mikroekonomi	mieszanka f	kombinace f	—
microeconomia f	micro-economie f	mikroekonomi	mikroekonomia f	mikroekonomika f	mikroökonómia
indemnização pelos custos de quilometragem f	kilometervergoeding f	kilometerersättning	koszty przejechanego kilometra m/pl	paušál za kilometr m	kilométerpénz
oferta especial f	speciale aanbieding f	specialerbjudande	oferta okazyjna f	—	rendkívüli ajánlat
remuneração extraordinária f	gratificatie f	specialarvode	wynagrodzenie specjalne n	—	külön díjazás
despesas extraordinárias f/pl	speciale editie f	avdragsgilla kostnader pl	wydatki nadzwyczajne m/pl	—	külön költségek
despesas extraordinárias f/pl	uitzonderlijke lasten m/pl	extraordinära utgifter pl	nadzwyczajne wydatki m/pl	—	rendkívüli terhek

mimořádný rabat 630

	D	E	F	I	ES
mimořádný rabat (CZ)	Sonderrabatt m	special discount	remise xceptionnelle f	ribasso speciale m	descuento especial m
mimosoudní (CZ)	außergerichtlich	extrajudicial	extrajudiciaire	extragiudiziale	extrajudicial
mince (CZ)	Hartgeld n	specie	pièce de monnaie f	moneta metallica f	dinero metálico m
mince (CZ)	Münze f	coin	monnaie f	moneta f	moneda f
Minderlieferung (D)	—	short delivery	livraison en quantité inférieure f	fornitura ridotta f	envío incompleto m
Minderung (D)	—	reduction	diminution f	riduzione f	reducción f
minderwaardige goederen (NL)	inferiore Güter n/pl	inferior goods	biens inférieurs m/pl	beni inferiori m/pl	bienes inferiores m/pl
Mindestbestellmenge (D)	—	minimum quantity order	quantité commandée minimum f	quantitativo minimo di ordinazione m	cantidad mínima de pedido f
Mindesteinfuhrpreise (D)	—	minimum import price	prix minimum d'importation m/pl	prezzi minimi all'importazione m/pl	precio mínimo de importación m
Mindesthöhe (D)	—	minimum amount	montant minimum m	importo minimo m	cantidad mínima f
Mindestlohn (D)	—	minimum wage	salaire minimum m	salario minimo m	salario mínimo m
Mindestpreis (D)	—	minimum price	prix minimum m	prezzo minimo m	precio mínimo m
Mindestreserve (D)	—	minimum reserves	réserve minimum f	riserva minima obbligatoria f	reserva mínima f
mineral oil tax (E)	Mineralölsteuer f	—	taxe sur les carburants f	imposta sugli olii minerali f	impuesto sobre la gasolina m
Mineralölsteuer (D)	—	mineral oil tax	taxe sur les carburants f	imposta sugli olii minerali f	impuesto sobre la gasolina m
minimación de gastos (ES)	Kostenminimierung f	minimisation of costs	réduction des coûts f	minimizzazione dei costi f	—
minimálár (H)	Mindestpreis m	minimum price	prix minimum m	prezzo minimo m	precio mínimo m
minimálbér (H)	Mindestlohn m	minimum wage	salaire minimum m	salario minimo m	salario mínimo m
minimális importárak (H)	Mindesteinfuhrpreise m/pl	minimum import price	prix minimum d'importation m/pl	prezzi minimi all'importazione m/pl	precio mínimo de importación m
minimalizace nákladů (CZ)	Kostenminimierung f	minimisation of costs	réduction des coûts f	minimizzazione dei costi f	minimación de gastos f
minimalizacja kosztów (PL)	Kostenminimierung f	minimisation of costs	réduction des coûts f	minimizzazione dei costi f	minimación de gastos f
minimalna zamawialna ilość (PL)	Mindestbestellmenge f	minimum quantity order	quantité commandée minimum f	quantitativo minimo di ordinazione m	cantidad mínima de pedido f
minimalne ceny importowe (PL)	Mindesteinfuhrpreise m/pl	minimum import price	prix minimum d'importation m/pl	prezzi minimi all'importazione m/pl	precio mínimo de importación m
minimální cena (CZ)	Mindestpreis m	minimum price	prix minimum m	prezzo minimo m	precio mínimo m
minimální dovozní ceny (CZ)	Mindesteinfuhrpreise m/pl	minimum import price	prix minimum d'importation m/pl	prezzi minimi all'importazione m/pl	precio mínimo de importación m
minimální mzda (CZ)	Mindestlohn m	minimum wage	salaire minimum m	salario minimo m	salario mínimo m
minimální objednatelné množství (CZ)	Mindestbestellmenge f	minimum quantity order	quantité commandée minimum f	quantitativo minimo di ordinazione m	cantidad mínima de pedido f
minimální rezerva (CZ)	Mindestreserve m	minimum reserves	réserve minimum f	riserva minima obbligatoria f	reserva mínima f
minimální výška (CZ)	Mindesthöhe f	minimum amount	montant minimum m	importo minimo m	cantidad mínima f
minimilön (SV)	Mindestlohn m	minimum wage	salaire minimum m	salario minimo m	salario mínimo m
minimipris (SV)	Mindestpreis m	minimum price	prix minimum m	prezzo minimo m	precio mínimo m
minimireserv (SV)	Mindestreserve m	minimum reserves	réserve minimum f	riserva minima obbligatoria f	reserva mínima f
minimisation of costs (E)	Kostenminimierung f	—	réduction des coûts f	minimizzazione dei costi f	minimación de gastos f
minimisumma (SV)	Mindesthöhe f	minimum amount	montant minimum m	importo minimo m	cantidad mínima f
minimização de custos (P)	Kostenminimierung f	minimisation of costs	réduction des coûts f	minimizzazione dei costi f	minimación de gastos f
minimizzazione dei costi (I)	Kostenminimierung f	minimisation of costs	réduction des coûts f	—	minimación de gastos f
mínimo de subsistência (P)	Existenzminimum n	subsistence minimum	minimum vital m	minimo di sussistenza m	minimo vital m

mínimo de subsistência

P	NL	SV	PL	CZ	H
desconto especial m	extra korting f	specialrabatt	rabat specjalny m	—	rendkívüli árengedmény
extrajudicial	buitengerechtelijk	genom förlikning	pozasądowe	—	peren kívüli
dinheiro-moeda m	gemunt geld n	mynt	bilon m	—	fémpénz
moeda f	muntstuk n	mynt	moneta f	—	pénzérme
entrega reduzida f	kleinere levering f	underleverans	niepełna dostawa f	snížení objemu dodávky n	hiányos szállítmány
redução f	korting f	minskning	zmniejszenie n	snížení n	csökkentés
bens inferiores m/pl	—	sekunda varor	artykuły gorszej jakości m/pl	podřadné zboží n	kisebb értékű áru
quantidade mínima de encomenda f	minimum bestelde hoeveelheid f	minsta ordermängd	minimalna zamawialna ilość f	minimální objednatelné množství n	legkisebb rendelhető mennyiség
preço mínimo de importação m	minimuminvoerprijs m	lägsta importpris	minimalne ceny importowe f/pl	minimální dovozní ceny f/pl	minimális importárak
montante mínimo m	minimumbedrag m	minimisumma	wysokość minimalna f	minimální výška f	legkisebb mennyiség
salário mínimo m	minimumloon n	minimilön	płaca minimalna f	minimální mzda f	minimálbér
preço mínimo m	minimumprijs m	minimipris	najniższa dopuszczalna cena f	minimální cena f	minimálár
reserva mínima f	verplichte reserve f	minimireserv	najniższa rezerwa f	minimální rezerva f	kötelező tartalék
imposto sobre óleo mineral m	belasting op minerale olie f	oljeskatt	podatek od olejów mineralnych m	daň z ropných produktů f	olajtermékadó
imposto sobre óleo mineral m	belasting op minerale olie f	oljeskatt	podatek od olejów mineralnych m	daň z ropných produktů f	olajtermékadó
minimização de custos f	kostenminimalisering f	kostnadsminimering	minimalizacja kosztów f	minimalizace nákladů f	költségek minimalizálása
preço mínimo m	minimumprijs m	minimipris	najniższa dopuszczalna cena f	minimální cena f	—
salário mínimo m	minimumloon n	minimilön	płaca minimalna f	minimální mzda f	—
preço mínimo de importação m	minimuminvoerprijs m	lägsta importpris	minimalne ceny importowe f/pl	minimální dovozní ceny f/pl	—
minimização de custos f	kostenminimalisering f	kostnadsminimering	minimalizacja kosztów f	—	költségek minimalizálása
minimização de custos f	kostenminimalisering f	kostnadsminimering	—	minimalizace nákladů f	költségek minimalizálása
quantidade mínima de encomenda f	minimum bestelde hoeveelheid f	minsta ordermängd	—	minimální objednatelné množství n	legkisebb rendelhető mennyiség
preço mínimo de importação m	minimuminvoerprijs m	lägsta importpris	—	minimální dovozní ceny f/pl	minimális importárak
preço mínimo m	minimumprijs m	minimipris	najniższa dopuszczalna cena f	—	minimálár
preço mínimo de importação m	minimuminvoerprijs m	lägsta importpris	minimalne ceny importowe f/pl	—	minimális importárak
salário mínimo m	minimumloon n	minimilön	płaca minimalna f	—	minimálbér
quantidade mínima de encomenda f	minimum bestelde hoeveelheid f	minsta ordermängd	minimalna zamawialna ilość f	—	legkisebb rendelhető mennyiség
reserva mínima f	verplichte reserve f	minimireserv	najniższa rezerwa f	—	kötelező tartalék
montante mínimo m	minimumbedrag m	minimisumma	wysokość minimalna f	—	legkisebb mennyiség
salário mínimo m	minimumloon n	—	płaca minimalna f	minimální mzda f	rendkívüli
preço mínimo m	minimumprijs m	—	najniższa dopuszczalna cena f	minimální cena f	minimálár
reserva mínima f	verplichte reserve f	—	najniższa rezerwa f	minimální rezerva f	kötelező tartalék
minimização de custos f	kostenminimalisering f	kostnadsminimering	minimalizacja kosztów f	minimalizace nákladů f	költségek minimalizálása
montante mínimo m	minimumbedrag m	—	wysokość minimalna f	minimální výška f	legkisebb mennyiség
—	kostenminimalisering f	kostnadsminimering	minimalizacja kosztów f	minimalizace nákladů f	költségek minimalizálása
minimização de custos f	kostenminimalisering f	kostnadsminimering	minimalizacja kosztów f	minimalizace nákladů f	költségek minimalizálása
—	bestaansminimum n	existensminimum	minimum egzystencji n	existenční minimum n	létminimum

minimo di sussistenza

	D	E	F	I	ES
minimo di sussistenza (I)	Existenzminimum n	subsistence minimum	minimum vital m	—	minimo vital m
minimo vital (ES)	Existenzminimum n	subsistence minimum	minimum vital m	minimo di sussistenza m	—
minimum amount (E)	Mindesthöhe f	—	montant minimum m	importo minimo m	cantidad mínima f
minimumbedrag (NL)	Mindesthöhe f	minimum amount	montant minimum m	importo minimo m	cantidad mínima f
minimum bestelde hoeveelheid (NL)	Mindestbestellmenge f	minimum quantity order	quantité commandée minimum f	quantitativo minimo di ordinazione m	cantidad mínima de pedido f
minimum egzystencji (PL)	Existenzminimum n	subsistence minimum	minimum vital m	minimo di sussistenza m	minimo vital m
minimum import price (E)	Mindesteinfuhrpreise m/pl	—	prix minimum d'importation m/pl	prezzi minimi all'importazione m/pl	precio mínimo de importación m
minimuminvoerprijs (NL)	Mindesteinfuhrpreise m/pl	minimum import price	prix minimum d'importation m/pl	prezzi minimi all'importazione m/pl	precio mínimo de importación m
minimumloon (NL)	Mindestlohn m	minimum wage	salaire minimum m	salario minimo m	salario mínimo m
minimum price (E)	Mindestpreis m	—	prix minimum m	prezzo minimo m	precio mínimo m
minimumprijs (NL)	Mindestpreis m	minimum price	prix minimum m	prezzo minimo m	precio mínimo m
minimum quantity order (E)	Mindestbestellmenge f	—	quantité commandée minimum f	quantitativo minimo di ordinazione m	cantidad mínima de pedido f
minimum reserves (E)	Mindestreserve m	—	réserve minimum f	riserva minima obbligatoria f	reserva mínima f
minimum vital (F)	Existenzminimum n	subsistence minimum	—	minimo di sussistenza m	minimo vital m
minimum wage (E)	Mindestlohn m	—	salaire minimum m	salario minimo m	salario mínimo m
Ministerio de Hacienda (ES)	Finanzamt n	inland revenue office	service des contributions m	ufficio delle imposte m	—
minorista (ES)	Einzelhändler m	retailer	commerçant détaillant m	dettagliante m	—
minőség (H)	Qualität f	quality	qualité f	qualità f	calidad f
minőségbiztosítás (H)	Qualitätssicherung f	quality assurance	garantie de la qualité f	garanzia di qualità f	garantía de la calidad f
minőségellenőrzés (H)	Qualitätskontrolle f	quality control	contrôle de la qualité f	controllo qualità m	verificación de la calidad f
minőségi (H)	qualitativ	qualitative	qualitatif	qualitativo	cualitativo
minőségi kifogás (H)	Mängelanzeige f	notice of defect	notification d'un vice f	denuncia dei vizi	aviso de defectos m
minőségi osztály (H)	Güteklasse f	grade	catégorie de qualité f	classe di qualità f	categoría de calidad f
minőségi osztály (H)	Handelsklasse f	grade	catégorie de produits f	categoria commerciale f	clase f
minősítés (H)	Qualifikation f	qualification	qualification f	qualificazione f	cualificación f
minskad efterfrågan (SV)	Nachfragerückgang m	decrease in demand	recul de la demande m	flessione della domanda f	disminución en la demanda f
minskning (SV)	Minderung f	reduction	diminution f	riduzione f	reducción f
minsta ordermängd (SV)	Mindestbestellmenge f	minimum quantity order	quantité commandée minimum f	quantitativo minimo di ordinazione m	cantidad mínima de pedido f
minta (H)	Muster n	sample	échantillon m	campione m	muestra f
minta érték nélkül (H)	Muster ohne Wert	sample with no commercial value	échantillon sans valeur m	campione senza valore m	muestra sin valor f
mintaküldemény (H)	Mustersendung f	sample consignment	envoi d'échantillons m	spedizione di campioni f	envío de muestras m
minutes (E)	Protokoll n	—	compte-rendu m	protocollo m	protocolo m
míra (CZ)	Maß m	measure	mesure f	misura f	medida f
míra inflace (CZ)	Inflationsrate f	rate of inflation	taux d'inflation m	tasso d'inflazione m	tasa de inflación f
míra růstu (CZ)	Wachstumsrate f	rate of growth	taux d'accroissement m	tasso di crescita m	tasa de crecimiento f
míra zisku (CZ)	Profitrate f	profit rate	taux de profit m	tasso di profitto m	tasa de beneficio f
misappropriation (E)	Veruntreuung f	—	malversation f	abuso di fiducia m	malversación f
miscalculation (E)	Rechenfehler m	—	erreur de calcul f	errore di calcolo m	error de cálculo m
mise à profit (F)	Nutzung f	use	—	utilizzazione f	utilización f

mise à profit

P	NL	SV	PL	CZ	H
mínimo de subsistência m	bestaansminimum n	existensminimum	minimum egzystencji n	existenční minimum n	létminimum
mínimo de subsistência m	bestaansminimum n	existensminimum	minimum egzystencji n	existenční minimum n	létminimum
montante mínimo m	minimumbedrag m	minimisumma	wysokość minimalna f	minimální výška f	legkisebb mennyiség
montante mínimo m	—	minimisumma	wysokość minimalna f	minimální výška f	legkisebb mennyiség
quantidade mínima de encomenda f	—	minsta ordermängd	minimalna zamawialna ilość f	minimální objednatelné množství n	legkisebb rendelhető mennyiség
mínimo de subsistência m	bestaansminimum n	existensminimum	—	existenční minimum n	létminimum
preço mínimo de importação m	minimuminvoerprijs m	lägsta importpris	minimalne ceny importowe f/pl	minimální dovozní ceny f/pl	minimális importárak
preço mínimo de importação m	—	lägsta importpris	minimalne ceny importowe f/pl	minimální dovozní ceny f/pl	minimális importárak
salário mínimo m	—	minimilön	płaca minimalna f	minimální mzda f	minimálbér
preço mínimo m	minimumprijs m	minimipris	najniższa dopuszczalna cena f	minimální cena f	minimálár
preço mínimo m	—	minimipris	najniższa dopuszczalna cena f	minimální cena f	minimálár
quantidade mínima de encomenda f	minimum bestelde hoeveelheid f	minsta ordermängd	minimalna zamawialna ilość f	minimální objednatelné množství n	legkisebb rendelhető mennyiség
reserva mínima f	verplichte reserve f	minimireserv	najniższa rezerwa f	minimální rezerva f	kötelező tartalék
mínimo de subsistência m	bestaansminimum n	existensminimum	minimum egzystencji n	existenční minimum n	létminimum
salário mínimo m	minimumloon n	minimilön	płaca minimalna f	minimální mzda f	minimálbér
repartição das finanças f	ontvangkantoor n	skattemyndighet	Urząd Skarbowy m	finanční úřad m	adóhivatal
retalhista m	kleinhandelaar m	detaljist	detalista m	maloobchodník m	kiskereskedő
quantidade f	kwaliteit f	kvalitet	jakość f	jakost f	—
garantia de qualidade f	kwaliteitsgarantie f	kvalitetsgaranti	zabezpieczenie jakości f	zajištění jakosti n	—
controle de qualidade m	kwaliteitscontrole f	kvalitetskontroll	kontrola jakości f	kontrola jakosti f	—
qualitativo m	kwalitatief	kvalitativ	jakościowy m	kvalitativní	—
aviso de defeito m	klacht f	reklamation	reklamacja wady towaru f	oznámení závad n	—
categoria de qualidade f	kwaliteitsklasse f	kvalitetskategori	klasa jakości f	jakostní třída f	—
categoria de produtos f	handelsklasse f	handelsklass	jakość sprzedażna f	obchodní třída f	—
qualificação f	kwalificatie f	kvalifikation	kwalifikacja f	kvalifikace f	—
diminuição da procura f	vermindering van de vraag f	—	spadek popytu m	pokles poptávky f	keresletcsökkenés
redução f	korting f	—	zmniejszenie n	snížení n	csökkentés
quantidade mínima de encomenda f	minimum bestelde hoeveelheid f	—	minimalna zamawialna ilość f	minimální objednatelné množství n	legkisebb rendelhető mennyiség
amostra f	monster n	prov	wzór m	vzor m	—
amostra sem valor comercial f	monster zonder waarde n	prov utan värde	próbka bez wartości f	vzorek bez hodnoty m	—
envio de amostras m	monsterzending f	provförsändelse	przesyłka próbek wzorcowych f	zásilka na ukázku f	—
protocolo m	notulen pl	protokoll	protokół m	zápis m	jegyzőkönyv
medida f	maat f	mått	miara f	—	mérték
taxa de inflação f	inflatiepercentage f	inflationstakt	tempo inflacji n	—	inflációs ráta
taxa de crescimento f	groeicijfer n	tillväxttakt	stopa wzrostu f	—	növekedési ütem
taxa de lucro f	winstmarge f	vinstutveckling	stopa zysku f	—	profitráta
desfalque m	verduistering f	förskingring	sprzeniewierzenie n	zpronevěra f	hűtlen kezelés
erro de cálculo m	rekenfout f	felkalkyl	błąd obliczeniowy m	početní chyba f	számítási hiba
utilização f	genot n	användning	użytkowanie n	využití n	használat

mise au concours d'une place

	D	E	F	I	ES
mise au concours d'une place (F)	Stellenausschreibung f	advertisement of a vacancy	—	bando di concorso per impiegati m	convocatoria de oposiciones f
mise en demeure (F)	Mahnung f	demand for payment	—	sollecito m	admonición f
mise en gage (F)	Verpfändung f	pledge	—	pignoramento m	pignoración f
místo narození (CZ)	Geburtsort m	place of birth	lieu de naissance m	luogo di nascita m	lugar de nacimiento m
místo určení (CZ)	Bestimmungsort m	destination	lieu de destination m	luogo di destinazione m	lugar de destino m
misura (I)	Maß m	measure	mesure f	—	medida f
mit getrennter Post (D)	—	under separate cover	sous pli séparé	in plico a parte	por correo aparte
Mittel (D)	—	means	moyen m	mezzo m	medio m
mittelfristig (D)	—	medium-term	à moyen terme	a medio termine	a medio plazo
mittente (I)	Absender m	sender	envoyeur m	—	remitente m
mixed cargo (E)	Stückgut n	—	colis de détail m	collettame m	mercancía en fardos f
mixture of marketing strategies (E)	Marketing-Mix m	—	marketing mixte m f	marketing mix m	mezcla de marketing f
mjukvaluta (SV)	weiche Währung f	soft currency	monnaie faible f	moneta debole f	moneda blanda f
množství (CZ)	Menge f	quantity	quantité f	quantità f	cantidad f
množství peněz (CZ)	Geldvolumen n	volume of money	masse monétaire f	volume monetario m	volumen monetario m
moc producyjna (PL)	Kapazität f	capacity	capacité f	capacità f	capacidad f
moderföretag (SV)	Stammhaus n	parent company	maison mère f	casa madre f	casa matriz f
modificação do contrato (P)	Vertragsänderung f	amendment of a contract	modification du contrat f	modificazione del contratto f	modificación do contrato f
modificación de contrato (ES)	Vertragsänderung f	amendment of a contract	modification du contrat f	modificazione del contratto f	—
modification du contrat (F)	Vertragsänderung f	amendment of a contract	—	modificazione del contratto f	modificación de contrato f
modificazione del contratto (I)	Vertragsänderung f	amendment of a contract	modification du contrat f	—	modificación de contrato f
modulo (I)	Formular n	form	formulaire m	—	formulario m
modulo (I)	Vordruck m	printed form	imprimé m	—	impreso m
modulo di richiesta (I)	Antragsformular n	application form	formulaire de demande m	—	formulario de solicitud m
modulo di versamento (I)	Zahlkarte f	Giro inpayment form	mandat-carte m	—	carta de pago f
modulo in bianco (I)	Blankoformular n	blank form	imprimé en blanc m	—	formulario en blanco m
modulo per ordinazioni (I)	Bestellformular n	order form	bon de commande m	—	formulario de pedido m
moeda (P)	Münze f	coin	monnaie f	moneta f	moneda f
moeda (P)	Währung f	currency	monnaie f	moneta f	moneda f
moeda de referência (P)	Leitwährung f	key currency	monnaie-clé f	valuta guida f	moneda de referencia f
moeda de reserva (P)	Reservewährung f	reserve currency	monnaie de réserve f	valuta di riserva f	moneda de reserva f
moeda forte (P)	harte Währung f	hard currency	monnaie forte f	moneta forte f	moneda fuerte f
moeda fraca (P)	weiche Währung f	soft currency	monnaie faible f	moneta debole f	moneda blanda f
moedas estrangeiras (P)	Sorten pl	foreign notes and coins	genres m/pl	valute estere f/pl	monedas extranjeras f/pl
moeda única (P)	Einheitswährung f	unified currency	monnaie unique f	moneta unitaria f	moneda única f
moedermaatschappij (NL)	Stammhaus n	parent company	maison mère f	casa madre f	casa matriz f
moederschapszorg (NL)	Mutterschutz m	protection of mothers	protection des mères f	tutela della maternità f	protección de la madre f
mogen för marknaden (SV)	marktfähig	marketable	vendable	commerciabile	comerciable
monatlich (D)	—	monthly	par mois	mensile	mensual
mondeling (NL)	mündlich	verbal	oralement	verbale	oral

mondeling

P	NL	SV	PL	CZ	H
aviso de vaga para um emprego m	oproepen van sollicitanten voor een betrekking n	utlysning av tjänst	przetarg o stanowisko pracy m	konkurs na místo n	állás meghirdetése
advertência f	aanmaning tot betaling f	påminnelse	upomnienie płatnicze n	upomínka f	fizetési felszólítás
penhora f	borgstelling f	pantsättning	ustanowienie zastawu n	zástava f	elzálogosítás
local de nascimento m	geboorteplaats f	födelseort	miejsce urodzenia n	—	születési hely
lugar de destino m	plaats van bestemming f	destination	miejsce przeznaczenia n	—	rendeltetési hely
medida f	maat f	mått	miara f	míra f	mérték
em embalagem à parte	per afzonderlijke post	som särskild försändelse	oddzielną przesyłką	zvláštní poštou f	külön küldeményként
meios m/pl	middel n	medel	środek m	prostředek m	eszköz
a médio prazo	op middellange termijn	medellång	średnioterminowy	střednědobý	középlejáratú
remetente m	afzender m	avsändare	nadawca m	odesílatel m	feladó
carga diversa f	stukgoederen n/pl	styckegods	drobnica f	kusové zboží n	darabáru
marketing-mix m	marketingmix m	kombination av marknadsvariabler	mieszanka marketingowa f	kombinace marketingu f	marketing-mix m
moeda fraca f	zwakke valuta f	—	waluta słaba f	měkká měna f	puha valuta
quantidade f	hoeveelheid f	kvantitet	ilość f	—	mennyiség
volume monetário m	geldvolume n	penningvolym	wolumen pieniężny m	—	pénzmennyiség
capacidade f	capaciteit f	kapacitet	—	kapacita f	kapacitás
casa-mãe f	moedermaatschappij f	—	przedsiębiorstwo macierzyste n	mateřská společnost f	anyavállalat
—	wijziging van het contract f	avtalsändring	zmiana umowy f	změna smlouvy n	szerződésmódosítás
modificação do contrato f	wijziging van het contract f	avtalsändring	zmiana umowy f	změna smlouvy n	szerződésmódosítás
modificação do contrato f	wijziging van het contract f	avtalsändring	zmiana umowy f	změna smlouvy n	szerződésmódosítás
modificação do contrato f	wijziging van het contract f	avtalsändring	zmiana umowy f	změna smlouvy n	szerződésmódosítás
formulário m	formulier n	formulär	formularz m	formulář m	űrlap
impresso m	gedrukt formulier n	blankett	formularz m	předtisk m	űrlap
formulário de solicitação m	aanvraagformulier n	ansökningsblankett	formularz podaniowy m	formulář žádosti m	kérvényűrlap
vale de correio m	stortingsformulier n	postanvisning	blankiet na przekaz pieniężny m	poštovní poukázka f	pénzesutalvány
formulário em branco m	blanco formulier n	blankoformulär	formularz in blanco m	nevyplněný formulář m	biankó űrlap
nota de encomenda f	bestelformulier n	orderformulär	formularz zamówienia m	objednací formulář m	megrendelőlap
—	muntstuk n	mynt	moneta f	mince f	pénzérme
—	munteenheid f	valuta	waluta f	měna f	valuta
—	sleutelvaluta f	huvudvaluta	waluta "twarda" f	hlavní měna f	kulcsvaluta
—	reservevaluta f	reservvaluta	waluta rezerwowa f	rezervní měna f	tartalékvaluta
—	harde valuta f	hårdvaluta	twarda waluta f	tvrdá měna f	kemény valuta
—	zwakke valuta f	mjukvaluta	waluta słaba f	měkká měna f	puha valuta
—	deviezen n/pl	valuta	gotówka zagraniczna f	druhy m/pl	külföldi bankjegyek és pénzérmék
—	eenheidsmunt f	gemensam valuta	ujednolicona waluta f	jednotná měna f	egységes valuta
casa-mãe f	—	moderföretag	przedsiębiorstwo macierzyste n	mateřská společnost f	anyavállalat
protecção da maternidade f	—	föräldraförsäkring	ochrona macierzyństwa f	ochrana matky f	anyavédelem
comercializável	verhandelbaar	—	pokupny na rynku	schopný uplatnění n	piacképes
mensal	maandelijks	månatligt	miesięcznie	měsíčně	havi
verbal	—	muntlig	ustnie	ústní	szóbeli

mondialisation 636

	D	E	F	I	ES
mondialisation (F)	Globalisierung f	globalisation	—	globalizzazione f	globalización f
moneda (ES)	Münze f	coin	monnaie f	moneta f	—
moneda (ES)	Währung f	currency	monnaie f	moneta f	—
moneda blanda (ES)	weiche Währung f	soft currency	monnaie faible f	moneta debole f	—
moneda de referencia (ES)	Leitwährung f	key currency	monnaie-clé f	valuta guida f	—
moneda de reserva (ES)	Reservewährung f	reserve currency	monnaie de réserve f	valuta di riserva f	—
moneda fuerte (ES)	harte Währung f	hard currency	monnaie forte f	moneta forte f	—
moneda oro (ES)	Goldwährung f	gold currency	monnaie à couverture or f	valuta aurea f	—
monedas extranjeras (ES)	Sorten pl	foreign notes and coins	genres m/pl	valute estere f/pl	—
moneda única (ES)	Einheitswährung f	unified currency	monnaie unique f	moneta unitaria f	—
moneta (I)	Münze f	coin	monnaie f	—	moneda f
moneta (I)	Währung f	currency	monnaie f	—	moneda f
moneta (PL)	Münze f	coin	monnaie f	moneta f	moneda f
moneta bancaria (I)	Buchgeld n	deposit money	monnaie de crédit f	—	dinero en depósitos m
moneta debole (I)	weiche Währung f	soft currency	monnaie faible f	—	moneda blanda f
moneta forte (I)	harte Währung f	hard currency	monnaie forte f	—	moneda fuerte f
monetair (NL)	monetär	monetary	monétaire	monetario	monetario
monétaire (F)	monetär	monetary	—	monetario	monetario
monetaire politiek (NL)	Geldpolitik f	monetary policy	politique monétaire f	politica monetaria f	política monetaria f
monetaire politiek (NL)	Währungspolitik f	monetary policy	politique monétaire f	politica monetaria f	política monetaria f
monetaire zone (NL)	Währungszone f	currency zone	zone monétaire f	zona monetaria f	zona monetaria f
moneta metallica (I)	Hartgeld n	specie	pièce de monnaie f	—	dinero metálico m
monetär (D)	—	monetary	monétaire	monetario	monetario
monetär (SV)	monetär	monetary	monétaire	monetario	monetario
monetario (I)	monetär	monetary	monétaire	—	monetario
monetario (ES)	monetär	monetary	monétaire	monetario	—
monetário (P)	monetär	monetary	monétaire	monetario	monetario
monetáris (H)	monetär	monetary	monétaire	monetario	monetario
monetáris politika (H)	Währungspolitik f	monetary policy	politique monétaire f	politica monetaria f	política monetaria f
monetarny (PL)	monetär	monetary	monétaire	monetario	monetario
monetary (E)	monetär	—	monétaire	monetario	monetario
monetary agreement (E)	Währungsabkommen n	—	accord monétaire m	accordo monetario m	acuerdo monetario m
monetary policy (E)	Geldpolitik f	—	politique monétaire f	politica monetaria f	política monetaria f
monetary policy (E)	Währungspolitik f	—	politique monétaire f	politica monetaria f	política monetaria f
monetary union (E)	Währungsunion f	—	union monétaire f	unione monetaria f	unión monetaria f
moneta unitaria (I)	Einheitswährung f	unified currency	monnaie unique f	—	moneda única f
money (E)	Geld n	—	argent m	denaro m	dinero m
money market (E)	Geldmarkt m	—	marché monétaire m	mercato monetario m	mercado monetario m
monit (PL)	Mahnbrief m	reminder	lettre d'avertissement f	lettera di sollecito f	carta admonitoria f
monnaie (F)	Münze f	coin	—	moneta f	moneda f
monnaie (F)	Währung f	currency	—	moneta f	moneda f
monnaie à couverture or (F)	Goldwährung f	gold currency	—	valuta aurea f	moneda oro f
monnaie-clé (F)	Leitwährung f	key currency	—	valuta guida f	moneda de referencia f
monnaie de crédit (F)	Buchgeld n	deposit money	—	moneta bancaria f	dinero en depósitos m
monnaie de papier (F)	Papiergeld n	paper money	—	banconote f/pl	papel-moneda m
monnaie de réserve (F)	Reservewährung f	reserve currency	—	valuta di riserva f	moneda de reserva f
monnaie faible (F)	weiche Währung f	soft currency	—	moneta debole f	moneda blanda f

P	NL	SV	PL	CZ	H
globalização f	globalisering f	globalisering	globalizacja f	globalizace f	globalizálódás
moeda f	muntstuk n	mynt	moneta f	mince f	pénzérme
moeda f	munteenheid f	valuta	waluta f	měna f	valuta
moeda fraca f	zwakke valuta f	mjukvaluta	waluta słaba f	měkká měna f	puha valuta
moeda de referência f	sleutelvaluta f	huvudvaluta	waluta "twarda" f	hlavní měna f	kulcsvaluta
moeda de reserva f	reservevaluta f	reservvaluta	waluta rezerwowa f	rezervní měna f	tartalékvaluta
moeda forte f	harde valuta f	hårdvaluta	twarda waluta f	tvrdá měna f	kemény valuta
padrão-ouro da moeda m	goudstandaard m	guldvaluta	waluta w złocie f	zlatá měna f	aranyvaluta
moedas estrangeiras f/pl	deviezen n/pl	valuta	gotówka zagraniczna f	druhy m/pl	külföldi bankjegyek és pénzérmék
moeda única f	eenheidsmunt f	gemensam valuta	ujednolicona waluta f	jednotná měna f	egységes valuta
moeda f	muntstuk n	mynt	moneta f	mince f	pénzérme
moeda f	munteenheid f	valuta	waluta f	měna f	valuta
moeda f	muntstuk n	mynt	—	mince f	pénzérme
dinheiro em conta m	boekgeld n	kontobehållning	pieniądze na kontach n/pl	zúčtované peníze pl	bankszámlapénz
moeda fraca f	zwakke valuta f	mjukvaluta	waluta słaba f	měkká měna f	puha valuta
moeda forte f	harde valuta f	hårdvaluta	twarda waluta f	tvrdá měna f	kemény valuta
monetário m	—	monetär	monetarny	peněžní	monetáris
monetário m	monetair	monetär	monetarny	peněžní	monetáris
política monetária f	—	penningpolitik	polityka fiskalna f	peněžní politika f	pénzpolitika
política monetária f	—	valutapolitik	polityka walutowa f	měnová politika f	monetáris politika
zona monetária f	—	valutaområde	strefa walutowa f	měnová zóna f	valutaövezet
dinheiro-moeda m	gemunt geld n	mynt	bilon m	mince f/pl	fémpénz
monetário m	monetair	monetär	monetarny	peněžní	monetáris
monetário m	monetair	—	monetarny	peněžní	monetáris
monetário m	monetair	monetär	monetarny	peněžní	monetáris
—	monetair	monetär	monetarny	peněžní	monetáris
monetário m	monetair	monetär	monetarny	peněžní	—
política monetária f	monetaire politiek f	valutapolitik	polityka walutowa f	měnová politika f	—
monetário m	monetair	monetär	—	peněžní	monetáris
monetário m	monetair	monetär	monetarny	peněžní	monetáris
acordo monetário m	muntovereenkomst f	valutaavtal	porozumienie walutowe n	měnová dohoda f	valutaegyezmény
política monetária f	monetaire politiek f	penningpolitik	polityka fiskalna f	peněžní politika f	pénzpolitika
política monetária f	monetaire politiek f	valutapolitik	polityka walutowa f	měnová politika f	monetáris politika
união monetária f	muntunie f	valutaunion	unia walutowa f	měnová unie f	valutaunió
moeda única f	eenheidsmunt f	gemensam valuta	ujednolicona waluta f	jednotná měna f	egységes valuta
dinheiro m	geld n	pengar pl	pieniądz m	peníze m/pl	pénz
mercado monetário m	geldmarkt f	penningmarknad	rynek pieniężny m	peněžní trh m	pénzpiac
carta de advertência f	rappelbrief m	kravbrev	—	upomínka f	fizetési felszólítás
moeda f	muntstuk n	mynt	moneta f	mince f	pénzérme
moeda f	munteenheid f	valuta	waluta f	měna f	valuta
padrão-ouro da moeda m	goudstandaard m	guldvaluta	waluta w złocie f	zlatá měna f	aranyvaluta
moeda de referência f	sleutelvaluta f	huvudvaluta	waluta "twarda" f	hlavní měna f	kulcsvaluta
dinheiro em conta m	boekgeld n	kontobehållning	pieniądze na kontach n/pl	zúčtované peníze pl	bankszámlapénz
papel-moeda m	papiergeld n	sedlar pl	pieniądz papierowy m	papírové peníze m/pl	papírpénz
moeda de reserva f	reservevaluta f	reservvaluta	waluta rezerwowa f	rezervní měna f	tartalékvaluta
moeda fraca f	zwakke valuta f	mjukvaluta	waluta słaba f	měkká měna f	puha valuta

monnaie forte

	D	E	F	I	ES
monnaie forte (F)	harte Währung f	hard currency	—	moneta forte f	moneda fuerte f
monnaie légale (F)	gesetzliches Zahlungsmittel n	legal tender	—	mezzo di pagamento legale m	medio legal de pago m
monnaie unique (F)	Einheitswährung f	unified currency	—	moneta unitaria f	moneda única f
Monopol (D)	—	monopoly	monopole m	monopolio m	monopolio m
monopol (SV)	Monopol n	monopoly	monopole m	monopolio m	monopolio m
monopol (PL)	Monopol n	monopoly	monopole m	monopolio m	monopolio m
monopol (CZ)	Monopol n	monopoly	monopole m	monopolio m	monopolio m
monopole (F)	Monopol n	monopoly	—	monopolio m	monopolio m
monopolie (NL)	Monopol n	monopoly	monopole m	monopolio m	monopolio m
monopolio (I)	Monopol n	monopoly	monopole m	—	monopolio m
monopolio (ES)	Monopol n	monopoly	monopole m	monopolio m	—
monopólio (P)	Monopol n	monopoly	monopole m	monopolio m	monopolio m
monopólium (H)	Monopol n	monopoly	monopole m	monopolio m	monopolio m
monopoly (E)	Monopol n	—	monopole m	monopolio m	monopolio m
monster (NL)	Muster n	sample	échantillon m	campione m	muestra f
monster (NL)	Warenprobe f	sample	échantillon m	campione m	muestra f
monsterbeurs (NL)	Mustermesse f	samples fair	foire d'échantillons f	fiera campionaria f	feria de muestras f
monsterzending (NL)	Mustersendung	sample consignment	envoi d'échantillons m	spedizione di campioni f	envío de muestras m
monster zonder waarde (NL)	Muster ohne Wert	sample with no commercial value	échantillon sans valeur m	campione senza valore m	muestra sin valor f
montant (F)	Betrag m	amount	—	importo m	suma f
montant de la facture (F)	Rechnungsbetrag f	invoice total	—	ammontare della fattura m	importe de la factura m
montant de la facture (F)	Rechnungssumme f	Invoice amount	—	importo della fattura m	suma de la factura f
montant de l'assurance (F)	Versicherungssumme f	insured sum	—	capitale assicurato m	suma asegurada f
montant de rachat (F)	Ablösesumme f	redemption sum	—	buona uscita f	suma de amortización f
montanto (P)	Betrag m	amount	montant	importo m	suma f
montante da factura (P)	Rechnungsbetrag f	invoice total	montant de la facture m	ammontare della fattura m	importe de la factura f
montante da factura (P)	Rechnungssumme f	invoice amount	montant de la facture m	importo della fattura m	suma de la factura f
montante de amortização (P)	Ablösesumme f	redemption sum	montant de rachat m	buona uscita f	suma de amortización f
montante do seguro (P)	Versicherungssumme f	insured sum	montant de l'assurance m	capitale assicurato m	suma asegurada f
montante fixo (P)	Fixum n	fixed sum	somme fixe f	somma fissa f	fijo m
montante mínimo (P)	Mindesthöhe f	minimum amount	montant minimum m	importo minimo m	cantidad mínima f
montante total (P)	Gesamtsumme f	total amount	montant total m	importo totale m	suma total f
montant minimum (F)	Mindesthöhe f	minimum amount	—	importo minimo m	cantidad mínima f
montant total (F)	Gesamtsumme f	total amount	—	importo totale m	suma total f
monthly (E)	monatlich	—	par mois	mensile	mensual
monthly instalment (E)	Teilzahlungsrate f	—	versement d'un achat à tempérament f	rata f	plazo m
mora (I)	Verzug m	delay	retard m	—	retraso m
mora (P)	Verzug m	delay	retard m	mora f	retraso m
mora nella consegna (I)	Lieferverzug m	default of delivery	demeure du fournisseur f	—	demora en la entrega f
moratoire rente (NL)	Verzugszinsen f	default interest	intérêts moratoires m/pl	interessi di mora m/pl	intereses de demora m/pl
moratoria (ES)	Stundung f	respite	prorogation f	proroga f	—
morosità di pagamento (I)	Zahlungsrückstand m	payment in arrears	arriéré de payement m	—	pago atrasado m
moroso (I)	säumig	dilatory	retardataire	—	moroso
moroso (ES)	säumig	dilatory	retardataire	moroso	—

moroso

P	NL	SV	PL	CZ	H
moeda forte f	harde valuta f	hårdvaluta	twarda waluta f	tvrdá měna f	kemény valuta
meio legal de pagamento m	wettig betaalmiddel n	giltigt betalningsmedel	ustawowy środek płatniczy m	zákonný platební prostředek m	törvényes fizetőeszköz
moeda única f	eenheidsmunt f	gemensam valuta	ujednolicona waluta f	jednotná měna f	egységes valuta
monopólio m	monopolie n	monopol	monopol m	monopol m	monopólium
monopólio m	monopolie n	—	monopol m	monopol m	monopólium
monopólio m	monopolie n	monopol	—	monopol m	monopólium
monopólio m	monopolie n	monopol	monopol m	—	monopólium
monopólio m	monopolie n	monopol	monopol m	monopol m	monopólium
monopólio m	—	monopol	monopol m	monopol m	monopólium
monopólio m	monopolie n	monopol	monopol m	monopol m	monopólium
monopólio m	monopolie n	monopol	monopol m	monopol m	monopólium
—	monopolie n	monopol	monopol m	monopol m	monopólium
monopólio m	monopolie n	monopol	monopol m	monopol m	—
monopólio m	monopolie n	monopol	monopol m	monopol m	monopólium
amostra f	—	prov	wzór m	vzor m	minta
amostra f	—	varuprov	próbka towarów f	vzorek m	áruminta
feira de amostras f	—	industrimässa	targi wzorcowe m/pl	vzorkový veletrh m	kereskedelmi vásár
envio de amostras m	—	provförsändelse	przesyłka próbek wzorcowych f	zásilka na ukázku f	mintaküldemény
amostra sem valor comercial f	—	prov utan värde	próbka bez wartości f	vzorek bez hodnoty m	minta érték nélkül
montante m	bedrag n	summa	kwota f	částka f	összeg
montante da factura m	factuurbedrag n	faktureringssumma	suma rachunku f	účetní částka f	számlaösszeg
montante da factura m	factuurbedrag n	faktureringssumma	suma rachunku f	účetní suma f	számlaösszeg
montante do seguro m	verzekerd bedrag n	försäkringssumma	suma ubezpieczenia f	pojistná suma f	biztosítási összeg
montante de amortização m	aflosbedrag n	återköpsumma	kwota spłaty f	odstupné n	visszafizetési összeg
—	bedrag n	summa	kwota f	částka f	összeg
—	factuurbedrag n	faktureringssumma	suma rachunku f	účetní částka f	számlaösszeg
—	factuurbedrag n	faktureringssumma	suma rachunku f	účetní suma f	számlaösszeg
—	aflosbedrag n	återköpsumma	kwota spłaty f	odstupné n	visszafizetési összeg
—	verzekerd bedrag n	försäkringssumma	suma ubezpieczenia f	pojistná suma f	biztosítási összeg
—	vaste wedde f	fast summa	stałe wynagrodzenie n	fixní plat m	fix jutalék
—	minimumbedrag m	minimisumma	wysokość minimalna f	minimální výška f	legkisebb mennyiség
—	totaal bedrag n	totalsumma	suma całkowita f	celková částka f	teljes összeg
montante mínimo m	minimumbedrag m	minimisumma	wysokość minimalna f	minimální výška f	legkisebb mennyiség
montante total m	totaal bedrag n	totalsumma	suma całkowita f	celková částka f	teljes összeg
mensal	maandelijks	månatligt	miesięcznie	měsíčně	havi
prestação f	maandelijkse afbetaling f	avbetalningstakt	rata f	splátka f	részletfizetési összeg
mora f	achterstallen m/pl	uppskov	zwłoka f	odklad m	késedelem
—	achterstallen m/pl	uppskov	zwłoka f	odklad m	késedelem
atraso no fornecimento m	achterstand van de leveringen m	försenad leverans	opóźnienie dostawy n	prodlení v dodávce n	szállítási késedelem
juros de mora m/pl	—	dröjsmålsränta	odsetki za zwłokę pl	úroky z prodlení m/pl	késedelmi kamat
prorrogação do prazo f	uitstel van betaling n	uppskov	odroczenie n	odklad m	fizetési haladék
atraso no pagamento m	achterstand m	betalningsanstånd	zaległości płatnicze n/pl	nedoplatek m	fizetési hátralék
moroso m	nalatig	sen	opóźniony	liknavý	késedelmes
moroso m	nalatig	sen	opóźniony	liknavý	késedelmes

moroso 640

	D	E	F	I	ES
moroso (P)	säumig	dilatory	retardataire	moroso	moroso
mortgage (E)	Hypothek f	—	hypothèque f	ipoteca f	hipoteca f
mortgage bank (E)	Hypothekenbank f	—	banque hypothécaire f	banca ipotecaria f	banco hipotecario m
mortgage bond (E)	Pfandbrief m	—	obligation hypothécaire f	titolo ipotecario m	cédula hipotecaria f
möte (SV)	Besprechung f	discussion	conférence f	colloquio m	reunión f
möte (SV)	Tagung	meeting	congrès m	congresso m	reunión f
mötesdatum (SV)	Besprechungstermin m	conference date	date de la conférence f	termine del colloquio m	fecha de reunión f
mot kontantbetalning (SV)	gegen Barzahlung	against cash	au comptant	contro pagamento in contanti	al contado
motorfordon (SV)	Kraftfahrzeug n	motor vehicle	véhicule à moteur m	autoveicolo m	automóvil m
motorové vozidlo (CZ)	Kraftfahrzeug n	motor vehicle	véhicule à moteur m	autoveicolo m	automóvil m
motorrijtuig (NL)	Kraftfahrzeug n	motor vehicle	véhicule à moteur m	autoveicolo m	automóvil m
motor vehicle (E)	Kraftfahrzeug n	—	véhicule à moteur m	autoveicolo m	automóvil m
mot remburs (SV)	gegen Akkreditiv	against letter of credit	contre accréditif	contro lettera di credito	con crédito documentario
mottagare (SV)	Empfänger m	recipient	destinataire m	destinatario m	destinatario m
mottagningsbevis (SV)	Empfangsbestätigung f	acknowledgement of receipt	accusé de réception m	conferma di ricevimento f	recibo m
mottagningsbevis (SV)	Rückschein m	advice of delivery	avis de réception m	ricevuta di ritorno f	acuse de recibo m
mouvement de devises (F)	Devisenverkehr m	foreign exchange operations	—	commercio dei cambi m	tráfico de divisas m
mouvement des capitaux (F)	Kapitalverkehr m	capital transactions	—	circolazione dei capitali f	circulación de capitales f
movable goods (E)	bewegliche Güter n/pl	—	biens meubles m/pl	beni mobili m/pl	bienes muebles m/pl
movimento de divisas (P)	Devisenverkehr m	foreign exchange operations	mouvement de devises m	commercio dei cambi m	tráfico de divisas m
moyen (F)	Mittel n	means	—	mezzo m	medio m
moyenne (F)	Durchschnitt m	average	—	media f	promedio m
moyen publicitaire (F)	Werbemittel f	means of advertising	—	mezzo pubblicitario m	medio publicitario m
moyens de transport (F)	Transportmittel n/pl	means of transport	—	mezzo di trasporto m	medio de transporte m
możliwość awansu (PL)	Aufstiegsmöglichkeit f	opportunity for advancement	perspectives de promotion f/pl	possibilità di carriera f	posibilidades de ascenso f/pl
możliwość zbytu (PL)	Absatzchance f	sales prospects	possibilités de réussite des ventes f/pl	possibilità di vendita f/pl	posibilidades de venta f/pl
możliwy do wypowiedzenia (PL)	kündbar	redeemable	résiliable	risolubile	rescindible
možnost vzestupu (CZ)	Aufstiegsmöglichkeit f	opportunity for advancement	perspectives de promotion f/pl	possibilità di carriera f	posibilidades de ascenso f/pl
mudança de turno (P)	Schichtwechsel m	change of shift	relève d'équipe f	cambio di turno m	cambio del turno de obreros m
muestra (ES)	Muster n	sample	échantillon m	campione m	—
muestra (ES)	Probepackung f	trial package	échantillon m	confezione campione f	—
muestra (ES)	Warenprobe f	sample	échantillon m	campione m	—
muestra sin valor (ES)	Muster ohne Wert	sample with no commercial value	échantillon sans valeur m	campione senza valore m	—
működési költségek (H)	Betriebskosten pl	operating costs	charges d'exploitation f/pl	spese d'esercizio f/pl	gastos de explotación m/pl
működő tőke (H)	Betriebskapital n	working capital	capital de roulement m	capitale d'esercizio m	capital de explotación m
multa (I)	Geldstrafe f	fine	amende f	—	multa f
multa (ES)	Bußgeld n	penalty	amende f	pena pecuniaria f	—

641 multa

P	NL	SV	PL	CZ	H
—	nalatig	sen	opóźniony	liknavý	késedelmes
hipoteca f	hypotheek f	hypotek	hipoteka f	hypotéka m	jelzálog
banco hipotecário m	hypotheekbank f	hypoteksbank	bank hipoteczny m	hypoteční banka f	jelzálogbank
título hipotecário m	pandbrief f	obligation med inteckning som säkerhet	list zastawny m	zástavní list m	záloglevél
conferência f	bespreking f	—	konferencja f	porada f	megbeszélés
reunião f	zitting f	—	konferencja f	zasedání n	ülés
data da conferência f	vergaderdatum m	—	termin konferencji m	termín porady m	megbeszélés időpontja
a dinheiro	contant	—	za gotówkę	proti hotovosti f	készfizetés ellenében
automóvel m	motorrijtuig n	—	pojazd mechaniczny m	motorové vozidlo n	gépjármű
automóvel m	motorrijtuig n	motorfordon	pojazd mechaniczny m	—	gépjármű
automóvel m	—	motorfordon	pojazd mechaniczny m	motorové vozidlo n	gépjármű
automóvel m	motorrijtuig n	motorfordon	pojazd mechaniczny m	motorové vozidlo n	gépjármű
contra carta de crédito	tegen akkreditief	—	za akredytywę	proti akreditivu m	akkreditív ellenében
destinatário m	geadresseerde m	—	odbiorca m	příjemce m	címzett
aviso de recepção f	ontvangstbevestiging f	—	potwierdzenie odbioru n	potvrzení příjmu n	átvételi elismervény
aviso de recepção m	ontvangstbewijs n	—	potwierdzenie odbioru n	návratka f	tértivevény
movimento de divisas f	deviezenverkeer n	valutahandel	obrót dewizowy m	devizový styk m	devizaforgalom
circulação de capital f	kapitaalverkeer n	kapitalrörelse	obieg kapitału m	pohyb kapitálu m	tőkeműveletek
bens móveis m/pl	roerende goederen n/pl	inventarier pl	dobra ruchome n/pl	pohyblivý majetek m	ingóságok
—	deviezenverkeer n	valutahandel	obrót dewizowy m	devizový styk m	devizaforgalom
meios m/pl	middel n	medel	środek m	prostředek m	eszköz
média f	gemiddelde n	genomsnitt	przeciętna f	průměr m	átlag
meio publicitário m	reclamemedium n	reklammedel	środek reklamy m	propagační prostředky m/pl	reklámeszköz
meios de transporte m/pl	transportmiddelen n/pl	transportmedel	środki transportu m/pl	dopravní prostředky m/pl	szállítóeszközök
possibilidade de promoção f	promotiekans f	avancemangsmöjlighet	—	možnost vzestupu f	előmeneteli lehetőségek
possibilidades de venda f/pl	verkoopvooruitzichten n/pl	kundämne	—	vyhlídka na odbyt f	értékesítési kilátások
rescindível	aflosbaar	uppsägbar	—	vypověditelný	felmondható
possibilidade de promoção f	promotiekans f	avancemangsmöjlighet	możliwość awansu f	—	előmeneteli lehetőségek
—	ploegenwisseling f	skiftbyte	zmiana f	střídání směn n	műszakváltás
amostra f	monster n	prov	wzór m	vzor m	minta
amostra f	proefverpakking f	provförpackning	opakowanie wzorocowe n	zkušební balení n	próbacsomagolás
amostra f	monster n	varuprov	próbka towarów f	vzorek m	áruminta
amostra sem valor comercial f	monster zonder waarde n	prov utan värde	próbka bez wartości f	vzorek bez hodnoty m	minta érték nélkül
custos de exploração m/pl	bedrijfskosten m/pl	driftskostnader pl	koszty eksploatacyjne m/pl	provozní náklady m/pl	—
capital circulante m	bedrijfskapitaal n	rörelsekapital	kapitał zakładowy m	provozní kapitál m	—
multa f	boete f	böter	kara pieniężna f	peněžitá pokuta f	pénzbírság
multa administrativa f	boete f/m	straffavgift	grzywna f	pokuta f	pénzbírság

multa

	D	E	F	I	ES
multa (ES)	Geldbuße f	fine	amende f	pena pecuniaria f	—
multa (ES)	Geldstrafe f	fine	amende f	multa f	—
multa (P)	Geldbuße f	fine	amende f	pena pecuniaria f	multa f
multa (P)	Geldstrafe f	fine	amende f	multa f	multa f
multa administrativa (P)	Bußgeld n	penalty	amende f	pena pecuniaria f	multa f
multa convencional (P)	Konventionalstrafe f	contractual penalty	pénalités conventielles f/pl	penalità convenzionale f	pena convencional f
multilateraal (NL)	multilateral	multilateral	multilatéral	multilaterale	multilateral
multilateral (D)	—	multilateral	multilatéral	multilaterale	multilateral
multilateral (E)	multilateral	—	multilatéral	multilaterale	multilateral
multilateral (ES)	multilateral	multilateral	multilatéral	multilaterale	—
multilateral (P)	multilateral	multilateral	multilatéral	multilaterale	multilateral
multilateral (SV)	multilateral	multilateral	multilatéral	multilaterale	multilateral
multilatéral (F)	multilateral	multilateral	—	multilaterale	multilateral
multilaterale (I)	multilateral	multilateral	multilatéral	—	multilateral
multilaterális (H)	multilateral	multilateral	multilatéral	multilaterale	multilateral
multilaterální (CZ)	multilateral	multilateral	multilatéral	multilaterale	multilateral
mündlich (D)	—	verbal	oralement	verbale	oral
munka (H)	Arbeit f	work	travail m	lavoro m	trabajo m
munkabér-elszámolási számla (H)	Gehaltskonto n	salary account	compte de domiciliation du salaire m	conto stipendi m	cuenta de salario f
munkaebéd (H)	Arbeitsessen n	working lunch	déjeuner de travail m	pranzo di lavoro m	comida de trabajo f
munkaerő (H)	Arbeitskraft f	worker	employé m	forza lavoro f	trabajador m
munkaerőhiány (H)	Personalmangel m	shortage of staff	manque de personnel m	mancanza di personale f	falta de personal f
munkaerő-kölcsönzés (H)	Personal-Leasing n	personnel leasing	leasing de personnel m	leasing di personale m	leasing de personal m
munkaerőpiac (H)	Arbeitsmarkt m	labour market	marché du travail m	mercato del lavoro m	mercado laboral m
munkahely (H)	Arbeitsplatz m	place of employment	lieu de travail m	posto di lavoro m	puesto de trabajo m
munkahelyi baleset (H)	Arbeitsunfall m	industrial accident	accident du travail m	infortunio sul lavoro m	accidente profesional m
munkahelyi légkör (H)	Betriebsklima n	working conditions and human relations	ambiance de travail m	ambiente di lavoro m	ambiente de trabajo m
munkaidő (H)	Arbeitszeit f	working hours	heures de travail f/pl	orario di lavoro m	jornada laboral f
munkajog (H)	Arbeitsrecht n	labour law	droit du travail f	diritto del lavoro m	derecho laboral m
munkáltató (H)	Arbeitgeber m	employer	employeur m	datore di lavoro m	empleador m
munkamegosztás (H)	Arbeitsteilung f	division of labour	division du travail f	suddivisione del lavoro f	división del trabajo f
munkanélküliség (H)	Arbeitslosigkeit f	unemployment	chômage m	disoccupazione f	desempleo m
munkapszichológia (H)	Arbeitspsychologie f	industrial psychology	psychologie du travail f	psicologia del lavoro f	psicología laboral f
munkaszerződés (H)	Arbeitsvertrag m	contract of employment	contrat de travail m	contratto di lavoro m	contrato laboral m
munkavállalási engedély (H)	Arbeitserlaubnis f	work permit	permis de travail m	permesso di lavoro m	permiso de trabajo m
munkavállaló (H)	Arbeitnehmer m	employee	salarié m	lavoratore dipendente m	empleado m
munkavállalói résztulajdon (H)	Arbeitnehmerbeteiligung f	worker participation	participation du personnel f	partecipazione dei lavoratori dipendenti f	participación de los empleados f
muntclausule (NL)	Währungsklausel f	currency clause	clause monétaire f	clausola monetaria f	cláusula monetaria f
munteenheid (NL)	Währung f	currency	monnaie f	moneta f	moneda f
muntlig (SV)	mündlich	verbal	oralement	verbale	oral
muntovereenkomst (NL)	Währungsabkommen n	monetary agreement	accord monétaire m	accordo monetario m	acuerdo monetario m
muntrisico (NL)	Währungsrisiko n	currency risk	risque de change m	rischio monetario m	riesgo monetario m
muntslang (NL)	Währungsschlange f	currency snake	serpent monétaire m	serpente monetario m	serpiente monetaria f

muntslang

P	NL	SV	PL	CZ	H
multa f	geldboete f	böter pl	grzywna f	peněžitá pokuta f	pénzbírság
multa f	boete f	böter	kara pieniężna f	peněžitá pokuta f	pénzbírság
—	geldboete f	böter pl	grzywna f	peněžitá pokuta f	pénzbírság
—	boete f	böter	kara pieniężna f	peněžitá pokuta f	pénzbírság
—	boete f/m	straffavgift	grzywna f	pokuta f	pénzbírság
—	contractuele boete f	avtalsvite	kara umowna f	sjednaná pokuta (penále) f	kötbér
multilateral	—	multilateral	wielostronny	multilaterální	multilaterális
multilateral	multilateraal	multilateral	wielostronny	multilaterální	multilaterális
multilateral	multilateraal	multilateral	wielostronny	multilaterální	multilaterális
multilateral	multilateraal	multilateral	wielostronny	multilaterální	multilaterális
—	multilateraal	multilateral	wielostronny	multilaterální	multilaterális
multilateral	multilateraal	—	wielostronny	multilaterální	multilaterális
multilateral	multilateraal	multilateral	wielostronny	multilaterální	multilaterális
multilateral	multilateraal	multilateral	wielostronny	multilaterální	multilaterális
multilateral	multilateraal	multilateral	wielostronny	multilaterální	—
multilateral	multilateraal	multilateral	wielostronny	—	multilaterális
verbal	mondeling	muntlig	ustnie	ústní	szóbeli
trabalho m	werk n	arbete	praca f	práce f	—
conta para depósito de salários f	salarisrekening f	lönekonto	konto płacowe m	účet zřízený pro poukazování příjmu m	—
almoço de trabalho m	werklunch m	arbetslunch	obiad służbowy m	pracovní oběd m	—
mão-de-obra f	arbeidskracht f	arbetskraft	siła robocza f	pracovní síla f	—
falta de pessoal f	gebrek aan personeel n	personalbrist	brak personelu m	nedostatek personálu m	—
leasing de pessoal m	leasing van personeel f	personalleasing	leasing personelu m	personální leasing m	—
mercado de trabalho m	arbeidsmarkt f	arbetsmarknad	rynek pracy m	trh práce m	—
posto de trabalho m	arbeidsplaats f	arbetsplats	stanowisko pracy n	pracoviště n	—
acidente de trabalho m	arbeidsongeval n	arbetsolycka	wypadek przy pracy f	pracovní úraz m	—
ambiente de trabalho m	bedrijfsklimaat n	arbetsklimat	atmosfera pracy f	podnikové klima n	—
horas de trabalho f/pl	werktijd m	arbetstid	czas pracy m	pracovní doba f	—
legislação do trabalho f	arbeidsrecht n	arbetsrätt	prawo pracy n	pracovní právo n	—
empregador m	werkgever m	arbetsgivare	pracodawca m	zaměstnavatel m	—
divisão de trabalho f	arbeidsverdeling f	arbetsdelning	podział pracy m	dělba práce f	—
desemprego m	werkloosheid f	arbetslöshet	bezrobocie n	nezaměstnanost f	—
psicologia laboral f	arbeidspsychologie f	arbetspsykologi	psychologia pracy f	psychologie práce f	—
contrato de trabalho m	arbeidsovereen-komst f	arbetsavtal	umowa o pracę f	pracovní smlouva f	—
autorização de trabalho f	werkvergunning f	arbetstillstånd	zezwolenie na pracę n	pracovní povolení n	—
empregado m	werknemer f/m	arbetstagare	pracobiorca m	zaměstnanec m	—
participação dos empregados f	deelneming van het personeel f	arbetstagarmed-verkan	udział pracowników m	zaměstnanecký podíl m	—
cláusula monetária f	—	valutaklausul	klauzula walutowa f	měnová doložka f	valutazáradék
moeda f	—	valuta	waluta f	měna f	valuta
verbal	mondeling	—	ustnie	ústní	szóbeli
acordo monetário m	—	valutaavtal	porozumienie walutowe n	měnová dohoda f	valutaegyezmény
risco cambial m	—	valutarisk	ryzyko kursowe n	riskantní měna n	valutakockázat
serpente monetária f	—	valutaorm	łańcuch walutowy m	měnová fronta f	valutakígyó

muntstabiliteit

	D	E	F	I	ES
muntstabiliteit (NL)	Geldwertstabilität f	stability of the value of money	stabilité monétaire f	stabilità monetaria f	estabilidad monetaria f
muntstuk (NL)	Münze f	coin	monnaie f	moneta f	moneda f
muntunie (NL)	Währungsunion f	monetary union	union monétaire f	unione monetaria f	unión monetaria f
Münze (D)	—	coin	monnaie f	moneta f	moneda f
Muster (D)	—	sample	échantillon m	campione m	muestra f
Mustermesse (D)	—	samples fair	foire d'échantillons f	fiera campionaria f	feria de muestras f
Muster ohne Wert (D)	—	sample with no commercial value	échantillon sans valeur m	campione senza valore m	muestra sin valor f
Mustersendung (D)	—	sample consignment	envoi d'échantillons m	spedizione di campioni f	envío de muestras m
műszaki (H)	technisch	technical	technique	tecnico	técnico
műszakváltás (H)	Schichtwechsel m	change of shift	relève d'équipe f	cambio di turno m	cambio del turno de obreros m
mutatószámok (H)	Kennziffern f	index numbers	indice m	cifre indice f/pl	cifras índice f/pl
mutning (SV)	Bestechung f	bribe	corruption f	corruzione f	soborno f
Mutterschutz (D)	—	protection of mothers	protection des mères f	tutela della maternità f	protección de la madre f
mutuo (I)	Darlehen n	loan	prêt m	—	préstamo m
mútuo (P)	Darlehen n	loan	prêt m	mutuo m	préstamo m
mutuo residuo (I)	Restdarlehen n	purchase-money loan	prêt restant m	—	restante de un préstamo m
myndighet (SV)	Behörde f	authority	autorité f	autorità f	autoridad f
mynt (SV)	Hartgeld n	specie	pièce de monnaie f	moneta metallica f	dinero metálico m
mynt (SV)	Münze f	coin	monnaie f	moneta f	moneda f
mzda (CZ)	Lohn m	wages	salaire m	salario m	salario m
mzda od kusu (CZ)	Stücklohn m	piece-work pay	salaire à la tâche m	salario a cottimo m	salario a destajo m
mzdová dohoda (CZ)	Lohnvereinbarung f	wage agreement	accord de salaires m	accordo salariale m	pacto salarial m
mzdové náklady (CZ)	Lohnkosten pl	labour costs	charges salariales f/pl	costo del lavoro m	coste de salarios m
mzdový požadavek (CZ)	Lohnforderung f	wage claim	revendication de salaire f	rivendicazione salariale f	reivindicación salarial f
naamloze vennootschap (NL)	Aktiengesellschaft f	joint stock company	société anonyme f	società per azioni f	sociedad anónima f
na bazie komisowej (PL)	auf Kommissionsbasis	on a commission basis	en commission	su commissione	en comisión
nabetaling van belastingen (NL)	Steuernachzahlung f	additional payment of taxes	payement d'un rappel d'impôt m	pagamento arretrato delle imposte m	pago de impuestos atrasados m
nabídka (CZ)	Angebot n	offer	proposition f	offerta f	oferta f
nabídka (CZ)	Offerte f	offer	offre f	offerta f	oferta f
nabídka místa (CZ)	Stellenangebot n	offer of employment	offre d'emploi f	offerta d'impiego f	oferta de empleo f
nabízet (CZ)	anbieten	offer	offrir	offrire	ofrecer
nabyvatel leasingu (CZ)	Leasing-Nehmer m	lessee	preneur de leasing m	beneficiario del leasing m	arrendatario financiero m
nabyvatel licence (CZ)	Lizenznehmer m	licensee	preneur d'une licence m	licenziatario m	concesionario m
nabywca (PL)	Käufer m	purchaser	acquéreur m	acquirente m	adquirente m
nachdatiert (D)	—	post-dated	postdaté	postdatato	posdatado
nach Erhalt der Rechnung (D)	—	on receipt of the invoice	après réception de la facture f	a ricevimento della fattura	después de haber recibido la factura
Nachfrage (D)	—	demand	demande f	domanda f	demanda f
Nachfragerückgang (D)	—	decrease in demand	recul de la demande m	flessione della domanda f	disminución en la demanda f
Nachfrist (D)	—	period of grace	prolongation f	termine supplementare m	prolongación del plazo f
Nachlass (D)	—	inheritance	héritage m	eredità f	herencia f
Nachnahme (D)	—	cash on delivery	remboursement m	contrassegno m	reembolso m
Nachteil (D)	—	disadvantage	désavantage m	svantaggio m	desventaja f

P	NL	SV	PL	CZ	H
estabilidade monetária f	—	penningvärdesstabilitet	stabilność pieniądza f	stabilita hodnoty peněz f	pénzügyi stabilitás
moeda f	—	mynt	moneta f	mince f	pénzérme
união monetária f	—	valutaunion	unia walutowa f	měnová unie f	valutaunió
moeda f	muntstuk n	mynt	moneta f	mince f	pénzérme
amostra f	monster n	prov	wzór m	vzor m	minta
feira de amostras f	monsterbeurs f	industrimässa	targi wzorcowe m/pl	vzorkový veletrh m	kereskedelmi vásár
amostra sem valor comercial f	monster zonder waarde n	prov utan värde	próbka bez wartości f	vzorek bez hodnoty m	minta érték nélkül
envio de amostras m	monsterzending f	provförsändelse	przesyłka próbek wzorcowych f	zásilka na ukázku f	mintaküldemény
técnico	technisch	teknisk	techniczny	technický	—
mudança de turno f	ploegenwisseling f	skiftbyte	zmiana f	střídání směn n	—
índice m/pl	kengetallen n/pl	registreringsnummer	wskaźnik m	ukazatel m	—
suborno m	omkoperij f	—	przekupstwo n	podplácení n	megvesztegetés
protecção da maternidade f	moederschapszorg f	föräldraförsäkring	ochrona macierzyństwa f	ochrana matky f	anyavédelem
mútuo m	lening f	lån	pożyczka f	půjčka f	kölcsön
—	lening f	lån	pożyczka f	půjčka f	kölcsön
empréstimo residual m	resterende lening f	inteckning som dellikvid	reszta pożyczki f	nedoplatek půjčky m	maradékkölcsön
autoridade f	overheid f	—	urząd m	úřad m	hatóság
dinheiro-moeda m	gemunt geld n	—	bilon m	mince f/pl	fémpénz
moeda f	muntstuk n	—	moneta f	mince f	pénzérme
salário m	loon n	lön	płaca f	—	bér
salário por peça m	stukloon n	ackordlön	płaca akordowa f	—	darabbér
acordo salarial m	loonregeling f	löneavtal	porozumienie o wynagrodzeniu n	—	bérmegállapodás
custos de mão-de-obra m/pl	loonkosten m/pl	lönekostnader pl	koszty płac m/pl	—	bérköltség
reivindicação salarial f	looneis m	lönekrav	roszczenie płacowe n	—	bérkövetelés
sociedade anónima f	—	aktiebolag	spółka akcyjna f	akciová společnost f	részvénytársaság
à comissão	in commissie	i kommission	—	na komisionářském základě m	bizományosi alapon
pagamento de impostos atrasados m	—	restskatt	dopłata podatkowa f	doplacení daně n	adóhátralék (meg)fizetése
oferta f	offerte f/m	offert	oferta f	—	ajánlat
oferta f	offerte f	offert	oferta f	—	ajánlat
oferta de emprego f	plaatsaanbieding f	lediga platser	propozycja zatrudnienia f	—	állásajánlat
oferecer	aanbieden	erbjuda	oferować <zaoferować>	—	kínál
locatário m	leaser m	leasingtagare	biorca leasingu m	—	lízingbe vevő
licenciado m	licentiehouder m	licenstagare	licencjobiorca m	—	licencvevő
comprador m	koper m	köpare	—	kupující m/f	vevő
pós-datado m	gepostdateerd	efterdaterad	postdatowany	dodatečné opatření datem n	későbbre keltezett
depois de receber a factura	na ontvangst van de rekening f	efter fakturans ingångsdatum	po otrzymaniu rachunku	po obdržení účtu	a számla kézhezvétele után
procura f	vraag f	efterfrågan	popyt m	poptávka f	kereslet
diminuição da procura f	vermindering van de vraag f	minskad efterfrågan	spadek popytu m	pokles poptávky m	keresletcsökkenés
prolongamento do prazo m	respijttermijn m	respit	termin dodatkowy m	dodatečná lhůta f	póthatáridő
herança f	erfenis f	kvarlåtenskap	spadek m	pozůstalost f	hagyaték
reembolso m	onder rembours	betalning vid leverans	za zaliczeniem pocztowym	dobírka f	utánvétel
desvantagem f	nadeel n	nackdel	niekorzyść n	nevýhoda f	hátrány

nachtploeg

	D	E	F	I	ES
nachtploeg (NL)	Nachtschicht f	night shift	équipe de nuit f	turno notturno m	turno de noche m
nachtsafe (NL)	Nachttresor m	night safe	dépôt de nuit m	cassa continua f	depósito de noche m
Nachtschicht (D)	—	night shift	équipe de nuit f	turno notturno m	turno de noche m
Nachttresor (D)	—	night safe	dépôt de nuit m	cassa continua f	depósito de noche m
Nachzahlung (D)	—	supplementary payment	versement complémentaire m	pagamento supplementare m	pago suplementario m
nacionalização (P)	Verstaatlichung f	nationalisation	nationalisation f	nazionalizzazione f	nacionalización f
nacionalización (ES)	Verstaatlichung f	nationalisation	nationalisation f	nazionalizzazione f	—
nackdel (SV)	Nachteil m	disadvantage	désavantage m	svantaggio m	desventaja f
nadace (CZ)	Stiftung f	foundation	fondation f	fondazione f	fundación f
nadawca (PL)	Absender m	sender	envoyeur m	mittente m	remitente m
naddatek (PL)	Aufgeld n	agio	prime f	aggio m	agio m
nadeel (NL)	Nachteil m	disadvantage	désavantage m	svantaggio m	desventaja f
nadgodzina (PL)	Überstunde f	overtime	heure supplémentaire f	ora straordinaria f	hora extraordinaria f
nadhodnota (CZ)	Mehrwert m	value added	valeur ajoutée f	valore aggiunto m	plusvalía f
nadměrné zadlužení (CZ)	Überschuldung f	excessive indebtedness	surendettement m	indebitamento eccessivo m	exceso de deudas m
nadmierne zadłużenie (PL)	Überschuldung f	excessive indebtedness	surendettement m	indebitamento eccessivo m	exceso de deudas m
na dobírku (CZ)	gegen Nachnahme	cash on delivery	contre remboursement	in contrassegno	contra rembolso
nadwyżka (PL)	Überschuß m	surplus	excédent m	eccedenza f	excedente m
nadwyżka bilansu płatniczego (PL)	Zahlungsbilanzüberschuß m	balance of payments surplus	excédent de la balance des payements m	eccedenza della bilancia dei pagamenti f	superávit en la balanza de pagos m
nadwyżka eksportu (PL)	Exportüberschuß m	export surplus	excédent d'exportation m	eccedenza delle esportazioni f	excedente de exportación m
nadwyżka roczna (PL)	Jahresüberschuß m	annual surplus	excédent annuel m	surplus dell'anno m	superávit del ejercicio m
nadwyżki rolne (PL)	Agrarüberschüsse m/pl	agricultural surpluses	excédents agricoles m/pl	eccedenze agricole f/pl	excedentes agrícolas m/pl
nadzorować (PL)	überwachen	supervise	surveiller	sorvegliare	vigilar
nadzwyczajne wydatki (PL)	außergewöhnliche Belastung f	extraordinary expenses	charges exceptionnelles f/pl	oneri straordinari m/pl	carga extraordinaria f
na głowę (PL)	pro Kopf	per capita	par tête d'habitant	pro capite	per cápita
nagłówek listu (PL)	Briefkopf m	letterhead	en-tête m	intestazione f	encabezamiento m
nagybani piac (H)	Großmarkt m	wholesale market	marché de gros m	mercato all'ingrosso m	hipermercado m
nagykereskedelem (H)	Großhandel m	wholesale trade	commerce de gros m	commercio all'ingrosso m	comercio mayorista m
nagykereskedelmi ár (H)	Großhandelspreis m	wholesale price	prix de gros m	prezzo all'ingrosso m	precio mayorista m
nagykereskedő (H)	Grossist m	wholesaler	grossiste m	grossista m	mayorista m
nagy megrendelés (H)	Großauftrag m	large-scale order	grosse commande f	ordine consistente m	pedido importante m
na hlavu (CZ)	pro Kopf	per capita	par tête d'habitant	pro capite	per cápita
nahlédnutí (CZ)	Einsichtnahme f	inspection	inspection des livres comptables f	visura f	inspección f
náhrada (CZ)	Entschädigung f	compensation	indemnité f	indennità f	indemnización f
náhrada škody (CZ)	Schadensersatz m	recovery of damages	dommages-intérêts m/pl	risarcimento danni m	indemnización f
nahraditelný (CZ)	substituierbar	replaceable	interchangeable	sostituibile	sustituible
náhradní dodávka (CZ)	Ersatzlieferung f	replacement delivery	livraison de remplacement f	fornitura di compensazione f	entrega de reposición f
náhradní nákup (CZ)	Ersatzkauf m	substitute purchase	achat de remplacement m	acquisto di compensazione m	compra de sustitución f
najem (PL)	Miete f	rent	location f	affitto m	alquiler m
nájem (CZ)	Miete f	rent	location f	affitto m	alquiler m
najemca (PL)	Mieter m	tenant	locataire m	locatario m	arrendatario m
nájemník (CZ)	Mieter m	tenant	locataire m	locatario m	arrendatario m
najniższa dopuszczalna cena (PL)	Mindestpreis m	minimum price	prix minimum m	prezzo minimo m	precio mínimo m

najniższa dopuszczalna cena

P	NL	SV	PL	CZ	H
turno nocturno m	—	nattskift	zmiana nocna f	noční směna f	éjszakai műszak
depósito nocturno m	—	nattfack	nocny sejf m	noční trezor m	éjszakai trezor
turno nocturno m	nachtploeg f	nattskift	zmiana nocna f	noční směna f	éjszakai műszak
depósito nocturno m	nachtsafe m	nattfack	nocny sejf m	noční trezor m	éjszakai trezor
pagamento suplementar m	bijbetaling f	tilläggsbetalning	dopłata f	doplatek m	pótkifizetés
—	nationalisering f	förstatligande	upaństwowienie n	zestátnění n	államosítás
nacionalização f	nationalisering f	förstatligande	upaństwowienie n	zestátnění n	államosítás
desvantagem f	nadeel n	—	niekorzyść n	nevýhoda f	hátrány
fundação f	stichting f	stiftelse	fundacja f	—	alapítvány
remetente m	afzender m	avsändare	—	odesílatel m	feladó
ágio m	agio n	banks kursvinster	—	ážio n	felár
desvantagem f	—	nackdel	niekorzyść n	nevýhoda f	hátrány
hora extraordinária f	overuur n	övertid	—	přesčasová hodina f	túlóra
mais-valia f	meerwaarde f	mervärde	wartość dodana f	—	értéktöbblet
endividamento excessivo m	te zware schuldenlast m	höggradig skuldsättning	nadmierne zadłużenie n	—	túlzott eladósodás
endividamento excessivo m	te zware schuldenlast m	höggradig skuldsättning	—	nadměrné zadlužení n	túlzott eladósodás
contra-reembolso	onder rembours	betalning vid leverans	za zaliczeniem pocztowym	—	utánvétellel
excedente m	overschot n	överskott	—	přebytek m	többlet
superavit na balança de pagamentos m	overschot op de betalingsbalans n	överskott i betalningsbalansen	—	přebytek platební bilance m	fizetésimérlegtöbblet
excedente de exportação m	exportoverschot n	exportöverskott	—	exportní přebytek m	kiviteli többlet
excedente do exercício m	jaaroverschot n	årsöverskott	—	roční přebytek m	évi felosztatlan nyereség
excedentes agrícolas m/pl	landbouwoverschotten n/pl	jordbruksöverskott	—	zemědělské přebytky m/pl	mezőgazdasági termékfölösleg
supervisar	superviseren	bevaka	—	hlídat m	felügyel
despesas extraordinárias f/pl	uitzonderlijke lasten m/pl	extraordinära utgifter pl	—	mimořádné zatížení n	rendkívüli terhek
per capita	per hoofd	per capita	—	na hlavu	egy főre jutó
cabeçalho m	briefhoofd n	brevhuvud	—	záhlaví dopisu n	levélpapír fejléce
mercado central m	groothandel m	stormarknad	targowisko hurtowe n	velkoobchodní trh m	—
comércio por grosso m	groothandel m	partihandel	handel hurtowy m	velkoobchod m	—
preço por atacado m	groothandelsprijs m	partipris	cena hurtowa f	velkoobchodní cena f	—
grossista m	groothandelaar m	grossist	hurtownik m	velkoobchodník m	—
encomenda em grande quantidade f	mammoetorder f	stororder	zamówienie wielkoskalowe n	zakázka velkého rozsahu f	—
per capita	per hoofd	per capita	na głowę	—	egy főre jutó
inspecção f	inzage f/m	granskning	wgląd m	—	betekintés
indemnização f	schadevergoeding f	kompensation	odszkodowanie n	—	kártalanítás
indemnização f	schadeloosstelling f	skadestånd	odszkodowanie n	—	kártérítés
substituível	substitueerbaar	utbytbar	zastępowalny	—	helyettesíthető
entrega de reposição f	vervangingslevering f	substitutsleverans	dostawa zastępcza f	—	pótszállítás
compra de reposição f	vervangingskoop m	substitutsköp	zakup zastępczy m	—	pótvásárlás
aluguel m	huur f	hyra	—	nájem m	bérleti díj
aluguel m	huur f	hyra	najem m	—	bérleti díj
inquilino m	huurder m	hyresgäst	—	nájemník m	bérlő
inquilino m	huurder m	hyresgäst	najemca m	—	bérlő
preço mínimo m	minimumprijs m	minimipris	—	minimální cena f	minimálár

najniższa rezerwa

	D	E	F	I	ES
najniższa rezerwa (PL)	Mindestreserve *m*	minimum reserves	réserve minimum *f*	riserva minima obbligatoria *f*	reserva mínima *f*
najtaniej (PL)	billigst	at best price	au meilleur prix	al prezzo migliore	al mejor cambio
najwyższa cena (PL)	Höchstpreis *f*	top price	prix plafond *m*	prezzo massimo *m*	precio máximo *m*
najwyższy kurs (PL)	Höchstkurs *f*	highest rate	cours le plus haut *m*	corso massimo *m*	cotización máxima *f*
nakaz płatniczy (PL)	Zahlungsbefehl *m*	order for payment	ordre de payement *m*	ingiunzione di pagamento *f*	mandamiento de pago *m*
nakład (PL)	Aufwand *m*	expenditure	dépenses *f/pl*	spese *f/pl*	gastos *m/pl*
nakład czasowy (PL)	Zeitaufwand *m*	expenditure of time	investissement en temps *m*	tempo impiegato *m*	tiempo invertido *m*
náklad (CZ)	Aufwand *m*	expenditure	dépenses *f/pl*	spese *f/pl*	gastos *m/pl*
náklad (CZ)	Ladung *f*	freight	charge *f*	carico *m*	carga *f*
nakládat (CZ)	verladen	load	charger	caricare	expedir
nakladatelství (CZ)	Verlag *m*	publishing house	maison d'édition *f*	casa editrice *f*	editorial *f*
nakládka na loď (CZ)	Verschiffung *f*	shipment	embarquement *m*	imbarco *m*	embarque *m*
nakládka na vůz (CZ)	Wagenladung *f*	lorry-load	charge de voiture *f*	carico di autocarro *m*	carga de un vagón *f*
nákladní auto (CZ)	Lastwagen *m*	lorry	camion *m*	camion *m*	camión *m*
nákladní list (CZ)	Frachtbrief *m*	consignment note	lettre de voiture *f*	lettera di vettura *f*	carta de porte *f*
nákladní list (CZ)	Ladeschein *f*	bill of lading	avis de chargement *m*	bolletta di carico *f*	póliza de carga *f*
nákladním autem (CZ)	per Lastkraftwagen	by lorry	par camion	per autocarro	por camión
nákladní zboží (CZ)	Frachtgut *n*	freight goods	marchandise à transporter *f*	carico *m*	mercancías en pequeña velocidad *f/pl*
náklady (CZ)	Kosten *pl*	costs	coûts *m/pl*	costi *m/pl*	gastos *m/pl*
náklady na materiál (CZ)	Materialkosten *pl*	material costs	frais afférents aux matières premières *m/pl*	costi del materiale *m/pl*	costes del material *m/pl*
náklady na rozvoj (CZ)	Entwicklungskosten *pl*	development costs	coûts de développement *m/pl*	costi di sviluppo *m/pl*	gastos de desarrollo *m/pl*
náklady na vykládku (CZ)	Entladungskosten *f*	discharging expenses	coûts de déchargement *m/pl*	spese di scaricamento *f/pl*	gastos de descargo *m/pl*
na komisionářském základě (CZ)	auf Kommissionsbasis	on a commission basis	en commission	su commissione	en comisión
nákup (CZ)	Ankauf *m*	purchase	achat *m*	acquisto *m*	compra *f*
nákup (CZ)	Einkauf *m*	purchase	achat *m*	acquisto *m*	compra *f*
nákup (CZ)	Kauf *m*	purchase	achat *m*	acquisto *m*	compra *f*
nákup na úvěr (CZ)	Kreditkauf *m*	credit purchase	achat à crédit *m*	acquisto a credito *m*	compra a crédito *f*
nákupní cena (CZ)	Einkaufspreis *m*	purchase price	prix d'achat *m*	prezzo d'acquisto *m*	precio de compra *m*
nakupovat (CZ)	einkaufen	buy	acheter	acquistare	comprar
nalatig (NL)	säumig	dilatory	retardataire	moroso	moroso
naléhavý (CZ)	dringend	urgent	urgent	urgente	urgente
należności (PL)	Außenstände *f*	outstanding debts	dettes actives *f/pl*	crediti pendenti *m/pl*	cobros pendientes *m/pl*
Namensaktie (D)	—	registered share	action nominative *f*	azione nominativa *f*	acción nominal *f*
na miarę (PL)	maßgefertigt	manufactured to measure	travaillé sur mesure	prodotto su misura	hecho a medida
namísto placení (CZ)	zahlungsstatt	in lieu of payment	à titre de payement	a titolo di pagamento	a título de pago
namnaktie (SV)	Namensaktie *f*	registered share	action nominative *f*	azione nominativa *f*	acción nominal *f*
na mocy prokury (PL)	per procura	by procuration	par procuration	per procura	por poder
námořní balení (CZ)	seemäßige Verpackung *f*	sea-tight packing	emballage maritime *m*	imballaggio marittimo *m*	embalaje marítimo *m*
na odvolání (CZ)	auf Abruf	on call	à convenance	su richiesta	a requerimiento
naoko registrovaná firma (CZ)	Scheinfirma *f*	bogus firm	entreprise fictive *f*	ditta fittizia *f*	casa ficticia *f*

naoko registrovaná firma

P	NL	SV	PL	CZ	H
reserva mínima f	verplichte reserve f	minimireserv	—	minimální rezerva f	kötelező tartalék
ao melhor preço	tegen de beste prijs	lägsta möjliga pris	—	nejlevnější	az elérhető legalacsonyabb áron
preço máximo m	plafondprijs m	högsta pris	—	maximální cena f	rekordár
cotação máxima f	hoogste koers m	högsta kurs	—	maximální kurs m	csúcsárfolyam
mandato de pagamento f	betalingsbevel n	betalningsorder	—	platební příkaz m	fizetési felszólítás
despesas f/pl	uitgaven pl	utgifter pl	—	náklad m	ráfordítás
tempo empregue m	bestede tijd f	tidsspillan	—	vynaložení času n	időráfordítás
despesas f/pl	uitgaven pl	utgifter pl	nakład m	—	ráfordítás
carga f	vracht f	last	ładunek m	—	rakomány
carregar	laden	lasta	przeładowywać <przeładować>	—	rakodik
editora f	uitgeversmaatschappij f	förlag	wydawnictwo n	—	kiadó
embarque m	verscheping f	utskeppning	wysyłka statkiem f	—	elszállítás
carga de vagão f	wagonlading f	billast	ładunek wagonowy m	—	kocsirakomány
camião m	vrachtwagen f	lastbil	ciężarówka f	—	tehergépkocsi
documento de consignação m	vrachtbrief m	fraktsedel	list przewozowy m	—	szállítólevél
guia de carregamento f	vrachtbrief m	lastbevis	kwit załadowczy m	—	fuvarlevél
por camião	per vrachtwagen	med lastbil	samochodem ciężarowym	—	tehergépkocsival
mercadoria a transportar f	vrachtgoed n	fraktgods	towary przewożone m/pl	—	rakomány
custos m/pl	kosten m/pl	kostnader pl	koszty m/pl	—	költségek
custos de material m/pl	materiaalkosten m/pl	materialkostnader pl	koszty materiałowe m/pl	—	anyagköltségek
custos de desenvolvimento m/pl	ontwikkelingskosten m/pl	utvecklingskostnader pl	koszty rozwojowe m/pl	—	fejlesztési költségek
gastos de descarga m/pl	loskosten m/pl	avlastningskostnader pl	koszty rozładunku m/pl	—	kirakodási költségek
à comissão	in commissie	i kommission	na bazie komisowej f	—	bizományosi alapon
compra f	aankoop m	inköp	zakup m	—	vásárlás
compra f	inkoop m	inköp	zakup m	—	beszerzés
compra f	aankoop m	köp	kupno n	—	vásárlás
compra a crédito f	koop op krediet m	kreditköp	kupno na kredyt n	—	hitelre történő vásárlás
preço de compra m	inkoopprijs m	inköpspris	cena kupna f	—	beszerzési ár
comprar	inkopen	köpa	kupować <kupić>	—	vásárol
moroso m	—	sen	opóźniony	liknavý	késedelmes
urgente	dringend	brådskande	pilny	—	sürgős(en)
dívidas a cobrar f/pl	uitstaande vorderingen f/pl	utestående skulder pl	—	nedoplatky m/pl	kinnlevőségek
acção nominativa f	aandeel op naam n	namnaktie	akcja imienna f	akcie na jméno f	névre szóló részvény
feito à medida	op maat gemaakt	specialtillverkat	—	vyrobený na míru	mérték utáni
a título de pagamento	in plaats van betaling	i stället för betalning	zamiast zapłaty	—	fizetés helyett
acção nominativa f	aandeel op naam n	—	akcja imienna f	akcie na jméno f	névre szóló részvény
por procuração	per volmacht	per prokura	—	per procura	meghatalmazás alapján
embalagem marítima f	zeewaardige verpakking f	sjöfraktsemballage	opakowanie do transportu morskiego n	—	tengeri csomagolás
a pedido	op afroep	jour	na żądanie	—	lehívásra
firma fictícia f	schijnfirma f	skenföretag	firma fikcyjna f	—	fiktív cég

na ontvangst van de rekening 650

	D	E	F	I	ES
na ontvangst van de rekening (NL)	nach Erhalt der Rechnung	on receipt of the invoice	après réception de la facture f	a ricevimento della fattura	después de haber recibido la factura
naponta (H)	täglich	daily	quotidien	giornaliero	diario
na próbę (PL)	auf Probe	on trial	à l'essai	in prova	a prueba
naptári év (H)	Kalenderjahr n	calendar year	année civile f	anno solare m	año civil m
näringslivets årsrapport (SV)	Jahreswirtschaftsbericht m	Annual Economic Report	compte rendu d'activité économique annuel m	relazione generale sulla situazione economica f	informe económico anual m
nařízení (CZ)	Anordnung f	order	ordre m	disposizione f	orden f
nařízení (CZ)	Order f	order	ordre m	ordine m	pedido m
národní hospodářství (CZ)	Volkswirtschaft f	national economy	économie nationale f	economia politica f	economía nacional f
národohospodářské účetnictví (CZ)	Volkswirtschaftliche Gesamtrechnung	national accounting	comptabilité nationale f	contabilità nazionale f	contabilidad nacional f
národohospodářské vědy (CZ)	Wirtschaftswissenschaften f/pl	economics	sciences économiques f/pl	scienze economiche f/pl	ciencias económicas f/pl
narodowy bilans ogólny (PL)	Volkswirtschaftliche Gesamtrechnung	national accounting	comptabilité nationale f	contabilità nazionale f	contabilidad nacional f
nárok (CZ)	Anspruch m	claim	prétention f	pretesa f	reclamación f
nárok na náhradu škody (CZ)	Schadenersatzansprüche m/pl	claim for damages	droit à l'indemnité m	rivendicazioni di risarcimento danni f/pl	derecho a indemnización por daños y perjuicios m
narozeniny (CZ)	Geburtstag m	birthday	anniversaire m	compleanno m	día de nacimiento m
narzut (PL)	Aufschlag m	surcharge	hausse f	aggiunta f	recargo m
na składzie (PL)	auf Lager	in stock	en stock	in deposito	en almacén
na skladě (CZ)	auf Lager	in stock	en stock	in deposito	en almacén
následné financování (CZ)	Anschlußfinanzierung f	follow-up financing	financement relais m	finanziamento successivo m	financiación sucesiva f
následné škody (CZ)	Folgeschäden m/pl	consequential damages	dommages consécutifs m/pl	danni indiretti m/pl	daño consecuencial m
nástupní plat (CZ)	Anfangsgehalt n	starting salary	salaire initial m	stipendio iniziale m	salario inicial m
nationaal product (NL)	Sozialprodukt n	national product	produit national m	prodotto nazionale m	producto nacional m
national accounting (E)	Volkswirtschaftliche Gesamtrechnung	—	comptabilité nationale f	contabilità nazionale f	contabilidad nacional f
national economy (E)	Volkswirtschaft f	—	économie nationale f	economia politica f	economía nacional f
nationale economie (NL)	Volkswirtschaft f	national economy	économie nationale f	economia politica f	economía nacional f
nationalekonomi (SV)	Volkswirtschaft f	national economy	économie nationale f	economia politica f	economía nacional f
nationalekonomisk bokföring (SV)	Volkswirtschaftliche Gesamtrechnung	national accounting	comptabilité nationale f	contabilità nazionale f	contabilidad nacional f
nationale rekeningen (NL)	Volkswirtschaftliche Gesamtrechnung	national accounting	comptabilité nationale f	contabilità nazionale f	contabilidad nacional f
nationalisation (E)	Verstaatlichung f	—	nationalisation f	nazionalizzazione f	nacionalización f
nationalisation (F)	Verstaatlichung f	nationalisation	—	nazionalizzazione f	nacionalización f
nationalisering (NL)	Verstaatlichung f	nationalisation	nationalisation f	nazionalizzazione f	nacionalización f
national product (E)	Sozialprodukt n	—	produit national m	prodotto nazionale m	producto nacional m
nationalprodukt (SV)	Sozialprodukt n	national product	produit national m	prodotto nazionale m	producto nacional m
nattfack (SV)	Nachttresor m	night safe	dépôt de nuit m	cassa continua f	depósito de noche m
nattskift (SV)	Nachtschicht f	night shift	équipe de nuit f	turno notturno m	turno de noche m
naturaförmåner (SV)	Naturallohn m	wages paid in kind	rémunération en nature f	remunerazione in natura f	salario en especie m
naturaförmåner (SV)	Sachbezüge f/pl	remuneration in kind	prestations en nature f/pl	retribuzioni in natura f/pl	percepciones en especie f/pl
Naturallohn (D)	—	wages paid in kind	rémunération en nature f	remunerazione in natura f	salario en especie m
naturální mzda (CZ)	Naturallohn m	wages paid in kind	rémunération en nature f	remunerazione in natura f	salario en especie m
na účet (CZ)	zu Lasten	chargeable to	à la charge de qn	a carico di	a cargo de

651 **na účet**

P	NL	SV	PL	CZ	H
depois de receber a factura	—	efter fakturans ingångsdatum	po otrzymaniu rachunku	po obdržení účtu	a számla kézhezvétele után
diariamente	dagelijks	dagligen	codziennie	denní	—
à prova	op proef	på prov	—	na zkoušku	kipróbálásra
ano civil *m*	kalenderjaar *n*	kalenderår	rok kalendarzowy *m*	kalendářní rok *m*	—
relatório económico anual *m*	economisch jaarverslag *n*	—	roczne sprawozdanie gospodarcze *n*	roční hospodářská zpráva *f*	éves beszámoló
ordem *f*	ordening *f*	föreskrift	zarządzenie *n*	—	rendelet
ordem *f*	bestelling *f*	order	zlecenie *n*	—	megrendelés
economia nacional *f*	nationale economie *f*	nationalekonomi	gospodarka narodowa *f*	—	nemzetgazdaság
contabilidade nacional *f*	nationale rekeningen *f/pl*	nationalekonomisk bokföring	narodowy bilans ogólny *m*	—	nemzetgazdasági mérlegek
ciências económicas *f/pl*	economische wetenschappen *f/pl*	ekonomi	nauki ekonomiczne *f/pl*	—	gazdaságtudományok
contabilidade nacional *f*	nationale rekeningen *f/pl*	nationalekonomisk bokföring	—	národohospodářské účetnictví *n*	nemzetgazdasági mérlegek
reivindicação *f*	eis *m*	krav	roszczenie *n*	—	igény
direito a indemnização por danos e perdas *m*	claim op schadevergoeding *m*	skadeståndsanspråk	roszczenia do odszkodowania *n/pl*	—	kártérítési igények
aniversário *m*	verjaardag *m*	födelsedag	data urodzenia *f*	—	születésnap
sobretaxa *f*	opslag *m*	påslag	—	přirážka *f*	pótdíj
em stock	in voorraad	i lager	—	na skladě *m*	raktáron (van)
em stock	in voorraad	i lager	na składzie	—	raktáron (van)
financiamento de renovação continua *m*	toetredingsfinanciering *f*	uppföljningsfinansiering	finansowanie sukcesywne *n*	—	követő finanszírozás
danos consecutivos *m/pl*	gevolgschade *f*	földskada	szkody następcze *f/pl*	—	következményes kár
salário inicial *m*	aanvangssalaris *n*	begynnelselön	pensja stażowa *f*	—	kezdő fizetés
produto nacional *m*	—	nationalprodukt	produkt społeczny *m*	společenský produkt *m*	társadalmi termék
contabilidade nacional *f*	nationale rekeningen *f/pl*	nationalekonomisk bokföring	narodowy bilans ogólny *m*	národohospodářské účetnictví *n*	nemzetgazdasági mérlegek
economia nacional *f*	nationale economie *f*	nationalekonomi	gospodarka narodowa *f*	národní hospodářství *n*	nemzetgazdaság
economia nacional *f*	—	nationalekonomi	gospodarka narodowa *f*	národní hospodářství *n*	nemzetgazdaság
economia nacional *f*	nationale economie *f*	—	gospodarka narodowa *f*	národní hospodářství *n*	nemzetgazdaság
contabilidade nacional *f*	nationale rekeningen *f/pl*	—	narodowy bilans ogólny *m*	národohospodářské účetnictví *n*	nemzetgazdasági mérlegek
contabilidade nacional *f*	—	nationalekonomisk bokföring	narodowy bilans ogólny *m*	národohospodářské účetnictví *n*	nemzetgazdasági mérlegek
nacionalização *f*	nationalisering *f*	förstatligande	upaństwowienie *n*	zestátnění *n*	államosítás
nacionalização *f*	nationalisering *f*	förstatligande	upaństwowienie *n*	zestátnění *n*	államosítás
nacionalização *f*	—	förstatligande	upaństwowienie *n*	zestátnění *n*	államosítás
produto nacional *m*	nationaal product *n*	nationalprodukt	produkt społeczny *m*	společenský produkt *m*	társadalmi termék
produto nacional *m*	nationaal product *n*	—	produkt społeczny *m*	společenský produkt *m*	társadalmi termék
depósito nocturno *m*	nachtsafe *m*	—	nocny sejf *m*	noční trezor *m*	éjszakai trezor
turno nocturno *m*	nachtploeg *f*	—	zmiana nocna *f*	noční směna *f*	éjszakai műszak
remuneração em géneros *f*	salaris in natura *n*	—	płaca w naturze *f*	naturální mzda *f*	természetbeni juttatás
prestação em espécie *f*	voordelen in natura *n/pl*	—	pobory w naturze *m/pl*	příjmy v naturáliích *m/pl*	természetbeni juttatások
remuneração em géneros *f*	salaris in natura *n*	naturaförmåner *pl*	płaca w naturze *f*	naturální mzda *f*	természetbeni juttatás
remuneração em géneros *f*	salaris in natura *n*	naturaförmåner *pl*	płaca w naturze *f*	—	természetbeni juttatás
a cargo de	ten laste van	debiteras	w ciężar	—	terhére

nauka o podnikovém hospodářství 652

	D	E	F	I	ES
nauka o podnikovém hospodářství (CZ)	Betriebswirtschaftslehre f	business administration	sciences de gestion f/pl	economia aziendale f	teoría de la empresa f
nauki ekonomiczne (PL)	Wirtschaftswissenschaften f/pl	economics	sciences économiques f/pl	scienze economiche f/pl	ciencias económicas f/pl
navegable (ES)	schiffbar	navigable	navigable	navigabile	—
navegável (P)	schiffbar	navigable	navigable	navigabile	navegable
na viděnou (CZ)	auf Sicht	at sight	à vue	a vista	a la vista
navigabile (I)	schiffbar	navigable	navigable	—	navegable
navigable (E)	schiffbar	—	navigable	navigabile	navegable
navigable (F)	schiffbar	navigable	—	navigabile	navegable
návod (CZ)	Anweisung f	transfer	mandat m	mandato m	transferencia f
na volta do correio (P)	postwendend	by return of post	par retour du courrier	a giro di posta	a vuelta de correo
návratka (CZ)	Rückschein m	advice of delivery	avis de réception m	ricevuta di ritorno f	acuse de recibo m
návrh (CZ)	Vorschlag m	proposal	proposition f	proposta f	propuesta f
na żądanie (PL)	auf Abruf	on call	à convenance	su richiesta	a requerimiento
na základě provize (CZ)	auf Provisionsbasis	on a commission basis	à la commission	a provvigione	a comisión
na zasadzie prowizji (PL)	auf Provisionsbasis	on a commission basis	à la commission	a provvigione	a comisión
název firmy (CZ)	Firmenname m	company name	nom de l'entreprise m	ragione sociale f	razón social f
název značky (CZ)	Markenname m	trade name	nom de marque f	marchio di commercio m	marca f
nazionalizzazione (I)	Verstaatlichung f	nationalisation	nationalisation f	—	nacionalización f
na zkoušku (CZ)	auf Probe	on trial	à l'essai	in prova	a prueba
nazwa firmowa (PL)	Firmenname m	company name	nom de l'entreprise m	ragione sociale f	razón social f
nazwa firmowa (PL)	Markenname m	trade name	nom de marque f	marchio di commercio m	marca f
Nebenkosten (D)	—	additional expenses	coûts accessoires m/pl	costi accessori m/pl	gastos adicionales m/pl
Nebenprodukt (D)	—	by-product	produit dérivé m	sottoprodotto m	producto accesorio m
necesidad de capital (ES)	Kapitalbedarf m	capital requirements	besoin en capital m	domanda di capitale m	—
necesidades (ES)	Bedarf m	need	besoin m	fabbisogno m	—
necessidade (P)	Bedarf m	need	besoin m	fabbisogno m	necesidades f/pl
nedbrytning (SV)	Abbau m	reduction	réduction f	riduzione f	reducción f
Nederland (NL)	Niederlande pl	Netherlands	Pays-Bas m/pl	Paesi Bassi m	los Países Bajos m/pl
Nederländerna (SV)	Niederlande pl	Netherlands	Pays-Bas m/pl	Paesi Bassi m	los Países Bajos m/pl
Nederlands (NL)	niederländisch	Dutch	néerlandais	olandese	holandés
Nederlands (NL)	Niederländisch	Dutch	néerlandais	olandese	holandés m
nederländsk (SV)	niederländisch	Dutch	néerlandais	olandese	holandés
nederländska (SV)	Niederländisch	Dutch	néerlandais	olandese	holandés m
nedgång (SV)	Abschwung m	downswing	dépression f	ribasso m	recesión f
nedoplatek (CZ)	Rückstand m	arrears pl	arriéré m	arretrato m	atraso m
nedoplatek (CZ)	Zahlungsrückstand m	payment in arrears	arriéré de payement m	morosità di pagamento f	pago atrasado m
nedoplatek půjčky (CZ)	Restdarlehen n	purchase-money loan	prêt restant m	mutuo residuo m	restante de un préstamo m
nedoplatky (CZ)	Außenstände f	outstanding debts	dettes actives f/pl	crediti pendenti m/pl	cobros pendientes m/pl
nedostatečná zaměstnanost (CZ)	Unterbeschäftigung f	underemployment	sous-emploi m	sottoccupazione f	subempleo m
nedostatek (CZ)	Mangel m	defect	défaut m	vizio m	defecto m
nedostatek personálu (CZ)	Personalmangel m	shortage of staff	manque de personnel m	mancanza di personale f	falta de personal m
nedostatek surovin (CZ)	Rohstoffknappheit f	raw material shortage	pénurie de matières premières f	scarsità di materie prime f	escasez de materias primas f

nedostatek surovin

P	NL	SV	PL	CZ	H
ciência da administração de empresas f	bedrijfseconomie f	företagsekonomi	gospodarka przedsiębiorstw f	—	üzemgazdaságtan
ciências económicas f/pl	economische wetenschappen f/pl	ekonomi	—	národohospodářské vědy f/pl	gazdaságtudományok
navegável	bevaarbaar	segelbar	żeglowny	splavný	hajózható
—	bevaarbaar	segelbar	żeglowny	splavný	hajózható
à vista	op zicht	på sikt	za okazaniem	—	látra szóló
navegável	bevaarbaar	segelbar	żeglowny	splavný	hajózható
navegável	bevaarbaar	segelbar	żeglowny	splavný	hajózható
navegável	bevaarbaar	segelbar	żeglowny	splavný	hajózható
transfèrência f	opdracht f/m	anvisning	przekaz pieniężny	—	utalvány
—	per omgaande	med vändande post	odwrotną pocztą	obratem	postafordultával
aviso de recepção m	ontvangstbewijs n	mottagningsbevis	potwierdzenie odbioru n	—	tértivevény
proposta f	voorstel n	förslag	propozycja f	—	javaslat
a pedido	op afroep	jour	—	na odvolání	lehívásra
à comissão	in commissie	provisionsbaserad	na zasadzie prowizji f	—	jutalékos alapon
à comissão	in commissie	provisionsbaserad	—	na základě provize f	jutalékos alapon
nome da empresa m	firmanaam m	företagsnamn	nazwa firmowa f	—	cégnév
nome de marca m	merknaam f	märkesnamn	nazwa firmowa f	—	márkanév
nacionalização f	nationalisering f	förstatligande	upaństwowienie n	zestátnění n	államosítás
à prova	op proef	på prov	na próbę	—	kipróbálásra
nome da empresa m	firmanaam m	företagsnamn	—	název firmy m	cégnév
nome de marca m	merknaam f	märkesnamn	—	název značky m	márkanév
custos adicionais m/pl	bijkomende kosten m/pl	sekundärkostnader pl	koszty uboczne m/pl	vedlejší náklady m/pl	mellékköltségek
subproduto m	bijproduct n	biprodukt	produkt uboczny m	vedlejší produkt m	melléktermék
demanda de capital f	kapitaalbehoefte f	kapitalbehov	zapotrzebowanie na kapitał n	potřeba kapitálu f	tőkeigény
necessidade f	behoefte f	behov	zapotrzebowanie n	potřeba f	szükséglet
—	behoefte f	behov	zapotrzebowanie n	potřeba f	szükséglet
redução f	vermindering f	—	redukcja f	snížení n	leépítés
Holanda f	—	Nederländerna	Holandia f	Nizozemsko n	Hollandia
Holanda f	Nederland	—	Holandia f	Nizozemsko n	Hollandia
holandês	—	nederländsk	holenderski	nizozemský	holland(ul)
holandês	—	nederländska	język holenderski m	nizozemština f	holland (nyelv)
holandês	Nederlands	—	holenderski	nizozemský	holland(ul)
holandês	Nederlands	—	język holenderski m	nizozemština f	holland (nyelv)
baixa f	recessie f	—	regresja f	pokles rozvoje m	gazdasági visszaesés
atraso m	achterstand m	restantier	zaległość f	—	hátralék
atraso no pagamento m	achterstand m	betalningsanstånd	zaległości płatnicze n/pl	—	fizetési hátralék
empréstimo residual m	resterende lening f	inteckning som dellikvid	reszta pożyczki f	—	maradékkölcsön
dívidas a cobrar f/pl	uitstaande vorderingen f/pl	utestående skulder pl	należności f/pl	—	kinnlevőségek
subemprego m	onderbezetting f	undersysselsättning	zatrudnienie niepełne n	—	alulfoglalkoztatottság
defeito m	gebrek n	defekt	wada m	—	hiba
falta de pessoal f	gebrek aan personeel n	personalbrist	brak personelu m	—	munkaerőhiány
escassez de matéria-prima f	grondstoffenschaarste f	råvarubrist	niedostatek surowca m	—	nyersanyagszűke

nedre prisgräns 654

	D	E	F	I	ES
nedre prisgräns (SV)	Preisuntergrenze f	price floor	plancher des prix m	limite inferiore di prezzo m	límite inferior de los precios m
need (E)	Bedarf m	—	besoin m	fabbisogno m	necesidades f/pl
néerlandais (F)	niederländisch	Dutch	—	olandese	holandés
néerlandais (F)	Niederländisch	Dutch	—	olandese m	holandés m
negativa (ES)	Absage f	refusal	refus m	rifiuto m	—
negociação (P)	Verhandlung f	negotiation	négociation f	trattativa f	negociación f
negociação antes da abertura oficial da bolsa (P)	Vorbörse f	dealing before official hours	avant-bourse f	mercato preborsistico m	operaciones antes de la apertura de la bolsa f/pl
negociación (ES)	Verhandlung f	negotiation	négociation f	trattativa f	—
negociación bursátil (ES)	Börsenhandel m	stock exchange dealings	transactions boursières f/pl	negoziazione in borsa f	—
négociant (F)	Kaufmann m	businessman	—	commerciante m	comerciante m
negociar (ES)	verhandeln	negotiate	négocier	negoziare	—
negociar (P)	verhandeln	negotiate	négocier	negoziare	negociar
négociation (F)	Verhandlung f	negotiation	—	trattativa f	negociación f
négocier (F)	verhandeln	negotiate	—	negoziare	negociar
negocio (ES)	Geschäft n	business	affaire f	negozio m	—
negócio (P)	Geschäft n	business	affaire f	negozio m	negocio m
negócio à comissão (P)	Kommissionsgeschäft n	commission business	affaire en commission f	operazione di commissione f	operación de comisión f
negócio com o estrangeiro (P)	Auslandsgeschäft n	foreign business	opération avec l'étranger f	affare con l'estero m	operación con el extranjero f
negócio com prejuízo (P)	Verlustgeschäft n	loss-making business	affaire déficitaire f	affare in perdita m	venta con pérdida f
negócios sobre divisas (P)	Devisenhandel m	foreign exchange dealings	marché des changes m	commercio dei cambi m	operaciones de divisas f/pl
negocjacja (PL)	Verhandlung f	negotiation	négociation f	trattativa f	negociación f
negocjować (PL)	verhandeln	negotiate	négocier	negoziare	negociar
negotiate (E)	verhandeln	—	négocier	negoziare	negociar
negotiation (E)	Verhandlung f	—	négociation f	trattativa f	negociación f
negoziare (I)	verhandeln	negotiate	négocier	—	negociar
negoziazione in borsa (I)	Börsenhandel m	stock exchange dealings	transactions boursières f/pl	—	negociación bursátil f
negozio (I)	Geschäft n	business	affaire f	—	negocio m
negozio simulato (I)	Scheingeschäft f	fictitious transaction	opération fictive f	—	operación ficticia f
negyedév (H)	Quartal n	quarter	trimestre m	trimestre m	trimestre m
negyedévenként(i) (H)	vierteljährlich	quarterly	trimestriel	trimestrale	trimestral
negyedéves számla (H)	Quartalsrechnung n	quarterly invoice	compte trimestriel m	conto trimestrale m	cuenta trimestral f
negyedév vége (H)	Quartalsende n	end of the quarter	fin de trimestre f	fine trimestre m	final del trimestre m
nehéz rakomány (H)	Schwergut n	heavy freight	produit pondéreux m	carico pesante m	mercancía pesada f
nejlevnější (CZ)	billigst	at best price	au meilleur prix	al prezzo migliore	al mejor cambio
nelikvidita (CZ)	Illiquidität f	non-liquidity	manque de liquidité f	mancanza di liquidità f	falta de liquidez f
nem beváltható kötvény (H)	Dauerschuldverschreibung f	unredeemable bond	engagement de dette permanente m	obbligazione perpetua f	obligación perpetua f
němčina (CZ)	Deutsch	German	allemand m	tedesco m	alemán m
Německo (CZ)	Deutschland n	Germany	Allemagne f	Germania f	Alemania
německý (CZ)	deutsch	German	allemand	tedesco	alemán
nemesfémtartalom (H)	Feingehalt m	titre	titre m	titolo m	ley f
német (H)	deutsch	German	allemand	tedesco	alemán
német (nyelv) (H)	Deutsch	German	allemand m	tedesco m	alemán m
Németország (H)	Deutschland n	Germany	Allemagne f	Germania f	Alemania

Németország

P	NL	SV	PL	CZ	H
limite inferior dos preços m	ondergrens van de prijzen f	—	cena minimalna f	spodní hranice ceny f	alsó árhatár
necessidade f	behoefte f	behov	zapotrzebowanie n	potřeba f	szükséglet
holandês	Nederlands	nederländsk	holenderski	nizozemský	holland(ul)
holandês	Nederlands	nederländska	język holenderski m	nizozemština f	holland (nyelv)
recusa f	weigering f	avböjande	odmowa f	odřeknutí n	lemondás
—	onderhandeling f	förhandling	negocjacja f	jednání n	tárgyalás
—	voorbeurshandel m	förbörs	transakcja przed otwarciem giełdy f	předburza f	tőzsdenyitás előtti kereskedelem
negociação f	onderhandeling f	förhandling	negocjacja f	jednání n	tárgyalás
transações em bolsa f/pl	beurshandel m	börshandel	transakcje giełdowe f/pl	burzovní obchod m	tőzsdei kereskedelem
comerciante m	zakenman m	köpman	kupiec m	obchodník m	kereskedő
negociar	onderhandelen	förhandla	negocjować <wynegocjować>	jednat	tárgyal
—	onderhandelen	förhandla	negocjować <wynegocjować>	jednat	tárgyal
negociação f	onderhandeling f	förhandling	negocjacja f	jednání n	tárgyalás
negociar	onderhandelen	förhandla	negocjować <wynegocjować>	jednat	tárgyal
negócio m	zaak f	affär	interes m	obchod m	üzlet
—	zaak f	affär	interes m	obchod m	üzlet
—	commissiehandel m	kommissionsverksamhet	transakcja komisowa f	komisionářský obchod m	bizományi ügylet
—	zaken met het buitenland f/pl	utlandsverksamhet	transakcja zagraniczna f	zahraniční obchod m	külföldi ügylet
—	transactie met verlies f	förlustaffär	interes przynoszący straty m	ztrátový obchod m	veszteséges üzlet
—	deviezenhandel m	valutahandel	handel dewizami m	devizový obchod m	devizakereskedelem
negociação f	onderhandeling f	förhandling	—	jednání n	tárgyalás
negociar	onderhandelen	förhandla	—	jednat	tárgyal
negociar	onderhandelen	förhandla	negocjować <wynegocjować>	jednat	tárgyal
negociação f	onderhandeling f	förhandling	negocjacja f	jednání n	tárgyalás
negociar	onderhandelen	förhandla	negocjować <wynegocjować>	jednat	tárgyal
transações em bolsa f/pl	beurshandel m	börshandel	transakcje giełdowe f/pl	burzovní obchod m	tőzsdei kereskedelem
negócio m	zaak f	affär	interes m	obchod m	üzlet
operação fictícia f	schijnkoop m	skentransaktion	transakcja fikcyjna f	fiktivní obchod f	színlelt ügylet
trimestre m	kwartaal n	kvartal	kwartał m	čtvrtletí n	—
trimestral	driemaandelijks	kvartalsvis	kwartalnie	čtvrtletní	—
factura trimestral f	kwartaalrekening f	kvartalsfaktura	rozliczenie kwartalne f	čtvrtletní vyúčtování n	—
fim do trimestre m	kwartaaleinde n	kvartalsslut	koniec kwartału m	konec čtvrtletí m	—
mercadoria pesada f	zware vracht f	tung frakt	ładunek ciężki m	těžké zboží n	—
ao melhor preço	tegen de beste prijs	lägsta möjliga pris	najtaniej	—	az elérhető legalacsonyabb áron
falta de liquidez f	illiquiditeit f	illikviditet	niewypłacalność f	—	likviditáshiány
obrigação perpétua f	obligatie met eeuwigdurende looptijd f	evig obligation	zobowiązanie ciągłe n	dlouhodobý dlužní úpis m	—
alemão m	Duits	tyska	język niemiecki m	—	német (nyelv)
Alemanha f	Duitsland	Tyskland	Niemcy pl	—	Németország
alemão	Duits	tysk	niemiecki	—	német
lei f	gehalte aan edel metaal n	lödighet	zawartość złota n	obsah čistého drahého kovu ve slitině m	—
alemão	Duits	tysk	niemiecki	německý	—
alemão m	Duits	tyska	język niemiecki m	němčina f	—
Alemanha f	Duitsland	Tyskland	Niemcy pl	Německo n	—

nem márkás termék

	D	E	F	I	ES
nem márkás termék (H)	No-name-Produkt n	generic product	produit sans nom m	prodotto generico m	producto genérico m
nemovitost (CZ)	Immobilie	item of real estate	bien immobilier m	immobile m	inmueble m
nemzetgazdaság (H)	Volkswirtschaft f	national economy	économie nationale f	economia politica f	economía nacional f
nemzetgazdasági mérlegek (H)	Volkswirtschaftliche Gesamtrechnung	national accounting	comptabilité nationale f	contabilità nazionale f	contabilidad nacional f
nemzetközi pénzügyi rendszer (H)	Weltwährungssystem n	international monetary system	système monétaire international m	sistema monetario internazionale m	sistema monetario internacional m
Nennwert (D)	—	nominal value	valeur nominale f	valore nominale m	valor nominal m
neomezená plná moc (CZ)	Generalvollmacht f	general power of attorney	pouvoir général m	procura generale f	poder general m
neomezený úvěr (CZ)	Blankokredit m	unsecured credit	crédit en compte courant m	credito scoperto m	crédito en blanco m
neplacená dovolená (CZ)	unbezahlter Urlaub m	unpaid vacation	congé non payé m	ferie non pagate f/pl	vacaciones no pagadas f/pl
neplatný (CZ)	nichtig	void	nul	nullo	nulo
nepřenosný (CZ)	nicht übertragbar	non-negotiable	non transmissible	non trasferibile	intransmisible
nepřímé daně (CZ)	indirekte Steuern f/pl	indirect taxes	impôts indirects m	imposte indirette f/pl	impuestos indirectos m/pl
neproclený (CZ)	unverzollt	duty-free	non dédouané	non sdoganato	aduana aparte
neproduktivní kapitál (CZ)	totes Kapital n	dead capital	capital improductif m	capitale infruttifero m	capital improductivo m
népszámlálás (H)	Volkszählung f	census	recensement démographique m	censimento m	censo m
nesolventnost (CZ)	Insolvenz f	insolvency	insolvabilité f	insolvenza f	insolvencia f
net (E)	netto	—	net	netto	neto
net (F)	netto	net	—	netto	neto
net assets (E)	Nettovermögen n	—	patrimoine net m	patrimonio netto m	patrimonio neto m
net assets (E)	Reinvermögen n	—	avoir net m	patrimonio netto m	patrimonio neto m
net book value (E)	Restwert m	—	valeur résiduelle f	valore residuo m	valor residual m
Netherlands (E)	Niederlande pl	—	Pays-Bas m/pl	Paesi Bassi m	los Países Bajos m/pl
net investment (E)	Nettoinvestition f	—	investissement net m	investimento netto m	inversión neta f
neto (ES)	netto	net	net	netto	—
net price (E)	Nettopreis m	—	prix net m	prezzo netto m	precio neto m
net proceeds (E)	Nettoertrag m	—	produit net m	ricavo netto m	producto neto m
net product (E)	Wertschöpfung f	—	création de valeurs f	valore aggiunto m	creación de valor f
net profit (E)	Reingewinn m	—	bénéfice net m	utile netto m	ganancia neta f
netto (D)	—	net	net	netto	neto
netto (I)	netto	net	net	—	neto
netto (NL)	netto	net	net	netto	neto
netto (SV)	netto	net	net	netto	neto
netto (PL)	netto	net	net	netto	neto
nettó (H)	netto	net	net	netto	neto
nettoactief (NL)	Reinvermögen n	net assets	avoir net m	patrimonio netto m	patrimonio neto m
nettó ár (H)	Nettopreis m	net price	prix net m	prezzo netto m	precio neto m
nettó bér (H)	Nettolohn m	net wages	salaire net m	salario netto m	salario neto m
nettó beruházás (H)	Nettoinvestition f	net investment	investissement net m	investimento netto m	inversión neta f
Nettoertrag (D)	—	net proceeds	produit net m	ricavo netto m	producto neto m
nettó eszközérték (H)	Reinvermögen n	net assets	avoir net m	patrimonio netto m	patrimonio neto m
nettó hozam (H)	Nettoertrag m	net proceeds	produit net m	ricavo netto m	producto neto m
nettointäkter (SV)	Nettoertrag m	net proceeds	produit net m	ricavo netto m	producto neto m
netto-investering (NL)	Nettoinvestition f	net investment	investissement net m	investimento netto m	inversión neta f
nettoinvestering (SV)	Nettoinvestition f	net investment	investissement net m	investimento netto m	inversión neta f

nettoinvestering

P	NL	SV	PL	CZ	H
produto genérico m	generiek product n	produkt utan märkesbeteckning	produkt bezfirmowy m	výrobek beze značky m	—
imóvel m	onroerend goed n	fastighet	nieruchomość f	—	ingatlan
economia nacional f	nationale economie f	nationalekonomi	gospodarka narodowa f	národní hospodářství n	—
contabilidade nacional f	nationale rekeningen f/pl	nationalekonomisk bokföring	narodowy bilans ogólny m	národohospodářské účetnictví n	—
sistema monetário internacional m	internationaal monetair systeem n	internationellt valutasystem	międzynarodowy system walutowy m	světový měnový systém m	—
valor nominal m	waarde a pari f	nominellt värde	wartość nominalna f	nominální hodnota f	névérték
poder geral m	algemene lastgeving f	generalfullmakt	pełnomocnictwo ogólne n	—	általános meghatalmazás
crédito a descoberto m	blancokrediet n	blankokredit	kredyt otwarty m	—	fedezetlen hitel
férias não pagas f/pl	verlof zonder wedde n	obetald semester	urlop bezpłatny m	—	fizetés nélküli szabadság
nulo	nietig	annullerad	nieważny	—	semmis
intransmissível	niet overdraagbaar	personlig	nieprzenośny	—	átruházhatatlan
impostos indirectos m/pl	indirecte belastingen f/pl	indirekta skatter pl	podatki pośrednie m/pl	—	közvetett adók
tarifas alfandegárias não pagas f/pl	niet uitgeklaard	oförtullad	nieoclony	—	elvámolatlan
capital improdutivo m	dood kapitaal n	improduktivt kapital	martwy kapitał m	—	holt tőke
censo demográfico m	volkstelling f	folkräkning	powszechny spis ludności m	sčítání lidu n	—
insolvência f	insolvabiliteit f	insolvens	niewypłacalność f	—	fizetésképtelenség
líquido	netto	netto	netto	čistý	nettó
líquido	netto	netto	netto	čistý	nettó
património líquido m	nettovermogen n	nettotillgångar pl	majątek netto m	čisté jmění n	nettó vagyon
património líquido m	nettoactief n	nettotillgångar pl	majątek netto m	čisté jmění n	nettó eszközérték
valor residual m	restwaarde f	restvärde	pozostała wartość do amortyzacji f	zůstatková hodnota f	maradványérték
Holanda f	Nederland	Nederländerna	Holandia f	Nizozemsko n	Hollandia
investimento líquido m	netto-investering f	nettoinvestering	inwestycja netto f	čistá investice f	nettó beruházás
líquido	netto	netto	netto	čistý	nettó
preço líquido m	nettoprijs m	nettopris	cena netto f	čistá cena f	nettó ár
produto líquido m	netto-opbrengst f	nettointäkter pl	przychód netto m	čistý výnos m	nettó hozam
valor adicionado m	toegevoegde waarde f	mervärde	kreacja wartości dodanej f	tvorba hodnot f	értéknövelés
lucro líquido m	nettowinst f	nettovinst	czysty zysk m	čistý zisk m	adózott nyereség
líquido	netto	netto	netto	čistý	nettó
líquido	netto	netto	netto	čistý	nettó
líquido	—	netto	netto	čistý	nettó
líquido	netto	—	netto	čistý	nettó
líquido	netto	netto	—	čistý	nettó
líquido	netto	netto	netto	čistý	—
património líquido m	—	nettotillgångar pl	majątek netto m	čisté jmění n	nettó eszközérték
preço líquido m	nettoprijs m	nettopris	cena netto f	čistá cena f	nettó ár
salário líquido m	nettoloon n	nettolön	płaca netto f	čistá mzda f	—
investimento líquido m	netto-investering f	nettoinvestering	inwestycja netto f	čistá investice f	—
produto líquido m	netto-opbrengst f	nettointäkter pl	przychód netto m	čistý výnos m	nettó hozam
património líquido m	nettoactief n	nettotillgångar pl	majątek netto m	čisté jmění n	—
produto líquido m	netto-opbrengst f	nettointäkter pl	przychód netto m	čistý výnos m	—
produto líquido m	netto-opbrengst f	—	przychód netto m	čistý výnos m	nettó hozam
investimento líquido m	—	nettoinvestering	inwestycja netto f	čistá investice f	nettó beruházás
investimento líquido m	netto-investering f	—	inwestycja netto f	čistá investice f	nettó beruházás

Nettoinvestition

	D	E	F	I	ES
Nettoinvestition (D)	—	net investment	investissement net m	investimento netto m	inversión neta f
Nettolohn (D)	—	net wages	salaire net m	salario netto m	salario neto m
nettolön (SV)	Nettolohn m	net wages	salaire net m	salario netto m	salario neto m
nettoloon (NL)	Nettolohn m	net wages	salaire net m	salario netto m	salario neto m
netto-opbrengst (NL)	Nettoertrag m	net proceeds	produit net m	ricavo netto m	producto neto m
Nettopreis (D)	—	net price	prix net m	prezzo netto m	precio neto m
nettoprijs (NL)	Nettopreis m	net price	prix net m	prezzo netto m	precio neto m
nettopris (SV)	Nettopreis m	net price	prix net m	prezzo netto m	precio neto m
nettotillgångar (SV)	Nettovermögen n	net assets	patrimoine net m	patrimonio netto m	patrimonio neto m
nettotillgångar (SV)	Reinvermögen n	net assets	avoir net m	patrimonio netto m	patrimonio neto m
nettó vagyon (H)	Nettovermögen n	net assets	patrimoine net m	patrimonio netto m	patrimonio neto m
nettó vagyonérték (H)	Substanzwert m	real value	valeur de remplacement f	valore sostanziale m	valor sustancial m
nettovermogen (NL)	Nettovermögen n	net assets	patrimoine net m	patrimonio netto m	patrimonio neto m
Nettovermögen (D)	—	net assets	patrimoine net m	patrimonio netto m	patrimonio neto m
nettovinst (SV)	Reingewinn m	net profit	bénéfice net m	utile netto m	ganancia neta f
nettowinst (NL)	Reingewinn m	net profit	bénéfice net m	utile netto m	ganancia neta f
net wages (E)	Nettolohn m	—	salaire net m	salario netto m	salario neto m
nevěcný (CZ)	unsachgemäß	improper	inadapté	non idoneo	inadecuado
névérték (H)	Nennwert m	nominal value	valeur nominale f	valore nominale m	valor nominal m
névhasználat (H)	Franchising n	franchising	franchising m	franchising m	franquicia f
névhasználó (H)	Franchisenehmer m	franchisee	concessionnaire m	concessionario m	concesionario m
névre szóló részvény (H)	Namensaktie f	registered share	action nominative f	azione nominativa f	acción nominal f
nevýhoda (CZ)	Nachteil m	disadvantage	désavantage m	svantaggio m	desventaja f
nevyplněný formulář (CZ)	Blankoformular n	blank form	imprimé en blanc m	modulo in bianco m	formulario en blanco m
nezabalený (CZ)	unverpackt	unpacked	sans emballage	senza imballaggio	sin embalar
nezákonná konkurence (CZ)	unlauterer Wettbewerb m	unfair competition	concurrence déloyale f	concorrenza sleale f	competencia desleal f
nezaměstnanost (CZ)	Arbeitslosigkeit f	unemployment	chômage m	disoccupazione f	desempleo m
nezávadný (CZ)	mangelfrei	free of defects	sans défaut	esente da vizi	sin vicios
nezávazný (CZ)	freibleibend	subject to confirmation	sans engagement	senza impegno	no vinculante
nezávazný (CZ)	unverbindlich	not binding	sans obligation	senza impegno	sin compromiso
nicchia di mercato (I)	Marktlücke f	market gap	créneau du marché m	—	vacío del mercado m
nichtig (D)	—	void	nul	nullo	nulo
nicht übertragbar (D)	—	non-negotiable	non transmissible	non trasferibile	intransmisible
Niederlande (D)	—	Netherlands	Pays-Bas m/pl	Paesi Bassi m	los Países Bajos m/pl
niederländisch (D)	—	Dutch	néerlandais	olandese	holandés
Niederländisch (D)	—	Dutch	néerlandais	olandese m	holandés m
Niederlassung (D)	—	branch office	succursale f	succursale f	sucursal f
niedostatek surowca (PL)	Rohstoffknappheit f	raw material shortage	pénurie de matières premières f	scarsità di materie prime f	escasez de materias primas f
niedrogi (PL)	preiswert	inexpensive	avantageux	a buon mercato	barato
niekorzyść (PL)	Nachteil m	disadvantage	désavantage m	svantaggio m	desventaja f
Niemcy (PL)	Deutschland n	Germany	Allemagne f	Germania f	Alemania
niemiecki (PL)	deutsch	German	allemand	tedesco	alemán
nieoclony (PL)	unverzollt	duty-free	non dédouané	non sdoganato	aduana aparte
nieodpłatnie (PL)	unentgeltlich	free of charge	à titre gracieux	gratuito	gratuito
nieopakowany (PL)	unverpackt	unpacked	sans emballage	senza imballaggio	sin embalar
niepełna dostawa (PL)	Minderlieferung f	short delivery	livraison en quantité inférieure f	fornitura ridotta f	envío incompleto m
nieprawidłowo (PL)	unsachgemäß	improper	inadapté	non idoneo	inadecuado
nieprzenośny (PL)	nicht übertragbar	non-negotiable	non transmissible	non trasferibile	intransmisible

nieprzenośny

P	NL	SV	PL	CZ	H
investimento líquido m	netto-investering f	nettoinvestering	inwestycja netto f	čistá investice f	nettó beruházás
salário líquido m	nettoloon n	nettolön	płaca netto f	čistá mzda f	nettó bér
salário líquido m	nettoloon n	—	płaca netto f	čistá mzda f	nettó bér
salário líquido m	—	nettolön	płaca netto f	čistá mzda f	nettó bér
produto líquido m	—	nettointäkter pl	przychód netto m	čistý výnos m	nettó hozam
preço líquido m	nettoprijs m	nettopris	cena netto f	čistá cena f	nettó ár
preço líquido m	—	nettopris	cena netto f	čistá cena f	nettó ár
preço líquido m	nettoprijs m	—	cena netto f	čistá cena f	nettó ár
património líquido m	nettovermogen n	—	majątek netto m	čisté jmění n	nettó vagyon
património líquido m	nettoactief n	—	majątek netto m	čisté jmění n	nettó eszközérték
património líquido m	nettovermogen n	nettotillgångar pl	majątek netto m	čisté jmění n	—
valor substancial m	werkelijke waarde f	realvärde	wartość substancji f	hodnota substance f	—
património líquido m	—	nettotillgångar pl	majątek netto m	čisté jmění n	nettó vagyon
património líquido m	nettovermogen n	nettotillgångar pl	majątek netto m	čisté jmění n	nettó vagyon
lucro líquido m	nettowinst f	—	czysty zysk m	čistý zisk m	adózott nyereség
lucro líquido m	—	nettovinst	czysty zysk m	čistý zisk m	adózott nyereség
salário líquido m	nettoloon n	nettolön	płaca netto f	čistá mzda f	nettó bér
impróprio	ondeskundig	inkompetent	nieprawidłowo	—	szakszerűtlen
valor nominal m	waarde a pari f	nominellt värde	wartość nominalan f	nominální hodnota f	—
contrato de franquia m	franchising f	franchising	współpraca licencyjna f	franšíza f	—
concessionário m	franchisenemer m	franchisetagare	franszyzobiorca m	uživatel franšízy m	—
acção nominativa f	aandeel op naam n	namnaktie	akcja imienna f	akcie na jméno f	—
desvantagem f	nadeel n	nackdel	niekorzyść n	—	hátrány
formulário em branco m	blanco formulier n	blankoformulär	formularz in blanco m	—	biankó űrlap
sem embalagem	onverpakt	utan förpackning	nieopakowany	—	csomagolatlan
concorrência desleal f	oneerlijke concurrentie f	illojal konkurrens	nieuczciwa konkurencja f	—	tisztességtelen verseny
desemprego m	werkloosheid f	arbetslöshet	bezrobocie n	—	munkanélküliség
sem defeitos	vrij van gebreken	felfri	wolny od wad	—	hibátlan
salvo alteração	vrijblijvend	oförbindlig	bez zobowiązania	—	kötelezettség nélküli
sem compromisso	vrijblijvend	ej bindande	niezobowiązujący	—	kötelezettség nélkül(i)
lacuna do mercado f	gat in de markt n	marknadsnisch	luka rynkowa f	mezera na trhu f	piaci rés
nulo	nietig	annullerad	nieważny	neplatný	semmis
intransmissível	niet overdraagbaar	personlig	nieprzenośny	nepřenosný	átruházhatatlan
Holanda f	Nederland	Nederländerna	Holandia f	Nizozemsko n	Hollandia
holandês	Nederlands	nederländsk	holenderski	nizozemský	holland(ul)
holandês	Nederlands	nederländska	język holenderski m	nizozemština f	holland (nyelv)
sucursal f	vestiging f	etablering	filia f	pobočka f	kirendeltség
escassez de matéria-prima f	grondstoffenschaarste f	råvarubrist	—	nedostatek surovin m	nyersanyagszűke
barato	goedkoop	prisvärd	—	cenově výhodný	kedvező árú
desvantagem f	nadeel n	nackdel	—	nevýhoda f	hátrány
Alemanha f	Duitsland	Tyskland	—	Německo n	Németország
alemão	Duits	tysk	—	německý	német
tarifas alfandegárias não pagas f/pl	niet uitgeklaard	oförtullad	—	neproclený	elvámolatlan
gratuito	gratis	utan ersättning	—	zdarma	ingyen(es)
sem embalagem	onverpakt	utan förpackning	—	nezabalený	csomagolatlan
entrega reduzida f	kleinere levering f	underleverans	—	snížení objemu dodávky n	hiányos szállítmány
impróprio	ondeskundig	inkompetent	—	nevěcný	szakszerűtlen
intransmissível	niet overdraagbaar	personlig	—	nepřenosný	átruházhatatlan

nieruchomość

	D	E	F	I	ES
nieruchomość (PL)	Immobilie	item of real estate	bien immobilier m	immobile m	inmueble m
niet-gekruiste cheque (NL)	Barscheck m	open cheque	chèque non barré m	assegno circolare m	cheque abierto m
nietig (NL)	nichtig	void	nul	nullo	nulo
niet overdraagbaar (NL)	nicht übertragbar	non-negotiable	non transmissible	non trasferibile	intransmisible
niet uitgeklaard (NL)	unverzollt	duty-free	non dédouané	non sdoganato	aduana aparte
nieuczciwa konkurencja (PL)	unlauterer Wettbewerb m	unfair competition	concurrence déloyale f	concorrenza sleale f	competencia desleal f
nieważny (PL)	nichtig	void	nul	nullo	nulo
nie w gotówce (PL)	unbar	non cash	non comptant	non in contanti	no en efectivo
niewypłacalność (PL)	Illiquidität f	non-liquidity	manque de liquidité f	mancanza di liquidità f	falta de liquidez f
niewypłacalność (PL)	Insolvenz f	insolvency	insolvabilité f	insolvenza f	insolvencia f
niewypłacalność (PL)	Zahlungsunfähigkeit f	insolvency	insolvabilité f	insolvenza f	insolvencia f
niezapłacony rachunek (PL)	offene Rechnung f	outstanding account	facture impayée f	conto aperto m	factura pendiente f
niezawodny (PL)	zuverlässig	reliable	fiable	affidabile	de confianza
niezdolność do pracy (PL)	Erwerbsunfähigkeit f	disability to earn a living	incapacité de travail f	invalidità f	incapacidad profesional f
niezobowiązujący (PL)	unverbindlich	not binding	sans obligation	senza impegno	sin compromiso
night safe (E)	Nachttresor m	—	dépôt de nuit m	cassa continua f	depósito de noche m
night shift (E)	Nachtschicht f	—	équipe de nuit f	turno notturno m	turno de noche m
nil tariff (E)	Nulltarif m	—	tarif gratuit m	tariffa gratuita f	tarifa gratuita f
niveau de gestion (F)	Führungsebene f	executive level	—	livello dirigenziale m	nivel de dirección m
niveau de rendement (F)	Ertragslage f	profitability	—	situazione economica f	situación del beneficio f
niveau des prix (F)	Preisniveau n	price level	—	livello dei prezzi m	nivel de precios m
niveau du taux d'intérêt (F)	Zinsniveau n	interest rate level	—	livello degli interessi m	nivel de interés m
nível da direcção (P)	Führungsebene f	executive level	niveau de gestion m	livello dirigenziale m	nivel de dirección m
nível da taxa de juro (P)	Zinsniveau n	interest rate level	niveau du taux d'intérêt m	livello degli interessi m	nivel de interés m
nivel de dirección (ES)	Führungsebene f	executive level	niveau de gestion m	livello dirigenziale m	—
nivel de interés (ES)	Zinsniveau n	interest rate level	niveau du taux d'intérêt m	livello degli interessi m	—
nível de lucros (P)	Ertragslage f	profitability	niveau de rendement m	situazione economica f	situación del beneficio f
nivel de precios (ES)	Preisniveau n	price level	niveau des prix m	livello dei prezzi m	—
nível de preços (P)	Preisniveau n	price level	niveau des prix m	livello dei prezzi m	nivel de precios m
nízká jakost (CZ)	schlechte Qualität f	poor quality	mauvaise qualité f	qualità scadente f	mala calidad f
Nizozemsko (CZ)	Niederlande pl	Netherlands	Pays-Bas m/pl	Paesi Bassi m	los Países Bajos m/pl
nizozemský (CZ)	niederländisch	Dutch	néerlandais	olandese	holandés
nizozemština (CZ)	Niederländisch	Dutch	néerlandais	olandese m	holandés m
noční směna (CZ)	Nachtschicht f	night shift	équipe de nuit f	turno notturno m	turno de noche m
noční trezor (CZ)	Nachttresor m	night safe	dépôt de nuit m	cassa continua f	depósito de noche m
nocny sejf (PL)	Nachttresor m	night safe	dépôt de nuit m	cassa continua f	depósito de noche m
no en efectivo (ES)	unbar	non cash	non comptant	non in contanti	—
no estrangeiro (P)	im Ausland	abroad	à l'étranger	all'estero	en el extranjero
nollpunkt (SV)	Gewinnschwelle f	break-even point	seuil de rentabilité m	punto di pareggio m	umbral de la rentabilidad m
nollpunkt (SV)	Rentabilitätschwelle f	break-even point	seuil de rentabilité m	fase redditizia f	umbral de rentabilidad m
nolltaxa (SV)	Nulltarif m	nil tariff	tarif gratuit m	tariffa gratuita f	tarifa gratuita f
nolltillväxt (SV)	Nullwachstum n	zero growth	croissance zéro f	crescita zero f	crecimiento cero m

nolltillväxt

P	NL	SV	PL	CZ	H
imóvel m	onroerend goed n	fastighet	—	nemovitost f	ingatlan
cheque não cruzado m	—	icke korsad check	czek gotówkowy m	šek k výplatě v hotovosti m	készpénzcsekk
nulo	—	annullerad	nieważny	neplatný	semmis
intransmissível	—	personlig	nieprzenośny	nepřenosný	átruházhatatlan
tarifas alfandegárias não pagas f/pl	—	oförtullad	nieoclony	neproclený	elvámolatlan
concorrência desleal f	oneerlijke concurrentie f	illojal konkurrens	—	nezákonná konkurence f	tisztességtelen verseny
nulo	nietig	annullerad	—	neplatný	semmis
pagamento em espécie m	giraal	ej kontant	—	bezhotovostní	készpénz nélküli
falta de liquidez f	illiquiditeit f	illikviditet	—	nelikvidita f	likviditáshiány
insolvência f	insolvabiliteit f	insolvens	—	nesolventnost f	fizetésképtelenség
insolvência f	onvermogen n	insolvens	—	platební neschopnost f	fizetésképtelenség
factura não paga f	openstaande rekening f	obetald faktura	—	otevřený účet m	kiegyenlítetlen számla
de confiança	betrouwbaar	tillförlitlig	—	spolehlivý	megbízható
invalidez	arbeidsongeschiktheid f	arbetsoförmåga	—	práceneschopnost f	keresőképtelenség
sem compromisso	vrijblijvend	ej bindande	—	nezávazný	kötelezettség nélkül(i)
depósito nocturno m	nachtsafe m	nattfack	nocny sejf m	noční trezor m	éjszakai trezor
turno nocturno m	nachtploeg f	nattskift	zmiana nocna f	noční směna f	éjszakai műszak
tarifa gratuita f	nultarief n	nolltaxa	taryfa bezpłatna f	bezplatný tarif m	díjmentesség
nível da direcção m	directieniveau n	ledningsnivå	płaszczyzna kierownicza f	řídící úroveň f	vezetőségi szint
nível de lucros m	rentabiliteit f	vinstsituation	zyskowność f	stav výnosů m	nyereséghelyzet
nível de preços m	prijspeil n	prisnivå	poziom cen m	úroveň cen f	árszint
nível da taxa de juro m	rentepeil n	räntenivå	poziom stawki oprocentowania	úroveň úroků f	kamatszint
—	directieniveau n	ledningsnivå	płaszczyzna kierownicza f	řídící úroveň f	vezetőségi szint
—	rentepeil n	räntenivå	poziom stawki oprocentowania m	úroveň úroků f	kamatszint
nível da direcção m	directieniveau n	ledningsnivå	płaszczyzna kierownicza f	řídící úroveň f	vezetőségi szint
nível da taxa de juro m	rentepeil n	räntenivå	poziom stawki oprocentowania m	úroveň úroků f	kamatszint
—	rentabiliteit f	vinstsituation	zyskowność f	stav výnosů m	nyereséghelyzet
nível de preços m	prijspeil n	prisnivå	poziom cen m	úroveň cen f	árszint
—	prijspeil n	prisnivå	poziom cen m	úroveň cen f	árszint
baixa qualidade f	slechte kwaliteit f	dålig kvalitet	zła jakość f	—	rossz minőség
Holanda f	Nederland	Nederländerna	Holandia f	—	Hollandia
holandês	Nederlands	nederländsk	holenderski	—	holland(ul)
holandês	Nederlands	nederländska	język holenderski m	—	holland (nyelv)
turno nocturno m	nachtploeg f	nattskift	zmiana nocna f	—	éjszakai műszak
depósito nocturno m	nachtsafe m	nattfack	nocny sejf m	—	éjszakai trezor
depósito nocturno m	nachtsafe m	nattfack	—	noční trezor m	éjszakai trezor
pagamento em espécie m	giraal	ej kontant	nie w gotówce	bezhotovostní	készpénz nélküli
—	in het buitenland	i utlandet	za granicą	v cizině	külföldön
ponto morto de vendas m	rendabiliteitsdrempel m	—	próg zysku m	práh zisku m	nyereségküszöb
margem de rentabilidade f	rentabiliteitsdrempel m	—	próg rentowności f	práh rentability m	jövedelmezőségi küszöb
tarifa gratuita f	nultarief n	—	taryfa bezpłatna f	bezplatný tarif m	díjmentesség
crescimento nulo m	nulgroei m	—	wzrost zerowy m	nulový růst m	nulla növekedés

nolo

	D	E	F	I	ES
nolo (I)	Fracht f	freight	fret m	—	carga f
nolo aereo (I)	Luftfracht f	air freight	fret aérien m	—	flete aéreo m
nolo ferroviario (I)	Bahnfracht f	rail freight	fret par rail m	—	transporte ferroviario m
nolo pagato (I)	Fracht bezahlt	freight paid	fret payé	—	flete pagado
nom de l'entreprise (F)	Firmenname m	company name	—	ragione sociale f	razón social f
nom de marque (F)	Markenname m	trade name	—	marchio di commercio m	marca f
nome da empresa (P)	Firmenname m	company name	nom de l'entreprise m	ragione sociale f	razón social f
nome de marca (P)	Markenname m	trade name	nom de marque f	marchio di commercio m	marca f
nominální hodnota (CZ)	Nennwert m	nominal value	valeur nominale f	valore nominale m	valor nominal m
nominal value (E)	Nennwert m	—	valeur nominale f	valore nominale m	valor nominal m
nominellt värde (SV)	Nennwert m	nominal value	valeur nominale f	valore nominale m	valor nominal m
No-name-Produkt (D)	—	generic product	produit sans nom m	prodotto generico m	producto genérico m
non cash (E)	unbar	—	non comptant	non in contanti	no en efectivo
non comptant (F)	unbar	non cash	—	non in contanti	no en efectivo
non dédouané (F)	unverzollt	duty-free	—	non sdoganato	aduana aparte
non idoneo (I)	unsachgemäß	impropor	inadapté	—	inadecuado
non in contanti (I)	unbar	non cash	non comptant	—	no en efectivo
non-liquidity (E)	Illiquidität f	—	manque de liquidité f	mancanza di liquidità f	falta de liquidez f
non-negotiable (E)	nicht übertragbar	—	non transmissible	non trasferibile	intransmisible
non-recourse financing (E)	Forfaitierung f	—	forfaitage m	regolamento forfettario m	financiación sin recurso f
non sdoganato (I)	unverzollt	duty-free	non dédouané	—	aduana aparte
non transmissible (F)	nicht übertragbar	non-negotiable	—	non trasferibile	intransmisible
non trasferibile (I)	nicht übertragbar	non-negotiable	non transmissible	—	intransmisible
Norm (D)	—	standard	standard m	norma f	norma f
norm (NL)	Norm f	standard	standard m	norma f	norma f
norma (I)	Norm f	standard	standard m	—	norma f
norma (ES)	Norm f	standard	standard m	norma f	—
norma (P)	Norm f	standard	standard m	norma f	norma f
norma (PL)	Norm f	standard	standard m	norma f	norma f
norma (CZ)	Norm f	standard	standard m	norma f	norma f
norma giuridica (I)	Rechtsnorm f	legal norm	règle de droit f	—	norma jurídica f
norma jurídica (ES)	Rechtsnorm f	legal norm	règle de droit f	norma giuridica f	—
norma jurídica (P)	Rechtsnorm f	legal norm	règle de droit f	norma giuridica f	norma jurídica f
norma prawna (PL)	Rechtsnorm f	legal norm	règle de droit f	norma giuridica f	norma jurídica f
normative (I)	Vorschriften pl	regulations	directives f/pl	—	prescripciones f/pl
nositel nákladů (CZ)	Kostenträger m	paying authority	poste de production absorbant des coûts m	chi sostiene le spese	que sufraga los costes
nośnik kosztów (PL)	Kostenträger m	paying authority	poste de production absorbant des coûts m	chi sostiene le spese	que sufraga los costes
nota (I)	Aktennotiz f	memorandum	note f	—	nota f
nota (I)	Vermerk m	note	remarque f	—	nota f
nota (ES)	Aktennotiz f	memorandum	note f	nota f	—
nota (ES)	Notiz f	note	note f	annotazione f	—
nota (ES)	Vermerk m	note	remarque f	nota f	—
nota (P)	Notiz f	note	note f	annotazione f	nota f

nota

P	NL	SV	PL	CZ	H
frete m	lading f	frakt	fracht m	přepravovaný náklad m	rakomány
frete aéreo m	luchtvracht f	flygfrakt	fracht lotniczy m	letecké přepravné n	légi fuvar
frete ferroviário m	spoorvracht f	järnvägsfrakt	fracht kolejowy m	železniční náklad m	vasúti szállítmány
frete pago m	vracht betaald	frakt betald	fracht uiszczony	přeprava placena do určeného místa	fuvardíj kifizetve
nome da empresa m	firmanaam m	företagsnamn	nazwa firmowa f	název firmy m	cégnév
nome de marca m	merknaam f	märkesnamn	nazwa firmowa f	název značky m	márkanév
—	firmanaam m	företagsnamn	nazwa firmowa f	název firmy m	cégnév
—	merknaam f	märkesnamn	nazwa firmowa f	název značky m	márkanév
valor nominal m	waarde a pari f	nominellt värde	wartość nominalna f	—	névérték
valor nominal m	waarde a pari f	nominellt värde	wartość nominalna f	nominální hodnota f	névérték
valor nominal m	waarde a pari f	—	wartość nominalna f	nominální hodnota f	névérték
produto genérico m	generiek product n	produkt utan märkesbeteckning	produkt bezfirmowy m	výrobek beze značky m	nem márkás termék
pagamento em espécie m	giraal	ej kontant	nie w gotówce	bezhotovostní	készpénz nélküli
pagamento em espécie m	giraal	ej kontant	nie w gotówce	bezhotovostní	készpénz nélküli
tarifas alfandegárias não pagas f/pl	niet uitgeklaard	oförtullad	nieoclony	neproclený	elvámolatlan
impróprio	ondeskundig	inkompetent	nieprawidłowo	nevěcný	szakszerűtlen
pagamento em espécie m	giraal	ej kontant	nie w gotówce	bezhotovostní	készpénz nélküli
falta de liquidez f	illiquiditeit f	illikviditet	niewypłacalność f	nelikvidita f	likviditáshiány
intransmissível	niet overdraagbaar	personlig	nieprzenośny	nepřenosný	átruházhatatlan
financiamento sem recurso m	het à forfait verkopen n	utan regress	finansowanie długoterminowymi należnościami n	odstupné n	visszkereset nélküli finanszírozás
tarifas alfandegárias não pagas f/pl	niet uitgeklaard	oförtullad	nieoclony	neproclený	elvámolatlan
intransmissível	niet overdraagbaar	personlig	nieprzenośny	nepřenosný	átruházhatatlan
intransmissível	niet overdraagbaar	personlig	nieprzenośny	nepřenosný	átruházhatatlan
norma f	norm f	standard	norma f	norma f	szabvány
norma f	—	standard	norma f	norma f	szabvány
norma f	norm f	standard	norma f	norma f	szabvány
norma f	norm f	standard	norma f	norma f	szabvány
—	norm f	standard	norma f	norma f	szabvány
norma f	norm f	standard	—	norma f	szabvány
norma f	norm f	standard	norma f	—	szabvány
norma jurídica f	rechtsnorm f	rättsordning	norma prawna f	právní norma f	jogszabály
norma jurídica f	rechtsnorm f	rättsordning	norma prawna f	právní norma f	jogszabály
—	rechtsnorm f	rättsordning	norma prawna f	právní norma f	jogszabály
norma jurídica f	rechtsnorm f	rättsordning	—	právní norma f	jogszabály
regulamentos m/pl	voorschriften n/pl	föreskrifter	przepisy m/pl	předpisy m/pl	előírások
portador de custo m	kostendrager m	betalande part	nośnik kosztów m	—	költségviselő
portador de custo m	kostendrager m	betalande part	—	nositel nákladů m	költségviselő
memorando m	aantekening f	notis	memo n	poznámka ve spisu f	feljegyzés
nota f	aantekening f	anmärkning	adnotacja f	poznámka f	megjegyzés
memorando m	aantekening f	notis	memo n	poznámka ve spisu f	feljegyzés
nota f	bericht n	notis	notatka f	poznámka f	feljegyzés
nota f	aantekening f	anmärkning	adnotacja f	poznámka f	megjegyzés
—	bericht n	notis	notatka f	poznámka f	feljegyzés

nota 664

	D	E	F	I	ES
nota (P)	Vermerk m	note	remarque f	nota f	nota f
nota de aceptación de cobertura (ES)	Deckungszusage	confirmation of cover	acceptation de prendre le risque en charge f	impegno di copertura m	—
nota de banco (P)	Banknote f	bank note	billet de banque m	banconota f	billete de banco m
nota de crédito (P)	Gutschrift f	credit	crédit m	accredito m	abono m
nota de encomenda (P)	Bestellformular n	order form	bon de commande m	modulo per ordinazioni m	formulario de pedido m
notaio (I)	Notar m	notary	notaire m	—	notario m
notaire (F)	Notar m	notary	—	notaio m	notario m
nota maklerska (PL)	Kurszettel m	stock exchange list	feuille de bourse f	listino di borsa m	boletín de bolsa m
nota promissória (P)	Solawechsel m	promissory note	billet à ordre m	pagherò m	pagaré m
Notar (D)	—	notary	notaire m	notaio m	notario m
notář (CZ)	Notar m	notary	notaire m	notaio m	notario m
notarie publicus (SV)	Notar m	notary	notaire m	notaio m	notario m
notario (ES)	Notar m	notary	notaire m	notaio m	—
notário (P)	Notar m	notary	notaire m	notaio m	notario m
notaris (NL)	Notar m	notary	notaire m	notaio m	notario m
notariusz (PL)	Notar m	notary	notaire m	notaio m	notario m
notary (E)	Notar m	—	notaire m	notaio m	notario m
notatka (PL)	Notiz f	note	note f	annotazione f	nota f
not binding (E)	unverbindlich	—	sans obligation	senza impegno	sin compromiso
note (E)	Notiz f	—	note f	annotazione f	nota f
note (E)	Vermerk m	—	remarque f	nota f	nota f
note (F)	Aktennotiz f	memorandum		nota f	nota f
note (F)	Notiz f	note	—	annotazione f	nota f
Notenbank (D)	—	central bank	banque d'émission f	banca d'emissione f	banco emisor m
Notenumlauf (D)	—	notes in circulation	circulation fiduciaire f	circolazione delle banconote f	circulación fiduciaria f
notering (NL)	Notierung f	quotation	cotation f	quotazione f	cotización f
notering (SV)	Notierung f	quotation	cotation f	quotazione f	cotización f
notering van aandelen (NL)	Aktiennotierung f	share quotation	cotation des actions f	quotazione delle azioni f	cotización de acciones f
notes in circulation (E)	Notenumlauf m	—	circulation fiduciaire f	circolazione delle banconote f	circulación fiduciaria f
notice of assessment (E)	Steuerbescheid m	—	avis d'imposition m	cartella delle imposte f	liquidación de impuestos f
notice of defect (E)	Mängelanzeige f	—	notification d'un vice f	denuncia dei vizi	aviso de defectos m
notice of termination (E)	Kündigung f	—	résiliation f	disdetta f	rescisión f
Notierung (D)	—	quotation	cotation f	quotazione f	cotización f
notification d'un vice (F)	Mängelanzeige f	notice of defect	—	denuncia dei vizi	aviso de defectos m
notification of damage (E)	Schadensmeldung f	—	déclaration du sinistre f	denuncia di sinistro f	aviso de siniestro m
notis (SV)	Aktennotiz f	memorandum	note f	nota f	nota f
notis (SV)	Notiz f	note	note f	annotazione f	nota f
Notiz (D)	—	note	note f	annotazione f	nota f
notowanie (PL)	Notierung f	quotation	cotation f	quotazione f	cotización f
notowanie akcji (PL)	Aktiennotierung f	share quotation	cotation des actions f	quotazione delle azioni f	cotización de acciones f
notowanie cen (PL)	Preisnotierung f	price quotation	cotation des prix f	quotazione dei prezzi f	cotización de precios f
notowanie giełdowe (PL)	Börsennotierung f	stock exchange quotation	cote de la bourse f	quotazione di borsa f	cotización de bolsa f
notowanie kursów (PL)	Kursnotierung f	quotation of prices	cotation f	quotazione dei cambi f	cotización m
notulen (NL)	Protokoll n	minutes	compte-rendu m	protocollo m	protocolo m

notulen

P	NL	SV	PL	CZ	H
—	aantekening f	anmärkning	adnotacja f	poznámka f	megjegyzés
confirmação do seguro f	bewijs van dekking n	täckningsbekräftelse	przyrzeczenie pokrycia szkody n	příslib krytí m	fedezeti ígérvény
—	bankbiljet n	sedel	banknot m	bankovka f	bankjegy
—	creditnota f	kreditering	zapis na dobro rachunku m	dobropis m	jóváírás
—	bestelformulier n	orderformulär	formularz zamówienia m	objednací formulář m	megrendelőlap
notário m	notaris m	notarie publicus	notariusz m	notář m	közjegyző
notário m	notaris m	notarie publicus	notariusz m	notář m	közjegyző
boletim da bolsa m	koerslijst f	börslista	—	kursovní lístek m	árfolyamjegyzék
—	solawissel m	revers	wechsel własny m	jednoduchá směnka f	saját váltó
notário m	notaris m	notarie publicus	notariusz m	notář m	közjegyző
notário m	notaris m	notarie publicus	notariusz m	—	közjegyző
notário m	notaris m	—	notariusz m	notář m	közjegyző
notário m	notaris m	notarie publicus	notariusz m	notář m	közjegyző
—	notaris m	notarie publicus	notariusz m	notář m	közjegyző
notário m	—	notarie publicus	notariusz m	notář m	közjegyző
notário m	notaris m	notarie publicus	—	notář m	közjegyző
notário m	notaris m	notarie publicus	notariusz m	notář m	közjegyző
nota f	bericht n	notis	—	poznámka f	feljegyzés
sem compromisso	vrijblijvend	ej bindande	niezobowiązujący	nezávazný	kötelezettség nélkül(i)
nota f	bericht n	notis	notatka f	poznámka f	feljegyzés
nota f	aantekening f	anmärkning	adnotacja f	poznámka f	megjegyzés
memorando m	aantekening f	notis	memo n	poznámka ve spisu f	feljegyzés
nota f	bericht n	notis	notatka f	poznámka f	feljegyzés
banco emissor m	centrale bank f	centralbank	bank emisyjny m	emisní banka f	jegybank
circulação fiduciária f	circulatie van bankbiljetten f	sedelmängd	obieg banknotów m	oběh bankovek m	forgalomban lévő pénzmennyiség
cotação f	—	notering	notowanie n	záznam m	jegyzés
cotação f	notering f	—	notowanie n	záznam m	jegyzés
cotação das acções f	—	aktienotering	notowanie akcji n	záznam akcií m	részvényjegyzés
circulação fiduciária f	circulatie van bankbiljetten f	sedelmängd	obieg banknotów m	oběh bankovek m	forgalomban lévő pénzmennyiség
aviso para pagamento de imposto m	aanslagbiljet n	skattsedel	podatkowy nakaz płatniczy m	daňový výměr m	adókivetési értesítés
aviso de defeito m	klacht f	reklamation	reklamacja wady towaru f	oznámení závad n	minőségi kifogás
rescisão f	opzegging f	uppsägning	wypowiedzenie n	výpověď f	felmondás
cotação f	notering f	notering	notowanie n	záznam m	jegyzés
aviso de defeito m	klacht f	reklamation	reklamacja wady towaru f	oznámení závad n	minőségi kifogás
declaração de sinistro f	schadeaangifte f	skadeanmälan	zgłoszenie szkody n	oznámení škody n	kárbejelentés
memorando m	aantekening f	—	memo n	poznámka ve spisu f	feljegyzés
nota f	bericht n	—	notatka f	poznámka f	feljegyzés
nota f	bericht n	notis	notatka f	poznámka f	feljegyzés
cotação f	notering f	notering	—	záznam m	jegyzés
cotação das acções f	notering van aandelen f	aktienotering	—	záznam akcií m	részvényjegyzés
cotação f	prijsnotering f	angivet pris	—	kotace cen f	árfolyamjegyzék
cotação da bolsa de valores f	beursnotering f	börsnotering	—	kotace cenných papírů na burze f	tőzsdei jegyzés
cotação f	koersnotering f	kursnotering	—	záznam kursu m	árfolyamjegyzék
protocolo m	—	protokoll	protokół m	zápis m	jegyzőkönyv

növekedés

	D	E	F	I	ES
növekedés (H)	Wachstum n	growth	croissance f	crescita f	crecimiento m
növekedési ütem (H)	Wachstumsrate f	rate of growth	taux d'accroissement m	tasso di crescita m	tasa de crecimiento f
no vinculante (ES)	freibleibend	subject to confirmation	sans engagement	senza impegno	—
nucená dražba (CZ)	Zwangsversteigerung f	compulsory auction	vente de biens par justice f	asta giudiziaria f	subasta forzosa f
nucený prodej (CZ)	Zwangsverkauf m	forced sale	vente forcée f	vendita giudiziaria f	venta forzada f
nul (F)	nichtig	void	—	nullo	nulo
nulgroei (NL)	Nullwachstum n	zero growth	croissance zéro f	crescita zero f	crecimiento cero m
nulla növekedés (H)	Nullwachstum n	zero growth	croissance zéro f	crescita zero f	crecimiento cero m
nullo (I)	nichtig	void	nul	—	nulo
Nulltarif (D)	—	nil tariff	tarif gratuit m	tariffa gratuita f	tarifa gratuita f
Nullwachstum (D)	—	zero growth	croissance zéro f	crescita zero f	crecimiento cero m
nulo (ES)	nichtig	void	nul	nullo	—
nulo (P)	nichtig	void	nul	nullo	nulo
nulový růst (CZ)	Nullwachstum n	zero growth	croissance zéro f	crescita zero f	crecimiento cero m
nultarief (NL)	Nulltarif m	nil tariff	tarif gratuit m	tariffa gratuita f	tarifa gratuita f
numer klienta (PL)	Kundennummer f	customer's reference number	numéro de référence du client m	codice cliente m	número del cliente m
numer konta (PL)	Kontonummer f	account number	numéro de compte m	numero di conto m	número de cuenta m
número da factura (P)	Rechnungsnummer f	invoice number	numéro de la facture m	numero della fattura m	número de la factura m
numéro de commande (F)	Auftragsnummer f	order number	—	numero d'ordine m	número de pedido m
numéro de compte (F)	Kontonummer f	account number	—	numero di conto m	número de cuenta m
número de conta (P)	Kontonummer f	account number	numéro de compte m	numero di conto m	número de cuenta m
número de cuenta (ES)	Kontonummer f	account number	numéro de compte m	numero di conto m	—
número de encomenda (P)	Auftragsnummer f	order number	numéro de commande m	numero d'ordine m	número de pedido m
número de la factura (ES)	Rechnungsnummer f	invoice number	numéro de la facture m	numero della fattura m	—
numéro de la facture (F)	Rechnungsnummer f	invoice number	—	numero della fattura m	número de la factura m
número del cliente (ES)	Kundennummer f	customer's reference number	numéro de référence du client m	codice cliente m	—
numero della fattura (I)	Rechnungsnummer f	invoice number	numéro de la facture m	—	número de la factura m
número de pedido (ES)	Auftragsnummer f	order number	numéro de commande m	numero d'ordine m	—
numéro de référence du client (F)	Kundennummer f	customer's reference number	—	codice cliente m	número del cliente m
número de referência do cliente (P)	Kundennummer f	customer's reference number	numéro de référence du client m	codice cliente m	número del cliente m
numéro de télécopie (F)	Telefaxnummer f	fax number	—	numero di telefax m	número de telefax m
número de telefax (ES)	Telefaxnummer f	fax number	numéro de télécopie m	numero di telefax m	—
número de telefax (P)	Telefaxnummer f	fax number	numéro de télécopie m	numero di telefax m	número de telefax m
número de telefone (P)	Telefonnummer f	telephone number	numéro de téléphone m	numero di telefono m	número de teléfono m
número de teléfono (ES)	Telefonnummer f	telephone number	numéro de téléphone m	numero di telefono m	—
numéro de téléphone (F)	Telefonnummer f	telephone number	—	numero di telefono m	número de teléfono m
numero di conto (I)	Kontonummer f	account number	numéro de compte m	—	número de cuenta m

numero di conto

P	NL	SV	PL	CZ	H
crescimento m	groei m	tillväxt	wzrost m	růst m	—
taxa de crescimento f	groeicijfer n	tillväxttakt	stopa wzrostu f	míra růstu f	—
salvo alteração	vrijblijvend	oförbindlig	bez zobowiązania	nezávazný	kötelezettség nélküli
venda judicial f	openbare verkoop f	exekutiv auktion	licytacja przymusowa f	—	kényszerárverés
venda forçada f	gedwongen verkoop m	tvångsförsäljning	sprzedaż przymusowa f	—	kényszereladás
nulo	nietig	annullerad	nieważny	neplatný	semmis
crescimento nulo m	—	nolltillväxt	wzrost zerowy m	nulový růst m	nulla növekedés
crescimento nulo m	nulgroei m	nolltillväxt	wzrost zerowy m	nulový růst m	—
nulo	nietig	annullerad	nieważny	neplatný	semmis
tarifa gratuita f	nultarief n	nolltaxa	taryfa bezpłatna f	bezplatný tarif m	díjmentesség
crescimento nulo m	nulgroei m	nolltillväxt	wzrost zerowy m	nulový růst m	nulla növekedés
nulo	nietig	annullerad	nieważny	neplatný	semmis
—	nietig	annullerad	nieważny	neplatný	semmis
crescimento nulo m	nulgroei m	nolltillväxt	wzrost zerowy m	—	nulla növekedés
tarifa gratuita f	—	nolltaxa	taryfa bezpłatna f	bezplatný tarif m	díjmentesség
número de referência do cliente m	klantennummer n	kundnummer	—	evidenční číslo zákazníka n	vevő száma
número de conta m	rekeningnummer n	kontonummer	—	číslo účtu n	számlaszám
—	factuurnummer n	fakturanummer	numer rachunku m	číslo účtu n	számlaszám
número de encomenda m	bestelnummer n	ordernummer	numer zamówienia m	číslo zakázky n	megrendelés száma
número de conta m	rekeningnummer n	kontonummer	numer konta m	číslo účtu n	számlaszám
—	rekeningnummer n	kontonummer	numer konta m	číslo účtu n	számlaszám
número de conta m	rekeningnummer n	kontonummer	numer konta m	číslo účtu n	számlaszám
—	bestelnummer n	ordernummer	numer zamówienia m	číslo zakázky n	megrendelés száma
número da factura m	factuurnummer n	fakturanummer	numer rachunku m	číslo účtu n	számlaszám
número da factura m	factuurnummer n	fakturanummer	numer rachunku m	číslo účtu n	számlaszám
número de referência do cliente m	klantennummer n	kundnummer	numer klienta m	evidenční číslo zákazníka n	vevő száma
número da factura m	factuurnummer n	fakturanummer	numer rachunku m	číslo účtu n	számlaszám
número de encomenda m	bestelnummer n	ordernummer	numer zamówienia m	číslo zakázky n	megrendelés száma
número de referência do cliente m	klantennummer n	kundnummer	numer klienta m	evidenční číslo zákazníka n	vevő száma
—	klantennummer n	kundnummer	numer klienta m	evidenční číslo zákazníka n	vevő száma
número de telefax m	faxnummer n	telefaxnummer	numer telefaxu m	číslo telefaxu n	telefaxszám
número de telefax m	faxnummer n	telefaxnummer	numer telefaxu m	číslo telefaxu n	telefaxszám
—	faxnummer n	telefaxnummer	numer telefaxu m	číslo telefaxu n	telefaxszám
—	telefoonnummer n	telefonnummer	numer telefonu m	telefonní číslo n	telefonszám
número de telefone m	telefoonnummer n	telefonnummer	numer telefonu m	telefonní číslo n	telefonszám
número de telefone m	telefoonnummer n	telefonnummer	numer telefonu m	telefonní číslo n	telefonszám
número de conta m	rekeningnummer n	kontonummer	numer konta m	číslo účtu n	számlaszám

numero di telefax

	D	E	F	I	ES
numero di telefax (I)	Telefaxnummer f	fax number	numéro de télécopie m	—	número de telefax m
numero di telefono (I)	Telefonnummer f	telephone number	numéro de téléphone m	—	número de teléfono m
numero d'ordine (I)	Auftragsnummer f	order number	numéro de commande m	—	número de pedido m
números rojos (ES)	rote Zahlen f/pl	the red	chiffres déficitaires m/pl	conti in rosso m/pl	—
numer rachunku (PL)	Rechnungsnummer f	invoice number	numéro de la facture m	numero della fattura m	número de la factura m
numer telefaxu (PL)	Telefaxnummer f	fax number	numéro de télécopie m	numero di telefax m	número de telefax m
numer telefonu (PL)	Telefonnummer f	telephone number	numéro de téléphone m	numero di telefono m	número de teléfono m
numer zamówienia (PL)	Auftragsnummer f	order number	numéro de commande m	numero d'ordine m	número de pedido m
Nutzung (D)	—	use	mise à profit f	utilizzazione f	utilización f
nyanskaffning (SV)	Wiederbeschaffung f	replacement	réapprovisionnement m	riapprovigionamento m	reposición f
nyereség (H)	Gewinn m	profit	bénéfice m	utile m	beneficio m
nyereség (H)	Profit m	profit	profit m	profitto m	beneficio m
nyereség (H)	schwarze Zahlen f/pl	the black	excédent m	conti in nero m/pl	superávit m
nyereségátutalás (H)	Gewinnabführung f	transfer of profit	transfert du bénéfice m	trasferimento degli utili m	transferencia de beneficios f
nyereséghelyzet (H)	Ertragslage f	profitability	niveau de rendement m	situazione economica f	situación del beneficio f
nyereségküszöb (H)	Gewinnschwelle f	break-even point	seuil de rentabilité m	punto di pareggio m	umbral de la rentabilidad m
nyereség maximálása (H)	Gewinnmaximierung f	maximisation of profits	maximalisationdu gain f	massimizzazione degli utili f	maximación de los beneficios f
nyereségrészesedés (H)	Gewinnbeteiligung f	profit-sharing	participation aux bénéfices f	partecipazione agli utili f	participación en los beneficios f
nyereségszámla (H)	Erfolgskonto n	statement of costs	compte de résultats m	conto profitti e perdite m	cuenta de beneficios y pérdidas f
nyersanyag (H)	Rohstoff m	raw material	matières premières f/pl	materia prima f	materia prima f
nyersanyagszűke (H)	Rohstoffknappheit f	raw material shortage	pénurie de matières premières f	scarsità di materie prime f	escasez de materias primas f
nyersolaj (H)	Rohöl n	crude oil	pétrole brut m	petrolio greggio m	crudo m
nyilvántartás (H)	Register n	register	registre m	registro m	registro m
nyitó állomány (H)	Anfangsbestand m	opening stock	stock initial m	scorte iniziali f/pl	existencias iniciales f/pl
nyitó mérleg (H)	Eröffnungsbilanz f	opening balance sheet	bilan d'ouverture m	bilancio d'apertura m	balance inicial m
nyomtató (H)	Drucker m	printer	imprimante f	stampante f	impresora f
nyomtatvány (H)	Drucksache f	printed matter	imprimé m	stampa f	impreso m
nyugdíjalap (H)	Rentenfonds m	pension fund	effets publics m/pl	fondo obbligazionario m	fondo de bonos m
nyugta (H)	Quittung f	receipt	quittance f	quietanza f	recibo m
oasi fiscale (I)	Steueroase f	tax haven	paradis fiscal m	—	paraíso fiscal m
oaza podatkowa (PL)	Steueroase f	tax haven	paradis fiscal m	oasi fiscale f	paraíso fiscal m
obal (CZ)	Verpackung f	packing	emballage m	imballaggio m	embalaje m
obálka (CZ)	Briefumschlag m	envelope	enveloppe f	busta f	sobre m
obálka (CZ)	Kuvert n	envelope	enveloppe f	busta f	sobre m
obalový materiál (CZ)	Verpackungsmaterial n	packing material	matériel d'emballage m	materiale d'imballaggio m	material de embalaje m
obalový odpad (CZ)	Verpackungsmüll m	packing waste	déchets d'emballage m/pl	rifiuti d'imballaggio m/pl	basura de embalaje f
obbligazione (I)	Schuldverschreibung f	debenture bond	obligation f	—	obligación f
obbligazione industriale (I)	Industrieobligation f	industrial bond	obligation de l'industrie f	—	obligaciones industriales f/pl
obbligazione perpetua (I)	Dauerschuldverschreibung f	unredeemable bond	engagement de dette permanente m	—	obligación perpetua f

obbligazione perpetua

P	NL	SV	PL	CZ	H
número de telefax m	faxnummer n	telefaxnummer	numer telefaxu m	číslo telefaxu n	telefaxszám
número de telefone m	telefoonnummer n	telefonnummer	numer telefonu m	telefonní číslo n	telefonszám
número de encomenda m	bestelnummer n	ordernummer	numer zamówienia m	číslo zakázky n	megrendelés száma
valores a vermelho m/pl	rode cijfers n/pl	med förlust	straty f/pl	červená čísla n/pl	veszteség
número da factura f	factuurnummer n	fakturanummer	—	číslo účtu n	számlaszám
número de telefax m	faxnummer n	telefaxnummer	—	číslo telefaxu n	telefaxszám
número de telefone m	telefoonnummer n	telefonnummer	—	telefonní číslo n	telefonszám
número de encomenda m	bestelnummer n	ordernummer	—	číslo zakázky n	megrendelés száma
utilização f	genot n	användning	użytkowanie n	využití n	használat
reposição f	vervanging f	—	ponowny zakup m	reprodukce f	pótlás
lucro m	winst f	vinst	zysk m	zisk m	—
lucro m	winst f	vinst	zysk m	prospěch m	—
excedente m	zwarte cijfers n/pl	med vinst	strefa zysków f	černé platby f/pl	—
transferência dos lucros f	de afdracht van de winst f/m	vinstöverföring	podatek z zysku m	odvod zisku m	—
nível de lucros m	rentabiliteit f	vinstsituation	zyskowność f	stav výnosů m	—
ponto morto de vendas m	rendabiliteitsdrempel m	nollpunkt	próg zysku m	práh zisku m	—
maximização dos lucros f	winstmaximalisering f	vinstmaximering	maksymalizacja zysku f	maximalizace zisku f	—
participação nos lucros f	deelneming in de winst f	vinstdelning	udział w zyskach m	podíl na zisku m	—
conta de resultados f	resultatenrekening f	resultatkonto	konto wynikowe n	vyúčtování nákladů n	—
matéria-prima f	grondstof f	råvara	surowiec m	surovina f	—
escassez de matéria-prima f	grondstoffenschaarste f	råvarubrist	niedostatek surowca m	nedostatek surovin m	—
petróleo bruto m	ruwe olie f	råolja	surowa ropa naftowa f	surový olej m	—
registo m	register n	register	rejestr m	rejstřík m	—
existências iniciais f/pl	beginvoorraad m	ingående lager	stan wyjściowy m	počáteční stav m	—
balanço inicial m	openingsbalans m	ingående balans	bilans otwarcia m	zahajovací rozvaha f	—
impressora f	printer m	skrivare	drukarka f	tiskárna f	—
impresso m	drukwerk n	trycksak	druki m/pl	tiskopis m	—
fundo de pensão m	rentefonds n	pensionsfond	fundusz emerytalny m	důchodový fond m	—
recibo m	kwitantie f	kvitto	kwit m	stvrzenka f	—
paraíso fiscal m	belastingparadijs n	skatteparadis	oaza podatkowa f	daňová oáza f	adóparadicsom
paraíso fiscal m	belastingparadijs n	skatteparadis	—	daňová oáza f	adóparadicsom
embalagem f	verpakking f	förpackning	opakowanie n	—	csomagolás
envelope m	envelop m	kuvert	koperta f	—	levélborítek
envelope m	enveloppe f	kuvert	koperta f	—	borítek
material de embalagem m	verpakkingsmateriaal n	packningsmaterial	materiał opakunkowy m	—	csomagolóanyag
embalagem usada f	verpakkingsafval n	förpackningsavfall	zużyte opakowania m/pl	—	csomagolási hulladék
obrigações não reembolsáveis f/pl	obligatie f	skuldförbindelse	list zastawczy m	obligace f	kötelezvény
obrigações industriais f/pl	industrieobligatie f	industriobligation	obligacja przemysłowa f	průmyslová obligace f	iparvállalati kötvény
obrigação perpétua f	obligatie met eeuwigdurende looptijd f	evig obligation	zobowiązanie ciągłe f	dlouhodobý dlužní úpis m	nem beváltható kötvény

obbligazioni di scarso valore nominale

	D	E	F	I	ES
obbligazioni di scarso valore nominale (I)	Baby-Bonds *pl*	baby bonds	bons à petite valeur nominale *m/pl*	—	bonos de bajo valor nominal *m/pl*
obblighi (I)	Verbindlichkeiten *f/pl*	liabilities	dettes *f/pl*	—	obligaciones *f/pl*
obbligo (I)	Obligo *n*	financial obligation	engagement *m*	—	obligación *f*
obbligo di conservazione (I)	Aufbewahrungspflicht *f*	obligation to preserve records	obligation de conservation *f*	—	deber de conservación *m*
obbligo di mantenere il prezzo fissato (I)	Preisbindung *f*	price fixing	imposition des prix *f*	—	limitación de precios *f*
obbligo di ritiro (I)	Abnahmepflicht *f*	obligation to take delivery	obligation de prendre livraison *f*	—	obligación de recepción *f*
obchod (CZ)	Geschäft *n*	business	affaire *f*	negozio *m*	negocio *m*
obchod (CZ)	Handel *m*	trade	commerce *m*	commercio *m*	comercio *m*
obchodní banka (CZ)	Handelsbank *f*	merchant bank	banque de commerce *f*	banca commerciale *f*	banco comercial *m*
obchodní bilance (CZ)	Handelsbilanz *f*	balance of trade	balance des opérations en marchandises *f*	bilancia commerciale *f*	balanza comercial *f*
obchodní doba (CZ)	Geschäftszeit *f*	business hours	heures d'ouverture *f/pl*	orario d'apertura *m*	hora de despacho *f/pl*
obchodní dohoda (CZ)	Handelsabkommen *n*	trade agreement	accord commercial *m*	accordo commerciale *m*	acuerdo comercial *m*
obchodní doložka (CZ)	Handelsklausel *f*	trade clause	clause commerciale *f*	clausola commerciale *f*	cláusula comercial *f*
obchodní dům (CZ)	Kaufhaus *n*	department store	grand magasin *m*	grande magazzino *m*	gran almacén *m*
obchodní dům (CZ)	Warenhaus *n*	department store	grand magasin *m*	grande magazzino *m*	gran almacén *m*
obchodní embargo (CZ)	Handelsembargo *n*	trade embargo	embargo commercial *m*	embargo commerciale *m*	embargo comercial *m*
obchodní faktura (CZ)	Handelsfaktura *f*	commercial invoice	facture commerciale *f*	fattura commerciale *f*	factura comercial *f*
obchodník (CZ)	Händler *m*	trader	commerçant *m*	commerciante *m*	comerciante *m*
obchodník (CZ)	Kaufmann *m*	businessman	négociant *m*	commerciante *m*	comerciante *m*
obchodní knihy (CZ)	Geschäftsbücher *n/pl*	account books and balance-sheets	livres de commerce *m/pl*	libri contabili *m/pl*	libros de contabilidad *m/pl*
obchodní komora (CZ)	Handelskammer *f*	Chamber of Commerce	chambre de commerce *f*	camera di commercio *f*	cámara de comercio *f*
obchodní partner (CZ)	Geschäftspartner *f*	business partner	associé *m*	socio *m*	socio *m*
obchodní podmínky (CZ)	Geschäftsbedingungen	terms and conditions of business	conditions commerciales *f/pl*	condizioni contrattuali *f/pl*	condiciones de contrato *f/pl*
obchodní rejstřík (CZ)	Handelsregister *n*	commercial register	registre du commerce *m*	registro delle imprese *m*	registro mercantil *m*
obchodní rok (CZ)	Geschäftsjahr *n*	financial year	exercice *m*	esercizio commerciale *m*	ejercicio *m*
obchodní rozpětí (CZ)	Handelsspanne *f*	trading margin	bénéfice brut *m*	margine commerciale *m*	margen comercial *f*
obchodní spojení (CZ)	Geschäftsverbindung *f*	business relations	relation d'affaires *f*	relazione d'affari *f*	relación comercial *f*
obchodní styk (CZ)	Geschäftsbeziehung *f*	business connections	relations commerciales *f/pl*	rapporti d'affari *m/pl*	relaciones comerciales *f/pl*
obchodní styky (CZ)	Handelsbeziehungen *f/pl*	trade relations	relations commerciales *f/pl*	rapporti commerciali *m/pl*	relaciones comerciales *f/pl*
obchodní třída (CZ)	Handelsklasse *f*	grade	catégorie de produits *f*	categoria commerciale *f*	clase *f*
obchodní úvěrový list (CZ)	Handelskreditbrief *m*	commercial letter of credit	lettre de crédit commercial *f*	lettera di credito commerciale *f*	carta de crédito comercial *f*
obchodní zastoupení (CZ)	Handelsvertretung *f*	commercial agency	représentation commerciale *f*	rappresentanza commerciale *f*	representación comercial *f*
obchodní zástupce (CZ)	Handelsvertreter *m*	commercial agent	représentant de commerce *m*	rappresentante commerciale *m*	representante comercial *m*
obchodní zpráva (CZ)	Geschäftsbericht *m*	business report	rapport de gestion *m*	relazione di bilancio *f*	informe *m*
obchod s cennými papíry (CZ)	Wertpapiergeschäft *n*	securities business	opérations sur titres *f/pl*	operazioni su titoli *f/pl*	operación con valores *f*
obciążać (PL)	belasten	charge	débiter	addebitare	adeudar

obciążać

P	NL	SV	PL	CZ	H
obrigações de pequeno valor nominal f/pl	effecten met geringe waarde n/pl	baby bonds pl	obligacje niskonominałowe f/pl	obligace malé nominální hodnoty f/pl	alacsony névértékű kötvények
obrigação f	verplichtingen f/pl	skulder pl	zobowiązanie n	závazky m/pl	kötelezettségek
obrigação f	obligo n	ekonomisk förpliktelse	obligo	závazek m	kötelezettség
dever de conservação m	bewaringsplicht f/m	arkiveringsplikt	obowiązek przechowywania m	povinnost uschovávat f	megőrzési kötelezettség
acordo sobre preços m	prijsbinding f	fast prissättning	zobowiązanie do utrzymania cen n	závaznost cen f	árrögzítés
obrigação de aceitar a entrega f	afnameverplichting f	skyldighet att acceptera leverans	obowiązek odbioru m	povinné odebrání n	átvételi kötelezettség
negócio m	zaak f	affär	interes m	—	üzlet
comércio m	handel m	handel	handel m	—	kereskedelem
banco comercial m	handelsbank f	handelsbank	bank handlowy m	—	kereskedelmi bank
balança comercial f	handelsbalans f	handelsbalans	bilans handlowy m	—	kereskedelmi mérleg
horas de expediente f/pl	kantooruren n/pl	öppningstider	godziny pracy f/pl	—	hivatalos idő
acordo comercial m	handelsovereenkomst f	handelsavtal	umowa handlowa f	—	kereskedelmi egyezmény
cláusulas comerciais f/pl	handelsclausule f	handelsklausul	klauzula towarowa f	—	kereskedelmi szokványok
grande armazém m	warenhuis n	varuhus	dom towarowy m	—	áruház
armazém m	warenhuis n	varuhus	dom towarowy m	—	áruház
embargo comercial m	handelsembargo n	handelsembargo	embargo handlowe n	—	kereskedelmi embargó
factura comercial f	handelsfactuur f	vanlig exportfaktura	faktura handlowa f	—	kereskedelmi számla
comerciante m	handelaar m	köpman	handlarz m	—	kereskedő
comerciante m	zakenman m	köpman	kupiec m	—	kereskedő
livros de contabilidade m/pl	handelsboeken n/pl	bokföring	księgi handlowe f/pl	—	üzleti könyvek
Câmara de Comércio f	handelskamer f/m	handelskammare	Izba Handlowa f	—	kereskedelmi kamara
sócio m	handelspartner m	affärspartner	kontrahent m	—	üzleti partner
condições do contrato f/pl	verkoopsvoorwaarden f/pl	affärsvillkor	warunki handlowe m/pl	—	szerződési feltételek
registo comercial m	handelsregister n	handelsregister	Rejestr Handlowy	—	cégjegyzék
exercício comercial m	boekjaar n	verksamhetsår	rok gospodarczy m	—	üzleti év
margem comercial m	handelsmarge f	marginal	marża handlowa f	—	kereskedelmi árrés
relaçao comercial f	zakenrelatie f	affärsförbindelse	stosunki handlowe m/pl	—	üzleti kapcsolat
relações comerciais f/pl	zakenrelatie f	affärskontakter pl	stosunki handlowe m/pl	—	üzleti kapcsolat
relações comerciais f/pl	handelsbetrekkingen f/pl	handelsförbindelser pl	stosunki handlowe m/pl	—	kereskedelmi kapcsolatok
categoria de produtos f	handelsklasse f	handelsklass	jakość sprzedażna f	—	minőségi osztály
carta de crédito comercial f	handelskredietbrief m	handelsremburs	akredytywa towarowa f	—	kereskedelmi hitellevél
representação comercial f	handelsagentuur f	handelsagentur	przedstawicielstwo handlowe n	—	kereskedelmi képviselet
representante comercial m	handelsvertegenwoordiger m	handelsagent	agent handlowy m	—	kereskedelmi képviselő
relatório comercial m	beheersverslag n	affärsrapport	sprawozdanie z działalności przedsiębiorstwa n	—	üzleti jelentés
transacção de títulos f	effectenhandel	värdepappersaffär	transakcja papierami wartościowymi f	—	értékpapírügylet
debitar	belasten	debitera	—	zatěžovat <zatížit>	megterhel

obciążenie

672

	D	E	F	I	ES
obciążenie (PL)	Belastung f	charge	charge f	addebito m	gravamen m
oběh bankovek (CZ)	Notenumlauf m	notes in circulation	circulation fiduciaire f	circolazione delle banconote f	circulación fiduciaria f
oběh peněz (CZ)	Geldumlauf m	circulation of money	circulation monétaire f	circolazione di denaro f	circulación monetaria f
obetald faktura (SV)	offene Rechnung f	outstanding account	facture impayée f	conto aperto m	factura pendiente f
obetald semester (SV)	unbezahlter Urlaub m	unpaid vacation	congé non payé m	ferie non pagate f/pl	vacaciones no pagadas f/pl
obetydlig skada (SV)	Bagatellschaden m	trivial damage	dommage mineur m	danno di piccola entità m	siniestro leve m
oběžné prostředky (CZ)	Umlaufvermögen n	floating assets	capital de roulement m	patrimonio circolante m	capital circulante m
obiad służbowy (PL)	Arbeitsessen n	working lunch	déjeuner de travail m	pranzo di lavoro m	comida de trabajo m
obieg banknotów (PL)	Notenumlauf m	notes in circulation	circulation fiduciaire f	circolazione delle banconote f	circulación fiduciaria f
obieg kapitału (PL)	Kapitalverkehr m	capital transactions	mouvement des capitaux m	circolazione dei capitali f	circulación de capitales f
obieg pieniądza (PL)	Geldumlauf m	circulation of money	circulation monétaire f	circolazione di denaro f	circulación monetaria f
obietnica kredytowania (PL)	Kreditzusage f	promise of credit	promesse de crédit f	promessa di credito f	promesa de crédito f
obiettivo (I)	Ziel n	objective	but m	—	objetivo m
obiettivo imprenditoriale (I)	Unternehmensziel n	company objective	objectif de l'entreprise m	—	objetivo empresarial m
objecção (P)	Beanstandung f	objection	réclamation f	reclamo m	queja f
objectif de l'entreprise (F)	Unternehmensziel n	company objective	—	obiettivo imprenditoriale m	objetivo empresarial m
objection (E)	Beanstandung f	—	réclamation f	reclamo m	queja f
objective (E)	Ziel n	—	but m	obiettivo m	objetivo m
objectivo (P)	Ziel n	objective	but m	obiettivo m	objetivo m
objectivo da empresa (P)	Unternehmensziel n	company objective	objectif de l'entreprise m	obiettivo imprenditoriale m	objetivo empresarial m
objednací formulář (CZ)	Bestellformular n	order form	bon de commande m	modulo per ordinazioni m	formulario de pedido m
objednací údaje (CZ)	Bestelldaten f	details of order	références de commande f/pl	dati dell'ordine m/pl	datos de pedido m/pl
objednané množství (CZ)	Bestellmenge f	ordered quantity	quantité commandée f	quantità d'ordinazione f	cantidad pedida f
objednatel (CZ)	Besteller m	customer	acheteur m	committente m	demandante m
objednávatel (CZ)	Auftraggeber m	customer	donneur d'ordre m	committente m	mandante m
objednávka (CZ)	Bestellung f	order	commande f	ordine m	pedido m
objem (CZ)	Volumen n	volume	volume m	volume m	volumen m
objetivo (ES)	Ziel n	objective	but m	obiettivo m	—
objetivo empresarial (ES)	Unternehmensziel n	company objective	objectif de l'entreprise m	obiettivo imprenditoriale m	—
objętość (PL)	Volumen n	volume	volume m	volume m	volumen m
oblastní banka (CZ)	Regionalbank f	regional bank	banque régionale f	banca regionale f	banco regional m
obliczenie (PL)	Berechnung f	calculation	calcul m	calcolo m	calculo m
obligace (CZ)	Schuldverschreibung f	debenture bond	obligation f	obbligazione f	obligación f
obligace malé nominální hodnoty (CZ)	Baby-Bonds pl	baby bonds	bons à petite valeur nominale m/pl	obbligazioni di scarso valore nominale f/pl	bonos de bajo valor nominal m/pl
obligación (ES)	Obligo n	financial obligation	engagement m	obbligo m	—
obligación (ES)	Schuldverschreibung f	debenture bond	obligation f	obbligazione f	—
obligación de recepción (ES)	Abnahmepflicht f	obligation to take delivery	obligation de prendre livraison f	obbligo di ritiro m	—
obligaciones (ES)	Verbindlichkeiten f/pl	liabilities	dettes f/pl	obblighi m/pl	—

obligaciones

P	NL	SV	PL	CZ	H
carga f	belasting f	debitering	—	zatížení n	megterhelés
circulação fiduciária f	circulatie van bankbiljetten f	sedelmängd	obieg banknotów m	—	forgalomban lévő pénzmennyiség
circulação monetária f	geldomloop m	penningcirkulation	obieg pieniądza m	—	pénzforgalom
factura não paga f	openstaande rekening f	—	niezapłacony rachunek m	otevřený účet m	kiegyenlítetlen számla
férias não pagas f/pl	verlof zonder wedde n	—	urlop bezpłatny m	neplacená dovolená f	fizetés nélküli szabadság
dano menor m	geringe schade f/m	—	drobne szkody f/pl	drobná škoda f	elhanyagolható kár
património circulante m	bedrijfskapitaal n	likvida tillgångar pl	majątek obrotowy m	—	forgóeszközök
almoço de trabalho m	werklunch m	arbetslunch	—	pracovní oběd m	munkaebéd
circulação fiduciária f	circulatie van bankbiljetten f	sedelmängd	—	oběh bankovek m	forgalomban lévő pénzmennyiség
circulação de capital f	kapitaalverkeer n	kapitalrörelse	—	pohyb kapitálu m	tőkeműveletek
circulação monetária f	geldomloop m	penningcirkulation	—	oběh peněz m	pénzforgalom
promessa de crédito f	krediettoezegging f	kreditgivning	—	příslib úvěru m	hitel jóváhagyása
objectivo m	doel n	mål	cel m	cíl m	cél
objectivo da empresa m	bedrijfsdoelstelling f	företagsmål	przedmiot działalności przedsiębiorstwa m	podnikatelský záměr m	a vállalat célja
—	klacht f	reklamation	reklamacja f	reklamace f	kifogásolás
objectivo da empresa m	bedrijfsdoelstelling f	företagsmål	przedmiot działalności przedsiębiorstwa m	podnikatelský záměr m	a vállalat célja
objecção f	klacht f	reklamation	reklamacja f	reklamace f	kifogásolás
objectivo m	doel n	mål	cel m	cíl m	cél
—	doel n	mål	cel m	cíl m	cél
—	bedrijfsdoelstelling f	företagsmål	przedmiot działalności przedsiębiorstwa m	podnikatelský záměr m	a vállalat célja
nota de encomenda f	bestelformulier n	orderformulär	formularz zamówienia m	—	megrendelőlap
detalhes de encomenda m/pl	bestelgegevens n/pl	orderdata	data zamówienia f	—	megrendelés adatai
quantidade encomendada f	bestelhoeveelheid f	ordermängd	ilość zamówiona f	—	megrendelési mennyiség
comprador m	besteller m	kund	zamawiający m	—	megrendelő
cliente m	opdrachtgever m	uppdragsgivare	zleceniodawca m	—	megbízó
encomenda f	bestelling f	order	zamówienie n	—	megrendelés
volume m	volume n	volym	objętość f	—	volumen
objectivo m	doel n	mål	cel m	cíl m	cél
objectivo da empresa m	bedrijfsdoelstelling f	företagsmål	przedmiot działalności przedsiębiorstwa m	podnikatelský záměr m	a vállalat célja
volume m	volume n	volym	—	objem m	volumen
banco regional m	gewestelijke bank f	regionalbank	bank regionalny m	—	regionális bank
cômputo m	berekening f	kalkyl	—	výpočet m	kalkuláció
obrigações não reembolsáveis f/pl	obligatie f	skuldförbindelse	list zastawczy m	—	kötelezvény
obrigações de pequeno valor nominal f/pl	effecten met geringe waarde n/pl	baby bonds pl	obligacje niskonominałowe f/pl	—	alacsony névértékű kötvények
obrigação f	obligo n	ekonomisk förpliktelse	obligo	závazek m	kötelezettség
obrigações não reembolsáveis f/pl	obligatie f	skuldförbindelse	list zastawczy m	obligace f	kötelezvény
obrigação de aceitar a entrega f	afnameverplichting f	skyldighet att acceptera leverans	obowiązek odbioru m	povinné odebrání n	átvételi kötelezettség
obrigação f	verplichtingen f/pl	skulder pl	zobowiązanie n	závazky m/pl	kötelezettségek

obligaciones industriales

	D	E	F	I	ES
obligaciones industriales (ES)	Industrieobligation *f*	industrial bond	obligation de l'industrie *f*	obbligazione industriale *f*	—
obligación perpetua (ES)	Dauerschuldverschreibung *f*	unredeemable bond	engagement de dette permanente *m*	obbligazione perpetua *f*	—
obligacja przemysłowa (PL)	Industrieobligation *f*	industrial bond	obligation de l'industrie *f*	obbligazione industriale *f*	obligaciones industriales *f/pl*
obligacje niskonominałowe (PL)	Baby-Bonds *pl*	baby bonds	bons à petite valeur nominale *m/pl*	obbligazioni di scarso valore nominale *f/pl*	bonos de bajo valor nominal *m/pl*
obligační půjčka (CZ)	Obligationsanleihe *f*	debenture loan	emprunt obligataire *m*	prestito obbligazionario *m*	empréstito sobre obligaciones *m*
obligatie (NL)	Schuldverschreibung *f*	debenture bond	obligation *f*	obbligazione *f*	obligación *f*
obligatielening (NL)	Obligationsanleihe *f*	debenture loan	emprunt obligataire *m*	prestito obbligazionario *m*	empréstito sobre obligaciones *m*
obligatiemarkt (NL)	Rentenmarkt *m*	bond market	marché des effets publics *m*	mercato dei titoli a reddito fisso *m*	mercado de títulos de renta fija *m*
obligatie met eeuwigdurende looptijd (NL)	Dauerschuldverschreibung *f*	unredeemable bond	engagement de dette permanente *m*	obbligazione perpetua *f*	obligación perpetua *f*
obligation (F)	Schuldverschreibung *f*	debenture bond	—	obbligazione *f*	obligación *f*
obligation de conservation (F)	Aufbewahrungspflicht *f*	obligation to preserve records	—	obbligo di conservazione *m*	deber de conservación *m*
obligation de l'industrie (F)	Industrieobligation *f*	industrial bond	—	obbligazione industriale *f*	obligaciones industriales *f/pl*
obligation de prendre livraison (F)	Abnahmepflicht *f*	obligation to take delivery	—	obbligo di ritiro *m*	obligación de recepción *f*
obligationer (SV)	Rentenpapiere *f*	bonds	titres de rente *m/pl*	titoli a reddito fisso *m/pl*	títulos de renta fija *m/pl*
obligation hypothécaire (F)	Pfandbrief *m*	mortgage bond	—	titolo ipotecario *m*	cédula hipotecaria *f*
obligation med inteckning som säkerhet (SV)	Pfandbrief *m*	mortgage bond	obligation hypothécaire *f*	titolo ipotecario *m*	cédula hipotecaria *f*
Obligationsanleihe (D)	—	debenture loan	emprunt obligataire *m*	prestito obbligazionario *m*	empréstito sobre obligaciones *m*
obligationslån (SV)	Obligationsanleihe *f*	debenture loan	emprunt obligataire *m*	prestito obbligazionario *m*	empréstito sobre obligaciones *m*
obligationsmarknad (SV)	Rentenmarkt *m*	bond market	marché des effets publics *m*	mercato dei titoli a reddito fisso *m*	mercado de títulos de renta fija *m*
obligation to preserve records (E)	Aufbewahrungspflicht *f*	—	obligation de conservation *f*	obbligo di conservazione *m*	deber de conservación *m*
obligation to take delivery (E)	Abnahmepflicht *f*	—	obligation de prendre livraison *f*	obbligo di ritiro *m*	obligación de recepción *f*
Obligo (D)	—	financial obligation	engagement *m*	obbligo *m*	obligación *f*
obligo (NL)	Obligo *n*	financial obligation	engagement *m*	obbligo *m*	obligación *f*
obligo (PL)	Obligo *n*	financial obligation	engagement *m*	obbligo *m*	obligación *f*
obniżka cen (PL)	Preissenkung *f*	price reduction	réduction des prix *f*	riduzione dei prezzi *f*	reducción de precios *f*
obniżka stopy procentowej (PL)	Zinssenkung *f*	reduction of interest	diminution du taux d'intérêt *f*	riduzione degli interessi *f*	reducción del tipo de interés *f*
obor (CZ)	Branche *f*	line of business	branche *f*	ramo commerciale *m*	ramo *m*
obowiązek odbioru (PL)	Abnahmepflicht *f*	obligation to take delivery	obligation de prendre livraison *f*	obbligo di ritiro *m*	obligación de recepción *f*
obowiązek przechowywania (PL)	Aufbewahrungspflicht *f*	obligation to preserve records	obligation de conservation *f*	obbligo di conservazione *m*	deber de conservación *m*
obowiązujący wstecz (PL)	rückwirkend	retrospective	rétroactif	con effetto retroattivo	retroactivo
obrat (CZ)	Umsatz *m*	turnover	chiffre d'affaires *m*	fatturato *m*	volumen de ventas *m*
obratem (CZ)	postwendend	by return of post	par retour du courrier	a giro di posta	a vuelta de correo
obratem (CZ)	umgehend	immediately	immédiatement	immediato	inmediatamente

obratem

P	NL	SV	PL	CZ	H
obrigações industriais f/pl	industrieobligatie f	industriobligation	obligacja przemysłowa f	průmyslová obligace f	iparvállalati kötvény
obrigação perpétua f	obligatie met eeuwigdurende looptijd f	evig obligation	zobowiązanie ciągłe n	dlouhodobý dlužní úpis m	nem beváltható kötvény
obrigações industriais f/pl	industrieobligatie f	industriobligation	—	průmyslová obligace f	iparvállalati kötvény
obrigações de pequeno valor nominal f/pl	effecten met geringe waarde n/pl	baby bonds pl	—	obligace malé nominální hodnoty f/pl	alacsony névértékű kötvények
empréstimo obrigatório m	obligatielening f	obligationslån	kredyt obligacyjny m	—	kötvénykölcsön
obrigações não reembolsáveis f/pl	—	skuldförbindelse	list zastawczy m	obligace f	kötelezvény
empréstimo obrigatório m	—	obligationslån	kredyt obligacyjny m	obligační půjčka f	kötvénykölcsön
mercado dos títulos de renda fixa m	—	obligationsmarknad	rynek papierów wartościowych o stałym zysku m	trh s výnosovými listy m	kötvénypiac
obrigação perpétua f	—	evig obligation	zobowiązanie ciągłe n	dlouhodobý dlužní úpis m	nem beváltható kötvény
obrigações não reembolsáveis f/pl	obligatie f	skuldförbindelse	list zastawczy m	obligace f	kötelezvény
dever de conservação m	bewaringsplicht f/m	arkiveringsplikt	obowiązek przechowywania m	povinnost uschovávat f	megőrzési kötelezettség
obrigações industriais f/pl	industrieobligatie f	industriobligation	obligacja przemysłowa f	průmyslová obligace f	iparvállalati kötvény
obrigação de aceitar a entrega f	afnameverplichting f	skyldighet att acceptera leverans	obowiązek odbioru m	povinné odebrání n	átvételi kötelezettség
títulos de renda fixa m/pl	effecten n/pl	—	papiery wartościowe o stałym zysku m/pl	výnosové listy m/pl	adósságlevelek
título hipotecário m	pandbrief f	obligation med inteckning som säkerhet	list zastawny m	zástavní list m	záloglevél
título hipotecário m	pandbrief f	—	list zastawny m	zástavní list m	záloglevél
empréstimo obrigatório m	obligatielening f	obligationslån	kredyt obligacyjny m	obligační půjčka f	kötvénykölcsön
empréstimo obrigatório m	obligatielening f	—	kredyt obligacyjny m	obligační půjčka f	kötvénykölcsön
mercado dos títulos de renda fixa m	obligatiemarkt f	—	rynek papierów wartościowych o stałym zysku m	trh s výnosovými listy m	kötvénypiac
dever de conservação m	bewaringsplicht f/m	arkiveringsplikt	obowiązek przechowywania m	povinnost uschovávat f	megőrzési kötelezettség
obrigação de aceitar a entrega f	afnameverplichting f	skyldighet att acceptera leverans	obowiązek odbioru m	povinné odebrání n	átvételi kötelezettség
obrigação f	obligo n	ekonomisk förpliktelse	obligo	závazek m	kötelezettség
obrigação f	—	ekonomisk förpliktelse	obligo	závazek m	kötelezettség
obrigação f	obligo n	ekonomisk förpliktelse	—	závazek m	kötelezettség
redução de preços f	prijsdaling f	prissänkning	—	snížení cen n	árcsökkentés
redução dos juros f	renteverlaging f	räntesänkning	—	snížení úrokové míry n	kamatcsökkentés
ramo m	branche f	bransch	branża f	—	ágazat
obrigação de aceitar a entrega f	afnameverplichting f	skyldighet att acceptera leverans	—	povinné odebrání n	átvételi kötelezettség
dever de conservação m	bewaringsplicht f/m	arkiveringsplikt	—	povinnost uschovávat f	megőrzési kötelezettség
retroactivo	terugwerkend	retroaktiv	—	působící zpětně	visszamenőleges
volume de vendas m	omzet m	omsättning	obrót m	—	forgalom
na volta do correio	per omgaande	med vändande post	odwrotną pocztą	—	postafordultával
imediatamente	per kerende post	omedelbar	bezzwłocznie	—	azonnal(i)

obrazovka 676

	D	E	F	I	ES
obrazovka (CZ)	Bildschirm m	screen	écran m	schermo m	pantalla f
obrigação (P)	Obligo n	financial obligation	engagement m	obbligo m	obligación f
obrigação (P)	Verbindlichkeiten f/pl	liabilities	dettes f/pl	obblighi m/pl	obligaciones f/pl
obrigação de aceitar a entrega (P)	Abnahmepflicht f	obligation to take delivery	obligation de prendre livraison f	obbligo di ritiro m	obligación de recepción f
obrigação perpétua (P)	Dauerschuldverschreibung f	unredeemable bond	engagement de dette permanente m	obbligazione perpetua f	obligación perpetua f
obrigações de pequeno valor nominal (P)	Baby-Bonds pl	baby bonds	bons à petite valeur nominale m/pl	obbligazioni di scarso valore nominale f/pl	bonos de bajo valor nominal m/pl
obrigações industriais (P)	Industrieobligation f	industrial bond	obligation de l'industrie f	obbligazione industriale f	obligaciones industriales f/pl
obrigações não reembolsáveis (P)	Schuldverschreibung f	debenture bond	obligation f	obbligazione f	obligación f
obrót (PL)	Umsatz m	turnover	chiffre d'affaires m	fatturato m	volumen de ventas m
obrót dewizowy (PL)	Devisenverkehr m	foreign exchange operations	mouvement de devises m	commercio dei cambi m	tráfico de divisas m
obrót płatniczy (PL)	Zahlungsverkehr m	payment transaction	opérations de payement f/pl	operazioni di pagamento f/pl	servicio de pagos m/pl
obsah čistého drahého kovu ve slitině (CZ)	Feingehalt m	titre	titre m	titolo m	ley f
observação do mercado (P)	Marktbeobachtung f	observation of markets	étude de marché f	sondaggio di mercato m	observación del mercado f
observación del mercado (ES)	Marktbeobachtung f	observation of markets	étude de marché f	sondaggio di mercato m	—
observation of markets (E)	Marktbeobachtung f	—	étude de marché f	sondaggio di mercato m	observación del mercado f
obserwacja rynku (PL)	Marktbeobachtung f	observation of markets	étude de marché f	sondaggio di mercato m	observación del mercado f
obszar celny (PL)	Zollgebiet n	customs territory	territoire douanier m	territorio doganale m	distrito aduanero m
obvyklé v obchodě (CZ)	handelsüblich	customary (in trade)	en usage dans le commerce f	d'uso commerciale	usual en el comercio
occupational hazard (E)	Berufsrisiko n	—	risque professionnel m	rischio professionale m	riesgo profesional m
occupazione (I)	Beschäftigung f	employment	emploi m	—	ocupación f
ocena (PL)	Bewertung f	valuation	valorisation f	valutazione f	valoración f
ochrana (CZ)	Protektion f	protection	protection f	protezione f	protección f
ochrana dat (CZ)	Datenschutz m	data protection	protection de données f	tutela dei dati f	protección de los datos f
ochrana matky (CZ)	Mutterschutz m	protection of mothers	protection des mères f	tutela della maternità f	protección de la madre f
ochrana před výpovědí (CZ)	Kündigungsschutz m	protection against dismissal	protection en matière de licenciement f	protezione contro il licenziamento f	protección contra el despido f
ochrana věřitelů (CZ)	Gläubigerschutz m	protection of creditors	garantie des créanciers f	tutela del creditore f	protección de los acreedores f
ochrana závodu (CZ)	Werkschutz m	works protection force	corps de sécurité d'entreprise m	servizio di sorveglianza aziendale m	policía de la empresa f
ochrana získaná pojištěním (CZ)	Versicherungsschutz m	insurance cover	couverture de l'assurance f	copertura assicurativa f	cobertura de seguro f
ochranné clo (CZ)	Schutzzoll m	protective duty	droit de protection m	dazio protettivo m	aduana proteccionista f
ochrona danych komputerowych (PL)	Datenschutz m	data protection	protection de données f	tutela dei dati f	protección de los datos f
ochrona macierzyństwa (PL)	Mutterschutz m	protection of mothers	protection des mères f	tutela della maternità f	protección de la madre f
ochrona przed zwolnieniem (PL)	Kündigungsschutz m	protection against dismissal	protection en matière de licenciement f	protezione contro il licenziamento f	protección contra el despido f
ochrona ubezpieczeniowa (PL)	Versicherungsschutz m	insurance cover	couverture de l'assurance f	copertura assicurativa f	cobertura de seguro f
ocker (SV)	Wucher m	usury	usure f	usura f	usura f

P	NL	SV	PL	CZ	H
ecrã m	beeldscherm n	bildskärm	ekran m	—	képernyő
—	obligo n	ekonomisk förpliktelse	obligo	závazek m	kötelezettség
—	verplichtingen f/pl	skulder pl	zobowiązanie n	závazky m/pl	kötelezettségek
—	afnameverplichting f	skyldighet att acceptera leverans	obowiązek odbioru m	povinné odebrání n	átvételi kötelezettség
—	obligatie met eeuwigdurende looptijd f	evig obligation	zobowiązanie ciągłe n	dlouhodobý dlužní úpis m	nem beváltható kötvény
—	effecten met geringe waarde n/pl	baby bonds pl	obligacje niskonominałowe f/pl	obligace malé nominální hodnoty f/pl	alacsony névértékű kötvények
—	industrieobligatie f	industriobligation	obligacja przemysłowa f	průmyslová obligace f	iparvállalati kötvény
—	obligatie f	skuldförbindelse	list zastawczy m	obligace f	kötelezvény
volume de vendas m	omzet m	omsättning	—	obrat m	forgalom
movimento de divisas m	deviezenverkeer n	valutahandel	—	devizový styk m	devizaforgalom
transacções financeiras f/pl	betalingsverkeer n	betalningstransaktion	—	platební styk m	pénzügyi tranzakciók
lei f	gehalte aan edel metaal n	lödighet	zawartość złota n	—	nemesfémtartalom
—	marktobservatie f	marknadsbevakning	obserwacja rynku f	sledování trhu n	piacelemzés
observação do mercado f	marktobservatie f	marknadsbevakning	obserwacja rynku f	sledování trhu n	piacelemzés
observação do mercado f	marktobservatie f	marknadsbevakning	obserwacja rynku f	sledování trhu n	piacelemzés
observação do mercado f	marktobservatie f	marknadsbevakning	—	sledování trhu n	piacelemzés
território aduaneiro m	douanegebied n	tullområde	—	celní území n	vámterület
corrente no comércio	in de handel gebruikelijk	standard	powszechnie przyjęty w handlu	—	kereskedelemben szokásos
risco profissional m	beroepsrisico n	yrkesrisk	ryzyko zawodowe n	riziko povolání n	foglalkozási kockázat
ocupação f	betrekking f	sysselsättning	zatrudnienie n	zaměstnání n	foglalkoztatás
avaliação f	schatting f	värdering	—	ohodnocení n	értékelés
protecção f	protectie f	skydd	protekcja f	—	védelem
protecção dos dados f	bescherming van de opgeslagen informatie f	datasäkerhet	ochrona danych komputerowych f	—	adatvédelem
protecção da maternidade f	moederschapszorg f	föräldraförsäkring	ochrona macierzyństwa f	—	anyavédelem
protecção contra despedimento injustificado f	werkzekerheidsgarantie f	anställningstrygghet	ochrona przed zwolnieniem f	—	felmondási korlátozás
garantia dos credores f	bescherming van de schuldeisers f	borgenärsskydd	gwarancja dla wierzycieli f	—	hitelezők védelme
corpo de segurança da empresa m	veiligheidsdienst m	arbetsskydd	straż zakładowa f	—	üzemi rendészet
protecção por seguro f	bescherming door verzekering f	försäkringsskydd	ochrona ubezpieczeniowa f	—	biztosítási fedezet
direitos proteccionistas m/pl	beschermend recht n	skyddstull	cło ochronne n	—	védővám
protecção dos dados f	bescherming van de opgeslagen informatie f	datasäkerhet	—	ochrana dat f	adatvédelem
protecção da maternidade f	moederschapszorg f	föräldraförsäkring	—	ochrana matky f	anyavédelem
protecção contra despedimento injustificado f	werkzekerheidsgarantie f	anställningstrygghet	—	ochrana před výpovědí f	felmondási korlátozás
protecção por seguro f	bescherming door verzekering f	försäkringsskydd	—	ochrana získaná pojištěním f	biztosítási fedezet
usura f	woeker m	—	lichwa f	lichva f	uzsora

oclony

	D	E	F	I	ES
oclony (PL)	verzollt	duty-paid	dédouané	sdoganato	aranceles pagados
octrooi (NL)	Patent n	patent	brevet m	brevetto m	patente f
octrooibureau (NL)	Patentamt n	Patent Office	office des brevets m	ufficio brevetti m	oficina del registro de patentes f
octrooilicentie (NL)	Patentlizenz n	patent licence	licence de brevet f	licenza di brevetto f	licencia de patente f
ocupação (P)	Beschäftigung f	employment	emploi m	occupazione f	ocupación f
ocupación (ES)	Beschäftigung f	employment	emploi m	occupazione f	—
odbavení (CZ)	Abfertigung f	dispatch	expédition f	spedizione f	despacho m
odběratel (CZ)	Abnehmer m	buyer	acheteur m	acquirente m	tomador m
odběratelská země (CZ)	Abnehmerland n	buyer country	pays acheteur m	paese acquirente m	país comprador m
odbiór (PL)	Abnahme f	acceptance	réception f	accettazione f	aceptación f
odbiorca (PL)	Abnehmer m	buyer	acheteur m	acquirente m	tomador m
odbiorca (PL)	Empfänger m	recipient	destinataire m	destinatario m	destinatario m
odbiorca finalny (PL)	Endabnehmer m	ultimate buyer	preneur final m	acquirente finale m	comprador final m
odborník (CZ)	Fachmann m	expert	expert m	perito m	especialista m/f
odbory (CZ)	Gewerkschaft f	trade union	syndicat m	sindacato m	sindicato m
odbyt (CZ)	Absatz m	sales	volume des ventes m	volume di vendite m	cifra de ventas f
odbyt (CZ)	Vertrieb m	distribution	distribution f	distribuzione f	distribución f
odbytová cesta (CZ)	Absatzweg m	channel of distribution	canal de distribution m	sbocco m	medio de venta f
odbytová cesta (CZ)	Vertriebsweg m	distribution channel	canal de distribution m	canale distributivo m	canal de distribución m
odbytové hospodářství (CZ)	Absatzwirtschaft f	marketing	commercialisation f	commercializzazione f	economía de distribución f
odbytový segment (CZ)	Absatzsegment n	sales segment	segment de vente m	segmento di vendita m	segmento de venta m
odchod zboží (CZ)	Warenausgang m	sale of goods	sortie de marchandises f	uscita merci f	salida de mercancías f
odchylenie (PL)	Abweichung f	deviation	divergence f	differenza f	diferencia f
odchylka (CZ)	Abweichung f	deviation	divergence f	differenza f	diferencia f
oddělení (CZ)	Abteilung f	department	service m	reparto m	departamento m
oddělení nákladů (CZ)	Kostenstelle f	cost accounting centre	unité de gestion absorbant des coûts f	centro di costo m	posición de costes f
oddělovat (CZ)	ablösen	redeem	rembourser	rimborsare	amortizar
oddział (PL)	Filiale f	branch	succursale f	filiale f	filial f
oddzielną przesyłką (PL)	mit getrennter Post	under separate cover	sous pli séparé	in plico a parte	por correo aparte
odebrané množství (CZ)	Abnahmemenge f	purchased quantity	quantité commercialisée f	quantità d'acquisto f	cantidad de compra f
odebrání (CZ)	Abnahme f	acceptance	réception f	accettazione f	aceptación f
odepření přijetí (CZ)	Annahmeverweigerung f	refusal of delivery	refus d'acceptation m	rifiuto d'accettazione m	rehuso de aceptación m
odesílatel (CZ)	Absender m	sender	envoyeur m	mittente m	remitente m
odevzdat do spolehlivých rukou (CZ)	zu treuen Händen	for safekeeping	remettre à qui de droit	alla particolare attenzione	a la atención
odhad nákladů (CZ)	Kostenvoranschlag m	cost estimate	devis estimatif de frais m	preventivo di costi m	presupuesto de coste m
odhadní cena (CZ)	Taxwert m	estimated value	valeur de taxation f	valore stimato m	valor de tasación m
odhadní hodnota (CZ)	Schätzwert m	estimated value	valeur estiméee f	valore stimato m	estimación f
odhadovaný obrat (CZ)	Umsatzprognose f	turnover forecast	prévisions du chiffre d'affaires f/pl	prognosi del fatturato f	previsión de la evolución del volumen de ventas f
odklad (CZ)	Stundung f	respite	prorogation f	proroga f	moratoria f
odklad (CZ)	Verzug m	delay	retard m	mora f	retraso m

odklad

P	NL	SV	PL	CZ	H
tarifas alfandegárias pagas f/pl	gededouaneerd	tull betald	—	procleny	vámkezelt
patente f	—	patent	patent m	patent m	szabadalom
repartição de registo de patente f	—	patentverk	urząd patentowy m	patentový úřad m	szabadalmi hivatal
licença de patente f	—	patenträtt	licencja patentowa f	patentová licence f	szabadalmi engedély
—	betrekking f	sysselsättning	zatrudnienie n	zaměstnání n	foglalkoztatás
ocupação f	betrekking f	sysselsättning	zatrudnienie n	zaměstnání n	foglalkoztatás
expedição f	goederenverzending f	leverans	spedycja f	—	továbbítás
comprador m	afnemer m	köpare	odbiorca m	—	vásárló
país comprador m	afnemend land n	köparland	kraj importujący m	—	a vásárló országa
aceitação f	afname f	godkännande av leverans	—	odebrání n	átvétel
comprador m	afnemer m	köpare	—	odběratel m	vásárló
destinatário m	geadresseerde m	mottagare	—	příjemce m	címzett
comprador final m	eindafnemer m	slutanvändare	—	konečný odběratel m	végfelhasználó
especialista m	vakman m	specialist	specjalista m	—	szakember
sindicato m	vakbond m	fackförening	związek zawodowy m	—	szakszervezet
volume de vendas m	afzet m	säljvolym	zbyt m	—	forgalom
distribuição f	distributie f	distribution	zbyt m	—	forgalmazás
canal de distribuição m	distributiekanaal n	distributionskanal	droga zbytu f	—	értékesítési csatorna
canal de distribuição f	distributiekanaal n	distributionskanal	kanał dystrybucyjny m	—	értékesítési csatorna
comercialização f	marketing f	marknadsföring	marketing	—	értékesítés
segmento de venda m	verkoopsegment n	säljsegment	segment zbytu m	—	értékesítési szegmens
saída de mercadorias f	uitgaande goederen n/pl	utgående varor pl	rozchód towarów m	—	kimenö áru
divergência f	afwijking f	avvikelse	—	odchylka f	eltérés
divergência f	afwijking f	avvikelse	odchylenie f	—	eltérés
departamento m	afdeling f	avdelning	wydział m	—	osztály
centro de custos m	kostenplaats f	utgiftspost	miejsce powstawania kosztów n	—	költséghely
amortizar	aflossen	återköpa	spłacać <spłacić>	—	törleszt
filial f	filiaal n	filial	—	pobočka f	fiók
em embalagem à parte	per afzonderlijke post	som särskild försändelse	—	zvláštní poštou f	külön küldeményként
quantidade adquirida f	afnamehoeveelheid f	leveransmängd	ilość odbierana f	—	vásárolt mennyiség
aceitação f	afname f	godkännande av leverans	odbiór m	—	átvétel
recusa de aceitação f	weigering van acceptatie f	vägra godkänna en leverans	odmowa przyjęcia f	—	átvétel megtagadása
remetente m	afzender m	avsändare	nadawca m	—	feladó
à atenção	in bewaring	tillhanda	do rąk własnych	—	megőrzésre átadott
orçamento f	kostenraming f	kostnadsförslag	kosztorys m	—	elözetes költségbecslés
valor estimado m	taxatiewaarde f	taxeringsvärde	wartość szacunkowa f	—	becsült érték
valor estimado m	geschatte waarde f	taxeringsvärde	wartość szacunkowa f	—	becsült érték
previsão do volume de vendas f	omzetprognose f	omsättningsprognos	prognoza obrotu f	—	forgalmi prognózis
prorrogação do prazo f	uitstel van betaling n	uppskov	odroczenie n	—	fizetési haladék
mora f	achterstallen m/pl	uppskov	zwłoka f	—	késedelem

odklad platby

	D	E	F	I	ES
odklad platby (CZ)	Zahlungsaufschub m	extension of credit	sursis de payement m	dilazione del pagamento f	pago aplazado m
odložení (CZ)	Aufschiebung	deferment	ajournement m	rinvio m	aplazamiento m
odložení (CZ)	Vertagung f	postponement	ajournement m	rinvio m	aplazamiento m
odmítnutí (CZ)	Ablehnung f	refusal	refus m	rifiuto m	denegación f
odmowa (PL)	Ablehnung f	refusal	refus m	rifiuto m	denegación f
odmowa (PL)	Absage f	refusal	refus m	rifiuto m	negativa f
odmowa przyjęcia (PL)	Annahmeverweigerung f	refusal of delivery	refus d'acceptation m	rifiuto d'accettazione m	rehuso de aceptación m
odnośnie do (PL)	bezüglich	referring to	relatif à	relativo a	en relación a
odolný proti krizi (CZ)	krisenfest	crisis-proof	insensible aux influences de la crise	resistente alla crisi	a prueba de crisis
odpad (CZ)	Abfall m	waste	déchet m	rifiuti m/pl	desechos m/pl
odpady (PL)	Abfall m	waste	déchet m	rifiuti m/pl	desechos m/pl
odpis (PL)	Abschrift f	copy	copie f	copia f	copia f
odpis (CZ)	Abschreibung f	depreciation	amortissement m	ammortamento m	amortización f
odpis na amortyzację liniową (PL)	lineare Abschreibung	linear depreciation	amortissement linéaire m	ammortamento lineare m	amortización constante f
odpisywać z konta (PL)	abbuchen	deduct	débiter	addebitare	cargar en cuenta
odpočet skonta (CZ)	Skontoabzug m	discount deduction	déduction de l'escompte f	detrazione di sconto f	deducción del descuento f
odporny na kryzys (PL)	krisenfest	crisis-proof	insensible aux influences de la crise	resistente alla crisi	a prueba de crisis
odpověď (CZ)	Antwort f	reply	réponse f	risposta f	respuesta f
odpowiedź (PL)	Antwort f	reply	réponse f	risposta f	respuesta f
odpowiedzialność za jakość produktu (PL)	Produkthaftung f	product liability	responsabilité du fabricant f	responsabilità prodotto f	responsabilidad del productor f
odprawa celna (PL)	Zollabfertigung f	customs clearance	dédouanement m	sdoganamento m	trámites aduaneros m/pl
odřeknutí (CZ)	Absage f	refusal	refus m	rifiuto m	negativa f
odroczenie (PL)	Aufschiebung f	deferment	ajournement m	rinvio m	aplazamiento m
odroczenie (PL)	Stundung f	respite	prorogation f	proroga f	moratoria f
odroczenie (PL)	Vertagung f	postponement	ajournement m	rinvio m	aplazamiento m
odroczenie treminu płatności (PL)	Zahlungsaufschub m	extension of credit	sursis de payement m	dilazione del pagamento f	pago aplazado m
odsetki (PL)	Zins m	interest	intérêt m	interessi m/pl	interés m
odsetki od kapitału (PL)	Kapitalzins m	interest on capital	intérêt du capital m	interesse del capitale m	renta del capital f
odsetki składane (PL)	Zinseszins m	compound interest	intérêt composé m	interessi composti m/pl	interés compuesto m
odsetki za zwłokę (PL)	Verzugszinsen f	default interest	intérêts moratoires m/pl	interessi di mora m/pl	intereses de demora m/pl
odstąpienie (PL)	Rücktritt m	rescission	dénonciation du contrat f	recesso m	dimisión f
odstoupení (CZ)	Abtretung f	assignment	cession f	cessione f	cesión f
odstoupení (CZ)	Rücktritt m	rescission	dénonciation du contrat f	recesso m	dimisión f
odstraňování odpadu (CZ)	Abfallbeseitigung f	waste disposal	élimination des déchets f	smaltimento dei rifiuti m	evacuación de residuos f
odstupné (CZ)	Abfindung f	compensation	indemnité f	compensazione f	compensación f
odstupné (CZ)	Ablösesumme f	redemption sum	montant de rachat m	buona uscita f	suma de amortización f
odstupné (CZ)	Forfaitierung f	non-recourse financing	forfaitage m	regolamento forfettario m	financiación sin recurso f
odstupňovaná cena (CZ)	Staffelpreis m	graduated price	prix échelonné m	prezzo differenziato m	precios progresivos m/pl
odszkodowanie (PL)	Abfindung f	compensation	indemnité f	compensazione f	compensación f
odszkodowanie (PL)	Entschädigung f	compensation	indemnité f	indennità f	indemnización f
odszkodowanie (PL)	Schadensersatz m	recovery of damages	dommages-intérêts m/pl	risarcimento danni m	indemnización f

odszkodowanie

P	NL	SV	PL	CZ	H
prorrogação do prazo de pagamento f	uitstel van betaling n	betalningsuppskov	odroczenie treminu płatności n	—	fizetési haladék
adiamento m	uitstellen n	uppskjutning	odroczenie n	—	halasztás
adiamento m	uitstel n	uppskjutande	odroczenie n	—	elnapolás
recusa f	weigering f	avslag	odmowa f	—	elutasítás
recusa f	weigering f	avslag	—	odmítnutí n	elutasítás
recusa f	weigering f	avböjande	—	odřeknutí n	lemondás
recusa de aceitação f	weigering van acceptatie f	vägra godkänna en leverans	—	odepření přijetí n	átvétel megtagadása
relativo a	betreffende	angående	—	vztahující se k	illetően
resistente a crises	crisisbestendig	krisresistent	odporny na kryzys	—	válságok által nem fenyegetett
desperdícios m/pl	afval m	avfall	odpady m/pl	—	hulladék
desperdícios m/pl	afval m	avfall	—	odpad m	hulladék
cópia f	duplicaat n	kopia	—	opis m	másolat
amortização f	afschrijving f	avskrivning	amortyzacja f	—	értékcsökkenés
amortização constante f	lineaire afschrijving f	linjär avskrivning	—	lineární odpis m	lineáris értékcsökkenési leírás
debitar	afschrijven	debitera	—	přeúčtovat	megterhel
dedução de descontos f	aftrek van korting bij contante betaling m	rabattavdrag	potrącenie skonta n	—	árengedmény levonása
resistente a crises	crisisbestendig	krisresistent	—	odolný proti krizi f	válságok által nem fenyegetett
resposta f	antwoord n	svar	odpowiedź f	—	válasz
resposta f	antwoord n	svar	—	odpověď f	válasz
responsabilidade do produtor f	productaansprakelijkheid f	produktansvar	—	záruka na výrobek f	termékfelelősség
expedição aduaneira f	inklaring f/uitklaring f	förtullning	—	celní odbavení n	vámkezelés
recusa f	weigering f	avböjande	odmowa f	—	lemondás
adiamento m	uitstellen n	uppskjutning	—	odložení n	halasztás
prorrogação do prazo f	uitstel van betaling n	uppskov	—	odklad m	fizetési haladék
adiamento m	uitstel n	uppskjutande	—	odložení n	elnapolás
prorrogação do prazo de pagamento f	uitstel van betaling n	betalningsuppskov	—	odklad platby m	fizetési haladék
juro m	interest m	ränta	—	úrok m	kamat
juro do capital m	kapitaalrente f	kapitalränta	—	kapitálový úrok m	tőkekamat
juros compostos m/pl	samengestelde interest m	ränta på ränta	—	úrok z úroků m	kamatos kamat
juros de mora m/pl	moratoire rente f	dröjsmålsränta	—	úroky z prodlení m/pl	késedelmi kamat
demissão f	annulering f	återkallande	—	odstoupení n	visszalépés
cessão f	overdracht m	överlåtelse	cesja f	—	átruházás
demissão f	annulering f	återkallande	odstąpienie n	—	visszalépés
eliminação dos desperdícios f	verwijdering van afval f	avfallshantering	usuwanie odpadów n	—	hulladékeltávolítás
indemnização f	verzending f	ersättning	odszkodowanie n	—	kártérítés
montante de amortização m	aflosbedrag n	återköpsumma	kwota spłaty f	—	visszafizetési összeg
financiamento sem recurso m	het à forfait verkopen n	utan regress	finansowanie długoterminowymi należnościami n	—	visszkereset nélküli finanszírozás
preço progressivo m	schaalprijs m	graderat pris	cena ruchoma f	—	lépcsőzetes árskála
indemnização f	verzending f	ersättning	—	odstupné n	kártérítés
indemnização f	schadevergoeding f	kompensation	—	náhrada f	kártalanítás
indemnização f	schadeloosstelling f	skadestånd	—	náhrada škody f	kártérítés

odvod zisku

	D	E	F	I	ES
odvod zisku (CZ)	Gewinnabführung f	transfer of profit	transfert du bénéfice m	trasferimento degli utili m	transferencia de beneficios f
odvolání (CZ)	Abruf m	call	appel m	ordine di consegna m	demanda de entrega f
odvolávací doložka (CZ)	Widerrufsklausel f	revocation clause	clause de révocation f	clausola di revoca f	cláusula revocatoria f
odvolávat (CZ)	widerrufen	revoke	révoquer	revocare	revocar
odwoływać (PL)	widerrufen	revoke	révoquer	revocare	revocar
odwrotną pocztą (PL)	postwendend	by return of post	par retour du courrier	a giro di posta	a vuelta de correo
oferecer (P)	anbieten	offer	offrir	offrire	ofrecer
oferować (PL)	anbieten	offer	offrir	offrire	ofrecer
oferta (ES)	Angebot n	offer	proposition f	offerta f	—
oferta (ES)	Offerte f	offer	offre f	offerta f	—
oferta (P)	Angebot n	offer	proposition f	offerta f	oferta f
oferta (P)	Offerte f	offer	offre f	offerta f	oferta f
oferta (PL)	Angebot n	offer	proposition f	offerta f	oferta f
oferta (PL)	Offerte f	offer	offre f	offerta f	oferta f
oferta de empleo (ES)	Stellenangebot n	offer of employment	offre d'emploi f	offerta d'impiego f	—
oferta de emprego (P)	Stellenangebot n	offer of employment	offre d'emploi f	offerta d'impiego f	oferta de empleo f
oferta dnia (PL)	Tageswert m	current value	valeur du jour f	valore del giorno m	valor del día m
oferta especial (ES)	Sonderangebot n	special offer	offre spéciale f	offerta speciale f	—
oferta especial (P)	Sonderangebot n	special offer	offre spéciale f	offerta speciale f	oferta especial f
oferta okazyjna (PL)	Sonderangebot n	special offer	offre spéciale f	offerta speciale f	oferta especial f
oferta publicitária (P)	Werbegeschenk n	promotional gift	cadeau publicitaire m	omaggio pubblicitario m	regalo publicitario m
offene Rechnung (D)	—	outstanding account	facture impayée f	conto aperto m	factura pendiente f
offer (E)	anbieten	—	offrir	offrire	ofrecer
offer (E)	Angebot n	—	proposition f	offerta f	oferta f
offer (E)	Offerte f	—	offre f	offerta f	oferta f
offer of employment (E)	Stellenangebot n	—	offre d'emploi f	offerta d'impiego f	oferta de empleo f
offert (SV)	Angebot n	offer	proposition f	offerta f	oferta f
offert (SV)	Offerte f	offer	offre f	offerta f	oferta f
offerta (I)	Angebot n	offer	proposition f	—	oferta f
offerta (I)	Offerte f	offer	offre f	—	oferta f
offerta d'impiego (I)	Stellenangebot n	offer of employment	offre d'emploi f	—	oferta de empleo f
offerta speciale (I)	Sonderangebot n	special offer	offre spéciale f	—	oferta especial f
Offerte (D)	—	offer	offre f	offerta f	oferta f
offerte (NL)	Angebot n	offer	proposition f	offerta f	oferta f
offerte (NL)	Offerte f	offer	offre f	offerta f	oferta f
office (E)	Amt n	—	bureau m	ufficio m	oficina f
office (E)	Geschäftsstelle f	—	agence f	ufficio m	oficina f
office closing hours (E)	Büroschluß m	—	fermeture des bureaux f	orario di chiusura dell'ufficio m	hora de cierre de la oficina f
office des brevets (F)	Patentamt n	Patent Office	—	ufficio brevetti m	oficina del registro de patentes f
Office européen des brevets (F)	Europäisches Patentamt n	European Patent Office	—	Ufficio Brevetti Europeo m	Oficina Europea de Patentes f
official (E)	Beamter m	—	fonctionnaire m	funzionario m	funcionario m
official receiver (E)	Konkursverwalter m	—	liquidateur de la faillite m	curatore fallimentare m	síndico de quiebra m
officiële rente (NL)	Leitzins m	key rate	taux directeur m	tasso di riferimento m	interés básico m
offre (F)	Offerte f	offer	—	offerta f	oferta f

P	NL	SV	PL	CZ	H
transferência dos lucros f	de afdracht van de winst f/m	vinstöverföring	podatek z zysku m	—	nyereségátutalás
pedido m	afroep m	avrop	żądanie n	—	lehívás
cláusula de revogação f	herroepingsclausule f	återkallningsklausul	klauzula odwoławcza f	—	érvénytelenítő záradék
revogar	herroepen	återkalla	odwoływać <odwołać>	—	visszavon
revogar	herroepen	återkalla	—	odvolávat <odvolat>	visszavon
na volta do correio	per omgaande	med vändande post	—	obratem	postafordultával
—	aanbieden	erbjuda	oferować <zaoferować>	nabízet <nabídnout>	kínál
oferecer	aanbieden	erbjuda	—	nabízet <nabídnout>	kínál
oferta f	offerte f/m	offert	oferta f	nabídka f	ajánlat
oferta f	offerte f	offert	oferta f	nabídka f	ajánlat
—	offerte f/m	offert	oferta f	nabídka f	ajánlat
—	offerte f	offert	oferta f	nabídka f	ajánlat
oferta f	offerte f/m	offert	—	nabídka f	ajánlat
oferta f	offerte f	offert	—	nabídka f	ajánlat
oferta de emprego f	plaatsaanbieding f	lediga platser	propozycja zatrudnienia f	nabídka místa f	állásajánlat
—	plaatsaanbieding f	lediga platser	propozycja zatrudnienia f	nabídka místa f	állásajánlat
valor do dia m	dagwaarde f	dagskurs	—	denní hodnota f	folyó érték
oferta especial f	speciale aanbieding f	specialerbjudande	oferta okazyjna f	mimořádná nabídka f	rendkívüli ajánlat
—	speciale aanbieding f	specialerbjudande	oferta okazyjna f	mimořádná nabídka f	rendkívüli ajánlat
oferta especial f	speciale aanbieding f	specialerbjudande	—	mimořádná nabídka f	rendkívüli ajánlat
—	reclamegeschenk n	reklampresent	podarunek reklamowy m	reklamní dárek m	reklámajándék
factura não paga f	openstaande rekening f	obetald faktura	niezapłacony rachunek m	otevřený účet m	kiegyenlítetlen számla
oferecer	aanbieden	erbjuda	oferować <zaoferować>	nabízet <nabídnout>	kínál
oferta f	offerte f/m	offert	oferta f	nabídka f	ajánlat
oferta f	offerte f	offert	oferta f	nabídka f	ajánlat
oferta de emprego f	plaatsaanbieding f	lediga platser	propozycja zatrudnienia f	nabídka místa f	állásajánlat
oferta f	offerte f/m	—	oferta f	nabídka f	ajánlat
oferta f	offerte f	—	oferta f	nabídka f	ajánlat
oferta f	offerte f/m	offert	oferta f	nabídka f	ajánlat
oferta f	offerte f	offert	oferta f	nabídka f	ajánlat
oferta de emprego f	plaatsaanbieding f	lediga platser	propozycja zatrudnienia f	nabídka místa f	állásajánlat
oferta especial f	speciale aanbieding f	specialerbjudande	oferta okazyjna f	mimořádná nabídka f	rendkívüli ajánlat
oferta f	offerte f	offert	oferta f	nabídka f	ajánlat
oferta f	—	offert	oferta f	nabídka f	ajánlat
oferta f	—	offert	oferta f	nabídka f	ajánlat
cargo m	dienst m	byrå i offentlig förvaltning	urząd m	úřad m	hivatal
repartição f	kantoor n	kontor	biuro n	kancelář f	kirendeltség
hora de fechar o escritório f	sluiting van het kantoor f	stängningstid	koniec urzędowania m	konec úředních hodin m	hivatalos idő vége
repartição de registo de patente f	octrooibureau n	patentverk	urząd patentowy m	patentový úřad m	szabadalmi hivatal
Departamento Europeu de Registo de Patentes m	Europees octrooibureau n	europeiska patentorganisationen	Europejski Urząd Patentowy m	Evropský patentní úřad m	Európai Szabadalmi Hivatal
funcionário m	ambtenaar m	tjänsteman i offentlig tjänst	urzędnik m	úředník m	tisztviselő
administrador de falência m	curator m	konkursförvaltare	syndyk masy upadłościowej m	likvidátor m	csődgondnok
taxa de referência f	—	styrränta	podstawowa stopa procentowa f	hlavní úrok m	alapkamatláb
oferta f	offerte f	offert	oferta f	nabídka f	ajánlat

offre d'emploi

	D	E	F	I	ES
offre d'emploi (F)	Stellenangebot n	offer of employment	—	offerta d'impiego f	oferta de empleo f
offre spéciale (F)	Sonderangebot n	special offer	—	offerta speciale f	oferta especial f
offrir (F)	anbieten	offer	—	offrire	ofrecer
offrire (I)	anbieten	offer	offrir	—	ofrecer
oficial de justiça (P)	Gerichtsvollzieher m	bailiff	huissier de justice m	ufficiale giudiziario m	ejecutor judicial m
oficina (ES)	Amt n	office	bureau m	ufficio m	—
oficina (ES)	Geschäftsstelle f	office	agence f	ufficio m	—
oficina de cobros (ES)	Inkasso-Stelle f	collection office	comptoir d'encaissement m	ufficio incassi m	—
oficina del registro de patentes (ES)	Patentamt n	Patent Office	office des brevets m	ufficio brevetti m	—
oficina de personal (ES)	Personalbüro m	personnel office	bureau du personnel m	ufficio del personale m	—
Oficina Europea de Patentes (ES)	Europäisches Patentamt n	European Patent Office	Office européen des brevets f	Ufficio Brevetti Europeo m	—
oförbindlig (SV)	freibleibend	subject to confirmation	sans engagement	senza impegno	no vinculante
oförtullad (SV)	unverzollt	duty-free	non dédouané	non sdoganato	aduana aparte
ofrankowanie (PL)	frankieren	pay the postage	affranchir	affrancare	franquear
ofrecer (ES)	anbieten	offer	offrir	offrire	—
ogłoszenie (PL)	Anzeige f	advertisement	annonce f	inserzione f	anuncio m
ogłoszenie o wakującym stanowisku (PL)	Stellenanzeige f	position offered	annonce d'emploi f	inserzione d'impiego f	anuncio de empleo m
ogólne warunki handlowe (PL)	allgemeine Geschäftsbedingungen f/pl	general terms of contract	conditions générales de vente f/pl	condizioni generali di contratto f/pl	condiciones generales de contrato f/pl
ogólne warunki kredytowe (PL)	allgemeine Kreditvereinbarungen f/pl	general credit agreements	accords généraux de crédit m/pl	condizioni generali di credito f/pl	acuerdos generales de crédito m/pl
ograniczenia eksportowe (PL)	Ausfuhrbeschränkung f	export restriction	contingentement à l'exportation m	restrizione all'esportazione f	restricción a la exportación f
ograniczenia handlowe (PL)	Handelsbeschränkungen f/pl	trade restrictions	restrictions au commerce f/pl	restrizioni commerciali f/pl	restricciones comerciales f/pl
ograniczenie importowe (PL)	Einfuhrbeschränkung f	import restriction	limitation des importations f	restrizione all'importazione f	restricción a la importación f
ograniczenie konkurencji (PL)	Wettbewerbsbeschränkung f	restraint of competition	restriction apportée à la concurrence f	restrizione della concorrenza f	restricciones a la competencia f/pl
ohlášení konkursu (CZ)	Konkursantrag m	bankruptcy petition	demande en déclaration de faillite f	domanda di dichiarazione di fallimento f	petición de quiebra f
ohne Dividende (D)	—	ex dividend	sans dividende m	senza dividendo	sin dividendo
ohne Gewähr (D)	—	without guarantee	sous toute réserve	senza garanzia	sin garantía
ohne Obligo (D)	—	without obligation	sans engagement	senza obbligo	sin obligación
ohodnocení (CZ)	Bewertung f	valuation	valorisation f	valutazione f	valoración f
ojetý automobil (CZ)	Gebrauchtwagen m	used car	voiture d'occasion f	automobile usata f	coche de segunda mano m
okamžitá dodávka (CZ)	sofortige Lieferung f	immediate delivery	livraison immédiate f	consegna immediata f	entrega inmediata f
okamžitý (CZ)	fristlos	without prior notice	sans délai	senza preavviso	sin plazo
okaziciel (PL)	Überbringer m	bearer	porteur m	portatore m	portador m
okirat (H)	Urkunde f	document	document m	documento m	documento m
okmányos inkasszó (H)	Dokumente gegen Zahlung	documents against payments	documents contre payement m/pl	pagamento contro documenti m	documentos contra pago m/pl
okmányos meghitelezés (H)	Rembourskredit m	documentary acceptance credit	crédit par acceptation bancaire à l'étranger m	credito di rimborso m	crédito de reembolso m

okmányos meghitelezés

P	NL	SV	PL	CZ	H
oferta de emprego f	plaatsaanbieding f	lediga platser	propozycja zatrudnienia f	nabídka místa f	állásajánlat
oferta especial f	speciale aanbieding f	specialerbjudande	oferta okazyjna f	mimořádná nabídka f	rendkívüli ajánlat
oferecer	aanbieden	erbjuda	oferować <zaoferować>	nabízet <nabídnout>	kínál
oferecer	aanbieden	erbjuda	oferować <zaoferować>	nabízet <nabídnout>	kínál
—	gerechtsdeurwaarder m	utmätningsman	komornik m	soudní vykonavatel m	bírósági végrehajtó
cargo m	dienst m	byrå i offentlig förvaltning	urząd m	úřad m	hivatal
repartição f	kantoor n	kontor	biuro n	kancelář f	kirendeltség
repartição de cobranças f	incasso-orgaan n	inkassobyrå	agencja inkasa f	inkasní středisko n	pénzbeszedőhely
repartição de registo de patente f	octrooibureau n	patentverk	urząd patentowy m	patentový úřad m	szabadalmi hivatal
departamento de recursos humanos m	personeelsbureau n	personalavdelning	dział kadr m	osobní oddělení n	személyzeti iroda
Departamento Europeu de Registo de Patentes m	Europees octrooibureau n	europeiska patentorganisationen	Europejski Urząd Patentowy m	Evropský patentní úřad m	Európai Szabadalmi Hivatal
salvo alteração	vrijblijvend	—	bez zobowiązania	nezávazný	kötelezettség nélküli
tarifas alfandegárias não pagas f/pl	niet uitgeklaard	—	nieoclony	neproclený	elvámolatlan
franquiar	frankeren	frankera	—	frankovat	bérmentesít
oferecer	aanbieden	erbjuda	oferować <zaoferować>	nabízet <nabídnout>	kínál
anúncio m	advertentie f	annons	—	inzerát m	hirdetés
anúncio de emprego m	personeelsadvertentie f	platsannons	—	inzerce zaměstnání f	álláshirdetés
condições gerais de contrato f/pl	algemene voorwaarden f/pl	allmänna avtalsvillkor	—	všeobecné obchodní podmínky f/pl	általános üzleti feltételek
acordos gerais de crédito m/pl	algemene kredietovereenkomsten f/pl	allmänna lånevillkor	—	všeobecné úvěrové dohody f/pl	Általános Hitelmegállapodások
restrição à exportação f	uitvoerbeperking f	exportrestriktion	—	omezení vývozu n	exportkorlátozás
restrições comerciais f/pl	belemmeringen van het goederenverkeer f/pl	handelsrestriktioner pl	—	omezení obchodu n/pl	kereskedelmi korlátozások
restrição à importação f/pl	invoerbeperking f	importrestriktion	—	omezení dovozu m	importkorlátozás
restrições à concorrência f/pl	concurrentiebeperking f	konkurrensrestriktioner	—	omezení soutěže n	versenykorlátozás
pedido de declaração de falência m	faillissementsaanvraag f	konkursansökan	wniosek o ogłoszenie upadłości m	—	csődbejelentés
sem dividendo	zonder dividend	utan vinstutdelning	bez dywidendy	bez dividendy f	osztalék nélkül
sem garantia	zonder waarborg van onzentwege	ansvaras ej	bez gwarancji	bez záruky f	szavatosság nélkül
sem obrigação	zonder verbintenis onzerzijds	utan förpliktelse	bez obliga	bez povinnosti f	kötelezettség nélkül
avaliação f	schatting f	värdering	ocena f	—	értékelés
carro usado m	tweedehands wagen m	begagnad bil	samochód używany m	—	használt autó
entrega imediata f	onmiddellijke levering f	omedelbar leverans	dostawa natychmiastowa f	—	azonnali szállítás
sem aviso prévio	op staande voet	omedelbar	bezterminowo	—	felmondási idő nélkül
portador m	toonder m	innehavare	—	doručitel m	bemutató
documento m	titel m	handling	dokument m	listina f	—
pagamento contra documentos m	documenten tegen betaling n/pl	dokument mot betalning	dokumenty za zapłatę m/pl	dokumenty proti zaplacení m/pl	—
crédito documentário m	documentair krediet m	remburs	kredyt rembursowy m	remboursní úvěr m	—

Ökonomie 686

	D	E	F	I	ES
Ökonomie (D)	—	economy	économie f	economia f	economía f
okres (PL)	Frist f	period	délai m	termine m	plazo m
okres karencji (PL)	Karenzzeit f	qualifying period	délai de carence m	periodo d'aspettativa m	período carencial m
okres próbny (PL)	Probezeit f	trial period	période d'essai f	periodo di prova m	período de prueba m
okres rozliczeniowy (PL)	Abrechnungszeitraum m	accounting period	période comptable f	periodo di liquidazione m	período de liquidación m
okres spłaty kredytu (PL)	Kreditlaufzeit f	duration of credit	durée de l'allocation de crédit f	scadenza del credito f	duración del crédito m
okres ważności (PL)	Laufzeit f	term	durée f	scadenza f	plazo de vencimiento m
okruh zákazníků (CZ)	Kundenkreis m	customers	clientèle f	clientela f	clientela f
olajtermékadó (H)	Mineralölsteuer f	mineral oil tax	taxe sur les carburants f	imposta sugli olii minerali f	impuesto sobre la gasolina m
olandese (I)	niederländisch	Dutch	néerlandais	—	holandés
olandese (I)	Niederländisch	Dutch	néerlandais	—	holandés m
olasz (nyelv) (H)	Italienisch	Italian	italien	italiano m	italiano m
Olaszország (H)	Italien n	Italy	Italie f	Italia f	Italia
olasz(ul) (H)	italienisch	Italian	italien	italiano	italiano
oljeskatt (SV)	Mineralölsteuer f	mineral oil tax	taxe sur les carburants f	imposta sugli olii minerali f	impuesto sobre la gasolina m
omaggio pubblicitario (I)	Werbegeschenk n	promotional gift	cadeau publicitaire m	—	regalo publicitario m
ombokning (SV)	Umbuchung f	transfer of an entry	jeu d'écritures m	giro di partite m	traslado a otra cuenta m
omedelbar (SV)	fristlos	without prior notice	sans délai	senza preavviso	sin plazo
omedelbar (SV)	umgehend	immediately	immédiatement	immediato	inmediatamente
omedelbar leverans (SV)	sofortige Lieferung f	immediate delivery	livraison immédiate f	consegna immediata f	entrega inmediata f
omezení dovozu (CZ)	Einfuhrbeschränkung f	import restriction	limitation des importations f	restrizione all'importazione f	restricción a la importación f
omezení obchodu (CZ)	Handelsbeschränkungen f/pl	trade restrictions	restrictions au commerce f/pl	restrizioni commerciali f/pl	restricciones comerciales f/pl
omezení soutěže (CZ)	Wettbewerbsbeschränkung f	restraint of competition	restriction apportée à la concurrence f	restrizione della concorrenza f	restricciones a la competencia f/pl
omezení vývozu (CZ)	Ausfuhrbeschränkung f	export restriction	contingentement à l'exportation m	restrizione all'esportazione f	restricción a la exportación f
omfinansiering (SV)	Refinanzierung f	refinancing	refinancement m	rifinanziamento m	refinanciación f
omkoperij (NL)	Bestechung f	bribe	corruption f	corruzione f	soborno f
omlastning (SV)	Umschlag m	transshipment	transbordement m	trasbordo m	transbordo de carga m
omrekeningskoers (NL)	Umrechnungskurs m	rate of conversion	cours de conversion m	corso di cambio m	tasa de cambio f
omsättning (SV)	Umsatz m	turnover	chiffre d'affaires m	fatturato m	volumen de ventas m
omsättningsprognos (SV)	Umsatzprognose f	turnover forecast	prévisions du chiffre d'affaires f/pl	prognosi del fatturato f	previsión de la evolución del volumen de ventas f
omsättningsprovision (SV)	Umsatzprovision f	sales commission	commission sur le chiffre d'affaires f	provvigione sul fatturato f	comisión sobre la cifra de ventas f
omsättningsskatt (SV)	Umsatzsteuer f	turnover tax	impôt sur le chiffre d'affaires m	imposta sugli affari f	impuesto sobre el volumen de ventas m
omscholing (NL)	Umschulung f	retraining	reconversion professionnelle f	riqualificazione professionale f	readaptación profesional f
omskolning (SV)	Umschulung f	retraining	reconversion professionnelle f	riqualificazione professionale f	readaptación profesional f
omslag (NL)	Umlage f	levy	répartition f	ripartizione f	reparto m
omslag (NL)	Umschlag m	transshipment	transbordement m	trasbordo m	transbordo de carga m
omyl vyhrazen (CZ)	Irrtum vorbehalten	errors excepted	sauf erreur	salvo errore	salvo error
omzet (NL)	Umsatz m	turnover	chiffre d'affaires m	fatturato m	volumen de ventas m

omzet

P	NL	SV	PL	CZ	H
economia f	economie f	ekonomi	ekonomia f	ekonomie f	közgazdaságtan
prazo m	termijn m	frist	—	lhůta f	határidő
prazo de carência m	wachttijd m	karenstid	—	čekací doba f	tűrelmi idő
período de experiência m	proefperiode f	provtid	—	zkušební doba f	próbaidő
período de contabilização m	boekingsperiode f	räkenskapsperiod	—	zúčtovací období n	elszámolási időszak
prazo de concessão de crédito m	kredietlooptijd m	kreditlöptid	—	splatnost úvěru f	hitel futamideje
prazo de vencimento m	duur m	löptid	—	doba splatnosti f	futamidő
clientela f	klantenkring m	kundkrets	klientela f	—	vevőkör
imposto sobre óleo mineral m	belasting op minerale olie f	oljeskatt	podatek od olejów mineralnych m	daň z ropných produktů f	—
holandês	Nederlands	nederländsk	holenderski	nizozemský	holland(ul)
holandês	Nederlands	nederländska	język holenderski m	nizozemština f	holland (nyelv)
italiano	Italiaans	italienska	język włoski m	italština f	—
Itália f	Italië	Italien	Włochy pl	Itálie f	—
italiano	Italiaans	italiensk	włoski	italský	—
imposto sobre óleo mineral m	belasting op minerale olie f	—	podatek od olejów mineralnych m	daň z ropných produktů f	olajtermékadó
oferta publicitária f	reclamegeschenk n	reklampresent	podarunek reklamowy m	reklamní dárek m	reklámajándék
transferência de uma entrada f	overboeking f	—	przeksięgowanie n	přeúčtování n	átkönyvelés
sem aviso prévio	op staande voet	—	bezterminowo	okamžitý	felmondási idő nélkül
imediatamente	per kerende post	—	bezzwłocznie	obratem	azonnal(i)
entrega imediata f	onmiddellijke levering f	—	dostawa natychmiastowa f	okamžitá dodávka f	azonnali szállítás
restrição à importação f/pl	invoerbeperking f	importrestriktion	ograniczenie importowe n	—	importkorlátozás
restrições comerciais f/pl	belemmeringen van het goederenverkeer f/pl	handelsrestriktioner pl	ograniczenia handlowe n/pl	—	kereskedelmi korlátozások
restrições à concorrência f/pl	concurrentiebeperking f	konkurrensrestriktioner	ograniczenie konkurencji n	—	versenykorlátozás
restrição à exportação f	uitvoerbeperking f	exportrestriktion	ograniczenia eksportowe n/pl	—	exportkorlátozás
refinanciamento m	herfinanciering f	—	refinansowanie n	refinancování n	refinanszírozás
suborno m	—	mutning	przekupstwo n	podplácení n	megvesztegetés
transbordo m	omslag m	—	przeładunek m	překládka f	átrakás
taxa de câmbio f	—	konverteringskurs	kurs przeliczeniowy m	přepočítací kurs m	átváltási árfolyam
volume de vendas m	omzet m	—	obrót m	obrat m	forgalom
previsão do volume de vendas f	omzetprognose f	—	prognoza obrotu f	odhadovaný obrat m	forgalmi prognózis
comissão sobre a facturação f	omzetprovisie f	—	prowizja od obrotów f	provize z obratu f	forgalmi jutalék
imposto sobre o volume de vendas m	omzetbelasting f	—	podatek obrotowy m	daň z obratu f	forgalmi adó
readaptação profissional f	—	omskolning	przeszkolenie n	přeškolení n	átképzés
readaptação profissional f	omscholing f	—	przeszkolenie n	přeškolení n	átképzés
repartição f	—	skattefördelning	repartycja f	dávka f	járulék
transbordo m	—	omlastning	przeładunek m	překládka f	átrakás
salvo erro	onder voorbehoud van vergissingen	med reservation för eventuella misstag	z zastrzeżeniem błędów	—	tévedések fenntartásával
volume de vendas m	—	omsättning	obrót m	obrat m	forgalom

omzetbelasting

	D	E	F	I	ES
omzetbelasting (NL)	Umsatzsteuer f	turnover tax	impôt sur le chiffre d'affaires m	imposta sugli affari f	impuesto sobre el volumen de ventas m
omzetprognose (NL)	Umsatzprognose f	turnover forecast	prévisions du chiffre d'affaires f/pl	prognosi del fatturato f	previsión de la evolución del volumen de ventas f
omzetprovisie (NL)	Umsatzprovision f	sales commission	commission sur le chiffre d'affaires f	provvigione sul fatturato f	comisión sobre la cifra de ventas f
on a commission basis (E)	auf Kommissionsbasis	—	en commission	su commissione	en comisión
on a commission basis (E)	auf Provisionsbasis	—	à la commission	a provvigione	a comisión
önálló (H)	selbständig	independent	indépendant	indipendente	independiente
on approval (E)	zur Ansicht	—	à vue	in visione	para examen
on call (E)	auf Abruf	—	à convenance	su richiesta	a requerimiento
onderaannemer (NL)	Subunternehmer m	subcontractor	sous-entrepreneur m	subappaltatore m	subempresario m
onderbezetting (NL)	Unterbeschäftigung f	underemployment	sous-emploi m	sottoccupazione f	subempleo m
onder gewoon voorbehoud (NL)	Eingang vorbehalten	due payment reserved	sauf bonne fin	salvo buon fine	salvo buen cobro m
ondergrens van de prijzen (NL)	Preisuntergrenze f	price floor	plancher des prix m	limite inferiore di prezzo m	límite inferior de los precios m
onderhandelen (NL)	verhandeln	negotiate	négocier	negoziare	negociar
onderhandeling (NL)	Verhandlung f	negotiation	négociation f	trattativa f	negociación f
onderhandelingsbasis (NL)	Verhandlungsbasis f	basis for negotiation	terrain de négociation m	base delle trattative f	precio a negociar m
onder rembours (NL)	gegen Nachnahme	cash on delivery	contre remboursement	in contrassegno	contra reembolso
onder rembours (NL)	Nachnahme f	cash on delivery	remboursement m	contrassegno m	reembolso m
onderschatting (NL)	Unterbewertung f	undervaluation	sous-évaluation f	sottovalutazione f	subvaloración f
ondertekenen (NL)	unterschreiben	sign	signer	firmare	firmar
ondertekening (NL)	Unterschrift f	signature	signature f	firma f	firma f
onder voorbehoud van vergissingen (NL)	Irrtum vorbehalten	errors excepted	sauf erreur	salvo errore	salvo error
ondeskundig (NL)	unsachgemäß	improper	inadapté	non idoneo	inadecuado
oneerlijke concurrentie (NL)	unlauterer Wettbewerb m	unfair competition	concurrence déloyale f	concorrenza sleale f	competencia desleal f
oneri straordinari (I)	außergewöhnliche Belastung f	extraordinary expenses	charges exceptionnelles f/pl	—	carga extraordinaria f
önfinanszírozás (H)	Eigenfinanzierung f	self-financing	autofinancement m	autofinanziamento m	financiación propia f
önfinanszírozás (H)	Selbstfinanzierung f	self-financing	autofinancement m	autofinanziamento m	autofinanciación f
önkéntes feltárás (H)	Selbstauskunft f	voluntary disclosure	renseignement fourni par l'intéressé lui-même m	informazione volontaria f	información de sí mismo f
önkiszolgálás (H)	Selbstbedienung f	self-service	self-service m	self service m	autoservicio m
önköltség (H)	Selbstkosten f	prime costs	coût de revient m	spese aziendali f/pl	costes propios m/pl
önköltségi ár (H)	Selbstkostenpreis m	cost price	prix coûtant m	prezzo di costo m	precio de coste m
önkormányzati kölcsönök (H)	Kommunalanleihen f/pl	local authority loan	emprunts communaux m/pl	prestiti comunali m/pl	empréstito municipal m
onkosten (NL)	Ausgaben f/pl	expenses	dépenses f/pl	spese f/pl	gastos m/pl
Online-Dienst (D)	—	on-line services	service en ligne m	servizio on-line m	servicio on-line m
online-dienst (NL)	Online-Dienst m	on-line services	service en ligne m	servizio on-line m	servicio on-line m
online-service (SV)	Online-Dienst m	on-line services	service en ligne m	servizio on-line m	servicio on-line m
on-line services (E)	Online-Dienst m	—	service en ligne m	servizio on-line m	servicio on-line m
on-line szolgáltatás (H)	Online-Dienst m	on-line services	service en ligne m	servizio on-line m	servicio on-line m
onmiddellijke levering (NL)	sofortige Lieferung f	immediate delivery	livraison immédiate f	consegna immediata f	entrega inmediata f

onmiddellijke levering

P	NL	SV	PL	CZ	H
imposto sobre o volume de vendas *m*	—	omsättningsskatt	podatek obrotowy *m*	daň z obratu *f*	forgalmi adó
previsão do volume de vendas *f*	—	omsättningsprognos	prognoza obrotu *f*	odhadovaný obrat *m*	forgalmi prognózis
comissão sobre a facturação *f*	—	omsättningsprovision	prowizja od obrotów *f*	provize z obratu *f*	forgalmi jutalék
à comissão	in commissie	i kommission	na bazie komisowej *f*	na komisionářském základě *m*	bizományosi alapon
à comissão	in commissie	provisionsbaserad	na zasadzie prowizji *f*	na základě provize *f*	jutalékos alapon
independente	zelfstandig	självständig	samodzielny	samostatný	—
para aprovação	op zicht	till påseende	do wglądu	k nahlédnutí *n*	megtekintésre
a pedido	op afroep	jour	na żądanie	na odvolání	lehívásra
subempresário *m*	—	underleverantör	podwykonawca *m*	subdodavatel *m*	alvállalkozó
subemprego *m*	—	undersysselsättning	zatrudnienie niepełne *n*	nedostatečná zaměstnanost *f*	alulfoglalkoztatottság
reserva de bom pagamento *f*	—	förbehållen betalningsingång	z zastrzeżeniem wpłynięcia	za podmínky obdržení *f*	bevételezés fenntartással
limite inferior dos preços *m*	—	nedre prisgräns	cena minimalna *f*	spodní hranice ceny *f*	alsó árhatár
negociar	—	förhandla	negocjować <wynegocjować>	jednat	tárgyal
negociação *f*	—	förhandling	negocjacja *f*	jednání *n*	tárgyalás
preço a negociar *m*	—	förhandlingsbas	siła przetargowa *f*	základna jednání *f*	tárgyalási alap
contra-reembolso	—	betalning vid leverans	za zaliczeniem pocztowym	na dobírku *f*	utánvétellel
reembolso *m*	—	betalning vid leverans	za zaliczeniem pocztowym	dobírka *f*	utánvétel
subavaliação *f*	—	undervärdering	wycena poniżej wartości *f*	podhodnocení *n*	alulértékelés
assinar	—	skriva under	podpisywać <podpisać>	podepisovat <podepsat>	aláír
assinatura *f*	—	underskrift	podpis *m*	podpis *m*	aláírás
salvo erro	—	med reservation för eventuella misstag	z zastrzeżeniem błędów	omyl vyhrazen *m*	tévedések fenntartásával
impróprio	—	inkompetent	nieprawidłowo	nevěcný	szakszerűtlen
concorrência desleal *f*	—	illojal konkurrens	nieuczciwa konkurencja *f*	nezákonná konkurence *f*	tisztességtelen verseny
despesas extraordinárias *f/pl*	uitzonderlijke lasten *m/pl*	extraordinära utgifter *pl*	nadzwyczajne wydatki *m/pl*	mimořádné zatížení *n*	rendkívüli terhek
autofinanciamento *m*	zelffinancering *f*	egenfinansiering	finansowanie własne *f*	vlastní financování *n*	—
autofinanciamento *m*	zelffinanciering *f*	självfinansiering	samofinansowanie *n*	samofinancování *n*	—
informação sobre a própria pessoa *f*	vrijwillige inlichting *f*	frivillig uppgift	dobrowolne udzielenie informacji *n*	informace svépomocí *f*	—
self service *m*	zelfbediening *f*	självbetjäning	samoobsługa *f*	samoobsluha *f*	—
custo *m*	totale productiekosten *m/pl*	självkostnad	koszty własne *m/pl*	vlastní náklady *m/pl*	—
preço de custo *m*	kostprijs *m*	självkostnadspris	cena kosztów własnych *f*	režijní cena *f*	—
empréstimo municipal *m*	gemeenteleningen *f/pl*	kommunala lån	pożyczka komunalna *f*	komunální půjčky *f/pl*	—
despesas *f/pl*	—	utgifter *pl*	wydatki *m/pl*	výdaje *m/pl*	kiadások
serviço on-line *m*	online-dienst	online-service	usługi on-line *f/pl*	služba on-line *f*	on-line szolgáltatás
serviço on-line *m*	—	online-service	usługi on-line *f/pl*	služba on-line *f*	on-line szolgáltatás
serviço on-line *m*	online-dienst	—	usługi on-line *f/pl*	služba on-line *f*	on-line szolgáltatás
serviço on-line *m*	online-dienst	online-service	usługi on-line *f/pl*	služba on-line *f*	on-line szolgáltatás
serviço on-line *m*	online-dienst	online-service	usługi on-line *f/pl*	služba on-line *f*	—
entrega imediata *f*	—	omedelbar leverans	dostawa natychmiastowa *f*	okamžitá dodávka *f*	azonnali szállítás

onorario

	D	E	F	I	ES
onorario (I)	Honorar n	fee	honoraires m/pl	—	honorario m
on receipt of the invoice (E)	nach Erhalt der Rechnung	—	après réception de la facture f	a ricevimento della fattura	después de haber recibido la factura
onroerend goed (NL)	Immobilie	item of real estate	bien immobilier m	immobile m	inmueble m
on schedule (E)	termingerecht	—	dans les délais	puntuale	en la fecha fijada
onteigening (NL)	Enteignung f	expropriation	expropriation f	espropriazione f	expropiación f
onthaal (NL)	Bewirtung f	hospitality	hospitalité f	ospitalità f	hospedaje m
on time (E)	fristgerecht	—	dans les délais	entro il termine convenuto	dentro del plazo fijado
on trial (E)	auf Probe	—	à l'essai	in prova	a prueba
ontruiming (NL)	Räumung f	evacuation	évacuation f	evacuazione f	desalojamiento m
ontvangkantoor (NL)	Finanzamt n	inland revenue office	service des contributions m	ufficio delle imposte m	Ministerio de Hacienda m
ontvangstbevestiging (NL)	Empfangsbestätigung f	acknowledgement of receipt	accusé de réception m	conferma di ricevimento f	recibo m
ontvangstbewijs (NL)	Rückschein m	advice of delivery	avis de réception m	ricevuta di ritorno f	acuse de recibo m
ontwikkeling (NL)	Entwicklung f	development	développement m	sviluppo m	desarrollo m
ontwikkelingskosten (NL)	Entwicklungskosten pl	development costs	coûts de développement m/pl	costi di sviluppo m/pl	gastos de desarrollo m/pl
ontwikkelingsland (NL)	Entwicklungsland n	developing country	pays en voie de développement m	paese in via di sviluppo m	país en vías de desarrollo m
onvermogen (NL)	Zahlungsunfähigkeit f	insolvency	insolvabilité f	insolvenza f	insolvencia f
onverpakt (NL)	unverpackt	unpacked	sans emballage	senza imballaggio	sin embalar
Oostenrijk (NL)	Österreich	Austria	Autriche f	Austria f	Austria
Oostenrijks (NL)	österreichisch	Austrian	autrichien	austriaco	austríaco
op afroep (NL)	auf Abruf	on call	à convenance	su richiesta	a requerimiento
opakowanie (PL)	Verpackung f	packing	emballage m	imballaggio m	embalaje m
opakowanie do transportu morskiego (PL)	seemäßige Verpackung f	sea-tight packing	emballage maritime m	imballaggio marittimo m	embalaje marítimo m
opakowanie wzorcowe (PL)	Probepackung f	trial package	échantillon m	confezione campione f	muestra f
opaska pocztowa (PL)	Streifband n	postal wrapper	bande étiquette f	fascia f	precinto m
opatření (CZ)	Anschaffung f	acquisition	acquisition f	acquisizione m	adquisición f
opbergmap (NL)	Aktenablage f	filing	archives f/pl	archivio delle pratiche m	archivo m
opbouwfase (NL)	Aufbauphase f	development phase	phase d'organisation f	fase di sviluppo f	fase de desarrollo f
opbrengst (NL)	Erlös m	proceeds	produit des ventes m	realizzo m	beneficio m
opbrengst (NL)	Ertrag m	return	rendement m	rendimento m	rendimiento m
opbrengst van een verkoop (NL)	Verkaufserlös m	sale proceeds	produit des ventes m	ricavo delle vendite m	producto de la venta m
opção (P)	Option f	option	option f	opzione f	opción f
opção de venda (P)	Verkaufsoption f	option to sell	option de vente f	opzione di vendita f	opción de venta f
opce (CZ)	Option f	option	option f	opzione f	opción f
opce k prodeji (CZ)	Verkaufsoption f	option to sell	option de vente f	opzione di vendita f	opción de venta f
opció (H)	Option f	option	option f	opzione f	opción f
opción (ES)	Option f	option	option f	opzione f	—
opción de venta (ES)	Verkaufsoption f	option to sell	option de vente f	opzione di vendita f	opción de venta f
opcja (PL)	Option f	option	option f	opzione f	opción f
opcja sprzedaży (PL)	Verkaufsoption f	option to sell	option de vente f	opzione di vendita f	opción de venta f
opdracht (NL)	Anweisung f	transfer	mandat m	mandato m	transferencia f
opdracht (NL)	Auftrag m	order	commande f	ordine m	pedido m
opdrachtgever (NL)	Auftraggeber m	customer	donneur d'ordre m	committente m	mandante m
opdracht tot betaling (NL)	Zahlungsanweisung f	order for payment	mandat de payement m	ordine di pagamento m	orden de pago f
openbare verkoop (NL)	Zwangsversteigerung f	compulsory auction	vente de biens par justice f	asta giudiziaria f	subasta forzosa f

openbare verkoop

P	NL	SV	PL	CZ	H
honorários m/pl	honorarium n	honorar	honorarium n	honorář m	tiszteletdíj
depois de receber a factura	na ontvangst van de rekening f	efter fakturans ingångsdatum	po otrzymaniu rachunku	po obdržení účtu	a számla kézhezvétele után
imóvel m	—	fastighet	nieruchomość f	nemovitost f	ingatlan
pontual	binnen de gestelde termijn	punktlig	terminowy	v termínu	határidőre
expropriação f	—	expropriation	wywłaszczenie n	vyvlastnění n	kisajátítás
hospitalidade f	—	representation	poczęstunek m	pohoštění n	vendéglátás
dentro do prazo	op tijd	inom avtalad tid	terminowo	v odpovídající lhůtě	határidőre
à prova	op proef	på prov	na próbę	na zkoušku	kipróbálásra
evacuação f	—	utrymning	likwidacja f	vyklizení n	kiürítés
repartição das finanças f	—	skattemyndighet	Urząd Skarbowy m	finanční úřad m	adóhivatal
aviso de recepção f	—	mottagningsbevis	potwierdzenie odbioru n	potvrzení příjmu n	átvételi elismervény
aviso de recepção m	—	mottagningsbevis	potwierdzenie odbioru n	návratka f	tértivevény
desenvolvimento m	—	utveckling	rozwój m	vývoj m	fejlesztés
custos de desenvolvimento m/pl	—	utvecklingskostnader pl	koszty rozwojowe m/pl	náklady na rozvoj m/pl	fejlesztési költségek
país em vias de desenvolvimento m	—	utvecklingsland	kraj rozwijający się m	rozvojová země f	fejlődő ország
insolvência f	—	insolvens	niewypłacalność n	platební neschopnost f	fizetésképtelenség
sem embalagem	—	utan förpackning	nieopakowany	nezabalený	csomagolatlan
Áustria f	—	Österrike	Austria f	Rakousko n	Ausztria
austríaco	—	österrikisk	austriacki	rakouský	osztrák(osan)
a pedido	—	jour	na żądanie	na odvolání	lehívásra
embalagem f	verpakking f	förpackning	—	obal m	csomagolás
embalagem marítima f	zeewaardige verpakking f	sjöfraktsemballage	—	námořní balení n	tengeri csomagolás
amostra f	proefverpakking f	provförpackning	—	zkušební balení n	próbacsomagolás
cinta f	postband m	korsband	—	křížová páska f	csomagolószalag
aquisição f	aanschaffing f	anskaffning	zakup m	—	beszerzés
arquivo m	—	arkivering	archiwum akt n	uložení spisů n	iktatás
fase de desenvolvimento f	—	uppbyggnadsfas	etap rozwojowy m	fáze výstavby f	kiépítési szakasz
produto das vendas f	—	behållning	przychód m	výnos m	bevétel
rendimento m	—	vinst	zysk m	výnos m	jövedelem
produto das vendas m	—	försäljningsintäkter pl	uzysk ze sprzedaży m	tržba z prodeje f	értékesítési árbevétel
—	optie f	option	opcja	opce f	opció
—	verkoopoptie f	säljoption	opcja sprzedaży f	opce k prodeji f	eladási opció
opção f	optie f	option	opcja	—	opció
opção de venda f	verkoopoptie f	säljoption	opcja sprzedaży f	—	eladási opció
opção f	optie f	option	opcja	opce f	—
opção f	optie f	option	opcja	opce f	opció
opção de venda f	verkoopoptie f	säljoption	opcja sprzedaży f	opce k prodeji f	eladási opció
opção f	optie f	option	—	opce f	opció
opção de venda f	verkoopoptie f	säljoption	—	opce k prodeji f	eladási opció
transferência f	—	anvisning	przekaz pieniężny	návod m	utalvány
ordem f	—	order	zlecenie n	zakázka f	megrendelés
cliente m	—	uppdragsgivare	zleceniodawca m	objednávatel m	megbízó
ordem de pagamento f	—	betalningsorder	polecenie wypłaty n	poštovní platební příkaz m	készpénzfizetési utalvány
venda judicial f	—	exekutiv auktion	licytacja przymusowa f	nucená dražba f	kényszerárverés

open cheque 692

	D	E	F	I	ES
open cheque (E)	Barscheck *m*	—	chèque non barré *m*	assegno circolare *m*	cheque abierto *m*
opening balance sheet (E)	Eröffnungsbilanz *f*	—	bilan d'ouverture *m*	bilancio d'apertura *m*	balance inicial *m*
opening capital (E)	Anfangskapital *n*	—	capital initial *m*	capitale iniziale *m*	capital inicial *m*
opening of a business (E)	Geschäftseröffnung *f*	—	ouverture d'une affaire *f*	apertura di un negozio *f*	apertura de un negocio *f*
opening of an account (E)	Kontoeröffnung *f*	—	ouverture de compte *f*	accensione di un conto *f*	apertura de una cuenta *f*
openingsbalans (NL)	Eröffnungsbilanz *f*	opening balance sheet	bilan d'ouverture *m*	bilancio d'apertura *m*	balance inicial *m*
opening stock (E)	Anfangsbestand *m*	—	stock initial *m*	scorte iniziali *f/pl*	existencias iniciales *f/pl*
opening van een zaak (NL)	Geschäftseröffnung *f*	opening of a business	ouverture d'une affaire *f*	apertura di un negozio *f*	apertura de un negocio *f*
openstaande rekening (NL)	offene Rechnung *f*	outstanding account	facture impayée *f*	conto aperto *m*	factura pendiente *f*
operação a prazo (P)	Termingeschäft *n*	futures business	opération à terme *f*	operazione a termine *f*	operación a plazo *f*
operação de compensação (P)	Kompensationsgeschäft *n*	barter transaction	affaire de compensation *f*	operazione di compensazione *f*	operación de compensación *f*
operação de crédito (P)	Kreditgeschäft *n*	credit business	achat à crédit *m*	operazione di credito *f*	operaciones de crédito *f/pl*
operação especulativa (P)	Spekulationsgeschäft *n*	speculative transaction	affaire spéculative *f*	operazione speculativa *f*	operación de especulación *f*
operação fictícia (P)	Scheingeschäft *f*	fictitious transaction	opération fictive *f*	negozio simulato *m*	operación ficticia *f*
operação triangular (P)	Dreiecksgeschäft *n*	triangular transaction	opération commerciale triangulaire *f*	operazione triangolare *f*	operación triangular *f*
operación a plazo (ES)	Termingeschäft *n*	futures business	opération à terme *f*	operazione a termine *f*	—
operación bursátil (ES)	Börsengeschäfte *n/pl*	stock market transactions	opérations de bourse *f/pl*	operazioni di borsa *f/pl*	—
operación con el extranjero (ES)	Auslandsgeschäft *n*	foreign business	opération avec l'étranger *f*	affare con l'estero *f*	—
operación con valores (ES)	Wertpapiergeschäfte *n*	securities business	opérations sur titres *f/pl*	operazioni su titoli *f/pl*	—
operación de comisión (ES)	Kommissionsgeschäft *n*	commission business	affaire en commission *f*	operazione di commissione *f*	—
operación de compensación (ES)	Kompensationsgeschäft *n*	barter transaction	affaire de compensation *f*	operazione di compensazione *f*	—
operación de especulación (ES)	Spekulationsgeschäft *n*	speculative transaction	affaire spéculative *f*	operazione speculativa *f*	—
operación de futuro de mercancías (ES)	Warenterminegeschäft *f*	forward merchandise dealings	opération de livraison à terme *f*	operazione a termine su merci *f*	—
operaciones activas (ES)	Aktivgeschäft *n*	credit transaction	opération active *f*	operazione di credito *f*	—
operaciones antes de la apertura de la bolsa (ES)	Vorbörse *f*	dealing before official hours	avant-bourse *f*	mercato preborsistico *m*	—
operaciones de crédito (ES)	Kreditgeschäft *n*	credit business	achat à crédit *m*	operazione di credito *f*	—
operaciones de divisas (ES)	Devisenhandel *m*	foreign exchange dealings	marché des changes *m*	commercio dei cambi *m*	—
operaciones de pignoración (ES)	Lombardgeschäft *n*	collateral loan business	prêt sur titre *m*	anticipazione sui titoli *f*	—
operación ficticia (ES)	Scheingeschäft *f*	fictitious transaction	opération fictive *f*	negozio simulato *m*	—
operación triangular (ES)	Dreiecksgeschäft *n*	triangular transaction	opération commerciale triangulaire *f*	operazione triangolare *f*	—
operacje giełdowe (PL)	Börsengeschäfte *n/pl*	stock market transactions	opérations de bourse *f/pl*	operazioni di borsa *f/pl*	operación bursátil *f*
operações activas (P)	Aktivgeschäft *n*	credit transaction	opération active *f*	operazione di credito *f*	operaciones activas *f/pl*
operações a prazo sobre divisas (P)	Devisentermingeschäft *n*	forward exchange dealings	opérations à terme sur titres *f/pl*	operazione di cambio a termine *f*	mercado de divisas a plazo *m*

operações a prazo sobre divisas

P	NL	SV	PL	CZ	H
cheque não cruzado m	niet-gekruiste cheque m	icke korsad check	czek gotówkowy m	šek k výplatě v hotovosti m	készpénzcsekk
balanço inicial m	openingsbalans m	ingående balans	bilans otwarcia m	zahajovací rozvaha f	nyitó mérleg
capital inicial m	beginkapitaal n	grundkapital	kapitał założycielski m	počáteční kapitál m	kezdőtőke
inauguração de uma empresa f	opening van een zaak f	butiksinvigning	założenie interesu n	zahájení obchodu n	vállalkozás alapítása
abertura de conta f	het openen van een rekening n	kontoöppnande	otwarcie konta n	otevření účtu n	számlanyitás
balanço inicial m	—	ingående balans	bilans otwarcia m	zahajovací rozvaha f	nyitó mérleg
existências iniciais f/pl	beginvoorraad m	ingående lager	stan wyjściowy m	počáteční stav m	nyitó állomány
inauguração de uma empresa f	—	butiksinvigning	założenie interesu n	zahájení obchodu n	vállalkozás alapítása
factura não paga f	—	obetald faktura	niezapłacony rachunek m	otevřený účet m	kiegyenlítetlen számla
—	termijntransacties f/pl	terminsaffär	transakcja terminowa f	termínový obchod m	határidős ügylet
—	compensatietransactie f	byteshandel	transakcja kompensacyjna f	kompenzační obchod m	kompenzációs ügylet
—	krediettransactie f	kreditaffär	transakcja kredytowa f	úvěrová operace f	hitelügylet
—	speculatieve verrichtingen f/pl	spekulationsaffär	transakcja spekulacyjna f	spekulační obchod m	spekulációs ügyletek
—	schijnkoop m	skentransaktion	transakcja fikcyjna f	fiktivní obchod f	színlelt ügylet
—	driehoekstransactie f	triangeltransaktion	transakcja trójkątna f	trojúhelníkový obchod m	háromszögügylet
operação a prazo f	termijntransacties f/pl	terminsaffär	transakcja terminowa f	termínový obchod m	határidős ügylet
operações de bolsa f/pl	beursverrichtingen f/pl	börsaffärer pl	operacje giełdowe f/pl	burzovní obchody m/pl	tőzsdei ügyletek
negócio com o estrangeiro m	zaken met het buitenland f/pl	utlandsverksamhet	transakcja zagraniczna f	zahraniční obchod m	külföldi ügylet
transacção de títulos f	effectenhandel m	värdepappersaffär	transakcja papierami wartościowymi f	obchod s cennými papíry m	értékpapírügylet
negócio à comissão m	commissiehandel m	kommissionsverksamhet	transakcja komisowa f	komisionářský obchod m	bizományi ügylet
operação de compensação f	compensatietransactie f	byteshandel	transakcja kompensacyjna f	kompenzační obchod m	kompenzációs ügylet
operação especulativa f	speculatieve verrichtingen f/pl	spekulationsaffär	transakcja spekulacyjna f	spekulační obchod m	spekulációs ügyletek
transacção de mercadorias a prazo f	goederentermijntransactie f	råvaruterminsaffär	termionowa transakcja towarowa f	termínový obchod se zbožím m	határidős áruüzlet
operações activas f/pl	kredietverlening f	aktivatransaktion	transakcja kredytowa f	aktivní bankovní operace f	aktív bankügylet
negociação antes da abertura oficial da bolsa f	voorbeurshandel m	förbörs	transakcja przed otwarciem giełdy f	předburza f	tőzsdenyitás előtti kereskedelem
operação de crédito f	krediettransactie f	kreditaffär	transakcja kredytowa f	úvěrová operace f	hitelügylet
negócios sobre divisas m/pl	deviezenhandel m	valutahandel	handel dewizami m	devizový obchod m	devizakereskedelem
empréstimo com garantia de títulos m	lening tegen onderpand van effecten f	lombardtransaktion	transakcja lombardowa f	lombardní obchod m	lombardügylet
operação fictícia f	schijnkoop m	skentransaktion	transakcja fikcyjna f	fiktivní obchod f	színlelt ügylet
operação triangular f	driehoekstransactie f	triangeltransaktion	transakcja trójkątna f	trojúhelníkový obchod m	háromszögügylet
operações de bolsa f/pl	beursverrichtingen f/pl	börsaffärer pl	—	burzovní obchody m/pl	tőzsdei ügyletek
—	kredietverlening f	aktivatransaktion	transakcja kredytowa f	aktivní bankovní operace f	aktív bankügylet
—	termijnzaken in deviezen f	terminsaffär i valuta	dewizowa transakcja terminowa f	devizový termínový obchod m	határidős devizaügylet

operações de bolsa

	D	E	F	I	ES
operações de bolsa (P)	Börsengeschäfte n/pl	stock market transactions	opérations de bourse f/pl	operazioni di borsa f/pl	operación bursátil f
operating costs (E)	Betriebskosten pl	—	charges d'exploitation f/pl	spese d'esercizio f/pl	gastos de explotación m/pl
operating expenses (E)	Betriebsausgaben f/pl	—	charges d'exploitation f/pl	spese di esercizio f/pl	gastos de explotación m/pl
operating permit (E)	Betriebserlaubnis f	—	droit d'exploitation m	licenza d'esercizio f	autorización de funcionamiento f
opération active (F)	Aktivgeschäft n	credit transaction	—	operazione di credito f	operaciones activas f/pl
opération à terme (F)	Termingeschäft n	futures business	—	operazione a termine f	operación a plazo f
opération avec l'étranger (F)	Auslandsgeschäft n	foreign business	—	affare con l'estero m	operación con el extranjero f
opération commerciale triangulaire (F)	Dreiecksgeschäft n	triangular transaction	—	operazione triangolare f	operación triangular f
opération de livraison à terme (F)	Warenterminegeschäft f	forward merchandise dealings	—	operazione a termine su merci f	operación de futuro de mercancías f
opération fictive (F)	Scheingeschäft f	fictitious transaction	—	negozio simulato m	operación ficticia f
opérations à terme sur titres (F)	Devisenterminegeschäft n	forward exchange dealings	—	operazione di cambio a termine f	mercado de divisas a plazo m
opérations de bourse (F)	Börsengeschäfte n/pl	stock market transactions	—	operazioni di borsa f/pl	operación bursátil f
opérations de payement (F)	Zahlungsverkehr m	payment transaction	—	operazioni di pagamento f/pl	servicio de pagos m/pl
opérations sur titres (F)	Wertpapiergeschäft n	securities business	—	operazioni su titoli f/pl	operación con valores f
operazione a termine (I)	Termingeschäft n	futures business	opération à terme f	—	operación a plazo f
operazione a termine su merci (I)	Warenterminegeschäft f	forward merchandise dealings	opération de livraison à terme f	—	operación de futuro de mercancías f
operazione di cambio a termine (I)	Devisenterminegeschäft n	forward exchange dealings	opérations à terme sur titres f/pl	—	mercado de divisas a plazo m
operazione di commissione (I)	Kommissionsgeschäft n	commission business	affaire en commission f	—	operación de comisión f
operazione di compensazione (I)	Kompensationsgeschäft n	barter transaction	affaire de compensation f	—	operación de compensación f
operazione di credito (I)	Aktivgeschäft n	credit transaction	opération active f	—	operaciones activas f/pl
operazione di credito (I)	Kreditgeschäft n	credit business	achat à crédit m	—	operaciones de crédito f/pl
operazione di deposito (I)	Depotgeschäft n	deposit banking	dépôt de titres m	—	custodia de valores f
operazione speculativa (I)	Spekulationsgeschäft n	speculative transaction	affaire spéculative f	—	operación de especulación f
operazione triangolare (I)	Dreiecksgeschäft n	triangular transaction	opération commerciale triangulaire f	—	operación triangular f
operazioni di borsa (I)	Börsengeschäfte n/pl	stock market transactions	opérations de bourse f/pl	—	operación bursátil f
operazioni di pagamento (I)	Zahlungsverkehr m	payment transaction	opérations de payement f/pl	—	servicio de pagos m/pl
operazioni su titoli (I)	Wertpapiergeschäft n	securities business	opérations sur titres f/pl	—	operación con valores f
opgelopen rente (NL)	Stückzinsen m/pl	broken-period interest	intérêts courus m/pl	interessi maturati m/pl	intereses por fracción de período m/pl
opłata (PL)	Gebühr f	fee	taxe f	tassa f	tasa f
opłata licencyjna (PL)	Lizenzgebühr f	license fee	taxe d'exploitation de licence f	tassa di licenza f	derecho de licencia m
opłata stemplowa (PL)	Stempelgebühr f	stamp duty	droit de timbre m	diritto di bollo m	derechos de timbre m/pl
opłata za przejazd (PL)	Fahrgeld n	fare	coût du voyage m	spese di trasferta f/pl	precio de la travesía f
opłaty celne (PL)	Zollgebühren f	customs duties	droit de douane m	diritti doganali m/pl	derechos arancelarios m/pl

opłaty celne

P	NL	SV	PL	CZ	H
—	beursverrichtingen f/pl	börsaffärer pl	operacje giełdowe f/pl	burzovní obchody m/pl	tőzsdei ügyletek
custos de exploração m/pl	bedrijfskosten m/pl	driftskostnader pl	koszty eksploatacyjne m/pl	provozní náklady m/pl	működési költségek
gastos de exploração m/pl	bedrijfsuitgaven f/pl	rörelseomkostnader pl	wydatki na eksploatację m/pl	podnikové výdaje m/pl	üzemi kiadások
autorização de funcionamento f	bedrijfsvergunning f	driftstillstånd	zezwolenie na eksploatację n	provozní povolení n	üzemelési engedély
operações activas f/pl	kredietverlening f	aktivatransaktion	transakcja kredytowa f	aktivní bankovní operace f	aktív bankügylet
operação a prazo f	termijntransacties f/pl	terminsaffär	transakcja terminowa f	termínový obchod m	határidős ügylet
negócio com o estrangeiro m	zaken met het buitenland f/pl	utlandsverksamhet	transakcja zagraniczna f	zahraniční obchod m	külföldi ügylet
operação triangular f	driehoekstransactie f	triangeltransaktion	transakcja trójkątna f	trojúhelníkový obchod m	háromszögügylet
transacção de mercadorias a prazo f	goederentermijntransactie f	råvaruterminsaffär	termionowa transakcja towarowa f	termínový obchod se zbožím m	határidős áruüzlet
operação fictícia f	schijnkoop m	skentransaktion	transakcja fikcyjna f	fiktivní obchod f	színlelt ügylet
operações a prazo sobre divisas m	termijnzaken in deviezen f	terminsaffär i valuta	dewizowa transakcja terminowa f	devizový termínový obchod m	határidős devizaügylet
operações de bolsa f/pl	beursverrichtingen f/pl	börsaffärer pl	operacje giełdowe f/pl	burzovní obchody m/pl	tőzsdei ügyletek
transacções financeiras f/pl	betalingsverkeer n	betalningstransaktion	obrót płatniczy m	platební styk m	pénzügyi tranzakciók
transacção de títulos f	effectenhandel f	värdepappersaffär	transakcja papierami wartościowymi f	obchod s cennými papíry m	értékpapírügylet
operação a prazo f	termijntransacties f/pl	terminsaffär	transakcja terminowa f	termínový obchod m	határidős ügylet
transacção de mercadorias a prazo f	goederentermijntransactie f	råvaruterminsaffär	termionowa transakcja towarowa f	termínový obchod se zbožím m	határidős áruüzlet
operações a prazo sobre divisas m	termijnzaken in deviezen f	terminsaffär i valuta	dewizowa transakcja terminowa f	devizový termínový obchod m	határidős devizaügylet
negócio à comissão m	commissiehandel m	kommissionsverksamhet	transakcja komisowa f	komisionářský obchod m	bizományi ügylet
operação de compensação f	compensatietransactie f	byteshandel	transakcja kompensacyjna f	kompenzační obchod m	kompenzációs ügylet
operações activas f/pl	kredietverlening f	aktivatransaktion	transakcja kredytowa f	aktivní bankovní operace f	aktív bankügylet
operação de crédito f	krediettransactie f	kreditaffär	transakcja kredytowa f	úvěrová operace f	hitelügylet
custódia f	depot n	depositionsverksamhet	transakcja depozytowa f	depozitní obchod m	betétőrzés
operação especulativa f	speculatieve verrichtingen f	spekulationsaffär	transakcja spekulacyjna f	spekulační obchod m	spekulációs ügyletek
operação triangular f	driehoekstransactie f	triangeltransaktion	transakcja trójkątna f	trojúhelníkový obchod m	háromszögügylet
operações de bolsa f/pl	beursverrichtingen f/pl	börsaffärer pl	operacje giełdowe f/pl	burzovní obchody m/pl	tőzsdei ügyletek
transacções financeiras f/pl	betalingsverkeer n	betalningstransaktion	obrót płatniczy m	platební styk m	pénzügyi tranzakciók
transacção de títulos f	effectenhandel f	värdepappersaffär	transakcja papierami wartościowymi f	obchod s cennými papíry m	értékpapírügylet
fracção do período de contagem de juros f	—	upplupen ränta	oprocentowanie periodyczne n	úroky do dne prodeje cenných papírů m/pl	töredékidőre járó kamat
taxa f	belasting f	avgift	—	poplatek m	díj
taxa de exploração da licença f	licentievergoeding f	licensavgift	—	licenční poplatek m	licencdíj
imposto do selo m	zegelrecht n	stämpelavgift	—	kolkovné n	bélyegilleték
preço da passagem m	passagegeld n	reseersättning	—	jízdné n	fuvardíj
direitos aduaneiros m/pl	douanerechten n/pl	tullavgifter pl	—	celní poplatky m/pl	vámilleték

opłaty portowe

	D	E	F	I	ES
opłaty portowe (PL)	Hafengebühren f/pl	harbour dues	droits de ports m/pl	diritti di porto m/pl	derechos portuarios m/pl
opłaty wyładowcze (PL)	Löschgebühren f/pl	discharging expenses	droit de déchargement m	spese di scarico f/pl	gastos de descarga m/pl
opłaty za koszta upomnienia (PL)	Mahngebühren pl	fine imposed for failing to settle an account	taxe d'avertissement f	tasse d'ingiunzione f/pl	gastos de reclamación m/pl
opłaty za prowadzenie konta (PL)	Kontogebühren f/pl	bank charges	frais de tenue de compte m/pl	comissioni di gestione di un conto m/pl	gastos de administración de una cuenta m/pl
opłaty za załadunek (PL)	Ladegebühren f/pl	loading charges	taxe de chargement f	spese di carico f/pl	derechos de carga m/pl
opis (CZ)	Abschrift f	copy	copie f	copia f	copia f
op korte termijn (NL)	kurzfristig	short-term	à court terme	a breve termine	a corto plazo
op lange termijn (NL)	langfristig	long-term	à long terme	a lungo termine	a largo plazo
opleiding (NL)	Ausbildung f	apprenticeship	formation f	formazione m	aprendizaje m
opleving van de conjunctuur (NL)	Konjunkturbelebung f	economic upturn	relance économique f	ripresa congiunturale f	recuperación coyuntural f
oplichterij (NL)	Betrug m	fraud	fraude f	frode f	fraude m
op maat gemaakt (NL)	maßgefertigt	manufactured to measure	travaillé sur mesure	prodotto su misura	hecho a medida
op middellange termijn (NL)	mittelfristig	medium-term	à moyen terme	a medio termine	a medio plazo
opotřebení (CZ)	Abnutzung f	wear and tear	dépréciation f	deprezzamento m	desgaste m
opóźnienie (PL)	Verspätung f	delay	retard m	ritardo m	retraso m
opóźnienie dostawy (PL)	Lieferverzug m	default of delivery	demeure du fournisseur f	mora nella consegna f	demora en la entrega f
opóźniony (PL)	säumig	dilatory	retardataire	moroso	moroso
öppningstider (SV)	Geschäftszeit f	business hours	heures d'ouvurturo f/pl	orario d'apertura m	hora de despacho f/pl
opportunity for advancement (E)	Aufstiegsmöglichkeit f	—	perspectives de promotion f/pl	possibilità di carriera f	posibilidades de ascenso f/pl
op proef (NL)	auf Probe	on trial	à l'essai	in prova	a prueba
oprava (CZ)	Berichtigung f	correction	rectification f	rettifica f	corrección f
oprávka (CZ)	Wertberichtigung f	adjustment of value	réévaluation f	rettifica del valore f	rectificación de valor f
oprávnění (CZ)	Befugnis f	authority	autorisation m	poteri m/pl	autorización f
oprávnění k podpisu (CZ)	Zeichnungsberechtigung f	authorisation to sign	autorisation de signer f	diritto di firma m	facultad de firma f
oprávněn k inkasu (CZ)	inkassoberechtigt	authorised to undertake collection	autorisé à l'encaissement	autorizzato all'incasso	autorizado al encobro
opravovat (CZ)	korrigieren	correct	corriger	correggere	corregir
oprichting (NL)	Gründung f	formation	constitution f	costituzione f	fundación f
oprichtingskapitaal (NL)	Grundkapital n	capital stock	capital social m	capitale iniziale m	capital inicial m
oprocentować (PL)	verzinsen	pay interest on	compter des intérêts	pagare interessi	pagar interés
oprocentowanie periodyczne (PL)	Stückzinsen m/pl	broken-period interest	intérêts courus m/pl	interessi maturati m/pl	intereses por fracción de período m/pl
oprocentowanie rzeczywiste (PL)	Effektivzins m	effective interest	intérêt effectif m	tasso d'interesse effettivo m	interés efectivo m
oproepen van sollicitanten voor een betrekking (NL)	Stellenausschreibung f	advertisement of a vacancy	mise au concours d'une place f	bando di concorso per impiegati m	convocatoria de oposiciones f
oprotestowanie weksla (PL)	Wechselprotest m	protest	protêt de traite m	protesto cambiario m	protesto de letra m
opruiming (NL)	Schlußverkauf m	seasonal sale	vente de fin de saison f	svendita di fine stagione f	venta de liquidación f
opslag (NL)	Aufschlag m	surcharge	hausse f	aggiunta f	recargo m
opslag (NL)	Lagerung f	storage	stockage m	stoccaggio m	almacenaje m
opslagbewijs (NL)	Lagerschein m	warehouse warrant	certificat de dépôt m	ricevuta di deposito f	resguardo de almacén m
opslagplaats (NL)	Lagerraum m	storage space	halle de dépôt f	deposito m	almacén m
op staande voet (NL)	fristlos	without prior notice	sans délai	senza preavviso	sin plazo

op staande voet

P	NL	SV	PL	CZ	H
direitos portuários m/pl	havenrechten n/pl	hamnavgift	—	přístavní poplatky m/pl	kikötői illetékek
gastos de descarga m/pl	loskosten m/pl	annulleringsavgift	—	poplatky za vymazání m/pl	kirakodási költségek
taxa de expedição de um mandato de pagamento f	aanmaningskosten m/pl	påminnelseavgift	—	poplatky za upomínku m/pl	fizetési felszólítási díjak
custos da conta bancária m/pl	rekeningkosten m/pl	bankavgifter pl	—	poplatky za vedení účtu m/pl	számlavezetési költségek
direitos de carga m/pl	inladingskosten m/pl	lastningsavgift	—	poplatky za náklad m	rakodási díj
cópia f	duplicaat n	kopia	odpis m	—	másolat
a curto prazo	—	kortfristig	krótkoterminowy	krátkodobý	rövid lejáratú
a longo prazo	—	långfristig	długoterminowy	dlouhodobý	hosszú lejáratú
aprendizagem f	—	utbildning	wykształcenie n	vyškolení n	kiképzés
conjuntura incentivada f	—	konjunkturuppsving	ożywienie koniunktury n	oživení konjunktury n	megélénkülés
fraude f	—	bedrägeri	oszustwo n	podvod m	csalás
feito à medida	—	specialtillverkat	na miarę	vyrobený na míru	mérték utáni
a médio prazo	—	medellång	średnioterminowy	střednědobý	középlejáratú
desgaste m	slijtage f	slitage	zużycie n	—	elhasználódás
atraso m	vertraging f	försening	—	prodlení n	késedelem
atraso no fornecimento m	achterstand van de leveringen m	försenad leverans	—	prodlení v dodávce m	szállítási késedelem
moroso m	nalatig	sen	—	liknavý	késedelmes
horas de expediente f/pl	kantooruren n/pl	—	godziny pracy f/pl	obchodní doba f	hivatalos idő
possibilidade de promoção f	promotiekans f	avancemangsmöjlighet	możliwość awansu f	možnost vzestupu f	előmeneteli lehetőségek
à prova	—	på prov	na próbę	na zkoušku	kipróbálásra
rectificação f	rechtzetting f	korrigering	sprostowanie n	—	helyesbítés
rectificação do valor f	correctie wegens herwaardering f	värdereglering	sprostowanie wartości n	—	értékhelyesbítés
autorização f	bevoegdheid f	befogenhet	uprawnienie n	—	jogosultság
direito de assinatura m	tekenbevoegdheid f	underskriftsberättigande	uprawnienie do podpisu n	—	aláírási jogosultság
autorizado a realizar a cobrança m	bevoegd om te incasseren	inkassoberättigad	upoważniony do inkasa	—	beszedésre jogosult
corrigir	corrigeren	korrigera	korygować <skorygować>	—	kijavít
fundação f	—	grundande	założenie n	založení n	alapítás
capital social m	—	aktiekapital	kapitał gruntowy m	základní kapitál m	alaptőke
render juros	rente betalen	förränta	—	zúročovat <zúročit>	kamatozik
fracção do período de contagem de juros f	opgelopen rente f	upplupen ränta	—	úroky do dne prodeje cenných papírů m/pl	töredékidőre járó kamat
taxa de juros efectiva f	werkelijke renteopbrengst f	effektiv ränta	—	úrok z cenných papírů m	tényleges kamat
aviso de vaga para um emprego m	—	utlysning av tjänst	przetarg o stanowisko pracy m	konkurs na místo n	állás meghirdetése
protesto da letra m	wisselprotest n	växelprotest	—	směnečný protest m	váltóóvatolás
venda de fim de estação f	—	utförsäljning	wyprzedaż sezonowa f	sezónní výprodej m	szezonvégi kiárusítás
sobretaxa f	—	påslag	narzut m	přirážka f	pótdíj
armazenagem f	—	lagring	składowanie n	skladování n	raktározás
guia de armazenagem f	—	lagerbevis	kwit składowy m	skladovací list m	raktárjegy
armazém m	—	lagerrum	pomieszczenie składowe n	skladovací prostor m	raktér
sem aviso prévio	—	omedelbar	bezterminowo	okamžitý	felmondási idő nélkül

optelling — 698

	D	E	F	I	ES
optelling (NL)	Addition f	addition	addition f	addizione f	adición f
optie (NL)	Option f	option	option f	opzione f	opción f
op tijd (NL)	fristgerecht	on time	dans les délais	entro il termine convenuto	dentro del plazo fijado
optimalisering (NL)	Optimierung f	optimisation	optimisation f	ottimizzazione f	optimización f
optimalizace (CZ)	Optimierung f	optimisation	optimisation f	ottimizzazione f	optimización f
optimalizálás (H)	Optimierung f	optimisation	optimisation f	ottimizzazione f	optimización f
optimering (SV)	Optimierung f	optimisation	optimisation f	ottimizzazione f	optimización f
Optimierung (D)	—	optimisation	optimisation f	ottimizzazione f	optimización f
optimisation (E)	Optimierung f	—	optimisation f	ottimizzazione f	optimización f
optimisation (F)	Optimierung f	optimisation	—	ottimizzazione f	optimización f
optimização (P)	Optimierung f	optimisation	optimisation f	ottimizzazione f	optimización f
optimización (ES)	Optimierung f	optimisation	optimisation f	ottimizzazione f	—
Option (D)	—	option	option f	opzione f	opción f
option (E)	Option f	—	option f	opzione f	opción f
option (F)	Option f	option	—	opzione f	opción f
option (SV)	Option f	option	option f	opzione f	opción f
option de vente (F)	Verkaufsoption f	option to sell	—	opzione di vendita f	opción de venta f
option to sell (E)	Verkaufsoption f	—	option de vente f	opzione di vendita f	opción de venta f
optymalizacja (PL)	Optimierung f	optimisation	optimisation f	ottimizzazione f	optimización f
opuscolo (I)	Prospekt m	prospectus	prospectus m	—	folleto m
opwaartse beweging (NL)	Aufwärtstrend m	upward trend	tendance à la reprise f	tendenza al rialzo f	tendencia al alza f
opzeggen (NL)	kündigen (Vertrag)	cancel	résilier	disdire	rescindir
opzegging (NL)	Kündigung f	notice of termination	résiliation f	disdetta f	rescisión f
opzeggings-termijn (NL)	Kündigungsfrist f	period of notice	délai de résiliation m	periodo di preavviso m	plazo de preaviso m
op zicht (NL)	auf Sicht	at sight	à vue	a vista	a la vista
op zicht (NL)	zur Ansicht	on approval	à vue	in visione	para examen
op zijn best (NL)	bestens	at best	au mieux	al meglio	al mejor cambio
opzione (I)	Option f	option	option f	—	opción f
opzione di vendita (I)	Verkaufsoption f	option to sell	option de vente f	—	opción de venta f
or (F)	Gold n	gold	—	oro m	oro m
órabér (H)	Stundenlohn m	hourly wage	salaire horaire m	salario ad ora m	salario-hora m
oral (ES)	mündlich	verbal	oralement	verbale	—
oralement (F)	mündlich	verbal	—	verbale	oral
orario d'apertura (I)	Geschäftszeit f	business hours	heures d'ouverture f/pl	—	hora de despacho f/pl
orario di chiusura dell'ufficio (I)	Büroschluß m	office closing hours	fermeture des bureaux f	—	hora de cierre de la oficina f
orario di lavoro (I)	Arbeitszeit f	working hours	heures de travail f/pl	—	jornada laboral f
ora straordinaria (I)	Überstunde f	overtime	heure supplémen-taire f	—	hora extraordinaria f
orçamento (P)	Budget n	budget	budget m	bilancio m	presupuesto m
orçamento (P)	Etat m	budget	budget m	bilancio m	presupuesto m
orçamento (P)	Haushalt m	budget	budget m	bilancio m	presupuesto m
orçamento (P)	Kostenvoran-schlag m	cost estimate	devis estimatif de frais m	preventivo di costi m	presupuesto de coste m
orçamento publici-tário (P)	Werbebudget n	advertising budget	budget de publicité m	budget pubblici-tario m	presupuesto publici-tario m
ordbehandling (SV)	Textverarbeitung f	word processing	traitement de texte f	elaborazione testi f	tratamiento de textos m
ordem (P)	Anordnung f	order	ordre m	disposizione m	orden f
ordem (P)	Auftrag m	order	commande f	ordine m	pedido m
ordem (P)	Order f	order	ordre m	ordine m	pedido m
ordem de pagamento (P)	Zahlungsan-weisung f	order for payment	mandat de payement m	ordine di pagamento m	orden de pago f

ordem de pagamento

P	NL	SV	PL	CZ	H
adição f	—	addition	dodawanie n	sčítání n	összeadás
opção f	—	option	opcja	opce f	opció
dentro do prazo	—	inom avtalad tid	terminowo	v odpovídající lhůtě	határidőre
optimização f	—	optimering	optymalizacja f	optimalizace f	optimalizálás
optimização f	optimalisering f	optimering	optymalizacja f	—	optimalizálás
optimização f	optimalisering f	optimering	optymalizacja f	optimalizace f	—
optimização f	optimalisering f	—	optymalizacja f	optimalizace f	optimalizálás
optimização f	optimalisering f	optimering	optymalizacja f	optimalizace f	optimalizálás
optimização f	optimalisering f	optimering	optymalizacja f	optimalizace f	optimalizálás
optimização f	optimalisering f	optimering	optymalizacja f	optimalizace f	optimalizálás
—	optimalisering f	optimering	optymalizacja f	optimalizace f	optimalizálás
optimização f	optimalisering f	optimering	optymalizacja f	optimalizace f	optimalizálás
opção f	optie f	option	opcja	opce f	opció
opção f	optie f	option	opcja	opce f	opció
opção f	optie f	option	opcja	opce f	opció
opção f	optie f	—	opcja	opce f	opció
opção de venda f	verkoopoptie f	säljoption	opcja sprzedaży f	opce k prodeji f	eladási opció
opção de venda f	verkoopoptie f	säljoption	opcja sprzedaży f	opce k prodeji f	eladási opció
optimização f	optimalisering f	optimering	—	optimalizace f	optimalizálás
prospecto m	prospectus n/m	prospekt	folder m	prospekt m	prospektus
tendência à alta f	—	stigande tendens	trend wzrostu m	stoupající trend m	emelkedő irányzat
rescindir	—	säga upp	wypowiadać <wypowiedzieć>	vypovídat <vypovědět>	felmond
rescisão f	—	uppsägning	wypowiedzenie n	výpověď f	felmondás
prazo de rescisão m	—	uppsägningstid	termin wypowiedzenia m	výpovědní lhůta f	felmondási (határ)idő
à vista	—	på sikt	za okazaniem	na viděnou f	látra szóló
para aprovação	—	till påseende	do wglądu	k nahlédnutí n	megtekintésre
ao melhor	—	bästa	jak najlepiej	co nejlépe	az elérhető legkedvezőbb áron
opção f	optie f	option	opcja	opce f	opció
opção de venda f	verkoopoptie f	säljoption	opcja sprzedaży f	opce k prodeji f	eladási opció
ouro m	goud n	guld	złoto n	zlato n	arany
salário-hora m	uurloon n	timlön	płaca godzinowa f	hodinová mzda f	—
verbal	mondeling	muntlig	ustnie	ústní	szóbeli
verbal	mondeling	muntlig	ustnie	ústní	szóbeli
horas de expediente f/pl	kantooruren n/pl	öppningstider	godziny pracy f/pl	obchodní doba f	hivatalos idő
hora de fechar o escritório f	sluiting van het kantoor f	stängningstid	koniec urzędowania m	konec úředních hodin m	hivatalos idő vége
horas de trabalho f/pl	werktijd m	arbetstid	czas pracy m	pracovní doba f	munkaidő
hora extraordinária f	overuur n	övertid	nadgodzina f	přesčasová hodina f	túlóra
—	budget n	budget	budżet m	rozpočet m	költségvetés
—	budget n	budget	budżet m	rozpočet m	költségvetés
—	begroting f	budget	budżet m	rozpočet m	költségvetés
—	kostenraming f	kostnadsförslag	kosztorys m	odhad nákladů m	előzetes költségbecslés
—	reclamebudget n	reklambudget	fundusz reklamowy m	rozpočet na reklamu m	reklámkeret
edição de texto f	tekstverwerking f	—	elektroniczne opracowanie tekstu n	zpracování textu n	szövegszerkesztés
—	ordening f	föreskrift	zarządzenie n	nařízení n	rendelet
—	opdracht f	order	zlecenie n	zakázka f	megrendelés
—	bestelling f	order	zlecenie n	nařízení n	megrendelés
—	opdracht tot betaling f	betalningsorder	polecenie wypłaty n	poštovní platební příkaz m	készpénzfizetési utalvány

ordem permanente

	D	E	F	I	ES
ordem permanente (P)	Dauerauftrag m	standing order	ordre régulier de virement m	ordine permanente m	órden permanente f
orden (ES)	Anordnung f	order	ordre m	disposizione m	—
ordenado base (P)	Basislohn m	basic wage	salaire de référence m	salario base m	sueldo base m
ordenador (ES)	Computer m	computer	ordinateur m	computer m	—
ordenanza (ES)	Verordnung f	decree	décret m	regolamento m	—
orden de pago (ES)	Zahlungsanweisung f	order for payment	mandat de payement m	ordine di pagamento m	—
ordening (NL)	Anordnung f	order	ordre m	disposizione m	orden f
órden permanente (ES)	Dauerauftrag m	standing order	ordre régulier de virement m	ordine permanente m	—
Order (D)	—	order	ordre m	ordine m	pedido m
order (E)	Anordnung f	—	ordre m	disposizione m	orden f
order (E)	Auftrag m	—	commande f	ordine m	pedido m
order (E)	Bestellung f	—	commande f	ordine m	pedido m
order (E)	Order f	—	ordre m	ordine m	pedido m
order (SV)	Auftrag m	order	commande f	ordine m	pedido m
order (SV)	Bestellung f	order	commande f	ordine m	pedido m
order (SV)	Order f	order	ordre m	ordine m	pedido m
orderbekräftelse (SV)	Auftragsbestätigung f	confirmation of order	confirmation de commandes f	conferma d'ordine f	confirmación de pedido f
orderbevestiging (NL)	Auftragsbestätigung f	confirmation of order	confirmation de commandes f	conferma d'ordine f	confirmación de pedido f
order cheque (E)	Orderscheck m	—	chèque à ordre m	assegno all'ordine m	cheque a la orden m
orderdata (SV)	Bestelldaten f	details of order	références de commande f/pl	dati dell'ordine m/pl	datos de pedido m/pl
ordered quantity (E)	Bestellmenge f	—	quantité commandée f	quantità d'ordinazione f	cantidad pedida f
order form (E)	Bestellformular n	—	bon de commande m	modulo per ordinazioni m	formulario de pedido m
order form (E)	Bestellschein m	—	bulletin de commande m	bolletta di commissione f	hoja de pedido f
orderformulär (SV)	Bestellformular n	order form	bon de commande m	modulo per ordinazioni m	formulario de pedido m
orderformulär (SV)	Bestellschein m	order form	bulletin de commande m	bolletta di commissione f	hoja de pedido f
order for payment (E)	Zahlungsanweisung f	—	mandat de payement m	ordine di pagamento m	orden de pago f
order for payment (E)	Zahlungsbefehl m	—	ordre de payement m	ingiunzione di pagamento f	mandamiento de pago m
orderhantering (SV)	Auftragsabwicklung f	processing of an order	exécution d'une commande f	esecuzione di un ordine f	ejecución de pedidos f
orderhantering (SV)	Auftragsbearbeitung f	order processing	exécution d'une commande f	realizzazione di un ordine f	tramitación de pedidos f
order instrument (E)	Orderpapier n	—	papier à ordre m	titolo all'ordine m	título a la orden m
ordermängd (SV)	Bestellmenge f	ordered quantity	quantité commandée f	quantità d'ordinazione f	cantidad pedida f
order number (E)	Auftragsnummer f	—	numéro de commande m	numero d'ordine m	número de pedido m
ordernummer (SV)	Auftragsnummer f	order number	numéro de commande m	numero d'ordine m	número de pedido m
Orderpapier (D)	—	order instrument	papier à ordre m	titolo all'ordine m	título a la orden m
orderpapier (NL)	Orderpapier n	order instrument	papier à ordre m	titolo all'ordine m	título a la orden m
orderpapper (SV)	Orderpapier n	order instrument	papier à ordre m	titolo all'ordine m	título a la orden m
orderplacering (SV)	Auftragserteilung f	placing of an order	passation d'une commande f	ordinazione f	otorgamiento de un pedido m

orderplacering

P	NL	SV	PL	CZ	H
—	dringende bestelling f	instruktion till bank om regelbundna överföringar	zlecenie stałe n	dlouhodobý příkaz k úhradě m	állandó megbízás
ordem f	ordening f	föreskrift	zarządzenie n	nařízení n	rendelet
—	basisloon n	grundlön	płaca podstawowa f	základní mzda f	alapbér
computador m	computer m	dator	komputer m	počítač m	számítógép
decreto m	besluit n	förordning	zarządzenie n	vyhláška f	rendelet
ordem de pagamento f	opdracht tot betaling f	betalningsorder	polecenie wypłaty f	poštovní platební příkaz m	készpénzfizetési utalvány
ordem f	—	föreskrift	zarządzenie n	nařízení n	rendelet
ordem permanente f	dringende bestelling f	instruktion till bank om regelbundna överföringar	zlecenie stałe n	dlouhodobý příkaz k úhradě m	állandó megbízás
ordem f	bestelling f	order	zlecenie n	nařízení n	megrendelés
ordem f	ordening f	föreskrift	zarządzenie n	nařízení n	rendelet
ordem f	opdracht f	order	zlecenie n	zakázka f	megrendelés
encomenda f	bestelling f	order	zamówienie n	objednávka f	megrendelés
ordem f	bestelling f	order	zlecenie n	nařízení n	megrendelés
ordem f	opdracht f	—	zlecenie n	zakázka f	megrendelés
encomenda f	bestelling f	—	zamówienie n	objednávka f	megrendelés
ordem f	bestelling f	—	zlecenie n	nařízení n	megrendelés
confirmação da encomenda f	orderbevestiging f	—	potwierdzenie zamówienia n	potvrzení zakázky n	megrendelés visszaigazolása
confirmação da encomenda f	—	orderbekräftelse	potwierdzenie zamówienia n	potvrzení zakázky n	megrendelés visszaigazolása
cheque à ordem m	cheque aan order m	check till order	czek na zlecenie m	šek na řad převoditelný m	rendeletre szóló csekk
detalhes de encomenda m/pl	bestelgegevens n/pl	—	data zamówienia	objednací údaje m/pl	megrendelés adatai
quantidade encomendada f	bestelhoeveelheid f	ordermängd	ilość zamówiona f	objednané množství n	megrendelési mennyiség
nota de encomenda f	bestelformulier n	orderformulär	formularz zamówienia m	objednací formulář m	megrendelőlap
impresso de encomenda m	bestelbon m	orderformulär	zamówienie pisemne n	stvrzenka objednávky f	megrendelőlap
nota de encomenda f	bestelformulier n	—	formularz zamówienia m	objednací formulář m	megrendelőlap
impresso de encomenda m	bestelbon m	—	zamówienie pisemne n	stvrzenka objednávky f	megrendelőlap
ordem de pagamento f	opdracht tot betaling f	betalningsorder	polecenie wypłaty n	poštovní platební příkaz m	készpénzfizetési utalvány
mandato de pagamento f	betalingsbevel n	betalningsorder	nakaz płatniczy m	platební příkaz m	fizetési felszólítás
execução de uma encomenda f	afwikkeling van de bestelling f	—	realizacja zlecenia f	vyřízení zakázky n	megbízás lebonyolítása
realização de uma encomenda f	behandeling van de bestelling f	—	realizacja zlecenia f	dílčí zpracování zakázky n	megrendelés feldolgozása
título à ordem m	orderpapier n	orderpapper	dokument płatny na zlecenie m	cenný papír na řad m	forgatható értékpapír
quantidade encomendada f	bestelhoeveelheid f	—	ilość zamówiona f	objednané množství n	megrendelési mennyiség
número de encomenda m	bestelnummer n	ordernummer	numer zamówienia m	číslo zakázky n	megrendelés száma
número de encomenda m	bestelnummer n	—	numer zamówienia m	číslo zakázky n	megrendelés száma
título à ordem m	orderpapier n	orderpapper	dokument płatny na zlecenie m	cenný papír na řad m	forgatható értékpapír
título à ordem m	—	orderpapper	dokument płatny na zlecenie m	cenný papír na řad m	forgatható értékpapír
título à ordem m	orderpapier n	—	dokument płatny na zlecenie m	cenný papír na řad m	forgatható értékpapír
colocação de uma encomenda f	geven van bestellingen n	—	udzielenie zlecenia n	udělení zakázky n	megrendelés adása

orderplanering

	D	E	F	I	ES
orderplanering (SV)	Auftragsplanung f	order scheduling	planification de commandes f	programma ordini m	planificación de la ejecución de pedidos f
order processing (E)	Auftragsbearbeitung f	—	exécution d'une commande f	realizzazione di un ordine f	tramitación de pedidos f
Orderscheck (D)	—	order cheque	chèque à ordre m	assegno all'ordine m	cheque a la orden m
order scheduling (E)	Auftragsplanung f	—	planification de commandes f	programma ordini m	planificación de la ejecución de pedidos f
ordförandeskap (SV)	Vorsitz m	chairmanship	présidence f	presidenza f	presidencia f
ordinary shares (E)	Stammaktie f	—	action ordinaire f	azione ordinaria f	acción ordinaria f
ordinateur (F)	Computer m	computer	—	computer m	ordenador m
ordinazione (I)	Auftragserteilung f	placing of an order	passation d'une commande f	—	otorgamiento de un pedido m
ordine (I)	Auftrag m	order	commande f	—	pedido m
ordine (I)	Bestellung f	order	commande f	—	pedido m
ordine (I)	Order f	order	ordre m	—	pedido m
ordine consistente (I)	Großauftrag m	large-scale order	grosse commande f	—	pedido importante m
ordine d'esportazione (I)	Exportauftrag m	export order	commande d'exportation f	—	pedido destinado a la exportación m
ordine di consegna (I)	Abruf m	call	appel m	—	demanda de entrega f
ordine di pagamento (I)	Zahlungsanweisung f	order for payment	mandat de payement m	—	orden de pago f
ordine permanente (I)	Dauerauftrag m	standing order	ordre régulier de virement m	—	órden permanente f
ordnungsgemäß (D)	—	regular	correctement	regolare	debidamente
ordre (F)	Anordnung f	order	—	disposizione m	orden f
ordre (F)	Order f	order	—	ordine m	pedido m
ordre de payement (F)	Zahlungsbefehl m	order for payment	—	ingiunzione di pagamento f	mandamiento de pago m
ordre régulier de virement (F)	Dauerauftrag m	standing order	—	ordine permanente m	órden permanente f
organisatie (NL)	Organisation f	organisation	organisation f	organizzazione f	organización f
Organisation (D)	—	organisation	organisation f	organizzazione f	organización f
organisation (E)	Organisation f	—	organisation f	organizzazione f	organización f
organisation (F)	Organisation f	organisation	—	organizzazione f	organización f
organisation (SV)	Organisation f	organisation	organisation f	organizzazione f	organización f
organização (P)	Organisation f	organisation	organisation f	organizzazione f	organización f
organizace (CZ)	Organisation f	organisation	organisation f	organizzazione f	organización f
organización (ES)	Organisation f	organisation	organisation f	organizzazione f	—
organizacja (PL)	Organisation f	organisation	organisation f	organizzazione f	organización f
organizzazione (I)	Organisation f	organisation	organisation f	—	organización f
orientační cena (CZ)	Richtpreis m	recommended retail price	prix indicatif m	prezzo indicativo m	precio indicativo m
orientado al rendimiento (ES)	leistungsorientiert	performance-oriented	orienté vers le rendement	meritocratico	—
orientado para o desempenho (P)	leistungsorientiert	performance-oriented	orienté vers le rendement	meritocratico	orientado al rendimiento
orienté vers le rendement (F)	leistungsorientiert	performance-oriented	—	meritocratico	orientado al rendimiento
orientován na výkon (CZ)	leistungsorientiert	performance-oriented	orienté vers le rendement	meritocratico	orientado al rendimiento
oro (I)	Gold n	gold	or m	—	oro m
oro (ES)	Gold n	gold	or m	oro m	—
örökösök (H)	Erben m/pl	heirs	héritiers m/pl	eredi m/pl	heredero m
orzecznictwo sądowe (PL)	Rechtsprechung f	jurisdiction	jurisprudence f	giurisprudenza f	jurisprudencia f
oscilaciones estacionales (ES)	Saisonschwankungen f/pl	seasonal fluctuations	variations saisonnières f/pl	oscillazioni stagionali f/pl	—

oscilaciones estacionales

P	NL	SV	PL	CZ	H
planificação da execução de encomendas f	planning van de bestellingen f	—	planowanie zleceń n	plánování zakázek n	megrendelések ütemezése
realização de uma encomenda f	behandeling van de bestelling f	orderhantering	realizacja zlecenia f	dílčí zpracování zakázky n	megrendelés feldolgozása
cheque à ordem m	cheque aan order m	check till order	czek na zlecenie m	šek na řad převoditelný m	rendeletre szóló csekk
planificação da execução de encomendas f	planning van de bestellingen f	orderplanering	planowanie zleceń n	plánování zakázek n	megrendelések ütemezése
presidência f	voorzitterschap n	—	przewodnictwo n	předsednictvo n	elnöklés
acção ordinária f	gewoon aandeel n	stamaktie	akcja założycielska f	kmenová akcie f	törzsrészvény
computador m	computer m	dator	komputer m	počítač m	számítógép
colocação de uma encomenda f	geven van bestellingen n	orderplacering	udzielenie zlecenia n	udělení zakázky n	megrendelés adása
ordem f	opdracht f	order	zlecenie n	zakázka f	megrendelés
encomenda f	bestelling f	order	zamówienie n	objednávka f	megrendelés
ordem f	bestelling f	order	zlecenie n	nařízení n	megrendelés
encomenda em grande quantidade f	mammoetorder f	stororder	zamówienie wielkoskalowe n	zakázka velkého rozsahu f	nagy megrendelés
encomenda de exportação f	exportorder n	exportorder	zamówienie eksportowe n	exportní zakázka f	exportmegrendelés
pedido m	afroep m	avrop	żądanie n	odvolání n	lehívás
ordem de pagamento f	opdracht tot betaling f	betalningsorder	polecenie wypłaty n	poštovní platební příkaz m	készpénzfizetési utalvány
ordem permanente f	dringende bestelling f	instruktion till bank om regelbundna överföringar	zlecenie stałe n	dlouhodobý příkaz k úhradě m	állandó megbízás
regular	behoorlijk	i laga ordning	prawidłowo	řádný	szabályszerűen
ordem f	ordening f	föreskrift	zarządzenie n	nařízení n	rendelet
ordem f	bestelling f	order	zlecenie n	nařízení n	megrendelés
mandato de pagamento f	betalingsbevel n	betalningsorder	nakaz płatniczy m	platební příkaz m	fizetési felszólítás
ordem permanente f	dringende bestelling f	instruktion till bank om regelbundna överföringar	zlecenie stałe n	dlouhodobý příkaz k úhradě m	állandó megbízás
organização f	—	organisation	organizacja f	organizace f	szervezet
organização f	organisatie f	organisation	organizacja f	organizace f	szervezet
organização f	organisatie f	organisation	organizacja f	organizace f	szervezet
organização f	organisatie f	organisation	organizacja f	organizace f	szervezet
organização f	organisatie f	—	organizacja f	organizace f	szervezet
—	organisatie f	organisation	organizacja f	organizace f	szervezet
organização f	organisatie f	organisation	organizacja f	—	szervezet
organização f	organisatie f	organisation	organizacja f	organizace f	szervezet
organização f	organisatie f	organisation	—	organizace f	szervezet
organização f	organisatie f	organisation	organizacja f	organizace f	szervezet
preço de referência m	richtprijs m	rekommenderat pris	cena zalecana f	—	irányár
orientado para o desempenho	prestatiegeoriënteerd	prestationsorienterad	zależny od wydajności	orientován na výkon	teljesítmény szerinti
—	prestatiegeoriënteerd	prestationsorienterad	zależny od wydajności	orientován na výkon	teljesítmény szerinti
orientado para o desempenho	prestatiegeoriënteerd	prestationsorienterad	zależny od wydajności	orientován na výkon	teljesítmény szerinti
orientado para o desempenho	prestatiegeoriënteerd	prestationsorienterad	zależny od wydajności	—	teljesítmény szerinti
ouro m	goud n	guld	złoto n	zlato n	arany
ouro m	goud n	guld	złoto n	zlato n	arany
herdeiro m	erfgenamen m/pl	arvtagare pl	spadkobiercy m/pl	dědici m/pl	—
jurisprudência f	rechtspraak f	rättskipning	—	právní ustanovení n	jogszolgáltatás
oscilações sazonais f/pl	seizoenschommelingen f/pl	säsongvariationer pl	fluktuacje sezonowe f/pl	sezonní výkyvy m/pl	szezonális ingadozások

oscilações sazonais

	D	E	F	I	ES
oscilações sazonais (P)	Saisonschwankungen f/pl	seasonal fluctuations	variations saisonnières f/pl	oscillazioni stagionali f/pl	oscilaciones estacionales f/pl
oscillazione della produzione (I)	Produktionsschwankung f	fluctuations in production	fluctuations de la production f/pl	—	fluctuaciones en la producción f/pl
oscillazioni stagionali (I)	Saisonschwankungen f/pl	seasonal fluctuations	variations saisonnières f/pl	—	oscilaciones estacionales f/pl
oslovení (CZ)	Anrede f	form of address	formule de politesse m	titolo m	tratamiento m
osoba czynna zawodowo (PL)	Erwerbstätiger m	gainfully employed person	personne ayant un emploi f	persona con un posto di lavoro f	persona activa f
osobní oddělení (CZ)	Personalbüro m	personnel office	bureau du personnel m	ufficio del personale m	oficina de personal f
osobní úvěr (CZ)	Personalkredit m	personal loan	crédit personnel m	credito al personale m	crédito personal m
ospecificerad summa (SV)	Pauschalbetrag m	flat rate	somme forfaitaire f	somma forfettaria f	suma global f
ospecificerat traktamente (SV)	Spesenpauschale f	allowance for expenses	forfait de frais m	forfait di spese m	suma global de gastos f
ospitalità (I)	Bewirtung f	hospitality	hospitalité f	—	hospedaje m
összeadás (H)	Addition f	addition	addition f	addizione f	adición f
összeg (H)	Betrag m	amount	montant m	importo m	suma f
összehasonlítás (H)	Vergleich m	comparison	comparaison f	confronto m	comparación f
összesen (H)	insgesamt	altogether	dans l'ensemble	complessivamente	en suma
összköltség (H)	Gesamtkosten f	total costs	coût total m	costi complessivi m/pl	gastos generales m/pl
Österreich (D)	—	Austria	Autriche f	Austria f	Austria
österreichisch (D)	—	Austrian	autrichien	austriaco	austríaco
Österrike (SV)	Österreich	Austria	Autriche f	Austria f	Austria
österrikisk (SV)	österreichisch	Austrian	autrichien	austriaco	austríaco
osvědčení o původu zboží (CZ)	Ursprungszeugnis n	certificate of origin	certificat d'origine m	certificato d'origine m	certificado de origen m
osvobozený od daně (CZ)	steuerfrei	tax free	exonéré d'impôt	esentasse	libro de impuesto
osvobozený od poplatků (CZ)	abgabenfrei	tax-exempt	exempt de taxes	esente da imposte	exento de impuestos
osvobozený od poštovného (CZ)	portofrei	postage-free	franco de port	franco di porto	porte pagado
oświadczenie pod przysięgą (PL)	beeidigte Erklärung f	sworn statement	déclaration sous serment f	dichiarazione giurata f	declaración jurada f
oszczędność (PL)	Ersparnis f	savings	épargne f	risparmio m	ahorro m
oszczędzać (PL)	Sparen n	saving	épargne f	risparmio m	ahorro m
osztalék (H)	Dividende f	dividend	dividende m	dividendo m	dividendo m
osztalék nélkül (H)	ohne Dividende	ex dividend	sans dividende m	senza dividendo	sin dividendo
osztály (H)	Abteilung f	department	service m	reparto m	departamento m
osztályvezető (H)	Abteilungsleiter m	head of department	chef de service m	capo reparto m	jefe de sección m
osztrák(osan) (H)	österreichisch	Austrian	autrichien	austriaco	austríaco
oszustwo (PL)	Betrug m	fraud	fraude f	frode f	fraude m
oszustwo czekowe (PL)	Scheckbetrug m	cheque fraud	irrégularité en matière de chèque f	emissione di assegno a vuoto f	falsificación de cheques f
oszustwo podatkowe (PL)	Steuerbetrug m	fiscal fraud	fraude fiscale f	frode fiscale f	fraude fiscal m
oszustwo podatkowe (PL)	Steuerhinterziehung f	tax evasion	dissimulation en matière fiscale f	evasione fiscale f	fraude fiscal m
oszustwo upadłościowe (PL)	betrügerischer Bankrott m	fraudulent bankruptcy	banqueroute frauduleuse f	bancarotta fraudolenta f	quiebra fraudulenta f
otevření účtu (CZ)	Kontoeröffnung f	opening of an account	ouverture de compte f	accensione di un conto f	apertura de una cuenta f
otevřený účet (CZ)	offene Rechnung f	outstanding account	facture impayée f	conto aperto m	factura pendiente f
otorgamiento de un pedido (ES)	Auftragserteilung f	placing of an order	passation d'une commande f	ordinazione f	—
ottimizzazione (I)	Optimierung f	optimisation	optimisation f	—	optimización f

ottimizzazione

P	NL	SV	PL	CZ	H
—	seizoenschommelingen f/pl	säsongvariationer pl	fluktuacje sezonowe f/pl	sezonní výkyvy m/pl	szezonális ingadozások
flutuações na produção f/pl	productieschommeling f	fluktuationer i produktion	wahania produkcji n/pl	kolísání výroby n	termelésingadozás
oscilações sazonais f/pl	seizoenschommelingen f/pl	säsongvariationer pl	fluktuacje sezonowe f/pl	sezonní výkyvy m/pl	szezonális ingadozások
forma de tratamento f	aanhef m	tilltalsform	tytułowanie n	—	megszólítás
pessoa com emprego remunerado f	beroepsactieve persoon m	förvärvsarbetande person	—	výdělečně činný m	aktív kereső
departamento de recursos humanos m	personeelsbureau n	personalavdelning	dział kadr m	—	személyzeti iroda
crédito pessoal m	persoonlijk krediet n	personallån	kredyt osobisty m	—	személyi kölcsön
soma global f	forfaitair bedrag n	—	kwota ryczałtowa f	paušální částka f	átalányösszeg
ajudas de custo para despesas f/pl	overeengekomen kostenbedrag n	—	ryczałt na wydatki m	paušál pro výlohy m	költségátalány
hospitalidade f	onthaal n	representation	poczęstunek m	pohoštění n	vendéglátás
adição f	optelling f	addition	dodawanie n	sčítání n	—
montante m	bedrag n	summa	kwota f	částka f	—
comparação f	vergelijking f	jämförelse	ugoda f	srovnání n	—
ao todo	in totaal	totalt	w sumie	úhrnem	—
custos totais m/pl	totale kosten m/pl	totala kostnader pl	koszty całkowite m/pl	celkové náklady m/pl	—
Áustria f	Oostenrijk	Österrike	Austria f	Rakousko n	Ausztria
austríaco	Oostenrijks	österrikisk	austriacki	rakouský	osztrák(osan)
Áustria f	Oostenrijk	—	Austria f	Rakousko n	Ausztria
austríaco	Oostenrijks	—	austriacki	rakouský	osztrák(osan)
certificado de origem m	certificaat van oorsprong n	ursprungsbevis	świadectwo pochodzenia n	—	származási bizonyítvány
isento de impostos	vrij van belastingen	skattefri	wolny od podatku	—	adómentes
isento de impostos	tolvrij	skattefri	wolne od podatków	—	adómentes
porte pago m	portvrij	portofri	wolny od opłat pocztowych	—	díjelőleges
declaração sob juramento f	beëdigde verklaring f	utsaga under ed	—	přísežné prohlášení n	eskü alatt tett nyilatkozat
poupança f	besparingen f/pl	besparing	—	úspora f	megtakarítás
poupança f	sparen n	sparande	—	spoření n	megtakarítás
dividendo m	dividend n	vinstutdelning	dywidenda f	dividenda f	—
sem dividendo	zonder dividend	utan vinstutdelning	bez dywidendy	bez dividendy f	—
departamento m	afdeling f	avdelning	wydział m	oddělení n	—
chefe de departamento m	afdelingschef m	avdelningschef	kierownik wydziału m	vedoucí oddělení m	—
austríaco	Oostenrijks	österrikisk	austriacki	rakouský	—
fraude f	oplichterij f	bedrägeri	—	podvod m	csalás
falsificação de cheques f	fraude met cheques f	checkbedrägeri	—	šekový povod m	csekkel elkövetett csalás
fraude fiscal f	belastingontduiking f	skattefusk	—	daňový podvod m	adócsalás
evasão fiscal f	belastingontduiking f	skattesmitning	—	daňový únik m	adócsalás
falência fraudulenta f	bedrieglijke bankbreuk f	bedräglig konkurs	—	podvodný bankrot m	csalárd csőd
abertura de conta f	het openen van een rekening n	kontoöppnande	otwarcie konta n	—	számlanyitás
factura não paga f	openstaande rekening f	obetald faktura	niezapłacony rachunek m	—	kiegyenlítetlen számla
colocação de uma encomenda f	geven van bestellingen n	orderplacering	udzielenie zlecenia n	udělení zakázky n	megrendelés adása
optimização f	optimalisering f	optimering	optymalizacja f	optimalizace f	optimalizálás

otwarcie konta

	D	E	F	I	ES
otwarcie konta (PL)	Kontoeröffnung f	opening of an account	ouverture de compte f	accensione di un conto f	apertura de una cuenta f
ouro (P)	Gold n	gold	or m	oro m	oro m
outdelad vinst (SV)	Rückstellung f	reserves	provision pour pertes et charges f	accantonamento m	reserva f
outdoor advertising (E)	Außenwerbung f	—	publicité extérieure f	pubblicità all'aperto f	publicidad al aire libre f
Output (D)	—	output	output m	output m	output m
output (E)	Fördermenge f	—	quantité extraite f	quantità estratta f	cantidad producida f
output (E)	Output m	—	output m	output m	output m
output (F)	Output m	output	—	output m	output m
output (I)	Output m	output	output m	—	output m
output (ES)	Output m	output	output m	output m	—
output (P)	Output m	output	output m	output m	output m
output (NL)	Output m	output	output m	output m	output m
output (SV)	Output m	output	output m	output m	output m
output (PL)	Output m	output	output m	output m	output m
outside financing (E)	Fremdfinanzierung f	—	constitution de capital par apport de tiers f	finanziamento passivo m	financiación externa f
outstanding account (E)	offene Rechnung f	—	facture impayée f	conto aperto m	factura pendiente f
outstanding debts (E)	Außenstände f	—	dettes actives f/pl	crediti pendenti m/pl	cobros pendientes m/pl
ouverture de compte (F)	Kontoeröffnung f	opening of an account	—	accensione di un conto f	apertura de una cuenta f
ouverture d'une affaire (F)	Geschäftseröffnung f	opening of a business	—	apertura di un negozio f	apertura de un negocio f
óvadék (H)	Kaution f	security	caution f	cauzione f	caución f garantía f
óvás melletti fizetés (H)	Zahlung unter Protest	payment supra protest	payement sous protêt m	pagamento sotto protesta f	pago bajo protesta m
overboeking (NL)	Umbuchung f	transfer of an entry	jeu d'écritures m	giro di partite m	traslado a otra cuenta m
overbruggingskrediet (NL)	Überbrückungskredit m	bridging loan	crédit transitoire m	credito ponte m	crédito transitorio m
överbryggningskredit (SV)	Überbrückungskredit m	bridging loan	crédit transitoire m	credito ponte m	crédito transitorio m
overdisponering (NL)	Kontoüberziehung f	overdraft of an account	découvert d'un compte m	scoperto di conto m	descubierto m
overdracht (NL)	Abtretung f	assignment	cession f	cessione f	cesión f
overdracht (NL)	Übertragung f	transfer	transfert m	trasferimento m	transmisión f
overdracht (NL)	Zession f	assignment	cession f	cessione f	cesión f
overdrachtsovereenkomst (NL)	Abtretungsvertrag m	contract of assignment	contrat de cession m	contratto di cessione m	contrato de cesión m
overdraft credit (E)	Überziehungskredit m	—	avance sur compte courant f	credito allo scoperto m	crédito en descubierto m
overdraft of an account (E)	Kontoüberziehung f	—	découvert d'un compte m	scoperto di conto m	descubierto m
overdraw (E)	überziehen	—	faire un prélèvement à découvert	mandare allo scoperto	sobrepasar
overeengekomen clausule (NL)	Vertragsbedingung f	conditions of a contract	condition du contrat f	condizione contrattuale f	condiciones contractuales f/pl
overeengekomen kostenbedrag (NL)	Spesenpauschale f	allowance for expenses	forfait de frais m	forfait di spese m	suma global de gastos f
overeenkomen (NL)	vereinbaren	agree	convenir de	pattuire	convenir
overeenkomst (NL)	Abkommen n	agreement	accord m	accordo m	acuerdo m
overeenkomst (NL)	Vertrag m	contract	contrat m	contratto m	contrato m
ověření (CZ)	Beglaubigung f	authentication	légalisation f	autentica f	legalización f
överenskommelse (SV)	Vereinbarung f	agreement	accord m	accordo m	acuerdo m
överföring (SV)	Transfer m	transfer	transfert m	trasferimento m	transferencia f
överföring (SV)	Übertragung f	transfer	transfert m	trasferimento m	transmisión f

överföring

P	NL	SV	PL	CZ	H
abertura de conta f	het openen van een rekening n	kontoöppnande	—	otevření účtu n	számlanyitás
—	goud n	guld	złoto n	zlato n	arany
reservas f/pl	bestemmingsreserve f	—	rezerwa f	vrácení n	céltartalék
publicidade externa f	buitenreclame f/m	utomhusannonsering	reklama zewnętrzna f	reklama f	szabadtéri reklám
output m	output m	output	output m	výstup m	termékkibocsátás
quantidade extraída f	productiehoeveelheid f	produktionsvolym	ilość wydobycia f	dopravované množství n	kitermelt mennyiség
output m	output m	output	output m	výstup m	termékkibocsátás
output m	output m	output	output m	výstup m	termékkibocsátás
output m	output m	output	output m	výstup m	termékkibocsátás
output m	output m	output	output m	výstup m	termékkibocsátás
—	output m	output	output m	výstup m	termékkibocsátás
output m	—	output	output m	výstup m	termékkibocsátás
output m	output m	—	output m	výstup m	termékkibocsátás
output m	output m	output	—	výstup m	termékkibocsátás
financiamento através de capital alheio m	financiering door vreemd kapitaal f	extern finansiering	finansowanie obce n	dluhové financování n	hitelfinanszírozás
factura não paga f	openstaande rekening f	obetald faktura	niezapłacony rachunek m	otevřený účet m	kiegyenlítetlen számla
dívidas a cobrar f/pl	uitstaande vorderingen f/pl	utestående skulder pl	należności f/pl	nedoplatky m/pl	kinnlevőségek
abertura de conta f	het openen van een rekening n	kontoöppnande	otwarcie konta n	otevření účtu n	számlanyitás
inauguração de uma empresa f	opening van een zaak f	butiksinvigning	założenie interesu n	zahájení obchodu n	vállalkozás alapítása
caução f	waarborgsom f	borgen	kaucja f	kauce f	—
pagamento sob protesto m	betaling onder protest f	betalning av protesterad växel	zapłata pod protestem f	platba s protestem f	—
transferência de uma entrada f	—	ombokning	przeksięgowanie	přeúčtování n	átkönyvelés
crédito de transição m	—	överbryggningskredit	kredyt krótkoterminowy m	překlenovací úvěr m	áthidaló hitel
crédito de transição m	overbruggingskrediet n	—	kredyt krótkoterminowy m	překlenovací úvěr m	áthidaló hitel
conta a descoberto f	—	kontoöverdrag	przekroczenie stanu konta n	překročení částky na účtu n	hitelkeret-túllépés (folyószámlán)
cessão f	—	överlåtelse	cesja f	odstoupení n	átruházás
transmissão f	—	överföring	przeniesienie n	převod m	átruházás
cessão f	—	cession	cesja f	postoupení n	engedményezés
contrato de cessão f	—	överlåtelseavtal	umowa cesji f	smlouva o odstoupení f	átruházási szerződés
crédito a descoberto m	krediet in rekening-courant n	trasseringskredit	kredyt techniczny m	debetní úvěr m	folyószámlahitel
conta a descoberto f	overdisponering f	kontoöverdrag	przekroczenie stanu konta n	překročení částky na účtu n	hitelkeret-túllépés (folyószámlán)
sacar a descoberto	overschrijden	övertrassera	przekraczać stan konta	překračovat <překročit>	hiteltúllépést követ el
condições do contrato f/pl	—	avtalsvillkor	warunek umowy m	smluvní podmínka f	szerződési feltétel
ajudas de custo para despesas f/pl	—	ospecificerat traktamente	ryczałt na wydatki m	paušál pro výlohy m	költségátalány
acordar	—	enas om	uzgadniać <uzgodnić>	dohodnout	megállapodik
acordo m	—	avtal	umowa f	smlouva f	megállapodás
contrato m	—	avtal	umowa f	smlouva f	szerződés
autenticação f	legalisatie f	bevittnande	uwierzytelnienie n	—	hitelesítés
acordo m	regeling f	—	porozumienie n	dohoda f	megállapodás
transferência f	transfer m/n	—	transfer m	převod m	átutalás
transmissão f	overdracht f	—	przeniesienie n	převod m	átruházás

överföring

	D	E	F	I	ES
överföring (SV)	Überweisung f	remittance	virement m	rimessa f	transferencia f
överföringsfel (SV)	Übertragungsfehler m	transcription error	erreur de transcription f	errore di trascrizione m	error de transcripción m
övergångsbestämmelse (SV)	Übergangsregelung f	transitional arrangement	règlement de transition m	regolamento transitorio m	regulación transitoria f
overgangsmaatregel (NL)	Übergangsregelung f	transitional arrangement	règlement de transition m	regolamento transitorio m	regulación transitoria f
overhandiging (NL)	Übergabe f	delivery	remise f	consegna f	entrega f
overhead costs (E)	Gemeinkosten f	—	coûts indirects m/pl	costi comuni m/pl	gastos generales m/pl
overheid (NL)	Behörde f	authority	autorité f	autorità f	autoridad f
överlåtare (SV)	Zedent m	assignor	cédant m	cedente m	cedente m
överlåtelse (SV)	Abtretung f	assignment	cession f	cessione f	cesión f
överlåtelseavtal (SV)	Abtretungsvertrag m	contract of assignment	contrat de cession m	contratto di cessione m	contrato de cesión m
overname van een zaak (NL)	Geschäftsübernahme f	takeover of a business	reprise d'une affaire f	rilievo di un'azienda m	adquisición de una empresa f
overpakken (NL)	umpacken	re-pack	remballer	reimballare	reempaquetar
översättning (SV)	Übersetzung f	translation	traduction	traduzione f	traducción
overschot (NL)	Überschuß m	surplus	excédent m	eccedenza f	excedente m
overschot op de betalingsbalans (NL)	Zahlungsbilanzüberschuß m	balance of payments surplus	excédent de la balance des payements m	eccedenza della bilancia dei pagamenti f	superávit en la balanza de pagos m
overschrijden (NL)	überziehen	overdraw	faire un prélèvement à découvert	mandare allo scoperto	sobrepasar
overschrijffout (NL)	Übertragungsfehler m	transcription error	erreur de transcription f	errore di trascrizione m	error de transcripción m
overschrijving (NL)	Giro n	endorsement	virement m	girata f	giro m
overschrijving (NL)	Überweisung f	remittance	virement m	rimessa f	transferencia f
överskott (SV)	Aktivsaldo m	active balance	solde créditeur m	saldo attivo m	saldo activo m
överskott (SV)	Überschuß m	surplus	excédent m	eccedenza f	excedente m
överskott i betalningsbalansen (SV)	Zahlungsbilanzüberschuß m	balance of payments surplus	excédent de la balance des payements m	eccedenza della bilancia dei pagamenti f	superávit en la balanza de pagos m
övertid (SV)	Überstunde f	overtime	heure supplémentaire f	ora straordinaria f	hora extraordinaria f
overtime (E)	Überstunde f	—	heure supplémentaire f	ora straordinaria f	hora extraordinaria f
övertrassera (SV)	überziehen	overdraw	faire un prélèvement à découvert	mandare allo scoperto	sobrepasar
overuur (NL)	Überstunde f	overtime	heure supplémentaire f	ora straordinaria f	hora extraordinaria f
övezet (H)	Zone f	zone	zone f	zona f	zona f
övre prisgräns (SV)	Preisobergrenze f	price ceiling	limite supérieure des prix f	limite massimo di prezzo m	límite máximo de los precios m
oživení (CZ)	Rezession f	recession	récession f	recessione f	recesión f
oživení konjunktury (CZ)	Konjunkturbelebung f	economic upturn	relance économique f	ripresa congiunturale f	recuperación coyuntural f
označení cenou (CZ)	Preisauszeichnung f	price-marking	affichage des prix f	indicazione del prezzo f	indicación de precios f
označení značkou (CZ)	Markenzeichen n	trademark	emblème de marque f	marchio m	marca registrada f
oznaczanie cen na towarach (PL)	Preisauszeichnung f	price-marking	affichage des prix f	indicazione del prezzo f	indicación de precios f
oznámení škody (CZ)	Schadensmeldung f	notification of damage	déclaration du sinistre f	denuncia di sinistro f	aviso de siniestro m
oznámení závad (CZ)	Mängelanzeige f	notice of defect	notification d'un vice f	denuncia dei vizi	aviso de defectos m
ożywienie koniunktury (PL)	Konjunkturbelebung f	economic upturn	relance économique f	ripresa congiunturale f	recuperación coyuntural f
pacchetto (I)	Päckchen n	small package	petit paquet m	—	pequeño paquete m

pacchetto

P	NL	SV	PL	CZ	H
transferência f	overschrijving f	—	przelew m	bezhotovostní převod m	átutalás
erro de transcrição m	overschrijffout f	—	błąd w transmisji danych m	převodní chyba f	átviteli hiba
regulamento transitório m	overgangsmaatregel m	—	postanowienia przejściowe m/pl	přechodná úprava f	átmeneti rendelkezés
regulamento transitório m	—	övergångsbestämmelse	postanowienia przejściowe m/pl	přechodná úprava f	átmeneti rendelkezés
entrega f	—	leverans	przekazanie n	předání n	átadás
despesas gerais f/pl	indirecte kosten m/pl	indirekta kostnader pl	koszty pośrednie m/pl	režijní náklady m/pl	általános költségek
autoridade f	—	myndighet	urząd m	úřad m	hatóság
cedente m	cedent m	—	cedent m	postupitel m	engedményező
cessão f	overdracht m	—	cesja f	odstoupení n	átruházás
contrato de cessão m	overdrachtsovereenkomst f	—	umowa cesji f	smlouva o odstoupení f	átruházási szerződés
aquisição de uma empresa f	—	företagsövertagande	przejęcie firmy n	přejímka obchodu f	vállalatvásárlás
reembalar	—	packa om	przepakowywać <przepakować>	přebalovat <přebalit>	átcsomagol
tradução f	vertaling f	—	tłumaczenie n	překlad m	fordítás
excedente m	—	överskott	nadwyżka f	přebytek m	többlet
superavit na balança de pagamentos m	—	överskott i betalningsbalansen	nadwyżka bilansu płatniczego f	přebytek platební bilance m	fizetésimérleg-többlet
sacar a descoberto	—	övertrassera	przekraczać stan konta	překračovat <překročit>	hiteltúllépést követ el
erro de transcrição m	—	överföringsfel	błąd w transmisji danych m	převodní chyba f	átviteli hiba
transferência de crédito f	—	girering	żyro n	žiro n	zsíró
transferência f	—	överföring	przelew m	bezhotovostní převod m	átutalás
saldo credor m	batig saldo n	—	saldo dodatnie n	aktivní saldo n	aktív mérleg
excedente m	overschot n	—	nadwyżka f	přebytek m	többlet
superavit na balança de pagamentos m	overschot op de betalingsbalans n	—	nadwyżka bilansu płatniczego f	přebytek platební bilance m	fizetésimérleg-többlet
hora extraordinária f	overuur n	—	nadgodzina f	přesčasová hodina f	túlóra
hora extraordinária f	overuur n	övertid	nadgodzina f	přesčasová hodina f	túlóra
sacar a descoberto	overschrijden	—	przekraczać stan konta	překračovat <překročit>	hiteltúllépést követ el
hora extraordinária f	—	övertid	nadgodzina f	přesčasová hodina f	túlóra
zona f	zone f	zon	strefa f	zóna f	—
limite máximo dos preços m	bovengrens van de prijs f	—	pułap cen m	horní hranice ceny f	felső árhatár
recessão f	recessie f	recession	recesja f	—	recesszió
conjuntura incentivada f	opleving van de conjunctuur f	konjunkturuppsving	ożywienie koniunktury n	—	megélénkülés
marcação de preços f	zichtbaar ophangen van de prijslijst n	prismärkning	oznaczanie cen na towarach n	—	árcédula
marca registrada f	handelsmerk n	varumärke	znak firmowy m	—	védjegy
marcação de preços f	zichtbaar ophangen van de prijslijst n	prismärkning	—	označení cenou n	árcédula
declaração de sinistro f	schadeaangifte f	skadeanmälan	zgłoszenie szkody n	—	kárbejelentés
aviso de defeito m	klacht f	reklamation	reklamacja wady towaru f	—	minőségi kifogás
conjuntura incentivada f	opleving van de conjunctuur f	konjunkturuppsving	—	oživení konjunktury n	megélénkülés
pequeno pacote m	pakketje n	litet paket	pakiet m	balíček m	kiscsomag

pacchetto di azioni

	D	E	F	I	ES
pacchetto di azioni (I)	Aktienpaket n	block of shares	paquet d'actions m	—	paquete de acciones m
pacco (I)	Paket n	parcel	colis m	—	bulto m
pacco espresso (I)	Eilpaket m	express parcel	colis exprès m	—	paquete urgente m
packages (E)	Frachtstücke n/pl	—	colis m	colli m/pl	bultos m/pl
packa om (SV)	umpacken	re-pack	remballer	reimballare	reempaquetar
Päckchen (D)	—	small package	petit paquet m	pacchetto m	pequeño paquete m
packing (E)	Verpackung f	—	emballage m	imballaggio m	embalaje m
packing material (E)	Verpackungsmaterial n	—	matériel d'emballage m	materiale d'imballaggio m	material de embalaje m
packing waste (E)	Verpackungsmüll m	—	déchets d'emballage m/pl	rifiuti d'imballaggio m/pl	basura de embalaje f
packningsmaterial (SV)	Verpackungsmaterial n	packing material	matériel d'emballage m	materiale d'imballaggio m	material de embalaje m
pacote (P)	Paket n	parcel	colis m	pacco m	bulto m
pacote expresso (P)	Eilpaket m	express parcel	colis exprès m	pacco espresso m	paquete urgente m
pacto salarial (ES)	Lohnvereinbarung	wage agreement	accord de salaires m	accordo salariale m	—
paczka (PL)	Paket n	parcel	colis m	pacco m	bulto m
paczka ekspresowa (PL)	Eilpaket m	express parcel	colis exprès m	pacco espresso m	paquete urgente m
padrão-ouro (P)	Goldstandard m	gold standard	étalon or m	tallone aureo m	patrón-oro m
padrão-ouro da moeda (P)	Goldwährung f	gold currency	monnaie à couverture or f	valuta aurea f	moneda oro f
paese acquirente (I)	Abnehmerland n	buyer country	pays acheteur m	—	país comprador m
paese in via di sviluppo (I)	Entwicklungsland n	developing country	pays en voie de développement m	—	país en vías de desarrollo m
Paesi Bassi (I)	Niederlande pl	Netherlands	Pays-Bas m/pl	—	los Países Bajos m/pl
paesi terzi (I)	Drittländer n/pl	third countries	pays tiers m/pl	—	terceros países m/pl
pagabile (I)	zahlbar	payable	payable	—	pagable
pagable (ES)	zahlbar	payable	payable	pagabile	—
pagamento (I)	Auszahlung f	payment	payement m	—	pago m
pagamento (I)	Zahlung f	payment	payement m	—	pago m
pagamento (P)	Auszahlung f	payment	payement m	pagamento m	pago m
pagamento (P)	Zahlung f	payment	payement m	pagamento m	pago m
pagamento a conto (I)	a-conto-Zahlung f	payment on account	payement acompte m	—	pago a cuenta m
pagamento adiantado (P)	Vorauszahlung f	payment in advance	payement anticipé m	pagamento anticipato m	adelanto m
pagamento anticipato (I)	Vorauszahlung f	payment in advance	payement anticipé m	—	adelanto m
pagamento à peça (P)	Akkordlohn m	piece wages	salaire à la pièce m	retribuzione a cottimo f	salario a destajo m
pagamento a prestações (P)	Ratenzahlung f	payment by instalments	payement par versements fractionnés m	pagamento rateale m	pago a plazos m
pagamento a rate (I)	Abschlagszahlung f	part payment	acompte m	—	pago parcial m
pagamento a rate (I)	Teilzahlung f	partial payment	payement partiel m	—	pago parcial m
pagamento arretrato delle imposte (I)	Steuernachzahlung f	additional payment of taxes	payement d'un rappel d'impôt m	—	pago de impuestos atrasados m
pagamento contra documentos (P)	Dokumente gegen Zahlung	documents against payments	documents contre payement m/pl	pagamento contro documenti m	documentos contra pago m/pl
pagamento contra-reembolso (P)	Zahlung per Nachnahme	cash on delivery	payement contre remboursement m	pagamento in contrassegno m	pago contra reembolso m
pagamento contro documenti (I)	Dokumente gegen Zahlung	documents against payments	documents contre payement m/pl	—	documentos contra pago m/pl
pagamento de comissão (P)	Provisionszahlung f	commission payment	payement de commission m	pagamento di provvigione m	pago de comisión m
pagamento de compensação (P)	Ausgleichszahlung f	deficiency payment	payement pour solde de compte m	conguaglio m	pago de compensación m

pagamento de compensação

P	NL	SV	PL	CZ	H
lote de acções m	aandelenpakket n	aktiepaket	pakiet akcji m	balík akcií m	részvénypakett
pacote m	collo n	paket	paczka f	balík m	csomag
pacote expresso m	spoedpakket n	expresspaket	paczka ekspresowa f	spěšný balík m	expresszcsomag
peças de frete f/pl	vrachtstuk n	kolli pl	liczba jednostek przewożonych f	přepravní kus m	szállított csomagok
reembalar	overpakken	—	przepakowywać <przepakować>	přebalovat <přebalit>	átcsomagol
pequeno pacote m	pakketje n	litet paket	pakiet m	balíček m	kiscsomag
embalagem f	verpakking f	förpackning	opakowanie n	obal m	csomagolás
material de embalagem m	verpakkingsmateriaal n	packningsmaterial	materiał opakunkowy m	obalový materiál m	csomagolóanyag
embalagem usada f	verpakkingsafval n	förpackningsavfall	zużyte opakowania m/pl	obalový odpad m	csomagolási hulladék
material de embalagem m	verpakkingsmateriaal n	—	materiał opakunkowy m	obalový materiál m	csomagolóanyag
—	collo n	paket	paczka f	balík m	csomag
—	spoedpakket n	expresspaket	paczka ekspresowa f	spěšný balík m	expresszcsomag
acordo salarial m	loonregeling f	löneavtal	porozumienie o wynagrodzeniu n	mzdová dohoda f	bérmegállapodás
pacote m	collo n	paket	—	balík m	csomag
pacote expresso m	spoedpakket n	expresspaket	—	spěšný balík m	expresszcsomag
—	goudstandaard m	guldstandard	waluta złota f	zlatý standard m	aranyalap
—	goudstandaard m	guldvaluta	waluta w złocie f	zlatá měna f	aranyvaluta
país comprador m	afnemend land n	köparland	kraj importujący m	odběratelská země f	a vásárló országa
país em vias de desenvolvimento m	ontwikkelingsland n	utvecklingsland	kraj rozwijający się m	rozvojová země f	fejlődő ország
Holanda f	Nederland	Nederländerna	Holandia f	Nizozemsko n	Hollandia
países terceiros m/pl	derde landen n/pl	tredjeländer pl	kraje trzecie m/pl	třetí země f/pl	harmadik országok
pagável	betaalbaar	betalbar	płatny	splatný	fizetendő
pagável	betaalbaar	betalbar	płatny	splatný	fizetendő
pagamento m	uitbetaling f	utbetalning	wypłata f	výplata f	kifizetés
pagamento m	betaling f	betalning	zapłata f	platba f	fizetés
—	uitbetaling f	utbetalning	wypłata f	výplata f	kifizetés
—	betaling f	betalning	zapłata f	platba f	fizetés
pagamento por conta m	betaling op rekening f	betalning på konto	płatność akonto f	akontace f	fizetési kötelezettség résztörlesztés
—	voorafbetaling f	förskottsbetalning	przedpłata f	záloha f	előrefizetés
pagamento adiantado m	voorafbetaling f	förskottsbetalning	przedpłata f	záloha f	előrefizetés
—	stukloon n	ackordlön	płaca akordowa f	úkolová mzda f	darabbér
—	betaling in termijnen f	avbetalning	spłata ratalna f	placení splátek n	részletfizetés
pagamento parcial m	betaling in termijnen f	dellikvid	spłata ratalna f	splátka f	részletfizetés
pagamento parcial m	gedeeltelijke betaling f	avbetalning	zapłata ratalna f	placení na splátky n	részletfizetés
pagamento de impostos atrasados m	nabetaling van belastingen f	restskatt	dopłata podatkowa f	doplacení daně n	adóhátralék (meg)fizetése
—	documenten tegen betaling n/pl	dokument mot betalning	dokumenty za zapłatę m/pl	dokumenty proti zaplacení m/pl	okmányos inkasszó
—	betaling onder rembours f	betalning vid leverans	zapłata przy odbiorze f	platba na dobírku f	fizetés utánvétellel
pagamento contra documentos m	documenten tegen betaling n/pl	dokument mot betalning	dokumenty za zapłatę m/pl	dokumenty proti zaplacení m/pl	okmányos inkasszó
—	betaling van commissieloon f	provisionsbetalning	wypłata prowzji f	zaplacení provize n	jutalékfizetés
—	afvloeiingsvergoeding f	kompensationsutbetalning	wyrównanie płacy n	vyrovnávací platba f	pénzbeli kiegyenlítés

pagamento de impostos

	D	E	F	I	ES
pagamento de impostos (P)	Steuerzahlung f	payment of taxes	payement de l'impôt m	pagamento delle imposte m	tributación f
pagamento de impostos atrasados (P)	Steuernachzahlung f	additional payment of taxes	payement d'un rappel d'impôt m	pagamento arretrato delle imposte m	pago de impuestos atrasados m
pagamento delle imposte (I)	Steuerzahlung f	payment of taxes	payement de l'impôt m	—	tributación f
pagamento de uma locação financeira (P)	Leasing-Rate f	leasing payment	taux de leasing m	tasso del leasing f	plazo de arrendamiento financiero m
pagamento di provvigione (I)	Provisionszahlung f	commission payment	payement de commission m	—	pago de comisión m
pagamento em dinheiro (P)	Barzahlung f	cash payment	payement comptant m	pagamento in contanti m	pago al contado m
pagamento em espécie (P)	unbar	non cash	non comptant	non in contanti	no en efectivo
pagamento in acconto (I)	Anzahlung f	deposit	acompte m	—	pago a cuenta m
pagamento in contanti (I)	Barzahlung f	cash payment	payement comptant m	—	pago al contado m
pagamento in contrassegno (I)	Zahlung per Nachnahme	cash on delivery	payement contre remboursement m	—	pago contra reembolso m
pagamento parcial (P)	Abschlagszahlung f	part payment	acompte m	pagamento a rate m	pago parcial m
pagamento parcial (P)	Teilzahlung f	partial payment	payement partiel m	pagamento a rate m	pago parcial m
pagamento por conta (P)	a-conto-Zahlung f	payment on account	payement acompte m	pagamento a conto m	pago a cuenta m
pagamento por conta (P)	Anzahlung f	deposit	acompte m	pagamento in acconto m	pago a cuenta m
pagamento rateale (I)	Abzahlung f	repayment	remboursement m	—	pago a plazos m
pagamento rateale (I)	Ratenzahlung f	payment by instalments	payement par versements fractionnés m	—	pago a plazos m
pagamento sob protesto (P)	Zahlung unter Protest	payment supra protest	payement sous protêt m	pagamento sotto protesta m	pago bajo protesta m
pagamento sotto protesta (I)	Zahlung unter Protest	payment supra protest	payement sous protêt m	—	pago bajo protesta m
pagamento suplementar (P)	Nachzahlung f	supplementary payment	versement complémentaire m	pagamento supplementare m	pago suplementario m
pagamento supplementare (I)	Nachzahlung f	supplementary payment	versement complémentaire m	—	pago suplementario m
pagar (ES)	bezahlen	pay	payer	pagare	—
pagar (P)	bezahlen	pay	payer	pagare	pagar
pagare (I)	bezahlen	pay	payer	—	pagar
pagaré (ES)	Schuldschein m	certificate of indebtedness	billet de créance m	certificato di debito m	—
pagaré (ES)	Solawechsel m	promissory note	billet à ordre m	pagherò m	—
pagare a rate (I)	abzahlen	pay off	régler en versements fractionnés	—	pagar por cuotas
pagare interessi (I)	verzinsen	pay interest on	compter des intérêts	—	pagar interés
pagar interés (ES)	verzinsen	pay interest on	compter des intérêts	pagare interessi	—
pagar por cuotas (ES)	abzahlen	pay off	régler en versements fractionnés	pagare a rate	—
pagar por quotas (P)	abzahlen	pay off	régler en versements fractionnés	pagare a rate	pagar por cuotas
pagável (P)	zahlbar	payable	payable	pagabile	pagable
pagherò (I)	Solawechsel m	promissory note	billet à ordre m	—	pagaré m
pago (ES)	Auszahlung f	payment	payement m	pagamento m	—
pago (ES)	Zahlung f	payment	payement m	pagamento m	—
pago a cuenta (ES)	a-conto-Zahlung f	payment on account	payement acompte m	pagamento a conto m	—
pago a cuenta (ES)	Anzahlung f	deposit	acompte m	pagamento in acconto m	—
pago al contado (ES)	Barzahlung f	cash payment	payement comptant m	pagamento in contanti m	—

pago al contado

P	NL	SV	PL	CZ	H
—	betaling van belastingen f	skattebetalning	płatność podatkowa f	placení daní f	adófizetés
—	nabetaling van belastingen f	restskatt	dopłata podatkowa f	doplacení daně n	adóhátralék (meg)fizetése
pagamento de impostos m	betaling van belastingen f	skattebetalning	płatność podatkowa f	placení daní f	adófizetés
—	leasingtarief n	leasingavgift	rata leasingowa f	leasingová splátka f	lízingdíj
pagamento de comissão m	betaling van commissieloon f	provisionsbetalning	wypłata prowzji f	zaplacení provize n	jutalékfizetés
—	contante betaling f	kontantbetalning	płatność gotówką f	platba v hotovosti f	készpénzes fizetés
—	giraal	ej kontant	nie w gotówce	bezhotovostní	készpénz nélküli
pagamento por conta m	aanbetaling f	handpenning	zaliczka f	záloha f	letét
pagamento em dinheiro m	contante betaling f	kontantbetalning	płatność gotówką f	platba v hotovosti f	készpénzes fizetés
pagamento contra-reembolso m	betaling onder rembours f	betalning vid leverans	zapłata przy odbiorze f	platba na dobírku f	fizetés utánvétellel
—	betaling in termijnen f	dellikvid	spłata ratalna f	splátka f	részletfizetés
—	gedeeltelijke betaling f	avbetalning	zapłata ratalna f	placení na splátky n	részletfizetés
—	betaling op rekening f	betalning på konto	płatność akonto f	akontace f	fizetési kötelezettség résztörlesztés
—	aanbetaling f	handpenning	zaliczka f	záloha f	letét
reembolso	afbetaling f	avbetalning	spłata f	splácení n	részletfizetés
pagamento a prestações m	betaling in termijnen f	avbetalning	spłata ratalna f	placení splátek n	részletfizetés
—	betaling onder protest f	betalning av protesterad växel	zapłata pod protestem f	platba s protestem f	óvás melletti fizetés
pagamento sob protesto m	betaling onder protest f	betalning av protesterad växel	zapłata pod protestem f	platba s protestem f	óvás melletti fizetés
—	bijbetaling f	tilläggsbetalning	dopłata f	doplatek m	pótkifizetés
pagamento suplementar m	bijbetaling f	tilläggsbetalning	dopłata f	doplatek m	pótkifizetés
pagar	betalen	betala	płacić <zapłacić>	zaplatit	kifizet
—	betalen	betala	płacić <zapłacić>	zaplatit	kifizet
pagar	betalen	betala	płacić <zapłacić>	zaplatit	kifizet
certidão comprovativa de dívida f	schuldbrief m	revers	skrypt dłużny m	dlužní úpis m	adóslevél
nota promissória f	solawissel m	revers	wechsel własny m	jednoduchá směnka f	saját váltó
pagar por quotas	afbetalen	betala av	spłacać <spłacić>	splácet <splatit>	részletekben kifizet
render juros	rente betalen	förränta	oprocentować	zúročovat <zúročit>	kamatozik
render juros	rente betalen	förränta	oprocentować	zúročovat <zúročit>	kamatozik
pagar por quotas	afbetalen	betala av	spłacać <spłacić>	splácet <splatit>	részletekben kifizet
—	afbetalen	betala av	spłacać <spłacić>	splácet <splatit>	részletekben kifizet
—	betaalbaar	betalbar	płatny	splatný	fizetendő
nota promissória f	solawissel m	revers	wechsel własny m	jednoduchá směnka f	saját váltó
pagamento m	uitbetaling f	utbetalning	wypłata f	výplata f	kifizetés
pagamento m	betaling f	betalning	zapłata f	platba f	fizetés
pagamento por conta m	betaling op rekening f	betalning på konto	płatność akonto f	akontace f	fizetési kötelezettség résztörlesztés
pagamento por conta m	aanbetaling f	handpenning	zaliczka f	záloha f	letét
pagamento em dinheiro m	contante betaling f	kontantbetalning	płatność gotówką f	platba v hotovosti f	készpénzes fizetés

pago aplazado

	D	E	F	I	ES
pago aplazado (ES)	Zahlungsaufschub m	extension of credit	sursis de payement m	dilazione del pagamento f	—
pago a plazos (ES)	Abzahlung f	repayment	remboursement m	pagamento rateale m	—
pago a plazos (ES)	Ratenzahlung f	payment by instalments	payement par versements fractionnés m	pagamento rateale m	—
pago atrasado (ES)	Zahlungsrückstand m	payment in arrears	arriéré de payement m	morosità di pagamento f	—
pago bajo protesta (ES)	Zahlung unter Protest	payment supra protest	payement sous protêt m	pagamento sotto protesta m	—
pago contra reembolso (ES)	Zahlung per Nachnahme	cash on delivery	payement contre remboursement m	pagamento in contrassegno m	—
pago de comisión (ES)	Provisionszahlung f	commission payment	payement de commission m	pagamento di provvigione m	—
pago de compensación (ES)	Ausgleichszahlung f	deficiency payment	payement pour solde de compte m	conguaglio m	—
pago de impuestos atrasados (ES)	Steuernachzahlung f	additional payment of taxes	payement d'un rappel d'impôt m	pagamento arretrato delle imposte m	—
pago parcial (ES)	Abschlagszahlung f	part payment	acompte m	pagamento a rate m	—
pago parcial (ES)	Teilzahlung f	partial payment	payement partiel m	pagamento a rate m	—
pago suplementario (ES)	Nachzahlung f	supplementary payment	versement complémentaire m	pagamento supplementare m	—
país comprador (ES)	Abnehmerland n	buyer country	pays acheteur m	paese acquirente m	—
país comprador (P)	Abnehmerland n	buyer country	pays acheteur m	paese acquirente m	país comprador m
país em vias de desenvolvimento (P)	Entwicklungsland n	developing country	pays en voie de développement m	paese in via di sviluppo m	país en vías de desarrollo m
país en vías de desarrollo (ES)	Entwicklungsland n	developing country	pays en voie de développement m	paese in via di sviluppo m	—
países terceiros (P)	Drittländer n/pl	third countries	pays tiers m/pl	paesi terzi m/pl	terceros países m/pl
Paket (D)	—	parcel	colis m	pacco m	bulto m
paket (SV)	Paket n	parcel	colis m	pacco m	bulto m
pakiet (PL)	Päckchen n	small package	petit paquet m	pacchetto m	pequeño paquete m
pakiet akcji (PL)	Aktienpaket n	block of shares	paquet d'actions m	pacchetto di azioni m	paquete de acciones m
pakketje (NL)	Päckchen n	small package	petit paquet m	pacchetto m	pequeño paquete m
på lager (SV)	lieferbar	available	livrable	consegnabile	suministrable
paleta (ES)	Palette f	pallet	palette f	paletta f	—
paleta (PL)	Palette f	pallet	palette f	paletta f	paleta m
paleta (CZ)	Palette f	pallet	palette f	paletta f	paleta m
paleta produktów (PL)	Produktpalette f	range of products	gamme de produits f	gamma dei prodotti f	gama de productos f
paleta výrobků (CZ)	Produktpalette f	range of products	gamme de produits f	gamma dei prodotti f	gama de productos f
palete (P)	Palette f	pallet	palette f	paletta f	paleta m
paletta (I)	Palette f	pallet	palette f	—	paleta m
Palette (D)	—	pallet	palette f	paletta f	paleta m
palette (F)	Palette f	pallet	—	paletta f	paleta m
pallet (E)	Palette f	—	palette f	paletta f	paleta m
pallet (NL)	Palette f	pallet	palette f	paletta f	paleta m
pályázat (H)	Bewerbung f	application	candidature f	candidatura f	demanda de empleo f
pályázat (H)	Bewerbungsschreiben n	letter of application	lettre de candidature f	domanda d'assunzione f	carta de solicitud f
pályázat (állásra) (H)	Stellengesuch n	situation wanted	demande d'emploi f	domanda d'impiego f	solicitud de colocación f
pályázati dokumentumok (H)	Bewerbungsunterlagen f/pl	application documents	dossier de candidature m	documenti di candidatura m/pl	documentos de solicitud m/pl
pályázati felhívás (H)	Ausschreibung f	call for tenders	appel d'offre par voie de soumission m	appalto m	concurso-subasta m
pályázó (H)	Bewerber m	applicant	candidat m	candidato m	aspirante m

P	NL	SV	PL	CZ	H
prorrogação do prazo de pagamento f	uitstel van betaling n	betalningsuppskov	odroczenie terminu płatności n	odklad platby m	fizetési haladék
reembolso	afbetaling f	avbetalning	spłata f	splácení n	részletfizetés
pagamento a prestações m	betaling in termijnen f	avbetalning	spłata ratalna f	placení splátek n	részletfizetés
atraso no pagamento m	achterstand m	betalningsanstånd	zaległości płatnicze n/pl	nedoplatek m	fizetési hátralék
pagamento sob protesto m	betaling onder protest f	betalning av protesterad växel	zapłata pod protestem f	platba s protestem f	óvás melletti fizetés
pagamento contra-reembolso m	betaling onder rembours f	betalning vid leverans	zapłata przy odbiorze f	platba na dobírku f	fizetés utánvétellel
pagamento de comissão m	betaling van commissieloon f	provisionsbetalning	wypłata prowzji f	zaplacení provize n	jutalékfizetés
pagamento de compensação m	afvloeiingsvergoeding f	kompensationsutbetalning	wyrównanie płacy n	vyrovnávací platba f	pénzbeli kiegyenlítés
pagamento de impostos atrasados m	nabetaling van belastingen f	restskatt	dopłata podatkowa f	doplacení daně n	adóhátralék (meg)fizetése
pagamento parcial m	betaling in termijnen f	dellikvid	spłata ratalna f	splátka f	részletfizetés
pagamento parcial m	gedeeltelijke betaling f	avbetalning	zapłata ratalna f	placení na splátky n	részletfizetés
pagamento suplementar m	bijbetaling f	tilläggsbetalning	dopłata f	doplatek m	pótkifizetés
país comprador m	afnemend land n	köparland	kraj importujący m	odběratelská země f	a vásárló országa
—	afnemend land n	köparland	kraj importujący m	odběratelská země f	a vásárló országa
—	ontwikkelingsland n	utvecklingsland	kraj rozwijający się m	rozvojová země f	fejlődő ország
país em vias de desenvolvimento m	ontwikkelingsland n	utvecklingsland	kraj rozwijający się m	rozvojová země f	fejlődő ország
—	derde landen n/pl	tredjeländer pl	kraje trzecie m/pl	třetí země f/pl	harmadik országok
pacote m	collo n	paket	paczka f	balík m	csomag
pacote m	collo n	—	paczka f	balík m	csomag
pequeno pacote m	pakketje n	litet paket	—	balíček m	kiscsomag
lote de acções m	aandelenpakket n	aktiepaket	—	balík akcií m	részvénypakett
pequeno pacote m	—	litet paket	pakiet m	balíček m	kiscsomag
disponível para entrega	leverbaar	—	gotowy do dostawy	k dodání	szállítható
palete f	pallet m	lastpall	paleta f	paleta f	raklap
palete f	pallet m	lastpall	—	paleta f	raklap
palete f	pallet m	lastpall	paleta f	—	raklap
gama de produtos f	productassortiment n	produktsortiment	—	paleta výrobků f	termékpaletta
gama de produtos f	productassortiment n	produktsortiment	paleta produktów f	—	termékpaletta
—	pallet m	lastpall	paleta f	paleta f	raklap
palete f	pallet m	lastpall	paleta f	paleta f	raklap
palete f	pallet m	lastpall	paleta f	paleta f	raklap
palete f	pallet m	lastpall	paleta f	paleta f	raklap
palete f	pallet m	lastpall	paleta f	paleta f	raklap
palete f	—	lastpall	paleta f	paleta f	raklap
candidatura f	kandidatuur f	ansökan	ubieganie się o pracę n	ucházení se o něco n	—
carta de solicitação de emprego f	sollicitatiebrief m	skriftlig ansökan	podanie o pracę n	písemná žádost f	—
procura de emprego f	sollicitatie f	platssökande	podanie o pracę n	žádost o místo f	—
documentos de candidatura m/pl	sollicitatiedocumenten n/pl	ansökningshandlingar pl	załączniki do podania o pracę m/pl	podklady k žádosti m/pl	—
concurso público m	aanbesteding f	anbudsförfarande	przetarg m	veřejná soutěž f	—
candidato m	kandidaat m	sökande	kandydat m	uchazeč m	—

påminnelse 716

	D	E	F	I	ES
påminnelse (SV)	Mahnung f	demand for payment	mise en demeure f	sollecito m	admonición f
påminnelse-avgift (SV)	Mahngebühren pl	fine imposed for failing to settle an account	taxe d'avertissement f	tasse d'ingiunzione f/pl	gastos de reclamación m/pl
panasz (H)	Beschwerde f	complaint	plainte f	ricorso m	reclamación f
panasz (H)	Klage f	legal action	action en justice f	citazione in giudizio f	demanda f
páncélszekrény (H)	Tresor m	safe	coffre-fort m	cassaforte f	caja fuerte f
pandbrief (NL)	Pfandbrief m	mortgage bond	obligation hypothécaire f	titolo ipotecario m	cédula hipotecaria f
pandrecht (NL)	Pfandrecht n	pledge	droit de gage m	diritto di pegno m	derecho prendario m
pangás (H)	Depression f	depression	dépression f	depressione f	depresión f
państwo (PL)	Staat m	state	Etat m	stato m	Estado m
państwowy (PL)	staatlich	state	d'Etat	statale	estatal
pant (SV)	Pfandrecht n	pledge	droit de gage m	diritto di pegno m	derecho prendario m
pantalla (ES)	Bildschirm m	screen	écran m	schermo m	—
pantsättning (SV)	Verpfändung f	pledge	mise en gage f	pignoramento m	pignoración f
påökning (SV)	Zulage f	extra pay	prime f	premio m	suplemento m
papel-moeda (P)	Papiergeld n	paper money	monnaie de papier f	banconote f/pl	papel-moneda m
papel-moneda (ES)	Papiergeld n	paper money	monnaie de papier f	banconote f/pl	—
paper money (E)	Papiergeld n	—	monnaie de papier f	banconote f/pl	papel-moneda m
papier à ordre (F)	Orderpapier n	order instrument	—	titolo all'ordine m	título a la orden m
Papiergeld (D)	—	paper money	monnaie de papier f	banconote f/pl	papel-moneda m
papiergeld (NL)	Papiergeld n	paper money	monnaie de papier f	banconote f/pl	papel-moneda m
papier wartościowy (PL)	Wertpapier n	security	titre m	titolo m	valor m
papier wartościowy na okaziciela (PL)	Inhaberpapier n	bearer instrument	titre souscrit au porteur m	titolo al portatore m	título al portador m
papiery wartościowe (PL)	Anlagepapiere n/pl	investment securities	valeurs de placement f/pl	titoli d'investimento m/pl	valores de inversión m/pl
papiery wartościowe (PL)	Effekten f/pl	securities	valeurs mobilières f/pl	titoli m/pl	efectos m/pl
papiery wartościowe o stałym zysku (PL)	Rentenpapiere f	bonds	titres de rente m/pl	titoli a reddito fisso m/pl	títulos de renta fija m/pl
papírové peníze (CZ)	Papiergeld n	paper money	monnaie de papier f	banconote f/pl	papel-moneda m
papírpénz (H)	Papiergeld n	paper money	monnaie de papier f	banconote f/pl	papel-moneda m
på prov (SV)	auf Probe	on trial	à l'essai	in prova	a prueba
paquet d'actions (F)	Aktienpaket n	block of shares	—	pacchetto di azioni m	paquete de acciones m
paquete de acciones (ES)	Aktienpaket n	block of shares	paquet d'actions m	pacchetto di azioni m	—
paquete urgente (ES)	Eilpaket m	express parcel	colis exprès m	pacco espresso m	—
para aprovação (P)	zur Ansicht	on approval	à vue	in visione	para examen
paradis fiscal (F)	Steueroase f	tax haven	—	oasi fiscale f	paraíso fiscal m
para examen (ES)	zur Ansicht	on approval	à vue	in visione	—
paraíso fiscal (ES)	Steueroase f	tax haven	paradis fiscal m	oasi fiscale f	—
paraíso fiscal (P)	Steueroase f	tax haven	paradis fiscal m	oasi fiscale f	paraíso fiscal m
parametr działania (PL)	Aktionsparameter m	action parameters	paramètre d'action m	parametro d'azione m	parámetro de acción m
paramètre d'action (F)	Aktionsparameter m	action parameters	—	parametro d'azione m	parámetro de acción m
parametro d'azione (I)	Aktionsparameter m	action parameters	paramètre d'action m	—	parámetro de acción m
parâmetro de acção (P)	Aktionsparameter m	action parameters	paramètre d'action m	parametro d'azione m	parámetro de acción m

parâmetro de acção

P	NL	SV	PL	CZ	H
advertência f	aanmaning tot betaling f	—	upomnienie płatnicze n	upomínka f	fizetési felszólítás
taxa de expedição de um mandato de pagamento f	aanmanings-kosten m/pl	—	opłaty za koszta upomnienia f/pl	poplatky za upomínku m/pl	fizetési felszólítási díjak
reclamação f	klacht f	reklamation	zażalenie n	stížnost f	—
acção judicial f	klacht f	åtal	skarga f	žaloba f	—
caixa-forte f	kluis f	kassaskåp	sejf m	trezor m	—
título hipotecário m	—	obligation med inteckning som säkerhet	list zastawny m	zástavní list m	záloglevél
direito pignoratício m	—	pant	prawo zastawu n	zástavní právo n	zálogjog
depressão f	malaise f	depression	depresja f	deprese f	—
estado m	staat m	stat	—	stát m	állam
estatal	staats-	statlig	—	státní	állami
direito pignoratício m	pandrecht n	—	prawo zastawu n	zástavní právo n	zálogjog
ecrã m	beeldscherm n	bildskärm	ekran m	obrazovka f	képernyő
penhora f	borgstelling f	—	ustanowienie zastawu n	zástava f	elzálogosítás
prémio m	gratificatie f	—	dodatek do płacy m	příplatek m	pótlék
—	papiergeld n	sedlar pl	pieniądz papierowy m	papírové peníze m/pl	papírpénz
papel-moeda m	papiergeld n	sedlar pl	pieniądz papierowy m	papírové peníze m/pl	papírpénz
papel-moeda m	papiergeld n	sedlar pl	pieniądz papierowy m	papírové peníze m/pl	papírpénz
título à ordem m	orderpapier n	orderpapper	dokument płatny na zlecenie m	cenný papír na řad m	forgatható értékpapír
papel-moeda m	papiergeld n	sedlar pl	pieniądz papierowy m	papírové peníze m/pl	papírpénz
papel-moeda m	—	sedlar pl	pieniądz papierowy m	papírové peníze m/pl	papírpénz
título m	waardepapier n	värdepapper	—	cenný papír m	értékpapír
título ao portador m	effect aan toonder n	innehavarobligation	—	cenný papír na majitele m	bemutatóra szóló értékpapír
títulos de investimento m/pl	beleggings-waarden f/pl	värdepapper	—	dlouhodobé finanční investice f/pl	befektetési értékpapírok
títulos m/pl	effecten n/pl	värdepapper pl	—	cenné papíry m/pl	értékpapírok
títulos de renda fixa m/pl	effecten n/pl	obligationer pl	—	výnosové listy m/pl	adósságlevelek
papel-moeda m	papiergeld n	sedlar pl	pieniądz papierowy m	—	papírpénz
papel-moeda m	papiergeld n	sedlar pl	pieniądz papierowy m	papírové peníze m/pl	—
à prova	op proef	—	na próbę	na zkoušku	kipróbálásra
lote de acções m	aandelenpakket n	aktiepaket	pakiet akcji m	balík akcií m	részvénypakett
lote de acções m	aandelenpakket n	aktiepaket	pakiet akcji m	balík akcií m	részvénypakett
pacote expresso m	spoedpakket n	expresspaket	paczka ekspresowa f	spěšný balík m	expresszcsomag
—	op zicht	till påseende	do wglądu	k nahlédnutí n	megtekintésre
paraíso fiscal m	belastingparadijs n	skatteparadis	oaza podatkowa f	daňová oáza f	adóparadicsom
para aprovação	op zicht	till påseende	do wglądu	k nahlédnutí n	megtekintésre
paraíso fiscal m	belastingparadijs n	skatteparadis	oaza podatkowa f	daňová oáza f	adóparadicsom
—	belastingparadijs n	skatteparadis	oaza podatkowa f	daňová oáza f	adóparadicsom
parâmetro de acção m	aandeelparameter m	aktionsparameter	—	akciový parametr m	saját cselekvést kifejező paraméter
parâmetro de acção m	aandeelparameter m	aktionsparameter	parametr działania m	akciový parametr m	saját cselekvést kifejező paraméter
parâmetro de acção m	aandeelparameter m	aktionsparameter	parametr działania m	akciový parametr m	saját cselekvést kifejező paraméter
—	aandeelparameter m	aktionsparameter	parametr działania m	akciový parametr m	saját cselekvést kifejező paraméter

parámetro de acción

	D	E	F	I	ES
parámetro de acción (ES)	Aktionsparameter m	action parameters	paramètre d'action m	parametro d'azione m	—
par avion (F)	Luftpost f	air mail	—	posta aerea f	correo aéreo m
par camion (F)	per Lastkraftwagen	by lorry	—	per autocarro	por camión
parcel (E)	Paket n	—	colis m	pacco m	bulto m
parcela (PL)	Grundstück n	real estate	terrain m	terreno m	terreno m
par écrit (F)	schriftlich	written	—	per iscritto	por escrito
pareggio di bilancio (I)	Budgetausgleich m	balancing of the budget	équilibrage du budget m	—	balance del presupuesto m
parent company (E)	Stammhaus n	—	maison mère f	casa madre f	casa matriz f
par exprès (F)	per Express	by express	—	per espresso	por expreso
paridad (ES)	Parität f	parity	parité f	parità f	—
paridade (P)	Parität f	parity	parité f	parità f	paridad f
parita (CZ)	Parität f	parity	parité f	parità f	paridad f
parità (I)	Parität f	parity	parité f	—	paridad f
paritás (H)	Parität f	parity	parité f	parità f	paridad f
Parität (D)	—	parity	parité f	parità f	paridad f
parité (F)	Parität f	parity	—	parità f	paridad f
pariteit (NL)	Parität f	parity	parité f	parità f	paridad f
paritet (SV)	Parität f	parity	parité f	parità f	paridad f
parity (E)	Parität f	—	parité f	parità f	paridad f
Parlament Europejski (PL)	Europäisches Parlament n	European Parliament	Parlement européen m	Parlamento Europeo m	Parlamento Europeo m
Parlamento Europeo (I)	Europäisches Parlament n	European Parliament	Parlement européen m	—	Parlamento Europeo m
Parlamento Europeo (ES)	Europäisches Parlament n	European Parliament	Parlement européen m	Parlamento Europeo m	—
Parlamento Europeu (P)	Europäisches Parlament n	European Parliament	Parlement européen m	Parlamento Europeo m	Parlamento Europeo m
Parlement européen (F)	Europäisches Parlament n	European Parliament	—	Parlamento Europeo m	Parlamento Europeo m
par mois (F)	monatlich	monthly	—	mensile	mensual
par ordre (F)	im Auftrag	by order	—	per ordine	por poder
par procuration (F)	per procura	by procuration	—	per procura	por poder
par retour du courrier (F)	postwendend	by return of post	—	a giro di posta	a vuelta de correo
part de capital (F)	Kapitalanteil m	capital share	—	quota di capitale f	participación en el capital f
partecipazione (I)	Beteiligung f	participation	participation f	—	participación f
partecipazione agli utili (I)	Gewinnbeteiligung f	profit-sharing	participation aux bénéfices f	—	participación en los beneficios f
partecipazione dei lavoratori dipendenti (I)	Arbeitnehmerbeteiligung f	worker participation	participation du personnel f	—	participación de los empleados f
parte contratante en un convenio colectivo (ES)	Tarifpartner m/pl	parties to a collective wage agreement	signataires d'une convention collective m/pl	parti stipulanti un contratto collettivo f/pl	—
parte fraccionaria (ES)	Bruchteil m	fraction	fraction f	frazione f	—
partes de um acordo colectivo (P)	Tarifpartner m/pl	parties to a collective wage agreement	signataires d'une convention collective m/pl	parti stipulanti un contratto collettivo f/pl	parte contratante en un convenio colectivo f
par tête d'habitant (F)	pro Kopf	per capita	—	pro capite	per cápita
partial delivery (E)	Teillieferung f	—	livraison partielle f	fornitura parziale f	entrega parcial f
partial payment (E)	Teilzahlung f	—	payement partiel m	pagamento a rate m	pago parcial m
partial privatisation (E)	Teilprivatisierung f	—	privatisation partielle f	privatizzazione parziale f	privatización parcial f
partial value (E)	Teilwert m	—	valeur partielle f	valore parziale m	valor parcial m
participação (P)	Beteiligung f	participation	participation f	partecipazione f	participación f

participação

P	NL	SV	PL	CZ	H
parâmetro de acção m	aandeelparameter m	aktionsparameter	parametr działania m	akciový parametr m	saját cselekvést kifejező paraméter
correio aéreo m	luchtpost f	luftpost	poczta lotnicza f	letecká pošta f	légiposta
por camião	per vrachtwagen	med lastbil	samochodem ciężarowym	nákladním autem n	tehergépkocsival
pacote m	collo n	paket	paczka f	balík m	csomag
terreno m	stuk grond n	tomt	—	pozemek m	ingatlan
por escrito	schriftelijk	skriftlig	pisemnie	písemný	írásbeli
equilíbrio orçamental m	begrotingsaanpassing f	budgetbalansering	wyrównanie budżetu n	vyrovnání rozpočtu n	költségvetés kiegyenlítése
casa-mãe f	moedermaatschappij f	moderföretag	przedsiębiorstwo macierzyste n	mateřská společnost f	anyavállalat
por expresso	per express	expressförsändelse	ekspresem	spěšně	expressz
paridade f	pariteit f	paritet	parytet m	parita f	paritás
—	pariteit f	paritet	parytet m	parita f	paritás
paridade f	pariteit f	paritet	parytet m	—	paritás
paridade f	pariteit f	paritet	parytet m	parita f	paritás
paridade f	pariteit f	paritet	parytet m	parita f	—
paridade f	pariteit f	paritet	parytet m	parita f	paritás
paridade f	pariteit f	paritet	parytet m	parita f	paritás
paridade f	—	paritet	parytet m	parita f	paritás
paridade f	pariteit f	—	parytet m	parita f	paritás
paridade f	pariteit f	paritet	parytet m	parita f	paritás
Parlamento Europeu m	Europees parlement n	Europaparlamentet	—	Evropský parlament m	Európai Parlament
Parlamento Europeu m	Europees parlement n	Europaparlamentet	Parlament Europejski m	Evropský parlament m	Európai Parlament
Parlamento Europeu m	Europees parlement n	Europaparlamentet	Parlament Europejski m	Evropský parlament m	Európai Parlament
—	Europees parlement n	Europaparlamentet	Parlament Europejski m	Evropský parlament m	Európai Parlament
Parlamento Europeu m	Europees parlement n	Europaparlamentet	Parlament Europejski m	Evropský parlament m	Európai Parlament
mensal	maandelijks	månatligt	miesięcznie	měsíčně	havi
por ordem	in opdracht	enligt order	z polecenia	z pověření n	megbízásából
por procuração	per volmacht	per prokura	na mocy prokury	per procura	meghatalmazás alapján
na volta do correio	per omgaande	med vändande post	odwrotną pocztą	obratem	postafordultával
participação no capital f	aandeel in het kapitaal n	kapitalandel	udział w kapitale m	kapitálový podíl m	tőkerész
participação f	deelneming f	deltagande	udział m	podíl m	részesedés
participação nos lucros f	deelneming in de winst f	vinstdelning	udział w zyskach m	podíl na zisku m	nyereségrészesedés
participação dos empregados f	deelneming van het personeel f	arbetstagarmedverkan	udział pracowników f	zaměstnanecký podíl m	munkavállalói résztulajdon
partes de um acordo colectivo f/pl	sociale partners m/pl	arbetsmarknadens parter pl	strona w umowie zbiorowej f	účastníci kolektivní smlouvy m/pl	kollektív szerződést megkötő fél
fracção f	fractie f	bråkdel	ułamek m	zlomek m	törtrész
—	sociale partners m/pl	arbetsmarknadens parter pl	strona w umowie zbiorowej f	účastníci kolektivní smlouvy m/pl	kollektív szerződést megkötő fél
per capita	per hoofd	per capita	na głowę	na hlavu	egy főre jutó
entrega parcial f	gedeeltelijke levering f	delleverans	dostawa częściowa f	dílčí dodávka f	részszállítás
pagamento parcial m	gedeeltelijke betaling f	avbetalning	zapłata ratalna f	placení na splátky n	részletfizetés
privatização parcial f	gedeeltelijke privatisering f	delvis privatisering	prywatyzacja częściowa f	dílčí privatizace f	részleges privatizáció
valor parcial m	gedeeltelijke waarde f	delvärde	wartość częściowa f	dílčí hodnota f	részleges érték
—	deelneming f	deltagande	udział m	podíl m	részesedés

participação dos empregados

	D	E	F	I	ES
participação dos empregados (P)	Arbeitnehmerbeteiligung f	worker participation	participation du personnel f	partecipazione dei lavoratori dipendenti f	participación de los empleados f
participação no capital (P)	Kapitalanteil m	capital share	part de capital f	quota di capitale f	participación en el capital f
participação no negócio (P)	Geschäftsanteil m	share	part sociale f	quota sociale f	participación f
participação nos lucros (P)	Gewinnbeteiligung f	profit-sharing	participation aux bénéfices f	partecipazione agli utili f	participación en los beneficios f
participación (ES)	Beteiligung f	participation	participation f	partecipazione f	—
participación (ES)	Geschäftsanteil m	share	part sociale f	quota sociale f	—
participación de los empleados (ES)	Arbeitnehmerbeteiligung f	worker participation	participation du personnel f	partecipazione dei lavoratori dipendenti f	—
participación en el capital (ES)	Kapitalanteil m	capital share	part de capital f	quota di capitale f	—
participación en el mercado (ES)	Marktanteil m	market share	participation au marché f	quota di mercato f	—
participación en los beneficios (ES)	Gewinnbeteiligung f	profit-sharing	participation aux bénéfices f	partecipazione agli utili f	—
participation (E)	Beteiligung f	—	participation f	partecipazione f	participación f
participation (F)	Beteiligung f	participation	—	partecipazione f	participación f
participation au marché (F)	Marktanteil m	market share	—	quota di mercato f	participación en el mercado f
participation aux bénéfices (F)	Gewinnbeteiligung f	profit-sharing	—	partecipazione agli utili f	participación en los beneficios f
participation du personnel (F)	Arbeitnehmerbeteiligung f	worker participation	—	partecipazione dei lavoratori dipendenti f	participación de los empleados f
particuliere verzekering (NL)	Privatversicherung f	private insurance	assurance privée f	assicurazione privata f	seguro privado m
partida restante (ES)	Restposten m	remaining stock	lot restant m	rimanenze f/pl	—
parties to a collective wage agreement (E)	Tarifpartner m/pl	—	signataires d'une convention collective m/pl	parti stipulanti un contratto collettivo f/pl	parte contratante en un convenio colectivo f
partigods (SV)	Massengüter f	bulk goods	marchandises en vrac f/pl	beni di massa m/pl	productos a granel m/pl
partihandel (SV)	Großhandel m	wholesale trade	commerce de gros m	commercio all'ingrosso m	comercio mayorista m
partipris (SV)	Großhandelspreis m	wholesale price	prix de gros m	prezzo all'ingrosso m	precio mayorista m
parti stipulanti un contratto collettivo (I)	Tarifpartner m/pl	parties to a collective wage agreement	signataires d'une convention collective m/pl	—	parte contratante en un convenio colectivo f
part-load traffic (E)	Stückgutverkehr m	—	expéditions de détail f	trasporto di collettame m	tráfico de mercancías en bultos sueltos m
partner (E)	Gesellschafter m	—	associé m	socio m	socio m
partner (SV)	Gesellschafter m	partner	associé m	socio m	socio m
partnership (E)	Personengesellschaft f	—	société de personnes f	società di persone f	sociedad personalista f
partnership (E)	Sozietät f	—	cabinet de groupe m	associazione f	sociedad f
partnership limited by shares (E)	Kommanditgesellschaft auf Aktien f	—	société en commandite par actions f	società in accomandita per azioni f	sociedad comanditaria por acciones f
part payment (E)	Abschlagszahlung f	—	acompte m	pagamento a rate m	pago parcial m
part sociale (F)	Geschäftsanteil m	share	—	quota sociale f	participación f
part-time work (E)	Teilzeitarbeit f	—	travail à temps partiel m	lavoro part-time m	trabajo a tiempo parcial m
parytet (PL)	Parität f	parity	parité f	parità f	paridad f
pašeráctví (CZ)	Schmuggel m	smuggling	contrebande f	contrabbando m	contrabando m
på sikt (SV)	auf Sicht	at sight	à vue	a vista	a la vista
pasiva (CZ)	Passiva pl	liabilities	passif m	passivo m	pasivo m

pasiva

P	NL	SV	PL	CZ	H
–	deelneming van het personeel f	arbetstagarmedverkan	udział pracowników m	zaměstnanecký podíl m	munkavállalói résztulajdon
–	aandeel in het kapitaal n	kapitalandel	udział w kapitale m	kapitálový podíl m	tőkerész
–	aandeel in een vennootschap n	affärsandel	udział w przedsiębiorstwie m	podíl na obchodu m	üzletrész
–	deelneming in de winst f	vinstdelning	udział w zyskach m	podíl na zisku m	nyereségrészesedés
participação f	deelneming f	deltagande	udział m	podíl m	részesedés
participação no negócio f	aandeel in een vennootschap n	affärsandel	udział w przedsiębiorstwie m	podíl na obchodu m	üzletrész
participação dos empregados f	deelneming van het personeel f	arbetstagarmedverkan	udział pracowników m	zaměstnanecký podíl m	munkavállalói résztulajdon
participação no capital f	aandeel in het kapitaal n	kapitalandel	udział w kapitale m	kapitálový podíl m	tőkerész
quota de mercado f	marktaandeel n	marknadsandel	udział firmy w rynku m	podíl na trhu m	piaci részesedés
participação nos lucros f	deelneming in de winst f	vinstdelning	udział w zyskach m	podíl na zisku m	nyereségrészesedés
participação f	deelneming f	deltagande	udział m	podíl m	részesedés
participação f	deelneming f	deltagande	udział m	podíl m	részesedés
quota de mercado f	marktaandeel n	marknadsandel	udział firmy w rynku m	podíl na trhu m	piaci részesedés
participação nos lucros f	deelneming in de winst f	vinstdelning	udział w zyskach m	podíl na zisku m	nyereségrészesedés
participação dos empregados f	deelneming van het personeel f	arbetstagarmedverkan	udział pracowników m	zaměstnanecký podíl m	munkavállalói résztulajdon
seguro privado m	–	privat försäkring	ubezpieczenie prywatne n	soukromé pojištění n	magánbiztosítás
remanescente m	restanten n/pl	restparti	resztka f	zůstatková položka f	maradványtétel
partes de um acordo colectivo f/pl	sociale partners m/pl	arbetsmarknadens parter pl	strona w umowie zbiorowej f	účastníci kolektivní smlouvy m/pl	kollektív szerződést megkötő fél
mercadoria a granel f	stortgoederen n/pl	–	towary masowe m/pl	zboží hromadné spotřeby n	tömegáru
comércio por grosso m	groothandel m	–	handel hurtowy m	velkoobchod m	nagykereskedelem
preço por atacado m	groothandelsprijs m	–	cena hurtowa f	velkoobchodní cena f	nagykereskedelmi ár
partes de um acordo colectivo f/pl	sociale partners m/pl	arbetsmarknadens parter pl	strona w umowie zbiorowej f	účastníci kolektivní smlouvy m/pl	kollektív szerződést megkötő fél
transporte de mercadoria em volumes m	stukgoederenverkeer n	styckegodshantering	transport drobnicy m	doprava kusového zboží f	darabáru-forgalom
sócio m	vennoot m	partner	wspólnik m	společník m	üzlettárs
sócio m	vennoot m	–	wspólnik m	společník m	üzlettárs
sociedade de pessoas f	personenvennootschap f	enkelt bolag	spółka osobowa f	společnost založená na spoluúčasti více partnerů f	társas vállalkozás
sociedade f	sociëteit f	handelsbolag	wspólnota f	spolek m	társaság
sociedade em comandita por acções f	commanditaire vennootschap op aandelen f	kommanditbolag med aktier	spółka komandytowa akcyjna f	komanditní společnost na akcie f	betéti részvénytársaság
pagamento parcial m	betaling in termijnen f	dellikvid	spłata ratalna f	splátka f	részletfizetés
participação no negócio f	aandeel in een vennootschap n	affärsandel	udział w przedsiębiorstwie m	podíl na obchodu m	üzletrész
trabalho a jornada parcial m	deeltijds werk n	deltidsarbete	praca w niepełnym wymiarze f	částečný pracovní úvazek m	részidős munka
paridade f	pariteit f	paritet	–	parita f	paritás
contrabando m	smokkelarij f	smuggling	przemyt m	–	csempészet
à vista	op zicht	–	za okazaniem	na viděnou f	látra szóló
passivo m	passiva pl	passiva pl	pasywa pl	–	passzívák

pasivo 722

	D	E	F	I	ES
pasivo (ES)	Passiva *pl*	liabilities	passif *m*	passivo *m*	—
påslag (SV)	Aufschlag *m*	surcharge	hausse *f*	aggiunta *f*	recargo *m*
påslag (SV)	Aufpreis *m*	surcharge	surprix *m*	sovrapprezzo *m*	sobreprecio *m*
passagegeld (NL)	Fahrgeld *n*	fare	coût du voyage *m*	spese di trasferta *f/pl*	precio de la travesía *m*
passar um fax (P)	faxen	fax	télécopier	inviare un fax	enviar un fax
passation d'une commande (F)	Auftragserteilung *f*	placing of an order	—	ordinazione *f*	otorgamiento de un pedido *m*
passif (F)	Passiva *pl*	liabilities	—	passivo *m*	pasivo *m*
passif (F)	Schuldenmasse *f*	liabilities	—	massa passiva *f*	masa pasiva *f*
Passiva (D)	—	liabilities	passif *m*	passivo *m*	pasivo *m*
passiva (NL)	Passiva *pl*	liabilities	passif *m*	passivo *m*	pasivo *m*
passiva (NL)	Schuldenmasse *f*	liabilities	passif *m*	massa passiva *f*	masa pasiva *f*
passiva (SV)	Passiva *pl*	liabilities	passif *m*	passivo *m*	pasivo *m*
passiva (SV)	Schuldenmasse *f*	liabilities	passif *m*	massa passiva *f*	masa pasiva *f*
passivo (I)	Passiva *pl*	liabilities	passif *m*	—	pasivo *m*
passivo (I)	Soll *n*	debit	débit *m*	—	debe *m*
passivo (P)	Passiva *pl*	liabilities	passif *m*	passivo *m*	pasivo *m*
passzívák (H)	Passiva *pl*	liabilities	passif *m*	passivo *m*	pasivo *m*
pasywa (PL)	Passiva *pl*	liabilities	passif *m*	passivo *m*	pasivo *m*
Patent (D)	—	patent	brevet *m*	brevetto *m*	patente *f*
patent (E)	Patent *n*	—	brevet *m*	brevetto *m*	patente *f*
patent (SV)	Patent *n*	patent	brevet *m*	brevetto *m*	patente *f*
patent (PL)	Patent *n*	patent	brevet *m*	brevetto *m*	patente *f*
patent (CZ)	Patent *n*	patent	brevet *m*	brevetto *m*	patente *f*
Patentamt (D)	—	Patent Office	office des brevets *m*	ufficio brevetti *m*	oficina del registro de patentes *f*
patente (ES)	Patent *n*	patent	brevet *m*	brevetto *m*	—
patente (P)	Patent *n*	patent	brevet *m*	brevetto *m*	patente *f*
patente europea (ES)	Europapatent	European patent	brevet européen *m*	brevetto europeo *m*	—
patente europeia (P)	Europapatent	European patent	brevet européen *m*	brevetto europeo *m*	patente europea *f*
patent europejski (PL)	Europapatent	European patent	brevet européen *m*	brevetto europeo *m*	patente europea *f*
patent licence (E)	Patentlizenz *n*	—	licence de brevet *f*	licenza di brevetto *f*	licencia de patente *f*
Patentlizenz (D)	—	patent licence	licence de brevet *f*	licenza di brevetto *f*	licencia de patente *f*
Patent Office (E)	Patentamt *n*	—	office des brevets *m*	ufficio brevetti *m*	oficina del registro de patentes *f*
patentová licence (CZ)	Patentlizenz *n*	patent licence	licence de brevet *f*	licenza di brevetto *f*	licencia de patente *f*
patentový úřad (CZ)	Patentamt *n*	Patent Office	office des brevets *m*	ufficio brevetti *m*	oficina del registro de patentes *f*
patenträtt (SV)	Patentlizenz *n*	patent licence	licence de brevet *f*	licenza di brevetto *f*	licencia de patente *f*
patentverk (SV)	Patentamt *n*	Patent Office	office des brevets *m*	ufficio brevetti *m*	oficina del registro de patentes *f*
patrimoine (F)	Vermögen *n*	property	—	patrimonio *m*	patrimonio *m*
patrimoine net (F)	Nettovermögen *n*	net assets	—	patrimonio netto *m*	patrimonio neto *m*
patrimoine réel (F)	Realvermögen *n*	real wealth	—	patrimonio reale *m*	activo inmobiliario *m*
patrimoine social (F)	Gesellschaftsvermögen	company assets	—	patrimonio sociale *m*	patrimonio social *m*
patrimonio (I)	Vermögen *n*	property	patrimoine *m*	—	patrimonio *m*
patrimonio (ES)	Vermögen *n*	property	patrimoine *m*	patrimonio *m*	—
património (P)	Vermögen *n*	property	patrimoine *m*	patrimonio *m*	patrimonio *m*
patrimonio circolante (I)	Umlaufvermögen *n*	floating assets	capital de roulement *m*	—	capital circulante *m*
património circulante (P)	Umlaufvermögen *n*	floating assets	capital de roulement *m*	patrimonio circolante *m*	capital circulante *m*
património imobiliário (P)	Realvermögen *n*	real wealth	patrimoine réel *m*	patrimonio reale *m*	activo inmobiliario *m*

património imobiliário

P	NL	SV	PL	CZ	H
passivo m	passiva pl	passiva pl	pasywa pl	pasiva n/pl	passzívák
sobretaxa f	opslag m	—	narzut m	přirážka f	pótdíj
ágio m	toeslag m	—	dopłata f	cenová přirážka f	felár
preço da passagem m	—	reseersättning	opłata za przejazd f	jízdné n	fuvardíj
—	faxen	faxa	faksować <przefaksować>	faxovat	faxol
colocação de uma encomenda f	geven van bestellingen n	orderplacering	udzielenie zlecenia n	udělení zakázky n	megrendelés adása
passivo m	passiva pl	passiva pl	pasywa pl	pasiva n/pl	passzívák
massa passiva f	passiva n/pl	passiva pl	suma obciążen dłużnych f	úhrn dluhů m	csődtömeg
passivo m	passiva pl	passiva pl	pasywa pl	pasiva n/pl	passzívák
passivo m	—	passiva pl	pasywa pl	pasiva n/pl	passzívák
massa passiva f	—	passiva pl	suma obciążen dłużnych f	úhrn dluhů m	csődtömeg
passivo m	passiva pl	—	pasywa pl	pasiva n/pl	passzívák
massa passiva f	passiva n/pl	—	suma obciążen dłużnych f	úhrn dluhů m	csődtömeg
passivo m	passiva pl	passiva pl	pasywa pl	pasiva n/pl	passzívák
débito m	debetzijde f	debet	debet m	strana "Má dáti" f	tartozik (oldal)
—	passiva pl	passiva pl	pasywa pl	pasiva n/pl	passzívák
passivo m	passiva pl	passiva pl	pasywa pl	pasiva n/pl	—
passivo m	passiva pl	passiva pl	—	pasiva n/pl	passzívák
patente f	octrooi n	patent	patent m	patent m	szabadalom
patente f	octrooi n	patent	patent m	patent m	szabadalom
patente f	octrooi n	—	patent m	patent m	szabadalom
patente f	octrooi n	patent	—	patent m	szabadalom
patente f	octrooi n	patent	patent m	—	szabadalom
repartição de registo de patente f	octrooibureau n	patentverk	urząd patentowy m	patentový úřad m	szabadalmi hivatal
patente f	octrooi n	patent	patent m	patent m	szabadalom
—	octrooi n	patent	patent m	patent m	szabadalom
patente europeia f	Europees octrooi n	Europapatent	patent europejski m	evropský patent m	európai szabadalom
—	Europees octrooi n	Europapatent	patent europejski m	evropský patent m	európai szabadalom
patente europeia f	Europees octrooi n	Europapatent	—	evropský patent m	európai szabadalom
licença de patente f	octrooilicentie f	patenträtt	licencja patentowa f	patentová licence f	szabadalmi engedély
licença de patente f	octrooilicentie f	patenträtt	licencja patentowa f	patentová licence f	szabadalmi engedély
repartição de registo de patente f	octrooibureau n	patentverk	urząd patentowy m	patentový úřad m	szabadalmi hivatal
licença de patente f	octrooilicentie f	patenträtt	licencja patentowa f	—	szabadalmi engedély
repartição de registo de patente f	octrooibureau n	patentverk	urząd patentowy m	—	szabadalmi hivatal
licença de patente f	octrooilicentie f	—	licencja patentowa f	patentová licence f	szabadalmi engedély
repartição de registo de patente f	octrooibureau n	—	urząd patentowy m	patentový úřad m	szabadalmi hivatal
património m	vermogen n	förmögenhet	majątek m	majetek m	vagyon
património líquido m	nettovermogen n	nettotillgångar pl	majątek netto m	čisté jmění n	nettó vagyon
património imobiliário m	reëel vermogen n	realvärde	majątek m	reálný majetek m	ingatlanvagyon
património social m	vennootschapsvermogen n	bolagstillgångar pl	majątek spółki m	majetek společnosti m	társasági vagyon
património m	vermogen n	förmögenhet	majątek m	majetek m	vagyon
património m	vermogen n	förmögenhet	majątek m	majetek m	vagyon
—	vermogen n	förmögenhet	majątek m	majetek m	vagyon
património circulante m	bedrijfskapitaal n	likvida tillgångar pl	majątek obrotowy m	oběžné prostředky m/pl	forgóeszközök
—	bedrijfskapitaal n	likvida tillgångar pl	majątek obrotowy m	oběžné prostředky m/pl	forgóeszközök
—	reëel vermogen n	realvärde	majątek m	reálný majetek m	ingatlanvagyon

património líquido

	D	E	F	I	ES
património líquido (P)	Nettovermögen n	net assets	patrimoine net m	patrimonio netto m	patrimonio neto m
património líquido (P)	Reinvermögen n	net assets	avoir net m	patrimonio netto m	patrimonio neto m
patrimonio neto (ES)	Nettovermögen n	net assets	patrimoine net m	patrimonio netto m	—
patrimonio neto (ES)	Reinvermögen n	net assets	avoir net m	patrimonio netto m	—
patrimonio netto (I)	Nettovermögen n	net assets	patrimoine net m	—	patrimonio neto m
patrimonio netto (I)	Reinvermögen n	net assets	avoir net m	—	patrimonio neto m
património público (ES)	Staatseigentum n	public property	propriété d'Etat f	proprietà demaniale f	—
património público (P)	Staatseigentum n	public property	propriété d'Etat f	proprietà demaniale f	patrimonio público m
patrimonio real (ES)	Sachvermögen n	material assets	biens corporels m/pl	capitale reale m	—
patrimonio reale (I)	Realvermögen n	real wealth	patrimoine réel m	—	activo inmobiliario m
patrimonio social (ES)	Gesellschaftsvermögen	company assets	patrimoine social m	patrimonio sociale m	—
património social (P)	Gesellschaftsvermögen	company assets	patrimoine social m	patrimonio sociale m	patrimonio social m
patrimonio sociale (I)	Gesellschaftsvermögen	company assets	patrimoine social m	—	patrimonio social m
patrón-oro (ES)	Goldstandard m	gold standard	étalon or m	tallone aureo m	—
pattuire (I)	vereinbaren	agree	convenir de	—	convenir
paušální částka (CZ)	Pauschalbetrag m	flat rate	somme forfaitaire f	somma forfettaria f	suma global f
paušál pro výlohy (CZ)	Spesenpauschale f	allowance for expenses	forfait de frais m	forfait di spese m	suma global de gastos f
paušál za kilometr (CZ)	Kilometergeld n	mileage allowance	indemnité par kilomètre f	indennità per chilometro f	kilometraje m
Pauschalbetrag (D)	—	flat rate	somme forfaitaire f	somma forfettaria f	suma global f
pay (E)	bezahlen	—	payer	pagare	pagar
payable (E)	zahlbar	—	payable	pagabile	pagable
payable (F)	zahlbar	payable	—	pagabile	pagable
pay-day (E)	Zahltag f	—	jour de paye m	giorno di paga m	día de pago m
payee (E)	Remittent m	—	remettant m	beneficiario m	remitente m
payement (F)	Auszahlung f	payment	—	pagamento m	pago m
payement (F)	Zahlung f	payment	—	pagamento m	pago m
payement acompte (F)	a-conto-Zahlung f	payment on account	—	pagamento a conto m	pago a cuenta m
payement anticipé (F)	Vorauszahlung f	payment in advance	—	pagamento anticipato m	adelanto m
payement comptant (F)	Barzahlung f	cash payment	—	pagamento in contanti m	pago al contado m
payement contre remboursement (F)	Zahlung per Nachnahme	cash on delivery	—	pagamento in contrassegno m	pago contra reembolso m
payement de commission (F)	Provisionszahlung f	commission payment	—	pagamento di provvigione m	pago de comisión m
payement de l'impôt (F)	Steuerzahlung f	payment of taxes	—	pagamento delle imposte m	tributación f
payement d'un rappel d'impôt (F)	Steuernachzahlung f	additional payment of taxes	—	pagamento arretrato delle imposte m	pago de impuestos atrasados m
payement partiel (F)	Teilzahlung f	partial payment	—	pagamento a rate m	pago parcial m
payement par versements fractionnés (F)	Ratenzahlung f	payment by instalments	—	pagamento rateale m	pago a plazos m
payement pour solde de compte (F)	Ausgleichszahlung f	deficiency payment	—	conguaglio m	pago de compensación m
payement sous protêt (F)	Zahlung unter Protest	payment supra protest	—	pagamento sotto protesta m	pago bajo protesta m
payer (F)	bezahlen	pay	—	pagare	pagar
pay increase (E)	Lohnerhöhung f	—	augmentation de salaire f	aumento salariale m	aumento de salario m

pay increase

P	NL	SV	PL	CZ	H
—	nettovermogen n	nettotillgångar pl	majątek netto m	čisté jmění n	nettó vagyon
—	nettoactief n	nettotillgångar pl	majątek netto m	čisté jmění n	nettó eszközérték
património líquido m	nettovermogen n	nettotillgångar pl	majątek netto m	čisté jmění n	nettó vagyon
património líquido m	nettoactief n	nettotillgångar pl	majątek netto m	čisté jmění n	nettó eszközérték
património líquido m	nettovermogen n	nettotillgångar pl	majątek netto m	čisté jmění n	nettó vagyon
património líquido m	nettoactief n	nettotillgångar pl	majątek netto m	čisté jmění n	nettó eszközérték
património público m	staatseigendom n	statlig egendom	własność państwowa f	státní vlastnictví n	állami tulajdon
—	staatseigendom n	statlig egendom	własność państwowa f	státní vlastnictví n	állami tulajdon
bens corpóreos m/pl	vaste activa pl	realkapital	majątek rzeczowy m	věcný majetek m	tárgyi eszközök
património imobiliário m	reëel vermogen n	realvärde	majątek m	reálný majetek m	ingatlanvagyon
património social m	vennootschapsvermogen n	bolagstillgångar pl	majątek spółki m	majetek společnosti m	társasági vagyon
—	vennootschapsvermogen n	bolagstillgångar pl	majątek spółki m	majetek společnosti m	társasági vagyon
património social m	vennootschapsvermogen n	bolagstillgångar pl	majątek spółki m	majetek společnosti m	társasági vagyon
padrão-ouro m	goudstandaard m	guldstandard	waluta złota f	zlatý standard m	aranyalap
acordar	overeenkomen	enas om	uzgadniać <uzgodnić>	dohodnout	megállapodik
soma global f	forfaitair bedrag n	ospecificerad summa	kwota ryczałtowa f	—	átalányösszeg
ajudas de custo para despesas f/pl	overeengekomen kostenbedrag n	ospecificerat traktamente	ryczałt na wydatki m	—	költségátalány
indemnização pelos custos de quilometragem f	kilometervergoeding f	kilometerersättning	koszty przejechanego kilometra m/pl	—	kilométerpénz
soma global f	forfaitair bedrag n	ospecificerad summa	kwota ryczałtowa f	paušální částka f	átalányösszeg
pagar	betalen	betala	płacić <zapłacić>	zaplatit	kifizet
pagável	betaalbaar	betalbar	płatny	splatný	fizetendő
pagável	betaalbaar	betalbar	płatny	splatný	fizetendő
dia de pagamento m	betaaldag m	betalningsdag	dzień wypłaty m	výplatní den m	fizetésnap
remetente m	remittent m	betalningsmottagare	remitent m	remitent m	kedvezményezett
pagamento m	uitbetaling f	utbetalning	wypłata f	výplata f	kifizetés
pagamento m	betaling f	betalning	zapłata f	platba f	fizetés
pagamento por conta m	betaling op rekening f	betalning på konto	płatność akonto f	akontace f	fizetési kötelezettség résztörlesztés
pagamento adiantado m	voorafbetaling f	förskottsbetalning	przedpłata f	záloha f	előrefizetés
pagamento em dinheiro m	contante betaling f	kontantbetalning	płatność gotówką f	platba v hotovosti f	készpénzes fizetés
pagamento contra-reembolso m	betaling onder rembours f	betalning vid leverans	zapłata przy odbiorze f	platba na dobírku f	fizetés utánvétellel
pagamento de comissão m	betaling van commissieloon f	provisionsbetalning	wypłata prowizji f	zaplacení provize n	jutalékfizetés
pagamento de impostos m	betaling van belastingen f	skattebetalning	płatność podatkowa f	placení daní f	adófizetés
pagamento de impostos atrasados m	nabetaling van belastingen f	restskatt	dopłata podatkowa f	doplacení daně n	adóhátralék (meg)fizetése
pagamento parcial m	gedeeltelijke betaling f	avbetalning	zapłata ratalna f	placení na splátky n	részletfizetés
pagamento a prestações m	betaling in termijnen f	avbetalning	spłata ratalna f	placení splátek n	részletfizetés
pagamento de compensação m	afvloeiingsvergoeding f	kompensationsutbetalning	wyrównanie płacy n	vyrovnávací platba f	pénzbeli kiegyenlítés
pagamento sob protesto m	betaling onder protest f	betalning av protesterad växel	zapłata pod protestem f	platba s protestem f	óvás melletti fizetés
pagar	betalen	betala	płacić <zapłacić>	zaplatit	kifizet
aumento salarial m	loonsverhoging f	löneförhöjning	podwyżka płac f	zvýšení mzdy n	béremelés

paying authority

	D	E	F	I	ES
paying authority (E)	Kostenträger m	—	poste de production absorbant des coûts m	chi sostiene le spese	que sufraga los costes
pay interest on (E)	verzinsen	—	compter des intérêts	pagare interessi	pagar interés
payment (E)	Auszahlung f	—	payement m	pagamento m	pago m
payment (E)	Zahlung f	—	payement m	pagamento m	pago m
payment by instalments (E)	Ratenzahlung f	—	payement par versements fractionnés m	pagamento rateale m	pago a plazos m
payment in advance (E)	Vorauszahlung f	—	payement anticipé m	pagamento anticipato m	adelanto m
payment in arrears (E)	Zahlungsrückstand m	—	arriéré de payement m	morosità di pagamento f	pago atrasado m
payment of taxes (E)	Steuerzahlung f	—	payement de l'impôt m	pagamento delle imposte m	tributación f
payment on account (E)	a-conto-Zahlung f	—	payement acompte m	pagamento a conto m	pago a cuenta m
payment supra protest (E)	Zahlung unter Protest	—	payement sous protêt m	pagamento sotto protesta f	pago bajo protesta m
payment transaction (E)	Zahlungsverkehr m	—	opérations de payement f/pl	operazioni di pagamento f/pl	servicio de pagos m/pl
pay off (E)	abzahlen	—	régler en versements fractionnés	pagare a rate	pagar por cuotas
pays acheteur (F)	Abnehmerland n	buyer country	—	paese acquirente m	país comprador m
Pays-Bas (F)	Niederlande pl	Netherlands	—	Paesi Bassi m	los Países Bajos m/pl
pays en voie de développement (F)	Entwicklungsland n	developing country	—	paese in via di sviluppo m	país en vías de desarrollo m
pays tiers (F)	Drittländer n/pl	third countries	—	paesi terzi m/pl	terceros países m/pl
pay the postage (E)	frankieren	—	affranchir	affrancare	franquear
peças de frete (P)	Frachtstücke n/pl	packages	colis m	colli m/pl	bultos m/pl
pedido (ES)	Auftrag m	order	commande f	ordine m	—
pedido (ES)	Bestellung f	order	commande f	ordine m	—
pedido (ES)	Order f	order	ordre m	ordine m	—
pedido (P)	Abruf m	call	appel m	ordine di consegna m	demanda de entrega f
pedido (P)	Anfrage f	inquiry	demande f	richiesta f	demanda f
pedido antecipado (P)	Vorbestellung f	reservation	commande préalable f	prenotazione f	pedido anticipado m
pedido anticipado (ES)	Vorbestellung f	reservation	commande préalable f	prenotazione f	—
pedido de declaração de falência (P)	Konkursantrag m	bankruptcy petition	demande en déclaration de faillite f	domanda di dichiarazione di fallimento f	petición de quiebra f
pedido destinado a la exportación (ES)	Exportauftrag m	export order	commande d'exportation f	ordine d'esportazione m	—
pedido importante (ES)	Großauftrag m	large-scale order	grosse commande f	ordine consistente m	—
pełnomocnictwo (PL)	Vollmacht f	power of attorney	plein pouvoir m	mandato m	escritura de poder f
pełnomocnictwo ogólne (PL)	Generalvollmacht f	general power of attorney	pouvoir général m	procura generale f	poder general m
pena contrattuale (I)	Vertragsstrafe f	contractual penalty	pénalité f	—	pena convencional f
pena convencional (ES)	Konventionalstrafe f	contractual penalty	pénalités conventielles f/pl	penalità convenzionale f	—
pena convencional (ES)	Vertragsstrafe f	contractual penalty	pénalité f	pena contrattuale f	—
pena convencional (P)	Vertragsstrafe f	contractual penalty	pénalité f	pena contrattuale f	—
penalità convenzionale (I)	Konventionalstrafe f	contractual penalty	pénalités conventielles f/pl	—	pena convencional f
pénalité (F)	Vertragsstrafe f	contractual penalty	—	pena contrattuale f	pena convencional f
pénalités conventielles (F)	Konventionalstrafe f	contractual penalty	—	penalità convenzionale f	pena convencional f
penalty (E)	Bußgeld n	—	amende f	pena pecuniaria f	multa f

penalty

P	NL	SV	PL	CZ	H
portador de custo m	kostendrager m	betalande part	nośnik kosztów m	nositel nákladů m	költségviselő
render juros	rente betalen	förränta	oprocentować	zúročovat <zúročit>	kamatozik
pagamento m	uitbetaling f	utbetalning	wypłata f	výplata f	kifizetés
pagamento m	betaling f	betalning	zapłata f	platba f	fizetés
pagamento a prestações m	betaling in termijnen f	avbetalning	spłata ratalna f	placení splátek n	részletfizetés
pagamento adiantado m	voorafbetaling f	förskottsbetalning	przedpłata f	záloha f	előrefizetés
atraso no pagamento m	achterstand m	betalningsanstånd	zaległości płatnicze n/pl	nedoplatek m	fizetési hátralék
pagamento de impostos m	betaling van belastingen f	skattebetalning	płatność podatkowa f	placení daní f	adófizetés
pagamento por conta m	betaling op rekening f	betalning på konto	płatność akonto f	akontace f	fizetési kötelezettség résztörlesztés
pagamento sob protesto m	betaling onder protest f	betalning av protesterad växel	zapłata pod protestem f	platba s protestem f	óvás melletti fizetés
transacções financeiras f/pl	betalingsverkeer n	betalningstransaktion	obrót płatniczy m	platební styk m	pénzügyi tranzakciók
pagar por quotas	afbetalen	betala av	spłacać <spłacić>	splácet <splatit>	részletekben kifizet
país comprador m	afnemend land n	köparland	kraj importujący m	odběratelská země f	a vásárló országa
Holanda f	Nederland	Nederländerna	Holandia f	Nizozemsko n	Hollandia
país em vias de desenvolvimento m	ontwikkelingsland n	utvecklingsland	kraj rozwijający się m	rozvojová země f	fejlődő ország
países terceiros m/pl	derde landen n/pl	tredjeländer pl	kraje trzecie m/pl	třetí země f/pl	harmadik országok
franquiar	frankeren	frankera	ofrankowanie n	frankovat	bérmentesít
—	vrachtstuk n	kolli pl	liczba jednostek przewożonych f	přepravní kus m	szállított csomagok
ordem f	opdracht f	order	zlecenie n	zakázka f	megrendelés
encomenda f	bestelling f	order	zamówienie n	objednávka f	megrendelés
ordem f	bestelling f	order	zlecenie n	nařízení n	megrendelés
—	afroep m	avrop	żądanie n	odvolání n	lehívás
—	aanvraag f/m	förfrågan	zapytanie n	poptávka f	ajánlatkérés
—	vooruitbestelling f	förhandsorder	rezerwacja f	předběžná objednávka f	előrendelés
pedido antecipado m	vooruitbestelling f	förhandsorder	rezerwacja f	předběžná objednávka f	előrendelés
—	faillissementsaanvraag f	konkursansökan	wniosek o ogłoszenie upadłości m	ohlášení konkursu f	csődbejelentés
encomenda de exportação f	exportorder n	exportorder	zamówienie eksportowe n	exportní zakázka f	exportmegrendelés
encomenda em grande quantidade f	mammoetorder f	stororder	zamówienie wielkoskalowe n	zakázka velkého rozsahu f	nagy megrendelés
plenos poderes m/pl	volmacht f	fullmakt	—	plná moc f	felhatalmazás
poder geral m	algemene lastgeving f	generalfullmakt	—	neomezená plná moc f	általános meghatalmazás
pena convencional f	contractuele boete f	avtalsvite	kara umowna f	smluvní pokuta f	kötbér
multa convencional f	contractuele boete f	avtalsvite	kara umowna f	sjednaná pokuta (penále) f	kötbér
pena convencional f	contractuele boete f	avtalsvite	kara umowna f	smluvní pokuta f	kötbér
—	contractuele boete f	avtalsvite	kara umowna f	smluvní pokuta f	kötbér
multa convencional f	contractuele boete f	avtalsvite	kara umowna f	sjednaná pokuta (penále) f	kötbér
pena convencional f	contractuele boete f	avtalsvite	kara umowna f	smluvní pokuta f	kötbér
multa convencional f	contractuele boete f	avtalsvite	kara umowna f	sjednaná pokuta (penále) f	kötbér
multa administrativa f	boete f/m	straffavgift	grzywna f	pokuta f	pénzbírság

pena pecuniaria

	D	E	F	I	ES
pena pecuniaria (I)	Bußgeld n	penalty	amende f	—	multa f
pena pecuniaria (I)	Geldbuße f	fine	amende f	—	multa f
peněžitá pokuta (CZ)	Geldbuße f	fine	amende f	pena pecuniaria f	multa f
peněžitá pokuta (CZ)	Geldstrafe f	fine	amende f	multa f	multa f
peněžní (CZ)	monetär	monetary	monétaire	monetario	monetario
peněžní kurs (CZ)	Geldkurs m	buying rate	cours de la monnaie m	prezzo di domanda m	tipo de cambio de la moneda m
peněžní obnos (CZ)	Geldbetrag m	amount of money	somme d'argent f	somma di denaro f	importe m
peněžní politika (CZ)	Geldpolitik f	monetary policy	politique monétaire f	politica monetaria f	política monetaria f
peněžní trh (CZ)	Geldmarkt m	money market	marché monétaire m	mercato monetario m	mercado monetario m
pengar (SV)	Geld n	money	argent m	denaro m	dinero m
penhora (P)	Pfändung f	seizure	saisie f	pignoramento m	pignoración f
penhora (P)	Verpfändung f	pledge	mise en gage f	pignoramento m	pignoración f
penize (CZ)	Geld n	money	argent m	denaro m	dinero m
penningcirkulation (SV)	Geldumlauf m	circulation of money	circulation monétaire f	circolazione di denaro f	circulación monetaria f
penningmarknad (SV)	Geldmarkt m	money market	marché monétaire m	mercato monetario m	mercado monetario m
penningpolitik (SV)	Geldpolitik f	monetary policy	politique monétaire f	politica monetaria f	política monetaria f
penningvärdesstabilitet (SV)	Geldwertstabilität f	stability of the value of money	stabilité monétaire f	stabilità monetaria f	estabilidad monetaria f
penningvolym (SV)	Geldvolumen n	volume of money	masse monétaire f	volume monetario m	volumen monetario m
pension (E)	Rente f	—	rente f	rendita f	renta f
pension (SV)	Rente f	pension	rente f	rendita f	renta f
pension fund (E)	Rentenfonds m	—	effets publics m/pl	fondo obbligazionario m	fondo de bonos m
pensionsfond (SV)	Rentenfonds m	pension fund	effets publics m/pl	fondo obbligazionario m	fondo de bonos m
pensja stażowa (PL)	Anfangsgehalt n	starting salary	salaire initial m	stipendio iniziale m	salario inicial m
pénurie de matières premières (F)	Rohstoffknappheit f	raw material shortage	—	scarsità di materie prime f	escasez de materias primas f
pénz (H)	Geld n	money	argent m	denaro m	dinero m
pénzalap (H)	Fonds m	fund	fonds m/pl	fondo m	fondo m
pénzbeli kiegyenlítés (H)	Ausgleichszahlung f	deficiency payment	payement pour solde de compte m	conguaglio m	pago de compensación m
pénzbeszedőhely (H)	Inkasso-Stelle f	collection office	comptoir d'encaissement m	ufficio incassi m	oficina de cobros f
pénzbírság (H)	Bußgeld n	penalty	amende f	pena pecuniaria f	multa f
pénzbírság (H)	Geldbuße f	fine	amende f	pena pecuniaria f	multa f
pénzbírság (H)	Geldstrafe f	fine	amende f	multa f	multa f
pénzérme (H)	Münze f	coin	monnaie f	moneta f	moneda f
pénzesutalvány (H)	Zahlkarte f	Giro inpayment form	mandat-carte m	modulo di versamento m	carta de pago f
pénzforgalom (H)	Geldumlauf m	circulation of money	circulation monétaire f	circolazione di denaro f	circulación monetaria f
pénzkereslet (H)	Geldnachfrage f	demand for money	demande sur le marché monétaire f	domanda sul mercato monetario f	demanda monetaria f
pénzmennyiség (H)	Geldvolumen n	volume of money	masse monétaire f	volume monetario m	volumen monetario m
pénzösszeg (H)	Geldbetrag m	amount of money	somme d'argent f	somma di denaro f	importe m
pénzpiac (H)	Geldmarkt m	money market	marché monétaire m	mercato monetario m	mercado monetario m
pénzpolitika (H)	Geldpolitik f	monetary policy	politique monétaire f	politica monetaria f	política monetaria f
pénztárkönyv (H)	Kassenbuch n	cash book	compte de caisse m	libro di cassa m	libro de caja m
pénzügyek (H)	Finanzen pl	finances	finances f/pl	finanze f/pl	finanzas f/pl
pénzügyi év (H)	Rechnungsjahr n	financial year	exercice comptable m	anno d'esercizio m	ejercicio m

pénzügyi év

P	NL	SV	PL	CZ	H
multa administrativa f	boete f/m	straffavgift	grzywna f	pokuta f	pénzbírság
multa f	geldboete f	böter pl	grzywna f	peněžitá pokuta f	pénzbírság
multa f	geldboete f	böter pl	grzywna f	—	pénzbírság
multa f	boete f	böter	kara pieniężna f	—	pénzbírság
monetário m	monetair	monetär	monetarny	—	monetáris
cotação f	geldkoers m	pris marknaden är beredd att betala	kurs zakupu pieniądza m	—	vételi árfolyam
importância em dinheiro f	geldsom f	summa pengar	kwota pieniężna f	—	pénzösszeg
política monetária f	monetaire politiek f	penningpolitik	polityka fiskalna f	—	pénzpolitika
mercado monetário m	geldmarkt f	penningmarknad	rynek pieniężny m	—	pénzpiac
dinheiro m	geld n	—	pieniądz m	peníze m/pl	pénz
—	beslaglegging f	utmätning	zajęcie n	zabavení n	lefoglalás
—	borgstelling f	pantsättning	ustanowienie zastawu n	zástava f	elzálogosítás
dinheiro m	geld n	pengar pl	pieniądz m	—	pénz
circulação monetária f	geldomloop m	—	obieg pieniądza m	oběh peněz m	pénzforgalom
mercado monetário m	geldmarkt f	—	rynek pieniężny m	peněžní trh m	pénzpiac
política monetária f	monetaire politiek f	—	polityka fiskalna f	peněžní politika f	pénzpolitika
estabilidade monetária f	muntstabiliteit f	—	stabilność pieniądza f	stabilita hodnoty peněz f	pénzügyi stabilitás
volume monetário m	geldvolume n	—	wolumen pieniężny m	množství peněz n	pénzmennyiség
renda f	rente f	pension	renta f	důchod m	járadék
renda f	rente f	—	renta f	důchod m	járadék
fundo de pensão m	rentefonds n	pensionsfond	fundusz emerytalny m	důchodový fond m	nyugdíjalap
fundo de pensão m	rentefonds n	—	fundusz emerytalny m	důchodový fond m	nyugdíjalap
salário inicial m	aanvangssalaris n	begynnelselön	—	nástupní plat m	kezdő fizetés
escassez de matéria-prima f	grondstoffenschaarste f	råvarubrist	niedostatek surowca m	nedostatek surovin m	nyersanyagszűke
dinheiro m	geld n	pengar pl	pieniądz m	peníze m/pl	—
fundo m	fonds n	fond	fundusz m	fond m	—
pagamento de compensação m	afvloeiingsvergoeding f	kompensationsutbetalning	wyrównanie płacy n	vyrovnávací platba f	—
repartição de cobranças f	incasso-orgaan n	inkassobyrå	agencja inkasa f	inkasní středisko n	—
multa administrativa f	boete f/m	straffavgift	grzywna f	pokuta f	—
multa f	geldboete f	böter pl	grzywna f	peněžitá pokuta f	—
multa f	boete f	böter	kara pieniężna f	peněžitá pokuta f	—
moeda f	muntstuk n	mynt	moneta f	mince f	—
vale de correio m	stortingsformulier n	postanvisning	blankiet na przekaz pieniężny m	poštovní poukázka f	—
circulação monetária f	geldomloop m	penningcirkulation	obieg pieniądza m	oběh peněz m	—
procura no mercado monetário f	vraag om geld f	efterfrågan på penningmarknaden	popyt na pieniądz m	poptávka po penězích f	—
volume monetário m	geldvolume n	penningvolym	wolumen pieniężny m	množství peněz n	—
importância em dinheiro f	geldsom f	summa pengar	kwota pieniężna f	peněžní obnos m	—
mercado monetário m	geldmarkt f	penningmarknad	rynek pieniężny m	peněžní trh m	—
política monetária f	monetaire politiek f	penningpolitik	polityka fiskalna f	peněžní politika f	—
livro de caixa m	kasboek n	kassabok	księga kasowa f	pokladní deník m	—
finanças f/pl	financiën f/pl	finanser pl	finanse pl	finance pl	—
exercício contável m	boekjaar n	räkenskapsår	rok budżetowy m	účetní rok m	—

pénzügyi könyvelés 730

	D	E	F	I	ES
pénzügyi könyvelés (H)	Finanzbuchhaltung f	financial accounting	comptabilité financière f	contabilità finanziaria f	contabilidad financiera f
pénzügyi stabilitás (H)	Geldwertstabilität f	stability of the value of money	stabilité monétaire f	stabilità monetaria f	estabilidad monetaria f
pénzügyi tranzakciók (H)	Zahlungsverkehr m	payment transaction	opérations de payement f/pl	operazioni di pagamento f/pl	servicio de pagos m/pl
pequeno pacote (P)	Päckchen n	small package	petit paquet m	pacchetto m	pequeño paquete m
pequeño paquete (ES)	Päckchen n	small package	petit paquet m	pacchetto m	—
per afzonderlijke post (NL)	mit getrennter Post	under separate cover	sous pli séparé	in plico a parte	por correo aparte
per autocarro (I)	per Lastkraftwagen	by lorry	par camion	—	por camión
per capita (E)	pro Kopf	—	par tête d'habitant	pro capite	per cápita
per capita (P)	pro Kopf	per capita	par tête d'habitant	pro capite	per cápita
per capita (SV)	pro Kopf	per capita	par tête d'habitant	pro capite	per cápita
per cápita (ES)	pro Kopf	per capita	par tête d'habitant	pro capite	—
per cent (E)	Prozent n	—	pour-cent m	percento m	por ciento m
percentage (E)	Prozentsatz m	—	pourcentage m	percentuale f	porcentaje m
percentage (NL)	Prozentsatz m	percentage	pourcentage m	percentuale f	porcentaje m
percentagem (P)	Prozentsatz m	percentage	pourcentage m	percentuale f	porcentaje m
percentagem (P)	Tantieme f	percentage of profits	tantième m	percentuale d'interessenza f	tanto por ciento m
percentage of profits (E)	Tantieme f	—	tantième m	percentuale d'interessenza f	tanto por ciento m
percento (I)	Prozent n	per cent	pour-cent m	—	por ciento m
percentuale (I)	Prozentsatz m	percentage	pourcentage m	—	porcentaje m
percentuale d'interessenza (I)	Tantieme f	percentage of profits	tantième m	—	tanto por ciento m
percepciones en especie (ES)	Sachbezüge f/pl	remuneration in kind	prestations en nature f/pl	retribuzioni in natura f/pl	—
perda (P)	Damnum n	loss	perte f	perdita f	pérdida f
perda (P)	Verlust m	loss	perte f	perdita f	pérdida f
perda de produção (P)	Produktionsausfall m	loss of production	perte de production f	perdita di produzione f	pérdida de producción f
perda no câmbio (P)	Kursverlust m	loss on stock prices	perte sur les cours f	perdita sul cambio f	pérdida en bolsa f
perda total (P)	Totalschaden m	total loss	dommage total m	danno totale m	daño total m
pérdida (ES)	Damnum n	loss	perte f	perdita f	—
pérdida (ES)	Verlust m	loss	perte f	perdita f	—
pérdida de producción (ES)	Produktionsausfall m	loss of production	perte de production f	perdita di produzione f	—
pérdida en bolsa (ES)	Kursverlust m	loss on stock prices	perte sur les cours f	perdita sul cambio f	—
perdita (I)	Damnum n	loss	perte f	—	pérdida f
perdita (I)	Verlust m	loss	perte f	—	pérdida f
perdita di produzione (I)	Produktionsausfall m	loss of production	perte de production f	—	pérdida de producción f
perdita sul cambio (I)	Kursverlust m	loss on stock prices	perte sur les cours f	—	pérdida en bolsa f
perecedero (ES)	verderblich	perishable	périssable	deperibile	—
perecível (P)	verderblich	perishable	périssable	deperibile	perecedero
per Einschreiben (D)	—	by registered post	sous pli recommandé	per raccomandata	certificado
peren kívüli (H)	außergerichtlich	extrajudicial	extrajudiciaire	extragiudiziale	extrajudicial
per espresso (I)	per Express	by express	par exprès	—	por expreso
per Express (D)	—	by express	par exprès	per espresso	por expreso
per express (NL)	per Express	by express	par exprès	per espresso	por expreso
perfeccionamiento (ES)	Veredelung f	processing	perfectionnement m	perfezionamento m	—
perfectionnement (F)	Veredelung f	processing	—	perfezionamento m	perfeccionamiento m
perfezionamento (I)	Veredelung f	processing	perfectionnement m	—	perfeccionamiento m
performance (E)	Leistung f	—	rendement m	rendimento m	rendimiento m
performance-oriented (E)	leistungsorientiert	—	orienté vers le rendement	meritocratico	orientado al rendimiento

performance-oriented

P	NL	SV	PL	CZ	H
contabilidade financeira f	financiële boekhouding f	affärsredovisning	księgowość finansowa f	finanční účetnictví n	—
estabilidade monetária f	muntstabiliteit f	penningvärdesstabilitet	stabilność pieniądza f	stabilita hodnoty peněz f	—
transacções financeiras f/pl	betalingsverkeer n	betalningstransaktion	obrót płatniczy m	platební styk m	—
—	pakketje n	litet paket	pakiet m	balíček m	kiscsomag
pequeno pacote m	pakketje n	litet paket	pakiet m	balíček m	kiscsomag
em embalagem à parte	—	som särskild försändelse	oddzielną przesyłką	zvláštní poštou f	külön küldeményként
por camião	per vrachtwagen	med lastbil	samochodem ciężarowym	nákladním autem n	tehergépkocsival
per capita	per hoofd	per capita	na głowę	na hlavu	egy főre jutó
—	per hoofd	per capita	na głowę	na hlavu	egy főre jutó
per capita	per hoofd	—	na głowę	na hlavu	egy főre jutó
per capita	per hoofd	per capita	na głowę	na hlavu	egy főre jutó
por cento	procent n	procent	procent m	procento n	százalék
percentagem f	percentage n	procentsats	stawka procentowa f	procentní sazba f	százalékos arány
percentagem f	—	procentsats	stawka procentowa f	procentní sazba f	százalékos arány
—	percentage n	procentsats	stawka procentowa f	procentní sazba f	százalékos arány
—	tantième n	vinstandel	tantiema f	podíl na zisku m	jutalék
percentagem f	tantième n	vinstandel	tantiema f	podíl na zisku m	jutalék
por cento	procent n	procent	procent m	procento n	százalék
percentagem f	percentage n	procentsats	stawka procentowa f	procentní sazba f	százalékos arány
percentagem f	tantième n	vinstandel	tantiema f	podíl na zisku m	jutalék
prestação em espécie f	voordelen in natura n/pl	naturaförmåner pl	pobory w naturze m/pl	příjmy v naturáliích m/pl	természetbeni juttatások
—	verlies n	kreditkostnad	strata f	škoda f	veszteség
—	verlies n	förlust	strata f	ztráta f	veszteség
—	productieverlies n	produktionsbortfall	przerwa w produkcji f	výpadek výroby m	termeléskiesés
—	koersverlies n	kursförlust	strata kursowa f	kursovní ztráta f	árfolyamveszteség
—	totaal verlies n	totalskada	strata całkowita f	totální škoda f	teljes kár
perda f	verlies n	kreditkostnad	strata f	škoda f	veszteség
perda f	verlies n	förlust	strata f	ztráta f	veszteség
perda de produção f	productieverlies n	produktionsbortfall	przerwa w produkcji f	výpadek výroby m	termeléskiesés
perda no câmbio f	koersverlies n	kursförlust	strata kursowa f	kursovní ztráta f	árfolyamveszteség
perda f	verlies n	kreditkostnad	strata f	škoda f	veszteség
perda f	verlies n	förlust	strata f	ztráta f	veszteség
perda de produção f	productieverlies n	produktionsbortfall	przerwa w produkcji f	výpadek výroby m	termeléskiesés
perda no câmbio f	koersverlies n	kursförlust	strata kursowa f	kursovní ztráta f	árfolyamveszteség
perecível	bederfelijk	fördärvlig	psujący się	zkazitelný	romlékony
—	bederfelijk	fördärvlig	psujący się	zkazitelný	romlékony
por carta registada	aangetekend	värdeförsändelse	listem poleconym	doporučeně	ajánlva
extrajudicial	buitengerechtelijk	genom förlikning	pozasądowe	mimosoudní	—
por expresso	per express	expressförsändelse	ekspresem	spěšně	expressz
por expresso	per express	expressförsändelse	ekspresem	spěšně	expressz
por expresso	—	expressförsändelse	ekspresem	spěšně	expressz
beneficiamento m	veredeling f	förädling	uszlachetnienie n	zušlechťování n	feldolgozás
beneficiamento m	veredeling f	förädling	uszlachetnienie n	zušlechťování n	feldolgozás
beneficiamento m	veredeling f	förädling	uszlachetnienie n	zušlechťování n	feldolgozás
desempenho m	prestatie f	prestation	świadczenie n	výkon m	teljesítmény
orientado para o desempenho	prestatiegeoriënteerd	prestationsorienterad	zależny od wydajności	orientován na výkon	teljesítmény szerinti

per hoofd

	D	E	F	I	ES
per hoofd (NL)	pro Kopf	per capita	par tête d'habitant	pro capite	per cápita
period (E)	Frist f	—	délai m	termine m	plazo m
période comptable (F)	Abrechnungszeitraum m	accounting period	—	periodo di liquidazione m	período de liquidación m
période d'essai (F)	Probezeit f	trial period	—	periodo di prova m	período de prueba m
period for application (E)	Anmeldefrist f	—	délai d'inscription m	termine di presentazione della domanda m	plazo de inscripción m
período carencial (ES)	Karenzzeit f	qualifying period	délai de carence m	periodo d'aspettativa m	—
periodo d'aspettativa (I)	Karenzzeit f	qualifying period	délai de carence m	—	período carencial m
período de contabilização (P)	Abrechnungszeitraum m	accounting period	période comptable f	periodo di liquidazione m	período de liquidación m
período de experiência (P)	Probezeit f	trial period	période d'essai f	periodo di prova m	período de prueba m
período de liquidación (ES)	Abrechnungszeitraum m	accounting period	période comptable f	periodo di liquidazione m	—
período de prueba (ES)	Probezeit f	trial period	période d'essai f	periodo di prova m	—
periodo di liquidazione (I)	Abrechnungszeitraum m	accounting period	période comptable f	—	período de liquidación m
periodo di preavviso (I)	Kündigungsfrist f	period of notice	délai de résiliation m	—	plazo de preaviso m
periodo di prova (I)	Probezeit f	trial period	période d'essai f	—	período de prueba m
period of grace (E)	Nachfrist f	—	prolongation f	termine supplementare m	prolongación del plazo f
period of notice (E)	Kündigungsfrist f	—	délai de résiliation m	periodo di preavviso m	plazo de preaviso m
per iscritto (I)	schriftlich	written	par écrit	—	por escrito
perishable (E)	verderblich	—	périssable	deperibile	perecedero
périssable (F)	verderblich	perishable	—	deperibile	perecedero
perito (I)	Fachmann m	expert	expert m	—	especialista m/f
per kerende post (NL)	umgehend	immediately	immédiatement	immediato	inmediatamente
perköltségek (H)	Gerichtskosten pl	legal costs	frais judiciaires taxables exposés m/pl	spese giudiziarie f/pl	gastos judiciales m/pl
per Lastkraftwagen (D)	—	by lorry	par camion	per autocarro	por camión
permesso di lavoro (I)	Arbeitserlaubnis f	work permit	permis de travail m	—	permiso de trabajo m
permesso di soggiorno (I)	Aufenthaltserlaubnis f	residence permit	permis de séjour m	—	permiso de residencia m
permis de séjour (F)	Aufenthaltserlaubnis f	residence permit	—	permesso di soggiorno m	permiso de residencia m
permis de travail (F)	Arbeitserlaubnis f	work permit	—	permesso di lavoro m	permiso de trabajo m
permiso de construcción (ES)	Baugenehmigung f	planning permission	autorisation de construire f	licenza di costruzione f	—
permiso de importación (ES)	Einfuhrgenehmigung f	import licence	autorisation d'importation f	autorizzazione all'importazione f	—
permiso de residencia (ES)	Aufenthaltserlaubnis f	residence permit	permis de séjour m	permesso di soggiorno m	—
permiso de trabajo (ES)	Arbeitserlaubnis f	work permit	permis de travail m	permesso di lavoro m	—
permission (E)	Genehmigung f	—	autorisation f	autorizzazione f	autorización f
per omgaande (NL)	postwendend	by return of post	par retour du courrier	a giro di posta	a vuelta de correo
per ordine (I)	im Auftrag	by order	par ordre	—	por poder
perpetual bonds (E)	Rentenanleihe f	—	effet public m	prestito a reddito fisso m	empréstito por anualidades m
per procura (D)	—	by procuration	par procuration	per procura	por poder
per procura (I)	per procura	by procuration	par procuration	—	por poder

per procura

P	NL	SV	PL	CZ	H
per capita	—	per capita	na głowę	na hlavu	egy főre jutó
prazo m	termijn m	frist	okres m	lhůta f	határidő
período de contabilização m	boekingsperiode f	räkenskapsperiod	okres rozliczeniowy m	zúčtovací období n	elszámolási időszak
período de experiência m	proefperiode f	provtid	okres próbny m	zkušební doba f	próbaidő
prazo de declaração m	aanmeldingstermijn m	ansökningstid	termin zgłaszania m	přihlašovací lhůta f	jelentkezési határidő
prazo de carência m	wachttijd m	karenstid	okres karencji m	čekací doba f	türelmi idő
prazo de carência m	wachttijd m	karenstid	okres karencji m	čekací doba f	türelmi idő
—	boekingsperiode f	räkenskapsperiod	okres rozliczeniowy m	zúčtovací období n	elszámolási időszak
—	proefperiode f	provtid	okres próbny m	zkušební doba f	próbaidő
período de contabilização m	boekingsperiode f	räkenskapsperiod	okres rozliczeniowy m	zúčtovací období n	elszámolási időszak
período de experiência m	proefperiode f	provtid	okres próbny m	zkušební doba f	próbaidő
período de contabilização m	boekingsperiode f	räkenskapsperiod	okres rozliczeniowy m	zúčtovací období n	elszámolási időszak
prazo de rescisão m	opzeggingstermijn m	uppsägningstid	termin wypowiedzenia m	výpovědní lhůta f	felmondási (határ)idő
período de experiência m	proefperiode f	provtid	okres próbny m	zkušební doba f	próbaidő
prolongamento do prazo	respijttermijn m	respit	termin dodatkowy m	dodatečná lhůta f	póthatáridő
prazo de rescisão m	opzeggingstermijn m	uppsägningstid	termin wypowiedzenia m	výpovědní lhůta f	felmondási (határ)idő
por escrito	schriftelijk	skriftlig	pisemnie	písemný	írásbeli
perecível	bederfelijk	fördärvlig	psujący się	zkazitelný	romlékony
perecível	bederfelijk	fördärvlig	psujący się	zkazitelný	romlékony
especialista m	vakman m	specialist	specjalista m	odborník m	szakember
imediatamente	—	omedelbar	bezzwłocznie	obratem	azonnal(i)
custos judiciais m/pl	gerechtskosten m/pl	rättegångskostnader pl	koszty sądowe m/pl	soudní výlohy f/pl	—
por camião	per vrachtwagen	med lastbil	samochodem ciężarowym	nákladním autem n	tehergépkocsival
autorização de trabalho f	werkvergunning f	arbetstillstånd	zezwolenie na pracę n	pracovní povolení n	munkavállalási engedély
autorização de residência f	verblijfsvergunning f	uppehållstillstånd	zezwolenie na pobyt n	povolení k pobytu n	tartózkodási engedély
autorização de residência f	verblijfsvergunning f	uppehållstillstånd	zezwolenie na pobyt n	povolení k pobytu n	tartózkodási engedély
autorização de trabalho f	werkvergunning f	arbetstillstånd	zezwolenie na pracę n	pracovní povolení n	munkavállalási engedély
alvará de construção m	bouwvergunning f	byggnadstillstånd	zezwolenie budowlane n	stavební povolení n	építési engedély
licença de importação f	invoervergunning f	importtillstånd	licencja importowa f	dovozní povolení n	importengedély
autorização de residência f	verblijfsvergunning f	uppehållstillstånd	zezwolenie na pobyt n	povolení k pobytu n	tartózkodási engedély
autorização de trabalho f	werkvergunning f	arbetstillstånd	zezwolenie na pracę n	pracovní povolení n	munkavállalási engedély
autorização f	goedkeuring f	tillstånd	zezwolenie n	schválení n	engedély
na volta do correio	—	med vändande post	odwrotną pocztą	obratem	postafordultával
por ordem	in opdracht	enligt order	z polecenia	z pověření n	megbízásából
empréstimo por anuidades m	effect met vaste rente n	ränteobligation	pożyczka publiczna f	doživotní renta f	járadékkötvény
por procuração	per volmacht	per prokura	na mocy prokury	per procura	meghatalmazás alapján
por procuração	per volmacht	per prokura	na mocy prokury	per procura	meghatalmazás alapján

per procura

	D	E	F	I	ES
per procura (CZ)	per procura	by procuration	par procuration	per procura	por poder
per prokura (SV)	per procura	by procuration	par procuration	per procura	por poder
per raccomandata (I)	per Einschreiben	by registered post	sous pli recommandé	—	certificado
persona activa (ES)	Erwerbstätiger m	gainfully employed person	personne ayant un emploi f	persona con un posto di lavoro f	—
persona con un posto di lavoro (I)	Erwerbstätiger m	gainfully employed person	personne ayant un emploi f	—	persona activa f
Personal (D)	—	staff	personnel m	personale m	personal m
personal (ES)	Personal n	staff	personnel m	personale m	—
personal (SV)	Belegschaft f	staff	personnel m	personale m	plantilla f
personal (SV)	Personal n	staff	personnel m	personale m	personal m
Personalabbau (D)	—	reduction of staff	compression de personnel f	riduzione del personale f	reducción de personal f
personalavdelning (SV)	Personalbüro m	personnel office	bureau du personnel m	ufficio del personale m	oficina de personal f
personalbrist (SV)	Personalmangel m	shortage of staff	manque de personnel m	mancanza di personale f	falta de personal f
Personalbüro (D)	—	personnel office	bureau du personnel m	ufficio del personale m	oficina de personal f
personal consumption (E)	Eigenverbrauch m	—	consommation personnelle f	consumo proprio m	consumo propio m
personal directivo (ES)	Führungskraft f	manager	cadre supérieur m	dirigente m	—
personale (I)	Belegschaft f	staff	personnel m	—	plantilla f
personale (I)	Personal n	staff	personnel m	—	personal m
Personalkredit (D)	—	personal loan	crédit personnel m	credito al personale m	crédito personal m
personallån (SV)	Personalkredit m	personal loan	crédit personnel m	credito al personale m	crédito personal m
Personal-Leasing (D)	—	personnel leasing	leasing de personnel m	leasing di personale m	leasing de personal m
personalleasing (SV)	Personal-Leasing n	personnel leasing	leasing de personnel m	leasing di personale m	leasing de personal m
personal loan (E)	Personalkredit m	—	crédit personnel m	credito al personale m	crédito personal m
Personalmangel (D)	—	shortage of staff	manque de personnel m	mancanza di personale f	falta de personal f
personalnedskärning (SV)	Personalabbau m	reduction of staff	compression de personnel f	riduzione del personale f	reducción de personal f
personální leasing (CZ)	Personal-Leasing n	personnel leasing	leasing de personnel m	leasing di personale m	leasing de personal m
personeel (NL)	Belegschaft f	staff	personnel m	personale m	plantilla f
personeel (NL)	Personal n	staff	personnel m	personale m	personal m
personeelsadvertentie (NL)	Stellenanzeige f	position offered	annonce d'emploi f	inserzione d'impiego f	anuncio de empleo m
personeelsafslanking (NL)	Personalabbau m	reduction of staff	compression de personnel f	riduzione del personale f	reducción de personal f
personeelsbureau (NL)	Personalbüro m	personnel office	bureau du personnel m	ufficio del personale m	oficina de personal f
personel (PL)	Personal n	staff	personnel m	personale m	personal m
Personengesellschaft (D)	—	partnership	société de personnes f	società di persone f	sociedad personalista f
personenvennootschap (NL)	Personengesellschaft f	partnership	société de personnes f	società di persone f	sociedad personalista f
personlig (SV)	nicht übertragbar	non-negotiable	non transmissible	non trasferibile	intransmisible
personlig konsumtion (SV)	Eigenverbrauch m	personal consumption	consommation personnelle f	consumo proprio m	consumo propio m

personlig konsumtion

P	NL	SV	PL	CZ	H
por procuração	per volmacht	per prokura	na mocy prokury	—	meghatalmazás alapján
por procuração	per volmacht	—	na mocy prokury	per procura	meghatalmazás alapján
por carta registada	aangetekend	värdeförsändelse	listem poleconym	doporučeně	ajánlva
pessoa com emprego remunerado f	beroepsactieve persoon m	förvärvsarbetande person	osoba czynna zawodowo f	výdělečně činný m	aktív kereső
pessoa com emprego remunerado f	beroepsactieve persoon m	förvärvsarbetande person	osoba czynna zawodowo f	výdělečně činný m	aktív kereső
pessoal m	personeel n	personal	personel m	zaměstnanci m/pl	személyzet
pessoal m	personeel n	personal	personel m	zaměstnanci m/pl	személyzet
pessoal m	personeel n	—	załoga f	zaměstnanci podniku m/pl	személyzet
pessoal m	personeel n	—	personel m	zaměstnanci m/pl	személyzet
redução de pessoal f	personeelsafslanking f	personalnedskärning	redukcja personelu f	snižování počtu zaměstnanců n	létszámleépítés
departamento de recursos humanos m	personeelsbureau n	—	dział kadr m	osobní oddělení n	személyzeti iroda
falta de pessoal f	gebrek aan personeel n	—	brak personelu m	nedostatek personálu m	munkaerőhiány
departamento de recursos humanos m	personeelsbureau n	personalavdelning	dział kadr m	osobní oddělení n	személyzeti iroda
consumo pessoal m	persoonlijk verbruik n	personlig konsumtion	zużycie własne n	vlastní spotřeba f	saját felhasználás
quadro superior m	leidinggevende kracht f	ledning	kadra kierownicza f	vedoucí řídící pracovník m	vezető
pessoal m	personeel n	personal	załoga f	zaměstnanci podniku m/pl	személyzet
pessoal m	personeel n	personal	personel m	zaměstnanci m/pl	személyzet
crédito pessoal m	persoonlijk krediet n	personallån	kredyt osobisty m	osobní úvěr m	személyi kölcsön
crédito pessoal m	persoonlijk krediet n	—	kredyt osobisty m	osobní úvěr m	személyi kölcsön
leasing de pessoal m	leasing van personeel f	personalleasing	leasing personelu m	personální leasing m	munkaerő-kölcsönzés
leasing de pessoal m	leasing van personeel f	—	leasing personelu m	personální leasing m	munkaerő-kölcsönzés
crédito pessoal m	persoonlijk krediet n	personallån	kredyt osobisty m	osobní úvěr m	személyi kölcsön
falta de pessoal f	gebrek aan personeel n	personalbrist	brak personelu m	nedostatek personálu m	munkaerőhiány
redução de pessoal f	personeelsafslanking f	—	redukcja personelu f	snižování počtu zaměstnanců n	létszámleépítés
leasing de pessoal m	leasing van personeel f	personalleasing	leasing personelu m	—	munkaerő-kölcsönzés
pessoal m	—	personal	załoga f	zaměstnanci podniku m/pl	személyzet
pessoal m	—	personal	personel m	zaměstnanci m/pl	személyzet
anúncio de emprego m	—	platsannons	ogłoszenie o wakującym stanowisku n	inzerce zaměstnání f	álláshirdetés
redução de pessoal f	—	personalnedskärning	redukcja personelu f	snižování počtu zaměstnanců n	létszámleépítés
departamento de recursos humanos m	—	personalavdelning	dział kadr m	osobní oddělení n	személyzeti iroda
pessoal m	personeel n	personal	—	zaměstnanci m/pl	személyzet
sociedade de pessoas f	personenvennootschap f	enkelt bolag	spółka osobowa f	společnost založená na spoluúčasti více partnerů f	társas vállalkozás
sociedade de pessoas f	—	enkelt bolag	spółka osobowa f	společnost založená na spoluúčasti více partnerů f	társas vállalkozás
intransmissível	niet overdraagbaar	—	nieprzenośny	nepřenosný	átruházhatatlan
consumo pessoal m	persoonlijk verbruik n	—	zużycie własne n	vlastní spotřeba f	saját felhasználás

personne ayant un emploi

	D	E	F	I	ES
personne ayant un emploi (F)	Erwerbstätiger m	gainfully employed person	—	persona con un posto di lavoro f	persona activa f
personnel (F)	Belegschaft f	staff	—	personale m	plantilla f
personnel (F)	Personal n	staff	—	personale m	personal m
personnel investigateur (F)	Außendienstmitarbeiter m	field staff	—	collaboratore del servizio esterno m	colaborador en el servicio exterior m
personnel leasing (E)	Personal-Leasing n	—	leasing de personnel m	leasing di personale m	leasing de personal m
personnel office (E)	Personalbüro m	—	bureau du personnel m	ufficio del personale m	oficina de personal f
persoonlijke bijdrage (NL)	Privateinlagen f/pl	private contribution	apport personnel m	depositi privati m/pl	depósitos privados m/pl
persoonlijk krediet (NL)	Personalkredit m	personal loan	crédit personnel m	credito al personale m	crédito personal m
persoonlijk verbruik (NL)	Eigenverbrauch m	personal consumption	consommation personnelle f	consumo proprio m	consumo propio m
perspectives de promotion (F)	Aufstiegsmöglichkeit f	opportunity for advancement	—	possibilità di carriera f	posibilidades de ascenso f/pl
perte (F)	Damnum n	loss	—	perdita f	pérdida f
perte (F)	Verlust m	loss	—	perdita f	pérdida f
perte de production (F)	Produktionsausfall m	loss of production	—	perdita di produzione f	pérdida de producción f
perte sur les cours (F)	Kursverlust m	loss on stock prices	—	perdita sul cambio f	pérdida en bolsa f
per volmacht (NL)	per procura	by procuration	par procuration	per procura	por poder
per vrachtwagen (NL)	per Lastkraftwagen	by lorry	par camion	per autocarro	por camión
peso de descarga (ES)	Abladegewicht n	weight loaded	poids au déchargement m	peso di scarico m	—
peso de descarga (P)	Abladegewicht n	weight loaded	poids au déchargement m	peso di scarico m	peso de descarga m
peso di scarico (I)	Abladegewicht n	weight loaded	poids au déchargement m	—	peso de descarga m
pessoa com emprego remunerado (P)	Erwerbstätiger m	gainfully employed person	personne ayant un emploi f	persona con un posto di lavoro f	persona activa f
pessoal (P)	Belegschaft f	staff	personnel m	personale m	plantilla f
pessoal (P)	Personal n	staff	personnel m	personale m	personal m
p/e-tal (SV)	Kurs-Gewinn-Verhältnis n	price-earnings ratio	relation cours-bénéfice f	rapporto corso-profitto m	relación cotización-ganancia f
petición de quiebra (ES)	Konkursantrag m	bankruptcy petition	demande en déclaration de faillite f	domanda di dichiarazione di fallimento f	—
petit paquet (F)	Päckchen n	small package	—	pacchetto m	pequeño paquete m
petrol (E)	Benzin n	—	essence f	benzina f	gasolina f
pétrole brut (F)	Rohöl n	crude oil	—	petrolio greggio m	crudo m
petróleo bruto (P)	Rohöl n	crude oil	pétrole brut m	petrolio greggio m	crudo m
petrolio greggio (I)	Rohöl n	crude oil	pétrole brut m	—	crudo m
petrol voucher (E)	Benzingutscheine m/pl	—	bon d'essence m	buoni benzina m/pl	bono de gasolina m
pevné směnné kursy (CZ)	feste Wechselkurse m/pl	fixed exchange rates	taux de change fixe m	cambi fissi m/pl	tipos de cambio fijos m/pl
pevný příjem (CZ)	Festeinkommen n	fixed income	revenu fixe m	reddito fisso m	salario fijo m
pevný úrok (CZ)	fester Zins m	fixed interest rate	intérêt fixe m	interesse fisso m	interés fijo m
Pfandbrief (D)	—	mortgage bond	obligation hypothécaire f	titolo ipotecario m	cédula hipotecaria f
Pfandrecht (D)	—	pledge	droit de gage m	diritto di pegno m	derecho prendario m
Pfändung (D)	—	seizure	saisie f	pignoramento m	pignoración f

Pfändung

P	NL	SV	PL	CZ	H
pessoa com emprego remunerado f	beroepsactieve persoon m	förvärvsarbetande person	osoba czynna zawodowo f	výdělečně činný m	aktív kereső
pessoal m	personeel n	personal	załoga f	zaměstnanci podniku m/pl	személyzet
pessoal m	personeel n	personal	personel m	zaměstnanci m/pl	személyzet
colaborador em serviços externos m	buitendienstmedewerker m	extern medarbetare	przedstawiciel handlowy m	pracovník služebně mimo podnik m	külszolgálati munkatárs
leasing de pessoal m	leasing van personeel f	personalleasing	leasing personelu m	personální leasing m	munkaerőkölcsönzés
departamento de recursos humanos m	personeelsbureau n	personalavdelning	dział kadr m	osobní oddělení n	személyzeti iroda
contribuição particular f	—	privat insättning	wkłady prywatne m/pl	soukromé vklady m/pl	lakossági betét
crédito pessoal m	—	personallån	kredyt osobisty m	osobní úvěr m	személyi kölcsön
consumo pessoal m	—	personlig konsumtion	zużycie własne n	vlastní spotřeba f	saját felhasználás
possibilidade de promoção f	promotiekans f	avancemangsmöjlighet	możliwość awansu f	možnost vzestupu f	előmeneteli lehetőségek
perda f	verlies n	kreditkostnad	strata f	škoda f	veszteség
perda f	verlies n	förlust	strata f	ztráta f	veszteség
perda de produção f	productieverlies n	produktionsbortfall	przerwa w produkcji f	výpadek výroby m	termeléskiesés
perda no câmbio f	koersverlies n	kursförlust	strata kursowa f	kursovní ztráta f	árfolyamveszteség
por procuração	—	per prokura	na mocy prokury	per procura	meghatalmazás alapján
por camião	—	med lastbil	samochodem ciężarowym	nákladním autem n	tehergépkocsival
peso de descarga m	gewicht bij het lossen n	inlastad vikt	waga wysyłkowa f	hmotnost při vyložení f	átadási súly
—	gewicht bij het lossen n	inlastad vikt	waga wysyłkowa f	hmotnost při vyložení f	átadási súly
peso de descarga m	gewicht bij het lossen n	inlastad vikt	waga wysyłkowa f	hmotnost při vyložení f	átadási súly
—	beroepsactieve persoon m	förvärvsarbetande person	osoba czynna zawodowo f	výdělečně činný m	aktív kereső
—	personeel n	personal	załoga f	zaměstnanci podniku m/pl	személyzet
—	personeel n	personal	personel m	zaměstnanci m/pl	személyzet
relação curso-benefício f	koers/winstverhouding f	—	stosunek ceny akcji do jej dywidenty m	poměr ceny a zisku m	árfolyam-nyereség arány
pedido de declaração de falência m	faillissementsaanvraag f	konkursansökan	wniosek o ogłoszenie upadłości m	ohlášení konkursu n	csődbejelentés
pequeno pacote m	pakketje n	litet paket	pakiet m	balíček m	kiscsomag
gasolina f	benzine f/m	bensin	benzyna f	benzin m	benzin
petróleo bruto m	ruwe olie f	råolja	surowa ropa naftowa f	surový olej m	nyersolaj
—	ruwe olie f	råolja	surowa ropa naftowa f	surový olej m	nyersolaj
petróleo bruto m	ruwe olie f	råolja	surowa ropa naftowa f	surový olej m	nyersolaj
senhas de gasolina f/pl	benzinebon m	bensinkupong	talony na benzynę m/pl	poukázky na benzin f/pl	benzinjegyek
taxas de câmbio fixas f/pl	vaste wisselkoersen m/pl	fasta växelkurser pl	stałe kursy wymienne m/Pl	—	rögzített átváltási árfolyamok
rendimento fixo m	vast inkomen n	fast inkomst	stały dochód m	—	fix jövedelem
taxa de juro fixa f	vaste interest m	fast ränta	stałe oprocentowanie n	—	fix kamatláb
título hipotecário m	pandbrief f	obligation med inteckning som säkerhet	list zastawny m	zástavní list m	záloglevél
direito pignoratício m	pandrecht n	pant	prawo zastawu n	zástavní právo n	zálogjog
penhora f	beslaglegging f	utmätning	zajęcie n	zabavení n	lefoglalás

phase d'organisation 738

	D	E	F	I	ES
phase d'organisation (F)	Aufbauphase f	development phase	—	fase di sviluppo f	fase de desarrollo f
piac (H)	Markt m	market	marché m	mercato m	mercado m
płaca (PL)	Gehalt n	salary	traitement m	stipendio m	sueldo m
płaca (PL)	Lohn m	wages	salaire m	salario m	salario m
płaca akordowa (PL)	Akkordlohn m	piece wages	salaire à la pièce m	retribuzione a cottimo f	salario a destajo m
płaca akordowa (PL)	Leistungslohn m	piece rate	salaire au rendement m	retribuzione ad incentivo f	salario por rendimiento m
płaca akordowa (PL)	Stücklohn m	piece-work pay	salaire à la tâche m	salario a cottimo m	salario a destajo m
płaca brutto (PL)	Bruttolohn m	gross pay	salaire brut m	salario lordo m	salario bruto m
płaca godzinowa (PL)	Stundenlohn m	hourly wage	salaire horaire m	salario ad ora m	salario-hora m
płaca minimalna (PL)	Mindestlohn m	minimum wage	salaire minimum m	salario minimo m	salario mínimo m
płaca najwyższa (PL)	Spitzenlohn m	top wage	salaire maximum m	salario massimo m	salario máximo m
płaca netto (PL)	Nettolohn m	net wages	salaire net m	salario netto m	salario neto m
płaca podstawowa (PL)	Basislohn m	basic wage	salaire de référence m	salario base m	sueldo base m
płaca realna (PL)	Reallohn m	real wages	salaire réel m	salario reale m	salario real m
płaca według taryfikatora (PL)	Tariflohn m	standard wages	salaire conventionnel m	retribuzione contrattuale f	salario según convenio colectivo
płaca wg stawki godzinowej (PL)	Zeitlohn m	time wages	salaire à l'heure m	salario a tempo m	salario por unidad de tiempo m
płaca w naturze (PL)	Naturallohn m	wages paid in kind	rémunération en nature f	remunerazione in natura f	salario en especie m
płaca za czas urlopu (PL)	Urlaubsgeld n	holiday allowance	prime de vacances f	indennità di ferie f	prima de vacaciones f
piacelemzés (H)	Marktbeobachtung f	observation of markets	étude de marché f	sondaggio di mercato m	observación del mercado f
piacgazdaság (H)	Marktwirtschaft f	market economy	économie du marché f	economia di mercato f	economía de mercado f
płacić (PL)	bezahlen	pay	payer	pagare	pagar
piaci helyzet (H)	Marktlage f	state of the market	situation du marché f	andamento del mercato m	condiciones del mercado f/pl
piaci rés (H)	Marktlücke f	market gap	créneau du marché m	nicchia di mercato f	vacío del mercado m
piaci részesedés (H)	Marktanteil m	market share	participation au marché f	quota di mercato f	participación en el mercado f
piaci részesedés (H)	Marktposition f	market position	position sur le marché f	posizione di mercato f	posición en el mercado f
piacképes (H)	marktfähig	marketable	vendable	commerciabile	comerciable
piackutató intézet (H)	Marktforschungsinstitut n	market research institute	institut d'études de marché m	istituto di ricerca di mercato m	instituto de investigación del mercado m
piacvezető (H)	Marktführer m	market leader	leader sur le marché m	leader di mercato m	líder de mercado m
pianificazione delle vendite (I)	Absatzplanung f	sales planning	planification de la distribution f	—	planificación de ventas f
płaszczyzna kierownicza (PL)	Führungsebene f	executive level	niveau de gestion m	livello dirigenziale m	nivel de dirección m
płatność akonto (PL)	a-conto-Zahlung f	payment on account	payement acompte m	pagamento a conto m	pago a cuenta m
płatność gotówką (PL)	Barzahlung f	cash payment	payement comptant m	pagamento in contanti m	pago al contado m
płatność podatkowa (PL)	Steuerzahlung f	payment of taxes	payement de l'impôt m	pagamento delle imposte m	tributación f
płatny (PL)	zahlbar	payable	payable	pagabile	pagable
piazza (I)	Börsenplatz m	stock exchange centre	place boursière f	—	plaza bursátil f
piazza commerciale (I)	Handelsplatz m	trade centre	place marchande f	—	plaza comercial f
pièce de monnaie (F)	Hartgeld n	specie	—	moneta metallica f	dinero metálico m
piece rate (E)	Leistungslohn m	—	salaire au rendement m	retribuzione ad incentivo f	salario por rendimiento m
pièces d'accompagnement (F)	Begleitpapiere f	accompanying documents	—	documenti accompagnatori m/pl	documentos adjuntos m/pl

pièces d'accompagnement

P	NL	SV	PL	CZ	H
fase de desenvolvimento f	opbouwfase f	uppbyggnadsfas	etap rozwojowy m	fáze výstavby f	kiépítési szakasz
mercado m	markt f	marknad	rynek m	trh m	—
salário m	salaris n	lön	—	plat m	fizetés
salário m	loon n	lön	—	mzda f	bér
pagamento à peça m	stukloon n	ackordlön	—	úkolová mzda f	darabbér
salário por rendimento m	prestatieloon n	prestationslön	—	úkolová mzda f	teljesítménybér
salário por peça m	stukloon n	ackordlön	—	mzda od kusu f	darabbér
salário bruto m	brutoloon n	bruttolön	—	hrubá mzda f	bruttó bér
salário-hora m	uurloon n	timlön	—	hodinová mzda f	órabér
salário mínimo m	minimumloon n	minimilön	—	minimální mzda f	minimálbér
salário máximo m	maximumloon n	topplön	—	špičková mzda f	maximális bér
salário líquido m	nettoloon n	nettolön	—	čistá mzda f	nettó bér
ordenado base m	basisloon n	grundlön	—	základní mzda f	alapbér
salário real m	reëel loon n	reallön	—	reálná mzda f	reálbér
salário convencional m	loontarief n	avtalsenlig lön	—	tarifní mzda f	kollektív szerződés szerinti bér
salário por hora m	tijdloon n	timlön	—	časová mzda f	időbér
remuneração em géneros f	salaris in natura n	naturaförmåner pl	—	naturální mzda f	természetbeni juttatás
subsídio de férias m	vakantiegeld n	semesterlön	—	příplatek na financování dovolené m	szabadságpénz
observação do mercado f	marktobservatie f	marknadsbevakning	obserwacja rynku f	sledování trhu n	—
economia de mercado f	markteconomie f	marknadsekonomi	gospodarka rynkowa f	tržní hospodářství n	—
pagar	betalen	betala	—	zaplatit	kifizet
situação do mercado f	marktsituatie f	marknadssituation	sytuacja rynkowa f	situace na trhu f	—
lacuna do mercado f	gat in de markt n	marknadsnisch	luka rynkowa f	mezera na trhu f	—
quota de mercado f	marktaandeel n	marknadsandel	udział firmy w rynku m	podíl na trhu m	—
posição no mercado f	marktpositie f	ställning på marknaden	pozycja rynkowa f	pozice na trhu f	—
comercializável	verhandelbaar	mogen för marknaden	pokupny na rynku	schopný uplatnění n	—
instituto de estudos de mercado m	marktonderzoeksinstituut n	marknadsundersökningsinstitut	instytut badań rynkowych m	institut pro průzkum trhu m	—
líder de mercado m	marktleider m	marknadsledare	przodownik na rynku m	vedoucí osoba na trhu m	—
planificação de vendas f	verkoopplanning f	säljplanering	planowanie zbytu n	plánování odbytu n	értékesítés tervezése
nível da direcção m	directieniveau n	ledningsnivå	—	řídící úroveň f	vezetőségi szint
pagamento por conta m	betaling op rekening f	betalning på konto	—	akontace f	fizetési kötelezettség résztörlesztés
pagamento em dinheiro m	contante betaling f	kontantbetalning	—	platba v hotovosti f	készpénzes fizetés
pagamento de impostos m	betaling van belastingen f	skattebetalning	—	placení daní f	adófizetés
pagável	betaalbaar	betalbar	—	splatný	fizetendő
bolsa de valores f	beurs f	börsort	siedziba giełdy f	sídlo burzy n	tőzsde helye
praça comercial f	handelsplaats f	handelsplats	lokalizacja transakcji f	tržiště n	kereskedelmi központ
dinheiro-moeda m	gemunt geld n	mynt	bilon m	mince f/pl	fémpénz
salário por rendimento m	prestatieloon n	prestationslön	płaca akordowa f	úkolová mzda f	teljesítménybér
documentos anexos m/pl	begeleidende documenten n/pl	bifogade dokument pl	dokumenty towarzyszące m/pl	průvodní doklady m/pl	kísérő okmányok

piece wages

	D	E	F	I	ES
piece wages (E)	Akkordlohn *m*	—	salaire à la pièce *m*	retribuzione a cottimo *f*	salario a destajo *m*
piece-work (E)	Akkordarbeit *f*	—	travail à la pièce *m*	lavoro a cottimo *m*	trabajo a destajo *m*
piece-work pay (E)	Stücklohn *m*	—	salaire à la tâche *m*	salario a cottimo *m*	salario a destajo *m*
pieniądz (PL)	Geld *n*	money	argent *m*	denaro *m*	dinero *m*
pieniądze na kontach (PL)	Buchgeld *n*	deposit money	monnaie de crédit *f*	moneta bancaria *f*	dinero en depósitos *m*
pieniądz papierowy (PL)	Papiergeld *n*	paper money	monnaie de papier *f*	banconote *f/pl*	papel-moneda *f*
pignoración (ES)	Pfändung *f*	seizure	saisie *f*	pignoramento *m*	—
pignoración (ES)	Verpfändung *f*	pledge	mise en gage *f*	pignoramento *m*	—
pignoramento (I)	Pfändung *f*	seizure	saisie *f*	—	pignoración *f*
pignoramento (I)	Verpfändung *f*	pledge	mise en gage *f*	—	pignoración *f*
pilny (PL)	dringend	urgent	urgent	urgente	urgente
pisemná žádost (CZ)	Bewerbungsschreiben *n*	letter of application	lettre de candidature *f*	domanda d'assunzione *f*	carta de solicitud *f*
pisemnie (PL)	schriftlich	written	par écrit	per iscritto	por escrito
písemný (CZ)	schriftlich	written	par écrit	per iscritto	por escrito
pismo dziękczynne (PL)	Dankschreiben *n*	letter of thanks	lettre de remerciement *f*	lettera di ringraziamento *f*	carta de agradecimiento *f*
płynność kursów walut (PL)	Floating *n*	floating	système des changes flottants *m*	fluttuazione *f*	flotación *f*
plaatsaanbieding (NL)	Stellenangebot *n*	offer of employment	offre d'emploi *f*	offerta d'impiego *f*	oferta de empleo *f*
plaatsbespreking (NL)	Reservierung *f*	reservation	réservation *f*	pronotazione *f*	reserva *f*
plaatsen (NL)	plazieren	place	placer	collocare	colocar
plaatsing van een advertentie (NL)	Anzeigenschaltung *f*	placement of an advertisement	placement d'annonce *m*	posizionamento dell'inserzione *m*	inserción del anuncio *f*
plaats van bestemming (NL)	Bestimmungsort *m*	destination	lieu de destination *m*	luogo di destinazione *m*	lugar de destino *m*
place (E)	plazieren	—	placer	collocare	colocar
place boursière (F)	Börsenplatz *m*	stock exchange centre	—	piazza *f*	plaza bursátil *f*
place marchande (F)	Handelsplatz *m*	trade centre	—	piazza commerciale *f*	plaza comercial *f*
placement (F)	Anlage *f*	investment	—	investimento *m*	inversión *f*
placement d'annonce (F)	Anzeigenschaltung *f*	placement of an advertisement	—	posizionamento dell'inserzione *m*	inserción del anuncio *f*
placement of an advertisement (E)	Anzeigenschaltung *f*	—	placement d'annonce *m*	posizionamento dell'inserzione *m*	inserción del anuncio *f*
placení daní (CZ)	Steuerzahlung *f*	payment of taxes	payement de l'impôt *m*	pagamento delle imposte *m*	tributación *f*
placení na splátky (CZ)	Teilzahlung *f*	partial payment	payement partiel *m*	pagamento a rate *m*	pago parcial *m*
placení splátek (CZ)	Ratenzahlung *f*	payment by instalments	payement par versements fractionnés *m*	pagamento rateale *m*	pago a plazos *m*
place of birth (E)	Geburtsort *m*	—	lieu de naissance *m*	luogo di nascita *m*	lugar de nacimiento *m*
place of employment (E)	Arbeitsplatz *m*	—	lieu de travail *m*	posto di lavoro *m*	puesto de trabajo *m*
place of jurisdiction (E)	Gerichtsstand *m*	—	juridiction compétente *f*	foro competente *m*	tribunal competente *m*
placer (F)	plazieren	place	—	collocare	colocar
placera (SV)	plazieren	place	placer	collocare	colocar
placing of an order (E)	Auftragserteilung *f*	—	passation d'une commande *f*	ordinazione *f*	otorgamiento de un pedido *m*
plafond de crédito (P)	Kreditrahmen *m*	credit margin	marge de crédit accordé *f*	plafond di credito *m*	margen de crédito *m*
plafond di credito (I)	Kreditrahmen *m*	credit margin	marge de crédit accordé *f*	—	margen de crédito *m*
plafond du crédit accordé (F)	Kreditlinie *f*	credit line	—	linea creditizia *f*	línea de crédito *f*

plafond du crédit accordé

P	NL	SV	PL	CZ	H
pagamento à peça *m*	stukloon *n*	ackordlön	płaca akordowa *f*	úkolová mzda *f*	darabbér
trabalho à peça *m*	stukwerk *n*	ackordsarbete	praca akordowa *f*	práce v úkolu *f*	darabbéres munka
salário por peça *m*	stukloon *n*	ackordlön	płaca akordowa *f*	mzda od kusu *f*	darabbér
dinheiro *m*	geld *n*	pengar *pl*	—	peníze *m/pl*	pénz
dinheiro em conta *m*	boekgeld *n*	kontobehållning	—	zúčtované peníze *pl*	bankszámlapénz
papel-moeda *m*	papiergeld *n*	sedlar *pl*	—	papírové peníze *m/pl*	papírpénz
penhora *f*	beslaglegging *f*	utmätning	zajęcie *n*	zabavení *n*	lefoglalás
penhora *f*	borgstelling *f*	pantsättning	ustanowienie zastawu *n*	zástava *f*	elzálogosítás
penhora *f*	beslaglegging *f*	utmätning	zajęcie *n*	zabavení *n*	lefoglalás
penhora *f*	borgstelling *f*	pantsättning	ustanowienie zastawu *n*	zástava *f*	elzálogosítás
urgente	dringend	brådskande	—	naléhavý	sürgős(en)
carta de solicitação de emprego *f*	sollicitatiebrief *m*	skriftlig ansökan	podanie o pracę *n*	—	pályázat
por escrito	schriftelijk	skriftlig	—	písemný	írásbeli
por escrito	schriftelijk	skriftlig	pisemnie	—	írásbeli
carta de agradecimento *f*	bedankbrief *m*	tackbrev	—	děkovné psaní *n*	köszönőlevél
flutuante	zweven *n*	flytande	—	kolísání kursů *n*	lebegtetés
oferta de emprego *f*	—	lediga platser	propozycja zatrudnienia *f*	nabídka místa *f*	állásajánlat
reserva *f*	—	reservation	rezerwacja *f*	rezervace *f*	helyfoglalás
colocar	—	placera	plasowanie *n*	umísťovat <umístit>	elhelyez
inserção do anúncio *f*	—	annonsering	publilkacja ogłoszenia *n*	zveřejnění inzerátu *n*	hirdetés elhelyezése
lugar de destino *m*	—	destination	miejsce przeznaczenia *n*	místo určení *n*	rendeltetési hely
colocar	plaatsen	placera	plasowanie *n*	umísťovat <umístit>	elhelyez
bolsa de valores *f*	beurs *f*	börsort	siedziba giełdy *f*	sídlo burzy *n*	tőzsde helye
praça comercial *f*	handelsplaats *f*	handelsplats	lokalizacja transakcji *f*	tržiště *n*	kereskedelmi központ
investimento *m*	investering *f*	investering	inwestowanie *n*	vklad *m*	befektetés
inserção do anúncio *f*	plaatsing van een advertentie *f*	annonsering	publilkacja ogłoszenia *n*	zveřejnění inzerátu *n*	hirdetés elhelyezése
inserção do anúncio *f*	plaatsing van een advertentie *f*	annonsering	publilkacja ogłoszenia *n*	zveřejnění inzerátu *n*	hirdetés elhelyezése
pagamento de impostos *m*	betaling van belastingen *f*	skattebetalning	płatność podatkowa *f*	—	adófizetés
pagamento parcial *m*	gedeeltelijke betaling *f*	avbetalning	zapłata ratalna *f*	—	részletfizetés
pagamento a prestações *m*	betaling in termijnen *f*	avbetalning	spłata ratalna *f*	—	részletfizetés
local de nascimento *m*	geboorteplaats *f*	födelseort	miejsce urodzenia *n*	místo narození *n*	születési hely
posto de trabalho *m*	arbeidsplaats *f*	arbetsplats	stanowisko pracy *n*	pracoviště *n*	munkahely
competência judiciária *f*	bevoegde rechtbank *f*	jurisdiktion	podsądność terytorialna *f*	sídlo soudu *n*	bíróság területi illetékessége
colocar	plaatsen	placera	plasowanie *n*	umísťovat <umístit>	elhelyez
colocar	plaatsen	—	plasowanie *n*	umísťovat <umístit>	elhelyez
colocação de uma encomenda *f*	geven van bestellingen *n*	orderplacering	udzielenie zlecenia *n*	udělení zakázky *n*	megrendelés adása
—	kredietmarge *f*	kreditram	rama kredytowa *f*	rámec úvěrů *m*	hitelkeret
plafond de crédito *m*	kredietmarge *f*	kreditram	rama kredytowa *f*	rámec úvěrů *m*	hitelkeret
linha de crédito *f*	kredietlijn *f/m*	kreditgräns	linia kredytowa *f*	hranice úvěru *f*	hitelkeret

plafond du crédit alloué

	D	E	F	I	ES
plafond du crédit alloué (F)	Kreditlimit n	borrowing limit	—	limite di credito m	límite de crédito m
plafondprijs (NL)	Höchstpreis f	top price	prix plafond m	prezzo massimo m	precio máximo m
plainte (F)	Beschwerde f	complaint	—	ricorso m	reclamación f
plancher des prix (F)	Preisuntergrenze f	price floor	—	limite inferiore di prezzo m	límite inferior de los precios m
planeconomie (NL)	Planwirtschaft f	planned economy	économie planifiée f	economia pianificata f	economía planificada f
planekonomi (SV)	Planwirtschaft f	planned economy	économie planifiée f	economia pianificata f	economía planificada f
planering (SV)	Planung f	planning	planning m	programmazione f	planificación f
planificação (P)	Planung f	planning	planning m	programmazione f	planificación f
planificação da execução de encomendas (P)	Auftragsplanung f	order scheduling	planification de commandes f	programma ordini m	planificación de la ejecución de pedidos f
planificação de vendas (P)	Absatzplanung f	sales planning	planification de la distribution f	pianificazione delle vendite f	planificación de ventas f
planificación (ES)	Planung f	planning	planning m	programmazione f	—
planificación de la ejecución de pedidos (ES)	Auftragsplanung f	order scheduling	planification de commandes f	programma ordini m	—
planificación de plazos (ES)	Terminplanung f	scheduling	planning de rendez-vous m	programmazione dei termini f	—
planificación de ventas (ES)	Absatzplanung f	sales planning	planification de la distribution f	pianificazione delle vendite f	—
planification de commandes (F)	Auftragsplanung f	order scheduling	—	programma ordini m	planificación de la ejecución de pedidos f
planification de la distribution (F)	Absatzplanung f	sales planning	—	pianificazione delle vendite f	planificación de ventas f
planification des coûts (F)	Budgetierung f	budgeting	—	compilazione del bilancio f	establecimiento del presupuesto m
Plankalkulation (D)	—	target calculation	calcul des coûts prévisionnels m	calcolo pianificato m	cálculo de los objetivos m
Plankostenrechnung (D)	—	calculation of the budget costs	calcul de l'écart sur cadence de fabrication m	calcolo dei costi pianificati m	cálculo de costes del plan m
planned economy (E)	Planwirtschaft f	—	économie planifiée f	economia pianificata f	economía planificada f
planning (E)	Planung f	—	planning m	programmazione f	planificación f
planning (F)	Planung f	planning	—	programmazione f	planificación f
planning (NL)	Planung f	planning	planning m	programmazione f	planificación f
planning de rendez-vous (F)	Terminplanung f	scheduling	—	programmazione dei termini f	planificación de plazos f
planning game (E)	Planspiel n	—	jeu d'entreprise m	gioco di simulazione imprenditoriale m	simulación f
planning permission (E)	Baugenehmigung f	—	autorisation de construire f	licenza di costruzione f	permiso de construcción m
planning van de bestellingen (NL)	Auftragsplanung f	order scheduling	planification de commandes f	programma ordini m	planificación de la ejecución de pedidos f
plánovaná čísla (CZ)	Sollzahlen f/pl	target figures	chiffres prévisionnels m/pl	cifre calcolate f/pl	cifras estimadas f/pl
plánovaná hra (CZ)	Planspiel n	planning game	jeu d'entreprise m	gioco di simulazione imprenditoriale m	simulación f
plánovaná kalkulace (CZ)	Plankalkulation f	target calculation	calcul des coûts prévisionnels m	calcolo pianificato m	cálculo de los objetivos m
plánované hospodářství (CZ)	Planwirtschaft f	planned economy	économie planifiée f	economia pianificata f	economía planificada f
plánované náklady (CZ)	Sollkosten pl	budgeted costs	coûts ex ante m/pl	costi calcolati m/pl	gastos precalculados m/pl
plánování (CZ)	Planung f	planning	planning m	programmazione f	planificación f
plánování odbytu (CZ)	Absatzplanung f	sales planning	planification de la distribution f	pianificazione delle vendite f	planificación de ventas f
plánování zakázek (CZ)	Auftragsplanung f	order scheduling	planification de commandes f	programma ordini m	planificación de la ejecución de pedidos f

plánování zakázek

P	NL	SV	PL	CZ	H
limite de crédito m	kredietlimiet f	kreditgräns	limit kredytowy m	úvěrový limit m	hitelkeret
preço máximo m	—	högsta pris	najwyższa cena f	maximální cena f	rekordár
reclamação f	klacht f	reklamation	zażalenie n	stížnost f	panasz
limite inferior dos preços m	ondergrens van de prijzen f	nedre prisgräns	cena minimalna f	spodní hranice ceny f	alsó árhatár
economia planificada f	—	planekonomi	gospodarka planowa f	plánované hospodářství n	tervgazdaság
economia planificada f	planeconomie f	—	gospodarka planowa f	plánované hospodářství n	tervgazdaság
planificação f	planning f	—	planowanie n	plánování n	tervezés
—	planning f	planering	planowanie n	plánování n	tervezés
—	planning van de bestellingen f	orderplanering	planowanie zleceń n	plánování zakázek n	megrendelések ütemezése
—	verkoopplanning f	säljplanering	planowanie zbytu n	plánování odbytu n	értékesítés tervezése
planificação f	planning f	planering	planowanie n	plánování n	tervezés
planificação da execução de encomendas f	planning van de bestellingen f	orderplanering	planowanie zleceń n	plánování zakázek n	megrendelések ütemezése
escalonamento m	tijdsplanning f	tidsplanering	planowanie terminów n	termínované plánování n	időtervezés
planificação de vendas f	verkoopplanning f	säljplanering	planowanie zbytu n	plánování odbytu n	értékesítés tervezése
planificação da execução de encomendas f	planning van de bestellingen f	orderplanering	planowanie zleceń n	plánování zakázek n	megrendelések ütemezése
planificação de vendas f	verkoopplanning f	säljplanering	planowanie zbytu n	plánování odbytu n	értékesítés tervezése
execução do orçamento f	budgettering f	budgetering	budżetowanie n	rozpočtování n	költségvetés készítése
cálculo dos objectivos m	berekening van de kosten f	budgetkalkyl	kalkulacja planowa f	plánovaná kalkulace f	tervszámítás
cálculo dos custos orçamentados m	berekening van de geplande kosten f	budgetkostnadskalkyl	rachunek kosztów planowanych m	výpočet plánovaných nákladů m	költségterv-készítés
economia planificada f	planeconomie f	planekonomi	gospodarka planowa f	plánované hospodářství n	tervgazdaság
planificação f	planning f	planering	planowanie n	plánování n	tervezés
planificação f	planning f	planering	planowanie n	plánování n	tervezés
planificação f	—	planering	planowanie n	plánování n	tervezés
escalonamento m	tijdsplanning f	tidsplanering	planowanie terminów n	termínované plánování n	időtervezés
jogo de simulação de gestão m	beleidsspel n	beslutsspel	symulacja procesu decyzyjnego f	plánovaná hra f	döntési játék
alvará de construção m	bouwvergunning f	byggnadstillstånd	zezwolenie budowlane n	stavební povolení n	építési engedély
planificação da execução de encomendas f	—	orderplanering	planowanie zleceń n	plánování zakázek n	megrendelések ütemezése
valores estimados m/pl	streefcijfers n/pl	beräknade siffror pl	liczby zadane f/pl	—	tervszámok
jogo de simulação de gestão m	beleidsspel n	beslutsspel	symulacja procesu decyzyjnego f	—	döntési játék
cálculo dos objectivos m	berekening van de kosten f	budgetkalkyl	kalkulacja planowa f	—	tervszámítás
economia planificada f	planeconomie f	planekonomi	gospodarka planowa f	—	tervgazdaság
custos orçamentados m/pl	gebudgetteerde kosten m/pl	beräknade kostnader pl	koszty planowane m/pl	—	előirányzott költségek
planificação f	planning f	planering	planowanie n	—	tervezés
planificação de vendas f	verkoopplanning f	säljplanering	planowanie zbytu n	—	értékesítés tervezése
planificação da execução de encomendas f	planning van de bestellingen f	orderplanering	planowanie zleceń n	—	megrendelések ütemezése

planowanie

	D	E	F	I	ES
planowanie (PL)	Planung f	planning	planning m	programmazione f	planificación f
planowanie terminów (PL)	Terminplanung f	scheduling	planning de rendez-vous m	programmazione dei termini f	planificación de plazos f
planowanie zbytu (PL)	Absatzplanung f	sales planning	planification de la distribution f	pianificazione delle vendite f	planificación de ventas f
planowanie zleceń (PL)	Auftragsplanung f	order scheduling	planification de commandes f	programma ordini m	planificación de la ejecución de pedidos f
Planspiel (D)	—	planning game	jeu d'entreprise m	gioco di simulazione imprenditoriale m	simulación f
plant (E)	Werk n	—	usine f	stabilimento m	planta f
planta (ES)	Werk n	plant	usine f	stabilimento m	—
plantilla (ES)	Belegschaft f	staff	personnel m	personale m	—
Planung (D)	—	planning	planning m	programmazione f	planificación f
Planwirtschaft (D)	—	planned economy	économie planifiée f	economia pianificata f	economía planificada f
plasowanie (PL)	plazieren	place	placer	collocare	colocar
plat (CZ)	Besoldung f	salary	appointement m	retribuzione f	retribución f
plat (CZ)	Gehalt n	salary	traitement m	stipendio m	sueldo m
platba (CZ)	Zahlung f	payment	payement m	pagamento m	pago m
platba na dobírku (CZ)	Zahlung per Nachnahme	cash on delivery	payement contre remboursement m	pagamento in contrassegno m	pago contra reembolso m
platba s protestem (CZ)	Zahlung unter Protest	payment supra protest	payement sous protêt m	pagamento sotto protesta m	pago bajo protesta m
platba v hotovosti (CZ)	Barzahlung f	cash payment	payement comptant m	pagamento in contanti m	pago al contado m
platební bilance (CZ)	Zahlungsbilanz f	balance of payments	balance des payements f	bilancia dei pagamenti f	balanza de pagos f
platební lhůta (CZ)	Zahlungsfrist f	term of payment	délai de payement f	scadenza di pagamento f	plazo de pago m
platební neschopnost (CZ)	Zahlungsunfähigkeit f	insolvency	insolvabilité f	insolvenza f	insolvencia f
platební podmínka (CZ)	Zahlungsbedingung f	terms of payment	conditions de payement f/pl	condizione di pagamento f	condiciones de pago f/pl
platební potíže (CZ)	Zahlungsschwierigkeit f	financial difficulties	difficultés financières f/pl	difficoltà di pagamento f	dificultades de pago f/pl
platební příkaz (CZ)	Zahlungsbefehl m	order for payment	ordre de payement m	ingiunzione di pagamento f	mandamiento de pago m
platební styk (CZ)	Zahlungsverkehr m	payment transaction	opérations de payement f/pl	operazioni di pagamento f/pl	servicio de pagos m/pl
platsannons (SV)	Stellenanzeige f	position offered	annonce d'emploi f	inserzione d'impiego f	anuncio de empleo m
platssökande (SV)	Stellengesuch n	situation wanted	demande d'emploi f	domanda d'impiego f	solicitud de colocación f
plaza bursátil (ES)	Börsenplatz m	stock exchange centre	place boursière f	piazza f	—
plaza comercial (ES)	Handelsplatz m	trade centre	place marchande f	piazza commerciale f	—
plazieren (D)	—	place	placer	collocare	colocar
plazo (ES)	Frist f	period	délai m	termine m	—
plazo (ES)	Rate f	instalment	acompte m	rata f	—
plazo (ES)	Teilzahlungsrate f	monthly instalment	versement d'un achat à tempérament f	rata f	—
plazo de arrendamiento financiero (ES)	Leasing-Rate f	leasing payment	taux de leasing m	tasso del leasing f	—
plazo de entrega (ES)	Lieferfrist f	term of delivery	délai de livraison m	tempo di consegna m	—
plazo de entrega (ES)	Liefertermin m	date of delivery	délai de livraison m	termine di consegna m	—
plazo de inscripción (ES)	Anmeldefrist f	period for application	délai d'inscription m	termine di presentazione della domanda m	—

plazo de inscripción

P	NL	SV	PL	CZ	H
planificação f	planning f	planering	—	plánování n	tervezés
escalonamento m	tijdsplanning f	tidsplanering	—	termínované plánování n	időtervezés
planificação de vendas f	verkoopplanning f	säljplanering	—	plánování odbytu n	értékesítés tervezése
planificação da execução de encomendas f	planning van de bestellingen f	orderplanering	—	plánování zakázek n	megrendelések ütemezése
jogo de simulação de gestão m	beleidsspel n	beslutsspel	symulacja procesu decyzyjnego f	plánovaná hra f	döntési játék
fábrica f	fabriek f	fabrik	zakład m	závod m	gyár
fábrica f	fabriek f	fabrik	zakład m	závod n	gyár
pessoal m	personeel n	personal	załoga f	zaměstnanci podniku m/pl	személyzet
planificação f	planning f	planering	planowanie n	plánování n	tervezés
economia planificada f	planeconomie f	planekonomi	gospodarka planowa f	plánované hospodářství n	tervgazdaság
colocar	plaatsen	placera	—	umísťovat <umístit>	elhelyez
salário m	loon n	ersättning	uposażenie n	—	díjazás
salário m	salaris n	lön	płaca f	—	fizetés
pagamento m	betaling f	betalning	zapłata f	—	fizetés
pagamento contra-reembolso m	betaling onder rembours f	betalning vid leverans	zapłata przy odbiorze f	—	fizetés utánvétellel
pagamento sob protesto m	betaling onder protest f	betalning av protesterad växel	zapłata pod protestem f	—	óvás melletti fizetés
pagamento em dinheiro m	contante betaling f	kontantbetalning	płatność gotówką f	—	készpénzes fizetés
balança de pagamentos f	betalingsbalans f	betalningsbalans	bilans płatniczy m	—	fizetési mérleg
prazo de pagamento m	betalingstermijn m	betalningsfrist	termin zapłaty m	—	fizetési határidő
insolvência f	onvermogen n	insolvens	niewypłacalność n	—	fizetésképtelenség
condições de pagamento f/pl	betalingsvoorwaarde f	betalningsvillkor	warunki płatności m/pl	—	fizetési feltételek
dificuldades financeiras f/pl	betalingsmoeilijkheid f	betalningssvårigheter pl	trudności płatnicze f/pl	—	fizetési nehézség
mandato de pagamento f	betalingsbevel n	betalningsorder	nakaz płatniczy m	—	fizetési felszólítás
transacções financeiras f/pl	betalingsverkeer n	betalningtransaktion	obrót płatniczy m	—	pénzügyi tranzakciók
anúncio de emprego m	personeelsadvertentie f	—	ogłoszenie o wakującym stanowisku n	inzerce zaměstnání f	álláshirdetés
procura de emprego f	sollicitatie f	—	podanie o pracę n	žádost o místo f	pályázat (állásra)
bolsa de valores f	beurs f	börsort	siedziba giełdy f	sídlo burzy n	tőzsde helye
praça comercial f	handelsplaats f	handelsplats	lokalizacja transakcji f	tržiště n	kereskedelmi központ
colocar	plaatsen	placera	plasowanie n	umísťovat <umístit>	elhelyez
prazo m	termijn m	frist	okres m	lhůta f	határidő
prestação f	termijn m	avbetalning	rata f	splátka f	részlet
prestação f	maandelijkse afbetaling f	avbetalningstakt	rata f	splátka f	részletfizetési összeg
pagamento de uma locação financeira m	leasingtarief n	leasingavgift	rata leasingowa f	leasingová splátka f	lízingdíj
prazo de entrega m	leveringstermijn m	leveranstid	termin dostawy m	dodací lhůta f	szállítási határidő
data de entrega f	leveringstermijn m	leveransdatum	termin dostawy m	dodací termín m	szállítási határidő
prazo de declaração m	aanmeldingstermijn m	ansökningstid	termin zgłaszania m	přihlašovací lhůta f	jelentkezési határidő

plazo de pago

	D	E	F	I	ES
plazo de pago (ES)	Zahlungsfrist f	term of payment	délai de payement f	scadenza di pagamento f	—
plazo de preaviso (ES)	Kündigungsfrist f	period of notice	délai de résiliation m	periodo di preavviso m	—
plazo de vencimiento (ES)	Laufzeit f	term	durée f	scadenza f	—
plazo de vencimiento restante (ES)	Restlaufzeit f	remaining time to maturity	durée restante à courir f	scadenza residua f	—
pledge (E)	Pfandrecht n	—	droit de gage m	diritto di pegno m	derecho prendario m
pledge (E)	Verpfändung f	—	mise en gage f	pignoramento m	pignoración f
plein pouvoir (F)	Vollmacht f	power of attorney	—	mandato m	escritura de poder f
plenos poderes (P)	Vollmacht f	power of attorney	plein pouvoir m	mandato m	escritura de poder f
plik (PL)	Datei f	file	fichier m	file m	archivo de datos m
plíživá inflace (CZ)	schleichende Inflation f	creeping inflation	inflation rampante f	inflazione latente f	inflación subrepticia f
plná moc (CZ)	Bevollmächtigung f	authorisation	procuration f	delega f	apoderamiento m
plná moc (CZ)	Prokura f	power of attorney	procuration commerciale générale f	procura f	poder m
plná moc (CZ)	Vollmacht f	power of attorney	plein pouvoir m	mandato m	escritura de poder f
ploegenwisseling (NL)	Schichtwechsel m	change of shift	relève d'équipe f	cambio di turno m	cambio del turno de obreros m
plomba celna (PL)	Zollverschluß m	customs seal	scellement douanier f	sigillo doganale m	precinto aduanero m
plotselinge daling van de prijzen (NL)	Preisverfall m	decline in prices	chute des prix f	caduta dei prezzi f	caída de precios f
plusvalía (ES)	Mehrwert m	value added	valeur ajoutée f	valore aggiunto m	—
plusvalía (ES)	Wertzuwachs m	appreciation	accroissement de valeur m	Incremento di valore m	—
pobídka k prodeji (CZ)	Verkaufsförderung f	sales promotion	promotion de la vente f	promozione di vendita f	promoción de las ventas f
pobočka (CZ)	Filiale f	branch	succursale f	filiale f	filial f
pobočka (CZ)	Niederlassung f	branch office	succursale f	succursale f	sucursal f
pobočka (CZ)	Zweigstelle f	branch	agence f	agenzia f	filial f
poboczne koszty robocizny (PL)	Lohnnebenkosten pl	incidental labour costs	charges salariales annexes f/pl	costi complementari del lavoro m/pl	cargas salariales accesorias f/pl
pobory w naturze (PL)	Sachbezüge f/pl	remuneration in kind	prestations en nature f/pl	retribuzioni in natura f/pl	percepciones en especie f/pl
počáteční kapitál (CZ)	Anfangskapital n	opening capital	capital initial m	capitale iniziale m	capital inicial m
počáteční stav (CZ)	Anfangsbestand m	opening stock	stock initial m	scorte iniziali f/pl	existencias iniciales f/pl
početní chyba (CZ)	Rechenfehler m	miscalculation	erreur de calcul f	errore di calcolo m	error de cálculo m
počítač (CZ)	Computer m	computer	ordinateur m	computer m	ordenador m
poczęstunek (PL)	Bewirtung f	hospitality	hospitalité f	ospitalità f	hospedaje m
poczta lotnicza (PL)	Luftpost f	air mail	par avion	posta aerea f	correo aéreo m
pocztowe konto bieżące (PL)	Postgiro n	postal giro	virement postal m	postagiro m	giro postal m
pocztowe konto czekowe (PL)	Postscheckkonto n	postal giro account	compte chèque postal m	conto corrente postale m	cuenta corriente postal f
podanie (PL)	Antrag m	application	demande f	domanda f	solicitud f
podanie o pracę (PL)	Bewerbungsschreiben n	letter of application	lettre de candidature f	domanda d'assunzione f	carta de solicitud f
podanie o pracę (PL)	Stellengesuch n	situation wanted	demande d'emploi f	domanda d'impiego f	solicitud de colocación f
podarunek reklamowy (PL)	Werbegeschenk n	promotional gift	cadeau publicitaire m	omaggio pubblicitario m	regalo publicitario m
podatek (PL)	Steuer f	tax	impôt m	imposta f	impuesto m
podatek importowy (PL)	Einfuhrabgabe f	import duties	taxe à l'importation f	tassa d'importazione f	tasa a la importación f
podatek inwestycyjny (PL)	Investitionssteuer f	investment tax	impôt sur les investissements m	imposta sugli investimenti f	impuesto sobre las inversiones m
podatek obrotowy (PL)	Umsatzsteuer f	turnover tax	impôt sur le chiffre d'affaires m	imposta sugli affari f	impuesto sobre el volumen de ventas m

podatek obrotowy

P	NL	SV	PL	CZ	H
prazo de pagamento m	betalingstermijn m	betalningsfrist	termin zapłaty m	platební lhůta f	fizetési határidő
prazo de rescisão m	opzeggingstermijn m	uppsägningstid	termin wypowiedzenia m	výpovědní lhůta f	felmondási (határ)idő
prazo de vencimento m	duur m	löptid	okres ważności m	doba splatnosti f	futamidő
prazo até a maturidade m	resterende looptijd m	återstående löptid	pozostały okres kredytowania m	zbývající doba splatnosti f	hátralévő futamidő
direito pignoratício m	pandrecht n	pant	prawo zastawu n	zástavní právo n	zálogjog
penhora f	borgstelling f	pantsättning	ustanowienie zastawu n	zástava f	elzálogosítás
plenos poderes m/pl	volmacht f	fullmakt	pełnomocnictwo n	plná moc f	felhatalmazás
—	volmacht f	fullmakt	pełnomocnictwo n	plná moc f	felhatalmazás
ficheiro de dados m	bestand n	fil	—	soubor m	adatállomány
inflação insidiosa f	kruipende inflatie f	smygande inflation	skradająca się inflacja f	—	kúszó infláció
autorização f	machtiging f	bemyndigande	upoważnienie n	—	meghatalmazás
procuração f	volmacht f	fullmakt	prokura f	—	cégjegyzési jog
plenos poderes m/pl	volmacht f	fullmakt	pełnomocnictwo n	—	felhatalmazás
mudança de turno f	—	skiftbyte	zmiana f	střídání směn n	műszakváltás
selo alfandegário m	douanesluiting f	tullsigill	—	celní závěra f	vámzár
queda de preços f	—	prisfall	spadek cen m	propadnutí cen n	áresés
mais-valia f	meerwaarde f	mervärde	wartość dodana f	nadhodnota f	értéktöbblet
mais-valia f	waardevermeerdering f	värdestegring	przyrost wartości m	přírůstek hodnoty m	értéknövekedés
promoção de vendas f	verkoopbevordering f	säljfrämjande åtgärder pl	promocja sprzedaży f	—	értékesítésösztönzés
filial f	filiaal n	filial	oddział m	—	fiók
sucursal f	vestiging f	etablering	filia f	—	kirendeltség
filial f	filiaal n	filial	filia f	—	fiók
custos de mão-de-obra adicionais m/pl	werkgeversaandeel in de diverse sociale verzekeringen n	sociala avgifter pl	—	vedlejší mzdové náklady m/pl	járulékos bérköltségek
prestação em espécie f	voordelen in natura n/pl	naturaförmåner pl	—	příjmy v naturáliích m/pl	természetbeni juttatások
capital inicial m	beginkapitaal n	grundkapital	kapitał założycielski m	—	kezdőtőke
existências iniciais f/pl	beginvoorraad m	ingående lager	stan wyjściowy m	—	nyitó állomány
erro de cálculo m	rekenfout f	felkalkyl	błąd obliczeniowy m	—	számítási hiba
computador m	computer m	dator	komputer m	—	számítógép
hospitalidade f	onthaal n	representation	—	pohoštění n	vendéglátás
correio aéreo m	luchtpost f	luftpost	—	letecká pošta f	légiposta
vale postal m	postgiro m	postgiro	—	poštžiro n	postai zsíróátutalás
conta corrente postal f	postrekening f	postgirokonto	—	poštovní šekový účet m	postai átutalási számla
solicitação f	aanvraag f	ansökan	—	žádost f	kérvény
carta de solicitação de emprego f	sollicitatiebrief m	skriftlig ansökan	—	písemná žádost f	pályázat
procura de emprego f	sollicitatie f	platssökande	—	žádost o místo f	pályázat (állásra)
oferta publicitária f	reclamegeschenk n	reklampresent	—	reklamní dárek m	reklámajándék
imposto m	belasting f	skatt	—	daň f	adó
taxa de importação f	invoerrechten n/pl	importavgift	—	dovozní poplatek f	behozatali illeték
imposto sobre os investimentos m	investeringsbelasting f	investeringsskatt	—	investiční daň f	beruházási adó
imposto sobre o volume de vendas m	omzetbelasting f	omsättningsskatt	—	daň z obratu f	forgalmi adó

podatek od darowizny

	D	E	F	I	ES
podatek od darowizny (PL)	Schenkungssteuer f	gift tax	impôt sur les donations m	imposta sulle donazioni f	impuesto sobre donaciones m
podatek od olejów mineralnych (PL)	Mineralölsteuer f	mineral oil tax	taxe sur les carburants f	imposta sugli olii minerali f	impuesto sobre la gasolina m
podatek od osób prawnych (PL)	Körperschaftsteuer f	corporation tax	taxe sur les sociétés f	imposta sul reddito delle società f	impuesto de corporaciones m
podatek od przedsiębiorstw (PL)	Gewerbesteuer f	trade tax	impôt sur les bénéfices des professions	imposta industriale f	impuesto industrial comerciales m
podatek od wartości dodatkowej (VAT) (PL)	Mehrwertsteuer f	value-added tax	taxe à la valeur ajoutée f	imposta sul valore aggiunto f	impuesto sobre el valor añadido (IVA) m
podatek od wynagrodzenia (PL)	Lohnsteuer f	wage tax	impôt sur les traitements et les salaires m	imposta sui salari f	impuesto sobre los rendimientos del trabajo personal (IRTP) m
podatek od zysku (PL)	Ertragsteuer f	tax on earnings	impôt assis sur le produit m	imposta cedolare f	impuesto sobre beneficios m
podatek od zysku z kapitału (PL)	Kapitalertragsteuer f	capital yield tax	impôt sur le revenu du capital m	imposta sulla rendita del capitale f	impuesto sobre la renta del capital m
podatek z zysku (PL)	Gewinnabführung f	transfer of profit	transfert du bénéfice m	trasferimento degli utili m	transferencia de beneficios f
podatki majątkowe (PL)	Realsteuern f/pl	tax on real estate	impôt réel m	imposte reali f/pl	impuestos reales m/pl
podatki pośrednie (PL)	indirekte Steuern f/pl	indirect taxes	impôts indirects m	imposte indirette f/pl	impuestos indirectos m/pl
podatkowy nakaz płatniczy (PL)	Steuerbescheid m	notice of assessment	avis d'imposition m	cartella delle imposte f	liquidación de impuestos f
podatnik (PL)	Steuerzahler m	taxpayer	contribuable m	contribuente m	contribuyente m
podepisovat (CZ)	unterschreiben	sign	signer	firmare	firmar
poder (ES)	Prokura f	power of attorney	procuration commerciale générale f	procura f	—
poder adquisitivo (ES)	Kaufkraft f	purchasing power	pouvoir d'achat m	potere d'acquisto m	—
poder de compra (P)	Kaufkraft f	purchasing power	pouvoir d'achat m	potere d'acquisto m	poder adquisitivo m
poder general (ES)	Generalvollmacht f	general power of attorney	pouvoir général m	procura generale f	—
poder geral (P)	Generalvollmacht f	general power of attorney	pouvoir général m	procura generale f	poder general m
podhodnocení (CZ)	Unterbewertung f	undervaluation	sous-évaluation f	sottovalutazione f	subvaloración f
podíl (CZ)	Beteiligung f	participation	participation f	partecipazione f	participación f
podíl (CZ)	Quote f	quota	quota m	quota f	cuota f
podíl na obchodu (CZ)	Geschäftsanteil m	share	part sociale f	quota sociale f	participación f
podíl na trhu (CZ)	Marktanteil m	market share	participation au marché f	quota di mercato f	participación en el mercado f
podíl na zisku (CZ)	Erwerbsquote f	activity rate	taux d'activité m	quota della popolazione attiva f	tasa de la población activa f
podíl na zisku (CZ)	Gewinnbeteiligung f	profit-sharing	participation aux bénéfices f	partecipazione agli utili f	participación en los beneficios f
podíl na zisku (CZ)	Tantieme f	percentage of profits	tantième m	percentuale d'interessenza f	tanto por ciento m
podklady k žádosti (CZ)	Bewerbungsunterlagen f/pl	application documents	dossier de candidature m	documenti di candidatura m/pl	documentos de solicitud m/pl
podlegający opodatkowaniu (PL)	abgabenpflichtig	liable to tax	assujetti à l'impôt	soggetto a imposte	sujeto a impuestos
podléhající poplatkům (CZ)	abgabenpflichtig	liable to tax	assujetti à l'impôt	soggetto a imposte	sujeto a impuestos
podle ujednání (CZ)	vereinbarungsgemäß	as agreed	comme convenu	come convenuto	según lo acordado
podmínka (CZ)	Kondition f	condition	condition f	condizione f	condición f
podmínka (CZ)	Bedingung f	condition	condition f	condizione f	condición f

podmínka

P	NL	SV	PL	CZ	H
imposto sobre doações *m*	schenkingsrecht *n*	gåvoskatt	—	darovací daň *f*	ajándékozási adó
imposto sobre óleo mineral *m*	belasting op minerale olie *f*	oljeskatt	—	daň z ropných produktů *f*	olajtermékadó
imposto sobre rendimentos colectivos (IRC) *m*	vennootschapsbelasting *f*	bolagsskatt	—	korporační daň *f*	társasági adó
imposto sobre o comércio *m*	bedrijfsbelasting *f*	företagsskatt	—	živnostenská daň *f*	iparűzési adó
imposto sobre o valor acrescentado (IVA) *m*	belasting op de toegevoegde waarde *f*	mervärdesskatt	—	daň z přidané hodnoty *f*	hozzáadottérték-adó
imposto sobre os rendimentos do trabalho (IRS) *m*	loonbelasting *f*	källskatt på lön	—	daň ze mzdy *f*	béradó
imposto sobre o rendimento *m*	winstbelasting *f*	vinstbeskattning	—	daň z výnosů *f*	jövedelemadó
imposto sobre os rendimento de capital *m*	belasting op inkomen uit kapitaal *f*	skatt på kapitalinkomst	—	daň z výnosu kapitálu *f*	tőkehozadék-adó
transferência dos lucros *f*	de afdracht van de winst *f/m*	vinstöverföring	—	odvod zisku *m*	nyereségátutalás
impostos reais *m/pl*	zakelijke belastingen *f/pl*	skatt på fast egendom	—	reálné daně *f/pl*	vagyonadó
impostos indirectos *m/pl*	indirecte belastingen *f/pl*	indirekta skatter *pl*	—	nepřímé daně *f/pl*	közvetett adók
aviso para pagamento de imposto *m*	aanslagbiljet *n*	skattsedel	—	daňový výměr *m*	adókivetési értesítés
contribuinte *m*	belastingplichtige *m*	skattebetalare	—	poplatník *m*	adófizető
assinar	ondertekenen	skriva under	podpisywać ‹podpisać›	—	aláír
procuração *f*	volmacht *f*	fullmakt	prokura *f*	plná moc *f*	cégjegyzési jog
poder de compra *m*	koopkracht *f*	köpkraft	siła nabywcza *f*	kupní síla *f*	vásárlóerő
—	koopkracht *f*	köpkraft	siła nabywcza *f*	kupní síla *f*	vásárlóerő
poder geral *m*	algemene lastgeving *f*	generalfullmakt	pełnomocnictwo ogólne *n*	neomezená plná moc *f*	általános meghatalmazás
—	algemene lastgeving *f*	generalfullmakt	pełnomocnictwo ogólne *n*	neomezená plná moc *f*	általános meghatalmazás
subavaliação *f*	onderschatting *f*	undervärdering	wycena poniżej wartości *f*	—	alulértékelés
participação *f*	deelneming *f*	deltagande	udział *m*	—	részesedés
quota *f*	quotum *n*	kvot	kwota *f*	—	kvóta
participação no negócio *f*	aandeel in een vennootschap *n*	affärsandel	udział w przedsiębiorstwie *m*	—	üzletrész
quota de mercado *f*	marktaandeel *n*	marknadsandel	udział firmy w rynku *m*	—	piaci részesedés
taxa da população activa *f*	arbeidsaanbod *n*	sysselsättningsgrad	stosunek pracujących do populacji *m*	—	aktív keresők aránya
participação nos lucros *f*	deelneming in de winst *f*	vinstdelning	udział w zyskach *m*	—	nyereségrészesedés
percentagem *f*	tantième *n*	vinstandel	tantiema *f*	—	jutalék
documentos de candidatura *m/pl*	sollicitatiedocumenten *n/pl*	ansökningshandlingar *pl*	załączniki do podania o pracę *m/pl*	—	pályázati dokumentumok
sujeito a impostos	belastbaar	skattepliktig	—	podléhající poplatkům	adóköteles
sujeito a impostos	belastbaar	skattepliktig	podlegający opodatkowaniu	—	adóköteles
como acordado	zoals overeengekomen	enligt överenskommelse	jak uzgodniono	—	megállapodás szerint
condição *f*	voorwaarde *f*	villkor	warunek *m*	—	feltétel
condição *f*	voorwaarde *f*	villkor	warunek *m*	—	feltétel

podnik

	D	E	F	I	ES
podnik (CZ)	Betrieb m	factory	entreprise f	azienda f	fábrica f
podnik (CZ)	Unternehmen n	business	entreprise f	impresa f	empresario m
podnikatelský záměr (CZ)	Unternehmensziel n	company objective	objectif de l'entreprise m	obiettivo imprenditoriale m	objetivo empresarial m
podnikové klima (CZ)	Betriebsklima n	working conditions and human relations	ambiance de travail m	ambiente di lavoro m	ambiente de trabajo m
podnikové prázdniny (CZ)	Betriebsferien f	annual holiday	clôture annuelle de l'établissement f	ferie aziendali f/pl	vacaciones de la empresa f/pl
podnikové výdaje (CZ)	Betriebsausgaben f/pl	operating expenses	charges d'exploitation f/pl	spese di esercizio f/pl	gastos de explotación m/pl
podnikový kontrolor (CZ)	Betriebsprüfer m	auditor	expert-comptable m	revisore aziendale m	inspector fiscal m
podnikový poradce (CZ)	Unternehmensberater	business consultant	conseiller d'entreprise f	consulente d'impresa m	asesor de empresas m
podpis (PL)	Unterschrift f	signature	signature f	firma f	firma f
podpis (CZ)	Unterschrift f	signature	signature f	firma f	firma f
podpisywać (PL)	unterschreiben	sign	signer	firmare	firmar
podplácení (CZ)	Bestechung f	bribe	corruption f	corruzione f	soborno f
podpora (CZ)	Förderung f	promotion	promotion f	promozione f	promoción f
podpora kursu (CZ)	Kursstützung f	price pegging	soutiens des cours m	difesa dei corsi f	sostén de las cotizaciones m
podpůrný nákup (CZ)	Stützungskauf m	support buying	achat de soutien m	acquisto di sostegno m	compra de apoyo f
podřadné zboží (CZ)	inferiore Güter n/pl	inferior goods	biens inférieurs m/pl	beni inferiori m/pl	bienes inferiores m/pl
podsądność terytorialna (PL)	Gerichtsstand m	place of jurisdiction	juridiction compétente f	foro competente m	tribunal competente m
podstawowa stopa procentowa (PL)	Leitzins m	key rate	taux directeur m	tasso di riferimento m	interés básico m
podtrzymywanie kursu (PL)	Kursstützung f	price pegging	soutiens des cours m	difesa dei corsi f	sostén de las cotizaciones m
podvod (CZ)	Betrug m	fraud	fraude f	frode f	fraude m
podvodný bankrot (CZ)	betrügerischer Bankrott m	fraudulent bankruptcy	banqueroute frauduleuse f	bancarotta fraudolenta f	quiebra fraudulenta f
podvojné účetnictví (CZ)	doppelte Buchführung f	double entry bookkeeping	comptabilité en partie double f	contabilità a partita doppia f	contabilidad por partida doble f
podwójna księgowość (PL)	doppelte Buchführung f	double entry bookkeeping	comptabilité en partie double f	contabilità a partita doppia f	contabilidad por partida doble f
podwykonawca (PL)	Subunternehmer m	subcontractor	sous-entrepreneur m	subappaltatore m	subempresario m
podwyżka (PL)	Erhöhung f	increase	augmentation f	aumento m	incremento m
podwyżka cen (PL)	Preiserhöhung f	price increase	augmentation des prix f	rialzo dei prezzi m	aumento de precios m
podwyżka płac (PL)	Lohnerhöhung f	pay increase	augmentation de salaire f	aumento salariale m	aumento de salario m
podwyżka płacy (PL)	Gehaltserhöhung f	increase in salary	augmentation de traitement f	aumento dello stipendio m	aumento de sueldo m
podwyżka podatków (PL)	Steuererhöhung f	tax increase	augmentation des impôts m	aumento delle imposte m	aumento de los impuestos m
podwyższenie kapitału (PL)	Kapitalerhöhung f	increase of capital	augmentation de capital f	aumento del capitale m	aumento de capital m
podział pracy (PL)	Arbeitsteilung f	division of labour	division du travail f	suddivisione del lavoro f	división del trabajo f
pohledávka (CZ)	Guthaben n	assets	avoir m	saldo attivo m	haber m
pohoštění (CZ)	Bewirtung f	hospitality	hospitalité f	ospitalità f	hospedaje m
pohyb kapitálu (CZ)	Kapitalverkehr m	capital transactions	mouvement des capitaux m	circolazione dei capitali f	circulación de capitales f
pohyblivý majetek (CZ)	bewegliche Güter n/pl	movable goods	biens meubles m/pl	beni mobili m/pl	bienes muebles m/pl
pohyblivý směnný kurs (CZ)	flexibler Wechselkurs m	flexible exchange rate	taux de change flottant m	cambio flessibile f	tipo flotante de cambio m
poids au déchargement (F)	Abladegewicht n	weight loaded	—	peso di scarico m	peso de descarga m
półrocznie (PL)	halbjährlich	half-yearly	semestriel	semestrale	semestral

półrocznie

P	NL	SV	PL	CZ	H
fábrica f	bedrijf n	rörelse	przedsiębiorstwo n	—	üzem
empresa f	bedrijf n	företag	przedsiębiorstwo n	—	vállalat
objectivo da empresa m	bedrijfsdoelstelling f	företagsmål	przedmiot działalności przedsiębiorstwa m	—	a vállalat célja
ambiente de trabalho m	bedrijfsklimaat n	arbetsklimat	atmosfera pracy f	—	munkahelyi légkör
férias anuais da empresa f/pl	jaarlijkse vakantie f	industrisemester	przerwa urlopowa f	—	vállalati szabadságolási időszak
gastos de exploração m/pl	bedrijfsuitgaven f/pl	rörelseomkostnader pl	wydatki na eksploatację f	—	üzemi kiadások
auditor m	accountant m	revisor	kontroler podatkowy m	—	revizor
consultor de empresas m	bedrijfsadviseur m	företagskonsult	doradca przedsiębiorstwa m	—	vállalatvezetési tanácsadó
assinatura f	ondertekening f	underskrift	—	podpis m	aláírás
assinatura f	ondertekening f	underskrift	podpis m	—	aláírás
assinar	ondertekenen	skriva under	—	podepisovat <podepsat>	aláír
suborno m	omkoperij f	mutning	przekupstwo n	—	megvesztegetés
promoção f	vordering f	främjande	promocja f	—	támogatás
sustentação do curso f	koersinterventie f	kursstöd	podtrzymywanie kursu n	—	árfolyam-támogatás
compra sustentatória f	steunaankoop m	stödköp	zakup podtrzymujący m	—	támogató vásárlás
bens inferiores m/pl	minderwaardige goederen n/pl	sekunda varor	artykuły gorszej jakości m/pl	—	kisebb értékű áru
competência judiciária f	bevoegde rechtbank f	jurisdiktion	—	sidlo soudu n	bíróság területi illetékessége
taxa de referência f	officiële rente f	styrränta	—	hlavní úrok m	alapkamatláb
sustentação do curso f	koersinterventie f	kursstöd	—	podpora kursu f	árfolyam-támogatás
fraude f	oplichterij f	bedrägeri	oszustwo n	—	csalás
falência fraudulenta f	bedrieglijke bankbreuk f	bedräglig konkurs	oszustwo upadłościowe n	—	csalárd csőd
contabilidade em partidas dobradas	dubbele boekhouding f	dubbel bokföring	podwójna księgowość f	—	kettős könyvelés
contabilidade em partidas dobradas	dubbele boekhouding f	dubbel bokföring	—	podvojné účetnictví n	kettős könyvelés
subempresário m	onderaannemer m	underleverantör	—	subdodavatel m	alvállalkozó
elevação f	verhoging f	höjning	—	zvýšení n	emelés
aumento de preços m	prijsverhoging f	prishöjning	—	zvýšení cen n	áremelés
aumento salarial m	loonsverhoging f	löneförhöjning	—	zvýšení mzdy n	béremelés
aumento de salário m	loonsverhoging f	löneförhöjning	—	zvýšení platu n	fizetésemelés
aumento dos impostos m	belastingverhoging f	skattehöjning	—	zvýšení daně n	adóemelés
aumento de capital m	kapitaalsverhoging f	kapitaltillskott	—	zvýšení kapitálu n	tőkeemelés
divisão de trabalho f	arbeidsverdeling f	arbetsdelning	—	dělba práce f	munkamegosztás
crédito m	creditzijde f	saldo	aktywa pl	—	követelés(ek)
hospitalidade f	onthaal n	representation	poczęstunek m	—	vendéglátás
circulação de capital f	kapitaalverkeer n	kapitalrörelse	obieg kapitału m	—	tőkeműveletek
bens móveis m/pl	roerende goederen n/pl	inventarier pl	dobra ruchome n/pl	—	ingóságok
taxa de câmbio flexível f	zwevende wisselkoers m	flytande växelkurs	elastyczny kurs wymiany m	—	rugalmas valutaárfolyam
peso de descarga m	gewicht bij het lossen n	inlastad vikt	waga wysyłkowa f	hmotnost při vyložení f	átadási súly
semestral	halfjaarlijks	halvårsvis	—	pulročně	félévente

pojazd mechaniczny

	D	E	F	I	ES
pojazd mechaniczny (PL)	Kraftfahrzeug *n*	motor vehicle	véhicule à moteur *m*	autoveicolo *m*	automóvil *m*
pojištění (CZ)	Assekuranz *f*	assurance	assurance *f*	assicurazione *f*	seguro *m*
pojištění (CZ)	Versicherung *f*	insurance	assurance *f*	assicurazione *f*	seguro *m*
pojištění povinného ručení (CZ)	Haftpflichtversicherung *f*	third party liability insurance	assurance responsabilité civile *f*	assicurazione della responsabilità civile *f*	seguro de responsabilidad civil *m*
pojištěný (CZ)	Versicherungsnehmer *m*	insured person	souscripteur d'assurance *m*	assicurato *m*	asegurado *m*
pojistka (CZ)	Police *f*	policy	police *f*	polizza *f*	póliza *f*
pojistka (CZ)	Versicherungspolice *f*	insurance policy	police d'assurance *f*	polizza d'assicurazione *f*	seguro *m*
pojistná prémie (CZ)	Versicherungsprämie *f*	insurance premium	prime d'assurance *f*	premio assicurativo *m*	prima de seguro *f*
pojistná suma (CZ)	Versicherungssumme *f*	insured sum	montant de l'assurance *m*	capitale assicurato *m*	suma asegurada *f*
pojišťovací agent (CZ)	Versicherungsagent *m*	insurance agent	agent d'assurance *m*	agente assicurativo *m*	agente de seguros *m*
pojízdná živnost (CZ)	ambulantes Gewerbe *n*	itinerant trade	commerce ambulant *m*	commercio ambulante *m*	comercio ambulante *m*
pokladní deník (CZ)	Kassenbuch *n*	cash book	compte de caisse *m*	libro di cassa *m*	libro de caja *m*
pokles poptávky (CZ)	Nachfragerückgang *m*	decrease in demand	recul de la demande *m*	flessione della domanda *f*	disminución en la demanda *f*
pokles rozvoje (CZ)	Abschwung *m*	downswing	dépression *f*	ribasso *m*	recesión *f*
pokrycie (PL)	Deckung *f*	cover	couverture *f*	copertura *f*	cobertura *f*
pokupny na rynku (PL)	marktfähig	marketable	vendable	commerciabile	comerciable
pokuta (CZ)	Bußgeld *n*	penalty	amende *f*	pena pecuniaria *f*	multa *f*
polacco (I)	polnisch	Polish	polonais	—	polaco
polacco (I)	Polnisch	Polish	polonais	—	polaco *m*
polaco (ES)	polnisch	Polish	polonais	polacco	—
polaco (ES)	Polnisch	Polish	polonais	polacco *m*	—
Poland (E)	Polen *n*	—	Pologne *f*	Polonia *f*	Polonia
polecenie wypłaty (PL)	Zahlungsanweisung *f*	order for payment	mandat de payement *m*	ordine di pagamento *m*	orden de pago *m*
Polen (D)	—	Poland	Pologne *f*	Polonia *f*	Polonia
Polen (NL)	Polen *n*	Poland	Pologne *f*	Polonia *f*	Polonia
Polen (SV)	Polen *n*	Poland	Pologne *f*	Polonia *f*	Polonia
pole obsługi (PL)	Bedienungsgeld *n*	service charge	pourboire *m*	diritto di servizio *m*	propina *f*
Police (D)	—	policy	police *f*	polizza *f*	póliza *f*
police (F)	Police *f*	policy	—	polizza *f*	póliza *f*
police d'abonnement (F)	Generalpolice *f*	floating policy	—	polizza generale *f*	póliza global *f*
police d'assurance (F)	Versicherungspolice *f*	insurance policy	—	polizza d'assicurazione *f*	seguro *m*
policía de la empresa (ES)	Werkschutz *m*	works protection force	corps de sécurité d'entreprise *m*	servizio di sorveglianza aziendale *m*	—
policy (E)	Police *f*	—	police *f*	polizza *f*	póliza *f*
polis (NL)	Police *f*	policy	police *f*	polizza *f*	póliza *f*
polisa (PL)	Police *f*	policy	police *f*	polizza *f*	póliza *f*
polisa generalna (PL)	Generalpolice *f*	floating policy	police d'abonnement *f*	polizza generale *f*	póliza global *f*
polisa ubezpieczeniowa (PL)	Versicherungspolice *f*	insurance policy	police d'assurance *f*	polizza d'assicurazione *f*	seguro *m*
Polish (E)	polnisch	—	polonais	polacco	polaco
Polish (E)	Polnisch	—	polonais	polacco *m*	polaco *m*
politica congiunturale (I)	Konjunkturpolitik *f*	economic policy	politique de conjoncture *f*	—	política de coyuntura *f*
política das taxas de juro (P)	Zinspolitik *f*	interest rate policy	politique en matière d'intérêts *f*	politica dei tassi d'interesse *f*	política en materia de intereses *f*
política de coyuntura (ES)	Konjunkturpolitik *f*	economic policy	politique de conjoncture *f*	politica congiunturale *f*	—

política de coyuntura

P	NL	SV	PL	CZ	H
automóvel m	motorrijtuig n	motorfordon	—	motorové vozidlo n	gépjármű
seguro m	verzekering f	assurans	asekuracja n	—	biztosítás
seguro m	verzekering f	försäkring	ubezpieczenie n	—	biztosítás
seguro de responsabilidade civil m	aansprakelijkheidsverzekering f	ansvarsförsäkring	ubezpieczenie od odpowiedzialności cywilnej f	—	felelősségbiztosítás
segurado m	verzekeringnemer m	försäkringstagare	ubezpieczeniobiorca m	—	biztosított (fél)
apólice f	polis f	försäkringsbrev	polisa f	—	biztosítási kötvény
apólice de seguros f	verzekeringspolis f	försäkringsbrev	polisa ubezpieczeniowa f	—	biztosítási kötvény
prémio de seguro m	verzekeringspremie f	försäkringspremie	składka ubezpieczeniowa f	—	biztosítási díj
montante do seguro m	verzekerd bedrag n	försäkringssumma	suma ubezpieczenia f	—	biztosítási összeg
agente de seguros m	verzekeringsagent m	försäkringsagent	agent ubezpieczeniowy m	—	biztosítási ügynök
comércio ambulante m	straathandel m	ambulerande handel	rzemiosło wędrowne n	—	vándorkereskedelem
livro de caixa m	kasboek n	kassabok	księga kasowa f	—	pénztárkönyv
diminuição da procura f	vermindering van de vraag f	minskad efterfrågan	spadek popytu m	—	keresletcsökkenés
baixa f	recessie f	nedgång	regresja f	—	gazdasági visszaesés
cobertura f	dekking f	täckning	—	krytí n	fedezet
comercializável	verhandelbaar	mogen för marknaden	—	schopný uplatnění n	piacképes
multa administrativa f	boete f/m	straffavgift	grzywna f	—	pénzbírság
polonês	Pools	polsk	polski	polský	lengyel(ül)
polonês	Pools	polska	język polski m	polština f	lengyel (nyelv)
polonês	Pools	polsk	polski	polský	lengyel(ül)
polonês	Pools	polska	język polski m	polština f	lengyel (nyelv)
Polónia f	Polen	Polen	Polska f	Polsko n	Lengyelország
ordem de pagamento f	opdracht tot betaling f	betalningsorder	—	poštovní platební příkaz m	készpénzfizetési utalvány
Polónia f	Polen	Polen	Polska f	Polsko n	Lengyelország
Polónia f	—	Polen	Polska f	Polsko n	Lengyelország
Polónia f	Polen	—	Polska f	Polsko n	Lengyelország
gorjeta f	fooi f/m	dricks	—	spropitné n	borravaló
apólice f	polis f	försäkringsbrev	polisa f	pojistka f	biztosítási kötvény
apólice f	polis f	försäkringsbrev	polisa f	pojistka f	biztosítási kötvény
apólice f	abonnementspolis f	flytande försäkring	polisa generalna f	generální pojistka f	biztosítási keretkötvény
apólice de seguros f	verzekeringspolis f	försäkringsbrev	polisa ubezpieczeniowa f	pojistka f	biztosítási kötvény
corpo de segurança da empresa m	veiligheidsdienst m	arbetsskydd	straż zakładowa f	ochrana závodu f	üzemi rendészet
apólice f	polis f	försäkringsbrev	polisa f	pojistka f	biztosítási kötvény
apólice f	—	försäkringsbrev	polisa f	pojistka f	biztosítási kötvény
apólice f	polis f	försäkringsbrev	—	pojistka f	biztosítási kötvény
apólice f	abonnementspolis f	flytande försäkring	—	generální pojistka f	biztosítási keretkötvény
apólice de seguros f	verzekeringspolis f	försäkringsbrev	—	pojistka f	biztosítási kötvény
polonês	Pools	polsk	polski	polský	lengyel(ül)
polonês	Pools	polska	język polski m	polština f	lengyel (nyelv)
política económica f	conjunctuurpolitiek f	konjunkturpolitik	polityka koniunkturalna f	konjunkturální politika f	konjunktúrapolitika
—	rentebeleid n	räntepolitik	polityka stopy procentowej f	úroková politika f	kamatpolitika
política económica f	conjunctuurpolitiek f	konjunkturpolitik	polityka koniunkturalna f	konjunkturální politika f	konjunktúrapolitika

política de empleo

	D	E	F	I	ES
política de empleo (ES)	Beschäftigungspolitik f	employment policy	politique de l'emploi f	politica dell'occupazione f	—
política de estabilidad económica (ES)	Stabilitätspolitik f	stability policy	politique de stabilité f	politica di consolidamento f	—
política de estabilidade económica (P)	Stabilitätspolitik f	stability policy	politique de stabilité f	politica di consolidamento f	política de estabilidad económica f
politica dei prezzi (I)	Preispolitik f	price policy	politiques des prix f	—	política de precios f
politica dei tassi d'interesse (I)	Zinspolitik f	interest rate policy	politique en matière d'intérêts f	—	política en materia de intereses f
politica dell'occupazione (I)	Beschäftigungspolitik f	employment policy	politique de l'emploi f	—	política de empleo f
política de precios (ES)	Preispolitik f	price policy	politiques des prix f	politica dei prezzi f	—
política de preços (P)	Preispolitik f	price policy	politiques des prix f	politica dei prezzi f	política de precios f
politica di consolidamento (I)	Stabilitätspolitik f	stability policy	politique de stabilité f	—	política de estabilidad económica f
política do emprego (P)	Beschäftigungspolitik f	employment policy	politique de l'emploi f	politica dell'occupazione f	política de empleo f
politica economica (I)	Wirtschaftspolitik f	economic policy	politique économique f	—	política económica f
política económica (ES)	Wirtschaftspolitik f	economic policy	politique économique f	politica economica f	—
política económica (P)	Konjunkturpolitik f	economic policy	politique de conjoncture f	politica congiunturale f	política de coyuntura f
política económica (P)	Wirtschaftspolitik f	economic policy	politique économique f	politica economica f	política económica f
política en materia de intereses (ES)	Zinspolitik f	interest rate policy	politique en matière d'intérêts f	politica dei tassi d'interesse f	—
política financeira (P)	Finanzpolitik f	financial policy	politique financière f	politica finanziaria f	política financiera f
política financiera (ES)	Finanzpolitik f	financial policy	politique financière f	politica finanziaria f	—
politica finanziaria (I)	Finanzpolitik f	financial policy	politique financière f	—	política financiera f
política fiscal (ES)	Steuerpolitik f	fiscal policy	politique fiscale f	politica fiscale f	—
política fiscal (P)	Steuerpolitik f	fiscal policy	politique fiscale f	politica fiscale f	política fiscal f
politica fiscale (I)	Steuerpolitik f	fiscal policy	politique fiscale f	—	política fiscal f
politica monetaria (I)	Geldpolitik f	monetary policy	politique monétaire f	—	política monetaria f
politica monetaria (I)	Währungspolitik f	monetary policy	politique monétaire f	—	política monetaria f
política monetaria (ES)	Geldpolitik f	monetary policy	politique monétaire f	politica monetaria f	—
política monetaria (ES)	Währungspolitik f	monetary policy	politique monétaire f	politica monetaria f	—
política monetária (P)	Geldpolitik f	monetary policy	politique monétaire f	politica monetaria f	política monetaria f
política monetária (P)	Währungspolitik f	monetary policy	politique monétaire f	politica monetaria f	política monetaria f
politika stabilizace (CZ)	Stabilitätspolitik f	stability policy	politique de stabilité f	politica di consolidamento f	política de estabilidad económica f
politika zaměstnanosti (CZ)	Beschäftigungspolitik f	employment policy	politique de l'emploi f	politica dell'occupazione f	política de empleo f
politique de conjoncture (F)	Konjunkturpolitik f	economic policy	—	politica congiunturale f	política de coyuntura f
politique de l'emploi (F)	Beschäftigungspolitik f	employment policy	—	politica dell'occupazione f	política de empleo f
politique de stabilité (F)	Stabilitätspolitik f	stability policy	—	politica di consolidamento f	política de estabilidad económica f
politique économique (F)	Wirtschaftspolitik f	economic policy	—	politica economica f	política económica f
politique en matière d'intérêts (F)	Zinspolitik f	interest rate policy	—	politica dei tassi d'interesse f	política en materia de intereses f
politique financière (F)	Finanzpolitik f	financial policy	—	politica finanziaria f	política financiera f
politique fiscale (F)	Steuerpolitik f	fiscal policy	—	politica fiscale f	política fiscal f
politique monétaire (F)	Geldpolitik f	monetary policy	—	politica monetaria f	política monetaria f
politique monétaire (F)	Währungspolitik f	monetary policy	—	politica monetaria f	política monetaria f
politiques des prix (F)	Preispolitik f	price policy	—	politica dei prezzi f	política de precios f

politiques des prix

P	NL	SV	PL	CZ	H
política do emprego f	werkgelegenheidsbeleid n	arbetsmarknadspolitik	polityka zatrudnienia f	politika zaměstnanosti f	foglalkoztatási politika
política de estabilidade económica f	stabiliteitspolitiek f	stabilitetspolitik	polityka stabilizacyjna f	politika stabilizace f	stabilitási politika
—	stabiliteitspolitiek f	stabilitetspolitik	polityka stabilizacyjna f	politika stabilizace f	stabilitási politika
política de preços f	prijsbeleid n	prispolitik	polityka cenowa f	cenová politika f	árpolitika
política das taxas de juro f	rentebeleid n	räntepolitik	polityka stopy procentowej f	úroková politika f	kamatpolitika
política do emprego f	werkgelegenheidsbeleid n	arbetsmarknadspolitik	polityka zatrudnienia f	politika zaměstnanosti f	foglalkoztatási politika
política de preços f	prijsbeleid n	prispolitik	polityka cenowa f	cenová politika f	árpolitika
—	prijsbeleid n	prispolitik	polityka cenowa f	cenová politika f	árpolitika
política de estabilidade económica f	stabiliteitspolitiek f	stabilitetspolitik	polityka stabilizacyjna f	politika stabilizace f	stabilitási politika
—	werkgelegenheidsbeleid n	arbetsmarknadspolitik	polityka zatrudnienia f	politika zaměstnanosti f	foglalkoztatási politika
política económica f	economisch beleid n	ekonomisk politik	polityka gospodarcza f	hospodářská politika f	gazdaságpolitika
política económica f	economisch beleid n	ekonomisk politik	polityka gospodarcza f	hospodářská politika f	gazdaságpolitika
—	conjunctuurpolitiek f	konjunkturpolitik	polityka koniunkturalna f	konjunkturální politika f	konjunktúrapolitika
—	economisch beleid n	ekonomisk politik	polityka gospodarcza f	hospodářská politika f	gazdaságpolitika
política das taxas de juro f	rentebeleid n	räntepolitik	polityka stopy procentowej f	úroková politika f	kamatpolitika
—	financiële politiek f	finanspolitik	polityka finansowa f	finanční politika m	költségvetési politika
política financeira f	financiële politiek f	finanspolitik	polityka finansowa f	finanční politika m	költségvetési politika
política financeira f	financiële politiek f	finanspolitik	polityka finansowa f	finanční politika m	költségvetési politika
política fiscal f	belastingpolitiek f	skattepolitik	polityka podatkowa f	daňová politika f	adópolitika
—	belastingpolitiek f	skattepolitik	polityka podatkowa f	daňová politika f	adópolitika
política fiscal f	belastingpolitiek f	skattepolitik	polityka podatkowa f	daňová politika f	adópolitika
política monetária f	monetaire politiek f	penningpolitik	polityka fiskalna f	peněžní politika f	pénzpolitika
política monetária f	monetaire politiek f	valutapolitik	polityka walutowa f	měnová politika f	monetáris politika
política monetária f	monetaire politiek f	penningpolitik	polityka fiskalna f	peněžní politika f	pénzpolitika
política monetária f	monetaire politiek f	valutapolitik	polityka walutowa f	měnová politika f	monetáris politika
—	monetaire politiek f	penningpolitik	polityka fiskalna f	peněžní politika f	pénzpolitika
—	monetaire politiek f	valutapolitik	polityka walutowa f	měnová politika f	monetáris politika
política de estabilidade económica f	stabiliteitspolitiek f	stabilitetspolitik	polityka stabilizacyjna f	—	stabilitási politika
política do emprego f	werkgelegenheidsbeleid n	arbetsmarknadspolitik	polityka zatrudnienia f	—	foglalkoztatási politika
política económica f	conjunctuurpolitiek f	konjunkturpolitik	polityka koniunkturalna f	konjunkturální politika f	konjunktúrapolitika
política do emprego f	werkgelegenheidsbeleid n	arbetsmarknadspolitik	polityka zatrudnienia f	politika zaměstnanosti f	foglalkoztatási politika
política de estabilidade económica f	stabiliteitspolitiek f	stabilitetspolitik	polityka stabilizacyjna f	politika stabilizace f	stabilitási politika
política económica f	economisch beleid n	ekonomisk politik	polityka gospodarcza f	hospodářská politika f	gazdaságpolitika
política das taxas de juro f	rentebeleid n	räntepolitik	polityka stopy procentowej f	úroková politika f	kamatpolitika
política financeira f	financiële politiek f	finanspolitik	polityka finansowa f	finanční politika m	költségvetési politika
política fiscal f	belastingpolitiek f	skattepolitik	polityka podatkowa f	daňová politika f	adópolitika
política monetária f	monetaire politiek f	penningpolitik	polityka fiskalna f	peněžní politika f	pénzpolitika
política monetária f	monetaire politiek f	valutapolitik	polityka walutowa f	měnová politika f	monetáris politika
política de preços f	prijsbeleid n	prispolitik	polityka cenowa f	cenová politika f	árpolitika

polityka cenowa

	D	E	F	I	ES
polityka cenowa (PL)	Preispolitik f	price policy	politiques des prix f	politica dei prezzi f	política de precios f
polityka finansowa (PL)	Finanzpolitik f	financial policy	politique financière f	politica finanziaria f	política financiera f
polityka fiskalna (PL)	Geldpolitik f	monetary policy	politique monétaire f	politica monetaria f	política monetaria f
polityka gospodarcza (PL)	Wirtschaftspolitik f	economic policy	politique économique f	politica economica f	política económica f
polityka koniunkturalna (PL)	Konjunkturpolitik f	economic policy	politique de conjoncture f	politica congiunturale f	política de coyuntura f
polityka podatkowa (PL)	Steuerpolitik f	fiscal policy	politique fiscale f	politica fiscale f	política fiscal f
polityka stabilizacyjna (PL)	Stabilitätspolitik f	stability policy	politique de stabilité f	politica di consolidamento f	política de estabilidad económica f
polityka stopy procentowej (PL)	Zinspolitik f	interest rate policy	politique en matière d'intérêts f	politica dei tassi d'interesse f	política en materia de intereses f
polityka walutowa (PL)	Währungspolitik f	monetary policy	politique monétaire f	politica monetaria f	política monetaria f
polityka zatrudnienia (PL)	Beschäftigungspolitik f	employment policy	politique de l'emploi f	politica dell'occupazione f	política de empleo f
póliza (ES)	Police f	policy	police f	polizza f	—
póliza de carga (ES)	Ladeschein f	bill of lading	avis de chargement m	bolletta di carico f	—
póliza global (ES)	Generalpolice f	floating policy	police d'abonnement f	polizza generale f	—
polizza (I)	Police f	policy	police f	—	póliza f
polizza d'assicurazione (I)	Versicherungspolice f	insurance policy	police d'assurance f	—	seguro m
polizza di carico (I)	Konnossement n	bill of lading	connaissement m	—	conocimiento m
polizza di carico (I)	Seefrachtbrief m	bill of lading	connaissement m	—	conocimiento de embarque m
polizza generale (I)	Generalpolice f	floating policy	police d'abonnement f	—	póliza global f
polnisch (D)	—	Polish	polonais	polacco	polaco
Polnisch (D)	—	Polish	polonais	polacco m	polaco m
Pologne (F)	Polen n	Poland	—	Polonia f	Polonia
polonais (F)	polnisch	Polish	—	polacco	polaco
polonais (F)	Polnisch	Polish	—	polacco m	polaco m
polonês (P)	polnisch	Polish	polonais	polacco	polaco
polonês (P)	Polnisch	Polish	polonais	polacco m	polaco m
Polonia (I)	Polen n	Poland	Pologne f	—	Polonia
Polonia (ES)	Polen n	Poland	Pologne f	Polonia f	—
Polónia (P)	Polen n	Poland	Pologne f	Polonia f	Polonia
polsk (SV)	polnisch	Polish	polonais	polacco	polaco
polska (SV)	Polnisch	Polish	polonais	polacco m	polaco m
Polska (PL)	Polen n	Poland	Pologne f	Polonia f	Polonia
polski (PL)	polnisch	Polish	polonais	polacco	polaco
Polsko (CZ)	Polen n	Poland	Pologne f	Polonia f	Polonia
polský (CZ)	polnisch	Polish	polonais	polacco	polaco
polština (CZ)	Polnisch	Polish	polonais	polacco m	polaco m
poměr ceny a zisku (CZ)	Kurs-Gewinn-Verhältnis n	price-earnings ratio	relation cours-bénéfice f	rapporto corso-profitto m	relación cotización-ganancia f
pomieszczenie składowe (PL)	Lagerraum m	storage space	halle de dépôt f	deposito m	almacén m
pomoc społeczna (PL)	Sozialhilfe f	welfare	aide sociale f	assistenza sociale f	ayuda social f
ponowny zakup (PL)	Wiederbeschaffung f	replacement	réapprovisionnement m	riapprovvigionamento m	reposición f
ponto morto de vendas (P)	Gewinnschwelle f	break-even point	seuil de rentabilité m	punto di pareggio m	umbral de la rentabilidad m
pontual (P)	termingerecht	on schedule	dans les délais	puntuale	en la fecha fijada
po obdržení účtu (CZ)	nach Erhalt der Rechnung	on receipt of the invoice	après réception de la facture f	a ricevimento della fattura	después de haber recibido la factura
Pools (NL)	polnisch	Polish	polonais	polacco	polaco
Pools (NL)	Polnisch	Polish	polonais	polacco m	polaco m

Pools

P	NL	SV	PL	CZ	H
política de preços f	prijsbeleid n	prispolitik	—	cenová politika f	árpolitika
política financeira f	financiële politiek f	finanspolitik	—	finanční politika m	költségvetési politika
política monetária f	monetaire politiek f	penningpolitik	—	peněžní politika f	pénzpolitika
política económica f	economisch beleid n	ekonomisk politik	—	hospodářská politika f	gazdaságpolitika
política económica f	conjunctuurpolitiek f	konjunkturpolitik	—	konjunkturální politika f	konjunktúrapolitika
política fiscal f	belastingpolitiek f	skattepolitik	—	daňová politika f	adópolitika
política de estabilidade económica f	stabiliteitspolitiek f	stabilitetspolitik	—	politika stabilizace f	stabilitási politika
política das taxas de juro f	rentebeleid n	räntepolitik	—	úroková politika f	kamatpolitika
política monetária f	monetaire politiek f	valutapolitik	—	měnová politika f	monetáris politika
política do emprego f	werkgelegenheidsbeleid n	arbetsmarknadspolitik	—	politika zaměstnanosti f	foglalkoztatási politika
apólice f	polis f	försäkringsbrev	polisa f	pojistka f	biztosítási kötvény
guia de carregamento f	vrachtbrief m	lastbevis	kwit załadowczy m	nákladní list m	fuvarlevél
apólice f	abonnementspolis f	flytande försäkring	polisa generalna f	generální pojistka f	biztosítási keretkötvény
apólice f	polis f	försäkringsbrev	polisa f	pojistka f	biztosítási kötvény
apólice de seguros f	verzekeringspolis f	försäkringsbrev	polisa ubezpieczeniowa f	pojistka f	biztosítási kötvény
conhecimento m	connossement n	konossement	konosament m	konosament m	hajóraklevél
conhecimento de frete marítimo m	connossement n	konossement	konosament m	konosament m	tengeri fuvarlevél
apólice f	abonnementspolis f	flytande försäkring	polisa generalna f	generální pojistka f	biztosítási keretkötvény
polonês	Pools	polsk	polski	polský	lengyel(ül)
polonês	Pools	polska	język polski m	polština f	lengyel (nyelv)
Polónia f	Polen	Polen	Polska f	Polsko n	Lengyelország
polonês	Pools	polsk	polski	polský	lengyel(ül)
polonês	Pools	polska	język polski m	polština f	lengyel (nyelv)
—	Pools	polsk	polski	polský	lengyel(ül)
—	Pools	polska	język polski m	polština f	lengyel (nyelv)
Polónia f	Polen	Polen	Polska f	Polsko n	Lengyelország
Polónia f	Polen	Polen	Polska f	Polsko n	Lengyelország
—	Polen	Polen	Polska f	Polsko n	Lengyelország
polonês	Pools	—	polski	polský	lengyel(ül)
polonês	Pools	—	język polski m	polština f	lengyel (nyelv)
Polónia f	Polen	Polen	—	Polsko n	Lengyelország
polonês	Pools	polsk	—	polský	lengyel(ül)
Polónia f	Polen	Polen	Polska f	—	Lengyelország
polonês	Pools	polsk	polski	—	lengyel(ül)
polonês	Pools	polska	język polski m	—	lengyel (nyelv)
relação curso-benefício f	koers/winstverhouding f	p/e-tal	stosunek ceny akcji do jej dywidenty m	—	árfolyam-nyereség arány
armazém m	opslagplaats f	lagerrum	—	skladovací prostor m	raktár
assistência social f	maatschappelijke zekerheid f	socialhjälp	—	sociální pomoc f	szociális segély
reposição f	vervanging f	nyanskaffning	—	reprodukce f	pótlás
—	rendabiliteitsdrempel m	nollpunkt	próg zysku m	práh zisku m	nyereségküszöb
—	binnen de gestelde termijn	punktlig	terminowy	v termínu	határidőre
depois de receber a factura	na ontvangst van de rekening f	efter fakturans ingångsdatum	po otrzymaniu rachunku	—	a számla kézhezvétele után
polonês	—	polsk	polski	polský	lengyel(ül)
polonês	—	polska	język polski m	polština f	lengyel (nyelv)

poor quality

	D	E	F	I	ES
poor quality (E)	schlechte Qualität f	—	mauvaise qualité f	qualità scadente f	mala calidad f
po otrzymaniu rachunku (PL)	nach Erhalt der Rechnung	on receipt of the invoice	après réception de la facture f	a ricevimento della fattura	después de haber recibido la factura
poplatek (CZ)	Gebühr f	fee	taxe f	tassa f	tasa f
poplatek za zprostředkování (CZ)	Courtage f	brokerage	courtage m	courtage f	corretaje m
poplatky za náklad (CZ)	Ladegebühren f/pl	loading charges	taxe de chargement f	spese di carico f/pl	derechos de carga m/pl
poplatky za upomínku (CZ)	Mahngebühren pl	fine imposed for failing to settle an account	taxe d'avertissement f	tasse d'ingiunzione f/pl	gastos de reclamación m/pl
poplatky za vedení účtu (CZ)	Kontogebühren f/pl	bank charges	frais de tenue de compte m/pl	comissioni di gestione di un conto m/pl	gastos de administración de una cuenta m/pl
poplatky za vymazání (CZ)	Löschgebühren f/pl	discharging expenses	droit de déchargement m	spese di scarico f/pl	gastos de descarga m/pl
poplatník (CZ)	Steuerzahler m	taxpayer	contribuable m	contribuente m	contribuyente m
poptávka (CZ)	Anfrage f	inquiry	demande f	richiesta f	demanda f
poptávka (CZ)	Nachfrage f	demand	demande f	domanda f	demanda f
poptávka po penězích (CZ)	Geldnachfrage f	demand for money	demande sur le marché monétaire f	domanda sul mercato monetario f	demanda monetaria f
popyt (PL)	Nachfrage f	demand	demande f	domanda f	demanda f
popyt na pieniądz (PL)	Geldnachfrage f	demand for money	demande sur le marché monétaire f	domanda sul mercato monetario f	demanda monetaria f
porada (CZ)	Beratung f	advice	consultation f	consulenza f	asesoramiento m
porada (CZ)	Besprechung f	discussion	conférence f	colloquio m	reunión f
por camião (P)	per Lastkraftwagen	by lorry	par camion	per autocarro	por camión
por camión (ES)	per Lastkraftwagen	by lorry	par camion	per autocarro	—
por carta registada (P)	per Einschreiben	by registered post	sous pli recommandé	per raccomandata	certificado
porcentaje (ES)	Prozentsatz m	percentage	pourcentage m	percentuale f	—
por cento (P)	Prozent n	per cent	pour-cent m	percento m	por ciento m
por ciento (ES)	Prozent n	per cent	pour-cent m	percento m	—
por correo aparte (ES)	mit getrennter Post	under separate cover	sous pli séparé	in plico a parte	—
por duplicado (ES)	in zweifacher Ausfertigung	in duplicate	en double exemplaire m	in duplice copia	—
poręczenie (PL)	Bürgschaft f	guarantee	caution f	garanzia (fidejussoria) f	fianza f
poręczyciel (PL)	Bürge m	guarantor	garant m	fideiussore m	fiador m
por escrito (ES)	schriftlich	written	par écrit	per iscritto	—
por escrito (P)	schriftlich	written	par écrit	per iscritto	por escrito
por expreso (ES)	per Express	by express	par exprès	per espresso	—
por expresso (P)	per Express	by express	par exprès	per espresso	por expreso
pořizovací cena (CZ)	Einstandspreis m	cost price	prix coûtant m	prezzo di costo m	precio de coste m
pořizovací hodnota (CZ)	Anschaffungswert f	acquisition value	valeur d'acquisition f	valore d'acquisto m	valor de adquisición m
pořizovací náklady (CZ)	Anschaffungskosten f	cost of acquisition	frais d'acquisition m/pl	costi d'acquisto m/pl	coste de adquisición m
pořizovací náklady (CZ)	Bezugskosten pl	delivery costs	coûts d'acquisition m/pl	spese di consegna f/pl	gastos de adquisición m/pl
por ordem (P)	im Auftrag	by order	par ordre	per ordine	por poder
porozumienie (PL)	Vereinbarung f	agreement	accord m	accordo m	acuerdo m
porozumienie cenowe (PL)	Preisabsprache f	price fixing	entente sur les prix m	accordo sui prezzi m	acuerdo de precios m
porozumienie o wynagrodzeniu (PL)	Lohnvereinbarung	wage agreement	accord de salaires m	accordo salariale m	pacto salarial m
porozumienie walutowe (PL)	Währungsabkommen n	monetary agreement	accord monétaire m	accordo monetario m	acuerdo monetario m
por poder (ES)	im Auftrag	by order	par ordre	per ordine	—

por poder

P	NL	SV	PL	CZ	H
baixa qualidade f	slechte kwaliteit f	dålig kvalitet	zła jakość f	nízká jakost f	rossz minőség
depois de receber a factura	na ontvangst van de rekening f	efter fakturans ingångsdatum	—	po obdržení účtu	a számla kézhezvétele után
taxa f	belasting f	avgift	opłata f	—	díj
corretagem f	makelaarsloon n	provision	prowizja maklerska f	—	brókeri jutalék
direitos de carga m/pl	inladingskosten m/pl	lastningsavgift	opłaty za załadunek f/pl	—	rakodási díj
taxa de expedição de um mandato de pagamento f	aanmaningskosten m/pl	påminnelseavgift	opłaty za koszta upomnienia f/pl	—	fizetési felszólítási díjak
custos da conta bancária m/pl	rekeningkosten m/pl	bankavgifter pl	opłaty za prowadzenie konta f/pl	—	számlavezetési költségek
gastos de descarga m/pl	loskosten m/pl	annulleringsavgift	opłaty wyładowcze f/pl	—	kirakodási költségek
contribuinte m	belastingplichtige m	skattebetalare	podatnik m	—	adófizető
pedido m	aanvraag f/m	förfrågan	zapytanie n	—	ajánlatkérés
procura f	vraag f	efterfrågan	popyt m	—	kereslet
procura no mercado monetário f	vraag om geld f	efterfrågan på penningmarknaden	popyt na pieniądz m	—	pénzkereslet
procura f	vraag f	efterfrågan	—	poptávka f	kereslet
procura no mercado monetário f	vraag om geld f	efterfrågan på penningmarknaden	—	poptávka po penězích f	pénzkereslet
consulta f	beraadslaging f	rådgivning	konsultacja f	—	tanácsadás
conferência f	bespreking f	möte	konferencja f	—	megbeszélés
—	per vrachtwagen	med lastbil	samochodem ciężarowym	nákladním autem n	tehergépkocsival
por camião	per vrachtwagen	med lastbil	samochodem ciężarowym	nákladním autem n	tehergépkocsival
—	aangetekend	värdeförsändelse	listem poleconym	doporučeně	ajánlva
percentagem f	percentage n	procentsats	stawka procentowa f	procentní sazba f	százalékos arány
—	procent n	procent	procent m	procento n	százalék
por cento	procent n	procent	procent m	procento n	százalék
em embalagem à parte	per afzonderlijke post	som särskild försändelse	oddzielną przesyłką	zvláštní poštou f	külön küldeményként
em duplicado	in duplo	i två exemplar	w podwójnym wykonaniu	v dvojím provedení n	két példányban
fiança f	borgsom f	borgen	—	ručení n	kezesség
fiador m	borg m	borgenär	—	ručitel m	kezes
por escrito	schriftelijk	skriftlig	pisemnie	písemný	írásbeli
—	schriftelijk	skriftlig	pisemnie	písemný	írásbeli
por expresso	per express	expressförsändelse	ekspresem	spěšně	expressz
—	per express	expressförsändelse	ekspresem	spěšně	expressz
preço de custo m	kostprijs m	självkostnadspris	globalna cena nabycia f	—	bekerülési ár
valor de aquisição m	aankoopwaarde f	anskaffningsvärde	wartość nabycia f	—	beszerzési érték
custos de aquisição m/pl	aanschaffingskosten m/pl	anskaffningskostnad	koszty własne nabycia środków trwałych m/pl	—	beszerzési költségek
custos de aquisição m/pl	verwervingskosten m/pl	förvärvskostnader pl	koszty nabycia m/pl	—	beszerzési költségek
—	in opdracht	enligt order	z polecenia	z pověření n	megbízásából
acordo m	regeling f	överenskommelse	—	dohoda f	megállapodás
acordo de preços m	prijsafspraak f	prisöverenskommelse	—	dohoda o ceně f	ármegállapodás
acordo salarial m	loonregeling f	löneavtal	—	mzdová dohoda f	bérmegállapodás
acordo monetário m	muntovereenkomst f	valutaavtal	—	měnová dohoda f	valutaegyezmény
por ordem	in opdracht	enligt order	z polecenia	z pověření n	megbízásából

por poder

	D	E	F	I	ES
por poder (ES)	per procura	by procuration	par procuration	per procura	—
por procuração (P)	per procura	by procuration	par procuration	per procura	por poder
port (E)	Hafen m	—	port m	porto m	puerto m
port (F)	Hafen m	port	—	porto m	puerto m
port (F)	Porto n	postage	—	porto m	porte m
port (PL)	Hafen m	port	port m	porto m	puerto m
portador (ES)	Überbringer m	bearer	porteur m	portatore m	—
portador (P)	Überbringer m	bearer	porteur m	portatore m	portador m
portador de custo (P)	Kostenträger m	paying authority	poste de production absorbant des coûts m	chi sostiene le spese	que sufraga los costes
portafoglio (I)	Portfolio n	portfolio	portefeuille m	—	cartera f
portafoglio azionario (I)	Aktienbestand m	shareholding	portefeuille d'actions m	—	cartera de acciones f
portatore (I)	Überbringer m	bearer	porteur m	—	portador m
porte (ES)	Porto n	postage	port m	porto m	—
porte (P)	Porto n	postage	port m	porto m	porte m
portefeuille (F)	Portfolio n	portfolio	—	portafoglio m	cartera f
portefeuille (NL)	Portfolio n	portfolio	portefeuille m	portafoglio m	cartera f
portefeuille d'actions (F)	Aktienbestand m	shareholding	—	portafoglio azionario m	cartera de acciones f
porte pagado (ES)	portofrei	postage-free	franco de port	franco di porto	—
porte pago (P)	portofrei	postage-free	franco de port	franco di porto	porte pagado
porteur (F)	Überbringer m	bearer	—	portatore m	portador m
portfel (PL)	Portfolio n	portfolio	portefouillo m	portafoglio m	cartera f
Portfolio (D)	—	portfolio	portefeuille m	portafoglio m	cartera f
portfolio (E)	Portfolio n	—	portefeuille m	portafoglio m	cartera f
portfolio (CZ)	Portfolio n	portfolio	portefeuille m	portafoglio m	cartera f
portfólió (H)	Portfolio n	portfolio	portefeuille m	portafoglio m	cartera f
portfölj (SV)	Portfolio n	portfolio	portefeuille m	portafoglio m	cartera f
port franc (F)	Freihafen	free port	—	porto franco m	puerto franco m
Porto (D)	—	postage	port m	porto m	porte m
porto (I)	Hafen m	port	port m	—	puerto m
porto (I)	Porto n	postage	port m	—	porte m
porto (P)	Hafen m	port	port m	porto m	puerto m
porto (SV)	Porto n	postage	port m	porto m	porte m
porto (PL)	Porto n	postage	port m	porto m	porte m
porto franco (I)	Freihafen	free port	port franc m	—	puerto franco m
porto franco (P)	frei Hafen	free ex port	franco port	franco porto	puerto franco
porto franco (P)	Freihafen	free port	port franc m	porto franco m	puerto franco m
portofrei (D)	—	postage-free	franco de port	franco di porto	porte pagado
portofri (SV)	portofrei	postage-free	franco de port	franco di porto	porte pagado
Portogallo (I)	Portugal	Portugal	Portugal	—	Portugal
portoghese (I)	portugiesisch	Portuguese	portugais	—	portugués
portoghese (I)	Portugiesisch	Portuguese	portugais	—	portugués m
porto m/n (NL)	Porto n	postage	port m	porto m	porte m
portugais (F)	portugiesisch	Portuguese	—	portoghese	portugués
portugais (F)	Portugiesisch	Portuguese	—	portoghese m	portugués m
Portugal (D)	—	Portugal	Portugal	Portogallo m	Portugal
Portugal (E)	Portugal	—	Portugal	Portogallo m	Portugal
Portugal (F)	Portugal	Portugal	—	Portogallo m	Portugal
Portugal (ES)	Portugal	Portugal	Portugal	Portogallo m	—
Portugal (P)	Portugal	Portugal	Portugal	Portogallo m	Portugal
Portugal (NL)	Portugal	Portugal	Portugal	Portogallo m	Portugal

Portugal

P	NL	SV	PL	CZ	H
por procuração	per volmacht	per prokura	na mocy prokury	per procura	meghatalmazás alapján
—	per volmacht	per prokura	na mocy prokury	per procura	meghatalmazás alapján
porto m	haven f	hamn	port m	přístav m	kikötő
porto m	haven f	hamn	port m	přístav m	kikötő
porte m	porto m/n	porto	porto n	poštovné n	bérmentesítési díj
porto m	haven f	hamn	—	přístav m	kikötő
portador m	toonder m	innehavare	okaziciel m	doručitel m	bemutató
—	toonder m	innehavare	okaziciel m	doručitel m	bemutató
—	kostendrager m	betalande part	nośnik kosztów m	nositel nákladů m	költségviselő
carteira f	portefeuille m	portfölj	portfel m	portfolio n	portfolió
carteira de acções f	aandelenbezit n	aktieinnehav	stan ilości akcji m	stav akcií m	részvényállomány
portador m	toonder m	innehavare	okaziciel m	doručitel m	bemutató
porte m	porto m/n	porto	porto n	poštovné n	bérmentesítési díj
—	porto m/n	porto	porto n	poštovné n	bérmentesítési díj
carteira f	portefeuille m	portfölj	portfel m	portfolio n	portfolió
carteira f	—	portfölj	portfel m	portfolio n	portfolió
carteira de acções f	aandelenbezit n	aktieinnehav	stan ilości akcji m	stav akcií m	részvényállomány
porte pago m	portvrij	portofri	wolny od opłat pocztowych	osvobozený od poštovného	díjelőleges
—	portvrij	portofri	wolny od opłat pocztowych	osvobozený od poštovného	díjelőleges
portador m	toonder m	innehavare	okaziciel m	doručitel m	bemutató
carteira f	portefeuille m	portfölj	—	portfolio n	portfolió
carteira f	portefeuille m	portfölj	portfel m	portfolio n	portfolió
carteira f	portefeuille m	portfölj	portfel m	portfolio n	portfolió
carteira f	portefeuille m	portfölj	portfel m	—	portfolió
carteira f	portefeuille m	portfölj	portfel m	portfolio n	—
carteira f	portefeuille m	—	portfel m	portfolio n	portfolió
porto franco m	vrijhaven f	frihamn	port wolnocłowy m	svobodný přístav m	szabadkikötő
porte m	porto m/n	porto	porto n	poštovné n	bérmentesítési díj
porto m	haven f	hamn	port m	přístav m	kikötő
porte m	porto m/n	porto	porto n	poštovné n	bérmentesítési díj
—	haven f	hamn	port m	přístav m	kikötő
porte m	porto m/n	—	porto n	poštovné n	bérmentesítési díj
porte m	porto m/n	porto	—	poštovné n	bérmentesítési díj
porto franco m	vrijhaven f	frihamn	port wolnocłowy m	svobodný přístav m	szabadkikötő
—	franco haven	fritt hamn	franco port	vyplaceně do přístavu m	leszállítva a kikötőbe
—	vrijhaven f	frihamn	port wolnocłowy m	svobodný přístav m	szabadkikötő
porte pago m	portvrij	portofri	wolny od opłat pocztowych	osvobozený od poštovného	díjelőleges
porte pago m	portvrij	—	wolny od opłat pocztowych	osvobozený od poštovného	díjelőleges
Portugal m	Portugal	Portugal	Portugalia f	Portugalsko n	Portugália
português	Portugees	portugisisk	portugalski	portugalský	portugál(ul)
português	Portugees	portugisiska	język portugalski m	portugalština f	portugál (nyelv)
porte m	—	porto	porto n	poštovné n	bérmentesítési díj
português	Portugees	portugisisk	portugalski	portugalský	portugál(ul)
português	Portugees	portugisiska	język portugalski m	portugalština f	portugál (nyelv)
Portugal m	Portugal	Portugal	Portugalia f	Portugalsko n	Portugália
Portugal m	Portugal	Portugal	Portugalia f	Portugalsko n	Portugália
Portugal m	Portugal	Portugal	Portugalia f	Portugalsko n	Portugália
Portugal m	Portugal	Portugal	Portugalia f	Portugalsko n	Portugália
—	Portugal	Portugal	Portugalia f	Portugalsko n	Portugália
Portugal m	—	Portugal	Portugalia f	Portugalsko n	Portugália

Portugal

	D	E	F	I	ES
Portugal (SV)	Portugal	Portugal	Portugal	Portogallo m	Portugal
Portugalia (PL)	Portugal	Portugal	Portugal	Portogallo m	Portugal
Portugália (H)	Portugal	Portugal	Portugal	Portogallo m	Portugal
portugál (nyelv) (H)	Portugiesisch	Portuguese	portugais	portoghese m	portugués m
portugalski (PL)	portugiesisch	Portuguese	portugais	portoghese	portugués
Portugalsko (CZ)	Portugal	Portugal	Portugal	Portogallo m	Portugal
portugalský (CZ)	portugiesisch	Portuguese	portugais	portoghese	portugués
portugalština (CZ)	Portugiesisch	Portuguese	portugais	portoghese m	portugués m
portugál(ul) (H)	portugiesisch	Portuguese	portugais	portoghese	portugués
Portugees (NL)	portugiesisch	Portuguese	portugais	portoghese	portugués
Portugees (NL)	Portugiesisch	Portuguese	portugais	portoghese m	portugués m
portugiesisch (D)	—	Portuguese	portugais	portoghese	portugués
Portugiesisch (D)	—	Portuguese	portugais	portoghese m	portugués m
portugisisk (SV)	portugiesisch	Portuguese	portugais	portoghese	portugués
portugisiska (SV)	Portugiesisch	Portuguese	portugais	portoghese m	portugués m
portugués (ES)	portugiesisch	Portuguese	portugais	portoghese	—
portugués (ES)	Portugiesisch	Portuguese	portugais	portoghese m	—
português (P)	portugiesisch	Portuguese	portugais	portoghese	portugués
português (P)	Portugiesisch	Portuguese	portugais	portoghese m	portugués m
Portuguese (E)	portugiesisch	—	portugais	portoghese	portugués
Portuguese (E)	Portugiesisch	—	portugais	portoghese m	portugués m
portvrij (NL)	portofrei	postage-free	franco de port	franco di porto	porte pagado
port wolnocłowy (PL)	Freihafen	free port	port franc m	porto franco m	puerto franco m
porušení smlouvy (CZ)	Vertragsbruch m	breach of contract	violation de contrat f	inadempienza contrattuale f	ruptura de contrato f
posdatado (ES)	nachdatiert	post-dated	postdaté	postdatato	—
pós-datado (P)	nachdatiert	post-dated	postdaté	postdatato	posdatado
posesión (ES)	Besitz m	possession	possession f	possesso m	—
posiadanie (PL)	Besitz m	possession	possession f	possesso m	posesión f
posibilidades de ascenso (ES)	Aufstiegsmöglichkeit f	opportunity for advancement	perspectives de promotion f/pl	possibilità di carriera f	—
posibilidades de venta (ES)	Absatzchance f	sales prospects	possibilités de réussite des ventes f/pl	possibilità di vendita f/pl	—
posição (P)	Stellung f	position	position f	posizione f	empleo m
posição no mercado (P)	Marktposition f	market position	position sur le marché f	posizione di mercato f	posición en el mercado f
posición de costes (ES)	Kostenstelle f	cost accounting centre	unité de gestion absorbant des coûts f	centro di costo m	—
posición en el mercado (ES)	Marktposition f	market position	position sur le marché f	posizione di mercato f	—
position (E)	Stellung f	—	position f	posizione f	empleo m
position (F)	Stellung f	position	—	posizione f	empleo m
position (SV)	Stellung f	position	position f	posizione f	empleo m
position offered (E)	Stellenanzeige f	—	annonce d'emploi f	inserzione d'impiego f	anuncio de empleo m
position sur le marché (F)	Marktposition f	market position	—	posizione di mercato f	posición en el mercado f
posizionamento dell'inserzione (I)	Anzeigenschaltung f	placement of an advertisement	placement d'annonce m	—	inserción del anuncio f
posizione (I)	Stellung f	position	position f	—	empleo m
posizione di mercato (I)	Marktposition f	market position	position sur le marché f	—	posición en el mercado f
poškození (CZ)	Beschädigung f	damage	endommagement m	danno m	deterioración f
poskytnutí záruky (CZ)	Garantieleistung f	providing of guarantee	fourniture sous garantie f	prestazione in garanzia f	prestación de garantía f
poskytovatel leasingu (CZ)	Leasing-Geber m	lessor	donneur de leasing m	concedente del leasing m	arrendador financiero m

poskytovatel leasingu

P	NL	SV	PL	CZ	H
Portugal m	Portugal	—	Portugalia f	Portugalsko n	Portugália
Portugal m	Portugal	Portugal	—	Portugalsko n	Portugália
Portugal m	Portugal	Portugal	Portugalia f	Portugalsko n	—
português	Portugees	portugisiska	język portugalski m	portugalština f	—
português	Portugees	portugisisk	—	portugalský	portugál(ul)
Portugal m	Portugal	Portugal	Portugalia f	—	Portugália
português	Portugees	portugisisk	portugalski	—	portugál(ul)
português	Portugees	portugisiska	język portugalski m	—	portugál (nyelv)
português	Portugees	portugisisk	portugalski	portugalský	—
português	—	portugisisk	portugalski	portugalský	portugál(ul)
português	—	portugisiska	język portugalski m	portugalština f	portugál (nyelv)
português	Portugees	portugisisk	portugalski	portugalský	portugál(ul)
português	Portugees	portugisiska	język portugalski m	portugalština f	portugál (nyelv)
português	Portugees	—	portugalski	portugalský	portugál(ul)
português	Portugees	—	język portugalski m	portugalština f	portugál (nyelv)
português	Portugees	portugisisk	portugalski	portugalský	portugál(ul)
português	Portugees	portugisiska	język portugalski m	portugalština f	portugál (nyelv)
—	Portugees	portugisisk	portugalski	portugalský	portugál(ul)
—	Portugees	portugisiska	język portugalski m	portugalština f	portugál (nyelv)
português	Portugees	portugisisk	portugalski	portugalský	portugál(ul)
português	Portugees	portugisiska	język portugalski m	portugalština f	portugál (nyelv)
porte pago m	—	portofri	wolny od opłat pocztowych	osvobozený od poštovného	díjelőleges
porto franco m	vrijhaven f	frihamn	—	svobodný přístav m	szabadkikötő
lesão do contrato f	contractbreuk f	avtalsbrott	zerwanie umowy n	—	szerződésszegés
pós-datado m	gepostdateerd	efterdaterad	postdatowany	dodatečné opatření datem n	későbbre keltezett
—	gepostdateerd	efterdaterad	postdatowany	dodatečné opatření datem n	későbbre keltezett
possessão f	bezit n	egendom	posiadanie n	vlastnictví n	birtoklás
possessão f	bezit n	egendom	—	vlastnictví n	birtoklás
possibilidade de promoção f	promotiekans f	avancemangsmöjlighet	możliwość awansu f	možnost vzestupu f	előmeneteli lehetőségek
possibilidades de venda f/pl	verkoopvooruitzichten n/pl	kundämne	możliwość zbytu m	vyhlídka na odbyt f	értékesítési kilátások
—	betrekking f	position	stanowisko n	postavení n	állás
—	marktpositie f	ställning på marknaden	pozycja rynkowa f	pozice na trhu f	piaci részesedés
centro de custos m	kostenplaats f	utgiftspost	miejsce powstawania kosztów n	oddělení nákladů n	költséghely
posição no mercado f	marktpositie f	ställning på marknaden	pozycja rynkowa f	pozice na trhu f	piaci részesedés
posição f	betrekking f	position	stanowisko n	postavení n	állás
posição f	betrekking f	position	stanowisko n	postavení n	állás
posição f	betrekking f	—	stanowisko n	postavení n	állás
anúncio de emprego m	personeelsadvertentie f	platsannons	ogłoszenie o wakującym stanowisku n	inzerce zaměstnání f	álláshirdetés
posição no mercado f	marktpositie f	ställning på marknaden	pozycja rynkowa f	pozice na trhu f	piaci részesedés
inserção do anúncio f	plaatsing van een advertentie f	annonsering	publilkacja ogłoszenia n	zveřejnění inzerátu n	hirdetés elhelyezése
posição f	betrekking f	position	stanowisko n	postavení n	állás
posição no mercado f	marktpositie f	ställning på marknaden	pozycja rynkowa f	pozice na trhu f	piaci részesedés
dano m	beschadiging f	skada	uszkodzenie n	—	károsodás
prestação de garantia f	garantievergoeding f	garanti	świadczenie gwarancyjne n	—	garanciavállalás
locador m	verhuurder m	leasinggivare	udzielający leasingu m	—	lízingbe adó

poskytovatel licence

	D	E	F	I	ES
poskytovatel licence (CZ)	Lizenzgeber m	licenser	concédant de licence m	concedente di licenza m	licitador m
pośrednictwo (PL)	Vermittlung f	mediation	médiation f	mediazione f	mediación f
pośrednictwo kredytowe (PL)	Kreditvermittlung f	arranging for a credit	médiation du crédit f	intermediazione di crediti f	mediación de créditos f
pośrednik (PL)	Zwischenhändler m	middleman	intermédiaire m	intermediario m	intermediario m
pośrednik handlu nieruchomościami (PL)	Immobilienmakler m	estate agent	courtier en affaires immobilières m	agente immobiliare m	agente de la propiedad inmobiliaria m
possessão (P)	Besitz m	possession	possession f	possesso m	posesión f
possession (E)	Besitz m	—	possession f	possesso m	posesión f
possession (F)	Besitz m	possession	—	possesso m	posesión f
possesso (I)	Besitz m	possession	possession f	—	posesión f
possibilidade de promoção (P)	Aufstiegsmöglichkeit f	opportunity for advancement	perspectives de promotion f/pl	possibilità di carriera f	posibilidades de ascenso f/pl
possibilidades de venda (P)	Absatzchance f	sales prospects	possibilités de réussite des ventes f/pl	possibilità di vendita f/pl	posibilidades de venta f/pl
possibilità di carriera (I)	Aufstiegsmöglichkeit f	opportunity for advancement	perspectives de promotion f/pl	—	posibilidades de ascenso f/pl
possibilità di vendita (I)	Absatzchance f	sales prospects	possibilités de réussite des ventes f/pl	—	posibilidades de venta f/pl
possibilités de réussite des ventes (F)	Absatzchance f	sales prospects	—	possibilità di vendita f/pl	posibilidades de venta f/pl
posta aerea (I)	Luftpost f	air mail	par avion	—	correo aéreo m
postabélyegző (H)	Poststempel m	postmark	cachet de la poste m	timbro postale m	sello postal m
postacsekk (H)	Postscheck m	postal cheque	chèque postal m	assegno postale m	cheque postal m
posta elettronica (I)	e-mail n	e-mail	messagerie électronique f	—	e-mail m
postafiók (H)	Postfach n	post office box	boîte postale f	casella postale f	apartado de correos m
postafordultával (H)	postwendend	by return of post	par retour du courrier	a giro di posta	a vuelta de correo
postage (E)	Porto n	—	port m	porto m	porte m
postage-free (E)	portofrei	—	franco de port	franco di porto	porte pagado
postagiro (I)	Postgiro n	postal giro	virement postal m	—	giro postal m
postahivatal (H)	Postamt n	post office	bureau de poste m	ufficio postale m	correos m/pl
postai átutalás (H)	Postüberweisung f	postal transfer	virement postal m	bonifico postale m	giro postal m
postai átutalási számla (H)	Postscheckkonto n	postal giro account	compte chèque postal m	conto corrente postale m	cuenta corriente postal f
postai irányítószám (H)	Postleitzahl f	postal code	code postal m	codice d'avviamento postale m	código postal m
postai zsíróátutalás (H)	Postgiro n	postal giro	virement postal m	postagiro m	giro postal m
postaláda (H)	Briefkasten m	letter-box	boîte aux lettres f	cassetta postale f	buzón m
postal cheque (E)	Postscheck m	—	chèque postal m	assegno postale m	cheque postal m
postal code (E)	Postleitzahl f	—	code postal m	codice d'avviamento postale m	código postal m
postal giro (E)	Postgiro n	—	virement postal m	postagiro m	giro postal m
postal giro account (E)	Postscheckkonto n	—	compte chèque postal m	conto corrente postale m	cuenta corriente postal f
postal order (E)	Postanweisung f	—	mandat-poste m	vaglia postale m	vale postal m
postal transfer (E)	Postüberweisung f	—	virement postal m	bonifico postale m	giro postal m
postal wrapper (E)	Streifband n	—	bande étiquette f	fascia f	precinto m
Postamt (D)	—	post office	bureau de poste m	ufficio postale m	correos m/pl
postán maradó (H)	postlagernd	poste restante	poste restante	fermo posta	lista de correos m
postanowienia przejściowe (PL)	Übergangsregelung f	transitional arrangement	règlement de transition m	regolamento transitorio m	regulación transitoria f
postanvisning (SV)	Postanweisung f	postal order	mandat-poste m	vaglia postale m	vale postal m
postanvisning (SV)	Zahlkarte f	Giro inpayment form	mandat-carte m	modulo di versamento m	carta de pago f

postanvisning

P	NL	SV	PL	CZ	H
licitador f	licentiegever m	licensgivare	licencjodawca m	—	licencadó
mediação f	bemiddeling f	förmedling	—	zprostředkování n	közvetítés
mediação de créditos f	kredietbemiddeling f	kreditförmedling	—	zprostředkování úvěru n	hitelközvetítés
intermediário m	tussenpersoon m	mellanhand	—	překupník m	közvetítő kereskedő
agente imobiliário m	vastgoedmakelaar m	fastighetsmäklare	—	makléř s nemovitostmi m	ingatlanügynök
—	bezit n	egendom	posiadanie n	vlastnictví n	birtoklás
possessão f	bezit n	egendom	posiadanie n	vlastnictví n	birtoklás
possessão f	bezit n	egendom	posiadanie n	vlastnictví n	birtoklás
possessão f	bezit n	egendom	posiadanie n	vlastnictví n	birtoklás
—	promotiekans f	avancemangsmöjlighet	możliwość awansu f	možnost vzestupu f	előmeneteli lehetőségek
—	verkoopvooruitzichten n/pl	kundämne	możliwość zbytu m	vyhlídka na odbyt f	értékesítési kilátások
possibilidade de promoção f	promotiekans f	avancemangsmöjlighet	możliwość awansu f	možnost vzestupu f	előmeneteli lehetőségek
possibilidades de venda f/pl	verkoopvooruitzichten n/pl	kundämne	możliwość zbytu m	vyhlídka na odbyt f	értékesítési kilátások
possibilidades de venda f/pl	verkoopvooruitzichten n/pl	kundämne	możliwość zbytu m	vyhlídka na odbyt f	értékesítési kilátások
correio aéreo m	luchtpost f	luftpost	poczta lotnicza f	letecká pošta f	légiposta
carimbo do correio m	poststempel m	poststämpel	stempel pocztowy m	poštovní razítko n	—
cheque postal m	postcheque m	postgiro	czek pocztowy m	poštovní šek m	—
e-mail m	e-mail	e-post	e-mail f	e-mail m	e-mail
caixa postal f	postbus f	box	skrytka pocztowa f	poštovní přihrádka f	—
na volta do correio	per omgaande	med vändande post	odwrotną pocztą	obratem	—
porte m	porto m/n	porto	porto n	poštovné n	bérmentesítési díj
porte pago m	portvrij	portofri	wolny od opłat pocztowych	osvobozený od poštovného	díjelőleges
vale postal m	postgiro m	postgiro	pocztowe konto bieżące n	poštžiro n	postai zsíróátutalás
correios m/pl	postkantoor n	postkontor	urząd pocztowy m	poštovní úřad m	—
transferência postal f	postgiro m	postgiroutbetalning	przekaz pocztowy m	poštovní převod m	—
conta corrente postal f	postrekening f	postgirokonto	pocztowe konto czekowe n	poštovní šekový účet m	—
código postal m	postcode m	postnummer	kod pocztowy m	poštovní směrovací číslo n	—
vale postal m	postgiro m	postgiro	pocztowe konto bieżące n	poštžiro n	—
caixa do correio f	brievenbus f	brevlåda	skrzynka pocztowa f	poštovní schránka f	postacsekk
cheque postal m	postcheque m	postgiro	czek pocztowy m	poštovní šek m	postai irányítószám
código postal m	postcode m	postnummer	kod pocztowy m	poštovní směrovací číslo n	
vale postal m	postgiro m	postgiro	pocztowe konto bieżące n	poštžiro n	postai zsíróátutalás
conta corrente postal f	postrekening f	postgirokonto	pocztowe konto czekowe n	poštovní šekový účet m	postai átutalási számla
vale postal m	postwissel m	postanvisning	przekaz pocztowy m	poštovní poukázka f	postautalvány
transferência postal f	postgiro m	postgiroutbetalning	przekaz pocztowy m	poštovní převod m	postai átutalás
cinta f	postband m	korsband	opaska pocztowa f	křížová páska f	csomagolószalag
correios m/pl	postkantoor n	postkontor	urząd pocztowy m	poštovní úřad m	postahivatal
posta-restante f	poste-restante	poste restante	poste restante	poste restante	—
regulamento transitório m	overgangsmaatregel m	övergångsbestämmelse	—	přechodná úprava f	átmeneti rendelkezés
vale postal m	postwissel m	—	przekaz pocztowy m	poštovní poukázka f	postautalvány
vale de correio m	stortingsformulier n	—	blankiet na przekaz pieniężny m	poštovní poukázka f	pénzesutalvány

Postanweisung

	D	E	F	I	ES
Postanweisung (D)	—	postal order	mandat-poste m	vaglia postale m	vale postal m
posta-restante (P)	postlagernd	poste restante	poste restante	fermo posta	lista de correos m
postautalvány (H)	Postanweisung f	postal order	mandat-poste m	vaglia postale m	vale postal m
postavení (CZ)	Stellung f	position	position f	posizione f	empleo m
postband (NL)	Streifband n	postal wrapper	bande étiquette f	fascia f	precinto m
postbode (NL)	Briefträger m	postman	facteur m	postino m	cartero m
postbus (NL)	Postfach n	post office box	boîte postale f	casella postale f	apartado de correos m
postbusbedrijf (NL)	Briefkastenfirma f	bogus company	entreprise fictive f	società fantasma f	empresa ficticia f
postcard (E)	Postkarte f	—	carte postale f	cartolina postale f	tarjeta postal f
postcheque (NL)	Postscheck m	postal cheque	chèque postal m	assegno postale m	cheque postal m
postcode (NL)	Postleitzahl f	postal code	code postal m	codice d'avviamento postale m	código postal m
postdatato (I)	nachdatiert	post-dated	postdaté	—	posdatado
postdaté (F)	nachdatiert	post-dated	—	postdatato	posdatado
post-dated (E)	nachdatiert	—	postdaté	postdatato	posdatado
postdatowany (PL)	nachdatiert	post-dated	postdaté	postdatato	posdatado
poste de production absorbant des coûts (F)	Kostenträger m	paying authority	—	chi sostiene le spese	que sufraga los costes
poste de travail à l'écran (F)	Bildschirmarbeitsplatz m	job working at a computer	—	posto di lavoro a video m	puesto de trabajo de pantalla m
postępowanie (PL)	Verfahren n	procedure	procédure f	procedimento m	procedimiento m
postępowanie upadłościowe (PL)	Konkursverfahren n	bankruptcy proceedings	procédure de faillite f	procedura fallimentare f	procedimiento de quiebra m
poste restante (E)	postlagernd	—	poste restante	fermo posta	lista de correos m
poste restante (F)	postlagernd	poste restante	—	fermo posta	lista de correos m
poste-restante (NL)	postlagernd	poste restante	poste restante	fermo posta	lista de correos m
poste restante (SV)	postlagernd	poste restante	poste restante	fermo posta	lista de correos m
poste restante (PL)	postlagernd	poste restante	poste restante	fermo posta	lista de correos m
poste restante (CZ)	postlagernd	poste restante	poste restante	fermo posta	lista de correos m
Postfach (D)	—	post office box	boîte postale f	casella postale f	apartado de correos m
Postgiro (D)	—	postal giro	virement postal m	postagiro m	giro postal m
postgiro (NL)	Postgiro n	postal giro	virement postal m	postagiro m	giro postal m
postgiro (NL)	Postüberweisung f	postal transfer	virement postal m	bonifico postale m	giro postal m
postgiro (SV)	Postgiro n	postal giro	virement postal m	postagiro m	giro postal m
postgiro (SV)	Postscheck m	postal cheque	chèque postal m	assegno postale m	cheque postal m
postgirokonto (SV)	Postscheckkonto n	postal giro account	compte chèque postal m	conto corrente postale m	cuenta corriente postal f
postgiroutbetalning (SV)	Postüberweisung f	postal transfer	virement postal m	bonifico postale m	giro postal m
postino (I)	Briefträger m	postman	facteur m	—	cartero m
postkantoor (NL)	Postamt n	post office	bureau de poste m	ufficio postale m	correos m/pl
Postkarte (D)	—	postcard	carte postale f	cartolina postale f	tarjeta postal f
postkontor (SV)	Postamt n	post office	bureau de poste m	ufficio postale m	correos m/pl
postlagernd (D)	—	poste restante	poste restante	fermo posta	lista de correos m
Postleitzahl (D)	—	postal code	code postal m	codice d'avviamento postale m	código postal m
postman (E)	Briefträger m	—	facteur m	postino m	cartero m
postmark (E)	Poststempel m	—	cachet de la poste m	timbro postale m	sello postal m
postnummer (SV)	Postleitzahl f	postal code	code postal m	codice d'avviamento postale m	código postal m
posto de trabalho (P)	Arbeitsplatz m	place of employment	lieu de travail m	posto di lavoro m	puesto de trabajo m

posto de trabalho

P	NL	SV	PL	CZ	H
vale postal m	postwissel m	postanvisning	przekaz pocztowy m	poštovní poukázka f	postautalvány
—	poste-restante	poste restante	poste restante	poste restante	postán maradó
vale postal m	postwissel m	postanvisning	przekaz pocztowy m	poštovní poukázka f	—
posição f	betrekking f	position	stanowisko n	—	állás
cinta f	—	korsband	opaska pocztowa f	křížová páska f	csomagolószalag
carteiro m	—	brevbärare	listonosz m	listonoš m	levélkihordó
caixa postal f	—	box	skrytka pocztowa f	poštovní přihrádka f	postafiók
empresa fictícia f	—	brevlådeföretag	firma fikcyjna f	fingovaná firma f	fantomcég
bilhete postal m	briefkaart f	vykort	karta pocztowa f	korespondenční lístek m	levelezőlap
cheque postal m	—	postgiro	czek pocztowy m	poštovní šek m	postacsekk
código postal m	—	postnummer	kod pocztowy m	poštovní směrovací číslo n	postai irányítószám
pós-datado m	gepostdateerd	efterdaterad	postdatowany	dodatečné opatření datem n	későbbre keltezett
pós-datado m	gepostdateerd	efterdaterad	postdatowany	dodatečné opatření datem n	későbbre keltezett
pós-datado m	gepostdateerd	efterdaterad	postdatowany	dodatečné opatření datem n	későbbre keltezett
pós-datado m	gepostdateerd	efterdaterad	—	dodatečné opatření datem n	későbbre keltezett
portador de custo m	kostendrager m	betalande part	nośnik kosztów m	nositel nákladů m	költségviselő
posto de trabalho com ecrã m	arbeidsplaats waar iemand werkt met een computer f/m	bildskärmsarbetsplats	praca przy komputerze f	pracoviště vybavené počítačem n	számítógépes munkahely
procedimento m	geding n	förfarande	—	řízení n	eljárás
processo de falência n	faillissementsprocedure f	konkursförfarande	—	konkursní řízení n	csődeljárás
posta-restante f	poste-restante	poste restante	poste restante	poste restante	postán maradó
posta-restante f	poste-restante	poste restante	poste restante	poste restante	postán maradó
posta-restante f	—	poste restante	poste restante	poste restante	postán maradó
posta-restante f	poste-restante	—	poste restante	poste restante	postán maradó
posta-restante f	poste-restante	poste restante	—	poste restante	postán maradó
posta-restante f	poste-restante	poste restante	poste restante	—	postán maradó
caixa postal f	postbus f	box	skrytka pocztowa f	poštovní přihrádka f	postafiók
vale postal m	postgiro m	postgiro	pocztowe konto bieżące n	poštžiro n	postai zsíróátutalás
vale postal m	—	postgiro	pocztowe konto bieżące n	poštžiro n	postai zsíróátutalás
transferência postal f	—	postgiroutbetalning	przekaz pocztowy m	poštovní převod m	postai átutalás
vale postal m	postgiro m	—	pocztowe konto bieżące n	poštžiro n	postai zsíróátutalás
cheque postal m	postcheque m	—	czek pocztowy m	poštovní šek m	postacsekk
conta corrente postal f	postrekening f	—	pocztowe konto czekowe n	poštovní šekový účet m	postai átutalási számla
transferência postal f	postgiro m	—	przekaz pocztowy m	poštovní převod m	postai átutalás
carteiro m	postbode m	brevbärare	listonosz m	listonoš m	levélkihordó
correios m/pl	—	postkontor	urząd pocztowy m	poštovní úřad m	postahivatal
bilhete postal m	briefkaart f	vykort	karta pocztowa f	korespondenční lístek m	levelezőlap
correios m/pl	postkantoor n	—	urząd pocztowy m	poštovní úřad m	postahivatal
posta-restante f	poste-restante	poste restante	poste restante	poste restante	postán maradó
código postal m	postcode m	postnummer	kod pocztowy m	poštovní směrovací číslo n	postai irányítószám
carteiro m	postbode m	brevbärare	listonosz m	listonoš m	levélkihordó
carimbo do correio m	poststempel m	poststämpel	stempel pocztowy m	poštovní razítko n	postabélyegző
código postal m	postcode m	—	kod pocztowy m	poštovní směrovací číslo n	postai irányítószám
—	arbeidsplaats f	arbetsplats	stanowisko pracy n	pracoviště n	munkahely

posto de trabalho com ecrã 768

	D	E	F	I	ES
posto de trabalho com ecrã (P)	Bildschirmarbeitsplatz m	job working at a computer	poste de travail à l'écran f	posto di lavoro a video m	puesto de trabajo de pantalla m
posto di lavoro (I)	Arbeitsplatz m	place of employment	lieu de travail m	—	puesto de trabajo m
posto di lavoro a video (I)	Bildschirmarbeitsplatz m	job working at a computer	poste de travail à l'écran f	—	puesto de trabajo de pantalla m
post office (E)	Postamt n	—	bureau de poste m	ufficio postale m	correos m/pl
post office box (E)	Postfach n	—	boîte postale f	casella postale f	apartado de correos m
posto no cais (P)	ab Kai	ex quay	départ quai	franco banchina	ex muelle
postorderförsäljning (SV)	Versandhandel m	mail order business	vente par correspondance f	vendita per corrispondenza f	venta por correspondencia f
postoupení (CZ)	Zession f	assignment	cession f	cessione f	cesión f
poštovné (CZ)	Porto n	postage	port m	porto m	porte m
poštovní doručení hromadné zásilky (CZ)	Postwurfsendung f	unaddressed printed matter posted in bulk	publipostage m	spedizione postale cumulativa di stampati f	envío postal colectivo m
poštovní platební příkaz (CZ)	Zahlungsanweisung f	order for payment	mandat de payement m	ordine di pagamento m	orden de pago f
poštovní poukázka (CZ)	Postanweisung f	postal order	mandat-poste m	vaglia postale m	vale postal m
poštovní poukázka (CZ)	Zahlkarte f	Giro inpayment form	mandat-carte m	modulo di versamento m	carta de pago f
poštovní převod (CZ)	Postüberweisung f	postal transfer	virement postal m	bonifico postale m	giro postal m
poštovní přihrádka (CZ)	Postfach n	post office box	boîte postale f	casella postale f	apartado de correos m
poštovní razítko (CZ)	Poststempel m	postmark	cachet de la poste m	timbro postale m	sello postal m
poštovní schránka (CZ)	Briefkasten m	letter-box	boîte aux lettres f	cassetta postale f	buzón m
poštovní šek (CZ)	Postscheck m	postal cheque	chèque postal m	assegno postale m	cheque postal m
poštovní šekový účet (CZ)	Postscheckkonto n	postal giro account	compte chèque postal m	conto corrente postale m	cuenta corriente postal f
poštovní směrovací číslo (CZ)	Postleitzahl f	postal code	code postal m	codice d'avviamento postale m	código postal m
poštovní úřad (CZ)	Postamt n	post office	bureau de poste m	ufficio postale m	correos m/pl
poštovní známka (CZ)	Briefmarke f	stamp	timbre-poste m	francobollo m	sello m
postponement (E)	Vertagung f	—	ajournement m	rinvio m	aplazamiento m
postrekening (NL)	Postscheckkonto n	postal giro account	compte chèque postal m	conto corrente postale m	cuenta corriente postal f
Postscheck (D)	—	postal cheque	chèque postal m	assegno postale m	cheque postal m
Postscheckkonto (D)	—	postal giro account	compte chèque postal m	conto corrente postale m	cuenta corriente postal f
poststämpel (SV)	Poststempel m	postmark	cachet de la poste m	timbro postale m	sello postal m
Poststempel (D)	—	postmark	cachet de la poste m	timbro postale m	sello postal m
poststempel (NL)	Poststempel m	postmark	cachet de la poste m	timbro postale m	sello postal m
Postüberweisung (D)	—	postal transfer	virement postal m	bonifico postale m	giro postal m
postupitel (CZ)	Zedent m	assignor	cédant m	cedente m	cedente m
postupník (CZ)	Zessionar m	assignee	cessionnaire m	cessionario m	cesionario m
postwendend (D)	—	by return of post	par retour du courrier	a giro di posta	a vuelta de correo
postwissel (NL)	Postanweisung f	postal order	mandat-poste m	vaglia postale m	vale postal m
Postwurfsendung (D)	—	unaddressed printed matter posted in bulk	publipostage m	spedizione postale cumulativa di stampati f	envío postal colectivo m
postzegel (NL)	Briefmarke f	stamp	timbre-poste m	francobollo m	sello m
postžiro (CZ)	Postgiro n	postal giro	virement postal m	postagiro m	giro postal m
pótdíj (H)	Aufschlag m	surcharge	hausse f	aggiunta f	recargo m
potere d'acquisto (I)	Kaufkraft f	purchasing power	pouvoir d'achat m	—	poder adquisitivo m
poteri (I)	Befugnis f	authority	autorisation m	—	autorización f
póthatáridő (H)	Nachfrist f	period of grace	prolongation f	termine supplementare m	prolongación del plazo f
pótkifizetés (H)	Nachzahlung f	supplementary payment	versement complémentaire m	pagamento supplementare m	pago suplementario m

pótkifizetés

P	NL	SV	PL	CZ	H
–	arbeidsplaats waar iemand werkt met een computer f/m	bildskärmsarbetsplats	praca przy komputerze f	pracoviště vybavené počítačem n	számítógépes munkahely
posto de trabalho m	arbeidsplaats f	arbetsplats	stanowisko pracy n	pracoviště n	munkahely
posto de trabalho com ecrã m	arbeidsplaats waar iemand werkt met een computer f/m	bildskärmsarbetsplats	praca przy komputerze f	pracoviště vybavené počítačem n	számítógépes munkahely
correios m/pl	postkantoor n	postkontor	urząd pocztowy m	poštovní úřad m	postahivatal
caixa postal f	postbus f	box	skrytka pocztowa f	poštovní přihrádka f	postafiók
–	af kaai	fritt från kaj	z nabrzeża	z nábřeží n	rakparton átvéve
venda por correspondência f	verzendhandel m	–	handel wysyłkowy m	zásilkový obchod m	csomagküldő kereskedelem
cessão f	overdracht f	cession	cesja f	–	engedményezés
porte m	porto m/n	porto	porto n	–	bérmentesítési díj
envio postal colectivo m	reclamedrukwerk door de post huis aan huis bezorgd n	masskorsband	masowa ulotka wysyłana pocztą f	–	címzetlen reklámküldemény
ordem de pagamento f	opdracht tot betaling f	betalningsorder	polecenie wypłaty n	–	készpénzfizetési utalvány
vale postal m	postwissel m	postanvisning	przekaz pocztowy m	–	postautalvány
vale de correio m	stortingsformulier n	postanvisning	blankiet na przekaz pieniężny m	–	pénzesutalvány
transferência postal f	postgiro m	postgiroutbetalning	przekaz pocztowy m	–	postai átutalás
caixa postal f	postbus f	box	skrytka pocztowa f	–	postafiók
carimbo do correio m	poststempel m	poststämpel	stempel pocztowy m	–	postabélyegző
caixa do correio f	brievenbus f	brevlåda	skrzynka pocztowa f	–	postaláda
cheque postal m	postcheque m	postgiro	czek pocztowy m	–	postacsekk
conta corrente postal f	postrekening f	postgirokonto	pocztowe konto czekowe n	–	postai átutalási számla
código postal m	postcode m	postnummer	kod pocztowy m	–	postai irányítószám
correios m/pl	postkantoor n	postkontor	urząd pocztowy m	–	postahivatal
selo m	postzegel m	frimärke	znaczek pocztowy m	–	bélyeg
adiamento m	uitstel n	uppskjutande	odroczenie n	odložení n	elnapolás
conta corrente postal f	–	postgirokonto	pocztowe konto czekowe n	poštovní šekový účet m	postai átutalási számla
cheque postal m	postcheque m	postgiro	czek pocztowy m	poštovní šek m	postacsekk
conta corrente postal f	postrekening f	postgirokonto	pocztowe konto czekowe n	poštovní šekový účet m	postai átutalási számla
carimbo do correio m	poststempel m	–	stempel pocztowy m	poštovní razítko n	postabélyegző
carimbo do correio m	poststempel m	poststämpel	stempel pocztowy m	poštovní razítko n	postabélyegző
carimbo do correio m	–	poststämpel	stempel pocztowy m	poštovní razítko n	postabélyegző
transferência postal f	postgiro m	postgiroutbetalning	przekaz pocztowy m	poštovní převod n	postai átutalás
cedente m	cedent m	överlåtare	cedent m	–	engedményező
cessionário m	cessionaris m	cessionär	cesjonariusz m	–	engedményes
na volta do correio	per omgaande	med vändande post	odwrotną pocztą	obratem	postafordultával
vale postal m	–	postanvisning	przekaz pocztowy m	poštovní poukázka f	postautalvány
envio postal colectivo m	reclamedrukwerk door de post huis aan huis bezorgd n	masskorsband	masowa ulotka wysyłana pocztą f	poštovní doručení hromadné zásilky n	címzetlen reklámküldemény
selo m	–	frimärke	znaczek pocztowy m	poštovní známka f	bélyeg
vale postal m	postgiro m	postgiro	pocztowe konto bieżące n	–	postai zsíróátutalás
sobretaxa f	opslag m	påslag	narzut m	přirážka f	–
poder de compra m	koopkracht f	köpkraft	siła nabywcza f	kupní síla f	vásárlóerő
autorização f	bevoegdheid f	befogenhet	uprawnienie n	oprávnění n	jogosultság
prolongamento do prazo m	respijttermijn m	respit	termin dodatkowy m	dodatečná lhůta f	–
pagamento suplementar m	bijbetaling f	tilläggsbetalning	dopłata f	doplatek m	–

pótlás

	D	E	F	I	ES
pótlás (H)	Wiederbeschaffung f	replacement	réapprovisionnement m	riapprovvigionamento m	reposición f
pótlási költségek (H)	Reproduktionskosten f	reproduction cost	coût de reproduction m	costi di riproduzione m/pl	gastos de reproducción m/pl
pótlék (H)	Zulage f	extra pay	prime f	premio m	suplemento m
potrącenie (PL)	Abschlag m	reduction	remise f	deduzione f	descuento m
potrącenie (PL)	Abzug m	deduction	retenue f	deduzione f	deducción f
potrącenie skonta (PL)	Skontoabzug m	discount deduction	déduction de l'escompte f	detrazione di sconto f	deducción del descuento f
potřeba (CZ)	Bedarf m	need	besoin m	fabbisogno m	necesidades f/pl
potřeba kapitálu (CZ)	Kapitalbedarf m	capital requirements	besoin en capital m	domanda di capitale m	necesidad de capital f
pótszállítás (H)	Ersatzlieferung f	replacement delivery	livraison de remplacement f	fornitura di compensazione f	entrega de reposición f
pótvásárlás (H)	Ersatzkauf m	substitute purchase	achat de remplacement m	acquisto di compensazione m	compra de sustitución f
potvrzení (CZ)	Bestätigung f	confirmation	confirmation f	conferma f	confirmación f
potvrzení příjmu (CZ)	Empfangsbestätigung f	acknowledgment of receipt	accusé de réception m	conferma di ricevimento f	recibo m
potvrzení zakázky (CZ)	Auftragsbestätigung f	confirmation of order	confirmation de commandes f	conferma d'ordine f	confirmación de pedido f
potwierdzenie (PL)	Bestätigung f	confirmation	confirmation f	conferma f	confirmación f
potwierdzenie odbioru (PL)	Empfangsbestätigung f	acknowledgment of receipt	accusé de réception m	conferma di ricevimento f	recibo m
potwierdzenie odbioru (PL)	Rückschein m	advice of delivery	avis de réception m	ricevuta di ritorno f	acuse de recibo m
potwierdzenie warunków (PL)	Schlußbrief m	sales note	lettre de confirmation f	lettera di conferma f	carta de confirmación f
potwierdzenie zamówienia (PL)	Auftragsbestätigung f	confirmation of order	confirmation de commandes f	conferma d'ordine f	confirmación de pedido f
poufny (PL)	vertraulich	confidential	confidentiel	confidenziale	confidencial
poukázky na benzin (CZ)	Benzingutscheine m/pl	petrol voucher	bon d'essence m	buoni benzina m/pl	bono de gasolina m
poupança (P)	Ersparnis f	savings	épargne f	risparmio m	ahorro m
poupança (P)	Sparen n	saving	épargne f	risparmio m	ahorro m
pourboire (F)	Bedienungsgeld n	service charge	—	diritto di servizio m	propina f
pour-cent (F)	Prozent n	per cent	—	percento m	por ciento m
pourcentage (F)	Prozentsatz m	percentage	—	percentuale f	porcentaje m
pouvoir d'achat (F)	Kaufkraft f	purchasing power	—	potere d'acquisto m	poder adquisitivo m
pouvoir général (F)	Generalvollmacht f	general power of attorney	—	procura generale f	poder general m
povinné odebrání (CZ)	Abnahmepflicht f	obligation to take delivery	obligation de prendre livraison f	obbligo di ritiro m	obligación de recepción f
povinnost uschovávat (CZ)	Aufbewahrungspflicht f	obligation to preserve records	obligation de conservation f	obbligo di conservazione m	deber de conservación m
povolání (CZ)	Beruf m	profession	profession f	professione f	profesión f
povolení k pobytu (CZ)	Aufenthaltserlaubnis f	residence permit	permis de séjour m	permesso di soggiorno m	permiso de residencia m
povýšení (CZ)	Beförderung (einer Arbeitskraft) f	promotion	promotion f	promozione f	ascenso m
power of attorney (E)	Prokura f	—	procuration commerciale générale f	procura f	poder m
power of attorney (E)	Vollmacht f	—	plein pouvoir m	mandato m	escritura de poder f
powołując się (PL)	bezugnehmend	referring to	en référence à f	con riferimento a	con referencia a
powszechnie przyjęty w handlu (PL)	handelsüblich	customary (in trade)	en usage dans le commerce m	d'uso commerciale	usual en el comercio
powszechny spis ludności (PL)	Volkszählung f	census	recensement démographique m	censimento m	censo m
požadavek odškodnění (CZ)	Schadensforderung f	claim for damages	prétention à dommages-intérêts f	credito per danni m	pretensión de indemnización f
pozasądowe (PL)	außergerichtlich	extrajudicial	extrajudiciaire	extragiudiziale	extrajudicial
pozemek (CZ)	Grundstück n	real estate	terrain m	terreno m	terreno m

pozemek

P	NL	SV	PL	CZ	H
reposição f	vervanging f	nyanskaffning	ponowny zakup m	reprodukce f	—
custos de reprodução m/pl	reproductiekosten m/pl	reproduktionskostnader pl	koszty reprodukcji m/pl	reprodukční náklady m/pl	—
prémio m	gratificatie f	påökning	dodatek do płacy m	příplatek m	—
desconto m	afslag m	sänkning	—	sleva f	árengedmény
dedução f	aftrek m	avdrag	—	srážka f	levonás
dedução de descontos f	aftrek van korting bij contante betaling m	rabattavdrag	—	odpočet skonta m	árengedmény levonása
necessidade f	behoefte f	behov	zapotrzebowanie n	—	szükséglet
demanda de capital f	kapitaalbehoefte f	kapitalbehov	zapotrzebowanie na kapitał n	—	tőkeigény
entrega de reposição f	vervangingslevering f	substitutsleverans	dostawa zastępcza f	náhradní dodávka f	—
compra de reposição f	vervangingskoop m	substitutsköp	zakup zastępczy m	náhradní nákup m	—
confirmação f	bevestiging f	bekräftelse	potwierdzenie n	—	visszaigazolás
aviso de recepção f	ontvangstbevestiging f	mottagningsbevis	potwierdzenie odbioru n	—	átvételi elismervény
confirmação da encomenda f	orderbevestiging f	orderbekräftelse	potwierdzenie zamówienia n	—	megrendelés visszaigazolása
confirmação f	bevestiging f	bekräftelse	—	potvrzení n	visszaigazolás
aviso de recepção f	ontvangstbevestiging f	mottagningsbevis	—	potvrzení příjmu n	átvételi elismervény
aviso de recepção m	ontvangstbewijs n	mottagningsbevis	—	návratka f	tértivevény
carta de confirmação f	sluitbriefje n	villkorsbekräftelse	—	závěrečná kupní smlouva f	kötlevél
confirmação da encomenda f	orderbevestiging f	orderbekräftelse	—	potvrzení zakázky n	megrendelés visszaigazolása
confidencial	vertrouwelijk	förtroligt	—	důvěrný	bizalmas
senhas de gasolina f/pl	benzinebon m	bensinkupong	talony na benzynę m/pl	—	benzinjegyek
—	besparingen f/pl	besparing	oszczędność f	úspora f	megtakarítás
—	sparen n	sparande	oszczędzać n	spoření n	megtakarítás
gorjeta f	fooi f/m	dricks	pole obsługi n	spropitné n	borravaló
por cento	procent n	procent	procent m	procento n	százalék
percentagem f	percentage n	procentsats	stawka procentowa f	procentní sazba f	százalékos arány
poder de compra m	koopkracht f	köpkraft	siła nabywcza f	kupní síla f	vásárlóerő
poder geral m	algemene lastgeving f	generalfullmakt	pełnomocnictwo ogólne n	neomezená plná moc f	általános meghatalmazás
obrigação de aceitar a entrega f	afnameverplichting f	skyldighet att acceptera leverans	obowiązek odbioru m	—	átvételi kötelezettség
dever de conservação m	bewaringsplicht f/m	arkiveringsplikt	obowiązek przechowywania m	—	megőrzési kötelezettség
profissão f	beroep n	yrke	zawód m	—	foglalkozás
autorização de residência f	verblijfsvergunning f	uppehållstillstånd	zezwolenie na pobyt n	—	tartózkodási engedély
promoção f	bevordering f	befordran	awans m	—	előléptetés
procuração f	volmacht f	fullmakt	prokura f	plná moc f	cégjegyzési jog
plenos poderes m/pl	volmacht f	fullmakt	pełnomocnictwo n	plná moc f	felhatalmazás
com referência a	met referte aan	under åberopande av	—	se zřetelem	hivatkozással
corrente no comércio	in de handel gebruikelijk	standard	—	obvyklé v obchodě	kereskedelemben szokásos
censo demográfico m	volkstelling f	folkräkning	—	sčítání lidu n	népszámlálás
acção de indemnização por danos f	schadeclaim m	skadeersättningsanspråk	roszczenie do odszkodowania n	—	kártérítési követelés
extrajudicial	buitengerechtelijk	genom förlikning	—	mimosoudní	peren kívüli
terreno m	stuk grond n	tomt	parcela f	—	ingatlan

pozice na trhu

	D	E	F	I	ES
pozice na trhu (CZ)	Marktposition f	market position	position sur le marché f	posizione di mercato f	posición en el mercado f
poziom cen (PL)	Preisniveau n	price level	niveau des prix m	livello dei prezzi m	nivel de precios m
poziom stawki oprocentowania (PL)	Zinsniveau n	interest rate level	niveau du taux d'intérêt m	livello degli interessi m	nivel de interés m
poziom zatrudnienia (PL)	Beschäftigungsgrad m	level of employment	taux d'emploi m	tasso d'occupazione m	tasa de empleo f
poznámka (CZ)	Notiz f	note	note f	annotazione f	nota f
poznámka (CZ)	Vermerk m	note	remarque f	nota f	nota f
poznámka ve spisu (CZ)	Aktennotiz f	memorandum	note f	nota f	nota f
pozostała wartość do amortyzacji (PL)	Restwert m	net book value	valeur résiduelle f	valore residuo m	valor residual m
pozostały okres kredytowania (PL)	Restlaufzeit f	remaining time to maturity	durée restante à courir f	scadenza residua f	plazo de vencimiento restante m
pozůstalost (CZ)	Nachlass m	inheritance	héritage m	eredità f	herencia f
pozycja rynkowa (PL)	Marktposition f	market position	position sur le marché f	posizione di mercato f	posición en el mercado f
pożyczka (PL)	Anleihe f	loan	emprunt m	prestito m	empréstito m
pożyczka (PL)	Darlehen n	loan	prêt m	mutuo m	préstamo m
pożyczka komunalna (PL)	Kommunalanleihen f/pl	local authority loan	emprunts communaux m/pl	prestiti comunali m/pl	empréstito municipal m
pożyczka państwowa (PL)	Staatsanleihen f/pl	government loan	emprunt d'Etat m	titoli pubblici m/pl	empréstito estatal m
pożyczka publiczna (PL)	Rentenanleihe f	perpetual bonds	effet public m	prestito a reddito fisso m	empréstito por anualidades m
pożyczka zagraniczna (PL)	Auslandsanleihe f	foreign loan	emprunt extérieur m	prestito estero m	empréstito exterior m
praca (PL)	Arbeit f	work	travail m	lavoro m	trabajo m
praca akordowa (PL)	Akkordarbeit f	piooo work	travail à la pièce m	lavoro a cottimo m	trabajo a destajo m
praça comercial (P)	Handelsplatz m	trade centre	place marchande f	piazza commerciale f	plaza comercial f
praca nielegalna (PL)	Schwarzarbeit f	illicit work	travail au noir m	lavoro abusivo m	trabajo clandestino m
praca przy ekranie komputera (PL)	Bildschirmarbeit f	work at a computer terminal	travail à l'écran	lavoro a video m	trabajo de pantalla m
praca przy komputerze (PL)	Bildschirmarbeitsplatz m	job working at a computer	poste de travail à l'écran f	posto di lavoro a video m	puesto de trabajo de pantalla m
praca ręczna (PL)	Handarbeit f	manual work	travail manuel m	lavoro manuale m	trabajo a mano m
praca w niepełnym wymiarze (PL)	Teilzeitarbeit f	part-time work	travail à temps partiel m	lavoro part-time m	trabajo a tiempo parcial m
praca w terenie (PL)	Außendienst m	field work	service extérieur m	servizio esterno m	servicio exterior m
praca zespołowa (PL)	Teamarbeit f	teamwork	travail d'équipe m	lavoro d'équipe m	trabajo en equipo m
práce (CZ)	Arbeit f	work	travail m	lavoro m	trabajo m
práce mimo podnik (CZ)	Außendienst m	field work	service extérieur m	servizio esterno m	servicio exterior m
práce načerno (CZ)	Schwarzarbeit f	illicit work	travail au noir m	lavoro abusivo m	trabajo clandestino m
práce na počítači (CZ)	Bildschirmarbeit f	work at a computer terminal	travail à l'écran	lavoro a video m	trabajo de pantalla m
práceneschopnost (CZ)	Erwerbsunfähigkeit f	disability to earn a living	incapacité de travail f	invalidità f	incapacidad profesional f
práce v úkolu (CZ)	Akkordarbeit f	piece-work	travail à la pièce m	lavoro a cottimo m	trabajo a destajo m
pracobiorca (PL)	Arbeitnehmer m	employee	salarié m	lavoratore dipendente m	empleado m
pracodawca (PL)	Arbeitgeber m	employer	employeur m	datore di lavoro m	empleador m
pracoviště (CZ)	Arbeitsplatz m	place of employment	lieu de travail m	posto di lavoro m	puesto de trabajo m
pracoviště vybavené počítačem (CZ)	Bildschirmarbeitsplatz m	job working at a computer	poste de travail à l'écran f	posto di lavoro a video m	puesto de trabajo de pantalla m
pracovní doba (CZ)	Arbeitszeit f	working hours	heures de travail f/pl	orario di lavoro m	jornada laboral f
pracovník služebně mimo podnik (CZ)	Außendienstmitarbeiter m	field staff	personnel investigateur m	collaboratore del servizio esterno m	colaborador en el servicio exterior m
pracovní oběd (CZ)	Arbeitsessen n	working lunch	déjeuner de travail m	pranzo di lavoro m	comida de trabajo f

pracovní oběd

P	NL	SV	PL	CZ	H
posição no mercado f	marktpositie f	ställning på marknaden	pozycja rynkowa f	—	piaci részesedés
nível de preços m	prijspeil n	prisnivå	—	úroveň cen f	árszint
nível da taxa de juro m	rentepeil n	räntenivå	—	úroveň úroků f	kamatszint
taxa de emprego f	graad van tewerkstelling m	sysselsättningsnivå	—	stupeň zaměstnanosti m	foglalkoztatás szintje
nota f	bericht n	notis	notatka f	—	feljegyzés
nota f	aantekening f	anmärkning	adnotacja f	—	megjegyzés
memorando m	aantekening f	notis	memo n	—	feljegyzés
valor residual m	restwaarde f	restvärde	—	zůstatková hodnota f	maradványérték
prazo até a maturidade m	resterende looptijd m	återstående löptid	—	zbývající doba splatnosti f	hátralévő futamidő
herança f	erfenis f	kvarlåtenskap	spadek m	—	hagyaték
posição no mercado f	marktpositie f	ställning på marknaden	—	pozice na trhu f	piaci részesedés
empréstimo m	lening f	lån	—	půjčka f	kötvénykölcsön
mútuo m	lening f	lån	—	půjčka f	kölcsön
empréstimo municipal m	gemeenteleningen f/pl	kommunala lån	—	komunální půjčky f/pl	önkormányzati kölcsönök
empréstimo estatal m	staatslening f	statliga lån pl	—	státní půjčky f/pl	államkölcsön
empréstimo por anuidades m	effect met vaste rente n	ränteobligation	—	doživotní renta f	járadékkötvény
empréstimo estrangeiro m	buitenlandse lening f	utlandslån	—	zahraniční půjčka f	külföldi kötvénykibocsátás
trabalho m	werk n	arbete	—	práce f	munka
trabalho à peça m	stukwerk n	ackordsarbete	—	práce v úkolu f	darabbéres munka
—	handelsplaats f	handelsplats	lokalizacja transakcji f	tržiště n	kereskedelmi központ
trabalho clandestino m	zwartwerk n	svartarbete	—	práce načerno f	feketemunka
trabalho com ecrã m	werk aan het beeldscherm n	bildskärmsarbete	—	práce na počítači f	számítógépes munka
posto de trabalho com ecrã m	arbeidsplaats waar iemand werkt met een computer f/m	bildskärmsarbetsplats	—	pracoviště vybavené počítačem n	számítógépes munkahely
trabalho manual m	handenarbeid f	manuellt arbete	—	ruční práce f	fizikai munka
trabalho a jornada parcial m	deeltijds werk n	deltidsarbete	—	částečný pracovní úvazek n	részidős munka
serviço exterior m	buitendienst m	extern verksamhet	—	práce mimo podnik f	külszolgálat
trabalho de equipa m	teamwerk n	teamarbete	—	týmová práce f	csapatmunka
trabalho m	werk n	arbete	praca f	—	munka
serviço exterior m	buitendienst m	extern verksamhet	praca w terenie f	—	külszolgálat
trabalho clandestino m	zwartwerk n	svartarbete	praca nielegalna f	—	feketemunka
trabalho com ecrã m	werk aan het beeldscherm n	bildskärmsarbete	praca przy ekranie komputera f	—	számítógépes munka
invalidez	arbeidsongeschiktheid f	arbetsoförmåga	niezdolność do pracy f	—	keresőképtelenség
trabalho à peça m	stukwerk n	ackordsarbete	praca akordowa f	—	darabbéres munka
empregado m	werknemer f/m	arbetstagare	—	zaměstnanec m	munkavállaló
empregador m	werkgever m	arbetsgivare	—	zaměstnavatel m	munkáltató
posto de trabalho m	arbeidsplaats f	arbetsplats	stanowisko pracy n	—	munkahely
posto de trabalho com ecrã m	arbeidsplaats waar iemand werkt met een computer f/m	bildskärmsarbetsplats	praca przy komputerze f	—	számítógépes munkahely
horas de trabalho f/pl	werktijd m	arbetstid	czas pracy m	—	munkaidő
colaborador em serviços externos m	buitendienstmedewerker m	extern medarbetare	przedstawiciel handlowy m	—	külszolgálati munkatárs
almoço de trabalho m	werklunch m	arbetslunch	obiad służbowy m	—	munkaebéd

pracovní povolení

	D	E	F	I	ES
pracovní povolení (CZ)	Arbeitserlaubnis f	work permit	permis de travail m	permesso di lavoro m	permiso de trabajo m
pracovní právo (CZ)	Arbeitsrecht n	labour law	droit du travail f	diritto del lavoro m	derecho laboral m
pracovní síla (CZ)	Arbeitskraft f	worker	employé m	forza lavoro f	trabajador m
pracovní smlouva (CZ)	Arbeitsvertrag m	contract of employment	contrat de travail m	contratto di lavoro m	contrato laboral m
pracovní úraz (CZ)	Arbeitsunfall m	industrial accident	accident du travail m	infortunio sul lavoro m	accidente profesional m
pracownicy cudzoziemscy (PL)	ausländische Arbeitnehmer f	foreign workers	travailleur étranger m	lavoratori stranieri m/pl	trabajadores extranjeros m
pracownik pomocniczy (PL)	Aushilfe f	temporary help	suppléant m	aiuto m	ayudante m
pracownik umysłowy (PL)	Angestellter m	employee	employé m	impiegato m	empleado m
práh rentability (CZ)	Rentabilitätsschwelle f	break-even point	seuil de rentabilité m	fase redditizia f	umbral de rentabilidad m
práh zisku (CZ)	Gewinnschwelle f	break-even point	seuil de rentabilité m	punto di pareggio m	umbral de la rentabilidad m
Prämie (D)	—	bonus	prime f	premio m	prima f
pranzo di lavoro (I)	Arbeitsessen n	working lunch	déjeuner de travail m	—	comida de trabajo m
Präsident (D)	—	president	président m	presidente m	presidente m
pratica (I)	Akte f	file	dossier m	—	expediente m
práva zvláštního čerpání (CZ)	Sonderziehungsrechte f	special drawing rights	droits de tirage spéciaux m/pl	diritti speciali di prelievo m/pl	derechos especiales de giro m/pl
právně způsobilý (CZ)	rechtsfähig	having legal capacity	capable de jouir de droits	avente capacità giuridica	jurídicamente capaz
právník (CZ)	Anwalt m	lawyer	avocat m	avvocato m	abogado m
právní norma (CZ)	Rechtsnorm f	legal norm	règle de droit f	norma giuridica f	norma jurídica f
právní spor (CZ)	Rechtsstreit m	legal action	litige m	causa f	conflicto jurídico m
právní stav (CZ)	Rechtslage f	legal position	situation juridique f	situazione giuridica f	situación jurídica f
právní ustanovení (CZ)	Rechtsprechung f	jurisdiction	jurisprudence f	giurisprudenza f	jurisprudencia f
právní zástupce (CZ)	Rechtsanwalt m	lawyer	avocat m	avvocato m	abogado m
právní zástupce firmy (CZ)	Syndikus m	syndic	conseiller juridique m	consulente legale m	síndico m
právo (CZ)	Recht n	law	droit m	diritto m	derecho m
prawidłowo (PL)	ordnungsgemäß	regular	correctement	regolare	debidamente
prawo (PL)	Recht n	law	droit m	diritto m	derecho m
prawo autorskie (PL)	Urheberrecht n	copyright	droit d'auteur m	diritto d'autore m	derechos de autor m/pl
prawo ciągnienia (PL)	Ziehungsrechte f	drawing rights	droits de tirage m/pl	diritti di prelievo m/pl	derechos de giro m/pl
prawo głosu (PL)	Stimmrecht n	right to vote	droit de vote m	diritto al voto m	derecho a voto m
prawo o spółkach akcyjnych (PL)	Aktienrecht n	company law	loi sur les sociétés anonymes f	diritto azionario m	derecho de sociedades anónimas m
prawo pierwokupu (PL)	Vorkaufsrecht n	right of pre-emption	droit de préemption m	diritto di prelazione m	derecho de preferencia m
prawo pracy (PL)	Arbeitsrecht n	labour law	droit du travail f	diritto del lavoro m	derecho laboral m
prawo zastawu (PL)	Pfandrecht n	pledge	droit de gage m	diritto di pegno m	derecho prendario m
prazo (P)	Frist f	period	délai m	termine m	plazo m
prazo até a maturidade (P)	Restlaufzeit f	remaining time to maturity	durée restante à courir f	scadenza residua f	plazo de vencimiento restante m
prazo de carência (P)	Karenzzeit f	qualifying period	délai de carence m	periodo d'aspettativa m	período carencial m
prazo de concessão de crédito (P)	Kreditlaufzeit f	duration of credit	durée de l'allocation de crédit f	scadenza del credito f	duración del crédito m
prazo de declaração (P)	Anmeldefrist f	period for application	délai d'inscription m	termine di presentazione della domanda m	plazo de inscripción m
prazo de entrega (P)	Lieferfrist f	term of delivery	délai de livraison m	tempo di consegna m	plazo de entrega m
prazo de pagamento (P)	Zahlungsfrist f	term of payment	délai de payement f	scadenza di pagamento f	plazo de pago m

prazo de pagamento

P	NL	SV	PL	CZ	H
autorização de trabalho f	werkvergunning f	arbetstillstånd	zezwolenie na pracę n	—	munkavállalási engedély
legislação do trabalho f	arbeidsrecht n	arbetsrätt	prawo pracy n	—	munkajog
mão-de-obra f	arbeidskracht f	arbetskraft	siła robocza f	—	munkaerő
contrato de trabalho m	arbeidsovereenkomst f	arbetsavtal	umowa o pracę f	—	munkaszerződés
acidente de trabalho m	arbeidsongeval n	arbetsolycka	wypadek przy pracy f	—	munkahelyi baleset
trabalhador estrangeiro m	gastarbeider m	utländsk arbetstagare	—	zahraniční zaměstnanci m/pl	külföldi munkavállaló
ajudante m/f	hulpkracht f	extraanställd	—	výpomoc f	kisegítő dolgozó
empregado m	bediende f/m	anställd	—	zaměstnanec m	alkalmazott
margem de rentabilidade f	rentabiliteitsdrempel m	nollpunkt	próg rentowności m	—	jövedelmezőségi küszöb
ponto morto de vendas m	rendabiliteitsdrempel m	nollpunkt	próg zysku m	—	nyereségküszöb
prémio m	premie f	premie	premia f	prémie f	felár
almoço de trabalho m	werklunch m	arbetslunch	obiad służbowy m	pracovní oběd m	munkaebéd
presidente m	president m	president	prezydent m	prezident m	elnök
documento m	akte f/m	mapp	akta m	spis m	ügyirat
direitos especiais de saque m/pl	bijzondere trekkingsrechten n/pl	särskilda dragningsrätter pl	specjalne prawo ciągnienia n	—	különleges lehívási jogok
com capacidade jurídica	rechtsbevoegd	rättskapabel	zdolny do czynności prawnych	—	jogképes
advogado m	advocaat m	advokat	adwokat m	—	ügyvéd
norma jurídica f	rechtsnorm f	rättsordning	norma prawna f	—	jogszabály
litígio jurídico m	geschil n	rättstvist	spór prawny m	—	jogvita
situação jurídica f	rechtspositie f	rättsläge	sytuacja prawna f	—	jogi helyzet
jurisprudência f	rechtspraak f	rättskipning	orzecznictwo sądowe n	—	jogszolgáltatás
advogado m	advocaat m	advokat	adwokat m	—	ügyvéd
conselheiro jurídico m	syndicus m	juridiskt ombud	syndyk m	—	jogtanácsos
direito m	recht n	rätt	prawo n	—	jog
regular	behoorlijk	i laga ordning	—	řádný	szabályszerűen
direito m	recht n	rätt	—	právo n	jog
direitos do autor m/pl	auteursrecht n	upphovsmannarätt	—	autorské právo n	szerzői jog
direitos de saque m/pl	trekkingsrechten n/pl	dragningsrätter pl	—	slosovací pravidla n/pl	lehívási jogok
direito de voto m	stemrecht n	rösträtt	—	hlasovací právo n	szavazati jog
direito das sociedades anónimas m	vennootschapsrecht n	aktielagstiftning	—	akciové právo n	társasági jog
direito de preempção m	recht van voorkoop n	förköpsrätt	—	předkupní právo n	elővásárlási jog
legislação do trabalho f	arbeidsrecht n	arbetsrätt	—	pracovní právo n	munkajog
direito pignoratício m	pandrecht n	pant	—	zástavní právo n	zálogjog
—	termijn m	frist	okres m	lhůta f	határidő
—	resterende looptijd m	återstående löptid	pozostały okres kredytowania m	zbývající doba splatnosti f	hátralévő futamidő
—	wachttijd m	karenstid	okres karencji m	čekací doba f	türelmi idő
—	kredietlooptijd m	kreditlöptid	okres spłaty kredytu m	splatnost úvěru f	hitel futamideje
—	aanmeldingstermijn m	ansökningstid	termin zgłaszania m	přihlašovací lhůta f	jelentkezési határidő
—	leveringstermijn m	leveranstid	termin dostawy m	dodací lhůta f	szállítási határidő
—	betalingstermijn m	betalningsfrist	termin zapłaty m	platební lhůta f	fizetési határidő

prazo de rescisão

	D	E	F	I	ES
prazo de rescisão (P)	Kündigungsfrist f	period of notice	délai de résiliation m	periodo di preavviso m	plazo de preaviso m
prazo de vencimento (P)	Laufzeit f	term	durée f	scadenza f	plazo de vencimiento m
přebalovat (CZ)	umpacken	re-pack	remballer	reimballare	reempaquetar
přebytek (CZ)	Überschuß m	surplus	excédent m	eccedenza f	excedente m
přebytek platební bilance (CZ)	Zahlungsbilanzüberschuß m	balance of payments surplus	excédent de la balance des payements	eccedenza della bilancia dei pagamenti f	superávit en la balanza de pagos m
přechodná úprava (CZ)	Übergangsregelung f	transitional arrangement	règlement de transition m	regolamento transitorio m	regulación transitoria f
précieux (F)	wertvoll	valuable	—	prezioso	precioso
precinto (ES)	Streifband n	postal wrapper	bande étiquette f	fascia f	—
precinto aduanero (ES)	Zollverschluß m	customs seal	scellement douanier f	sigillo doganale m	—
precio (ES)	Preis m	price	prix m	prezzo m	—
precio agrícola (ES)	Agrarpreis m	prices of farm products	prix agricole m	prezzo agricolo m	—
precio a negociar (ES)	Verhandlungsbasis f	basis for negotiation	terrain de négociation m	base delle trattative f	—
precio bruto (ES)	Bruttopreis m	gross price	prix brut m	prezzo lordo m	—
precio de compra (ES)	Einkaufspreis m	purchase price	prix d'achat m	prezzo d'acquisto m	—
precio de compra (ES)	Kaufpreis m	purchase price	prix d'achat m	prezzo d'acquisto m	—
precio de coste (ES)	Einstandspreis m	cost price	prix coûtant m	prezzo di costo m	—
precio de coste (ES)	Selbstkostenpreis m	cost price	prix coûtant m	prezzo di costo m	—
precio de la travesía (ES)	Fahrgeld n	fare	coût du voyage m	spese di trasferta f/pl	—
precio del mercado mundial (ES)	Weltmarktpreis m	world market price	prix sur le marché mondial m	prezzo di mercato mondiale m	—
precio del oro (ES)	Goldpreis m	gold price	prix de l'or m	prezzo dell'oro m	—
precio de reventa (ES)	Wiederverkaufspreis m	resale price	prix de revente m	prezzo di rivendita m	—
precio de venta (ES)	Ladenpreis f	retail price	prix de vente m	prezzo al consumo m	—
precio fijo (ES)	Festpreis m	fixed price	prix fixe m	prezzo fisso m	—
precio indicativo (ES)	Richtpreis m	recommended retail price	prix indicatif m	prezzo indicativo m	—
precio-lista (ES)	Listenpreis m	list price	prix du catalogue m	prezzo di listino m	—
precio máximo (ES)	Höchstpreis f	top price	prix plafond m	prezzo massimo m	—
precio mayorista (ES)	Großhandelspreis m	wholesale price	prix de gros m	prezzo all'ingrosso m	—
precio mínimo (ES)	Mindestpreis m	minimum price	prix minimum m	prezzo minimo m	—
precio mínimo de importación (ES)	Mindesteinfuhrpreise m/pl	minimum import price	prix minimum d'importation m/pl	prezzi minimi all'importazione m/pl	—
precio neto (ES)	Nettopreis m	net price	prix net m	prezzo netto m	—
precio recomendado (ES)	Preisempfehlung f	price recommendation	recommendation de prix f	suggerimento di prezzo m	—
precio sin compromiso (ES)	Preis freibleibend	price subject to change	prix sans engagement	prezzo non vincolante	—
precioso (ES)	wertvoll	valuable	précieux	prezioso	—
precios progresivos (ES)	Staffelpreis m	graduated price	prix échelonné m	prezzo differenziato m	—
preço (P)	Preis m	price	prix m	prezzo m	precio m
preço a negociar (P)	Verhandlungsbasis f	basis for negotiation	terrain de négociation m	base delle trattative f	precio a negociar m
preço bruto (P)	Bruttopreis m	gross price	prix brut m	prezzo lordo m	precio bruto m
preço da passagem (P)	Fahrgeld n	fare	coût du voyage m	spese di trasferta f/pl	precio de la travesía m
preço de compra (P)	Einkaufspreis m	purchase price	prix d'achat m	prezzo d'acquisto m	precio de compra m
preço de compra (P)	Kaufpreis m	purchase price	prix d'achat m	prezzo d'acquisto m	precio de compra m

preço de compra

P	NL	SV	PL	CZ	H
—	opzeggingstermijn m	uppsägningstid	termin wypowiedzenia m	výpovědní lhůta f	felmondási (határ)idő
—	duur m	löptid	okres ważności m	doba splatnosti f	futamidő
reembalar	overpakken	packa om	przepakowywać <przepakować>	—	átcsomagol
excedente m	overschot n	överskott	nadwyżka f	—	többlet
superavit na balança de pagamentos m	overschot op de betalingsbalans n	överskott i betalningsbalansen	nadwyżka bilansu płatniczego f	—	fizetésimérlegtöbblet
regulamento transitório m	overgangsmaatregel m	övergångsbestämmelse	postanowienia przejściowe m/pl	—	átmeneti rendelkezés
valioso	waardevol	värdefull	wartościowy	cenný	értékes
cinta f	postband m	korsband	opaska pocztowa f	křížová páska f	csomagolószalag
selo alfandegário m	douanesluiting f	tullsigill	plomba celna n	celní závěra f	vámzár
preço m	prijs m	pris	cena f	cena f	ár
preços dos produtos agrícolas m	landbouwprijs m	pris på jordbruksprodukter	cena skupu produktów rolnych f	zemědělská cena f	mezőgazdasági árak
preço a negociar m	onderhandelingsbasis f	förhandlingsbas	siła przetargowa f	základna jednání f	tárgyalási alap
preço bruto m	brutoprijs m	bruttopris	cena brutto f	hrubá cena f	bruttó ár
preço de compra m	inkoopprijs m	inköpspris	cena kupna f	nákupní cena f	beszerzési ár
preço de compra m	aankoopprijs m	köppris	cena kupna f	kupní cena f	vételár
preço de custo m	kostprijs m	självkostnadspris	globalna cena nabycia f	pořizovací cena f	bekerülési ár
preço de custo m	kostprijs m	självkostnadspris	cena kosztów własnych f	režijní cena f	önköltségi ár
preço da passagem m	passagegeld n	reseersättning	opłata za przejazd f	jízdné n	fuvardíj
preço no mercado internacional m	wereldmarktprijs m	världsmarknadspris	cena światowa f	cena na světovém trhu f	világpiaci ár
preço do ouro m	goudprijs m	guldpris	cena złota f	cena zlata f	aranyár
preço de revenda m	inruilwaarde f	återförsäljningspris	cena w odsprzedaży f	překupní cena f	viszonteladói ár
preço de venda m	kleinhandelsprijs m	butikspris	cena detaliczna f	prodejní cena f	bolti ár
preço fixo m	vaste prijs m	fast pris	cena stała f	konstantní cena f	rögzített ár
preço de referência m	richtprijs m	rekommenderat pris	cena zalecana f	orientační cena f	irányár
preço tabelado m	catalogusprijs m	listpris	cena katalogowa f	cena dle ceníkuf	listaár
preço máximo m	plafondprijs m	högsta pris	najwyższa cena f	maximální cena f	rekordár
preço por atacado m	groothandelsprijs m	partipris	cena hurtowa f	velkoobchodní cena f	nagykereskedelmi ár
preço mínimo m	minimumprijs m	minimipris	najniższa dopuszczalna cena f	minimální cena f	minimálár
preço mínimo de importação m	minimuminvoerprijs m	lägsta importpris	minimalne ceny importowe f/pl	minimální dovozní ceny f/pl	minimális importárak
preço líquido m	nettoprijs m	nettopris	cena netto f	čistá cena f	nettó ár
preço recomendado m	adviesprijs m	rekommenderat pris	zalecenie cenowe n	cenové doporučení n	ajánlott ár
preço sem compromisso	vrijblijvende prijs	fri prissättning	wolna cena	doporučená cena f	kötelezettség nélküli ár
valioso	waardevol	värdefull	wartościowy	cenný	értékes
preço progressivo m	schaalprijs m	graderat pris	cena ruchoma f	odstupňovaná cena f	lépcsőzetes árskála
—	prijs m	pris	cena f	cena f	ár
—	onderhandelingsbasis f	förhandlingsbas	siła przetargowa f	základna jednání f	tárgyalási alap
—	brutoprijs m	bruttopris	cena brutto f	hrubá cena f	bruttó ár
—	passagegeld n	reseersättning	opłata za przejazd f	jízdné n	fuvardíj
—	inkoopprijs m	inköpspris	cena kupna f	nákupní cena f	beszerzési ár
—	aankoopprijs m	köppris	cena kupna f	kupní cena f	vételár

preço de custo

	D	E	F	I	ES
preço de custo (P)	Einstandspreis *m*	cost price	prix coûtant *m*	prezzo di costo *m*	precio de coste *m*
preço de custo (P)	Selbstkostenpreis *m*	cost price	prix coûtant *m*	prezzo di costo *m*	precio de coste *m*
preço de emissão (P)	Emissionskurs *m*	rate of issue	cours d'émission *m*	corso d'emissione *m*	tipo de emisión *m*
preço de referência (P)	Richtpreis *m*	recommended retail price	prix indicatif *m*	prezzo indicativo *m*	precio indicativo *m*
preço de revenda (P)	Wiederverkaufspreis *m*	resale price	prix de revente *m*	prezzo di rivendita *m*	precio de reventa *m*
preço de venda (P)	Ladenpreis *f*	retail price	prix de vente *m*	prezzo al consumo *m*	precio de venta *m*
preço do ouro (P)	Goldpreis *m*	gold price	prix de l'or *m*	prezzo dell'oro *m*	precio del oro *m*
preço fixo (P)	Festpreis *m*	fixed price	prix fixe *m*	prezzo fisso *m*	precio fijo *m*
preço líquido (P)	Nettopreis *m*	net price	prix net *m*	prezzo netto *m*	precio neto *m*
preço máximo (P)	Höchstpreis *f*	top price	prix plafond *m*	prezzo massimo *m*	precio máximo *m*
preço mínimo (P)	Mindestpreis *m*	minimum price	prix minimum *m*	prezzo minimo *m*	precio mínimo *m*
preço mínimo de importação (P)	Mindesteinfuhrpreise *m/pl*	minimum import price	prix minimum d'importation *m/pl*	prezzi minimi all'importazione *m/pl*	precio mínimo de importación *m*
preço no mercado internacional (P)	Weltmarktpreis *m*	world market price	prix sur le marché mondial *m*	prezzo di mercato mondiale *m*	precio del mercado mundial *m*
preço por atacado (P)	Großhandelspreis *m*	wholesale price	prix de gros *m*	prezzo all'ingrosso *m*	precio mayorista *m*
preço progressivo (P)	Staffelpreis *m*	graduated price	prix échelonné *m*	prezzo differenziato *m*	precios progresivos *m/pl*
preço recomendado (P)	Preisempfehlung *f*	price recommendation	recommendation de prix *f*	suggerimento di prezzo *m*	precio recomendado *m*
preços dos produtos agrícolas (P)	Agrarpreis *m*	prices of farm products	prix agricole *m*	prezzo agricolo *m*	precio agrícola *m*
preço sem compromisso (P)	Preis freibleibend	price subject to change	prix sans engagement	prezzo non vincolante	precio sin compromiso
preço tabelado (P)	Listenpreis *m*	list price	prix du catalogue *m*	prezzo di listino *m*	precio-lista *m*
předání (CZ)	Übergabe *f*	delivery	remise *f*	consegna *f*	entrega *f*
předběžná kalkulace (CZ)	Vorkalkulation *f*	estimation of cost	calcul des coûts prévisionnels *m*	calcolo preventivo *m*	cálculo provisional *m*
předběžná objednávka (CZ)	Vorbestellung *f*	reservation	commande préalable *f*	prenotazione *f*	pedido anticipado *m*
předběžný rabat (CZ)	Vorbestellrabatt *m*	discount on advance orders	remise sur commandes anticipées *f*	ribasso per prenotazioni *m*	descuento de suscripción *m*
předburza (CZ)	Vorbörse *f*	dealing before official hours	avant-bourse *f*	mercato preborsistico *m*	operaciones antes de la apertura de la bolsa *f/pl*
předkupní právo (CZ)	Vorkaufsrecht *n*	right of pre-emption	droit de préemption *m*	diritto di prelazione *m*	derecho de preferencia *m*
předpisy (CZ)	Vorschriften *pl*	regulations	directives *f/pl*	normative *f/pl*	prescripciones *f/pl*
předplatné (CZ)	Abonnement *n*	subscription	abonnement *m*	abbonamento *m*	suscripción *f*
předpověď (CZ)	Prognose *f*	forecast	prévisions *f/pl*	prognosi *m*	pronóstico *m*
předseda dozorčí rady (CZ)	Aufsichtsratsvorsitzender *m*	chairman of the supervisory board	président du conseil de surveillance *m*	presidente del consiglio di sorveglianza *m*	presidente del consejo de administración *m*
předseda správní rady (CZ)	Vorstandsvorsitzender *m*	chairman of the board	président du directoire *m*	presidente del consiglio di amministrazione *m*	presidente del consejo *m*
předsednictvo (CZ)	Vorsitz *m*	chairmanship	présidence *f*	presidenza *f*	presidencia *f*
představenstvo (CZ)	Vorstand *m*	board	directoire *m*	consiglio di amministrazione *m*	consejo de dirección *m*
předtisk (CZ)	Vordruck *m*	printed form	imprimé *m*	modulo *m*	impreso *m*
preference share (E)	Vorzugsaktie *f*	—	action privilégiée *f*	azione privilegiata *f*	acción preferente *f*
preferenční rabat (CZ)	Vorzugsrabatt *m*	preferential discount	remise de faveur *f*	ribasso preferenziale *m*	rebaja preferencial *f*
preferensaktie (SV)	Vorzugsaktie *f*	preference share	action privilégiée *f*	azione privilegiata *f*	acción preferente *f*
preferent aandeel (NL)	Vorzugsaktie *f*	preference share	action privilégiée *f*	azione privilegiata *f*	acción preferente *f*

preferent aandeel

P	NL	SV	PL	CZ	H
—	kostprijs m	självkostnadspris	globalna cena nabycia f	pořizovací cena f	bekerülési ár
—	kostprijs m	självkostnadspris	cena kosztów własnych f	režijní cena f	önköltségi ár
—	emissiekoers m	emissionskurs	kurs emisyjny m	emisní kurs m	kibocsátási árfolyam
—	richtprijs m	rekommenderat pris	cena zalecana f	orientační cena f	irányár
—	inruilwaarde f	återförsäljningspris	cena w odsprzedaży f	překupní cena f	viszonteladói ár
—	kleinhandelsprijs m	butikspris	cena detaliczna f	prodejní cena f	bolti ár
—	goudprijs m	guldpris	cena złota f	cena zlata f	aranyár
—	vaste prijs m	fast pris	cena stała f	konstantní cena f	rögzített ár
—	nettoprijs m	nettopris	cena netto f	čistá cena f	nettó ár
—	plafondprijs m	högsta pris	najwyższa cena f	maximální cena f	rekordár
—	minimumprijs m	minimipris	najniższa dopuszczalna cena f	minimální cena f	minimálár
—	minimuminvoerprijs m	lägsta importpris	minimalne ceny importowe f/pl	minimální dovozní ceny f/pl	minimális importárak
—	wereldmarktprijs m	världsmarknadspris	cena światowa f	cena na světovém trhu f	világpiaci ár
—	groothandelsprijs m	partipris	cena hurtowa f	velkoobchodní cena f	nagykereskedelmi ár
—	schaalprijs m	graderat pris	cena ruchoma f	odstupňovaná cena f	lépcsőzetes árskála
—	adviesprijs m	rekommenderat pris	zalecenie cenowe n	cenové doporučení n	ajánlott ár
—	landbouwprijs m	pris på jordbruksprodukter	cena skupu produktów rolnych f	zemědělská cena f	mezőgazdasági árak
—	vrijblijvende prijs	fri prissättning	wolna cena	doporučená cena f	kötelezettség nélküli ár
—	catalogusprijs m	listpris	cena katalogowa f	cena dle ceníku f	listaár
entrega f	overhandiging f	leverans	przekazanie n	—	átadás
estimativa dos custos f	voorcalculatie f	kostnadsberäkning	kalkulacja wstępna f	—	előkalkuláció
pedido antecipado m	vooruitbestelling f	förhandsorder	rezerwacja f	—	előrendelés
desconto de pedidos antecipados m	korting op vooruitbestelling f	rabatt på förhandsorder	rabat za zamówienie z góry m	—	előrendelési árengedmény
negociação antes da abertura oficial da bolsa f	voorbeurshandel m	förbörs	transakcja przed otwarciem giełdy f	—	tőzsdenyitás előtti kereskedelem
direito de preempção m	recht van voorkoop n	förköpsrätt	prawo pierwokupu n	—	elővásárlási jog
regulamentos m/pl	voorschriften n/pl	föreskrifter	przepisy m/pl	—	előírások
subscrição f	abonnement n	abonnemang	abonament m	—	előfizetés
prognóstico m	prognose f	prognos	prognoza f	—	prognózis
presidente do conselho fiscal m	voorzitter van de raad van toezicht m	företagsstyrelsens ordförande	przewodniczący rady nadzorczej m	—	felügyelő bizottság elnöke
presidente da direcção m	voorzitter van het directiecomité m	styrelseordförande	prezes zarządu m	—	igazgató tanács elnöke
presidência f	voorzitterschap n	ordförandeskap	przewodnictwo n	—	elnöklés
direcção f	directiecomité n	styrelse	zarząd m	—	igazgatóság
impresso m	gedrukt formulier n	blankett	formularz m	—	űrlap
acção preferencial f	preferent aandeel n	preferensaktie	akcja uprzywilejowana f	prioritní akcie f	elsőbbségi részvény
desconto preferencial m	voorkeurkorting f	förmånsrabatt	rabat preferencyjny m	—	elsőbbségi árengedmény
acção preferencial f	preferent aandeel n	—	akcja uprzywilejowana f	prioritní akcie f	elsőbbségi részvény
acção preferencial f	—	preferensaktie	akcja uprzywilejowana f	prioritní akcie f	elsőbbségi részvény

preferential discount

	D	E	F	I	ES
preferential discount (E)	Vorzugsrabatt m	—	remise de faveur f	ribasso preferenziale m	rebaja preferencial f
Preis (D)	—	price	prix m	prezzo m	precio m
Preisabsprache (D)	—	price fixing	entente sur les prix f	accordo sui prezzi m	acuerdo de precios m
Preisabzug (D)	—	price deduction	réduction de prix f	riduzione del prezzo f	descuento m
Preisanstieg (D)	—	rise in price	hausse des prix f	aumento del prezzo m	aumento de precios m
Preisauszeichnung (D)	—	price-marking	affichage des prix f	indicazione del prezzo f	indicación de precios f
Preisbindung (D)	—	price fixing	imposition des prix f	obbligo di mantenere il prezzo fissato m	limitación de precios f
Preisempfehlung (D)	—	price recommendation	recommendation de prix f	suggerimento di prezzo m	precio recomendado m
Preiserhöhung (D)	—	price increase	augmentation des prix f	rialzo dei prezzi m	aumento de precios m
Preis freibleibend (D)	—	price subject to change	prix sans engagement	prezzo non vincolante	precio sin compromiso
Preisliste (D)	—	price list	liste des prix f	listino prezzi m	lista de precios f
Preisniveau (D)	—	price level	niveau des prix m	livello dei prezzi m	nivel de precios m
Preisnotierung (D)	—	price quotation	cotation des prix f	quotazione dei prezzi f	cotización de precios f
Preisobergrenze (D)	—	price ceiling	limite supérieure des prix f	limite massimo di prezzo m	límite máximo de los precios m
Preispolitik (D)	—	price policy	politiques des prix f	politica dei prezzi f	política de precios f
Preisschild (D)	—	price tag	étiquette de prix f	cartellino del prezzo m	etiqueta del precio f
Preissenkung (D)	—	price reduction	réduction des prix f	riduzione dei prezzi f	reducción de precios f
Preissteigerung (D)	—	price increase	hausse des prix f	aumento dei prezzi m	aumento de precios m
Preisstopp (D)	—	price stop	blocage des prix m	blocco dei prezzi m	limitación de precios f
Preisuntergrenze (D)	—	price floor	plancher des prix m	limite inferiore di prezzo m	límite inferior de los precios m
Preisverfall (D)	—	decline in prices	chute des prix f	caduta dei prezzi f	caída de precios f
preiswert (D)	—	inexpensive	avantageux	a buon mercato	barato
přejímka obchodu (CZ)	Geschäftsübernahme f	takeover of a business	reprise d'une affaire f	rilievo di un'azienda m	adquisición de una empresa f
překlad (CZ)	Übersetzung f	translation	traduction	traduzione f	traducción
překládka (CZ)	Umschlag m	transshipment	transbordement m	trasbordo m	transbordo de carga m
překlenovací úvěr (CZ)	Überbrückungskredit m	bridging loan	crédit transitoire m	credito ponte m	crédito transitorio m
překračovat (CZ)	überziehen	overdraw	faire un prélèvement à découvert	mandare allo scoperto	sobrepasar
překročení částky na účtu (CZ)	Kontoüberziehung f	overdraft of an account	découvert d'un compte m	scoperto di conto m	descubierto m
překupní cena (CZ)	Wiederverkaufspreis m	resale price	prix de revente m	prezzo di rivendita m	precio de reventa m
překupník (CZ)	Zwischenhändler m	middleman	intermédiaire m	intermediario m	intermediario m
premia (PL)	Bonifikation f	bonus	bonification f	abbuono m	bonificación f
premia (PL)	Prämie f	bonus	prime f	premio m	prima f
premia za ryzyko (PL)	Risikoprämie f	risk premium	prime de risque f	premio di rischio m	prima de riesgo f
premie (NL)	Prämie f	bonus	prime f	premio m	prima f
premie (SV)	Prämie f	bonus	prime f	premio m	prima f
prémie (CZ)	Prämie f	bonus	prime f	premio m	prima f
premio (I)	Bonus m	bonus	bonification f	—	gratificación f
premio (I)	Prämie f	bonus	prime f	—	prima f
premio (I)	Zulage f	extra pay	prime f	—	suplemento m
prémio (P)	Prämie f	bonus	prime f	premio m	prima f
prémio (P)	Zulage f	extra pay	prime f	premio m	suplemento m

prémio

P	NL	SV	PL	CZ	H
desconto preferencial m	voorkeurkorting f	förmånsrabatt	rabat preferencyjny m	preferenční rabat m	elsőbbségi árengedmény
preço m	prijs m	pris	cena f	cena f	ár
acordo de preços m	prijsafspraak f	prisöverenskommelse	porozumienie cenowe n	dohoda o ceně f	ármegállapodás
desconto m	prijsvermindering f	prisavdrag	redukcja ceny f	srážka z ceny f	árengedmény
alta de preços m	prijsstijging f	prisökning	zwyżka cen f	růst cen m	áremelkedés
marcação de preços f	zichtbaar ophangen van de prijslijst n	prismärkning	oznaczanie cen na towarach n	označení cenou n	árcédula
acordo sobre preços m	prijsbinding f	fast prissättning	zobowiązanie do utrzymania cen n	závaznost cen f	árrögzítés
preço recomendado m	adviesprijs m	rekommenderat pris	zalecenie cenowe n	cenové doporučení n	ajánlott ár
aumento de preços m	prijsverhoging f	prishöjning	podwyżka cen f	zvýšení cen n	áremelés
preço sem compromisso	vrijblijvende prijs	fri prissättning	wolna cena	doporučená cena f	kötelezettség nélküli ár
lista de preços f	prijslijst f	prislista	lista cen f	ceník m	árjegyzék
nível de preços m	prijspeil n	prisnivå	poziom cen m	úroveň cen f	árszint
cotação f	prijsnotering f	angivet pris	notowanie cen n	kotace cen f	árfolyamjegyzés
limite máximo dos preços m	bovengrens van de prijs f	övre prisgräns	pułap cen m	horní hranice ceny f	felső árhatár
política de preços f	prijsbeleid n	prispolitik	polityka cenowa f	cenová politika f	árpolitika
etiqueta de preço f	prijsetiket n	prisetikett	etykietka cenowa f	cenovka f	ártábla
redução de preços f	prijsdaling f	prissänkning	obniżka cen f	snížení cen n	árcsökkentés
aumento de preços m	prijsverhoging f	prisstegring	wzrost cen m	vzestup cen m	áremelés
bloqueio de preços m	prijsstop m	prisstopp	zamrożenie cen n	zmrazení cen n	árbefagyasztás
limite inferior dos preços m	ondergrens van de prijzen f	nedre prisgräns	cena minimalna f	spodní hranice ceny f	alsó árhatár
queda de preços f	plotselinge daling van de prijzen f	prisfall	spadek cen m	propadnutí cen n	áresés
barato	goedkoop	prisvärd	niedrogi	cenově výhodný	kedvező árú
aquisição de uma empresa f	overname van een zaak f	företagsövertagande	przejęcie firmy n	—	vállalatvásárlás
tradução f	vertaling f	översättning	tłumaczenie n	—	fordítás
transbordo m	omslag m	omlastning	przeładunek m	—	átrakás
crédito de transição m	overbruggingskrediet n	överbryggningskredit	kredyt krótkoterminowy m	—	áthidaló hitel
sacar a descoberto	overschrijden	övertrassera	przekraczać stan konta	—	hiteltúllépést követ el
conta a descoberto f	overdisponering f	kontoöverdrag	przekroczenie stanu konta n	—	hitelkeret-túllépés (folyószámlán)
preço de revenda m	inruilwaarde f	återförsäljningspris	cena w odsprzedaży f	—	viszonteladói ár
intermediário m	tussenpersoon m	mellanhand	pośrednik m	—	közvetítő kereskedő
bonificação f	bonificatie f	bonus	—	bonifikace f	térítés
prémio m	premie f	premie	—	prémie f	felár
prémio de risco m	risicopremie f	riskpremie	—	riziková prémie f	kockázati felár
prémio m	—	premie	premia f	prémie f	felár
prémio m	premie f	—	premia f	prémie f	felár
prémio m	premie f	premie	premia f	—	felár
bónus	bonus m	bonus	rabat od obrotów m	bonus m	bónusz
prémio m	premie f	premie	premia f	prémie f	felár
prémio m	gratificatie f	påökning	dodatek do płacy m	příplatek m	pótlék
—	premie f	premie	premia f	prémie f	felár
—	gratificatie f	påökning	dodatek do płacy m	příplatek m	pótlék

premio assicurativo

	D	E	F	I	ES
premio assicurativo (I)	Versicherungsprämie f	insurance premium	prime d'assurance f	—	prima de seguro f
prémio de risco (P)	Gefahrenzulage f	danger money	prime de danger f	indennità di rischio m	incremento por peligrosidad m
prémio de risco (P)	Risikoprämie f	risk premium	prime de risque f	premio di rischio m	prima de riesgo f
prémio de seguro (P)	Versicherungsprämie f	insurance premium	prime d'assurance f	premio assicurativo m	prima de seguro f
premio di rischio (I)	Risikoprämie f	risk premium	prime de risque f	—	prima de riesgo f
prémium (H)	Gratifikation f	bonus	gratification f	gratifica f	gratificación f
preneur de leasing (F)	Leasing-Nehmer m	lessee	—	beneficiario del leasing m	arrendatario financiero m
preneur d'une licence (F)	Lizenznehmer m	licensee	—	licenziatario m	concesionario m
preneur final (F)	Endabnehmer m	ultimate buyer	—	acquirente finale m	comprador final m
prenotazione (I)	Reservierung f	reservation	réservation f	—	reserva f
prenotazione (I)	Vorbestellung f	reservation	commande préalable f	—	pedido anticipado m
přepočítací kurs (CZ)	Umrechnungskurs m	rate of conversion	cours de conversion m	corso di cambio m	tasa de cambio f
přeprava placena (CZ)	frachtfrei	freight paid	exempt de frais de transport	franco di nolo	franco de porte
přeprava placena do určeného místa (CZ)	Fracht bezahlt	freight paid	fret payé	nolo pagato	flete pagado
přepravce (CZ)	Frachtführer m	carrier	transporteur m	vettore m	transportista m
přepravní dokumenty (CZ)	Transportpapiere n/pl	transport documents	documents de transport m/pl	documenti di trasporto m/pl	documentos de transporte m/pl
přepravní kus (CZ)	Frachtstücke n/pl	packages	colis m	colli m/pl	bultos m/pl
přepravní náklady (CZ)	Frachtkosten f	carriage charges	frais de transport m/pl	spese di trasporto f/pl	gastos de transporte m/pl
přepravní smlouva (CZ)	Frachtvertrag m	contract of carriage	contrat d'affrètement m	contratto di trasporto m	contrato de transporte m
přepravovaný náklad (CZ)	Fracht f	freight	fret m	nolo m	carga f
přesčasová hodina (CZ)	Überstunde f	overtime	heure supplémentaire f	ora straordinaria f	hora extraordinaria f
prescrição (P)	Verjährung f	limitation of actions	prescription f	prescrizione f	prescripción f
prescripción (ES)	Verjährung f	limitation of actions	prescription f	prescrizione f	—
prescripciones (ES)	Vorschriften pl	regulations	directives f/pl	normative f/pl	—
prescription (F)	Verjährung f	limitation of actions	—	prescrizione f	prescripción f
prescrizione (I)	Verjährung f	limitation of actions	prescription f	—	prescripción f
présidence (F)	Vorsitz m	chairmanship	—	presidenza f	presidencia f
presidencia (ES)	Vorsitz m	chairmanship	présidence f	presidenza f	—
presidência (P)	Vorsitz m	chairmanship	présidence f	presidenza f	presidencia f
president (E)	Präsident m	—	président m	presidente m	presidente m
president (NL)	Präsident m	president	président m	presidente m	presidente m
president (SV)	Präsident m	president	président m	presidente m	presidente m
président (F)	Präsident m	president	—	presidente m	presidente m
président du conseil de surveillance (F)	Aufsichtsratsvorsitzender m	chairman of the supervisory board	—	presidente del consiglio di sorveglianza m	presidente del consejo de administración m
président du directoire (F)	Vorstandsvorsitzender m	chairman of the board	—	presidente del consiglio di amministrazione m	presidente del consejo m
presidente (I)	Präsident m	president	président m	—	presidente m
presidente (ES)	Präsident m	president	président m	presidente m	—
presidente (P)	Präsident m	president	président m	presidente m	presidente m
presidente da direcção (P)	Vorstandsvorsitzender m	chairman of the board	président du directoire m	presidente del consiglio di amministrazione m	presidente del consejo m
presidente del consejo (ES)	Vorstandsvorsitzender m	chairman of the board	président du directoire m	presidente del consiglio di amministrazione m	—

presidente del consejo

P	NL	SV	PL	CZ	H
prémio de seguro m	verzekeringspremie f	försäkringspremie	składka ubezpieczeniowa f	pojistná prémie n	biztosítási díj
—	gevarentoeslag m	risktillägg	dodatek za zwiększone ryzyko m	rizikový příplatek m	veszélyességi pótlék
—	risicopremie f	riskpremie	premia za ryzyko f	riziková prémie f	kockázati felár
—	verzekeringspremie f	försäkringspremie	składka ubezpieczeniowa f	pojistná prémie n	biztosítási díj
prémio de risco m	risicopremie f	riskpremie	premia za ryzyko f	riziková prémie f	kockázati felár
gratificação f	gratificatie f	gratifikation	gratyfikacja f	zvláštní sleva za odměnu f	—
locatário m	leaser m	leasingtagare	biorca leasingu m	nabyvatel leasingu m	lízingbe vevő
licenciado m	licentiehouder m	licenstagare	licencjobiorca m	nabyvatel licence m	licencvevő
comprador final m	eindafnemer m	slutanvändare	odbiorca finalny m	konečný odběratel m	végfelhasználó
reserva f	plaatsbespreking f	reservation	rezerwacja f	rezervace f	helyfoglalás
pedido antecipado m	vooruitbestelling f	förhandsorder	rezerwacja f	předběžná objednávka f	előrendelés
taxa de câmbio f	omrekeningskoers m	konverteringskurs	kurs przeliczeniowy m	—	átváltási árfolyam
isento de frete m	vrachtvrij	fri frakt	fracht zapłacony	—	szállítás (előre) fizetve
frete pago m	vracht betaald	frakt betald	fracht uiszczony	—	fuvardíj kifizetve
transportador m	vrachtrijder m	fraktförare	przewoźnik m	—	fuvarozó
guías de transporte f/pl	transportdocumenten n/pl	transporthandlingar pl	dokumenty transportowe m/pl	—	szállítási okmányok
peças de frete f/pl	vrachtstuk n	kolli pl	liczba jednostek przewożonych f	—	szállított csomagok
despesas de transporte f/pl	laadkosten m/pl	fraktkostnader pl	koszty przewozowe m/pl	—	fuvardíjak
contrato de afretamento m	bevrachtingsovereenkomst f	fraktavtal	umowa o przewóz f	—	fuvarozási szerződés
frete m	lading f	frakt	fracht m	—	rakomány
hora extraordinária f	overuur n	övertid	nadgodzina f	—	túlóra
—	verjaring f	preskription	przedawnienie n	promlčení n	elévülés
prescrição f	verjaring f	preskription	przedawnienie n	promlčení n	elévülés
regulamentos m/pl	voorschriften n/pl	föreskrifter	przepisy m/pl	předpisy m/pl	előírások
prescrição f	verjaring f	preskription	przedawnienie n	promlčení n	elévülés
prescrição f	verjaring f	preskription	przedawnienie n	promlčení n	elévülés
presidência f	voorzitterschap n	ordförandeskap	przewodnictwo n	předsednictvo n	elnöklés
presidência f	voorzitterschap n	ordförandeskap	przewodnictwo n	předsednictvo n	elnöklés
—	voorzitterschap n	ordförandeskap	przewodnictwo n	předsednictvo n	elnöklés
presidente m	president m	president	prezydent m	prezident m	elnök
presidente m	—	president	prezydent m	prezident m	elnök
presidente m	president m	—	prezydent m	prezident m	elnök
presidente m	president m	president	prezydent m	prezident m	elnök
presidente do conselho fiscal m	voorzitter van de raad van toezicht m	företagsstyrelsens ordförande	przewodniczący rady nadzorczej m	předseda dozorčí rady m	felügyelő bizottság elnöke
presidente da direcção m	voorzitter van het directiecomité m	styrelseordförande	prezes zarządu m	předseda správní rady m	igazgató tanács elnöke
presidente m	president m	president	prezydent m	prezident m	elnök
presidente m	president m	president	prezydent m	prezident m	elnök
—	president m	president	prezydent m	prezident m	elnök
—	voorzitter van het directiecomité m	styrelseordförande	prezes zarządu m	předseda správní rady m	igazgató tanács elnöke
presidente da direcção m	voorzitter van het directiecomité m	styrelseordförande	prezes zarządu m	předseda správní rady m	igazgató tanács elnöke

presidente del consejo de administración

	D	E	F	I	ES
presidente del consejo de administración (ES)	Aufsichtsratsvorsitzender m	chairman of the supervisory board	président du conseil de surveillance m	presidente del consiglio di sorveglianza m	—
presidente del consiglio di amministrazione (I)	Vorstandsvorsitzender m	chairman of the board	président du directoire m	—	presidente del consejo m
presidente del consiglio di sorveglianza (I)	Aufsichtsratsvorsitzender m	chairman of the supervisory board	président du conseil de surveillance m	—	presidente del consejo de administración m
presidente do conselho fiscal (P)	Aufsichtsratsvorsitzender m	chairman of the supervisory board	président du conseil de surveillance m	presidente del consiglio di sorveglianza m	presidente del consejo de administración m
presidenza (I)	Vorsitz m	chairmanship	présidence f	—	presidencia f
přeškolení (CZ)	Umschulung f	retraining	reconversion professionnelle f	riqualificazione professionale f	readaptación profesional f
preskription (SV)	Verjährung f	limitation of actions	prescription f	prescrizione f	prescripción f
prestação (P)	Rate f	instalment	acompte m	rata f	plazo m
prestação (P)	Teilzahlungsrate f	monthly instalment	versement d'un achat à tempérament f	rata f	plazo m
prestação da segurança social (P)	Sozialleistung f	social services	prestation sociale f	prestazione sociale f	prestacion social f
prestação de contas referente às despesas (P)	Spesenabrechung f	statement of expenses	décompte des frais m	conteggio delle spese m	liquidación de gastos f
prestação de garantia (P)	Garantieleistung f	providing of guarantee	fourniture sous garantie f	prestazione in garanzia f	prestación de garantía f
prestação de serviço (P)	Dienstleistung f	service	prestation de service f	prestazione di servizio f	prestación de servicio f
prestação em espécie (P)	Sachbezüge f/pl	remuneration in kind	prestations en nature f/pl	retribuzioni in natura f/pl	percepciones en especie f/pl
prestación de garantía (ES)	Garantieleistung f	providing of guarantee	fourniture sous garantie f	prestazione in garanzia f	—
prestación de servicio (ES)	Dienstleistung f	service	prestation de service f	prestazione di servizio f	—
prestacion social (ES)	Sozialleistung f	social services	prestation sociale f	prestazione sociale f	—
préstamo (ES)	Darlehen n	loan	prêt m	mutuo m	—
prestatario (ES)	Kreditnehmer m	borrower	bénéficiaire d'un crédit m	beneficiario del credito m	—
prestatie (NL)	Leistung f	performance	rendement m	rendimento m	rendimiento m
prestatiegeoriënteerd (NL)	leistungsorientiert	performance-oriented	orienté vers le rendement	meritocratico	orientado al rendimiento
prestatieloon (NL)	Leistungslohn m	piece rate	salaire au rendement m	retribuzione ad incentivo f	salario por rendimiento m
prestation (SV)	Leistung f	performance	rendement m	rendimento m	rendimiento m
prestation de service (F)	Dienstleistung f	service	—	prestazione di servizio m	prestación de servicio f
prestations en nature (F)	Sachbezüge f/pl	remuneration in kind	—	retribuzioni in natura f/pl	percepciones en especie f/pl
prestationslön (SV)	Leistungslohn m	piece rate	salaire au rendement m	retribuzione ad incentivo f	salario por rendimiento m
prestation sociale (F)	Sozialleistung f	social services	—	prestazione sociale f	prestacion social f
prestationsorienterad (SV)	leistungsorientiert	performance-oriented	orienté vers le rendement	meritocratico	orientado al rendimiento
prestazione di servizio (I)	Dienstleistung f	service	prestation de service f	—	prestación de servicio f
prestazione in garanzia (I)	Garantieleistung f	providing of guarantee	fourniture sous garantie f	—	prestación de garantía f
prestazione sociale (I)	Sozialleistung f	social services	prestation sociale f	—	prestacion social f
prestiti comunali (I)	Kommunalanleihen f/pl	local authority loan	emprunts communaux m/pl	—	empréstito municipal m
prestito (I)	Anleihe f	loan	emprunt m	—	empréstito m
prestito a reddito fisso (I)	Rentenanleihe f	perpetual bonds	effet public m	—	empréstito por anualidades m

prestito a reddito fisso

P	NL	SV	PL	CZ	H
presidente do conselho fiscal *m*	voorzitter van de raad van toezicht *m*	företagsstyrelsens ordförande	przewodniczący rady nadzorczej *m*	předseda dozorčí rady *m*	felügyelő bizottság elnöke
presidente da direcção *m*	voorzitter van het directiecomité *m*	styrelseordförande	prezes zarządu *m*	předseda správní rady *m*	igazgató tanács elnöke
presidente do conselho fiscal *m*	voorzitter van de raad van toezicht *m*	företagsstyrelsens ordförande	przewodniczący rady nadzorczej *m*	předseda dozorčí rady *m*	felügyelő bizottság elnöke
—	voorzitter van de raad van toezicht *m*	företagsstyrelsens ordförande	przewodniczący rady nadzorczej *m*	předseda dozorčí rady *m*	felügyelő bizottság elnöke
presidência *f*	voorzitterschap *n*	ordförandeskap	przewodnictwo *n*	předsednictvo *n*	elnöklés
readaptação profissional *f*	omscholing *f*	omskolning	przeszkolenie *n*	—	átképzés
prescrição *f*	verjaring *f*	—	przedawnienie *n*	promlčení *n*	elévülés
—	termijn *m*	avbetalning	rata *f*	splátka *f*	részlet
—	maandelijkse afbetaling *f*	avbetalningstakt	rata *f*	splátka *f*	részletfizetési összeg
—	sociale voorzieningen *f/pl*	sociala förmåner *pl*	świadczenie socjalne *n*	sociální dávka *f*	szociális juttatás
—	kostenaftrekking *f*	traktamentsredovisning	rozliczenie kosztów *n*	vyúčtování výloh *n*	költségelszámolás
—	garantievergoeding *f*	garanti	świadczenie gwarancyjne *n*	poskytnutí záruky *n*	garanciavállalás
—	dienstverlening *f*	service	usługa *f*	služba *f*	szolgáltatás
—	voordelen in natura *n/pl*	naturaförmåner *pl*	pobory w naturze *m/pl*	příjmy v naturáliích *m/pl*	természetbeni juttatások
prestação de garantia *f*	garantievergoeding *f*	garanti	świadczenie gwarancyjne *n*	poskytnutí záruky *n*	garanciavállalás
prestação de serviço *f*	dienstverlening *f*	service	usługa *f*	služba *f*	szolgáltatás
prestação da segurança social *f*	sociale voorzieningen *f/pl*	sociala förmåner *pl*	świadczenie socjalne *n*	sociální dávka *f*	szociális juttatás
mútuo *m*	lening *f*	lån	pożyczka *f*	půjčka *f*	kölcsön
beneficiário do crédito *m*	kredietnemer *m*	kredittagare	kredytobiorca *m*	dlužník *m*	hitelfelvevő
desempenho *m*	—	prestation	świadczenie *n*	výkon *m*	teljesítmény
orientado para o desempenho	—	prestationsorienterad	zależny od wydajności	orientován na výkon	teljesítmény szerinti
salário por rendimento *m*	—	prestationslön	płaca akordowa *f*	úkolová mzda *f*	teljesítménybér
desempenho *m*	prestatie *f*	—	świadczenie *n*	výkon *m*	teljesítmény
prestação de serviço *f*	dienstverlening *f*	service	usługa *f*	služba *f*	szolgáltatás
prestação em espécie *f*	voordelen in natura *n/pl*	naturaförmåner *pl*	pobory w naturze *m/pl*	příjmy v naturáliích *m/pl*	természetbeni juttatások
salário por rendimento *m*	prestatieloon *n*	—	płaca akordowa *f*	úkolová mzda *f*	teljesítménybér
prestação da segurança social *f*	sociale voorzieningen *f/pl*	sociala förmåner *pl*	świadczenie socjalne *n*	sociální dávka *f*	szociális juttatás
orientado para o desempenho	prestatiegeoriënteerd	—	zależny od wydajności	orientován na výkon	teljesítmény szerinti
prestação de serviço *f*	dienstverlening *f*	service	usługa *f*	služba *f*	szolgáltatás
prestação de garantia *f*	garantievergoeding *f*	garanti	świadczenie gwarancyjne *n*	poskytnutí záruky *n*	garanciavállalás
prestação da segurança social *f*	sociale voorzieningen *f/pl*	sociala förmåner *pl*	świadczenie socjalne *n*	sociální dávka *f*	szociális juttatás
empréstimo municipal *m*	gemeenteleningen *f/pl*	kommunala lån	pożyczka komunalna *f*	komunální půjčky *f/pl*	önkormányzati kölcsönök
empréstimo *m*	lening *f*	lån	pożyczka *f*	půjčka *f*	kötvénykölcsön
empréstimo por anuidades *m*	effect met vaste rente *n*	ränteobligation	pożyczka publiczna *f*	doživotní renta *f*	járadékkötvény

prestito estero

	D	E	F	I	ES
prestito estero (I)	Auslandsanleihe f	foreign loan	emprunt extérieur m	—	empréstito exterior m
prestito obbligazionario (I)	Obligationsanleihe f	debenture loan	emprunt obligataire m	—	empréstito sobre obligaciones m
presupuesto (ES)	Budget n	budget	budget m	bilancio m	—
presupuesto (ES)	Etat m	budget	budget m	bilancio m	—
presupuesto (ES)	Haushalt m	budget	budget m	bilancio m	—
presupuesto (ES)	Voranschlag m	estimate	devis estimatif m	preventivo m	—
presupuesto de coste (ES)	Kostenvoranschlag m	cost estimate	devis estimatif de frais m	preventivo di costi m	—
presupuesto publicitario (ES)	Werbebudget n	advertising budget	budget de publicité m	budget pubblicitario m	—
prêt (F)	Darlehen n	loan	—	mutuo m	préstamo m
pretensión de indemnización (ES)	Schadensforderung f	claim for damages	prétention à dommages-intérêts f	credito per danni m	—
prétention (F)	Anspruch m	claim	—	pretesa f	reclamación f
prétention à dommages-intérêts (F)	Schadensforderung f	claim for damages	—	credito per danni m	pretensión de indemnización f
pretesa (I)	Anspruch m	claim	prétention f	—	reclamación f
prêt pour enlèvement (F)	abholbereit	ready for collection	—	pronto per il ritiro	listo para la recogida
prêt pour expédition (F)	versandbereit	ready for dispatch	—	pronto per la spedizione	listo para ser expedido
prêt restant (F)	Restdarlehen n	purchase-money loan	—	mutuo residuo m	restante de un préstamo m
prêt sur titre (F)	Lombardgeschäft n	collateral loan business	—	anticipazione sui titoli f	operaciones de pignoración f/pl
přeúčtování (CZ)	Umbuchung f	transfer of an entry	jeu d'écritures m	giro di partite m	traslado a otra cuenta m
přeúčtovat (CZ)	abbuchen	deduct	débiter	addebitare	cargar en cuenta
preventivo (I)	Voranschlag m	estimate	devis estimatif m	—	presupuesto m
preventivo di costi (I)	Kostenvoranschlag m	cost estimate	devis estimatif de frais m	—	presupuesto de coste m
previsão do volume de vendas (P)	Umsatzprognose f	turnover forecast	prévisions du chiffre d'affaires f/pl	prognosi del fatturato f	previsión de la evolución del volumen de ventas f
previsión de la evolución del volumen de ventas (ES)	Umsatzprognose f	turnover forecast	prévisions du chiffre d'affaires f/pl	prognosi del fatturato f	—
prévisions (F)	Prognose f	forecast	—	prognosi f	pronóstico m
prévisions du chiffre d'affaires (F)	Umsatzprognose f	turnover forecast	—	prognosi del fatturato f	previsión de la evolución del volumen de ventas f
převod (CZ)	Transfer m	transfer	transfert m	trasferimento m	transferencia f
převod (CZ)	Übertragung f	transfer	transfert m	trasferimento m	transmisión f
převodní chyba (CZ)	Übertragungsfehler m	transcription error	erreur de transcription f	errore di trascrizione m	error de transcripción m
prezentacja kandydata na stanowisko (PL)	Vorstellungstermin m	interview	date d'entretien f	appuntamento di presentazione m	fecha de entrevista personal f
prezes zarządu (PL)	Vorstandsvorsitzender m	chairman of the board	président du directoire m	presidente del consiglio di amministrazione m	presidente del consejo m
prezident (CZ)	Präsident m	president	président m	presidente m	presidente m
prezioso (I)	wertvoll	valuable	précieux	—	precioso
prezydent (PL)	Präsident m	president	président m	presidente m	presidente m
prezzi minimi all'importazione (I)	Mindesteinfuhrpreise m/pl	minimum import price	prix minimum d'importation m/pl	—	precio mínimo de importación m
prezzo (I)	Preis m	price	prix m	—	precio m
prezzo agricolo (I)	Agrarpreis m	prices of farm products	prix agricole m	—	precio agrícola m
prezzo al consumo (I)	Ladenpreis f	retail price	prix de vente m	—	precio de venta m

prezzo al consumo

P	NL	SV	PL	CZ	H
empréstimo estrangeiro m	buitenlandse lening f	utlandslån	pożyczka zagraniczna f	zahraniční půjčka f	külföldi kötvénykibocsátás
empréstimo obrigatório m	obligatielening f	obligationslån	kredyt obligacyjny m	obligační půjčka f	kötvénykölcsön
orçamento m	budget n	budget	budżet m	rozpočet m	költségvetés
orçamento m	budget n	budget	budżet m	rozpočet m	költségvetés
orçamento m	begroting f	budget	budżet m	rozpočet m	költségvetés
estimativa f	raming f	uppskattning	kosztorys m	rozpočet m	előirányzat
orçamento f	kostenraming f	kostnadsförslag	kosztorys m	odhad nákladů m	előzetes költségbecslés
orçamento publicitário m	reclamebudget n	reklambudget	fundusz reklamowy m	rozpočet na reklamu m	reklámkeret
mútuo m	lening f	lån	pożyczka f	půjčka f	kölcsön
acção de indemnização por danos f	schadeclaim m	skadeersättningsanspråk	roszczenie do odszkodowania n	požadavek odškodnění m	kártérítési követelés
reivindicação f	eis m	krav	roszczenie n	nárok m	igény
acção de indemnização por danos f	schadeclaim m	skadeersättningsanspråk	roszczenie do odszkodowania n	požadavek odškodnění m	kártérítési követelés
reivindicação f	eis m	krav	roszczenie n	nárok m	igény
disponível	klaar voor afhaling	färdig att avhämtas	gotowe do odbioru	připraven k vyzvednutí	elvitelre kész
pronto para ser expedido	klaar voor verzending	färdig för leverans	gotowy do wysyłki	připravený k expedici	szállításra kész
empréstimo residual m	resterende lening f	inteckning som dellikvid	reszta pożyczki f	nedoplatek půjčky m	maradékkölcsön
empréstimo com garantia de títulos m	lening tegen onderpand van effecten f	lombardtransaktion	transakcja lombardowa f	lombardní obchod m	lombardügylet
transferência de uma entrada f	overboeking f	ombokning	przeksięgowanie n	—	átkönyvelés
debitar	afschrijven	debitera	odpisywać <odpisać> z konta	—	megterhel
estimativa f	raming f	uppskattning	kosztorys m	rozpočet m	előirányzat
orçamento f	kostenraming f	kostnadsförslag	kosztorys m	odhad nákladů m	előzetes költségbecslés
—	omzetprognose f	omsättningsprognos	prognoza obrotu f	odhadovaný obrat m	forgalmi prognózis
previsão do volume de vendas f	omzetprognose f	omsättningsprognos	prognoza obrotu f	odhadovaný obrat m	forgalmi prognózis
prognóstico m	prognose f	prognos	prognoza f	předpověď f	prognózis
previsão do volume de vendas f	omzetprognose f	omsättningsprognos	prognoza obrotu f	odhadovaný obrat m	forgalmi prognózis
transferência f	transfer m/n	överföring	transfer m	—	átutalás
transmissão f	overdracht f	överföring	przeniesienie n	—	átruházás
erro de transcrição m	overschrijffout f	överföringsfel	błąd w transmisji danych m	—	átviteli hiba
data da entrevista f	afspraak voor presentatie f	intervju	—	termín představení m	felvételi beszélgetés
presidente da direcção m	voorzitter van het directiecomité m	styrelseordförande	—	předseda správní rady m	igazgató tanács elnöke
presidente m	president m	president	prezydent m	—	elnök
valioso	waardevol	värdefull	wartościowy	cenný	értékes
presidente m	president m	president	—	president m	elnök
preço mínimo de importação m	minimuminvoerprijs m	lägsta importpris	minimalne ceny importowe f/pl	minimální dovozní ceny f/pl	minimális importárak
preço m	prijs m	pris	cena f	cena f	ár
preços dos produtos agrícolas m	landbouwprijs m	pris på jordbruksprodukter	cena skupu produktów rolnych f	zemědělská cena f	mezőgazdasági árak
preço de venda m	kleinhandelsprijs m	butikspris	cena detaliczna f	prodejní cena f	bolti ár

prezzo all'ingrosso

	D	E	F	I	ES
prezzo all'ingrosso (I)	Großhandelspreis m	wholesale price	prix de gros m	—	precio mayorista m
prezzo d'acquisto (I)	Einkaufspreis m	purchase price	prix d'achat m	—	precio de compra m
prezzo d'acquisto (I)	Kaufpreis m	purchase price	prix d'achat m	—	precio de compra m
prezzo dell'oro (I)	Goldpreis m	gold price	prix de l'or m	—	precio del oro m
prezzo di costo (I)	Einstandspreis m	cost price	prix coûtant m	—	precio de coste m
prezzo di costo (I)	Selbstkostenpreis m	cost price	prix coûtant m	—	precio de coste m
prezzo di domanda (I)	Geldkurs m	buying rate	cours de la monnaie m	—	tipo de cambio de la moneda m
prezzo differenziato (I)	Staffelpreis m	graduated price	prix échelonné m	—	precios progresivos m/pl
prezzo di listino (I)	Listenpreis m	list price	prix du catalogue m	—	precio-lista m
prezzo di mercato mondiale (I)	Weltmarktpreis m	world market price	prix sur le marché mondial m	—	precio del mercado mundial m
prezzo di rivendita (I)	Wiederverkaufspreis m	resale price	prix de revente m	—	precio de reventa m
prezzo d'offerta (I)	Briefkurs m	selling price	cours de vente m	—	cotización ofrecida f
prezzo fisso (I)	Festpreis m	fixed price	prix fixe m	—	precio fijo m
prezzo indicativo (I)	Richtpreis m	recommended retail price	prix indicatif m	—	precio indicativo m
prezzo lordo (I)	Bruttopreis m	gross price	prix brut m	—	precio bruto m
prezzo massimo (I)	Höchstpreis f	top price	prix plafond m	—	precio máximo m
prezzo minimo (I)	Mindestpreis m	minimum price	prix minimum m	—	precio mínimo m
prezzo netto (I)	Nettopreis m	net price	prix net m	—	precio neto m
prezzo non vincolante (I)	Preis freibleibend	price subject to change	prix sans engagement	—	precio sin compromiso
price (E)	Preis m	—	prix m	prezzo m	precio m
price advance (E)	Kurssteigerung f	—	hausse f	aumento dei corsi m	alza de las cotizaciones f
price ceiling (E)	Preisobergrenze f	—	limite supérieure des prix f	limite massimo di prezzo m	límite máximo de los precios m
price deduction (E)	Preisabzug m	—	réduction de prix f	riduzione del prezzo f	descuento m
price-earnings ratio (E)	Kurs-Gewinn-Verhältnis n	—	relation cours-bénéfice f	rapporto corso-profitto m	relación cotización-ganancia f
price fixing (E)	Preisabsprache f	—	entente sur les prix f	accordo sui prezzi m	acuerdo de precios m
price fixing (E)	Preisbindung f	—	imposition des prix f	obbligo di mantenere il prezzo fissato m	limitación de precios f
price floor (E)	Preisuntergrenze f	—	plancher des prix m	limite inferiore di prezzo m	límite inferior de los precios m
price increase (E)	Preiserhöhung f	—	augmentation des prix f	rialzo dei prezzi m	aumento de precios m
price increase (E)	Preissteigerung f	—	hausse des prix f	aumento dei prezzi m	aumento de precios m
price level (E)	Preisniveau n	—	niveau des prix m	livello dei prezzi m	nivel de precios m
price list (E)	Preisliste f	—	liste des prix f	listino prezzi m	lista de precios f
price-marking (E)	Preisauszeichnung f	—	affichage des prix f	indicazione del prezzo f	indicación de precios f
price pegging (E)	Kursstützung f	—	soutiens des cours m	difesa dei corsi f	sostén de las cotizaciones m
price policy (E)	Preispolitik f	—	politiques des prix f	politica dei prezzi f	política de precios f
price quotation (E)	Preisnotierung f	—	cotation des prix f	quotazione dei prezzi f	cotización de precios f
price recommendation (E)	Preisempfehlung f	—	recommendation de prix f	suggerimento di prezzo m	precio recomendado m
price reduction (E)	Preissenkung f	—	réduction des prix f	riduzione dei prezzi f	reducción de precios f
price risk (E)	Kursrisiko n	—	risque de change m	rischio di cambio m	riesgo de cambio m
prices of farm products (E)	Agrarpreis m	—	prix agricole m	prezzo agricolo m	precio agrícola m
price stop (E)	Preisstopp m	—	blocage des prix m	blocco dei prezzi m	limitación de precios f

price stop

P	NL	SV	PL	CZ	H
preço por atacado m	groothandelsprijs m	partipris	cena hurtowa f	velkoobchodní cena f	nagykereskedelmi ár
preço de compra m	inkoopprijs m	inköpspris	cena kupna f	nákupní cena f	beszerzési ár
preço de compra m	aankoopprijs m	köppris	cena kupna f	kupní cena f	vételár
preço do ouro m	goudprijs m	guldpris	cena złota f	cena zlata f	aranyár
preço de custo m	kostprijs m	självkostnadspris	globalna cena nabycia f	pořizovací cena f	bekerülési ár
preço de custo m	kostprijs m	självkostnadspris	cena kosztów własnych f	režijní cena f	önköltségi ár
cotação f	geldkoers m	pris marknaden är beredd att betala	kurs zakupu pieniądza m	peněžní kurs m	vételi árfolyam
preço progressivo m	schaalprijs m	graderat pris	cena ruchoma f	odstupňovaná cena f	lépcsőzetes árskála
preço tabelado m	catalogusprijs m	listpris	cena katalogowa f	cena dle ceníkuf	listaár
preço no mercado internacional m	wereldmarktprijs m	världsmarknadspris	cena światowa f	cena na světovém trhu f	világpiaci ár
preço de revenda m	inruilwaarde f	återförsäljningspris	cena w odsprzedaży f	překupní cena f	viszonteladói ár
cotação de venda f	laatkoers m	begärt pris	kurs giełdowy m	prodejní kurs m	eladási árfolyam
preço fixo m	vaste prijs m	fast pris	cena stała f	konstantní cena f	rögzített ár
preço de referência m	richtprijs m	rekommenderat pris	cena zalecana f	orientační cena f	irányár
preço bruto m	brutoprijs m	bruttopris	cena brutto f	hrubá cena f	bruttó ár
preço máximo m	plafondprijs m	högsta pris	najwyższa cena f	maximální cena f	rekordár
preço mínimo m	minimumprijs m	minimipris	najniższa dopuszczalna cena f	minimální cena f	minimálár
preço líquido m	nettoprijs m	nettopris	cena netto f	čistá cena f	nettó ár
preço sem compromisso	vrijblijvende prijs	fri prissättning	wolna cena	doporučená cena f	kötelezettség nélküli ár
preço m	prijs m	pris	cena f	cena f	ár
alta das cotações f	koersstijging f	kursökning	hossa f	vzestup kursu m	árfolyam-emelkedés
limite máximo dos preços m	bovengrens van de prijs f	övre prisgräns	pułap cen m	horní hranice ceny f	felső árhatár
desconto m	prijsvermindering f	prisavdrag	redukcja ceny f	srážka z ceny f	árengedmény
relação curso-benefício f	koers/winstverhouding f	p/e-tal	stosunek ceny akcji do jej dywidenty m	poměr ceny a zisku m	árfolyam-nyereség arány
acordo de preços m	prijsafspraak f	prisöverenskommelse	porozumienie cenowe m	dohoda o ceně f	ármegállapodás
acordo sobre preços m	prijsbinding f	fast prissättning	zobowiązanie do utrzymania cen n	závaznost cen f	árrögzítés
limite inferior dos preços m	ondergrens van de prijzen f	nedre prisgräns	cena minimalna f	spodní hranice ceny f	alsó árhatár
aumento de preços m	prijsverhoging f	prishöjning	podwyżka cen f	zvýšení cen n	áremelés
aumento de preços m	prijsverhoging f	prisstegring	wzrost cen m	vzestup cen m	áremelés
nível de preços m	prijspeil n	prisnivå	poziom cen m	úroveň cen f	árszint
lista de preços f	prijslijst f	prislista	lista cen f	ceník m	árjegyzék
marcação de preços f	zichtbaar ophangen van de prijslijst n	prismärkning	oznaczanie cen na towarach n	označení cenou f	árcédula
sustentação do curso f	koersinterventie f	kursstöd	podtrzymywanie kursu n	podpora kursu f	árfolyam-támogatás
política de preços f	prijsbeleid n	prispolitik	polityka cenowa f	cenová politika f	árpolitika
cotação f	prijsnotering f	angivet pris	notowanie cen n	kotace cen f	árfolyamjegyzés
preço recomendado m	adviesprijs m	rekommenderat pris	zalecenie cenowe n	cenové doporučení n	ajánlott ár
redução de preços f	prijsdaling f	prissänkning	obniżka cen f	snížení cen n	árcsökkentés
risco cambial m	wisselkoersrisico n	kursrisk	ryzyko kursowe n	kursovní riziko n	árfolyamkockázat
preços dos produtos agrícolas	landbouwprijs m	pris på jordbruksprodukter	cena skupu produktów rolnych f	zemědělská cena f	mezőgazdasági árak
bloqueio de preços m	prijsstop m	prisstopp	zamrożenie cen n	zmrazení cen n	árbefagyasztás

price subject to change

	D	E	F	I	ES
price subject to change (E)	Preis freibleibend	—	prix sans engagement	prezzo non vincolante	precio sin compromiso
price tag (E)	Preisschild	—	étiquette de prix f	cartellino del prezzo m	etiqueta del precio f
příchod zboží (CZ)	Wareneingang m	arrival of goods	entrée de marchandises f	ricevimento merci m	entrada de mercancías f
přidaná hodnota (CZ)	Marginalwert m	marginal value	valeur marginale f	valore marginale m	valor marginal m
přídavek (CZ)	Zugabe f	extra	prime f	aggiunta f	suplemento m
přihláška (CZ)	Anmeldung f	registration	inscription f	avviso m	inscripción f
přihlašovací lhůta (CZ)	Anmeldefrist f	period for application	délai d'inscription m	termine di presentazione della domanda m	plazo de inscripción m
příjem (CZ)	Einkommen n	income	revenu m	reddito m	ingresos m/pl
příjemce (CZ)	Empfänger m	recipient	destinataire m	destinatario m	destinatario m
přijetí (CZ)	Annahme f	acceptance	acceptation f	accettazione f	aceptación f
příjmy (CZ)	Einnahmen f/pl	receipts	revenu m	entrate f/pl	ingresos m/pl
příjmy v naturáliích (CZ)	Sachbezüge f/pl	remuneration in kind	prestations en nature f/pl	retribuzioni in natura f/pl	percepciones en especie f/pl
prijs (NL)	Preis m	price	prix m	prezzo m	precio m
prijsafspraak (NL)	Preisabsprache f	price fixing	entente sur les prix m	accordo sui prezzi m	acuerdo de precios m
prijsbeleid (NL)	Preispolitik f	price policy	politiques des prix f	politica dei prezzi f	política de precios f
prijsbinding (NL)	Preisbindung f	price fixing	imposition des prix f	obbligo di mantenere il prezzo fissato m	limitación de precios f
prijsdaling (NL)	Preissenkung f	price reduction	réduction des prix f	riduzione dei prezzi f	reducción de precios f
prijsetiket (NL)	Preisschild	price tag	étiquette de prix f	cartellino del prezzo m	etiqueta del precio f
prijslijst (NL)	Preisliste f	price list	liste des prix f	listino prezzi m	lista de precios f
prijsnotering (NL)	Preisnotierung f	price quotation	cotation des prix f	quotazione dei prezzi f	cotización de precios f
prijspeil (NL)	Preisniveau n	price level	niveau des prix m	livello dei prezzi m	nivel de precios m
prijsstijging (NL)	Preisanstieg m	rise in price	hausse des prix f	aumento del prezzo m	aumento de precios m
prijsstop (NL)	Preisstopp m	price stop	blocage des prix m	blocco dei prezzi m	limitación de precios f
prijsverhoging (NL)	Preiserhöhung f	price increase	augmentation des prix f	rialzo dei prezzi m	aumento de precios m
prijsverhoging (NL)	Preissteigerung f	price increase	hausse des prix f	aumento dei prezzi m	aumento de precios m
prijsvermindering (NL)	Preisabzug m	price deduction	réduction de prix f	riduzione del prezzo f	descuento m
přikládat (CZ)	beilegen	enclose	mettre en annexe	allegare	adjuntar
příloha (CZ)	Beilage f	supplement	supplément m	inserto m	suplemento m
prima (ES)	Prämie f	bonus	prime f	premio m	—
prima de navidad (ES)	Weihnachtsgeld n	Christmas money	gratification de fin d'année f	tredicesima f	—
prima de riesgo (ES)	Risikoprämie f	risk premium	prime de risque f	premio di rischio m	—
prima de seguro (ES)	Versicherungsprämie f	insurance premium	prime d'assurance f	premio assicurativo m	—
prima de vacaciones (ES)	Urlaubsgeld n	holiday allowance	prime de vacances f	indennità di ferie f	—
prime (F)	Aufgeld n	agio	—	aggio m	agio m
prime (F)	Prämie f	bonus	—	premio m	prima f
prime (F)	Zugabe f	extra	—	aggiunta f	suplemento m
prime (F)	Zulage f	extra pay	—	premio m	suplemento m
prime costs (E)	Selbstkosten f	—	coût de revient m	spese aziendali f/pl	costes propios m/pl
prime d'assurance (F)	Versicherungsprämie f	insurance premium	—	premio assicurativo m	prima de seguro f
prime de danger (F)	Gefahrenzulage f	danger money	—	indennità di rischio m	incremento por peligrosidad m

prime de danger

P	NL	SV	PL	CZ	H
preço sem compromisso	vrijblijvende prijs	fri prissättning	wolna cena	doporučená cena f	kötelezettség nélküli ár
etiqueta de preço f	prijsetiket n	prisetikett	etykietka cenowa f	cenovka f	ártábla
entrada de mercadorias f	ingaande goederen n/pl	ingående varor pl	przychód towarów m	—	áru beérkezése
valor marginal m	marginale waarde f	marginalvärde	wartość marginesowa f	—	határérték
bónus m	toegift f	tillägg	dodatek m	—	ráadás
inscrição f	aanmelding f	registrering	zgłoszenie n	—	bejelentés
prazo de declaração m	aanmeldingstermijn m	ansökningstid	termin zgłaszania m	—	jelentkezési határidő
rendimento m	inkomen n	inkomst	dochody m/pl	—	jövedelem
destinatário m	geadresseerde m	mottagare	odbiorca m	—	címzett
aceitação f	in ontvangstneming f	godkännande av leverans	przyjęcie n	—	elfogadás
receitas f/pl	inkomsten f/pl	intäkter pl	przychody m/pl	—	bevételek
prestação em espécie f	voordelen in natura n/pl	naturaförmåner pl	pobory w naturze m/pl	—	természetbeni juttatások
preço m	—	pris	cena f	cena f	ár
acordo de preços m	—	prisöverenskommelse	porozumienie cenowe n	dohoda o ceně f	ármegállapodás
política de preços f	—	prispolitik	polityka cenowa f	cenová politika f	árpolitika
acordo sobre preços m	—	fast prissättning	zobowiązanie do utrzymania cen n	závaznost cen f	árrögzítés
redução de preços f	—	prissänkning	obniżka cen f	snížení cen n	árcsökkentés
etiqueta de preço f	—	prisetikett	etykietka cenowa	cenovka f	ártábla
lista de preços f	—	prislista	lista cen f	ceník m	árjegyzék
cotação f	—	angivet pris	notowanie cen n	kotace cen f	árfolyamjegyzés
nível de preços m	—	prisnivå	poziom cen m	úroveň cen f	árszint
alta de preços m	—	prisökning	zwyżka cen f	růst cen m	áremelkedés
bloqueio de preços m	—	prisstopp	zamrożenie cen n	zmrazení cen n	árbefagyasztás
aumento de preços m	—	prishöjning	podwyżka cen f	zvýšení cen n	áremelés
aumento de preços m	—	prisstegring	wzrost cen m	vzestup cen m	áremelés
desconto m	—	prisavdrag	redukcja ceny f	srážka z ceny f	árengedmény
anexar	bijvoegen	bifoga	załączać <załączyć>	—	mellékel
suplemento m	bijlage f	bilaga	załącznik m	—	melléklet
prémio m	premie f	premie	premia f	prémie f	felár
subsídio de natal m	Kerstgratificatie f	jultillägg	trzynasta pensja f	třináctý plat m	karácsonyi jutalom
prémio de risco m	risicopremie f	riskpremie	premia za ryzyko f	riziková prémie f	kockázati felár
prémio de seguro m	verzekeringspremie f	försäkringspremie	składka ubezpieczeniowa f	pojistná prémie n	biztosítási díj
subsídio de férias m	vakantiegeld n	semesterlön	płaca za czas urlopu f	příplatek na financování dovolené m	szabadságpénz
ágio m	agio n	banks kursvinster	naddatek m	ážio n	felár
prémio m	premie f	premie	premia f	prémie f	felár
bónus m	toegift f	tillägg	dodatek m	přídavek m	ráadás
prémio m	gratificatie f	påökning	dodatek do płacy m	příplatek m	pótlék
custo m	totale productiekosten m/pl	självkostnad	koszty własne m/pl	vlastní náklady m/pl	önköltség
prémio de seguro m	verzekeringspremie f	försäkringspremie	składka ubezpieczeniowa f	pojistná prémie n	biztosítási díj
prémio de risco m	gevarentoeslag m	risktillägg	dodatek za zwiększone ryzyko m	rizikový příplatek m	veszélyességi pótlék

prime de risque

	D	E	F	I	ES
prime de risque (F)	Risikoprämie f	risk premium	—	premio di rischio m	prima de riesgo f
prime de vacances (F)	Urlaubsgeld n	holiday allowance	—	indennità di ferie f	prima de vacaciones f
přímé investice (CZ)	Direktinvestitionen f/pl	direct investments	investissements directs m/pl	investimenti diretti m/pl	inversiones directas f/pl
printed form (E)	Vordruck m	—	imprimé m	modulo m	impreso m
printed matter (E)	Drucksache f	—	imprimé m	stampa f	impreso m
printer (E)	Drucker m	—	imprimante f	stampante f	impresora f
printer (NL)	Drucker m	printer	imprimante f	stampante f	impresora f
prioritní akcie (CZ)	Vorzugsaktie f	preference share	action privilégiée f	azione privilegiata f	acción preferente f
příplatek (CZ)	Zulage f	extra pay	prime f	premio m	suplemento m
příplatek (CZ)	Zuschlag m	extra charge	supplément m	supplemento m	suplemento m
příplatek na financování dovolené (CZ)	Urlaubsgeld n	holiday allowance	prime de vacances f	indennità di ferie f	prima de vacaciones f
připraven k vyzvednutí (CZ)	abholbereit	ready for collection	prêt pour enlèvement	pronto per il ritiro	listo para la recogida
připravený k expedici (CZ)	versandbereit	ready for dispatch	prêt pour expédition	pronto per la spedizione	listo para ser expedido
přípravné náklady (CZ)	Bereitstellungskosten f	commitment fee	coûts administratifs m/pl	spese amministrative f/pl	gastos administrativos m/pl
připuštění (CZ)	Zulassung f	admission	admission f	ammissione f	admisión f
přirážka (CZ)	Aufschlag m	surcharge	hausse f	aggiunta f	recargo m
přírůstek hodnoty (CZ)	Wertzuwachs m	appreciation	accroissement de valeur m	incremento di valore m	plusvalía f
pris (SV)	Preis m	price	prix m	prezzo m	precio m
prisavdrag (SV)	Preisabzug m	price deduction	róduction do prix f	riduzione del prezzo f	descuento m
prisetikett (SV)	Preisschild	price tag	étiquette de prix f	cartellino del prezzo m	etiqueta del precio f
přísežné prohlášení (CZ)	beeidigte Erklärung f	sworn statement	déclaration sous serment f	dichiarazione giurata f	declaración jurada f
prisfall (SV)	Preisverfall m	decline in prices	chute des prix f	caduta dei prezzi f	caída de precios f
prishöjning (SV)	Preiserhöhung f	price increase	augmentation des prix f	rialzo dei prezzi m	aumento de precios m
příslib (CZ)	Zusage f	promise	promesse f	conferma f	promesa f
příslib krytí (CZ)	Deckungszusage f	confirmation of cover	acceptation de prendre le risque en charge f	impegno di copertura m	nota de aceptación de cobertura f
příslib úvěru (CZ)	Kreditzusage f	promise of credit	promesse de crédit f	promessa di credito f	promesa de crédito f
prislista (SV)	Preisliste f	price list	liste des prix f	listino prezzi m	lista de precios f
pris marknaden är beredd att betala (SV)	Geldkurs m	buying rate	cours de la monnaie m	prezzo di domanda m	tipo de cambio de la moneda m
prismärkning (SV)	Preisauszeichnung f	price-marking	affichage des prix f	indicazione del prezzo f	indicación de precios f
přísně důvěrné (CZ)	streng vertraulich	strictly confidential	strictement confidentiel	strettamente confidenziale	absolutamente confidencial
prisnivå (SV)	Preisniveau n	price level	niveau des prix m	livello dei prezzi m	nivel de precios m
pris- och lönespiral (SV)	Lohn-Preis-Spirale f	wage-price spiral	course des prix et des salaires f	spirale prezzi-salari f	espiral salarios-precios m
prisökning (SV)	Preisanstieg m	rise in price	hausse des prix f	aumento del prezzo m	aumento de precios m
prisöverenskommelse (SV)	Preisabsprache f	price fixing	entente sur les prix m	accordo sui prezzi m	acuerdo de precios m
pris på jordbruksprodukter (SV)	Agrarpreis m	prices of farm products	prix agricole m	prezzo agricolo m	precio agrícola m
příspěvek (CZ)	Zuschuß m	subsidy	allocation f	sovvenzione f	subvención f
příspěvky (CZ)	Beiträge m/pl	contributions	contributions f/pl	contributi m/pl	contribuciones f/pl
prispolitik (SV)	Preispolitik f	price policy	politiques des prix f	politica dei prezzi f	política de precios f
prissänkning (3V)	Preissenkung f	price reduction	réduction des prix f	riduzione dei prezzi f	reducción de precios f
prisstegring (SV)	Preissteigerung f	price increase	hausse des prix f	aumento dei prezzi m	aumento de precios m

prisstegring

P	NL	SV	PL	CZ	H
prémio de risco m	risicopremie f	riskpremie	premia za ryzyko f	riziková prémie f	kockázati felár
subsídio de férias m	vakantiegeld n	semesterlön	płaca za czas urlopu f	příplatek na financování dovolené m	szabadságpénz
investimentos directos m/pl	rechtstreekse investeringen f/pl	direktinvestering	inwestycje bezpośrednie f/pl	—	közvetlen beruházások
impresso m	gedrukt formulier n	blankett	formularz m	předtisk m	űrlap
impresso m	drukwerk n	trycksak	druki m/pl	tiskopis m	nyomtatvány
impressora f	printer m	skrivare	drukarka f	tiskárna f	nyomtató
impressora f	—	skrivare	drukarka f	tiskárna f	nyomtató
acção preferencial f	preferent aandeel n	preferensaktie	akcja uprzywilejowana f	—	elsőbbségi részvény
prémio m	gratificatie f	påökning	dodatek do płacy m	—	pótlék
taxa suplementar f	toeslag m	tillägg	dopłata f	—	felár
subsídio de férias m	vakantiegeld n	semesterlön	płaca za czas urlopu f	—	szabadságpénz
disponível	klaar voor afhaling	färdig att avhämtas	gotowe do odbioru	—	elvitelre kész
pronto para ser expedido	klaar voor verzending	färdig för leverans	gotowy do wysyłki	—	szállításra kész
comissão por imobilização de fundos f	beschikbaarstellingskosten m/pl	uppläggningsavgift	koszty dysponowalności m/pl	—	rendelkezésre tartási díj
admissão f	toelating f	tillstånd	dopuszczenie n	—	engedély
sobretaxa f	opslag m	påslag	narzut m	—	pótdíj
mais-valia f	waardevermeerdering f	värdestegring	przyrost wartości m	—	értéknövekedés
preço m	prijs m	—	cena f	cena f	ár
desconto m	prijsvermindering f	—	redukcja ceny f	srážka z ceny f	árengedmény
etiqueta de preço f	prijsetiket n	—	etykietka cenowa f	cenovka f	ártábla
declaração sob juramento f	beëdigde verklaring f	utsaga under ed	oświadczenie pod przysięgą n	—	eskü alatt tett nyilatkozat
queda de preços f	plotselinge daling van de prijzen f	—	spadek cen m	propadnutí cen n	áresés
aumento de preços m	prijsverhoging f	—	podwyżka cen f	zvýšení cen n	áremelés
promessa f	toezegging f	löfte	przyrzeczenie n	—	ígéret
confirmação do seguro f	bewijs van dekking n	täckningsbekräftelse	przyrzeczenie pokrycia szkody n	—	fedezeti ígérvény
promessa de crédito f	krediettoezegging f	kreditgivning	obietnica kredytowania n	—	hitel jóváhagyása
lista de preços f	prijslijst f	—	lista cen f	ceník m	árjegyzék
cotação f	geldkoers m	—	kurs zakupu pieniądza m	peněžní kurs m	vételi árfolyam
marcação de preços f	zichtbaar ophangen van de prijslijst n	—	oznaczanie cen na towarach n	označení cenou n	árcédula
estritamente confidencial	strikt vertrouwelijk	konfidentiellt	ściśle poufne	—	szigorúan bizalmas
nível de preços m	prijspeil n	—	poziom cen m	úroveň cen f	árszint
espiral salários-preços f	lonen- en prijsspiraal f	—	spirala cen i płac f	cenová a mzdová spirála f	ár-bér spirál
alta de preços m	prijsstijging f	—	zwyżka cen f	růst cen m	áremelkedés
acordo de preços m	prijsafspraak f	—	porozumienie cenowe n	dohoda o ceně f	ármegállapodás
preços dos produtos agrícolas m	landbouwprijs m	—	cena skupu produktów rolnych f	zemědělská cena f	mezőgazdasági árak
ajudas de custo f/pl	subsidie f	bidrag	subwencja f	—	juttatás
contribuições f/pl	bijdragen f/pl	bidrag	składki f/pl	—	hozzájárulások
política de preços f	prijsbeleid n	—	polityka cenowa f	cenová politika f	árpolitika
redução de preços f	prijsdaling f	—	obniżka cen f	snížení cen n	árcsökkentés
aumento de preços m	prijsverhoging f	—	wzrost cen m	vzestup cen m	áremelés

prisstopp

	D	E	F	I	ES
prisstopp (SV)	Preisstopp m	price stop	blocage des prix m	blocco dei prezzi m	limitación de precios f
přístav (CZ)	Hafen m	port	port m	porto m	puerto m
přístavní poplatky (CZ)	Hafengebühren f/pl	harbour dues	droits de ports m/pl	diritti di porto m/pl	derechos portuarios m/pl
prisvärd (SV)	preiswert	inexpensive	avantageux	a buon mercato	barato
přivařený (CZ)	eingeschweißt	shrink-wrapped	scellé	saldato	soldado
private contribution (E)	Privateinlagen f/pl	—	apport personnel m	depositi privati m/pl	depósitos privados m/pl
privategendom (SV)	Privateigentum n	private property	propriété privée f	proprietà privata f	propiedad privada f
private household (E)	privater Haushalt m	—	ménage privé m	economia domestica f	economía doméstica f
Privateigentum (D)	—	private property	propriété privée f	proprietà privata f	propiedad privada f
Privateinlagen (D)	—	private contribution	apport personnel m	depositi privati m/pl	depósitos privados m/pl
private insurance (E)	Privatversicherung f	—	assurance privée f	assicurazione privata f	seguro privado m
private property (E)	Privateigentum n	—	propriété privée f	proprietà privata f	propiedad privada f
privater Haushalt (D)	—	private household	ménage privé m	economia domestica f	economía doméstica f
privat försäkring (SV)	Privatversicherung f	private insurance	assurance privée f	assicurazione privata f	seguro privado m
privat insättning (SV)	Privateinlagen f/pl	private contribution	apport personnel m	depositi privati m/pl	depósitos privados m/pl
privatisation (E)	Privatisierung f	—	privatisation f	privatizzazione f	privatización f
privatisation (F)	Privatisierung f	privatisation	—	privatizzazione f	privatización f
privatisation partielle (F)	Teilprivatisierung f	partial privatisation	—	privatizzazione parziale f	privatización parcial f
privatisering (NL)	Privatisierung f	privatisation	privatisation f	privatizzazione f	privatización f
privatisering (SV)	Privatisierung f	privatisation	privatisation f	privatizzazione f	privatización f
Privatisierung (D)	—	privatisation	privatisation f	privatizzazione f	privatización f
privatização (P)	Privatisierung f	privatisation	privatisation f	privatizzazione f	privatización f
privatização parcial (P)	Teilprivatisierung f	partial privatisation	privatisation partielle f	privatizzazione parziale f	privatización parcial f
privatizace (CZ)	Privatisierung f	privatisation	privatisation f	privatizzazione f	privatización f
privatizáció (H)	Privatisierung f	privatisation	privatisation f	privatizzazione f	privatización f
privatización (ES)	Privatisierung f	privatisation	privatisation f	privatizzazione f	—
privatización parcial (ES)	Teilprivatisierung f	partial privatisation	privatisation partielle f	privatizzazione parziale f	—
privatizzazione (I)	Privatisierung f	privatisation	privatisation f	—	privatización f
privatizzazione parziale (I)	Teilprivatisierung f	partial privatisation	privatisation partielle f	—	privatización parcial f
Privatversicherung (D)	—	private insurance	assurance privée f	assicurazione privata f	seguro privado m
privébezit (NL)	Privateigentum n	private property	propriété privée f	proprietà privata f	propiedad privada f
privéhuishouden (NL)	privater Haushalt m	private household	ménage privé m	economia domestica f	economía doméstica f
prix (F)	Preis m	price	—	prezzo m	precio m
prix agricole (F)	Agrarpreis m	prices of farm products	—	prezzo agricolo m	precio agrícola m
prix brut (F)	Bruttopreis m	gross price	—	prezzo lordo m	precio bruto m
prix coûtant (F)	Einstandspreis m	cost price	—	prezzo di costo m	precio de coste m
prix coûtant (F)	Selbstkostenpreis m	cost price	—	prezzo di costo m	precio de coste m
prix d'achat (F)	Einkaufspreis m	purchase price	—	prezzo d'acquisto m	precio de compra m
prix d'achat (F)	Kaufpreis m	purchase price	—	prezzo d'acquisto m	precio de compra m
prix de gros (F)	Großhandelspreis m	wholesale price	—	prezzo all'ingrosso m	precio mayorista m
prix de l'or (F)	Goldpreis m	gold price	—	prezzo dell'oro m	precio del oro m

prix de l'or

P	NL	SV	PL	CZ	H
bloqueio de preços m	prijsstop m	—	zamrożenie cen n	zmrazení cen n	árbefagyasztás
porto m	haven f	hamn	port m	—	kikötő
direitos portuários m/pl	havenrechten n/pl	hamnavgift	opłaty portowe f/pl	—	kikötői illetékek
barato	goedkoop	—	niedrogi	cenově výhodný	kedvező árú
soldado	in folie verpakt	vacuumförpackat	zaspawany	—	lehegesztett
contribuição particular f	persoonlijke bijdrage f	privat insättning	wkłady prywatne m/pl	soukromé vklady m/pl	lakossági betét
propriedade privada f	privébezit n	—	własność prywatna f	soukromé vlastnictví n	magántulajdon
economia doméstica f	privéhuishouden n	hushåll	prywatne gospodarstwo domowe n	soukromý rozpočet m	magánháztartás
propriedade privada f	privébezit n	privategendom	własność prywatna f	soukromé vlastnictví n	magántulajdon
contribuição particular f	persoonlijke bijdrage f	privat insättning	wkłady prywatne m/pl	soukromé vklady m/pl	lakossági betét
seguro privado m	particuliere verzekering f	privat försäkring	ubezpieczenie prywatne n	soukromé pojištění n	magánbiztosítás
propriedade privada f	privébezit n	privategendom	własność prywatna f	soukromé vlastnictví n	magántulajdon
economia doméstica f	privéhuishouden n	hushåll	prywatne gospodarstwo domowe n	soukromý rozpočet m	magánháztartás
seguro privado m	particuliere verzekering f	—	ubezpieczenie prywatne n	soukromé pojištění n	magánbiztosítás
contribuição particular f	persoonlijke bijdrage f	—	wkłady prywatne m/pl	soukromé vklady m/pl	lakossági betét
privatização f	privatisering f	privatisering	prywatyzacja f	privatizace	privatizáció
privatização f	privatisering f	privatisering	prywatyzacja f	privatizace	privatizáció
privatização parcial f	gedeeltelijke privatisering f	delvis privatisering	prywatyzacja częściowa f	dílčí privatizace f	részleges privatizáció
privatização f	—	privatisering	prywatyzacja f	privatizace	privatizáció
privatização f	privatisering f	—	prywatyzacja f	privatizace	privatizáció
privatização f	privatisering f	privatisering	prywatyzacja f	privatizace	privatizáció
—	privatisering f	privatisering	prywatyzacja f	privatizace	privatizáció
—	gedeeltelijke privatisering f	delvis privatisering	prywatyzacja częściowa f	dílčí privatizace f	részleges privatizáció
privatização f	privatisering f	privatisering	prywatyzacja f	—	privatizáció
privatização f	privatisering f	privatisering	prywatyzacja f	privatizace	—
privatização f	privatisering f	privatisering	prywatyzacja f	privatizace	privatizáció
privatização parcial f	gedeeltelijke privatisering f	delvis privatisering	prywatyzacja częściowa f	dílčí privatizace f	részleges privatizáció
privatização f	privatisering f	privatisering	prywatyzacja f	privatizace	privatizáció
privatização parcial f	gedeeltelijke privatisering f	delvis privatisering	prywatyzacja częściowa f	dílčí privatizace f	részleges privatizáció
seguro privado m	particuliere verzekering f	privat försäkring	ubezpieczenie prywatne n	soukromé pojištění n	magánbiztosítás
propriedade privada f	—	privategendom	własność prywatna f	soukromé vlastnictví n	magántulajdon
economia doméstica f	—	hushåll	prywatne gospodarstwo domowe n	soukromý rozpočet m	magánháztartás
preço m	prijs m	pris	cena f	cena f	ár
preços dos produtos agrícolas m	landbouwprijs m	pris på jordbruksprodukter	cena skupu produktów rolnych f	zemědělská cena f	mezőgazdasági árak
preço bruto m	brutoprijs m	bruttopris	cena brutto f	hrubá cena f	bruttó ár
preço de custo m	kostprijs m	självkostnadspris	globalna cena nabycia f	pořizovací cena f	bekerülési ár
preço de custo m	kostprijs m	självkostnadspris	cena kosztów własnych f	režijní cena f	önköltségi ár
preço de compra m	inkoopprijs m	inköpspris	cena kupna f	nákupní cena f	beszerzési ár
preço de compra m	aankoopprijs m	köppris	cena kupna f	kupní cena f	vételár
preço por atacado m	groothandelsprijs m	partipris	cena hurtowa f	velkoobchodní cena f	nagykereskedelmi ár
preço do ouro m	goudprijs m	guldpris	cena złota f	cena zlata f	aranyár

prix de revente

	D	E	F	I	ES
prix de revente (F)	Wiederverkaufspreis m	resale price	—	prezzo di rivendita m	precio de reventa m
prix de vente (F)	Ladenpreis f	retail price	—	prezzo al consumo m	precio de venta m
prix du catalogue (F)	Listenpreis m	list price	—	prezzo di listino m	precio-lista m
prix échelonné (F)	Staffelpreis m	graduated price	—	prezzo differenziato m	precios progresivos m/pl
prix fixe (F)	Festpreis m	fixed price	—	prezzo fisso m	precio fijo m
prix indicatif (F)	Richtpreis m	recommended retail price	—	prezzo indicativo m	precio indicativo m
prix minimum (F)	Mindestpreis m	minimum price	—	prezzo minimo m	precio mínimo m
prix minimum d'importation (F)	Mindesteinfuhrpreise m/pl	minimum import price	—	prezzi minimi all'importazione m/pl	precio mínimo de importación m
prix net (F)	Nettopreis m	net price	—	prezzo netto m	precio neto m
prix plafond (F)	Höchstpreis f	top price	—	prezzo massimo m	precio máximo m
prix sans engagement (F)	Preis freibleibend	price subject to change	—	prezzo non vincolante	precio sin compromiso
prix sur le marché mondial (F)	Weltmarktpreis m	world market price	—	prezzo di mercato mondiale m	precio del mercado mundial m
próbacsomagolás (H)	Probepackung f	trial package	échantillon m	confezione campione f	muestra f
próbaidő (H)	Probezeit f	trial period	période d'essai f	periodo di prova m	período de prueba m
próbaszállítás (H)	Probelieferung f	trial shipment	livraison à titre d'essai f	fornitura a titolo di prova f	envío de prueba m
próbavásárlás (H)	Kauf auf Probe	sale on approval	achat à l'essai m	acquisto a titolo di prova m	compra a prueba f
Probelieferung (D)	—	trial shipment	livraison à titre d'essai f	fornitura a titolo di prova f	envío de prueba m
Probepackung (D)	—	trial package	échantillon m	confezione campione f	muestra f
Probezeit (D)	—	trial period	période d'essai f	periodo di prova m	período de prueba m
próbka bez wartości (PL)	Muster ohne Wert	sample with no commercial value	échantillon sans valeur m	campione senza valore m	muestra sin valor f
próbka towarów (PL)	Warenprobe f	sample	échantillon m	campione m	muestra f
pro capite (I)	pro Kopf	per capita	par tête d'habitant	—	per cápita
procedimento (I)	Verfahren n	procedure	procédure f	—	procedimiento m
procedimento (P)	Verfahren n	procedure	procédure f	procedimento m	procedimiento m
procedimento produttivo (I)	Fertigungsverfahren n	production process	procédure de fabrication f	—	procedimiento de fabricación m
procedimentos aduaneiros (P)	Zollverkehr m	customs procedure	régime douanier des marchandises sous douane m	procedure doganali f/pl	régimen aduanero m
procedimiento (ES)	Verfahren n	procedure	procédure f	procedimento m	—
procedimiento de fabricación (ES)	Fertigungsverfahren n	production process	procédure de fabrication f	procedimento produttivo m	—
procedimiento de quiebra (ES)	Konkursverfahren n	bankruptcy proceedings	procédure de faillite f	procedura fallimentare f	—
procedura celna (PL)	Zollverkehr m	customs procedure	régime douanier des marchandises sous douane m	procedure doganali f/pl	régimen aduanero m
procedura fallimentare (I)	Konkursverfahren n	bankruptcy proceedings	procédure de faillite f	—	procedimiento de quiebra m
procedure (E)	Verfahren n	—	procédure f	procedimento m	procedimiento m
procédure (F)	Verfahren n	procedure	—	procedimento m	procedimiento m
procédure de fabrication (F)	Fertigungsverfahren n	production process	—	procedimento produttivo m	procedimiento de fabricación m
procédure de faillite (F)	Konkursverfahren n	bankruptcy proceedings	—	procedura fallimentare f	procedimiento de quiebra m
procedure doganali (I)	Zollverkehr m	customs procedure	régime douanier des marchandises sous douane m	—	régimen aduanero m
proceeds (E)	Erlös m	—	produit des ventes m	realizzo m	beneficio m

proceeds

P	NL	SV	PL	CZ	H
preço de revenda m	inruilwaarde f	återförsäljningspris	cena w odsprzedaży f	překupní cena f	viszonteladói ár
preço de venda m	kleinhandelsprijs m	butikspris	cena detaliczna f	prodejní cena f	bolti ár
preço tabelado m	catalogusprijs m	listpris	cena katalogowa f	cena dle ceníkuf	listaár
preço progressivo m	schaalprijs m	graderat pris	cena ruchoma f	odstupňovaná cena f	lépcsőzetes árskála
preço fixo m	vaste prijs m	fast pris	cena stała f	konstantní cena f	rögzített ár
preço de referência m	richtprijs m	rekommenderat pris	cena zalecana f	orientační cena f	irányár
preço mínimo m	minimumprijs m	minimipris	najniższa dopuszczalna cena f	minimální cena f	minimálár
preço mínimo de importação m	minimuminvoerprijs m	lägsta importpris	minimalne ceny importowe f/pl	minimální dovozní ceny f/pl	minimális importárak
preço líquido m	nettoprijs m	nettopris	cena netto f	čistá cena f	nettó ár
preço máximo m	plafondprijs m	högsta pris	najwyższa cena f	maximální cena f	rekordár
preço sem compromisso	vrijblijvende prijs	fri prissättning	wolna cena	doporučená cena f	kötelezettség nélküli ár
preço no mercado internacional m	wereldmarktprijs m	världsmarknadspris	cena światowa f	cena na světovém trhu f	világpiaci ár
amostra f	proefverpakking f	provförpackning	opakowanie wzorocowe n	zkušební balení n	—
período de experiência m	proefperiode f	provtid	okres próbny m	zkušební doba f	—
fornecimento a título de ensaio m	proeflevering f	provleverans	dostawa próbna f	zkušební dodávka f	—
compra a contento f	koop op proef	provköp	kupno na próbę n	koupě na zkoušku f	—
fornecimento a título de ensaio m	proeflevering f	provleverans	dostawa próbna f	zkušební dodávka f	próbaszállítás
amostra f	proefverpakking f	provförpackning	opakowanie wzorocowe n	zkušební balení n	próbacsomagolás
período de experiência m	proefperiode f	provtid	okres próbny m	zkušební doba f	próbaidő
amostra sem valor comercial f	monster zonder waarde n	prov utan värde	—	vzorek bez hodnoty m	minta érték nélkül
amostra f	monster n	varuprov	—	vzorek m	áruminta
per capita	per hoofd	per capita	na głowę	na hlavu	egy főre jutó
procedimento m	geding n	förfarande	postępowanie n	řízení n	eljárás
—	geding n	förfarande	postępowanie n	řízení n	eljárás
processo de produção m	productieprocédé n	produktionsförfarande	proces produkcji m	výrobní postup m	gyártási eljárás
—	douaneprocedures m/pl	tullförfarande	procedura celna f	celní styk m	vámforgalom
procedimento m	geding n	förfarande	postępowanie n	řízení n	eljárás
processo de produção m	productieprocédé n	produktionsförfarande	proces produkcji m	výrobní postup m	gyártási eljárás
processo de falência m	faillissementsprocedure f	konkursförfarande	postępowanie upadłościowe	konkursní řízení n	csődeljárás
procedimentos aduaneiros m/pl	douaneprocedures m/pl	tullförfarande	—	celní styk m	vámforgalom
processo de falência m	faillissementsprocedure f	konkursförfarande	postępowanie upadłościowe n	konkursní řízení n	csődeljárás
procedimento m	geding n	förfarande	postępowanie n	řízení n	eljárás
procedimento m	geding n	förfarande	postępowanie n	řízení n	eljárás
processo de produção m	productieprocédé n	produktionsförfarande	proces produkcji m	výrobní postup m	gyártási eljárás
processo de falência m	faillissementsprocedure f	konkursförfarande	postępowanie upadłościowe n	konkursní řízení n	csődeljárás
procedimentos aduaneiros m/pl	douaneprocedures m/pl	tullförfarande	procedura celna f	celní styk m	vámforgalom
produto das vendas m	opbrengst f	behållning	przychód m	výnos m	bevétel

procent

	D	E	F	I	ES
procent (NL)	Prozent n	per cent	pour-cent m	percento m	por ciento m
procent (SV)	Prozent n	per cent	pour-cent m	percento m	por ciento m
procent (PL)	Prozent n	per cent	pour-cent m	percento m	por ciento m
procentní sazba (CZ)	Prozentsatz m	percentage	pourcentage m	percentuale f	porcentaje m
procento (CZ)	Prozent n	per cent	pour-cent m	percento m	por ciento m
procentowa stawka kredytów lombardowych (PL)	Lombardsatz m	bank rate for loans on securities	taux d'intérêt de l'argent prêté sur gage m	tasso sulle anticipazioni m	tipo pignoraticio m
procent realny (PL)	Realzins m	real rate of interest	rendement réel m	tasso d'interesse reale f	interés real m
procentsats (SV)	Prozentsatz m	percentage	pourcentage m	percentuale f	porcentaje m
proces produkcji (PL)	Fertigungsverfahren n	production process	procédure de fabrication f	procedimento produttivo m	procedimiento de fabricación m
processing (E)	Veredelung f	—	perfectionnement m	perfezionamento m	perfeccionamiento m
processing of an order (E)	Auftragsabwicklung f	—	exécution d'une commande f	esecuzione di un ordine f	ejecución de pedidos f
processo de falência (P)	Konkursverfahren n	bankruptcy proceedings	procédure de faillite f	procedura fallimentare f	procedimiento de quiebra m
processo de produção (P)	Fertigungsverfahren n	production process	procédure de fabrication f	procedimento produttivo m	procedimiento de fabricación m
proclený (CZ)	verzollt	duty-paid	dédouané	sdoganato	aranceles pagados
procura (I)	Prokura f	power of attorney	procuration commerciale générale f	—	poder m
procura (P)	Nachfrage f	demand	demande f	domanda f	demanda f
procuração (P)	Prokura f	power of attorney	procuration commerciale générale f	procura f	poder m
procura de emprego (P)	Stellengesuch n	situation wanted	demande d'emploi f	domanda d'impiego f	solicitud de colocación f
procurador (P)	Prokurist m	authorised representative	fondé de pouvoir m	procuratore m	apoderado m
procura generale (I)	Generalvollmacht f	general power of attorney	pouvoir général m	—	poder general m
procura no mercado monetário (P)	Geldnachfrage f	demand for money	demande sur le marché monétaire f	domanda sul mercato monetario f	demanda monetaria f
procuration (F)	Bevollmächtigung f	authorisation	—	delega f	apoderamiento m
procuration commerciale générale (F)	Prokura f	power of attorney	—	procura f	poder m
procuratore (I)	Prokurist m	authorised representative	fondé de pouvoir m	—	apoderado m
prodávat (CZ)	verkaufen	sell	vendre	vendere	vender
prodej (CZ)	Verkauf m	sale	vente f	vendita f	venta f
prodej blanko (CZ)	Blankoverkauf m	short sale	vente à découvert f	vendita allo scoperto f	venta al descubierto f
prodej blanko (CZ)	Leerverkauf m	forward sale	vente à découvert f	vendita allo scoperto f	venta al descubierto f
prodejní automat (CZ)	Verkaufsautomat m	vending machine	distributeur automatique m	distributore automatico m	distribuidor automático m
prodejní cena (CZ)	Ladenpreis f	retail price	prix de vente m	prezzo al consumo m	precio de venta m
prodejní kurs (CZ)	Briefkurs m	selling price	cours de vente m	prezzo d'offerta m	cotización ofrecida f
prodlení (CZ)	Verspätung f	delay	retard m	ritardo m	retraso m
prodlení v dodávce (CZ)	Lieferverzug m	default of delivery	demeure du fournisseur f	mora nella consegna f	demora en la entrega f
prodloužení (CZ)	Verlängerung f	extension	prolongation f	prolungamento m	prórroga f
prodotto (I)	Erzeugnis n	product	produit m	—	producto m
prodotto (I)	Produkt n	product	produit m	—	producto m
prodotto agricolo (I)	Agrarprodukt n	farm product	produit agricole m	—	producto agrario m
prodotto finito (I)	Endprodukt n	finished product	produit final m	—	producto final m
prodotto finito (I)	Fertigprodukt n	finished product	produit fini m	—	producto acabado m
prodotto generico (I)	No-name-Produkt n	generic product	produit sans nom m	—	producto genérico m

prodotto generico

P	NL	SV	PL	CZ	H
por cento	—	procent	procent m	procento n	százalék
por cento	procent n	—	procent m	procento n	százalék
por cento	procent n	procent	—	procento n	százalék
percentagem f	percentage n	procentsats	stawka procentowa f	—	százalékos arány
por cento	procent n	procent	procent m	—	százalék
taxa de juro para empréstimos com penhor sobre títulos m	beleningsrentevoet m	lombardränta	—	lombardní sazba f	lombardkamatláb
juro real m	reële interest m	realränta	—	reálný úrok m	reálkamat
percentagem f	percentage n	—	stawka procentowa f	procentní sazba f	százalékos arány
processo de produção m	productieprocédé n	produktionsförfarande	—	výrobní postup m	gyártási eljárás
beneficiamento m	veredeling f	förädling	uszlachetnienie n	zušlechtování n	feldolgozás
execução de uma encomenda f	afwikkeling van de bestelling f	orderhantering	realizacja zlecenia f	vyřízení zakázky n	megbízás lebonyolítása
—	faillissementsprocedure f	konkursförfarande	postępowanie upadłościowe n	konkursní řízení n	csődeljárás
—	productieprocédé n	produktionsförfarande	proces produkcji m	výrobní postup m	gyártási eljárás
tarifas alfandegárias pagas f/pl	gededouaneerd	tull betald	oclony	—	vámkezelt
procuração f	volmacht f	fullmakt	prokura f	plná moc f	cégjegyzési jog
—	vraag f	efterfrågan	popyt m	poptávka f	kereslet
—	volmacht f	fullmakt	prokura f	plná moc f	cégjegyzési jog
—	sollicitatie f	platssökande	podanie o pracę n	žádost o místo f	pályázat (állásra)
—	gevolmachtigde m	prokurist	prokurent m	prokurista m	meghatalmazott aláíró
poder geral m	algemene lastgeving f	generalfullmakt	pełnomocnictwo ogólne n	neomezená plná moc f	általános meghatalmazás
—	vraag om geld f	efterfrågan på penningmarknaden	popyt na pieniądz m	poptávka po penězích f	pénzkereslet
autorização f	machtiging f	bemyndigande	upoważnienie n	plná moc f	meghatalmazás
procuração f	volmacht f	fullmakt	prokura f	plná moc f	cégjegyzési jog
procurador m	gevolmachtigde m	prokurist	prokurent m	prokurista m	meghatalmazott aláíró
vender	verkopen	sälja	sprzedawać <sprzedać>	—	elad
venda f	verkoop m	försäljning	sprzedaż f	—	eladás
venda a descoberto f	blancoverkoop m	blankning	sprzedaż bezdokumentowa f	—	fedezetlen eladás
venda a descoberto f	blancoverkoop m	försäljning i syfte att skapa kursfall	sprzedaż blankowa f	—	fedezetlen eladás
distribuidor automático m	verkoopautomaat m	varuautomat	automat do sprzedaży m	—	árusító automata
preço de venda m	kleinhandelsprijs m	butikspris	cena detaliczna f	—	bolti ár
cotação de venda f	laatkoers m	begärt pris	kurs giełdowy m	—	eladási árfolyam
atraso m	vertraging f	försening	opóźnienie n	—	késedelem
atraso no fornecimento m	achterstand van de leveringen f	försenad leverans	opóźnienie dostawy n	—	szállítási késedelem
prolongamento m	verlenging f	förlängning	prolongata f	—	meghosszabbítás
produto m	product n	produkt	wyrób m	výrobek m	termék
produto m	product n	produkt	produkt m	výrobek m	termék
produto agrícola m	landbouwproduct n	jordbruksprodukt	produkt rolny m	zemědělský výrobek m	mezőgazdasági termék
produto final m	eindproduct n	slutprodukt	produkt końcowy m	finální výrobek m	végtermék
produto acabado m	afgewerkt product n	slutprodukt	produkt gotowy m	finální výrobek m	késztermék
produto genérico m	generiek product n	produkt utan märkesbeteckning	produkt bezfirmowy m	výrobek beze značky m	nem márkás termék

prodotto interno lordo

	D	E	F	I	ES
prodotto interno lordo (I)	Bruttoinlandsprodukt *n*	gross domestic product	produit intérieur brut *m*	—	producto interior bruto *m*
prodotto nazionale (I)	Sozialprodukt *n*	national product	produit national *m*	—	producto nacional *m*
prodotto su misura (I)	maßgefertigt	manufactured to measure	travaillé sur mesure	—	hecho a medida
produção (P)	Produktion *f*	production	production *f*	produzione *f*	producción *f*
produção em massa (P)	Massenfertigung *f*	mass production	production en série *f*	fabbricazione in massa *f*	fabricación en masa *f*
produção em série (P)	Serienfertigung *f*	series production	fabrication en série *f*	produzione in serie *f*	producción en serie *f*
produção especial (segundo as especificações do cliente) (P)	Sonderanfertigung *f*	manufacture to customer's specifications	fabrication spéciale *f*	produzione fuori serie *f*	fabricación especial *f*
producción (ES)	Produktion *f*	production	production *f*	produzione *f*	—
producción en serie (ES)	Serienfertigung *f*	series production	fabrication en série *f*	produzione in serie *f*	—
producent (NL)	Erzeuger *m*	manufacturer	producteur *m*	produttore *m*	productor *m*
producent (NL)	Produzent *m*	producer	producteur *m*	produttore *m*	productor *m*
producent (SV)	Produzent *m*	producer	producteur *m*	produttore *m*	productor *m*
producent (PL)	Erzeuger *m*	manufacturer	producteur *m*	produttore *m*	productor *m*
producent (PL)	Hersteller *m*	manufacturer	constructeur *m*	produttore *m*	fabricante *m*
producent (PL)	Produzent *m*	producer	producteur *m*	produttore *m*	productor *m*
producent (CZ)	Produzent *m*	producer	producteur *m*	produttore *m*	productor *m*
producentkapitalvaror (SV)	Anlagegüter *n/pl*	capital goods	valeurs immobilisées *f/pl*	beni d'investimento *m/pl*	bienes de inversión *m/pl*
producer (E)	Produzent *m*	—	producteur *m*	produttore *m*	productor *m*
producers' cooperative (E)	Produktionsgenossenschaft *f*	—	société coopérative de production *f*	cooperativa di produzione *f*	cooperativa de producción *f*
product (E)	Erzeugnis *n*	—	produit *m*	prodotto *m*	producto *m*
product (E)	Produkt *n*	—	produit *m*	prodotto *m*	producto *m*
product (NL)	Erzeugnis *n*	product	produit *m*	prodotto *m*	producto *m*
product (NL)	Produkt *n*	product	produit *m*	prodotto *m*	producto *m*
productaansprakelijkheid (NL)	Produkthaftung *f*	product liability	responsabilité du fabricant *f*	responsabilità prodotto *f*	responsabilidad del productor *f*
productassortiment (NL)	Produktpalette *f*	range of products	gamme de produits *f*	gamma dei prodotti *f*	gama de productos *f*
product design (E)	Produktgestaltung *f*	—	conception d'un produit *f*	creazione del prodotto *f*	diseño del producto *m*
producteur (F)	Erzeuger *m*	manufacturer	—	produttore *m*	productor *m*
producteur (F)	Produzent *m*	producer	—	produttore *m*	productor *m*
productie (NL)	Produktion *f*	production	production *f*	produzione *f*	producción *f*
productiecapaciteit (NL)	Produktionskapazität *f*	production capacity	capacité de production *f*	capacità produttiva *f*	capacidad de producción *f*
productiecoöperatie (NL)	Produktionsgenossenschaft *f*	producers' co-operative	société coopérative de production *f*	cooperativa di produzione *f*	cooperativa de producción *f*
productiefactoren (NL)	Produktionsfaktoren *m/pl*	production factors	facteurs de production *m/pl*	fattori di produzione *m/pl*	factores de producción *m/pl*
productiehoeveelheid (NL)	Fertigungsmenge *f*	manufactured quantity	quantité fabriquée *f*	quantitativo di produzione *m*	cantidad producida *f*
productiehoeveelheid (NL)	Fördermenge *f*	output	quantité extraite *f*	quantità estratta *f*	cantidad producida *f*
productie-investeringen (NL)	Produktionsanlagen *f/pl*	production plant	équipements industriels *m/pl*	impianti di produzione *m/pl*	instalaciones de producción *f/pl*
productiekosten (NL)	Herstellungskosten *f*	production costs	frais de construction *m/pl*	costi di produzione *m/pl*	costo de la producción *m*
productiekosten (NL)	Produktionskosten *f*	production costs	coût de production *m*	costi produttivi *m/pl*	gastos de producción *m/pl*
productieprocédé (NL)	Fertigungsverfahren *n*	production process	procédure de fabrication *f*	procedimento produttivo *m*	procedimiento de fabricación *m*
productieprogramma (NL)	Produktionsprogramm *n*	production programme	programme de production *m*	programma di produzione *m*	programa de producción *m*
productieschommeling (NL)	Produktionsschwankung *f*	fluctuations in production	fluctuations de la production *f/pl*	oscillazione della produzione *f*	fluctuaciones en la producción *f/pl*

P	NL	SV	PL	CZ	H
produto interno bruto m	bruto binnenlands product n	bruttonationalprodukt	produkt krajowy brutto m	hrubý domácí produkt m	bruttó hazai termék
produto nacional m	nationaal product n	nationalprodukt	produkt społeczny m	společenský produkt m	társadalmi termék
feito à medida	op maat gemaakt	specialtillverkat	na miarę	vyrobený na míru	mérték utáni
—	productie	produktion	produkcja f	výroba f	termelés
—	massaproductie f	massproduktion	produkcja masowa f	hromadná výroba f	tömeggyártás
—	serieproductie f	serietillverkning	produkcja seryjna f	sériová výroba f	sorozatgyártás
—	speciale fabricage f	specialtillverkning	produkcja na specjalne zamówienie f	zvláštní vyhotovení n	egyedi gyártás
produção f	productie	produktion	produkcja f	výroba f	termelés
produção em série f	serieproductie f	serietillverkning	produkcja seryjna f	sériová výroba f	sorozatgyártás
produtor m	—	tillverkare	producent m	výrobce m	gyártó
produtor m	—	producent	producent m	producent m	gyártó
produtor m	producent m	—	producent m	producent m	gyártó
produtor m	producent m	tillverkare	—	výrobce m	gyártó
produtor m	fabrikant m	tillverkare	—	výrobce m	gyártó
produtor m	producent m	producent	—	producent m	gyártó
produtor m	producent m	producent	producent m	—	gyártó
bens de investimento m/pl	investeringsgoederen n/pl	—	środki trwałe m/pl	investiční zboží n/pl	beruházási javak
produtor m	producent m	producent	producent m	producent m	gyártó
cooperativa de produção f	productiecoöperatie f	produktionskooperativ	spółdzielnia produkcyjna f	výrobní družstvo n	termelőszövetkezet
produto m	product n	produkt	wyrób m	výrobek m	termék
produto m	product n	produkt	produkt m	výrobek m	termék
produto m	—	produkt	wyrób m	výrobek m	termék
produto m	—	produkt	produkt m	výrobek m	termék
responsabilidade do produtor f	—	produktansvar	odpowiedzialność za jakość produktu f	záruka na výrobek f	termékfelelősség
gama de produtos f	—	produktsortiment	paleta produktów f	paleta výrobků f	termékpaletta
desenho do produto m	productvormgeving f	produktdesign	wzornictwo produktów n	vzhled výrobků m	terméktervezés
produtor m	producent m	tillverkare	producent m	výrobce m	gyártó
produtor m	producent m	producent	producent m	producent m	gyártó
produção f	—	produktion	produkcja f	výroba f	termelés
capacidade produtiva f	—	produktionskapacitet	zdolność produkcyjna f	výrobní kapacita f	termelői kapacitás
cooperativa de produção f	—	produktionskooperativ	spółdzielnia produkcyjna f	výrobní družstvo n	termelőszövetkezet
factores de produção m/pl	—	produktionsfaktorer pl	czynniki produkcji m/pl	výrobní faktory m/pl	termelési tényezők
quantidade produzida f	—	produktionskvantitet	ilość wyprodukowana f	výrobní množství n	gyártási mennyiség
quantidade extraída f	—	produktionsvolym	ilość wydobycia f	dopravované množství n	kitermelt mennyiség
instalações fabris f/pl	—	produktionsanläggning	urządzenia produkcyjne f/pl	výrobní zařízení n/pl	termelő berendezések
custos de produção pl	—	produktionskostnader pl	koszty produkcji m/pl	výrobní náklady m/pl	előállítási költségek
custos de produção m/pl	—	produktionskostnader pl	koszty produkcji m/pl	výrobní náklady m/pl	gyártási költségek
processo de produção m	—	produktionsförfarande	proces produkcji m	výrobní postup m	gyártási eljárás
programa de produção f	—	produktionsprogram	program produkcyjny m	výrobní program m	gyártási program
flutuações na produção f/pl	—	fluktuationer i produktion	wahania produkcji n/pl	kolísání výroby n	termelésingadozás

productieverlies

	D	E	F	I	ES
productieverlies (NL)	Produktionsausfall m	loss of production	perte de production f	perdita di produzione f	pérdida de producción f
production (E)	Produktion f	—	production f	produzione f	producción f
production (F)	Produktion f	production	—	produzione f	producción f
production capacity (E)	Produktionskapazität f	—	capacité de production f	capacità produttiva f	capacidad de producción f
production costs (E)	Herstellungskosten f	—	frais de construction m/pl	costi di produzione m/pl	costo de la producción m
production costs (E)	Produktionskosten f	—	coût de production m	costi produttivi m/pl	gastos de producción m/pl
production en série (F)	Massenfertigung f	mass production	—	fabbricazione in massa f	fabricación en masa f
production factors (E)	Produktionsfaktoren m/pl	—	facteurs de production m/pl	fattori di produzione m/pl	factores de producción m/pl
production plant (E)	Produktionsanlagen f/pl	—	équipements industriels m/pl	impianti di produzione m/pl	instalaciones de producción f/pl
production process (E)	Fertigungsverfahren n	—	procédure de fabrication f	procedimento produttivo m	procedimiento de fabricación m
production programme (E)	Produktionsprogramm n	—	programme de production m	programma di produzione m	programa de producción m
production scheduling (E)	Produktlinie f	—	ligne de produits f	linea dei prodotti f	línea de productos f
production value (E)	Produktionswert m	—	valeur de production f	valore produttivo m	valor de la producción m
productividad (ES)	Produktivität f	productivity	productivité f	produttività f	—
productivité (F)	Produktivität f	productivity	—	produttività f	productividad f
productiviteit (NL)	Produktivität f	productivity	productivité f	produttività f	productividad f
productivity (E)	Produktivität f	—	productivité f	produttività f	productividad f
product liability (E)	Produkthaftung f	—	responsabilité du fabricant f	responsabilità prodotto f	responsabilidad del productor f
productlijn (NL)	Produktlinie f	production scheduling	ligne de produits f	linea dei prodotti f	línea de productos f
producto (ES)	Erzeugnis n	product	produit m	prodotto m	—
producto (ES)	Produkt n	product	produit m	prodotto m	—
producto acabado (ES)	Fertigprodukt n	finished product	produit fini m	prodotto finito m	—
producto accesorio (ES)	Nebenprodukt n	by-product	produit dérivé m	sottoprodotto m	—
producto agrario (ES)	Agrarprodukt n	farm product	produit agricole m	prodotto agricolo m	—
producto de la venta (ES)	Verkaufserlös m	sale proceeds	produit des ventes m	ricavo delle vendite m	—
producto final (ES)	Endprodukt n	finished product	produit final m	prodotto finito m	—
producto genérico (ES)	No-name-Produkt n	generic product	produit sans nom m	prodotto generico m	—
producto interior bruto (ES)	Bruttoinlandsprodukt n	gross domestic product	produit intérieur brut m	prodotto interno lordo m	—
producto nacional (ES)	Sozialprodukt n	national product	produit national m	prodotto nazionale m	—
producto nacional bruto (ES)	Bruttosozialprodukt n	gross national product	produit national brut m	reddito nazionale lordo m	—
producto neto (ES)	Nettoertrag m	net proceeds	produit net m	ricavo netto m	—
productor (ES)	Erzeuger m	manufacturer	producteur m	produttore m	—
productor (ES)	Produzent m	producer	producteur m	produttore m	—
productos a granel (ES)	Massengüter f	bulk goods	marchandises en vrac f/pl	beni di massa m/pl	—
productvormgeving (NL)	Produktgestaltung f	product design	conception d'un produit f	creazione del prodotto f	diseño del producto m
produit (F)	Erzeugnis n	product	—	prodotto m	producto m
produit (F)	Produkt n	product	—	prodotto m	producto m
produit agricole (F)	Agrarprodukt n	farm product	—	prodotto agricolo m	producto agrario m
produit de marque (F)	Markenartikel m	trade-registered article	—	articolo di marca m	artículo de marca m
produit dérivé (F)	Nebenprodukt n	by-product	—	sottoprodotto m	producto accesorio m

produit dérivé

P	NL	SV	PL	CZ	H
perda de produção f	—	produktionsbortfall	przerwa w produkcji f	výpadek výroby m	termeléskiesés
produção f	productie	produktion	produkcja f	výroba f	termelés
produção f	productie	produktion	produkcja f	výroba f	termelés
capacidade produtiva f	productiecapaciteit f	produktionskapacitet	zdolność produkcyjna f	výrobní kapacita f	termelői kapacitás
custos de produção pl	productiekosten m/pl	produktionskostnader pl	koszty produkcji m/pl	výrobní náklady m/pl	előállítási költségek
custos de produção m/pl	productiekosten m/pl	produktionskostnader pl	koszty produkcji m/pl	výrobní náklady m/pl	gyártási költségek
produção em massa f	massaproductie f	massproduktion	produkcja masowa f	hromadná výroba f	tömeggyártás
factores de produção m/pl	productiefactoren m/pl	produktionsfaktorer pl	czynniki produkcji m/pl	výrobní faktory m/pl	termelési tényezők
instalações fabris f/pl	productie-investeringen f/pl	produktionsanläggning	urządzenia produkcyjne f/pl	výrobní zařízení n/pl	termelő berendezések
processo de produção m	productieprocédé n	produktionsförfarande	proces produkcji m	výrobní postup m	gyártási eljárás
programa de produção f	productieprogramma f	produktionsprogram	program produkcyjny m	výrobní program m	gyártási program
linha de produtos f	productlijn f	produktgrupp	typoszereg produktów m	výrobková skupina f	terméksor
valor da produção m	totale productiekosten m/pl	produktionsvärde	wartość produkcji f	výrobní hodnota f	termelési érték
produtividade f	productiviteit f	produktivitet	produktywność f	produktivita f	termelékenység
produtividade f	productiviteit f	produktivitet	produktywność f	produktivita f	termelékenység
produtividade f	—	produktivitet	produktywność f	produktivita f	termelékenység
produtividade f	productiviteit f	produktivitet	produktywność f	produktivita f	termelékenység
responsabilidade do produtor f	productaansprakelijkheid f	produktansvar	odpowiedzialność za jakość produktu f	záruka na výrobek f	termékfelelősség
linha de produtos f	—	produktgrupp	typoszereg produktów m	výrobková skupina f	terméksor
produto m	product n	produkt	wyrób m	výrobek m	termék
produto m	product n	produkt	produkt m	výrobek m	termék
produto acabado m	afgewerkt product n	slutprodukt	produkt gotowy m	finální výrobek m	késztermék
subproduto m	bijproduct n	biprodukt	produkt uboczny m	vedlejší produkt m	melléktermék
produto agrícola m	landbouwproduct n	jordbruksprodukt	produkt rolny m	zemědělský výrobek m	mezőgazdasági termék
produto das vendas m	opbrengst van een verkoop f	försäljningsintäkter pl	uzysk ze sprzedaży m	tržba z prodeje f	értékesítési árbevétel
produto final m	eindproduct n	slutprodukt	produkt końcowy m	finální výrobek m	végtermék
produto genérico m	generiek product n	produkt utan märkesbeteckning	produkt bezfirmowy m	výrobek beze značky m	nem márkás termék
produto interno bruto m	bruto binnenlands product n	bruttonationalprodukt	produkt krajowy brutto m	hrubý domácí produkt m	bruttó hazai termék
produto nacional m	nationaal product n	nationalprodukt	produkt społeczny m	společenský produkt m	társadalmi termék
produto nacional bruto m	bruto nationaal product n	bruttonationalprodukt	produkt narodowy brutto m	hrubý společenský produkt m	bruttó társadalmi termék
produto líquido m	netto-opbrengst f	nettointäkter pl	przychód netto m	čistý výnos m	nettó hozam
produtor m	producent m	tillverkare	producent m	výrobce m	gyártó
produtor m	producent m	producent	producent m	producent m	gyártó
mercadoria a granel f	stortgoederen n/pl	partigods	towary masowe m/pl	zboží hromadné spotřeby n	tömegáru
desenho do produto m	—	produktdesign	wzornictwo	vzhled výrobků m	terméktervezés
produto m	product n	produkt	wyrób m	výrobek m	termék
produto m	product n	produkt	produkt m	výrobek m	termék
produto agrícola m	landbouwproduct n	jordbruksprodukt	produkt rolny m	zemědělský výrobek m	mezőgazdasági termék
produto de marca m	merkartikel n	märkesvara	towar firmowy m	značkové zboží n	márkacikk
subproduto m	bijproduct n	biprodukt	produkt uboczny m	vedlejší produkt m	melléktermék

produit de stockage

	D	E	F	I	ES
produit de stockage (F)	Stapelware f	staple goods	—	merce immagazzinata f	mercancía almacenada f
produit des ventes (F)	Erlös m	proceeds	—	realizzo m	beneficio m
produit des ventes (F)	Verkaufserlös m	sale proceeds	—	ricavo delle vendite m	producto de la venta m
produit du capital (F)	Kapitalertrag m	return on capital	—	rendita del capitale f	rendimiento del capital m
produit final (F)	Endprodukt n	finished product	—	prodotto finito m	producto final m
produit fini (F)	Fertigprodukt n	finished product	—	prodotto finito m	producto acabado m
produit intérieur brut (F)	Bruttoinlandsprodukt n	gross domestic product	—	prodotto interno lordo m	producto interior bruto m
produit national (F)	Sozialprodukt n	national product	—	prodotto nazionale m	producto nacional m
produit national brut (F)	Bruttosozialprodukt n	gross national product	—	reddito nazionale lordo m	producto nacional bruto m
produit net (F)	Nettoertrag m	net proceeds	—	ricavo netto m	producto neto m
produit pondéreux (F)	Schwergut n	heavy freight	—	carico pesante m	mercancía pesada f
produit sans nom (F)	No-name-Produkt n	generic product	—	prodotto generico m	producto genérico m
produkcja (PL)	Produktion f	production	production f	produzione f	producción f
produkcja masowa (PL)	Massenfertigung f	mass production	production en série f	fabbricazione in massa f	fabricación en masa f
produkcja na specjalne zamówienie (PL)	Sonderanfertigung f	manufacture to customer's specifications	fabrication spéciale f	produzione fuori serie f	fabricación especial f
produkcja seryjna (PL)	Serienfertigung f	series production	fabrication en série f	produzione in serie f	producción en serie f
Produkt (D)	—	product	produit m	prodotto m	producto m
produkt (SV)	Erzeugnis n	product	produit m	prodotto m	producto m
produkt (SV)	Produkt n	product	produit m	prodotto m	producto m
produkt (PL)	Produkt n	product	produit m	prodotto m	producto m
produktansvar (SV)	Produkthaftung f	product liability	responsabilité du fabricant f	responsabilità prodotto f	responsabilidad del productor f
produkt bezfirmowy (PL)	No-name-Produkt n	generic product	produit sans nom m	prodotto generico m	producto genérico m
produktdesign (SV)	Produktgestaltung f	product design	conception d'un produit f	creazione del prodotto f	diseño del producto m
Produktgestaltung (D)	—	product design	conception d'un produit f	creazione del prodotto f	diseño del producto m
produkt gotowy (PL)	Fertigprodukt n	finished product	produit fini m	prodotto finito m	producto acabado m
produktgrupp (SV)	Produktlinie f	production scheduling	ligne de produits f	linea dei prodotti f	línea de productos f
Produkthaftung (D)	—	product liability	responsabilité du fabricant f	responsabilità prodotto f	responsabilidad del productor f
Produktion (D)	—	production	production f	produzione f	producción f
produktion (SV)	Produktion f	production	production f	produzione f	producción f
Produktionsanlagen (D)	—	production plant	équipements industriels m/pl	impianti di produzione m/pl	instalaciones de producción f/pl
produktionsanläggning (SV)	Produktionsanlagen f/pl	production plant	équipements industriels m/pl	impianti di produzione m/pl	instalaciones de producción f/pl
Produktionsausfall (D)	—	loss of production	perte de production f	perdita di produzione f	pérdida de producción f
produktionsbortfall (SV)	Produktionsausfall m	loss of production	perte de production f	perdita di produzione f	pérdida de producción f
Produktionsfaktoren (D)	—	production factors	facteurs de production m/pl	fattori di produzione m/pl	factores de producción m/pl
produktionsfaktorer (SV)	Produktionsfaktoren m/pl	production factors	facteurs de production m/pl	fattori di produzione m/pl	factores de producción m/pl
produktionsförfarande (SV)	Fertigungsverfahren n	production process	procédure de fabrication f	procedimento produttivo m	procedimiento de fabricación m
Produktionsgenossenschaft (D)	—	producers' co-operative	société coopérative de production f	cooperativa di produzione f	cooperativa de producción f
produktionskapacitet (SV)	Produktionskapazität f	production capacity	capacité de production f	capacità produttiva f	capacidad de producción f

produktionskapacitet

P	NL	SV	PL	CZ	H
mercadoria armazenada f	stapelproduct n	stapelvara	drobnica w opakowaniach f	zboží na skladě n	tömegáru
produto das vendas m	opbrengst f	behållning	przychód m	výnos m	bevétel
produto das vendas m	opbrengst van een verkoop f	försäljningsintäkter pl	uzysk ze sprzedaży m	tržba z prodeje f	értékesítési árbevétel
rendimento do capital m	inkomen uit kapitaal n	inkomst från kapital	zysk z kapitału m	výnos kapitálu m	tőkehozam
produto final m	eindproduct n	slutprodukt	produkt końcowy m	finální výrobek m	végtermék
produto acabado m	afgewerkt product n	slutprodukt	produkt gotowy m	finální výrobek m	késztermék
produto interno bruto m	bruto binnenlands product n	bruttonationalprodukt	produkt krajowy brutto m	hrubý domácí produkt m	bruttó hazai termék
produto nacional m	nationaal product n	nationalprodukt	produkt społeczny m	společenský produkt m	társadalmi termék
produto nacional bruto m	bruto nationaal product n	bruttonationalprodukt	produkt narodowy brutto m	hrubý společenský produkt m	bruttó társadalmi termék
produto líquido m	netto-opbrengst f	nettointäkter pl	przychód netto m	čistý výnos m	nettó hozam
mercadoria pesada f	zware vracht f	tung frakt	ładunek ciężki m	těžké zboží n	nehéz rakomány
produto genérico m	generiek product n	produkt utan märkesbeteckning	produkt bezfirmowy m	výrobek beze značky m	nem márkás termék
produção f	productie	produktion	—	výroba f	termelés
produção em massa f	massaproductie f	massproduktion	—	hromadná výroba f	tömeggyártás
produção especial (segundo as especificações do cliente) f	speciale fabricage f	specialtillverkning	—	zvláštní vyhotovení n	egyedi gyártás
produção em série f	serieproductie f	serietillverkning	—	sériová výroba f	sorozatgyártás
produto m	product n	produkt	produkt m	výrobek m	termék
produto m	product n	—	wyrób m	výrobek m	termék
produto m	product n	—	produkt m	výrobek m	termék
produto m	product n	produkt	—	výrobek m	termék
responsabilidade do produtor f	productaansprakelijkheid f	—	odpowiedzialność za jakość produktu f	záruka na výrobek f	termékfelelősség
produto genérico m	generiek product n	produkt utan märkesbeteckning	—	výrobek beze značky m	nem márkás termék
desenho do produto m	productvormgeving f	—	wzornictwo produktów n	vzhled výrobků m	terméktervezés
desenho do produto m	productvormgeving f	produktdesign	wzornictwo produktów n	vzhled výrobků m	terméktervezés
produto acabado m	afgewerkt product n	slutprodukt	—	finální výrobek m	késztermék
linha de produtos f	productlijn f	—	typoszereg produktów m	výrobková skupina f	termékcsor
responsabilidade do produtor f	productaansprakelijkheid f	produktansvar	odpowiedzialność za jakość produktu f	záruka na výrobek f	termékfelelősség
produção f	productie	produktion	produkcja f	výroba f	termelés
produção f	productie	—	produkcja f	výroba f	termelés
instalações fabris f/pl	productie-investeringen f/pl	produktionsanläggning	urządzenia produkcyjne f/pl	výrobní zařízení n/pl	termelő berendezések
instalações fabris f/pl	productie-investeringen f/pl	—	urządzenia produkcyjne f/pl	výrobní zařízení n/pl	termelő berendezések
perda de produção f	productieverlies n	produktionsbortfall	przerwa w produkcji f	výpadek výroby m	termeléskiesés
perda de produção f	productieverlies n	—	przerwa w produkcji f	výpadek výroby m	termeléskiesés
factores de produção m/pl	productiefactoren m/pl	produktionsfaktorer pl	czynniki produkcji m/pl	výrobní faktory m/pl	termelési tényezők
factores de produção m/pl	productiefactoren m/pl	—	czynniki produkcji m/pl	výrobní faktory m/pl	termelési tényezők
processo de produção m	productieprocédé n	—	proces produkcji m	výrobní postup m	gyártási eljárás
cooperativa de produção f	productiecoöperatie f	produktionskooperativ	spółdzielnia produkcyjna f	výrobní družstvo n	termelőszövetkezet
capacidade produtiva f	productiecapaciteit f	—	zdolność produkcyjna f	výrobní kapacita f	termelői kapacitás

Produktionskapazität

	D	E	F	I	ES
Produktionskapazität (D)	—	production capacity	capacité de production f	capacità produttiva f	capacidad de producción f
produktionskooperativ (SV)	Produktionsgenossenschaft f	producers' co-operative	société coopérative de production f	cooperativa di produzione f	cooperativa de producción f
Produktionskosten (D)	—	production costs	coût de production m	costi produttivi m/pl	gastos de producción m/pl
produktionskostnader (SV)	Herstellungskosten f	production costs	frais de construction m/pl	costi di produzione m/pl	costo de la producción m
produktionskostnader (SV)	Produktionskosten f	production costs	coût de production m	costi produttivi m/pl	gastos de producción m/pl
produktionskvantitet (SV)	Fertigungsmenge f	manufactured quantity	quantité fabriquée f	quantitativo di produzione m	cantidad producida f
produktionsprogram (SV)	Produktionsprogramm n	production programme	programme de production m	programma di produzione m	programa de producción m
Produktionsprogramm (D)	—	production programme	programme de production m	programma di produzione m	programa de producción m
Produktionsschwankung (D)	—	fluctuations in production	fluctuations de la production f/pl	oscillazione della produzione f	fluctuaciones en la producción f/pl
produktionsvärde (SV)	Produktionswert m	production value	valeur de production f	valore produttivo m	valor de la producción m
produktionsvolym (SV)	Fördermenge f	output	quantité extraite f	quantità estratta f	cantidad producida f
Produktionswert (D)	—	production value	valeur de production f	valore produttivo m	valor de la producción m
produktivita (CZ)	Produktivität f	productivity	productivité f	produttività f	productividad f
Produktivität (D)	—	productivity	productivité f	produttività f	productividad f
produktivitet (SV)	Produktivität f	productivity	productivité f	produttività f	productividad f
produkt końcowy (PL)	Endprodukt n	finished product	produit final m	prodotto finito m	producto final m
produkt krajowy brutto (PL)	Bruttoinlandsprodukt n	gross domestic product	produit intérieur brut m	prodotto interno lordo m	producto interior bruto m
Produktlinie (D)	—	production scheduling	ligne de produits f	linea dei prodotti f	línea de productos f
produkt narodowy brutto (PL)	Bruttosozialprodukt n	gross national product	produit national brut m	reddito nazionale lordo m	producto nacional bruto m
Produktpalette (D)	—	range of products	gamme de produits f	gamma dei prodotti f	gama de productos f
produkt rolny (PL)	Agrarprodukt n	farm product	produit agricole m	prodotto agricolo m	producto agrario m
produktsortiment (SV)	Produktpalette f	range of products	gamme de produits f	gamma dei prodotti f	gama de productos f
produkt społeczny (PL)	Sozialprodukt n	national product	produit national m	prodotto nazionale m	producto nacional m
produkt uboczny (PL)	Nebenprodukt n	by-product	produit dérivé m	sottoprodotto m	producto accesorio m
produkt utan märkesbeteckning (SV)	No-name-Produkt n	generic product	produit sans nom m	prodotto generico m	producto genérico m
produktywność (PL)	Produktivität f	productivity	productivité f	produttività f	productividad f
produtividade (P)	Produktivität f	productivity	productivité f	produttività f	productividad f
produto (P)	Erzeugnis n	product	produit m	prodotto m	producto m
produto (P)	Produkt n	product	produit m	prodotto m	producto m
produto acabado (P)	Fertigprodukt n	finished product	produit fini m	prodotto finito m	producto acabado m
produto agrícola (P)	Agrarprodukt n	farm product	produit agricole m	prodotto agricolo m	producto agrario m
produto das vendas (P)	Erlös m	proceeds	produit des ventes m	realizzo m	beneficio m
produto das vendas (P)	Verkaufserlös m	sale proceeds	produit des ventes m	ricavo delle vendite m	producto de la venta m
produto de marca (P)	Markenartikel m	trade-registered article	produit de marque m	articolo di marca m	artículo de marca m
produto final (P)	Endprodukt n	finished product	produit final m	prodotto finito m	producto final m
produto genérico (P)	No-name-Produkt n	generic product	produit sans nom m	prodotto generico m	producto genérico m
produto interno bruto (P)	Bruttoinlandsprodukt n	gross domestic product	produit intérieur brut m	prodotto interno lordo m	producto interior bruto m
produto líquido (P)	Nettoertrag m	net proceeds	produit net m	ricavo netto m	producto neto m

produto líquido

P	NL	SV	PL	CZ	H
capacidade produtiva f	productiecapaciteit f	produktionskapacitet	zdolność produkcyjna f	výrobní kapacita f	termelői kapacitás
cooperativa de produção f	productiecoöperatie f	—	spółdzielnia produkcyjna f	výrobní družstvo n	termelőszövetkezet
custos de produção m/pl	productiekosten m/pl	produktionskostnader pl	koszty produkcji m/pl	výrobní náklady m/pl	gyártási költségek
custos de produção pl	productiekosten m/pl	—	koszty produkcji m/pl	výrobní náklady m/pl	előállítási költségek
custos de produção m/pl	productiekosten m/pl	—	koszty produkcji m/pl	výrobní náklady m/pl	gyártási költségek
quantidade produzida f	productiehoeveelheid f	—	ilość wyprodukowana f	výrobní množství n	gyártási mennyiség
programa de produção f	productieprogramma f	—	program produkcyjny m	výrobní program m	gyártási program
programa de produção f	productieprogramma f	produktionsprogram	program produkcyjny m	výrobní program m	gyártási program
flutuações na produção f/pl	productieschommeling f	fluktuationer i produktion	wahania produkcji n/pl	kolísání výroby n	termelésingadozás
valor da produção m	totale productiekosten m/pl	—	wartość produkcji f	výrobní hodnota f	termelési érték
quantidade extraída f	productiehoeveelheid f	—	ilość wydobycia f	dopravované množství n	kitermelt mennyiség
valor da produção m	totale productiekosten m/pl	produktionsvärde	wartość produkcji f	výrobní hodnota f	termelési érték
produtividade f	productiviteit f	produktivitet	produktywność f	—	termelékenység
produtividade f	productiviteit f	produktivitet	produktywność f	produktivita f	termelékenység
produtividade f	productiviteit f	—	produktywność f	produktivita f	termelékenység
produto final m	eindproduct n	slutprodukt	—	finální výrobek m	végtermék
produto interno bruto m	bruto binnenlands product n	bruttonationalprodukt	—	hrubý domácí produkt m	bruttó hazai termék
linha de produtos f	productlijn f	produktgrupp	typoszereg produktów m	výrobková skupina f	termékszor
produto nacional bruto m	bruto nationaal product n	bruttonationalprodukt	—	hrubý společenský produkt m	bruttó társadalmi termék
gama de produtos f	productassortiment n	produktsortiment	paleta produktów f	paleta výrobků f	termékpaletta
produto agrícola m	landbouwproduct n	jordbruksprodukt	—	zemědělský výrobek m	mezőgazdasági termék
gama de produtos f	productassortiment n	—	paleta produktów f	paleta výrobků f	termékpaletta
produto nacional m	nationaal product n	nationalprodukt	—	společenský produkt m	társadalmi termék
subproduto m	bijproduct n	biprodukt	—	vedlejší produkt m	melléktermék
produto genérico m	generiek product n	—	produkt bezfirmowy m	výrobek beze značky m	nem márkás termék
produtividade f	productiviteit f	produktivitet	—	produktivita f	termelékenység
—	productiviteit f	produktivitet	produktywność f	produktivita f	termelékenység
—	product n	produkt	wyrób m	výrobek m	termék
—	product n	produkt m	—	výrobek m	termék
—	afgewerkt product n	slutprodukt	produkt gotowy m	finální výrobek m	késztermék
—	landbouwproduct n	jordbruksprodukt	produkt rolny m	zemědělský výrobek m	mezőgazdasági termék
—	opbrengst f	behållning	przychód m	výnos m	bevétel
—	opbrengst van een verkoop f	försäljningsintäkter pl	uzysk ze sprzedaży m	tržba z prodeje f	értékesítési árbevétel
—	merkartikel n	märkesvara	towar firmowy m	značkové zboží n	márkacikk
—	eindproduct n	slutprodukt	produkt końcowy m	finální výrobek m	végtermék
—	generiek product n	produkt utan märkesbeteckning	produkt bezfirmowy m	výrobek beze značky m	nem márkás termék
—	bruto binnenlands product n	bruttonationalprodukt	produkt krajowy brutto m	hrubý domácí produkt m	bruttó hazai termék
—	netto-opbrengst f	nettointäkter pl	przychód netto m	čistý výnos m	nettó hozam

produto nacional

	D	E	F	I	ES
produto nacional (P)	Sozialprodukt n	national product	produit national m	prodotto nazionale m	producto nacional m
produto nacional bruto (P)	Bruttosozialprodukt n	gross national product	produit national brut m	reddito nazionale lordo m	producto nacional bruto m
produtor (P)	Erzeuger m	manufacturer	producteur m	produttore m	productor m
produtor (P)	Hersteller m	manufacturer	constructeur m	produttore m	fabricante m
produtor (P)	Produzent m	producer	producteur m	produttore m	productor m
produttività (I)	Produktivität f	productivity	productivité f	—	productividad f
produttore (I)	Erzeuger m	manufacturer	producteur m	—	productor m
produttore (I)	Hersteller m	manufacturer	constructeur m	—	fabricante m
produttore (I)	Produzent m	producer	producteur m	—	productor m
Produzent (D)	—	producer	producteur m	produttore m	productor m
produzione (I)	Produktion f	production	production f	—	producción f
produzione fuori serie (I)	Sonderanfertigung f	manufacture to customer's specifications	fabrication spéciale f	—	fabricación especial f
produzione in serie (I)	Serienfertigung f	series production	fabrication en série f	—	producción en serie f
proeflevering (NL)	Probelieferung f	trial shipment	livraison à titre d'essai f	fornitura a titolo di prova f	envío de prueba m
proefperiode (NL)	Probezeit f	trial period	période d'essai f	periodo di prova m	período de prueba m
proefverpakking (NL)	Probepackung f	trial package	échantillon m	confezione campione f	muestra f
profesión (ES)	Beruf m	profession	profession f	professione f	—
profession (E)	Beruf m	—	profession f	professione f	profesión f
profession (F)	Beruf m	profession	—	professione f	profesion f
professione (I)	Beruf m	profession	profession f	—	profesión f
profissão (P)	Beruf m	profession	profession f	professione f	profesión f
Profit (D)	—	profit	profit m	profitto m	beneficio m
profit (E)	Gewinn m	—	bénéfice m	utile m	beneficio m
profit (E)	Profit m	—	profit m	profitto m	beneficio m
profit (F)	Profit m	profit	—	profitto m	beneficio m
profitability (E)	Ertragslage f	—	niveau de rendement m	situazione economica f	situación del beneficio f
profitability (E)	Rentabilität f	—	rentabilité f	redditività f	rentabilidad f
profit and loss account (E)	Ertragsrechnung f	—	compte de profit et charges m	conto delle entrate m	cuenta de ganancias f/pl
profit mark-up (E)	Gewinnaufschlag m	—	marge de bénéfice f	maggiorazione dell'utile f	margen de benificio f
profitráta (H)	Profitrate f	profit rate	taux de profit m	tasso di profitto m	tasa de beneficio f
Profitrate (D)	—	profit rate	taux de profit m	tasso di profitto m	tasa de beneficio f
profit rate (E)	Profitrate f	—	taux de profit m	tasso di profitto m	tasa de beneficio f
profit-sharing (E)	Gewinnbeteiligung f	—	participation aux bénéfices f	partecipazione agli utili f	participación en los beneficios f
profitto (I)	Profit m	profit	profit m	—	beneficio m
pro forma factuur (NL)	Proforma Rechnung f	pro forma invoice	facture pro forma f	fattura pro forma f	factura proforma f
proformafaktura (SV)	Proforma Rechnung f	pro forma invoice	facture pro forma f	fattura pro forma f	factura proforma f
pro forma invoice (E)	Proforma Rechnung f	—	facture pro forma f	fattura pro forma f	factura proforma f
Proforma Rechnung (D)	—	pro forma invoice	facture pro forma f	fattura pro forma f	factura proforma f
pro forma számla (H)	Proforma Rechnung f	pro forma invoice	facture pro forma f	fattura pro forma f	factura proforma f
prognos (SV)	Prognose f	forecast	prévisions f/pl	prognosi f	pronóstico m
Prognose (D)	—	forecast	prévisions f/pl	prognosi f	pronóstico m
prognose (NL)	Prognose f	forecast	prévisions f/pl	prognosi f	pronóstico m
prognosi (I)	Prognose f	forecast	prévisions f/pl	—	pronóstico m
prognosi del fatturato (I)	Umsatzprognose f	turnover forecast	prévisions du chiffre d'affaires f/pl	—	previsión de la evolución del volumen de ventas f

prognosi del fatturato

P	NL	SV	PL	CZ	H
–	nationaal product n	nationalprodukt	produkt społeczny m	společenský produkt m	társadalmi termék
–	bruto nationaal product n	bruttonationalprodukt	produkt narodowy brutto m	hrubý společenský produkt m	bruttó társadalmi termék
–	producent m	tillverkare	producent m	výrobce m	gyártó
–	fabrikant m	tillverkare	producent m	výrobce m	gyártó
–	producent m	producent	producent m	producent m	gyártó
produtividade f	productiviteit f	produktivitet	produktywność f	produktivita f	termelékenység
produtor m	producent m	tillverkare	producent m	výrobce m	gyártó
produtor m	fabrikant m	tillverkare	producent m	výrobce m	gyártó
produtor m	producent m	producent	producent m	producent m	gyártó
produtor m	producent m	producent	producent m	producent m	gyártó
produção f	productie	produktion	produkcja f	výroba f	termelés
produção especial (segundo as especificações do cliente) f	speciale fabricage f	specialtillverkning	produkcja na specjalne zamówienie f	zvláštní vyhotovení n	egyedi gyártás
produção em série f	serieproductie f	serietillverkning	produkcja seryjna f	sériová výroba f	sorozatgyártás
fornecimento a título de ensaio m	–	provleverans	dostawa próbna f	zkušební dodávka f	próbaszállítás
período de experiência m	–	provtid	okres próbny m	zkušební doba f	próbaidő
amostra f	–	provförpackning	opakowanie wzorcowe n	zkušební balení n	próbacsomagolás
profissão f	beroep n	yrke	zawód m	povolání n	foglalkozás
profissão f	beroep n	yrke	zawód m	povolání n	foglalkozás
profissão f	beroep n	yrke	zawód m	povolání n	foglalkozás
profissão f	beroep n	yrke	zawód m	povolání n	foglalkozás
–	beroep n	yrke	zawód m	povolání n	foglalkozás
lucro m	winst f	vinst	zysk m	prospěch m	nyereség
lucro m	winst f	vinst	zysk m	zisk m	nyereség
lucro m	winst f	vinst	zysk m	prospěch m	nyereség
lucro m	winst f	vinst	zysk m	prospěch m	nyereség
nível de lucros m	rentabiliteit f	vinstsituation	zyskowność f	stav výnosů m	nyereséghelyzet
rentabilidade f	rentabiliteit f	avkastningsförmåga	rentowność f	rentabilita f	jövedelmezőség
demonstração de resultados f	resultatenrekening f	vinst- och förlustkonto	rachunek zysków m	účtování výnosů n	eredménykimutatás
margem de lucro f	winstverhoging f	vinstpåslag	zwiększenie zysku n	zisková přirážka f	árrés
taxa de lucro f	winstmarge f	vinstutveckling	stopa zysku f	míra zisku f	–
taxa de lucro f	winstmarge f	vinstutveckling	stopa zysku f	míra zisku f	profitráta
taxa de lucro f	winstmarge f	vinstutveckling	stopa zysku f	míra zisku f	profitráta
participação nos lucros f	deelneming in de winst f	vinstdelning	udział w zyskach m	podíl na zisku m	nyereségrészesedés
lucro m	winst f	vinst	zysk m	prospěch m	nyereség
factura pró-forma f	–	proformafaktura	rachunek proforma m	prozatímní účet m	pro forma számla
factura pró-forma f	pro forma factuur f	–	rachunek proforma m	prozatímní účet m	pro forma számla
factura pró-forma f	pro forma factuur f	proformafaktura	rachunek proforma m	prozatímní účet m	pro forma számla
factura pró-forma f	pro forma factuur f	proformafaktura	rachunek proforma m	prozatímní účet m	pro forma számla
factura pró-forma f	pro forma factuur f	proformafaktura	rachunek proforma m	prozatímní účet m	–
prognóstico m	prognose f	–	prognoza f	předpověď f	prognózis
prognóstico m	prognose f	prognos	prognoza f	předpověď f	prognózis
prognóstico m	–	prognos	prognoza f	předpověď f	prognózis
prognóstico m	prognose f	prognos	prognoza f	předpověď f	prognózis
previsão do volume de vendas f	omzetprognose f	omsättningsprognos	prognoza obrotu f	odhadovaný obrat m	forgalmi prognózis

prognóstico

	D	E	F	I	ES
prognóstico (P)	Prognose f	forecast	prévisions f/pl	prognosi f	pronóstico m
prognoza (PL)	Prognose f	forecast	prévisions f/pl	prognosi f	pronóstico m
prognoza obrotu (PL)	Umsatzprognose f	turnover forecast	prévisions du chiffre d'affaires f/pl	prognosi del fatturato f	previsión de la evolución del volumen de ventas f
prognózis (H)	Prognose f	forecast	prévisions f/pl	prognosi f	pronóstico m
programa de produção (P)	Produktionsprogramm n	production programme	programme de production m	programma di produzione m	programa de producción m
programa de producción (ES)	Produktionsprogramm n	production programme	programme de production m	programma di produzione m	—
programma di produzione (I)	Produktionsprogramm n	production programme	programme de production m	—	programa de producción m
programma ordini (I)	Auftragsplanung f	order scheduling	planification de commandes f	—	planificación de la ejecución de pedidos f
programmazione (I)	Planung f	planning	planning m	—	planificación f
programmazione dei termini (I)	Terminplanung f	scheduling	planning de rendez-vous m	—	planificación de plazos f
programme de production (F)	Produktionsprogramm n	production programme	—	programma di produzione m	programa de producción m
program produkcyjny (PL)	Produktionsprogramm n	production programme	programme de production m	programma di produzione m	programa de producción m
próg rentowności (PL)	Rentabilitätsschwelle f	break-even point	seuil de rentabilité m	fase redditizia f	umbral de rentabilidad m
progresión (ES)	Progression f	progression	progression f	progressione f	—
progresivní odpis (CZ)	progressive Abschreibung f	progressive depreciation	amortissement progressif m	ammortamento progressivo m	amortización progresiva f
progresja (PL)	Progression f	progression	progression f	progressione f	progresión f
progressão (P)	Progression f	progression	progression f	progressione f	progresión f
progressieve afschrijving (NL)	progressive Abschreibung f	progressive depreciation	amortissement progressif m	ammortamento progressivo m	amortización progresiva f
Progression (D)	—	progression	progression f	progressione f	progresión f
progression (E)	Progression f	—	progression f	progressione f	progresión f
progression (F)	Progression f	progression	—	progressione f	progresión f
progression (SV)	Progression f	progression	progression f	progressione f	progresión f
progressione (I)	Progression f	progression	progression f	—	progresión f
progressiv avskrivning (SV)	progressive Abschreibung f	progressive depreciation	amortissement progressif m	ammortamento progressivo m	amortización progresiva f
progressive Abschreibung (D)	—	progressive depreciation	amortissement progressif m	ammortamento progressivo m	amortización progresiva f
progressive depreciation (E)	progressive Abschreibung f	—	amortissement progressif m	ammortamento progressivo m	amortización progresiva f
progresszivitás (H)	Progression f	progression	progression f	progressione f	progresión f
progresywna amortyzacja (PL)	progressive Abschreibung f	progressive depreciation	amortissement progressif m	ammortamento progressivo m	amortización progresiva f
próg zysku (PL)	Gewinnschwelle f	break-even point	seuil de rentabilité m	punto di pareggio m	umbral de la rentabilidad m
pro Kopf (D)	—	per capita	par tête d'habitant	pro capite	per cápita
Prokura (D)	—	power of attorney	procuration commerciale générale f	procura f	poder m
prokura (PL)	Prokura f	power of attorney	procuration commerciale générale f	procura f	poder m
prokurent (PL)	Prokurist m	authorised representative	fondé de pouvoir m	procuratore m	apoderado m
Prokurist (D)	—	authorised representative	fondé de pouvoir m	procuratore m	apoderado m
prokurist (SV)	Prokurist m	authorised representative	fondé de pouvoir m	procuratore m	apoderado m
prokurista (CZ)	Prokurist m	authorised representative	fondé de pouvoir m	procuratore m	apoderado m
prolongace (CZ)	Prolongation f	extension	prolongation f	proroga f	prórroga f
prolongación del plazo (ES)	Nachfrist f	period of grace	prolongation f	termine supplementare m	—
prolongamento (P)	Prolongation f	extension	prolongation f	proroga f	prórroga f
prolongamento (P)	Verlängerung f	extension	prolongation f	prolungamento m	prórroga f

prolongamento

P	NL	SV	PL	CZ	H
—	prognose f	prognos	prognoza f	předpověď f	prognózis
prognóstico m	prognose f	prognos	—	předpověď f	prognózis
previsão do volume de vendas f	omzetprognose f	omsättningsprognos	—	odhadovaný obrat m	forgalmi prognózis
prognóstico m	prognose f	prognos	prognoza f	předpověď f	—
—	productieprogramma f	produktionsprogram	program produkcyjny m	výrobní program m	gyártási program
programa de produção f	productieprogramma f	produktionsprogram	program produkcyjny m	výrobní program m	gyártási program
programa de produção f	productieprogramma f	produktionsprogram	program produkcyjny m	výrobní program m	gyártási program
planificação da execução de encomendas f	planning van de bestellingen f	orderplanering	planowanie zleceń n	plánování zakázek n	megrendelések ütemezése
planificação f	planning f	planering	planowanie n	plánování n	tervezés
escalonamento m	tijdsplanning f	tidsplanering	planowanie terminów n	termínované plánování n	időtervezés
programa de produção f	productieprogramma f	produktionsprogram	program produkcyjny m	výrobní program m	gyártási program
programa de produção f	productieprogramma f	produktionsprogram	—	výrobní program m	gyártási program
margem de rentabilidade f	rentabiliteitsdrempel m	nollpunkt	—	práh rentability m	jövedelmezőségi küszöb
progressão f	vooruitgang m	progression	progresja f	růst m	progresszivitás
depreciação progressiva f	progressieve afschrijving f	progressiv avskrivning	progresywna amortyzacja f	—	gyorsított értékcsökkenési leírás
progressão f	vooruitgang m	progression	—	růst m	progresszivitás
—	vooruitgang m	progression	progresja f	růst m	progresszivitás
depreciação progressiva f	—	progressiv avskrivning	progresywna amortyzacja f	progresivní odpis m	gyorsított értékcsökkenési leírás
progressão f	vooruitgang m	progression	progresja f	růst m	progresszivitás
progressão f	vooruitgang m	progression	progresja f	růst m	progresszivitás
progressão f	vooruitgang m	progression	progresja f	růst m	progresszivitás
progressão f	vooruitgang m	—	progresja f	růst m	progresszivitás
progressão f	vooruitgang m	progression	progresja f	růst m	progresszivitás
depreciação progressiva f	progressieve afschrijving f	—	progresywna amortyzacja f	progresivní odpis m	gyorsított értékcsökkenési leírás
depreciação progressiva f	progressieve afschrijving f	progressiv avskrivning	progresywna amortyzacja f	progresivní odpis m	gyorsított értékcsökkenési leírás
depreciação progressiva f	progressieve afschrijving f	progressiv avskrivning	progresywna amortyzacja f	progresivní odpis m	gyorsított értékcsökkenési leírás
progressão f	vooruitgang m	progression	progresja f	růst m	—
depreciação progressiva f	progressieve afschrijving f	progressiv avskrivning	—	progresivní odpis m	gyorsított értékcsökkenési leírás
ponto morto de vendas m	rendabiliteitsdrempel m	nollpunkt	—	práh zisku m	nyereségküszöb
per capita	per hoofd	per capita	na głowę	na hlavu	egy főre jutó
procuração f	volmacht f	fullmakt	prokura f	plná moc f	cégjegyzési jog
procuração f	volmacht f	fullmakt	—	plná moc f	cégjegyzési jog
procurador m	gevolmachtigde m	prokurist	—	prokurista m	meghatalmazott aláíró
procurador m	gevolmachtigde m	prokurist	prokurent m	prokurista m	meghatalmazott aláíró
procurador m	gevolmachtigde m	—	prokurent m	prokurista m	meghatalmazott aláíró
procurador m	gevolmachtigde m	prokurist	prokurent m	—	meghatalmazott aláíró
prolongamento m	prolongatie f	förlängning	prolongata f	—	meghosszabbítás
prolongamento do prazo m	respijttermijn m	respit	termin dodatkowy m	dodatečná lhůta f	póthatáridő
—	prolongatie f	förlängning	prolongata f	prolongace f	meghosszabbítás
—	verlenging f	förlängning	prolongata f	prodloužení n	meghosszabbítás

prolongamento do prazo

	D	E	F	I	ES
prolongamento do prazo (P)	Nachfrist f	period of grace	prolongation f	termine supplementare m	prolongación del plazo f
prolongata (PL)	Prolongation f	extension	prolongation f	proroga f	prórroga f
prolongata (PL)	Verlängerung f	extension	prolongation f	prolungamento m	prórroga f
prolongatie (NL)	Prolongation f	extension	prolongation f	proroga f	prórroga f
prolongatierente (NL)	Swapsatz m	swap rate	taux de swap m	tasso di riporto m	tasa swap f
Prolongation (D)	—	extension	prolongation f	proroga f	prórroga f
prolongation (F)	Nachfrist f	period of grace	—	termine supplementare m	prolongación del plazo f
prolongation (F)	Prolongation f	extension	—	proroga f	prórroga f
prolongation (F)	Verlängerung f	extension	—	prolungamento m	prórroga f
prolungamento (I)	Verlängerung f	extension	prolongation f	—	prórroga f
promedio (ES)	Durchschnitt m	average	moyenne f	media f	—
proměnné náklady (CZ)	variable Kosten pl	variable costs	coûts variables m/pl	costi variabili m/pl	gastos variables m/pl
proměnný úrok (CZ)	variabler Zins m	variable rate of interest	intérêt variable m	tasso d'interesse variabile m	interés variable m
promesa (ES)	Zusage f	promise	promesse f	conferma f	—
promesa de crédito (ES)	Kreditzusage f	promise of credit	promesse de crédit f	promessa di credito f	—
promessa (P)	Zusage f	promise	promesse f	conferma f	promesa f
promessa de crédito (P)	Kreditzusage f	promise of credit	promesse de crédit f	promessa di credito f	promesa de crédito f
promessa di credito (I)	Kreditzusage f	promise of credit	promesse de crédit f	—	promesa de crédito f
promesse (F)	Zusage f	promise	—	conferma f	promesa f
promesse de crédit (F)	Kreditzusage f	promise of credit	—	promessa di credito f	promesa de crédito f
promise (E)	Zusage f	—	promesse f	conferma f	promesa f
promise of credit (E)	Kreditzusage f	—	promesse de crédit f	promessa di credito f	promesa de crédito f
promissory note (E)	Solawechsel m	—	billet à ordre m	pagherò m	pagaré m
promlčení (CZ)	Verjährung f	limitation of actions	prescription f	prescrizione f	prescripción f
promoção (P)	Beförderung (einer Arbeitskraft) f	promotion	promotion f	promozione f	ascenso m
promoção (P)	Förderung f	promotion	promotion f	promozione f	promoción f
promoção comercial (P)	Absatzförderung f	sales promotion	promotion des ventes f	promozione delle vendite f	fomento de ventas m
promoção de vendas (P)	Verkaufsförderung f	sales promotion	promotion de la vente f	promozione di vendita f	promoción de las ventas f
promoción (ES)	Förderung f	promotion	promotion f	promozione f	—
promoción de las ventas (ES)	Verkaufsförderung f	sales promotion	promotion de la vente f	promozione di vendita f	—
promocja (PL)	Förderung f	promotion	promotion f	promozione f	promoción f
promocja sprzedaży (PL)	Absatzförderung f	sales promotion	promotion des ventes f	promozione delle vendite f	fomento de ventas m
promocja sprzedaży (PL)	Verkaufsförderung f	sales promotion	promotion de la vente f	promozione di vendita f	promoción de las ventas f
promotiekans (NL)	Aufstiegsmöglichkeit f	opportunity for advancement	perspectives de promotion f/pl	possibilità di carriera f	posibilidades de ascenso f/pl
promotion (E)	Beförderung (einer Arbeitskraft) f	—	promotion f	promozione f	ascenso m
promotion (E)	Förderung f	—	promotion f	promozione f	promoción f
promotion (F)	Beförderung (einer Arbeitskraft) f	promotion	—	promozione f	ascenso m
promotion (F)	Förderung f	promotion	—	promozione f	promoción f
promotional gift (E)	Werbegeschenk n	—	cadeau publicitaire m	omaggio pubblicitario m	regalo publicitario m
promotion de la vente (F)	Verkaufsförderung f	sales promotion	—	promozione di vendita f	promoción de las ventas f
promotion des ventes (F)	Absatzförderung f	sales promotion	—	promozione delle vendite f	fomento de ventas m
promozione (I)	Beförderung (einer Arbeitskraft) f	promotion	promotion f	—	ascenso m

promozione

P	NL	SV	PL	CZ	H
—	respijttermijn m	respit	termin dodatkowy m	dodatečná lhůta f	póthatáridő
prolongamento m	prolongatie f	förlängning	—	prolongace f	meghosszabbítás
prolongamento m	verlenging f	förlängning	—	prodloužení n	meghosszabbítás
prolongamento m	—	förlängning	prolongata f	prolongace f	meghosszabbítás
taxa swap f	—	ränteswap	stawka swapowa f	svapová sazba f	swapárfolyam
prolongamento m	prolongatie f	förlängning	prolongata f	prolongace f	meghosszabbítás
prolongamento do prazo m	respijttermijn m	respit	termin dodatkowy m	dodatečná lhůta f	póthatáridő
prolongamento m	prolongatie f	förlängning	prolongata f	prolongace f	meghosszabbítás
prolongamento m	verlenging f	förlängning	prolongata f	prodloužení n	meghosszabbítás
prolongamento m	verlenging f	förlängning	prolongata f	prodloužení n	meghosszabbítás
média f	gemiddelde n	genomsnitt	przeciętna f	průměr m	átlag
custos variáveis m/pl	variabele kosten m/pl	rörliga kostnader pl	koszty zmienne m/pl	—	változó költségek
taxas de juro variáveis f/pl	variabele rente f	rörlig ränta	zmienna stawka procentowa f	—	változó kamat
promessa f	toezegging f	löfte	przyrzeczenie n	příslib m	ígéret
promessa de crédito f	krediettoezegging f	kreditgivning	obietnica kredytowania n	příslib úvěru m	hitel jóváhagyása
—	toezegging f	löfte	przyrzeczenie n	příslib m	ígéret
—	krediettoezegging f	kreditgivning	obietnica kredytowania n	příslib úvěru m	hitel jóváhagyása
promessa de crédito f	krediettoezegging f	kreditgivning	obietnica kredytowania n	příslib úvěru m	hitel jóváhagyása
promessa f	toezegging f	löfte	przyrzeczenie n	příslib m	ígéret
promessa de crédito f	krediettoezegging f	kreditgivning	obietnica kredytowania n	příslib úvěru m	hitel jóváhagyása
promessa f	toezegging f	löfte	przyrzeczenie n	příslib m	ígéret
promessa de crédito f	krediettoezegging f	kreditgivning	obietnica kredytowania n	příslib úvěru m	hitel jóváhagyása
nota promissória f	solawissel m	revers	wechsel własny m	jednoduchá směnka f	saját váltó
prescrição f	verjaring f	preskription	przedawnienie n	—	elévülés
—	bevordering f	befordran	awans m	povýšení n	előléptetés
—	vordering f	främjande	promocja f	podpora f	támogatás
—	verkoopbevordering f	säljfrämjande åtgärder pl	promocja sprzedaży f	stimulace odbytu f	értékesítésösztönzés
—	verkoopbevordering f	säljfrämjande åtgärder pl	promocja sprzedaży f	pobídka k prodeji f	értékesítésösztönzés
promoção f	vordering f	främjande	promocja f	podpora f	támogatás
promoção de vendas f	verkoopbevordering f	säljfrämjande åtgärder pl	promocja sprzedaży f	pobídka k prodeji f	értékesítésösztönzés
promoção f	vordering f	främjande	—	podpora f	támogatás
promoção comercial f	verkoopbevordering f	säljfrämjande åtgärder pl	—	stimulace odbytu f	értékesítésösztönzés
promoção de vendas f	verkoopbevordering f	säljfrämjande åtgärder pl	—	pobídka k prodeji f	értékesítésösztönzés
possibilidade de promoção f	—	avancemangsmöjlighet	możliwość awansu f	možnost vzestupu f	előmeneteli lehetőségek
promoção f	bevordering f	befordran	awans m	povýšení n	előléptetés
promoção f	vordering f	främjande	promocja f	podpora f	támogatás
promoção f	bevordering f	befordran	awans m	povýšení n	előléptetés
promoção f	vordering f	främjande	promocja f	podpora f	támogatás
oferta publicitária f	reclamegeschenk n	reklampresent	podarunek reklamowy m	reklamní dárek m	reklámajándék
promoção de vendas f	verkoopbevordering f	säljfrämjande åtgärder pl	promocja sprzedaży f	pobídka k prodeji f	értékesítésösztönzés
promoção comercial f	verkoopbevordering f	säljfrämjande åtgärder pl	promocja sprzedaży f	stimulace odbytu f	értékesítésösztönzés
promoção f	bevordering f	befordran	awans m	povýšení n	előléptetés

promozione

	D	E	F	I	ES
promozione (I)	Förderung f	promotion	promotion f	—	promoción f
promozione delle vendite (I)	Absatzförderung f	sales promotion	promotion des ventes f	—	fomento de ventas m
promozione di vendita (I)	Verkaufsförderung f	sales promotion	promotion de la vente f	—	promoción de las ventas f
pronajímat loď (CZ)	verfrachten	ship	fréter	imbarcare	expedir
pronóstico (ES)	Prognose f	forecast	prévisions f/pl	prognosi f	—
pronto para ser expedido (P)	versandbereit	ready for dispatch	prêt pour expédition	pronto per la spedizione	listo para ser expedido
pronto per il ritiro (I)	abholbereit	ready for collection	prêt pour enlèvement	—	listo para la recogida
pronto per la spedizione (I)	versandbereit	ready for dispatch	prêt pour expédition	—	listo para ser expedido
propadnutí cen (CZ)	Preisverfall m	decline in prices	chute des prix f	caduta dei prezzi f	caída de precios f
propagační kampaň (CZ)	Werbekampagne f	advertising campaign	campagne publicitaire f	campagna pubblicitaria f	campaña publicitaria f
propagační prostředky (CZ)	Werbemittel f	means of advertising	moyen publicitaire m	mezzo pubblicitario m	medio publicitario m
property (E)	Eigentum n	—	propriété f	proprietà f	propiedad f
property (E)	Vermögen n	—	patrimoine m	patrimonio m	patrimonio m
propiedad (ES)	Eigentum n	property	propriété f	proprietà f	—
propiedad privada (ES)	Privateigentum n	private property	propriété privée f	proprietà privata f	—
propietario (ES)	Inhaber m	proprietor	propriétaire m	proprietario m	—
propietario exclusivo (ES)	Alleininhaber m	sole owner	seul propriétaire m	titolare unico m	—
propina (ES)	Bedienungsgeld n	service charge	pourboire m	diritto di servizio m	—
proposal (E)	Vorschlag m	—	proposition f	proposta f	propuesta f
proposition (F)	Angebot n	offer	—	offerta f	oferta f
proposition (F)	Vorschlag m	proposal	—	proposta f	propuesta f
proposta (I)	Vorschlag m	proposal	proposition f	—	propuesta f
proposta (P)	Vorschlag m	proposal	proposition f	proposta f	propuesta f
propozycja (PL)	Vorschlag m	proposal	proposition f	proposta f	propuesta f
propozycja zatrudnienia (PL)	Stellenangebot n	offer of employment	offre d'emploi f	offerta d'impiego f	oferta de empleo f
propriedade (P)	Eigentum n	property	propriété f	proprietà f	propiedad f
propriedade privada (P)	Privateigentum n	private property	propriété privée f	proprietà privata f	propiedad privada f
proprietà (I)	Eigentum n	property	propriété f	—	propiedad f
proprietà demaniale (I)	Staatseigentum n	public property	propriété d'Etat f	—	patrimonio público m
propriétaire (F)	Inhaber m	proprietor	—	proprietario m	propietario m
proprietà privata (I)	Privateigentum n	private property	propriété privée f	—	propiedad privada f
proprietario (I)	Inhaber m	proprietor	propriétaire m	—	propietario m
proprietário (P)	Inhaber m	proprietor	propriétaire m	proprietario m	propietario m
proprietário único (P)	Alleininhaber m	sole owner	seul propriétaire m	titolare unico m	propietario exclusivo m
propriété (F)	Eigentum n	property	—	proprietà f	propiedad f
propriété d'Etat (F)	Staatseigentum n	public property	—	proprietà demaniale f	patrimonio público m
propriété privée (F)	Privateigentum n	private property	—	proprietà privata f	propiedad privada f
proprietor (E)	Inhaber m	—	propriétaire m	proprietario m	propietario m
propuesta (ES)	Vorschlag m	proposal	proposition f	proposta f	—
propuštění (CZ)	Entlassung f	dismissal	licenciement m	licenziamento m	despido m
proroga (I)	Prolongation f	extension	prolongation f	—	prórroga f
proroga (I)	Stundung f	respite	prorogation f	—	moratoria f
prorogation (F)	Stundung f	respite	—	proroga f	moratoria f
prórroga (ES)	Prolongation f	extension	prolongation f	proroga f	—

prórroga

P	NL	SV	PL	CZ	H
promoção f	vordering f	främjande	promocja f	podpora f	támogatás
promoção comercial f	verkoopbevordering f	säljfrämjande åtgärder pl	promocja sprzedaży f	stimulace odbytu f	értékesítésösztönzés
promoção de vendas f	verkoopbevordering f	säljfrämjande åtgärder pl	promocja sprzedaży f	pobídka k prodeji f	értékesítésösztönzés
fretar	vervrachten	transportera	ekspediować <wyekspediować>	—	elfuvaroz
prognóstico m	prognose f	prognos	prognoza f	předpověď f	prognózis
—	klaar voor verzending	färdig för leverans	gotowy do wysyłki	připravený k expedici	szállításra kész
disponível	klaar voor afhaling	färdig att avhämtas	gotowe do odbioru	připraven k vyzvednutí	elvitelre kész
pronto para ser expedido	klaar voor verzending	färdig för leverans	gotowy do wysyłki	připravený k expedici	szállításra kész
queda de preços f	plotselinge daling van de prijzen f	prisfall	spadek cen m	—	áresés
campanha publicitária f	reclamecampagne f	reklamkampanj	kampania reklamowa f	—	reklámkampány
meio publicitário m	reclamemedium n	reklammedel	środek reklamy m	—	reklámeszköz
propriedade f	eigendom n	egendom	własność f	majetek m	tulajdon
património m	vermogen n	förmögenhet	majątek m	majetek m	vagyon
propriedade f	eigendom n	egendom	własność f	majetek m	tulajdon
propriedade privada f	privébezit n	privategendom	własność prywatna f	soukromé vlastnictví n	magántulajdon
proprietário m	eigenaar m	innehavare	właściciel m	majitel m	tulajdonos
proprietário único m	alleeneigenaar m	ensam innehavare	wyłączny właściciel m	výhradní vlastník m	egyedüli cégtulajdonos
gorjeta f	fooi f/m	dricks	pole obsługi n	spropitné n	borravaló
proposta f	voorstel n	förslag	propozycja f	návrh m	javaslat
oferta f	offerte f/m	offert	oferta f	nabídka f	ajánlat
proposta f	voorstel n	förslag	propozycja f	návrh m	javaslat
proposta f	voorstel n	förslag	propozycja f	návrh m	javaslat
—	voorstel n	förslag	propozycja f	návrh m	javaslat
proposta f	voorstel n	förslag	—	návrh m	javaslat
oferta de emprego f	plaatsaanbieding f	lediga platser	—	nabídka místa f	állásajánlat
—	eigendom n	egendom	własność f	majetek m	tulajdon
—	privébezit n	privategendom	własność prywatna f	soukromé vlastnictví n	magántulajdon
propriedade f	eigendom n	egendom	własność f	majetek m	tulajdon
património público m	staatseigendom n	statlig egendom	własność państwowa f	státní vlastnictví n	állami tulajdon
proprietário m	eigenaar m	innehavare	właściciel m	majitel m	tulajdonos
propriedade privada f	privébezit n	privategendom	własność prywatna f	soukromé vlastnictví n	magántulajdon
proprietário m	eigenaar m	innehavare	właściciel m	majitel m	tulajdonos
—	eigenaar m	innehavare	właściciel m	majitel m	tulajdonos
—	alleeneigenaar m	ensam innehavare	wyłączny właściciel m	výhradní vlastník m	egyedüli cégtulajdonos
propriedade f	eigendom n	egendom	własność f	majetek m	tulajdon
património público m	staatseigendom n	statlig egendom	własność państwowa f	státní vlastnictví n	állami tulajdon
propriedade privada f	privébezit n	privategendom	własność prywatna f	soukromé vlastnictví n	magántulajdon
proprietário m	eigenaar m	innehavare	właściciel m	majitel m	tulajdonos
proposta f	voorstel n	förslag	propozycja f	návrh m	javaslat
demissão f	afdanking f	avskedande	zwolnienie n	—	elbocsátás
prolongamento m	prolongatie f	förlängning	prolongata f	prolongace f	meghosszabbítás
prorrogação do prazo f	uitstel van betaling n	uppskov	odroczenie n	odklad m	fizetési haladék
prorrogação do prazo f	uitstel van betaling n	uppskov	odroczenie n	odklad m	fizetési haladék
prolongamento m	prolongatie f	förlängning	prolongata f	prolongace f	meghosszabbítás

prórroga

	D	E	F	I	ES
prórroga (ES)	Verlängerung f	extension	prolongation f	prolungamento m	—
prorrogação do prazo (P)	Stundung f	respite	prorogation f	proroga f	moratoria f
prorrogação do prazo de pagamento (P)	Zahlungsaufschub m	extension of credit	sursis de payement m	dilazione del pagamento f	pago aplazado m
prošlá lhůta (CZ)	Ablauffrist f	time limit	échéance f	termine di scadenza m	vencimiento m
prospěch (CZ)	Profit m	profit	profit m	profitto m	beneficio m
prospecto (P)	Prospekt m	prospectus	prospectus m	opuscolo m	folleto m
prospectus (E)	Prospekt m	—	prospectus m	opuscolo m	folleto m
prospectus (F)	Prospekt m	prospectus	—	opuscolo m	folleto m
prospectus n/m (NL)	Prospekt m	prospectus	prospectus m	opuscolo m	folleto m
Prospekt (D)	—	prospectus	prospectus m	opuscolo m	folleto m
prospekt (SV)	Prospekt m	prospectus	prospectus m	opuscolo m	folleto m
prospekt (CZ)	Prospekt m	prospectus	prospectus m	opuscolo m	folleto m
prospektus (H)	Prospekt m	prospectus	prospectus m	opuscolo m	folleto m
prospérité (F)	Wohlstand m	prosperity	—	benessere m	bienestar m
prosperity (E)	Wohlstand m	—	prospérité f	benessere m	bienestar m
prostředek (CZ)	Mittel n	means	moyen m	mezzo m	medio m
protecção (P)	Protektion f	protection	protection f	protezione f	protección f
protecção contra despedimento injustificado (P)	Kündigungsschutz m	protection against dismissal	protection en matière de licenciement f	protezione contro il licenziamento f	protección contra el despido f
protecção da maternidade (P)	Mutterschutz m	protection of mothers	protection des mères f	tutela della maternità f	protección de la madre f
protecção de dados (P)	Datensicherung f	data security	sauvegarde des données f	protezione dei dati f	protección de datos f
protecção dos dados (P)	Datenschutz m	data protection	protection de données f	tutela dei dati f	protección de los datos f
protecção por seguro (P)	Versicherungsschutz m	insurance cover	couverture de l'assurance f	copertura assicurativa f	cobertura de seguro f
protección (ES)	Protektion f	protection	protection f	protezione f	—
protección contra el despido (ES)	Kündigungsschutz m	protection against dismissal	protection en matière de licenciement f	protezione contro il licenziamento f	—
protección de datos (ES)	Datensicherung f	data security	sauvegarde des données f	protezione dei dati f	—
protección de la madre (ES)	Mutterschutz m	protection of mothers	protection des mères f	tutela della maternità f	—
protección de los acreedores (ES)	Gläubigerschutz m	protection of creditors	garantie des créanciers f	tutela del creditore f	—
protección de los datos (ES)	Datenschutz m	data protection	protection de données f	tutela dei dati f	—
protectie (NL)	Protektion f	protection	protection f	protezione f	protección f
protection (E)	Protektion f	—	protection f	protezione f	protección f
protection (F)	Protektion f	protection	—	protezione f	protección f
protection against dismissal (E)	Kündigungsschutz m	—	protection en matière de licenciement f	protezione contro il licenziamento f	protección contra el despido f
protection de données (F)	Datenschutz m	data protection	—	tutela dei dati f	protección de los datos f
protection des mères (F)	Mutterschutz m	protection of mothers	—	tutela della maternità f	protección de la madre f
protection en matière de licenciement (F)	Kündigungsschutz m	protection against dismissal	—	protezione contro il licenziamento f	protección contra el despido f
protection of creditors (E)	Gläubigerschutz m	—	garantie des créanciers f	tutela del creditore f	protección de los acreedores f
protection of mothers (E)	Mutterschutz m	—	protection des mères f	tutela della maternità f	protección de la madre f
protective duty (E)	Schutzzoll m	—	droit de protection m	dazio protettivo m	aduana proteccionista f

protective duty

P	NL	SV	PL	CZ	H
prolongamento m	verlenging f	förlängning	prolongata f	prodloužení n	meghosszabbítás
—	uitstel van betaling n	uppskov	odroczenie n	odklad m	fizetési haladék
—	uitstel van betaling n	betalningsuppskov	odroczenie treminu płatności n	odklad platby m	fizetési haladék
vencimento m	datum van afloop m	tidsfrist	termin ważności m	—	lejárati határidő
lucro m	winst f	vinst	zysk m	—	nyereség
—	prospectus n/m	prospekt	folder m	prospekt m	prospektus
prospecto m	prospectus n/m	prospekt	folder m	prospekt m	prospektus
prospecto m	prospectus n/m	prospekt	folder m	prospekt m	prospektus
prospecto m	—	prospekt	folder m	prospekt m	prospektus
prospecto m	prospectus n/m	prospekt	folder m	prospekt m	prospektus
prospecto m	prospectus n/m	—	folder m	prospekt m	prospektus
prospecto m	prospectus n/m	prospekt	folder m	—	prospektus
prospecto m	prospectus n/m	prospekt	folder m	prospekt m	—
bem-estar social m	welvaart f	välstånd	dobrobyt m	blahobyt m	jólét
bem-estar social m	welvaart f	välstånd	dobrobyt m	blahobyt m	jólét
meios m/pl	middel n	medel	środek m	—	eszköz
—	protectie f	skydd	protekcja f	ochrana f	védelem
—	werkzekerheidsgarantie f	anställningstrygghet	ochrona przed zwolnieniem f	ochrana před výpovědí f	felmondási korlátozás
—	moederschapszorg f	föräldraförsäkring	ochrona macierzyństwa f	ochrana matky f	anyavédelem
—	gegevensbeveiliging f	dataskydd	zabezpieczenie danych n	zajištění dat n	adatmentés
—	bescherming van de opgeslagen informatie f	datasäkerhet	ochrona danych komputerowych f	ochrana dat f	adatvédelem
—	bescherming door verzekering f	försäkringsskydd	ochrona ubezpieczeniowa f	ochrana získaná pojištěním f	biztosítási fedezet
protecção f	protectie f	skydd	protekcja f	ochrana f	védelem
protecção contra despedimento injustificado f	werkzekerheidsgarantie f	anställningstrygghet	ochrona przed zwolnieniem f	ochrana před výpovědí f	felmondási korlátozás
protecção de dados f	gegevensbeveiliging f	dataskydd	zabezpieczenie danych n	zajištění dat n	adatmentés
protecção da maternidade f	moederschapszorg f	föräldraförsäkring	ochrona macierzyństwa f	ochrana matky f	anyavédelem
garantia dos credores f	bescherming van de schuldeisers f	borgenärsskydd	gwarancja dla wierzycieli f	ochrana věřitelů f	hitelezők védelme
protecção dos dados f	bescherming van de opgeslagen informatie f	datasäkerhet	ochrona danych komputerowych f	ochrana dat f	adatvédelem
protecção f	—	skydd	protekcja f	ochrana f	védelem
protecção f	protectie f	skydd	protekcja f	ochrana f	védelem
protecção f	protectie f	skydd	protekcja f	ochrana f	védelem
protecção contra despedimento injustificado f	werkzekerheidsgarantie f	anställningstrygghet	ochrona przed zwolnieniem f	ochrana před výpovědí f	felmondási korlátozás
protecção dos dados f	bescherming van de opgeslagen informatie f	datasäkerhet	ochrona danych komputerowych f	ochrana dat f	adatvédelem
protecção da maternidade f	moederschapszorg f	föräldraförsäkring	ochrona macierzyństwa f	ochrana matky f	anyavédelem
protecção contra despedimento injustificado f	werkzekerheidsgarantie f	anställningstrygghet	ochrona przed zwolnieniem f	ochrana před výpovědí f	felmondási korlátozás
garantia dos credores f	bescherming van de schuldeisers f	borgenärsskydd	gwarancja dla wierzycieli f	ochrana věřitelů f	hitelezők védelme
protecção da maternidade f	moederschapszorg f	föräldraförsäkring	ochrona macierzyństwa f	ochrana matky f	anyavédelem
direitos proteccionistas m/pl	beschermend recht n	skyddstull	cło ochronne n	ochranné clo n	védővám

protekcja   818

	D	E	F	I	ES
protekcja (PL)	Protektion f	protection	protection f	protezione f	protección f
Protektion (D)	—	protection	protection f	protezione f	protección f
protest (E)	Wechselprotest m	—	protêt de traite m	protesto cambiario m	protesto de letra m
protesto cambiario (I)	Wechselprotest m	protest	protêt de traite m	—	protesto de letra m
protesto da letra (P)	Wechselprotest m	protest	protêt de traite m	protesto cambiario m	protesto de letra m
protesto de letra (ES)	Wechselprotest m	protest	protêt de traite m	protesto cambiario m	—
protêt de traite (F)	Wechselprotest m	protest	—	protesto cambiario m	protesto de letra m
protezione (I)	Protektion f	protection	protection f	—	protección f
protezione contro il licenziamento (I)	Kündigungsschutz m	protection against dismissal	protection en matière de licenciement f	—	protección contra el despido f
protezione dei dati (I)	Datensicherung f	data security	sauvergarde des données f	—	protección de datos f
proti akreditivu (CZ)	gegen Akkreditiv	against letter of credit	contre accréditif	contro lettera di credito	con crédito documentario
proti hotovosti (CZ)	gegen Barzahlung	against cash	au comptant	contro pagamento in contanti	al contado
protocollo (I)	Protokoll n	minutes	compte-rendu m	—	protocolo m
protocolo (ES)	Protokoll n	minutes	compte-rendu m	protocollo m	—
protocolo (P)	Protokoll n	minutes	compte-rendu m	protocollo m	protocolo m
protokół (PL)	Protokoll n	minutes	compte-rendu m	protocollo m	protocolo m
Protokoll (D)		minutes	compte-rendu m	protocollo m	protocolo m
protokoll (SV)	Protokoll n	minutes	compte-rendu m	protocollo m	protocolo m
protokol o škodě (CZ)	Havariezertifikat n	damage report	certificat d'avarie m	certificato d'avaria m	certificado de avería m
prov (SV)	Muster n	sample	échantillon m	campione m	muestra f
provförpackning (SV)	Probepackung f	trial package	échantillon m	confezione campione f	muestra f
provförsändelse (SV)	Mustersendung	sample consignment	envoi d'échantillons m	spedizione di campioni f	envío de muestras m
providing of guarantee (E)	Garantieleistung f	—	fourniture sous garantie f	prestazione in garanzia f	prestación de garantía f
Provision (D)	—	commission	commission f	provvigione f	comisión f
provision (SV)	Courtage f	brokerage	courtage m	courtage f	corretaje m
provision (SV)	Provision f	commission	commission f	provvigione f	comisión f
provision pour pertes et charges (F)	Rückstellung f	reserves	—	accantonamento m	reserva f
Provisionsabrechnung (D)	—	statement of commission	liquidation des commissions f	conteggio delle provvigioni m	liquidación de la comisión f
provisionsbaserad (SV)	auf Provisionsbasis	on a commission basis	à la commission	a provvigione	a comisión
provisionsbetalning (SV)	Provisionszahlung f	commission payment	payement de commission m	pagamento di provvigione m	pago de comisión m
provisionsredovisning (SV)	Provisionsabrechnung f	statement of commission	liquidation des commissions f	conteggio delle provvigioni m	liquidación de la comisión f
Provisionszahlung (D)	—	commission payment	payement de commission m	pagamento di provvigione m	pago de comisión m
provize (CZ)	Provision f	commission	commission f	provvigione f	comisión f
provize prodavače (CZ)	Verkäuferprovision f	sales commission	commission sur les ventes f	provvigione del venditore f	comisión sobre la venta f
provize úvěru (CZ)	Kreditprovision f	credit commission	frais de commissions d'ouverture de crédit m/pl	provvigione di credito f	comisión de apertura de crédito f
provize z obratu (CZ)	Umsatzprovision f	sales commission	commission sur le chiffre d'affaires f	provvigione sul fatturato f	comisión sobre la cifra de ventas f
provköp (SV)	Kauf auf Probe	sale on approval	achat à l'essai m	acquisto a titolo di prova m	compra a prueba f
provleverans (SV)	Probelieferung f	trial shipment	livraison à titre d'essai f	fornitura a titolo di prova f	envío de prueba m

P	NL	SV	PL	CZ	H
protecção f	protectie f	skydd	—	ochrana f	védelem
protecção f	protectie f	skydd	protekcja f	ochrana f	védelem
protesto da letra m	wisselprotest n	växelprotest	oprotestowanie weksla n	směnečný protest m	váltóóvatolás
protesto da letra m	wisselprotest n	växelprotest	oprotestowanie weksla n	směnečný protest m	váltóóvatolás
—	wisselprotest n	växelprotest	oprotestowanie weksla n	směnečný protest m	váltóóvatolás
protesto da letra m	wisselprotest n	växelprotest	oprotestowanie weksla n	směnečný protest m	váltóóvatolás
protesto da letra m	wisselprotest n	växelprotest	oprotestowanie weksla n	směnečný protest m	váltóóvatolás
protecção f	protectie f	skydd	protekcja f	ochrana f	védelem
protecção contra despedimento injustificado f	werkzekerheidsgarantie f	anställningstrygghet	ochrona przed zwolnieniem f	ochrana před výpovědí f	felmondási korlátozás
protecção de dados f	gegevensbeveiliging f	dataskydd	zabezpieczenie danych n	zajištění dat n	adatmentés
contra carta de crédito	tegen akkreditief	mot remburs	za akredytywę	—	akkreditív ellenében
a dinheiro	contant	mot kontantbetalning	za gotówkę	—	készfizetés ellenében
protocolo m	notulen pl	protokoll	protokół m	zápis m	jegyzőkönyv
protocolo m	notulen pl	protokoll	protokół m	zápis m	jegyzőkönyv
—	notulen pl	protokoll	protokół m	zápis m	jegyzőkönyv
protocolo m	notulen pl	protokoll	—	zápis m	jegyzőkönyv
protocolo m	notulen pl	protokoll	protokół m	zápis m	jegyzőkönyv
protocolo m	notulen pl	—	protokół m	zápis m	jegyzőkönyv
certificado de avaria m	averijcertificaat n	havericertifikat	ekspertyza awaryjna f	—	kárbecslő jelentése
amostra f	monster n	—	wzór m	vzor m	minta
amostra f	proefverpakking f	—	opakowanie wzorocowe n	zkušební balení n	próbacsomagolás
envio de amostras m	monsterzending f	—	przesyłka próbek wzorcowych f	zásilka na ukázku f	mintaküldemény
prestação de garantia f	garantievergoeding f	garanti	świadczenie gwarancyjne n	poskytnutí záruky n	garanciavállalás
comissão f	commissieloon n	provision	prowizja f	provize f	jutalék
corretagem f	makelaarsloon n	—	prowizja maklerska f	poplatek za zprostředkování m	brókeri jutalék
comissão f	commissieloon n	—	prowizja f	provize f	jutalék
reservas f/pl	bestemmingsreserve f	outdelad vinst	rezerwa f	vrácení n	céltartalék
liquidação da comissão f	commissieloonberekening f	provisionsredovisning	rozliczenie prowizji f	vyúčtování provize n	jutalékelszámolás
à comissão	in commissie	—	na zasadzie prowizji f	na základě provize f	jutalékos alapon
pagamento de comissão m	betaling van commissieloon f	—	wypłata prowzji f	zaplacení provize n	jutalékfizetés
liquidação da comissão f	commissieloonberekening f	—	rozliczenie prowizji n	vyúčtování provize n	jutalékelszámolás
pagamento de comissão m	betaling van commissieloon f	provisionsbetalning	wypłata prowzji f	zaplacení provize n	jutalékfizetés
comissão f	commissieloon n	provision	prowizja f	—	jutalék
comissão sobre as vendas f	verkoopcommissie f	säljarprovision	prowizja od sprzedaży f	—	értékesítési jutalék
comissão de crédito f	kredietcommissie f	uppläggningsavgift	prowizja od kredytu f	—	hiteljutalék
comissão sobre a facturação f	omzetprovisie f	omsättningsprovision	prowizja od obrotów f	—	forgalmi jutalék
compra a contento f	koop op proef m	—	kupno na próbę n	koupě na zkoušku f	próbavásárlás
fornecimento a título de ensaio m	proeflevering f	—	dostawa próbna f	zkušební dodávka f	próbaszállítás

provozní kapitál

	D	E	F	I	ES
provozní kapitál (CZ)	Betriebskapital n	working capital	capital de roulement m	capitale d'esercizio m	capital de explotación m
provozní náklady (CZ)	Betriebskosten pl	operating costs	charges d'exploitation f/pl	spese d'esercizio f/pl	gastos de explotación m/pl
provozní povolení (CZ)	Betriebserlaubnis f	operating permit	droit d'exploitation m	licenza d'esercizio f	autorización de funcionamiento f
provtid (SV)	Probezeit f	trial period	période d'essai f	periodo di prova m	período de prueba m
prov utan värde (SV)	Muster ohne Wert	sample with no commercial value	échantillon sans valeur m	campione senza valore m	muestra sin valor f
provvigione (I)	Provision f	commission	commission f	—	comisión f
provvigione del venditore (I)	Verkäuferprovision f	sales commission	commission sur les ventes f	—	comisión sobre la venta f
provvigione di credito (I)	Kreditprovision f	credit commission	frais de commissions d'ouverture de crédit m/pl	—	comisión de apertura de crédito f
provvigione sul fatturato (I)	Umsatzprovision f	sales commission	commission sur le chiffre d'affaires f	—	comisión sobre la cifra de ventas f
prowadzenie konta (PL)	Kontoführung f	keeping of an account	tenue de compte f	tenuta di un conto f	administración de una cuenta f
prowizja (PL)	Provision f	commission	commission f	provvigione f	comisión f
prowizja maklerska (PL)	Courtage f	brokerage	courtage m	courtage f	corretaje m
prowizja od kredytu (PL)	Kreditprovision f	credit commission	frais de commissions d'ouverture de crédit m/pl	provvigione di credito f	comisión de apertura de crédito f
prowizja od obrotów (PL)	Umsatzprovision f	sales commission	commission sur le chiffre d'affaires f	provvigione sul fatturato f	comisión sobre la cifra de ventas f
prowizja od sprzedaży (PL)	Verkäuferprovision f	sales commission	commission sur les ventes f	provvigione del venditore f	comisión sobre la venta f
prozatímní účet (CZ)	Proforma Rechnung f	pro forma Invoice	facture pro forma f	fattura pro forma f	factura proforma f
Prozent (D)	—	per cent	pour-cent m	percento m	por ciento m
Prozentsatz (D)	—	percentage	pourcentage m	percentuale f	porcentaje m
Prüfung (D)	—	examination	vérification f	controllo m	verificación f
průměr (CZ)	Durchschnitt m	average	moyenne f	media f	promedio m
průmyslová oblast (CZ)	Industriegebiet m	industrial area	zone industrielle f	zona industriale f	región industrial f
průmyslová obligace (CZ)	Industrieobligation f	industrial bond	obligation de l'industrie f	obbligazione industriale f	obligaciones industriales f/pl
průmyslová špionáž (CZ)	Industriespionage f	industrial espionage	espionnage industriel m	spionaggio industriale m	espionaje industrial m
průmyslový podnik (CZ)	Industriebetrieb m	industrial enterprise	entreprise industrielle f	azienda industriale f	establecimiento industrial m
průvodní doklady (CZ)	Begleitpapiere f	accompanying documents	pièces d'accompagnement f/pl	documenti accompagnatori m/pl	documentos adjuntos m/pl
prywatne gospodarstwo domowe (PL)	privater Haushalt m	private household	ménage privé m	economia domestica f	economía doméstica f
prywatyzacja (PL)	Privatisierung f	privatisation	privatisation f	privatizzazione f	privatización f
prywatyzacja częściowa (PL)	Teilprivatisierung f	partial privatisation	privatisation partielle f	privatizzazione parziale f	privatización parcial f
przechowanie (PL)	Verwahrung f	custody	dépôt m	custodia f	custodia f
przeciętna (PL)	Durchschnitt m	average	moyenne f	media f	promedio m
przedawnienie (PL)	Verjährung f	limitation of actions	prescription f	prescrizione f	prescripción f
przedmiot działalności przedsiębiorstwa (PL)	Unternehmensziel n	company objective	objectif de l'entreprise m	obiettivo imprenditoriale m	objetivo empresarial m
przedpłata (PL)	Vorauszahlung f	payment in advance	payement anticipé m	pagamento anticipato m	adelanto m
przedpłata podatkowa (PL)	Vorsteuer f	input tax	impôt perçu en amont m	imposta anticipata sul fatturato d'acquisto f	impuesto sobre el valor añadido deducible m
przedsiębiorstwo (PL)	Betrieb m	factory	entreprise f	azienda f	fábrica f
przedsiębiorstwo (PL)	Unternehmen n	business	entreprise f	impresa f	empresario m

przedsiębiorstwo

P	NL	SV	PL	CZ	H
capital circulante m	bedrijfskapitaal n	rörelsekapital	kapitał zakładowy m	—	működő tőke
custos de exploração m/pl	bedrijfskosten m/pl	driftskostnader pl	koszty eksploatacyjne m/pl	—	működési költségek
autorização de funcionamento f	bedrijfsvergunning f	driftstillstånd	zezwolenie na eksploatację n	—	üzemelési engedély
período de experiência m	proefperiode f	—	okres próbny m	zkušební doba f	próbaidő
amostra sem valor comercial f	monster zonder waarde n	—	próbka bez wartości f	vzorek bez hodnoty m	minta érték nélkül
comissão f	commissieloon n	provision	prowizja f	provize f	jutalék
comissão sobre as vendas f	verkoopcommissie f	säljarprovision	prowizja od sprzedaży f	provize prodavače f	értékesítési jutalék
comissão de crédito f	kredietcommissie f	uppläggningsavgift	prowizja od kredytu f	provize úvěru f	hiteljutalék
comissão sobre a facturação f	omzetprovisie f	omsättningsprovision	prowizja od obrotów f	provize z obratu f	forgalmi jutalék
administração de conta f	het bijhouden van een rekening n	kontoföring	—	vedení účtu n	számlavezetés
comissão f	commissieloon n	provision	—	provize f	jutalék
corretagem f	makelaarsloon n	provision	—	poplatek za zprostředkování m	brókeri jutalék
comissão de crédito f	kredietcommissie f	uppläggningsavgift	—	provize úvěru f	hiteljutalék
comissão sobre a facturação f	omzetprovisie f	omsättningsprovision	—	provize z obratu f	forgalmi jutalék
comissão sobre as vendas f	verkoopcommissie f	säljarprovision	—	provize prodavače f	értékesítési jutalék
factura pró-forma f	pro forma factuur f	proformafaktura	rachunek proforma m	—	pro forma számla
por cento	procent n	procent	procent m	procento n	százalék
percentagem f	percentage n	procentsats	stawka procentowa f	procentní sazba f	százalékos arány
verificação f	verificatie f	granskning	badanie n	zkouška f	vizsgálat
média f	gemiddelde n	genomsnitt	przeciętna f	—	átlag
área industrial f	industriegebied n	industriområde	region przemysłowy m	—	iparvidék
obrigações industriais f/pl	industrieobligatie f	industriobligation	obligacja przemysłowa f	—	iparvállalati kötvény
espionagem industrial f	bedrijfsspionage f	industrispionage	szpiegostwo przemysłowe n	—	ipari kémkedés
empresa industrial f	industriële onderneming f	industriföretag	zakład przemysłowy m	—	ipari üzem
documentos anexos m/pl	begeleidende documenten n/pl	bifogade dokument pl	dokumenty towarzyszące m/pl	—	kísérő okmányok
economia doméstica f	privéhuishouden n	hushåll	—	soukromý rozpočet m	magánháztartás
privatização f	privatisering f	privatisering	—	privatizace	privatizáció
privatização parcial f	gedeeltelijke privatisering f	delvis privatisering	—	dílčí privatizace f	részleges privatizáció
custódia f	bewaring f	förvaring	—	úschova f	megőrzés
média f	gemiddelde n	genomsnitt	—	průměr m	átlag
prescrição f	verjaring f	preskription	—	promlčení n	elévülés
objectivo da empresa m	bedrijfsdoelstelling f	företagsmål	—	podnikatelský záměr m	a vállalat célja
pagamento adiantado m	voorafbetaling f	förskottsbetalning	—	záloha f	előrefizetés
IVA dedutível m	belasting f	ingående moms	—	záloha na daň f	levonható forgalmi adó
fábrica f	bedrijf n	rörelse	—	podnik m	üzem
empresa f	bedrijf n	företag	—	podnik m	vállalat

przedsiębiorstwo konkurencyjne 822

PL	D	E	F	I	ES
przedsiębiorstwo konkurencyjne (PL)	Konkurrenzunternehmen n	competitor	entreprise concurrente f	impresa concorrente f	empresa competidora f
przedsiębiorstwo macierzyste (PL)	Stammhaus n	parent company	maison mère f	casa madre f	casa matriz f
przedsiębiorstwo państwowe (PL)	Regiebetrieb m	publicly owned enterprise	établissement en régie m	gestione in economia f	empresa estatal m
przedstawiciel (PL)	Vertreter m	representative	représentant m	rappresentante m	representante m
przedstawiciel handlowy (PL)	Außendienstmitarbeiter m	field staff	personnel investigateur m	collaboratore del servizio esterno m	colaborador en el servicio exterior m
przedstawicielstwo (PL)	Vertretung f	representation	représentation f	rappresentanza f	representación f
przedstawicielstwo handlowe (PL)	Handelsvertretung f	commercial agency	représentation commerciale f	rappresentanza commerciale f	representación comercial f
przedstawicielstwo zagraniczne (PL)	Auslandsvertretung f	agency abroad	agence à l'étranger f	rappresentanza estera f	representación en el exterior f
przeładowywać (PL)	verladen	load	charger	caricare	expedir
przeładunek (PL)	Umschlag m	transshipment	transbordement m	trasbordo m	transbordo de carga m
przejęcie firmy (PL)	Geschäftsübernahme f	takeover of a business	reprise d'une affaire f	rilievo di un'azienda m	adquisición de una empresa f
przekazanie (PL)	Übergabe f	delivery	remise f	consegna f	entrega f
przekaz bankowy (PL)	Banküberweisung f	bank transfer	virement bancaire m	bonifico bancario m	transferencia bancaria f
przekaz pieniężny (PL)	Anweisung f	transfer	mandat m	mandato m	transferencia f
przekaz pocztowy (PL)	Postanweisung f	postal order	mandat-poste m	vaglia postale m	vale postal m
przekaz pocztowy (PL)	Postüberweisung f	postal transfer	virement postal m	bonifico postale m	giro postal m
przekraczać stan konta (PL)	überziehen	overdraw	faire un prélèvement à découvert	mandare allo scoperto	sobrepasar
przekroczenie stanu konta (PL)	Kontoüberziehung f	overdraft of an account	découvert d'un compte m	scoperto di conto m	descubierto m
przeksięgowanie (PL)	Umbuchung f	transfer of an entry	jeu d'écritures m	giro di partite m	traslado a otra cuenta m
przekupstwo (PL)	Bestechung f	bribe	corruption f	corruzione f	soborno f
przelew (PL)	Überweisung f	remittance	virement m	rimessa f	transferencia f
przemyt (PL)	Schmuggel m	smuggling	contrebande f	contrabbando m	contrabando m
przeniesienie (PL)	Übertragung f	transfer	transfert m	trasferimento m	transmisión f
przepakowywać (PL)	umpacken	re-pack	remballer	reimballare	reempaquetar
przepisy (PL)	Vorschriften pl	regulations	directives f/pl	normative f/pl	prescripciones f/pl
przepisy wywozowe (PL)	Ausfuhrbestimmungen f/pl	export regulations	directives d'exportation f/pl	disposizioni per l'esportazione f/pl	reglamento de exportación m
przerwa urlopowa (PL)	Betriebsferien f	annual holiday	clôture annuelle de l'établissement f	ferie aziendali f/pl	vacaciones de la empresa f/pl
przerwa w produkcji (PL)	Produktionsausfall m	loss of production	perte de production f	perdita di produzione f	pérdida de producción f
przestępczość gospodarcza (PL)	Wirtschaftskriminalität f	white-collar crime	délinquance économique f	criminalità economica f	criminalidad económica f
przesyłka (PL)	Sendung f	consignment	envoi m	spedizione f	envío m
przesyłka ekspresowa (PL)	Expressgut n	express goods	colis express m	collo celere f	carga por expreso f
przesyłka polecona (PL)	Einschreiben n	registered	en recommandé	raccomandata f	certificado m
przesyłka próbek wzorcowych (PL)	Mustersendung	sample consignment	envoi d'échantillons m	spedizione di campioni f	envío de muestras f
przesyłka wartościowa (PL)	Wertsendung f	consignment with value declared	envoi avec valeur déclarée f	spedizione con valore dichiarato f	envío con valor declarado m
przeszkolenie (PL)	Umschulung f	retraining	reconversion professionnelle f	riqualificazione professionale f	readaptación profesional f
przetarg (PL)	Ausschreibung f	call for tenders	appel d'offre par voie de soumission f	appalto m	concurso-subasta m

przetarg

P	NL	SV	PL	CZ	H
empresa concorrente f	concurrerende onderneming f	konkurrentföretag	—	konkurenční podnik m	konkurens vállalat
casa-mãe f	moedermaatschappij f	moderföretag	—	mateřská společnost f	anyavállalat
empresa estatal f	regie f	företag i offentlig hand	—	správní podnik m	köztulajdonú vállalat
representante m	vertegenwoordiger m	representant	—	zástupce m	képviselő
colaborador em serviços externos m	buitendienstmedewerker m	extern medarbetare	—	pracovník služebně mimo podnik m	külszolgálati munkatárs
representação f	vertegenwoordiging f	representation	—	zastoupení n	képviselet
representação comercial f	handelsagentuur f	handelsagentur	—	obchodní zastoupení n	kereskedelmi képviselet
representação no exterior f	agentschap in het buitenland n	utlandskontor	—	zahraniční zastoupení n	külföldi képviselet
carregar	laden	lasta	—	nakládat <naložit>	rakodik
transbordo m	omslag m	omlastning	—	překládka f	átrakás
aquisição de uma empresa f	overname van een zaak f	företagsövertagande	—	přejímka obchodu f	vállalatvásárlás
entrega f	overhandiging f	leverans	—	předání n	átadás
transferência bancária f	bankoverschrijving f	banköverföring	—	bankovní převod m	banki átutalás
transferência f	opdracht f/m	anvisning	—	návod m	utalvány
vale postal m	postwissel m	postanvisning	—	poštovní poukázka f	postautalvány
transferência postal f	postgiro m	postgiroutbetalning	—	poštovní převod m	postai átutalás
sacar a descoberto	overschrijden	övertrassera	—	překračovat <překročit>	hiteltúllépést követ el
conta a descoberto f	overdisponering f	kontoöverdrag	—	překročení částky na účtu n	hitelkeret-túllépés (folyószámlán)
transferência de uma entrada f	overboeking f	ombokning	—	přeúčtování n	átkönyvelés
suborno m	omkoperij f	mutning	—	podplácení n	megvesztegetés
transferência f	overschrijving f	överföring	—	bezhotovostní převod m	átutalás
contrabando m	smokkelarij f	smuggling	—	pašeráctví n	csempészet
transmissão f	overdracht f	överföring	—	převod m	átruházás
reembalar	overpakken	packa om	—	přebalovat <přebalit>	átcsomagol
regulamentos m/pl	voorschriften n/pl	föreskrifter	—	předpisy m/pl	előírások
regulamento de exportação m	exportbepalingen f/pl	exportbestämmelser pl	—	stanovení vývozu n	kiviteli előírások
férias anuais da empresa f/pl	jaarlijkse vakantie f	industrisemester	—	podnikové prázdniny pl	vállalati szabadságolási időszak
perda de produção f	productieverlies n	produktionsbortfall	—	výpadek výroby m	termeléskiesés
criminalidade económica f	economische criminaliteit f	ekonomisk brottslighet	—	hospodářská kriminalita f	gazdasági bűnözés
envio m	zending f	leverans	—	zásilka f	küldemény
mercadorias enviadas por expresso f/pl	ijlgoed n	expressgods	—	spěšnina f	expresszáru
registado m	aangetekende brief m	värdeförsändelse	—	doporučená zásilka f	ajánlott
envio de amostras m	monsterzending f	provförsändelse	—	zásilka na ukázku f	mintaküldemény
envio com valor declarado m	zending met aangegeven waarde f	värdeförsändelse	—	cenná zásilka f	értékküldemény
readaptação profissional f	omscholing f	omskolning	—	přeškolení n	átképzés
concurso público m	aanbesteding f	anbudsförfarande	—	veřejná soutěž f	pályázati felhívás

przetarg o stanowisko pracy

	D	E	F	I	ES
przetarg o stanowisko pracy (PL)	Stellenausschreibung f	advertisement of a vacancy	mise au concours d'une place f	bando di concorso per impiegati m	convocatoria de oposiciones f
przewaga reklamowa (PL)	Wettbewerbsvorteil m	competitive advantage	avantage de concurrence m	vantaggio concorrenziale	ventaja de competencia f
przewodnictwo (PL)	Vorsitz m	chairmanship	présidence f	presidenza f	presidencia f
przewodniczący rady nadzorczej (PL)	Aufsichtsratsvorsitzender m	chairman of the supervisory board	président du conseil de surveillance m	presidente del consiglio di sorveglianza m	presidente del consejo de administración m
przewoźnik (PL)	Frachtführer m	carrier	transporteur m	vettore m	transportista m
przewozowe (PL)	Rollgeld n	haulage	camionnage m	spese di trasporto f/pl	gastos de acarreo m/pl
przodownik na rynku (PL)	Marktführer m	market leader	leader sur le marché f	leader di mercato m	líder de mercado m
przychód (PL)	Erlös m	proceeds	produit des ventes m	realizzo m	beneficio m
przychód netto (PL)	Nettoertrag m	net proceeds	produit net m	ricavo netto m	producto neto m
przychód towarów (PL)	Wareneingang m	arrival of goods	entrée de marchandises f	ricevimento merci m	entrada de mercancías f
przychody (PL)	Einnahmen f/pl	receipts	revenu m	entrate f/pl	ingresos m/pl
przyjęcie (PL)	Annahme f	acceptance	acceptation f	accettazione f	aceptación f
przyrost wartości (PL)	Wertzuwachs m	appreciation	accroissement de valeur m	incremento di valore m	plusvalía f
przyrzeczenie (PL)	Zusage f	promise	promesse f	conferma f	promesa f
przyrzeczenie pokrycia szkody (PL)	Deckungszusage	confirmation of cover	acceptation de prendre le risque en charge f	impegno di copertura m	nota de aceptación de cobertura f
psicologia del lavoro (I)	Arbeitspsychologie f	industrial psychology	psychologie du travail f	—	psicología laboral f
psicología laboral (P)	Arbeitspsychologie f	industrial psychology	psychologie du travail f	psicologia del lavoro f	psicología laboral f
psicología laboral (ES)	Arbeitspsychologie f	industrial psychology	psychologie du travail f	psicologia del lavoro f	—
psujący się (PL)	verderblich	perishable	périssable	deperibile	perecedero
psychologia pracy (PL)	Arbeitspsychologie f	industrial psychology	psychologie du travail f	psicologia del lavoro f	psicología laboral f
psychologie du travail (F)	Arbeitspsychologie f	industrial psychology	—	psicologia del lavoro f	psicología laboral f
psychologie práce (CZ)	Arbeitspsychologie f	industrial psychology	psychologie du travail f	psicologia del lavoro f	psicología laboral f
pubblicazione (I)	Veröffentlichung f	publication	publication f	—	publicación f
pubblicità (I)	Werbung f	advertising	publicité f	—	publicidad f
pubblicità all'aperto (I)	Außenwerbung f	outdoor advertising	publicité extérieure f	—	publicidad al aire libre f
publicação (P)	Veröffentlichung f	publication	publication f	pubblicazione f	publicación f
publicación (ES)	Veröffentlichung f	publication	publication f	pubblicazione f	—
publicatie (NL)	Veröffentlichung f	publication	publication f	pubblicazione f	publicación f
publication (E)	Veröffentlichung f	publication	—	pubblicazione f	publicación f
publication (F)	Veröffentlichung f	publication	—	pubblicazione f	publicación f
publicering (SV)	Veröffentlichung f	publication	publication f	pubblicazione f	publicación f
publicidad (ES)	Reklame f	advertising	publicité f	réclame f	—
publicidad (ES)	Werbung f	advertising	publicité f	pubblicità f	—
publicidad al aire libre (ES)	Außenwerbung f	outdoor advertising	publicité extérieure f	pubblicità all'aperto f	—
publicidade (P)	Reklame f	advertising	publicité f	réclame f	publicidad f
publicidade (P)	Werbung f	advertising	publicité f	pubblicità f	publicidad f
publicidade externa (P)	Außenwerbung f	outdoor advertising	publicité extérieure f	pubblicità all'aperto f	publicidad al aire libre f
publicité (F)	Reklame f	advertising	—	réclame f	publicidad f
publicité (F)	Werbung f	advertising	—	pubblicità f	publicidad f
publicité extérieure (F)	Außenwerbung f	outdoor advertising	—	pubblicità all'aperto f	publicidad al aire libre f
publicly owned enterprise (E)	Regiebetrieb m	—	établissement en régie m	gestione in economia f	empresa estatal m

publicly owned enterprise

P	NL	SV	PL	CZ	H
aviso de vaga para um emprego m	oproepen van sollicitanten voor een betrekking n	utlysning av tjänst	—	konkurs na místo n	állás meghirdetése
vantagem competitiva f	concurrentievoordeel n	konkurrensfördel	—	výhoda v soutěži f	versenyelőny
presidência f	voorzitterschap n	ordförandeskap	—	předsednictvo n	elnöklés
presidente do conselho fiscal m	voorzitter van de raad van toezicht m	företagsstyrelsens ordförande	—	předseda dozorčí rady m	felügyelő bizottság elnöke
transportador m	vrachtrijder m	fraktförare	—	přepravce m	fuvarozó
camionagem f	expeditiekosten m/pl	transportkostnad	—	dopravné n	fuvardíj
líder de mercado m	marktleider m	marknadsledare	—	vedoucí osoba na trhu m	piacvezető
produto das vendas m	opbrengst f	behållning	—	výnos m	bevétel
produto líquido m	netto-opbrengst f	nettointäkter pl	—	čistý výnos m	nettó hozam
entrada de mercadorias f	ingaande goederen n/pl	ingående varor pl	—	příchod zboží m	áru beérkezése
receitas f/pl	inkomsten f/pl	intäkter pl	—	příjmy m/pl	bevételek
aceitação f	in ontvangstneming f	godkännande av leverans	—	přijetí n	elfogadás
mais-valia f	waardevermeerdering f	värdestegring	—	přírůstek hodnoty m	értéknövekedés
promessa f	toezegging f	löfte	—	příslib m	ígéret
confirmação do seguro f	bewijs van dekking n	täckningsbekräftelse	—	příslib krytí m	fedezeti ígérvény
psicologia laboral f	arbeidspsychologie f	arbetspsykologi	psychologia pracy f	psychologie práce f	munkapszichológia
—	arbeidspsychologie f	arbetspsykologi	psychologia pracy f	psychologie práce f	munkapszichológia
psicologia laboral f	arbeidspsychologie f	arbetspsykologi	psychologia pracy f	psychologie práce f	munkapszichológia
perecível	bederfelijk	fördärvlig	—	zkazitelný	romlékony
psicologia laboral f	arbeidspsychologie f	arbetspsykologi	—	psychologie práce f	munkapszichológia
psicologia laboral f	arbeidspsychologie f	arbetspsykologi	psychologia pracy f	psychologie práce f	munkapszichológia
psicologia laboral f	arbeidspsychologie f	arbetspsykologi	psychologia pracy f	—	munkapszichológia
publicação f	publicatie f	publicering	publikacja f	uveřejnění n	közzététel
publicidade f	reclame f	reklam	reklama f	reklama f	reklám
publicidade externa f	buitenreclame f/m	utomhusannonsering	reklama zewnętrzna f	reklama f	szabadtéri reklám
—	publicatie f	publicering	publikacja f	uveřejnění n	közzététel
publicação f	publicatie f	publicering	publikacja f	uveřejnění n	közzététel
publicação f	—	publicering	publikacja f	uveřejnění n	közzététel
publicação f	publicatie f	publicering	publikacja f	uveřejnění n	közzététel
publicação f	publicatie f	publicering	publikacja f	uveřejnění n	közzététel
publicação f	publicatie f	—	publikacja f	uveřejnění n	közzététel
publicidade f	reclame f	reklam	reklama f	reklama f	reklám
publicidade f	reclame f	reklam	reklama f	reklama f	reklám
publicidade externa f	buitenreclame f/m	utomhusannonsering	reklama zewnętrzna f	reklama f	szabadtéri reklám
—	reclame f	reklam	reklama f	reklama f	reklám
—	reclame f	reklam	reklama f	reklama f	reklám
—	buitenreclame f/m	utomhusannonsering	reklama zewnętrzna f	reklama f	szabadtéri reklám
publicidade f	reclame f	reklam	reklama f	reklama f	reklám
publicidade f	reclame f	reklam	reklama f	reklama f	reklám
publicidade externa f	buitenreclame f/m	utomhusannonsering	reklama zewnętrzna f	reklama f	szabadtéri reklám
empresa estatal f	regie f	företag i offentlig hand	przedsiębiorstwo państwowe n	správní podnik m	köztulajdonú vállalat

public property

	D	E	F	I	ES
public property (E)	Staatseigentum n	—	propriété d'Etat f	proprietà demaniale f	patrimonio público m
Public Relations (D)	—	public relations	relations publiques f/pl	relazioni pubbliche f/pl	relaciones públicas f/pl
public relations (E)	Public Relations pl	—	relations publiques f/pl	relazioni pubbliche f/pl	relaciones públicas f/pl
public relations (NL)	Public Relations pl	public relations	relations publiques f/pl	relazioni pubbliche f/pl	relaciones públicas f/pl
public relations (SV)	Public Relations pl	public relations	relations publiques f/pl	relazioni pubbliche f/pl	relaciones públicas f/pl
publiczne stosunki opiniotwórcze (PL)	Public Relations pl	public relations	relations publiques f/pl	relazioni pubbliche f/pl	relaciones públicas f/pl
publikacja (PL)	Veröffentlichung f	publication	publication f	pubblicazione f	publicación f
publilkacja ogłoszenia (PL)	Anzeigenschaltung f	placement of an advertisement	placement d'annonce m	posizionamento dell'inserzione m	inserción del anuncio f
publipostage (F)	Postwurfsendung f	unaddressed printed matter posted in bulk	—	spedizione postale cumulativa di stampati f	envío postal colectivo m
publishing house (E)	Verlag m	—	maison d'édition f	casa editrice f	editorial f
puerto (ES)	Hafen m	port	port m	porto m	—
puerto franco (ES)	frei Hafen	free ex port	franco port	franco porto	—
puerto franco (ES)	Freihafen	free port	port franc m	porto franco m	—
puesto de trabajo (ES)	Arbeitsplatz m	place of employment	lieu de travail m	posto di lavoro m	—
puesto de trabajo de pantalla (ES)	Bildschirmarbeitsplatz m	job working at a computer	poste de travail à l'écran f	posto di lavoro a video m	—
puha valuta (H)	weiche Währung f	soft currency	monnaie faible f	moneta debole f	moneda blanda f
pułap cen (PL)	Preisobergrenze f	price ceiling	limite supérieure des prix f	limite massimo di prezzo m	límite máximo de los precios m
půjčený vůz (CZ)	Leihwagen m	hired car	voiture de location f	vettura da noleggio f	coche de alquiler m
půjčka (CZ)	Anleihe f	loan	emprunt m	prestito m	empréstito m
půjčka (CZ)	Darlehen n	loan	prêt m	mutuo m	préstamo m
půlročně (CZ)	halbjährlich	half-yearly	semestriel	semestrale	semestral
punibile (I)	strafbar	punishable	punissable	—	punible
punible (ES)	strafbar	punishable	punissable	punibile	—
punishable (E)	strafbar	—	punissable	punibile	punible
punissable (F)	strafbar	punishable	—	punibile	punible
punível (P)	strafbar	punishable	punissable	punibile	punible
punktlig (SV)	termingerecht	on schedule	dans les délais	puntuale	en la fecha fijada
punto di pareggio (I)	Gewinnschwelle f	break-even point	seuil de rentabilité m	—	umbral de la rentabilidad m
puntuale (I)	termingerecht	on schedule	dans les délais	—	en la fecha fijada
purchase (E)	Ankauf m	—	achat m	acquisto m	compra f
purchase (E)	Einkauf m	—	achat m	acquisto m	compra f
purchase (E)	Kauf m	—	achat m	acquisto m	compra f
purchased quantity (E)	Abnahmemenge f	—	quantité commercialisée f	quantità d'acquisto f	cantidad de compra f
purchase-money loan (E)	Restdarlehen n	—	prêt restant m	mutuo residuo m	restante de un préstamo m
purchase on credit (E)	Zielkauf m	—	achat à terme m	acquisto a termine m	compra a plazos m
purchase price (E)	Einkaufspreis m	—	prix d'achat m	prezzo d'acquisto m	precio de compra m
purchase price (E)	Kaufpreis m	—	prix d'achat m	prezzo d'acquisto m	precio de compra m
purchaser (E)	Käufer m	—	acquéreur m	acquirente m	adquirente m
purchasing power (E)	Kaufkraft f	—	pouvoir d'achat m	potere d'acquisto m	poder adquisitivo m
působící zpětně (CZ)	rückwirkend	retrospective	rétroactif	con effetto retroattivo	retroactivo
quadro superior (P)	Führungskraft f	manager	cadre supérieur m	dirigente m	personal directivo m

quadro superior

P	NL	SV	PL	CZ	H
património público m	staatseigendom n	statlig egendom	własność państwowa f	státní vlastnictví n	állami tulajdon
relações públicas f/pl	public relations pl	public relations pl	publiczne stosunki opiniotwórcze m/pl	styk s veřejností m	közönségkapcsolatok
relações públicas f/pl	public relations pl	public relations pl	publiczne stosunki opiniotwórcze m/pl	styk s veřejností m	közönségkapcsolatok
relações públicas f/pl	—	public relations pl	publiczne stosunki opiniotwórcze m/pl	styk s veřejností m	közönségkapcsolatok
relações públicas f/pl	public relations pl	—	publiczne stosunki opiniotwórcze m/pl	styk s veřejností m	közönségkapcsolatok
relações públicas f/pl	public relations pl	public relations pl	—	styk s veřejností m	közönségkapcsolatok
publicação f	publicatie f	publicering	—	uveřejnění n	közzététel
inserção do anúncio f	plaatsing van een advertentie f	annonsering	—	zveřejnění inzerátu n	hirdetés elhelyezése
envio postal colectivo m	reclamedrukwerk door de post huis aan huis bezorgd n	masskorsband	masowa ulotka wysyłana pocztą f	poštovní doručení hromadné zásilky n	címzetlen reklámküldemény
editora f	uitgeversmaatschappij f	förlag	wydawnictwo n	nakladatelství n	kiadó
porto m	haven f	hamn	port m	přístav m	kikötő
porto franco	franco haven	fritt hamn	franco port	vyplaceně do přístavu m	leszállítva a kikötőbe
porto franco m	vrijhaven f	frihamn	port wolnocłowy m	svobodný přístav m	szabadkikötő
posto de trabalho m	arbeidsplaats f	arbetsplats	stanowisko pracy n	pracoviště n	munkahely
posto de trabalho com ecrã m	arbeidsplaats waar iemand werkt met een computer f/m	bildskärmsarbetsplats	praca przy komputerze f	pracoviště vybavené počítačem n	számítógépes munkahely
moeda fraca f	zwakke valuta f	mjukvaluta	waluta słaba f	měkká měna f	—
limite máximo dos preços m	bovengrens van de prijs f	övre prisgräns	—	horní hranice ceny f	felső árhatár
carro alugado m	huurauto m	hyrbil	samochód wypożyczony m	—	bérautó
empréstimo m	lening f	lån	pożyczka f	—	kötvénykölcsön
mútuo m	lening f	lån	pożyczka f	—	kölcsön
semestral	halfjaarlijks	halvårsvis	półrocznie	—	félévente
punível	strafbaar	straffbar	karalny	trestný	büntetendő
punível	strafbaar	straffbar	karalny	trestný	büntetendő
punível	strafbaar	straffbar	karalny	trestný	büntetendő
punível	strafbaar	straffbar	karalny	trestný	büntetendő
—	strafbaar	straffbar	karalny	trestný	büntetendő
pontual	binnen de gestelde termijn	—	terminowy	v termínu	határidőre
ponto morto de vendas m	rendabiliteitsdrempel m	nollpunkt	próg zysku m	práh zisku m	nyereségküszöb
pontual	binnen de gestelde termijn	punktlig	terminowy	v termínu	határidőre
compra f	aankoop m	inköp	zakup m	nákup m	vásárlás
compra f	inkoop m	inköp	zakup m	nákup m	beszerzés
compra f	aankoop m	köp	kupno n	nákup m	vásárlás
quantidade adquirida f	afnamehoeveelheid f	leveransmängd	ilość odbierana f	odebrané množství n	vásárolt mennyiség
empréstimo residual m	resterende lening f	inteckning som dellikvid	reszta pożyczki f	nedoplatek půjčky m	maradékkölcsön
compra a crédito f	koop op krediet f	målköp	zakup kredytowy m	cílený nákup m	határidős vétel
preço de compra m	inkoopprijs m	inköpspris	cena kupna f	nákupní cena f	beszerzési ár
preço de compra m	aankoopprijs m	köppris	cena kupna f	kupní cena f	vételár
comprador m	koper m	köpare	nabywca m	kupující m/f	vevő
poder de compra m	koopkracht f	köpkraft	siła nabywcza f	kupní síla f	vásárlóerő
retroactivo	terugwerkend	retroaktiv	obowiązujący wstecz	—	visszamenőleges
—	leidinggevende kracht f	ledning	kadra kierownicza f	vedoucí řídící pracovník m	vezető

qualificação

	D	E	F	I	ES
qualificação (P)	Qualifikation f	qualification	qualification f	qualificazione f	cualificación f
qualification (E)	Qualifikation f	—	qualification f	qualificazione f	cualificación f
qualification (F)	Qualifikation f	qualification	—	qualificazione f	cualificación f
qualificazione (I)	Qualifikation f	qualification	qualification f	—	cualificación f
Qualifikation (D)	—	qualification	qualification f	qualificazione f	cualificación f
qualifying period (E)	Karenzzeit f	—	délai de carence m	periodo d'aspettativa m	período carencial m
qualità (I)	Qualität f	quality	qualité f	—	calidad f
qualità scadente (I)	schlechte Qualität f	poor quality	mauvaise qualité f	—	mala calidad f
Qualität (D)	—	quality	qualité f	qualità f	calidad f
qualitatif (F)	qualitativ	qualitative	—	qualitativo	cualitativo
qualitativ (D)	—	qualitative	qualitatif	qualitativo	cualitativo
qualitative (E)	qualitativ	—	qualitatif	qualitativo	cualitativo
qualitativo (I)	qualitativ	qualitative	qualitatif	—	cualitativo
qualitativo (P)	qualitativ	qualitative	qualitatif	qualitativo	cualitativo
Qualitätskontrolle (D)	—	quality control	contrôle de la qualité m	controllo qualità m	verificación de la calidad f
Qualitätssicherung (D)	—	quality assurance	garantie de la qualité f	garanzia di qualità f	garantía de la calidad f
qualité (F)	Qualität f	quality	—	qualità f	calidad f
qualité fongible d'un bien (F)	Fungibilität f	fungibility	—	fungibilità f	fungibilidad f
quality (E)	Qualität f	—	qualité f	qualità f	calidad f
quality assurance (E)	Qualitätssicherung f	—	garantie de la qualité f	garanzia di qualità f	garantía de la calidad f
quality control (E)	Qualitätskontrolle f	—	contrôle de la qualité m	controllo qualità m	verificación de la calidad f
quantidade (P)	Menge f	quantity	quantité f	quantità f	cantidad f
quantidade (P)	Qualität f	quality	qualité f	qualità f	calidad f
quantidade adquirida (P)	Abnahmemenge f	purchased quantity	quantité commercialisée f	quantità d'acquisto f	cantidad de compra f
quantidade encomendada (P)	Bestellmenge f	ordered quantity	quantité commandée f	quantità d'ordinazione f	cantidad pedida f
quantidade extraída (P)	Fördermenge f	output	quantité extraite f	quantità estratta f	cantidad producida f
quantidade mínima de encomenda (P)	Mindestbestellmenge f	minimum quantity order	quantité commandée minimum f	quantitativo minimo di ordinazione m	cantidad mínima de pedido f
quantidade produzida (P)	Fertigungsmenge f	manufactured quantity	quantité fabriquée f	quantitativo di produzione m	cantidad producida f
quantità (I)	Menge f	quantity	quantité f	—	cantidad f
quantità d'acquisto (I)	Abnahmemenge f	purchased quantity	quantité commercialisée f	—	cantidad de compra f
quantità d'ordinazione (I)	Bestellmenge f	ordered quantity	quantité commandée f	—	cantidad pedida f
quantità estratta (I)	Fördermenge f	output	quantité extraite f	—	cantidad producida f
quantitatif (F)	quantitativ	quantitative	—	quantitativo	cuantitativo
quantitativ (D)	—	quantitative	quantitatif	quantitativo	cuantitativo
quantitative (E)	quantitativ	—	quantitatif	quantitativo	cuantitativo
quantitativo (I)	quantitativ	quantitative	quantitatif	—	cuantitativo
quantitativo (P)	quantitativ	quantitative	quantitatif	quantitativo	cuantitativo
quantitativo di produzione (I)	Fertigungsmenge f	manufactured quantity	quantité fabriquée f	—	cantidad producida f
quantitativo minimo di ordinazione (I)	Mindestbestellmenge f	minimum quantity order	quantité commandée minimum f	—	cantidad mínima de pedido f
quantité (F)	Menge f	quantity	—	quantità f	cantidad f
quantité commandée (F)	Bestellmenge f	ordered quantity	—	quantità d'ordinazione f	cantidad pedida f
quantité commandée minimum (F)	Mindestbestellmenge f	minimum quantity order	—	quantitativo minimo di ordinazione m	cantidad mínima de pedido f
quantité commercialisée (F)	Abnahmemenge f	purchased quantity	—	quantità d'acquisto f	cantidad de compra f
quantité extraite (F)	Fördermenge f	output	—	quantità estratta f	cantidad producida f

quantité extraite

P	NL	SV	PL	CZ	H
—	kwalificatie f	kvalifikation	kwalifikacja f	kvalifikace f	minősítés
qualificação f	kwalificatie f	kvalifikation	kwalifikacja f	kvalifikace f	minősítés
qualificação f	kwalificatie f	kvalifikation	kwalifikacja f	kvalifikace f	minősítés
qualificação f	kwalificatie f	kvalifikation	kwalifikacja f	kvalifikace f	minősítés
qualificação f	kwalificatie f	kvalifikation	kwalifikacja f	kvalifikace f	minősítés
prazo de carência m	wachttijd m	karenstid	okres karencji m	čekací doba f	tűrelmi idő
quantidade f	kwaliteit f	kvalitet	jakość f	jakost f	minőség
baixa qualidade f	slechte kwaliteit f	dålig kvalitet	zła jakość f	nízká jakost f	rossz minőség
quantidade f	kwaliteit f	kvalitet	jakość f	jakost f	minőség
qualitativo m	kwalitatief	kvalitativ	jakościowy m	kvalitativní	minőségi
qualitativo m	kwalitatief	kvalitativ	jakościowy m	kvalitativní	minőségi
qualitativo m	kwalitatief	kvalitativ	jakościowy m	kvalitativní	minőségi
qualitativo m	kwalitatief	kvalitativ	jakościowy m	kvalitativní	minőségi
—	kwalitatief	kvalitativ	jakościowy m	kvalitativní	minőségi
controle de qualidade m	kwaliteitscontrole f	kvalitetskontroll	kontrola jakości f	kontrola jakosti f	minőségellenőrzés
garantia de qualidade f	kwaliteitsgarantie f	kvalitetsgaranti	zabezpieczenie jakości f	zajištění jakosti n	minőségbiztosítás
quantidade f	kwaliteit f	kvalitet	jakość f	jakost f	minőség
fungibilidade f	fungibiliteit f	utbytbarhet	zamienność towaru f	fungibilita f	helyettesíthetőség
quantidade f	kwaliteit f	kvalitet	jakość f	jakost f	minőség
garantia de qualidade f	kwaliteitsgarantie f	kvalitetsgaranti	zabezpieczenie jakości f	zajištění jakosti n	minőségbiztosítás
controle de qualidade m	kwaliteitscontrole f	kvalitetskontroll	kontrola jakości f	kontrola jakosti f	minőségellenőrzés
—	hoeveelheid f	kvantitet	ilość f	množství n	mennyiség
—	kwaliteit f	kvalitet	jakość f	jakost f	minőség
—	afnamehoeveelheid f	leveransmängd	ilość odbierana f	odebrané množství n	vásárolt mennyiség
—	bestelhoeveelheid f	ordermängd	ilość zamówiona f	objednané množství n	megrendelési mennyiség
—	productiehoeveelheid f	produktionsvolym	ilość wydobycia f	dopravované množství n	kitermelt mennyiség
—	minimum bestelde hoeveelheid f	minsta ordermängd	minimalna zamawialna ilość f	minimální objednatelné množství n	legkisebb rendelhető mennyiség
—	productiehoeveelheid f	produktionskvantitet	ilość wyprodukowana f	výrobní množství n	gyártási mennyiség
quantidade f	hoeveelheid f	kvantitet	ilość f	množství n	mennyiség
quantidade adquirida f	afnamehoeveelheid f	leveransmängd	ilość odbierana f	odebrané množství n	vásárolt mennyiség
quantidade encomendada f	bestelhoeveelheid f	ordermängd	ilość zamówiona f	objednané množství n	megrendelési mennyiség
quantidade extraída f	productiehoeveelheid f	produktionsvolym	ilość wydobycia f	dopravované množství n	kitermelt mennyiség
quantitativo m	kwantitatief	kvantitativ	ilościowy	kvantitativní	mennyiségi
quantitativo m	kwantitatief	kvantitativ	ilościowy	kvantitativní	mennyiségi
quantitativo m	kwantitatief	kvantitativ	ilościowy	kvantitativní	mennyiségi
quantitativo m	kwantitatief	kvantitativ	ilościowy	kvantitativní	mennyiségi
—	kwantitatief	kvantitativ	ilościowy	kvantitativní	mennyiségi
quantidade produzida f	productiehoeveelheid f	produktionskvantitet	ilość wyprodukowana f	výrobní množství n	gyártási mennyiség
quantidade mínima de encomenda f	minimum bestelde hoeveelheid f	minsta ordermängd	minimalna zamawialna ilość f	minimální objednatelné množství n	legkisebb rendelhető mennyiség
quantidade f	hoeveelheid f	kvantitet	ilość f	množství n	mennyiség
quantidade encomendada f	bestelhoeveelheid f	ordermängd	ilość zamówiona f	objednané množství n	megrendelési mennyiség
quantidade mínima de encomenda f	minimum bestelde hoeveelheid f	minsta ordermängd	minimalna zamawialna ilość f	minimální objednatelné množství n	legkisebb rendelhető mennyiség
quantidade adquirida f	afnamehoeveelheid f	leveransmängd	ilość odbierana f	odebrané množství n	vásárolt mennyiség
quantidade extraída f	productiehoeveelheid f	produktionsvolym	ilość wydobycia f	dopravované množství n	kitermelt mennyiség

quantité fabriquée

	D	E	F	I	ES
quantité fabriquée (F)	Fertigungsmenge f	manufactured quantity	—	quantitativo di produzione m	cantidad producida f
quantity (E)	Menge f	—	quantité f	quantità f	cantidad f
quantity discount (E)	Mengenrabatt m	—	remise de quantité f	sconto sulla quantità m	rebaja por cantidad f
quantumkorting (NL)	Mengenrabatt m	quantity discount	remise de quantité f	sconto sulla quantità m	rebaja por cantidad f
Quartal (D)	—	quarter	trimestre m	trimestre m	trimestre m
Quartalsende (D)	—	end of the quarter	fin de trimestre f	fine trimestre f	final del trimestre m
Quartalsrechnung (D)	—	quarterly invoice	compte trimestriel m	conto trimestrale m	cuenta trimestral f
quarter (E)	Quartal n	—	trimestre m	trimestre m	trimestre m
quarterly (E)	vierteljährlich	—	trimestriel	trimestrale	trimestral
quarterly invoice (E)	Quartalsrechnung n	—	compte trimestriel m	conto trimestrale m	cuenta trimestral f
queda das cotações na bolsa (P)	Börsenkrach m	stock market crash	krach boursier m	crollo di borsa m	derrumbe bursátil m
queda de preços (P)	Preisverfall m	decline in prices	chute des prix f	caduta dei prezzi f	caída de precios f
queja (ES)	Beanstandung f	objection	réclamation f	reclamo m	—
que sufraga los costes (ES)	Kostenträger m	paying authority	poste de production absorbant des coûts m	chi sostiene le spese	—
quiebra (ES)	Bankrott m	bankruptcy	faillite f	bancarotta f	—
quiebra (ES)	Konkurs m	bankruptcy	faillite f	fallimento m	—
quiebra fraudulenta (ES)	betrügerischer Bankrott m	fraudulent bankruptcy	banqueroute frauduleuse f	bancarotta fraudolenta f	—
quietanza (I)	Beleg m	receipt	justificatif m	—	justificante m
quietanza (I)	Quittung f	receipt	quittance f	—	recibo m
quittance (F)	Quittung f	receipt	—	quietanza f	recibo m
Quittung (D)	—	receipt	quittance f	quietanza f	recibo m
quota (E)	Quote f	—	quota m	quota f	cuota f
quota (F)	Quote f	quota	—	quota f	cuota f
quota (I)	Quote f	quota	quota m	—	cuota f
quota (P)	Quote f	quota	quota m	quota f	cuota f
quota della popolazione attiva (I)	Erwerbsquote f	activity rate	taux d'activité m	—	tasa de la población activa f
quota de mercado (P)	Marktanteil m	market share	participation au marché f	quota di mercato f	participación en el mercado f
quota di capitale (I)	Kapitalanteil m	capital share	part de capital f	—	participación en el capital f
quota di mercato (I)	Marktanteil m	market share	participation au marché f	—	participación en el mercado f
quota sociale (I)	Geschäftsanteil m	share	part sociale f	—	participación f
quotation (E)	Notierung f	—	cotation f	quotazione f	cotización f
quotation of prices (E)	Kursnotierung f	—	cotation f	quotazione dei cambi f	cotización m
quotation on the stock exchange (E)	Börsenkurs m	—	cours de bourse m/pl	corso di borsa m	cotización en bolsa f
quotazione (I)	Notierung f	quotation	cotation f	—	cotización f
quotazione dei cambi (I)	Kursnotierung f	quotation of prices	cotation f	—	cotización m
quotazione dei prezzi (I)	Preisnotierung f	price quotation	cotation des prix f	—	cotización de precios f
quotazione delle azioni (I)	Aktiennotierung f	share quotation	cotation des actions f	—	cotización de acciones f
quotazione di borsa (I)	Börsennotierung f	stock exchange quotation	cote de la bourse f	—	cotización de bolsa f
quotazione di chiusura (I)	Schlußkurs m	closing price	dernier cours m	—	cotización final f
Quote (D)	—	quota	quota m	quota f	cuota f
quotidien (F)	täglich	daily	—	giornaliero	diario
quotum (NL)	Quote f	quota	quota m	quota f	cuota f

quotum

P	NL	SV	PL	CZ	H
quantidade produzida f	productiehoeveelheid f	produktionskvantitet	ilość wyprodukowana f	výrobní množství n	gyártási mennyiség
quantidade f	hoeveelheid f	kvantitet	ilość f	množství n	mennyiség
desconto de quantidade m	quantumkorting f	mängdrabatt	rabat ilościowy	rabat z množství m	mennyiségi árengedmény
desconto de quantidade m	—	mängdrabatt	rabat ilościowy	rabat z množství m	mennyiségi árengedmény
trimestre m	kwartaal n	kvartal	kwartał m	čtvrtletí n	negyedév
fim do trimestre m	kwartaaleinde n	kvartalsslut	koniec kwartału m	konec čtvrtletí m	negyedév vége
factura trimestral f	kwartaalrekening f	kvartalsfaktura	rozliczenie kwartalne n	čtvrtletní vyúčtování n	negyedéves számla
trimestre m	kwartaal n	kvartal	kwartał m	čtvrtletí n	negyedév
trimestral	driemaandelijks	kvartalsvis	kwartalnie	čtvrtletní	negyedévenként(i)
factura trimestral f	kwartaalrekening f	kvartalsfaktura	rozliczenie kwartalne n	čtvrtletní vyúčtování n	negyedéves számla
—	beurscrash m	börskrasch	krach na giełdzie m	krach na burze m	tőzsdekrach
—	plotselinge daling van de prijzen f	prisfall	spadek cen m	propadnutí cen n	áresés
objecção f	klacht f	reklamation	reklamacja f	reklamace f	kifogásolás
portador de custo m	kostendrager m	betalande part	nośnik kosztów m	nositel nákladů m	költségviselő
falência f	bankroet n	konkurs	bankructwo n	bankrot m	csőd
falência f	bankroet n	konkurs	upadłość f	konkurs m	csőd
falência fraudulenta f	bedrieglijke bankbreuk f	bedräglig konkurs	oszustwo upadłościowe n	podvodný bankrot m	csalárd csőd
comprovativo m	bewijsstuk n	verifikation	dowód m	doklad m	bizonylat
recibo m	kwitantie f	kvitto	kwit m	stvrzenka f	nyugta
recibo m	kwitantie f	kvitto	kwit m	stvrzenka f	nyugta
recibo m	kwitantie f	kvitto	kwit m	stvrzenka f	nyugta
quota f	quotum n	kvot	kwota f	podíl m	kvóta
quota f	quotum n	kvot	kwota f	podíl m	kvóta
quota f	quotum n	kvot	kwota f	podíl m	kvóta
—	quotum n	kvot	kwota f	podíl m	kvóta
taxa da população activa f	arbeidsaanbod n	sysselsättningsgrad	stosunek pracujących do populacji m	podíl na zisku m	aktív keresők aránya
—	marktaandeel n	marknadsandel	udział firmy w rynku m	podíl na trhu m	piaci részesedés
participação no capital f	aandeel in het kapitaal n	kapitalandel	udział w kapitale m	kapitálový podíl m	tőkerész
quota de mercado f	marktaandeel n	marknadsandel	udział firmy w rynku m	podíl na trhu m	piaci részesedés
participação no negócio f	aandeel in een vennootschap n	affärsandel	udział w przedsiębiorstwie m	podíl na obchodu m	üzletrész
cotação f	notering f	notering	notowanie n	záznam m	jegyzés
cotação f	koersnotering f	kursnotering	notowanie kursów m	záznam kursu m	árfolyamjegyzés
cotação da bolsa de valores f	beurskoers m	börskurs	kurs giełdowy m	burzovní kurs m	tőzsdei árfolyam
cotação f	notering f	notering	notowanie n	záznam m	jegyzés
cotação f	koersnotering f	kursnotering	notowanie kursów m	záznam kursu m	árfolyamjegyzés
cotação f	prijsnotering f	angivet pris	notowanie cen n	kotace cen f	árfolyamjegyzés
cotação das acções f	notering van aandelen f	aktienotering	notowanie akcji n	záznam akcií m	részvényjegyzés
cotação da bolsa de valores f	beursnotering f	börsnotering	notowanie giełdowe n	kotace cenných papírů na burze f	tőzsdei jegyzés
cotação final f	slotkoers m	sista kurs	dzienny giełdowy kurs zamykający m	uzavírací kurs m	záró árfolyam
quota f	quotum n	kvot	kwota f	podíl m	kvóta
diariamente	dagelijks	dagligen	codziennie	denní	naponta
quota f	—	kvot	kwota f	podíl m	kvóta

ráadás

	D	E	F	I	ES
ráadás (H)	Zugabe f	extra	prime f	aggiunta f	suplemento m
raad van toezicht (NL)	Aufsichtsrat m	supervisory board	conseil de surveillance m	consiglio di sorveglianza m	consejo de administración m
rabais de lancement (F)	Einführungsrabatt m	introductory discount	—	sconto di lancio m	rebaja de lanzamiento f
rabat (PL)	Rabatt m	discount	remise f	ribasso m	rebaja f
rabat ilościowy (PL)	Mengenrabatt m	quantity discount	remise de quantité f	sconto sulla quantità m	rebaja por cantidad f
rabat od obrotów (PL)	Bonus m	bonus	bonification f	premio m	gratificación f
rabat preferencyjny (PL)	Vorzugsrabatt m	preferential discount	remise de faveur f	ribasso preferenziale m	rebaja preferencial f
rabat specjalny (PL)	Sonderrabatt m	special discount	remise xceptionnelle f	ribasso speciale m	descuento especial m
Rabatt (D)	—	discount	remise f	ribasso m	rebaja f
rabatt (SV)	Rabatt m	discount	remise f	ribasso m	rebaja f
rabattavdrag (SV)	Skontoabzug m	discount deduction	déduction de l'escompte f	detrazione di sconto f	deducción del descuento f
rabatt på förhandsorder (SV)	Vorbestellrabatt m	discount on advance orders	remise sur commandes anticipées f	ribasso per prenotazioni m	descuento de suscripción m
rabat za płatność gotówką (PL)	Barzahlungsrabatt m	cash discount	remise pour payement comptant f	sconto per pagamento in contanti m	descuento por pago al contado m
rabat za wprowadzenie wyrobu (PL)	Einführungsrabatt m	introductory discount	rabais de lancement m	sconto di lancio m	rebaja de lanzamiento f
rabat za zamówienie z góry (PL)	Vorbestellrabatt m	discount on advance orders	remise sur commandes anticipées f	ribasso per prenotazioni m	descuento de suscripción m
rabat z množství (CZ)	Mengenrabatt m	quantity discount	remise de quantité f	sconto sulla quantità m	rebaja por cantidad f
raccomandata (I)	Einschreiben n	registered	en recommandé	—	certificado m
rachunek (PL)	Rechnung f	invoice	facture f	fattura f	factura f
rachunek bieżący (PL)	Kontokorrentkonto n	current account	compte tenu en compte courant m	conto corrente m	cuenta corriente f
rachunek bieżący (PL)	laufende Rechnung f	current account	compte courant m	conto corrente m	cuenta corriente f
rachunek kosztów krańcowych (PL)	Grenzkostenrechnung f	marginal costing	détermination du coût marginal f	determinazione dei costi marginali f	cálculo de los costes marginales m
rachunek kosztów planowanych (PL)	Plankostenrechnung f	calculation of the budget costs	calcul de l'écart sur cadence de fabrication m	calcolo dei costi pianificati m	cálculo de costes del plan m
rachunek proforma (PL)	Proforma Rechnung f	pro forma invoice	facture pro forma f	fattura pro forma f	factura proforma f
rachunek zablokowany (PL)	Sperrkonto n	blocked account	compte bloqué m	conto congelato m	cuenta bloqueada f
rachunek zysków (PL)	Ertragsrechnung f	profit and loss account	compte de profit et charges m	conto delle entrate m	cuenta de ganancias f/pl
rachunkowość (PL)	Rechnungswesen n	accountancy	comptabilité f	ragioneria f	contabilidad f
racionalização (P)	Rationalisierung f	rationalisation	rationalisation f	razionalizzazione f	racionalización f
racionalizace (CZ)	Rationalisierung f	rationalisation	rationalisation f	razionalizzazione f	racionalización f
racionalización (ES)	Rationalisierung f	rationalisation	rationalisation f	razionalizzazione f	—
racjonalizacja (PL)	Rationalisierung f	rationalisation	rationalisation f	razionalizzazione f	racionalización f
Rada Banku Centralnego (PL)	Zentralbankrat m	Central Bank Council	Conseil de la Banque Centrale m	consiglio superiore della Banca Centrale m	Consejo del Banco Central m
rada centrální banky (CZ)	Zentralbankrat m	Central Bank Council	Conseil de la Banque Centrale m	consiglio superiore della Banca Centrale m	Consejo del Banco Central m
rada nadzorcza (PL)	Aufsichtsrat m	supervisory board	conseil de surveillance m	consiglio di sorveglianza m	consejo de administración m
rådgivning (SV)	Beratung f	advice	consultation f	consulenza f	asesoramiento m
řádný (CZ)	ordnungsgemäß	regular	correctement	regolare	debidamente
ráfordítás (H)	Aufwand m	expenditure	dépenses f/pl	spese f/pl	gastos m/pl
ráfordítás (H)	Zuwendung f	bestowal	affectation f	assegnazione f	gratificación f

ráfordítás

P	NL	SV	PL	CZ	H
bónus m	toegift f	tillägg	dodatek m	přídavek m	—
conselho fiscal m	—	företagsstyrelse	rada nadzorcza f	dozorčí rada f	felügyelő bizottság
desconto de lançamento m	introductiekorting f	introduktionsrabatt	rabat za wprowadzenie wyrobu m	zaváděcí rabat m	bevezetési árkedvezmény
desconto m	korting f	rabatt	—	sleva f	árengedmény
desconto de quantidade m	quantumkorting f	mängdrabatt	—	rabat z množství m	mennyiségi árengedmény
bónus	bonus m	bonus	—	bonus m	bónusz
desconto preferencial m	voorkeurkorting f	förmånsrabatt	—	preferenční rabat m	elsőbbségi árengedmény
desconto especial m	extra korting f	specialrabatt	—	mimořádný rabat m	rendkívüli árengedmény
desconto m	korting f	rabatt	rabat m	sleva f	árengedmény
desconto m	korting f	—	rabat m	sleva f	árengedmény
dedução de descontos f	aftrek van korting bij contante betaling m	—	potrącenie skonta n	odpočet skonta m	árengedmény levonása
desconto de pedidos antecipados m	korting op vooruitbestelling f	—	rabat za zamówienie z góry m	předběžný rabat m	előrendelési árengedmény
desconto de pronto pagamento m	korting voor contante betaling f	kassarabatt	—	sleva při placení v hotovosti f	készpénzfizetési engedmény
desconto de lançamento m	introductiekorting f	introduktionsrabatt	—	zaváděcí rabat m	bevezetési árkedvezmény
desconto de pedidos antecipados m	korting op vooruitbestelling f	rabatt på förhandsorder	—	předběžný rabat m	előrendelési árengedmény
desconto de quantidade m	quantumkorting f	mängdrabatt	rabat ilościowy	—	mennyiségi árengedmény
registado m	aangetekende brief m	värdeförsändelse	przesyłka polecona f	doporučená zásilka f	ajánlott
factura f	factuur f	faktura	—	účet m	számla
conta corrente f	rekening-courantrekening f	kontokurantkonto	—	běžný účet m	folyószámla
conta corrente f	rekening-courant f	löpande räkning	—	běžný účet m	folyószámla
cálculo dos custos marginais m	berekening van de marginale kosten f	bidragskalkyl	—	mezní navýšení nákladů n	határköltségszámítás
cálculo dos custos orçamentados m	berekening van de geplande kosten f	budgetkostnadskalkyl	—	výpočet plánovaných nákladů m	költségterv-készítés
factura pró-forma f	pro forma factuur f	proformafaktura	—	prozatímní účet m	pro forma számla
conta bloqueada f	geblokkeerde rekening f	spärrat konto	—	vázaný účet m	zárolt számla
demonstração de resultados f	resultatenrekening f	vinst- och förlustkonto	—	účtování výnosů n	eredménykimutatás
contabilidade f	bedrijfsadministratie f	redovisning	—	účetnictví n	számvitel
—	rationalisering f	rationalisering	racjonalizacja f	racionalizace f	ésszerűsítés
racionalização f	rationalisering f	rationalisering	racjonalizacja f	—	ésszerűsítés
racionalização f	rationalisering f	rationalisering	racjonalizacja f	racionalizace f	ésszerűsítés
racionalização f	rationalisering f	rationalisering	racjonalizacja f	racionalizace f	ésszerűsítés
Administração do Banco Central f	Centrale Bankraad m	centralbanksråd	—	rada centrální banky f	Központi Banktanács
Administração do Banco Central f	Centrale Bankraad m	centralbanksråd	Rada Banku Centralnego f	—	Központi Banktanács
conselho fiscal m	raad van toezicht m	företagsstyrelse	—	dozorčí rada f	felügyelő bizottság
consulta f	beraadslaging f	—	konsultacja f	porada f	tanácsadás
regular	behoorlijk	i laga ordning	prawidłowo	—	szabályszerűen
despesas f/pl	uitgaven pl	utgifter pl	nakład m	náklad m	—
gratificação f	toewijzing f	gåva	gratyfikacja f	dotace f	—

ragioneria

	D	E	F	I	ES
ragioneria (I)	Rechnungswesen n	accountancy	comptabilité f	—	contabilidad f
ragione sociale (I)	Firmenname m	company name	nom de l'entreprise m	—	razón social f
ragioniere (I)	Buchhalter m	book-keeper	comptable m	—	contable m
rail freight (E)	Bahnfracht f	—	fret par rail m	nolo ferroviario m	transporte ferroviario m
räkenskapsår (SV)	Rechnungsjahr n	financial year	exercice comptable m	anno d'esercizio m	ejercicio m
räkenskapsperiod (SV)	Abrechnungszeitraum m	accounting period	période comptable f	periodo di liquidazione m	período de liquidación m
raklap (H)	Palette f	pallet	palette f	paletta f	paleta m
rakodási díj (H)	Ladegebühren f/pl	loading charges	taxe de chargement f	spese di carico f/pl	derechos de carga m/pl
rakodási költségek (H)	Verladekosten f	loading charges	coût du chargement m	costi di caricamento m/pl	gastos de carga m/pl
rakodik (H)	verladen	load	charger	caricare	expedir
rakomány (H)	Fracht f	freight	fret m	nolo m	carga f
rakomány (H)	Frachtgut n	freight goods	marchandise à transporter f	carico m	mercancías en pequeña velocidad f/pl
rakomány (H)	Ladung f	freight	charge f	carico m	carga f
Rakousko (CZ)	Österreich	Austria	Autriche f	Austria f	Austria
rakouský (CZ)	österreichisch	Austrian	autrichien	austriaco	austríaco
rakparton átvéve (H)	ab Kai	ex quay	départ quai	franco banchina	ex muelle
raktár (H)	Lager n	warehouse	entrepôt m	magazzino m	almacén m
raktárbérlet (H)	Lagermiete f	warehouse rent	location d'une surface pour magasinage f	spese di stoccaggio f/pl	alquiler de almacenaje m
raktárjegy (H)	Lagerschein m	warehouse warrant	certificat de dépot m	ricevuta di deposito f	resguardo de almacén m
raktáron (van) (H)	auf Lager	in stock	en stock	in deposito	en almacén
raktározás (H)	Lagerung f	storage	stockage m	stoccaggio m	almacenaje m
raktér (H)	Lagerraum m	storage space	halle de dépôt f	deposito m	almacén m
rama kredytowa (PL)	Kreditrahmen m	credit margin	marge de crédit accordé f	plafond di credito m	margen de crédito m
rámec úvěrů (CZ)	Kreditrahmen m	credit margin	marge de crédit accordé f	plafond di credito m	margen de crédito m
raming (NL)	Voranschlag m	estimate	devis estimatif m	preventivo m	presupuesto m
ramo (ES)	Branche f	line of business	branche f	ramo commerciale m	—
ramo (P)	Branche f	line of business	branche f	ramo commerciale m	ramo m
ramo commerciale (I)	Branche f	line of business	branche f	—	ramo m
ramo económico (ES)	Wirtschaftszweig m	field of the economy	secteur économique m	settore economico m	—
range of products (E)	Produktpalette f	—	gamme de produits f	gamma dei prodotti f	gama de productos f
rangschikking (NL)	Ablage f	file	classeur-collecteur m	archivio m	archivo m
ränta (SV)	Zins m	interest	intérêt m	interessi m/pl	interés m
ränta på ränta (SV)	Zinseszins m	compound interest	intérêt composé m	interessi composti m/pl	interés compuesto m
räntefot (SV)	Zinsfuß m	interest rate	taux d'intérêt m	tasso d'interesse m	tipo de interés m
räntemarginal (SV)	Zinsgefälle n	gap between interest rates	disparité des niveaux d'intérêts f	differenza d'interessi f	diferencia entre los tipos de interés f
räntemarginal (SV)	Zinsmarge f	interest margin	marge entre les taux d'intérêt créditeur et débiteur f	margine d'interesse m	margen de interés m
räntenivå (SV)	Zinsniveau n	interest rate level	niveau du taux d'intérêt m	livello degli interessi m	nivel de interés m
ränteobligation (SV)	Rentenanleihe f	perpetual bonds	effet public m	prestito a reddito fisso m	empréstito por anualidades m
räntepolitik (SV)	Zinspolitik f	interest rate policy	politique en matière d'intérêts f	politica dei tassi d'interesse f	política en materia de intereses f

räntepolitik

P	NL	SV	PL	CZ	H
contabilidade f	bedrijfsadministratie f	redovisning	rachunkowość f	účetnictví n	számvitel
nome da empresa m	firmanaam m	företagsnamn	nazwa firmowa f	název firmy m	cégnév
guarda-livros m	boekhouder m /boekhoudster f	kamrer	księgowy m	účetní m/f	könyvelő
frete ferroviário m	spoorvracht f	järnvägsfrakt	fracht kolejowy m	železniční náklad m	vasúti szállítmány
exercício contável m	boekjaar n	—	rok budżetowy m	účetní rok m	pénzügyi év
período de contabilização m	boekingsperiode f	—	okres rozliczeniowy m	zúčtovací období n	elszámolási időszak
palete f	pallet m	lastpall	paleta f	paleta f	—
direitos de carga m/pl	inladingskosten m/pl	lastningsavgift	opłaty za załadunek f/pl	poplatky za náklad m	—
custos de carregamento m/pl	laadkosten m/pl	lastningskostnad	koszty przeładunku m/pl	výdaje za nakládku m/pl	—
carregar	laden	lasta	przeładowywać <przeładować>	nakládat <naložit>	—
frete m	lading f	frakt	fracht m	přepravovaný náklad m	—
mercadoria a transportar f	vrachtgoed n	fraktgods	towary przewożone m/pl	nákladní zboží n	—
carga f	vracht f	last	ładunek m	náklad m	—
Áustria f	Oostenrijk	Österrike	Austria f	—	Ausztria
austríaco	Oostenrijks	österrikisk	austriacki	—	osztrák(osan)
posto no cais	af kaai	fritt från kaj	z nabrzeża	z nábřeží n	—
armazém m	magazijn n	lager	magazyn m	sklad m	—
aluguel de armazenagem m	huur van opslagruimte f	lagerhyra	czynsz za magazyn m	skladné n	—
guia de armazenagem f	opslagbewijs n	lagerbevis	kwit składowy m	skladovací list m	—
em stock	in voorraad	i lager	na składzie	na skladě m	—
armazenagem f	opslag m	lagring	składowanie n	skladování n	—
armazém m	opslagplaats f	lagerrum	pomieszczenie składowe n	skladovací prostor m	—
plafond de crédito m	kredietmarge f	kreditram	—	rámec úvěrů m	hitelkeret
plafond de crédito m	kredietmarge f	kreditram	rama kredytowa f	—	hitelkeret
estimativa f	—	uppskattning	kosztorys m	rozpočet m	előirányzat
ramo m	branche f	bransch	branża f	obor m	ágazat
—	branche f	bransch	branża f	obor m	ágazat
ramo m	branche f	bransch	branża f	obor m	ágazat
sector económico m	tak van de economie m	bransch	branża gospodarcza f	hospodářské odvětví n	gazdasági ág
gama de produtos f	productassortiment n	produktsortiment	paleta produktów f	paleta výrobků f	termékpaletta
arquivo m	—	arkiv	archiwum akt n	uložení n	kartoték
juro m	interest m	—	odsetki pl	úrok m	kamat
juros compostos m/pl	samengestelde interest m	—	odsetki składane pl	úrok z úroků m	kamatos kamat
taxa de juro f	rentevoet m	—	stopa procentowa f	úroková míra f	kamatláb
diferença entre taxas de juro f	renteverschillen n/pl	—	różnica w oprocentowaniu f	spád úroků m	kamatláb-különbözet
margem de lucros f	rentemarge f	—	marża odsetkowa f	úrokové rozpětí n	kamatrés
nível da taxa de juro m	rentepeil n	—	poziom stawki oprocentowania m	úroveň úroků f	kamatszint
empréstimo por anuidades m	effect met vaste rente n	—	pożyczka publiczna f	doživotní renta f	járadékkötvény
política das taxas de juro f	rentebeleid n	—	polityka stopy procentowej f	úroková politika f	kamatpolitika

räntesänkning

	D	E	F	I	ES
räntesänkning (SV)	Zinssenkung f	reduction of interest	diminution du taux d'intérêt f	riduzione degli interessi f	reducción del tipo de interés f
räntesats (SV)	Zinssatz m	interest rate	taux d'intérêt m	tasso d'interesse m	tipo de interés m
ränteswap (SV)	Swapsatz m	swap rate	taux de swap m	tasso di riporto m	tasa swap f
råolja (SV)	Rohöl n	crude oil	pétrole brut m	petrolio greggio m	crudo m
rappelbrief (NL)	Mahnbrief m	reminder	lettre d'avertissement f	lettera di sollecito f	carta admonitoria f
rapport (SV)	Zeugnis n	letter of reference	certificat m	attestato m	certificado m
rapport de confiance (F)	Vertrauensverhältnis n	confidential relationship	—	rapporto di fiducia m	relación de confianza f
rapport de gestion (F)	Geschäftsbericht m	business report	—	relazione di bilancio f	informe m
rapporti commerciali (I)	Handelsbeziehungen f/pl	trade relations	relations commerciales f/pl	—	relaciones comerciales f/pl
rapporti d'affari (I)	Geschäftsbeziehung f	business connections	relations commerciales f/pl	—	relaciones comerciales f/pl
rapporto corso-profitto (I)	Kurs-Gewinn-Verhältnis n	price-earnings ratio	relation cours-bénéfice f	—	relación cotización-ganancia f
rapporto di fiducia (I)	Vertrauensverhältnis n	confidential relationship	rapport de confiance m	—	relación de confianza f
rappresentante (I)	Vertreter m	representative	représentant m	—	representante m
rappresentante commerciale (I)	Handelsvertreter m	commercial agent	représentant de commerce m	—	representante comercial m
rappresentante generale (I)	Generalvertreter m	general agent	agent général m	—	representante general m
rappresentanza (I)	Vertretung f	representation	représentation f	—	representación f
rappresentanza commerciale (I)	Handelsvertretung f	commercial agency	représentation commerciale f	—	representación comercial f
rappresentanza esclusiva (I)	Alleinvertretung f	sole agency	agence exclusive f	—	representación exclusiva f
rappresentanza estera (I)	Auslandsvertretung f	agency abroad	agence à l'étranger f	—	representación en el exterior f
rare (F)	knapp	scarce	—	scarso	escaso
rata (I)	Rate f	instalment	acompte m	—	plazo m
rata (I)	Teilzahlungsrate f	monthly instalment	versement d'un achat à tempérament f	—	plazo m
rata (PL)	Rate f	instalment	acompte m	rata f	plazo m
rata (PL)	Teilzahlungsrate f	monthly instalment	versement d'un achat à tempérament f	rata f	plazo m
rata leasingowa (PL)	Leasing-Rate f	leasing payment	taux de leasing m	tasso del leasing f	plazo de arrendamiento financiero m
Rate (D)	—	instalment	acompte m	rata f	plazo m
Ratenkauf (D)	—	hire purchase	achat à tempérament m	acquisto a rate m	compra a plazo f
Ratenzahlung (D)	—	payment by instalments	payement par versements fractionnés m	pagamento rateale m	pago a plazos m
rate of conversion (E)	Umrechnungskurs m	—	cours de conversion m	corso di cambio m	tasa de cambio f
rate of growth (E)	Wachstumsrate f	—	taux d'accroissement m	tasso di crescita m	tasa de crecimiento f
rate of inflation (E)	Inflationsrate f	—	taux d'inflation m	tasso d'inflazione m	tasa de inflación f
rate of issue (E)	Emissionskurs m	—	cours d'émission m	corso d'emissione m	tipo de emisión m
ratificação (P)	Ratifikation f	ratification	ratification f	ratificazione f	ratificación f
ratificación (ES)	Ratifikation f	ratification	ratification f	ratificazione f	—
ratification (E)	Ratifikation f	—	ratification f	ratificazione f	ratificación f
ratification (F)	Ratifikation f	ratification	—	ratificazione f	ratificación f
ratificazione (I)	Ratifikation f	ratification	ratification f	—	ratificación f
ratifikace (CZ)	Ratifikation f	ratification	ratification f	ratificazione f	ratificación f
ratifikálás (H)	Ratifikation f	ratification	ratification f	ratificazione f	ratificación f
Ratifikation (D)	—	ratification	ratification f	ratificazione f	ratificación f
ratifikation (SV)	Ratifikation f	ratification	ratification f	ratificazione f	ratificación f

ratifikation

P	NL	SV	PL	CZ	H
redução dos juros f	renteverlaging f	—	obniżka stopy procentowej f	snížení úrokové míry n	kamatcsökkentés
taxa de juro f	rentevoet m	—	stawka procentowa f	úroková sazba f	kamatláb
taxa swap f	prolongatierente f	—	stawka swapowa f	svapová sazba f	swapárfolyam
petróleo bruto m	ruwe olie f	—	surowa ropa naftowa f	surový olej m	nyersolaj
carta de advertência f	—	kravbrev	monit m	upomínka f	fizetési felszólítás
certificado m	certificaat n	—	świadectwo n	vysvědčení n	bizonyítvány
relação de confiança f	vertrouwensrelatie f	förtroende	stosunek zaufania m	důvěrný vztah m	bizalmi viszony
relatório comercial m	beheersverslag n	affärsrapport	sprawozdanie z działalności przedsiębiorstwa n	obchodní zpráva f	üzleti jelentés
relações comerciais f/pl	handelsbetrekkingen f/pl	handelsförbindelser pl	stosunki handlowe m/pl	obchodní styky m/pl	kereskedelmi kapcsolatok
relações comerciais f/pl	zakenrelatie f	affärskontakter pl	stosunki handlowe m/pl	obchodní styk m	üzleti kapcsolat
relação curso-benefício f	koers/winstverhouding f	p/e-tal	stosunek ceny akcji do jej dywidenty m	poměr ceny a zisku m	árfolyam-nyereség arány
relação de confiança f	vertrouwensrelatie f	förtroende	stosunek zaufania m	důvěrný vztah m	bizalmi viszony
representante m	vertegenwoordiger m	representant	przedstawiciel m	zástupce m	képviselő
representante comercial m	handelsvertegenwoordiger m	handelsagent	agent handlowy m	obchodní zástupce m	kereskedelmi képviselő
representante geral m	alleenvertegenwoordiger m	generalagent	wyłączny przedstawiciel m	generální zástupce m	vezérképviselő
representação f	vertegenwoordiging f	representation	przedstawicielstwo n	zastoupení n	képviselet
representação comercial f	handelsagentuur f	handelsagentur	przedstawicielstwo handlowe n	obchodní zastoupení n	kereskedelmi képviselet
representação exclusiva f	alleenvertegenwoordiging f	ensamagentur	wyłączne przedstawicielstwo m	výhradní zastoupení n	kizárólagos képviselet
representação no exterior f	agentschap in het buitenland n	utlandskontor	przedstawicielstwo zagraniczne n	zahraniční zastoupení n	külföldi képviselet
escasso	schaars	knapp	w niedoborze	těsný	szűkös
prestação f	termijn m	avbetalning	rata f	splátka f	részlet
prestação f	maandelijkse afbetaling f	avbetalningstakt	rata f	splátka f	részletfizetési összeg
prestação f	termijn m	avbetalning	—	splátka f	részlet
prestação f	maandelijkse afbetaling f	avbetalningstakt	—	splátka f	részletfizetési összeg
pagamento de uma locação financeira m	leasingtarief n	leasingavgift	—	leasingová splátka f	lízingdíj
prestação f	termijn m	avbetalning	rata f	splátka f	részlet
compra a prestações f	aankoop op afbetaling m	avbetalningsköp	kupno na raty n	koupě na splátky f	részletfizetéses vásárlás
pagamento a prestações m	betaling in termijnen f	avbetalning	spłata ratalna f	placení splátek n	részletfizetés
taxa de câmbio f	omrekeningskoers m	konverteringskurs	kurs przeliczeniowy m	přepočítací kurs m	átváltási árfolyam
taxa de crescimento f	groeicijfer n	tillväxttakt	stopa wzrostu f	míra růstu f	növekedési ütem
taxa de inflação f	inflatiepercentage f	inflationstakt	tempo inflacji n	míra inflace f	inflációs ráta
preço de emissão m	emissiekoers m	emissionskurs	kurs emisyjny m	emisní kurs m	kibocsátási árfolyam
—	bekrachtiging f	ratifikation	ratyfikacja f	ratifikace f	ratifikálás
ratificação f	bekrachtiging f	ratifikation	ratyfikacja f	ratifikace f	ratifikálás
ratificação f	bekrachtiging f	ratifikation	ratyfikacja f	ratifikace f	ratifikálás
ratificação f	bekrachtiging f	ratifikation	ratyfikacja f	ratifikace f	ratifikálás
ratificação f	bekrachtiging f	ratifikation	ratyfikacja f	ratifikace f	ratifikálás
ratificação f	bekrachtiging f	ratifikation	ratyfikacja f	—	ratifikálás
ratificação f	bekrachtiging f	ratifikation	ratyfikacja f	ratifikace f	—
ratificação f	bekrachtiging f	ratifikation	ratyfikacja f	ratifikace f	ratifikálás
ratificação f	bekrachtiging f	—	ratyfikacja f	ratifikace f	ratifikálás

rationalisation

	D	E	F	I	ES
rationalisation (E)	Rationalisierung f	—	rationalisation f	razionalizzazione f	racionalización f
rationalisation (F)	Rationalisierung f	rationalisation	—	razionalizzazione f	racionalización f
rationalisering (NL)	Rationalisierung f	rationalisation	rationalisation f	razionalizzazione f	racionalización f
rationalisering (SV)	Rationalisierung f	rationalisation	rationalisation f	razionalizzazione f	racionalización f
Rationalisierung (D)	—	rationalisation	rationalisation f	razionalizzazione f	racionalización f
rätt (SV)	Recht n	law	droit m	diritto m	derecho m
rättegångskostnader (SV)	Gerichtskosten pl	legal costs	frais judiciaires taxables exposés m/pl	spese giudiziarie f/pl	gastos judiciales m/pl
rättskapabel (SV)	rechtsfähig	having legal capacity	capable de jouir de droits	avente capacità giuridica	jurídicamente capaz
rättskipning (SV)	Rechtsprechung f	jurisdiction	jurisprudence f	giurisprudenza f	jurisprudencia f
rättsläge (SV)	Rechtslage f	legal position	situation juridique f	situazione giuridica f	situación jurídica f
rättslig handlingsförmåga (SV)	Geschäftsfähigkeit f	legal competence	capacité d'accomplir des actes juridiques f	capacità di agire f	capacidad de negociar f
rättsordning (SV)	Rechtsnorm f	legal norm	règle de droit f	norma giuridica f	norma jurídica f
rättstvist (SV)	Rechtsstreit m	legal action	litige m	causa f	conflicto jurídico m
ratyfikacja (PL)	Ratifikation f	ratification	ratification f	ratificazione f	ratificación f
Räumung (D)	—	evacuation	évacuation f	evacuazione f	desalojamiento m
råvara (SV)	Rohstoff m	raw material	matières premières f/pl	materia prima f	materia prima f
råvarubrist (SV)	Rohstoffknappheit f	raw material shortage	pénurie de matières premières f	scarsità di materie prime f	escasez de materias primas f
råvaruterminsaffär (SV)	Warenterminegeschäft f	forward merchandise dealings	opération de livraison à terme f	operazione a termine su merci f	operación de futuro de mercancías f
råvaruterminsmarknad (SV)	Warenterminbörse f	commodity futures exchange	bourse de marchandises à livrer f	borsa merci a termine f	bolsa de mercancías a plazo m
raw material (E)	Rohstoff m	—	matières premières f/pl	materia prima f	materia prima f
raw material shortage (E)	Rohstoffknappheit f	—	pénurie de matières premières f	scarsità di materie prime f	escasez de materias primas f
razionalizzazione (I)	Rationalisierung f	rationalisation	rationalisation f	—	racionalización f
razón social (ES)	Firmenname m	company name	nom de l'entreprise m	ragione sociale f	—
reach an agreement (E)	handelseinig sein	—	unanimité commerciale f	essere d'accordo sul prezzo	estar de acuerdo
readaptação profissional (P)	Umschulung f	retraining	reconversion professionnelle f	riqualificazione professionale f	readaptación profesional f
readaptación profesional (ES)	Umschulung f	retraining	reconversion professionnelle f	riqualificazione professionale f	—
ready for collection (E)	abholbereit	—	prêt pour enlèvement	pronto per il ritiro	listo para la recogida
ready for dispatch (E)	versandbereit	—	prêt pour expédition	pronto per la spedizione	listo para ser expedido
reálbér (H)	Reallohn m	real wages	salaire réel m	salario reale m	salario real m
Realeinkommen (D)	—	real income	revenu réel m	reddito reale m	ingreso real m
real estate (E)	Grundstück n	—	terrain m	terreno m	terreno m
real estate fund (E)	Immobilienfonds m	—	fonds immobilier m	fondo immobiliare m	fondo inmobiliario f
real income (E)	Realeinkommen n	—	revenu réel m	reddito reale m	ingreso real m
realinkomst (SV)	Realeinkommen n	real income	revenu réel m	reddito reale m	ingreso real m
realisation (SV)	Ausverkauf m	clearance sale	soldes m/pl	svendita f	liquidación f
realização de uma encomenda (P)	Auftragsbearbeitung f	order processing	exécution d'une commande f	realizzazione di un ordine f	tramitación de pedidos f
realizacja (PL)	Abwicklung f	settlement	exécution f	esecuzione f	ejecución f
realizacja zlecenia (PL)	Auftragsabwicklung f	processing of an order	exécution d'une commande f	esecuzione di un ordine f	ejecución de pedidos f
realizacja zlecenia (PL)	Auftragsbearbeitung f	order processing	exécution d'une commande f	realizzazione di un ordine f	tramitación de pedidos f

realizacja zlecenia

P	NL	SV	PL	CZ	H
racionalização f	rationalisering f	rationalisering	racjonalizacja f	racionalizace f	ésszerűsítés
racionalização f	rationalisering f	rationalisering	racjonalizacja f	racionalizace f	ésszerűsítés
racionalização f	—	rationalisering	racjonalizacja f	racionalizace f	ésszerűsítés
racionalização f	rationalisering f	—	racjonalizacja f	racionalizace f	ésszerűsítés
racionalização f	rationalisering f	rationalisering	racjonalizacja f	racionalizace f	ésszerűsítés
direito m	recht n	—	prawo n	právo n	jog
custos judiciais m/pl	gerechtskosten m/pl	—	koszty sądowe m/pl	soudní výlohy f/pl	perköltségek
com capacidade jurídica	rechtsbevoegd	—	zdolny do czynności prawnych	právně způsobilý	jogképes
jurisprudência f	rechtspraak f	—	orzecznictwo sądowe n	právní ustanovení n	jogszolgáltatás
situação jurídica f	rechtspositie f	—	sytuacja prawna f	právní stav m	jogi helyzet
capacidade para realizar negócios f	handelingsbekwaamheid f	—	zdolność do czynności prawnych f	schopnost obchodování f	jogképesség
norma jurídica f	rechtsnorm f	—	norma prawna f	právní norma f	jogszabály
litígio jurídico m	geschil n	—	spór prawny m	právní spor m	jogvita
ratificação f	bekrachtiging f	ratifikation	—	ratifikace f	ratifikálás
evacuação f	ontruiming f	utrymning	likwidacja f	vyklizení n	kiürítés
matéria-prima f	grondstof f	—	surowiec m	surovina f	nyersanyag
escassez de matéria-prima f	grondstoffenschaarste f	—	niedostatek surowca m	nedostatek surovin m	nyersanyagszűke
transacção de mercadorias a prazo f	goederentermijntransactie f	—	terminowa transakcja towarowa f	termínový obchod se zbožím f	határidős áruüzlet
bolsa de futuros sobre mercadorias f	goederentermijnbeurs f	—	giełda towarowych transakcji terminowych f	termínová burza zboží f	határidős árutőzsde
matéria-prima f	grondstof f	råvara	surowiec m	surovina f	nyersanyag
escassez de matéria-prima f	grondstoffenschaarste f	råvarubrist	niedostatek surowca m	nedostatek surovin m	nyersanyagszűke
racionalização f	rationalisering f	rationalisering	racjonalizacja f	racionalizace f	ésszerűsítés
nome da empresa m	firmanaam m	företagsnamn	nazwa firmowa f	název firmy m	cégnév
em unanimidade comercial	het over een koop eens zijn	vara överens	dobijać <dobić> interesu	být jednotný v obchodě	megegyezik az üzlet feltételeiben
—	omscholing f	omskolning	przeszkolenie n	přeškolení n	átképzés
readaptação profissional f	omscholing f	omskolning	przeszkolenie n	přeškolení n	átképzés
disponível	klaar voor afhaling	färdig att avhämtas	gotowe do odbioru	připraven k vyzvednutí	elvitelre kész
pronto para ser expedido	klaar voor verzending	färdig för leverans	gotowy do wysyłki	připravený k expedici	szállításra kész
salário real m	reëel loon n	reallön	płaca realna f	reálná mzda f	—
rendimento real m	reëel inkomen n	realinkomst	dochód rzeczywisty m	reálný příjem m	reáljövedelem
terreno m	stuk grond n	tomt	parcela f	pozemek m	ingatlan
fundo imobiliário m	vastgoedfonds n	fastighetsfond	fundusz nieruchomości m	fond nemovitostí m	ingatlanalap
rendimento real m	reëel inkomen n	realinkomst	dochód rzeczywisty m	reálný příjem m	reáljövedelem
rendimento real m	reëel inkomen n	—	dochód rzeczywisty m	reálný příjem m	reáljövedelem
liquidação f	totale uitverkoop m	—	wyprzedaż f	výprodej m	kiárusítás
—	behandeling van de bestelling f	orderhantering	realizacja zlecenia f	dílčí zpracování zakázky n	megrendelés feldolgozása
execução f	afwikkeling f	likvidering	—	vyřízení n	lebonyolítás
execução de uma encomenda f	afwikkeling van de bestelling f	orderhantering	—	vyřízení zakázky n	megbízás lebonyolítása
realização de uma encomenda f	behandeling van de bestelling f	orderhantering	—	dílčí zpracování zakázky n	megrendelés feldolgozása

realizzazione di un ordine 840

	D	E	F	I	ES
realizzazione di un ordine (I)	Auftragsbearbeitung f	order processing	exécution d'une commande f	—	tramitación de pedidos f
realizzo (I)	Erlös m	proceeds	produit des ventes m	—	beneficio m
reáljövedelem (H)	Realeinkommen n	real income	revenu réel m	reddito reale m	ingreso real m
reálkamat (H)	Realzins m	real rate of interest	rendement réel m	tasso d'interesse reale m	interés real m
realkapital (SV)	Sachvermögen n	material assets	biens corporels m/pl	capitale reale m	patrimonio real m
Realkredit (D)	—	credit on real estate	crédit sur gage mobilier m	credito reale m	crédito real m
Reallohn (D)	—	real wages	salaire réel m	salario reale m	salario real m
reallön (SV)	Reallohn m	real wages	salaire réel m	salario reale m	salario real m
reálná mzda (CZ)	Reallohn m	real wages	salaire réel m	salario reale m	salario real m
reálné daně (CZ)	Realsteuern f/pl	tax on real estate	impôt réel m	imposte reali f/pl	impuestos reales m/pl
reálný majetek (CZ)	Realvermögen n	real wealth	patrimoine réel m	patrimonio reale m	activo inmobiliario m
reálný příjem (CZ)	Realeinkommen n	real income	revenu réel m	reddito reale m	ingreso real m
reálný úrok (CZ)	Realzins m	real rate of interest	rendement réel m	tasso d'interesse reale m	interés real m
realränta (SV)	Realzins m	real rate of interest	rendement réel m	tasso d'interesse reale m	interés real m
real rate of interest (E)	Realzins m	—	rendement réel m	tasso d'interesse reale m	interés real m
Realsteuern (D)	—	tax on real estate	impôt réel m	imposte reali f/pl	impuestos reales m/pl
real value (E)	Sachwert m	—	valeur matérielle f	valore reale m	valor real m
real value (E)	Substanzwert m	—	valeur de remplacement f	valore sostanziale m	valor sustancial m
realvärde (SV)	Realvermögen n	real wealth	patrimoine réel m	patrimonio reale m	activo inmobiliario m
realvärde (SV)	Sachwert m	real value	valeur matérielle f	valore reale m	valor real m
realvärde (SV)	Substanzwert m	real value	valeur de remplacement f	valore sostanziale m	valor sustancial m
Realvermögen (D)	—	real wealth	patrimoine réel m	patrimonio reale m	activo inmobiliario m
real wages (E)	Reallohn m	—	salaire réel m	salario reale m	salario real m
real wealth (E)	Realvermögen n	—	patrimoine réel m	patrimonio reale m	activo inmobiliario m
Realzins (D)	—	real rate of interest	rendement réel m	tasso d'interesse reale m	interés real m
réapprovisionnement (F)	Wiederbeschaffung f	replacement	—	riapprovigionamento m	reposición f
reaseguro (ES)	Rückversicherung f	reinsurance	réassurance f	riassicurazione f	—
reasekuracja (PL)	Rückversicherung f	reinsurance	réassurance f	riassicurazione f	reaseguro m
réassurance (F)	Rückversicherung f	reinsurance	—	riassicurazione f	reaseguro m
reassurans (SV)	Rückversicherung f	reinsurance	réassurance f	riassicurazione f	reaseguro m
rebaja (ES)	Rabatt m	discount	remise f	ribasso m	—
rebaja de lanzamiento (ES)	Einführungsrabatt m	introductory discount	rabais de lancement m	sconto di lancio m	—
rebaja por cantidad (ES)	Mengenrabatt m	quantity discount	remise de quantité f	sconto sulla quantità m	—
rebaja preferencial (ES)	Vorzugsrabatt m	preferential discount	remise de faveur f	ribasso preferenziale m	—
recapito (I)	Zustellung f	delivery	remise f	—	envío m
recargo (ES)	Aufschlag m	surcharge	hausse f	aggiunta f	—
receipt (E)	Beleg m	—	justificatif m	quietanza f	justificante m
receipt (E)	Quittung f	—	quittance f	quietanza f	recibo m
receipts (E)	Einnahmen f/pl	—	revenu m	entrate f/pl	ingresos m/pl
receitas (P)	Einnahmen f/pl	receipts	revenu m	entrate f/pl	ingresos m/pl
recensement démographique (F)	Volkszählung f	census	—	censimento m	censo m

recensement démographique

P	NL	SV	PL	CZ	H
realização de uma encomenda f	behandeling van de bestelling f	orderhantering	realizacja zlecenia f	dílčí zpracování zakázky n	megrendelés feldolgozása
produto das vendas m	opbrengst f	behållning	przychód m	výnos m	bevétel
rendimento real m	reëel inkomen n	realinkomst	dochód rzeczywisty m	reálný příjem m	—
juro real m	reële interest m	realränta	procent realny m	reálný úrok m	—
bens corpóreos m/pl	vaste activa pl	—	majątek rzeczowy m	věcný majetek m	tárgyi eszközök
crédito imobiliário m	krediet op onderpand n	lån mot realsäkerhet	kredyt rzeczowy m	věcný úvěr m	jelzálogkölcsön
salário real m	reëel loon n	reallön	płaca realna f	reálná mzda f	reálbér
salário real m	reëel loon n	—	płaca realna f	reálná mzda f	reálbér
salário real m	reëel loon n	reallön	płaca realna f	—	reálbér
impostos reais m/pl	zakelijke belastingen f/pl	skatt på fast egendom	podatki majątkowe m/pl	—	vagyonadó
património imobiliário m	reëel vermogen n	realvärde	majątek m	—	ingatlanvagyon
rendimento real m	reëel inkomen n	realinkomst	dochód rzeczywisty m	—	reáljövedelem
juro real m	reële interest m	realränta	procent realny m	—	reálkamat
juro real m	reële interest m	—	procent realny m	reálný úrok m	reálkamat
juro real m	reële interest m	realränta	procent realny m	reálný úrok m	reálkamat
impostos reais m/pl	zakelijke belastingen f/pl	skatt på fast egendom	podatki majątkowe m/pl	reálné daně f/pl	vagyonadó
valor real m	werkelijke waarde f	realvärde	wartość trwała f	věcná hodnota f	dologi érték
valor substancial m	werkelijke waarde f	realvärde	wartość substancji f	hodnota substance f	nettó vagyonérték
património imobiliário m	reëel vermogen n	—	majątek m	reálný majetek m	ingatlanvagyon
valor real m	werkelijke waarde f	—	wartość trwała f	věcná hodnota f	dologi érték
valor substancial m	werkelijke waarde f	—	wartość substancji f	hodnota substance f	nettó vagyonérték
património imobiliário m	reëel vermogen n	realvärde	majątek m	reálný majetek m	ingatlanvagyon
salário real m	reëel loon n	reallön	płaca realna f	reálná mzda f	reálbér
património imobiliário m	reëel vermogen n	realvärde	majątek m	reálný majetek m	ingatlanvagyon
juro real m	reële interest m	realränta	procent realny m	reálný úrok m	reálkamat
reposição f	vervanging f	nyanskaffning	ponowny zakup m	reprodukce f	pótlás
resseguro m	herverzekering f	reassurans	reasekuracja f	zájistná záruka n	viszontbiztosítás
resseguro m	herverzekering f	reassurans	—	zájistná záruka n	viszontbiztosítás
resseguro m	herverzekering f	reassurans	reasekuracja f	zájistná záruka n	viszontbiztosítás
resseguro m	herverzekering f	—	reasekuracja f	zájistná záruka n	viszontbiztosítás
desconto m	korting f	rabatt	rabat m	sleva f	árengedmény
desconto de lançamento m	introductiekorting f	introduktionsrabatt	rabat za wprowadzenie wyrobu m	zaváděcí rabat m	bevezetési árkedvezmény
desconto de quantidade m	quantumkorting f	mängdrabatt	rabat ilościowy	rabat z množství m	mennyiségi árengedmény
desconto preferencial m	voorkeurkorting f	förmånsrabatt	rabat preferencyjny m	preferenční rabat m	elsőbbségi árengedmény
entrega f	levering f	leverans	dostawa f	doručení n	kézbesítés
sobretaxa f	opslag m	påslag	narzut m	přirážka f	pótdíj
comprovativo m	bewijsstuk n	verifikation	dowód m	doklad m	bizonylat
recibo m	kwitantie f	kvitto	kwit m	stvrzenka f	nyugta
receitas f/pl	inkomsten f/pl	intäkter pl	przychody m/pl	příjmy m/pl	bevételek
—	inkomsten f/pl	intäkter pl	przychody m/pl	příjmy m/pl	bevételek
censo demográfico m	volkstelling f	folkräkning	powszechny spis ludności m	sčítání lidu n	népszámlálás

réception

	D	E	F	I	ES
réception (F)	Abnahme f	acceptance	—	accettazione f	aceptación f
recesión (ES)	Abschwung m	downswing	dépression f	ribasso m	—
recesión (ES)	Rezession f	recession	récession f	recessione f	—
recesja (PL)	Rezession f	recession	récession f	recessione f	recesión f
recessão (P)	Rezession f	recession	récession f	recessione f	recesión f
recessie (NL)	Abschwung m	downswing	dépression f	ribasso m	recesión f
recessie (NL)	Rezession f	recession	récession f	recessione f	recesión f
recession (E)	Rezession f	—	récession f	recessione f	recesión f
recession (SV)	Rezession f	recession	récession f	recessione f	recesión f
récession (F)	Rezession f	recession	—	recessione f	recesión f
recessione (I)	Rezession f	recession	récession f	—	recesión f
recesso (I)	Rücktritt m	rescission	dénonciation du contrat f	—	dimisión f
recesszió (H)	Rezession f	recession	récession f	recessione f	recesión f
Rechenfehler (D)	—	miscalculation	erreur de calcul f	errore di calcolo m	error de cálculo m
Rechnung (D)	—	invoice	facture f	fattura f	factura f
Rechnungsbetrag (D)	—	invoice total	montant de la facture m	ammontare della fattura m	importe de la factura m
Rechnungsjahr (D)	—	financial year	exercice comptable m	anno d'esercizio m	ejercicio m
Rechnungsnummer (D)	—	invoice number	numéro de la facture m	numero della fattura m	número de la factura m
Rechnungsstellung (D)	—	invoicing	établissement d'une facture m	fatturazione f	facturación f
Rechnungssumme (D)	—	invoice amount	montant de la facture m	importo della fattura m	suma de la factura f
Rechnungswesen (D)	—	accountancy	comptabilité f	ragioneria f	contabilidad f
Recht (D)	—	law	droit m	diritto m	derecho m
recht (NL)	Recht n	law	droit m	diritto m	derecho m
Rechtsanwalt (D)	—	lawyer	avocat m	avvocato m	abogado m
rechtsbevoegd (NL)	rechtsfähig	having legal capacity	capable de jouir de droits	avente capacità giuridica	jurídicamente capaz
rechtsfähig (D)	—	having legal capacity	capable de jouir de droits	avente capacità giuridica	jurídicamente capaz
Rechtslage (D)	—	legal position	situation juridique f	situazione giuridica f	situación jurídica f
Rechtsnorm (D)	—	legal norm	règle de droit f	norma giuridica f	norma jurídica f
rechtsnorm (NL)	Rechtsnorm f	legal norm	règle de droit f	norma giuridica f	norma jurídica f
rechtspositie (NL)	Rechtslage f	legal position	situation juridique f	situazione giuridica f	situación jurídica f
rechtspraak (NL)	Rechtsprechung f	jurisdiction	jurisprudence f	giurisprudenza f	jurisprudencia f
Rechtsprechung (D)	—	jurisdiction	jurisprudence f	giurisprudenza f	jurisprudencia f
Rechtsstreit (D)	—	legal action	litige m	causa f	conflicto jurídico m
rechtstreekse investeringen (NL)	Direktinvestitionen f/pl	direct investments	investissements directs m/pl	investimenti diretti m/pl	inversiones directas f/pl
rechtsvordering tot teruggave (NL)	Rückerstattung f	repayment	remboursement m	rimborso m	restitución f
recht van voorkoop (NL)	Vorkaufsrecht n	right of pre-emption	droit de préemption m	diritto di prelazione m	derecho de preferencia m
rechtzetting (NL)	Berichtigung f	correction	rectification f	rettifica f	corrección f
recibo (ES)	Empfangsbestätigung f	acknowledgement of receipt	accusé de réception m	conferma di ricevimento f	—
recibo (ES)	Quittung f	receipt	quittance f	quietanza f	—
recibo (P)	Quittung f	receipt	quittance f	quietanza f	recibo m
recibo de entrega (ES)	Lieferschein m	delivery note	bulletin de livraison m	bolla di consegna f	—
recipient (E)	Empfänger m	—	destinataire m	destinatario m	destinatario m
Řecko (CZ)	Griechenland	Greece	Grèce	Grecia f	Grecia
řecký (CZ)	Griechisch	Greek	grec	greco	griego m

řecký

P	NL	SV	PL	CZ	H
aceitação f	afname f	godkännande av leverans	odbiór m	odebrání n	átvétel
baixa f	recessie f	nedgång	regresja f	pokles rozvoje m	gazdasági visszaesés
recessão f	recessie f	recession	recesja f	oživení n	recesszió
recessão f	recessie f	recession	—	oživení n	recesszió
—	recessie f	recession	recesja f	oživení n	recesszió
baixa f	—	nedgång	regresja f	pokles rozvoje m	gazdasági visszaesés
recessão f	—	recession	recesja f	oživení n	recesszió
recessão f	recessie f	recession	recesja f	oživení n	recesszió
recessão f	recessie f	—	recesja f	oživení n	recesszió
recessão f	recessie f	recession	recesja f	oživení n	recesszió
recessão f	recessie f	recession	recesja f	oživení n	recesszió
demissão f	annulering f	återkallande	odstąpienie n	odstoupení n	visszalépés
recessão f	recessie f	recession	recesja f	oživení n	—
erro de cálculo m	rekenfout f	felkalkyl	błąd obliczeniowy m	početní chyba f	számítási hiba
factura f	factuur f	faktura	rachunek m	účet m	számla
montante da factura m	factuurbedrag n	faktureringssumma	suma rachunku f	účetní částka f	számlaösszeg
exercício contável m	boekjaar n	räkenskapsår	rok budżetowy m	účetní rok m	pénzügyi év
número da factura m	factuurnummer n	fakturanummer	numer rachunku m	číslo účtu n	számlaszám
facturação f	facturering f	fakturering	fakturowanie n	účtování n	számlázás
montante da factura m	factuurbedrag n	faktureringssumma	suma rachunku f	účetní suma f	számlaösszeg
contabilidade f	bedrijfsadministratie f	redovisning	rachunkowość f	účetnictví n	számvitel
direito m	recht n	rätt	prawo n	právo n	jog
direito m	—	rätt	prawo n	právo n	jog
advogado m	advocaat m	advokat	adwokat m	právní zástupce m	ügyvéd
com capacidade jurídica	—	rättskapabel	zdolny do czynności prawnych	právně způsobilý	jogképes
com capacidade jurídica	rechtsbevoegd	rättskapabel	zdolny do czynności prawnych	právně způsobilý	jogképes
situação jurídica f	rechtspositie f	rättsläge	sytuacja prawna f	právní stav m	jogi helyzet
norma jurídica f	rechtsnorm f	rättsordning	norma prawna f	právní norma f	jogszabály
norma jurídica f	—	rättsordning	norma prawna f	právní norma f	jogszabály
situação jurídica f	—	rättsläge	sytuacja prawna f	právní stav m	jogi helyzet
jurisprudência f	—	rättskipning	orzecznictwo sądowe n	právní ustanovení n	jogszolgáltatás
jurisprudência f	rechtspraak f	rättskipning	orzecznictwo sądowe n	právní ustanovení n	jogszolgáltatás
litígio jurídico m	geschil n	rättstvist	spór prawny m	právní spor m	jogvita
investimentos directos m/pl	—	direktinvestering	inwestycje bezpośrednie f/pl	přímé investice f/pl	közvetlen beruházások
reembolso m	—	återbetalning	zwrot wpłaty m	refundace f	visszatérítés
direito de preempção m	—	förköpsrätt	prawo pierwokupu n	předkupní právo n	elővásárlási jog
rectificação f	—	korrigering	sprostowanie n	oprava f	helyesbítés
aviso de recepção f	ontvangstbevestiging f	mottagningsbevis	potwierdzenie odbioru n	potvrzení příjmu n	átvételi elismervény
recibo m	kwitantie f	kvitto	kwit m	stvrzenka f	nyugta
—	kwitantie f	kvitto	kwit m	stvrzenka f	nyugta
guia de remessa f	afleveringsbewijs n	följesedel	dowód dostawy m	dodací list m	szállítójegyzék
destinatário m	geadresseerde m	mottagare	odbiorca m	příjemce m	címzett
Grécia f	Griekenland	Grekland	Grecja f	—	Görögország
grego	Grieks	grekisk	grecki	—	görög (nyelv)

reclamação 844

	D	E	F	I	ES
reclamação (P)	Beschwerde *f*	complaint	plainte *f*	ricorso *m*	reclamación *f*
reclamação (P)	Reklamation *f*	complaint	réclamation *f*	reclamo *m*	reclamación *f*
reclamación (ES)	Anspruch *m*	claim	prétention *f*	pretesa *f*	—
reclamación (ES)	Beschwerde *f*	complaint	plainte *f*	ricorso *m*	—
reclamación (ES)	Reklamation *f*	complaint	réclamation *f*	reclamo *m*	—
réclamation (F)	Beanstandung *f*	objection	—	reclamo *m*	queja *f*
réclamation (F)	Reklamation *f*	complaint	—	reclamo *m*	reclamación *f*
reclame (NL)	Reklame *f*	advertising	publicité *f*	réclame *f*	publicidad *f*
reclame (NL)	Werbung *f*	advertising	publicité *f*	pubblicità *f*	publicidad *f*
réclame (I)	Reklame *f*	advertising	publicité *f*	—	publicidad *f*
reclamebudget (NL)	Werbebudget *n*	advertising budget	budget de publicité *m*	budget pubblicitario *m*	presupuesto publicitario *m*
reclamebureau (NL)	Werbeagentur *f*	advertising agency	agence de publicité *f*	agenzia pubblicitaria *f*	agencia publicitaria *f*
reclamecampagne (NL)	Werbekampagne *f*	advertising campaign	campagne publicitaire *f*	campagna pubblicitaria *f*	campaña publicitaria *f*
reclamedrukwerk door de post huis aan huis bezorgd (NL)	Postwurfsendung *f*	unaddressed printed matter posted in bulk	publipostage *m*	spedizione postale cumulativa di stampati *f*	envío postal colectivo *m*
reclamegeschenk (NL)	Werbegeschenk *n*	promotional gift	cadeau publicitaire *m*	omaggio pubblicitario *m*	regalo publicitario *m*
reclamemedium (NL)	Werbemittel *f*	means of advertising	moyen publicitaire *m*	mezzo pubblicitario *m*	medio publicitario *m*
reclametekst (NL)	Werbetext *m*	advertising copy	texte publicitaire *m*	testo pubblicitario *m*	texto publicitario *m*
reclamo (I)	Beanstandung *f*	objection	réclamation *f*	—	queja *f*
reclamo (I)	Reklamation *f*	complaint	réclamation *f*	—	reclamación *f*
recommendation de prix (F)	Preisempfehlung *f*	price recommendation	—	suggerimento di prezzo *m*	precio recomendado *m*
recommended retail price (E)	Richtpreis *m*	—	prix indicatif *m*	prezzo indicativo *m*	precio indicativo *m*
reconversion professionnelle (F)	Umschulung *f*	retraining	—	riqualificazione professionale *f*	readaptación profesional *f*
recours (F)	Regreß *m*	recourse	—	regresso *m*	recurso *m*
recours (F)	Rückgriff *m*	recourse	—	regresso *m*	recurso *m*
recourse (E)	Regreß *m*	—	recours *m*	regresso *m*	recurso *m*
recourse (E)	Rückgriff *m*	—	recours *m*	regresso *m*	recurso *m*
recovery of damages (E)	Schadensersatz *m*	—	dommages-intérêts *m/pl*	risarcimento danni *m*	indemnización *f*
rectificação (P)	Berichtigung *f*	correction	rectification *f*	rettifica *f*	corrección *f*
rectificação do valor (P)	Wertberichtigung *f*	adjustment of value	réévaluation *f*	rettifica del valore *f*	rectificación de valor *f*
rectificación de valor (ES)	Wertberichtigung *f*	adjustment of value	réévaluation *f*	rettifica del valore *f*	—
rectification (F)	Berichtigung *f*	correction	—	rettifica *f*	corrección *f*
řečtina (CZ)	griechisch	Greek	grec	greco	griego
recul de la demande (F)	Nachfragerückgang *m*	decrease in demand	—	flessione della domanda *f*	disminución en la demanda *f*
recuperación coyuntural (ES)	Konjunkturbelebung *f*	economic upturn	relance économique *f*	ripresa congiunturale *f*	—
recurso (ES)	Regreß *m*	recourse	recours *m*	regresso *m*	—
recurso (ES)	Rückgriff *m*	recourse	recours *m*	regresso *m*	—
recurso (P)	Regreß *m*	recourse	recours *m*	regresso *m*	recurso *m*
recurso (P)	Rückgriff *m*	recourse	recours *m*	regresso *m*	recurso *m*
recusa (P)	Ablehnung *f*	refusal	refus *m*	rifiuto *m*	denegación *f*
recusa (P)	Absage *f*	refusal	refus *m*	rifiuto *m*	negativa *f*
recusa de aceitação (P)	Annahmeverweigerung *f*	refusal of delivery	refus d'acceptation *m*	rifiuto d'accettazione *m*	rehuso de aceptación *m*
recycling exchange (E)	Abfallbörse *f*	—	bourse de recyclage *f*	borsa di riciclaggio *f*	bolsa de reciclaje *f*
redditività (I)	Rentabilität *f*	profitability	rentabilité *f*	—	rentabilidad *f*
redditività (I)	Wirtschaftlichkeit *f*	economic efficiency	rentabilité *f*	—	rentabilidad *f*

redditività

P	NL	SV	PL	CZ	H
—	klacht f	reklamation	zażalenie n	stížnost f	panasz
—	klacht f	reklamation	reklamacja f	reklamace f	reklamáció
reivindicação f	eis m	krav	roszczenie n	nárok m	igény
reclamação f	klacht f	reklamation	zażalenie n	stížnost f	panasz
reclamação f	klacht f	reklamation	reklamacja f	reklamace f	reklamáció
objecção f	klacht f	reklamation	reklamacja f	reklamace f	kifogásolás
reclamação f	klacht f	reklamation	reklamacja f	reklamace f	reklamáció
publicidade f	—	reklam	reklama f	reklama f	reklám
publicidade f	—	reklam	reklama f	reklama f	reklám
publicidade f	reclame f	reklam	reklama f	reklama f	reklám
orçamento publicitário m	—	reklambudget	fundusz reklamowy m	rozpočet na reklamu m	reklámkeret
agência de publicidade f	—	reklambyrå	agencja reklamowa f	reklamní agentura f	reklámügynökség
campanha publicitária f	—	reklamkampanj	kampania reklamowa f	propagační kampaň f	reklámkampány
envio postal colectivo m	—	masskorsband	masowa ulotka wysyłana pocztą f	poštovní doručení hromadné zásilky n	címzetlen reklámküldemény
oferta publicitária f	—	reklampresent	podarunek reklamowy m	reklamní dárek m	reklámajándék
meio publicitário m	—	reklammedel	środek reklamy m	propagační prostředky m/pl	reklámeszköz
texto publicitário m	—	reklamtext	tekst reklamowy m	reklamní text m	reklámszöveg
objecção f	klacht f	reklamation	reklamacja f	reklamace f	kifogásolás
reclamação f	klacht f	reklamation	reklamacja f	reklamace f	reklamáció
preço recomendado m	adviesprijs m	rekommenderat pris	zalecenie cenowe n	cenové doporučení n	ajánlott ár
preço de referência m	richtprijs m	rekommenderat pris	cena zalecana f	orientační cena f	irányár
readaptação profissional f	omscholing f	omskolning	przeszkolenie n	přeškolení n	átképzés
recurso m	regres n	regress	regres m	regres m	viszontkereset
recurso m	verhaal n	regress	regres m	regres m	visszkereset
recurso m	regres n	regress	regres m	regres m	viszontkereset
recurso m	verhaal n	regress	regres m	regres m	visszkereset
indemnização f	schadeloosstelling f	skadestånd	odszkodowanie n	náhrada škody f	kártérítés
—	rechtzetting f	korrigering	sprostowanie n	oprava f	helyesbítés
—	correctie wegens herwaardering f	värdereglering	sprostowanie wartości n	oprávka f	értékhelyesbítés
rectificação do valor f	correctie wegens herwaardering f	värdereglering	sprostowanie wartości n	oprávka f	értékhelyesbítés
rectificação f	rechtzetting f	korrigering	sprostowanie n	oprava f	helyesbítés
grego	Grieks	grekiska	język grecki m	—	görög(ül)
diminuição da procura f	vermindering van de vraag f	minskad efterfrågan	spadek popytu m	pokles poptávky f	keresletcsökkenés
conjuntura incentivada f	opleving van de conjunctuur f	konjunkturuppsving	ożywienie koniunktury n	oživení konjunktury n	megélénkülés
recurso m	regres n	regress	regres m	regres m	viszontkereset
recurso m	verhaal n	regress	regres m	regres m	visszkereset
—	regres n	regress	regres m	regres m	viszontkereset
—	verhaal n	regress	regres m	regres m	visszkereset
—	weigering f	avslag	odmowa f	odmítnutí n	elutasítás
—	weigering f	avböjande	odmowa f	odřeknutí n	lemondás
—	weigering van acceptatie f	vägra godkänna en leverans	odmowa przyjęcia f	odepření přijetí n	átvétel megtagadása
bolsa de reciclagem f	afvalbeurs f	återvinningsbörs	giełda odpadów f	burza s odpady f	hulladékanyag-börze
rentabilidade f	rentabiliteit f	avkastningsförmåga	rentowność f	rentabilita f	jövedelmezőség
eficiência económica f	rentabiliteit f	ekonomisk effektivitet	ekonomiczność f	hospodárnost f	gazdaságosság

redditività del capitale

	D	E	F	I	ES
redditività del capitale (I)	Kapitalrentabilität f	return on investment	rentabilité du capital f	—	rentabilidad del capital f
reddito (I)	Einkommen n	income	revenu m	—	ingresos m/pl
reddito annuale (I)	Jahreseinkommen n	annual income	revenu annuel m	—	renta anual f
reddito fisso (I)	Festeinkommen n	fixed income	revenu fixe m	—	salario fijo m
reddito nazionale lordo (I)	Bruttosozialprodukt n	gross national product	produit national brut m	—	producto nacional bruto m
reddito reale (I)	Realeinkommen n	real income	revenu réel m	—	ingreso real m
redeem (E)	ablösen	—	rembourser	rimborsare	amortizar
redeemable (E)	kündbar	—	résiliable	risolubile	rescindible
redemption sum (E)	Ablösesumme f	—	montant de rachat m	buona uscita f	suma de amortización f
rederi (SV)	Reederei f	shipping company	société d'armateurs f	compagnia armatoriale f	compañía naviera f
rederij (NL)	Reederei f	shipping company	société d'armateurs f	compagnia armatoriale f	compañía naviera f
redescontar (ES)	rediskontieren	rediscount	réescompter	riscontare	—
redescontar (P)	rediskontieren	rediscount	réescompter	riscontare	redescontar
rediscount (E)	rediskontieren	—	réescompter	riscontare	redescontar
rediskontera (SV)	rediskontieren	rediscount	réescompter	riscontare	redescontar
rediskontieren (D)	—	rediscount	réescompter	riscontare	redescontar
rediskontovat (CZ)	rediskontieren	rediscount	réescompter	riscontare	redescontar
ředitel (CZ)	Chef m	head	chef m	capo m	jefe m
ředitel (CZ)	Direktor m	director	directeur m	direttore m	director m
ředitelství (CZ)	Direktion f	board of directors	direction f	direzione f	junta directiva f
redovisning (SV)	Buchhaltung f	accounting	comptabilité f	contabilità f	contabilidad f
redovisning (SV)	Rechnungswesen n	accountancy	comptabilité f	ragioneria f	contabilidad f
redovisningsfel (SV)	Buchungsfehler m	book-keeping error	erreur de comptabilité f	errore di contabilità m	error de contabilidad m
redressement (F)	Sanierung	reorganisation	—	risanamento m	reorganización f
redução (P)	Abbau m	reduction	réduction f	riduzione f	reducción f
redução (P)	Ermäßigung f	reduction	réduction f	riduzione f	reducción f
redução (P)	Minderung f	reduction	diminution f	riduzione f	reducción f
redução de custos (P)	Kostensenkung f	cost reduction	réduction des coûts f	diminuzione dei costi m	reducción de costes f
redução de pessoal (P)	Personalabbau m	reduction of staff	compression de personnel f	riduzione del personale f	reducción de personal f
redução de preços (P)	Preissenkung f	price reduction	réduction des prix f	riduzione dei prezzi f	reducción de precios f
redução dos juros (P)	Zinssenkung f	reduction of interest	diminution du taux d'intérêt f	riduzione degli interessi f	reducción del tipo de interés f
reducción (ES)	Abbau m	reduction	réduction f	riduzione f	—
reducción (ES)	Ermäßigung f	reduction	réduction f	riduzione f	—
reducción (ES)	Minderung f	reduction	diminution f	riduzione f	—
reducción de costes (ES)	Kostensenkung f	cost reduction	réduction des coûts f	diminuzione dei costi m	—
reducción del tipo de interés (ES)	Zinssenkung f	reduction of interest	diminution du taux d'intérêt f	riduzione degli interessi f	—
reducción de personal (ES)	Personalabbau m	reduction of staff	compression de personnel f	riduzione del personale f	—
reducción de precios (ES)	Preissenkung f	price reduction	réduction des prix f	riduzione dei prezzi f	—
reduction (E)	Abbau m	—	réduction f	riduzione f	reducción f
reduction (E)	Abschlag m	—	remise f	deduzione f	descuento m

reduction

P	NL	SV	PL	CZ	H
rentabilidade do capital f	rentabiliteit van het kapitaal f	kapitalavkastning	rentowność kapitału f	rentabilita kapitálu f	tőkehozam
rendimento m	inkomen n	inkomst	dochody m/pl	příjem m	jövedelem
rendimento anual m	jaarinkomen n	årsinkomst	dochód roczny m	roční příjem m	éves jövedelem
rendimento fixo m	vast inkomen n	fast inkomst	stały dochód m	pevný příjem m	fix jövedelem
produto nacional bruto m	bruto nationaal product n	bruttonationalprodukt	produkt narodowy brutto m	hrubý společenský produkt m	bruttó társadalmi termék
rendimento real m	reëel inkomen n	realinkomst	dochód rzeczywisty m	reálný příjem m	reáljövedelem
amortizar	aflossen	återköpa	spłacać <spłacić>	oddělovat <oddělit>	törleszt
rescindível	aflosbaar	uppsägbar	możliwy do wypowiedzenia	vypověditelný	felmondható
montante de amortização m	aflosbedrag n	återköpsumma	kwota spłaty f	odstupné n	visszafizetési összeg
companhia de navegação f	rederij f	—	armatorskie przedsiębiorstwo żeglugowe n	loďařství n	hajóstársaság
companhia de navegação f	—	rederi	armatorskie przedsiębiorstwo żeglugowe n	loďařství n	hajóstársaság
redescontar	herdisconteren	rediskontera	redyskontować <zredyskontować>	rediskontovat	viszontleszámítol
—	herdisconteren	rediskontera	redyskontować <zredyskontować>	rediskontovat	viszontleszámítol
redescontar	herdisconteren	rediskontera	redyskontować <zredyskontować>	rediskontovat	viszontleszámítol
redescontar	herdisconteren	—	redyskontować <zredyskontować>	rediskontovat	viszontleszámítol
redescontar	herdisconteren	rediskontera	redyskontować <zredyskontować>	rediskontovat	viszontleszámítol
redescontar	herdisconteren	rediskontera	redyskontować <zredyskontować>	—	viszontleszámítol
chefe m	chef m	chef	szef m	—	vezető
director m	directeur m	direktör	dyrektor f	—	igazgató
direcção f	directie f	styrelse	dyrekcja f	—	igazgatóság
contabilidade f	boekhouding f	—	księgowość f	účetnictví n	könyvelés
contabilidade f	bedrijfsadministratie f	—	rachunkowość f	účetnictví n	számvitel
erro contabilístico m	boekingsfout f	—	błąd w księgowaniu m	chyba v účetnictví f	könyvelési hiba
reorganização f	sanering f	sanering	reorganizacja przedsiębiorstwa f	sanace f	szanálása
—	vermindering f	nedbrytning	redukcja f	snížení n	leépítés
—	korting f	reduktion	zniżka f	sleva f	mérséklés
—	korting f	minskning	zmniejszenie n	snížení n	csökkentés
—	kostenverlaging f	kostnadsminskning	redukcja kosztów f	snížení nákladů n	költségcsökkentés
—	personeelsafslanking f	personalnedskärning	redukcja personelu f	snižování počtu zaměstnanců n	létszámleépítés
—	prijsdaling f	prissänkning	obniżka cen f	snížení cen n	árcsökkentés
—	renteverlaging f	räntesänkning	obniżka stopy procentowej f	snížení úrokové míry n	kamatcsökkentés
redução f	vermindering f	nedbrytning	redukcja f	snížení n	leépítés
redução f	korting f	reduktion	zniżka f	sleva f	mérséklés
redução f	korting f	minskning	zmniejszenie n	snížení n	csökkentés
redução de custos f	kostenverlaging f	kostnadsminskning	redukcja kosztów f	snížení nákladů n	költségcsökkentés
redução dos juros f	renteverlaging f	räntesänkning	obniżka stopy procentowej f	snížení úrokové míry n	kamatcsökkentés
redução de pessoal f	personeelsafslanking f	personalnedskärning	redukcja personelu f	snižování počtu zaměstnanců n	létszámleépítés
redução de preços f	prijsdaling f	prissänkning	obniżka cen f	snížení cen n	árcsökkentés
redução f	vermindering f	nedbrytning	redukcja f	snížení n	leépítés
desconto m	afslag m	sänkning	potrącenie n	sleva f	árengedmény

reduction 848

	D	E	F	I	ES
reduction (E)	Ermäßigung f	—	réduction f	riduzione f	reducción f
reduction (E)	Minderung f	—	diminution f	riduzione f	reducción f
réduction (F)	Abbau m	reduction	—	riduzione f	reducción f
réduction (F)	Ermäßigung f	reduction	—	riduzione f	reducción f
réduction de prix (F)	Preisabzug m	price deduction	—	riduzione del prezzo f	descuento m
réduction des coûts (F)	Kostendämpfung f	combating rising costs	—	contenimento dei costi m	disminución de costes f
réduction des coûts (F)	Kostenminimierung f	minimisation of costs	—	minimizzazione dei costi f	minimación de gastos f
réduction des coûts (F)	Kostensenkung f	cost reduction	—	diminuzione dei costi m	reducción de costes
réduction des prix (F)	Preissenkung f	price reduction	—	riduzione dei prezzi f	reducción de precios f
reduction of interest (E)	Zinssenkung f	—	diminution du taux d'intérêt f	riduzione degli interessi f	reducción del tipo de interés f
reduction of staff (E)	Personalabbau m	—	compression de personnel f	riduzione del personale f	reducción de personal f
redukcja (PL)	Abbau m	reduction	réduction f	riduzione f	reducción f
redukcja ceny (PL)	Preisabzug m	price deduction	réduction de prix f	riduzione del prezzo f	descuento m
redukcja kosztów (PL)	Kostensenkung f	cost reduction	réduction des coûts f	diminuzione dei costi m	reducción de costes
redukcja personelu (PL)	Personalabbau m	reduction of staff	compression de personnel f	riduzione del personale f	reducción de personal f
redukcja wzrostu kosztów (PL)	Kostendämpfung f	combating rising costs	réduction des coûts f	contenimento dei costi m	disminución de costes f
reduktion (SV)	Ermäßigung f	reduction	réduction f	riduzione f	reducción f
redyskontować (PL)	rediskontieren	rediscount	réescompter	riscontare	redescontar
Reederei (D)	—	shipping company	société d'armateurs f	compagnia armatoriale f	compañía naviera f
reëel inkomen (NL)	Realeinkommen n	real income	revenu réel m	reddito reale m	ingreso real m
reëel loon (NL)	Reallohn m	real wages	salaire réel m	salario reale m	salario real m
reëel vermögen (NL)	Realvermögen n	real wealth	patrimoine réel m	patrimonio reale m	activo inmobiliario m
reële interest (NL)	Realzins m	real rate of interest	rendement réel m	tasso d'interesse reale m	interés real m
reembalar (P)	umpacken	re-pack	remballer	reimballare	reempaquetar
reembolso (ES)	Nachnahme f	cash on delivery	remboursement m	contrassegno m	—
reembolso (P)	Abzahlung f	repayment	remboursement m	pagamento rateale m	pago a plazos m
reembolso (P)	Nachnahme f	cash on delivery	remboursement m	contrassegno m	reembolso m
reembolso (P)	Rückerstattung f	repayment	remboursement m	rimborso m	restitución f
reempaquetar (ES)	umpacken	re-pack	remballer	reimballare	—
réescompter (F)	rediskontieren	rediscount	—	riscontare	redescontar
réévaluation (F)	Wertberichtigung f	adjustment of value	—	rettifica del valore f	rectificación de valor f
reference (E)	Diktatzeichen f	—	références f/pl	sigla f	referencias f/pl
reference (E)	Referenz f	—	référence f	referenza f	referencia f
référence (F)	Referenz f	reference	—	referenza f	referencia f
références (F)	Diktatzeichen f	reference	—	sigla f	referencias f/pl
références de commande (F)	Bestelldaten f	details of order	—	dati dell'ordine m/pl	datos de pedido m/pl
referencia (ES)	Referenz f	reference	référence f	referenza f	—
referencia (H)	Referenz f	reference	référence f	referenza f	referencia f
referência (P)	Referenz f	reference	référence f	referenza f	referencia f
referencias (ES)	Diktatzeichen f	reference	références f/pl	sigla f	—

849 referencias

P	NL	SV	PL	CZ	H
redução f	korting f	reduktion	zniżka f	sleva f	mérséklés
redução f	korting f	minskning	zmniejszenie n	snížení n	csökkentés
redução f	vermindering f	nedbrytning	redukcja f	snížení n	leépítés
redução f	korting f	reduktion	zniżka f	sleva f	mérséklés
desconto m	prijsvermindering f	prisavdrag	redukcja ceny f	srážka z ceny f	árengedmény
contenção de custos f	kostenbesparing f	kostnadsdämpning	redukcja wzrostu kosztów f	útlum nákladů m	költségcsökkentés
minimização de custos f	kostenminimalisering f	kostnadsminimering	minimalizacja kosztów f	minimalizace nákladů f	költségek minimalizálása
redução de custos f	kostenverlaging f	kostnadsminskning	redukcja kosztów f	snížení nákladů n	költségcsökkentés
redução de preços f	prijsdaling f	prissänkning	obniżka cen f	snížení cen n	árcsökkentés
redução dos juros f	renteverlaging f	räntesänkning	obniżka stopy procentowej f	snížení úrokové míry n	kamatcsökkentés
redução de pessoal f	personeelsafslanking f	personalnedskärning	redukcja personelu f	snižování počtu zaměstnanců n	létszámleépítés
redução f	vermindering f	nedbrytning	—	snížení n	leépítés
desconto m	prijsvermindering f	prisavdrag	—	srážka z ceny f	árengedmény
redução de custos f	kostenverlaging f	kostnadsminskning	—	snížení nákladů n	költségcsökkentés
redução de pessoal f	personeelsafslanking f	personalnedskärning	—	snižování počtu zaměstnanců n	létszámleépítés
contenção de custos f	kostenbesparing f	kostnadsdämpning	—	útlum nákladů m	költségcsökkentés
redução f	korting f	—	zniżka f	sleva f	mérséklés
redescontar	herdisconteren	rediskontera	—	rediskontovat	viszontleszámítol
companhia de navegação f	rederij f	rederi	armatorskie przedsiębiorstwo żeglugowe n	loďařství n	hajóstársaság
rendimento real m	—	realinkomst	dochód rzeczywisty m	reálný příjem m	reáljövedelem
salário real m	—	reallön	płaca realna f	reálná mzda f	reálbér
património imobiliário m	—	realvärde	majątek m	reálný majetek m	ingatlanvagyon
juro real m	—	realränta	procent realny m	reálný úrok m	reálkamat
—	overpakken	packa om	przepakowywać <przepakować>	přebalovat <přebalit>	átcsomagol
reembolso m	onder rembours	betalning vid leverans	za zaliczeniem pocztowym	dobírka f	utánvétel
—	afbetaling f	avbetalning	spłata f	splácení n	részletfizetés
—	onder rembours	betalning vid leverans	za zaliczeniem pocztowym	dobírka f	utánvétel
—	rechtsvordering tot teruggave f	återbetalning	zwrot wpłaty m	refundace f	visszatérítés
reembalar	overpakken	packa om	przepakowywać <przepakować>	přebalovat <přebalit>	átcsomagol
redescontar	herdisconteren	rediskontera	redyskontować <zredyskontować>	rediskontovat	viszontleszámítol
rectificação do valor f	correctie wegens herwaardering f	värdereglering	sprostowanie wartości n	oprávka f	értékhelyesbítés
referências f/pl	referentie f	referens	znak dyktowany m	značka diktátu f	diktálási jel
referência f	referentie f	referens	referencja f	doporučení n	referencia
referência f	referentie f	referens	referencja f	doporučení n	referencia
referências f/pl	referentie f	referens	znak dyktowany m	značka diktátu f	diktálási jel
detalhes de encomenda m/pl	bestelgegevens n/pl	orderdata	data zamówienia f	objednací údaje m/pl	megrendelés adatai
referência f	referentie f	referens	referencja f	doporučení n	referencia
referência f	referentie f	referens	referencja f	doporučení n	—
—	referentie f	referens	referencja f	doporučení n	referencia
referências f/pl	referentie f	referens	znak dyktowany m	značka diktátu f	diktálási jel

referências 850

	D	E	F	I	ES
referências (P)	Diktatzeichen f	reference	références f/pl	sigla f	referencias f/pl
referencja (PL)	Referenz f	reference	référence f	referenza f	referencia f
referens (SV)	Diktatzeichen f	reference	références f/pl	sigla f	referencias f/pl
referens (SV)	Referenz f	reference	référence f	referenza f	referencia f
referentie (NL)	Diktatzeichen f	reference	références f/pl	sigla f	referencias f/pl
referentie (NL)	Referenz f	reference	référence f	referenza f	referencia f
Referenz (D)	—	reference	référence f	referenza f	referencia f
referenza (I)	Referenz f	reference	référence f	—	referencia f
referirse a (ES)	betreffen	concern	concerner	riguardare	—
referir-se a (P)	betreffen	concern	concerner	riguardare	referirse a
referring to (E)	bezugnehmend	—	en référence à f	con riferimento a	con referencia a
referring to (E)	bezüglich	—	relatif à	relativo a	en relación a
refinancement (F)	Refinanzierung f	refinancing	—	rifinanziamento m	refinanciación f
refinanciación (ES)	Refinanzierung f	refinancing	refinancement m	rifinanziamento m	—
refinanciamento (P)	Refinanzierung f	refinancing	refinancement m	rifinanziamento m	refinanciación f
refinancing (E)	Refinanzierung f	—	refinancement m	rifinanziamento m	refinanciación f
refinancování (CZ)	Refinanzierung f	refinancing	refinancement m	rifinanziamento m	refinanciación f
refinansowanie (PL)	Refinanzierung f	refinancing	refinancement m	rifinanziamento m	refinanciación f
refinanszírozás (H)	Refinanzierung f	refinancing	refinancement m	rifinanziamento m	refinanciación f
Refinanzierung (D)	—	refinancing	refinancement m	rifinanziamento m	refinanciación f
refundace (CZ)	Rückerstattung f	repayment	remboursement m	rimborso m	restitución f
refus (F)	Ablehnung f	refusal	—	rifiuto m	denegación f
refus (F)	Absage f	refusal	—	rifiuto m	negativa f
refusal (E)	Ablehnung f	—	refus m	rifiuto m	denegación f
refusal (E)	Absage f	—	refus m	rifiuto m	negativa f
refusal of delivery (E)	Annahmeverweigerung f	—	refus d'acceptation m	rifiuto d'accettazione m	rehuso de aceptación m
refus d'acceptation (F)	Annahmeverweigerung f	refusal of delivery	—	rifiuto d'accettazione m	rehuso de aceptación m
regalo publicitario (ES)	Werbegeschenk n	promotional gift	cadeau publicitaire m	omaggio pubblicitario m	—
regeling (NL)	Vereinbarung f	agreement	accord m	accordo m	acuerdo m
regie (NL)	Regiebetrieb m	publicly owned enterprise	établissement en régie m	gestione in economia f	empresa estatal m
Regiebetrieb (D)	—	publicly owned enterprise	établissement en régie m	gestione in economia f	empresa estatal m
régime douanier des marchandises sous douane (F)	Zollverkehr m	customs procedure	—	procedure doganali f/pl	régimen aduanero m
régimen aduanero (ES)	Zollverkehr m	customs procedure	régime douanier des marchandises sous douane m	procedure doganali f/pl	—
Regionalbank (D)	—	regional bank	banque régionale f	banca regionale f	banco regional m
regional bank (E)	Regionalbank f	—	banque régionale f	banca regionale f	banco regional m
regionalbank (SV)	Regionalbank f	regional bank	banque régionale f	banca regionale f	banco regional m
regionális bank (H)	Regionalbank f	regional bank	banque régionale f	banca regionale f	banco regional m
región industrial (ES)	Industriegebiet m	industrial area	zone industrielle f	zona industriale f	—
region przemysłowy (PL)	Industriegebiet m	industrial area	zone industrielle f	zona industriale f	región industrial f
registado (P)	Einschreiben n	registered	en recommandé	raccomandata f	certificado m
Register (D)	—	register	registre m	registro m	registro m
register (E)	Register n	—	registre m	registro m	registro m
register (NL)	Register n	register	registre m	registro m	registro m
register (SV)	Register n	register	registre m	registro m	registro m
registered (E)	Einschreiben n	—	en recommandé	raccomandata f	certificado m
registered share (E)	Namensaktie f	—	action nominative f	azione nominativa f	acción nominal f

registered share

P	NL	SV	PL	CZ	H
—	referentie f	referens	znak dyktowany m	značka diktátu f	diktálási jel
referência f	referentie f	referens	—	doporučení n	referencia
referências f/pl	referentie f	—	znak dyktowany m	značka diktátu f	diktálási jel
referência f	referentie f	—	referencja f	doporučení n	referencia
referências f/pl	—	referens	znak dyktowany m	značka diktátu f	diktálási jel
referência f	—	referens	referencja f	doporučení n	referencia
referência f	referentie f	referens	referencja f	doporučení n	referencia
referência f	referentie f	referens	referencja f	doporučení n	referencia
referir-se a	betreffen	rörande	dotyczyć	týkat se	vonatkozik
—	betreffen	rörande	dotyczyć	týkat se	vonatkozik
com referência a	met referte aan	under åberopande av	powołując się	se zřetelem	hivatkozással
relativo a	betreffende	angående	odnośnie do	vztahující se k	illetően
refinanciamento m	herfinanciering f	omfinansiering	refinansowanie n	refinancování n	refinanszírozás
refinanciamento m	herfinanciering f	omfinansiering	refinansowanie n	refinancování n	refinanszírozás
—	herfinanciering f	omfinansiering	refinansowanie n	refinancování n	refinanszírozás
refinanciamento m	herfinanciering f	omfinansiering	refinansowanie n	refinancování n	refinanszírozás
refinanciamento m	herfinanciering f	omfinansiering	refinansowanie n	—	refinanszírozás
refinanciamento m	herfinanciering f	omfinansiering	—	refinancování n	refinanszírozás
refinanciamento m	herfinanciering f	omfinansiering	refinansowanie n	refinancování n	—
refinanciamento m	herfinanciering f	omfinansiering	refinansowanie n	refinancování n	refinanszírozás
reembolso m	rechtsvordering tot teruggave f	återbetalning	zwrot wpłaty m	—	visszatérítés
recusa f	weigering f	avslag	odmowa f	odmítnutí n	elutasítás
recusa f	weigering f	avböjande	odmowa f	odřeknutí n	lemondás
recusa f	weigering f	avslag	odmowa f	odmítnutí n	elutasítás
recusa f	weigering f	avböjande	odmowa f	odřeknutí n	lemondás
recusa de aceitação f	weigering van acceptatie f	vägra godkänna en leverans	odmowa przyjęcia f	odepření přijetí n	átvétel megtagadása
recusa de aceitação f	weigering van acceptatie f	vägra godkänna en leverans	odmowa przyjęcia f	odepření přijetí n	átvétel megtagadása
oferta publicitária f	reclamegeschenk n	reklampresent	podarunek reklamowy m	reklamní dárek m	reklámajándék
acordo m	—	överenskommelse	porozumienie n	dohoda f	megállapodás
empresa estatal f	—	företag i offentlig hand	przedsiębiorstwo państwowe n	správní podnik m	köztulajdonú vállalat
empresa estatal f	regie f	företag i offentlig hand	przedsiębiorstwo państwowe n	správní podnik m	köztulajdonú vállalat
procedimentos aduaneiros m/pl	douaneprocedures m/pl	tullförfarande	procedura celna f	celní styk m	vámforgalom
procedimentos aduaneiros m/pl	douaneprocedures m/pl	tullförfarande	procedura celna f	celní styk m	vámforgalom
banco regional m	gewestelijke bank f	regionalbank	bank regionalny m	oblastní banka f	regionális bank
banco regional m	gewestelijke bank f	regionalbank	bank regionalny m	oblastní banka f	regionális bank
banco regional m	gewestelijke bank f	—	bank regionalny m	oblastní banka f	regionális bank
banco regional m	gewestelijke bank f	regionalbank	bank regionalny m	oblastní banka f	—
área industrial f	industriegebied n	industriområde	region przemysłowy m	průmyslová oblast f	iparvidék
área industrial f	industriegebied n	industriområde	—	průmyslová oblast f	iparvidék
—	aangetekende brief n	värdeförsändelse	przesyłka polecona f	doporučená zásilka f	ajánlott
registo m	register n	register	rejestr m	rejstřík m	nyilvántartás
registo m	register n	register	rejestr m	rejstřík m	nyilvántartás
registo m	—	register	rejestr m	rejstřík m	nyilvántartás
registo m	register n	—	rejestr m	rejstřík m	nyilvántartás
registado m	aangetekende brief m	värdeförsändelse	przesyłka polecona f	doporučená zásilka f	ajánlott
acção nominativa f	aandeel op naam n	namnaktie	akcja imienna f	akcie na jméno f	névre szóló részvény

register of ships

	D	E	F	I	ES
register of ships (E)	Schiffsregister n	—	registre des navires m	registro navale m	registro marítimo m
registo (P)	Register n	register	registre m	registro m	registro m
registo comercial (P)	Handelsregister n	commercial register	registre du commerce m	registro delle imprese m	registro mercantil m
registo marítimo (P)	Schiffsregister n	register of ships	registre des navires m	registro navale m	registro marítimo m
registration (E)	Anmeldung f	—	inscription f	avviso m	inscripción f
registre (F)	Register n	register	—	registro m	registro m
registre des navires (F)	Schiffsregister n	register of ships	—	registro navale m	registro marítimo m
registre du commerce (F)	Handelsregister n	commercial register	—	registro delle imprese m	registro mercantil m
registrering (SV)	Anmeldung f	registration	inscription f	avviso m	inscripción f
registrerings-nummer (SV)	Kennziffern f	index numbers	indice m	cifre indice f/pl	cifras índice f/pl
registro (I)	Register n	register	registre m	—	registro m
registro (ES)	Register n	register	registre m	registro m	—
registro delle imprese (I)	Handelsregister n	commercial register	registre du commerce m	—	registro mercantil m
registro marítimo (ES)	Schiffsregister n	register of ships	registre des navires m	registro navale m	—
registro mercantil (ES)	Handelsregister n	commercial register	registre du commerce m	registro delle imprese m	—
registro navale (I)	Schiffsregister n	register of ships	registre des navires m	—	registro marítimo m
reglamento de exportación (ES)	Ausfuhrbestim-mungen f/pl	export regulations	directives d'expor-tation f/pl	disposizioni per l'esportazione f/pl	—
règle de droit (F)	Rechtsnorm f	legal norm	—	norma giuridica f	norma jurídica f
règlement (F)	Abrechnung f	settlement of accounts	—	liquidazione f	liquidación f
règlement des frais de voyage (F)	Reisekostenab-rechnung f	deduction of travelling expenses	—	conteggio dei costi di viaggio m	liquidación de los gastos de viaje f
règlement de transition (F)	Übergangsregelung f	transitional arran-gement	—	regolamento transi-torio m	regulación transi-toria f
régler en versements fractionnés (F)	abzahlen	pay off	—	pagare a rate	pagar por cuotas
regolamento (I)	Verordnung f	decree	décret m	—	ordenanza f
regolamento forfet-tario (I)	Forfaitierung f	non-recourse financing	forfaitage m	—	financiación sin recurso f
regolamento transi-torio (I)	Übergangsregelung f	transitional arran-gement	règlement de transition m	—	regulación transi-toria f
regolare (I)	ordnungsgemäß	regular	correctement	—	debidamente
regres (NL)	Regreß m	recourse	recours m	regresso m	recurso m
regres (PL)	Regreß m	recourse	recours m	regresso m	recurso m
regres (PL)	Rückgriff m	recourse	recours m	regresso m	recurso m
regres (CZ)	Regreß m	recourse	recours m	regresso m	recurso m
regres (CZ)	Rückgriff m	recourse	recours m	regresso m	recurso m
regresja (PL)	Abschwung m	downswing	dépression f	ribasso m	recesión f
regress (SV)	Regreß m	recourse	recours m	regresso m	recurso m
regress (SV)	Rückgriff m	recourse	recours m	regresso m	recurso m
Regreß (D)	—	recourse	recours m	regresso m	recurso m
regresso (I)	Regreß m	recourse	recours m	—	recurso m
regresso (I)	Rückgriff m	recourse	recours m	—	recurso m
regulación transitoria (ES)	Übergangsregelung f	transitional arran-gement	règlement de transition m	regolamento transi-torio m	—
regulamento de exportação (P)	Ausfuhrbestim-mungen f/pl	export regulations	directives d'expor-tation f/pl	disposizioni per l'esportazione f/pl	reglamento de exportación m
regulamentos (P)	Vorschriften pl	regulations	directives f/pl	normative f/pl	prescripciones f/pl
regulamento transi-tório (P)	Übergangsregelung f	transitional arran-gement	règlement de transition m	regolamento transi-torio m	regulación transi-toria f
regular (E)	ordnungsgemäß	—	correctement	regolare	debidamente

regular

P	NL	SV	PL	CZ	H
registo marítimo m	scheepsregister n	fartygsregister	rejestr okrętowy m	lodní rejstřík m	hajólajstrom
—	register n	register	rejestr m	rejstřík m	nyilvántartás
—	handelsregister n	handelsregister	Rejestr Handlowy	obchodní rejstřík m	cégjegyzék
—	scheepsregister n	fartygsregister	rejestr okrętowy m	lodní rejstřík m	hajólajstrom
inscrição f	aanmelding f	registrering	zgłoszenie n	přihláška f	bejelentés
registo m	register n	register	rejestr m	rejstřík m	nyilvántartás
registo marítimo m	scheepsregister n	fartygsregister	rejestr okrętowy m	lodní rejstřík m	hajólajstrom
registo comercial m	handelsregister n	handelsregister	Rejestr Handlowy	obchodní rejstřík m	cégjegyzék
inscrição f	aanmelding f	—	zgłoszenie n	přihláška f	bejelentés
índice m/pl	kengetallen n/pl	—	wskaźnik m	ukazatel m	mutatószámok
registo m	register n	register	rejestr m	rejstřík m	nyilvántartás
registo m	register n	register	rejestr m	rejstřík m	nyilvántartás
registo comercial m	handelsregister n	handelsregister	Rejestr Handlowy	obchodní rejstřík m	cégjegyzék
registo marítimo m	scheepsregister n	fartygsregister	rejestr okrętowy m	lodní rejstřík m	hajólajstrom
registo comercial m	handelsregister n	handelsregister	Rejestr Handlowy	obchodní rejstřík m	cégjegyzék
registo marítimo m	scheepsregister n	fartygsregister	rejestr okrętowy m	lodní rejstřík m	hajólajstrom
regulamento de exportação m	exportbepalingen f/pl	exportbestämmelser pl	przepisy wywozowe m/pl	stanovení vývozu n	kiviteli előírások
norma jurídica f	rechtsnorm f	rättsordning	norma prawna f	právní norma f	jogszabály
liquidação de contas f	afrekening f	avräkning	rozliczenie n	vyúčtování n	elszámolás
liquidação dos gastos de viagem f	reiskostenrekening f	reseräkning	rozliczenie kosztów podróży n	vyúčtování cestovních výloh n	utazási költségelszámolás
regulamento transitório m	overgangsmaatregel m	övergångsbestämmelse	postanowienia przejściowe m/pl	přechodná úprava f	átmeneti rendelkezés
pagar por quotas	afbetalen	betala av	spłacać <spłacić>	splácet <splatit>	részletekben kifizet
decreto m	besluit n	förordning	zarządzenie n	vyhláška f	rendelet
financiamento sem recurso m	het à forfait verkopen n	utan regress	finansowanie długoterminowymi należnościami n	odstupné n	visszkereset nélküli finanszírozás
regulamento transitório m	overgangsmaatregel m	övergångsbestämmelse	postanowienia przejściowe m/pl	přechodná úprava f	átmeneti rendelkezés
regular	behoorlijk	i laga ordning	prawidłowo	řádný	szabályszerűen
recurso m	—	regress	regres m	regres m	viszontkereset
recurso m	regres n	regress	—	regres m	viszontkereset
recurso m	verhaal n	regress	—	regres m	visszkereset
recurso m	regres n	regress	regres m	—	viszontkereset
recurso m	verhaal n	regress	regres m	—	visszkereset
baixa f	recessie f	nedgång	—	pokles rozvoje m	gazdasági visszaesés
recurso m	regres n	—	regres m	regres m	viszontkereset
recurso m	verhaal n	—	regres m	regres m	visszkereset
recurso m	regres n	regress	regres m	regres m	viszontkereset
recurso m	regres n	regress	regres m	regres m	viszontkereset
recurso m	verhaal n	regress	regres m	regres m	visszkereset
regulamento transitório m	overgangsmaatregel m	övergångsbestämmelse	postanowienia przejściowe m/pl	přechodná úprava f	átmeneti rendelkezés
—	exportbepalingen f/pl	exportbestämmelser pl	przepisy wywozowe m/pl	stanovení vývozu n	kiviteli előírások
—	voorschriften n/pl	föreskrifter	przepisy m/pl	předpisy m/pl	előírások
—	overgangsmaatregel m	övergångsbestämmelse	postanowienia przejściowe m/pl	přechodná úprava f	átmeneti rendelkezés
regular	behoorlijk	i laga ordning	prawidłowo	řádný	szabályszerűen

regular

	D	E	F	I	ES
regular (P)	ordnungsgemäß	regular	correctement	regolare	debidamente
regular customer (E)	Stammkunde m	—	client habituel m	cliente abituale m	cliente habitual m
regular customers (E)	Kundenstamm m	—	clients habituels m/pl	clientela abituale f	clientela fija f
regularna klientela (PL)	Kundenstamm m	regular customers	clients habituels m/pl	clientela abituale f	clientela fija f
regulations (E)	Vorschriften pl	—	directives f/pl	normative f/pl	prescripciones f/pl
rehuso de aceptación (ES)	Annahmeverweigerung f	refusal of delivery	refus d'acceptation m	rifiuto d'accettazione m	—
reimballare (I)	umpacken	re-pack	remballer	—	reempaquetar
Reingewinn (D)	—	net profit	bénéfice net m	utile netto m	ganancia neta f
reinsurance (E)	Rückversicherung f	—	réassurance f	riassicurazione f	reaseguro m
Reinvermögen (D)	—	net assets	avoir net m	patrimonio netto m	patrimonio neto m
reinversión (ES)	Reinvestition f	reinvestment	réinvestissement m	reinvestimento m	—
reinvestice (CZ)	Reinvestition f	reinvestment	réinvestissement m	riassicurazione f	reinversión f
reinvestimento (I)	Reinvestition f	reinvestment	réinvestissement m	—	reinversión f
reinvestimento (P)	Reinvestition f	reinvestment	réinvestissement m	reinvestimento m	reinversión f
réinvestissement (F)	Reinvestition f	reinvestment	—	reinvestimento m	reinversión f
Reinvestition (D)	—	reinvestment	réinvestissement m	reinvestimento m	reinversión f
reinvestment (E)	Reinvestition f	—	réinvestissement m	reinvestimento m	reinversión f
reinwestycja (PL)	Reinvestition f	reinvestment	réinvestissement m	reinvestimento m	reinversión f
reischeque (NL)	Reisescheck m	traveller's cheque	chèque de voyage m	traveller's cheque m	cheque de viaje m
Reisekostenabrechnung (D)	—	deduction of travelling expenses	règlement des frais de voyage m	conteggio dei costi di viaggio m	liquidación de los gastos de viaje f
Reisescheck (D)	—	traveller's cheque	chèque de voyage m	traveller's cheque m	cheque de viaje m
Reisespesen (D)	—	travelling expenses	frais de voyage m/pl	spese di viaggio f/pl	gastos de viaje m/pl
reiskostenrekening (NL)	Reisekostenabrechnung f	deduction of travelling expenses	règlement des frais de voyage m	conteggio dei costi di viaggio m	liquidación de los gastos de viaje f
reivindicação (P)	Anspruch m	claim	prétention f	pretesa f	reclamación f
reivindicação salarial (P)	Lohnforderung f	wage claim	revendication de salaire f	rivendicazione salariale f	reivindicación salarial f
reivindicación salarial (ES)	Lohnforderung f	wage claim	revendication de salaire f	rivendicazione salariale f	—
rejestr (PL)	Register n	register	registre m	registro m	registro m
Rejestr Handlowy (PL)	Handelsregister n	commercial register	registre du commerce m	registro delle imprese m	registro mercantil m
rejestr okrętowy (PL)	Schiffsregister n	register of ships	registre des navires m	registro navale m	registro marítimo m
rejstřík (CZ)	Register n	register	registre m	registro m	registro m
rejtett tartalék (H)	stille Reserve f	hidden reserves	réserve occulte f	riserva occulta f	reserva tácita f
rejtett tartalék (H)	stille Rücklage f	latent funds	réserve occulte f	riserva latente f	reserva tácita f
rekenfout (NL)	Rechenfehler m	miscalculation	erreur de calcul f	errore di calcolo m	error de cálculo m
rekening (NL)	Konto n	account	compte m	conto m	cuenta f
rekening-courant (NL)	laufende Rechnung f	current account	compte courant m	conto corrente m	cuenta corriente f
rekening-courantrekening (NL)	Kontokorrentkonto n	current account	compte tenu en compte courant m	conto corrente m	cuenta corriente f
rekeninghouder (NL)	Kontoinhaber m	account holder	titulaire d'un compte m	titolare del conto m	titular de una cuenta m
rekeningkosten (NL)	Kontogebühren f/pl	bank charges	frais de tenue de compte m/pl	comissioni di gestione di un conto m/pl	gastos de administración de una cuenta m/pl
rekeningnummer (NL)	Kontonummer f	account number	numéro de compte m	numero di conto m	número de cuenta m
rekeninguittreksel (NL)	Kontoauszug m	statement of account	relevé de compte m	estratto conto m	extracto de cuenta m
reklam (SV)	Reklame f	advertising	publicité f	réclame f	publicidad f
reklam (SV)	Werbung f	advertising	publicité f	pubblicità f	publicidad f
reklám (H)	Reklame f	advertising	publicité f	réclame f	publicidad f
reklám (H)	Werbung f	advertising	publicité f	pubblicità f	publicidad f
reklama (PL)	Reklame f	advertising	publicité f	réclame f	publicidad f

reklama

P	NL	SV	PL	CZ	H
—	behoorlijk	i laga ordning	prawidłowo	řádný	szabályszerűen
cliente habitual m	vaste klant m	stamkund	stały klient m	stálý zákazník m	törzsvevő
clientela fixa f	vaste klantenkring m	kundkrets	regularna klientela f	stálí zákazníci m/pl	rendszeres vevők
clientela fixa f	vaste klantenkring m	kundkrets	—	stálí zákazníci m/pl	rendszeres vevők
regulamentos m/pl	voorschriften n/pl	föreskrifter	przepisy m/pl	předpisy m/pl	előírások
recusa de aceitação f	weigering van acceptatie f	vägra godkänna en leverans	odmowa przyjęcia f	odepření přijetí n	átvétel megtagadása
reembalar	overpakken	packa om	przepakowywać <przepakować>	přebalovat <přebalit>	átcsomagol
lucro líquido m	nettowinst f	nettovinst	czysty zysk m	čistý zisk m	adózott nyereség
resseguro m	herverzekering f	reassurans	reasekuracja f	zájistná záruka n	viszontbiztosítás
património líquido m	nettoactief n	nettotillgångar pl	majątek netto m	čisté jmění n	nettó eszközérték
reinvestimento m	herbelegging f	återinvestering	reinwestycja f	reinvestice f	tőkevisszaforgatás
reinvestimento m	herbelegging f	återinvestering	reinwestycja f	—	tőkevisszaforgatás
reinvestimento m	herbelegging f	återinvestering	reinwestycja f	reinvestice f	tőkevisszaforgatás
—	herbelegging f	återinvestering	reinwestycja f	reinvestice f	tőkevisszaforgatás
reinvestimento m	herbelegging f	återinvestering	reinwestycja f	reinvestice f	tőkevisszaforgatás
reinvestimento m	herbelegging f	återinvestering	reinwestycja f	reinvestice f	tőkevisszaforgatás
reinvestimento m	herbelegging f	återinvestering	reinwestycja f	reinvestice f	tőkevisszaforgatás
reinvestimento m	herbelegging f	återinvestering	—	reinvestice f	tőkevisszaforgatás
cheque de viagem m	—	resecheck	czek podróżny m	cestovní šek m	utazási csekk
liquidação dos gastos de viagem f	reiskostenrekening f	reseräkning	rozliczenie kosztów podróży n	vyúčtování cestovních výloh n	utazási költségszámolás
cheque de viagem m	reischeque m	resecheck	czek podróżny m	cestovní šek m	utazási csekk
despesas de viagem f/pl	verplaatsingsvergoeding f	resetraktamente	koszty podróży m/pl	cestovní výlohy f/pl	utazási költségek
liquidação dos gastos de viagem f	—	reseräkning	rozliczenie kosztów podróży n	vyúčtování cestovních výloh n	utazási költségszámolás
—	eis m	krav	roszczenie n	nárok m	igény
—	looneis m	lönekrav	roszczenie płacowe n	mzdový požadavek m	bérkövetelés
reivindicação salarial f	looneis m	lönekrav	roszczenie płacowe n	mzdový požadavek m	bérkövetelés
registo m	register n	register	—	rejstřík m	nyilvántartás
registo comercial m	handelsregister n	handelsregister	—	obchodní rejstřík m	cégjegyzék
registo marítimo m	scheepsregister n	fartygsregister	—	lodní rejstřík m	hajólajstrom
registo m	register n	register	rejestr m	—	nyilvántartás
reserva oculta f	stille reserve f	dold reserv	ukryta rezerwa f	tichá rezerva f	—
reserva escondida f	stille reserve f	dold reserv	ukryta rezerwa f	rezervní fond n	—
erro de cálculo m	—	felkalkyl	błąd obliczeniowy m	početní chyba f	számítási hiba
conta f	—	konto	konto n	účet m	számla
conta corrente f	—	löpande räkning	rachunek bieżący m	běžný účet m	folyószámla
conta corrente f	—	kontokurantkonto	rachunek bieżący m	běžný účet m	folyószámla
titular da conta m	—	kontoinnehavare	właściciel konta m	vlastník účtu m	számlatulajdonos
custos da conta bancária m/pl	—	bankavgifter pl	opłaty za prowadzenie konta f/pl	poplatky za vedení účtu m/pl	számlavezetési költségek
número de conta m	—	kontonummer	numer konta m	číslo účtu n	számlaszám
extracto de conta m	—	kontoutdrag	wyciąg z konta m	výpis z účtu m	számlakivonat
publicidade f	reclame f	—	reklama f	reklama f	reklám
publicidade f	reclame f	—	reklama f	reklama f	reklám
publicidade f	reclame f	reklam	reklama f	reklama f	—
publicidade f	reclame f	reklam	reklama f	reklama f	—
publicidade f	reclame f	reklam	—	reklama f	reklám

reklama

	D	E	F	I	ES
reklama (PL)	Werbung f	advertising	publicité f	pubblicità f	publicidad f
reklama (CZ)	Außenwerbung f	outdoor advertising	publicité extérieure f	pubblicità all'aperto f	publicidad al aire libre f
reklama (CZ)	Reklame f	advertising	publicité f	réclame f	publicidad f
reklama (CZ)	Werbung f	advertising	publicité f	pubblicità f	publicidad f
reklamace (CZ)	Beanstandung f	objection	réclamation f	reclamo m	queja f
reklamace (CZ)	Reklamation f	complaint	réclamation f	reclamo m	reclamación f
reklamáció (H)	Reklamation f	complaint	réclamation f	reclamo m	reclamación f
reklamacja (PL)	Beanstandung f	objection	réclamation f	reclamo m	queja f
reklamacja (PL)	Reklamation f	complaint	réclamation f	reclamo m	reclamación f
reklamacja wady towaru (PL)	Mängelanzeige f	notice of defect	notification d'un vice f	denuncia dei vizi	aviso de defectos m
reklámajándék (H)	Werbegeschenk n	promotional gift	cadeau publicitaire m	omaggio pubblicitario m	regalo publicitario m
Reklamation (D)	—	complaint	réclamation f	reclamo m	reclamación f
reklamation (SV)	Beanstandung f	objection	réclamation f	reclamo m	queja f
reklamation (SV)	Beschwerde f	complaint	plainte f	ricorso m	reclamación f
reklamation (SV)	Mängelanzeige f	notice of defect	notification d'un vice f	denuncia dei vizi	aviso de defectos m
reklamation (SV)	Reklamation f	complaint	réclamation f	reclamo m	reclamación f
reklama zewnętrzna (PL)	Außenwerbung f	outdoor advertising	publicité extérieure f	pubblicità all'aperto f	publicidad al aire libre f
reklambudget (SV)	Werbebudget n	advertising budget	budget de publicité m	budget pubblicitario m	presupuesto publicitario m
reklambyrå (SV)	Werbeagentur f	advertising agency	agence de publicité f	agenzia pubblicitaria f	agencia publicitaria f
Reklame (D)	—	advertising	publicité f	réclame f	publicidad f
reklámeszköz (H)	Werbemittel f	means of advertising	moyen publicitaire m	mezzo pubblicitario m	medio publicitario m
reklamkampanj (SV)	Werbekampagne f	advertising campaign	campagne publicitaire f	campagna pubblicitaria f	campaña publicitaria f
reklámkampány (H)	Werbekampagne f	advertising campaign	campagne publicitaire f	campagna pubblicitaria f	campaña publicitaria f
reklámkeret (H)	Werbebudget n	advertising budget	budget de publicité m	budget pubblicitario m	presupuesto publicitario m
reklammedel (SV)	Werbemittel f	means of advertising	moyen publicitaire m	mezzo pubblicitario m	medio publicitario m
reklamní agentura (CZ)	Werbeagentur f	advertising agency	agence de publicité f	agenzia pubblicitaria f	agencia publicitaria f
reklamní dárek (CZ)	Werbegeschenk n	promotional gift	cadeau publicitaire m	omaggio pubblicitario m	regalo publicitario m
reklamní text (CZ)	Werbetext m	advertising copy	texte publicitaire m	testo pubblicitario m	texto publicitario m
reklampresent (SV)	Werbegeschenk n	promotional gift	cadeau publicitaire m	omaggio pubblicitario m	regalo publicitario m
reklámszöveg (H)	Werbetext m	advertising copy	texte publicitaire m	testo pubblicitario m	texto publicitario m
reklamtext (SV)	Werbetext m	advertising copy	texte publicitaire m	testo pubblicitario m	texto publicitario m
reklámügynökség (H)	Werbeagentur f	advertising agency	agence de publicité f	agenzia pubblicitaria f	agencia publicitaria f
rekommendationsbrev (SV)	Empfehlungsschreiben n	letter of recommendation	lettre de recommandation f	lettera di raccomandazione f	carta de recomendación f
rekommenderat pris (SV)	Preisempfehlung f	price recommendation	recommendation de prix f	suggerimento di prezzo m	precio recomendado m
rekommenderat pris (SV)	Richtpreis m	recommended retail price	prix indicatif m	prezzo indicativo m	precio indicativo m
rekordár (H)	Höchstpreis f	top price	prix plafond m	prezzo massimo m	precio máximo m
relação comercial (P)	Geschäftsverbindung f	business relations	relation d'affaires f	relazione d'affari f	relación comercial f
relação curso-benefício (P)	Kurs-Gewinn-Verhältnis n	price-earnings ratio	relation cours-bénéfice f	rapporto corso-profitto m	relación cotización-ganancia f
relação de confiança (P)	Vertrauensverhältnis n	confidential relationship	rapport de confiance m	rapporto di fiducia f	relación de confianza f
relación comercial (ES)	Geschäftsverbindung f	business relations	relation d'affaires f	relazione d'affari f	—
relación cotización-ganancia (ES)	Kurs-Gewinn-Verhältnis n	price-earnings ratio	relation cours-bénéfice f	rapporto corso-profitto m	—

relación cotización-ganancia

P	NL	SV	PL	CZ	H
publicidade f	reclame f	reklam	—	reklama f	reklám
publicidade externa f	buitenreclame f/m	utomhusannonsering	reklama zewnętrzna f	—	szabadtéri reklám
publicidade f	reclame f	reklam	reklama f	—	reklám
publicidade f	reclame f	reklam	reklama f	—	reklám
objecção f	klacht f	reklamation	reklamacja f	—	kifogásolás
reclamação f	klacht f	reklamation	reklamacja f	—	reklamáció
reclamação f	klacht f	reklamation	reklamacja f	reklamace f	—
objecção f	klacht f	reklamation	—	reklamace f	kifogásolás
reclamação f	klacht f	reklamation	—	reklamace f	reklamáció
aviso de defeito m	klacht f	reklamation	—	oznámení závad n	minőségi kifogás
oferta publicitária f	reclamegeschenk n	reklampresent	podarunek reklamowy m	reklamní dárek m	—
reclamação f	klacht f	reklamation	reklamacja f	reklamace f	reklamáció
objecção f	klacht f	—	reklamacja f	reklamace f	kifogásolás
reclamação f	klacht f	—	zażalenie n	stížnost f	panasz
aviso de defeito m	klacht f	—	reklamacja wady towaru f	oznámení závad n	minőségi kifogás
reclamação f	klacht f	—	reklamacja f	reklamace f	reklamáció
publicidade externa f	buitenreclame f/m	utomhusannonsering	—	reklama f	szabadtéri reklám
orçamento publicitário m	reclamebudget n	—	fundusz reklamowy m	rozpočet na reklamu m	reklámkeret
agência de publicidade f	reclamebureau n	—	agencja reklamowa f	reklamní agentura f	reklámügynökség
publicidade f	reclame f	reklam	reklama f	reklama f	reklám
meio publicitário m	reclamemedium n	reklammedel	środek reklamy m	propagační prostředky m/pl	—
campanha publicitária f	reclamecampagne f	—	kampania reklamowa f	propagační kampaň f	reklámkampány
campanha publicitária f	reclamecampagne f	reklamkampanj	kampania reklamowa f	propagační kampaň f	—
orçamento publicitário m	reclamebudget n	reklambudget	fundusz reklamowy m	rozpočet na reklamu m	—
meio publicitário m	reclamemedium n	—	środek reklamy m	propagační prostředky m/pl	reklámeszköz
agência de publicidade f	reclamebureau n	reklambyrå	agencja reklamowa f	—	reklámügynökség
oferta publicitária f	reclamegeschenk n	reklampresent	podarunek reklamowy m	—	reklámajándék
texto publicitário m	reclametekst m	reklamtext	tekst reklamowy m	—	reklámszöveg
oferta publicitária f	reclamegeschenk n	—	podarunek reklamowy m	reklamní dárek m	reklámajándék
texto publicitário m	reclametekst m	reklamtext	tekst reklamowy m	reklamní text m	—
texto publicitário m	reclametekst m	—	tekst reklamowy m	reklamní text m	reklámszöveg
agência de publicidade f	reclamebureau n	reklambyrå	agencja reklamowa f	reklamní agentura f	—
carta de recomendação f	aanbevelingsbrief m	—	list polecający m	doporučovací psaní n	ajánlólevél
preço recomendado m	adviesprijs m	—	zalecenie cenowe	cenové doporučení n	ajánlott ár
preço de referência m	richtprijs m	—	cena zalecana f	orientační cena f	irányár
preço máximo m	plafondprijs m	högsta pris	najwyższa cena f	maximální cena f	—
—	zakenrelatie f	affärsförbindelse	stosunki handlowe m/pl	obchodní spojení n	üzleti kapcsolat
—	koers/winstverhouding f	p/e-tal	stosunek ceny akcji do jej dywidenty m	poměr ceny a zisku m	árfolyam-nyereség arány
—	vertrouwensrelatie f	förtroende	stosunek zaufania f	důvěrný vztah m	bizalmi viszony
relaçao comercial f	zakenrelatie f	affärsförbindelse	stosunki handlowe m/pl	obchodní spojení n	üzleti kapcsolat
relação curso-benefício f	koers/winstverhouding f	p/e-tal	stosunek ceny akcji do jej dywidenty m	poměr ceny a zisku m	árfolyam-nyereség arány

relación de confianza

	D	E	F	I	ES
relación de confianza (ES)	Vertrauensverhältnis n	confidential relationship	rapport de confiance m	rapporto di fiducia m	—
relaciones comerciales (ES)	Geschäftsbeziehung f	business connections	relations commerciales f/pl	rapporti d'affari m/pl	—
relaciones comerciales (ES)	Handelsbeziehungen f/pl	trade relations	relations commerciales f/pl	rapporti commerciali m/pl	—
relaciones públicas (ES)	Public Relations pl	public relations	relations publiques f/pl	relazioni pubbliche f/pl	—
relações comerciais (P)	Geschäftsbeziehung f	business connections	relations commerciales f/pl	rapporti d'affari m/pl	relaciones comerciales f/pl
relações comerciais (P)	Handelsbeziehungen f/pl	trade relations	relations commerciales f/pl	rapporti commerciali m/pl	relaciones comerciales f/pl
relações públicas (P)	Public Relations pl	public relations	relations publiques f/pl	relazioni pubbliche f/pl	relaciones públicas f/pl
relance économique (F)	Konjunkturbelebung f	economic upturn	—	ripresa congiunturale f	recuperación coyuntural f
relatif à (F)	bezüglich	referring to	—	relativo a	en relación a
relation cours-bénéfice (F)	Kurs-Gewinn-Verhältnis n	price-earnings ratio	—	rapporto corso-profitto m	relación cotización-ganancia f
relation d'affaires (F)	Geschäftsverbindung f	business relations	—	relazione d'affari f	relación comercial f
relations commerciales (F)	Geschäftsbeziehung f	business connections	—	rapporti d'affari m/pl	relaciones comerciales f/pl
relations commerciales (F)	Handelsbeziehungen f/pl	trade relations	—	rapporti commerciali m/pl	relaciones comerciales f/pl
relations publiques (F)	Public Relations pl	public relations	—	relazioni pubbliche f/pl	relaciones públicas f/pl
relativo a (I)	bezüglich	referring to	relatif à	—	en relación a
relativo a (P)	bezüglich	referring to	relatif à	relativo a	en relación a
relatório comercial (P)	Geschäftsbericht m	business report	rapport de gestion m	relazione di bilancio f	informe m
relatório económico anual (P)	Jahreswirtschaftsbericht m	Annual Economic Report	compte rendu d'activité économique annuel m	relazione generale sulla situazione economica f	informe económico anual m
relazione d'affari (I)	Geschäftsverbindung f	business relations	relation d'affaires f	—	relación comercial f
relazione di bilancio (I)	Geschäftsbericht m	business report	rapport de gestion m	—	informe m
relazione generale sulla situazione economica (I)	Jahreswirtschaftsbericht m	Annual Economic Report	compte rendu d'activité économique annuel m	—	informe económico anual m
relazioni pubbliche (I)	Public Relations pl	public relations	relations publiques f/pl	—	relaciones públicas f/pl
relevé de compte (F)	Kontoauszug m	statement of account	—	estratto conto m	extracto de cuenta m
relève d'équipe (F)	Schichtwechsel m	change of shift	—	cambio di turno m	cambio del turno de obreros m
reliable (E)	zuverlässig	—	fiable	affidabile	de confianza
remaining stock (E)	Restposten m	—	lot restant m	rimanenze f/pl	partida restante f
remaining time to maturity (E)	Restlaufzeit f	—	durée restante à courir f	scadenza residua f	plazo de vencimiento restante m
remanent (PL)	Inventur f	stock-taking	inventaire m	compilazione dell'inventario f	inventario m
remanescente (P)	Restposten m	remaining stock	lot restant m	rimanenze f/pl	partida restante f
remarque (F)	Vermerk m	note	—	nota f	nota f
remballer (F)	umpacken	re-pack	—	reimballare	reempaquetar
remboursement (F)	Abzahlung f	repayment	—	pagamento rateale m	pago a plazos m
remboursement (F)	Nachnahme f	cash on delivery	—	contrassegno m	reembolso m
remboursement (F)	Rückerstattung f	repayment	—	rimborso m	restitución f
remboursement (F)	Tilgung f	amortisation	—	ammortamento m	amortización f
rembourser (F)	ablösen	redeem	—	rimborsare	amortizar

rembourser

P	NL	SV	PL	CZ	H
relação de confiança f	vertrouwensrelatie f	förtroende	stosunek zaufania m	důvěrný vztah m	bizalmi viszony
relações comerciais f/pl	zakenrelatie f	affärskontakter pl	stosunki handlowe m/pl	obchodní styk m	üzleti kapcsolat
relações comerciais f/pl	handelsbetrekkingen f/pl	handelsförbindelser pl	stosunki handlowe m/pl	obchodní styky m/pl	kereskedelmi kapcsolatok
relações públicas f/pl	public relations pl	public relations pl	publiczne stosunki opiniotwórcze m/pl	styk s veřejností m	közönségkapcsolatok
—	zakenrelatie f	affärskontakter pl	stosunki handlowe m/pl	obchodní styk m	üzleti kapcsolat
—	handelsbetrekkingen f/pl	handelsförbindelser pl	stosunki handlowe m/pl	obchodní styky m/pl	kereskedelmi kapcsolatok
—	public relations pl	public relations pl	publiczne stosunki opiniotwórcze m/pl	styk s veřejností m	közönségkapcsolatok
conjuntura incentivada f	opleving van de conjunctuur f	konjunkturuppsving	ożywienie koniunktury n	oživení konjunktury f	megélénkülés
relativo a	betreffende	angående	odnośnie do	vztahující se k	illetően
relação curso-benefício f	koers/winstverhouding f	p/e-tal	stosunek ceny akcji do jej dywidenty m	poměr ceny a zisku m	árfolyam-nyereség arány
relaçao comercial f	zakenrelatie f	affärsförbindelse	stosunki handlowe m/pl	obchodní spojení n	üzleti kapcsolat
relações comerciais f/pl	zakenrelatie f	affärskontakter pl	stosunki handlowe m/pl	obchodní styk m	üzleti kapcsolat
relações comerciais f/pl	handelsbetrekkingen f/pl	handelsförbindelser pl	stosunki handlowe m/pl	obchodní styky m/pl	kereskedelmi kapcsolatok
relações públicas f/pl	public relations pl	public relations pl	publiczne stosunki opiniotwórcze m/pl	styk s veřejností m	közönségkapcsolatok
relativo a	betreffende	angående	odnośnie do	vztahující se k	illetően
—	betreffende	angående	odnośnie do	vztahující se k	illetően
—	beheersverslag n	affärsrapport	sprawozdanie z działalności przedsiębiorstwa n	obchodní zpráva f	üzleti jelentés
—	economisch jaarverslag n	näringslivets årsrapport	roczne sprawozdanie gospodarcze n	roční hospodářská zpráva f	éves beszámoló
relaçao comercial f	zakenrelatie f	affärsförbindelse	stosunki handlowe m/pl	obchodní spojení n	üzleti kapcsolat
relatório comercial m	beheersverslag n	affärsrapport	sprawozdanie z działalności przedsiębiorstwa n	obchodní zpráva f	üzleti jelentés
relatório económico anual m	economisch jaarverslag n	näringslivets årsrapport	roczne sprawozdanie gospodarcze n	roční hospodářská zpráva f	éves beszámoló
relações públicas f/pl	public relations pl	public relations pl	publiczne stosunki opiniotwórcze m/pl	styk s veřejností m	közönségkapcsolatok
extracto de conta m	rekeninguittreksel n	kontoutdrag	wyciąg z konta m	výpis z účtu m	számlakivonat
mudança de turno f	ploegenwisseling f	skiftbyte	zmiana f	střídání směn n	műszakváltás
de confiança	betrouwbaar	tillförlitlig	niezawodny	spolehlivý	megbízható
remanescente m	restanten n/pl	restparti	resztka f	zůstatková položka f	maradványtétel
prazo até a maturidade m	resterende looptijd m	återstående löptid	pozostały okres kredytowania m	zbývající doba splatnosti f	hátralévő futamidő
elaboração do inventário f	boedelbeschrijving f	inventering	—	inventura f	leltározás
—	restanten n/pl	restparti	resztka f	zůstatková položka f	maradványtétel
nota f	aantekening f	anmärkning	adnotacja f	poznámka f	megjegyzés
reembalar	overpakken	packa om	przepakowywać <przepakować>	přebalovat <přebalit>	átcsomagol
reembolso	afbetaling f	avbetalning	spłata f	splácení n	részletfizetés
reembolso m	onder rembours	betalning vid leverans	za zaliczeniem pocztowym	dobírka f	utánvétel
reembolso m	rechtsvordering tot teruggave f	återbetalning	zwrot wpłaty m	refundace f	visszatérítés
amortização f	aflossing f	amortering	umorzenie n	umoření n	törlesztés
amortizar	aflossen	återköpa	spłacać <spłacić>	oddělovat <oddělit>	törleszt

Rembourskredit

	D	E	F	I	ES
Rembourskredit (D)	—	documentary acceptance credit	crédit par acceptation bancaire à l'étranger m	credito di rimborso m	crédito de reembolso m
remboursní úvěr (CZ)	Rembourskredit m	documentary acceptance credit	crédit par acceptation bancaire à l'étranger m	credito di rimborso m	crédito de reembolso m
remburs (SV)	Akkreditiv n	letter of credit	accréditif m	lettera di credito f	crédito documentario m
remburs (SV)	Rembourskredit m	documentary acceptance credit	crédit par acceptation bancaire à l'étranger m	credito di rimborso m	crédito de reembolso m
remesa (ES)	Rimesse f	remittance	remise f	rimessa f	—
řemeslnická komora (CZ)	Handwerkskammer f	chamber of handicrafts	chambre artisanale f	camera dell'artigianato f	cámara de artesanía f
řemeslo (CZ)	Handwerk n	craft trade	artisanat m	artigianato m	artesanía f
remessa (P)	Rimesse f	remittance	remise f	rimessa f	remesa f
remessa de mercadorias (P)	Warensendung f	consignment of goods	expédition de marchandises f	spedizione di merci f	envío de mercancías m
remetente (P)	Absender m	sender	envoyeur m	mittente m	remitente m
remetente (P)	Remittent m	payee	remettant m	beneficiario m	remitente m
remettant (F)	Remittent m	payee	—	beneficiario m	remitente m
remettre à qui de droit (F)	zu treuen Händen	for safekeeping	—	alla particolare attenzione	a la atención
reminder (E)	Mahnbrief m	—	lettre d'avertissement f	lettera di sollecito f	carta admonitoria f
remise (F)	Abschlag m	reduction	—	deduzione f	descuento m
remise (F)	Rabatt m	discount	—	ribasso m	rebaja f
remise (F)	Rimesse f	remittance	—	rimessa f	remesa f
remise (F)	Übergabe f	delivery	—	consegna f	entrega f
remise (F)	Zustellung f	delivery	—	recapito m	envío m
remise (NL)	Rimesse f	remittance	remise f	rimessa f	remesa f
remise de faveur (F)	Vorzugsrabatt m	preferential discount	—	ribasso preferenziale m	rebaja preferencial f
remise de quantité (F)	Mengenrabatt m	quantity discount	—	sconto sulla quantità m	rebaja por cantidad f
remise par exprès (F)	Eilzustellung f	express delivery	—	consegna per espresso f	entrega urgente f
remise pour payement comptant (F)	Barzahlungsrabatt m	cash discount	—	sconto per pagamento in contanti m	descuento por pago al contado m
remise sur commandes anticipées (F)	Vorbestellrabatt m	discount on advance orders	—	ribasso per prenotazioni m	descuento de suscripción m
remise xceptionnelle (F)	Sonderrabatt m	special discount	—	ribasso speciale m	descuento especial m
remissa (SV)	Rimesse f	remittance	remise f	rimessa f	remesa f
remitent (PL)	Remittent m	payee	remettant m	beneficiario m	remitente m
remitent (CZ)	Remittent m	payee	remettant m	beneficiario m	remitente m
remitente (ES)	Absender m	sender	envoyeur m	mittente m	—
remitente (ES)	Remittent m	payee	—	beneficiario m	—
remittance (E)	Rimesse f	—	remise f	rimessa f	remesa f
remittance (E)	Überweisung f	—	virement m	rimessa f	transferencia f
Remittent (D)	—	payee	remettant m	beneficiario m	remitente m
remittent (NL)	Remittent m	payee	remettant m	beneficiario m	remitente m
remuneração (P)	Vergütung f	remuneration	rémunération f	ricompensa f	remuneración f
remuneração em géneros (P)	Naturallohn m	wages paid in kind	rémunération en nature f	remunerazione in natura f	salario en especie m
remuneração extraordinária (P)	Sondervergütung f	special allowance	rémunération spéciale f	compenso straordinario m	gratificación f
remuneración (ES)	Vergütung f	remuneration	rémunération f	ricompensa f	—
remuneration (E)	Vergütung f	—	rémunération f	ricompensa f	remuneración f
rémunération (F)	Bezüge f	earnings	—	entrate f/pl	retribuciones f/pl
rémunération (F)	Vergütung f	remuneration	—	ricompensa f	remuneración f

rémunération

P	NL	SV	PL	CZ	H
crédito documentário m	documentair krediet n	remburs	kredyt rembursowy m	rembursní úvěr m	okmányos meghitelezés
crédito documentário m	documentair krediet n	remburs	kredyt rembursowy m	—	okmányos meghitelezés
crédito documentário m	geconfirmeerde kredietbrief m	—	Akredytywa f	akreditiv m	akkreditív
crédito documentário m	documentair krediet n	—	kredyt rembursowy m	rembursní úvěr m	okmányos meghitelezés
remessa f	remise f	remissa	rymesa f	aktivní směnka f	átutalás
câmara de artesanato f	ambachtskamer f/m	hantverkskammare	Izba Rzemieślnicza f	—	kézműves kamara
artesanato m	ambacht n	hantverk	rzemiosło n	—	kézműipar
—	remise f	remissa	rymesa f	aktivní směnka f	átutalás
—	goederenverzending f	leverans	wysyłka towarów f	zásilka zboží f	áruküldemény
—	afzender m	avsändare	nadawca m	odesílatel m	feladó
—	remittent m	betalningsmottagare	remitent m	remitent m	kedvezményezett
remetente m	remittent m	betalningsmottagare	remitent m	remitent m	kedvezményezett
à atenção	in bewaring	tillhanda	do rąk własnych	odevzdat do spolehlivých rukou f/pl	megőrzésre átadott
carta de advertência f	rappelbrief m	kravbrev	monit m	upomínka f	fizetési felszólítás
desconto m	afslag m	sänkning	potrącenie n	sleva f	árengedmény
desconto m	korting f	rabatt	rabat m	sleva f	árengedmény
remessa f	remise f	remissa	rymesa f	aktivní směnka f	átutalás
entrega f	overhandiging f	leverans	przekazanie n	předání n	átadás
entrega f	levering f	leverans	dostawa f	doručení n	kézbesítés
remessa f	—	remissa	rymesa f	aktivní směnka f	átutalás
desconto preferencial m	voorkeurkorting f	förmånsrabatt	rabat preferencyjny m	preferenční rabat m	elsőbbségi árengedmény
desconto de quantidade m	quantumkorting f	mängdrabatt	rabat ilościowy	rabat z množství f	mennyiségi árengedmény
entrega urgente f	expressebestelling f	expressutdelning	dostawa ekspresowa f	spěšná zásilka f	expressz kézbesítés
desconto de pronto pagamento m	korting voor contante betaling f	kassarabatt	rabat za płatność gotówką m	sleva při placení v hotovosti f	készpénzfizetési engedmény
desconto de pedidos antecipados m	korting op vooruitbestelling f	rabatt på förhandsorder	rabat za zamówienie z góry m	předběžný rabat m	előrendelési árengedmény
desconto especial m	extra korting f	specialrabatt	rabat specjalny m	mimořádný rabat m	rendkívüli árengedmény
remessa f	remise f	—	rymesa f	aktivní směnka f	átutalás
remetente m	remittent m	betalningsmottagare	—	remitent m	kedvezményezett
remetente m	remittent m	betalningsmottagare	remitent m	—	kedvezményezett
remetente m	afzender m	avsändare	nadawca m	odesílatel m	feladó
remetente m	remittent m	betalningsmottagare	remitent m	remitent m	kedvezményezett
remessa f	remise f	remissa	rymesa f	aktivní směnka f	átutalás
transferência f	overschrijving f	överföring	przelew m	bezhotovostní převod m	átutalás
remetente m	remittent m	betalningsmottagare	remitent m	remitent m	kedvezményezett
remetente m	—	betalningsmottagare	remitent m	remitent m	kedvezményezett
—	vergoeding f	arvode	wynagrodzenie n	úhrada f	díjazás
—	salaris in natura n	naturaförmåner pl	płaca w naturze f	naturální mzda f	természetbeni juttatás
—	gratificatie f	specialarvode	wynagrodzenie specjalne n	mimořádná odměna n	külön díjazás
remuneração f	vergoeding f	arvode	wynagrodzenie n	úhrada f	díjazás
remuneração f	vergoeding f	arvode	wynagrodzenie n	úhrada f	díjazás
retribuições f/pl	salaris n	inkomst av tjänst	uposażenie m	finanční přenosy m/pl	járandóságok
remuneração f	vergoeding f	arvode	wynagrodzenie n	úhrada f	díjazás

rémunération en nature

	D	E	F	I	ES
rémunération en nature (F)	Naturallohn m	wages paid in kind	—	remunerazione in natura f	salario en especie m
remuneration in kind (E)	Sachbezüge f/pl	—	prestations en nature f/pl	retribuzioni in natura f/pl	percepciones en especie f/pl
rémunération spéciale (F)	Sondervergütung f	special allowance	—	compenso straordinario m	gratificación f
remunerazione in natura (I)	Naturallohn m	wages paid in kind	rémunération en nature f	—	salario en especie m
renda (P)	Rente f	pension	rente f	rendita f	renta f
rendabiliteitsdrempel (NL)	Gewinnschwelle f	break-even point	seuil de rentabilité m	punto di pareggio m	umbral de la rentabilidad m
rendelet (H)	Anordnung f	order	ordre m	disposizione m	orden f
rendelet (H)	Verordnung f	decree	décret m	regolamento m	ordenanza f
rendeletre szóló csekk (H)	Orderscheck m	order cheque	chèque à ordre m	assegno all'ordine m	cheque a la orden m
rendelkezésre tartási díj (H)	Bereitstellungskosten f	commitment fee	coûts administratifs m/pl	spese amministrative f/pl	gastos administrativos m/pl
rendeltetési hely (H)	Bestimmungsort m	destination	lieu de destination m	luogo di destinazione m	lugar de destino m
rendement (F)	Ertrag m	return	—	rendimento m	rendimiento m
rendement (F)	Leistung f	performance	—	rendimento m	rendimiento m
rendement (F)	Rendite f	yield	—	rendita f	rentabilidad f
rendement (NL)	Rendite f	yield	rendement m	rendita f	rentabilidad f
rendement réel (F)	Realzins m	real rate of interest	—	tasso d'interesse reale m	interés real m
render juros (P)	verzinsen	pay interest on	compter des intérêts	pagare interessi	pagar interés
rendimento (I)	Ertrag m	return	rendement m	—	rendimiento m
rendimento (I)	Leistung f	performance	rendement m	—	rendimiento m
rendimento (P)	Einkommen n	income	revenu m	reddito m	ingresos m/pl
rendimento (P)	Ertrag m	return	rendement m	rendimento m	rendimiento m
rendimento anual (P)	Jahreseinkommen n	annual income	revenu annuel m	reddito annuale m	renta anual f
rendimento base (P)	Basiseinkommen n	basic income	revenu de base m	introiti base m/pl	salario base m
rendimento do capital (P)	Kapitalertrag m	return on capital	produit du capital m	rendita del capitale f	rendimiento del capital m
rendimento fixo (P)	Festeinkommen n	fixed income	revenu fixe m	reddito fisso m	salario fijo m
rendimento real (P)	Realeinkommen n	real income	revenu réel m	reddito reale m	ingreso real m
rendimiento (ES)	Ertrag m	return	rendement m	rendimento m	—
rendimiento (ES)	Leistung f	performance	rendement m	rendimento m	—
rendimiento del capital (ES)	Kapitalertrag m	return on capital	produit du capital m	rendita del capitale f	—
rendita (I)	Rendite f	yield	rendement m	—	rentabilidad f
rendita (I)	Rente f	pension	rente f	—	renta f
rendita del capitale (I)	Kapitalertrag m	return on capital	produit du capital m	—	rendimiento del capital m
Rendite (D)	—	yield	rendement m	rendita f	rentabilidad f
rendkívüli ajánlat (H)	Sonderangebot n	special offer	offre spéciale f	offerta speciale f	oferta especial f
rendkívüli árengedmény (H)	Sonderrabatt m	special discount	remise xceptionnelle f	ribasso speciale m	descuento especial m
rendkívüli terhek (H)	außergewöhnliche Belastung f	extraordinary expenses	charges exceptionnelles f/pl	oneri straordinari m/pl	carga extraordinaria f
rendszeres vevők (H)	Kundenstamm m	regular customers	clients habituels m/pl	clientela abituale f	clientela fija f
renseignement (F)	Auskunft f	information	—	informazione f	información f
renseignement fourni par l'intéressé lui-même (F)	Selbstauskunft f	voluntary disclosure	—	informazione volontaria f	información de sí mismo f
rent (E)	Miete f	—	location f	affitto m	alquiler m
renta (ES)	Rente f	pension	rente f	rendita f	—
renta (PL)	Rente f	pension	rente f	rendita f	renta f

renta

P	NL	SV	PL	CZ	H
remuneração em géneros f	salaris in natura n	naturaförmåner pl	płaca w naturze f	naturální mzda f	természetbeni juttatás
prestação em espécie f	voordelen in natura n/pl	naturaförmåner pl	pobory w naturze m/pl	příjmy v naturáliích m/pl	természetbeni juttatások
remuneração extraordinária f	gratificatie f	specialarvode	wynagrodzenie specjalne n	mimořádná odměna f	külön díjazás
remuneração em géneros f	salaris in natura n	naturaförmåner pl	płaca w naturze f	naturální mzda f	természetbeni juttatás
—	rente f	pension	renta f	důchod m	járadék
ponto morto de vendas m	—	nollpunkt	próg zysku m	práh zisku m	nyereségküszöb
ordem f	ordening f	föreskrift	zarządzenie n	nařízení n	—
decreto m	besluit n	förordning	zarządzenie n	vyhláška f	—
cheque à ordem m	cheque aan order m	check till order	czek na zlecenie m	šek na řad převoditelný m	—
comissão por imobilização de fundos f	beschikbaarstellingskosten m/pl	uppläggningsavgift	koszty dysponowalności m/pl	přípravné náklady m/pl	—
lugar de destino m	plaats van bestemming f	destination	miejsce przeznaczenia n	místo určení n	—
rendimento m	opbrengst f	vinst	zysk m	výnos m	jövedelem
desempenho m	prestatie f	prestation	świadczenie n	výkon m	teljesítmény
rentabilidade f	rendement n	avkastning	zysk w stosunku do kapitału m	výnosnost f	hozam
rentabilidade f	—	avkastning	zysk w stosunku do kapitału m	výnosnost f	hozam
juro real m	reële interest m	realränta	procent realny m	reálný úrok m	reálkamat
—	rente betalen	förränta	oprocentować	zúročovat <zúročit>	kamatozik
rendimento m	opbrengst f	vinst	zysk m	výnos m	jövedelem
desempenho m	prestatie f	prestation	świadczenie n	výkon m	teljesítmény
—	inkomen n	inkomst	dochody m/pl	příjem m	jövedelem
—	opbrengst f	vinst	zysk m	výnos m	jövedelem
—	jaarinkomen n	årsinkomst	dochód roczny m	roční příjem m	éves jövedelem
—	basisinkomen n	grundinkomst	dochód podstawowy m	základní příjem m	alapjövedelem
—	inkomen uit kapitaal n	inkomst från kapital	zysk z kapitału m	výnos kapitálu m	tőkehozam
—	vast inkomen n	fast inkomst	stały dochód m	pevný příjem m	fix jövedelem
—	reëel inkomen n	realinkomst	dochód rzeczywisty m	reálný příjem m	reáljövedelem
rendimento m	opbrengst f	vinst	zysk m	výnos m	jövedelem
desempenho m	prestatie f	prestation	świadczenie n	výkon m	teljesítmény
rendimento do capital m	inkomen uit kapitaal n	inkomst från kapital	zysk z kapitału m	výnos kapitálu m	tőkehozam
rentabilidade f	rendement n	avkastning	zysk w stosunku do kapitału m	výnosnost f	hozam
renda f	rente f	pension	renta f	důchod m	járadék
rendimento do capital m	inkomen uit kapitaal n	inkomst från kapital	zysk z kapitału m	výnos kapitálu m	tőkehozam
rentabilidade f	rendement n	avkastning	zysk w stosunku do kapitału m	výnosnost f	hozam
oferta especial f	speciale aanbieding f	specialerbjudande	oferta okazyjna f	mimořádná nabídka f	—
desconto especial m	extra korting f	specialrabatt	rabat specjalny m	mimořádný rabat m	—
despesas extraordinárias f/pl	uitzonderlijke lasten m/pl	extraordinära utgifter pl	nadzwyczajne wydatki m/pl	mimořádné zatížení n	—
clientela fixa f	vaste klantenkring m	kundkrets	regularna klientela f	stálí zákazníci m/pl	—
informação f	inlichting f	upplysning	informacja f	informace f	információ
informação sobre a própria pessoa f	vrijwillige inlichting f	frivillig uppgift	dobrowolne udzielenie informacji n	informace svépomocí f	önkéntes feltárás
aluguel m	huur f	hyra	najem m	nájem m	bérleti díj
renda f	rente f	pension	renta f	důchod m	járadék
renda f	rente f	pension	—	důchod m	járadék

renta anual

	D	E	F	I	ES
renta anual (ES)	Jahreseinkommen n	annual income	revenu annuel m	reddito annuale m	—
rentabilidad (ES)	Rendite f	yield	rendement m	rendita f	—
rentabilidad (ES)	Rentabilität f	profitability	rentabilité f	redditività f	—
rentabilidad (ES)	Wirtschaftlichkeit f	economic efficiency	rentabilité f	redditività f	—
rentabilidad del capital (ES)	Kapitalrentabilität f	return on investment	rentabilité du capital f	redditività del capitale f	—
rentabilidade (P)	Rendite f	yield	rendement m	rendita f	rentabilidad f
rentabilidade (P)	Rentabilität f	profitability	rentabilité f	redditività f	rentabilidad f
rentabilidade do capital (P)	Kapitalrentabilität f	return on investment	rentabilité du capital f	redditività del capitale f	rentabilidad del capital f
rentabilita (CZ)	Rentabilität f	profitability	rentabilité f	redditività f	rentabilidad f
rentabilita kapitálu (CZ)	Kapitalrentabilität f	return on investment	rentabilité du capital f	redditività del capitale f	rentabilidad del capital f
Rentabilität (D)	—	profitability	rentabilité f	redditività f	rentabilidad f
Rentabilitätschwelle (D)	—	break-even point	seuil de rentabilité m	fase redditizia f	umbral de rentabilidad m
rentabilité (F)	Rentabilität f	profitability	—	redditività f	rentabilidad f
rentabilité (F)	Wirtschaftlichkeit f	economic efficiency	—	redditività f	rentabilidad f
rentabilité du capital (F)	Kapitalrentabilität f	return on investment	—	redditività del capitale f	rentabilidad del capital f
rentabiliteit (NL)	Ertragslage f	profitability	niveau de rendement m	situazione economica f	situación del beneficio f
rentabiliteit (NL)	Rentabilität f	profitability	rentabilité f	redditività f	rentabilidad f
rentabiliteit (NL)	Wirtschaftlichkeit f	economic efficiency	rentabilité f	redditività f	rentabilidad f
rentabiliteitsdrempel (NL)	Rentabilitätschwelle f	break-even point	seuil de rentabilité m	fase redditizia f	umbral de rentabilidad m
rentabiliteit van het kapitaal (NL)	Kapitalrentabilität f	return on investment	rentabilité du capital f	redditività del capitale f	rentabilidad del capital f
renta del capital (ES)	Kapitalzins m	interest on capital	intérêt du capital m	interesse del capitale m	—
Rente (D)	—	pension	rente f	rendita f	renta f
rente (F)	Rente f	pension	—	rendita f	renta f
rente (NL)	Rente f	pension	rente f	rendita f	renta f
rentebeleid (NL)	Zinspolitik f	interest rate policy	politique en matière d'intérêts f	politica dei tassi interessi m	política en materia de intereses f
rente betalen (NL)	verzinsen	pay interest on	compter des intérêts	pagare interessi	pagar interés
rentefonds (NL)	Rentenfonds m	pension fund	effets publics m/pl	fondo obbligazionario m	fondo de bonos m
rentemarge (NL)	Zinsmarge m	interest margin	marge entre les taux d'intérêt créditeur et débiteur f	margine d'interesse m	margen de interés m
Rentenanleihe (D)	—	perpetual bonds	effet public m	prestito a reddito fisso m	empréstito por anualidades m
Rentenfonds (D)	—	pension fund	effets publics m/pl	fondo obbligazionario m	fondo de bonos m
Rentenmarkt (D)	—	bond market	marché des effets publics m	mercato dei titoli a reddito fisso m	mercado de títulos de renta fija m
Rentenpapiere (D)	—	bonds	titres de rente m/pl	titoli a reddito fisso m/pl	títulos de renta fija m/pl
rentepeil (NL)	Zinsniveau n	interest rate level	niveau du taux d'intérêt m	livello degli interessi m	nivel de interés m
renteverlaging (NL)	Zinssenkung f	reduction of interest	diminution du taux d'intérêt f	riduzione degli interessi f	reducción del tipo de interés f
renteverschillen (NL)	Zinsgefälle m	gap between interest rates	disparité des niveaux d'intérêts f	differenza d'interessi f	diferencia entre los tipos de interés f
rentevoet (NL)	Zinsfuß m	interest rate	taux d'intérêt m	tasso d'interesse m	tipo de interés m
rentevoet (NL)	Zinssatz m	interest rate	taux d'intérêt m	tasso d'interesse m	tipo de interés m
rentowność (PL)	Rentabilität f	profitability	rentabilité f	redditività f	rentabilidad f
rentowność kapitału (PL)	Kapitalrentabilität f	return on investment	rentabilité du capital f	redditività del capitale f	rentabilidad del capital f

rentowność kapitału

P	NL	SV	PL	CZ	H
rendimento anual *m*	jaarinkomen *n*	årsinkomst	dochód roczny *m*	roční příjem *m*	éves jövedelem
rentabilidade *f*	rendement *n*	avkastning	zysk w stosunku do kapitału *m*	výnosnost *f*	hozam
rentabilidade *f*	rentabiliteit *f*	avkastningsförmåga	rentowność *f*	rentabilita *f*	jövedelmezőség
eficiência económica *f*	rentabiliteit *f*	ekonomisk effektivitet	ekonomiczność *f*	hospodárnost *f*	gazdaságosság
rentabilidade do capital *f*	rentabiliteit van het kapitaal *f*	kapitalavkastning	rentowność kapitału *f*	rentabilita kapitálu *f*	tőkehozam
—	rendement *n*	avkastning	zysk w stosunku do kapitału *m*	výnosnost *f*	hozam
—	rentabiliteit *f*	avkastningsförmåga	rentowność *f*	rentabilita *f*	jövedelmezőség
—	rentabiliteit van het kapitaal *f*	kapitalavkastning	rentowność kapitału *f*	rentabilita kapitálu *f*	tőkehozam
rentabilidade *f*	rentabiliteit *f*	avkastningsförmåga	rentowność *f*	—	jövedelmezőség
rentabilidade do capital *f*	rentabiliteit van het kapitaal *f*	kapitalavkastning	rentowność kapitału *f*	—	tőkehozam
rentabilidade *f*	rentabiliteit *f*	avkastningsförmåga	rentowność *f*	rentabilita *f*	jövedelmezőség
margem de rentabilidade *f*	rentabiliteitsdrempel *m*	nollpunkt	próg rentowności *m*	práh rentability *m*	jövedelmezőségi küszöb
rentabilidade *f*	rentabiliteit *f*	avkastningsförmåga	rentowność *f*	rentabilita *f*	jövedelmezőség
eficiência económica *f*	rentabiliteit *f*	ekonomisk effektivitet	ekonomiczność *f*	hospodárnost *f*	gazdaságosság
rentabilidade do capital *f*	rentabiliteit van het kapitaal *f*	kapitalavkastning	rentowność kapitału *f*	rentabilita kapitálu *f*	tőkehozam
nível de lucros *m*	—	vinstsituation	zyskowność *f*	stav výnosů *m*	nyereséghelyzet
rentabilidade *f*	—	avkastningsförmåga	rentowność *f*	rentabilita *f*	jövedelmezőség
eficiência económica *f*	—	ekonomisk effektivitet	ekonomiczność *f*	hospodárnost *f*	gazdaságosság
margem de rentabilidade *f*	—	nollpunkt	próg rentowności *m*	práh rentability *m*	jövedelmezőségi küszöb
rentabilidade do capital *f*	—	kapitalavkastning	rentowność kapitału *f*	rentabilita kapitálu *f*	tőkehozam
juro do capital *m*	kapitaalrente *f*	kapitalränta	odsetki od kapitału *m/pl*	kapitálový úrok *m*	tőkekamat
renda *f*	rente *f*	pension	renta *f*	důchod *m*	járadék
renda *f*	rente *f*	pension	renta *f*	důchod *m*	járadék
renda *f*	—	pension	renta *f*	důchod *m*	járadék
política das taxas de juro *f*	—	räntepolitik	polityka stopy procentowej *f*	úroková politika *f*	kamatpolitika
render juros	—	förränta	oprocentować	zúročovat <zúročit>	kamatozik
fundo de pensão *m*	—	pensionsfond	fundusz emerytalny *m*	důchodový fond *m*	nyugdíjalap
margem de lucros *f*	—	räntemarginal	marża odsetkowa *f*	úrokové rozpětí *n*	kamatrés
empréstimo por anuidades *m*	effect met vaste rente *n*	ränteobligation	pożyczka publiczna *f*	doživotní renta *f*	járadékkötvény
fundo de pensão *m*	rentefonds *n*	pensionsfond	fundusz emerytalny *m*	důchodový fond *m*	nyugdíjalap
mercado dos títulos de renda fixa *m*	obligatiemarkt *f*	obligationsmarknad	rynek papierów wartościowych o stałym zysku *m*	trh s výnosovými listy *m*	kötvénypiac
títulos de renda fixa *m/pl*	effecten *n/pl*	obligationer *pl*	papiery wartościowe o stałym zysku *m/pl*	výnosové listy *m/pl*	adósságlevelek
nível da taxa de juro *m*	—	räntenivå	poziom stawki oprocentowania *m*	úroveň úroků *f*	kamatszint
redução dos juros *f*	—	räntesänkning	obniżka stopy procentowej *f*	snížení úrokové míry *n*	kamatcsökkentés
diferença entre taxas de juro *f*	—	räntemarginal	różnica w oprocentowaniu *f*	spád úroků *m*	kamatláb-különbözet
taxa de juro *f*	—	räntefot	stopa procentowa *f*	úroková míra *f*	kamatláb
taxa de juro *f*	—	räntesats	stawka procentowa *f*	úroková sazba *f*	kamatláb
rentabilidade *f*	rentabiliteit *f*	avkastningsförmåga	—	rentabilita *f*	jövedelmezőség
rentabilidade do capital *f*	rentabiliteit van het kapitaal *f*	kapitalavkastning	—	rentabilita kapitálu *f*	tőkehozam

renvoi

	D	E	F	I	ES
renvoi (F)	Rücksendung f	return	—	rispedizione f	devolución f
reorganisation (E)	Sanierung	—	redressement m	risanamento m	reorganización f
reorganização (P)	Sanierung	reorganisation	redressement m	risanamento m	reorganización f
reorganización (ES)	Sanierung	reorganisation	redressement m	risanamento m	—
reorganizacja przedsiębiorstwa (PL)	Sanierung	reorganisation	redressement m	risanamento m	reorganización f
re-pack (E)	umpacken	—	remballer	reimballare	reempaquetar
repartição (P)	Geschäftsstelle f	office	agence f	ufficio m	oficina f
repartição (P)	Umlage f	levy	répartition f	ripartizione f	reparto m
repartição das finanças (P)	Finanzamt n	inland revenue office	service des contributions m	ufficio delle imposte m	Ministerio de Hacienda m
repartição de cobranças (P)	Inkasso-Stelle f	collection office	comptoir d'encaissement m	ufficio incassi m	oficina de cobros f
repartição de registo de patente (P)	Patentamt n	Patent Office	office des brevets m	ufficio brevetti m	oficina del registro de patentes f
répartition (F)	Umlage f	levy	—	ripartizione f	reparto m
reparto (I)	Abteilung f	department	service m	—	departamento m
reparto (ES)	Umlage f	levy	répartition f	ripartizione f	—
reparto spedizioni (I)	Versandabteilung f	dispatch department	service des expéditions m	—	departamento de expedición m
repartycja (PL)	Umlage f	levy	répartition f	ripartizione f	reparto m
repayment (E)	Abzahlung f	—	remboursement m	pagamento rateale m	pago a plazos m
repayment (E)	Rückerstattung f	—	remboursement m	rimborso m	restitución f
replaceable (E)	substituierbar	—	interchangeable	sostituibile	sustituible
replacement (E)	Wiederbeschaffung f	—	réapprovisionnement m	riapprovvigionamento m	reposición f
replacement delivery (E)	Ersatzlieferung f	—	livraison de remplacement f	fornitura di componsazione f	ontroga do reposición f
reply (E)	Antwort f	—	réponse f	risposta f	respuesta f
réponse (F)	Antwort f	reply	—	risposta f	respuesta f
reposição (P)	Wiederbeschaffung f	replacement	réapprovisionnement m	riapprovvigionamento m	reposición f
reposición (ES)	Wiederbeschaffung f	replacement	réapprovisionnement m	riapprovvigionamento m	—
representação (P)	Vertretung f	representation	représentation f	rappresentanza f	representación f
representação comercial (P)	Handelsvertretung f	commercial agency	représentation commerciale f	rappresentanza commerciale f	representación comercial f
representação exclusiva (P)	Alleinvertretung f	sole agency	agence exclusive f	rappresentanza esclusiva f	representación exclusiva f
representação no exterior (P)	Auslandsvertretung f	agency abroad	agence à l'étranger f	rappresentanza estera f	representación en el exterior f
representación (ES)	Vertretung f	representation	représentation f	rappresentanza f	—
representación comercial (ES)	Handelsvertretung f	commercial agency	représentation commerciale f	rappresentanza commerciale f	—
representación en el exterior (ES)	Auslandsvertretung f	agency abroad	agence à l'étranger f	rappresentanza estera f	—
representación exclusiva (ES)	Alleinvertretung f	sole agency	agence exclusive f	rappresentanza esclusiva f	—
representant (SV)	Vertreter m	representative	représentant m	rappresentante m	representante m
représentant (F)	Vertreter m	representative	—	rappresentante m	representante m
représentant de commerce (F)	Handelsvertreter m	commercial agent	—	rappresentante commerciale m	representante comercial m
representante (ES)	Vertreter m	representative	représentant m	rappresentante m	—
representante (P)	Vertreter m	representative	représentant m	rappresentante m	representante m
representante comercial (ES)	Handelsvertreter m	commercial agent	représentant de commerce m	rappresentante commerciale m	—
representante comercial (P)	Handelsvertreter m	commercial agent	représentant de commerce m	rappresentante commerciale m	representante comercial m

representante comercial

P	NL	SV	PL	CZ	H
devolução f	terugzending f	återsändande	zwrot m	zpětná zásilka f	visszaküldés
reorganização f	sanering f	sanering	reorganizacja przedsiębiorstwa f	sanace f	szanálása
—	sanering f	sanering	reorganizacja przedsiębiorstwa f	sanace f	szanálása
reorganização f	sanering f	sanering	reorganizacja przedsiębiorstwa f	sanace f	szanálása
reorganização f	sanering f	sanering	—	sanace f	szanálása
reembalar	overpakken	packa om	przepakowywać <przepakować>	přebalovat <přebalit>	átcsomagol
—	kantoor n	kontor	biuro n	kancelář f	kirendeltség
—	omslag m	skattefördelning	repartycja f	dávka f	járulék
—	ontvangkantoor n	skattemyndighet	Urząd Skarbowy m	finanční úřad m	adóhivatal
—	incasso-orgaan n	inkassobyrå	agencja inkasa f	inkasní středisko n	pénzbeszedőhely
—	octrooibureau n	patentverk	urząd patentowy m	patentový úřad m	szabadalmi hivatal
repartição f	omslag m	skattefördelning	repartycja f	dávka f	járulék
departamento m	afdeling f	avdelning	wydział m	oddělení n	osztály
repartição f	omslag m	skattefördelning	repartycja f	dávka f	járulék
departamento de expedição m	expeditieafdeling f	leveransavdelning	wydział ekspedycji m	expediční oddělení n	szállítási részleg
repartição f	omslag m	skattefördelning	—	dávka f	járulék
reembolso	afbetaling f	avbetalning	spłata f	splácení n	részletfizetés
reembolso m	rechtsvordering tot teruggave f	återbetalning	zwrot wpłaty m	refundace f	visszatérítés
substituível	substitueerbaar	utbytbar	zastępowalny	nahraditelný	helyettesíthető
reposição f	vervanging f	nyanskaffning	ponowny zakup m	reprodukce f	pótlás
entrega de reposição f	vervangingslevering f	substitutsleverans	dostawa zastępcza f	náhradní dodávka f	pótszállítás
resposta f	antwoord n	svar	odpowiedź f	odpověď f	válasz
resposta f	antwoord n	svar	odpowiedź f	odpověď f	válasz
—	vervanging f	nyanskaffning	ponowny zakup m	reprodukce f	pótlás
reposição f	vervanging f	nyanskaffning	ponowny zakup m	reprodukce f	pótlás
—	vertegenwoordiging f	representation	przedstawicielstwo n	zastoupení n	képviselet
—	handelsagentuur f	handelsagentur	przedstawicielstwo handlowe n	obchodní zastoupení n	kereskedelmi képviselet
—	alleenvertegenwoordiging f	ensamagentur	wyłączne przedstawicielstwo m	výhradní zastoupení n	kizárólagos képviselet
—	agentschap in het buitenland n	utlandskontor	przedstawicielstwo zagraniczne n	zahraniční zastoupení n	külföldi képviselet
representação f	vertegenwoordiging f	representation	przedstawicielstwo n	zastoupení n	képviselet
representação comercial f	handelsagentuur f	handelsagentur	przedstawicielstwo handlowe n	obchodní zastoupení n	kereskedelmi képviselet
representação no exterior f	agentschap in het buitenland n	utlandskontor	przedstawicielstwo zagraniczne n	zahraniční zastoupení n	külföldi képviselet
representação exclusiva f	alleenvertegenwoordiging f	ensamagentur	wyłączne przedstawicielstwo m	výhradní zastoupení n	kizárólagos képviselet
representante m	vertegenwoordiger m	—	przedstawiciel m	zástupce m	képviselő
representante m	vertegenwoordiger m	representant	przedstawiciel m	zástupce m	képviselő
representante comercial m	handelsvertegenwoordiger m	handelsagent	agent handlowy m	obchodní zástupce m	kereskedelmi képviselő
representante m	vertegenwoordiger m	representant	przedstawiciel m	zástupce m	képviselő
—	vertegenwoordiger m	representant	przedstawiciel m	zástupce m	képviselő
representante comercial m	handelsvertegenwoordiger m	handelsagent	agent handlowy m	obchodní zástupce m	kereskedelmi képviselő
—	handelsvertegenwoordiger m	handelsagent	agent handlowy m	obchodní zástupce m	kereskedelmi képviselő

representante general

	D	E	F	I	ES
representante general (ES)	Generalvertreter m	general agent	agent général m	rappresentante generale m	—
representante geral (P)	Generalvertreter m	general agent	agent général m	rappresentante generale m	representante general m
representation (E)	Vertretung f	—	représentation f	rappresentanza f	representación f
representation (SV)	Bewirtung f	hospitality	hospitalité f	ospitalità f	hospedaje m
representation (SV)	Vertretung f	representation	représentation f	rappresentanza f	representación f
représentation (F)	Vertretung f	representation	—	rappresentanza f	representación f
représentation commerciale (F)	Handelsvertretung f	commercial agency	—	rappresentanza commerciale f	representación comercial f
representative (E)	Vertreter m	—	représentant m	rappresentante m	representante m
repression de la fraude à l'impôt (F)	Steuerfahndung f	investigation into tax evasion	—	inchiesta tributaria f	investigación tributaria f
reprise d'une affaire (F)	Geschäftsübernahme f	takeover of a business	—	rilievo di un'azienda m	adquisición de una empresa f
re-privatisation (E)	Reprivatisierung f	—	dénationalisation f	riprivatizzazione f	desnacionalización f
Reprivatisierung (D)	—	re-privatisation	dénationalisation f	riprivatizzazione f	desnacionalización f
reprivatização (P)	Reprivatisierung f	re-privatisation	dénationalisation f	riprivatizzazione f	desnacionalización f
reprivatizace (CZ)	Reprivatisierung f	re-privatisation	dénationalisation f	riprivatizzazione f	desnacionalización f
reprivatizáció (H)	Reprivatisierung f	re-privatisation	dénationalisation f	riprivatizzazione f	desnacionalización f
reprodução (P)	Reproduktion f	reproduction	reproduction f	riproduzione f	reproducción f
reproducción (ES)	Reproduktion f	reproduction	reproduction f	riproduzione f	—
reproductie (NL)	Reproduktion f	reproduction	reproduction f	riproduzione f	reproducción f
reproductiekosten (NL)	Reproduktionskosten f	reproduction cost	coût de reproduction m	costi di riproduzione m/pl	gastos de reproducción m/pl
reproduction (E)	Reproduktion f	—	reproduction f	riproduzione f	reproducción f
reproduction (F)	Reproduktion f	reproduction	—	riproduzione f	reproducción f
reproduction cost (E)	Reproduktionskosten f	—	coût de reproduction m	costi di riproduzione m/pl	gastos de reproducción m/pl
reprodukce (CZ)	Reproduktion f	reproduction	reproduction f	riproduzione f	reproducción f
reprodukce (CZ)	Wiederbeschaffung f	replacement	réapprovisionnement m	riapprovvigionamento m	reposición f
reprodukcja (PL)	Reproduktion f	reproduction	reproduction f	riproduzione f	reproducción f
reprodukční náklady (CZ)	Reproduktionskosten f	reproduction cost	coût de reproduction m	costi di riproduzione m/pl	gastos de reproducción m/pl
Reproduktion (D)	—	reproduction	reproduction f	riproduzione f	reproducción f
reproduktion (SV)	Reproduktion f	reproduction	reproduction f	riproduzione f	reproducción f
Reproduktionskosten (D)	—	reproduction cost	coût de reproduction m	costi di riproduzione m/pl	gastos de reproducción m/pl
reproduktionskostnader (SV)	Reproduktionskosten f	reproduction cost	coût de reproduction m	costi di riproduzione m/pl	gastos de reproducción m/pl
reprywatyzacja (PL)	Reprivatisierung f	re-privatisation	dénationalisation f	riprivatizzazione f	desnacionalización f
Repubblica Ceca (I)	Tschechien	Czech Republic	république tchèque f	—	República Checa f
República Checa (ES)	Tschechien	Czech Republic	république tchèque f	Repubblica Ceca f	—
República Checa (P)	Tschechien	Czech Republic	république tchèque f	Repubblica Ceca f	República Checa f
république tchèque (F)	Tschechien	Czech Republic	—	Repubblica Ceca f	República Checa f
reputacja (PL)	Image n	image	image f	immagine f	imagen f
resale price (E)	Wiederverkaufspreis m	—	prix de revente m	prezzo di rivendita m	precio de reventa m
rescindible (ES)	kündbar	redeemable	résiliable	risolubile	—
rescindir (ES)	kündigen (Vertrag)	cancel	résilier	disdire	—
rescindir (P)	kündigen (Vertrag)	cancel	résilier	disdire	rescindir
rescindível (P)	kündbar	redeemable	résiliable	risolubile	rescindible
rescisão (P)	Kündigung f	notice of termination	résiliation f	disdetta f	rescisión f
rescisión (ES)	Kündigung f	notice of termination	résiliation f	disdetta f	—
rescission (E)	Rücktritt m	—	dénonciation du contrat f	recesso m	dimisión f

rescission

P	NL	SV	PL	CZ	H
representante geral m	alleenvertegenwoordiger m	generalagent	wyłączny przedstawiciel m	generální zástupce m	vezérképviselő
–	alleenvertegenwoordiger m	generalagent	wyłączny przedstawiciel m	generální zástupce m	vezérképviselő
representação f	vertegenwoordiging f	representation	przedstawicielstwo n	zastoupení n	képviselet
hospitalidade f	onthaal n	–	poczęstunek m	pohoštění n	vendéglátás
representação f	vertegenwoordiging f	–	przedstawicielstwo n	zastoupení n	képviselet
representação f	vertegenwoordiging f	representation	przedstawicielstwo n	zastoupení n	képviselet
representação comercial f	handelsagentuur f	handelsagentur	przedstawicielstwo handlowe n	obchodní zastoupení n	kereskedelmi képviselet
representante m	vertegenwoordiger m	representant	przedstawiciel m	zástupce m	képviselő
investigação de fraudes fiscais f	fiscale opsporingsdienst m	skattebrottsbekämpning	dochodzenie przestępstwa podatkowego n	daňové pátrání n	adónyomozás
aquisição de uma empresa f	overname van een zaak f	företagsövertagande	przejęcie firmy n	přejímka obchodu f	vállalatvásárlás
reprivatização f	denationalisatie f	återprivatisering	reprywatyzacja f	reprivatizace f	reprivatizáció
reprivatização f	denationalisatie f	återprivatisering	reprywatyzacja f	reprivatizace f	reprivatizáció
–	denationalisatie f	återprivatisering	reprywatyzacja f	reprivatizace f	reprivatizáció
reprivatização f	denationalisatie f	återprivatisering	reprywatyzacja f	–	reprivatizáció
reprivatização f	denationalisatie f	återprivatisering	reprywatyzacja f	reprivatizace f	–
–	reproductie f	reproduktion	reprodukcja f	reprodukce f	újratermelés
reprodução f	reproductie f	reproduktion	reprodukcja f	reprodukce f	újratermelés
reprodução f	–	reproduktion	reprodukcja f	reprodukce f	újratermelés
custos de reprodução m/pl	–	reproduktionskostnader pl	koszty reprodukcji m/pl	reprodukční náklady m/pl	pótlási költségek
reprodução f	reproductie f	reproduktion	reprodukcja f	reprodukce f	újratermelés
reprodução f	reproductie f	reproduktion	reprodukcja f	reprodukce f	újratermelés
custos de reprodução m/pl	reproductiekosten m/pl	reproduktionskostnader pl	koszty reprodukcji m/pl	reprodukční náklady m/pl	pótlási költségek
reprodução f	reproductie f	reproduktion	reprodukcja f	–	újratermelés
reposição f	vervanging f	nyanskaffning	ponowny zakup m	–	pótlás
reprodução f	reproductie f	reproduktion	–	reprodukce f	újratermelés
custos de reprodução m/pl	reproductiekosten m/pl	reproduktionskostnader pl	koszty reprodukcji m/pl	–	pótlási költségek
reprodução f	reproductie f	reproduktion	reprodukcja f	reprodukce f	újratermelés
reprodução f	reproductie f	–	reprodukcja f	reprodukce f	újratermelés
custos de reprodução m/pl	reproductiekosten m/pl	reproduktionskostnader pl	koszty reprodukcji m/pl	reprodukční náklady m/pl	pótlási költségek
custos de reprodução m/pl	reproductiekosten m/pl	–	koszty reprodukcji m/pl	reprodukční náklady m/pl	pótlási költségek
reprivatização f	denationalisatie f	återprivatisering	–	reprivatizace f	reprivatizáció
República Checa f	Tsjechië	Tjeckiska republiken	Czechy pl	Čechy pl	Csehország
República Checa f	Tsjechië	Tjeckiska republiken	Czechy pl	Čechy pl	Csehország
–	Tsjechië	Tjeckiska republiken	Czechy pl	Čechy pl	Csehország
República Checa f	Tsjechië	Tjeckiska republiken	Czechy pl	Čechy pl	Csehország
imagem f	imago n	image	–	image m i f	arculat
preço de revenda m	inruilwaarde f	återförsäljningspris	cena w odsprzedaży f	překupní cena f	viszonteladói ár
rescindível	aflosbaar	uppsägbar	możliwy do wypowiedzenia	vypověditelný	felmondható
rescindir	opzeggen	säga upp	wypowiadać <wypowiedzieć>	vypovídat <vypovědět>	felmond
–	opzeggen	säga upp	wypowiadać <wypowiedzieć>	vypovídat <vypovědět>	felmond
–	aflosbaar	uppsägbar	możliwy do wypowiedzenia	vypověditelný	felmondható
–	opzegging f	uppsägning	wypowiedzenie n	výpověď f	felmondás
rescisão f	opzegging f	uppsägning	wypowiedzenie n	výpověď f	felmondás
demissão f	annulering f	återkallande	odstąpienie n	odstoupení n	visszalépés

resecheck

	D	E	F	I	ES
resecheck (SV)	Reisescheck m	traveller's cheque	chèque de voyage m	traveller's cheque m	cheque de viaje m
reseersättning (SV)	Fahrgeld n	fare	coût du voyage m	spese di trasferta f/pl	precio de la travesía m
reseräkning (SV)	Reisekostenabrechnung f	deduction of travelling expenses	règlement des frais de voyage m	conteggio dei costi di viaggio m	liquidación de los gastos de viaje f
reserv (SV)	Reserve f	reserves	réserves f/pl	riserva f	reserva f
reserva (ES)	Reserve f	reserves	réserves f/pl	riserva f	—
reserva (ES)	Reservierung f	reservation	réservation f	prenotazione f	—
reserva (ES)	Rückstellung f	reserves	provision pour pertes et charges f	accantonamento m	—
reserva (P)	Reservierung f	reservation	réservation f	prenotazione f	reserva f
reserva de bom pagamento (P)	Eingang vorbehalten	due payment reserved	sauf bonne fin	salvo buon fine	salvo buen cobro m
reserva de liquidez (ES)	Liquiditätsreserve f	liquidity reserves	réserves de liquidité f/pl	riserva di liquidità f	—
reserva de liquidez (P)	Liquiditätsreserve f	liquidity reserves	réserves de liquidité f/pl	riserva di liquidità f	reserva de liquidez f
reserva escondida (P)	stille Rücklage f	latent funds	réserve occulte f	riserva latente m	reserva tácita f
reserva mínima (ES)	Mindestreserve m	minimum reserves	réserve minimum f	riserva minima obbligatoria f	—
reserva mínima (P)	Mindestreserve m	minimum reserves	réserve minimum f	riserva minima obbligatoria f	reserva mínima f
reserva oculta (P)	stille Reserve f	hidden reserves	réserve occulte f	riserva occulta f	reserva tácita f
reservas (P)	Reserve f	reserves	réserves f/pl	riserva f	reserva f
reservas (P)	Rückstellung f	reserves	provision pour pertes et charges f	accantonamento m	reserva f
reserva tácita (ES)	stille Reserve f	hidden reserves	réserve occulte f	riserva occulta f	—
reserva tácita (ES)	stille Rücklage f	latent funds	réserve occulte f	riserva latente m	—
reservation (E)	Reservierung f	—	réservation f	prenotazione f	reserva f
reservation (E)	Vorbestellung f	—	commande préalable f	prenotazione f	pedido anticipado m
reservation (SV)	Reservierung f	reservation	réservation f	prenotazione f	reserva f
réservation (F)	Reservierung f	reservation	—	prenotazione f	reserva f
Reserve (D)	—	reserves	réserves f/pl	riserva f	reserva f
reserve (NL)	Reserve f	reserves	réserves f/pl	riserva f	reserva f
reserve currency (E)	Reservewährung f	—	monnaie de réserve f	valuta di riserva f	moneda de reserva f
Reservefonds (D)	—	reserve fund	fonds de réserve m	fondo di riserva m	fondo de reserva m
reservefonds (NL)	Reservefonds m	reserve fund	fonds de réserve m	fondo di riserva m	fondo de reserva m
reserve fund (E)	Reservefonds m	—	fonds de réserve m	fondo di riserva m	fondo de reserva m
réserve minimum (F)	Mindestreserve m	minimum reserves	—	riserva minima obbligatoria f	reserva mínima f
réserve occulte (F)	stille Reserve f	hidden reserves	—	riserva occulta f	reserva tácita f
réserve occulte (F)	stille Rücklage f	latent funds	—	riserva latente m	reserva tácita f
reserves (E)	Reserve f	—	réserves f/pl	riserva f	reserva f
reserves (E)	Rückstellung f	—	provision pour pertes et charges f	accantonamento m	reserva f
réserves (F)	Reserve f	reserves	—	riserva f	reserva f
réserves de liquidité (F)	Liquiditätsreserve f	liquidity reserves	—	riserva di liquidità f	reserva de liquidez f
reservevaluta (NL)	Reservewährung f	reserve currency	monnaie de réserve f	valuta di riserva f	moneda de reserva f
Reservewährung (D)	—	reserve currency	monnaie de réserve f	valuta di riserva f	moneda de reserva f
reservfond (SV)	Reservefonds m	reserve fund	fonds de réserve m	fondo di riserva m	fondo de reserva m
Reservierung (D)	—	reservation	réservation f	prenotazione f	reserva f
reservvaluta (SV)	Reservewährung f	reserve currency	monnaie de réserve f	valuta di riserva f	moneda de reserva f
resetraktamente (SV)	Reisespesen f/pl	travelling expenses	frais de voyage m/pl	spese di viaggio f/pl	gastos de viaje m/pl
resguardo de almacén (ES)	Lagerschein m	warehouse warrant	certificat de dépôt m	ricevuta di deposito f	—

resguardo de almacén

P	NL	SV	PL	CZ	H
cheque de viagem m	reischeque m	—	czek podróżny m	cestovní šek m	utazási csekk
preço da passagem m	passagegeld n	—	opłata za przejazd f	jízdné n	fuvardíj
liquidação dos gastos de viagem f	reiskostenrekening f	—	rozliczenie kosztów podróży n	vyúčtování cestovních výloh n	utazási költségelszámolás
reservas f/pl	reserve f	—	rezerwa f	rezerva f	tartalék
reservas f/pl	reserve f	reserv	rezerwa f	rezerva f	tartalék
reserva f	plaatsbespreking f	reservation	rezerwacja f	rezervace f	helyfoglalás
reservas f/pl	bestemmingsreserve f	outdelad vinst	rezerwa f	vrácení n	céltartalék
—	plaatsbespreking f	reservation	rezerwacja f	rezervace f	helyfoglalás
—	onder gewoon voorbehoud	förbehållen betalningsingång	z zastrzeżeniem wpłynięcia	za podmínky obdržení f	bevételezés fenntartással
reserva de liquidez f	liquide reserves f/pl	likviditetsreserv	rezerwa płynności f	likvidní rezerva f	likviditási tartalék
—	liquide reserves f/pl	likviditetsreserv	rezerwa płynności f	likvidní rezerva f	likviditási tartalék
—	stille reserve f	dold reserv	ukryta rezerwa f	rezervní fond n	rejtett tartalék
reserva mínima f	verplichte reserve f	minimireserv	najniższa rezerwa f	minimální rezerva f	kötelező tartalék
—	verplichte reserve f	minimireserv	najniższa rezerwa f	minimální rezerva f	kötelező tartalék
—	stille reserve f	dold reserv	ukryta rezerwa f	tichá rezerva f	rejtett tartalék
—	reserve f	reserv	rezerwa f	rezerva f	tartalék
—	bestemmingsreserve f	outdelad vinst	rezerwa f	vrácení n	céltartalék
reserva oculta f	stille reserve f	dold reserv	ukryta rezerwa f	tichá rezerva f	rejtett tartalék
reserva escondida f	stille reserve f	dold reserv	ukryta rezerwa f	rezervní fond n	rejtett tartalék
reserva f	plaatsbespreking f	reservation	rezerwacja f	rezervace f	helyfoglalás
pedido antecipado m	vooruitbestelling f	förhandsorder	rezerwacja f	předběžná objednávka f	előrendelés
reserva f	plaatsbespreking f	—	rezerwacja f	rezervace f	helyfoglalás
reserva f	plaatsbespreking f	reservation	rezerwacja f	rezervace f	helyfoglalás
reservas f/pl	reserve f	reserv	rezerwa f	rezerva f	tartalék
reservas f/pl	—	reserv	rezerwa f	rezerva f	tartalék
moeda de reserva f	reservevaluta f	reservvaluta	waluta rezerwowa f	rezervní měna f	tartalékvaluta
fundo de reserva m	reservefonds n	reservfond	fundusz rezerwowy m	rezervní fond m	tartalékalap
fundo de reserva m	—	reservfond	fundusz rezerwowy m	rezervní fond m	tartalékalap
fundo de reserva m	reservefonds n	reservfond	fundusz rezerwowy m	rezervní fond m	tartalékalap
reserva mínima f	verplichte reserve f	minimireserv	najniższa rezerwa f	minimální rezerva f	kötelező tartalék
reserva oculta f	stille reserve f	dold reserv	ukryta rezerwa f	tichá rezerva f	rejtett tartalék
reserva escondida f	stille reserve f	dold reserv	ukryta rezerwa f	rezervní fond n	rejtett tartalék
reservas f/pl	reserve f	reserv	rezerwa f	rezerva f	tartalék
reservas f/pl	bestemmingsreserve f	outdelad vinst	rezerwa f	vrácení n	céltartalék
reservas f/pl	reserve f	reserv	rezerwa f	rezerva f	tartalék
reserva de liquidez f	liquide reserves f/pl	likviditetsreserv	rezerwa płynności f	likvidní rezerva f	likviditási tartalék
moeda de reserva f	—	reservvaluta	waluta rezerwowa f	rezervní měna f	tartalékvaluta
moeda de reserva f	reservevaluta f	reservvaluta	waluta rezerwowa f	rezervní měna f	tartalékvaluta
fundo de reserva m	reservefonds n	—	fundusz rezerwowy m	rezervní fond m	tartalékalap
reserva f	plaatsbespreking f	reservation	rezerwacja f	rezervace f	helyfoglalás
moeda de reserva f	reservevaluta f	—	waluta rezerwowa f	rezervní měna f	tartalékvaluta
despesas de viagem f/pl	verplaatsingsvergoeding f	—	koszty podróży m/pl	cestovní výlohy f/pl	utazási költségek
guia de armazenagem f	opslagbewijs n	lagerbevis	kwit składowy m	skladovací list m	raktárjegy

residence permit

	D	E	F	I	ES
residence permit (E)	Aufenthaltserlaubnis f	—	permis de séjour m	permesso di soggiorno m	permiso de residencia m
résiliable (F)	kündbar	redeemable	—	risolubile	rescindible
résiliation (F)	Kündigung f	notice of termination	—	disdetta f	rescisión f
résilier (F)	kündigen (Vertrag)	cancel	—	disdire	rescindir
resistente a crises (P)	krisenfest	crisis-proof	insensible aux influences de la crise	resistente alla crisi	a prueba de crisis
resistente alla crisi (I)	krisenfest	crisis-proof	insensible aux influences de la crise	—	a prueba de crisis
résolution (F)	Beschluß m	decision	—	delibera f	decisión f
respijttermijn (NL)	Nachfrist f	period of grace	prolongation f	termine supplementare m	prolongación del plazo f
respit (SV)	Nachfrist f	period of grace	prolongation f	termine supplementare m	prolongación del plazo f
respite (E)	Stundung f	—	prorogation f	proroga f	moratoria f
responsabile (I)	Manager m	manager	manager m	—	director m
responsabilidad (ES)	Haftung f	liability	responsabilité f	responsabilità f	—
responsabilidad del productor (ES)	Produkthaftung f	product liability	responsabilité du fabricant f	responsabilità prodotto f	—
responsabilidade (P)	Haftung f	liability	responsabilité f	responsabilità f	responsabilidad f
responsabilidade do produtor (P)	Produkthaftung f	product liability	responsabilité du fabricant f	responsabilità prodotto f	responsabilidad del productor f
responsabilità (I)	Haftung f	liability	responsabilité f	—	responsabilidad f
responsabilità prodotto (I)	Produkthaftung f	product liability	responsabilité du fabricant f	—	responsabilidad del productor f
responsabilité (F)	Haftung f	liability	—	responsabilità f	responsabilidad f
responsabilité du fabricant (F)	Produkthaftung f	product liability	—	responsabilità prodotto f	responsabilidad del productor f
resposta (P)	Antwort f	reply	réponse f	risposta f	respuesta f
respuesta (ES)	Antwort f	reply	réponse f	risposta f	—
resseguro (P)	Rückversicherung f	reinsurance	réassurance f	riassicurazione f	reaseguro m
restante de un préstamo (ES)	Restdarlehen n	purchase-money loan	prêt restant m	mutuo residuo m	—
restanten (NL)	Restposten m	remaining stock	lot restant m	rimanenze f/pl	partida restante f
restantier (SV)	Rückstand m	arrears pl	arriéré m	arretrato m	atraso m
Restdarlehen (D)	—	purchase-money loan	prêt restant m	mutuo residuo m	restante de un préstamo m
resterende lening (NL)	Restdarlehen n	purchase-money loan	prêt restant m	mutuo residuo m	restante de un préstamo m
resterende looptijd (NL)	Restlaufzeit f	remaining time to maturity	durée restante à courir f	scadenza residua f	plazo de vencimiento restante m
restitución (ES)	Rückerstattung f	repayment	remboursement m	rimborso m	—
restitución (ES)	Rückgabe f	return	restitution f	restituzione f	—
restituição (P)	Rückgabe f	return	restitution f	restituzione f	restitución f
restitutie (NL)	Rückgabe f	return	restitution f	restituzione f	restitución f
restitution (F)	Rückgabe f	return	—	restituzione f	restitución f
restituzione (I)	Rückgabe f	return	restitution f	—	restitución f
Restlaufzeit (D)	—	remaining time to maturity	durée restante à courir f	scadenza residua f	plazo de vencimiento restante m
restparti (SV)	Restposten m	remaining stock	lot restant m	rimanenze f/pl	partida restante f
Restposten (D)	—	remaining stock	lot restant m	rimanenze f/pl	partida restante f
restraint of competition (E)	Wettbewerbsbeschränkung f	—	restriction apportée à la concurrence f	restrizione della concorrenza f	restricciones a la competencia f/pl
restrição (P)	Restriktion f	restriction	restriction f	restrizione f	restricción f
restrição à exportação (P)	Ausfuhrbeschränkung f	export restriction	contingentement à l'exportation m	restrizione all'esportazione f	restricción a la exportación f
restrição à importação (P)	Einfuhrbeschränkung f	import restriction	limitation des importations f	restrizione all'importazione f	restricción a la importación f
restricción (ES)	Restriktion f	restriction	restriction f	restrizione f	—

restricción

P	NL	SV	PL	CZ	H
autorização de residência f	verblijfsvergunning f	uppehållstillstånd	zezwolenie na pobyt n	povolení k pobytu n	tartózkodási engedély
rescindível	aflosbaar	uppsägbar	możliwy do wypowiedzenia	vypověditelný	felmondható
rescisão f	opzegging f	uppsägning	wypowiedzenie n	výpověď f	felmondás
rescindir	opzeggen	säga upp	wypowiadać <wypowiedzieć>	vypovídat <vypovědět>	felmond
—	crisisbestendig	krisresistent	odporny na kryzys	odolný proti krizi f	válságok által nem fenyegetett
resistente a crises	crisisbestendig	krisresistent	odporny na kryzys	odolný proti krizi f	válságok által nem fenyegetett
decisão f	beslissing f	beslut	decyzja f	usnesení n	határozat
prolongamento do prazo m	—	respit	termin dodatkowy m	dodatečná lhůta f	póthatáridő
prolongamento do prazo m	respijttermijn m	—	termin dodatkowy m	dodatečná lhůta f	póthatáridő
prorrogação do prazo f	uitstel van betaling n	uppskov	odroczenie n	odklad m	fizetési haladék
director m	manager m	manager	manager m	manažer m	vezető
responsabilidade f	aansprakelijkheid f	ansvarighet	gwarancja f	ručení n	felelősség
responsabilidade do produtor f	productaansprakelijkheid f	produktansvar	odpowiedzialność za jakość produktu f	záruka na výrobek f	termékfelelősség
—	aansprakelijkheid f	ansvarighet	gwarancja f	ručení n	felelősség
—	productaansprakelijkheid f	produktansvar	odpowiedzialność za jakość produktu f	záruka na výrobek f	termékfelelősség
responsabilidade f	aansprakelijkheid f	ansvarighet	gwarancja f	ručení n	felelősség
responsabilidade do produtor f	productaansprakelijkheid f	produktansvar	odpowiedzialność za jakość produktu f	záruka na výrobek f	termékfelelősség
responsabilidade f	aansprakelijkheid f	ansvarighet	gwarancja f	ručení n	felelősség
responsabilidade do produtor f	productaansprakelijkheid f	produktansvar	odpowiedzialność za jakość produktu f	záruka na výrobek f	termékfelelősség
—	antwoord n	svar	odpowiedź f	odpověď f	válasz
resposta f	antwoord n	svar	odpowiedź f	odpověď f	válasz
—	herverzekering f	reassurans	reasekuracja f	zájistná záruka n	viszontbiztosítás
empréstimo residual m	resterende lening f	inteckning som dellikvid	reszta pożyczki f	nedoplatek půjčky m	maradékkölcsön
remanescente m	—	restparti	resztka f	zůstatková položka f	maradványtétel
atraso m	achterstand m	—	zaległość f	nedoplatek m	hátralék
empréstimo residual m	resterende lening f	inteckning som dellikvid	reszta pożyczki f	nedoplatek půjčky m	maradékkölcsön
empréstimo residual m	—	inteckning som dellikvid	reszta pożyczki f	nedoplatek půjčky m	maradékkölcsön
prazo até a maturidade m	—	återstående löptid	pozostały okres kredytowania m	zbývající doba splatnosti f	hátralévő futamidő
reembolso m	rechtsvordering tot teruggave f	återbetalning	zwrot wpłaty m	refundace f	visszatérítés
restituição f	restitutie f	retur	zwrot m	vrácení n	visszaszolgáltatás
—	restitutie f	retur	zwrot m	vrácení n	visszaszolgáltatás
restituição f	—	retur	zwrot m	vrácení n	visszaszolgáltatás
restituição f	restitutie f	retur	zwrot m	vrácení n	visszaszolgáltatás
restituição f	restitutie f	retur	zwrot m	vrácení n	visszaszolgáltatás
prazo até a maturidade m	resterende looptijd m	återstående löptid	pozostały okres kredytowania m	zbývající doba splatnosti f	hátralévő futamidő
remanescente m	restanten n/pl	—	resztka f	zůstatková položka f	maradványtétel
remanescente m	restanten n/pl	restparti	resztka f	zůstatková položka f	maradványtétel
restrições à concorrência f/pl	concurrentiebeperking f	konkurrensrestriktioner	ograniczenie konkurencji f	omezení soutěže n	versenykorlátozás
—	beperking f	restriktion	restrykcja f	restrikce f	korlátozás
—	uitvoerbeperking f	exportrestriktion	ograniczenia eksportowe n/pl	omezení vývozu n	exportkorlátozás
—	invoerbeperking f	importrestriktion	ograniczenie importowe n	omezení dovozu m	importkorlátozás
restrição f	beperking f	restriktion	restrykcja f	restrikce f	korlátozás

restricción a la exportación 874

	D	E	F	I	ES
restricción a la exportación (ES)	Ausfuhrbeschränkung f	export restriction	contingentement à l'exportation m	restrizione all'esportazione f	—
restricción a la importación (ES)	Einfuhrbeschränkung f	import restriction	limitation des importations f	restrizione all'importazione f	—
restricción de la liquidez (ES)	Liquiditätsengpaß m	liquidity squeeze	contraction de liquidité f	strettoia di liquidità f	—
restricciones a la competencia (ES)	Wettbewerbsbeschränkung f	restraint of competition	restriction apportée à la concurrence f	restrizione della concorrenza f	—
restricciones comerciales (ES)	Handelsbeschränkungen f/pl	trade restrictions	restrictions au commerce f/pl	restrizioni commerciali f/pl	—
restrições à concorrência (P)	Wettbewerbsbeschränkung f	restraint of competition	restriction apportée à la concurrence f	restrizione della concorrenza f	restricciones a la competencia f/pl
restrições comerciais (P)	Handelsbeschränkungen f/pl	trade restrictions	restrictions au commerce f/pl	restrizioni commerciali f/pl	restricciones comerciales f/pl
restriction (E)	Restriktion f	—	restriction f	restrizione f	restricción f
restriction (F)	Restriktion f	restriction	—	restrizione f	restricción f
restriction apportée à la concurrence (F)	Wettbewerbsbeschränkung f	restraint of competition	—	restrizione della concorrenza f	restricciones a la competencia f/pl
restrictions au commerce (F)	Handelsbeschränkungen f/pl	trade restrictions	—	restrizioni commerciali f/pl	restricciones comerciales f/pl
restrictions sur les devises (F)	Devisenbewirtschaftung f	foreign exchange control	—	controllo dei cambi m	control de divisas m
restrikce (CZ)	Restriktion f	restriction	restriction f	restrizione f	restricción f
Restriktion (D)	—	restriction	restriction f	restrizione f	restricción f
restriktion (SV)	Restriktion f	restriction	restriction f	restrizione f	restricción f
Restrisiko (D)	—	acceptable risk	risque résiduel m	rischio residuo m	riesgo aceptable m
restrizione (I)	Restriktion f	restriction	restriction f	—	restricción f
restrizione all'esportazione (I)	Ausfuhrbeschränkung f	export restriction	contingentement à l'exportation m	—	restricción a la exportación f
restrizione all'importazione (I)	Einfuhrbeschränkung f	import restriction	limitation des importations f	—	restricción a la importación f
restrizione della concorrenza (I)	Wettbewerbsbeschränkung f	restraint of competition	restriction apportée à la concurrence f	—	restricciones a la competencia f/pl
restrizioni commerciali (I)	Handelsbeschränkungen f/pl	trade restrictions	restrictions au commerce f/pl	—	restricciones comerciales f/pl
restrykcja (PL)	Restriktion f	restriction	restriction f	restrizione f	restricción f
restskatt (SV)	Steuernachzahlung f	additional payment of taxes	payement d'un rappel d'impôt m	pagamento arretrato delle imposte m	pago de impuestos atrasados m
restvärde (SV)	Restwert m	net book value	valeur résiduelle f	valore residuo m	valor residual m
restwaarde (NL)	Restwert m	net book value	valeur résiduelle f	valore residuo m	valor residual m
Restwert (D)	—	net book value	valeur résiduelle f	valore residuo m	valor residual m
result (E)	Ergebnis n	—	résultat m	risultato m	resultado m
resultaat (NL)	Ergebnis n	result	résultat m	risultato m	resultado m
resultado (ES)	Ergebnis n	result	résultat m	risultato m	—
resultado (P)	Ergebnis n	result	résultat m	risultato m	resultado m
resultat (SV)	Ergebnis n	result	résultat m	risultato m	resultado m
résultat (F)	Ergebnis n	result	—	risultato m	resultado m
resultatenrekening (NL)	Erfolgskonto n	statement of costs	compte de résultats m	conto profitti e perdite m	cuenta de beneficios y pérdidas f
resultatenrekening (NL)	Ertragsrechnung f	profit and loss account	compte de profit et charges m	conto delle entrate m	cuenta de ganancias f/pl
resultatkonto (SV)	Erfolgskonto n	statement of costs	compte de résultats m	conto profitti e perdite m	cuenta de beneficios y pérdidas f
résultats (F)	Unternehmensgewinn m	company profit	—	utile d'impresa m	beneficio empresarial m
részesedés (H)	Beteiligung f	participation	participation f	partecipazione f	participación f
részfolyósítás (H)	Tranche f	tranche	tranche f	tranche f	emisión parcial f

P	NL	SV	PL	CZ	H
restrição à exportação f	uitvoerbeperking f	exportrestriktion	ograniczenia eksportowe n/pl	omezení vývozu n	exportkorlátozás
restrição à importação f/pl	invoerbeperking f	importrestriktion	ograniczenie importowe n	omezení dovozu m	importkorlátozás
falta de liquidez f	liquiditeitstekort n	tillfällig likviditetsbrist	wąskie gardło wypłacalności n	likvidní tíseň f	likviditáshiány
restrições à concorrência f/pl	concurrentiebeperking f	konkurrensrestriktioner	ograniczenie konkurencji n	omezení soutěže n	versenykorlátozás
restrições comerciais f/pl	belemmeringen van het goederenverkeer f/pl	handelsrestriktioner pl	ograniczenia handlowe n/pl	omezení obchodu n/pl	kereskedelmi korlátozások
—	concurrentiebeperking f	konkurrensrestriktioner	ograniczenie konkurencji n	omezení soutěže n	versenykorlátozás
—	belemmeringen van het goederenverkeer f/pl	handelsrestriktioner pl	ograniczenia handlowe n/pl	omezení obchodu n/pl	kereskedelmi korlátozások
restrição f	beperking f	restriktion	restrykcja f	restrikce f	korlátozás
restrição f	beperking f	restriktion	restrykcja f	restrikce f	korlátozás
restrições à concorrência f/pl	concurrentiebeperking f	konkurrensrestriktioner	ograniczenie konkurencji n	omezení soutěže n	versenykorlátozás
restrições comerciais f/pl	belemmeringen van het goederenverkeer f/pl	handelsrestriktioner pl	ograniczenia handlowe n/pl	omezení obchodu n/pl	kereskedelmi korlátozások
controle de divisas m	deviezenreglementering f	valutakontroll	kontrola obrotu dewizowego f	devizové hospodářství n	devizagazdálkodás
restrição f	beperking f	restriktion	restrykcja f	—	korlátozás
restrição f	beperking f	restriktion	restrykcja f	restrikce f	korlátozás
restrição f	beperking f	—	restrykcja f	restrikce f	korlátozás
risco restante m	aanvaardbaar risico n	acceptabel risk	ryzyko akceptowane n	akceptovatelné riziko n	elfogadható kockázat
restrição f	beperking f	restriktion	restrykcja f	restrikce f	korlátozás
restrição à exportação f	uitvoerbeperking f	exportrestriktion	ograniczenia eksportowe n/pl	omezení vývozu n	exportkorlátozás
restrição à importação f/pl	invoerbeperking f	importrestriktion	ograniczenie importowe n	omezení dovozu m	importkorlátozás
restrições à concorrência f/pl	concurrentiebeperking f	konkurrensrestriktioner	ograniczenie konkurencji n	omezení soutěže n	versenykorlátozás
restrições comerciais f/pl	belemmeringen van het goederenverkeer f/pl	handelsrestriktioner pl	ograniczenia handlowe n/pl	omezení obchodu n/pl	kereskedelmi korlátozások
restrição f	beperking f	restriktion	—	restrikce f	korlátozás
pagamento de impostos atrasados m	nabetaling van belastingen f	—	dopłata podatkowa f	doplacení daně n	adóhátralék (meg)fizetése
valor residual m	restwaarde f	—	pozostała wartość do amortyzacji f	zůstatková hodnota f	maradványérték
valor residual m	—	restvärde	pozostała wartość do amortyzacji f	zůstatková hodnota f	maradványérték
valor residual m	restwaarde f	restvärde	pozostała wartość do amortyzacji f	zůstatková hodnota f	maradványérték
resultado m	resultaat n	resultat	wynik m	výsledek m	eredmény
resultado m	—	resultat	wynik m	výsledek m	eredmény
resultado m	resultaat n	resultat	wynik m	výsledek m	eredmény
—	resultaat n	resultat	wynik m	výsledek m	eredmény
resultado m	resultaat n	—	wynik m	výsledek m	eredmény
resultado m	resultaat n	resultat	wynik m	výsledek m	eredmény
conta de resultados f	—	resultatkonto	konto wynikowe n	vyúčtování nákladů n	nyereségszámla
demonstração de resultados f	—	vinst- och förlustkonto	rachunek zysków f	účtování výnosů n	eredménykimutatás
conta de resultados f	resultatenrekening f	—	konto wynikowe n	vyúčtování nákladů n	nyereségszámla
lucro da empresa m	bedrijfswinst f	företagsvinst	zysk przedsiębiorstwa m	zisk z podnikání m	vállalati nyereség
participação f	deelneming f	deltagande	udział m	podíl m	—
emissão parcial f	tranche f	tranch	transza f	tranže f	—

részidős munka

	D	E	F	I	ES
részidős munka (H)	Teilzeitarbeit f	part-time work	travail à temps partiel m	lavoro part-time m	trabajo a tiempo parcial m
részleges érték (H)	Teilwert m	partial value	valeur partielle f	valore parziale m	valor parcial m
részleges privatizáció (H)	Teilprivatisierung f	partial privatisation	privatisation partielle f	privatizzazione parziale f	privatización parcial f
részlet (H)	Rate f	instalment	acompte m	rata f	plazo m
részletekben kifizet (H)	abzahlen	pay off	régler en versements fractionnés	pagare a rate	pagar por cuotas
részletfizetés (H)	Abschlagszahlung f	part payment	acompte m	pagamento a rate m	pago parcial m
részletfizetés (H)	Abzahlung f	repayment	remboursement m	pagamento rateale m	pago a plazos m
részletfizetés (H)	Ratenzahlung f	payment by instalments	payement par versements fractionnés m	pagamento rateale m	pago a plazos m
részletfizetés (H)	Teilzahlung f	partial payment	payement partiel m	pagamento a rate m	pago parcial m
részletfizetéses vásárlás (H)	Ratenkauf m	hire purchase	achat à tempérament m	acquisto a rate m	compra a plazo f
részletfizetési összeg (H)	Teilzahlungsrate f	monthly instalment	versement d'un achat à tempérament f	rata f	plazo m
részszállítás (H)	Teillieferung f	partial delivery	livraison partielle f	fornitura parziale f	entrega parcial f
reszta pożyczki (PL)	Restdarlehen n	purchase-money loan	prêt restant m	mutuo residuo m	restante de un préstamo m
resztka (PL)	Restposten m	remaining stock	lot restant m	rimanenze f/pl	partida restante f
részvény (H)	Aktie f	share	action f	azione f	acción f
részvényállomány (H)	Aktienbestand m	shareholding	portefeuille d'actions m	portafoglio azionario m	cartera de acciones f
részvényárfolyam (H)	Aktienkurs m	share price	cours des actions m	corso azionario m	cotización de las acciones f
részvényes (H)	Aktionär m	shareholder	actionnaire m	azionista m	accionista m
részvényjegyzés (H)	Aktiennotierung f	share quotation	cotation des actions f	quotazione delle azioni f	cotización de acciones f
részvénykibocsátás (H)	Aktienausgabe f	share issue	émission d'actions f	emissione di azioni f	emisión de acciones f
részvénykibocsátás (H)	Aktienemission f	issue of shares	émission d'actions f	emissione di azioni f	emisión de acciones f
részvényletét (H)	Aktiendepot n	share deposit	dépôt d'actions m	deposito azionario m	depósitio de acciones m
részvénypakett (H)	Aktienpaket n	block of shares	paquet d'actions m	pacchetto di azioni m	paquete de acciones f
részvénytársaság (H)	Aktiengesellschaft f	joint stock company	société anonyme f	società per azioni f	sociedad anónima f
részvénytöbbség (H)	Aktienmehrheit f	majority of stock	majorité d'actions f	maggioranza azionaria f	mayoría de acciones f
részvénytőke (H)	Aktienkapital n	share capital	capital-actions m	capitale azionario m	capital en acciones m
retailer (E)	Einzelhändler m	—	commerçant détaillant m	dettagliante m	minorista m
retail price (E)	Ladenpreis f	—	prix de vente m	prezzo al consumo m	precio de venta m
retail price margin (E)	Einzelhandelsspanne f	—	marge de détail f	margine del dettagliante m	margen del comercio al por menor m
retail trade (E)	Einzelhandel m	—	commerce de détail m	commercio al dettaglio m	comercio al por menor m
retalhista (P)	Einzelhändler m	retailer	commerçant détaillant m	dettagliante m	minorista m
retard (F)	Verspätung f	delay	—	ritardo m	retraso m
retard (F)	Verzug m	delay	—	mora f	retraso m
retardataire (F)	säumig	dilatory	—	moroso	moroso
retenue (F)	Abzug m	deduction	—	deduzione f	deducción f
retraining (E)	Umschulung f	—	reconversion professionnelle f	riqualificazione professionale f	readaptación profesional f
retraso (ES)	Verspätung f	delay	retard m	ritardo m	—

P	NL	SV	PL	CZ	H
trabalho a jornada parcial m	deeltijds werk n	deltidsarbete	praca w niepełnym wymiarze f	částečný pracovní úvazek n	—
valor parcial m	gedeeltelijke waarde f	delvärde	wartość częściowa f	dílčí hodnota f	—
privatização parcial f	gedeeltelijke privatisering f	delvis privatisering	prywatyzacja częściowa f	dílčí privatizace f	—
prestação f	termijn m	avbetalning	rata f	splátka f	—
pagar por quotas	afbetalen	betala av	spłacać <spłacić>	splácet <splatit>	—
pagamento parcial m	betaling in termijnen f	dellikvid	spłata ratalna f	splátka f	—
reembolso	afbetaling f	avbetalning	spłata f	splácení n	—
pagamento a prestações m	betaling in termijnen f	avbetalning	spłata ratalna f	placení splátek n	—
pagamento parcial m	gedeeltelijke betaling f	avbetalning	zapłata ratalna f	placení na splátky n	—
compra a prestações f	aankoop op afbetaling m	avbetalningsköp	kupno na raty n	koupě na splátky f	—
prestação f	maandelijkse afbetaling f	avbetalningstakt	rata f	splátka f	—
entrega parcial f	gedeeltelijke levering f	delleverans	dostawa częściowa f	dílčí dodávka f	—
empréstimo residual m	resterende lening f	inteckning som dellikvid	—	nedoplatek půjčky m	maradékkölcsön
remanescente m	restanten n/pl	restparti	—	zůstatková položka f	maradványtétel
acção f	actie f	aktie	akcja f	akcie f	—
carteira de acções f	aandelenbezit n	aktieinnehav	stan ilości akcji m	stav akcií m	—
cotação das acções f	aandelenkoers m	aktiekurs	kurs akcji m	kurs akcií m	—
accionista m	aandeelhouder m	aktieägare	akcjonariusz m	akcionář m	—
cotação das acções f	notering van aandelen	aktienotering	notowanie akcji n	záznam akcií m	—
emissão de acções f	uitgifte van aandelen f	aktieemission	emisja akcji f	vydání akcií n	—
emissão de acções f	uitgifte van aandelen f	aktieemission	emisja akcji f	emise akcií f	—
depósito de acções m	aandelendepot n	aktiedepå	depozyt akcji m	depozita akcií m	—
lote de acções m	aandelenpakket n	aktiepaket	pakiet akcji m	balík akcií m	—
sociedade anónima f	naamloze vennootschap f	aktiebolag	spółka akcyjna f	akciová společnost f	—
maioria das acções f	meerderheid van aandelen f	aktiemajoritet	większość akcji f	většina akcií f	—
capital em acções m	aandelenkapitaal n	aktiekapital	kapitał akcyjny m	akciový kapitál m	—
retalhista m	kleinhandelaar m	detaljist	detalista m	maloobchodník m	kiskereskedő
preço de venda m	kleinhandelsprijs m	butikspris	cena detaliczna f	prodejní cena f	bolti ár
margem do comércio a retalho f	kleinhandelsmarge f	marginal	marża detaliczna f	maloobchodní rozpětí m	kiskereskedelmi árrés
comércio a retalho m	kleinhandel m	detaljhandel	handel detaliczny m	maloobchod m	kiskereskedelem
—	kleinhandelaar m	detaljist	detalista m	maloobchodník m	kiskereskedő
atraso m	vertraging f	försening	opóźnienie n	prodlení n	késedelem
mora f	achterstallen m/pl	uppskov	zwłoka f	odklad m	késedelem
moroso m	nalatig	sen	opóźniony	liknavý	késedelmes
dedução	aftrek m	avdrag	potrącenie n	srážka f	levonás
readaptação profissional f	omscholing f	omskolning	przeszkolenie n	přeškolení n	átképzés
atraso m	vertraging f	försening	opóźnienie n	prodlení n	késedelem

retraso

	D	E	F	I	ES
retraso (ES)	Verzug m	delay	retard m	mora f	—
retribución (ES)	Besoldung f	salary	appointement m	retribuzione f	—
retribuciones (ES)	Bezüge f	earnings	rémunération f	entrate f/pl	—
retribuições (P)	Bezüge f	earnings	rémunération f	entrate f/pl	retribuciones f/pl
retribuzione (I)	Besoldung f	salary	appointement m	—	retribución f
retribuzione a cottimo (I)	Akkordlohn m	piece wages	salaire à la pièce m	—	salario a destajo m
retribuzione ad incentivo (I)	Leistungslohn m	piece rate	salaire au rendement m	—	salario por rendimiento m
retribuzione contrattuale (I)	Tariflohn m	standard wages	salaire conventionnel m	—	salario según convenio colectivo
retribuzioni in natura (I)	Sachbezüge f/pl	remuneration in kind	prestations en nature f/pl	—	percepciones en especie f/pl
retroacción (ES)	Rückkopplung f	feedback	rétroaction f	accoppiamento a reazione m	—
rétroactif (F)	rückwirkend	retrospective	—	con effetto retroattivo	retroactivo
rétroaction (F)	Rückkopplung f	feedback	—	accoppiamento a reazione m	retroacción f
retroactivo (ES)	rückwirkend	retrospective	rétroactif	con effetto retroattivo	—
retroactivo (P)	rückwirkend	retrospective	rétroactif	con effetto retroattivo	retroactivo
retroaktiv (SV)	rückwirkend	retrospective	rétroactif	con effetto retroattivo	retroactivo
retrospective (E)	rückwirkend	—	rétroactif	con effetto retroattivo	retroactivo
rettifica (I)	Berichtigung f	correction	rectification f	—	corrección f
rettifica del valore (I)	Wertberichtigung f	adjustment of value	réévaluation f	—	rectificación de valor f
retur (SV)	Rückgabe f	return	restitution f	restituzione f	restitución f
return (E)	Ertrag m	—	rendement m	rendimento m	rendimiento m
return (E)	Rückgabe f	—	restitution f	restituzione f	restitución f
return (E)	Rücksendung f	—	renvoi m	rispedizione f	devolución f
return on capital (E)	Kapitalertrag m	—	produit du capital m	rendita del capitale f	rendimiento del capital m
return on investment (E)	Kapitalrentabilität f	—	rentabilité du capital f	redditività del capitale f	rentabilidad del capital f
reunião (P)	Tagung	meeting	congrès m	congresso m	reunión f
reunión (ES)	Besprechung f	discussion	conférence f	colloquio m	—
reunión (ES)	Tagung	meeting	congrès m	congresso m	—
revendication de salaire (F)	Lohnforderung f	wage claim	—	rivendicazione salariale f	reivindicación salarial f
revenu (F)	Einkommen n	income	—	reddito m	ingresos m/pl
revenu (F)	Einnahmen f/pl	receipts	—	entrate f/pl	ingresos m/pl
revenu annuel (F)	Jahreseinkommen n	annual income	—	reddito annuale m	renta anual f
revenu de base (F)	Basiseinkommen n	basic income	—	introiti base m/pl	salario base m
revenu fixe (F)	Festeinkommen n	fixed income	—	reddito fisso m	salario fijo m
revenu réel (F)	Realeinkommen n	real income	—	reddito reale m	ingreso real m
revers (SV)	Schuldschein m	certificate of indebtedness	billet de créance m	certificato di debito m	pagaré m
revers (SV)	Solawechsel m	promissory note	billet à ordre m	pagherò m	pagaré m
reversal (E)	Storno m/n	—	écriture de contrepassation f	ristorno m	anulación f
revisão (P)	Revision f	audit	vérification f	revisione f	revisión f
Revision (D)	—	audit	vérification f	revisione f	revisión f
revision (SV)	Revision f	audit	vérification f	revisione f	revisión f
revision (SV)	Wirtschaftsprüfung m	auditing	contrôle de la gestion et des comptes m	revisione f	revisión de cuentas f
revisión (ES)	Revision f	audit	vérification f	revisione f	—
revisión de cuentas (ES)	Wirtschaftsprüfung m	auditing	contrôle de la gestion et des comptes m	revisione f	—

revisión de cuentas

P	NL	SV	PL	CZ	H
mora f	achterstallen m/pl	uppskov	zwłoka f	odklad m	késedelem
salário m	loon n	ersättning	uposażenie n	plat m	díjazás
retribuições f/pl	salaris n	inkomst av tjänst	uposażenie m	finanční přenosy m/pl	járandóságok
—	salaris n	inkomst av tjänst	uposażenie m	finanční přenosy m/pl	járandóságok
salário m	loon n	ersättning	uposażenie n	plat m	díjazás
pagamento à peça m	stukloon n	ackordlön	płaca akordowa f	úkolová mzda f	darabbér
salário por rendimento m	prestatieloon n	prestationslön	płaca akordowa f	úkolová mzda f	teljesítménybér
salário convencional m	loontarief n	avtalsenlig lön	płaca według taryfikatora f	tarifní mzda f	kollektív szerződés szerinti bér
prestação em espécie f	voordelen in natura n/pl	naturaförmåner pl	pobory w naturze m/pl	příjmy v naturáliich m/pl	természetbeni juttatások
feed-back m	feedback m	feedback	sprzężenie zwrotne n	zpětná vazba f	visszacsatolás
retroactivo	terugwerkend	retroaktiv	obowiązujący wstecz	působící zpětně	visszamenőleges
feed-back m	feedback m	feedback	sprzężenie zwrotne n	zpětná vazba f	visszacsatolás
retroactivo	terugwerkend	retroaktiv	obowiązujący wstecz	působící zpětně	visszamenőleges
—	terugwerkend	retroaktiv	obowiązujący wstecz	působící zpětně	visszamenőleges
retroactivo	terugwerkend	—	obowiązujący wstecz	působící zpětně	visszamenőleges
retroactivo	terugwerkend	retroaktiv	obowiązujący wstecz	působící zpětně	visszamenőleges
rectificação f	rechtzetting f	korrigering	sprostowanie n	oprava f	helyesbítés
rectificação do valor f	correctie wegens herwaardering f	värdereglering	sprostowanie wartości n	oprávka f	értékhelyesbítés
restituição f	restitutie f	—	zwrot m	vrácení n	visszaszolgáltatás
rendimento m	opbrengst f	vinst	zysk m	výnos m	jövedelem
restituição f	restitutie f	retur	zwrot m	vrácení n	visszaszolgáltatás
devolução f	terugzending f	återsändande	zwrot m	zpětná zásilka f	visszaküldés
rendimento do capital m	inkomen uit kapitaal n	inkomst från kapital	zysk z kapitału m	výnos kapitálu m	tőkehozam
rentabilidade do capital f	rentabiliteit van het kapitaal f	kapitalavkastning	rentowność kapitału f	rentabilita kapitálu f	tőkehozam
—	zitting f	möte	konferencja f	zasedání n	ülés
conferência f	bespreking f	möte	konferencja f	porada f	megbeszélés
reunião f	zitting f	möte	konferencja f	zasedání n	ülés
reivindicação salarial f	looneis m	lönekrav	roszczenie płacowe n	mzdový požadavek m	bérkövetelés
rendimento m	inkomen n	inkomst	dochody m/pl	příjem m	jövedelem
receitas f/pl	inkomsten f/pl	intäkter pl	przychody m/pl	příjmy m/pl	bevételek
rendimento anual m	jaarinkomen n	årsinkomst	dochód roczny m	roční příjem m	éves jövedelem
rendimento base m	basisinkomen n	grundinkomst	dochód podstawowy m	základní příjem m	alapjövedelem
rendimento fixo m	vast inkomen n	fast inkomst	stały dochód m	pevný příjem m	fix jövedelem
rendimento real m	reëel inkomen n	realinkomst	dochód rzeczywisty m	reálný příjem m	reáljövedelem
certidão comprovativa de dívida f	schuldbrief m	—	skrypt dłużny m	dlužní úpis m	adóslevél
nota promissória f	solawissel m	—	wechsel własny m	jednoduchá směnka f	saját váltó
estorno m	tegenboeking f	stornering	storno n	storno n	törlés
—	audit m	revision	rewizja f	revize f	felülvizsgálat
revisão f	audit m	revision	rewizja f	revize f	felülvizsgálat
revisão f	audit m	—	rewizja f	revize f	felülvizsgálat
auditoria f	controle van de jaarrekeningen f	—	rewizja gospodarcza f	hospodářská kontrola f	könyvvizsgálat
revisão f	audit m	revision	rewizja f	revize f	felülvizsgálat
auditoria f	controle van de jaarrekeningen f	revision	rewizja gospodarcza f	hospodářská kontrola f	könyvvizsgálat

revisione

	D	E	F	I	ES
revisione (I)	Revision f	audit	vérification f	—	revisión f
revisione (I)	Wirtschaftsprüfung m	auditing	contrôle de la gestion et des comptes m	—	revisión de cuentas f
revisione aziendale (I)	Betriebsprüfung f	fiscal audit of operating results	contrôle fiscal de l'entreprise f	—	inspección de la explotación f
revisor (NL)	Wirtschaftsprüfer m	auditor	expert-comptable économique et financier m	revisore dei conti m	censor de cuentas m
revisor (SV)	Betriebsprüfer m	auditor	expert-comptable m	revisore aziendale m	inspector fiscal m
revisor (SV)	Wirtschaftsprüfer m	auditor	expert-comptable économique et financier m	revisore dei conti m	censor de cuentas m
revisore aziendale (I)	Betriebsprüfer m	auditor	expert-comptable m	—	inspector fiscal m
revisore dei conti (I)	Wirtschaftsprüfer m	auditor	expert-comptable économique et financier m	—	censor de cuentas m
revisor účtů (CZ)	Wirtschaftsprüfer m	auditor	expert-comptable économique et financier m	revisore dei conti m	censor de cuentas m
revize (CZ)	Revision f	audit	vérification f	revisione f	revisión f
revízió (H)	Betriebsprüfung f	fiscal audit of operating results	contrôle fiscal de l'entreprise f	revisione aziendale f	inspección de la explotación f
revizor (H)	Betriebsprüfer m	auditor	expert-comptable m	revisore aziendale m	inspector fiscal m
revocar (ES)	widerrufen	revoke	révoquer	revocare	—
revocare (I)	widerrufen	revoke	révoquer	—	revocar
revocation clause (E)	Widerrufsklausel f	—	clause de révocation f	clausola di revoca f	cláusula revocatoria f
revogar (P)	widerrufen	revoke	révoquer	revocare	revocar
revoke (E)	widerrufen	—	révoquer	revocare	revocar
révoquer (F)	widerrufen	revoke	—	revocare	revocar
rewident księgowy (PL)	Wirtschaftsprüfer m	auditor	expert-comptable économique et financier m	revisore dei conti m	censor de cuentas m
rewizja (PL)	Revision f	audit	vérification f	revisione f	revisión f
rewizja gospodarcza (PL)	Wirtschaftsprüfung m	auditing	contrôle de la gestion et des comptes m	revisione f	revisión de cuentas f
rezerva (CZ)	Reserve f	reserves	réserves f/pl	riserva f	reserva f
rezervace (CZ)	Reservierung f	reservation	réservation f	prenotazione f	reserva f
rezervní fond (CZ)	Reservefonds m	reserve fund	fonds de réserve m	fondo di riserva m	fondo de reserva m
rezervní fond (CZ)	stille Rücklage f	latent funds	réserve occulte f	riserva latente m	reserva tácita f
rezervní měna (CZ)	Reservewährung f	reserve currency	monnaie de réserve f	valuta di riserva f	moneda de reserva f
rezerwa (PL)	Reserve f	reserves	réserves f/pl	riserva f	reserva f
rezerwa (PL)	Rückstellung f	reserves	provision pour pertes et charges f	accantonamento m	reserva f
rezerwacja (PL)	Reservierung f	reservation	réservation f	prenotazione f	reserva f
rezerwacja (PL)	Vorbestellung f	reservation	commande préalable f	prenotazione f	pedido anticipado m
rezerwa płynności (PL)	Liquiditätsreserve f	liquidity reserves	réserves de liquidité f/pl	riserva di liquidità f	reserva de liquidez f
Rezession (D)	—	recession	récession f	recessione f	recesión f
režijní cena (CZ)	Selbstkostenpreis m	cost price	prix coûtant m	prezzo di costo m	precio de coste m
režijní náklady (CZ)	Gemeinkosten f	overhead costs	coûts indirects m/pl	costi comuni m/pl	gastos generales m/pl
rialzo (I)	Hausse f	boom	hausse f	—	alza f

P	NL	SV	PL	CZ	H
revisão f	audit m	revision	rewizja f	revize f	felülvizsgálat
auditoria f	controle van de jaarrekeningen f	revision	rewizja gospodarcza f	hospodářská kontrola f	könyvvizsgálat
investigação pelas autoridades fiscais f	fiscale bedrijfscontrole f/m	granskning från skattemyndighets sida	kontrola podatkowa f	kontrola podnikuf	revízió
auditor m	—	revisor	rewident księgowy m	revisor účtů m	könyvvizsgáló
auditor m	accountant m	—	kontroler podatkowy m	podnikový kontrolor m	revizor
auditor m	revisor m	—	rewident księgowy m	revisor účtů m	könyvvizsgáló
auditor m	accountant m	revisor	kontroler podatkowy m	podnikový kontrolor m	revizor
auditor m	revisor m	revisor	rewident księgowy m	revisor účtů m	könyvvizsgáló
auditor m	revisor m	revisor	rewident księgowy m	—	könyvvizsgáló
revisão f	audit m	revision	rewizja f	—	felülvizsgálat
investigação pelas autoridades fiscais f	fiscale bedrijfscontrole f/m	granskning från skattemyndighets sida	kontrola podatkowa f	kontrola podnikuf	—
auditor m	accountant m	revisor	kontroler podatkowy m	podnikový kontrolor m	—
revogar	herroepen	återkalla	odwoływać <odwołać>	odvolávat <odvolat>	visszavon
revogar	herroepen	återkalla	odwoływać <odwołać>	odvolávat <odvolat>	visszavon
cláusula de revogação f	herroepingsclausule f	återkallningsklausul	klauzula odwoławcza f	odvolávací doložka f	érvénytelenítő záradék
—	herroepen	återkalla	odwoływać <odwołać>	odvolávat <odvolat>	visszavon
revogar	herroepen	återkalla	odwoływać <odwołać>	odvolávat <odvolat>	visszavon
revogar	herroepen	återkalla	odwoływać <odwołać>	odvolávat <odvolat>	visszavon
auditor m	revisor m	revisor	—	revisor účtů m	könyvvizsgáló
revisão f	audit m	revision	—	revize f	felülvizsgálat
auditoria f	controle van de jaarrekeningen f	revision	—	hospodářská kontrola f	könyvvizsgálat
reservas f/pl	reserve f	reserv	rezerwa f	—	tartalék
reserva f	plaatsbespreking f	reservation	rezerwacja f	—	helyfoglalás
fundo de reserva m	reservefonds n	reservfond	fundusz rezerwowy m	—	tartalékalap
reserva escondida f	stille reserve f	dold reserv	ukryta rezerwa f	—	rejtett tartalék
moeda de reserva f	reservevaluta f	reservvaluta	waluta rezerwowa f	—	tartalékvaluta
reservas f/pl	reserve f	reserv	—	rezerva f	tartalék
reservas f/pl	bestemmingsreserve f	outdelad vinst	—	vrácení n	céltartalék
reserva f	plaatsbespreking f	reservation	—	rezervace f	helyfoglalás
pedido antecipado m	vooruitbestelling f	förhandsorder	—	předběžná objednávka f	előrendelés
reserva de liquidez f	liquide reserves f/pl	likviditetsreserv	—	likvidní rezerva f	likviditási tartalék
recessão f	recessie f	recession	recesja f	oživení n	recesszió
preço de custo m	kostprijs m	självkostnadspris	cena kosztów własnych f	—	önköltségi ár
despesas gerais f/pl	indirecte kosten m/pl	indirekta kostnader pl	koszty pośrednie m/pl	—	általános költségek
alta na bolsa f	hausse f	hausse	hossa f	hausa f	emelkedő árfolyamtendencia

rialzo dei prezzi

	D	E	F	I	ES
rialzo dei prezzi (I)	Preiserhöhung f	price increase	augmentation des prix f	—	aumento de precios m
riapprovvigionamento (I)	Wiederbeschaffung f	replacement	réapprovisionnement m	—	reposición f
riassicurazione (I)	Rückversicherung f	reinsurance	réassurance f	—	reaseguro m
ribasso (I)	Abschwung m	downswing	dépression f	—	recesión f
ribasso (I)	Rabatt m	discount	remise f	—	rebaja f
ribasso per prenotazioni (I)	Vorbestellrabatt m	discount on advance orders	remise sur commandes anticipées f	—	descuento de suscripción m
ribasso preferenziale (I)	Vorzugsrabatt m	preferential discount	remise de faveur f	—	rebaja preferencial f
ribasso speciale (I)	Sonderrabatt m	special discount	remise xceptionnelle f	—	descuento especial m
ricavo delle vendite (I)	Verkaufserlös m	sale proceeds	produit des ventes m	—	producto de la venta m
ricavo netto (I)	Nettoertrag m	net proceeds	produit net m	—	producto neto m
ricevimento del pagamento (I)	Zahlungseingang m	inpayment	entrée de fond f	—	entrada de fondos f
ricevimento merci (I)	Wareneingang m	arrival of goods	entrée de marchandises f	—	entrada de mercancías f
ricevuta di deposito (I)	Lagerschein m	warehouse warrant	certificat de dépôt m	—	resguardo de almacén m
ricevuta di ritorno (I)	Rückschein m	advice of delivery	avis de réception m	—	acuse de recibo m
richiesta (I)	Anfrage f	inquiry	demande f	—	demanda f
Richtpreis (D)	—	recommended retail price	prix indicatif m	prezzo indicativo m	precio indicativo m
richtprijs (NL)	Richtpreis m	recommended retail price	prix indicatif m	prezzo indicativo m	precio indicativo m
ricompensa (I)	Vergütung f	remuneration	rémunération f	—	remuneración f
ricorso (I)	Beschwerde f	complaint	plainte f	—	reclamación f
řídící úroveň (CZ)	Führungsebene f	executive level	niveau de gestion m	livello dirigenziale m	nivel de dirección m
riduzione (I)	Abbau m	reduction	réduction f	—	reducción f
riduzione (I)	Ermäßigung f	reduction	réduction f	—	reducción f
riduzione (I)	Minderung f	reduction	diminution f	—	reducción f
riduzione degli interessi (I)	Zinssenkung f	reduction of interest	diminution du taux d'intérêt f	—	reducción del tipo de interés f
riduzione dei prezzi (I)	Preissenkung f	price reduction	réduction des prix f	—	reducción de precios f
riduzione del personale (I)	Personalabbau m	reduction of staff	compression de personnel f	—	reducción de personal f
riduzione del prezzo (I)	Preisabzug m	price deduction	réduction de prix f	—	descuento m
riduzione di valore (I)	Wertminderung f	decrease in value	diminution de la valeur f	—	depreciación f
riesgo aceptable (ES)	Restrisiko n	acceptable risk	risque résiduel m	rischio residuo m	—
riesgo de cambio (ES)	Kursrisiko n	price risk	risque de change m	rischio di cambio m	—
riesgo de pérdida (ES)	Ausfallrisiko f	default risk	risque de perte m	rischio di perdita m	—
riesgo monetario (ES)	Währungsrisiko n	currency risk	risque de change m	rischio monetario m	—
riesgo profesional (ES)	Berufsrisiko n	occupational hazard	risque professionnel m	rischio professionale m	—
rifinanziamento (I)	Refinanzierung f	refinancing	refinancement m	—	refinanciación f
rifiuti (I)	Abfall m	waste	déchet m	—	desechos m/pl
rifiuti d'imballaggio (I)	Verpackungsmüll m	packing waste	déchets d'emballage m/pl	—	basura de embalaje f
rifiuto (I)	Ablehnung f	refusal	refus m	—	denegación f
rifiuto (I)	Absage f	refusal	refus m	—	negativa f

rifiuto

P	NL	SV	PL	CZ	H
aumento de preços m	prijsverhoging f	prishöjning	podwyżka cen f	zvýšení cen n	áremelés
reposição f	vervanging f	nyanskaffning	ponowny zakup m	reprodukce f	pótlás
resseguro m	herverzekering f	reassurans	reasekuracja f	zájistná záruka n	viszontbiztosítás
baixa f	recessie f	nedgång	regresja f	pokles rozvoje m	gazdasági visszaesés
desconto m	korting f	rabatt	rabat m	sleva f	árengedmény
desconto de pedidos antecipados m	korting op vooruitbestelling f	rabatt på förhandsorder	rabat za zamówienie z góry m	předběžný rabat m	előrendelési árengedmény
desconto preferencial m	voorkeurkorting f	förmånsrabatt	rabat preferencyjny m	preferenční rabat m	elsőbbségi árengedmény
desconto especial m	extra korting f	specialrabatt	rabat specjalny m	mimořádný rabat m	rendkívüli árengedmény
produto das vendas m	opbrengst van een verkoop f	försäljningsintäkter pl	uzysk ze sprzedaży m	tržba z prodeje f	értékesítési árbevétel
produto líquido m	netto-opbrengst f	nettointäkter pl	przychód netto m	čistý výnos m	nettó hozam
entrada de numerário f	Binnenkomende betaling f	betalningsmottagande	wpływ płatności m	vstup plateb m	befizetés
entrada de mercadorias f	ingaande goederen n/pl	ingående varor pl	przychód towarów m	příchod zboží m	áru beérkezése
guia de armazenagem f	opslagbewijs n	lagerbevis	kwit składowy m	skladovací list m	raktárjegy
aviso de recepção m	ontvangstbewijs n	mottagningsbevis	potwierdzenie odbioru n	návratka f	tértivevény
pedido m	aanvraag f/m	förfrågan	zapytanie n	poptávka f	ajánlatkérés
preço de referência m	richtprijs m	rekommenderat pris	cena zalecana f	orientační cena f	irányár
preço de referência m	—	rekommenderat pris	cena zalecana f	orientační cena f	irányár
remuneração f	vergoeding f	arvode	wynagrodzenie n	úhrada f	díjazás
reclamação f	klacht f	reklamation	zażalenie n	stížnost f	panasz
nível da direcção m	directieniveau n	ledningsnivå	płaszczyzna kierownicza f	—	vezetőségi szint
redução f	vermindering f	nedbrytning	redukcja f	snížení n	leépítés
redução f	korting f	reduktion	zniżka f	sleva f	mérséklés
redução f	korting f	minskning	zmniejszenie n	snížení n	csökkentés
redução dos juros f	renteverlaging f	räntesänkning	obniżka stopy procentowej f	snížení úrokové míry n	kamatcsökkentés
redução de preços f	prijsdaling f	prissänkning	obniżka cen f	snížení cen n	árcsökkentés
redução de pessoal f	personeelsafslanking f	personalnedskärning	redukcja personelu f	snižování počtu zaměstnanců n	létszámleépítés
desconto m	prijsvermindering f	prisavdrag	redukcja ceny f	srážka z ceny f	árengedmény
diminuição de valor f	waardevermindering f	värdeminskning	spadek wartości m	snížení hodnoty n	értékcsökkenés
risco restante m	aanvaardbaar risico n	acceptabel risk	ryzyko akceptowane n	akceptovatelné riziko n	elfogadható kockázat
risco cambial m	wisselkoersrisico n	kursrisk	ryzyko kursowe n	kursovní riziko n	árfolyamkockázat
risco de perda m	gevaar voor uitvallen n	bortfallsrisk	ryzyko niewykonalności n	riziko ztrát n	hitelveszteségkockázat
risco cambial m	muntrisico n	valutarisk	ryzyko kursowe n	riskantní měna n	valutakockázat
risco profissional m	beroepsrisico n	yrkesrisk	ryzyko zawodowe n	riziko povolání n	foglalkozási kockázat
refinanciamento m	herfinanciering f	omfinansiering	refinansowanie n	refinancování n	refinanszírozás
desperdícios m/pl	afval m	avfall	odpady m/pl	odpad m	hulladék
embalagem usada f	verpakkingsafval n	förpackningsavfall	zużyte opakowania m/pl	obalový odpad m	csomagolási hulladék
recusa f	weigering f	avslag	odmowa f	odmítnutí n	elutasítás
recusa f	weigering f	avböjande	odmowa f	odřeknutí n	lemondás

rifiuto d'accettazione

	D	E	F	I	ES
rifiuto d'accettazione (I)	Annahmeverweigerung f	refusal of delivery	refus d'acceptation m	—	rehuso de aceptación m
right of preemption (E)	Vorkaufsrecht n	—	droit de préemption m	diritto di prelazione m	derecho de preferencia m
right to vote (E)	Stimmrecht n	—	droit de vote m	diritto al voto m	derecho a voto m
riguardare (I)	betreffen	concern	concerner	—	referirse a
rilievo di un'azienda (I)	Geschäftsübernahme f	takeover of a business	reprise d'une affaire f	—	adquisición de una empresa f
rimanenze (I)	Restposten m	remaining stock	lot restant m	—	partida restante f
rimborsare (I)	ablösen	redeem	rembourser	—	amortizar
rimborso (I)	Rückerstattung f	repayment	remboursement m	—	restitución f
rimessa (I)	Rimesse f	remittance	remise f	—	remesa f
rimessa (I)	Überweisung f	remittance	virement m	—	transferencia f
Rimesse (D)	—	remittance	remise f	rimessa f	remesa f
rinvio (I)	Aufschiebung	deferment	ajournement m	—	aplazamiento m
rinvio (I)	Vertagung f	postponement	ajournement m	—	aplazamiento m
ripartizione (I)	Umlage f	levy	répartition f	—	reparto m
ripresa congiunturale (I)	Konjunkturbelebung f	economic upturn	relance économique f	—	recuperación coyuntural f
riprivatizzazione (I)	Reprivatisierung f	re-privatisation	dénationalisation f	—	desnacionalización f
riproduzione (I)	Reproduktion f	reproduction	reproduction f	—	reproducción f
riqualificazione professionale (I)	Umschulung f	retraining	reconversion professionnelle f	—	readaptación profesional f
risanamento (I)	Sanierung	reorganisation	redressement m	—	reorganización f
risarcimento danni (I)	Schadensersatz m	recovery of damages	dommages-intérêts m/pl	—	indemnización f
rischio di cambio (I)	Kursrisiko n	price risk	risque de change m	—	riesgo de cambio m
rischio di perdita (I)	Ausfallrisiko f	default risk	risque de perte m	—	riesgo de pérdida m
rischio monetario (I)	Währungsrisiko n	currency risk	risque de change m	—	riesgo monetario m
rischio professionale (I)	Berufsrisiko n	occupational hazard	risque professionnel m	—	riesgo profesional m
rischio residuo (I)	Restrisiko n	acceptable risk	risque résiduel m	—	riesgo aceptable m
risco cambial (P)	Kursrisiko n	price risk	risque de change m	rischio di cambio m	riesgo de cambio m
risco cambial (P)	Währungsrisiko n	currency risk	risque de change m	rischio monetario m	riesgo monetario m
risco de perda (P)	Ausfallrisiko f	default risk	risque de perte m	rischio di perdita m	riesgo de pérdida m
riscontare (I)	rediskontieren	rediscount	réescompter	—	redescontar
risco profissional (P)	Berufsrisiko n	occupational hazard	risque professionnel m	rischio professionale m	riesgo profesional m
risco restante (P)	Restrisiko n	acceptable risk	risque résiduel m	rischio residuo m	riesgo aceptable m
rise in price (E)	Preisanstieg m	—	hausse des prix f	aumento del prezzo m	aumento de precios m
riserva (I)	Reserve f	reserves	réserves f/pl	—	reserva f
riserva di liquidità (I)	Liquiditätsreserve f	liquidity reserves	réserves de liquidité f/pl	—	reserva de liquidez f
riserva latente (I)	stille Rücklage f	latent funds	réserve occulte f	—	reserva tácita f
riserva minima obbligatoria (I)	Mindestreserve f	minimum reserves	réserve minimum f	—	reserva mínima f
riserva occulta (I)	stille Reserve f	hidden reserves	réserve occulte f	—	reserva tácita f
risicopremie (NL)	Risikoprämie f	risk premium	prime de risque f	premio di rischio m	prima de riesgo f
Risikoprämie (D)	—	risk premium	prime de risque f	premio di rischio m	prima de riesgo f
riskantní měna (CZ)	Währungsrisiko n	currency risk	risque de change m	rischio monetario m	riesgo monetario m
riskpremie (SV)	Risikoprämie f	risk premium	prime de risque f	premio di rischio m	prima de riesgo f
risk premium (E)	Risikoprämie f	—	prime de risque f	premio di rischio m	prima de riesgo f
risktillägg (SV)	Gefahrenzulage f	danger money	prime de danger f	indennità di rischio m	incremento por peligrosidad m

risktillägg

P	NL	SV	PL	CZ	H
recusa de aceitação f	weigering van acceptatie f	vägra godkänna en leverans	odmowa przyjęcia f	odepření přijetí n	átvétel megtagadása
direito de preempção m	recht van voorkoop n	förköpsrätt	prawo pierwokupu n	předkupní právo n	elővásárlási jog
direito de voto m	stemrecht n	rösträtt	prawo głosu n	hlasovací právo n	szavazati jog
referir-se a	betreffen	rörande	dotyczyć	týkat se	vonatkozik
aquisição de uma empresa f	overname van een zaak f	företagsövertagande	przejęcie firmy n	přejímka obchodu f	vállalatvásárlás
remanescente m	restanten n/pl	restparti	resztka f	zůstatková položka f	maradványtétel
amortizar	aflossen	återköpa	spłacać <spłacić>	oddělovat <oddělit>	törleszt
reembolso m	rechtsvordering tot teruggave f	återbetalning	zwrot wpłaty m	refundace f	visszatérítés
remessa f	remise f	remissa	rymesa f	aktivní směnka f	átutalás
transferência f	overschrijving f	överföring	przelew m	bezhotovostní převod m	átutalás
remessa f	remise f	remissa	rymesa f	aktivní směnka f	átutalás
adiamento m	uitstellen n	uppskjutning	odroczenie n	odložení n	halasztás
adiamento m	uitstel n	uppskjutande	odroczenie n	odložení n	elnapolás
repartição f	omslag n	skattefördelning	repartycja f	dávka f	járulék
conjuntura incentivada f	opleving van de conjunctuur f	konjunkturuppsving	ożywienie koniunktury n	oživení konjunktury n	megélénkülés
reprivatização f	denationalisatie f	återprivatisering	reprywatyzacja f	reprivatizace f	reprivatizáció
reprodução f	reproductie f	reproduktion	reprodukcja f	reprodukce f	újratermelés
readaptação profissional f	omscholing f	omskolning	przeszkolenie n	přeškolení n	átképzés
reorganização f	sanering f	sanering	reorganizacja przedsiębiorstwa f	sanace f	szanálása
indemnização f	schadeloosstelling f	skadestånd	odszkodowanie n	náhrada škody f	kártérítés
risco cambial m	wisselkoersrisico n	kursrisk	ryzyko kursowe n	kursovní riziko n	árfolyamkockázat
risco de perda m	gevaar voor uitvallen n	bortfallsrisk	ryzyko niewykonalności n	riziko ztrát n	hitelveszteségkockázat
risco cambial m	muntrisico n	valutarisk	ryzyko kursowe n	riskantní měna n	valutakockázat
risco profissional m	beroepsrisico n	yrkesrisk	ryzyko zawodowe n	riziko povolání n	foglalkozási kockázat
risco restante m	aanvaardbaar risico n	acceptabel risk	ryzyko akceptowane n	akceptovatelné riziko n	elfogadható kockázat
—	wisselkoersrisico n	kursrisk	ryzyko kursowe n	kursovní riziko n	árfolyamkockázat
—	muntrisico n	valutarisk	ryzyko kursowe n	riskantní měna n	valutakockázat
—	gevaar voor uitvallen n	bortfallsrisk	ryzyko niewykonalności n	riziko ztrát n	hitelveszteségkockázat
redescontar	herdisconteren	rediskontera	redyskontować <zredyskontować>	rediskontovat	viszontleszámítol
—	beroepsrisico n	yrkesrisk	ryzyko zawodowe n	riziko povolání n	foglalkozási kockázat
—	aanvaardbaar risico n	acceptabel risk	ryzyko akceptowane n	akceptovatelné riziko n	elfogadható kockázat
alta de preços m	prijsstijging f	prisökning	zwyżka cen f	růst cen m	áremelkedés
reservas f/pl	reserve f	reserv	rezerwa f	rezerva f	tartalék
reserva de liquidez f	liquide reserves f/pl	likviditetsreserv	rezerwa płynności f	likvidní rezerva f	likviditási tartalék
reserva escondida f	stille reserve f	dold reserv	ukryta rezerwa f	rezervní fond f	rejtett tartalék
reserva mínima f	verplichte reserve f	minimireserv	najniższa rezerwa f	minimální rezerva f	kötelező tartalék
reserva oculta f	stille reserve f	dold reserv	ukryta rezerwa f	tichá rezerva f	rejtett tartalék
prémio de risco m	—	riskpremie	premia za ryzyko f	riziková prémie f	kockázati felár
prémio de risco m	risicopremie f	riskpremie	premia za ryzyko f	riziková prémie f	kockázati felár
risco cambial m	muntrisico n	valutarisk	ryzyko kursowe n	—	valutakockázat
prémio de risco m	risicopremie f	—	premia za ryzyko f	riziková prémie f	kockázati felár
prémio de risco m	risicopremie f	riskpremie	premia za ryzyko f	riziková prémie f	kockázati felár
prémio de risco m	gevarentoeslag m	—	dodatek za zwiększone ryzyko m	rizikový příplatek m	veszélyességi pótlék

risolubile

	D	E	F	I	ES
risolubile (I)	kündbar	redeemable	résiliable	—	rescindible
risparmio (I)	Ersparnis f	savings	épargne f	—	ahorro m
risparmio (I)	Sparen n	saving	épargne f	—	ahorro m
rispedizione (I)	Rücksendung f	return	renvoi m	—	devolución f
risposta (I)	Antwort f	reply	réponse f	—	respuesta f
risque de change (F)	Kursrisiko n	price risk	—	rischio di cambio m	riesgo de cambio m
risque de change (F)	Währungsrisiko n	currency risk	—	rischio monetario m	riesgo monetario m
risque de perte (F)	Ausfallrisiko f	default risk	—	rischio di perdita m	riesgo de pérdida m
risque professionnel (F)	Berufsrisiko n	occupational hazard	—	rischio professionale m	riesgo profesional m
risque résiduel (F)	Restrisiko n	acceptable risk	—	rischio residuo m	riesgo aceptable m
ristorno (I)	Storno m/n	reversal	écriture de contre-passation f	—	anulación f
risultato (I)	Ergebnis n	result	résultat m	—	resultado m
ritardo (I)	Verspätung f	delay	retard m	—	retraso m
rivendicazione salariale (I)	Lohnforderung f	wage claim	revendication de salaire f	—	reivindicación salarial f
rivendicazioni di risarcimento danni (I)	Schadenersatzansprüche m/pl	claim for damages	droit à l'indemnité m	—	derecho a indemnización por daños y perjuicios m
řízení (CZ)	Verfahren n	procedure	procédure f	procedimento m	procedimiento m
riziko povolání (CZ)	Berufsrisiko n	occupational hazard	risque professionnel m	rischio professionale m	riesgo profesional m
riziková prémie (CZ)	Risikoprämie f	risk premium	prime de risque f	premio di rischio m	prima de riesgo f
rizikový příplatek (CZ)	Gefahrenzulage f	danger money	prime de danger f	indennità di rischio m	incremento por peligrosidad m
riziko ztrát (CZ)	Ausfallrisiko f	default risk	risque de perte m	rischio di perdita m	riesgo de pérdida m
ročně (CZ)	jährlich	annual	annuel	annuale	anual
roční hospodářská zpráva (CZ)	Jahreswirtschaftsbericht m	Annual Economic Report	compte rendu d'activité économique annuel m	relazione generale sulla situazione economica f	informe económico anual m
roční přebytek (CZ)	Jahresüberschuß m	annual surplus	excédent annuel m	surplus dell'anno m	superávit del ejercicio m
roční příjem (CZ)	Jahreseinkommen n	annual income	revenu annuel m	reddito annuale m	renta anual f
roční uzávěrka (CZ)	Jahresabschluß m	annual accounts	clôture annuelle des comptes f	chiusura d'esercizio f	cierre de cuentas m
roční valná hromada (CZ)	Jahreshauptversammlung f	annual general meeting	assemblée générale annuelle f	assemblea generale annuale f	junta general anual f
roční zisk (CZ)	Jahresgewinn m	annual profits	bénéfice annuel m	utile dell'anno m	beneficio del ejercicio m
roczna rata spłaty (PL)	Annuität f	annuity	annuité f	annualità f	anualidad f
roczne sprawozdanie gospodarcze (PL)	Jahreswirtschaftsbericht m	Annual Economic Report	compte rendu d'activité économique annuel m	relazione generale sulla situazione economica f	informe económico anual m
roczne walne zgromadzenie akcjonariuszy (PL)	Jahreshauptversammlung f	annual general meeting	assemblée générale annuelle f	assemblea generale annuale f	junta general anual f
rode cijfers (NL)	rote Zahlen f/pl	the red	chiffres déficitaires m/pl	conti in rosso m/pl	números rojos m/pl
rodzaje kosztów (PL)	Kostenarten f/pl	cost types	coûts par nature m/pl	tipi di costi m/pl	clases de costes f/pl
roerende goederen (NL)	bewegliche Güter n/pl	movable goods	biens meubles m/pl	beni mobili m/pl	bienes muebles m/pl
rögzített ár (H)	Festpreis m	fixed price	prix fixe m	prezzo fisso m	precio fijo m
rögzített átváltási árfolyamok (H)	feste Wechselkurse m/pl	fixed exchange rates	taux de change fixe m	cambi fissi m/pl	tipos de cambio fijos m/pl
Rohgewinn (D)	—	gross profit on sales	bénéfice brut m	utile lordo m	ganancia bruta f
Rohöl (D)	—	crude oil	pétrole brut m	petrolio greggio m	crudo m

P	NL	SV	PL	CZ	H
rescindível	aflosbaar	uppsägbar	możliwy do wypowiedzenia	vypověditelný	felmondható
poupança f	besparingen f/pl	besparing	oszczędność f	úspora f	megtakarítás
poupança f	sparen n	sparande	oszczędzać n	spoření n	megtakarítás
devolução f	terugzending f	återsändande	zwrot m	zpětná zásilka f	visszaküldés
resposta f	antwoord n	svar	odpowiedź f	odpověď f	válasz
risco cambial m	wisselkoersrisico n	kursrisk	ryzyko kursowe n	kursovní riziko n	árfolyamkockázat
risco cambial m	muntrisico n	valutarisk	ryzyko kursowe n	riskantní měna n	valutakockázat
risco de perda m	gevaar voor uitvallen n	bortfallsrisk	ryzyko niewykonalności n	riziko ztrát n	hitelveszteség-kockázat
risco profissional m	beroepsrisico n	yrkesrisk	ryzyko zawodowe n	riziko povolání n	foglalkozási kockázat
risco restante m	aanvaardbaar risico n	acceptabel risk	ryzyko akceptowane n	akceptovatelné riziko n	elfogadható kockázat
estorno m	tegenboeking f	stornering	storno n	storno n	törlés
resultado m	resultaat n	resultat	wynik m	výsledek m	eredmény
atraso m	vertraging f	försening	opóźnienie n	prodlení n	késedelem
reivindicação salarial f	looneis m	lönekrav	roszczenie płacowe n	mzdový požadavek m	bérkövetelés
direito a indemnização por danos e perdas m	claim op schadevergoeding m	skadeståndsanspråk	roszczenia do odszkodowania n/pl	nárok na náhradu škody m	kártérítési igények
procedimento m	geding n	förfarande	postępowanie n	—	eljárás
risco profissional m	beroepsrisico n	yrkesrisk	ryzyko zawodowe n	—	foglalkozási kockázat
prémio de risco m	risicopremie f	riskpremie	premia za ryzyko f	—	kockázati felár
prémio de risco m	gevarentoeslag m	risktillägg	dodatek za zwiększone ryzyko m	—	veszélyességi pótlék
risco de perda m	gevaar voor uitvallen n	bortfallsrisk	ryzyko niewykonalności n	—	hitelveszteség-kockázat
anual	jaarlijks	årlig	corocznie	—	évi
relatório económico anual m	economisch jaarverslag n	näringslivets årsrapport	roczne sprawozdanie gospodarcze n	—	éves beszámoló
excedente do exercício m	jaaroverschot n	årsöverskott	nadwyżka roczna f	—	évi felosztatlan nyereség
rendimento anual m	jaarinkomen n	årsinkomst	dochód roczny m	—	éves jövedelem
balanço anual m	jaarbalans f	årsbokslut	zamknięcie roczne n	—	éves mérleg
assembleia geral anual f	jaarlijkse algemene vergadering f	årsmöte	roczne walne zgromadzenie akcjonariuszy n	—	éves közgyűlés
lucro do exercício m	jaarwinst f	årsvinst	zysk roczny m	—	éves nyereség
anuidade f	annuïteit f	annuitet	—	umořovací splátka f	évjáradék
relatório económico anual m	economisch jaarverslag n	näringslivets årsrapport	—	roční hospodářská zpráva f	éves beszámoló
assembleia geral anual f	jaarlijkse algemene vergadering f	årsmöte	—	roční valná hromada f	éves közgyűlés
valores a vermelho m/pl	—	med förlust	straty f/pl	červená čísla n/pl	veszteség
classes de custos f/pl	kostensoorten f/pl	typer av kostnader pl	—	druhy nákladů m/pl	költségfajták
bens móveis m/pl	—	inventarier pl	dobra ruchome n/pl	pohyblivý majetek m	ingóságok
preço fixo m	vaste prijs m	fast pris	cena stała f	konstantní cena f	—
taxas de câmbio fixas f/pl	vaste wisselkoersen m/pl	fasta växelkurser pl	stałe kursy wymienne m/Pl	pevné směnné kursy m/pl	—
lucro bruto m	brutowinst f	bruttoöverskott	zysk brutto m	hrubý zisk m	bruttó nyereség
petróleo bruto m	ruwe olie f	råolja	surowa ropa naftowa f	surový olej m	nyersolaj

Rohstoff

	D	E	F	I	ES
Rohstoff (D)	—	raw material	matières premières f/pl	materia prima f	materia prima f
Rohstoffknappheit (D)	—	raw material shortage	pénurie de matières premières f	scarsità di materie prime f	escasez de materias primas f
rok bazowy (PL)	Basisjahr n	base year	année de base f	anno di base m	año base m
rok budżetowy (PL)	Rechnungsjahr n	financial year	exercice comptable m	anno d'esercizio m	ejercicio m
rok gospodarczy (PL)	Geschäftsjahr n	financial year	exercice m	esercizio commerciale m	ejercicio m
rok gospodarczy (PL)	Wirtschaftsjahr n	business year	exercice comptable m	esercizio m	ejercicio m
rok kalendarzowy (PL)	Kalenderjahr n	calendar year	année civile f	anno solare m	año civil m
Rollgeld (D)	—	haulage	camionnage m	spese di trasporto f/pl	gastos de acarreo m/pl
roll-over credit (E)	Roll-over-Kredit m	—	crédit à taux révisable m	credito roll-over m	crédito roll over m
roll-over krediet (NL)	Roll-over-Kredit m	roll-over credit	crédit à taux révisable m	credito roll-over m	crédito roll over m
Roll-over-Kredit (D)	—	roll-over credit	crédit à taux révisable m	credito roll-over m	crédito roll over m
roll-over-kredit (SV)	Roll-over-Kredit m	roll-over credit	crédit à taux révisable m	credito roll-over m	crédito roll over m
romlékony (H)	verderblich	perishable	périssable	deperibile	perecedero
rörande (SV)	betreffen	concern	concerner	riguardare	referirse a
rörelse (SV)	Betrieb m	factory	entreprise f	azienda f	fábrica f
rörelsekapital (SV)	Betriebskapital n	working capital	capital de roulement m	capitale d'esercizio m	capital de explotación m
rörelseomkostnader (SV)	Betriebsausgaben f/pl	operating expenses	charges d'exploitation f/pl	spese di esercizio f/pl	gastos de explotación m/pl
rörliga kostnader (SV)	variable Kosten pl	variable costs	coûts variables m/pl	costi variabili m/pl	gastos variables m/pl
rörlig ränta (SV)	variabler Zins m	variable rate of interest	intérêt variable m	tasso d'interesse variabile m	interés variable m
rossz minőség (H)	schlechte Qualität f	poor quality	mauvaise qualité f	qualità scadente f	mala calidad f
röstmajoritet (SV)	Stimmenmehrheit f	majority of votes	majorité des voix f	maggioranza dei voti f	mayoría de votos f
rösträtt (SV)	Stimmrecht n	right to vote	droit de vote m	diritto al voto m	derecho a voto m
roszczenia do odszkodowania (PL)	Schadenersatzansprüche m/pl	claim for damages	droit à l'indemnité m	rivendicazioni di risarcimento danni f/pl	derecho a indemnización por daños y perjuicios m
roszczenie (PL)	Anspruch m	claim	prétention f	pretesa f	reclamación f
roszczenie do odszkodowania (PL)	Schadensforderung f	claim for damages	prétention à dommages-intérêts f	credito per danni m	pretensión de indemnización f
roszczenie płacowe (PL)	Lohnforderung f	wage claim	revendication de salaire f	rivendicazione salariale f	reivindicación salarial f
rote Zahlen (D)	—	the red	chiffres déficitaires m/pl	conti in rosso m/pl	números rojos m/pl
rottamare (I)	verschrotten	scrap	mettre à la ferraille	—	desguazar
rövid lejáratú (H)	kurzfristig	short-term	à court terme	a breve termine	a corto plazo
rövid lejáratú hitel (H)	kurzfristiger Kredit m	short-term credit	crédit à court terme m	credito a breve termine m	crédito a corto plazo m
rovnováha platební bilance (CZ)	Zahlungsbilanzgleichgewicht n	balance of payments equilibrium	équilibre de la balance des payements m	equilibrio della bilancia dei pagamenti m	balanza de pagos equilibrada f
równowaga bilansu płatniczego (PL)	Zahlungsbilanzgleichgewicht n	balance of payments equilibrium	équilibre de la balance des payements m	equilibrio della bilancia dei pagamenti m	balanza de pagos equilibrada f
rozchód towarów (PL)	Warenausgang m	sale of goods	sortie de marchandises f	uscita merci f	salida de mercancías f
rozdělování (CZ)	Verteilung f	distribution	distribution f	distribuzione f	distribución f
rozhodnutí (CZ)	Entscheidung f	decision	décision f	decisione f	decisión f
rozliczenie (PL)	Abrechnung f	settlement of accounts	règlement m	liquidazione f	liquidación f
rozliczenie (PL)	Verrechnung f	settlement	compensation f	compensazione f	compensación f

rozliczenie

P	NL	SV	PL	CZ	H
matéria-prima f	grondstof f	råvara	surowiec m	surovina f	nyersanyag
escassez de matéria-prima f	grondstoffenschaarste f	råvarubrist	niedostatek surowca m	nedostatek surovin m	nyersanyagszűke
ano base m	basisjaar n	basår	—	základní rok m	bázisév
exercício contável m	boekjaar n	räkenskapsår	—	účetní rok m	pénzügyi év
exercício comercial m	boekjaar n	verksamhetsår	—	obchodní rok m	üzleti év
exercício m	boekjaar n	budgetår	—	hospodářský rok f	gazdasági év
ano civil m	kalenderjaar n	kalenderår	—	kalendářní rok m	naptári év
camionagem f	expeditiekosten m/pl	transportkostnad	przewozowe n	dopravné n	fuvardíj
crédito roll-over m	roll-over krediet n	roll-over-kredit	kredyt roll-over m	úvěr s měnící se úrokovou sazbou m	változó kamatozású hitel
crédito roll-over m	—	roll-over-kredit	kredyt roll-over m	úvěr s měnící se úrokovou sazbou m	változó kamatozású hitel
crédito roll-over m	roll-over krediet n	roll-over-kredit	kredyt roll-over m	úvěr s měnící se úrokovou sazbou m	változó kamatozású hitel
crédito roll-over m	roll-over krediet n	—	kredyt roll-over m	úvěr s měnící se úrokovou sazbou m	változó kamatozású hitel
perecível	bederfelijk	fördärvlig	psujący się	zkazitelný	—
referir-se a	betreffen	—	dotyczyć	týkat se	vonatkozik
fábrica f	bedrijf n	—	przedsiębiorstwo n	podnik m	üzem
capital circulante m	bedrijfskapitaal n	—	kapitał zakładowy m	provozní kapitál m	működő tőke
gastos de exploração m/pl	bedrijfsuitgaven f/pl	—	wydatki na eksploatację m/pl	podnikové výdaje m/pl	üzemi kiadások
custos variáveis m/pl	variabele kosten m/pl	—	koszty zmienne m/pl	proměnné náklady m/pl	változó költségek
taxas de juro variáveis f/pl	variabele rente f	—	zmienna stawka procentowa f	proměnný úrok m	változó kamat
baixa qualidade f	slechte kwaliteit f	dålig kvalitet	zła jakość f	nízká jakost f	—
maioria de votos f	meerderheid van stemmen f	—	większość głosów f	hlasovací většina f	szavazattöbbség
direito de voto m	stemrecht n	—	prawo głosu n	hlasovací právo n	szavazati jog
direito a indemnização por danos e perdas m	claim op schadevergoeding m	skadeståndsanspråk	—	nárok na náhradu škody m	kártérítési igények
reivindicação f	eis m	krav	—	nárok m	igény
acção de indemnização por danos f	schadeclaim m	skadeersättningsanspråk	—	požadavek odškodnění m	kártérítési követelés
reivindicação salarial f	looneis m	lönekrav	—	mzdový požadavek m	bérkövetelés
valores a vermelho m/pl	rode cijfers n/pl	med förlust	straty f/pl	červená čísla n/pl	veszteség
transformar em sucata	verschroten	skrota	złomować <zezłomować>	sešrotovat	kiselejtez
a curto prazo	op korte termijn	kortfristig	krótkoterminowy	krátkodobý	—
crédito a curto prazo m	krediet op korte termijn n	kortfristig kredit	kredyt krótkoterminowy m	krátkodobý úvěr m	—
equilíbrio da balança de pagamentos m	evenwicht op de betalingsbalans n	jämvikt i betalningsbalansen	równowaga bilansu płatniczego f	—	fizetési mérleg egyensúlya
equilíbrio da balança de pagamentos m	evenwicht op de betalingsbalans n	jämvikt i betalningsbalansen	—	rovnováha platební bilance f	fizetési mérleg egyensúlya
saída de mercadorias f	uitgaande goederen n/pl	utgående varor pl	—	odchod zboží m	kimenő áru
distribuição f	distributie f	distribution	dystrybucja f	—	elosztás
decisão f	beslissing f	beslut	decyzja f	—	döntés
liquidação de contas f	afrekening f	avräkning	—	vyúčtování n	elszámolás
compensação f	compensatie f	avräkning	—	zúčtování n	elszámolás

rozliczenie kosztów

	D	E	F	I	ES
rozliczenie kosztów (PL)	Spesenabrechnung f	statement of expenses	décompte des frais m	conteggio delle spese m	liquidación de gastos f
rozliczenie kosztów podróży (PL)	Reisekostenabrechnung f	deduction of travelling expenses	règlement des frais de voyage m	conteggio dei costi di viaggio m	liquidación de los gastos de viaje f
rozliczenie kwartalne (PL)	Quartalsrechnung n	quarterly invoice	compte trimestriel m	conto trimestrale m	cuenta trimestral f
rozliczenie prowizji (PL)	Provisionsabrechnung f	statement of commission	liquidation des commissions f	conteggio delle provvigioni m	liquidación de la comisión f
rozmach (CZ)	Swing m	swing	swing m	swing m	swing m
rozmowa telefoniczna (PL)	Telefongespräch n	telephone conversation	conversation téléphonique f	conversazione telefonica f	conferencia telefónica f
rozmowa telefoniczna (PL)	Anruf m	call	appel téléphonique m	chiamata f	llamada f
różnica w oprocentowaniu (PL)	Zinsgefälle m	gap between interest rates	disparité des niveaux d'intérêts f	differenza d'interessi f	diferencia entre los tipos de interés f
rozpětí (CZ)	Spanne f	margin	marge f	margine m	margen f
rozpětí zisku (CZ)	Gewinnspanne f	margin of profit	marge de bénéfice f	margine di profitto m	margen de beneficios f
rozpočet (CZ)	Budget n	budget	budget m	bilancio m	presupuesto m
rozpočet (CZ)	Etat m	budget	budget m	bilancio m	presupuesto m
rozpočet (CZ)	Haushalt m	budget	budget m	bilancio m	presupuesto m
rozpočet (CZ)	Voranschlag m	estimate	devis estimatif m	preventivo m	presupuesto m
rozpočet na reklamu (CZ)	Werbebudget n	advertising budget	budget de publicité m	budget pubblicitario m	presupuesto publicitario m
rozpočtování (CZ)	Budgetierung f	budgeting	planification des coûts f	compilazione del bilancio f	establecimiento del presupuesto m
rozszczepione kursy wymienne (PL)	gespaltene Wechselkurse m/pl	two-tier exchange rate	cours du change multiple m	cambi multipli m/pl	tipo de cambio múltiple m
rozszerzenie działania firmy (PL)	Diversifikation f	diversification	diversification f	diversificazione f	diversificación f
rozvojová země (CZ)	Entwicklungsland n	developing country	pays en voie de développement m	paese in via di sviluppo m	país en vías de desarrollo m
rozwój (PL)	Entwicklung f	development	développement m	sviluppo m	desarrollo m
rua (P)	Straße f	street	rue f	via f	calle f
ručení (CZ)	Bürgschaft f	guarantee	caution f	garanzia (fideijussoria) f	fianza f
ručení (CZ)	Haftung f	liability	responsabilité f	responsabilità f	responsabilidad f
ručení pohledávky třetí osobou (CZ)	Delkredere n	del credere	ducroire m	star del credere m	delcrédere m
ručitel (CZ)	Bürge m	guarantor	garant m	fideiussore m	fiador m
ručitelský úvěr (CZ)	Avalkredit m	loan granted by way of bank guarantee	crédit de cautionnement m	credito d'avallo m	crédito de aval m
ručitelský úvěr (CZ)	Bürgschaftskredit m	credit by way of bank guarantee	crédit cautionné m	credito garantito m	crédito de garantía m
Rückerstattung (D)	—	repayment	remboursement m	rimborso m	restitución f
Rückgabe (D)	—	return	restitution f	restituzione f	restitución f
Rückgriff (D)	—	recourse	recours m	regresso m	recurso m
Rückkopplung (D)	—	feedback	rétroaction f	accoppiamento a reazione m	retroacción f
Rückschein (D)	—	advice of delivery	avis de réception m	ricevuta di ritorno f	acuse de recibo m
Rücksendung (D)	—	return	renvoi m	rispedizione f	devolución f
Rückstand (D)	—	arrears pl	arriéré m	arretrato m	atraso m
Rückstellung (D)	—	reserves	provision pour pertes et charges f	accantonamento m	reserva f
Rücktritt (D)	—	rescission	dénonciation du contrat f	recesso m	dimisión f
Rücktrittsklausel (D)	—	escape clause	clause de dénonciation du contrat f	clausola di recesso f	cláusula de renuncia f
Rückversicherung (D)	—	reinsurance	réassurance f	riassicurazione f	reaseguro m
rückwirkend (D)	—	retrospective	rétroactif	con effetto retroattivo	retroactivo
ruční práce (CZ)	Handarbeit f	manual work	travail manuel m	lavoro manuale m	trabajo a mano m

ruční práce

P	NL	SV	PL	CZ	H
prestação de contas referente às despesas f	kostenaftrekking f	traktamentsredovisning	—	vyúčtování výloh n	költségelszámolás
liquidação dos gastos de viagem f	reiskostenrekening f	reseräkning	—	vyúčtování cestovních výloh n	utazási költségelszámolás
factura trimestral f	kwartaalrekening f	kvartalsfaktura	—	čtvrtletní vyúčtování n	negyedéves számla
liquidação da comissão f	commissieloonberekening f	provisionsredovisning	—	vyúčtování provize n	jutalékelszámolás
swing m	swing m	swing	swing m	—	technikai hitel (klíring)
telefonema m	telefoongesprek n	telefonsamtal	—	telefonní rozhovor m	telefonbeszélgetés
chamada f	telefonische oproep m	telefonsamtal	—	zavolání n	hívás
diferença entre taxas de juro f	renteverschillen n/pl	räntemarginal	—	spád úroků m	kamatláb-különbözet
margem f	marge f	marginal	marża f	—	árrés
margem de lucro f	winstmarge f	vinstmarginal	marża zysku f	—	haszonrés
orçamento m	budget n	budget	budżet m	—	költségvetés
orçamento m	budget n	budget	budżet m	—	költségvetés
orçamento m	begroting f	budget	budżet m	—	költségvetés
estimativa f	raming f	uppskattning	kosztorys m	—	előirányzat
orçamento publicitário m	reclamebudget n	reklambudget	fundusz reklamowy m	—	reklámkeret
execução do orçamento f	budgettering f	budgetering	budżetowanie n	—	költségvetés készítése
tipo de câmbio múltiplo m	tweevoudige wisselkoers m	dubbel växelkurs	—	dvojstupňové směnné kursy m/pl	kettős valutaárfolyamok
diversificação f	diversifiëring f	differentiering	—	diverzifikace f	diverzifikáció
país em vias de desenvolvimento m	ontwikkelingsland n	utvecklingsland	kraj rozwijający się m	—	fejlődő ország
desenvolvimento m	ontwikkeling f	utveckling	—	vývoj m	fejlesztés
—	straat f	gata	ulica f	ulice f	utca
fiança f	borgsom f	borgen	poręczenie n	—	kezesség
responsabilidade f	aansprakelijkheid f	ansvarighet	gwarancja f	—	felelősség
del-credere m	delcredere n	delkredere	del credere	—	hitelszavatosság
fiador m	borg m	borgenär	poręczyciel m	—	kezes
crédito de aval m	avalkrediet n	avallån	kredyt awalizowany m	—	kezességi hitel
crédito sob fiança m	borgstellingskrediet n	borgenslån	kredyt gwarantowany m	—	garantált hitel
reembolso m	rechtsvordering tot teruggave f	återbetalning	zwrot wpłaty m	refundace f	visszatérítés
restituição f	restitutie f	retur	zwrot m	vrácení n	visszaszolgáltatás
recurso m	verhaal n	regress	regres m	regres m	visszkereset
feed-back m	feedback m	feedback	sprzężenie zwrotne n	zpětná vazba f	visszacsatolás
aviso de recepção m	ontvangstbewijs n	mottagningsbevis	potwierdzenie odbioru n	návratka f	tértivevény
devolução f	terugzending f	återsändande	zwrot m	zpětná zásilka f	visszaküldés
atraso m	achterstand m	restantier	zaległość f	nedoplatek m	hátralék
reservas f/pl	bestemmingsreserve f	outdelad vinst	rezerwa f	vrácení n	céltartalék
demissão f	annulering f	återkallande	odstąpienie n	odstoupení n	visszalépés
cláusula de rescisão f	annuleringsclausule f	uppsägningsklausul	klauzula odstąpienia od umowy f	doložka o odstoupení f	mentesítő záradék
resseguro m	herverzekering f	reassurans	reasekuracja f	zájistná záruka n	viszontbiztosítás
retroactivo	terugwerkend	retroaktiv	obowiązujący wstecz	působící zpětně	visszamenőleges
trabalho manual m	handenarbeid f	manuellt arbete	praca ręczna f	—	fizikai munka

rue

	D	E	F	I	ES
rue (F)	Straße f	street	—	via f	calle f
rugalmas valutaárfolyam (H)	flexibler Wechselkurs m	flexible exchange rate	taux de change flottant m	cambio flessibile m	tipo flotante de cambio m
ruil (NL)	Umtausch m	exchange	échange m	cambio m	cambio m
ruilhandel (NL)	Tausch m	exchange	troc m	scambio m	cambio m
ruptura de contrato (ES)	Vertragsbruch m	breach of contract	violation de contrat f	inadempienza contrattuale f	—
rural economy (E)	Agrarwirtschaft f	—	économie agricole f	economia agraria f	economía agraria f
růst (CZ)	Progression f	progression	progression f	progressione f	progresión f
růst (CZ)	Wachstum n	growth	croissance f	crescita f	crecimiento m
růst cen (CZ)	Preisanstieg m	rise in price	hausse des prix f	aumento del prezzo m	aumento de precios m
ruwe olie (NL)	Rohöl n	crude oil	pétrole brut m	petrolio greggio m	crudo m
ryczałt na wydatki (PL)	Spesenpauschale f	allowance for expenses	forfait de frais m	forfait di spese m	suma global de gastos f
rymesa (PL)	Rimesse f	remittance	remise f	rimessa f	remesa f
rynek (PL)	Markt m	market	marché m	mercato m	mercado m
rynek dewizowy (PL)	Devisenmarkt m	foreign exchange market	marché des changes m	mercato valutario m	mercado de divisas m
rynek europejski (PL)	Euromarkt m	Euromarket	euromarché m	euromercato m	euromercado m
rynek kapitałowy (PL)	Kapitalmarkt m	capital market	marché des capitaux m	mercato finanziario m	mercado financiero m
rynek nabywców (PL)	Käufermarkt m	buyer's market	marché d'acheteurs m	mercato degli acquirenti m	mercado favorable al comprador m
rynek papierów wartościowych o stałym zysku (PL)	Rentenmarkt m	bond market	marché des effets publics m	mercato dei titoli a reddito fisso m	mercado de títulos de renta fija m
rynek pieniężny (PL)	Geldmarkt m	money market	marché monétaire m	mercato monetario m	mercado monetario m
rynek pracy (PL)	Arbeitsmarkt m	labour market	marché du travail m	mercato del lavoro m	mercado laboral m
rynok rolny (PL)	Agrarmarkt m	agricultural market	marché agricole m	mercato agrario m	mercado agrícola m
rynek sprzedającego (PL)	Verkäufermarkt m	seller's market	marché de vendeurs m	mercato favorevole ai venditori m	mercado favorable al vendedor m
rynek wewnętrzny (PL)	Binnenmarkt m	domestic market	marché intérieur m	mercato nazionale m	mercado interior m
rynek złota (PL)	Goldmarkt m	gold market	marché de l'or m	mercato dell'oro m	mercado del oro m
ryzyko akceptowane (PL)	Restrisiko n	acceptable risk	risque résiduel m	rischio residuo m	riesgo aceptable m
ryzyko kursowe (PL)	Kursrisiko n	price risk	risque de change m	rischio di cambio m	riesgo de cambio m
ryzyko kursowe (PL)	Währungsrisiko n	currency risk	risque de change m	rischio monetario m	riesgo monetario m
ryzyko niewykonalności (PL)	Ausfallrisiko f	default risk	risque de perte m	rischio di perdita m	riesgo de pérdida m
ryzyko zawodowe (PL)	Berufsrisiko n	occupational hazard	risque professionnel m	rischio professionale m	riesgo profesional m
rzemiosło (PL)	Handwerk n	craft trade	artisanat m	artigianato m	artesanía f
rzemiosło wędrowne (PL)	ambulantes Gewerbe n	itinerant trade	commerce ambulant m	commercio ambulante m	comercio ambulante m
sacado (P)	Bezogener m	drawee	tiré m	trattario m	librado m
sacar a descoberto (P)	überziehen	overdraw	faire un prélèvement à découvert	mandare allo scoperto	sobrepasar
Sachanlagen (D)	—	fixed assets	immobilisations corporelles f/pl	immobilizzazioni f/pl	inversión en inmuebles y utillaje m/pl
Sachbezüge (D)	—	remuneration in kind	prestations en nature f/pl	retribuzioni in natura f/pl	percepciones en especie f/pl
Sachvermögen (D)	—	material assets	biens corporels m/pl	capitale reale m	patrimonio real m
Sachwert (D)	—	real value	valeur matérielle f	valore reale m	valor real m
sąd upadłościowy (PL)	Konkursgericht n	bankruptcy court	tribunal de la faillite m	tribunale fallimentare m	tribunal de quiebras m
Safe (D)	—	safe	coffre-fort m	cassetta di sicurezza f	caja de seguridad f
safe (E)	Safe m	—	coffre-fort m	cassetta di sicurezza f	caja de seguridad f

safe

P	NL	SV	PL	CZ	H
rua f	straat f	gata	ulica f	ulice f	utca
taxa de câmbio flexível f	zwevende wisselkoers m	flytande växelkurs	elastyczny kurs wymiany m	pohyblivý směnný kurs m	—
câmbio m	—	byte	wymiana f	výměna f	csere
troca f	—	byte	wymiana f	výměna f	csere
lesão do contrato f	contractbreuk f	avtalsbrott	zerwanie umowy n	porušení smlouvy n	szerződésszegés
economia agrária f	landhuishoudkunde f	jordbruk	gospodarka rolna f	zemědělské hospodářství n	mezőgazdaság
progressão f	vooruitgang m	progression	progresja f	—	progresszivitás
crescimento m	groei m	tillväxt	wzrost m	—	növekedés
alta de preços m	prijsstijging f	prisökning	zwyżka cen f	—	áremelkedés
petróleo bruto m	—	råolja	surowa ropa naftowa f	surový olej m	nyersolaj
ajudas de custo para despesas f/pl	overeengekomen kostenbedrag n	ospecificerat traktamente	—	paušál pro výlohy m	költségátalány
remessa f	remise f	remissa	—	aktivní směnka f	átutalás
mercado m	markt f	marknad	—	trh m	piac
mercado de divisas m	wisselmarkt f	valutamarknad	—	devizový trh m	devizapiac
euromercado m	euromarkt f	europamarknaden	—	eurotrh m	europiac
mercado de capitais m	kapitaalmarkt f	kapitalmarknad	—	kapitálový trh m	tőkepiac
mercado favorável ao comprador m	kopersmarkt f	köparens marknad	—	trh kupujícího m	kínálati piac
mercado dos títulos de renda fixa m	obligatiemarkt f	obligationsmarknad	—	trh s výnosovými listy m	kötvénypiac
mercado monetário m	geldmarkt f	penningmarknad	—	peněžní trh m	pénzpiac
mercado de trabalho m	arbeidsmarkt f	arbetsmarknad	—	trh práce m	munkaerőpiac
mercado agrícola m	landbouwmarkt f	jordbruksmarknad	—	zemědělský trh m	agrárpiac
mercado de vendedores m	verkopersmarkt f	säljarens marknad	—	trh prodávajících m	eladók piaca
mercado interno m	binnenlandse markt f	hemmamarknad	—	domácí trh m	belföldi piac
mercado do ouro m	goudmarkt f	guldmarknad	—	trh zlata m	aranypiac
risco restante m	aanvaardbaar risico n	acceptabel risk	—	akceptovatelné riziko n	elfogadható kockázat
risco cambial m	wisselkoersrisico n	kursrisk	—	kursovní riziko n	árfolyamkockázat
risco cambial m	muntrisico n	valutarisk	—	riskantní měna n	valutakockázat
risco de perda m	gevaar voor uitvallen n	bortfallsrisk	—	riziko ztrát n	hitelveszteségkockázat
risco profissional m	beroepsrisico n	yrkesrisk	—	riziko povolání n	foglalkozási kockázat
artesanato m	ambacht n	hantverk	—	řemeslo n	kézműipar
comércio ambulante m	straathandel m	ambulerande handel	—	pojízdná živnost f	vándorkereskedelem
—	betrokken wissel m	trassat	trasat m	směnečník m	intézményezett
—	overschrijden	övertrassera	przekraczać stan konta	překračovat <překročit>	hiteltúllépést követ el
capital imobilizado m	vaste activa pl	fasta tillgångar pl	majątek trwały m	věcné investice f/pl	tárgyi eszközök
prestação em espécie f	voordelen in natura n/pl	naturaförmåner pl	pobory w naturze m/pl	příjmy v naturáliích m/pl	természetbeni juttatások
bens corpóreos m/pl	vaste activa pl	realkapital	majątek rzeczowy m	věcný majetek m	tárgyi eszközök
valor real m	werkelijke waarde f	realvärde	wartość trwała f	věcná hodnota f	dologi érték
juiz de falências m	faillissementsrechtbank f/m	konkursdomstol	—	konkursní soud m	csődbíróság
cofre-forte m	safe m	kassafack	sejf m	bezpečnostní schránka f	széf
cofre-forte m	safe m	kassafack	sejf m	bezpečnostní schránka f	széf

safe

	D	E	F	I	ES
safe (E)	Tresor m	—	coffre-fort m	cassaforte f	caja fuerte f
safe (NL)	Safe m	safe	coffre-fort m	cassetta di sicurezza f	caja de seguridad f
säga upp (SV)	kündigen (Vertrag)	cancel	résilier	disdire	rescindir
saggio di sconto (I)	Diskontsatz m	discount rate	taux d'escompte m	—	tasa de descuento f
saída de mercadorias (P)	Warenausgang m	sale of goods	sortie de marchandises f	uscita merci f	salida de mercancías f
saisie (F)	Beschlagnahme f	confiscation	—	confisca f	confiscación f
saisie (F)	Pfändung f	seizure	—	pignoramento m	pignoración f
Saison (D)	—	season	saison f	stagione f	temporada f
saison (F)	Saison f	season	—	stagione f	temporada f
Saisonschwankungen (D)	—	seasonal fluctuations	variations saisonnières f/pl	oscillazioni stagionali f/pl	oscilaciones estacionales f/pl
saját cselekvést kifejező paraméter (H)	Aktionsparameter m	action parameters	paramètre d'action m	parametro d'azione m	parámetro de acción m
saját felhasználás (H)	Eigenverbrauch m	personal consumption	consommation personnelle f	consumo proprio m	consumo propio m
saját tőke (H)	Eigenkapital n	equity capital	capital propre m	capitale d'esercizio m	capital propio m
saját váltó (H)	Solawechsel m	promissory note	billet à ordre m	pagherò m	pagaré m
salaire (F)	Lohn m	wages	—	salario m	salario m
salaire à la pièce (F)	Akkordlohn m	piece wages	—	retribuzione a cottimo f	salario a destajo m
salaire à la tâche (F)	Stücklohn m	piece-work pay	—	salario a cottimo m	salario a destajo m
salaire à l'heure (F)	Zeitlohn m	time wages	—	salario a tempo m	salario por unidad de tiempo m
salaire au rendement (F)	Leistungslohn m	piece rate	—	retribuzione ad incentivo f	salario por rendimiento m
salaire brut (F)	Bruttolohn m	gross pay	—	salario lordo m	salario bruto m
salaire conventionnel (F)	Tariflohn m	standard wages	—	retribuzione contrattuale f	salario según convenio colectivo
salaire de référence (F)	Basislohn m	basic wage	—	salario base m	sueldo base m
salaire horaire (F)	Stundenlohn m	hourly wage	—	salario ad ora m	salario-hora m
salaire initial (F)	Anfangsgehalt n	starting salary	—	stipendio iniziale m	salario inicial m
salaire maximum (F)	Spitzenlohn m	top wage	—	salario massimo m	salario máximo m
salaire minimum (F)	Mindestlohn m	minimum wage	—	salario minimo m	salario mínimo m
salaire net (F)	Nettolohn m	net wages	—	salario netto m	salario neto m
salaire réel (F)	Reallohn m	real wages	—	salario reale m	salario real m
salarié (F)	Arbeitnehmer m	employee	—	lavoratore dipendente m	empleado m
salario (I)	Lohn m	wages	salaire m	—	salario m
salario (ES)	Lohn m	wages	salaire m	salario m	—
salário (P)	Besoldung f	salary	appointement m	retribuzione f	retribución f
salário (P)	Gehalt n	salary	traitement m	stipendio m	sueldo m
salário (P)	Lohn m	wages	salaire m	salario m	salario m
salario a cottimo (I)	Stücklohn m	piece-work pay	salaire à la tâche m	—	salario a destajo m
salario a destajo (ES)	Akkordlohn m	piece wages	salaire à la pièce m	retribuzione a cottimo f	—
salario a destajo (ES)	Stücklohn m	piece-work pay	salaire à la tâche m	salario a cottimo m	—
salario ad ora (I)	Stundenlohn m	hourly wage	salaire horaire m	—	salario-hora m
salario a tempo (I)	Zeitlohn m	time wages	salaire à l'heure m	—	salario por unidad de tiempo m
salario base (I)	Basislohn m	basic wage	salaire de référence m	—	sueldo base m
salario base (ES)	Basiseinkommen n	basic income	revenu de base m	introiti base m/pl	—
salario bruto (ES)	Bruttolohn m	gross pay	salaire brut m	salario lordo m	—
salário bruto (P)	Bruttolohn m	gross pay	salaire brut m	salario lordo m	salario bruto m

salário bruto

P	NL	SV	PL	CZ	H
caixa-forte f	kluis f	kassaskåp	sejf m	trezor m	páncélszekrény
cofre-forte m	–	kassafack	sejf m	bezpečnostní schránka f	széf
rescindir	opzeggen	–	wypowiadać <wypowiedzieć>	vypovídat <vypovědět>	felmond
taxa de desconto f	discontovoet m	diskonto	stopa dyskontowa f	diskontní sazba f	leszámítolási kamatláb
–	uitgaande goederen n/pl	utgående varor pl	rozchód towarów m	odchod zboží m	kimenő áru
confiscação f	inbeslagneming f	beslagtagande	konfiskata f	konfiskace f	lefoglalás
penhora f	beslaglegging f	utmätning	zajęcie n	zabavení n	lefoglalás
temporada f	seizoen n	säsong	sezon m	sezona f	idény
temporada f	seizoen n	säsong	sezon m	sezona f	idény
oscilações sazonais f/pl	seizoenschommelingen f/pl	säsongvariationer pl	fluktuacje sezonowe f/pl	sezonní výkyvy m/pl	szezonális ingadozások
parâmetro de acção m	aandeelparameter m	aktionsparameter	parametr działania m	akciový parametr m	–
consumo pessoal m	persoonlijk verbruik n	personlig konsumtion	zużycie własne n	vlastní spotřeba f	–
capital próprio m	eigen kapitaal n	egenkapital	kapitał własny m	vlastní kapitál n	–
nota promissória f	solawissel m	revers	wechsel własny m	jednoduchá směnka f	–
salário m	loon n	lön	płaca f	mzda f	bér
pagamento à peça m	stukloon n	ackordlön	płaca akordowa f	úkolová mzda f	darabbér
salário por peça m	stukloon n	ackordlön	płaca akordowa f	mzda od kusu f	darabbér
salário por hora m	tijdloon n	timlön	płaca wg stawki godzinowej f	časová mzda f	időbér
salário por rendimento m	prestatieloon n	prestationslön	płaca akordowa f	úkolová mzda f	teljesítménybér
salário bruto m	brutoloon n	bruttolön	płaca brutto f	hrubá mzda f	bruttó bér
salário convencional m	loontarief n	avtalsenlig lön	płaca według taryfikatora f	tarifní mzda f	kollektív szerződés szerinti bér
ordenado base m	basisloon n	grundlön	płaca podstawowa f	základní mzda f	alapbér
salário-hora m	uurloon n	timlön	płaca godzinowa f	hodinová mzda f	órabér
salário inicial m	aanvangssalaris n	begynnelselön	pensja stażowa f	nástupní plat m	kezdő fizetés
salário máximo m	maximumloon n	topplön	płaca najwyższa f	špičková mzda f	maximális bér
salário mínimo m	minimumloon n	minimilön	płaca minimalna f	minimální mzda f	minimálbér
salário líquido m	nettoloon n	nettolön	płaca netto f	čistá mzda f	nettó bér
salário real m	reëel loon n	reallön	płaca realna f	reálná mzda f	reálbér
empregado m	werknemer f/m	arbetstagare	pracobiorca m	zaměstnanec m	munkavállaló
salário m	loon n	lön	płaca f	mzda f	bér
salário m	loon n	lön	płaca f	mzda f	bér
–	loon n	ersättning	uposażenie n	plat m	díjazás
–	salaris n	lön	płaca f	plat m	fizetés
–	loon n	lön	płaca f	mzda f	bér
salário por peça m	stukloon n	ackordlön	płaca akordowa f	mzda od kusu f	darabbér
pagamento à peça m	stukloon n	ackordlön	płaca akordowa f	úkolová mzda f	darabbér
salário por peça m	stukloon n	ackordlön	płaca akordowa f	mzda od kusu f	darabbér
salário-hora m	uurloon n	timlön	płaca godzinowa f	hodinová mzda f	órabér
salário por hora m	tijdloon n	timlön	płaca wg stawki godzinowej f	časová mzda f	időbér
ordenado base m	basisloon n	grundlön	płaca podstawowa f	základní mzda f	alapbér
rendimento base m	basisinkomen n	grundinkomst	dochód podstawowy m	základní příjem m	alapjövedelem
salário bruto m	brutoloon n	bruttolön	płaca brutto f	hrubá mzda f	bruttó bér
–	brutoloon n	bruttolön	płaca brutto f	hrubá mzda f	bruttó bér

salário convencional

	D	E	F	I	ES
salário conven-cional (P)	Tariflohn *m*	standard wages	salaire conven-tionnel *m*	retribuzione contrat-tuale *f*	salario según convenio colectivo
salario en especie (ES)	Naturallohn *m*	wages paid in kind	rémunération en nature *f*	remunerazione in natura *f*	—
salario fijo (ES)	Festeinkommen *n*	fixed income	revenu fixe *m*	reddito fisso *m*	—
salario-hora (ES)	Stundenlohn *m*	hourly wage	salaire horaire *m*	salario ad ora *m*	—
salário-hora (P)	Stundenlohn *m*	hourly wage	salaire horaire *m*	salario ad ora *m*	salario-hora *m*
salario inicial (ES)	Anfangsgehalt *n*	starting salary	salaire initial *m*	stipendio iniziale *m*	—
salário inicial (P)	Anfangsgehalt *n*	starting salary	salaire initial *m*	stipendio iniziale *m*	salario inicial *m*
salário líquido (P)	Nettolohn *m*	net wages	salaire net *m*	salario netto *m*	salario neto *m*
salario lordo (I)	Bruttolohn *m*	gross pay	salaire brut *m*	—	salario bruto *m*
salario massimo (I)	Spitzenlohn *m*	top wage	salaire maximum *m*	—	salario máximo *m*
salario máximo (ES)	Spitzenlohn *m*	top wage	salaire maximum *m*	salario massimo *m*	—
salário máximo (P)	Spitzenlohn *m*	top wage	salaire maximum *m*	salario massimo *m*	salario máximo *m*
salario minimo (I)	Mindestlohn *m*	minimum wage	salaire minimum *m*	—	salario mínimo *m*
salario mínimo (ES)	Mindestlohn *m*	minimum wage	salaire minimum *m*	salario minimo *m*	—
salário mínimo (P)	Mindestlohn *m*	minimum wage	salaire minimum *m*	salario minimo *m*	salario mínimo *m*
salario neto (ES)	Nettolohn *m*	net wages	salaire net *m*	salario netto *m*	—
salario netto (I)	Nettolohn *m*	net wages	salaire net *m*	—	salario neto *m*
salário por hora (P)	Zeitlohn *m*	time wages	salaire à l'heure *m*	salario a tempo *m*	salario por unidad de tiempo *m*
salário por peça (P)	Stücklohn *m*	piece-work pay	salaire à la tâche *m*	salario a cottimo *m*	salario a destajo *m*
salário por rendi-mento (P)	Leistungslohn *m*	piece rate	salaire au rendement *m*	retribuzione ad incentivo *f*	salario por rendi-miento *m*
salario por rendi-miento (ES)	Leistungslohn *m*	piece rate	salaire au rendement *m*	retribuzione ad incentivo *f*	—
salario por unidad de tiempo (ES)	Zeitlohn *m*	time wages	salaire à l'heure *m*	salario a tempo *m*	—
salario real (ES)	Reallohn *m*	real wages	salaire réel *m*	salario reale *m*	—
salário real (P)	Reallohn *m*	real wages	salaire réel *m*	salario reale *m*	salario real *m*
salario reale (I)	Reallohn *m*	real wages	salaire réel *m*	—	salario real *m*
salario según convenio colectivo (ES)	Tariflohn *m*	standard wages	salaire conven-tionnel *m*	retribuzione contrat-tuale *f*	—
salaris (NL)	Bezüge *f*	earnings	rémunération *f*	entrate *f/pl*	retribuciones *f/pl*
salaris (NL)	Gehalt *n*	salary	traitement *m*	stipendio *m*	sueldo *m*
salaris in natura (NL)	Naturallohn *m*	wages paid in kind	rémunération en nature *f*	remunerazione in natura *f*	salario en especie *m*
salarisrekening (NL)	Gehaltskonto *n*	salary account	compte de domici-liation du salaire *m*	conto stipendi *m*	cuenta de salario *f*
salary (E)	Besoldung *f*	—	appointement *m*	retribuzione *f*	retribución *f*
salary (E)	Gehalt *n*	—	traitement *m*	stipendio *m*	sueldo *m*
salary account (E)	Gehaltskonto *n*	—	compte de domici-liation du salaire *m*	conto stipendi *m*	cuenta de salario *f*
saldato (I)	eingeschweißt	shrink-wrapped	scellé	—	soldado
Saldo (D)	—	balance	solde *m*	saldo *m*	saldo *m*
saldo (I)	Saldo *m*	balance	solde *m*	—	saldo *m*
saldo (ES)	Saldo *m*	balance	solde *m*	saldo *m*	—
saldo (P)	Saldo *m*	balance	solde *m*	saldo *m*	saldo *m*
saldo (NL)	Saldo *m*	balance	solde *m*	saldo *m*	saldo *m*
saldo (SV)	Guthaben *n*	assets	avoir *m*	saldo attivo *m*	haber *m*
saldo (SV)	Saldo *m*	balance	solde *m*	saldo *m*	saldo *m*
saldo (PL)	Saldo *m*	balance	solde *m*	saldo *m*	saldo *m*
saldo (CZ)	Saldo *m*	balance	solde *m*	saldo *m*	saldo *m*
saldo activo (ES)	Aktivsaldo *m*	active balance	solde créditeur *m*	saldo attivo *m*	—
saldo attivo (I)	Aktivsaldo *m*	active balance	solde créditeur *m*	—	saldo activo *m*
saldo attivo (I)	Guthaben *n*	assets	avoir *m*	—	haber *m*
saldo credor (P)	Aktivsaldo *m*	active balance	solde créditeur *m*	saldo attivo *m*	saldo activo *m*
saldo dodatnie (PL)	Aktivsaldo *m*	active balance	solde créditeur *m*	saldo attivo *m*	saldo activo *m*

saldo dodatnie

P	NL	SV	PL	CZ	H
–	loontarief n	avtalsenlig lön	płaca według taryfikatora f	tarifní mzda f	kollektív szerződés szerinti bér
remuneração em géneros f	salaris in natura n	naturaförmåner pl	płaca w naturze f	naturální mzda f	természetbeni juttatás
rendimento fixo m	vast inkomen n	fast inkomst	stały dochód m	pevný příjem m	fix jövedelem
salário-hora m	uurloon n	timlön	płaca godzinowa f	hodinová mzda f	órabér
–	uurloon n	timlön	płaca godzinowa f	hodinová mzda f	órabér
salário inicial m	aanvangssalaris n	begynnelselön	pensja stażowa f	nástupní plat m	kezdő fizetés
–	aanvangssalaris n	begynnelselön	pensja stażowa f	nástupní plat m	kezdő fizetés
–	nettoloon n	nettolön	płaca netto f	čistá mzda f	nettó bér
salário bruto m	brutoloon n	bruttolön	płaca brutto f	hrubá mzda f	bruttó bér
salário máximo m	maximumloon n	topplön	płaca najwyższa f	špičková mzda f	maximális bér
salário máximo m	maximumloon n	topplön	płaca najwyższa f	špičková mzda f	maximális bér
–	maximumloon n	topplön	płaca najwyższa f	špičková mzda f	maximális bér
salário mínimo m	minimumloon n	minimilön	płaca minimalna f	minimální mzda f	minimálbér
salário mínimo m	minimumloon n	minimilön	płaca minimalna f	minimální mzda f	minimálbér
–	minimumloon n	minimilön	płaca minimalna f	minimální mzda f	minimálbér
salário líquido m	nettoloon n	nettolön	płaca netto f	čistá mzda f	nettó bér
salário líquido m	nettoloon n	nettolön	płaca netto f	čistá mzda f	nettó bér
–	tijdloon n	timlön	płaca wg stawki godzinowej f	časová mzda f	időbér
–	stukloon n	ackordlön	płaca akordowa f	mzda od kusu f	darabbér
–	prestatieloon n	prestationslön	płaca akordowa f	úkolová mzda f	teljesítménybér
salário por rendimento m	prestatieloon n	prestationslön	płaca akordowa f	úkolová mzda f	teljesítménybér
salário por hora m	tijdloon n	timlön	płaca wg stawki godzinowej f	časová mzda f	időbér
salário real m	reëel loon n	reallön	płaca realna f	reálná mzda f	reálbér
–	reëel loon n	reallön	płaca realna f	reálná mzda f	reálbér
salário real m	reëel loon n	reallön	płaca realna f	reálná mzda f	reálbér
salário convencional m	loontarief n	avtalsenlig lön	płaca według taryfikatora f	tarifní mzda f	kollektív szerződés szerinti bér
retribuições f/pl	–	inkomst av tjänst	uposażenie m	finanční přenosy m/pl	járandóságok
salário m	–	lön	płaca f	plat m	fizetés
remuneração em géneros f	–	naturaförmåner pl	płaca w naturze f	naturální mzda f	természetbeni juttatás
conta para depósito de salários f	–	lönekonto	konto płacowe m	účet zřízený pro poukazování příjmu m	munkabér-elszámolási számla
salário m	loon n	ersättning	uposażenie n	plat m	díjazás
salário m	salaris n	lön	płaca f	plat m	fizetés
conta para depósito de salários f	salarisrekening f	lönekonto	konto płacowe m	účet zřízený pro poukazování příjmu m	munkabér-elszámolási számla
soldado	in folie verpakt	vacuumförpackat	zaspawany	přivařený	lehegesztett
saldo m	saldo n	saldo	saldo n	saldo n	egyenleg
saldo m	saldo n	saldo	saldo n	saldo n	egyenleg
saldo m	saldo n	saldo	saldo n	saldo n	egyenleg
–	saldo n	saldo	saldo n	saldo n	egyenleg
saldo m	–	saldo	saldo n	saldo n	egyenleg
crédito m	creditzijde f	–	aktywa pl	pohledávka f	követelés(ek)
saldo m	saldo n	–	saldo n	saldo n	egyenleg
saldo m	saldo n	saldo	–	saldo n	egyenleg
saldo m	saldo n	saldo	saldo n	–	egyenleg
saldo credor m	batig saldo n	överskott	saldo dodatnie n	aktivní saldo n	aktív mérleg
saldo credor m	batig saldo n	överskott	saldo dodatnie n	aktivní saldo n	aktív mérleg
crédito m	creditzijde f	saldo	aktywa pl	pohledávka f	követelés(ek)
–	batig saldo n	överskott	saldo dodatnie n	aktivní saldo n	aktív mérleg
saldo credor m	batig saldo n	överskott	–	aktivní saldo n	aktív mérleg

sale

	D	E	F	I	ES
sale (E)	Veräußerung f	—	vente f	alienazione f	enajenación f
sale (E)	Verkauf m	—	vente f	vendita f	venta f
sale of goods (E)	Warenausgang m	—	sortie de marchandises f	uscita merci f	salida de mercancías f
sale on approval (E)	Kauf auf Probe	—	achat à l'essai m	acquisto a titolo di prova m	compra a prueba f
sale proceeds (E)	Verkaufserlös m	—	produit des ventes m	ricavo delle vendite f	producto de la venta m
sales (E)	Absatz m	—	volume des ventes m	volume di vendite m	cifra de ventas f
sales analysis (E)	Absatzanalyse f	—	analyse de la distribution f	analisi di mercato f	análisis de venta m
sales commission (E)	Umsatzprovision f	—	commission sur le chiffre d'affaires f	provvigione sul fatturato f	comisión sobre la cifra de ventas f
sales commission (E)	Verkäuferprovision f	—	commission sur les ventes f	provvigione del venditore f	comisión sobre la venta f
sales contract (E)	Verkaufsabschluß m	—	contrat de vente m	conclusione di vendita f	conclusión de la venta f
sales note (E)	Schlußbrief m	—	lettre de confirmation f	lettera di conferma f	carta de confirmación f
sales planning (E)	Absatzplanung f	—	planification de la distribution f	pianificazione delle vendite f	planificación de ventas f
sales promotion (E)	Absatzförderung f	—	promotion des ventes f	promozione delle vendite f	fomento de ventas m
sales promotion (E)	Verkaufsförderung f	—	promotion de la vente f	promozione di vendita f	promoción de las ventas f
sales prospects (E)	Absatzchance f	—	possibilités de réussite des ventes f/pl	possibilità di vendita f/pl	posibilidades de venta f/pl
sales segment (E)	Absatzsegment n	—	segment de vente m	segmento di vendita m	segmento de venta m
salida de mercancías (ES)	Warenausgang m	sale of goods	sortie de marchandises f	uscita merci f	—
sälja (SV)	verkaufen	sell	vendre	vendere	vender
säljanalys (SV)	Absatzanalyse f	sales analysis	analyse de la distribution f	analisi di mercato f	análisis de venta m
säljarens marknad (SV)	Verkäufermarkt m	seller's market	marché de vendeurs m	mercato favorevole ai venditori m	mercado favorable al vendedor m
säljarprovision (SV)	Verkäuferprovision f	sales commission	commission sur les ventes f	provvigione del venditore f	comisión sobre la venta f
säljavtal (SV)	Verkaufsabschluß m	sales contract	contrat de vente m	conclusione di vendita f	conclusión de la venta f
säljfrämjande åtgärder (SV)	Absatzförderung f	sales promotion	promotion des ventes f	promozione delle vendite f	fomento de ventas m
säljfrämjande åtgärder (SV)	Verkaufsförderung f	sales promotion	promotion de la vente f	promozione di vendita f	promoción de las ventas f
säljoption (SV)	Verkaufsoption f	option to sell	option de vente f	opzione di vendita f	opción de venta f
säljplanering (SV)	Absatzplanung f	sales planning	planification de la distribution f	pianificazione delle vendite f	planificación de ventas f
säljsegment (SV)	Absatzsegment n	sales segment	segment de vente m	segmento di vendita m	segmento de venta m
säljvolym (SV)	Absatz m	sales	volume des ventes m	volume di vendite m	cifra de ventas f
salvo alteração (P)	freibleibend	subject to confirmation	sans engagement	senza impegno	no vinculante
salvo buen cobro (ES)	Eingang vorbehalten	due payment reserved	sauf bonne fin	salvo buon fine	—
salvo buon fine (I)	Eingang vorbehalten	due payment reserved	sauf bonne fin	—	salvo buen cobro m
salvo erro (P)	Irrtum vorbehalten	errors excepted	sauf erreur	salvo errore	salvo error
salvo error (ES)	Irrtum vorbehalten	errors excepted	sauf erreur	salvo errore	—
salvo errore (I)	Irrtum vorbehalten	errors excepted	sauf erreur	—	salvo error
samengestelde interest (NL)	Zinseszins m	compound interest	intérêt composé m	interessi composti m/pl	interés compuesto m

samengestelde interest

P	NL	SV	PL	CZ	H
alienação f	vervreemding f	avyttring	zbycie n	zcizení n	elidegenítés
venda f	verkoop m	försäljning	sprzedaż f	prodej m	eladás
saída de mercadorias f	uitgaande goederen n/pl	utgående varor pl	rozchód towarów m	odchod zboží m	kimenő áru
compra a contento f	koop op proef m	provköp	kupno na próbę n	koupě na zkoušku f	próbavásárlás
produto das vendas m	opbrengst van een verkoop f	försäljningsintäkter pl	uzysk ze sprzedaży m	tržba z prodeje f	értékesítési árbevétel
volume de vendas m	afzet m	säljvolym	zbyt m	odbyt m	forgalom
análise de mercado f	verkoopanalyse f	säljanalys	analiza zbytu f	analýza odbytu f	értékesítési elemzés
comissão sobre a facturação f	omzetprovisie f	omsättningsprovision	prowizja od obrotów f	provize z obratu f	forgalmi jutalék
comissão sobre as vendas f	verkoopcommissie f	säljarprovision	prowizja od sprzedaży f	provize prodavače f	értékesítési jutalék
conclusão da venda f	verkoopcontract n	säljavtal	kontrakt sprzedażny m	uzavření obchodu n	adásvételi szerződés
carta de confirmação f	sluitbriefje n	villkorsbekräftelse	potwierdzenie warunków n	závěrečná kupní smlouva f	kötlevél
planificação de vendas f	verkoopplanning f	säljplanering	planowanie zbytu n	plánování odbytu n	értékesítés tervezése
promoção comercial f	verkoopbevordering f	säljfrämjande åtgärder pl	promocja sprzedaży f	stimulace odbytu f	értékesítésösztönzés
promoção de vendas f	verkoopbevordering f	säljfrämjande åtgärder pl	promocja sprzedaży f	pobídka k prodeji f	értékesítésösztönzés
possibilidades de venda f/pl	verkoopvooruitzichten n/pl	kundämne	możliwość zbytu f	vyhlídka na odbyt f	értékesítési kilátások
segmento de venda m	verkoopsegment n	säljsegment	segment zbytu m	odbytový segment m	értékesítési szegmens
saída de mercadorias f	uitgaande goederen n/pl	utgående varor pl	rozchód towarów m	odchod zboží m	kimenő áru
vender	verkopen	—	sprzedawać <sprzedać>	prodávat <prodat>	elad
análise de mercado f	verkoopanalyse f	—	analiza zbytu f	analýza odbytu f	értékesítési elemzés
mercado de vendedores m	verkopersmarkt f	—	rynek sprzedającego m	trh prodávajících m	eladók piaca
comissão sobre as vendas f	verkoopcommissie f	—	prowizja od sprzedaży f	provize prodavače f	értékesítési jutalék
conclusão da venda f	verkoopcontract n	—	kontrakt sprzedażny m	uzavření obchodu n	adásvételi szerződés
promoção comercial f	verkoopbevordering f	—	promocja sprzedaży f	stimulace odbytu f	értékesítésösztönzés
promoção de vendas f	verkoopbevordering f	—	promocja sprzedaży f	pobídka k prodeji f	értékesítésösztönzés
opção de venda f	verkoopoptie f	—	opcja sprzedaży f	opce k prodeji f	eladási opció
planificação de vendas f	verkoopplanning f	—	planowanie zbytu n	plánování odbytu n	értékesítés tervezése
segmento de venda m	verkoopsegment n	—	segment zbytu m	odbytový segment m	értékesítési szegmens
volume de vendas m	afzet m	—	zbyt m	odbyt m	forgalom
—	vrijblijvend	oförbindlig	bez zobowiązania	nezávazný	kötelezettség nélküli
reserva de bom pagamento f	onder gewoon voorbehoud	förbehållen betalningsingång	z zastrzeżeniem wpłynięcia	za podmínky obdržení f	bevételezés fenntartással
reserva de bom pagamento f	onder gewoon voorbehoud	förbehållen betalningsingång	z zastrzeżeniem wpłynięcia	za podmínky obdržení f	bevételezés fenntartással
—	onder voorbehoud van vergissingen	med reservation för eventuella misstag	z zastrzeżeniem błędów	omyl vyhrazen m	tévedések fenntartásával
salvo erro	onder voorbehoud van vergissingen	med reservation för eventuella misstag	z zastrzeżeniem błędów	omyl vyhrazen m	tévedések fenntartásával
salvo erro	onder voorbehoud van vergissingen	med reservation för eventuella misstag	z zastrzeżeniem błędów	omyl vyhrazen m	tévedések fenntartásával
juros compostos m/pl	—	ränta på ränta	odsetki składane pl	úrok z úroků m	kamatos kamat

Sammeltransport

	D	E	F	I	ES
Sammeltransport (D)	—	collective transport	transport groupé m	trasporto a collettame m	transporte colectivo m
samochodem ciężarowym (PL)	per Lastkraftwagen	by lorry	par camion	per autocarro	por camión
samochód firmowy (PL)	Firmenwagen m	company car	véhicule de service m	macchina aziendale f	coche de empresa m
samochód służbowy (PL)	Dienstwagen m	company car	voiture de service f	macchina di servizio f	coche de servicio m
samochód używany (PL)	Gebrauchtwagen m	used car	voiture d'occasion f	automobile usata f	coche de segunda mano m
samochód wypożyczony (PL)	Leihwagen m	hired car	voiture de location f	vettura da noleggio f	coche de alquiler m
samodzielny (PL)	selbständig	independent	indépendant	indipendente	independiente
samofinancování (CZ)	Selbstfinanzierung f	self-financing	autofinancement m	autofinanziamento m	autofinanciación f
samofinansowanie (PL)	Selbstfinanzierung f	self-financing	autofinancement m	autofinanziamento m	autofinanciación f
samoobsługa (PL)	Selbstbedienung f	self-service	self-service m	self service m	autoservicio m
samoobsluha (CZ)	Selbstbedienung f	self-service	self-service m	self service m	autoservicio m
samostatný (CZ)	selbständig	independent	indépendant	indipendente	independiente
sample (E)	Muster n	—	échantillon m	campione m	muestra f
sample (E)	Warenprobe f	—	échantillon m	campione m	muestra f
sample consignment (E)	Mustersendung	—	envoi d'échantillons m	spedizione di campioni f	envío de muestras m
samples fair (E)	Mustermesse f	—	foire d'échantillons f	fiera campionaria f	feria de muestras f
sample with no commercial value (E)	Muster ohne Wert	—	échantillon sans valeur m	campione senza valore m	muestra sin valor f
samtransport (SV)	Sammeltransport m	collective transport	transport groupé m	trasporto a collettame m	transporte colectivo m
sanace (CZ)	Sanierung	reorganisation	redressement m	risanamento m	reorganización f
sanering (NL)	Sanierung	reorganisation	redressement m	risanamento m	reorganización f
sanering (SV)	Sanierung	reorganisation	redressement m	risanamento m	reorganización f
Sanierung (D)	—	reorganisation	redressement m	risanamento m	reorganización f
sänkning (SV)	Abschlag m	reduction	remise f	deduzione f	descuento m
sans défaut (F)	mangelfrei	free of defects	—	esente da vizi	sin vicios
sans délai (F)	fristlos	without prior notice	—	senza preavviso	sin plazo
sans dividende (F)	ohne Dividende	ex dividend	—	senza dividendo	sin dividendo
sans emballage (F)	unverpackt	unpacked	—	senza imballaggio	sin embalar
sans engagement (F)	freibleibend	subject to confirmation	—	senza impegno	no vinculante
sans engagement (F)	ohne Obligo	without obligation	—	senza obbligo	sin obligación
sans obligation (F)	unverbindlich	not binding	—	senza impegno	sin compromiso
särskilda dragningsrätter (SV)	Sonderziehungsrechte f	special drawing rights	droits de tirage spéciaux m/pl	diritti speciali di prelievo m/pl	derechos especiales de giro m/pl
säsong (SV)	Saison f	season	saison f	stagione f	temporada f
säsongvariationer (SV)	Saisonschwankungen f/pl	seasonal fluctuations	variations saisonnières f/pl	oscillazioni stagionali f/pl	oscilaciones estacionales f/pl
Satzung (D)	—	statutes	statut m	statuto m	estatuto m
sauf bonne fin (F)	Eingang vorbehalten	due payment reserved	—	salvo buon fine	salvo buen cobro m
sauf erreur (F)	Irrtum vorbehalten	errors excepted	—	salvo errore	salvo error
säumig (D)	—	dilatory	retardataire	moroso	moroso
sauvergarde des données (F)	Datensicherung f	data security	—	protezione dei dati f	protección de datos f
saving (E)	Sparen n	—	épargne f	risparmio m	ahorro m
savings (E)	Ersparnis f	—	épargne f	risparmio m	ahorro m
savings bank (E)	Sparkasse f	—	Caisse d'Epargne f	cassa di risparmio f	caja de ahorros f

savings bank

P	NL	SV	PL	CZ	H
transporte colectivo m	groupagevervoer n	samtransport	transport zbiorowy m	skupinová doprava f	gyűjtőszállítás
por camião	per vrachtwagen	med lastbil	—	nákladním autem n	tehergépkocsival
carro da empresa m	auto van de zaak m	firmabil	—	firemní vůz m	vállalati gépkocsi
carro de serviço m	bedrijfswagen m	tjänstebil	—	služební vůz m	szolgálati gépkocsi
carro usado m	tweedehands wagen m	begagnad bil	—	ojetý automobil m	használt autó
carro alugado m	huurauto m	hyrbil	—	půjčený vůz m	bérautó
independente	zelfstandig	självständig	—	samostatný	önálló
autofinanciamento m	zelffinanciering f	självfinansiering	samofinansowanie n	—	önfinanszírozás
autofinanciamento m	zelffinanciering f	självfinansiering	—	samofinancování n	önfinanszírozás
self service m	zelfbediening f	självbetjäning	—	samoobsluha f	önkiszolgálás
self service m	zelfbediening f	självbetjäning	samoobsługa f	—	önkiszolgálás
independente	zelfstandig	självständig	samodzielny	—	önálló
amostra f	monster n	prov	wzór m	vzor m	minta
amostra f	monster n	varuprov	próbka towarów f	vzorek m	áruminta
envio de amostras m	monsterzending f	provförsändelse	przesyłka próbek wzorcowych f	zásilka na ukázku f	mintaküldemény
feira de amostras f	monsterbeurs f	industrimässa	targi wzorcowe m/pl	vzorkový veletrh m	kereskedelmi vásár
amostra sem valor comercial f	monster zonder waarde n	prov utan värde	próbka bez wartości f	vzorek bez hodnoty m	minta érték nélkül
transporte colectivo m	groupagevervoer n	—	transport zbiorowy m	skupinová doprava f	gyűjtőszállítás
reorganização f	sanering f	sanering	reorganizacja przedsiębiorstwa f	—	szanálása
reorganização f	—	sanering	reorganizacja przedsiębiorstwa f	sanace f	szanálása
reorganização f	sanering f	—	reorganizacja przedsiębiorstwa f	sanace f	szanálása
reorganização f	sanering f	sanering	reorganizacja przedsiębiorstwa f	sanace f	szanálása
desconto m	afslag m	—	potrącenie n	sleva f	árengedmény
sem defeitos	vrij van gebreken	felfri	wolny od wad	nezávadný	hibátlan
sem aviso prévio	op staande voet	omedelbar	bezterminowo	okamžitý	felmondási idő nélkül
sem dividendo	zonder dividend	utan vinstutdelning	bez dywidendy	bez dividendy f	osztalék nélkül
sem embalagem	onverpakt	utan förpackning	nieopakowany	nezabalený	csomagolatlan
salvo alteração	vrijblijvend	oförbindlig	bez zobowiązania	nezávazný	kötelezettség nélküli
sem obrigação	zonder verbintenis onzerzijds	utan förpliktelse	bez obliga	bez povinnosti f	kötelezettség nélkül
sem compromisso	vrijblijvend	ej bindande	niezobowiązujący	nezávazný	kötelezettség nélkül(i)
direitos especiais de saque m/pl	bijzondere trekkingsrechten n/pl	—	specjalne prawo ciągnienia n	práva zvláštního čerpání n/pl	különleges lehívási jogok
temporada f	seizoen n	—	sezon m	sezona f	idény
oscilações sazonais f/pl	seizoenschommelingen f/pl	—	fluktuacje sezonowe f/pl	sezonní výkyvy m/pl	szezonális ingadozások
estatuto m	statuten n/pl	stadgar pl	statut m	stanovy f/pl	alapszabály
reserva de bom pagamento f	onder gewoon voorbehoud	förbehållen betalningsingång	z zastrzeżeniem wpłynięcia	za podmínky obdržení f	bevételezés fenntartással
salvo erro	onder voorbehoud van vergissingen	med reservation för eventuella misstag	z zastrzeżeniem błędów	omyl vyhrazen m	tévedések fenntartásával
moroso m	nalatig	sen	opóźniony	liknavý	késedelmes
protecção de dados f	gegevensbeveiliging f	dataskydd	zabezpieczenie danych n	zajištění dat n	adatmentés
poupança f	sparen n	sparande	oszczędzać n	spoření n	megtakarítás
poupança f	besparingen f/pl	besparing	oszczędność f	úspora f	megtakarítás
caixa económica f	spaarkas f	sparbank	kasa oszczędnościowa f	spořitelna f	takarékpénztár

savings deposits

	D	E	F	I	ES
savings deposits (E)	Spareinlagen f/pl	—	dépôt d'épargne m	depositi di risparmio m/pl	depósitos de ahorro m/pl
sazba (CZ)	Tarif m	tariff	tarif m	tariffa f	tarifa f
sazba zboží (CZ)	Gütertarif m	goods tariff	tarif marchandises m	tariffa merci f	tarifa de transporte f
sbocco (I)	Absatzweg m	channel of distribution	canal de distribution m	—	medio de venta f
scadenza (I)	Laufzeit f	term	durée f	—	plazo de vencimiento m
scadenza del credito (I)	Kreditlaufzeit f	duration of credit	durée de l'allocation de crédit f	—	duración del crédito m
scadenza di pagamento (I)	Zahlungsfrist f	term of payment	délai de payement f	—	plazo de pago m
scadenza residua (I)	Restlaufzeit f	remaining time to maturity	durée restante à courir f	—	plazo de vencimiento restante m
scambio (I)	Tausch m	exchange	troc m	—	cambio m
scarce (E)	knapp	—	rare	scarso	escaso
scarsità di materie prime (I)	Rohstoffknappheit f	raw material shortage	pénurie de matières premières f	—	escasez de materias primas f
scarso (I)	knapp	scarce	rare	—	escaso
scellé (F)	eingeschweißt	shrink-wrapped	—	saldato	soldado
scellement douanier (F)	Zollverschluß m	customs seal	—	sigillo doganale m	precinto aduanero m
scelta dell'ubicazione (I)	Standortwahl f	choice of location	choix du lieu d'implantation m	—	elección de la ubicación f
schaalprijs (NL)	Staffelpreis m	graduated price	prix échelonné m	prezzo differenziato m	precios progresivos m/pl
schaars (NL)	knapp	scarce	rare	scarso	escaso
schade (NL)	Schaden m	damage	dommage m	danno m	daño m
schadeaangifte (NL)	Schadensmeldung f	notification of damage	déclaration du sinistre f	denuncia di sinistro f	aviso de siniestro m
schadeclaim (NL)	Schadensforderung f	claim for damages	prétention à dommages-intérêts f	credito per danni m	pretensión de indemnización f
schadeloosstelling (NL)	Schadensersatz m	recovery of damages	dommages-intérêts m/pl	risarcimento danni m	indemnización f
Schaden (D)	—	damage	dommage m	danno m	daño m
Schadenersatzansprüche (D)	—	claim for damages	droit à l'indemnité m	rivendicazioni di risarcimento danni f/pl	derecho a indemnización por daños y perjuicios m
Schadensersatz (D)	—	recovery of damages	dommages-intérêts m/pl	risarcimento danni m	indemnización f
Schadensersatzklage (D)	—	action for damages	action en dommages-intérêts f	azione di risarcimento danni f	demanda de daños y perjuicios f
Schadensforderung (D)	—	claim for damages	prétention à dommages-intérêts f	credito per danni m	pretensión de indemnización f
Schadensmeldung (D)	—	notification of damage	déclaration du sinistre f	denuncia di sinistro f	aviso de siniestro m
schadevergoeding (NL)	Entschädigung f	compensation	indemnité f	indennità f	indemnización f
Schattenwirtschaft (D)	—	shadow economy	économie parallèle f	economia clandestina f	economía sumergida f
schatting (NL)	Bewertung f	valuation	valorisation f	valutazione f	valoración f
Schätzwert (D)	—	estimated value	valeur estimée f	valore stimato m	estimación f
Scheck (D)	—	cheque	chèque m	assegno m	cheque m
Scheckbetrug (D)	—	cheque fraud	irrégularité en matière de chèque f	emissione di assegno a vuoto f	falsificación de cheques f
Scheckheft (D)	—	cheque book	carnet de chèques m	blocchetto degli assegni m	talonario de cheques m
Scheckkarte (D)	—	cheque card	carte d'identité eurochèque f	carta-assegni f	tarjeta cheque f
scheduling (E)	Terminplanung f	—	planning de rendez-vous m	programmazione dei termini f	planificación de plazos f
scheepsmakelaar (NL)	Schiffsmakler m	ship broker	courtier maritime m	agente marittimo m	corredor marítimo m

P	NL	SV	PL	CZ	H
depósito de poupanças m	spaarbankinleggingen f/pl	sparkapital	wkłady oszczędnościowe m/pl	spořitelní vklady m/pl	takarékbetétek
tarifa f	tarief n	tariff	taryfa f	—	tarifa
tarifa de comércio f	goederentarief n	godstariff	taryfa towarowa f	—	árudíjszabás
canal de distribuição m	distributiekanaal n	distributionskanal	droga zbytu f	odbytová cesta f	értékesítési csatorna
prazo de vencimento m	duur m	löptid	okres ważności m	doba splatnosti f	futamidő
prazo de concessão de crédito m	kredietlooptijd m	kreditlöptid	okres spłaty kredytu m	splatnost úvěru f	hitel futamideje
prazo de pagamento m	betalingstermijn m	betalningsfrist	termin zapłaty m	platební lhůta f	fizetési határidő
prazo até a maturidade m	resterende looptijd m	återstående löptid	pozostały okres kredytowania m	zbývající doba splatnosti f	hátralévő futamidő
troca f	ruilhandel m	byte	wymiana f	výměna f	csere
escasso	schaars	knapp	w niedoborze	těsný	szűkös
escassez de matéria-prima f	grondstoffenschaarste f	råvarubrist	niedostatek surowca m	nedostatek surovin m	nyersanyagszűke
escasso	schaars	knapp	w niedoborze	těsný	szűkös
soldado	in folie verpakt	vacuumförpackat	zaspawany	přivařený	lehegesztett
selo alfandegário m	douanesluiting f	tullsigill	plomba celna n	celní závěra f	vámzár
escolha de localização f	keuze van vestigingsplaats f	val av etableringsort	wybór lokalizacji m	volba stanoviště f	helyszín kiválasztása
preço progressivo m	—	graderat pris	cena ruchoma f	odstupňovaná cena f	lépcsőzetes árskála
escasso	—	knapp	w niedoborze	těsný	szűkös
dano m	—	skada	szkoda f	škoda f/pl	kár
declaração de sinistro f	—	skadeanmälan	zgłoszenie szkody n	oznámení škody n	kárbejelentés
acção de indemnização por danos f	—	skadeersättningsanspråk	roszczenie do odszkodowania n	požadavek odškodnění n	kártérítési követelés
indemnização f	—	skadestånd	odszkodowanie n	náhrada škody f	kártérítés
dano m	schade f	skada	szkoda f	škoda f/pl	kár
direito a indemnização por danos e perdas m	claim op schadevergoeding m	skadeståndsanspråk	roszczenie do odszkodowania n/pl	nárok na náhradu škody m	kártérítési igények
indemnização f	schadeloosstelling f	skadestånd	odszkodowanie n	náhrada škody f	kártérítés
acção de danos e perdas f	eis tot schadeloosstelling f	skadeståndskrav	skarga o odszkodowanie f	žaloba o náhradu škody f	kártérítési kereset
acção de indemnização por danos f	schadeclaim m	skadeersättningsanspråk	roszczenie do odszkodowania n	požadavek odškodnění m	kártérítési követelés
declaração de sinistro f	schadeaangifte f	skadeanmälan	zgłoszenie szkody n	oznámení škody n	kárbejelentés
indemnização f	—	kompensation	odszkodowanie n	náhrada f	kártalanítás
economia fantasma f	informele economie f	svart ekonomi	działalność w szarej strefie gospodarczej f	stínová ekonomika f	árnyékgazdaság
avaliação f	—	värdering	ocena f	ohodnocení n	értékelés
valor estimado m	geschatte waarde f	taxeringsvärde	wartość szacunkowa f	odhadní hodnota f	becsült érték
cheque m	cheque m	check	czek m	šek m	csekk
falsificação de cheques f	fraude met cheques f	checkbedrägeri	oszustwo czekowe n	šekový povod m	csekkel elkövetett csalás
caderneta de cheques f	chequeboek n	checkhäfte	książeczka czekowa f	šeková knížka f	csekkfüzet
cartão de garantia m	chequekaart f	kort för eurocheck	karta czekowa f	šeková karta f	csekk-kártya
escalonamento m	tijdsplanning f	tidsplanering	planowanie terminów n	termínované plánování n	időtervezés
corretor marítimo m	—	skeppsmäklare	makler morski m	lodní makléř m	hajóbróker

scheepsregister

	D	E	F	I	ES
scheepsregister (NL)	Schiffsregister n	register of ships	registre des navires m	registro navale m	registro marítimo m
scheepswerf (NL)	Werft f	shipyard	chantier naval m	cantiere navale m	astillero m
Scheinfirma (D)	—	bogus firm	entreprise fictive f	ditta fittizia f	casa ficticia f
Scheingeschäft (D)	—	fictitious transaction	opération fictive f	negozio simulato m	operación ficticia f
schenking (NL)	Dotierung f	endowment	dotation f	dotazione f	dotación f
schenking (NL)	Schenkung f	donation	donation f	donazione f	donación f
schenkingsrecht (NL)	Schenkungssteuer f	gift tax	impôt sur les donations m	imposta sulle donazioni f	impuesto sobre donaciones m
Schenkung (D)	—	donation	donation f	donazione f	donación f
Schenkungssteuer (D)	—	gift tax	impôt sur les donations m	imposta sulle donazioni f	impuesto sobre donaciones m
schermo (I)	Bildschirm m	screen	écran m	—	pantalla f
Schichtwechsel (D)	—	change of shift	relève d'équipe f	cambio di turno m	cambio del turno de obreros m
schiffbar (D)	—	navigable	navigable	navigabile	navegable
Schiffsmakler (D)	—	ship broker	courtier maritime m	agente marittimo m	corredor marítimo m
Schiffsregister (D)	—	register of ships	registre des navires m	registro navale m	registro marítimo m
schijnfirma (NL)	Scheinfirma f	bogus firm	entreprise fictive f	ditta fittizia f	casa ficticia f
schijnkoop (NL)	Scheingeschäft f	fictitious transaction	opération fictive f	negozio simulato m	operación ficticia f
schlechte Qualität (D)	—	poor quality	mauvaise qualité f	qualità scadente f	mala calidad f
schleichende Inflation (D)	—	creeping inflation	inflation rampante f	inflazione latente f	inflación subrepticia f
Schlußbilanz (D)	—	closing balance	bilan de clôture m	bilancio consuntivo m	balance final m
Schlußbrief (D)	—	sales note	lettre de confirmation f	lettera di conferma f	carta de confirmación f
Schlußkurs (D)	—	closing price	dernier cours m	quotazione di chiusura f	cotización final f
Schlußverkauf (D)	—	seasonal sale	vente de fin de saison f	svendita di fine stagione f	venta de liquidación f
Schmuggel (D)	—	smuggling	contrebande f	contrabbando m	contrabando m
schodek v rozpočtu (CZ)	Haushaltsdefizit n	budgetary deficit	déficit budgétaire m	deficit di bilancio m	déficit presupuestario m
schodek zahraničního obchodu (CZ)	Außenhandelsdefizit n	foreign trade deficit	déficit de la balance du commerce extérieur m	deficit del commercio estero m	déficit del comercio exterior m
schopnost obchodování (CZ)	Geschäftsfähigkeit f	legal competence	capacité d'accomplir des actes juridiques f	capacità di agire f	capacidad de negociar f
schopný platit (CZ)	zahlungsfähig	solvent	solvable	solvibile	solvente
schopný uplatnění (CZ)	marktfähig	marketable	vendable	commerciabile	comerciable
schriftelijk (NL)	schriftlich	written	par écrit	per iscritto	por escrito
schriftlich (D)	—	written	par écrit	per iscritto	por escrito
Schuld (D)	—	debt	dette f	debito m	deuda f
schuld (NL)	Schuld f	debt	dette f	debito m	deuda f
schuldbrief (NL)	Schuldschein m	certificate of indebtedness	billet de créance m	certificato di debito m	pagaré m
schuldeiser (NL)	Gläubiger m	creditor	créancier m	creditore m	accreedor m
schuldeiser in de boedel (NL)	Konkursgläubiger m	bankrupt's creditor	créancier de la faillite m	creditore della massa fallimentare m	acreedor de la quiebra m
Schulden (D)	—	debts	dettes f/pl	debiti m/pl	deudas f/pl
schulden (NL)	Schulden f	debts	dettes f/pl	debiti m/pl	deudas f/pl
schulden in het buitenland (NL)	Auslandsschulden f/pl	foreign debts	dettes à l'étranger f/pl	debiti verso l'estero m/pl	deudas exteriores f/pl
schuldenlast (NL)	Verschuldung f	indebtedness	endettement m	indebitamento m	endeudamiento m
Schuldenmasse (D)	—	liabilities	passif m	massa passiva f	masa pasiva f
schuldhaft (D)	—	culpable	coupable	colposo	culpable

schuldhaft

P	NL	SV	PL	CZ	H
registo marítimo m	—	fartygsregister	rejestr okrętowy m	lodní rejstřík m	hajólajstrom
estaleiro naval m	—	varv	stocznia f	loděnice f	hajógyár
firma fictícia f	schijnfirma f	skenföretag	firma fikcyjna f	naoko registrovaná firma f	fiktív cég
operação fictícia f	schijnkoop m	skentransaktion	transakcja fikcyjna f	fiktivní obchod f	színlelt ügylet
dotação f	—	donation	dotowanie n	dotace f	tőkejuttatás
doação f	—	gåva	darowizna f	darování n	adományozás
imposto sobre doações m	—	gåvoskatt	podatek od darowizny m	darovací daň f	ajándékozási adó
doação f	schenking f	gåva	darowizna f	darování n	adományozás
imposto sobre doações m	schenkingsrecht n	gåvoskatt	podatek od darowizny m	darovací daň f	ajándékozási adó
ecrã m	beeldscherm n	bildskärm	ekran m	obrazovka f	képernyő
mudança de turno f	ploegenwisseling f	skiftbyte	zmiana f	střídání směn n	műszakváltás
navegável	bevaarbaar	segelbar	żeglowny	splavný	hajózható
corretor marítimo m	scheepsmakelaar m	skeppsmäklare	makler morski m	lodní makléř m	hajóbróker
registo marítimo m	scheepsregister n	fartygsregister	rejestr okrętowy m	lodní rejstřík m	hajólajstrom
firma fictícia f	—	skenföretag	firma fikcyjna f	naoko registrovaná firma f	fiktív cég
operação fictícia f	—	skentransaktion	transakcja fikcyjna f	fiktivní obchod f	színlelt ügylet
baixa qualidade f	slechte kwaliteit f	dålig kvalitet	zła jakość f	nízká jakost f	rossz minőség
inflação insidiosa f	kruipende inflatie f	smygande inflation	skradająca się inflacja f	plíživá inflace f	kúszó infláció
balanço final m	slotbalans f	utgående balans	bilans końcowy m	konečná rozvaha f	zárómérleg
carta de confirmação f	sluitbriefje n	villkorsbekräftelse	potwierdzenie warunków n	závěrečná kupní smlouva f	kötlevél
cotação final f	slotkoers m	sista kurs	dzienny giełdowy kurs zamykający m	uzavírací kurs m	záró árfolyam
venda de fim de estação f	opruiming f	utförsäljning	wyprzedaż sezonowa f	sezónní výprodej m	szezonvégi kiárusítás
contrabando m	smokkelarij f	smuggling	przemyt m	pašeráctví n	csempészet
défice orçamental m	begrotingsdeficit n	budgetunderskott	deficyt budżetowy m	—	költségvetési deficit
défice da balança comercial m	deficit op de buitenlandse handel n	exportunderskott	deficyt handlu zagranicznego m	—	külkereskedelmi deficit
capacidade para realizar negócios f	handelingsbekwaamheid f	rättslig handlingsförmåga	zdolność do czynności prawnych f	—	jogképesség
solvente	kredietwaardig	solvent	wypłacalny	—	fizetőképes
comercializável	verhandelbaar	mogen för marknaden	pokupny na rynku	—	piacképes
por escrito	—	skriftlig	pisemnie	písemný	írásbeli
por escrito	schriftelijk	skriftlig	pisemnie	písemný	írásbeli
dívida f	schuld f	skuld	dług m	dluh m	adósság
dívida f	—	skuld	dług m	dluh m	adósság
certidão comprovativa de dívida f	—	revers	skrypt dłużny m	dlužní úpis m	adóslevél
credor Km	—	borgenär	wierzyciel m	věřitel m	hitelező
credor da massa falida m	—	konkursfordringsägare	wierzyciel upadłości m	konkursní věřitel m	csődhitelező
dívidas f/pl	schulden f/pl	skulder	długi m/pl	dluhy m/pl	tartozások
dívidas f/pl	—	skulder	długi m/pl	dluhy m/pl	tartozások
dívidas externas f/pl	—	utlandsskuld	zadłużenie za granicą n	zahraniční dluhy m/pl	külföldi tartozások
endividamento m	—	skuldsättning	zadłużenie n	zadlužení n	eladósodás
massa passiva f	passiva n/pl	passiva pl	suma obciążeń dłużnych f	úhrn dluhů m	csődtömeg
culpável	schuldig	skyldig	zawiniony	zaviněný	vétkes

schuldig

	D	E	F	I	ES
schuldig (NL)	schuldhaft	culpable	coupable	colposo	culpable
Schuldner (D)	—	debtor	débiteur m	debitore m	deudor m
Schuldschein (D)	—	certificate of indebtedness	billet de créance m	certificato di debito m	pagaré m
Schuldverschreibung (D)	—	debenture bond	obligation f	obbligazione f	obligación f
Schutzzoll (D)	—	protective duty	droit de protection m	dazio protettivo m	aduana proteccionista f
schůze věřitelů (CZ)	Gläubigerversammlung f	creditors' meeting	assemblée des créanciers f	assemblea dei creditori f	junta de acreedores f
schválení (CZ)	Genehmigung f	permission	autorisation f	autorizzazione f	autorización f
Schwarzarbeit (D)	—	illicit work	travail au noir m	lavoro abusivo m	trabajo clandestino m
schwarze Zahlen (D)	—	the black	excédent m	conti in nero m/pl	superávit m
Schwarzmarkt (D)	—	black market	marché au noir m	mercato nero m	mercado negro m
Schweden (D)	—	Sweden	Suède f	Svezia f	Suecia
schwedisch (D)	—	Swedish	suédois	svedese	sueco
Schwedisch (D)	—	Swedish	suédois	svedese m	sueco m
Schweiz (D)	—	Switzerland	Suisse f	Svizzera f	Suiza
Schweiz (SV)	Schweiz	Switzerland	Suisse f	Svizzera f	Suiza
schweizerisch (D)	—	Swiss	suisse	svizzero	suizo
schweizisk (SV)	schweizerisch	Swiss	suisse	svizzero	suizo
Schwergut (D)	—	heavy freight	produit pondéreux m	carico pesante m	mercancía pesada f
sciences de gestion (F)	Betriebswirtschaftslehre f	business administration	—	economia aziendale f	teoría de la empresa f
sciences économiques (F)	Wirtschaftswissenschaften f/pl	economics	—	scienze economiche f/pl	ciencias económicas f/pl
scienze economiche (I)	Wirtschaftswissenschaften f/pl	economics	sciences économiques f/pl	—	ciencias económicas f/pl
sciopero (I)	Streik m	strike	grève f	—	huelga f
sciopero generale (I)	Generalstreik m	general strike	grève générale f	—	huelga general f
ściśle poufne (PL)	streng vertraulich	strictly confidential	strictement confidentiel	strettamente confidenziale	absolutamente confidencial
sčítání (CZ)	Addition f	addition	addition f	addizione f	adición f
sčítání lidu (CZ)	Volkszählung f	census	recensement démographique m	censimento m	censo m
sconto (I)	Diskont m	discount	escompte m	—	descuento m
sconto (I)	Skonto m/n	discount	escompte m	—	descuento m
sconto di lancio (I)	Einführungsrabatt m	introductory discount	rabais de lancement m	—	rebaja de lanzamiento f
sconto per pagamento in contanti (I)	Barzahlungsrabatt m	cash discount	remise pour payement comptant f	—	descuento por pago al contado m
sconto sulla quantità (I)	Mengenrabatt m	quantity discount	remise de quantité f	—	rebaja por cantidad f
scoperto di conto (I)	Kontoüberziehung f	overdraft of an account	découvert d'un compte m	—	descubierto m
scorte (I)	Vorrat m	stock	stock m	—	existencias f/pl
scorte iniziali (I)	Anfangsbestand m	opening stock	stock initial m	—	existencias iniciales f/pl
scorte merci (I)	Warenbestand m	stock	stock de marchandises m	—	existencias f/pl
scrap (E)	verschrotten	—	mettre à la ferraille	rottamare	desguazar
screen (E)	Bildschirm m	—	écran m	schermo m	pantalla f
sdoganamento (I)	Zollabfertigung f	customs clearance	dédouanement m	—	trámites aduaneros m/pl
sdoganato (I)	verzollt	duty-paid	dédouané	—	aranceles pagados
sdružení (CZ)	Konsortium n	consortium	consortium m	consorzio m	consorcio m
season (E)	Saison f	—	saison f	stagione f	temporada f
seasonal fluctuations (E)	Saisonschwankungen f/pl	—	variations saisonnières f/pl	oscillazioni stagionali f/pl	oscilaciones estacionales f/pl

seasonal fluctuations

P	NL	SV	PL	CZ	H
culpável	—	skyldig	zawiniony	zaviněný	vétkes
devedor m	debiteur m	gäldenär	dłużnik m	dlužník m	adós
certidão comprovativa de dívida f	schuldbrief m	revers	skrypt dłużny m	dlužní úpis m	adóslevél
obrigações não reembolsáveis f/pl	obligatie f	skuldförbindelse	list zastawczy m	obligace f	kötelezvény
direitos proteccionistas m/pl	beschermend recht n	skyddstull	cło ochronne n	ochranné clo n	védővám
assembleia de credores f	vergadering van de schuldeisers f	borgenärssammanträde	zgormadzenie wierzycieli n	—	hitelezők gyűlése
autorização f	goedkeuring f	tillstånd	zezwolenie n	—	engedély
trabalho clandestino m	zwartwerk n	svartarbete	praca nielegalna f	práce načerno f	feketemunka
excedente m	zwarte cijfers n/pl	med vinst	strefa zysków f	černé platby f/pl	nyereség
mercado negro m	zwarte markt f	svart marknad	czarny rynek m	černý trh m	feketepiac
Suécia f	Zweden	Sverige	Szwecja f	Švédsko n	Svédország
sueco	Zweeds	svensk	szwedzki	švédský	svéd(ül)
sueco	Zweeds	svenska	język szwedzki m	švédština f	svéd (nyelv)
Suíça	Zwitserland	Schweiz	Szwajcaria f	Švýcarsko n	Svájc
Suíça	Zwitserland	—	Szwajcaria f	Švýcarsko n	Svájc
suíço	Zwitsers	schweizisk	szwajcarski	švýcarský	svájci
suíço	Zwitsers	—	szwajcarski	švýcarský	svájci
mercadoria pesada f	zware vracht f	tung frakt	ładunek ciężki m	těžké zboží n	nehéz rakomány
ciência da administração de empresas f	bedrijfseconomie f	företagsekonomi	gospodarka przedsiębiorstw f	nauka o podnikovém hospodářství f	üzemgazdaságtan
ciências económicas f/pl	economische wetenschappen f/pl	ekonomi	nauki ekonomiczne f/pl	národohospodářské vědy f/pl	gazdaságtudományok
ciências económicas f/pl	economische wetenschappen f/pl	ekonomi	nauki ekonomiczne f/pl	národohospodářské vědy f/pl	gazdaságtudományok
greve f	staking f	strejk	strajk m	stávka f	sztrájk
greve geral f	algemene staking f	generalstrejk	strajk generalny m	generální stávka f	általános sztrájk
estritamente confidencial	strikt vertrouwelijk	konfidentiellt	—	přísně důvěrné	szigorúan bizalmas
adição f	optelling f	addition	dodawanie n	—	összeadás
censo demográfico m	volkstelling f	folkräkning	powszechny spis ludności m	—	népszámlálás
desconto m	disconto n	diskonto	dyskonto n	diskont m	árengedmény
desconto m	korting voor contant f	kassarabatt	skonto n	skonto n	árengedmény
desconto de lançamento m	introductiekorting f	introduktionsrabatt	rabat za wprowadzenie wyrobu m	zaváděcí rabat m	bevezetési árkedvezmény
desconto de pronto pagamento m	korting voor contante betaling f	kassarabatt	rabat za płatność gotówką m	sleva při placení v hotovosti f	készpénzfizetési engedmény
desconto de quantidade m	quantumkorting f	mängdrabatt	rabat ilościowy	rabat z množství f	mennyiségi árengedmény
conta a descoberto f	overdisponering f	kontoöverdrag	przekroczenie stanu konta n	překročení částky na účtu n	hitelkeret-túllépés (folyószámlán)
estoque m	voorraad m	lager	zapas m	zásoba f	készlet
existências iniciais f/pl	beginvoorraad f	ingående lager	stan wyjściowy m	počáteční stav m	nyitó állomány
estoque de mercadorias m	goederenvoorraad m	inneliggande varulager	zasób towarów m	zásoba zboží f	árukészlet
transformar em sucata	verschroten	skrota	złomować <złomować>	sešrotovat	kiselejtez
ecrã m	beeldscherm n	bildskärm	ekran m	obrazovka f	képernyő
expedição aduaneira f	inklaring f/uitklaring f	förtullning	odprawa celna f	celní odbavení n	vámkezelés
tarifas alfandegárias pagas f/pl	gededouaneerd	tull betald	oclony	proclený	vámkezelt
consórcio m	consortium n	konsortium	konsorcjum n	—	konzorcium
temporada f	seizoen n	säsong	sezon m	sezona f	idény
oscilações sazonais f/pl	seizoenschommelingen f/pl	säsongvariationer pl	fluktuacje sezonowe f/pl	sezonní výkyvy m/pl	szezonális ingadozások

seasonal sale

	D	E	F	I	ES
seasonal sale (E)	Schlußverkauf m	—	vente de fin de saison f	svendita di fine stagione f	venta de liquidación f
sea-tight packing (E)	seemäßige Verpackung f	—	emballage maritime m	imballaggio marittimo m	embalaje marítimo m
secrétaire (F)	Sekretär m	secretary	—	segretario m	secretario m
secrétaire (F)	Sekretärin f	secretary	—	segretaria f	secretaria f
secretaresse (NL)	Sekretärin f	secretary	secrétaire f	segretaria f	secretaria f
secretaria (ES)	Sekretärin f	secretary	secrétaire f	segretaria f	—
secretária (P)	Sekretärin f	secretary	secrétaire f	segretaria f	secretaria f
secretario (ES)	Sekretär m	secretary	secrétaire m	segretario m	—
secretário (P)	Sekretär m	secretary	secrétaire m	segretario m	secretario m
secretaris (NL)	Sekretär m	secretary	secrétaire m	segretario m	secretario m
secretary (E)	Sekretär m	—	secrétaire m	segretario m	secretario m
secretary (E)	Sekretärin f	—	secrétaire f	segretaria f	secretaria f
secret bancaire (F)	Bankgeheimnis n	banking secrecy	—	segreto bancario m	secreto bancario m
secret d'entreprise (F)	Betriebsgeheimnis n	trade secret	—	segreto aziendale m	secreto empresarial m
secreto bancario (ES)	Bankgeheimnis n	banking secrecy	secret bancaire m	segreto bancario m	—
secreto empresarial (ES)	Betriebsgeheimnis n	trade secret	secret d'entreprise m	segreto aziendale m	—
secteur économique (F)	Wirtschaftszweig m	field of the economy	—	settore economico m	ramo económico m
sector de la construcción (ES)	Bauwirtschaft f	building and contracting industry	industrie du bâtiment f	edilizia f	—
sector económico (P)	Wirtschaftszweig m	field of the economy	secteur économique m	settore economico m	ramo económico m
securities (E)	Effekten f/pl	—	valeurs mobilières f/pl	titoli m/pl	efectos m/pl
securities business (E)	Wertpapiergeschäft n	—	opérations sur titres f/pl	operazioni su titoli f/pl	operación con valores f
security (E)	Kaution f		caution f	cauzione f	caución f garantía f
security (E)	Wertpapier n	—	titre m	titolo m	valor m
sedel (SV)	Banknote f	bank note	billet de banque m	banconota f	billete de banco m
sedelmängd (SV)	Notenumlauf m	notes in circulation	circulation fiduciaire f	circolazione delle banconote f	circulación fiduciaria f
sedlar (SV)	Papiergeld n	paper money	monnaie de papier f	banconote f/pl	papel-moneda m
Seefrachtbrief (D)	—	bill of lading	connaissement m	polizza di carico f	conocimiento de embarque m
seemäßige Verpackung (D)	—	sea-tight packing	emballage maritime	imballaggio marittimo	embalaje marítimo m
segelbar (SV)	schiffbar	navigable	navigable	navigabile	navegable
segment de vente (F)	Absatzsegment n	sales segment	—	segmento di vendita m	segmento de venta m
segmento de venda (P)	Absatzsegment n	sales segment	segment de vente m	segmento di vendita m	segmento de venta m
segmento de venta (ES)	Absatzsegment n	sales segment	segment de vente m	segmento di vendita m	—
segmento di vendita (I)	Absatzsegment n	sales segment	segment de vente m	—	segmento de venta m
segment zbytu (PL)	Absatzsegment n	sales segment	segment de vente m	segmento di vendita m	segmento de venta m
segretaria (I)	Sekretärin f	secretary	secrétaire f	—	secretaria f
segretario (I)	Sekretär m	secretary	secrétaire m	—	secretario m
segreto aziendale (I)	Betriebsgeheimnis n	trade secret	secret d'entreprise m	—	secreto empresarial m
segreto bancario (I)	Bankgeheimnis n	banking secrecy	secret bancaire m	—	secreto bancario m
según lo acordado (ES)	vereinbarungsgemäß	as agreed	comme convenu	come convenuto	—
segurado (P)	Versicherungsnehmer m	insured person	souscripteur d'assurance m	assicurato m	asegurado m

segurado

P	NL	SV	PL	CZ	H
venda de fim de estação f	opruiming f	utförsäljning	wyprzedaż sezonowa f	sezónní výprodej m	szezonvégi kiárusítás
embalagem marítima f	zeewaardige verpakking f	sjöfraktsemballage	opakowanie do transportu morskiego n	námořní balení n	tengeri csomagolás
secretário m	secretaris m	sekreterare	sekretarz m	tajemník m	titkár
secretária f	secretaresse f	sekreterare	sekretarka f	sekretářka f	titkárnő
secretária f	—	sekreterare	sekretarka f	sekretářka f	titkárnő
secretária f	secretaresse f	sekreterare	sekretarka f	sekretářka f	titkárnő
—	secretaresse f	sekreterare	sekretarka f	sekretářka f	titkárnő
secretário m	secretaris m	sekreterare	sekretarz m	tajemník m	titkár
—	secretaris m	sekreterare	sekretarz m	tajemník m	titkár
secretário m	—	sekreterare	sekretarz m	tajemník m	titkár
secretário m	secretaris m	sekreterare	sekretarz m	tajemník m	titkár
secretária f	secretaresse f	sekreterare	sekretarka f	sekretářka f	titkárnő
sigilo bancário m	bankgeheim n	banksekretess	tajemnica bankowa f	bankovní tajemství n	banktitok
sigilo comercial m	fabrieksgeheim n	affärshemlighet	tajemnica zakładowa f	výrobní tajemství n	üzemi titok
sigilo bancário m	bankgeheim n	banksekretess	tajemnica bankowa f	bankovní tajemství n	banktitok
sigilo comercial m	fabrieksgeheim n	affärshemlighet	tajemnica zakładowa f	výrobní tajemství n	üzemi titok
sector económico m	tak van de economie m	bransch	branża gospodarcza f	hospodářské odvětví n	gazdasági ág
indústria da construção f	bouwnijverheid f	byggnadsindustri	gospodarka budowlana f	stavebnictví n	építőipar
—	tak van de economie m	bransch	branża gospodarcza f	hospodářské odvětví n	gazdasági ág
títulos m/pl	effecten n/pl	värdepapper pl	papiery wartościowe m/pl	cenné papíry m/pl	értékpapírok
transacção de títulos f	effectenhandel f	värdepappersaffär	transakcja papierami wartościowymi f	obchod s cennými papíry m	értékpapírügylet
caução f	waarborgsom f	borgen	kaucja f	kauce f	óvadék
título m	waardepapier n	värdepapper	papier wartościowy m	cenný papír m	értékpapír
nota de banco f	bankbiljet n	—	banknot m	bankovka f	bankjegy
circulação fiduciária f	circulatie van bankbiljetten f	—	obieg banknotów m	oběh bankovek m	forgalomban lévő pénzmennyiség
papel-moeda m	papiergeld n	—	pieniądz papierowy m	papírové peníze m/pl	papírpénz
conhecimento de frete marítimo m	connossement n	konossement	konosament m	konosament m	tengeri fuvarlevél
embalagem marítima f	zeewaardige verpakking f	sjöfraktsemballage	opakowanie do transportu morskiego n	námořní balení n	tengeri csomagolás
navegável	bevaarbaar	—	żeglowny	splavný	hajózható
segmento de venda m	verkoopsegment n	säljsegment	segment zbytu m	odbytový segment m	értékesítési szegmens
—	verkoopsegment n	säljsegment	segment zbytu m	odbytový segment m	értékesítési szegmens
segmento de venda m	verkoopsegment n	säljsegment	segment zbytu m	odbytový segment m	értékesítési szegmens
segmento de venda m	verkoopsegment n	säljsegment	segment zbytu m	odbytový segment m	értékesítési szegmens
segmento de venda m	verkoopsegment n	säljsegment	—	odbytový segment m	értékesítési szegmens
secretária f	secretaresse f	sekreterare	sekretarka f	sekretářka f	titkárnő
secretário m	secretaris m	sekreterare	sekretarz m	tajemník m	titkár
sigilo comercial m	fabrieksgeheim n	affärshemlighet	tajemnica zakładowa f	výrobní tajemství n	üzemi titok
sigilo bancário m	bankgeheim n	banksekretess	tajemnica bankowa f	bankovní tajemství n	banktitok
como acordado	zoals overeengekomen	enligt överenskommelse	jak uzgodniono	podle ujednání	megállapodás szerint
—	verzekeringnemer m	försäkringstagare	ubezpieczeniobiorca m	pojištěný m	biztosított (fél)

seguro

	D	E	F	I	ES
seguro (ES)	Assekuranz f	assurance	assurance f	assicurazione f	—
seguro (ES)	Versicherung f	insurance	assurance f	assicurazione f	—
seguro (ES)	Versicherungspolice f	insurance policy	police d'assurance f	polizza d'assicurazione f	—
seguro (P)	Assekuranz f	assurance	assurance f	assicurazione f	seguro m
seguro (P)	Versicherung f	insurance	assurance f	assicurazione f	seguro m
seguro de responsabilidad civil (ES)	Haftpflichtversicherung f	third party liability insurance	assurance responsabilité civile f	assicurazione della responsabilità civile f	—
seguro de responsabilidade civil (P)	Haftpflichtversicherung f	third party liability insurance	assurance responsabilité civile f	assicurazione della responsabilità civile f	seguro de responsabilidad civil m
seguro de transporte (ES)	Transportversicherung f	transport insurance	assurance transports f	assicurazione dei trasporti f	—
seguro de transporte (P)	Transportversicherung f	transport insurance	assurance transports f	assicurazione dei trasporti f	seguro de transporte m
seguro de vida (ES)	Lebensversicherung f	life assurance	assurance vie f	assicurazione sulla vita f	—
seguro de vida (P)	Lebensversicherung f	life assurance	assurance vie f	assicurazione sulla vita f	seguro de vida m
seguro privado (ES)	Privatversicherung f	private insurance	assurance privée f	assicurazione privata f	—
seguro privado (P)	Privatversicherung f	private insurance	assurance privée f	assicurazione privata f	seguro privado m
seizoen (NL)	Saison f	season	saison f	stagione f	temporada f
seizoenschommelingen (NL)	Saisonschwankungen f/pl	seasonal fluctuations	variations saisonnières f/pl	oscillazioni stagionali f/pl	oscilaciones estacionales f/pl
seizure (E)	Pfändung f	—	saisie f	pignoramento m	pignoración f
sejf (PL)	Safe m	safe	coffre-fort m	cassetta di sicurezza f	caja de seguridad f
sejf (PL)	Tresor m	safe	coffre-fort m	cassaforte f	caja fuerte f
šek (CZ)	Scheck m	cheque	chèque m	assegno m	cheque m
šek k výplatě v hotovosti (CZ)	Barscheck m	open cheque	chèque non barré m	assegno circolare m	cheque abierto m
šek na doručitele (CZ)	Überbringerscheck m	bearer-cheque	chèque au porteur m	assegno al portatore m	cheque al portador m
šek na majitele (CZ)	Inhaberscheck m	bearer cheque	chèque au porteur m	assegno al portatore m	cheque al portador m
šek na řad převoditelný (CZ)	Orderscheck m	order cheque	chèque à ordre m	assegno all'ordine m	cheque a la orden m
šeková karta (CZ)	Scheckkarte f	cheque card	carte d'identité eurochèque f	carta-assegni f	tarjeta cheque f
šeková knížka (CZ)	Scheckheft n	cheque book	carnet de chèques m	blocchetto degli assegni m	talonario de cheques m
šekový povod (CZ)	Scheckbetrug m	cheque fraud	irrégularité en matière de chèque f	emissione di assegno a vuoto f	falsificación de cheques f
Sekretär (D)	—	secretary	secrétaire f	segretario m	secretario m
Sekretärin (D)	—	secretary	secrétaire f	segretaria f	secretaria f
sekretarka (PL)	Sekretärin f	secretary	secrétaire f	segretaria f	secretaria f
sekretářka (CZ)	Sekretärin f	secretary	secrétaire f	segretaria f	secretaria f
sekretarz (PL)	Sekretär m	secretary	secrétaire f	segretario m	secretario m
sekreterare (SV)	Sekretär m	secretary	secrétaire f	segretario m	secretario m
sekreterare (SV)	Sekretärin f	secretary	secrétaire f	segretaria f	secretaria f
sekundärkostnader (SV)	Nebenkosten pl	additional expenses	coûts accessoires m/pl	costi accessori m/pl	gastos adicionales m/pl
sekunda varor (SV)	inferiore Güter n/pl	inferior goods	biens inférieurs m/pl	beni inferiori m/pl	bienes inferiores m/pl
selbständig (D)	—	independent	indépendant	indipendente	independiente
Selbstauskunft (D)	—	voluntary disclosure	renseignement fourni par l'intéressé lui-même m	informazione volontaria f	información de sí mismo f
Selbstbedienung (D)	—	self-service	self-service m	self service m	autoservicio m
Selbstfinanzierung (D)	—	self-financing	autofinancement m	autofinanziamento m	autofinanciación f
Selbstkosten (D)	—	prime costs	coût de revient m	spese aziendali f/pl	costes propios m/pl

Selbstkosten

P	NL	SV	PL	CZ	H
seguro m	verzekering f	assurans	asekuracja n	pojištění n	biztosítás
seguro m	verzekering f	försäkring	ubezpieczenie n	pojištění n	biztosítás
apólice de seguros f	verzekeringspolis f	försäkringsbrev	polisa ubezpieczeniowa f	pojistka f	biztosítási kötvény
—	verzekering f	assurans	asekuracja n	pojištění n	biztosítás
—	verzekering f	försäkring	ubezpieczenie n	pojištění n	biztosítás
seguro de responsabilidade civil m	aansprakelijkheidsverzekering f	ansvarsförsäkring	ubezpieczenie od odpowiedzialności cywilnej f	pojištění povinného ručení n	felelősségbiztosítás
—	aansprakelijkheidsverzekering f	ansvarsförsäkring	ubezpieczenie od odpowiedzialności cywilnej f	pojištění povinného ručení n	felelősségbiztosítás
seguro de transporte m	transportverzekering f	transportförsäkring	ubezpieczenie transportowe n	dopravní pojištění n	szállítási biztosítás
—	transportverzekering f	transportförsäkring	ubezpieczenie transportowe n	dopravní pojištění n	szállítási biztosítás
seguro de vida m	levensverzekering f	livförsäkring	ubezpieczenie na życie n	životní pojištění n	életbiztosítás
—	levensverzekering f	livförsäkring	ubezpieczenie na życie n	životní pojištění n	életbiztosítás
seguro privado m	particuliere verzekering f	privat försäkring	ubezpieczenie prywatne n	soukromé pojištění n	magánbiztosítás
—	particuliere verzekering f	privat försäkring	ubezpieczenie prywatne n	soukromé pojištění n	magánbiztosítás
temporada f	—	säsong	sezon m	sezona f	idény
oscilações sazonais f/pl	—	säsongvariationer pl	fluktuacje sezonowe f/pl	sezonní výkyvy m/pl	szezonális ingadozások
penhora f	beslaglegging f	utmätning	zajęcie n	zabavení n	lefoglalás
cofre-forte m	safe m	kassafack	—	bezpečnostní schránka f	széf
caixa-forte f	kluis f	kassaskåp	—	trezor m	páncélszekrény
cheque m	cheque m	check	czek m	—	csekk
cheque não cruzado m	niet-gekruiste cheque m	icke korsad check	czek gotówkowy m	—	készpénzcsekk
cheque ao portador m	cheque aan toonder m	innehavarcheck	czek na okaziciela m	—	bemutatóra szóló csekk
cheque ao portador m	cheque aan toonder m	innehavarcheck	czek na okaziciela m	—	bemutatóra szóló csekk
cheque à ordem m	cheque aan order m	check till order	czek na zlecenie m	—	rendeletre szóló csekk
cartão de garantia m	chequekaart f	kort för eurocheck	karta czekowa f	—	csekk-kártya
caderneta de cheques f	chequeboek n	checkhäfte	książeczka czekowa f	—	csekkfüzet
falsificação de cheques f	fraude met cheques f	checkbedrägeri	oszustwo czekowe n	—	csekkel elkövetett csalás
secretário m	secretaris m	sekreterare	sekretarz m	tajemník m	titkár
secretária f	secretaresse f	sekreterare	sekretarka f	sekretářka f	titkárnő
secretária f	secretaresse f	sekreterare	—	sekretářka f	titkárnő
secretária f	secretaresse f	sekreterare	sekretarka f	—	titkárnő
secretário m	secretaris m	sekreterare	—	tajemník m	titkár
secretário m	secretaris m	—	sekretarz m	tajemník m	titkár
secretária f	secretaresse f	—	sekretarka f	sekretářka f	titkárnő
custos adicionais m/pl	bijkomende kosten m/pl	—	koszty uboczne m/pl	vedlejší náklady m/pl	mellékköltségek
bens inferiores m/pl	minderwaardige goederen n/pl	—	artykuły gorszej jakości m/pl	podřadné zboží n	kisebb értékű áru
independente	zelfstandig	självständig	samodzielny	samostatný	önálló
informação sobre a própria pessoa f	vrijwillige inlichting f	frivillig uppgift	dobrowolne udielenie informacji n	informace svépomocí f	önkéntes feltárás
self service m	zelfbediening f	självbetjäning	samoobsługa f	samoobsluha f	önkiszolgálás
autofinanciamento m	zelffinanciering f	självfinansiering	samofinansowanie n	samofinancování n	önfinanszírozás
custo m	totale productiekosten m/pl	självkostnad	koszty własne m/pl	vlastní náklady m/pl	önköltség

Selbstkostenpreis

	D	E	F	I	ES
Selbstkostenpreis (D)	—	cost price	prix coûtant m	prezzo di costo m	precio de coste m
self-financing (E)	Eigenfinanzierung f	—	autofinancement m	autofinanziamento m	financiación propia f
self-financing (E)	Selbstfinanzierung f	—	autofinancement m	autofinanziamento m	autofinanciación f
self-service (E)	Selbstbedienung f	—	self-service m	self service m	autoservicio m
self-service (F)	Selbstbedienung f	self-service	—	self service m	autoservicio m
self service (I)	Selbstbedienung f	self-service	self-service m	—	autoservicio m
self service (P)	Selbstbedienung f	self-service	self-service m	self service m	autoservicio m
sell (E)	verkaufen	—	vendre	vendere	vender
seller's market (E)	Verkäufermarkt m	—	marché de vendeurs m	mercato favorevole ai venditori m	mercado favorable al vendedor m
selling price (E)	Briefkurs m	—	cours de vente m	prezzo d'offerta m	cotización ofrecida f
sello (ES)	Briefmarke f	stamp	timbre-poste m	francobollo m	—
sello de la empresa (ES)	Firmenstempel m	company stamp	cachet d'établissement m	timbro della ditta m	—
sello postal (ES)	Poststempel m	postmark	cachet de la poste m	timbro postale m	—
selo (P)	Briefmarke f	stamp	timbre-poste m	francobollo m	sello m
selo alfandegário (P)	Zollverschluß m	customs seal	scellement douanier f	sigillo doganale m	precinto aduanero m
sem aviso prévio (P)	fristlos	without prior notice	sans délai	senza preavviso	sin plazo
sem compromisso (P)	unverbindlich	not binding	sans obligation	senza impegno	sin compromiso
sem defeitos (P)	mangelfrei	free of defects	sans défaut	esente da vizi	sin vicios
sem dividendo (P)	ohne Dividende	ex dividend	sans dividende m	senza dividendo	sin dividendo
sem embalagem (P)	unverpackt	unpacked	sans emballage	senza imballaggio	sin embalar
semester (SV)	Urlaub m	leave	vacances f/pl	vacanze f/pl	vacaciones f/pl
semesterlön (SV)	Urlaubsgeld n	holiday allowance	prime de vacances f	indennità di ferie f	prima de vacaciones f
semestral (ES)	halbjährlich	half-yearly	semestriel	semestrale	—
semestral (P)	halbjährlich	half-yearly	semestriel	semestrale	semestral
semestrale (I)	halbjährlich	half-yearly	semestriel	—	semestral
semestriel (F)	halbjährlich	half-yearly	—	semestrale	semestral
sem garantia (P)	ohne Gewähr	without guarantee	sous toute réserve	senza garanzia	sin garantía
semmis (H)	nichtig	void	nul	nullo	nulo
sem obrigação (P)	ohne Obligo	without obligation	sans engagement	senza obbligo	sin obligación
sen (SV)	säumig	dilatory	retardataire	moroso	moroso
sender (E)	Absender m	—	envoyeur m	mittente m	remitente m
Sendung (D)	—	consignment	envoi m	spedizione f	envío m
senhas de gasolina (P)	Benzingutscheine m/pl	petrol voucher	bon d'essence m	buoni benzina m/pl	bono de gasolina m
senza dividendo (I)	ohne Dividende	ex dividend	sans dividende m	—	sin dividendo
senza garanzia (I)	ohne Gewähr	without guarantee	sous toute réserve	—	sin garantía
senza imballaggio (I)	unverpackt	unpacked	sans emballage	—	sin embalar
senza impegno (I)	freibleibend	subject to confirmation	sans engagement	—	no vinculante
senza impegno (I)	unverbindlich	not binding	sans obligation	—	sin compromiso
senza obbligo (I)	ohne Obligo	without obligation	sans engagement	—	sin obligación
senza preavviso (I)	fristlos	without prior notice	sans délai	—	sin plazo
Serienfertigung (D)	—	series production	fabrication en série f	produzione in serie f	producción en serie f
serieproductie (NL)	Serienfertigung f	series production	fabrication en série f	produzione in serie f	producción en serie f
series production (E)	Serienfertigung f	—	fabrication en série f	produzione in serie f	producción en serie f
serietillverkning (SV)	Serienfertigung f	series production	fabrication en série f	produzione in serie f	producción en serie f
sériová výroba (CZ)	Serienfertigung f	series production	fabrication en série f	produzione in serie f	producción en serie f
serpente monetária (P)	Währungsschlange f	currency snake	serpent monétaire m	serpente monetario m	serpiente monetaria f

serpente monetária

P	NL	SV	PL	CZ	H
preço de custo m	kostprijs m	självkostnadspris	cena kosztów własnych f	režijní cena f	önköltségi ár
autofinanciamento m	zelffinancering f	egenfinansiering	finansowanie własne f	vlastní financování n	önfinanszírozás
autofinanciamento m	zelffinanciering f	självfinansiering	samofinansowanie n	samofinancování n	önfinanszírozás
self service m	zelfbediening f	självbetjäning	samoobsługa f	samoobsluha f	önkiszolgálás
self service m	zelfbediening f	självbetjäning	samoobsługa f	samoobsluha f	önkiszolgálás
self service m	zelfbediening f	självbetjäning	samoobsługa f	samoobsluha f	önkiszolgálás
—	zelfbediening f	självbetjäning	samoobsługa f	samoobsluha f	önkiszolgálás
vender	verkopen	sälja	sprzedawać <sprzedać>	prodávat <prodat>	elad
mercado de vendedores m	verkopersmarkt f	säljarens marknad	rynek sprzedającego m	trh prodávajících m	eladók piaca
cotação de venda f	laatkoers m	begärt pris	kurs giełdowy m	prodejní kurs m	eladási árfolyam
selo m	postzegel m	frimärke	znaczek pocztowy m	poštovní známka f	bélyeg
carimbo da empresa m	firmastempel m	företagsstämpel	stempel firmowy m	firemní razítko n	cégbélyegző
carimbo do correio m	poststempel m	poststämpel	stempel pocztowy m	poštovní razítko n	postabélyegző
—	postzegel m	frimärke	znaczek pocztowy m	poštovní známka f	bélyeg
—	douanesluiting f	tullsigill	plomba celna n	celní závěra f	vámzár
—	op staande voet	omedelbar	bezterminowo	okamžitý	felmondási idő nélkül
—	vrijblijvend	ej bindande	niezobowiązujący	nezávazný	kötelezettség nélkül(i)
—	vrij van gebreken	felfri	wolny od wad	nezávadný	hibátlan
—	zonder dividend	utan vinstutdelning	bez dywidendy	bez dividendy f	osztalék nélkül
—	onverpakt	utan förpackning	nieopakowany	nezabalený	csomagolatlan
férias f/pl	vakantie f	—	urlop m	dovolená f	szabadság
subsídio de férias m	vakantiegeld n	—	płaca za czas urlopu f	příplatek na financování dovolené m	szabadságpénz
semestral	halfjaarlijks	halvårsvis	półrocznie	půlročně	félévente
—	halfjaarlijks	halvårsvis	półrocznie	půlročně	félévente
semestral	halfjaarlijks	halvårsvis	półrocznie	půlročně	félévente
semestral	halfjaarlijks	halvårsvis	półrocznie	půlročně	félévente
—	zonder waarborg van onzentwege	ansvaras ej	bez gwarancji	bez záruky f	szavatosság nélkül
nulo	nietig	annullerad	nieważny	neplatný	—
—	zonder verbintenis onzerzijds	utan förpliktelse	bez obliga	bez povinnosti f	kötelezettség nélkül
moroso m	nalatig	—	opóźniony	liknavý	késedelmes
remetente m	afzender m	avsändare	nadawca m	odesílatel m	feladó
envio m	zending f	leverans	przesyłka f	zásilka f	küldemény
—	benzinebon m	bensinkupong	talony na benzynę m/pl	poukázky na benzin f/pl	benzinjegyek
sem dividendo	zonder dividend	utan vinstutdelning	bez dywidendy	bez dividendy f	osztalék nélkül
sem garantia	zonder waarborg van onzentwege	ansvaras ej	bez gwarancji	bez záruky f	szavatosság nélkül
sem embalagem	onverpakt	utan förpackning	nieopakowany	nezabalený	csomagolatlan
salvo alteração	vrijblijvend	oförbindlig	bez zobowiązania	nezávazný	kötelezettség nélküli
sem compromisso	vrijblijvend	ej bindande	niezobowiązujący	nezávazný	kötelezettség nélkül(i)
sem obrigação	zonder verbintenis onzerzijds	utan förpliktelse	bez obliga	bez povinnosti f	kötelezettség nélkül
sem aviso prévio	op staande voet	omedelbar	bezterminowo	okamžitý	felmondási idő nélkül
produção em série f	serieproductie f	serietillverkning	produkcja seryjna f	sériová výroba f	sorozatgyártás
produção em série f	—	serietillverkning	produkcja seryjna f	sériová výroba f	sorozatgyártás
produção em série f	serieproductie f	serietillverkning	produkcja seryjna f	sériová výroba f	sorozatgyártás
produção em série f	serieproductie f	—	produkcja seryjna f	sériová výroba f	sorozatgyártás
produção em série f	serieproductie f	serietillverkning	produkcja seryjna f	—	sorozatgyártás
—	muntslang f	valutaorm	łańcuch walutowy m	měnová fronta f	valutakígyó

serpente monetario

	D	E	F	I	ES
serpente monetario (I)	Währungsschlange f	currency snake	serpent monétaire m	—	serpiente monetaria f
serpent monétaire (F)	Währungsschlange f	currency snake	—	serpente monetario m	serpiente monetaria f
serpiente monetaria (ES)	Währungsschlange f	currency snake	serpent monétaire m	serpente monetario m	—
service (E)	Dienstleistung f	—	prestation de service f	prestazione di servizio m	prestación de servicio f
service (F)	Abteilung f	department	—	reparto m	departamento m
service (SV)	Dienstleistung f	service	prestation de service f	prestazione di servizio m	prestación de servicio f
service après vente (F)	Kundendienst m	after-sales service	—	servizio post-vendita m	servicio posventa m
service charge (E)	Bedienungsgeld n	—	pourboire m	diritto di servizio m	propina f
service des contributions (F)	Finanzamt n	inland revenue office	—	ufficio delle imposte m	Ministerio de Hacienda m
service des expéditions (F)	Versandabteilung f	dispatch department	—	reparto spedizioni m	departamento de expedición m
service en ligne (F)	Online-Dienst m	on-line services	—	servizio on-line m	servicio on-line m
service extérieur (F)	Außendienst m	field work	—	servizio esterno m	servicio exterior m
servicio de pagos (ES)	Zahlungsverkehr m	payment transaction	opérations de payement f/pl	operazioni di pagamento f/pl	—
servicio exterior (ES)	Außendienst m	field work	service extérieur m	servizio esterno m	—
servicio on-line (ES)	Online-Dienst m	on-line services	service en ligne m	servizio on-line m	—
servicio posventa (ES)	Kundendienst m	after-sales service	service après vente m	servizio post-vendita m	—
serviço exterior (P)	Außendienst m	field work	service extérieur m	servizio esterno m	servicio exterior m
serviço on-line (P)	Online-Dienst m	on-line services	service en ligne m	servizio on-line m	servicio on-line m
serviço pós-venda (P)	Kundendienst m	after-sales service	service après vente m	servizio post-vendita m	servicio posventa m
servizio di sorveglianza aziendale (I)	Werkschutz m	works protection force	corps de sécurité d'entreprise m	—	policía de la empresa f
servizio esterno (I)	Außendienst m	field work	service extérieur m	—	servicio exterior m
servizio on-line (I)	Online-Dienst m	on-line services	service en ligne m	—	servicio on-line m
servizio post-vendita (I)	Kundendienst m	after-sales service	service après vente m	—	servicio posventa m
serwis (PL)	Kundendienst m	after-sales service	service après vente m	servizio post-vendita m	servicio posventa m
sesión bursátil (ES)	Börsentag m	market day	jour de bourse m	giorno di borsa m	—
sešrotovat (CZ)	verschrotten	scrap	mettre à la ferraille	rottamare	desguazar
set a deadline (E)	terminieren	—	fixer un délai	fissare un termine	concertar
set-off (E)	Aufrechnung f	—	compensation f	compensazione f	compensación f
settlement (E)	Abwicklung f	—	exécution f	esecuzione f	ejecución f
settlement (E)	Verrechnung f	—	compensation f	compensazione f	compensación f
settlement day (E)	Abrechnungstag m	—	date de règlement f	giorno di liquidazione m	fecha de liquidación f
settlement of accounts (E)	Abrechnung f	—	règlement m	liquidazione f	liquidación f
settore economico (I)	Wirtschaftszweig m	field of the economy	secteur économique m	—	ramo económico m
seuil de rentabilité (F)	Gewinnschwelle f	break-even point	—	punto di pareggio m	umbral de la rentabilidad m
seuil de rentabilité (F)	Rentabilitätsschwelle f	break-even point	—	fase redditizia f	umbral de rentabilidad m
seul propriétaire (F)	Alleininhaber m	sole owner	—	titolare unico m	propietario exclusivo m
sezon (PL)	Saison f	season	saison f	stagione f	temporada f
sezona (CZ)	Saison f	season	saison f	stagione f	temporada f
sezonní výkyvy (CZ)	Saisonschwankungen f/pl	seasonal fluctuations	variations saisonnières f/pl	oscillazioni stagionali f/pl	oscilaciones estacionales f/pl
sezónní výprodej (CZ)	Schlußverkauf m	seasonal sale	vente de fin de saison f	svendita di fine stagione f	venta de liquidación f

sezónní výprodej

P	NL	SV	PL	CZ	H
serpente monetária f	muntslang f	valutaorm	łańcuch walutowy m	měnová fronta f	valutakígyó
serpente monetária f	muntslang f	valutaorm	łańcuch walutowy m	měnová fronta f	valutakígyó
serpente monetária f	muntslang f	valutaorm	łańcuch walutowy m	měnová fronta f	valutakígyó
prestação de serviço f	dienstverlening f	service	usługa f	služba f	szolgáltatás
departamento m	afdeling f	avdelning	wydział m	oddělení n	osztály
prestação de serviço f	dienstverlening f	—	usługa f	služba f	szolgáltatás
serviço pós-venda m	klantendienst m	kundtjänst	serwis m	služba zákazníkům f	ügyfélszolgálat
gorjeta f	fooi f/m	dricks	pole obsługi n	spropitné n	borravaló
repartição das finanças f	ontvangkantoor n	skattemyndighet	Urząd Skarbowy m	finanční úřad m	adóhivatal
departamento de expedição m	expeditieafdeling f	leveransavdelning	wydział ekspedycji m	expediční oddělení n	szállítási részleg
serviço on-line m	online-dienst	online-service	usługi on-line f/pl	služba on-line f	on-line szolgáltatás
serviço exterior m	buitendienst m	extern verksamhet	praca w terenie f	práce mimo podnik f	külszolgálat
transacções financeiras f/pl	betalingsverkeer n	betalningstransaktion	obrót płatniczy m	platební styk m	pénzügyi tranzakciók
serviço exterior m	buitendienst m	extern verksamhet	praca w terenie f	práce mimo podnik f	külszolgálat
serviço on-line m	online-dienst	online-service	usługi on-line f/pl	služba on-line f	on-line szolgáltatás
serviço pós-venda m	klantendienst m	kundtjänst	serwis m	služba zákazníkům f	ügyfélszolgálat
—	buitendienst m	extern verksamhet	praca w terenie f	práce mimo podnik f	külszolgálat
—	online-dienst	online-service	usługi on-line f/pl	služba on-line f	on-line szolgáltatás
—	klantendienst m	kundtjänst	serwis m	služba zákazníkům f	ügyfélszolgálat
corpo de segurança da empresa m	veiligheidsdienst m	arbetsskydd	straż zakładowa f	ochrana závodu f	üzemi rendészet
serviço exterior m	buitendienst m	extern verksamhet	praca w terenie f	práce mimo podnik f	külszolgálat
serviço on-line m	online-dienst	online-service	usługi on-line f/pl	služba on-line f	on-line szolgáltatás
serviço pós-venda m	klantendienst m	kundtjänst	serwis m	služba zákazníkům f	ügyfélszolgálat
serviço pós-venda m	klantendienst m	kundtjänst	—	služba zákazníkům f	ügyfélszolgálat
dia de bolsa f	beursdag m	börsdag	dzień handlowy giełdy m	burzovní den m	tőzsdenap
transformar em sucata	verschroten	skrota	złomować <zezłomować>	—	kiselejtez
acertar o prazo	een termijn bepalen	bestämma datum	terminować	termínovat	beütemez
compensação f	compensatie f	kvittning	wzajemne zaliczenie n	vzájemné vyúčtování n	ellentételezés
execução f	afwikkeling f	likvidering	realizacja f	vyřízení n	lebonyolítás
compensação f	compensatie f	avräkning	rozliczenie n	zúčtování n	elszámolás
dia da liquidação m	liquidatiedag m	avräkningsdag	dzień rozliczeniowy m	den vyúčtování m	elszámolási nap
liquidação de contas f	afrekening f	avräkning	rozliczenie n	vyúčtování n	elszámolás
sector económico m	tak van de economie m	bransch	branża gospodarcza f	hospodářské odvětví n	gazdasági ág
ponto morto de vendas m	rendabiliteitsdrempel m	nollpunkt	próg zysku m	práh zisku m	nyereségküszöb
margem de rentabilidade f	rentabiliteitsdrempel m	nollpunkt	próg rentowności m	práh rentability m	jövedelmezőségi küszöb
proprietário único m	alleeneigenaar m	ensam innehavare	wyłączny właściciel m	výhradní vlastník m	egyedüli cégtulajdonos
temporada f	seizoen n	säsong	—	sezona f	idény
temporada f	seizoen n	säsong	sezon m	—	idény
oscilações sazonais f/pl	seizoenschommelingen f/pl	säsongvariationer pl	fluktuacje sezonowe f/pl	—	szezonális ingadozások
venda de fim de estação f	opruiming f	utförsäljning	wyprzedaż sezonowa f	—	szezonvégi kiárusítás

se zřetelem

	D	E	F	I	ES
se zřetelem (CZ)	bezugnehmend	referring to	en référence à f	con riferimento a	con referencia a
sfałszowany czek (PL)	gefälschter Scheck m	forged cheque	chèque falsifié m	assegno falsificato m	cheque falsificado m
sfruttamento delle capacità (I)	Kapazitätsauslastung f	utilisation of capacity	utilisation de la capacité f	—	utilización plena de las capacidades f
shadow economy (E)	Schattenwirtschaft f	—	économie parallèle f	economia clandestina f	economía sumergida f
share (E)	Aktie f	—	action f	azione f	acción f
share (E)	Geschäftsanteil m	—	part sociale f	quota sociale f	participación f
share capital (E)	Aktienkapital n	—	capital-actions m	capitale azionario m	capital en acciones m
share capital (E)	Stammkapital n	—	capital social m	capitale sociale m	capital social m
share deposit (E)	Aktiendepot n	—	dépôt d'actions m	deposito azionario m	depósito de acciones m
shareholder (E)	Aktionär m	—	actionnaire m	azionista m	accionista m
shareholding (E)	Aktienbestand m	—	portefeuille d'actions m	portafoglio azionario m	cartera de acciones f
share index (E)	Aktienindex m	—	indice du cours des actions m	indice azionario m	índice de cotización de acciones m
share issue (E)	Aktienausgabe f	—	émission d'actions f	emissione di azioni f	emisión de acciones f
share price (E)	Aktienkurs m	—	cours des actions m	corso azionario m	cotización de las acciones f
share quotation (E)	Aktiennotierung f	—	cotation des actions f	quotazione delle azioni f	cotización de acciones f
ship (E)	verfrachten	—	fréter	imbarcare	expedir
ship broker (E)	Schiffsmakler m	—	courtier maritime m	agente marittimo m	corredor marítimo m
shipment (E)	Verschiffung f	—	embarquement m	imbarco m	embarque m
shipping company (E)	Reederei f	—	société d'armateurs f	compagnia armatoriale f	compañía naviera f
shipyard (E)	Werft f	—	chantier naval m	cantiere navale m	astillero m
shortage of staff (E)	Personalmangel m	—	manque de personnel m	mancanza di personale f	falta de personal f
short delivery (E)	Minderlieferung f	—	livraison en quantité inférieure f	fornitura ridotta f	envío incompleto m
short sale (E)	Blankoverkauf m	—	vente à découvert f	vendita allo scoperto f	venta al descubierto f
short-term (E)	kurzfristig	—	à court terme	a breve termine	a corto plazo
short-term credit (E)	kurzfristiger Kredit m	—	crédit à court terme m	credito a breve termine m	crédito a corto plazo m
short-time work (E)	Kurzarbeit f	—	travail à temps partiel m	lavoro ad orario ridotto m	trabajo reducido m
shrink-wrapped (E)	eingeschweißt	—	scellé	saldato	soldado
sídlo burzy (CZ)	Börsenplatz m	stock exchange centre	place boursière f	piazza f	plaza bursátil f
sidlo soudu (CZ)	Gerichtsstand m	place of jurisdiction	juridiction compétente f	foro competente m	tribunal competente m
siedziba giełdy (PL)	Börsenplatz m	stock exchange centre	place boursière f	piazza f	plaza bursátil f
sigillo doganale (I)	Zollverschluß m	customs seal	scellement douanier f	—	precinto aduanero m
sigilo bancário (P)	Bankgeheimnis n	banking secrecy	secret bancaire m	segreto bancario m	secreto bancario m
sigilo comercial (P)	Betriebsgeheimnis n	trade secret	secret d'entreprise m	segreto aziendale m	secreto empresarial m
sigla (I)	Diktatzeichen f	reference	références f/pl	—	referencias f/pl
sign (E)	unterschreiben	—	signer	firmare	firmar
signataires d'une convention collective (F)	Tarifpartner m/pl	parties to a collective wage agreement	—	parti stipulanti un contratto collettivo f/pl	parte contratante en un convenio colectivo f

signataires d'une convention collective

P	NL	SV	PL	CZ	H
com referência a	met referte aan	under åberopande av	powołując się	—	hivatkozással
cheque falsificado m	valse cheque m	förfalskad check	—	falešný šek m	hamis csekk
utilização da capacidade f	capaciteitsbenutting f	kapacitetsutnyttjande	wykorzystanie zdolności produkcyjnej n	vytížení kapacity n	kapacitáskihasználás
economia fantasma f	informele economie f	svart ekonomi	działalność w szarej strefie gospodarczej f	stínová ekonomika f	árnyékgazdaság
acção f	actie f	aktie	akcja f	akcie f	részvény
participação no negócio f	aandeel in een vennootschap n	affärsandel	udział w przedsiębiorstwie m	podíl na obchodu m	üzletrész
capital em acções m	aandelenkapitaal n	aktiekapital	kapitał akcyjny m	akciový kapitál m	részvénytőke
capital social m	maatschappelijk kapitaal n	aktiekapital	kapitał zakładowy m	kmenový kapitál m	törzstőke
depósito de acções m	aandelendepot n	aktiedepå	depozyt akcji	depozita akcií m	részvényletét
accionista m	aandeelhouder m	aktieägare	akcjonariusz m	akcionář m	részvényes
carteira de acções f	aandelenbezit n	aktieinnehav	stan ilości akcji m	stav akcií m	részvényállomány
índice de bolsa para acções m	aandelenindex m	aktieindex	indeks akcji m	akciový index m	árfolyamindex
emissão de acções f	uitgifte van aandelen	aktieemission	emisja akcji f	vydání akcií n	részvénykibocsátás
cotação das acções f	aandelenkoers m	aktiekurs	kurs akcji m	kurs akcií m	részvényárfolyam
cotação das acções f	notering van aandelen f	aktienotering	notowanie akcji n	záznam akcií m	részvényjegyzés
fretar	vervrachten	transportera	ekspediować <wyekspediować>	pronajímat <pronajmout> loď	elfuvaroz
corretor marítimo m	scheepsmakelaar m	skeppsmäklare	makler morski m	lodní makléř m	hajóbróker
embarque m	verscheping f	utskeppning	wysyłka statkiem f	nakládka na loď f	elszállítás
companhia de navegação f	rederij f	rederi	armatorskie przedsiębiorstwo żeglugowe n	loďařství n	hajóstársaság
estaleiro naval m	scheepswerf f	varv	stocznia f	loděnice f	hajógyár
falta de pessoal f	gebrek aan personeel n	personalbrist	brak personelu m	nedostatek personálu m	munkaerőhiány
entrega reduzida f	kleinere levering f	underleverans	niepełna dostawa f	snížení objemu dodávky n	hiányos szállítmány
venda a descoberto f	blancoverkoop m	blankning	sprzedaż bezdokumentowa f	prodej blanko m	fedezetlen eladás
a curto prazo	op korte termijn	kortfristig	krótkoterminowy	krátkodobý	rövid lejáratú
crédito a curto prazo m	krediet op korte termijn n	kortfristig kredit	kredyt krótkoterminowy m	krátkodobý úvěr m	rövid lejáratú hitel
trabalho a tempo reduzido m	verkorte werktijd m	korttidsarbete	skrócony czas pracy m	zkrácená pracovní doba f	csökkentett munkaidő
soldado	in folie verpakt	vacuumförpackat	zaspawany	přivařený	lehegesztett
bolsa de valores f	beurs f	börsort	siedziba giełdy f	—	tőzsde helye
competência judiciária f	bevoegde rechtbank f	jurisdiktion	podsądność terytorialna f	—	bíróság területi illetékessége
bolsa de valores f	beurs f	börsort	—	sídlo burzy n	tőzsde helye
selo alfandegário m	douanesluiting f	tullsigill	plomba celna n	celní závěra f	vámzár
—	bankgeheim n	banksekretess	tajemnica bankowa f	bankovní tajemství n	banktitok
—	fabrieksgeheim n	affärshemlighet	tajemnica zakładowa f	výrobní tajemství n	üzemi titok
referências f/pl	referentie f	referens	znak dyktowany m	značka diktátu f	diktálási jel
assinar	ondertekenen	skriva under	podpisywać <podpisać>	podepisovat <podepsat>	aláír
partes de um acordo colectivo f/pl	sociale partners m/pl	arbetsmarknadens parter pl	strona w umowie zbiorowej f	účastníci kolektivní smlouvy m/pl	kollektív szerződést megkötő fél

signature

	D	E	F	I	ES
signature (E)	Unterschrift f	—	signature f	firma f	firma f
signature (F)	Unterschrift f	signature	—	firma f	firma f
signer (F)	unterschreiben	sign	—	firmare	firmar
siła nabywcza (PL)	Kaufkraft f	purchasing power	pouvoir d'achat m	potere d'acquisto m	poder adquisitivo m
siła przetargowa (PL)	Verhandlungsbasis f	basis for negotiation	terrain de négociation m	base delle trattative f	precio a negociar m
siła robocza (PL)	Arbeitskraft f	worker	employé m	forza lavoro f	trabajador m
sikkasztás (H)	Hinterziehung f	evasion of taxes	fraude fiscale f	evasione f	defraudación f
sikkasztás (H)	Unterschlagung f	embezzlement	détournement m	appropriazione indebita f	malversación f
simulación (ES)	Planspiel n	planning game	jeu d'entreprise m	gioco di simulazione imprenditoriale m	—
sin compromiso (ES)	unverbindlich	not binding	sans obligation	senza impegno	—
sindacato (I)	Gewerkschaft f	trade union	syndicat m	—	sindicato m
sindicato (ES)	Gewerkschaft f	trade union	syndicat m	sindacato m	—
sindicato (P)	Gewerkschaft f	trade union	syndicat m	sindacato m	sindicato m
síndico (ES)	Syndikus m	syndic	conseiller juridique m	consulente legale m	—
síndico de quiebra (ES)	Konkursverwalter m	official receiver	liquidateur de la faillite m	curatore fallimentare m	—
sin dividendo (ES)	ohne Dividende	ex dividend	sans dividende m	senza dividendo	—
sin embalar (ES)	unverpackt	unpacked	sans emballage	senza imballaggio	—
sin garantía (ES)	ohne Gewähr	without guarantee	sous toute réserve	senza garanzia	—
siniestro leve (ES)	Bagatellschaden m	trivial damage	dommage mineur m	danno di piccola entità m	—
sin obligación (ES)	ohne Obligo	without obligation	sans engagement	senza obbligo	—
sin plazo (ES)	fristlos	without prior notice	sans délai	senza preavviso	—
sin vicios (ES)	mangelfrei	free of defects	sans défaut	esente da vizi	—
sista förbrukningsdag (SV)	Verfallsdatum n	expiry date	date d'échéance f	data di scadenza f	fecha de vencimiento f
sista kurs (SV)	Schlußkurs m	closing price	dernier cours m	quotazione di chiusura f	cotización final f
Sistema Monetario Europeo (I)	Europäisches Währungssystem n	European Monetary System	système monétaire européen m	—	Sistema Monetario Europeo m
Sistema Monetario Europeo (ES)	Europäisches Währungssystem n	European Monetary System	système monétaire européen m	Sistema Monetario Europeo m	—
Sistema Monetário Europeu (P)	Europäisches Währungssystem n	European Monetary System	système monétaire européen m	Sistema Monetario Europeo m	Sistema Monetario Europeo m
sistema monetario internacional (ES)	Weltwährungssystem n	international monetary system	système monétaire international m	sistema monetario internazionale m	—
sistema monetário internacional (P)	Weltwährungssystem n	international monetary system	système monétaire international m	sistema monetario internazionale m	sistema monetario internacional m
sistema monetario internazionale (I)	Weltwährungssystem n	international monetary system	système monétaire international m	—	sistema monetario internazionale m
situação do mercado (P)	Marktlage f	state of the market	situation du marché f	andamento del mercato m	condiciones del mercado f/pl
situação jurídica (P)	Rechtslage f	legal position	situation juridique f	situazione giuridica f	situación jurídica f
situace na trhu (CZ)	Marktlage f	state of the market	situation du marché f	andamento del mercato m	condiciones del mercado f/pl
situación del beneficio (ES)	Ertragslage f	profitability	niveau de rendement m	situazione economica f	—
situación jurídica (ES)	Rechtslage f	legal position	situation juridique f	situazione giuridica f	—
situation du marché (F)	Marktlage f	state of the market	—	andamento del mercato m	condiciones del mercado f/pl
situation juridique (F)	Rechtslage f	legal position	—	situazione giuridica f	situación jurídica f
situation wanted (E)	Stellengesuch n	—	demande d'emploi f	domanda d'impiego f	solicitud de colocación f

situation wanted

P	NL	SV	PL	CZ	H
assinatura f	ondertekening f	underskrift	podpis m	podpis m	aláírás
assinatura f	ondertekening f	underskrift	podpis m	podpis m	aláírás
assinar	ondertekenen	skriva under	podpisywać <podpisać>	podepisovat <podepsat>	aláír
poder de compra m	koopkracht f	köpkraft	—	kupní síla f	vásárlóerő
preço a negociar m	onderhandelingsbasis f	förhandlingsbas	—	základna jednání f	tárgyalási alap
mão-de-obra f	arbeidskracht f	arbetskraft	—	pracovní síla f	munkaerő
sonegação f	het ontduiken van belastingen n	skattesmitning	sprzeniewierzenie n	daňový únik m	—
desfalque m	verduistering f	förskingring	sprzeniewierzenie n	zpronevěra f	—
jogo de simulação de gestão m	beleidsspel n	beslutsspel	symulacja procesu decyzyjnego f	plánovaná hra f	döntési játék
sem compromisso	vrijblijvend	ej bindande	niezobowiązujący	nezávazný	kötelezettség nélkül(i)
sindicato m	vakbond m	fackförening	związek zawodowy m	odbory m/pl	szakszervezet
sindicato m	vakbond m	fackförening	związek zawodowy m	odbory m/pl	szakszervezet
—	vakbond m	fackförening	związek zawodowy m	odbory m/pl	szakszervezet
conselheiro jurídico m	syndicus m	juridiskt ombud	syndyk m	právní zástupce firmy m	jogtanácsos
administrador de falência m	curator m	konkursförvaltare	syndyk masy upadłościowej m	likvidátor m	csődgondnok
sem dividendo	zonder dividend	utan vinstutdelning	bez dywidendy	bez dividendy f	osztalék nélkül
sem embalagem	onverpakt	utan förpackning	nieopakowany	nezabalený	csomagolatlan
sem garantia	zonder waarborg van onzentwege	ansvaras ej	bez gwarancji	bez záruky f	szavatosság nélkül
dano menor m	geringe schade f/m	obetydlig skada	drobne szkody f/pl	drobná škoda f	elhanyagolható kár
sem obrigação	zonder verbintenis onzerzijds	utan förpliktelse	bez obliga	bez povinnosti f	kötelezettség nélkül
sem aviso prévio	op staande voet	omedelbar	bezterminowo	okamžitý	felmondási idő nélkül
sem defeitos	vrij van gebreken	felfri	wolny od wad	nezávadný	hibátlan
data de vencimento f	vervaldatum m	—	data płatności weksla f	datum uplynutí lhůty n	lejárat napja
cotação final f	slotkoers m	—	dzienny giełdowy kurs zamykający m	uzavírací kurs m	záró árfolyam
Sistema Monetário Europeu m	Europees muntsysteem n	europeiska valutasystemet	Europejski System Walutowy m	Evropský měnový systém m	Európai Valutarendszer
Sistema Monetário Europeu m	Europees muntsysteem n	europeiska valutasystemet	Europejski System Walutowy m	Evropský měnový systém m	Európai Valutarendszer
—	Europees muntsysteem n	europeiska valutasystemet	Europejski System Walutowy m	Evropský měnový systém m	Európai Valutarendszer
sistema monetário internacional m	internationaal monetair systeem n	internationellt valutasystem	międzynarodowy system walutowy m	světový měnový systém m	nemzetközi pénzügyi rendszer
—	internationaal monetair systeem n	internationellt valutasystem	międzynarodowy system walutowy m	světový měnový systém m	nemzetközi pénzügyi rendszer
sistema monetário internacional m	internationaal monetair systeem n	internationellt valutasystem	międzynarodowy system walutowy m	světový měnový systém m	nemzetközi pénzügyi rendszer
—	marktsituatie f	marknadssituation	sytuacja rynkowa f	situace na trhu f	piaci helyzet
—	rechtspositie f	rättsläge	sytuacja prawna f	právní stav m	jogi helyzet
situação do mercado f	marktsituatie f	marknadssituation	sytuacja rynkowa f	—	piaci helyzet
nível de lucros m	rentabiliteit f	vinstsituation	zyskowność f	stav výnosů m	nyereséghelyzet
situação jurídica f	rechtspositie f	rättsläge	sytuacja prawna f	právní stav m	jogi helyzet
situação do mercado f	marktsituatie f	marknadssituation	sytuacja rynkowa f	situace na trhu f	piaci helyzet
situação jurídica f	rechtspositie f	rättsläge	sytuacja prawna f	právní stav m	jogi helyzet
procura de emprego f	sollicitatie f	platssökande	podanie o pracę n	žádost o místo f	pályázat (állásra)

situazione economica

	D	E	F	I	ES
situazione economica (I)	Ertragslage f	profitability	niveau de rendement m	—	situación del beneficio f
situazione giuridica (I)	Rechtslage f	legal position	situation juridique f	—	situación jurídica f
självbetjäning (SV)	Selbstbedienung f	self-service	self-service m	self service m	autoservicio m
självfinansiering (SV)	Selbstfinanzierung f	self-financing	autofinancement m	autofinanziamento m	autofinanciación f
självkostnad (SV)	Selbstkosten f/pl	prime costs	coût de revient m	spese aziendali f/pl	costes propios m/pl
självkostnadspris (SV)	Einstandspreis m	cost price	prix coûtant m	prezzo di costo m	precio de coste m
självkostnadspris (SV)	Selbstkostenpreis m	cost price	prix coûtant m	prezzo di costo m	precio de coste m
självständig (SV)	selbständig	independent	indépendant	indipendente	independiente
sjednaná pokuta (penále) (CZ)	Konventionalstrafe f	contractual penalty	pénalités conventielles f/pl	penalità convenzionale f	pena convencional f
sjöfraktsemballage (SV)	seemäßige Verpackung f	sea-tight packing	emballage maritime m	imballaggio marittimo m	embalaje marítimo m
skada (SV)	Beschädigung f	damage	endommagement m	danno m	deterioración f
skada (SV)	Schaden m	damage	dommage m	danno m	daño m
skadeanmälan (SV)	Schadensmeldung f	notification of damage	déclaration du sinistre f	denuncia di sinistro f	aviso de siniestro m
skadeersättningsanspråk (SV)	Schadensforderung f	claim for damages	prétention à dommages-intérêts	credito per danni m	pretensión de indemnización f
skadestånd (SV)	Schadensersatz m	recovery of damages	dommages-intérêts m/pl	risarcimento danni m	indemnización f
skadeståndsanspråk (SV)	Schadenersatzansprüche m/pl	claim for damages	droit à l'indemnité m	rivendicazioni di risarcimento danni f/pl	derecho a indemnización por daños y perjuicios m
skadeståndskrav (SV)	Schadensersatzklage f	action for damages	action en dommages-intérêts f	azione di risarcimento danni f	demanda de daños y perjuicios f
skarga (PL)	Klage f	legal action	action en justice f	citazione in giudizio f	demanda f
skarga o odszkodowanie (PL)	Schadensersatzklage f	action for damages	action en dommages-intérêts f	azione di risarcimento danni f	demanda de daños y perjuicios f
skatt (SV)	Steuer f	tax	impôt m	imposta f	impuesto m
skattebalansräkning (SV)	Steuerbilanz f	tax balance sheet	bilan fiscal m	bilancio fiscale m	balance impositivo m
skattebetalare (SV)	Steuerzahler m	taxpayer	contribuable m	contribuente m	contribuyente m
skattebetalning (SV)	Steuerzahlung f	payment of taxes	payement de l'impôt m	pagamento delle imposte m	tributación f
skattebrottsbekämpning (SV)	Steuerfahndung f	investigation into tax evasion	repression de la fraude à l'impôt f	inchiesta tributaria f	investigación tributaria f
skattefördelning (SV)	Umlage f	levy	répartition f	ripartizione f	reparto m
skattefri (SV)	abgabenfrei	tax-exempt	exempt de taxes	esente da imposte	exento de impuestos
skattefri (SV)	steuerfrei	tax-free	exonéré d'impôt	esentasse	libre de impuesto
skattefusk (SV)	Steuerbetrug m	fiscal fraud	fraude fiscale f	frode fiscale f	fraude fiscal m
skattehöjning (SV)	Steuererhöhung f	tax increase	augmentation des impôts m	aumento delle imposte m	aumento de los impuestos m
skattemyndighet (SV)	Finanzamt n	inland revenue office	service des contributions m	ufficio delle imposte m	Ministerio de Hacienda m
skatteparadis (SV)	Steueroase f	tax haven	paradis fiscal m	oasi fiscale f	paraíso fiscal m
skattepliktig (SV)	abgabenpflichtig	liable to tax	assujetti à l'impôt	soggetto a imposte	sujeto a impuestos
skattepolitik (SV)	Steuerpolitik f	fiscal policy	politique fiscale f	politica fiscale f	política fiscal f
skatterådgivare (SV)	Steuerberater m	tax adviser	conseiller fiscal m	consulente finanziario m	asesor fiscal m
skattesmitning (SV)	Hinterziehung f	evasion of taxes	fraude fiscale f	evasione f	defraudación f
skattesmitning (SV)	Steuerhinterziehung f	tax evasion	dissimulation en matière fiscale f	evasione fiscale f	fraude fiscal m
skatt på fast egendom (SV)	Realsteuern f/pl	tax on real estate	impôt réel m	imposte reali f/pl	impuestos reales m/pl

skatt på fast egendom

P	NL	SV	PL	CZ	H
nível de lucros m	rentabiliteit f	vinstsituation	zyskowność f	stav výnosů m	nyereséghelyzet
situação jurídica f	rechtspositie f	rättsläge	sytuacja prawna f	právní stav m	jogi helyzet
self service m	zelfbediening f	—	samoobsługa f	samoobsluha f	önkiszolgálás
autofinanciamento m	zelffinanciering f	—	samofinansowanie n	samofinancování n	önfinanszírozás
custo m	totale productiekosten m/pl	—	koszty własne m/pl	vlastní náklady m/pl	önköltség
preço de custo m	kostprijs m	—	globalna cena nabycia f	pořizovací cena f	bekerülési ár
preço de custo m	kostprijs m	—	cena kosztów własnych f	režijní cena f	önköltségi ár
independente	zelfstandig	—	samodzielny	samostatný	önálló
multa convencional f	contractuele boete f	avtalsvite	kara umowna f	—	kötbér
embalagem marítima f	zeewaardige verpakking f	—	opakowanie do transportu morskiego n	námořní balení n	tengeri csomagolás
dano m	beschadiging f	—	uszkodzenie n	poškození n	károsodás
dano m	schade f	—	szkoda f	škoda f/pl	kár
declaração de sinistro f	schadeaangifte f	—	zgłoszenie szkody f	oznámení škody n	kárbejelentés
acção de indemnização por danos f	schadeclaim m	—	roszczenie do odszkodowania n	požadavek odškodnění m	kártérítési követelés
indemnização f	schadeloosstelling f	—	odszkodowanie n	náhrada škody f	kártérítés
direito a indemnização por danos e perdas m	claim op schadevergoeding m	—	roszczenia do odszkodowania n/pl	nárok na náhradu škody m	kártérítési igények
acção de danos e perdas f	eis tot schadeloosstelling m	—	skarga o odszkodowanie f	žaloba o náhradu škody f	kártérítési kereset
acção judicial f	klacht f	åtal	—	žaloba f	panasz
acção de danos e perdas f	eis tot schadeloosstelling m	skadeståndskrav	—	žaloba o náhradu škody f	kártérítési kereset
imposto m	belasting f	—	podatek m	daň f	adó
balanço fiscal m	fiscale balans f	—	bilans podatkowy m	daňová bilance f	adómérleg
contribuinte m	belastingplichtige m	—	podatnik m	poplatník m	adófizető
pagamento de impostos m	betaling van belastingen f	—	płatność podatkowa f	placení daní f	adófizetés
investigação de fraudes fiscais f	fiscale opsporingsdienst m	—	dochodzenie przestępstwa podatkowego n	daňové pátrání n	adónyomozás
repartição f	omslag m	—	repartycja f	dávka f	járulék
isento de impostos	tolvrij	—	wolne od podatków	osvobozený od poplatků	adómentes
isento de impostos	vrij van belastingen	—	wolny od podatku	osvobozený od daně f	adómentes
fraude fiscal f	belastingontduiking f	—	oszustwo podatkowe n	daňový podvod m	adócsalás
aumento dos impostos m	belastingverhoging f	—	podwyżka podatków f	zvýšení daně n	adóemelés
repartição das finanças f	ontvangkantoor n	—	Urząd Skarbowy m	finanční úřad m	adóhivatal
paraíso fiscal m	belastingparadijs n	—	oaza podatkowa f	daňová oáza f	adóparadicsom
sujeito a impostos	belastbaar	—	podlegający opodatkowaniu	podléhající poplatkům	adóköteles
política fiscal f	belastingpolitiek f	—	polityka podatkowa f	daňová politika f	adópolitika
consultor fiscal m	belastingconsulent m	—	doradca podatkowy m	daňový poradce m	adótanácsadó
sonegação f	het ontduiken van belastingen n	—	sprzeniewierzenie n	daňový únik m	sikkasztás
evasão fiscal f	belastingontduiking f	—	oszustwo podatkowe n	daňový únik m	adócsalás
impostos reais m/pl	zakelijke belastingen f/pl	—	podatki majątkowe m/pl	reálné daně f/pl	vagyonadó

skatt på kapitalinkomst

	D	E	F	I	ES
skatt på kapitalinkomst (SV)	Kapitalertragsteuer f	capital yield tax	impôt sur le revenu du capital m	imposta sulla rendita del capitale f	impuesto sobre la renta del capital m
skattsedel (SV)	Steuerbescheid m	notice of assessment	avis d'imposition m	cartella delle imposte f	liquidación de impuestos f
skenföretag (SV)	Scheinfirma f	bogus firm	entreprise fictive f	ditta fittizia f	casa ficticia f
skentransaktion (SV)	Scheingeschäft n	fictitious transaction	opération fictive f	negozio simulato m	operación ficticia f
skeppsmäklare (SV)	Schiffsmakler m	ship broker	courtier maritime m	agente marittimo m	corredor marítimo m
składka ubezpieczeniowa (PL)	Versicherungsprämie f	insurance premium	prime d'assurance f	premio assicurativo m	prima de seguro f
składki (PL)	Beiträge m/pl	contributions	contributions f/pl	contributi m/pl	contribuciones f/pl
składowanie (PL)	Einlagerung f	storage	entreposage m	immagazzinamento m	almacenamiento m
składowanie (PL)	Lagerung f	storage	stockage m	stoccaggio m	almacenaje m
skład towarów (PL)	Warenlager n	warehouse	stock de marchandises m	magazzino m	depósito de mercancías m
skiftbyte (SV)	Schichtwechsel m	change of shift	relève d'équipe f	cambio di turno m	cambio del turno de obreros m
sklad (CZ)	Lager n	warehouse	entrepôt m	magazzino m	almacén m
skladné (CZ)	Lagermiete f	warehouse rent	location d'une surface pour magasinage f	spese di stoccaggio f/pl	alquiler de almacenaje m
skladovací list (CZ)	Lagerschein m	warehouse warrant	certificat de dépot m	ricevuta di deposito f	resguardo de almacén m
skladovací prostor (CZ)	Lagerraum m	storage space	halle de dépôt f	deposito m	almacén m
skladování (CZ)	Lagerhaltung f	stockkeeping	entreposage m	magazzinaggio m	almacenaje m
skladování (CZ)	Lagerung f	storage	stockage m	stoccaggio m	almacenaje m
sklad zboží (CZ)	Warenlager n	warehouse	stock de marchandises m	magazzino m	depósito de mercancías m
škoda (CZ)	Damnum n	loss	perte f	perdita f	pérdida f
škoda (CZ)	Havarie f	damage by sea	avarie f	avaria f	avería m
škoda (CZ)	Schaden m	damage	dommage m	danno m	daño m
škoda vzniklá při dopravě (CZ)	Transportschaden m	loss on goods in transit	dommage au cours d'un transport m	danno di trasporto m	daño de transporte m
skonto (PL)	Skonto m/n	discount	escompte m	sconto m	descuento m
skonto (CZ)	Skonto m/n	discount	escompte m	sconto m	descuento m
Skontoabzug (D)	—	discount deduction	déduction de l'escompte f	detrazione di sconto f	deducción del descuento f
Skonto m/n (D)	—	discount	escompte m	sconto m	descuento m
skradająca się inflacja (PL)	schleichende Inflation f	creeping inflation	inflation rampante f	inflazione latente f	inflación subrepticia f
skriftlig (SV)	schriftlich	written	par écrit	per iscritto	por escrito
skriftlig ansökan (SV)	Bewerbungsschreiben n	letter of application	lettre de candidature f	domanda d'assunzione f	carta de solicitud f
skrivare (SV)	Drucker m	printer	imprimante f	stampante f	impresora f
skriva under (SV)	unterschreiben	sign	signer	firmare	firmar
skrócony czas pracy (PL)	Kurzarbeit f	short-time work	travail à temps partiel m	lavoro ad orario ridotto m	trabajo reducido m
skrota (SV)	verschrotten	scrap	mettre à la ferraille	rottamare	desguazar
skrypt dłużny (PL)	Schuldschein m	certificate of indebtedness	billet de créance m	certificato di debito m	pagaré m
skrytka pocztowa (PL)	Postfach n	post office box	boîte postale f	casella postale f	apartado de correos m
skrzynka (PL)	Kiste f	crate	caisse f	cassa f	caja f
skrzynka pocztowa (PL)	Briefkasten m	letter-box	boîte aux lettres f	cassetta postale f	buzón m
skuld (SV)	Schuld f	debt	dette f	debito m	deuda f
skulder (SV)	Schulden f	debts	dettes f/pl	debiti m/pl	deudas f/pl
skulder (SV)	Verbindlichkeiten f/pl	liabilities	dettes f/pl	obblighi m/pl	obligaciones f/pl

P	NL	SV	PL	CZ	H
imposto sobre os rendimento de capital m	belasting op inkomen uit kapitaal f	—	podatek od zysku z kapitału m	daň z výnosu kapitálu f	tőkehozadék-adó
aviso para pagamento de imposto m	aanslagbiljet n	—	podatkowy nakaz płatniczy m	daňový výměr m	adókivetési értesítés
firma fictícia f	schijnfirma f	—	firma fikcyjna f	naoko registrovaná firma f	fiktív cég
operação fictícia f	schijnkoop m	—	transakcja fikcyjna f	fiktivní obchod f	színlelt ügylet
corretor marítimo m	scheepsmakelaar m	—	makler morski m	lodní makléř m	hajóbróker
prémio de seguro m	verzekeringspremie f	försäkringspremie	—	pojistná prémie f	biztosítási díj
contribuições f/pl	bijdragen f/pl	bidrag	—	příspěvky m/pl	hozzájárulások
armazenamento m	goederenopslag m	förvaring	—	uskladnění n	beraktározás
armazenagem f	opslag m	lagring	—	skladování n	raktározás
depósito de mercadorias m	magazijn n	lager	—	sklad zboží m	áruraktár
mudança de turno f	ploegenwisseling f	—	zmiana f	střídání směn n	műszakváltás
armazém m	magazijn n	lager	magazyn m	—	raktár
aluguel de armazenagem m	huur van opslagruimte f	lagerhyra	czynsz za magazyn m	—	raktárbérlet
guia de armazenagem f	opslagbewijs n	lagerbevis	kwit składowy m	—	raktárjegy
armazém m	opslagplaats f	lagerrum	pomieszczenie składowe n	—	raktér
armazenagem f	het in voorraad houden n	lagerhållning	magazynowanie n	—	készletezés
armazenagem f	opslag m	lagring	składowanie n	—	raktározás
depósito de mercadorias m	magazijn n	lager	skład towarów m	—	áruraktár
perda f	verlies n	kreditkostnad	strata f	—	veszteség
avaria f	averij f	haveri	awaria f	—	hajókár
dano m	schade f	skada	szkoda f	—	kár
danos de transporte m/pl	transportschade f	transportskada	szkoda w czasie transportu f	—	szállítási kár
desconto m	korting voor contant f	kassarabatt	—	skonto n	árengedmény
desconto m	korting voor contant f	kassarabatt	skonto n	—	árengedmény
dedução de descontos f	aftrek van korting bij contante betaling f	rabattavdrag	potrącenie skonta n	odpočet skonta m	árengedmény levonása
desconto m	korting voor contant f	kassarabatt	skonto n	skonto n	árengedmény
inflação insidiosa f	kruipende inflatie f	smygande inflation	—	plíživá inflace f	kúszó infláció
por escrito	schriftelijk	—	pisemnie	písemný	írásbeli
carta de solicitação de emprego f	sollicitatiebrief m	—	podanie o pracę n	písemná žádost f	pályázat
impressora f	printer m	—	drukarka f	tiskárna f	nyomtató
assinar	ondertekenen	—	podpisywać <podpisać>	podepisovat <podepsat>	aláír
trabalho a tempo reduzido m	verkorte werktijd m	korttidsarbete	—	zkrácená pracovní doba f	csökkentett munkaidő
transformar em sucata	verschroten	—	złomować <zezłomować>	sešrotovat	kiselejtez
certidão comprovativa de dívida f	schuldbrief m	revers	—	dlužní úpis m	adóslevél
caixa postal f	postbus f	box	—	poštovní přihrádka f	postafiók
caixa f	kist f	låda	—	bedna f	láda
caixa do correio f	brievenbus f	brevlåda	—	poštovní schránka f	postaláda
dívida f	schuld f	—	dług m	dluh m	adósság
dívidas f/pl	schulden f/pl	—	długi m/pl	dluhy m/pl	tartozások
obrigação f	verplichtingen f/pl	—	zobowiązanie n	závazky m/pl	kötelezettségek

skuldförbindelse

	D	E	F	I	ES
skuldförbindelse (SV)	Schuldverschreibung f	debenture bond	obligation f	obbligazione f	obligación f
skuldsättning (SV)	Verschuldung f	indebtedness	endettement m	indebitamento m	endeudamiento m
skupinová doprava (CZ)	Sammeltransport m	collective transport	transport groupé m	trasporto a collettame m	transporte colectivo m
skutečné náklady (CZ)	Istkosten pl	actual costs	coûts réels m/pl	costi effettivi m/pl	gastos efectivos m/pl
skuteczność (PL)	Effizienz f	efficiency	efficience f	efficienza f	eficiencia f
skydd (SV)	Protektion f	protection	protection f	protezione f	protección f
skyddstull (SV)	Schutzzoll m	protective duty	droit de protection m	dazio protettivo m	aduana proteccionista f
skyldig (SV)	schuldhaft	culpable	coupable	colposo	culpable
skyldighet att acceptera leverans (SV)	Abnahmepflicht f	obligation to take delivery	obligation de prendre livraison f	obbligo di ritiro m	obligación de recepción f
skyltning (SV)	Auslage f	display	étalage m	vetrina f	vitrina f
slechte kwaliteit (NL)	schlechte Qualität f	poor quality	mauvaise qualité f	qualità scadente f	mala calidad f
sledování trhu (CZ)	Marktbeobachtung f	observation of markets	étude de marché f	sondaggio di mercato m	observación del mercado f
sleutelvaluta (NL)	Leitwährung f	key currency	monnaie-clé f	valuta guida f	moneda de referencia f
sleva (CZ)	Abschlag m	reduction	remise f	deduzione f	descuento m
sleva (CZ)	Ermäßigung f	reduction	réduction f	riduzione f	reducción f
sleva (CZ)	Rabatt m	discount	remise f	ribasso m	rebaja f
sleva při placení v hotovosti (CZ)	Barzahlungsrabatt m	cash discount	remise pour payement comptant f	sconto per pagamento in contanti m	descuento por pago al contado m
slijtage (NL)	Abnutzung f	wear and tear	dépréciation f	deprezzamento m	desgaste m
slitage (SV)	Abnutzung f	wear and tear	dépréciation f	deprezzamento m	desgaste m
slosovací pravidla (CZ)	Ziehungsrechte f	drawing rights	droits de tirage m/pl	diritti di prelievo m/pl	derechos de giro m/pl
slotbalans (NL)	Schlußbilanz f	closing balance	bilan de clôture m	bilancio consuntivo m	balance final m
slotkoers (NL)	Schlußkurs m	closing price	dernier cours m	quotazione di chiusura f	cotización final f
sluitbriefje (NL)	Schlußbrief m	sales note	lettre de confirmation f	lettera di conferma f	carta de confirmación f
sluiten van een overeenkomst (NL)	Vertragsabschluß m	conclusion of a contract	conclusion du contrat f	stipulazione del contratto f	conclusión de un contrato f
sluiting van het kantoor (NL)	Büroschluß m	office closing hours	fermeture des bureaux f	orario di chiusura dell'ufficio m	hora de cierre de la oficina f
slutanvändare (SV)	Endabnehmer m	ultimate buyer	preneur final m	acquirente finale m	comprador final m
slutkontroll (SV)	Endkontrolle f	final control	contrôle final m	controllo finale m	control final m
slutprodukt (SV)	Endprodukt n	finished product	produit final m	prodotto finito m	producto final m
slutprodukt (SV)	Fertigprodukt n	finished product	produit fini m	prodotto finito m	producto acabado m
služba (CZ)	Dienstleistung f	service	prestation de service f	prestazione di servizio m	prestación de servicio f
služba on-line (CZ)	Online-Dienst m	on-line services	service en ligne m	servizio on-line m	servicio on-line m
služba zákazníkům (CZ)	Kundendienst m	after-sales service	service après vente m	servizio post-vendita m	servicio posventa m
služební vůz (CZ)	Dienstwagen m	company car	voiture de service f	macchina di servizio f	coche de servicio m
small package (E)	Päckchen n	—	petit paquet m	pacchetto m	pequeño paquete m
smaltimento dei rifiuti (I)	Abfallbeseitigung f	waste disposal	élimination des déchets f	—	evacuación de residuos f
směnečník (CZ)	Bezogener m	drawee	tiré m	trattario m	librado m
směnečný protest (CZ)	Wechselprotest m	protest	protêt de traite m	protesto cambiario m	protesto de letra m
směnečný úvěr (CZ)	Wechselkredit m	acceptance credit	crédit d'escompte m	credito cambiario m	crédito cambiario m
směnitelnost (CZ)	Konvertibilität f	convertibility	convertibilité f	convertibilità f	convertibilidad f
směnka (CZ)	Wechsel m	bill of exchange	lettre de change f	cambiale f	letra de cambio f
směnný kurs (CZ)	Wechselkurs m	exchange rate	cours du change m	cambio m	tipo de cambio m
smlouva (CZ)	Abkommen n	agreement	accord m	accordo m	acuerdo m

smlouva

P	NL	SV	PL	CZ	H
obrigações não reembolsáveis f/pl	obligatie f	—	list zastawczy m	obligace f	kötelezvény
endividamento m	schuldenlast m	—	zadłużenie n	zadlužení n	eladósodás
transporte colectivo m	groupagevervoer n	samtransport	transport zbiorowy m	—	gyűjtőszállítás
custos reais m/pl	effectieve kosten m/pl	faktiska kostnader pl	koszty rzeczywiste m/pl	—	tényleges költségek
eficiência f	doeltreffendheid f	effektivitet	—	účinnost f	hatékonyság
protecção f	protectie f	—	protekcja f	ochrana f	védelem
direitos proteccionistas m/pl	beschermend recht n	—	cło ochronne n	ochranné clo n	védővám
culpável	schuldig	—	zawiniony	zaviněný	vétkes
obrigação de aceitar a entrega f	afnameverplichting f	—	obowiązek odbioru m	povinné odebrání n	átvételi kötelezettség
vitrine f	etalage f	—	wystawa f	výloha f	kirakati bemutatás
baixa qualidade f	—	dålig kvalitet	zła jakość f	nízká jakost f	rossz minőség
observação do mercado f	marktobservatie f	marknadsbevakning	obserwacja rynku f	—	piacelemzés
moeda de referência f	—	huvudvaluta	waluta "twarda" f	hlavní měna f	kulcsvaluta
desconto m	afslag m	sänkning	potrącenie n	—	árengedmény
redução f	korting f	reduktion	zniżka f	—	mérséklés
desconto m	korting f	rabatt	rabat m	—	árengedmény
desconto de pronto pagamento m	korting voor contante betaling f	kassarabatt	rabat za płatność gotówką m	—	készpénzfizetési engedmény
desgaste m	—	slitage	zużycie n	opotřebení n	elhasználódás
desgaste m	slijtage f	—	zużycie n	opotřebení n	elhasználódás
direitos de saque m/pl	trekkingsrechten n/pl	dragningsrätter pl	prawo ciągnienia n	—	lehívási jogok
balanço final m	—	utgående balans	bilans końcowy m	konečná rozvaha f	zárómérleg
cotação final f	—	sista kurs	dzienny giełdowy kurs zamykający m	uzavírací kurs m	záró árfolyam
carta de confirmação f	—	villkorsbekräftelse	potwierdzenie warunków n	závěrečná kupní smlouva f	kötlevél
conclusão de um contrato f	—	avtalsskrivning	zawarcie umowy n	uzavření smlouvy n	szerződéskötés
hora de fechar o escritório f	—	stängningstid	koniec urzędowania m	konec úředních hodin m	hivatalos idő vége
comprador final m	eindafnemer m	—	odbiorca finalny m	konečný odběratel m	végfelhasználó
controle final m	eindcontrole f	—	kontrola ostateczna f	konečná kontrola f	végellenőrzés
produto final m	eindproduct n	—	produkt końcowy m	finální výrobek m	végtermék
produto acabado m	afgewerkt product n	—	produkt gotowy m	finální výrobek m	késztermék
prestação de serviço f	dienstverlening f	service	usługa f	—	szolgáltatás
serviço on-line m	online-dienst	online-service	usługi on-line f/pl	—	on-line szolgáltatás
serviço pós-venda m	klantendienst m	kundtjänst	serwis m	—	ügyfélszolgálat
carro de serviço m	bedrijfswagen m	tjänstebil	samochód służbowy m	—	szolgálati gépkocsi
pequeno pacote m	pakketje n	litet paket	pakiet m	balíček m	kiscsomag
eliminação dos desperdícios f	verwijdering van afval f	avfallshantering	usuwanie odpadów n	odstraňování odpadu n	hulladékeltávolítás
sacado m	betrokken wissel m	trassat	trasat m	—	intézvényezett
protesto da letra m	wisselprotest n	växelprotest	oprotestowanie weksla n	—	váltóóvatolás
crédito cambial m	acceptkrediet n	växelkredit	kredyt wekslowy m	—	váltóhitel
convertibilidade f	convertibiliteit f	konvertibilitet	wymienialność f	—	konvertibilitás
letra de câmbio f	wissel m	växel	weksel m	—	váltó
taxa de câmbio f	discontokrediet n	växelkurs	kurs wymiany m	—	valutaátváltási árfolyam
acordo m	overeenkomst f	avtal	umowa f	—	megállapodás

smlouva

	D	E	F	I	ES
smlouva (CZ)	Vertrag *m*	contract	contrat *m*	contratto *m*	contrato *m*
smlouva o dílo (CZ)	Werkvertrag *m*	contract for work and services	contrat de louage d'ouvrage et d'industrie *m*	contratto d'appalto *m*	contrato de obra *m*
smlouva o odstoupení (CZ)	Abtretungsvertrag *m*	contract of assignment	contrat de cession *m*	contratto di cessione *m*	contrato de cesión *m*
smluvní podmínka (CZ)	Vertragsbedingung *f*	conditions of a contract	condition du contrat *f*	condizione contrattuale *f*	condiciones contractuales *f/pl*
smluvní pokuta (CZ)	Vertragsstrafe *f*	contractual penalty	pénalité *f*	pena contrattuale *f*	pena convencional *f*
smokkelarij (NL)	Schmuggel *m*	smuggling	contrebande *f*	contrabbando *m*	contrabando *m*
smuggling (E)	Schmuggel *m*	—	contrebande *f*	contrabbando *m*	contrabando *m*
smuggling (SV)	Schmuggel *m*	smuggling	contrebande *f*	contrabbando *m*	contrabando *m*
smygande inflation (SV)	schleichende Inflation *f*	creeping inflation	inflation rampante *f*	inflazione latente *f*	inflación subrepticia *f*
snabbköp (SV)	Supermarkt *m*	supermarket	supermarché *m*	supermercato *m*	supermercado *m*
snížení (CZ)	Abbau *m*	reduction	réduction *f*	riduzione *f*	reducción *f*
snížení (CZ)	Minderung *f*	reduction	diminution *f*	riduzione *f*	reducción *f*
snížení cen (CZ)	Preissenkung *f*	price reduction	réduction des prix *f*	riduzione dei prezzi *f*	reducción de precios *f*
snížení hodnoty (CZ)	Abwertung *f*	devaluation	dévaluation *f*	svalutazione *f*	devaluación *f*
snížení hodnoty (CZ)	Wertminderung *f*	decrease in value	diminution de la valeur *f*	riduzione di valore *f*	depreciación *f*
snížení nákladů (CZ)	Kostensenkung *f*	cost reduction	réduction des coûts *f*	diminuzione dei costi *m*	reducción de costes
snížení objemu dodávky (CZ)	Minderlieferung *f*	short delivery	livraison en quantité inférieure *f*	fornitura ridotta *f*	envío incompleto *m*
snížení úrokové míry (CZ)	Zinssenkung *f*	reduction of interest	diminution du taux d'intérêt *f*	riduzione degli interessi *f*	reducción del tipo de interés *f*
snižování počtu zaměstnanců (CZ)	Personalabbau *m*	reduction of staff	compression de personnel *f*	riduzione del personale *f*	reducción de personal *f*
soberanía legislativa (ES)	Gesetzgebungshoheit *f*	legislative sovereignty	autonomie de légiférer *f*	sovranità legislativa *f*	—
soborno (ES)	Bestechung *f*	bribo	corruption *f*	corruzione *f*	—
sobre (ES)	Briefumschlag *m*	envelope	enveloppe *f*	busta *f*	—
sobre (ES)	Kuvert *n*	envelope	enveloppe *f*	busta *f*	—
sobrepasar (ES)	überziehen	overdraw	faire un prélèvement à découvert	mandare allo scoperto	—
sobreporte (ES)	Frachtzuschlag *m*	additional carriage	supplément de fret *m*	supplemento di nolo *m*	—
sobreprecio (ES)	Aufpreis *m*	surcharge	surprix *m*	sovrapprezzo *m*	—
sobretaxa (P)	Aufschlag *m*	surcharge	hausse *f*	aggiunta *f*	recargo *m*
sociala avgifter (SV)	Lohnnebenkosten *pl*	incidental labour costs	charges salariales annexes *f/pl*	costi complementari del lavoro *m/pl*	cargas salariales accesorias *f/pl*
sociala förmåner (SV)	Sozialleistung *f*	social services	prestation sociale *f*	prestazione sociale *f*	prestacion social *f*
sociale markteconomie (NL)	soziale Marktwirtschaft *f*	social market economy	économie sociale du marché *f*	economia sociale di mercato *f*	economía de mercado social *f*
sociale partners (NL)	Tarifpartner *m/pl*	parties to a collective wage agreement	signataires d'une convention collective *m/pl*	parti stipulanti un contratto collettivo *f/pl*	parte contratante en un convenio colectivo *f*
sociale voorzieningen (NL)	Sozialleistung *f*	social services	prestation sociale *f*	prestazione sociale *f*	prestacion social *f*
socialhjälp (SV)	Sozialhilfe *f*	welfare	aide sociale *f*	assistenza sociale *f*	ayuda social *f*
social market economy (E)	soziale Marktwirtschaft *f*	—	économie sociale du marché *f*	economia sociale di mercato *f*	economía de mercado social *f*
social marknadskonomi (SV)	soziale Marktwirtschaft *f*	social market economy	économie sociale du marché *f*	economia sociale di mercato *f*	economía de mercado social *f*
sociální dávka (CZ)	Sozialleistung *f*	social services	prestation sociale *f*	prestazione sociale *f*	prestacion social *f*
sociální pomoc (CZ)	Sozialhilfe *f*	welfare	aide sociale *f*	assistenza sociale *f*	ayuda social *f*
sociální tržní hospodářství (CZ)	soziale Marktwirtschaft *f*	social market economy	économie sociale du marché *f*	economia sociale di mercato *f*	economía de mercado social *f*

sociální tržní hospodářství

P	NL	SV	PL	CZ	H
contrato m	overeenkomst f	avtal	umowa f	—	szerződés
contrato de trabalho m	contract over aanneming van werk n	arbetstagares avtal med uppdragsgivare	umowa o dzieło f	—	megbízási szerződés
contrato de cessão m	overdrachtsovereenkomst f	överlåtelseavtal	umowa cesji f	—	átruházási szerződés
condições do contrato f/pl	overeengekomen clausule f	avtalsvillkor	warunek umowy m	—	szerződési feltétel
pena convencional f	contractuele boete f	avtalsvite	kara umowna f	—	kötbér
contrabando m	—	smuggling	przemyt m	pašeráctví n	csempészet
contrabando m	smokkelarij f	smuggling	przemyt m	pašeráctví n	csempészet
contrabando m	smokkelarij f	—	przemyt m	pašeráctví n	csempészet
inflação insidiosa f	kruipende inflatie f	—	skradająca się inflacja f	plíživá inflace f	kúszó infláció
supermercado m	supermarkt f	—	supermarket m	supermarket m	szupermarket
redução f	vermindering f	nedbrytning	redukcja f	—	leépítés
redução f	korting f	minskning	zmniejszenie n	—	csökkentés
redução de preços f	prijsdaling f	prissänkning	obniżka cen f	—	árcsökkentés
desvalorização f	devaluatie f	devalvering	dewaluacja f	—	leértékelés
diminuição de valor f	waardevermindering f	värdeminskning	spadek wartości m	—	értékcsökkenés
redução de custos f	kostenverlaging f	kostnadsminskning	redukcja kosztów f	—	költségcsökkentés
entrega reduzida f	kleinere levering f	underleverans	niepełna dostawa f	—	hiányos szállítmány
redução dos juros f	renteverlaging f	räntesänkning	obniżka stopy procentowej f	—	kamatcsökkentés
redução de pessoal f	personeelsafslanking f	personalnedskärning	redukcja personelu f	—	létszámleépítés
competência legislativa f	wetgevende overheid	legislativ överhöghet	suwerenność prawna f	legislativní suverenita f	törvényhozási hatalom
suborno m	omkoperij f	mutning	przekupstwo n	podplácení n	megvesztegetés
envelope m	envelop m	kuvert	koperta f	obálka f	levélborték
envelope m	enveloppe f	kuvert	koperta f	obálka f	borték
sacar a descoberto	overschrijden	övertrassera	przekraczać stan konta	překračovat ‹překročit›	hiteltúllépést követ el
frete adicional m	bevrachtingstoeslag m	frakttillägg	dopłata frachtowa f	dovozní přirážka f	fuvardíjpótlék
ágio m	toeslag m	påslag	dopłata f	cenová přirážka f	felár
—	opslag m	påslag	narzut m	přirážka f	pótdíj
custos de mão-de-obra adicionais m/pl	werkgeversaandeel in de diverse sociale verzekeringen n	—	poboczne koszty robocizny m/pl	vedlejší mzdové náklady m/pl	járulékos bérköltségek
prestação da segurança social f	sociale voorzieningen f/pl	—	świadczenie socjalne n	sociální dávka f	szociális juttatás
economia de mercado social f	—	social marknadsekonomi	socjalna gospodarka rynkowa f	sociální tržní hospodářství n	szociális piacgazdaság
partes de um acordo colectivo f/pl	—	arbetsmarknadens parter pl	strona w umowie zbiorowej f	účastníci kolektivní smlouvy m/pl	kollektív szerződést megkötő fél
prestação da segurança social f	—	sociala förmåner pl	świadczenie socjalne n	sociální dávka f	szociális juttatás
assistência social f	maatschappelijke zekerheid f	—	pomoc społeczna f	sociální pomoc f	szociális segély
economia de mercado social f	sociale markteconomie f	social marknadsekonomi	socjalna gospodarka rynkowa f	sociální tržní hospodářství n	szociális piacgazdaság
economia de mercado social f	sociale markteconomie f	—	socjalna gospodarka rynkowa f	sociální tržní hospodářství n	szociális piacgazdaság
prestação da segurança social f	sociale voorzieningen f/pl	sociala förmåner pl	świadczenie socjalne n	—	szociális juttatás
assistência social f	maatschappelijke zekerheid f	socialhjälp	pomoc społeczna f	—	szociális segély
economia de mercado social f	sociale markteconomie f	social marknadsekonomi	socjalna gospodarka rynkowa f	—	szociális piacgazdaság

social services

	D	E	F	I	ES
social services (E)	Sozialleistung f	—	prestation sociale f	prestazione sociale f	prestacion social f
sociedad (ES)	Sozietät f	partnership	cabinet de groupe m	associazione f	—
sociedad anónima (ES)	Aktiengesellschaft f	joint stock company	société anonyme f	società per azioni f	—
sociedad comanditaria (ES)	Kommanditgesellschaft f	limited partnership	société en commandite f	società in accomandita semplice f	—
sociedad comanditaria por acciones (ES)	Kommanditgesellschaft auf Aktien f	partnership limited by shares	société en commandite par actions f	società in accomandita per azioni f	—
sociedad cooperativa (ES)	Genossenschaft f	co-operative	société coopérative f	cooperativa f	—
sociedad de capital (ES)	Kapitalgesellschaft f	joint-stock company	société de capitaux f	società di capitale f	—
sociedad de responsabilidad limitada (ES)	Gesellschaft mit beschränkter Haftung f	limited liability company	société à responsabilité limitée f	società a responsabilità limitata f	—
sociedade (P)	Sozietät f	partnership	cabinet de groupe m	associazione f	sociedad f
sociedade anónima (P)	Aktiengesellschaft f	joint stock company	société anonyme f	società per azioni f	sociedad anónima f
sociedade de pessoas (P)	Personengesellschaft f	partnership	société de personnes f	società di persone f	sociedad personalista f
sociedade de responsabilidade limitada (P)	Gesellschaft mit beschränkter Haftung f	limited liability company	société à responsabilité limitée f	società a responsabilità limitata f	sociedad de responsabilidad limitada f
sociedade em comandita (P)	Kommanditgesellschaft f	limited partnership	société en commandite f	società in accomandita semplice f	sociedad comanditaria f
sociedade em comandita por acções (P)	Kommanditgesellschaft auf Aktien f	partnership limited by shares	société en commandite par actions f	società in accomandita per azioni f	sociedad comanditaria por acciones f
sociedade holding (P)	Dachgesellschaft f	holding company	société holding f	holding f	sociedad holding f
sociedade por capitais (P)	Kapitalgesellschaft f	joint-stock company	société de capitaux f	società di capitale f	sociedad de capital f
sociedad holding (ES)	Dachgesellschaft f	holding company	société holding f	holding f	—
sociedad personalista (ES)	Personengesellschaft f	partnership	société de personnes f	società di persone f	—
società affiliata (I)	Tochtergesellschaft f	subsidiary	société affiliée f	—	filial f
società a responsabilità limitata (I)	Gesellschaft mit beschränkter Haftung f	limited liability company	société à responsabilité limitée f	—	sociedad de responsabilidad limitada f
società di capitale (I)	Kapitalgesellschaft f	joint-stock company	société de capitaux f	—	sociedad de capital f
società di persone (I)	Personengesellschaft f	partnership	société de personnes f	—	sociedad personalista f
società fantasma (I)	Briefkastenfirma f	bogus company	entreprise fictive f	—	empresa ficticia f
società in accomandita per azioni (I)	Kommanditgesellschaft auf Aktien f	partnership limited by shares	société en commandite par actions f	—	sociedad comanditaria por acciones f
società in accomandita semplice (I)	Kommanditgesellschaft f	limited partnership	société en commandite f	—	sociedad comanditaria f
società per azioni (I)	Aktiengesellschaft f	joint stock company	société anonyme f	—	sociedad anónima f
société affiliée (F)	Tochtergesellschaft f	subsidiary	—	società affiliata f	filial f
société anonyme (F)	Aktiengesellschaft f	joint stock company	—	società per azioni f	sociedad anónima f
société à responsabilité limitée (F)	Gesellschaft mit beschränkter Haftung f	limited liability company	—	società a responsabilità limitata f	sociedad de responsabilidad limitada f
société coopérative (F)	Genossenschaft f	co-operative	—	cooperativa f	sociedad cooperativa f

société coopérative

P	NL	SV	PL	CZ	H
prestação da segurança social f	sociale voorzieningen f/pl	sociala förmåner pl	świadczenie socjalne n	sociální dávka f	szociális juttatás
sociedade f	sociëteit f	handelsbolag	wspólnota f	spolek m	társaság
sociedade anónima f	naamloze vennootschap f	aktiebolag	spółka akcyjna f	akciová společnost f	részvénytársaság
sociedade em comandita f	commanditaire vennootschap f	kommanditbolag	spółka komandytowa f	komanditní společnost f	betéti társaság
sociedade em comandita por acções f	commanditaire vennootschap op aandelen f	kommanditbolag med aktier	spółka komandytowa akcyjna f	komanditní společnost na akcie f	betéti részvénytársaság
cooperativa f	coöperatieve vereniging f	kooperativ	spółdzielnia f	družstvo n	szövetkezet
sociedade por capitais f	kapitaalvennootschap f	aktiebolag	spółka kapitałowa f	kapitálová společnost f	tőketársaság
sociedade de responsabilidade limitada f	besloten vennootschap met beperkte aansprakelijkheid f	aktiebolag med begränsad ansvarighet	spółka z ograniczoną odpowiedzialnością f	společnost s ručením omezeným f	korlátolt felelősségű társaság
—	sociëteit f	handelsbolag	wspólnota f	spolek m	társaság
—	naamloze vennootschap f	aktiebolag	spółka akcyjna f	akciová společnost f	részvénytársaság
—	personenvennootschap f	enkelt bolag	spółka osobowa f	společnost založená na spoluúčasti více partnerů f	társas vállalkozás
—	besloten vennootschap met beperkte aansprakelijkheid f	aktiebolag med begränsad ansvarighet	spółka z ograniczoną odpowiedzialnością f	společnost s ručením omezeným f	korlátolt felelősségű társaság
—	commanditaire vennootschap f	kommanditbolag	spółka komandytowa f	komanditní společnost f	betéti társaság
—	commanditaire vennootschap op aandelen f	kommanditbolag med aktier	spółka komandytowa akcyjna f	komanditní společnost na akcie f	betéti részvénytársaság
—	holdingmaatschappij f	förvaltningsbolag	spółka holdingowa f	zastřešující společnost f	holdingtársaság
—	kapitaalvennootschap f	aktiebolag	spółka kapitałowa f	kapitálová společnost f	tőketársaság
sociedade holding f	holdingmaatschappij f	förvaltningsbolag	spółka holdingowa f	zastřešující společnost f	holdingtársaság
sociedade de pessoas f	personenvennootschap f	enkelt bolag	spółka osobowa f	společnost založená na spoluúčasti více partnerů f	társas vállalkozás
subsidiária f	dochtermaatschappij f	dotterbolag	spółka zależna f	dceřiná společnost f	leányvállalat
sociedade de responsabilidade limitada f	besloten vennootschap met beperkte aansprakelijkheid f	aktiebolag med begränsad ansvarighet	spółka z ograniczoną odpowiedzialnością f	společnost s ručením omezeným f	korlátolt felelősségű társaság
sociedade por capitais f	kapitaalvennootschap f	aktiebolag	spółka kapitałowa f	kapitálová společnost f	tőketársaság
sociedade de pessoas f	personenvennootschap f	enkelt bolag	spółka osobowa f	společnost založená na spoluúčasti více partnerů f	társas vállalkozás
empresa fictícia f	postbusbedrijf n	brevlådeföretag	firma fikcyjna f	fingovaná firma f	fantomcég
sociedade em comandita por acções f	commanditaire vennootschap op aandelen f	kommanditbolag med aktier	spółka komandytowa akcyjna f	komanditní společnost na akcie f	betéti részvénytársaság
sociedade em comandita f	commanditaire vennootschap f	kommanditbolag	spółka komandytowa f	komanditní společnost f	betéti társaság
sociedade anónima f	naamloze vennootschap f	aktiebolag	spółka akcyjna f	akciová společnost f	részvénytársaság
subsidiária f	dochtermaatschappij f	dotterbolag	spółka zależna f	dceřiná společnost f	leányvállalat
sociedade anónima f	naamloze vennootschap f	aktiebolag	spółka akcyjna f	akciová společnost f	részvénytársaság
sociedade de responsabilidade limitada f	besloten vennootschap met beperkte aansprakelijkheid f	aktiebolag med begränsad ansvarighet	spółka z ograniczoną odpowiedzialnością f	společnost s ručením omezeným f	korlátolt felelősségű társaság
cooperativa f	coöperatieve vereniging f	kooperativ	spółdzielnia f	družstvo n	szövetkezet

société coopérative de production

	D	E	F	I	ES
société coopérative de production (F)	Produktionsgenossenschaft f	producers' co-operative	—	cooperativa di produzione f	cooperativa de producción f
société d'armateurs (F)	Reederei f	shipping company	—	compagnia armatoriale f	compañía naviera f
société de capitaux (F)	Kapitalgesellschaft f	joint-stock company	—	società di capitale f	sociedad de capital f
société de personnes (F)	Personengesellschaft f	partnership	—	società di persone f	sociedad personalista f
société en commandite (F)	Kommanditgesellschaft f	limited partnership	—	società in accomandita semplice f	sociedad comanditaria f
société en commandite par actions (F)	Kommanditgesellschaft auf Aktien f	partnership limited by shares	—	società in accomandita per azioni f	sociedad comanditaria por acciones f
société holding (F)	Dachgesellschaft f	holding company	—	holding f	sociedad holding f
sociëteit (NL)	Sozietät f	partnership	cabinet de groupe m	associazione f	sociedad f
socio (I)	Geschäftspartner f	business partner	associé m	—	socio m
socio (I)	Gesellschafter m	partner	associé m	—	socio m
socio (ES)	Geschäftspartner f	business partner	associé m	socio m	—
socio (ES)	Gesellschafter m	partner	associé m	socio m	—
sócio (P)	Geschäftspartner f	business partner	associé m	socio m	socio m
sócio (P)	Gesellschafter m	partner	associé m	socio m	socio m
socio accomandante (I)	Kommanditist m	limited partner	commanditaire m	—	comanditario m
socio activo (ES)	aktiver Teilhaber m	active partner	associé prenant part à la gestion de l'entreprise m	associante m	—
sócio activo (P)	aktiver Teilhaber m	active partner	associé prenant part à la gestion de l'entreprise m	associante m	socio activo m
socjalna gospodarka rynkowa (PL)	soziale Marktwirtschaft f	social market economy	économie sociale du marché f	economia sociale di mercato f	economía de mercado social f
sofortige Lieferung (D)	—	immediate delivery	livraison immédiate f	consegna immediata f	entrega inmediata f
soft currency (E)	weiche Währung f	—	monnaie faible f	moneta debole f	moneda blanda f
soggetto a imposte (I)	abgabenpflichtig	liable to tax	assujetti à l'impôt	—	sujeto a impuestos
sökande (SV)	Bewerber m	applicant	candidat m	candidato m	aspirante m
Solawechsel (D)	—	promissory note	billet à ordre m	pagherò m	pagaré m
solawissel (NL)	Solawechsel m	promissory note	billet à ordre m	pagherò m	pagaré m
soldado (ES)	eingeschweißt	shrink-wrapped	scellé	saldato	—
soldado (P)	eingeschweißt	shrink-wrapped	scellé	saldato	soldado
solde (F)	Saldo m	balance	—	saldo m	saldo m
solde créditeur (F)	Aktivsaldo m	active balance	—	saldo attivo m	saldo activo m
soldes (F)	Ausverkauf m	clearance sale	—	svendita f	liquidación f
sole agency (E)	Alleinvertretung f	—	agence exclusive f	rappresentanza esclusiva f	representación exclusiva f
sole owner (E)	Alleininhaber m	—	seul propriétaire m	titolare unico m	propietario exclusivo m
solicitação (P)	Antrag m	application	demande f	domanda f	solicitud f
solicitud (ES)	Antrag m	application	demande f	domanda f	—
solicitud de colocación (ES)	Stellengesuch n	situation wanted	demande d'emploi f	domanda d'impiego f	—
solidní (CZ)	kulant	accommodating	arrangeant	corrente	de fácil avenencia
Soll (D)	—	debit	débit m	passivo m	debe m
sollecito (I)	Mahnung f	demand for payment	mise en demeure f	—	admonición f
sollicitatie (NL)	Stellengesuch n	situation wanted	demande d'emploi f	domanda d'impiego f	solicitud de colocación f
sollicitatiebrief (NL)	Bewerbungsschreiben n	letter of application	lettre de candidature f	domanda d'assunzione f	carta de solicitud f

sollicitatiebrief

P	NL	SV	PL	CZ	H
cooperativa de produção f	productiecoöperatie f	produktionskooperativ	spółdzielnia produkcyjna f	výrobní družstvo n	termelőszövetkezet
companhia de navegação f	rederij f	rederi	armatorskie przedsiębiorstwo żeglugowe n	loďařství n	hajóstársaság
sociedade por capitais f	kapitaalvennootschap f	aktiebolag	spółka kapitałowa f	kapitálová společnost f	tőketársaság
sociedade de pessoas f	personenvennootschap f	enkelt bolag	spółka osobowa f	společnost založená na spoluúčasti více partnerů f	társas vállalkozás
sociedade em comandita f	commanditaire vennootschap f	kommanditbolag	spółka komandytowa f	komanditní společnost f	betéti társaság
sociedade em comandita por acções f	commanditaire vennootschap op aandelen f	kommanditbolag med aktier	spółka komandytowa akcyjna f	komanditní společnost na akcie f	betéti részvénytársaság
sociedade holding f	holdingmaatschappij f	förvaltningsbolag	spółka holdingowa f	zastřešující společnost f	holdingtársaság
sociedade f	—	handelsbolag	wspólnota f	spolek m	társaság
sócio m	handelspartner m	affärspartner	kontrahent m	obchodní partner m	üzleti partner
sócio m	vennoot m	partner	wspólnik m	společník m	üzlettárs
sócio m	handelspartner m	affärspartner	kontrahent m	obchodní partner m	üzleti partner
sócio m	vennoot m	partner	wspólnik m	společník m	üzlettárs
—	handelspartner m	affärspartner	kontrahent m	obchodní partner m	üzleti partner
—	vennoot m	partner	wspólnik m	společník m	üzlettárs
comanditário m	commanditaris m	kommanditdelägare	komandytariusz m	komanditista m	betéti társaság kültagja
sócio activo m	werkend vennoot m	aktiv partner	aktywny wspólnik m	aktivní podílník m	aktív résztulajdonos
—	werkend vennoot m	aktiv partner	aktywny wspólnik m	aktivní podílník m	aktív résztulajdonos
economia de mercado social f	sociale markteconomie f	social marknadsekonomi	—	sociální tržní hospodářství n	szociális piacgazdaság
entrega imediata f	onmiddellijke levering f	omedelbar leverans	dostawa natychmiastowa f	okamžitá dodávka f	azonnali szállítás
moeda fraca f	zwakke valuta f	mjukvaluta	waluta słaba f	měkká měna f	puha valuta
sujeito a impostos	belastbaar	skattepliktig	podlegający opodatkowaniu	podléhající poplatkům	adóköteles
candidato m	kandidaat m	—	kandydat m	uchazeč m	pályázó
nota promissória f	solawissel m	revers	wechsel własny m	jednoduchá směnka f	saját váltó
nota promissória f	—	revers	wechsel własny m	jednoduchá směnka f	saját váltó
soldado	in folie verpakt	vacuumförpackat	zaspawany	přivařený	lehegesztett
—	in folie verpakt	vacuumförpackat	zaspawany	přivařený	lehegesztett
saldo m	saldo n	saldo	saldo n	saldo n	egyenleg
saldo credor m	batig saldo n	överskott	saldo dodatnie n	aktivní saldo n	aktív mérleg
liquidação f	totale uitverkoop m	realisation	wyprzedaż f	výprodej m	kiárusítás
representação exclusiva f	alleenvertegenwoordiging f	ensamagentur	wyłączne przedstawicielstwo n	výhradní zastoupení n	kizárólagos képviselet
proprietário único m	alleeneigenaar m	ensam innehavare	wyłączny właściciel m	výhradní vlastník m	egyedüli cégtulajdonos
—	aanvraag f	ansökan	podanie n	žádost f	kérvény
solicitação f	aanvraag f	ansökan	podanie n	žádost f	kérvény
procura de emprego f	sollicitatie f	platssökande	podanie o pracę n	žádost o místo f	pályázat (állásra)
flexível	tegemoetkomend	tillmötesgående	uprzejmy	—	előzékeny
débito m	debetzijde f	debet	debet m	strana "Má dáti" f	tartozik (oldal)
advertência f	aanmaning tot betaling f	påminnelse	upomnienie płatnicze n	upomínka f	fizetési felszólítás
procura de emprego f	—	platssökande	podanie o pracę n	žádost o místo f	pályázat (állásra)
carta de solicitação de emprego f	—	skriftlig ansökan	podanie o pracę n	písemná žádost f	pályázat

sollicitatiedocumenten

	D	E	F	I	ES
sollicitatiedocumenten (NL)	Bewerbungsunterlagen f/pl	application documents	dossier de candidature m	documenti di candidatura m/pl	documentos de solicitud m/pl
Sollkosten (D)	—	budgeted costs	coûts ex ante m/pl	costi calcolati m/pl	gastos precalculados m/pl
Sollzahlen (D)	—	target figures	chiffres prévisionnels m/pl	cifre calcolate f/pl	cifras estimadas f/pl
solvabilité (F)	Bonität f	solvency	—	solvibilità f	solvencia f
solvabilité (F)	Kreditfähigkeit f	financial standing	—	capacità creditizia f	crédito m
solvabiliteit (NL)	Bonität f	solvency	solvabilité f	solvibilità f	solvencia f
solvable (F)	zahlungsfähig	solvent	—	solvibile	solvente
solvencia (ES)	Bonität f	solvency	solvabilité f	solvibilità f	—
solvência (P)	Bonität f	solvency	solvabilité f	solvibilità f	solvencia f
solvency (E)	Bonität f	—	solvabilité f	solvibilità f	solvencia f
solvens (SV)	Kreditfähigkeit f	financial standing	solvabilité f	capacità creditizia f	crédito m
solvent (E)	zahlungsfähig	—	solvable	solvibile	solvente
solvent (SV)	zahlungsfähig	solvent	solvable	solvibile	solvente
solvente (ES)	zahlungsfähig	solvent	solvable	solvibile	—
solvente (P)	zahlungsfähig	solvent	solvable	solvibile	solvente
solvibile (I)	zahlungsfähig	solvent	solvable	—	solvente
solvibilità (I)	Bonität f	solvency	solvabilité f	—	solvencia f
soma global (P)	Pauschalbetrag m	flat rate	somme forfaitaire f	somma forfettaria f	suma global f
somma di denaro (I)	Geldbetrag m	amount of money	somme d'argent f	—	importe m
somma fissa (I)	Fixum n	fixed sum	somme fixe f	—	fijo m
somma forfettaria (I)	Pauschalbetrag m	flat rate	somme forfaitaire f	—	suma global f
somme d'argent (F)	Geldbetrag m	amount of money	—	somma di denaro f	importe m
somme fixe (F)	Fixum n	fixed sum	—	somma fissa f	fijo m
somme forfaitaire (F)	Pauschalbetrag m	flat rate	—	somma forfettaria f	suma global f
som särskild försändelse (SV)	mit getrennter Post	under separate cover	sous pli séparé	in plico a parte	por correo aparte
sondaggio di mercato (I)	Marktbeobachtung f	observation of markets	étude de marché f	—	observación del mercado f
Sonderabschreibungen (D)	—	special depreciation	amortissement extraordinaire m	ammortamenti straordinari m/pl	amortización extraordinaria f
Sonderanfertigung (D)	—	manufacture to customer's specifications	fabrication spéciale f	produzione fuori serie f	fabricación especial f
Sonderangebot (D)	—	special offer	offre spéciale f	offerta speciale f	oferta especial f
Sonderausgaben (D)	—	special expenses	dépenses spéciales f	spese straordinarie f/pl	gastos extraordinarios m/pl
Sonderrabatt (D)	—	special discount	remise xceptionnelle f	ribasso speciale m	descuento especial m
Sondervergütung (D)	—	special allowance	rémunération spéciale f	compenso straordinario m	gratificación f
Sonderziehungsrechte (D)	—	special drawing rights	droits de tirage spéciaux m/pl	diritti speciali di prelievo m/pl	derechos especiales de giro m/pl
sonegação (P)	Hinterziehung f	evasion of taxes	fraude fiscale f	evasione f	defraudación f
soort (NL)	Sorte (Art) f	sort	genre m	categoria f	clase f
sorozatgyártás (H)	Serienfertigung f	series production	fabrication en série f	produzione in serie f	producción en serie f
sort (E)	Sorte (Art) f	—	genre m	categoria f	clase f
sort (SV)	Sorte (Art) f	sort	genre m	categoria f	clase f
Sorte (Art) (D)	—	sort	genre m	categoria f	clase f
Sorten (D)	—	foreign notes and coins	genres m/pl	valute estere f/pl	monedas extranjeras f/pl
Sortenkurs (D)	—	foreign currency rate	cours des monnaies étrangères m	corso dei cambi m	tipo de cambio de moneda extranjera m
sortie de marchandises (F)	Warenausgang m	sale of goods	—	uscita merci f	salida de mercancías f

sortie de marchandises

P	NL	SV	PL	CZ	H
documentos de candidatura m/pl	—	ansökningshandlingar pl	załączniki do podania o pracę m/pl	podklady k žádosti m/pl	pályázati dokumentumok
custos orçamentados m/pl	gebudgetteerde kosten m/pl	beräknade kostnader pl	koszty planowane m/pl	plánované náklady m/pl	előirányzott költségek
valores estimados m/pl	streefcijfers n/pl	beräknade siffror pl	liczby zadane f/pl	plánovaná čísla n/pl	tervszámok
solvência f	solvabiliteit f	betalningsförmåga	wypłacalność f	bonita f	fizetőképesség
capacidade de crédito f	kredietwaardigheid f	solvens	zdolność kredytowa f	úvěrová schopnost f	hitelképesség
solvência f	—	betalningsförmåga	wypłacalność f	bonita f	fizetőképesség
solvente	kredietwaardig	solvent	wypłacalny	schopný platit	fizetőképes
solvência f	solvabiliteit f	betalningsförmåga	wypłacalność f	bonita f	fizetőképesség
—	solvabiliteit f	betalningsförmåga	wypłacalność f	bonita f	fizetőképesség
solvência f	solvabiliteit f	betalningsförmåga	wypłacalność f	bonita f	fizetőképesség
capacidade de crédito f	kredietwaardigheid f	—	zdolność kredytowa f	úvěrová schopnost f	hitelképesség
solvente	kredietwaardig	solvent	wypłacalny	schopný platit	fizetőképes
solvente	kredietwaardig	—	wypłacalny	schopný platit	fizetőképes
solvente	kredietwaardig	solvent	wypłacalny	schopný platit	fizetőképes
—	kredietwaardig	solvent	wypłacalny	schopný platit	fizetőképes
solvente	kredietwaardig	solvent	wypłacalny	schopný platit	fizetőképes
solvência f	solvabiliteit f	betalningsförmåga	wypłacalność f	bonita f	fizetőképesség
—	forfaitair bedrag n	ospecificerad summa	kwota ryczałtowa f	paušální částka f	átalányösszeg
importância em dinheiro f	geldsom f	summa pengar	kwota pieniężna f	peněžní obnos m	pénzösszeg
montante fixo m	vaste wedde f	fast summa	stałe wynagrodzenie n	fixní plat m	fix jutalék
soma global f	forfaitair bedrag n	ospecificerad summa	kwota ryczałtowa f	paušální částka f	átalányösszeg
importância em dinheiro f	geldsom f	summa pengar	kwota pieniężna f	peněžní obnos m	pénzösszeg
montante fixo m	vaste wedde f	fast summa	stałe wynagrodzenie n	fixní plat m	fix jutalék
soma global f	forfaitair bedrag n	ospecificerad summa	kwota ryczałtowa f	paušální částka f	átalányösszeg
em embalagem à parte	per afzonderlijke post	—	oddzielną przesyłką	zvláštní poštou f	külön küldeményként
observação do mercado f	marktobservatie f	marknadsbevakning	obserwacja rynku f	sledování trhu n	piacelemzés
amortização extraordinária f	vervroegde afschrijvingen f/pl	extra avskrivning	amortyzacja specjalna f	zvláštní odpisy m/pl	speciális értékcsökkenési leírás
produção especial (segundo as especificações do cliente) f	speciale fabricage f	specialtillverkning	produkcja na specjalne zamówienie f	zvláštní vyhotovení n	egyedi gyártás
oferta especial f	speciale aanbieding f	specialerbjudande	oferta okazyjna f	mimořádná nabídka f	rendkívüli ajánlat
despesas extraordinárias f/pl	speciale editie f	avdragsgilla kostnader pl	wydatki nadzwyczajne m/pl	mimořádné výdaje m/pl	külön költségek
desconto especial m	extra korting f	specialrabatt	rabat specjalny m	mimořádný rabat m	rendkívüli árengedmény
remuneração extraordinária f	gratificatie f	specialarvode	wynagrodzenie specjalne n	mimořádná odměna f	külön díjazás
direitos especiais de saque m/pl	bijzondere trekkingsrechten f/pl	särskilda dragningsrätter pl	specjalne prawo ciągnienia f	práva zvláštního čerpání n/pl	különleges lehívási jogok
—	het ontduiken van belastingen n	skattesmitning	sprzeniewierzenie n	daňový únik m	sikkasztás
categoria f	—	sort	gatunek m	druh m	fajta
produção em série f	serieproductie f	serietillverkning	produkcja seryjna f	sériová výroba f	—
categoria f	soort n	sort	gatunek m	druh m	fajta
categoria f	soort n	—	gatunek m	druh m	fajta
categoria f	soort n	sort	gatunek m	druh m	fajta
moedas estrangeiras f/pl	deviezen n/pl	valuta	gotówka zagraniczna f	druhy m/pl	külföldi bankjegyek és pénzérmék
cotação para moedas estrangeiras f	wisselkoers m	valutakurs	kurs walut obcych m	kurs cizích měn m	valutaátváltási árfolyam
saída de mercadorias f	uitgaande goederen n/pl	utgående varor pl	rozchód towarów m	odchod zboží m	kimenő áru

Sortiment

	D	E	F	I	ES
Sortiment (D)	—	assortment	assortissement m	assortimento m	surtido m
sortiment (SV)	Sortiment n	assortment	assortissement m	assortimento m	surtido m
sortiment (CZ)	Sortiment n	assortment	assortissement m	assortimento m	surtido m
sortimento (P)	Sortiment n	assortment	assortissement m	assortimento m	surtido m
sorvegliare (I)	überwachen	supervise	surveiller	—	vigilar
sostén de las cotizaciones (ES)	Kursstützung f	price pegging	soutiens des cours m	difesa dei corsi f	—
sostituibile (I)	substituierbar	replaceable	interchangeable	—	sustituible
sostituto (I)	Stellvertreter m	deputy	adjoint m	—	sustituto m
sottoccupazione (I)	Unterbeschäftigung f	underemployment	sous-emploi m	—	subempleo m
sottoprodotto (I)	Nebenprodukt n	by-product	produit dérivé m	—	producto accesorio m
sottoscrizione (I)	Subskription f	subscription	souscription f	—	suscripción f
sottovalutazione (I)	Unterbewertung f	undervaluation	sous-évaluation f	—	subvaloración f
soubor (CZ)	Datei f	file	fichier m	file m	archivo de datos m
součinnost (CZ)	Kooperation f	co-operation	coopération f	cooperazione f	cooperación f
soudní vykonavatel (CZ)	Gerichtsvollzieher m	bailiff	huissier de justice m	ufficiale giudiziario m	ejecutor judicial m
soudní výlohy (CZ)	Gerichtskosten pl	legal costs	frais judiciaires taxables exposés m/pl	spese giudiziarie f/pl	gastos judiciales m/pl
soukromé pojištění (CZ)	Privatversicherung f	private insurance	assurance privée f	assicurazione privata f	seguro privado m
soukromé vklady (CZ)	Privateinlagen f/pl	private contribution	apport personnel m	depositi privati m/pl	depósitos privados m/pl
soukromé vlastnictví (CZ)	Privateigentum n	private property	propriété privée f	proprietà privata f	propiedad privada f
soukromý rozpočet (CZ)	privater Haushalt m	private household	ménage privé m	economia domestica f	economía doméstica f
souscripteur d'assurance (F)	Versicherungsnehmer m	insured person	—	assicurato m	asegurado m
souscription (F)	Subskription f	subscription	—	sottoscrizione f	suscripción f
sous-emploi (F)	Unterbeschäftigung f	underemployment	—	sottoccupazione f	subempleo m
sous-entrepreneur (F)	Subunternehmer m	subcontractor	—	subappaltatore m	subempresario m
sous-évaluation (F)	Unterbewertung f	undervaluation	—	sottovalutazione f	subvaloración f
sous pli recommandé (F)	per Einschreiben	by registered post	—	per raccomandata	certificado
sous pli séparé (F)	mit getrennter Post	under separate cover	—	in plico a parte	por correo aparte
sous toute réserve (F)	ohne Gewähr	without guarantee	—	senza garanzia	sin garantía
sous-traitant (F)	Zulieferer m	subcontractor	—	fornitore m	abastecedor m
soutěž (CZ)	Wettbewerb m	competition	compétition f	concorrenza f	competencia f
soutiens des cours (F)	Kursstützung f	price pegging	—	difesa dei corsi f	sostén de las cotizaciones m
sovranità legislativa (I)	Gesetzgebungshoheit f	legislative sovereignty	autonomie de légifére f	—	soberanía legislativa f
sovrapprezzo (I)	Aufpreis m	surcharge	surprix m	—	sobreprecio m
sovvenzione (I)	Subvention f	subsidy	subvention f	—	subvención f
sovvenzione (I)	Zuschuß m	subsidy	allocation f	—	subvención f
sovvenzioni all'agricoltura (I)	Agrarsubventionen f/pl	agricultural subsidies	subventions agricoles f/pl	—	subvención a la agricultura f
soziale Marktwirtschaft (D)	—	social market economy	économie sociale du marché f	economia sociale di mercato f	economia de mercado social f
Sozialhilfe (D)	—	welfare	aide sociale f	assistenza sociale f	ayuda social f
Sozialleistung (D)	—	social services	prestation sociale f	prestazione sociale f	prestacion social f
Sozialprodukt (D)	—	national product	produit national m	prodotto nazionale m	producto nacional m

Sozialprodukt

P	NL	SV	PL	CZ	H
sortimento m	assortiment n	sortiment	asortyment m	sortiment m	választék
sortimento m	assortiment n	—	asortyment m	sortiment m	választék
sortimento m	assortiment n	sortiment	asortyment m	—	választék
—	assortiment n	sortiment	asortyment m	sortiment m	választék
supervisar	superviseren	bevaka	nadzorować	hlídat m	felügyel
sustentação do curso f	koersinterventie f	kursstöd	podtrzymywanie kursu n	podpora kursu f	árfolyam-támogatás
substituível	substitueerbaar	utbytbar	zastępowalny	nahraditelný	helyettesíthető
substituto m	assistent m	vice	zastępca m	zástupce m	helyettes
subemprego m	onderbezetting f	undersysselsättning	zatrudnienie niepełne n	nedostatečná zaměstnanost f	alulfoglalkoztatottság
subproduto m	bijproduct n	biprodukt	produkt uboczny m	vedlejší produkt m	melléktermék
subscrição f	intekening f	abonnemang	subskrypcja f	subskripce f	jegyzés
subavaliação f	onderschatting f	undervärdering	wycena poniżej wartości f	podhodnocení n	alulértékelés
ficheiro de dados m	bestand n	fil	plik m	—	adatállomány
cooperação f	coöperatieve vereniging f	kooperation	kooperacja f	—	együttműködés
oficial de justiça m	gerechtsdeurwaarder m	utmätningsman	komornik m	—	bírósági végrehajtó
custos judiciais m/pl	gerechtskosten m/pl	rättegångskostnader pl	koszty sądowe m/pl	—	perköltségek
seguro privado m	particuliere verzekering f	privat försäkring	ubezpieczenie prywatne n	—	magánbiztosítás
contribuição particular f	persoonlijke bijdrage f	privat insättning	wkłady prywatne m/pl	—	lakossági betét
propriedade privada f	privébezit n	privategendom	własność prywatna f	—	magántulajdon
economia doméstica f	privéhuishouden n	hushåll	prywatne gospodarstwo domowe n	—	magánháztartás
segurado m	verzekeringnemer m	försäkringstagare	ubezpieczeniobiorca m	pojištěný m	biztosított (fél)
subscrição f	intekening f	abonnemang	subskrypcja f	subskripce f	jegyzés
subemprego m	onderbezetting f	undersysselsättning	zatrudnienie niepełne n	nedostatečná zaměstnanost f	alulfoglalkoztatottság
subempresário m	onderaannemer m	underleverantör	podwykonawca m	subdodavatel m	alvállalkozó
subavaliação f	onderschatting f	undervärdering	wycena poniżej wartości f	podhodnocení n	alulértékelés
por carta registada	aangetekend	värdeförsändelse	listem poleconym	doporučeně	ajánlva
em embalagem à parte	per afzonderlijke post	som särskild försändelse	oddzielną przesyłką	zvláštní poštou f	külön küldeményként
sem garantia	zonder waarborg van onzentwege	ansvaras ej	bez gwarancji	bez záruky f	szavatosság nélkül
fornecedor m	toelevering f	leverantör	kooperant m	subdodavatel m	beszállító
competição f	concurrentie f	konkurrens	konkurencja f	—	verseny
sustentação do curso f	koersinterventie f	kursstöd	podtrzymywanie kursu n	podpora kursu f	árfolyam-támogatás
competência legislativa f	wetgevende overheid	legislativ överhöghet	suwerenność prawna f	legislativní suverenita f	törvényhozási hatalom
ágio m	toeslag m	påslag	dopłata f	cenová přirážka f	felár
subsídio m	subsidie f	subvention	subwencja f	subvence f	állami támogatás
ajudas de custo f/pl	subsidie f	bidrag	subwencja f	příspěvek m	juttatás
subsídios à agricultura m/pl	landbouwsubsidies f/pl	jordbruksstöd	subwencja rolnicza f	zemědělské subvence f/pl	mezőgazdasági támogatás
economia de mercado social f	sociale markteconomie f	social marknadsekonomi	socjalna gospodarka rynkowa f	sociální tržní hospodářství n	szociális piacgazdaság
assistência social f	maatschappelijke zekerheid f	socialhjälp	pomoc społeczna f	sociální pomoc f	szociális segély
prestação da segurança social f	sociale voorzieningen f/pl	sociala förmåner pl	świadczenie socjalne n	sociální dávka f	szociális juttatás
produto nacional m	nationaal product n	nationalprodukt	produkt społeczny m	společenský produkt m	társadalmi termék

Sozietät

	D	E	F	I	ES
Sozietät (D)	—	partnership	cabinet de groupe *m*	associazione *f*	sociedad *f*
Spaans (NL)	spanisch	Spanish	espagnol	spagnolo	español
Spaans (NL)	Spanisch	Spanish	espagnol *m*	spagnolo	español *m*
spaarbankinleggingen (NL)	Spareinlagen *f/pl*	savings deposits	dépôt d'épargne *m*	depositi di risparmio *m/pl*	depósitos de ahorro *m/pl*
spaarkas (NL)	Sparkasse *f*	savings bank	Caisse d'Epargne *f*	cassa di risparmio *f*	caja de ahorros *f*
spadek (PL)	Nachlass *m*	inheritance	héritage *m*	eredità *f*	herencia *f*
spadek cen (PL)	Preisverfall *m*	decline in prices	chute des prix *f*	caduta dei prezzi *f*	caída de precios *f*
spadek popytu (PL)	Nachfragerückgang *m*	decrease in demand	recul de la demande *m*	flessione della domanda *f*	disminución en la demanda *f*
spadek wartości (PL)	Wertminderung *f*	decrease in value	diminution de la valeur *f*	riduzione di valore *f*	depreciación *f*
spadkobiercy (PL)	Erben *m/pl*	heirs	héritiers *m/pl*	eredi *m/pl*	heredero *m*
spád úroků (CZ)	Zinsgefälle *m*	gap between interest rates	disparité des niveaux d'intérêts *f*	differenza d'interessi *f*	diferencia entre los tipos de interés *f*
Spagna (I)	Spanien	Spain	Espagne *f*	—	España
spagnolo (I)	spanisch	Spanish	espagnol	—	español
spagnolo (I)	Spanisch	Spanish	espagnol *m*	—	español *m*
Spain (E)	Spanien	—	Espagne *f*	Spagna *f*	España
Španělsko (CZ)	Spanien	Spain	Espagne *f*	Spagna *f*	España
španělský (CZ)	spanisch	Spanish	espagnol	spagnolo	español
španělština (CZ)	Spanisch	Spanish	espagnol	spagnolo *m*	español *m*
Spanien (D)	—	Spain	Espagne *f*	Spagna *f*	España
Spanien (SV)	Spanien	Spain	Espagne *f*	Spagna *f*	España
spanisch (D)	—	Spanish	espagnol	spagnolo	español
Spanisch (D)	—	Spanish	espagnol *m*	spagnolo *m*	español *m*
Spanish (E)	spanisch	—	espagnol	spagnolo	español
Spanish (E)	Spanisch	—	espagnol *m*	spagnolo *m*	español *m*
Spanje (NL)	Spanien	Spain	Espagne *f*	Spagna *f*	España
Spanne (D)	—	margin	marge *f*	margine *m*	margen *f*
spansk (SV)	spanisch	Spanish	espagnol	spagnolo	español
spanska (SV)	Spanisch	Spanish	espagnol *m*	spagnolo *m*	español *m*
spanyol (nyelv) (H)	Spanisch	Spanish	espagnol *m*	spagnolo *m*	español *m*
Spanyolország (H)	Spanien	Spain	Espagne *f*	Spagna *f*	España
spanyol(ul) (H)	spanisch	Spanish	espagnol	spagnolo	español
sparande (SV)	Sparen *n*	saving	épargne *f*	risparmio *m*	ahorro *m*
sparbank (SV)	Sparkasse *f*	savings bank	Caisse d'Epargne *f*	cassa di risparmio *f*	caja de ahorros *f*
Spareinlagen (D)	—	savings deposits	dépôt d'épargne *m*	depositi di risparmio *m/pl*	depósitos de ahorro *m/pl*
Sparen (D)	—	saving	épargne *f*	risparmio *m*	ahorro *m*
sparen (NL)	Sparen *n*	saving	épargne *f*	risparmio *m*	ahorro *m*
sparkapital (SV)	Spareinlagen *f/pl*	savings deposits	dépôt d'épargne *m*	depositi di risparmio *m/pl*	depósitos de ahorro *m/pl*
Sparkasse (D)	—	savings bank	Caisse d'Epargne *f*	cassa di risparmio *f*	caja de ahorros *f*
spärrat konto (SV)	gesperrtes Konto *n*	blocked account	compte bloqué *m*	conto bloccato *m*	cuenta congelada *f*
spärrat konto (SV)	Sperrkonto *n*	blocked account	compte bloqué *m*	conto congelato *m*	cuenta bloqueada *f*
special allowance (E)	Sondervergütung *f*	—	rémunération spéciale *f*	compenso straordinario *m*	gratificación *f*
specialarvode (SV)	Sondervergütung *f*	special allowance	rémunération spéciale *f*	compenso straordinario *m*	gratificación *f*
special depreciation (E)	Sonderabschreibungen *f/pl*	—	amortissement extra-ordinaire *m*	ammortamenti straordinari *m/pl*	amortización extraordinaria *f*
special discount (E)	Sonderrabatt *m*	—	remise xceptionnelle *f*	ribasso speciale *m*	descuento especial *m*
special drawing rights (E)	Sonderziehungsrechte *f*	—	droits de tirage spéciaux *m/pl*	diritti speciali di prelievo *m/pl*	derechos especiales de giro *m/pl*

special drawing rights

P	NL	SV	PL	CZ	H
sociedade f	sociëteit f	handelsbolag	wspólnota f	spolek m	társaság
espanhol	—	spansk	hiszpański	španělský	spanyol(ul)
espanhol	—	spanska	język hiszpański m	španělština f	spanyol (nyelv)
depósito de poupanças m	—	sparkapital	wkłady oszczędnościowe m/pl	spořitelní vklady m/pl	takarékbetétek
caixa económica f	—	sparbank	kasa oszczędnościowa f	spořitelna f	takarékpénztár
herança f	erfenis f	kvarlåtenskap	—	pozůstalost f	hagyaték
queda de preços f	plotselinge daling van de prijzen f	prisfall	—	propadnutí cen n	áresés
diminuição da procura f	vermindering van de vraag f	minskad efterfrågan	—	pokles poptávky f	keresletcsökkenés
diminuição de valor f	waardevermindering f	värdeminskning	—	snížení hodnoty n	értékcsökkenés
herdeiro m	erfgenamen m/pl	arvtagare pl	—	dědici m/pl	örökösök
diferença entre taxas de juro f	renteverschillen n/pl	räntemarginal	różnica w oprocentowaniu f	—	kamatláb-különbözet
Espanha f	Spanje	Spanien	Hiszpania f	Španělsko n	Spanyolország
espanhol	Spaans	spansk	hiszpański	španělský	spanyol(ul)
espanhol	Spaans	spanska	język hiszpański m	španělština f	spanyol (nyelv)
Espanha f	Spanje	Spanien	Hiszpania f	Španělsko n	Spanyolország
Espanha f	Spanje	Spanien	Hiszpania f	—	Spanyolország
espanhol	Spaans	spansk	hiszpański	—	spanyol(ul)
espanhol	Spaans	spanska	język hiszpański m	—	spanyol (nyelv)
Espanha f	Spanje	Spanien	Hiszpania f	Španělsko n	Spanyolország
Espanha f	Spanje	—	Hiszpania f	Španělsko n	Spanyolország
espanhol	Spaans	spansk	hiszpański	španělský	spanyol(ul)
espanhol	Spaans	spanska	język hiszpański m	španělština f	spanyol (nyelv)
espanhol	Spaans	spansk	hiszpański	španělský	spanyol(ul)
espanhol	Spaans	spanska	język hiszpański m	španělština f	spanyol (nyelv)
Espanha f		Spanien	Hiszpania f	Španělsko n	Spanyolország
margem f	marge f	marginal	marża f	rozpětí n	árrés
espanhol	Spaans	—	hiszpański	španělský	spanyol(ul)
espanhol	Spaans	—	język hiszpański m	španělština f	spanyol (nyelv)
espanhol	Spaans	spanska	język hiszpański m	španělština f	—
Espanha f	Spanje	Spanien	Hiszpania f	Španělsko n	—
espanhol	Spaans	spansk	hiszpański	španělský	—
poupança f	sparen n	—	oszczędzać n	spoření n	megtakarítás
caixa económica f	spaarkas f	—	kasa oszczędnościowa f	spořitelna f	takarékpénztár
depósito de poupanças m	spaarbankinleggingen f/pl	sparkapital	wkłady oszczędnościowe m/pl	spořitelní vklady m/pl	takarékbetétek
poupança f	sparen n	sparande	oszczędzać n	spoření n	megtakarítás
poupança f	—	sparande	oszczędzać n	spoření n	megtakarítás
depósito de poupanças m	spaarbankinleggingen f/pl	—	wkłady oszczędnościowe m/pl	spořitelní vklady m/pl	takarékbetétek
caixa económica f	spaarkas f	sparbank	kasa oszczędnościowa f	spořitelna f	takarékpénztár
conta congelada f	geblokkeerde rekening f	—	zablokowane konto n	blokovaný účet m	zárolt számla
conta bloqueada f	geblokkeerde rekening f	—	rachunek zablokowany m	vázaný účet m	zárolt számla
remuneração extraordinária f	gratificatie f	specialarvode	wynagrodzenie specjalne n	mimořádná odměna f	külön díjazás
remuneração extraordinária f	gratificatie f	—	wynagrodzenie specjalne n	mimořádná odměna f	külön díjazás
amortização extraordinária f	vervroegde afschrijvingen f/pl	extra avskrivning	amortyzacja specjalna f	zvláštní odpisy m/pl	speciális értékcsökkenési leírás
desconto especial m	extra korting f	specialrabatt	rabat specjalny m	mimořádný rabat m	rendkívüli árengedmény
direitos especiais de saque m/pl	bijzondere trekkingsrechten n/pl	särskilda dragningsrätter pl	specjalne prawo ciągnienia n	práva zvláštního čerpání n/pl	különleges lehívási jogok

speciale aanbieding

	D	E	F	I	ES
speciale aanbieding (NL)	Sonderangebot n	special offer	offre spéciale f	offerta speciale f	oferta especial f
speciale editie (NL)	Sonderausgaben f/pl	special expenses	dépenses spéciales f	spese straordinarie f/pl	gastos extraordinarios m/pl
speciale fabricage (NL)	Sonderanfertigung f	manufacture to customer's specifications	fabrication spéciale f	produzione fuori serie f	fabricación especial f
specialerbjudande (SV)	Sonderangebot n	special offer	offre spéciale f	offerta speciale f	oferta especial f
special expenses (E)	Sonderausgaben f/pl	—	dépenses spéciales f	spese straordinarie f/pl	gastos extraordinarios m/pl
speciális értékcsökkenési leírás (H)	Sonderabschreibungen f/pl	special depreciation	amortissement extraordinaire m	ammortamenti straordinari m/pl	amortización extraordinaria f
specialist (SV)	Fachmann m	expert	expert m	perito m	especialista m/f
special offer (E)	Sonderangebot n	—	offre spéciale f	offerta speciale f	oferta especial f
specialrabatt (SV)	Sonderrabatt m	special discount	remise xceptionnelle f	ribasso speciale f	descuento especial m
specialtillverkat (SV)	maßgefertigt	manufactured to measure	travaillé sur mesure	prodotto su misura	hecho a medida
specialtillverkning (SV)	Sonderanfertigung f	manufacture to customer's specifications	fabrication spéciale f	produzione fuori serie f	fabricación especial f
specie (E)	Hartgeld n	—	pièce de monnaie f	moneta metallica f	dinero metálico m
specificatie (NL)	Spezifikation	specification	spécification f	specificazione f	especificación f
specification (E)	Spezifikation	—	spécification f	specificazione f	especificación f
spécification (F)	Spezifikation	specification	—	specificazione f	especificación f
specificazione (I)	Spezifikation	specification	spécification f	—	especificación f
specifikace (CZ)	Spezifikation	specification	spécification f	specificazione f	especificación f
specifikáció (H)	Spezifikation	specification	spécification f	specificazione f	especificación f
specifikation (SV)	Spezifikation	specification	spécification f	specificazione f	especificación f
specjalista (PL)	Fachmann m	expert	expert m	perito m	especialista m/f
specjalne prawo ciągnienia (PL)	Sonderziehungsrechte f	special drawing rights	droits de tirage spéciaux m/pl	diritti speciali di prelievo m/pl	derechos especiales de giro m/pl
speculatie (NL)	Spekulation f	speculation	spéculation f	speculazione f	especulación f
speculatieve verrichtingen (NL)	Spekulationsgeschäft n	speculative transaction	affaire spéculative f	operazione speculativa f	operación de especulación f
speculation (E)	Spekulation f	—	spéculation f	speculazione f	especulación f
spéculation (F)	Spekulation f	speculation	—	speculazione f	especulación f
speculative transaction (E)	Spekulationsgeschäft n	—	affaire spéculative f	operazione speculativa f	operación de especulación f
speculatore al rialzo (I)	Haussier m	bull	haussier m	—	alcista m
speculazione (I)	Spekulation f	speculation	spéculation f	—	especulación f
specyfikacja (PL)	Spezifikation	specification	spécification f	specificazione f	especificación f
Spediteur (D)	—	forwarding agent	commissionnaire de transport m	spedizioniere m	expeditor m
Speditionsgut (D)	—	forwarding goods	bien transporté m	merce spedita f	mercancía transportada f
speditör (SV)	Spediteur m	forwarding agent	commissionnaire de transport m	spedizioniere m	expeditor m
spedizione (I)	Abfertigung f	dispatch	expédition f	—	despacho m
spedizione (I)	Sendung f	consignment	envoi m	—	envío m
spedizione (I)	Versand m	dispatch	expédition f	—	envío m
spedizione (I)	Beförderung (von Waren) f	transportation	transport m	—	transporte m
spedizione andata persa (I)	verlorengegangene Sendung f	lost shipment	envoi perdu m	—	envío perdido m
spedizione con valore dichiarato (I)	Wertsendung f	consignment with value declared	envoi avec valeur déclarée f	—	envío con valor declarado m
spedizione di campioni (I)	Mustersendung f	sample consignment	envoi d'échantillons m	—	envío de muestras m
spedizione di merci (I)	Warensendung f	consignment of goods	expédition de marchandises f	—	envío de mercancías f

spedizione di merci

P	NL	SV	PL	CZ	H
oferta especial f	—	specialerbjudande	oferta okazyjna f	mimořádná nabídka f	rendkívüli ajánlat
despesas extraordinárias f/pl	—	avdragsgilla kostnader pl	wydatki nadzwyczajne m/pl	mimořádné výdaje m/pl	külön költségek
produção especial (segundo as especificações do cliente) f	—	specialtillverkning	produkcja na specjalne zamówienie f	zvláštní vyhotovení n	egyedi gyártás
oferta especial f	speciale aanbieding f	—	oferta okazyjna f	mimořádná nabídka f	rendkívüli ajánlat
despesas extraordinárias f/pl	speciale editie f	avdragsgilla kostnader pl	wydatki nadzwyczajne m/pl	mimořádné výdaje m/pl	külön költségek
amortização extraordinária f	vervroegde afschrijvingen f/pl	extra avskrivning	amortyzacja specjalna f	zvláštní odpisy m/pl	—
especialista m	vakman m	—	specjalista m	odborník m	szakember
oferta especial f	speciale aanbieding f	specialerbjudande	oferta okazyjna f	mimořádná nabídka f	rendkívüli ajánlat
desconto especial m	extra korting f	—	rabat specjalny m	mimořádný rabat m	rendkívüli árengedmény
feito à medida	op maat gemaakt	—	na miarę	vyrobený na míru	mérték utáni
produção especial (segundo as especificações do cliente) f	speciale fabricage f	—	produkcja na specjalne zamówienie f	zvláštní vyhotovení n	egyedi gyártás
dinheiro-moeda m	gemunt geld n	mynt	bilon m	mince f/pl	fémpénz
especificação f	—	specifikation	specyfikacja f	specifikace f	specifikáció
especificação f	specificatie f	specifikation	specyfikacja f	specifikace f	specifikáció
especificação f	specificatie f	specifikation	specyfikacja f	specifikace f	specifikáció
especificação f	specificatie f	specifikation	specyfikacja f	specifikace f	specifikáció
especificação f	specificatie f	specifikation	specyfikacja f	—	specifikáció
especificação f	specificatie f	specifikation	specyfikacja f	specifikace f	—
especificação f	specificatie f	—	specyfikacja f	specifikace f	specifikáció
especialista m	vakman m	specialist	—	odborník m	szakember
direitos especiais de saque m/pl	bijzondere trekkingsrechten n/pl	särskilda dragningsrätter pl	—	práva zvláštního čerpání n/pl	különleges lehívási jogok
especulação f	—	spekulation	spekulacja f	spekulace f	spekuláció
operação especulativa f	—	spekulationsaffär	transakcja spekulacyjna f	spekulační obchod m	spekulációs ügyletek
especulação f	speculatie f	spekulation	spekulacja f	spekulace f	spekuláció
especulação f	speculatie f	spekulation	spekulacja f	spekulace f	spekuláció
operação especulativa f	speculatieve verrichtingen f/pl	spekulationsaffär	transakcja spekulacyjna f	spekulační obchod m	spekulációs ügyletek
especulador altista m	hausseespeculant m	haussespekulant	grający na zwyżkę m	spekulant m	hossz-spekuláns
especulação f	speculatie f	spekulation	spekulacja f	spekulace f	spekuláció
especificação f	specificatie f	specifikation	—	specifikace f	specifikáció
expedidor m	expediteur m	speditör	spedytor m	zasílatel m	szállítmányozó
mercadoria expedida f	verzendingsgoed n	fraktgods	fracht spedycyjny m	zasílané zboží n	szállítmány
expedidor m	expediteur m	—	spedytor m	zasílatel m	szállítmányozó
expedição f	goederenverzending f	leverans	spedycja f	odbavení n	továbbítás
envio m	zending f	leverans	przesyłka f	zásilka f	küldemény
expedição f	verzending f	leverans	ekspedycja f	expedice f	feladás
transporte m	goederenvervoer n	transport	transport m	doprava f	fuvarozás
carregamento perdido m	verloren zending f	förlorad leverans	utracona przesyłka f	ztracená zásilka f	elveszett küldemény
envio com valor declarado m	zending met aangegeven waarde f	värdeförsändelse	przesyłka wartościowa f	cenná zásilka f	értékküldemény
envio de amostras m	monsterzending f	provförsändelse	przesyłka próbek wzorcowych f	zásilka na ukázku f	mintaküldemény
remessa de mercadorias f	goederenverzending f	leverans	wysyłka towarów f	zásilka zboží f	áruküldemény

spedizione postale cumulativa di stampati

	D	E	F	I	ES
spedizione postale cumulativa di stampati (I)	Postwurfsendung f	unaddressed printed matter posted in bulk	publipostage m	—	envío postal colectivo m
spedizioniere (I)	Spediteur m	forwarding agent	commissionnaire de transport m	—	expeditor m
spedycja (PL)	Abfertigung f	dispatch	expédition f	spedizione f	despacho m
spedytor (PL)	Spediteur m	forwarding agent	commissionnaire de transport m	spedizioniere m	expeditor m
spekulace (CZ)	Spekulation f	speculation	spéculation f	speculazione f	especulación f
spekuláció (H)	Spekulation f	speculation	spéculation f	speculazione f	especulación f
spekulációs ügyletek (H)	Spekulationsgeschäft n	speculative transaction	affaire spéculative f	operazione speculativa f	operación de especulación f
spekulacja (PL)	Spekulation f	speculation	spéculation f	speculazione f	especulación f
spekulační obchod (CZ)	Spekulationsgeschäft n	speculative transaction	affaire spéculative f	operazione speculativa f	operación de especulación f
spekulant (CZ)	Haussier m	bull	haussier m	speculatore al rialzo m	alcista m
Spekulation (D)	—	speculation	spéculation f	speculazione f	especulación f
spekulation (SV)	Spekulation f	speculation	spéculation f	speculazione f	especulación f
spekulationsaffär (SV)	Spekulationsgeschäft n	speculative transaction	affaire spéculative f	operazione speculativa f	operación de especulación f
Spekulationsgeschäft (D)	—	speculative transaction	affaire spéculative f	operazione speculativa f	operación de especulación f
Sperrkonto (D)	—	blocked account	compte bloqué m	conto congelato m	cuenta bloqueada f
spese (I)	Aufwand m	expenditure	dépenses f/pl	—	gastos m/pl
spese (I)	Ausgaben f/pl	expenses	dépenses f/pl	—	gastos m/pl
spese (I)	Spesen f	expenses	frais m/pl	—	gastos m/pl
spese amministrative (I)	Bereitstellungskosten f	commitment fee	coûts administratifs m/pl	—	gastos administrativos m/pl
spese aziendali (I)	Selbstkosten f	prime costs	coût de revient m	—	costes propios m/pl
spese d'esercizio (I)	Betriebskosten pl	operating costs	charges d'exploitation f/pl	—	gastos de explotación m/pl
spese di carico (I)	Ladegebühren f/pl	loading charges	taxe de chargement f	—	derechos de carga m/pl
spese di consegna (I)	Bezugskosten pl	delivery costs	coûts d'acquisition m/pl	—	gastos de adquisición m/pl
spese di esercizio (I)	Betriebsausgaben f/pl	operating expenses	charges d'exploitation f/pl	—	gastos de explotación m/pl
spese di materiale (I)	Materialaufwand m	expenditure for material	dépenses en matières premières f/pl	—	coste de material m
spese di scaricamento (I)	Entladungskosten f	discharging expenses	coûts de déchargement m/pl	—	gastos de descargo m/pl
spese di scarico (I)	Löschgebühren f/pl	discharging expenses	droit de déchargement m	—	gastos de descarga m/pl
spese di stoccaggio (I)	Lagermiete f	warehouse rent	location d'une surface pour magasinage f	—	alquiler de almacenaje m
spese di trasferta (I)	Fahrgeld n	fare	coût du voyage m	—	precio de la travesía m
spese di trasporto (I)	Frachtkosten f	carriage charges	frais de transport m/pl	—	gastos de transporte m/pl
spese di trasporto (I)	Rollgeld n	haulage	camionnage m	—	gastos de acarreo m/pl
spese di viaggio (I)	Reisespesen f/pl	travelling expenses	frais de voyage m/pl	—	gastos de viaje m/pl
spese giudiziarie (I)	Gerichtskosten pl	legal costs	frais judiciaires taxables exposés m/pl	—	gastos judiciales m/pl
Spesen (D)	—	expenses	frais m/pl	spese f/pl	gastos m/pl
Spesenabrechnung (D)	—	statement of expenses	décompte des frais m	conteggio delle spese m	liquidación de gastos f

Spesenabrechung

P	NL	SV	PL	CZ	H
envio postal colectivo m	reclamedrukwerk door de post huis aan huis bezorgd n	masskorsband	masowa ulotka wysyłana pocztą f	poštovní doručení hromadné zásilky n	címzetlen reklámküldemény
expedidor m	expediteur m	speditör	spedytor m	zasílatel m	szállítmányozó
expedição f	goederenverzending f	leverans	—	odbavení n	továbbítás
expedidor m	expediteur m	speditör	—	zasílatel m	szállítmányozó
especulação f	speculatie f	spekulation	spekulacja f	—	spekuláció
especulação f	speculatie f	spekulation	spekulacja f	spekulace f	—
operação especulativa f	speculatieve verrichtingen f/pl	spekulationsaffär	transakcja spekulacyjna f	spekulační obchod m	—
especulação f	speculatie f	spekulation	—	spekulace f	spekuláció
operação especulativa f	speculatieve verrichtingen f/pl	spekulationsaffär	transakcja spekulacyjna f	—	spekulációs ügyletek
especulador altista m	haussespeculant m	haussespekulant	grający na zwyżkę m	—	hossz-spekuláns
especulação f	speculatie f	spekulation	spekulacja f	spekulace f	spekuláció
especulação f	speculatie f	—	spekulacja f	spekulace f	spekuláció
operação especulativa f	speculatieve verrichtingen f/pl	—	transakcja spekulacyjna f	spekulační obchod m	spekulációs ügyletek
operação especulativa f	speculatieve verrichtingen f/pl	spekulationsaffär	transakcja spekulacyjna f	spekulační obchod m	spekulációs ügyletek
conta bloqueada f	geblokkeerde rekening f	spärrat konto	rachunek zablokowany m	vázaný účet m	zárolt számla
despesas f/pl	uitgaven pl	utgifter pl	nakład m	náklad m	ráfordítás
despesas f/pl	onkosten m/pl	utgifter pl	wydatki m/pl	výdaje m/pl	kiadások
despesas f/pl	kosten m/pl	traktamente	koszty m/pl	výlohy f/pl	költségek
comissão por imobilização de fundos f	beschikbaarstellingskosten m/pl	uppläggningsavgift	koszty dysponowalności m/pl	přípravné náklady m/pl	rendelkezésre tartási díj
custo m	totale productiekosten f	självkostnad	koszty własne m/pl	vlastní náklady m/pl	önköltség
custos de exploração m/pl	bedrijfskosten m/pl	driftskostnader pl	koszty eksploatacyjne m/pl	provozní náklady m/pl	működési költségek
direitos de carga m/pl	inladingskosten m/pl	lastningsavgift	opłaty za załadunek f/pl	poplatky za náklad m	rakodási díj
custos de aquisição m/pl	verwervingskosten m/pl	förvärvskostnader pl	koszty nabycia m/pl	pořizovací náklady m/pl	beszerzési költségek
gastos de exploração m/pl	bedrijfsuitgaven f/pl	rörelseomkostnader pl	wydatki na eksploatację m/pl	podnikové výdaje m/pl	üzemi kiadások
despesas com material f/pl	materiaalverbruik n	materialåtgång	zużycie materiałów m	spotřeba materiálu f	anyagráfordítás
gastos de descarga m/pl	loskosten m/pl	avlastningskostnader pl	koszty rozładunku m/pl	náklady na vykládku m/pl	kirakodási költségek
gastos de descarga m/pl	loskosten m/pl	annulleringsavgift	opłaty wyładowcze f/pl	poplatky za vymazání m/pl	kirakodási költségek
aluguel de armazenagem m	huur van opslagruimte f	lagerhyra	czynsz za magazyn m	skladné n	raktárbérlet
preço da passagem m	passagegeld n	reseersättning	opłata za przejazd f	jízdné n	fuvardíj
despesas de transporte f/pl	laadkosten m/pl	fraktkostnader pl	koszty przewozowe m/pl	přepravní náklady m/pl	fuvardíjak
camionagem f	expeditiekosten m/pl	transportkostnad	przewozowe n	dopravné n	fuvardíj
despesas de viagem f/pl	verplaatsingsvergoeding f	resetraktamente	koszty podróży m/pl	cestovní výlohy f/pl	utazási költségek
custos judiciais m/pl	gerechtskosten m/pl	rättegångskostnader pl	koszty sądowe m/pl	soudní výlohy f/pl	perköltségek
despesas f/pl	kosten m/pl	traktamente	koszty m/pl	výlohy f/pl	költségek
prestação de contas referente às despesas f	kostenaftrekking f	traktamentsredovisning	rozliczenie kosztów n	vyúčtování výloh n	költségelszámolás

Spesenpauschale

	D	E	F	I	ES
Spesenpauschale (D)	—	allowance for expenses	forfait de frais *m*	forfait di spese *m*	suma global de gastos *f*
spese straordinarie (I)	Sonderausgaben *f/pl*	special expenses	dépenses spéciales *f*	—	gastos extraordinarios *m/pl*
spěšná zásilka (CZ)	Eilzustellung *f*	express delivery	remise par exprès *f*	consegna per espresso *f*	entrega urgente *f*
spěšně (CZ)	per Express	by express	par exprès	per espresso	por expreso
spěšnina (CZ)	Expressgut *n*	express goods	colis express *m*	collo celere *f*	carga por expreso *f*
spěšný balík (CZ)	Eilpaket *m*	express parcel	colis exprès *m*	pacco espresso *m*	paquete urgente *m*
spěšný dopis (CZ)	Eilbrief *m*	express letter	lettre par exprès *f*	espresso *m*	carta urgente *f*
Spezifikation (D)	—	specification	spécification *f*	specificazione *f*	especificación *f*
spłacać (PL)	ablösen	redeem	rembourser	rimborsare	amortizar
spłacać (PL)	abzahlen	pay off	régler en versements fractionnés	pagare a rate	pagar por cuotas
spłata (PL)	Abzahlung *f*	repayment	remboursement *m*	pagamento rateale *m*	pago a plazos *m*
spłata ratalna (PL)	Abschlagszahlung *f*	part payment	acompte *m*	pagamento a rate *m*	pago parcial *m*
spłata ratalna (PL)	Ratenzahlung *f*	payment by instalments	payement par versements fractionnés *m*	pagamento rateale *m*	pago a plazos *m*
špičková mzda (CZ)	Spitzenlohn *m*	top wage	salaire maximum *m*	salario massimo *m*	salario máximo *m*
spilkoers (NL)	Leitkurs *m*	central rate	taux de référence *m*	tasso centrale *m*	curso de referencia *m*
spionaggio industriale (I)	Industriespionage *f*	industrial espionage	espionnage industriel *m*	—	espionaje industrial *m*
spirala cen i płac (PL)	Lohn-Preis-Spirale *f*	wage-price spiral	course des prix et des salaires *f*	spirale prezzi-salari *f*	espiral salarios-precios *m*
spirale prezzi-salari (I)	Lohn-Preis-Spirale *f*	wage-price spiral	course des prix et des salaires *f*	—	espiral salarios-precios *m*
spis (CZ)	Akte *f*	file	dossier *m*	pratica *f*	expediente *m*
Spitzenlohn (D)	—	top wage	salaire maximum *m*	salario massimo *m*	salario máximo *m*
splácení (CZ)	Abzahlung *f*	repayment	remboursement *m*	pagamento rateale *m*	pago a plazos *m*
splácet (CZ)	abzahlen	pay off	régler en versements fractionnés	pagare a rate	pagar por cuotas
splátka (CZ)	Abschlagszahlung *f*	part payment	acompte *m*	pagamento a rate *m*	pago parcial *m*
splátka (CZ)	Rate *f*	instalment	acompte *m*	rata *f*	plazo *m*
splátka (CZ)	Teilzahlungsrate *f*	monthly instalment	versement d'un achat à tempérament *f*	rata *f*	plazo *m*
splatnost úvěru (CZ)	Kreditlaufzeit *f*	duration of credit	durée de l'allocation de crédit *f*	scadenza del credito *f*	duración del crédito *m*
splatný (CZ)	zahlbar	payable	payable	pagabile	pagable
splatný (CZ)	fällig	due	échu	esigibile	vencido
splavný (CZ)	schiffbar	navigable	navigable	navigabile	navegable
splnění (CZ)	Erfüllung *f*	execution	acquittement *m*	adempimento *m*	cumplimiento *m*
spodní hranice ceny (CZ)	Preisuntergrenze *f*	price floor	plancher des prix *m*	limite inferiore di prezzo *m*	límite inferior de los precios *m*
spoedpakket (NL)	Eilpaket *m*	express parcel	colis exprès *m*	pacco espresso *m*	paquete urgente *m*
spółdzielnia (PL)	Genossenschaft *f*	co-operative	société coopérative *f*	cooperativa *f*	sociedad cooperativa *f*
spółdzielnia produkcyjna (PL)	Produktionsgenossenschaft *f*	producers' co-operative	société coopérative de production *f*	cooperativa di produzione *f*	cooperativa de producción *f*
spółka akcyjna (PL)	Aktiengesellschaft *f*	joint stock company	société anonyme *f*	società per azioni *f*	sociedad anónima *f*
spółka holdingowa (PL)	Dachgesellschaft *f*	holding company	société holding *f*	holding *f*	sociedad holding *f*
spółka kapitałowa (PL)	Kapitalgesellschaft *f*	joint-stock company	société de capitaux *f*	società di capitale *f*	sociedad de capital *f*
spółka komandytowa (PL)	Kommanditgesellschaft *f*	limited partnership	société en commandite *f*	società in accomandita semplice *f*	sociedad comanditaria *f*

P	NL	SV	PL	CZ	H
ajudas de custo para despesas f/pl	overeengekomen kostenbedrag n	ospecificerat traktamente	ryczałt na wydatki m	paušál pro výlohy m	költségátalány
despesas extraordinárias f/pl	speciale editie f	avdragsgilla kostnader pl	wydatki nadzwyczajne m/pl	mimořádné výdaje m/pl	külön költségek
entrega urgente f	expressebestelling f	expressutdelning	dostawa ekspresowa f	—	expressz kézbesítés
por expresso	per express	expressförsändelse	ekspresem	—	expressz
mercadorias enviadas por expresso f/pl	ijlgoed n	expressgods	przesyłka ekspresowa f	—	expresszáru
pacote expresso m	spoedpakket n	expresspaket	paczka ekspresowa f	—	expresszcsomag
correio expresso m	expresbrief m	expressbrev	list ekspresowy m	—	expresszlevél
especificação f	specificatie f	specifikation	specyfikacja f	specifikace f	specifikáció
amortizar	aflossen	återköpa	—	oddělovat <oddělit>	törleszt
pagar por quotas	afbetalen	betala av	—	splácet <splatit>	részletekben kifizet
reembolso	afbetaling f	avbetalning	—	splácení n	részletfizetés
pagamento parcial m	betaling in termijnen f	dellikvid	—	splátka f	részletfizetés
pagamento a prestações m	betaling in termijnen f	avbetalning	—	placení splátek n	részletfizetés
salário máximo	maximumloon n	topplön	płaca najwyższa f	—	maximális bér
taxa central f	—	styrkurs	kurs wytyczny m	určující kurs m	irányadó árfolyam
espionagem industrial f	bedrijfsspionage f	industrispionage	szpiegostwo przemysłowe n	průmyslová špionáž f	ipari kémkedés
espiral salários-preços f	lonen- en prijsspiraal f	pris- och lönespiral	—	cenová a mzdová spirála f	ár-bér spirál
espiral salários-preços f	lonen- en prijsspiraal f	pris- och lönespiral	spirala cen i płac f	cenová a mzdová spirála f	ár-bér spirál
documento m	akte f/m	mapp	akta m	—	ügyirat
salário máximo m	maximumloon n	topplön	płaca najwyższa f	špičková mzda f	maximális bér
reembolso	afbetaling f	avbetalning	spłata f	—	részletfizetés
pagar por quotas	afbetalen	betala av	spłacać <spłacić>	—	részletekben kifizet
pagamento parcial m	betaling in termijnen f	dellikvid	spłata ratalna f	—	részletfizetés
prestação f	termijn m	avbetalning	rata f	—	részlet
prestação f	maandelijkse afbetaling f	avbetalningstakt	rata f	—	részletfizetési összeg
prazo de concessão de crédito m	kredietlooptijd m	kreditlöptid	okres spłaty kredytu m	—	hitel futamideje
pagável	betaalbaar	betalbar	płatny	—	fizetendő
vencido	betaalbaar	förfallen till betalning	do zapłaty	—	esedékes
navegável	bevaarbaar	segelbar	żeglowny	—	hajózható
cumprimento m	uitvoering f	uppfyllande	wykonanie n	—	teljesítés
limite inferior dos preços m	ondergrens van de prijzen f	nedre prisgräns	cena minimalna f	—	alsó árhatár
pacote expresso m	—	expresspaket	paczka ekspresowa f	spěšný balík m	expresszcsomag
cooperativa f	coöperatieve vereniging f	kooperativ	—	družstvo n	szövetkezet
cooperativa de produção f	productiecoöperatie f	produktionskooperativ	—	výrobní družstvo n	termelőszövetkezet
sociedade anónima f	naamloze vennootschap f	aktiebolag	—	akciová společnost f	részvénytársaság
sociedade holding f	holdingmaatschappij f	förvaltningsbolag	—	zastřešující společnost f	holdingtársaság
sociedade por capitais f	kapitaalvennootschap f	aktiebolag	—	kapitálová společnost f	tőketársaság
sociedade em comandita f	commanditaire vennootschap f	kommanditbolag	—	komanditní společnost f	betéti társaság

spółka komandytowa akcyjna

	D	E	F	I	ES
spółka komandytowa akcyjna (PL)	Kommanditgesellschaft auf Aktien f	partnership limited by shares	société en commandite par actions f	società in accomandita per azioni f	sociedad comanditaria por acciones f
spółka osobowa (PL)	Personengesellschaft f	partnership	société de personnes f	società di persone f	sociedad personalista f
spółka zależna (PL)	Tochtergesellschaft f	subsidiary	société affiliée f	società affiliata f	filial f
spółka z ograniczoną odpowiedzialnością (PL)	Gesellschaft mit beschränkter Haftung f	limited liability company	société à responsabilité limitée f	società a responsabilità limitata f	sociedad de responsabilidad limitada f
společenský produkt (CZ)	Sozialprodukt n	national product	produit national m	prodotto nazionale m	producto nacional m
společník (CZ)	Gesellschafter m	partner	associé m	socio m	socio m
společnost s ručením omezeným (CZ)	Gesellschaft mit beschränkter Haftung f	limited liability company	société à responsabilité limitée f	società a responsabilità limitata f	sociedad de responsabilidad limitada f
společnost založená na spoluúčasti více partnerů (CZ)	Personengesellschaft f	partnership	société de personnes f	società di persone f	sociedad personalista f
společný trh (CZ)	gemeinsamer Markt m	common market	marché commun m	mercato comune m	mercado común m
spolehlivý (CZ)	zuverlässig	reliable	fiable	affidabile	de confianza
spolek (CZ)	Sozietät f	partnership	cabinet de groupe m	associazione f	sociedad f
spolek (CZ)	Verein m	association	association f	associazione f	asociación f
spoorvracht (NL)	Bahnfracht f	rail freight	fret par rail m	nolo ferroviario m	transporte ferroviario m
spoření (CZ)	Sparen n	saving	épargne f	risparmio m	ahorro m
spořitelna (CZ)	Sparkasse f	savings bank	Caisse d'Epargne f	cassa di risparmio f	caja de ahorros f
spořitelní vklady (CZ)	Spareinlagen f/pl	savings deposits	dépôt d'épargne m	depositi di risparmio m/pl	depósitos de ahorro m/pl
spór prawny (PL)	Rechtsstreit m	legal action	litige m	causa f	conflicto jurídico m
spotřeba (CZ)	Verbrauch m	consumption	consommation f	consumo m	consumo m
spotřeba materiálu (CZ)	Materialaufwand m	expenditure for material	dépenses en matières premières f/pl	spese di materiale f/pl	coste de material m
spotřebitel (CZ)	Konsument m	consumer	consommateur m	consumatore m	consumidor m
spotřebitel (CZ)	Verbraucher m	consumer	consommateur m	consumatore m	consumidor m
spotřební zboží (CZ)	Gebrauchsgüter n/plf	durable consumer goods	biens d'utilisation courante m/pl	beni di consumo m/pl	bienes de consumo duradero m/pl
spotřební zboží (CZ)	Konsumgüter n/plf	consumer goods	biens de consommation m/pl	beni di consumo m/pl	bienes de consumo m/pl
spotřební zboží (CZ)	Verbrauchsgüter n/pl	consumer goods	biens de consommation m/pl	beni non durevoli m/pl	bienes de consumo m/pl
spotřebovat (CZ)	verbrauchen	consume	consommer	consumare	consumir
správa (CZ)	Verwaltung f	administration	administration f	amministrazione f	administración f
správce (CZ)	Verwalter m	administrator	administrateur m	amministratore m	administrador m
správní podnik (CZ)	Regiebetrieb m	publicly owned enterprise	établissement en régie m	gestione in economia f	empresa estatal m
sprawozdanie z działalności przedsiębiorstwa (PL)	Geschäftsbericht m	business report	rapport de gestion m	relazione di bilancio f	informe m
spropitné (CZ)	Bedienungsgeld n	service charge	pourboire m	diritto di servizio m	propina f
sprostowanie (PL)	Berichtigung f	correction	rectification f	rettifica f	corrección f
sprostowanie wartości (PL)	Wertberichtigung f	adjustment of value	réévaluation f	rettifica del valore f	rectificación de valor f
sprzedawać (PL)	verkaufen	sell	vendre	vendere	vender
sprzedaż (PL)	Verkauf m	sale	vente f	vendita f	venta f
sprzedaż bezdokumentowa (PL)	Blankoverkauf m	short sale	vente à découvert f	vendita allo scoperto f	venta al descubierto f
sprzedaż blankowa (PL)	Leerverkauf m	forward sale	vente à découvert f	vendita allo scoperto f	venta al descubierto f
sprzedaż przymusowa (PL)	Zwangsverkauf m	forced sale	vente forcée f	vendita giudiziaria f	venta forzada f

sprzedaż przymusowa

P	NL	SV	PL	CZ	H
sociedade em comandita por acções f	commanditaire vennootschap op aandelen f	kommanditbolag med aktier	—	komanditní společnost na akcie f	betéti részvénytársaság
sociedade de pessoas f	personenvennootschap f	enkelt bolag	—	společnost založená na spoluúčasti více partnerů f	társas vállalkozás
subsidiária f	dochtermaatschappij f	dotterbolag	—	dceřiná společnost f	leányvállalat
sociedade de responsabilidade limitada f	besloten vennootschap met beperkte aansprakelijkheid f	aktiebolag med begränsad ansvarighet	—	společnost s ručením omezeným f	korlátolt felelősségű társaság
produto nacional m	nationaal product n	nationalprodukt	produkt społeczny m	—	társadalmi termék
sócio m	vennoot m	partner	wspólnik m	—	üzlettárs
sociedade de responsabilidade limitada f	besloten vennootschap met beperkte aansprakelijkheid f	aktiebolag med begränsad ansvarighet	spółka z ograniczoną odpowiedzialnością f	—	korlátolt felelősségű társaság
sociedade de pessoas f	personenvennootschap f	enkelt bolag	spółka osobowa f	—	társas vállalkozás
mercado comum m	gemeenschappelijke markt f	gemensam marknad	wspólny rynek m	—	közös piac
de confiança	betrouwbaar	tillförlitlig	niezawodny	—	megbízható
sociedade f	sociëteit f	handelsbolag	wspólnota f	—	társaság
associação f	vereniging f	förening	związek m	—	egyesület
frete ferroviário m	—	järnvägsfrakt	fracht kolejowy m	železniční náklad m	vasúti szállítmány
poupança f	sparen n	sparande	oszczędzać n	—	megtakarítás
caixa económica f	spaarkas f	sparbank	kasa oszczędnościowa f	—	takarékpénztár
depósito de poupanças m	spaarbankinleggingen f/pl	sparkapital	wkłady oszczędnościowe m/pl	—	takarékbetétek
litígio jurídico m	geschil n	rättstvist	—	právní spor m	jogvita
consumo m	consumptie f	förbrukning	konsumpcja f	—	fogyasztás
despesas com material f/pl	materiaalverbruik n	materialåtgång	zużycie materiałów m	—	anyagráfordítás
consumidor m	consument m	konsument	konsument m	—	fogyasztó
consumidor m	consument m	konsument	konsument m	—	fogyasztó
bens de consumo duráveis m/pl	gebruiksgoederen n/pl	bruksartiklar pl	artykuły użytkowe m/pl	—	fogyasztási cikkek
bens de consumo m/pl	consumptiegoederen n/pl	konsumtionsvaror	dobra konsumpcyjne m/pl	—	fogyasztási cikkek
bens de consumo m/pl	consumptiegoederen n/pl	konsumtionsvaror pl	dobra konsumpcyjne m/pl	—	fogyasztási javak
consumir	consumeren	förbruka	konsumować <skonsumować>	—	elfogyaszt
administração f	beheer n	förvaltning	administracja f	—	ügykezelés
administrador m	beheerder m	förvaltare	administrator m	—	kezelő
empresa estatal f	regie f	företag i offentlig hand	przedsiębiorstwo państwowe n	—	köztulajdonú vállalat
relatório comercial m	beheersverslag n	affärsrapport	—	obchodní zpráva f	üzleti jelentés
gorjeta f	fooi f/m	dricks	pole obsługi n	—	borravaló
rectificação f	rechtzetting f	korrigering	—	oprava f	helyesbítés
rectificação do valor f	correctie wegens herwaardering f	värdereglering	—	oprávka f	értékhelyesbítés
vender	verkopen	sälja	—	prodávat <prodat>	elad
venda f	verkoop m	försäljning	—	prodej m	eladás
venda a descoberto f	blancoverkoop m	blankning	—	prodej blanko m	fedezetlen eladás
venda a descoberto f	blancoverkoop m	försäljning i syfte att skapa kursfall	—	prodej blanko m	fedezetlen eladás
venda forçada f	gedwongen verkoop m	tvångsförsäljning	—	nucený prodej m	kényszereladás

sprzeniewierzenie

	D	E	F	I	ES
sprzeniewierzenie (PL)	Hinterziehung f	evasion of taxes	fraude fiscale f	evasione f	defraudación f
sprzeniewierzenie (PL)	Unterschlagung f	embezzlement	détournement m	appropriazione indebita f	malversación f
sprzeniewierzenie (PL)	Veruntreuung f	misappropriation	malversation f	abuso di fiducia m	malversación f
sprzężenie zwrotne (PL)	Rückkopplung f	feedback	rétroaction f	accoppiamento a reazione m	retroacción f
srážka (CZ)	Abzug m	deduction	retenue f	deduzione f	deducción f
srážka z ceny (CZ)	Preisabzug m	price deduction	réduction de prix f	riduzione del prezzo f	descuento m
średnioterminowy (PL)	mittelfristig	medium-term	à moyen terme	a medio termine	a medio plazo
środek (PL)	Mittel n	means	moyen m	mezzo m	medio m
środek reklamy (PL)	Werbemittel f	means of advertising	moyen publicitaire m	mezzo pubblicitario m	medio publicitario m
środki transportu (PL)	Transportmittel n/pl	means of transport	moyens de transport m	mezzo di trasporto m	medio de transporte m
środki trwałe (PL)	Anlagegüter n/pl	capital goods	valeurs immobilisées f/pl	beni d'investimento m/pl	bienes de inversión m/pl
srovnání (CZ)	Vergleich m	comparison	comparaison f	confronto m	comparación f
Staat (D)	—	state	Etat m	stato m	Estado m
staat (NL)	Staat m	state	Etat m	stato m	Estado m
staatlich (D)	—	state	d'Etat	statale	estatal
staats- (NL)	staatlich	state	d'Etat	statale	estatal
Staatsanleihen (D)	—	government loan	emprunt d'Etat m	titoli pubblici m/pl	empréstito estatal m
Staatsbank (D)	—	state bank	banque nationale f	Banca Centrale f	banco del Estado m
Staatsbank (NL)	Staatsbank f	state bank	banque nationale f	Banca Centrale f	banco del Estado m
staatseigendom (NL)	Staatseigentum n	public property	propriété d'Etat f	proprietà demaniale f	patrimonio público m
Staatseigentum (D)	—	public property	propriété d'Etat f	proprietà demaniale f	patrimonio público m
staatslening (NL)	Staatsanleihen f/pl	government loan	emprunt d'Etat m	titoli pubblici m/pl	empréstito estatal m
staatsschulden (NL)	Staatsverschuldung f	state indebtedness	endettement de l'Etat m	debito pubblico m	endeudamiento público m
Staatsverschuldung (D)	—	state indebtedness	endettement de l'Etat m	debito pubblico m	endeudamiento público m
stabilimento (I)	Werk n	plant	usine f	—	planta f
stabilita (CZ)	Stabilität f	stability	stabilité f	stabilità f	estabilidad f
stabilità (I)	Stabilität f	stability	stabilité f	—	estabilidad f
stabilita hodnoty peněz (CZ)	Geldwertstabilität f	stability of the value of money	stabilité monétaire f	stabilità monetaria f	estabilidad monetaria f
stabilità monetaria (I)	Geldwertstabilität f	stability of the value of money	stabilité monétaire f	—	estabilidad monetaria f
stabilitás (H)	Stabilität f	stability	stabilité f	stabilità f	estabilidad f
stabilitási politika (H)	Stabilitätspolitik f	stability policy	politique de stabilité f	politica di consolidamento f	política de estabilidad económica f
Stabilität (D)	—	stability	stabilité f	stabilità f	estabilidad f
Stabilitätspolitik (D)	—	stability policy	politique de stabilité f	politica di consolidamento f	política de estabilidad económica f
stabilité (F)	Stabilität f	stability	—	stabilità f	estabilidad f
stabiliteit (NL)	Stabilität f	stability	stabilité f	stabilità f	estabilidad f
stabiliteitspolitiek (NL)	Stabilitätspolitik f	stability policy	politique de stabilité f	politica di consolidamento f	política de estabilidad económica f
stabilité monétaire (F)	Geldwertstabilität f	stability of the value of money	—	stabilità monetaria f	estabilidad monetaria f
stabilitet (SV)	Stabilität f	stability	stabilité f	stabilità f	estabilidad f
stabilitetspolitik (SV)	Stabilitätspolitik f	stability policy	politique de stabilité f	politica di consolidamento f	política de estabilidad económica f
stability (E)	Stabilität f	—	stabilité f	stabilità f	estabilidad f
stability of the value of money (E)	Geldwertstabilität f	—	stabilité monétaire f	stabilità monetaria f	estabilidad monetaria f

stability of the value of money

P	NL	SV	PL	CZ	H
sonegação f	het ontduiken van belastingen n	skattesmitning	—	daňový únik m	sikkasztás
desfalque m	verduistering f	förskingring	—	zpronevěra f	sikkasztás
desfalque m	verduistering f	förskingring	—	zpronevěra f	hűtlen kezelés
feed-back m	feedback m	feedback	—	zpětná vazba f	visszacsatolás
dedução	aftrek m	avdrag	potrącenie n	—	levonás
desconto m	prijsvermindering f	prisavdrag	redukcja ceny f	—	árengedmény
a médio prazo	op middellange termijn	medellång	—	střednědobý	középlejáratú
meios m/pl	middel n	medel	—	prostředek m	eszköz
meio publicitário m	reclamemedium n	reklammedel	—	propagační prostředky m/pl	reklámeszköz
meios de transporte m/pl	transportmiddelen n/pl	transportmedel	—	dopravní prostředky m/pl	szállítóeszközök
bens de investimento m/pl	investeringsgoederen n/pl	producentkapitalvaror	—	investiční zboží n/pl	beruházási javak
comparação f	vergelijking f	jämförelse	ugoda f	—	összehasonlítás
estado m	staat m	stat	państwo n	stát m	állam
estado m	—	stat	państwo n	stát m	állam
estatal	staats-	statlig	państwowy	státní	állami
estatal	—	statlig	państwowy	státní	állami
empréstimo estatal m	staatslening f	statliga lån pl	pożyczka państwowa f	státní půjčky f/pl	államkölcsön
banco do estado m	Staatsbank f	centralbank	bank państwowy m	státní banka f	állami bank
banco do estado m	—	centralbank	bank państwowy m	státní banka f	állami bank
património público m	—	statlig egendom	własność państwowa f	státní vlastnictví n	állami tulajdon
património público m	staatseigendom n	statlig egendom	własność państwowa f	státní vlastnictví n	állami tulajdon
empréstimo estatal m	—	statliga lån pl	pożyczka państwowa f	státní půjčky f/pl	államkölcsön
endividamento público m	—	statsskuld	zadłużenie państwa n	státní zadlužení n	állami eladósodás
endividamento público m	staatsschulden f/pl	statsskuld	zadłużenie państwa n	státní zadlužení n	állami eladósodás
fábrica f	fabriek f	fabrik	zakład m	závod m	gyár
estabilidade f	stabiliteit f	stabilitet	stabilność f	—	stabilitás
estabilidade f	stabiliteit f	stabilitet	stabilność f	stabilita f	stabilitás
estabilidade monetária f	muntstabiliteit f	penningvärdesstabilitet	stabilność pieniądza f	—	pénzügyi stabilitás
estabilidade monetária f	muntstabiliteit f	penningvärdesstabilitet	stabilność pieniądza f	stabilita hodnoty peněz f	pénzügyi stabilitás
estabilidade f	stabiliteit f	stabilitet	stabilność f	stabilita f	—
política de estabilidade económica f	stabiliteitspolitiek f	stabilitetspolitik	polityka stabilizacyjna f	politika stabilizace f	—
estabilidade f	stabiliteit f	stabilitet	stabilność f	stabilita f	stabilitás
política de estabilidade económica f	stabiliteitspolitiek f	stabilitetspolitik	polityka stabilizacyjna f	politika stabilizace f	stabilitási politika
estabilidade f	stabiliteit f	stabilitet	stabilność f	stabilita f	stabilitás
estabilidade f	—	stabilitet	stabilność f	stabilita f	stabilitás
política de estabilidade económica f	—	stabilitetspolitik	polityka stabilizacyjna f	politika stabilizace f	stabilitási politika
estabilidade monetária f	muntstabiliteit f	penningvärdesstabilitet	stabilność pieniądza f	stabilita hodnoty peněz f	pénzügyi stabilitás
estabilidade f	stabiliteit f	—	stabilność f	stabilita f	stabilitás
política de estabilidade económica f	stabiliteitspolitiek f	—	polityka stabilizacyjna f	politika stabilizace f	stabilitási politika
estabilidade f	stabiliteit f	stabilitet	stabilność f	stabilita f	stabilitás
estabilidade monetária f	muntstabiliteit f	penningvärdesstabilitet	stabilność pieniądza f	stabilita hodnoty peněz f	pénzügyi stabilitás

stability policy 948

	D	E	F	I	ES
stability policy (E)	Stabilitätspolitik f	—	politique de stabilité f	politica di consolidamento f	política de estabilidad económica f
stabilność (PL)	Stabilität f	stability	stabilité f	stabilità f	estabilidad f
stabilność pieniądza (PL)	Geldwertstabilität f	stability of the value of money	stabilité monétaire f	stabilità monetaria f	estabilidad monetaria f
stadgar (SV)	Satzung f	statutes	statut m	statuto m	estatuto m
staff (E)	Belegschaft f	—	personnel m	personale m	plantilla f
staff (E)	Personal n	—	personnel m	personale m	personal m
Staffelpreis (D)	—	graduated price	prix échelonné m	prezzo differenziato m	precios progresivos m/pl
stagflace (CZ)	Stagflation f	stagflation	stagflation f	stagflazione f	estanflación f
stagfláció (H)	Stagflation f	stagflation	stagflation f	stagflazione f	estanflación f
stagflacja (PL)	Stagflation f	stagflation	stagflation f	stagflazione f	estanflación f
stagflatie (NL)	Stagflation f	stagflation	stagflation f	stagflazione f	estanflación f
Stagflation (D)	—	stagflation	stagflation f	stagflazione f	estanflación f
stagflation (E)	Stagflation f	—	stagflation f	stagflazione f	estanflación f
stagflation (F)	Stagflation f	stagflation	—	stagflazione f	estanflación f
stagflation (SV)	Stagflation f	stagflation	stagflation f	stagflazione f	estanflación f
stagflazione (I)	Stagflation f	stagflation	stagflation f	—	estanflación f
stagione (I)	Saison f	season	saison f	—	temporada f
stagnace (CZ)	Stagnation f	stagnation	stagnation f	stagnazione f	estancamiento m
stagnacja (PL)	Stagnation f	stagnation	stagnation f	stagnazione f	estancamiento m
stagnálás (H)	Stagnation f	stagnation	stagnation f	stagnazione f	estancamiento m
stagnatie (NL)	Stagnation f	stagnation	stagnation f	stagnazione f	estancamiento m
Stagnation (D)	—	stagnation	stagnation f	stagnazione f	estancamiento m
stagnation (E)	Stagnation f	—	stagnation f	stagnazione f	estancamiento m
stagnation (F)	Stagnation f	stagnation	—	stagnazione f	estancamiento m
stagnation (SV)	Stagnation f	stagnation	stagnation f	stagnazione f	estancamiento m
stagnazione (I)	Stagnation f	stagnation	stagnation f	—	estancamiento m
stałe kursy wymienne (PL)	feste Wechselkurse m/pl	fixed exchange rates	taux de change fixe m	cambi fissi m/pl	tipos de cambio fijos m/pl
stałe oprocentowanie (PL)	fester Zins m	fixed interest rate	intérêt fixe m	interesse fisso m	interés fijo m
stałe wynagrodzenie (PL)	Fixum n	fixed sum	somme fixe f	somma fissa f	fijo m
stały dochód (PL)	Festeinkommen n	fixed income	revenu fixe m	reddito fisso m	salario fijo m
stały klient (PL)	Stammkunde m	regular customer	client habituel m	cliente abituale m	cliente habitual m
staking (NL)	Streik m	strike	grève f	sciopero m	huelga f
stálí zákazníci (CZ)	Kundenstamm m	regular customers	clients habituels m/pl	clientela abituale f	clientela fija f
ställning på marknaden (SV)	Marktposition f	market position	position sur le marché f	posizione di mercato f	posición en el mercado f
stálý zákazník (CZ)	Stammkunde m	regular customer	client habituel m	cliente abituale m	cliente habitual m
stamaktie (SV)	Stammaktie f	ordinary shares	action ordinaire f	azione ordinaria f	acción ordinaria f
stamkund (SV)	Stammkunde m	regular customer	client habituel m	cliente abituale m	cliente habitual m
Stammaktie (D)	—	ordinary shares	action ordinaire f	azione ordinaria f	acción ordinaria f
Stammhaus (D)	—	parent company	maison mère f	casa madre f	casa matriz f
Stammkapital (D)	—	share capital	capital social m	capitale sociale m	capital social m
Stammkunde (D)	—	regular customer	client habituel m	cliente abituale m	cliente habitual m
stamp (E)	Briefmarke f	—	timbre-poste m	francobollo m	sello m
stampa (I)	Drucksache f	printed matter	imprimé m	—	impreso m
stampante (I)	Drucker m	printer	imprimante f	—	impresora f
stamp duty (E)	Stempelgebühr f	—	droit de timbre m	diritto di bollo m	derechos de timbre m/pl
stämpelavgift (SV)	Stempelgebühr f	stamp duty	droit de timbre m	diritto di bollo m	derechos de timbre m/pl
standaard (NL)	Standard m	standard	standard m	standard m	estándar m
Standard (D)	—	standard	standard m	standard m	estándar m
standard (E)	Norm f	—	standard m	norma f	norma f

standard

P	NL	SV	PL	CZ	H
política de estabilidade económica f	stabiliteitspolitiek f	stabilitetspolitik	polityka stabilizacyjna f	politika stabilizace f	stabilitási politika
estabilidade f	stabiliteit f	stabilitet	—	stabilita f	stabilitás
estabilidade monetária f	muntstabiliteit f	penningvärdesstabilitet	—	stabilita hodnoty peněz f	pénzügyi stabilitás
estatuto m	statuten n/pl	—	statut m	stanovy f/pl	alapszabály
pessoal m	personeel n	personal	załoga f	zaměstnanci podniku m/pl	személyzet
pessoal m	personeel n	personal	personel m	zaměstnanci m/pl	személyzet
preço progressivo m	schaalprijs m	graderat pris	cena ruchoma f	odstupňovaná cena f	lépcsőzetes árskála
estagflação f	stagflatie f	stagflation	stagflacja f	—	stagfláció
estagflação f	stagflatie f	stagflation	stagflacja f	stagflace f	—
estagflação f	stagflatie f	stagflation	—	stagflace f	stagfláció
estagflação f	—	stagflation	stagflacja f	stagflace f	stagfláció
estagflação f	stagflatie f	stagflation	stagflacja f	stagflace f	stagfláció
estagflação f	stagflatie f	stagflation	stagflacja f	stagflace f	stagfláció
estagflação f	stagflatie f	stagflation	stagflacja f	stagflace f	stagfláció
estagflação f	stagflatie f	—	stagflacja f	stagflace f	stagfláció
estagflação f	stagflatie f	stagflation	stagflacja f	stagflace f	stagfláció
temporada f	seizoen n	säsong	sezon m	sezona f	idény
estagnação f	stagnatie f	stagnation	stagnacja f	—	stagnálás
estagnação f	stagnatie f	stagnation	—	stagnace f	stagnálás
estagnação f	stagnatie f	stagnation	stagnacja f	stagnace f	—
estagnação f	—	stagnation	stagnacja f	stagnace f	stagnálás
estagnação f	stagnatie f	stagnation	stagnacja f	stagnace f	stagnálás
estagnação f	stagnatie f	stagnation	stagnacja f	stagnace f	stagnálás
estagnação f	stagnatie f	stagnation	stagnacja f	stagnace f	stagnálás
estagnação f	stagnatie f	—	stagnacja f	stagnace f	stagnálás
estagnação f	stagnatie f	stagnation	stagnacja f	stagnace f	stagnálás
taxas de câmbio fixas f/pl	vaste wisselkoersen m/pl	fasta växelkurser pl	—	pevné směnné kursy m/pl	rögzített átváltási árfolyamok
taxa de juro fixa f	vaste interest m	fast ränta	—	pevný úrok m	fix kamatláb
montante fixo m	vaste wedde f	fast summa	—	fixní plat m	fix jutalék
rendimento fixo m	vast inkomen n	fast inkomst	—	pevný příjem m	fix jövedelem
cliente habitual m	vaste klant m	stamkund	—	stálý zákazník m	törzsvevő
greve f	—	strejk	strajk m	stávka f	sztrájk
clientela fixa f	vaste klantenkring m	kundkrets	regularna klientela f	—	rendszeres vevők
posição no mercado f	marktpositie f	—	pozycja rynkowa f	pozice na trhu f	piaci részesedés
cliente habitual m	vaste klant m	stamkund	stały klient m	—	törzsvevő
acção ordinária f	gewoon aandeel n	—	akcja założycielska f	kmenová akcie f	törzsrészvény
cliente habitual m	vaste klant m	—	stały klient m	stálý zákazník m	törzsvevő
acção ordinária f	gewoon aandeel n	stamaktie	akcja założycielska f	kmenová akcie f	törzsrészvény
casa-mãe f	moedermaatschappij f	moderföretag	przedsiębiorstwo macierzyste n	mateřská společnost f	anyavállalat
capital social m	maatschappelijk kapitaal n	aktiekapital	kapitał zakładowy m	kmenový kapitál m	törzstőke
cliente habitual m	vaste klant m	stamkund	stały klient m	stálý zákazník m	törzsvevő
selo m	postzegel m	frimärke	znaczek pocztowy m	poštovní známka f	bélyeg
impresso m	drukwerk n	trycksak	druki m/pl	tiskopis m	nyomtatvány
impressora f	printer m	skrivare	drukarka f	tiskárna f	nyomtató
imposto do selo m	zegelrecht n	stämpelavgift	opłata stemplowa f	kolkovné n	bélyegilleték
imposto do selo m	zegelrecht n	—	opłata stemplowa f	kolkovné n	bélyegilleték
standard m	—	standard	standard m	standard m	szabvány
standard m	standaard m	standard	standard m	standard m	szabvány
norma f	norm f	standard	norma f	norma f	szabvány

standard

	D	E	F	I	ES
standard (E)	Standard m	—	standard m	standard m	estándar m
standard (F)	Norm f	standard	—	norma f	norma f
standard (F)	Standard m	standard	—	standard m	estándar m
standard (I)	Standard m	standard	standard m	—	estándar m
standard (P)	Standard m	standard	standard m	standard m	estándar m
standard (SV)	Norm f	standard	standard m	norma f	norma f
standard (SV)	Standard m	standard	standard m	standard m	estándar m
standard (SV)	handelsüblich	customary (in trade)	en usage dans le commerce m	d'uso commerciale	usual en el comercio
standard (PL)	Standard m	standard	standard m	standard m	estándar m
standard (CZ)	Standard m	standard	standard m	standard m	estándar m
standard wages (E)	Tariflohn m	—	salaire conventionnel m	retribuzione contrattuale f	salario según convenio colectivo
standing order (E)	Dauerauftrag m	—	ordre régulier de virement m	ordine permanente m	órden permanente f
Standort (D)	—	location	lieu d'implantation m	ubicazione f	ubicación f
Standortwahl (D)	—	choice of location	choix du lieu d'implantation m	scelta dell'ubicazione f	elección de la ubicación f
stängningstid (SV)	Büroschluß m	office closing hours	fermeture des bureaux f	orario di chiusura dell'ufficio m	hora de cierre de la oficina f
stan ilości akcji (PL)	Aktienbestand m	shareholding	portefeuille d'actions m	portafoglio azionario m	cartera de acciones f
stanovení výšky zdanění (CZ)	Steuerveranlagung f	tax assessment	imposition f	accertamento tributario m	tasación de los impuestos f
stanovení vývozu (CZ)	Ausfuhrbestimmungen f/pl	export regulations	directives d'exportation f/pl	disposizioni per l'esportazione f/pl	reglamento de exportación m
stanoviště (CZ)	Standort m	location	lieu d'implantation m	ubicazione f	ubicación f
stanovy (CZ)	Satzung f	statutes	statut m	statuto m	estatuto m
stanowisko (PL)	Stellung f	position	position f	posizione f	empleo m
stanowisko pracy (PL)	Arbeitsplatz m	place of employment	lieu de travail m	posto di lavoro m	puesto de trabajo m
stan wyjściowy (PL)	Anfangsbestand m	opening stock	stock initial m	scorte iniziali f/pl	existencias iniciales f/pl
stapelproduct (NL)	Stapelware f	staple goods	produit de stockage m	merce immagazzinata f	mercancía almacenada f
stapelvara (SV)	Stapelware f	staple goods	produit de stockage m	merce immagazzinata f	mercancía almacenada f
Stapelware (D)	—	staple goods	produit de stockage m	merce immagazzinata f	mercancía almacenada f
staple goods (E)	Stapelware f	—	produit de stockage m	merce immagazzinata f	mercancía almacenada f
star del credere (I)	Delkredere n	del credere	ducroire m	—	delcrédere m
starting salary (E)	Anfangsgehalt n	—	salaire initial m	stipendio iniziale m	salario inicial m
stat (SV)	Staat m	state	Etat m	stato m	Estado m
stát (CZ)	Staat m	state	Etat m	stato m	Estado m
statale (I)	staatlich	state	d'Etat	—	estatal
state (E)	Staat m	—	Etat m	stato m	Estado m
state (E)	staatlich	—	d'Etat	statale	estatal
state bank (E)	Staatsbank f	—	banque nationale f	Banca Centrale f	banco del Estado m
state indebtedness (E)	Staatsverschuldung f	—	endettement de l'Etat m	debito pubblico m	endeudamiento público m
statement of account (E)	Kontoauszug m	—	relevé de compte m	estratto conto m	extracto de cuenta m
statement of commission (E)	Provisionsabrechnung f	—	liquidation des commissions f	conteggio delle provvigioni m	liquidación de la comisión f
statement of costs (E)	Erfolgskonto n	—	compte de résultats m	conto profitti e perdite m	cuenta de beneficios y pérdidas f
statement of expenses (E)	Spesenabrechnung f	—	décompte des frais m	conteggio delle spese m	liquidación de gastos f
statement of quantity (E)	Mengenangabe f	—	indication de la quantité f	indicazione della quantità f	indicación de cantidades f

statement of quantity

P	NL	SV	PL	CZ	H
standard m	standaard m	standard	standard m	standard m	szabvány
norma f	norm f	standard	norma f	norma f	szabvány
standard m	standaard m	standard	standard m	standard m	szabvány
standard m	standaard m	standard	standard m	standard m	szabvány
—	standaard m	standard	standard m	standard m	szabvány
norma f	norm f	—	norma f	norma f	szabvány
standard m	standaard m	—	standard m	standard m	szabvány
corrente no comércio	in de handel gebruikelijk	—	powszechnie przyjęty w handlu	obvyklé v obchodě	kereskedelemben szokásos
standard m	standaard m	standard	—	standard m	szabvány
standard m	standaard m	standard	standard m		szabvány
salário convencional m	loontarief n	avtalsenlig lön	płaca według taryfikatora f	tarifní mzda f	kollektív szerződés szerinti bér
ordem permanente f	dringende bestelling f	instruktion till bank om regelbundna överföringar	zlecenie stałe n	dlouhodobý příkaz k úhradě m	állandó megbízás
localização f	vestigingsplaats f	etableringsort	lokalizacja f	stanoviště n	telephely
escolha de localização f	keuze van vestigingsplaats f	val av etableringsort	wybór lokalizacji m	volba stanoviště f	helyszín kiválasztása
hora de fechar o escritório f	sluiting van het kantoor f	—	koniec urzędowania m	konec úředních hodin m	hivatalos idő vége
carteira de acções f	aandelenbezit n	aktieinnehav	—	stav akcií m	részvényállomány
lançamento de impostos m	belastinggrondslag m	taxering	wymiar podatku m	—	adókivetés
regulamento de exportação m	exportbepalingen f/pl	exportbestämmelser pl	przepisy wywozowe m/pl	—	kiviteli előírások
localização f	vestigingsplaats f	etableringsort	lokalizacja f	—	telephely
estatuto m	statuten n/pl	stadgar pl	statut m	—	alapszabály
posição f	betrekking f	position	—	postavení n	állás
posto de trabalho m	arbeidsplaats f	arbetsplats	—	pracoviště n	munkahely
existências iniciais f/pl	beginvoorraad m	ingående lager	—	počáteční stav m	nyitó állomány
mercadoria armazenada f	—	stapelvara	drobnica w opakowaniach f	zboží na skladě n	tömegáru
mercadoria armazenada f	stapelproduct n	—	drobnica w opakowaniach f	zboží na skladě n	tömegáru
mercadoria armazenada f	stapelproduct n	stapelvara	drobnica w opakowaniach f	zboží na skladě n	tömegáru
mercadoria armazenada f	stapelproduct n	stapelvara	drobnica w opakowaniach f	zboží na skladě n	tömegáru
del-credere m	delcredere n	delkredere	del credere	ručení pohledávky třetí osobou n	hitelszavatosság
salário inicial m	aanvangssalaris n	begynnelselön	pensja stażowa f	nástupní plat m	kezdő fizetés
estado m	staat m	—	państwo n	stát m	állam
estado m	staat m	stat	państwo n	—	állam
estatal	staats-	statlig	państwowy	státní	állami
estado m	staat m	stat	państwo n	stát m	állam
estatal	staats-	statlig	państwowy	státní	állami
banco do estado m	Staatsbank f	centralbank	bank państwowy m	státní banka f	állami bank
endividamento público m	staatsschulden f/pl	statsskuld	zadłużenie państwa n	státní zadlužení n	állami eladósodás
extracto de conta m	rekeninguittreksel n	kontoutdrag	wyciąg z konta m	výpis z účtu m	számlakivonat
liquidação da comissão f	commissieloonberekening f	provisionsredovisning	rozliczenie prowizji n	vyúčtování provize f	jutalékelszámolás
conta de resultados f	resultatenrekening f	resultatkonto	konto wynikowe n	vyúčtování nákladů n	nyereségszámla
prestação de contas referente às despesas f	kostenaftrekking f	traktamentsredovisning	rozliczenie kosztów n	vyúčtování výloh n	költségelszámolás
indicação de quantidade f	hoeveelheidsaanduiding f	kvantitetsuppgift	dane ilościowe f/pl	udání množství n	mennyiség feltüntetése

state of the market

	D	E	F	I	ES
state of the market (E)	Marktlage f	—	situation du marché f	andamento del mercato m	condiciones del mercado f/pl
statistica (I)	Statistik f	statistics	statistique f	—	estadística f
statistics (E)	Statistik f	—	statistique f	statistica f	estadística f
statistiek (NL)	Statistik f	statistics	statistique f	statistica f	estadística f
Statistik (D)	—	statistics	statistique f	statistica f	estadística f
statistik (SV)	Statistik f	statistics	statistique f	statistica f	estadística f
statistika (CZ)	Statistik f	statistics	statistique f	statistica f	estadística f
statistique (F)	Statistik f	statistics	—	statistica f	estadística f
statisztika (H)	Statistik f	statistics	statistique f	statistica f	estadística f
statlig (SV)	staatlich	state	d'Etat	statale	estatal
statliga lån (SV)	Staatsanleihen f/pl	government loan	emprunt d'Etat m	titoli pubblici m/pl	empréstito estatal m
statlig egendom (SV)	Staatseigentum n	public property	propriété d'Etat f	proprietà demaniale f	patrimonio público m
státní (CZ)	staatlich	state	d'Etat	statale	estatal
státní banka (CZ)	Staatsbank f	state bank	banque nationale f	Banca Centrale f	banco del Estado m
státní půjčky (CZ)	Staatsanleihen f/pl	government loan	emprunt d'Etat m	titoli pubblici m/pl	empréstito estatal m
státní vlastnictví (CZ)	Staatseigentum n	public property	propriété d'Etat f	proprietà demaniale f	patrimonio público m
státní zadlužení (CZ)	Staatsverschuldung f	state indebtedness	endettement de l'Etat m	debito pubblico m	endeudamiento público m
stato (I)	Staat m	state	Etat m	—	Estado m
statsskuld (SV)	Staatsverschuldung f	state indebtedness	endettement de l'Etat m	debito pubblico m	endeudamiento público m
statut (F)	Satzung f	statutes	—	statuto m	estatuto m
statut (PL)	Satzung f	statutes	statut m	statuto m	estatuto m
statuten (NL)	Satzung f	statutes	statut m	statuto m	estatuto m
statutes (E)	Satzung f	—	statut m	statuto m	estatuto m
statuto (I)	Satzung f	statutes	statut m	—	estatuto m
statystyka (PL)	Statistik f	statistics	statistyque f	statistica f	estadística f
stav akcií (CZ)	Aktienbestand m	shareholding	portefeuille d'actions m	portafoglio azionario m	cartera de acciones f
stavba (CZ)	Bau m	construction	construction f	costruzione f	construcción f
stavebnictví (CZ)	Bauwirtschaft f	building and contracting industry	industrie du bâtiment f	edilizia f	sector de la construcción m
stavební povolení (CZ)	Baugenehmigung f	planning permission	autorisation de construire f	licenza di costruzione f	permiso de construcción m
stavební pozemek (CZ)	Bauland n	building site	terrain de construction m	area edificabile f	terreno edificable m
stavební úvěr (CZ)	Baukredit m	building loan	crédit à la construction m	credito edilizio m	crédito para la construcción f
stávka (CZ)	Streik m	strike	grève f	sciopero m	huelga f
stav výnosů (CZ)	Ertragslage f	profitability	niveau de rendement m	situazione economica f	situación del beneficio f
stawka procentowa (PL)	Prozentsatz m	percentage	pourcentage m	percentuale f	porcentaje m
stawka procentowa (PL)	Zinssatz m	interest rate	taux d'intérêt m	tasso d'interesse m	tipo de interés m
stawka swapowa (PL)	Swapsatz m	swap rate	taux de swap m	tasso di riporto m	tasa swap f
Stellenangebot (D)	—	offer of employment	offre d'emploi f	offerta d'impiego f	oferta de empleo f
Stellenanzeige (D)	—	position offered	annonce d'emploi f	inserzione d'impiego f	anuncio de empleo m
Stellenausschreibung (D)	—	advertisement of a vacancy	mise au concours d'une place f	bando di concorso per impiegati m	convocatoria de oposiciones f
Stellengesuch (D)	—	situation wanted	demande d'emploi f	domanda d'impiego f	solicitud de colocación f
Stellung (D)	—	position	position f	posizione f	empleo m
Stellvertreter (D)	—	deputy	adjoint m	sostituto m	sustituto m

Stellvertreter

P	NL	SV	PL	CZ	H
situação do mercado f	marktsituatie f	marknadssituation	sytuacja rynkowa f	situace na trhu f	piaci helyzet
estatística f	statistiek f	statistik	statystyka f	statistika f	statisztika
estatística f	statistiek f	statistik	statystyka f	statistika f	statisztika
estatística f	—	statistik	statystyka f	statistika f	statisztika
estatística f	statistiek f	statistik	statystyka f	statistika f	statisztika
estatística f	statistiek f	—	statystyka f	statistika f	statisztika
estatística f	statistiek f	statistik	statystyka f	—	statisztika
estatística f	statistiek f	statistik	statystyka f	statistika f	statisztika
estatística f	statistiek f	statistik	statystyka f	statistika f	—
estatal	staats-	—	państwowy	státní	állami
empréstimo estatal m	staatslening f	—	pożyczka państwowa f	státní půjčky f/pl	államkölcsön
património público m	staatseigendom n	—	własność państwowa f	státní vlastnictví n	állami tulajdon
estatal	staats-	statlig	państwowy	—	állami
banco do estado m	Staatsbank f	centralbank	bank państwowy m	—	állami bank
empréstimo estatal m	staatslening f	statliga lån pl	pożyczka państwowa f	—	államkölcsön
património público m	staatseigendom n	statlig egendom	własność państwowa f	—	állami tulajdon
endividamento público m	staatsschulden f/pl	statsskuld	zadłużenie państwa n	—	állami eladósodás
estado m	staat m	stat	państwo n	stát m	állam
endividamento público m	staatsschulden f/pl	—	zadłużenie państwa n	státní zadlužení n	állami eladósodás
estatuto m	statuten n/pl	stadgar pl	statut m	stanovy f/pl	alapszabály
estatuto m	statuten n/pl	stadgar pl	—	stanovy f/pl	alapszabály
estatuto m	—	stadgar pl	statut m	stanovy f/pl	alapszabály
estatuto m	statuten n/pl	stadgar pl	statut m	stanovy f/pl	alapszabály
estatuto m	statuten n/pl	stadgar pl	statut m	stanovy f/pl	alapszabály
estatística f	statistiek f	statistik	—	statistika f	statisztika
carteira de acções f	aandelenbezit n	aktieinnehav	stan ilości akcji m	—	részvényállomány
construção f	bouw m	byggnadsverksamhet	budowa f	—	építés
indústria da construção f	bouwnijverheid f	byggnadsindustri	gospodarka budowlana f	—	építőipar
alvará de construção m	bouwvergunning f	byggnadstillstånd	zezwolenie budowlane n	—	építési engedély
terreno urbanizável m	bouwgrond m	byggnadstomt	grunt budowlany m	—	építési terület
crédito para a construção m	bouwkrediet n	byggnadslån	kredyt budowlany m	—	építési kölcsön
greve f	staking f	strejk	strajk m	—	sztrájk
nível de lucros m	rentabiliteit f	vinstsituation	zyskowność f	—	nyereséghelyzet
percentagem f	percentage n	procentsats	—	procentní sazba f	százalékos arány
taxa de juro f	rentevoet m	räntesats	—	úroková sazba f	kamatláb
taxa swap f	prolongatierente f	ränteswap	—	svapová sazba f	swapárfolyam
oferta de emprego f	plaatsaanbieding f	lediga platser	propozycja zatrudnienia f	nabídka místa f	állásajánlat
anúncio de emprego m	personeelsadvertentie f	platsannons	ogłoszenie o wakującym stanowisku n	inzerce zaměstnání f	álláshirdetés
aviso de vaga para um emprego m	oproepen van sollicitanten voor een betrekking n	utlysning av tjänst	przetarg o stanowisko pracy m	konkurs na místo n	állás meghirdetése
procura de emprego f	sollicitatie f	platssökande	podanie o pracę n	žádost o místo f	pályázat (állásra)
posição f	betrekking f	position	stanowisko n	postavení n	állás
substituto m	assistent m	vice	zastępca m	zástupce m	helyettes

stelsel van douane-entrepots 954

	D	E	F	I	ES
stelsel van douane-entrepots (NL)	Zollagerung f	customs warehouse procedure	entrepôt sous douane m	deposito doganale m	depósito de aduana m
stempel firmowy (PL)	Firmenstempel m	company stamp	cachet d'établissement m	timbro della ditta m	sello de la empresa m
Stempelgebühr (D)	—	stamp duty	droit de timbre m	diritto di bollo m	derechos de timbre m/pl
stempel pocztowy (PL)	Poststempel m	postmark	cachet de la poste m	timbro postale m	sello postal m
stemrecht (NL)	Stimmrecht n	right to vote	droit de vote m	diritto al voto m	derecho a voto m
Steuer (D)	—	tax	impôt m	imposta f	impuesto m
Steuerberater (D)	—	tax adviser	conseiller fiscal m	consulente finanziario m	asesor fiscal m
Steuerbescheid (D)	—	notice of assessment	avis d'imposition m	cartella delle imposte f	liquidación de impuestos f
Steuerbetrug (D)	—	fiscal fraud	fraude fiscale f	frode fiscale f	fraude fiscal m
Steuerbilanz (D)	—	tax balance sheet	bilan fiscal m	bilancio fiscale m	balance impositivo m
Steuererhöhung (D)	—	tax increase	augmentation des impôts m	aumento delle imposte m	aumento de los impuestos m
Steuererklärung (D)	—	tax return	déclaration d'impôts f	dichiarazione dei redditi f	declaración a efectos fiscales f
Steuerfahndung (D)	—	investigation into tax evasion	repression de la fraude à l'impôt f	inchiesta tributaria f	investigación tributaria f
steuerfrei (D)	—	tax-free	exonéré d'impôt	esentasse	libre de impuesto
Steuerhinterziehung (D)	—	tax evasion	dissimulation en matière fiscale f	evasione fiscale f	fraude fiscal m
Steuernachzahlung (D)	—	additional payment of taxes	payement d'un rappel d'impôt m	pagamento arretrato delle imposte m	pago de impuestos atrasados m
Steueroase (D)	—	tax haven	paradis fiscal m	oasi fiscale f	paraíso fiscal m
Steuerpolitik (D)	—	fiscal policy	politique fiscale f	politica fiscale f	política ficcal f
Steuerveranlagung (D)	—	tax assessment	imposition f	accertamento tributario m	tasación de los impuestos f
Steuerzahler (D)	—	taxpayer	contribuable m	contribuente m	contribuyente m
Steuerzahlung (D)	—	payment of taxes	payement de l'impôt m	pagamento delle imposte m	tributación f
steunaankoop (NL)	Stützungskauf m	support buying	achat de soutien m	acquisto di sostegno m	compra de apoyo f
steunaankopen (NL)	Interventionskäufe m/pl	intervention buying	achats d'intervention m/pl	azioni di sostegno f/pl	compras de intervención f/pl
stichting (NL)	Stiftung f	foundation	fondation f	fondazione f	fundación f
stiftelse (SV)	Stiftung f	foundation	fondation f	fondazione f	fundación f
Stiftung (D)	—	foundation	fondation f	fondazione f	fundación f
stigande tendens (SV)	Aufwärtstrend m	upward trend	tendance à la reprise f	tendenza al rialzo f	tendencia al alza f
stille Reserve (D)	—	hidden reserves	réserve occulte f	riserva occulta f	reserva tácita f
stille reserve (NL)	stille Reserve f	hidden reserves	réserve occulte f	riserva occulta f	reserva tácita f
stille reserve (NL)	stille Rücklage f	latent funds	réserve occulte f	riserva latente f	reserva tácita f
stille Rücklage (D)	—	latent funds	réserve occulte f	riserva latente m	reserva tácita f
Stimmenmehrheit (D)	—	majority of votes	majorité des voix f	maggioranza dei voti f	mayoría de votos f
Stimmrecht (D)	—	right to vote	droit de vote m	diritto al voto m	derecho a voto m
stimulace odbytu (CZ)	Absatzförderung f	sales promotion	promotion des ventes f	promozione delle vendite f	fomento de ventas m
stínová ekonomika (CZ)	Schattenwirtschaft f	shadow economy	économie parallèle f	economia clandestina f	economía sumergida f
stipendio (I)	Gehalt n	salary	traitement m	—	sueldo m
stipendio iniziale (I)	Anfangsgehalt n	starting salary	salaire initial m	—	salario inicial m
stipulazione del contratto (I)	Vertragsabschluß m	conclusion of a contract	conclusion du contrat f	—	conclusión de un contrato f
stížnost (CZ)	Beschwerde f	complaint	plainte f	ricorso m	reclamación f

stížnost

P	NL	SV	PL	CZ	H
armazém alfandegário m	–	tullagring	magazyn towarów pod zamknięciem celnym m	celní uskladnění n	vámraktározás
carimbo da empresa m	firmastempel m	företagsstämpel	–	firemní razítko n	cégbélyegző
imposto do selo m	zegelrecht n	stämpelavgift	opłata stemplowa f	kolkovné n	bélyegilleték
carimbo do correio m	poststempel m	poststämpel	–	poštovní razítko n	postabélyegző
direito de voto m	–	rösträtt	prawo głosu n	hlasovací právo n	szavazati jog
imposto m	belasting f	skatt	podatek m	daň f	adó
consultor fiscal m	belastingconsulent m	skatterådgivare	doradca podatkowy m	daňový poradce m	adótanácsadó
aviso para pagamento de imposto m	aanslagbiljet n	skattsedel	podatkowy nakaz płatniczy m	daňový výměr m	adókivetési értesítés
fraude fiscal f	belastingontduiking f	skattefusk	oszustwo podatkowe n	daňový podvod m	adócsalás
balanço fiscal m	fiscale balans f	skattebalansräkning	bilans podatkowy m	daňová bilance f	adómérleg
aumento dos impostos m	belastingverhoging f	skattehöjning	podwyżka podatków f	zvýšení daně n	adóemelés
declaração de rendimentos f	belastingaangifte f	deklaration	deklaracja podatkowa f	daňové přiznání n	adóbevallás
investigação de fraudes fiscais f	fiscale opsporingsdienst m	skattebrottsbekämpning	dochodzenie przestępstwa podatkowego n	daňové pátrání n	adónyomozás
isento de impostos	vrij van belastingen	skattefri	wolny od podatku	osvobozený od daně f	adómentes
evasão fiscal f	belastingontduiking f	skattesmitning	oszustwo podatkowe n	daňový únik m	adócsalás
pagamento de impostos atrasados m	nabetaling van belastingen f	restskatt	dopłata podatkowa f	doplacení daně n	adóhátralék (meg)fizetése
paraíso fiscal m	belastingparadijs n	skatteparadis	oaza podatkowa f	daňová oáza f	adóparadicsom
política fiscal f	belastingpolitiek f	skattepolitik	polityka podatkowa f	daňová politika f	adópolitika
lançamento de impostos m	belastinggrondslag m	taxering	wymiar podatku m	stanovení výšky zdanění n	adókivetés
contribuinte m	belastingplichtige m	skattebetalare	podatnik m	poplatník m	adófizető
pagamento de impostos m	betaling van belastingen f	skattebetalning	płatność podatkowa f	placení daní f	adófizetés
compra sustentatória f	–	stödköp	zakup podtrzymujący m	podpůrný nákup m	támogató vásárlás
compras de intervenção f/pl	–	stödköp	zakupy interwencyjne m/pl	intervenční nákupy m/pl	intervenciós vásárlások
fundação f	–	stiftelse	fundacja f	nadace f	alapítvány
fundação f	stichting f	–	fundacja f	nadace f	alapítvány
fundação f	stichting f	stiftelse	fundacja f	nadace f	alapítvány
tendência à alta f	opwaartse beweging f	–	trend wzrostu m	stoupající trend m	emelkedő irányzat
reserva oculta f	stille reserve f	dold reserv	ukryta rezerwa f	tichá rezerva f	rejtett tartalék
reserva oculta f	–	dold reserv	ukryta rezerwa f	tichá rezerva f	rejtett tartalék
reserva escondida f	–	dold reserv	ukryta rezerwa f	rezervní fond n	rejtett tartalék
reserva escondida f	stille reserve f	dold reserv	ukryta rezerwa f	rezervní fond n	rejtett tartalék
maioria de votos f	meerderheid van stemmen f	röstmajoritet	większość głosów f	hlasovací většina f	szavazattöbbség
direito de voto m	stemrecht n	rösträtt	prawo głosu n	hlasovací právo n	szavazati jog
promoção comercial f	verkoopbevordering f	säljfrämjande åtgärder pl	promocja sprzedaży f	–	értékesítésösztönzés
economia fantasma f	informele economie f	svart ekonomi	działalność w szarej strefie gospodarczej f	–	árnyékgazdaság
salário m	salaris n	lön	płaca f	plat m	fizetés
salário inicial m	aanvangssalaris n	begynnelselön	pensja stażowa f	nástupní plat m	kezdő fizetés
conclusão de um contrato f	sluiten van een overeenkomst n	avtalsskrivning	zawarcie umowy n	uzavření smlouvy n	szerződéskötés
reclamação f	klacht f	reklamation	zażalenie n	–	panasz

stoccaggio

	D	E	F	I	ES
stoccaggio (I)	Lagerung f	storage	stockage m	—	almacenaje m
stock (E)	Vorrat m	—	stock m	scorte f/pl	existencias f/pl
stock (E)	Warenbestand m	—	stock de marchandises m	scorte merci f/pl	existencias f/pl
stock (F)	Vorrat m	stock	—	scorte f/pl	existencias f/pl
stockage (F)	Lagerung f	storage	—	stoccaggio m	almacenaje m
stockage (F)	Vorratshaltung f	stockpiling	—	gestione delle scorte f	formación de stocks f
stockbroker (E)	Börsenmakler m	—	courtier en bourse m	agente di cambio m	corredor de bolsa m
stock broker (E)	Kursmakler m	—	courtier en bourse m	agente di borsa m	agente de cambio y bolsa m
stock de marchandises (F)	Warenbestand m	stock	—	scorte merci f/pl	existencias f/pl
stock de marchandises (F)	Warenlager n	warehouse	—	magazzino m	depósito de mercancías m
stock exchange (E)	Börse f	—	bourse f	borsa f	bolsa f
stock exchange (E)	Effektenbörse f	—	bourse des titres et des valeurs mobilières f	borsa valori f	bolsa de valores f
stock exchange centre (E)	Börsenplatz m	—	place boursière f	piazza f	plaza bursátil f
stock exchange dealings (E)	Börsenhandel m	—	transactions boursières f/pl	negoziazione in borsa f	negociación bursátil f
stock exchange index (E)	Börsenindex m	—	indice des cours des actions m	indice delle quotazioni m	índice bursátil m
stock exchange list (E)	Kurszettel m	—	feuille de bourse f	listino di borsa m	boletín de bolsa m
stock exchange quotation (E)	Börsennotierung f	—	cote de la bourse f	quotazione di borsa f	cotización de bolsa f
stock initial (F)	Anfangsbestand m	opening stock	—	scorte iniziali f/pl	existencias iniciales f/pl
stockkeeping (E)	Lagerhaltung f	—	entreposage m	magazzinaggio m	almacenaje m
stock market crash (E)	Börsenkrach m	—	krach boursier m	crollo di borsa m	derrumbe bursátil m
stock market transactions (E)	Börsengeschäfte n/pl	—	opérations de bourse f/pl	operazioni di borsa f/pl	operación bursátil f
stockpiling (E)	Vorratshaltung f	—	stockage m	gestione delle scorte f	formación de stocks f
stock-taking (E)	Inventur f	—	inventaire m	compilazione dell'inventario f	inventario m
stocznia (PL)	Werft f	shipyard	chantier naval m	cantiere navale m	astillero m
stödköp (SV)	Interventionskäufe m/pl	intervention buying	achats d'intervention m/pl	azioni di sostegno f/pl	compras de intervención f/pl
stödköp (SV)	Stützungskauf m	support buying	achat de soutien m	acquisto di sostegno m	compra de apoyo f
stopa dyskontowa (PL)	Diskontsatz m	discount rate	taux d'escompte m	saggio di sconto m	tasa de descuento f
stopa procentowa (PL)	Zinsfuß m	interest rate	taux d'intérêt m	tasso d'interesse m	tipo de interés m
stopa wzrostu (PL)	Wachstumsrate f	rate of growth	taux d'accroissement m	tasso di crescita m	tasa de crecimiento f
stopa zysku (PL)	Profitrate f	profit rate	taux de profit m	tasso di profitto m	tasa de beneficio f
stopień wykorzystania (PL)	Auslastungsgrad m	degree of utilisation	degré de saturation m	grado di utilizzazione m	grado de utilización m
stopzetting van betaling (NL)	Zahlungseinstellung f	suspension of payments	suspension de payement f	cessazione dei pagamenti f	suspensión de pagos f
storage (E)	Einlagerung f	—	entreposage m	immagazzinamento m	almacenamiento m
storage (E)	Lagerung f	—	stockage m	stoccaggio m	almacenaje m
storage space (E)	Lagerraum m	—	halle de dépôt f	deposito m	almacén m
stormarknad (SV)	Großmarkt m	wholesale market	marché de gros m	mercato all'ingrosso m	hipermercado m
stornering (SV)	Storno m/n	reversal	écriture de contre-passation f	ristorno m	anulación f

stornering

P	NL	SV	PL	CZ	H
armazenagem f	opslag m	lagring	składowanie n	skladování n	raktározás
estoque m	voorraad m	lager	zapas m	zásoba f	készlet
estoque de mercadorias m	goederenvoorraad m	inneliggande varulager	zasób towarów m	zásoba zboží f	árukészlet
estoque m	voorraad m	lager	zapas m	zásoba f	készlet
armazenagem f	opslag m	lagring	składowanie n	skladování n	raktározás
manutenção de estoques f	in voorraad houden n	lagerhållning	utrzymywanie zapasów n	udržování zásob n	készletgazdálkodás
corretor de bolsa m	beursmakelaar m	börsmäklare	makler giełdowy m	burzovní makléř m	bróker
corretor de câmbio m	effectenmakelaar m	börsmäklare	makler giełdowy m	kursový makléř m	bróker
estoque de mercadorias m	goederenvoorraad m	inneliggande varulager	zasób towarów m	zásoba zboží f	árukészlet
depósito de mercadorias m	magazijn n	lager	skład towarów m	sklad zboží n	áruraktár
bolsa f	beurs f	börs	giełda f	burza f	tőzsde
bolsa de valores f	effectenbeurs f	börs	giełda papierów wartościowych f	burza cenných papírů f	értéktőzsde
bolsa de valores f	beurs f	börsort	siedziba giełdy f	sídlo burzy n	tőzsde helye
transações em bolsa f/pl	beurshandel m	börshandel	transakcje giełdowe f/pl	burzovní obchod m	tőzsdei kereskedelem
índice da bolsa m	beursindex m	aktieindex	giełdowy wskaźnik akcji m	burzovní index m	tőzsdeindex
boletim da bolsa m	koerslijst f	börslista	nota maklerska f	kursovní lístek m	árfolyamjegyzék
cotação da bolsa de valores f	beursnotering f	börsnotering	notowanie giełdowe n	kotace cenných papírů na burze f	tőzsdei jegyzés
existências iniciais f/pl	beginvoorraad m	ingående lager	stan wyjściowy m	počáteční stav m	nyitó állomány
armazenagem f	het in voorraad houden n	lagerhållning	magazynowanie n	skladování n	készletezés
queda das cotações na bolsa f	beurscrash m	börskrasch	krach na giełdzie m	krach na burze m	tőzsdekrach
operações de bolsa f/pl	beursverrichtingen f/pl	börsaffärer pl	operacje giełdowe f/pl	burzovní obchody m/pl	tőzsdei ügyletek
manutenção de estoques f	in voorraad houden n	lagerhållning	utrzymywanie zapasów n	udržování zásob n	készletgazdálkodás
elaboração do inventário f	boedelbeschrijving f	inventering	remanent m	inventura f	leltározás
estaleiro naval m	scheepswerf f	varv	—	loděnice f	hajógyár
compras de intervenção f/pl	steunaankopen m/pl	—	zakupy interwencyjne m/pl	intervenční nákupy m/pl	intervenciós vásárlások
compra sustentatória f	steunaankoop m	—	zakup podtrzymujący m	podpůrný nákup m	támogató vásárlás
taxa de desconto f	discontovoet m	diskonto	—	diskontní sazba f	leszámítolási kamatláb
taxa de juro f	rentevoet m	räntefot	—	úroková míra f	kamatláb
taxa de crescimento f	groeicijfer n	tillväxttakt	—	míra růstu f	növekedési ütem
taxa de lucro f	winstmarge f	vinstutveckling	—	míra zisku f	profitráta
taxa de utilização das capacidades f	benuttingsgraad m	kapacitetsutnyttjande	—	stupeň vytížení m	kihasználtsági fok
suspensão de pagamentos f	—	betalningsinställelse	zawieszenie wypłat n	zastavení platby f	fizetés felfüggesztése
armazenamento m	goederenopslag m	förvaring	składowanie n	uskladnění n	beraktározás
armazenagem f	opslag m	lagring	składowanie n	skladování n	raktározás
armazém m	opslagplaats f	lagerrum	pomieszczenie składowe n	skladovací prostor m	raktér
mercado central m	groothandel m	—	targowisko hurtowe n	velkoobchodní trh m	nagybani piac
estorno m	tegenboeking f	—	storno n	storno n	törlés

storno

	D	E	F	I	ES
storno (PL)	Storno m/n	reversal	écriture de contre-passation f	ristorno m	anulación f
storno (CZ)	Storno m/n	reversal	écriture de contre-passation f	ristorno m	anulación f
Storno m/n (D)	—	reversal	écriture de contre-passation f	ristorno m	anulación f
stororder (SV)	Großauftrag m	large-scale order	grosse commande f	ordine consistente m	pedido importante m
stortgoederen (NL)	Massengüter f	bulk goods	marchandises en vrac f/pl	beni di massa m/pl	productos a granel m/pl
stortingsformulier (NL)	Zahlkarte f	Giro inpayment form	mandat-carte m	modulo di versamento m	carta de pago f
stosunek ceny akcji do jej dywidenty (PL)	Kurs-Gewinn-Verhältnis n	price-earnings ratio	relation cours-bénéfice f	rapporto corso-profitto m	relación cotización-ganancia f
stosunek pracujących do populacji (PL)	Erwerbsquote f	activity rate	taux d'activité m	quota della popolazione attiva f	tasa de la población activa f
stosunek zaufania (PL)	Vertrauensverhältnis n	confidential relationship	rapport de confiance m	rapporto di fiducia m	relación de confianza f
stosunki handlowe (PL)	Geschäftsbeziehung f	business connections	relations commerciales f/pl	rapporti d'affari m/pl	relaciones comerciales f/pl
stosunki handlowe (PL)	Geschäftsverbindung f	business relations	relation d'affaires f	relazione d'affari f	relación comercial f
stosunki handlowe (PL)	Handelsbeziehungen f/pl	trade relations	relations commerciales f/pl	rapporti commerciali m/pl	relaciones comerciales f/pl
stoupající trend (CZ)	Aufwärtstrend m	upward trend	tendance à la reprise f	tendenza al rialzo f	tendencia al alza f
straat (NL)	Straße f	street	rue f	via f	calle f
straathandel (NL)	ambulantes Gewerbe n	itinerant trade	commerce ambulant m	commercio ambulante m	comercio ambulante m
strafbaar (NL)	strafbar	punishable	punissable	punibile	punible
strafbar (D)	—	punishable	punissable	punibile	punible
straffavgift (SV)	Bußgeld n	penalty	amende f	pena pecuniaria f	multa f
straffbar (SV)	strafbar	punishable	punissable	punibile	punible
strajk (PL)	Streik m	strike	grève f	sciopero m	huelga f
strajk generalny (PL)	Generalstreik m	general strike	grève générale f	sciopero generale m	huelga general f
strana "Dal" (CZ)	Haben n	credit side	avoir m	avere m	haber m
strana "Má dáti" (CZ)	Soll n	debit	débit m	passivo m	debe m
Straße (D)	—	street	rue f	via f	calle f
strata (PL)	Damnum n	loss	perte f	perdita f	pérdida f
strata (PL)	Verlust m	loss	perte f	perdita f	pérdida f
strata całkowita (PL)	Totalschaden m	total loss	dommage total m	danno totale m	daño total m
strata kursowa (PL)	Kursverlust m	loss on stock prices	perte sur les cours f	perdita sul cambio f	pérdida en bolsa f
strategi (SV)	Strategie f	strategy	stratégie f	strategia f	estrategia f
strategia (I)	Strategie f	strategy	stratégie f	—	estrategia f
strategia (PL)	Strategie f	strategy	stratégie f	strategia f	estrategia f
stratégia (H)	Strategie f	strategy	stratégie f	strategia f	estrategia f
strategia imprenditoriale (I)	Unternehmensstrategie f	corporate strategy	stratégie de l'entreprise f	—	estrategia empresarial f
strategia przedsiębiorstwa (PL)	Unternehmensstrategie f	corporate strategy	stratégie de l'entreprise f	strategia imprenditoriale f	estrategia empresarial f
Strategie (D)	—	strategy	stratégie f	strategia f	estrategia f
strategie (NL)	Strategie f	strategy	stratégie f	strategia f	estrategia f
strategie (CZ)	Strategie f	strategy	stratégie f	strategia f	estrategia f
stratégie (F)	Strategie f	strategy	—	strategia f	estrategia f
stratégie de l'entreprise (F)	Unternehmensstrategie f	corporate strategy	—	strategia imprenditoriale f	estrategia empresarial f
strategie podnikání (CZ)	Unternehmensstrategie f	corporate strategy	stratégie de l'entreprise f	strategia imprenditoriale f	estrategia empresarial f
strategy (E)	Strategie f	—	stratégie f	strategia f	estrategia f
straty (PL)	rote Zahlen f/pl	the red	chiffres déficitaires m/pl	conti in rosso m/pl	números rojos m/pl

straty

P	NL	SV	PL	CZ	H
estorno m	tegenboeking f	stornering	—	storno n	törlés
estorno m	tegenboeking f	stornering	storno n	—	törlés
estorno m	tegenboeking f	stornering	storno n	storno n	törlés
encomenda em grande quantidade f	mammoetorder f	—	zamówienie wielkoskalowe n	zakázka velkého rozsahu f	nagy megrendelés
mercadoria a granel f	—	partigods	towary masowe m/pl	zboží hromadné spotřeby n	tömegáru
vale de correio m	—	postanvisning	blankiet na przekaz pieniężny m	poštovní poukázka f	pénzesutalvány
relação curso-benefício f	koers/winstverhouding f	p/e-tal	—	poměr ceny a zisku m	árfolyam-nyereség arány
taxa da população activa f	arbeidsaanbod n	sysselsättningsgrad	—	podíl na zisku m	aktív keresők aránya
relação de confiança f	vertrouwensrelatie f	förtroende	—	důvěrný vztah m	bizalmi viszony
relações comerciais f/pl	zakenrelatie f	affärskontakter pl	—	obchodní styk m	üzleti kapcsolat
relaçao comercial f	zakenrelatie f	affärsförbindelse	—	obchodní spojení n	üzleti kapcsolat
relações comerciais f/pl	handelsbetrekkingen f/pl	handelsförbindelser pl	—	obchodní styky m/pl	kereskedelmi kapcsolatok
tendência à alta f	opwaartse beweging f	stigande tendens	trend wzrostu m	—	emelkedő irányzat
rua f	—	gata	ulica f	ulice f	utca
comércio ambulante m	—	ambulerande handel	rzemiosło wędrowne n	pojízdná živnost f	vándorkereskedelem
punível	—	straffbar	karalny	trestný	büntetendő
punível	strafbaar	straffbar	karalny	trestný	büntetendő
multa administrativa f	boete f/m	—	grzywna f	pokuta f	pénzbírság
punível	strafbaar	—	karalny	trestný	büntetendő
greve f	staking f	strejk	—	stávka f	sztrájk
greve geral f	algemene staking f	generalstrejk	—	generální stávka f	általános sztrájk
haver m	creditzijde f	tillgodohavande	Ma	—	követel oldal
débito m	debetzijde f	debet	debet m	—	tartozik (oldal)
rua f	straat f	gata	ulica f	ulice f	utca
perda f	verlies n	kreditkostnad	—	škoda f	veszteség
perda f	verlies n	förlust	—	ztráta f	veszteség
perda total f	totaal verlies n	totalskada	—	totální škoda f	teljes kár
perda no câmbio f	koersverlies n	kursförlust	—	kursovní ztráta f	árfolyamveszteség
estratégia f	strategie f	—	strategia f	strategie f	stratégia
estratégia f	strategie f	strategi	strategia f	strategie f	stratégia
estratégia f	strategie f	strategi	—	strategie f	stratégia
estratégia f	strategie f	strategi	strategia f	strategie f	—
estratégia empresarial f	bedrijfsstrategie f	företagsstrategi	strategia przedsiębiorstwa	strategie podnikání f	vállalati stratégia
estratégia empresarial f	bedrijfsstrategie f	företagsstrategi	—	strategie podnikání f	vállalati stratégia
estratégia f	strategie f	strategi	strategia f	strategie f	stratégia
estratégia f	—	strategi	strategia f	strategie f	stratégia
estratégia f	strategie f	strategi	strategia f	—	stratégia
estratégia f	strategie f	strategi	strategia f	strategie f	stratégia
estratégia empresarial f	bedrijfsstrategie f	företagsstrategi	strategia przedsiębiorstwa	strategie podnikání f	vállalati stratégia
estratégia empresarial f	bedrijfsstrategie f	företagsstrategi	strategia przedsiębiorstwa	—	vállalati stratégia
estratégia f	strategie f	strategi	strategia f	strategie f	stratégia
valores a vermelho m/pl	rode cijfers n/pl	med förlust	—	červená čísla n/pl	veszteség

straż zakładowa 960

	D	E	F	I	ES
straż zakładowa (PL)	Werkschutz m	works protection force	corps de sécurité d'entreprise m	servizio di sorveglianza aziendale m	policía de la empresa f
střednědobý (CZ)	mittelfristig	medium-term	à moyen terme	a medio termine	a medio plazo
streefcijfers (NL)	Sollzahlen f/pl	target figures	chiffres prévisionnels m/pl	cifre calcolate f/pl	cifras estimadas f/pl
street (E)	Straße f	—	rue f	via f	calle f
strefa (PL)	Zone f	zone	zone f	zona f	zona f
strefa walutowa (PL)	Währungszone f	currency zone	zone monétaire f	zona monetaria f	zona monetaria f
strefa wolnego handlu (PL)	Freihandelszone f	free trade zone	zone de libre-échange f	zona di libero scambio f	zona de libre-cambio f
strefa zysków (PL)	schwarze Zahlen f/pl	the black	excédent m	conti in nero m/pl	superávit m
Streifband (D)	—	postal wrapper	bande étiquette f	fascia f	precinto m
Streik (D)	—	strike	grève f	sciopero m	huelga f
strejk (SV)	Streik m	strike	grève f	sciopero m	huelga f
streng vertraulich (D)	—	strictly confidential	strictement confidentiel	strettamente confidenziale	absolutamente confidencial
strettamente confidenziale (I)	streng vertraulich	strictly confidential	strictement confidentiel	—	absolutamente confidencial
strettoia di liquidità (I)	Liquiditätsengpaß m	liquidity squeeze	contraction de liquidité f	—	restricción de la liquidez f
strictement confidentiel (F)	streng vertraulich	strictly confidential	—	strettamente confidenziale	absolutamente confidencial
strictly confidential (E)	streng vertraulich	—	strictement confidentiel	strettamente confidenziale	absolutamente confidencial
střídání směn (CZ)	Schichtwechsel m	change of shift	relève d'équipe f	cambio di turno m	cambio del turno de obreros m
strike (E)	Streik m	—	grève f	sciopero m	huelga f
strikt vertrouwelijk (NL)	streng vertraulich	strictly confidential	strictement confidentiel	strettamente confidenziale	absolutamente confidencial
strona w umowie zbiorowej (PL)	Tarifpartner m/pl	parties to a collective wage agreement	signataires d'une convention collective m/pl	parti stipulanti un contratto collettivo f/pl	parte contratante en un convenio colectivo f
structure (E)	Struktur f	—	structure f	struttura f	estructura f
structure (F)	Struktur f	structure	—	struttura f	estructura f
structuur (NL)	Struktur f	structure	structure f	struttura f	estructura f
Struktur (D)	—	structure	structure f	struttura f	estructura f
struktur (SV)	Struktur f	structure	structure f	struttura f	estructura f
struktura (PL)	Struktur f	structure	structure f	struttura f	estructura f
struktura (CZ)	Struktur f	structure	structure f	struttura f	estructura f
struttura (I)	Struktur f	structure	structure f	—	estructura f
Stückgut (D)	—	mixed cargo	colis de détail m	collettame m	mercancía en fardos f
Stückgutverkehr (D)	—	part-load traffic	expéditions de détail f	trasporto di collettame m	tráfico de mercancías en bultos sueltos m
Stückkosten (D)	—	costs per unit	coût unitaire de production m	costi unitari m/pl	coste por unidad m
Stücklohn (D)	—	piece-work pay	salaire à la tâche m	salario a cottimo m	salario a destajo m
Stückzinsen (D)	—	broken-period interest	intérêts courus m/pl	interessi maturati m/pl	intereses por fracción de período m
stukgoederen (NL)	Stückgut n	mixed cargo	colis de détail m	collettame m	mercancía en fardos f
stukgoederenverkeer (NL)	Stückgutverkehr m	part-load traffic	expéditions de détail f	trasporto di collettame m	tráfico de mercancías en bultos sueltos m
stuk grond (NL)	Grundstück n	real estate	terrain m	terreno m	terreno m
stukloon (NL)	Akkordlohn m	piece wages	salaire à la pièce m	retribuzione a cottimo f	salario a destajo m
stukloon (NL)	Stücklohn m	piece-work pay	salaire à la tâche m	salario a cottimo m	salario a destajo m
stukwerk (NL)	Akkordarbeit f	piece-work	travail à la pièce m	lavoro a cottimo m	trabajo a destajo m
Stundenlohn (D)	—	hourly wage	salaire horaire m	salario ad ora m	salario-hora m
Stundung (D)	—	respite	prorogation f	proroga f	moratoria f

Stundung

P	NL	SV	PL	CZ	H
corpo de segurança da empresa *m*	veiligheidsdienst *m*	arbetsskydd	—	ochrana závodu *f*	üzemi rendészet
a médio prazo	op middellange termijn	medellång	średnioterminowy	—	középlejáratú
valores estimados *m/pl*	—	beräknade siffror *pl*	liczby zadane *f/pl*	plánovaná čísla *n/pl*	tervszámok
rua *f*	straat *f*	gata	ulica *f*	ulice *f*	utca
zona *f*	zone *f*	zon	—	zóna *f*	övezet
zona monetária *f*	monetaire zone *f*	valutaområde	—	měnová zóna *f*	valutaövezet
zona de comércio livre *f*	vrijhandelszone *f*	frihandelsområde	—	zóna volného obchodu *f*	szabadkereskedelmi övezet
excedente *m*	zwarte cijfers *n/pl*	med vinst	—	černé platby *f/pl*	nyereség
cinta *f*	postband *m*	korsband	opaska pocztowa *f*	křížová páska *f*	csomagolószalag
greve *f*	staking *f*	strejk	strajk *m*	stávka *f*	sztrájk
greve *f*	staking *f*	—	strajk *m*	stávka *f*	sztrájk
estritamente confidencial	strikt vertrouwelijk	konfidentiellt	ściśle poufne	přísně důvěrné	szigorúan bizalmas
estritamente confidencial	strikt vertrouwelijk	konfidentiellt	ściśle poufne	přísně důvěrné	szigorúan bizalmas
falta de liquidez *f*	liquiditeitstekort *n*	tillfällig likviditetsbrist	wąskie gardło wypłacalności *n*	likvidní tíseň *f*	likviditáshiány
estritamente confidencial	strikt vertrouwelijk	konfidentiellt	ściśle poufne	přísně důvěrné	szigorúan bizalmas
estritamente confidencial	strikt vertrouwelijk	konfidentiellt	ściśle poufne	přísně důvěrné	szigorúan bizalmas
mudança de turno *f*	ploegenwisseling *f*	skiftbyte	zmiana *f*	—	műszakváltás
greve *f*	staking *f*	strejk	strajk *m*	stávka *f*	sztrájk
estritamente confidencial	—	konfidentiellt	ściśle poufne	přísně důvěrné	szigorúan bizalmas
partes de um acordo colectivo *f/pl*	sociale partners *m/pl*	arbetsmarknadens parter *pl*	—	účastníci kolektivní smlouvy *m/pl*	kollektív szerződést megkötő fél
estrutura *f*	structuur *f*	struktur	struktura *f*	struktura *f*	szerkezet
estrutura *f*	structuur *f*	struktur	struktura *f*	struktura *f*	szerkezet
estrutura *f*	—	struktur	struktura *f*	struktura *f*	szerkezet
estrutura *f*	structuur *f*	struktur	struktura *f*	struktura *f*	szerkezet
estrutura *f*	structuur *f*	—	struktura *f*	struktura *f*	szerkezet
estrutura *f*	structuur *f*	struktur	—	struktura *f*	szerkezet
estrutura *f*	structuur *f*	struktur	struktura *f*	—	szerkezet
estrutura *f*	structuur *f*	struktur	struktura *f*	struktura *f*	szerkezet
carga diversa *f*	stukgoederen *n/pl*	styckegods	drobnica *f*	kusové zboží *n*	darabáru
transporte de mercadoria em volumes *m*	stukgoederenverkeer *n*	styckegodshantering	transport drobnicy *m*	doprava kusového zboží *f*	darabáru-forgalom
custo por unidade *m*	kosten per eenheid *m/pl*	kostnad per styck	koszty jednostkowe *m/pl*	jednicové náklady *m/pl*	darabköltség
salário por peça *m*	stukloon *n*	ackordlön	płaca akordowa *f*	mzda od kusu *f*	darabbér
fracção do período de contagem de juros *f*	opgelopen rente *f*	upplupen ränta	oprocentowanie periodyczne *n*	úroky do dne prodeje cenných papírů *m/pl*	töredékidőre járó kamat
carga diversa *f*	—	styckegods	drobnica *f*	kusové zboží *n*	darabáru
transporte de mercadoria em volumes *m*	—	styckegodshantering	transport drobnicy *m*	doprava kusového zboží *f*	darabáru-forgalom
terreno *m*	—	tomt	parcela *f*	pozemek *m*	ingatlan
pagamento à peça *m*	—	ackordlön	płaca akordowa *f*	úkolová mzda *f*	darabbér
salário por peça *m*	—	ackordlön	płaca akordowa *f*	mzda od kusu *f*	darabbér
trabalho à peça *m*	—	ackordsarbete	praca akordowa *f*	práce v úkolu *f*	darabbéres munka
salário-hora *m*	uurloon *n*	timlön	płaca godzinowa *f*	hodinová mzda *f*	órabér
prorrogação do prazo *f*	uitstel van betaling *n*	uppskov	odroczenie *n*	odklad *m*	fizetési haladék

stupeň vytížení

	D	E	F	I	ES
stupeň vytížení (CZ)	Auslastungsgrad m	degree of utilisation	degré de saturation m	grado di utilizzazione m	grado de utilización m
stupeň zaměstnanosti (CZ)	Beschäftigungsgrad m	level of employment	taux d'emploi m	tasso d'occupazione m	tasa de empleo f
Stützungskauf (D)	—	support buying	achat de soutien m	acquisto di sostegno m	compra de apoyo f
stvrzenka (CZ)	Quittung f	receipt	quittance f	quietanza f	recibo m
stvrzenka objednávky (CZ)	Bestellschein m	order form	bulletin de commande m	bolletta di commissione f	hoja de pedido f
styckegods (SV)	Stückgut n	mixed cargo	colis de détail m	collettame m	mercancía en fardos f
styckegodshantering (SV)	Stückgutverkehr m	part-load traffic	expéditions de détail f	trasporto di collettame m	tráfico de mercancías en bultos sueltos m
styk s veřejností (CZ)	Public Relations pl	public relations	relations publiques f/pl	relazioni pubbliche f/pl	relaciones públicas f/pl
styrelse (SV)	Direktion f	board of directors	direction f	direzione f	junta directiva f
styrelse (SV)	Vorstand m	board	directoire m	consiglio di amministrazione m	consejo de dirección m
styrelseledamot (SV)	Vorstandsmitglied n	member of the board	membre du directoire m	membro del consiglio di amministrazione m	consejero directivo m
styrelseordförande (SV)	Vorstandsvorsitzender m	chairman of the board	président du directoire m	presidente del consiglio di amministrazione m	presidente del consejo m
styrkurs (SV)	Leitkurs m	central rate	taux de référence m	tasso centrale m	curso de referencia m
styrränta (SV)	Leitzins m	key rate	taux directeur m	tasso di riferimento m	interés básico m
subappaltatore (I)	Subunternehmer m	subcontractor	sous-entrepreneur m	—	subempresario m
subasta (ES)	Auktion f	auction	vente aux enchères f/pl	asta f	—
subasta (ES)	Versteigerung f	auction	vente aux enchères f	vendita all'asta f	—
subasta forzosa (ES)	Zwangsversteigerung f	compulsory auction	vente de biens par justice f	asta giudiziaria f	—
subavaliação (P)	Unterbewertung f	undervaluation	sous-évaluation f	sottovalutazione f	subvaloración f
subcontractor (E)	Subunternehmer m	—	sous-entrepreneur m	subappaltatore m	subempresario m
subcontractor (E)	Zulieferer m	—	sous-traitant m	fornitore m	abastecedor m
subdodavatel (CZ)	Subunternehmer m	subcontractor	sous-entrepreneur m	subappaltatore m	subempresario m
subdodavatel (CZ)	Zulieferer m	subcontractor	sous-traitant m	fornitore m	abastecedor m
subempleo (ES)	Unterbeschäftigung f	underemployment	sous-emploi m	sottoccupazione f	—
subemprego (P)	Unterbeschäftigung f	underemployment	sous-emploi m	sottoccupazione f	subempleo m
subempresario (ES)	Subunternehmer m	subcontractor	sous-entrepreneur m	subappaltatore m	—
subempresário (P)	Subunternehmer m	subcontractor	sous-entrepreneur m	subappaltatore m	subempresario m
subject to confirmation (E)	freibleibend	—	sans engagement	senza impegno	no vinculante
suborno (P)	Bestechung f	bribe	corruption f	corruzione f	soborno f
subproduto (P)	Nebenprodukt n	by-product	produit dérivé m	sottoprodotto m	producto accesorio m
subscrição (P)	Abonnement n	subscription	abonnement m	abbonamento m	suscripción f
subscrição (P)	Subskription f	subscription	souscription f	sottoscrizione f	suscripción f
subscription (E)	Abonnement n	—	abonnement m	abbonamento m	suscripción f
subscription (E)	Subskription f	—	souscription f	sottoscrizione f	suscripción f
subsidiária (P)	Tochtergesellschaft f	subsidiary	société affiliée f	società affiliata f	filial f
subsidiary (E)	Tochtergesellschaft f	—	société affiliée f	società affiliata f	filial f
subsidie (NL)	Subvention f	subsidy	subvention f	sovvenzione f	subvención f
subsidie (NL)	Zuschuß m	subsidy	allocation f	sovvenzione f	subvención f
subsídio (P)	Subvention f	subsidy	subvention f	sovvenzione f	subvención f
subsídio de férias (P)	Urlaubsgeld n	holiday allowance	prime de vacances f	indennità di ferie f	prima de vacaciones f

subsídio de férias

P	NL	SV	PL	CZ	H
taxa de utilização das capacidades f	benuttingsgraad m	kapacitetsutnyttjande	stopień wykorzystania m	—	kihasználtsági fok
taxa de emprego f	graad van tewerkstelling m	sysselsättningsnivå	poziom zatrudnienia m	—	foglalkoztatás szintje
compra sustentatória f	steunaankoop m	stödköp	zakup podtrzymujący m	podpůrný nákup m	támogató vásárlás
recibo m	kwitantie f	kvitto	kwit m	—	nyugta
impresso de encomenda m	bestelbon m	orderformulär	zamówienie pisemne n	—	megrendelőlap
carga diversa f	stukgoederen n/pl	—	drobnica f	kusové zboží n	darabáru
transporte de mercadoria em volumes m	stukgoederenverkeer n	—	transport drobnicy m	doprava kusového zboží f	darabáru-forgalom
relações públicas f/pl	public relations pl	public relations pl	publiczne stosunki opiniotwórcze m/pl	—	közönségkapcsolatok
direcção f	directie f	—	dyrekcja f	ředitelství n	igazgatóság
direcção f	directiecomité n	—	zarząd m	představenstvo n	igazgatóság
membro da direcção m	lid van het directiecomité n	—	członek zarządu m	člen představenstva m	igazgatósági tag
presidente da direcção m	voorzitter van het directiecomité m	—	prezes zarządu m	předseda správní rady m	igazgató tanács elnöke
taxa central f	spilkoers m	—	kurs wytyczny m	určující kurs m	irányadó árfolyam
taxa de referência f	officiële rente f	—	podstawowa stopa procentowa f	hlavní úrok m	alapkamatláb
subempresário m	onderaannemer m	underleverantör	podwykonawca m	subdodavatel m	alvállalkozó
leilão m	verkoop bij opbod m	auktion	aukcja f	aukce f	árverés
leilão m	verkoop bij opbod m	auktionsförsäljning	licytacja f	dražba f	árverés
venda judicial f	openbare verkoop f	exekutiv auktion	licytacja przymusowa f	nucená dražba f	kényszerárverés
—	onderschatting f	undervärdering	wycena poniżej wartości f	podhodnocení n	alulértékelés
subempresário m	onderaannemer m	underleverantör	podwykonawca m	subdodavatel m	alvállalkozó
fornecedor m	toelevering f	leverantör	kooperant m	subdodavatel m	beszállító
subempresário m	onderaannemer m	underleverantör	podwykonawca m	—	alvállalkozó
fornecedor m	toelevering f	leverantör	kooperant m	—	beszállító
subemprego m	onderbezetting f	undersysselsättning	zatrudnienie niepełne n	nedostatečná zaměstnanost f	alulfoglalkoztatottság
—	onderbezetting f	undersysselsättning	zatrudnienie niepełne n	nedostatečná zaměstnanost f	alulfoglalkoztatottság
subempresário m	onderaannemer m	underleverantör	podwykonawca m	subdodavatel m	alvállalkozó
—	onderaannemer m	underleverantör	podwykonawca m	subdodavatel m	alvállalkozó
salvo alteração	vrijblijvend	oförbindlig	bez zobowiązania	nezávazný	kötelezettség nélküli
—	omkoperij f	mutning	przekupstwo n	podplácení n	megvesztegetés
—	bijproduct n	biprodukt	produkt uboczny m	vedlejší produkt m	melléktermék
—	abonnement n	abonnemang	abonament m	předplatné n	előfizetés
—	intekening f	abonnemang	subskrypcja f	subskripce f	jegyzés
subscrição f	abonnement n	abonnemang	abonament m	předplatné n	előfizetés
subscrição f	intekening f	abonnemang	subskrypcja f	subskripce f	jegyzés
—	dochtermaatschappij f	dotterbolag	spółka zależna f	dceřiná společnost f	leányvállalat
subsidiária f	dochtermaatschappij f	dotterbolag	spółka zależna f	dceřiná společnost f	leányvállalat
subsídio m	—	subvention	subwencja f	subvence f	állami támogatás
ajudas de custo f/pl	—	bidrag	subwencja f	příspěvek m	juttatás
—	subsidie f	subvention	subwencja f	subvence f	állami támogatás
—	vakantiegeld n	semesterlön	płaca za czas urlopu f	příplatek na financování dovolené m	szabadságpénz

subsídio de natal

	D	E	F	I	ES
subsídio de natal (P)	Weihnachtsgeld *n*	Christmas money	gratification de fin d'année *f*	tredicesima *f*	prima de navidad *f*
subsídios à agricultura (P)	Agrarsubventionen *f/pl*	agricultural subsidies	subventions agricoles *f/pl*	sovvenzioni all'agricoltura *f/pl*	subvención a la agricultura *f*
subsidy (E)	Subvention *f*	—	subvention *f*	sovvenzione *f*	subvención *f*
subsidy (E)	Zuschuß *m*	—	allocation *f*	sovvenzione *f*	subvención *f*
subsistence minimum (E)	Existenzminimum *n*	—	minimum vital *m*	minimo di sussistenza *m*	minimo vital *m*
subskripce (CZ)	Subskription *f*	subscription	souscription *f*	sottoscrizione *f*	suscripción *f*
Subskription (D)	—	subscription	souscription *f*	sottoscrizione *f*	suscripción *f*
subskrypcja (PL)	Subskription *f*	subscription	souscription *f*	sottoscrizione *f*	suscripción *f*
Substanzwert (D)	—	real value	valeur de remplacement *f*	valore sostanziale *m*	valor sustancial *m*
substitueerbaar (NL)	substituierbar	replaceable	interchangeable	sostituibile	sustituible
substituierbar (D)	—	replaceable	interchangeable	sostituibile	sustituible
substituível (P)	substituierbar	replaceable	interchangeable	sostituibile	sustituible
substitute purchase (E)	Ersatzkauf *m*	—	achat de remplacement *m*	acquisto di compensazione *m*	compra de sustitución *f*
substituto (P)	Stellvertreter *m*	deputy	adjoint *m*	sostituto *m*	sustituto *m*
substitutsköp (SV)	Ersatzkauf *m*	substitute purchase	achat de remplacement *m*	acquisto di compensazione *m*	compra de sustitución *f*
substitutsleverans (SV)	Ersatzlieferung *f*	replacement delivery	livraison de remplacement *f*	fornitura di compensazione *f*	entrega de reposición *f*
Subunternehmer (D)	—	subcontractor	sous-entrepreneur *m*	subappaltatore *m*	subempresario *m*
subvaloración (ES)	Unterbewertung *f*	undervaluation	sous-évaluation *f*	sottovalutazione *f*	—
subvence (CZ)	Subvention *f*	subsidy	subvention *f*	sovvenzione *f*	subvención *f*
subvención (ES)	Subvention *f*	subsidy	subvention *f*	sovvenzione *f*	—
subvención (ES)	Zuschuß *m*	subsidy	allocation *f*	sovvenzione *f*	—
subvención a la agricultura (ES)	Agrarsubventionen *f/pl*	agricultural subsidies	subventions agricoles *f/pl*	sovvenzioni all'agricoltura *f/pl*	—
Subvention (D)	—	subsidy	subvention *f*	sovvenzione *f*	subvención *f*
subvention (F)	Subvention *f*	subsidy	—	sovvenzione *f*	subvención *f*
subvention (SV)	Subvention *f*	subsidy	subvention *f*	sovvenzione *f*	subvención *f*
subventions agricoles (F)	Agrarsubventionen *f/pl*	agricultural subsidies	—	sovvenzioni all'agricoltura *f/pl*	subvención a la agricultura *f*
subwencja (PL)	Subvention *f*	subsidy	subvention *f*	sovvenzione *f*	subvención *f*
subwencja (PL)	Zuschuß *m*	subsidy	allocation *f*	sovvenzione *f*	subvención *f*
subwencja rolnicza (PL)	Agrarsubventionen *f/pl*	agricultural subsidies	subventions agricoles *f/pl*	sovvenzioni all'agricoltura *f/pl*	subvención a la agricultura *f*
succursale (F)	Filiale *f*	branch	—	filiale *f*	filial *f*
succursale (F)	Niederlassung *f*	branch office	—	succursale *f*	sucursal *f*
succursale (I)	Niederlassung *f*	branch office	succursale *f*	—	sucursal *f*
su commissione (I)	auf Kommissionsbasis	on a commission basis	en commission	—	en comisión
sucursal (ES)	Niederlassung *f*	branch office	succursale *f*	succursale *f*	—
sucursal (P)	Niederlassung *f*	branch office	succursale *f*	succursale *f*	sucursal *f*
suddivisione del lavoro (I)	Arbeitsteilung *f*	division of labour	division du travail *f*	—	división del trabajo *f*
Suecia (ES)	Schweden	Sweden	Suède *f*	Svezia *f*	—
Suécia (P)	Schweden	Sweden	Suède *f*	Svezia *f*	Suecia
sueco (ES)	schwedisch	Swedish	suédois	svedese	—
sueco (ES)	Schwedisch	Swedish	suédois	svedese *m*	—
sueco (P)	schwedisch	Swedish	suédois	svedese	sueco
sueco (P)	Schwedisch	Swedish	suédois	svedese *m*	sueco *m*
Suède (F)	Schweden	Sweden	—	Svezia *f*	Suecia
suédois (F)	schwedisch	Swedish	—	svedese	sueco
suédois (F)	Schwedisch	Swedish	—	svedese *m*	sueco *m*
sueldo (ES)	Gehalt *n*	salary	traitement *m*	stipendio *m*	—
sueldo base (ES)	Basislohn *m*	basic wage	salaire de référence *m*	salario base *m*	—

sueldo base

P	NL	SV	PL	CZ	H
—	Kerstgratificatie f	jultillägg	trzynasta pensja f	třináctý plat m	karácsonyi jutalom
—	landbouwsubsidies f/pl	jordbruksstöd	subwencja rolnicza f	zemědělské subvence f/pl	mezőgazdasági támogatás
subsídio m	subsidie f	subvention	subwencja f	subvence f	állami támogatás
ajudas de custo f/pl	subsidie f	bidrag	subwencja f	příspěvek m	juttatás
mínimo de subsistência m	bestaansminimum n	existensminimum	minimum egzystencji n	existenční minimum n	létminimum
subscrição f	intekening f	abonnemang	subskrypcja f	—	jegyzés
subscrição f	intekening f	abonnemang	subskrypcja f	subskripce f	jegyzés
subscrição f	intekening f	abonnemang	—	subskripce f	jegyzés
valor substancial m	werkelijke waarde f	realvärde	wartość substancji f	hodnota substance f	nettó vagyonérték
substituível	—	utbytbar	zastępowalny	nahraditelný	helyettesíthető
substituível	substitueerbaar	utbytbar	zastępowalny	nahraditelný	helyettesíthető
—	substitueerbaar	utbytbar	zastępowalny	nahraditelný	helyettesíthető
compra de reposição f	vervangingskoop	substitutsköp	zakup zastępczy m	náhradní nákup m	pótvásárlás
—	assistent m	vice	zastępca m	zástupce m	helyettes
compra de reposição f	vervangingskoop m	—	zakup zastępczy m	náhradní nákup m	pótvásárlás
entrega de reposição f	vervangingslevering f	—	dostawa zastępcza f	náhradní dodávka f	pótszállítás
subempresário m	onderaannemer m	underleverantör	podwykonawca m	subdodavatel m	alvállalkozó
subavaliação f	onderschatting f	undervärdering	wycena poniżej wartości f	podhodnocení n	alulértékelés
subsídio m	subsidie f	subvention	subwencja f	—	állami támogatás
subsídio m	subsidie f	subvention	subwencja f	subvence f	állami támogatás
ajudas de custo f/pl	subsidie f	bidrag	subwencja f	příspěvek m	juttatás
subsídios à agricultura m/pl	landbouwsubsidies f/pl	jordbruksstöd	subwencja rolnicza f	zemědělské subvence f/pl	mezőgazdasági támogatás
subsídio m	subsidie f	subvention	subwencja f	subvence f	állami támogatás
subsídio m	subsidie f	subvention	subwencja f	subvence f	állami támogatás
subsídio m	subsidie f	—	subwencja f	subvence f	állami támogatás
subsídios à agricultura m/pl	landbouwsubsidies f/pl	jordbruksstöd	subwencja rolnicza f	zemědělské subvence f/pl	mezőgazdasági támogatás
subsídio m	subsidie f	subvention	—	subvence f	állami támogatás
ajudas de custo f/pl	subsidie f	bidrag	—	příspěvek m	juttatás
subsídios à agricultura m/pl	landbouwsubsidies f/pl	jordbruksstöd	—	zemědělské subvence f/pl	mezőgazdasági támogatás
filial f	filiaal n	filial	oddział m	pobočka f	fiók
sucursal f	vestiging f	etablering	filia f	pobočka f	kirendeltség
sucursal f	vestiging f	etablering	filia f	pobočka f	kirendeltség
à comissão	in commissie	i kommission	na bazie komisowej f	na komisionářském základě m	bizományosi alapon
sucursal f	vestiging f	etablering	filia f	pobočka f	kirendeltség
—	vestiging f	etablering	filia f	pobočka f	kirendeltség
divisão de trabalho f	arbeidsverdeling f	arbetsdelning	podział pracy m	dělba práce f	munkamegosztás
Suécia f	Zweden	Sverige	Szwecja f	Švédsko n	Svédország
—	Zweden	Sverige	Szwecja f	Švédsko n	Svédország
sueco	Zweeds	svensk	szwedzki	švédský	svéd(ül)
sueco	Zweeds	svenska	język szwedzki m	švédština f	svéd (nyelv)
—	Zweeds	svensk	szwedzki	švédský	svéd(ül)
—	Zweeds	svenska	język szwedzki m	švédština f	svéd (nyelv)
Suécia f	Zweden	Sverige	Szwecja f	Švédsko n	Svédország
sueco	Zweeds	svensk	szwedzki	švédský	svéd(ül)
sueco	Zweeds	svenska	język szwedzki m	švédština f	svéd (nyelv)
salário m	salaris n	lön	płaca f	plat m	fizetés
ordenado base m	basisloon n	grundlön	płaca podstawowa f	základní mzda f	alapbér

suggerimento di prezzo

	D	E	F	I	ES
suggerimento di prezzo (I)	Preisempfehlung f	price recommendation	recommendation de prix f	—	precio recomendado m
Suíça (P)	Schweiz	Switzerland	Suisse f	Svizzera f	Suiza
suíço (P)	schweizerisch	Swiss	suisse	svizzero	suizo
Suisse (F)	Schweiz	Switzerland	—	Svizzera f	Suiza
suisse (F)	schweizerisch	Swiss	—	svizzero	suizo
Suiza (ES)	Schweiz	Switzerland	Suisse f	Svizzera f	—
suizo (ES)	schweizerisch	Swiss	suisse	svizzero	—
sujeito a impostos (P)	abgabenpflichtig	liable to tax	assujetti à l'impôt	soggetto a imposte	sujeto a impuestos
sujeto a impuestos (ES)	abgabenpflichtig	liable to tax	assujetti à l'impôt	soggetto a imposte	—
suma (ES)	Betrag m	amount	montant m	importo m	—
suma asegurada (ES)	Versicherungssumme f	insured sum	montant de l'assurance m	capitale assicurato m	—
suma całkowita (PL)	Gesamtsumme f	total amount	montant total m	importo totale m	suma total f
suma de amortización (ES)	Ablösesumme f	redemption sum	montant de rachat m	buona uscita f	—
suma de la factura (ES)	Rechnungssumme f	invoice amount	montant de la facture m	importo della fattura m	—
suma global (ES)	Pauschalbetrag m	flat rate	somme forfaitaire f	somma forfettaria f	—
suma global de gastos (ES)	Spesenpauschale f	allowance for expenses	forfait de frais m	forfait di spese m	—
suma obciążeń dłużnych (PL)	Schuldenmasse f	liabilities	passif m	massa passiva f	masa pasiva f
suma rachunku (PL)	Rechnungsbetrag f	invoice total	montant de la facture m	ammontare della fattura m	importe de la factura m
suma rachunku (PL)	Rechnungssumme f	invoice amount	montant de la facture m	importo della fattura m	suma de la factura f
suma total (ES)	Gesamtsumme f	total amount	montant total m	importo totale m	—
suma ubezpieczenia (PL)	Versicherungssumme f	insured sum	montant de l'assurance m	capitale assicurato m	suma asegurada f
suministrable (ES)	lieferbar	available	livrable	consegnabile	—
suministrador (ES)	Lieferant m	supplier	fournisseur m	fornitore m	—
suministro (ES)	Lieferung f	delivery	livraison f	consegna f	—
suministro total (ES)	Gesamtlieferung f	total delivery	livraison totale f	fornitura completa f	—
summa (SV)	Betrag m	amount	montant m	importo m	suma f
summa pengar (SV)	Geldbetrag m	amount of money	somme d'argent f	somma di denaro f	importe m
superávit (ES)	schwarze Zahlen f/pl	the black	excédent m	conti in nero m/pl	—
superávit del ejercicio (ES)	Jahresüberschuß m	annual surplus	excédent annuel m	surplus dell'anno m	—
superávit en la balanza de pagos (ES)	Zahlungsbilanzüberschuß m	balance of payments surplus	excédent de la balance des payements m	eccedenza della bilancia dei pagamenti f	—
superavit na balança de pagamentos (P)	Zahlungsbilanzüberschuß m	balance of payments surplus	excédent de la balance des payements m	eccedenza della bilancia dei pagamenti f	superávit en la balanza de pagos m
supermarché (F)	Supermarkt m	supermarket	—	supermercato m	supermercado m
supermarket (E)	Supermarkt m	—	supermarché m	supermercato m	supermercado m
supermarket (PL)	Supermarkt m	supermarket	supermarché m	supermercato m	supermercado m
supermarket (CZ)	Supermarkt m	supermarket	supermarché m	supermercato m	supermercado m
Supermarkt (D)	—	supermarket	supermarché m	supermercato m	supermercado m
supermarkt (NL)	Supermarkt m	supermarket	supermarché m	supermercato m	supermercado m
supermercado (ES)	Supermarkt m	supermarket	supermarché m	supermercato m	—
supermercado (P)	Supermarkt m	supermarket	supermarché m	supermercato m	supermercado m
supermercato (I)	Supermarkt m	supermarket	supermarché m	—	supermercado m
supervisar (P)	überwachen	supervise	surveiller	sorvegliare	vigilar
supervise (E)	überwachen	—	surveiller	sorvegliare	vigilar
superviseren (NL)	überwachen	supervise	surveiller	sorvegliare	vigilar
supervisory board (E)	Aufsichtsrat m	—	conseil de surveillance m	consiglio di sorveglianza m	consejo de administración m

supervisory board

P	NL	SV	PL	CZ	H
preço recomendado m	adviesprijs m	rekommenderat pris	zalecenie cenowe n	cenové doporučení n	ajánlott ár
–	Zwitserland	Schweiz	Szwajcaria f	Švýcarsko n	Svájc
–	Zwitsers	schweizisk	szwajcarski	švýcarský	svájci
Suíça	Zwitserland	Schweiz	Szwajcaria f	Švýcarsko n	Svájc
suíço	Zwitsers	schweizisk	szwajcarski	švýcarský	svájci
Suíça	Zwitserland	Schweiz	Szwajcaria f	Švýcarsko n	Svájc
suíço	Zwitsers	schweizisk	szwajcarski	švýcarský	svájci
–	belastbaar	skattepliktig	podlegający opodatkowaniu	podléhající poplatkům	adóköteles
sujeito a impostos	belastbaar	skattepliktig	podlegający opodatkowaniu	podléhající poplatkům	adóköteles
montante m	bedrag n	summa	kwota f	částka f	összeg
montante do seguro m	verzekerd bedrag n	försäkringssumma	suma ubezpieczenia f	pojistná suma f	biztosítási összeg
montante total m	totaal bedrag n	totalsumma	–	celková částka f	teljes összeg
montante de amortização m	aflosbedrag n	återköpsumma	kwota spłaty f	odstupné n	visszafizetési összeg
montante da factura m	factuurbedrag n	faktureringssumma	suma rachunku f	účetní suma f	számlaösszeg
soma global f	forfaitair bedrag n	ospecificerad summa	kwota ryczałtowa f	paušální částka f	átalányösszeg
ajudas de custo para despesas f/pl	overeengekomen kostenbedrag n	ospecificerat traktamente	ryczałt na wydatki m	paušál pro výlohy m	költségátalány
massa passiva f	passiva n/pl	passiva pl	–	úhrn dluhů m	csődtömeg
montante da factura m	factuurbedrag n	faktureringssumma	–	účetní částka f	számlaösszeg
montante da factura m	factuurbedrag n	faktureringssumma	–	účetní suma f	számlaösszeg
montante total m	totaal bedrag n	totalsumma	suma całkowita f	celková částka f	teljes összeg
montante do seguro m	verzekerd bedrag n	försäkringssumma	–	pojistná suma f	biztosítási összeg
disponível para entrega	leverbaar	på lager	gotowy do dostawy	k dodání	szállítható
fornecedor m	leverancier m	leverantör	dostawca m	dodavatel m	szállító
entrega f	levering f	leverans	dostawa f	dodávka f	szállítás
entrega total f	totale levering f	total leverans	kompletna dostawa f	celková dodávka f	teljes szállítás
montante m	bedrag n	–	kwota f	částka f	összeg
importância em dinheiro f	geldsom f	–	kwota pieniężna f	peněžní obnos m	pénzösszeg
excedente m	zwarte cijfers n/pl	med vinst	strefa zysków f	černé platby f/pl	nyereség
excedente do exercício m	jaaroverschot n	årsöverskott	nadwyżka roczna f	roční přebytek m	évi felosztatlan nyereség
superavit na balança de pagamentos m	overschot op de betalingsbalans n	överskott i betalningsbalansen	nadwyżka bilansu płatniczego f	přebytek platební bilance m	fizetésimérlegtöbblet
–	overschot op de betalingsbalans n	överskott i betalningsbalansen	nadwyżka bilansu płatniczego f	přebytek platební bilance m	fizetésimérlegtöbblet
supermercado m	supermarkt f	snabbköp	supermarket m	supermarket m	szupermarket
supermercado m	supermarkt f	snabbköp	supermarket m	supermarket m	szupermarket
supermercado m	supermarkt f	snabbköp	–	supermarket m	szupermarket
supermercado m	supermarkt f	snabbköp	supermarket m	–	szupermarket
supermercado m	supermarkt f	snabbköp	supermarket m	supermarket m	szupermarket
supermercado m	–	snabbköp	supermarket m	supermarket m	szupermarket
supermercado m	supermarkt f	snabbköp	supermarket m	supermarket m	szupermarket
–	supermarkt f	snabbköp	supermarket m	supermarket m	szupermarket
supermercado m	supermarkt f	snabbköp	supermarket m	supermarket m	szupermarket
–	superviseren	bevaka	nadzorować	hlídat m	felügyel
supervisar	superviseren	bevaka	nadzorować	hlídat m	felügyel
supervisar	–	bevaka	nadzorować	hlídat m	felügyel
conselho fiscal m	raad van toezicht m	företagsstyrelse	rada nadzorcza f	dozorčí rada f	felügyelő bizottság

suplemento

	D	E	F	I	ES
suplemento (ES)	Beilage f	supplement	supplément m	inserto m	—
suplemento (ES)	Zugabe f	extra	prime f	aggiunta f	—
suplemento (ES)	Zulage f	extra pay	prime f	premio m	—
suplemento (ES)	Zuschlag m	extra charge	supplément m	supplemento m	—
suplemento (P)	Beilage f	supplement	supplément m	inserto m	suplemento m
suppléant (F)	Aushilfe f	temporary help	—	aiuto m	ayudante m
supplement (E)	Beilage f	—	supplément m	inserto m	suplemento m
supplément (F)	Beilage f	supplement	—	inserto m	suplemento m
supplément (F)	Zuschlag m	extra charge	—	supplemento m	suplemento m
supplementary payment (E)	Nachzahlung f	—	versement complémentaire m	pagamento supplementare m	pago suplementario m
supplément de fret (F)	Frachtzuschlag m	additional carriage	—	supplemento di nolo m	sobreporte m
supplemento (I)	Zuschlag m	extra charge	supplément m	—	suplemento m
supplemento di nolo (I)	Frachtzuschlag m	additional carriage	supplément de fret m	—	sobreporte m
supplier (E)	Lieferant m	—	fournisseur m	fornitore m	suministrador m
supplier's credit (E)	Lieferantenkredit m	—	crédit de fournisseurs m	credito al fornitore m	crédito comercial m
supply (E)	Versorgung f	—	approvisionnement m	approvvigionamento m	abastecimiento m
support buying (E)	Stützungskauf m	—	achat de soutien m	acquisto di sostegno m	compra de apoyo f
surcharge (E)	Aufschlag m	—	hausse f	aggiunta f	recargo m
surcharge (E)	Aufpreis m	—	surprix m	sovrapprezzo m	sobreprecio m
surendettement (F)	Überschuldung f	excessive indebtedness	—	indebitamento eccessivo m	exceso de deudas m
sürgős(en) (H)	dringend	urgent	urgent	urgente	urgente
su richiesta (I)	auf Abruf	on call	à convenance	—	a requerimiento
surovina (CZ)	Rohstoff m	raw material	matières premières f/pl	materia prima f	materia prima f
surový olej (CZ)	Rohöl n	crude oil	pétrole brut m	petrolio greggio m	crudo m
surowa ropa naftowa (PL)	Rohöl n	crude oil	pétrole brut m	petrolio greggio m	crudo m
surowiec (PL)	Rohstoff m	raw material	matières premières f/pl	materia prima f	materia prima f
surplus (E)	Überschuß m	—	excédent m	eccedenza f	excedente m
surplus dell'anno (I)	Jahresüberschuß m	annual surplus	excédent annuel m	—	superávit del ejercicio m
surprix (F)	Aufpreis m	surcharge	—	sovrapprezzo m	sobreprecio m
sursis de payement (F)	Zahlungsaufschub m	extension of credit	—	dilazione del pagamento f	pago aplazado m
surtido (ES)	Sortiment n	assortment	assortissement m	assortimento m	—
surveiller (F)	überwachen	supervise	—	sorvegliare	vigilar
suscripción (ES)	Abonnement n	subscription	abonnement m	abbonamento m	—
suscripción (ES)	Subskription f	subscription	souscription f	sottoscrizione f	—
suspensão de pagamentos (P)	Zahlungseinstellung f	suspension of payments	suspension de payement f	cessazione dei pagamenti f	suspensión de pagos f
suspensión de pagos (ES)	Zahlungseinstellung f	suspension of payments	suspension de payement f	cessazione dei pagamenti f	—
suspension de payement (F)	Zahlungseinstellung f	suspension of payments	—	cessazione dei pagamenti f	suspensión de pagos f
suspension of payments (E)	Zahlungseinstellung f	—	suspension de payement f	cessazione dei pagamenti f	suspensión de pagos f
sustentação do curso (P)	Kursstützung f	price pegging	soutiens des cours m	difesa dei corsi m	sostén de las cotizaciones m
sustituible (ES)	substituierbar	replaceable	interchangeable	sostituibile	—
sustituto (ES)	Stellvertreter m	deputy	adjoint m	sostituto m	—
suwerenność prawna (PL)	Gesetzgebungshoheit f	legislative sovereignty	autonomie de légifére f	sovranità legislativa f	soberanía legislativa f
Svájc (H)	Schweiz	Switzerland	Suisse f	Svizzera f	Suiza

Svájc

P	NL	SV	PL	CZ	H
suplemento m	bijlage f	bilaga	załącznik m	příloha f	melléklet
bónus m	toegift f	tillägg	dodatek m	přídavek m	ráadás
prémio m	gratificatie f	påökning	dodatek do płacy m	příplatek m	pótlék
taxa suplementar f	toeslag m	tillägg	dopłata f	příplatek m	felár
—	bijlage f	bilaga	załącznik m	příloha f	melléklet
ajudante m/f	hulpkracht f	extraanställd	pracownik pomocniczy m	výpomoc f	kisegítő dolgozó
suplemento m	bijlage f	bilaga	załącznik m	příloha f	melléklet
suplemento m	bijlage f	bilaga	załącznik m	příloha f	melléklet
taxa suplementar f	toeslag m	tillägg	dopłata f	příplatek m	felár
pagamento suplementar m	bijbetaling f	tilläggsbetalning	dopłata f	doplatek m	pótkifizetés
frete adicional m	bevrachtingstoeslag m	frakttillägg	dopłata frachtowa f	dovozní přirážka f	fuvardíjpótlék
taxa suplementar f	toeslag m	tillägg	dopłata f	příplatek m	felár
frete adicional m	bevrachtingstoeslag m	frakttillägg	dopłata frachtowa f	dovozní přirážka f	fuvardíjpótlék
fornecedor m	leverancier m	leverantör	dostawca m	dodavatel m	szállító
crédito do fornecedor m	leverancierskrediet n	leverantörskredit	kredyt u dostawców m	dodavatelský úvěr m	kereskedelmi hitel
aprovisionamento m	bevoorrading f	försörjning	zaopatrzenie n	zásobování n	ellátás
compra sustentatória f	steunaankoop m	stödköp	zakup podtrzymujący m	podpůrný nákup m	támogató vásárlás
sobretaxa f	opslag m	påslag	narzut m	přirážka f	pótdíj
ágio m	toeslag m	påslag	dopłata f	cenová přirážka f	felár
endividamento excessivo m	te zware schuldenlast m	höggradig skuldsättning	nadmierne zadłużenie n	nadměrné zadlužení n	túlzott eladósodás
urgente	dringend	brådskande	pilny	naléhavý	—
a pedido	op afroep	jour	na żądanie	na odvolání	lehívásra
matéria-prima f	grondstof f	råvara	surowiec m	—	nyersanyag
petróleo bruto m	ruwe olie f	råolja	surowa ropa naftowa f	—	nyersolaj
petróleo bruto m	ruwe olie f	råolja	—	surový olej m	nyersolaj
matéria-prima f	grondstof f	råvara	—	surovina f	nyersanyag
excedente m	overschot n	överskott	nadwyżka f	přebytek m	többlet
excedente do exercício m	jaaroverschot n	årsöverskott	nadwyżka roczna f	roční přebytek m	évi felosztatlan nyereség
ágio m	toeslag m	påslag	dopłata f	cenová přirážka f	felár
prorrogação do prazo de pagamento f	uitstel van betaling n	betalningsuppskov	odroczenie terminu płatności n	odklad platby m	fizetési haladék
sortimento m	assortiment n	sortiment	asortyment m	sortiment m	választék
supervisar	superviseren	bevaka	nadzorować	hlídat m	felügyel
subscrição f	abonnement n	abonnemang	abonament m	předplatné n	előfizetés
subscrição f	intekening f	abonnemang	subskrypcja f	subskripce f	jegyzés
—	stopzetting van betaling f	betalningsinställelse	zawieszenie wypłat n	zastavení platby n	fizetés felfüggesztése
suspensão de pagamentos f	stopzetting van betaling f	betalningsinställelse	zawieszenie wypłat n	zastavení platby n	fizetés felfüggesztése
suspensão de pagamentos f	stopzetting van betaling f	betalningsinställelse	zawieszenie wypłat n	zastavení platby n	fizetés felfüggesztése
suspensão de pagamentos f	stopzetting van betaling f	betalningsinställelse	zawieszenie wypłat n	zastavení platby n	fizetés felfüggesztése
—	koersinterventie f	kursstöd	podtrzymywanie kursu n	podpora kursu f	árfolyam-támogatás
substituível	substitueerbaar	utbytbar	zastępowalny	nahraditelný	helyettesíthető
substituto m	assistent m	vice	zastępca m	zástupce m	helyettes
competência legislativa f	wetgevende overheid	legislativ överhöghet	—	legislativní suverenita f	törvényhozási hatalom
Suíça	Zwitserland	Schweiz	Szwajcaria f	Švýcarsko n	—

svájci

	D	E	F	I	ES
svájci (H)	schweizerisch	Swiss	suisse	svizzero	suizo
svalutazione (I)	Abwertung f	devaluation	dévaluation f	—	devaluación f
svantaggio (I)	Nachteil m	disadvantage	désavantage m	—	desventaja f
svapová sazba (CZ)	Swapsatz m	swap rate	taux de swap m	tasso di riporto m	tasa swap f
svar (SV)	Antwort f	reply	réponse f	risposta f	respuesta f
svartarbete (SV)	Schwarzarbeit f	illicit work	travail au noir m	lavoro abusivo m	trabajo clandestino m
svart ekonomi (SV)	Schattenwirtschaft f	shadow economy	économie parallèle f	economia clandestina f	economía sumergida f
svart marknad (SV)	Schwarzmarkt m	black market	marché au noir m	mercato nero m	mercado negro m
svaz (CZ)	Verband m	association	association f	associazione f	asociación f
svedese (I)	schwedisch	Swedish	suédois	—	sueco
svedese (I)	Schwedisch	Swedish	suédois	—	sueco m
svéd (nyelv) (H)	Schwedisch	Swedish	suédois	svedese m	sueco m
Svédország (H)	Schweden	Sweden	Suède f	Svezia f	Suecia
Švédsko (CZ)	Schweden	Sweden	Suède f	Svezia f	Suecia
švédský (CZ)	schwedisch	Swedish	suédois	svedese	sueco
švédština (CZ)	Schwedisch	Swedish	suédois	svedese m	sueco m
svéd(ül) (H)	schwedisch	Swedish	suédois	svedese	sueco
svendita (I)	Ausverkauf m	clearance sale	soldes m/pl	—	liquidación f
svendita di fine stagione (I)	Schlußverkauf m	seasonal sale	vente de fin de saison f	—	venta de liquidación f
svensk (SV)	schwedisch	Swedish	suédois	svedese	sueco
svenska (SV)	Schwedisch	Swedish	suédois	svedese m	sueco m
Sverige (SV)	Schweden	Sweden	Suède f	Svezia f	Suecia
Světová banka (CZ)	Weltbank f	World Bank	banque mondiale f	Banca Mondiale f	Banco Mundial m
světové hospodářství (CZ)	Weltwirtschaft f	world economy	économie mondiale f	economia mondiale f	economía mundial f
světový měnový systém (CZ)	Weltwährungssystem n	international monetary system	système monétaire international m	sistema monetario internazionale m	sistema monetario internacional m
světový obchod (CZ)	Welthandel m	world trade	commerce mondial m	commercio mondiale m	comercio internacional m
Svezia (I)	Schweden	Sweden	Suède f	—	Suecia
sviluppo (I)	Entwicklung f	development	développement m	—	desarrollo m
Svizzera (I)	Schweiz	Switzerland	Suisse f	—	Suiza
svizzero (I)	schweizerisch	Swiss	suisse	—	suizo
svobodný přístav (CZ)	Freihafen	free port	port franc m	porto franco m	puerto franco m
Švýcarsko (CZ)	Schweiz	Switzerland	Suisse f	Svizzera f	Suiza
švýcarský (CZ)	schweizerisch	Swiss	suisse	svizzero	suizo
swapárfolyam (H)	Swapsatz m	swap rate	taux de swap m	tasso di riporto m	tasa swap f
swap rate (E)	Swapsatz m	—	taux de swap m	tasso di riporto m	tasa swap f
Swapsatz (D)	—	swap rate	taux de swap m	tasso di riporto m	tasa swap f
Sweden (E)	Schweden	—	Suède f	Svezia f	Suecia
Swedish (E)	schwedisch	—	suédois	svedese	sueco
Swedish (E)	Schwedisch	—	suédois	svedese m	sueco m
świadczenie (PL)	Leistung f	performance	rendement m	rendimento m	rendimiento m
świadczenie gwarancyjne (PL)	Garantieleistung f	providing of guarantee	fourniture sous garantie f	prestazione in garanzia f	prestación de garantía f
świadczenie socjalne (PL)	Sozialleistung f	social services	prestation sociale f	prestazione sociale f	prestacion social f
świadectwo (PL)	Zeugnis n	letter of reference	certificat m	attestato m	certificado m
świadectwo pochodzenia (PL)	Ursprungszeugnis n	certificate of origin	certificat d'origine m	certificato d'origine m	certificado de origen m
Swing (D)	—	swing	swing m	swing m	swing m
swing (E)	Swing m	—	swing m	swing m	swing m
swing (F)	Swing m	swing	—	swing m	swing m

swing

P	NL	SV	PL	CZ	H
suíço	Zwitsers	schweizisk	szwajcarski	švýcarský	—
desvalorização f	devaluatie f	devalvering	dewaluacja f	snížení hodnoty n	leértékelés
desvantagem f	nadeel n	nackdel	niekorzyść n	nevýhoda f	hátrány
taxa swap f	prolongatierente f	ränteswap	stawka swapowa f	—	swapárfolyam
resposta f	antwoord n	—	odpowiedź f	odpověď f	válasz
trabalho clandestino m	zwartwerk n	—	praca nielegalna f	práce načerno f	feketemunka
economia fantasma f	informele economie f	—	działalność w szarej strefie gospodarczej f	stínová ekonomika f	árnyékgazdaság
mercado negro m	zwarte markt f	—	czarny rynek m	černý trh m	feketepiac
associação f	vereniging f	förbund	związek m	—	szövetség
sueco	Zweeds	svensk	szwedzki	švédský	svéd(ül)
sueco	Zweeds	svenska	język szwedzki m	švédština f	svéd (nyelv)
sueco	Zweeds	svenska	język szwedzki m	švédština f	—
Suécia f	Zweden	Sverige	Szwecja f	Švédsko n	—
Suécia f	Zweden	Sverige	Szwecja f	—	Svédország
sueco	Zweeds	svensk	szwedzki	—	svéd(ül)
sueco	Zweeds	svenska	język szwedzki m	—	svéd (nyelv)
sueco	Zweeds	svensk	szwedzki	švédský	—
liquidação f	totale uitverkoop m	realisation	wyprzedaż f	výprodej m	kiárusítás
venda de fim de estação f	opruiming f	utförsäljning	wyprzedaż sezonowa f	sezónní výprodej m	szezonvégi kiárusítás
sueco	Zweeds	—	szwedzki	švédský	svéd(ül)
sueco	Zweeds	—	język szwedzki m	švédština f	svéd (nyelv)
Suécia f	Zweden	—	Szwecja f	Švédsko n	Svédország
Banco Internacional de Reconstrução e Fomento m	Wereldbank f	Världsbanken	Bank Światowy m	—	Világbank
economia mundial f	wereldeconomie f	världsekonomi	gospodarka światowa f	—	világgazdaság
sistema monetário internacional m	internationaal monetair systeem n	internationellt valutasystem	międzynarodowy system walutowy m	—	nemzetközi pénzügyi rendszer
comércio internacional m	wereldhandel m	världshandel	handel światowy m	—	világkereskedelem
Suécia f	Zweden	Sverige	Szwecja f	Švédsko n	Svédország
desenvolvimento m	ontwikkeling f	utveckling	rozwój m	vývoj m	fejlesztés
Suíça	Zwitserland	Schweiz	Szwajcaria f	Švýcarsko n	Svájc
suíço	Zwitsers	schweizisk	szwajcarski	švýcarský	svájci
porto franco m	vrijhaven f	frihamn	port wolnocłowy m	—	szabadkikötő
Suíça	Zwitserland	Schweiz	Szwajcaria f	—	Svájc
suíço	Zwitsers	schweizisk	szwajcarski	—	svájci
taxa swap f	prolongatierente f	ränteswap	stawka swapowa f	svapová sazba f	—
taxa swap f	prolongatierente f	ränteswap	stawka swapowa f	svapová sazba f	swapárfolyam
taxa swap f	prolongatierente f	ränteswap	stawka swapowa f	svapová sazba f	swapárfolyam
Suécia f	Zweden	Sverige	Szwecja f	Švédsko n	Svédország
sueco	Zweeds	svensk	szwedzki	švédský	svéd(ül)
sueco	Zweeds	svenska	język szwedzki m	švédština f	svéd (nyelv)
desempenho m	prestatie f	prestation	—	výkon m	teljesítmény
prestação de garantia f	garantievergoeding f	garanti	—	poskytnutí záruky n	garanciavállalás
prestação da segurança social f	sociale voorzieningen f/pl	sociala förmåner pl	—	sociální dávka f	szociális juttatás
certificado m	certificaat n	rapport	—	vysvědčení n	bizonyítvány
certificado de origem m	certificaat van oorsprong n	ursprungsbevis	—	osvědčení o původu zboží n	származási bizonyítvány
swing m	swing m	swing	swing m	rozmach m	technikai hitel (klíring)
swing m	swing m	swing	swing m	rozmach m	technikai hitel (klíring)
swing m	swing m	swing	swing m	rozmach m	technikai hitel (klíring)

swing

	D	E	F	I	ES
swing (I)	Swing m	swing	swing m	—	swing m
swing (ES)	Swing m	swing	swing m	swing m	—
swing (P)	Swing m	swing	swing m	swing m	swing m
swing (NL)	Swing m	swing	swing m	swing m	swing m
swing (SV)	Swing m	swing	swing m	swing m	swing m
swing (PL)	Swing m	swing	swing m	swing m	swing m
Swiss (E)	schweizerisch	—	suisse	svizzero	suizo
Switzerland (E)	Schweiz	—	Suisse f	Svizzera f	Suiza
sworn statement (E)	beeidigte Erklärung f	—	déclaration sous serment f	dichiarazione giurata f	declaración jurada f
symulacja procesu decyzyjnego (PL)	Planspiel n	planning game	jeu d'entreprise m	gioco di simulazione imprenditoriale m	simulación f
syndic (E)	Syndikus m	—	conseiller juridique m	consulente legale m	síndico m
syndicat (F)	Gewerkschaft f	trade union	—	sindacato m	sindicato m
syndicus (NL)	Syndikus m	syndic	conseiller juridique m	consulente legale m	síndico m
Syndikus (D)	—	syndic	conseiller juridique m	consulente legale m	síndico m
syndyk (PL)	Syndikus m	syndic	conseiller juridique m	consulente legale m	síndico m
syndyk masy upadłościowej (PL)	Konkursverwalter m	official receiver	liquidateur de la faillite m	curatore fallimentare m	síndico de quiebra m
sysselsättning (SV)	Beschäftigung f	employment	emploi m	occupazione f	ocupación f
sysselsättningsgrad (SV)	Erwerbsquote f	activity rate	taux d'activité m	quota della popolazione attiva f	tasa de la población activa f
sysselsättningsnivå (SV)	Beschäftigungsgrad m	level of employment	taux d'emploi m	tasso d'occupazione m	tasa de empleo f
système des changes flottants (F)	Floating n	floating	—	fluttuazione f	flotación f
système monétaire européen (F)	Europäisches Währungssystem n	European Monetary System	—	Sistema Monetario Europeo m	Sistema Monetario Europeo m
système monétaire international (F)	Weltwährungssystem n	international monetary system	—	sistema monetario internazionale m	sistema monetario internacional m
sytuacja prawna (PL)	Rechtslage f	legal position	situation juridique f	situazione giuridica f	situación jurídica f
sytuacja rynkowa (PL)	Marktlage f	state of the market	situation du marché f	andamento del mercato m	condiciones del mercado f/pl
szabadalmi engedély (H)	Patentlizenz n	patent licence	licence de brevet f	licenza di brevetto f	licencia de patente f
szabadalmi hivatal (H)	Patentamt n	Patent Office	office des brevets m	ufficio brevetti m	oficina del registro de patentes f
szabadalom (H)	Patent n	patent	brevet m	brevetto m	patente f
szabadkereskedelem (H)	Freihandel m	free trade	commerce libre m	libero scambio m	librecambio m
szabadkereskedelmi övezet (H)	Freihandelszone f	free trade zone	zone de libre-échange f	zona di libero scambio f	zona de libre-cambio f
szabadkikötő (H)	Freihafen m	free port	port franc m	porto franco m	puerto franco m
szabadság (H)	Urlaub m	leave	vacances f/pl	vacanze f/pl	vacaciones f/pl
szabadságpénz (H)	Urlaubsgeld n	holiday allowance	prime de vacances f	indennità di ferie f	prima de vacaciones f
szabadtéri reklám (H)	Außenwerbung f	outdoor advertising	publicité extérieure f	pubblicità all'aperto f	publicidad al aire libre f
szabályszerűen (H)	ordnungsgemäß	regular	correctement	regolare	debidamente
szabvány (H)	Norm f	standard	standard m	norma f	norma f
szabvány (H)	Standard m	standard	standard m	standard m	estándar m
szakember (H)	Fachmann m	expert	expert m	perito m	especialista m/f
szakszerűtlen (H)	unsachgemäß	improper	inadapté	non idoneo	inadecuado

szakszerűtlen

P	NL	SV	PL	CZ	H
swing m	swing m	swing	swing m	rozmach m	technikai hitel (klíring)
swing m	swing m	swing	swing m	rozmach m	technikai hitel (klíring)
—	swing m	swing	swing m	rozmach m	technikai hitel (klíring)
swing m	—	swing	swing m	rozmach m	technikai hitel (klíring)
swing m	swing m	—	swing m	rozmach m	technikai hitel (klíring)
swing m	swing m	swing	—	rozmach m	technikai hitel (klíring)
suíço	Zwitsers	schweizisk	szwajcarski	švýcarský	svájci
Suíça	Zwitserland	Schweiz	Szwajcaria f	Švýcarsko n	Svájc
declaração sob juramento f	beëdigde verklaring f	utsaga under ed	oświadczenie pod przysięgą n	přísežné prohlášení n	eskü alatt tett nyilatkozat
jogo de simulação de gestão m	beleidsspel n	beslutsspel	—	plánovaná hra m	döntési játék
conselheiro jurídico m	syndicus m	juridiskt ombud	syndyk m	právní zástupce firmy m	jogtanácsos
sindicato m	vakbond m	fackförening	związek zawodowy m	odbory m/pl	szakszervezet
conselheiro jurídico m	—	juridiskt ombud	syndyk m	právní zástupce firmy m	jogtanácsos
conselheiro jurídico m	syndicus m	juridiskt ombud	syndyk m	právní zástupce firmy m	jogtanácsos
conselheiro jurídico m	syndicus m	juridiskt ombud	—	právní zástupce firmy m	jogtanácsos
administrador de falência m	curator m	konkursförvaltare	—	likvidátor m	csődgondnok
ocupação f	betrekking f	—	zatrudnienie n	zaměstnání n	foglalkoztatás
taxa da população activa f	arbeidsaanbod n	—	stosunek pracujących do populacji m	podíl na zisku m	aktív keresők aránya
taxa de emprego f	graad van tewerkstelling m	—	poziom zatrudnienia m	stupeň zaměstnanosti m	foglalkoztatás szintje
flutuante	zweven n	flytande	płynność kursów walut n	kolísání kursů n	lebegtetés
Sistema Monetário Europeu m	Europees muntsysteem n	europeiska valutasystemet	Europejski System Walutowy m	Evropský měnový systém m	Európai Valutarendszer
sistema monetário internacional m	internationaal monetair systeem n	internationellt valutasystem	międzynarodowy system walutowy m	světový měnový systém m	nemzetközi pénzügyi rendszer
situação jurídica f	rechtspositie f	rättsläge	—	právní stav m	jogi helyzet
situação do mercado f	marktsituatie f	marknadssituation	—	situace na trhu f	piaci helyzet
licença de patente f	octrooilicentie f	patenträtt	licencja patentowa f	patentová licence f	—
repartição de registo de patente f	octrooibureau n	patentverk	urząd patentowy m	patentový úřad m	—
patente f	octrooi n	patent	patent m	patent m	—
comércio livre m	vrijhandel m	frihandel	wolny handel m	volný obchod m	—
zona de comércio livre f	vrijhandelszone f	frihandelsområde	strefa wolnego handlu f	zóna volného obchodu f	—
porto franco m	vrijhaven f	frihamn	port wolnocłowy m	svobodný přístav m	—
férias f/pl	vakantie f	semester	urlop m	dovolená f	—
subsídio de férias m	vakantiegeld n	semesterlön	płaca za czas urlopu f	příplatek na financování dovolené m	—
publicidade externa f	buitenreclame f/m	utomhusannonsering	reklama zewnętrzna	reklama f	—
regular	behoorlijk	i laga ordning	prawidłowo	řádný	—
norma f	norm f	standard	norma f	norma f	—
standard m	standaard m	standard	standard m	standard m	—
especialista m	vakman m	specialist	specjalista m	odborník m	—
impróprio	ondeskundig	inkompetent	nieprawidłowo	nevěcný	—

szakszervezet 974

	D	E	F	I	ES
szakszervezet (H)	Gewerkschaft f	trade union	syndicat m	sindacato m	sindicato m
szállítás (H)	Lieferung f	delivery	livraison f	consegna f	suministro m
szállítás (H)	Transport m	transport	transport m	trasporto m	transporte m
szállítás (előre) fizetve (H)	frachtfrei	freight paid	exempt de frais de transport	franco di nolo	franco de porte
szállítási biztosítás (H)	Transportversicherung f	transport insurance	assurance transports f	assicurazione dei trasporti f	seguro de transporte m
szállítási feltételek (H)	Lieferbedingungen f/pl	conditions of delivery	conditions de livraison f/pl	condizioni di consegna f/pl	condiciones de suministro f/pl
szállítási határidő (H)	Lieferfrist f	term of delivery	délai de livraison m	tempo di consegna m	plazo de entrega m
szállítási határidő (H)	Liefertermin m	date of delivery	délai de livraison m	termine di consegna m	plazo de entrega m
szállítási kár (H)	Transportschaden m	loss on goods in transit	dommage au cours d'un transport m	danno di trasporto m	daño de transporte m
szállítási késedelem (H)	Lieferverzug m	default of delivery	demeure du fournisseur f	mora nella consegna f	demora en la entrega f
szállítási okmányok (H)	Transportpapiere n/pl	transport documents	documents de transport m/pl	documenti di trasporto m/pl	documentos de transporte m/pl
szállítási részleg (H)	Versandabteilung f	dispatch department	service des expéditions m	reparto spedizioni m	departamento de expedición m
szállításra kész (H)	versandbereit	ready for dispatch	prêt pour expédition	pronto per la spedizione	listo para ser expedido
szállítható (H)	lieferbar	available	livrable	consegnabile	suministrable
szállítmány (H)	Speditionsgut n	forwarding goods	bien transporté m	merce spedita f	mercancía transportada f
szállítmányozó (H)	Spediteur m	forwarding agent	commissionnaire de transport m	spedizioniere m	expeditor m
szállító (H)	Lieferant m	supplier	fournisseur m	fornitore m	suministrador m
szállítóeszközök (H)	Transportmittel n/pl	means of transport	moyens de transport m	mezzo di trasporto m	medio de transporte m
szállítójegyzék (H)	Lieferschein m	delivery note	bulletin de livraison m	bolla di consegna f	recibo de entrega m
szállítólevél (H)	Frachtbrief m	consignment note	lettre de voiture f	lettera di vettura f	carta de porte f
szállított csomagok (H)	Frachtstücke n/pl	packages	colis m	colli m/pl	bultos m/pl
számítási hiba (H)	Rechenfehler m	miscalculation	erreur de calcul f	errore di calcolo m	error de cálculo m
számítógép (H)	Computer m	computer	ordinateur m	computer m	ordenador m
számítógépes munka (H)	Bildschirmarbeit f	work at a computer terminal	travail à l'écran m	lavoro a video m	trabajo de pantalla m
számítógépes munkahely (H)	Bildschirmarbeitsplatz m	job working at a computer	poste de travail à l'écran m	posto di lavoro a video m	puesto de trabajo de pantalla m
számla (H)	Faktura f	invoice	facture f	fattura f	factura f
számla (H)	Konto n	account	compte m	conto m	cuenta f
számla (H)	Rechnung f	invoice	facture f	fattura f	factura f
számlakivonat (H)	Kontoauszug m	statement of account	relevé de compte m	estratto conto m	extracto de cuenta m
számlanyitás (H)	Kontoeröffnung f	opening of an account	ouverture de compte f	accensione di un conto f	apertura de una cuenta f
számlaösszeg (H)	Rechnungsbetrag m	invoice total	montant de la facture m	ammontare della fattura m	importe de la factura m
számlaösszeg (H)	Rechnungssumme f	invoice amount	montant de la facture m	importo della fattura m	suma de la factura f
számlaszám (H)	Kontonummer f	account number	numéro de compte m	numero di conto m	número de cuenta m
számlaszám (H)	Rechnungsnummer f	invoice number	numéro de la facture m	numero della fattura m	número de la factura m
számlatulajdonos (H)	Kontoinhaber m	account holder	titulaire d'un compte m	titolare del conto m	titular de una cuenta m
számlavezetés (H)	Kontoführung f	keeping of an account	tenue de compte f	tenuta di un conto f	administración de una cuenta f
számlavezetési költségek (H)	Kontogebühren f/pl	bank charges	frais de tenue de compte m/pl	comissioni di gestione di un conto m/pl	gastos de administración de una cuenta m/pl

számlavezetési költségek

P	NL	SV	PL	CZ	H
sindicato m	vakbond m	fackförening	związek zawodowy m	odbory m/pl	—
entrega f	levering f	leverans	dostawa f	dodávka f	—
transporte m	transport n	transport	transport m	doprava f	—
isento de frete m	vrachtvrij	fri frakt	fracht zapłacony	přeprava placena f	—
seguro de transporte m	transportverzekering f	transportförsäkring	ubezpieczenie transportowe n	dopravní pojištění n	—
condições de entrega f/pl	leveringsvoorwaarden f	leveransvillkor	warunki dostawy m/pl	dodací podmínky f/pl	—
prazo de entrega m	leveringstermijn m	leveranstid	termin dostawy m	dodací lhůta f	—
data de entrega f	leveringstermijn m	leveransdatum	termin dostawy m	dodací termín m	—
danos de transporte m/pl	transportschade f	transportskada	szkoda w czasie transportu f	škoda vzniklá při dopravě f	—
atraso no fornecimento m	achterstand van de leveringen m	försenad leverans	opóźnienie dostawy n	prodlení v dodávce n	—
guias de transporte f/pl	transportdocumenten n/pl	transporthandlingar pl	dokumenty transportowe m/pl	přepravní dokumenty m/pl	—
departamento de expedição m	expeditieafdeling f	leveransavdelning	wydział ekspedycji m	expediční oddělení n	—
pronto para ser expedido	klaar voor verzending	färdig för leverans	gotowy do wysyłki	připravený k expedici	—
disponível para entrega	leverbaar	på lager	gotowy do dostawy	k dodání	—
mercadoria expedida f	verzendingsgoed n	fraktgods	fracht spedycyjny m	zasílané zboží n	—
expedidor m	expediteur m	speditör	spedytor m	zasílatel m	—
fornecedor m	leverancier m	leverantör	dostawca m	dodavatel m	—
meios de transporte m/pl	transportmiddelen n/pl	transportmedel	środki transportu m/pl	dopravní prostředky m/pl	—
guia de remessa f	afleveringsbewijs n	följesedel	dowód dostawy m	dodací list m	—
documento de consignação m	vrachtbrief m	fraktsedel	list przewozowy m	nákladní list m	—
peças de frete f/pl	vrachtstuk n	kolli pl	liczba jednostek przewożonych f	přepravní kus m	—
erro de cálculo m	rekenfout f	felkalkyl	błąd obliczeniowy m	početní chyba f	—
computador m	computer m	dator	komputer m	počítač m	—
trabalho com ecrã m	werk aan het beeldscherm n	bildskärmsarbete	praca przy ekranie komputera f	práce na počítači f	—
posto de trabalho com ecrã m	arbeidsplaats waar iemand werkt met een computer f/m	bildskärmsarbetsplats	praca przy komputerze f	pracoviště vybavené počítačem n	—
factura f	factuur f	faktura	faktura k	faktura f	—
conta f	rekening f	konto	konto n	účet m	—
factura f	factuur f	faktura	rachunek m	účet m	—
extracto de conta m	rekeninguittreksel n	kontoutdrag	wyciąg z konta m	výpis z účtu m	—
abertura de conta f	het openen van een rekening n	kontoöppnande	otwarcie konta n	otevření účtu n	—
montante da factura m	factuurbedrag n	faktureringssumma	suma rachunku f	účetní částka f	—
montante da factura m	factuurbedrag n	faktureringssumma	suma rachunku f	účetní suma f	—
número de conta m	rekeningnummer n	kontonummer	numer konta m	číslo účtu n	—
número da factura m	factuurnummer n	fakturanummer	numer rachunku m	číslo účtu n	—
titular da conta m	rekeninghouder m	kontoinnehavare	właściciel konta m	vlastník účtu m	—
administração de conta f	het bijhouden van een rekening n	kontoföring	prowadzenie konta n	vedení účtu n	—
custos da conta bancária m/pl	rekeningkosten m/pl	bankavgifter pl	opłaty za prowadzenie konta f/pl	poplatky za vedení účtu m/pl	—

számlavezető bank 976

	D	E	F	I	ES
számlavezető bank (H)	Hausbank f	company's bank	banque habituelle f	banca di preferenza f	banco particular m
számlázás (H)	Fakturierung f	making out an invoice	facturation f	fatturazione f	facturación f
számlázás (H)	Rechnungsstellung f	invoicing	établissement d'une facture m	fatturazione f	facturación f
számvitel (H)	Rechnungswesen n	accountancy	comptabilité f	ragioneria f	contabilidad f
szanálása (H)	Sanierung	reorganisation	redressement m	risanamento m	reorganización f
származási bizonyítvány (H)	Ursprungszeugnis n	certificate of origin	certificat d'origine m	certificato d'origine m	certificado de origen m
szavatosság (H)	Gewährleistung f	warranty	garantie f	garanzia f	garantía f
szavatosság nélkül (H)	ohne Gewähr	without guarantee	sous toute réserve	senza garanzia	sin garantía
szavazati jog (H)	Stimmrecht n	right to vote	droit de vote m	diritto al voto m	derecho a voto m
szavazattöbbség (H)	Stimmenmehrheit f	majority of votes	majorité des voix f	maggioranza dei voti f	mayoría de votos f
százalék (H)	Prozent n	per cent	pour-cent m	percento m	por ciento m
százalékos arány (H)	Prozentsatz m	percentage	pourcentage m	percentuale f	porcentaje m
szef (PL)	Chef m	head	chef m	capo m	jefe m
széf (H)	Safe m	safe	coffre-fort m	cassetta di sicurezza f	caja de seguridad f
személyi kölcsön (H)	Personalkredit m	personal loan	crédit personnel m	credito al personale m	crédito personal m
személyzet (H)	Belegschaft f	staff	personnel m	personale m	plantilla f
személyzet (H)	Personal n	staff	personnel m	personale m	personal m
személyzeti iroda (H)	Personalbüro m	personnel office	bureau du personnel m	ufficio del personale m	oficina de personal f
szerkezet (H)	Struktur f	structure	structure f	struttura f	estructura f
szervezet (H)	Organisation f	organisation	organisation f	organizzazione f	organización f
szerződés (H)	Vertrag m	contract	contrat m	contratto m	contrato m
szerződési feltétel (H)	Vertragsbedingung f	conditions of a contract	condition du contrat f	condizione contrattuale f	condiciones contractuales f/pl
szerződési feltételek (H)	Geschäftsbedingungen	terms and conditions of business	conditions commerciales f/pl	condizioni contrattuali f/pl	condiciones de contrato f/pl
szerződéskötés (H)	Vertragsabschluß m	conclusion of a contract	conclusion du contrat f	stipulazione del contratto f	conclusión de un contrato f
szerződésmódosítás (H)	Vertragsänderung f	amendment of a contract	modification du contrat f	modificazione del contratto f	modificación de contrato f
szerződésszegés (H)	Vertragsbruch m	breach of contract	violation de contrat f	inadempienza contrattuale f	ruptura de contrato f
szerződés tartama (H)	Vertragsdauer f	term of a contract	durée du contrat f	durata del contratto f	duración del contrato f
szerzői jog (H)	Urheberrecht n	copyright	droit d'auteur m	diritto d'autore m	derechos de autor m/pl
szezonális ingadozások (H)	Saisonschwankungen f/pl	seasonal fluctuations	variations saisonnières f/pl	oscillazioni stagionali f/pl	oscilaciones estacionales f/pl
szezonvégi kiárusítás (H)	Schlußverkauf m	seasonal sale	vente de fin de saison f	svendita di fine stagione f	venta de liquidación f
szigorúan bizalmas (H)	streng vertraulich	strictly confidential	strictement confidentiel	strettamente confidenziale	absolutamente confidencial
színlelt ügylet (H)	Scheingeschäft f	fictitious transaction	opération fictive f	negozio simulato m	operación ficticia f
szkoda (PL)	Schaden m	damage	dommage m	danno m	daño m
szkoda w czasie transportu (PL)	Transportschaden m	loss on goods in transit	dommage au cours d'un transport m	danno di trasporto m	daño de transporte m
szkody następcze (PL)	Folgeschäden m/pl	consequential damages	dommages consécutifs m/pl	danni indiretti m/pl	daño consecuencial m
szóbeli (H)	mündlich	verbal	oralement	verbale	oral
szociális juttatás (H)	Sozialleistung f	social services	prestation sociale f	prestazione sociale f	prestacion social f
szociális piacgazdaság (H)	soziale Marktwirtschaft f	social market economy	économie sociale du marché f	economia sociale di mercato f	economía de mercado social m
szociális segély (H)	Sozialhilfe f	welfare	aide sociale f	assistenza sociale f	ayuda social f

szociális segély

P	NL	SV	PL	CZ	H
banco habitual da empresa m	huisbank f/m	företagsbank	bank firmowy m	banka společnosti f	—
facturação f	facturering f	fakturering	fakturowanie n	fakturace f	—
facturação f	facturering f	fakturering	fakturowanie n	účtování n	—
contabilidade f	bedrijfsadministratie f	redovisning	rachunkowość f	účetnictví n	—
reorganização f	sanering f	sanering	reorganizacja przedsiębiorstwa f	sanace f	—
certificado de origem m	certificaat van oorsprong n	ursprungsbevis	świadectwo pochodzenia n	osvědčení o původu zboží n	—
garantia f	waarborg m	garanti	gwarancja F	záruka f	—
sem garantia	zonder waarborg van onzentwege	ansvaras ej	bez gwarancji	bez záruky f	—
direito de voto m	stemrecht n	rösträtt	prawo głosu n	hlasovací právo n	—
maioria de votos f	meerderheid van stemmen f	röstmajoritet	większość głosów f	hlasovací většina f	—
por cento	procent n	procent	procent m	procento n	—
percentagem f	percentage n	procentsats	stawka procentowa f	procentní sazba f	—
chefe m	chef m	chef	—	ředitel m	vezető
cofre-forte m	safe m	kassafack	sejf m	bezpečnostní schránka f	—
crédito pessoal m	persoonlijk krediet n	personallån	kredyt osobisty m	osobní úvěr m	—
pessoal m	personeel n	personal	załoga f	zaměstnanci podniku m/pl	—
pessoal m	personeel n	personal	personel m	zaměstnanci m/pl	—
departamento de recursos humanos m	personeelsbureau n	personalavdelning	dział kadr m	osobní oddělení n	—
estrutura f	structuur f	struktur	struktura f	struktura f	—
organização f	organisatie f	organisation	organizacja f	organizace f	—
contrato m	overeenkomst f	avtal	umowa f	smlouva f	—
condições do contrato f/pl	overeengekomen clausule f	avtalsvillkor	warunek umowy m	smluvní podmínka f	—
condições do contrato f/pl	verkoopsvoorwaarden f/pl	affärsvillkor	warunki handlowe m/pl	obchodní podmínky f/pl	—
conclusão de um contrato f	sluiten van een overeenkomst n	avtalsskrivning	zawarcie umowy n	uzavření smlouvy n	—
modificação do contrato f	wijziging van het contract f	avtalsändring	zmiana umowy f	změna smlouvy n	—
lesão do contrato f	contractbreuk f	avtalsbrott	zerwanie umowy n	porušení smlouvy n	—
duração do contrato f	duur van een contract m	avtalsperiod	czas trwania umowy m	doba platnosti smlouvy f	—
direitos do autor m/pl	auteursrecht n	upphovsmannarätt	prawo autorskie m	autorské právo n	—
oscilações sazonais f/pl	seizoenschommelingen f/pl	säsongvariationer pl	fluktuacje sezonowe f/pl	sezonní výkyvy m/pl	—
venda de fim de estação f	opruiming f	utförsäljning	wyprzedaż sezonowa f	sezónní výprodej m	—
estritamente confidencial	strikt vertrouwelijk	konfidentiellt	ściśle poufne	přísně důvěrné	—
operação fictícia f	schijnkoop m	skentransaktion	transakcja fikcyjna f	fiktivní obchod f	—
dano m	schade f	skada	—	škoda f/pl	kár
danos de transporte m/pl	transportschade f	transportskada	—	škoda vzniklá při dopravě f	szállítási kár
danos consecutivos m/pl	gevolgschade f	följdskada	—	následné škody f/pl	következményes kár
verbal	mondeling	muntlig	ustnie	ústní	—
prestação da segurança social f	sociale voorzieningen f/pl	sociala förmåner pl	świadczenie socjalne n	sociální dávka f	—
economia de mercado social f	sociale markteconomie f	social marknadsekonomi	socjalna gospodarka rynkowa f	sociální tržní hospodářství n	—
assistência social f	maatschappelijke zekerheid f	socialhjälp	pomoc społeczna f	sociální pomoc f	—

szolgálati gépkocsi 978

	D	E	F	I	ES
szolgálati gépkocsi (H)	Dienstwagen m	company car	voiture de service f	macchina di servizio f	coche de servicio m
szolgáltatás (H)	Dienstleistung f	service	prestation de service f	prestazione di servizio m	prestación de servicio f
szövegszerkesztés (H)	Textverarbeitung f	word processing	traitement de texte f	elaborazione testi f	tratamiento de textos m
szövetkezet (H)	Genossenschaft f	co-operative	société coopérative f	cooperativa f	sociedad cooperativa f
szövetség (H)	Verband m	association	association f	associazione f	asociación f
szpiegostwo przemysłowe (PL)	Industriespionage f	industrial espionage	espionnage industriel m	spionaggio industriale m	espionaje industrial m
sztabka złota (PL)	Goldbarren m	gold bar	lingot d'or m	lingotto d'oro m	lingote de oro m
sztrájk (H)	Streik m	strike	grève f	sciopero m	huelga f
szűkös (H)	knapp	scarce	rare	scarso	escaso
szükséglet (H)	Bedarf m	need	besoin m	fabbisogno m	necesidades f/pl
szükségletelemzés (H)	Bedarfsanalyse f	analysis of requirements	analyse des besoins m	analisi del fabbisogno f	análisis de las necesidades m
születési hely (H)	Geburtsort m	place of birth	lieu de naissance m	luogo di nascita m	lugar de nacimiento m
születési idő (H)	Geburtsdatum n	date of birth	date de naissance f	data di nascita f	fecha de nacimiento f
születésnap (H)	Geburtstag m	birthday	anniversaire m	compleanno m	día de nacimiento m
szupermarket (H)	Supermarkt m	supermarket	supermarché m	supermercato m	supermercado m
Szwajcaria (PL)	Schweiz	Switzerland	Suisse f	Svizzera f	Suiza
szwajcarski (PL)	schweizerisch	Swiss	suisse	svizzero	suizo
Szwecja (PL)	Schweden	Sweden	Suède f	Svezia f	Suecia
szwedzki (PL)	schwedisch	Swedish	suédois	svedese	sueco
tabel (NL)	Tabelle f	table	tableau m	tabella f	tabla f
tabela (P)	Tabelle f	table	tableau m	tabella f	tabla f
tabela (PL)	Tabelle f	table	tableau m	tabella f	tabla f
tabell (SV)	Tabelle f	table	tableau m	tabella f	tabla f
tabella (I)	Tabelle f	table	tableau m	—	tabla f
Tabelle (D)	—	table	tableau m	tabella f	tabla f
tabla (ES)	Tabelle f	table	tableau m	tabella f	—
táblázat (H)	Tabelle f	table	tableau m	tabella f	tabla f
table (E)	Tabelle f	—	tableau m	tabella f	tabla f
tableau (F)	Tabelle f	table	—	tabella f	tabla f
tabulka (CZ)	Tabelle f	table	tableau m	tabella f	tabla f
tackbrev (SV)	Dankschreiben n	letter of thanks	lettre de remerciement f	lettera di ringraziamento f	carta de agradecimiento f
täckning (SV)	Deckung f	cover	couverture f	copertura f	cobertura f
täckningsbekräftelse (SV)	Deckungszusage f	confirmation of cover	acceptation de prendre le risque en charge f	impegno di copertura m	nota de aceptación de cobertura f
täckningsbidrag (SV)	Deckungsbeitrag m	contribution margin	marge sur coût variable f	contributo per copertura m	aportación de cobertura f
Tageswert (D)	—	current value	valeur du jour f	valore del giorno m	valor del día m
taggyűlés (H)	Gesellschafterversammlung f	meeting of shareholders	assemblée des associés f	assemblea dei soci f	junta social f
täglich (D)	—	daily	quotidien	giornaliero	diario
Tagung (D)	—	meeting	congrès m	congresso m	reunión f
tajemnica bankowa (PL)	Bankgeheimnis n	banking secrecy	secret bancaire m	segreto bancario m	secreto bancario m
tajemnica zakładowa (PL)	Betriebsgeheimnis n	trade secret	secret d'entreprise m	segreto aziendale m	secreto empresarial m
tajemník (CZ)	Sekretär m	secretary	secrétaire m	segretario m	secretario m
takarékbetétek (H)	Spareinlagen f/pl	savings deposits	dépôt d'épargne m	depositi di risparmio m/pl	depósitos de ahorro m/pl
takarékpénztár (H)	Sparkasse f	savings bank	Caisse d'Epargne f	cassa di risparmio f	caja de ahorros f
takeover of a business (E)	Geschäftsübernahme f	—	reprise d'une affaire f	rilievo di un'azienda m	adquisición de una empresa f

takeover of a business

P	NL	SV	PL	CZ	H
carro de serviço m	bedrijfswagen m	tjänstebil	samochód służbowy m	služební vůz m	—
prestação de serviço f	dienstverlening f	service	usługa f	služba f	—
edição de texto f	tekstverwerking f	ordbehandling	elektroniczne opracowanie tekstu n	zpracování textu n	—
cooperativa f	coöperatieve vereniging f	kooperativ	spółdzielnia f	družstvo n	—
associação f	vereniging f	förbund	związek m	svaz m	—
espionagem industrial f	bedrijfsspionage f	industrispionage	—	průmyslová špionáž f	ipari kémkedés
barra de ouro f	goudstaaf f	guldtacka	—	zlatý prut m	aranyrúd
greve f	staking f	strejk	strajk m	stávka f	—
escasso	schaars	knapp	w niedoborze	těsný	—
necessidade f	behoefte f	behov	zapotrzebowanie n	potřeba f	—
análise das necessidades f	behoefteanalyse f	behovsanalys	analiza potrzeb f	analýza potřeb f/pl	—
local de nascimento m	geboorteplaats f	födelseort	miejsce urodzenia n	místo narození n	—
data de nascimento f	geboortedatum m	födelsedatum	data urodzenia f	datum narození n	—
aniversário m	verjaardag m	födelsedag	data urodzenia f	narozeniny pl	—
supermercado m	supermarkt f	snabbköp	supermarket m	supermarket m	—
Suíça	Zwitserland	Schweiz	—	Švýcarsko n	Svájc
suíço	Zwitsers	schweizisk	—	švýcarský	svájci
Suécia f	Zweden	Sverige	—	Švédsko n	Svédország
sueco	Zweeds	svensk	—	švédský	svéd(ül)
tabela f	—	tabell	tabela f	tabulka f	táblázat
—	tabel f	tabell	tabela f	tabulka f	táblázat
tabela f	tabel f	tabell	—	tabulka f	táblázat
tabela f	tabel f	—	tabela f	tabulka f	táblázat
tabela f	tabel f	tabell	tabela f	tabulka f	táblázat
tabela f	tabel f	tabell	tabela f	tabulka f	táblázat
tabela f	tabel f	tabell	tabela f	tabulka f	táblázat
tabela f	tabel f	tabell	tabela f	tabulka f	—
tabela f	tabel f	tabell	tabela f	tabulka f	táblázat
tabela f	tabel f	tabell	tabela f	tabulka f	táblázat
tabela f	tabel f	tabell	tabela f	—	táblázat
carta de agradecimento f	bedankbrief m	—	pismo dziękczynne n	děkovné psaní n	köszönőlevél
cobertura f	dekking f	—	pokrycie n	krytí n	fedezet
confirmação do seguro f	bewijs van dekking n	—	przyrzeczenie pokrycia szkody n	příslib krytí m	fedezeti ígérvény
margem de contribuição f	dekkingsbijdrage f	—	wkład działu na pokrycie kosztów m	krytí vlastních nákladů m	fedezeti összeg
valor do dia m	dagwaarde f	dagskurs	oferta dnia f	denní hodnota f	folyó érték
assembleia geral dos accionistas f	aandeelhoudersvergadering f	bolagsstämma	zgromadzenie wspólników n	valná hromada společníků f	—
diariamente	dagelijks	dagligen	codziennie	denní	naponta
reunião f	zitting f	möte	konferencja f	zasedání n	ülés
sigilo bancário m	bankgeheim n	banksekretess	—	bankovní tajemství n	banktitok
sigilo comercial m	fabrieksgeheim n	affärshemlighet	—	výrobní tajemství n	üzemi titok
secretário m	secretaris m	sekreterare	sekretarz m	—	titkár
depósito de poupanças m	spaarbankinleggingen f/pl	sparkapital	wkłady oszczędnościowe m/pl	spořitelní vklady m/pl	—
caixa económica f	spaarkas f	sparbank	kasa oszczędnościowa f	spořitelna f	—
aquisição de uma empresa f	overname van een zaak f	företagsövertagande	przejęcie firmy n	přejímka obchodu f	vállalatvásárlás

tak van de economie

	D	E	F	I	ES
tak van de economie (NL)	Wirtschaftszweig m	field of the economy	secteur économique m	settore economico m	ramo económico m
tallone aureo (I)	Goldstandard m	gold standard	étalon or m	—	patrón-oro m
talonario de cheques (ES)	Scheckheft n	cheque book	carnet de chèques m	blocchetto degli assegni m	—
talony na benzynę (PL)	Benzingutscheine m/pl	petrol voucher	bon d'essence m	buoni benzina m/pl	bono de gasolina m
támogatás (H)	Förderung f	promotion	promotion f	promozione f	promoción f
támogató vásárlás (H)	Stützungskauf m	support buying	achat de soutien m	acquisto di sostegno m	compra de apoyo f
tanácsadás (H)	Beratung f	advice	consultation f	consulenza f	asesoramiento m
tantiema (PL)	Tantieme f	percentage of profits	tantième m	percentuale d'interessenza f	tanto por ciento m
Tantieme (D)	—	percentage of profits	tantième m	percentuale d'interessenza f	tanto por ciento m
tantième (F)	Tantieme f	percentage of profits	—	percentuale d'interessenza f	tanto por ciento m
tantième (NL)	Tantieme f	percentage of profits	tantième m	percentuale d'interessenza f	tanto por ciento m
tanto por ciento (ES)	Tantieme f	percentage of profits	tantième m	percentuale d'interessenza f	—
tanúsítvány (H)	Zertifikat n	certificate	certificat m	certificato m	certificado m
Tara (D)	—	tare	tare f	tara f	tara f
tara (I)	Tara f	tare	tare f	—	tara f
tara (ES)	Tara f	tare	tare f	tara f	—
tara (P)	Tara f	tare	tare f	tara f	tara f
tara (SV)	Tara f	tare	tare f	tara f	tara f
tara (PL)	Tara f	tare	tare f	tara f	tara f
tára (CZ)	Tara f	tare	tare f	tara f	tara f
tarare (I)	eichen	gauge	jauger	—	contrastar
tare (E)	Tara f	—	tare f	tara f	tara f
tare (F)	Tara f	tare	—	tara f	tara f
target calculation (E)	Plankalkulation f	—	calcul des coûts prévisionnels m	calcolo pianificato m	cálculo de los objetivos m
target figures (E)	Sollzahlen f/pl	—	chiffres prévisionnels m/pl	cifre calcolate f/pl	cifras estimadas f/pl
target group (E)	Zielgruppe f	—	groupe cible m	gruppo target m	grupo destinatario m
targi (PL)	Messe f	fair	foire f	fiera f	feria f
targi wzorcowe (PL)	Mustermesse f	samples fair	foire d'échantillons f	fiera campionaria f	feria de muestras f
targowisko hurtowe (PL)	Großmarkt m	wholesale market	marché de gros m	mercato all'ingrosso m	hipermercado m
tárgyal (H)	verhandeln	negotiate	négocier	negoziare	negociar
tárgyalás (H)	Verhandlung f	negotiation	négociation f	trattativa f	negociación f
tárgyalási alap (H)	Verhandlungsbasis f	basis for negotiation	terrain de négociation m	base delle trattative f	precio a negociar m
tárgyi eszközök (H)	Sachanlagen f/pl	fixed assets	immobilisations corporelles f/pl	immobilizzazioni f/pl	inversión en inmuebles y utillaje m/pl
tárgyi eszközök (H)	Sachvermögen n	material assets	biens corporels m/pl	capitale reale m	patrimonio real m
tarief (NL)	Tarif m	tariff	tarif m	tariffa f	tarifa f
tariefakkoord (NL)	Zollabkommen n	customs convention	accord douanier m	accordo sulle tariffe	convenio aduanero m
Tarif (D)	—	tariff	tarif m	tariffa f	tarifa f
tarif (F)	Tarif m	tariff	—	tariffa f	tarifa f
tarifa (ES)	Tarif m	tariff	tarif m	tariffa f	—
tarifa (P)	Tarif m	tariff	tarif m	tariffa f	tarifa f
tarifa (H)	Tarif m	tariff	tarif m	tariffa f	tarifa f
tarifa aduaneira (P)	Zolltarif m	customs tariff	tarif des douanes m	tariffa doganale f	tarifa arancelaria f
tarifa arancelaria (ES)	Zolltarif m	customs tariff	tarif des douanes m	tariffa doganale f	—
tarifa de comércio (P)	Gütertarif m	goods tariff	tarif marchandises m	tariffa merci f	tarifa de transporte f

tarifa de comércio

P	NL	SV	PL	CZ	H
sector económico m	—	bransch	branża gospodarcza f	hospodářské odvětví n	gazdasági ág
padrão-ouro m	goudstandaard m	guldstandard	waluta złota f	zlatý standard m	aranyalap
caderneta de cheques f	chequeboek n	checkhäfte	książeczka czekowa f	šeková knížka f	csekkfüzet
senhas de gasolina f/pl	benzinebon m	bensinkupong	—	poukázky na benzin f/pl	benzinjegyek
promoção f	vordering f	främjande	promocja f	podpora f	—
compra sustentatória f	steunaankoop m	stödköp	zakup podtrzymujący m	podpůrný nákup m	—
consulta f	beraadslaging f	rådgivning	konsultacja f	porada f	—
percentagem f	tantième n	vinstandel	—	podíl na zisku m	jutalék
percentagem f	tantième n	vinstandel	tantiema f	podíl na zisku m	jutalék
percentagem f	tantième n	vinstandel	tantiema f	podíl na zisku m	jutalék
percentagem f	—	vinstandel	tantiema f	podíl na zisku m	jutalék
percentagem f	tantième n	vinstandel	tantiema f	podíl na zisku m	jutalék
certificado m	certificaat n	certifikat	certyfikat m	certifikát m	—
tara f	tarra f	tara	tara f	tára f	göngyölegsúly
tara f	tarra f	tara	tara f	tára f	göngyölegsúly
tara f	tarra f	tara	tara f	tára f	göngyölegsúly
—	tarra f	tara	tara f	tára f	göngyölegsúly
tara f	tarra f	—	tara f	tára f	göngyölegsúly
tara f	tarra f	tara	—	tára f	göngyölegsúly
tara f	tarra f	tara	tara f	—	göngyölegsúly
aferir	ijken	justera	cechowanie n	cejchovat	hitelesít
tara f	tarra f	tara	tara f	tára f	göngyölegsúly
tara f	tarra f	tara	tara f	tára f	göngyölegsúly
cálculo dos objectivos m	berekening van de kosten f	budgetkalkyl	kalkulacja planowa f	plánovaná kalkulace f	tervszámítás
valores estimados m/pl	streefcijfers n/pl	beräknade siffror pl	liczby zadane f/pl	plánovaná čísla n/pl	tervszámok
grupo objectivo m	doelgroep f	målgrupp	grupa docelowa f	cílová skupina f	célcsoport
feira f	jaarbeurs f	mässa	—	veletrh m	vásár
feira de amostras f	monsterbeurs f	industrimässa	—	vzorkový veletrh m	kereskedelmi vásár
mercado central m	groothandel m	stormarknad	—	velkoobchodní trh m	nagybani piac
negociar	onderhandelen	förhandla	negocjować <wynegocjować>	jednat	—
negociação f	onderhandeling f	förhandling	negocjacja f	jednání n	—
preço a negociar m	onderhandelingsbasis f	förhandlingsbas	siła przetargowa f	základna jednání f	—
capital imobilizado m	vaste activa pl	fasta tillgångar pl	majątek trwały m	věcné investice f/pl	—
bens corpóreos m/pl	vaste activa pl	realkapital	majątek rzeczowy m	věcný majetek m	—
tarifa f	—	tariff	taryfa f	sazba f	tarifa
convenção aduaneira f	—	tullavtal	Układ w Sprawie Ceł m	celní dohoda f	vámegyezmény
tarifa f	tarief n	tariff	taryfa f	sazba f	tarifa
tarifa f	tarief n	tariff	taryfa f	sazba f	tarifa
tarifa f	tarief n	tariff	taryfa f	sazba f	tarifa
—	tarief n	tariff	taryfa f	sazba f	tarifa
tarifa f	tarief n	tariff	taryfa f	sazba f	—
—	douanetarief n	tulltariff	taryfa celna f	celní sazba f	vámtarifa
tarifa aduaneira f	douanetarief n	tulltariff	taryfa celna f	celní sazba f	vámtarifa
—	goederentarief n	godstariff	taryfa towarowa f	sazba zboží f	árudíjszabás

tarifa de transporte

	D	E	F	I	ES
tarifa de transporte (ES)	Gütertarif m	goods tariff	tarif marchandises m	tariffa merci f	—
tarifa gratuita (ES)	Nulltarif m	nil tariff	tarif gratuit m	tariffa gratuita f	—
tarifa gratuita (P)	Nulltarif m	nil tariff	tarif gratuit m	tariffa gratuita f	tarifa gratuita f
tarifas alfandegárias não pagas (P)	unverzollt	duty-free	non dédouané	non sdoganato	aduana aparte
tarifas alfandegárias pagas (P)	verzollt	duty-paid	dédouané	sdoganato	aranceles pagados
tarif des douanes (F)	Zolltarif m	customs tariff	—	tariffa doganale f	tarifa arancelaria f
tariff (E)	Tarif m	—	tarif m	tariffa f	tarifa f
tariff (SV)	Tarif m	tariff	tarif m	tariffa f	tarifa f
tariffa (I)	Tarif m	tariff	tarif m	—	tarifa f
tariffa doganale (I)	Zolltarif m	customs tariff	tarif des douanes m	—	tarifa arancelaria f
tariffa gratuita (I)	Nulltarif m	nil tariff	tarif gratuit m	—	tarifa gratuita f
tariffa merci (I)	Gütertarif m	goods tariff	tarif marchandises m	—	tarifa de transporte f
tarif gratuit (F)	Nulltarif m	nil tariff	—	tariffa gratuita f	tarifa gratuita f
Tariflohn (D)	—	standard wages	salaire conventionnel m	retribuzione contrattuale f	salario según convenio colectivo
tarif marchandises (F)	Gütertarif m	goods tariff	—	tariffa merci f	tarifa de transporte f
tarifní mzda (CZ)	Tariflohn m	standard wages	salaire conventionnel m	retribuzione contrattuale f	salario según convenio colectivo
Tarifpartner (D)	—	parties to a collective wage agreement	signataires d'une convention collective m/pl	parti stipulanti un contratto collettivo f/pl	parte contratante en un convenio colectivo f
Tarifvertrag (D)	—	collective agreement	convention	accordo collettivo m	contrato
tarjeta cheque (ES)	Scheckkarte f	cheque card	carte d'identité eurochèque f	carta-assegni f	—
tarjeta de crédito (ES)	Kreditkarte n	credit card	carte accréditive f	carta di credito f	—
tarjeta postal (ES)	Postkarte f	postcard	carte postale f	cartolina postale f	—
tarra (NL)	Tara f	tare	tare f	tara f	tara f
társadalmi termék (H)	Sozialprodukt n	national product	produit national m	prodotto nazionale m	producto nacional m
társaság (H)	Sozietät f	partnership	cabinet de groupe m	associazione f	sociedad f
társasági adó (H)	Körperschaftsteuer f	corporation tax	taxe sur les sociétés f	imposta sul reddito delle società f	impuesto de corporaciones m
társasági jog (H)	Aktienrecht n	company law	loi sur les sociétés anonymes f	diritto azionario m	derecho de sociedades anónimas m
társasági szerződés (H)	Gesellschaftsvertrag m	deed of partnership	acte de société m	atto costitutivo m	contrato social
társasági törvény (H)	Aktiengesetz n	Companies Act	législation des sociétés anonymes f	legge sulle società per azioni f	ley sobre sociedades anónimas f
társasági vagyon (H)	Gesellschaftsvermögen	company assets	patrimoine social m	patrimonio sociale m	patrimonio social m
társas vállalkozás (H)	Personengesellschaft f	partnership	société de personnes f	società di persone f	sociedad personalista f
tartalék (H)	Reserve f	reserves	réserves f/pl	riserva f	reserva f
tartalékalap (H)	Reservefonds m	reserve fund	fonds de réserve m	fondo di riserva m	fondo de reserva m
tartalékvaluta (H)	Reservewährung f	reserve currency	monnaie de réserve f	valuta di riserva f	moneda de reserva f
tartozások (H)	Schulden f	debts	dettes f/pl	debiti m/pl	deudas f/pl
tartozik (oldal) (H)	Soll n	debit	débit m	passivo m	debe m
tartózkodási engedély (H)	Aufenthaltserlaubnis f	residence permit	permis de séjour m	permesso di soggiorno m	permiso de residencia m
taryfa (PL)	Tarif m	tariff	tarif m	tariffa f	tarifa f
taryfa bezpłatna (PL)	Nulltarif m	nil tariff	tarif gratuit m	tariffa gratuita f	tarifa gratuita f
taryfa celna (PL)	Zolltarif m	customs tariff	tarif des douanes m	tariffa doganale f	tarifa arancelaria f
taryfa towarowa (PL)	Gütertarif m	goods tariff	tarif marchandises m	tariffa merci f	tarifa de transporte f
tasa (ES)	Gebühr f	fee	taxe f	tassa f	—

P	NL	SV	PL	CZ	H
tarifa de comércio f	goederentarief n	godstariff	taryfa towarowa f	sazba zboží f	árudíjszabás
tarifa gratuita f	nultarief n	nolltaxa	taryfa bezpłatna f	bezplatný tarif m	díjmentesség
—	nultarief n	nolltaxa	taryfa bezpłatna f	bezplatný tarif m	díjmentesség
—	niet uitgeklaard	oförtullad	nieoclony	neproclený	elvámolatlan
—	gededouaneerd	tull betald	oclony	proclený	vámkezelt
tarifa aduaneira f	douanetarief n	tulltariff	taryfa celna f	celní sazba f	vámtarifa
tarifa f	tarief n	tariff	taryfa f	sazba f	tarifa
tarifa f	tarief n	—	taryfa f	sazba f	tarifa
tarifa f	tarief n	tariff	taryfa f	sazba f	tarifa
tarifa aduaneira f	douanetarief n	tulltariff	taryfa celna f	celní sazba f	vámtarifa
tarifa gratuita f	nultarief n	nolltaxa	taryfa bezpłatna f	bezplatný tarif m	díjmentesség
tarifa de comércio f	goederentarief n	godstariff	taryfa towarowa f	sazba zboží f	árudíjszabás
tarifa gratuita f	nultarief n	nolltaxa	taryfa bezpłatna f	bezplatný tarif m	díjmentesség
salário convencional m	loontarief n	avtalsenlig lön	płaca według taryfikatora f	tarifní mzda f	kollektív szerződés szerinti bér
tarifa de comércio f	goederentarief n	godstariff	taryfa towarowa f	sazba zboží f	árudíjszabás
salário convencional m	loontarief n	avtalsenlig lön	płaca według taryfikatora f	—	kollektív szerződés szerinti bér
partes de um acordo colectivo f/pl	sociale partners m/pl	arbetsmarknadens parter pl	strona w umowie zbiorowej f	účastníci kolektivní smlouvy m/pl	kollektív szerződést megkötő fél
contrato colectivo m	collectieve arbeidsovereenkomst f	kollektivavtal	umowa zbiorowa f	kolektivní smlouva f	kollektív szerződés
cartão de garantia m	chequekaart f	kort för eurocheck	karta czekowa f	šeková karta f	csekk-kártya
cartão de crédito m	kredietkaart f	kreditkort	karta kredytowa f	úvěrová karta f	hitelkártya
bilhete postal m	briefkaart f	vykort	karta pocztowa f	korespondenční lístek m	levelezőlap
tara f	—	tara	tara f	tára f	göngyölegsúly
produto nacional m	nationaal product n	nationalprodukt	produkt społeczny m	společenský produkt m	—
sociedade f	sociëteit f	handelsbolag	wspólnota f	spolek m	—
imposto sobre rendimentos colectivos (IRC) m	vennootschapsbelasting f	bolagsskatt	podatek od osób prawnych m	korporační daň f	—
direito das sociedades anónimas m	vennootschapsrecht n	aktielagstiftning	prawo o spółkach akcyjnych n	akciové právo n	—
contrato social m	akte van vennootschap f	bolagsavtal	umowa spółki f	zakládací smlouva obchodní společnosti f	—
lei das sociedades por acções m	wet op de naamloze vennootschappen f	aktielagstiftning	ustawa o spółkach akcyjnych f	zákon o akciích m	—
património social m	vennootschapsvermogen n	bolagstillgångar pl	majątek spółki m	majetek společnosti m	—
sociedade de pessoas f	personenvennootschap f	enkelt bolag	spółka osobowa f	společnost založená na spoluúčasti více partnerů f	—
reservas f/pl	reserve f	reserv	rezerwa f	rezerva f	—
fundo de reserva m	reservefonds n	reservfond	fundusz rezerwowy m	rezervní fond m	—
moeda de reserva f	reservevaluta f	reservvaluta	waluta rezerwowa f	rezervní měna f	—
dívidas f/pl	schulden f/pl	skulder	długi m/pl	dluhy m/pl	—
débito m	debetzijde f	debet	debet m	strana "Má dáti" f	—
autorização de residência f	verblijfsvergunning f	uppehållstillstånd	zezwolenie na pobyt n	povolení k pobytu n	—
tarifa f	tarief n	tariff	—	sazba f	tarifa
tarifa gratuita f	nultarief n	nolltaxa	—	bezplatný tarif m	díjmentesség
tarifa aduaneira f	douanetarief n	tulltariff	—	celní sazba f	vámtarifa
tarifa de comércio f	goederentarief n	godstariff	—	sazba zboží f	árudíjszabás
taxa f	belasting f	avgift	opłata f	poplatek m	díj

tasa a la importación

	D	E	F	I	ES
tasa a la importación (ES)	Einfuhrabgabe f	import duties	taxe à l'importation f	tassa d'importazione f	—
tasación de los impuestos (ES)	Steuerveranlagung f	tax assessment	imposition f	accertamento tributario m	—
tasa de beneficio (ES)	Profitrate f	profit rate	taux de profit m	tasso di profitto m	—
tasa de cambio (ES)	Umrechnungskurs m	rate of conversion	cours de conversion m	corso di cambio m	—
tasa de crecimiento (ES)	Wachstumsrate f	rate of growth	taux d'accroissement m	tasso di crescita m	—
tasa de descuento (ES)	Diskontsatz m	discount rate	taux d'escompte m	saggio di sconto m	—
tasa de empleo (ES)	Beschäftigungsgrad m	level of employment	taux d'emploi m	tasso d'occupazione m	—
tasa de inflación (ES)	Inflationsrate f	rate of inflation	taux d'inflation m	tasso d'inflazione m	—
tasa de la población activa (ES)	Erwerbsquote f	activity rate	taux d'activité m	quota della popolazione attiva f	—
tasa swap (ES)	Swapsatz m	swap rate	taux de swap m	tasso di riporto m	—
tassa (I)	Gebühr f	fee	taxe f	—	tasa f
tassa di licenza (I)	Lizenzgebühr f	license fee	taxe d'exploitation de licence f	—	derecho de licencia m
tassa d'importazione (I)	Einfuhrabgabe f	import duties	taxe à l'importation f	—	tasa a la importación f
tasse d'ingiunzione (I)	Mahngebühren pl	fine imposed for failing to settle an account	taxe d'avertissement f	—	gastos de reclamación m/pl
tasso centrale (I)	Leitkurs m	central rate	taux de référence m	—	curso de referencia m
tasso del leasing (I)	Leasing-Rate f	leasing payment	taux de leasing m	—	plazo de arrendamiento financiero m
tasso di crescita (I)	Wachstumsrate f	rate of growth	taux d'accroissement m	—	tasa de crecimiento f
tasso d'inflazione (I)	Inflationsrate f	rate of inflation	taux d'inflation m	—	tasa de inflación f
tasso d'interesse (I)	Zinsfuß m	interest rate	taux d'intérêt m	—	tipo de interés m
tasso d'interesse (I)	Zinssatz m	interest rate	taux d'intérêt m	—	tipo de interés m
tasso d'interesse effettivo (I)	Effektivzins m	effective interest	intérêt effectif m	—	interés efectivo m
tasso d'interesse reale (I)	Realzins m	real rate of interest	rendement réel m	—	interés real m
tasso d'interesse variabile (I)	variabler Zins m	variable rate of interest	intérêt variable m	—	interés variable m
tasso di profitto (I)	Profitrate f	profit rate	taux de profit m	—	tasa de beneficio f
tasso di riferimento (I)	Leitzins m	key rate	taux directeur m	—	interés básico m
tasso di riporto (I)	Swapsatz m	swap rate	taux de swap m	—	tasa swap f
tasso d'occupazione (I)	Beschäftigungsgrad m	level of employment	taux d'emploi m	—	tasa de empleo f
tasso sulle anticipazioni (I)	Lombardsatz m	bank rate for loans on securities	taux d'intérêt de l'argent prêté sur gage m	—	tipo pignoraticio m
Tausch (D)	—	exchange	troc m	scambio m	cambio m
taux d'accroissement (F)	Wachstumsrate f	rate of growth	—	tasso di crescita m	tasa de crecimiento f
taux d'activité (F)	Erwerbsquote f	activity rate	—	quota della popolazione attiva f	tasa de la población activa f
taux de change (F)	Devisenkurs m	exchange rate	—	corso di cambio m	cotización de divisas f
taux de change fixe (F)	feste Wechselkurse m/pl	fixed exchange rates	—	cambi fissi m/pl	tipos de cambio fijos m/pl
taux de change flottant (F)	flexibler Wechselkurs m	flexible exchange rate	—	cambio flessibile m	tipo flotante de cambio m
taux de leasing (F)	Leasing-Rate f	leasing payment	—	tasso del leasing m	plazo de arrendamiento financiero m

taux de leasing

P	NL	SV	PL	CZ	H
taxa de importação f	invoerrechten n/pl	importavgift	podatek importowy m	dovozní poplatek m	behozatali illeték
lançamento de impostos m	belastinggrondslag m	taxering	wymiar podatku m	stanovení výšky zdanění n	adókivetés
taxa de lucro f	winstmarge f	vinstutveckling	stopa zysku f	míra zisku f	profitráta
taxa de câmbio f	omrekeningskoers m	konverteringskurs	kurs przeliczeniowy m	přepočítací kurs m	átváltási árfolyam
taxa de crescimento f	groeicijfer n	tillväxttakt	stopa wzrostu f	míra růstu f	növekedési ütem
taxa de desconto f	discontovoet m	diskonto	stopa dyskontowa f	diskontní sazba f	leszámítolási kamatláb
taxa de emprego f	graad van tewerkstelling m	sysselsättningsnivå	poziom zatrudnienia m	stupeň zaměstnanosti m	foglalkoztatás szintje
taxa de inflação f	inflatiepercentage f	inflationstakt	tempo inflacji n	míra inflace f	inflációs ráta
taxa da população activa f	arbeidsaanbod n	sysselsättningsgrad	stosunek pracujących do populacji m	podíl na zisku m	aktív keresők aránya
taxa swap f	prolongatierente f	ränteswap	stawka swapowa f	svapová sazba f	swapárfolyam
taxa f	belasting f	avgift	opłata f	poplatek m	díj
taxa de exploração da licença f	licentievergoeding f	licensavgift	opłata licencyjna f	licenční poplatek m	licencdíj
taxa de importação f	invoerrechten n/pl	importavgift	podatek importowy m	dovozní poplatek m	behozatali illeték
taxa de expedição de um mandato de pagamento f	aanmaningskosten m/pl	påminnelseavgift	opłaty za koszta upomnienia f/pl	poplatky za upomínku m/pl	fizetési felszólítási díjak
taxa central f	spilkoers m	styrkurs	kurs wytyczny m	určující kurs m	irányadó árfolyam
pagamento de uma locação financeira m	leasingtarief n	leasingavgift	rata leasingowa f	leasingová splátka f	lízingdíj
taxa de crescimento f	groeicijfer n	tillväxttakt	stopa wzrostu f	míra růstu f	növekedési ütem
taxa de inflação f	inflatiepercentage f	inflationstakt	tempo inflacji n	míra inflace f	inflációs ráta
taxa de juro f	rentevoet m	räntefot	stopa procentowa f	úroková míra f	kamatláb
taxa de juro f	rentevoet m	räntesats	stawka procentowa f	úroková sazba f	kamatláb
taxa de juros efectiva f	werkelijke renteopbrengst f	effektiv ränta	oprocentowanie rzeczywiste n	úrok z cenných papírů m	tényleges kamat
juro real m	reële interest m	realränta	procent realny m	reálný úrok m	reálkamat
taxas de juro variáveis f/pl	variabele rente f	rörlig ränta	zmienna stawka procentowa f	proměnný úrok m	változó kamat
taxa de lucro f	winstmarge f	vinstutveckling	stopa zysku f	míra zisku f	profitráta
taxa de referência f	officiële rente f	styrränta	podstawowa stopa procentowa f	hlavní úrok m	alapkamatláb
taxa swap f	prolongatierente f	ränteswap	stawka swapowa f	svapová sazba f	swapárfolyam
taxa de emprego f	graad van tewerkstelling m	sysselsättningsnivå	poziom zatrudnienia m	stupeň zaměstnanosti m	foglalkoztatás szintje
taxa de juro para empréstimos com penhor sobre títulos m	beleningsrentevoet m	lombardränta	procentowa stawka kredytów lombardowych f	lombardní sazba f	lombardkamatláb
troca f	ruilhandel m	byte	wymiana f	výměna f	csere
taxa de crescimento f	groeicijfer n	tillväxttakt	stopa wzrostu f	míra růstu f	növekedési ütem
taxa da população activa f	arbeidsaanbod n	sysselsättningsgrad	stosunek pracujących do populacji m	podíl na zisku m	aktív keresők aránya
taxa de câmbio f	wisselkoers m	valutakurs	kurs dewizowy m	devizový kurs m	devizaárfolyam
taxas de câmbio fixas f/pl	vaste wisselkoersen m/pl	fasta växelkurser pl	stałe kursy wymienne m/Pl	pevné směnné kursy m/pl	rögzített átváltási árfolyamok
taxa de câmbio flexível f	zwevende wisselkoers m	flytande växelkurs	elastyczny kurs wymiany m	pohyblivý směnný kurs m	rugalmas valutaárfolyam
pagamento de uma locação financeira m	leasingtarief n	leasingavgift	rata leasingowa f	leasingová splátka f	lízingdíj

taux d'emploi

	D	E	F	I	ES
taux d'emploi (F)	Beschäftigungsgrad m	level of employment	—	tasso d'occupazione m	tasa de empleo f
taux de profit (F)	Profitrate f	profit rate	—	tasso di profitto m	tasa de beneficio f
taux de référence (F)	Leitkurs m	central rate	—	tasso centrale m	curso de referencia m
taux d'escompte (F)	Diskontsatz m	discount rate	—	saggio di sconto m	tasa de descuento f
taux de swap (F)	Swapsatz m	swap rate	—	tasso di riporto m	tasa swap f
taux d'inflation (F)	Inflationsrate f	rate of inflation	—	tasso d'inflazione m	tasa de inflación f
taux d'intérêt (F)	Zinsfuß m	interest rate	—	tasso d'interesse m	tipo de interés m
taux d'intérêt (F)	Zinssatz m	interest rate	—	tasso d'interesse m	tipo de interés m
taux d'intérêt de l'argent prêté sur gage (F)	Lombardsatz m	bank rate for loans on securities	—	tasso sulle anticipazioni m	tipo pignoraticio m
taux directeur (F)	Leitzins m	key rate	—	tasso di riferimento m	interés básico m
távirat (H)	Telegramm n	telegram	télégramme m	telegramma m	telegrama m
tax (E)	Steuer f	—	impôt m	imposta f	impuesto m
taxa (P)	Gebühr f	fee	taxe f	tassa f	tasa f
taxa central (P)	Leitkurs m	central rate	taux de référence m	tasso centrale m	curso de referencia m
taxa da população activa (P)	Erwerbsquote f	activity rate	taux d'activité m	quota della popolazione attiva f	tasa de la población activa f
taxa de câmbio (P)	Devisenkurs m	exchange rate	taux de change m	corso di cambio m	cotización de divisas f
taxa de câmbio (P)	Umrechnungskurs m	rate of conversion	cours de conversion m	corso di cambio m	tasa de cambio f
taxa de câmbio (P)	Wechselkurs m	exchange rate	cours du change m	cambio m	tipo de cambio m
taxa de câmbio flexível (P)	flexibler Wechselkurs m	flexible exchange rate	taux de change flottant m	cambio flessibile m	tipo flotante de cambio m
taxa de crescimento (P)	Wachstumsrate f	rate of growth	taux d'accroissement m	tasso di crescita m	tasa de crecimiento f
taxa de curso (P)	Kurs m	exchange rate	cours	corso m	tipo de cambio m
taxa de desconto (P)	Diskontsatz m	discount rate	taux d'escompte m	saggio di sconto m	tasa de descuento f
taxa de emprego (P)	Beschäftigungsgrad m	level of employment	taux d'emploi m	tasso d'occupazione m	tasa de empleo f
taxa de expedição de um mandato de pagamento (P)	Mahngebühren pl	fine imposed for failing to settle an account	taxe d'avertissement f	tasse d'ingiunzione f/pl	gastos de reclamación m/pl
taxa de exploração da licença (P)	Lizenzgebühr f	license fee	taxe d'exploitation de licence f	tassa di licenza f	derecho de licencia m
taxa de exportação (P)	Ausfuhrzoll m	export duty	taxe à l'exportation f	dazio all'esportazione m	derechos de exportación m/pl
taxa de importação (P)	Einfuhrabgabe f	import duties	taxe à l'importation f	tassa d'importazione f	tasa a la importación f
taxa de inflação (P)	Inflationsrate f	rate of inflation	taux d'inflation m	tasso d'inflazione m	tasa de inflación f
taxa de juro (P)	Zinsfuß m	interest rate	taux d'intérêt m	tasso d'interesse m	tipo de interés m
taxa de juro (P)	Zinssatz m	interest rate	taux d'intérêt m	tasso d'interesse m	tipo de interés m
taxa de juro fixa (P)	fester Zins m	fixed interest rate	intérêt fixe m	interesse fisso m	interés fijo m
taxa de juro para empréstimos com penhor sobre títulos (P)	Lombardsatz m	bank rate for loans on securities	taux d'intérêt de l'argent prêté sur gage m	tasso sulle anticipazioni m	tipo pignoraticio m
taxa de juros efectiva (P)	Effektivzins m	effective interest	intérêt effectif m	tasso d'interesse effettivo m	interés efectivo m
taxa de lucro (P)	Profitrate f	profit rate	taux de profit m	tasso di profitto m	tasa de beneficio f
taxa de referência (P)	Leitzins m	key rate	taux directeur m	tasso di riferimento m	interés básico m
taxa de utilização das capacidades (P)	Auslastungsgrad m	degree of utilisation	degré de saturation m	grado di utilizzazione m	grado de utilización m
tax adviser (E)	Steuerberater m	—	conseiller fiscal m	consulente finanziario m	asesor fiscal m

tax adviser

P	NL	SV	PL	CZ	H
taxa de emprego f	graad van tewerkstelling m	sysselsättningsnivå	poziom zatrudnienia m	stupeň zaměstnanosti m	foglalkoztatás szintje
taxa de lucro f	winstmarge f	vinstutveckling	stopa zysku f	míra zisku f	profitráta
taxa central f	spilkoers m	styrkurs	kurs wytyczny m	určující kurs m	irányadó árfolyam
taxa de desconto f	discontovoet m	diskonto	stopa dyskontowa f	diskontní sazba f	leszámítolási kamatláb
taxa swap f	prolongatierente f	ränteswap	stawka swapowa f	svapová sazba f	swapárfolyam
taxa de inflação f	inflatiepercentage f	inflationstakt	tempo inflacji n	míra inflace f	inflációs ráta
taxa de juro f	rentevoet m	räntefot	stopa procentowa f	úroková míra f	kamatláb
taxa de juro f	rentevoet m	räntesats	stawka procentowa f	úroková sazba f	kamatláb
taxa de juro para empréstimos com penhor sobre títulos m	beleningsrentevoet m	lombardränta	procentowa stawka kredytów lombardowych f	lombardní sazba f	lombardkamatláb
taxa de referência f	officiële rente f	styrränta	podstawowa stopa procentowa f	hlavní úrok m	alapkamatláb
telegrama m	telegram n	telegram	telegram m	telegram m	—
imposto m	belasting f	skatt	podatek m	daň f	adó
—	belasting f	avgift	opłata f	poplatek m	díj
—	spilkoers m	styrkurs	kurs wytyczny m	určující kurs m	irányadó árfolyam
—	arbeidsaanbod n	sysselsättningsgrad	stosunek pracujących do populacji m	podíl na zisku m	aktív keresők aránya
—	wisselkoers m	valutakurs	kurs dewizowy m	devizový kurs m	devizaárfolyam
—	omrekeningskoers m	konverteringskurs	kurs przeliczeniowy m	přepočítací kurs m	átváltási árfolyam
—	discontokrediet n	växelkurs	kurs wymiany m	směnný kurs m	valutaátváltási árfolyam
—	zwevende wisselkoers m	flytande växelkurs	elastyczny kurs wymiany m	pohyblivý směnný kurs m	rugalmas valutaárfolyam
—	groeicijfer n	tillväxttakt	stopa wzrostu f	míra růstu f	növekedési ütem
—	koers m	kurs	kurs m	kurs m	árfolyam
—	discontovoet m	diskonto	stopa dyskontowa f	diskontní sazba f	leszámítolási kamatláb
—	graad van tewerkstelling m	sysselsättningsnivå	poziom zatrudnienia m	stupeň zaměstnanosti m	foglalkoztatás szintje
—	aanmaningskosten m/pl	påminnelseavgift	opłaty za koszta upomnienia f/pl	poplatky za upomínku m/pl	fizetési felszólítási díjak
—	licentievergoeding f	licensavgift	opłata licencyjna f	licenční poplatek m	licencdíj
—	uitvoerrecht n	exportavgift	cło wywozowe n	vývozní clo n	exportvám
—	invoerrechten n/pl	importavgift	podatek importowy m	dovozní poplatek m	behozatali illeték
—	inflatiepercentage f	inflationstakt	tempo inflacji n	míra inflace f	inflációs ráta
—	rentevoet m	räntefot	stopa procentowa f	úroková míra f	kamatláb
—	rentevoet m	räntesats	stawka procentowa f	úroková sazba f	kamatláb
—	vaste interest m	fast ränta	stałe oprocentowanie n	pevný úrok m	fix kamatláb
—	beleningsrentevoet m	lombardränta	procentowa stawka kredytów lombardowych f	lombardní sazba f	lombardkamatláb
—	werkelijke renteopbrengst f	effektiv ränta	oprocentowanie rzeczywiste n	úrok z cenných papírů m	tényleges kamat
—	winstmarge f	vinstutveckling	stopa zysku f	míra zisku f	profitráta
—	officiële rente f	styrränta	podstawowa stopa procentowa f	hlavní úrok m	alapkamatláb
—	benuttingsgraad m	kapacitetsutnyttjande	stopień wykorzystania m	stupeň vytížení m	kihasználtsági fok
consultor fiscal m	belastingconsulent m	skatterådgivare	doradca podatkowy m	daňový poradce m	adótanácsadó

taxas de câmbio fixas

	D	E	F	I	ES
taxas de câmbio fixas (P)	feste Wechselkurse m/pl	fixed exchange rates	taux de change fixe m	cambi fissi m/pl	tipos de cambio fijos m/pl
taxas de juro variáveis (P)	variabler Zins m	variable rate of interest	intérêt variable m	tasso d'interesse variabile m	interés variable m
tax assessment (E)	Steuerveranlagung f	—	imposition f	accertamento tributario m	tasación de los impuestos f
taxa suplementar (P)	Zuschlag m	extra charge	supplément m	supplemento m	suplemento m
taxa swap (P)	Swapsatz m	swap rate	taux de swap m	tasso di riporto m	tasa swap f
taxatiewaarde (NL)	Taxwert m	estimated value	valeur de taxation f	valore stimato m	valor de tasación m
tax balance sheet (E)	Steuerbilanz f	—	bilan fiscal m	bilancio fiscale m	balance impositivo m
taxe (F)	Gebühr f	fee	—	tassa f	tasa f
taxe à la valeur ajoutée (F)	Mehrwertsteuer f	value-added tax	—	imposta sul valore aggiunto f	impuesto sobre el valor añadido (IVA) m
taxe à l'exportation (F)	Ausfuhrzoll m	export duty	—	dazio all'esportazione m	derechos de exportación m/pl
taxe à l'importation (F)	Einfuhrabgabe f	import duties	—	tassa d'importazione f	tasa a la importación f
taxe d'avertissement (F)	Mahngebühren pl	fine imposed for failing to settle an account	—	tasse d'ingiunzione f/pl	gastos de reclamación m/pl
taxe de chargement (F)	Ladegebühren f/pl	loading charges	—	spese di carico f/pl	derechos de carga m/pl
taxe de douane ad valorem (F)	Wertzoll m	ad valorem duty	—	dazio ad valorem m	aduanas ad valorem f/pl
taxe d'exploitation de licence (F)	Lizenzgebühr f	license fee	—	tassa di licenza f	derecho de licencia m
taxering (SV)	Steuerveranlagung f	tax assessment	imposition f	accertamento tributario m	tasación de los impuestos f
taxeringsvärde (SV)	Schätzwert m	estimated value	valeur estimée f	valore stimato m	estimación f
taxeringsvärde (SV)	Taxwert m	estimated value	valeur de taxation f	valore stimato m	valor de tasación m
taxe sur les carburants (F)	Mineralölsteuer f	mineral oil tax	—	imposta sugli olii minerali f	impuesto sobre la gasolina m
taxe sur les sociétés (F)	Körperschaftsteuer f	corporation tax	—	imposta sul reddito delle società f	impuesto de corporaciones m
tax evasion (E)	Steuerhinterziehung f	—	dissimulation en matière fiscale f	evasione fiscale f	fraude fiscal m
tax-exempt (E)	abgabenfrei	—	exempt de taxes	esente da imposte	exento de impuestos
tax-free (E)	steuerfrei	—	exonéré d'impôt	esentasse	libre de impuesto
tax haven (E)	Steueroase f	—	paradis fiscal m	oasi fiscale f	paraíso fiscal m
tax increase (E)	Steuererhöhung f	—	augmentation des impôts m	aumento delle imposte m	aumento de los impuestos m
tax on earnings (E)	Ertragsteuer f	—	impôt assis sur le produit m	imposta cedolare f	impuesto sobre beneficios m
tax on real estate (E)	Realsteuern f/pl	—	impôt réel m	imposte reali f/pl	impuestos reales m/pl
taxpayer (E)	Steuerzahler m	—	contribuable m	contribuente m	contribuyente m
tax return (E)	Steuererklärung f	—	déclaration d'impôts f	dichiarazione dei redditi f	declaración a efectos fiscales f
Taxwert (D)	—	estimated value	valeur de taxation f	valore stimato m	valor de tasación m
tchèque (F)	tschechisch	Czech	—	ceco	checo
tchèque (F)	Tschechisch n	Czech	—	ceco m	checo m
Teamarbeit (D)	—	teamwork	travail d'équipe m	lavoro d'équipe m	trabajo en equipo m
teamarbete (SV)	Teamarbeit f	teamwork	travail d'équipe m	lavoro d'équipe m	trabajo en equipo m
teamwerk (NL)	Teamarbeit f	teamwork	travail d'équipe m	lavoro d'équipe m	trabajo en equipo m
teamwork (E)	Teamarbeit f	—	travail d'équipe m	lavoro d'équipe m	trabajo en equipo m
technical (E)	technisch	—	technique	tecnico	técnico
technický (CZ)	technisch	technical	technique	tecnico	técnico
techniczny (PL)	technisch	technical	technique	tecnico	técnico

techniczny

P	NL	SV	PL	CZ	H
–	vaste wisselkoersen m/pl	fasta växelkurser pl	stałe kursy wymienne m/Pl	pevné směnné kursy m/pl	rögzített átváltási árfolyamok
–	variabele rente f	rörlig ränta	zmienna stawka procentowa f	proměnný úrok m	változó kamat
lançamento de impostos m	belastinggrondslag m	taxering	wymiar podatku m	stanovení výšky zdanění n	adókivetés
–	toeslag m	tillägg	dopłata f	příplatek m	felár
–	prolongatierente f	ränteswap	stawka swapowa f	svapová sazba f	swapárfolyam
valor estimado m	–	taxeringsvärde	wartość szacunkowa f	odhadní cena f	becsült érték
balanço fiscal m	fiscale balans f	skattebalansräkning	bilans podatkowy m	daňová bilance f	adómérleg
taxa f	belasting f	avgift	opłata f	poplatek m	díj
imposto sobre o valor acrescentado (IVA) m	belasting op de toegevoegde waarde f	mervärdesskatt	podatek od wartości dodatkowej (VAT) m	daň z přidané hodnoty f	hozzáadottérték-adó
taxa de exportação f	uitvoerrecht n	exportavgift	cło wywozowe n	vývozní clo n	exportvám
taxa de importação f	invoerrechten n/pl	importavgift	podatek importowy m	dovozní poplatek m	behozatali illeték
taxa de expedição de um mandato de pagamento f	aanmaningskosten m/pl	påminnelseavgift	opłaty za koszta upomnienia f/pl	poplatky za upomínku m/pl	fizetési felszólítási díjak
direitos de carga m/pl	inladingskosten m/pl	lastningsavgift	opłaty za załadunek f/pl	poplatky za náklad m	rakodási díj
direitos ad valorem m/pl	waarderechten n/pl	ad valorem tull	cło od wartości n	hodnotové clo n	értékvám
taxa de exploração da licença f	licentievergoeding f	licensavgift	opłata licencyjna f	licenční poplatek m	licencdíj
lançamento de impostos m	belastinggrondslag m	–	wymiar podatku m	stanovení výšky zdanění n	adókivetés
valor estimado m	geschatte waarde f	–	wartość szacunkowa f	odhadní hodnota f	becsült érték
valor estimado m	taxatiewaarde f	–	wartość szacunkowa f	odhadní cena f	becsült érték
imposto sobre óleo mineral m	belasting op minerale olie f	oljeskatt	podatek od olejów mineralnych m	daň z ropných produktů f	olajtermékadó
imposto sobre rendimentos colectivos (IRC) m	vennootschapsbelasting f	bolagsskatt	podatek od osób prawnych m	korporační daň f	társasági adó
evasão fiscal f	belastingontduiking f	skattesmitning	oszustwo podatkowe n	daňový únik m	adócsalás
isento de impostos	tolvrij	skattefri	wolne od podatków	osvobozený od poplatků	adómentes
isento de impostos	vrij van belastingen	skattefri	wolny od podatku	osvobozený od daně f	adómentes
paraíso fiscal m	belastingparadijs n	skatteparadis	oaza podatkowa f	daňová oáza f	adóparadicsom
aumento dos impostos m	belastingverhoging f	skattehöjning	podwyżka podatków f	zvýšení daně n	adóemelés
imposto sobre o rendimento m	winstbelasting f	vinstbeskattning	podatek od zysku m	daň z výnosů f	jövedelemadó
impostos reais m/pl	zakelijke belastingen f/pl	skatt på fast egendom	podatki majątkowe m/pl	reálné daně f/pl	vagyonadó
contribuinte m	belastingplichtige m	skattebetalare	podatnik m	poplatník m	adófizető
declaração de rendimentos f	belastingaangifte f	deklaration	deklaracja podatkowa f	daňové přiznání n	adóbevallás
valor estimado m	taxatiewaarde f	taxeringsvärde	wartość szacunkowa f	odhadní cena f	becsült érték
checo	Tsjechisch	tjeckisk	czeski	český	cseh(ül)
checo	Tsjechisch	tjeckiska	język czeski m	čeština f	cseh (nyelv)
trabalho de equipa m	teamwerk n	teamarbete	praca zespołowa f	týmová práce f	csapatmunka
trabalho de equipa m	teamwerk n	–	praca zespołowa f	týmová práce f	csapatmunka
trabalho de equipa m	–	teamarbete	praca zespołowa f	týmová práce f	csapatmunka
trabalho de equipa m	teamwerk n	teamarbete	praca zespołowa f	týmová práce f	csapatmunka
técnico	technisch	teknisk	techniczny	technický	műszaki
técnico	technisch	teknisk	techniczny	–	műszaki
técnico	technisch	teknisk	–	technický	műszaki

technikai hitel (klíring)

	D	E	F	I	ES
technikai hitel (klíring) (H)	Swing m	swing	swing m	swing m	swing m
technique (F)	technisch	technical	—	tecnico	técnico
technisch (D)	—	technical	technique	tecnico	técnico
technisch (NL)	technisch	technical	technique	tecnico	técnico
technologia (PL)	Technologie f	technology	technologie f	tecnologia f	tecnología f
technológia (H)	Technologie f	technology	technologie f	tecnologia f	tecnología f
Technologie (D)	—	technology	technologie f	tecnologia f	tecnología f
technologie (F)	Technologie f	technology	—	tecnologia f	tecnología f
technologie (NL)	Technologie f	technology	technologie f	tecnologia f	tecnología f
technologie (CZ)	Technologie f	technology	technologie f	tecnologia f	tecnología f
technology (E)	Technologie f	—	technologie f	tecnologia f	tecnología f
tecnico (I)	technisch	technical	technique	—	técnico
técnico (ES)	technisch	technical	technique	tecnico	—
técnico (P)	technisch	technical	technique	tecnico	técnico
tecnologia (I)	Technologie f	technology	technologie f	—	tecnología f
tecnologia (P)	Technologie f	technology	technologie f	tecnologia f	tecnología f
tecnología (ES)	Technologie f	technology	technologie f	tecnologia f	—
tedesco (I)	deutsch	German	allemand	—	alemán
tedesco (I)	Deutsch	German	allemand m	—	alemán m
tegemoetkomend (NL)	kulant	accommodating	arrangeant	corrente	de fácil avenencia
tegen akkreditief (NL)	gegen Akkreditiv	against letter of credit	contre accréditif	contro lettera di credito	con crédito documentario
tegenboeking (NL)	Storno m/n	reversal	écriture de contre-passation f	ristorno m	anulación f
tegen de beste prijs (NL)	billigst	at best price	au meilleur prix	al prezzo migliore	al mejor cambio
tehergépkocsi (H)	Lastwagen m	lorry	camion m	camion m	camión m
tehergépkocsival (H)	per Lastkraftwagen	by lorry	par camion	per autocarro	por camión
Teillieferung (D)	—	partial delivery	livraison partielle f	fornitura parziale f	entrega parcial f
Teilprivatisierung (D)	—	partial privatisation	privatisation partielle f	privatizzazione parziale f	privatización parcial f
Teilwert (D)	—	partial value	valeur partielle f	valore parziale m	valor parcial m
Teilzahlung (D)	—	partial payment	payement partiel m	pagamento a rate m	pago parcial m
Teilzahlungsrate (D)	—	monthly instalment	versement d'un achat à tempérament f	rata f	plazo m
Teilzeitarbeit (D)	—	part-time work	travail à temps partiel m	lavoro part-time m	trabajo a tiempo parcial m
tekenbevoegdheid (NL)	Zeichnungsberechtigung f	authorisation to sign	autorisation de signer f	diritto di firma m	facultad de firma f
teknisk (SV)	technisch	technical	technique	tecnico	técnico
teknologi (SV)	Technologie f	technology	technologie f	tecnologia f	tecnología f
tekort op de betalingsbalans (NL)	Zahlungsbilanzdefizit n	balance of payments deficit	déficit de la balance des payements m	disavanzo della bilancia dei pagamenti m	déficit en la balanza de pagos m
tekst reklamowy (PL)	Werbetext m	advertising copy	texte publicitaire m	testo pubblicitario m	texto publicitario m
tekstverwerking (NL)	Textverarbeitung f	word processing	traitement de texte f	elaborazione testi f	tratamiento de textos m
télécopier (F)	faxen	fax	—	inviare un fax	enviar un fax
télécopieur (F)	Faxgerät n	fax machine	—	apparecchio fax	fax m
telefax (PL)	Faxgerät n	fax machine	télécopieur m	apparecchio fax m	fax m
Telefaxnummer (D)	—	fax number	numéro de télécopie m	numero di telefax m	número de telefax m
telefaxnummer (SV)	Telefaxnummer f	fax number	numéro de télécopie m	numero di telefax m	número de telefax m

telefaxnummer

P	NL	SV	PL	CZ	H
swing *m*	swing *m*	swing	swing *m*	rozmach *m*	—
técnico	technisch	teknisk	techniczny	technický	műszaki
técnico	technisch	teknisk	techniczny	technický	műszaki
técnico	—	teknisk	techniczny	technický	műszaki
tecnologia *f*	technologie *f*	teknologi	—	technologie *f*	technológia
tecnologia *f*	technologie *f*	teknologi	technologia *f*	technologie *f*	—
tecnologia *f*	technologie *f*	teknologi	technologia *f*	technologie *f*	technológia
tecnologia *f*	technologie *f*	teknologi	technologia *f*	technologie *f*	technológia
tecnologia *f*	—	teknologi	technologia *f*	technologie *f*	technológia
tecnologia *f*	technologie *f*	teknologi	technologia *f*	—	technológia
tecnologia *f*	technologie *f*	teknologi	technologia *f*	technologie *f*	technológia
técnico	technisch	teknisk	techniczny	technický	műszaki
técnico	technisch	teknisk	techniczny	technický	műszaki
—	technisch	teknisk	techniczny	technický	műszaki
tecnologia *f*	technologie *f*	teknologi	technologia *f*	technologie *f*	technológia
—	technologie *f*	teknologi	technologia *f*	technologie *f*	technológia
tecnologia *f*	technologie *f*	teknologi	technologia *f*	technologie *f*	technológia
alemão	Duits	tysk	niemiecki	německý	német
alemão *m*	Duits	tyska	język niemiecki *m*	němčina *f*	német (nyelv)
flexível	—	tillmötesgående	uprzejmy	solidní	előzékeny
contra carta de crédito	—	mot remburs	za akredytywę	proti akreditivu *m*	akkreditív ellenében
estorno *m*	—	stornering	storno *n*	storno *n*	törlés
ao melhor preço	—	lägsta möjliga pris	najtaniej	nejlevnější	az elérhető legalacsonyabb áron
camião *m*	vrachtwagen *f*	lastbil	ciężarówka *f*	nákladní auto *n*	—
por camião	per vrachtwagen	med lastbil	samochodem ciężarowym	nákladním autem *n*	—
entrega parcial *f*	gedeeltelijke levering *f*	delleverans	dostawa częściowa *f*	dílčí dodávka *f*	részszállítás
privatização parcial *f*	gedeeltelijke privatisering *f*	delvis privatisering	prywatyzacja częściowa *f*	dílčí privatizace *f*	részleges privatizáció
valor parcial *m*	gedeeltelijke waarde *f*	delvärde	wartość częściowa *f*	dílčí hodnota *f*	részleges érték
pagamento parcial *m*	gedeeltelijke betaling *f*	avbetalning	zapłata ratalna *f*	placení na splátky *n*	részletfizetés
prestação *f*	maandelijkse afbetaling *f*	avbetalningstakt	rata *f*	splátka *f*	részletfizetési összeg
trabalho a jornada parcial *m*	deeltijds werk *n*	deltidsarbete	praca w niepełnym wymiarze *f*	částečný pracovní úvazek *n*	részidős munka
direito de assinatura *m*	—	underskriftsberättigande	uprawnienie do podpisu *n*	oprávnění k podpisu *n*	aláírási jogosultság
técnico	technisch	—	techniczny	technický	műszaki
tecnologia *f*	technologie *f*	—	technologia *f*	technologie *f*	technológia
défice na balança de pagamentos *m*	—	underskott i betalningsbalansen	deficyt bilansu płatniczego *m*	deficit platební bilance *f*	fizetésimérleg-hiány
texto publicitário *m*	reclametekst *m*	reklamtext	—	reklamní text *m*	reklámszöveg
edição de texto *f*	—	ordbehandling	elektroniczne opracowanie tekstu *n*	zpracování textu *n*	szövegszerkesztés
passar um fax	faxen	faxa	faksować <przefaksować>	faxovat	faxol
equipamento de fax *m*	faxtoestel *n*	fax	telefax *m*	fax *m*	fax(készülék)
equipamento de fax *m*	faxtoestel *n*	fax	—	fax *m*	fax(készülék)
número de telefax *m*	faxnummer *n*	telefaxnummer	numer telefaxu *m*	číslo telefaxu *n*	telefaxszám
número de telefax *m*	faxnummer *n*	—	numer telefaxu *m*	číslo telefaxu *n*	telefaxszám

telefaxszám

	D	E	F	I	ES
telefaxszám (H)	Telefaxnummer f	fax number	numéro de télécopie m	numero di telefax m	número de telefax m
Telefon (D)	—	telephone	téléphone m	telefono m	teléfono m
telefon (SV)	Telefon n	telephone	téléphone m	telefono m	teléfono m
telefon (PL)	Telefon n	telephone	téléphone m	telefono m	teléfono m
telefon (CZ)	Telefon n	telephone	téléphone m	telefono m	teléfono m
telefon (H)	Telefon n	telephone	téléphone m	telefono m	teléfono m
telefonbeszélgetés (H)	Telefongespräch n	telephone conversation	conversation téléphonique f	conversazione telefonica f	conferencia telefónica f
telefone (P)	Telefon n	telephone	téléphone m	telefono m	teléfono m
telefonema (P)	Telefongespräch n	telephone conversation	conversation téléphonique f	conversazione telefonica f	conferencia telefónica f
Telefongespräch (D)	—	telephone conversation	conversation téléphonique f	conversazione telefonica f	conferencia telefónica f
telefonische oproep (NL)	Anruf m	call	appel téléphonique m	chiamata f	llamada f
telefonní číslo (CZ)	Telefonnummer f	telephone number	numéro de téléphone m	numero di telefono m	número de teléfono m
telefonní rozhovor (CZ)	Telefongespräch n	telephone conversation	conversation téléphonique f	conversazione telefonica f	conferencia telefónica f
Telefonnummer (D)	—	telephone number	numéro de téléphone m	numero di telefono m	número de teléfono m
telefonnummer (SV)	Telefonnummer f	telephone number	numéro de téléphone m	numero di telefono m	número de teléfono m
telefono (I)	Telefon n	telephone	téléphone m	—	teléfono m
teléfono (ES)	Telefon n	telephone	téléphone m	telefono m	—
telefonsamtal (SV)	Telefongespräch n	telephone conversation	conversation téléphonique f	conversazione telefonica f	conferencia telefónica f
telefonsamtal (SV)	Anruf m	call	appel téléphonique m	chiamata f	llamada f
telefonszám (H)	Telefonnummer f	telephone number	numéro de téléphone m	numero di telefono m	número de teléfono m
telefoon (NL)	Telefon n	telephone	téléphone m	telefono m	teléfono m
telefoongesprek (NL)	Telefongespräch n	telephone conversation	conversation téléphonique f	conversazione telefonica f	conferencia telefónica f
telefoonnummer (NL)	Telefonnummer f	telephone number	numéro de téléphone m	numero di telefono m	número de teléfono m
telegram (E)	Telegramm n	—	télégramme m	telegramma m	telegrama m
telegram (NL)	Telegramm n	telegram	télégramme m	telegramma m	telegrama m
telegram (SV)	Telegramm n	telegram	télégramme m	telegramma m	telegrama m
telegram (PL)	Telegramm n	telegram	télégramme m	telegramma m	telegrama m
telegram (CZ)	Telegramm n	telegram	télégramme m	telegramma m	telegrama m
telegrama (ES)	Telegramm n	telegram	télégramme m	telegramma m	—
telegrama (P)	Telegramm n	telegram	télégramme m	telegramma m	telegrama m
Telegramm (D)	—	telegram	télégramme m	telegramma m	telegrama m
telegramma (I)	Telegramm n	telegram	télégramme m	—	telegrama m
télégramme (F)	Telegramm n	telegram	—	telegramma m	telegrama m
telephely (H)	Standort m	location	lieu d'implantation m	ubicazione f	ubicación f
telephone (E)	Telefon n	—	téléphone m	telefono m	teléfono m
téléphone (F)	Telefon n	telephone	—	telefono m	teléfono m
telephone conversation (E)	Telefongespräch n	—	conversation téléphonique f	conversazione telefonica f	conferencia telefónica f
telephone number (E)	Telefonnummer f	—	numéro de téléphone m	numero di telefono m	número de teléfono m
teljesítés (H)	Erfüllung f	execution	acquittement m	adempimento m	cumplimiento m
teljesítmény (H)	Leistung f	performance	rendement m	rendimento m	rendimiento m
teljesítménybér (H)	Leistungslohn m	piece rate	salaire au rendement m	retribuzione ad incentivo f	salario por rendimiento m
teljesítmény szerinti (H)	leistungsorientiert	performance-oriented	orienté vers le rendement	meritocratico	orientado al rendimiento
teljes kár (H)	Totalschaden m	total loss	dommage total m	danno totale m	daño total m
teljes összeg (H)	Gesamtsumme f	total amount	montant total m	importo totale m	suma total f
teljes szállítás (H)	Gesamtlieferung f	total delivery	livraison totale f	fornitura completa f	suministro total f

teljes szállítás

P	NL	SV	PL	CZ	H
número de telefax *m*	faxnummer *n*	telefaxnummer	numer telefaxu *m*	číslo telefaxu *n*	—
telefone *m*	telefoon *m*	telefon	telefon *m*	telefon *m*	telefon
telefone *m*	telefoon *m*	—	telefon *m*	telefon *m*	telefon
telefone *m*	telefoon *m*	telefon	—	telefon *m*	telefon
telefone *m*	telefoon *m*	telefon	telefon *m*	—	telefon
telefone *m*	telefoon *m*	telefon	telefon *m*	telefon *m*	—
telefonema *m*	telefoongesprek *n*	telefonsamtal	rozmowa telefoniczna *f*	telefonní rozhovor *m*	—
—	telefoon *m*	telefon	telefon *m*	telefon *m*	telefon
—	telefoongesprek *n*	telefonsamtal	rozmowa telefoniczna *f*	telefonní rozhovor *m*	telefonbeszélgetés
telefonema *m*	telefoongesprek *n*	telefonsamtal	rozmowa telefoniczna *f*	telefonní rozhovor *m*	telefonbeszélgetés
chamada *f*	—	telefonsamtal	rozmowa telefoniczna *f*	zavolání *n*	hívás
número de telefone *m*	telefoonnummer *n*	telefonnummer	numer telefonu *m*	—	telefonszám
telefonema *m*	telefoongesprek *n*	telefonsamtal	rozmowa telefoniczna *f*	—	telefonbeszélgetés
número de telefone *m*	telefoonnummer *n*	telefonnummer	numer telefonu *m*	telefonní číslo *n*	telefonszám
número de telefone *m*	telefoonnummer *n*	—	numer telefonu *m*	telefonní číslo *n*	telefonszám
telefone *m*	telefoon *m*	telefon	telefon *m*	telefon *m*	telefon
telefone *m*	telefoon *m*	telefon	telefon *m*	telefon *m*	telefon
telefonema *m*	telefoongesprek *n*	—	rozmowa telefoniczna *f*	telefonní rozhovor *m*	telefonbeszélgetés
chamada *f*	telefonische oproep *m*	—	rozmowa telefoniczna *f*	zavolání *n*	hívás
número de telefone *m*	telefoonnummer *n*	telefonnummer	numer telefonu *m*	telefonní číslo *n*	—
telefone *m*	—	telefon	telefon *m*	telefon *m*	telefon
telefonema *m*	—	telefonsamtal	rozmowa telefoniczna *f*	telefonní rozhovor *m*	telefonbeszélgetés
número de telefone *m*	—	telefonnummer	numer telefonu *m*	telefonní číslo *n*	telefonszám
telegrama *m*	telegram *n*	telegram	telegram *m*	telegram *m*	távirat
telegrama *m*	—	telegram	telegram *m*	telegram *m*	távirat
telegrama *m*	telegram *n*	—	telegram *m*	telegram *m*	távirat
telegrama *m*	telegram *n*	telegram	—	telegram *m*	távirat
telegrama *m*	telegram *n*	telegram	telegram *m*	—	távirat
telegrama *m*	telegram *n*	telegram	telegram *m*	telegram *m*	távirat
—	telegram *n*	telegram	telegram *m*	telegram *m*	távirat
telegrama *m*	telegram *n*	telegram	telegram *m*	telegram *m*	távirat
telegrama *m*	telegram *n*	telegram	telegram *m*	telegram *m*	távirat
telegrama *m*	telegram *n*	telegram	telegram *m*	telegram *m*	távirat
localização *f*	vestigingsplaats *f*	etableringsort	lokalizacja *f*	stanoviště *n*	—
telefone *m*	telefoon *m*	telefon	telefon *m*	telefon *m*	telefon
telefone *m*	telefoon *m*	telefon	telefon *m*	telefon *m*	telefon
telefonema *m*	telefoongesprek *n*	telefonsamtal	rozmowa telefoniczna *f*	telefonní rozhovor *m*	telefonbeszélgetés
número de telefone *m*	telefoonnummer *n*	telefonnummer	numer telefonu *m*	telefonní číslo *n*	telefonszám
cumprimento *m*	uitvoering *f*	uppfyllande	wykonanie *n*	splnění *n*	—
desempenho *m*	prestatie *f*	prestation	świadczenie *n*	výkon *m*	—
salário por rendimento *m*	prestatieloon *n*	prestationslön	płaca akordowa *f*	úkolová mzda *f*	—
orientado para o desempenho	prestatiegeoriënteerd	prestationsorienterad	zależny od wydajności	orientován na výkon	—
perda total *f*	totaal verlies *n*	totalskada	strata całkowita *f*	totální škoda *f*	—
montante total *m*	totaal bedrag *n*	totalsumma	suma całkowita *f*	celková částka *f*	—
entrega total *f*	totale levering *f*	total leverans	kompletna dostawa *f*	celková dodávka *f*	—

tempo di consegna

	D	E	F	I	ES
tempo di consegna (I)	Lieferfrist *f*	term of delivery	délai de livraison *m*	—	plazo de entrega *m*
tempo empregue (P)	Zeitaufwand *m*	expenditure of time	investissement en temps *m*	tempo impiegato *m*	tiempo invertido *m*
tempo impiegato (I)	Zeitaufwand *m*	expenditure of time	investissement en temps *m*	—	tiempo invertido *m*
tempo inflacji (PL)	Inflationsrate *f*	rate of inflation	taux d'inflation *m*	tasso d'inflazione *m*	tasa de inflación *f*
temporada (ES)	Saison *f*	season	saison *f*	stagione *f*	—
temporada (P)	Saison *f*	season	saison *f*	stagione *f*	temporada *f*
temporary help (E)	Aushilfe *f*	—	suppléant *m*	aiuto *m*	ayudante *m*
tenant (E)	Mieter *m*	—	locataire *m*	locatario *m*	arrendatario *m*
tendance à la reprise (F)	Aufwärtstrend *m*	upward trend	—	tendenza al rialzo *f*	tendencia al alza *f*
tendência à alta (P)	Aufwärtstrend *m*	upward trend	tendance à la reprise *f*	tendenza al rialzo *f*	tendencia al alza *f*
tendencia al alza (ES)	Aufwärtstrend *m*	upward trend	tendance à la reprise *f*	tendenza al rialzo *f*	—
tendenza al rialzo (I)	Aufwärtstrend *m*	upward trend	tendance à la reprise *f*	—	tendencia al alza *f*
tengeri csomagolás (H)	seemäßige Verpackung *f*	sea-tight packing	emballage maritime *m*	imballaggio marittimo *m*	embalaje marítimo *m*
tengeri fuvarlevél (H)	Seefrachtbrief *m*	bill of lading	connaissement *m*	polizza di carico *f*	conocimiento de embarque *m*
ten laste van (NL)	zu Lasten	chargeable to	à la charge de qn	a carico di	a cargo de
tentoonstelling (NL)	Ausstellung *f*	exhibition	exposition *f*	esposizione *f*	exhibición *f*
tenue de compte (F)	Kontoführung *f*	keeping of an account	—	tenuta di un conto *f*	administración de una cuenta *f*
tenuta di un conto (I)	Kontoführung *f*	keeping of an account	tenue de compte *f*	—	administración de una cuenta *f*
tényleges kamat (H)	Effektivzins *m*	effective interest	intérêt effectif *m*	tasso d'interesse effettivo *m*	interés efectivo *m*
tényleges költségek (H)	Istkosten *pl*	actual costs	coûts réels *m/pl*	costi effettivi *m/pl*	gastos efectivos *m/pl*
teoría de la empresa (ES)	Betriebswirtschaftslehre *f*	business administration	sciences de gestion *f/pl*	economia aziendale *f*	—
terceros países (ES)	Drittländer *n/pl*	third countries	pays tiers *m/pl*	paesi terzi *m/pl*	—
terhére (H)	zu Lasten	chargeable to	à la charge de qn	a carico di	a cargo de
térítés (H)	Bonifikation *f*	bonus	bonification *f*	abbuono *m*	bonificación *f*
terjeszkedés (H)	Expansion *m*	expansion	expansion *f*	espansione *f*	expansión *f*
term (E)	Laufzeit *f*	—	durée *f*	scadenza *f*	plazo de vencimiento *m*
termék (H)	Erzeugnis *n*	product	produit *m*	prodotto *m*	producto *m*
termék (H)	Produkt *n*	product	produit *m*	prodotto *m*	producto *m*
termékfelelősség (H)	Produkthaftung *f*	product liability	responsabilité du fabricant *f*	responsabilità prodotto *f*	responsabilidad del productor *f*
termékkibocsátás (H)	Output *m*	output	output *m*	output *m*	output *m*
termékpaletta (H)	Produktpalette *f*	range of products	gamme de produits *f*	gamma dei prodotti *f*	gama de productos *f*
terméksor (H)	Produktlinie *f*	production scheduling	ligne de produits *f*	linea dei prodotti *f*	línea de productos *f*
terméktervezés (H)	Produktgestaltung *f*	product design	conception d'un produit *f*	creazione del prodotto *f*	diseño del producto *m*
termelékenység (H)	Produktivität *f*	productivity	productivité *f*	produttività *f*	productividad *f*
termelés (H)	Produktion *f*	production	production *f*	produzione *f*	producción *f*
termelési érték (H)	Produktionswert *m*	production value	valeur de production *f*	valore produttivo *m*	valor de la producción *m*
termelésingadozás (H)	Produktionsschwankung *f*	fluctuations in production	fluctuations de la production *f/pl*	oscillazione della produzione *f*	fluctuaciones en la producción *f/pl*
termelési tényezők (H)	Produktionsfaktoren *m/pl*	production factors	facteurs de production *m/pl*	fattori di produzione *m/pl*	factores de producción *m/pl*
termeléskiesés (H)	Produktionsausfall *m*	loss of production	perte de production *f*	perdita di produzione *f*	pérdida de producción *f*
termelő berendezések (H)	Produktionsanlagen *f/pl*	production plant	équipements industriels *m/pl*	impianti di produzione *m/pl*	instalaciones de producción *f/pl*

termelő berendezések

P	NL	SV	PL	CZ	H
prazo de entrega m	leveringstermijn m	leveranstid	termin dostawy m	dodací lhůta f	szállítási határidő
—	bestede tijd f	tidsspillan	nakład czasowy m	vynaložení času n	időráfordítás
tempo empregue m	bestede tijd f	tidsspillan	nakład czasowy m	vynaložení času n	időráfordítás
taxa de inflação f	inflatiepercentage f	inflationstakt	—	míra inflace f	inflációs ráta
temporada f	seizoen n	säsong	sezon m	sezona f	idény
—	seizoen n	säsong	sezon m	sezona f	idény
ajudante m/f	hulpkracht f	extraanställd	pracownik pomocniczy m	výpomoc f	kisegítő dolgozó
inquilino m	huurder m	hyresgäst	najemca m	nájemník m	bérlő
tendência à alta f	opwaartse beweging f	stigande tendens	trend wzrostu m	stoupající trend m	emelkedő irányzat
—	opwaartse beweging f	stigande tendens	trend wzrostu m	stoupající trend m	emelkedő irányzat
tendência à alta f	opwaartse beweging f	stigande tendens	trend wzrostu m	stoupající trend m	emelkedő irányzat
tendência à alta f	opwaartse beweging f	stigande tendens	trend wzrostu m	stoupající trend m	emelkedő irányzat
embalagem marítima f	zeewaardige verpakking f	sjöfraktsemballage	opakowanie do transportu morskiego n	námořní balení n	—
conhecimento de frete marítimo m	connossement n	konossement	konosament m	konosament m	—
a cargo de	—	debiteras	w ciężar	na účet	terhére
exposição f	—	utställning	wystawa	výstava f	kiállítás
administração de conta f	het bijhouden van een rekening n	kontoföring	prowadzenie konta n	vedení účtu n	számlavezetés
administração de conta f	het bijhouden van een rekening n	kontoföring	prowadzenie konta n	vedení účtu n	számlavezetés
taxa de juros efectiva f	werkelijke renteopbrengst f	effektiv ränta	oprocentowanie rzeczywiste n	úrok z cenných papírů m	—
custos reais m/pl	effectieve kosten m/pl	faktiska kostnader pl	koszty rzeczywiste m/pl	skutečné náklady m/pl	—
ciência da administração de empresas f	bedrijfseconomie f	företagsekonomi	gospodarka przedsiębiorstw f	nauka o podnikovém hospodářství n	üzemgazdaságtan
países terceiros m/pl	derde landen n/pl	tredjeländer pl	kraje trzecie m/pl	třetí země f/pl	harmadik országok
a cargo de	ten laste van	debiteras	w ciężar	na účet	—
bonificação f	bonificatie f	bonus	premia f	bonifikace f	—
expansão f	expansie f	expansion	ekspansja f	expanze f	—
prazo de vencimento m	duur m	löptid	okres ważności m	doba splatnosti f	futamidő
produto m	product n	produkt	wyrób m	výrobek m	—
produto m	product n	produkt	produkt m	výrobek m	—
responsabilidade do produtor f	productaansprakelijkheid f	produktansvar	odpowiedzialność za jakość produktu f	záruka na výrobek f	—
output m	output m	output	output m	výstup m	—
gama de produtos f	productassortiment n	produktsortiment	paleta produktów f	paleta výrobků f	—
linha de produtos f	productlijn f	produktgrupp	typoszereg produktów m	výrobková skupina f	—
desenho do produto m	productvormgeving f	produktdesign	wzornictwo produktów n	vzhled výrobků m	—
produtividade f	productiviteit f	produktivitet	produktywność f	produktivita f	—
produção f	productie	produktion	produkcja f	výroba f	—
valor da produção m	totale productiekosten m/pl	produktionsvärde	wartość produkcji f	výrobní hodnota f	—
flutuações na produção f/pl	productieschommeling f	fluktuationer i produktion	wahania produkcji n/pl	kolísání výroby n	—
factores de produção m/pl	productiefactoren m/pl	produktionsfaktorer pl	czynniki produkcji m/pl	výrobní faktory m/pl	—
perda de produção f	productieverlies n	produktionsbortfall	przerwa w produkcji f	výpadek výroby m	—
instalações fabris f/pl	productie-investeringen f/pl	produktionsanläggning	urządzenia produkcyjne f/pl	výrobní zařízení n/pl	—

termelői kapacitás

	D	E	F	I	ES
termelői kapacitás (H)	Produktionskapazität f	production capacity	capacité de production f	capacità produttiva f	capacidad de producción f
termelőszövetkezet (H)	Produktionsgenossenschaft f	producers' co-operative	société coopérative de production f	cooperativa di produzione f	cooperativa de producción f
természetbeni juttatás (H)	Naturallohn m	wages paid in kind	rémunération en nature f	remunerazione in natura f	salario en especie m
természetbeni juttatások (H)	Sachbezüge f/pl	remuneration in kind	prestations en nature f/pl	retribuzioni in natura f/pl	percepciones en especie f/pl
termijn (NL)	Frist f	period	délai m	termine m	plazo m
termijn (NL)	Rate f	instalment	acompte m	rata f	plazo m
termijn (NL)	Termin m	date	date limite f	termine m	fecha f
termijnbeurs (NL)	Terminbörse f	futures market	bourse à terme f	mercato a termine m	bolsa a plazo f
termijncontract (NL)	Terminkontrakt m	forward contract	contrat à terme m	contratto a termine m	contrato de entrega futura m
termijnkoers (NL)	Terminkurs m	forward price	cours de bourse à terme m	corso a termine m	cambio a término m
termijntransacties (NL)	Termingeschäft n	futures business	opération à terme f	operazione a termine f	operación a plazo f
termijnzaken in deviezen (NL)	Devisentermingeschäft n	forward exchange dealings	opérations à terme sur titres f/pl	operazione di cambio a termine f	mercado de divisas a plazo m
Termin (D)	—	date	date limite f	termine m	fecha f
termin (SV)	Termin m	date	date limite f	termine m	fecha f
termin (PL)	Termin m	date	date limite f	termine m	fecha f
termín (CZ)	Termin m	date	date limite f	termine m	fecha f
Terminbörse (D)	—	futures market	bourse à terme f	mercato a termine m	bolsa a plazo f
termin dodatkowy (PL)	Nachfrist f	period of grace	prolongation f	termine supplementare m	prolongación del plazo f
termin dostawy (PL)	Lieferfrist f	term of delivery	délai de livraison f	tempo di consegna m	plazo de entrega m
termin dostawy (PL)	Liefertermin m	date of delivery	délai de livraison f	termine di consegna m	plazo de entrega m
termine (I)	Frist f	period	délai m	—	plazo m
termine (I)	Termin m	date	date limite f	—	fecha f
termine del colloquio (I)	Besprechungstermin m	conference date	date de la conférence f	—	fecha de reunión f
termine di consegna (I)	Liefertermin m	date of delivery	délai de livraison f	—	plazo de entrega m
termine di presentazione della domanda (I)	Anmeldefrist f	period for application	délai d'inscription f	—	plazo de inscripción m
termine di scadenza (I)	Ablauffrist f	time limit	échéance f	—	vencimiento m
termine supplementare (I)	Nachfrist f	period of grace	prolongation f	—	prolongación del plazo f
termingerecht (D)	—	on schedule	dans les délais	puntuale	en la fecha fijada
Termingeschäft (D)	—	futures business	opération à terme f	operazione a termine f	operación a plazo f
terminieren (D)	—	set a deadline	fixer un délai	fissare un termine	concertar
termin konferencji (PL)	Besprechungstermin m	conference date	date de la conférence f	termine del colloquio m	fecha de reunión f
Terminkontrakt (D)	—	forward contract	contrat à terme m	contratto a termine m	contrato de entrega futura m
Terminkurs (D)	—	forward price	cours de bourse à terme m	corso a termine m	cambio a término m
terminmarknaden (SV)	Terminbörse f	futures market	bourse à terme f	mercato a termine m	bolsa a plazo f
termínová burza (CZ)	Terminbörse f	futures market	bourse à terme f	mercato a termine m	bolsa a plazo f
termínová burza zboží (CZ)	Warenterminbörse f	commodity futures exchange	bourse de marchandises à livrer f	borsa merci a termine f	bolsa de mercancías a plazo m
termínované plánování (CZ)	Terminplanung f	scheduling	planning de rendez-vous m	programmazione dei termini f	planificación de plazos f
termínová smlouva (CZ)	Terminkontrakt m	forward contract	contrat à terme m	contratto a termine m	contrato de entrega futura m
termínovat (CZ)	terminieren	set a deadline	fixer un délai	fissare un termine	concertar

termínovat

P	NL	SV	PL	CZ	H
capacidade produtiva f	productiecapaciteit f	produktionskapacitet	zdolność produkcyjna f	výrobní kapacita f	—
cooperativa de produção f	productiecoöperatie f	produktionskooperativ	spółdzielnia produkcyjna f	výrobní družstvo n	—
remuneração em géneros f	salaris in natura n	naturaförmåner pl	płaca w naturze f	naturální mzda f	—
prestação em espécie f	voordelen in natura n/pl	naturaförmåner pl	pobory w naturze m/pl	příjmy v naturáliích m/pl	—
prazo m	—	frist	okres m	lhůta f	határidő
prestação f	—	avbetalning	rata f	splátka f	részlet
termo m	—	termin	termin m	termín m	határidő
mercado a termo m	—	terminmarknaden	giełda terminowa f	termínová burza f	határidős tőzsde
contrato a termo m	—	terminskontrakt	umowa terminowa f	termínová smlouva f	határidős szerződés
câmbio a termo m	—	terminskurs	kurs "na termin" m	termínový kurs m	határidős árfolyam
operação a prazo f	—	terminsaffär	transakcja terminowa f	termínový obchod m	határidős ügylet
operações a prazo sobre divisas m	—	terminsaffär i valuta	dewizowa transakcja terminowa f	devizový termínový obchod m	határidős devizaügylet
termo m	termijn m	termin	termin m	termín m	határidő
termo m	termijn m	—	termin m	termín m	határidő
termo m	termijn m	termin	—	termín m	határidő
termo m	termijn m	termin	termin m	—	határidő
mercado a termo m	termijnbeurs f	terminmarknaden	giełda terminowa f	termínová burza f	határidős tőzsde
prolongamento do prazo m	respijttermijn m	respit	—	dodatečná lhůta f	póthatáridő
prazo de entrega m	leveringstermijn m	leveranstid	—	dodací lhůta f	szállítási határidő
data de entrega f	leveringstermijn m	leveransdatum	—	dodací termín m	szállítási határidő
prazo m	termijn m	frist	okres m	lhůta f	határidő
termo m	termijn m	termin	termin m	termín m	határidő
data da conferência f	vergaderdatum m	mötesdatum	termin konferencji m	termín porady m	megbeszélés időpontja
data de entrega f	leveringstermijn m	leveransdatum	termin dostawy m	dodací termín m	szállítási határidő
prazo de declaração m	aanmeldingstermijn m	ansökningstid	termin zgłaszania m	přihlašovací lhůta f	jelentkezési határidő
vencimento m	datum van afloop m	tidsfrist	termin ważności m	prošlá lhůta f	lejárati határidő
prolongamento do prazo m	respijttermijn m	respit	termin dodatkowy m	dodatečná lhůta f	póthatáridő
pontual	binnen de gestelde termijn	punktlig	terminowy	v termínu	határidőre
operação a prazo f	termijntransacties f/pl	terminsaffär	transakcja terminowa f	termínový obchod m	határidős ügylet
acertar o prazo	een termijn bepalen	bestämma datum	terminować	termínovat	beütemez
data da conferência f	vergaderdatum m	mötesdatum	—	termín porady m	megbeszélés időpontja
contrato a termo m	termijncontract n	terminskontrakt	umowa terminowa f	termínová smlouva f	határidős szerződés
câmbio a termo m	termijnkoers m	terminskurs	kurs "na termin" m	termínový kurs m	határidős árfolyam
mercado a termo m	termijnbeurs f	—	giełda terminowa f	termínová burza f	határidős tőzsde
mercado a termo m	termijnbeurs f	terminmarknaden	giełda terminowa f	—	határidős tőzsde
bolsa de futuros sobre mercadorias f	goederentermijnbeurs f	råvaruterminsmarknad	giełda towarowych transakcji terminowych f	—	határidős árutőzsde
escalonamento m	tijdsplanning f	tidsplanering	planowanie terminów n	—	időtervezés
contrato a termo m	termijncontract n	terminskontrakt	umowa terminowa f	—	határidős szerződés
acertar o prazo	een termijn bepalen	bestämma datum	terminować	—	beütemez

termínový kurs

	D	E	F	I	ES
termínový kurs (CZ)	Terminkurs m	forward price	cours de bourse à terme m	corso a termine m	cambio a término m
termínový obchod (CZ)	Termingeschäft n	futures business	opération à terme f	operazione a termine f	operación a plazo f
termínový obchod se zbožím (CZ)	Warentermingeschäft f	forward merchandise dealings	opération de livraison à terme f	operazione a termine su merci f	operación de futuro de mercancías f
terminować (PL)	terminieren	set a deadline	fixer un délai	fissare un termine	concertar
terminowo (PL)	fristgerecht	on time	dans les délais	entro il termine convenuto	dentro del plazo fijado
terminowy (PL)	termingerecht	on schedule	dans les délais	puntuale	en la fecha fijada
Terminplanung (D)	—	scheduling	planning de rendez-vous m	programmazione dei termini f	planificación de plazos f
termín porady (CZ)	Besprechungstermin m	conference date	date de la conférence f	termine del colloquio m	fecha de reunión f
termín představení (CZ)	Vorstellungstermin m	interview	date d'entretien f	appuntamento di presentazione m	fecha de entrevista personal f
terminsaffär (SV)	Termingeschäft n	futures business	opération à terme f	operazione a termine f	operación a plazo f
terminsaffär i valuta (SV)	Devisentermingeschäft n	forward exchange dealings	opérations à terme sur titres f/pl	operazione di cambio a termine f	mercado de divisas a plazo m
terminskontrakt (SV)	Terminkontrakt m	forward contract	contrat à terme m	contratto a termine m	contrato de entrega futura m
terminskurs (SV)	Terminkurs m	forward price	cours de bourse à terme m	corso a termine m	cambio a término m
termin ważności (PL)	Ablauffrist f	time limit	échéance f	termine di scadenza m	vencimiento m
termin wypowiedzenia (PL)	Kündigungsfrist f	period of notice	délai de résiliation m	periodo di preavviso m	plazo de preaviso m
termin zapłaty (PL)	Zahlungsfrist f	term of payment	délai de payement f	scadenza di pagamento f	plazo de pago m
termin zgłaszania (PL)	Anmeldefrist f	period for application	délai d'inscription m	termine di presentazione della domanda m	plazo de inscripción m
termionowa transakcja towarowa (PL)	Warentermingeschäft f	forward merchandise dealings	opération de livraison à terme f	operazione a termine su merci f	operación de futuro de mercancías f
termo (P)	Termin m	date	date limite f	termine m	fecha f
term of a contract (E)	Vertragsdauer f	—	durée du contrat f	durata del contratto f	duración del contrato f
term of delivery (E)	Lieferfrist f	—	délai de livraison m	tempo di consegna m	plazo de entrega m
term of payment (E)	Zahlungsfrist f	—	délai de payement f	scadenza di pagamento f	plazo de pago m
terms and conditions of business (E)	Geschäftsbedingungen	—	conditions commerciales f/pl	condizioni contrattuali f/pl	condiciones de contrato f/pl
terms of payment (E)	Zahlungsbedingung f	—	conditions de payement f/pl	condizione di pagamento f	condiciones de pago f/pl
terrain (F)	Grundstück n	real estate	—	terreno m	terreno m
terrain de construction (F)	Bauland n	building site	—	area edificabile f	terreno edificable m
terrain de négociation (F)	Verhandlungsbasis f	basis for negotiation	—	base delle trattative f	precio a negociar m
terreno (I)	Grundstück n	real estate	terrain m	—	terreno m
terreno (ES)	Grundstück n	real estate	terrain m	terreno m	—
terreno (P)	Grundstück n	real estate	terrain m	terreno m	terreno m
terreno edificable (ES)	Bauland n	building site	terrain de construction m	area edificabile f	—
terreno urbanizável (P)	Bauland n	building site	terrain de construction m	area edificabile f	terreno edificable m
territoire douanier (F)	Zollgebiet n	customs territory	—	territorio doganale m	distrito aduanero m
territoire hors du contrôle de la douane (F)	Zollausland n	countries outside the customs frontier	—	territorio doganale estero m	territorio aduanero exterior m

territoire hors du contrôle de la douane

P	NL	SV	PL	CZ	H
câmbio a termo m	termijnkoers m	terminskurs	kurs "na termin" m	—	határidős árfolyam
operação a prazo f	termijntransacties f/pl	terminsaffär	transakcja terminowa f	—	határidős ügylet
transacção de mercadorias a prazo f	goederentermijntransactie f	råvaruterminsaffär	termionowa transakcja towarowa f	—	határidős áruüzlet
acertar o prazo	een termijn bepalen	bestämma datum	—	termínovat	beütemez
dentro do prazo	op tijd	inom avtalad tid	—	v odpovídající lhůtě	határidőre
pontual	binnen de gestelde termijn	punktlig	—	v termínu	határidőre
escalonamento m	tijdsplanning f	tidsplanering	planowanie terminów n	termínované plánování n	időtervezés
data da conferência f	vergaderdatum m	mötesdatum	termin konferencji m	—	megbeszélés időpontja
data da entrevista f	afspraak voor presentatie f	intervju	prezentacja kandydata na stanowisko f	—	felvételi beszélgetés
operação a prazo f	termijntransacties f/pl	—	transakcja terminowa f	termínový obchod m	határidős ügylet
operações a prazo sobre divisas m	termijnzaken in deviezen f	—	dewizowa transakcja terminowa f	devizový termínový obchod m	határidős devizaügylet
contrato a termo m	termijncontract n	—	umowa terminowa f	termínová smlouva f	határidős szerződés
câmbio a termo m	termijnkoers m	—	kurs "na termin" m	termínový kurs m	határidős árfolyam
vencimento m	datum van afloop m	tidsfrist	—	prošlá lhůta f	lejárati határidő
prazo de rescisão m	opzeggingstermijn m	uppsägningstid	—	výpovědní lhůta f	felmondási (határ)idő
prazo de pagamento m	betalingstermijn m	betalningsfrist	—	platební lhůta f	fizetési határidő
prazo de declaração m	aanmeldingstermijn m	ansökningstid	—	přihlašovací lhůta f	jelentkezési határidő
transacção de mercadorias a prazo f	goederentermijntransactie f	råvaruterminsaffär	—	termínový obchod se zbožím m	határidős áruüzlet
—	termijn m	termin	termin m	termín m	határidő
duração do contrato f	duur van een contract m	avtalsperiod	czas trwania umowy m	doba platnosti smlouvy f	szerződés tartama
prazo de entrega m	leveringstermijn m	leveranstid	termin dostawy m	dodací lhůta f	szállítási határidő
prazo de pagamento m	betalingstermijn m	betalningsfrist	termin zapłaty m	platební lhůta f	fizetési határidő
condições do contrato f/pl	verkoopsvoorwaarden f/pl	affärsvillkor	warunki handlowe m/pl	obchodní podmínky f/pl	szerződési feltételek
condições de pagamento f/pl	betalingsvoorwaarde f/pl	betalningsvillkor	warunki płatności m/pl	platební podmínka f	fizetési feltételek
terreno m	stuk grond n	tomt	parcela f	pozemek m	ingatlan
terreno urbanizável m	bouwgrond m	byggnadstomt	grunt budowlany m	stavební pozemek m	építési terület
preço a negociar m	onderhandelingsbasis f	förhandlingsbas	siła przetargowa f	základna jednání f	tárgyalási alap
terreno m	stuk grond n	tomt	parcela f	pozemek m	ingatlan
terreno m	stuk grond n	tomt	parcela f	pozemek m	ingatlan
—	stuk grond n	tomt	parcela f	pozemek m	ingatlan
terreno urbanizável m	bouwgrond m	byggnadstomt	grunt budowlany m	stavební pozemek m	építési terület
—	bouwgrond m	byggnadstomt	grunt budowlany m	stavební pozemek m	építési terület
território aduaneiro m	douanegebied n	tullområde	obszar celny m	celní území n	vámterület
território aduaneiro exterior m	gebied buiten de (eigen) douanegrenzen n	utländskt tullområde	zagranica celna f	celní cizina f	vámkülföld

território aduaneiro

	D	E	F	I	ES
território aduaneiro (P)	Zollgebiet n	customs territory	territoire douanier m	territorio doganale m	distrito aduanero m
território aduaneiro exterior (P)	Zollausland n	countries outside the customs frontier	territoire hors du contrôle de la douane m	territorio doganale estero m	territorio aduanero exterior m
território aduaneiro exterior (ES)	Zollausland n	countries outside the customs frontier	territoire hors du contrôle de la douane m	territorio doganale estero m	—
territorio doganale (I)	Zollgebiet n	customs territory	territoire douanier m	—	distrito aduanero m
territorio doganale estero (I)	Zollausland n	countries outside the customs frontier	territoire hors du contrôle de la douane m	—	territorio aduanero exterior m
tértivevény (H)	Rückschein m	advice of delivery	avis de réception m	ricevuta di ritorno f	acuse de recibo m
terugwerkend (NL)	rückwirkend	retrospective	rétroactif	con effetto retroattivo	retroactivo
terugzending (NL)	Rücksendung f	return	renvoi m	rispedizione f	devolución f
tervezés (H)	Planung f	planning	planning m	programmazione f	planificación f
tervgazdaság (H)	Planwirtschaft f	planned economy	économie planifiée f	economia pianificata f	economía planificada f
tervszámítás (H)	Plankalkulation f	target calculation	calcul des coûts prévisionnels m	calcolo pianificato m	cálculo de los objetivos m
tervszámok (H)	Sollzahlen f/pl	target figures	chiffres prévisionnels m/pl	cifre calcolate f/pl	cifras estimadas f/pl
těsný (CZ)	knapp	scarce	rare	scarso	escaso
testo pubblicitario (I)	Werbetext m	advertising copy	texte publicitaire m	—	texto publicitario m
testület (H)	Körperschaft f	corporation	collectivité f	corporazione f	corporación f
tévedések fenntartásával (H)	Irrtum vorbehalten	errors excepted	sauf erreur	salvo errore	salvo error
texte publicitaire (F)	Werbetext m	advertising copy	—	testo pubblicitario m	texto publicitario m
texto publicitario (ES)	Werbetext m	advertising copy	texte publicitaire m	testo pubblicitario m	—
texto publicitário (P)	Werbetext m	advertising copy	texte publicitaire m	testo pubblicitario m	texto publicitario m
Textverarbeitung (D)	—	word processing	traitement de texte f	elaborazione testi f	tratamiento de textos m
těžké zboží (CZ)	Schwergut n	heavy freight	produit pondéreux m	carico pesante m	mercancía pesada f
te zware schuldenlast (NL)	Überschuldung f	excessive indebtedness	surendettement m	indebitamento eccessivo m	exceso de deudas m
the black (E)	schwarze Zahlen f/pl	—	excédent m	conti in nero m/pl	superávit m
the red (E)	rote Zahlen f/pl	—	chiffres déficitaires m/pl	conti in rosso m/pl	números rojos m/pl
third countries (E)	Drittländer n/pl	—	pays tiers m/pl	paesi terzi m/pl	terceros países m/pl
third party liability insurance (E)	Haftpflichtversicherung f	—	assurance responsabilité civile f	assicurazione della responsabilità civile f	seguro de responsabilidad civil m
three months' papers (E)	Dreimonatspapier n	—	titre sur trois mois m	titolo trimestrale m	títulos a tres meses m
tichá rezerva (CZ)	stille Reserve f	hidden reserves	réserve occulte f	riserva occulta f	reserva tácita f
tidsfrist (SV)	Ablauffrist f	time limit	échéance f	termine di scadenza m	vencimiento m
tidsplanering (SV)	Terminplanung f	scheduling	planning de rendez-vous m	programmazione dei termini f	planificación de plazos f
tidsspillan (SV)	Zeitaufwand m	expenditure of time	investissement en temps m	tempo impiegato m	tiempo invertido m
tiempo invertido (ES)	Zeitaufwand m	expenditure of time	investissement en temps m	tempo impiegato m	—
tijdloon (NL)	Zeitlohn m	time wages	salaire à l'heure m	salario a tempo m	salario por unidad de tiempo m
tijdsplanning (NL)	Terminplanung f	scheduling	planning de rendez-vous m	programmazione dei termini f	planificación de plazos f
Tilgung (D)	—	amortisation	remboursement m	ammortamento m	amortización f
tillägg (SV)	Zugabe f	extra	prime f	aggiunta f	suplemento m
tillägg (SV)	Zuschlag m	extra charge	supplément m	supplemento m	suplemento m

tillägg

P	NL	SV	PL	CZ	H
—	douanegebied n	tullområde	obszar celny m	celní území n	vámterület
—	gebied buiten de (eigen) douanegrenzen n	utländskt tullområde	zagranica celna f	celní cizina f	vámkülföld
território aduaneiro exterior m	gebied buiten de (eigen) douanegrenzen n	utländskt tullområde	zagranica celna f	celní cizina f	vámkülföld
território aduaneiro m	douanegebied n	tullområde	obszar celny m	celní území n	vámterület
território aduaneiro exterior m	gebied buiten de (eigen) douanegrenzen n	utländskt tullområde	zagranica celna f	celní cizina f	vámkülföld
aviso de recepção m	ontvangstbewijs n	mottagningsbevis	potwierdzenie odbioru n	návratka f	—
retroactivo	—	retroaktiv	obowiązujący wstecz	působící zpětně	visszamenőleges
devolução f	—	återsändande	zwrot m	zpětná zásilka f	visszaküldés
planificação f	planning f	planering	planowanie n	plánování n	—
economia planificada f	planeconomie f	planekonomi	gospodarka planowa f	plánované hospodářství n	—
cálculo dos objectivos m	berekening van de kosten f	budgetkalkyl	kalkulacja planowa f	plánovaná kalkulace f	—
valores estimados m/pl	streefcijfers n/pl	beräknade siffror pl	liczby zadane f/pl	plánovaná čísla n/pl	—
escasso	schaars	knapp	w niedoborze	—	szűkös
texto publicitário m	reclametekst m	reklamtext	tekst reklamowy m	reklamní text m	reklámszöveg
corporação f	vennootschap f	juridisk person	korporacja f	korporace f	—
salvo erro	onder voorbehoud van vergissingen	med reservation för eventuella misstag	z zastrzeżeniem błędów	omyl vyhrazen m	—
texto publicitário m	reclametekst m	reklamtext	tekst reklamowy m	reklamní text m	reklámszöveg
texto publicitário m	reclametekst m	reklamtext	tekst reklamowy m	reklamní text m	reklámszöveg
—	reclametekst m	reklamtext	tekst reklamowy m	reklamní text m	reklámszöveg
edição de texto f	tekstverwerking f	ordbehandling	elektroniczne opracowanie tekstu n	zpracování textu n	szövegszerkesztés
mercadoria pesada f	zware vracht f	tung frakt	ładunek ciężki m	—	nehéz rakomány
endividamento excessivo m	—	höggradig skuldsättning	nadmierne zadłużenie n	nadměrné zadlužení n	túlzott eladósodás
excedente m	zwarte cijfers n/pl	med vinst	strefa zysków f	černé platby f/pl	nyereség
valores a vermelho m/pl	rode cijfers n/pl	med förlust	straty f/pl	červená čísla n/pl	veszteség
países terceiros m/pl	derde landen n/pl	tredjeländer pl	kraje trzecie m/pl	třetí země f/pl	harmadik országok
seguro de responsabilidade civil m	aansprakelijkheidsverzekering f	ansvarsförsäkring	ubezpieczenie od odpowiedzialności cywilnej f	pojištění povinného ručení n	felelősségbiztosítás
títulos a três meses m/pl	driemaandswissel m	tremånaderspapper	trzymiesięczny papier wartościowy m	vklad na tři měsíce m	háromhavi lejáratú kötvények
reserva oculta f	stille reserve f	dold reserv	ukryta rezerwa f	—	rejtett tartalék
vencimento m	datum van afloop m	—	termin ważności m	prošlá lhůta f	lejárati határidő
escalonamento m	tijdsplanning f	—	planowanie terminów n	termínované plánování n	időtervezés
tempo empregue m	bestede tijd f	—	nakład czasowy m	vynaložení času n	időráfordítás
tempo empregue m	bestede tijd f	tidsspillan	nakład czasowy m	vynaložení času n	időráfordítás
salário por hora m	—	timlön	płaca wg stawki godzinowej f	časová mzda f	időbér
escalonamento m	—	tidsplanering	planowanie terminów n	termínované plánování n	időtervezés
amortização f	aflossing f	amortering	umorzenie n	umoření n	törlesztés
bónus m	toegift f	—	dodatek m	přídavek m	ráadás
taxa suplementar f	toeslag m	—	dopłata f	příplatek m	felár

tilläggsbetalning

	D	E	F	I	ES
tilläggsbetalning (SV)	Nachzahlung f	supplementary payment	versement complémentaire m	pagamento supplementare m	pago suplementario m
tillfällig likviditetsbrist (SV)	Liquiditätsengpaß m	liquidity squeeze	contraction de liquidité f	strettoia di liquidità f	restricción de la liquidez f
tillförlitlig (SV)	zuverlässig	reliable	fiable	affidabile	de confianza
tillgodohavande (SV)	Haben n	credit side	avoir m	avere m	haber m
tillhanda (SV)	zu treuen Händen	for safekeeping	remettre à qui de droit	alla particolare attenzione	a la atención
tillmötesgående (SV)	kulant	accommodating	arrangeant	corrente	de fácil avenencia
till påseende (SV)	zur Ansicht	on approval	à vue	in visione	para examen
tillstånd (SV)	Genehmigung f	permission	autorisation f	autorizzazione f	autorización f
tillstånd (SV)	Zulassung f	admission	admission f	ammissione f	admisión f
tilltalsform (SV)	Anrede f	form of address	formule de politesse f	titolo m	tratamiento m
tillväxt (SV)	Wachstum n	growth	croissance f	crescita f	crecimiento m
tillväxttakt (SV)	Wachstumsrate f	rate of growth	taux d'accroissement m	tasso di crescita m	tasa de crecimiento f
tillverkare (SV)	Erzeuger m	manufacturer	producteur m	produttore m	productor m
tillverkare (SV)	Hersteller m	manufacturer	constructeur m	produttore m	fabricante m
timbre-poste (F)	Briefmarke f	stamp	—	francobollo m	sello m
timbro della ditta (I)	Firmenstempel m	company stamp	cachet d'établissement m	—	sello de la empresa m
timbro postale (I)	Poststempel m	postmark	cachet de la poste m	—	sello postal m
time deposit (E)	Festgeld n	—	argent immobilisé m	deposito a termine m	depósito a plazo fijo m
time limit (E)	Ablauffrist f	—	échéance f	termine di scadenza m	vencimiento m
time wages (E)	Zeitlohn m	—	salaire à l'heure m	salario a tempo m	salario por unidad de tiempo m
timlön (SV)	Stundenlohn m	hourly wage	salaire horaire m	salario ad ora m	salario-hora m
timlön (SV)	Zeitlohn m	time wages	salaire à l'heure m	salario a tempo m	salario por unidad de tiempo m
tipi di costi (I)	Kostenarten f/pl	cost types	coûts par nature m/pl	—	clases de costes f/pl
tipo de cambio (ES)	Kurs m	exchange rate	cours m	corso m	—
tipo de cambio (ES)	Wechselkurs m	exchange rate	cours du change m	cambio m	—
tipo de cambio de la moneda (ES)	Geldkurs m	buying rate	cours de la monnaie m	prezzo di domanda m	—
tipo de cambio de moneda extranjera (ES)	Sortenkurs m	foreign currency rate	cours des monnaies étrangères m	corso dei cambi m	—
tipo de cambio múltiple (ES)	gespaltene Wechselkurse m/pl	two-tier exchange rate	cours du change multiple m	cambi multipli m/pl	—
tipo de câmbio múltiplo (P)	gespaltene Wechselkurse m/pl	two-tier exchange rate	cours du change multiple m	cambi multipli m/pl	tipo de cambio múltiple m
tipo de emisión (ES)	Emissionskurs m	rate of issue	cours d'émission m	corso d'emissione m	—
tipo de interés (ES)	Zinsfuß m	interest rate	taux d'intérêt m	tasso d'interesse m	—
tipo de interés (ES)	Zinssatz m	interest rate	taux d'intérêt m	tasso d'interesse m	—
tipo flotante de cambio (ES)	flexibler Wechselkurs m	flexible exchange rate	taux de change flottant m	cambio flessibile m	—
tipo pignoraticio (ES)	Lombardsatz m	bank rate for loans on securities	taux d'intérêt de l'argent prêté sur gage m	tasso sulle anticipazioni m	—
tipos de cambio fijos (ES)	feste Wechselkurse m/pl	fixed exchange rates	taux de change fixe m	cambi fissi m/pl	—
tiré (F)	Bezogener m	drawee	—	trattario m	librado m
tiskárna (CZ)	Drucker m	printer	imprimante f	stampante f	impresora f
tiskopis (CZ)	Drucksache f	printed matter	imprimé m	stampa f	impreso m
tiszteletdíj (H)	Honorar n	fee	honoraires m/pl	onorario m	honorario m
tisztességtelen verseny (H)	unlauterer Wettbewerb m	unfair competition	concurrence déloyale f	concorrenza sleale f	competencia desleal f
tisztviselő (H)	Beamter m	official	fonctionnaire m	funzionario m	funcionario m

tisztviselő

P	NL	SV	PL	CZ	H
pagamento suplementar m	bijbetaling f	—	dopłata f	doplatek m	pótkifizetés
falta de liquidez f	liquiditeitstekort n	—	wąskie gardło wypłacalności n	likvidní tíseň f	likviditáshiány
de confiança	betrouwbaar	—	niezawodny	spolehlivý	megbízható
haver m	creditzijde f	—	Ma	strana "Dal"	követel oldal
à atenção	in bewaring	—	do rąk własnych	odevzdat do spolehlivých rukou f/pl	megőrzésre átadott
flexível	tegemoetkomend	—	uprzejmy	solidní	előzékeny
para aprovação	op zicht	—	do wglądu	k nahlédnutí n	megtekintésre
autorização f	goedkeuring f	—	zezwolenie n	schválení n	engedély
admissão f	toelating f	—	dopuszczenie n	připuštění n	engedély
forma de tratamento f	aanhef m	—	tytułowanie n	oslovení n	megszólítás
crescimento m	groei m	—	wzrost m	růst m	növekedés
taxa de crescimento f	groeicijfer n	—	stopa wzrostu f	míra růstu f	növekedési ütem
produtor m	producent m	—	producent m	výrobce m	gyártó
produtor m	fabrikant m	—	producent m	výrobce m	gyártó
selo m	postzegel m	frimärke	znaczek pocztowy m	poštovní známka f	bélyeg
carimbo da empresa m	firmastempel m	företagsstämpel	stempel firmowy m	firemní razítko n	cégbélyegző
carimbo do correio m	poststempel m	poststämpel	stempel pocztowy m	poštovní razítko n	postabélyegző
depósito a prazo m	deposito met vaste termijn n	fast inlåning	wkład bankowy m	vázaný vklad m	lekötött betét
vencimento m	datum van afloop m	tidsfrist	termin ważności m	prošlá lhůta f	lejárati határidő
salário por hora m	tijdloon n	timlön	płaca wg stawki godzinowej f	časová mzda f	időbér
salário-hora m	uurloon n	—	płaca godzinowa f	hodinová mzda f	órabér
salário por hora m	tijdloon n	—	płaca wg stawki godzinowej f	časová mzda f	időbér
classes de custos f/pl	kostensoorten f/pl	typer av kostnader pl	rodzaje kosztów m/pl	druhy nákladů m/pl	költségfajták
taxa de curso f	koers m	kurs	kurs m	kurs m	árfolyam
taxa de câmbio f	discontokrediet n	växelkurs	kurs wymiany m	směnný kurs m	valutaátváltási árfolyam
cotação f	geldkoers m	pris marknaden är beredd att betala	kurs zakupu pieniądza m	peněžní kurs m	vételi árfolyam
cotação para moedas estrangeiras f	wisselkoers m	valutakurs	kurs walut obcych m	kurs cizích měn m	valutaátváltási árfolyam
tipo de câmbio múltiplo m	tweevoudige wisselkoers m	dubbel växelkurs	rozszczepione kursy wymienne m/pl	dvojstupňové směnné kursy m/pl	kettős valutaárfolyamok
—	tweevoudige wisselkoers m	dubbel växelkurs	rozszczepione kursy wymienne m/pl	dvojstupňové směnné kursy m/pl	kettős valutaárfolyamok
preço de emissão m	emissiekoers m	emissionskurs	kurs emisyjny m	emisní kurs m	kibocsátási árfolyam
taxa de juro f	rentevoet m	räntefot	stopa procentowa f	úroková míra f	kamatláb
taxa de juro f	rentevoet m	räntesats	stawka procentowa f	úroková sazba f	kamatláb
taxa de câmbio flexível f	zwevende wisselkoers m	flytande växelkurs	elastyczny kurs wymiany m	pohyblivý směnný kurs m	rugalmas valutaárfolyam
taxa de juro para empréstimos com penhor sobre títulos m	beleningsrentevoet m	lombardränta	procentowa stawka kredytów lombardowych f	lombardní sazba f	lombardkamatláb
taxas de câmbio fixas f/pl	vaste wisselkoersen m/pl	fasta växelkurser pl	stałe kursy wymienne m/Pl	pevné směnné kursy m/pl	rögzített átváltási árfolyamok
sacado m	betrokken wissel m	trassat	trasat m	směnečník m	intézvényezett
impressora f	printer m	skrivare	drukarka f	—	nyomtató
impresso m	drukwerk n	trycksak	druki m/pl	—	nyomtatvány
honorários m/pl	honorarium n	honorar	honorarium n	honorář m	—
concorrência desleal f	oneerlijke concurrentie f	illojal konkurrens	nieuczciwa konkurencja f	nezákonná konkurence f	—
funcionário m	ambtenaar m	tjänsteman i offentlig tjänst	urzędnik m	úředník m	—

titel

	D	E	F	I	ES
titel (NL)	Urkunde f	document	document m	documento m	documento m
titkár (H)	Sekretär m	secretary	secrétaire m	segretario m	secretario m
titkárnő (H)	Sekretärin f	secretary	secrétaire f	segretaria f	secretaria f
titolare del conto (I)	Kontoinhaber m	account holder	titulaire d'un compte m	—	titular de una cuenta m
titolare unico (I)	Alleininhaber m	sole owner	seul propriétaire m	—	propietario exclusivo m
titoli (I)	Effekten f/pl	securities	valeurs mobilières f/pl	—	efectos m/pl
titoli a reddito fisso (I)	Rentenpapiere f	bonds	titres de rente m/pl	—	títulos de renta fija m/pl
titoli d'investimento (I)	Anlagepapiere n/pl	investment securities	valeurs de placement f/pl	—	valores de inversión m/pl
titoli pubblici (I)	Staatsanleihen f/pl	government loan	emprunt d'Etat m	—	empréstito estatal m
titolo (I)	Anrede f	form of address	formule de politesse f	—	tratamiento m
titolo (I)	Feingehalt m	titre	titre m	—	ley f
titolo (I)	Wertpapier n	security	titre m	—	valor m
titolo all'ordine (I)	Orderpapier n	order instrument	papier à ordre m	—	título a la orden m
titolo al portatore (I)	Inhaberpapier n	bearer instrument	titre souscrit au porteur m	—	título al portador m
titolo ipotecario (I)	Pfandbrief m	mortgage bond	obligation hypothécaire f	—	cédula hipotecaria f
titolo trimestrale (I)	Dreimonatspapier n	three months' papers	titre sur trois mois m	—	títulos a tres meses m
titre (E)	Feingehalt m	—	titre m	titolo m	ley f
titre (F)	Feingehalt m	titre	—	titolo m	ley f
titre (F)	Wertpapier n	security	—	titolo m	valor m
titres de rente (F)	Rentenpapiere f	bonds	—	titoli a reddito fisso m/pl	títulos de renta fija m/pl
titre souscrit au porteur (F)	Inhaberpapier n	bearer instrument	—	titolo al portatore m	título al portador m
titre sur trois mois (F)	Dreimonatspapier n	three months' papers	—	titolo trimestrale m	títulos a tres meses m
titulaire d'un compte (F)	Kontoinhaber m	account holder	—	titolare del conto m	titular de una cuenta m
titular da conta (P)	Kontoinhaber m	account holder	titulaire d'un compte m	titolare del conto m	titular de una cuenta m
titular de una cuenta (ES)	Kontoinhaber m	account holder	titulaire d'un compte m	titolare del conto m	—
título (P)	Wertpapier n	security	titre m	titolo m	valor m
título a la orden (ES)	Orderpapier n	order instrument	papier à ordre m	titolo all'ordine m	—
título al portador (ES)	Inhaberpapier n	bearer instrument	titre souscrit au porteur m	titolo al portatore m	—
título ao portador (P)	Inhaberpapier n	bearer instrument	titre souscrit au porteur m	titolo al portatore m	título al portador m
título à ordem (P)	Orderpapier n	order instrument	papier à ordre m	titolo all'ordine m	título a la orden m
título hipotecário (P)	Pfandbrief m	mortgage bond	obligation hypothécaire f	titolo ipotecario m	cédula hipotecaria f
títulos (P)	Effekten f/pl	securities	valeurs mobilières f/pl	titoli m/pl	efectos m/pl

títulos 1005

P	NL	SV	PL	CZ	H
documento m	—	handling	dokument m	listina f	okirat
secretário m	secretaris m	sekreterare	sekretarz m	tajemník m	—
secretária f	secretaresse f	sekreterare	sekretarka f	sekretářka f	—
titular da conta m	rekeninghouder m	kontoinnehavare	właściciel konta m	vlastník účtu m	számlatulajdonos
proprietário único m	alleeneigenaar m	ensam innehavare	wyłączny właściciel m	výhradní vlastník m	egyedüli cégtulajdonos
títulos m/pl	effecten n/pl	värdepapper pl	papiery wartościowe m/pl	cenné papíry m/pl	értékpapírok
títulos de renda fixa m/pl	effecten n/pl	obligationer pl	papiery wartościowe o stałym zysku m/pl	výnosové listy m/pl	adósságlevelek
títulos de investimento m/pl	beleggingswaarden f/pl	värdepapper	papiery wartościowe m/pl	dlouhodobé finanční investice f/pl	befektetési értékpapírok
empréstimo estatal m	staatslening f	statliga lån pl	pożyczka państwowa f	státní půjčky f/pl	államkölcsön
forma de tratamento f	aanhef m	tilltalsform	tytułowanie n	oslovení n	megszólítás
lei f	gehalte aan edel metaal n	lödighet	zawartość złota n	obsah čistého drahého kovu ve slitině m	nemesfémtartalom
título m	waardepapier n	värdepapper	papier wartościowy m	cenný papír m	értékpapír
título à ordem m	orderpapier n	orderpapper	dokument płatny na zlecenie m	cenný papír na řad m	forgatható értékpapír
título ao portador m	effect aan toonder n	innehavarobligation	papier wartościowy na okaziciela m	cenný papír na majitele m	bemutatóra szóló értékpapír
título hipotecário m	pandbrief f	obligation med inteckning som säkerhet	list zastawny m	zástavní list m	záloglevél
títulos a três meses m/pl	driemaandswissel m	tremånaderspapper	trzymiesięczny papier wartościowy m	vklad na tři měsíce m	háromhavi lejáratú kötvények
lei f	gehalte aan edel metaal n	lödighet	zawartość złota n	obsah čistého drahého kovu ve slitině m	nemesfémtartalom
lei f	gehalte aan edel metaal n	lödighet	zawartość złota n	obsah čistého drahého kovu ve slitině m	nemesfémtartalom
título m	waardepapier n	värdepapper	papier wartościowy m	cenný papír m	értékpapír
títulos de renda fixa m/pl	effecten n/pl	obligationer pl	papiery wartościowe o stałym zysku m/pl	výnosové listy m/pl	adósságlevelek
título ao portador m	effect aan toonder n	innehavarobligation	papier wartościowy na okaziciela m	cenný papír na majitele m	bemutatóra szóló értékpapír
títulos a três meses m/pl	driemaandswissel m	tremånaderspapper	trzymiesięczny papier wartościowy m	vklad na tři měsíce m	háromhavi lejáratú kötvények
titular da conta m	rekeninghouder m	kontoinnehavare	właściciel konta m	vlastník účtu m	számlatulajdonos
—	rekeninghouder m	kontoinnehavare	właściciel konta m	vlastník účtu m	számlatulajdonos
titular da conta m	rekeninghouder m	kontoinnehavare	właściciel konta m	vlastník účtu m	számlatulajdonos
—	waardepapier n	värdepapper	papier wartościowy m	cenný papír m	értékpapír
título à ordem m	orderpapier n	orderpapper	dokument płatny na zlecenie m	cenný papír na řad m	forgatható értékpapír
título ao portador m	effect aan toonder n	innehavarobligation	papier wartościowy na okaziciela m	cenný papír na majitele m	bemutatóra szóló értékpapír
—	effect aan toonder n	innehavarobligation	papier wartościowy na okaziciela m	cenný papír na majitele m	bemutatóra szóló értékpapír
—	orderpapier n	orderpapper	dokument płatny na zlecenie m	cenný papír na řad m	forgatható értékpapír
—	pandbrief f	obligation med inteckning som säkerhet	list zastawny m	zástavní list m	záloglevél
—	effecten n/pl	värdepapper pl	papiery wartościowe m/pl	cenné papíry m/pl	értékpapírok

títulos a tres meses

	D	E	F	I	ES
títulos a tres meses (ES)	Dreimonatspapier n	three months' papers	titre sur trois mois m	titolo trimestrale m	—
títulos a três meses (P)	Dreimonatspapier n	three months' papers	titre sur trois mois m	titolo trimestrale m	títulos a tres meses m
títulos de investimento (P)	Anlagepapiere n/pl	investment securities	valeurs de placement f/pl	titoli d'investimento m/pl	valores de inversión m/pl
títulos de renda fixa (P)	Rentenpapiere f	bonds	titres de rente m/pl	titoli a reddito fisso m/pl	títulos de renta fija m/pl
títulos de renta fija (ES)	Rentenpapiere f	bonds	titres de rente m/pl	titoli a reddito fisso m/pl	—
tłumaczenie (PL)	Übersetzung f	translation	traduction	traduzione f	traducción
tjänstebil (SV)	Dienstwagen m	company car	voiture de service f	macchina di servizio f	coche de servicio m
tjänsteman i offentlig tjänst (SV)	Beamter m	official	fonctionnaire m	funzionario m	funcionario m
tjeckisk (SV)	tschechisch	Czech	tchèque	ceco	checo
tjeckiska (SV)	Tschechisch n	Czech	tchèque	ceco m	checo m
Tjeckiska republiken (SV)	Tschechien	Czech Republic	république tchèque f	Repubblica Ceca f	República Checa f
többlet (H)	Überschuß m	surplus	excédent m	eccedenza f	excedente m
Tochtergesellschaft (D)	—	subsidiary	société affiliée f	società affiliata f	filial f
toegevoegde waarde (NL)	Wertschöpfung f	net product	création de valeurs f	valore aggiunto m	creación de valor f
toegift (NL)	Zugabe f	extra	prime f	aggiunta f	suplemento m
toelating (NL)	Zulassung f	admission	admission f	ammissione f	admisión f
toelevering (NL)	Zulieferer m	subcontractor	sous-traitant m	fornitore m	abastecedor m
toeslag (NL)	Zuschlag m	extra charge	supplément m	supplemento m	suplemento m
toeslag (NL)	Aufpreis m	surcharge	surprix m	sovrapprezzo m	sobreprecio m
toetredingsfinanciering (NL)	Anschlußfinanzierung f	follow-up financing	financement relais m	finanziamento successivo m	financiación sucesiva f
toewijzing (NL)	Zuwendung f	bestowal	affectation f	assegnazione f	gratificación f
toezegging (NL)	Zusage f	promise	promesse f	conferma f	promesa f
tőke (H)	Kapital n	capital	capital m	capitale m	capital m
tőkebefektetés (H)	Kapitalanlage f	investment capital	investissement de capitaux m	investimento di capitale m	inversión de capital f
tőkeemelés (H)	Kapitalerhöhung f	increase of capital	augmentation de capital f	aumento del capitale m	aumento de capital m
tőkeérték (H)	Kapitalwert m	capital value	valeur en capital f	valore capitalizzato m	valor capitalizado m
tőkehozadék-adó (H)	Kapitalertragsteuer f	capital yield tax	impôt sur le revenu du capital m	imposta sulla rendita del capitale f	impuesto sobre la renta del capital m
tőkehozam (H)	Kapitalertrag m	return on capital	produit du capital m	rendita del capitale f	rendimiento del capital m
tőkehozam (H)	Kapitalrentabilität f	return on investment	rentabilité du capital f	redditività del capitale f	rentabilidad del capital f
tőkeigény (H)	Kapitalbedarf m	capital requirements	besoin en capital m	domanda di capitale m	necesidad de capital m
tőkejuttatás (H)	Dotierung f	endowment	dotation f	dotazione f	dotación f
tőkekamat (H)	Kapitalzins m	interest on capital	intérêt du capital m	interesse del capitale m	renta del capital f
tőkemérleg (H)	Kapitalbilanz f	balance of capital transactions	balance des opérations en capital f	bilancia dei capitali f	balanza de capital f
tőkeműveletek (H)	Kapitalverkehr m	capital transactions	mouvement des capitaux m	circolazione dei capitali f	circulación de capitales f
tőkepiac (H)	Kapitalmarkt m	capital market	marché des capitaux m	mercato finanziario m	mercado financiero m
tőkerész (H)	Kapitalanteil m	capital share	part de capital f	quota di capitale f	participación en el capital f
tőkésítettség (H)	Kapitalausstattung f	capital resources	dotation en capital f	dotazione di capitale f	dotación de capital f

tőkésítettség

P	NL	SV	PL	CZ	H
títulos a três meses m/pl	driemaandswissel m	tremånaderspapper	trzymiesięczny papiery wartościowy m	vklad na tři měsíce m	háromhavi lejáratú kötvények
—	driemaandswissel m	tremånaderspapper	trzymiesięczny papier wartościowy m	vklad na tři měsíce m	háromhavi lejáratú kötvények
—	beleggingswaarden f/pl	värdepapper	papiery wartościowe m/pl	dlouhodobé finanční investice f/pl	befektetési értékpapírok
—	effecten n/pl	obligationer pl	papiery wartościowe o stałym zysku m/pl	výnosové listy m/pl	adósságlevelek
títulos de renda fixa m/pl	effecten n/pl	obligationer pl	papiery wartościowe o stałym zysku m/pl	výnosové listy m/pl	adósságlevelek
tradução f	vertaling f	översättning	—	překlad m	fordítás
carro de serviço m	bedrijfswagen m	—	samochód służbowy m	služební vůz m	szolgálati gépkocsi
funcionário m	ambtenaar m	—	urzędnik m	úředník m	tisztviselő
checo	Tsjechisch	—	czeski	český	cseh(ül)
checo	Tsjechisch	—	język czeski m	čeština f	cseh (nyelv)
República Checa f	Tsjechië	—	Czechy pl	Čechy pl	Csehország
excedente m	overschot n	överskott	nadwyżka f	přebytek m	—
subsidiária f	dochtermaatschappij f	dotterbolag	spółka zależna f	dceřiná společnost f	leányvállalat
valor adicionado m	—	mervärde	kreacja wartości dodanej f	tvorba hodnot f	értéknövelés
bónus m	—	tillägg	dodatek m	přídavek m	ráadás
admissão f	—	tillstånd	dopuszczenie n	připuštění n	engedély
fornecedor m	—	leverantör	kooperant m	subdodavatel m	beszállító
taxa suplementar f	—	tillägg	dopłata f	příplatek m	felár
ágio m	—	påslag	dopłata f	cenová přirážka f	felár
financiamento de renovação contínua m	—	uppföljningsfinansiering	finansowanie sukcesywne n	následné financování n	követő finanszírozás
gratificação f	—	gåva	gratyfikacja f	dotace f	ráfordítás
promessa f	—	löfte	przyrzeczenie n	příslib m	ígéret
capital m	kapitaal n	kapital	kapitał m	kapitál m	—
investimento de capital m	kapitaalinvestering f	kapitalplacering	lokata kapitału f	uložení kapitálu n	—
aumento de capital m	kapitaalsverhoging f	kapitaltillskott	podwyższenie kapitału n	zvýšení kapitálu n	—
valor do capital m	kapitaalwaarde f	kapitalvärde	wartość kapitałowa f	kapitalizovaná hodnota f	—
imposto sobre os rendimento de capital m	belasting op inkomen uit kapitaal m	skatt på kapitalinkomst	podatek od zysku z kapitału m	daň z výnosu kapitálu f	—
rendimento do capital m	inkomen uit kapitaal n	inkomst från kapital	zysk z kapitału m	výnos kapitálu m	—
rentabilidade do capital f	rentabiliteit van het kapitaal f	kapitalavkastning	rentowność kapitału f	rentabilita kapitálu f	—
demanda de capital f	kapitaalbehoefte f	kapitalbehov	zapotrzebowanie na kapitał n	potřeba kapitálu f	—
dotação f	schenking f	donation	dotowanie n	dotace f	—
juro do capital m	kapitaalrente f	kapitalränta	odsetki od kapitału m/pl	kapitálový úrok m	—
balanço do movimento de capitais m	kapitaalrekening van de belastingsbalans f	balansräkning för kapitaltransaktioner	bilans kapitałowy m	kapitálová bilance f	—
circulação de capital f	kapitaalverkeer n	kapitalrörelse	obieg kapitału m	pohyb kapitálu m	—
mercado de capitais m	kapitaalmarkt f	kapitalmarknad	rynek kapitałowy m	kapitálový trh m	—
participação no capital f	aandeel in het kapitaal n	kapitalandel	udział w kapitale m	kapitálový podíl m	—
dotação de capital f	geldmiddelen n/pl	kapitalresurser pl	zasoby kapitałowe m/pl	kapitálové vybavení n	—

tőketársaság 1008

	D	E	F	I	ES
tőketársaság (H)	Kapitalgesellschaft f	joint-stock company	société de capitaux f	società di capitale f	sociedad de capital f
tőkevisszaforgatás (H)	Reinvestition f	reinvestment	réinvestissement m	reinvestimento m	reinversión f
tolvrij (NL)	abgabenfrei	tax-exempt	exempt de taxes	esente da imposte	exento de impuestos
tomador (ES)	Abnehmer m	buyer	acheteur m	acquirente m	—
tömegáru (H)	Massengüter f	bulk goods	marchandises en vrac f/pl	beni di massa m/pl	productos a granel m/pl
tömegáru (H)	Stapelware f	staple goods	produit de stockage m	merce immagazzinata f	mercancía almacenada f
tömeggyártás (H)	Massenfertigung f	mass production	production en série f	fabbricazione in massa f	fabricación en masa f
tomt (SV)	Grundstück n	real estate	terrain m	terreno m	terreno m
toonder (NL)	Überbringer m	bearer	porteur m	portatore m	portador m
topplön (SV)	Spitzenlohn m	top wage	salaire maximum m	salario massimo m	salario máximo m
top price (E)	Höchstpreis f	—	prix plafond m	prezzo massimo m	precio máximo m
top wage (E)	Spitzenlohn m	—	salaire maximum m	salario massimo m	salario máximo m
töredékidőre járó kamat (H)	Stückzinsen m/pl	broken-period interest	intérêts courus m/pl	interessi maturati m/pl	intereses por fracción de período m/pl
törlés (H)	Storno m/n	reversal	écriture de contre-passation f	ristorno m	anulación f
törleszt (H)	ablösen	redeem	rembourser	rimborsare	amortizar
törlesztés (H)	Tilgung f	amortisation	remboursement m	ammortamento m	amortización f
törtrész (H)	Bruchteil m	fraction	fraction f	frazione f	parte fraccionaria f
törvényes fizetőeszköz (H)	gesetzliches Zahlungsmittel n	legal tender	monnaie légale f	mezzo di pagamento legale m	medio legal de pago m
törvényhozási hatalom (H)	Gesetzgebungshoheit f	legislative sovereignty	autonomie de légiférer f	sovranità legislativa f	soberanía legislativa f
törzsrészvény (H)	Stammaktie f	ordinary shares	action ordinaire f	azione ordinaria f	acción ordinaria f
törzstőke (H)	Stammkapital n	share capital	capital social m	capitale sociale m	capital social m
törzsvevő (H)	Stammkunde m	regular customer	client habituel m	cliente abituale m	cliente habitual m
totaal bedrag (NL)	Gesamtsumme f	total amount	montant total m	importo totale m	suma total f
totaal verlies (NL)	Totalschaden m	total loss	dommage total m	danno totale m	daño total m
totala kostnader (SV)	Gesamtkosten f	total costs	coût total m	costi complessivi m/pl	gastos generales m/pl
total amount (E)	Gesamtsumme f	—	montant total m	importo totale m	suma total f
total costs (E)	Gesamtkosten f	—	coût total m	costi complessivi m/pl	gastos generales m/pl
total delivery (E)	Gesamtlieferung f	—	livraison totale f	fornitura completa f	suministro total f
totale kosten (NL)	Gesamtkosten f	total costs	coût total m	costi complessivi m/pl	gastos generales m/pl
totale levering (NL)	Gesamtlieferung f	total delivery	livraison totale f	fornitura completa f	suministro total f
totale productiekosten (NL)	Produktionswert m	production value	valeur de production f	valore produttivo m	valor de la producción m
totale productiekosten (NL)	Selbstkosten f	prime costs	coût de revient m	spese aziendali f/pl	costes propios m/pl
totale uitverkoop (NL)	Ausverkauf m	clearance sale	soldes m/pl	svendita f	liquidación f
total leverans (SV)	Gesamtlieferung f	total delivery	livraison totale f	fornitura completa f	suministro total f
total loss (E)	Totalschaden m	—	dommage total m	danno totale m	daño total m
totální škoda (CZ)	Totalschaden m	total loss	dommage total m	danno totale m	daño total m
Totalschaden (D)	—	total loss	dommage total m	danno totale m	daño total m
totalskada (SV)	Totalschaden m	total loss	dommage total m	danno totale m	daño total m
totalsumma (SV)	Gesamtsumme f	total amount	montant total m	importo totale m	suma total f
totalt (SV)	insgesamt	altogether	dans l'ensemble	complessivamente	en suma
totes Kapital (D)	—	dead capital	capital improductif m	capitale infruttifero m	capital improductivo m
továbbítás (H)	Abfertigung f	dispatch	expédition f	spedizione f	despacho m
towar (PL)	Ware f	goods	marchandise f	merce f	mercancía f

towar

P	NL	SV	PL	CZ	H
sociedade por capitais f	kapitaalvennootschap f	aktiebolag	spółka kapitałowa f	kapitálová společnost f	—
reinvestimento m	herbelegging f	återinvestering	reinwestycja f	reinvestice f	—
isento de impostos	—	skattefri	wolne od podatków	osvobozený od poplatků	adómentes
comprador m	afnemer m	köpare	odbiorca m	odběratel m	vásárló
mercadoria a granel f	stortgoederen n/pl	partigods	towary masowe m/pl	zboží hromadné spotřeby n	—
mercadoria armazenada f	stapelproduct n	stapelvara	drobnica w opakowaniach f	zboží na skladě n	—
produção em massa f	massaproductie f	massproduktion	produkcja masowa f	hromadná výroba f	—
terreno m	stuk grond n	—	parcela f	pozemek m	ingatlan
portador m	—	innehavare	okaziciel m	doručitel m	bemutató
salário máximo m	maximumloon n	—	płaca najwyższa f	špičková mzda f	maximális bér
preço máximo m	plafondprijs m	högsta pris	najwyższa cena f	maximální cena f	rekordár
salário máximo m	maximumloon n	topplön	płaca najwyższa f	špičková mzda f	maximális bér
fracção do período de contagem de juros f	opgelopen rente f	upplupen ränta	oprocentowanie periodyczne n	úroky do dne prodeje cenných papírů m/pl	—
estorno m	tegenboeking f	stornering	storno n	storno n	—
amortizar	aflossen	återköpa	spłacać <spłacić>	oddělovat <oddělit>	—
amortização f	aflossing f	amortering	umorzenie n	umoření n	—
fracção f	fractie f	bråkdel	ułamek m	zlomek m	—
meio legal de pagamento m	wettig betaalmiddel n	giltigt betalningsmedel	ustawowy środek płatniczy m	zákonný platební prostředek m	—
competência legislativa f	wetgevende overheid	legislativ överhöghet	suwerenność prawna f	legislativní suverenita f	—
acção ordinária f	gewoon aandeel n	stamaktie	akcja założycielska f	kmenová akcie f	—
capital social m	maatschappelijk kapitaal n	aktiekapital	kapitał zakładowy m	kmenový kapitál m	—
cliente habitual m	vaste klant m	stamkund	stały klient m	stálý zákazník m	—
montante total m	—	totalsumma	suma całkowita f	celková částka f	teljes összeg
perda total f	—	totalskada	strata całkowita f	totální škoda f	teljes kár
custos totais m/pl	totale kosten m/pl	—	koszty całkowite m/pl	celkové náklady m/pl	összköltség
montante total m	totaal bedrag n	totalsumma	suma całkowita f	celková částka f	teljes összeg
custos totais m/pl	totale kosten m/pl	totala kostnader pl	koszty całkowite m/pl	celkové náklady m/pl	összköltség
entrega total f	totale levering f	total leverans	kompletna dostawa f	celková dodávka f	teljes szállítás
custos totais m/pl	—	totala kostnader pl	koszty całkowite m/pl	celkové náklady m/pl	összköltség
entrega total f	—	total leverans	kompletna dostawa f	celková dodávka f	teljes szállítás
valor da produção m	—	produktionsvärde	wartość produkcji f	výrobní hodnota f	termelési érték
custo m	—	självkostnad	koszty własne m/pl	vlastní náklady m/pl	önköltség
liquidação f	—	realisation	wyprzedaż f	výprodej m	kiárusítás
entrega total f	totale levering f	—	kompletna dostawa f	celková dodávka f	teljes szállítás
perda total f	totaal verlies n	totalskada	strata całkowita f	totální škoda f	teljes kár
perda total f	totaal verlies n	totalskada	strata całkowita f	—	teljes kár
perda total f	totaal verlies n	totalskada	strata całkowita f	totální škoda f	teljes kár
perda total f	totaal verlies n	totalskada	strata całkowita f	totální škoda f	teljes kár
montante total m	totaal bedrag n	—	suma całkowita f	celková částka f	teljes összeg
ao todo	in totaal	—	w sumie	úhrnem	összesen
capital improdutivo m	dood kapitaal n	improduktivt kapital	martwy kapitał m	neproduktivní kapitál m	holt tőke
expedição f	goederenverzending f	leverans	spedycja f	odbavení n	—
mercadoria f	goederen n/pl	vara	—	zboží n	áru

towar firmowy

	D	E	F	I	ES
towar firmowy (PL)	Markenartikel m	trade-registered article	produit de marque m	articolo di marca m	artículo de marca m
towary (PL)	Güter n/pl	goods	biens m/pl	beni m/pl	bienes m/pl
towary masowe (PL)	Massengüter f	bulk goods	marchandises en vrac f/pl	beni di massa m/pl	productos a granel m/pl
towary przewożone (PL)	Frachtgut n	freight goods	marchandise à transporter f	carico m	mercancías en pequeña velocidad f/pl
tőzsde (H)	Börse f	stock exchange	bourse f	borsa f	bolsa f
tőzsde helye (H)	Börsenplatz m	stock exchange centre	place boursière f	piazza f	plaza bursátil f
tőzsdei árfolyam (H)	Börsenkurs m	quotation on the stock exchange	cours de bourse m/pl	corso di borsa m	cotización en bolsa f
tőzsdei jegyzés (H)	Börsennotierung f	stock exchange quotation	cote de la bourse f	quotazione di borsa f	cotización de bolsa f
tőzsdei kereskedelem (H)	Börsenhandel m	stock exchange dealings	transactions boursières f/pl	negoziazione in borsa f	negociación bursátil f
tőzsdeindex (H)	Börsenindex m	stock exchange index	indice des cours des actions m	indice delle quotazioni m	índice bursátil m
tőzsdei ügyletek (H)	Börsengeschäfte n/pl	stock market transactions	opérations de bourse f/pl	operazioni di borsa f/pl	operación bursátil f
tőzsdekrach (H)	Börsenkrach m	stock market crash	krach boursier m	crollo di borsa m	derrumbe bursátil m
tőzsdenap (H)	Börsentag m	market day	jour de bourse m	giorno di borsa m	sesión bursátil f
tőzsdenyitás előtti kereskedelem (H)	Vorbörse f	dealing before official hours	avant-bourse f	mercato preborsistico m	operaciones antes de la apertura de la bolsa f/pl
trabajador (ES)	Arbeitskraft f	worker	employé m	forza lavoro f	—
trabajadores extranjeros (ES)	ausländische Arbeitnehmer f	foreign workers	travailleur étranger m	lavoratori stranieri m/pl	—
trabajo (ES)	Arbeit f	work	travail m	lavoro m	—
trabajo a destajo (ES)	Akkordarbeit f	piece-work	travail à la pièce m	lavoro a cottimo m	—
trabajo a mano (ES)	Handarbeit f	manual work	travail manuel m	lavoro manuale m	—
trabajo a tiempo parcial (ES)	Teilzeitarbeit f	part-time work	travail à temps partiel m	lavoro part-time m	—
trabajo clandestino (ES)	Schwarzarbeit f	illicit work	travail au noir m	lavoro abusivo m	—
trabajo de pantalla (ES)	Bildschirmarbeit f	work at a computer terminal	travail à l'écran m	lavoro a video m	—
trabajo en equipo (ES)	Teamarbeit f	teamwork	travail d'équipe m	lavoro d'équipe m	—
trabajo reducido (ES)	Kurzarbeit f	short-time work	travail à temps partiel m	lavoro ad orario ridotto m	—
trabalhador estrangeiro (P)	ausländische Arbeitnehmer f	foreign workers	travailleur étranger m	lavoratori stranieri m/pl	trabajadores extranjeros m
trabalho (P)	Arbeit f	work	travail m	lavoro m	trabajo m
trabalho a jornada parcial (P)	Teilzeitarbeit f	part-time work	travail à temps partiel m	lavoro part-time m	trabajo a tiempo parcial m
trabalho à peça (P)	Akkordarbeit f	piece-work	travail à la pièce m	lavoro a cottimo m	trabajo a destajo m
trabalho a tempo reduzido (P)	Kurzarbeit f	short-time work	travail à temps partiel m	lavoro ad orario ridotto m	trabajo reducido m
trabalho clandestino (P)	Schwarzarbeit f	illicit work	travail au noir m	lavoro abusivo m	trabajo clandestino m
trabalho com ecrã (P)	Bildschirmarbeit f	work at a computer terminal	travail à l'écran m	lavoro a video m	trabajo de pantalla m
trabalho de equipa (P)	Teamarbeit f	teamwork	travail d'équipe m	lavoro d'équipe m	trabajo en equipo m
trabalho manual (P)	Handarbeit f	manual work	travail manuel m	lavoro manuale m	trabajo a mano m
trade (E)	Gewerbe n	—	activité professionnelle f	commercio m	comercio m
trade (E)	Handel m	—	commerce m	commercio m	comercio m
trade agreement (E)	Handelsabkommen n	—	accord commercial m	accordo commerciale m	acuerdo comercial m
trade centre (E)	Handelsplatz m	—	place marchande f	piazza commerciale f	plaza comercial f

trade centre

P	NL	SV	PL	CZ	H
produto de marca m	merkartikel n	märkesvara	—	značkové zboží n	márkacikk
bens m/pl	goederen n/pl	gods	—	zboží n	áruk
mercadoria a granel f	stortgoederen n/pl	partigods	—	zboží hromadné spotřeby n	tömegáru
mercadoria a transportar f	vrachtgoed n	fraktgods	—	nákladní zboží n	rakomány
bolsa f	beurs f	börs	giełda f	burza f	—
bolsa de valores f	beurs f	börsort	siedziba giełdy f	sídlo burzy n	—
cotação da bolsa de valores f	beurskoers m	börskurs	kurs giełdowy m	burzovní kurs m	—
cotação da bolsa de valores f	beursnotering f	börsnotering	notowanie giełdowe n	kotace cenných papírů na burze f	—
transações em bolsa f/pl	beurshandel m	börshandel	transakcje giełdowe f/pl	burzovní obchod m	—
índice da bolsa m	beursindex m	aktieindex	giełdowy wskaźnik akcji m	burzovní index m	—
operações de bolsa f/pl	beursverrichtingen f/pl	börsaffärer pl	operacje giełdowe f/pl	burzovní obchody m/pl	—
queda das cotações na bolsa f	beurscrash m	börskrasch	krach na giełdzie m	krach na burze m	—
dia de bolsa f	beursdag m	börsdag	dzień handlowy giełdy m	burzovní den m	—
negociação antes da abertura oficial da bolsa f	voorbeurshandel m	förbörs	transakcja przed otwarciem giełdy f	předburza f	—
mão-de-obra f	arbeidskracht f	arbetskraft	siła robocza f	pracovní síla f	munkaerő
trabalhador estrangeiro m	gastarbeider m	utländsk arbetstagare	pracownicy cudzoziemscy m/pl	zahraniční zaměstnanci m/pl	külföldi munkavállaló
trabalho m	werk n	arbete	praca f	práce f	munka
trabalho à peça m	stukwerk n	ackordsarbete	praca akordowa f	práce v úkolu f	darabbéres munka
trabalho manual m	handenarbeid f	manuellt arbete	praca ręczna f	ruční práce f	fizikai munka
trabalho a jornada parcial m	deeltijds werk n	deltidsarbete	praca w niepełnym wymiarze f	částečný pracovní úvazek n	részidős munka
trabalho clandestino m	zwartwerk n	svartarbete	praca nielegalna f	práce načerno f	feketemunka
trabalho com ecrã m	werk aan het beeldscherm n	bildskärmsarbete	praca przy ekranie komputera f	práce na počítači f	számítógépes munka
trabalho de equipa m	teamwerk n	teamarbete	praca zespołowa f	týmová práce f	csapatmunka
trabalho a tempo reduzido m	verkorte werktijd m	korttidsarbete	skrócony czas pracy m	zkrácená pracovní doba f	csökkentett munkaidő
—	gastarbeider m	utländsk arbetstagare	pracownicy cudzoziemscy m/pl	zahraniční zaměstnanci m/pl	külföldi munkavállaló
—	werk n	arbete	praca f	práce f	munka
—	deeltijds werk n	deltidsarbete	praca w niepełnym wymiarze f	částečný pracovní úvazek n	részidős munka
—	stukwerk n	ackordsarbete	praca akordowa f	práce v úkolu f	darabbéres munka
—	verkorte werktijd m	korttidsarbete	skrócony czas pracy m	zkrácená pracovní doba f	csökkentett munkaidő
—	zwartwerk n	svartarbete	praca nielegalna f	práce načerno f	feketemunka
—	werk aan het beeldscherm n	bildskärmsarbete	praca przy ekranie komputera f	práce na počítači f	számítógépes munka
—	teamwerk n	teamarbete	praca zespołowa f	týmová práce f	csapatmunka
—	handenarbeid f	manuellt arbete	praca ręczna f	ruční práce f	fizikai munka
actividade comercial f	ambacht n	handel	działalność gospodarcza f	živnost f	ipar
comércio m	handel m	handel	handel m	obchod m	kereskedelem
acordo comercial m	handelsovereenkomst f	handelsavtal	umowa handlowa f	obchodní dohoda f	kereskedelmi egyezmény
praça comercial f	handelsplaats f	handelsplats	lokalizacja transakcji f	tržiště n	kereskedelmi központ

trade clause

	D	E	F	I	ES
trade clause (E)	Handelsklausel f	—	clause commerciale f	clausola commerciale f	cláusula comercial f
trade credit (E)	Warenkredit m	—	avance sur marchandises f	credito su merci m	crédito comercial m
trade embargo (E)	Handelsembargo n	—	embargo commercial m	embargo commerciale m	embargo comercial m
trademark (E)	Markenzeichen n	—	emblème de marque f	marchio m	marca registrada f
trade mark (E)	Warenzeichen n	—	marque de fabrique f	marchio m	marca f
trade name (E)	Markenname m	—	nom de marque f	marchio di commercio m	marca f
trader (E)	Händler m	—	commerçant m	commerciante m	comerciante m
trade-registered article (E)	Markenartikel m	—	produit de marque m	articolo di marca m	artículo de marca m
trade relations (E)	Handelsbeziehungen f/pl	—	relations commerciales f/pl	rapporti commerciali m/pl	relaciones comerciales f/pl
trade restrictions (E)	Handelsbeschränkungen f/pl	—	restrictions au commerce f/pl	restrizioni commerciali f/pl	restricciones comerciales f/pl
trade secret (E)	Betriebsgeheimnis n	—	secret d'entreprise m	segreto aziendale m	secreto empresarial m
trade tax (E)	Gewerbesteuer f	—	impôt sur les bénéfices des professions	imposta industriale f	impuesto industrial comerciales m
trade union (E)	Gewerkschaft f	—	syndicat m	sindacato m	sindicato m
trading margin (E)	Handelsspanne f	—	bénéfice brut m	margine commerciale m	margen comercial f
tradução (P)	Übersetzung f	translation	traduction	traduzione f	traducción
traducción (ES)	Übersetzung f	translation	traduction	traduzione f	—
traduction (F)	Übersetzung f	translation	—	traduzione f	traducción
traduzione (I)	Übersetzung f	translation	traduction	—	traducción
tráfico de divisas (ES)	Devisenverkehr m	foreign exchange operations	mouvement de devises m	commercio dei cambi m	—
tráfico de mercancías en bultos sueltos (ES)	Stückgutverkehr m	part-load traffic	expéditions de détail f	trasporto di collettame m	—
traitement (F)	Gehalt n	salary	—	stipendio m	sueldo m
traitement de texte (F)	Textverarbeitung f	word processing	—	elaborazione testi f	tratamiento de textos m
traktamente (SV)	Spesen f	expenses	frais m/pl	spese f/pl	gastos m/pl
traktamentsredovisning (SV)	Spesenabrechung f	statement of expenses	décompte des frais m	conteggio delle spese m	liquidación de gastos f
tramitación de pedidos (ES)	Auftragsbearbeitung f	order processing	exécution d'une commande f	realizzazione di un ordine f	—
trámites aduaneros (ES)	Zollabfertigung f	customs clearance	dédouanement m	sdoganamento m	—
tranch (SV)	Tranche f	tranche	tranche f	tranche f	emisión parcial f
Tranche (D)	—	tranche	tranche f	tranche f	emisión parcial f
tranche (E)	Tranche f	—	tranche f	tranche f	emisión parcial f
tranche (F)	Tranche f	tranche	—	tranche f	emisión parcial f
tranche (I)	Tranche f	tranche	tranche f	—	emisión parcial f
tranche (NL)	Tranche f	tranche	tranche f	tranche f	emisión parcial f
transacção (P)	Transaktion f	transaction	transaction f	transazione f	transacción f
transacção de mercadorias a prazo (P)	Warenterminegeschäft f	forward merchandise dealings	opération de livraison à terme f	operazione a termine su merci f	operación de futuro de mercancías f
transacção de títulos (P)	Wertpapiergeschäft n	securities business	opérations sur titres f/pl	operazioni su titoli f/pl	operación con valores f
transacción (ES)	Transaktion f	transaction	transaction f	transazione f	—
transacções financeiras (P)	Zahlungsverkehr m	payment transaction	opérations de payement f/pl	operazioni di pagamento f/pl	servicio de pagos m/pl
transações em bolsa (P)	Börsenhandel m	stock exchange dealings	transactions boursières f/pl	negoziazione in borsa f	negociación bursátil f

transações em bolsa

P	NL	SV	PL	CZ	H
cláusulas comerciais f/pl	handelsclausule f	handelsklausul	klauzula towarowa f	obchodní doložka f	kereskedelmi szokványok
crédito comercial m	handelskrediet n	leverantörkredit	kredyt towarowy m	úvěr na zboží m	áruhitel
embargo comercial m	handelsembargo n	handelsembargo	embargo handlowe n	obchodní embargo n	kereskedelmi embargó
marca registrada f	handelsmerk n	varumärke	znak firmowy m	označení značkou n	védjegy
marca f	handelsmerk n	varumärke	znak towarowy m	značka zboží f	védjegy
nome de marca m	merknaam f	märkesnamn	nazwa firmowa f	název značky m	márkanév
comerciante m	handelaar m	köpman	handlarz m	obchodník m	kereskedő
produto de marca m	merkartikel n	märkesvara	towar firmowy m	značkové zboží n	márkacikk
relações comerciais f/pl	handelsbetrekkingen f/pl	handelsförbindelser pl	stosunki handlowe m/pl	obchodní styky m/pl	kereskedelmi kapcsolatok
restrições comerciais f/pl	belemmeringen van het goederenverkeer f/pl	handelsrestriktioner pl	ograniczenia handlowe n/pl	omezení obchodu n/pl	kereskedelmi korlátozások
sigilo comercial m	fabrieksgeheim n	affärshemlighet	tajemnica zakładowa f	výrobní tajemství n	üzemi titok
imposto sobre o comércio m	bedrijfsbelasting f	företagsskatt	podatek od przedsiębiorstw m	živnostenská daň f	iparűzési adó
sindicato m	vakbond m	fackförening	związek zawodowy m	odbory m/pl	szakszervezet
margem comercial m	handelsmarge f	marginal	marża handlowa f	obchodní rozpětí n	kereskedelmi árrés
—	vertaling f	översättning	tłumaczenie n	překlad m	fordítás
tradução f	vertaling f	översättning	tłumaczenie n	překlad m	fordítás
tradução f	vertaling f	översättning	tłumaczenie n	překlad m	fordítás
tradução f	vertaling f	översättning	tłumaczenie n	překlad m	fordítás
movimento de divisas m	deviezenverkeer n	valutahandel	obrót dewizowy m	devizový styk m	devizaforgalom
transporte de mercadoria em volumes m	stukgoederenverkeer n	styckegodshantering	transport drobnicy m	doprava kusového zboží f	darabáru-forgalom
salário m	salaris n	lön	płaca f	plat m	fizetés
edição de texto f	tekstverwerking f	ordbehandling	elektroniczne opracowanie tekstu n	zpracování textu n	szövegszerkesztés
despesas f/pl	kosten m/pl	—	koszty m/pl	výlohy f/pl	költségek
prestação de contas referente às despesas f	kostenaftrekking f	—	rozliczenie kosztów n	vyúčtování výloh n	költségelszámolás
realização de uma encomenda f	behandeling van de bestelling f	orderhantering	realizacja zlecenia f	dílčí zpracování zakázky n	megrendelés feldolgozása
expedição aduaneira f	inklaring f/uitklaring f	förtullning	odprawa celna f	celní odbavení n	vámkezelés
emissão parcial f	tranche f	—	transza f	tranže f	részfolyósítás
emissão parcial f	tranche f	tranch	transza f	tranže f	részfolyósítás
emissão parcial f	tranche f	tranch	transza f	tranže f	részfolyósítás
emissão parcial f	tranche f	tranch	transza f	tranže f	részfolyósítás
emissão parcial f	tranche f	tranch	transza f	tranže f	részfolyósítás
emissão parcial f	—	tranch	transza f	tranže f	részfolyósítás
—	transactie f	transaktion	transakcja f	transakce f	ügylet
—	goederentermijntransactie f	råvaruterminsaffär	termionowa transakcja towarowa f	termínový obchod se zbožím m	határidős áruüzlet
—	effectenhandel f	värdepappersaffär	transakcja papierami wartościowymi f	obchod s cennými papíry m	értékpapírügylet
transacção f	transactie f	transaktion	transakcja f	transakce f	ügylet
—	betalingsverkeer n	betalningstransaktion	obrót płatniczy m	platební styk m	pénzügyi tranzakciók
—	beurshandel m	börshandel	transakcje giełdowe f/pl	burzovní obchod m	tőzsdei kereskedelem

transactie

	D	E	F	I	ES
transactie (NL)	Geschäftsabschluß m	conclusion of a deal	conclusion d'une affaire f	conclusione di un affare f	conclusión de un negocio f
transactie (NL)	Transaktion f	transaction	transaction f	transazione f	transacción f
transactie met verlies (NL)	Verlustgeschäft n	loss-making business	affaire déficitaire f	affare in perdita m	venta con pérdida f
transaction (E)	Transaktion f	—	transaction f	transazione f	transacción f
transaction (F)	Transaktion f	transaction	—	transazione f	transacción f
transactions boursières (F)	Börsenhandel m	stock exchange dealings	—	negoziazione in borsa f	negociación bursátil f
transakce (CZ)	Transaktion f	transaction	transaction f	transazione f	transacción f
transakcja (PL)	Transaktion f	transaction	transaction f	transazione f	transacción f
transakcja depozytowa (PL)	Depotgeschäft n	deposit banking	dépôt de titres m	operazione di deposito f	custodia de valores f
transakcja fikcyjna (PL)	Scheingeschäft f	fictitious transaction	opération fictive f	negozio simulato m	operación ficticia f
transakcja handlowa (PL)	Geschäftsabschluß m	conclusion of a deal	conclusion d'une affaire f	conclusione di un affare f	conclusión de un negocio f
transakcja komisowa (PL)	Kommissionsgeschäft n	commission business	affaire en commission f	operazione di commissione f	operación de comisión f
transakcja kompensacyjna (PL)	Kompensationsgeschäft n	barter transaction	affaire de compensation f	operazione di compensazione f	operación de compensación f
transakcja kredytowa (PL)	Aktivgeschäft n	credit transaction	opération active f	operazione di credito f	operaciones activas f/pl
transakcja kredytowa (PL)	Kreditgeschäft n	credit business	achat à crédit m	operazione di credito f	operaciones de crédito f/pl
transakcja lombardowa (PL)	Lombardgeschäft n	collateral loan business	prêt sur titre m	anticipazione sui titoli f	operaciones de pignoración f/pl
transakcja papierami wartościowymi (PL)	Wertpapiergeschäft n	securities business	opérations sur titres f/pl	operazioni su titoli f/pl	operación con valores f
transakcja przed otwarciem giełdy (PL)	Vorbörse f	dealing before official hours	avant-bourse f	mercato preborsistico m	operaciones antes de la apertura de la bolsa f/pl
transakcja spekulacyjna (PL)	Spekulationsgeschäft n	speculative transaction	affaire spéculative f	operazione speculativa f	operación de especulación f
transakcja terminowa (PL)	Termingeschäft n	futures business	opération à terme f	operazione a termine f	operación a plazo f
transakcja trójkątna (PL)	Dreiecksgeschäft n	triangular transaction	opération commerciale triangulaire f	operazione triangolare f	operación triangular f
transakcja zagraniczna (PL)	Auslandsgeschäft n	foreign business	opération avec l'étranger f	affare con l'estero m	operación con el extranjero f
transakcje giełdowe (PL)	Börsenhandel m	stock exchange dealings	transactions boursières f/pl	negoziazione in borsa f	negociación bursátil f
Transaktion (D)	—	transaction	transaction f	transazione f	transacción f
transaktion (SV)	Transaktion f	transaction	transaction f	transazione f	transacción f
transazione (I)	Transaktion f	transaction	transaction f	—	transacción f
transbordement (F)	Umschlag m	transshipment	—	trasbordo m	transbordo de carga f
transbordo (P)	Umschlag m	transshipment	transbordement m	trasbordo m	transbordo de carga m
transbordo de carga (ES)	Umschlag m	transshipment	transbordement m	trasbordo m	—
transcription error (E)	Übertragungsfehler m	—	erreur de transcription f	errore di trascrizione m	error de transcripción f
Transfer (D)	—	transfer	transfert m	trasferimento m	transferencia f
transfer (E)	Anweisung f	—	mandat m	mandato m	transferencia f
transfer (E)	Transfer m	—	transfert m	trasferimento m	transferencia f
transfer (E)	Übertragung f	—	transfert m	trasferimento m	transmisión f
transfer (PL)	Transfer m	transfer	transfert m	trasferimento m	transferencia f
transferencia (ES)	Anweisung f	transfer	mandat m	mandato m	—
transferencia (ES)	Transfer m	transfer	transfert m	trasferimento m	—
transferencia (ES)	Überweisung f	remittance	virement m	rimessa f	—
transferência (P)	Anweisung f	transfer	mandat m	mandato m	transferencia f
transferência (P)	Transfer m	transfer	transfert m	trasferimento m	transferencia f

transferência

P	NL	SV	PL	CZ	H
conclusão de um negócio f	—	affärsuppgörelse	transakcja handlowa f	uzavření obchodu n	üzletkötés
transacção f	—	transaktion	transakcja f	transakce f	ügylet
negócio com prejuízo m	—	förlustaffär	interes przynoszący straty m	ztrátový obchod m	veszteséges üzlet
transacção f	transactie f	transaktion	transakcja f	transakce f	ügylet
transacção f	transactie f	transaktion	transakcja f	transakce f	ügylet
transações em bolsa f/pl	beurshandel m	börshandel	transakcje giełdowe f/pl	burzovní obchod m	tőzsdei kereskedelem
transacção f	transactie f	transaktion	transakcja f	—	ügylet
transacção f	transactie f	transaktion	—	transakce f	ügylet
custódia f	depot n	depositionsverksamhet	—	depozitní obchod m	betétőrzés
operação fictícia f	schijnkoop m	skentransaktion	—	fiktivní obchod f	színlelt ügylet
conclusão de um negócio f	transactie f	affärsuppgörelse	—	uzavření obchodu n	üzletkötés
negócio à comissão m	commissiehandel m	kommissionsverksamhet	—	komisionářský obchod m	bizományi ügylet
operação de compensação f	compensatietransactie f	byteshandel	—	kompenzační obchod m	kompenzációs ügylet
operações activas f/pl	kredietverlening f	aktivatransaktion	—	aktivní bankovní operace f	aktív bankügylet
operação de crédito f	krediettransactie f	kreditaffär	—	úvěrová operace f	hitelügylet
empréstimo com garantia de títulos m	lening tegen onderpand van effecten f	lombardtransaktion	—	lombardní obchod m	lombardügylet
transacção de títulos f	effectenhandel f	värdepappersaffär	—	obchod s cennými papíry m	értékpapírügylet
negociação antes da abertura oficial da bolsa f	voorbeurshandel m	förbörs	—	předburza f	tőzsdenyitás előtti kereskedelem
operação especulativa f	speculatieve verrichtingen f/pl	spekulationsaffär	—	spekulační obchod m	spekulációs ügyletek
operação a prazo f	termijntransacties f/pl	terminsaffär	—	termínový obchod m	határidős ügylet
operação triangular f	driehoekstransactie f	triangeltransaktion	—	trojúhelníkový obchod m	háromszögügylet
negócio com o estrangeiro m	zaken met het buitenland f/pl	utlandsverksamhet	—	zahraniční obchod m	külföldi ügylet
transações em bolsa f/pl	beurshandel m	börshandel	—	burzovní obchod m	tőzsdei kereskedelem
transacção f	transactie f	transaktion	transakcja f	transakce f	ügylet
transacção f	transactie f	—	transakcja f	transakce f	ügylet
transacção f	transactie f	transaktion	transakcja f	transakce f	ügylet
transbordo m	omslag m	omlastning	przeładunek m	překládka f	átrakás
—	omslag m	omlastning	przeładunek m	překládka f	átrakás
transbordo m	omslag m	omlastning	przeładunek m	překládka f	átrakás
erro de transcrição m	overschrijffout f	överföringsfel	błąd w transmisji danych m	převodní chyba f	átviteli hiba
transferência f	transfer m/n	överföring	transfer m	převod m	átutalás
transferência f	opdracht f/m	anvisning	przekaz pieniężny	návod m	utalvány
transferência f	transfer m/n	överföring	transfer m	převod m	átutalás
transmissão f	overdracht f	överföring	przeniesienie n	převod m	átruházás
transferência f	transfer m/n	överföring	—	převod m	átutalás
transferência f	opdracht f/m	anvisning	przekaz pieniężny	návod m	utalvány
transferência f	transfer m/n	överföring	transfer m	převod m	átutalás
transferência f	overschrijving f	överföring	przelew m	bezhotovostní převod m	átutalás
—	opdracht f/m	anvisning	przekaz pieniężny	návod m	utalvány
—	transfer m/n	överföring	transfer m	převod m	átutalás

transferência

	D	E	F	I	ES
transferência (P)	Überweisung *f*	remittance	virement *m*	rimessa *f*	transferencia *f*
transferencia bancaria (ES)	Banküberweisung *f*	bank transfer	virement bancaire *m*	bonifico bancario *m*	—
transferência bancária (P)	Banküberweisung *f*	bank transfer	virement bancaire *m*	bonifico bancario *m*	transferencia bancaria *f*
transferencia de beneficios (ES)	Gewinnabführung *f*	transfer of profit	transfert du bénéfice *m*	trasferimento degli utili *m*	—
transferência de crédito (P)	Giro *n*	endorsement	virement *m*	girata *f*	giro *m*
transferência de uma entrada (P)	Umbuchung *f*	transfer of an entry	jeu d'écritures *m*	giro di partite *m*	traslado a otra cuenta *m*
transferência dos lucros (P)	Gewinnabführung *f*	transfer of profit	transfert du bénéfice *m*	trasferimento degli utili *m*	transferencia de beneficios *f*
transferência postal (P)	Postüberweisung *f*	postal transfer	virement postal *m*	bonifico postale *m*	giro postal *m*
transfer m/n (NL)	Transfer *m*	transfer	transfert *m*	trasferimento *m*	transferencia *f*
transfer of an entry (E)	Umbuchung *f*	—	jeu d'écritures *m*	giro di partite *m*	traslado a otra cuenta *m*
transfer of profit (E)	Gewinnabführung *f*	—	transfert du bénéfice *m*	trasferimento degli utili *m*	transferencia de beneficios *f*
transfert (F)	Transfer *m*	transfer	—	trasferimento *m*	transferencia *f*
transfert (F)	Übertragung *f*	transfer	—	trasferimento *m*	transmisión *f*
transfert du bénéfice (F)	Gewinnabführung *f*	transfer of profit	—	trasferimento degli utili *m*	transferencia de beneficios *f*
transformar em sucata (P)	verschrotten	scrap	mettre à la ferraille	rottamare	desguazar
Transit (D)	—	transit	transit *m*	transito *m*	tránsito *m*
transit (E)	Transit *m*	—	transit *m*	transito *m*	tránsito *m*
transit (F)	Transit *m*	transit	—	transito *m*	tránsito *m*
transit (SV)	Transit *m*	transit	transit *m*	transito *m*	tránsito *m*
transit clause (E)	Transitklausel *f*	—	clause de transit *f*	clausola di transito *f*	cláusula de tránsito *f*
transit duty (E)	Transitzoll *m*	—	droit de transit *m*	diritti di transito *m/pl*	derecho de tránsito *m*
Transithandel (D)	—	transit trade	commerce de transit *m*	commercio di transito *m*	comercio de tránsito *m*
transitional arrangement (E)	Übergangsregelung *f*	—	règlement de transition *m*	regolamento transitorio *m*	regulación transitoria *f*
Transitklausel (D)	—	transit clause	clause de transit *f*	clausola di transito *f*	cláusula de tránsito *f*
transito (I)	Transit *m*	transit	transit *m*	—	tránsito *m*
tránsito (ES)	Transit *m*	transit	transit *m*	transito *m*	—
trânsito (P)	Transit *m*	transit	transit *m*	transito *m*	tránsito *m*
transitohandel (NL)	Transithandel *m*	transit trade	commerce de transit *m*	commercio di transito *m*	comercio de tránsito *m*
transitohandel (SV)	Transithandel *m*	transit trade	commerce de transit *m*	commercio di transito *m*	comercio de tránsito *m*
transitoklausul (SV)	Transitklausel *f*	transit clause	clause de transit *f*	clausola di transito *f*	cláusula de tránsito *f*
transitotull (SV)	Transitzoll *m*	transit duty	droit de transit *m*	diritti di transito *m/pl*	derecho de tránsito *m*
transit trade (E)	Transithandel *m*	—	commerce de transit *m*	commercio di transito *m*	comercio de tránsito *m*
Transitzoll (D)	—	transit duty	droit de transit *m*	diritti di transito *m/pl*	derecho de tránsito *m*
translation (E)	Übersetzung *f*	—	traduction	traduzione *f*	traducción
transmisión (ES)	Übertragung *f*	transfer	transfert *m*	trasferimento *m*	—
transmissão (P)	Übertragung *f*	transfer	transfert *m*	trasferimento *m*	transmisión *f*
transparência do balanço (P)	Bilanzklarheit *f*	balance transparency	clarté du bilan *f*	trasparenza di bilancio *f*	claridad del balance *f*
Transport (D)	—	transport	transport *m*	trasporto *m*	transporte *m*
transport (E)	Transport *m*	—	transport *m*	trasporto *m*	transporte *m*
transport (F)	Transport *m*	transport	—	trasporto *m*	transporte *m*
transport (F)	Beförderung (von Waren) *f*	transportation	—	spedizione *f*	transporte *m*
transport (NL)	Transport *m*	transport	transport *m*	trasporto *m*	transporte *m*

transport

P	NL	SV	PL	CZ	H
—	overschrijving f	överföring	przelew m	bezhotovostní převod m	átutalás
transferência bancária f	bankoverschrijving f	banköverföring	przekaz bankowy m	bankovní převod m	banki átutalás
—	bankoverschrijving f	banköverföring	przekaz bankowy m	bankovní převod m	banki átutalás
transferência dos lucros f	de afdracht van de winst f/m	vinstöverföring	podatek z zysku m	odvod zisku m	nyereségátutalás
—	overschrijving f	girering	żyro n	žiro n	zsíró
—	overboeking f	ombokning	przeksięgowanie n	přeúčtování n	átkönyvelés
—	de afdracht van de winst f/m	vinstöverföring	podatek z zysku m	odvod zisku m	nyereségátutalás
—	postgiro m	postgiroutbetalning	przekaz pocztowy m	poštovní převod m	postai átutalás
transferência f	—	överföring	transfer m	převod m	átutalás
transferência de uma entrada f	overboeking f	ombokning	przeksięgowanie n	přeúčtování n	átkönyvelés
transferência dos lucros f	de afdracht van de winst f/m	vinstöverföring	podatek z zysku m	odvod zisku m	nyereségátutalás
transferência f	transfer m/n	överföring	transfer m	převod m	átutalás
transmissão f	overdracht f	överföring	przeniesienie n	převod m	átruházás
transferência dos lucros f	de afdracht van de winst f/m	vinstöverföring	podatek z zysku m	odvod zisku m	nyereségátutalás
—	verschroten	skrota	złomować <zezłomować>	sešrotovat	kiselejtez
trânsito m	doorvoer m	transit	tranzyt m	tranzit m	tranzit
trânsito m	doorvoer m	transit	tranzyt m	tranzit m	tranzit
trânsito m	doorvoer m	transit	tranzyt m	tranzit m	tranzit
trânsito m	doorvoer m	—	tranzyt m	tranzit m	tranzit
cláusula de trânsito f	doorvoerclausule f	transitoklausul	klauzula tranzytowa f	tranzitní doložka f	tranzitzáradék
imposto de trânsito m	doorvoerrechten n/pl	transitotull	cło tranzytowe n	tranzitní clo n	tranzitvám
comércio de trânsito m	transitohandel m	transitohandel	handel tranzytowy m	tranzitní obchod m	tranzitkereskedelem
regulamento transitório m	overgangsmaatregel m	övergångsbestämmelse	postanowienia przejściowe m/pl	přechodná úprava f	átmeneti rendelkezés
cláusula de trânsito f	doorvoerclausule f	transitoklausul	klauzula tranzytowa f	tranzitní doložka f	tranzitzáradék
trânsito m	doorvoer m	transit	tranzyt m	tranzit m	tranzit
trânsito m	doorvoer m	transit	tranzyt m	tranzit m	tranzit
—	doorvoer m	transit	tranzyt m	tranzit m	tranzit
comércio de trânsito m	—	transitohandel	handel tranzytowy m	tranzitní obchod m	tranzitkereskedelem
comércio de trânsito m	transitohandel m	—	handel tranzytowy m	tranzitní obchod m	tranzitkereskedelem
cláusula de trânsito f	doorvoerclausule f	—	klauzula tranzytowa f	tranzitní doložka f	tranzitzáradék
imposto de trânsito m	doorvoerrechten n/pl	—	cło tranzytowe n	tranzitní clo n	tranzitvám
comércio de trânsito m	transitohandel m	transitohandel	handel tranzytowy m	tranzitní obchod m	tranzitkereskedelem
imposto de trânsito m	doorvoerrechten n/pl	transitotull	cło tranzytowe n	tranzitní clo n	tranzitvám
tradução f	vertaling f	översättning	tłumaczenie n	překlad m	fordítás
transmissão f	overdracht f	överföring	przeniesienie n	převod m	átruházás
—	overdracht f	överföring	przeniesienie n	převod m	átruházás
—	doorzichtigheid van de balans f	balanstransparens	klarowność bilansu f	bilanční čistota f	a mérleg világossága
transporte m	transport n	transport	transport m	doprava f	szállítás
transporte m	transport n	transport	transport m	doprava f	szállítás
transporte m	transport n	transport	transport m	doprava f	szállítás
transporte m	goederenvervoer n	transport	transport m	doprava f	fuvarozás
transporte m	—	transport	transport m	doprava f	szállítás

transport

	D	E	F	I	ES
transport (SV)	Transport m	transport	transport m	trasporto m	transporte m
transport (SV)	Beförderung (von Waren) f	transportation	transport m	spedizione f	transporte m
transport (PL)	Transport m	transport	transport m	trasporto m	transporte m
transport (PL)	Beförderung (von Waren) f	transportation	transport m	spedizione f	transporte m
transportador (P)	Frachtführer m	carrier	transporteur m	vettore m	transportista m
transportation (E)	Beförderung (von Waren) f	—	transport m	spedizione f	transporte m
transportdocumenten (NL)	Transportpapiere n/pl	transport documents	documents de transport m/pl	documenti di trasporto m/pl	documentos de transporte m/pl
transport documents (E)	Transportpapiere n/pl	—	documents de transport m/pl	documenti di trasporto m/pl	documentos de transporte m/pl
transport drobnicy (PL)	Stückgutverkehr m	part-load traffic	expéditions de détail f	trasporto di collettame m	tráfico de mercancías en bultos sueltos m
transporte (ES)	Transport m	transport	transport m	trasporto m	—
transporte (ES)	Beförderung (von Waren) f	transportation	transport m	spedizione f	—
transporte (P)	Transport m	transport	transport m	trasporto m	transporte m
transporte (P)	Beförderung (von Waren) f	transportation	transport m	spedizione f	transporte m
transporte aéreo (ES)	Luftfrachtbrief f	airwaybill	lettre de transport aérien f	lettera di trasporto aereo f	—
transporte colectivo (ES)	Sammeltransport m	collective transport	transport groupé m	trasporto a collettame m	—
transporte colectivo (P)	Sammeltransport m	collective transport	transport groupé m	trasporto a collettame m	transporte colectivo m
transporte de mercadoria em volumes (P)	Stückgutverkehr m	part-load traffic	expéditions de détail f	trasporto di collettame m	tráfico de mercancías en bultos sueltos m
transporte ferroviario (ES)	Bahnfracht f	rail freight	fret par rail m	nolo ferroviario m	—
transportera (SV)	verfrachten	ship	fréter	imbarcare	expedir
transporteur (F)	Frachtführer m	carrier	—	vettore m	transportista m
transportförsäkring (SV)	Transportversicherung f	transport insurance	assurance transports f	assicurazione dei trasporti f	seguro de transporte m
transport groupé (F)	Sammeltransport m	collective transport	—	trasporto a collettame m	transporte colectivo m
transporthandlingar (SV)	Transportpapiere n/pl	transport documents	documents de transport m/pl	documenti di trasporto m/pl	documentos de transporte m/pl
transport insurance (E)	Transportversicherung f	—	assurance transports f	assicurazione dei trasporti f	seguro de transporte m
transportista (ES)	Frachtführer m	carrier	transporteur m	vettore m	—
transportkostnad (SV)	Rollgeld n	haulage	camionnage m	spese di trasporto f/pl	gastos de acarreo m/pl
transportmedel (SV)	Transportmittel n/pl	means of transport	moyens de transport m	mezzo di trasporto m	medio de transporte m
transportmiddelen (NL)	Transportmittel n/pl	means of transport	moyens de transport m	mezzo di trasporto m	medio de transporte m
Transportmittel (D)	—	means of transport	moyens de transport m	mezzo di trasporto m	medio de transporte m
Transportpapiere (D)	—	transport documents	documents de transport m/pl	documenti di trasporto m/pl	documentos de transporte m/pl
transportschade (NL)	Transportschaden m	loss on goods in transit	dommage au cours d'un transport m	danno di trasporto m	daño de transporte m
Transportschaden (D)	—	loss on goods in transit	dommage au cours d'un transport m	danno di trasporto m	daño de transporte m
transportskada (SV)	Transportschaden m	loss on goods in transit	dommage au cours d'un transport m	danno di trasporto m	daño de transporte m
Transportversicherung (D)	—	transport insurance	assurance transports f	assicurazione dei trasporti f	seguro de transporte m
transportverzekering (NL)	Transportversicherung f	transport insurance	assurance transports f	assicurazione dei trasporti f	seguro de transporte m
transport zbiorowy (PL)	Sammeltransport m	collective transport	transport groupé m	trasporto a collettame m	transporte colectivo m

transport zbiorowy

P	NL	SV	PL	CZ	H
transporte m	transport n	—	transport m	doprava f	szállítás
transporte m	goederenvervoer n	—	transport m	doprava f	fuvarozás
transporte m	transport n	transport	—	doprava f	szállítás
transporte m	goederenvervoer n	transport	—	doprava f	fuvarozás
—	vrachtrijder m	fraktförare	przewoźnik m	přepravce m	fuvarozó
transporte m	goederenvervoer n	transport	transport m	doprava f	fuvarozás
guias de transporte f/pl	—	transporthandlingar pl	dokumenty transportowe m/pl	přepravní dokumenty m/pl	szállítási okmányok
guias de transporte f/pl	transportdocumenten n/pl	transporthandlingar pl	dokumenty transportowe m/pl	přepravní dokumenty m/pl	szállítási okmányok
transporte de mercadoria em volumes m	stukgoederenverkeer n	styckegodshantering	—	doprava kusového zboží f	darabáru-forgalom
transporte m	transport n	transport	transport m	doprava f	szállítás
transporte m	goederenvervoer n	transport	transport m	doprava f	fuvarozás
—	transport n	transport	transport m	doprava f	szállítás
—	goederenvervoer n	transport	transport m	doprava f	fuvarozás
conhecimento aéreo m	luchtvrachtbrief m	flygfraktsedel	konosament lotniczy m	letecký nákladní list m	légifuvarlevél
transporte colectivo m	groupagevervoer n	samtransport	transport zbiorowy m	skupinová doprava f	gyűjtőszállítás
—	groupagevervoer n	samtransport	transport zbiorowy m	skupinová doprava f	gyűjtőszállítás
—	stukgoederenverkeer n	styckegodshantering	transport drobnicy m	doprava kusového zboží f	darabáru-forgalom
frete ferroviário m	spoorvracht f	järnvägsfrakt	fracht kolejowy m	železniční náklad m	vasúti szállítmány
fretar	vervrachten	—	ekspediować <wyekspediować>	pronajímat <pronajmout> loď	elfuvaroz
transportador m	vrachtrijder m	fraktförare	przewoźnik m	přepravce m	fuvarozó
seguro de transporte m	transportverzekering f	—	ubezpieczenie transportowe n	dopravní pojištění n	szállítási biztosítás
transporte colectivo m	groupagevervoer n	samtransport	transport zbiorowy m	skupinová doprava f	gyűjtőszállítás
guias de transporte f/pl	transportdocumenten n/pl	—	dokumenty transportowe m/pl	přepravní dokumenty m/pl	szállítási okmányok
seguro de transporte m	transportverzekering f	transportförsäkring	ubezpieczenie transportowe n	dopravní pojištění n	szállítási biztosítás
transportador m	vrachtrijder m	fraktförare	przewoźnik m	přepravce m	fuvarozó
camionagem f	expeditiekosten m/pl	—	przewozowe n	dopravné n	fuvardíj
meios de transporte m/pl	transportmiddelen n/pl	—	środki transportu m/pl	dopravní prostředky m/pl	szállítóeszközök
meios de transporte m/pl	—	transportmedel	środki transportu m/pl	dopravní prostředky m/pl	szállítóeszközök
meios de transporte m/pl	transportmiddelen n/pl	transportmedel	środki transportu m/pl	dopravní prostředky m/pl	szállítóeszközök
guias de transporte f/pl	transportdocumenten n/pl	transporthandlingar pl	dokumenty transportowe m/pl	přepravní dokumenty m/pl	szállítási okmányok
danos de transporte m/pl	—	transportskada	szkoda w czasie transportu f	škoda vzniklá při dopravě f	szállítási kár
danos de transporte m/pl	transportschade f	transportskada	szkoda w czasie transportu f	škoda vzniklá při dopravě f	szállítási kár
danos de transporte m/pl	transportschade f	—	szkoda w czasie transportu f	škoda vzniklá při dopravě f	szállítási kár
seguro de transporte m	transportverzekering f	transportförsäkring	ubezpieczenie transportowe n	dopravní pojištění n	szállítási biztosítás
seguro de transporte m	—	transportförsäkring	ubezpieczenie transportowe n	dopravní pojištění n	szállítási biztosítás
transporte colectivo m	groupagevervoer n	samtransport	—	skupinová doprava f	gyűjtőszállítás

transshipment

	D	E	F	I	ES
transshipment (E)	Umschlag m	—	transbordement m	trasbordo m	transbordo de carga m
transza (PL)	Tranche f	tranche	tranche f	tranche f	emisión parcial f
tranže (CZ)	Tranche f	tranche	tranche f	tranche f	emisión parcial f
tranzit (CZ)	Transit m	transit	transit m	transito m	tránsito m
tranzit (H)	Transit m	transit	transit m	transito m	tránsito m
tranzitkereskedelem (H)	Transithandel m	transit trade	commerce de transit m	commercio di transito m	comercio de tránsito m
tranzitní clo (CZ)	Transitzoll m	transit duty	droit de transit m	diritti di transito m/pl	derecho de tránsito m
tranzitní doložka (CZ)	Transitklausel f	transit clause	clause de transit f	clausola di transito f	cláusula de tránsito f
tranzitní obchod (CZ)	Transithandel m	transit trade	commerce de transit m	commercio di transito m	comercio de tránsito m
tranzitvám (H)	Transitzoll m	transit duty	droit de transit m	diritti di transito m/pl	derecho de tránsito m
tranzitzáradék (H)	Transitklausel f	transit clause	clause de transit f	clausola di transito f	cláusula de tránsito f
tranzyt (PL)	Transit m	transit	transit m	transito m	tránsito m
trasat (PL)	Bezogener m	drawee	tiré m	trattario m	librado m
trasbordo (I)	Umschlag m	transshipment	transbordement m	—	transbordo de carga m
trasferimento (I)	Transfer m	transfer	transfert m	—	transferencia f
trasferimento (I)	Übertragung f	transfer	transfert m	—	transmisión f
trasferimento degli utili (I)	Gewinnabführung f	transfer of profit	transfert du bénéfice m	—	transferencia de beneficios f
traslado a otra cuenta (ES)	Umbuchung f	transfer of an entry	jeu d'écritures m	giro di partite m	—
trasparenza di bilancio (I)	Bilanzklarheit f	balance transparency	clarté du bilan f	—	claridad del balance f
trasporto (I)	Transport m	transport	transport m	—	transporte m
trasporto a collettame (I)	Sammeltransport m	collective transport	transport groupé m	—	transporte colectivo m
trasporto di collettame (I)	Stückgutverkehr m	part-load traffic	expéditions de détail f	—	tráfico de mercancías en bultos sueltos m
trassat (SV)	Bezogener m	drawee	tiré m	trattario m	librado m
trasseringskredit (SV)	Überziehungskredit m	overdraft credit	avance sur compte courant f	credito allo scoperto m	crédito en descubierto m
tratamiento (ES)	Anrede f	form of address	formule de politesse m	titolo m	—
tratamiento de textos (ES)	Textverarbeitung f	word processing	traitement de texte f	elaborazione testi f	—
tratta accettata (I)	Akzept n	letter of acceptance	effet accepté f	—	aceptación f
trattario (I)	Bezogener m	drawee	tiré m	—	librado m
trattativa (I)	Verhandlung f	negotiation	négociation f	—	negociación f
travail (F)	Arbeit f	work	—	lavoro m	trabajo m
travail à la pièce (F)	Akkordarbeit f	piece-work	—	lavoro a cottimo m	trabajo a destajo m
travail à l'écran (F)	Bildschirmarbeit f	work at a computer terminal	—	lavoro a video m	trabajo de pantalla m
travail à temps partiel (F)	Kurzarbeit f	short-time work	—	lavoro ad orario ridotto m	trabajo reducido m
travail à temps partiel (F)	Teilzeitarbeit f	part-time work	—	lavoro part-time m	trabajo a tiempo parcial m
travail au noir (F)	Schwarzarbeit f	illicit work	—	lavoro abusivo m	trabajo clandestino m
travail d'équipe (F)	Teamarbeit f	teamwork	—	lavoro d'équipe m	trabajo en equipo m
travaillé sur mesure (F)	maßgefertigt	manufactured to measure	—	prodotto su misura	hecho a medida
travailleur étranger (F)	ausländische Arbeitnehmer f	foreign workers	—	lavoratori stranieri m/pl	trabajadores extranjeros m
travail manuel (F)	Handarbeit f	manual work	—	lavoro manuale m	trabajo a mano m
traveller's cheque (E)	Reisescheck m	—	chèque de voyage m	traveller's cheque m	cheque de viaje m
traveller's cheque (I)	Reisescheck m	traveller's cheque	chèque de voyage m	—	cheque de viaje m
travelling expenses (E)	Reisespesen f/pl	—	frais de voyage m/pl	spese di viaggio f/pl	gastos de viaje m/pl

travelling expenses

P	NL	SV	PL	CZ	H
transbordo m	omslag m	omlastning	przeładunek m	překládka f	átrakás
emissão parcial f	tranche f	tranch	—	tranže f	részfolyósítás
emissão parcial f	tranche f	tranch	transza f	—	részfolyósítás
trânsito m	doorvoer m	transit	tranzyt m	—	tranzit
trânsito m	doorvoer m	transit	tranzyt m	tranzit m	—
comércio de trânsito m	transitohandel m	transitohandel	handel tranzytowy m	tranzitní obchod m	—
imposto de trânsito m	doorvoerrechten n/pl	transitotull	cło tranzytowe n	—	tranzitvám
cláusula de trânsito f	doorvoerclausule f	transitoklausul	klauzula tranzytowa f	—	tranzitzáradék
comércio de trânsito m	transitohandel m	transitohandel	handel tranzytowy m	—	tranzitkereskedelem
imposto de trânsito m	doorvoerrechten n/pl	transitotull	cło tranzytowe n	tranzitní clo n	—
cláusula de trânsito f	doorvoerclausule f	transitoklausul	klauzula tranzytowa f	tranzitní doložka f	—
trânsito m	doorvoer m	transit	—	tranzit m	tranzit
sacado m	betrokken wissel m	trassat	—	směnečník m	intézvényezett
transbordo m	omslag m	omlastning	przeładunek m	překládka f	átrakás
transferência f	transfer m/n	överföring	transfer m	převod m	átutalás
transmissão f	overdracht f	överföring	przeniesienie n	převod m	átruházás
transferência dos lucros f	de afdracht van de winst f/m	vinstöverföring	podatek z zysku m	odvod zisku m	nyereségátutalás
transferência de uma entrada f	overboeking f	ombokning	przeksięgowanie n	přeúčtování n	átkönyvelés
transparência do balanço f	doorzichtigheid van de balans f	balanstransparens	klarowność bilansu f	bilanční čistota f	a mérleg világossága
transporte m	transport n	transport	transport m	doprava f	szállítás
transporte colectivo m	groupagevervoer n	samtransport	transport zbiorowy m	skupinová doprava f	gyűjtőszállítás
transporte de mercadoria em volumes m	stukgoederenverkeer n	styckegodshantering	transport drobnicy m	doprava kusového zboží f	darabáru-forgalom
sacado m	betrokken wissel m	—	trasat m	směnečník m	intézvényezett
crédito a descoberto m	krediet in rekening-courant n	—	kredyt techniczny m	debetní úvěr m	folyószámlahitel
forma de tratamento f	aanhef m	tilltalsform	tytułowanie n	oslovení n	megszólítás
edição de texto f	tekstverwerking f	ordbehandling	elektroniczne opracowanie tekstu n	zpracování textu n	szövegszerkesztés
letra aceite f	accept n	accept	akcept m	akceptace f	elfogadott váltó
sacado m	betrokken wissel m	trassat	trasat m	směnečník m	intézvényezett
negociação f	onderhandeling f	förhandling	negocjacja f	jednání n	tárgyalás
trabalho m	werk n	arbete	praca f	práce f	munka
trabalho à peça m	stukwerk n	ackordsarbete	praca akordowa f	práce v úkolu f	darabbéres munka
trabalho com ecrã m	werk aan het beeldscherm n	bildskärmsarbete	praca przy ekranie komputera f	práce na počítači f	számítógépes munka
trabalho a tempo reduzido m	verkorte werktijd m	korttidsarbete	skrócony czas pracy m	zkrácená pracovní doba f	csökkentett munkaidő
trabalho a jornada parcial m	deeltijds werk n	deltidsarbete	praca w niepełnym wymiarze f	částečný pracovní úvazek n	részidős munka
trabalho clandestino m	zwartwerk n	svartarbete	praca nielegalna f	práce načerno f	feketemunka
trabalho de equipa m	teamwerk n	teamarbete	praca zespołowa f	týmová práce f	csapatmunka
feito à medida	op maat gemaakt	specialtillverkat	na miarę	vyrobený na míru	mérték utáni
trabalhador estrangeiro m	gastarbeider m	utländsk arbetstagare	pracownicy cudzoziemscy m/pl	zahraniční zaměstnanci m/pl	külföldi munkavállaló
trabalho manual m	handenarbeid f	manuellt arbete	praca ręczna f	ruční práce f	fizikai munka
cheque de viagem m	reischeque m	resecheck	czek podróżny m	cestovní šek m	utazási csekk
cheque de viagem m	reischeque m	resecheck	czek podróżny m	cestovní šek m	utazási csekk
despesas de viagem f/pl	verplaatsingsvergoeding f	resetraktamente	koszty podróży m/pl	cestovní výlohy f/pl	utazási költségek

tredicesima

	D	E	F	I	ES
tredicesima (I)	Weihnachtsgeld n	Christmas money	gratification de fin d'année f	—	prima de navidad f
tredjeländer (SV)	Drittländer n/pl	third countries	pays tiers m/pl	paesi terzi m/pl	terceros países m/pl
trekkingsrechten (NL)	Ziehungsrechte f	drawing rights	droits de tirage m/pl	diritti di prelievo m/pl	derechos de giro m/pl
tremånaderspapper (SV)	Dreimonatspapier n	three months' papers	titre sur trois mois m	titolo trimestrale m	títulos a tres meses m
trend wzrostu (PL)	Aufwärtstrend m	upward trend	tendance à la reprise f	tendenza al rialzo f	tendencia al alza f
Tresor (D)	—	safe	coffre-fort m	cassaforte f	caja fuerte f
trestný (CZ)	strafbar	punishable	punissable	punibile	punible
třetí země (CZ)	Drittländer n/pl	third countries	pays tiers m/pl	paesi terzi m/pl	terceros países m/pl
trezor (CZ)	Tresor m	safe	coffre-fort m	cassaforte f	caja fuerte f
trh (CZ)	Markt m	market	marché m	mercato m	mercado m
trh kupujícího (CZ)	Käufermarkt m	buyer's market	marché d'acheteurs m	mercato degli acquirenti m	mercado favorable al comprador m
trh práce (CZ)	Arbeitsmarkt m	labour market	marché du travail m	mercato del lavoro m	mercado laboral m
trh prodávajících (CZ)	Verkäufermarkt m	seller's market	marché de vendeurs m	mercato favorevole ai venditori m	mercado favorable al vendedor m
trh s výnosovými listy (CZ)	Rentenmarkt m	bond market	marché des effets publics m	mercato dei titoli a reddito fisso m	mercado de títulos de renta fija m
trh zlata (CZ)	Goldmarkt m	gold market	marché de l'or m	mercato dell'oro m	mercado del oro m
trial package (E)	Probepackung f	—	échantillon m	confezione campione f	muestra f
trial period (E)	Probezeit f	—	période d'essai f	periodo di prova m	período de prueba m
trial shipment (E)	Probelieferung f	—	livraison à titre d'essai f	fornitura a titolo di prova f	envío de prueba m
triangeltransaktion (SV)	Dreiecksgeschäft n	triangular transaction	opération commerciale triangulaire f	operazione triangolare f	operación triangular f
triangular transaction (E)	Dreiecksgeschäft n	—	opération commerciale triangulaire f	operazione triangolare f	operación triangular f
tribunal competente (ES)	Gerichtsstand m	place of jurisdiction	juridiction compétente f	foro competente m	—
tribunal de la faillite (F)	Konkursgericht n	bankruptcy court	—	tribunale fallimentare m	tribunal de quiebras m
tribunal de quiebras (ES)	Konkursgericht n	bankruptcy court	tribunal de la faillite m	tribunale fallimentare m	—
tribunale fallimentare (I)	Konkursgericht n	bankruptcy court	tribunal de la faillite m	—	tribunal de quiebras m
tributación (ES)	Steuerzahlung f	payment of taxes	payement de l'impôt m	pagamento delle imposte m	—
trimestral (ES)	vierteljährlich	quarterly	trimestriel	trimestrale	—
trimestral (P)	vierteljährlich	quarterly	trimestriel	trimestrale	trimestral
trimestrale (I)	vierteljährlich	quarterly	trimestriel	—	trimestral
trimestre (F)	Quartal n	quarter	—	trimestre m	trimestre m
trimestre (I)	Quartal n	quarter	trimestre m	—	trimestre m
trimestre (ES)	Quartal n	quarter	trimestre m	trimestre m	—
trimestre (P)	Quartal n	quarter	trimestre m	trimestre m	trimestre m
trimestriel (F)	vierteljährlich	quarterly	—	trimestrale	trimestral
třináctý plat (CZ)	Weihnachtsgeld n	Christmas money	gratification de fin d'année f	tredicesima f	prima de navidad f
trivial damage (E)	Bagatellschaden m	—	dommage mineur m	danno di piccola entità m	siniestro leve m
troc (F)	Tausch m	exchange	—	scambio m	cambio m
troca (P)	Tausch m	exchange	troc m	scambio m	cambio m
trojúhelníkový obchod (CZ)	Dreiecksgeschäft n	triangular transaction	opération commerciale triangulaire f	operazione triangolare f	operación triangular f
tröszt (H)	Trust m	trust	trust m	trust m	trust m
trudności płatnicze (PL)	Zahlungsschwierigkeit f	financial difficulties	difficultés financières f/pl	difficoltà di pagamento f	dificultades de pago f/pl
Trust (D)	—	trust	trust m	trust m	trust m

Trust

P	NL	SV	PL	CZ	H
subsídio de natal m	Kerstgratificatie f	jultillägg	trzynasta pensja f	třináctý plat m	karácsonyi jutalom
países terceiros m/pl	derde landen n/pl	—	kraje trzecie m/pl	třetí země f/pl	harmadik országok
direitos de saque m/pl	—	dragningsrätter pl	prawo ciągnienia n	slosovací pravidla n/pl	lehívási jogok
títulos a três meses m/pl	driemaandswissel m	—	trzymiesięczny papier wartościowy m	vklad na tři měsíce m	háromhavi lejáratú kötvények
tendência à alta f	opwaartse beweging f	stigande tendens	—	stoupající trend m	emelkedő irányzat
caixa-forte f	kluis f	kassaskåp	sejf m	trezor m	páncélszekrény
punível	strafbaar	straffbar	karalny	—	büntetendő
países terceiros m/pl	derde landen n/pl	tredjeländer pl	kraje trzecie m/pl	—	harmadik országok
caixa-forte f	kluis f	kassaskåp	sejf m	—	páncélszekrény
mercado m	markt f	marknad	rynek m	—	piac
mercado favorável ao comprador m	kopersmarkt f	köparens marknad	rynek nabywców m	—	kínálati piac
mercado de trabalho m	arbeidsmarkt f	arbetsmarknad	rynek pracy m	—	munkaerőpiac
mercado de vendedores m	verkopersmarkt f	säljarens marknad	rynek sprzedającego m	—	eladók piaca
mercado dos títulos de renda fixa m	obligatiemarkt f	obligationsmarknad	rynek papierów wartościowych o stałym zysku m	—	kötvénypiac
mercado do ouro m	goudmarkt f	guldmarknad	rynek złota m	—	aranypiac
amostra f	proefverpakking f	provförpackning	opakowanie wzorcowe n	zkušební balení n	próbacsomagolás
período de experiência m	proefperiode f	provtid	okres próbny m	zkušební doba f	próbaidő
fornecimento a título de ensaio m	proeflevering f	provleverans	dostawa próbna f	zkušební dodávka f	próbaszállítás
operação triangular f	driehoekstransactie f	—	transakcja trójkątna f	trojúhelníkový obchod m	háromszögügylet
operação triangular f	driehoekstransactie f	triangeltransaktion	transakcja trójkątna f	trojúhelníkový obchod m	háromszögügylet
competência judiciária f	bevoegde rechtbank f	jurisdiktion	podsądność terytorialna f	sidlo soudu n	bíróság területi illetékessége
juiz de falências m	faillissementsrechtbank f/m	konkursdomstol	sąd upadłościowy m	konkursní soud m	csődbíróság
juiz de falências m	faillissementsrechtbank f/m	konkursdomstol	sąd upadłościowy m	konkursní soud m	csődbíróság
juiz de falências m	faillissementsrechtbank f/m	konkursdomstol	sąd upadłościowy m	konkursní soud m	csődbíróság
pagamento de impostos m	betaling van belastingen f	skattebetalning	płatność podatkowa f	placení daní f	adófizetés
trimestral	driemaandelijks	kvartalsvis	kwartalnie	čtvrtletní	negyedévenként(i)
—	driemaandelijks	kvartalsvis	kwartalnie	čtvrtletní	negyedévenként(i)
trimestral	driemaandelijks	kvartalsvis	kwartalnie	čtvrtletní	negyedévenként(i)
trimestre m	kwartaal n	kvartal	kwartał m	čtvrtletí n	negyedév
trimestre m	kwartaal n	kvartal	kwartał m	čtvrtletí n	negyedév
trimestre m	kwartaal n	kvartal	kwartał m	čtvrtletí n	negyedév
—	kwartaal n	kvartal	kwartał m	čtvrtletí n	negyedév
trimestral	driemaandelijks	kvartalsvis	kwartalnie	čtvrtletní	negyedévenként(i)
subsídio de natal m	Kerstgratificatie f	jultillägg	trzynasta pensja f	—	karácsonyi jutalom
dano menor m	geringe schade f/m	obetydlig skada	drobne szkody f/pl	drobná škoda f	elhanyagolható kár
troca f	ruilhandel m	byte	wymiana f	výměna f	csere
—	ruilhandel m	byte	wymiana f	výměna f	csere
operação triangular f	driehoekstransactie f	triangeltransaktion	transakcja trójkątna f	—	háromszögügylet
trust m	trust m	trust	trust m	koncern m	—
dificuldades financeiras f/pl	betalingsmoeilijkheid f	betalningssvårigheter pl	—	platební potíže f/pl	fizetési nehézség
trust m	trust m	trust	trust m	koncern m	tröszt

trust

	D	E	F	I	ES
trust (E)	Trust m	—	trust m	trust m	trust m
trust (F)	Trust m	trust	—	trust m	trust m
trust (I)	Trust m	trust	trust m	—	trust m
trust (ES)	Trust m	trust	trust m	trust m	—
trust (P)	Trust m	trust	trust m	trust m	trust m
trust (NL)	Trust m	trust	trust m	trust m	trust m
trust (SV)	Trust m	trust	trust m	trust m	trust m
trust (PL)	Trust m	trust	trust m	trust m	trust m
trycksak (SV)	Drucksache f	printed matter	imprimé m	stampa f	impreso m
tržba z prodeje (CZ)	Verkaufserlös m	sale proceeds	produit des ventes m	ricavo delle vendite m	producto de la venta m
tržiště (CZ)	Handelsplatz m	trade centre	place marchande f	piazza commerciale f	plaza comercial f
tržní hospodářství (CZ)	Marktwirtschaft f	market economy	économie de marché f	economia di mercato f	economía de mercado f
trzymiesięczny papier wartościowy (PL)	Dreimonatspapier n	three months' papers	titre sur trois mois m	titolo trimestrale m	títulos a tres meses m
trzynasta pensja (PL)	Weihnachtsgeld n	Christmas money	gratification de fin d'année f	tredicesima f	prima de navidad f
Tschechien (D)	—	Czech Republic	république tchèque f	Repubblica Ceca f	República Checa f
tschechisch (D)	—	Czech	tchèque	ceco	checo
Tschechisch (D)	—	Czech	tchèque	ceco m	checo m
Tsjechië (NL)	Tschechien	Czech Republic	république tchèque f	Repubblica Ceca f	República Checa f
Tsjechisch (NL)	tschechisch	Czech	tchèque	ceco	checo
Tsjechisch (NL)	Tschechisch n	Czech	tchèque	ceco m	checo m
tulajdon (H)	Eigentum n	property	propriété f	proprietà f	propiedad f
tulajdonos (H)	Inhaber m	proprietor	propriétaire m	proprietario m	propietario m
tull (SV)	Zoll m	customs	douane f	dogana f	aduana f
tullagring (SV)	Zollagerung f	customs warehouse procedure	entrepôt sous douane m	deposito doganale m	depósito de aduana m
tullavgifter (SV)	Zollgebühren f	customs duties	droit de douane m	diritti doganali m/pl	derechos arancelarios m/pl
tullavtal (SV)	Zollabkommen n	customs convention	accord douanier m	accordo sulle tariffe	convenio aduanero m
tull betald (SV)	verzollt	duty-paid	dédouané	sdoganato	aranceles pagados
tulldeklaration (SV)	Zollerklärung f	customs declaration	déclaration en douane f	dichiarazione doganale f	declaración arancelaria f
tullfaktura (SV)	Zollfaktura f	customs invoice	facture douanière f	fattura doganale f	factura arancelaria f
tullförfarande (SV)	Zollverkehr m	customs procedure	régime douanier des marchandises sous douane m	procedure doganali f/pl	régimen aduanero m
tullgräns (SV)	Zollgrenze f	customs frontier	frontière douanière f	confine doganale m	frontera aduanera f
tullhandlingar (SV)	Zollpapiere f	customs documents	documents douaniers m/pl	documenti doganali m/pl	documentos aduaneros m/pl
tullområde (SV)	Zollgebiet n	customs territory	territoire douanier m	territorio doganale m	distrito aduanero m
tullsigill (SV)	Zollverschluß m	customs seal	scellement douanier f	sigillo doganale m	precinto aduanero m
tulltariff (SV)	Zolltarif m	customs tariff	tarif des douanes m	tariffa doganale f	tarifa arancelaria f
tullunion (SV)	Zollunion f	customs union	union douanière f	unione doganale f	unión aduanera f
túlóra (H)	Überstunde f	overtime	heure supplémentaire f	ora straordinaria f	hora extraordinaria f
túlzott eladósodás (H)	Überschuldung f	excessive indebtedness	surendettement m	indebitamento eccessivo m	exceso de deudas m
tung frakt (SV)	Schwergut n	heavy freight	produit pondéreux m	carico pesante m	mercancía pesada f
türelmi idő (H)	Karenzzeit f	qualifying period	délai de carence m	periodo d'aspettativa m	período carencial m
turno de noche (ES)	Nachtschicht f	night shift	équipe de nuit f	turno notturno m	—
turno nocturno (P)	Nachtschicht f	night shift	équipe de nuit f	turno notturno m	turno de noche m
turno notturno (I)	Nachtschicht f	night shift	équipe de nuit f	—	turno de noche m

turno notturno

P	NL	SV	PL	CZ	H
trust *m*	trust *m*	trust	trust *m*	koncern *m*	tröszt
trust *m*	trust *m*	trust	trust *m*	koncern *m*	tröszt
trust *m*	trust *m*	trust	trust *m*	koncern *m*	tröszt
trust *m*	trust *m*	trust	trust *m*	koncern *m*	tröszt
—	trust *m*	trust	trust *m*	koncern *m*	tröszt
trust *m*	—	trust	trust *m*	koncern *m*	tröszt
trust *m*	trust *m*	—	trust *m*	koncern *m*	tröszt
trust *m*	trust *m*	trust	—	koncern *m*	tröszt
impresso *m*	drukwerk *n*	—	druki *m/pl*	tiskopis *m*	nyomtatvány
produto das vendas *m*	opbrengst van een verkoop *f*	försäljningsintäkter *pl*	uzysk ze sprzedaży *m*	—	értékesítési árbevétel
praça comercial *f*	handelsplaats *f*	handelsplats	lokalizacja transakcji *f*	—	kereskedelmi központ
economia de mercado *f*	markteconomie *f*	marknadsekonomi	gospodarka rynkowa *f*	—	piacgazdaság
títulos a três meses *m/pl*	driemaandswissel *m*	tremånaderspapper	—	vklad na tři měsíce *m*	háromhavi lejáratú kötvények
subsídio de natal *m*	Kerstgratificatie *f*	jultillägg	—	třináctý plat *m*	karácsonyi jutalom
República Checa *f*	Tsjechië	Tjeckiska republiken	Czechy *pl*	Čechy *pl*	Csehország
checo	Tsjechisch	tjeckisk	czeski	český	cseh(ül)
checo	Tsjechisch	tjeckiska	język czeski *m*	čeština *f*	cseh (nyelv)
República Checa *f*	—	Tjeckiska republiken	Czechy *pl*	Čechy *pl*	Csehország
checo	—	tjeckisk	czeski	český	cseh(ül)
checo	—	tjeckiska	język czeski *m*	čeština *f*	cseh (nyelv)
propriedade *f*	eigendom *n*	egendom	własność *f*	majetek *m*	—
proprietário *m*	eigenaar *m*	innehavare	właściciel *m*	majitel *m*	—
alfândega *f*	douane *f*	—	cło *n*	clo *n*	vám
armazém alfandegário *m*	stelsel van douane-entrepots *n*	—	magazyn towarów pod zamknięciem celnym *m*	celní uskladnění *n*	vámraktározás
direitos aduaneiros *m/pl*	douanerechten *n/pl*	—	opłaty celne *f/pl*	celní poplatky *m/pl*	vámilleték
convenção aduaneira *f*	tariefakkoord *n*	—	Układ w Sprawie Ceł *m*	celní dohoda *f*	vámegyezmény
tarifas alfandegárias pagas *f/pl*	gededouaneerd	—	oclony	proclený	vámkezelt
declaração alfandegária *f*	douaneverklaring *f*	—	deklaracja celna *f*	celní prohlášení *n*	vámáru-nyilatkozat
factura para a alfândega *f*	douanefactuur *f*	—	faktura celna *f*	celní faktura *f*	vámszámla
procedimentos aduaneiros *m/pl*	douaneprocedures *m/pl*	—	procedura celna *f*	celní styk *m*	vámforgalom
limite aduaneiro *f*	douanegrens *f*	—	granica celna *f*	celní hranice *f*	vámhatár
documentos aduaneiros *m/pl*	douanepapieren *n/pl*	—	dokumenty celne *m/pl*	celní doklady *m/pl*	vámokmányok
território aduaneiro *m*	douanegebied *n*	—	obszar celny *m*	celní území *n*	vámterület
selo alfandegário *m*	douanesluiting *f*	—	plomba celna *n*	celní závěra *f*	vámzár
tarifa aduaneira *f*	douanetarief *n*	—	taryfa celna *f*	celní sazba *f*	vámtarifa
união aduaneira *f*	douane-unie *f*	—	unia celna *f*	celní unie *f*	vámunió
hora extraordinária *f*	overuur *n*	övertid	nadgodzina *f*	přesčasová hodina *f*	—
endividamento excessivo *m*	te zware schuldenlast *m*	höggradig skuldsättning	nadmierne zadłużenie *n*	nadměrné zadlužení *n*	—
mercadoria pesada *f*	zware vracht *f*	—	ładunek ciężki *m*	těžké zboží *n*	nehéz rakomány
prazo de carência *m*	wachttijd *m*	karenstid	okres karencji *m*	čekací doba *f*	—
turno nocturno *m*	nachtploeg *f*	nattskift	zmiana nocna *f*	noční směna *f*	éjszakai műszak
—	nachtploeg *f*	nattskift	zmiana nocna *f*	noční směna *f*	éjszakai műszak
turno nocturno *m*	nachtploeg *f*	nattskift	zmiana nocna *f*	noční směna *f*	éjszakai műszak

turnover

	D	E	F	I	ES
turnover (E)	Umsatz m	—	chiffre d'affaires m	fatturato m	volumen de ventas m
turnover forecast (E)	Umsatzprognose f	—	prévisions du chiffre d'affaires f/pl	prognosi del fatturato f	previsión de la evolución del volumen de ventas f
turnover tax (E)	Umsatzsteuer f	—	impôt sur le chiffre d'affaires m	imposta sugli affari f	impuesto sobre el volumen de ventas m
tussenbalans (NL)	Zwischenbilanz f	interim balance sheet	bilan intermédiaire m	bilancio provvisorio m	balance intermedio m
tussenpersoon (NL)	Zwischenhändler m	middleman	intermédiaire m	intermediario m	intermediario m
tutela dei dati (I)	Datenschutz m	data protection	protection de données f	—	protección de los datos f
tutela del creditore (I)	Gläubigerschutz m	protection of creditors	garantie des créanciers f	—	protección de los acreedores f
tutela della maternità (I)	Mutterschutz m	protection of mothers	protection des mères f	—	protección de la madre f
tvångsförsäljning (SV)	Zwangsverkauf m	forced sale	vente forcée f	vendita giudiziaria f	venta forzada f
tvorba hodnot (CZ)	Wertschöpfung f	net product	création de valeurs f	valore aggiunto m	creación de valor f
tvrdá měna (CZ)	harte Währung f	hard currency	monnaie forte f	moneta forte f	moneda fuerte f
twarda waluta (PL)	harte Währung f	hard currency	monnaie forte f	moneta forte f	moneda fuerte f
tweedehands wagen (NL)	Gebrauchtwagen m	used car	voiture d'occasion f	automobile usata f	coche de segunda mano m
tweevoudige wisselkoers (NL)	gespaltene Wechselkurse m/pl	two-tier exchange rate	cours du change multiple m	cambi multipli m/pl	tipo de cambio múltiple m
two-tier exchange rate (E)	gespaltene Wechselkurse m/pl	—	cours du change multiple m	cambi multipli m/pl	tipo de cambio múltiple m
týkat se (CZ)	betreffen	concern	concerner	riguardare	referirse a
týmová práce (CZ)	Teamarbeit f	teamwork	travail d'équipe m	lavoro d'équipe m	trabajo en equipo m
typer av kostnader (SV)	Kostenarten f/pl	cost types	coûts par nature m/pl	tipi di costi m/pl	clases de costes f/pl
typoszereg produktów (PL)	Produktlinie f	production scheduling	ligne de produits f	linea dei prodotti f	línea de productos f
tysk (SV)	deutsch	German	allemand	tedesco	alemán
tyska (SV)	Deutsch	German	allemand m	tedesco m	alemán m
Tyskland (SV)	Deutschland n	Germany	Allemagne f	Germania f	Alemania
tytułowanie (PL)	Anrede f	form of address	formule de politesse m	titolo m	tratamiento m
Überbringer (D)	—	bearer	porteur m	portatore m	portador m
Überbringerscheck (D)	—	bearer-cheque	chèque au porteur m	assegno al portatore m	cheque al portador m
Überbrückungskredit (D)	—	bridging loan	crédit transitoire m	credito ponte m	crédito transitorio m
Übergabe (D)	—	delivery	remise f	consegna f	entrega f
Übergangsregelung (D)	—	transitional arrangement	règlement de transition m	regolamento transitorio m	regulación transitoria f
Überschuldung (D)	—	excessive indebtedness	surendettement m	indebitamento eccessivo m	exceso de deudas m
Überschuß (D)	—	surplus	excédent m	eccedenza f	excedente m
Übersetzung (D)	—	translation	traduction	traduzione f	traducción
Überstunde (D)	—	overtime	heure supplémentaire f	ora straordinaria f	hora extraordinaria f
Übertragung (D)	—	transfer	transfert m	trasferimento m	transmisión f
Übertragungsfehler (D)	—	transcription error	erreur de transcription f	errore di trascrizione m	error de transcripción m
überwachen (D)	—	supervise	surveiller	sorvegliare	vigilar
Überweisung (D)	—	remittance	virement m	rimessa f	transferencia f
überziehen (D)	—	overdraw	faire un prélèvement à découvert	mandare allo scoperto	sobrepasar
Überziehungskredit (D)	—	overdraft credit	avance sur compte courant f	credito allo scoperto m	crédito en descubierto m
ubezpieczenie (PL)	Versicherung f	insurance	assurance f	assicurazione f	seguro m

ubezpieczenie

1027

P	NL	SV	PL	CZ	H
volume de vendas *m*	omzet *m*	omsättning	obrót *m*	obrat *m*	forgalom
previsão do volume de vendas *f*	omzetprognose *f*	omsättningsprognos	prognoza obrotu *f*	odhadovaný obrat *m*	forgalmi prognózis
imposto sobre o volume de vendas *m*	omzetbelasting *f*	omsättningsskatt	podatek obrotowy *m*	daň z obratu *f*	forgalmi adó
balanço intermediário *m*	—	delårsbalans	bilans pośredni *m*	zatímní bilance *f*	évközi mérleg
intermediário *m*	—	mellanhand	pośrednik *m*	překupník *m*	közvetítő kereskedő
protecção dos dados *f*	bescherming van de opgeslagen informatie *f*	datasäkerhet	ochrona danych komputerowych *f*	ochrana dat *f*	adatvédelem
garantia dos credores *f*	bescherming van de schuldeisers *f*	borgenärsskydd	gwarancja dla wierzycieli *f*	ochrana věřitelů *f*	hitelezők védelme
protecção da maternidade *f*	moederschapszorg *f*	föräldraförsäkring	ochrona macierzyństwa *f*	ochrana matky *f*	anyavédelem
venda forçada *f*	gedwongen verkoop *m*	—	sprzedaż przymusowa *f*	nucený prodej *m*	kényszereladás
valor adicionado *m*	toegevoegde waarde *f*	mervärde	kreacja wartości dodanej *f*	—	értéknövelés
moeda forte *f*	harde valuta *f*	hårdvaluta	twarda waluta *f*	—	kemény valuta
moeda forte *f*	harde valuta *f*	hårdvaluta	—	tvrdá měna *f*	kemény valuta
carro usado *m*	—	begagnad bil	samochód używany *m*	ojetý automobil *m*	használt autó
tipo de câmbio múltiplo *m*	—	dubbel växelkurs	rozszczepione kursy wymienne *m/pl*	dvojstupňové směnné kursy *m/pl*	kettős valutaárfolyamok
tipo de câmbio múltiplo *m*	tweevoudige wisselkoers *m*	dubbel växelkurs	rozszczepione kursy wymienne *m/pl*	dvojstupňové směnné kursy *m/pl*	kettős valutaárfolyamok
referir-se a	betreffen	rörande	dotyczyć	—	vonatkozik
trabalho de equipa *m*	teamwerk *n*	teamarbete	praca zespołowa *f*	—	csapatmunka
classes de custos *f/pl*	kostensoorten *f/pl*	—	rodzaje kosztów *m/pl*	druhy nákladů *m/pl*	költségfajták
linha de produtos *f*	productlijn *f*	produktgrupp	—	výrobková skupina *f*	terméksor
alemão	Duits	—	niemiecki	německý	német
alemão *m*	Duits	—	język niemiecki *m*	němčina *f*	német (nyelv)
Alemanha *f*	Duitsland	—	Niemcy *pl*	Německo *n*	Németország
forma de tratamento *f*	aanhef *m*	tilltalsform	—	oslovení *n*	megszólítás
portador *m*	toonder *m*	innehavare	okaziciel *m*	doručitel *m*	bemutató
cheque ao portador *m*	cheque aan toonder *m*	innehavarcheck	czek na okaziciela *m*	šek na doručitele *m*	bemutatóra szóló csekk
crédito de transição *m*	overbruggingskrediet *n*	överbryggningskredit	kredyt krótkoterminowy *m*	překlenovací úvěr *m*	áthidaló hitel
entrega *f*	overhandiging *f*	leverans	przekazanie *n*	předání *n*	átadás
regulamento transitório *m*	overgangsmaatregel *m*	övergångsbestämmelse	postanowienia przejściowe *m/pl*	přechodná úprava *f*	átmeneti rendelkezés
endividamento excessivo *m*	te zware schuldenlast *m*	höggradig skuldsättning	nadmierne zadłużenie *n*	nadměrné zadlužení *n*	túlzott eladósodás
excedente *m*	overschot *n*	överskott	nadwyżka *f*	přebytek *m*	többlet
tradução *f*	vertaling *f*	översättning	tłumaczenie *n*	překlad *m*	fordítás
hora extraordinária *f*	overuur *n*	övertid	nadgodzina *f*	přesčasová hodina *f*	túlóra
transmissão *f*	overdracht *f*	överföring	przeniesienie *n*	převod *m*	átruházás
erro de transcrição *m*	overschrijffout *f*	överföringsfel	błąd w transmisji danych *m*	převodní chyba *f*	átviteli hiba
supervisar	superviseren	bevaka	nadzorować	hlídat *m*	felügyel
transferência *f*	overschrijving *f*	överföring	przelew *m*	bezhotovostní převod *m*	átutalás
sacar a descoberto	overschrijden	övertrassera	przekraczać stan konta	překračovat <překročit>	hiteltúllépést követ el
crédito a descoberto *m*	krediet in rekening-courant *n*	trasseringskredit	kredyt techniczny *m*	debetní úvěr *m*	folyószámlahitel
seguro *m*	verzekering *f*	försäkring	—	pojištění *n*	biztosítás

ubezpieczenie na życie

	D	E	F	I	ES
ubezpieczenie na życie (PL)	Lebensversicherung f	life assurance	assurance vie f	assicurazione sulla vita f	seguro de vida m
ubezpieczenie od odpowiedzialności cywilnej (PL)	Haftpflichtversicherung f	third party liability insurance	assurance responsabilité civile f	assicurazione della responsabilità civile f	seguro de responsabilidad civil m
ubezpieczenie prywatne (PL)	Privatversicherung f	private insurance	assurance privée f	assicurazione privata f	seguro privado m
ubezpieczenie transportowe (PL)	Transportversicherung f	transport insurance	assurance transports f	assicurazione dei trasporti f	seguro de transporte m
ubezpieczeniobiorca (PL)	Versicherungsnehmer m	insured person	souscripteur d'assurance m	assicurato m	asegurado m
ubicación (ES)	Standort m	location	lieu d'implantation m	ubicazione f	—
ubicazione (I)	Standort m	location	lieu d'implantation m	—	ubicación f
ubieganie się o pracę (PL)	Bewerbung f	application	candidature f	candidatura f	demanda de empleo f
účastníci kolektivní smlouvy (CZ)	Tarifpartner m/pl	parties to a collective wage agreement	signataires d'une convention collective m/pl	parti stipulanti un contratto collettivo f/pl	parte contratante en un convenio colectivo f
účet (CZ)	Konto n	account	compte m	conto m	cuenta f
účet (CZ)	Rechnung f	invoice	facture f	fattura f	factura f
účetní (CZ)	Buchhalter m	book-keeper	comptable m	ragioniere m	contable m
účetní částka (CZ)	Rechnungsbetrag f	invoice total	montant de la facture m	ammontare della fattura m	importe de la factura m
účetnictví (CZ)	Buchführung f	book-keeping	comptabilité f	contabilità f	contabilidad f
účetnictví (CZ)	Buchhaltung f	accounting	comptabilité f	contabilità f	contabilidad f
účetnictví (CZ)	Rechnungswesen n	accountancy	comptabilité f	ragioneria f	contabilidad f
účetní rok (CZ)	Rechnungsjahr n	financial year	exercice comptable m	anno d'esercizio m	ejercicio m
účetní suma (CZ)	Rechnungssumme f	invoice amount	montant de la facture m	importo della fattura m	suma de la factura f
účetní zisk (CZ)	Buchgewinn m	book profit	bénéfice comptable m	utile contabile m	beneficio contable m
účet v cizí měně (CZ)	Währungskonto n	currency account	compte en monnaies étrangères m	conto in valuta m	cuenta de moneda extranjera f
účet zřízený pro poukazování příjmu (CZ)	Gehaltskonto n	salary account	compte de domiciliation du salaire m	conto stipendi m	cuenta de salario f
uchazeč (CZ)	Bewerber m	applicant	candidat m	candidato m	aspirante m
ucházení se o něco (CZ)	Bewerbung f	application	candidature f	candidatura f	demanda de empleo f
účinnost (CZ)	Effizienz f	efficiency	efficience f	efficienza f	eficiencia f
účtování (CZ)	Rechnungsstellung f	invoicing	établissement d'une facture m	fatturazione f	facturación f
účtování výnosů (CZ)	Ertragsrechnung f	profit and loss account	compte de profit et charges m	conto delle entrate m	cuenta de ganancias f/pl
udání množství (CZ)	Mengenangabe f	statement of quantity	indication de la quantité f	indicazione della quantità f	indicación de cantidades f
udělení zakázky (CZ)	Auftragserteilung f	placing of an order	passation d'une commande f	ordinazione f	otorgamiento de un pedido m
udržování zásob (CZ)	Vorratshaltung f	stockpiling	stockage m	gestione delle scorte f	formación de stocks f
udział (PL)	Beteiligung f	participation	participation f	partecipazione f	participación f
udział firmy w rynku (PL)	Marktanteil m	market share	participation au marché f	quota di mercato f	participación en el mercado f
udział pracowników (PL)	Arbeitnehmerbeteiligung f	worker participation	participation du personnel f	partecipazione dei lavoratori dipendenti f	participación de los empleados f
udział w kapitale (PL)	Kapitalanteil m	capital share	part de capital f	quota di capitale f	participación en el capital f
udział w przedsiębiorstwie (PL)	Geschäftsanteil m	share	part sociale f	quota sociale f	participación f
udział w zyskach (PL)	Gewinnbeteiligung f	profit-sharing	participation aux bénéfices f	partecipazione agli utili f	participación en los beneficios f
udzielający leasingu (PL)	Leasing-Geber m	lessor	donneur de leasing m	concedente del leasing m	arrendador financiero m

udzielający leasingu

P	NL	SV	PL	CZ	H
seguro de vida m	levensverzekering f	livförsäkring	—	životní pojištění n	életbiztosítás
seguro de responsa-bilidade civil m	aansprakelijkheidsverzekering f	ansvarsförsäkring	—	pojištění povinného ručení n	felelősségbiztosítás
seguro privado m	particuliere verzekering f	privat försäkring	—	soukromé pojištění n	magánbiztosítás
seguro de transporte m	transportverzekering f	transportförsäkring	—	dopravní pojištění n	szállítási biztosítás
segurado m	verzekeringnemer m	försäkringstagare	—	pojištěný m	biztosított (fél)
localização f	vestigingsplaats f	etableringsort	lokalizacja f	stanoviště n	telephely
localização f	vestigingsplaats f	etableringsort	lokalizacja f	stanoviště n	telephely
candidatura f	kandidatuur f	ansökan	—	ucházení se o něco n	pályázat
partes de um acordo colectivo f/pl	sociale partners m/pl	arbetsmarknadens parter pl	strona w umowie zbiorowej f	—	kollektív szerződést megkötő fél
conta f	rekening f	konto	konto n	—	számla
factura f	factuur f	faktura	rachunek m	—	számla
guarda-livros m	boekhouder m /boekhoudster f	kamrer	księgowy m	—	könyvelő
montante da factura m	factuurbedrag n	faktureringssumma	suma rachunku f	—	számlaösszeg
contabilidade f	boekhouding f	bokföring	księgowość f	—	könyvelés
contabilidade f	boekhouding f	redovisning	księgowość f	—	könyvelés
contabilidade f	bedrijfsadministratie f	redovisning	rachunkowość f	—	számvitel
exercício contável m	boekjaar n	räkenskapsår	rok budżetowy m	—	pénzügyi év
montante da factura m	factuurbedrag n	faktureringssumma	suma rachunku f	—	számlaösszeg
lucro contabilístico m	boekwinst f	bokvinst	zysk księgowy m	—	könyv szerinti nyereség
conta em moeda estrangeira f	deviezenrekening f	valutakonto	konto walutowe n	—	devizaszámla
conta para depósito de salários f	salarisrekening f	lönekonto	konto płacowe n	—	munkabér-elszámolási számla
candidato m	kandidaat m	sökande	kandydat m	—	pályázó
candidatura f	kandidatuur f	ansökan	ubieganie się o pracę n	—	pályázat
eficiência f	doeltreffendheid f	effektivitet	skuteczność f	—	hatékonyság
facturação f	facturering f	fakturering	fakturowanie n	—	számlázás
demonstração de resultados f	resultatenrekening f	vinst- och förlustkonto	rachunek zysków m	—	eredménykimutatás
indicação de quantidade f	hoeveelheidsaanduiding f	kvantitetsuppgift	dane ilościowe f/pl	—	mennyiség feltüntetése
colocação de uma encomenda f	geven van bestellingen n	orderplacering	udzielenie zlecenia n	—	megrendelés adása
manutenção de estoques f	in voorraad houden n	lagerhållning	utrzymywanie zapasów n	—	készletgazdálkodás
participação f	deelneming f	deltagande	—	podíl m	részesedés
quota de mercado f	marktaandeel n	marknadsandel	—	podíl na trhu m	piaci részesedés
participação dos empregados f	deelneming van het personeel f	arbetstagarmedverkan	—	zaměstnanecký podíl m	munkavállalói résztulajdon
participação no capital f	aandeel in het kapitaal n	kapitalandel	—	kapitálový podíl m	tőkerész
participação no negócio f	aandeel in een vennootschap n	affärsandel	—	podíl na obchodu m	üzletrész
participação nos lucros f	deelneming in de winst f	vinstdelning	—	podíl na zisku m	nyereségrészesedés
locador m	verhuurder m	leasinggivare	—	poskytovatel leasingu m	lízingbe adó

udzielenie zlecenia 1030

	D	E	F	I	ES
udzielenie zlecenia (PL)	Auftragserteilung f	placing of an order	passation d'une commande f	ordinazione f	otorgamiento de un pedido m
ufficiale giudiziario (I)	Gerichtsvollzieher m	bailiff	huissier de justice m	—	ejecutor judicial m
ufficio (I)	Amt n	office	bureau m	—	oficina f
ufficio (I)	Geschäftsstelle f	office	agence f	—	oficina f
ufficio brevetti (I)	Patentamt n	Patent Office	office des brevets m	—	oficina del registro de patentes f
Ufficio Brevetti Europeo (I)	Europäisches Patentamt n	European Patent Office	Office européen des brevets f	—	Oficina Europea de Patentes f
ufficio centrale di compensazione (I)	Girozentrale f	central giro institution	banque centrale de virement f	—	central de giros f
ufficio delle imposte (I)	Finanzamt n	inland revenue office	service des contributions m	—	Ministerio de Hacienda m
ufficio del personale (I)	Personalbüro m	personnel office	bureau du personnel m	—	oficina de personal f
ufficio incassi (I)	Inkasso-Stelle f	collection office	comptoir d'encaissement m	—	oficina de cobros f
ufficio postale (I)	Postamt n	post office	bureau de poste m	—	correos m/pl
ugoda (PL)	Vergleich m	comparison	comparaison f	confronto m	comparación f
ügyfélszolgálat (H)	Kundendienst m	after-sales service	service après vente f	servizio post-vendita m	servicio posventa m
ügyirat (H)	Akte f	file	dossier m	pratica f	expediente m
ügykezelés (H)	Verwaltung f	administration	administration f	amministrazione f	administración f
ügylet (H)	Transaktion f	transaction	transaction f	transazione f	transacción f
ügynökség (H)	Agentur f	agency	agence f	agenzia f	agencia f
ügyvéd (H)	Anwalt m	lawyer	avocat m	avvocato m	abogado m
ügyvéd (H)	Rechtsanwalt m	lawyer	avocat m	avvocato m	abogado m
ügyvezető (H)	Geschäftsführer m	managing director	directeur d'entreprise m	amministratore m	gerente m
úhrada (CZ)	Vergütung f	remuneration	rémunération f	ricompensa f	remuneración f
úhrn dluhů (CZ)	Schuldenmasse f	liabilities	passif m	massa passiva f	masa pasiva f
úhrnem (CZ)	insgesamt	altogether	dans l'ensemble	complessivamente	en suma
ułamek (PL)	Bruchteil m	fraction	fraction f	frazione f	parte fraccionaria f
uitbetaling (NL)	Auszahlung f	payment	payement m	pagamento m	pago m
uitgaande goederen (NL)	Warenausgang m	sale of goods	sortie de marchandises f	uscita merci f	salida de mercancías f
uitgaven (NL)	Aufwand m	expenditure	dépenses f/pl	spese f/pl	gastos m/pl
uitgeversmaatschappij (NL)	Verlag m	publishing house	maison d'édition f	casa editrice f	editorial f
uitgifte van aandelen (NL)	Aktienausgabe f	share issue	émission d'actions f	emissione di azioni f	emisión de acciones f
uitgifte van aandelen (NL)	Aktienemission f	issue of shares	émission d'actions f	emissione di azioni f	emisión de acciones f
uitstaande vorderingen (NL)	Außenstände f	outstanding debts	dettes actives f/pl	crediti pendenti m/pl	cobros pendientes m/pl
uitstel (NL)	Vertagung f	postponement	ajournement m	rinvio m	aplazamiento m
uitstellen (NL)	Aufschiebung f	deferment	ajournement m	rinvio m	aplazamiento m
uitstel van betaling (NL)	Stundung f	respite	prorogation f	proroga f	moratoria f
uitstel van betaling (NL)	Zahlungsaufschub m	extension of credit	sursis de payement m	dilazione del pagamento f	pago aplazado m
uitvoerbeperking (NL)	Ausfuhrbeschränkung f	export restriction	contingentement à l'exportation m	restrizione all'esportazione f	restricción a la exportación f
uitvoerdocumenten (NL)	Ausfuhrpapiere n/pl	export documents	documents d'exportation m/pl	documenti d'esportazione m/pl	documentos de exportación m/pl
uitvoering (NL)	Erfüllung f	execution	acquittement m	adempimento m	cumplimiento m
uitvoering (NL)	Vollstreckung f	enforcement	exécution f	esecuzione f	ejecución f
uitvoerrecht (NL)	Ausfuhrzoll m	export duty	taxe à l'exportation f	dazio all'esportazione m	derechos de exportación m/pl

uitvoerrecht

P	NL	SV	PL	CZ	H
colocação de uma encomenda f	geven van bestellingen n	orderplacering	—	udělení zakázky n	megrendelés adása
oficial de justiça m	gerechtsdeurwaarder m	utmätningsman	komornik m	soudní vykonavatel m	bírósági végrehajtó
cargo m	dienst m	byrå i offentlig förvaltning	urząd m	úřad m	hivatal
repartição f	kantoor n	kontor	biuro n	kancelář f	kirendeltség
repartição de registo de patente f	octrooibureau n	patentverk	urząd patentowy m	patentový úřad m	szabadalmi hivatal
Departamento Europeu de Registo de Patentes m	Europees octrooibureau n	europeiska patentorganisationen	Europejski Urząd Patentowy m	Evropský patentní úřad m	Európai Szabadalmi Hivatal
central de transferências f	bankgirocentrale f	girocentral	izba rozrachunkowa f	žírová ústředna f	elszámolóház
repartição das finanças f	ontvangkantoor n	skattemyndighet	Urząd Skarbowy m	finanční úřad m	adóhivatal
departamento de recursos humanos m	personeelsbureau n	personalavdelning	dział kadr m	osobní oddělení n	személyzeti iroda
repartição de cobranças f	incasso-orgaan n	inkassobyrå	agencja inkasa f	inkasní středisko n	pénzbeszedőhely
correios m/pl	postkantoor n	postkontor	urząd pocztowy m	poštovní úřad m	postahivatal
comparação f	vergelijking f	jämförelse	—	srovnání n	összehasonlítás
serviço pós-venda m	klantendienst m	kundtjänst	serwis m	služba zákazníkům f	—
documento m	akte f/m	mapp	akta m	spis m	—
administração f	beheer n	förvaltning	administracja f	správa f	—
transacção f	transactie f	transaktion	transakcja f	transakce f	—
agência f	agentschap n	agentur	agencja f	agentura f	—
advogado m	advocaat m	advokat	adwokat m	právník m	—
advogado m	advocaat m	advokat	adwokat m	právní zástupce m	—
gerente m	bedrijfsleider m	verkställande direktör	dyrektor m	jednatel m	—
remuneração f	vergoeding f	arvode	wynagrodzenie n	—	díjazás
massa passiva f	passiva n/pl	passiva pl	suma obciążen dłużnych f	—	csődtömeg
ao todo	in totaal	totalt	w sumie	—	összesen
fracção f	fractie f	bråkdel	—	zlomek m	törtrész
pagamento m	—	utbetalning	wypłata f	výplata f	kifizetés
saída de mercadorias f	—	utgående varor pl	rozchód towarów m	odchod zboží m	kimenő áru
despesas f/pl	—	utgifter pl	nakład m	náklad m	ráfordítás
editora f	—	förlag	wydawnictwo n	nakladatelství n	kiadó
emissão de acções f	—	aktieemission	emisja akcji f	vydání akcií n	részvénykibocsátás
emissão de acções f	—	aktieemission	emisja akcji f	emise akcií f	részvénykibocsátás
dívidas a cobrar f/pl	—	utestående skulder pl	należności f/pl	nedoplatky m/pl	kinnlevőségek
adiamento m	—	uppskjutande	odroczenie n	odložení n	elnapolás
adiamento m	—	uppskjutning	odroczenie n	odložení n	halasztás
prorrogação do prazo f	—	uppskov	odroczenie n	odklad m	fizetési haladék
prorrogação do prazo de pagamento f	—	betalningsuppskov	odroczenie terminu płatności n	odklad platby m	fizetési haladék
restrição à exportação f	—	exportrestriktion	ograniczenia eksportowe n/pl	omezení vývozu n	exportkorlátozás
documentos de exportação m/pl	—	exporthandlingar pl	dokumentacja eksportowa f	vývozní dokumenty m/pl	exportokmányok
cumprimento m	—	uppfyllande	wykonanie n	splnění n	teljesítés
execução f	—	verkställande	wykonanie n	výkon soudního příkazu m	végrehajtás
taxa de exportação f	—	exportavgift	cło wywozowe n	vývozní clo n	exportvám

uitvoervergunning

	D	E	F	I	ES
uitvoervergunning (NL)	Ausfuhrgenehmigung f	export licence	autorisation d'exportation f	autorizzazione all'esportazione f	licencia de exportación f
uitzonderlijke lasten (NL)	außergewöhnliche Belastung f	extraordinary expenses	charges exceptionnelles f/pl	oneri straordinari m/pl	carga extraordinaria f
ujednolicona waluta (PL)	Einheitswährung f	unified currency	monnaie unique f	moneta unitaria f	moneda única f
újratermelés (H)	Reproduktion f	reproduction	reproduction f	riproduzione f	reproducción f
ukazatel (CZ)	Kennziffern f	index numbers	indice m	cifre indice f/pl	cifras índice f/pl
Układ w Sprawie Ceł (PL)	Zollabkommen n	customs convention	accord douanier m	accordo sulle tariffe	convenio aduanero m
úkolová mzda (CZ)	Akkordlohn m	piece wages	salaire à la pièce m	retribuzione a cottimo f	salario a destajo m
úkolová mzda (CZ)	Leistungslohn m	piece rate	salaire au rendement m	retribuzione ad incentivo f	salario por rendimiento m
ukryta rezerwa (PL)	stille Reserve f	hidden reserves	réserve occulte f	riserva occulta f	reserva tácita f
ukryta rezerwa (PL)	stille Rücklage f	latent funds	réserve occulte f	riserva latente m	reserva tácita f
ülés (H)	Tagung	meeting	congrès m	congresso m	reunión f
ulica (PL)	Straße f	street	rue f	via f	calle f
ulice (CZ)	Straße f	street	rue f	via f	calle f
uložení (CZ)	Ablage f	file	classeur-collecteur m	archivio m	archivo m
uložení (CZ)	Hinterlegung f	deposit	dépôt m	deposito m	depósito m
uložení kapitálu (CZ)	Kapitalanlage f	investment capital	investissement de capitaux m	investimento di capitale m	inversión de capital f
uložení spisů (CZ)	Aktenablage f	filing	archives f/pl	archivio delle pratiche m	archivo m
ultimate buyer (E)	Endabnehmer m	—	preneur final m	acquirente finale m	comprador final m
ultimate consumer (E)	Endverbraucher m	—	consommateur final m	consumatore finale m	consumidor final m
ultimo (D)	—	end of the month	fin de mois f	fine mese m	fin de mes m
ultimo (NL)	ultimo	end of the month	fin de mois f	fine mese m	fin de mes m
ultimo (PL)	ultimo	end of the month	fin de mois f	fine mese m	fin de mes m
ultimo (CZ)	ultimo	end of the month	fin de mois f	fine mese m	fin de mes m
umbral de la rentabilidad (ES)	Gewinnschwelle f	break-even point	seuil de rentabilité m	punto di pareggio m	—
umbral de rentabilidad (ES)	Rentabilitätsschwelle f	break-even point	seuil de rentabilité m	fase redditizia f	—
Umbuchung (D)	—	transfer of an entry	jeu d'écritures m	giro di partite m	traslado a otra cuenta m
umgehend (D)	—	immediately	immédiatement	immediato	inmediatamente
umísťovat (CZ)	plazieren	place	placer	collocare	colocar
Umlage (D)	—	levy	répartition f	ripartizione f	reparto m
Umlaufvermögen (D)	—	floating assets	capital de roulement m	patrimonio circolante m	capital circulante m
umoření (CZ)	Tilgung f	amortisation	remboursement m	ammortamento m	amortización f
umořovací splátka (CZ)	Annuität f	annuity	annuité f	annualità f	anualidad f
umorzenie (PL)	Tilgung f	amortisation	remboursement m	ammortamento m	amortización f
umowa (PL)	Abkommen n	agreement	accord m	accordo m	acuerdo m
umowa (PL)	Vertrag m	contract	contrat m	contratto m	contrato m
umowa cesji (PL)	Abtretungsvertrag m	contract of assignment	contrat de cession m	contratto di cessione m	contrato de cesión m
umowa handlowa (PL)	Handelsabkommen n	trade agreement	accord commercial m	accordo commerciale m	acuerdo comercial m
umowa kupna (PL)	Kaufvertrag m	contract of sale	contrat de vente m	contratto di compravendita m	contrato de compraventa m
umowa leasingu (PL)	Leasing-Vertrag m	leasing contract	contrat de leasing m	contratto di leasing m	contrato de arrendamiento financiero m
umowa licencyjna (PL)	Lizenzvertrag m	licence agreement	contrat de concession de licence m	contratto di licenza m	contrato de licencia m
umowa o dzieło (PL)	Werkvertrag m	contract for work and services	contrat de louage d'ouvrage et d'industrie m	contratto d'appalto m	contrato de obra m

umowa o dzieło

P	NL	SV	PL	CZ	H
licença de exportação f	—	exporttillstånd	zezwolenie eksportowe n	vývozní povolení n	kiviteli engedély
despesas extraordinárias f/pl	—	extraordinära utgifter pl	nadzwyczajne wydatki m/pl	mimořádné zatížení n	rendkívüli terhek
moeda única f	eenheidsmunt f	gemensam valuta	—	jednotná měna f	egységes valuta
reprodução f	reproductie f	reproduktion	reprodukcja f	reprodukce f	—
índice m/pl	kengetallen n/pl	registreringsnummer	wskaźnik m	—	mutatószámok
convenção aduaneira f	tariefakkoord n	tullavtal	—	celní dohoda f	vámegyezmény
pagamento à peça m	stukloon n	ackordlön	płaca akordowa f	—	darabbér
salário por rendimento m	prestatieloon n	prestationslön	płaca akordowa f	—	teljesítménybér
reserva oculta f	stille reserve f	dold reserv	—	tichá rezerva f	rejtett tartalék
reserva escondida f	stille reserve f	dold reserv	—	rezervní fond n	rejtett tartalék
reunião f	zitting f	möte	konferencja f	zasedání n	—
rua f	straat f	gata	—	ulice f	utca
rua f	straat f	gata	ulica f	—	utca
arquivo m	rangschikking f	arkiv	archiwum akt n	—	kartoték
depósito m	consignatie f	deposition	zdeponowanie n	—	letétbe helyezés
investimento de capital m	kapitaalinvestering f	kapitalplacering	lokata kapitału f	—	tőkebefektetés
arquivo m	opbergmap f	arkivering	archiwum akt n	—	iktatás
comprador final m	eindafnemer m	slutanvändare	odbiorca finalny m	konečný odběratel m	végfelhasználó
consumidor final m	eindverbruiker m	faktisk konsument	konsument ostateczny m	konečný spotřebitel m	fogyasztó
fim do mês m	ultimo	månadsslut	ultimo n	ultimo n	hónap utolsó napja
fim do mês m	—	månadsslut	ultimo n	ultimo n	hónap utolsó napja
fim do mês m	ultimo	månadsslut	—	ultimo n	hónap utolsó napja
fim do mês m	ultimo	månadsslut	ultimo n	—	hónap utolsó napja
ponto morto de vendas m	rendabiliteitsdrempel m	nollpunkt	próg zysku m	práh zisku m	nyereségküszöb
margem de rentabilidade f	rentabiliteitsdrempel m	nollpunkt	próg rentowności m	práh rentability m	jövedelmezőségi küszöb
transferência de uma entrada f	overboeking f	ombokning	przeksięgowanie n	přeúčtování n	átkönyvelés
imediatamente	per kerende post	omedelbar	bezzwłocznie	obratem	azonnal(i)
colocar	plaatsen	placera	plasowanie n	—	elhelyez
repartição f	omslag m	skattefördelning	repartycja f	dávka f	járulék
património circulante m	bedrijfskapitaal n	likvida tillgångar pl	majątek obrotowy m	oběžné prostředky m/pl	forgóeszközök
amortização f	aflossing f	amortering	umorzenie n	—	törlesztés
anuidade f	annuïteit f	annuitet	roczna rata spłaty f	—	évjáradék
amortização f	aflossing f	amortering	—	umoření n	törlesztés
acordo m	overeenkomst f	avtal	—	smlouva f	megállapodás
contrato m	overeenkomst f	avtal	—	smlouva f	szerződés
contrato de cessão m	overdrachtsovereenkomst f	överlåtelseavtal	—	smlouva o odstoupení f	átruházási szerződés
acordo comercial m	handelsovereenkomst f	handelsavtal	—	obchodní dohoda f	kereskedelmi egyezmény
contrato de compra e venda m	koopcontract n	köpavtal	—	kupní smlouva f	adásvételi szerződés
contrato de locação financeira m	leaseovereenkomst f	leasingavtal	—	leasingová smlouva f	lízingszerződés
contrato de licenciamento m	licentieovereenkomst f	licensavtal	—	licenční smlouva f	licencszerződés
contrato de trabalho m	contract over aanneming van werk n	arbetstagares avtal med uppdragsgivare	—	smlouva o dílo f	megbízási szerződés

umowa o pracę

	D	E	F	I	ES
umowa o pracę (PL)	Arbeitsvertrag *m*	contract of employment	contrat de travail *m*	contratto di lavoro *m*	contrato laboral *m*
umowa o przewóz (PL)	Frachtvertrag *m*	contract of carriage	contrat d'affrètement *m*	contratto di trasporto *m*	contrato de transporte *m*
umowa spółki (PL)	Gesellschaftsvertrag *m*	deed of partnership	acte de société *m*	atto costitutivo *m*	contrato social
umowa terminowa (PL)	Terminkontrakt *m*	forward contract	contrat à terme *m*	contratto a termine *m*	contrato de entrega futura *m*
umowa zbiorowa (PL)	Tarifvertrag *m*	collective agreement	convention	accordo collettivo *m*	contrato
umpacken (D)	—	re-pack	remballer	reimballare	reempaquetar
Umrechnungskurs (D)	—	rate of conversion	cours de conversion *m*	corso di cambio *m*	tasa de cambio *f*
Umsatz (D)	—	turnover	chiffre d'affaires *m*	fatturato *m*	volumen de ventas *m*
Umsatzprognose (D)	—	turnover forecast	prévisions du chiffre d'affaires *f/pl*	prognosi del fatturato *f*	previsión de la evolución del volumen de ventas *f*
Umsatzprovision (D)	—	sales commission	commission sur le chiffre d'affaires *f*	provvigione sul fatturato *f*	comisión sobre la cifra de ventas *f*
Umsatzsteuer (D)	—	turnover tax	impôt sur le chiffre d'affaires *m*	imposta sugli affari *f*	impuesto sobre el volumen de ventas *m*
Umschlag (D)	—	transshipment	transbordement *m*	trasbordo *m*	transbordo de carga *m*
Umschulung (D)	—	retraining	reconversion professionnelle *f*	riqualificazione professionale *f*	readaptación profesional *f*
Umtausch (D)	—	exchange	échange *m*	cambio *m*	cambio *m*
unaddressed printed matter posted in bulk (E)	Postwurfsendung *f*	—	publipostage *m*	spedizione postale cumulativa di stampati *f*	envío postal colectivo *m*
unanimité commerciale (F)	handelseinig sein	reach an agreement	—	essere d'accordo sul prezzo	estar de acuerdo
unbar (D)	—	non cash	non comptant	non in contanti	no en efectivo
unbezahlter Urlaub (D)	—	unpaid vacation	congé non payé *m*	ferie non pagate *f/pl*	vacaciones no pagadas *f/pl*
under åberopande av (SV)	bezugnehmend	referring to	en référence à *f*	con riferimento a	con referencia a
underbalansering (SV)	Defizitfinanzierung *f*	deficit financing	financement du déficit *m*	finanziamento del deficit *m*	financiación del déficit *f*
underemployment (E)	Unterbeschäftigung *f*	—	sous-emploi *m*	sottoccupazione *f*	subempleo *m*
underleverans (SV)	Minderlieferung *f*	short delivery	livraison en quantité inférieure *f*	fornitura ridotta *f*	envío incompleto *m*
underleverantör (SV)	Subunternehmer *m*	subcontractor	sous-entrepreneur *m*	subappaltatore *m*	subempresario *m*
under separate cover (E)	mit getrennter Post	—	sous pli séparé	in plico a parte	por correo aparte
underskott i betalningsbalansen (SV)	Zahlungsbilanzdefizit *n*	balance of payments deficit	déficit de la balance des payements *m*	disavanzo della bilancia dei pagamenti *m*	déficit en la balanza de pagos *m*
underskrift (SV)	Unterschrift *f*	signature	signature *f*	firma *f*	firma *f*
underskriftsberättigande (SV)	Zeichnungsberechtigung *f*	authorisation to sign	autorisation de signer *f*	diritto di firma *m*	facultad de firma *f*
undersysselsättning (SV)	Unterbeschäftigung *f*	underemployment	sous-emploi *m*	sottoccupazione *f*	subempleo *m*
undervaluation (E)	Unterbewertung *f*	—	sous-évaluation *f*	sottovalutazione *f*	subvaloración *f*
undervärdering (SV)	Unterbewertung *f*	undervaluation	sous-évaluation *f*	sottovalutazione *f*	subvaloración *f*
unemployment (E)	Arbeitslosigkeit *f*	—	chômage *m*	disoccupazione *f*	desempleo *m*
unentgeltlich (D)	—	free of charge	à titre gracieux	gratuito	gratuito
unfair competition (E)	unlauterer Wettbewerb *m*	—	concurrence déloyale *f*	concorrenza sleale *f*	competencia desleal *f*
ungarisch (D)	—	Hungarian	hongrois	ungherese	húngaro
Ungarisch (D)	—	Hungarian	hongrois	ungherese *m*	húngaro *m*

Ungarisch

P	NL	SV	PL	CZ	H
contrato de trabalho *m*	arbeidsovereenkomst *f*	arbetsavtal	—	pracovní smlouva *f*	munkaszerződés
contrato de afretamento *m*	bevrachtingsovereenkomst *f*	fraktavtal	—	přepravní smlouva *f*	fuvarozási szerződés
contrato social *m*	akte van vennootschap *f*	bolagsavtal	—	zakládací smlouva obchodní společnosti *f*	társasági szerződés
contrato a termo *m*	termijncontract *n*	terminskontrakt	—	termínová smlouva *f*	határidős szerződés
contrato colectivo *m*	collectieve arbeidsovereenkomst *f*	kollektivavtal	—	kolektivní smlouva *f*	kollektív szerződés
reembalar	overpakken	packa om	przepakowywać <przepakować>	přebalovat <přebalit>	átcsomagol
taxa de câmbio *f*	omrekeningskoers *m*	konverteringskurs	kurs przeliczeniowy *m*	přepočítací kurs *m*	átváltási árfolyam
volume de vendas *m*	omzet *m*	omsättning	obrót *m*	obrat *m*	forgalom
previsão do volume de vendas *f*	omzetprognose *f*	omsättningsprognos	prognoza obrotu *f*	odhadovaný obrat *m*	forgalmi prognózis
comissão sobre a facturação *f*	omzetprovisie *f*	omsättningsprovision	prowizja od obrotów *f*	provize z obratu *f*	forgalmi jutalék
imposto sobre o volume de vendas *m*	omzetbelasting *f*	omsättningsskatt	podatek obrotowy *m*	daň z obratu *f*	forgalmi adó
transbordo *m*	omslag *m*	omlastning	przeładunek *m*	překládka *f*	átrakás
readaptação profissional *f*	omscholing *f*	omskolning	przeszkolenie *n*	přeškolení *n*	átképzés
câmbio *m*	ruil *m*	byte	wymiana *f*	výměna *f*	csere
envio postal colectivo *m*	reclamedrukwerk door de post huis aan huis bezorgd *n*	masskorsband	masowa ulotka wysyłana pocztą *f*	poštovní doručení hromadné zásilky *n*	címzetlen reklámküldemény
em unanimidade comercial	het over een koop eens zijn	vara överens	dobijać <dobić> interesu	být jednotný v obchodě	megegyezik az üzlet feltételeiben
pagamento em espécie *m*	giraal	ej kontant	nie w gotówce	bezhotovostní	készpénz nélküli
férias não pagas *f/pl*	verlof zonder wedde *n*	obetald semester	urlop bezpłatny *m*	neplacená dovolená *f*	fizetés nélküli szabadság
com referência a	met referte aan	—	powołując się	se zřetelem	hivatkozással
financiamento do défice *m*	deficitfinanciering *f*	—	finansowanie deficytu *n*	deficitní financování *n*	deficitfinanszírozás
subemprego *m*	onderbezetting *f*	undersysselsättning	zatrudnienie niepełne *n*	nedostatečná zaměstnanost *f*	alulfoglalkoztatottság
entrega reduzida *f*	kleinere levering *f*	—	niepełna dostawa *f*	snížení objemu dodávky *n*	hiányos szállítmány
subempresário *m*	onderaannemer *m*	—	podwykonawca *m*	subdodavatel *m*	alvállalkozó
em embalagem à parte	per afzonderlijke post	som särskild försändelse	oddzielną przesyłką	zvláštní poštou *f*	külön küldeményként
défice na balança de pagamentos *m*	tekort op de betalingsbalans *n*	—	deficyt bilansu płatniczego *m*	deficit platební bilance *m*	fizetésimérleg-hiány
assinatura *f*	ondertekening *f*	—	podpis *m*	podpis *m*	aláírás
direito de assinatura *m*	tekenbevoegdheid *f*	—	uprawnienie do podpisu *n*	oprávnění k podpisu *n*	aláírási jogosultság
subemprego *m*	onderbezetting *f*	—	zatrudnienie niepełne *n*	nedostatečná zaměstnanost *f*	alulfoglalkoztatottság
subavaliação *f*	onderschatting *f*	undervärdering	wycena poniżej wartości *f*	podhodnocení *n*	alulértékelés
subavaliação *f*	onderschatting *f*	—	wycena poniżej wartości *f*	podhodnocení *n*	alulértékelés
desemprego *m*	werkloosheid *f*	arbetslöshet	bezrobocie *n*	nezaměstnanost *f*	munkanélküliség
gratuito	gratis	utan ersättning	nieodpłatnie	zdarma	ingyen(es)
concorrência desleal *f*	oneerlijke concurrentie *f*	illojal konkurrens	nieuczciwa konkurencja *f*	nezákonná konkurence *f*	tisztességtelen verseny
húngaro	Hongaars	ungersk	węgierski	maďarský	magyar(ul)
húngaro	Hongaars	ungerska	język węgierski *m*	maďarština *f*	magyar (nyelv)

Ungarn

	D	E	F	I	ES
Ungarn (D)	—	Hungary	Hongrie f	Ungheria f	Hungría
Ungern (SV)	Ungarn	Hungary	Hongrie f	Ungheria f	Hungría
ungersk (SV)	ungarisch	Hungarian	hongrois	ungherese	húngaro
ungerska (SV)	Ungarisch	Hungarian	hongrois	ungherese m	húngaro m
ungherese (I)	ungarisch	Hungarian	hongrois	—	húngaro
ungherese (I)	Ungarisch	Hungarian	hongrois	—	húngaro m
Ungheria (I)	Ungarn	Hungary	Hongrie f	—	Hungría
unia celna (PL)	Zollunion f	customs union	union douanière f	unione doganale f	unión aduanera f
Unia Europejska (PL)	Europäische Union f	European Union	union européenne f	Unione Europea f	Unión Europea f
unia gospodarcza (PL)	Wirtschaftsunion f	economic union	union économique f	unione economica f	unión económica f
união aduaneira (P)	Zollunion f	customs union	union douanière f	unione doganale f	unión aduanera f
união económica (P)	Wirtschaftsunion f	economic union	union économique f	unione economica f	unión económica f
União Europeia (P)	Europäische Union f	European Union	union européenne f	Unione Europea f	Unión Europea f
União Europeia de Pagamentos (P)	Europäische Zahlungsunion f	European Payments Union	Union européenne des payements f	Unione Europea dei Pagamenti f	Unión Europea de Pagos f
união monetária (P)	Währungsunion f	monetary union	union monétaire f	unione monetaria f	unión monetaria f
unia walutowa (PL)	Währungsunion f	monetary union	union monétaire f	unione monetaria f	unión monetaria f
unified currency (E)	Einheitswährung f	—	monnaie unique f	moneta unitaria f	moneda única f
uniform price (E)	Einheitskurs m	—	cours unique m	cambio unitario m	cotización única f
unión aduanera (ES)	Zollunion f	customs union	union douanière f	unione doganale f	—
union douanière (F)	Zollunion f	customs union	—	unione doganale f	unión aduanera f
unión económica (ES)	Wirtschaftsunion f	economic union	union économique f	unione economica f	—
union économique (F)	Wirtschaftsunion f	economic union	—	unione economica f	unión económica f
unione doganale (I)	Zollunion f	customs union	union douanière f	—	unión aduanera f
unione economica (I)	Wirtschaftsunion f	economic union	union économique f	—	unión económica f
Unione Europea (I)	Europäische Union f	European Union	union européenne f	—	Unión Europea f
Unione Europea dei Pagamenti (I)	Europäische Zahlungsunion f	European Payments Union	Union européenne des payements f	—	Unión Europea de Pagos f
unione monetaria (I)	Währungsunion f	monetary union	union monétaire f	—	unión monetaria f
Unión Europea (ES)	Europäische Union f	European Union	union européenne f	Unione Europea f	—
Unión Europea de Pagos (ES)	Europäische Zahlungsunion f	European Payments Union	Union européenne des payements f	Unione Europea dei Pagamenti f	—
union européenne (F)	Europäische Union f	European Union	—	Unione Europea f	Unión Europea f
Union européenne des payements (F)	Europäische Zahlungsunion f	European Payments Union	—	Unione Europea dei Pagamenti f	Unión Europea de Pagos f
union monétaire (F)	Währungsunion f	monetary union	—	unione monetaria f	unión monetaria f
unión monetaria (ES)	Währungsunion f	monetary union	union monétaire f	unione monetaria f	—
unité de gestion absorbant des coûts (F)	Kostenstelle f	cost accounting centre	—	centro di costo m	posición de costes f
unit trust fund (E)	Investmentfonds m	—	fonds commun de placement m	fondo d'investimento m	fondo de inversiones m
unlauterer Wettbewerb (D)	—	unfair competition	concurrence déloyale f	concorrenza sleale f	competencia desleal f
unpacked (E)	unverpackt	—	sans emballage	senza imballaggio	sin embalar
unpaid vacation (E)	unbezahlter Urlaub m	—	congé non payé m	ferie non pagate f/pl	vacaciones no pagadas f/pl
unredeemable bond (E)	Dauerschuldverschreibung f	—	engagement de dette permanente m	obbligazione perpetua f	obligación perpetua f
unsachgemäß (D)	—	improper	inadapté	non idoneo	inadecuado
unsecured credit (E)	Blankokredit m	—	crédit en compte courant m	credito scoperto m	crédito en blanco m
Unterbeschäftigung (D)	—	underemployment	sous-emploi m	sottoccupazione f	subempleo m
Unterbewertung (D)	—	undervaluation	sous-évaluation f	sottovalutazione f	subvaloración f
Unternehmen (D)	—	business	entreprise f	impresa f	empresario m

Unternehmen

P	NL	SV	PL	CZ	H
Hungria f	Hongarije	Ungern	Węgry pl	Maďarsko n	Magyarország
Hungria f	Hongarije	—	Węgry pl	Maďarsko n	Magyarország
húngaro	Hongaars	—	węgierski	maďarský	magyar(ul)
húngaro	Hongaars	—	język węgierski m	maďarština f	magyar (nyelv)
húngaro	Hongaars	ungersk	węgierski	maďarský	magyar(ul)
húngaro	Hongaars	ungerska	język węgierski m	maďarština f	magyar (nyelv)
Hungria f	Hongarije	Ungern	Węgry pl	Maďarsko n	Magyarország
união aduaneira f	douane-unie f	tullunion	—	celní unie f	vámunió
União Europeia f	Europese Unie f	Europeiska Unionen	—	Evropská unie f	Európai Unió
união económica f	economische unie f	ekonomisk union	—	hospodářská unie f	gazdasági unió
—	douane-unie f	tullunion	unia celna f	celní unie f	vámunió
—	economische unie f	ekonomisk union	unia gospodarcza f	hospodářská unie f	gazdasági unió
—	Europese Unie f	Europeiska Unionen	Unia Europejska	Evropská unie f	Európai Unió
—	Europese betalingsunie f	europeiska betalningsunionen	Europejska Wspólnota Płatnicza f	Evropská platební unie f	Európai Fizetési Unió
—	muntunie f	valutaunion	unia walutowa f	měnová unie f	valutaunió
união monetária f	muntunie f	valutaunion	—	měnová unie f	valutaunió
moeda única f	eenheidsmunt f	gemensam valuta	ujednolicona waluta f	jednotná měna f	egységes valuta
cotação única f	eenheidskoers m	enhetspris	kurs jednolity m	jednotný kurs m	egységes árfolyam
união aduaneira f	douane-unie f	tullunion	unia celna f	celní unie f	vámunió
união aduaneira f	douane-unie f	tullunion	unia celna f	celní unie f	vámunió
união económica f	economische unie f	ekonomisk union	unia gospodarcza f	hospodářská unie f	gazdasági unió
união económica f	economische unie f	ekonomisk union	unia gospodarcza f	hospodářská unie f	gazdasági unió
união aduaneira f	douane-unie f	tullunion	unia celna f	celní unie f	vámunió
união económica f	economische unie f	ekonomisk union	unia gospodarcza f	hospodářská unie f	gazdasági unió
União Europeia f	Europese Unie f	Europeiska Unionen	Unia Europejska	Evropská unie f	Európai Unió
União Europeia de Pagamentos f	Europese betalingsunie f	europeiska betalningsunionen	Europejska Wspólnota Płatnicza f	Evropská platební unie f	Európai Fizetési Unió
união monetária f	muntunie f	valutaunion	unia walutowa f	měnová unie f	valutaunió
União Europeia f	Europese Unie f	Europeiska Unionen	Unia Europejska	Evropská unie f	Európai Unió
União Europeia de Pagamentos f	Europese betalingsunie f	europeiska betalningsunionen	Europejska Wspólnota Płatnicza f	Evropská platební unie f	Európai Fizetési Unió
União Europeia f	Europese Unie f	Europeiska Unionen	Unia Europejska	Evropská unie f	Európai Unió
União Europeia de Pagamentos f	Europese betalingsunie f	europeiska betalningsunionen	Europejska Wspólnota Płatnicza f	Evropská platební unie f	Európai Fizetési Unió
união monetária f	muntunie f	valutaunion	unia walutowa f	měnová unie f	valutaunió
união monetária f	muntunie f	valutaunion	unia walutowa f	měnová unie f	valutaunió
centro de custos m	kostenplaats f	utgiftspost	miejsce powstawania kosztów n	oddělení nákladů n	költséghely
fundo de investimento m	beleggingsfonds n	aktie- eller obligationsfond	fundusz inwestycyjny m	investiční fond m	befektetési alap
concorrência desleal f	oneerlijke concurrentie f	illojal konkurrens	nieuczciwa konkurencja f	nezákonná konkurence f	tisztességtelen verseny
sem embalagem	onverpakt	utan förpackning	nieopakowany	nezabalený	csomagolatlan
férias não pagas f/pl	verlof zonder wedde n	obetald semester	urlop bezpłatny m	neplacená dovolená f	fizetés nélküli szabadság
obrigação perpétua f	obligatie met eeuwigdurende looptijd f	evig obligation	zobowiązanie ciągłe n	dlouhodobý dlužní úpis m	nem beváltható kötvény
impróprio	ondeskundig	inkompetent	nieprawidłowo	nevěcný	szakszerűtlen
crédito a descoberto m	blancokrediet n	blankokredit	kredyt otwarty m	neomezený úvěr m	fedezetlen hitel
subemprego m	onderbezetting f	undersysselsättning	zatrudnienie niepełne n	nedostatečná zaměstnanost f	alulfoglalkoztatottság
subavaliação f	onderschatting f	undervärdering	wycena poniżej wartości f	podhodnocení n	alulértékelés
empresa f	bedrijf n	företag	przedsiębiorstwo n	podnik m	vállalat

Unternehmensberater

	D	E	F	I	ES
Unternehmensberater (D)	—	business consultant	conseiller d'entreprise f	consulente d'impresa m	asesor de empresas m
Unternehmensgewinn (D)	—	company profit	résultats m/pl	utile d'impresa m	beneficio empresarial m
Unternehmenskultur (D)	—	corporate culture	culture d'entreprise f	cultura imprenditoriale f	cultura empresarial f
Unternehmensstrategie (D)	—	corporate strategy	stratégie de l'entreprise f	strategia imprenditoriale f	estrategia empresarial f
Unternehmensziel (D)	—	company objective	objectif de l'entreprise m	obiettivo imprenditoriale m	objetivo empresarial m
Unterschlagung (D)	—	embezzlement	détournement m	appropriazione indebita f	malversación f
unterschreiben (D)	—	sign	signer	firmare	firmar
Unterschrift (D)	—	signature	signature f	firma f	firma f
unverbindlich (D)	—	not binding	sans obligation	senza impegno	sin compromiso
unverpackt (D)	—	unpacked	sans emballage	senza imballaggio	sin embalar
unverzollt (D)	—	duty-free	non dédouané	non sdoganato	aduana aparte
upadłość (PL)	Konkurs m	bankruptcy	faillite f	fallimento m	quiebra f
úpadkový dlužník (CZ)	Gemeinschuldner m	adjudicated bankrupt	débiteur en faillite m	debitore fallito m	deudor común m
upaństwowienie (PL)	Verstaatlichung f	nationalisation	nationalisation f	nazionalizzazione f	nacionalización f
uplasować na rynku (PL)	vermarkten	market	commercialiser	lanciare sul mercato	comercializar
upomínka (CZ)	Mahnbrief m	reminder	lettre d'avertissement f	lettera di sollecito f	carta admonitoria f
upomínka (CZ)	Mahnung f	demand for payment	mise en demeure f	sollecito m	admonición f
upomnienie płatnicze (PL)	Mahnung f	demand for payment	mise en demeure f	sollecito m	admonición f
uposażenie (PL)	Besoldung f	salary	appointement m	retribuzione f	retribución f
uposażenie (PL)	Bezüge f	earnings	rémunération f	entrate f/pl	retribuciones f/pl
upoważnienie (PL)	Bevollmächtigung f	authorisation	procuration f	delega f	apoderamiento m
upoważniony do inkasa (PL)	inkassoberechtigt	authorised to undertake collection	autorisé à l'encaissement	autorizzato all'incasso	autorizado al encobro
uppbyggnadsfas (SV)	Aufbauphase f	development phase	phase d'organisation f	fase di sviluppo f	fase de desarrollo f
uppdragsgivare (SV)	Auftraggeber m	customer	donneur d'ordre m	committente m	mandante m
uppehållstillstånd (SV)	Aufenthaltserlaubnis f	residence permit	permis de séjour m	permesso di soggiorno m	permiso de residencia m
uppföljningsfinansiering (SV)	Anschlußfinanzierung f	follow-up financing	financement relais m	finanziamento successivo m	financiación sucesiva f
uppfyllande (SV)	Erfüllung f	execution	acquittement m	adempimento m	cumplimiento m
upphovsmannarätt (SV)	Urheberrecht n	copyright	droit d'auteur m	diritto d'autore m	derechos de autor m/pl
uppläggningsavgift (SV)	Bereitstellungskosten f	commitment fee	coûts administratifs m/pl	spese amministrative f/pl	gastos administrativos m/pl
uppläggningsavgift (SV)	Kreditprovision f	credit commission	frais de commissions d'ouverture de crédit m/pl	provvigione di credito f	comisión de apertura de crédito f
upplupen ränta (SV)	Stückzinsen m/pl	broken-period interest	intérêts courus m/pl	interessi maturati m/pl	intereses por fracción de período m/pl
upplysning (SV)	Auskunft f	information	renseignement m	informazione f	información f
uppsägbar (SV)	kündbar	redeemable	résiliable	risolubile	rescindible
uppsägning (SV)	Kündigung f	notice of termination	résiliation f	disdetta f	rescisión f
uppsägningsklausul (SV)	Rücktrittsklausel f	escape clause	clause de dénonciation du contrat f	clausola di recesso f	cláusula de renuncia f
uppsägningstid (SV)	Kündigungsfrist f	period of notice	délai de résiliation m	periodo di preavviso m	plazo de preaviso m
uppskattning (SV)	Voranschlag m	estimate	devis estimatif m	preventivo m	presupuesto m

uppskattning

P	NL	SV	PL	CZ	H
consultor de empresas m	bedrijfsadviseur m	företagskonsult	doradca przedsiębiorstwa m	podnikový poradce m	vállalatvezetési tanácsadó
lucro da empresa m	bedrijfswinst f	företagsvinst	zysk przedsiębiorstwa m	zisk z podnikání m	vállalati nyereség
cultura empresarial f	bedrijfscultuur f	företagskultur	kultura przedsiębiorczości f	kultura podnikání f	vállalati kultúra
estratégia empresarial f	bedrijfsstrategie f	företagsstrategi	strategia przedsiębiorstwa	strategie podnikání f	vállalati stratégia
objectivo da empresa m	bedrijfsdoelstelling f	företagsmål	przedmiot działalności przedsiębiorstwa m	podnikatelský záměr m	a vállalat célja
desfalque m	verduistering f	förskingring	sprzeniewierzenie n	zpronevěra f	sikkasztás
assinar	ondertekenen	skriva under	podpisywać <podpisać>	podepisovat <podepsat>	aláír
assinatura f	ondertekening f	underskrift	podpis m	podpis m	aláírás
sem compromisso	vrijblijvend	ej bindande	niezobowiązujący	nezávazný	kötelezettség nélkül(i)
sem embalagem	onverpakt	utan förpackning	nieopakowany	nezabalený	csomagolatlan
tarifas alfandegárias não pagas f/pl	niet uitgeklaard	oförtullad	nieoclony	neproclený	elvámolatlan
falência f	bankroet n	konkurs	—	konkurs m	csőd
devedor falido m	insolvente schuldenaar m	konkursgäldenär	zbankrutowany dłużnik m	—	csődadós
nacionalização f	nationalisering f	förstatligande	—	zestátnění n	államosítás
comercializar	commercialiseren	marknadsföra	—	uvést na trh	értékesít
carta de advertência f	rappelbrief m	kravbrev	monit m	—	fizetési felszólítás
advertência f	aanmaning tot betaling f	påminnelse	upomnienie płatnicze n	—	fizetési felszólítás
advertência f	aanmaning tot betaling f	påminnelse	—	upomínka f	fizetési felszólítás
salário m	loon n	ersättning	—	plat m	díjazás
retribuições f/pl	salaris m	inkomst av tjänst	—	finanční přenosy m/pl	járandóságok
autorização f	machtiging f	bemyndigande	—	plná moc f	meghatalmazás
autorizado a realizar a cobrança m	bevoegd om te incasseren	inkassoberättigad	—	oprávněn k inkasu n	beszedésre jogosult
fase de desenvolvimento f	opbouwfase f	—	etap rozwojowy m	fáze výstavby f	kiépítési szakasz
cliente m	opdrachtgever m	—	zleceniodawca m	objednávatel m	megbízó
autorização de residência f	verblijfsvergunning f	—	zezwolenie na pobyt n	povolení k pobytu n	tartózkodási engedély
financiamento de renovação contínua m	toetredingsfinanciering f	—	finansowanie sukcesywne n	následné financování n	követő finanszírozás
cumprimento m	uitvoering f	—	wykonanie n	splnění n	teljesítés
direitos do autor m/pl	auteursrecht n	—	prawo autorskie m	autorské právo n	szerzői jog
comissão por imobilização de fundos f	beschikbaarstellingskosten m/pl	—	koszty dysponowalności m/pl	přípravné náklady m/pl	rendelkezésre tartási díj
comissão de crédito f	kredietcommissie f	—	prowizja od kredytu f	provize úvěru f	hiteljutalék
fracção do período de contagem de juros f	opgelopen rente f	—	oprocentowanie periodyczne n	úroky do dne prodeje cenných papírů m/pl	töredékidőre járó kamat
informação f	inlichting f	—	informacja f	informace f	információ
rescindível	aflosbaar	—	możliwy do wypowiedzenia	vypověditelný	felmondható
rescisão f	opzegging f	—	wypowiedzenie n	výpověď f	felmondás
cláusula de rescisão f	annuleringsclausule f	—	klauzula odstąpienia od umowy f	doložka o odstoupení f	mentesítő záradék
prazo de rescisão m	opzeggingstermijn m	—	termin wypowiedzenia m	výpovědní lhůta f	felmondási (határ)idő
estimativa f	raming f	—	kosztorys m	rozpočet m	előirányzat

uppskjutande

	D	E	F	I	ES
uppskjutande (SV)	Vertagung f	postponement	ajournement m	rinvio m	aplazamiento m
uppskjutning (SV)	Aufschiebung	deferment	ajournement m	rinvio m	aplazamiento m
uppskov (SV)	Stundung f	respite	prorogation f	proroga f	moratoria f
uppskov (SV)	Verzug m	delay	retard m	mora f	retraso m
uprawnienie (PL)	Befugnis f	authority	autorisation m	poteri m/pl	autorización f
uprawnienie do podpisu (PL)	Zeichnungsberechtigung f	authorisation to sign	autorisation de signer f	diritto di firma m	facultad de firma f
uprzejmy (PL)	kulant	accommodating	arrangeant	corrente	de fácil avenencia
upward trend (E)	Aufwärtstrend m	—	tendance à la reprise f	tendenza al rialzo f	tendencia al alza f
úřad (CZ)	Amt n	office	bureau m	ufficio m	oficina f
úřad (CZ)	Behörde f	authority	autorité f	autorità f	autoridad f
určující kurs (CZ)	Leitkurs m	central rate	taux de référence m	tasso centrale m	curso de referencia m
úředník (CZ)	Beamter m	official	fonctionnaire m	funzionario m	funcionario m
urgent (E)	dringend	—	urgent	urgente	urgente
urgent (F)	dringend	urgent	—	urgente	urgente
urgente (I)	dringend	urgent	urgent	—	urgente
urgente (ES)	dringend	urgent	urgent	urgente	—
urgente (P)	dringend	urgent	urgent	urgente	urgente
Urheberrecht (D)	—	copyright	droit d'auteur m	diritto d'autore m	derechos de autor m/pl
Urkunde (D)	—	document	document m	documento m	documento m
űrlap (H)	Formular n	form	formulaire m	modulo m	formulario m
űrlap (H)	Vordruck m	printed form	imprimé m	modulo m	impreso m
Urlaub (D)	—	leave	vacances f/pl	vacanze f/pl	vacaciones f/pl
Urlaubsgeld (D)	—	holiday allowance	prime de vacances f	indennità di ferie f	prima de vacaciones f
urlop (PL)	Urlaub m	leave	vacances f/pl	vacanze f/pl	vacaciones f/pl
urlop bezpłatny (PL)	unbezahlter Urlaub m	unpaid vacation	congé non payé m	ferie non pagate f/pl	vacaciones no pagadas f/pl
úrok (CZ)	Zins m	interest	intérêt m	interessi m/pl	interés m
úroková míra (CZ)	Zinsfuß m	interest rate	taux d'intérêt m	tasso d'interesse m	tipo de interés m
úroková politika (CZ)	Zinspolitik f	interest rate policy	politique en matière d'intérêts f	politica dei tassi d'interesse f	política en materia de intereses f
úroková sazba (CZ)	Zinssatz m	interest rate	taux d'intérêt m	tasso d'interesse m	tipo de interés m
úrokové rozpětí (CZ)	Zinsmarge m	interest margin	marge entre les taux d'intérêt créditeur et débiteur f	margine d'interesse m	margen de interés m
úroky do dne prodeje cenných papírů (CZ)	Stückzinsen m/pl	broken-period interest	intérêts courus m/pl	interessi maturati m/pl	intereses por fracción de período m/pl
úroky z prodlení (CZ)	Verzugszinsen f	default interest	intérêts moratoires m/pl	interessi di mora m/pl	intereses de demora m/pl
úrok z cenných papírů (CZ)	Effektivzins m	effective interest	intérêt effectif m	tasso d'interesse effettivo m	interés efectivo m
úrok z úroků (CZ)	Zinseszins m	compound interest	intérêt composé m	interessi composti m/pl	interés compuesto m
úroveň cen (CZ)	Preisniveau n	price level	niveau des prix m	livello dei prezzi m	nivel de precios m
úroveň úroků (CZ)	Zinsniveau n	interest rate level	niveau du taux d'intérêt m	livello degli interessi m	nivel de interés m
ursprungsbevis (SV)	Ursprungszeugnis n	certificate of origin	certificat d'origine m	certificato d'origine m	certificado de origen m
Ursprungszeugnis (D)	—	certificate of origin	certificat d'origine m	certificato d'origine m	certificado de origen m
urząd (PL)	Amt n	office	bureau m	ufficio m	oficina f
urząd (PL)	Behörde f	authority	autorité f	autorità f	autoridad f
urząd patentowy (PL)	Patentamt n	Patent Office	office des brevets m	ufficio brevetti m	oficina del registro de patentes f
urząd pocztowy (PL)	Postamt n	post office	bureau de poste m	ufficio postale m	correos m/pl

urząd pocztowy

P	NL	SV	PL	CZ	H
adiamento m	uitstel n	—	odroczenie n	odložení n	elnapolás
adiamento m	uitstellen n	—	odroczenie n	odložení n	halasztás
prorrogação do prazo f	uitstel van betaling n	—	odroczenie n	odklad m	fizetési haladék
mora f	achterstallen m/pl	—	zwłoka f	odklad m	késedelem
autorização f	bevoegdheid f	befogenhet	—	oprávnění n	jogosultság
direito de assinatura m	tekenbevoegdheid f	underskriftsberättigande	—	oprávnění k podpisu n	aláírási jogosultság
flexível	tegemoetkomend	tillmötesgående	—	solidní	előzékeny
tendência à alta f	opwaartse beweging f	stigande tendens	trend wzrostu m	stoupající trend m	emelkedő irányzat
cargo m	dienst m	byrå i offentlig förvaltning	urząd m	—	hivatal
autoridade f	overheid f	myndighet	urząd m	—	hatóság
taxa central f	spilkoers m	styrkurs	kurs wytyczny m	—	irányadó árfolyam
funcionário m	ambtenaar m	tjänsteman i offentlig tjänst	urzędnik m	—	tisztviselő
urgente	dringend	brådskande	pilny	naléhavý	sürgős(en)
urgente	dringend	brådskande	pilny	naléhavý	sürgős(en)
urgente	dringend	brådskande	pilny	naléhavý	sürgős(en)
urgente	dringend	brådskande	pilny	naléhavý	sürgős(en)
—	dringend	brådskande	pilny	naléhavý	sürgős(en)
direitos do autor m/pl	auteursrecht n	upphovsmannarätt	prawo autorskie m	autorské právo n	szerzői jog
documento m	titel m	handling	dokument m	listina f	okirat
formulário m	formulier n	formulär	formularz n	formulář m	—
impresso m	gedrukt formulier n	blankett	formularz m	předtisk m	—
férias f/pl	vakantie f	semester	urlop m	dovolená f	szabadság
subsídio de férias m	vakantiegeld n	semesterlön	płaca za czas urlopu f	příplatek na financování dovolené m	szabadságpénz
férias f/pl	vakantie f	semester	—	dovolená f	szabadság
férias não pagas f/pl	verlof zonder wedde f	obetald semester	—	neplacená dovolená f	fizetés nélküli szabadság
juro m	interest m	ränta	odsetki pl	—	kamat
taxa de juro f	rentevoet m	räntefot	stopa procentowa f	—	kamatláb
política das taxas de juro f	rentebeleid n	räntepolitik	polityka stopy procentowej f	—	kamatpolitika
taxa de juro f	rentevoet m	räntesats	stawka procentowa f	—	kamatláb
margem de lucros f	rentemarge f	räntemarginal	marża odsetkowa f	—	kamatrés
fracção do período de contagem de juros f	opgelopen rente f	upplupen ränta	oprocentowanie periodyczne n	—	töredékidőre járó kamat
juros de mora m/pl	moratoire rente f	dröjsmålsränta	odsetki za zwłokę pl	—	késedelmi kamat
taxa de juros efectiva f	werkelijke renteopbrengst f	effektiv ränta	oprocentowanie rzeczywiste n	—	tényleges kamat
juros compostos m/pl	samengestelde interest m	ränta på ränta	odsetki składane pl	—	kamatos kamat
nível de preços m	prijspeil n	prisnivå	poziom cen m	—	árszint
nível da taxa de juro m	rentepeil n	räntenivå	poziom stawki oprocentowania m	—	kamatszint
certificado de origem m	certificaat van oorsprong n	—	świadectwo pochodzenia n	osvědčení o původu zboží n	származási bizonyítvány
certificado de origem m	certificaat van oorsprong n	ursprungsbevis	świadectwo pochodzenia n	osvědčení o původu zboží n	származási bizonyítvány
cargo m	dienst m	byrå i offentlig förvaltning	—	úřad m	hivatal
autoridade f	overheid f	myndighet	—	úřad m	hatóság
repartição de registo de patente f	octrooibureau n	patentverk	—	patentový úřad m	szabadalmi hivatal
correios m/pl	postkantoor n	postkontor	—	poštovní úřad m	postahivatal

Urząd Skarbowy

	D	E	F	I	ES
Urząd Skarbowy (PL)	Finanzamt n	inland revenue office	service des contributions m	ufficio delle imposte m	Ministerio de Hacienda m
urządzenia produkcyjne (PL)	Produktionsanlagen f/pl	production plant	équipements industriels m/pl	impianti di produzione m/pl	instalaciones de producción f/pl
urzędnik (PL)	Beamter m	official	fonctionnaire m	funzionario m	funcionario m
úschova (CZ)	Verwahrung f	custody	dépôt m	custodia f	custodia f
uscita merci (I)	Warenausgang m	sale of goods	sortie de marchandises f	—	salida de mercancías f
use (E)	Nutzung f	—	mise à profit f	utilizzazione f	utilización f
used car (E)	Gebrauchtwagen m	—	voiture d'occasion f	automobile usata f	coche de segunda mano m
usine (F)	Werk n	plant	—	stabilimento m	planta f
usługa (PL)	Dienstleistung f	service	prestation de service f	prestazione di servizio m	prestación de servicio f
usługi on-line (PL)	Online-Dienst m	on-line services	service en ligne m	servizio on-line m	servicio on-line m
uskladnění (CZ)	Einlagerung f	storage	entreposage m	immagazzinamento m	almacenamiento m
usnesení (CZ)	Beschluß m	decision	résolution f	delibera f	decisión f
úspora (CZ)	Ersparnis f	savings	épargne f	risparmio m	ahorro m
ustanowienie zastawu (PL)	Verpfändung f	pledge	mise en gage f	pignoramento m	pignoración f
ustawa kartelowa (PL)	Kartellgesetz n	Cartel Act	loi sur les cartels f	legge sui cartelli f	ley relativa a los cártels f
ustawa o spółkach akcyjnych (PL)	Aktiengesetz n	Companies Act	législation des sociétés anoymes f	legge sulle società per azioni f	ley sobre sociedades anónimas f
ustawowy środek płatniczy (PL)	gesetzliches Zahlungsmittel n	legal tender	monnaie légale f	mezzo di pagamento legale m	medio legal de pago m
ústní (CZ)	mündlich	verbal	oralement	verbale	oral
ustnie (PL)	mündlich	verbal	oralement	verbale	oral
usual en el comercio (ES)	handelsüblich	customary (in trade)	en usage dans le commerce m	d'uso commerciale	—
usura (I)	Wucher m	usury	usure f	—	usura f
usura (ES)	Wucher m	usury	usure f	usura f	—
usure (F)	Wucher m	usury	usure f	usura f	usura f
usury (E)	Wucher m	—	usure f	usura f	usura f
usuwanie odpadów (PL)	Abfallbeseitigung f	waste disposal	élimination des déchets f	smaltimento dei rifiuti m	evacuación de residuos f
uszkodzenie (PL)	Beschädigung f	damage	endommagement m	danno m	deterioración f
uszlachetnienie (PL)	Veredelung f	processing	perfectionnement m	perfezionamento m	perfeccionamiento m
utalvány (H)	Anweisung f	transfer	mandat m	mandato m	transferencia f
utan ersättning (SV)	unentgeltlich	free of charge	à titre gracieux	gratuito	gratuito
utan förpackning (SV)	unverpackt	unpacked	sans emballage	senza imballaggio	sin embalar
utan förpliktelse (SV)	ohne Obligo	without obligation	sans engagement	senza obbligo	sin obligación
utan regress (SV)	Forfaitierung f	non-recourse financing	forfaitage m	regolamento forfettario m	financiación sin recurso f
utánvétel (H)	Nachnahme f	cash on delivery	remboursement m	contrassegno m	reembolso m
utánvételes szállítás (H)	Lieferung gegen Nachnahme	cash on delivery	livraison contre remboursement f	consegna in contrassegno f	entrega contra reembolso f
utánvétellel (H)	gegen Nachnahme	cash on delivery	contre remboursement	in contrassegno	contra rembolso
utan vinstutdelning (SV)	ohne Dividende	ex dividend	sans dividende m	senza dividendo m	sin dividendo m
utazási csekk (H)	Reisescheck m	traveller's cheque	chèque de voyage m	traveller's cheque m	cheque de viaje m
utazási költségek (H)	Reisespesen f/pl	travelling expenses	frais de voyage m/pl	spese di viaggio f/pl	gastos de viaje m/pl
utazási költségelszámolás (H)	Reisekostenabrechnung f	deduction of travelling expenses	règlement des frais de voyage m	conteggio dei costi di viaggio m	liquidación de los gastos de viaje f
utbetalning (SV)	Auszahlung f	payment	payement m	pagamento m	pago m
utbildning (SV)	Ausbildung f	apprenticeship	formation f	formazione f	aprendizaje m

utbildning

P	NL	SV	PL	CZ	H
repartição das finanças f	ontvangkantoor n	skattemyndighet	—	finanční úřad m	adóhivatal
instalações fabris f/pl	productie-investeringen f/pl	produktionsanläggning	—	výrobní zařízení n/pl	termelő berendezések
funcionário m	ambtenaar m	tjänsteman i offentlig tjänst	—	úředník m	tisztviselő
custódia f	bewaring f	förvaring	przechowanie n	—	megőrzés
saída de mercadorias f	uitgaande goederen n/pl	utgående varor pl	rozchód towarów m	odchod zboží m	kimenő áru
utilização f	genot n	användning	użytkowanie n	využití n	használat
carro usado m	tweedehands wagen m	begagnad bil	samochód używany m	ojetý automobil m	használt autó
fábrica f	fabriek f	fabrik	zakład m	závod m	gyár
prestação de serviço f	dienstverlening f	service	—	služba f	szolgáltatás
serviço on-line m	online-dienst	online-service	—	služba on-line f	on-line szolgáltatás
armazenamento m	goederenopslag m	förvaring	składowanie n	—	beraktározás
decisão f	beslissing f	beslut	decyzja f	—	határozat
poupança f	besparingen f/pl	besparing	oszczędność f	—	megtakarítás
penhora f	borgstelling f	pantsättning	—	zástava f	elzálogosítás
lei de regulamentação dos cartéis f	wet op de kartelvorming f	kartellag	—	kartelový zákon m	kartelltörvény
lei das sociedades por acções m	wet op de naamloze vennootschappen f	aktiebolagstiftning	—	zákon o akciích m	társasági törvény
meio legal de pagamento m	wettig betaalmiddel n	giltigt betalningsmedel	—	zákonný platební prostředek m	törvényes fizetőeszköz
verbal	mondeling	muntlig	ustnie	—	szóbeli
verbal	mondeling	muntlig	—	ústní	szóbeli
corrente no comércio	in de handel gebruikelijk	standard	powszechnie przyjęty w handlu	obvyklé v obchodě	kereskedelemben szokásos
usura f	woeker m	ocker	lichwa f	lichva f	uzsora
usura f	woeker m	ocker	lichwa f	lichva f	uzsora
—	woeker m	ocker	lichwa f	lichva f	uzsora
usura f	woeker m	ocker	lichwa f	lichva f	uzsora
usura f	woeker m	ocker	lichwa f	lichva f	uzsora
eliminação dos desperdícios f	verwijdering van afval f	avfallshantering	—	odstraňování odpadu n	hulladékeltávolítás
dano m	beschadiging f	skada	—	poškození n	károsodás
beneficiamento m	veredeling f	förädling	—	zušlechťování n	feldolgozás
transferência f	opdracht f/m	anvisning	przekaz pieniężny	návod m	—
gratuito	gratis	—	nieodpłatnie	zdarma	ingyen(es)
sem embalagem	onverpakt	—	nieopakowany	nezabalený	csomagolatlan
sem obrigação	zonder verbintenis onzerzijds	—	bez obliga	bez povinnosti f	kötelezettség nélkül
financiamento sem recurso m	het à forfait verkopen n	—	finansowanie długoterminowymi należnościami n	odstupné n	visszkereset nélküli finanszírozás
reembolso m	onder rembours	betalning vid leverans	za zaliczeniem pocztowym	dobírka f	—
envio à cobrança m	levering onder rembours f	betalning vid leverans	dostawa za zaliczeniem pocztowym f	dodávka na dobírku f	—
contra-reembolso	onder rembours	betalning vid leverans	za zaliczeniem pocztowym	na dobírku f	—
sem dividendo	zonder dividend	—	bez dywidendy	bez dividendy f	osztalék nélkül
cheque de viagem m	reischeque m	resecheck	czek podróżny	cestovní šek m	—
despesas de viagem f/pl	verplaatsingsvergoeding f	resetraktamente	koszty podróży m/pl	cestovní výlohy f/pl	—
liquidação dos gastos de viagem f	reiskostenrekening f	reseräkning	rozliczenie kosztów podróży n	vyúčtování cestovních výloh n	—
pagamento m	uitbetaling f	—	wypłata f	výplata f	kifizetés
aprendizagem f	opleiding f	—	wykształcenie n	vyškolení n	kiképzés

utbytbar

	D	E	F	I	ES
utbytbar (SV)	substituierbar	replaceable	interchangeable	sostituibile	sustituible
utbytbarhet (SV)	Fungibilität f	fungibility	qualité fongible d'un bien f	fungibilità f	fungibilidad f
utca (H)	Straße f	street	rue f	via f	calle f
uteståended skulder (SV)	Außenstände f	outstanding debts	dettes actives f/pl	crediti pendenti m/pl	cobros pendientes m/pl
utförsäljning (SV)	Schlußverkauf m	seasonal sale	vente de fin de saison f	svendita di fine stagione f	venta de liquidación f
utgående balans (SV)	Schlußbilanz f	closing balance	bilan de clôture m	bilancio consuntivo m	balance final m
utgående varor (SV)	Warenausgang m	sale of goods	sortie de marchandises f	uscita merci f	salida de mercancías f
utgifter (SV)	Aufwand m	expenditure	dépenses f/pl	spese f/pl	gastos m/pl
utgifter (SV)	Ausgaben f/pl	expenses	dépenses f/pl	spese f/pl	gastos m/pl
utgiftspost (SV)	Kostenstelle f	cost accounting centre	unité de gestion absorbant des coûts f	centro di costo m	posición de costes f
utile (I)	Gewinn m	profit	bénéfice m	—	beneficio m
utile contabile (I)	Buchgewinn m	book profit	bénéfice comptable m	—	beneficio contable m
utile dell'anno (I)	Jahresgewinn m	annual profits	bénéfice annuel m	—	beneficio del ejercicio m
utile d'impresa (I)	Unternehmensgewinn m	company profit	résultats m/pl	—	beneficio empresarial m
utile lordo (I)	Rohgewinn m	gross profit on sales	bénéfice brut m	—	ganancia bruta f
utile netto (I)	Reingewinn m	net profit	bénéfice net m	—	ganancia neta f
utilisation de la capacité (F)	Kapazitätsauslastung f	utilisation of capacity	—	sfruttamento delle capacità m	utilización plena de las capacidades f
utilisation of capacity (E)	Kapazitätsauslastung f	—	utilisation de la capacité f	sfruttamento delle capacità m	utilización plena de las capacidades f
utilização (P)	Nutzung f	use	mise à profit f	utilizzazione f	utilización f
utilização da capacidade (P)	Kapazitätsauslastung f	utilisation of capacity	utilisation de la capacité f	sfruttamento delle capacità m	utilización plena de las capacidades f
utilización (ES)	Nutzung f	use	mise à profit f	utilizzazione f	—
utilización plena de las capacidades (ES)	Kapazitätsauslastung f	utilisation of capacity	utilisation de la capacité f	sfruttamento delle capacità m	—
utilizzazione (I)	Nutzung f	use	mise à profit f	—	utilización f
utlandskapital (SV)	Auslandskapital n	foreign capital	capital étranger m	capitale estero m	capital extranjero m
utländsk arbetstagare (SV)	ausländische Arbeitnehmer f	foreign workers	travailleur étranger m	lavoratori stranieri m/pl	trabajadores extranjeros m
utlandskonto (SV)	Auslandskonto n	foreign account	compte d'étranger m	conto estero m	cuenta en el extranjero f
utlandskontor (SV)	Auslandsvertretung f	agency abroad	agence à l'étranger f	rappresentanza estera f	representación en el exterior f
utländskt tullområde (SV)	Zollausland n	countries outside the customs frontier	territoire hors du contrôle de la douane m	territorio doganale estero m	territorio aduanero exterior m
utlandskund (SV)	Auslandskunde m	foreign customer	client étranger m	cliente estero m	cliente extranjero m
utlandslån (SV)	Auslandsanleihe f	foreign loan	emprunt extérieur m	prestito estero m	empréstito exterior m
utlandsskuld (SV)	Auslandsschulden f/pl	foreign debts	dettes à l'étranger f/pl	debiti verso l'estero m/pl	deudas exteriores f/pl
utlandstillgångar (SV)	Auslandsvermögen f	foreign assets	avoirs à l'étranger m/pl	beni all'estero m	bienes en el extranjero m
utlandsverksamhet (SV)	Auslandsgeschäft n	foreign business	opération avec l'étranger f	affare con l'estero m	operación con el extranjero f
útlum nákladů (CZ)	Kostendämpfung f	combating rising costs	réduction des coûts f	contenimento dei costi m	disminución de costes f
utlysning av tjänst (SV)	Stellenausschreibung f	advertisement of a vacancy	mise au concours d'une place f	bando di concorso per impiegati m	convocatoria de oposiciones f

utlysning av tjänst

P	NL	SV	PL	CZ	H
substituível	substitueerbaar	—	zastępowalny	nahraditelný	helyettesíthető
fungibilidade f	fungibiliteit f	—	zamienność towaru f	fungibilita f	helyettesíthetőség
rua f	straat f	gata	ulica f	ulice f	—
dívidas a cobrar f/pl	uitstaande vorderingen f/pl	—	należności f/pl	nedoplatky m/pl	kinnlevőségek
venda de fim de estação f	opruiming f	—	wyprzedaż sezonowa f	sezónní výprodej m	szezonvégi kiárusítás
balanço final m	slotbalans f	—	bilans końcowy m	konečná rozvaha f	zárómérleg
saída de mercadorias f	uitgaande goederen n/pl	—	rozchód towarów m	odchod zboží m	kimenő áru
despesas f/pl	uitgaven pl	—	nakład m	náklad m	ráfordítás
despesas f/pl	onkosten m/pl	—	wydatki m/pl	výdaje m/pl	kiadások
centro de custos m	kostenplaats f	—	miejsce powstawania kosztów n	oddělení nákladů n	költséghely
lucro m	winst f	vinst	zysk m	zisk m	nyereség
lucro contabilístico m	boekwinst f	bokvinst	zysk księgowy m	účetní zisk m	könyv szerinti nyereség
lucro do exercício m	jaarwinst f	årsvinst	zysk roczny m	roční zisk m	éves nyereség
lucro da empresa m	bedrijfswinst f	företagsvinst	zysk przedsiębiorstwa m	zisk z podnikání m	vállalati nyereség
lucro bruto m	brutowinst f	bruttoöverskott	zysk brutto m	hrubý zisk m	bruttó nyereség
lucro líquido m	nettowinst f	nettovinst	czysty zysk m	čistý zisk m	adózott nyereség
utilização da capacidade f	capaciteitsbenutting f	kapacitetsutnyttjande	wykorzystanie zdolności produkcyjnej n	vytížení kapacity n	kapacitáskihasználás
utilização da capacidade f	capaciteitsbenutting f	kapacitetsutnyttjande	wykorzystanie zdolności produkcyjnej n	vytížení kapacity n	kapacitáskihasználás
—	genot n	användning	użytkowanie n	využití n	használat
—	capaciteitsbenutting f	kapacitetsutnyttjande	wykorzystanie zdolności produkcyjnej n	vytížení kapacity n	kapacitáskihasználás
utilização f	genot n	användning	użytkowanie n	využití n	használat
utilização da capacidade f	capaciteitsbenutting f	kapacitetsutnyttjande	wykorzystanie zdolności produkcyjnej n	vytížení kapacity n	kapacitáskihasználás
utilização f	genot n	användning	użytkowanie n	využití n	használat
capital estrangeiro m	buitenlands kapitaal n	—	kapitał zagraniczny m	zahraniční kapitál m	külföldi tőke
trabalhador estrangeiro m	gastarbeider m	—	pracownicy cudzoziemscy m/pl	zahraniční zaměstnanci m/pl	külföldi munkavállaló
conta no exterior f	buitenlandse rekening f	—	konto zagraniczne n	zahraniční účet m	külföldi számla
representação no exterior f	agentschap in het buitenland n	—	przedstawicielstwo zagraniczne n	zahraniční zastoupení n	külföldi képviselet
território aduaneiro exterior m	gebied buiten de (eigen) douanegrenzen n	—	zagranica celna f	celní cizina f	vámkülföld
cliente estrangeiro m	klant in het buitenland m	—	klient zagraniczny m	zahraniční zákazník m	külföldi vevő
empréstimo estrangeiro m	buitenlandse lening f	—	pożyczka zagraniczna f	zahraniční půjčka f	külföldi kötvénykibocsátás
dívidas externas f/pl	schulden in het buitenland f/pl	—	zadłużenie za granicą n	zahraniční dluhy m/pl	külföldi tartozások
bens no exterior m/pl	buitenlands vermogen n	—	majątek zagraniczny m	zahraniční jmění n	külföldi vagyon
negócio com o estrangeiro m	zaken met het buitenland f/pl	—	transakcja zagraniczna f	zahraniční obchod m	külföldi ügylet
contenção de custos f	kostenbesparing f	kostnadsdämpning	redukcja wzrostu kosztów f	—	költségcsökkentés
aviso de vaga para um emprego m	oproepen van sollicitanten voor een betrekking n	—	przetarg o stanowisko pracy m	konkurs na místo n	állás meghirdetése

utmätning

	D	E	F	I	ES
utmätning (SV)	Pfändung f	seizure	saisie f	pignoramento m	pignoración f
utmätningsman (SV)	Gerichtsvollzieher m	bailiff	huissier de justice m	ufficiale giudiziario m	ejecutor judicial m
utomhusannonsering (SV)	Außenwerbung f	outdoor advertising	publicité extérieure f	pubblicità all'aperto f	publicidad al aire libre f
utracona przesyłka (PL)	verlorengegangene Sendung f	lost shipment	envoi perdu m	spedizione andata persa f	envío perdido m
utrata wartości (PL)	Wertverfall m	loss of value	dévalorisation f	deprezzamento m	depreciación f
utrikeshandel (SV)	Außenhandel m	foreign trade	commerce extérieur m	commercio estero m	comercio exterior m
utrymning (SV)	Räumung f	evacuation	évacuation f	evacuazione f	desalojamiento m
utrzymywanie zapasów (PL)	Vorratshaltung f	stockpiling	stockage m	gestione delle scorte f	formación de stocks f
utsaga under ed (SV)	beeidigte Erklärung f	sworn statement	déclaration sous serment f	dichiarazione giurata f	declaración jurada f
utskeppning (SV)	Verschiffung f	shipment	embarquement m	imbarco m	embarque m
utställning (SV)	Ausstellung f	exhibition	exposition f	esposizione f	exhibición f
utveckling (SV)	Entwicklung f	development	développement m	sviluppo m	desarrollo m
utvecklingskostnader (SV)	Entwicklungskosten pl	development costs	coûts de développement m/pl	costi di sviluppo m/pl	gastos de desarrollo m/pl
utvecklingsland (SV)	Entwicklungsland n	developing country	pays en voie de développement m	paese in via di sviluppo m	país en vías de desarrollo m
uurloon (NL)	Stundenlohn m	hourly wage	salaire horaire m	salario ad ora m	salario-hora m
úvěr (CZ)	Kredit m	loan	crédit m	credito m	crédito m
uveřejnění (CZ)	Veröffentlichung f	publication	publication f	pubblicazione f	publicación f
úvěr na zboží (CZ)	Warenkredit m	trade credit	avance sur marchandises f	credito su merci m	crédito comercial m
úvěrová banka (CZ)	Kreditbank f	credit bank	banque de crédit f	banca di credito f	banco de crédito m
úvěrová karta (CZ)	Kreditkarte n	credit card	carte accréditive f	carta di credito f	tarjeta de crédito f
úvěrová operace (CZ)	Kreditgeschäft n	credit business	achat à crédit m	operazione di credito f	operaciones de crédito f/pl
úvěrová schopnost (CZ)	Kreditfähigkeit f	financial standing	solvabilité f	capacità creditizia f	crédito m
úvěrový limit (CZ)	Kreditlimit n	borrowing limit	plafond du crédit alloué m	limite di credito m	límite de crédito m
úvěrový list (CZ)	Kreditbrief m	letter of credit	lettre de crédit f	lettera di credito f	carta de crédito f
úvěrový ústav (CZ)	Kreditinstitut n	credit institution	établissement de crédit m	istituto di credito m	instituto de crédito m
úvěr s měnící se úrokovou sazbou (CZ)	Roll-over-Kredit m	roll-over credit	crédit à taux révisable m	credito roll-over m	crédito roll over m
úvěr v hotovosti (CZ)	Barkredit m	cash credit	crédit de caisse m	credito per cassa m	crédito en efectivo m
uvést na trh (CZ)	vermarkten	market	commercialiser	lanciare sul mercato	comercializar
uwierzytelnienie (PL)	Beglaubigung f	authentication	légalisation f	autentica f	legalización f
uzavírací kurs (CZ)	Schlußkurs m	closing price	dernier cours m	quotazione di chiusura f	cotización final f
uzavření obchodu (CZ)	Geschäftsabschluß m	conclusion of a deal	conclusion d'une affaire f	conclusione di un affare f	conclusión de un negocio f
uzavření obchodu (CZ)	Verkaufsabschluß m	sales contract	contrat de vente m	conclusione di vendita f	conclusión de la venta f
uzavření smlouvy (CZ)	Vertragsabschluß m	conclusion of a contract	conclusion du contrat f	stipulazione del contratto f	conclusión de un contrato f
üzem (H)	Betrieb m	factory	entreprise f	azienda f	fábrica f
üzemelési engedély (H)	Betriebserlaubnis f	operating permit	droit d'exploitation m	licenza d'esercizio f	autorización de funcionamiento f
üzemgazdaságtan (H)	Betriebswirtschaftslehre f	business administration	sciences de gestion f/pl	economia aziendale f	teoría de la empresa f
üzemi kiadások (H)	Betriebsausgaben f/pl	operating expenses	charges d'exploitation f/pl	spese di esercizio f/pl	gastos de explotación m/pl
üzemi rendészet (H)	Werkschutz m	works protection force	corps de sécurité d'entreprise m	servizio di sorveglianza aziendale m	policía de la empresa f
üzemi titok (H)	Betriebsgeheimnis n	trade secret	secret d'entreprise m	segreto aziendale m	secreto empresarial m
uzgadniać (PL)	vereinbaren	agree	convenir de	pattuire	convenir

uzgadniać

P	NL	SV	PL	CZ	H
penhora f	beslaglegging f	—	zajęcie n	zabavení n	lefoglalás
oficial de justiça m	gerechtsdeurwaarder m	—	komornik m	soudní vykonavatel m	bírósági végrehajtó
publicidade externa f	buitenreclame f/m	—	reklama zewnętrzna f	reklama f	szabadtéri reklám
carregamento perdido m	verloren zending f	förlorad leverans	—	ztracená zásilka f	elveszett küldemény
depreciação f	waardevermindering f	värdeförlust	—	ztráta hodnoty f	értékvesztés
comércio exterior m	buitenlandse handel m	—	handel zagraniczny m	zahraniční obchod m	külkereskedelem
evacuação f	ontruiming f	—	likwidacja f	vyklizení n	kiürítés
manutenção de estoques f	in voorraad houden n	lagerhållning	—	udržování zásob n	készletgazdálkodás
declaração sob juramento f	beëdigde verklaring f	—	oświadczenie pod przysięgą n	přísežné prohlášení n	eskü alatt tett nyilatkozat
embarque m	verscheping f	—	wysyłka statkiem f	nakládka na loď f	elszállítás
exposição f	tentoonstelling f	—	wystawa	výstava f	kiállítás
desenvolvimento m	ontwikkeling f	—	rozwój m	vývoj m	fejlesztés
custos de desenvolvimento m/pl	ontwikkelingskosten m/pl	—	koszty rozwojowe m/pl	náklady na rozvoj m/pl	fejlesztési költségek
país em vias de desenvolvimento m	ontwikkelingsland n	—	kraj rozwijający się m	rozvojová země f	fejlődő ország
salário-hora m	—	timlön	płaca godzinowa f	hodinová mzda f	órabér
crédito m	krediet n	kredit	kredyt m	—	hitel
publicação f	publicatie f	publicering	publikacja f	—	közzététel
crédito comercial m	handelskrediet n	leverantörkredit	kredyt towarowy m	—	áruhitel
banco de crédito m	kredietbank f/m	affärsbank	bank kredytowy m	—	hitelbank
cartão de crédito m	kredietkaart f	kreditkort	karta kredytowa f	—	hitelkártya
operação de crédito f	krediettransactie f	kreditaffär	transakcja kredytowa f	—	hitelügylet
capacidade de crédito f	kredietwaardigheid f	solvens	zdolność kredytowa f	—	hitelképesség
limite de crédito m	kredietlimiet f	kreditgräns	limit kredytowy m	—	hitelkeret
carta de crédito f	kredietbrief f	kreditiv	akredytywa f	—	hitellevél
instituição de crédito f	kredietinstelling f	kreditinstitut	instytucja kredytowa f	—	hitelintézet
crédito roll-over m	roll-over krediet n	roll-over-kredit	kredyt roll-over m	—	változó kamatozású hitel
crédito a dinheiro m	contant krediet n	kassakredit	kredyt gotówkowy m	—	készpénzhitel
comercializar	commercialiseren	marknadsföra	uplasować na rynku	—	értékesít
autenticação f	legalisatie f	bevittnande	—	ověření n	hitelesítés
cotação final f	slotkoers m	sista kurs	dzienny giełdowy kurs zamykający m	—	záró árfolyam
conclusão de um negócio f	transactie f	affärsuppgörelse	transakcja handlowa f	—	üzletkötés
conclusão da venda f	verkoopcontract n	säljavtal	kontrakt sprzedażny m	—	adásvételi szerződés
conclusão de um contrato f	sluiten van een overeenkomst n	avtalsskrivning	zawarcie umowy n	—	szerződéskötés
fábrica f	bedrijf n	rörelse	przedsiębiorstwo n	podnik m	—
autorização de funcionamento f	bedrijfsvergunning f	driftstillstånd	zezwolenie na eksploatację f	provozní povolení n	—
ciência da administração de empresas f	bedrijfseconomie f	företagsekonomi	gospodarka przedsiębiorstw f	nauka o podnikovém hospodářství f	—
gastos de exploração m/pl	bedrijfsuitgaven f/pl	rörelseomkostnader pl	wydatki na eksploatację m/pl	podnikové výdaje m/pl	—
corpo de segurança da empresa m	veiligheidsdienst m	arbetsskydd	straż zakładowa f	ochrana závodu f	—
sigilo comercial m	fabrieksgeheim n	affärshemlighet	tajemnica zakładowa f	výrobní tajemství n	—
acordar	overeenkomen	enas om	—	dohodnout	megállapodik

uživatel franšízy

	D	E	F	I	ES
uživatel franšízy (CZ)	Franchisenehmer m	franchisee	concessionnaire m	concessionario m	concesionario m
üzlet (H)	Geschäft n	business	affaire f	negozio m	negocio m
üzleti év (H)	Geschäftsjahr n	financial year	exercice m	esercizio commerciale m	ejercicio m
üzleti jelentés (H)	Geschäftsbericht m	business report	rapport de gestion m	relazione di bilancio f	informe m
üzleti kapcsolat (H)	Geschäftsbeziehung f	business connections	relations commerciales f/pl	rapporti d'affari m/pl	relaciones comerciales f/pl
üzleti kapcsolat (H)	Geschäftsverbindung f	business relations	relation d'affaires f	relazione d'affari f	relación comercial f
üzleti könyvek (H)	Geschäftsbücher n/pl	account books and balance-sheets	livres de commerce m/pl	libri contabili m/pl	libros de contabilidad m/pl
üzleti partner (H)	Geschäftspartner f	business partner	associé m	socio m	socio m
üzletkötés (H)	Geschäftsabschluß m	conclusion of a deal	conclusion d'une affaire f	conclusione di un affare f	conclusión de un negocio f
üzletrész (H)	Geschäftsanteil m	share	part sociale f	quota sociale f	participación f
üzlettárs (H)	Gesellschafter m	partner	associé m	socio m	socio m
uzsora (H)	Wucher m	usury	usure f	usura f	usura f
uzysk ze sprzedaży (PL)	Verkaufserlös m	sale proceeds	produit des ventes m	ricavo delle vendite m	producto de la venta m
użytkowanie (PL)	Nutzung f	use	mise à profit f	utilizzazione f	utilización f
vacaciones (ES)	Urlaub m	leave	vacances f/pl	vacanze f/pl	—
vacaciones de la empresa (ES)	Betriebsferien f	annual holiday	clôture annuelle de l'établissement f	ferie aziendali f/pl	—
vacaciones no pagadas (ES)	unbezahlter Urlaub m	unpaid vacation	congé non payé m	ferie non pagate f/pl	—
vacances (F)	Urlaub m	leave	—	vacanze f/pl	vacaciones f/pl
vacanze (I)	Urlaub m	leave	vacances f/pl	—	vacaciones f/pl
vacío del mercado (ES)	Marktlücke f	market gap	créneau du marché m	nicchia di mercato f	—
vacuumförpackat (SV)	eingeschweißt	shrink-wrapped	scellé	saldato	soldado
vagão franco (P)	frei Waggon	free on rail	franco sur wagon	franco vagone	franco vagón
vaglia postale (I)	Postanweisung f	postal order	mandat-poste m	—	vale postal m
vägra godkänna en leverans (SV)	Annahmeverweigerung f	refusal of delivery	refus d'acceptation m	rifiuto d'accettazione m	rehuso de aceptación m
vagyon (H)	Vermögen n	property	patrimoine m	patrimonio m	patrimonio m
vagyonadó (H)	Realsteuern f/pl	tax on real estate	impôt réel m	imposte reali f/pl	impuestos reales m/pl
vakantie (NL)	Urlaub m	leave	vacances f/pl	vacanze f/pl	vacaciones f/pl
vakantiegeld (NL)	Urlaubsgeld n	holiday allowance	prime de vacances f	indennità di ferie f	prima de vacaciones f
vakbond (NL)	Gewerkschaft f	trade union	syndicat m	sindacato m	sindicato m
vakman (NL)	Fachmann m	expert	expert m	perito m	especialista m/f
válasz (H)	Antwort f	reply	réponse f	risposta f	respuesta f
választék (H)	Sortiment n	assortment	assortissement m	assortimento m	surtido m
val av etableringsort (SV)	Standortwahl f	choice of location	choix du lieu d'implantation m	scelta dell'ubicazione f	elección de la ubicación f
vale de correio (P)	Zahlkarte f	Giro inpayment form	mandat-carte m	modulo di versamento m	carta de pago f
vale postal (ES)	Postanweisung f	postal order	mandat-poste m	vaglia postale m	—
vale postal (P)	Postanweisung f	postal order	mandat-poste m	vaglia postale m	vale postal m
vale postal (P)	Postgiro n	postal giro	virement postal m	postagiro m	giro postal m
valeur (F)	Wert m	value	—	valore m	valor m
valeur ajoutée (F)	Mehrwert m	value added	—	valore aggiunto m	plusvalía f
valeur à une certaine date (F)	Zeitwert m	current market value	—	valore corrente m	valor actual m
valeur comptable (F)	Buchwert m	book value	—	valore contabile m	valor contable m

valeur comptable

P	NL	SV	PL	CZ	H
concessionário m	franchisenemer m	franchisetagare	franszyzobiorca m	—	névhasználó
negócio m	zaak f	affär	interes m	obchod m	—
exercício comercial m	boekjaar n	verksamhetsår	rok gospodarczy m	obchodní rok m	—
relatório comercial m	beheersverslag n	affärsrapport	sprawozdanie z działalności przedsiębiorstwa n	obchodní zpráva f	—
relações comerciais f/pl	zakenrelatie f	affärskontakter pl	stosunki handlowe m/pl	obchodní styk m	—
relaçao comercial f	zakenrelatie f	affärsförbindelse	stosunki handlowe m/pl	obchodní spojení n	—
livros de contabilidade m/pl	handelsboeken n/pl	bokföring	księgi handlowe f/pl	obchodní knihy f/pl	—
sócio m	handelspartner m	affärspartner	kontrahent m	obchodní partner m	—
conclusão de um negócio f	transactie f	affärsuppgörelse	transakcja handlowa f	uzavření obchodu n	—
participação no negócio f	aandeel in een vennootschap n	affärsandel	udział w przedsiębiorstwie m	podíl na obchodu m	—
sócio m	vennoot m	partner	wspólnik m	společník m	—
usura f	woeker m	ocker	lichwa f	lichva f	—
produto das vendas m	opbrengst van een verkoop f	försäljningsintäkter pl	—	tržba z prodeje f	értékesítési árbevétel
utilização f	genot n	användning	—	využití n	használat
férias f/pl	vakantie f	semester	urlop m	dovolená f	szabadság
férias anuais da empresa f/pl	jaarlijkse vakantie f	industrisemester	przerwa urlopowa f	podnikové prázdniny pl	vállalati szabadságolási időszak
férias não pagas f/pl	verlof zonder wedde n	obetald semester	urlop bezpłatny m	neplacená dovolená f	fizetés nélküli szabadság
férias f/pl	vakantie f	semester	urlop m	dovolená f	szabadság
férias f/pl	vakantie f	semester	urlop m	dovolená f	szabadság
lacuna do mercado f	gat in de markt n	marknadsnisch	luka rynkowa f	mezera na trhu f	piaci rés
soldado	in folie verpakt	—	zaspawany	přivařený	lehegesztett
—	franco wagon	fritt järnvägsvagn	franco wagon	vyplaceně do vagonu	költségmentesen vagonba rakva
vale postal m	postwissel m	postanvisning	przekaz pocztowy m	poštovní poukázka f	postautalvány
recusa de aceitação f	weigering van acceptatie f	—	odmowa przyjęcia f	odepření přijetí n	átvétel megtagadása
património m	vermogen n	förmögenhet	majątek m	majetek m	—
impostos reais m/pl	zakelijke belastingen f/pl	skatt på fast egendom	podatki majątkowe m/pl	reálné daně f/pl	—
férias f/pl	—	semester	urlop m	dovolená f	szabadság
subsídio de férias m	—	semesterlön	płaca za czas urlopu f	příplatek na financování dovolené m	szabadságpénz
sindicato m	—	fackförening	związek zawodowy m	odbory m/pl	szakszervezet
especialista m	—	specialist	specjalista m	odborník m	szakember
resposta f	antwoord n	svar	odpowiedź f	odpověď f	—
sortimento m	assortiment n	sortiment	asortyment m	sortiment m	—
escolha de localização f	keuze van vestigingsplaats f	—	wybór lokalizacji m	volba stanoviště f	helyszín kiválasztása
—	stortingsformulier n	postanvisning	blankiet na przekaz pieniężny m	poštovní poukázka f	pénzesutalvány
vale postal m	postwissel m	postanvisning	przekaz pocztowy m	poštovní poukázka f	postautalvány
—	postwissel m	postanvisning	przekaz pocztowy m	poštovní poukázka f	postautalvány
—	postgiro m	postgiro	pocztowe konto bieżące n	postžiro n	postai zsíróátutalás
valor m	waarde f	värde	wartość f	hodnota f	érték
mais-valia f	meerwaarde f	mervärde	wartość dodana f	nadhodnota f	értéktöbblet
valor actual m	dagwaarde f	dagsvärde	wartość aktualna f	denní hodnota f	aktuális piaci érték
valor contabilístico m	boekwaarde f	bokfört värde	wartość księgowa f	cena podle obchodních knih f	könyv szerinti érték

valeur d'acquisition

	D	E	F	I	ES
valeur d'acquisition (F)	Anschaffungswert f	acquisition value	—	valore d'acquisto m	valor de adquisición m
valeur de production (F)	Produktionswert m	production value	—	valore produttivo m	valor de la producción m
valeur de remplacement (F)	Substanzwert m	real value	—	valore sostanziale m	valor sustancial m
valeur de taxation (F)	Taxwert m	estimated value	—	valore stimato m	valor de tasación m
valeur du jour (F)	Tageswert m	current value	—	valore del giorno m	valor del día m
valeur en capital (F)	Kapitalwert m	capital value	—	valore capitalizzato m	valor capitalizado m
valeur estimée (F)	Schätzwert m	estimated value	—	valore stimato m	estimación f
valeur marginale (F)	Grenzwert f	limiting value	—	valore limite m	valor límite m
valeur marginale (F)	Marginalwert m	marginal value	—	valore marginale m	valor marginal m
valeur matérielle (F)	Sachwert m	real value	—	valore reale m	valor real m
valeur nominale (F)	Nennwert m	nominal value	—	valore nominale m	valor nominal m
valeur partielle (F)	Teilwert m	partial value	—	valore parziale m	valor parcial m
valeur résiduelle (F)	Restwert m	net book value	—	valore residuo m	valor residual m
valeurs de placement (F)	Anlagepapiere n/pl	investment securities	—	titoli d'investimento m/pl	valores de inversión m/pl
valeurs immobilisées (F)	Anlagegüter n/pl	capital goods	—	beni d'investimento m/pl	bienes de inversión m/pl
valeurs immobilisées (F)	Anlagevermögen n	fixed assets	—	attivo fisso m	activo fijo m
valeurs mobilières (F)	Effekten f/pl	securities	—	titoli m/pl	efectos m/pl
valioso (P)	wertvoll	valuable	précieux	prezioso	precioso
vállalat (H)	Unternehmen n	business	entreprise f	impresa f	empresario m
vállalategyesülés (H)	Fusion f	merger	fusion f	fusione f	fusión f
vállalati gépkocsi (H)	Firmenwagen m	company car	véhicule de service m	macchina aziendale f	coche de empresa m
vállalati kultúra (H)	Unternehmenskultur f	corporate culture	culture d'entreprise f	cultura imprenditoriale f	cultura empresarial f
vállalati nyereség (H)	Unternehmensgewinn m	company profit	résultats m/pl	utile d'impresa m	beneficio empresarial m
vállalati stratégia (H)	Unternehmensstrategie f	corporate strategy	stratégie de l'entreprise f	strategia imprenditoriale f	estrategia empresarial f
vállalati szabadságolási időszak (H)	Betriebsferien f	annual holiday	clôture annuelle de l'établissement f	ferie aziendali f/pl	vacaciones de la empresa f/pl
vállalati számla (H)	Firmenkonto n	company account	compte de l'entreprise m	conto intestato ad una ditta m	cuenta de la empresa f
vállalatvásárlás (H)	Geschäftsübernahme f	takeover of a business	reprise d'une affaire f	rilievo di un'azienda m	adquisición de una empresa f
vállalatvezetés (H)	Geschäftsleitung f	management	direction de l'entreprise f	direzione f	dirección f
vállalatvezetési tanácsadó (H)	Unternehmensberater	business consultant	conseiller d'entreprise f	consulente d'impresa f	asesor de empresas m
vállalkozás alapítása (H)	Geschäftseröffnung f	opening of a business	ouverture d'une affaire f	apertura di un negozio f	apertura de un negocio f
valná hromada společníků (CZ)	Gesellschafterversammlung f	meeting of shareholders	assemblée des associés f	assemblea dei soci f	junta social f
valor (ES)	Wert m	value	valeur f	valore m	—
valor (ES)	Wertpapier n	security	titre m	titolo m	—
valor (P)	Wert m	value	valeur f	valore m	valor m
valoración (ES)	Bewertung f	valuation	valorisation f	valutazione f	—
valor actual (ES)	Zeitwert m	current market value	valeur à une certaine date f	valore corrente m	—
valor actual (P)	Zeitwert m	current market value	valeur à une certaine date f	valore corrente m	valor actual m
valor adicionado (P)	Wertschöpfung f	net product	création de valeurs f	valore aggiunto m	creación de valor f

valor adicionado

P	NL	SV	PL	CZ	H
valor de aquisição m	aankoopwaarde f	anskaffningsvärde	wartość nabycia f	pořizovací hodnota f	beszerzési érték
valor da produção m	totale productiekosten m/pl	produktionsvärde	wartość produkcji f	výrobní hodnota f	termelési érték
valor substancial m	werkelijke waarde f	realvärde	wartość substancji f	hodnota substance f	nettó vagyonérték
valor estimado m	taxatiewaarde f	taxeringsvärde	wartość szacunkowa f	odhadní cena f	becsült érték
valor do dia m	dagwaarde f	dagskurs	oferta dnia f	denní hodnota f	folyó érték
valor do capital m	kapitaalwaarde f	kapitalvärde	wartość kapitałowa f	kapitalizovaná hodnota f	tőkeérték
valor estimado m	geschatte waarde f	taxeringsvärde	wartość szacunkowa f	odhadní hodnota f	becsült érték
valor limite m	grenswaarde f	gränsvärde	wartość graniczna f	mezní hodnota f	határérték
valor marginal m	marginale waarde f	marginalvärde	wartość marginesowa f	přidaná hodnota f	határérték
valor real m	werkelijke waarde f	realvärde	wartość trwała f	věcná hodnota f	dologi érték
valor nominal m	waarde a pari f	nominellt värde	wartość nominalan f	nominální hodnota f	névérték
valor parcial m	gedeeltelijke waarde f	delvärde	wartość częściowa f	dílčí hodnota f	részleges érték
valor residual m	restwaarde f	restvärde	pozostała wartość do amortyzacji f	zůstatková hodnota f	maradványérték
títulos de investimento m/pl	beleggingswaarden f/pl	värdepapper	papiery wartościowe m/pl	dlouhodobé finanční investice f/pl	befektetési értékpapírok
bens de investimento m/pl	investeringsgoederen n/pl	producentkapitalvaror	środki trwałe m/pl	investiční zboží n/pl	beruházási javak
imobilizado m	vastliggende middelen n/pl	fasta tillgångar pl	majątek trwały m	investiční kapitál m	állóeszközök
títulos m/pl	effecten n/pl	värdepapper pl	papiery wartościowe m/pl	cenné papíry m/pl	értékpapírok
—	waardevol	värdefull	wartościowy	cenný	értékes
empresa f	bedrijf n	företag	przedsiębiorstwo n	podnik m	—
fusão f	fusie f	fusion	fuzja f	fúze f	—
carro da empresa m	auto van de zaak m	firmabil	samochód firmowy m	firemní vůz m	—
cultura empresarial f	bedrijfscultuur f	företagskultur	kultura przedsiębiorczości f	kultura podnikání f	—
lucro da empresa m	bedrijfswinst f	företagsvinst	zysk przedsiębiorstwa m	zisk z podnikání m	—
estratégia empresarial f	bedrijfsstrategie f	företagsstrategi	strategia przedsiębiorstwa	strategie podnikání f	—
férias anuais da empresa f/pl	jaarlijkse vakantie f	industrisemester	przerwa urlopowa f	podnikové prázdniny pl	—
conta da empresa f	bedrijfsrekening f	företagskonto	konto firmowe n	firemní účet m	—
aquisição de uma empresa f	overname van een zaak f	företagsövertagande	przejęcie firmy n	přejímka obchodu f	—
direcção f	directie f	företagsledning	kierownictwo n	vedení podniku n	—
consultor de empresas m	bedrijfsadviseur m	företagskonsult	doradca przedsiębiorstwa m	podnikový poradce m	—
inauguração de uma empresa f	opening van een zaak f	butiksinvigning	założenie interesu n	zahájení obchodu n	—
assembleia geral dos accionistas f	aandeelhoudersvergadering f	bolagsstämma	zgromadzenie wspólników n	—	taggyűlés
valor m	waarde f	värde	wartość f	hodnota f	érték
título m	waardepapier n	värdepapper	papier wartościowy m	cenný papír m	értékpapír
—	waarde f	värde	wartość f	hodnota f	érték
avaliação f	schatting f	värdering	ocena f	ohodnocení n	értékelés
valor actual m	dagwaarde f	dagsvärde	wartość aktualna f	denní hodnota f	aktuális piaci érték
—	dagwaarde f	dagsvärde	wartość aktualna f	denní hodnota f	aktuális piaci érték
—	toegevoegde waarde f	mervärde	kreacja wartości dodanej f	tvorba hodnot f	értéknövelés

valor capitalizado

	D	E	F	I	ES
valor capitalizado (ES)	Kapitalwert m	capital value	valeur en capital f	valore capitalizzato m	—
valor contabilístico (P)	Buchwert m	book value	valeur comptable f	valore contabile m	valor contable m
valor contable (ES)	Buchwert m	book value	valeur comptable f	valore contabile m	—
valor da produção (P)	Produktionswert m	production value	valeur de production f	valore produttivo m	valor de la producción m
valor de adquisición (ES)	Anschaffungswert f	acquisition value	valeur d'acquisition f	valore d'acquisto m	—
valor de aquisição (P)	Anschaffungswert f	acquisition value	valeur d'acquisition f	valore d'acquisto m	valor de adquisición m
valor de la producción (ES)	Produktionswert m	production value	valeur de production f	valore produttivo m	—
valor del día (ES)	Tageswert m	current value	valeur du jour f	valore del giorno m	—
valor de tasación (ES)	Taxwert m	estimated value	valeur de taxation f	valore stimato m	—
valor do capital (P)	Kapitalwert m	capital value	valeur en capital f	valore capitalizzato m	valor capitalizado m
valor do dia (P)	Tageswert m	current value	valeur du jour f	valore del giorno m	valor del día m
valore (I)	Wert m	value	valeur f	—	valor m
valore aggiunto (I)	Mehrwert m	value added	valeur ajoutée f	—	plusvalía f
valore aggiunto (I)	Wertschöpfung f	net product	création de valeurs f	—	creación de valor f
valore capitalizzato (I)	Kapitalwert m	capital value	valeur en capital f	—	valor capitalizado m
valore contabile (I)	Buchwert m	book value	valeur comptable f	—	valor contable m
valore corrente (I)	Zeitwert m	current market value	valeur à une certaine date f	—	valor actual m
valore d'acquisto (I)	Anscháffungswert f	acquisition value	valeur d'acquisition f	—	valor de adquisición m
valore del giorno (I)	Tageswert m	current value	valeur du jour f	—	valor del día m
valore limite (I)	Grenzwert f	limiting value	valeur marginale f	—	valor límite m
valore marginale (I)	Marginalwert m	marginal value	valeur marginale f	—	valor marginal m
valore nominale (I)	Nennwert m	nominal value	valeur nominale f	—	valor nominal m
valore parziale (I)	Teilwert m	partial value	valeur partielle f	—	valor parcial m
valore produttivo (I)	Produktionswert m	production value	valeur de production f	—	valor de la producción m
valore reale (I)	Sachwert m	real value	valeur matérielle f	—	valor real m
valore residuo (I)	Restwert m	net book value	valeur résiduelle f	—	valor residual m
valores a vermelho (P)	rote Zahlen f/pl	the red	chiffres déficitaires m/pl	conti in rosso m/pl	números rojos m/pl
valores de inversión (ES)	Anlagepapiere n/pl	investment securities	valeurs de placement f/pl	titoli d'investimento m/pl	—
valores estimados (P)	Sollzahlen f/pl	target figures	chiffres prévisionnels m/pl	cifre calcolate f/pl	cifras estimadas f/pl
valore sostanziale (I)	Substanzwert m	real value	valeur de remplacement f	—	valor sustancial m
valor estimado (P)	Schätzwert m	estimated value	valeur estimée f	valore stimato m	estimación f
valor estimado (P)	Taxwert m	estimated value	valeur de taxation f	valore stimato m	valor de tasación m
valore stimato (I)	Schätzwert m	estimated value	valeur estimée f	—	estimación f
valore stimato (I)	Taxwert m	estimated value	valeur de taxation f	—	valor de tasación m
valorisation (F)	Bewertung f	valuation	—	valutazione f	valoración f
valorizációs záradék (H)	Indexklausel f	index clause	clause d'indexation f	clausola indice f	cláusula de índice variable f
valor limite (P)	Grenzwert f	limiting value	valeur marginale f	valore limite m	valor límite m
valor límite (ES)	Grenzwert f	limiting value	valeur marginale f	valore limite m	—

valor límite

P	NL	SV	PL	CZ	H
valor do capital m	kapitaalwaarde f	kapitalvärde	wartość kapitałowa f	kapitalizovaná hodnota f	tőkeérték
—	boekwaarde f	bokfört värde	wartość księgowa f	cena podle obchodních knih f	könyv szerinti érték
valor contabilístico m	boekwaarde f	bokfört värde	wartość księgowa f	cena podle obchodních knih f	könyv szerinti érték
—	totale productiekosten m/pl	produktionsvärde	wartość produkcji f	výrobní hodnota f	termelési érték
valor de aquisição m	aankoopwaarde f	anskaffningsvärde	wartość nabycia f	pořizovací hodnota f	beszerzési érték
—	aankoopwaarde f	anskaffningsvärde	wartość nabycia f	pořizovací hodnota f	beszerzési érték
valor da produção m	totale productiekosten m/pl	produktionsvärde	wartość produkcji f	výrobní hodnota f	termelési érték
valor do dia m	dagwaarde f	dagskurs	oferta dnia f	denní hodnota f	folyó érték
valor estimado m	taxatiewaarde f	taxeringsvärde	wartość szacunkowa f	odhadní cena f	becsült érték
—	kapitaalwaarde f	kapitalvärde	wartość kapitałowa f	kapitalizovaná hodnota f	tőkeérték
—	dagwaarde f	dagskurs	oferta dnia f	denní hodnota f	folyó érték
valor m	waarde f	värde	wartość f	hodnota f	érték
mais-valia f	meerwaarde f	mervärde	wartość dodana f	nadhodnota f	értéktöbblet
valor adicionado m	toegevoegde waarde f	mervärde	kreacja wartości dodanej f	tvorba hodnot f	értéknövelés
valor do capital m	kapitaalwaarde f	kapitalvärde	wartość kapitałowa f	kapitalizovaná hodnota f	tőkeérték
valor contabilístico m	boekwaarde f	bokfört värde	wartość księgowa f	cena podle obchodních knih f	könyv szerinti érték
valor actual m	dagwaarde f	dagsvärde	wartość aktualna f	denní hodnota f	aktuális piaci érték
valor de aquisição m	aankoopwaarde f	anskaffningsvärde	wartość nabycia f	pořizovací hodnota f	beszerzési érték
valor do dia m	dagwaarde f	dagskurs	oferta dnia f	denní hodnota f	folyó érték
valor limite m	grenswaarde f	gränsvärde	wartość graniczna f	mezní hodnota f	határérték
valor marginal m	marginale waarde f	marginalvärde	wartość marginesowa f	přidaná hodnota f	határérték
valor nominal m	waarde a pari f	nominellt värde	wartość nominalan f	nominální hodnota f	névérték
valor parcial m	gedeeltelijke waarde f	delvärde	wartość częściowa f	dílčí hodnota f	részleges érték
valor da produção m	totale productiekosten m/pl	produktionsvärde	wartość produkcji f	výrobní hodnota f	termelési érték
valor real m	werkelijke waarde f	realvärde	wartość trwała f	věcná hodnota f	dologi érték
valor residual m	restwaarde f	restvärde	pozostała wartość do amortyzacji f	zůstatková hodnota f	maradványérték
—	rode cijfers n/pl	med förlust	straty f/pl	červená čísla n/pl	veszteség
títulos de investimento m/pl	beleggingswaarden f/pl	värdepapper	papiery wartościowe m/pl	dlouhodobé finanční investice f/pl	befektetési értékpapírok
—	streefcijfers n/pl	beräknade siffror pl	liczby zadane f/pl	plánovaná čísla n/pl	tervszámok
valor substancial m	werkelijke waarde f	realvärde	wartość substancji f	hodnota substance f	nettó vagyonérték
—	geschatte waarde f	taxeringsvärde	wartość szacunkowa f	odhadní hodnota f	becsült érték
—	taxatiewaarde f	taxeringsvärde	wartość szacunkowa f	odhadní cena f	becsült érték
valor estimado m	geschatte waarde f	taxeringsvärde	wartość szacunkowa f	odhadní hodnota f	becsült érték
valor estimado m	taxatiewaarde f	taxeringsvärde	wartość szacunkowa f	odhadní cena f	becsült érték
avaliação f	schatting f	värdering	ocena f	ohodnocení n	értékelés
cláusula de indexação f	indexclausule f	indexklausul	klauzula indeksowa f	indexová klauzule f	—
—	grenswaarde f	gränsvärde	wartość graniczna f	mezní hodnota f	határérték
valor limite m	grenswaarde f	gränsvärde	wartość graniczna f	mezní hodnota f	határérték

valor marginal

	D	E	F	I	ES
valor marginal (ES)	Marginalwert m	marginal value	valeur marginale f	valore marginale m	—
valor marginal (P)	Marginalwert m	marginal value	valeur marginale f	valore marginale m	valor marginal m
valor nominal (ES)	Nennwert m	nominal value	valeur nominale f	valore nominale m	—
valor nominal (P)	Nennwert m	nominal value	valeur nominale f	valore nominale m	valor nominal m
valor parcial (ES)	Teilwert m	partial value	valeur partielle f	valore parziale m	—
valor parcial (P)	Teilwert m	partial value	valeur partielle f	valore parziale m	valor parcial m
valor real (ES)	Sachwert m	real value	valeur matérielle f	valore reale m	—
valor real (P)	Sachwert m	real value	valeur matérielle f	valore reale m	valor real m
valor residual (ES)	Restwert m	net book value	valeur résiduelle f	valore residuo m	—
valor residual (P)	Restwert m	net book value	valeur résiduelle f	valore residuo m	valor residual m
valor substancial (P)	Substanzwert m	real value	valeur de remplacement f	valore sostanziale m	valor sustancial m
valor sustancial (ES)	Substanzwert m	real value	valeur de remplacement f	valore sostanziale m	—
válság (H)	Krise f	crisis	crise f	crisi f	crisis f
válságok által nem fenyegetett (H)	krisenfest	crisis-proof	insensible aux influences de la crise	resistente alla crisi	a prueba de crisis
valse cheque (NL)	gefälschter Scheck m	forged cheque	chèque falsifié m	assegno falsificato m	cheque falsificado m
välstånd (SV)	Wohlstand m	prosperity	prospérité f	benessere m	bienestar m
váltó (H)	Wechsel m	bill of exchange	lettre de change f	cambiale f	letra de cambio f
váltóhitel (H)	Akzeptkredit m	acceptance credit	crédit par acceptation m	credito d'accettazione m	crédito de aceptación m
váltóhitel (H)	Wechselkredit	acceptance credit	crédit d'escompte m	credito cambiario m	crédito cambiario m
váltóóvatolás (H)	Wechselprotest m	protest	protêt de traite m	protesto cambiario m	protesto de letra m
változó kamat (H)	variabler Zins m	variable rate of interest	intérêt variable m	tasso d'interesse variabile m	interés variable m
változó kamatozású hitel (H)	Roll-over-Kredit m	roll-over credit	crédit à taux révisable m	credito roll-over m	crédito roll over m
változó költségek (H)	variable Kosten pl	variable costs	coûts variables m/pl	costi variabili m/pl	gastos variables m/pl
valuable (E)	wertvoll	—	précieux	prezioso	precioso
valuation (E)	Bewertung f	—	valorisation f	valutazione f	valoración f
value (E)	Wert m	—	valeur f	valore m	valor m
value added (E)	Mehrwert m	—	valeur ajoutée f	valore aggiunto m	plusvalía f
value-added tax (E)	Mehrwertsteuer f	—	taxe à la valeur ajoutée f	imposta sul valore aggiunto f	impuesto sobre el valor añadido (IVA) m
valuta (SV)	Devisen f	foreign exchange	devises f/pl	divise f/pl	divisas f/pl
valuta (SV)	Währung f	currency	monnaie f	moneta f	moneda f
valuta (SV)	Sorten pl	foreign notes and coins	genres m/pl	valute estere f/pl	monedas extranjeras f/pl
valuta (H)	Währung f	currency	monnaie f	moneta f	moneda f
valutaarbitrage (SV)	Devisenarbitrage f	exchange arbitrage	arbitrage sur les devises m	arbitraggio di cambio m	arbitraje de divisas m
valutaátváltási árfolyam (H)	Sortenkurs m	foreign currency rate	cours des monnaies étrangères m	corso dei cambi m	tipo de cambio de moneda extranjera m
valutaátváltási árfolyam (H)	Wechselkurs m	exchange rate	cours du change m	cambio m	tipo de cambio m
valuta aurea (I)	Goldwährung f	gold currency	monnaie à couverture or f	—	moneda oro f
valutaavtal (SV)	Währungsabkommen n	monetary agreement	accord monétaire m	accordo monetario m	acuerdo monetario m
valuta di riserva (I)	Reservewährung f	reserve currency	monnaie de réserve f	—	moneda de reserva f
valutaegyezmény (H)	Währungsabkommen n	monetary agreement	accord monétaire m	accordo monetario m	acuerdo monetario m
valuta guida (I)	Leitwährung f	key currency	monnaie-clé f	—	moneda de referencia f

valuta guida

P	NL	SV	PL	CZ	H
valor marginal m	marginale waarde f	marginalvärde	wartość marginesowa f	přidaná hodnota f	határérték
—	marginale waarde f	marginalvärde	wartość marginesowa f	přidaná hodnota f	határérték
valor nominal m	waarde a pari f	nominellt värde	wartość nominalna f	nominální hodnota f	névérték
—	waarde a pari f	nominellt värde	wartość nominalna f	nominální hodnota f	névérték
valor parcial m	gedeeltelijke waarde f	delvärde	wartość częściowa f	dílčí hodnota f	részleges érték
—	gedeeltelijke waarde f	delvärde	wartość częściowa f	dílčí hodnota f	részleges érték
valor real m	werkelijke waarde f	realvärde	wartość trwała f	věcná hodnota f	dologi érték
—	werkelijke waarde f	realvärde	wartość trwała f	věcná hodnota f	dologi érték
valor residual m	restwaarde f	restvärde	pozostała wartość do amortyzacji f	zůstatková hodnota f	maradványérték
—	restwaarde f	restvärde	pozostała wartość do amortyzacji f	zůstatková hodnota f	maradványérték
—	werkelijke waarde f	realvärde	wartość substancji f	hodnota substance f	nettó vagyonérték
valor substancial m	werkelijke waarde f	realvärde	wartość substancji f	hodnota substance f	nettó vagyonérték
crise f	crisis f	kris	kryzys m	krize f	—
resistente a crises	crisisbestendig	krisresistent	odporny na kryzys	odolný proti krizi f	—
cheque falsificado m	—	förfalskad check	sfałszowany czek m	falešný šek m	hamis csekk
bem-estar social m	welvaart f	—	dobrobyt m	blahobyt m	jólét
letra de câmbio f	wissel m	växel	weksel m	směnka f	—
crédito de aceitação	acceptkrediet n	växelkredit	kredyt akceptacyjno-rembursowy m	akceptační úvěr m	—
crédito cambial m	acceptkrediet n	växelkredit	kredyt wekslowy m	směnečný úvěr m	—
protesto da letra m	wisselprotest n	växelprotest	oprotestowanie weksla n	směnečný protest m	—
taxas de juro variáveis f/pl	variabele rente f	rörlig ränta	zmienna stawka procentowa f	proměnný úrok m	—
crédito roll-over m	roll-over krediet n	roll-over-kredit	kredyt roll-over m	úvěr s měnící se úrokovou sazbou m	—
custos variáveis m/pl	variabele kosten m/pl	rörliga kostnader pl	koszty zmienne m/pl	proměnné náklady m/pl	—
valioso	waardevol	värdefull	wartościowy	cenný	értékes
avaliação f	schatting f	värdering	ocena f	ohodnocení n	értékelés
valor m	waarde f	värde	wartość f	hodnota f	érték
mais-valia f	meerwaarde f	mervärde	wartość dodana f	nadhodnota f	értéktöbblet
imposto sobre o valor acrescentado (IVA) m	belasting op de toegevoegde waarde f	mervärdesskatt	podatek od wartości dodatkowej (VAT) m	daň z přidané hodnoty f	hozzáadottérték-adó
divisas f/pl	deviezen n/pl	—	dewizy pl	devizy f/pl	devizák
moeda f	munteenheid f	—	waluta f	měna f	valuta
moedas estrangeiras f/pl	deviezen n/pl	—	gotówka zagraniczna f	druhy m/pl	külföldi bankjegyek és pénzérmék
moeda f	munteenheid f	valuta	waluta f	měna f	—
arbitragem cambial f	wisselarbitrage f	—	arbitraż dewizowy m	devizová arbitráž f	devizaarbitrázs
cotação para moedas estrangeiras f	wisselkoers m	valutakurs	kurs walut obcych m	kurs cizích měn m	—
taxa de câmbio f	discontokrediet n	växelkurs	kurs wymiany m	směnný kurs m	—
padrão-ouro da moeda m	goudstandaard m	guldvaluta	waluta w złocie f	zlatá měna f	aranyvaluta
acordo monetário m	muntovereenkomst f	—	porozumienie walutowe n	měnová dohoda f	valutaegyezmény
moeda de reserva f	reservevaluta f	reservvaluta	waluta rezerwowa f	rezervní měna f	tartalékvaluta
acordo monetário m	muntovereenkomst f	valutaavtal	porozumienie walutowe n	měnová dohoda f	—
moeda de referência f	sleutelvaluta f	huvudvaluta	waluta "twarda" f	hlavní měna f	kulcsvaluta

valutahandel

	D	E	F	I	ES
valutahandel (SV)	Devisenhandel *m*	foreign exchange dealings	marché des changes *m*	commercio dei cambi *m*	operaciones de divisas *f/pl*
valutahandel (SV)	Devisenverkehr *m*	foreign exchange operations	mouvement de devises *m*	commercio dei cambi *m*	tráfico de divisas *m*
valutakígyó (H)	Währungsschlange *f*	currency snake	serpent monétaire *m*	serpente monetario *m*	serpiente monetaria *f*
valutaklausul (SV)	Währungsklausel *f*	currency clause	clause monétaire *f*	clausola monetaria *f*	cláusula monetaria *f*
valutakockázat (H)	Währungsrisiko *n*	currency risk	risque de change *m*	rischio monetario *m*	riesgo monetario *m*
valutakonto (SV)	Währungskonto *n*	currency account	compte en monnaies étrangères *m*	conto in valuta *m*	cuenta de moneda extranjera *f*
valutakontroll (SV)	Devisenbewirtschaftung *f*	foreign exchange control	restrictions sur les devises *f/pl*	controllo dei cambi *m*	control de divisas *m*
valutakurs (SV)	Devisenkurs *m*	exchange rate	taux de change *m*	corso di cambio *m*	cotización de divisas *f*
valutakurs (SV)	Sortenkurs *m*	foreign currency rate	cours des monnaies étrangères *m*	corso dei cambi *m*	tipo de cambio de moneda extranjera *m*
valutamarknad (SV)	Devisenmarkt *m*	foreign exchange market	marché des changes *m*	mercato valutario *m*	mercado de divisas *m*
valutaområde (SV)	Währungszone *f*	currency zone	zone monétaire *f*	zona monetaria *f*	zona monetaria *f*
valutaorm (SV)	Währungsschlange *f*	currency snake	serpent monétaire *m*	serpente monetario *m*	serpiente monetaria *f*
valutaövezet (H)	Währungszone *f*	currency zone	zone monétaire *f*	zona monetaria *f*	zona monetaria *f*
valutapolitik (SV)	Währungspolitik *f*	monetary policy	politique monétaire *f*	politica monetaria *f*	política monetaria *f*
valutarisk (SV)	Währungsrisiko *n*	currency risk	risque de change *m*	rischio monetario *m*	riesgo monetario *m*
valutaunió (H)	Währungsunion *f*	monetary union	union monétaire *f*	unione monetaria *f*	unión monetaria *f*
valutaunion (SV)	Währungsunion *f*	monetary union	union monétaire *f*	unione monetaria *f*	unión monetaria *f*
valutazáradék (H)	Währungsklausel *f*	currency clause	clause monétaire *f*	clausola monetaria *f*	cláusula monetaria *f*
valutazione (I)	Bewertung *f*	valuation	valorisation *f*	—	valoración *f*
valute estere (I)	Sorten *pl*	foreign notes and coins	genres *m/pl*	—	monedas extranjeras *f/pl*
vám (H)	Zoll *m*	customs	douane *f*	dogana *f*	aduana *f*
vámáru-nyilatkozat (H)	Zollerklärung *f*	customs declaration	déclaration en douane *f*	dichiarazione doganale *f*	declaración arancelaria *f*
vámegyezmény (H)	Zollabkommen *n*	customs convention	accord douanier *m*	accordo sulle tariffe	convenio aduanero *m*
vámforgalom (H)	Zollverkehr *m*	customs procedure	régime douanier des marchandises sous douane *m*	procedure doganali *f/pl*	régimen aduanero *m*
vámhatár (H)	Zollgrenze *f*	customs frontier	frontière douanière *f*	confine doganale *m*	frontera aduanera *f*
vámilleték (H)	Zollgebühren *f*	customs duties	droit de douane *m*	diritti doganali *m/pl*	derechos arancelarios *m/pl*
vámkezelés (H)	Zollabfertigung *f*	customs clearance	dédouanement *m*	sdoganamento *m*	trámites aduaneros *m/pl*
vámkezelt (H)	verzollt	duty-paid	dédouané	sdoganato	aranceles pagados
vámkülföld (H)	Zollausland *n*	countries outside the customs frontier	territoire hors du contrôle de la douane *m*	territorio doganale estero *m*	territorio aduanero exterior *m*
vámokmányok (H)	Zollpapiere *f*	customs documents	documents douaniers *m/pl*	documenti doganali *m/pl*	documentos aduaneros *m/pl*
vámraktározás (H)	Zollagerung *f*	customs warehouse procedure	entrepôt sous douane *m*	deposito doganale *m*	depósito de aduana *m*
vámszámla (H)	Zollfaktura *f*	customs invoice	facture douanière *f*	fattura doganale *f*	factura arancelaria *f*
vámtarifa (H)	Zolltarif *m*	customs tariff	tarif des douanes *m*	tariffa doganale *f*	tarifa arancelaria *f*
vámterület (H)	Zollgebiet *n*	customs territory	territoire douanier *m*	territorio doganale *m*	distrito aduanero *m*
vámunió (H)	Zollunion *f*	customs union	union douanière *f*	unione doganale *f*	unión aduanera *f*
vámzár (H)	Zollverschluß *m*	customs seal	scellement douanier *f*	sigillo doganale *m*	precinto aduanero *m*
vándorkereskedelem (H)	ambulantes Gewerbe *n*	itinerant trade	commerce ambulant *m*	commercio ambulante *m*	comercio ambulante *m*
vanlig exportfaktura (SV)	Handelsfaktura *f*	commercial invoice	facture commerciale *f*	fattura commerciale *f*	factura comercial *f*

vanlig exportfaktura

P	NL	SV	PL	CZ	H
negócios sobre divisas m/pl	deviezenhandel m	—	handel dewizami m	devizový obchod m	devizakereskedelem
movimento de divisas m	deviezenverkeer n	—	obrót dewizowy m	devizový styk m	devizaforgalom
serpente monetária f	muntslang f	valutaorm	łańcuch walutowy m	měnová fronta f	—
cláusula monetária f	muntclausule f	—	klauzula walutowa f	měnová doložka f	valutazáradék
risco cambial m	muntrisico n	valutarisk	ryzyko kursowe n	riskantní měna n	—
conta em moeda estrangeira f	deviezenrekening f	—	konto walutowe n	účet v cizí měně m	devizaszámla
controle de divisas m	deviezenreglementering f	—	kontrola obrotu dewizowego f	devizové hospodářství n	devizagazdálkodás
taxa de câmbio f	wisselkoers m	—	kurs dewizowy m	devizový kurs m	devizaárfolyam
cotação para moedas estrangeiras f	wisselkoers m	—	kurs walut obcych m	kurs cizích měn m	valutaátváltási árfolyam
mercado de divisas m	wisselmarkt f	—	rynek dewizowy m	devizový trh m	devizapiac
zona monetária f	monetaire zone f	—	strefa walutowa f	měnová zóna f	valutaövezet
serpente monetária f	muntslang f	—	łańcuch walutowy m	měnová fronta f	valutakígyó
zona monetária f	monetaire zone f	valutaområde	strefa walutowa f	měnová zóna f	—
política monetária f	monetaire politiek f	—	polityka walutowa f	měnová politika f	monetáris politika
risco cambial m	muntrisico n	—	ryzyko kursowe n	riskantní měna n	valutakockázat
união monetária f	muntunie f	valutaunion	unia walutowa f	měnová unie f	—
união monetária f	muntunie f	—	unia walutowa f	měnová unie f	valutaunió
cláusula monetária f	muntclausule f	valutaklausul	klauzula walutowa f	měnová doložka f	—
avaliação f	schatting f	värdering	ocena f	ohodnocení n	értékelés
moedas estrangeiras f/pl	deviezen n/pl	valuta	gotówka zagraniczna f	druhy m/pl	külföldi bankjegyek és pénzérmék
alfândega f	douane f	tull	cło n	clo n	—
declaração alfandegária f	douaneverklaring f	tulldeklaration	deklaracja celna f	celní prohlášení n	—
convenção aduaneira f	tariefakkoord n	tullavtal	Układ w Sprawie Ceł m	celní dohoda f	—
procedimentos aduaneiros m/pl	douaneprocedures m/pl	tullförfarande	procedura celna f	celní styk m	—
limite aduaneiro f	douanegrens f	tullgräns	granica celna f	celní hranice f	—
direitos aduaneiros m/pl	douanerechten n/pl	tullavgifter pl	opłaty celne f/pl	celní poplatky m/pl	—
expedição aduaneira f	inklaring f/uitklaring f	förtullning	odprawa celna f	celní odbavení n	—
tarifas alfandegárias pagas f/pl	gededouaneerd	tull betald	oclony	proclený	—
território aduaneiro exterior m	gebied buiten de (eigen) douanegrenzen n	utländskt tullområde	zagranica celna f	celní cizina f	—
documentos aduaneiros m/pl	douanepapieren n/pl	tullhandlingar pl	dokumenty celne m/pl	celní doklady m/pl	—
armazém alfandegário m	stelsel van douane-entrepots n	tullagring	magazyn towarów pod zamknięciem celnym m	celní uskladnění n	—
factura para a alfândega f	douanefactuur f	tullfaktura	faktura celna f	celní faktura f	—
tarifa aduaneira f	douanetarief n	tulltariff	taryfa celna f	celní sazba f	—
território aduaneiro m	douanegebied n	tullområde	obszar celny m	celní území n	—
união aduaneira f	douane-unie f	tullunion	unia celna f	celní unie f	—
selo alfandegário m	douanesluiting f	tullsigill	plomba celna n	celní závěra f	—
comércio ambulante m	straathandel m	ambulerande handel	rzemiosło wędrowne n	pojízdná živnost f	—
factura comercial f	handelsfactuur f	—	faktura handlowa f	obchodní faktura f	kereskedelmi számla

vantagem

	D	E	F	I	ES
vantagem (P)	Vorteil *m*	advantage	avantage *m*	vantaggio *m*	ventaja *f*
vantagem competitiva (P)	Wettbewerbsvorteil *m*	competitive advantage	avantage de concurrence *m*	vantaggio concorrenziale	ventaja de competencia *f*
vantagem de custos (P)	Kostenvorteil *m*	cost advantage	avantage de coût *m*	vantaggio di costo *m*	ventaja de costes *f*
vantaggio (I)	Vorteil *m*	advantage	avantage *m*	—	ventaja *f*
vantaggio concorrenziale (I)	Wettbewerbsvorteil *m*	competitive advantage	avantage de concurrence *m*	—	ventaja de competencia *f*
vantaggio di costo (I)	Kostenvorteil *m*	cost advantage	avantage de coût *m*	—	ventaja de costes *f*
vara (SV)	Ware *f*	goods	marchandise *f*	merce *f*	mercancía *f*
vara överens (SV)	handelseinig sein	reach an agreement	unanimité commerciale *f*	essere d'accordo sul prezzo	estar de acuerdo
värde (SV)	Wert *m*	value	valeur *f*	valore *m*	valor *m*
värdeförlust (SV)	Wertverfall *m*	loss of value	dévalorisation *f*	deprezzamento *m*	depreciación *f*
värdeförsändelse (SV)	Einschreiben *n*	registered	en recommandé	raccomandata *f*	certificado *m*
värdeförsändelse (SV)	per Einschreiben	by registered post	sous pli recommandé	per raccomandata	certificado
värdeförsändelse (SV)	Wertsendung *f*	consignment with value declared	envoi avec valeur déclarée *m*	spedizione con valore dichiarato *f*	envío con valor declarado *m*
värdefull (SV)	wertvoll	valuable	précieux	prezioso	precioso
värdeminskning (SV)	Wertminderung *f*	decrease in value	diminution de la valeur *f*	riduzione di valore *f*	depreciación *f*
värdepapper (SV)	Anlagepapiere *n/pl*	investment securities	valeurs de placement *f/pl*	titoli d'investimento *m/pl*	valores de inversión *m/pl*
värdepapper (SV)	Effekten *f/pl*	securities	valeurs mobilières *f/pl*	titoli *m/pl*	efectos *m/pl*
värdepapper (SV)	Wertpapier *n*	security	titre *m*	titolo *m*	valor *m*
värdepapperaffär (SV)	Wertpapiergeschäft *n*	securities business	opérations sur titres *f/pl*	operazioni su titoli *f/pl*	operación con valores *f*
värdereglering (SV)	Wertberichtigung *f*	adjustment of value	réévaluation *f*	rettifica del valore *f*	rectificación de valor *f*
värdering (SV)	Bewertung *f*	valuation	valorisation *f*	valutazione *f*	valoración *f*
värdestegring (SV)	Wertzuwachs *m*	appreciation	accroissement de valeur *m*	incremento di valore *m*	plusvalía *f*
variabele kosten (NL)	variable Kosten *pl*	variable costs	coûts variables *m/pl*	costi variabili *m/pl*	gastos variables *m/pl*
variabele rente (NL)	variabler Zins *m*	variable rate of interest	intérêt variable *m*	tasso d'interesse variabile *m*	interés variable *m*
variable costs (E)	variable Kosten *pl*	—	coûts variables *m/pl*	costi variabili *m/pl*	gastos variables *m/pl*
variable Kosten (D)	—	variable costs	coûts variables *m/pl*	costi variabili *m/pl*	gastos variables *m/pl*
variable rate of interest (E)	variabler Zins *m*	—	intérêt variable *m*	tasso d'interesse variabile *m*	interés variable *m*
variabler Zins (D)	—	variable rate of interest	intérêt variable *m*	tasso d'interesse variabile *m*	interés variable *m*
variations saisonnières (F)	Saisonschwankungen *f/pl*	seasonal fluctuations	—	oscillazioni stagionali *f/pl*	oscilaciones estacionales *f/pl*
Världsbanken (SV)	Weltbank *f*	World Bank	banque mondiale *f*	Banca Mondiale *f*	Banco Mundial *m*
världsekonomi (SV)	Weltwirtschaft *f*	world economy	économie mondiale *f*	economia mondiale *f*	economía mundial *f*
världshandel (SV)	Welthandel *m*	world trade	commerce mondial *m*	commercio mondiale *m*	comercio internacional *m*
världsmarknadspris (SV)	Weltmarktpreis *m*	world market price	prix sur le marché mondial *m*	prezzo di mercato mondiale *m*	precio del mercado mundial *m*
varuautomat (SV)	Verkaufsautomat *m*	vending machine	distributeur automatique *m*	distributore automatico *m*	distribuidor automático *m*
varubörs (SV)	Warenbörse *f*	commodity exchange	bourse de marchandises *f*	borsa merci *f*	bolsa de mercancías *f*
varuhus (SV)	Kaufhaus *n*	department store	grand magasin *m*	grande magazzino *m*	gran almacén *m*
varuhus (SV)	Warenhaus *n*	department store	grand magasin *m*	grande magazzino *m*	gran almacén *m*

varuhus

P	NL	SV	PL	CZ	H
–	voordeel n	fördel	korzyść f	výhoda f	előny
–	concurrentievoordeel n	konkurrensfördel	przewaga reklamowa f	výhoda v soutěži f	versenyelőny
–	kostenvoordeel n	kostnadsfördel	korzystne koszty m/pl	výhoda v nákladech f	költségelőny
vantagem f	voordeel n	fördel	korzyść f	výhoda f	előny
vantagem competitiva f	concurrentievoordeel n	konkurrensfördel	przewaga reklamowa f	výhoda v soutěži f	versenyelőny
vantagem de custos f	kostenvoordeel n	kostnadsfördel	korzystne koszty m/pl	výhoda v nákladech f	költségelőny
mercadoria f	goederen n/pl	–	towar m	zboží n	áru
em unanimidade comercial	het over een koop eens zijn	–	dobijać <dobić> interesu	být jednotný v obchodě	megegyezik az üzlet feltételeiben
valor m	waarde f	–	wartość f	hodnota f	érték
depreciação f	waardevermindering f	–	utrata wartości f	ztráta hodnoty f	értékvesztés
registado m	aangetekende brief m	–	przesyłka polecona f	doporučená zásilka f	ajánlott
por carta registada	aangetekend	–	listem poleconym	doporučeně	ajánlva
envio com valor declarado m	zending met aangegeven waarde f	–	przesyłka wartościowa f	cenná zásilka f	értékküldemény
valioso	waardevol	–	wartościowy	cenný	értékes
diminuição de valor f	waardevermindering f	–	spadek wartości m	snížení hodnoty n	értékcsökkenés
títulos de investimento m/pl	beleggingswaarden f/pl	–	papiery wartościowe m/pl	dlouhodobé finanční investice f/pl	befektetési értékpapírok
títulos m/pl	effecten n/pl	–	papiery wartościowe m/pl	cenné papíry m/pl	értékpapírok
título m	waardepapier n	–	papier wartościowy m	cenný papír m	értékpapír
transacção de títulos f	effectenhandel f	–	transakcja papierami wartościowymi f	obchod s cennými papíry m	értékpapírügylet
rectificação do valor f	correctie wegens herwaardering f	–	sprostowanie wartości n	oprávka f	értékhelyesbítés
avaliação f	schatting f	–	ocena f	ohodnocení n	értékelés
mais-valia f	waardevermeerdering f	–	przyrost wartości m	přírůstek hodnoty m	értéknövekedés
custos variáveis m/pl	–	rörliga kostnader pl	koszty zmienne m/pl	proměnné náklady m/pl	változó költségek
taxas de juro variáveis f/pl	–	rörlig ränta	zmienna stawka procentowa f	proměnný úrok m	változó kamat
custos variáveis m/pl	variabele kosten m/pl	rörliga kostnader pl	koszty zmienne m/pl	proměnné náklady m/pl	változó költségek
custos variáveis m/pl	variabele kosten m/pl	rörliga kostnader pl	koszty zmienne m/pl	proměnné náklady m/pl	változó költségek
taxas de juro variáveis f/pl	variabele rente f	rörlig ränta	zmienna stawka procentowa f	proměnný úrok m	változó kamat
taxas de juro variáveis f/pl	variabele rente f	rörlig ränta	zmienna stawka procentowa f	proměnný úrok m	változó kamat
oscilações sazonais f/pl	seizoenschommelingen f/pl	säsongvariationer pl	fluktuacje sezonowe f/pl	sezonní výkyvy m/pl	szezonális ingadozások
Banco Internacional de Reconstrução e Fomento m	Wereldbank f	–	Bank Światowy m	Světová banka f	Világbank
economia mundial f	wereldeconomie f	–	gospodarka światowa f	světové hospodářství n	világgazdaság
comércio internacional m	wereldhandel m	–	handel światowy m	světový obchod m	világkereskedelem
preço no mercado internacional m	wereldmarktprijs m	–	cena światowa f	cena na světovém trhu f	világpiaci ár
distribuidor automático m	verkoopautomaat m	–	automat do sprzedaży m	prodejní automat m	árusító automata
bolsa de mercadorias f	handelsbeurs f	–	giełda towarowa f	zboží burza f	árutőzsde
grande armazém m	warenhuis n	–	dom towarowy m	obchodní dům m	áruház
armazém m	warenhuis n	–	dom towarowy m	obchodní dům m	áruház

varumärke

	D	E	F	I	ES
varumärke (SV)	Markenzeichen n	trademark	emblème de marque f	marchio m	marca registrada f
varumärke (SV)	Warenzeichen n	trade mark	marque de fabrique f	marchio m	marca f
varuprov (SV)	Warenprobe f	sample	échantillon m	campione m	muestra f
varv (SV)	Werft f	shipyard	chantier naval m	cantiere navale m	astillero m
vásár (H)	Messe f	fair	foire f	fiera f	feria f
vásárlás (H)	Ankauf m	purchase	achat m	acquisto m	compra f
vásárlás (H)	Kauf m	purchase	achat m	acquisto m	compra f
vásárló (H)	Abnehmer m	buyer	acheteur m	acquirente m	tomador m
vásárlóerő (H)	Kaufkraft f	purchasing power	pouvoir d'achat m	potere d'acquisto m	poder adquisitivo m
vásárol (H)	einkaufen	buy	acheter	acquistare	comprar
vásárol (H)	kaufen	buy	acheter	acquistare	comprar
vásárolt mennyiség (H)	Abnahmemenge f	purchased quantity	quantité commercialisée f	quantità d'acquisto f	cantidad de compra f
vaste activa (NL)	Sachanlagen f/pl	fixed assets	immobilisations corporelles f/pl	immobilizzazioni f/pl	inversión en inmuebles y utillaje m/pl
vaste activa (NL)	Sachvermögen n	material assets	biens corporels m/pl	capitale reale m	patrimonio real m
vaste interest (NL)	fester Zins m	fixed interest rate	intérêt fixe m	interesse fisso m	interés fijo m
vaste klant (NL)	Stammkunde m	regular customer	client habituel m	cliente abituale m	cliente habitual m
vaste klantenkring (NL)	Kundenstamm m	regular customers	clients habituels m/pl	clientela abituale f	clientela fija f
vaste kosten (NL)	Fixkosten f	fixed costs	coûts fixes m/pl	costi fissi m/pl	gastos fijos m/pl
vaste prijs (NL)	Festpreis m	fixed price	prix fixe m	prezzo fisso m	precio fijo m
vaste wedde (NL)	Fixum n	fixed sum	somme fixe f	somma fissa f	fijo m
vaste wisselkoersen (NL)	feste Wechselkurse m/pl	fixed exchange rates	taux de change fixe m	cambi fissi m/pl	tipos de cambio fijos m/pl
vastgoedfonds (NL)	Immobilienfonds m	real estate fund	fonds immobilier m	fondo immobiliare m	fondo inmobiliario f
vastgoedmakelaar (NL)	Immobilienmakler m	estate agent	courtier en affaires immobilières m	agente immobiliare m	agente de la propiedad inmobiliaria m
vast inkomen (NL)	Festeinkommen n	fixed income	revenu fixe m	reddito fisso m	salario fijo m
vastliggende middelen (NL)	Anlagevermögen n	fixed assets	valeurs immobilisées f/pl	attivo fisso m	activo fijo m
vasúti szállítmány (H)	Bahnfracht f	rail freight	fret par rail m	nolo ferroviario m	transporte ferroviario m
växel (SV)	Wechsel m	bill of exchange	lettre de change f	cambiale f	letra de cambio f
växelkredit (SV)	Akzeptkredit m	acceptance credit	crédit par acceptation m	credito d'accettazione m	crédito de aceptación m
växelkredit (SV)	Wechselkredit	acceptance credit	crédit d'escompte m	credito cambiario m	crédito cambiario m
växelkurs (SV)	Wechselkurs m	exchange rate	cours du change m	cambio m	tipo de cambio m
växelprotest (SV)	Wechselprotest m	protest	protêt de traite m	protesto cambiario m	protesto de letra m
vázaný účet (CZ)	Sperrkonto n	blocked account	compte bloqué m	conto congelato m	cuenta bloqueada f
vázaný vklad (CZ)	Festgeld n	time deposit	argent immobilisé m	deposito a termine m	depósito a plazo fijo m
v cizině (CZ)	im Ausland	abroad	à l'étranger	all'estero	en el extranjero
v dvojím provedení (CZ)	in zweifacher Ausfertigung	in duplicate	en double exemplaire m	in duplice copia	por duplicado
věcná hodnota (CZ)	Sachwert m	real value	valeur matérielle f	valore reale m	valor real m
věcné investice (CZ)	Sachanlagen f/pl	fixed assets	immobilisations corporelles f/pl	immobilizzazioni f/pl	inversión en inmuebles y utillaje m/pl
věcný majetek (CZ)	Sachvermögen n	material assets	biens corporels m/pl	capitale reale m	patrimonio real m
věcný úvěr (CZ)	Realkredit m	credit on real estate	crédit sur gage mobilier m	credito reale m	crédito real m
védelem (H)	Protektion f	protection	protection f	protezione f	protección f
vedení podniku (CZ)	Geschäftsleitung f	management	direction de l'entreprise f	direzione f	dirección f

vedení podniku

P	NL	SV	PL	CZ	H
marca registrada f	handelsmerk n	—	znak firmowy m	označení značkou n	védjegy
marca f	handelsmerk n	—	znak towarowy m	značka zboží f	védjegy
amostra f	monster n	—	próbka towarów f	vzorek m	áruminta
estaleiro naval m	scheepswerf f	—	stocznia f	loděnice f	hajógyár
feira f	jaarbeurs f	mässa	targi m/pl	veletrh m	—
compra f	aankoop m	inköp	zakup m	nákup m	—
compra f	aankoop m	köp	kupno n	nákup m	—
comprador m	afnemer m	köpare	odbiorca m	odběratel m	—
poder de compra m	koopkracht f	köpkraft	siła nabywcza f	kupní síla f	—
comprar	inkopen	köpa	kupować <kupić>	nakupovat <nakoupit>	—
comprar	kopen	köpa	kupować <kupić>	kupovat <koupit>	—
quantidade adquirida f	afnamehoeveelheid f	leveransmängd	ilość odbierana f	odebrané množství n	—
capital imobilizado m	—	fasta tillgångar pl	majątek trwały m	věcné investice f/pl	tárgyi eszközök
bens corpóreos m/pl	—	realkapital	majątek rzeczowy m	věcný majetek m	tárgyi eszközök
taxa de juro fixa f	—	fast ränta	stałe oprocentowanie n	pevný úrok m	fix kamatláb
cliente habitual m	—	stamkund	stały klient m	stálý zákazník m	törzsvevő
clientela fixa f	—	kundkrets	regularna klientela f	stálí zákazníci m/pl	rendszeres vevők
custos fixos m/pl	—	fasta kostnader pl	koszty stałe m/pl	fixní náklady m/pl	állandó költség
preço fixo m	—	fast pris	cena stała f	konstantní cena f	rögzített ár
montante fixo m	—	fast summa	stałe wynagrodzenie n	fixní plat m	fix jutalék
taxas de câmbio fixas f/pl	—	fasta växelkurser pl	stałe kursy wymienne m/Pl	pevné směnné kursy m/pl	rögzített átváltási árfolyamok
fundo imobiliário m	—	fastighetsfond	fundusz nieruchomości m	fond nemovitostí m	ingatlanalap
agente imobiliário m	—	fastighetsmäklare	pośrednik handlu nieruchomościami m	makléř s nemovitostmi m	ingatlanügynök
rendimento fixo m	—	fast inkomst	stały dochód m	pevný příjem m	fix jövedelem
imobilizado m	—	fasta tillgångar pl	majątek trwały m	investiční kapitál m	állóeszközök
frete ferroviário m	spoorvracht f	järnvägsfrakt	fracht kolejowy m	železniční náklad m	—
letra de câmbio f	wissel m	—	weksel m	směnka f	váltó
crédito de aceitação	acceptkrediet n	—	kredyt akceptacyjno-rembursowy m	akceptační úvěr m	váltóhitel
crédito cambial m	acceptkrediet n	—	kredyt wekslowy m	směnečný úvěr m	váltóhitel
taxa de câmbio f	discontokrediet n	—	kurs wymiany m	směnný kurs m	valutaátváltási árfolyam
protesto da letra m	wisselprotest n	—	oprotestowanie weksla n	směnečný protest m	váltóóvatolás
conta bloqueada f	geblokkeerde rekening f	spärrat konto	rachunek zablokowany m	—	zárolt számla
depósito a prazo m	deposito met vaste termijn n	fast inlåning	wkład bankowy m	—	lekötött betét
no estrangeiro	in het buitenland	i utlandet	za granicą	—	külföldön
em duplicado	in duplo	i två exemplar	w podwójnym wykonaniu	—	két példányban
valor real m	werkelijke waarde f	realvärde	wartość trwała f	—	dologi érték
capital imobilizado m	vaste activa pl	fasta tillgångar pl	majątek trwały m	—	tárgyi eszközök
bens corpóreos m/pl	vaste activa pl	realkapital	majątek rzeczowy m	—	tárgyi eszközök
crédito imobiliário m	krediet op onderpand n	lån mot realsäkerhet	kredyt rzeczowy m	—	jelzálogkölcsön
protecção f	protectie f	skydd	protekcja f	ochrana f	—
direcção f	directie f	företagsledning	kierownictwo n	—	vállalatvezetés

vedení účtu

	D	E	F	I	ES
vedení účtu (CZ)	Kontoführung f	keeping of an account	tenue de compte f	tenuta di un conto f	administración de una cuenta f
védjegy (H)	Markenzeichen n	trademark	emblème de marque f	marchio m	marca registrada f
védjegy (H)	Warenzeichen n	trade mark	marque de fabrique f	marchio m	marca f
vedlejší mzdové náklady (CZ)	Lohnnebenkosten pl	incidental labour costs	charges salariales annexes f/pl	costi complementari del lavoro m/pl	cargas salariales accesorias f/pl
vedlejší náklady (CZ)	Nebenkosten pl	additional expenses	coûts accessoires m/pl	costi accessori m/pl	gastos adicionales m/pl
vedlejší produkt (CZ)	Nebenprodukt n	by-product	produit dérivé m	sottoprodotto m	producto accesorio m
vedoucí oddělení (CZ)	Abteilungsleiter m	head of department	chef de service m	capo reparto m	jefe de sección m
vedoucí osoba na trhu (CZ)	Marktführer m	market leader	leader sur le marché f	leader di mercato m	líder de mercado m
vedoucí pobočky (CZ)	Filialleiter m	branch manager	directeur de succursale m	direttore di filiale m	jefe de sucursal m
vedoucí řídící pracovník (CZ)	Führungskraft f	manager	cadre supérieur m	dirigente m	personal directivo m
védővám (H)	Schutzzoll m	protective duty	droit de protection m	dazio protettivo m	aduana proteccionista f
végellenőrzés (H)	Endkontrolle f	final control	contrôle final m	controllo finale m	control final m
végfelhasználó (H)	Endabnehmer m	ultimate buyer	preneur final m	acquirente finale m	comprador final m
végrehajtás (H)	Vollstreckung f	enforcement	exécution f	esecuzione f	ejecución f
végtermék (H)	Endprodukt n	finished product	produit final m	prodotto finito m	producto final m
véhicule à moteur (F)	Kraftfahrzeug n	motor vehicle	—	autoveicolo m	automóvil m
véhicule de service (F)	Firmenwagen m	company car	—	macchina aziendale f	coche de empresa m
veiligheidsdienst (NL)	Werkschutz m	works protection force	corps de sécurité d'entreprise m	servizio di sorveglianza aziendale m	policía de la empresa f
veletrh (CZ)	Messe f	fair	foire f	fiera f	feria f
velkoobchod (CZ)	Großhandel m	wholesale trade	commerce de gros m	commercio all'ingrosso m	comercio mayorista m
velkoobchodní cena (CZ)	Großhandelspreis m	wholesale price	prix de gros m	prezzo all'ingrosso m	precio mayorista m
velkoobchodník (CZ)	Grossist m	wholesaler	grossiste m	grossista m	mayorista m
velkoobchodní trh (CZ)	Großmarkt m	wholesale market	marché de gros m	mercato all'ingrosso m	hipermercado m
vencido (ES)	fällig	due	échu	esigibile	—
vencido (P)	fällig	due	échu	esigibile	vencido
vencimento (P)	Ablauffrist f	time limit	échéance f	termine di scadenza m	vencimiento m
vencimiento (ES)	Ablauffrist f	time limit	échéance f	termine di scadenza m	—
venda (P)	Verkauf m	sale	vente f	vendita f	venta f
venda a descoberto (P)	Blankoverkauf m	short sale	vente à découvert f	vendita allo scoperto f	venta al descubierto f
venda a descoberto (P)	Leerverkauf m	forward sale	vente à découvert f	vendita allo scoperto f	venta al descubierto f
vendable (F)	marktfähig	marketable	—	commerciabile	comerciable
venda de fim de estação (P)	Schlußverkauf m	seasonal sale	vente de fin de saison f	svendita di fine stagione f	venta de liquidación f
venda forçada (P)	Zwangsverkauf m	forced sale	vente forcée f	vendita giudiziaria f	venta forzada f
venda judicial (P)	Zwangsversteigerung f	compulsory auction	vente de biens par justice f	asta giudiziaria f	subasta forzosa f
venda por correspondência (P)	Versandhandel m	mail order business	vente par correspondance f	vendita per corrispondenza f	venta por correspondencia f
vendéglátás (H)	Bewirtung f	hospitality	hospitalité f	ospitalità f	hospedaje m
vender (ES)	verkaufen	sell	vendre	vendere	—

vender

P	NL	SV	PL	CZ	H
administração de conta f	het bijhouden van een rekening n	kontoföring	prowadzenie konta n	—	számlavezetés
marca registrada f	handelsmerk n	varumärke	znak firmowy m	označení značkou n	—
marca f	handelsmerk n	varumärke	znak towarowy m	značka zboží f	—
custos de mão-de-obra adicionais m/pl	werkgeversaandeel in de diverse sociale verzekeringen n	sociala avgifter pl	pobocne koszty robocizny m/pl	—	járulékos bérköltségek
custos adicionais m/pl	bijkomende kosten m/pl	sekundärkostnader pl	koszty uboczne m/pl	—	mellékköltségek
subproduto m	bijproduct n	biprodukt	produkt uboczny m	—	melléktermék
chefe de departamento m	afdelingschef m	avdelningschef	kierownik wydziału m	—	osztályvezető
líder de mercado m	marktleider m	marknadsledare	przodownik na rynku m	—	piacvezető
chefe da sucursal m	filiaalhouder m	filialchef	kierownik oddziału m	—	fiókvezető
quadro superior m	leidinggevende kracht f	ledning	kadra kierownicza f	—	vezető
direitos proteccionistas m/pl	beschermend recht n	skyddstull	cło ochronne n	ochranné clo n	—
controle final m	eindcontrole f	slutkontroll	kontrola ostateczna f	konečná kontrola f	—
comprador final m	eindafnemer m	slutanvändare	odbiorca finalny m	konečný odběratel m	—
execução f	uitvoering f	verkställande	wykonanie n	výkon soudního příkazu m	—
produto final m	eindproduct n	slutprodukt	produkt końcowy m	finální výrobek m	—
automóvel m	motorrijtuig n	motorfordon	pojazd mechaniczny m	motorové vozidlo n	gépjármű
carro da empresa m	auto van de zaak m	firmabil	samochód firmowy m	firemní vůz m	vállalati gépkocsi
corpo de segurança da empresa m	—	arbetsskydd	straż zakładowa f	ochrana závodu f	üzemi rendészet
feira f	jaarbeurs f	mässa	targi m/pl	—	vásár
comércio por grosso m	groothandel	partihandel	handel hurtowy m	—	nagykereskedelem
preço por atacado m	groothandelsprijs m	partipris	cena hurtowa f	—	nagykereskedelmi ár
grossista m	groothandelaar m	grossist	hurtownik m	—	nagykereskedő
mercado central m	groothandel m	stormarknad	targowisko hurtowe n	—	nagybani piac
vencido	betaalbaar	förfallen till betalning	do zapłaty	splatný	esedékes
—	betaalbaar	förfallen till betalning	do zapłaty	splatný	esedékes
—	datum van afloop m	tidsfrist	termin ważności m	prošlá lhůta f	lejárati határidő
vencimento m	datum van afloop m	tidsfrist	termin ważności m	prošlá lhůta f	lejárati határidő
—	verkoop m	försäljning	sprzedaż f	prodej m	eladás
—	blancoverkoop m	blankning	sprzedaż bezdokumentowa f	prodej blanko m	fedezetlen eladás
—	blancoverkoop m	försäljning i syfte att skapa kursfall	sprzedaż blankowa f	prodej blanko m	fedezetlen eladás
comercializável	verhandelbaar	mogen för marknaden	pokupny na rynku	schopný uplatnění n	piacképes
—	opruiming f	utförsäljning	wyprzedaż sezonowa f	sezónní výprodej m	szezonvégi kiárusítás
—	gedwongen verkoop m	tvångsförsäljning	sprzedaż przymusowa f	nucený prodej m	kényszereladás
—	openbare verkoop m	exekutiv auktion	licytacja przymusowa f	nucená dražba f	kényszerárverés
—	verzendhandel m	postorderförsäljning	handel wysyłkowy m	zásilkový obchod m	csomagküldő kereskedelem
hospitalidade f	onthaal n	representation	poczęstunek m	pohoštění n	—
vender	verkopen	sälja	sprzedawać <sprzedać>	prodávat <prodat>	elad

vender

	D	E	F	I	ES
vender (P)	verkaufen	sell	vendre	vendere	vender
vendere (I)	verkaufen	sell	vendre	—	vender
vending machine (E)	Verkaufsautomat *m*	—	distributeur automatique *m*	distributore automatico *m*	distribuidor automático *m*
vendita (I)	Verkauf *m*	sale	vente *f*	—	venta *f*
vendita all'asta (I)	Versteigerung *f*	auction	vente aux enchères *f*	—	subasta *f*
vendita allo scoperto (I)	Blankoverkauf *m*	short sale	vente à découvert *f*	—	venta al descubierto *f*
vendita allo scoperto (I)	Leerverkauf *m*	forward sale	vente à découvert *f*	—	venta al descubierto *f*
vendita esclusiva (I)	Alleinvertrieb *m*	exclusive distribution	droit exclusif de vente *m*	—	distribución exclusiva *f*
vendita giudiziaria (I)	Zwangsverkauf *m*	forced sale	vente forcée *f*	—	venta forzada *f*
vendita per corrispondenza (I)	Versandhandel *m*	mail order business	vente par correspondance *f*	—	venta por correspondencia *f*
vendre (F)	verkaufen	sell	—	vendere	vender
vennoot (NL)	Gesellschafter *m*	partner	associé *m*	socio *m*	socio *m*
vennootschap (NL)	Körperschaft *f*	corporation	collectivité *f*	corporazione *f*	corporación *f*
vennootschapsbelasting (NL)	Körperschaftsteuer *f*	corporation tax	taxe sur les sociétés *f*	imposta sul reddito delle società *f*	impuesto de corporaciones *m*
vennootschapsrecht (NL)	Aktienrecht *n*	company law	loi sur les sociétés anonymes *f*	diritto azionario *m*	derecho de sociedades anónimas *m*
vennootschapsvermogen (NL)	Gesellschaftsvermögen	company assets	patrimoine social *m*	patrimonio sociale *m*	patrimonio social *m*
venta (ES)	Verkauf *m*	sale	vente *f*	vendita *f*	—
venta al descubierto (ES)	Blankoverkauf *m*	short sale	vente à découvert *f*	vendita allo scoperto *f*	—
venta al descubierto (ES)	Leerverkauf *m*	forward sale	vente à découvert *f*	vendita allo scoperto *f*	—
venta con pérdida (ES)	Verlustgeschäft *n*	loss-making business	affaire déficitaire *f*	affare in perdita *m*	—
venta de liquidación (ES)	Schlußverkauf *m*	seasonal sale	vente de fin de saison *f*	svendita di fine stagione *f*	—
venta forzada (ES)	Zwangsverkauf *m*	forced sale	vente forcée *f*	vendita giudiziaria *f*	—
ventaja (ES)	Vorteil *m*	advantage	avantage *m*	vantaggio *m*	—
ventaja de competencia (ES)	Wettbewerbsvorteil *m*	competitive advantage	avantage de concurrence *m*	vantaggio concorrenziale	—
ventaja de costes (ES)	Kostenvorteil *m*	cost advantage	avantage de coût *m*	vantaggio di costo *m*	—
venta por correspondencia (ES)	Versandhandel *m*	mail order business	vente par correspondance *f*	vendita per corrispondenza *f*	—
vente (F)	Veräußerung *f*	sale	—	alienazione *f*	enajenación *f*
vente (F)	Verkauf *m*	sale	—	vendita *f*	venta *f*
vente à découvert (F)	Blankoverkauf *m*	short sale	—	vendita allo scoperto *f*	venta al descubierto *f*
vente à découvert (F)	Leerverkauf *m*	forward sale	—	vendita allo scoperto *f*	venta al descubierto *f*
vente aux enchères (F)	Auktion *f*	auction	—	asta *f*	subasta *f*
vente aux enchères (F)	Versteigerung *f*	auction	—	vendita all'asta *f*	subasta *f*
vente de biens par justice (F)	Zwangsversteigerung *f*	compulsory auction	—	asta giudiziaria *f*	subasta forzosa *f*
vente de fin de saison (F)	Schlußverkauf *m*	seasonal sale	—	svendita di fine stagione *f*	venta de liquidación *f*
vente forcée (F)	Zwangsverkauf *m*	forced sale	—	vendita giudiziaria *f*	venta forzada *f*
vente par correspondance (F)	Versandhandel *m*	mail order business	—	vendita per corrispondenza *f*	venta por correspondencia *f*
Veräußerung (D)	—	sale	vente *f*	alienazione *f*	enajenación *f*

Veräußerung

P	NL	SV	PL	CZ	H
—	verkopen	sälja	sprzedawać <sprzedać>	prodávat <prodat>	elad
vender	verkopen	sälja	sprzedawać <sprzedać>	prodávat <prodat>	elad
distribuidor automático m	verkoopautomaat m	varuautomat	automat do sprzedaży m	prodejní automat m	árusító automata
venda f	verkoop m	försäljning	sprzedaż f	prodej m	eladás
leilão m	verkoop bij opbod m	auktionsförsäljning	licytacja f	dražba f	árverés
venda a descoberto f	blancoverkoop m	blankning	sprzedaż bezdokumentowa f	prodej blanko m	fedezetlen eladás
venda a descoberto f	blancoverkoop m	försäljning i syfte att skapa kursfall	sprzedaż blankowa f	prodej blanko m	fedezetlen eladás
distribuição exclusiva f	alleenverkoop m	ensamagent	wyłączna dystrybucja f	výhradní prodej m	kizárólagos értékesítési jog
venda forçada f	gedwongen verkoop m	tvångsförsäljning	sprzedaż przymusowa f	nucený prodej m	kényszereladás
venda por correspondência f	verzendhandel m	postorderförsäljning	handel wysyłkowy m	zásilkový obchod m	csomagküldő kereskedelem
vender	verkopen	sälja	sprzedawać <sprzedać>	prodávat <prodat>	elad
sócio m	—	partner	wspólnik m	společník m	üzlettárs
corporação f	—	juridisk person	korporacja f	korporace f	testület
imposto sobre rendimentos colectivos (IRC) m	—	bolagsskatt	podatek od osób prawnych m	korporační daň f	társasági adó
direito das sociedades anónimas m	—	aktielagstiftning	prawo o spółkach akcyjnych n	akciové právo n	társasági jog
património social m	—	bolagstillgångar pl	majątek spółki m	majetek společnosti m	társasági vagyon
venda f	verkoop m	försäljning	sprzedaż f	prodej m	eladás
venda a descoberto f	blancoverkoop m	blankning	sprzedaż bezdokumentowa f	prodej blanko m	fedezetlen eladás
venda a descoberto f	blancoverkoop m	försäljning i syfte att skapa kursfall	sprzedaż blankowa f	prodej blanko m	fedezetlen eladás
negócio com prejuízo m	transactie met verlies f	förlustaffär	interes przynoszący straty m	ztrátový obchod m	veszteséges üzlet
venda de fim de estação f	opruiming f	utförsäljning	wyprzedaż sezonowa f	sezónní výprodej m	szezonvégi kiárusítás
venda forçada f	gedwongen verkoop m	tvångsförsäljning	sprzedaż przymusowa f	nucený prodej m	kényszereladás
vantagem f	voordeel n	fördel	korzyść f	výhoda f	előny
vantagem competitiva f	concurrentievoordeel n	konkurrensfördel	przewaga reklamowa f	výhoda v soutěži f	versenyelőny
vantagem de custos f	kostenvoordeel n	kostnadsfördel	korzystne koszty m/pl	výhoda v nákladech f	költségelőny
venda por correspondência f	verzendhandel m	postorderförsäljning	handel wysyłkowy m	zásilkový obchod m	csomagküldő kereskedelem
alienação f	vervreemding f	avyttring	zbycie n	zcizení n	elidegenítés
venda f	verkoop m	försäljning	sprzedaż f	prodej m	eladás
venda a descoberto f	blancoverkoop m	blankning	sprzedaż bezdokumentowa f	prodej blanko m	fedezetlen eladás
venda a descoberto f	blancoverkoop m	försäljning i syfte att skapa kursfall	sprzedaż blankowa f	prodej blanko m	fedezetlen eladás
leilão m	verkoop bij opbod m	auktion	aukcja f	aukce f	árverés
leilão m	verkoop bij opbod m	auktionsförsäljning	licytacja f	dražba f	árverés
venda judicial f	openbare verkoop f	exekutiv auktion	licytacja przymusowa f	nucená dražba f	kényszerárverés
venda de fim de estação f	opruiming f	utförsäljning	wyprzedaż sezonowa f	sezónní výprodej m	szezonvégi kiárusítás
venda forçada f	gedwongen verkoop m	tvångsförsäljning	sprzedaż przymusowa f	nucený prodej m	kényszereladás
venda por correspondência f	verzendhandel m	postorderförsäljning	handel wysyłkowy m	zásilkový obchod m	csomagküldő kereskedelem
alienação f	vervreemding f	avyttring	zbycie n	zcizení n	elidegenítés

verbal

	D	E	F	I	ES
verbal (E)	mündlich	—	oralement	verbale	oral
verbal (P)	mündlich	verbal	oralement	verbale	oral
verbale (I)	mündlich	verbal	oralement	—	oral
Verband (D)	—	association	association f	associazione f	asociación f
Verbindlichkeiten (D)	—	liabilities	dettes f/pl	obblighi m/pl	obligaciones f/pl
verblijfsvergunning (NL)	Aufenthaltserlaubnis f	residence permit	permis de séjour m	permesso di soggiorno m	permiso de residencia m
Verbrauch (D)	—	consumption	consommation f	consumo m	consumo m
verbrauchen (D)	—	consume	consommer	consumare	consumir
Verbraucher (D)	—	consumer	consommateur m	consumatore m	consumidor m
Verbrauchsgüter (D)	—	consumer goods	biens de consommation m/pl	beni non durevoli m/pl	bienes de consumo m/pl
verderblich (D)	—	perishable	périssable	deperibile	perecedero
verduistering (NL)	Unterschlagung f	embezzlement	détournement m	appropriazione indebita f	malversación f
verduistering (NL)	Veruntreuung f	misappropriation	malversation f	abuso di fiducia m	malversación f
veredeling (NL)	Veredelung f	processing	perfectionnement m	perfezionamento m	perfeccionamiento m
Veredelung (D)	—	processing	perfectionnement m	perfezionamento m	perfeccionamiento m
Verein (D)	—	association	association f	associazione f	asociación f
vereinbaren (D)	—	agree	convenir de	pattuire	convenir
Vereinbarung (D)	—	agreement	accord m	accordo m	acuerdo m
vereinbarungsgemäß (D)	—	as agreed	comme convenu	come convenuto	según lo acordado
veřejná soutěž (CZ)	Ausschreibung f	call for tenders	appel d'offre par voie de soumission m	appalto m	concurso-subasta m
vereniging (NL)	Verband m	association	association f	associazione f	asociación f
vereniging (NL)	Verein m	association	association f	associazione f	asociación f
Verfahren (D)	—	procedure	procédure f	procedimento m	procedimiento m
Verfallsdatum (D)	—	expiry date	date d'échéance f	data di scadenza f	fecha de vencimiento f
Verfalltag (D)	—	day of expiry	jour de l'échéance m	giorno di scadenza m	día de vencimiento m
verfrachten (D)	—	ship	fréter	imbarcare	expedir
vergaderdatum (NL)	Besprechungstermin m	conference date	date de la conférence f	termine del colloquio m	fecha de reunión f
vergadering van de schuldeisers (NL)	Gläubigerversammlung f	creditors' meeting	assemblée des créanciers f	assemblea dei creditori f	junta de acreedores f
vergelijking (NL)	Vergleich m	comparison	comparaison f	confronto m	comparación f
Vergleich (D)	—	comparison	comparaison f	confronto m	comparación f
vergoeding (NL)	Vergütung f	remuneration	rémunération f	ricompensa f	remuneración f
Vergütung (D)	—	remuneration	rémunération f	ricompensa f	remuneración f
verhaal (NL)	Rückgriff m	recourse	recours m	regresso m	recurso m
verhandelbaar (NL)	marktfähig	marketable	vendable	commerciabile	comerciable
verhandeln (D)	—	negotiate	négocier	negoziare	negociar
Verhandlung (D)	—	negotiation	négociation f	trattativa f	negociación f
Verhandlungsbasis (D)	—	basis for negotiation	terrain de négociation m	base delle trattative f	precio a negociar m
verhoging (NL)	Erhöhung f	increase	augmentation f	aumento m	incremento m
verhuurder (NL)	Leasing-Geber m	lessor	donneur de leasing m	concedente del leasing m	arrendador financiero m
verificação (P)	Prüfung f	examination	vérification f	controllo m	verificación f
verificación (ES)	Prüfung f	examination	vérification f	controllo m	—
verificación de la calidad (ES)	Qualitätskontrolle f	quality control	contrôle de la qualité m	controllo qualità m	—
verificatie (NL)	Prüfung f	examination	vérification f	controllo m	verificación f
vérification (F)	Prüfung f	examination	—	controllo m	verificación f
vérification (F)	Revision f	audit	—	revisione f	revisión f

vérification

P	NL	SV	PL	CZ	H
verbal	mondeling	muntlig	ustnie	ústní	szóbeli
—	mondeling	muntlig	ustnie	ústní	szóbeli
verbal	mondeling	muntlig	ustnie	ústní	szóbeli
associação f	vereniging f	förbund	związek m	svaz m	szövetség
obrigação f	verplichtingen f/pl	skulder pl	zobowiązanie n	závazky m/pl	kötelezettségek
autorização de residência f	—	uppehållstillstånd	zezwolenie na pobyt n	povolení k pobytu n	tartózkodási engedély
consumo m	consumptie f	förbrukning	konsumpcja f	spotřeba f	fogyasztás
consumir	consumeren	förbruka	konsumować <skonsumować>	spotřebovat	elfogyaszt
consumidor m	consument m	konsument	konsument m	spotřebitel m	fogyasztó
bens de consumo m/pl	consumptiegoederen n/pl	konsumtionsvaror pl	dobra konsumpcyjne m/pl	spotřební zboží m/pl	fogyasztási javak
perecível	bederfelijk	fördärvlig	psujący się	zkazitelný	romlékony
desfalque m	—	förskingring	sprzeniewierzenie n	zpronevěra f	sikkasztás
desfalque m	—	förskingring	sprzeniewierzenie n	zpronevěra f	hűtlen kezelés
beneficiamento m	—	förädling	uszlachetnienie n	zušlechtování n	feldolgozás
beneficiamento m	veredeling f	förädling	uszlachetnienie n	zušlechtování n	feldolgozás
associação f	vereniging f	förening	związek m	spolek m	egyesület
acordar	overeenkomen	enas om	uzgadniać <uzgodnić>	dohodnout	megállapodik
acordo m	regeling f	överenskommelse	porozumienie n	dohoda f	megállapodás
como acordado	zoals overeengekomen	enligt överenskommelse	jak uzgodniono	podle ujednání	megállapodás szerint
concurso público m	aanbesteding f	anbudsförfarande	przetarg m	—	pályázati felhívás
associação f	—	förbund	związek m	svaz m	szövetség
associação f	—	förening	związek m	spolek m	egyesület
procedimento m	geding n	förfarande	postępowanie n	řízení n	eljárás
data de vencimento f	vervaldatum m	sista förbrukningsdag	data płatności weksla f	datum uplynutí lhůty n	lejárat napja
dia de vencimento m	vervaldag m	förfallodag	dzień płatności m	den splatnosti m	lejárat napja
fretar	vervrachten	transportera	ekspediować <wyekspediować>	pronajímat <pronajmout> loď	elfuvaroz
data da conferência f	—	mötesdatum	termin konferencji m	termín porady m	megbeszélés időpontja
assembleia de credores f	—	borgenärssammanträde	zgromadzenie wierzycieli n	schůze věřitelů f	hitelezők gyűlése
comparação f	—	jämförelse	ugoda f	srovnání n	összehasonlítás
comparação f	vergelijking f	jämförelse	ugoda f	srovnání n	összehasonlítás
remuneração f	—	arvode	wynagrodzenie n	úhrada f	díjazás
remuneração f	vergoeding f	arvode	wynagrodzenie n	úhrada f	díjazás
recurso m	—	regress	regres m	regres m	visszkereset
comercializável	—	mogen för marknaden	pokupny na rynku	schopný uplatnění n	piacképes
negociar	onderhandelen	förhandla	negocjować <wynegocjować>	jednat	tárgyal
negociação f	onderhandeling f	förhandling	negocjacja f	jednání n	tárgyalás
preço a negociar m	onderhandelingsbasis f	förhandlingsbas	siła przetargowa f	základna jednání f	tárgyalási alap
elevação f	—	höjning	podwyżka f	zvýšení n	emelés
locador m	—	leasinggivare	udzielający leasingu m	poskytovatel leasingu m	lízingbe adó
—	verificatie f	granskning	badanie n	zkouška f	vizsgálat
verificação f	verificatie f	granskning	badanie n	zkouška f	vizsgálat
controle de qualidade m	kwaliteitscontrole f	kvalitetskontroll	kontrola jakości f	kontrola jakosti f	minőségellenőrzés
verificação f	—	granskning	badanie n	zkouška f	vizsgálat
verificação f	verificatie f	granskning	badanie n	zkouška f	vizsgálat
revisão f	audit m	revision	rewizja f	revize f	felülvizsgálat

verifikation

	D	E	F	I	ES
verifikation (SV)	Beleg m	receipt	justificatif m	quietanza f	justificante m
věřitel (CZ)	Gläubiger m	creditor	créancier m	creditore m	accreedor m
verjaardag (NL)	Geburtstag m	birthday	anniversaire m	compleanno m	día de nacimiento m
Verjährung (D)	—	limitation of actions	prescription f	prescrizione f	prescripción f
verjaring (NL)	Verjährung f	limitation of actions	prescription f	prescrizione f	prescripción f
Verkauf (D)	—	sale	vente f	vendita f	venta f
verkaufen (D)	—	sell	vendre	vendere	vender
Verkäufermarkt (D)	—	seller's market	marché de vendeurs m	mercato favorevole ai venditori m	mercado favorable al vendedor m
Verkäuferprovision (D)	—	sales commission	commission sur les ventes f	provvigione del venditore f	comisión sobre la venta f
Verkaufsabschluß (D)	—	sales contract	contrat de vente m	conclusione di vendita f	conclusión de la venta f
Verkaufsautomat (D)	—	vending machine	distributeur automatique m	distributore automatico m	distribuidor automático m
Verkaufserlös (D)	—	sale proceeds	produit des ventes m	ricavo delle vendite m	producto de la venta m
Verkaufsförderung (D)	—	sales promotion	promotion de la vente f	promozione di vendita f	promoción de las ventas f
Verkaufsoption (D)	—	option to sell	option de vente f	opzione di vendita f	opción de venta f
verkoop (NL)	Verkauf m	sale	vente f	vendita f	venta f
verkoopanalyse (NL)	Absatzanalyse f	sales analysis	analyse de la distribution f	analisi di mercato f	análisis de venta m
verkoopautomaat (NL)	Verkaufsautomat m	vending machine	distributeur automatique m	distributore automatico m	distribuidor automático m
verkoopbevordering (NL)	Absatzförderung f	sales promotion	promotion des ventes f	promozione delle vendite f	fomento de ventas m
verkoopbevordering (NL)	Verkaufsförderung f	sales promotion	promotion de la vente f	promozione di vendita f	promoción de las ventas f
verkoop bij opbod (NL)	Auktion f	auction	vente aux enchères f/pl	asta f	subasta f
verkoop bij opbod (NL)	Versteigerung f	auction	vente aux enchères f	vendita all'asta f	subasta f
verkoopcommissie (NL)	Verkäuferprovision f	sales commission	commission sur les ventes f	provvigione del venditore f	comisión sobre la venta f
verkoopcontract (NL)	Verkaufsabschluß m	sales contract	contrat de vente m	conclusione di vendita f	conclusión de la venta f
verkoopoptie (NL)	Verkaufsoption f	option to sell	option de vente f	opzione di vendita f	opción de venta f
verkoopplanning (NL)	Absatzplanung f	sales planning	planification de la distribution f	pianificazione delle vendite f	planificación de ventas f
verkoopsegment (NL)	Absatzsegment n	sales segment	segment de vente m	segmento di vendita m	segmento de venta m
verkoopsvoorwaarden (NL)	Geschäftsbedingungen	terms and conditions of business	conditions commerciales f/pl	condizioni contrattuali f/pl	condiciones de contrato f/pl
verkoopvooruitzichten (NL)	Absatzchance f	sales prospects	possibilités de réussite des ventes f/pl	possibilità di vendita f/pl	posibilidades de venta f/pl
verkopen (NL)	verkaufen	sell	vendre	vendere	vender
verkopersmarkt (NL)	Verkäufermarkt m	seller's market	marché de vendeurs m	mercato favorevole ai venditori m	mercado favorable al vendedor m
verkorte werktijd (NL)	Kurzarbeit f	short-time work	travail à temps partiel m	lavoro ad orario ridotto m	trabajo reducido m
verksamhetsår (SV)	Geschäftsjahr n	financial year	exercice m	esercizio commerciale m	ejercicio m
verkställande (SV)	Vollstreckung f	enforcement	exécution f	esecuzione f	ejecución f
verkställande direktör (SV)	Geschäftsführer m	managing director	directeur d'entreprise m	amministratore m	gerente m
Verladekosten (D)	—	loading charges	coût du chargement m	costi di caricamento m/pl	gastos de carga m/pl
verladen (D)	—	load	charger	caricare	expedir
Verlag (D)	—	publishing house	maison d'édition f	casa editrice f	editorial f

Verlag

P	NL	SV	PL	CZ	H
comprovativo m	bewijsstuk n	—	dowód m	doklad m	bizonylat
credor Km	schuldeiser m	borgenär	wierzyciel m	—	hitelező
aniversário m	—	födelsedag	data urodzenia f	narozeniny pl	születésnap
prescrição f	verjaring f	preskription	przedawnienie n	promlčení n	elévülés
prescrição f	—	preskription	przedawnienie n	promlčení n	elévülés
venda f	verkoop m	försäljning	sprzedaż f	prodej m	eladás
vender	verkopen	sälja	sprzedawać <sprzedać>	prodávat <prodat>	elad
mercado de vendedores m	verkopersmarkt f	säljarens marknad	rynek sprzedającego m	trh prodávajících m	eladók piaca
comissão sobre as vendas f	verkoopcommissie f	säljarprovision	prowizja od sprzedaży f	provize prodavače f	értékesítési jutalék
conclusão da venda f	verkoopcontract n	säljavtal	kontrakt sprzedażny m	uzavření obchodu n	adásvételi szerződés
distribuidor automático m	verkoopautomaat m	varuautomat	automat do sprzedaży m	prodejní automat m	árusító automata
produto das vendas m	opbrengst van een verkoop f	försäljningsintäkter pl	uzysk ze sprzedaży m	tržba z prodeje f	értékesítési árbevétel
promoção de vendas f	verkoopbevordering f	säljfrämjande åtgärder pl	promocja sprzedaży f	pobídka k prodeji f	értékesítésösztönzés
opção de venda f	verkoopoptie f	säljoption	opcja sprzedaży f	opce k prodeji f	eladási opció
venda f	—	försäljning	sprzedaż f	prodej m	eladás
análise de mercado f	—	säljanalys	analiza zbytu f	analýza odbytu f	értékesítési elemzés
distribuidor automático m	—	varuautomat	automat do sprzedaży m	prodejní automat m	árusító automata
promoção comercial f	—	säljfrämjande åtgärder pl	promocja sprzedaży f	stimulace odbytu f	értékesítésösztönzés
promoção de vendas f	—	säljfrämjande åtgärder pl	promocja sprzedaży f	pobídka k prodeji f	értékesítésösztönzés
leilão m	—	auktion	aukcja f	aukce f	árverés
leilão m	—	auktionsförsäljning	licytacja f	dražba f	árverés
comissão sobre as vendas f	—	säljarprovision	prowizja od sprzedaży f	provize prodavače f	értékesítési jutalék
conclusão da venda f	—	säljavtal	kontrakt sprzedażny m	uzavření obchodu n	adásvételi szerződés
opção de venda f	—	säljoption	opcja sprzedaży f	opce k prodeji f	eladási opció
planificação de vendas f	—	säljplanering	planowanie zbytu n	plánování odbytu n	értékesítés tervezése
segmento de venda m	—	säljsegment	segment zbytu m	odbytový segment m	értékesítési szegmens
condições do contrato f/pl	—	affärsvillkor	warunki handlowe m/pl	obchodní podmínky f/pl	szerződési feltételek
possibilidades de venda f/pl	—	kundämne	możliwość zbytu m	vyhlídka na odbyt f	értékesítési kilátások
vender	—	sälja	sprzedawać <sprzedać>	prodávat <prodat>	elad
mercado de vendedores m	—	säljarens marknad	rynek sprzedającego m	trh prodávajících m	eladók piaca
trabalho a tempo reduzido m	—	korttidsarbete	skrócony czas pracy m	zkrácená pracovní doba f	csökkentett munkaidő
exercício comercial m	boekjaar n	—	rok gospodarczy m	obchodní rok m	üzleti év
execução f	uitvoering f	—	wykonanie n	výkon soudního příkazu m	végrehajtás
gerente m	bedrijfsleider m	—	dyrektor m	jednatel m	ügyvezető
custos de carregamento m/pl	laadkosten m/pl	lastningskostnad	koszty przeładunku m/pl	výdaje za nakládku m/pl	rakodási költségek
carregar	laden	lasta	przeładowywać <przeładować>	nakládat <naložit>	rakodik
editora f	uitgeversmaatschappij f	förlag	wydawnictwo n	nakladatelství n	kiadó

Verlängerung 1070

	D	E	F	I	ES
Verlängerung (D)	—	extension	prolongation f	prolungamento m	prórroga f
verlenging (NL)	Verlängerung f	extension	prolongation f	prolungamento m	prórroga f
verlies (NL)	Damnum n	loss	perte f	perdita f	pérdida f
verlies (NL)	Verlust m	loss	perte f	perdita f	pérdida f
verlof zonder wedde (NL)	unbezahlter Urlaub m	unpaid vacation	congé non payé m	ferie non pagate f/pl	vacaciones no pagadas f/pl
verlorengegangene Sendung (D)	—	lost shipment	envoi perdu m	spedizione andata persa f	envío perdido m
verloren zending (NL)	verlorengegangene Sendung f	lost shipment	envoi perdu m	spedizione andata persa f	envío perdido m
Verlust (D)	—	loss	perte f	perdita f	pérdida f
Verlustgeschäft (D)	—	loss-making business	affaire déficitaire f	affare in perdita m	venta con pérdida f
vermarkten (D)	—	market	commercialiser	lanciare sul mercato	comercializar
Vermerk (D)	—	note	remarque f	nota f	nota f
verminderung (NL)	Abbau m	reduction	réduction f	riduzione f	reducción f
verminderung van de vraag (NL)	Nachfragerückgang m	decrease in demand	recul de la demande m	flessione della domanda f	disminución en la demanda f
Vermittlung (D)	—	mediation	médiation f	mediazione f	mediación f
vermogen (NL)	Vermögen n	property	patrimoine m	patrimonio m	patrimonio m
Vermögen (D)	—	property	patrimoine m	patrimonio m	patrimonio m
Veröffentlichung (D)	—	publication	publication f	pubblicazione f	publicación f
Verordnung (D)	—	decree	décret m	regolamento m	ordenanza f
Verpackung (D)	—	packing	emballage m	imballaggio m	embalaje m
Verpackungsmaterial (D)	—	packing material	matériel d'emballage m	materiale d'imballaggio m	material de embalaje m
Verpackungsmüll (D)	—	packing waste	déchets d'emballage m/pl	rifiuti d'imballaggio m/pl	basura de embalaje f
verpakking (NL)	Verpackung f	packing	emballage m	imballaggio m	embalaje m
verpakkingsafval (NL)	Verpackungsmüll m	packing waste	déchets d'emballage m/pl	rifiuti d'imballaggio m/pl	basura de embalaje f
verpakkingsmateriaal (NL)	Verpackungsmaterial n	packing material	matériel d'emballage m	materiale d'imballaggio m	material de embalaje m
Verpfändung (D)	—	pledge	mise en gage f	pignoramento m	pignoración f
verplaatsingsvergoeding (NL)	Reisespesen f/pl	travelling expenses	frais de voyage m/pl	spese di viaggio f/pl	gastos de viaje m/pl
verplichte reserve (NL)	Mindestreserve m	minimum reserves	réserve minimum f	riserva minima obbligatoria f	reserva mínima f
verplichtingen (NL)	Verbindlichkeiten f/pl	liabilities	dettes f/pl	obblighi m/pl	obligaciones f/pl
Verrechnung (D)	—	settlement	compensation f	compensazione f	compensación f
Verrechnungsscheck (D)	—	crossed cheque	chèque à porter en compte m	assegno sbarrato m	cheque cruzado m
verrekeningscheque (NL)	Verrechnungsscheck m	crossed cheque	chèque à porter en compte m	assegno sbarrato m	cheque cruzado m
Versand (D)	—	dispatch	expédition f	spedizione f	envío m
Versandabteilung (D)	—	dispatch department	service des expéditions m	reparto spedizioni m	departamento de expedición m
versandbereit (D)	—	ready for dispatch	prêt pour expédition	pronto per la spedizione	listo para ser expedido
Versandhandel (D)	—	mail order business	vente par correspondance f	vendita per corrispondenza f	venta por correspondencia f
verscheping (NL)	Verschiffung f	shipment	embarquement m	imbarco m	embarque m
Verschiffung (D)	—	shipment	embarquement m	imbarco m	embarque m
verschroten (NL)	verschrotten	scrap	mettre à la ferraille	rottamare	desguazar
verschrotten (D)	—	scrap	mettre à la ferraille	rottamare	desguazar
Verschuldung (D)	—	indebtedness	endettement m	indebitamento m	endeudamiento m
versement complémentaire (F)	Nachzahlung f	supplementary payment	—	pagamento supplementare m	pago suplementario m
versement d'un achat à tempérament (F)	Teilzahlungsrate f	monthly instalment	—	rata f	plazo m

versement d'un achat à tempérament

P	NL	SV	PL	CZ	H
prolongamento m	verlenging f	förlängning	prolongata f	prodloužení n	meghosszabbítás
prolongamento m	—	förlängning	prolongata f	prodloužení n	meghosszabbítás
perda f	—	kreditkostnad	strata f	škoda f	veszteség
perda f	—	förlust	strata f	ztráta f	veszteség
férias não pagas f/pl	—	obetald semester	urlop bezpłatny m	neplacená dovolená f	fizetés nélküli szabadság
carregamento perdido m	verloren zending f	förlorad leverans	utracona przesyłka f	ztracená zásilka f	elveszett küldemény
carregamento perdido m	—	förlorad leverans	utracona przesyłka f	ztracená zásilka f	elveszett küldemény
perda f	verlies n	förlust	strata f	ztráta f	veszteség
negócio com prejuízo m	transactie met verlies f	förlustaffär	interes przynoszący straty m	ztrátový obchod m	veszteséges üzlet
comercializar	commercialiseren	marknadsföra	uplasować na rynku	uvést na trh	értékesít
nota f	aantekening f	anmärkning	adnotacja f	poznámka f	megjegyzés
redução f	—	nedbrytning	redukcja f	snížení n	leépítés
diminuição da procura f	—	minskad efterfrågan	spadek popytu m	pokles poptávky f	keresletcsökkenés
mediação f	bemiddeling f	förmedling	pośrednictwo n	zprostředkování n	közvetítés
património m	—	förmögenhet	majątek m	majetek m	vagyon
património m	vermogen n	förmögenhet	majątek m	majetek m	vagyon
publicação f	publicatie f	publicering	publikacja f	uveřejnění n	közzététel
decreto m	besluit n	förordning	zarządzenie n	vyhláška f	rendelet
embalagem f	verpakking f	förpackning	opakowanie n	obal m	csomagolás
material de embalagem m	verpakkingsmateriaal n	packningsmaterial	materiał opakunkowy m	obalový materiál m	csomagolóanyag
embalagem usada f	verpakkingsafval n	förpackningsavfall	zużyte opakowania m/pl	obalový odpad m	csomagolási hulladék
embalagem f	—	förpackning	opakowanie n	obal m	csomagolás
embalagem usada f	—	förpackningsavfall	zużyte opakowania m/pl	obalový odpad m	csomagolási hulladék
material de embalagem m	—	packningsmaterial	materiał opakunkowy m	obalový materiál m	csomagolóanyag
penhora f	borgstelling f	pantsättning	ustanowienie zastawu n	zástava f	elzálogosítás
despesas de viagem f/pl	—	resetraktamente	koszty podróży m/pl	cestovní výlohy f/pl	utazási költségek
reserva mínima f	—	minimireserv	najniższa rezerwa f	minimální rezerva f	kötelező tartalék
obrigação f	—	skulder pl	zobowiązanie n	závazky m/pl	kötelezettségek
compensação f	compensatie f	avräkning	rozliczenie n	zúčtování n	elszámolás
cheque cruzado m	verrekeningscheque m	korsad check	czek rozrachunkowy m	zúčtovací šek n	elszámolási csekk
cheque cruzado m	—	korsad check	czek rozrachunkowy m	zúčtovací šek n	elszámolási csekk
expedição f	verzending f	leverans	ekspedycja f	expedice f	feladás
departamento de expedição m	expeditieafdeling f	leveransavdelning	wydział ekspedycji m	expediční oddělení n	szállítási részleg
pronto para ser expedido	klaar voor verzending	färdig för leverans	gotowy do wysyłki	připravený k expedici	szállításra kész
venda por correspondência f	verzendhandel m	postorderförsäljning	handel wysyłkowy m	zásilkový obchod m	csomagküldő kereskedelem
embarque m	—	utskeppning	wysyłka statkiem f	nakládka na loď f	elszállítás
embarque m	verscheping f	utskeppning	wysyłka statkiem f	nakládka na loď f	elszállítás
transformar em sucata	—	skrota	złomować <zezłomować>	sešrotovat	kiselejtez
transformar em sucata	verschroten	skrota	złomować <zezłomować>	sešrotovat	kiselejtez
endividamento m	schuldenlast m	skuldsättning	zadłużenie n	zadlužení n	eladósodás
pagamento suplementar m	bijbetaling f	tilläggsbetalning	dopłata f	doplatek m	pótkifizetés
prestação f	maandelijkse afbetaling f	avbetalningstakt	rata f	splátka f	részletfizetési összeg

verseny

	D	E	F	I	ES
verseny (H)	Wettbewerb m	competition	compétition f	concorrenza f	competencia f
versenyelőny (H)	Wettbewerbsvorteil m	competitive advantage	avantage de concurrence m	vantaggio concorrenziale	ventaja de competencia f
versenykorlátozás (H)	Wettbewerbsbeschränkung f	restraint of competition	restriction apportée à la concurrence f	restrizione della concorrenza f	restricciones a la competencia f/pl
Versicherung (D)	—	insurance	assurance f	assicurazione f	seguro m
Versicherungsagent (D)	—	insurance agent	agent d'assurance m	agente assicurativo m	agente de seguros m
Versicherungsnehmer (D)	—	insured person	souscripteur d'assurance m	assicurato m	asegurado m
Versicherungspolice (D)	—	insurance policy	police d'assurance f	polizza d'assicurazione f	seguro m
Versicherungsprämie (D)	—	insurance premium	prime d'assurance f	premio assicurativo m	prima de seguro f
Versicherungsschutz (D)	—	insurance cover	couverture de l'assurance f	copertura assicurativa f	cobertura de seguro f
Versicherungssumme (D)	—	insured sum	montant de l'assurance m	capitale assicurato m	suma asegurada f
Versorgung (D)	—	supply	approvisionnement m	approvvigionamento m	abastecimiento m
Verspätung (D)	—	delay	retard m	ritardo m	retraso m
Verstaatlichung (D)	—	nationalisation	nationalisation f	nazionalizzazione f	nacionalización f
Versteigerung (D)	—	auction	vente aux enchères f	vendita all'asta f	subasta f
Vertagung (D)	—	postponement	ajournement m	rinvio m	aplazamiento m
vertaling (NL)	Übersetzung f	translation	traduction	traduzione f	traducción
vertegenwoordiger (NL)	Vertreter m	representative	représentant m	rappresentante m	representante m
vertegenwoordiging (NL)	Vertretung f	representation	représentation f	rappresentanza f	representación f
Verteilung (D)	—	distribution	distribution f	distribuzione f	distribución f
Vertrag (D)	—	contract	contrat m	contratto m	contrato m
vertraging (NL)	Verspätung f	delay	retard m	ritardo m	retraso m
Vertragsabschluß (D)	—	conclusion of a contract	conclusion du contrat f	stipulazione del contratto f	conclusión de un contrato f
Vertragsänderung (D)	—	amendment of a contract	modification du contrat f	modificazione del contratto f	modificación de contrato f
Vertragsbedingung (D)	—	conditions of a contract	condition du contrat f	condizione contrattuale f	condiciones contractuales f/pl
Vertragsbruch (D)	—	breach of contract	violation de contrat f	inadempienza contrattuale f	ruptura de contrato f
Vertragsdauer (D)	—	term of a contract	durée du contrat f	durata del contratto f	duración del contrato f
Vertragsstrafe (D)	—	contractual penalty	pénalité f	pena contrattuale f	pena convencional f
Vertrauensverhältnis (D)	—	confidential relationship	rapport de confiance m	rapporto di fiducia m	relación de confianza f
vertraulich (D)	—	confidential	confidentiel	confidenziale	confidencial
vertrekdatum (NL)	Abreisedatum n	date of departure	date de départ f	data di partenza f	fecha de partida f
Vertreter (D)	—	representative	représentant m	rappresentante m	representante m
Vertretung (D)	—	representation	représentation f	rappresentanza f	representación f
Vertrieb (D)	—	distribution	distribution f	distribuzione f	distribución f
Vertriebsweg (D)	—	distribution channel	canal de distribution m	canale distributivo m	canal de distribución m
vertrouwelijk (NL)	vertraulich	confidential	confidentiel	confidenziale	confidencial
vertrouwensrelatie (NL)	Vertrauensverhältnis n	confidential relationship	rapport de confiance m	rapporto di fiducia m	relación de confianza f
Veruntreuung (D)	—	misappropriation	malversation f	abuso di fiducia m	malversación f
vervaldag (NL)	Verfalltag m	day of expiry	jour de l'échéance m	giorno di scadenza m	día de vencimiento m
vervaldatum (NL)	Verfallsdatum n	expiry date	date d'échéance f	data di scadenza f	fecha de vencimiento f
vervanging (NL)	Wiederbeschaffung f	replacement	réapprovisionnement m	riapprovvigionamento m	reposición f
vervangingskoop (NL)	Ersatzkauf m	substitute purchase	achat de remplacement m	acquisto di compensazione m	compra de sustitución f

vervangingskoop

P	NL	SV	PL	CZ	H
competição f	concurrentie f	konkurrens	konkurencja f	soutěž f	—
vantagem competitiva f	concurrentievoordeel n	konkurrensfördel	przewaga reklamowa f	výhoda v soutěži f	—
restrições à concorrência f/pl	concurrentiebeperking f	konkurrensrestriktioner	ograniczenie konkurencji n	omezení soutěže n	—
seguro m	verzekering f	försäkring	ubezpieczenie n	pojištění n	biztosítás
agente de seguros m	verzekeringsagent m	försäkringsagent	agent ubezpieczeniowy m	pojišťovací agent m	biztosítási ügynök
segurado m	verzekeringnemer m	försäkringstagare	ubezpieczeniobiorca m	pojištěný m	biztosított (fél)
apólice de seguros f	verzekeringspolis f	försäkringsbrev	polisa ubezpieczeniowa f	pojistka f	biztosítási kötvény
prémio de seguro m	verzekeringspremie f	försäkringspremie	składka ubezpieczeniowa f	pojistná prémie n	biztosítási díj
protecção por seguro f	bescherming door verzekering f	försäkringsskydd	ochrona ubezpieczeniowa f	ochrana získaná pojištěním f	biztosítási fedezet
montante do seguro m	verzekerd bedrag n	försäkringssumma	suma ubezpieczenia f	pojistná suma f	biztosítási összeg
aprovisionamento m	bevoorrading f	försörjning	zaopatrzenie n	zásobování n	ellátás
atraso m	vertraging f	försening	opóźnienie n	prodlení n	késedelem
nacionalização f	nationalisering f	förstatligande	upaństwowienie n	zestátnění n	államosítás
leilão m	verkoop bij opbod m	auktionsförsäljning	licytacja f	dražba f	árverés
adiamento m	uitstel n	uppskjutande	odroczenie n	odložení n	elnapolás
tradução f	—	översättning	tłumaczenie n	překlad m	fordítás
representante m	—	representant	przedstawiciel m	zástupce m	képviselő
representação f	—	representation	przedstawicielstwo n	zastoupení n	képviselet
distribuição f	distributie f	distribution	dystrybucja f	rozdělování n	elosztás
contrato m	overeenkomst f	avtal	umowa f	smlouva f	szerződés
atraso m	—	försening	opóźnienie n	prodlení n	késedelem
conclusão de um contrato f	sluiten van een overeenkomst n	avtalsskrivning	zawarcie umowy n	uzavření smlouvy n	szerződéskötés
modificação do contrato f	wijziging van het contract f	avtalsändring	zmiana umowy f	změna smlouvy n	szerződésmódosítás
condições do contrato f/pl	overeengekomen clausule f	avtalsvillkor	warunek umowy m	smluvní podmínka f	szerződési feltétel
lesão do contrato f	contractbreuk f	avtalsbrott	zerwanie umowy n	porušení smlouvy n	szerződésszegés
duração do contrato f	duur van een contract m	avtalsperiod	czas trwania umowy m	doba platnosti smlouvy f	szerződés tartama
pena convencional f	contractuele boete f	avtalsvite	kara umowna f	smluvní pokuta f	kötbér
relação de confiança f	vertrouwensrelatie f	förtroende	stosunek zaufania m	důvěrný vztah m	bizalmi viszony
confidencial	vertrouwelijk	förtroligt	poufny	důvěrný	bizalmas
data de partida f	—	avresedatum	data wyjazdu f	datum odjezdu n	elutazás napja
representante m	vertegenwoordiger m	representant	przedstawiciel m	zástupce m	képviselő
representação f	vertegenwoordiging f	representation	przedstawicielstwo n	zastoupení n	képviselet
distribuição f	distributie f	distribution	zbyt m	odbyt m	forgalmazás
canal de distribuição f	distributiekanaal n	distributionskanal	kanał dystrybucyjny m	odbytová cesta f	értékesítési csatorna
confidencial	—	förtroligt	poufny	důvěrný	bizalmas
relação de confiança f	—	förtroende	stosunek zaufania m	důvěrný vztah m	bizalmi viszony
desfalque m	verduistering f	förskingring	sprzeniewierzenie n	zpronevěra f	hűtlen kezelés
dia de vencimento m	—	förfallodag	dzień płatności m	den splatnosti m	lejárat napja
data de vencimento f	—	sista förbrukningsdag	data płatności weksla f	datum uplynutí lhůty n	lejárat napja
reposição f	—	nyanskaffning	ponowny zakup m	reprodukce f	pótlás
compra de reposição f	—	substitutsköp	zakup zastępczy m	náhradní nákup m	pótvásárlás

vervangingslevering 1074

	D	E	F	I	ES
vervangingsle-vering (NL)	Ersatzlieferung f	replacement delivery	livraison de remplacement f	fornitura di compensazione f	entrega de reposición f
vervrachten (NL)	verfrachten	ship	fréter	imbarcare	expedir
vervreemding (NL)	Veräußerung f	sale	vente f	alienazione f	enajenación f
vervroegde afschrijvingen (NL)	Sonderabschreibungen f/pl	special depreciation	amortissement extraordinaire m	ammortamenti straordinari m/pl	amortización extraordinaria f
Verwahrung (D)	—	custody	dépôt m	custodia f	custodia f
Verwalter (D)	—	administrator	administrateur m	amministratore m	administrador m
Verwaltung (D)	—	administration	administration f	amministrazione f	administración f
verwerving (NL)	Akquisition f	acquisition	acquisition f	acquisizione f	adquisición f
verwervingskosten (NL)	Bezugskosten pl	delivery costs	coûts d'acquisition m/pl	spese di consegna f/pl	gastos de adquisición m/pl
verwijdering van afval (NL)	Abfallbeseitigung f	waste disposal	élimination des déchets f	smaltimento dei rifiuti m	evacuación de residuos f
verzekerd bedrag (NL)	Versicherungssumme f	insured sum	montant de l'assurance m	capitale assicurato m	suma asegurada f
verzekering (NL)	Assekuranz f	assurance	assurance f	assicurazione f	seguro m
verzekering (NL)	Versicherung f	insurance	assurance f	assicurazione f	seguro m
verzekeringnemer (NL)	Versicherungsnehmer m	insured person	souscripteur d'assurance m	assicurato m	asegurado m
verzekeringsagent (NL)	Versicherungsagent m	insurance agent	agent d'assurance m	agente assicurativo m	agente de seguros m
verzekeringspolis (NL)	Versicherungspolice f	insurance policy	police d'assurance f	polizza d'assicurazione f	seguro m
verzekeringspremie (NL)	Versicherungsprämie f	insurance premium	prime d'assurance f	premio assicurativo m	prima de seguro f
verzendhandel (NL)	Versandhandel m	mail order business	vente par correspondance f	vendita per corrispondenza f	venta por correspondencia f
verzending (NL)	Abfindung f	compensation	indemnité f	compensazione f	compensación f
verzending (NL)	Versand m	dispatch	expédition f	spedizione f	envío m
verzendingsgoed (NL)	Speditionsgut n	forwarding goods	bien transporté m	merce spedita f	mercancía transportada f
verzinsen (D)	—	pay interest on	compter des intérêts	pagare interessi	pagar interés
verzollt (D)	—	duty-paid	dédouané	sdoganato	aranceles pagados
Verzug (D)	—	delay	retard m	mora f	retraso m
Verzugszinsen (D)	—	default interest	intérêts moratoires m/pl	interessi di mora m/pl	intereses de demora m/pl
vestiging (NL)	Niederlassung f	branch office	succursale f	succursale f	sucursal f
vestigingsplaats (NL)	Standort m	location	lieu d'implantation m	ubicazione f	ubicación f
veszélyességi pótlék (H)	Gefahrenzulage f	danger money	prime de danger f	indennità di rischio m	incremento por peligrosidad m
veszteség (H)	Damnum n	loss	perte f	perdita f	pérdida f
veszteség (H)	rote Zahlen f/pl	the red	chiffres déficitaires m/pl	conti in rosso m/pl	números rojos m/pl
veszteség (H)	Verlust m	loss	perte f	perdita f	pérdida f
veszteséges üzlet (H)	Verlustgeschäft n	loss-making business	affaire déficitaire f	affare in perdita m	venta con pérdida f
vételár (H)	Kaufpreis m	purchase price	prix d'achat m	prezzo d'acquisto m	precio de compra m
vételi árfolyam (H)	Geldkurs m	buying rate	cours de la monnaie m	prezzo di domanda m	tipo de cambio de la moneda m
vétkes (H)	schuldhaft	culpable	coupable	colposo	culpable
vetrina (I)	Auslage f	display	étalage m	—	vitrina f
většina akcií (CZ)	Aktienmehrheit f	majority of stock	majorité d'actions f	maggioranza azionaria f	mayoría de acciones f
vettore (I)	Frachtführer m	carrier	transporteur m	—	transportista m
vettura da noleggio (I)	Leihwagen m	hired car	voiture de location f	—	coche de alquiler m
vevő (H)	Käufer m	purchaser	acquéreur m	acquirente m	adquirente m
vevő (H)	Kunde m	customer	client m	cliente m	cliente m
vevőkör (H)	Kundschaft f	clientele	clientèle f	clientela f	clientela f
vevőkör (H)	Kundenkreis m	customers	clientèle f	clientela f	clientela f

vevőkör

P	NL	SV	PL	CZ	H
entrega de reposição f	—	substitutsleverans	dostawa zastępcza f	náhradní dodávka f	pótszállítás
fretar	—	transportera	ekspediować <wyekspediować>	pronajímat <pronajmout> loď	elfuvaroz
alienação f	—	avyttring	zbycie n	zcizení n	elidegenítés
amortização extraordinária f	—	extra avskrivning	amortyzacja specjalna f	zvláštní odpisy m/pl	speciális értékcsökkenési leírás
custódia f	bewaring f	förvaring	przechowanie n	úschova f	megőrzés
administrador m	beheerder m	förvaltare	administrator m	správce m	kezelő
administração f	beheer n	förvaltning	administracja f	správa f	ügykezelés
aquisição f	—	ackvisition	akwizycja f	akvizice f	akvizíció
custos de aquisição m/pl	—	förvärvskostnader pl	koszty nabycia m/pl	pořizovací náklady m/pl	beszerzési költségek
eliminação dos desperdícios f	—	avfallshantering	usuwanie odpadów n	odstraňování odpadu n	hulladékeltávolítás
montante do seguro m	—	försäkringssumma	suma ubezpieczenia f	pojistná suma f	biztosítási összeg
seguro m	—	assurans	asekuracja n	pojištění n	biztosítás
seguro m	—	försäkring	ubezpieczenie n	pojištění n	biztosítás
segurado m	—	försäkringstagare	ubezpieczeniobiorca m	pojištěný m	biztosított (fél)
agente de seguros m	—	försäkringsagent	agent ubezpieczeniowy m	pojišťovací agent m	biztosítási ügynök
apólice de seguros f	—	försäkringsbrev	polisa ubezpieczeniowa f	pojistka f	biztosítási kötvény
prémio de seguro m	—	försäkringspremie	składka ubezpieczeniowa f	pojistná prémie n	biztosítási díj
venda por correspondência f	—	postorderförsäljning	handel wysyłkowy m	zásilkový obchod m	csomagküldő kereskedelem
indemnização f	—	ersättning	odszkodowanie n	odstupné n	kártérítés
expedição f	—	leverans	ekspedycja f	expedice f	feladás
mercadoria expedida f	—	fraktgods	fracht spedycyjny m	zasílané zboží n	szállítmány
render juros	rente betalen	förränta	oprocentować	zúročovat <zúročit>	kamatozik
tarifas alfandegárias pagas f/pl	gededouaneerd	tull betald	oclony	proclený	vámkezelt
mora f	achterstallen m/pl	uppskov	zwłoka f	odklad m	késedelem
juros de mora m/pl	moratoire rente f	dröjsmålsränta	odsetki za zwłokę pl	úroky z prodlení m/pl	késedelmi kamat
sucursal f	—	etablering	filia f	pobočka f	kirendeltség
localização f	—	etableringsort	lokalizacja f	stanoviště n	telephely
prémio de risco m	gevarentoeslag m	risktillägg	dodatek za zwiększone ryzyko m	rizikový příplatek m	—
perda f	verlies n	kreditkostnad	strata f	škoda f	—
valores a vermelho m/pl	rode cijfers n/pl	med förlust	straty f/pl	červená čísla n/pl	—
perda f	verlies n	förlust	strata f	ztráta f	—
negócio com prejuízo m	transactie met verlies f	förlustaffär	interes przynoszący straty m	ztrátový obchod m	—
preço de compra m	aankoopprijs m	köppris	cena kupna f	kupní cena f	—
cotação f	geldkoers m	pris marknaden är beredd att betala	kurs zakupu pieniądza m	peněžní kurs m	—
culpável	schuldig	skyldig	zawiniony	zaviněný	—
vitrine f	etalage f	skyltning	wystawa f	výloha f	kirakati bemutatás
maioria das acções f	meerderheid van aandelen f	aktiemajoritet	większość akcji f	—	részvénytöbbség
transportador m	vrachtrijder m	fraktförare	przewoźnik m	přepravce m	fuvarozó
carro alugado m	huurauto m	hyrbil	samochód wypożyczony m	půjčený vůz m	bérautó
comprador m	koper m	köpare	nabywca m	kupující m/f	—
cliente m	klant m	kund	klient m	zákazník m	—
clientela f	klantenkring m	kundkrets	klientela f	zákaznictvo n	—
clientela f	klantenkring m	kundkrets	klientela f	okruh zákazníků m	—

vevő száma 1076

	D	E	F	I	ES
vevő száma (H)	Kundennummer f	customer's reference number	numéro de référence du client m	codice cliente m	número del cliente m
vezérigazgató (H)	Generaldirektor m	director general	directeur général m	direttore generale m	director general m
vezérképviselő (H)	Generalvertreter m	general agent	agent général m	rappresentante generale m	representante general m
vezető (H)	Chef m	head	chef m	capo m	jefe m
vezető (H)	Führungskraft f	manager	cadre supérieur m	dirigente m	personal directivo m
vezető (H)	Manager m	manager	manager m	responsabile m	director m
vezetőségi szint (H)	Führungsebene f	executive level	niveau de gestion m	livello dirigenziale m	nivel de dirección m
v hotovosti (CZ)	in bar	in cash	au comptant	in contanti	en efectivo
via (I)	Straße f	street	rue f	—	calle f
vice (SV)	Stellvertreter m	deputy	adjoint m	sostituto m	sustituto m
vierteljährlich (D)	—	quarterly	trimestriel	trimestrale	trimestral
vigilar (ES)	überwachen	supervise	surveiller	sorvegliare	—
Világbank (H)	Weltbank f	World Bank	banque mondiale f	Banca Mondiale f	Banco Mundial m
világgazdaság (H)	Weltwirtschaft f	world economy	économie mondiale f	economia mondiale f	economía mundial f
világkereskedelem (H)	Welthandel m	world trade	commerce mondial m	commercio mondiale m	comercio internacional m
világpiaci ár (H)	Weltmarktpreis m	world market price	prix sur le marché mondial m	prezzo di mercato mondiale m	precio del mercado mundial m
villkor (SV)	Kondition f	condition	condition f	condizione f	condición f
villkor (SV)	Bedingung f	condition	condition f	condizione f	condición f
villkorsbekräftelse (SV)	Schlußbrief m	sales note	lettre de confirmation f	lettera di conferma f	carta de confirmación f
vinst (SV)	Ertrag m	return	rendement m	rendimento m	rendimiento m
vinst (SV)	Gewinn m	profit	bénéfice m	utile m	beneficio m
vinst (SV)	Profit m	profit	profit m	profitto m	beneficio m
vinstandel (SV)	Tantieme f	percentage of profits	tantième m	percentuale d'interessenza f	tanto por ciento m
vinstbeskattning (SV)	Ertragsteuer f	tax on earnings	impôt assis sur le produit m	imposta cedolare f	impuesto sobre beneficios m
vinstdelning (SV)	Gewinnbeteiligung f	profit-sharing	participation aux bénéfices f	partecipazione agli utili f	participación en los beneficios f
vinstmarginal (SV)	Gewinnspanne f	margin of profit	marge de bénéfice f	margine di profitto m	margen de beneficios f
vinstmaximering (SV)	Gewinnmaximierung f	maximisation of profits	maximalisation du gain f	massimizzazione degli utili f	maximación de los beneficios f
vinst- och förlustkonto (SV)	Ertragsrechnung f	profit and loss account	compte de profit et charges m	conto delle entrate m	cuenta de ganancias f/pl
vinstöverföring (SV)	Gewinnabführung f	transfer of profit	transfert du bénéfice m	trasferimento degli utili m	transferencia de beneficios f
vinstpåslag (SV)	Gewinnaufschlag m	profit mark-up	marge de bénéfice f	maggiorazione dell'utile f	margen de beneficio f
vinstsituation (SV)	Ertragslage f	profitability	niveau de rendement m	situazione economica f	situación del beneficio f
vinstutdelning (SV)	Dividende f	dividend	dividende m	dividendo m	dividendo m
vinstutveckling (SV)	Profitrate f	profit rate	taux de profit m	tasso di profitto m	tasa de beneficio f
violation de contrat (F)	Vertragsbruch m	breach of contract	—	inadempienza contrattuale f	ruptura de contrato f
virement (F)	Giro n	endorsement	—	girata f	giro m
virement (F)	Überweisung f	remittance	—	rimessa f	transferencia f
virement bancaire (F)	Banküberweisung f	bank transfer	—	bonifico bancario m	transferencia bancaria f
virement postal (F)	Postgiro n	postal giro	—	postagiro m	giro postal m
virement postal (F)	Postüberweisung f	postal transfer	—	bonifico postale m	giro postal m
visa (E)	Visum n	—	visa m	visto m	visado m

visa

P	NL	SV	PL	CZ	H
número de referência do cliente m	klantennummer n	kundnummer	numer klienta m	evidenční číslo zákazníka n	—
director-geral m	directeur-generaal m	generaldirektör	derektor generalny m	generální ředitel m	—
representante geral m	alleenvertegenwoordiger m	generalagent	wyłączny przedstawiciel m	generální zástupce m	—
chefe m	chef m	chef	szef m	ředitel m	—
quadro superior m	leidinggevende kracht f	ledning	kadra kierownicza f	vedoucí řídící pracovník m	—
director m	manager m	manager	manager m	manažer m	—
nível da direcção m	directieniveau n	ledningsnivå	płaszczyzna kierownicza f	řídící úroveň f	—
em dinheiro	contant	kontant	gotówką	—	készpénzben
rua f	straat f	gata	ulica f	ulice f	utca
substituto m	assistent m	—	zastępca m	zástupce m	helyettes
trimestral	driemaandelijks	kvartalsvis	kwartalnie	čtvrtletní	negyedévenként(i)
supervisar	superviseren	bevaka	nadzorować	hlídat m	felügyel
Banco Internacional de Reconstrução e Fomento m	Wereldbank f	Världsbanken	Bank Światowy m	Světová banka f	—
economia mundial f	wereldeconomie f	världsekonomi	gospodarka światowa f	světové hospodářství n	—
comércio internacional m	wereldhandel m	världshandel	handel światowy m	světový obchod m	—
preço no mercado internacional m	wereldmarktprijs m	världsmarknadspris	cena światowa f	cena na světovém trhu f	—
condição f	voorwaarde f	—	warunek m	podmínka f	feltétel
condição f	voorwaarde f	—	warunek m	podmínka f	feltétel
carta de confirmação f	sluitbriefje n	—	potwierdzenie warunków n	závěrečná kupní smlouva f	kötlevél
rendimento m	opbrengst f	—	zysk m	výnos m	jövedelem
lucro m	winst f	—	zysk m	zisk m	nyereség
lucro m	winst f	—	zysk m	prospěch m	nyereség
percentagem f	tantième n	—	tantiema f	podíl na zisku m	jutalék
imposto sobre o rendimento m	winstbelasting f	—	podatek od zysku m	daň z výnosů f	jövedelemadó
participação nos lucros f	deelneming in de winst f	—	udział w zyskach m	podíl na zisku m	nyereségrészesedés
margem de lucro f	winstmarge f	—	marża zysku f	rozpětí zisku n	haszonrés
maximização dos lucros f	winstmaximalisering f	—	maksymalizacja zysku f	maximalizace zisku m	nyereség maximálása
demonstração de resultados f	resultatenrekening f	—	rachunek zysków m	účtování výnosů n	eredménykimutatás
transferência dos lucros f	de afdracht van de winst f/m	—	podatek z zysku m	odvod zisku m	nyereségátutalás
margem de lucro f	winstverhoging f	—	zwiększenie zysku n	zisková přirážka f	árrés
nível de lucros m	rentabiliteit f	—	zyskowność f	stav výnosů m	nyereséghelyzet
dividendo m	dividend n	—	dywidenda f	dividenda f	osztalék
taxa de lucro f	winstmarge f	—	stopa zysku f	míra zisku f	profitráta
lesão do contrato f	contractbreuk f	avtalsbrott	zerwanie umowy n	porušení smlouvy f	szerződésszegés
transferência de crédito f	overschrijving f	girering	żyro n	žiro n	zsíró
transferência f	overschrijving f	överföring	przelew m	bezhotovostní převod m	átutalás
transferência bancária f	bankoverschrijving f	banköverföring	przekaz bankowy m	bankovní převod m	banki átutalás
vale postal m	postgiro	postgiro	pocztowe konto bieżące n	poštžiro n	postai zsíróátutalás
transferência postal f	postgiro m	postgiroutbetalning	przekaz pocztowy m	poštovní převod m	postai átutalás
visto m	visum n	visum	wiza f	vízum n	vízum

visa

	D	E	F	I	ES
visa (F)	Visum n	visa	—	visto m	visado m
visado (ES)	Visum n	visa	visa m	visto m	—
visszacsatolás (H)	Rückkopplung f	feedback	rétroaction f	accoppiamento a reazione m	retroacción f
visszafizetési összeg (H)	Ablösesumme f	redemption sum	montant de rachat m	buona uscita f	suma de amortización f
visszaigazolás (H)	Bestätigung f	confirmation	confirmation f	conferma f	confirmación f
visszaküldés (H)	Rücksendung f	return	renvoi m	rispedizione f	devolución f
visszalépés (H)	Rücktritt m	rescission	dénonciation du contrat f	recesso m	dimisión f
visszamenőleges (H)	rückwirkend	retrospective	rétroactif	con effetto retroattivo	retroactivo
visszaszolgáltatás (H)	Rückgabe f	return	restitution f	restituzione f	restitución f
visszatérítés (H)	Rückerstattung f	repayment	remboursement m	rimborso m	restitución f
visszavon (H)	widerrufen	revoke	révoquer	revocare	revocar
visszkereset (H)	Rückgriff m	recourse	recours m	regresso m	recurso m
visszkereset nélküli finanszírozás (H)	Forfaitierung f	non-recourse financing	forfaitage m	regolamento forfettario m	financiación sin recurso f
visto (I)	Visum n	visa	visa m	—	visado m
visto (P)	Visum n	visa	visa m	visto m	visado m
Visum (D)	—	visa	visa m	visto m	visado m
visum (NL)	Visum n	visa	visa m	visto m	visado m
visum (SV)	Visum n	visa	visa m	visto m	visado m
visura (I)	Einsichtnahme f	inspection	inspection des livres comptables f	—	inspección f
viszontbiztosítás (H)	Rückversicherung f	reinsurance	réassurance f	riassicurazione f	reaseguro m
viszonteladói ár (H)	Wiederverkaufspreis m	resale price	prix de revente m	prezzo di rivendita m	precio de reventa m
viszontkereset (H)	Regreß m	recourse	recours m	regresso m	recurso m
viszontleszámítol (H)	rediskontieren	rediscount	réescompter	riscontare	redescontar
vitrina (ES)	Auslage f	display	étalage m	vetrina f	—
vitrine (P)	Auslage f	display	étalage m	vetrina f	vitrina f
vizio (I)	Mangel m	defect	défaut m	—	defecto m
vizsgálat (H)	Prüfung f	examination	vérification f	controllo m	verificación f
vízum (CZ)	Visum n	visa	visa m	visto m	visado m
vízum (H)	Visum n	visa	visa m	visto m	visado m
vklad (CZ)	Anlage f	investment	placement m	investimento m	inversión f
vklad na tři měsíce (CZ)	Dreimonatspapier n	three months' papers	titre sur trois mois m	titolo trimestrale m	títulos a tres meses m
vklady (CZ)	Einlagen f/pl	deposit	dépôt m	depositi fiduciari m/pl	depósitos bancarios m/pl
vlastnictví (CZ)	Besitz m	possession	possession f	possesso m	posesión f
vlastní financování (CZ)	Eigenfinanzierung f	self-financing	autofinancement m	autofinanziamento m	financiación propia f
vlastní kapitál (CZ)	Eigenkapital n	equity capital	capital propre m	capitale d'esercizio m	capital propio m
vlastník účtu (CZ)	Kontoinhaber m	account holder	titulaire d'un compte m	titolare del conto m	titular de una cuenta m
vlastní náklady (CZ)	Selbstkosten f	prime costs	coût de revient m	spese aziendali f/pl	costes propios m/pl
vlastní spotřeba (CZ)	Eigenverbrauch m	personal consumption	consommation personnelle f	consumo proprio m	consumo propio m
vnitřní evropský trh (CZ)	Europäischer Binnenmarkt m	Internal Market of the European Community	Marché Unique m	mercato unico m	Mercado Unico m
v odpovídající lhůtě (CZ)	fristgerecht	on time	dans les délais	entro il termine convenuto	dentro del plazo fijado
void (E)	nichtig	—	nul	nullo	nulo
voiture de location (F)	Leihwagen m	hired car	—	vettura da noleggio f	coche de alquiler m

voiture de location

P	NL	SV	PL	CZ	H
visto m	visum n	visum	wiza f	vízum n	vízum
visto m	visum n	visum	wiza f	vízum n	vízum
feed-back m	feedback m	feedback	sprzężenie zwrotne n	zpětná vazba f	—
montante de amortização m	aflosbedrag n	återköpsumma	kwota spłaty f	odstupné n	—
confirmação f	bevestiging f	bekräftelse	potwierdzenie n	potvrzení n	—
devolução f	terugzending f	återsändande	zwrot m	zpětná zásilka f	—
demissão f	annulering f	återkallande	odstąpienie n	odstoupení n	—
retroactivo	terugwerkend	retroaktiv	obowiązujący wstecz	působící zpětně	—
restituição f	restitutie f	retur	zwrot m	vrácení n	—
reembolso m	rechtsvordering tot teruggave f	återbetalning	zwrot wpłaty m	refundace f	—
revogar	herroepen	återkalla	odwoływać <odwołać>	odvolávat <odvolat>	—
recurso m	verhaal n	regress	regres m	regres m	—
financiamento sem recurso m	het à forfait verkopen n	utan regress	finansowanie długoterminowymi należnościami n	odstupné n	—
visto m	visum n	visum	wiza f	vízum n	vízum
—	visum n	visum	wiza f	vízum n	vízum
visto m	visum n	visum	wiza f	vízum n	vízum
visto m	—	visum	wiza f	vízum n	vízum
visto m	visum n	—	wiza f	vízum n	vízum
inspecção f	inzage f/m	granskning	wgląd m	nahlédnutí n	betekintés
resseguro m	herverzekering f	reassurans	reasekuracja f	zájistná záruka n	—
preço de revenda m	inruilwaarde f	återförsäljningspris	cena w odsprzedaży f	překupní cena f	—
recurso m	regres n	regress	regres m	regres m	—
redescontar	herdisconteren	rediskontera	redyskontować <zredyskontować>	rediskontovat	—
vitrine f	etalage f	skyltning	wystawa f	výloha f	kirakati bemutatás
—	etalage f	skyltning	wystawa f	výloha f	kirakati bemutatás
defeito m	gebrek n	defekt	wada m	nedostatek m	hiba
verificação f	verificatie f	granskning	badanie n	zkouška f	—
visto m	visum n	visum	wiza f	—	vízum
visto m	visum n	visum	wiza f	vízum n	—
investimento m	investering f	investering	inwestowanie n	—	befektetés
títulos a três meses m/pl	driemaandswissel m	tremånaderspapper	trzymiesięczny papier wartościowy m	—	háromhavi lejáratú kötvények
depósito bancário m	bijgevoegde stukken n/pl	deposition	wkład m	—	betét
possessão f	bezit n	egendom	posiadanie n	—	birtoklás
autofinanciamento m	zelffinancering f	egenfinansiering	finansowanie własne f	—	önfinanszírozás
capital próprio m	eigen kapitaal n	egenkapital	kapitał własny m	—	saját tőke
titular da conta m	rekeninghouder m	kontoinnehavare	właściciel konta m	—	számlatulajdonos
custo m	totale productiekosten m/pl	självkostnad	koszty własne m/pl	—	önköltség
consumo pessoal m	persoonlijk verbruik n	personlig konsumtion	zużycie własne n	—	saját felhasználás
Mercado Interno da Comunidade Europeia m	interne EG-markt f	inre marknaden	wewnetrzny rynek europejski m	—	európai belső piac
dentro do prazo	op tijd	inom avtalad tid	terminowo	—	határidőre
nulo	nietig	annullerad	nieważny	neplatný	semmis
carro alugado m	huurauto m	hyrbil	samochód wypożyczony m	půjčený vůz m	bérautó

voiture de service

	D	E	F	I	ES
voiture de service (F)	Dienstwagen m	company car	—	macchina di servizio f	coche de servicio m
voiture d'occasion (F)	Gebrauchtwagen m	used car	—	automobile usata f	coche de segunda mano m
volba stanoviště (CZ)	Standortwahl f	choice of location	choix du lieu d'implantation m	scelta dell'ubicazione f	elección de la ubicación f
volkstelling (NL)	Volkszählung f	census	recensement démographique m	censimento m	censo m
Volkswirtschaft (D)	—	national economy	économie nationale f	economia politica f	economía nacional f
Volkswirtschaftliche Gesamtrechnung (D)	—	national accounting	comptabilité nationale f	contabilità nazionale f	contabilidad nacional f
Volkszählung (D)	—	census	recensement démographique m	censimento m	censo m
Vollmacht (D)	—	power of attorney	plein pouvoir m	mandato m	escritura de poder f
Vollstreckung (D)	—	enforcement	exécution f	esecuzione f	ejecución f
volmacht (NL)	Prokura f	power of attorney	procuration commerciale générale f	procura f	poder m
volmacht (NL)	Vollmacht f	power of attorney	plein pouvoir m	mandato m	escritura de poder f
volný obchod (CZ)	Freihandel m	free trade	commerce libre m	libero scambio m	librecambio m
volume (E)	Volumen n	—	volume m	volume m	volumen m
volume (F)	Volumen n	volume	—	volume m	volumen m
volume (I)	Volumen n	volume	volume m	—	volumen m
volume (P)	Volumen n	volume	volume m	volume m	volumen m
volume (NL)	Volumen n	volume	volume m	volume m	volumen m
volume des ventes (F)	Absatz m	sales	—	volume di vendite m	cifra de ventas f
volume de vendas (P)	Absatz m	sales	volume des ventes m	volume di vendite m	cifra de ventas f
volume de vendas (P)	Umsatz m	turnover	chiffre d'affaires m	fatturato m	volumen de ventas m
volume di vendite (I)	Absatz m	sales	volume des ventes m	—	cifra de ventas f
volume monetario (I)	Geldvolumen n	volume of money	masse monétaire f	—	volumen monetario m
volume monetário (P)	Geldvolumen n	volume of money	masse monétaire f	volume monetario m	volumen monetario m
Volumen (D)	—	volume	volume m	volume m	volumen m
volumen (ES)	Volumen n	volume	volume m	volume m	—
volumen (H)	Volumen n	volume	volume m	volume m	volumen m
volumen de ventas (ES)	Umsatz m	turnover	chiffre d'affaires m	fatturato m	—
volumen monetario (ES)	Geldvolumen n	volume of money	masse monétaire f	volume monetario m	—
volume of money (E)	Geldvolumen n	—	masse monétaire f	volume monetario m	volumen monetario m
voluntary disclosure (E)	Selbstauskunft f	—	renseignement fourni par l'intéressé lui-même m	informazione volontaria f	información de sí mismo f
volym (SV)	Volumen n	volume	volume m	volume m	volumen m
vonatkozik (H)	betreffen	concern	concerner	riguardare	referirse a
voorafbetaling (NL)	Vorauszahlung f	payment in advance	payement anticipé m	pagamento anticipato m	adelanto m
voorbeurshandel (NL)	Vorbörse f	dealing before official hours	avant-bourse f	mercato preborsistico m	operaciones antes de la apertura de la bolsa f/pl
voorcalculatie (NL)	Vorkalkulation f	estimation of cost	calcul des coûts prévisionnels m	calcolo preventivo m	cálculo provisional m
voordeel (NL)	Vorteil m	advantage	avantage m	vantaggio m	ventaja f
voordelen in natura (NL)	Sachbezüge f/pl	remuneration in kind	prestations en nature f/pl	retribuzioni in natura f/pl	percepciones en especie f/pl
voorkeurkorting (NL)	Vorzugsrabatt m	preferential discount	remise de faveur f	ribasso preferenziale m	rebaja preferencial f
voorraad (NL)	Vorrat m	stock	stock m	scorte f/pl	existencias f/pl
voorschot (NL)	Vorschuß m	advance	avance f	anticipo m	anticipo m

voorschot

P	NL	SV	PL	CZ	H
carro de serviço m	bedrijfswagen m	tjänstebil	samochód służbowy m	služební vůz m	szolgálati gépkocsi
carro usado m	tweedehands wagen m	begagnad bil	samochód używany m	ojetý automobil m	használt autó
escolha de localização f	keuze van vestigingsplaats f	val av etableringsort	wybór lokalizacji m	—	helyszín kiválasztása
censo demográfico m	—	folkräkning	powszechny spis ludności m	sčítání lidu n	népszámlálás
economia nacional f	nationale economie f	nationalekonomi	gospodarka narodowa f	národní hospodářství n	nemzetgazdaság
contabilidade nacional f	nationale rekeningen f/pl	nationalekonomisk bokföring	narodowy bilans ogólny m	národohospodářské účetnictví n	nemzetgazdasági mérlegek
censo demográfico m	volkstelling f	folkräkning	powszechny spis ludności m	sčítání lidu n	népszámlálás
plenos poderes m/pl	volmacht f	fullmakt	pełnomocnictwo n	plná moc f	felhatalmazás
execução f	uitvoering f	verkställande	wykonanie n	výkon soudního příkazu m	végrehajtás
procuração f	—	fullmakt	prokura f	plná moc f	cégjegyzési jog
plenos poderes m/pl	—	fullmakt	pełnomocnictwo n	plná moc f	felhatalmazás
comércio livre m	vrijhandel m	frihandel	wolny handel m	—	szabadkereskedelem
volume m	volume n	volym	objętość f	objem m	volumen
volume m	volume n	volym	objętość f	objem m	volumen
volume m	volume n	volym	objętość f	objem m	volumen
—	volume n	volym	objętość f	objem m	volumen
volume m	—	volym	objętość f	objem m	volumen
volume de vendas m	afzet m	säljvolym	zbyt m	odbyt m	forgalom
—	afzet m	säljvolym	zbyt m	odbyt m	forgalom
—	omzet m	omsättning	obrót m	obrat m	forgalom
volume de vendas m	afzet m	säljvolym	zbyt m	odbyt m	forgalom
volume monetário m	geldvolume n	penningvolym	wolumen pieniężny m	množství peněz n	pénzmennyiség
—	geldvolume n	penningvolym	wolumen pieniężny m	množství peněz n	pénzmennyiség
volume m	volume n	volym	objętość f	objem m	volumen
volume m	volume n	volym	objętość f	objem m	volumen
volume m	volume n	volym	objętość f	objem m	—
volume de vendas m	omzet m	omsättning	obrót m	obrat m	forgalom
volume monetário m	geldvolume n	penningvolym	wolumen pieniężny m	množství peněz n	pénzmennyiség
volume monetário m	geldvolume n	penningvolym	wolumen pieniężny m	množství peněz n	pénzmennyiség
informação sobre a própria pessoa f	vrijwillige inlichting f	frivillig uppgift	dobrowolne udzielenie informacji n	informace svépomocí f	önkéntes feltárás
volume m	volume n	—	objętość f	objem m	volumen
referir-se a	betreffen	rörande	dotyczyć	týkat se	—
pagamento adiantado m	—	förskottsbetalning	przedpłata f	záloha f	előrefizetés
negociação antes da abertura oficial da bolsa f	—	förbörs	transakcja przed otwarciem giełdy f	předburza f	tőzsdenyitás előtti kereskedelem
estimativa dos custos f	—	kostnadsberäkning	kalkulacja wstępna f	předběžná kalkulace f	előkalkuláció
vantagem f	—	fördel	korzyść f	výhoda f	előny
prestação em espécie f	—	naturaförmåner pl	pobory w naturze m/pl	příjmy v naturáliích m/pl	természetbeni juttatások
desconto preferencial m	—	förmånsrabatt	rabat preferencyjny m	preferenční rabat m	elsőbbségi árengedmény
estoque m	—	lager	zapas m	zásoba f	készlet
avanço m	—	förskott	zaliczka f	záloha f	előleg

voorschot op onderpand 1082

	D	E	F	I	ES
voorschot op onderpand (NL)	Lombardkredit m	advance against securities	crédit garanti par nantissement mobilier m	credito su pegno m	crédito pignoraticio m
voorschriften (NL)	Vorschriften pl	regulations	directives f/pl	normative f/pl	prescripciones f/pl
voorstel (NL)	Vorschlag m	proposal	proposition f	proposta f	propuesta f
vooruitbestelling (NL)	Vorbestellung f	reservation	commande préalable f	prenotazione f	pedido anticipado m
vooruitgang (NL)	Progression f	progression	progression f	progressione f	progresión f
voorwaarde (NL)	Kondition f	condition	condition f	condizione f	condición f
voorwaarde (NL)	Bedingung f	condition	condition f	condizione f	condición f
voorzitterschap (NL)	Vorsitz m	chairmanship	présidence f	presidenza f	presidencia f
voorzitter van de raad van toezicht (NL)	Aufsichtsratsvorsitzender m	chairman of the supervisory board	président du conseil de surveillance m	presidente del consiglio di sorveglianza m	presidente del consejo de administración m
voorzitter van het directiecomité (NL)	Vorstandsvorsitzender m	chairman of the board	président du directoire m	presidente del consiglio di amministrazione m	presidente del consejo m
Voranschlag (D)	—	estimate	devis estimatif m	preventivo m	presupuesto m
Vorauszahlung (D)	—	payment in advance	payement anticipé m	pagamento anticipato m	adelanto m
Vorbestellrabatt (D)	—	discount on advance orders	remise sur commandes anticipées f	ribasso per prenotazioni m	descuento de suscripción m
Vorbestellung (D)	—	reservation	commande préalable f	prenotazione f	pedido anticipado m
Vorbörse (D)	—	dealing before official hours	avant-bourse f	mercato preborsistico m	operaciones antes de la apertura de la bolsa f/pl
vordatierter Scheck (D)	—	antedated cheque	chèque antidaté m	assegno postergato m	cheque de fecha adelantada m
vordering (NL)	Förderung f	promotion	promotion f	promozione f	promoción f
Vordruck (D)	—	printed form	imprimé m	modulo m	impreso m
Vorkalkulation (D)	—	estimation of cost	calcul des coûts prévisionnels m	calcolo preventivo m	cálculo provisional m
Vorkaufsrecht (D)	—	right of pre-emption	droit de préemption m	diritto di prelazione m	derecho de preferencia m
Vorrat (D)	—	stock	stock m	scorte f/pl	existencias f/pl
Vorratshaltung (D)	—	stockpiling	stockage m	gestione delle scorte f	formación de stocks f
Vorschlag (D)	—	proposal	proposition f	proposta f	propuesta f
Vorschriften (D)	—	regulations	directives f/pl	normative f/pl	prescripciones f/pl
Vorschuß (D)	—	advance	avance f	anticipo m	anticipo m
Vorsitz (D)	—	chairmanship	présidence f	presidenza f	presidencia f
Vorstand (D)	—	board	directoire m	consiglio di amministrazione m	consejo de dirección m
Vorstandsmitglied (D)	—	member of the board	membre du directoire m	membro del consiglio di amministrazione m	consejero directivo m
Vorstandsvorsitzender (D)	—	chairman of the board	président du directoire m	presidente del consiglio di amministrazione m	presidente del consejo m
Vorstellungstermin (D)	—	interview	date d'entretien f	appuntamento di presentazione m	fecha de entrevista personal f
Vorsteuer (D)	—	input tax	impôt perçu en amont m	imposta anticipata sul fatturato d'acquisto f	impuesto sobre el valor añadido deducible m
Vorteil (D)	—	advantage	avantage m	vantaggio m	ventaja f
Vorzugsaktie (D)	—	preference share	action privilégiée f	azione privilegiata f	acción preferente f
Vorzugsrabatt (D)	—	preferential discount	remise de faveur f	ribasso preferenziale m	rebaja preferencial f
voucher (E)	Bon m	—	bon m	buono m	bono m
vraag (NL)	Nachfrage f	demand	demande f	domanda f	demanda f
vraag om geld (NL)	Geldnachfrage f	demand for money	demande sur le marché monétaire f	domanda sul mercato monetario f	demanda monetaria f

vraag om geld

P	NL	SV	PL	CZ	H
crédito com garantia sobre títulos m	—	lombardkredit	kredyt lombardowy m	lombardní úvěr m	lombardhitel
regulamentos m/pl	—	föreskrifter	przepisy m/pl	předpisy m/pl	előírások
proposta f	—	förslag	propozycja f	návrh m	javaslat
pedido antecipado m	—	förhandsorder	rezerwacja f	předběžná objednávka f	előrendelés
progressão f	—	progression	progresja f	růst m	progresszivitás
condição f	—	villkor	warunek m	podmínka f	feltétel
condição f	—	villkor	warunek m	podmínka f	feltétel
presidência f	—	ordförandeskap	przewodnictwo n	předsednictvo n	elnöklés
presidente do conselho fiscal m	—	företagsstyrelsens ordförande	przewodniczący rady nadzorczej m	předseda dozorčí rady m	felügyelő bizottság elnöke
presidente da direcção m	—	styrelseordförande	prezes zarządu m	předseda správní rady m	igazgató tanács elnöke
estimativa f	raming f	uppskattning	kosztorys m	rozpočet m	előirányzat
pagamento adiantado m	voorafbetaling f	förskottsbetalning	przedpłata f	záloha f	előrefizetés
desconto de pedidos antecipados m	korting op vooruitbestelling f	rabatt på förhandsorder	rabat za zamówienie z góry m	předběžný rabat m	előrendelési árengedmény
pedido antecipado m	vooruitbestelling f	förhandsorder	rezerwacja f	předběžná objednávka f	előrendelés
negociação antes da abertura oficial da bolsa f	voorbeurshandel m	förbörs	transakcja przed otwarciem giełdy f	předburza f	tőzsdenyitás előtti kereskedelem
cheque pré-datado m	geantidateerde cheque m	fördaterad check	czek postdatowany m	antedatovaný šek m	korábbra keltezett csekk
promoção f	—	främjande	promocja f	podpora f	támogatás
impresso m	gedrukt formulier n	blankett	formularz m	předtisk m	űrlap
estimativa dos custos f	voorcalculatie f	kostnadsberäkning	kalkulacja wstępna f	předběžná kalkulace f	előkalkuláció
direito de preempção m	recht van voorkoop n	förköpsrätt	prawo pierwokupu n	předkupní právo n	elővásárlási jog
estoque m	voorraad m	lager	zapas m	zásoba f	készlet
manutenção de estoques f	in voorraad houden n	lagerhållning	utrzymywanie zapasów n	udržování zásob n	készletgazdálkodás
proposta f	voorstel n	förslag	propozycja f	návrh m	javaslat
regulamentos m/pl	voorschriften n/pl	föreskrifter	przepisy m/pl	předpisy m/pl	előírások
avanço m	voorschot n	förskott	zaliczka f	záloha f	előleg
presidência f	voorzitterschap n	ordförandeskap	przewodnictwo n	předsednictvo n	elnöklés
direcção f	directiecomité n	styrelse	zarząd m	představenstvo n	igazgatóság
membro da direcção m	lid van het directiecomité n	styrelseledamot	członek zarządu m	člen představenstva n	igazgatósági tag
presidente da direcção m	voorzitter van het directiecomité m	styrelseordförande	prezes zarządu m	předseda správní rady m	igazgató tanács elnöke
data da entrevista f	afspraak voor presentatie f	intervju	prezentacja kandydata na stanowisko f	termín představení m	felvételi beszélgetés
IVA dedutível m	belasting f	ingående moms	przedpłata podatkowa f	záloha na daň f	levonható forgalmi adó
vantagem f	voordeel n	fördel	korzyść f	výhoda f	előny
acção preferencial f	preferent aandeel n	preferensaktie	akcja uprzywilejowana f	prioritní akcie f	elsőbbségi részvény
desconto preferencial m	voorkeurkorting f	förmånsrabatt	rabat preferencyjny m	preferenční rabat m	elsőbbségi árengedmény
abonador m	bon m	bong	bon m	bon m	bón
procura f	—	efterfrågan	popyt m	poptávka f	kereslet
procura no mercado monetário f	—	efterfrågan på penningmarknaden	popyt na pieniądz m	poptávka po penězích f	pénzkereslet

vrácení

	D	E	F	I	ES
vrácení (CZ)	Rückgabe f	return	restitution f	restituzione f	restitución f
vrácení (CZ)	Rückstellung f	reserves	provision pour pertes et charges f	accantonamento m	reserva f
vracht (NL)	Ladung f	freight	charge f	carico m	carga f
vracht betaald (NL)	Fracht bezahlt	freight paid	fret payé	nolo pagato	flete pagado
vrachtbrief (NL)	Frachtbrief m	consignment note	lettre de voiture f	lettera di vettura f	carta de porte f
vrachtbrief (NL)	Ladeschein f	bill of lading	avis de chargement m	bolletta di carico f	póliza de carga f
vrachtgoed (NL)	Frachtgut n	freight goods	marchandise à transporter f	carico m	mercancías en pequeña velocidad f/pl
vrachtrijder (NL)	Frachtführer m	carrier	transporteur m	vettore m	transportista m
vrachtstuk (NL)	Frachtstücke n/pl	packages	colis m	colli m/pl	bultos m/pl
vrachtvrij (NL)	frachtfrei	freight paid	exempt de frais de transport	franco di nolo	franco de porte
vrachtwagen (NL)	Lastwagen m	lorry	camion m	camion m	camión m
vrijblijvend (NL)	freibleibend	subject to confirmation	sans engagement	senza impegno	no vinculante
vrijblijvend (NL)	unverbindlich	not binding	sans obligation	senza impegno	sin compromiso
vrijblijvende prijs (NL)	Preis freibleibend	price subject to change	prix sans engagement	prezzo non vincolato	precio sin compromiso
vrijhandel (NL)	Freihandel m	free trade	commerce libre m	libero scambio m	librecambio m
vrijhandelszone (NL)	Freihandelszone f	free trade zone	zone de libre-échange f	zona di libero scambio f	zona de libre-cambio f
vrijhaven (NL)	Freihafen	free port	port franc m	porto franco m	puerto franco m
vrij van belastingen (NL)	steuerfrei	tax-free	exonéré d'impôt	esentasse	libre de impuesto
vrij van gebreken (NL)	mangelfrei	free of defects	sans défaut	esente da vizi	sin vicios
vrijwillige inlichting (NL)	Selbstauskunft f	voluntary disclosure	renseignement fourni par l'intéressé lui-même m	informazione volontaria f	información de sí mismo f
všeobecné obchodní podmínky (CZ)	allgemeine Geschäftsbedingungen f/pl	general terms of contract	conditions générales de vente f/pl	condizioni generali di contratto f/pl	condiciones generales de contrato f/pl
všeobecné úvěrové dohody (CZ)	allgemeine Kreditvereinbarungen f/pl	general credit agreements	accords généraux de crédit m/pl	condizioni generali di credito f/pl	acuerdos generales de crédito m/pl
vstup (CZ)	Input n	input	entrée f	input m	insumo m
vstup plateb (CZ)	Zahlungseingang m	inpayment	entrée de fond f	ricevimento del pagamento m	entrada de fondos f
v termínu (CZ)	termingerecht	on schedule	dans les délais	puntuale	en la fecha fijada
výdaje (CZ)	Ausgaben f/pl	expenses	dépenses f/pl	spese f/pl	gastos m/pl
výdaje za nakládku (CZ)	Verladekosten f	loading charges	coût du chargement m	costi di caricamento m/pl	gastos de carga m/pl
vydání akcií (CZ)	Aktienausgabe f	share issue	émission d'actions f	emissione di azioni f	emisión de acciones f
výdělečně činný (CZ)	Erwerbstätiger m	gainfully employed person	personne ayant un emploi f	persona con un posto di lavoro f	persona activa f
vyhláška (CZ)	Verordnung f	decree	décret m	regolamento m	ordenanza f
vyhlídka na odbyt (CZ)	Absatzchance f	sales prospects	possibilités de réussite des ventes f/pl	possibilità di vendita f	posibilidades de venta f/pl
výhoda (CZ)	Vorteil m	advantage	avantage m	vantaggio m	ventaja f
výhoda v nákladech (CZ)	Kostenvorteil m	cost advantage	avantage de coût m	vantaggio di costo m	ventaja de costes f
výhoda v soutěži (CZ)	Wettbewerbsvorteil m	competitive advantage	avantage de concurrence m	vantaggio concorrenziale	ventaja de competencia f
výhradní prodej (CZ)	Alleinvertrieb m	exclusive distribution	droit exclusif de vente m	vendita esclusiva f	distribución exclusiva f
výhradní vlastník (CZ)	Alleininhaber m	sole owner	seul propriétaire m	titolare unico m	propietario exclusivo m

výhradní vlastník

P	NL	SV	PL	CZ	H
restituição f	restitutie f	retur	zwrot m	—	visszaszolgáltatás
reservas f/pl	bestemmingsreserve f	outdelad vinst	rezerwa f	—	céltartalék
carga f	—	last	ładunek m	náklad m	rakomány
frete pago m	—	frakt betald	fracht uiszczony	přeprava placena do určeného místa	fuvardíj kifizetve
documento de consignação m	—	fraktsedel	list przewozowy m	nákladní list m	szállítólevél
guia de carregamento f	—	lastbevis	kwit załadowczy m	nákladní list m	fuvarlevél
mercadoria a transportar f	—	fraktgods	towary przewożone m/pl	nákladní zboží n	rakomány
transportador m	—	fraktförare	przewoźnik m	přepravce m	fuvarozó
peças de frete f/pl	—	kolli pl	liczba jednostek przewożonych f	přepravní kus m	szállított csomagok
isento de frete m	—	fri frakt	fracht zapłacony	přeprava placena f	szállítás (előre) fizetve
camião m	—	lastbil	ciężarówka f	nákladní auto n	tehergépkocsi
salvo alteração	—	oförbindlig	bez zobowiązania	nezávazný	kötelezettség nélküli
sem compromisso	—	ej bindande	niezobowiązujący	nezávazný	kötelezettség nélkül(i)
preço sem compromisso	—	fri prissättning	wolna cena	doporučená cena f	kötelezettség nélküli ár
comércio livre m	—	frihandel	wolny handel m	volný obchod m	szabadkereskedelem
zona de comércio livre f	—	frihandelsområde	strefa wolnego handlu f	zóna volného obchodu f	szabadkereskedelmi övezet
porto franco m	—	frihamn	port wolnocłowy m	svobodný přístav m	szabadkikötő
isento de impostos	—	skattefri	wolny od podatku	osvobozený od daně f	adómentes
sem defeitos	—	felfri	wolny od wad	nezávadný	hibátlan
informação sobre a própria pessoa f	—	frivillig uppgift	dobrowolne udielenie informacji n	informace svépomocí f	önkéntes feltárás
condições gerais de contrato f/pl	algemene voorwaarden f/pl	allmänna avtalsvillkor	ogólne warunki handlowe m/pl	—	általános üzleti feltételek
acordos gerais de crédito m/pl	algemene kredietovereenkomsten f/pl	allmänna lånevillkor	ogólne warunki kredytowe m/pl	—	Általános Hitelmegállapodások
input m	input m	input	wprowadzenie n	—	bemenet
entrada de numerário f	Binnenkomende betaling m	betalningsmottagande	wpływ płatności m	—	befizetés
pontual	binnen de gestelde termijn	punktlig	terminowy	—	határidőre
despesas f/pl	onkosten m/pl	utgifter pl	wydatki m/pl	—	kiadások
custos de carregamento m/pl	laadkosten m/pl	lastningskostnad	koszty przeładunku m/pl	—	rakodási költségek
emissão de acções f	uitgifte van aandelen f	aktieemission	emisja akcji f	—	részvénykibocsátás
pessoa com emprego remunerado f	beroepsactieve persoon m	förvärvsarbetande person	osoba czynna zawodowo f	—	aktív kereső
decreto m	besluit n	förordning	zarządzenie n	—	rendelet
possibilidades de venda f/pl	verkoopvooruitzichten n/pl	kundämne	możliwość zbytu m	—	értékesítési kilátások
vantagem f	voordeel n	fördel	korzyść f	—	előny
vantagem de custos f	kostenvoordeel n	kostnadsfördel	korzystne koszty m/pl	—	költségelőny
vantagem competitiva f	concurrentievoordeel n	konkurrensfördel	przewaga reklamowa f	—	versenyelőny
distribuição exclusiva f	alleenverkoop m	ensamagent	wyłączna dystrybucja f	—	kizárólagos értékesítési jog
proprietário único m	alleeneigenaar m	ensam innehavare	wyłączny właściciel m	—	egyedüli cégtulajdonos

výhradní zastoupení

	D	E	F	I	ES
výhradní zastoupení (CZ)	Alleinvertretung f	sole agency	agence exclusive f	rappresentanza esclusiva f	representación exclusiva f
vyklizení (CZ)	Räumung f	evacuation	évacuation f	evacuazione f	desalojamiento m
výkon (CZ)	Leistung f	performance	rendement m	rendimento m	rendimiento m
výkon soudního příkazu (CZ)	Vollstreckung f	enforcement	exécution f	esecuzione f	ejecución f
vykort (SV)	Postkarte f	postcard	carte postale f	cartolina postale f	tarjeta postal f
výloha (CZ)	Auslage f	display	étalage m	vetrina f	vitrina f
výlohy (CZ)	Spesen f	expenses	frais m/pl	spese f/pl	gastos m/pl
výměna (CZ)	Tausch m	exchange	troc m	scambio m	cambio m
výměna (CZ)	Umtausch m	exchange	échange m	cambio m	cambio m
vynaložení času (CZ)	Zeitaufwand m	expenditure of time	investissement en temps m	tempo impiegato m	tiempo invertido m
výnos (CZ)	Erlös m	proceeds	produit des ventes m	realizzo m	beneficio m
výnos (CZ)	Ertrag m	return	rendement m	rendimento m	rendimiento m
výnos kapitálu (CZ)	Kapitalertrag m	return on capital	produit du capital m	rendita del capitale f	rendimiento del capital m
výnosnost (CZ)	Rendite f	yield	rendement m	rendita f	rentabilidad f
výnosové listy (CZ)	Rentenpapiere f	bonds	titres de rente m/pl	titoli a reddito fisso m/pl	títulos de renta fija m/pl
výpadek výroby (CZ)	Produktionsausfall m	loss of production	perte de production f	perdita di produzione f	pérdida de producción f
výpis z účtu (CZ)	Kontoauszug m	statement of account	relevé de compte m	estratto conto m	extracto de cuenta m
vyplaceně do domu (CZ)	frei Haus	carriage paid	franco domicile	franco domicilio	franco domicilio
vyplaceně do přístavu (CZ)	frei Hafen	free ex port	franco port	franco porto	puerto franco
vyplaceně do skladu (CZ)	frei Lager	free ex warehouse	franco entrepôt	franco magazzino	franco almacén
vyplaceně do stanice (CZ)	frei Station	free ex station	franco en gare	franco stazione	franco estación
vyplaceně do vagonu (CZ)	frei Waggon	free on rail	franco sur wagon	franco vagone	franco vagón
vyplaceně na hranici (CZ)	frei Grenze	free frontier	franco frontière	franco confine	franco frontera
vyplaceně na palubu lodi (CZ)	frei Schiff	free on ship	franco sur navire	franco a bordo	franco vapor
výplata (CZ)	Auszahlung f	payment	payement m	pagamento m	pago m
výplatní den (CZ)	Zahltag f	pay-day	jour de paye m	giorno di paga m	día de pago m
výpočet (CZ)	Berechnung f	calculation	calcul m	calcolo m	calculo m
výpočet plánovaných nákladů (CZ)	Plankostenrechnung f	calculation of the budget costs	calcul de l'écart sur cadence de fabrication m	calcolo dei costi pianificati m	cálculo de costes del plan m
výpomoc (CZ)	Aushilfe f	temporary help	suppléant m	aiuto m	ayudante m
výpověď (CZ)	Kündigung f	notice of termination	résiliation f	disdetta f	rescisión f
vypověditelný (CZ)	kündbar	redeemable	résiliable	risolubile	rescindible
výpovědní lhůta (CZ)	Kündigungsfrist f	period of notice	délai de résiliation m	periodo di preavviso m	plazo de preaviso m
vypovídat (CZ)	kündigen (Vertrag)	cancel	résilier	disdire	rescindir
výprodej (CZ)	Ausverkauf m	clearance sale	soldes m/pl	svendita f	liquidación f
vyřízení (CZ)	Abwicklung f	settlement	exécution f	esecuzione f	ejecución f
vyřízení zakázky (CZ)	Auftragsabwicklung f	processing of an order	exécution d'une commande f	esecuzione di un ordine f	ejecución de pedidos f
výroba (CZ)	Produktion f	production	production f	produzione f	producción f
výrobce (CZ)	Erzeuger m	manufacturer	producteur m	produttore m	productor m
výrobce (CZ)	Hersteller m	manufacturer	constructeur m	produttore m	fabricante m
výrobek (CZ)	Erzeugnis n	product	produit m	prodotto m	producto m
výrobek (CZ)	Produkt n	product	produit m	prodotto m	producto m

výrobek

P	NL	SV	PL	CZ	H
representação exclusiva f	alleenvertegenwoordiging f	ensamagentur	wyłączne przedstawicielstwo m	—	kizárólagos képviselet
evacuação f	ontruiming f	utrymning	likwidacja f	—	kiürítés
desempenho m	prestatie f	prestation	świadczenie n	—	teljesítmény
execução f	uitvoering f	verkställande	wykonanie n	—	végrehajtás
bilhete postal m	briefkaart f	—	karta pocztowa f	korespondenční lístek m	levelezőlap
vitrine f	etalage f	skyltning	wystawa f	—	kirakati bemutatás
despesas f/pl	kosten m/pl	traktamente	koszty m/pl	—	költségek
troca f	ruilhandel m	byte	wymiana f	—	csere
câmbio m	ruil m	byte	wymiana f	—	csere
tempo empregue m	bestede tijd f	tidsspillan	nakład czasowy m	—	időráfordítás
produto das vendas m	opbrengst f	behållning	przychód m	—	bevétel
rendimento m	opbrengst f	vinst	zysk m	—	jövedelem
rendimento do capital m	inkomen uit kapitaal n	inkomst från kapital	zysk z kapitału m	—	tőkehozam
rentabilidade f	rendement n	avkastning	zysk w stosunku do kapitału m	—	hozam
títulos de renda fixa m/pl	effecten n/pl	obligationer pl	papiery wartościowe o stałym zysku m/pl	—	adósságlevelek
perda de produção f	productieverlies n	produktionsbortfall	przerwa w produkcji f	—	termeléskiesés
extracto de conta m	rekeninguittreksel n	kontoutdrag	wyciąg z konta m	—	számlakivonat
domicílio franco m	franco huis	fritt köparens lager eller affärsadress	dostawa franco odbiorca f	—	költségmentesen házhoz szállítva
porto franco	franco haven	fritt hamn	franco port	—	leszállítva a kikötőbe
armazém franco	franco opslagplaats	fritt lager	franco magazyn	—	költségmentesen raktárba szállítva
estação franca	franco station	fritt station	franco stacja	—	költségmentesen állomáson kirakva
vagão franco	franco wagon	fritt järnvägsvagn	franco wagon	—	költségmentesen vagonba rakva
fronteira franca	franco grens	fritt gräns	franco granica	—	leszállítva a határra
franco a bordo	franco schip	fritt ombord	franco statek	—	költségmentesen hajóra rakva
pagamento m	uitbetaling f	utbetalning	wypłata f	—	kifizetés
dia de pagamento m	betaaldag m	betalningsdag	dzień wypłaty m	—	fizetésnap
cômputo m	berekening f	kalkyl	obliczenie n	—	kalkuláció
cálculo dos custos orçamentados m	berekening van de geplande kosten f	budgetkostnadskalkyl	rachunek kosztów planowanych m	—	költségterv-készítés
ajudante m/f	hulpkracht f	extraanställd	pracownik pomocniczy m	—	kisegítő dolgozó
rescisão f	opzegging f	uppsägning	wypowiedzenie n	—	felmondás
rescindível	aflosbaar	uppsägbar	możliwy do wypowiedzenia	—	felmondható
prazo de rescisão m	opzeggingstermijn m	uppsägningstid	termin wypowiedzenia m	—	felmondási (határ)idő
rescindir	opzeggen	säga upp	wypowiadać <wypowiedzieć>	—	felmond
liquidação f	totale uitverkoop f	realisation	wyprzedaż f	—	kiárusítás
execução f	afwikkeling f	likvidering	realizacja f	—	lebonyolítás
execução de uma encomenda f	afwikkeling van de bestelling f	orderhantering	realizacja zlecenia f	—	megbízás lebonyolítása
produção f	productie	produktion	produkcja f	—	termelés
produtor m	producent m	tillverkare	producent m	—	gyártó
produtor m	fabrikant m	tillverkare	producent m	—	gyártó
produto m	product n	produkt	wyrób m	—	termék
produto m	product n	produkt	produkt m	—	termék

výrobek beze značky

	D	E	F	I	ES
výrobek beze značky (CZ)	No-name-Produkt n	generic product	produit sans nom m	prodotto generico m	producto genérico m
vyrobený na míru (CZ)	maßgefertigt	manufactured to measure	travaillé sur mesure	prodotto su misura	hecho a medida
výrobková skupina (CZ)	Produktlinie f	production scheduling	ligne de produits f	linea dei prodotti f	línea de productos f
výrobní družstvo (CZ)	Produktionsgenossenschaft f	producers' co-operative	société coopérative de production f	cooperativa di produzione f	cooperativa de producción f
výrobní faktory (CZ)	Produktionsfaktoren m/pl	production factors	facteurs de production m/pl	fattori di produzione m/pl	factores de producción m/pl
výrobní hodnota (CZ)	Produktionswert m	production value	valeur de production f	valore produttivo m	valor de la producción m
výrobní kapacita (CZ)	Produktionskapazität f	production capacity	capacité de production f	capacità produttiva f	capacidad de producción f
výrobní množství (CZ)	Fertigungsmenge f	manufactured quantity	quantité fabriquée f	quantitativo di produzione m	cantidad producida f
výrobní náklady (CZ)	Herstellungskosten f	production costs	frais de construction m/pl	costi di produzione m/pl	costo de la producción m
výrobní náklady (CZ)	Produktionskosten f	production costs	coût de production m	costi produttivi m/pl	gastos de producción m/pl
výrobní postup (CZ)	Fertigungsverfahren n	production process	procédure de fabrication f	procedimento produttivo m	procedimiento de fabricación m
výrobní program (CZ)	Produktionsprogramm n	production programme	programme de production m	programma di produzione m	programa de producción m
výrobní tajemství (CZ)	Betriebsgeheimnis n	trade secret	secret d'entreprise m	segreto aziendale m	secreto empresarial m
výrobní zařízení (CZ)	Produktionsanlagen f/pl	production plant	équipements industriels m/pl	impianti di produzione m/pl	instalaciones de producción f/pl
vyrovnání rozpočtu (CZ)	Budgetausgleich m	balancing of the budget	équilibrage du budget m	pareggio di bilancio m	balance del presupuesto m
vyrovnávací platba (CZ)	Ausgleichszahlung f	deficiency payment	payement pour solde de compte m	conguaglio m	pago de compensación m
vyškolení (CZ)	Ausbildung f	apprenticeship	formation f	formazione m	aprendizaje m
výsledek (CZ)	Ergebnis n	result	résultat m	risultato m	resultado m
vysoká konjunktura (CZ)	Hochkonjunktur f	boom	haute conjoncture f	alta congiuntura f	alta coyuntura f
výstava (CZ)	Ausstellung f	exhibition	exposition f	esposizione f	exhibición f
výstup (CZ)	Output m	output	output m	output m	output m
vysvědčení (CZ)	Zeugnis n	letter of reference	certificat m	attestato m	certificado m
vytížení kapacity (CZ)	Kapazitätsauslastung f	utilisation of capacity	utilisation de la capacité f	sfruttamento delle capacità f	utilización plena de las capacidades f
vyúčtování (CZ)	Abrechnung f	settlement of accounts	règlement m	liquidazione f	liquidación f
vyúčtování cestovních výloh (CZ)	Reisekostenabrechnung f	deduction of travelling expenses	règlement des frais de voyage m	conteggio dei costi di viaggio m	liquidación de los gastos de viaje f
vyúčtování nákladů (CZ)	Erfolgskonto n	statement of costs	compte de résultats m	conto profitti e perdite m	cuenta de beneficios y pérdidas f
vyúčtování provize (CZ)	Provisionsabrechnung f	statement of commission	liquidation des commissions f	conteggio delle provvigioni m	liquidación de la comisión f
vyúčtování výloh (CZ)	Spesenabrechung f	statement of expenses	décompte des frais m	conteggio delle spese m	liquidación de gastos f
využití (CZ)	Nutzung f	use	mise à profit f	utilizzazione f	utilización f
vyvlastnění (CZ)	Enteignung f	expropriation	expropriation f	espropriazione f	expropiación f
vývoj (CZ)	Entwicklung f	development	développement m	sviluppo m	desarrollo m
vývoz (CZ)	Ausfuhr f	export	exportation f	esportazione f	exportación f
vývoz (CZ)	Export m	export	exportation f	esportazione f	exportación f
vývozní clo (CZ)	Ausfuhrzoll m	export duty	taxe à l'exportation f	dazio all'esportazione m	derechos de exportación m/pl
vývozní dokumenty (CZ)	Ausfuhrpapiere n/pl	export documents	documents d'exportation m/pl	documenti d'esportazione m/pl	documentos de exportación m/pl
vývozní povolení (CZ)	Ausfuhrgenehmigung f	export licence	autorisation d'exportation f	autorizzazione all'esportazione f	licencia de exportación f
vzájemné vyúčtování (CZ)	Aufrechnung f	set-off	compensation f	compensazione f	compensación f

vzájemné vyúčtování

P	NL	SV	PL	CZ	H
produto genérico m	generiek product n	produkt utan märkesbeteckning	produkt bezfirmowy m	—	nem márkás termék
feito à medida	op maat gemaakt	specialtillverkat	na miarę	—	mérték utáni
linha de produtos f	productlijn f	produktgrupp	typoszereg produktów m	—	terméksor
cooperativa de produção f	productiecoöperatie f	produktionskooperativ	spółdzielnia produkcyjna f	—	termelőszövetkezet
factores de produção m/pl	productiefactoren m/pl	produktionsfaktorer pl	czynniki produkcji m/pl	—	termelési tényezők
valor da produção m	totale productiekosten m/pl	produktionsvärde	wartość produkcji f	—	termelési érték
capacidade produtiva f	productiecapaciteit f	produktionskapacitet	zdolność produkcyjna f	—	termelői kapacitás
quantidade produzida f	productiehoeveelheid f	produktionskvantitet	ilość wyprodukowana f	—	gyártási mennyiség
custos de produção pl	productiekosten m/pl	produktionskostnader pl	koszty produkcji m/pl	—	előállítási költségek
custos de produção m/pl	productiekosten m/pl	produktionskostnader pl	koszty produkcji m/pl	—	gyártási költségek
processo de produção m	productieprocédé n	produktionsförfarande	proces produkcji m	—	gyártási eljárás
programa de produção f	productieprogramma f	produktionsprogram	program produkcyjny m	—	gyártási program
sigilo comercial m	fabrieksgeheim n	affärshemlighet	tajemnica zakładowa f	—	üzemi titok
instalações fabris f/pl	productie-investeringen f/pl	produktionsanläggning	urządzenia produkcyjne m/pl	—	termelő berendezések
equilíbrio orçamental m	begrotingsaanpassing f	budgetbalansering	wyrównanie budżetu n	—	költségvetés kiegyenlítése
pagamento de compensação m	afvloeiingsvergoeding f	kompensationsutbetalning	wyrównanie płacy n	—	pénzbeli kiegyenlítés
aprendizagem f	opleiding f	utbildning	wykształcenie n	—	kiképzés
resultado m	resultaat n	resultat	wynik m	—	eredmény
conjuntura alta f	hoogconjunctuur f	högkonjunktur	wysoka koniunktura f	—	fellendülés
exposição f	tentoonstelling f	utställning	wystawa	—	kiállítás
output m	output m	output	output m	—	termékkibocsátás
certificado m	certificaat n	rapport	świadectwo n	—	bizonyítvány
utilização da capacidade f	capaciteitsbenutting f	kapacitetsutnyttjande	wykorzystanie zdolności produkcyjnej n	—	kapacitáskihasználás
liquidação de contas f	afrekening f	avräkning	rozliczenie n	—	elszámolás
liquidação dos gastos de viagem f	reiskostenrekening f	reseräkning	rozliczenie kosztów podróży n	—	utazási költségelszámolás
conta de resultados f	resultatenrekening f	resultatkonto	konto wynikowe n	—	nyereségszámla
liquidação da comissão f	commissieloonberekening f	provisionsredovisning	rozliczenie prowizji n	—	jutalékelszámolás
prestação de contas referente às despesas f	kostenaftrekking f	traktamentsredovisning	rozliczenie kosztów n	—	költségelszámolás
utilização f	genot n	användning	użytkowanie n	—	használat
expropriação f	onteigening f	expropriation	wywłaszczenie n	—	kisajátítás
desenvolvimento m	ontwikkeling f	utveckling	rozwój m	—	fejlesztés
exportação f	export m	export	eksport m	—	kivitel
exportação f	export m	export	eksport m	—	kivitel
taxa de exportação f	uitvoerrecht n	exportavgift	cło wywozowe n	—	exportvám
documentos de exportação m/pl	uitvoerdocumenten n/pl	exporthandlingar pl	dokumentacja eksportowa f	—	exportokmányok
licença de exportação f	uitvoervergunning f	exporttillstånd	zezwolenie eksportowe n	—	kiviteli engedély
compensação f	compensatie f	kvittning	wzajemne zaliczenie n	—	ellentételezés

vzestup cen 1090

	D	E	F	I	ES
vzestup cen (CZ)	Preissteigerung f	price increase	hausse des prix f	aumento dei prezzi m	aumento de precios m
vzestup kursu (CZ)	Kurssteigerung f	price advance	hausse f	aumento dei corsi m	alza de las cotizaciones f
vzhled výrobků (CZ)	Produktgestaltung f	product design	conception d'un produit f	creazione del prodotto f	diseño del producto m
vzor (CZ)	Muster n	sample	échantillon m	campione m	muestra f
vzorek (CZ)	Warenprobe f	sample	échantillon m	campione m	muestra f
vzorek bez hodnoty (CZ)	Muster ohne Wert	sample with no commercial value	échantillon sans valeur m	campione senza valore m	muestra sin valor f
vzorkový veletrh (CZ)	Mustermesse f	samples fair	foire d'échantillons f	fiera campionaria f	feria de muestras f
vztahující se k (CZ)	bezüglich	referring to	relatif à	relativo a	en relación a
waarborg (NL)	Gewährleistung f	warranty	garantie f	garanzia f	garantía f
waarborgsom (NL)	Kaution f	security	caution f	cauzione f	caución f garantía f
waarborg van honorering (NL)	Ausfallbürgschaft f	deficiency guarantee	garantie de bonne fin f	garanzia d'indennizzo f	garantía de indemnidad f
waarde (NL)	Wert m	value	valeur f	valore m	valor m
waarde a pari (NL)	Nennwert m	nominal value	valeur nominale f	valore nominale m	valor nominal m
waardepapier (NL)	Wertpapier n	security	titre m	titolo m	valor m
waarderechten (NL)	Wertzoll m	ad valorem duty	taxe de douane ad valorem f	dazio ad valorem m	aduanas ad valorem f/pl
waardevermeerdering (NL)	Wertzuwachs m	appreciation	accroissement de valeur m	incremento di valore m	plusvalía f
waardevermindering (NL)	Wertminderung f	decrease in value	diminution de la valeur f	riduzione di valore f	depreciación f
waardevermindering (NL)	Wertverfall m	loss of value	dévalorisation f	deprezzamento m	depreciación f
waardevol (NL)	wertvoll	valuable	précieux	prezioso	precioso
Wachstum (D)	—	growth	croissance f	crescita f	crecimiento m
Wachstumsrate (D)	—	rate of growth	taux d'accroissement m	tasso di crescita m	tasa de crecimiento f
wachttijd (NL)	Karenzzeit f	qualifying period	délai de carence m	periodo d'aspettativa m	período carencial m
wada (PL)	Mangel m	defect	défaut m	vizio m	defecto m
waga wysyłkowa (PL)	Abladegewicht n	weight loaded	poids au déchargement m	peso di scarico m	peso de descarga m
wage agreement (E)	Lohnvereinbarung f	—	accord de salaires m	accordo salariale m	pacto salarial m
wage claim (E)	Lohnforderung f	—	revendication de salaire f	rivendicazione salariale f	reivindicación salarial f
wage freeze (E)	Lohnstopp m	—	blocage des salaires m	blocco dei salari m	congelación salarial f
Wagenladung (D)	—	lorry-load	charge de voiture f	carico di autocarro m	carga de un vagón f
wage-price spiral (E)	Lohn-Preis-Spirale f	—	course des prix et des salaires f	spirale prezzi-salari f	espiral salarios-precios m
wages (E)	Lohn m	—	salaire m	salario m	salario m
wages paid in kind (E)	Naturallohn m	—	rémunération en nature f	remunerazione in natura f	salario en especie m
wage tax (E)	Lohnsteuer f	—	impôt sur les traitements et les salaires m	imposta sui salari f	impuesto sobre los rendimientos del trabajo personal (IRTP) m
wagonlading (NL)	Wagenladung f	lorry-load	charge de voiture f	carico di autocarro m	carga de un vagón f
wahania produkcji (PL)	Produktionsschwankung f	fluctuations in production	fluctuations de la production f/pl	oscillazione della produzione f	fluctuaciones en la producción f/pl
Währung (D)	—	currency	monnaie f	moneta f	moneda f
Währungsabkommen (D)	—	monetary agreement	accord monétaire m	accordo monetario m	acuerdo monetario m
Währungsklausel (D)	—	currency clause	clause monétaire f	clausola monetaria f	cláusula monetaria f
Währungskonto (D)	—	currency account	compte en monnaies étrangères m	conto in valuta m	cuenta de moneda extranjera f
Währungspolitik (D)	—	monetary policy	politique monétaire f	politica monetaria f	política monetaria f
Währungsrisiko (D)	—	currency risk	risque de change m	rischio monetario m	riesgo monetario m

Währungsrisiko

P	NL	SV	PL	CZ	H
aumento de preços m	prijsverhoging f	prisstegring	wzrost cen m	—	áremelés
alta das cotações f	koersstijging f	kursökning	hossa f	—	árfolyam-emelkedés
desenho do produto m	productvormgeving f	produktdesign	wzornictwo produktów n	—	terméktervezés
amostra f	monster n	prov	wzór m	—	minta
amostra f	monster n	varuprov	próbka towarów f	—	áruminta
amostra sem valor comercial f	monster zonder waarde n	prov utan värde	próbka bez wartości f	—	minta érték nélkül
feira de amostras f	monsterbeurs f	industrimässa	targi wzorcowe m/pl	—	kereskedelmi vásár
relativo a	betreffende	angående	odnośnie do	—	illetően
garantia f	—	garanti	gwarancja F	záruka f	szavatosság
caução f	—	borgen	kaucja f	kauce f	óvadék
fiança para cobertura de défice f	—	bortfallsgaranti	list gwarancyjny załadowcy m	záruka za ztráty f	kártalanító kezesség
valor m	—	värde	wartość f	hodnota f	érték
valor nominal m	—	nominellt värde	wartość nominalan f	nominální hodnota f	névérték
título m	—	värdepapper	papier wartościowy m	cenný papír m	értékpapír
direitos ad valorem m/pl	—	ad valorem tull	cło od wartości n	hodnotové clo n	értékvám
mais-valia f	—	värdestegring	przyrost wartości m	přírůstek hodnoty m	értéknövekedés
diminuição de valor f	—	värdeminskning	spadek wartości m	snížení hodnoty n	értékcsökkenés
depreciação f	—	värdeförlust	utrata wartości f	ztráta hodnoty f	értékvesztés
valioso	—	värdefull	wartościowy	cenný	értékes
crescimento m	groei m	tillväxt	wzrost m	růst m	növekedés
taxa de crescimento f	groeicijfer n	tillväxttakt	stopa wzrostu f	míra růstu f	növekedési ütem
prazo de carência m	—	karenstid	okres karencji m	čekací doba f	türelmi idő
defeito m	gebrek n	defekt	—	nedostatek m	hiba
peso de descarga m	gewicht bij het lossen n	inlastad vikt	—	hmotnost při vyložení f	átadási súly
acordo salarial m	loonregeling f	löneavtal	porozumienie o wynagrodzeniu n	mzdová dohoda f	bérmegállapodás
reivindicação salarial f	looneis m	lönekrav	roszczenie płacowe n	mzdový požadavek m	bérkövetelés
congelamento dos salários m	loonstop m	lönestopp	zamrożenie płac n	zmrazení mezd n	bérbefagyasztás
carga de vagão f	wagonlading f	billast	ładunek wagonowy m	nakládka na vůz f	kocsirakomány
espiral salários-preços f	lonen- en prijsspiraal f	pris- och lönespiral	spirala cen i płac f	cenová a mzdová spirála f	ár-bér spirál
salário m	loon n	lön	płaca f	mzda f	bér
remuneração em géneros f	salaris in natura n	naturaförmåner pl	płaca w naturze f	naturální mzda f	természetbeni juttatás
imposto sobre os rendimentos do trabalho (IRS) m	loonbelasting f	källskatt på lön	podatek od wynagrodzenia m	daň ze mzdy f	béradó
carga de vagão f	—	billast	ładunek wagonowy m	nakládka na vůz f	kocsirakomány
flutuações na produção f/pl	productieschommeling f	fluktuationer i produktion	—	kolísání výroby n	termelésingadozás
moeda f	munteenheid f	valuta	waluta f	měna f	valuta
acordo monetário m	muntovereenkomst f	valutaavtal	porozumienie walutowe n	měnová dohoda f	valutaegyezmény
cláusula monetária f	muntclausule f	valutaklausul	klauzula walutowa f	měnová doložka f	valutazáradék
conta em moeda estrangeira f	deviezenrekening f	valutakonto	konto walutowe n	účet v cizí měně m	devizaszámla
política monetária f	monetaire politiek f	valutapolitik	polityka walutowa f	měnová politika f	monetáris politika
risco cambial m	muntrisico n	valutarisk	ryzyko kursowe n	riskantní měna f	valutakockázat

Währungsschlange

	D	E	F	I	ES
Währungsschlange (D)	—	currency snake	serpent monétaire m	serpente monetario m	serpiente monetaria f
Währungsunion (D)	—	monetary union	union monétaire f	unione monetaria f	unión monetaria f
Währungszone (D)	—	currency zone	zone monétaire f	zona monetaria f	zona monetaria f
waluta (PL)	Währung f	currency	monnaie f	moneta f	moneda f
waluta "twarda" (PL)	Leitwährung f	key currency	monnaie-clé f	valuta guida f	moneda de referencia f
waluta rezerwowa (PL)	Reservewährung f	reserve currency	monnaie de réserve f	valuta di riserva f	moneda de reserva f
waluta słaba (PL)	weiche Währung f	soft currency	monnaie faible f	moneta debole f	moneda blanda f
waluta w złocie (PL)	Goldwährung f	gold currency	monnaie à couverture or f	valuta aurea f	moneda oro f
waluta złota (PL)	Goldstandard m	gold standard	étalon or m	tallone aureo m	patrón-oro m
Ware (D)	—	goods	marchandise f	merce f	mercancía f
warehouse (E)	Lager n	—	entrepôt m	magazzino m	almacén m
warehouse (E)	Warenlager n	—	stock de marchandises m	magazzino m	depósito de mercancías m
warehouse rent (E)	Lagermiete f	—	location d'une surface pour magasinage f	spese di stoccaggio f/pl	alquiler de almacenaje m
warehouse warrant (E)	Lagerschein m	—	certificat de dépôt m	ricevuta di deposito f	resguardo de almacén m
Warenausgang (D)	—	sale of goods	sortie de marchandises f	uscita merci f	salida de mercancías f
Warenbestand (D)	—	stock	stock de marchandises m	scorte merci f/pl	existencias f/pl
Warenbörse (D)	—	commodity exchange	bourse de marchandises f	borsa merci f	bolsa de mercancías f
Wareneingang (D)	—	arrival of goods	entrée de marchandises f	ricevimento merci m	entrada de mercancías f
Warenhaus (D)	—	department store	grand magasin m	grande magazzino m	gran almacén m
warenhuis (NL)	Kaufhaus n	department store	grand magasin m	grande magazzino m	gran almacén m
warenhuis (NL)	Warenhaus n	department store	grand magasin m	grande magazzino m	gran almacén m
Warenkredit (D)	—	trade credit	avance sur marchandises f	credito su merci m	crédito comercial m
Warenlager (D)	—	warehouse	stock de marchandises m	magazzino m	depósito de mercancías m
Warenprobe (D)	—	sample	échantillon m	campione m	muestra f
Warensendung (D)	—	consignment of goods	expédition de marchandises f	spedizione di merci f	envío de mercancías m
Warenterminbörse (D)	—	commodity futures exchange	bourse de marchandises à livrer f	borsa merci a termine f	bolsa de mercancías a plazo m
Warentermingeschäft (D)	—	forward merchandise dealings	opération de livraison à terme f	operazione a termine su merci f	operación de futuro de mercancías f
Warenzeichen (D)	—	trade mark	marque de fabrique f	marchio m	marca f
warranty (E)	Garantie f	—	garantie f	garanzia f	garantía f
warranty (E)	Gewährleistung f	—	garantie f	garanzia f	garantía f
wartość (PL)	Wert m	value	valeur f	valore m	valor m
wartość aktualna (PL)	Zeitwert m	current market value	valeur à une certaine date f	valore corrente m	valor actual m
wartość częściowa (PL)	Teilwert m	partial value	valeur partielle f	valore parziale m	valor parcial m
wartość dodana (PL)	Mehrwert m	value added	valeur ajoutée f	valore aggiunto m	plusvalía f
wartość graniczna (PL)	Grenzwert f	limiting value	valeur marginale f	valore limite m	valor límite m
wartościowy (PL)	wertvoll	valuable	précieux	prezioso	precioso
wartość kapitałowa (PL)	Kapitalwert m	capital value	valeur en capital f	valore capitalizzato m	valor capitalizado m
wartość księgowa (PL)	Buchwert m	book value	valeur comptable f	valore contabile m	valor contable m
wartość marginesowa (PL)	Marginalwert m	marginal value	valeur marginale f	valore marginale m	valor marginal m
wartość nabycia (PL)	Anschaffungswert f	acquisition value	valeur d'acquisition f	valore d'acquisto m	valor de adquisición m

wartość nabycia

P	NL	SV	PL	CZ	H
serpente monetária f	muntslang f	valutaorm	łańcuch walutowy m	měnová fronta f	valutakígyó
união monetária f	muntunie f	valutaunion	unia walutowa f	měnová unie f	valutaunió
zona monetária f	monetaire zone f	valutaområde	strefa walutowa f	měnová zóna f	valutaövezet
moeda f	munteenheid f	valuta	—	měna f	valuta
moeda de referência f	sleutelvaluta f	huvudvaluta	—	hlavní měna f	kulcsvaluta
moeda de reserva f	reservevaluta f	reservvaluta	—	rezervní měna f	tartalékvaluta
moeda fraca f	zwakke valuta f	mjukvaluta	—	měkká měna f	puha valuta
padrão-ouro da moeda m	goudstandaard m	guldvaluta	—	zlatá měna f	aranyvaluta
padrão-ouro m	goudstandaard m	guldstandard	—	zlatý standard m	aranyalap
mercadoria f	goederen n/pl	vara	towar m	zboží n	áru
armazém m	magazijn n	lager	magazyn m	sklad m	raktár
depósito de mercadorias m	magazijn n	lager	skład towarów m	sklad zboží m	áruraktár
aluguel de armazenagem m	huur van opslagruimte f	lagerhyra	czynsz za magazyn m	skladné n	raktárbérlet
guia de armazenagem f	opslagbewijs n	lagerbevis	kwit składowy m	skladovací list m	raktárjegy
saída de mercadorias f	uitgaande goederen n/pl	utgående varor pl	rozchód towarów m	odchod zboží m	kimenő áru
estoque de mercadorias m	goederenvoorraad m	inneliggande varulager	zasób towarów m	zásoba zboží f	árukészlet
bolsa de mercadorias f	handelsbeurs f	varubörs	giełda towarowa f	zboží burza f	árutőzsde
entrada de mercadorias f	ingaande goederen n/pl	ingående varor pl	przychód towarów m	příchod zboží m	áru beérkezése
armazém m	warenhuis n	varuhus	dom towarowy m	obchodní dům m	áruház
grande armazém m	—	varuhus	dom towarowy m	obchodní dům m	áruház
armazém m	—	varuhus	dom towarowy m	obchodní dům m	áruház
crédito comercial m	handelskrediet n	leverantörkredit	kredyt towarowy m	úvěr na zboží m	áruhitel
depósito de mercadorias m	magazijn n	lager	skład towarów m	sklad zboží m	áruraktár
amostra f	monster n	varuprov	próbka towarów f	vzorek m	áruminta
remessa de mercadorias f	goederenverzending f	leverans	wysyłka towarów f	zásilka zboží f	áruküldemény
bolsa de futuros sobre mercadorias f	goederentermijnbeurs f	råvaruterminsmarknad	giełda towarowych transakcji terminowych f	termínová burza zboží f	határidős árutőzsde
transacção de mercadorias a prazo f	goederentermijntransactie f	råvaruterminsaffär	termionowa transakcja towarowa f	termínový obchod se zbožím m	határidős áruüzlet
marca f	handelsmerk n	varumärke	znak towarowy m	značka zboží f	védjegy
garantia f	garantie f	garanti	gwarancja f	záruka f	jótállás
garantia f	waarborg m	garanti	gwarancja F	záruka f	szavatosság
valor m	waarde f	värde	—	hodnota f	érték
valor actual m	dagwaarde f	dagsvärde	—	denní hodnota f	aktuális piaci érték
valor parcial m	gedeeltelijke waarde f	delvärde	—	dílčí hodnota f	részleges érték
mais-valia f	meerwaarde f	mervärde	—	nadhodnota f	értéktöbblet
valor limite m	grenswaarde f	gränsvärde	—	mezní hodnota f	határérték
valioso	waardevol	värdefull	—	cenný	értékes
valor do capital m	kapitaalwaarde f	kapitalvärde	—	kapitalizovaná hodnota f	tőkeérték
valor contabilístico m	boekwaarde f	bokfört värde	—	cena podle obchodních knih f	könyv szerinti érték
valor marginal m	marginale waarde f	marginalvärde	—	přidaná hodnota f	határérték
valor de aquisição m	aankoopwaarde f	anskaffningsvärde	—	pořizovací hodnota f	beszerzési érték

wartość nominalan

	D	E	F	I	ES
wartość nominalan (PL)	Nennwert m	nominal value	valeur nominale f	valore nominale m	valor nominal m
wartość produkcji (PL)	Produktionswert m	production value	valeur de production f	valore produttivo m	valor de la producción m
wartość substancji (PL)	Substanzwert m	real value	valeur de remplacement f	valore sostanziale m	valor sustancial m
wartość szacunkowa (PL)	Schätzwert m	estimated value	valeur estimée f	valore stimato m	estimación f
wartość szacunkowa (PL)	Taxwert m	estimated value	valeur de taxation f	valore stimato m	valor de tasación m
wartość trwała (PL)	Sachwert m	real value	valeur matérielle f	valore reale m	valor real m
warunek (PL)	Kondition f	condition	condition f	condizione f	condición f
warunek (PL)	Bedingung f	condition	condition f	condizione f	condición f
warunek umowy (PL)	Vertragsbedingung f	conditions of a contract	condition du contrat f	condizione contrattuale f	condiciones contractuales f/pl
warunki dostawy (PL)	Lieferbedingungen f/pl	conditions of delivery	conditions de livraison f/pl	condizioni di consegna f/pl	condiciones de suministro f/pl
warunki handlowe (PL)	Geschäftsbedingungen	terms and conditions of business	conditions commerciales f/pl	condizioni contrattuali f/pl	condiciones de contrato f/pl
warunki płatności (PL)	Zahlungsbedingung f	terms of payment	conditions de payement f/pl	condizione di pagamento f	condiciones de pago f/pl
wąskie gardło wypłacalności (PL)	Liquiditätsengpaß m	liquidity squeeze	contraction de liquidité f	strettoia di liquidità f	restricción de la liquidez f
waste (E)	Abfall m	—	déchet m	rifiuti m/pl	desechos m/pl
waste disposal (E)	Abfallbeseitigung f	—	élimination des déchets f	smaltimento dei rifiuti m	evacuación de residuos f
waste management (E)	Abfallwirtschaft f	—	industrie de déchets f	industria dei rifiuti f	industria de desperdicios f
w ciężar (PL)	zu Lasten	chargeable to	à la charge de qn	a carico di	a cargo de
wear and tear (E)	Abnutzung f	—	dépréciation f	deprezzamento m	desgaste m
Wechsel (D)	—	bill of exchange	lettre de change f	cambiale f	letra de cambio f
Wechselkredit (D)	—	acceptance credit	crédit d'escompte m	credito cambiario m	crédito cambiario m
Wechselkurs (D)	—	exchange rate	cours du change m	cambio m	tipo de cambio m
Wechselprotest (D)	—	protest	protêt de traite m	protesto cambiario m	protesto de letra m
wechsel własny (PL)	Solawechsel m	promissory note	billet à ordre m	pagherò m	pagaré m
węgierski (PL)	ungarisch	Hungarian	hongrois	ungherese	húngaro
Węgry (PL)	Ungarn	Hungary	Hongrie f	Ungheria f	Hungría
weiche Währung (D)	—	soft currency	monnaie faible f	moneta debole f	moneda blanda f
weigering (NL)	Ablehnung f	refusal	refus m	rifiuto m	denegación f
weigering (NL)	Absage f	refusal	refus m	rifiuto m	negativa f
weigering van acceptatie (NL)	Annahmeverweigerung f	refusal of delivery	refus d'acceptation m	rifiuto d'accettazione m	rehuso de aceptación m
weight loaded (E)	Abladegewicht n	—	poids au déchargement m	peso di scarico m	peso de descarga m
Weihnachtsgeld (D)	—	Christmas money	gratification de fin d'année f	tredicesima f	prima de navidad f
weksel (PL)	Wechsel m	bill of exchange	lettre de change f	cambiale f	letra de cambio f
welfare (E)	Sozialhilfe f	—	aide sociale f	assistenza sociale f	ayuda social f
Weltbank (D)	—	World Bank	banque mondiale f	Banca Mondiale f	Banco Mundial m
Welthandel (D)	—	world trade	commerce mondial m	commercio mondiale m	comercio internacional m
Weltmarktpreis (D)	—	world market price	prix sur le marché mondial m	prezzo di mercato mondiale m	precio del mercado mundial m
Weltwährungssystem (D)	—	international monetary system	système monétaire international m	sistema monetario internazionale m	sistema monetario internacional m
Weltwirtschaft (D)	—	world economy	économie mondiale f	economia mondiale f	economía mundial f
welvaart (NL)	Wohlstand m	prosperity	prospérité f	benessere m	bienestar m
Werbeagentur (D)	—	advertising agency	agence de publicité f	agenzia pubblicitaria f	agencia publicitaria f

Werbeagentur

P	NL	SV	PL	CZ	H
valor nominal m	waarde a pari f	nominellt värde	—	nominální hodnota f	névérték
valor da produção m	totale productiekosten m/pl	produktionsvärde	—	výrobní hodnota f	termelési érték
valor substancial m	werkelijke waarde f	realvärde	—	hodnota substance f	nettó vagyonérték
valor estimado m	geschatte waarde f	taxeringsvärde	—	odhadní hodnota f	becsült érték
valor estimado m	taxatiewaarde f	taxeringsvärde	—	odhadní cena f	becsült érték
valor real m	werkelijke waarde f	realvärde	—	věcná hodnota f	dologi érték
condição f	voorwaarde f	villkor	—	podmínka f	feltétel
condição f	voorwaarde f	villkor	—	podmínka f	feltétel
condições do contrato f/pl	overeengekomen clausule f	avtalsvillkor	—	smluvní podmínka f	szerződési feltétel
condições de entrega f/pl	leveringsvoorwaarden f	leveransvillkor	—	dodací podmínky f/pl	szállítási feltételek
condições do contrato f/pl	verkoopsvoorwaarden f/pl	affärsvillkor	—	obchodní podmínky f/pl	szerződési feltételek
condições de pagamento f/pl	betalingsvoorwaarde f	betalningsvillkor	—	platební podmínka f	fizetési feltételek
falta de liquidez f	liquiditeitstekort n	tillfällig likviditetsbrist	—	likvidní tíseň f	likviditáshiány
desperdícios m/pl	afval m	avfall	odpady m/pl	odpad m	hulladék
eliminação dos desperdícios f	verwijdering van afval f	avfallshantering	usuwanie odpadów n	odstraňování odpadu n	hulladékeltávolítás
gestão dos desperdícios f	afvalindustrie f	återvinningsindustri	gospodarka odpadami f	hospodaření s odpady n	hulladékgazdálkodás
a cargo de	ten laste van	debiteras	—	na účet	terhére
desgaste m	slijtage f	slitage	zużycie n	opotřebení n	elhasználódás
letra de câmbio f	wissel m	växel	weksel m	směnka f	váltó
crédito cambial m	acceptkrediet n	växelkredit	kredyt wekslowy m	směnečný úvěr m	váltóhitel
taxa de câmbio f	discontokrediet n	växelkurs	kurs wymiany m	směnný kurs m	valutaátváltási árfolyam
protesto da letra m	wisselprotest n	växelprotest	oprotestowanie weksla n	směnečný protest m	váltóóvatolás
nota promissória f	solawissel m	revers	—	jednoduchá směnka f	saját váltó
húngaro	Hongaars	ungersk	—	maďarský	magyar(ul)
Hungria f	Hongarije	Ungern	—	Maďarsko n	Magyarország
moeda fraca f	zwakke valuta f	mjukvaluta	waluta słaba f	měkká měna f	puha valuta
recusa f	—	avslag	odmowa f	odmítnutí n	elutasítás
recusa f	—	avböjande	odmowa f	odřeknutí n	lemondás
recusa de aceitação f	—	vägra godkänna en leverans	odmowa przyjęcia f	odepření přijetí n	átvétel megtagadása
peso de descarga m	gewicht bij het lossen n	inlastad vikt	waga wysyłkowa f	hmotnost při vyložení f	átadási súly
subsídio de natal m	Kerstgratificatie f	jultillägg	trzynasta pensja f	třináctý plat m	karácsonyi jutalom
letra de câmbio f	wissel m	växel	—	směnka f	váltó
assistência social f	maatschappelijke zekerheid f	socialhjälp	pomoc społeczna f	sociální pomoc f	szociális segély
Banco Internacional de Reconstrução e Fomento m	Wereldbank f	Världsbanken	Bank Światowy m	Světová banka f	Világbank
comércio internacional m	wereldhandel m	världshandel	handel światowy m	světový obchod m	világkereskedelem
preço no mercado internacional m	wereldmarktprijs m	världsmarknadspris	cena światowa f	cena na světovém trhu f	világpiaci ár
sistema monetário internacional m	internationaal monetair systeem n	internationellt valutasystem	międzynarodowy system walutowy m	světový měnový systém m	nemzetközi pénzügyi rendszer
economia mundial f	wereldeconomie f	världsekonomi	gospodarka światowa f	světové hospodářství n	világgazdaság
bem-estar social m	—	välstånd	dobrobyt m	blahobyt m	jólét
agência de publicidade f	reclamebureau n	reklambyrå	agencja reklamowa f	reklamní agentura f	reklámügynökség

Werbebudget

	D	E	F	I	ES
Werbebudget (D)	—	advertising budget	budget de publicité m	budget pubblicitario m	presupuesto publicitario m
Werbegeschenk (D)	—	promotional gift	cadeau publicitaire m	omaggio pubblicitario m	regalo publicitario m
Werbekampagne (D)	—	advertising campaign	campagne publicitaire f	campagna pubblicitaria f	campaña publicitaria f
Werbemittel (D)	—	means of advertising	moyen publicitaire m	mezzo pubblicitario m	medio publicitario m
Werbetext (D)	—	advertising copy	texte publicitaire m	testo pubblicitario m	texto publicitario m
Werbung (D)	—	advertising	publicité f	pubblicità f	publicidad f
Wereldbank (NL)	Weltbank f	World Bank	banque mondiale f	Banca Mondiale f	Banco Mundial m
wereldeconomie (NL)	Weltwirtschaft f	world economy	économie mondiale f	economia mondiale f	economía mundial f
wereldhandel (NL)	Welthandel m	world trade	commerce mondial m	commercio mondiale m	comercio internacional m
wereldmarktprijs (NL)	Weltmarktpreis m	world market price	prix sur le marché mondial m	prezzo di mercato mondiale m	precio del mercado mundial m
Werft (D)	—	shipyard	chantier naval m	cantiere navale m	astillero m
Werk (D)	—	plant	usine f	stabilimento m	planta f
werk (NL)	Arbeit f	work	travail m	lavoro m	trabajo m
werk aan het beeldscherm (NL)	Bildschirmarbeit f	work at a computer terminal	travail à l'écran	lavoro a video m	trabajo de pantalla m
werkelijke renteopbrengst (NL)	Effektivzins m	effective interest	intérêt effectif m	tasso d'interesse effettivo m	interés efectivo m
werkelijke waarde (NL)	Sachwert m	real value	valeur matérielle f	valore reale m	valor real m
werkelijke waarde (NL)	Substanzwert m	real value	valeur de remplacement f	valore sostanziale m	valor sustancial m
werkend vennoot (NL)	aktiver Teilhaber m	active partner	associé prenant part à la gestion de l'entreprise m	associante m	socio activo m
werkgelegenheidsbeleid (NL)	Beschäftigungspolitik f	employment policy	politique de l'emploi f	politica dell'occupazione f	política de empleo f
werkgever (NL)	Arbeitgeber m	employer	employeur m	datore di lavoro m	empleador m
werkgeversaandeel in de diverse sociale verzekeringen (NL)	Lohnnebenkosten pl	incidental labour costs	charges salariales annexes f/pl	costi complementari del lavoro m/pl	cargas salariales accesorias f/pl
werkloosheid (NL)	Arbeitslosigkeit f	unemployment	chômage m	disoccupazione f	desempleo m
werklunch (NL)	Arbeitsessen n	working lunch	déjeuner de travail m	pranzo di lavoro m	comida de trabajo f
werknemer (NL)	Arbeitnehmer m	employee	salarié m	lavoratore dipendente m	empleado m
Werkschutz (D)	—	works protection force	corps de sécurité d'entreprise m	servizio di sorveglianza aziendale m	policía de la empresa f
werktijd (NL)	Arbeitszeit f	working hours	heures de travail f/pl	orario di lavoro m	jornada laboral f
werkvergunning (NL)	Arbeitserlaubnis f	work permit	permis de travail m	permesso di lavoro m	permiso de trabajo m
Werkvertrag (D)	—	contract for work and services	contrat de louage d'ouvrage et d'industrie m	contratto d'appalto m	contrato de obra m
werkzekerheidsgarantie (NL)	Kündigungsschutz m	protection against dismissal	protection en matière de licenciement f	protezione contro il licenziamento f	protección contra el despido f
Wert (D)	—	value	valeur f	valore m	valor m
Wertberichtigung (D)	—	adjustment of value	réévaluation f	rettifica del valore f	rectificación de valor f
Wertbrief (D)	—	insured letter	lettre avec valeur déclarée f	lettera con valore dichiarato f	letra con valor declarado f
Wertminderung (D)	—	decrease in value	diminution de la valeur f	riduzione di valore f	depreciación f
Wertpapier (D)	—	security	titre m	titolo m	valor m
Wertpapiergeschäft (D)	—	securities business	opérations sur titres f/pl	operazioni su titoli f/pl	operación con valores f

Wertpapiergeschäft

P	NL	SV	PL	CZ	H
orçamento publicitário m	reclamebudget n	reklambudget	fundusz reklamowy m	rozpočet na reklamu m	reklámkeret
oferta publicitária f	reclamegeschenk n	reklampresent	podarunek reklamowy m	reklamní dárek m	reklámajándék
campanha publicitária f	reclamecampagne f	reklamkampanj	kampania reklamowa f	propagační kampaň f	reklámkampány
meio publicitário m	reclamemedium n	reklammedel	środek reklamy m	propagační prostředky m/pl	reklámeszköz
texto publicitário m	reclametekst m	reklamtext	tekst reklamowy m	reklamní text m	reklámszöveg
publicidade f	reclame f	reklam	reklama f	reklama f	reklám
Banco Internacional de Reconstrução e Fomento m	—	Världsbanken	Bank Światowy m	Světová banka f	Világbank
economia mundial f	—	världsekonomi	gospodarka światowa f	světové hospodářství n	világgazdaság
comércio internacional m	—	världshandel	handel światowy m	světový obchod m	világkereskedelem
preço no mercado internacional m	—	världsmarknadspris	cena światowa f	cena na světovém trhu f	világpiaci ár
estaleiro naval m	scheepswerf f	varv	stocznia f	loděnice f	hajógyár
fábrica f	fabriek f	fabrik	zakład m	závod m	gyár
trabalho m	—	arbete	praca f	práce f	munka
trabalho com ecrã m	—	bildskärmsarbete	praca przy ekranie komputera f	práce na počítači f	számítógépes munka
taxa de juros efectiva f	—	effektiv ränta	oprocentowanie rzeczywiste n	úrok z cenných papírů m	tényleges kamat
valor real m	—	realvärde	wartość trwała f	věcná hodnota f	dologi érték
valor substancial m	—	realvärde	wartość substancji f	hodnota substance f	nettó vagyonérték
sócio activo m	—	aktiv partner	aktywny wspólnik m	aktivní podílník m	aktív résztulajdonos
política do emprego f	—	arbetsmarknadspolitik	polityka zatrudnienia f	politika zaměstnanosti f	foglalkoztatási politika
empregador m	—	arbetsgivare	pracodawca m	zaměstnavatel m	munkáltató
custos de mão-de-obra adicionais m/pl	—	sociala avgifter pl	poboczne koszty robocizny m/pl	vedlejší mzdové náklady m/pl	járulékos bérköltségek
desemprego m	—	arbetslöshet	bezrobocie n	nezaměstnanost f	munkanélküliség
almoço de trabalho m	—	arbetslunch	obiad służbowy m	pracovní oběd m	munkaebéd
empregado m	—	arbetstagare	pracobiorca m	zaměstnanec m	munkavállaló
corpo de segurança da empresa m	veiligheidsdienst m	arbetsskydd	straż zakładowa f	ochrana závodu f	üzemi rendészet
horas de trabalho f/pl	—	arbetstid	czas pracy m	pracovní doba f	munkaidő
autorização de trabalho f	—	arbetstillstånd	zezwolenie na pracę n	pracovní povolení n	munkavállalási engedély
contrato de trabalho m	contract over aanneming van werk n	arbetstagares avtal med uppdragsgivare	umowa o dzieło f	smlouva o dílo f	megbízási szerződés
protecção contra despedimento injustificado f	—	anställningstrygghet	ochrona przed zwolnieniem f	ochrana před výpovědí f	felmondási korlátozás
valor m	waarde f	värde	wartość f	hodnota f	érték
rectificação do valor f	correctie wegens herwaardering f	värdereglering	sprostowanie wartości n	oprávka f	értékhelyesbítés
carta com valor declarado f	brief met aangegeven waarde m	assurerat brev	list wartościowy m	cenný dopis m	értéklevél
diminuição de valor f	waardevermindering f	värdeminskning	spadek wartości m	snížení hodnoty n	értékcsökkenés
título m	waardepapier n	värdepapper	papier wartościowy m	cenný papír m	értékpapír
transacção de títulos f	effectenhandel f	värdepappersaffär	transakcja papierami wartościowymi f	obchod s cennými papíry m	értékpapírügylet

Wertschöpfung

	D	E	F	I	ES
Wertschöpfung (D)	—	net product	création de valeurs f	valore aggiunto m	creación de valor f
Wertsendung (D)	—	consignment with value declared	envoi avec valeur déclarée m	spedizione con valore dichiarato f	envío con valor declarado m
Wertverfall (D)	—	loss of value	dévalorisation f	deprezzamento m	depreciación f
wertvoll (D)	—	valuable	précieux	prezioso	precioso
Wertzoll (D)	—	ad valorem duty	taxe de douane ad valorem f	dazio ad valorem m	aduanas ad valorem f/pl
Wertzuwachs (D)	—	appreciation	accroissement de valeur m	incremento di valore m	plusvalía f
wetgevende overheid (NL)	Gesetzgebungshoheit f	legislative sovereignty	autonomie de légifére f	sovranità legislativa f	soberanía legislativa f
wet op de kartelvorming (NL)	Kartellgesetz n	Cartel Act	loi sur les cartels f	legge sui cartelli f	ley relativa a los cárteles f
wet op de naamloze vennootschappen (NL)	Aktiengesetz n	Companies Act	législation des sociétés anoymes f	legge sulle società per azioni f	ley sobre sociedades anónimas f
Wettbewerb (D)	—	competition	compétition f	concorrenza f	competencia f
Wettbewerbsbeschränkung (D)	—	restraint of competition	restriction apportée à la concurrence f	restrizione della concorrenza f	restricciones a la competencia f/pl
Wettbewerbsvorteil (D)	—	competitive advantage	avantage de concurrence m	vantaggio concorrenziale	ventaja de competencia f
wettig betaalmiddel (NL)	gesetzliches Zahlungsmittel n	legal tender	monnaie légale f	mezzo di pagamento legale m	medio legal de pago m
wewnetrzny rynek europejski (PL)	Europäischer Binnenmarkt m	Internal Market of the European Community	Marché Unique m	mercato unico m	Mercado Unico m
wgląd (PL)	Einsichtnahme f	inspection	inspection des livres comptables f	visura f	inspección f
white-collar crime (E)	Wirtschaftskriminalität f	—	délinquance économique f	criminalità economica f	criminalidad económica f
wholesale market (E)	Großmarkt m	—	marché de gros m	mercato all'ingrosso m	hipermercado m
wholesale price (E)	Großhandelspreis m	—	prix de gros m	prezzo all'ingrosso m	precio mayorista m
wholesaler (E)	Grossist m	—	grossiste m	grossista m	mayorista m
wholesale trade (E)	Großhandel m	—	commerce de gros m	commercio all'ingrosso m	comercio mayorista m
właściciel (PL)	Inhaber m	proprietor	propriétaire m	proprietario m	propietario m
właściciel konta (PL)	Kontoinhaber m	account holder	titulaire d'un compte m	titolare del conto m	titular de una cuenta m
własność (PL)	Eigentum n	property	propriété f	proprietà f	propiedad f
własność państwowa (PL)	Staatseigentum n	public property	propriété d'Etat f	proprietà demaniale f	patrimonio público m
własność prywatna (PL)	Privateigentum n	private property	propriété privée f	proprietà privata f	propiedad privada f
widerrufen (D)	—	revoke	révoquer	revocare	revocar
Widerrufsklausel (D)	—	revocation clause	clause de révocation f	clausola di revoca f	cláusula revocatoria f
Wiederbeschaffung (D)	—	replacement	réapprovisionnement m	riapprovigionamento m	reposición f
Wiederverkaufspreis (D)	—	resale price	prix de revente m	prezzo di rivendita m	precio de reventa m
większość akcji (PL)	Aktienmehrheit f	majority of stock	majorité d'actions f	maggioranza azionaria f	mayoría de acciones f
większość głosów (PL)	Stimmenmehrheit f	majority of votes	majorité des voix f	maggioranza dei voti f	mayoría de votos f
wielostronny (PL)	multilateral	multilateral	multilatéral	multilaterale	multilateral
wierzyciel (PL)	Gläubiger m	creditor	créancier m	creditore m	accreedor m
wierzyciel upadłości (PL)	Konkursgläubiger m	bankrupt's creditor	créancier de la faillite m	creditore della massa fallimentare m	acreedor de la quiebra m
wijziging van het contract (NL)	Vertragsänderung f	amendment of a contract	modification du contrat f	modificazione del contratto f	modificación de contrato f
winst (NL)	Gewinn m	profit	bénéfice m	utile m	beneficio m

winst

P	NL	SV	PL	CZ	H
valor adicionado *m*	toegevoegde waarde *f*	mervärde	kreacja wartości dodanej *f*	tvorba hodnot *f*	értéknövelés
envio com valor declarado *m*	zending met aangegeven waarde *f*	värdeförsändelse	przesyłka wartościowa *f*	cenná zásilka *f*	értékküldemény
depreciação *f*	waardevermindering *f*	värdeförlust	utrata wartości *f*	ztráta hodnoty *f*	értékvesztés
valioso	waardevol	värdefull	wartościowy	cenný	értékes
direitos ad valorem *m/pl*	waarderechten *n/pl*	ad valorem tull	cło od wartości *n*	hodnotové clo *n*	értékvám
mais-valia *f*	waardevermeerdering *f*	värdestegring	przyrost wartości *m*	přírůstek hodnoty *m*	értéknövekedés
competência legislativa *f*	—	legislativ överhöghet	suwerenność prawna *f*	legislativní suverenita *f*	törvényhozási hatalom
lei de regulamentação dos cartéis *f*	—	kartellag	ustawa kartelowa *f*	kartelový zákon *m*	kartelltörvény
lei das sociedades por acções *m*	—	aktielagstiftning	ustawa o spółkach akcyjnych *f*	zákon o akciích *m*	társasági törvény
competição *f*	concurrentie *f*	konkurrens	konkurencja *f*	soutěž *f*	verseny
restrições à concorrência *f/pl*	concurrentiebeperking *f*	konkurrensrestriktioner	ograniczenie konkurencji *n*	omezení soutěže *n*	versenykorlátozás
vantagem competitiva *f*	concurrentievoordeel *n*	konkurrensfördel	przewaga reklamowa *f*	výhoda v soutěži *f*	versenyelőny
meio legal de pagamento *m*	—	giltigt betalningsmedel	ustawowy środek płatniczy *m*	zákonný platební prostředek *m*	törvényes fizetőeszköz
Mercado Interno da Comunidade Europeia *m*	interne EG-markt *f*	inre marknaden	—	vnitřní evropský trh *m*	európai belső piac
inspecção *f*	inzage *f/m*	granskning	—	nahlédnutí *n*	betekintés
criminalidade económica *f*	economische criminaliteit *f*	ekonomisk brottslighet	przestępczość gospodarcza *f*	hospodářská kriminalita *f*	gazdasági bűnözés
mercado central *m*	groothandel *m*	stormarknad	targowisko hurtowe *n*	velkoobchodní trh *m*	nagybani piac
preço por atacado *m*	groothandelsprijs *m*	partipris	cena hurtowa *f*	velkoobchodní cena *f*	nagykereskedelmi ár
grossista *m*	groothandelaar *m*	grossist	hurtownik *m*	velkoobchodník *m*	nagykereskedő
comércio por grosso *m*	groothandel *m*	partihandel	handel hurtowy *m*	velkoobchod *m*	nagykereskedelem
proprietário *m*	eigenaar *m*	innehavare	—	majitel *m*	tulajdonos
titular da conta *m*	rekeninghouder *m*	kontoinnehavare	—	vlastník účtu *m*	számlatulajdonos
propriedade *f*	eigendom *n*	egendom	—	majetek *m*	tulajdon
património público *m*	staatseigendom *n*	statlig egendom	—	státní vlastnictví *n*	állami tulajdon
propriedade privada *f*	privébezit *n*	privategendom	—	soukromé vlastnictví *n*	magántulajdon
revogar	herroepen	återkalla	odwoływać <odwołać>	odvolávat <odvolat>	visszavon
cláusula de revogação *f*	herroepingsclausule *f*	återkallningsklausul	klauzula odwoławcza *f*	odvolávací doložka *f*	érvénytelenítő záradék
reposição *f*	vervanging *f*	nyanskaffning	ponowny zakup *m*	reprodukce *f*	pótlás
preço de revenda *m*	inruilwaarde *f*	återförsäljningspris	cena w odsprzedaży *f*	překupní cena *f*	viszonteladói ár
maioria das acções *f*	meerderheid van aandelen *f*	aktiemajoritet	—	většina akcií *f*	részvénytöbbség
maioria de votos *f*	meerderheid van stemmen *f*	röstmajoritet	—	hlasovací většina *f*	szavazattöbbség
multilateral	multilateraal	multilateral	—	multilaterální	multilaterális
credor K*m*	schuldeiser *m*	borgenär	—	věřitel *m*	hitelező
credor da massa falida *m*	schuldeiser in de boedel *m*	konkursfordringsägare	—	konkursní věřitel *m*	csődhitelező
modificação do contrato *f*	—	avtalsändring	zmiana umowy *f*	změna smlouvy *n*	szerződésmódosítás
lucro *m*	—	vinst	zysk *m*	zisk *m*	nyereség

winst

	D	E	F	I	ES
winst (NL)	Profit *m*	profit	profit *m*	profitto *m*	beneficio *m*
winstbelasting (NL)	Ertragsteuer *f*	tax on earnings	impôt assis sur le produit *m*	imposta cedolare *f*	impuesto sobre beneficios *m*
winstmarge (NL)	Gewinnspanne *f*	margin of profit	marge de bénéfice *f*	margine di profitto *m*	margen de beneficios *f*
winstmarge (NL)	Profitrate *f*	profit rate	taux de profit *m*	tasso di profitto *m*	tasa de beneficio *f*
winstmaximalisering (NL)	Gewinnmaximierung *f*	maximisation of profits	maximalisationdu gain *f*	massimizzazione degli utili *f*	maximación de los beneficios *f*
winstverhoging (NL)	Gewinnaufschlag *m*	profit mark-up	marge de bénéfice *f*	maggiorazione dell'utile *f*	margen de benificio *f*
Włochy (PL)	Italien *n*	Italy	Italie *f*	Italia *f*	Italia
włoski (PL)	italienisch	Italian	italien	italiano	italiano
Wirtschaft (D)	—	economy	économie *f*	economia *f*	economía *f*
Wirtschaftlichkeit (D)	—	economic efficiency	rentabilité *f*	redditività *f*	rentabilidad *f*
Wirtschaftsgemeinschaft (D)	—	economic community	communauté économique *f*	comunità economica *f*	comunidad económica *f*
Wirtschaftsgut (D)	—	economic goods	bien économique *m*	bene economico *m*	bien económico *m*
Wirtschaftsjahr (D)	—	business year	exercice comptable *m*	esercizio *m*	ejercicio *m*
Wirtschaftskreislauf (D)	—	economic process	circuit économique *m*	circuito economico *m*	circuito económico *m*
Wirtschaftskriminalität (D)	—	white-collar crime	délinquance économique *f*	criminalità economica *f*	criminalidad económica *f*
Wirtschaftskrise (D)	—	economic crisis	crise économique *f*	crisi economica *f*	crisis económica *f*
Wirtschaftspolitik (D)	—	economic policy	politique économique *f*	politica economica *f*	política económica *f*
Wirtschaftsprüfer (D)	—	auditor	expert- comptable économique et financier *m*	revisore dei conti *m*	censor de cuentas *m*
Wirtschaftsprüfung (D)	—	auditing	contrôle de la gestion et des comptes *m*	revisione *f*	revisión de cuentas *f*
Wirtschaftsunion (D)	—	economic union	union économique *f*	unione economica *f*	unión económica *f*
Wirtschaftswachstum (D)	—	economic growth	croissance économique *f*	crescita economica *f*	crecimiento económico *m*
Wirtschaftswissenschaften (D)	—	economics	sciences économiques *f/pl*	scienze economiche *f/pl*	ciencias económicas *f/pl*
Wirtschaftszweig (D)	—	field of the economy	secteur économique *m*	settore economico *m*	ramo económico *m*
wissel (NL)	Wechsel *m*	bill of exchange	lettre de change *f*	cambiale *f*	letra de cambio *f*
wisselarbitrage (NL)	Devisenarbitrage *f*	exchange arbitrage	arbitrage sur les devises *m*	arbitraggio di cambio *m*	arbitraje de divisas *m*
wisselkoers (NL)	Devisenkurs *m*	exchange rate	taux de change *m*	corso di cambio *m*	cotización de divisas *f*
wisselkoers (NL)	Sortenkurs *m*	foreign currency rate	cours des monnaies étrangères *m*	corso dei cambi *m*	tipo de cambio de moneda extranjera *m*
wisselkoersrisico (NL)	Kursrisiko *n*	price risk	risque de change *m*	rischio di cambio *m*	riesgo de cambio *m*
wisselmarkt (NL)	Devisenmarkt *m*	foreign exchange market	marché des changes *m*	mercato valutario *m*	mercado de divisas *m*
wisselprotest (NL)	Wechselprotest *m*	protest	protêt de traite *m*	protesto cambiario *m*	protesto de letra *m*
without guarantee (E)	ohne Gewähr	—	sous toute réserve	senza garanzia	sin garantía
without obligation (E)	ohne Obligo	—	sans engagement	senza obbligo	sin obligación
without prior notice (E)	fristlos	—	sans délai	senza preavviso	sin plazo
wiza (PL)	Visum *n*	visa	visa *m*	visto *m*	visado *m*
wkład (PL)	Einlagen *f/pl*	deposit	dépôt *m*	depositi fiduciari *m/pl*	depósitos bancarios *m/pl*
wkład bankowy (PL)	Festgeld *n*	time deposit	argent immobilisé *m*	deposito a termine *m*	depósito a plazo fijo *m*

wkład bankowy

P	NL	SV	PL	CZ	H
lucro m	—	vinst	zysk m	prospěch m	nyereség
imposto sobre o rendimento m	—	vinstbeskattning	podatek od zysku m	daň z výnosů f	jövedelemadó
margem de lucro f	—	vinstmarginal	marża zysku f	rozpětí zisku n	haszonrés
taxa de lucro f	—	vinstutveckling	stopa zysku f	míra zisku f	profitráta
maximização dos lucros f	—	vinstmaximering	maksymalizacja zysku f	maximalizace zisku f	nyereség maximálása
margem de lucro f	—	vinstpåslag	zwiększenie zysku n	zisková přirážka f	árrés
Itália f	Italië	Italien	—	Itálie f	Olaszország
italiano	Italiaans	italiensk	—	italský	olasz(ul)
economia f	economie f	ekonomi	gospodarka f	hospodářství n	gazdaság
eficiência económica f	rentabiliteit f	ekonomisk effektivitet	ekonomiczność f	hospodárnost f	gazdaságosság
comunidade económica f	economische gemeenschap f	ekonomisk gemenskap	wspólnota gospodarcza f	hospodářská společnost f	gazdasági közösség
bem económico m	economisch goed n	ekonomiskt gods	dobro gospodarcze n	hospodářský statek m	gazdasági javak
exercício m	boekjaar n	budgetår	rok gospodarczy m	hospodářský rok f	gazdasági év
ciclo económico m	economische kringloop m	ekonomiskt kretslopp	cyrkulacja gospodarcza f	hospodářský koloběh m	gazdasági ciklus
criminalidade económica f	economische criminaliteit f	ekonomisk brottslighet	przestępczość gospodarcza f	hospodářská kriminalita f	gazdasági bűnözés
crise económica f	economische crisis f	ekonomisk kris	kryzys gospodarczy m	hospodářská krize f	gazdasági válság
política económica f	economisch beleid n	ekonomisk politik	polityka gospodarcza f	hospodářská politika f	gazdaságpolitika
auditor m	revisor m	revisor	rewident księgowy m	revisor účtů m	könyvvizsgáló
auditoria f	controle van de jaarrekeningen f	revision	rewizja gospodarcza f	hospodářská kontrola f	könyvvizsgálat
união económica f	economische unie f	ekonomisk union	unia gospodarcza f	hospodářská unie f	gazdasági unió
crescimento económico m	economische groei m	ekonomisk tillväxt	wzrost gospodarczy m	hospodářský růst m	gazdasági növekedés
ciências económicas f/pl	economische wetenschappen f/pl	ekonomi	nauki ekonomiczne f/pl	národohospodářské vědy f/pl	gazdaságtudományok
sector económico m	tak van de economie m	bransch	branża gospodarcza f	hospodářské odvětví n	gazdasági ág
letra de câmbio f	—	växel	weksel m	směnka f	váltó
arbitragem cambial f	—	valutaarbitrage	arbitraż dewizowy m	devizová arbitráž f	devizaarbitrázs
taxa de câmbio f	—	valutakurs	kurs dewizowy m	devizový kurs m	devizaárfolyam
cotação para moedas estrangeiras f	—	valutakurs	kurs walut obcych m	kurs cizích měn m	valutaátváltási árfolyam
risco cambial m	—	kursrisk	ryzyko kursowe n	kursovní riziko n	árfolyamkockázat
mercado de divisas m	—	valutamarknad	rynek dewizowy m	devizový trh m	devizapiac
protesto da letra m	—	växelprotest	oprotestowanie weksla n	směnečný protest m	váltóóvatolás
sem garantia	zonder waarborg van onzentwege	ansvaras ej	bez gwarancji	bez záruky f	szavatosság nélkül
sem obrigação	zonder verbintenis onzerzijds	utan förpliktelse	bez obliga	bez povinnosti f	kötelezettség nélkül
sem aviso prévio	op staande voet	omedelbar	bezterminowo	okamžitý	felmondási idő nélkül
visto m	visum n	visum	—	vízum n	vízum
depósito bancário m	bijgevoegde stukken n/pl	deposition	—	vklady m/pl	betét
depósito a prazo m	deposito met vaste termijn n	fast inlåning	—	vázaný vklad m	lekötött betét

wkład działu na pokrycie kosztów

	D	E	F	I	ES
wkład działu na pokrycie kosztów (PL)	Deckungsbeitrag m	contribution margin	marge sur coût variable f	contributo per copertura m	aportación de cobertura f
wkłady oszczędnościowe (PL)	Spareinlagen f/pl	savings deposits	dépôt d'épargne m	depositi di risparmio m/pl	depósitos de ahorro m/pl
wkłady prywatne (PL)	Privateinlagen f/pl	private contribution	apport personnel m	depositi privati m/pl	depósitos privados m/pl
w niedoborze (PL)	knapp	scarce	rare	scarso	escaso
wniosek o ogłoszenie upadłości (PL)	Konkursantrag m	bankruptcy petition	demande en déclaration de faillite f	domanda di dichiarazione di fallimento f	petición de quiebra f
woeker (NL)	Wucher m	usury	usure f	usura f	usura f
Wohlstand (D)	—	prosperity	prospérité f	benessere m	bienestar m
Wohnungsbau (D)	—	housing construction	construction de logements f	edilizia abitativa f	construcción de viviendas f
wolna cena (PL)	Preis freibleibend	price subject to change	prix sans engagement	prezzo non vincolante	precio sin compromiso
wolne od podatków (PL)	abgabenfrei	tax-exempt	exempt de taxes	esente da imposte	exento de impuestos
wolny handel (PL)	Freihandel m	free trade	commerce libre m	libero scambio m	librecambio m
wolny od opłat pocztowych (PL)	portofrei	postage-free	franco de port	franco di porto	porte pagado
wolny od podatku (PL)	steuerfrei	tax-free	exonéré d'impôt	esentasse	libre de impuesto
wolny od wad (PL)	mangelfrei	free of defects	sans défaut	esente da vizi	sin vicios
wolumen pieniężny (PL)	Geldvolumen n	volume of money	masse monétaire f	volume monetario m	volumen monetario m
woningbouw (NL)	Wohnungsbau m	housing construction	construction de logements f	edilizia abitativa f	construcción de viviendas f
word processing (E)	Textverarbeitung f	—	traitement de texte f	elaborazione testi f	tratamiento de textos m
work (E)	Arbeit f	—	travail m	lavoro m	trabajo m
work at a computer terminal (E)	Bildschirmarbeit f	—	travail à l'écran	lavoro a video m	trabajo de pantalla m
worker (E)	Arbeitskraft f	—	employé m	forza lavoro f	trabajador m
worker participation (E)	Arbeitnehmerbeteiligung f	—	participation du personnel f	partecipazione dei lavoratori dipendenti f	participación de los empleados f
working capital (E)	Betriebskapital n	—	capital de roulement m	capitale d'esercizio m	capital de explotación m
working conditions and human relations (E)	Betriebsklima n	—	ambiance de travail m	ambiente di lavoro m	ambiente de trabajo m
working hours (E)	Arbeitszeit f	—	heures de travail f/pl	orario di lavoro m	jornada laboral f
working lunch (E)	Arbeitsessen n	—	déjeuner de travail m	pranzo di lavoro m	comida de trabajo f
work permit (E)	Arbeitserlaubnis f	—	permis de travail m	permesso di lavoro m	permiso de trabajo m
works protection force (E)	Werkschutz m	—	corps de sécurité d'entreprise m	servizio di sorveglianza aziendale m	policía de la empresa f
World Bank (E)	Weltbank f	—	banque mondiale f	Banca Mondiale f	Banco Mundial m
world economy (E)	Weltwirtschaft f	—	économie mondiale f	economia mondiale f	economía mundial f
world market price (E)	Weltmarktpreis m	—	prix sur le marché mondial m	prezzo di mercato mondiale m	precio del mercado mundial m
world trade (E)	Welthandel m	—	commerce mondial m	commercio mondiale m	comercio internacional m
wpływ płatności (PL)	Zahlungseingang m	inpayment	entrée de fond f	ricevimento del pagamento m	entrada de fondos f
w podwójnym wykonaniu (PL)	in zweifacher Ausfertigung	in duplicate	en double exemplaire m	in duplice copia	por duplicado
wprowadzenie (PL)	Input n	input	entrée f	input m	insumo m
written (E)	schriftlich	—	par écrit	per iscritto	por escrito
wskaźnik (PL)	Kennziffern f	index numbers	indice m	cifre indice f/pl	cifras índice f/pl

wskaźnik

P	NL	SV	PL	CZ	H
margem de contribuição f	dekkingsbijdrage f	täckningsbidrag	—	krytí vlastních nákladů m	fedezeti összeg
depósito de poupanças m	spaarbankinleggingen f/pl	sparkapital	—	spořitelní vklady m/pl	takarékbetétek
contribuição particular f	persoonlijke bijdrage f	privat insättning	—	soukromé vklady m/pl	lakossági betét
escasso	schaars	knapp	—	těsný	szűkös
pedido de declaração de falência m	faillissementsaanvraag f	konkursansökan	—	ohlášení konkursu n	csődbejelentés
usura f	—	ocker	lichwa f	lichva f	uzsora
bem-estar social m	welvaart f	välstånd	dobrobyt m	blahobyt m	jólét
construção de habitações f	woningbouw m	bostadsbyggande	budownictwo mieszkaniowe n	bytová výstavba f	lakásépítés
preço sem compromisso	vrijblijvende prijs	fri prissättning	—	doporučená cena f	kötelezettség nélküli ár
isento de impostos	tolvrij	skattefri	—	osvobozený od poplatků	adómentes
comércio livre m	vrijhandel m	frihandel	—	volný obchod m	szabadkereskedelem
porte pago m	portvrij	portofri	—	osvobozený od poštovného	díjelőleges
isento de impostos	vrij van belastingen	skattefri	—	osvobozený od daně f	adómentes
sem defeitos	vrij van gebreken	felfri	—	nezávadný	hibátlan
volume monetário m	geldvolume n	penningvolym	—	množství peněz n	pénzmennyiség
construção de habitações f	—	bostadsbyggande	budownictwo mieszkaniowe n	bytová výstavba f	lakásépítés
edição de texto f	tekstverwerking f	ordbehandling	elektroniczne opracowanie tekstu n	zpracování textu n	szövegszerkesztés
trabalho m	werk n	arbete	praca f	práce f	munka
trabalho com ecrã m	werk aan het beeldscherm n	bildskärmsarbete	praca przy ekranie komputera f	práce na počítači f	számítógépes munka
mão-de-obra f	arbeidskracht f	arbetskraft	siła robocza f	pracovní síla f	munkaerő
participação dos empregados f	deelneming van het personeel f	arbetstagarmedverkan	udział pracowników m	zaměstnanecký podíl m	munkavállalói résztulajdon
capital circulante m	bedrijfskapitaal n	rörelsekapital	kapitał zakładowy m	provozní kapitál m	működő tőke
ambiente de trabalho m	bedrijfsklimaat n	arbetsklimat	atmosfera pracy f	podnikové klima n	munkahelyi légkör
horas de trabalho f/pl	werktijd m	arbetstid	czas pracy m	pracovní doba f	munkaidő
almoço de trabalho m	werklunch m	arbetslunch	obiad służbowy m	pracovní oběd m	munkaebéd
autorização de trabalho f	werkvergunning f	arbetstillstånd	zezwolenie na pracę n	pracovní povolení n	munkavállalási engedély
corpo de segurança da empresa m	veiligheidsdienst m	arbetsskydd	straż zakładowa f	ochrana závodu f	üzemi rendészet
Banco Internacional de Reconstrução e Fomento m	Wereldbank f	Världsbanken	Bank Światowy m	Světová banka f	Világbank
economia mundial f	wereldeconomie f	världsekonomi	gospodarka światowa f	světové hospodářství n	világgazdaság
preço no mercado internacional m	wereldmarktprijs m	världsmarknadspris	cena światowa f	cena na světovém trhu f	világpiaci ár
comércio internacional m	wereldhandel m	världshandel	handel światowy m	světový obchod m	világkereskedelem
entrada de numerário f	Binnenkomende betaling f	betalningsmottagande	—	vstup plateb m	befizetés
em duplicado	in duplo	i två exemplar	—	v dvojím provedení n	két példányban
input m	input m	input	—	vstup m	bemenet
por escrito	schriftelijk	skriftlig	pisemnie	písemný	írásbeli
índice m/pl	kengetallen n/pl	registreringsnummer	—	ukazatel m	mutatószámok

współpraca licencyjna

	D	E	F	I	ES
współpraca licencyjna (PL)	Franchising n	franchising	franchising m	franchising m	franquicia f
wspólnik (PL)	Gesellschafter m	partner	associé m	socio m	socio m
wspólnota (PL)	Sozietät f	partnership	cabinet de groupe m	associazione f	sociedad f
Wspólnota Europejska (PL)	Europäische Gemeinschaft f	European Community	Communauté Européenne f	Comunità Europea f	Comunidad Europea f
wspólnota gospodarcza (PL)	Wirtschaftsgemeinschaft f	economic community	communauté économique f	comunità economica f	comunidad económica f
wspólny rynek (PL)	gemeinsamer Markt m	common market	marché commun m	mercato comune m	mercado común m
w sumie (PL)	insgesamt	altogether	dans l'ensemble	complessivamente	en suma
Wucher (D)	—	usury	usure f	usura f	usura f
wybór lokalizacji (PL)	Standortwahl f	choice of location	choix du lieu d'implantation m	scelta dell'ubicazione f	elección de la ubicación f
wycena poniżej wartości (PL)	Unterbewertung f	undervaluation	sous-évaluation f	sottovalutazione f	subvaloración f
wyciąg z konta (PL)	Kontoauszug m	statement of account	relevé de compte m	estratto conto m	extracto de cuenta m
wydatki (PL)	Ausgaben f/pl	expenses	dépenses f/pl	spese f/pl	gastos m/pl
wydatki nadzwyczajne (PL)	Sonderausgaben f/pl	special expenses	dépenses spéciales f	spese straordinarie f/pl	gastos extraordinarios m/pl
wydatki na eksploatację (PL)	Betriebsausgaben f/pl	operating expenses	charges d'exploitation f/pl	spese di esercizio f/pl	gastos de explotación m/pl
wydawnictwo (PL)	Verlag m	publishing house	maison d'édition f	casa editrice f	editorial f
wydział (PL)	Abteilung f	department	service m	reparto m	departamento m
wydział ekspedycji (PL)	Versandabteilung f	dispatch department	service des expéditions m	reparto spedizioni m	departamento de expedición m
wyłączna dystrybucja (PL)	Alleinvertrieb m	exclusive distribution	droit exclusif de vente m	vendita esclusiva f	distribución exclusiva f
wyłączne przedstawicielstwo (PL)	Alleinvertretung f	sole agency	agence exclusive f	rappresentanza esclusiva f	representación exclusiva f
wyłączny przedstawiciel (PL)	Generalvertreter m	general agent	agent général m	rappresentante generale m	representante general m
wyłączny właściciel (PL)	Alleininhaber m	sole owner	seul propriétaire m	titolare unico m	propietario exclusivo m
wykonanie (PL)	Erfüllung f	execution	acquittement m	adempimento m	cumplimiento m
wykonanie (PL)	Vollstreckung f	enforcement	exécution f	esecuzione f	ejecución f
wykorzystanie zdolności produkcyjnej (PL)	Kapazitätsauslastung f	utilisation of capacity	utilisation de la capacité f	sfruttamento delle capacità m	utilización plena de las capacidades f
wykształcenie (PL)	Ausbildung f	apprenticeship	formation f	formazione m	aprendizaje m
wymiana (PL)	Tausch m	exchange	troc m	scambio m	cambio m
wymiana (PL)	Umtausch m	exchange	échange m	cambio m	cambio m
wymiar podatku (PL)	Steuerveranlagung f	tax assessment	imposition f	accertamento tributario m	tasación de los impuestos f
wymienialność (PL)	Konvertibilität f	convertibility	convertibilité f	convertibilità f	convertibilidad f
wynagrodzenie (PL)	Vergütung f	remuneration	rémunération f	ricompensa f	remuneración f
wynagrodzenie specjalne (PL)	Sondervergütung f	special allowance	rémunération spéciale f	compenso straordinario m	gratificación f
wynik (PL)	Ergebnis n	result	résultat m	risultato m	resultado m
wypadek przy pracy (PL)	Arbeitsunfall m	industrial accident	accident du travail m	infortunio sul lavoro m	accidente profesional m
wypłacalność (PL)	Bonität f	solvency	solvabilité f	solvibilità f	solvencia f
wypłacalność (PL)	Liquidität f	liquidity	liquidité f	liquidità f	liquidez f
wypłacalny (PL)	zahlungsfähig	solvent	solvable	solvibile	solvente
wypłata (PL)	Auszahlung f	payment	payement m	pagamento m	pago m
wypłata prowizji (PL)	Provisionszahlung f	commission payment	payement de commission m	pagamento di provvigione m	pago de comisión m
wypowiadać (PL)	kündigen (Vertrag)	cancel	résilier	disdire	rescindir
wypowiedzenie (PL)	Kündigung f	notice of termination	résiliation f	disdetta f	rescisión f
wyprzedaż (PL)	Ausverkauf m	clearance sale	soldes m/pl	svendita f	liquidación f
wyprzedaż sezonowa (PL)	Schlußverkauf m	seasonal sale	vente de fin de saison f	svendita di fine stagione f	venta de liquidación f

P	NL	SV	PL	CZ	H
contrato de franquia *m*	franchising *f*	franchising	—	franšíza *f*	névhasználat
sócio *m*	vennoot *m*	partner	—	společník *m*	üzlettárs
sociedade *f*	sociëteit *f*	handelsbolag	—	spolek *m*	társaság
Comunidade Europeia *f*	Europese gemeenschap *f*	Europeiska Gemenskapen	—	Evropské společenství *n*	Európai Közösség
comunidade económica *f*	economische gemeenschap *f*	ekonomisk gemenskap	—	hospodářská společnost *f*	gazdasági közösség
mercado comum *m*	gemeenschappelijke markt *f*	gemensam marknad	—	společný trh *m*	közös piac
ao todo	in totaal	totalt	—	úhrnem	összesen
usura *f*	woeker *m*	ocker	lichwa *f*	lichva *f*	uzsora
escolha de localização *f*	keuze van vestigingsplaats *f*	val av etableringsort	—	volba stanoviště *f*	helyszín kiválasztása
subavaliação *f*	onderschatting *f*	undervärdering	—	podhodnocení *n*	alulértékelés
extracto de conta *m*	rekeninguittreksel *n*	kontoutdrag	—	výpis z účtu *m*	számlakivonat
despesas *f/pl*	onkosten *m/pl*	utgifter *pl*	—	výdaje *m/pl*	kiadások
despesas extraordinárias *f/pl*	speciale editie *f*	avdragsgilla kostnader *pl*	—	mimořádné výdaje *m/pl*	külön költségek
gastos de exploração *m/pl*	bedrijfsuitgaven *f/pl*	rörelseomkostnader *pl*	—	podnikové výdaje *m/pl*	üzemi kiadások
editora *f*	uitgeversmaatschappij *f*	förlag	—	nakladatelství *n*	kiadó
departamento *m*	afdeling *f*	avdelning	—	oddělení *n*	osztály
departamento de expedição *m*	expeditieafdeling *f*	leveransavdelning	—	expediční oddělení *n*	szállítási részleg
distribuição exclusiva *f*	alleenverkoop *m*	ensamagent	—	výhradní prodej *m*	kizárólagos értékesítési jog
representação exclusiva *f*	alleenvertegenwoordiging *f*	ensamagentur	—	výhradní zastoupení *n*	kizárólagos képviselet
representante geral *m*	alleenvertegenwoordiger *m*	generalagent	—	generální zástupce *m*	vezérképviselő
proprietário único *m*	alleeneigenaar *m*	ensam innehavare	—	výhradní vlastník *m*	egyedüli cégtulajdonos
cumprimento *m*	uitvoering *f*	uppfyllande	—	splnění *n*	teljesítés
execução *f*	uitvoering *f*	verkställande	—	výkon soudního příkazu *m*	végrehajtás
utilização da capacidade *f*	capaciteitsbenutting *f*	kapacitetsutnyttjande	—	vytížení kapacity *n*	kapacitáskihasználás
aprendizagem *f*	opleiding *f*	utbildning	—	vyškolení *n*	kiképzés
troca *f*	ruilhandel *m*	byte	—	výměna *f*	csere
câmbio *m*	ruil *m*	byte	—	výměna *f*	csere
lançamento de impostos *m*	belastinggrondslag *m*	taxering	—	stanovení výšky zdanění *n*	adókivetés
convertibilidade *f*	convertibiliteit *f*	konvertibilitet	—	směnitelnost *f*	konvertibilitás
remuneração *f*	vergoeding *f*	arvode	—	úhrada *f*	díjazás
remuneração extraordinária *f*	gratificatie *f*	specialarvode	—	mimořádná odměna *f*	külön díjazás
resultado *m*	resultaat *n*	resultat	—	výsledek *m*	eredmény
acidente de trabalho *m*	arbeidsongeval *n*	arbetsolycka	—	pracovní úraz *m*	munkahelyi baleset
solvência *f*	solvabiliteit *f*	betalningsförmåga	—	bonita *f*	fizetőképesség
liquidez *f*	liquiditeit *f*	likviditet	—	likvidita *f*	likviditás
solvente	kredietwaardig	solvent	—	schopný platit	fizetőképes
pagamento *m*	uitbetaling *f*	utbetalning	—	výplata *f*	kifizetés
pagamento de comissão *m*	betaling van commissieloon *m*	provisionsbetalning	—	zaplacení provize *n*	jutalékfizetés
rescindir	opzeggen	säga upp	—	vypovídat ‹vypovědět›	felmond
rescisão *f*	opzegging *f*	uppsägning	—	výpověď *f*	felmondás
liquidação *f*	totale uitverkoop *f*	realisation	—	výprodej *m*	kiárusítás
venda de fim de estação *f*	opruiming *f*	utförsäljning	—	sezónní výprodej *m*	szezonvégi kiárusítás

wyrób

	D	E	F	I	ES
wyrób (PL)	Erzeugnis n	product	produit m	prodotto m	producto m
wyrównanie budżetu (PL)	Budgetausgleich m	balancing of the budget	équilibrage du budget m	pareggio di bilancio m	balance del presupuesto m
wyrównanie płacy (PL)	Ausgleichszahlung f	deficiency payment	payement pour solde de compte m	conguaglio m	pago de compensación m
wysoka koniunktura (PL)	Hochkonjunktur f	boom	haute conjoncture f	alta congiuntura f	alta coyuntura f
wysokość minimalna (PL)	Mindesthöhe f	minimum amount	montant minimum m	importo minimo m	cantidad mínima f
wystawa (PL)	Auslage f	display	étalage m	vetrina f	vitrina f
wystawa (PL)	Ausstellung f	exhibition	exposition f	esposizione f	exhibición f
wysyłka statkiem (PL)	Verschiffung f	shipment	embarquement m	imbarco m	embarque m
wysyłka towarów (PL)	Warensendung f	consignment of goods	expédition de marchandises f	spedizione di merci f	envío de mercancías m
wywłaszczenie (PL)	Enteignung f	expropriation	expropriation f	espropriazione f	expropiación f
wzajemne zaliczenie (PL)	Aufrechnung f	set-off	compensation f	compensazione f	compensación f
wzór (PL)	Muster n	sample	échantillon m	campione m	muestra f
wzornictwo produktów (PL)	Produktgestaltung f	product design	conception d'un produit f	creazione del prodotto f	diseño del producto m
wzrost (PL)	Wachstum n	growth	croissance f	crescita f	crecimiento m
wzrost cen (PL)	Preissteigerung f	price increase	hausse des prix f	aumento dei prezzi m	aumento de precios m
wzrost gospodarczy (PL)	Wirtschaftswachstum n	economic growth	croissance économique f	crescita economica f	crecimiento económico m
wzrost zerowy (PL)	Nullwachstum n	zero growth	croissance zéro f	crescita zero f	crecimiento cero m
yield (E)	Rendite f	—	rendement m	rendita f	rentabilidad f
yrke (SV)	Beruf m	profession	profession f	professione f	profesión f
yrkesrisik (SV)	Berufsrisiko n	occupational hazard	risque professionnel m	rischio professionale m	riesgo profesional m
zaak (NL)	Geschäft n	business	affaire f	negozio m	negocio m
za akredytywę (PL)	gegen Akkreditiv	against letter of credit	contre accréditif	contro lettera di credito	con crédito documentario
zabavení (CZ)	Pfändung f	seizure	saisie f	pignoramento m	pignoración f
zabezpieczenie danych (PL)	Datensicherung f	data security	sauvergarde des données f	protezione dei dati f	protección de datos f
zabezpieczenie jakości (PL)	Qualitätssicherung f	quality assurance	garantie de la qualité f	garanzia di qualità f	garantía de la calidad f
zablokowane konto (PL)	gesperrtes Konto n	blocked account	compte bloqué m	conto bloccato m	cuenta congelada f
żądanie (PL)	Abruf m	call	appel m	ordine di consegna m	demanda de entrega f
zadłużenie (PL)	Verschuldung f	indebtedness	endettement m	indebitamento m	endeudamiento m
zadłużenie państwa (PL)	Staatsverschuldung f	state indebtedness	endettement de l'Etat m	debito pubblico m	endeudamiento público m
zadłużenie za granicą (PL)	Auslandsschulden f/pl	foreign debts	dettes à l'étranger f/pl	debiti verso l'estero m/pl	deudas exteriores f/pl
zadlužení (CZ)	Verschuldung f	indebtedness	endettement m	indebitamento m	endeudamiento m
žádost (CZ)	Antrag m	application	demande f	domanda f	solicitud f
žádost o místo (CZ)	Stellengesuch n	situation wanted	demande d'emploi f	domanda d'impiego f	solicitud de colocación f
za gotówkę (PL)	gegen Barzahlung	against cash	au comptant	contro pagamento in contanti	al contado
za granicą (PL)	im Ausland	abroad	à l'étranger	all'estero	en el extranjero
zagranica celna (PL)	Zollausland n	countries outside the customs frontier	territoire hors du contrôle de la douane m	territorio doganale estero m	territorio aduanero exterior m
zahájení obchodu (CZ)	Geschäftseröffnung f	opening of a business	ouverture d'une affaire f	apertura di un negozio f	apertura de un negocio f
zahajovací rozvaha (CZ)	Eröffnungsbilanz f	opening balance sheet	bilan d'ouverture m	bilancio d'apertura m	balance inicial m
záhlaví dopisu (CZ)	Briefkopf m	letterhead	en-tête m	intestazione f	encabezamiento m
zahlbar (D)	—	payable	payable	pagabile	pagable

zahlbar

P	NL	SV	PL	CZ	H
produto m	product n	produkt	—	výrobek m	termék
equilíbrio orçamental m	begrotingsaanpassing f	budgetbalansering	—	vyrovnání rozpočtu n	költségvetés kiegyenlítése
pagamento de compensação m	afvloeiingsvergoeding f	kompensationsutbetalning	—	vyrovnávací platba f	pénzbeli kiegyenlítés
conjuntura alta f	hoogconjunctuur f	högkonjunktur	—	vysoká konjunktura f	fellendülés
montante mínimo m	minimumbedrag m	minimisumma	—	minimální výška f	legkisebb mennyiség
vitrine f	etalage f	skyltning	—	výloha f	kirakati bemutatás
exposição f	tentoonstelling f	utställning	—	výstava f	kiállítás
embarque m	verscheping f	utskeppning	—	nakládka na loď f	elszállítás
remessa de mercadorias f	goederenverzending f	leverans	—	zásilka zboží f	áruküldemény
expropriação f	onteigening f	expropriation	—	vyvlastnění n	kisajátítás
compensação f	compensatie f	kvittning	—	vzájemné vyúčtování n	ellentételezés
amostra f	monster n	prov	—	vzor m	minta
desenho do produto m	productvormgeving f	produktdesign	—	vzhled výrobků m	terméktervezés
crescimento m	groei m	tillväxt	—	růst m	növekedés
aumento de preços m	prijsverhoging f	prisstegring	—	vzestup cen m	áremelés
crescimento económico m	economische groei m	ekonomisk tillväxt	—	hospodářský růst m	gazdasági növekedés
crescimento nulo m	nulgroei m	nolltillväxt	—	nulový růst m	nulla növekedés
rentabilidade f	rendement n	avkastning	zysk w stosunku do kapitału m	výnosnost f	hozam
profissão f	beroep n	—	zawód m	povolání n	foglalkozás
risco profissional m	beroepsrisico n	—	ryzyko zawodowe n	riziko povolání n	foglalkozási kockázat
negócio m	—	affär	interes m	obchod m	üzlet
contra carta de crédito	tegen akkreditief	mot remburs	—	proti akreditivu m	akkreditív ellenében
penhora f	beslaglegging f	utmätning	zajęcie n	—	lefoglalás
protecção de dados f	gegevensbeveiliging f	dataskydd	—	zajištění dat n	adatmentés
garantia de qualidade f	kwaliteitsgarantie f	kvalitetsgaranti	—	zajištění jakosti n	minőségbiztosítás
conta congelada f	geblokkeerde rekening f	spärrat konto	—	blokovaný účet m	zárolt számla
pedido m	afroep m	avrop	—	odvolání n	lehívás
endividamento m	schuldenlast m	skuldsättning	—	zadlužení n	eladósodás
endividamento público m	staatsschulden f/pl	statsskuld	—	státní zadlužení n	állami eladósodás
dívidas externas f/pl	schulden in het buitenland f/pl	utlandsskuld	—	zahraniční dluhy m/pl	külföldi tartozások
endividamento m	schuldenlast m	skuldsättning	zadłużenie n	—	eladósodás
solicitação f	aanvraag f	ansökan	podanie n	—	kérvény
procura de emprego f	sollicitatie f	platssökande	podanie o pracę n	—	pályázat (állásra)
a dinheiro	contant	mot kontantbetalning	—	proti hotovosti f	készfizetés ellenében
no estrangeiro	in het buitenland	i utlandet	—	v cizině	külföldön
território aduaneiro exterior m	gebied buiten de (eigen) douanegrenzen n	utländskt tullområde	—	celní cizina f	vámkülföld
inauguração de uma empresa f	opening van een zaak f	butiksinvigning	założenie interesu n	—	vállalkozás alapítása
balanço inicial m	openingsbalans m	ingående balans	bilans otwarcia m	—	nyitó mérleg
cabeçalho m	briefhoofd n	brevhuvud	nagłówek listu m	—	levélpapír fejléce
pagável	betaalbaar	betalbar	płatny	splatný	fizetendő

Zahlkarte

	D	E	F	I	ES
Zahlkarte (D)	—	Giro inpayment form	mandat-carte m	modulo di versamento m	carta de pago f
Zahltag (D)	—	pay-day	jour de paye m	giorno di paga m	día de pago m
Zahlung (D)	—	payment	payement m	pagamento m	pago m
Zahlung per Nachnahme (D)	—	cash on delivery	payement contre remboursement m	pagamento in contrassegno m	pago contra reembolso m
Zahlungsanweisung (D)	—	order for payment	mandat de payement m	ordine di pagamento m	orden de pago f
Zahlungsaufschub (D)	—	extension of credit	sursis de payement m	dilazione del pagamento f	pago aplazado m
Zahlungsbedingung (D)	—	terms of payment	conditions de payement f/pl	condizione di pagamento f	condiciones de pago f/pl
Zahlungsbefehl (D)	—	order for payment	ordre de payement m	ingiunzione di pagamento f	mandamiento de pago m
Zahlungsbilanz (D)	—	balance of payments	balance des payements f	bilancia dei pagamenti f	balanza de pagos f
Zahlungsbilanzdefizit (D)	—	balance of payments deficit	déficit de la balance des payements m	disavanzo della bilancia dei pagamenti m	déficit en la balanza de pagos m
Zahlungsbilanzgleichgewicht (D)	—	balance of payments equilibrium	équilibre de la balance des payements m	equilibrio della bilancia dei pagamenti m	balanza de pagos equilibrada f
Zahlungsbilanzüberschuß (D)	—	balance of payments surplus	excédent de la balance des payements m	eccedenza della bilancia dei pagamenti f	superávit en la balanza de pagos m
Zahlungseingang (D)	—	inpayment	entrée de fond f	ricevimento del pagamento m	entrada de fondos f
Zahlungseinstellung (D)	—	suspension of payments	suspension de payement f	cessazione dei pagamenti f	suspensión de pagos f
zahlungsfähig (D)	—	solvent	solvable	solvibile	solvente
Zahlungsfrist (D)	—	term of payment	délai de payement f	scadenza di pagamento f	plazo de pago m
Zahlungsrückstand (D)	—	payment in arrears	arriéré de payement m	morosità di pagamento f	pago atrasado m
Zahlungsschwierigkeit (D)	—	financial difficulties	difficultés financières f/pl	difficoltà di pagamento f	dificultades de pago f/pl
zahlungsstatt (D)	—	in lieu of payment	à titre de payement	a titolo di pagamento	a título de pago
Zahlungsunfähigkeit (D)	—	insolvency	insolvabilité f	insolvenza f	insolvencia f
Zahlungsverkehr (D)	—	payment transaction	opérations de payement f/pl	operazioni di pagamento f/pl	servicio de pagos m/pl
Zahlung unter Protest (D)	—	payment supra protest	payement sous protêt m	pagamento sotto protesta m	pago bajo protesta m
zahraniční dluhy (CZ)	Auslandsschulden f/pl	foreign debts	dettes à l'étranger f/pl	debiti verso l'estero m/pl	deudas exteriores f/pl
zahraniční jmění (CZ)	Auslandsvermögen f	foreign assets	avoirs à l'étranger m/pl	beni all'estero m	bienes en el extranjero m
zahraniční kapitál (CZ)	Auslandskapital n	foreign capital	capital étranger m	capitale estero m	capital extranjero m
zahraniční obchod (CZ)	Auslandsgeschäft n	foreign business	opération avec l'étranger f	affare con l'estero m	operación con el extranjero f
zahraniční obchod (CZ)	Außenhandel m	foreign trade	commerce extérieur m	commercio estero m	comercio exterior m
zahraniční půjčka (CZ)	Auslandsanleihe f	foreign loan	emprunt extérieur m	prestito estero m	empréstito exterior m
zahraniční účet (CZ)	Auslandskonto n	foreign account	compte d'étranger m	conto estero m	cuenta en el extranjero f
zahraniční zákazník (CZ)	Auslandskunde m	foreign customer	client étranger m	cliente estero m	cliente extranjero m
zahraniční zaměstnanci (CZ)	ausländische Arbeitnehmer f	foreign workers	travailleur étranger m	lavoratori stranieri m/pl	trabajadores extranjeros m
zahraniční zastoupení (CZ)	Auslandsvertretung f	agency abroad	agence à l'étranger f	rappresentanza estera f	representación en el exterior f
zahrnuto v ceně (CZ)	im Preis inbegriffen	included in the price	inclus dans le prix	incluso nel prezzo	incluido
załączać (PL)	beilegen	enclose	mettre en annexe	allegare	adjuntar

załączać

P	NL	SV	PL	CZ	H
vale de correio m	stortingsformulier n	postanvisning	blankiet na przekaz pieniężny m	poštovní poukázka f	pénzesutalvány
dia de pagamento m	betaaldag m	betalningsdag	dzień wypłaty m	výplatní den m	fizetésnap
pagamento m	betaling f	betalning	zapłata f	platba f	fizetés
pagamento contra-reembolso m	betaling onder rembours f	betalning vid leverans	zapłata przy odbiorze f	platba na dobírku f	fizetés utánvétellel
ordem de pagamento f	opdracht tot betaling f	betalningsorder	polecenie wypłaty n	poštovní platební příkaz m	készpénzfizetési utalvány
prorrogação do prazo de pagamento f	uitstel van betaling n	betalningsuppskov	odroczenie terminu płatności n	odklad platby m	fizetési haladék
condições de pagamento f/pl	betalingsvoorwaarde f	betalningsvillkor	warunki płatności m/pl	platební podmínka f	fizetési feltételek
mandato de pagamento f	betalingsbevel n	betalningsorder	nakaz płatniczy m	platební příkaz m	fizetési felszólítás
balança de pagamentos f	betalingsbalans f	betalningsbalans	bilans płatniczy m	platební bilance f	fizetési mérleg
défice na balança de pagamentos m	tekort op de betalingsbalans n	underskott i betalningsbalansen	deficyt bilansu płatniczego m	deficit platební bilance m	fizetésimérleg-hiány
equilíbrio da balança de pagamentos m	evenwicht op de betalingsbalans n	jämvikt i betalningsbalansen	równowaga bilansu płatniczego f	rovnováha platební bilance f	fizetési mérleg egyensúlya
superavit na balança de pagamentos m	overschot op de betalingsbalans n	överskott i betalningsbalansen	nadwyżka bilansu płatniczego f	přebytek platební bilance m	fizetésimérleg-többlet
entrada de numerário f	Binnenkomende betaling f	betalningsmottagande	wpływ płatności m	vstup plateb m	befizetés
suspensão de pagamentos f	stopzetting van betaling f	betalningsinställelse	zawieszenie wypłat f	zastavení platby n	fizetés felfüggesztése
solvente	kredietwaardig	solvent	wypłacalny	schopný platit	fizetőképes
prazo de pagamento m	betalingstermijn m	betalningsfrist	termin zapłaty m	platební lhúta f	fizetési határidő
atraso no pagamento m	achterstand m	betalningsanstånd	zaległości płatnicze n/pl	nedoplatek m	fizetési hátralék
dificuldades financeiras f/pl	betalingsmoeilijkheid f	betalningssvårigheter pl	trudności płatnicze f/pl	platební potíže f/pl	fizetési nehézség
a título de pagamento	in plaats van betaling	i stället för betalning	zamiast zapłaty	namísto placení n	fizetés helyett
insolvência f	onvermogen n	insolvens	niewypłacalność n	platební neschopnost f	fizetésképtelenség
transacções financeiras f/pl	betalingsverkeer n	betalningstransaktion	obrót płatniczy m	platební styk m	pénzügyi tranzakciók
pagamento sob protesto m	betaling onder protest f	betalning av protesterad växel	zapłata pod protestem f	platba s protestem f	óvás melletti fizetés
dívidas externas f/pl	schulden in het buitenland f/pl	utlandsskuld	zadłużenie za granicą n	—	külföldi tartozások
bens no exterior m/pl	buitenlands vermogen n	utlandstillgångar pl	majątek zagraniczny m	—	külföldi vagyon
capital estrangeiro m	buitenlands kapitaal n	utlandskapital	kapitał zagraniczny m	—	külföldi tőke
negócio com o estrangeiro m	zaken met het buitenland f/pl	utlandsverksamhet	transakcja zagraniczna f	—	külföldi ügylet
comércio exterior m	buitenlandse handel m	utrikeshandel	handel zagraniczny m	—	külkereskedelem
empréstimo estrangeiro m	buitenlandse lening f	utlandslån	pożyczka zagraniczna f	—	külföldi kötvénykibocsátás
conta no exterior f	buitenlandse rekening f	utlandskonto	konto zagraniczne n	—	külföldi számla
cliente estrangeiro m	klant in het buitenland f	utlandskund	klient zagraniczny m	—	külföldi vevő
trabalhador estrangeiro m	gastarbeider m	utländsk arbetstagare	pracownicy cudzoziemscy m/pl	—	külföldi munkavállaló
representação no exterior f	agentschap in het buitenland n	utlandskontor	przedstawicielstwo zagraniczne n	—	külföldi képviselet
incluído no preço	in de prijs inbegrepen	ingår i priset	zawarte w cenie	—	az árba beszámítva
anexar	bijvoegen	bifoga	—	přikládat <přiložit>	mellékel

załącznik

	D	E	F	I	ES
załącznik (PL)	Beilage f	supplement	supplément m	inserto m	suplemento m
załączniki do podania o pracę (PL)	Bewerbungsunterlagen f/pl	application documents	dossier de candidature m	documenti di candidatura m/pl	documentos de solicitud m/pl
zainteresowanie (PL)	Interesse n	interest	intérêt m	interesse m	interés m
załoga (PL)	Belegschaft f	staff	personnel m	personale m	plantilla f
założenie (PL)	Gründung f	formation	constitution f	costituzione f	fundación f
założenie interesu (PL)	Geschäftseröffnung f	opening of a business	ouverture d'une affaire f	apertura di un negozio f	apertura de un negocio f
zajęcie (PL)	Pfändung f	seizure	saisie f	pignoramento m	pignoración f
zájem (CZ)	Interesse n	interest	intérêt m	interesse m	interés m
zájemce (CZ)	Interessent m	interested party	client potentiel m	interessato m	interesado m
zajištění dat (CZ)	Datensicherung f	data security	sauvegarde des données f	protezione dei dati f	protección de datos f
zajištění jakosti (CZ)	Qualitätssicherung f	quality assurance	garantie de la qualité f	garanzia di qualità f	garantía de la calidad f
zájistná záruka (CZ)	Rückversicherung f	reinsurance	réassurance f	riassicurazione f	reaseguro m
zakázka (CZ)	Auftrag m	order	commande f	ordine m	pedido m
zakázka velkého rozsahu (CZ)	Großauftrag m	large-scale order	grosse commande f	ordine consistente m	pedido importante m
zákaznictvo (CZ)	Kundschaft f	clientele	clientèle f	clientela f	clientela f
zákazník (CZ)	Kunde m	customer	client m	cliente m	cliente m
zakelijke belastingen (NL)	Realsteuern f/pl	tax on real estate	impôt réel m	imposte reali f/pl	impuestos reales m/pl
zakenman (NL)	Kaufmann m	businessman	négociant m	commerciante m	comerciante m
zaken met het buitenland (NL)	Auslandsgeschäft n	foreign business	opération avec l'étranger f	affare con l'estero m	operación con el extranjero f
zakenrelatie (NL)	Geschäftsbeziehung f	business connections	relations commerciales f/pl	rapporti d'affari m/pl	relaciones comerciales f/pl
zakenrelatie (NL)	Geschäftsverbindung f	business relations	relation d'affaires f	relazione d'affari f	relación comercial f
zakład (PL)	Werk n	plant	usine f	stabilimento m	planta f
zakład przemysłowy (PL)	Industriebetrieb m	industrial enterprise	entreprise industrielle f	azienda industriale f	establecimiento industrial m
zakládací smlouva obchodní společnosti (CZ)	Gesellschaftsvertrag m	deed of partnership	acte de société m	atto costitutivo m	contrato social
základna (CZ)	Basis f	basis	base f	base f	base f
základna jednání (CZ)	Verhandlungsbasis f	basis for negotiation	terrain de négociation m	base delle trattative f	precio a negociar m
základní kapitál (CZ)	Grundkapital n	capital stock	capital social m	capitale iniziale m	capital inicial m
základní mzda (CZ)	Basislohn m	basic wage	salaire de référence m	salario base m	sueldo base m
základní příjem (CZ)	Basiseinkommen n	basic income	revenu de base m	introiti base m/pl	salario base m
základní rok (CZ)	Basisjahr n	base year	année de base f	anno di base m	año base m
zákonný platební prostředek (CZ)	gesetzliches Zahlungsmittel n	legal tender	monnaie légale f	mezzo di pagamento legale m	medio legal de pago m
zákon o akciích (CZ)	Aktiengesetz n	Companies Act	législation des sociétés anonymes f	legge sulle società per azioni f	ley sobre sociedades anónimas f
zakup (PL)	Ankauf m	purchase	achat m	acquisto m	compra f
zakup (PL)	Anschaffung f	acquisition	acquisition f	acquisizione f	adquisición f
zakup (PL)	Einkauf m	purchase	achat m	acquisto m	compra f
zakup kredytowy (PL)	Zielkauf m	purchase on credit	achat à terme m	acquisto a termine m	compra a plazos m
zakup podtrzymujący (PL)	Stützungskauf m	support buying	achat de soutien m	acquisto di sostegno m	compra de apoyo m
zakupy interwencyjne (PL)	Interventionskäufe m/pl	intervention buying	achats d'intervention m/pl	azioni di sostegno f/pl	compras de intervención f/pl
zakup zastępczy (PL)	Ersatzkauf m	substitute purchase	achat de remplacement m	acquisto di compensazione m	compra de sustitución f
zalecenie cenowe (PL)	Preisempfehlung f	price recommendation	recommendation de prix f	suggerimento di prezzo m	precio recomendado m
zaległość (PL)	Rückstand m	arrears pl	arriéré m	arretrato m	atraso m

zaległość

P	NL	SV	PL	CZ	H
suplemento *m*	bijlage *f*	bilaga	—	příloha *f*	melléklet
documentos de candidatura *m/pl*	sollicitatiedocumenten *n/pl*	ansökningshandlingar *pl*	—	podklady k žádosti *m/pl*	pályázati dokumentumok
interesse *m*	belang *n*	intresse	—	zájem *m*	érdekeltség
pessoal *m*	personeel *n*	personal	—	zaměstnanci podniku *m/pl*	személyzet
fundação *f*	oprichting *f*	grundande	—	založení *n*	alapítás
inauguração de uma empresa *f*	opening van een zaak *f*	butiksinvigning	—	zahájení obchodu *n*	vállalkozás alapítása
penhora *f*	beslaglegging *f*	utmätning	—	zabavení *n*	lefoglalás
interesse *m*	belang *n*	intresse	zainteresowanie *n*	—	érdekeltség
interessado *m*	belanghebbende partij *f*	intressent	interesant *m*	—	érdekelt
protecção de dados *f*	gegevensbeveiliging *f*	dataskydd	zabezpieczenie danych *n*	—	adatmentés
garantia de qualidade *f*	kwaliteitsgarantie *f*	kvalitetsgaranti	zabezpieczenie jakości *f*	—	minőségbiztosítás
resseguro *m*	herverzekering *f*	reassurans	reasekuracja *f*	—	viszontbiztosítás
ordem *f*	opdracht *f*	order	zlecenie *n*	—	megrendelés
encomenda em grande quantidade *f*	mammoetorder *f*	stororder	zamówienie wielkoskalowe *n*	—	nagy megrendelés
clientela *f*	klantenkring *m*	kundkrets	klientela *f*	—	vevőkör
cliente *m*	klant *m*	kund	klient *m*	—	vevő
impostos reais *m/pl*	—	skatt på fast egendom	podatki majątkowe *m/pl*	reálné daně *f/pl*	vagyonadó
comerciante *m*	—	köpman	kupiec *m*	obchodník *m*	kereskedő
negócio com o estrangeiro *m*	—	utlandsverksamhet	transakcja zagraniczna *f*	zahraniční obchod *m*	külföldi ügylet
relações comerciais *f/pl*	—	affärskontakter *pl*	stosunki handlowe *m/pl*	obchodní styk *m*	üzleti kapcsolat
relação comercial *f*	—	affärsförbindelse	stosunki handlowe *m/pl*	obchodní spojení *n*	üzleti kapcsolat
fábrica *f*	fabriek *f*	fabrik	—	závod *m*	gyár
empresa industrial *f*	industriële onderneming *f*	industriföretag	—	průmyslový podnik *m*	ipari üzem
contrato social *m*	akte van vennootschap *f*	bolagsavtal	umowa spółki *f*	—	társasági szerződés
base *f*	basis *f*	bas	baza *f*	—	bázis
preço a negociar *m*	onderhandelingsbasis *f*	förhandlingsbas	siła przetargowa *f*	—	tárgyalási alap
capital social *m*	oprichtingskapitaal *n*	aktiekapital	kapitał gruntowy *m*	—	alaptőke
ordenado base *m*	basisloon *n*	grundlön	płaca podstawowa *f*	—	alapbér
rendimento base *m*	basisinkomen *n*	grundinkomst	dochód podstawowy *m*	—	alapjövedelem
ano base *m*	basisjaar *n*	basår	rok bazowy *m*	—	bázisév
meio legal de pagamento *m*	wettig betaalmiddel *n*	giltigt betalningsmedel	ustawowy środek płatniczy *m*	—	törvényes fizetőeszköz
lei das sociedades por acções *m*	wet op de naamloze vennootschappen *f*	aktielagstiftning	ustawa o spółkach akcyjnych *f*	—	társasági törvény
compra *f*	aankoop *m*	inköp	—	nákup *m*	vásárlás
aquisição *f*	aanschaffing *f*	anskaffning	—	opatření *n*	beszerzés
compra *f*	inkoop *m*	inköp	—	nákup *m*	beszerzés
compra a crédito *f*	koop op krediet *m*	målköp	—	cílený nákup *m*	határidős vétel
compra sustentatória *f*	steunaankoop *m*	stödköp	—	podpůrný nákup *m*	támogató vásárlás
compras de intervenção *f/pl*	steunaankopen *m/pl*	stödköp	—	intervenční nákupy *m/pl*	intervenciós vásárlások
compra de reposição *f*	vervangingskoop *m*	substitutsköp	—	náhradní nákup *m*	pótvásárlás
preço recomendado *m*	adviesprijs *m*	rekommenderat pris	—	cenové doporučení *n*	ajánlott ár
atraso *m*	achterstand *m*	restantier	—	nedoplatek *m*	hátralék

zaległości płatnicze

	D	E	F	I	ES
zaległości płatnicze (PL)	Zahlungsrückstand m	payment in arrears	arriéré de payement m	morosità di pagamento f	pago atrasado m
zależny od wydajności (PL)	leistungsorientiert	performance-oriented	orienté vers le rendement	meritocratico	orientado al rendimiento
zaliczka (PL)	Anzahlung f	deposit	acompte m	pagamento in acconto m	pago a cuenta m
zaliczka (PL)	Vorschuß m	advance	avance f	anticipo m	anticipo m
žaloba (CZ)	Klage f	legal action	action en justice f	citazione in giudizio f	demanda f
žaloba o náhradu škody (CZ)	Schadensersatzklage f	action for damages	action en dommages-intérêts f	azione di risarcimento danni f	demanda de daños y perjuicios f
zálogjog (H)	Pfandrecht n	pledge	droit de gage m	diritto di pegno m	derecho prendario m
záloglevél (H)	Pfandbrief m	mortgage bond	obligation hypothécaire f	titolo ipotecario m	cédula hipotecaria f
záloha (CZ)	Anzahlung f	deposit	acompte m	pagamento in acconto m	pago a cuenta m
záloha (CZ)	Vorauszahlung f	payment in advance	payement anticipé m	pagamento anticipato m	adelanto m
záloha (CZ)	Vorschuß m	advance	avance f	anticipo m	anticipo m
záloha na daň (CZ)	Vorsteuer f	input tax	impôt perçu en amont m	imposta anticipata sul fatturato d'acquisto f	impuesto sobre el valor añadido deducible m
založení (CZ)	Gründung f	formation	constitution f	costituzione f	fundación f
zamawiający (PL)	Besteller m	customer	acheteur m	committente m	demandante m
zaměstnanci (CZ)	Personal n	staff	personnel m	personale m	personal m
zaměstnanci podniku (CZ)	Belegschaft f	staff	personnel m	personale m	plantilla f
zaměstnanec (CZ)	Angestellter m	employee	employé m	impiegato m	empleado m
zaměstnanec (CZ)	Arbeitnehmer m	employee	salarié m	lavoratore dipendente m	empleado m
zaměstnanecký podíl (CZ)	Arbeitnehmerbeteiligung f	worker participation	participation du personnel f	partecipazione dei lavoratori dipendenti f	participación de los empleados f
zaměstnání (CZ)	Beschäftigung f	employment	emploi m	occupazione f	ocupación f
zaměstnání (CZ)	Anstellung f	employment	emploi m	assunzione f	empleo m
zaměstnaný (CZ)	angestellt	employed	employé	impiegato	empleado m
zaměstnavatel (CZ)	Arbeitgeber m	employer	employeur m	datore di lavoro m	empleador m
zamiast zapłaty (PL)	zahlungsstatt	in lieu of payment	à titre de payement	a titolo di pagamento	a título de pago
zamienność towaru (PL)	Fungibilität f	fungibility	qualité fongible d'un bien f	fungibilità f	fungibilidad f
zamknięcie (PL)	Abschluß m	conclusion	conclusion f	conclusione f	cierre m
zamknięcie roczne (PL)	Jahresabschluß m	annual accounts	clôture annuelle des comptes f	chiusura d'esercizio f	cierre de cuentas m
zamówienie (PL)	Bestellung f	order	commande f	ordine m	pedido m
zamówienie eksportowe (PL)	Exportauftrag m	export order	commande d'exportation f	ordine d'esportazione m	pedido destinado a la exportación m
zamówienie pisemne (PL)	Bestellschein m	order form	bulletin de commande m	bolletta di commissione f	hoja de pedido f
zamówienie wielkoskalowe (PL)	Großauftrag m	large-scale order	grosse commande f	ordine consistente m	pedido importante m
zamrożenie cen (PL)	Preisstopp m	price stop	blocage des prix m	blocco dei prezzi m	limitación de precios f
zamrożenie płac (PL)	Lohnstopp m	wage freeze	blocage des salaires m	blocco dei salari m	congelación salarial f
za okazaniem (PL)	auf Sicht	at sight	à vue	a vista	a la vista
zaopatrzenie (PL)	Versorgung f	supply	approvisionnement m	approvvigionamento m	abastecimiento m
zapas (PL)	Vorrat m	stock	stock m	scorte f/pl	existencias f/pl
zapłata (PL)	Zahlung f	payment	payement m	pagamento m	pago m
zapłata pod protestem (PL)	Zahlung unter Protest	payment supra protest	payement sous protêt m	pagamento sotto protesta f	pago bajo protesta m
zapłata przy odbiorze (PL)	Zahlung per Nachnahme	cash on delivery	payement contre remboursement m	pagamento in contrassegno m	pago contra reembolso m

zapłata przy odbiorze

P	NL	SV	PL	CZ	H
atraso no pagamento m	achterstand m	betalningsanstånd	—	nedoplatek m	fizetési hátralék
orientado para o desempenho	prestatiegeoriënteerd	prestationsorienterad	—	orientován na výkon	teljesítmény szerinti
pagamento por conta m	aanbetaling f	handpenning	—	záloha f	letét
avanço m	voorschot n	förskott	—	záloha f	előleg
acção judicial f	klacht f	åtal	skarga f	—	panasz
acção de danos e perdas f	eis tot schadeloosstelling m	skadeståndskrav	skarga o odszkodowanie f	—	kártérítési kereset
direito pignoratício m	pandrecht n	pant	prawo zastawu n	zástavní právo n	—
título hipotecário m	pandbrief f	obligation med inteckning som säkerhet	list zastawny m	zástavní list m	—
pagamento por conta m	aanbetaling f	handpenning	zaliczka f	—	letét
pagamento adiantado m	voorafbetaling f	förskottsbetalning	przedpłata f	—	előrefizetés
avanço m	voorschot n	förskott	zaliczka f	—	előleg
IVA dedutível m	belasting f	ingående moms	przedpłata podatkowa f	—	levonható forgalmi adó
fundação f	oprichting f	grundande	założenie n	—	alapítás
comprador m	besteller m	kund	—	objednavatel m	megrendelő
pessoal m	personeel n	personal	personel m	—	személyzet
pessoal m	personeel n	personal	załoga f	—	személyzet
empregado m	bediende f/m	anställd	pracownik umysłowy m	—	alkalmazott
empregado m	werknemer f/m	arbetstagare	pracobiorca m	—	munkavállaló
participação dos empregados f	deelneming van het personeel f	arbetstagarmedverkan	udział pracowników m	—	munkavállalói résztulajdon
ocupação f	betrekking f	sysselsättning	zatrudnienie n	—	foglalkoztatás
emprego m	indienstneming f	anställning	zatrudnienie n	—	alkalmazás
empregado	in dienst	anställd	zatrudniony	—	alkalmazásban álló
empregador m	werkgever m	arbetsgivare	pracodawca m	—	munkáltató
a título de pagamento	in plaats van betaling	i stället för betalning	—	namísto placení n	fizetés helyett
fungibilidade f	fungibiliteit f	utbytbarhet	—	fungibilita f	helyettesíthetőség
conclusão f	afsluiting f	avslutning	—	závěrka f	kötés
balanço anual m	jaarbalans f	årsbokslut	—	roční uzávěrka f	éves mérleg
encomenda f	bestelling f	order	—	objednávka f	megrendelés
encomenda de exportação f	exportorder n	exportorder	—	exportní zakázka f	exportmegrendelés
impresso de encomenda m	bestelbon m	orderformulär	—	stvrzenka objednávky f	megrendelőlap
encomenda em grande quantidade f	mammoetorder f	stororder	—	zakázka velkého rozsahu f	nagy megrendelés
bloqueio de preços m	prijsstop m	prisstopp	—	zmrazení cen n	árbefagyasztás
congelamento dos salários m	loonstop m	lönestopp	—	zmrazení mezd n	bérbefagyasztás
à vista	op zicht	på sikt	—	na viděnou f	látra szóló
aprovisionamento m	bevoorrading f	försörjning	—	zásobování n	ellátás
estoque m	voorraad m	lager	—	zásoba f	készlet
pagamento m	betaling f	betalning	—	platba f	fizetés
pagamento sob protesto m	betaling onder protest f	betalning av protesterad växel	—	platba s protestem f	óvás melletti fizetés
pagamento contra-reembolso m	betaling onder rembours f	betalning vid leverans	—	platba na dobírku f	fizetés utánvétellel

zapłata ratalna 1114

	D	E	F	I	ES
zapłata ratalna (PL)	Teilzahlung f	partial payment	payement partiel m	pagamento a rate m	pago parcial m
zápis (CZ)	Protokoll n	minutes	compte-rendu m	protocollo m	protocolo m
zapis na dobro rachunku (PL)	Gutschrift f	credit	crédit m	accredito m	abono m
zaplacení provize (CZ)	Provisionszahlung f	commission payment	payement de commission m	pagamento di provvigione m	pago de comisión m
zaplatit (CZ)	bezahlen	pay	payer	pagare	pagar
za podmínky obdržení (CZ)	Eingang vorbehalten	due payment reserved	sauf bonne fin	salvo buon fine	salvo buen cobro m
zapotrzebowanie (PL)	Bedarf m	need	besoin m	fabbisogno m	necesidades f/pl
zapotrzebowanie na kapitał (PL)	Kapitalbedarf m	capital requirements	besoin en capital m	domanda di capitale m	necesidad de capital f
zapytanie (PL)	Anfrage f	inquiry	demande f	richiesta f	demanda f
zárádek (H)	Klausel f	clause	clause f	clausola f	cláusula f
záró árfolyam (H)	Schlußkurs m	closing price	dernier cours m	quotazione di chiusura f	cotización final f
zárolt számla (H)	gesperrtes Konto n	blocked account	compte bloqué m	conto bloccato m	cuenta congelada f
zárolt számla (H)	Sperrkonto n	blocked account	compte bloqué m	conto congelato m	cuenta bloqueada f
zárómérleg (H)	Schlußbilanz f	closing balance	bilan de clôture m	bilancio consuntivo m	balance final m
záruka (CZ)	Garantie f	warranty	garantie f	garanzia f	garantía f
záruka (CZ)	Gewährleistung f	warranty	garantie f	garanzia f	garantía f
záruka na výrobek (CZ)	Produkthaftung f	product liability	responsabilité du fabricant f	responsabilità prodotto f	responsabilidad del productor f
záruka za ztráty (CZ)	Ausfallbürgschaft f	deficiency guarantee	garantie de bonne fin f	garanzia d'indennizzo f	garantía de indemnidad f
zarząd (PL)	Vorstand m	board	directoire m	consiglio di amministrazione m	consejo de dirección m
zarządzenie (PL)	Anordnung f	order	ordre m	disposizione m	orden f
zarządzenie (PL)	Verordnung f	decree	décret m	regolamento m	ordenanza f
zasedání (CZ)	Tagung	meeting	congrès m	congresso m	reunión f
zasílané zboží (CZ)	Speditionsgut n	forwarding goods	bien transporté m	merce spedita f	mercancía transportada f
zasílatel (CZ)	Spediteur m	forwarding agent	commissionnaire de transport m	spedizioniere m	expeditor m
zásilka (CZ)	Sendung f	consignment	envoi m	spedizione f	envío m
zásilka na ukázku (CZ)	Mustersendung	sample consignment	envoi d'échantillons m	spedizione di campioni f	envío de muestras m
zásilka zboží (CZ)	Warensendung f	consignment of goods	expédition de marchandises f	spedizione di merci f	envío de mercancías m
zásilkový obchod (CZ)	Versandhandel m	mail order business	vente par correspondance f	vendita per corrispondenza f	venta por correspondencia f
zásoba (CZ)	Vorrat m	stock	stock m	scorte f/pl	existencias f/pl
zásoba zboží (CZ)	Warenbestand m	stock	stock de marchandises m	scorte merci f/pl	existencias f/pl
zásobování (CZ)	Versorgung f	supply	approvisionnement m	approvvigionamento m	abastecimiento m
zasób towarów (PL)	Warenbestand m	stock	stock de marchandises m	scorte merci f/pl	existencias f/pl
zasoby kapitałowe (PL)	Kapitalausstattung f	capital resources	dotation en capital f	dotazione di capitale f	dotación de capital f
zaspawany (PL)	eingeschweißt	shrink-wrapped	scellé	saldato	soldado
zástava (CZ)	Verpfändung f	pledge	mise en gage f	pignoramento m	pignoración f
zastavení platby (CZ)	Zahlungseinstellung f	suspension of payments	suspension de payement f	cessazione dei pagamenti f	suspensión de pagos f
zástavní list (CZ)	Pfandbrief m	mortgage bond	obligation hypothécaire f	titolo ipotecario m	cédula hipotecaria f
zástavní právo (CZ)	Pfandrecht n	pledge	droit de gage m	diritto di pegno m	derecho prendario m
zastępca (PL)	Stellvertreter m	deputy	adjoint m	sostituto m	sustituto m
zastępowalny (PL)	substituierbar	replaceable	interchangeable	sostituibile	sustituible

zastępowalny

P	NL	SV	PL	CZ	H
pagamento parcial m	gedeeltelijke betaling f	avbetalning	—	placení na splátky n	részletfizetés
protocolo m	notulen pl	protokoll	protokół m	—	jegyzőkönyv
nota de crédito f	creditnota f	kreditering	—	dobropis m	jóváírás
pagamento de comissão m	betaling van commissieloon f	provisionsbetalning	wypłata prowzji f	—	jutalékfizetés
pagar	betalen	betala	płacić <zapłacić>	—	kifizet
reserva de bom pagamento f	onder gewoon voorbehoud	förbehållen betalningsingång	z zastrzeżeniem wpłynięcia	—	bevételezés fenntartással
necessidade f	behoefte f	behov	—	potřeba f	szükséglet
demanda de capital f	kapitaalbehoefte f	kapitalbehov	—	potřeba kapitálu f	tőkeigény
pedido m	aanvraag f/m	förfrågan	—	poptávka f	ajánlatkérés
cláusula f	clausule f	klausul	klauzula f	doložka f	—
cotação final f	slotkoers m	sista kurs	dzienny giełdowy kurs zamykający m	uzavírací kurs m	—
conta congelada f	geblokkeerde rekening f	spärrat konto	zablokowane konto n	blokovaný účet m	—
conta bloqueada f	geblokkeerde rekening f	spärrat konto	rachunek zablokowany m	vázaný účet m	—
balanço final m	slotbalans f	utgående balans	bilans końcowy m	konečná rozvaha f	—
garantia f	garantie f	garanti	gwarancja f	—	jótállás
garantia f	waarborg m	garanti	gwarancja F	—	szavatosság
responsabilidade do produtor f	productaansprakelijkheid f	produktansvar	odpowiedzialność za jakość produktu f	—	termékfelelősség
fiança para cobertura de défice f	waarborg van honorering m	bortfallsgaranti	list gwarancjny załadowcy m	—	kártalanító kezesség
direcção f	directiecomité n	styrelse	—	představenstvo n	igazgatóság
ordem f	ordening f	föreskrift	—	nařízení n	rendelet
decreto m	besluit n	förordning	—	vyhláška f	rendelet
reunião f	zitting f	möte	konferencja f	—	ülés
mercadoria expedida f	verzendingsgoed n	fraktgods	fracht spedycyjny m	—	szállítmány
expedidor m	expediteur m	speditör	spedytor m	—	szállítmányozó
envio m	zending f	leverans	przesyłka f	—	küldemény
envio de amostras m	monsterzending f	provförsändelse	przesyłka próbek wzorcowych f	—	mintaküldemény
remessa de mercadorias f	goederenverzending f	leverans	wysyłka towarów f	—	áruküldemény
venda por correspondência f	verzendhandel m	postorderförsäljning	handel wysyłkowy m	—	csomagküldő kereskedelem
estoque m	voorraad m	lager	zapas m	—	készlet
estoque de mercadorias m	goederenvoorraad m	inneliggande varulager	zasób towarów m	—	árukészlet
aprovisionamento m	bevoorrading f	försörjning	zaopatrzenie n	—	ellátás
estoque de mercadorias m	goederenvoorraad m	inneliggande varulager	—	zásoba zboží f	árukészlet
dotação de capital f	geldmiddelen n/pl	kapitalresurser pl	—	kapitálové vybavení n	tőkésítettség
soldado	in folie verpakt	vacuumförpackat	—	přivařený	lehegesztett
penhora f	borgstelling f	pantsättning	ustanowienie zastawu n	—	elzálogosítás
suspensão de pagamentos f	stopzetting van betaling f	betalningsinställelse	zawieszenie wypłat n	—	fizetés felfüggesztése
título hipotecário m	pandbrief f	obligation med inteckning som säkerhet	list zastawny m	—	záloglevél
direito pignoratício m	pandrecht n	pant	prawo zastawu n	—	zálogjog
substituto m	assistent m	vice	—	zástupce m	helyettes
substituível	substitueerbaar	utbytbar	—	nahraditelný	helyettesíthető

zastoupení

	D	E	F	I	ES
zastoupení (CZ)	Vertretung f	representation	représentation f	rappresentanza f	representación f
zastřešující společnost (CZ)	Dachgesellschaft f	holding company	société holding f	holding f	sociedad holding f
zástupce (CZ)	Stellvertreter m	deputy	adjoint m	sostituto m	sustituto m
zástupce (CZ)	Vertreter m	representative	représentant m	rappresentante m	representante m
zatěžovat (CZ)	belasten	charge	débiter	addebitare	adeudar
zatímní bilance (CZ)	Zwischenbilanz f	interim balance sheet	bilan intermédiaire m	bilancio provvisorio m	balance intermedio m
zatížení (CZ)	Belastung f	charge	charge f	addebito m	gravamen m
zatrudnienie (PL)	Beschäftigung f	employment	emploi m	occupazione f	ocupación f
zatrudnienie (PL)	Anstellung f	employment	emploi m	assunzione f	empleo m
zatrudnienie niepełne (PL)	Unterbeschäftigung f	underemployment	sous-emploi m	sottoccupazione f	subempleo m
zatrudniony (PL)	angestellt	employed	employé	impiegato	empleado m
zaváděcí rabat (CZ)	Einführungsrabatt m	introductory discount	rabais de lancement m	sconto di lancio m	rebaja de lanzamiento f
závazek (CZ)	Obligo n	financial obligation	engagement m	obbligo m	obligación f
závazky (CZ)	Verbindlichkeiten f/pl	liabilities	dettes f/pl	obblighi m/pl	obligaciones f/pl
závaznost cen (CZ)	Preisbindung f	price fixing	imposition des prix f	obbligo di mantenere il prezzo fissato m	limitación de precios f
závěrečná kupní smlouva (CZ)	Schlußbrief m	sales note	lettre de confirmation f	lettera di conferma f	carta de confirmación f
závěrka (CZ)	Abschluß m	conclusion	conclusion f	conclusione f	cierre m
zaviněný (CZ)	schuldhaft	culpable	coupable	colposo	culpable
závod (CZ)	Werk n	plant	usine f	stabilimento m	planta f
zavolání (CZ)	Anruf m	call	appel téléphonique m	chiamata f	llamada f
zawarcie umowy (PL)	Vertragsabschluß m	conclusion of a contract	conclusion du contrat f	stipulazione del contratto f	conclusión de un contrato f
zawarte w cenie (PL)	im Preis inbegriffen	included in the price	inclus dans le prix	incluso nel prezzo	incluido
zawartość złota (PL)	Feingehalt m	titre	titre m	titolo m	ley f
zawieszenie wypłat (PL)	Zahlungseinstellung f	suspension of payments	suspension de payement f	cessazione dei pagamenti f	suspensión de pagos f
zawiniony (PL)	schuldhaft	culpable	coupable	colposo	culpable
zawód (PL)	Beruf m	profession	profession f	professione f	profesión f
zażalenie (PL)	Beschwerde f	complaint	plainte f	ricorso m	reclamación f
za zaliczeniem pocztowym (PL)	gegen Nachnahme	cash on delivery	contre remboursement	in contrassegno	contra rembolso
za zaliczeniem pocztowym (PL)	Nachnahme f	cash on delivery	remboursement m	contrassegno m	reembolso m
záznam (CZ)	Notierung f	quotation	cotation f	quotazione f	cotización f
záznam akcií (CZ)	Aktiennotierung f	share quotation	cotation des actions f	quotazione delle azioni f	cotización de acciones f
záznam kursu (CZ)	Kursnotierung f	quotation of prices	cotation f	quotazione dei cambi f	cotización f
zbankrutowany dłużnik (PL)	Gemeinschuldner m	adjudicated bankrupt	débiteur en faillite m	debitore fallito m	deudor común m
zboží (CZ)	Güter n/pl	goods	biens m/pl	beni m/pl	bienes m/pl
zboží (CZ)	Ware f	goods	marchandise f	merce f	mercancía f
zboží hromadné spotřeby (CZ)	Massengüter f	bulk goods	marchandises en vrac f/pl	beni di massa m/pl	productos a granel m/pl
zboží na skladě (CZ)	Stapelware f	staple goods	produit de stockage m	merce immagazzinata f	mercancía almacenada f
zbožní burza (CZ)	Warenbörse f	commodity exchange	bourse de marchandises f	borsa merci f	bolsa de mercancías f
zbycie (PL)	Veräußerung f	sale	vente f	alienazione f	enajenación f
zbyt (PL)	Absatz m	sales	volume des ventes m	volume di vendite m	cifra de ventas f
zbyt (PL)	Vertrieb m	distribution	distribution f	distribuzione f	distribución f
zbývající doba splatnosti (CZ)	Restlaufzeit f	remaining time to maturity	durée restante à courir f	scadenza residua f	plazo de vencimiento restante m

P	NL	SV	PL	CZ	H
representação f	vertegenwoordiging f	representation	przedstawicielstwo n	—	képviselet
sociedade holding f	holdingmaatschappij f	förvaltningsbolag	spółka holdingowa f	—	holdingtársaság
substituto m	assistent m	vice	zastępca m	—	helyettes
representante m	vertegenwoordiger m	representant	przedstawiciel m	—	képviselő
debitar	belasten	debitera	obciążać <obciążyć>	—	megterhel
balanço intermediário m	tussenbalans f	delårsbalans	bilans pośredni m	—	évközi mérleg
carga f	belasting f	debitering	obciążenie n	—	megterhelés
ocupação f	betrekking f	sysselsättning	—	zaměstnání n	foglalkoztatás
emprego m	indienstneming f	anställning	—	zaměstnání n	alkalmazás
subemprego m	onderbezetting f	undersysselsättning	—	nedostatečná zaměstnanost f	alulfoglalkoztatottság
empregado	in dienst	anställd	—	zaměstnaný	alkalmazásban álló
desconto de lançamento m	introductiekorting f	introduktionsrabatt	rabat za wprowadzenie wyrobu m	—	bevezetési árkedvezmény
obrigação f	obligo n	ekonomisk förpliktelse	obligo	—	kötelezettség
obrigação f	verplichtingen f/pl	skulder pl	zobowiązanie n	—	kötelezettségek
acordo sobre preços m	prijsbinding f	fast prissättning	zobowiązanie do utrzymania cen n	—	árrögzítés
carta de confirmação f	sluitbriefje n	villkorsbekräftelse	potwierdzenie warunków n	—	kötlevél
conclusão f	afsluiting f	avslutning	zamknięcie n	—	kötés
culpável	schuldig	skyldig	zawiniony	—	vétkes
fábrica f	fabriek f	fabrik	zakład m	—	gyár
chamada f	telefonische oproep f	telefonsamtal	rozmowa telefoniczna f	—	hívás
conclusão de um contrato f	sluiten van een overeenkomst n	avtalsskrivning	—	uzavření smlouvy n	szerződéskötés
incluído no preço	in de prijs inbegrepen	ingår i priset	—	zahrnuto v ceně f	az árba beszámítva
lei f	gehalte aan edel metaal n	lödighet	—	obsah čistého drahého kovu ve slitině m	nemesfémtartalom
suspensão de pagamentos f	stopzetting van betaling f	betalningsinställelse	—	zastavení platby n	fizetés felfüggesztése
culpável	schuldig	skyldig	—	zaviněný	vétkes
profissão f	beroep n	yrke	—	povolání n	foglalkozás
reclamação f	klacht f	reklamation	—	stížnost f	panasz
contra-reembolso	onder rembours	betalning vid leverans	—	na dobírku f	utánvétellel
reembolso m	onder rembours	betalning vid leverans	—	dobírka f	utánvétel
cotação f	notering f	notering	notowanie n	—	jegyzés
cotação das acções f	notering van aandelen f	aktienotering	notowanie akcji n	—	részvényjegyzés
cotação f	koersnotering f	kursnotering	notowanie kursów m	—	árfolyamjegyzés
devedor falido m	insolvente schuldenaar m	konkursgäldenär	—	úpadkový dlužník m	csődadós
bens m/pl	goederen n/pl	gods	towary m/pl	—	áruk
mercadoria f	goederen n/pl	vara	towar m	—	áru
mercadoria a granel f	stortgoederen n/pl	partigods	towary masowe m/pl	—	tömegáru
mercadoria armazenada f	stapelproduct n	stapelvara	drobnica w opakowaniach f	—	tömegáru
bolsa de mercadorias f	handelsbeurs f	varubörs	giełda towarowa f	—	árutőzsde
alienação f	vervreemding f	avyttring	—	zcizení n	elidegenítés
volume de vendas m	afzet m	säljvolym	—	odbyt m	forgalom
distribuição f	distributie f	distribution	—	odbyt m	forgalmazás
prazo até a maturidade m	resterende looptijd m	återstående löptid	pozostały okres kredytowania m	—	hátralévő futamidő

	D	E	F	I	ES
zcizení (CZ)	Veräußerung f	sale	vente f	alienazione f	enajenación f
zdarma (CZ)	unentgeltlich	free of charge	à titre gracieux	gratuito	gratuito
zdarma (CZ)	gratis	free of charge	gratuit	gratuito	gratis
zdeponowanie (PL)	Hinterlegung f	deposit	dépôt m	deposito m	depósito m
zdolność do czynności prawnych (PL)	Geschäftsfähigkeit f	legal competence	capacité d'accomplir des actes juridiques f	capacità di agire f	capacidad de negociar f
zdolność kredytowa (PL)	Kreditfähigkeit f	financial standing	solvabilité f	capacità creditizia f	crédito m
zdolność produkcyjna (PL)	Produktionskapazität f	production capacity	capacité de production f	capacità produttiva f	capacidad de producción f
zdolny do czynności prawnych (PL)	rechtsfähig	having legal capacity	capable de jouir de droits	avente capacità giuridica	jurídicamente capaz
Zedent (D)	—	assignor	cédant m	cedente m	cedente m
zeewaardige verpakking (NL)	seemäßige Verpackung f	sea-tight packing	emballage maritime m	imballaggio marittimo m	embalaje marítimo m
zegelrecht (NL)	Stempelgebühr f	stamp duty	droit de timbre m	diritto di bollo m	derechos de timbre m/pl
żeglowny (PL)	schiffbar	navigable	navigable	navigabile	navegable
Zeichnungsberechtigung (D)	—	authorisation to sign	autorisation de signer f	diritto di firma m	facultad de firma f
Zeitaufwand (D)	—	expenditure of time	investissement en temps m	tempo impiegato m	tiempo invertido m
Zeitlohn (D)	—	time wages	salaire à l'heure m	salario a tempo m	salario por unidad de tiempo m
Zeitwert (D)	—	current market value	valeur à une certaine date f	valore corrente m	valor actual m
železniční náklad (CZ)	Bahnfracht f	rail freight	fret par rail m	nolo ferroviario m	transporte ferroviario m
zelfbediening (NL)	Selbstbedienung f	self-service	self-service m	self service m	autoservicio m
zelffinancering (NL)	Eigenfinanzierung f	self-financing	autofinancement m	autofinanziamento m	financiación propia f
zelffinanciering (NL)	Selbstfinanzierung f	self-financing	autofinancement m	autofinanziamento m	autofinanciación f
zelfstandig (NL)	selbständig	independent	indépendant	indipendente	independiente
zemědělská cena (CZ)	Agrarpreis m	prices of farm products	prix agricole m	prezzo agricolo m	precio agrícola m
zemědělské hospodářství (CZ)	Agrarwirtschaft f	rural economy	économie agricole f	economia agraria f	economía agraria f
zemědělské přebytky (CZ)	Agrarüberschüsse m/pl	agricultural surpluses	excédents agricoles m/pl	eccedenze agricole f/pl	excedentes agrícolas m/pl
zemědělské subvence (CZ)	Agrarsubventionen f/pl	agricultural subsidies	subventions agricoles f/pl	sovvenzioni all'agricoltura f/pl	subvención a la agricultura f
zemědělský trh (CZ)	Agrarmarkt m	agricultural market	marché agricole m	mercato agrario m	mercado agrícola m
zemědělský výrobek (CZ)	Agrarprodukt n	farm product	produit agricole m	prodotto agricolo m	producto agrario m
zending (NL)	Sendung f	consignment	envoi m	spedizione f	envío m
zending met aangegeven waarde (NL)	Wertsendung f	consignment with value declared	envoi avec valeur déclarée m	spedizione con valore dichiarato f	envío con valor declarado m
Zentralbank (D)	—	central bank	banque centrale f	Banca Centrale f	banco emisor m
Zentralbankrat (D)	—	Central Bank Council	Conseil de la Banque Centrale m	consiglio superiore della Banca Centrale m	Consejo del Banco Central m
Zentralisierung (D)	—	centralisation	centralisation f	centralizzazione f	centralización f
zero growth (E)	Nullwachstum n	—	croissance zéro f	crescita zero f	crecimiento cero m
Zertifikat (D)	—	certificate	certificat m	certificato m	certificado m
zerwanie umowy (PL)	Vertragsbruch m	breach of contract	violation de contrat f	inadempienza contrattuale f	ruptura de contrato f
Zession (D)	—	assignment	cession f	cessione f	cesión f
Zessionar (D)	—	assignee	cessionnaire m	cessionario m	cesionario m
ze stacji kolejowej (PL)	ab Bahnhof	free on rail	départ gare	franco stazione	franco estación
ze statku (PL)	ab Schiff	ex ship	départ navire	franco bordo	ex vapor
zestátnění (CZ)	Verstaatlichung f	nationalisation	nationalisation f	nazionalizzazione f	nacionalización f
Zeugnis (D)	—	letter of reference	certificat m	attestato m	certificado m

Zeugnis

P	NL	SV	PL	CZ	H
alienação f	vervreemding f	avyttring	zbycie n	—	elidegenítés
gratuito	gratis	utan ersättning	nieodpłatnie	—	ingyen(es)
gratuito	gratis	gratis	bezpłatnie	—	ingyenes
depósito m	consignatie f	deposition	—	uložení n	letétbe helyezés
capacidade para realizar negócios f	handelingsbekwaamheid f	rättslig handlingsförmåga	—	schopnost obchodování f	jogképesség
capacidade de crédito f	kredietwaardigheid f	solvens	—	úvěrová schopnost f	hitelképesség
capacidade produtiva f	productiecapaciteit f	produktionskapacitet	—	výrobní kapacita f	termelői kapacitás
com capacidade jurídica	rechtsbevoegd	rättskapabel	—	právně způsobilý	jogképes
cedente m	cedent m	överlåtare	cedent m	postupitel m	engedményező
embalagem marítima f	—	sjöfraktsemballage	opakowanie do transportu morskiego n	námořní balení n	tengeri csomagolás
imposto do selo m	—	stämpelavgift	opłata stemplowa f	kolkovné n	bélyegilleték
navegável	bevaarbaar	segelbar	—	splavný	hajózható
direito de assinatura m	tekenbevoegdheid f	underskriftsberättigande	uprawnienie do podpisu n	oprávnění k podpisu n	aláírási jogosultság
tempo empregue m	bestede tijd f	tidsspillan	nakład czasowy m	vynaložení času n	időráfordítás
salário por hora m	tijdloon n	timlön	płaca wg stawki godzinowej f	časová mzda f	időbér
valor actual m	dagwaarde f	dagsvärde	wartość aktualna f	denní hodnota f	aktuális piaci érték
frete ferroviário m	spoorvracht f	järnvägsfrakt	fracht kolejowy m	—	vasúti szállítmány
self service m	—	självbetjäning	samoobsługa f	samoobsluha f	önkiszolgálás
autofinanciamento m	—	egenfinansiering	finansowanie własne f	vlastní financování n	önfinanszírozás
autofinanciamento m	—	självfinansiering	samofinansowanie n	samofinancování n	önfinanszírozás
independente	—	självständig	samodzielny	samostatný	önálló
preços dos produtos agrícolas m	landbouwprijs m	pris på jordbruksprodukter	cena skupu produktów rolnych f	—	mezőgazdasági árak
economia agrária f	landhuishoudkunde f	jordbruk	gospodarka rolna f	—	mezőgazdaság
excedentes agrícolas m/pl	landbouwoverschotten n/pl	jordbruksöverskott	nadwyżki rolne f/pl	—	mezőgazdasági termékfölösleg
subsídios à agricultura m/pl	landbouwsubsidies f/pl	jordbruksstöd	subwencja rolnicza f	—	mezőgazdasági támogatás
mercado agrícola m	landbouwmarkt f	jordbruksmarknad	rynek rolny m	—	agrárpiac
produto agrícola m	landbouwproduct n	jordbruksprodukt	produkt rolny m	—	mezőgazdasági termék
envio m	—	leverans	przesyłka f	zásilka f	küldemény
envio com valor declarado m	—	värdeförsändelse	przesyłka wartościowa f	cenná zásilka f	értékküldemény
banco central m	centrale bank f	centralbank	Bank Centralny m	centrální banka f	központi bank
Administração do Banco Central f	Centrale Bankraad m	centralbanksråd	Rada Banku Centralnego f	rada centrální banky f	Központi Banktanács
centralização f	centralisatie f	centralisering	centralizacja f	centralizace f	központosítás
crescimento nulo m	nulgroei m	nolltillväxt	wzrost zerowy m	nulový růst m	nulla növekedés
certificado m	certificaat n	certifikat	certyfikat m	certifikát m	tanúsítvány
lesão do contrato f	contractbreuk f	avtalsbrott	—	porušení smlouvy f	szerződésszegés
cessão f	overdracht f	cession	cesja f	postoupení n	engedményezés
cessionário m	cessionaris m	cessionär	cesjonariusz m	postupník m	engedményes
ex caminhos de ferro	af station	fritt från järnväg	—	z nádraží n	költségmentesen vagonba rakva
ex navio	af schip	fritt från fartyg	—	z lodě f	hajón átvéve
nacionalização f	nationalisering f	förstatligande	upaństwowienie n	—	államosítás
certificado m	certificaat n	rapport	świadectwo n	vysvědčení n	bizonyítvány

	D	E	F	I	ES
ze závodu (CZ)	ab Werk	ex works	départ usine	franco fabbrica	en fábrica
zezwolenie (PL)	Genehmigung f	permission	autorisation f	autorizzazione f	autorización f
zezwolenie budowlane (PL)	Baugenehmigung f	planning permission	autorisation de construire f	licenza di costruzione f	permiso de construcción m
zezwolenie eksportowe (PL)	Ausfuhrgenehmigung f	export licence	autorisation d'exportation f	autorizzazione all'esportazione f	licencia de exportación f
zezwolenie na eksploatację (PL)	Betriebserlaubnis f	operating permit	droit d'exploitation m	licenza d'esercizio f	autorización de funcionamiento f
zezwolenie na pobyt (PL)	Aufenthaltserlaubnis f	residence permit	permis de séjour m	permesso di soggiorno m	permiso de residencia m
zezwolenie na pracę (PL)	Arbeitserlaubnis f	work permit	permis de travail m	permesso di lavoro m	permiso de trabajo m
zgłoszenie (PL)	Anmeldung f	registration	inscription f	avviso m	inscripción f
zgłoszenie szkody (PL)	Schadensmeldung f	notification of damage	déclaration du sinistre f	denuncia di sinistro f	aviso de siniestro m
zgormadzenie wierzycieli (PL)	Gläubigerversammlung f	creditors' meeting	assemblée des créanciers f	assemblea dei creditori f	junta de acreedores f
zgromadzenie wspólników (PL)	Gesellschafterversammlung f	meeting of shareholders	assemblée des associés f	assemblea dei soci f	junta social f
zła jakość (PL)	schlechte Qualität f	poor quality	mauvaise qualité f	qualità scadente f	mala calidad f
zichtbaar ophangen van de prijslijst (NL)	Preisauszeichnung f	price-marking	affichage des prix f	indicazione del prezzo f	indicación de precios f
Ziehungsrechte (D)	—	drawing rights	droits de tirage m/pl	diritti di prelievo m/pl	derechos de giro m/pl
Ziel (D)	—	objective	but m	obiettivo m	objetivo m
Zielgruppe (D)	—	target group	groupe cible m	gruppo target m	grupo destinatario m
Zielkauf (D)	—	purchase on credit	achat à terme m	acquisto a termine m	compra a plazos m
Zins (D)	—	interest	intérêt m	interessi m/pl	interés m
Zinseszins (D)	—	compound interest	intérêt composé m	interessi composti m/pl	interés compuesto m
Zinsfuß (D)	—	interest rate	taux d'intérêt m	tasso d'interesse m	tipo de interés m
Zinsgefälle (D)	—	gap between interest rates	disparité des niveaux d'intérêts f	differenza d'interessi f	diferencia entre los tipos de interés f
Zinsmarge (D)	—	interest margin	marge entre les taux d'intérêt créditeur et débiteur f	margine d'interesse m	margen de interés m
Zinsniveau (D)	—	interest rate level	niveau du taux d'intérêt m	livello degli interessi m	nivel de interés m
Zinspolitik (D)	—	interest rate policy	politique en matière d'intérêts f	politica dei tassi d'interesse f	politica en materia de intereses f
Zinssatz (D)	—	interest rate	taux d'intérêt m	tasso d'interesse m	tipo de interés m
Zinssenkung (D)	—	reduction of interest	diminution du taux d'intérêt f	riduzione degli interessi f	reducción del tipo de interés f
złomować (PL)	verschrotten	scrap	mettre à la ferraille	rottamare	desguazar
złoto (PL)	Gold n	gold	or m	oro m	oro m
žiro (CZ)	Giro n	endorsement	virement m	girata f	giro m
žirová ústředna (CZ)	Girozentrale f	central giro institution	banque centrale de virement f	ufficio centrale di compensazione m	central de giros f
zisk (CZ)	Gewinn m	profit	bénéfice m	utile m	beneficio m
zisková přirážka (CZ)	Gewinnaufschlag m	profit mark-up	marge de bénéfice f	maggiorazione dell'utile f	margen de beneficio f
zisk z podnikání (CZ)	Unternehmensgewinn m	company profit	résultats m/pl	utile d'impresa m	beneficio empresarial m
zitting (NL)	Tagung	meeting	congrès m	congresso m	reunión f
živnost (CZ)	Gewerbe n	trade	activité professionnelle f	commercio m	comercio m
živnostenská daň (CZ)	Gewerbesteuer f	trade tax	impôt sur les bénéfices des professions	imposta industriale f	impuesto industrial comerciales m
životní pojištění (CZ)	Lebensversicherung f	life assurance	assurance vie f	assicurazione sulla vita f	seguro de vida m
životopis (CZ)	Lebenslauf m	curriculum vitae	curriculum vitae m	curriculum vitae m	curriculum vitae m
zkazitelný (CZ)	verderblich	perishable	périssable	deperibile	perecedero
zkouška (CZ)	Prüfung f	examination	vérification f	controllo m	verificación f

zkouška

P	NL	SV	PL	CZ	H
ex fábrica	af fabriek	fritt från fabrik	z zakładu	—	gyárban átvéve
autorização f	goedkeuring f	tillstånd	—	schválení n	engedély
alvará de construção m	bouwvergunning f	byggnadstillstånd	—	stavební povolení n	építési engedély
licença de exportação f	uitvoervergunning f	exporttillstånd	—	vývozní povolení n	kiviteli engedély
autorização de funcionamento f	bedrijfsvergunning f	driftstillstånd	—	provozní povolení n	üzemelési engedély
autorização de residência f	verblijfsvergunning f	uppehållstillstånd	—	povolení k pobytu n	tartózkodási engedély
autorização de trabalho f	werkvergunning f	arbetstillstånd	—	pracovní povolení n	munkavállalási engedély
inscrição f	aanmelding f	registrering	—	přihláška f	bejelentés
declaração de sinistro f	schadeaangifte f	skadeanmälan	—	oznámení škody n	kárbejelentés
assembleia de credores f	vergadering van de schuldeisers f	borgenärssammanträde	—	schůze věřitelů f	hitelezők gyűlése
assembleia geral dos accionistas f	aandeelhoudersvergadering f	bolagsstämma	—	valná hromada společníků f	taggyűlés
baixa qualidade f	slechte kwaliteit f	dålig kvalitet	—	nízká jakost f	rossz minőség
marcação de preços f	—	prismärkning	oznaczanie cen na towarach n	označení cenou n	árcédula
direitos de saque m/pl	trekkingsrechten n/pl	dragningsrätter pl	prawo ciągnienia n	slosovací pravidla n/pl	lehívási jogok
objectivo m	doel n	mål	cel m	cíl m	cél
grupo objectivo m	doelgroep f	målgrupp	grupa docelowa f	cílová skupina f	célcsoport
compra a crédito f	koop op krediet m	målköp	zakup kredytowy m	cílený nákup m	határidős vétel
juro m	interest m	ränta	odsetki pl	úrok m	kamat
juros compostos m/pl	samengestelde interest m	ränta på ränta	odsetki składane pl	úrok z úroků m	kamatos kamat
taxa de juro f	rentevoet m	räntefot	stopa procentowa f	úroková míra f	kamatláb
diferença entre taxas de juro f	renteverschillen n/pl	räntemarginal	różnica w oprocentowaniu f	spád úroků m	kamatláb-különbözet
margem de lucros f	rentemarge f	räntemarginal	marża odsetkowa f	úrokové rozpětí n	kamatrés
nível da taxa de juro m	rentepeil n	räntenivå	poziom stawki oprocentowania m	úroveň úroků f	kamatszint
política das taxas de juro f	rentebeleid n	räntepolitik	polityka stopy procentowej f	úroková politika f	kamatpolitika
taxa de juro f	rentevoet m	räntesats	stawka procentowa f	úroková sazba f	kamatláb
redução dos juros f	renteverlaging f	räntesänkning	obniżka stopy procentowej f	snížení úrokové míry n	kamatcsökkentés
transformar em sucata	verschroten	skrota	—	sešrotovat	kiselejtez
ouro m	goud n	guld	—	zlato n	arany
transferência de crédito f	overschrijving f	girering	żyro n	—	zsíró
central de transferências f	bankgirocentrale f	girocentral	izba rozrachunkowa f	—	elszámolóház
lucro m	winst f	vinst	zysk m	—	nyereség
margem de lucro f	winstverhoging f	vinstpåslag	zwiększenie zysku n	—	árrés
lucro da empresa m	bedrijfswinst f	företagsvinst	zysk przedsiębiorstwa m	—	vállalati nyereség
reunião f	—	möte	konferencja f	zasedání n	ülés
actividade comercial f	ambacht n	handel	działalność gospodarcza f	—	ipar
imposto sobre o comércio m	bedrijfsbelasting f	företagsskatt	podatek od przedsiębiorstw m	—	iparűzési adó
seguro de vida m	levensverzekering f	livförsäkring	ubezpieczenie na życie n	—	életbiztosítás
curriculum vitae m	curriculum vitae n	meritförteckning	życiorys m	—	életrajz
perecível	bederfelijk	fördärvlig	psujący się	—	romlékony
verificação f	verificatie f	granskning	badanie n	—	vizsgálat

zkrácená pracovní doba 1122

	D	E	F	I	ES
zkrácená pracovní doba (CZ)	Kurzarbeit f	short-time work	travail à temps partiel m	lavoro ad orario ridotto m	trabajo reducido m
zkušební balení (CZ)	Probepackung f	trial package	échantillon m	confezione campione f	muestra f
zkušební doba (CZ)	Probezeit f	trial period	période d'essai f	periodo di prova m	período de prueba m
zkušební dodávka (CZ)	Probelieferung f	trial shipment	livraison à titre d'essai f	fornitura a titolo di prova f	envío de prueba m
zlatá měna (CZ)	Goldwährung f	gold currency	monnaie à couverture or f	valuta aurea f	moneda oro f
zlato (CZ)	Gold n	gold	or m	oro m	oro m
zlatý prut (CZ)	Goldbarren m	gold bar	lingot d'or m	lingotto d'oro m	lingote de oro m
zlatý standard (CZ)	Goldstandard m	gold standard	étalon or m	tallone aureo m	patrón-oro m
zlecenie (PL)	Auftrag m	order	commande f	ordine m	pedido m
zlecenie (PL)	Order f	order	ordre m	ordine m	pedido m
zlecenie stałe (PL)	Dauerauftrag m	standing order	ordre régulier de virement m	ordine permanente m	órden permanente f
zleceniodawca (PL)	Auftraggeber m	customer	donneur d'ordre m	committente m	mandante m
z lodě (CZ)	ab Schiff	ex ship	départ navire	franco bordo	ex vapor
zlomek (CZ)	Bruchteil m	fraction	fraction f	frazione f	parte fraccionaria f
změna smlouvy (CZ)	Vertragsänderung f	amendment of a contract	modification du contrat f	modificazione del contratto f	modificación de contrato f
zmiana (PL)	Schichtwechsel m	change of shift	relève d'équipe f	cambio di turno m	cambio del turno de obreros m
zmiana nocna (PL)	Nachtschicht f	night shift	équipe de nuit f	turno notturno m	turno de noche m
zmiana umowy (PL)	Vertragsänderung f	amendment of a contract	modification du contrat f	modificazione del contratto f	modificación de contrato f
zmienna stawka procentowa (PL)	variabler Zins m	variable rate of interest	intérêt variable m	tasso d'interesse variabile m	interés variable m
zmniejszenie (PL)	Minderung f	reduction	diminution f	riduzione f	reducción f
zmrazení cen (CZ)	Preisstopp m	price stop	blocage des prix m	blocco dei prezzi m	limitación de precios f
zmrazení mezd (CZ)	Lohnstopp m	wage freeze	blocage des salaires m	blocco dei salari m	congelación salarial f
z nábřeží (CZ)	ab Kai	ex quay	départ quai	franco banchina	ex muelle
z nabrzeża (PL)	ab Kai	ex quay	départ quai	franco banchina	ex muelle
značka (CZ)	Marke f	mark	marque f	marca f	característica f
značka diktátu (CZ)	Diktatzeichen f	reference	références f/pl	sigla f	referencias f/pl
značka zboží (CZ)	Warenzeichen n	trade mark	marque de fabrique f	marchio m	marca f
značkové zboží (CZ)	Markenartikel m	trade-registered article	produit de marque m	articolo di marca m	artículo de marca m
znaczek pocztowy (PL)	Briefmarke f	stamp	timbre-poste m	francobollo m	sello m
z nádraží (CZ)	ab Bahnhof	free on rail	départ gare	franco stazione	franco estación
znak dyktowany (PL)	Diktatzeichen f	reference	références f/pl	sigla f	referencias f/pl
znak firmowy (PL)	Logo n	logo	logo m	logo m	logo m
znak firmowy (PL)	Markenzeichen n	trademark	emblème de marque f	marchio m	marca registrada f
znak towarowy (PL)	Warenzeichen n	trade mark	marque de fabrique f	marchio m	marca f
zniżka (PL)	Ermäßigung f	reduction	réduction f	riduzione f	reducción f
zoals overeengekomen (NL)	vereinbarungsgemäß	as agreed	comme convenu	come convenuto	según lo acordado
zobowiązanie (PL)	Verbindlichkeiten f/pl	liabilities	dettes f/pl	obblighi m/pl	obligaciones f/pl
zobowiązanie ciągłe (PL)	Dauerschuldverschreibung f	unredeemable bond	engagement de dette permanente m	obbligazione perpetua f	obligación perpetua f
zobowiązanie do utrzymania cen (PL)	Preisbindung f	price fixing	imposition des prix f	obbligo di mantenere il prezzo fissato m	limitación de precios f
Zoll (D)	—	customs	douane f	dogana f	aduana f
Zollabfertigung (D)	—	customs clearance	dédouanement m	sdoganamento m	trámites aduaneros m/pl
Zollabkommen (D)	—	customs convention	accord douanier m	accordo sulle tariffe	convenio aduanero m

Zollabkommen

P	NL	SV	PL	CZ	H
trabalho a tempo reduzido m	verkorte werktijd m	korttidsarbete	skrócony czas pracy m	—	csökkentett munkaidő
amostra f	proefverpakking f	provförpackning	opakowanie wzorocowe n	—	próbacsomagolás
período de experiência m	proefperiode f	provtid	okres próbny m	—	próbaidő
fornecimento a título de ensaio m	proeflevering f	provleverans	dostawa próbna f	—	próbaszállítás
padrão-ouro da moeda f	goudstandaard m	guldvaluta	waluta w złocie f	—	aranyvaluta
ouro m	goud n	guld	złoto n	—	arany
barra de ouro f	goudstaaf f	guldtacka	sztabka złota f	—	aranyrúd
padrão-ouro m	goudstandaard m	guldstandard	waluta złota f	—	aranyalap
ordem f	opdracht f	order	—	zakázka f	megrendelés
ordem f	bestelling f	order	—	nařízení n	megrendelés
ordem permanente f	dringende bestelling f	instruktion till bank om regelbundna överföringar	—	dlouhodobý příkaz k úhradě m	állandó megbízás
cliente m	opdrachtgever m	uppdragsgivare	—	objednávatel m	megbízó
ex navio	af schip	fritt från fartyg	ze statku	—	hajón átvéve
fracção f	fractie f	bråkdel	ułamek m	—	törtrész
modificação do contrato f	wijziging van het contract f	avtalsändring	zmiana umowy f	—	szerződésmódosítás
mudança de turno f	ploegenwisseling f	skiftbyte	—	střídání směn n	műszakváltás
turno nocturno m	nachtploeg f	nattskift	—	noční směna f	éjszakai műszak
modificação do contrato f	wijziging van het contract f	avtalsändring	—	změna smlouvy n	szerződésmódosítás
taxas de juro variáveis f/pl	variabele rente f	rörlig ränta	—	proměnný úrok m	változó kamat
redução f	korting f	minskning	—	snížení n	csökkentés
bloqueio de preços m	prijsstop m	prisstopp	zamrożenie cen n	—	árbefagyasztás
congelamento dos salários m	loonstop m	lönestopp	zamrożenie płac n	—	bérbefagyasztás
posto no cais	af kaai	fritt från kaj	z nabrzeża	—	rakparton átvéve
posto no cais	af kaai	fritt från kaj	—	z nábřeží n	rakparton átvéve
marca f	merk n	märke	marka f	—	márka
referências f/pl	referentie f	referens	znak dyktowany m	—	diktálási jel
marca f	handelsmerk n	varumärke	znak towarowy m	—	védjegy
produto de marca m	merkartikel n	märkesvara	towar firmowy m	—	márkacikk
selo m	postzegel m	frimärke	—	poštovní známka f	bélyeg
ex caminhos de ferro	af station	fritt från järnväg	ze stacji kolejowej	—	költségmentesen vagonba rakva
referências f/pl	referentie f	referens	—	značka diktátu f	diktálási jel
logotipo m	logo n	logo	—	logo n	logo
marca registrada f	handelsmerk n	varumärke	—	označení značkou f	védjegy
marca f	handelsmerk n	varumärke	—	značka zboží f	védjegy
redução f	korting f	reduktion	—	sleva f	mérséklés
como acordado	—	enligt överenskommelse	jak uzgodniono	podle ujednání	megállapodás szerint
obrigação f	verplichtingen f/pl	skulder pl	—	závazky m/pl	kötelezettségek
obrigação perpétua f	obligatie met eeuwigdurende looptijd f	evig obligation	—	dlouhodobý dlužní úpis m	nem beváltható kötvény
acordo sobre preços m	prijsbinding f	fast prissättning	—	závaznost cen f	árrögzítés
alfândega f	douane f	tull	cło n	clo n	vám
expedição aduaneira f	inklaring f/uitklaring f	förtullning	odprawa celna f	celní odbavení n	vámkezelés
convenção aduaneira f	tariefakkoord n	tullavtal	Układ w Sprawie Ceł m	celní dohoda f	vámegyezmény

Zollagerung

	D	E	F	I	ES
Zollagerung (D)	—	customs warehouse procedure	entrepôt sous douane *m*	deposito doganale *m*	depósito de aduana *m*
Zollausland (D)	—	countries outside the customs frontier	territoire hors du contrôle de la douane *m*	territorio doganale estero *m*	territorio aduanero exterior *m*
Zolleinfuhrschein (D)	—	bill of entry	acquit d'entrée *m*	bolletta doganale d'importazione *m*	certificado de aduana *m*
Zollerklärung (D)	—	customs declaration	déclaration en douane *f*	dichiarazione doganale *f*	declaración arancelaria *f*
Zollfaktura (D)	—	customs invoice	facture douanière *f*	fattura doganale *f*	factura arancelaria *f*
Zollgebiet (D)	—	customs territory	territoire douanier *m*	territorio doganale *m*	distrito aduanero *m*
Zollgebühren (D)	—	customs duties	droit de douane *m*	diritti doganali *m/pl*	derechos arancelarios *m/pl*
Zollgrenze (D)	—	customs frontier	frontière douanière *f*	confine doganale *m*	frontera aduanera *f*
Zollpapiere (D)	—	customs documents	documents douaniers *m/pl*	documenti doganali *m/pl*	documentos aduaneros *m/pl*
Zolltarif (D)	—	customs tariff	tarif des douanes *m*	tariffa doganale *f*	tarifa arancelaria *f*
Zollunion (D)	—	customs union	union douanière *f*	unione doganale *f*	unión aduanera *f*
Zollverkehr (D)	—	customs procedure	régime douanier des marchandises sous douane *m*	procedure doganali *f/pl*	régimen aduanero *m*
Zollverschluß (D)	—	customs seal	scellement douanier *f*	sigillo doganale *m*	precinto aduanero *m*
zon (SV)	Zone *f*	zone	zone *f*	zona *f*	zona *f*
zona (I)	Zone *f*	zone	zone *f*	—	zona *f*
zona (ES)	Zone *f*	zone	zone *f*	zona *f*	—
zona (P)	Zone *f*	zone	zone *f*	zona *f*	zona *f*
zóna (CZ)	Zone *f*	zone	zone *f*	zona *f*	zona *f*
zona de comércio livre (P)	Freihandelszone *f*	free trade zone	zone de libre-échange *f*	zona di libero scambio *f*	zona de libre-cambio *f*
zona de libre-cambio (ES)	Freihandelszone *f*	free trade zone	zone de libre-échange *f*	zona di libero scambio *f*	—
zona di libero scambio (I)	Freihandelszone *f*	free trade zone	zone de libre-échange *f*	—	zona de libre-cambio *f*
zona industriale (I)	Industriegebiet *m*	industrial area	zone industrielle *f*	—	región industrial *f*
zona monetaria (I)	Währungszone *f*	currency zone	zone monétaire *f*	—	zona monetaria *f*
zona monetaria (ES)	Währungszone *f*	currency zone	zone monétaire *f*	zona monetaria *f*	—
zona monetária (P)	Währungszone *f*	currency zone	zone monétaire *f*	zona monetaria *f*	zona monetaria *f*
zóna volného obchodu (CZ)	Freihandelszone *f*	free trade zone	zone de libre-échange *f*	zona di libero scambio *f*	zona de libre-cambio *f*
zonder dividend (NL)	ohne Dividende	ex dividend	sans dividende *m*	senza dividendo	sin dividendo
zonder verbintenis onzerzijds (NL)	ohne Obligo	without obligation	sans engagement	senza obbligo	sin obligación
zonder waarborg van onzentwege (NL)	ohne Gewähr	without guarantee	sous toute réserve	senza garanzia	sin garantía
Zone (D)	—	zone	zone *f*	zona *f*	zona *f*
zone (E)	Zone *f*	—	zone *f*	zona *f*	zona *f*
zone (F)	Zone *f*	zone	—	zona *f*	zona *f*
zone (NL)	Zone *f*	zone	zone *f*	zona *f*	zona *f*
zone de libre-échange (F)	Freihandelszone *f*	free trade zone	—	zona di libero scambio *f*	zona de libre-cambio *f*
zone industrielle (F)	Industriegebiet *m*	industrial area	—	zona industriale *f*	región industrial *f*
zone monétaire (F)	Währungszone *f*	currency zone	—	zona monetaria *f*	zona monetaria *f*
zpětná vazba (CZ)	Rückkopplung *f*	feedback	rétroaction *f*	accoppiamento a reazione *m*	retroacción *f*
zpětná zásilka (CZ)	Rücksendung *f*	return	renvoi *m*	rispedizione *f*	devolución *f*
z polecenia (PL)	im Auftrag	by order	par ordre	per ordine	por poder
z pověření (CZ)	im Auftrag	by order	par ordre	per ordine	por poder

P	NL	SV	PL	CZ	H
armazém alfandegário m	stelsel van douane-entrepots n	tullagring	magazyn towarów pod zamknięciem celnym m	celní uskladnění n	vámraktározás
território aduaneiro exterior m	gebied buiten de (eigen) douanegrenzen n	utländskt tullområde	zagranica celna f	celní cizina f	vámkülföld
declaração de importação à alfândega f	invoervergunning f	införseldeklaration	kwit odprawy celnej przywozowej m	dovozní celní stvrzenka f	behozatali vámkimutatás
declaração alfandegária f	douaneverklaring f	tulldeklaration	deklaracja celna f	celní prohlášení n	vámáru-nyilatkozat
factura para a alfândega f	douanefactuur f	tullfaktura	faktura celna f	celní faktura f	vámszámla
território aduaneiro m	douanegebied n	tullområde	obszar celny m	celní území n	vámterület
direitos aduaneiros m/pl	douanerechten n/pl	tullavgifter pl	opłaty celne f/pl	celní poplatky m/pl	vámilleték
limite aduaneiro f	douanegrens f	tullgräns	granica celna f	celní hranice f	vámhatár
documentos aduaneiros m/pl	douanepapieren n/pl	tullhandlingar pl	dokumenty celne m/pl	celní doklady m/pl	vámokmányok
tarifa aduaneira f	douanetarief n	tulltariff	taryfa celna f	celní sazba f	vámtarifa
união aduaneira f	douane-unie f	tullunion	unia celna f	celní unie f	vámunió
procedimentos aduaneiros m/pl	douaneprocedures m/pl	tullförfarande	procedura celna f	celní styk m	vámforgalom
selo alfandegário m	douanesluiting f	tullsigill	plomba celna n	celní závěra f	vámzár
zona f	zone f	—	strefa f	zóna f	övezet
zona f	zone f	zon	strefa f	zóna f	övezet
zona f	zone f	zon	strefa f	zóna f	övezet
—	zone f	zon	strefa f	zóna f	övezet
zona f	zone f	zon	strefa f	—	övezet
—	vrijhandelszone f	frihandelsområde	strefa wolnego handlu f	zóna volného obchodu f	szabadkereskedelmi övezet
zona de comércio livre f	vrijhandelszone f	frihandelsområde	strefa wolnego handlu f	zóna volného obchodu f	szabadkereskedelmi övezet
zona de comércio livre f	vrijhandelszone f	frihandelsområde	strefa wolnego handlu f	zóna volného obchodu f	szabadkereskedelmi övezet
área industrial f	industriegebied n	industriområde	region przemysłowy m	průmyslová oblast f	iparvidék
zona monetária f	monetaire zone f	valutaområde	strefa walutowa f	měnová zóna f	valutaövezet
zona monetária f	monetaire zone f	valutaområde	strefa walutowa f	měnová zóna f	valutaövezet
—	monetaire zone f	valutaområde	strefa walutowa f	měnová zóna f	valutaövezet
zona de comércio livre f	vrijhandelszone f	frihandelsområde	strefa wolnego handlu f	—	szabadkereskedelmi övezet
sem dividendo	—	utan vinstutdelning	bez dywidendy	bez dividendy f	osztalék nélkül
sem obrigação	—	utan förpliktelse	bez obliga	bez povinnosti f	kötelezettség nélkül
sem garantia	—	ansvaras ej	bez gwarancji	bez záruky f	szavatosság nélkül
zona f	zone f	zon	strefa f	zóna f	övezet
zona f	zone f	zon	strefa f	zóna f	övezet
zona f	zone f	zon	strefa f	zóna f	övezet
zona f	—	zon	strefa f	zóna f	övezet
zona de comércio livre f	vrijhandelszone f	frihandelsområde	strefa wolnego handlu f	zóna volného obchodu f	szabadkereskedelmi övezet
área industrial f	industriegebied n	industriområde	region przemysłowy m	průmyslová oblast f	iparvidék
zona monetária f	monetaire zone f	valutaområde	strefa walutowa f	měnová zóna f	valutaövezet
feed-back m	feedback m	feedback	sprzężenie zwrotne n	—	visszacsatolás
devolução f	terugzending f	återsändande	zwrot m	—	visszaküldés
por ordem	in opdracht	enligt order	—	z pověření n	megbízásból
por ordem	in opdracht	enligt order	z polecenia	—	megbízásból

zpracování textu

	D	E	F	I	ES
zpracování textu (CZ)	Textverarbeitung f	word processing	traitement de texte f	elaborazione testi f	tratamiento de textos m
zpronevěra (CZ)	Unterschlagung f	embezzlement	détournement m	appropriazione indebita f	malversación f
zpronevěra (CZ)	Veruntreuung f	misappropriation	malversation f	abuso di fiducia m	malversación f
zprostředkování (CZ)	Vermittlung f	mediation	médiation f	mediazione f	mediación f
zprostředkování úvěru (CZ)	Kreditvermittlung f	arranging for a credit	médiation du crédit f	intermediazione di crediti f	mediación de créditos f
zsíró (H)	Giro n	endorsement	virement m	girata f	giro m
ztracená zásilka (CZ)	verlorengegangene Sendung f	lost shipment	envoi perdu m	spedizione andata persa f	envío perdido m
ztráta (CZ)	Verlust m	loss	perte f	perdita f	pérdida f
ztráta hodnoty (CZ)	Wertverfall m	loss of value	dévalorisation f	deprezzamento m	depreciación f
ztrátový obchod (CZ)	Verlustgeschäft n	loss-making business	affaire déficitaire f	affare in perdita m	venta con pérdida f
zúčtovací období (CZ)	Abrechnungszeitraum m	accounting period	période comptable f	periodo di liquidazione m	período de liquidación m
zúčtovací šek (CZ)	Verrechnungsscheck m	crossed cheque	chèque à porter en compte m	assegno sbarrato m	cheque cruzado m
zúčtované peníze (CZ)	Buchgeld n	deposit money	monnaie de crédit f	moneta bancaria f	dinero en depósitos m
zúčtování (CZ)	Verrechnung f	settlement	compensation f	compensazione f	compensación f
Zugabe (D)	—	extra	prime f	aggiunta f	suplemento m
Zulage (D)	—	extra pay	prime f	premio m	suplemento f
Zulassung (D)	—	admission	admission f	ammissione f	admisión f
zu Lasten (D)	—	chargeable to	à la charge de qn	a carico di	a cargo de
Zulieferer (D)	—	subcontractor	sous-traitant m	fornitore m	abastecedor m
zur Ansicht (D)	—	on approval	à vue	in visione	para examen
zúročovat (CZ)	verzinsen	pay interest on	compter des intérêts	pagare interessi	pagar interés
Zusage (D)	—	promise	promesse f	conferma f	promesa f
Zuschlag (D)	—	extra charge	supplément m	supplemento m	suplemento m
Zuschuß (D)	—	subsidy	allocation f	sovvenzione f	subvención f
zušlechťování (CZ)	Veredelung f	processing	perfectionnement m	perfezionamento m	perfeccionamiento m
zůstatková hodnota (CZ)	Restwert m	net book value	valeur résiduelle f	valore residuo m	valor residual m
zůstatková položka (CZ)	Restposten m	remaining stock	lot restant m	rimanenze f/pl	partida restante f
Zustellung (D)	—	delivery	remise f	recapito m	envío m
zu treuen Händen (D)	—	for safekeeping	remettre à qui de droit	alla particolare attenzione	a la atención
zuverlässig (D)	—	reliable	fiable	affidabile	de confianza
Zuwendung (D)	—	bestowal	affectation f	assegnazione f	gratificación f
zużycie (PL)	Abnutzung f	wear and tear	dépréciation f	deprezzamento m	desgaste m
zużycie materiałów (PL)	Materialaufwand m	expenditure for material	dépenses en matières premières f/pl	spese di materiale f/pl	coste de material m
zużycie własne (PL)	Eigenverbrauch m	personal consumption	consommation personnelle f	consumo proprio m	consumo propio m
zużyte opakowania (PL)	Verpackungsmüll m	packing waste	déchets d'emballage m/pl	rifiuti d'imballaggio m/pl	basura de embalaje f
zveřejnění inzerátu (CZ)	Anzeigenschaltung f	placement of an advertisement	placement d'annonce m	posizionamento dell'inserzione m	inserción del anuncio f
zvláštní odpisy (CZ)	Sonderabschreibungen f/pl	special depreciation	amortissement extraordinaire m	ammortamenti straordinari m/pl	amortización extraordinaria f
zvláštní poštou (CZ)	mit getrennter Post	under separate cover	sous pli séparé	in plico a parte	por correo aparte
zvláštní sleva za odměnu (CZ)	Gratifikation f	bonus	gratification f	gratifica f	gratificación f
zvláštní vyhotovení (CZ)	Sonderanfertigung f	manufacture to customer's specifications	fabrication spéciale f	produzione fuori serie f	fabricación especial f
zvýšení (CZ)	Erhöhung f	increase	augmentation f	aumento m	incremento m

zvýšení

P	NL	SV	PL	CZ	H
edição de texto f	tekstverwerking f	ordbehandling	elektroniczne opracowanie tekstu n	—	szövegszerkesztés
desfalque m	verduistering f	förskingring	sprzeniewierzenie n	—	sikkasztás
desfalque m	verduistering f	förskingring	sprzeniewierzenie n	—	hűtlen kezelés
mediação f	bemiddeling f	förmedling	pośrednictwo n	—	közvetítés
mediação de créditos f	kredietbemiddeling f	kreditförmedling	pośrednictwo kredytowe n	—	hitelközvetítés
transferência de crédito f	overschrijving f	girering	żyro n	žiro n	—
carregamento perdido m	verloren zending f	förlorad leverans	utracona przesyłka f	—	elveszett küldemény
perda f	verlies n	förlust	strata f	—	veszteség
depreciação f	waardevermindering f	värdeförlust	utrata wartości f	—	értékvesztés
negócio com prejuízo m	transactie met verlies f	förlustaffär	interes przynoszący straty m	—	veszteséges üzlet
período de contabilização m	boekingsperiode f	räkenskapsperiod	okres rozliczeniowy m	—	elszámolási időszak
cheque cruzado m	verrekeningscheque m	korsad check	czek rozrachunkowy m	—	elszámolási csekk
dinheiro em conta m	boekgeld n	kontobehållning	pieniądze na kontach n/pl	—	bankszámlapénz
compensação f	compensatie f	avräkning	rozliczenie n	—	elszámolás
bónus m	toegift f	tillägg	dodatek m	přídavek m	ráadás
prémio m	gratificatie f	påökning	dodatek do płacy m	příplatek m	pótlék
admissão f	toelating f	tillstånd	dopuszczenie n	připuštění n	engedély
a cargo de	ten laste van	debiteras	w ciężar	na účet	terhére
fornecedor m	toelevering f	leverantör	kooperant m	subdodavatel m	beszállító
para aprovação	op zicht	till påseende	do wglądu	k nahlédnutí n	megtekintésre
render juros	rente betalen	förränta	oprocentować	—	kamatozik
promessa f	toezegging f	löfte	przyrzeczenie n	příslib m	ígéret
taxa suplementar f	toeslag m	tillägg	dopłata f	příplatek m	felár
ajudas de custo f/pl	subsidie f	bidrag	subwencja f	příspěvek m	juttatás
beneficiamento m	veredeling f	förädling	uszlachetnienie n	—	feldolgozás
valor residual m	restwaarde f	restvärde	pozostała wartość do amortyzacji f	—	maradványérték
remanescente m	restanten n/pl	restparti	resztka f	—	maradványtétel
entrega f	levering f	leverans	dostawa f	doručení n	kézbesítés
à atenção	in bewaring	tillhanda	do rąk własnych	odevzdat do spolehlivých rukou f/pl	megőrzésre átadott
de confiança	betrouwbaar	tillförlitlig	niezawodny	spolehlivý	megbízható
gratificação f	toewijzing f	gåva	gratyfikacja f	dotace f	ráfordítás
desgaste m	slijtage f	slitage	—	opotřebení n	elhasználódás
despesas com material f/pl	materiaalverbruik n	materialåtgång	—	spotřeba materiálu f	anyagráfordítás
consumo pessoal m	persoonlijk verbruik n	personlig konsumtion	—	vlastní spotřeba f	saját felhasználás
embalagem usada f	verpakkingsafval n	förpackningsavfall	—	obalový odpad m	csomagolási hulladék
inserção do anúncio f	plaatsing van een advertentie f	annonsering	publilkacja ogłoszenia n	—	hirdetés elhelyezése
amortização extraordinária f	vervroegde afschrijvingen f/pl	extra avskrivning	amortyzacja specjalna f	—	speciális értékcsökkenési leírás
em embalagem à parte	per afzonderlijke post	som särskild försändelse	oddzielną przesyłką	—	külön küldeményként
gratificação f	gratificatie f	gratifikation	gratyfikacja f	—	prémium
produção especial (segundo as especificações do cliente) f	speciale fabricage f	specialtillverkning	produkcja na specjalne zamówienie f	—	egyedi gyártás
elevação f	verhoging f	höjning	podwyżka f	—	emelés

zvýšení cen

	D	E	F	I	ES
zvýšení cen (CZ)	Preiserhöhung f	price increase	augmentation des prix f	rialzo dei prezzi m	aumento de precios m
zvýšení daně (CZ)	Steuererhöhung f	tax increase	augmentation des impôts m	aumento delle imposte m	aumento de los impuestos m
zvýšení kapitálu (CZ)	Kapitalerhöhung f	increase of capital	augmentation de capital f	aumento del capitale m	aumento de capital m
zvýšení mzdy (CZ)	Lohnerhöhung f	pay increase	augmentation de salaire f	aumento salariale m	aumento de salario m
zvýšení platu (CZ)	Gehaltserhöhung f	increase in salary	augmentation de traitement f	aumento dello stipendio m	aumento de sueldo m
zwakke valuta (NL)	weiche Währung f	soft currency	monnaie faible f	moneta debole f	moneda blanda f
Zwangsverkauf (D)	—	forced sale	vente forcée f	vendita giudiziaria f	venta forzada f
Zwangsversteigerung (D)	—	compulsory auction	vente de biens par justice f	asta giudiziaria f	subasta forzosa f
zware vracht (NL)	Schwergut n	heavy freight	produit pondéreux m	carico pesante m	mercancía pesada f
zwarte cijfers (NL)	schwarze Zahlen f/pl	the black	excédent m	conti in nero m/pl	superávit m
zwarte markt (NL)	Schwarzmarkt m	black market	marché au noir m	mercato nero m	mercado negro m
zwartwerk (NL)	Schwarzarbeit f	illicit work	travail au noir m	lavoro abusivo m	trabajo clandestino m
Zweden (NL)	Schweden	Sweden	Suède f	Svezia f	Suecia
Zweeds (NL)	schwedisch	Swedish	suédois	svedese	sueco
Zweeds (NL)	Schwedisch	Swedish	suédois	svedese m	sueco m
Zweigstelle (D)	—	branch	agence f	agenzia f	filial f
zweven (NL)	Floating n	floating	système des changes flottants m	fluttuazione f	flotación f
zwevende wisselkoers (NL)	flexibler Wechselkurs m	flexible exchange rate	taux de change flottant m	cambio flessibile m	tipo flotante de cambio m
związek (PL)	Verband m	association	association f	associazione f	asociación f
związek (PL)	Verein m	association	association f	associazione f	asociación f
związek zawodowy (PL)	Gewerkschaft f	trade union	syndicat m	sindacato m	sindicato m
zwiększenie zysku (PL)	Gewinnaufschlag m	profit mark-up	marge de bénéfice f	maggiorazione dell'utile f	margen de beneficio f
zwłoka (PL)	Verzug m	delay	retard m	mora f	retraso m
Zwischenbilanz (D)	—	interim balance sheet	bilan intermédiaire m	bilancio provvisorio m	balance intermedio m
Zwischenhändler (D)	—	middleman	intermédiaire m	intermediario m	intermediario m
Zwitserland (NL)	Schweiz	Switzerland	Suisse f	Svizzera f	Suiza
Zwitsers (NL)	schweizerisch	Swiss	suisse	svizzero	suizo
zwolnienie (PL)	Entlassung f	dismissal	licenciement m	licenziamento m	despido m
zwrot (PL)	Rückgabe f	return	restitution f	restituzione f	restitución f
zwrot (PL)	Rücksendung f	return	renvoi m	rispedizione f	devolución f
zwrot wpłaty (PL)	Rückerstattung f	repayment	remboursement m	rimborso m	restitución f
zwyżka cen (PL)	Preisanstieg m	rise in price	hausse des prix f	aumento del prezzo m	aumento de precios m
życiorys (PL)	Lebenslauf m	curriculum vitae	curriculum vitae m	curriculum vitae m	curriculum vitae m
Zyklus (D)	—	cycle	cycle m	ciclo m	ciclo m
żyro (PL)	Giro n	endorsement	virement m	girata f	giro m
zysk (PL)	Ertrag m	return	rendement m	rendimento m	rendimiento m
zysk (PL)	Gewinn m	profit	bénéfice m	utile m	beneficio m
zysk (PL)	Profit m	profit	profit m	profitto m	beneficio m
zysk brutto (PL)	Rohgewinn m	gross profit on sales	bénéfice brut m	utile lordo m	ganancia bruta f
zysk księgowy (PL)	Buchgewinn m	book profit	bénéfice comptable m	utile contabile m	beneficio contable m
zyskowność (PL)	Ertragslage f	profitability	niveau de rendement m	situazione economica f	situación del beneficio f
zysk przedsiębiorstwa (PL)	Unternehmensgewinn m	company profit	résultats m/pl	utile d'impresa m	beneficio empresarial m
zysk roczny (PL)	Jahresgewinn m	annual profits	bénéfice annuel m	utile dell'anno m	beneficio del ejercicio m

zysk roczny

P	NL	SV	PL	CZ	H
aumento de preços m	prijsverhoging f	prishöjning	podwyżka cen f	—	áremelés
aumento dos impostos m	belastingverhoging f	skattehöjning	podwyżka podatków f	—	adóemelés
aumento de capital m	kapitaalsverhoging f	kapitaltillskott	podwyższenie kapitału n	—	tőkeemelés
aumento salarial m	loonsverhoging f	löneförhöjning	podwyżka płac f	—	béremelés
aumento de salário m	loonsverhoging f	löneförhöjning	podwyżka płacy f	—	fizetésemelés
moeda fraca f	—	mjukvaluta	waluta słaba f	měkká měna f	puha valuta
venda forçada f	gedwongen verkoop m	tvångsförsäljning	sprzedaż przymusowa f	nucený prodej m	kényszereladás
venda judicial f	openbare verkoop f	exekutiv auktion	licytacja przymusowa f	nucená dražba f	kényszerárverés
mercadoria pesada f	—	tung frakt	ładunek ciężki m	těžké zboží n	nehéz rakomány
excedente m	—	med vinst	strefa zysków f	černé platby f/pl	nyereség
mercado negro m	—	svart marknad	czarny rynek m	černý trh m	feketepiac
trabalho clandestino m	—	svartarbete	praca nielegalna f	práce načerno f	feketemunka
Suécia f	—	Sverige	Szwecja f	Švédsko n	Svédország
sueco	—	svensk	szwedzki	švédský	svéd(ül)
sueco	—	svenska	język szwedzki m	švédština f	svéd (nyelv)
filial f	filiaal n	filial	filia f	pobočka f	fiók
flutuante	—	flytande	płynność kursów walut n	kolísání kursů n	lebegtetés
taxa de câmbio flexível f	—	flytande växelkurs	elastyczny kurs wymiany m	pohyblivý směnný kurs m	rugalmas valutaárfolyam
associação f	vereniging f	förbund	—	svaz m	szövetség
associação f	vereniging f	förening	—	spolek m	egyesület
sindicato m	vakbond m	fackförening	—	odbory m/pl	szakszervezet
margem de lucro f	winstverhoging f	vinstpåslag	—	zisková přirážka f	árrés
mora f	achterstallen m/pl	uppskov	—	odklad m	késedelem
balanço intermediário m	tussenbalans f	delårsbalans	bilans pośredni m	zatímní bilance f	évközi mérleg
intermediário m	tussenpersoon m	mellanhand	pośrednik m	překupník m	közvetítő kereskedő
Suíça f	—	Schweiz	Szwajcaria f	Švýcarsko n	Svájc
suíço	—	schweizisk	szwajcarski	švýcarský	svájci
demissão f	afdanking f	avskedande	—	propuštění n	elbocsátás
restituição f	restitutie f	retur	—	vrácení n	visszaszolgáltatás
devolução f	terugzending f	återsändande	—	zpětná zásilka f	visszaküldés
reembolso m	rechtsvordering tot teruggave f	återbetalning	—	refundace f	visszatérítés
alta de preços m	prijsstijging f	prisökning	—	růst cen m	áremelkedés
curriculum vitae m	curriculum vitae n	meritförteckning	—	životopis m	életrajz
ciclo m	cyclus m	cykel	cykl m	cyklus m	ciklus
transferência de crédito f	overschrijving f	girering	—	žiro n	zsíró
rendimento m	opbrengst f	vinst	—	výnos m	jövedelem
lucro m	winst f	vinst	—	zisk m	nyereség
lucro m	winst f	vinst	—	prospěch m	nyereség
lucro bruto m	brutowinst f	bruttoöverskott	—	hrubý zisk m	bruttó nyereség
lucro contabilístico m	boekwinst f	bokvinst	—	účetní zisk m	könyv szerinti nyereség
nível de lucros m	rentabiliteit f	vinstsituation	—	stav výnosů m	nyereséghelyzet
lucro da empresa m	bedrijfswinst f	företagsvinst	—	zisk z podnikání m	vállalati nyereség
lucro do exercício m	jaarwinst f	årsvinst	—	roční zisk m	éves nyereség

zysk w stosunku do kapitału

	D	E	F	I	ES
zysk w stosunku do kapitału (PL)	Rendite f	yield	rendement m	rendita f	rentabilidad f
zysk z kapitału (PL)	Kapitalertrag m	return on capital	produit du capital m	rendita del capitale f	rendimiento del capital m
z zakładu (PL)	ab Werk	ex works	départ usine	franco fabbrica	en fábrica
z zastrzeżeniem błędów (PL)	Irrtum vorbehalten	errors excepted	sauf erreur	salvo errore	salvo error
z zastrzeżeniem wpłynięcia (PL)	Eingang vorbehalten	due payment reserved	sauf bonne fin	salvo buon fine	salvo buen cobro m

z zastrzeżeniem wpłynięcia

P	NL	SV	PL	CZ	H
rentabilidade f	rendement n	avkastning	—	výnosnost f	hozam
rendimento do capital m	inkomen uit kapitaal n	inkomst från kapital	—	výnos kapitálu m	tőkehozam
ex fábrica	af fabriek	fritt från fabrik	—	ze závodu m	gyárban átvéve
salvo erro	onder voorbehoud van vergissingen	med reservation för eventuella misstag	—	omyl vyhrazen m	tévedések fenntartásával
reserva de bom pagamento f	onder gewoon voorbehoud	förbehållen betalningsingång	—	za podmínky obdržení f	bevételezés fenntartással

	D	E	F	I	ES
	Grundzahlen	cardinal numbers	nombres cardinaux	numeri cardinali	números cardinales
0	null	zero	zéro	zero	cero
1	eins	one	un, une	uno	uno
2	zwei	two	deux	due	dos
3	drei	three	trois	tre	tres
4	vier	four	quatre	quattro	cuatro
5	fünf	five	cinq	cinque	cinco
6	sechs	six	six	sei	seis
7	sieben	seven	sept	sette	siete
8	acht	eight	huit	otto	ocho
9	neun	nine	neuf	nove	nueve
10	zehn	ten	dix	dieci	diez
11	elf	eleven	onze	undici	once
12	zwölf	twelve	douze	dodici	doce
13	dreizehn	thirteen	treize	tredici	trece
14	vierzehn	fourteen	quatorze	quattordici	catorce
15	fünfzehn	fifteen	quinze	quindici	quince
16	sechzehn	sixteen	seize	sedici	dieciséis
17	siebzehn	seventeen	dix-sept	diciassette	diecisiete
18	achtzehn	eighteen	dix-huit	diciotto	dieciocho
19	neunzehn	nineteen	dix-neuf	diciannove	diecinueve
20	zwanzig	twenty	vingt	venti	veinte
21	einundzwanzig	twenty-one	vingt et un	ventuno	veintiuno
22	zweiundzwanzig	twenty-two	vingt deux	ventidue	veintidós
30	dreißig	thirty	trente	trenta	treinta
40	vierzig	forty	quarante	quaranta	cuarenta
50	fünfzig	fifty	cinquante	cinquanta	cincuenta
60	sechzig	sixty	soixante	sessanta	sesenta
70	siebzig	seventy	soixante-dix	settanta	setenta
80	achtzig	eighty	quatre-vingts	ottanta	ochenta
90	neunzig	ninety	quatre-vingt-dix	novanta	noventa
100	einhundert	one hundred	cent	cento	cien
200	zweihundert	two hundred	deux cents	duecento	doscientos
300	dreihundert	three hundred	trois cents	trecento	trescientos
400	vierhundert	four hundred	quatre cents	quattrocento	cuatrocientos
500	fünfhundert	five hundred	cinq cents	cinquecento	quinientos
600	sechshundert	six hundred	six cents	seicento	seiscientos
700	siebenhundert	seven hundred	sept cents	settecento	setecientos
800	achthundert	eight hundred	huit cents	ottocento	ochocientos
900	neunhundert	nine hundred	neuf cents	novecento	novecientos
1000	eintausend	one thousand	mille	mille	mil
5000	fünftausend	five thousand	cinq mille	cinquemila	cinco mil
10 000	zehntausend	ten thousand	dix mille	diecimila	diez mil
100 000	einhunderttausend	one hundred thousand	cent mille	centomila	cien mil
200 000	zweihunderttausend	two hundred thousand	deux cent mille	duecentomila	doscientos mil
500 000	fünfhunderttausend	five hundred thousand	cinq cent mille	cinquecento-mila	quinientos mil
1 000 000	eine Million	one million	un million	un milione	un millón

P	NL	SV	PL	CZ	H
números cardinais	Hoofdtelwoor-den	Grundtal	liczby kardynalne	základní čísla	tőszámnevek
zero	nul	noll	zero	nula	nulla
um	een	ett	jeden	jedna	egy
dois	twee	två	dwa	dvě	kettő
três	drie	tre	trzy	tři	három
quatro	vier	fyra	cztery	čtyři	négy
cinco	vijf	fem	pięć	pět	öt
seis	zes	sex	sześć	šest	hat
sete	zeven	sju	siedem	sedm	hét
oito	acht	åtta	osiem	osm	nyolc
nove	negen	nio	dziewięć	devět	kilenc
dez	tien	tio	dziesięć	deset	tíz
onze	elf	elva	jedenaście	jedenáct	tizenegy
doze	twaalf	tolv	dwanaście	dvanáct	tizenkettő
treze	dertien	tretton	trzynaście	třináct	tizenhárom
catorze	veertien	fjorton	czternaście	čtrnáct	tizennégy
quinze	vijftien	femton	piętnaście	patnáct	tizenöt
dezasseis	zestien	sexton	szesnaście	šestnáct	tizenhat
dezassete	zeventien	sjutton	siedemnaście	sedmnáct	tizenhét
dezoito	achttien	arton	osiemnaście	osmnáct	tizennyolc
dezanove	negentien	nitton	dziewiętnaście	devatenáct	tizenkilenc
vinte	twintig	tjugo	dwadzieścia	dvacet	húsz
vinte e um	eenentwintig	tjugoett	dwadzieścia jeden	dvacet jedna	huszonegy
vinte e dois	tweeëntwintig	tjugotvå	dwadzieścia dwa	dvacet dva	huszonkettő
trinta	dertig	trettio	trzydzieści	třicet	harminc
quarenta	veertig	fyrtio	czterdzieści	čtyřicet	negyven
cinquenta	vijftig	femtio	pięćdziesiąt	padesát	ötven
sessenta	zestig	sextio	sześćdziesiąt	šedesát	hatvan
setenta	zeventig	sjuttio	siedemdziesiąt	sedmdesát	hetven
oitenta	tachtig	åttio	osiemdziesiąt	osmdesát	nyolcvan
noventa	negentig	nittio	dziewięćdziesiąt	devadesát	kilencven
cem	honderd	ett hundra	sto	sto	száz
duzentos	tweehonderd	tvåhundra	dwieście	dvě stě	kétszáz
trezentos	driehonderd	trehundra	trzysta	tři sta	háromszáz
quatrocentos	vierhonderd	fyrahundra	czterysta	čtyři sta	négyszáz
quinhentos	vijfhonderd	femhundra	pięćset	pět set	ötszáz
seiscentos	zeshonderd	sexhundra	sześćset	šest set	hatszáz
setecentos	zevenhonderd	sjuhundra	siedemset	sedm set	hétszáz
oitocentos	achthonderd	åttahundra	osiemset	osm set	nyolcszáz
novecentos	negenhonderd	niohundra	dziewięćset	devět set	kilencszáz
mil	duizend	ett tusen	tysiąc	tisíc	ezer
cinco mil	vijfduizend	femtusen	pięć tysięcy	pět tisíc	ötezer
dez mil	tienduizend	tiotusen	dziesięć tysięcy	deset tisíc	tízezer
cem mil	honderdduizend	hundratusen	sto tysięcy	sto tisíc	százezer
duzentos mil	tweehonderdduizend	tvåhundratusen	dwieście tysięcy	dvě stě tisíc	kétszázezer
quinhentos mil	vijfhonderdduizend	femhundratusen	pięćset tysięcy	pět set tisíc	ötszázezer
um milhão	één miljoen	en miljon	jeden milion	milion	egymillió

D	E	F	I	ES
Wochentage	days of the week	jours de la semaine	giorni della settimana	días de la semana
Montag	Monday	lundi	lunedì	lunes
Dienstag	Tuesday	mardi	martedì	martes
Mittwoch	Wednesday	mercredi	mercoledì	miércoles
Donnerstag	Thursday	jeudi	giovedì	jueves
Freitag	Friday	vendredi	venerdì	viernes
Samstag	Saturday	samedi	sabato	sábado
Sonntag	Sunday	dimanche	domenica	domingo

Monate	months	mois	mesi	meses
Januar	January	janvier	gennaio	enero
Februar	February	février	febbraio	febrero
März	March	mars	marzo	marzo
April	April	avril	aprile	abril
Mai	May	mai	maggio	mayo
Juni	June	juin	giugno	junio
Juli	July	juillet	luglio	julio
August	August	août	agosto	agosto
September	September	septembre	settembre	septiembre
Oktober	October	octobre	ottobre	octubre
November	November	novembre	novembre	noviembre
Dezember	December	décembre	dicembre	diciembre

P	NL	SV	PL	CZ	H
dias da semana	dagen van de week	veckodagar	dni tygodnia	všední dny	a hét napjai
segunda-feira	maandag	måndag	poniedziałek	pondělí	hétfő
terça-feira	dinsdag	tisdag	wtorek	úterý	kedd
quarta-feira	woensdag	onsdag	środa	středa	szerda
quinta-feira	donderdag	torsdag	czwartek	čtvrtek	csütörtök
sexta-feira	vrijdag	fredag	piątek	pátek	péntek
sábado	zaterdag	lördag	sobota	sobota	szombat
domingo	zondag	söndag	niedziela	neděle	vasárnap

meses	maanden	månader	miesiące	měsíce	hónapok
janeiro	januari	januari	styczeń	leden	január
fevereiro	februari	februari	luty	únor	február
março	maart	mars	marzec	březen	március
abril	april	april	kwiecień	duben	április
maio	mei	maj	maj	květen	május
junho	juni	juni	czerwiec	červen	június
julho	juli	juli	lipiec	červenec	július
agosto	augustus	augusti	sierpień	srpen	augusztus
setembro	september	september	wrzesień	září	szeptember
outubro	oktober	oktober	październik	říjen	október
novembro	november	november	listopad	listopad	november
dezembro	december	december	grudzień	prosinec	december